伦明全集

第一册

伦明 著

东莞图书馆 整理

SPM
南方出版传媒
广东人民出版社
·广州·

图书在版编目（CIP）数据

伦明全集/伦明著，东莞图书馆整理．—广州：广东人民出版社，2017.12

ISBN 978-7-218-12090-4

Ⅰ．①伦… Ⅱ．①伦… ②东… Ⅲ．①伦明（1875—1944）-全集 Ⅳ．①C52

中国版本图书馆CIP数据核字（2017）第244093号

LUNMING QUANJI

伦明全集

伦明 著 东莞图书馆 整理

出 版 人：肖风华

责任编辑：张贤明 李展鹏 柏 峰
封面设计：彭 力
责任技编：周 杰 易志华 吴彦斌

出版发行：广东人民出版社
地 址：广州市大沙头四马路10号（邮政编码：510102）
电 话：（020）83798714（总编室）
传 真：（020）83780199
网 址：http://www.gdpph.com
印 刷：广州市浩诚印刷有限公司
开 本：787mm×1092mm 1/16
印 张：165 插 页：14 字 数：2300千
版 次：2017年12月第1版 2017年12月第1次印刷
定 价：1200.00元（全五册）

如发现印装质量问题影响阅读，请与出版社（020-83795749）联系调换。
售书热线：（020）83780517 83793157

《伦明全集》编纂委员会

李映嫦　东莞图书馆副馆长、副研究馆员

杜燕翔　东莞图书馆副馆长、研究馆员

蔡　冰　东莞图书馆副馆长、研究馆员

主　编：王余光　李东来

副主编：蔡　冰

第一册

编　辑：钟敬忠　张石欣　郑丽芬　刘　平

审　校：韩锡铎　阳海清　姚伯岳　张　涛

第二册

编　辑：张石欣　钟敬忠　廖　珉

审　校：阳海清　韩锡铎　张　涛

第三册

编　辑：钟敬忠　张石欣　庞宏广　熊　静　钱　昆

审　校：阳海清　罗志欢　韩锡铎

第四册

编　辑：张石欣　钟敬忠　庞宏广　熊　静　钱　昆

审　校：阳海清　罗志欢　韩锡铎

第五册

编　辑：钟敬忠　张石欣

1907年京师大学堂师范科学生毕业照。前排右二为伦明（北京大学档案馆藏）

伦明素描画像（伦志清据伦明清末和1935年照片绘）

伦绳叔（伦明儿子）、伦志清父子（1951年摄于北京东莞新馆）

时任北京大学教授的伦明（1935年摄）

1907年的伦明

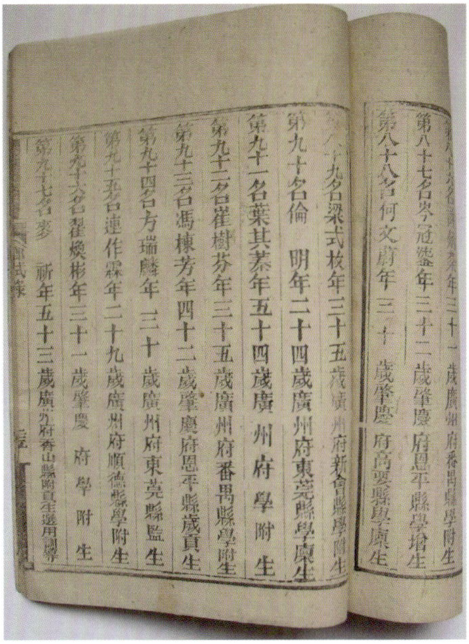

第八十七名岑冠鍫年三十二歲肇慶府恩平縣學增生
第八十八名何文蔚年三十歲肇慶府高要縣學廩生
第八十九名梁式枚年三十五歲廣州府新會縣學附生
第九十名倫明年二十四歲廣州府東莞縣學廩生
第九十一名葉其蓁年五十四歲廣州府學附生
第九十二名崔樹芬年三十五歲廣州府番禺縣學附生
第九十三名馮棣芳年四十二歲肇慶府恩平縣歲貢生
第九十四名方瑞麟年三十歲廣州府東莞縣監生
第九十五名連作霖年二十九歲廣州府順德縣學附生
第九十六名翟煥彬年三十一歲肇慶府學附生
第九十七名麥　新年五十三歲廣州府香山縣附貢生選用訓導

《广东乡试录》中伦明中光绪庚子年恩正两科第九十名举人的记载

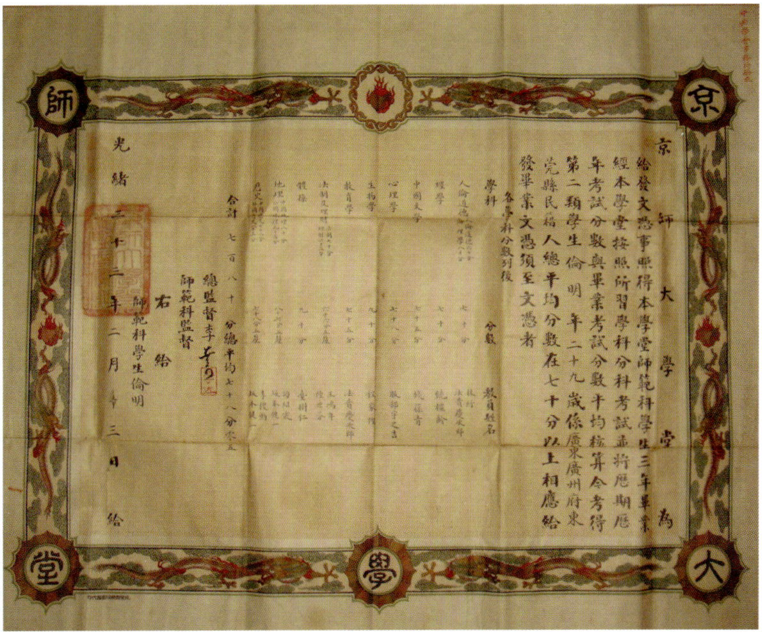

京師大學堂為

給發文憑事照得本學堂師範科學生三年畢業經本學堂按照所習學科分科考試並將歷期歷年考試分數與畢業考試分數平均核算合考得第二類學生倫明年二十九歲係廣東廣州府東莞縣民籍人總平均分數在七十分以上相應給發畢業文憑須至文憑者

各學科分數列後

學科　分數　教員姓名

合計七百八十分總平均七十八分零五

總監督李

師範科監督

右給師範科學生倫明

光緒三十三年二月十三日給

1907年伦明京师大学堂毕业证书（伦志清藏）

东莞市名人档案认定证书

东名 M110 号

根据东府办复【2009】870号文件，伦明先生已确定为东莞市名人档案库名人，特发此证。

欢迎将名人档案资料赠予东莞市档案馆收藏。

东莞市档案馆

二〇一〇年九月

2010年，伦明被认定为东莞市名人档案库名人的证书

伦明使用过的文房用品

1934年为伦明看书的李书梦（右）、李金海（左）

抗战前曾为伦明抄书、修书的邃雅斋弟子王志鹏（《百年琉璃厂》）

1920年伦明任教北京大学时的红楼大门

伦明任教的辅仁大学旧址

20世纪30年代的北京琉璃厂书摊

伦明续书楼所在地——北京烂缦胡同127号东莞会馆（伦志清摄）

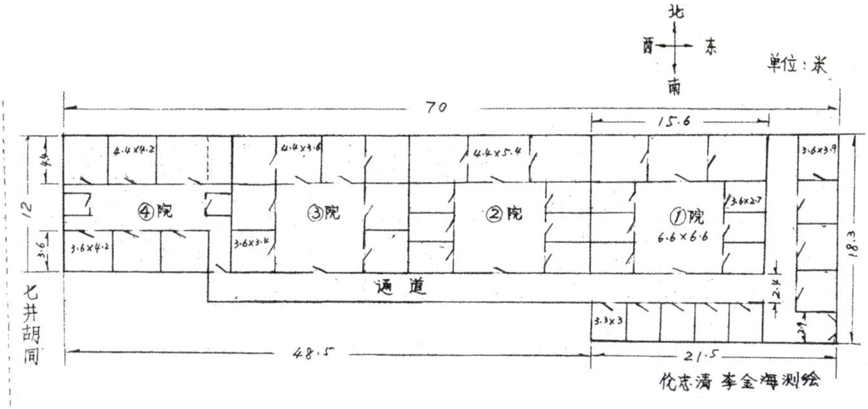

东莞会馆平面示意图（比例：1: 300）

地址：北京宣武区烂缦胡同127号（老门牌49号）
东莞会馆原是明代东莞忠烈张家玉的宅地
上图是东莞会馆1966年前后保留的原时代建筑格局
会馆占地面积：2.073亩
会馆共有房间41.5间
会馆房屋建筑面积约：929.2平方米
会馆2007年初已成民居大杂院，住房40户

东莞会馆老馆（烂缦胡同）平面图

北京东莞新馆（罗山摄）

1943年北京东莞新馆内庭（伦绳叔摄）

伦明父亲伦常手迹（伦志清藏）

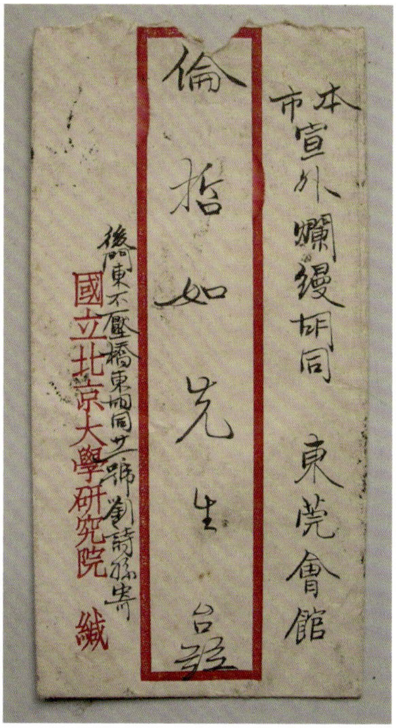

北京大学刘诗孙寄伦明信封

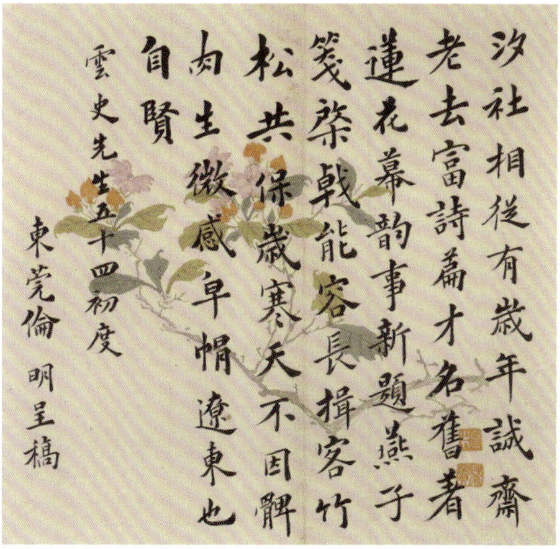

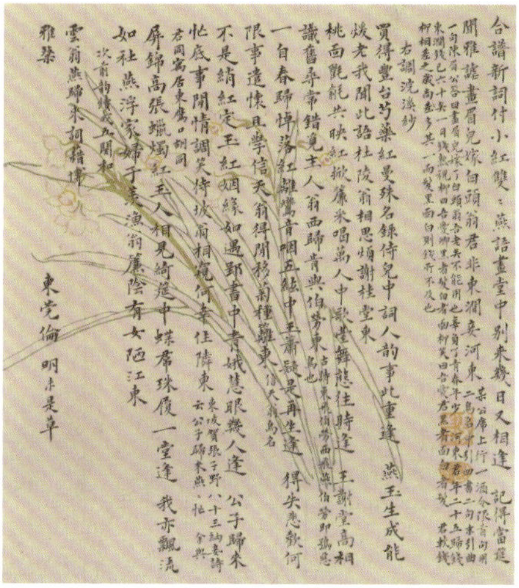

伦明诗稿手迹（《东莞历代书画选续集》）

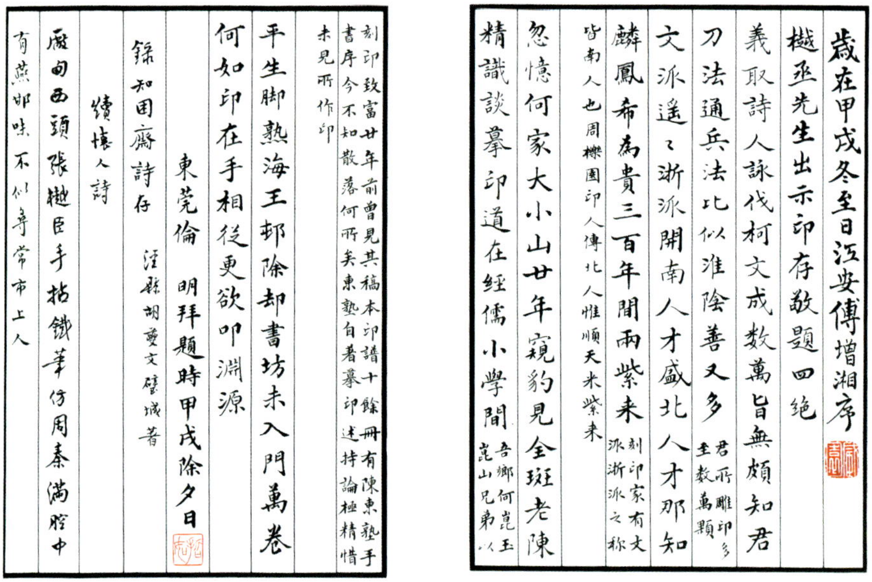

歲在甲戌冬至日江安傅增湘序

檝丞先生出示印存敬題四绝

義取詩人詠伐柯，文成数萬旨無頗。知君刀法通兵法，比似淮陰善又多。君所雕印多至数萬顆

文派遥遥浙派開，南人才盛北人才。那知麟鳳希為貴，三百年間兩紫来。刻印家有文派浙派之称，皆南人也。周櫟園印人傳北人惟順天米紫来

忽憶何家大小山，廿年窺豹見全斑。老陳精識談摹印，道在經儒小學間。吾鄉何崑玉崑山兄弟以刻印致富，廿年前曾見其稿本印譜十餘冊，有陳東塾手書序，今不知散落何所矣。東塾自著摹印述，持論極精，惜未見所作印

平生脚熟海王邨，除却書坊未入門。萬卷何如印在手，相從更欲叩淵源。

東莞倫明拜題 時甲戌除夕日

錄知固齋詩存 涇縣胡夔文韞城著

續懷人詩

廠甸西頭張樾臣，手持鐵筆仿周秦。滿腔中有燕邯味，不似尋常市上人

题士一居印存四绝（《士一居印存》）

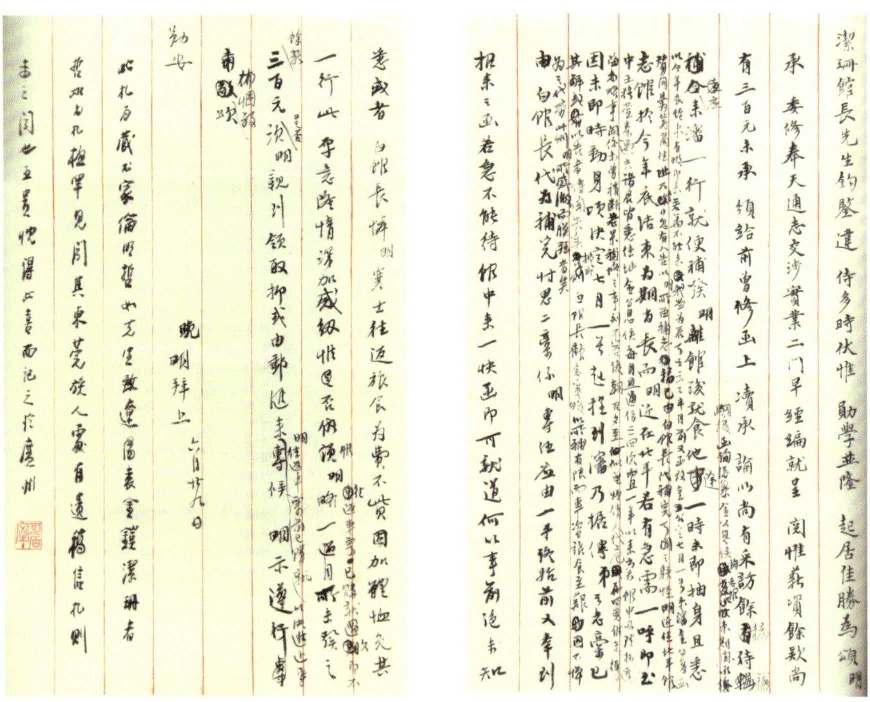

伦明与袁金铠书

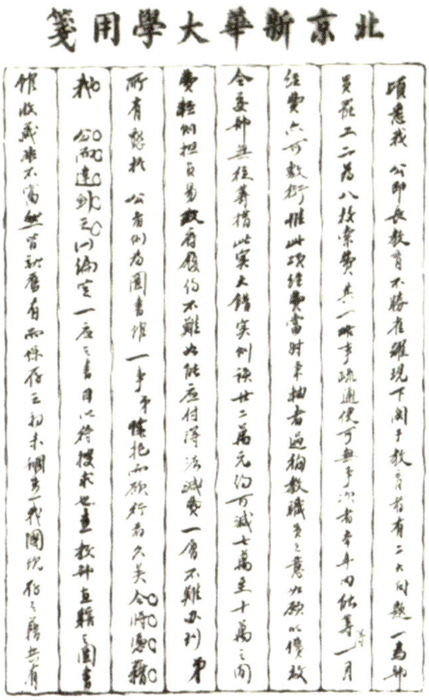

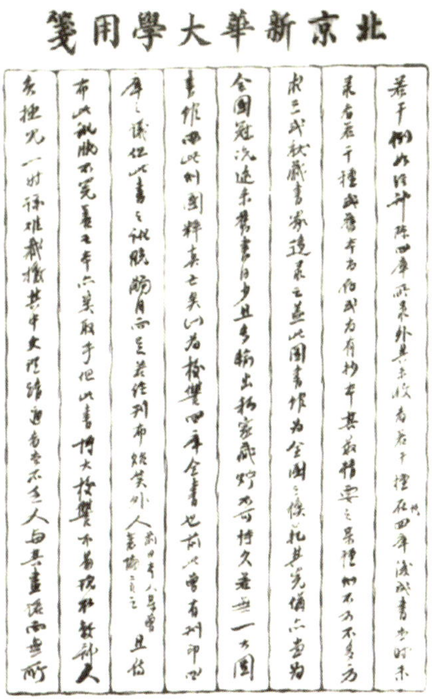

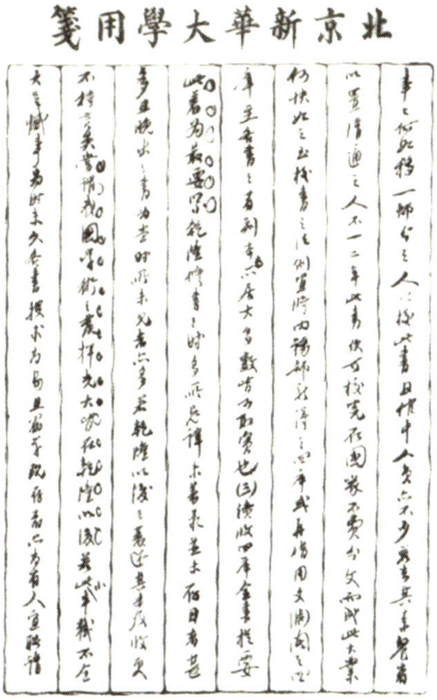

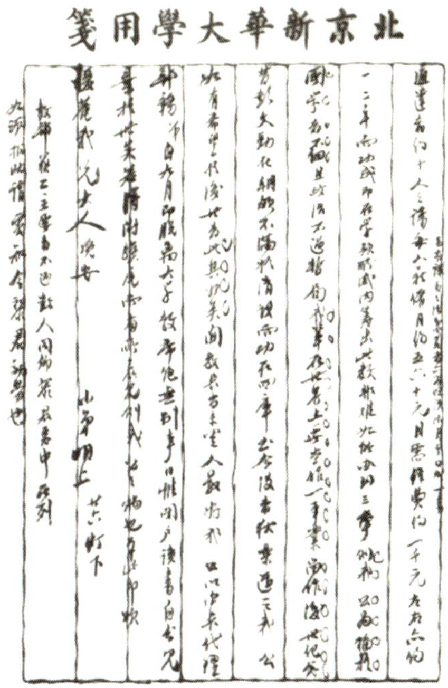

伦明致陈垣书（《读伦明先生致陈垣先生的信》）

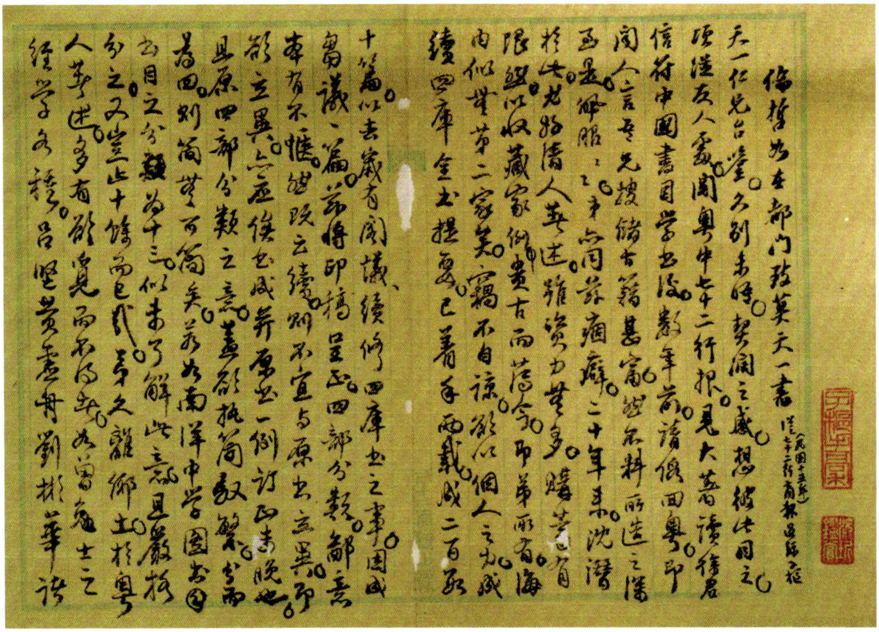

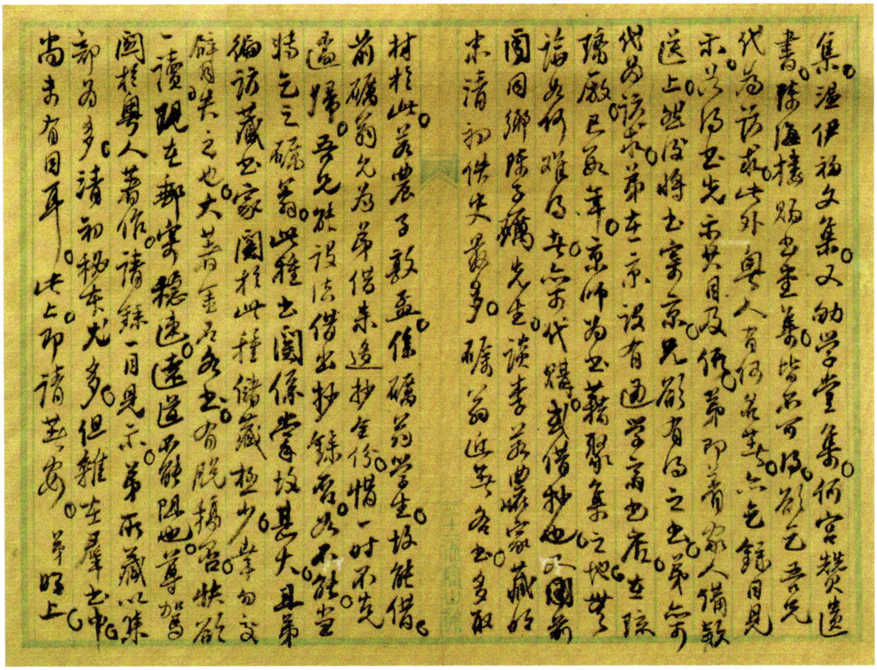

卢子枢抄伦明致莫天一书（卢子枢艺术纪念馆藏）

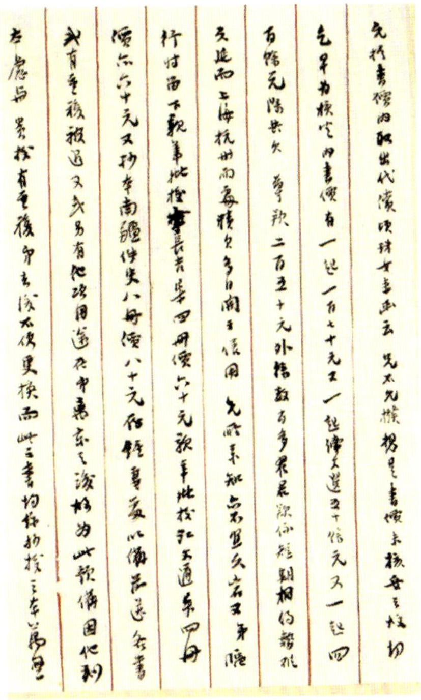

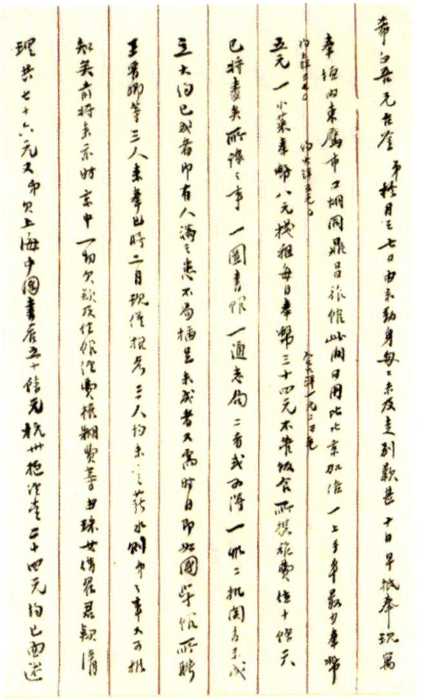

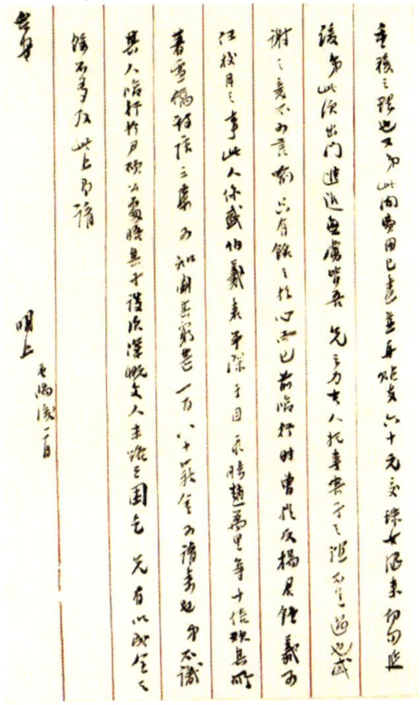

伦明致容庚书（《广东省立中山图书馆馆藏名人手札选萃》）

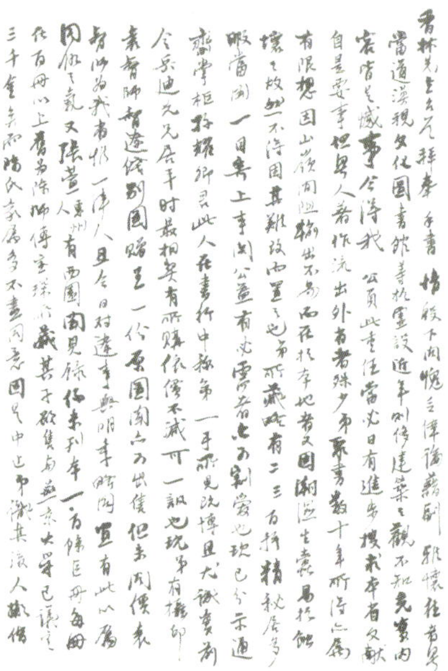

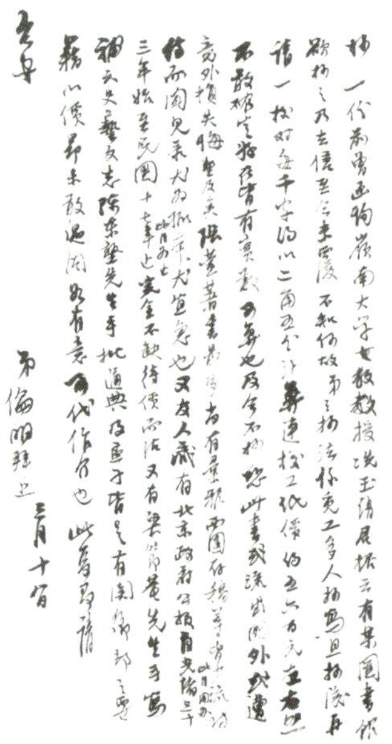

伦明致罗香林书（《罗香林论学书札》）

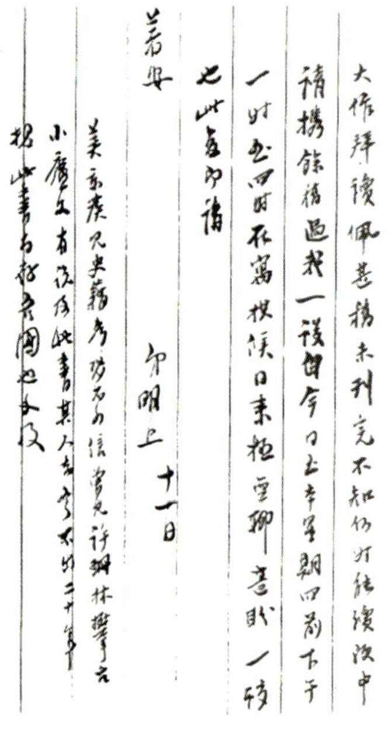

伦明致傅振伦书（《蒲梢沧桑九十忆往》）

伦明跋《肤公雅奏图》手迹（《袁崇焕研究论文选集》）

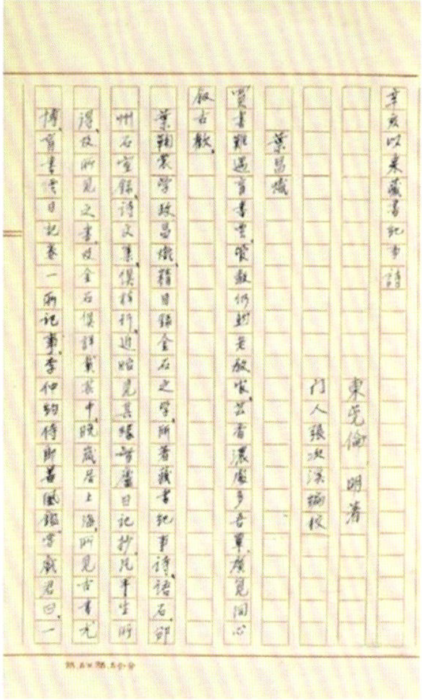

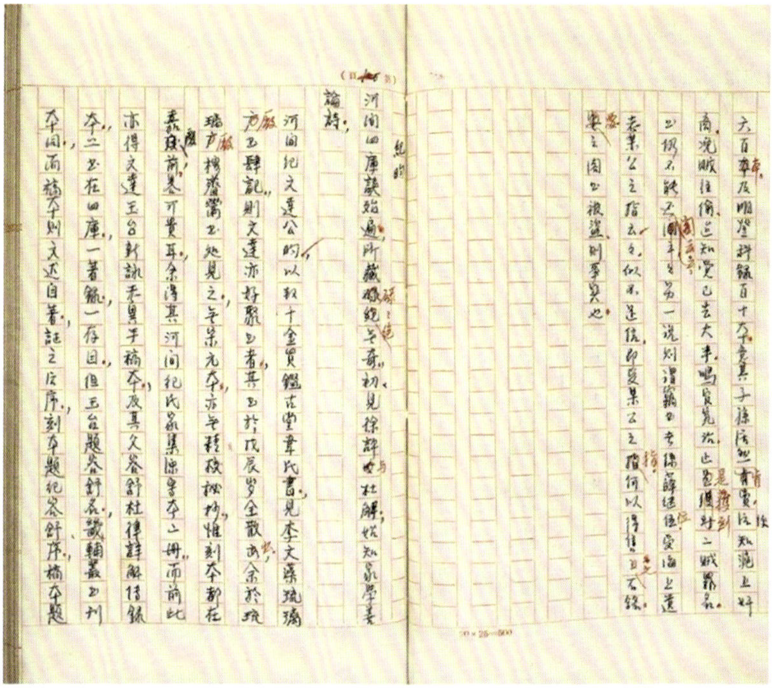

伦明《辛亥以来藏书纪事诗》手稿

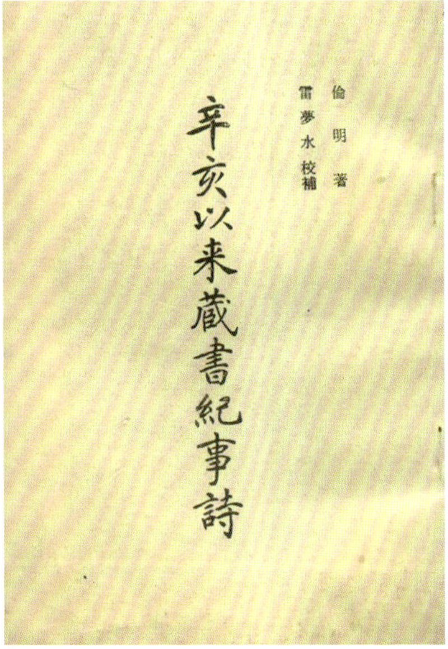

雷梦水校补的《辛亥以来藏书纪事诗》封面

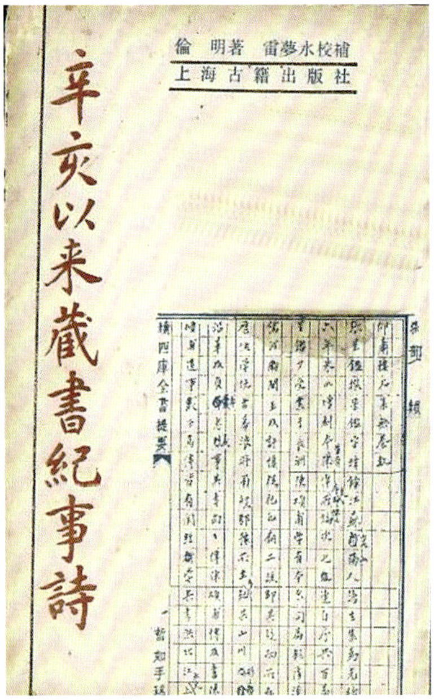

上海古籍出版社1990年版《辛亥以来藏书纪事诗》封面

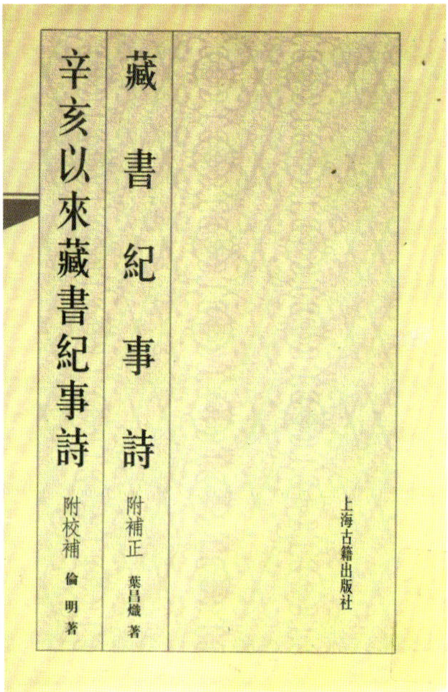

上海古籍出版社1999年版《辛亥以来藏书纪事诗》封面

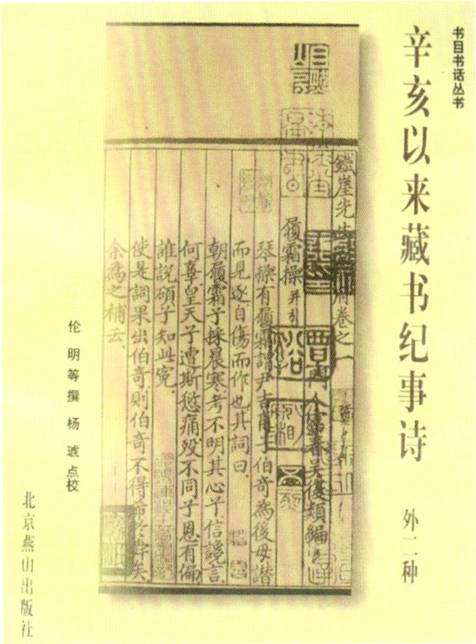

北京燕山出版社1999年版《辛亥以来藏书纪事诗》封面

北京燕山出版社2008年版《辛亥以来藏书纪事诗》封面

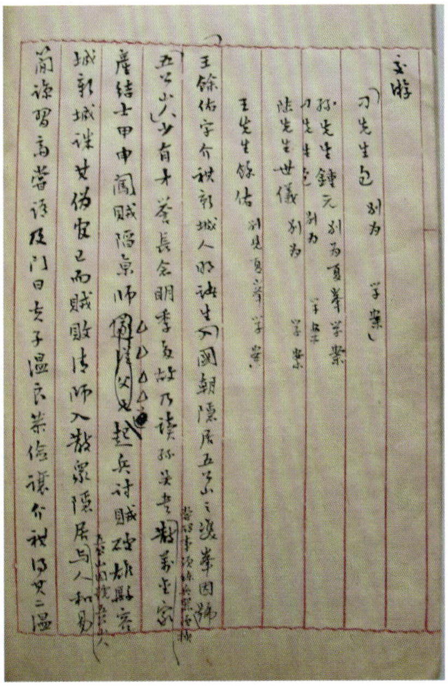

伦明《颜习斋学案》手稿

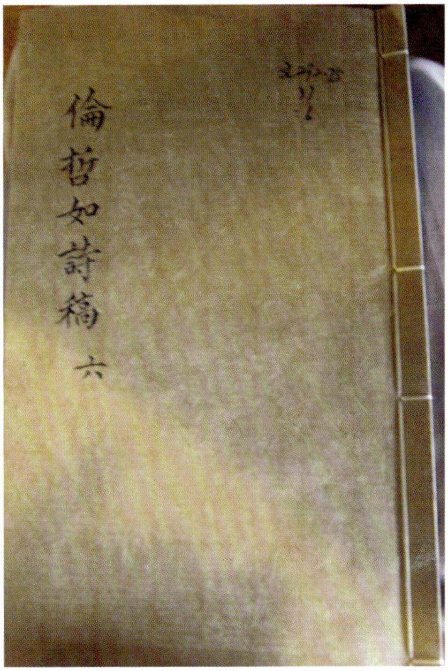

《伦哲如诗稿》第六册封面

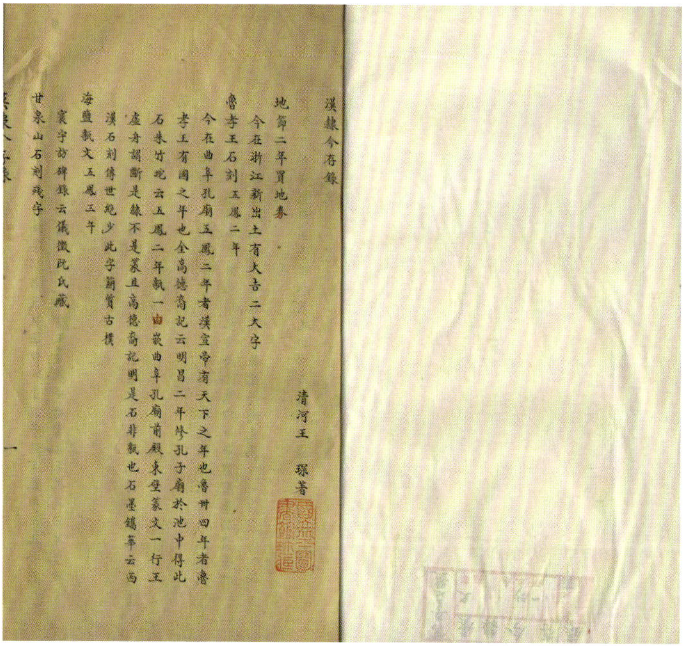
漢隸今存錄

清河王　琛著

地節二年買地券

今在浙江新出土有大吉二大字

魯孝王石刻五鳳二年

今在曲阜孔廟五鳳二年者漢宣帝有天下之年也魯卅四年者魯孝王有國之年也金高德裔記云明昌二年修孔子廟於池中得此石朱竹垞云五鳳二年款一由嵌曲阜孔廟前殿東壁篆文一行王虛舟謂斷是隸不是篆且高德裔記明是石非款也石墨鐫華云西漢石刻傳世絕少此字蔚質古樸

海鹽款文五鳳三年

寰宇訪碑錄云儀徵阮氏藏

甘泉山石刻殘字

一

伦明抄校《汉隶今存录》

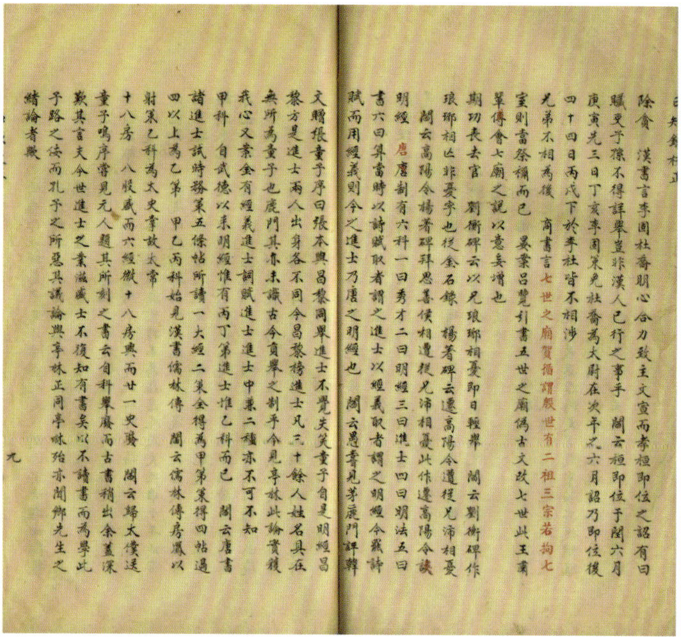
日知錄校正

除貪　漢書言李固杜喬朋心合力致主文宣而孝桓即位之詔有曰贓吏子孫不得詳舉豈非漢人已行之事乎　閻云桓即位于閏六月庚寅先三日丁亥李固策免杜喬為太尉在次年冬六月詔乃即位後四十四日丙戌下於李杜皆不相涉

兄弟不相為後　商書言七世之廟賀循謂殷世有二祖三宗若拘七室則當祭禰而已　晏棗呂覽引書五世之廟偽古文改七世此王肅單傳會七廟之說以意妄增也

期功喪去官　劉衡碑云以兄琅琊相憂即日輕舉　閻云劉衡碑作琅琊相匹非憂字也從金石錄　楊著碑云遭高陽令遺從兄沛相憂　閻云高陽令楊著碑拜恩善侯相遭從兄沛相憂此作遭高陽令誤

明經　唐　唐制有六科一曰秀才二曰明經三曰進士四曰明法五曰書六曰算當時以詩賦取者謂之進士以經義取者謂之明經今罷詩賦而用經義則今之進士乃唐之明經也　閻云愚嘗見茅鹿門評韓文贈張童子序曰張本與昌黎同舉進士不覺失笑童子自是明經昌黎方是進士兩人出身各不同今昌黎榜進士凡三十餘人姓名具在無所為童子也鹿門其亦未識古今貢舉之制乎今見亭林此論貫穫我心又案金有經義進士詞賦進士進士中兼二種亦不可不知

甲科　自武德以來明經惟有丙丁第進士惟乙科而已　閻云唐書諸進士試時務策五條帖所讀一大經二策全得為甲第策得四帖過四以上為乙第　甲乙丙科始見漢書儒林傳　閻云儒林傳房鳳以射策乙科為太史掌故太常

十八房　八股盛而六經微十八房興而廿一史廢　閻云歸太僕送童子鳴序嘗見元人題其所刻之書云自科舉廢而古書稍出余蓋深歎其言夫今世進士之業滋盛士不復知有書矣以不讀書而為學此子路之佞而孔子之所惡其議論與亭林正同亭林殆亦聞鄉先生之緒論者歟

九

伦明抄校《日知录校正》

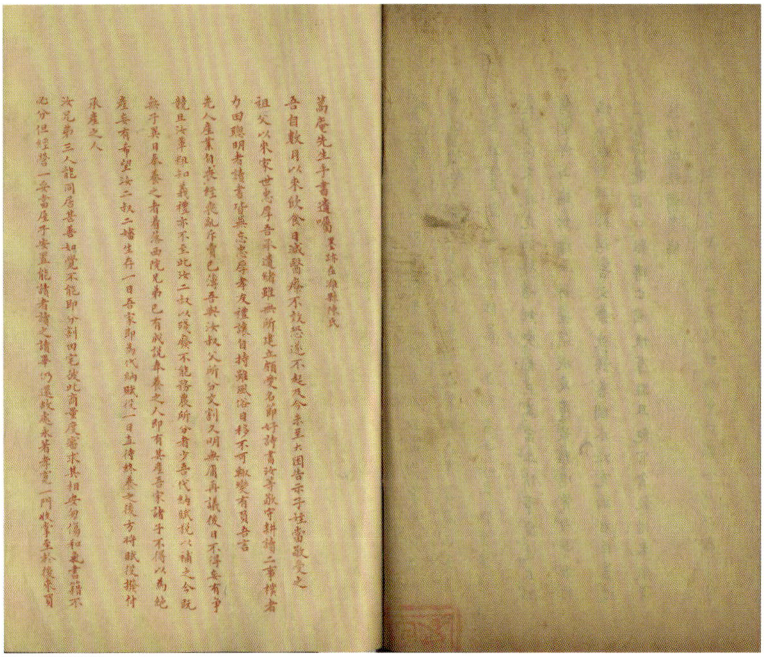

蒿庵先生手書遺囑 墨跡在順德陳氏

吾自數月以來飲食日減醫療不效恐遂不起及今未至大困告示子姪當敬受之

祖父以來家世忠厚吾不遺緒雖無所建立頗愛名節好詩書汝等敬守耕讀二事樸者力田聰明者讀書皆無忘忠厚孝友禮讓自持雖風俗日移不可敵變有負吾言

先人産業自喪亂序實已薄吾與汝叔父所分支割久明無庸再議彼日不得妄有爭競且汝輩粗知義禮亦不至此汝二叔以殘廢不能務農所分者少吾代納賦税以補之今既無子與日奉養之者有落西院兄弟已有成說奉養之人即有其産吾家諸子不得以爲鈍産妄有希望汝二叔二嬸生存一日吾家即爲代納賦役一日立待終養之後方將賦役撥付承産之人

汝兄弟三人能同居甚善如覺不能即分割田宅彼此商量度審求其相安勿傷和氣書籍不必分但經營一安當庋于安置能讀者讀之讀畢仍還故處永著孝寬一門收拾至於後來買

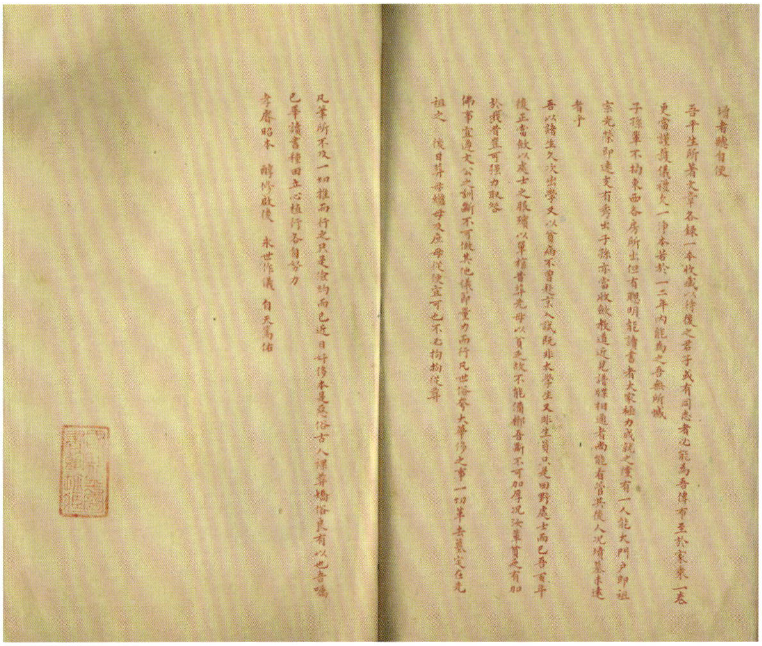

諸者聽自便

吾平生所著文章各錄一本收藏以待後之君子或有同志者必能爲吾傳布至於家藏一本更當謹護保藏久一淨本若於一二年內能爲之吾無所憾

子孫輩不拘東西各房所出但有聰明能讀書者大家極力成就之儻有一人能大門戶即祖宗光榮即遠支有秀出子孫亦當收斂教道近見譜牒相遠者尚能有管其後人況墳墓未遠者乎

吾以諸生久次出學文以貧病不曾赴京入試既非太學生又非生員只是田野處士而已吾百年後正當斂以處士之服殯以草棺昔葬先母以貧乏故不能備禮吾斷不可加厚況汝輩豈是有加於我者豈可强力款營

佛事宜遵文公之訓斷不可做其他儀節量力而行凡世俗奢大華侈之事一切革去墓宅在先祖之 後日葬母嬸母及庶母從便宜可也不必拘拘從葬

凡筆所不及一切推而行之只是儉約而已近日奢侈本是惡俗古人裸葬嬙俗良有以也吾囑已畢讀書種田立心植行各自努力

孝庵昭本 醇修啟後 永世作儀 自天篤佑

伦明抄录《蒿庵先生手书遗嘱》

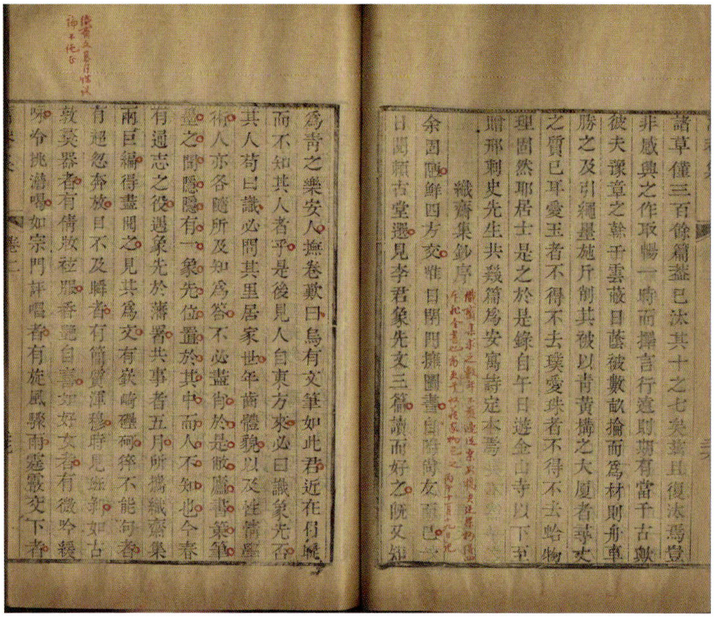

伦明批注《蒿庵集》

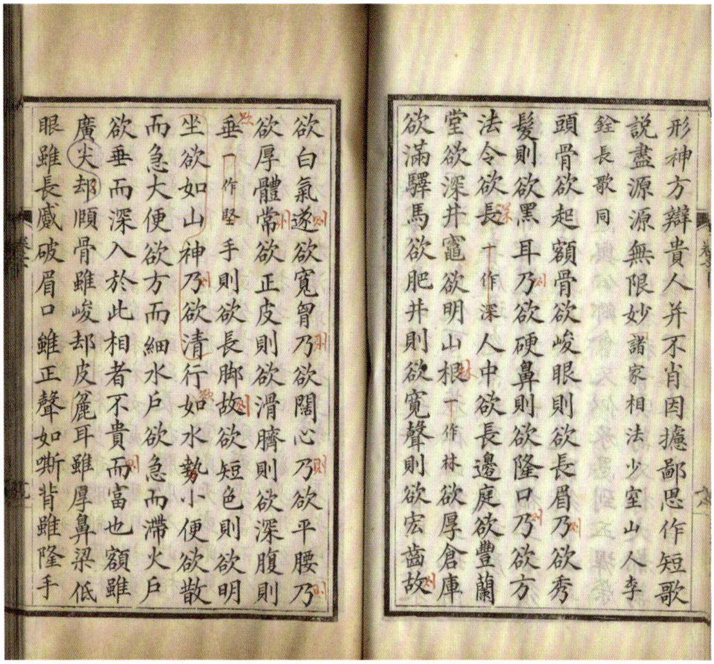

伦明校改《玉管照神局》

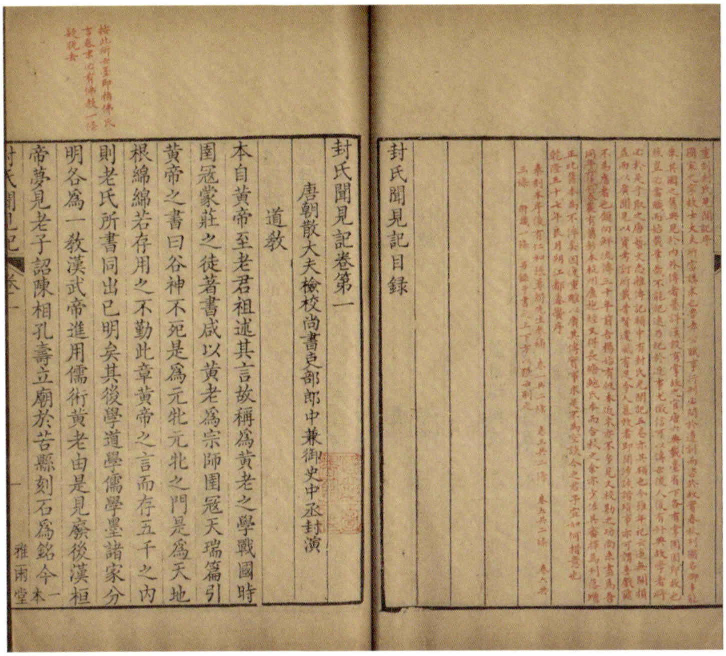
封氏聞見記目錄

封氏聞見記卷第一

唐朝散大夫檢校尚書吏部郎中兼御史中丞封演

道教

本自黃帝至老君祖述其言故稱爲黃老之學戰國時冈冠蒙莊之徒著書咸以黃老爲宗師冈冠天瑞篇引黃帝之書曰谷神不死是爲元牝元牝之門是爲天地根綿綿若存用之不勤此章黃帝之言而存五千之內則老氏所書同出已明矣其後學道學儒學墨諸家分明各爲一教漢武帝進用儒術黃老由是見廢後漢桓帝夢見老子詔陳相孔疇立廟於苦縣刻石爲銘今一本

封氏聞見記 卷一 一 雅雨堂

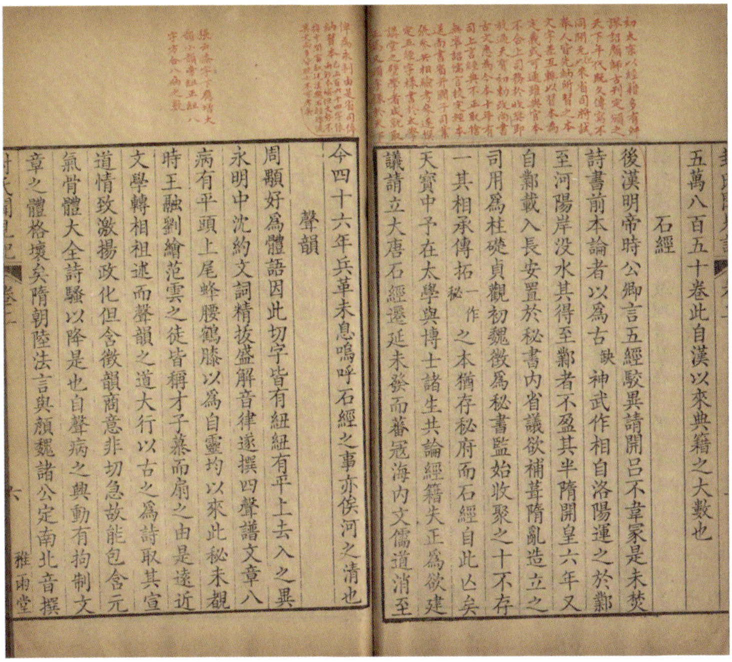
五萬八百五十卷此自漢以來典籍之大數也

石經

後漢明帝時公卿言五經駁異請開呂不韋冢是未焚詩書前本論者以爲古 缺 神武作相自洛陽運之於鄴至河陽岸没水其得至鄴者不盈其半隋開皇六年又自鄴載入長安置於秘書內省議欲補葺隋亂造立之司用爲柱礎貞觀初魏徵爲秘書監始收聚之十不存一其相承傳拓 一作秘 之本猶存秘府而石經自此亾矣天寶中予在太學與博士諸生共論經籍失正爲欲建議請立大唐石經遷延未發而蕃寇海內文儒道消至今四十六年兵革未息嗚呼石經之事亦俟河之清也

聲韻

周顒好爲體語因此切字皆有紐紐有平上去入之異永明中沈約文詞精拔盛解音律遂撰四聲譜文章八病有平頭上尾蜂腰鶴膝以爲自靈均以來此秘未覩時王融劉繪范雲之徒皆稱才子慕而扇之由是遠近文學轉相祖述而聲韻之道大行以古之爲詩取其宣道情致激揚政化但含徵韻商意非切急故能包含元氣骨體大全詩騷以降是也自聲病之興動有拘制文章之體格壞矣隋朝陸法言與顏魏諸公定南北音撰

封氏聞見記 卷二 六 雅雨堂

伦明批校《封氏闻见记》

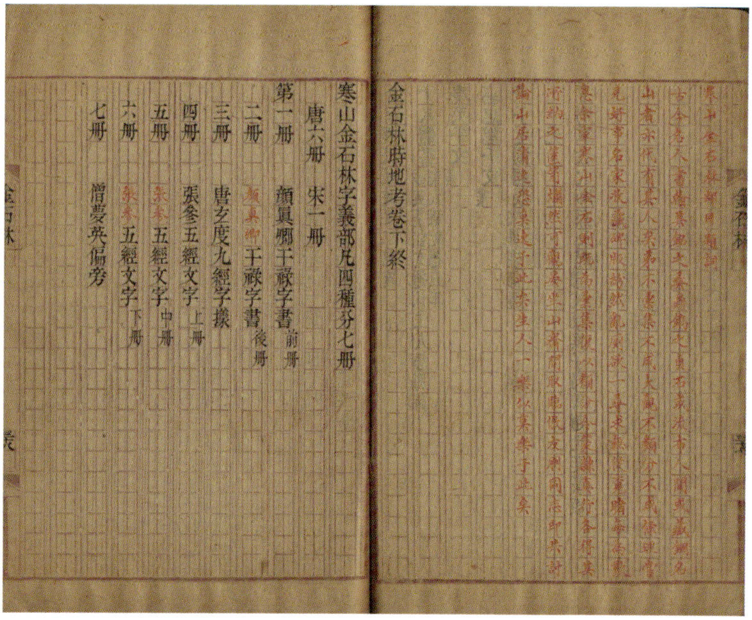

伦明撰《金石林时地考》题词

伦明撰《历代纪元部表》题记

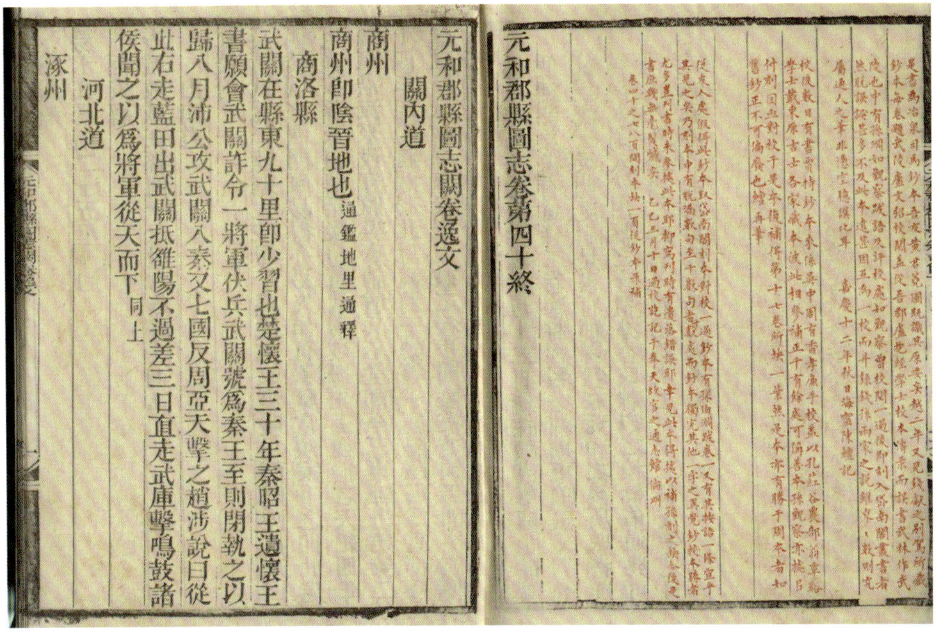

伦明跋《元和郡县图志》手迹

伦明的部分著作

《新民丛报》1903年封面（伦明于该刊发表《无题》八首）

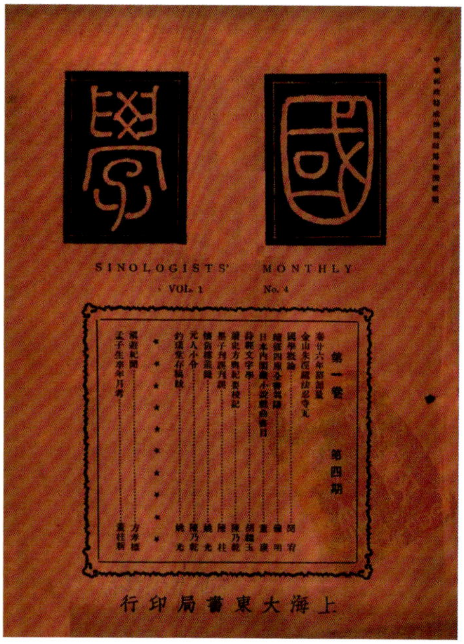

《国学》1927年第1卷第4期封面（伦明在该期发表《续修〈四库全书〉刍议》）

《国闻周报》1933年第10卷第35期封面（伦明在该期发表《拟印〈四库全书〉之管见》）

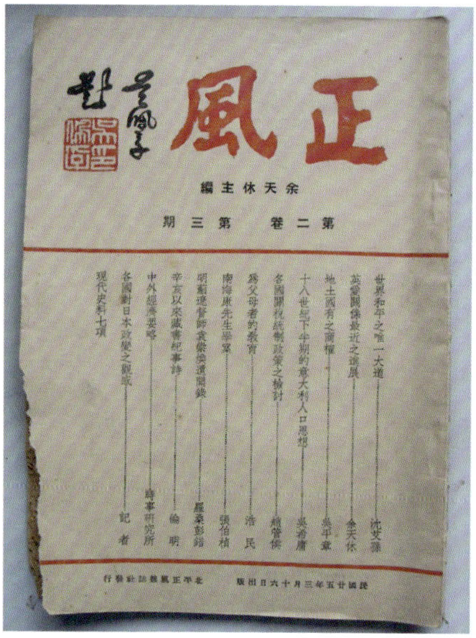

《正风》1936年第二卷第三期封面（伦明在该期发表《辛亥以来藏书记事诗》）

总　目

第一册

第二册

第三册

第四册

第五册

目　　录

前　言

作为岭南文化发源地之一的东莞，历史上涌现了众多文化名人。集版本目录学家、藏书家、大学教授于一身的伦明，就是其中之一。伦明以续修《四库全书》为一生之志，其矢志传承华夏文化的精神令学界景仰；伦明“耗尽千金，藏书百万”的续书楼在藏书界、图书馆界享有盛名；伦明的《辛亥以来藏书纪事诗》综述历代藏书家之渊源、递嬗及流变，更是藏书人必读之作。然而，伦明的著述除《辛亥以来藏书纪事诗》传世以外，其他则散见于民国报刊及一些专著中，部分手稿更是鲜为人知，这使得伦明的文化形象和影响力未能充分彰显，殊为遗憾。

为了挖掘伦明的文化成就，为东莞文化名城建设增光添彩，东莞图书馆于2011年启动了《伦明全集》的编纂工作，对伦明的著述及相关资料进行了系统的搜集和整理。为了收齐伦明的著述及相关资料，东莞图书馆组织专业团队通过全面查询国家图书馆、北京大学图书馆、北京大学档案馆、清华大学图书馆、中国社会科学院文献情报中心、广东省立中山图书馆、中山大学图书馆、暨南大学图书馆、香港“中央”图书馆、澳门“中央”图书馆等多个单位的馆藏目录，以及清末、民国的各种文献数据库，对现存的伦明诗、文、信札、手稿、墨迹等进行了系统的调研，基本摸清了伦明著述及相关资料的存世情况。由于伦明的著述及相关资料较为分散，涉及多个单位和个人，我们在收集过程中，得到了国家图书馆、北京大学图书馆、北京大学档案馆、中国科学院图书馆、广东省立中山图书馆等单位，以及北京大学信息管理系教授、博士生导师王余光，东莞文史专家杨宝霖，东莞市政协常委、文教卫体委员会主任李炳球，暨南大学图书馆研究馆员罗志欢，伦明后人伦志清等的大力支持和帮助，在此，谨致谢忱！

为了更快、更好地编纂《伦明全集》，东莞图书馆成立了《伦明全集》编纂委员会，并邀请相关专家、学者组织召开了论证会和研讨会，先后就《伦明全集》的编纂意义与编纂体例等进行了充分论证和研讨。在编纂《伦明全集》的过程中，东莞图书馆首先对《伦明全集》接近250万文字资料进行数字化、繁体字变简体字、初步点校等工作。然后，邀请了暨南大学图书馆研究馆员罗志欢，北京大学图书馆研究馆员姚伯岳，上海社会科学院助理研究员张涛，北京大学信息管理系博士钱昆、熊静、刘平等对《伦明全集》手稿部分进行了二校。最后，邀请湖北省图书馆研究馆员、全国古籍保护工作专家委员会委员阳海清，辽宁省图书馆研究馆员、全国古籍保护工作专家委员会委员韩锡铎，以及广东人民出版社的相关专家对《伦明全集》进行了最后审定。在此，一并表示衷心的感谢！

2012年，《伦明全集 一》在中国图书馆学会年会上首先与读者见面后，东莞图书馆收到了部分读者的反馈和建议，希望进一步完善、丰富《伦明全集》。经过五年的努力，《伦明全集》经历了伦明著述及相关资料的不断补充，伦明诗文手稿的反复校阅，伦明《续修四库全书总目提要》的反复点校，终于付梓了。在此，我们在欣喜的同时，也期冀汇集伦明毕生学术成就，反映伦明藏书史迹，凝聚众多专家、学者整理心血的《伦明全集》，能让伦明的学术成果为更多人知晓和利用，能让伦明毕生收集、保存中华典籍及传承中国传统文化的精神薪火相传，能让伦明读书、教书、写书、访书、抄书、校书、论书、编书、续书、藏书，始终与书相伴，独乐其中的爱书情趣感染后学，激励我辈秉承先贤精神，提升学习和读书热情，促进东莞学习型城市、文明城市的建设。

《伦明全集》共分为五册：第一册为《伦哲如诗稿》、《辛亥以来藏书纪事诗》、《辛亥以来藏书纪事诗草稿》、《集外诗辑存》、《版本源流》以及《目录学讲义》；第二册为《续书楼读〈书〉记》、《续书楼藏书记》、《读未见书斋书录》、《读未见书斋书录　一续》、《渔洋山人著书考》、《孔子作〈考经〉证》、《颜元及弟子著作札记》、《续修〈四库全书〉刍议》、《拟印〈四库全书〉之管见》、《关于印行〈四库全书〉意见书》、《〈四库全书目录补编〉序》、《建文逊国考疑》、《清史谈屑》、《道光广东夷务杂记》、《三补顾亭林年谱》以及《序跋、题识与书信》；第三册为《续修四库全书总目提要》（经部）；第四册为《续修四库全书总目提要》（史部、子部、集部）；第五册为《东莞伦氏续书楼藏书目》、《清代及今人文集书名索引》、《清代及今人文集著者索引》。第一册还收录了伦明相关图片及其生平介绍。

伦明先生处于清末、民国更替、各种政治势力角逐纷争的时代，其个别作品不免带有时代印记，读者阅读时应客观看待。伦明一生致力于续修《四库全书》，加之在北京、东莞两地走动，自身著述除应友人之邀偶有刊印外，很多手稿、书信散佚难寻，加之时间关系，编者学识有限，遗珠、纰漏在所难免，诚挚希望读者和方家不吝指正。

编　者

2017 年 8 月

伦明生平

自近代以来，岭南地区涌现出诸多文化名人，如思想启蒙先锋康有为，留学生之父容闳，著名学者陈垣，于文于政皆有建树的叶恭绰等。一方面，岭南得天独厚的自然人文氛围造就了名人生长的土壤，另一方面，从岭南走出的文化名人又使得岭南文化进一步发扬光大。在历数岭南近代文化名人时，我们不得不提起一个人，他就是东莞籍的伦明。他一生浮沉书海，沉湎于目录版本之学，为续修《四库全书》奔走呼喊，为文献典籍的抢救与保存、为中华文化的传承和完善矢志不渝。伦明一生搜书、藏书、校书、续书、教书、论书，与书结缘，正如王謇《续补藏书纪事诗》中对他的描述："藏书盈库兼仓富，续补可嗣四库书。安得群儒策群力，提要远追逊代初。"然只因生逢不济，难避战乱兵燹，最终他"四库重修愿莫申"，续书之志未竟而郁郁病卒于故里。回顾伦明的一生，客观评价其成就，于今日之图书馆事业及我辈学人意义重大。兹据伦明存世著作、学友的后人追忆和相关资料，爰述其生平及成就要旨如次，谨就教于方家同人。

一、 家世与生平

据《东莞伦氏族谱》记载，伦姓最早发源于中原（今河南）一带，宋代战乱时有不少人迁徙到岭南。伦氏家族向来注重文化教育，广东历史上的状元之一，明孝宗弘治年间会试、殿试第一名的伦文叙即出自伦氏家族。而世居东莞县望牛墩的伦明家族，代有文韬武略的贤德之人，亦可以算得上是伦氏家族里颇具声望的一支。

伦明的祖父伦梦麒，为东莞县武秀才，可惜英年早逝。伦明的父亲伦常（1834—1889），字元第，号棣卿，自幼便课读极严，同治辛未（1871）任陕西知县。后因寡母年老改任福建知县，母亲去世后改任江西崇仁知县。伦常精通医术，曾与江西巡抚潘蔚在江西创立公立医院。伦常是个具有仁爱之心的慈善家，曾捐款修葺荒废的廨署，并设盲人院、疯人院以帮助穷苦百姓。他不仅为官清廉，还提携后学，对有才智的人必加奖勉，并在当地增建毓秀书院，捐献个人藏书于院中。[1] 清同治十年（1871），伦常带头集资兴建“登瀛桥”于故乡望牛墩圩镇望溪河上，桥洞两侧正中雕有“登瀛”二字，字体苍劲雄浑，为伦常亲笔所书。望牛墩的另一处古迹“文阁”，相传也为伦常捐建，民间亦称“思伦阁”或“思伦塔”。[2] 伦常任江西崇仁知县期间，曾改革吏治，设征收局于城乡中，延请士绅来负责相关事宜，给百姓带来极大的便利。伦常因病卒于光绪己丑年（1889），终年五十六岁。

伦常育有四子，长子伦迈，字静如，为宣统己酉年（1909）最后一级优贡（清代每三年由省从儒学生员中考选一次，是地方贡入国子监的生员之一，每省只数名）；二子伦明，字哲如，二十岁入县学，二十四岁考中光绪二十七年（1901）庚子辛丑并科举人，毕业于京师大学堂优级师范科；三子伦叙，字达如，为癸卯顺天举人，京师大学

---

① 陈伯陶：《东莞县志》卷七十三，人物略二十，台北：学生书局，1968 年，第 2805 页。

② 根据伦明嗣孙伦志清回东莞访问当地乡民得知。

堂文科毕业后授文学士；四子伦绰，字绰如，京师大学堂政科毕业。此外，伦常的侄子伦鉴，字淡如，亦获得监生功名，毕业于京师大学堂农科，奖举人衔。伦氏一门五杰，在东莞曾有“望溪五鱼”（广东话‘如’，发音‘鱼’）的美谈。

伦常夙好书，亦喜藏书，“所至以十数簏自随”，在任所时购得宜黄某氏书，藏书益富。正是在这样的家学熏陶中，伦氏兄弟饱读诗书、学有所成，而二子伦明受父亲的影响最深。伦明十一二岁时便常常在课余到父亲的书房翻阅群书，得以博涉经史，从而与书结下一生的不解之缘。

伦明生于1878年[①]（一说1875年[②]），卒于1944年10月。少时聪颖，读书常一目十行，曾拜康有为为师，行弟子礼，在康有为万木草堂弟子名录中，伦明排在第二十四位。[③] 康有为、梁启超在广州讲学时，伦明常去听课，因此受康、梁的影响较深。辛亥前后，他曾加入新派政党，并通过办报来积极投身维新活动。他是公民党党员，还主办过公民党党报《时敏报》。民国二年（1913），伦明与李汉桢组《广东平报》，并延请徐信符为总编辑。[④] 伦明当年为京师大学堂师范馆的优等毕业生，毕业平均分数七十六分八厘六毫。[⑤] 伦明不仅精研

---

① 根据光绪二十九年（1903）《京师大学堂同学录》第27页记载，伦明时年二十六岁，可见生于1878年。另据伦明后人留存的伦明京师大学堂毕业证书上的记录显示，伦明于光绪三十三年（1907）二月毕业，时年二十九岁，据此推算伦明出生于1878年。又根据1917年刊印的《国立北京大学二十周年纪念册》资料显示，时年伦明三十九岁，亦推出其生于1878年。

② 冼玉清《记大藏书家伦哲如》谓“生于光绪元年（1875）十一月”，张次溪《伦哲如先生传》同。

③ 蒋贵麟：《康南海先生弟子考略》，《蒋贵麟文存》，香港：香港文化教育出版社有限公司，2001年，第110—169页。

④ 广东炎黄文化研究会、番禺炎黄文化研究会编：《岭峤春秋——徐信符研究文献集》，广州：广东人民出版社，2004年，第35页。

⑤ 北京大学校史研究室：《北京大学史料第一卷（1898—1911）》，北京：北京大学出版社，1993年，第394页。

国学、文史、版本、诗词，同时也接受新学教育，习英文、访东洋。他学富五车，藏书百万卷，担任过多所著名大学教授，当过清朝知县，也任过民国官员，他为续修《四库全书》、保存中华文化典籍而奔走呼喊，立志修书耗尽一生心力。2010 年 9 月，东莞市政府发文，正式确定伦明为东莞市名人档案库名人，并颁发名人档案认定证书。

伦明的一生，大致可以分为三个阶段：

第一个阶段：求学及毕业后归粤从教时期。

光绪二十八年（1902），入京师大学堂师范馆习英文。

光绪三十年（1904），升读京师大学堂优级师范科。

光绪三十三年（1907），毕业，授举人衔，分发广西候补知县。

光绪三十四年（1908），任广东模范高等小学校长、广西浔州中学堂校长。

宣统二年（1910），与张伯桢同主两广方言学堂讲席；同年 9 月，入两广总督张鸣岐幕府。

辛亥年（1911），成为梁启超推动成立的“宪友会”广东支部成员。

民国元年（1912），任广东视学官。

民国二年（1913），梁士诒①派伦明回广东设立公民党广东支部。

民国三年（1914），伦明与黄荣森恢复公民党党报《时敏报》。

第二个阶段：迁居京师从事教职时期。

民国四年（1915），伦明迁居京师。

民国六年（1917），任参议院秘书；同年 11 月，任北京大学法预科教授。

民国十年（1921），任北京大学国学研究所诗词教授；同年辞去

---

① 梁士诒（1869—1933），字翼夫，号燕孙，光绪进士，授翰林院编修。曾参与袁世凯胁迫清皇室退位的活动，是清末民初非常活跃的一位重要政治人物。

教席，并致书教育部次长陈垣，请求校雠《四库全书》，编写《续修四库全书总目提要》。

民国十三年（1924），赴河南就任道清铁路秘书长。

民国十六年（1927），任国民政府故宫博物院管理委员会干事、北京大学文学院教授。

民国十七年（1928），赴沈阳任奉天通志馆协修，并协助筹印藏于文溯阁之《四库全书》。

民国十九年（1930），赴东京鉴定日本斯文会所藏中国古籍。

返国后至民国二十六年（1937），历任北京大学、北京师范大学、燕京大学、辅仁大学、民国学院等校文科教授。

民国二十年（1931），任东方文化事业委员会研究员，并与徐森玉代东方文化事业委员会购买图书。

第三个阶段：避乱隅居故里时期。

民国二十七年（1938），广州沦陷，伦明返回故乡望牛墩，患脑充血，全身瘫痪，两年后经德国医生治疗痊愈。

民国二十九（1940）四月，任广州市立中山图书博物馆长兼图书部主任。

民国二十九年（1940）七月，任广东大学历史学系教授兼主任。

民国三十三年（1944），因病卒于广东。

从上可以看出，第一个阶段为伦明求学和事业发展、人生选择的初期，此时国内新旧政权交替，伦明毕业于新式大学堂的师范馆，虽然接受了新式教育，但毕业后仍分发清廷官职。辛亥革命爆发后，他一方面执掌教席，另一方面则积极追随维新人士的政治活动。第二个阶段为伦明一生中最为丰富和活跃的时期，他渊博的学识和敏锐的头脑使他的经历充满了传奇色彩，这一时期他身兼多重角色：文人、学者、官员、商人。他交游广泛，无论是厂肆书贾还是仕商显贵，无论是学界同仁还是东洋日人，他皆与之切磋交流，相谈甚欢。他常常为京师名流家中的座上客，与宾主讨论版本、交流藏书、吟诗唱和，还曾远赴东洋鉴定古籍。虽然续书意愿屡经坎坷，但是这个阶段的伦明，踌躇满志、拥有多种选择。第三个阶段是伦明的晚年，适逢抗日战争爆发，广州沦陷，伦明被困故乡望牛墩，加上身患脑充血病，行动不便。乡间无书可读，又无太多可谈之人，他只能每日作诗自遣。家中一本御批的《通鉴辑览》，他来来回回不知道翻了多少次，差不多都能背诵了。一生与书为缘，最后却人书两地，他内心的痛苦可想而知。1938 年，岭南大学迁往香港，伦明去信好友冼玉清代问可否在港谋一教职，可惜香港亦处于风雨飘摇之中，并没有合适的机会。伦明曾给冼玉清寄过一首诗表达内心的苦闷："踽踽穷乡一岁长，艰难屡觅避兵场。战争道阻音书梗，忧思心劳笔砚荒。果帝暴秦甘蹈海，所思之子怅横江。黄冠白刃吾何任，切欲从君一审详。"①

从性格上看，伦明为人不拘小节，豁达而又颇具文人的执拗。台静农曾回忆伦明在辅仁任教的旧事："他在教员休息室，常被外系同事注目，光头敝衣，极不修边幅。"但伦明并不在意别人对他的评价和嘲笑，个性豁达而又颇有几分可爱。他曾戏题顾颉刚先生之秉性："颉刚先生长于文，而拙于口语，下笔千言汩汩不休，对宾客讷讷如不能吐一辞，在讲台上亦惟多写黑板而代言。待人情厚。"文辞虽有几分戏谑但充满善意。伦明好友冼玉清曾劝他洗脱旧文人放浪不羁恶习，以笃实周慎为务。伦明作诗回曰："积过如山去日长，悚然一棒下当场。"既为自省，又为服膺于挚友的忠言提醒。

从成就来看，伦明一生，大部分时间用于读书、搜访古书及过录批校之事，他经手校订过的书百数十种，除了自己治学所需外，亦有

① 冼玉清：《记大藏书家伦哲如》，《艺林丛录》第五编，香港：商务印书馆，1962 年，第 327 页。

不少是朋友委托校对的。有代表性的如张次溪的《燕都梨园史料》三十八种续编十三种以及张樾丞的《邃雅斋丛书》，胡适亦曾在日记中提到托伦明为其校书的事情。伦明在北大任教期间，曾编印《清代史籍书目提要讲义》，并与国文系教授林损、陈怀合编《文范讲义》六册。其著述除为参与影印、续修《四库全书》工作而撰写的一批专题文章如《续修〈四库全书〉刍议》、《拟印〈四库全书〉之管见》、《续修四库全书提要稿》外，还包括《续书楼读〈书〉记》、《续书楼藏书记》、《渔洋山人著书考》、《建文逊国考疑》、《辛亥以来藏书纪事诗》、《孔子作孝经证》等。其中，影响最大且最受后人推崇的是《辛亥以来藏书纪事诗》，因其内容真实可信，具有珍贵的史料价值。此外，国家图书馆还藏有伦明所撰著的手稿《三补顾亭林年谱》《清代及今人文集著者索引》《伦哲如诗稿》《关于印行四库全书意见书》等。伦明著作付梓的并不多，为人所知的也一般是他应朋友之约所投之稿。如在陈垣任主编的《辅仁学报》、容庚主办的《燕京学报》上所发表的一些文章。这一方面可能与他低调、不张扬的性格有关，另一方面也说明他将更多的心力放在聚书抄书等续修《四库》的准备工作上，而疏于整理自身的"名山事业"。

除著述外，伦明的藏书亦远近闻名。续书楼所藏善本秘籍近百万卷，伦明病重期间，曾贻书居北京的同乡张伯桢，嘱将自己的藏书捐于北平图书馆。对于捐书给北京图书馆的过程，伦明哲嗣伦绳叔曾有过一段记录[①]：

先父一生从事学术，除著作外，当以所存之书籍闻著于社会，今之曰伦氏续书楼。然吾辈后生不得保守，乃决议让与北平

① 材料由伦明嗣孙伦志清提供。

图书馆，此乃八姐慧珠由港与袁同礼氏商洽而定，今由图书馆派人帮予同整目录（前目录已遗失，仅余五册目录）①，迄今已告完毕矣。

当年伦明嘱托张伯桢联系捐赠，但张氏于1946年即去世，捐书一事直到1947年才得以实现。藏书家历经一生所搜集寻访之成果，而最终归之于公，这又是何等的胸怀和远见！

二、 藏书家

藏书家可谓是伦明最重要的一个角色。岭南大学教授冼玉清这样评价伦明的藏书成就："五十年来，粤人蓄书最富而精通版本目录之学者，当推东莞伦哲如先生。"

幼年时伦明常省下父亲的赏钱，每月托县衙从省城帮忙代购图书，从来不问书价高低。后来移居京师，可收之书愈多，每闻厂肆书贾收有异本，则"竭资购置，乃至质钗典衣，在所不顾"。即使是远赴日本，他也常常流连于当地的书摊或旧书市场，伦明之孙伦志清提到：

> 他去日本鉴定古籍的时候，常常逛当地的旧书市场，曾花了五日圆给我父亲买回日本出版的中日油画集《南画集》，家里还有一本侧面烫金的《日本美术史》，日文的，纸张是杏黄的，用纯麻布包装的，这在当时看是印刷相当精美的；还有一本《孔庙摄影》，拍的都是日本的孔子像，那个时候日本人很尊孔，中国也有很多留学生在日本都信奉儒教。

---

① 此五册目录后来亦遗失。

可以说哪里有书，哪里就是伦明驻足的地方，无怪乎其自叹“居京师二十年，贫无一椽之栖，而好聚书，聚既多，室不足以容”。他一生在北京没有置过一砖一瓦，“卅年赢得妻孥怨，辛苦储书典笥裳”。即使是这样，但只因心中有爱书、储书的信念，有坐拥书城的满足感，即使“口食残羹剩饭，身着破衣烂履”仍“不以为苦”。

因为财力有限，而书价又忽贵忽贱，伦明搜书并不追逐潮流，而是看准时机，适时出手。其在《辛亥以来藏书纪事诗·自序》中曾说到时机与书价的关系：“同是一书，适时则贵，过时则贱。而时之为义又至暂，例如辛酉以前，宋元集部，人所争得也；乃过此则竟无问之者矣。又如辛未以前，明清禁书，人所争得者也；乃过此亦几几无问之者矣。”伦明几次大规模收书都是适逢书价比较便宜的时候。一是壬寅（1902）间，他初到京师，“庚子兵后，王府贵家，储书大出”。他日日在海王村隆福寺闲游，书肆中善本秘本目不暇接，以至于每天傍晚都是购得满满一车书回家。从京师大学堂毕业返粤后，又恰逢南海孔氏广陶三十三万卷楼书初散出，而鹤山易氏学清目耕堂、番禺何氏、钱塘汪氏（官于粤者）所藏亦散，于是伦明择而购之。辛亥革命期间，他二至京师，“都人初惊变故，仓皇奔避，数月来议值未就之书，至是纷纷愿贬价售”，伦明于是借债悉数购买，装了满满四大簏。当时京师之人纷纷逃难，车站人如蚁聚，行李阻塞，同行兄弟屡次催促，而伦明则表示“誓与书同行”。绝不肯舍书保命，无怪乎邓文如在《清诗纪事·序》中说：“东莞伦明以书为性命。”

自古以来藏书家分为几种，有的家赀富饶，“视蓄书亦为挥霍之一事”，而有的则为贫寒士子，只能节衣缩食，甚至手抄笔录。伦明 1918 年正式成为北大法预科教授，1919 年为四级教授，月薪 220 元①，后来

① 北京大学档案馆《1918—1920 北京大学教员、月薪统计》。

涨到290元[1]，但所得除供一家人生活外，其余全归书肆。其自嘲曰："余一穷人耳，譬入酒肉之林，丐得残杯冷炙，已觉逾分，遑敢思大嚼哉。"读书人的自我满足和乐观精神跃然纸上。伦明不像那些达官显贵那样等着书贾挟书候于门，而是搜罗于街市冷摊，于"尘灰寸积中，残册零帙，往往精所未见"。一听到好书现身江湖，便不管路之远近，铺之大小，亦要追踪到底。其访书足迹遍及津沪，远至南京、苏州、杭州、怀庆、卫辉、清化，如"伯乐一至而马群空"。由于善于搜罗，伦明曾在琉璃厂买到清末两江总督端方档案多册，其中大部分为电报档案，这些档案关乎清末历史，后来为陈垣所注意，为故宫文献馆购入，现在这批档案也是第一历史档案馆珍贵史料的一种。[2]如果没有伦明当初在厂肆间披沙拣金的搜罗，这批档案可能也就散佚甚或湮没在故纸堆中了。伦明搜书"以俭、以勤、以恒，俭以储购书之资，勤以赴遇书之会"。然而他也意识到，"夫书之为物，非如布粟鱼肉，取之市而即给"，于是"以抄书补购书之穷"，其抄书的渠道包括：图书馆、私人藏书家、厂肆书坊，有原稿本，亦有传抄本和刻本。有一年，伦明和几个朋友到上海旅游，人家观光游览，而他则独登涵芬楼，"阅览竟三日，略记要目"。在伦明看来，抄书并不难，但是抄书之前借书，抄完之后校书难，尤其是借书，主动权不在自己手上，有求于人，显得更难。虽然困难，他却能以苦为乐，并立下了"遍访海内外之书，尽见之而尽抄之"的宏愿。

伦明访书藏书的特点，一是绝不加盖钤印，除了校对的朱批和题跋，他很少在书上留下伦家的印迹。二是他不似一般藏书家那般厚古薄今，贵远贱近。他认为"书至近代始可读"，因此偏爱收藏清人著作，其所聚书，属于近代者尤多。三是不避重复，"初得一本以为佳，

---

① 据伦明嗣孙伦志清提供。

② 单士元：《故宫札记》，北京：紫禁城出版社，1990年，第161页。

继得更佳者，随将前本易去，更得更易，求之勤而辨之精，至于今仍未止也”。对于珍本善本，则“不妨多备一二”。遇有精椠秘抄，伦明常力促好事者“影而布之”，以泽惠艺林。东莞籍民族英雄袁崇焕为明季重要人物，晚清有不少学人考据其事迹，并致力于袁督师旧藏之搜罗，这其中最有价值的发现就是赵敦夫所绘的《肤功雅奏图》。1921 年，江翰①携其到天津，罗振玉认为是真迹并作跋。伦明从江瀚手中看到这幅《肤功雅奏图》，便积极与其磋商借用。1935 年，伦明与同乡容庚、张伯桢父子共同出资，以《东莞袁崇焕督辽饯别图诗》为名，封面题目由容庚隶书书写，伦明在书后作跋，共影印 50 本，分送给各大图书馆。伦明经济上并不宽裕，然珍本图籍可遇而不可求，倾个人私财以传布同籍先烈事迹，嘉惠学林，这种乡邦情怀让人感动。

伦明的藏书观较为开明，崇尚藏以致用。朋友因研究治学需要借书，他往往慷慨相借。伦明曾经给同住东莞会馆的年轻邻居容肇祖提供所藏明代刻本，便于他深入考证明代何心隐的哲学思想史论。王重民编纂《清代文集篇目索引》亦找伦明借过大批藏书，谢国桢从事明末清初的学术思想研究，也曾受惠于伦明的个人藏书。顾颉刚从 1922 年起搜集姚际恒的著作，至 1930 年得知姚氏的《春秋通论》抄本为伦明买到时，“大快，遂借抄之”。燕京大学国学门诗词教授刘半农，苦苦搜求《缗清说》一书未得，“迹访无存，怅然而已”，后同事赵万里在伦明书房见此书，提及半农对此书的搜访之切，伦明则慨然曰：“既半农需此，吾当举以相赠。”他为朋友割爱的豪爽义气可见一斑。

伦明藏书的总量，孙殿起回忆说：“先生拥书数百万卷，分贮箱

---

① 江瀚（1857—1935），字叔海，号石翁，室名慎所立斋，福建长汀人，是近现代著名的学者、教育家和诗人。

橱凡四百数十只，书房非有十楹屋宇，不得排列。”伦明的同乡兼同事邓之诚谓伦明藏书中光原刻顺治、康熙人文集就有十二木箱。邓之诚常艳羡伦明富藏清人文集，亦忍不住将自己的藏书与伦明相比，但从种数上就输伦明二百种。1915 年，伦明已打算定居北京，于是从广东运了一批书到其所住的烂熳胡同 40 号东莞会馆，当时运载书的马车队从火车站一直排到了会馆门口，可以想象那个场面是多么壮观！后来伦明迁居上斜街东莞新馆，原烂熳胡同东莞会馆西面的四号院一共八间房全部用来藏书，这便是伦明称作“续书楼”的地方。因著录批校或续添更新之需，伦明常常往返于新馆和旧馆之间，整理翻检藏书。文史学家顾颉刚曾于新中国成立前参观过“续书楼”，实地感受了“续书楼”的汗牛充栋：“室中不设书架，惟铺木板于地，寘书其上，高过于人，骈接十数间，不便细索也。”①

伦明聚书不易，然迫于经济条件和当时的社会环境，聚书既多，散佚亦不少。广东靠海，环境潮湿，宣统元年（1909）夏，因珠江涨水，伦明有不少藏书遭水患。事后，他将书寄存位于广州仙湖街的伦姓合族祠——南伦书院，又有不少遭窃贼盗卖。其后书院被拆，寄存的藏书在辗转迁徙中亦遭流失。多年来节衣缩食搜访的图书，却没有足够的财力和宽裕的房间来庋藏，不能不说是遗憾和悲哀。然而对伦明触动最深的还是亲眼目睹粤籍书友曾习经“湖楼”藏书的散佚。伦明早年在京师时，曾常偕其同游琉璃厂，“所见谆谆指导”，伦之癖书，受习经之熏陶为多。曾晚年遭佞人欺诈，购置田产于天津，结果都为盐碱地，“咸不可耕”，以至于入不敷出、贫病交加，只能变卖藏书求生计。曾卒后，藏书只剩下数十簏，旧友叶恭绰念及旧谊，嘱托伦明上门清点遗书，打算付七千金全部购入，后来因叶任官外地筹款

① 上海图书馆历史文献研究所编：《历史文献》第 4 辑，上海：上海科学技术文献出版社，2001 年，第 18 页。

未成，曾的亲戚陈某便将藏书贱卖给了琉璃厂翰文斋。[1] 伦明想起昔日一起“食老米”“饮功夫茶”的“湖楼”主人，斯人已逝，书去楼空，不免伤怀。

伦明精研藏书史，对旧式私家藏书的聚散命运有充分的了解，藏书家辛辛苦苦积聚起来的成果，到后来要么被贱卖散佚，要么后人不知珍惜，以致腐箧生蠹鱼，这既是藏书家的悲哀，亦是事物的常理。因此他感慨：“夫物之有聚散，亦常也；自聚而自散之，则偶也……书之聚散，公私无别，且今后藏书之事，将属于公而不属于私，今已有萌兆矣。”这种有预见性的想法使得其对“续书楼”藏书的归宿做了非常妥善的安排，伦明晚年病革期间便贻书给好友张伯桢，嘱将全部藏书捐给北平图书馆，以延续典籍的生命。虽然他的藏书大部分归公，但是仍然有一部分逃脱不了散佚流失的命运。按照伦明嗣孙伦志清的说法，除了北京和广州两地藏书整批捐赠给国家外，伦明藏书的散佚主要有以下几个去向：

（一）伦家后人散卖：伦明姬妾达 9 人，子女 11 人，后人中有一子略识版本，但因吸食鸦片，伦明去世后他曾偷偷卖过父亲的藏书；另外，在 1947 年正式向国家捐书之前，伦家后人生活困难，亦曾经散卖过一些藏书以补贴家用。

（二）通学斋学徒捡漏北京藏书整捐时剩下的散本、散页：1947 年给北平图书馆捐书的时候，由通学斋孙殿起的大徒弟李书梦帮忙守书，此人幼年即入通学斋，学习书籍修补，晚上便住在“续书楼”，帮店东伦明守书。北平图书馆把大部分的书拿卡车装走后，还剩下一些散页、散本，如伦明在京师大学堂期间的一些书信、小册子、手稿之类。由于捐献的书实在太多，无人在意这些剩下的散本散页，这些

---

① 伦明：《辛亥以来藏书纪事诗》，上海：上海古籍出版社，1987 年，第 69 页。

散存的东西便由李书梦卖给了有心人；还有一部分由李书梦在“文化大革命”期间陆续卖出。

（三）随女婿张荫麟藏书散捐出一部分：抗战期间，西南联大南迁，1942 年张荫麟在遵义患病辞世。1947 年，伦明八女伦慧珠将张遗留在东莞会馆的藏书捐给了其曾任教的浙江大学，浙大当时专门在图书馆建了一个“东莞图书室”，这其中可能夹杂有伦明的藏书。

（四）民国时期不知道通过何种途径流入北京琉璃厂来熏阁的一些手稿，新中国成立后卖给了国家图书馆，如《伦哲如诗稿》六册。

（五）20 世纪 60 年代国家图书馆、中国书店从伦明后人处零散购入的散本：那个时候国家图书馆、中国书店广泛搜集古书，曾来伦家找书，陆续翻出一些留下来的散本，伦家后人以十元二十元的价钱零卖出去，此期间可能会有类似于手稿之类的东西流出去。

（六）伦明的弟弟伦叙在广东从事教职，教授文学，伦明曾将广州的一部分藏书转让了几箱给弟弟伦叙作教学用，后来伦叙的孙女伦德仪在“土改”期间将这批藏书捐给了广州文化事业委员会。

（七）“文化大革命”期间，望牛墩散存的图书“被迫”捐了出去。

（八）伦明晚年寓居广东时，欲编印《续岭南遗书》，他把岭南籍作家的著述收集起来，攒了一批古书，但由于自己没有时间和精力，就让弟子李棪①负责此事。1936 年，伦明将该批古书托付给李棪，后来李棪辗转去香港又远赴英国，多年无法联系。20 世纪 90 年代，李棪去世，遂彻底失去线索，该批藏书最终不知去向。

（九）赠送给朋友：伦明病重期间，嘱咐好友张伯桢捐书给北平图书馆，他同时也列出一个书单，让张氏自选，送给他一部分书。

---

① 李棪，又名棪斋，字劲庵，广东顺德人，为咸丰探花李文田的孙子，曾在英国大学任教十余年，回港后任香港中文大学教授兼中文系主任，卒于 1996 年，年九十岁。

三、 以续修《四库全书》为一生之志

对于《四库全书》这部乾隆帝组织纂修的大书，伦明存有颇多意见，他曾说："自乾隆朝命儒臣纂四库书，撰提要，裒然大观矣，由今视之，皆糟粕耳。"他认为《四库全书》并不完备，收书时"忌讳太多，搜采未尽，进退失当"。而修书诸臣，常"挟掊击之私，则弃所不当弃；惮考证之博，则遗所不当遗"。在伦明眼中，"四库全书宜校、宜补、宜续，而续最要，且最难"。一日，东莞籍的大连富商胡子俊问及海内谁能续四库书者，伦明非常自信地表示"独我能为之耳"。"鄙藏之书，可作续修四库资料者，已达什之七八。"于是胡子俊欣然答应每年以三千元费用资助伦明，共计五年完成续修之计。然后来胡子俊生意失败，此事遂告中辍。

《四库全书》自成书到民国，已经有一百多年的历史，这期间关于续修四库的声浪，常不绝于朝野。先有光绪十五年（1889）六月十六日，翰林院编修王懿荣上疏恳恩特饬续修库书，又有光绪三十四年（1908）翰林院检讨章梫以拟请增辑《四库全书》上奏，但皆因为种种原因而搁置。到民国后，"纷乱甚益，投戈讲义，殆成绝望矣"。

伦明在京师大学堂念书期间，因常常去隆福寺搜书，发现很多清代著作《四库全书》中都没有收录。此后，凡是过眼的《四库全书》未收书他都开始抄录，期待有一天能补齐缺佚，将一些"罕传本"、近人文集或者乾隆时期因为种种原因未收录的典籍重新补入，这便是他续修四库之志的发端。后移居京师住在烂熳胡同期间，伦明时常于同乡曾习经处借精本、善本回去校对勘误已有藏书，他用个人的力量，默默地从私人藏书家、厂肆等处积累提要资料。他好读书，手不释卷，无论乘车、坐船、住旅社，坐卧起居，身边均有

书相伴，随时阅读，数十年如一日。1920 年 9 月，伦明甚至辞去北大教席，“绝无别事”，每日闭门读书，只为续修《四库全书》。1920 年 12 月，他去信给时任教育部次长的陈垣，提到了三个建议：一是教育部图书馆应多搜求旧书，二是校勘《四库全书》，三则是续修四库全书提要。在信中，他请求陈垣将续修《四库全书》之事委派于他，“若得附骥尾而有所表见，则我公之赐也”。可此事刚开始没多久，翌年 5 月，陈垣辞去教育部次长职位，伦明的提议亦成为泡影。

1924 年，伦明经朋友推荐，任河南道清铁路秘书长，其将寓室称为“读书庐”。居河南三岁，他无时不心系续修之事，足迹遍布怀庆、卫辉、清化，四处搜罗罕见传本。1925 年，因各国退还庚子赔款限定用于文化事业，当政者决定影印《四库全书》，同时议及续修提要，并交办给内教两部合办。时任教育部署长的章士钊提议将文渊阁、文津阁藏之《四库全书》择一运到上海交商务印书馆影印。伦明虽任职河南，在报上看到内阁会议通过续修《四库全书》之事后，抑制不住内心的激动，当即拟《续修〈四库全书〉刍议》（以下简称《刍议》）一篇寄刊报上。《刍议》提出续修之事分为搜集、审定、纂修三项，这三项中搜集最难，伦明建议可以先暂定一个待求之书目刊布出来，并随时增补修正。搜集可以通过购书和征书来实现，力倡实行“奖以优价”“奖以名誉”的征书优惠政策广以征书，并对续修提出如下改善意见：（一）进书不必发还，可将原本汇集成帙；（二）改抄写为影印，以节省劳费。他又建议乘修书之便，顺带完成《国史经籍志》、《清史稿·儒林传》、《清史稿·文苑传》。然国民政府软弱无能，影印的提议遭到清室善后委员会的反对及教育部人员的阻挠，章氏进退两难之际，又遇江浙战事，于是影印中止。后来章氏辞去教育部署长职务，加上时局纷扰，影印之事也就无暇顾及了。但是伦明的《刍议》一文却得到了学界的广泛支持和重视，1927年元月，胡朴安主编的《国学月刊》第一卷第四期重刊该文，同年8月袁同礼等主持的《中华图书馆协会会报》第三卷第一期又再次刊印，认为该文“体例虽不无待商榷之处，然可供吾人之参启者当不少，故代为披露”。

1927年新年，伦明客居河南，回想多年来收书、储书的艰难，自己为续修受到的冷嘲热讽，辛苦从事三载却成效寥寥，感伤之余不禁奋然挥笔赋诗：

圣朝文治盛乾康，多见鸿儒厕鹭行。

草茅秘籍呈大府，韦布新衔署玉堂。赏翰林院庶吉士戴转诸人以修书。

笑我无端思汉竹，生儿奚异自空桑。

廿年赢得妻孥怒，辛苦储书典罚裳。①

然感怀之际，他续修四库的志向却愈加坚定。当年10月，伦明便辞去河南铁路局的官差，回到北平。此时张作霖控制国民政府，宣布成立“故宫博物院管理委员会”，伦明任国民政府故宫博物院管理委员会干事，继续为他的续修事业准备着，等待新的机会。

其实伦明在从河南道清回京之前，本来有一个很好的续修四库的机会，彼时梁启超在清华成立国学院，亦有志续修四库，希望通过修书为国学院的发展打下基础。梁任公曾给伦明聘书，希望伦明将续书楼藏书搬到国学院，清华每月付三百金，以资购书，约定续修提要的版权归清华国学院。伦明非常心动，专门给徒弟孙殿起去信，谈起接到梁任公聘书一事，并嘱咐孙殿起如何利用北京的藏书撰写目录。本以为碰到志同道合者，然此事定下不久，梁任公即于1929年初遽归道山，真是时运不济也！

1928年秋，奉天打算以地方政府之力承印文溯阁《四库全书》，

---

① 伦志清：《藏书家伦明与史学家陈垣的书缘》，《莞水情》2011年第9期，第8—12页。

杨宇霆邀请伦明赴沈阳，由伦明起草电文，代表张学良、翟文选、杨宇霆通电全国，提出三点建议：一是影印，二是续修，三是校雠，而以同时并举为鹄的。然沈阳的通电发出后，即遭到国民政府干涉，提出中央政府正在筹印《四库全书》，请沈阳方面不要再印了。而沈阳方面则以筹备已妥为由继续坚持，并聘请伦明辑续修总目一万余种。1929 年夏，伦明到南京，见到了国民政府方面提出筹议《四库全书》的负责人胡汉民，向他提出了影印的想法，胡大为赞许，准备在行政会议上讨论此事。但由于需要沈阳方面让步，经再次交涉，沈阳方面依然态度坚决，号称志在必印，并答应印成后赠伦明一部。不幸的是，后来负责此事的杨宇霆被刺杀，张学良虽然有两次集议，但徒以通电在前，聊为敷衍，影印续修的事最终还是没能实现。伦明乃一介文人，纵有宏愿，但个人力量毕竟有限，续修《四库全书》非政府出面不能为之，可是在那个动乱的年代，文人的力量又是如此之柔弱，军阀政府顾着割据对峙，谁又是真正有心襄助没有实惠的文化事业呢？

然即使屡遭挫折，伦明从未放弃过续修的志向。1929 年 12 月，伦明写成《续书楼藏书记》，其中提到《清史》中《艺文志》“略伪殊甚，儒林、文苑传，为数寥寥”，于是发愤欲撰一书，仿照《书目答问》的形式，只录书目，下面附简要评语及作者著述介绍，以补《清史》之缺，“且为续修之大辂椎轮焉”。1933 年，日寇占领热河，北平和天津亦受威胁，大批文献被运到南方，其中文渊阁库书亦在其中。教育部派蒋复璁赴北平调查全书内容，并到上海与商务印书馆接洽影印事宜。4 月，教育部提出将库书中尚未付印及已绝版之珍本八九百种先行付印。伦明得知消息，于是年 9 月在报上发表《拟印〈四库全书〉之管见》（以下简称《管见》）一文，这一次他就实际影印的价格、用纸、工费、装订、成本、售价、尺寸等都加以详细的探究。从各项具体建议来看，他绝对是经过一番周密的考察和精审的计算的。如果把影印《四库全书》当做一个大的出版项目的话，伦明的《管见》一文充分体现了他高明的经营运作能力，他对选本、印刷、发行甚至海外图书馆采购、上架等细节都做了充分的估算，其用力之深令整个出版界、图书馆界的专业人士叹服。果然，最终在中央图书馆蒋复璁和商务印书馆的合作下，两三年中印成《四库全书未刊珍本初集》二百三十一种，一千九百六十册。以后由于抗战爆发，未能继续原订影印近千种的计划，但是酝酿多年的四库影印工程总算是“千呼万唤始出来”矣！

至于《四库全书提要》的续修，伦明先是独立进行，其中经部尚书类部分稿以《续书楼读〈书〉记》为题发表在《辅仁学志》上。1925年至1934年，东方文化事业委员会编《续修四库全书》，王重民、赵万里、冯承钧、向达、谢国桢、杨树达、罗振玉、尚秉和、孙海波、吴承仕等参加其中的工作，《孝经》部分由伦明负责。台湾印的《续修四库全书提要》中的“孝经四书”部分，多出伦明之手。有人统计在全部六十类提要中，伦明参与撰著的有十一类，负责整理主编的有经部尚书类等五类，史部传记类、集部别集类的广东部分，他并以续书楼藏书供委员会之用，还和徐森玉一同为东方文化事业委员会下属的图书馆采购图书。根据1993年中华书局标点本的《续修四库全书总目提要》（经部上下册）的统计，其中伦明署名的提要有一千零九十七篇，分别为：经部书类一百六十三篇，经部诗类一百六十八篇，孝经类一百三十三篇，四书类三百九十七篇，群经总义类二百三十三篇，小学类两篇，易类一篇，若按照单篇四百字粗略估算，光经部提要总字数即近四十五万字。笔者又据齐鲁书社出版的中国社会科学院图书馆影印的《续修四库全书总目提要（稿本）》，统计出伦明手稿（第十四册七百三十页、十五册六百七十二页）共计一千四百零二页，按手稿每页字数三百六十字（双面十栏，每栏约十八字）估算，两册手稿总字数近五十万字。可惜影印手稿尚未全部誊清、标点，不知道与中华书局版经部类重合有多少，不然大抵我们可以算出伦明撰写的四库提要的总的字数。

四、 开设通学斋书店

除了大学教授、藏书家、官员，伦明还有一个身份，那就是书肆老板。任职于北京大学国文系期间，伦明课余时间大都沉迷于厂肆，其自称交游中，书贾居半。由于伦明待人和蔼，残编断简、零书小册，无不搜罗，又常常身着破大衣、破鞋袜，应此得了一个“破伦”的绰号。

伦明开书店，起因于所藏书中残破待装补者太多，“非二十年不为功”，其所雇的补书匠魏氏建议其开设书肆，并举出开书肆的数种好处：“装书便一也，求书易二也，购书廉三也。”伦明觉得很有道理，于是在1918年便开设通学斋书店于南新华街路东小沙土园西口外以北，从琉璃厂的会文斋书店挖来店伙孙殿起主持肆务。通学斋的店面很小，开业的时候也没有什么藏书，起先是暂借伦明的藏书及文友堂的藏书各一部分，摆于书架，随后一边卖书一边收书，书店的业务也慢慢发展起来了。通学斋不仅收书、贩书，也刊印书籍。据孙殿起《琉璃厂小志》记载，通学斋刊印书籍三十种，多为清人文集，也包括孙殿起自撰的《贩书偶记》二十卷（1937年刊）、《丛书目录拾疑》十二卷（1935年刊）。通学斋虽由伦明出资开设，但是伦明自己购书，亦同样记账，公私分明。余嘉锡曾提到在通学斋看中王念孙①

① 王念孙（1744—1832），字怀祖，号石臞，江苏高邮人，清代音韵学家、目录学家，是乾嘉学派的代表人物。

家藏之书牍和诗文手稿，因价过高，多次出价未能谈拢，最后伦明提议与余嘉锡、孙蜀丞、陈垣等人合购，各有所得。余嘉锡不由感叹："时伦哲如虽为通学斋东主，然按书铺惯例，私人购书也要上账，履行手续，伦君严以律己，诚可敬也！"①

伦明开设的通学斋书店曾直接培养过三个学徒：孙殿起、李书梦、雷梦水，三人后来均成为古书业务的专家，于版本学、古书修补、目录学各有所长，其中伦明对孙殿起指导最多，其成就亦最大。孙殿起虽只有私塾文化，但是勤奋用心，钻研目录版本之学，伦明便经常指导其古书经营业务，并常常勉励其治学。伦明与孙殿起交往近三十年，两人逐渐成为亦师亦友的关系。伦明曾嘱咐家属等任何人不准擅动书籍，知己朋友也不随便让进入书房，但是惟孙殿起例外，允许其"随意启视，绝无愠色"。1934 年，孙殿起编就《丛书目录拾疑》，伦明为该书作序，在序言中对孙殿起倍加推崇和鼓励："吾友孙君耀卿，商而士者也。……君博览而强记，其博览也，能详人所略。他人所研究者，宋元明版耳，君于版本外尤留意近代汉宋学之渊源，诗古文辞之流别，了晰于胸。随得一书，即能别其优劣。其强记也，始举一事证之。君尝窥我架上书，凡某类缺某种，某种缺某卷，某卷缺某页，默志之，久之又久，一一为我觅补，按之无爽，即此可知矣。……余尝戏谓使君夙治学如我辈，不知造到若何境地矣。"孙殿起后来成为博通清代目录版本学的专家，编成有《贩书偶记》、《丛书目录拾遗》、《清代禁书知见录》、《琉璃厂小志》、《北京风俗杂咏》等。伦明《辛亥以来藏书纪事诗》中亦有诗赞云："书目谁云出郘亭，书坊老辈自编成。后来屈指胜蓝者，孙耀卿与王晋卿。"

伦明的通学斋与康有为的长兴书局有业务关系。康有为曾托弟子

① 北京市政协文史资料委员会选编：《文苑撷英》，北京：北京出版社，2000 年，第 41 页。

张伯桢开设长兴书局于琉璃厂，专门刊印销售康有为万木草堂图书，通学斋亦代卖一些康有为著作。康去世后，长兴书局业务萎缩，通过张伯桢联系，将书店存书大多盘给了通学斋继续销售。伦明所为，亦算是出自对先师先贤的敬重之情吧！

伦明南归以后，通学斋渐渐转到孙殿起名下，但伦明尚有股份，当时伦明之子伦绳叔留在北平上中学，常上通学斋书店或者孙殿起家里取学费和生活费。伦明去世后，通学斋一直维持经营到1958年公私合营后加入中国书店。

北平图书馆古籍部研究员、著名古籍版本学家冀淑英先生曾著文提到伦明收书藏书之于国家图书馆清刻本书库建设的重要意义：

> 我们馆差不多有七八百种书是伦家的书。伦家的书绝大部分是清刻本或清代著述。我馆建立乙库就是以清刻本和清人著作为主，建库时是从大书挑出来的一批书和零买进来的一些为基础。伦家的书，是整批买进的。①

这段话中所说的伦家的书，其实是指通学斋书店剩下的书，而非指1947年伦明后人捐赠的那批书。这在冀淑英文集中也提到了：

> 这批伦家的书，实际就是通学斋书店剩下的书，我们馆包下来了，资料性相当丰富，里面的清刻本，清朝人的著作，还有极少数的明人著作，都和《贩书偶记》著录一样。我们买的伦家的书，几乎查《贩书偶记》都可以查出来。
>
> 伦家的书的特点，就是收了很多禁书，乾隆时禁毁的书和

① 冀淑英：《冀淑英古籍善本十五讲》，北京：国家图书馆出版社，2009年，第67页。

《四库》不收的书；再有一个特点，就是伦明校跋的书。我们馆藏有乙库存的清刻本和清人著作为基础，再加上伦家的书，和这么多年零买的书，在清刻本和清人著作方面，我们才大大地丰富起来。……重视清刻本就是伦明提出的，他开了风气之先。伦家的书，禁书中有很多比较绝门的东西……我们如果有机会把伦家的书看看，可以吸收很多关于清代人的知识。

伦明的通学斋当年独具一格、苦心孤诣搜集清人著作，没想到后来对于国家图书馆馆藏建设发挥了重要的补充作用，对研究者从事清代文献研究提供了宝贵的原书资料，这也是其开设通学斋书店时没有想到的吧！

五、 与各界人士的交游

伦明因藏书、续书、访书、贩书得以结识各界人士，但是他们的交友始终都是围绕着藏书和学术展开的。在那个年代，他与梁启超、胡适、江瀚、陈垣、容庚、容肇祖、冼玉清、叶恭绰、傅增湘、罗香林等学界名人，常常函札往返，考古证今、吟咏唱和，交游不可谓不广也。

康、梁在广州讲学时，伦明曾经上过他们的课，对康、梁的学养和维新思想十分崇拜。戊戌变法失败后，梁启超逃亡日本，当时伦明尚在京师大学堂就读，曾作《无题》诗八首寄给梁启超。梁启超在《饮冰室诗话》中提及此事："乡人有署东莞生者，以《无题》八首见寄，哀艳直追玉溪①，而言外之美人芳草，字字皆湘累血泪也，亟

① 指唐代诗人李商隐，号玉溪。

录以谂同好者。”伦明匿名寄诗以表达对前辈的崇拜和支持之情，可惜梁启超并不知道此处的东莞生即伦明。[1] 后来梁启超执教清华国学院，与伦明多有学术、藏书方面的探讨。1928 年，梁启超还曾向时任京师大学堂文科学长的江瀚推荐过伦明，请江瀚恢复伦明在北大的教职。推荐的内容如下：

叔澥先生吾丈道鉴：溽暑初退，台候何似，敬以为念。近读报知丈已就文科学长之聘，最高学府得耆硕主持，前途可胜，忭颂。敝同乡伦哲如兄，自民国六年至十年，曾久任北大文科教席，后为浙派所排而去。伦君最精目录之学，以独力编著《续四库提要》，已裒然成帙。其于清儒著述收藏之富，别释之精，尤为并时所稀见，渠昔在北大受学时，丈正为监督，有师生之谊，[2] 若承罗致复职，必能副我丈作人之盛心也，手此奉荐。惟采择定，幸幸，专请道安不一一。启超登首，廿六日。

伦明与陈垣交往二十年，他们既有同乡之谊，也是志同道合的朋友。他们都是辛亥以后由广东到北京定居，曾同时在北大国学门任教，后来陈垣任辅仁大学校长，又援引伦明入辅仁任国文系任教。对于伦明续修《四库》的提议，陈垣十分理解，亦给予过支持和帮助。陈垣一直将伦明视作学术上的诤友，一旦自己有新作，则喜欢拿来与伦明探求，请求指摘。“七七事变”后，胡适、陈寅恪、伦明等离开北平南下，陈垣在 1940 年 1 月 7 日的家书中感叹：“文成必须有不客

① 杨宝霖：《伦明》，《东莞现代人物》，广州：广东教育出版社，2008 年，第 227—243 页。

② 光绪三十二年（1906），江瀚入学部，即署京师大学堂师范馆监督兼教务提调，时伦明在读，为江瀚及门弟子。

气之净友指摘之，惜胡、陈、伦诸先生均离平，吾文遂无可请教之人矣。非无人也，无不客气之人也。”伦明晚年因战事阻隔在乡里，广州亦沦陷，当时患脑充血，“末疾稍愈，居乡不安全”，因关心朋友的处境，陈垣曾让长子陈乐素专程到蔡元培家拜访，为伦明返京师托蔡元培“可否在北平图书馆安插”一职位，可惜未果。① 伦明去世后，他的藏书捐献给北平图书馆，久未成事，亦是陈垣从中斡旋，才达成遗愿。

在伦明的交游中，非常重要的是民国时期典型的同乡师友圈子。与伦明关系较为密切或者互相提携帮扶的，往往是同籍人士。如叶恭绰和伦明既是广东同乡，又是京师大学堂的同学，一个入仕学馆，一个入师范馆，叶后来担任交通部部长，伦明成为河南道清铁路局总务处长，虽然直接受助于道清铁路局局长的同乡陈某，想必与叶亦不无关系。后两人又同在 1927 年成为北京大学的同事，一个当文学院的院长，一个是教授。两人都喜诗文、爱好收藏，共同的渊源、兴趣和经历，使得他们互相欣赏，志同道合。另外，不管是愿意投资帮助伦明续修四库的商人胡子俊，抑或是两代均与伦明交好的张篁溪、张次溪父子，包括梁启超、陈垣、罗香林、冼玉清、容庚、容肇祖等，他们都是广东人，甚至是东莞同乡。当然，这也与伦明在京长期居于烂熳胡同的东莞会馆有关。伦明在北京并无房产，其早期居住的烂熳胡同东莞会馆是由东莞乡绅主持的民间机构明伦堂出资购买的，伦明全家一直免费住在那里。而后来上斜街的东莞新会馆则是东莞籍清朝探花陈伯陶捐修的，也是免费提供给在京的莞籍学人住。这一方面说明东莞人重视教育、对读书人积极帮扶的传统，一方面也说明文人交往的同乡圈子情结。陈垣曾赞：“粤中后起之秀，以东莞为盛。”20 世

① 中国蔡元培研究会编：《蔡元培全集》第十七卷，杭州：浙江教育出版社，1998 年。

纪20年代至40年代，会馆里东莞籍文化名人荟萃，大家在一起生活，自然少不了互帮互助、彼此照应。张荫麟是东莞籍的著名学者、历史学家，被许冠三称为“近八十年来罕见的史学奇才”，幼年时家境殷实，1926年，时年21岁的年轻学子张荫麟就读于清华大学，其父突然去世，家道中落，荫麟肩负教养诸弟之责。伦明通过梁启超得知张荫麟学识渊博，十分赞赏，于是邀请他到家中担任家庭教师，为八女伦慧珠教习国文，后来慧珠与张荫麟结为伉俪。虽然这段爱情的结局颇具悲剧色彩，但是当初伦明聘请其担任家庭教师包括到后来劝服女儿同意与张荫麟的婚事，均体现出伦明对同乡后学的提携和欣赏之情。

伦明的乡邦情结不仅体现在与粤籍同乡的相互帮扶，还包括他晚年返粤后致力于乡邦文献的搜集和整理。伦明一直想编印一部《续岭南遗书》，因其弟子李棪在粤关系较广，与广东上层人物素有交往，提出可以向粤督陈济棠筹款，于是伦明将自己所藏的全部粤人著作秘籍授予李棪，嘱其负责编印。后来李棪去香港，后又去英国，编印一事遂未能成。伦明曾去信托随岭南大学同迁香港的冼玉清询问李棪求交代，李棪当时说藏书寄存在北大图书馆，恭敬地答应速为办理。后来伦明又通过邓之诚去信催促，则杳无音讯。编印《续岭南遗书》一事，“乃粤人应有之事”，如今则事未竟，书亦不知去向。因伦明藏书绝不加盖钤印，至今这批书的下落亦无从寻找。

民国时期，来北京留学访书的日籍学者亦不少，他们一边在各大高校学习汉文，同时常常流连于厂肆，搜求有价值的汉籍。伦明与这些日人也多有交游，虽然他一边扼腕叹息古籍东流，同时他又常常与日籍学人交换藏书，探讨版本学。根据相关资料，我们可以看到与伦明交往较多的日籍学人有仓石武四郎、吉川幸次郎、藤冢邻、桥川时雄等。仓石武四郎写于1930年的《述学斋日记》中就有十一篇日记提到与伦明的交往，彼时仓石在北大、中大、师大多所学校旁听，其中每周五的下午是伦明在北大的版本源流课程，在课上仓石常向伦明请教，并常常去琉璃厂通学斋买书借书。日记中可以看出仓石常常出入伦明位于烂熳胡同的“续书楼”，借书求教，畅谈不已。甚至日人对于伦明经营书斋的一些私事也多有留心，如吉川幸次郎就曾在回忆文章《琉璃厂后记》[①] 写到通学斋的轶事：

> 这书店的东家即资本拥有者是伦明教授，他是清朝文物的搜集家，为了更便于自己的搜集活动，才让孙麻子[②]替他开店。但有一段时间，伦先生与孙麻子之间的关系似乎有些微妙，孙麻子到考据学的重地安徽、江苏去买书，回来之前把东西邮寄到北京，并瞒着东家伦明先生，让我也不要泄露。后来，伦先生发现了什么线索，有一天，一大早来到我的宿舍，要看我昨天买的什么书。

伦明一生处事低调，并未留下太多著述。今天我们得以了解先生事迹，也多有赖于先生当年广泛的交游。先生卒后，友人们作文记录，后来者才得以了解先生之事迹，以扬先生之学。

六、 读书治学教书之生涯

伦明自幼嗜书，自朝至暮，手不停披，众人对其有“书痴”之称。小时候“尝居一小楼中，亘数年不出户，衣虱累累，若不自知，

---

① ［日］吉川幸次郎著，钱婉约、宋炎辑译：《日本学人中国访书记》，北京：中华书局，2006。

② 即通学斋的主持人孙殿起，因脸上有麻子，故有“孙麻子”的绰号。

惟笃志观书”。他广泛涉猎，经眼的著作不计其数，虽然藏书百万，但是他“胸中之目录竟十倍于眼中之目录”。伦明宏深经史古文之学，认为“文辞之学须通经史，不然学问则无根底”。他治学严谨，一旦获得某书，必根据所学或者所藏其他精本自习校对，厘清讹误，他的书虽然没有藏印，但是却常常布满了他的著录和批校。有的书一页纸只有四五行字，剩下的竟然全是他的朱批。正是这种日积月累，他才成为博通古今的版本目录大家。

伦明在收藏清人作品的同时也受清代偏爱疑古考据的学风儒染，他曾著文对一些历史上的疑案进行了考据和辨伪，如《孔子作〈孝经〉证》、《渔洋山人著书考》、《建文逊国考疑》等。以《渔洋山人著书考》为例，伦明曾任北大文学系诗词教授，于诗词亦颇有造诣，而渔洋山人王士禛为清代声望很高的诗人，同时也是当时著名的藏书家，因此伦明自感“嗜读渔洋书，嗜书之癖，又与渔洋同”，颇有知己之叹。王渔洋一生留下了卷帙浩繁的著述，集齐各种版本并非易事，且“世代愈远，散佚愈甚”。伦明早年自南海孔氏购得渔洋山人通行的三十六种本，“以字迹多漶漫，思得初印单行本读之，随时搜访，蓄积遂多”。后来又读到惠栋、翁覃谿撰文所附录的渔洋其他书目，于是增补益多。惠栋所处的时代距渔洋未及百年，且惠栋先祖砚溪先生又亲受业渔洋之门，故所见书目甚多。当伦明发现“然余所得，竟有出于惠目之外者”，多年的搜集果然有派上用场的时候，其惊喜之情自无法言说。于是他利用所藏，综合前人成果，最终辑成《渔洋山人著书考》书目，以“聊备检览，且冀继续增其所无”。伦明的这项工作，为后学了解“一代诗宗”的创作情况提供了极大便利。正是因为伦明积年累月的搜集考证，后人才得以比较全面地了解王渔洋的著述情况。

伦明与诸多学人、书贾的交游，对他们藏书著述的经历多有见闻。

抗战前，吴柳隅主编《正风》半月刊，伦明试作记述近代藏书家轶事，而系以诗，俾使读者得知梗概，于是连载数期，即《辛亥以来藏书纪事诗》。后来《正风》停刊，尚有若干首没有刊布，幸好原稿尚未遗失，并有抄本流传。此书共收藏书家一百五十五人，附录二十八人，其中兼收清代二十二人，其他的则均为辛亥以来近人。伦明的藏书纪事诗以近代为主，体例上虽沿袭了叶昌炽的《藏书纪事诗》，但内容和集录范围却与叶著有所不同。伦书结合其经耳、经眼的同行见解、书坊信息，再辅之以查检所得文献撰成，资料的可靠性和史料的深度和广度都有所发展。关于《辛亥以来藏书纪事诗》的史料参考价值，冀淑英先生曾在文集中提到："我们在编目时，碰到一个人或者图章不太清楚，可以查《藏书纪事诗》和《辛亥以来藏书纪事诗》。"

如前所述，伦明的主要精力放在搜访佚书和校勘披录上，虽然其于版本目录学、诗词叠韵均有深厚的造诣，但遗憾的是刻印出版的无多，抄书、校书和著述手稿未付印者，堆积盈尺藏于家。这一点，伦明的好友冼玉清也曾提到："独惜抄后每缺订装，疏于整理。大抵事繁，不及兼顾焉。"他亦曾对孙耀卿说过："吾近年来撰提要稿，于学问尤见进益，至其群经传授源流支派无不洞悉，近年在粤有所闻见，辄笔书之，积稿盈箧。"可惜伦明卒后，诸多手稿无人整理，散乱遗失，胸中万千目录之学，只随伊人逝去，后人无以窥先生学术成果之全貌。

伦明的一生，除读书治学外，占据时间最长的还是教书育人的主业。不管是旧式学堂，还是新式高校，伦明做过教务，当过教授，他的讲台生涯应该说亦是他生命中最重要的一段经历。

伦明从京师大学堂毕业后不久即执掌教席，先是任广东模范高等小学校长、广西浔州中学堂校长，后又执教于两广高等师范学院。时任清廷度支部主事的陈□宸在粤首办两广最早方言学堂，草创时期，陈先生办学艰难，延请伦明担任教务。伦明不但擅长古学，而且懂经济懂教务，全力协助陈先生，成为校长的得力助手。两人如同知交，讨论办学。伦明当时倡导开放、昌明的学风，不但鼓励教授互相讨论，互为补长，学生也如此，“学术有争论，相处似兄弟”。①

伦明曾几次登上北大教坛，自 1917 年 11 月蔡元培聘请其为法预科教授后，他曾先后任国学门和文学院教授。在校期间，他常常与教授们出游厂肆，或结成诗社，吟诗唱和，最有名的是他与沈尹默等的《金鱼唱和词》。另外他还积极参加学校的社团活动，1918 年 5 月 11 日，他与马寅初等联名发起在北大法科建立苑囿，率先捐款，并在《北大日刊》上刊登“募捐启”，号召大家集资，以构筑一个更加美好的校园环境。1920 年，北京大学马夷初先生因到教育部“索薪”被辞职，众同僚挽留，伦明亦是积极与大家联名上书，积极伸张正义，但不久后他亦辞职离开北大，专心续修四库提要。1927 年张作霖合并北大，改北大文科为文学院，叶恭绰任文学院院长，他和赵万里、邵瑞彭应聘教授，伦明讲目录学、明清史籍解题（编过清代史籍要目讲义）、国语等课；1929 年，陈垣又聘他为辅仁大学教授，他讲授的课程为唐宋元明清文家综论、清儒著述概要、目录学、史学通论及国文。在学生的眼中，他为人不拘小节，常常忘记上课时间。张中行是这样回忆伦明上课的情景：

> 讲目录学的伦哲如（明）先生，他知识丰富，不但历代经籍艺文情况熟，而且，据说见闻广，许多善本书他都见过。可是有些事却糊里糊涂。譬如上下课有钟声，他向来不清楚，或者听而不闻，要有人提醒才能照办。关于课程内容的数量，讲授时间的

① 据陈黻宸嫡孙陈德溥所发表先祖与他人文章辑录。http://blog.sina.com.cn/s/blog_6f2ab71f0100ori3.html[EB/OL]:2012-8-10.

长短，他也不清楚，学生有时问到，他照例答："不知道。"①

1937年，伦明返粤后，亦曾进入岭南大学从教，后因日寇攻占广州，他才不得已告别讲坛，退回故里。国难当头，他满腹的学问，却只能半消磨于与乡人吟诗作对之中。

七、结语

伦明的一生，跨越清末、民国两个时代，都是动乱的年代，但是在那样的时代背景下，他能潜心读书，专心治学，"耗尽千金，藏书百万"，"求人所不能求，为人所不敢为"。他用尽一生的心力，访书、搜书、校书、续书、编书，为中国近代典籍的保存、传播和完善保存了书籍火种，他"以有涯之生逐无涯之物"的执著，将一生艰难所蓄慷慨捐公的无私，让后人感动和敬佩。只恨在那个战祸频仍、积贫积弱的年代，藏书家多年的续书之志难竟，心系伟业却难北返，最后郁郁终于乡里，死后竟然连一块墓地都没有保存下来。今天我们编撰这部全集，既是对伦明先人事迹的追忆，也是对伦明精神的传承，正如伦明对传统典籍文献的传承一样！

王余光　郑丽芬

二〇一二年十月

① 张中行：《红楼点滴》，黄伟林主编：《大学语文》（大学版），南宁：广西美术出版社，2009年，第28页。

凡　例

一、《伦明全集》（以下简称《全集》）旨在收录和整理伦明的所有作品，但限于一些作品较为分散及整理者的能力或有漏收，俟作补遗。

二、《全集》收录作品现统一改为横排，繁体字改为简体字，异体字改为常用字，明显讹误者径加改正，不明显或有参考价值之错字、别字、重字、脱字、衍字等以“（）”括之，据补或订正内容以“［］”括注标示，字迹模糊或字句缺漏者，以“□”示之。

三、《全集》底本未有标点者，由整理者统一加上规范标点；底本原用旧式标点者，今改用规范标点；底本已用规范标点者，则一仍其旧。

四、伦明的诗、文、信札、序跋、题识、札记等，以稿本或最早刊行、发表者为底本进行整理，其不易得者，则选择重刊本或整理本。同一作品有多种版本者，如版本差别较大，则一并收录，俾便研究使用；如版本差别不大，则加注说明。《全集》中原有标题，间有为编者所拟或有所改动。

五、《续修四库全书总目提要》以中国科学院图书馆整理、齐鲁书社1996年影印出版的《续修四库全书总目提要（稿本）》中伦明撰稿为底本进行整理。底本字迹模糊、无法辨认者，则参照中国科学院图书馆古籍组点校整理、中华书局1993年出版的铅印整理本订补确定。中华书局本异于齐鲁书社影印本者，保留底本，亦不出校记。

六、《续修四库全书总目提要》伦明手稿条目序列混乱，今则比照通行书目分类方式编排，使每一条目得以部居类归。其后附《条目书名索引》和《条目著者索引》，读者可从分类、书名、著者三个不同角度对《续修四库全书总目提要》所收条目进行查检。目次、索引中所列书名，凡方志书括注成书朝代，传记书括注传主姓名，使之更加清晰。

七、《续修四库全书总目提要》仅就稿本作点校，凡所引文，一般不溯核原书，亦不出注。原稿空字，就手查补；难以考定者，则一仍其旧。对原稿文理不通者，不予妄改，以存其原貌。

八、《续修四库全书总目提要》伦明手稿中所作双行小字注者，采用小号字体，并加"（）"括之。对著者时代之表述与今之通行原则相左、方志之书以始修年为刊印年，概不订改，一仍其旧。若一书有两份提要稿，且文字上有异同，则照录，俾便读者对比。

九、《东莞伦氏续书楼藏书目》据上海图书馆收藏本整理，原稿箱数即有断续，不完整。《清代及今人文集书名索引》、《清代及今人文集著者索引》据中国国家图书馆收藏本整理。其中，《清代及今人文集书名索引》原即为残本。原文用小字体表述版本、装订等信息，用"（）"括之，且对部分表述形式进行了统一，如"廿"、"卄"统一采用"二十"表述；"卅"统一为"三十"等。为使《清代及今人文集书名索引》、《清代及今人文集著者索引》具有索引功能，重新按简体笔画排序。

伦哲如诗稿

伦哲如诗稿一

广州杂诗己未

小东门外认荆扉，城郭茫然里巷非。惘惘出门逢路问，途人识是客新归。

稚儿习算通加减，小女拈题解作文。一笑聪明俱似我，教渠勿学十分新。

世业无多齿口繁，官抽盗勒况多般。老妻闲坐谈生产，食饭穿衣大是难。

文章同叔旧齐名，翦烛重温听雨情。四十抱孙真羡汝，阿咸况是气峥嵘。

江乡百里盗如毛，岂不怀归阻一舠。三径荒芜从已矣，梦中邱垄长蓬蒿。

相携更上一层楼，与客谈心借茗瓯。良夜清风无价买，更听弦索啭珠喉。（品茶之楼随处皆有。房座清雅，食馔精美。暑天设电风扇，夜间则招歌姬弹唱以娱客。）

步出西关问酒家，万钱下箸未称奢。嘉宾不及庖丁贵，惊见乘轩宠易牙。（厨人唐某以善烹鱼翅得名，□在街边□[①]、贵联陞司庖，继兼□□□[②]、玉醪春及城外谟觞馆，天一酒楼等处。日乘籐轿奔走数家，月得资数百金。）

---

① □在街边□，第一个字疑是“商”或“高”，第二个字疑是“衙”。此句又疑为“初在卫边街”。

② 继兼□□□，文字不清。第三个□疑为“前”字。

城北徐公爱蓄书，赏奇辨异每邀余。我惭佣笔顾千里，君欲争雄士礼居。（徐信符秀才居北城状元桥。家本寒素，馆谷所入尽以购书，积十余年，插架数万卷，多佳椠。自南海孔氏、潮州丁氏所藏散出后，粤中藏书家当以君为巨擘矣。）

黑夜舟泊大沙头感作[①]

繁华过眼剧匆匆，鱼鸟犹惊劫火红。曾记春江花月夜[②]，旧游如梦海[③]天空。

寄杨昀谷广州时客浔江 辛亥[④]

鹤唳猿啼天欲暮，故人招我深山住，拓地十畦先种树。携家去，荷锄结个耕田侣。　　无奈向禽遥间阻，扁舟又逐天涯路。不耐狂风兼横雨。呼谁语，宵深魑魅窥人舞。

鹧鸪天 抵贵县缉私厂作

府海官山策未差，谢郎咏雪擅才华。一身漂泊真如燕，两字官私合问蛙。　　吹舶笳，咽城笳，闲歌昔昔按红牙。尊前爱听柔奴说，说道安心便是家。

---

① 诗又见《伦哲如诗稿二》，题作《月夜泊舟东堤作》，文字稍有不同。

② 曾记春江花月夜，《月夜泊舟东堤作》作“曾是春风歌舞地”。

③ 海，《月夜泊舟东堤作》作“水”。

④ 疑前有缺页，最后一行疑是“渔家傲”三字。

浣溪沙春恨十首　辛亥三月重客都门作

宝鸭香消日未曛，罗衣初试晚寒新，无憀天气可怜人。　风雨愁多花溅泪，关山梦远鸟惊瑰，一襟幽恨托回文。

锦被香温晓梦浓，玉人春困起来慵，水晶帘外雨溟濛。　菱镜颦深妆草草，楸枰劫急局匆匆，倩魂吹断角声中。

晓起湘帘乍上钩，雕梁语燕定新巢，枝阴百舌和啁啾。　欲擘银笺题恨句，几回拈管又还休，可堪憔悴更添愁。

不到芳园已浃旬，惊心景物一番新，残莺新絮占余春。　才闹蜂衙喧午日，又翻鸦阵噪黄昏，乱愁起灭渺无因。

一样春光百种悲，牵愁萦恨似游丝，系春不住任风吹。　小院簸钱人散后，高楼擫笛月斜时，凄凉心绪自家知。

几日东风着力吹，晓来惆怅见空枝，招魂唬煞乱莺儿。　却病不曾疏药盏，浇愁无奈借芳卮，玉颜消瘦已多时。

谁道芳游尚许寻，旧时池馆落花深，莺莺燕燕也销沈。　荒苑尚留残蝶舞，新阴惊听早蝉吟，斜阳冉冉下遥岑。

风絮濛濛乱扑衣，章台日日玉骢飞，倚楼无语怨斜晖。　闻道城南春信早，也随邻女蹋芳菲，香车寂寞载愁归。

记送王孙宝马嘶，天涯愁见草萋萋，雁书不到玉关西。　　锦塞归期应未准，翠楼幽约怕重提，春风何事入罗帏。

浩荡春愁未有涯，狂思纵酒醉簪花，年来作达计全差。　　却恨东风如浪子，装红剪翠斗繁华，倚栏赢得一咨嗟。

鹧鸪天

翁桐士意有所眷，戏拟他生之约，其夫人闻而大恚，桐士赋词纪事，余亦继声。

人间无地寄相思，拟托他生愿亦痴。有人白首盟同穴，何事红丝系别枝。　　蚕缚茧，藕连丝，情天易补妒难医。明珠珍重休相赠，□□□□□□□[①]。

奉和云史先生燕归来词七律一首

半月离愁泪未干，主人无恙旧巢安。客中无意逢红拂，砚畔多情伴彩鸾。此日高飞能择木，来年佳梦合征兰。一双面白头俱黑，钱柳因缘勿例观。

洁珊馆长暨德配苏夫人五旬有九双寿诗

花甲将周鬓未斑，深谙世味爱清闲。谁能讲艺干戈际，绝好藏身

---

① □□□□□□□，原稿缺一页。

仕隐间。积学他时阎若璩，遣歌此日白香山。（白居易五十九岁诗云："花下自遣歌。"）齐年恰有齐眉偶，好趁梅开索笑颜。

逃墨逃杨此尾闾，喜闻开馆集鸿儒。（当道方开国学馆，多聘耆儒来主讲。）耆英洛下宜成会，宾客淮南好著书。（君现主办通志馆事。）湘绮楼中人夺锦，（《湘绮楼日记》言袁某为关外人物第一流。）文渊阁上客吹竽。（君任故宫博物院副院长日，明被聘为图书馆干事。）推袁名集平生志，（张船生服膺袁子才少作名《推袁集》。）百韵赓诗愧弗如。（先生有《生日自述百韵》诗。）

奉贺鸣之省长兼感旧述怀恭成四律

功名时会若相催，游子离乡拥节回。杜甫晚参严武幕，常何新荐马周才。单车到处宵烽息，三径归来昼锦开。淡泊知公平昔志，缨冠急难敢徘徊。

虎踞龙蟠旧建康，曾侯曾此定洪杨。可怜财赋三吴地，半变疮痍百战场。策贵弭兵和楚晋，政期拔吏得龚黄。由来医病通医国，固本除邪是妙方。

太原公子仗旌麾，幕府才名重牧之。公异参军习蛮语，我游乡校讲儒规。政闲时玩南楼月，客满豪倾北海卮。十载雪泥劳忆念，岭南风物话余悲。

投簪端拟老樵渔，多难驱人别井闾。饿死常艰方朔粟，治生未熟计然书。即今吴庑栖孤士，时到夷门吊废墟。愁极转生闲意兴，江南春好忆何如。

酬朱稷丞同学见赠之作

下车无意忽逢君，一别俄惊十四春。面貌相看俱老大，功名何事不飞腾。回思广厦欢颜日，相约屠门大嚼人。饮酒赋诗聊放达，步兵合是尔前身。（君任警察段长，故以步兵相戏。）

稷丞见赠四诗，周敦甫次韵和作，诗中及余多所奖借，余亦次韵赠敦甫并示稷丞

策马夷门过几回，更登嵩岳势崔巍。似闻雪苑余英秀，试向霜葭一溯洄。珥笔梁园君独霸，赁舂吴庑我重来。江东得识周公瑾，胜似醇醪饮百杯。

正平半刺未投先，佳日招邀共绮筵。染指快尝鼋鼎味，斋心常对鸭炉烟。吾侪生计清能足，本色文章妙勿诠。聊比抱关过乱世，岂应抚髀感华年。

豫北燕南距几程，荒村柳暗又花明。暂来避地蠲尘虑，尚剩吟诗遣旅情。闲就山翁同醉倒，何须妇孺尽知名。延年乐府人间少，拚拟听歌遣短更。（焦作票友极盛，时登台奏技，李郎珊元尤擅场。）

濂溪习静度暗暗，元晦诗中道味参。劳形碌碌随人伍，得句超超合我三。此日论文嗟弩末，平生说士似饴甘。出门合辙寻常事，要与吟坛作指南。（余与稷丞、敦甫皆供差铁路局，故借车为喻。）

□□□□□□□[1]

图了严滩又辋川，陆居可似钓鱼船。（子幹有《篁溪归钓图》，余曾题二绝句。）忽萌问舍□□□[2]，别证居家食肉禅。觞咏客来休沐日，行藏论定盖棺前。胸中丘壑谁能画，惨淡龙眠妙笔传。（图为吾友李雨霖手笔。）

---

① 此处疑缺页，此题在缺页之中。

② 忽萌问舍□□□，此句被墨污，三字不清。

马夷初属题砚

先生为陈白沙高足弟子。砚已半缺，有屈翁山题款未泐。

凤味龙尾亦区区，爱此磨砻出大儒。一样白沙门下物，不教燕石换珍珠。（湛甘泉官京师日，都人为之谚曰：门前讲道学，门后买珍珠。甘泉亦白沙弟子。）

半缺云腴墨沈新，几行题刻署灵均。乡邦怀旧无穷意，绿绮题诗共怆神。（屈翁山集有《邝湛若绿绮琴歌》，琴后归吾莞张氏，为吾友邓尔雅所得。刻有“绿绮”二大字及“武德四年”四小字，余得见之。）

高第街南讲舍空，（先生住高第街。）百年绝学复谁宗。流传片石缘非偶，岭海经师拜马融。（夷初尝主吾粤两广方言学堂，国文讲席多年。）

呈林琴南师四首录二

高卧长安大布衣，喧喧车马掩荆扉。万家画扇才人老，一局看棋世事非。道丧微闻沈陆叹，泪枯刚自谒陵归。黄农何世吾何托，一曲苍然怀采薇。

东胶旧在景山旁，多士担簦萃一堂。曾见诸儒开虎观，晚□□①老殿灵光。（张小□②、陈介石、饶六□③、屠敬山诸先生均先后逝世。）看花回首河山异，种树关心日月□④。多少五陵丧⑤马客，西河传⑥教鬓毛

① 晚□□，两字被墨污，不清。
② 张小□，□疑为“涧”。
③ 饶六□，□疑为“楷”。
④ 日月□，□被墨污，不清。
⑤ 丧，疑为“裘”字之讹。
⑥ 传，疑为“侍”字之讹。

苍。（余于丙辰后在大学充教授。）

呈傅沅叔先生

相见无烦介束脩，登堂何幸识荆州。桥边野服裴中令，架上牙签李邺侯。直以爱才成勇退，微闻止沸有深忧。昏尘涨地门如水，方外能从野鹤游。

卅年潘盛去匆匆，诸老风流复见公。秘阁青藜明夜火，残编落叶扫秋风。奇书尽欲归池北，故事还应记水东。听道一瓻能许我，定教暴富傲坡翁。

伦哲如诗稿二

赠廖叔度

平生最畏友，一别十许年。卸装急相访，意重握手坚。须鬓略斑白，神采尤焕然。自言作壮游，尽览滇山川。一朝忽归来，筑室三香巅。（三香，山名。）读书教子女，日讲经一篇。余力为文章，谀墓金百千。忆昔共学日，同斋案相连。课暇论古今，持议各一偏。崛强不少让，往复互纠缠。偶值气盛时，拍案案欲穿。旁舍走相视，疑谓谇詈焉。辞毕各大笑，更端又复然。自从叹索居，有怀无由宣。独学寡攻错，内省丛咎愆。苦思暱就君，破屋赁一椽。追梦酒醒后，拾欢花落前。此愿不得遂，自恨囊无钱。我家住水乡，先人遗薄田。比来变盗薮，率眷三四迁。薪米价日贵，厨火尝不燃。因此随流民，乞食江湖边。早岁抱雅尚，弃官慕陶潜。潜虽际易代，犹安北窗眠。生为无怀民，殁世称高贤。乃知隐佚士，成就亦在天。而我独何为，出处两不全。久别始见君，情亲言弥谦。谀我学已成，诗格老更妍。君意寓奖掖，我意黯自怜。嗟嗟我与君，有如凡隔仙。信笔述区区，契阔在俄延。聚首纵难必，毋吝一纸传。

南　京

缔造新都未易云，南人不笑北人鞾。扫胡定鼎明高帝，晚岁偏传祀灶文。（明太祖《祀灶文》见《大明一统志》。）

观龙蟠里图书馆作

攀鳞附翼集群才，此地重开市骏台。我亦炎天趋走者，谁知单为访书来。

邓文如以先族祖孟臣公画蝶图卷见赠，敬纪二律

先族父孟臣公，讳五常，南海人。吾家系出南海，明末始迁东莞。咸丰辛酉，孟臣公与先君子同举本省乡闱，姓名俱同，主司加“五”字以别之，一时播为美谈。曾至吾乡谒祖，时予尚未生也。后纳赀为工部郎中，外放云南昭通府知府，卒于任。予壮岁游京师，书肆老人为予道公轶事，始知公与潘孺初、杨惺吾相友善。擅书画，喜收藏金石碑帖。文如得是图于市摊，酒后出相示，询知为予家物，慨然见赠，因作诗纪之。

吾家南海衍东江，子姓无多谱牒详。蕊榜一时谈盛事，荆花双萼占秋光。祠堂未获抠衣拜，艺苑应惭数典忘。展卷翩然仙蝶舞，仙凫

一去渺何乡。

江南邓子嗜骨董，奇秘真令俗眼惊。鉴藏妙识丹青意，持赠非同缟纻情。残绢不随尘劫火，遗书重念昔时楹。（予先代居望溪乡，藏弆图书甚多，自移居后全散失矣。）贴墙七字龙蛇动，联璧完归抵百城。（先君子精八法，早年学赵松雪，晚益苍劲，予童时不知收拾，片纸无存。去岁旋粤，始得七字楹帖，重装潢之。）

舟抵上海，次日游西湖，作诗一首

览尽灵区一日间，（丙寅冬游西湖①，甫下车即闻风鹤之警，因雇小车绕行湖边一周而返。）时移游兴亦阑珊。客中聊憩舟车惫，兵后欣看草木闲。未拟酣嬉随士女，却嫌装点污湖山。渊明别有桃源记，会谢渔人独往还。

买　书

平生丝粟惜物力，独遇奇书不论钱。书坊质库两欢喜，只有妻孥饿可怜。

卖　书

货殖仍然不离（仄）儒，本来稗贩笑吾徒。长门赋价今时贱，不卖文章改卖书。

① 丙寅冬游西湖，原稿佚“湖”字，据诗题补。

抄　书

不爱临池懒读书，习劳聊破睡工夫。异时留得精抄本，算与前贤充小胥。

校　书

一字辛勤辨鲁鱼，益书益已竟何如。（用卢抱经《群书拾补自序》语。）千元百宋为吾有，眼倦灯昏搁笔初。

八月十四日去广州，留别从弟鉴、十一弟叙、侄学圃

来去何仓卒，吾行不自由。情虽恋乡土，梦却逐车舟。荔子啖已饱，槐花忙未休。明朝是佳节，客里度中秋。

二

耕读吾家事，先人有敝庐。可怜沦盗薮，从此走歧途。去国日以远，谋生仍此疏。不知广宇内，何地著迂儒。

三

少好弄笔墨，中年复治经。夸心欲博涉，皓首竟何成？邈矣名山业，悲哉逝水情。蹉跎如可补，炳烛惜余明。（鉴弟屡劝予急著书。）

四

诸弟俱嗜学，阿咸才出群。青毡传世业，宝剑许人身。守分无穷

达，因时有屈伸。席珍吾自宝，慎勿炫途人。

抵家作

旅食七千里，思乡不得还。非缘归路阻，无奈客囊悭。小别十年久，长途一月闲。家人定惊愕，急步叩柴关。

二

亲朋争集讯，邻舍亦窥门。稚女赧为母，老妻欣抱孙。故人询存殁，余话及田园。乱后楹书在，纷纷且漫论。

三

去岁辽阳信，秋风断雁悲。徒挥羁客泪，未就哭兄诗。穷死文憎命，孤行性戾时。诸孤犹缟素，失父欲何依。

四

远嫁怜诸妹，乖违各一天。皱眉俱有累，见面转无缘。敬我如生客，相亲忆幼年。感思重会日，齐劝早归旋。

五

赁宅广州市，阛咽百万家。居民习奢侈，经劫更繁华。酬应迫逾债，金钱贱似沙。拮据劳巧妇，心力瘁盐茶。

六

冷寂东街路，年时访古勤。书林空旧椠，肆友换新人。榕寺苔生殿，诃林栋作薪。只应徐与莫，赏析不辞频。（徐信符、莫天一藏书最富。)

月夜泊舟东堤作

繁华过眼剧匆匆，鱼鸟犹惊劫火红。曾是春风歌舞地，旧游如梦水天空。

二老诗和友作

老　儒

济南九十尚传经，劝学兰陵过百龄。皓首不妨闻道晚，等身深喜著书成。任教村塾嘲头脑，留与胶庠作典型。翻怪世风称谓变，纷纷年少亦先生。

老　妓

歌筵生怕问芳龄，粉黛骷髅见欲惊。晚节犹输作商妇，当年枉自惜云英。命中花债偿难了，梦里春婆唤不醒。赢得词人感同病，西风兰苑吊残馨。(汪容甫有《经故苑吊马守真》文。)

又和二首

老　儒

壮不如人何况老，时方用武愧为儒。门生著籍多高第，世业传家只破书。谈艺渐怜同辈少，荒经深悼后生愚。古心不识人间世，虞夏黄农梦想余。

老　妓

年年依旧叹风尘，恐遂沉沦堕溷身。讵比幽贞旌晚节，长将薄幸怨他人。朝云行倦天垂暮，客路攀多柳不春。谁誓白头头已白，月圆花好转伤神。

朱鼎馨母夫人七十寿诗

卅载纪群交，早闻阿母贤。旧家出麦氏，及岁乘鱼轩。夫子为诸生，青灯寒一毡。母也相勖励，饔飧佐简编。邅迍几经时，一奋举孝廉。始读中秘书，迄乎通籍前。殚心治地舆，详考西北边。母也独居乡，勤理下濮田。自幼教诸子，义方比三迁。长公游太学，旋泛航海船。赤水深复深，采得玄珠玄。持节使绝域，慷慨挽国权。次公亦学成，鸣凤飞联翩。夫子晚就官，亲民一邑专。讼庭生绿草，官阁歌且弦。灯宵射春谜，跻堂客百千。母也视部民，亲若妇子然。馈贻有糕果，存问多米钱。佳节会士女，鼓乐纷喧阗。命妇杂其中，嬉笑堕翠钿。吏民拍手道，刘樊俱神仙。绵绵爱日长，七十开寿筵。长公海外归，敦槃化弭鞭。宾朋赠好语，璀璨纷什篇。我来适后时，讵肯空吟笺。登堂见慈颜，如四五十年。屋园构造新，杂莳花木妍。孙曾绕膝旁，伯仲侍随肩。时时奉板舆，佳处辄流连。路人啧啧羡，不羡车服鲜。不羡官爵美，惟羡福寿全。昏扰俗尘中，家庭别有天。岂徒一家庆，宜令千载传。我为述此诗，愧乏笔如椽。

游沈阳杂诗

避地可能歌乐土，营生早已薄粗官。出关尽是麾旄者，皂帽无人识幼安。

榆关形势控幽燕，胡马东来失九边。尽日车窗凭览遍，明清战迹剩荒烟。

禁地门开未卅年，荒芜转眼变腴田。会当招手南洋客，尽室归来受一廛。（粤人往南洋开垦，多受虐待。）

鼾睡何人卧榻旁，蹊田有罪国无疆。分明一箭城南路，疑玩樱花到异邦。

杜陵晚客西川幕，仆射交情两世深。世乱何堪身老病，望江南曲不成吟。（晤郑鸣之，君家江宁不能归。）

少年共学二三子，各作多牛足谷翁。别后行藏且休说，光阴屈指太匆匆。（晤莫月樵、曾子敬、王希哲、孙星舞。）

西王母国新修史，东道主人昨解官。早识百城胜南面，悔将手版换儒冠。（晤陈慈首，君与予为辛丑乡试同年，又同宦广西。著有《西王母考》，已成书。）

长白山边起寝园，沈阳王迹故宫存。可怜不及庚申□，□□□□□□□①。

得子武郑州书，有当于重阳日龟山登高云语喜其豪壮，作此答之

好语传来快欲听，龟山重九客登亭。常时佳节思兄弟，此日高歌洗甲兵。苍狗浮云无定态，黄龙痛饮有豪情。别来风景应如旧，只惜篱花染血腥。

---

① □，□□□□□□□，原稿缺八个字。

伦哲如诗稿三

丁卯五日吟稿

丁卯夏历过年，例假四日，第五日又值□□[①]，风雪闭门，事希境寂，忽动诗兴，叠裳韵至二十余首，题曰“丁卯五日吟稿”。元夕前后，续有所作，亦附存之，计得四十首。吟咏之事等于博弈，始以为乐，久则疲神废事。今后当稍辍矣。丁卯元夕后十日，伦明哲如氏自识于焦作之读书庐。

杨二季良去冬相见，自言明岁我六十矣，除夕偶忆成寿诗一首，于元旦日寄之

大罗同日咏霓裳，弹指人间变海桑。（余与君同辛丑乡举，匆匆二十六年矣。）老至未添新白发，梦回休忆旧黄堂。（君尝保举至知府。）客中济济耆英会，（近来遗老多集沪上，君方从朱古微先生学词。）门下彬彬弟子行。（君教授沪上。）久别忽知经帐近，从今岁岁祝安康。

元旦感怀叠前韵

不使缁尘染素裳，本来五斗薄柴桑。（余筮仕粤西，未半载假归。）偶游皋庑偕椎髻，便拟瀼西筑草堂。充栋尚余书万轴，买山须办竹千

① 又值□□，原稿文字不清。

行。（附近清化镇多竹园，广者数十亩，余游而爱之。）早向江湖学陈起，（陈起，南宋书贾，刻《江湖小集》行世。）且凭妇孺识韩康。

余拟续修四库书提要，从事三载，成稿寥寥，元日秉笔感而有作倒叠前韵

胜朝文治盛乾康，多见鸿儒厕鹭行。草茅秘籍呈大府，韦布新衔署玉堂。（戴转诸人以修书赏翰林院庶吉士。）笑我无端思汗竹，生儿奚异自空桑。廿年赢得妻孥怨，辛苦储书典笥裳。

元旦大雪至次日未止，寂坐戏拈三叠前韵

宵间被冷忽添裳，卧听鸡鸣几树桑。（古乐府："鸡鸣桑树岭。"）厨下丰储肴佐膳，（北俗过年，多备肉类。）阍人切拒客跻堂。（客到贺年，例不接见。）花田夜召群芳宴，（吾粤花田，春多游人，画船箫鼓，人日尤盛。）厂甸朝陈百宝行。（京师厂甸，百货毕陈，自初六始至十五止。）一枕遍游南北胜，起看瑞雪报穰康。

狮毛小犬驯善可爱，锡名高升，畜三年矣，昨忽奄然以毙命，仆埋宅后墙边，诗以悼之四叠前韵

浅土轻埋覆敝裳，长眠仍傍宅边桑。未许留名题冢碣，（前人多为义犬题冢。）尚疑潜迹在书堂。小雌痴似人寻偶，熟鸽凄同雁失行。最忆书床同卧起，鸡筹无警夜眠康。

女伶花玉如声艺甚佳，年稍长矣，登台半载余，暇辄往聆清歌，近忽称病不出，思念之情形诸歌咏五叠前韵

椮椮玉手不缝裳，爱唱罗敷陌上桑。最好听莺杨柳岸，何须栖燕郁金堂。重来人面门双掩，一曲秦腔泪万行。（梆子声悲，使人坠泪。）半世飘蓬谋食拙，怜卿同病堕平康。（此地演剧，园主不酬份金，惟日致馒首数斤而已。）

怀傅沅叔先生都中六叠前韵

罢官闲散屏冠裳，不置成都八百桑。（先生蜀人。）客挟一编能入座，家珍双鉴自名堂。心恫苍赤时多故，手勘丹黄日几行。（先生自言手校书七千余卷。）文苑名臣并念罕，风流王宋溯雍康。

怀梁任公先生都中七叠前韵

斟酌新衣改故裳，早年观海住扶桑。爱我诗篇图主客，（癸卯岁以《无题》七律八首寄日本，承采入《诗结》。）迟君书目写祠堂。（去岁索余所藏书目，至今写未竣也。）大儒人识尊荀况，素学谁云变许行。冰水青蓝言语妙，世间目论并提康。

怀夏润枝师都中八叠前韵

试院衡文汗浃裳，（师典粤试①，日阅卷独勤，天酷热，两仆从爱挥扇，

① 师典粤试，原稿“师”为“群”，据诗题改。

数日夜不懈。）一麾出守劝湖桑。（师以翰林外放潮州府知府。）晚岁竽吹清史馆，故人笛感艺风堂。（师为缪艺风妻弟，尝就商购①缪氏藏书，议未就而已售绝矣。）残编逐渐归书肆，妙帖何缘乞米行。（闻师贫甚。）屈指称觞将七十，待招门下庆强康。

怀胡子贤都中九叠前韵

不登皋陶宋荔裳，（宋有祭皋陶乐府。）几愁铁砚老磨桑。（用桑维翰事，君官刑曹②，不由科第。）精心鉴别如荷屋，霸气文章近易堂。粟饱侏儒原有例，（尝与晦闻谈及君，笑曰：侏儒饱欲死。）鹅笼道士不同行。（近见京沪鬻书者日多，君工书而不出润格，尤喜为余捉刀。）骄人百纸明贤牍，享帚居然是小康。

怀黄晦闻都中十叠前韵

研京词藻识云裳，春殿年年长谷桑。（君方作清官职。）后氏授诗多著籍，（尝在北大以诗教授。）孔门用赋定升堂。修书红袖陪鹦砚，饮水青田下鹤行。记得罪言传诵遍，识君正遇秀才康。（君壬寅闱艺，敷陈时务切，房师袁公荐而未售，为刊落卷于京师。余读之，始识君。“秀才康了”见《遯斋闲览》③。）

怀关吉符颖人兄弟都中十一叠前韵

稊园角艺忆联裳，下笔春蚕食筥桑。翕翕东西居老屋，勤勤晨夕

① 尝就商购，原稿“商”作“啇”，据文意改。
② 君官刑曹，原稿“君离官刑曹”，“离”字当删除。
③ 《遯斋闲览》，原稿“斋”作“齐”。

侍高堂。一时誉望郊祁亚，六代文章鲍庾行。门内埙篪师友备，笑他异姓说三康。（晋孔愉，字敬康，与同郡张伟康、丁世康齐名，号“会稽三康”。）

怀陈援庵都中十二叠前韵

徐（光启）李（之藻）图书译越裳，地舆天算逮农桑。几人抱器来西土，有客抄书聚北堂。（君亲求利玛窦、南怀仁辈遗著甚备，重印行世，于西教传华本来纪述尤详。）百犬吠声难上谤，（君被推为管理清宫委员，为势要所忌，将陷之法。）十年树木想连行。（君手创平民中学，又兼任北大教授。）由来成学京师易，（曾文正语。）又见家风绍海康①。（陈海抟侍御昌，粤康人，著书甚多，与王石曜善，王极称诵之。）

怀黎子训都中十三叠前韵

少年轻挝昵帷裳，中岁参禅礼佛桑。君悟人天无上谛，我嫌儒释不同堂。避妻离子坚持律，耐冷捱饥错入行。（俗谚男莫入错行，女莫嫁错郎。君久官教部，现充视学。）除了才痴余画绝，一生倾倒顾长康。（君好画，精鉴别。）

怀杨昀谷都中十四叠前韵

乡贤诗似乐莲裳，粟里荒芜不种桑。（君籍江西新建，尝买山某县，因乱不得归。）观政十年官比部，避人一榻占庵堂。（君向住白衣观音庵，曾访之。）壮岁识君筹笔地，（君随张坚伯制军入粤，余亦在幕中，因识君。）

① 又见家风绍海康，原稿“家”字空，据诗意补。

平生索友卖浆行。（君十年来少与旧友往还，所识多星卜负贩之辈。）无聊烛跋论时艺，隆万删余爱顺康。（君好谈时文，不喜明人说理之作，独赏清初李来泰、王广心辈①，去岁尚抄时文数篇贶余。）

怀嵩公博都中十五叠前韵

公子朱轩耀绣裳，越台几度看红桑。（君先公官广州将军，随侍至粤。）承恩久绝金张第，游艺犹登坡谷堂。（君上书学坡谷。）去国陶朱初变姓，（君启姓袁为林彦坊。）避兄陈仲欲偕行。（君失继母欢，屡欲分居。）似君才地生平世，台省雍容庶事康。

怀蔡子英都中十六叠前韵

贷□赊米典裘裳②，闻道都门变翳桑。技不投时宜束阁，众思听法未开堂。事人宁免官三黜，慰我时裁柬八行。（余与君通信最勤。）安得马肥驺圉饱，与君纵辔骋庄康。（余与君尝供事众议院。君发明速记学最精。）

老诗人李汉父去岁殁于京师，久始得耗，顷作都中怀人诗，忆及怆然补挽一诗十七叠前韵

老辈谈诗识贺裳，一廛无地寄鸠桑。（君有宅在天津，晚年售去，寄居惠州会馆。）无官尚逐中华土，有酒常眠北海堂。治谱合登循吏传，

---

① 王广心辈，原稿“广”字空，据商务印书馆《中国人名大辞典》补。李来泰、王广心，均为清顺治进士。

② 贷□赊米典裘裳，原稿□空，缺字。

（君历任福建喜林县府。）歌场时□少年行[1]。谁怜身后中郎女，学得琵琶别姓康。（君有女操优伶业，更姓名米月红。）

又追忆罗瘿公一首十八叠前韵

歌童泪渍旧罗裳，山木今悲落后桑。八叉潦倒金荃集，四梦低回玉茗堂。同穴鸳飞知有伴，（君殁未几，夫人继殉。）遗文蠹蚌不成行。（君遗文尚未刊认[2]，就散佚。）斌留轶事梨园说，一曲淋浪老子康。（康老子，曲名，事详《乐府解题》。）

怀温毅夫天津叠前韵

馇橐从亡涕满裳，小朝廷早失苞桑。他时心事遗民话，往日声名御史堂。清秘尚闻除凤阁，流离犹见侍鹓行。拜鹃几辈江干侣，梦想中兴夏子康。

怀叶誉甫天津二十叠前韵

及时求退杜黄裳，富国谁能薄孔桑。孤跌急传文汇阁，（去秋邀余谈影印《四库全书》事。）旧庄凄念退思堂。（“退思”，张文远师堂名。）众口铄金明此日，六州聚铁置周行。武乡含少劳军务，何似闲居四体康。

① 歌场时□少年行，原稿□空一字。
② 君遗文尚未刊认，“遗文”二字空，据诗意补。

怀郑鸣之天津二十一叠前韵

酒痕未浣广州裳，（先生素豪饮。）棠憩留思我梓桑。辽海春融花照幕，陪京昼永锦张堂。（先生本居金陵，前岁任江苏省长。）乞闲暂许归私第，论政曾陪侍末行。（先生在粤政务厅长任，余时充省视学。）闻说山公多启事，不堪揖拜懒嵇康。

怀张子武郑州二十二叠前韵

夜治军书不解裳，东隅失欲挽榆桑。一士无如人诺诺，九攻未见阵堂堂。勋名独秀峰千尺，风度灵和柳数行。不信书生能杀敌，文成何以起南康。

怀唐天如郑州二十三叠前韵

名士从军短后裳，谈兵可似法长桑。（君精医术。）执简几年趋史局，（君曾与修清史。）读书十载忆山堂。（君居罗浮读书近十年。）秀才医国肱三折，词客哀时泪两行。患难交情才子气，思君想见对山康。

怀江竞庵上海二十四叠前韵

菁华未竭去褰裳①，生计长江地可桑。朝见驱车辞相府，暮传对簿上公堂。（闻君在上海复操律师业。）朝争牛李难中立，世重申韩少内

① 菁华未竭去褰裳，“褰裳”原稿作“搴裳”，径改。

行。暂别高阳多酒侣，寓书待报起居康。（方寓书上海，询君住址。）

怀陈子砺先生九龙二十五叠前韵

早脱朝衫戏彩裳，（先生署江宁藩司，以养母名归①。）晚勤修志敬维桑。（先生修《东莞县志》已成。）桃花露覆秦人屋，梅树霜摧葛令堂。（先生尝于罗浮峰下，建梅花书屋，近沦盗薮矣。）锦里新成耆旧传，（先生著《宋东莞遗民录》、《明广东遗民录》，已刊行。）儒林风拜丈人行。（余辱知爱在三十年前。）南鸿一去无消息，曾写新诗问健康。（先生甲辰七十寿，曾作五古长篇寄祝，久未得收，未知曾达否?）

怀廖叔度梅县二十六叠前韵

遂和早制□荷裳②，男课耕田女课桑。客子解装诗满箧，（君曾游滇，归刊《游滇游草》。）门生问字酒盈堂。旧游象郡多遗爱，（君官桂甚久，曾知浔州府。）同学龙头孰抗行。（与君同学日，每考试必第一。）读史知君饶感想，几时刑措见成康。（君读史学甚深。）

怀十一弟达如广州二十七叠前韵

小孙嬉戏解牵裳，不离（仄）先畴五亩桑。老□一生耕砚石③，（弟任学校教授二十年。）偶然三日坐□堂④。（弟曾被举为县尹，□日去

① 以养母名归，原稿“名”作“各”，据句意改。
② 遂和早制□荷裳，原稿□空一字。疑为“芰”。
③ 老□一生耕砚石，原稿□空一字。
④ 偶然三日坐□堂，原稿□空一字。

职①。）游民失业难忘本，教习开栏未进行。（粤中有陋习，有为学校介绍从中取利者，粤人嘲之为教习栏。广州市有果栏、菜栏等名称，栏犹商家之行也。数年前，弟屡书恳余回粤为教习，不果行。）何日小园盛独乐，白头友爱共光康。（汉司马光与兄康相友爱，至老尤笃。②）

怀从弟淡如广州二十八叠前韵

妻少衣襦谁欠裳，天风将至识枯桑。朝炊时见宾争座，（弟家贫而好客。）昨别犹欢母在堂。（叔母年七十余，前岁已殁。）十月南梅长断信，（别弟六载，未得信息。）九秋北雁总分行。春来可有吟诗兴，病起池塘梦老康。（弟好作诗。）

怀朱鼎馨伦敦君任驻粤公使，代理驻英公使，现居伦敦　二十九叠前韵

□□持节服胡裳③，晚日西行照晓桑。使者执言争岁币，大夫作赋上坛堂。十年禁弛悲鸦片，百国书通熟蟹行。封豕凭陵疆日蹙，更烦瓯脱划西康。（西康毗连英国，《阿萨密界约》尚未议定。）

姬人灿英三月生日，今岁三十矣，预乞作诗三十叠前韵

十载操劳一练裳，调羹作饭代蚕桑。远随羁旅长思父，久耐饥寒不下堂。观史慧如惩女宠，忧天诚祷散戍行。人生佳境如尝蔗，偕老偿卿寿且康。

---

① □日去职，原稿□空一字。

② 汉司马光与兄康相友爱，至老尤笃，原稿如此。此处伦明记忆有误，应为“宋司马光与子康”。见《宋史·司马光传》，中华书局标点本第10757至10771页。

③ □□持节服胡裳，原稿缺两个字。

花伶病起登台喜赋三十一叠前韵

侍儿重理舞时裳，黄陨休教叹落桑。惜别未窥蟾满镜，含情待诉燕归堂。回春幸有君臣药，（闻服友人樊詧农之药而效。）祷疾应劳姊妹行。开岁雪飞花事盛，定知人寿共年康。

直奉军换防，此地驻兵尽撤，传言红枪会将至，彻夜不寐感赋三十二叠前韵

军士威容乞丐裳，惊逃鸡犬扰耕桑。事急群公谋筑室，（官厅商会方议应付之策。）身危君子戒垂堂。呼天罔应民罹劫，防地频移伍退行。客舍两年惊鹤唳，（去岁二月初，红枪会亦扰此地。）可容刮目睹时康。

朱稷丞四十六岁生日赋诗为寿三十三叠前韵

日晏呼床尚倒裳，也随时俗庆弧桑。天澄灯目辉元夕，地窄冠钗集小堂。文字订交同学日，簿书逐队后生行。北南气变休饶舌，随遇行窝乐邵康。

正月十六日，男女出游郊外，连袂成群，入暮未息，偶检武林旧事，言都城自过妆灯贵游，巨室争先出郊，谓之探春，殆即此俗也。赋诗纪之三十四叠前韵

出郊满目见红裳，不是相期濮与桑。早起探春行麦野，暮归带月返茅堂。如何北地戎夷俗，（此地妇女尚多左衽。）也效西泠士女行。兵

去盗来千户闭，（是夜夥盗，连劫十余户。）一般人事异灾康。

季良等示元旦试笔诗，有“淡泊遗家青一毡”之句，自注两儿谓不愿当教习，余训以有教习当尚是中策，恐汝等教习都不能当耳，其言痛绝，作诗广之三十五叠前韵

阿婆犹着嫁时裳，老女禁寒不辍桑。漫说诗书君子泽，似传衣钵老僧堂。遗经何若藏金窖，谋食难于太上行。责子陶公殊未达，笔耕那得望□康①。

黎镜清汲县书来约游苏门山，余欲游兹山者屡矣，至是仍不果行，聊拟梦游以快夙愿，并寄黎君一粲三十六叠前韵

思携蜡屐叠征裳，访水（山亦名百泉，即□□之泉源也②。）看山历柘桑。台吊孙公凭啸处，祠登邵子读书堂。（山有孙登啸公、邵康［节］祠堂。）计程预裹粮三日，得句留题墨一行。更拟披寻最幽处，小营草阁特题康。（明康海构堂康山，董其昌悬曰“康山草堂”。）

阅《顺天时报》所记连日战事感赋三十七叠前韵

顿时解体见袍裳，基失高原悔植桑。（□诗本不植高原③，今日复何悔。）放眼龙蛇争大陆，关心燕雀处危堂。南征诸将应归命，北下元戎未启行。伯符霸业同悲慨，旦晚龙蟠吊建康。

---

① 笔耕那得望□康，原稿□空一字。

② 即□□之泉源也，原稿□□二字不清。

③ □诗本不植高原，原稿□空一字。

题自藏宋人清明上河图长卷三十八叠长韵

匣斫香檀锦制裳，一图中有小沧桑。长垂汴土遗民泪，（孙退谷云，上河图乃南宋人追忆故京之盛，而写清明繁盛之景也，传世者不一而足，以张择端为佳。上有宣和、天历等玺于淄川，士夫家见之。宋人云：京师杂货店上河图一卷，售价一金，所作大小学简不一，大约多画院中人为之。）曾入钤山故相堂。摹本流传看处处，名家题跋辨行行。天章幸缺天和玺，宝物如烟去靖康。

连日大雪，周逋夫以春雪叠裳韵诗见，亦率笔附和三十九叠前韵

驴背人归看白裳，雨非因旱免诛桑。（十七日先雨后雪。）爱从处士吟梅树，（林诗：雪后园林才半树。）欲仿髯翁署雪堂。乘夜正宜擒贼窟，（连夜有盗警。）祁晴未至禁屠行。围炉剩有新年馔，不访袁安觅杜康。

二十四日，奉军大队追剿红枪会于村，杀十余人，获数十人，枭一首于车站桥上，先二日，红枪会围沁阳城，守兵开城迎击，杀获又十数人，目击心悯四十叠前韵

岂有刀枪不透裳，今朝眼见伐妖桑。骈首尔甘投地阱，惊魂谁为送天堂。车能载鬼头千级，（传闻军士以火车载首级北上。）智不开民谕百行。曾是殷顽仍未化，恫瘝明罚缅封康。（此一带皆红枪会地①。）

---

① 此一带皆红枪会地，原稿“红枪会”三字空，据诗意补。

文卿局长五十一岁生日，余既撰文以祝，复索作诗，适传有□代之信[1]，并附临别赠言之义，赋呈一律四十一叠前韵

夏葛冬裘甫易裳，（君去岁三月莅任，明日又届三月矣。）官斋原是寄生桑。平生志略车同轨，佳日壶觞锦烂堂。仙眷刘樊人共羡，（夫人田氏性贤慧，与君伉俪甚笃。）诗家郊岛我平行。相期努力崇明德，不学时人颂永康。

赠袁进之君任河南驻焦作交涉员，又与余在道清铁路局共事　四十二叠前韵

福泽赢人食与裳，仕无轩盖退无桑。折腰日日官迎驿，蹙额时时客闯堂。玉燕入怀迟一梦，金钗备数早三行。（君纳二妾，尚拟再置。）商量择术惟医善，曾感刀圭馈季康。（君善医。）

王生希古初学诗，屡以所作就正，昨叠余裳韵见赠，有“韩欧才早同心折，孔称交休论齿行”之句，为答其意，勉之以学四十三叠前韵

美人刀剪制裙裳，不废蚕功日力桑。五字七言殊体格，三唐两宋各阶堂。微吟随地参三昧，博览同时下十行。亦有天机辞学力，老人击壤在衢康。（邵康节《击壤集》不可学也。）

---

① 适传有□代之信，原稿□空一字。

文卿局长调部任用，余亦预备交代，作诗留别，共事诸友及各交好四十四叠前韵

十年奔走露沾裳，牖户绸缪未彻桑。马老却愁初识路，燕飞岂意再巢堂。（余昨岁二月解职，隔一月复来。）河鱼他日难忘饭，（近处水河产鲤鱼最佳。）旅雁何时更着行。（用苏句。）赠我路车从此逝，渭阳记取别秦康。

送文卿局长北上四十五叠前韵

执手踟蹰泪滴裳，浮屠三宿岂忘桑。也知车发难攀辙，预识榱崩共处堂。归路干戈还挈累，送人槐柳亦排行。（车路两旁新植槐柳甚多。）愁来休叹轮生角，会看飞驰五达康。（《尔雅》：“五达谓之康，六达谓之庄。”）

景秋皋和余裳韵见赠，顷又叠裳韵送行赋答一首四十六叠前韵

三年比屋切同裳，我似风蓬尔宅桑。运短王孙哀末路，（君系胜朝宗室。）霄长鳏叟卧空堂。（君去岁悼亡，无子女妻媵。）草堂人日烦题句，谪座春风欲侍行。（君与王生希古、樊生楚农，皆有学诗之约。）差慰临歧珍重意，病余癯貌日加康。

怀孙师郑都中四十七叠前韵

学旨微窥堂襞裳，思玄夸大讵同桑。（明桑［悦］撰《思玄集》①。）全收遗籍归书库，（君有续修《四库全书》议。）兼治群经绍礼堂。（君斋名□学②，已刊行话经之文。）诗续石仓新集录，（君撰《四朝诗史》。）梦遥粉署旧班行。（君尝官吏部。）皋比闲吟名逾重，争道崔张逊一康。（北齐陈元康，时人语曰，三崔一张不如一康，先生原名同康，更名雄。）

去春周遁夫首唱四老诗，余与秋皋、稷丞、楚农和作，今春余首唱裳韵诗，遁夫、秋皋、希古叠和不已，方拟大振旗鼓，而余去矣。感聚散之靡常，恐风雅之中辍，再成一首，留别吟社诸子四十八叠前韵

小仓诗法授蓉裳，嵩岳名篇欲继桑。（桑□甫撰《五岳集》③，《嵩岳集》其一也。）有客嘤鸣来汐社，常时禁体战星堂。放歌白日知过隙，送客青山已列行。（罗隐诗："最是九华山有意，列行相送到江边。"）何用扶轮思大雅，近来斯道弃瓠康。

留别李珊元君习票戏，擅青衣剧　四十九叠前韵

歌台月貌衬霞裳，饰面休疑客姓桑。（《明史》石州民桑冲饰头面、手

---

① 明桑［悦］撰《思玄集》，原稿"悦"字空，据《中国古籍善本书目》（集部7214条）补。

② 君斋名□学，原稿□空一字。

③ 桑□甫撰《五岳集》，原稿空一字。《中国古籍善本书目》有《五岳诗集》、《五岳山人后集》等，但非伦明诗中所指，中华书局、上海古籍出版社出版的《中国古籍总目》也无此书，《四库全书》、《中国丛书综录》也无此书。

足，又巧习女红，自称女师。）废学翻缘生有室，（君自去岁娶妇后少登台。）成名深惜会无堂。我以璧人看卫玠，君能国士报中行。（君佣书某公司不被优遇。）洛妃欲妒巫山女，云雨谁为谱楚康。（梅伶兰芳，新排《洛妃》一剧，余谓巫山神女事先于洛妃而情节略同，惜无人谱之也。君有新梅兰芳之称，故以为喻。梦神女事是康王非襄王，前人已辨之。）

戒行有期，连日捡拾书籍，感赋五十叠前韵

我生嗜学始胜裳，炳烛明犹照晚桑。秘帙思罗天一阁，精雠欲继抱经堂。穷通何与文章事，疏懒难跻著作行。一事只今劳百宪，载书急待道途康。

怀马夷初杭州五十一叠前韵

江心泛舟雾侵裳，珠女如花唱采桑。宵深被酒眠游艇，日出听钟上课堂。千里差池黄鹄举，十年疏散白鸥行。比传踪迹仍飘忽，好趁风云展济康。

追挽陈介石师五十二叠前韵

傲游京国布衣裳，史熟龙门水究桑。人惜孟郊迟得第，我同张籍晚登堂。教尊华夏锄非种，（师谪国史严辨种族排满之意。）文尚周秦擅散行。门下传薪应勿替，永嘉学□胜胡康①。

① 永嘉学□胜胡康，原稿□空一字。

追挽林琴南师五十三叠前韵

山人门外盛轩裳，卖画钱多胜税桑。幽怪有书传梅国，冬青无树哭陵堂。（师晚岁谒陵多次。）门生才盛多津要，名士资深少辈行。谁向长安叹珠桂，晚年高卧境逾康。

偶作五十四叠前韵

毁冕侵寻更裂裳，公田而外置公桑。（《礼记》：“古者天子诸侯，必有公桑。”）积财并入私赃律，停爨群开会食堂。红粉偕游裸身国，素封齐等乞儿行。回复无怀葛天世，不须大小别同康。

黄生月波，同学友也，磊落负奇志，于余行有恋之意，且索赠诗赋，此为别五十五叠前韵

黑暗羞同虱处裳，武陵汉畔生麻桑。骅骝有力行千里，蛩駏多情絜一堂。去此将为六月息，友君愧长十年行。赠勤为指迷津筏，眼底崎岖忽化康。

以江弢叔伏敌堂诗录赠王生希古即题其首[①]五十六叠前韵

美容如锦集为裳，下士愁吟拟隰桑。麟凤不期游叔世，圭璋未得达明堂。命途仲则莲生合，诗格昌黎鲁直行。虱梓官微沾溉大，黔娄

① 以江弢叔伏敌堂诗录赠王生希古即题其首，原稿“敌”字空，据《再题伏敌堂诗录六十二叠前韵》补。

终合易名康。

怀胡石青都中五十七叠前韵

一试牛刀遽拂裳，颇闻心计擅研桑。我游康叔分茅地，人指平原养客堂。周官书考廿人职，（君创设中原公司，开采煤铁。）汉使槎随海客行。烦问巡边王节使，轺车过处可欢康。（君同事王君团沙，曾充陕西宣抚使，已归京。）

怀吴寿岑山海五十八叠前韵

沁水三年浣我裳，逢君疑是古庚桑。招客谋□开净社①，（君习道家术，为此地同善社长。）辞家留犬守虚堂。（君畜犬甚多。）穴山冶铸僮千辈，（君现为福中运煤公司总理。）历国交游驷几行。身入纷华心寂灭，终宵孤坐伴桃康。（桃康，丹田下神名，见《道书》。）

闻奉军渡河占郑州五十九叠前韵

隔水冲锋血染裳，师称吴境匪争桑。空见刘牢夸北府，竟同庾悦让东堂。假□信使难成约②，寄阃骄兵久乱行。从此蛟龙嗟失水，更谁驱疟画桓康。（齐将军桓康骁勇，疟者画其像□之③。）

---

① 招客谋□开净社，原稿□空一字。
② 假□信使难成约，原稿□空一字。
③ 疟者画其像□之，原稿□字难认。

访花玉如同寓刘凤仙，亦女伶也，坐谈梅暑归纪以诗六十叠前韵

天天熟面对坤裳，（苏诗坤裳有正色。）初认鸠巢第几桑。道韫清谈除步障，牧之狂态笑华堂。同居得觏姝双美，往恨休嗟士贰行。（刘伶尝与某郎有约，已而失欢，希古有诗记之。）无复笙歌归院落，（戏园辍演多日。）香魂惊后百宁康。（新军队驻此，诸伶相率避远，近始回家。）

怀易大厂上海六十一叠前韵

狮吼平生惧季裳，（同音借用。）出门早日上层桑。（君素畏内，早饭后出门，晚饭前回家，有一定时刻，《淮南子》至子层桑是得早食。）奇情落落不入世，俗客时时总满堂。摹印久成文士业，（君精篆刻。）售书未算市人行。评余古器搜泉布，近代师承一鲍康。

再题伏敔堂诗录六十二叠前韵

生憎锦绮爱韦裳，真实文章比粟桑。候鸟鸣秋遭世变，□猿啼血说家堂[1]。越闽山水需鸿笔，谭（复堂）李（越缦）声华散雁行。危苦语多欢语少，天生屯骨那能康。

焦作一首六十三叠前韵

黑面充粮土布裳，绝木乔木但新桑。寄豭俗恶人轻室，饮鸩家多

① □猿啼血说家堂，原稿□空一字。

鬼卧堂。（近地人多服毒丸。）土下生金丰矿脉，日中为市盛商行。兵争不到民居密，指数中原最乐康。

阅报记内阁之讯六十四叠前韵

无为真令法垂裳，南面端应使子桑。恋栈多时虚马豆，升官几辈贺鳣堂。举棋不定殭朝局，乞米为炊贱市行。伫望救时良相出，不成文景亦元康。（元康汉宣帝年号。）

书感六十五叠前韵

老稚同驱着战裳，辍耕南亩废春桑。何尝怨气钟三户，无异儿嬉闹一堂。应有弭兵荆晋使，曷思御侮弟兄行。真看马上治天下，岁岁民劳未少康。

铁路一首六十六叠前韵

日炙头皮雨湿裳，人如蚕簇饿思桑。（京汉路火车无饭车。）输兵用只供军府，循例文犹下部堂。客子卸装戒行路，佣工罢业议联行。可怜濒破官家产，休养何年得再康。

小女一首六十七叠前韵

小女身长着母裳，惟亲书卷不知桑。慧心也解思乡里，娇性何能住学堂。耳滑新歌莺弄舌，眼明细楷蚁穿行。半年别我勤怀念，报与归期睡食康。

清化镇一首六十八叠前韵

万树筼筜绿映裳，村农栽竹不栽桑。青山有月留孤寺，（镇有月明山，上建月上寺，最为名胜。）绿野无人吊废堂。（镇有毛家花园，已荒废，同光间尚书毛昶照别业也。）过夏笋香忘肉味，入冬未贱没粮行。（镇产白米，无售店，只小贩挑卖。）旧宗书散供薪爨，访古迟迟负畔康。（镇人康问渠多识旧家，曾约余访购遗书，竟不果往。）

贺杨宣仲得子六十九叠前韵

雪面团团秀褓裳，当门有喜设蓬桑。招客不辞开秫甕，添孙急与报椿堂。（有父七十□在粤）[①]。他时莫便忘乡井，（君粤人，娶妻此地，生四女，皆不能操粤语。）此日分明歇瓦行。（前人嘲生女多者为瓦窑。）惭愧贶君无别物，诵书保赤诰称康。

寿陈子励先生七十

太乙烛绛霄，夜望南天明。朝来读公诗，忧患慨所丁。（先生有七十自述诗。）公早掇巍科，清望侔韶韺。乘轺试滇黔，簪笔侍禁廷。朝议设提学，命公如金陵。此邦盛文物，储才为国桢。惜哉时不来，变法同熙宁。误国自亲贵，愚騃秉钧衡。黩货隳纪纲，乱象浸以萌。痛心榱栋崩，夫岂一木撑。浩然乞归养，奉母陔兰馨。惟公忠孝全，匪但进退轻。蕴毒爆一朝，九鼎移神京。难发谁能收，宇内共苦兵。此

---

① 有父七十□在粤，原稿□字难认，疑是“陈”。

时公何往，海滨寄数楹。避地追幼安，著书学虞卿。志期阐幽光，文献搜榛荆。始乡次郡国，椠本走不胫。（公修《东莞县志》，又著《宋东莞遗民录》、《胜朝广东遗民录》、《国史文苑传》。）自经变乱来，岁已逾周星。人生七十稀，公更爵德并。全美天所靳，玉步一旦更。旷怀有史初，朝姓几废兴。达人放眼观，扰扰蛮触争。况公早投簪，鸿飞本冥冥。行歌和采芝，安问刘与嬴。而公后凋松，岁寒不改青。迟暮念故君，扶儿涉重溟。自称草莽臣，输财效微诚。感伤时事非，奏对老泪零。吁嗟今何世，四维忽已倾。莽操正得志，跖蹻纷横行。亦有清流人，甘心投浊泾。首阳□晚节[①]，朱门乞残羹。正气未即亡，非公谁与赓？贱子□乡曲[②]，窃下月旦评。节可为文山，幸践黄冠盟。才可抗遗山，晚修野史亭。及今览揆辰，祝公如日升。公今岁七十，齿牢耳不鸣。步随健飞鹘，目辨细字蝇。早岁受道箓，内景研黄庭。又谙摄生术，二竖无敢撄。（先生善医。）濒海气候佳，吐纳舒骸形。全家住桃源，鸡犬驯不惊。凡兹先后天，俱是上寿征。我闻服古士，从来享修龄。荀卿殿周祀，伏胜逃秦坑。远者难悉详，屈指数有清。博推毛萧山，醇似李文贞。填词朱锡鬯，制曲尤展成。文格方望溪，书法刘诸城。述经王伯申，考史钱竹汀。□□纪晓岩[③]，校雠卢抱经。麓台深画理，归愚正诗声。息园舆地该，苏斋金石精。芸台兼事功，学海培菁英。荫甫早休退，藏山媲勋名。群公皆翰林，所异生承平。不然弹指间，重宴招蓬赢。往时史（文靖）嵇（文恭）辈，馆阁遗典型。公曰姑置之，吾岂牵尘缨。为公更举例，寿莫如老彭。一生述不作，独被鲁叟称。可怜侪殷顽，麦秀歌凄泠。厉幽再遭乱，身窜西戎腥。讵无悯世怀，未抵好古情。大年亦有尽，无尽惟仙灵。龙威秘笈多，手披眼不

① 首阳□晚节，原稿□字难认。
② 贱子□乡典，原稿□字难认。
③ □□纪晓岩，原稿□□两字难认。

停。偶觑下方劫，历历千棋枰。勿须远求仙，亦勿养生瓶[①]。

伦哲如诗稿五[②]

挽杨邻葛

始识杨无敌，谦谦有士风。轻裘似羊祜，醴酒待申公。渐卸军权重，犹传武略雄。赤松游未遂，末路恨何穷。

善战撄天忌，由来服上刑。恩威真不测，疑似苦难明。鹤发双亲在，鸿毛一命轻。董公犹感叹，况是惜长城。

过杨氏宅有感

华屋山邱未隔旬，重经此地泪沾巾。门前惯见车如水，酒后能容客吐茵。鬼气渐多人气少，歌声才歇哭声闻。亦知兴废寻常有，俯仰那禁迹遽陈。

哭郑鸣之

郑侨称博物，从政亦恢恢。偶近弹棋局，聊充借箸材。鉴藏书万卷，寄托酒千杯。我忆论交始，英声满越台。

辽海重相见，惊看鬓似丝。自言多疾痛，端为历艰危。同作登楼

---

① 亦勿养生瓶，原稿此句以下缺句。

② 《伦哲如诗稿四》与《伦哲如诗稿五》内容相同，《四》为油印本，《五》为抄本，此据《五》整理。

赋，迟歌招隐辞。摧心束装日，一哭了交期。

挽梁任公先生

名位亦云达，平生志未伸。积成忧国病，徒有起衰文。所学杂儒释，适时无旧新。吁嗟讲座上，岂复见斯人。

弱岁闻诗早，终怜请业虚。淡交声利外，浅测语言余。往复一瓻酒，商量七略书。寝门临哭后，遗稿问何如。

晤王小航先生别五阅月矣，久病新起，出示近文数篇，感述有作

虽觉貌癯甚，豪谈似往常。老难降盛气，医恶服时方。独醒看人醉，多忧与病妨。无弦琴自好，何用托文章。

谒晋卿先生

小别一相访，刚逢病起初。新年供余果，静室拥残炉。老鹤瘦见骨，蠹鱼饥食书。慨言师道苦，避地意何居。

正月九日，经高井胡同黄晦闻故居感作寄晦闻广州

井旁一宅叩门开，不厌谈诗访百回。薄暮小车过巷曲，经时深院锁莓苔。草堂人日空相忆，海舶长风迟不来。（君有去冬入京之约，不果至。）报尔连宵频见梦，荔枝红处共衔杯。（余拟今年五月回广州。）

题张次溪北江侍学图

张生少颖慧，未冠誉鹊起。结交欲其广，尽友天下士。上者奉为师，从之习文史。往者沈南野，耽诗贫至死。生日就问业，不怕聋两耳。每念易箦言，时周卖饼妓。并时吴北江，啧啧名父子。都下讲文格，姚马鼎足峙。生学虽未至，下笔窃摹拟。别来托豪素，常若亲砚几。末世礼义薄，师道沦棘枳，学者旅而进，诲者利是市。同在庠序间，尔我秦越视。似生敦古谊，吾见亦仅矣。虽然我所望，尚有进于此。师友诚当求，标榜良可耻。依人侈门户，曷若立诸已。羹墙可见圣，形迹胡取尔。征题尤近俗，有作徒谀美。况更征及我，我名漏人齿。附和意不屑，固却又非理。聊发夙所感，因及为学旨。昔儒箴墨守，一师奚足恃。始念判静躁，更上忘誉毁。拉杂述此篇，不觉写满纸。闭户十年后，当思我言是。

得铁夫上海书，戏题其后

三岁绝消息，失记君寓址。虽有殷洪乔，何从寄一纸。
辽东有一鹤，褵褷难高翔。南雁欲北飞，就之谋稻粱。
老齿可变少，轻了十三年。定有换颜方，得之海上仙。
学词几许年，尚未得词谱。我藏词谱多，可恨词不好。

赠杨雪樵先生

萧然白发旧儒巾，早值承明老隐沦。藏鉴及追前辈盛，奔驰何救晚年贫。陪都文献资今日，伯起声名是古人。客里转嫌相见暮，茗杯谈往遣霜晨。（君方撰《奉天通志·人物传》。）

雪翁将还京师叠前韵送行

敝裘在体辫在巾，入世肯逐波澜沦？橐笔出游兴易倦，载书归去装不贫。名山待成未竟业，歧路犹有迷津人。萧斋自今越凄冷，谈笑绝响鸦噪晨。

杨生鉴资将侍其尊人雪翁还京师，作此送行，兼讯石公再叠前韵

不惯儿女泪湿巾，尤厌文士嗟沈沦。养亲读书至可乐，杀人越货毋宁贫。到家亦慰倚闾望，入关笑非弃𦈡人。为我致声尹文子，盍少谢客休昏晨。

得家书有感三叠前韵

廿年尘土污衣巾，踪迹飘流姓字沦。为问关山行役苦，何如妇子在家贫。研经订史非无事，济世匡时自有人。一读家书一寻想，清宵转侧到侵晨。

书　事

大局又瓦裂，讹言未尽非。国衰崇鬼道，天变兆兵机。（阳历三月十二日，天大风沙，下黄雪，闻旧京尤甚。）螳雀循环巧，鸡虫得失微。所忧城火蔓，回首望京畿。

又书事一首四叠前韵

本来铜马与黄巾，谁料神州就此沦。一日养兵千日祸，三民革命四民贫。狡夷设间侵中国，大盗乘时变圣人。不信贤愚同醉梦，漫漫长夜会教晨。

罗敷庵久不作诗，作此挑之五叠前韵

唪经惟欠戴僧巾，俗吏名流迹混沦。八法徒精供市贱，五铢久坏代耕贫。文章辽海秋风客，歌曲罗敷绝代人。摩厉欲挑君一战，催诗恼乱坐禅晨。（君鬻书画。）

赠宗子威六叠前韵

轮日壶觞集履巾，稊园风雅一时沦。田留破砚欣逢岁，仓积余粮好馈贫。应忆孤吟林处士，（谓林彦博。）可逢妙笔管夫人。（谓杨令茀女士。）怜君漏尽缗书倦，催命堂钟又警晨。（君教授东北大学，在都时主稊园诗钟社，今已星散矣。）

陈慈首约灯节，后来馆久盼不至七叠前韵　君籍辽阳，为庚子并科乡试同年同拣，发广西知县，近又同修《奉天通志》

共听衙鼓整冠巾，头白逢君岁易沦。犹梦桂林山水秀，似闻瘴县宰官贫。千年场屋余吾辈，片石韩陵属此人。极目烟尘来路阻，孤吟何以慰萧晨。

再调敷庵兼柬东周通甫八叠前韵　二君皆粤人

画舫笙歌侧醉巾，梦思珠海泛漪沦。北游到此乡音少，东道烦君旅橐贫。雪土才融春二月，风蓬偶聚我三人。商量避地仍非计，倘肯相从学肇晨。

敷庵和诗不来，作此促之九叠前韵

怯敌真堪赠帼巾，怪君尘牍遂埋沦。积薪碌碌居人下，压线年年怨女贫。岂畏乌台诗起狱，漫夸饭颗语惊人。力惩疲玩衙官例，火速回文限次晨。

戏杨云史十叠前韵　君曾参吴将军帷幕

从容筹笔想纶巾，蜀主终扶汉鼎沦。咨及白衣军国重，迎来碧玉小家贫。大烹鼎侧残羹客，急劫棋边冷眼人。甚欲共君参睡诀，黑甜乡住不知晨。（君午后才起床。）

补贺子威续婚十一叠前韵　新夫人姓潘

携手兰房却绣巾，问郎年纪略浑沦。貌美定知骑省后，才高岂计长卿贫。如何秦馆乘龙婿，不效周家走马人？颇怪烟篢曾未备，雨余狼藉落红晨。（明周行可多须，续弦日，陈成玉谑以诗云：“十分春色海棠开，云雨漫天暗里来。可是东君勤爱惜，烟篢乘夜护花台。”）

同邑陈恭甫名官桃，少同问业于韩云台、麦孺博二先生，既而游日本习法政，曾充高等法厅长。近岁居京师，悒悒不得意，索余赠诗久未有应，客中忆及思讽其归，作此寄之十二叠前韵

李家祠里两头巾，少小无成白日沦。输尔读书兼读律，只今忧道更忧贫。老来苦作儿曹役，客久偏思里社人。宦达固佳归亦好，钵山筇杖趁花晨。（钵、盂，吾邑二小山名，邑人就此建公园。）

李生珊圆，吾粤三水人，少年玉貌，祖若父皆宦河南，至生而贫，佣于焦作某煤矿公司，性嗜戏，习花衫，京俗所称票友是也，登台奏技，声容妙肖，自余归京师久不相闻，有传其染恶疾至死者，为之泫然，顷友人苏芑斋来书言其未死，但久病未大痊，感念赋此十三叠前韵

书来感叹忽沾巾，劫海深深汝未沦。花衫今日伶才贵，葛帔秋风宦裔贫。别后传闻疑作鬼，病余倘见定怜人。分明耳底梁尘落，梦醒荒鸡叫向晨。

阅芑斋书感怀，焦地旧游，再作一首寄秋皋、湘波诸子十四叠前韵

客散黄垆剩漉巾，雪鸿指爪未全沦。依依贱子无家别，（余眷口寄居焦作二年。）郁郁诸公有禄贫。老衲不忘三宿地，故交多作九原人。（李召南、朱稷丞俱下世。）路旁新柳今何若，记得辛勤植树晨。

灿姬欲来奉视，余作此寄之十五叠前韵

不省当年旧舞巾，生成质性玉纯沦。双飞比翼何尝别，百事违心只为贫。马后桃花出关女，陌头杨柳倚楼人。轩车未至心先喜，待听高檐雀报晨。（徐芬诗：“马后桃花马前雪，出关那得不回头。”）

王穆荪精星家言，为余推算尚有二十年佳运，戏作赠之十六叠前韵

聊将馆谷易纱巾，身到穷边比谪沦。方术惊君能博涉，命宫推我□□□。[1] 因思日日蛮争触，谁识冥冥天胜人。酬尔千金治生诀，大葫芦卖趁圩晨。

二月二十六清明日作十七叠前韵

不是重阳也落巾，大风欲卷一城沦。久违垄树灵应馁，暂断厨烟我匪贫。垒有新魂招楚鬼，墦无余肉乞齐人。往时墓祭吾宗盛，击鼓鸣钲会此晨。（是日大风，阅报载武汉军战败事。）

得彦博都中书，作此代答，兼讯罗蕴之女士十八叠前韵

煤黦衣裘雪湿巾，客途岁晚感羁沦。独居却忆群飞乐，不出何堪坐食贫。开阁招贤非此日，倚门卖笑向谁人。更怜隔巷罗都讲，粉淡

① 命宫推我□□□，原稿□□□三个字被墨污，难认。

脂浓试笔晨。

寄怀雪翁都门十九叠前韵

车轮生角那可巾，别君弦月魄忽沦。百花未芽春已暮，万卷在手家空贫。文章向来爱老辈，意气不欲投时人。遥知课孙眠起早，且勿问婢炊停晨。

三月三日下雪二十叠前韵

春尽还看雪点巾，消融不待夕阳沦。泥深妨屐宜高卧，室暖辞裘得度贫。作客闲过修禊日，逢场聊逐听歌人。（连日听戏。）春明此际游骢盛，次第名花媚露晨。

呈晋卿先生二十一叠前韵

贩夫走卒识山巾，周鼎谁云世委沦。百卷著书勤忘耄，廿年开府贵能贫。早时紫气迎关尹，何术文身化越人。重试河阳种花手，春风桃李应芳晨。

敷庵慈首皆和余韵见示赋此奉答二十二叠前韵

哦罢飞花落佩巾，正声应信未漂沦。坡翁偶效西江硬，韩子喜交东野贫。此日论心三益友，他年附尾两诗人。题襟多暇编成集，待尔过从共夕晨。

喜晤三六桥都统赋赠二十三叠前韵

貂蝉换却塌鸱巾，（范成大使金，金迓使自愧其所带塌鸱巾，求成大巾帻。见《石湖诗注》。）二百年来贵胄沦。尘世浮名都是幻，吾侪清骨最宜贫。玄都前度看花客，朱邸同时索米人。忽忆弦歌如昨日，即今霜鬓镜惊晨。

伦哲如诗稿六

贺张次溪世兄新婚四首之一

世昌有兆占归妹，耦大无嫌降女英。半缺□圆初五夜①，定教月姊妒双星。（其妇盖以妹易姊者。）

日本高田真治博士率学生十余人游故都，四月四日余招宴于西长安街酒家，博士戏索诗即席赋呈

只欠樱花在眼边，一堂少长集群贤。青禽衔信来瑶岛，红叶题诗忆绮筵。（前岁四月东游，大仓伯招宴红叶馆，即席赋诗。）愧乏雄才折尊俎，孰云吾道隔山川。奚囊亦有乌啼曲，传唱扶桑值万钱。（席间有客唱唐人《寒山寺》绝句。）

---

① 半缺□圆初五夜，原稿此句缺一字，当置于“圆”之前。

十日高田博士招宴北海公园，并示次边韵和诗，桥川时雄、杨遇夫同作，复用前韵即席赋呈

近在长安远日边，早闻东道主人贤。高歌直拟联吟社，广誉原来著讲筵。岂是采风劳太史，相从立雪为伊川。瘦羊博士应羞伍，下箸真惊食万钱。

寄怀藤塚邻博士京城兼简本多文学士再叠前韵

怀人梦到海东边，只认明夷是古贤。宿病可曾辞药盏，新衔仍复带经筵。（君久教授京城大学，昨岁始授博士职。）苏门得遇秦淮海，（君介门人本多来晤。）鲁史思承董广川。（本多治春秋之学。）遥想河汾陶铸盛，相逢佳士总青钱。（兼谓小竹文学士，亦君门人也。）

简桥川时雄三叠前韵　君为东方文化委员会主任

十年身住石渠边，更辟延英为养贤。广聚金铜开大冶，余分杯炙饫残筵。渐离橘性缘迁地，初见霜毛感逝川。亦识文章无价物，对君终愧口言钱。

寿金息侯六十

老矣先生合息机，算来今是昨全非。海枯重抱冤禽恨，日暮那容倦鸟飞。偕隐不离皋庑案，鬻书聊代首山薇。穷愁转为虞卿幸，未负桑榆炳烛辉。

补录**挽丁闇公传靖**君丹徒副贡，宣统末征至京师，充礼学馆纂修，旋又充总统府秘书

日下几名士，江南一老儒。名高科第外，史拾稗官余。穷索长安米，寒吟幕府梧。梯园宾客散，感逝未须臾。

张豫泉太史寄示重宴鹿鸣诗奉和二律

德皇初载贡辖轩，八八贤书剩一贤。棘院名无后同齿，桂宫梦作小游仙。遥思道士栽桃日，近拟耆儒赐榜年。晚泛吴淞江山宅，风波不到孝廉船。①

即今后进亦头皤，学仕无成愧乙科。父子弟兄传世并，（君尊公介如先生与先崇仁公为乡榜同年。君及令弟哲云，明及弟叙皆相继举于乡。）文章政事让君多。龙头一去孤无和，（己卯解元为同邑陈先生伯陶，君与陈先生又同壬辰会榜，同入翰林，后又同官提学使，陈先生前数年卒。）婪尾重邀醉更歌。待到己年赓丙作，（君举己卯乡试，提前一科于丙子举行。）同题两拟体如何。

张豫泉太史寄示重宴鹿鸣诗奉和二律

即今后进亦头皤，学仕无成愧乙科。父子弟兄传世并，（君尊翁介如先生与先崇仁公为乡榜同年。君及令弟哲云，明及弟叙皆相继举于乡。）文章政事让君多。龙头人去成单调，（己卯解元为同邑陈先生伯陶，君与陈先生

① 原稿中这首诗旁边空白处又用小字写有："德皇初载贡辖轩，八八贤书剩一贤。旧曲未忘金榜乐，□□况是玉堂仙。已无妍赞新同齿，笑说登科老少年。首度刘郎桂宫客，定偷灵药做彭篯。"诗中"□□况是玉堂仙"，原稿两字不清。

同壬辰会榜，同入翰林，后又同官提学使，陈先生卒于前数年。）婺尾时来更法歌。待到己年赓丙作，一题两拟体如何？

秋风得意墨三篇，名列贤书两纪前。棘院已无后同齿，桂宫曾咏小游仙。回思道士栽桃日，休拟耆儒赐榜年。晚饮吴淞江上水，逝波不动孝廉船。

张豫泉其淦**重游泮水诗**君东莞人，光绪戊辰进士，授翰林院庶吉士，外改山西犁城县知县，加捐道员，署安徽提学使。辛亥后居上海，尝注《周易》、《左传》、《老子》诸书及诗文集，皆已印行

惜无后进称同案，喜与先师证夙缘。新国不妨征旧典，耆龄真见返童年。秀才立志今宁变，博士传经老尚研。好似阿婆作春梦，依稀记得定情篇。

一领青衿讵值钱，书生志业此先鞭。矮檐白战文锋利，高殿朱圈卷墨妍。百里种花汾水曲，十年树木皖江偏。浮名抛后修名在，料理千秋托简编。

谁坏先朝造士基，生员渐比晓星稀。礼亡羊毳辞文庙①，官废狐狸代学师。丽日六经同束阁，失时八股绝传衣。杖藜重炤圜桥水，何止惊心玉貌非。

不闻钟鼓闹乡祠，聊借园亭当泮池。二老待清难合地，（同案尚有容咏姻丈健在居邑城。）诸生习礼幸同时。（是月全国初复祀孔礼。）三千招客春申浦，八十生儿子野诗。乘兴更寻蓬岛胜，知君已订后游期。

---

① 礼亡羊毳辞文庙，原稿“毳”字难认，当是“毳”字。

老　妓

年年空说倦风尘，自入勾阑感积薪。讵比幽贞旌晚节，长将薄幸怨他人。朝云行罢天俄暮，客路攀多柳不春。红粉朱灰青镜改，月圆花好转伤神。

当筵生怕问芳龄，一曲清歌老凤声。晚岁还输作商妇，早年已恨见云英。命中花债偿无了，梦里春婆唤不醒。残照销魂白门柳，也同摇落叹金城。

贵妃酒出陕西凤县①

稊园社集限十五咸韵

垆边醉卧藉非咸，美比兰陵锡此衔。一盏若浇长恨客，何须溢浦湿青衫。

解酒馋兼解色馋，凤城佳酿压西咸。筵间并美西施菜，床椅纷纷是伪衔。（俗有贵妃床、贵妃椅之称。）

霓裳宴罢下巫咸，水酿华清味不咸。亭北诗仙篇计斗，寿王原醒未须监。

闻叶同年宝苍之讣诗以哭之三叠前韵

岭树遥遥别几时，新诗读罢辄情移。（去岁寄示《陪张公豫泉游宴》

---

① 原稿缺正文。

诸诗，尚未和也。）九天仙骨轻能举，廿载循声远未知。（君丁巳后屡为县宰。）磨镜何由吊徐穉，鼓琴从此失钟期。庚辛齿录今余几，不及康强老座师。（庚子辛丑并科，副考官夏先生孙桐寓故都，今年适八十。）

达弟之丧瞬届两月，得恩侄书知葬事已毕，次前韵作一诗志感

荆枝擢折忽经时，日月虽移痛未移。诸侄俱成差可慰，来生再结渺难知。千秋有待铭幽笔，万众无哗会葬期。预度墓田近乡好，堪舆何用别寻师。

丁丑新历元日试笔

闲居偏是少闲时，砚墨磨人岁又移。万卷何关衣食计，一贫愧被友朋知。新年改后忘元旦，稚子归来乐假期。深喜征西腾士气，伫看辽沈入王师。

淡弟来书述旧事，往者先子宰崇仁，余与静兄淡达二弟雪峰植卿两叔共读书衙斋，六人者少长仅差忽忽逾五十年，两叔先逝，静兄继之，达弟又继之，今存者惟余及淡弟耳，感痛之余再次前韵寄淡弟广州

书来恻恻说儿时，同气凋亡岁序移。今日惟留两翁在，此情只许九泉知。生涯鸡肋全无味，归计□头倘有期①。频得佳章开雾眼，天才胜我不须师。（弟近月寄示诗词多首，俱佳，知于此道有深得矣。）

---

① 归计□头倘有期，原稿□字难认，似为“白”。

徐文定公光启三百年忌日诗代

童时读大学，条目首格致。其要戒自欺，其功极平治。稍长阅史传，求人与书比。诸葛内明法，外申讨贼义。气象近儒者，证诸淡泊志。但传木牛制，不见陈寿记。紫阳笃践履，所学本精粹。如何病庭竹，物理穷匪易。一为讲筵官，禹稷未易地。千古两大贤，尚不容求备。儒术治功间，世遂划为二。伟哉文定公，挺出明之季。维时国难亟，安攘为要计。建酋踞辽沈，流贼势渐肆。庙堂算不定，剿抚棼论议。经略丧师屡，仓卒谬措置。惟公策攻守，请大造火器。规制仿西洋，巨炮敌魄褫。练兵三万人，大效先小试。前征宁远捷，后鉴申甫踬。此策果得行，明祚岂遽坠。枚卜嗟已晚，赍恨溘然逝。公抱济时略，经画周一切。盐屯及河漕，尤究心民食。天津通畿辅，垦地验水利。暇复著农书，博稽十二事。农本讫荒政，各为类相次。余力治历算，深思识其意。始悟地圆形，密考岁差例。由公阐绝学，以待梅（文鼎）王（锡阐）继。汲汲皆实用，种种讵小艺。平生所归向，甚与恒俗异。公生万历后，王学焰正炽。外儒而内释，末流益狂恣。东林创社局，朝野广声气。稍闻清浊混，宵□□□忌[1]。纷纷各门户，操刃仇不啻。公介焉孤立，有若污尘避。天主教东来，溯唐大秦寺。梯航盛元代，不因传教至。翩乎利先生，挟器以□贽[2]。士夫喜与友，兼重其行谊。然于规律殊，究竟业歧视。公独矢信愿，有若羊枣嗜。以公识宏朗，决非漫取弃。人心尽陷溺，儒佛总虚伪。大药求海上，换骨尚能冀。大学揭新民，中庸懔上帝。道在止至善，德该仁勇智。公寔能容之，可谓隐而费。颇惜护法力，身没遭众惎。时会有废兴，

---

① 宵□□□忌，原稿□□□三字难认。

② 挟器以□贽，原稿□字难认。

日月自光霁。距今祀三百，子姓繁以孳。遗书既大显，清风更远被。吴淞水如带。长绕徐家隧。羊公遗爱在，观碑共洒泪。聊写甘棠思，借当香花馈。

题张樾丞士一居印存四首[①]

义取诗人咏伐柯，文成数万旨无颇。知君刀法通兵法，比似淮阴善又多。（君所雕印多至数万颗。）

文派遥遥浙派开，南人才盛北人才。那知麟凤希为贵，三百年间两紫来。（刻印家有文派、浙派之称，皆南人也。周栎园《印人传》，北人惟顺天米紫来。）

忽忆何家大小山，旧曾[②]窥豹见全斑。老陈精识谈摹印，道在经儒小学间。（吾乡何昆玉昆山兄弟以刻印致富，廿年前，曾见昆玉[③]稿本印谱十余册，陈东塾为序，今不知散落何所矣。东塾自著摹印述，持论极精，惜未见所作印。）

卅年[④]脚熟海王村，除却书坊未入门。万卷何如印在手，相从更欲叩渊源。（樾丞自设同古堂在海王邨。）

阅报载女子刘景桂杀人事为赋长歌

手持博郎弱女子，一发七弹仇人死。仇人非他旧夫婿，桃不成僵代以李。女儿生长宣化城，景桂其名姓刘氏。家世为商幼就学，才过

---

① 一题《樾丞先生出示印存敬题四绝》，落款作“东莞伦明拜题时甲戌除夕日”。载张樾丞《士一居印存》卷首，北平同古堂邃雅斋，1935 年。下称《四绝》，文字稍异。

② 旧曾，《四绝》作“廿年”。

③ 昆玉，《四绝》作“其”。

④ 卅年，《四绝》作“平生”。

三七正韶齿。媒言有郎好身手，广场蹴踘震奇技。果然相见两相许，从此丝萝订佳耦。（《毛诗》叶偶起切。）六礼未备诮野合，咄哉岂有婚可试。试不如意焉置之，舍旧谋新将未已。由来成妇在婚夕，颖达疏诗说觏止。（《诗》“亦觏止，我心则降。”笺谓，女子出嫁，在道中作疏，引男女构精解觏止。谓待交媾而其心始降，据此，知粤俗食烧猪，京俗送喜布。由来已古。）宋儒饿死较失节，白圭之玷不如毁。固知一媾系终身，交拜合卺徒尔尔。况闻礼家论婚制，夫妇之义受聘始。未婚守志俗多有，震川容甫论非是。可怜人事有翻覆，情田忽地生棘杞。分明鸳牒换他人，往事思量可胜悔。一曲已弹寡鹄操，两全休射双雕矢。维鸠居巢雀穿屋，天也不良控之士。钱神和事不庇命，蕴愁成毒蹶然起。风流罪孽至斯极，细究祸端良有以。或云戮罪不及孥，得勿椎秦副车似。势之强弱何足计，犯有首从且异拟。胡为得雌而失雄，我为揣度倘有以。古者男女谨其别，婚姻纳吉先雁雉。夫妇朋友各为伦，遵循礼义重廉耻。岂见士女混杂交，携手招摇过街市。电筒邮简语狎昵，客馆公园□秘诡[1]。朝登华堂乐钟鼓，暮到讼庭□离仳[2]。亦有幽闺椎髻侣，不谙眉样耐糠秕。一朝夫子奋青云，不得相随遽相委。新人狐媚故人丑，故人泣涕新人喜。稍幸无才不识律，亲知腹诽道路指。当时清议未应绝，畏势趋权谁敢訾。即如去年葛李狱，欢怨相寻亦如此。（女子李秀莲自缢北京大学宿舍，法院以葛天民始乱终弃，致酿人命科徒刑七年。）悍者杀人懦自杀，其余忍辱知凡几。私仇事小群化大，要导清渭塞溱洧。狮吼一声自彼美，何处购得夫人匕。潜谋暗伺历一祀，变名投谒昧底里。欲脱不得地尺咫，佳人骤作枪下鬼。意态从容就司理，今晨突现书一纸。（行刺前一夕致书女友，略言枪一响算偿所愿，枪不响亦完了，我此行有去无归云云。）去矣不返同燕使，惜欠白衣祖易水。死

① 客馆公园□秘诡，原稿□字不清。

② 暮到讼庭□离仳，原稿□字不清。

者含冤同谁抵，伯仁由我郎已矣。我为此诗具微旨，待补刺客入迁史。并告兄弟妹姑姊，各保生命正伦纪。

陈援庵新得白沙草书手卷属题款署石斋，白沙别号也

合浦还珠事岂殊，汉皋解佩感何如？诗情字法无非学，闽粤同名两大儒。（是卷先为吾友徐行可所得，旋归援庵。行可寓汉皋，故以解佩拟之。漳浦黄忠端公亦号石斋，理学、文章、书法并重千古。）

讽咏高于击壤吟，收藏重以敬乡心。江门一脉通黎滘，独感家书抵万金。（余近收得嘉靖五年本《白沙诗教解》二册，吾邑林时嘉所校刊。时嘉，白沙门人也。犹忆十余年前，丁闇公介某书画店持族远祖谕德公文叙字条来售。喜极，察之，伪也。然真迹竟不可觅。谕德公第三子礼部公以诜为白沙再传门人，世居南海黎滘村。家书抵万金，戏用杜句。）

寿祁斗枢耀奎六十初度

少日听经小李祠，翩翩世胄识荊枝。二难俱是连城璧，一别俄惊满鬓丝。老不出门形我倦，儿能跨灶作翁宜。恍然四十年前事，相对拈题咏小诗。

寿陈仲骞任中六十君江西人

往时邦教掌司徒，老去投闲住石渠。不羡金风亭上客，天教补读廿年书。（韩慕庐尝言：吾贵为尚书，不及以朱七七品官，归田多读二十年书。君久官教部，曾以次长代理部务。）

一卷新编吕注庄，辨诬岂是为同乡。烦君更仿荆公谱，九十书成蔡上翔。（君近辑吕惠卿《庄子注》，并雪《宋史》吕传之诬。）

卅年讲舍识陈遵，玉貌今看鬓雪繁。耆旧也随沧海变，除君袁李几人存。（谓李柳溪、袁珏生两先生。）

谢道宏五十续弦，作五言长古征诗为赋二绝

妇李姓，字芳芷，年亦三十二矣

自求淑女自吟诗，开卷风情赋后妃。俗解纷纷疑作者，相思反侧有谁知。（《关雎》果为咏后妃之诗，则作者必文王也，试就“展转反侧”四字思之。谁见之而谁言之耶？后妃为文王后娶之妃，后与后同若作君后之后，则与妃字复矣。说本王湘绮。）

美人迟暮怜兰芷，太傅中年写竹丝。歌罢雉朝飞一曲，白头吟和白头时。

寤寐相思窈窕姿，除君自道有谁知。此情未可疑童稚，名号分明是后妃。（尝谓《关雎》果为咏后妃之诗，必文王自作也。试思“寤寐反侧”等语，谁见之而谁言之耶？《礼记》文王十五生子其婚，当在十四五，时童稚之年，即思淑女，至于展转反侧，生有圣德者岂如是？近见湘绮楼□①。）

寿夏闰枝师孙桐八十丙子夏历四月二十一日

商山芝胜首山薇，老景长如夏日晖。梦里西湖五骢马，眼中南海万明珠。著书转感文章贱，观奕不惊朝市非。门士无多头总白，休论前辈玉堂稀。（师光绪壬辰翰林，外放湖州知府，调杭州知府，充辛丑补行庚子广东乡试副主考。辛亥后居京师，充清史馆纂修，助徐菊人晚晴簃选诗，又助修《清儒学案》。近岁又为东方文化委员会撰医书类提要。）

---

① 近见湘绮楼□，原稿□缺字。

寿日本服部宇之吉博士七十余在京师师范馆时，博士充总教习

修名难得更修龄，灵寿扶来寿益灵。两国学人尊北斗，五经博士重东京。早留教泽文中子，又见儒宗物茂卿。回首春风曾点瑟，挥弦此际谱冈陵。

辛亥以来藏书纪事诗

自序

长洲叶鞠裳提学《藏书纪事诗》六卷，元和江建霞刻于《灵鹣阁丛书》中。其后鞠裳自为改订，并增一卷自刻之，时宣统二年也。其书自四卷以下，皆清人。七卷附录中，有清人十一，都三百二十九人，余读而少之，为益数十人。辑录粗就，尚待润色。例依叶书，大抵据志乘说部别集信而有征者。若乃其事其人，耳目接触，远不一世，近在目前，不烦摭拾，涉想即至，及今不述，久且忘之。且廿余年来，为变甚剧，掠书之贾，始河南北、山东西，渐推及苏浙皖赣，又渐推及川陕闽粤，极于滇桂，挨家而索，等于竭泽。百数十年之积蓄，尽于一旦；万数千里之输运，集于一隅。犹未已也：涵芬楼靡于非意料之烈弹，海源阁劫于无意识之战火，犹可委曰天灾时势，无可如何。乃一家奴耳，能罄丁持静之全；一鼠窃耳，能分范天一之半：是则人谋之不臧矣。其他则书价之忽贵忽贱也。夫价之有贵贱，常也，大率旧者贵而新者贱，精者贵而粗者贱，罕者贵而多者贱。今也不然，同是一书，适时则贵，过时则贱。而时之为义又至暂，例如辛酉以前，宋元集部，人所争得也，乃过此则竟无问之者矣。又如辛未以前，明清禁书，人所争得者也，乃过此亦几几无问之者矣。又其他，则藏家之易聚易散也。夫物之有聚散，亦常也；自聚之而自散之，则偶也。梁武帝曰："自我得之，自我失之，亦复何恨！"然梁武在位之日甚久，以三十年为一世计之，几及两世矣。今之人朝聚而夕散者，何其多也，聚而无不散者，何其不期而合也。尤可异者，昔之聚散，如西家卖田，东家置产，不有所废，其何以兴？今也不然，试历数二十余年来，散者接踵不绝，聚者屈指几何？散者之有出无入，一如国家帑藏之外溢也，是不可以寻恒聚视之也。自学校兴而需新书多，需旧书者少；自大图书馆兴，即需旧书者多，而购书者少。校倡废经，人号古。以浅俗白话，代粹美之文学；用新式符号，读深奥之古书。斯则学术之患，世道之忧，所系尤巨，知而不述，人且忽之。

是编定以辛亥后为限；然有其人在辛亥以前而其事征于辛亥以后，如李仲约侍郎、方柳桥太守，已见叶书卷七，但余之得观侍郎书也在己巳，余之得见李亦元题跋也在癸酉，则不得不复记于此矣。又如贺松坡家之世泽，远在百年，而能保守至今，守成之与创业，其有功于宗祏一也，藏书亦犹是耳。与叶书异者，叶书但纪私家，此则凡属于书者，无所不纪。所重在书之聚散。书之聚散，公私无别，且今后藏书之事，将属于公，而不属于私，今已萌兆之矣。叶书附录有书贾八首，余交游中，书贾居半，纪不胜纪，则摘其可称者数人著之。自维弇陋之资、疏谬之识，学不足以知津，句仅同于击壤，重以下笔轻快，无暇检点，戏谑不善，时近于虐。读者勿据为汝南之评，但视作齐东之语可也。

时乙亥孟秋东莞伦明自叙于宣南寓庐

一、叶昌炽

买书难遇盲书贾，管教仍然老教官。
芸香浓处多吾辈，广觅同心叙古欢。

叶鞠裳学政昌炽，精目录金石之学，所著《藏书纪事诗》、《语石》、《邠州石室录》、《诗文集》，俱梓行。近始见其《缘督庐日记钞》，凡平生所得及所见之书及金石，俱详载其中。晚岁居上海，所见古书尤博。“盲书贾”，《日记》卷一所记事：李仲约侍郎善风鉴，尝戏君曰：“一老教官耳。”然君曾任甘肃学政，学政管教官，教官管诸生，学政实亦管诸生，与教官何异？侍郎之言，非不验也。余尝补君《纪事诗》数十人，今又拟《辛亥以来纪事诗》若干人，识陋才拙，狗尾之续，惭恧而矣。

二、鄞县范氏

灵光依旧峙翁洲，新目杨修继薛收。
不怪阁中书日减，怪他作贼是名流。

鄞县范氏天一阁，自黄梨洲抄成书目，阮文达序而刻之，凡书四千零九十四种。同治间薛叔耘重编书目，存二千零五十六种，全者止一千二百七十种。岁庚午，乡人杨子毅长宁波市政，派员清理，并写定其目，凡书九百六十二种，比薛目止二分一，全者止三百一十种。最多者为地志类，十存九分以上。缪筱珊《天一阁始末记》云“癸丑，余避乱侨沪，忽闻阁书大批出售。余友石铭，得宋刻《书经注疏》、《欧阳集》六十四卷本，又见明刻明抄书五六百本及《明登科录》百十本。意其子孙居然肯卖，后知沪上奸商浼贼往偷，迨知觉，已去大半，鸣官究治，止是获到二贼罪名，书仍不能还阁”云云。另一说，则谓窃书者系薛继位，受海上遗老某公之指云云，似不足信。既受某公之指，何以得售之石铭？要之阁书被盗，则事实也。

三、纪　昀

河间四库读殆遍，　所藏碌碌绝无奇。
初见徐评与杜解，　始知家学善论诗。

河间纪文达公昀，以数千金买鉴古堂韦氏书，见李文藻《琉璃厂书肆记》，则文达亦好聚书者。其书于戊辰岁全散出，余于琉璃厂穆斋鬻书处见之，无宋元本，亦无精校秘抄，惟刻本都在嘉庆前，略可贵耳。余得其《河间纪氏家集》原写本二册。而前此亦得文达《玉台新咏考异》手稿本，及其父容舒《杜律详解》传录本，二书在四库，一著录，一存目。但《玉台》题容舒名，《畿辅丛书》刊本同，而稿本则文达自著。证之后序，刻本题纪容舒序，稿本题纪昀序。刻本“余自姚安归来”句，稿本姚安作滦阳二字外，文全同。因思是书所引诸异本，非容舒所能见，文达兹举，殆善则归亲之意耶？《考异》中语。近人丁福保又添入《八朝全诗》中，攘为己有。然稿本上方尚有评，无语不精。尝谓文达论诗之识，在清代应首屈，即覃谿不能及，亦在所评彦和、子元二书上。尝欲汇其文集笔记及评《玉台》、《律髓》，王子安、李义山、苏子瞻诗集，题曰《纪河间诗话》，竟有人先我而为之者。阅其书，但辑《阅微草堂笔记》五种及《四库提要》集部中语而成。不知集部提要，不必尽出文达手，笔记偶引诗，亦未尝论诗也。《详解》说杜律亦妥洽，无大胆语，当为容舒作无疑。

四、谭 莹附：子宗浚，孙祖任

玉生俪体荔村诗， 最后谭三擅小词。
家有籯金懒收拾， 但传食谱在京师。

南海谭玉生孝廉莹，工骈体文，受知于阮文达，著《乐志堂诗文集》。尝为伍氏校刊《粤雅堂丛书》，每书后有伍绍堂跋，其所捉刀也。子叔裕榜眼宗浚，亦工诗文，著有《希古堂文集》、《荔村诗集》。孙瑑青参事祖任，擅填词。家多藏书，其广州西关旧宅所藏，多被人窃卖，坊间流出，钤南海谭氏藏书印者所在有之。瑑青兄某官湖北，携书数十簏，弃之芜湖广州会馆。瑑青喜书画，善鉴别，惟于书若不甚珍惜，尝觅某书店代为整理，某书店利其售也，凡全者分而散之，诡称残缺。既而瑑青无后命，遂弃破屋中。逾年，某画店以百金得之。画店本不识书，一转移间，所赢已逾千金矣。瑑青有老姬，善作馔，友好宴客，多倩代庖，一筵之费，以四十金为度，名大著于故都。

五、卢 址

抱经堂外抱经楼， 此日卢家嫁莫愁。
万卷校雠何处去， 绿签碧轴尽归刘。

四明卢青崖址，与绍弓学士同时，同以抱经为号，时有东西抱经之目。钱竹汀作《抱经楼记》，言其博学嗜古，尤好聚书，遇有善本，不惜重价购之。闻朋旧得异书，宛转借抄，晨夕校雠。搜罗三十年，得书数万卷，为楼以贮之云云。所藏于丙辰全散出，惟史类颇有佳本，皆为刘翰怡所得。若李焘《续资治通鉴长编》，即昆山徐氏进呈副本。他若抄本明袁褎《皇明献实》，抄本明范守质《肃皇外史》，抄本明黄景昉《国史唯疑》，抄本无名氏《南渡录》，皆极罕见者也。《集贤注记》云，隋新写书，分部别类，装饰华丽：经，白轴黄带红签；史，碧轴缥带绿签。吴兴沈德寿亦称抱经楼，并有书目行世。

六、杨以增

累世搜储祖逮孙，　海源恨不在桃源。
杨江王目参差甚，　兵火之余百一存。

聊城海源阁藏书，自杨以增传子绍和、孙保彝，递有增益。杨绍和编《楹书隅录》及续录，凡著录二百六十九种，江标刻《海源阁藏书目》，凡著录者三百六十种，皆非杨氏善本，王献堂得其详，山东提学使咨部备案底本，实得四百六十九种：宋本一百二十，元本八十三，明本三十三，校本一百四十一，钞本九十一，谓皆是海内孤本。岁己巳战乱，匪于其家驻军，其家设司令部，至以阁中书炊火。后官兵又大肆劫掠，其书散见济南、保定各地。北京书客，争往收之，皆最善本也。先是保彝子某，携佳椠多种至天津。余在傅沅叔处见之，有四库底本《韩文举正》等若干种，不知究归何氏。辛未后，杨氏子收拾余烬，拟售与山东图书馆，要价十三万，议又不就，不知如何收结也。

七、瞿　镛

绛云楼后此名山，　儒素相承创守艰。
末世人心难与善，　瞿家楼户镇长关。

常熟瞿子雍镛，建铁琴铜剑楼藏书，并编定书目。有宋翔凤序，作于咸丰七年，略先于浙江陆丁二氏。而至今保守不替，则胜于二氏矣。同学友瞿冕垓，镛之宗人也。为余言："初，主人公其书以供众览，凡造楼者，并供其膳宿。已而书渐渐失，盖不肖者乘间窃去，典守者不自觉也。于是扃其楼钥，而览书者遂绝足矣。"

八、丁　丙

不别精粗共部居，　卷盈卌万二分余。
守先阁上尘封处，　未免相形愧小巫。

仁和丁松生丙，藏书处曰八千卷楼。盖沿先世之称，其实逾四十万卷。松生取其中古刻旧抄，编《善本书室藏书志》。宣统末，归江南图书馆，所余尚数倍。松生子中立，字修甫，能保守之，同时陆存斋编《十万卷楼藏书志》，另以守先阁所储归之于公，咨部立案。存斋殁未几，其子某以十万卷楼所有，售之日本松崎，而守先阁无恙。但书目止寥寥一册，大都寻常抄刻本，视丁氏远不逮矣。日本岛田翰讥存斋市道，存斋有知，亦何以自解耶。

九、丁日昌（一）

中丞遗爱在三吴，　豪夺何人敢肆诬。
浊世翩翩一公子，　可怜无福读楹书。

丰顺丁雨生中丞日昌，抚吴有惠政，吴人至今思之。江南乱后，故家书尽出，中丞留意收拾，遂成巨观。相传有豪夺之事，盖陆存斋诬之。存斋欲据郁氏宜稼堂书，及自闽归，其精椠已为中丞所得，大嗛之，因造无稽之言。蒋香生、俞荫甫俱有辨，不赘述。中丞次子惠康，字叔雅，能文章，负志节，与妇不协，弃家出游。晚居京师，嗜青花磁及古琴，时亦购书。与余订南归观书之约，然叔雅实无归志，且不知持静斋之所有，已成漏卮也。（以下叶本脱。）光绪中叶，有四公子之称，谓谭复生嗣同、吴彦复保初、陈伯严三立及叔雅也。

一〇、丁日昌（二）

禹贡毛诗可比肩，　文家画絮字如钱。
汉皋解佩非吾望，　不忘墙东一面缘。

持静斋书之散出，世人多不知其故，亦不知其始于何时。以余所闻，揭阳城内有书店多家，专伺丁书。书之出也，悉由婢仆之手，多少精劣全缺不一。久之又久，而书已尽。广州有华英书局者，亦分支店于揭阳，有所得，随寄广州。余所见最精者，有《禹贡图》、《毛诗要义》、文与可《画絮》等。问其值，不觉咋舌。盖始得时所欲甚奢，既不谐，则之上海，值亦因时与地而递减。惟所见有书目以为宋本而实明本者，如《唐文粹》之类，不能忆矣。乙卯岁，华英挟《持静斋书目》版片归，遂不复去，书当尽于此时矣。后闻《禹贡图》归刘晦之，《毛诗要义》归李经迈，《画絮》未知流落何所。

一一、孔广陶

五年访古百登楼，　不汝瑕疵任取求。
剩炙残羹搬拾净，　名存惟赖北堂钞。

南海孔少唐广陶，居广州城南关，藏书处曰三十三万卷楼。光绪戊申后，书已散出。余方归自桂林，四五年间，月必数登其楼。菁华渐尽，剩者惟巨帙及习见本而已。岁壬子，尽归康长素。所刻书，惟《北堂书钞》有功艺林。盖少唐借钞周季贶本，又合林飏伯国赓等，逐条细校，实胜祖本。同时姚彦侍亦刻此书，不知据何本，竟因少唐而中辍。少唐录季贶原本，今归徐信符。余取校刻本，于诸家校语多所删削，当非漫然也。此板已售之上海。他所刻若覆《古香斋五种》、《岳雪楼书画录》，寄存某书店中，无过问者。闻书目已编就而未刻，想佚之矣。张文襄作《劝刻书说》，言凡有力好事之人，若自揣德业学问，不足过人，而欲求不朽者，莫如刻布古书；但刻书必须不惜重费，延聘通人，甄择秘籍，详校精雕，其书终古不废，则刻书之人，终古不泯云云。吾粤若伍、潘二氏及少唐，并足当之矣。

一二、孔昭鋆

珍本分来岳雪遗，　南园觞咏可胜思。
他家玉貌惊初见，　却是悲秋含怨时。

少唐次子季修孝廉昭鋆，出嗣别房，遗产数十万。（以上五字叶本脱。）岳雪楼书未散时，先取其佳本以归。有南园别业，饶花木之胜，余尝陪觞咏于此者数矣。不数年，家亦骤落，季修郁郁死。南园已易主为酒家。岁戊午，余在广州麦栏街邱某家，见宋椠王右丞、孟浩然、韦苏州诸集，旧抄《宋二十家文集》，毕秋帆、钱竹汀诸家校《资治通鉴》等书，并宋拓兰亭书画多种，皆孔氏抵债物，转数主而至邱也，为怃然久之。

一三、陈　澧附：廖泽群

群书手校墨淋漓，　百册残余署学思。
犹胜廖君三礼表，　鼠伤虫蚀听顽儿。

陈东塾先生澧，所藏书迩年尽散出，多为徐信符所得。先生阅书至博，每书皆有校记。尝见《学思录》百余册，皆是先生手迹，即是《读书记》之底稿也。今归岭南大学。先生治学之法，凡阅一书，取其精要语，命钞胥写于别纸，通行之书，则直剪出之。始分某经，继分某章、某句、某字，连缀为一。然后别其得失，下以己见。如司法官之搜集证据，乃据以定案也。余因阅《学思录》与《读书记》，而悟其法如此。先生入室弟子廖泽群编修廷相，著《三礼表》，藏于家。其子伯鲁，秘不肯示人。有欲代刊者，并坚谢之。不知其居何心也。

一四、莫友芝

云散烟销旧草堂，　书从惊见影山章。
一家子弟同陵替，　五马仓皇弃五羊。

独山莫郘亭先生友芝，有影山草堂，在黔南，旧藏已经乱无存。后宦金陵，因家焉。手收益富，仍钤影山草堂藏印。余丁巳到沪上，于书坊见之，有绍兴三十一年刻《范香溪集》最佳，余精椠甚多，计先生所藏，当不止此，其散亦不始今日也。先生有侄棠，字楚生，需次广东知府，亦嗜书，与王雪澄、沈子封辈同声气。辛亥之变弃官去。临行时，多所遗失。其挟而去者，未几亦散之沪肆。莫氏之书殆尽矣。

一五、李慈铭

订疑补缺用功深，　字细如蝇密似针。
酒诰原来称脱简，　焦琴何幸得知音。

会稽李炁伯先生慈铭，卒于光绪中叶岁乙未，其家以《越缦堂遗书》九千余册，归北平图书馆。每书皆有校注，经史要书尤详。迩年杭州书店，屡以炁伯精校书标目，索重价，则馆中所收，似未全也。其《越缦堂日记》后六册求之樊樊山，不可得。据云存陕西故宅中。樊山殁，其家以争遗产构讼。陕西故宅及宅内所有，判归其嗣孙宝莲。余向宝莲询之，复言无有。或云是数册中，有菲薄樊山语，樊山恨之，已投烈焰中矣。先生殿试策，不知何时归宝应刘君所有。吾友陈援庵以重值易得，极宝爱之。

一六、孙诒让

周官墨子版重开，逊学斋中儿剩材。
楚社才完温社继，云霄片羽惜南陔。

瑞安孙仲容先生诒让，为晚近汉学大师，卒于宣统间。著书满家，生前流布只《周礼正义》、《墨子闲诂》、《古籀拾遗》、《札迻》、《述林》数书，而《周礼》、《墨子》二书，尤为精力所萃。二书先有活字本，《闲诂》后多改削重刻之本，《正义》虽系定本，而纸墨粗劣，字多讹误蒙糊，湖北楚学社亦重刻之，近五六年始刊就印行。而温州人士又创永嘉学社，发行月刊，拟赓续传其遗著，甚盛举也。先生父琴西布政衣言，著有《逊学斋集》，多藏秘籍，至今保守未失。萧山王南陔先生绍兰，专治考据，著书尤富，除自刻《许郑学庐存稿》外，稿皆散佚。潘祖荫、胡燏芬、罗振玉所刊，尚未及什一也。

一七、萧　穆

收藏有分到寒儒，片纸来从血汗余。
忘向黔妻询觇缕，箧中巨帙是何书。

桐城萧敬孚穆，诸生，为曾国藩所知，派充上海制造局文牍二十余年，月薪止二十两。时值江皖洊乱，故家书玩散落，君以贱值得之。性极朴，节缩所余，尽以购书。故所蓄颇富，且多佳本，居然充藏书家矣。熊译元曾参沈子培安徽藩幕，时君已殁，译元语余，藩署旁有一书店，所售皆敬孚书也。其佳本多为沈得，译元亦拾其余。书略尽矣，熊浼店中人介至敬孚家，有书一大簏，册皆厚寸许，一老妇指谓熊曰："此先夫一生精血所在，宁饿至死不卖。"熊逡巡去。按《敬孚类稿》与溥玉岑书有云："自文正薨后，即客于海上。专为留心四方文献起见，数十年来，所著各种不下四五百卷。草创略具，尚待随时增加。谨将书目各种，另列一单"云云。岂即簏中巨帙耶。又按《类稿》中《跋》三卷、《书记》二卷，俱佳。可以见敬孚所得之涯略。

一八、谭　献

马总书携半部回，　汪中述学没尘灰。

平生矫矫西京学，　不保江都一玉杯。

仁和谭仲修先生献《复堂类稿》，余十余岁即读之，其诗词皆能背诵。光绪末余居粤，闻先生已殁，遗书渐出。适马夷初旋杭，因托访之。夷初仅于冷摊中得先生刻《意林》一册，盖刻及半而中止。此册即初印待校之本，甫出版，竟成孤本矣。余游杭州，入某书店，见架底有《述学》二册，细审之，乃先生评点本也。大喜，购之。记在涵芬楼见先生《董子春秋》稿本，先生治《春秋》主董子，必精心结撰之作，惜匆匆未及详阅。上海之役毁于火。不知海内有副本否？

一九、平步青

抽簪早岁恣冥搜，　霞外奇书纳众流。

三百三家犹憾隘，　待搜集目补文椒。

山阴平景荪步青，博览强记，以翰林外放江西督粮道。旋乞休，年才三十七。卒于光绪乙未，年六十。自订《香雪崦丛书》，凡二十种。惟《国朝馆选爵里谥法考续》三卷，《群书斠识》十一种，刊于生前。《樵隐昔寱》二十卷，《霞外麕屑》十卷，刊于民国初。未刊者《读经拾沈》一卷，《读史拾沈》一卷，《宋史叙录》一卷，《修明史史臣表》一卷，《文庙从祀议考略》二卷，《上书房行走诸臣考略》二卷，《南书房行走诸臣考略》二卷，《召试博学鸿儒考略》一卷，《荐举经学考略》一卷，《大考翰詹考略》一卷，《越中科第表》二卷，《浙江山阴平氏谱续》三卷，《司农公年谱》一卷，《群书斠识》七十六种，《楹帖摭谈》二卷，《山阴平氏捃残集》一卷。尚有无卷数者，《瓜庐拾遗》等二十余种，稿藏于家，可谓盛矣！其斠书也，不凭异本，但以书证书，识其缺误。《昔寱》中有《国朝文椒题跋》六卷，凡三百三十余家。或疑其滥，余则以为尚隘。暇拟补之，所增当在二倍以上。

二〇、唐景崇

尚书晚岁注新唐，　律历天文志最详。

兰台难得班昭续，　竹简休同孔鲋藏。

灌阳唐春卿尚书景崇，晚岁注《唐书》未成。有见之者，谓《天文》、《律历》二志最详且精，列传全缺。尚书卒后，稿存其侄焕章许。焕章挟以为利，条陈粤西当局，请拨巨款，开局聘员，从事修补。当道置不理。焕章寻殁，争议纷起，卒定由唐氏家属及戚属余、陈二家共同保管，未悉其意何居。以言藏也，曷不寄之北平图书馆耶？以言刊也，曷不付之商务印书馆耶？同学友余戟门，尚书甥也，俟见面一询之。

二一、吴式芬

清华家世海丰吴，此日真看竭泽渔。
山涧口家缙半夕，弃余仍是杂精粗。

海丰吴子苾观察式芬，及其子仲饴侍郎重熹，累代积书，刊有《攟古录金文》、《九金人集》行世。住南城达智桥，去余寓不百步。侍郎殁于辛亥后，遗书渐散。至去岁九十月间，出尤亟，日见打鼓贩趋其门。最后，山涧口书贩李子珍以千二百金全有之，载数十车。人皆以为弃余物，不之顾。余缙阅半夕，得佳本数十种。其金石类有子苾校本《平津读碑记》、子苾稿本《贞石诗访录》，十八巨册，谐价未就，而吴氏之书，从此尽矣。

二二、张之洞（一）

斋书粗劣院书精，广雅储才拥百城。
桂水载来还载去，似闻弱盗胜强兵。

张之洞督粤日，创广雅书院。选高材生，肄业诸生，各给必读书若干种，听其点勘，名曰斋书。又广购巨帙精椠，储之一楼，备诸生参阅。刊有《广雅书院藏书目》二册。余童时屡登楼观之。后书院废，一改为东文传习所，二改为高等学堂，三改为第一中学校。莫荣新督粤日，桂人倡议分书之半。黠者但计册数，以斋书给之，书贮梧州。未几，陈炯明伐桂，又挟以俱还，不知何时，以书移置他屋。余偶过之，见雨淋苔渍，无人顾及，而其书渐发现于坊间。又数年，询之校中人，片纸无存矣。

二三、张之洞（二）

海王村畔屡停驺， 金尽常添恋阙愁。
空为他人防外溢， 平泉花石岂长留。

南皮张之洞，来觐京师，每日暮，必驱车至琉璃厂，满载而返，临去，至罄橐不能给价。光绪末，创设学部图书馆，惩于归安陆氏之东输，思征天一阁、铁琴铜剑楼善本入馆，被瞿氏坚拒。范氏允进呈二十种，后亦不果。此举殊近豪夺，在今人则名之曰无条件接收矣。公殁后，所藏书至辛酉散出，宋本止数种，《文中子》最佳。余明刻旧抄若干种，皆归傅沅叔。余亦得精椠数种，闻其家属仅得值三千元，或云其佳者早归高凌霨云。

二四、李文田

地征西北史南天， 著作名山有佚编。
不读书衣题识遍， 那知精识媲全（谢山）**钱**（竹汀）。

顺德李仲约侍郎文田，素究《元史》地理，好搜明季野史。其未刊稿，以《元史地名考》最巨，而家藏本缺佚将半。余所见，柯凤孙家有一册，东方图书馆有一册。闻上海某家亦有一册，合之可成完书。其《四库全书》进呈表笺注，则高州林某窃而刊之。余于己巳岁，始得观其所藏。每书衣皆有题识，辨证书中得失，无不精切，不似他藏书家但记得书岁月，板刻源流也。丁氏持静斋中诸抄本，侍郎多有其副，中丞子惠衡所写赠也。

二五、柯逢时

柯家山馆半成荒，百簏缣缃看过江。
记听中丞违俗语，好书堪读不堪藏。

武昌柯巽庵中丞逢时，富藏书。殁后，二子各得其半。其次子不克守，岁丁卯，邃雅斋以万二千金得之。多至百簏，无宋元本，大抵四部中重要而切用者。中丞尝言，刻书之佳劣，不在梓民，而在校者，苟能精校，便是佳本云云。见《缘督室日记抄》。

二六、盛　昱

书衣认得伯羲签，小市摊边问价廉。
不见观文庄子注，分明影事记梁髯。

清宗室伯羲祭酒盛昱，殁于庚子乱前。所藏书分次散出，至癸丑而尽。佳本多为景朴孙所得。己庚之间，余游宣武门内小市，有醉香阁者，不知从何处拾其残余。皆小册单种，亦有佳本，书面题字，一望而知为祭酒笔也。祭酒藏有宋本吕惠卿《庄子注》，梁节庵尝借观累日，见节庵所撰《梁祠图书条例》。余遍询傅沅叔诸公，俱云未见，亦不闻他收藏家得之，岂已不也天壤间耶？数年前，俄京图书馆影印者，乃残本耳。

二七、陈伯陶

酥醪观里一黄冠，　共古遗民守岁寒。
闲为梅村笺本事，　董姬原未入侯门。

同邑陈子砺先生伯陶，早年与其父幼珊先生，俱著籍罗浮酥醪观为道士。通籍后，师事李仲约侍郎，因亦好收明清间野史，及万历后诸家奏议别集。官江苏提学。宣统初，见朝局日非，告养母归。辛亥后，避居九龙，著《元东莞遗民录》、《胜朝广东遗民录》，又有《宋台秋唱》。宋王台者，在九龙海滨，先生考为宋帝昺行宫故址，因招诸遗老相唱和，辑为是卷。又修《东莞县志》，于袁崇焕、张家玉、苏观生三传尤详核，皆所以托其志也。他著有《孝经说》、《荀子性善说》、《吴梅村诗发微》。己巳，谒先生于九龙，留余饭。席间，谈及《梅村诗发微》，余急询："梅村题冒辟疆姬小像，末首'墓门深又阻侯门'句，'阻侯门'三字何谓？"先生曰："此指陈沅耳，辟疆当属意沅。见陈其年妇人集。其时已归吴三桂，故曰阻侯门也。"往者故友罗瘿公即据此三字，为小宛入宫之证。冒鹤亭又力辨其非，使早得先生是说，两君俱可以息喙矣。先生殁于辛未，遗命以所藏书，捐置酥醪观中。

二八、徐梧生

手定规模建石渠，　好书留与后人畬。
如何轻舍传家宝，　来换应官一纸符。

临清徐梧生坊，娶鹿尚书传霖女，遂移居定兴。光绪中叶后，故都言收藏者首数之。庚子之乱，多所丧失，而搜求不辍，较前尤盛。

学部设图书馆，多出君规画。殁于丙辰，遗书渐散，翰文斋诡得之。今岁夏，其家曾因此与翰文斋涉讼，不得直。余所知者，有宋本《唐文粹》、《攻媿集》，建本《文选》，巾箱本《荀子》、《老泉文粹》，元本《困学纪闻》。其他明椠明抄佳本，不乏最佳者。北宋本《周易单疏》，为宋本经部第一，海内无第二本。其子某，求官于世交某君，以是书为贽。梧生弟植，居定兴。有所谓五公司者，（即文友堂、文奎堂、宝文书局、晋华书局、待求书社。）以八万金得其书，售之，不偿所出云。

二九、梁鼎芬

花之寺里遇花间， 语及瑶华我恧颜，
晚慕东坡留带意， 分书一部與焦山。

梁节庵按察鼎芬，余慕名数十年，未及修谒。戊午四月，遇于花之寺，询姓名，知为余，即曰："君家有多少好书耶?"余答："无有。"又曰："我曾借抄《瑶华集》，君记之耶?"盖十年前广州某书店，有蒋重光选《瑶华集》，君拟购之，未就，旋为余有。友人某向余借抄，久之，友始告余，实受君托。余踧然不安，决以书奉君，而君已北行，余亦忘之矣。君藏书数百簏，三分之，一赠焦山寺，一存广州梁祠，一留自读，今保存者惟焦山寺书耳。

三〇、梁思孝

小人女子败而家， 葛帔西华境可嗟。
痴绝买珠还椟事， 无书何用保书架。

梁按察子思孝，性谨而痴。按察素主满汉通婚，娶满官族女为子妇。女与其母兄俱吸鸦片，母兄乏，则移家就女，倾产不足以供。（脱以下二字。）按察有仆史某殁后，其妾倚用之。史乘间窃书出，久之，事破。其戚崔介其余书归余，佳本略尽矣。按察每得一书，必自写书名卷数刻于木夹上，字秀劲，售书时，其子以木夹有先人手迹，留之，余争不能得，然弃置不复问，厨妇旋杂薪炭摧烧矣。

三一、陈庆龢　庆　佑

机云入洛擅才华，　阿弟中年掩浅沙。
打鼓担头论斤去，　千金享帚独些些。

番禺陈公睦庆龢，及其弟公辅庆佑，东塾先生孙也。工词章，同官京师。公辅早殁，其孤不肖，以所遗书尽售于打鼓贩，得值极贱。书数百册，皆有东塾手迹，及东塾未刊文稿。余收得东塾手校《通典》四十册，公睦则藏有读书记余稿，编为《东塾杂俎》六卷，已写定，待刊。余见于他处者，尚有《孟子说》、《老子注》、《说文韵表》诸书，安得有力者，一流布之。

三二、陈宝琛

不观江海爱蹄涔，　老去尤于诗律深。
两见西园闻见录，　有心迻写力难任。

闽县陈伯潜宝琛，人传其专读《佩文韵府》，为作诗钟地也。君晚岁诗尤精细，不苟作。家多藏书，其旧抄本《西园闻见录》，当属海内孤本，书为明张萱撰，萱我粤惠州人，全帙六十余册。往时，李仲约侍郎曾借录一部，后失去十余册。余一见于丁闇公所，再见于邓文如所，以卷帙之巨，未敢借抄也。

三三、汪兆镛

早岁归依陈太邱，晚岁纂录晋阳秋。

在山尽有同源水，泾自清流渭浊流。

番禺汪憬吾兆镛，陈东塾先生入室弟子也。近为东塾先生编年谱，又刊其诗词。尝积数十年之力，著《晋会要》，不知已写定否？憬吾，汪精卫之兄也。

三四、王仁俊

一生踪迹傍南皮，晚隐金门鬓似丝。

学综九流书百种，儒林传里独遗伊。

吴县王捍郑仁俊，张之洞督粤日，曾校书广雅书局。张移湖广，又充存古学堂教习。及张管学部，又调为学部右丞。殁于辛亥后。庚辛间，书始散出。余得其著书全目一纸：《格致古微》五卷，《表》一卷，《群经讲义》三卷，《孔子集语补遗》一卷，《毛诗草木今名释》一卷，《尔雅疑义》一卷，《仓颉篇辑补校斠证》三卷，《说文引汉律令考》二卷，附录二卷，《说文一家学》一卷，《说文独字成部考》一卷，《汉书许注辑证》一卷，《周秦诸子叙录》一卷，《淮南子万毕术辑证》一卷，《正学编》三卷，《辟谬篇》二卷，《辽文萃》七卷，《艺文志补证》一卷，《西夏文缀》二卷，《艺文志》一卷，《存古学堂丛刻经史词章学》四卷，《感应篇儒义》六卷，《古本考》一卷，《学堂歌笺》二卷，以上已刊。又《孔子经解》，《两汉传经表》，《通经表订补》，《吴郡汉学师承表》，《吴郡著述考》，《群经汉注辑证》，《玉函山房续编》，《春秋左氏传学》，《尔雅读》，《尔雅大字本校勘记》，《说文考异纂》，《小学钩沈补续》，《释名集校》二卷、《补遗》一卷，《白虎通义集校》一卷，《引书表》一卷，《三代教育史》，《大学堂文学研究法》，《周秦学术源流考》，《古今中外文字考》，《管子训纂》，《商君书表微》，《鹖冠子间诂》，《老子正谊》，《淮南许注异同三诂》九卷，《淮南子扬榷》一卷，《墨子经说疏》一卷，《诸子札记》，《意林周注订》五卷、《补逸》一卷，《景佑六壬神定经纂》二卷，《佚秘府略笺》，《汉书异文志校补》十卷，《隋书经籍志校补》，《古类书辑录存佚表》，《许学》，《郑学》，《武庙祀典考》，《西辽书》，《秦权衡度量考》，《荥阳郑氏石刻考》，《历朝石刻跋》，《金石粹编补跋》，《金石续编补跋》四卷，《金石萃编三续》，《陶斋金石文录》，《金石通考》，《寰宇吉金录》，《寰宇访碑录三续》，《新墨缘汇观》，《圣哲辩诬录》，《小畜集考证》，《王氏文献录》，《正学堂集内篇》二十卷、《外篇》二卷、《附篇》一卷，《正学堂笔记》，《吴谚证》，《军歌笺》，《盂鼎集》一卷，《克鼎集释》一卷，《群书佚文辑佚》，《积古斋钟鼎彝器款识补遗》一卷，《壶公师考金释稿》一卷，《说文要旨明例》一卷，《补宋书艺文志》一卷，《补梁书艺文志》，《陶斋钟鼎款识》，《墩煌石室真迹录》六卷附一卷，《唐律名例疏》一卷，《存古学堂丛刻经学》七卷，《顾氏群书集说补正》二卷，《石刻正文》一卷，《五百经幢馆稿》一卷，《东西文菁华》，《汉碑征经补》，《许君说文多采用淮南说》一卷，《淮南许注考证》，《籀鄦赋笺》二卷，《碑版丛录》，《金石萃编统补稿》，《金石题跋》，《籀鄦簃读碑记》一卷，《金石簿录》，《西夏文缀》外编，《尔雅学》，《郑埶阳辨诬录》六卷，以上未刊，共一百种。余按目求之，十得二三。闻《说文》诸稿本，归徐菊人，《管子训纂》归阚霍初，余无可觅。《缘督室日记钞》载捍郑遗书出售，索值万金，系甲辰闰五月，地在上海。故都遗稿之出，又后五年。据闻，捍郑有遗妾，嫁某湖北人，挟稿以行，诸稿由湖北人手价售云。霍初曾受业于捍郑，拟借余所有，先印行之。今霍初殁，此事不知谁属矣。

三五、杨锺羲

格古旧闻郁华阁，　抄诗曾住小玲珑。
瓣香长奉覃谿老，　手写唐诗楷绝工。

汉军杨子勤锺羲，与盛伯希为中表，辛亥后流寓上海，为刘翰诒校书，成《雪桥诗话》四集。未几，归京师。贫甚，尽货其书，惟存翁覃谿手写《唐诗选》六册，楷书绝精。

三六、李希圣

巴陵藏目渺无存，　书跋徒留李亦元。
多少琳琅经手丢，　更因献纳博粗官。

吾友徐行可近得无名氏题跋一册，断为李亦元所作，书皆巴陵方氏碧琳琅馆所有也。余见日人岛田翰《皕宋楼藏书源流考》，有王式通题辞，中一首云："巴陵方与归安陆，一样书林厄运过。雁影斋空题跋在，流传精椠已无多。"注云：亦元遗著，有《雁影斋题跋》，所见多巴陵方氏藏书，庚子后，大半散失。据此，则行可之言有征矣。但题跋系亦元自作，非为方氏，盖方氏书来京师时，多由亦元经手买卖（见叶鞠裳日记抄），故得尽睹之。亦元于光绪壬寅，充大学堂提调，而方氏子以售余之书赠大学堂，管学大臣张公百熙，为之奏奖知县，想亦由亦元作介，可谓一手经理矣。题跋凡宋本二十六种，元本三十四种，明本旧抄本名人校本共二十余种，其中《虚堂习听录》为余收得。所赠大学堂书，无一种在题跋中，盖方氏书不止此，亦元题跋亦不止此。亦元名希圣，长沙人，光绪壬辰进士，官刑部主事，著有《雁影斋诗抄》、《题跋》诸篇，考证甚详，无门外语。旧于他处见抄本《方氏书目》八册，又抄本《明人集目》一册。今皆不可问矣。

三七、张　勋

将军事事志尊王，　识字无多学不荒。

为爱牙签沾御气，　顿教髫样变时妆。

辛亥后，武人拥厚资，大治宫室，以图书供点缀，惟张少轩将军勋，自有宗旨。所收书以殿本为限，殿本书又及百册者为限。书坊觊其重值，就不及百册者，每页中垫以纸，一册可分装二三册，张亦不细审也，自是遂成风气。其始犹用细洁之纸，渐且以粗劣者代之矣。其始但施于贵重之书，渐且普通之书亦为之矣。购者亦知其弊，吝不增价，而积习牢不可破，今沪浙尽效颦，甚矣，坏习之易移人也。

三八、邓邦述

半生仕宦为书穷，　可奈书随债俱空。

群碧徒知尊古本，　一篇释骨语懵懵。

江宁邓孝先邦述，得黄荛圃藏《群玉》、《碧云》二集，因自名藏书之所曰群碧楼。先编《群碧楼书目》九卷，重编《群碧楼善本书目》六卷、《寒瘦山房鬻存书目》七卷。盖君曾以书之一部归中央研究院，得值二万金。所鬻余者，别为之目也。君自序称：“昔借债以买书，今鬻书以偿债。”嗜书者有同慨焉。君于近代本，殊多茫昧，如沈果堂《释骨》一篇，有单行写刻本，《果堂集》中亦有此篇。乃收一传抄本，且疑未曾付刻，如此之类，难免弇陋之讥矣。

三九、屠　寄

日日先生住醉乡，生平不逐著书长。
并时瑜亮难优劣，但见三都贵洛阳。

武进屠敬山师寄，中年后，屏绝他务，专撰《蒙兀儿史记》。性嗜酒，笔一枝，酒一壶，恒不离手。戊己间以国史馆事，重来京师，余在北京大学授课，往返经其庐，修谒较勤，尝乘间请曰：“书何时可成?”先生笑曰：“余今年六十矣，再须六十年可成，然余固不期其成。家中雇一刻工，成一篇即刻一篇，死而后已。”久之南归，而讣书至矣。先生尝至粤，为张之洞校刻广雅局书。又尝至黑龙江，参将军寿山幕。庚子之役，先生不主与俄开衅，拂寿山意，径归。仓皇中，丧其行李，所撰《洛阳伽蓝记注》亦遗之。余见其《诗稿》自注，有云寿山为袁崇焕后人，惜当时不询其详。先生殁时，《史记》仅刻成十册。同时柯凤孙先生撰《新元史》亦刻成，几及百册，而坊间售柯书者，值仅三四十元，售先生书者，值至七八十元，盖《史记》久不刷印，欲得之者众故也。

四〇、吴昌绶

定公文集廿四卷，子晋词钞数十家。
一书悻悻君何褊，仕宦文章总梦华。

仁和吴印臣昌绶，为龚定庵作年谱，传闻藏有定庵手订《文集》二十四卷，未之见也。君收得汲古阁影抄宋元词集，未刻者数十家，今双照楼所刻者是也，今板归陶兰泉。其未刻者，兰泉别以摄影法续之。君熟于目录，尤究心典故名物，君尝选诗晓晴簃，一日以手抄本陈梦雷《松鹤堂诗集》示同人曰："此未刻孤本，可宝也。"同坐关颖人，知余有刻本，明日借以相示，君大恨，取己书片碎之。人或讥其褊，余谓出之君，亦雅事也。君仕宦侘傺，素善词章，所撰以题跋尤胜。殁后有人醵资刻其遗集，欠选择，题跋亦多漏收，不足传君也。所藏书甚富，有宋本《东京梦华录》最佳，归袁寒云。

四一、缪荃孙

一册垂为学海津，　毕生事业与书亲。

伟哉雕木破前例，　几许刊传近代人。

江阴缪筱珊先生荃孙，为近代大目录学家。张之洞《书目答问》，乃先生代作，按年谱则作于二十四岁时也。颇疑先生早岁从宦川滇，地既偏僻，又乏师承，何能博识若此？陈慈首云："是书盖江阴一老贡生所作。先生得其稿，又与张之洞共参酌成者。"慈首尝令江阴，所言或有据。此书津逮艺林，至今治学者无以易之，功亦大矣，而先生一生以书为事业，实肇于此。《艺风堂藏书记》八卷，又《续记》八卷，前记皆古本，续记间有近人著作。余最爱者，为所藏近代名人未刊稿本及已刊而罕见之单行本，记中不尽载也。自鲍氏知不足斋后，藏书家皆知刻书。然如陆氏十万卷楼，所刻皆古本，丁氏嘉惠堂，虽不皆古本，而限于一地，先生刻书最多。其自刻者，若《云自在堪丛书》、《藕香零拾》、《烟画东堂小品》、《古学汇刊》、《常州骈体文录》、《词录》等。代人刻者，若盛氏《常州往哲遗书》初二集、刘氏《聚学轩丛书》、端匋斋《东坡七集》等，大抵偏于近代。

四二、缪禄保

汲古书亡目幸传，如何斧季但论钱？
容斋末笔人争睹，独懔遗言不敢镌。

筱珊先生子子寿，名禄保。己未岁，以所藏书售之上海古书流通处。所余抄校本及刻本之罕见者尚不少，并家稿携之入都。十余年来，零售略尽，并先生自撰《五代史方镇表》亦售与北京大学。惟先生有晚年日记三巨册，曾见之邓文如许，多记版本及他轶闻，子寿云，遗命不许刊。士礼居刻《汲古阁书目》，系毛扆斧季记，每目下注钱若干，盖出售时底账也。

四三、沈曾植

编成题跋待雕镂，藏目先窥海日楼。
后起倘争洪李帜，红黄册外证源流。

嘉兴沈子培布政曾植，富藏书。有《海日楼藏书目》，集中多题跋之作，曾影印手稿二册，首数篇即辨版本之作。所著《蒙古源流笺证》已刊成。他若《元朝秘史注》十五卷附《九十五功臣名》一卷，《蛮书校补》一卷，《岛夷志略笺》一卷，《蒙鞑备录》、《黑鞑事略》、《西游记》、《异域说》、《塞北纪程》、《近疆西夷传》各一卷，皆由吾友张孟劬为之校定。待刊尚有《诗文稿》、《笔语》、《杂俎》之类存于家，所藏书亦未散失。

四四、沈曾桐

赖古堂中无雪客，　太邱门内愧元方。
一官换得书归去，　即是千金陆贾装。

嘉兴沈子封提学曾桐，子培布政弟也。才誉远逊其兄，亦好收藏，宦粤东日，购南海孔氏书甚多，凡新抄本，皆归之。旋为粤督张坚伯所劾，罢官居京师，殁于辛亥后。其季子某，设书店于后门大街，曰赖古堂。售所蓄，颇得善价。数年书尽，旋闭歇。周栎园亮工，有赖古堂，富藏书。其子在浚，字雪客，能继其志。朱竹垞云："黄子俞邰，周子雪客，藏书累叶，手迹犹新。"

四五、王绶珊

九峰庐主书成癖，　使者搜求到故都。
继起陆丁衰替日，　但论方志陆丁无。

绍兴王绶珊，余未识其人。有杜国盛者，撰《九峰旧庐藏书记略》，言其有宋本百余种，明本一千余种，方志二千八百一部，全国未收得者止十分之一。其嘉靖陆修《山东通志》，弘治《八闽通志》，明薛应旂《浙江通志》，明《绍兴府志》、《宁波府志》、《湖州府志》等，均棉纸精印，尤为世所罕见云云。去岁，杭州抱经堂书店主人来故都，据云专为王君搜求《方志》，捆载而去，所积未可限也。

四六、徐乃昌

刊成闺秀百家词，好事南陵合绣丝。
堪笑痴儿保孤本，只今还是宋元时。

南陵徐积余乃昌，尝刊《清闺秀词集》初二编。无专集者，别为《闺秀词钞》。凡百数十家，搜采不易。缪筱珊序君《随庵丛书》，引顾涧蘋语，谓宋元旧本，日渐散佚，宜覆刻之，勿失其真。是缩今日为宋元也，是后千百年为今日也云云。《随庵丛书》初二集，皆宋元本，其中有假之他人者，亦有不甚可信者。他刻若《鄦斋》、《积学斋》二丛书，则近人著作也。闻所藏已尽散，其佳者多归天津李嗣香。

四七、王秉恩

书刊史部百千卷，局聚儒林四五人。
寂寞沧江头白叟，一编鸿烈是家珍。

华阳王雪澄观察秉恩，王湘绮弟子也。张之洞督粤日，开广雅书局刻书，君充提调。前后司校勘者，有武进屠敬山师寄、会稽陶心云濬宣、元和王捍郑仁俊、长洲叶鞠裳昌炽诸人，皆一时之彦也。所刻多乙部切用之书。盖之洞雅慕阮文达，文达创学海堂，之洞亦创广雅书院；文达刻解经诸书，之洞则刻考史诸书，不相袭而遥相师也。之洞移鄂，君亦去职。代者但取闽本《武英殿聚珍丛书》覆刻之，縻十数万金，刻事随辍。宣统中，君卸钦廉道事，重寓粤垣，余始相识。引观所藏古书字画，目不暇给。岁辛酉，重见于沪滨，须发如银，年逾八十矣。所藏尽散，案头惟手校《淮南子》数册，遍上下密行细字。自云一切异本，靡不迻录云。

四八、王存善

手写陶诗䳮小市，眼明宋集宝高斋。

岭南有吏都超俗，但论收藏趣自佳。

杭县王子展观察存善，在粤时，不以鉴藏称。晚岁居上海。岁丙辰，有客介我观其所藏书，最佳者有沈文起校《圣宋文选》，卢抱经校《宝刻丛编》，碑版尤富，多宋拓。尝游小市，见其手写《陶诗》，故友黄晦闻以贱值得之，后以归其子叔鲁。光宣间，粤吏多好收藏，如姚布政觐元、陆兵备心源、王观察秉恩、沈提学曾桐、蒋运使式芬、汪知府大钧、莫知府棠、裴县令景福及子展辈皆是。人徒知方功惠而已，勿问其政声何似，而雅尚殊足嘉也。

四九、张钧衡

藉甚吴兴蒋（学藻）**与刘**（承幹），**石铭参立学尤优。**

适园未抵嘉业富，择是精过密韵楼。

乌程张石铭钧衡，博雅好古，藏宋元椠甚富。尝刻《适园丛书》七十余种，又刻《择是居丛书》：仿宋元本《尚书正义》，《吴郡志》，《周此山集》等数十种。刘翰怡、蒋孟蘋皆好刻书，翰怡刻有《嘉业堂丛书》、《求恕斋丛书》、《吴兴丛书》等，孟蘋刻有《密韵楼丛书》。石铭子芹伯亦好收藏，有父风。

五〇、刘　鹗

一旦刑如辟草莱，　单车寂寞去军台。
收场姚陆同狼狈，　不没他时博雅才。

当湖刘铁云鹗，以道员督办河南矿务，尝助福公司购地，丧失主权，被劾，发往军台效力。铁云素以收藏著称，除书外，金石甲骨之属尤富。旋尽散，其书为会文斋文友堂所得，曾见会文斋有书目。铁云辑有《藏龟》、《藏陶》等书，海丰吴氏代刊之。别著《历代黄河变迁图考》，已梓行。

五一、罗振常

北地风行到越吴，　旧书刊目旧时无。
鸡群立鹤惟罗愿，　唉利丁陈纂录粗。

都下自昔多书，见胡元瑞《笔丛》引元人《豫章漫抄》。余所见上海之古书流通处、中国书店、蟫隐庐，皆在辛亥后，杭州之抱经堂更在后，此就较大者言之。若孤种旧书，刊印书目，则始自上海，而故都效之。大抵营业方法，上海胜故都，而经验不如。向见《蟫隐庐书目》，井井有条理，甚讶之，后询知其主人为上虞罗振常，字子经，盖叔蕴从弟，隐于书者也。

五二、夏孙桐

史稿难完又选诗，　更修学案接前规。
玉堂人向书中老，　不是承明著作时。

江阴夏闰枝师孙桐，余乡试座主也，为缪筱珊妻兄。亦谙目录之学，精于医。尝与修清史，成稿最多，又为徐菊人选清诗，及修《清儒学案》，近又为东方文化会撰《续四库全书医书类提要》。师居麻刀胡同，与余寓相近，每就余借书，健步豪谈，见者不知其为八十一翁也。

五三、陈　毅

一介书生敢障边，　平时指掌说山川。
漫言纸上全无用，　不换功名亦换钱。

蕲州陈士可毅，素治蒙古地理，当局采其虚誉，骤用为库伦都护使，遇变，仓卒逃归，幸箧中书未失，书多地理类，尤多秘本，张殷斋《魏延昌地形志》不全稿，亦其一也。君殁，书散出。当事仆与某书店侵蚀其值，过五分之三四，所得犹万余金云。

五四、李盛铎（一）

锦轴移来卧雪庐，　晚年收得海源储。
陆丁以后兹奇货，　大力谁能挟以趋。

德化李木斋盛铎，早年购得湘潭袁漱六卧雪庐书。聊城杨氏书最先散出者，如《孟浩然集》、《孟东野集》、《山谷大全集》等，皆百宋一廛故物，君皆得之。所蓄亦不限于古本，吾国今日惟一大藏家也。性极秘惜，无人得窥其所有。近岁境大窘，商售于北平图书馆，当事者以费绌不敢答。曾以宋本数种抵押北平某书店，余得见之，非其精者。

五五、李盛铎（二）

添香捧砚旧怜卿，竟为钱刀到法厅。

非管吹翻一池水，直愁倾了两书城。

八月八日报载，李木斋妾张淑贞，以木斋遗弃伤害诉于天津法院，索赔五万金。闻淑贞归木斋八年，今年二十三，木斋已七十六矣。犹记去岁南浔某公，亦为其妾挟讦，几破产，可谓无独有偶矣。

五六、傅增湘（一）

海内外书胥涉目，双鉴已成刍狗陈。

取之博者用以约，不滞于物斯至人。

江安傅沅叔先生增湘，尝得《宋元通鉴》二部，因自题双鉴楼。比年，南游江浙，东泛日本，海内外公私图籍，靡不涉目，海内外之言目录者，靡不以先生为宗。先生于书，随弃随收，毫无滤灃，近者又去宋椠本四种，易一北宋《周易单疏》。每慨黄荛圃、张月霄辈，汲汲一世，晚岁乃空诸一切，盖由役于物而不知役物，卒以自困，若先生者进乎道矣。

五七、傅增湘（二）

篇篇题跋妙钩玄，过目都留副本存。

手校宋元八千卷，书魂永不散藏园。

先生刻《藏园题跋》二册、《续题跋》二册，言皆有物。自云，每遇一宋元本或明抄本，必以他本过校一次，书不能皆为我有，已不啻为我有矣。又云，每日校书，以三十页为度，平生所校，约八千卷，今后当日有所增也。

五八、陶　湘

以类求书书不同，　巧于弃取绍陶公。

藏书岂若传书久，　欲散家资养刻工。

武进陶兰泉湘，不重宋元本，所藏明闵氏套印本，汲古阁刻本，武英殿刻本，俱完全不缺。又搜明刻附图诸书，五色红格医书，《汇刻书目》所载大小丛书，各甚备，不问何类，凡开花纸所印，皆收之，一时有陶开花之称。其《程氏墨苑》五色本最罕见。近年渐散出。其丛书类全部，售于日本，误以足本五百册《石仓诗选》杂其中，极可惜。其殿本类开花纸类，则售与北平文友、直隶两书店。君喜印刻书，别出新意，所印《天工开物》等书，写工画工艺绝精，殊胜原书。又为张宗昌刻《唐石经》亦精，近又拟刻《新十三经注疏》。君尝谓友人欲尽鬻所有，从事刻书，期之十年，可成百卷，流布他方，借以不朽云。

五九、刘体智

阁书异半证写本，　各不相谋所见同。

我是空言君实做，　莫教中道阻成功。

庐江刘晦之体智，好收四库书原本，为藏书家别开一格。按乾隆时四库馆纂修诸臣，无识本者，多以劣本充乏，证之提要可知也，又多所删节改易。愎主，故一律改为抄本，以泯其迹。往余在沈阳时，主用刻本换写本，付影印，惟依四库所收三千余种，一一征求古本，大不易，此议止可托之空言耳。君所收即不能备，得君为倡，使后来藏书家，注意于此，何可少也。君藏宋元明本甚夥，余所知者，有持静斋旧藏《禹贡图》，南海孔氏旧藏《六艺之一录》，皆吾粤人故物也。有许君耆者亦好积书，所蓄亦富，有宋本唐僧《宏秀集》、《切韵指掌图》等，皆归晦之。最近闻君营业亏累，不知波及藏书否？

六〇、刘承幹

铜山非富富琅函，　两过门闾未许探。
黄白无成书就佚，　颇闻宾客散淮南。

吴兴刘承幹，今日东南大藏书家也。所藏古本精椠不可胜数，旧抄本稿本亦多，若王惟俭《宋史记》、徐松《宋会要》，皆巨帙，已归北平图书馆。所刻《嘉业堂》、《求恕斋》、《吴兴》诸丛书凡数百册，多罕见本，若杨子勤之《雪桥诗话》四集，皆资其所藏清代诗集也。余未与君谋面，而君屡赠余书，盈数百册。己巳南旋，道经上海，拟诣谢，杨子勤又作书为介，乃一来一去，俱阻船期，惘惘何已。比闻君构家难，亏耗甚重，又传有曹仓失守之讯，后乃知其不然也。

六一、蒋汝藻附：陈田

三世传书一旦遗，　阶前又茁小兰枝。
汗牛载得归东壁，　尽入松山纪事诗。

乌程蒋孟蘋汝藻，其先世有俪籯馆、茹古精舍、求是斋，著声道咸间，其父子垕名所居曰传书楼。君收储富于先世，编有《传书楼书目》十二卷，未刊。后以营商失败，尽捐其所有。宋元本多归刘晦之，明刻本多归北平图书馆，贵阳陈松山给谏田撰《明诗纪事》，收明人集部最夥。陈殁尽归于君，今北平图书馆所得，即陈氏故物也，君之子縠荪，亦好积书，兼善鉴别。

六二、刘世珩

贵池刻书爱仿宋，　成就武昌陶子麟。
本来未见中郎貌，　究是中郎是虎贲。

贵池刘世珩，精鉴藏，刻书好仿宋，皆出武昌陶子麟手。所刻如《孔子家语》、《陶诗》、《杜诗》之类，余终疑是明翻宋本，非果宋本也。凡陶氏所刻之书，皆作如是观。

六三、李　详

枚叟刊余逸稿多，　冷摊残帙手摩挲。
怪君汲汲藏山计，　可有崔门陈履和。

兴化李审言先生详，亦近世东南名宿也，其骈文诗集，俱已行世。他著若《正史源流急就篇》、《文心雕龙补注》、《颜氏家训补注》、《杜诗证选》、《韩诗证选》、《汪容甫文笺》、《窳记》、《愧生丛录》等，昔年曾于《国粹学报》中见其一斑。同邑张生次溪最倾慕之，欲尽刊其所著，径致书先生达其意，往复再四，议未就，而先生病殁。近闻梅县古公愚力任其事，付托有人，何必定张生哉。滇南陈履和，于都门识崔东壁，读所著《考信录》，愿执业为弟子，数十年后，乃尽梓其遗书，公愚兹举似之矣。先生尝得吴枚庵《与稽斋丛稿》手稿，系原本三十卷，存二十卷，诗词全，佚二十一卷以下，计缺杂文四卷，《雨窗怀旧录》四卷，《诗臆》一卷，《楚游纪程》、《宋游纪程》合一卷。又附录三种，曰《楚游赠言》，曰《借书图题词》，曰《捻须索句图题词》，余旧藏《与稽斋丛稿》刊本，有嘉庆七年韩崶序，但止十八卷，末二卷系《曼香词》上下，较先生所得，尚少二卷，观此目始知其全。不知他逸稿犹存天壤否？

六四、徐世昌附：徐世章、孙师郑

文学彬彬大小徐，　选诗当代石仓具。
别裁初刻同前辙，　犹胜壬秋一字无。

天津徐菊人世昌，开晚晴簃选诗搜集部，佐之者嘉善曹理斋秉璋也。然全无别择，而应有者反多阙漏，今其书犹存理斋所，加以所选之人，不详考始末，生死不别，宜诗钞之不足观矣。甫出版，疵议纷起，乃停印拟修改，至今未改定也。嗣又修《清儒学案》，更简陋绝不为之备书，仅以薄薪给纂员，任其详略，亦已仓卒告成，好名而又惜费，其成绩亦可睹矣。孙师郑选道咸同光四朝诗史，中多显宦且生存者。乙卯，王壬秋来京师，见之讶曰："四朝诗人，何无我分耶？"菊人弟世章好收储，颇有佳本，尝得纪文达手改《四库提要》原稿。明曹学佺号石仓，有《历代诗选》，所选《明诗》十集尤博，沈归愚《国朝诗别裁集》，为高宗所斥，后改定重刊。

六五、卢　靖

乡邦梓旧计空前，　微惜纡筹谬后先。
金绢不将求异本，　麒麟石室亦徒然。

沔阳卢木斋提学靖，以独力印《湖北丛书》，拟分三期，首四库著录者，次四库存目者，又次在四库著录存目外者，计全书当在千册以上，非《畿辅》、《豫章》所敢望也。其弟慎之曾就商于余，以为四库书今存三部，著录者尽人得见，存目者亦可按目求书，此外则人既未见其书，并不知其目，据闻多是稿本，不印将佚，宜倒置先后，而君则谓事在必成，缓急何别。果也初次书出，而后者不继矣。君尝捐资十万，设南开图书馆，去岁又拟在故都旧刑部街设木斋图书馆。余以为近十余年来，国中设图书馆不少，即如吾粤省立图书馆，窥其所有，仅如寒儒斗室，每月常费千数百元，不添置一册，徒耗于馆员薪金。近闻政府议以三十万金，改筑馆址，诚美观矣，如败絮其中何。现值道衰文敝之日，守缺搜残，实为要务。力大者，自古椠至精刻旧抄，宜尽量收之；力小者，则就经史子集中，择其一部，应有尽有，庶几挽回外输，保存国粹，徒斤斤于形式，何当耶！君所设两图书馆，余尚未得参观，窃愿以迂见作刍荛之献也。

六六、卢　弼附：周贞亮

易李吴杨佚待搜，　骈文博选汉阳周。
烦君努力二不朽，　稍雪南皮陋鄂州。

沔阳卢慎之弼，木斋弟也。自《湖北丛书》停印后，君变摄印为木刻，甚精善，惜数年来所刻无多耳。湖北近代作者，若易本烺、李道平、吴光耀、杨守敬诸家，皆有未刊遗稿。汉阳周子干贞亮，积书甚富，晚岁尽售之，惟存手选《清五百家骈文》一大箧，未知其家能终保之否？君自校《三国志》甚勤，闻已写定。张之洞言刻书亦不朽之一事，合之立言，即二不朽也。南皮撰《书目答问》，编末所举经学诸家，凡七八百人，湖北无一人焉。盖易李吴杨及洪右丞侍御所著，皆出于光绪中叶后，撰《答问》时未及见也。《书目答问》君慎始基斋有覆刻本。

六七、章　钰

贫士灯偷隔壁光，　借抄借校愧无偿。

荛翁旧录归何处，　欲发今人郭窃庄。

长洲章式之钰，近岁居津门，以校书遣日。自言假人旧校旧抄本，迻录新本，一岁得六百余卷。余向自题校书图有句云："千元百宋为吾有，眼倦灯昏搁笔初。"此中滋味，想君能领之也。君又言黄荛翁《所见录》稿本十余册，殁后付瞿木夫，庚申劫后，为陆存斋所得，所著《群书校补》，即窃之荛翁者。向闻人言，《仪顾堂集》前二卷，考证之文，系吾乡某君之稿，存斋购得，攘为己有。果尔，是存斋惯于窃庄也。君著有《读书敏求记疏证》，甚精核。所藏多秘抄本。

六八、贺　涛附：贺葆真

北地藏书似胜南，　地无兵革室无蟫。

武强五世遵先泽，　推及师门更美谈。

武强贺松坡涛，作《授经堂记》，称曾王父购书七万余卷。其后岁有所增，今几百年，书固无恙云云。松坡亦好购书，于光绪初年，得宋本《诗人玉屑》，及他明刻精椠甚多。其子性存遵先志，岁有所益。以松坡尝学于吴挚甫，于挚甫评点诸书，搜刻殆尽，谊笃师门，在近今尤不可多见。

六九、余嘉锡

改字删篇四库书，馆臣属草更粗疏。

隔时应有他山石，精识吴（吴缜《新唐书纠谬》）**彭**（彭叔夏《文苑英华辨证》）**谢弗如。**

武陵余季豫同年嘉锡，积二十余年之力，成《四库全书提要辨证》，博而核，止史子二部，已得七百余篇。所辨者单就提要本文，证其舛谬，于阁书之割裂删改，尚未之及也。君此外校补之书尚多，于古今目录之学探索尤深。

七〇、吴怀清

算是刀兵不敢伤，无如内盗自分赃。

到头能润几人屋，五百年来大典亡。

山阳吴莲溪给谏怀清，为余言庚子之乱，洋兵入城，有英兵入翰林院，大掠器物外，《永乐大典》若干册在焉。事为主将所闻，勒令送还，英兵索收据，而掌院已逃，守门役乃邀集诸翰林留京者商处置，既发遣英兵去，众议瓜分《大典》，人得若干册。事后未有究者，而《大典》亦无售处。嗣莲溪于同事家，又收得若干，共百余册。宣统间，值骤贵，莲溪因以致富，夏屋渠渠，而书亦垂尽矣。岁己巳，余自沈阳归，有友托物色《大典》，余思及莲溪，往询之，则已殁，其家尚藏二册。一全，一不全。皆有精图，不欲卖。余强之，全者要值三千元，不全者减三之二，未成交，不知终能保之否？

七一、朱师辙

著书百种稿犹完，　绝学留贻到子孙。
皖中山水减颜色，　采访未登朱氏门。

黟县朱少滨师辙，其祖父著述满家，多未刊行。祖丰芑先生骏声所著书，有《六十四卦经解》八卷，《易郑氏爻辰广义》二卷，《易经传互卦卮言》一卷，《易消息升降图》二卷，《易章句异同》一卷，《学易札记》四卷，《尚书古今文证释》四卷，《逸周书集训校释增校》一卷，《诗集传改错》四卷，《诗序异同汇参》一卷，《诗地理今释》四卷，《仪礼经注一隅》二卷，《三代礼损益考》一卷，《井田贡税法》一卷，《大戴礼校正》二卷，《夏小正补传》一卷，《春秋平议》三卷，《春秋三家异文核》一卷，《春秋乱贼考》一卷，《春秋左传识小录》二卷，《春秋烈女表》一卷，《春秋国名今释》一卷，《春秋地名职官人名考略》二卷，《春秋阙文考》一卷，《四书碻解》二卷，《四子书简端记》四卷，《论语纪年》一卷，《孟子纪年》一卷，《经史答问》八卷，《传经表》一卷，《说文通训定声》十八卷，补遗二卷，《古今韵准》一卷，《六书假借经征》四卷，《说解商》十卷，《小学识余》四卷，《经韵楼说文注商》一卷，《说文引书分录》一卷，《古说字形谬误》二卷，《小字本说文简端记》二卷，《释庙》一卷，《释车》一卷，《释帛》一卷，《释色》一卷，《释农具》一卷，《古文释义》一卷，《说雅》一卷，《小尔雅约注》一卷，《江晋三音学十书补订》四卷，《七经纬韵》一卷，《秦汉郡国考》四卷，《晋代谢氏世系考》一卷，《十六国考》一卷，《名人占籍今释》四卷，《徐中山王谱系考》一卷，《朱氏世系考》一卷，《各府县人物志》二十卷，《山名今释》一卷，《老子》、《列子》、《庄子》、《管子》、《晏子春秋》、《吕氏春秋》、《新序》、《说苑》、《盐铁论》、《风俗通义》、荀悦《申鉴》、《论衡》、刘昼《新论》简端记各一卷，《读韩非子札记》一卷，《淮南子校正》六卷，《说丛》六卷，《岁星表》一卷，《天算琐记》一卷，《数度衍约》四卷，《轩岐至理》四卷，《汉书隽语》四卷，《俪语拾锦》四卷，《离骚约注》一卷，《李杜韩苏诗选》六卷，《苏诗分韵》一卷，《如话诗抄》一卷，《传经室文集》十卷、附《赋》十一卷，《传经室诗集》四卷，《庚午女史百咏》一卷，《选词九十调谱》二卷，《词话》二卷，《临啸阁诗余》四卷。父仲莪先生孔彰所著书有《九经汉注》数十卷，《说文重文笺》七卷，《说文萃三编》九卷，《释说文读若例》一卷，《说文环语》一卷，《中兴将帅别传》三十卷，《续编》六卷，《三朝闻见录》若干卷，《光绪两淮盐法志》二百卷，《半隐庐丛稿》六卷，《小桃园笔记》四卷，《林和靖诗集注》四卷，《年谱》一卷，《血性语》四卷，《题曾文正公祠百咏》一卷，《圣和老人文集》六卷，《圣和老人诗集》四卷，所刊者不及十之一二。少滨自著有《商君书解诂》及《词集》，《清史艺文志稿》四卷，已刊。前岁皖人刊《安徽丛书》而不及君家，盖丰芑先生寄籍元和，仲莪先生又寄籍常州故也。

七二、景　廉附：凤山、端方

意园风雅继梧门，　一脉相承有朴孙。
风雅顿衰王气尽，　资州南海两归元。

蒙古景廉字朴孙，收藏之富，可匹意园。有宋刊《张于湖集》、《纂图互注周礼》、《绝妙好词选》等，后归袁寒云；宋抄《洪范政鉴》，后归傅沅叔；《翁覃谿诗文杂著》手稿三十余册，后归李赞侯，转归叶誉甫。汉军端方字匋斋，所藏金石彝器甲宇内，旁及古籍，亦有佳本。壬癸间，某炉房以二千金得之，仅知者，有宋本《通鉴》，后归傅沅叔，今影印百衲本者是也。满洲凤山字禹门，所藏与朴孙埒，仅知者，有宋本《方舆胜览》、《通鉴纪事本末》，又有抄本《六艺之一录》，乃得之南海孔氏者，今归刘晦之。禹门家资甚饶，故所藏散出较后，约在前数年事耳。匋斋死于资州民兵，禹门死于广州炸弹。

七三、麟 庆

嫏嬛妙境本虚空， 鸿雪前踪接后踪。

剩粉残香共零落， 奉章添出骆文忠。

满洲河督麟庆字见亭，有《鸿雪因缘图记》初二三集行世。其母恽珠夫人，有《国朝闺秀正始》初二集行世。二子：长崇实，字朴山，官成都将军，署四川总督；次崇厚，字地山，官左都御史，以议俄约事废黜。其家所藏书，皆钤“嫏嬛妙境”印，十年前，渐有散出，至去岁而大尽。余得有《嫏嬛妙境藏书目录》，系依四库分类，略备，惟不注明版本。亦有罕见者，有《鸿雪因缘》四集未刊稿，恽夫人之《正始集》原稿，及所收闺秀诗集单本数十册。又有朴山在成都将军总督任奏稿数十册。可异者，其中夹有骆秉章在四川总督任内奏稿数十册，盖朴山接骆公任后，奏稿存署中，遂并有之也。余识地山子某，善画，败落者盖朴山后人云。

七四、耆 龄附：光熙

长白残阳硕果留， 坐陪词客与僧流。

十年衰盛香儿巷， 纪事从兹讫满洲。

满洲耆龄字寿民，辛亥后尚存，与徐梧生善，终日摩挲古椠以为乐。所藏有汲古阁抄本《古文苑》、《宋高僧诗选》、《酒边词》、《琴趣三编》等，后皆归袁寒云。光熙字裕之，住北新桥香儿胡同。丁戊至乙丙间，专收清人集部，多精椠，半归北平图书馆，半散书坊。余收得百余种，自此以后，满人无藏书者矣。

七五、康有为

易米屡传博士券，　诊痴儿费门生钱。
荀卿偶种焚书祸，　庄叟何来胠箧篇。

南海康长素先生有为，光绪中，讲学广州万木草堂，聚书甚备。戊戌政变，尽被籍没。壬子，归自海外，购得南海孔氏残书，殿本《图书集成》在焉。旋居上海，收储益富。先生性豪侈，用常窘，屡以《图书集成》抵债家，后竟弃之。其《春秋笔削大义微言考》、《孔子改制考》、《新学伪经考》、《论语注》，系门人罗张郑等集资刊于京师，止各印五十部，后版片移青岛，又移上海，闻已散失，新书亦成罕见本矣。先生诸所著书，以《新学伪经考》为最下，相传授之廖季平，以伪造古文，归狱刘歆，引群书证成其说，于不可通者，硬下己意，实为今人疑古废经之先导，苏子瞻所由以李斯之罪罪荀卿也。先生书法为时宝重，殁后尤甚，门人徐某以整理为名，尽有之。其他图籍器物，则为女夫潘某所把持，尽散出矣。

七六、梁启超

今日新非昨日新，　尊师岂若友通人。
错增朱例征经义，　轻信阎书论古文。

梁任公先生启超，壬子归国后，一心治国故。晚岁友王静安、胡适之诸公，学益进，于师说不能无矛盾。不止于复辟之役，见于事者相反也。论者至以孟子斥陈相例之，非也。先生尝言今日之我，与昔日之我战。前日至近，且觉其非，况三十年前之师说，亦何必学汉博士之拘陋哉。尝欲撰《群籍考》，用朱竹垞《经义考》存、佚、缺、未见四例，而增入辨伪，属稿数岁。一日，天津来书，以集部相委，余覆书略有所诤，大意谓时代愈近，耳目难周，存佚无从定。《隋书·经籍志》所云亡云有者，止据书目为断，以故其所亡者，往往发见于唐时。又辨伪一门，徒滋聚讼，不如听学者自辨，不必下我见。又书目以解题为要，不可如近人展转稗贩，讹谬杂出。先生虽未有后命，而书竟因之中辍。先生尝论《古文尚书》，谓洪良品持论甚好，吾无以难之，可惜自阎百诗作疏证以来，此案已定不可翻矣。或质先生，言东晋至清初，千数百余年之定案，阎氏尚敢翻之，阎氏至今，岁止二百，而云案定不可翻，究竟主此案者何人？所持者何理？先生瞠目不能答。先生聚书，四部略备，身后并一切遗稿，捐赠北京图书馆，馆中辟一室储之，编有《饮冰室书目》。

七七、章炳麟

北来留得雪泥痕，　学养功深气象温。

门下乞留书七种，　胜如关尹五千言。

余杭章太炎先生炳麟，辛未再来故都，滞留半载，余倾慕三十余年，始得瞻仰颜色。谈次，论学推重宋儒，论文不薄方姚，与曩时意气迥异，是先生晚年进境欤，抑退境欤，非末学所能窥矣。临去，门弟子吴检斋等，请其新著七种刊之，计《广论语骈枝》一卷、《体撰录》一卷、《太史公古文尚书说》一卷、《古文尚书拾遗》二卷、《春秋左氏疑义答问》五卷、《新出三体石经考》一卷、《葑汉昌言》六卷，前月始刊竣。

七八、刘师培

向歆传世阐绝学，妙义时参新旧间。
稿草不随黄土没，故人高谊邈难攀。

仪征刘申叔先生师培，记诵该博，手所校注纂录至多。余于己未始得识面，身颀而瘦，沉默寡言笑，手不释书，汲汲恐不及。逾年病殁，年止三十八。遗稿散佚，余所得除印本外，另从友人家抄得十余种。南君桂馨，先生故友也，托郑友渔介于张次溪而识余，述南君意，余尽举所有与之。南君捐资十万，属友渔主任校事，已将次竣工矣。其目有《尚书源流考》、《毛诗礼记》、《毛诗词例举要》、《荀子词例举要》、《礼经旧说考略》、《逸礼考》、《周礼古注集疏》、《西汉周官师说考》、《春秋古经笺》、《读左札记》、《春秋左氏传时月日古例考》、《春秋左氏传传注例略》、《春秋左氏传答问》、《春秋左氏传古例诠微》、《春秋左氏传例解略》、《周书补正》、《周书王会篇补释》、《尔雅虫名今释》、《小学发微补》、《群经大义相通论》、《古书疑义举例补》、《国语补音》、《穆天子传补释》、《管子斠补》、《晏子春秋补释》、《晏子春秋校补》、《晏子佚文辑补》、《老子斠补》、《庄子校补》、《墨子拾补》、《荀子补释》、《荀子斠补》、《荀子逸文辑补》、《韩非子校补》、《贾子新书校补》、《贾子新书佚文辑补》、《春秋繁露斠补》、《春秋繁露佚文辑补》、《白虎通义校补》、《白虎通义阙文补订》、《白虎通义定本》、《白虎通义源流考》、《白虎通德论补释》、《扬子法言校补》、《理学字义通释》、《读道藏记》、《读书随笔续笔》、《左盦题跋》、《国学发微》、《周末学术史序》、《两汉学术发微论》、《汉宋学术异同论》、《南北学派不同论》、《古政原论》、《古政原始论》、《燉煌新出唐写本提要》、《楚辞考异》、《琴操补释》、《左盦集外集》、《诗录词录》、《论文杂记》、《文说》、《经学教科书》、《中国历史教科书》、《中国地理教科书》、《伦理学教科书》、《中国文学教科书》、《中国中古文学史讲义》、《中国民族志》、《攘书》、《中国民约精义》等。友渔主矜慎，一字不敢删削，惟原稿多属未完。又先生操笔时恃其强记，不暇覆审原书，加以印本草率，字多鱼鲁。始事时，余曾约余季豫共任雠对，既而俱苦其烦，改由赵羡渔专任之，恐未能尽善而无憾也。至先生《左传疏证稿》失于四川者，竟不可返。或云为天津某家收得，俟详访。

七九、杨守敬

渡海三年访秘文，　精雕古本胜留真。
积来辛苦天宁负，　险煞杨云要美新。

宜都杨惺吾先生守敬，从黎莼斋使日本，多得未见书，作《日本访书记》及《宋元本留真谱》。又为黎莼斋刻《古逸丛书》，除《庄子注疏》、蔡刻《杜诗》外，皆吾国久佚之本也。其雕版之精，实出宋椠上，《穀梁传》尤精佳，无一笔异形。在日本印者纸精良，印工不苟，至苏州所印，则无足观矣。先生尝云："世之藏书者，大抵席丰履厚，以不甚爱惜之钱财，或值故家零落，以贱值捆载而入。我则自少壮入都，日游市上，节衣缩食而得。在日本则以所携古碑古钱古印之属易之，无一幸获者。"又云"余藏书数十万卷，海内孤本，亦逾万卷"云云。甲寅入都为参政，卒于乙卯一月。遗书尽归国务院，其家属得七万金。后数月而有筹安会之事，去王湘绮之卒，仅隔一年，即致慨于此，真成莽大夫矣。记见《湘绮楼乙卯日记》。

八〇、王国维附：赵万里

绝代蛾眉王静安，　赵商传业郑君门。
手中何限名山副，　眼底无涯沧海观。

十余年来，故都言国学者，靡不曰王静安，几如言汉学者之尊郑康成，言宋学者之称朱子也。然君读书最精细，凡过目者，多有精密校本，所纠讹文阐新义，多谛当。海宁赵斐云万里，亲炙静安久，凡静安手校本，多迻录存副。屡次南下，为图书馆访书，又得造天一阁观其所藏，宜目中无余子矣。

八一、曾习经

晚悟津门农利非，　破书聊换首山薇。
湖楼无恙堪慰老，　底事无官不肯归。

揭阳曾刚甫右丞习经，居丞相胡同潮州馆。余壬寅来京师，多从君借书读。君喜谈书本，暇则偕游琉璃厂，随所见谆谆指示，余之癖于此，由君引之也。君官日贵，所积亦日富。国变后，积俸余三四万金，有人绐以买田天津，既乃咸不可耕，遂丧其赀，贫至鬻书为活。殁后，所遗尚数十簏，叶誉甫念旧谊，拟尽购之，属余点查，议给价七千金，惟不欲以独力任，迁延数载，其戚陈某以售之琉璃厂翰文斋，闻得值无几。君所藏书，册面皆署“湖楼”二字。其家富有田庐，上海多潮人，素重君学行，或劝君迁彼，即鬻字亦可得润，而君固守故都，以至于死，岂心有所恋耶。

八二、黄　节

诗义参韩不废毛，　兼之熟选读离骚。
虽然弟子生前盛，　怎及声名死后高。

顺德黄晦闻节，民国初来京，在各大学校授诗，遍笺曹子建、阮嗣宗、谢康乐、鲍明远诸家诗。晚岁治《毛诗》，撰《诗旨纂辞》，亦时采韩义。尝谓余，曹子建赠白马王彪诗“何必同衾帱，然后展殷勤”，盖用韩诗义，《文选注》引毛传，非也。君以说诗故，并治《楚辞》、《文选》。凡见《毛诗》、《楚辞》、《文选》三类书，靡所不收。所储既多，不无罕见本，但性吝不肯示人。藏有汪龙撰《毛诗申成》稿本，未殁前数日，由余作介以副本归东方图书馆，余书则韫椟存北京大学。其诗稿为大力者索去印行，于其殁也，又褒而扬之，于是海内无不知晦闻而益重其诗矣。

八三、吴闿生

珠玉咳成落九天，　一生心力付残编。
昌黎坠绪谁能继，　赖有斯文障百川。

吴北江闿生，汝纶先生子，早濡家学，守先人遗绪，穷一生精力校刊遗书，复以余力平骘各家之文，摘其微言奥义开导青年。论文主奇恣纵横，转变究极笔势。钱基博推崇备至，谓其辞气喷薄而出，以酝酿深醇，兴象空邈，而能为沈郁顿挫，其势沛然，其容穆然，震荡错综，是真能得父书之血脉者。所著之《尚书大义》、《周易大义》、《诗义会通》、《吉金文录》、《孟子文法读本》，所选诗文如《古今诗范》、《古文范》，尤便初学。

八四、樊增祥

梧门祭酒效升庵，物证留传匪二三。
重感樊山惆怅语，卌年勤苦为厨蟫。

恩施樊樊山增祥，未殁前，旧藏抄本宋元人诗集数十册散出，盖《永乐大典》辑佚原本，法梧门祭酒旧藏也。据以校《双溪醉隐》诸刻本，补正甚多。傅沅叔云："梧门在翰林日，每占院中书为己有，而易首二页，以泯其迹。"余所见此书外，尚有明抄本《识大编》亦如此。樊山尝语余，三十年前，曾以四百金购一古铜器，爱而固扃之，不复取视。顷以售之某古玩店，如前价。计吾于兹物止两见耳，盖一见于买入时，一见于卖出时也。呜呼！此好古者恒有事，不足怪，静言思之，乃自怪耳，讵惟樊山然哉。君未殁前，书已多散出，余购得其旧藏明刻数种。杨升庵尝窃内阁书出，世庙目为偷书贼。

八五、丁传靖

闻公宦隐腹便便，年表开端顺治年。
增益泾阳党人传，贯穿天水稗官编。

丹徒丁闇公传靖，治乙部书，尤好宋明稗官野史，搜访甚备，多秘本。余每从借录，尝借得丰润张氏《明季清初二十八科进士履历》，又借余《崇祯十五年缙绅录》，皆手抄之。所著有《清督抚年表》六卷，《清大学士年表》三卷，《清六部尚书年表》四卷，《清军机大臣年表》一卷，《清代名人齿表》三卷，《历代帝王世系宗谱》五卷，《两朝人瑞录》二卷，《宋人轶事汇编》二十四卷，《东林别传》二卷，《甲乙之际宫闱录》二卷，稿藏于家。已刊者有《文贞公年谱》。

八六、钱学霈附：高燮、姚光

平生足未涉吴閶，梦想苏斋时后方。

三士都从耳边得，金山高燮与姚光。

元和钱学霈号苏州，精考据兼治医学，编辑医药诸书甚多。余未识其人，十年来，屡欲到吴门一访之。计今年当七十余，不知尚健在否？又金山高燮字吹万，姚光字石子，余亦未识其人，但南北诸书店，咸啧啧称之，盖二君俱知学而又好积书者。高君藏《毛诗》注本最多，又留意乡人著作，近见其摄印《明二何集》，亦罕见本也。

八七、封文权附：曹元忠

初闻委宛在穷乡，空谷无人花自芳。

篑进斋中容片席，胜如鹿洞谈玉堂。

乙卯阅《文艺杂志》，中载娄县沈祥龙《潭东杂识》云："吾友封庸盦文权，积书数万卷，多名人手抄及校勘本，如何义门、方望溪、姚惜抱、王惕甫及乡先辈焦南浦、沈学子、姚春木、毛珊枝诸家手校者百种。有《篑进斋书目》，曹君直内翰馆其家，记所见前、后《汉书》宋刻残帙，有七本之多"云云。按君直名元忠，吴县人。杂志载其书跋数十篇，殆亦究心于录略者。刊有《笺经室辑书三种》，并足记也。

八八、方尔谦

旧日豪华识地山，乱书堆里拥红颜。
十载津门阻消息，白头乞食向人间。

扬州方地山尔谦性豪侈，工诗，与袁寒云以师生而结姻娅。其弟尔咸，辛亥后转运淮扬，故地山资甚雄，大购字画古书，蓄姬妾数辈。后移居津门，境渐窘，斥所有以济乏。余十年前，识之于津门书店，旋访之其寓，尽出珍本相示，目不暇给。忆有渔洋山人稿本二种：一评其叔祖季木诗，中多抹句，谓染钟谭习；一《南台故事》残稿，后来黄叔琳所辑当本之。比闻书已尽出，日惟以借小债度活，今年七十余矣。

八九、朱希祖

书坊谁不颂朱胡，轶简孤编出毁余。
勿吝千金名马至，从知求士例求书。

海盐朱逖先希祖，购书力最豪，遇当意者，不吝值。尝岁晚携巨金周历书店，左右采掇，悉付以现。又尝预以值付书店，俟取偿于书，故君所得多佳本。自大图书馆，以至私家，无能与君争者。君所得乙部居多，尤详于南明，兼及万历以后诸家奏议文集，遇古本及名人稿本亦未尝不收也。

九〇、杨树达

郋园许学有传薪，　祭酒班书补缀勤。
自为长沙开学派，　再传门下几门人。

长沙杨遇夫树达，为叶焕彬入室弟子。专致力王益吾《汉书补注》，遍搜王氏未采诸家，为之增益。君所至以《汉书》为教，故都讲坛中，无第二人也。

九一、沈应奎附：张允亮

一双雅伴沈同张，　厂肆时时见徜徉。
口说能详经目广，　清疏签带点明窗。

吴江沈羹梅应奎、丰润张庾楼允亮，与余订交较晚，而十余年前，余早识之厂肆。二君游必相偕，嗜好同，精识亦相等。他时记二君者，必为之作合传也。羹梅藏有明涂刻《盐铁论》真本，庾楼藏有宋本《李太白集》、《草堂诗笺》，元本《杨仲宏集》等。尝手编《故宫书影》，又为北京大学编定书目。

九二、许博明附：史宝安

求友丁丁伐木声，　婿翁玉洁与冰清。
华筵易散风流歇，　骥尾他时附姓名。

许博明，张菊生、傅沅叔之友；卢氏史宝安，为徐梧生长婿。二人俱好积书，藏宋元本颇多。

九三、王鸿甫

晚年贫病两缠身，　卧榻谈书最有神。
乞得惭书晚村像，　眼看国色属他人。

湖北王鸿甫基磐，所见极博，自古本至近刻，无所不知，今人罕有其比。所藏不论抄刻，皆罕见本。我识君时，书未尽散，触目皆当余意，以初见不便问值。见《吕晚村惭书》二册，首有晚村遗像，从乞得之。未几，无一书存矣。君所藏多归刘绰云，后又代绰云收购所未有。

九四、袁克文

一时俊物走权家，　容易归他又叛他。
开卷赫然皇二子，　世间何时不昙花。

袁寒云克文，于乙丙间，大收宋椠，不论值，坊贾趋之，几于搜岩熏穴。所储又多内府物，不知如何得之也。项城败后，随即星散大半，为李赞侯、潘明训所有。诸书册首，皆钤有“皇二子”印章。

九五、王　瑚

王公夙好老子学，　为吏人传廉介名。
岭表携归盗泉水，　淮南鸡犬未飞升。

定州王铁珊瑚，好读《老子》，凡《老子》异本，收之殆备。丁巳，游广州，于登云阁书店购得宋本《淮南子纂图互注》，即余故物也。盖余于五六年前，以书托此店装修，久不过问，店主人因生盗心，诡云被某人借失，卒以赔补了事。君适与余谈及，取视之，果不误，余戏曰："真赃在此，我将兴讼。"相与一笑而罢。君朴实，无他所好，惟好书。长江苏省政日，故都书友造者，与行宾主礼，留宿衙斋，宦囊所得，尽付书肆，殁至无以为殓。

九六、江天铎

竞公中岁研书法，　余事论文语语精。
近得张储二家集，　为言风格压元明。

花县江竞庵天铎，专法学，书法劲绝，其诗文委抑深奥，自成一派。近居沪上，喜搜求集部，每遇佳本，辄书来相炫。近得张来仪、储柴墟二文集，言来仪文为元文第一，柴墟为唐顺之师，顺之不能出蓝，皆其独到之见。余愧未读二家专集，无以复之也。

九七、姚　华

莲花寺里绿杨阴，　谈画论书畅素襟。
除却元刊曲江集，　斋中原不少璆琳。

贵筑姚茫父华，居莲花寺，余旧邻也。君善书画，而不甚谈版本。厅室雅洁，触目璆琳也。君殁，所藏归文禄堂、邃雅斋二家，得值一万三千金。有宋本《汉隽》、《周易注疏》，明刻附图传奇多种。惟《张子寿集》，题称元本，疑即邱琼山刊正德本。若果元本，岂非希世宝耶。

九八、朱文钧

宋字唐碑古玉铜，　啸堂一录旧归翁。
曾被长官称博物，　旁人错拟廖莹中。

萧山朱幼平文钧，博嗜而具精识。藏有蔡君谟自书诗墨迹、宋拓整本《九成宫碑》，及古玉古铜等无算。书则有宋刻《啸堂集古录》，翁覃谿故物也。他宝玩佳椠甚多。迩年卧病故都，稍有散失。君久在财部，当张岱杉、李赞侯掌部日，雅重君，每得古物，辄以询之。廖莹中为贾似道门客，为似道鉴别金石书画，自刻世彩堂韩、柳集，玉版《兰亭》，艺林宝之。

九九、张国淦

黄公字说传未佚，　未谷石经考欠详。
采访遗书颇堪法，　府厅州县各分疆。

蒲圻张乾若国淦，藏《顾黄公字说》原稿数十册，以书过巨，不能刊。自著《历代石经考》，已印行，颇详博。君曾编《湖北采访书目》，按各府厅州县艺文志及见之他书者，各列其目，寄各该地人士按目搜访。又分送友好中好收藏者，各以所见注于书目下，或补其所未有，刊全省丛书者，宜取以为法也。

一〇〇、陈　垣

唐官补出石柱字，　元代招来西域人。
俯首王钱到遗墨，　但言校例已成陈。

新会陈援庵垣，素治《元史》，熟究西教东来始末。著有《元西域人华化考》，因校《元典章》，又成《元典章校勘释例》，阐明校书新法，视前人精密。近拟补唐郎官石柱题名，盖劳季言所考郎官题名，止左柱，其右柱已缺，无文可征，君据《唐书》及唐人墓志六千余种，补其姓名，已得二百余人。别著有《中西回史日历》、《廿史朔闰表》、《史讳举例》、《元秘史译音用字考》、《元典章校补》、《敦煌劫余录》、《火祆教入中国考》、《摩尼教入中国考》、《元也里可温考》、《开封一赐乐业教考》。君最服膺钱竹汀、王怀祖二先生，因而宝爱其遗墨，所得二先生手稿甚多。去岁新得怀祖撰《段若膺墓志铭稿》，尤可贵。其《经义述闻》，乃怀祖稿，非伯申，可异也。君藏书数万卷，非切用者不收。较谈版本目录者，又高一等矣。

一〇一、叶恭绰

卧游聊复读山志，　素食原来究佛经。
收辑名人遗像备，　选抄近代好词成。

番禺叶誉甫恭绰，亦喜收书，但与时人微异。时人喜收省府州县乡镇志，而君独收山志及书院志；时人喜收诗文集，而君独收词集。君素好佛，故多收佛经。又其祖兰台先生曾手写名人画像，并附辑小传，君以为未完，而思补之，故于诗文集之附遗像者，求之唯恐不及，所收皆甚备。

一〇二、钱基博

今文独有钱基博，　不薄今人爱古人。
中国近代文学史，　春秋笔削自通神。

钱子泉基博，江苏无锡人，喜聚书，尤喜搜近代学人故事。搜讨旧献，旁罗新作，凡十年始成《现代中国文学史》。新旧学人之交替，风气之变迁，此书靡不脉络分明。此外著有《版本通义》、《读〈庄子·天下篇〉疏记》、《韩愈志》、《韩愈文读》、《元代文学史》、《明代文学史》、《国学文选类纂》、《国学必读》、《后东塾读书记》、《〈文史通义〉解题及其读法》、《〈古文辞类纂〉解题及其读法》、《〈周易〉解题及其读法》、《古籍举要》、《〈四书〉解题及其读法》、《〈老子道德经〉解题及其读法》、《骈文通义》、《无锡光复志》、《江南光复实录》。

一〇三、章士钊

回忆甲寅惊虎啸，终传鸣凤集孤桐。
如何忽梦辽阳鹤，万里飞来作卧龙。

章士钊行严，又字孤桐，湖南长沙人。于唐宋诸家，独重柳宗元，因是凡诸家评点柳集，搜集独备。喜收清代名家手稿。中岁主苏报，以文字提倡革命，尝著《孙逸仙》、《沈荩》、《黄帝魂》、《苏报案纪事》等书。辑《荡虏丛书》，为晚清士大夫所喜读，清廷下令通缉。易鼎后创刊《甲寅杂志》，揭袁世凯称帝阴谋，其后不屑与国民党合作，时时以文字击抨之，因受通缉。张学良雅重之，以礼聘任东北大学教授。“九一八”事变，潜居京沪间，鬻文自给，不足则尽鬻所藏。余事散见《孤桐杂记》及张次溪所编《章行严先生年谱》中。

一〇四、高步瀛

彭顾何汪仅补苴，千年选学此归墟。
惜翁类纂同行世，略惜榛芜欠翦除。

霸县高阆仙步瀛，撰《文选义疏》，甚详博，脱稿者未及十一，已六巨册矣！与已成之《古文辞类纂注》，俱不免过繁之嫌。

一〇五、袁思亮

一苏斋变两苏斋，　可惜双龙不获偕。
东坡微笑昌黎哭，　世彩堂空失所依。

湘潭袁伯夔思亮，藏宋本《苏诗》，翁覃谿故物也。覃谿得此，因自号苏斋。文禄堂主人后又得一部，亦覃谿旧藏，前半部册首，皆有东坡像，后归傅沅叔。伯夔曾得持静斋藏世彩堂刻《韩昌黎集》，世称宋本集部第一者，竟毁于火。

一〇六、沈宗畸

如许豪情付断编，　宣南旧梦散如烟。
前青厂里重经过，　凄绝晨风一惘然。

沈太侔宗畸，晚号南野，少岁侍其先人笔香。先生入都居韩家潭李笠翁之芥子园，藏书至富。晚年居宣南前清厂番禺馆，颜所居曰晨风阁，又称便佳簃。尝刻《晨风阁丛书》及《拜鸳楼小品》。曾编《国学萃编》，刊行五十一期。又自著《南雅楼诗斑》、《东华琐录》。以编纂《便佳簃杂抄》之故，广收清代笔记数百种，多罕见之品，逝后尽流散矣。

一〇七、张伯桢（一）

国史久传六代名，回思家学想升平。
抱残守阙谈何易，父子继承百世成。

张篁溪伯桢，幼年与余同学里邸，壮岁入都又与余同寓邑馆，凡二十年，朝夕与共。喜收书与刻书，为其师康有为校印《万木草堂丛书》，经部如《孔子改制考》、《伪经考》、《春秋董氏学》、《春秋笔削大义微言考》、《礼运注》、《中庸注》、《论语注》、《孟子微》等。又自著《南海康先生传》及《万木草堂讲学记》、《万木草堂始末记》、《万木草堂丛书目录》、《袁崇焕传》、《张家玉传》、《法源寺志》、《枣花怀古录》。又尝编印《沧海丛书》，内中皆明代先烈著述，如《袁督师遗集》、《张文烈公遗集》、《袁督师配祀关岳议案》。又喜搜集近世史料，贮诸北京左安门内新西里张园中。尝授其子为编《清代学人年鉴》、《清代朝野故事类编》、《东海余音》、《苏报案实录》、《章太炎先生在狱佚闻》，录《自立会志》等书，此外搜集粤东人诗文集颇多。

一〇八、张伯桢（二）

程史无须岳倦翁，自营草屋傍精忠。
流光邑乘兼家乘，岂是寻常继述同。

篁溪尝倡议崇祀袁崇焕督师，与关岳并，后建袁督师庙于北京左安门内，自筑精舍傍之。撰《袁崇焕传》，广陈子砺所未备。今次溪为《袁督师后裔考》，洵不愧家学矣。次溪喜收北京历史风物资料，著述亦富。

一〇九、张次溪

人才无赖记燕兰，移作春明菊部看。

已过廿四番花信，莺啭皇州春色阑。（用唐人句。）

同邑张生次溪，刊其所藏《燕兰小谱》等三十余种，自乾隆迄今未间断，题曰《清代燕都梨园史料》，余为题十二绝以代序。所收书多罕见。要目有：西湖安乐山樵所著之《燕兰小谱》五卷，小铁笛道人所著之《日下看花记》四卷，来青阁主人所著之《片羽集》，留春阁小史所著之《听春新咏》三卷，半标子所著之《莺花小谱》一卷，华胥大夫所著之《金台残泪记》三卷，粟海庵居士所著之《燕台鸿爪》等集一卷，杨掌生所著之《辛壬癸甲录》、《长安看花记》、《丁年玉笋志》、《梦华琐簿》各一卷，四不头陀所著之《昙波》一卷，双影盦生所著之《法婴秘笈》一卷，余不钓徒殿春生所著之《明僮合录》二卷，糜月楼主所著之《增补菊部群英》一卷，艺兰生所著之《评花新谱》一卷，邗江小游仙客所著之《菊部群英》一卷，糜月楼主所著之《群英续集》一卷，艺兰生所著之《宣南雅俎》一卷，沅浦痴渔所著之《撷华小录》一卷，蜀西樵也所著之《燕台花事录》一卷，香溪渔隐所著之《凤城品花记》一卷，萝摩庵老人所著之《怀芳记》一卷，苕溪艺兰生所著之《侧帽余谈》一卷，佚名氏所著之《菊台集秀录》一卷，新刊《菊台集秀录》一卷，王韬所著之《瑶台小录》一卷，佚名氏所著之《情天外史》二卷，李慈铭所著之《越缦堂菊话》一卷，陈澹然所著之《异伶传》一卷，易顺鼎所著之《哭庵赏菊诗》一卷，罗瘿公所著之《鞠部丛谭》一卷，沈太侔所著之《宣南零梦录》一卷，倦游逸叟所著之《梨园旧话》一卷，许九野所著之《梨园轶闻》一卷，陈彦衡所著之《旧剧丛谈》一卷，张次溪所著之《北京梨园掌故长编》、《北京梨园金石文字录》各一卷。后又有《清代燕都梨园史料续编》之作，续目有冒鹤亭所编之《云郎小史》，张江裁所编之《九青图咏》，铁桥山人等所著之《消寒新咏》，众香主人所著之《众香国》，播花居士所著之《燕台集艳》，蜃桥逸客等所著之《燕台花史》，杨云史所著之《檀青引》，李毓如所著之《鞠部明僮选胜录》，谢素声所著之《杏林撷秀》，鸣晦庐所著之《闻歌述忆》，张次溪所编之《北京梨园竹枝词荟编》、《燕都名伶传》、《燕归来簃随笔》。

一一〇、陈　融

陈陈何事苦相因，　纪事诗罗一代人。
除却碍牙盐味重，　勿须嫌滥止嫌贫。

番禺陈颙庵融，方纂《清诗纪事》，广搜近代诗集，至千数百家。尝致余书，托就近代鉴别，云除甚咸者外，皆可用也。近人陈石遗衍成《元诗纪事》，陈松山成《明诗纪事》，君之《清诗纪事》，又将成矣。陈陈相因，亦艺林一佳话也。

一一一、盛景璿

无多签轴自娱情，　清水濠街旧对衡。
廖刻删余东塾记，　许书校定伯渊名。

番禺盛桂莹景璿，梁节庵盟友也。寓广州城清水濠，与余旧居相距甚近。书数十簏，有宋元残本，又有陈东塾手稿若干册，题曰《学思录》，盖《读书记》之底本也。又有《说文翼》稿本，题孙星衍撰。按《式训堂丛书目》，有《说文翼》，题严可均撰，未刊成。吾友符定一亦有此书，而缺首册，二册以下，无撰人名。伯渊铁桥，他书合作者，兼题二人之名，惟是本独否，而名又互异，殊可怪也。

一一二、徐信符

君家城北系南州，　名满书林书满楼。
通介堂中说经叟，　无书无屋雪盈头。

番禺徐信符绍棨，家本儒素，而购书甚豪。往昔余居粤时，与有同好，每一佳本出，辄为所夺。君未出广州一步，而自北平以至宁苏沪浙诸书店，无不识君名，盖皆曾通函购书者也。数年前，新起一楼，以储珍本，楼中秘异不胜举，最忆孙退谷《元明典故编年》，系两朝日录相连，四库著录本及顺德龙氏刻本之《元朝典故编年》，非原本也。君从父灏字仲远，灏子绍桢，字固卿，以经学世家，有《通介堂经说》诸种行世。固卿曾为显宦，亦好聚书，但随得随散。现流寓上海，年七十余矣，犹著书不辍。有《老子说》、《大学说》、《诗经解》等行世。

一一三、曾　钊

面城故物尚依然，　人说朱翁此泊船。
我亦曾在桑下宿，　嫏嬛一梦竟无缘。

南海曾勉士先生钊，晚年以面城楼所有书，售于龙山温氏。先是禁烟之役，广东与英人开衅，总督祁埙以先生知兵，檄令修碉筑坝，募勇固守。旋议和，所支帑三十余万，不能报销，倾家不克偿，遂质其所有于温氏。徐铁孙自浙寄诗怀之，有“误人岂有阴符书”句，盖指此也。相传朱九江先生曾泊舟龙山两月，观其书。余二十年前亦一至龙山，访温毅夫给事，欲介毅夫观书，适主人外出，不果。近闻书已散出，中有《屈翁山易外》，为徐信符所得孤本也。又闻有书目一纸，存毅夫许，盖书将售时，例须征同意于族绅，故毅夫得留此目也，俟向毅夫索阅之。

一一四、吴道镕

南邦遗献最推君，　八十高年秉烛勤。
续尾鸿文搜岭海，　扫眉彩笔落烟云。

番禺吴玉臣先生道镕，工古文，尝遍搜粤东人文集已刻未刻者，续《粤东文海》，尚未写定。先生今年八十六，有小史年才二十余，检书磨墨，日侍左右，有乞先生书者，辄为代笔，书法秀劲，见者不能辨也。

一一五、桂浩亭

东塾门中桂浩亭，　众家荟萃证群经。
岭南家学传薪少，　何日遗书见杀青。

南海桂浩亭知县文灿，著籍东塾门下最早，兼治群经，所著有《易大义补》、《禹贡川泽考》、《毛诗释地》、《诗笺礼注异义考》、《周礼今释》、《箴膏肓评》、《起废疾评》、《发墨守评》、《孝经集解》、《孝经集证》、《群经补证》、《论语皇侃义疏考证》、《孟子赵注考证》，俱已梓行。今通行本《桂氏丛书》缺《群经补证》、《论语皇侃义疏考证》、《孝经集证》三种。其有目无书者，有《经学博采录》十二卷、《潜心堂集》十二卷。见《国史儒林传》者，有《四书集注笺》四卷、《子思子集解》一卷、《弟子职解诂》一卷、《朱子述郑录》一卷，重辑江氏《论语集解》二卷、《毛诗传假借考》一卷、《毛诗郑读考》一卷、《诗古今文注》一卷、《春秋左传集注》一卷、《春秋列国疆域图》一卷、《群经舆地表》一卷、《周髀算经考》一卷、《说文部首句读》一卷。此外不涉于经学者又有八种。其子南屏检讨坫，亦有《汉砖宋瓦室类稿》。东屏领事墳，精小学，兼通英文，今俱健在。南屏年八十矣，而遗书未尽出，曾托人询，亦未得复，岂已散佚耶。

一一六、易学清附：陈之鼐

易氏厅中大本多，　陈家架上遍蜂窠。
百年文献回头忆，　万卷烟云瞥眼过。

鹤山易兰池进士学清，居广州城西关。家存先世遗书，厅壁楼槅皆贮满，未暇辨其版本，惟无嘉庆以后者。每册俱厚一寸以上，人呼易大本，书坊见之，不问而知为易氏书也。余屡造其家，见书日减少。辛亥后，犹于书坊见其《文苑英华》、《六十种曲》诸书。番禺陈椿轩翰林之鼐，家世清贵，原居乡间，后亦买宅城西关，移书就之。大楼上列架盈百，但书被蠹食，中如蜂窠，几不可揭视，其旧差与易氏等，有元本理学数种，余尚完好。曾赠余明张萱《西园存稿》，中有缺卷。十余年来，觅补不得，恐是孤本矣。椿轩尝撰《屈翁山年谱》，未成。兰池殁已二十年，椿轩殁已逾十年矣。

一一七、辛仿苏

高歌山木越人思，　余事财多总致之。
书不借人不自读，　何如开阁放杨枝。

顺德辛孝廉仿苏，尝挟十数万金游京师，狎优结客，恣意挥霍，旁及字画古书。住大吉巷，余间过从，异书满屋。与会文斋主人何厚甫最洽。厚甫新得当湖刘铁云家书，其佳本多归之。旋返粤，又得香山何佩舫家书。粤中自孔丁二家衰替后，不得不推君矣。顾君嗜欲多，无暇读书，又秘籍不轻以借人，身殁未几，所藏皆就地散佚，其家得值无几也。

一一八、莫伯骥

君堪继起孔兼丁，　我似相逢尹避邢。
卌万卷书非幸致，　后身应是范东明。

同邑莫天一伯骥，与余少相习。暌隔垂二十年，岁乙丑，阅粤报，见君论著，始通函商榷，自是往复不绝。君于是时，已从事聚书。又四年，余南旋，得观其所藏。此后三四年间，君识益精，气益雄，所得至四十万卷，挥斥至二十余万金，亦豪矣哉。自南海孔氏、丰顺丁氏，相继陵替后，继起之责，舍君谁属？君少攻举业，壮究医经。中岁以后，始治目录，而弱龄锡字，即与范氏藏书之阁相符，岂偶然哉！闻迩年谢绝书客，手编藏书志已付梓，又深合老氏止足之义，余愧见未及此，使黄荛圃、张月霄辈知此意，何至垂老尽丧其所有哉。余与君，恰如虬髯公遇太原公子，知物无两大，遂遁迹为扶余国主，让老夫臣佗独霸南越，君闻此语，能禁一轩渠耶。

一一九、张柳池附：杨勣谷

风叶辞枝昧本根，　诗书何罪付秦燔。
得交二子吾差壮，　异学同源待讨论。

番禺张柳池，成都杨歗谷，一西洋学生，一东洋学生也，俱好聚书。柳池初收小学类，渐及精椠古本；歗谷所得且有宋元本，与后生辈仇视旧籍，至欲摧烧之为快者异趣矣。闻欧洲人亦重视古本，亦讲校雠，且法比吾国加密。若东方诸学者，则治考据校雠版本目录，与吾国老儒无异，而加以专精。因知学虽异，其同者固有在也。

一二〇、邓之诚

翳君便是老骨董，　琐记何时又续成。

此外当编今世说，　笑嬉怒骂总文情。

江宁邓文如之诚，撰《骨董琐记》八卷，近又成《续记》六卷。光怪陆离，如游宝藏。君善臧否人物，笑嬉怒骂，皆成文章，笔之为书，即今世说矣。

一二一、熊罗宿

毕生绝学考明堂，　是否平方误立方。

学就屠龙时已晚，　众书端为一书亡。

丰城熊译元先生罗宿，为皮鹿门入室弟子。曾作《明堂说考误》，寻又以为非是。精研数十年，用算法制成小木块，以验其制。游沈阳，适遇拆城，谛视半日，因悟城制。又闭户覃思积年，绘出总分图一百余幅，每图附以详说，观者仍不易解也。余拟集同人请先生登坛讲解，先生允之。未几病作，遂不起，盖心血已为明堂呕尽矣。或云先生所绘图，合平体，不合立体，未审然否？先生精鉴别，兼工心计，积书甚富。余所知卖出之值，已逾数万金。晚岁于故都设丰记书庄，又影印《旧五代史》、《岳刻五经》，俱获利，而败于《江氏音学十书》。盖印此书时，因图雇工购料之便，移家上海。又欲研求一更精更捷之新法，诸工人皆待先生指挥，而先生午夜读书，至翌日午始起床，工人上半日皆不事事。又以款不足，奔走筹措，常数月不归，数月中，工人俱无所事事。数年书未印成，又须退回购预约者之原值，所借款皆出重息，遂至破产。先生未设肆前二年，居故都研求，得一新法，系用影片粘钢版上，以某项药水浸之，取出如字刻木上。据云较石印工省，而先生是时境已大窘，不得一试。方研求之际，助之者有书庄伙计黄玉，玉能传其法，亦无有试之者。先生殁后，遗稿并仅存之书，归南昌图书馆，尚得值三千金。

一二二、欧阳成

碑传明贤存吉水， 诗文宋本宝欧阳。
见君眷眷乡兼族， 会见颓风起豫章。

吉水欧阳集甫成，熊译元谈目录友也。聚书满屋，自云欧阳永叔嫡裔。从傅沅叔购得宋本《欧阳文忠公集》，自辑《吉水碑传集》六厚册，皆明人也，可想见明代吉水人才之盛。君尝为余言，人皆爱乡土，惟江西人不然，证之《豫章丛书》在本省销售者绝少可见。

一二三、张凤台附：刘镇华、韩国钧

落日书摊每遇君， 与君同好不同群。
景升差比袁曹异， 同日韩王漫并论。

河南张凤台，家富而性吝，好聚书。余每于小市书摊遇之，好争论锱铢。或告余曰，此参议员张凤台也。后为河南省长，亦刻书，以汪介人《中州杂俎》最佳，其所藏也。殁后京寓之书尽散，余未得见，闻有佳本。其乡人刘镇华，亦好聚书，前陕西省长也。韩国钧海陵人，曾搜刻《海陵丛书》，与王瑚先后为江苏省长。

一二四、张　籁附：张瑞玑

晋水文章集百元，赵城带草绕谁园。

山丛俗朴书香远，谨笃襄勤九世孙。

太原张贯三籁，所聚书多集部，尝欲集明清两朝乡会殿试首选而有集行世者，为百元集。赵城张衡玉瑞玑，收蓄尤富，屋曰谁园，本省旧藏多并其中。闻人言于襄勤公成龙之后，一支在山西某县，能守先代遗书，书估到门，皆拒绝之。果尔，则天一阁外，求旧莫如此家矣。以余所知，尚有殷亮才、冯子训、郭象昇诸君，俱好古，而所得克副其志，此可补鞠裳之憾矣。

一二五、刘绍炎

秘抄曾入澹生堂，大小钤章记鉴藏。

道是鄂城刘氏物，廿年大索走书商。

武昌刘卓云绍炎，近二十年，以购古本书著闻。力甚豪，南北书贾得佳本，争致其门。今岁五月，在北平图书馆见明抄本《晏公类要》等十余种，钤有澹生堂诸印，询之，则刘氏书，书客从鄂寄来者也。何聚之艰而散之速耶？

一二六、金　梁

试从四库溯渊源，　续目校刊久对论。

清史稿成清学录，　辽阳旧梦待重温。

金息侯同年梁，同客沈阳校刊文溯阁《四库全书》，事成为人忌阻，唯续编书目，倍增旧目，余一手所成，息侯为张学良作序。息侯前在京提议校印《四库》文源、文渊两本，皆事败垂成。今文渊阁已出样本，国联秘书长艾文诺已定留百本，亦为人所阻，息侯与余同抱伤心。又同修《奉天通志》，亦以“九一八”事变停顿。息侯著作颇多，以《清史稿》为最，又《黑龙江通志》、《奉天通志》皆所总纂。余如《光宣列传》、《四朝佚闻》、《瓜圃丛刊叙录》等百十种，皆关国故。其所藏则有清史未刊稿，如《氏族教派》等志，及太平天国诸王将传，皆至奇变。又旧藏各地方志，府以上皆全，亦至难得者也。

一二七、徐鸿宝

穷士穷商两馈饥，　手中挥斥几多赀。

诸非吾有皆吾有，　更清名载口皆碑。

吴兴徐森玉鸿宝，夙精版本目录之学。数年以来，为北平东方各图书馆购书，凡耗数十万金，国内珍本，尽归公库。俗例，凡经手支出，必有回润，而君一毫不染，故书肆无不交口颂君云。

一二八、马叙伦

闲摊往往获书佳，日日同寻府学街。
岂是晚年憎绮业，割心一一遣金钗。

仁和马夷初叙伦，三十年前与余同居广州，游每同行。府学东街，广州卖旧书处也。数年前，君以所藏，全归辅仁大学，凡两万余册。近代人词集，多至数百册，君不善词，而好收词集。数年前谭篆青家设选会，多资之。

一二九、金　钺

乡贤著作网罗勤，铅椠连年自策励。
韵事鲍金今再见，共惊空谷足音闻。

天津金浚宣钺，性喜聚书，尤好搜集乡贤遗著。选录刊传，有《屏庐丛刻》十五种、续刻三种，《金氏家集》四种，《天津文钞》。自著有《天津县新志》、《天津政俗沿革记》、《天津诗人小集》十二种，其他尚有若干种。

一三〇、张鸿来

书中自有黄金屋，快哉书屋两兼之。
海王村近朝朝过，断壁零珪似拾遗。

天津张邵园鸿来，任师范大学附中教师二十余年。校近琉璃厂，君课暇即访书，书肆人无不与君习，谓张先生谦而诚，有所欲，宁贬价与之。以故所积日富，自营精舍，芸帙盈数屋，雅静整洁，佳本不乏，余每从借读焉。

一三一、孙人和

不辞夕纂与晨抄，　七略遗文尽校雠。

读罢一瓻常借得，　笑君全是为人谋。

盐城孙蜀丞人和，喜校雠，经子要书，皆有精校之本。所收书，亦以涉于考据者为准。每得一未见书，必夸示人，踵门借者不少吝。卢抱经序《群书拾补》，有益人益己语。

一三二、邢之襄

蜀刻铮铮李许孙，　江都祖本法言存。

向传精鉴南宫米，　不见张徐尔独尊。

南宫邢赞廷之襄，近年以购古本称于故都，未得观其藏目。所知者，有江都秦氏刻《扬子法言》祖本，又有蜀本李长吉、许丁卯、孙可之诸集。北地自张之洞、徐梧生衰替后，屈指到君矣。

一三三、袁同礼

万人海里人焉瘦，（平读）点鬼簿上鬼自由。

容膝室中密四周，　都在图书馆学求。

大兴袁守和同礼，始从欧洲传图书馆学归国，有最便者数事：（一）编目不以经史子集分，而以笔画多少分，诸要书各附索引，亦有合若干种书，共作一索引者，于检甚便。（二）记书目于散片上，可以随时更调增损。（三）书帙包上下四周，不似旧式之空其上下。

书本大小长短不同，而帙则同，插架有整齐画一之观。此三事，藏书家皆当遵用者。

一三四、周　暹

宋刊宋校蒙庄注，　萧选陶诗一样精。
可笑潜园徒识数，　岂闻一壁低连城。

建德周叔弢暹，向藏北宋本《文选》、《汤注陶诗》最精。后又得海源阁宋刊宋校《庄子注》，他宋元本，皆不足数矣。

一三五、李　棪

读书种子故家风，　年少英声郑小同。
触眼壁书楼额在，　故人绝笔合纱笼。

侍郎孙名棪字劲庵，天资聪颖，治学有门径。故友黄晦闻，手书“壁书楼”三字以赠，在未殁前数日，盖绝笔也。侍郎身为显宦，而家多藏禁毁书，岂有所待耶？晦闻之意深矣。

一三六、于省吾

文家分派溯桐城，写本存真宝竹汀。
时俗疑书信金石，别搜龟甲证新经。

海城于省吾，亦东省之书雄者。长沙叶氏书之归北平某书局也，君以捷足，尽得其佳本。往时喜收桐城派诸家文集，略备。曩从吴伊贤许，见其钱竹汀手写《南宋馆阁续录》，后有黄荛圃跋，云以千金得之。迩来专治经学，旁及金石，援古籀甲骨鉥印泉布石刻诸文字，以证尚书，题曰《尚书新证》，为说经家特辟蹊径。

一三七、尹炎武

小住三年斠乘楼，　别君不断见诗邮。

江南文献时时盛，　可有烟云眼底收。

丹徒尹硕公炎武，现修《江苏通志》，寓丹徒，所居楼，题曰斠乘。时以新诗见寄，君有嗜书癖，但随得随散。曩游开封，不半岁，载书数大簏返。比年来往京镇间，寓目当更博也。

一三八、马　廉

曲学唯须数曲名，　昇平署不敌隅卿。

转怜王瞎穷难死，　病榻应闻太息声。

宁波马隅卿，收藏曲本甚夥。晚近以剧曲为重要文学，各大学多添讲剧曲史一科，不须审音识律，但能略举曲名，便可登坛。隅卿素不治学，居然拥皋比矣。身后所藏曲本，售之北京大学，得值万数千金。前岁朱迪先以昇平署档案，让于北平图书馆，得值万金。人已讶之，此又后来居上矣。通州王某，目短视，人称王瞎子。性爱明刻带图之书，不惜值，所得多曲本。然王故重图不重曲，手自摹写，工妙胜原图。去官，贫无聊，尽以质于隅卿，得值甚微，后悔之，愤艾成疾，卧床数载。今隅卿所有，多其物也。

一三九、赵慰苍

赵君有子惜早世，　卖尽群书仍是贫。

翟氏说文董论语，　无人刻木恐沦湮。

贵阳赵慰苍，曾管教育部图书馆，早殁。余识其子士炜，贫甚。十余年间，惟借卖书赡家。有元刻本《四书经疑问对》，明张燮编刊《七十二家集》，他明人罕见别集甚夥。又有精校本鲍明远、江文通集，抄本翟云升《说文》三种，董增龄《论语雅言》，翟书曾与某书店商刻木，未成。董书，则秘不肯示人。士炜尝自辑《中兴馆阁书目考》、《宋国史艺文志》，惜早世。

一四〇、冼玉清

跋书何让沈虹屏，　辨画真知管道昇。

好古好游兼两美，　更看万里记孤征。

南海冼玉清女士，现教授岭南大学，助校中收粤人著作甚备，撰有《粤人著述过眼录》。沈虹屏名彩，陆梅谷侍史，著有《春雨楼集》。蒋生沐《东湖丛录》，载其《晏公类要》后跋一则，闺阁究版本，始见于此。《缘督庐日记》又载其手写《尚书义》十二册，称为玉台佳话，镇库尤物。女士又撰《管仲姬书画考》，谓仲姬画，十之九出伪作，其愈工者愈伪，此论前人未道及也。又好游，尝居故都一年，北至关外，南道宁越，撰有《万里孤征记》。今岁四月，曾拟游日本，因病不果。前人谓徐霞客好游而不好古，陈寿卿好古而不好游，女士殆兼之矣。

一四一、涵芬楼

几岁搜储一杪休，　江陵道尽痛斯楼。

初今何地安弦诵，　应费诸公牖户谋。

上海涵芬楼，储书甚富，先是当事者防万一之险，屡以他本移贮安全地，而未能尽。余游沪，登楼阅览竟三日，所见名人稿本、抄校本尚多，方志尤备，略记要目而去。壬申上海之役，空中落一弹，书与楼同毁。

一四二、潘明训

百宋何妨又一廛，　俗人雅事喜能兼。

琴中领得无弦趣，　不解咿唔也自贤。

南海潘明训，少时供事洋行，现充英工部局总办。喜储宋椠，初以百种为限，闻近已逾限矣，并闻眼识甚高，元明以下蔑如也。案近来银行家，多喜藏书，武进陶兰泉、庐江刘晦之，其最著者也。闻杭州叶揆初者，亦浙江兴业银行董事，收藏稿本抄校本甚夥。往日藏书之事，多属官僚，今则移之商家。官僚中虽不乏有力者，而忙于钻营征逐，无暇及此，亦可以觇风气之变迁也。

一四三、李士珍

滨海居盐李士珍，　搜书吴越迄京津。

双江二马传文苑，　岂若闾阎颂善人。

天津盐商李士珍，人皆称以善人，未谂其实也。喜积书，京津书客争趋之，尝收得上海徐氏积学斋，四明刘氏抱经楼书之一部分。士珍殁，其子以所有归北平图书馆，得值六万金。中多明抄明刻本及他精刻本，宋本项安世《周易玩辞》，最佳。乾嘉间扬州马曰琯与弟曰璐，江春与弟昉皆盐商，皆有诗集行世，马氏小玲珑山馆藏书尤著。

一四四、谭笃生

五载春明熟老谭，　偶谈录略亦能谙。

颇传照乘多鱼目，　黄帙宸章出内监。

正文斋书店主人谭笃生，熟版本，光宣间执书业之牛耳。惟好以赝本欺人，又内监时盗内府书出售于谭，因以起家。殁于壬子，无子。歇业后，剩余之书，由其戚孔某，在文昌馆封卖，凡三四次始尽。

一四五、何厚甫

内家珍本到东瀛，　册卷医方刻绍兴。

晚与郎园还往密，　手批答问赠何兄。

会文斋书店主人何厚甫，于所见古书必详记其行格序跋，积十余册，有出诸家书跋、藏志之外者。尝从内监手得宋本《备全总效方》四十卷，前有绍兴二十四年四月二十日左朝奉大夫知平江军府事提举学事兼管内劝农使溧阳县开国男食邑三百户赐紫金鱼袋李朝正书序。每页二十行，行十六字，鱼尾下有刻工姓名，曾经季沧苇徐健庵家藏，有“季印振宜”、“沧苇”、“乾学”、“徐健庵”诸印，不见诸家著录，盖孤本也。厚甫秘之，不以示人。厚甫殁，其子介文友堂售于日本，得值七千金。叶焕彬来故都，与厚甫谈版本相契，《书林清话》

道及之。焕彬尝手批《书目答问》以赠，书问往还不绝。

一四六、孙耀卿附：王晋卿

书目谁云出郘亭，书坊老辈自编成。

后来屈指胜蓝者，孙耀卿同王晋卿。

宣统间，日本人刻《郘亭知见传本书目》，未几，邵伯䌹又刻其祖位西先生《四库目录标注》，二书无甚同异。忆余壬寅来京师，从陈子砺先生借抄《四库书目略注》，云得之李若农侍郎，嗣于琉璃厂书肆屡见之，皆非新抄。据云老辈相传，不知作者何人？乃知侍郎殆从此迻录，而莫邵二公亦如是耳。故都书肆虽多，识版本者无几人，非博览强记，未足语此。余所识通学斋孙耀卿、文禄堂王晋卿二人，庶几近之。孙著有《贩书偶记》、《丛书目录拾遗》，王著有《古本过目记》，皆俱通人之识，又非谭笃生、何厚甫辈所能及矣。

一四七、吴　瓯

传经欲接阮王踪，万卷随身作寓公。

妙品毛诗三百幅，离骚图不数云从。

辽阳吴伊贤瓯，收储之富甲东省，幸于壬申前，移住故都，书亦随之。近创设编译会，已印行稿本《说文》六种，题曰《稷香馆丛书》，稷即今之高粱，东省最盛，不忘本也。又拟继阮芸台王益吾后，编印《再续经解》，目已写定。君所藏多抄校本，有雍正间画家陈尹写《毛诗图》最佳，每诗一篇为一图，计三百五幅。写人物，不写草木鸟兽虫鱼，萧尺木《离骚图》，未得专美矣。

一四八、董　康

法源寺里日营营，　雕本人间走不胫。

徒为他人造楼阁，　可怜木匠缺门闩。

武进董授经康，精究版本，而家少藏书。尝得周密《草窗韵语》，矜为海内孤本，未几以千五百金售之蒋孟蘋，孟蘋因自号密韵楼。近岁又为刘翰怡编《藏书志》，尝聚工匠于法源寺刻书，数十年不辍，所刻词曲为多。粤谚云：木匠缺门闩，瓦匠无下间。下间指厨房，意盖慨优于艺者，徒供人役，不自谋也。

一四九、王叔鲁附：张岱杉、李赞侯、潘馨航、张咏霓

王张潘李散如烟，　官去无权保简编。

何若四明投老客，　秦灰鲁壁表先贤。

辛亥以来，掌财部者，如王叔鲁、张岱杉、李赞侯、潘馨航、张咏霓，皆好聚书。王有宋本《后汉书》，张有宋小字《公羊穀梁合刊本》、宋本《通鉴纲目》，李、潘古本精椠尤多。罢官后，皆散佚矣。惟咏霓近刻《四明丛书》，其二集，若陈良谟《忠贞公遗集》、华夏《过宜言》、钱肃乐《忠介公集》、魏畊《雪翁诗集》、张煌言《苍水集》、冯京第《侍郎遗书》、高宇泰《雪交亭正气录》、万斯同《宋季忠义录》，俱属私藏秘本。表章乡哲，视珍秘自矜者，又倜乎远矣。

一五〇、徐　恕

家有余财志不纷，　宋雕元椠漫云云。
自标一帜黄（丕烈）汪（士钟）外，　天下英雄独使君。

武昌徐行可恕，所储皆士用书，大多稿本、精校本。尝舍南浔刘翰怡家，二岁尽读其所藏。南北诸书店，每得一善本，争致之。君暇则出游，志不在山水名胜，而在访书。闻某家有一未见书，必展转录得其副而后已。一切仕宦声利，悉谢不顾，日汲汲于故纸。版不问宋元，人不问古近，一扫向来藏书家痼习，与余所抱之旨，殆不谋而相合也。

一五一、方觉慧

朝局翻连使局翻，　龙门首创一家言。
全明故事书充屋，　例目先惊刘子元。

黄冈方子樵觉慧，拟改造《明史》，拟有例目一册。大旨诸帝本纪主简要，非重要列传，概改为表。志增于旧，重要之事，自为专篇，即《度支志》一门，已成数千巨册。所收明代史料，盈数屋，尚搜访未已，自云切要者有三百余种，屈翁山《四朝成仁录》足本，亦有之。

一五二、周铣诒

耆旧沅湘两续编，　荒坟拾骼赖筠仙。
百年文献惟余此，　遮莫诗魂散弹烟。

永明周笠樵中书铣诒，辑《沅湘耆旧集续编》，始邓南村教谕显鹤，迄郭筠仙侍郎嵩焘，凡七百余家，合前编补、初集补，都百九十卷。先是侍郎费二十余年之力，搜辑已刻未刻诗，凡千余册，拟续南村之书，未果。因以属之罗研生、吴南屏、张力臣，亦未就，再属笠樵为之。时光绪己丑，侍郎主思贤讲席，笠樵为监学。至乙未，书始成。自序称例依邓氏，意主摭佚，如王湘绮辈，亦不及焉。笠樵殁于辛亥后数年，稿藏未刊，为易寅村所得。易寓上海，壬申之役，其居毁于火，未知殃及否。同时有吴称三德襄者，同时受侍郎之属，同时蒇事，但异其名曰《道咸同光四朝诗抄》，实一书也。稿为醴陵傅钝安所得，烬于丁巳七月长沙日报之火，侍郎所藏诸家底本，早散佚。

一五三、叶德辉

清话篇篇掇拾成，　手编藏目不曾赓。
相逢空有抄书约，　隔岁俄闻遭枪崩。

长沙叶焕彬德辉，己亥春始于故都识面，约相互抄所有两家书，彼此有所欲得，抄就交换，以叶数略相等为准。别后曾致长沙一书，未得复，而君难作矣。君见古本不多，所著《书林清话》、《余话》，大率撮自诸家藏书志。自编《观古堂书目》，亦无甚佳本。据云尚有《续目》，未编成，君殁后见其《郎园读书志》，不过如是，勿刊可也。然君素精小学，辑录各书，具有条理，但版本目录，非所长耳。君有侄启勋字定侯，积书好古，克绍家风。

一五四、王礼培附：郭宗熙

京曹得暇访书丛，　王郭同年志亦同。
三百二编无力问，　最难忘是宋雕龙。

长沙王礼培，善化郭宗熙，同乡又同成光绪癸卯进士，皆好收藏。己巳，余居沈阳通志馆，王君以书目一册，寄金息侯求售，凡三百二十五部，皆抄校本，皆有名人收藏图记。内有《文心雕龙》二册，注云“依季沧苇所影宋本过录，有《隐秀》一篇”，息侯与余相顾无法，余因录存其目一纸。据闻所藏尚有宋元本，皆不在此目内。郭君亦藏有宋本《通鉴纪事本末》。

一五五、梁鸿志

吴庑才人擅五噫，简民倘是慕相如。
绛云故物天家宝，梦寐追寻两汉书。

长乐梁众异鸿志，善诗，喜藏弆。尝谓余：岭有两二樵，皆诗人，一薛起蛟，一黎简。并收得薛手写诗四首，录寄余。钱牧斋所藏前、后《汉书》，为宋椠第一，后归内府。载《天禄琳琅书目》，沈初《西清笔记》及之，是嘉庆时尚存，今内府无此书，不知何时亡失。君遍征群籍，作《钱牧斋两汉书考》。

（原载伦明著，雷梦水校补：《辛亥以来藏书纪事诗》，上海古籍出版社，1990 年）

辛亥以来藏书纪事诗草稿

非关贬谪到长沙，　学士遗书散外家。
秘册短篇惊未见，　翰林钞出墨横斜。

萍乡文道希学士廷式，有外妇即王益吾侄女，而番禺梁按察之夫人也。或云学士于夫人未婚时与有私，归梁后无故大归，按察以关两家体面，不敢显为决绝。守武昌日，夫人径入衙署，居数日去。按察商于张文襄，文襄劝以善处之。其后言官讦按察，有帷薄不修语，即指此也。按察时望，以文章气节负，不幸有此妇。学士亦以此不理于众口，晚年失意侘傺，依梁夫人以居。身殁，梁夫人尽得其所有。余曾见抄（抄下似夺“本”字）《永乐大典》多册，学士物也。岁癸酉（1933），游南京，遇徐行可，云得学士辑录稿五十余册，大抵皆取（取下似夺“自”字）《永乐大典》者，允以目见示。其补《晋书·艺文志》，及《云起轩诗词》，已有人为之印行。

新国元勋旧翰林，　彼时帝典未忘钦。
郑吾老去依袁绍，　犹是平生金石心。

长沙谭组庵延闿，居京师日，尝于德友堂购得元刻本《书经》。长沙郑叔进沅，其师也，素治金石，所收金石书甚多，曾见其《永乐大典》数册。晚岁贫甚，组庵在南京任要职，招之不赴，嗣商就担任笔札之事，居上海不到南京，月领薪数百金，叔进鬻字，月入甚优。久之，组庵殁，叔进亦病甚，不得归。

泽传五世斩何疑，　蝯叟书题一望知。
最怕惑人张黑女，　康成婢亦解言诗。

道州何氏藏书，自文安公凌汉，传子绍基，字子贞；孙庆涵，字伯源；曾孙维朴，字诗孙，维棣，字棠孙。维朴官中书，晚岁鬻书沪滨，不归。维棣官四川道员，俱殁于辛亥后。棠孙子某不肖，遗书尽售出，盖五世矣。其书多厚册，书脚有合三四厚册为一题者。子贞笔也。凡书经子贞手题，值增三四倍以上。惟批校本多赝鼎，其家子弟至婢仆皆效子贞书法，几可乱真。大抵过于端整者，皆可疑也。子贞学张黑女碑，而深讳之。今有拓本流行，但难信为原本耳。

湛深高密一家学，穷老巴陵八十翁。
屈指湖南经乱屡，莫将家稿委蒿蓬。

巴陵杜仲丹举人贵墀，历主湖北勺庭经心、湖南岳阳校经各书院，所著《巴陵人物志》搜辑至备，与典礼质疑文集俱刊行。未刊者有《郑氏经学考》，内分《郑注群经互异考》、《郑氏易义考》、《郑笺引易考》、《郑笺引书考》、《郑引公羊考》、《郑引穀梁考》、《郑与穀梁同义考》、《郑引尔雅考》、《郑注字义考》、《郑注声近考》、《郑注省声考》、《郑注假借考》、《郑君注记时未见毛诗考》、《考经郑注考》、《汉书注引郑氏考》，共十五种。又附《郑服异解考》、《许君解字与先后郑经注同异考》、《王肃难郑考》共三种。自来言郑学，未有如此赅博者。他若《春秋浅测》、《左传贾服杜三注平议》、《公羊传注使若例》、《尔雅山海经郭注汇证》、《说文随举》、《音韵随举》、《戈麻韵正》、《书简错脱考》、《读经汇记》、《通鉴采书例》、《汉书注例》、《五代史记注削繁》、《汉律辑证》、《汉杂事辑》、《湘中记辑》、《汝南人物志辑》、《兴国州志》、《续修巴陵县志》、《舆地纪胜驳正唐人旧说考》、《四库全书提要补正》、《读史汇记》、《经史决事》、《经世纂言》、《读书法汇》、《悲愤录》、《称谓录》、《恒言录补》、《读诸子汇记》、《桐华阁骈文集》、《词集》、《词钞》、《读文汇记》等，凡数十种。卒年七十八。

五家文后二家词，四印遗珍畀古微。
秋冷众香吹散后，大声忽起乌惊飞。

临桂王佑遐给谏鹏运，况夔笙中书周仪，官京师日，同好言词。给谏好收宋元词，得汲古阁未刻宋元诸家词稿。卒，遗书归朱古微。中书好收清初迄近代诸家词集。给谏刻《四印斋宋元诸家词》，中书亦刻《粤西词见》。给谏殁后，遗书归朱古微（此句与前重，可见此系未定稿也。）中书辛亥后居上海，未殁前，所藏已尽散。中书有《众香词集》，所选皆明清间女子之词，最宝之。给谏尝得明陈夏大声《乐府》，孤本也，缪筱珊欲取而刊之，遍觅不可得。急曰：吾欲为大声大哭。后三十年，戚（原稿如此，疑为衍文）王氏戚某忽于破簏中检得之，现归北平图书馆。又临桂李朴卿好积书，所藏明刻甚夥，有元椠杜诗尤佳。余往居桂林，半年后又居浔州三月，觅一书不可得，深叹桂人之陋。今得三君，可为粤西山水生色矣。广西近年汇刊吕月沧、朱伯翰、龙翰臣、王定南、郑献甫五家古文，皆嘉道间人。

吴刘张吕各詹詹，　六译谈经海语兼。
锦水带围两书库，　大关唐与渭南严。

叶鞠裳《藏书纪事诗》，清代三百余人，四川无一人焉。余所见辛亥后尚存者，若吴之驷、刘咸炘、张慎仪、吕调阳、廖平诸先生，所撰述俱已行世。其单以卷帙之富著声于近时者，若大关唐百川，渭南严式诲。式诲寄居成都，其贲园书库，所蓄尤备。二家皆好刻古书，椠本流布海内外。

末榜词科榜首人，　投戈讲艺一将军。
雪庐略出群经说，　珥海全收众族鳞。

石屏袁树五提学嘉穀，举光绪癸卯经济特科第一，近见其《卧雪庐文集》、《十三经》皆有说。昆明李印泉将军根源，遍搜滇人专著，得数十种，刻《云南丛书》，袁（原稿如此，当系叶之误）鞠裳《纪事诗》，山西、四川、广西、云南，俱无一人，兹补于此。

词人南宋母西王，事事关心到鬓霜。
旧学商量如昨日，招魂不是旧辽阳。

辽阳陈慈首思，最熟南宋事，尝撰《辛稼轩年谱》，《姜白石年年（原稿如此，系衍文）谱》，《姜白石词笺》，辑白石遗文，数书皆考索数十年，俱脱稿。又撰《西王母考汇》，存江阴，余未之见也。君又熟古地理，以为《穆天子传》、《山海经》所言地理，按之古书，无不合，断非伪作。因撰《古地理表》，未成。余戊己（1928—1929）间居沈阳，与君日夕相见，谈学最洽。君殁于东北事变后，余今岁四月游东京，道过沈阳，住车站一宿，忽触想君前日送行处，为怅惋不已。

异时史纪国师歆，难没当年抱缺心。
老去爱钱憎旧物，免教随尔落鸡林。

上虞罗叔韫振玉，十余年前，从大连单开抄本书目近百种，向燕京大学求售，索值二万金。容希白持示余，中多罗氏已刊者。余主分售，选择若干，罗示不允。后闻售与上海中国书店，议已就矣，而赀不足，乃由罗氏函燕京大学，依原议，所得多佳本。尤佳者，吴槎客《论语集解考证》稿本、翁覃谿读经诸札记。中国书店所得尤佳者，《明实录》全部，余不能记忆矣。近闻燕京大学以典守者非人，致全失之，怅惋不已。

军需局设世宗初，二次编成天禄书。
半部西征身僇后，十年南内手撕余。

雍正初设军需局，后改军机处，凡留中章奏、禁毁秘件皆在焉。

此外又有各项地图、历科殿试策、乡会试进呈朱卷，皆储其中。汪景祺《西征随笔》下册，即从此检出。近年故宫月刊，皆取材于是也。《天禄琳琅书目》，经乾隆嘉庆两次编次，今检查其书，与目不符。盖散失多矣。夏闰枝云，德宗自戊戌初闻维新之说，痛恨旧书，居懋勤殿，日取旧书手碎之，遍地破纸，久之，命内监悉扫除去。其中亦有完整者。师又云，殿中之书，系放在地上，多年不动，其近地一二册，已霉坏不可揭云。谭笃生之得内府书，或在此时，而《天禄琳琅书目》所不见，亦当在此破纸堆中矣。

相公原自读书来，内阁恢恢纳众材。
方略馆连资政院，一时举目感兴衰。

清代方略馆，储书最富。名列禁毁者此亦有之。李映碧《南北史合注》，即其一也。资政院所储，多方志，他类书亦有之。民国初，馆与院废，其书移归国务院。

项城南面不成雄，输与宜都享素封。
何物屠门思大嚼，略分一半与旌忠。

岁乙卯（1915），袁慰亭以七万金购宜昌杨氏书，贮国务院，未及清理，而云南难作，遂无暇及此。民国六年，范静生长教部，思得之，请于国务院。院秘书长张远伯，以书归教部，太占便宜，因议由院自建图书馆，迁延数月，而远伯去位，时蔡松坡已卒。梁任公辈发起设松坡图书馆，以旌其功绩。政府重违其意，乃分与杨氏书之一部，全书别储一室。岁丁卯（1927），尽国务院所有书，归之故宫。

刑鼎新成小司寇，宝书旧掌大行人。
最多图籍关舆地，一统河山内外分。

京师各部衙门，除教育部有附属图书馆，此外若司法部图书馆，有新印大本《图书集成》一部，南海戴少怀尚书鸿慈所购置也。又有各省方志甚多，则顺德胡子贤祥麟为佥事时所建议征集也。又有《元典章》刻版，则董授经主部时据抄本精雕也。此书故宫有元刊本，陈援庵为作校勘记，别行。其他则新旧法律诸书，修改法律，系沈子敦侍郎家本主其事。最惜者，旧存历朝要案供招，亦史料之一种。徐谦代部日，悉付炬火，闻明天启、崇祯间一部分溢出，归北京大学研究所。熊廷弼、袁崇焕等供招在焉。余未得见也。又若外交部图书馆，外交部系译署改名，译署旧存边界地图，及关于边地译著之作居多，然亦有他杂书。余所见有顺德张樵野侍郎荫桓《铁画楼诗文钞》。盖樵野曾官译署，或其所赠存也。花县朱楚白进士珩，素与李仲约侍郎考求西北地理，著书多种，家稿已失，余亦见之此。自政府南迁，二部图书，随以俱去，惟《元典章》板片，尚存故都保管处，至内务部，所储方志不亚司法，惟无他书，不足记也。

史馆时移有旧新，　私家刻稿又横云。
是非易起南浔狱，　存佚难寻东观文。

清代国史馆储书甚富，尤多未刊本，盖谕旨立传之人必将附带其生平著作，而馆中亦自有供参考者。光绪初年，曾由馆咨行各省学政，令采访当地人士著作呈馆，今有江苏学政黄体芳《江苏采访书目》册行世。昔尝从馆员入内观览，见诸抄本原稿不少，皆外间罕见者，民国改为清史馆，另派总裁、纂修诸员，旧档幸未散失，史局开，人家以事实呈馆立传者，亦必附带著作，数亦不少。曩从朱少滨许，见其抄本书目，似尚未尽。民国己巳（1929），有揭发《清史稿》违碍者，议禁毁，于是以馆所藏《清史稿》印本及馆藏一切史料，悉送南京。其提取未尽者，仍存故宫，杂入故宫书目中，不可辨别矣。

积水潭边广化寺，相公筚路此开山。
书移天水中兴旧，经贮敦煌石室残。

光绪末张文襄以军机大臣兼管学部，奏设学部图书馆，初借城北积水潭广化寺，移内阁大库书于此。书多元明旧帙，其中宋本，犹为元师平宋时，收之临安秘阁者。后编为《宋元本留真谱》。又编本馆善本书目八卷，各省志书目四卷。又几迁大方家胡同，又以敦煌石室唐人手写经卷附焉。此项经卷，由甘肃布政何某派员送京师，其子部郎某约友迎之廊坊，先擅取其佳者，余归学部，再归图书馆，己未（1919）以后，渐整理之。

平津平地涌楼台，半是新材半旧材。
愁听风声迁贿去，惯看日景坐车来。

北平图书馆，初设北海，后与教育部图书馆合，迁中海。己巳改建新址，即今北平图书馆，并改其地曰文津街。

辟馆储书首树声，惩于陆氏受于丁。
遥遥南北双文库，气象开基与守成。

光绪末叶归安陆氏皕宋楼书，归于日本岩崎氏，而钱塘丁氏，家亦中落，江苏当道恐为陆氏之续，乃议以七万金，全购善本善（原文如此，当系“书”之误）室所藏，益之他捐购之本，设江南图书馆于蟠龙里，系缪艺风主其事，时京师学部图书馆尚未拟及也。初名江南图书馆，旋改江南第一图书馆，又改中央大学国学图书馆，每月全馆经费仅五百元，视北平图书馆，规模悬绝矣。

中央划界又中央，　阁本刊传哄一场。

搜得太平新史料，　短篇英桀署玕王。

南京新设中央图书馆，起因于《四库全书》南移。当事者与商务馆订约，以一部分孤本摄印，而馆收其利。主之者海宁蒋慰堂复聪也。而时论多持异见。因又有折中之议，即今所印四库罕见珍本是也。馆中新印《太平天国丛书》若干种，皆抄自伦敦图书馆者。近闻新收得《英桀归真》一册，仅三十五页，刻者玕王，即洪仁玕也，为伦敦图书馆所未有云。

四库移来自热河，　累他文溯两奔波。

黄鹤已随白云去，　木瓜其奈琼琚何。

民国初，移热河文津阁①、奉天文溯阁，两四库书归京师，今存北平图书馆者，文津阁本也。文溯阁书张雨亭复运回沈阳。徐菊人受法国博士之赠，欲以文汇阁书酬之，为舆论所阻，不果行。

犹听胶庠弦诵声，　两居郊外一居城。

不同历史同文物，　割据居然鼎足成。

故都除北京大学旧藏碧琳琅馆所赠书，辛亥后，年有添置，曾编善本书目一册，此外则清华、燕京二大学，十余年来，增加图书费，购入不少，间遇佳本，惟校外人不得参观，俨同割据耳。

事成樽俎折冲间，　收拾群书待订删。

徒笑晓岩疏目录，　只今采访事尤艰。

日本退还庚款设东方文化会于故都，拟《续修四库全书提要》，

① 文津阁，“津”伦明误作“汇”。下同。

及补乾隆四十八年以前所漏收者，因之同时设立图书馆，收购古近书籍。但乾隆时曾出内府藏书，又谕各省采访进呈。今江苏、浙江二省，原目尚存，又有私家进呈如范、鲍诸氏者。至今尚憾其漏略。今日情异势殊，图书馆又乏伟力，不得已勿问原书，先成提要，其究也必至全如《四库》存目部分，使后人徒见食单，仍感枵腹，且难免有英雄欺人之事，似应及早别筹善计也。

惯见源源上海船，楚弓得失意徒偏。
西云轻淡东风紧，各赴程途不拟旋。

旧书外输亦盛于辛亥以后，大抵白种人，除柏熙和外，于我国目录学知识甚浅，其诸旅居及游历者之所需，俱与版本无涉，数年前英人某君，专收明本，不问优劣，耗数万金，云受某图书馆之托，此外不多购也。日本文求堂主人田中庆太郎，往来故都三十年，岁凡一二次，每次携一二万金，金尽始去。私人则京城大学教授藤塚邻，目录既熟，收购尤勤。其他若书店，若图书馆，若收藏家，若专门学者，或旅居，或游历，或通函交易，不可胜举。其倾库而出者，归安陆氏之后，继以武进陶氏，即此一端，亦成外强中干之局矣。

佚本唐抄又宋雕，新刊更见太平朝。
恰如海客离乡久，招得魂归岂惮遥。

古籍散佚，归自海外者，若《群书治要》，刻于连筠簃；孔郑《孝经》，刻于知不足斋，事在嘉道前，若杨惺吾佐黎莼斋刻《古逸丛书》，除《荀子注疏》，蔡刻《杜诗》外，皆此类也。迩年董授经汇印文馆词林，于黎、杨二本外，又增出若干卷，然未流布者尚多，不止如惺吾之致撼于慧琳《一切经音义》、杨善《太素经》二书也。其日本学者所著，若森立之《经籍访古志》，若岛田翰《古书源流考》、《访余录》、《皕宋楼藏书源流考》，若多纪元胤《医籍考》，他山之石，亦我国之晁、陈也。十年前北京大学从英图书馆录得太平天国史料三种，最近中央图书馆又录得多种，俱印行。

运虚成实究成虚， 妙想刊传至巨书。
万里江山收尺幅， 一丘一壑太区区。

岁戊辰（1928），余游沈阳，正道正筹印《四库书》。余建议不用原写本，代以他刻本。不用摄印，用排印，不照原行格，并行并字，缩成每一部止占地中国尺一丈二尺。印中国连史纸，每部成本一千八百元。一切工料，皆有精密核算，事不果行。而商务印书馆有抽印罕见珍本之举，余曾著论登于《国闻周刊》，无如当事者固执己见，不见采纳，姑记其略于此。

广征异本溯隋朝， 分道求书备郑樵。
我欲依之作儒藏， 免教卷帙趁时凋。

书莫备于隋代开皇三年。牛弘表请搜访异本，每卷赏绢一匹，于是异书间出。《经籍志》云：“平陈以后，经籍渐备。”《北史》云：隋嘉则殿有书三十七万卷，唐以后无此盛矣。幸而有私家弆藏助其不及，古籍赖以稍存。今则时移事异，私家弆藏将日减以至于绝，则保守之勿使放失，国家之责也。郑渔仲论求书之道有八，一即类以求，二旁以求，三因地以求，五求之公，六求之私，七因人以求，八因代以求。周书昌谓释家有释藏，道家有道藏，儒家自应有儒藏。窃谓宜按渔仲求书之法，造一完备之儒藏，先编待访之目，次派访书之使，编目所资：一、各省府州县艺文志；二、见于别集中序跋题记或说部所称引；三、见于别集中之墓志、行状、事略及单行之墓志行状事略；四、海内外公私藏家藏书目录；五、在上述四项之外，目见或耳闻者。编目既定，撄而求之，借而录之。同一书而多异本者，并收之，宁滥毋略，期使书之存于现代者，尽萃此中，以待后之学者。此议骤聆之，若甚繁难，实则不然，且当为之事，讵可委之繁难而不为耶。

丑女无媒空倚门，　青云得路几飞翻。
眼中弃物滔滔是，　愁见他时尔返魂。

迩年读旧书者日少，除最少数因学者之需要，其值倍长，余都无人过问。去岁某书客归自陕西，有明版茅选《八大家文钞》，在文昌馆标价，得值止六元。客曰：吾在陕来值即六元，加邮费约一元，始到此，今亏一元矣。因是之故，厂肆之往外收书者，不谋而同止。幸而节费裁人，仅可支持。然不能久矣。余游杭沪，见书店情状亦如此，大抵向时通行应用之书，全不适于今日。一则读不到，一则虽读到，而有石印价廉者代之，则胥归于无用，不但四书讲义、典林时艺之类然也。浙地有所谓还魂纸厂者，专收破碎无用之纸，转制粗纸，为市物包裹之需者。吁，可慨也。

蚕食同于鱼烂亡，　人家难保十年藏。
幺麽也畏洋人势，　海外传来辟蠹方。

吾国藏书，北方最宜。以天气多晴，地势高爽，蠹类不生也。浙闽粤则不然，大抵闽甚于浙，粤又甚于闽，盖地势卑湿，蠹类即用湿气而生，前人多用丹纸附于册之上下，意在辟蠹，此纸质杂硝磺，诚可辟蠹，但效止及相近一二页。页页衬一丹纸，势所不能。入民国来，已不造此纸，书坊不察，以为凡红色者即可辟蠹，以普通红色纸代之，一遇湿气，全册染红色，而蠹生如故。别有白蚂蚁，亦产南方，其喙最利，能蚀金类成灰，往往书藏箧中，忽惊羽化无迹，则又甚于蠹矣。吾友莫天一，多储书，又识西药，据云自德国来之臭丸原料，可辟蠹，每书一箧，置三四块，年一换，效最著，余未曾试，不知然否。

难辨庐山真面目，不同内府聚珍书。

诸公雅意倡存古，翻与书丛益豕鱼。

近日流布古书，不出二法，一曰摄影，一曰排字。向读同文局印“二十四史”，至某篇，意义不接，断然错误，但以出之殿本，不应有此。此（原稿如此，当为衍文）一时亦不易觅殿本校对，逾十余年，偶忆及，即借一殿本校之，果非原文。反复思之，乃同文局所用非初印本，中有断缺或模糊处，摄者随意修补，而见者不觉也。近摄印各书，墨色晶莹，亦出摄者修改无疑。闻张菊生摄印某书，自为修改，日仅二三页，精细者为之，尚少此弊，然不免于厌。至于巨帙若《四部丛刊》者，则无法矣。活字排印，滋误尤甚。惟《武英殿聚珍丛书》无此弊。相传乾隆时，派翰林诸公充校对，发见有一误，罚俸一年，证之刊本，每页必具校者姓名，可信。然印刷所何能以此待校员耶。行世如《四部丛（此处疑脱一“刊”字）》、《万有文库》之类，所以不为读者所赖也。又尝读湖北局《资治通鉴》，是书系购得胡果泉原版，惟缺坏处有修补，乃亦有错误。此时修补时，随意取证他本之故。故善读书，必须原本初印，岂徒为美观计耶？藏家每重视影印本，以为止下真本一等，谬矣。

不薄今人爱古人［用杜句（原注）］，**今书求备太纷纭。**

好奇徒欲见未见，到老方知贫又贫。

自来藏书家贵远而忽近，固由习尚，亦以世近则多而又散，不可尽也。余有好奇癖，喜读未见书，宋元以上，要籍大略寓目。由明而清，降而愈近，无目可据，但凭见闻，计三十年余年来，所见不为不多，而闻而未得见者尚多也，为我所未得闻者尤多也，以闻而未得见者之多，推之于所未闻，而知书之不可易求也。区区所有不过太仓一粟耳，备云乎哉，然久之终归于湮没，所以古来（此处疑脱一“书”字）多而传者少也，但竭吾之力达吾之愿，不但古人遇我冥冥中可以不憾，而我耳目中常有无穷之愉快，亦何负于我哉，不知茫茫广宇，有与我同情者否。

文苑诸公有倖心，　各因时运异升沉。
独伸我见删人见，　论定千秋著作林。

古今集部最夥，而时论之无凭也亦最甚。韩昌黎不遇欧阳永叔，岂能传至今日，为古今不祧之祖哉。十年来人始重江弢叔之诗，二十年来，人始重袁中郎之文。然如江弢叔、袁中郎者，岂少也哉？人未知之耳，即知而力不能表扬之耳。往读王益吾《续古文辞类纂》所录，除周仕槐为其乡人外，其他皆与方姚有渊源者。又读王德甫《湖海诗传》，选者不多不广，而任意抑扬，取诸家专集对之，往往舍其名篇，充以率作，不知其立心何居也。窃欲取千百年来显晦不同之著作，平心彰瘅，以结旧文学之局，不使后之人为浅陋偏隘忮刻之选家所欺蔽，殆亦今日之切务也。

廿余年事梦匆匆，　断代为篇篇未终。
声应神交存没异，　怀人夜雨一灯中。

流传刻本异麻沙，　艳说南巡驻翠华。
梨枣渐衰铅石继，　细哉螳臂怎当车。

洞庭山席氏，自明季即设扫叶山房于苏州城内，尝得毛氏汲古阁书板。自刻书甚多且精，以百家唐诗为最巨。廿余年前曾见罗纹纸初印本，绝可爱，索价千元，几等宋元本矣。相传圣祖南巡，曾驻跸其家，即以百家唐诗进呈，帝大称赏，其时各地多有支店，余及见者苏州尚有一家，上海又有一家，在上海者，光宣间改以石板印行诗文集笔记等，虽字多讹脱，而价甚廉，一时销路颇盛。近年群趋摄照，而《万有文库》、《文（原稿如此，当为“四”之误）库珍本》等，又乘时而起，其不竞殆意中事也。麻沙地名，属福建建阳县，其地所刻书板，多以柔木为之，取其易成而速售，宋明时往往因题目字讹，士子喧争，皆为建阳本所误也。今人称刻书不精又板本模糊者曰麻沙本，则不因其地矣。建阳刻书，由宋至元明，约三百年始绝。

家学传来振绮堂，晚年一出误瞿王。
雅言小录多奇秘，历数遗书某某藏。

仁和汪穰卿康年，振绮堂后人也，光绪丁戊间（1897—1898）曾与梁任公办《时务报》，因事不合去，故未及于难。后王文韶招入京，办某报。王殁，瞿鸿禨利用之。瞿与庆邸相构，借康年报中泄某秘密事，瞿遂去职，辛亥湖北起义后，殁其（疑为“于”之误）天津，逾数年，有人刊其遗著中有《雅言录》一种，述所见遗籍，皆载明现藏某家。如张石洲《延昌地形志》，祁韵皋《皇朝藩部要略》稿本，存陈士可处。纪文达《四库全书提要》稿本存河间张氏，钱辛楣《元史纪事》存翁叔平处。王船山《龙源夜话》，存朱肯甫处。毛岳生《元史》在应敏斋处。按图索骥。又言江建霞有屈翁山《崇祯宫词》及《三吴纪》、《五潘纪》，又有《测圆海镜》，与今本多异。又沈子良家多写本野史，葛止水家有元裕之《算书》。所举之人或尚在，即殁亦未远，宜可指名以索也。

客来为说沁州吴，自辟精庐贮百厨。
裔出文端凡几叶，赐书今日尚存无。

沁州吴端涛淞曾官高等法院检查长，藏书之富甲山右。康熙间大学士吴文端公琠裔孙也。

粤士荒于吕拔湖，颓风欲挽石陈吴。
如何作官抛书去，垂老伤心说故居。

表成方镇补新唐，讫宋明清数典详。
为有腹中书柜在，不堪卑湿住南方。

新书堆里旧书多，一百年间价不磨。
稍有骆翁知鉴别，称雄百粤老夫佗。

半编明史得收场，瓜圃刊余又老档。
误袭官书疑俗目，几将首鼠拟忠良。

二酉三槐尚见之，眼中谁是百年基。
几回李缪谈书肆，南北而今迭盛衰。

朱蔡谦谦未敢为，顿教古拙合时宜。
解颐学会无情搭，记得几时问塾师。

通俗原来白话宜，如何去韵也称诗。
中郎伯敬有侔进，白傅诚斋未受知。

雷声震处失鸡窗，家住淞南近战场。
两世刊储归一炬，此番小劫属新阳。

新阳赵静涵举人元益，其子学南，俱好收藏。间校刊有用而罕见之本，如韩文考异之类。学南尤劬于学，丹黄不离手，所居在沪南，近制造局，有小园，杂种花木，幽雅可爱。癸丑二次革命，制造局被攻累月，适当其冲，仓卒迁家，藏书数万卷不及携取，尽付劫灰。此壬申涵芬楼之先声也。赵氏所刊书，有《鸡窗丛话》。

骂名微觉掩文名，续札雕龙成未成。
秘籍漫矜扃鐍固，敏求记已泄风声。

长别重阳酒数杯，章门应见泣颜回。
平生孤立憎多口，今日同声惜此才。

（据宋远：《辛亥以来藏书纪事诗未刊稿笺注》，原载《中华文史论丛》第49辑，上海古籍出版社，1992年）

集外诗辑存

无题八首

《饮冰室诗话》云："乡人有自署东莞生者，以《无题八首》见寄，哀艳直追玉溪。而言外之美人芳草，字字皆湘累血泪也，亟录以念同好者。但蒹葭伊人，尚希示我姓字耳。"余按先生籍东莞，与廖道传为京师大学堂同学。廖先生曾和此八首。原题作《燕京秋感》。因录于此。任公云云，殆弄玄虚耳。

长门幽怨诉年年，身住蓬莱学散仙。思子台空吹暮雨，回心院冷锁寒烟。早传沧海填精卫，苦听荒山叫杜鹃。谁遣虾蟆吞魄去，几回翘首望团圆。

几闻沧海变桑田，见惯麻姑亦可怜。云暗鼎湖龙去日，尘荒华表鹤归年。嫦娥应悔偷灵药，天女偏愁欠聘钱。八骏不来桃又熟，瑶池昨报宴群仙。

庭院深深闭暗尘，西风残照易黄昏。相思相望成终古，愁雨愁风又一春。怨到湘妃惟有血，招来宋玉已无魂。团圞记得年时月，酒冷灯昏不忍论。

览镜双蛾独自羞，怕随邻女斗风流。泥人春病全无状，诳我归期又是休。红袖背人惟有泪，白云远望不胜愁。章台夹道车如水，日暮珠帘莫上钩。

紫台一去苦相思，马角乌头可有期。尺帛漫传苏属国，千金谁赎蔡文姬。素衣珍重休教染，纨扇飘零且莫辞。回首秋波应一哭，楼台甲帐已全非。

一雨桃花委马蹄，东风狼藉黯凄凄。恼人天气春如醉，似水年华日又西。连夜梦魂烦镇压，一春心绪总凄迷。鞭丝慢指关山道，红雪纷飞鸟乱啼。

谁向修罗问夙因，尘寰一谪若沈沦。剧怜鸡犬云中客，尽是沙虫劫后身。回望风云俱惨淡，过来花鸟亦精神。蓬山此去无多路，青鸟殷勤好问津。

玉树悲凉唱后庭，琵琶胡语不堪听。红羊失记何年劫，白雁凄闻故国声。缫尽春蚕丝有限，淘残秋水浪难平。沈沈心事无人识，独倚银屏待月明。

汴梁行

行行复行行，驱车至汴梁。汴梁之城人物辐辏古都会，十八行省居中央。金人北渡沦陷夷狄者百余岁，文明旧壤成穷荒。昔年回銮经此物力竭，慈恩广大怜遐方。春闱秋试此三度，物价较昔两倚昂。茧丝之绸山药粉，归人满载穷车箱。所悲行路难，车价如抢攘。天晴十丈飞尘土，天雨三尺拉泥浆。人多车少竞捷足，争先恐后群跳踉。自古南人操舟北人马，到此餐沙宿雨，真觉迁地而弗良。嗟我广东人，胡为来此乡。云是求功名，功名二字窃未详。微名腐鼠不足吓，敢与立言立德争辉光。嗟我广东人，心热如病狂。金顶累累压头顶，旗杆列列森道旁。除此以外思想绝，父诏兄勉耿耿志勿忘。迩闻朝议罢科举，补牢并力追亡羊。贫者竭铢锱，富者倒箧襄。纷纷捉刀人，衣冠优孟来登场。头衔大书特书奉旨乡试四大字，奴隶质寒乞相挥鞭得意方扬扬。嫖赌饮吹以外此为五大病，倾家破产谁为偿。嗟我广东人，得失盍较量。黄金虚牝实堪惜，豚蹄篝车安可望。连年赤旱道有殣，胡不资作馈贫粮。疫疠流行遍城邑，胡不一助施药汤。征歌选舞亦足豪，求田问宅犹为长。不然司徒铜臭贵无极，高车大轿何堂皇。此款漏卮岁出不可计，耗我物力非平常。不见关节飞达聚奎堂，使车一返千金装。不见承饷百万围姓庄，痴人日日陈李黄。不见闾阎愁叹盗贼白日肆披猖，使我民穷财尽此物真不祥。嗟我广东人，春梦酣黄粱。我有一言与君酌，急须独立图自强。自强之基本于学，理财法律政治下至矿牧农工商。公等国民有责任，小用小效徐扩张。试瞪醒眼望世界，优胜劣败理日昌。燕巢危幕鱼戏釜，黄雀在后捕螳螂。请看瓜分之图转瞬待破裂，英俄法德美日噬肉如饿狼，届时告身换醉不可得，嗟尔秀才举人进士翰林至此不如洋行侍仔吁可伤。嗟我广东人，劝君且勿忙。金榜朱卷非功名，八股策论非文章。时俗谬解足一哂，风水相命同荒唐。匹夫立志足救世，五洲名誉流无疆。今何时乎流血玄黄龙战日，鸡虫得失真毫芒。悲哉嫫母无盐不自丑，秋风打到东南洋。我闻齿冷，我歌断肠。作歌箴客复自悼，明日裹粮挟赀泛海求师襄。

（原载《新小说》1904 年第 9 期）

赋呈叔海夫子七律四首并乞削正

学备三才道积躬，皋比坊表更谁同？书成京邸王怀祖，文配乡人高雨农。（近代闽人为古文成家者，道、咸间有高雨农澍然，最近唯吾师耳。）入世情超荣利外，爱人教寓笑谈中。谆谆劝学犹当日，再见兰陵百岁翁。

莽莽神州叹陆沈，鸿濛始判极于今。惊看兽迹交中国，更听鸮音出泮林。厌乱天心原自若，起衰儒术果谁任？不妨扰攘干戈日，验取河汾教泽深。

东胶初设景山旁，济济师儒盛一堂。曾领诸生游太学，（岁壬寅，京师创师范馆，初次招考，明被取第一。）尚留一老作灵光。看花回首河山异，树木关心日月长。多少五陵裘马客，西河传教鬓毛苍。

群籍丛残不可论，廿年摭拾费辛勤。布衣未食官厨米，铁网先搜赤水珍。（明尝拟以独力《续修四库书提要》，搜储遗籍万数千种，多人间罕见本。）闻说庀材营广厦，自怜檥棹阻通津。删修幸侍尼山席，笔削微言倘许闻。

受业伦明呈稿

（原载江瀚编集，高福生释笺：《片玉碎金：近代名人手书诗札释笺》，中华书局，2009 年）

和马叙伦六首[①]

依样桃符秬黍，客中佳节经过。五陵裘马少年多，屠狗场中着我。　共道田文启薛，休提屈子沉罗。客来燕市例悲歌，慷慨荆高唱和。

最忆江乡乐事，家家竞赛端阳。海潮涌现万龙繻，箫鼓中流荡漾。　更有荔子湾口，绿阴夹岸清凉。晚风柔软浪花香，唤起桃根打桨。

早慕小长芦叟，微官七品归欤。空疏补读十年书，泛宅烟波深处。　何事长安索米，翻成稷下吹竽。忝颜还自托师儒，笑问为人为己。

坊肆百千评价，斋厨黄绿标签。书城高与债台连，典尽春衣还欠。　不是催租败兴，难教识字成仙。门多恶客橐无钱，笑咏桃花

① 西江月六首，其中第一首及第六首曾被江树生编著的《名人诗词选》选入，分别被冠以《少年多》、《评史》之名。见江树生编著：《名人诗词选》，天马图书有限公司，2004 年。

人面。

谁奏回风妙曲，竞传坠马新妆。风情半老惜徐娘，未解入时眉样。　女伴踏青斗草，朝朝芳约匆忙。兽炉香里日偏长，独自倚楼惆怅。

几度兴刘复楚，何人怨李恩牛。青灯评史笑休休，天上白云苍狗。　见说干戈蜀道，又传鼓角黄州。他乡伤乱仲宣楼，可仗清愁祓酒。

（马叙伦：九年旧历五月十一日，北京大学同人宴集于城东金鱼胡同之海军联欢社。沈尹默出示其生朝述怀之作。越日，余有继造。张孟劬尔田、伦哲如明复和余辞，因余集而名之曰《金鱼唱和集》。

（原载马叙伦：《石屋余渖》，上海书店出版社，1984 年）

篁溪学长嘱题张园春色图

画了篁溪又辋川，陆居可似钓鱼船。（君有篁溪归钓图。）忽饶问舍求田想，别证居家食肉禅。觞咏客来休沐日，行藏论定盖棺前。（君筑生圹，王晋卿先生曾为作志铭。）胸中丘壑谁能写，（图为李君雨林所绘。）惨淡龙眠妙笔传。

（原载张次溪：《宣南逸乘》）

题篁溪生圹[①]

五亩诛茅安草阁，百年埋骨买青山。伏波马革铜台后，都付先生

---

① 此诗与《篁溪学长嘱题张园春色图》出自同一集。

一笑闲。

落落孤怀与俗违，不须讳死不须归。君今眼见累累冢，何异成仙丁令威？

人世相寻生老病，佛门彻悟去来今。少年预凶太早计，手栽松柏待成林。

香山醉吟早作传，柴桑蒿里还自歌。文人作达强饶舌，何似日日颜容酡？

（原载张次溪：《宣南逸乘》）

沧海翁五十初度，书来索诗，赋此寿之

幹翁今五十，菭官隐京华。未死先成冢，为僧尚有家。病多身转健，心静室空哗。应共开尊赏，张园烂缦花。

尔我称同学，回头三十年。兵烽催讲舍，人境换桑田。何意离乡日，犹留比屋缘。祝君无别语，养老俸多钱。

（原载《正风》1936 年第 2 卷第 3 期）

伦哲如题词

斧声烛影出中宫，委鬼茄花拟不同。野史犹存南董笔，分明诛逆与褒忠。

二年琐细宫娃记，（某女士《清宫二年记》。）百首凄凉学士词。（吴侍读士鉴《清宫词》。）何似从亡程济录，臣心惨澹帝心知。

弹指人间变海田，开天遗事倩谁传。拾遗老去时成史，尚剩春心

拜杜鹃。

草野闻名过卅年，殷勤顾我枉高轩。谈经未了兼谈史，何幸今时识古贤。

绝句四首录呈水东老先生削正，后学伦明拜读并题。

（原载王小航：《方家园杂咏二十首并纪事》卷末，民国17年（1928）宁河王氏水东草堂刊本）

云史先生五十四初度

汐社相从有岁年，诚斋老去富诗篇。才名旧著莲花幕，韵事新题燕子笺。棨戟能容长揖客，竹松共保岁寒天。不因髀肉生微感，皂帽辽东也自贤。

东莞伦明呈稿

张子次溪属序所编《清代燕都梨园史料》，以诗代之，感旧抒怀，漫成十绝

朝衫脱后寄闲情，高下评衡色艺声。自是承平风雅事，不同元老梦东京。（《东京梦华录》，南宋孟元老撰。）

小唱风沿四百年，污泥何碍产青莲。榛苓大有思贤意，删却扶苏山木篇。（歌童侑觞，名为小唱。起于明万历间，朝士资作清谈，笔为韵事。是编所辑皆此类也。其人不皆业伶，而名伶多出其中。宣统初奉令禁止，是风遂绝。自兴至废约四百年。《诗·简兮》传云："贤者仕于伶官。"《山有扶苏》说者谓男悦男之诗。）

菊榜随同蕊榜开，但论门第不论才。王郎晚蹇朱郎死，风雪天南

独忆梅。（每逢大比之岁，例开菊榜，犹记最后一榜。王惠芳状元，朱幼芬榜眼，梅兰芳名列第七。幼芬之榜眼与前科王琴依之状元，皆以门第得上选。）

肯费柔肠赋凤皇，刚公气性老逾刚。断桥一见魂堪断，欲拟罗敷陌上桑。（潮阳曾刚甫右丞，性孤峻，晚守西山之节。尝作《小凤皇赋》甚工。余喜罗小宝，尤爱其演《断桥》一剧，旧有诗记之。）

采兰岁晚涉寒江，旅榇萧条剧可伤。散尽黄金不归去，名都无此少年郎。（顺德辛仿苏孝廉，嗜书画，好交名士。尝眷姚佩兰，掷资巨万。癸丑寓大吉巷，余时过从，谈宴甚欢。中岁境稍窘，重来都门，视佩兰如旧。未几，病死，佩兰貌妍而艺拙，演花衫无名。）

妙手琵琶说采芝，旧游似梦旧人非。梨园弟子伤头白，一曲当筵泪湿衣。（今岁春间，在万家花园江宅，听唐采芝琵琶，忆余壬寅初识采芝，距今三十有三年，同时所识旧人采芝外，惟姜妙香存耳。）

刘家场景楚生腔，十些红儿是粤妆。莺燕年年换春色，寻春忙煞易龙阳。（明清之际尚女戏，刘晖吉家最有名，所演唐明皇游月宫，布景奇幻，观者骇怪，而朱楚生则以腔调及姿态擅场。他之著者，若李太虚家之冲末，李笠翁之晋兰二姬。至才美而多，则数查伊璜家之十些。十些中有红些，是粤产，家伎不得于广场厌众目。雍乾以来，亦罕闻之。近时女伶起于沪津，壬子后，故都骤盛，七八年间，其藉藉者大都见于易实甫诗。花开易谢，月好难留。曾不几时，歌台又换一辈，看花者不能无憾也。）

海外衔膺博士新，有人扫地惜斯文。世无欧九伶官绝，几辈沧江拾细鳞。（某君得博士衔，有绘葬花图以谑者寓意甚巧，向时优与倡同贱，今则尊敬过师儒矣。近时谈戏之著较增于前，惟言之无文得一遗十，殊令人生自桧之感。）

画虎添蛇识者讥，家鸡野鹜并容之。老夫冷眼观时变，落落杨余守旧规。（旧都人喜守旧，于剧亦然。近则竞排新剧，以悦俗目。惟情节散漫，手口生疏，佳者殊鲜。或就旧剧加无谓之前后场，益觉可厌。向所视为外江派，今亦不复排拒矣。笃守宗派，仅小楼、叔岩数人耳。）

瘿公日日溷歌丛，小牧看花有祖风。张子破荒成菊谱，那分越鸟与胡骢。（梅县杨小牧旅长最善尚小云，即作看花记，杨掌生孙也，与罗瘿公俱粤人。古诗："胡马嘶北风，越鸟巢南枝。"）

甲戌仲冬东莞伦明题

意有所触，戏续二首

笠翁圆海遂寥寥，黄蒋词工律欠调。时俗轻文翻重曲，可容击缶易钧韶。（审律、填词、搬演分三事，兼之而善者，惟阮圆海、李笠翁。圆海所作曲，有寄托，有讥讽，真不愧作者，惜用之不正耳。蒋心余、黄韵珊辈，工词而不识律，伶工间知律而不解词。至于搬演，则词客、伶工并谢不敏，此清内府所编诸剧所以不佳也。自白话行，学者不能执笔为文，求一心余韵珊且不可得，日言剧学徒挦撦典故而已。所见新排之戏，绝无精采意味，以言改良革故，难矣哉。）

沫土亡于靡靡音，郑声何意到青衿。果哉非乐墨家论，邈矣无弦陶令琴。（故都玩票之风盛行，上自王公，下至负贩，趋之若鹜，荒政怠事，今且染及学子矣。美其名曰艺，不思艺有专门，何须人人习之耶？废弦诵而讴歌，易须眉以巾帼，可惜亦可耻。余近年甚厌观戏，而爱读元明曲本，以戏俗而曲雅也。自谓得无弦琴，趣然耶？否耶？）

伦明又题

（原载张次溪辑：《清代燕都梨园史料》卷首，见《民国丛书》第五编，上海书店据北平邃雅斋书店《双肇楼丛书》本影印，1996 年）

东莞袁督师后裔考题词

几辈衣冠一炙豚，广渠门侧旧坟园。年年公祭清明节，何用忠臣有子孙。(督师坟在故都广渠门内，即旧粤东会馆。守坟人佘姓，粤之顺德人，相传督师被祸后，有仆佘某为收葬于此，遂依之以终，今守坟人其后裔也。向例，粤人客京师者，于清明日到坟前公祭，祭品用烧猪一，沿粤俗也。余曾充粤馆值年，屡主祭焉。)

国破将军亦断头，有人清谳忆南楼。自言身是从龙裔，忘却春秋九世仇。(武进屠敬山师寄，尝参黑龙江将军寿山幕，将军自言是袁督师裔。庚子拳乱，将军奉政府乱命与俄罗斯开衅，敬师力谏不从，急南归，几不免。未几兵败，将军死之，由顺治数至光绪，恰是九世。)

巢覆何期卵得完，家风远溯御儿村。南人可有南归意，今日榆关隔国门。(有吕生某肄业辅仁大学，自述为吕晚村之裔。盖晚村狱发后，子侄充配黑龙江，因之繁衍。吾友陈援庵为作《晚村后裔考》。闻督师后人亦多居黑龙江之瑷珲，因并及之。)

气壮成虹饯别诗，(余昨岁得见督师《珠江饯别图》，有陈子壮二十余人诗，余曾为考其出处，盖崇祯元年督师奉召北上时事也。) 只今欲问复辽期。将门自昔原无种，我愿人人继督师。

桯史无须岳倦翁，自营草屋傍精忠。流光邑乘兼家乘，岂是寻恒继述同。(次溪尊人篁溪先生，尝倡议崇祀督师与关岳，并又尝为立督师庙于京师左安门内，而自筑精舍傍之。近又撰《督师传》，广陈子砺先生所未备，今次溪为是考，洵不愧家学矣。)

赠冼玉清(三首)

一

粤峤知名早，京华识面新。
锦车来墨客，绛幔拜经神。
林下论文友，闺中不字身。
惊闻归计急，家有倚闾人。

二

踽踽穷乡一岖长，艰难屡觅避兵场。
战争道阻音书梗，忧患心劳笔砚荒。
果帝暴秦甘蹈海，所思之子怅横江。
黄冠白刃吾何任，切欲从君一审详。

三（摘句）

积过如山去日长，悚然一棒下当场。

（原载冼玉清：《记大藏书家伦哲如》，见《艺林丛录》第五编，商务印书馆香港分馆，1964 年）

题冼玉清更生记

闲情写出病情长，快意文章苦恼场。
竟是设身尝地狱，未教埋骨恨天荒。
十年去国非南海，万里投荒岂北江。
此记在今犹怕读，当时赢得不知详。

东莞伦哲如明

（原载冼玉清：《更生记》卷首，琅玕馆丛书本，1948 年）

题冼玉清《广东女子艺文考》

从古风诗以地分，领南花木自成春。不关炜管存偏见，子树书半粤人。（原注：张子树维屏《诗人征略》，初编粤人占十之二三，其二编占十之七八。合之几得半矣。）

岂但虹屏与道异，（原注：余旧作《藏书纪事诗》，有“跋书何让沈虹屏，辨画真知管道昇”句。）即今艺苑属娉婷。画眉笔能传史，伏阁他时愧老生。（班超续汉书成，马融伏阁从之授读。）

（原载余祖明编纂：《广东历代诗钞》卷六，能仁书院，1980年）

金镂曲 人杰纪念册题词

一卷乡邦史，爱英雄、零章剩草，愿书万纸。清浅蓬莱人几见？剩有冤禽凄语。　　问逸事、野人能记。成败由天难逆睹，使诸公、易地皆如此。读终卷，肃然起。

与君少长居同里，共些时、荒烟搜剔，劫余文字。云散风流耆旧尽，收拾残丛能几？　　忽百岁、茫茫交至。三百年来殊寂寂，叹承平、用武浑无地。抚髀肉、泪如雨。

（原载张伯桢：《人杰纪念册》卷首，手稿本，1909年）

题篁溪归钓图

故山无恙忽相逢，十里青溪在画中。莫学东坡誓江水，一竿何地不相容？

桃源空记陶元亮，箬笠还输张志和。添个樵青相伴住，风斜雨细唱渔歌。

（原载张伯桢：《沧海丛书·篁溪归钓图题词》，作于1914年）

浣溪沙和云翁燕归来词

合谱新词付小红，双双燕语画堂中。别来几日又相逢。　记得当筵闲雅谑，画眉儿嫁白头翁。君非东涧妾河东。（某公席上行一酒令，限首句用一鸟名，中引《四书》二句，末引曲一句。陈眉公答曰："画眉儿嫁了白头翁，吾老矣，不能用也。辜负了青春年少。"河东君年二十五，归钱东涧，钱已六十矣。一日，钱熟视柳，曰："吾爱卿黑者发，白者面。"柳笑曰："吾爱君黑者面，白者发。"君较钱柳相差之岁，尚多其一，而发黑面白，则钱所不及也。）

浣溪沙次前韵，续成五阕

买得丰台芍药红，曼殊名录侍儿中。词人韵事此重逢。　燕玉生成能暖老，我闻此语杜陵翁。相思频谢桂堂东。

桃面氍毹共映红，掀帘喝彩万人中。歌台舞态往时逢。　王谢堂高相识旧，寻常错觅主人翁。西归肯与伯劳东。（古诗："东飞伯劳西飞燕。"伯劳，即鴂，恶鸟也。）

一自春归悼落红，离鸾昔咽五弦中。玉箫疑是再生逢。　得失悲欢何限事，遣怀且学信天翁。得闲移菊种篱东。（信天翁，鸟名。）

不是绡红定玉红，姻缘如遇郢书中。青娥慧眼几人逢？　公子归来忙底事？闲情调笑待坡翁。相窥何幸住邻东。（余与君同寓居东鹰口胡同。东坡《贺张子野八十三纳妾》诗云：“公子归来燕燕忙。”）

屏锦高张蜡烛红，玉人相见绮筵中。蝶裙珠履一堂逢。　　我亦飘流如社燕，浮家妇子羡渔翁。帘阴有女陋河东。

（原载东莞政协编：《东莞历代书画选·续集》，影印伦明墨迹）

子干学长扶苏璧如夫人为继室，赋此奉贺

今朝儿女笑双亲，为笑双亲老结婚。小妇抗颜称大妇，旧人瞥眼作新人。恰如布弈偏移正，又似除官假作真。客怪娶妻违戒律，未妨罗什事同论。

白首相偕誓海山，歌完嗜彼又关关。画眉笔擅张京兆，织锦文成苏若兰。前度渐看桃树老，重逢未放烛花残。分除嫡庶妻从一，制礼周婆孰敢刊。

时癸酉二月

（原载张伯桢：《沧海丛书·篁溪家谱插页影伦明手迹》，癸酉，1933 年）

哭王小航先生照

结交不在深，倾盖成知己。但恨相见晚，促膝日无几。弱龄读邸报，识公戊戌始。维时台澎割，朝野引为耻。新进谋变法，志激道则诡。公亦应时出，上章屡条拟。宫中嫌早积，都下变猝起。帝子幽瀛台，党人赴东市。事后论成败，传者犹娓娓。失计召外兵，冒险犯不韪。公素主持重，奈受众龁龄。祸发幸免脱，亡命凡几祀。同时漏网者，保皇号遐迩。亦有倡排满，异帜相对峙。公虽居海外，两派皆不倚。无何拳乱炽，宫府庇奸宄。招致八国师，金瓯几缺毁。公等若在朝，倒施胡至是。徒观行在诏，往辙宜必改。逋臣思故国，旧案首司

理。功罪终汶汶，生杀俱唯唯。只怜舌尚在，那得目无视。读史怀宗臣，五王与武氏。上阳伏枕日，夺位传太子。

此策行之今，弑逆可预弭。惜哉拘祖制，彼辈尽奴婢。（光绪末叶，肃邸以民政部尚书兼管消防队。该队操演军械，与正式军队同。公尝献策肃邸，当于西后病危时带队入宫，拥德宗正位。以西后若崩，德宗必不保也。惜肃邸非其人，以旧制非见诏不得入宫为碍，不敢行。）运移不旋踵，公亦垂老矣。方今共和制，名义岂不美。然而废旧典，适屦甘削趾。况乃攘权利，驯至弛纲纪。黩兵连廿岁，蹙地越万里。感时异今昔，忧国何此彼。从来著作才，例属穷愁士。胸中不平气，泄尽方肯已。日者贻一编，云是亡国史。诗纪方家园，事秘颇骇耳。叶赫二母后，狠毒甚吕雉。（书言德宗之崩出于隆裕。）灭国仗女戎，循环天所使。汉族无仇怨。被殃又何以。想公奋笔顷，意长语嘘唏。公辨奸正严，研经仍此指。尚书孔氏传，传授具首尾。东晋逮隋唐，尊并群经峙。紫阳创疑议，泛举文句秕。郝梅渐吹索，阎惠肆评诋。公独信古笃，冤代西河洗。贱子偶有述，异虑而同揆。方遭时人骂，偏博长者喜。遂尽出所著，命我定臧否。石经审点画，字母别喉齿。（公著有《三体石经时代辨误》及《官话字母》。）他文长于辨，说理无皱觚。大都准时用，亦不悖圣轨。周官立学法，子舆距淫旨。敷阐最详切，讵是雕虫比。窃从宴坐余，仰瞻仪度伟。坚毅植气骨，忠爱根性髓。刚不屈威武，廉不言货贿。玩世如东方，好客同北海。座投名卿纻，门倒高士屣。山勿辞土坏。野罔弃葑菲。因公轻奖借，令我忘浅鄙。阒阒过高轩，款款设佳醴。小诗题七字，（公著《方家园纪事诗》及《文集》，余有题句。）短札驰百纸。比来忙伏案，不觉疏奉几。传闻尽室行，径返宁河沚。草堂疑梦境，尘迹渺綦履。（公所居水东草堂，曾登报出售。）衰病倍系念，欲讯难觅址。庸知流言误，公固未离此。乍惊凶讣来，去矣不我俟。回忆旬月前，故都沦棘杞。高空翔机艇，横巷垒炮垒。人人爱性命，各各亟迁徙。正公疾革际，神识定奚似。国破家何有，偷生不如死。身当为国殇，骨当共城毁。公命庇群命，考终在床笫。吁嗟公长往，一瞑万事委。所憾儿女弱，家计孰肩累。又憾传状缺，志节谁表美。儒林陨硕果，艺圃凋芳芷。萧条徐穉吊，凄咽太邱诔。而我眷畴曩，腹痛攒万矢。默默平生怀，待吐遽然止。忽忽老成人，空余典型企。独学乏商量，晚节失砺砥。琴辍钟期曲，笛堕山阳涕。勿哀泉下土，请看川上水。

（原载《民大中国文学系丛刊》1934 年第 1 卷第 1 期）

寄题胡汉民诗集

霓裳同咏大罗仙，幻梦匆匆过卅年。不觉黑头侵白雪，真看赤手补青天。君闲未忘中流楫，我老惟思下濮田。除却功名论诗句，麒麟第一欲争先。（司空图诗：侬家自有麒麟阁，第一功名只赏诗。）

（原载《磐石杂志》1933 年第 1 卷第 2、3 期合刊）

怀陈颙庵广州

万方多难一隅安，幕府清秋气不寒。架上日收新册帙，（君藏书极富。）门前夜拜古衣冠。（君方辑《清诗纪事》，故以顾侠君选元诗事为喻。）小园菊放移樽赏，大海潮来挟弩看。空想元龙楼百尺，岭云南望路漫漫。（君方为西南政委会秘书长。）

（原载《磐石杂志》1933 年第 1 卷第 2、3 期合刊）

南归次老杜北征韵留别诸友

垂老倦世途，筮易得遁吉。世乱身是累，况更赘家室。飞鸟息故林，征帆收夕日。所悲兵火炽，归计阴蓬荜。翻悔十年来，鲁莽轻此出。所求果何事，未得反多失。有友具好怀，劝我且暂勿。子非审行藏，但迫饥寒切。冥行向政路，何往不恍惚。既去将复来，循环讵有毕。我辈居长安，同兹感萧瑟。群雄争未已，畿辅屡流血。眼看炎炎焰，倏忽烟灰灭。方其得志顷，波浪掀鲸窟。快哉鱼与虾，浊涡共荡潏。一朝大势去，震骇冰山裂。迁徙空第宅，逋逃蹶车辙。唯有闲人乐，即事寓欣悦。键户风雪中，炉火煨柿栗。少惫便蘧蘧，一梦漆园吏。荣枯俱幻境，不须证虚实。升沈亦偶尔，更勿问巧拙。子见毋乃差，我言未宜没。答言君意厚，惜哉所见末。鹪鹩巢一枝，狡兔营三穴。斯地无庐墓，岂遂期埋骨。昔去何迟回，今去何忽卒。澄心观世变，积感非一物。忆我游都门，弱冠逮华发。当时习见事，思之古怀结。白折学士写，红粟郎官咽。循资历高位，翎顶映鬓雪。入市俭薪米，出门略衣袜。簪绅多墨客，谈艺辄促膝。岂闻樗蒲戏，酬酢柬常拆。倾盖尽华彦。自顾惭短褐。赫奕卿相邸，休沐值暇日。望阍漫投刺，未谒意懔栗。主人肃迎送，勤恳遍坐列。遐想礼士风，握发忘沐栉。别来曾几时，此风一笔抹。家习鲜卑语，儒书斥迂阔。国筑赧王台，不救众饥渴。宦场鹜争食，豪室雄高喝。货滞商贾愁，学废生徒聒。琐细休掇拾，洪水怖邪说。赤帜拥大酋，青衿走小卒。毋谓涓涓水，不塞会崩豁。我愚同杞人，我智过臧纥。仲尼行接淅，墨翟不黔突。行访桃花源，来与秦人匹。友闻怅然退，去志自兹决。我生寡嗜好，聚书成痼疾。佳椠如佳人，一见爱欲夺。积来栋易充，载去宅难拔。床头金久尽，行李急待发。评量付肆估，媵以古碑碣。相依为性命，割舍甚自杀。作述未一就，悠忽负岁月。江陵文武尽，孝孺种子绝。回顾椎髻伴，向来惜离别。谁为朝云留，且任杨枝拆。君看天下主，不能保褒妲。清净未能学，旷达差近哲。平生金石交，古道今犹烈。或翔青云上，或觊斗粟活。昔昔入梦寐，脚懒少践闼。舆夫晨促驾，长揖对北阙。异时盼存问，幸恕面诀缺，民物敢忘抱。康济伫贤达。

（原载《民大中国文学系丛刊》1934 年第 1 卷第 1 期）

题词七绝一首

一叟悬壶隐市边，行吟往往得佳篇。沧桑重见形如鹤，真个诗人杨大年。

（原载杨鹤宾：《呕心吟草·续集》题词第一页，东官杨诒远堂家藏，作于 1943 年）

闻杨鹤宾兄殁于香港，诗以哭之（己卯）①

过从日短意偏长，鼙鼓声催客散场。（去岁八月徐莞珊、张伯克、杨载之避乱来吾乡，君偕之，造谈数次，未几，各他去，自此不复见君矣。）归櫂魂招洋岛远，过门腹痛小庐荒。（月前遣人视君，屋门已闭）老坡有意诗调谷，（去岁予作诗调杨翁数千言）小谢无媒字丐江。（廿年前予居故都，谢晓帆欲乞江天铎为其诗集题签，谢不识江，由予诗索得之）遥想凤台诸逸老，阐幽定有挽章详。

（原载杨鹤宾：《呕心吟草·续集》附录第二十七页，东官杨诒远堂家藏，作于 1939 年）

① 伦明闻杨鹤宾卒，实为讹传。

寿刘俊庵同学六十调寄水调歌头

玄观种桃树，实熟饷刘郎。生龄周一甲子，体比少年强。犹是朱颜苍发，酌酒起相颂祝，祝尔寿无疆。玉砌满兰桂，羡煞老同窗。弱岁后，谢举业，骋词场。亲受师门衣钵，尤擅倚声长。才似老仙白石，恰伴小红低唱，字字叶宫商。笑待张三影，八十闹新房。（东坡有贺张子野八十纳姬诗）

（原载刘翰棻：《了园花甲唱酬集》，作于1939年8月）

题亡友吴生绍东词稿并寄邬生庆时调寄沁园春

已矣少游，百身何赎，我欲笺天。枉书鱼食字，几曾变化；春蚕吐茧，空费缠绵。冷落焦桐，凄凉剩楮，覆瓿笼纱总偶然。挑灯读、正芭蕉随雨，乱打窗前。浮生变幻难言。问曩日、风流散似烟。叹渭城唱罢，旧人谁在，霸陵归晚，醉尉来嗔。念远伤离，思存悼逝，对此茫茫百感兼。还堪慰、有桓谭高谊，不负遗编。

（原载吴绍东：《吴蘧仙集》卷首）

版本源流

绪　言

古者称书曰“竹帛”，竹谓“简”，帛谓“纸”也。其用竹者，刘向《别录》云：“杀青者，直治竹作简书之耳。新竹有汗，善朽蠹，凡作简者，皆于竹①炙干之。陈楚间谓之汗，汗者，去其汁也。”而其用有二：一为刀刻，《说文解字》云“八体”之“刻符”是也；一为漆书，《后汉书·杜林传》“于西州得漆书古文《尚书》一卷”，《晋·束皙传》“太康二年，汲郡人发塚，得竹书数十车，皆简编科斗文字，杂写经史”是也。惟用竹，故书每称“册”。《春秋左传杜预序》疏引《郑氏论语序》：《钩命诀》云《春秋》二尺四寸书之，《孝经》一尺二寸书之。《仪礼·聘礼》疏引《郑氏论语序》云：《易》、《诗》、《书》、《春秋》、《礼》、《乐》册皆尺二寸（当依《左传》疏引作二尺四寸）。《孝经》谦半之，《论语》八寸策者三分居一，又谦焉。是班郑所见简策书，其大小虽不一，而同谓之册。凡竹简必编以绳，亦护以革。《史记》：“孔子晚喜《易》，韦编三绝。”《北堂书钞》引刘向《别录》“孙子书以杀青简，编以缥系绳”是也。其用帛书，较竹简便于舒卷，故一书谓之几卷。《汉书·艺文志》有称若干篇者，竹也；有称若干卷者，帛也。卷之心卷以圆辊，两头稍长出于卷，余出如车轴然。《隋书·经籍志》云：“炀帝即位，秘阁之书分为三品：上品红瑠璃轴，中品绀瑠璃轴，下品漆轴。”《旧唐书·经籍志》：“集贤院御书：经库，皆钿白牙轴，黄缥带，红牙签；史库，钿青牙轴，缥带，绿牙签；子库，雕紫檀轴，紫带，碧牙签；集部，绿牙轴，朱带，白牙签。”盖隋唐间简册已亡，存者止卷轴，

① “竹”，当作“火上”。

故一书又谓之几轴也。（以上《书用竹帛考》。）

汉末，蔡邕书《九经》，刻石鸿都大学，是为以石刻经之始。自后有魏三体之《尚书》、《左传》。陆深《河汾燕闲录》：“隋文帝开皇十三年十［二］月日勅废像遗经悉令雕造。”《敦煌石室书录》：“大隋《永陀罗尼本经》，上面左有施主李和顺一行，右有王文沼雕版一行。”宋太平兴国五年，翻雕隋本，唐石台之隶书《孝经》，唐开元御书《道德经》，今易州石刻，乃其旧本。以石刻子，殆始于此。至唐僖宗时乃见刻板。唐柳玭《家训序》云：“中和三年癸卯夏，銮舆在蜀之三年也。余为中书舍人，旬休，阅书于重城之东南，其书多阴阳杂记、占梦、相宅、九宫、五纬之流，又有字书小学，率雕板印纸，浸染不可晓。”是为书有刻板之始。宋朱昱《猗觉寮杂记》云：“雕印文字，唐以前无之，唐末益州始有墨版。后唐方镂《九经》，悉收人间所收经史，以镂板为正。见《两朝国史》。”是亦一证。至五代而大盛。薛《五代史·唐书·明宗纪》：“长兴三年二月辛未，中书奏请依《石经》文字刻《九经》印板，从之。”又《汉书·隐帝纪》：“乾祐元年五月已酉朔，国子监奏《周礼》、《仪礼》、《公羊》、《穀梁》四经未有印板，欲集学官考校雕造，从之。”宋王溥《五代会要》：“周广顺六年六月，尚书左丞兼判国子监事田敏，进印板《九经》书、《五经文字》、《九经字样》各二部，一百三十册。”“显德二年二月，中书门下奏国子监祭酒尹拙状称：‘准敕校勘《经典释文》三十卷，雕造印板，欲请兵部尚书张昭、太常卿田敏同校勘。’敕其《经典释文》已经本监官员校勘外，宜差张昭、田敏详校。”其时士大夫之好事者，如《宋史·毋守素传》云：“毋昭裔在成都，令门人勾中正、孙逢吉书《文选》、《初学记》、《白氏六帖》镂板，守素赍至中朝，行于世。”至自刻已集，如《薛史·和凝传》云：“平生为文章，长于短歌艳曲，尤好声誉。有集百卷，自篆于版，模刻数百帙，分惠于人焉。”又贯休《禅月集》，有王衍乾德五年昙域后序，称“检寻稿草及暗记忆者，约一千首，雕刻成（都）［部］”。五代刻板，可考者如此。至宋遂风靡天下，无书不刻矣。（以上考《书有刻板考》。）

活字板印书之制，亦疑始于五代。晋天福铜板中，载宋岳珂《九经三传沿革例》，此铜板殆即铜活字板之名称。明陆深《金台纪闻》云：“昆陵人初用铅字，视板印尤巧妙。”此为今日铅字活板之滥觞。宋庆历中，毕昇造胶泥活字板，其法用胶泥刻字，薄如钱唇，每字为一印，火烧令坚。先设一铁板，其上以松脂蜡和纸灰之类冒之。欲印，则以一铁范置铁板上，乃密布字印满纸，铁范为一版，持就火炀之。药稍融，则以一平板按其面，则字平如砥。若止印三二本，未为简易。若印数十百本，则极为神速。详宋沈括《梦溪笔谈》。元时活字印书虽不传，然明嘉靖庚寅山东布政司李翻、顾应祥刻元王桢《农书》三十六卷，后有文移一通。内称，梨板刻字，书匠工食银两于司库贮泰山顶庙香钱内动支。《通决》后载，桢“前任宣州旌德县尹时，方撰《农书》，因字数太多，难于刊印，故尚己意，命匠创活字，二年而毕工，试用一如刊板。古今此法，未有所传，故编录于此，以待后之好事者，为印书省便之法。本为《农书》而作，因附于后”。然则元时活字用木刻，即此可知。但谓“古今此法，未有所传”，则不知两宋已有此法也。明以来，活字版盛行。弘治间，锡山华氏兰雪堂、会通馆印书为世珍秘。其他如此类活字印本传世甚多。至清乾隆时，《四库全书》告成，由《永乐大典》内编辑成者三百余种，其二百数十种，以活字板印行，并刊《武英殿聚珍板程式》一卷流布。自是活字板辅刻板并行，至近世而益盛。迩来由欧美传入之石印、珂罗板印则又愈出愈奇矣。（以上考书有活字板。）

宋叶梦得《石林燕语》云：“唐以前，凡书籍皆写本，未有模印之法，人以藏书为贵，人不多有。而藏者精于雠对，故往往皆有善本。学者以传录之艰，故其诵读亦精详。五代冯道始奏请官家镂（六）经板印行。国朝淳化中，复以《史记》、前、后《汉书》付有司摹印。自是书籍刊镂者益多，士大夫不复以藏书为意。学者易于得书，其诵读亦因灭裂。然板本初不是正，不无讹误。世既以一本为正，而藏本日亡，其讹谬者遂不可正，甚可惜也。余襄公靖为秘书丞，尝言前《汉书》本谬甚，诏与王叔原同取秘阁古本参校，遂为《刊误》三十卷。其后刘原父兄弟《两汉》皆有刊误。余在许昌，得宋景文用监本手校《西汉》一部，末题用十三本校，中间有脱两行者，惜乎今亡之矣。”按叶氏之时，印书甫盛行，当是亲见其弊，故言之痛切如此。且由其言观之，则宋刻之不免粗率亦可知。王士祯《居易录》云：“今人但贵宋椠本，顾宋板亦多讹舛，但从善本可耳。如钱牧翁所定杜集《九日寄岑参》诗，从宋刻作‘两脚但如旧’，而注其下云：陈本作‘雨’。此甚可笑。《冷斋夜话》云：老杜诗‘雨脚泥滑滑’，世俗乃作‘两脚泥滑滑’。此类当时已辨之，然犹不如前句之必不可通也。”卢文弨《抱经堂文集》跋《白虎建德论》宋刻二卷本，开卷即讹“通德”为“建德”。陆心源《皕宋楼藏书志》载宋刻任渊注《山谷黄先生大全诗注》二十卷，前序称“绍兴鄱阳许尹叙”，“绍兴”下脱年月。如此之类，见于各家藏书志者，不可胜数。又《陆志》有《管子》二十四卷，为陆贻典所校，其后跋云：“古今书籍，宋板不必尽是，时板不必尽非。然较是非以为常，宋刻之非者居二三，时刻之是者无六七，则宁从其旧也。余校此书，一遵宋本，再勘一过，复多改正。后之览者，其毋以刻舟目之。”此一则可为读宋本书者所取法。次于宋刻者，即为元刻。元时刻书犹盛，其佳者往往胜于宋刻。盖元本源出于宋，故有宋刻善本已亡，而幸元本犹存，翻在他宋刻上者，略举一二。如元元贞丙申平阳梁宅本《论语注疏》，胜于宋十行本。元大德平水曹氏进德斋本《尔雅郭璞音注》，胜于吴元恭所从出之宋本。元大德九年重刊宋景祐本《后汉书》，胜于宋建安刘元起之本。元大德本《绘图烈女传》，胜于阮氏文选楼所据翻刻之余氏勤有堂本。元张伯颜刻《文选李善注》，胜于南宋尤袤本。元延祐庚申叶曾南阜书堂刻本《东坡乐府》，胜于宋绍兴辛未曾慥刻本。又元刻书，多出名手所写，用笔严整且多摹赵松雪体，尤为可贵。明刻书，官刻推南北京监本。南监多存宋监、元路学旧板，其无正德以后补修者，品不亚于宋元，北监多据南监本重刻。明周弘祖《古今书刻》，胪举内府部院及直省司府州学所刻书，乃知当时刻书成为一种例事。最可怪者，如北京都察院刻《三国志演义》、《水浒传奇》之类。司礼监所刻书见于《经厂书目》，世多诋其校勘不精。惟诸藩时有佳刻，以其时被赐之书，多有宋元善本，可以缮雕，而藩邸王孙又颇好学故也。其蜀府、宁藩、代府、崇府、（南）［唐］府、肃府、吉府、晋府、益府、秦府、周藩、□[①]藩、伊府、鲁府、赵府、楚府、潞藩等所刻各书，今日流传尚不少。惟明人刻书，有一恶习，除仿宋刻外，往往羼杂己注，或窜乱原文，甚有刻一书而改换头面，删节易名。如：宗室月（宵）［窗］道人刊阮阁《诗总》改名《诗话总龟》，并改其名为阮阅。冯梦祯刊刘肃《大唐新语》改为《唐世说》，郎奎金刊《释名》改作《逸雅》，以合《五雅》之目。又如陶九成《说郛》、胡文焕《格致丛书》、陈继儒《秘笈新书》，尤为陋劣。又皆不识六书，好用古体字，类出杜撰。以故人视明刻为不足贵。清代刻书，乾隆以前，多精写本。乾隆以后，多精校本。如张弨写顾亭林《音学五书》，林佶写《渔洋精华录》、《尧峰文钞》、《午亭文编》，黄子鸿写《渔洋续集》，人所共宝，其他尚多。又陆烜《梅

① 据《书林清话》，此处阙“徽”或“沈”字。

谷丛书》中有词二种，为其妾沈彩手写，沈彩自著之《春雨楼集》，亦其自写，笔仿兰亭，精妙无比。自卢抱经、顾千里等刻古书，必附校记，相沿成风，有益古书，有益学者。总论清代板刻，有殿本、有局本、有坊刻、有家刻。殿本以康熙时最为精，乾隆次之，嘉庆、道光又次之，至光绪之《御纂书经图说》，则弥不逮。刻书关系国运，斯亦奇矣。《古今图书集成》为一代巨帙，刊印亦佳。乾隆时刻《十三经义疏》、《二十四史》，各附考证。刊《武英殿聚珍丛书》时，命诸翰林使校勘，有一误字，罚俸一年，故其书特为审核。设局刻书，盛于近代，惟所刻多经史通行本。江苏、淮南、浙江、江西四书［局］合刻之《二十四史》，乃不翻殿本，而翻汲古阁本。湖北书局所刻《百子全书》、《湖北丛书》等，尤粗率。惟广雅书局系张之洞创设，所刻多乙部名著，惜板纸均劣。张去任后，主局事者以存款尚巨，乏书可刻，乃重刊《武英殿聚珍丛书》。同时福建此书亦刊成，册巨价重，刷印一次，即废庋矣。坊刻，乾、嘉间有扫叶山房者，所刻尚不恶，他则全为射利计，大都干禄之书。家刻，多自著，刻古书亦必善本，石研斋秦氏、海昌许氏，其尤著者也。惟家刻书不甚通行，有时甚近，而购求乃极不易者。近日吴兴刘氏校刻多秘籍，惟写印不甚求精，又不出售，今读者苦无从得。武进董氏、上虞罗氏，刻板及影印各书，诚精善矣，又嫌价格过昂。然二氏乃坊刻性质，不得以家刻例之也。（以上论宋、元、明、清及近日刻书之优劣）。

自汉刘向校定群书为《别录》，其子歆撮其要为《七略》。是为目录之鼻祖。《七略》者：一辑略、二六艺、三诸子、四诗赋、五兵书、六术数、七方技。班氏因之作《六略》，一六艺，九种：易、诗、书、礼乐、春秋、史记、附论语、孝经、小学；二诸子，十种：儒、道、阴阳、法、名、墨、纵横，杂、农、小说；三诗赋，五种：正赋、杂赋、歌诗三种；四兵书，四种：权谋、形势、阴阳，技巧；五术［数］六种：天文、历谱、五行、蓍龟、杂占、形法；六方技，四种：医［经、经］方、房中、神仙，而神仙，而无辑略。王俭作《七志》：一经典并史记、二诸子、三文翰、四军书、五阴阳、六术艺、七图谱，其道、佛附见，合九条。阮孝绪作《七录》：一经典、二纪传、三子兵、四文集、五技术、六佛、七道。而许善心之《七林》因之，效《七录》，各为总序，冠于篇首。至荀勖并为四部：一甲，纪六艺小学；二乙，有诸子兵书术数；三丙，有史记旧事、皇览簿杂事；四丁，有诗赋图赞、汲冢书。而李充之四部因之：五经为甲，史记为乙，诸子为丙，诗赋为丁。谢灵运、王亮之四部亦同。任昉于四部外，加入术数一部，为五部。《隋志》，经十种：易、书、礼、乐、春秋、孝经、论语附尔雅、解经、纬书、小学；史十三种：正史、古史、杂史、霸史、起居注、旧事、职官、仪注、刑法、杂传、地理、谱系、簿录；子十四种：儒、道、法、名、墨、纵横、杂、农、小说、兵、天文、历数、五行、医；集三种：楚辞、别集、总集，道经、佛经附于总集之末。唐之四库因之，甲部经类十一：易、诗、书、礼、乐、春秋、孝经、论语、谶纬、经解、小学；乙部史类十三：正史、编年、伪史、杂史、起居注并实录、故事、职官、杂传记并女训、仪注、刑法、目录、谱牒、地理；丙部子类十七：儒、道并神仙释氏、法、名、墨、纵横、杂、农家、小说、天文、历算、兵、五行、杂艺术、类书、明堂经脉、医术；丁部集类三：楚辞、别集、总集。旧志甲部多训诂，丙部少艺术、类书、明堂经脉。宋于四部之外，加天文、图画为六阁，经类六：正经、经解、训诂、小学、仪注、乐书；史类十二：正史、编年、杂史、史抄、故事、职官、传记、岁时、刑法、谱牒、地理、伪史；子类八：儒家、道家、释书、子书、类书、小说、算术、医书；集类二：别集、总集；天文类十五：兵书、历书、天文、占书、六壬、遁甲、太一、气神、相书、卜筮、地里、二宅、三命、选日、杂录；图画类三：古画、新画、墨迹。《明志》经类十一：易、诗、书、礼、乐、春秋、孝经、诸经、四书、小学；史类十一：正史、杂史、史抄、故事、职官、仪注、刑法、传记、谱牒；子类十二：儒家、杂家、农家、小说家、兵书、天文、历数、五行、艺术、类书、道家、释家；集类三：别集、总集、文史。清乾隆时，修《四库全书》，经部十类：易、诗、书、礼、春秋、孝经、五经总义、四书、乐、小学；史部十五类：正史、编年、纪事本末、别史、杂史、诏令、奏议、传记、史抄、时令、地理、职官、政书、目录、史评；子部十四类：儒家、兵家、法家、农家、医家、天文算法、术数、艺术、谱牒、杂家、类书、小说家、释家、道家；集部五类：楚辞、别集、总集、诗文评、词曲。按李充始以子居史下，隋改诗赋为集。（又按古无文集之名，两汉皆云某人某书某篇某人所著，某人凡几篇，而不名为集。阮孝绪《七略序》云："顷世文词，总谓之集。"则名集始于陈梁间可知）。唐以佛道附子，自是而后，体例始归于一矣。（以上述历代目录配隶大略）

《四库全书总目提要》各部之首，冠以总序，四十三类之首亦各冠以小序。此盖采刘氏《辑略》之遗意，其分并门目，亦择善而从。如：诏令、奏议，《文献通考》入集部，以其事关国政，诏令从《唐志》例入史部，奏议从《汉志》例亦入史部。《东都事略》之属不可入史，又不可入杂史，从《宋史》例立别史一门。《香谱》、《鹰谱》之属，旧志入之农家，从尤袤《遂初堂书目》例立"谱录"一门。名家、墨家、纵横家，历代著录不过一二种，从黄虞稷《千顷堂书目》例，并入杂家为一门。兼诂群经者，《唐志》题曰"经解"，则不见其为经，朱彝尊《经义考》，题曰"群经"，又不见其为经解。徐乾学通志堂所刻，改名曰"总经解"，何焯又讥其杜撰，则取《隋志》之文，名之曰"五经总义"。凡斯之类，具征不苟。虽其间尚有待参酌者，然视他史、志则胜矣。其辨别明季流传伪书，亦属有见。吾所深有憾者，一曰：徒注重别裁，而于遗书搜未尽也。修书时，所凭藉者，仅内府发出及各省进呈之书，未尝遍考各藏书家目录。指名求索，于本朝一部一部分，尤为疏漏，岂以忌讳之故，皆匿而不肯出耶？即全毁、抽毁书目所举，亦未尽也；一曰：论学执偏见，与异己拒之深也。修书诸人多汉学家，于宋儒深致不满。又如信阎若璩攻《尚书》古文之说，不惜破例收毛奇龄《尚书古文冤词》，而谬妄如郝敬、梅鷟等书，亦缘之而著录矣；一曰：著录少而存目多，优劣之别，未必的当也。存目各书，佚者八九，不可得而见矣。姑就所撰《提要》观之，有于其书极力阐扬，毫无贬词者，而亦概弃之，诚不知用意之所在。即就清初言，文家如黄梨洲、潘次耕、顾黄公等，诗家如宋荔裳、吴野人、冯钝吟等，所著概入存目。又诗如王阮亭、文如汪钝翁亦仅以《精华录》、《尧峰文抄》著录，而《带经堂诗文集》、《钝翁前后类稿续稿》只入存目，他可知矣。偶阅谢章铤《赌棋山庄集》，载《观澜堂诗集序》有云："忆予于丙申、丁酉间，预《四库提要》之役，时总纂纪晓岚先生督功课，每日各阄书十种，晨发暮收，届十日，则催促全完，弗容逾限矣。于是探阄者盼得子集，而惮逢经史，冀提要之易就也。"又云："集部中，往往有文堪抄录，而作者之（木）［本］末无可考，辄抑退而入存目者。"就此证之，知修书者须日课一（扁）［篇］，督之急，则不免草率以从事，又空腹者皆乐就子集，所以子集二门提要，较经史为劣也。又知著录之书，须进呈御览，而本末缺如，恐受斥责，故宁舍之而入存目也。（以上详《四库全书总目提要》）

古籍流传至今，存者什一，佚者什九，观于诸史艺文志，可以知之。约而举之：秦火为一大厄；西汉三万九百卷，藏于兰台、麒麟、天禄之阁，石渠、石室、延阁、广内之府，尽于王莽之末；东汉万三千二百六十九卷，藏于东观仁寿阁，尽于董卓移都。（见《后汉·儒林传》）；晋二万九千九百四十五卷，藏于秘书中外三阁，尽于惠怀之乱。（见《隋志》）；东晋秘阁三千一十四卷，孝武时三万六千卷，宋六万四千五百八十二卷，藏于总明观，齐万八千一十卷，藏于学士馆，尽于末年兵火。（见《齐史》及《隋志》）；梁二万三千一百六卷，藏于文德殿华林园，江陵七万余卷，尽于元帝自焚。（见《隋志》）；北齐三万余卷，藏于仁寿、文林，后周万五千卷，藏于虎门麟趾，隋十万三千二百七十八卷，藏于修文、观文殿，尽于砥柱舟覆。（见《隋书》及《唐史》）；唐四库八万九千卷，藏于集贤院，尽于安禄山；十二库七万余卷，（载）［尽］于黄巢。（见《唐会要》及新、旧《唐书志》）；宋三馆秘阁三万六千二百八十卷，尽于祥符之灾；崇文院三万六百六十九卷，前藏于龙图阁、太清楼，尽于靖康之变；中兴四万四千八十六卷，尽于（银）［绍］定之灾（见《通考》、《宋会要》、《宋史志》及钱惟演《玉堂逢辰录》）；明秘阁散于正德中（见陆深《俨山堂外集》）；内库散于万历末。（见刘若愚《隐居通议》）；清末庚子之乱，《永乐大典》全部散失。今清宫所存书者，一部分归国立图书馆，又一部分归故宫图书馆。此累朝历劫所残留，宜倍加护惜。由此可见书籍递传递失，以今视古，百不传一。而近世为辑逸之学，如洪颐煊、（茅）［茆］泮林、马国翰、黄奭等，其功诚不可没矣。

目录之学，至近世而愈盛。约分数派：杨氏之《楹书隅录》详于板本；（按尤袤《遂初堂书目》所录之书，有成都石经本、秘阁本、旧监本、京本、江西本、吉州本、杭本、旧杭本、严州本、越州本、湖北本、川本、川大字本、川小字本、高丽本等，言板本者当始此）。陆氏之《皕宋楼书目》兼载序跋；瞿氏之《铁琴铜剑楼藏书目录》并校异文；又如朱彝尊之《经义考》、谢启昆之《小学考》，此目录以一类为限者也；近人徐世昌之《畿辅书征》、张国淦之《湖北书征存目》、项元勋之《台州经籍志》、孙诒让之《温州经籍志》，此目录以一省区或一府为限也者。藏书家亦有分别，洪亮吉《北江诗话》云：藏书家有数等：钱少詹大昕、戴吉士震为考订家；卢学士文弨、翁阁学方纲为校雠家；鄞县范氏天一阁、钱塘吴①国史艺文经籍志而外，专为目录而作者，在官家如宋王尧臣等之《崇文总目》、明杨士奇之《文渊阁书目》，在私家如宋尤袤之《遂初堂书目》，皆是也。自晁公《武郡斋读书志》，于录目外兼疏大略。陈振孙因之，成《直斋书录解题》，其书多至五万一千一百八十余卷，分历代典籍为五十三类，各详其卷帙多少、撰人名氏并品题其得失。马端临《经籍考》即据以成书，此书在目录类中，最有关系。盖在书之不传于今者，得藉是以求其崖略；其传于今者，得藉是以辨其真伪、核其异同。后来，钱曾之《读书敏求记》尚逊其精博，《四库全书提要》亦即仿此而作也。《遂初堂书目》所录之书，有成都石经本、秘阁本、旧监本、京本、江西本、吉州本、杭本、旧杭本、严州本、越州本、湖北本、川本、川大字本、川小字本、高丽本等等，实开板本学之先声。至清代兹学弥盛，如聊城杨氏《楹书隅录》、常熟瞿氏《铁琴铜剑楼书目》、湖州陆氏《皕宋楼书目》、海宁张氏《爱日精庐藏书志》、杭州丁氏《善本堂藏书志》精研板本，评校异文，或又兼载序跋，视前进步矣。他如以一类为限者，如朱彝尊《经义考》、谢启昆《小学考》。以一地为限者，如项元勋《台州经籍志》，孙诒让《温州经籍志》，则又趋于分科矣。洪北江谓：近世藏书家有数等，钱［少］詹大昕、戴吉士震为考订家；卢学士文弨、翁阁学方纲为校雠家；鄞县范氏天一、钱塘瓶花斋、昆山徐氏传是楼为收藏家；吴门黄主事丕烈、乌镇

---

① 此语意未完，下文颇有重复。

鲍处士廷博为赏鉴家；吴门书估钱景开、陶五柳、湖南书估施汉英为掠贩家。按考订、校雠本是一事，非博极群书者，不足语此，最为难得。赏鉴家风流文采，非他玩物丧志之比。收藏家多文为富，保而勿失，供寒儒一瓻之借，亦不可少。迩来书价日昂，在私人聚之难而失之易，佳本往往流出海外，一去而不可返。是则公私图书馆所当急起而负责者也。

《隋书经籍志》兼注存佚，朱氏《经义考》因之，为分四门：曰存、曰佚、曰残、曰未见。新会梁氏拟《群籍考・凡例》，广之以伪，合为五门。窃谓可以不必，伪书之浅而易见者，尽人能辩之，无俟辞费。其他在疑似之间者，甲以为伪，乙以为不伪，聚讼何时能已？且唐宋以前书，留贻于今日者有几，有忍苛之乎？存与残亦无一定，以为存者，有时而佚，以为残者，有时而完。宇内之蕴蓄无涯，吾生之闻见有限，以见不见赅之可矣。兹编所述，应有限断，在元以前，概收靡遗，明人则慎择之，自清以后，另为专书。固因时代相近，撰著过繁，亦以分类不齐，不可附续故耳。

屈子生卒年月考一卷 附（瑞）［端］木埰所刊《楚辞》后①

清陈玚撰。据王逸注《楚辞》："太岁在（演）［寅］日摄提格。正月为陬。"庚寅日也。以甄鸾《五经算术》推之，屈子盖生于宣王二十七年正月二十二日，其投汨罗当在（项）［顷］襄王九年，年五十四云。

九歌图 旧刻附《楚辞集注》中

明陈洪绶撰。按《离骚图》创自仇（宾）［实］父，而未镌板。

① 此条至"钦定补绘离骚全图二卷"条，似当在"屈宋方言考一卷"条下。

洪绶所绘，止九歌九图，曾见初印本，写镌俱精绝。

离骚图一卷　清初精刊本

清（箫）［萧］雲从撰。较洪绶图加多，三闾大夫、郑詹尹、《渔父》合一图，《九歌》九图，《天问》五十四图，镌刻亦精。

钦定补绘离骚全图二卷　《四库》本

乾隆四十七年，以雲从所绘图，尚多（桂）［挂］漏，特命内廷参订补绘。《离骚》三十二图，《九章》九图，《九辨》九图，《招魂》十三图，《大招》七图，《香草》十六图。《四库》有模写本。

集部一

楚辞类

楚辞章句十七卷　大小雅堂刻本

汉王逸撰。汉人刘安、班固、贾逵之说，皆不传。此为注《楚辞》之最古者。

楚辞补注十九卷　汲古阁本　《惜荫轩丛书》本

宋洪兴祖撰。原本卷后附《考异》一卷，今散入各句下。

楚辞集注八卷辩证二卷后语六卷　明成化吴氏刻本　汲古阁本　《古逸丛书》本　姚培谦《楚辞节注》六卷《叶音》一卷，刻甚精

宋朱熹撰。以屈原所著二十五篇为《离骚》，宋玉以下十六篇为

《续离骚》，随文诠释，每章各系以“兴”、“比”、“赋”字。其订正旧注之谬误者，别为辩证二卷。又刊定晁补之《续楚［辞］》、《［变］离骚》二书，录荀卿至吕大临凡五十二篇，为《楚辞后语》六卷。所注简略疏漏，不若他书。

离骚草木疏四卷　《四库》本　《龙威秘书》本　《知不足斋丛书》本

宋吴仁杰撰。所疏止二十五篇，多引《山海经》。

［天］**问天对辞一卷（天）**　《（预）［豫］章丛书》本

宋杨万里撰。取屈原《天问》、柳宗宗《天对》，比辍而为之解。

离骚集传一卷　《随庵丛书》本

宋钱杲之撰。

楚辞集解八卷蒙引二卷考异一卷　明刻本

明汪瑗撰。《集解》止注屈原诸赋，《蒙引》辨证文义，《考异》则以王逸、洪兴祖、朱子三本，互校其字句也。说多新创。

屈宋古音义三卷　《陈一斋全书》本　《学津讨源》本

明陈第撰。取屈原《离骚》等二十四篇（除《天问》一篇）及宋玉《九辩》、《招魂》，益以《高唐赋》、《神女赋》、《风赋》、《登徒子好色赋》四篇。韵与今殊者，二百三十四字，各推其本音为一卷，后二卷则笺注也。

楚辞疏八卷　明刻本

明陆时雍撰。

楚辞听直八卷合论一卷 崇祯刊本

明黄文焕撰。文焕坐黄道周（堂）［案］，下狱，在狱中著此。因取《惜诵》篇中“皋陶听直”语以为名。书成于崇祯癸未，至丁酉成《合论》，而明社已屋矣，牢骚恣肆，必不尽得本意，实天地间妙文也。

离骚草木史十卷离骚拾细一卷 嘉庆翻刻本

明周拱辰撰。亦分章诠释，惟草木较详耳。

楚词通释十四卷附一卷 《船山遗书》本

明王夫之撰。自屈原二十五篇，及宋玉《［九］辩》、《招魂》、景差《大招》、贾生《惜誓》、淮南王《（报）［招］隐士》、江淹《山中楚辞》、《爱远山》，而［船］山已作《九昭》附卷末。释《远游》，至引“铅汞、龙虎、炼已、铸剑、三花、五炁”之说［以诠之］，亦恢奇矣（以诠之）。

骚筏一卷 道光刊本

明贺贻孙撰。

山带阁注楚辞六卷楚辞余论二卷楚辞说韵一卷 自刻本，甚精

清蒋骥撰。考据事迹时地，合处颇多，说俱得失互见。惟说韵攻顾炎武、毛奇龄说，殊谬。

楚辞会真一卷 传抄本

清卿彬撰。

楚辞灯四卷　自刻本

清林雲铭撰。词旨浅近。

离骚辩一卷　自刻本

清朱冀撰。专攻驳林云铭之说。

天问补注一卷　《西（沿）［河］合集》本

清毛奇龄撰。意在补朱子《集注》之缺。

离骚经注一卷九歌注一卷

清李光地撰。颇简要。

楚辞屈诂无卷数　原刻　《庄屈合诂》本

清钱澄之撰。悉遵朱《注》，谓“《集注》之善在遵王逸之《章句》，逐句解释，不为通篇贯串，以失于牵强也。以屈子之忧思悲愤，诘曲莫伸，发而有言，不自知其为文也，重复颠倒，错乱无次。而必欲以后世文章开合承接之法求之，岂可与谓屈子哉”？此论极允。

离骚正集一卷　抗希堂汇刻

清方苞撰。简洁如其文。

离骚经解一卷　附《集虚斋学古文》后

清方楘如撰。

离骚汇订无卷数屈子杂文无卷数　乾隆九年刊本　广雅书局翻刻本

清王（廷）［邦］（宷）［采］撰。详达不为穿凿，优于他家。

楚辞一新集注八卷附一卷　乾隆戊午刊本（《昭代丛书》刻《天问补注》一卷）

清屈复撰。采合旧注，自以新意疏解之。

离骚草木疏辨证四卷　乾隆己亥刊本

清祝德麟撰。

楚辞详解十五卷　乾隆九年刊本

清奚禄诒解。颇详于名物音韵。

楚辞评注十卷　乾隆三十五年刊本

清王萌解，其侄远为之考音。

屈辞精义六卷　嘉庆褢露轩刊本

清陈本（解）礼。考证极赅洽，谓骚有赋，序论特创。

离骚章句义疏一卷　嘉庆刊本

清张象津撰。

屈原赋注七卷通释二卷音义三卷　乾隆汪氏刊本　广雅书局翻本

注及通释，清戴震撰。音义，汪梧凤撰。卢文弨序称“指博而辞约，义创而理确”。庶几近之。卷后有汪梧凤序。粤刻本削之，非是。

楚辞达无卷数　嘉庆刊本

清鲁笔撰。总论最佳，论释亦多妙义，所释只《离骚》。自谓“《离骚》一篇，包举《楚辞》全部，一达则无不达”云。

离骚注一卷　《梅庄遗书》本

清谢济世撰。

离骚笺二卷　乾隆刊本　湖北书局翻刻本

清龚景瀚撰，止笺大义。

离骚赋补注一卷　家刻本

清朱骏声撰。补王叔师之注也。序谓《文（撰）[选]》汲古本，凡“世”字“民”字，依唐本避讳，多以“时”字“人”字易之，读《楚辞》者不可不知也。

屈子正音三卷　道光刊本

方绩撰，邓廷桢订正刊行。

楚辞释十一卷　光绪仪征李氏刊本

王闿运撰。多新义，释《高唐赋》，谓屈子志在联齐而不成，其徒哀之作此赋。奇论可备一解。

楚辞辨韵一卷　《岭南遗书》本

陈昌齐撰。

离骚注一卷　家刻本

王树枏撰。

屈赋微二卷　集虚草堂刻本

马其昶撰。

屈宋方言考一卷 新刊本

李翘撰。屈宋辞多楚语，王叔师作注，又为楚人，所释楚人之语凡二十一则，依类区分，得六十八字，一一为之考订。

别集类

汉贾谊政事疏考补一卷 道光间《景紫堂丛刊》本

清夏炘补。炘以（旺）［班］书录贾谊《政事疏》，系节删，幸其文见引于《大戴记·礼察》、《保傅》两篇，因取补之，并略梳栉其难通之处。

董仲舒集一卷 明万历间汪士贤刊《汉魏六朝廿一家》本

汉董仲舒撰。

司马长卿集一卷 明汪士贤刊本

汉司马相如撰。

东方先生集一卷 明汪士贤刊本

汉东方朔撰。

扬子云集六卷 四库本 明汪士贤本三卷

汉杨雄撰。四库本出明万历郑朴本，朴取雄所撰《太玄》、《法言》、《方言》三书及类书所引《［蜀］王本纪》、《琴清英》诸条与诸文、赋合编而成。

冯曲阳集一卷　《关陇丛书》本

汉冯衍撰，张鹏一辑。较张溥本增多。

傅司马集一卷　《关陇丛书》本

汉傅毅撰，张鹏一辑。

扶风班氏佚书三卷　《关陇丛书》本

卷一班彪撰，卷二班固撰，卷三班昭撰，皆张鹏一辑。张溥有班固《兰台集》，此增多。

赵计吏集一卷　《关陇丛书》本

汉赵壹撰，张鹏一辑。

赵太常集一卷　《关陇丛书》本

汉赵岐撰，张鹏一辑。

郑司农集一卷　乾隆间雅雨堂刊本

汉郑玄撰，清卢见曾辑。文只八篇，《相风赋》系傅玄作，误收。

蔡中郎集六卷　附独断二卷　聊城杨氏刊本广州陶氏翻杨本

汉蔡邕撰。

蔡中郎集十卷　外传一卷　涵芬楼影明兰雪堂活字本

汉蔡邕撰，此本后附叶石君、黄荛圃校记。

孔北海集一卷　四库本　杨恩寿《建安七子集》本

汉孔融撰，清杨恩寿辑，附校记。

王仲宣集一卷　杨恩寿刊本

汉王粲撰，清杨恩寿辑，附校记。

阮元瑜集一卷　杨恩寿刊本

汉阮瑀撰，清杨恩寿辑，附校记。

陈孔璋集一卷《楚州丛书》本　又杨恩寿辑本有校记

汉陈琳撰，清丁晏辑。

刘公幹集一卷　杨恩寿刊本

汉刘桢撰，清杨恩寿辑，有校记。

应德琏集一卷　杨恩寿刊附校记

汉应玚撰。

徐公幹集一卷　杨恩寿刊本校演

汉徐幹撰。建安七子，六子均见张溥辑本，惟徐氏缺如是集往《汉书》、《国志》、《文选》、《玉台新咏》、《艺文类聚》、《乐府诗集》、《文苑英华》、《广文选》、《渊鉴类函》诸书辑出。

曹子建集十卷　四库本　涵芬楼翻明活字本

魏曹植撰。《四库》所据本系翻雕宋嘉定六年癸酉本。

曹集铨评十卷附逸文、年谱　同治金陵书局刊本　广东广雅书局翻本

清丁晏篡。晏序称：明万历休阳程氏刻本较《四库》所据（末本）［本末］多三篇，校以《魏志传（法）［注］》、《文选注》、《初学记》、《艺文类聚》、《北堂书钞》、《白帖》、《太平御览》、《乐府解题》、冯氏《诗纪》，脱落舛讹，不可枚举。明张溥《百三家集》本视程本又增，然承改沿讹复不少。乃据两本雠校择善而从。又以《曹集》向无注本，除见《文选》（学）［李］善注外义或隐滞略加表明，并以旧撰（讨）［诗］序年谱附载焉。

曹集考异十二卷　《金陵丛书》本

清朱绪曾辑。原称《曹子建集》十卷，又叙录、年谱各一卷，蒋国榜刻之，合为十二卷。是书据旧刻十二本相校，博胜丁氏又经莫友芝补入数条，绪曾不及见丁晏《铨评》，其子桂模又加入《铨评》较善者数条，遂为《曹集》最善之本。

曹子建诗注　新刊本

黄节撰。

诸葛丞相集四卷　康熙刊本

蜀汉诸葛亮撰，清朱璘辑。卷一本集，卷三以下附录，张鹏翮《忠武志》全袭之。

诸葛忠武侯文集四卷附录二卷诸葛故事五卷　嘉庆十七年刊本

蜀汉诸葛［亮］撰，清张澍辑。搜采散佚，庶几完备。

嵇中散集十卷　四库本　明汪士贤本

魏嵇康撰。《四库》据嘉靖黄省曾重辑本，考核尚审，国立图书馆有旧校本。

陆士衡集十卷　明汪士贤本　涵芬楼复明翻宋《二俊集》本

晋陆机撰，钱培名有《（礼）［札］记》。

陆士龙集十卷　四库本明汪士贤本　涵芬楼复明翻宋《二俊集》本

晋陆云撰。

阮嗣宗咏怀新注四卷附一卷　嘉庆刊本

晋阮籍撰，清蒋师爚注。李善谓嗣宗身仕乱朝，恐罗谤遇，因兹发咏，每有忧生之嗟，虽志在刺讥而文多隐避。师爚所注颇能探究微旨，附一卷则师爚之志传也。

阮步兵咏怀诗注一卷　近刊本

黄节注。以为蒋注有附会失实者，有为旧说所误者，有未明嗣宗用古之趣者，因重注之云。

（传）［傅］鹑觚集五卷　光绪二年广州刊本

晋傅玄撰，清方浚师辑。《四库》著录（传）［傅］子仅一卷，此从《群书治要》及他书搜采，并赋、疏、杂文、乐府诗，合成五卷。

挚友常遗书三卷　陕西文献征辑处刊本

晋挚虞撰，张鹏一据张澍本校补。卷一文集、卷二《决疑要注》、卷三《文章流别》、附《文章志》。

支遁集二卷补遗一卷　邵武徐氏刊本

晋释支遁撰。遁集久佚，阮元进《四库未收书目》，仅二卷，蒋清翊又补遗一卷，而徐幹合刊之。

忠义集七卷　嘉庆乙亥刊本

晋周处［撰］。是书只卷二《刑李忽奏议》一篇、《西征诗》一首、《风土记拾遗》系处著述，余皆附录。

陶渊明集十卷　秋柯草堂刊本

晋陶潜撰，北齐阳休之编。休之《序录》言："撰集先有二本行世，一本八卷，无序；一本六卷，并序目。编比颠乱，复缺少。萧统所撰八卷，合序、目、传、诔，而少《五孝传》及《四八目》，然编录有体，次序可寻。余以为三本不同，今统所缺，并序、目等，合为一秩十卷。"此即宋庠所称"最若伦贯"之本。清道光二十一年温陵李廷［钰］重刊之，后附阳休之《序》、录宋庠《私记》及自跋。

笺注陶渊明集十卷总论一卷　　涵芬楼复宋巾箱本　贵（地）［池］刘氏刊本

宋李公焕编。以梁昭明《序》及《传》冠首，次采集诸家评陶为总论。中分十卷，前四卷诗，五卷记、辞、传、述，六卷赋，七卷《五孝传》、《画赞》，八卷疏祭文，九卷、十卷《圣贤群辅录》，末附录颜延之诔、阳休之《序录》、宋庠《私记》、僧思悦《书后》、无名氏记。何孟（孟）［春］曰："世传李公焕本，当是宋丞相所记江左旧书最有伦贯者。"

陶渊诗集十卷 道光杨霈刊

跋云：得宋巾箱本，仍其编次，兼用所藏别本参校，益以《辍耕录》所载二谱，惟卷五辞赋、卷六记传赞述与他本不同。

陶靖节集十卷 明刊本

明何孟春编。序称“自赵宋来题《陶渊明集》，恶其斥贤者名，从马端临《经籍考》称《靖节集》云。《集》分卷数，诸家不同。今考诸家，移卷六赋二篇并入卷五，移卷五《五柳先生传》、《孟府君传》同卷七传赞为卷六，《史述九章》移《桃源记》前，加卷八《与子俨等疏》上为卷七。《四八目》，旧目《甄表状》杜乔以下分之为卷九、卷十，今中分自邓禹以下为卷八、卷九，减旧一卷，而［诔］传序录记跋诸为陶作洎先辈议论及陶，有不可附篇注下者，录次末简，用足十卷之数。是虽少有更置，而伦贯依（然）［类］，尤觉得宜”云云。

陶渊明集十卷附录二卷 汲古阁本

明毛晋编。以昭明《序》冠卷首，诗四卷，惟无《问来使》一首，余与诸本同，五卷赋辞，六卷记、传、画赞、述，七卷《五孝传》，八卷疏、祭文，九卷、十卷《四八目》，十卷后，以阳休之《序录》、宋庠《私记》为后序，又别为附录二卷，上卷颜延之《诔》、昭明《传》、吴仁杰年谱，下卷曾纮《刑天说》、骆庭芝《斜川辨》、诸家总论。其年谱与吴瞻泰本不同者数处，足资考证。

陶渊明集八卷 明刻本

明焦竑编。诗四卷，惟《归田园居》无“江淹拟作”一首，余与诸本同，五卷赋辞，六卷记、传、画赞述，七卷《五孝传》，八卷疏祭文，附录颜延之《诔》、昭明《传》、《序》，无《四八目》。自序言“昭明所编，岁久颇为后人所乱，其改窜者什居二三。顷友人偶以宋刻见遗，无‘圣贤’之目，编次正与昭明旧本吻合，中与今本异者，不啻数十处，凡向所疑，涣然冰释”云云。其后张溥刻《百三名家》谓陶刻颇多，而学者多善焦太史所订宋本，故仍其篇。然张溥于焦本篇次则易之通一卷，以赋、辞、疏、记、画赞、《五孝传》、《孟府君传》、《五柳先生传》、《读史述》、祭文、诗为次，无《四八目》。按昭明所编《陶集》止七卷，并序目诔传为八卷，后又以录别为一卷，故《隋志》云九卷，亡其录故仍为八卷，录即目也。今焦本若去其卷七《五孝传》，庶有合（格）［于］昭明卷数耳。

陶渊明集六卷　明刊本

明张尔公编。诗四卷，删《四时》一首，谓气格不似渊明，又删《联句》一首，谓“浅陋不足述”，余与诸本同。五卷以记、辞、传、述、赋为次，六卷疏、祭文，其《五孝传》、《四八目》悉删不录，《扇上画赞》亦删，谓其以养气浩然予于陵仲子，而极赞其至，与《圣贤》所论相枘凿故，并删之，后附《律陶纂》一卷，黄槐开纂。

陶渊明集三卷　绿君亭本

明毛晋编。以诗一百五十八章为一卷，文十七篇为一卷，《四八目》为一卷。诗之《归园田居》“江淹拟作”、《问来使》、《四时联句》、《四八目》之“八儒三墨”，皆不载正集，另见杂附中。其诸家评论则前有总评、章评；字句之异同，则后有参疑详焉。

何校陶渊明集

清何焯校云：以宋宣和枣木板原本校对者，按胡仔《苕溪渔隐丛话》曰：余家藏《靖节文集》，乃宣和壬寅王仲良厚之知信阳日所刻，字大，尤便老眼。字画乃学东坡书，亦臻其妙，殊为可爱。不知此板兵火之余，今尚存否？厚有后序云："《陶集》世行数本，互有舛谬。今详加审订，其本无二，不必俱存，如：'亂'一作'乱'，'禮'一作'礼'，'游'一作'遊'，'余'一作'予'者。复有字画近似，传写相袭，失于考究，如：以'库钧'为'庚钧'，'丙曼容'为'丙曼客'，'八及'为'八友'者，凡所改正二百二十有六。"焯所谓宣和本当即此本也。

陶渊明集八卷　四库本

此《四库》编定本。《提要》称：昭明去潜世近，已不见《五孝传》、《四八目》，不以入《集》，阳休之何由续得？且《五孝传》、《四八目》所引《尚书》，自相矛盾，决不出于一手，当必依托。今《四八目》已灼知其赝，别著录于子部类书而详辨之。《五孝传》文义庸浅，亦非潜作，并删除。仍从昭明旧第为八卷，黜伪存真，庶几近古云。

靖节先生集十卷附二卷　清道光庚子刊本　光绪癸未江苏书局翻本

清陶澍集注。卷首诸本序录并诔传杂识。依阳休之次为十卷，谓：诸本以《五孝传》编于记传之后，疏祭文之前，既违萧编，亦乖阳录，特离而出之，入第八卷。卷九、卷十则《圣贤群辅录》（即《四八目》）、诸家评陶汇集，卷末《年谱考异》二卷。"（注）《集注》采取甚博，微少别择。

陶靖节十卷　光绪五年刊本

长沙曹耀湘取陶澍注本，删采精要，附以己见。

陶靖节诗注四卷 乾隆拜经楼翻宋本 光绪乙丑海丰吴峋翻宋本

宋汤汉撰。渊明诗文高妙，学者未易窥测，如：《述酒》之作，汉能窥见其指，详加笺释，他篇亦有发明。马端临以为渊明异代知己，他如："田子泰"今本多（伪）［讹］作"田子春"，惟此与《魏志》无异，询称佳本。吴骞刻本，后附《吴礼部诗话》、《黄文献笔记》各一则。又引钱竹汀驳阎咏谓渊明非陶侃后一条，俱极精核。

陶渊明诗不分卷 光绪元年影刊宋本

宋曾集编刊。后有曾集题，言："模写诗文，刊为一编，去其卷第，与夫《五孝传》以下《四八目》杂著。"又有昭文瞿氏书目跋尾云小注一作，比时本尤备。毛氏《汲古阁珍藏秘书目录》有宋本陶集，云《桃花源记》"欣然规往"，不同俗本"规"误"亲"。《五柳先生传》"赞黔娄"注，下一有"之妻"二字，正与《列女传》合。是本并同，所谓与世本夐异者也。

陶诗析义四卷 汲古阁刊本

明黄文焕撰。诗四卷，与诸本同，惟删《归园田居》"江淹拟作"及《四时诗》，而以《桃花源诗》列于卷末《联句》之前，盖用东坡本例也。《归去来辞》亦不录，与阳本异。析义不摭故实，悉抒己见，惟牵合易代事太多，未免微凿。

陶诗汇注四卷 康熙甲申刊本

清吴瞻泰撰。以昭明《传》、吴仁杰、王质雨《年谱》冠首，删去《归园田居》"江淹拟作"及《问来使》、《四时》三首，以《桃花源诗》列卷末，并附《读史述九章》，谓："语以韵行，与诗不甚远，且《九章》内发抒忠愤尤多，尤渊明一生大节。”所注汇引诸家，折衷甚当。

东坡写陶诗三卷 汲古阁本 光绪广州翻汲古阁本

宋苏轼书陶诗，汲古阁所重摹也。

陶诗本义四卷 乾隆庚寅刊本

清马璞辑，注释、注意极详。

陶诗集注七卷

清温汝适撰。

陶诗评四卷 同治刊本

清方宗诚撰。以为陶公实志在圣贤，非诗人，诸所参证，颇能得其深际，不同牵强。

陶（清）［靖］节纪事诗品不分卷 同治甲戌刊本

清钟秀撰。自序谓：禅宋以前，与禅宋以后，或仕或不仕，此陶公一生大节目，从此仿佛其人品，庶乎可得其诗品：曰洒落、曰宁静、曰淡泊、曰恬雅，以心目中所摹拟之境，假公诗以印证云云。

陶（清第）［靖节］诗笺四卷附录二卷年谱一卷 新刊本

古直撰。颇正陶澍《集注》之误，《止酒》一篇，笺释加详，且推及他篇，悉发其隐，四卷后附余录及校勘记，年谱定陶公得年五十二，尤确。

璇玑图诗读法一卷 四库本

晋苏蕙织锦为回文旋图诗，其锦纵广八寸，题诗二百余首，计八百余言，纵横反复，皆成章句。僧起宗以意（椎）［推］求，得三四五六七言诗，三千七百五十二首，分为七图。明康万民又于第三图内增立一图，并增读其诗至四千二百六首，合成七千九百五十八首，即此本也。

鲍氏集十卷 涵芬楼影宋本

宋鲍照撰，涵芬楼据毛斧季校宋本影刊。

鲍明远文注二卷诗注四卷 传抄本

清钱振伦（法）［注］并附鲍会晖诗六首。

鲍参军诗注四卷 新刊本

黄节注。据钱注为底，又据旧抄校宋本及涵芬楼影宋本，作校勘表附后。

［□□□□□□□］①

宋颜延年撰。

谢康乐集四卷 明汪士贤刻本

宋谢灵运撰。

---

① 此处有脱字，当为“颜光禄集一卷”或“颜延年集四卷”。

谢康乐集拾遗一卷校勘记一卷和谢康乐诗一卷　如皋冒氏刻本

冒广生辑校。广生从《北堂书抄》、《太平御览》各书辑得康乐逸文六十余条，复据焦竑、张溥二本，及他书校其异同，而已及符璋、陈祖绶和作附焉。

谢康乐诗注四卷　新刊本

黄节注。自序称："据《宋书》本传考其诗，知弱侯所编，后先失序，乃次康乐之行事，(野)［重］编为四卷而注之。"

谢惠连集一卷　明汪士贤刊本

宋谢惠连撰。

谢宣城集五卷　明汪士贤刊本　又拜经楼翻宋本

齐谢朓撰。《宣城集》原十卷，宋楼照刊其五卷，吴骞即据以复刊。

沈隐侯集十六卷附录一卷　明刊本

梁沈约撰，明阮元声评。

何水部集不分卷　乾隆扬州江氏刊本

梁何逊撰，清江昉校刊。余见明影宋抄本，每半页九行，行二十一字，卷末有赵兴勤、黄长睿二跋，《何集》分三卷，卷一、二诗、卷三文。江刻不分卷，文居先，诗则《初（侯）［发］新林》以下即其第二卷也，其字句之异，另校记之。

任彦升集六卷　明汪士贤刊本

梁任昉撰。

阴常侍集一卷　明嘉靖刊本

梁阴铿撰。诗仅三十四首，余见明影宋抄本，其数亦同，校其字异而记之。

阴常侍诗集一卷　道光《二酉堂丛书》本

铿撰，清张澍辑，得三十五首。

江文通集十卷　明汪士贤刊本

江淹撰。余见宋本篇次与此同，曾据正讹字二十余，夏润枝师有校本，亦移录之。

江文通集四卷　乾隆刊本　四库本

清梁宾编校。宾以汪士贤、张溥二本互补所缺，又益以汤斌家抄本，参核异同，即《四库》著录本也。

江醴陵集十卷　乾隆刊本

清江昉编。卷数与汪本同，而改易其次第，篇数亦增多。

梁昭明太子集五卷　明嘉靖刊本　明叶绍泰刻本及四库本俱六卷

梁萧统撰，卷末有淳熙八年池阳制袁说友跋。明嘉靖乙卯云南按察使周满得其书于黄甫汸，正之于杨慎而刊之者也。

陶贞白集一卷附录一卷校勘记一卷　金陵丛书本　明汪士贤刊本二卷

梁陶弘景撰。是刻本之阮元所抄道藏本，复加校勘排比，特为精审。

庾开府集笺注十卷　康熙刻本

周庾信撰，清吴兆宜注。（和）胡渭始为作注，未及成帙。兆宜采辑其（总）［说］，与昆山徐树谷补缀而成，颇疏略。

庾子山集注十六卷　康熙刊本

清倪璠注。详考诸史，作年谱，冠集首，又旁搜博采，重为（法）［注］释，较吴（法）［注］胜。

徐孝穆集笺（法）［注］六卷　康熙刊本

陈徐陵撰，清吴兆宜注。兆宜笺未及成，同里徐文炳续补缉之，不甚考订史传，仅笺释词藻而已。

王无功集三卷补遗二卷　岱南阁巾箱本　罗氏唐风楼本

唐王绩撰。孙星衍据余萧客影宋椠本刊，谓“其文萧散，兼陶潜庾信之长”。罗振玉翻孙本，并作校勘记，又补“答陈尚书”一首。

寒山子诗集一卷附丰干拾得诗一卷　四库本　近人影宋本

寒山子，贞观中僧，居寒岩。丰干、拾得则国清寺僧也。诗多作禅门偈语，而机趣横溢。释氏著录诗集始此。

王子安集注二十卷　光绪癸未吴县蒋氏刊本

唐王勃撰，清蒋清翊注。文本（顷）［项］刻《初唐四杰集》，诗取明永嘉张逊业所刊二卷本，更依他书，辑多十余首。注亦翔实，惟不通内典，凡关于释氏故实俱缺。

盈川集十卷附录一卷 四库本

唐杨炯撰。四库本订正《庾信集》误收二篇。

卢升之集七卷 四库本

唐卢照邻撰。《四库提要》考甚详，当与《集》参观。

骆宾王集十卷考异一卷 嘉庆石研斋刊本

唐骆宾王撰，秦恩复据宋蜀本刊，又为《考异》。

骆临海集十卷 道光刊本

唐骆宾王撰，清陈熙晋注，补订缺误，最称完善。序言："临海志士非文士，藉所注以阐扬之。"又言："临海诗文，根柢经籍，于人人习见之书，多援古义。初唐以后，少臻此诣，今一一诠解，可见当时经术之盛。"盖熙晋固经学家也。

陈拾遗集十卷 四库本

唐陈子昂撰。子昂文章开唐风气，四库本搜辑最完。

张燕公集二十五卷 四库本

唐张说撰。四库据嘉靖刊本，又从《文粹》、《文苑英华》诸书，补文六十一篇，采辑（校）［较］富，而卷非原次，又删去当时批答及同作，亦未尽善。

张说之集二十五卷补遗五卷　朱氏结一庐刊本

据彭文勤所抄二十卷本，后五卷则用吴仲怿侍郎明抄本，由诸书拾补者另（偏）［编］五卷，合三十卷。按刘燕庭曾藏宋刊三十卷本，不知今尚存否？

曲江集二十卷　明成化刊本　广东祠堂本

唐张九龄撰。明邱濬从内府抄出刊行，即成化本也。粤刊本又有《考异》，他刻本附《千秋金鉴录》，系伪书。

李北海集六卷附录一卷　四库本　《乾坤正气集》本

唐李邕撰。

王摩诘诗集六卷　明刊《须溪九种》本

唐王维撰。宋刘辰翁评“无滥收，古本最善者”。题下间有小注，他本所无。

唐王右丞诗集六卷　明嘉靖刊本

明顾可久注说，注右丞集之最先者。

类笺王右丞集十卷附文集四卷　明嘉靖刻本

明顾起经撰。以维诗分类重编，区别极繁碎，文集无注。

王右丞集笺注二十八卷附一卷　乾隆刊本

清赵殿成注。编次变分类为分体，注亦详瞻，末附诗评、画［录］、年谱，刻甚精，惟多误字。

李翰林全集四十二卷 明刊本

唐李白撰。此明人与杜集同刻者，无注、无序跋、无刻书人姓名及年月。

李翰林集三十卷 康熙五十六年双泉草堂刊本

清缪曰：据宋临川晏处善本重刊，序云有《考异》，而实未成。

李翰林别集十卷 嘉庆八年刊本

宋乐子正编。明正德中元大所刻，清嘉庆中王芑孙得其残版，补刊印行，（校）［较］缪刻篇目增多。

分类补注李太白集三十卷 明刊本

宋张齐贤集注，元萧士赟删补，宋元人所撰辑李集注，惟此仅存。

李诗通二十一卷 明刊本

明胡震亨撰。李诗自杨萧注后，有明人林兆珂《李诗抄述注》十六卷，简陋殊甚。震亨驳正旧注成此书，然亦不免漏略。

李太白诗集注三十六卷 乾隆刊本

清王琦撰。参合诸本，益以逸篇，仍其卷数，别以序、志、碑传、赠答、题咏、诗文、评语、外纪为附录六卷，《考异》则散入文句下，采摭颇富，微伤芜杂。

李诗直解六卷 乾隆刊袖珍本

并《杜诗直解》，无撰人姓名。沈寅得之市肆废簏中，颇有残缺，补而刊之。前有朱筠序，极其推许。

杜工部全集六十六卷 明刻本

唐杜甫撰。无注、无序跋、无刻书人姓名及年月。

杜工部集二十卷 乾隆乙巳玉勾草堂刊本

清邓沄刊，无注，参校诸本，“一作”最多。

九家（法）［注］杜诗三十六卷 武英殿聚珍本

宋郭知（逵）［达］编，集王洙、宋祁、王安石、黄庭坚、薛梦符、杜田、鲍彪、师尹、赵彦（村）［材］之注，极简要。傅沅叔藏有影本赵彦（村）［材］《杜注》半部。

黄氏补注杜诗三十六卷 四库本

宋黄希原本，其子鹤续成之，以“补注”为名。盖广千家所未备，卷首冠以《年谱辨疑》，诗中各以所作岁月注于逐篇之下。钩稽考证，颇具苦心，牴牾处不少。

王状元集百家注编年杜陵诗史三十二卷拾遗一卷 贵池刘氏刊本

宋鲁訔编年并注，王十朋集注。

杜工部草堂诗笺四十卷外集一卷 巴陵方氏刊本 遵义黎氏日本刊本

宋鲁訔编次，蔡梦弼会笺。

集千家注杜工部诗集二十卷文二卷 明刊本

明许自昌校刊。

集千家注批点补遗杜工部诗集二十卷　明刊本

宋刘辰翁详点，高楚芳删注，元椠本无“补遗”二字。

杜子美集二十卷　明刊本

元刘辰翁评，高楚芳删注。须溪评杜，论者比之郭象注庄，而钱牧斋诋为一知半解。楚芳就旧注删繁就简，较胜俗本，前有大德癸卯辰翁子刘将孙叙。

读杜愚得十八卷　明洪武刊本　又有杜律单注明刊本

明单复撰，冠《更定年谱》，较吕大防为详，编次亦善，系从此本分出，惟笺释多袭旧注，注后训解诗意大率循文敷衍。

杜诗分类集注七卷　万历刊本　康熙重刊本

明邵宝撰。分纪行、述怀、怀古、时事、边塞、将帅、军旅、宫殿、陵寝、居室、世族、宗族、姻戚、仙释、时序、雷雨、都城、诗文、书画、器物、品食、动植各类。万历间（固）［周］子文为刊行。

杜诗通十六卷本义四卷　明隆庆刊本

明张（杜）［綖］撰。是书因范德机批点杜诗三百十一篇，每有先明训诂，后诠作意，《本义》四卷皆释七言律诗，惟皆不免浅近。

杜诗通二十卷　明刊本

明胡震亨撰，所解颇略，与《李诗通》同刻。

杜诗分类五卷　万历癸丑刊本

明傅振商编。《杜诗分类》始王洙千家注，振商此编较王本又小有更定，无注。

读杜私言一卷　明崇祯刊本

明卢世㴶撰。首大凡，次余论，大凡论杜人品，余论杜诗品。此书附刻《杜诗胥钞》后。

杜工部集二十卷　顺治刊本

清钱谦益注。谦益据吴若本编次，而订其紊乱失序者，又谓："吴本题下及行间细字，诸本所谓公自注者多焉，而别注亦错出其间，因以意区别之。"又谓："注杜诸本，大抵芜秽舛陋，其彼善于此者，只赵次公、蔡梦弼、黄鹤三家，存其什一。"是书证引史书，辨论甚博，不免有私智周内之病。

杜工部诗集二十卷　康熙九年刊本

清朱鹤龄撰。鹤龄曾馆钱谦益家，是注尝商榷于谦益，既而与钱《笺》分出，虽间采钱说，而立异甚多。

杜诗详注二十卷附编二卷　康熙刊本

清仇兆鳌撰。凡诗注二十三卷，杂文注二卷，以逸杜、咏杜、补杜、论杜为附编二卷。每诗各分段落，先诠释文义于前，而征引典故列于诗末，大体精审不苟。

读书堂杜诗注解二十卷　康熙三十六年刊本　道光二十一年重刊本

清张溍撰。虽沿用旧注，而弃瑕存瑜，自为评点，往往独标新隽，杜文注解尤善。书刻后，其子榕端多所厘正，道光间六世孙镌重刊之。有名《岁岁堂读杜诗》者，亦于道光间刻行，全袭滑书，一字不易。

杜诗说十二卷　康熙刊本

清黄生撰。分体注释，详于字法句法，剖析极细，亦间有考证。

杜诗会粹二十四卷

清张远撰。分析段落，训释文意，颇便初学。

杜诗论文五十六卷　康熙壬子刊本

清吴见思撰。专诠作意，故谓之论文，意在别为《杜诗论事》一书，以释典故也。

杜律通解四卷　康熙刊本

李文炜撰，注重诗大旨，本之黄白山。

杜诗阐三十三卷　康熙壬戌刊本

清卢元昌撰。自序谓："旁罗博采，凡注家所未及者，约千有余条。"

问斋杜意二十卷　康熙刊本

清陈式撰。问斋，式字也。每诗后总释作意，时具妙解，亦脱[①]有考证，谓许自昌千家注胜钱注。

① 此字不通，疑当作"偶"或其他字。

知本堂读杜二十四卷　康熙四十三年刊本

清汪（沧）［灏］撰。自序谓：“杜之精蕴，随读者之识，以为浅深；随读者之机，以为触发；随读者学力之所至，以为广狭。其读法，与旧解全不相袭者，曰另眼；全诗中偶有数语别解者，曰商榷；解亦犹人，而逐字体会虚神者，曰着意”。

杜诗提要十四卷　康熙刊

清吴瞻泰撰。谓少陵自道曰“沈郁顿挫”，沈郁者，意也，顿挫者，法也，意至而法亦无不密。是书于章法、句法、字法，剖析极精。

读杜札记四卷　康熙刊本

清陈注撰。

雪鸿堂读杜　康熙刊

清李蕃撰，刊文集中。

读杜心解六卷　乾隆写刊本

清浦起龙撰。书仍分体，而另系谱目于卷首，注列句下，解附篇末，体例较他本为善。注中援据史书之外，兼博考地志天官，亦为他家所未及，杜诗最善本也。

杜诗集说□□卷[①]　乾隆癸卯刊本

清江浩辑。集宋元明及清初（法）［注］家之说，去其舛驳，存

---

① 杜诗集说□□卷，原稿空两字。

其纯粹，间参己见，颇称简要。

杜诗解四卷 雍正刊本

清金喟撰，解多新颖。

杜诗镜诠二十卷 乾隆壬子刊本

清杨伦撰。（格）［依］旧本编次，颇有更定，意在阐发微词奥义，于注之芜冗者，概经删汰。

杜诗补注二十卷 乾隆十四年刊本

清夏力恕撰。专讲诗法，多独到之见。

杜诗评四卷 乾隆刊本

清沈德潜撰。评甚平实，与所作《唐诗别裁》同旨。

杜诗直解 乾隆乙未刊本

清沈寅、朱崑补辑，与《李诗直解》同刻。

杜诗注释二十卷 嘉庆癸亥刊本

清许宝善撰。谓注杜者张迩可《会粹》、浦二田《心解》最善，疏通补正而成此书。

杜诗集评十五卷 嘉庆八年刊本

清刘濬辑王士禄、士祯、钱陆灿、朱彝尊、李因笃、潘（来）［耒］、查慎行、何（倬）［焯］、宋荦、陆嘉淑、申涵光、俞玚、吴农祥、许昂霄、许灿十五家之评也。余又补以程汪峰、潜伸洋①二家。朱彝尊《杜诗评》别有刻本，与此互有异同，余另校补于上方。

杜诗札记二十卷　旧抄本

清翁方纲撰。编次略有更定，无注。评语最精当，又时引钱载评语，尤深有所得。

杜诗琐证二卷　道光五年刊本

清史炳撰。皆考论一事一句，或一故实，随手掇拾，故曰“琐证”。

杜诗话四卷　嘉庆刊本

清刘凤诰撰。因诗而及杜之身世，包举无遗，不仅作诗话读。附刻《存悔斋集》后。

杜诗义法二卷　乾隆刊本

清乔亿撰。不载原诗，惟论义法。

五家评本杜工部集二十卷　道光甲午广州刊本

五家者王世贞、王慎中、王士祯、邵长蘅、宋荦也。两广总督卢坤用五色笔刊之。又有顾亭林等八家评本，藏京师大②图书馆。

杜律注二卷　康熙遗安草堂写刊本

元虞集撰。颇浅近，多类其伪托。

---

① 此二人姓名似误。

② 疑脱“学”字，或北京师大图书馆，或京师图书馆。未详。

杜律意注二卷 明刊本

明赵统撰。于虞《注》虽颇有校正，但甚浅略。明人并虞《注》同刻。

杜律意笺二卷 明刊本

明颜延榘撰。意者取以意逆志之义，浅陋等于虞《注》。

杜律注评二卷 明刊本

明陈与郊撰。注外又有点评，大致同刘辰翁。

杜工部诗疏解二卷 康熙刊本

清顾施正撰。所疏解止七言律，每首后分年地、典故、疏意、直解四项。

沈工部七言律诗注四卷 康熙癸亥刊本

清陈之壎撰。卷首凡例数条，极精，中谓杜老多用“底”字，世本每改为“裹”，变雅成俗，为前人所未发。

辟疆园杜律解六卷 康熙刊本

清顾宸撰。间有精当，而不免琐屑穿凿。

书巢杜律注四卷 康熙壬寅刊本

清陈醇儒笺注，许岩光批释。亦只七律，前有凡例论律注甚晰。

藏雲山房杜律详解二卷 乾隆刊本

题“石闾居士评点”，无撰者无姓名，又无序例，解多精切。

杜律启蒙十二卷 乾隆丁酉刊本

清边连宝撰。每首后有总注、有详注，大体平稳。

杜诗双声叠韵谱八卷 嘉庆元年刊本 《艺海珠尘》本

清周春撰。双声者同母之字，叠韵则同韵字也。自来注杜，无有及此者，自春创为之。

杜韩集韵二卷 康熙三十五年刊本

清汪文柏辑。自序以为“韵不安则为一句之疵，句疵而章注亦为之累，故辑少陵、昌黎二家用韵以为之鹄”云云。

岑嘉州诗集十卷 明初刊本 明正德刻本八卷

唐岑参撰。其诗奇峭，七古尤胜。

高常侍集十卷 明刊本 四库本

唐高适撰。诗八卷，文二卷。诗雄健，与岑参齐名。明人刊本殊芜杂，《四库》著录影宋抄本。

孟浩然集四卷 明刊本 四库本

唐孟浩然撰。浩然诗清深有韵。殁后，遗集由乡里所购采，故仅得二百余首，且多窜入他人作，明人更加妄改，《四库提要》订正较善。

常建诗三卷 汲古阁本 四库本

唐常建撰。《唐志》仅一卷，明人析为三卷。其诗堪与王、孟抗行。

储光羲诗五卷 四库本

唐储光羲撰。源出陶潜，质朴淡雅，诗境最高。

次山集十二卷 明刊本 四库本

唐元结撰。诗文戛戛独造，其《舂陵行》为杜甫所称，高似孙谓其文章奇古，唐文在韩愈前，毅（有）［然自］为者自结始。

颜鲁公集十五卷补遗一卷年谱一卷 明活字本 四库本 嘉庆七年颜重槃刊本

唐颜真卿撰。真卿大节炳然，文章亦复典雅庄重。其集无唐人辑本，宋人始辑金石文为十二卷，吴（与）［兴］沈氏定为十五卷，留元刚又益以拾遗年谱，明安国有活字本，最善，翻刻者文字讹舛。《四库》所据即翻本，而加之增辑，故增附系一卷。颜重槃所刊，则安国旧本也。

颜鲁公文集三卷 道光三长物斋刊本

清黄本骥编。据《全唐诗》、《全唐文》订《四库》本之误，又增辑文十八首。首颜鲁公小像，次世系表，次年谱。卷一至十一文，卷十二诗，卷十三至二十外集，卷二十一至三十书评。

宗元集三卷附录元纲论一卷内丹九章经一卷 四库本

唐吴筠撰。天宝中道士与李白、孔巢父往还酬唱。其集久佚，鲍氏知不足篇，有抄本。跋云："收入道藏中，世无别本。"《四库》即据鲍本著录，合诗赋论共一百十九篇。

杼山集十卷　四库本

唐僧皎然撰。皎然与贯休、齐己二僧齐名，所作亦相伯仲。

刘随州集十一卷　明刊本　四库本

唐刘长卿撰。诗十卷，文一卷。长卿号五言长城，大抵研深炼稳而饶高秀之韵，文工造语如其诗。

韦苏州集十卷　明活字本　明凌濛［初］朱墨印本　四库本

唐韦应物撰。唐有两韦应物，论者多误为一，其诗五言有最工，源出陶谢，清洁雅澹，卢文弨《群书拾补》补序、传各一，诗八首。

毗陵集二十卷　乾隆赵怀玉刻本

唐独孤及撰。唐人权德舆、皇甫湜皆盛称其文，盖与元结皆闻韩、柳之先者。

萧茂挺文集一卷　四库本传抄本

唐萧颖士撰。颖士学问奥博，文亦渊懿。惜《集》已佚，此仅一鳞片爪耳。《四库》据曹溶抄本著录。

李遐叔文集四卷　四库本传抄本

唐李华撰。华文雄丽坚卓，与萧颖齐名，颖士尤推挹之。

钱仲文集十卷　明活字本题《钱考功集》

唐钱起撰。大历十子，起居首，唐诗格，至此一变，然温秀蕴藉，犹不失前辈典型。

华阳集三卷补（选）［遗］一卷　道光己亥刻本

唐顾况撰。《四库》著录本诗文共三卷，后附子非熊诗十余首。是本为其族裔履成所刻，多补（选）［遗］一卷。

陆宣公奏议十五卷制诰八卷附录一卷　光绪淮南书局刊本

唐陆贽撰。通行本奏议十二卷无注，此十五卷有注，而文无增减但编少，异耳。注者宋郎晔，高（富）［宗］时人。制诰八卷，无注，系明嘉靖刊本，莫友芝得之，有跋。此刻本又附录一卷，乃赋及年谱也。

翰苑集二十二卷　雍正元年年羹尧刻本

唐陆贽撰。贽文用排偶，而明于政治得失，言皆有用。司马光修《资治通鉴》，采贽奏疏至三十九篇，诚重之也。是书有题“陆宣公奏议”者。贽另有诗文别集十五卷，久佚。

陆宣公奏议注十五卷　十万卷楼复元至正本　归安姚氏式训堂仿元本

宋郎（晛）［晔］（法）［注］。是编惟有奏议，所注皆采经史，无泛搜博引之失。嘉靖汪氏刻本，奏议十五卷有笺注，合刻制诰十卷无注。

陆宣公翰苑集注二十四卷　乾隆刊本

清张佩芳撰。考证赡博，第释事而不加义，仿李善《文选注》例。

陆宣公奏议四卷　乾隆刊本

清蔡方炳注。有甚略①，有评点、后附年谱。

权载之集五十卷　嘉庆十一年刻本

唐权德舆撰。《新书》称德舆文"雅正赡缛，蕴藉风流"，信然。《四库》著录仅十卷。朱筠得宋五十卷本，秘不示人，其弟珪索之，其子锡庚始得之，录副以授彭元瑞，而未及校对，遂付刊刻，故讹错甚多。

绛守居园池记注一卷　四库本　民国七年樊氏刊本

唐樊宗师撰。元赵仁举、吴师道、许谦德［注］。韩愈称"宗师文，词必己出，文从字顺"。是篇实奇涩，不可句读，并不可训诂考证，三家所注，不过据文义以推测之耳。陆氏皕宋楼有明弘治刻本，已归日本，江南图书馆有影写宏治本，樊镇据以重梓，文从《绛州志》得赵师尹注，附刊三家之后。

樊绍述集注二卷　乾隆孙之騄刊本　民国五年樊氏刊本

清孙之騄撰。《唐志》樊宗师文二百九十一卷，今所存者除《绛守居园池记》外，尚有《锦州越玉楼诗序》，见计有功《唐诗纪事》，之騄取而合注之。

韩集举正十卷外集举正一卷　四库本

宋方崧卿撰。"举正"之名，因于郭京《易举正》，其改正之字

① "有甚略"，疑当作"注甚略"。

用阴文，衍去之字围以圆圈，增入之字围以方圈，颠倒之字以墨线曲折乙之。所据之本甚多，惟偏信阁本，是其一失。余今岁元旦日，在傅沅叔处得见宋本，即《四库》著录原本也。

原本韩文考异十卷 康熙戊子李光地翻宋本 《粤雅堂丛书》本 新阳赵氏刊本

宋朱子撰。以方氏《举证》，尚不免依违牵就，因复加考订，存其合者，而辨证其不合者。

别本韩文考异四十卷外集十卷选文一卷 四库本 涵芬楼影宋本

宋王伯大编。以朱子《考异》，别为卷帙，不便寻览，乃离析其文，散入本集各句下，又采洪兴祖《年谱辩证》、樊汝霖《谱注》、孙汝听《解》、韩醇《解》、祝充《解》，为之音释，附于各篇之末。然不免讹脱窜乱。

五百家注音辨韩昌黎集四十卷外集十卷序传碑记一卷 类谱十卷考异十卷 江南图书馆藏宋本 涵芬楼影宋本

宋魏仲举编。名“五百家”，实坊贾夸大之言。然宋人旧（法）［注］，久已散佚，多赖（实）［是］① 本以传。“类谱”者，宋吕大防《韩文公集》《年谱》、程俱《韩文公历官记》、洪兴祖《年谱》、王铚《韩会传》，樊汝霖《韩文公年谱》、方崧卿《韩文表》合成此书。雍正间，扬州马氏曾与柳谱同刊。是本为明山阴祁氏旧藏，后递归惠栋、丁丙，今归江南图书馆。其中间有抄补，仍依宋本影写，《考异》犹是朱子原本，未为王伯大所乱。《四库》著录仅有正集四十卷耳。

---

① 或为“宋”字。

东雅堂韩昌黎集注四十卷外集十卷 明万历刊本 翻刊本

宋廖莹中编，即称世采堂本也。宋□[①]藏潮州丁氏持静斋，称“海内集部第一”，其注采魏仲举《五百家注》本为多，间引他书，仅十之三，惟悉削去诸家姓氏。是本及明万历间徐时泰翻刻廖本，而不著其由来，殆鄙莹中为贾似道门客而削之也。屡经翻刻，乃韩宋[②]最通行本。

韩黎昌集辑注五十二卷 明刊本

明蒋之翘撰。

韩集点勘四卷

清陈景（灵）［雲］撰。盖校东雅堂本而作，自跋称：“莹中全无学识，其博采诸条，不特遴择失当，即文义亦多疏舛。”诸所正极为精密。

韩集补注无卷数 广雅堂书局刊本

清沈钦韩撰，胡承（琪）［珙］订。有补旧注之疏者，有订旧注之失者，多精确。

读韩记疑十卷 乾隆刊本

清王元启撰。甚精核。

① 疑脱“本”字。
② 疑当作“集”字。

韩文故十三卷 道光刊本

清高澍然撰。序称以三十年之力治韩文而得其故，删其伪窜脱误、用时式与未醇者，存二百九十八首，有注有附考，又以其所心得者，评于上、于旁及后方云云。

评点韩昌黎集 传抄本

清曾国藩撰。只论作意，语极精粹。

昌黎诗集注十卷 康熙三十八年秀野草堂刊本

清顾嗣立撰。韩诗单注自此始。

昌黎诗集笺注十二卷 乾隆二十三年刊本

清方世举撰。详考事实，援新、旧两《书》，以正诸家之误，又援《行状》、《墓志》，以正两史之误，又经（庐）［卢］见曾删正，审核为多。

昌黎诗增注证讹十七卷 咸丰七年刊本

清黄钺撰。就顾注本，有所订正，即镌于书之上方。

朱何评昌黎诗集 道光膺德堂刊本

清朱彝尊、何焯评。又何焯《义门读书记》，有“韩诗”一卷，校与此本不同，并附入之。道光十六年相国穆彰阿刊。

训诂柳先生文集四十五卷外集二卷新编外卷一卷 四库本

唐柳宗元撰，宋韩醇音释。是本为宋穆修编刻，政和间沈晦参校各本，独据此本为正，而以诸本所余者，别作外集二卷，至淳熙中韩醇因沈本做笺注，又搜葺遗佚，别成一卷，附外集之末，注颇详博。

增广注释音辨柳集四十三卷　京师图书馆藏宋本　四库本

宋童宗说注释，张敦颐音辨，潘纬音义。盖书贾合为一编而刊之者。不收王铚伪《龙城录》，尚为谨严。

五百家注音柳先生文集二十一卷外集一卷新编外集一卷　龙城录二卷附录八卷　四库本

宋魏仲举编。不足五百家，又不及《韩集》之博。盖诸家论韩者多，论柳者较少，姑以五百家之名，与《韩集》相配云耳。书后外集二卷，新编外集一卷，文共二十五首，乃原集所未录者，简而甚核。卷首（寇）［冠］《柳文纲目》及文安礼《年谱》，仿吕汲公《韩谱》例。

济英堂柳河东先生文集四十五卷外集二卷附录二卷　龙城录二卷集传一卷　四库本　上海影印世彩堂本

宋廖莹中世彩堂编刊，明嘉靖中郭云鹏翻刻，世以配东雅堂韩集者也。天启壬戌柳氏又翻郭本。

柳集点勘四卷　传抄本

清陈景云撰。订正谬误，与《韩集点勘》同其精审。是书为《文道十书》之一，有其目未付刊。旧为杭州朱氏结一（卢）［庐］藏本，余展转抄得之。

张司籍集八卷　明万历刊本　四库本　涵芬楼影明本

唐张籍撰。籍以乐府鸣一时，骨体出王建上，文仅《文苑英华》

所载《与韩愈》二书，笔力亦在李翱、黄甫湜间。是集刊附诗末。

黄甫持正集六卷　汲古阁本　四库本　涵芬楼影宋本

唐黄甫湜撰。与李翱之文，同出于韩愈，翱得愈之醇，而湜得愈之奇崛，洵然。

李文公集十八卷　汲古阁本　四库本　涵芬楼影宋本

唐李翱撰。苏舜钦谓其词不逮韩而理过于柳，苏老泉又谓其味黯然而长，其光油然而幽，推许亦云至矣。

李习之文读十卷　道光戊戌刊本

清高澍然撰。自序谓“韩取源《孟子》，故广博与易良并，李得《论语》之易良，吾于韩为公好，于李为私嗜”云云。是评与《韩文故》相表里，能得其真际者也。

孙可之集十卷　汲古阁刊本　四库本　孙冯翼刊本

唐孙樵撰。樵《与王霖秀才书》云：“某尝得为文真诀于来无择，无择得之于黄甫持正，持正得之于韩退之。”其文有意为奇，苏轼称“其学黄甫湜而不至，要亦能接昌黎之传”者也 。

孙文志疑十卷　丛睦（注）［汪］氏刊本

清汪师韩撰。《孙集》三十五篇，宋以后人无见者，明王厘抄自内府，始行于世。师韩断为载在《唐文粹》者十篇为真，余皆伪撰。但其所谓伪者仅以字句、格局断之，恐未足为定论也。

刘宾客文集三十卷外集十卷　四库本　董氏影宋本

唐刘禹锡撰。禹锡古文恣肆博辨，于昌黎、柳州之外，自为轨辙，诗尤矫出，均可与杜牧相颉颃。明刊本不附外集，《四库》本取汲古阁抄本《外集》补成完书。湖董氏影宋本，序次与明不同。

吕衡州集十卷校勘记一卷 道光丁亥石研斋刻本

唐吕温撰。温所为文饶奇逸之气，惟诗非所长。《四库》以冯舒编辑本著录，冯跋称六、七两卷阙，取《英华》、《文粹》照目写入；石研斋刻本六、七卷独完善，顾千里所校也。

欧阳行周集十卷 明正德慎独斋刊本 四库本

唐欧阳詹撰。詹与韩愈、李观同年举进士，名声亦相等。其文不失古格，在当时纂组排（隅）［偶］者上。乾隆癸酉欧阳氏刻本八卷。

李元宾文编三卷外编二卷续编一卷 嘉庆戊寅石研斋刻本

唐李观撰。观卒年仅二十九，其文论者以为不绮而丽，不曲而奥，昌黎之亚。秦恩复藏旧抄本，并从《英华》、《文粹》多得文六篇，为《续编》一卷，《外编》原缺二篇，亦为补入，乃最足本也。

孟东野集十卷 明闵刻套板本 汲古阁本

唐孟郊撰。郊诗深峭古奥，唐人自韩愈以下，莫不推之。《四库》著录本仍是宋敏求编次之旧，黄氏士礼居有北宋本。

高密李氏孟诗评选一卷孟诗补选一卷 同治洪洞董氏刊本

清李宪乔评选，董文焕校刊。诗凡六十九首，评圈具有精识，补选一百三十四首，则董文焕所录也。

贾长江集十卷　汲古阁本　四库本

唐贾岛撰。岛诗不合雅奏，然甚有古意。卢文弨跋何焯评本："其用意之深，几于无一字闲设。"何本又多补遗诗数章，又冯钝吟有校本，最精核。

寒瘦集二卷　康熙己卯刊本

清宗室岳端以苏轼有"郊寒"、"岛瘦"之目，因合二家之诗而名之。

昌谷集四卷外集一卷

唐李贺撰，杜牧序。《集》四卷、《文献通考》多《外集》一卷、唐宋《艺文志》作五卷，盖并《外集》言之也。武进董氏有影印北宋本，瞿氏铁琴铜剑楼有全刻本，元刻题作《锦囊集》，近亦有影印本。

笺注评点李长吉歌诗四卷外集一卷　明刊本　四库本

宋吴正（才）［子］笺注，刘辰翁评点。贺诗冥心独造，所用典故，多以意为点化，非可循文而得其解者。注家当以是本为最古，考核辨析亦审。

李长吉歌诗四卷外集一卷　明闵刻套板本

刘辰翁评。

李长吉诗集五卷　明万历刊本

明徐渭、董懋策二家批评。有自署杀青主人者，取而合刊之。徐注不事考核，篇或点缀数字，会心尚巧，而纰缪甚多。董则补徐所略，而于作者之旨趣，阐明无多。

李长吉昌谷集句解定本四卷 明刊本

明姚佺笺，邱象升、邱象随、陈愫、陈开先、杨妍、吴甫辩注，孙枝蔚、张恂、蒋文运、胡廷佐、张星、谢起秀、朱潮远评。

昌谷集四卷 明刊本

明曾益释。其注附各诗之下，分为二则，前一则考事，后一则说诗。考事甚详瞻，惟说诗牵合粘滞。无外集，他本外集二十三首，编四卷内。

昌谷诗集五卷 顺治刊本

明余光解。自序称“杜牧谓稍加以理，世间岂有其理不至，而成佳文章耶。刘须溪谓贺所长正在理外，今以篇按之，篇有其条，以句寻之，句有其则，贺亦岂有理外之长哉”云云。光为明遗民，所解间寓感慨。李世熊《寒支集》有此书序，是本未刻。

李长吉集四卷外集一卷 雍正九年刊本

明黄淳耀评点。笺释不多，皆补旧注所未及者。稿存张（扑）［朴］村处，金惟骏取而刊之。

李长吉诗删注二卷 康熙刊本

清刘嗣奇编辑，颇简要。

昌谷集四卷 康熙刊本

清李汝栋注。不释典故，惟解诗意。

昌谷集四卷　顺治丙午刊本

清姚文燮释。《凡例》称："贺历德宗、顺宗、宪宗三朝，诗多感慨悲怨，当世忌之者多，故不敢自系以年"云云。所释多按史事，多有当处，书之上方，附蒋楚珍、陈二如、钱（钦）［饮］光、周玉凫、黄秋涵、吴炎牧、蒋潜伯评语。

李长吉歌诗汇解四卷外集一卷　乾隆二十五刊本

清王琦撰。搜采甚博，而精解颇鲜。

协律钩元四卷外集一卷　嘉庆戊辰刊本

清陈本礼撰。本礼于诸家刻本外，又据何义门、方扶南评本订正字句，于诗中故实专笺释其隐僻者，而略其习见者。所释诗意亦多特见，谓《贺集》实有七律，并《南园诗》十一首及次首读之即是也。

批点李长吉集　光绪壬辰刊本

清黎简就黄陶庵评本加以批点。叶衍兰以小楷写刻，墨字及圈点，陶庵原本也；朱字评于上方及朱笔圈点者，黎简也。阐发极精。

李长吉诗集四卷外集一卷　新刊本

清吴汝纶评注。多本前人，自抒见解者一、二耳。

王司马集八卷　汲古阁本　胡介祉校刊本　四库本

唐王建撰。建以乐府名一时。胡介祉刻本颇订正误收之作，又增入杨升庵"别载"七首。《四库》依胡本著录，而略订其失。

沈下贤集十二卷　四库本　湖南观古堂刊本

唐沈下贤撰。下贤文尚险怪，在孙樵、刘蜕之间，其诗颇有名，而所收只十八首。是集向止抄本流传，光绪二十一年善化童光汉始刻之。

追昔游集三卷　汲古阁本　四库本

唐李绅撰。绅与李德裕、元（祯）［稹］号“元和三俊”。其诗雍容恬雅，格在晚唐诸人上。

会昌一品制集二十卷别集十卷外集四卷补遗一卷　光绪十六年常慊慊斋刊本

唐李德裕撰。常慊慊斋所刻系出宋本，有黄荛圃跋。涵芬楼影印铁琴铜剑楼明刻本，字句多与此异，且有讹误。

元氏长庆集六十卷补遗六卷　明刻本　四库本　嘉庆壬子董氏刻本　涵芬楼影明本

唐元（祯）［稹］撰。卢抱经《群书拾补》据宋本订正万历中马调元刻本若干条，江南图书馆藏明嘉靖壬子东里董氏刻本，盖翻宋本也，涵芬楼又影印董刻本。

白氏长庆集七十一卷　明华氏兰雪堂活字本　四库本

唐白居易撰。昭文张氏藏南宋初刻本，即题《白氏长庆集》，卢氏《群书拾补》有校正《白集》若干条。日本元和戊午刻本卷一之五十为前集，卷五十一之七十为后集，七十一为续集，犹未改原次，江南图书馆藏有此书。

白香山诗集四十卷附录年谱二卷 康熙癸未刊本

清汪立名编。舍文录诗，参互众本，重为编次。长庆集二十卷，后集十七卷，别集一卷，又采摭诸书，为补遗二卷，而附以新定年谱一卷、陈振孙旧本年谱一卷，复采诸书之有关居易诗者，各笺注于其下。为《白集》最善本。

香山诗选六卷 乾隆刊本

清曹文埴就《香山集》中讽谕、闲［适］二体选若干首而刻之。

樊川文集二十卷外集一卷别集一卷 明刻本 影宋本

唐杜牧撰。牧诗杰出晚唐，文尤纵横奥衍，多切经世之务。

樊川诗注四卷 嘉庆三年刻本

清冯集梧撰。以牧诗语多直达，故第（谊）［注］事实，不及意义。所注（上）［止］正集四卷，虽附刻外集、别集而不注。

（王）［玉］川子诗集注五卷 康熙孙晴川丛刻本

唐卢同撰，孙之騄（法）［注］。同诗粗犷非风流正声，之騄嗜奇而注之。《月蚀》一篇，考据元和庚寅时事，笺解最详。他注《四库提要》斥其多支离，入存目。

唐少监诗集十卷 汲古阁本 四库本

唐姚合撰。合诗深刻，自成一格，世称“武功体”。宋末“永嘉四灵”宗之。

李商隐诗集三卷　国光社影印钱东涧手写本

唐李商隐撰。唐人能学老杜者，惟商隐一人。三卷本犹是《唐志》之旧，所传钱谦益手写本，系从宋本录，据北宋本校改，又据宋以来写本一一比勘，为传世《李集》最善之本。

李义山诗注三卷附录一卷　康熙刊本

清朱鹤龄撰。明末释道源注《义山诗》未成，钱谦益得真稿，以与鹤龄，鹤龄删其（縈）［繁］冗，复加补辑，而成此注，并附年谱。然亦大辂椎轮耳。

李义山诗集笺注三卷集外诗笺注一卷诗话一卷年谱一卷　乾隆九年刊本

清程梦星撰。于朱《注》之误，颇有订正，然仍不免疏舛。

玉溪生诗意八卷　乾隆四年刊本

清屈复撰。分体编次，就朱《注》而解其意，故曰“诗意”。经两旬而成，大率循文衍义为多。

李义山诗集笺十六卷　乾隆己未刊本

清姚培谦撰。培谦先撰《义山七律会意》，刻以行世。后乃综成此书，仍以分体编次，于朱《注》繁者删之，缺者补之，间亦订正其误而以释意为主，以朱《注》于释意处甚略也。

李义山文集十卷　康熙戊子写刊本

唐李商隐撰，清徐树谷笺，徐炯注。商隐文（学）［字］已佚，从《英华》、《文粹》、《御览》、《玉海》诸部①。凡文一百五十首，又于《全蜀艺文志》得《（创）［剑］州重阳亭铭》，以成此书，所笺注未为赅洽。

玉溪生诗（评）［详］注三卷附年谱诗话一卷　樊南文集详注八卷
乾隆四十五年刊本

清冯浩［撰］。浩所撰先名《笺注》，刻于乾隆二十八年，其后渐次修改，积十五、六年，校改大半，重镌此本，改题《详注》，较他本独为博瞻。

三家评李义山诗三卷　道光广州刊本

朱彝尊、何焯、纪昀评义山诗，录于朱《注》本之上方，何评在《义门读书记》，纪评在《镜烟［堂］十种》中，惟朱评向无刻本耳。

李义山文集十二卷　嘉庆丁丑刊本

是本汪剑潭于校理《全唐文》时录出，而程昌宁刻之。盖采自《永乐大典》者，共文三百五十六首，樊南精英略具于是。

樊南文集补编十二卷附录一卷　同治五年刊本

清钱振伦笺，钱振常注。补编者，从《全唐文》录出义山文二百三首。据阮［文］达作《胡书农学士传》称："从《永乐大典》录出樊南佚文四百余首"。振伦（仿）［访］之学士之子，即此二百三首，惟字句小有异同，籍以考定而已。是注（冯）［淹］② 博逊冯浩，附录则订正冯氏所撰年谱也。

---

① 此语意未完，当云："诸书搜集"。
② 或是别的误字。

玉溪生年谱会笺四卷　刘氏求恕堂刊本

张采田撰。义山年［谱］有朱、程、冯三家所撰，朱、程俱疏舛，冯氏则苦心钩稽，略具端绪，惟于无可援据之中，诸所借证，不免臆决。采田是书，成于《樊南补编》之（浚）［后］，详加考订，大致精确。称“会笺”者，盖采田本有诗文补笺，今移缀每年谱下，与单做年谱者不同，故也。

金荃集七卷附录一卷　汲古阁本

唐温廷筠撰。《文献通考》云：“温庭筠《金荃集》七卷，《别集》一卷。”毛晋所刻，盖翻宋本。尚有《金荃词》一卷，晋跋云“嗣刻”，今未见传本。

温飞（乡）［卿］诗集笺注九卷　康熙三十六年秀野草堂刊本

明曾益［谦］撰，清顾予咸补辑，其子嗣立重订。益［谦］所注名《八（又）［叉］集》，有刻本，惟极疏舛，经顾氏校正，所补注虽远胜曾氏，亦不为赅备。余有何义门评校本。昭文张氏有校宋本，未见。

丁卯集二卷续集二卷续补一卷集外遗诗一卷　四库本

唐许浑撰。浑诗亦晚唐杰出。席氏及毛晋刻本仅二卷，诗三百余篇。《四库》著录本较为完备。曾见有笺本，极陋。

文泉子集一卷　道光别下斋刻本

唐刘蜕撰。其文原本杨雄，多奇奥，在元（佶）［结］、孙樵之间。抄本多流传，别下斋刻本最善。

李群玉集三卷后集五卷　四库本

唐李群玉撰。黄丕烈有宋刻本，《集》三卷，《后集》五卷，毛晋则并前后集为三卷。黄跋云“取宋刻校毛刻，其异不可胜纪，且其谬不可胜言”云云。

皮子文薮十卷　光绪兰雪堂影宋本

唐皮日休撰。其文原本经儒术，在唐人中极为醇粹。

笠泽丛书七卷补遗一卷续补遗一卷附考一卷　嘉庆海昌许氏刊本

唐陆龟蒙撰。自以为丛脞细碎，故名“丛书”，文皆小品，饶闲情逸致。《文献通考》作“七卷补遗一卷”，与宋樊开本合。宋政和间［朱］衮重刊，分甲、乙、丙、丁四卷，补遗一卷，即《四库》著录本也。许梿翻刻樊开本，极精，（未）［末］附校记，详列各本异同得失，尤善。

甫里集二十卷　明成化严刻本　明万历许刻本　四库本

唐陆龟蒙撰。龟蒙著作载于《笠泽丛书》者，卷帙无多，即《松陵集》亦仅［唱］和之作，不为赅备。宋宝祐间，叶茵搜采诸书，得遗编一百七十一首，合二书所载四百八十一首，共六百五十二首，编为十九卷，附录总为二十卷。明成化昆山严景和重刊之，附录中增（相）［胡］宿所撰《甫里先生碑铭》一篇。万历松江许（目）［自］昌又翻严本，又增范成大《吴郡志》一条，王（厘）［鏊］《姑苏志》一条。

云台编三卷　明嘉靖严嵩刻本　四库本

唐郑谷撰。或诋其格调卑下，然（日）往往于风调之中，别饶思致，亦晚唐一作家也。

司空表圣文集十卷　四库本　朱氏结一庐刊本

唐司空图撰。图为晚唐第一完人，其文集本题《一鸣集》。朱氏所刻为明成化本，曾经曹学佺、彭元瑞所藏者。

司空表圣诗集三卷附录一卷　吴兴刘氏刊本

唐司空图撰。图诗《唐音统签》分五卷，席刻《百家诗》作三卷，刘氏所刊从席本，而以《统签》校之。

韩内翰别集一卷　汲古阁本　四库本

唐韩偓撰。偓诗激昂慷慨，发于忠愤之气。席刻《十三唐人集》韩偓一卷补遗一卷，《香奁［集］》一卷，《四库》仅以（列）［别］集一卷著录。

香奁集发微一卷　新刊本

唐韩偓撰，清宗室震［钧］注。按《香奁集》三卷，沈括以为和凝所作，后嫁名于偓者，震钧为偓作，援证时事以释之。聊备一说，可也。

唐英歌诗三卷　汲古阁本　四库本

唐吴融撰。融诗音节谐雅，有中唐遗风。

桂苑笔耕集二十卷　高丽本　粤雅堂本

唐高丽崔致远撰。致远为高骈淮南从事，见《唐志》。集中“讨黄巢”一檄最杰出，他文亦渊雅可观。其《集》唐宋皆著录，后佚，

《全唐诗》文概未收采。道光间高丽有活字本，流入中国，人始得见。粤雅堂有翻本。

元英集八卷　汲古阁本　四库本

唐方干撰。干诗气格清迥，意度间远，亦晚唐间一能手。

（**罹**）［**罗**］**昭谏集八卷**　康熙九年刊本

唐（罹）［罗］隐撰。隐著书因见《吴越备史》，多佚。是《集》出张瓒所辑，卷七有《广陵妖乱志》四则，卷八《两同书》。隐在晚唐有盛名，志节尤（娇）［矫］然，其诗多寓忠愤。

白莲集十卷　汲古阁本

唐释齐己撰。其诗五言律，沿武功一派，在《集》中为最胜。

禅月集二十五卷补遗一卷　汲古阁本

唐释贯（体）休。其诗略粗豪，文颇闲雅。

浣花集十卷补遗一卷

唐韦庄撰。庄诗在五代最杰出，词尤工。是《集》只刻诗。

骑省集三十卷　南陵徐氏影宋本

宋徐铉撰。其文俪体为多，然雅淡有余，冲融演迤，能自成家；诗嫌流易，而间有思致。宋椠本挽近始出，南陵徐氏所刊者是也。前此有李刻本，又有王锡元《校勘记》二卷《补遗》一卷，盖据旧抄以校李刻者。

目录学讲义①

①伦氏《目录学讲义》连载于《讲坛》1937年出版的复刊纪念号第五期、第六期、第七—八期中，未完。原书著者为“亢庐导师　伦哲如”。

目录学之要重

研究国学者之于目录学，譬之游西湖者必观西湖便览，到上海者必阅上海指南。盖我国载籍极博，凡属于四部者，或属于四部中之一部者，又或属于一部中之一类者，如某书应读、某书应参考、某书内涵之醇驳、某书版本之佳劣完缺，舍求之目录学，则不能知也。

目录学与版本学

今人每将版本目录混为一谈。其实版本自版本，目录自目录。版本学者，辨别古今版刻之行格款式、字体、纸质、墨色种种之异同。目录学亦与版本相涉，例如某书刻本佳、某书刻本不佳、某书完、某书不完之类，然而所涉甚广，例如某书醇、某书疵、某书醇疵参半、某书大醇小疵、某书小醇大疵。又同一书也，注之者多家、校之者多家，某注本、某校本精而详，某注本、某校本疏而略。凡醇者、精者、详者，悉阐发之，不厌其多，应有尽有；凡疵者、疏者、略者，悉指摘之，亦不厌其多，应有尽有，令阅目录者知所取舍。又如历代传本之存或佚、完或缺，又或已佚已缺而经重辑重补，一一著之，令阅目者一览了然，所谓目录学也。为版本学者，属自古之今部分藏书家所有事；为目录学者，通古与今凡一般学者所有事也。

目录与目录学

今人又每以目录为即目录学，误矣。古今来公私藏书目录，皆簿记耳，何足言学？然目录学基于目录而成，故研究目录学者，关于目录之各事项，固不可不知也。

书之起源①

古者称书曰“竹帛”，竹谓“简”，帛谓“纸”也。其用竹者，刘向《别录》云：“杀青者，直治竹作简书之耳。新竹有汗，善朽蠹，凡作简者，皆于竹炙干之。陈楚间谓之汗，汗者，去其汗也。”而其用者有二：一为刀刻，《说文解字》“八体”中之“刻符”是也；一为漆书，《后汉书·杜林传》：“于西州得漆书古文《尚书》一卷。”《晋书·束晳传》“太康二年，汲郡人发塚，得竹书数十车，皆简编科斗文字，杂写经史”是也。惟用竹，故书每称“册”。《春秋左传杜预序》疏引《郑氏论语序》：《钩命诀》云：《易》、《诗》、《春秋》、《礼》、《乐》皆尺二寸（当依《左传》疏引作二尺四寸）。《孝经》谦半之，《论语》八寸策者三分居一，又谦焉。是班、郑所见古简策书，其大小虽不一，而同谓之册。凡竹简必编以绳，亦护以革。《史记》：“孔子晚喜《易》，韦编三绝”，《北堂书钞》引刘向《别录》：“孙子书以（同已）杀青简编以标系绳”是也。其用帛书，较竹简便于舒卷，故一书谓之几卷，《汉书·艺文志》有称若干篇者，竹也；有称若干卷者，帛也。卷之心卷圆辊，两头稍长出于卷，余出如车轴然。《隋书·经籍志》云：“炀帝即位，秘阁之书分三品：上品红瑠璃轴，中品绀瑠璃轴，下品漆轴。”《旧唐书·经籍志》：“集贤院御书：经库，皆钿白牙轴，黄缥带，红牙签；史库，钿青牙缥带，绿牙签；子库，雕紫檀轴，紫带，碧牙签；集库，绿牙轴，朱带，白牙签。”盖隋唐间简册已亡，存者止卷轴，故一书又谓之几轴也。（以上《书用竹帛考》）

---

① 原有编号“（一）”，然编号不连续，故删。

汉末，蔡邕书《九经》，刻石鸿都大学，是为以石刻经之始。嗣后有魏三体之《尚书》、《左传》。陆深《河汾燕闲录》：“隋文帝开皇十三年十二月初十日敕，废像遗经悉令雕造。”《敦煌石室书录》：“大隋《永陀罗尼本经》，上面左有施主李和顺一行，右有王文诏雕版一行。”宋太平兴国五年翻雕隋本，唐石台之隶书《孝经》，唐开元御书《道德经》，今易州石刻，乃其旧本。以石刻子，殆始于此。至唐僖宗时，乃见刻板。唐柳玭《家训序》云：“中和三年癸卯夏，銮舆在蜀之三年也。余为中书舍人，旬休，阅书于重城之东南，其书多阴阳杂记、占梦、相宅、九宫、五纬之流，又有字书小学，率雕板印纸，浸染不可晓。”是为书有刻板之始。宋朱昱《猗觉寮（日）［杂］记》云：“雕印文字，唐以前无之，唐末益州始有墨版。后唐方镂《九经》，悉收人间所收经史，以镂板为正。见《两朝国史》。”是亦一证。至五代而大盛。薛《五代史·唐书·明宗纪》：“长兴三年二有辛未，中书奏请依《石经》文字刻《九经》印板，从之。”又《汉书·隐帝纪》：“乾祐元年五月己酉朔，国子监奏《周礼》、《仪礼》、《公羊》、《穀梁》四经未有印板，欲集学官考校雕造，从之。”宋王溥《五代会要》：“周广顺六年六月，尚书左丞兼判国子监事田敏，进印板《九经》书、《五经文字》、《九经字样》各二部，一百三十册。”“显德二年二月，中书门下奏国子监祭酒尹（敏）状称［掘］：‘准敕校勘《经典释文》三十卷，雕造印板，欲请兵部尚书张昭、太常卿田敏同校勘。’敕其《经典释文》已经本监官员校勘外，宜差张昭、田敏详校。”其时士大夫之好事者，如《宋史·毌守素传》云：“毌昭裔在成都，令门人勾中正、孙逢吉书《文选》、《初学记》、《白氏六帖》镂板，守素赍赍至中朝，行于世。”至自刻已集，如《薛史·和凝传》云：“平生为文章，长于短歌艳曲，尤好声誉。有集百卷，自篆于版模，模印数百部，分惠于人焉。”有贯休《禅月集》，有王衍乾德五年昙域后序，称“检寻稿草及暗记忆者，约一千首，雕刻成（都）［部］”。五代刻板，可考者如此。至宋遂风靡天下，无书不刻矣。［以上（考）《书有刻板考》］

活字板印书之制，亦疑始于五代。晋天福铜板中，载宋岳珂《九经三传沿革例》，此铜板殆即铜活字板之名称。明陆深《金台纪闻》云：“（昆）［毘］陵人初用铅字，视板印尤巧妙。”此为今日铅印字之滥觞。宋庆历中，毕昇造胶泥活字板，其法用胶泥刻字，如薄钱唇，每字为一印，火烧令坚。先设一铁其上以松脂蜡和纸灰之类冒之。欲印，则以一铁范置板上，乃密布字印满纸。铁范为一板，持就火炀之。药稍融，则以一平板按其面，则字平如砥。若印三二本，未为简易。若印数十百本，则极为神速。详沈括《梦溪笔谈》。元时活字印书虽不传，尝见明嘉靖翻刻王桢《农书》三十六卷，后有文移一通。内称，梨板刻字，书匠工食银两于司库贮泰山顶庙香钱内动支。后载桢“前任宣州旌德县尹时，方撰《农书》，因字（字）数太多，难于刊印，故尚己意，命匠创活字，二年而毕工，试用一如刊本。古今此法，未有所传，故编录于此，以待后之好事者，为印时省便之法。本为《农书》而作，因附于后”。然则元时活字用木刻，即此可知。但谓“古今此法，未有所传”，则不知两宋已有此法也。明以来，活字板盛行。弘治间，锡山华氏兰雪堂、会通馆印书为世珍秘。其他此类活字印本。传世甚多。至清乾隆时，《四库全书》告成，由《永乐大典》内编辑成者三百余种，其二百数十种，以活字板印行，并刊《武英殿聚珍程式》一卷流布。自是活字板辅刻板并行，以至今日。（以上书有活字板考）

光绪中叶，上海点石斋、同文馆始创石印，巨书若影印《二十四史》，缩印最小者若《佩文韵府》、《渊鉴类函》。嗣是石印渐广。宣统间，由日本传入珂罗板印，仅见《刘梦得集》等数种，以费多价

重，多用之字画，而书籍则甚罕也。（以上石印、珂罗板印）

古时书多手抄，今所传唐卷子本是也。宋时书虽刻板而抄仍不废。明人最（妙）［好］抄书，今所传者，曰长洲吴匏庵丛书堂抄本、曰长洲文衡山玉兰堂抄本、曰金坛王肯堂郁冈斋抄本、曰常熟毛子晋汲古阁抄本。其他著者尚多，有巨至百十册者。然通行抄本，大率少校雠之功，讹脱百出，而精善者甚罕。清代藏书家，素贵旧抄本，其自抄者亦重校仇，最精者若御儿吕用晦家抄本、长洲吴枚庵手抄本。至若藏而未刊之稿本，尤足珍也。（以上考抄本）

书之分类

刘歆《七略》：一辑略、二六艺、三诸子、四诗赋、五兵书、六术数、七方技。班固因之，改七为六：一、六艺九种：易、书、诗、礼、乐、春秋、史记，附论语、孝经、小学；二、诸子十种：儒、道、阴阳、法、名、墨、纵横、杂、农、小说；三、诗赋五种：正赋、杂赋、歌诗三种；四、兵书（五）［四］种：权谋、形势、阴阳、技巧；五、术数六种：天文、历谱、五行、蓍龟、杂占、形法；六、方技四种：医、经方、房中、神仙，而无辑略。王俭作《七志》：一经典并史记、二诸子、三文翰、四军书、五阴阳、六术艺、七图谱，其道佛附见，共九条。阮孝绪作《七录》：一经典、二纪传、三子兵、四文集、五技术、六佛、七道。而许善心之《七林》因之，效《七录》各为总序，冠于篇首。至荀勖併为四部：一甲、纪六艺小学；二乙、有诸子、兵书、术数；三丙、有史记、旧事、皇览、簿杂事；四丁、有诗赋、图赞、汲冢书。而李充之四部因之，五经为甲，史记为乙，诸子为丙，诗赋为丁。谢灵运、王亮之四部亦同。任昉于四部外，加入术数一部，为五部。《隋志》经十种：易、书、诗、礼、乐、春秋、孝经、论语（附尔雅、解经）、纬书、小学；史十三种：正史、古史、杂史、霸史、起居注、旧事、职官、仪法、刑法、杂传、地理、谱系、簿录；子十四种：儒、道、法、名、墨、纵横、杂、农、小说、兵、天文、历数、五行、医；集三种：楚辞、别集、总集。道经、佛经附于总集之末。唐之四库因之，甲部，经类十一：易、书、诗、礼、乐、春秋、孝经、论语、谶纬、经解、小学；乙部史类十三：正史、编年、伪史、杂史、起居注并实录、故事、职官、杂传记并女训、仪注、刑法、目录、谱牒、地理；丙部子类十七：儒、道并神仙、释氏、法、名、墨 、纵横、农家、小说、天文、历算、兵行、艺术、类书、明堂经脉、医术；丁部集类三：楚辞、别集、总集。《旧唐书志》：甲部多训诂，丙部少艺术、类书、明堂经脉。宋明于四部之外，加天文图画，为六阁。经类六：正经、经解、训诂、小学、仪注、乐书；史类十二：正史、编年、杂史、史抄、故事、职官、传记、岁时、刑法、谱牒、地理、伪史；子类八：儒家、道家、释书、子书、类书、小说、算术、医书；集类二：别集、总集；天文类十五：兵书、历书、天文、占书、六壬、遁甲、太乙、气神、相书、卜筮、地理、二宅、三命、选日、杂录；图书类三：古画、新画、墨迹。《明志》经类十一：易、书、诗、礼、乐、春秋、孝经、诸经、四书、小学；史类十一：正史、杂史、抄史、故事、职官、仪注、刑法、传记、地理、谱牒；子类十二：儒家、杂家、农家、小说家、兵书、天文、历数、五行、艺术、类书、道家、释家；集类三：别集、总集、文史。清乾隆时修《四库全书》：经部十类：易书、诗、礼、春秋、孝经、五经总义，四书、乐、小学；史部十五类：正史、编年、纪事本末、别史、杂史、诏令、奏议、传记、史抄、时令、地理、职官、政书、目录、史评；子部十四类：儒家、兵家、法家、农家、医家、天文、算法、术数、艺术、谱录、杂家、类书、小说家、释家、道家；集部五类：楚辞、别集、总集、诗文评、词曲。按：李充始以子居史下，隋改诗赋为集。（无古文集之名，两汉皆云某人某书某篇，某人所著，某人凡几篇，而不名为集。阮孝绪《七略序》云："顷世文词总谓之集。"则名集始于梁时可知。）唐以佛道附子，自是而后，体例渐归画一。

《四库全书总目提要》各部之首，冠以总序，四十三类之首亦各冠以小序。此刘氏《辑略》之遗意也。其分并门目，择善而从。如：诏令、奏议，《文献通考》入集部，以其事关国政，诏令从《唐志》例入史部，奏议从《汉志》例亦入史部，《东都事略》之属不可入史，又不可入杂史，从《宋史》例立别史一门。香谱、鹰谱之属，旧志入之农家，从尤袤《遂初堂书目》例立"谱录"一门。名家、墨家、纵横家，历代著录不过一二种，从黄虞稷《千顷堂书目》例，并入杂家为一门。兼诂群经者，《唐志》题曰"经解"，则不见其为群经。朱彝尊《经义考》题曰"群经"，又不见其经解。徐乾学通志堂所刻，改名曰"总经解"，何焯又讥其杜撰，则取《隋志》之文，名之曰"五经总义"。凡斯之类，具征不苟，视他史志胜矣。《清史稿·艺文志》因之。（《四库提要》词曲类，有词无曲，盖原有而后削之，清史志有曲十余种。）

目录之例，因时而变。如金石、目录二门，前史仅附庸于史部，今两类材料大增，似宜量为变通，使之匀称。他门有类此者，亦宜推及之。又近日各图书馆多以点画繁简分类，不复拘于四部。按以点画繁简分类，于检寻自较便，可兼用之。若因是而废除四部之别，则大不可也。

书之聚散

古者书掌于官。周以前不可考，春秋时犹有柱下之职，然而亡佚者亦多矣。秦火为一大厄，西汉三万九百卷，藏于兰台、麒麟、天禄之阁，石渠、石室、延阁广内之府尽于王莽之末（见《隋志》）。东汉万三千二百六十九卷，藏于东观仁寿阁，尽于董卓移都（见《后汉儒林传》）。晋二万九千九百四十五卷，藏于秘书中外三阁，尽于惠怀之乱（见《隋志》）。东晋秘阁三千一十四卷，孝武时三万六千卷，宋六万四千五百八十二卷，藏于总明观，齐万八千一十卷，藏于学士馆，尽于末年兵火（见《齐史》及《隋志》）。梁二万三千一百六卷，藏于文德殿华林园，江陵七万余卷，（画）［尽］于元帝自焚。北齐三万余卷，藏于文寿文林（见《隋书》及《唐史》），后周万五千卷，藏于虎门麟趾，隋十万三千二百七十八卷，藏于修文观文殿，尽于砥柱舟覆（见《隋书》及《唐史》）。唐四库八万九千卷，藏于集贤院，尽于安禄山；十二库七万余卷，尽于黄巢（见《唐会要》及新、旧《唐书志》）；宋三馆秘阁三万六千二百十卷，尽于祥符之灾；崇文院三万六百六十九卷，别藏于龙图阁、太清楼，尽于靖康之变；中兴四万四千八十六卷，尽于绍定之灾（见《通考》、《宋会要》、《宋史志》及钱惟演《玉堂逢辰录》）；明秘阁散于正德中（见陆深《俨山堂外集》）；内库散于万历末（见刘若愚《隐居通议》）；清末庚子之乱，《永乐大典》全部散佚。清宫所存古籍，见《天禄琳琅书目》初、二编，亦渐有散佚。今存者，一部分归北平图书馆，又一部分归故宫图书馆。此累朝历劫所残留，允宜倍加护惜。由此可见书籍递传递失。以今视古，百不存一，致可惜也。

私家藏书之富，始见于唐。韩昌黎诗：“□侯家多书，插架三万轴。一一悬牙签，新若手未触。”三万轴，即三万卷也，惜不传其何目。宋人始有藏书目传世。今传者，尤袤之《遂初堂书目》。至如晁公武《郡斋读书志》、陈振孙《书目解题》，上继刘向《别录》、下开乾隆《四库提要》之例，二书今并为目录家所重。明人叶氏箓竹堂、祁氏澹生堂最著。至明清之际，则钱氏绛云楼、毛氏汲古阁、黄氏千顷堂、王氏池北书库等最著，此外尚多。而钱遵王之《读书敏求记》，辨别源流，言版本者资之。至近世而愈盛，约分数派：若杨氏之《楹书隅录》详于版本（按尤袤之《遂初堂书目》所录之书，有成都石经本、秘阁本、旧监本、京本、江西本、吉州本、杭本、旧杭本、严州本、越州本、湖北本、川本、川大字本、高丽本等，言版本者当始此）。陆氏之《皕宋楼书目》兼载序跋；瞿氏之《铁琴铜剑楼书目》并校异文，皆其例也。洪亮吉《北江诗话》云："藏书家有数等：钱少詹大昕、戴吉士震为考订家；卢学士文弨、翁阁学方纲为校雠家；鄞县范氏天一阁、钱唐吴氏瓶花斋、昆山徐氏传是楼为收藏家；吴门黄主事丕烈、乌镇鲍处士廷博为赏鉴家；吴门书估钱景开、陶五柳、湖南书估施汉英为掠贩家。"按考订、校雠，原相须为一事，非博极群书者，不足语此，最为难得。赏鉴家风流文采，非他玩物丧志之比。收藏家多文为富，供寒士一瓻之借，亦属可贵。惜近年零落殆尽，如陆氏皕宋楼、丁氏善本书屋、丁氏持静斋、杨氏海源阁，已全散出。最近德化李氏所藏，亦将出售。其余小藏书家更不可胜数。所剩者惟天一阁、铁琴铜剑楼、吴兴刘氏嘉业堂数家耳。旧家顿尽，继起无人。今后私家藏书将渐渐衰熄以至于无，可断言也。至掠贩家尤为可恨，二十余年来，京沪书贾四处搜括，几于竭泽而渔，所掠得之书，除一小部分归公私各图书馆外，余都流出海外，一去不返，吁可惧哉。

近代编辑目录之事渐盛，亦分数派。如朱彝尊之《经义考》、谢启昆之《小学考》，此以一类为限者也。若徐世昌之《畿辅书征》、张国淦之《湖北书征存目》、项元勋之《台州经籍志》、孙诒让之《温州经籍志》，此以一省一区或一府为限者也。若钱氏、胡氏、袁氏艺文目，此以一家为限者也。若拙著之《渔洋著述书目》，此以一人为限者也。又若顾修之《汇刻书目》、朱记荣之《续汇刻书目》、杨守敬之《丛书举要》、孙耀卿之《丛书目录拾遗》，此类甚多，则供购书者之检查也。若倪氏之《经籍会要》、张氏之《书目答问》，近来此类书甚滥，佳者甚尠，则示读书者所取资也。是皆不必家有其书，自见其书，但据目以成编，其中或有不可信者，须分别观之。

清代撰著之特色

撰著之体，代有进步。清代特色有六，请列举之：一曰辑佚，亡者复存，缺者复完，例开于李鼎祚《周易集解》、王应麟《周易郑康成注》。此风至嘉庆以后而大盛，如孙星衍、孙冯翼、茆泮林、王谟、马国翰、汤球、黄奭之徒，又官辑《永乐大典》诸种皆是也。一曰补注，原本古义摘谬订讹，四部中皆有之，不可胜举。一曰订残，人弃我取，俾成完书。经部中如《逸周书》、《尚书大传》、《大戴礼》及诸纬书，史部中如《元史》，子部中如《墨子》之类是也。一曰校勘，参证异本，折衷一是，四部中皆有之。一曰缁译，语经重译，书乃同文，创于六朝之译佛经，明季之译地舆、历学。近数十年间，佔毕之童，亦能操笔，而佳者殊寥寥也。一曰丛刊，汇散为整，搜沈阐幽，此风始于宋人之《儒学警悟》、《百川学海》，明人绍之，以多为贵而欠精。审乾嘉以来，精若士礼居，博若知不足斋，近如刘氏嘉业堂、张氏适园。其他有限于一地者，限于一家一人者，亦不可胜举也。

目录学有广狭之别

自来目录之书，等于簿记，可称以学者，始于刘向《别录》。若宋陈振孙《书录解题》、晁公武《郡斋读书志》。又若钱遵王《读书敏求记》、乾隆间《四库提要》、阮元《四库未收书目提要》、张之洞《书目答问》俱为近之，示学者以途径使知所取舍，而不必夸多骛博，此狭义之目录学，今日所讲者是也。值今日新旧递嬗之代不及时收拾整理，后来将不可问，宜考其完缺存佚，别其优劣瑜瑕，或保其书或存其目，兹事体大，我辈所宜留意也。

经　部

十三经注疏　武英殿刻附考证本　阮元江西刻校勘记本　上海石印本

单行校勘记本江西刻汪文台十三经校勘记识语二卷　卢文弨《易》、《书》、《左传》、《礼记》、《仪礼》诸注疏皆有校正，在《群书拾补》中

周易正义十卷　汉王弼　晋韩康伯注　唐孔颖达等正义　嘉业堂刊单疏本　江安傅氏影印北宋单疏本

尚书正义二十卷　汉孔安国传　唐孔颖达正义　日本影印单疏

毛诗正义七十卷　汉毛亨传　郑玄笺　唐孔颖达正义

周礼注疏四十二卷　汉郑玄注　唐贾公彦疏

仪礼注疏五十卷　汉郑玄注　唐贾公彦疏　苏州汪氏校刊本

礼记正义六十三卷　汉郑玄注　唐孔颖达正义　张敦仁影宋抚州单注本二十卷附考异二卷　武昌书局翻本　惠栋校本礼记注疏六十三卷　和氏刊

春秋左氏传注疏六十卷　晋杜预集解　唐孔颖达正义

春秋公羊传注疏二十八卷　汉何休解诂　唐徐彦疏　汪士钟影宋单注本公羊传十一卷

春秋穀梁传注疏二十卷　晋范甯集解　唐杨士勋疏

孝经注疏九卷　唐玄宗御注　宋邢昺疏

论语注疏二十卷　魏何晏等订集解　宋邢昺疏

孟子注疏十四卷　汉赵岐注　旧题宋孙奭疏　孔继涵刻微波榭遗书（氏）［本］

尔雅注疏十卷　晋郭璞注　宋邢昺疏　清芬校本　顾千里重刻明吴元恭本　独抱居刊本　臧镛堂重［刊］元雪窗书院本　以上皆单注本　归安陆氏重刊北宋注疏本

永怀堂古注十三经　江宁书局本　杭州书局本

易九卷附略例一卷　书二十卷　诗二十卷　仪礼十七卷

周礼四十二卷　礼记四十九卷　春秋左传三十卷　公羊传二十八卷　穀梁传二十卷　论语二十卷　孟子四十卷　孝经九卷（题汉郑氏注　实唐玄宗注）尔雅十卷

宋元人注五经　明经厂本　扬州鲍氏刻本　南昌万氏本　江宁书局本　武昌书局（本）崇道堂本

宋朱子周易本义四卷　武英殿重刻宋大字本十二卷　宝应刘氏刻本附音训　音训别有金华丛书本

宋程子周易传四卷　江宁本本义依朱子原本十二卷　兼程传明刻本

宋蔡沈书集传六卷　蔡传　宋邹季友音释　高均儒校　吴氏望三益斋刻本

宋朱子诗集传八卷　武昌书局刊本附序

左传杜注三十卷　江宁本有姚培谦补注　春秋旧用胡安国传，乾隆间废；明人多刻《春秋四传》胡传单行本少见　又或加张洽为五传

元陈澔礼记集说十卷　崇道堂本兼录御案　十卷本非原书明刊九行十卷乃原书也

仿宋本四书集注二十六卷附考四卷　璜川吴氏嘉庆辛未刻本

以上诸经旧注。

易　类

郑氏易注十卷　汉郑玄　雅雨堂丛书本　又广州刻古经解汇函本

三卷附补遗一卷

周易郑注十二卷　丁杰辑补　湖海楼丛书本

马王易翼一卷　孙冯翼辑　问经堂丛书本

子夏易传一卷　孙冯翼辑　问经堂丛书本　张澍二酉堂丛书辑本　玉函山房刻本　汉学堂丛书刻本

汉魏二十一家易注三十三卷　子夏易传一卷　孟喜周易章句一卷　京房周易章句一卷　马融周易传一卷　荀爽周易注一卷　郑康成周易注三卷补遗一卷　刘表周易章句一卷　宋衷周易注一卷　陆绩周易述一卷　董遇周易章句一卷　虞翻周易注十卷　王肃周易注一卷　姚信周易注一卷　王廙周易注一卷　张璠周易集解一卷　向秀周易义一卷　干宝周易注一卷　蜀才周易注一卷　翟元周易义一卷　九家周易集注一卷　刘瓛周易义疏一卷

周易集解十七卷　唐李鼎祚　雅雨堂本　古经解汇函重刊雅雨堂本　明嘉靖十六年朱睦㮮刻十卷本最精　学津讨源（周）本　嘉庆木渎周氏刻本　仁和叶氏翻周本　陆心源有校记一卷

周易集解参证十七卷　李道平　湖北丛书本

周易集解賸义一卷　李富孙　校经庼原刻本　读画斋丛书本　槐庐丛书本

周易集解校异二卷　李富孙　校经庼原刻本

易异文释六卷　李富孙　校经读庼原刻本

周易口诀义六卷　唐史征　武英殿聚珍本　岱南阁巾箱本　古经解汇函重刻孙本　闽刻本　粤刻本

孙氏周易集解十卷　孙星衍　岱南阁刻巾箱本　粤雅堂丛书本

周易虞氏义九卷虞氏消息二卷虞氏易礼二卷虞氏易事二卷易言二卷易候二卷　张惠言　茗柯全集本　学海堂本无易言易侯　刘逢禄易言补易虞氏五述在刘礼部集内

周易虞氏义笺九卷 曾钊 嘉庆面城居三种本

周易虞氏略例一卷 李锐 自刻本

周易郑氏义二卷 张惠言 茗柯全集本

周易荀氏九家义一卷 张惠言 茗柯全集本

易义别录十四卷 张惠言 茗柯全集本

周易姚氏学八卷周易通论月令二卷 姚配中 汪守成刻本 湖北书局本 又有周易通论月令二卷 聚学轩本 易学阐元一卷 花雨楼本

卦气解一卷 宋翔凤 浮溪精舍丛书本

周易集解参证十二卷 李道平①

易章句十二卷易图略八卷易通释二十卷易话二卷易广记三卷 焦循 道光刻雕菰楼丛书本 光缩翻本

周易补疏二卷 焦循

周易倚数录二卷附图一卷 杨履泰 聚学轩刻本

周易指十五卷 端木国瑚 道光刊本

周易占考一卷 金榜 积学斋丛书本

周易诸卦合象考一卷 任云倬 鄦斋丛书本

周易互体卦变考一卷 任云倬 仝上

京氏易八卷 王保训辑 木犀轩本

周易费氏学八卷叙录一卷 马其昶 集虚草堂本

费氏易订文十二卷 王树枏 文莫室自刻本

周易篆传消息升降大义述一卷周易消息升降爻例一卷易汉学考二卷易汉学师承表一卷 吴翊寅 光绪广州刻本

汉魏二十一家易注 孙堂 映雪草堂刊本

---

① 此条复出，此处照录原文。

子夏易传一卷　孟喜周易章句一卷　京房周易章句一卷　马融周易传一卷　荀爽周易注一卷　郑康成周易注三卷补遗一卷　刘表周易章句一卷　宋衷周易章句一卷　陆绩周易述一卷　董遇周易章句一卷　虞翻周易注十卷　王肃周易注一卷　姚信周易注一卷　王廙周易注一卷　张璠周易集解一卷　向秀周易义一卷　干宝周易注一卷　蜀才周易注一卷　翟元周易义一卷　九家周易集注一卷　刘瓛周易义疏一卷①

易汉学八卷　惠栋　经训堂丛书本

读易汉学私记一卷　陈寿熊　续经解本

易说二卷　陈寿熊　光绪刊本

易说六卷　惠士奇　家刻本　璜川吴氏经学丛书本　学海堂本

周易述十九卷易微言二卷　惠栋　卢氏刻本　周易述补四卷 江藩　自刻本　二书皆有学海堂本

周易本义辨证五卷　惠栋　省吾堂刻本

易例二卷　惠栋　贷园丛书本　指海本

易图明辨十卷　胡渭　康熙丙戌刊本　守山阁本　粤雅堂本

易图条辨一卷　张惠言　茗柯全集本

易确二十卷　许桂林　道光自刻（木）本

周易解诂一卷　丁晏　广雅局本

易释四卷　黄式三　南菁书院本　广雅局本

易学象数论四卷　黄宗羲　广雅局本

周易二间记二卷　茹敦和　家刻遗书本　绍兴往哲遗书本　南菁丛书本

易纬十二卷　八种

① 此条与其他条格式不同，依原文照录。

乾坤凿度二卷（伪）　乾凿度二卷（有艺海珠尘本）　稽览图二卷（有珠尘本）　辨终备一卷　通卦验一卷　乾元序制记一卷（伪）　是类谋一卷（有珠尘本）　坤灵图一卷

易纬略义三卷　张惠言　茗柯全集本　广雅局本

乾凿度郑注二卷　丁杰辑补　雅雨堂本

读易别录三卷　全祖望　知不足斋刊本

以上易之属

书　类①

尚书大传定本八卷　汉伏胜

尚书马郑注十卷　孙星衍辑　岱南阁刊本

尚书古今文注疏三十卷　孙星衍　平津馆刊本　重刊本

尚书郑注十卷　汉郑康成　孔广林辑　函海本

古文尚书疏证八卷　阎若璩　眷西堂原刊本　汪氏振绮堂重修本

古文尚书冤词八卷　毛奇龄　西河全集本

古文尚书考二卷　惠栋　乾隆刊本

尚书条辨四卷　宋鉴　乾隆刊本

尚书后案三十卷　王鸣盛　乾隆庚午刊本　学海堂本

尚书证义三卷　周用锡　嘉庆刊本

尚书涉传八卷　戴祖启　嘉庆刊本

尚书隶古定释文八卷　李遇孙　嘉庆刊本

古文尚书修辨五卷　梁上国　传抄本

书传补商十七卷　戴钧衡　咸丰刊本

书传疑纂六卷　戴钧衡　传抄本

---

① 整理者加注。

古文尚书私议三卷　张崇兰　同治刊本

尚书后案驳正二卷　王劼　咸丰刊本

尚书余论一卷　丁晏　颐志斋刊本

今文尚书经说考三十三卷　陈乔枞　家刊本

尚书欧阳夏侯遗说考一卷　陈乔枞　家刊本

古文尚书辨八卷　谢庭兰　光绪刊本

古文尚书辨惑十八卷古文尚书释（疑）［难］二卷古文尚书（释）［析］疑二卷　古文尚书商是一卷　洪良品　光绪活字本

古文尚书正辞三十三卷　吴光耀　光绪刊本

尚书传授同异考一卷　邵懿辰　家刊本

尚书通义二卷　邵懿辰　刻鹄斋刊本

古文尚书辨惑二十三卷　张谐之　光绪刊本

尚书古文冤词平议二卷　皮锡瑞　家刊本

尚书释天六卷　盛百二　乾隆十八年刊本　学海堂本

迥书地理今释一卷　蒋廷锡　康熙原刊本　借月山房本　指海本　学海堂本

尚书质疑二卷　顾栋高　乾隆刊本

尚书小疏一卷　沈彤　乾隆刊本

尚书私学四卷　江昱　乾隆刊本

尚书质疑二卷　赵佑　乾隆刊本

尚书异读考六卷　赵佑　乾隆刊本

尚书未定稿二卷　茹敦和　乾隆刊本

尚书条考四卷　宋鉴　嘉庆本

尚书后案三十卷　王鸣盛　乾隆刊本

尚书古今文注疏三卷　孙星衍　平津馆刊本

古文尚书撰异三十三卷　段玉裁　经韵楼丛（堂）［书］本

古文尚书考二卷　惠栋　省吾堂刊本　乾隆五十六年读经楼初刊本

尚书集注音疏十二卷尚书经师系表一卷　江声　原刻篆刊本　学海堂本

尚书补疏一卷　焦循　雕菰楼丛刊本

尚书协异四卷　戴祖启　嘉庆刊本

今文尚书疏证三十卷　皮锡瑞　家刊本

古文尚书疏证辨正一卷　皮锡瑞　家刊本

史记引尚书考一卷　皮锡瑞　家刊本

书经通论一卷　皮锡瑞　家刊本

尚书孔传参正二十四卷　王先谦　光绪虚受堂刊本

尚书笺三十卷　王闿运　湘绮楼刊本

读尚书隅见十卷　谢庭兰　光绪刊本

尚书考六卷　李荣陛　道光刊本

尚书集注述疏二十五卷　（兰）［简］朝亮　光绪刊本

尚书启幪五卷　黄式三　光绪刊本

书经说四卷　陈运镕　求志居刊本

尚书序录一卷　胡秉虔　滂喜斋刊本

尚书既见三卷　庄存与　味经斋刊本

尚书说一卷　庄存与　味经斋刊本

古文尚书辨伪二卷　崔述　东壁遗书本

书经客难三卷　龚元玠　道光刊本

尚书蔡传正讹六卷　左眉　道光刊本

尚书伸孔篇　焦廷琥　广雅书局刊本

禹贡锥指二十一卷图一卷　胡渭　康熙乙西原刻本　学海堂本

禹贡山川郡邑考四卷　明王鑑　南宫图书馆藏旧抄本

禹贡汇疏十五卷附一卷　明茅（徵）［瑞］征　明崇祯刊本

禹贡郑注释二卷　焦循　雕菰楼丛书本

禹贡三江考三卷　程瑶田　通艺录本

书古微十二卷　魏源　光绪刊本

禹贡说二卷　魏源　光绪广州刊本

禹贡新图说二卷　杨懋建　光绪广州刊本

禹贡集解三卷　丁晏　同治刊本

禹贡锥指正误一卷　丁晏　同治刊本

禹贡川泽考二卷　桂文灿　同治刊本

禹贡九州今地图二卷　曾廉　光绪刊本

禹贡蔡传正误一卷　丁晏　同治刊本

禹贡班义述三卷　成蓉镜　光绪刊本

辑本洪范五行传二卷　陈寿祺　左海丛刊本

泰誓答问一卷　龚自珍　（璜）［滂］喜斋刊本

禹贡南北条水道考异十卷　方堃　光绪刊本

禹贡正字一卷　王筠　道光刊本

书义原古一卷（内说禹贡）　张瓒昭　道光刊本

禹贡通释十三卷　童舒颜　民国十二年刊本

禹贡古今通释四卷　侯桢　道光刊本

尚书逸汤誓考六卷　徐时栋　同治刊本

尚书大传三卷　陈寿祺　道光刊本

尚书大传补注三卷　王闿运　湘绮楼刊本

尚书大传疏证七卷　皮锡瑞　师伏堂刊本

毛诗类

毛诗传疏三十卷　陈奂　陆建瀛刊本

毛诗传笺通释三十二卷　马瑞辰　道光十五年刊本　广雅书局刊本

毛诗后笺三十卷　胡承珙　墨庄遗书本

毛诗稽古编三十卷　陈启源　嘉庆八年刊本

诗经小学四卷　段玉裁　抱经堂刊本

毛郑诗考正四卷　戴震　戴氏遗书本

毛郑诗释四卷　丁晏　六艺堂本

诗广诂三十卷　徐璈　道光十年刊本

毛诗补疏五卷　焦循　雕菰楼刊本

毛诗礼征十卷　包世荣　道光七年刊本

校正陆玑毛诗草木鸟兽虫鱼疏二卷　丁晏　六艺堂刊本

陆玑疏考证一卷　焦循　雕菰楼刊本

伦明全集

第二册

伦明 著

东莞图书馆 整理

SPM

南方出版传媒

广东人民出版社

·广州·

图书在版编目（CIP）数据

伦明全集/伦明著，东莞图书馆整理．—广州：广东人民出版社，2017.12

ISBN 978-7-218-12090-4

Ⅰ．①伦…　Ⅱ．①伦…②东…　Ⅲ．①伦明（1875—1944）-全集　Ⅳ．①C52

中国版本图书馆CIP数据核字（2017）第244093号

LUNMING QUANJI

伦明全集

伦明 著　东莞图书馆 整理

出 版 人：肖风华

责任编辑：张贤明　李展鹏　柏　峰
封面设计：彭　力
责任技编：周　杰　易志华　吴彦斌

出版发行：广东人民出版社
地　　址：广州市大沙头四马路10号（邮政编码：510102）
电　　话：（020）83798714（总编室）
传　　真：（020）83780199
网　　址：http://www.gdpph.com
印　　刷：广州市浩诚印刷有限公司
开　　本：787mm×1092mm　1/16
印　　张：165　　插　页：14　　字　数：2300千
版　　次：2017年12月第1版　2017年12月第1次印刷
定　　价：1200.00元（全五册）

如发现印装质量问题影响阅读，请与出版社（020-83795749）联系调换。
售书热线：（020）83780517　83793157

目　　录

续书楼读《书》记

自阎若璩著《古文尚书疏证》，言《尚书》者惑于其说，垂二百年。晚近张崇兰、洪良品、吴光耀等书出，推究源流篇目，于其所谓伪证者，一一寻得反证，使经学界垂定之公案一旦推翻，诚快事也。顾其书流传甚罕，得读者少。学者囿于旧闻，“伪古文”、“伪孔传”之名词仍纷触吾目。近儒如章太炎、王静安辈亦所不免，甚矣博览之难也。余拟续修《四库全书提要》，成《尚书》类提要稿，文繁未翦。容子希白见之，取卫古文者毛西河以下十二篇，及《孔子家语疏证》一篇代为刊布。惟孤陋如余，知其书而未见者尚多：如江宾谷《尚书私学》、周松霭《订阎》、梁九川《尚书条辨》。海内藏家惠而示我，百拜求之。

《古文尚书冤词》

《古文尚书冤词》八卷（《西河合集》本），清毛奇龄撰。奇龄原名甡，后更今名，字大可，浙江萧山人，康熙十八年举博学鸿词，授检讨。是书分八卷：首总论，次今文《尚书》，次古文《尚书》，次古文之冤始于朱氏，次古文之冤成于吴氏，次《书》篇题之冤，次《书》序之冤，次《书》小序之冤，次《书》词之冤，次《书》字之冤。前有其门人李蠡吾（塨）序。

总论称崇祯十七年，国子助教邹镛请分今古文《尚书》，而专以今文取士为言。会京师戒严，不及报。康熙三十六年，福建漳浦县学生蔡衍鎤奏请立《孝经》于学官，废《礼记》，分今文古文《尚书》；而征《尚书》于海外，以定真伪。其所以征海外书者，因欧阳修作《日本刀歌》，其末有云：“徐福行时书未焚，《尚书》百篇今尚存。令严不许通中国，举世无人识古文。”谓海外当有真古文也。夫谓海外有真古文，则中国古文伪矣；海外真古文当求，则中国伪古文当废矣。其疏虽为通政司所格不得上，而毁经之机已决。《古文尚书冤词》

所由作也。

自来攻古文者，谓经文早亡，何突出于东晋？奇龄据《隋志》辨之曰：

梅赜所上系孔传而非经文。而经文在内者，直记曰永嘉乱后，犹存经文；在外者，则自都尉朝至桑钦，尹敏至杨伦，太保郑冲至梅赜，皆历有授受。

又攻古文者，每援赵岐注《孟子》，郑康成注《礼记》，韦昭注《国语》，杜预注《左传》，所引古文《尚书》之文，皆注曰“逸《书》”，以是为古文作伪之据。奇龄辨之曰：

汉功令所重者在学官，凡古学今学，必立学官以主之，出此者即谓之逸，以逸于学官外也。今文立学称《尚书》，不立学即称“逸《书》”。

攻古文者每混孔安国古文与杜林漆书古文为一。奇龄辨之曰：

贾逵父贾徽曾受《书》涂恽，是古文正派。而其后逵与马、郑，则皆受杜林之学，虽名为古文，而实则与孔壁古文不同：一是漆书，一是壁经也。

攻古文者，每涉大小序，概斥为伪。奇龄辨之曰：

《书》大序真伪，与古文全不关涉；惟小序则古文中本有之书。但大序亦断非伪作，并非魏晋间人所得为。按《汉志》“上断唐虞，下讫于秦”诸语，皆用序言。而《正义》疏科斗书，引郑玄注科斗书为证，则“科斗”二字，仅见大序；既有汉注，则非魏晋所得伪可知。至于小序，则《汉志》明云，孔子删书百篇，而为之序；即贾、马、郑三人，亦皆云小序孔子所作。今虽不定为孔子；然与书同出孔壁，则真正旧本，非复后人可伪为者。

奇龄又辨司马迁未见古文曰：

古文之出，迟至武帝三十八年，太初之后。《汉志》所云，武帝末得古文《尚书》；而刘歆移太常博士，则云古文《尚书》在天汉之后献之。《史记》作于太初元年，越四年而后改元天汉；况曰天汉后，则并非元年明矣。乃既献古文，越太始四年而即遇征和巫蛊之变。况天汉、太始，正值迁救陵祸之际，发愤不暇，虽与安国相好，问其大略，然简牍繁重，必不能得其所写之一本而更写之，可断言也。

又辨许慎亦不见古文曰：

许慎《说文》序云："《易》孟氏，《书》孔氏，《诗》毛氏，《礼》，《周官》，《春秋》左氏，《论语》，《孝经》皆古文也。"据此则其所引《书》，惟孔氏古文可知。乃考之《说文》，则有二十八篇中字，而增多之篇，无一字相及，何以曰《书》孔氏？不知此正贾逵漆书之本也。东汉和帝时，上命贾逵修理旧文，而逵未之应；于是许慎采史籀、李斯、扬雄之书，博访通人，而以贾逵为指归。是慎所本者，正贾逵之学也。贾逵学杜林，妄以漆书为孔壁旧本，为之作训，而慎实祖之。又卫宏亦学于杜林，受漆书古文，而《说文》序又曰，慎又学《孝经》孔氏古文说，其书皆建武时给事中议郎卫宏所校。是慎所祖述，一宏一逵皆杜林之本。

其他如考十六篇、十八篇之卷数，论口授传言之为说《书》，辨古文科斗篆隶今文之有区别。至如所列《书》词中，如辨"人心之危"二句，非袭《荀子》；《尧曰》章之非引经，"四海困穷"二句之异于常解；水火金木六府之出于《九畴》；七世三庙之异于《吕览》；《周官》公孤之为兼官。所列《书》字中，如论夏侯三家之与马、郑异，马、郑两家疏解之各异，郑氏一家而《正义》、《释文》又异；与夫"九功"之非《九共》篇文；斥罗敦仁父子之伪造今文《尚书》古本，皆识解高超，援据精确，足以关掊击者之口。其述作书之旨曰："予解经并不敢于经文妄议一字；虽妄有辨论，辨传非辨经也。即或于经文有所同异，亦必以经正经，同者经，即异者亦经也。”斯言也，可正一切疑经改经者之失。

又阅《西河集》有《复冯山公》论古文云：

> 武帝时，先立欧阳《尚书》于学官，至孝宣世，复立大小夏侯《尚书》，而分作两官，故并名欧阳、大小夏侯《尚书》。其云“并亡”(《隋志》所云)，以永嘉之乱，两书并亡也。至于“并亡”作句，恐疑古文之亡；则明云大小夏侯之《尚书》，学者留意自知之，不足虑也。仆从来说经，极其审慎，必多所考据，并不执一以难一，故谬处差少。但限于方幅，不能博设，至俟质难始出之。故凡高明指摘，幸乘仆生前有口时，尚可商量；一当死后，则众射之的，谁敢辨之。况古文之冤，尤众口者耶？

其后沈彤、俞正燮辈指摘《冤词》中语，以曲护其说，则奇龄早料及之矣。

卫古文者，以奇龄是书为先河；然亦不无小失。奇龄素恶朱子，其诋朱子处，多过甚之词；且以古文之冤，归罪朱氏。（案朱子未尝疑经文，洪良品已辨之。）他如误解《隋志》“今无有传”之“传”作传注；（按《经籍志》属隋，玩“今”字当指修书时言，盖追溯晋世，有秘府古文耳。秘府本，当是科斗书。当时俗书盛行，学者抄传，或依今字，故云无有传习之者，是指经文字画，非指经文辞。不然，是时古文立学，又何以云今无传者也。）以《孟子》“父母使舜完廪”为《舜典》亡失之文；谓二十八字在王肃、范甯注中；谓漆书有五十八篇；谓伪《泰誓》出于伏生所授；谓马融、郑康成不注伪《泰誓》，皆是错误。但如《四库提要》所斥，竟与阎若璩同一鼻孔出气，诸所考证，适得其反，盖由囿于成见，未尝平心静气，以判别是非故也。（按《四库提要》于郝敬、梅鷟、阎若璩之书，推许甚至。余始以为修书时，戴震主经学，当属其偏见。及阅《史通·鉴识篇》，云：“《尚书》古文，六经之冠冕也。自秦至晋，其书隐没，不行于世。既而梅氏写献，然后见重一时，擅名千古”云云。纪昀批之云：“唐人皆不知古文孔传之伪，故子玄亦云尔。盖考据之家，古密今疏，亦如今星历然。”不知子玄非不知考据者，其于史不肯假借，况在于经。开元时，欲行郑注《孝经》，子玄以为非，所著设十二验议驳。使孔传果伪，子玄何不以辨郑伪者辨之。由子玄之言，古文且得一不伪之保证，而纪氏反非之，何耶？则《四库书》之偏袒攻古文诸家，当全出纪氏意也。）

《尚书未定稿》

《尚书未定稿》二卷（嘉庆间刻，《茹氏丛著》本），清茹敦和撰。敦和字三樵，浙江会稽人；乾隆甲戌进士，官知县。是书无序跋，分上下卷；笃信古文孔传，于地理字义，考核尤精。

伪古文一案，实结胎于孔疏。攻之者据孔疏，卫之者亦据孔疏。但疏中错误矛盾，触处而有，不为剖判，无以解纠纷也。敦和论之甚详，曰：

> 孔君传序，伏生年过九十，失其本经，口以传授，裁二十余篇也者。盖伏生本经当有百篇，今口以传授，裁二十余篇，则以失其本经故也。今疏于“口以传授”四字，不以下属，遂似并失其二十余篇之本经，但以口传授者，不特与《史》《汉》《儒林传》一概乖反，即其下“百篇之义，世莫得闻”八字，亦不可接。《后汉·曹世叔妻班昭传》：“时《汉书》始出，多未能通者，同郡马融伏于门下，从昭受读。”以此例之，伏女传教，自有二十余篇之本经在也。

又曰：

> 张霸之徒，伪书二十四篇，疏于孔序、于《尧典》篇首两言之，而拙于言辞，颇周章不明。然间考其说，张霸之徒伪造《尚书》凡二十四篇，是一事；以足郑注三十四篇为五十八篇，又是一事。何则？疏言刘向五十八篇，《艺文志》又多十六篇，即是

伪书二十四篇。则伪书在刘向之世、班固之前，已有之。其于郑作注时，相去一百六十七年，岂能预以足郑注之篇数。至其言郑注以伏生为三十四篇，更增益伪书二十四篇，所增益二十四篇者，则郑注《书》序云云，以下全列伪书二十四篇之目。此增益是谁增益，如果系郑注《书》序所有，则郑所自增益，不得云张霸之徒。如果张霸之徒，至东汉之末，犹能取西汉所作伪书，以篡乱于郑注《书》序之中，则当明著其篡乱之实，不得直言郑注《书》序。其立文之谬，实不可解。

又曰：

复取孔疏历考之，《艺文志》、《儒林传》则无一字相售者。按《艺文志》："孔安国得古文《尚书》献之，遭巫蛊事，未列于学官。"此之谓中古文，亦谓之中书。刘向以之校欧阳、大小夏侯经文，又以之校张霸百两篇。此两校只是古文经，尚无孔传。《艺文志》又言："成帝时，使谒者陈农求遗书于天下。"孔氏传未列学官，正是遗书。其时诏刘向等校之。而刘向所校，则经传诸子诗赋，每一书已，向辄条其篇目，撮其旨意，录而奏之。此即疏所谓《别录》者。孔氏作传，后自定为四十六卷五十八篇，则《别录》之五十八篇，正是孔传始入书府之时，刘向所亲校者。而谓刘向未见孔传，且谓《别录》五十八篇即是伪书二十四篇，何说？刘向作《别录》，会向卒，哀帝复使向子歆卒父业。歆于是总群书而奏其《七略》。班固删《七略》之要，以备篇籍，是为《汉书·艺文志》。孔传本五十八篇，《别录》作五十八篇而为五十七篇，以后又亡其一篇，故前已言之，今不必复详。班于《地理志》引古文者十一，《禹贡疏》引其十而漏其一。至于傅阳山之为敷浅原，则班已直引孔传之文，而谓其未见孔传可乎不可也？

又曰：

疏又引刘歆作《三统》，引《泰誓》、《武成》不与孔传同，亦不见孔传。不知刘歆移博士书“孝成帝闵学残文缺”云云，即《艺文志》所云“书颇散亡”也，“传问人间”，即“遣谒者陈农求遗书于天下”也。胶东庸生之遗学，则孔传是已。且立学必以其家法，如《易》则施、孟、梁邱，《诗》则齐、鲁、韩之类。即在今文书，亦必曰欧阳、大小夏侯。刘歆欲立古文，是欲为孔氏立学。而曰歆未见孔传，所不识蝌蚪书，绝无师说，而可以立学乎？孔颖达亦经儒，其言不应如是。刘向校古文，而刘向之《五行传》自如。刘歆欲立古文，而刘歆之《三统》自如。盖《五行》、《三统》，其素所学也。见者自见，学者自学，不相妨也。

又曰：

至所谓郑注《书》序二十四篇者，即以郑注证之《舜典》之序。据疏有郑注四字，所谓“入麓伐木”是也。其余据《释文》据疏所引《舜典》郑注，不一而足。又疏于《益稷》篇，言马、郑、王所据《书》序，此篇名为《弃稷》，是马、郑、王无《益稷》有《弃稷》也。据《释文》据疏所引《弃稷》郑注，亦不一而足。是郑有《舜典》有《弃稷》，是郑之篇不阙二篇。郑注在今日之见于《释文》、见于疏者，且不一而足。如此，则当日之阙，益可知也。郑既有《舜典》，而复列之曰“舜典一”，郑既有《弃稷》，而复列之曰“弃稷十三”，将以补不阙之郑注，是其人原未尝见郑注也。故二十四篇之目，必当删此二篇。删此二篇，则二十四篇，止二十二篇。与孔传之五十八篇不相应。所谓十六篇者只十四篇，又与刘向、刘歆、班固、马融之十六篇不相应。亦何取于二十四篇？则此二十四篇，将不去而自去也。又《礼记·缁衣》引《尹吉》曰：“惟尹躬暨汤咸有一德。”郑注“吉”为“告”，“告”，古文“诰”字之误也。《尹吉》，伊尹之诰也。《书》序以为《咸有一德》，今亡。是《咸有一德》之篇，郑已判亡。今二十四篇之中，复有《咸有一德》。此注彼注，何以自相乖反乎？

又曰：

在伏以为二十八篇之今文，则《舜典》合于《尧典》，《益稷》合于《皋陶谟》，谓之无《舜典》、《益稷》可也。在孔则已分为三十三篇；而郑则并存《大誓》为二十四篇。使无《舜典》、《益稷》，则二十八者何以三十三，又何以三十四乎？今日补郑注之阙，是补三十四，非补二十八，而复有《舜典》、《益稷》，则其非郑注《书》序，可一言而决也。

又曰：

孔疏之所以徬徨失措，总因不能解十六篇之故。故《艺文志》云："得多十六篇。"疏云："《别录》、《艺文志》并云此言。"则《别录》亦言十六篇也。今《别录》不存，而班《志》炳然具在。况刘歆、马融皆言十六篇，岂不见孔传四字，遂能磨灭十六篇之三字乎？以十六篇为伪，是伪古文自孔颖达始也。

刘歆《三统》引《武成》而不见古文，亦为攻古文者一要证。敦和辨之甚析，曰：

《律志》载，《三统》引《武成》凡八十二字，作三截。其第一截曰："惟一月壬辰旁死霸，若翼日癸巳，武王乃朝步自周，于征伐纣。"与古文经略同。其二截曰："粤若来二月既死霸，粤五日甲子，咸刘商王纣。"与《逸周书·世俘解》全同。其三截曰："惟四月既旁生霸，粤六日庚戌，武王燎于周庙。"此"庙"字，《三统》误。古文经曰："庚戌柴望。"燎者柴也，柴岂有于庙之理。《世俘解》作"武王朝至燎于周"，犹为近之。又云："翼日辛亥，祀于天位。"不知何者为天位？《世俘解》则作："祀于位，用籥于天位。"尤不可解。又曰："粤五日乙卯，乃以庶国祀馘于周庙。"按经作"丁未祀于周庙，邦甸侯卫骏奔走，执豆笾”，此作“粤五日乙卯”，而误多一“馘”字。《世俘解》乃作“越五日乙卯，武王乃以庶祀馘于国周庙”。虽词若相因，几于一字不可解矣。盖《三统》以日月为主，《世俘》“惟一月丙辰旁生魄若翼日丁巳”。此两日最为谬乱，故一截仍取本经。其后两截，则以丁未祀周庙，在柴望前，《武成》本阙佚，恐其纪日舛误，故宁舍之而取《世俘》之乙卯尔。原不取其所纪之事，然已弃苏合而寻蜣螂之丸。且《世俘》岂可谓之《武成》，是皆歆之过也。疏遂谓之逸篇《武成》，师古遂谓之今文《武成》，皆非也。

敦和又拥护孔传，证为非魏晋人作，有二条，甚确。其一：

孔传解三江已入定为震泽，朱子斥为最乱道。然《左传·哀十五年》：“陈公孙贞子吊于吴，而道卒，将以尸入。太宰嚭辞曰：‘以水潦之不时，无乃廪然陨大夫之尸。’”此非三江、震泽混为一壑，何以至此。在春秋之季犹然。孔君作传时，不知目验何等三江犹入震泽与否。然而孙吴有国，重修江备，迨琅琊东渡，丹阳、会稽，一隅晏然。则孔君“入震泽”三字，虽不能逃乱道之谤，或可以解魏晋人之疑。

其一：

孔传解荥泽、波水，已成遏豬。班《志》亦作“波”，马、郑、王皆作“传播”。盖今文作“荥播”，古文作“荥波”。班得古文，并得孔传本，故独作“波”。谓魏晋人作因班《志》，则班之“波”又将何所因耶？

敦和及见王鸣盛《尚书后案》，不明斥而微讽曰：

近时《后案》之书，是主张二十四篇者。其于郑注《书》序，所采至四十五条之多，独不采此二十四篇之目之注。且其引疏备列二十四篇之目，而刊去其冠“郑注《书》序”四字。是《后案》之识，高于孔疏远甚也。

又曰：

《后案》云："《说文》玉部'瑁'字，古文作'玥'，遂以为经文本当作'上宗奉玥'，无'同'字。只缘今文作'瑁'，传写者分为两字，遂误作'冃玥'，后人以'冃'似'同'，复误作'同玥'。"此解甚析。夫而后古"冃"似"同"，从误作"同"之说乃明。然下经为"同瑁"者一，耑言"同"者五，如："太保受同"，"降盥以异同"，"秉璋以酢同"。可以有"异同"，岂可以有"异冃"乎？

敦和著书甚多，尤深于《易》。其《周易二闾记》、《周易小义》，已为南菁书院翻刻。是书独湮晦，不挂于学者之口。后来张崇兰、洪良品、吴光耀皆未得见。先乎敦和者，有赵佑《尚书质疑》二卷，刻于乾隆二十九年，亦不信伪古文说，惟仅就体格义理为言，他无所考证，兹不录。

《尚书后案驳正》

《尚书后案驳正》二卷（咸丰丙辰四川刻本），清王劼撰。书分上下卷：上卷曰正编，驳王鸣盛；下卷曰附编，驳顾炎武、阎若璩、惠栋、江声、孙星衍。其驳王鸣盛也，谓：

其全书以欺人为心。观其自叙云："三十四篇即二十九篇，二十四篇即十六篇。郑具述其目，自安国递传卫宏、贾逵、马融及郑氏，皆为之注，王肃亦注之。"此为自欺。此三十四篇与二十四篇，郑既具述其目，何以止注此三十四篇？贾、马、郑皆为之注，何以云"十六篇绝无师说"？

又谓：

《后案》称："《尚书》卷篇之数，千载梦梦，直至阎、惠，方知厘正，十得八九，犹不无小误。至余始论定。"盖为仍合

《顾命》、《康王之诰》言也，故以阎、惠未合者为小误。且谓惠显与《释文》所引马注相违。然观《释文》本、马本，皆分《顾命》、《康王之诰》为二篇，惠氏何曾与马注相违。《顾命》是成王之书，《康王之诰》是康王之书，无合为一篇之理。《后案》合此为一，而借序补经以足四十六之数，自诩定论。未几而江声、段玉裁复分之，非以二篇有断不可合者乎？

又谓：

《后案》曰："郑只注伏、孔俱有之二十九篇，而增多之篇，但述其目。此欲借增多之篇，以混更增益之伪书耳。"然增多之篇，既在伏、孔俱有之序中，郑何为注其序不注其经？既不注其经，何又述其目？况遍检群书，不见有郑述伪书二十四篇之目者。《后案》又曰："郑于《书》序中，间引其文。"及检郑注《书》序，亦未见有引其文者。惟《武成》序云："《武成》逸书，建武之际亡。"《毕命》序云："今其逸篇，有册命霍侯之事。"皆非引其文，亦非述其目。《后案》又曰："即颖达此段疏中所载者是也。"案此段疏中所载，张霸之徒于郑注之外伪造二十四篇，以足郑注，而不言为郑述。《后案》之书，自欺欺人，大率如此。

他如诋顾炎武牵率伏生、安国、杜林为一家，不免宗郑挟私。阎若璩于孔传五十八篇中，割出二十五篇为伪孔，代以逸书十六篇，曲说谬解，居之不疑，又视顾炎武无心误会者异。惠栋于五十八篇，阎氏所未大更张者，乃引汉时篇目，参杂其间，遂加增多二十五篇以梅氏之号，是谓妄人。江声作《尚书集注音疏》，不载孔氏增多篇，参入逸《汤诰》，且推尊郑注，引用杂说。书末附载《尚书》经师表，称伏生为元始；周霸、孔安国、贾嘉三人未尝为欧阳学，而列于欧阳之次；大夏侯学中，不载贾逵；古文学中，不载王肃。可见其说私而不公，欺而不信。并以《皇清经解》滥收此类为不合。孙星衍以

《尚书大传》为今文，司马迁为安国古文，杜林为孔壁古文；又以“帝曰钦哉”冠于“慎徽五典”之下而不注；又凡传记所引，与当时流传虚妄兼存之伪说，同一采录，以杂缀于《书》序篇目而为经。意谓伪书有引用，可因以为真；增多伏生有掠取，可证其为伪。此其用意，有深险于惠、江者。

自毛奇龄后，卫古文者，几于匿影销声。劼生于嘉道间，正尊郑黜孔盛行之时，乃能排斥众说，力挽狂澜，其书有云：“世道之衰，由于事无是非。圣经残毁之日，不思辟邪说而徇时趋，何殊扶植小人，以祸君子。后世将由其书以论其人，由其人以论其世，不免以人才悲学术，以学术悲世道。”其识极卓，其论极伟；惟兹事浩博，且值榛莽初开，疏误之处，间所不免，至其合者，则确乎无以易也。

劼，巴西人，他无可考。曾见其所著《毛诗读》三十卷，自序谓“初为《毛诗述义》，与包慎伯、陈硕甫相商榷。道光戊申于南昌舟次失去。归田后，重辑此书”云云。盖尝官于江西，而致仕归者。此书开卷又言：“往岁在成都与何子贞谈经梓潼宫修竹下。”盖曾与包、陈、何诸名宿相切磋者，无怪其书之不苟也。

《古文尚书私议》

《古文尚书私议》三卷（咸丰元年刊本），清张崇兰撰。崇兰字猗谷，江苏丹徒人，贡生。书分三卷，首荆履吉序，次崇兰自序，卷末颜锡名跋。

自阎若璩力攻古文，惠栋继之，袭若璩之说，益以己意，辅翼其说者甚众。而勇于立言者，无过王鸣盛。江声则惠栋弟子也。又阎若璩虽攻古文，而于伪《泰誓》，犹遵旧说。惠栋则并《泰誓》之案，一律平反之。崇兰是书，首驳惠栋，以为阎氏书已为惠栋所采录，其不采者，意所不安，无庸再辨；次及王鸣盛、江声；又次及诸家攻古文成说，而以论旧《泰誓》终焉。名曰“私议”者，示不敢讼言以犯众怒也。

按诸家攻古文者，大率据郑破孔。书之真伪，一以郑氏见与不见为断；于是篇目多寡，又为集矢之的。惠栋据孔颖达《正义》（《正义》云：“壁内所得，孔为传者，凡五十八篇，为四十六卷。三十三篇与郑注同，二十五篇增多郑注也。其二十五篇者，《大禹谟》、《五子之歌》、《允征》、《仲虺之诰》、《汤诰》、《伊训》、《太甲》三篇、《咸有一德》、《说命》三篇、《泰誓》三篇、《武成》、《旅獒》、《微子之命》、《蔡仲之命》、《周官》、《君陈》、《毕命》、《君牙》、《冏命》。但孔君所传，值巫蛊不行以终。前汉诸儒，知孔本有五十八篇，不见孔传。遂有张霸之徒，于郑注之外，伪造《尚书》凡二十四篇，以足郑注三十四篇为五十八篇。其数虽与孔同，其篇有异。孔则于伏生所传二十九篇内，无古文《大誓》，除序尚二十八篇，分出《舜典》，《益稷》、《盘庚》二篇，《康王之诰》，为三十三，增二十五篇为五十八篇。郑玄则于伏生二十九篇之内，分出《盘庚》二篇，《康王之诰》，又《泰誓》三篇，为三十四篇，更增益伪书二十四篇，为五十八篇。所增益二十四篇者，即郑注《书》序，《舜典》、《汩作》、《九共》九篇、《大禹谟》、《益稷》、《五子之歌》、《允征》、《汤诰》、《咸有一德》、《典宝》、《伊训》、《肆命》、《原命》、《武成》、《旅獒》、《冏命》，以此二十四篇为十六卷，以《九共》九篇同卷，除八篇故为十六。故《艺文志》、刘向《别录》云五十八篇。《艺文志》又云得多十六篇，篇即卷也，即是伪书二十四卷也。刘向作《别录》，班固作《艺文志》并云此言不见孔传也。”）谓：“孔安国古文五十八篇未尝亡，三十四篇与伏生同；二十四篇增多之数，篇名具在，特以当日未立学官，故贾逵、马融等，虽传孔学，不传逸篇。”崇兰驳之曰：

> 其云篇名具在者，乃见于《正义》所斥之伪书，非有他据。班《志》原本刘歆，所引有《伊训》、《武成》、《毕命》；郑注《书》序所引，有《允征》、《伊训》，其篇名不出见行古文之外。况二十四篇之目，并无《毕命》。惠氏改《冏命》以强合之。其言贾、马等虽传孔学，不传逸篇。夫今日所争者，在逸篇之真

伪，以孔学本有此逸篇故耳。不传逸篇，何关孔学。

惠栋又谓："郑氏述古文逸书二十四篇，《舜典》、《汩作》、《九共》九篇、《大禹谟》、《弃稷》、《五子之歌》、《允征》、《汤诰》、《咸有一德》、《典宝》、《伊训》、《肆命》、《原命》、《武成》、《旅獒》、《罴命》。《艺文志》所云十六篇者，即郑氏所述逸书二十四篇。"崇兰驳之曰：

此《正义》所谓伪书者，何得据以为郑氏所述。郑氏三十四篇之注，散见《史记集解》及群经正义，何此诸篇之注，绝不一见？郑于《书》序、《大传》、《中候》，皆有注，若曾受此二十四篇，岂有不为作注之理？不特此也，郑注《书序·武成》云"建武之际亡"；注《缁衣》，引《尹告》云："《书》序以为《咸有一德》今亡。"以郑氏自述之二亡篇，而诬其所受之古文有是。且郑曾与赵商论《周官》篇中三公师保之文，此伪二十四篇之所无，而逸《书》二十五篇之所有。然则二十四篇之目，不出于康成甚显。惠氏盖误读《正义》"郑分为三十四篇，更增益二十四篇"之句，以为是康成增益；不知前文云"遂有张霸之徒，伪造《尚书》凡二十四篇，以足郑注三十四篇"，后文云"郑注篇数，并与三家同"。是郑氏之书，止三十四篇也。

又辨贾逵不传其父徽古文，谓：

贾逵父徽虽尝受古文于涂恽，然本传于逵。悉传父业之后，即载其以大小夏侯《尚书》教授，可见古文不行于逵。数为帝言古文《尚书》之后，即载其受诏撰欧阳、大小夏侯《尚书古文同异》为三卷，古文由是遂行。可见东汉古文之学，惟此二十九篇，足以与三家参考同异者，而增多之篇，不在列。且逵传中，虽屡言古文，并无关马、郑所学。惟《儒林传》载逵为漆书古文作训，其本遂为马、郑所传。是杜林之本，非即贾徽受之涂恽之本甚明。

又辨班固《艺文志》无孔安国《传》，谓：

班《志》只志中秘书，伏书欧阳大小夏侯之学，已立博士，传及章句，皆在中秘，故班氏志之。安国惟献经文，其传不入中秘，班氏何由志及民间之书。安国之《孝经传》、《论语注》，《志》皆不载。《孝经传》亡于六朝，《论语注》何晏采入《集解》，无人言其伪也。

他如辨《正义》“前汉诸儒不见孔传”之误，致为攻东晋古文者口实；辨《隋志》“晋世秘府经文，今无有传者”，“传”系传习，“今”指唐时；辨《舜典》从月正元日分篇，与《书序》不相应；辨《夏书》武观非五子，且不当太康之世；辨《楚辞》引《九歌》为禹乐，非启乐；辨《墨子》引《汤誓》即《汤诰》，无定称，俱精凿。

其推论攻古文者之递变而愈甚曰：

从来辨事之真伪，必以有证为实，无证为虚。古文散见于书传所引多矣，乃攻者忽创一说，谓之剽窃，是有证反成罪案也。因有证之诸句，而欲罪及全篇，于是离析其句，一字两字，以根究所从来，而补缀之说生焉。推其意以欲增多之篇，无一字与群经诸子相应，而后免于窃也。试移其术以绳今文，今文亦岂能免乎？（明案黄宗羲曰：“若以文辞格制之不同，别之而为古文者，其采辑补缀，无一字无所本，质之今文，亦无大异。”宗羲亦攻古文者，其言同此。）其端发于吴澄，谓注家指为逸《书》者，收拾无遗。至梅鷟离析根究，著为《考异》，而阎若璩因之大畅其说。其后惠栋、王鸣盛、程廷祚皆沿袭抄录，以为古文罪案。其所不知，动生訾议。先是陈第著《古文引书证》，以正其谬。而阎氏即袭入其书，以为古文罪。及毛奇龄著《古文冤词》，于纠摘字句之瑕者，复列证以明其不然；而惠氏即袭入其书，以为古文罪。是何操术之逸也？夫此符于书传所引者，既以剽窃入其罪矣，及偶与书传参差歧互，则又曰“此不知其本解而误窃之也”，否则曰“此故欲立异使人不疑也”。考古者，如是设心可乎？

又曰：

自元迄今六百年，攻古文者踵相接。所以为是纷纷者，何也？曰，好名也。始由一二人自谓读书得间，笔其说示后；而依附标榜者，藉为立名之地，从而推衍之，虽其初所据已误而不知也。假有寻绎原书者，急起正之，当不至若是纷纷矣。夫以著书之难，而攻古文者，彼此相袭，改易标目，即足以自成一书，故争出于此。

呜呼！可谓深切著明矣。

旧《泰誓》三篇，杜预、韦昭引之皆云“今《泰誓》无此文”；即郑康成注《坊记》亦言其散亡。阎若璩初创郑述二十四篇之说，见《武成》一篇，郑注为亡，乃补以伪《泰誓》。惠栋亦第云“博士习之，孔壁所出，与之符同”而已。王鸣盛则倡为出于汉初之论。岂有《泰誓》首出，马、班二史叙《尚书》本末，不先及之者。孙星衍知诸人说《泰誓》皆不可通，于是改为中下二篇亡失之说。无如去此二篇，则无以符五十八篇之数。崇兰驳之，援证甚审。夫以自汉以来，人人共信之真古文，而斥为伪；自汉以来，人人不信之伪《泰誓》，而奉为真，好恶相拂如此。且自命为郑学者，并郑氏之言节而亦畔之，斯真不可思议矣。

《古文尚书辨》

《古文尚书辨》八卷（光绪壬辰刊本），谢庭兰撰。庭兰字香谷，江苏丹徒人。书分八卷，首自序，末有门人缪鼎臣跋。卷一至卷四辨阎若璩《古文尚书疏证》，卷五辨惠栋《古文尚书考》，卷六辨宋鉴《古文尚书考辨》，卷七辨王鸣盛《尚书后案》，卷八辨梅鷟《尚书考异》。是书不尚考据，于传授源流，篇目多寡，概置不论；惟就义理字句间反复推敲，以求其是，不争创辟，自然明晰。庭兰与张崇兰同籍丹徒，而生稍晚。书中多引崇兰说。宋鉴《尚书考辨》，崇兰未见，大率袭阎若璩陈言，而较阎氏为空疏。庭兰亦连类及之。合崇兰书并观，一识其大，一拾其遗，而古文之伪不伪，益显然矣。

庭兰事实无可考，尝致书丁闇公询之。丁亦籍丹徒也。丁答不知。复托询之乡人，亦不报。偶阅近人李详《睉语》，有《谢先生轶事》一则，略云：

> 丹徒谢先生庭兰，字湘谷。临川李小湖（联琇）督学江苏所取士。受古文义法于承受亶（培元）。读书植节，至老不衰。幼与魁时若将军同受业于老诸生李某。后数十年，魁官江宁将军，署江督。先生亦馆江宁。江宁教授赵某，先生同乡也，言于魁："有旧同学谢某在此。"魁嘱致之。先生曰："吾不欲谒贵人。"固请，则以无衣冠对。赵具衣，又嫌其华美；乃以葛袍进。侵晨，徒步往，具一刺，署曰："丹徒附监生谢庭兰。"魁开中门，趋迎入。先生进揖之。魁曰："君太自苦。余在行间，粗立战功，姓名稍著人口，君宜闻之。若屈己相就，吾将待以故旧之礼。"先生曰："吾乐居此，每年束脩六十千，尚有余，刻所著书。"魁曰："此间有江南书局，有采访忠义局，听君择一。"先生曰："书局有同乡韩叔起在内，不便与争；至采访忠义局，则分鬼之血食，又不忍为。吾老无子，愿甘寂寞。"魁次日来答拜。再属赵教授道意，请入书局。又命中军某坚请。皆辞之。魁叹曰："吾乃终不可屈故人耶？吾望之愈远矣。"

云云。特录于此，以俟后之传儒林者，有所资焉。

《尚书古文辨惑》

《古文尚书辨惑》十八卷（光绪丁亥活字印本），清洪良品撰。良品字右臣，湖北黄冈人；同治戊辰进士，官编修，至给事中。书凡十八卷，首有傅云龙、潘祖荫序，及良品自序，并凡例；又有王锡祺赞，饶登逵跋；末有门生王裕宸跋，即刊是书者也。

伪古文之说，始宋吴棫，元明诸儒和之；至清初阎若璩著《古文尚书疏证》，大放厥词。（黄宗羲、顾亭林、朱彝尊、姚际恒、徐乾学等皆辅其说。）同时毛奇龄作《古文尚书冤词》，与之驳辨。乾隆时，修《四库书》，纪昀等以《疏证》与《冤词》并著录，而显示抑扬。于是惠栋、宋鉴、程廷祚、段玉裁、王鸣盛、江声、孙星衍、龚自珍、魏源（此举著有专书者言）沸其波而扬其焰，虽陆陇其、方苞、齐召南、茹敦和、赵佑、王植、翁方纲、赵翼、阮元（按阮元不信伪古文说，而所辑《经解》收《尚书后案》、《尚书集注音疏》等书，殊不可解）、张九镡、林春溥等偶持异见，其说未畅。于是伪古文浸成定案矣。光绪十年，编修王懿荣疏称《尚书》晚出，为伪古文，请行删本。下礼部议。良品参懿荣谓："圣经贤传，行数千年。祖宗朝纂集义疏，颁学官试士。二帝三王之治法心法赖以传。懿荣何人，敢请废?"其后懿荣疏被驳，良品疏亦不果上，遂发愤撰成此书。傅序言："居今而谓古文《尚书》不伪，鲜弗诮其惑者。"孰惑孰不惑，此辨惑之名所由命也。

是书首明源流；次辨异说；又次取自元至今疑古文诸家录为原案，申以驳论；又次取朱子《语类》有涉古文者，加考证，并及与朱子同旨诸家；又次录毛奇龄、王劼、张崇兰、林春溥、陶锐诸家之说，附以己意；末设问答之辞，以释群疑，并为余论，以旁通而曲证之。其论古得间，最关紧要者，约有数端。

其证古文《尚书》已显于西晋曰：

> 《晋书·荀崧传》："崧转太常。时方修学校，简省博士，置《周易》王氏，《尚书》郑氏，古文《尚书》孔氏，《毛诗》郑氏，《周官》、《礼记》郑氏，《春秋左传》杜氏、服氏，《论语》、《孝经》郑氏，博士各一人。崧上疏云：'世祖武皇帝，应

运登禅，崇儒兴学，经始明堂，营建辟雍，告朔班政，乡饮大射，西阁东序，河图秘书禁籍，台省有宗庙太府，金墉故事，太学有石经古文，先儒典训。贾、马、郑、杜、服、孔、王、何、颜、尹之徒，章句传注，众家之学'”云云。孔即孔安国。故《正义》以为梅颐奏上其书施行，在前晋时，后儒以为在东晋时；然证以崧传，古文实于前晋已立学官。故《隋志》亦止言梅颐上传，不言东晋立学；或经永嘉之乱传失而颐复上之，亦未可知。据《郭璞传》云：“璞好经术，博学有才，又好古文奇字，妙于阴阳算历。惠、怀之际，河北先扰。璞筮之，投策而叹。于是潜结姻昵，避地东南。”而其作《尔雅注》于《释诂篇》，引《太甲》文曰“徯我后”；于《释畜》篇，引《尚书》孔氏传曰“犬高四尺曰獒”；而其注鼸，则曰永嘉四年所得，注貀，则曰元康八年所得。是《尔雅注》一书，始于永嘉未乱，成于永嘉既乱；而其所见孔氏古文，及孔安国传已如此；其引之不疑又如此。又据《晋书》云：“晋太保郑冲以古文《尚书》授扶风苏愉，愉授天水梁柳，柳授阳城臧曹，臧授汝南梅颐。”当时旧史志其授受源流如此。乃疑者犹曰，古文在汉，郑冲晋人，何所承授。不知郑冲生于汉末，魏文帝为太子时，命为文学，累迁尚书郎。古文在汉末，其传未绝，郑冲获习其书，亦何足怪。又据《晋书·皇甫谧传》云：“谧从姑子外弟梁柳，得古文《尚书》，故作《帝王世纪》，往往载孔传五十八篇之书。”按此《晋书》为十八家旧本，孔颖达亲见之，信而可征；今《晋史》亦称其带经而农，博综典籍。左思作《三都赋》，尚欲借其序为重。岂谧自作《世纪》，肯袭伪书以成文。且太康三年，谧已前卒。其《世纪》之成，在永嘉未乱以前，去梅赜上书，尚四十余年。而《世纪》所载之古文，与东晋之古文相应。则古文之不亡，与孔传之不伪，从可知矣。（又张平子《思玄赋》，引孔安国《尚书注》，挚虞见而辨之。挚虞西晋初人。则是孔传西晋初已有；即非张平子自注；而曰旧注，则流传已久，当更在西晋前。亦可为梅赜为非伪撰孔传之证。）

明案良品引《荀崧传》微误。《崧传》“转太常”，之前，尚有“元帝践祚，崧与刁协共定中兴礼仪”二句。元帝时，梅颐书已上，所称古文《尚书》孔氏，当即其书。至疏称“世祖之世，贾、马、郑、杜、服、孔、何、颜、尹之徒”，此孔未必指安国。疏有“石经古文”四字，盖指魏正始中三字石经，乃杜书而非孔书。或崧误记；或孔非指古文《尚书》，而指《论语》、《孝经》，俱未可知。盖魏晋人本不深悉古文源流；且孔在服后，服乃《春秋左氏》专家，《尚书》家不应居《春秋》家之下。至《正义》称梅赜为豫章内史，遂于前晋奏上其书施行。此前晋犹云前代之晋，非指西晋，盖东晋固不称后晋也。据《隋书·经籍志》云：“至东晋豫章内史梅赜，始得安国之传奏之。”《经典释文》亦云：“江左中兴，元帝时，豫章内史梅赜奏上《孔传古文尚书》。”皆言东晋，且三书皆指梅赜，不能一人两次上传。若是西晋，则梅赜乃武帝时人，与《世说新语》引梅赜与陶侃同时又不合。要之西晋时古文《尚书》已显，见于诸人所引，则可信也。

又证东汉古文未尝绝曰：

班固、贾徽、贾逵、孔僖皆东汉人也。《汉书·艺文志》目，皆东京秘府所藏，班固为兰台令史，亲见其书，定为经文四十六卷，著之于《志》。贾徽受古文于塗恽。其子逵初传父业，为安国本，因肃宗好古文，乃取以校三家同异。孔僖世传古文。其子长彦好章句，季彦守其家学，授门徒数百人。故《儒林传》末，于诸家古文之外，特著安国之传，以示区别。至古文《尚书》之见引于东汉人者，《孔丛子·执节篇》云：“其在《商书》，太甲嗣立，而干冢宰之政。伊尹曰：‘惟王旧行不义，习与性成。予不狎于不顺。王始即桐，迩于先王其训，罔以后人迷。’王往居忧，允思厥祖之明德。”其所述太甲事，与今《太甲篇》同。王符生于安、和之世。其著《潜夫论》，如《五德志篇》引《说命》云：“武丁即位，默以不言，思道三年，而梦获贤人以为师。乃使以梦象求四方侧陋，得传说，方以胥靡筑于傅岩。拜以为太公，而使朝夕规谏。恐其有惮急也，则敕曰：‘若金，用汝作砺；若济巨川，用汝作舟楫；若时大旱，用汝作霖雨。启乃心沃朕心。若药不瞑眩，厥疾弗瘳；若跣不视地，厥足用伤。尔交修，余无弃。’故能中兴。”是皆东汉引古文之确证。其余袭用辞语，如班固《汉书·于定国传》引《经》曰“万方有罪，罪在朕躬”，即古文《汤诰篇》也。徐幹《中论》引《书》云：“慎始而敬终，终以不困。”《书》即古文《蔡仲之命》也。仲长统引《尚书》曰：“冢宰掌邦治。”《尚书》即古文《周官篇》也。他若《风俗通》之引“纣为逋逃渊薮”，《白虎通》之引“必立赏罚，以定厥躬”，《谷永传》之引经云“亦惟先正克左右”，《孔融传》之引“纣斫朝涉之胫”，《地理志》之引“周爵五等而士三等”，然则马、郑而外，见古文者不少矣。（案以上汉人所引，皆今二十五篇之文；无《正义》伪书二十四篇一语。）由汉末沿至三国，王粲《七释》，“濬哲文明，允恭元塞”，则用《舜典》语；陈琳《檄吴将校部曲文》，“大兵一放，玉石俱碎”，则用《允征》语；蜀后主策丞相亮诏，“牧野之战，商人倒戈”，则用《武成》语。又如魏明帝问博士曰“周公管蔡之事，亦《尚书》所载”，此明举《金滕》、《蔡仲之命》为言。《吴志·骆统上孙权疏》，引《书》曰：“众非后，无能胥以宁；后非众，无以辟四方。”此明指《太甲篇》为言。又《士燮传》云：“《尚书》兼通古今，大义详备。闻京师古今之学忿争，欲条《尚书长义》上之。”其所谓“《尚书》兼通古今”者，有孔氏古文在内；“大义详备者”，有古文之传在内；而其“古今之学忿争”者，即指孔、郑三家传注为言。足证古文孔传，在其时已大行。

明按据此足为经传非梅赜伪造确证。

又证王肃无伪造古文《尚书》事曰：

攻古文者，诬晋人不胜，乃变其说而加之魏，曰王肃（阎若璩、惠栋、王鸣盛、孙星衍等）。以为王肃尝伪造《家语》以难郑（明案《家语》非伪书，余另有辨），安知不伪造《尚书》以难郑。彼见郑论庙制有云："高祖以下，与始祖而五。"王肃作《圣证论》非之，遂疑肃为据《尚书》"七世之庙可见观德"语。不知天子七庙，见于《穀梁》、《王制》、《祭法》、《礼器》。而荀卿、刘歆、班彪父子、孔晁、虞喜、干宝皆因之。且不独王肃主是说，《尚书》有是文。《新唐书·艺文志》：《尚书逸篇》三卷，晋徐邈注。其一条云'呜呼！七世之庙，可以观德'，此亦岂王肃伪为者。（案晋初孔、郑并行，徐邈书是习郑学者，注为《逸篇》，盖别乎郑本言之。）或据《经典释文》有王肃解《尚书》，大与古文相类；或肃私见《孔传》语，遂改"私见"二字为"伪造"。不知东汉古文，孔僖以下，世传不绝。王肃绍父通经，（《魏志》："王朗以通经拜郎中。子肃撰定父朗所作《易传》，列于学官。"）生于汉末，孔猛昔相从学，因有往还。既得《家语》，当必获见《尚书》。但其所注《尚书》，实皆立学之今文，于古文仅参用其说；与《史记》采用今文，而其中多古文说正同。今王肃注十卷已佚，世儒谓与古文如出一手，无从证验。且古文与今文同卷，彼既注今文三十三篇，又假孔传注五十八篇，一书两注，何义之从？

明案《唐书·艺文志》，有王肃撰《孔安国问答》一卷，更可为王肃实见孔传之证。

又证郑康成实注伪百两篇，并非真古文，曰：

张霸造伪书，以中古文校之，非是；然传之东汉，学者以为真书（见王充《论衡》）而为纬者附之（见王应麟所论）。郑康成作

《书论》，依《尚书纬》云："孔子求书，得黄帝元孙帝魁之书，迄于秦穆，凡三百四十篇。断远取近，定可以为世法者，百二十篇。以百二篇为《尚书》，十八篇为《中候》。"夫百二篇者，即张霸之《百两篇》也，与《中候》纬书并存。郑以为《尚书》特著之于《六艺论》，则引其文以注经，犹其以纬注经也。其注为亡逸者何也，必《百两篇》至东汉，有亡有逸，故以注之于序。如注《武成》建武之际亡，孔颖达以为所亡者汉之伪《武成》是也；如注《禹贡》，引《允征》"厥篚玄黄"，孔颖达以为出于张霸伪书是也。张霸之书，唐犹有存。颖达亲验其词，证之郑注，而知其所引在是。其所注为亡者，东汉实未尝亡。如注《武成》亡，而《武成》引于王充；注《毕命》亡，而《毕命》引于班固；注《周官》亡，而《周官》问于赵商，引于仲长统；注《蔡仲之命》亡，而命词引于徐幹。至其注为逸者，他无可考，今就孔疏参之，虽止数条，已可概见。东汉贾逵、班固亲见古文。其验古文之法，必曰古文与经传相应，乃"厥篚玄黄，昭我周王"，《孟子》引作周事；而郑注以为《允征》之文，此与经传不相应也。又必曰古文与《尔雅》训诂相应，乃犬高四尺曰獒，《尔雅》训獒为犬；而郑乃云："獒读曰豪，是豪酋之长。"此与《尔雅》训诂不相应者也。不合如此，而可据其所注之逸，为真古文乎？

明按此论乍觉奇创，在尊郑著，尤视为反唇相稽；然出自《正义》，虽有百口而不能解。彼孔颖达亦为郑学者也。

又辨朱子未尝以经文为伪曰：

今之攻古文者，皆借朱子为重。朱子于安国传序，或不无微辞；曷尝以伪加之经文。考朱子《语类》，其论及古文，始而疑，继而信，终而为之玩索解说以教人。其始而疑也，则曰："伏生背文暗诵，乃偏得其所难；而安国考定于科斗古书错乱磨灭之余，反得其所易。”其继而信也，则曰：“有一说可论难易。古人文字，有一般如今人书简说话，杂以方言；有一般是做出告戒之命者。”其终而玩索解说以教人也，则曰：“《书》可疑诸篇，若一齐不信，恐倒了六经。《商书》中伊尹告太甲五篇，说得极切，宜取细读。读了《伊训》、《太甲》、《咸有一德》；便輓过《盘庚》，却看《说命》。”朱子之论古文如此，当合观其前后之言，不得徒疑其一时存参之语。且朱子亦有疑及今文语，正可为不伪古文之借证。

明按为郑学者，对于朱子，平时则攻之毁之；一言及古文，则无不挟以为助。夫朱子本不长于考据，其疑古文与否，何足轻重；况未尝疑也。

与此书同时成者，有吴光耀《古文尚书正辞》，持论略同。自阎若璩揭帜清初，谬说流传，祖述者，索痏相寻；耳食者，亦吠声不已。江藩谓“不知古文之伪者，不入汉学”；王劼谓“近人治《尚书》，必斥伪孔”。一时风气所尚，否则不入郑学，不成名士。晚近稍稍衰矣。而张崇兰、吴光耀及良品等相继起，使三百年垂定之公案，忽被推翻，竟与有清朝局相终始，斯非事之至奇者耶？

《古文尚书释难》

《古文尚书释难》二卷（光绪丁亥活字印本），清洪良品撰。首良品自序，言“同年某惑于阎百诗以《正义》伪书二十四篇为孔壁古文之说，见余作《古文尚书辨惑》，颇有违言，不得不与之往复。经此一番论难，俾得再三审订，而经旨之轇轕益明，各书之隔阂转通，并有出于前所未及者”云云。

今观是书，皆反复申论前说，如谓：

旧《晋书》载梅颐传《书》次序，唐修《晋书》削之。不知修孔疏者，亦唐人奉诏为之也。既削之，何登之。

又谓：

郑冲之传，见于孔疏所引，不得疑其无端，此晋史就晋人言之，犹汉史就汉人言之（如《伏生传》今文之类）。

又谓：

古文屡为东汉人所引，而攻者则诋为伪造书人引东汉所引。夫所谓伪造书者，魏晋人也。魏晋人既引东汉所引，则东汉已有二十五篇之真书甚明。

其尤详切者，则证马、郑未尝见古文：

考班固卒于和帝永元四年，时马融十四岁。贾逵卒于和帝永元十三年，时马融二十三岁。章帝至鲁拜孔僖为郎中时，马融七岁。孔季彦以章帝建初三年生，马融以建初四年生。是四人者，马融皆与先后同时。四人皆有古文，而马融独云逸十六篇无师说，非未见而何？郑康成学于马融，其师未见，弟子可知。且孔季彦卒于延光三年，年四十七；逾二年为顺帝永建二年而康成生。孔氏古文自若也，乃注曰亡曰逸，非未见而何？或谓季彦生徒数百，传义不绝。郑冲相距已远，犹能私淑得之。马与同时，讵同聋瞆。不知季彦传授生徒时，融年已老，一达官，一儒士，相去数百里，恐不能如生徒受业，而悉其传。况马融不见古文，又可于其疑《泰誓》而信之（孔颖达已有此说）。或疑融曾典校秘书，不容不见，并因此而疑秘书无《泰誓》。不知融自言吾见书传之多，而皆不在。使秘书古文无《泰誓》，何不以秘书证之，而反以书传证之。盖融虽以典书为职，秘府缥帙累万，未必能尽发其藏而读之。更得一证，《后汉书·卢植传》云：“臣少从通儒故南郡太守马融受古学。古文科斗，近于为实，而厌抑流俗，降在小学。中兴以来，通儒达士，班固、贾逵、郑兴父子并敦悦之。”据此马融所授，贾逵所悦，实为漆书科斗，并非安国隶古。

> 卢植为马融弟子，明叙其源流如此。且云“降在小学”，皆就字体言之。又云“近于为实，而厌抑流俗”，此必贾、马以为孔壁原本，而当时见其出于西州，犹有疑之者。然要与安国之私写隶古，本无涉也（参引《辨惑》所说）。

毛奇龄著《古文尚书冤词》，谓：“凡高明指摘，幸乘仆生前有口时，尚可商量。”吴光耀著《古文尚书正辞》，亦谓：“当世及吾在，不直吾书，得正告我。”是书所称同年友某，当是素主毁古文之人。比而观之，毁古文者持论多臆说武断，词穷而遁。阎、惠之焰，至是盖将熄矣。合观良品他著以结古文之案可也。

《古文尚书析疑》

《古文尚书析疑》一卷（光绪丁亥活字印本），清洪良品撰。首刘岳云序。次良品自序，言：“某君研经士也，一日与余纵论至古文《尚书》而疑。余谓君所疑者，必非《尚书》之有可疑，乃群儒之以疑疑之也。余既辟群儒之诬矣，忍听君之疑益滋疑哉？陶诗云‘疑义相与析’，吾亦析夫疑非所疑者耳”云云。书中每条引某君说而以案语驳之，末附书诸儒论古文《尚书》后寄某孝廉，未知与某君是否同一人也。

是书仍是申其前说，而理愈该浃。一谓：

> 《汉志》：《尚书古文经》四十六卷；《别录》云五十八篇；孔序云，并序为五十九篇，为四十六卷；而《汉志》注为五十七篇；颜师古引郑玄《叙赞》，谓后亡其一篇，故五十七。孔、刘、班篇数卷数皆同；然而篇之分并，自汉至唐即有参差。谓核以二十九篇，得多十六篇者，班固也；谓旧有四十五卷，为十八篇者，桓谭也（见桓谭《新论》）；谓增多伏生二十五篇者，孔安国也。皆以意分篇第，初无一定义例。证以今文，伏生只二十八篇

耳。俄而增以《泰誓》则二十九篇；俄而移《泰誓》于二十九之外，则三十篇；俄而郑康成析之为三十四篇；俄而孔颖达分出数篇计之，为三十三篇。是专以篇数异同定真伪者，失所据矣。

又谓：

《魏志》言："王肃善贾、马之学，采会同异，为《尚书》、《论语》、《三礼》、《左传》解；及撰定父朗所作《易》，皆列于学官。其所论驳朝廷典制，郊祀、宗庙、丧纪轻重，凡百余篇。"是其所论驳之者，郑之《三礼》，于《尚书》未之及也。陆德明谓王肃作《圣证论》以难郑，而牵入注《尚书》，《魏志》实无此文。无论此事有无，要于梅氏古文无涉。毛西河犹谓王肃不见古文，而孔颖达谓王肃注始似窃见。肃与郑冲同生汉末，郑冲得传古文，王肃亦见其书，理固可信。况黄初时，王肃已仕于朝；青龙中，汉献帝薨，王肃上疏论谥；魏甘露元年，王肃已卒；去晋永嘉之乱，尚五十余年，此时古文，固俨然在也。会其同异，采而用之，非无可据，何待另造一古文以难郑哉？

又辨：

阎若璩以授历时宪二历，推算仲康即位，岁在壬戌，乃五月丁亥日食，非季秋月朔；食在东井，亦非房宿。十三年惟四年九月壬辰朔日有食之，却与经文肇位四海不合；且食在氐末，亦非房宿。此阎氏之言也。而大衍新历云："仲康五年癸巳岁九月庚戌朔日蚀，在房二度。"见《唐书·历志》，王伯厚《困学纪闻》引之。又引《皇极经世》谓仲康元年壬戌征羲和，五年丙寅，与历不同。翁元圻释之曰："《通鉴前编》，虞邝以季秋日食为仲康元年，而唐傅仁均等新历，以为仲康五年癸巳之岁，九月庚戌朔，日食在房二度。夫以历术求之，则鲁历、殷历、周历，已自不同；以历较之，经世纪年，夏殷之年，盈缩者二十有八焉。盖历家有岁差之说，久近各殊。新历以五十年而差一度，虞邝以百八十有六年而差一度。今从新历，则仲康五年，岁非癸巳；从虞邝，则合于经世之年。且以经言之，则五年之说，于经不同；而元年之说，于肇位之义为合。”

据此，则阎氏之言，又不足信矣。

《古文尚书商是》

《古文尚书商是》一卷（光绪丁亥活字印本），洪良品撰。首自序，言：古文《尚书》，唐以前，伪之者无一焉；明以后，不伪之者亦无一焉。伪之者曰，吾说是；不伪之者曰，吾说是，将奚是之从？曰：有真是非在。同年友某，直谅多闻士也。观予《古文尚书辨惑》，乃自著一书，曰《尚书解纷》，盖欲平两造之争。余谓友某，是非无中立，彼是则此不是，此是则彼不是，二说中必有一至是者存焉。因与往复商论，以期定于一是云云。卷中论古文《尚书》书三，论孔传郑注书一，论孔疏郑注书一，复友某书自著余论后书一，复友某论古文难考书一，答友某论伪书二十四篇一，与友论《古文尚书解纷》书一，与友某论孔学书一，与友某论《古文尚书》书一，与友论古文立学书一，与友某论自著《辨惑》书一，与友某论孔疏二十四篇伪书书三，与宝竹坡论《泰誓答问》书一，与竹坡论孔传二十五篇书一，与杨定甫论《舜典》二十八字伪书二十四篇书一。

是卷所载，多商榷之词；而心平理周，见多独到。如谓：

唐前经解各书十不存一，其存者无不出于孔疏，即今日郑学家所辑马、郑注，亦无不出于孔疏及唐人所引。若疑唐人为不足据，则不特孔学绝，郑学亦绝；不特郑学绝，并十三经学亦绝。乃诸家信十二经，而独不信此一经所引，岂持平之论？

又谓：

孔疏夹杂不清，矛盾非一。如既谓于郑注三十四篇之外，伪造二十四篇以足郑注，是不以为郑注之逸书也。何也？颖达以为张霸之徒所伪造也。乃下文又云，则郑注《书》序二十四篇之目，又复申之曰：即是伪《书》二十四篇。忽而伪，忽而不伪；忽而郑，忽而非郑。不但此也，《汩作》、《典宝》既作郑注《书》序逸《书》篇目，又作二十四篇伪《书》篇目。忽而伪，忽而逸；伪则非郑，而逸则又似郑。《咸有一德》、《武成》、《五子之歌》、《允征》、《禹谟》、《旅獒》、《冏命》等篇，郑于《书》序，已注为亡；而孔疏引郑注《书》序，又入二十四篇为伪。同一《书》序，同一书名，忽而注为亡，忽而注为伪。似此支离情节，颖达当日未必亲见逸《书》；即所引郑注，恐未必全出康成之手。或者颖达无识，不能辨别去取，拉杂引之，以至前后矛盾欤？抑或马嘉运等，妄加参订，以致互相轇轕欤？乃诸家一见郑注二字，不复详考，但知郑乃大儒，不致有误。不知康成不误，恐颖达有误也。且以颖达博学，当必不伪；而不知颖达不伪，恐张霸之徒有伪也。

又谓：

颖达昏愦不待言。何以范蔚宗、皇甫谧、刘炫、陆德明、颜师古诸人，皆闳通淹雅，毫不觉其伪，公然以伪书伪事，列入正史私著各书。且其人俱生于数千年以前，其时典籍较备，尤易参考，何以不如数千年以下之人之详且确。且孔、郑之学立于晋初，去东汉尤近。孔书亡于东汉，马、郑未见。马、郑所注所言，人皆见之，何以若不知有是注是言，一任伪孔与郑并立？一时为郑学者不少，当非不知郑所注马所言者，何以不知以真黜伪，据其师说，以斥伪孔？

又谓：

《泰誓答问》，其最谬者有四：班《志》大小夏侯二家欧阳经二十二卷。其分为三十一卷者，章句耳。乃混章句为经，自分

《盘庚》为三，称欧阳经三十一卷，且豫借东汉末蔡邕之石经，牵合证之。不知石经分《盘庚》为三，当据马、郑本，西汉时无是也。其伪一。《太誓》后得，见于刘歆《与博士书》、刘向《别录》，王充《论衡》亦言之。立学传习二十九篇，有《太誓》在内，皆得自躬亲目击者。故史于后得立学之书，绝不另注一篇名于志，孔疏所谓为史总之也。龚氏以向、歆、王充之言，为不足据，明见分《顾命》、《康王之诰》，见《释文》马融语，竟移之以属伏生。其伪二。《别录》古文五十八篇，班《志》古文五十七篇（康成云，后亡其一篇，故为五十七），龚氏欲以伪书二十四篇，冒西汉之十六篇；而无如康成所分三十四篇，先与刘、班之二十九篇不合。且二十九篇有后得《太誓》，原不入伏、孔之数；于是移之二十九篇外，而析《盘庚》为三，析《顾命》、《康王之诰》为二，借欧阳章句之数，以巧合之，妄定西汉今文有三十四篇，犹短三篇，复以后出之《太誓》，分三篇足其数。并杜撰事实，谓孔安国只上古文五十五篇，而秘府取民间本《太誓》合并数之。其伪三。惠栋以伪书二十四篇附会刘歆之十六篇，而无《毕命》，乃改《冏命》以就之，此亦伪书非十六篇显证。乃龚氏袭其故智，改《冏命》为《毕命》。其伪四。

皆精确不可易。

余录此篇毕，从友人处得阅是书原稿，除与杨定甫侍御一书，余皆与宝竹坡辨论之书，题目亦与此小异。想此本系后来改定；其曰友者，盖书中语意稍涉于激，不似后二篇之和平商榷，故讳其名耳。按竹坡清宗室，名宝廷，字竹坡，号偶斋，同治戊辰进士，官至礼部右侍郎。光绪初叶，以敢言事，颇负直声。后典闽试归途取江山船女儿为妾，自上书举劾，去官。著有《偶斋诗草》。门人夏震武又刊其奏疏行世。

《古文尚书賸言》

《古文尚书賸言》一卷（原稿本），清洪良品撰。良品著《古文尚书辨惑》成，适其门人萨廉为国子监祭酒，课士日，以《孔传二十五篇古文与孔疏二十四篇真伪》命题，汇诸生卷，属良品评乙。此其卷后批语也。

中有数条，足资启发。某生云："安国以伏生之书定古文，此伏生之所有者；其增多二十五篇，何以定之？"良品批谓：

序所云，定其可知者。据孔疏云，就古文定可知识者。不言就伏生之书，而云以其所闻者。故云可知者，谓并伏生书外有可知，不徒伏生书内而已。（明案伏生书与二十五篇训诂虽异，而字体则可推而知之；亦犹童蒙熟读《千字文》即可读《三字经》、《百家姓》。故孔序云："以所闻伏生之书，考论文义，定其可知者。"文指文字，义指训诂。既识其文，则可因推以知其义也。文本明白。）

某生又云："当时果有隶古定之书，藏之书府，汉世言小学者，何不一及之？"良品批谓：

析言之曰隶古定，浑言之曰古文。汉世字书，流传极少，若《元尚》、《凡将》、《滂喜》名目，亦仅一见。现时所存小学书，不过史游《急就章》及许慎《说文》而已。其余《仓颉》、《训纂》、《字林》之属，今已无传。安得仅据一二书，而断为无人不及之乎？

某生又云："毛西河言梅赜所上，传也，非经也。而陆氏《释文》言'孔氏之本绝'，又言'江左中兴，元帝时，豫章内史梅赜奏上古文《尚书》'，则与《隋志》始得安国之传，实兼经文言之。"良品批谓：

孔氏本绝，言安国古本无传耳。（明案宋晁公武《郡斋读书志》《古文尚书》十三卷，题曰："右汉孔安国以隶古定五十九篇之书也。"盖以隶写籀，故曰隶古。其书自汉迄唐，行于学官。明皇不喜古文，改从今文，由是古文遂绝。此“古文遂绝”四字，即《释文》所谓“孔氏本绝”也。）毛氏上传非上经之说，就《志》释《志》，确是如此。《隋志》明以三家传亡，秘府有经无传，故梅赜求其所阙以献，此就一时一事言之。至《释文》则不必细为区别。且诸家必云梅赜献经者，不过欲诬古文以伪耳；不知当时若经传并上，愈无伪证。盖晋秘府既有经文，若上伪经，必如张霸之以中文校之非是矣。

后又附良品拟题文四篇，概括《辨惑》诸书，而与批语互相发明。

卷首有国子监学正周绘藻序，李文田题，左绍佐识，及良品自序。

李题云：

古文汉出，东京遂微；唯存漆《书》，马、郑注之。三国之初，魏氏复得，反覆陈志，略见踪迹。钟氏父子，及高堂隆，何晏王肃，均当相逢。郑冲皇谧，亲受厥旨。自斯以还，世无异议。南北两史，隋唐诸儒，以其闻见，岂陋岂疏。《隋书·经籍》，来历匪略。门户既锢，孰云吾错。在昔西河，曰《书》有冤。谁敢鸣之，觥觥洪君。噫哉我生，好古苦晚。二刘孔颜，服膺不远。元明以降，龂龂弗休。狂澜虽狂，予师前修。注疏虽存，冤谁与白？世宗若壕，而卑颖达。耳食競上，掌焠几人？不食马肝，何伤八珍。《冤词》益冤，《后案》何案。世多通人，千秋未断。

案李字仲约，吾粤顺德人；咸丰□□赐进士第三人，官至礼部侍郎；精西北地理。遗集散佚，近有辑刊其遗诗者，而文尚缺，亟表而出之。

《古文尚书正辞》

《古文尚书正辞》三十三卷，吴光耀撰。光耀字华峰，湖北江夏人；贡生，授天门县训导，以荐升四川知县。是书以正辞为名，力辟伪古文说。卷一至卷五，流源正辞；卷六，篇目正辞；卷七，《舜典》正辞；卷八，《大禹谟》正辞；卷九，《益稷》正辞；卷十，《五子之歌》正辞；卷十一，《胤征》正辞；卷十二，《仲虺之诰》正辞；卷十三，《汤诰》正辞；卷十四，《伊训》正辞；卷十五，《太甲》正辞；卷十六，《咸有一德》正辞；卷十七，《说命》正辞；卷十八，《泰誓》正辞；卷十九，《武成》正辞；卷二十，《旅獒》正辞；卷二十一，《微子之命》正辞；卷二十二，《蔡仲之命》正辞；卷二十三，《周官》正辞；卷二十四，《君陈》正辞；卷二十五，《康王之诰》正辞；卷二十六，《毕命》正辞；卷二十七，《君牙》正辞；卷二十八，《冏命》正辞；卷二十九，百篇之叙正辞；卷三十，孔叙正辞；卷三十一，孔传正辞；卷三十二，朱子正辞；卷三十三，叙目。源流最详，分伏生今文，孔安国古文，张霸《百两篇》，杜林漆书古文。著录始汉止西晋，先有师承家法者，次治《尚书》，次诵《诗》、《书》，次语言文字征引《尚书》，次治四经五经六经七经，其中宜有《尚书》。篇目分伏胜今文二十九篇目，孔安国古文五十八篇目，杜林漆书古文三十四篇目，马、郑存目逸书二十四篇目，百篇之叙目，《舜典》以下各篇以至百篇之叙，孔传、孔叙，皆先引诸家之说，一一为之疏通考证。《朱子》一卷，则为阎咏《朱子古文书疑》而作。朱子晚岁大悟旧说之非，世所传《集注》、《或问》之类，乃其中年未定之说。其诸《语类》之属，又其门人挟胜心以附己见。陆稼书据朱子告辅广之言，辨古文《尚书》非伪。至昌言以孔子国经传为伪，始于吴棫，成于吴澄，故一类正之云。叙目，首自叙，次总论攻古文诸家。全书征引繁博，无义不搜，固是才雄，亦由学富。原书具在，古文本不伪，而攻之者必迁就以证成之。但还其本说，而义已明。惟有史籍模棱，明知其如此不如彼，终无以大申其说，则贾逵之传业，与孔安国之卒年是也。一为东汉古文真伪之关系，一为安国《书叙》真伪之关系。《后汉书·贾逵传》，逵实传其父徽之业。而贾徽之古文《尚书》，传之涂恽，实为安国嫡传。逵既得传真古文，何以舍之，而为杜林漆书作训。攻古文者于贾逵之传授轇轕不清，因而疑其所训。光耀辨之曰：

《逵传》称："父徽从刘歆受《左氏春秋》，兼习《国语》、《周官》，又受《古文尚书》于涂恽，学《毛诗》于谢曼卿。作《左氏条例》二十一篇。逵悉传父业，能诵《左氏传》及五经本文，以大夏侯《尚书》教授；虽为古学，兼通五家《穀梁》之说。自为儿童，常在太学"云云。按范书《儒林传》，涂恽心旁作"整军经武"之"军"。《汉书·贾逵传》涂惮心旁作"咎单作明居"之"单"。字既不同，当时或有姓名近者，所学同名古文，而实不同，如《金楼子》云："桓谭有《新论》，华谭又有《新论》，扬雄有《太玄经》，杨泉又有《太玄经》。"此一说也。或逵传父业，后又异学，犹刘歆既传父向《穀梁春秋》，又好《左氏》，此一说也。《杨震传》称父宝习欧阳《尚书》，哀平之世，隐居教授。震少好学，受欧阳《尚书》于桓郁。同是欧阳《尚书》，震何以不受诸父而受之他人？及观注引《续汉志》曰："少孤贫，独与母居。"乃知震父死时，尚幼不及学也。以此悟逵父徽死时，逵当甚幼，不及亲受父业。《白孔六帖·姊妹》，白引贾逵年五岁，其姊闻邻家读书，每抱逵听之。逵年十岁，乃暗诵六经。姊曰："吾未有教者入门，汝安得三坟五典读之？"逵曰："忆昔抱听邻家读书，今万不遗一。"（《太平御览·宗亲部·姊妹》引王子年《拾遗记》，"五岁"作"六岁"，"姊问其故"作"父曰，然"。

《白帖》唐人作，《御览》宋人作，当信唐人。）使非其父早死，何以幼稚即就外学。故传言弱冠能诵《左氏传》，及五经本文，以夏侯《尚书》教授。是弱冠时，止能诵五经本文。《尚书》乃先受今文大夏侯学，所谓利禄之路然也。受杜林漆书明在后。徽只《左氏传》有著作，古文《尚书》无著作存竹帛者，故不得自治父业古文《尚书》。（明案阮元曰："古人无笔砚纸墨之便，其著之简策者，有漆书刀削之劳，是以一师有竹帛，而百弟子传之。《公羊传》至汉景帝时，公羊寿乃共弟子胡母子都著于竹帛，知其初全以口授矣。"又曰："每阅一卷，或每检一事，抽阅展舒甚为烦数，收集整比，弥费辛勤。盖书之难得如此，故古人之读书也必有师授。其引书也，必由记忆。师授则专门不能泛涉；记忆则字句不无异同。"可与此参证。）犹杨震之于父宝也。范晔寡经术，不能辨东汉古文有两种。但见徽传古文，逵亦传古文，遂以逵业即徽业。故曰："悉传父业。"抑或统本经大略言之，犹言父习《尚书》，子亦学《尚书》，初非指古文家法言。下言为古学者，从其后言之。不然，逵果传徽古文，何以为儿童时，已在太学耶？（按光耀推论，尚有三说，兹不具引。）

安国大叙，言遭巫蛊之难，而征和巫蛊，在武帝末年。与马迁所云蚤卒者不合。疑者遂谓天汉后，安国已死，或其家子孙献之；援荀悦《汉纪》，武帝时安国家献之为证，而大叙之伪显然矣。光耀辨之曰：

汉武帝时，有两巫蛊大狱，攻者止知武帝末，征和元年、二年，起巫蛊大狱；不知武帝初，元光五年，已有巫蛊大狱。子国传成，适遭元光五年巫蛊大狱，不以献，若夫经文，固早悉上送官。按《史记》及《汉书》纪传载鲁共王薨年甚详，皆在元朔元年，乃武帝即位之十三年。且传曰："以景前三年，徙为鲁王，好治宫室苑囿狗马，季年好音。"然则共王好治宫室，亦不在季年；断无武帝末，坏孔子宅广宫室事。司马迁亲见子国，若天汉后尚在，断不得言蚤卒。《汉书·武帝本纪》：“元光五年秋七月乙巳，皇后陈氏废，捕为巫蛊者，皆枭首。”《张汤传》：“治陈皇后巫蛊狱，深竟党与，上以为能。”《外戚传·孝武陈皇后传》：“擅宠骄贵十余年，而无子。闻卫子夫得幸，几死者数焉。上愈怒。又挟妇人媚道，颇觉。元光五年，上遂穷治之。女子楚服等，坐为皇后巫蛊祠祭祝诅，大逆无道，相连及诛者三百余人。”征和巫蛊，皇后太子狱；元光巫蛊，亦皇后狱。相连及诛者，至三百余人，非大狱而何？元光五年，即武帝即位之十一年也。证以《论衡》所谓“孝景帝时，鲁共王坏孔子教授堂，以为殿，得百篇《尚书》于墙壁中”，时事正合。盖武帝即位，初承诏作传，至即位十一年，传成遭陈皇后巫蛊事。如此大狱，一则曰上遂穷治，再则曰穷竟党与，岂岁月间可了，故子国不为献传计。且是时武帝已有事神仙及四夷，朝廷方骚然，何暇及此。《汉书·礼乐志》所谓“是时上方征讨四夷，锐志武功，不暇留意礼文之事”是也。元狩五年，初置谏大夫，子国迁大夫，又迁临淮太守。度子国卒，当在元封后、太初中。《家语》子国自叙所谓“元封之时，吾仕京师”。王肃叙所谓“子国由博士为临淮太守，在官六年，以病免，年六十，卒于家”。如此考之，正合。太初元年，越十六年，始为征和四年，《史记》犹及征和中事，成《史记》应在征和中，言十年前卒之人，何不可曰蚤卒。下文曰：“安国生卬，卬生驩，盖对其子孙见存为言，史家常例。又或惜其人功业不终，亦曰蚤卒。《汉书·尹翁归传》：“制诏御史曰：‘扶风翁归，廉平乡正，治民异等，早夭不遂，不得终其功业，朕甚怜之。其赐翁归子黄金百斤，以奉祠祭’。翁归三子，皆为太守。少子岑历，位九卿，后至将军。”既曰“后至将军”，则其父死时，已历九卿矣。是翁归死时，必不止四五十之年。《儒林传》：“谷永上疏曰：‘近事大司空朱邑，右扶风翁归，德茂夭年。'又曰：'郑宽中卒然早终，尤可悼痛。'"宽中为成帝师，死时已迁光禄大夫，领尚书事，度非中年。又其人虽得上寿，而惜其不长存，亦曰蚤卒。《史记·鲁世家》："武王蚤终，成王少。"《楚世家》："鬻熊子事文王，蚤卒。"又曰："楚熊通怒曰：'吾先鬻熊，文王之师也，蚤终。'"武王九十三而终，见《礼记》。鬻熊子九十见文王，见本书。《史记》称"子国蚤卒"，安知非惜其年不称德，又惜不及待《史记》成与订正。刘歆见当时记载有言古文《尚书》，遭巫蛊事不得立者，遂以征和巫蛊当之，其后班固为《汉书》，荀悦为《汉纪》，王肃叙《家语》，陆德明为《释文》，孔颖达等为《正义》，长孙无忌等为《隋书》，遂相沿而误矣。

《四库提要》谓孔传之依托灼然可据者：梅鷟《尚书》考异，攻其注《禹贡》，瀍水出河南北山一条，积石山在金城西南羌中一条，地名皆在安国后。（明案二条虽本梅说，而阎若璩足成之。）朱彝尊《经义考》攻其注《书》序东海驹骊扶余馯貊之属一条，谓驹骊王朱蒙至汉元帝建昭二年始建国。安国武帝时人，亦不及见。若璩则攻其注《泰誓》"虽有周亲，不如仁人"，与所注《论语》相反。又安国传有《汤誓》，而注《论语》"予小子履"一节，乃为《墨子》所引《汤誓》之文。皆证佐分明，更无疑义。光耀驳其第一条曰：

县道废置，史不尽详。恶知汉置谷城县不在武帝后。班固为《汉书志》，司马彪为《续汉书志》及为《水经》者，据其后已分置者为言；安国据未分置者为言，何足异。即指郡言（阎氏曰："或难余河南安知其不指郡言。余则证以上文，伊出陆浑山，洛出上洛山，涧出渑池山，皆县也，何独瀍出而郡乎。"），又何嫌于上文。《史记·夏本纪》"常卫即从"，集解："郑玄曰，《地理志》恒水出恒山，卫水在灵寿。"《汉书·地理志》"常山郡灵寿"注曰："《禹贡》卫水出东北，东入虖池。"上曲阳注曰："《禹贡》恒水所出，东人滱。”然则恒水实出常山郡之上曲阳县。郑氏注《禹贡》，何不言上曲阳县，但言郡；而卫水所出，又言县。《水经注》：“瀍水出河南谷城县北山。”孔不过省“谷城县”三字耳。且谷城县本在河南县北，无论并否，皆可谓出河南北山。

又驳其第二条曰：

《禹贡》：“浮于积石。”传：“积石山在金城西南，河所经也。”但言金城，未尝指郡言。金城山名，犹楚方城，昭帝时因旧名置郡耳。《史记·大宛传》：“其明年浑邪王率其民降汉，而金城河西西并南山至盐泽，空无匈奴。”《汉书·武帝纪》“匈奴昆邪王杀休屠王并将其众合四万余人来降”，在元狩二年，与《史记》叙元朔六年之明年又明年下者正合。若璩又据胡渭谓“班《志》积石山系河关县下，而金城县无之。观‘羌中塞外’四字，则积石山不可谓在金城郡界明矣，况县乎。且郦注所叙，金城县在郡治允吾县东，与积石山相去悬绝。”不知金城既在郡治允吾县东，则河关西南，即金城西南，“西南”二字，所指自广，何嫌悬绝。况河关亦属金城郡，虽远复几何。至以“塞外”二字，属积石山解，谓积石山不在金城郡界，甚谬。《汉书·地理志》“金城郡河关”注曰：“积石山在西南羌中。”此八字为一事，盖言河关县界所有之山。又曰：“河水行塞外，东北入塞内，至章武入海，过郡十六，行九千四百里。”此二十五字为一事，盖言河关县界所有之水，因并河水来去始末言之，此《地理志》常例。今以“塞外”二字属上一事解，是并不知句读。

又驳其第三条曰：

《东国史略》明高丽无姓名人撰，曰：“始祖朱蒙，立汉元帝建昭二年。”彝尊乃据近代外国无征之书，妄毁古人。不知高句骊之号，见周盛时，《逸周书·王会解》：“北方台正东高夷嗛羊。嗛羊者，羊而四角。”注：“孔晁曰，高夷东北夷，高句骊。”王应麟《尔雅疏》曰：“九夷，三曰高骊。”《汉书·地理志》：“玄菟郡，武帝元封四年置。开县三：高句骊、上殷台、西盖马。”玄菟、乐浪，武帝时置，皆朝鲜、涉貉、句骊蛮夷。安得谓武帝时，无高驹骊之称。

又驳第四条曰：

两说矛盾，不得为伪。按《坊记正义》引郑《志》答曰：“炅模云，注记时执就卢君，后得毛传乃改之。”凡注与诗不同，皆仿此。故注记中说诗者，与笺多自异。《诗·关雎·序正义》引《论语注》云：“哀世夫妇，不得此人，不为灭伤其爱。此以哀为衷，彼仍以哀为义者。”又郑答刘炎曰：“《论语注》人间行久，义或宜然，故不复定以遗后。”然则郑注《论语》与笺诗自异处，亦各分行，曾不追改。子国犹是例也。

又驳第五条曰：

此伐桀告天之文者，据《汤诰》为释；继释玄牡皇皇后帝等义，又杂取《尔雅》等说，末云《墨子》引《汤誓》。其辞若此者，言《墨子》所载祷旱文与此近，所以广证示博，即孔所谓引譬连类之事。不然，果据《墨子》，宜云祷旱文，不宜云伐桀文。若璩明知墨子所引，明为祷旱文，乃曰“今天大旱”三句乃衍文。不知此三句即衍文；而下文尚有云：“汤贵为天子，富有天下，然且不惮以身为牺牲以说于上帝鬼神。”明与《吕览》言桑林祷旱之事合，岂尽衍文乎？

光耀论古文《尚书》不能无阙失及毁古文者之极弊，甚平允。曰：

《尚书》焚荡于秦火，错乱摩灭于屋壁，古文闭抑于两汉；王莽用事立而又废；晋永嘉之乱，中书又亡；传之私家者，孤学流离，久而始显。简编文字之间，其不能尽圣人删定之旧矣。杂出四代史臣之手，其情事又悬久难断。孔子曰：“多闻阙疑。”又曰："君子于其所不知，盖阙如也。"孟子曰："尽信书，则不如无书。"又曰："说诗者，不以文害辞，不以辞害志，以意逆志，是谓得之。"生千岁后，智不若孔孟，而不阙疑，乘晚出之隙，为罔曲偏碎之说毁经；毁此一经，求之诸经传记皆是也。毁古文始于吴棫，朱子不能辨而疑之，未尝谓可删。吴澄竟删矣。梅鷟、归有光、罗敦仁父子、郝敬之徒继之，然皆穷陋，几不知天地有六经。陈季立、毛大可诚未能深言源流，或自作谬误；然辨若人固有余。阎若璩强挟朱子之势，大言博辩，天下相惊有实证，不知罔曲偏碎之说，未可通之诸经传记也。姚际恒、钱煌、程廷祚、惠栋、江声、王鸣盛、段玉裁、孙星衍、龚自珍、宋翔凤、陈乔枞、丁晏、魏源之徒，虽著专书，大抵祖述盗袭，雷同若璩之说。或若璩所不屑道，辄喜为所未言。毁之之术，见引他书并文义同者，曰"所采辑"，曰"所剿袭"，曰"后人因伪经窜入"，曰"同伪书"，曰"采辑而误"，曰"故歧出之，泯其迹"。乃至半言一画，非妄造则旁偷，或牵引传疏诸家之误，诬经并传疏诸家。无其文义，自出谬解，曰："经传如此。"或不知见他古书引经，曰："文理浅谬。"初与见此经者，曰"其撰人必不能诬者"，曰"未杀之"。论伪书，且不得尽以此；尽以此，天下岂有真书哉？

又曰：

世人有向学者，必先习称曰"伪古文，伪古文"。甚乃不知毁经者何说，经伪者何篇。

又曰：

毁经者，惟阎若璩、段玉裁差能自读书；惠、江、王、孙，已不免稗贩，然犹不废读书；嘉道以来，但稗贩阎、惠、江、王、段、孙诸家之说，而已不复自读书，并所稗贩之书，亦略不细读，往往致误。

光耀稍后于张崇兰，而与洪良品同时。张、洪二书，竟未得寓目。（按光耀作《洪给事中事略》，言良品著《古文尚书辨惑》八卷，十八误八。光耀于光绪十九年来京师，其《正辞》已刻成。良品书刻于光绪丁亥。二人相识，在二书刻成之后。）故崇兰谓伪目二十四篇，本足成郑注者，为康成所不及见。光耀则信康成见之，但不为注。良品谓永嘉之乱，秘府经文，实未亡，所亡者，仅三家之传。光耀则信秘府经文亡于永嘉之乱。似未如张、洪二说之优。又光耀谓阎氏《疏证》刊行时，奇龄已前卒，故《冤词》无一语及《疏证》，以驳《提要》奇龄百计相轧之语。不知《冤词》确为《疏证》而作，见《西河集》中《与阎潜邱书》。毛、阎本友善，当见其稿，或聆其议论，特书中不欲斥言之耳。

《古文尚书辨惑》

《古文尚书辨惑》二十二卷（光绪甲辰刻本），张谐之撰。谐之字敬斋，陕西宏农人，事迹无可考。据序称“光绪辛巳，于役都门”，又言“丁酉致仕，戊戌投闲”，盖曾隶仕籍者也。是书旨在正经，而不护孔传。编中引朱子曰：“《尚书》孔安国传，恐是魏晋间人所作，托安国为名，与毛公《诗》传，大段不同。今观序文，亦不类汉文章。”是孔传为伪书，朱子早有定论。其所谓惑而辨之者，则阎若璩《古文尚书疏证》、王鸣盛《尚书后案》、惠栋《古文尚书考》，更旁及黄梨洲、姚姬传迄康有为止。以康氏谓六经皆刘歆伪书，使学子无可信之经，惑世诬民之祸，于是为极。其书与洪良品书同名，盖未见洪书，并张崇兰、吴光耀书亦未见；而持论与三家偶合者十之四五，为三家未曾辨及者十之二三，错误者亦十之一二，其合处往往出三家上，更详且核，诚卫古文者之后劲矣。

书中辨七庙之制，谓：“王鸣盛引郑康成《王制》之法，以驳《尚书》，并取马昭、韦元成之说，以助郑而攻王（谓王肃）。”因历证郑氏之误，并历证马、韦护郑之误，洋洋四千余言，论最赅博。又辨文王无受命纪元之事：“受命者，受商王之命，即‘锡斧钺、专征伐’者是也。司马迁信毛氏《诗传》及《诗小序》而误；郑康成又信谶纬而误。至谓武王即位，上续文王之年，尤属误甚。考《周书》纪武王元祀（《柔武解》）、武王二祀（《小开武解》），又纪十有三祀（《大匡解》），即克商之岁也。”又辨周未尝贬帝号为王，正司马迁夏殷称帝之误；武王誓师，只称文考，迨《武成》告庙，始称文考文王，断为追王无疑。又辨商郊、牧野，乃一地而分言之，非二地而两用之。《武成》之陈于商郊也，以武王癸亥夜陈言之也。其言会于牧野也，以受率其旅会战言之也。使商郊为一地，牧野又为一地，何以能与武王合战？又如据《吕览》、《洛诰》，证召公之为太保，引蜚廉、恶来证纣之有世官，郁陶与见于《尔雅》者异义，涂炭与见于《孟子》者殊解，皆极明晰，可关吹毛索疵者之口。

张氏尤熟于地理，书中考核，博而得要。略举数条：如辨王鸣盛谓伪书改牧宫为鸣条云：

> 孟子引《伊训》曰：“天诛造攻自牧宫。”与《尚书》不同。考经传引《书》，多有同异，不独《孟子》然也。乃王氏以为《尚书》嫌与牧野相溷，故据序改之。夫《商书》与《周书》，时已隔代，牧宫与牧野，地不同方，岂有相溷之理。王氏谓既为始攻解，自应从牧宫，若战于鸣条之野，已为败桀之终事。案桀都安邑，鸣条在安邑之西。汤之升自陑也，与桀战于鸣条之野，夏师败绩，桀遂出奔，遂入其都，乃至牧宫；则鸣条为伐夏之第一战，尚在牧宫之前，而谓不得为始攻可乎？至王氏谓鸣条之战，为败桀之终事，盖自有故。考郑康成云：“鸣条，南夷地名。”孟子云：“舜卒于鸣条，东夷之地。”或云：“陈留平邱县，今有鸣条亭也。”孔疏引皇甫谧以驳之。（皇甫谧云：“《伊训》曰：‘造攻自鸣条，朕哉自亳。’又曰：‘夏师败绩，乃伐三朡。’三朡在定陶，

于义不得在陈留东夷也。今安邑有鸣条陌。且吴起言夏桀之居，左河济，右太华，皆指安邑，何得言在南夷乎?”）又按《括地志》云：“高涯原在蒲县安邑县北三十里南坡口，即古鸣条陌也。鸣条战地，在安邑西。”据此则郑康成之误，不待辨而明。乃王氏又引《吕氏春秋》云：“殷汤登自鸣条，乃入巢门。”《淮南子·修务训》云：“汤整兵鸣条，困夏南巢。”观下文伐三朡，三朡在今山东定陶；南巢在今江南巢县；然则桀出亡地，皆在东南。且《逸周书·殷祝解》云：“汤将放桀于中野。桀与其属五百人，南徙千里以下；又再徙方至南巢。”可见桀之出亡，皆向南行，故郑以鸣条为南夷。不思鸣条在南巢之西北几三千里。桀之师败于鸣条，尚未出亡南行，而谓为南夷可乎?

又辨阎若璩谓孟津在河北云：

孟津之名，肇于《禹贡》。禹之导河也，皆以山水记地，不以地名记山水，以无可记之地也：曰积石，曰龙门，曰华阴，曰砥柱，曰大伾，皆以山记地也；曰孟津，曰洛汭，曰泽水，曰大陆，皆以水泽记地也。其时草昧初开，只有九州之名，然其名孟津者何也?案颜师古注《汉志》之孟津云：“孟，长大也，言大河自龙门而下，河面宽不过一二里；惟东至孟津，河流开放，宽至三十余里；盖至是而河口始大，为津渡之长，犹龙门之大，亦号为孟门也。”夫既以津之大而为名，又无两岸可记之地，则所谓孟津者，南北岸之通称也。况河属豫州，则南岸尤为孟津之专称；若移之北岸，则入覃怀而属之冀州矣。原其舛误之始，因《史记》之借“盟”为“孟”，以附会于《春秋》之邑，其后又误于《论衡》之解“孟”为“盟”，以为八百诸侯，咸同此盟，故孟津亦曰盟津。至杜元凯始合二说而一之，以孟津为东周之盟，而不知唐虞之孟津，与武王之大会，相隔千有余年，而能以春秋之盟邑，定上古之孟津耶?

又辨阎若璩谓华山乃阳华山非太华山曰：

雒南与华阴南北正对，而中隔华山。桃林今属阌乡西南，与雒南斜对，相去不过二百里。考《一统志》云："太华山在华阴县南十里。"则华阴为华山之阴，即商州。雒南为华山之阳。阎氏以华阳为梁州地乎？夫《禹贡》之言华阳、黑水也，谓梁州之域，东距华山之南，西至黑水，特指东西极边而言，以为封疆之界。故谓华山之阳，为商雒可也；而谓梁州之地，皆为华阳，可乎？阎氏以《武成》之华山为阳华山乎？夫阳华一小山耳，以其在华山之阳，故谓之阳华山，亦曰华阳山。且华山踞其西北，相去不过百里，作史者能舍太华之尊，而纪一小小之阳华耶？

张氏辨古文篇目，谓：

班《志》以《七略》为宗，所谓《尚书》古文经四十六卷五十七篇者，刘歆《七略》之辞也。与增多二十五篇，无不合矣。其云得多十六篇者，刘歆移让太常博士之书也，本一人之辞，未有与古文经之篇数合于前而反舛于后者。况《七略》系奏定之书，不可更易，与移书论事不同。恐后之十六篇，不能如《七略》之确也。且班氏非不知数者，则五十七篇之说，何以称焉。计其间必有伪字，如《礼经》十七篇之伪为七十也者，而非后世之所能臆度也。乃不责班氏之舛与刘歆之谬，而反以古文经为伪，可乎？

又谓：

孔疏以《九共》九篇共卷，故为十六卷，篇与卷不同，故可合九篇为一卷，而不可减九篇为一篇。乃阎氏云，十六篇亦名二十四篇，强以二十四篇为十六篇，以求符乎刘歆多十六篇之数；然则壁中书二十五篇为十六篇可乎？

前说以疑传疑，后说以实证实，直捷爽快，一切委曲附会之说，可以勿作矣。

张氏信经文，而以孔传为伪，谓：“阎若璩言经与传同出一手，而不知其中大有不同。”按所举各节，颇能订正孔传。惟此属孔传之失，而不能证为孔传之伪。就如所论，可确信经传不出一手，而经非伪矣；经不伪，而传亦非伪矣。

明又按谭献《复堂日记》卷二云：“邵位西比部，平生著述，以《尚书大意》为巨编；闻更名《通义》，板刻垂成，毁于兵燹。确信伪古文，尽破阎、惠、王、江诸先哲之说，而以载籍所称逸书，皆刘歆伪撰，与宋于庭之论，似同实异，出于方桐城而已，以《世俘》当《武成》，当取之宋氏，非暗合耶”云云。今邵氏《尚书通义》，有光绪丁酉刻鹄斋刊本。仅第六第七两卷起《召诰》尽《吕刑》，凡十六篇；古文《蔡仲之命》、《周官》、《毕命》、《君牙》、《冏命》在焉，盖就五十八篇通释者。惟所称尽破阎、惠、王、江之说，付之阙如，岂在已毁之卷中耶？抑复堂未亲见其书，故言之恍惚耶？特附记于此。

《孔子家语疏证》

《孔子家语疏证》十卷（嘉庆二十三年刻本），清陈士珂撰。士珂字琢轩，湖北蕲水人。殿撰沅之祖。卷首有陈诗序，略云：“乾隆癸丑冬，家琢轩先生，以事过蕲州，访余。适案头有《孔子家语》，因举以问先生曰：‘是书也，子朱子于《四书章句集注》尝屡引之。而颜监注《汉书·艺文志》，则以为非今所有《家语》。或者以为王肃增加。近之宗汉学者，遂置不道，其果然乎？’先生曰：‘夫事必两证，而后是非明。小颜既未见安国旧本，即安知今本之非是乎。且余观周末汉初诸子，其称述孔子之言，类多彼此互见，损益成文；尝有问答之词，主名各别，如《南华》重言之比，而溢美溢恶，时时有之。然其书并行，至于今不废，何独于是编而疑之也。余尝据本书为纲，而互见于他书者，仍用大字书之，以附其后，名曰《疏证》。’”云云。

并著征引书目，经部则《尚书大传》、《韩诗外传》、《毛诗传》、《春秋传》、《春秋公羊传》、《春秋穀梁传》、《仪礼》、《礼记》、《大戴礼记》、《三礼义宗》；史部则《国语》、《世本》、《战国策》、《史记》；子部则《晏子春秋》、《列子》、《庄子》、《荀子》、《文子》、《尸子》、《韩非子》、《吕氏春秋》、《贾谊新书》、《淮南子》、《说苑》、《新序》、《孔丛子》、《白虎通》。按王柏《家语考》曰："四十四篇之《家语》，乃王肃取《左传》、《国语》、《荀》、《孟》、二《戴记》，割裂织成之。"今观士珂引证之多，毋亦悔所见之未广耶？

是书载《家语》本文，而每条下引别书互见者，低一格别之，不参考辨论断。盖是时尚未有著专书攻《家语》者，自不必无敌放矢。乾隆间，范家相始著《家语证伪》十一卷。嘉庆间，孙志祖又著《家语疏证》六卷。其掊击《家语》，一如阎若璩之于古文《尚书》。志祖《疏证》之名，亦取法若璩，而不知与士珂偶同；但士珂是而若璩、志祖则非。例之《释名疏证》、《方言疏证》、《广雅疏证》诸书，即知其谬。家相先于士珂，而其书至光绪间始刊行；志祖稍后于士珂，两书士珂俱不见。《汉书·艺文志》：《家语》二十七卷，颜师古注曰"非今所有《家语》"，此疑《家语》者所自起也。不知师古所注，乃就卷数与今四十篇不合而言。夫卷数多少，悉由后人随意分并，见于各史《艺文志》者，参差不一。即如《隋志》题《孔子家语》二十七卷，王肃解；《新唐书·艺文志》题王肃注《论语》十卷，又注《孔子家语》十卷；《旧唐书·经籍志》亦作十卷，与今卷数正同，但误称王肃撰。肃撰注，非撰《家语》。不然，师古未见王肃未注前之《家语》，何得臆断为不合耶？又按何孟春《家语》传自序，谓"《史记索隐》引《家语》，或不见今本，疑王广谋《句解》所删；不知书之残缺，所时有也"。自是持平之论。余意肃称《家语》得之孔子二十二世孙孔猛，猛于家世旧闻，间为附益。又肃素称博学，旁搜所得，略有补入，均未可知，如今人增辑古书之例。尝见宋薛据《孔子集语》仅三卷，孙星衍乃增至十七卷；但其所增，自有来历，而非伪造。必如王柏之说，是本无其书，而肃伪造之也。独不思《汉志》之二十七卷，明有其书，考王肃作注之日，去班固撰《志》之时，年仅二百，当有流传者，不惧以伪书遭时人摈斥耶？且孔猛又为同时之人，果有差异，讵能掩孔猛之目。即曰孔猛姓名，亦肃伪造，讵能掩孔氏子孙之目。反覆证之，而信其不然也。阎若璩方攻古文《尚书》，乐得借为旁证。《四库》修书诸人，偏信若璩。其著录是书也，一如著录《尚书孔传》，不黜其书，而明斥其伪，凡所征引，无非偏见。《提要》引《礼·乐记》："舜弹五弦之琴，以歌南风。"郑注："其词未闻。"孔颖达疏载肃作《圣证论》，引《家语》"阜财解愠"之诗，以难康成。又载马昭之说，谓《家语》为王肃所增加，非郑所见云云。按马昭恶王肃难郑，凡肃所引诸书，不能谓郑未见，只有肃《家语》注新出，遂曰非郑所见；然仍不敢曰肃伪造；仅曰肃所增加，而又不能指出所增加者为何篇，则亦姑妄言之而已。即"解愠阜财"一条，马昭原注云："《家语》王肃所增加，非郑所见；又《尸子》杂说，不可取证正经，故云未闻也。"盖肃此条，于《家语》外，兼引《尸子》，故注云然。乃《提要》删《尸子》二句，使人不能更寻其瑕。考隐五年《穀梁传》引《尸子》曰："舞夏自天子至诸侯，皆用八佾，初献以羽，始厉乐矣。"桓九年《穀梁传》引《尸子》曰："夫已多乎道。"是《尸子》见引于西汉经师，在郑氏之前，其在郑氏后者，郭璞注《尔雅》亦屡引之。且郑注诸经，取证尤杂。其引《老子》、《弟子职》、《晏子春秋》、《离骚》、《吕氏春秋》、《淮南子》、《氾胜之》等，不一而足，又取谶纬伪书，注之；且以说经，何有于《尸子》；又何有于《家语》，特未见耳。又按肃所作《圣证论》，其书已佚；惟《礼记正义疏》引有数条。今就诸条通考之，其所征引难郑之书甚多，并非专主《家语》。乃知其序所云与其说若重规叠矩者不过谓《家语》亦有其说云尔；非必得

《家语》方申其说也。如：难郑郊祀一条，引《郊特牲》，引《左传》，引《尔雅》，引《诗·周颂》，引《礼记·祭法》，引《周礼》，末乃引《家语》。又难郑五帝一条，引《周易》，引《郊特牲》，引《礼记》，引《毛诗》；其中带引《家语》。又难郑庙制一条，引《礼器》，引《孙卿》，引《祭法》，引《穀梁》；而其所引天子七庙之文，又皆与《礼器》、《穀梁》同。惟朱子因肃论庙制而主其说，乃引古文"七世之庙，可以观德"以证之，肃原辞未曾及此。其他尚有五条，引《礼记》，引《孝经》，引《月令》，引《春秋》，引《左传》；于《尚书》两引《召诰》，皆今文；于古文，未之及；于《家语》，亦未之及。此八条内引《家语》者，只有三条，又其二条，并与他书文同。虽《圣证论》原书百余篇，不止此数，然就此例推，其他可知。是肃并不专主《家语》以难郑，则伪造何为。疑者乃因《家语》而波及古文《尚书》，乃所据以难郑者，绝未引及，则伪造又何为乎？今人习于"王肃造《家语》难郑"一言，并不细心考察，几何不为黠者所瞒也。

余读《家语》，有可确证其不伪者：如《弟子解》述颜渊岁数，显与《论语》牴牾；而肃注云："此书久远，年数错误，不可详校。"若此书果出肃手，肃亦曾注《论语》，何难并此一条而改之，使与《论语》之说相符，而必云此书错误耶？不止此也，肃于《家说》本文，多所驳正：如《好生篇》，孔子对哀公曰："好肆不守折，而长者不为市窃。夫其有益与无益，君子所以知。"注曰："窃宜为察。"《六木篇》"君子游于泰山，见荣声期"，注曰："声宜为启，或荣启期也。"《子路初见篇》"孔子为司寇，见季康子"，注曰："当作桓子，非季康子也。""王道若龙。"注曰："龙宜为砻，前后相因也。"《入官篇》"迩臣便僻"，注曰："僻宜为辟。""畜而能供"，注曰："供宜为共，古恭字也。"《困誓篇》"自望其广，则睪如也"，注曰："广宜为圹。""君子违伤其类"，注曰："违去也，违或作讳也。"《屈节解》"鱼之大者曰鱄"，注曰："鱄宜为鲸，《新序》作鲙，鲍鱼之怀任也。"《正论解》"施生戮死"，注曰："施宜为与，与犹行也，行生者之罪也。""郑伯南也"，注曰："南《左氏》作男，古字作南，亦多有，此作南，连言之，犹言公侯也。"肃于《家语》矜慎若此，伪造云乎哉？又按《弟子解》所载年岁错误尤多，若出肃伪造更不应有此。试以颜、曾二子言之，如颜子少孔子三十岁，而三十一早卒，是颜子卒于鲁哀公四年也；而书中又言颜回死，定公吊焉，则颜子之年有误矣。曾子少孔子四十六岁，而孔子卒于鲁哀公十六年，则曾子仅二十七也；而书中有齐景公以下卿之礼聘曾子，及晏子赠言事；又言阳虎吊孔子，而曾子问事。审其时世，当在定公时，则曾子犹未满十岁；诚早慧如此，又何以有"参鲁"之言耶？则曾子之言，又误矣。

明王鏊《震泽长语》曰："《家语》今本，为近世庸妄所删削。"此书不为世重久矣，后人展转传抄，脱讹不免，其意为增减处，亦有之，但绝非出于王肃耳。

阎若璩著《四书释地》，有涉《家语》一条，兹录于此，并附录朱彝尊书，亦证《家语》者一大故实也。《四书释地》曰：

> 《家语》："颜繇字季路，少孔子六岁。孔子始教于阙里，而受学焉。"朱子引入《集注》，作"孔子始教而受学焉"，削去"阙里"字面。问读《集注》者，何以削去"阙里"字而人都不知？余曰，此朱子所以为精于地理也。孔子时无阙里之名，阙里首仅见《汉书·梅福传》。东汉后，方盛称之。盖录鲁恭王徙鲁于孔子所居之室，造宫室，有双阙焉。人因名孔子所居曰阙里。或曰，有征乎？余曰，一征于《水经注》，"孔庙东南五百步，有双石阙，即灵光之南阙"。一征于史晨飨孔庙后碑，"以令日拜阙，孔子望见阙观，式路虔跪，既至升堂"。尔时阙尚存，尚可得其名里之由。若后代迹既湮，撰《阙里志》者，有一能知者否？曾告之朱彝尊锡鬯，锡鬯为跃然。顾氏《肇域记》，于曲阜

县则引《鲁世家》“炀公筑茅阙门”，谓已有阙之名。不知此自鲁两观鲁象魏在雉门之旁者，《春秋》所谓“雉门及两观灾”是也。岂孔子士庶，而敢居于外朝之地哉？于此益悟《家语》为王肃私定，以难郑玄，而非朱子所恨不见之古文《家语》。何则？古文《家语》，那得有“阙里”字；而有之，应出王肃手。岂非知其意者，由于论其世哉。

彝尊书云：

亡友顾宁人，撰《肇域志》，引《史记·鲁世家》“炀公筑茅阙门”之文，足下证以《春秋》雉门两观外朝之地士庶所不敢居，遂指宁人之误。足下之持论，断断不可夺矣。仆考之《世本》，炀公徙鲁，又考之《竹书》，炀公筑茅阙门，实康王二十二年事尔。御廪灾矣，西宫、新宫、桓宫、僖宫亦灾矣，雉门两观灾而复作矣，中域西郛城之者再矣，鲜有久而不毁者。独茅阙门之作，历五百岁不改。且阙以茅名，其取材也未必固，其为地也未必密迩公宫，雉门两观未必即其遗址。窃疑鲁之《春秋》内事必书，其不见于经传者，由其岁久远而废置故也。故阙虽废而里则以为名，故孔子得居之。《论语》阙党，刘向《新序》谓是孔子所居。《越绝书·本事篇》曰：“圣人教授六艺，删定五经，七十二子，养徒三千，讲习学问，鲁之阙门。”是则由宁人所引推之，亦未为误矣。夫炀公、恭王先后并有阙门。名里之始，则不能臆定。足下之书，与宁人《肇域志》，可两存而引申其义，未可因朱子于今本《家语》删去“阙里”字，遂执古之《家语》不得有“阙里”字也。

据此，若不参观彝尊书，当信“锡鬯跃然”一语为真矣。甚矣若璩之自欺欺人也。

（原载《燕京学报》1928 年第 3 期）

续书楼藏书记

续书楼者，余钤书所自署也。余居京师二十年，贫无一椽之栖，而好聚书。聚既多，室不足以容，则思构楼以贮之。其所聚书，尤详于近代，意谓书至近代始可读。自乾隆朝命儒臣纂《四库书》，撰提要，裒然大观矣。由今视之，皆糟粕耳，则思为书以续之，此续书楼所由名。然而楼未成也，书亦不备，志之云尔。

忆少日，侍先君子宰江西之崇仁，先君子夙好书，所至以十数簏自随。在任所，又购得宜黄某氏书，藏益富。余时年十一二岁，略识文义，课暇，窃取浏览，因而博涉，渐感不足。闻塾师言，去此数百里是省会，书肆多，购无不具，心大动。县差有解饷至省会者，月一往，开书目若干种属焉。县差返，有得有不得，亦不审值之昂否也。先君子爱余慧，又怜其早失母也，年节赉赐，倍他兄弟。一日，召余兄弟至前，问所蓄，诸兄弟争献其所有以验，余独空如，急欲涕。先君子色变，固诘之，以购书对，不信，则出书验之，往来搬运，堆满几榻。先君子色渐霁，一一检翻，徐曰：“孺子亦解此乎？善读之。”呜呼！日月不居，言犹在耳，余荒怠无成，重负庭训，今且老矣，记此者，溯聚书所从始也。

壬寅，余初至京师，值庚子兵后，王府贵家，储书大出。余日游海王村隆福寺间，目不暇给，每暮，必载书满车回寓。始识潮阳曾主事习经。曾嗜书，癖过余，客至，偶谈及书，神态飞动，论议飙起，且谈且从架上取书作证。一书未了，又及其他，口与手与足无少停。客渐倦，犹强聒不已。客起欲辞，再三留，不得去，人以是为厌，相戒勿与谈书。而余最乐此。时余居烂面胡同，曾居绳匠胡同，相距不百步，每造访，必留共饭，食老米，不下咽，馔亦不适口。饭后，饮所称工夫茶者，杯极小，湿仅沾唇，余绝不识其味。入夜，谈益纵，赏奇析疑，恒至漏四下乃别。别时，必挟书数册归，或读、或抄、或校，再访时，挟还之，如此数月。后余迁居东城，过从遂疏。又后数年，重来京师，曾官已贵，收储更富，惟当年兴趣略减矣。

余丁未旋粤，时南海孔氏三十三万卷楼书初散出，而鹤山易氏、番禺何氏、钱塘汪氏（官于粤者）所藏亦散，余皆得择而购之。同时潮阳丁氏持静斋藏书，间有见于坊肆者，屡属友谋之，未得间，而书已尽矣。顺德李侍郎文田家，多藏明清之际野史，余展转请托，竟不获一阅。是二事，余甚憾之。粤地最卑湿，书易生蠹，余以储积过多，不易整理，残缺较甚。己酉夏，余寓广州小东门，西江水骤涨，逾阈而入，转瞬高二三尺，仆辈收拾不及，有浸于水者，恐受责，讳言无之。他日检书，乃多所失。使早告，虽水渍至不可揭视，余尚有法救治之也。余尝出游，以书寄存广州南伦书院。院寓一卖破铜器者，贫无赖，私挖书橱铜钥易钱，次及书，友人于书肆见书，认为余物，以函告，余乃究而逐之，然书之被盗取已不少矣。

辛亥，余再至京师，书值已大涨，询其故，则自吾乡辛仿苏开之也。辛君家富饶，挟赀数万游京师，征逐应酬外，兼好字画书籍，意所可，不计值。尝至其斋，见《墨海金壶》一部，中缺数册，云购价六百金，他可推知矣。九月间，武昌事起，都人初惊变故，仓皇奔避，数月来议值未就之书，至是纷纷愿贬价售。同邑叶大令灿薇，以谒选留京，愿以余资假我，乃尽购之，载四大簏。时从弟鉴、十一弟叙、十四弟绰同寓京，相约南还，运书簏至车站，则见人如蚁聚，行李阻塞，不得上，废然返，连往数日，皆如是。弟等自津催促，词至危迫，余复书曰："余誓与书同行。"后数日，去者渐尽，余乃从容挟书簏上车，弟等犹在津候航轮，遂同行焉。

乙卯，余三至京师，已决心弃乡土。初意尽挈群书北行，而窘于运资，乃分为二，以一部随行，他一部仍寄南伦书院，不意迁延至今。惟庚申冬间，偶一返粤，席不暇暖，未及料理书事。未几，粤讯来，则书院以修马路故被拆，而书之迁徙流失，不可问矣。余始至京，赁居莲花寺，以书之残破待装补者至夥，雇一书匠魏姓者，月资十五金，魏言余书待装补完，非二十年不为功，因言设书肆，有数利，装书便一也，求书易二也，购书廉三也。余思之，良是。经营甫就，魏适病，有孙耀卿者，傭于会文斋书店，其经理即叶焕彬《书林清话》中所称何厚甫其人也。余浼主肆务，孙勤于事，又极警。自来藏书家贵远贱近，肆贾之智识因之，若者宋本、元本、明嘉靖本，若者影宋抄本、明抄本、名家手校本，又若者白棉纸、开花纸，不问书之良否，而惟版本纸质是尚。孙初见余喜购近人书，颇讶之，余每得一书，为言其佳处何在，略及清代学术、诗文派别，孙似领会，渐能推所未知，余比年储藏，大半出其手。迩来风会一变，清儒撰著，价大贵，海内外指名以索，肆贾又移其视线于此。然披沙拣金，不知何者是金，因是孙反见忌于侪偶矣。

京师为人文渊薮，官于斯者，多由文学进身，乡会试之士子，比年一集。清季变法，京朝官优给月俸，科举虽废，高级学校相继立，负笈来者尤众，以故京师书业甲全国。辛亥以还，达官武人，豪于赀，雅慕文墨，视蓄书亦为挥霍之一事。而海外学者，盛倡东方文化，自大学校图书馆以逮私人，所需无限量。就地之书不足给，于是搜书之客四出，始河北河南山东西，次江浙闽粤两湖，又次川陕甘肃。各省域中，先通都大邑，次穷乡僻壤，远者岁一往返，近者岁三四往返。余尝慨叹，竭泽而渔，不出十年，故书尽矣。近年往者渐稀，盖所得不偿所费，因之相戒裹足，而书值日趋于昂，不知者诧良贾居奇，深识者信种子将绝矣。余一窭人耳，譬入酒肉之林，丐得残杯冷炙，已觉逾分，遑敢思大嚼哉。顾余之求之也，有异乎人之求之者，京中旧习，士大夫深居简出，肆夥晨起，挟书候于门，所挟书率陈陈相因，余概却不见。闲游厂肆，见有散置外室，若不甚爱惜者，视之，多有佳本。及遍翻其架上下，尘灰寸积中，残册零帙，往往惊所未见。又过他街市，于冷摊上，时亦无意遇之。盖小贩中有打鼓者，收卖住户破旧器物书纸，转鬻于市摊，市摊以得之贱也，亦贱售之。游人熙熙，稍纵即逝。久之，稍熟习，则留以相待者有之。又客之载书而返也，箧中琳琅，得之者在捷足，余先时而探其讯，则预伺焉，若为他人所先，视其籍跟踪而求，十不失一。凡余之得书也，以俭、以勤、以恒，俭以储购书之资，勤以赴遇书之会。计童龄迄今，垂四十年，其间居京师最久，又际群籍集中之时，日积月累，有莫知其然而然者。

余游迹所至，上海、天津为南北通衢，经过最频。次则开封，前后至者十余次。南京、武昌，至者二次。苏州、杭州，至各一次。居河南三岁，游怀庆、卫辉、清化，俱有所获，在清化所得，有极罕见者，毛尚书昶熙家物也。语云：“伯乐一过而马群空。”余于书，有似之焉。

始余读《汉学师承记》、《文献征存录》、《诗人征略》、《书目答问》等书，意谓清人述作，略具于斯矣。乃访购所及，时出各书称引之外：有其人甚著，而书不著者；有其书甚著，人以为佚而实未佚者；有其人其书同不著而绝佳者。于是爽然于前贤著录，多属一隅之见，而发潜德而阐幽光之亟不容已矣。余抱此志，始甚壮，继而怯。壮者，求人所不能求，为人所不敢为也；怯者，以有涯之生逐无涯之物，求之而不可尽，为之而不必成也。此犹就所见者言之耳。有见者，即有未见者，因甲书而知有乙书，又因乙书而知有丙书、丁书，递相引而无穷，盖余胸中之目录，十倍于眼中之目录。夫书之为物，非如布粟鱼肉，取之市而即给，不得已，乃以抄书补购书之穷。有抄之图书馆者，有抄之私家所藏者，又有力不能致，而抄之坊肆者，有抄自原稿本者，有抄自传抄本者，又有猝不易得，而抄自刻本者。抄书不难，而抄之先借书难，抄之后校书难，校书之事我为政，借书之事人为政，故借书尤难焉。郑渔仲论求书之道有八：（一）即类以求，（二）旁类以求，（三）因地以求，（四）因家以求，（五）求之公，（六）求之私，（七）因人以求，（八）因代以求。可谓备矣。虽然，知之匪艰，行之维艰，安得遍访海内外之书，尽见之而尽抄之，庶几偿余宏愿矣乎！

余续书之志，发于甲子，乡人胡子俊者，大连富商也。一日谈及《四库书》，余曰：“此书宜校、宜补、宜续，而续最要，且最难。”胡曰：“谁能为者？”余曰：“今海内不乏绩学士，但苦无凭借，独我能为之耳。有岁给我三千金者，将屏绝人事，致力于此，计五年可成。”胡慨然自任。已而营业失利，款不时至，事遂中辍。岁乙丑，当轴者以各国退还庚款，限用于文化事业，于议决影印《四库书》后，曾议及续修提要，决交内、教两部核办。时余在河南，拟《刍议》一篇寄刊报上。尔后时局纷扰，无复有过问者。余所拟条例，断自顺治元年始，凡书成在顺治元年后者，或书成在顺治元年前，而其人死在顺治元年后者，又或其人其书，皆在顺治元年前，而编辑校刻在顺治元年后者，皆收之。盖断限者，假定之词，以便蒐集，非如史例之严，不可稍出入也。所以然者，以《四库书》中，清代最疏漏：（一）忌讳太多，（二）搜采未尽，（三）进退失当，余别著文论之。故续者不得仅接乾隆四十七年以后，然若补与续同举，则各还其位可也。其大体与《四库书》异者：（一）著录分甲乙二等，不用存目之例。（二）四部各分三大类，经部曰辑佚，曰校勘，曰笺注。史、子、集部，曰辑佚，曰校注（校勘、笺注合为一类），曰撰著。然辑佚、校勘、笺注，大都前代之书，若补与续同举，仍各还其位可也。今岁戊辰夏间，《清史》印成，余观之，《艺文志》略讹殊甚，《儒林》、《文苑传》，为数寥寥，因又发愤欲撰一书，只录书目，下缀最简评语，仿《书目答问》而略详，后附著书人事实，俾与前相参照，兼详其他著之未见者。期合《艺文》、《儒林》、《文苑》为一，以补《清史》之缺，且为修续书者之大辂椎轮焉。又余之求书也，不避繁复，初得一本以为佳，继得更佳者，随将前本易去，更得更换。今所存者，大率原刻初印本也，新抄本亦择精纸，命端楷写之，他日流布，当就原书影印，勿烦缮写。继今以往，余将重保其已有者，而大增其

未有者。呜呼，岂易言哉！岂易言哉！（二十二，十二，一九二九，清苑河大）

（原载《辅仁学志》1929 年第 1 卷第 2 期）

读未见书斋书录

《天香阁十二龄课草》

南皮张之洞撰。自序云："窃之洞生于道光丁酉之秋，至丙午，甲干已周。四书、九经俱诵讫，随学为杂作。戊申，十二龄矣。东涂西抹，偶为塾师所奖许。同人闻之，每索阅，辄携去。后父执亦渐来索取教诲，必须手抄以呈，不免夺诵读晷，因付剞劂，以代缮写。且便于就正，愿长者锡以指南，则洞也幸甚。道光二十八年，张之洞自序。"其中《四书论九篇》曰《离娄章论》、《爱人章论》、《桃应章论》、《自取章论》、《自暴章论》、《道在尔章论》、《居下章论》、《求也章论》、《恭者章论》；杂文九篇曰《吊十八先生文》、《代拟周执庵银台八旬预庆寿序》、《送景幼嘉之官黄平序》、《知足斋序》、《龙溪砚记》、《代拟家兰沚中丞文》、《代拟景母汤太恭人墓志铭》、《代拟景母王太恭人墓志铭》、《黄耆德墓志》；词七阕；古近体诗二十首；律赋五篇；试帖诗三十一首。其《周执庵寿序》、《家兰沚祭文》系骈体，词采甚丽。他文颇有气格，诗饶风韵，出之十二龄之童，洵可奇也。按王士祯刻八岁至十五岁诗曰《落笺堂初稿》，此尚较早三岁。之洞于咸丰壬子中顺天解元，距生于道光丁酉为十六岁。《越缦堂日记》称其生于甲午，十九岁中解元，盖误。此课草刻全集时，一字不收，亦无人知有是书者。

《书目答问》

缪筱珊太史《荃孙自订年谱》"光绪元年乙亥年三十二岁"条下称："八月执贽张孝达先生门下受业，命撰《书目答问》。"据此则坊间通行《书目答问》题张之洞撰者，乃筱珊捉刀也。吾师江阴夏闰枝先生孙桐，为筱珊妻兄，撰筱珊行状，亦称张文襄视蜀学，筱珊执贽门下，为撰《书目答问》云云。盖本之年谱，非别有所据也。自是人皆认《书目答问》系筱珊手笔，文襄特尸其名耳。向颇疑筱珊自幼随官黔蜀（筱珊二十四岁中光绪丁卯举人，尚借四川籍），地僻书少，见闻有限，且年仅三十有二，安得博览至是？其序邵位西《四库简明目录标注》称，同治甲戌，南皮师相，督四川学，诸生好古者来问应读何书，书以何者为善，谋所以嘉惠蜀士者，以普天下学人，于是有《书目答问》之编。荃孙时馆吴勤惠公督署，随同助理，云云。按：“随同助理”云者，不过参订其间，书仍是文襄创稿耳。此序题光绪戊申，即光绪三十四年，其时文襄犹在，所言如此。年谱则作宣统三年辛未，文襄已前二年薨矣。岂以事无对证，无妨篡为已有耶？顷吾友陈援庵先生垣收得文襄手札一，系寄其妻兄王廉生懿荣者，中述编《书目答问》事甚悉，且为全集简札门所未收，亟全录之。札云：廉生仁兄姻大人左右：昨得惠书，敬悉种种。迩维履候多嘉，元功纯密，定如远颂。去年即有人为我两家联姻，今春定议。弟谬蒙老伯大人不加鄙弃，置之甥列，自惟寒门菲质，实深愧恧。向来知好，重以婚姻，良可幸也。吉期在八月初旬，日内详择往商。今冬明正，弟到京师，吾兄春风联捷，仍可卜宅同居（必须如此方妙，诸事较便），望便中物色一宅为要（宅不必甚大，弟止本房眷属到京，家嫂以下须回里）。奉报过迟，实以无暇延搁，幸蒙原恕。弟在此刊书目一卷，以示生童，意在开扩见闻：一、指示门径。二、分别良楛。三、其去取分类及偶加注记，颇有深意，即是无数语言，非仅此开一书单也。（更有深意，欲人知此所列各书精美，而重刻或访刻之。）特自知谫陋，以职司所在，不敢避嫌。其间舛漏必多，特寄上一本，请为补正，至感。（补正后，请分条疏于别纸，速即寄川，以便改补。）又一本，并一函，寄缪小珊进士，望转交，属其订正，亦即详列见覆为要。此物可作公牍观，不可作著述观，盖不得已也。或与潘少宗伯一观（按：潘少宗伯即文勤公祖荫，时方为礼部侍郎），必无暇详览，但能指摘其体例大端亦好。（所以不径寄者，嫌于自衒。）如非同道者，不必与看，免致徒招唇舌。然此举作法自弊，于买书大不便矣。又《辅轩语》一本，说更浅陋，亦呈一览。此真是告示公牍一例物事，本不足登大雅之堂，不过欲使执事知弟在此劳精弊神，舌敝唇焦，大率为此等事耳。（此物虽潘宗伯亦不可与看，见之徒令其骂耳。）今秋吾兄必得意，但祈勿写古字，切祷切祷。弟近况平适，重庆已考毕，尚余三棚，回省须中元节矣。前来书云云，意在慎惜存款，必求上驷。鄙意谓却不必拘，盖方今无上驷也。（但有可将就者，即请收之。）总以能得二三种为妙，不以完璧为望也。切切。（前说宋本有一字不同者，乃《尔雅》米腥谓之糵，非谓四书。此执事偶误记也。“腥”今本作“者”。）藏书甚费清心，感激无地。贵省省运甚佳，吾兄乘此熟读墨卷，以待明年状头，机不可失也。肃布。敬请元安不一。（此从俗为之，勿哂。）弟洞顿首。（闰月十八日重庆行署）函后又低一格云：“莼容、石查、缉廷、鹤巢诸君，见时致意。莼容昨有书来，有所乞贷，力薄未能应命，必深嗔怪，实无如何。明春弟到京自知耳。终当再为竭力，不致漠然也。”又云：“再《卢丰碑》已访得其石，已取来置省署，拓本一纸呈鉴。‘建安六年’，‘六’字原讹为‘七’，尚可说，但何尝有‘卢丰’字？第二行有一字，似‘盛’字，或即‘卢’字耶？总之吹角坝止此一汉碑，郑子尹所欲窃取者即此碑也。请与缪筱珊共释之，示教为幸。”按此札应在光绪二年丙子。据所云云，则《书目答问》之编成，系出文襄主意。若如年谱称撰自筱珊，又何为请其正之耶？援庵言，缪谱“撰”字，须改作“订”字，方妥。吾亦谓然。

《袁督师崇焕应召饯别图》

长汀江叔海师瀚藏有《袁督师应召饯别图》，云系临桂王佑遐给谏鹏运所赠。题诗者陈子壮以下凡十九人。叔海师属余详考诸人爵里著作，因得纵观。图为赵惇夫写，上款被剪去，有所忌也。玩诸诗语气，知为袁氏而发。开首陈子壮诗，余检《陈文忠诗集》，此诗具在，题为《送袁自如司马还朝》。按袁崇焕，一字自如，见《东莞县志》本传。则此图之属崇焕，益无疑矣。图后有“雅奏肤功”四大字，与子壮所题诗笔迹相似，兹录其诗如左，题诗之人可考者，亦附注之：

赵惇夫　（字裕子，番禺人，布衣。著有《草堂集》。）

陈子壮　（事迹具《明史》，不赘述。）

曾闻缓带高谈日，黄石兵筹在握奇。回纥传呼唯郭令，召公受策自淮夷。追锋北向趋三事，露布东征宠六师。此去中兴麟阁待，燕然新勒更何辞。

梁国栋

边庭残虏昔曾降，文武功成宪万邦。欲侍龙颜趋北阙，云帆楼舰发珠江。

笑倚戎车克壮猷，关前氛祲仗谁收？忻看化日回春日，再上邢州护锦州。

猎猎旌旗蔽远天，嘈嘈箫鼓闹离筵。先声已播河西静，又借君王玉马鞭。

司马忠良翊圣朝，名飞麟阁不须邀。新皇庙算高千古，休比文皇只度辽。

黎密　（字镇之，番禺人。遂球父。著有《赖鸣集》。）

罗浮春色动征轮，壮岁功名日转新。三锡恩波酬要禡，千秋茅土重麒麟。彤弓欲挂扶桑日，玉剑还清瀚海尘。元老壮猷谁得似，折冲长藉济时身。

区怀年　（字子相，高明人。天启贡生。著有《望罗浮诗》、《罗浮游记》。）

仙人窟宅自罗浮，入世还推第一流。天上星辰供指顾，古来名物备兼收。腾骧早具吞胡气，慷慨曾纾定国谋。辽海风清归胜算，塞垣氛净识先筹。雕戈远振徽猷盛，布帽旋膺宠眷优。幕府几年看赐剑，枫宸今日近垂旒。主张文运称司命，给引冠裳过蹇修。驽质独惭难御李，鲰生无计效依刘。北门锁钥应重寄，高阁麒麟定许酬。计日升平知不爽，多君全慰旰宵忧。

释通岸 （字觉道，一字智海，为憨大师书记。后居诃林，有《栖云庵集》。）

笑拥貔貅百万师，阵前重睹受降时。风云壮护明王诏，日月光悬大将旗。庙算等闲空羯塞，天威只尺对龙墀。赤松游直功成后，岂负匡山旧社期。

彭昌翰

露布淋漓墨未干，威名异域胆犹寒。彤云缭绕麒麟阁，骏马骖驔獬豸冠。一卷素书终报国，十年青鬓两登坛。徂东雨雪重来日，杨柳依依夹道看。

李膺

王师一捷奋先声，胆落毡裘小范名。绝塞功高勤借箸，圣朝恩重倚长城。门非寇准谁司钥，戎有光庭可亚卿。大纛排云今就道，东山起矣慰苍生。

邝瑞露 （按：当即邝露原名，《赤雅》有《甲辰二月初六甘露降诗序》云"余生平甘露降于庭槐"云云，所谓瑞也。南海人。桂王时官雅中书舍人。著有《赤雅》、《峤雅》。）

一曲清歌送谢安，青云天上忆弹冠。千秋苜蓿归秦垒，九伐威仪肃汉官。涿鹿月连弓影合，卢龙霜落剑花寒。明时自笑终童老，欲请长缨愧羽翰。

几年投笔上皇都，谁识高阳晋酒徒。裂帛始通鸿雁塞，登楼今拜凤凰图。吹笳暗落胡人泪，牧马群空汉月孤。行矣莫忘黄石语，麒麟回首即江湖。

汉苑声华识弭貂，莺花吹送木兰桡。新携马骨雄燕市，旧赐龙泉挂斗杓。供帐夜悬南海月，谈锋春落大江潮。长杨况值夸胡日，绝漠何人更（躬）［射］雕。

缙云缭绕入残春，客散津亭柳色新。衣布尚怜天下士，高歌谁是眼中人？南山豹雾依黄鹄，渭水鱼竿起绿蘋。为报桃花莫相哭，金章元傍赤松身。

吕非熊

司马雄风动隼旗，元戎十乘总如罴。声灵久藉君王宠，谋略仍当长子师。部下角弓悬月影，帐前龙剑拂霜威。画樯金鼓连朝发，锦缆风云夹岸随。诸葛名高推作阵，谢安才练雅能棋。横行气激波涛壮，招抚恩垂雨露私。坐遣虎符宣朔漠，行看凤藻散罘罳

乘凉好逐南楼月，按辔谁将细柳驰。天上丹书传赐斧，幕中黄石解谈诗。请看瀚海新铭绩，重扫燕然旧勒碑。百二金城俱巩石，三千珠履尽囊锥。封侯已是君家事，但洗余氛答主知。

释超逸

济世元推出世豪，朝天万里拥旌旄。夙生自信通三昧，雄略谁能迈六韬？铙吹响传青海捷，阵云辉映紫云高。山河带砺应同固，竹帛芳垂汗马劳。

欧必元　（字子建，顺德人，大任从孙。有《琭玉斋》、《罗浮》、《勾漏》、《溪上》等草。）

蓟门东去路三千，汉相曾专细柳权。今起中枢严锁钥，无烦上将拥楼船。事□法□能乘座，□□降夷半实边。主圣正需良宰执，虞廷新道舞千年。

邓桢

和鸾望阙复筹边，夹道人看气倍前。素韠已终风木恨，黄麻亲向穸原宣。枢星影近台三象，卿月光摇尺五天。特简遄从归沐日，对扬恰值建元年。冠加鹰角峩应甚，赐有龙文许自专。借箸

独当天下计，折冲随运掌中权。黑衣岂直朝来补，朱芾繇兹世共联。身历四朝元未老，城如万里洵加坚。可知横草无如此，见说分茅即在焉。勒石只堪标懿绩，具瞻还为表凌烟。

吴邦佐

东山久望重苍生，况复氛除海气清。圣主已烦双使节，边人遥领百城迎。只今华驿催征马，终古胡沙扫赤鲸。原是长城雄阙北，更行刁斗不须鸣。

韩暖

绣幢绀节映洪涛，铙吹歌成壮巨鳌。天上文昌兼将相，人间武库压萧曹。客缘谢傅雄襟起，帝谓汾阳剑气豪。望去朔方凭锁钥，春风万里拥旌旄。

戴柱

欲向东山卧未成，征书络绎下神京。威行雁塞风烟净，传拥龙旗组练明。献纳不忘山甫衮，安危须仗亚夫营。旧题几遍燕然石，看取重磨好勒铭。

傅于亮

运筹前后著勋殊，捎髀频催入帝都。圯上有书留报汉，胸中操算立降胡。天山自昔凭三箭，辽左而今仗一夫。秉钺纷纷论制胜，笑谈尊俎似君无。

陶标

马邑龙堆战未休，中朝独运九边筹。早传黄石奇人秘，未许赤松仙子游。铁骑临戎频款塞，金河度雁急防秋。从兹载起汾阳老，围打西州火夜收。

释通炯

破虏曾惊出塞年，玺书频沐圣恩偏。多时久蕴安邦策，此日无劳下濑舡。勋业岂归萧相后，壮图应占祖生先。名标画阁畴堪并，入望高凌五色烟。

梁稷　（字非馨，番禺人。为袁督师客。邝湛若诗自注云："督师以孤忠见法，天下冤之。后十二年，余与非馨同朝，疏白其冤，服爵赐葬。"）

上将复临边，安危仗大贤。铭勋应胙土，图像自凌烟。铙吹喧都邑，笳声杂管弦。因知赐履日，正是舞戈年。

东征提斧钺，属国拜旌旄。白羽挥金甲，黄云照宝刀。良折供楛矢，美酒胜葡萄。要使胡尘扫，今年太白高。

祖道出郊墟，青青柳渐舒。生将朱鹭鸟，来送画熊车。胜算图方略，奇谋洽素书。犹闻赤松子，王路待勤渠。

读未见书斋书录 一续

稿本《所知录》

钱田间先生澄之《所知录》，黄梨洲极称其可信，而全谢山则以其祖金堡非之。然录中所记，多得之亲见。考南疆事者，必不可废也。余得其稿本，取与活字《荆驼逸史》本相校，不特活字本字多讹脱，而稿本附载诗数十首，不见于《田间诗集》者，活字本亦削之。中有《吊吾莞张文烈公家玉诗》注云："燕京初陷，公独大骂李贼，贼义舍之。"云云。核与陈子砺先生伯陶《东莞县志》觉简而得实。（《志》云："三月，李自成陷京师，家玉为长班报名被执，自成欲授家玉官。四月初五日，家玉致书，欲自成宾礼之而不臣，而题其门曰：'明翰林院庶吉士张先生之庐。'不然临以刀锯，将形影相笑而乐蹈之。及见，长揖不跪。贼缚之，使两武士夹持之。问以故，家玉面斥贼十罪。自成怒，命持出斩之。家玉年少貌俊，拔声巨辞辨贼。叹曰：'吾杀此曹多矣，临死噤战不能作一语，未有若此人者。'释不杀，再悬挞之于五凤楼，受刑七日不死。自成再使牛金星说降，家玉不为动。贼义舍之。十八日，家玉乘间南归，而南都讹传家玉已从贼"云云。系杂采群书而成，不复辨择。如请宾礼旌庐等事，必不可信。）其他诗自《端州杂诗》以后皆在粤东作也。特录之以证活字本之略，且补《田间诗集》之遗。（《田间诗集》编年始顺治八年辛卯。）

沙边老人行在赣作

母声求子妻求夫，雨中藉藉走且呼。沙边老人叩头诉，言是四营兵过城东隅，四营萑苻小盗，窜伏溪筒逃天诛。自下黄纸招降诏，召集乡里千百俱。昔掠村野不近郛，今移全营壁通都。又闻受抚不受约，白昼带刀街边。街头公然掠小儿，劫夺不与盗贼殊。满郊耕牛脯作饭，官家秋来宁蠲租。往时交战被我俘，今名激叛罪辜。梅林截渡不放过，室庐遭毁人遭逃。谁为朝廷画此策，云欲招抚收两湖。此辈小鬼何足战，徒虐乡里荣其躯。老人不必涕交须。绿林青毡古来用，功成不扰理所无。尔不闻诏书久悬晋贤爵，弃舆早晚逐洪都，尔诉所痛何逼区区。

楼舡行赠杨廷麟

北风吼江江怒旋，巨舰山齐万锁连。牙旗百大扬天半，相公秉钺坐楼舡。楼舡鹢首排霜戟，吹铙击鼓辕门辟。裘带逍遥如意闲，顾盼神明鬓半白。相公年才四十强，当时对策擅明光。集贤学士争辟易，上书请缨何慨慷。子云嗜奇羞节义，伯起强项愧文章。渔阳马尘飞江右，十二城郭尽拱手。褒衣大颡奋袖呼。临江乘夜开城走。捷奏灵武论公勋，黄麻诏下五华云。锋东屡趣不肯入，能请节钺领三军。身兼将相三军喜，相公佟岁楼舡里。呱呱爱子托门人，爱妾山中饥冻死。家信从来不敢传，秋灯霜鬓独筹边。暇时自写饶歌曲，鸾翔凤翥势翩跹。如今幕府无成策，望公开阁延奇客。如今诸将有先声，望公勿用绿林兵。楼舡一出恢江国，直下石头收旧京。

赠杨文荐元吉

杨子流三吴，烟尘罹家患。泛海入闽来，涕泣受给谏。衔诏赴荆南，憔悴衣屦绽。何意章贡烽，竟阻衡阳雁。攘袂誓登埤，甲胄亲自擐。壮士勇为鼓，戎器除亦办。屡战摧敌锋，蛟指西山。守将弃城奔，保障属游官。乃知将军印，古来书生绾。

虔州即事诗

拂地骄鹰暗虎头，锦貂公子梦封侯。杏花落尽田难种，布谷鸣残麦未收。铜马讵能扶赤伏，黄巾曾可号青州。江村野哭声声苦，独赋登楼悔久留。

吉州烽火熠江干，一夜腥风江水寒。急撤万安防皂口，早催章贡出棉滩。云南戎卒全营去，龙武三军驻马看。独见尺书来幕府，誓将坚卧抵狂澜。

南诏诸军去不迴，狼兵才费羽书催。棉津天堑全虚险，章贡孤城迴自开。中丞屡下征师檄，司马难登誓将台。唯喜临江杨相国，亲提鹅鹳向东来。

西山毳帐迴连云，倏忽飚骑数百群。萤火依星明彻晓，角声向夜惨难闻。父书尽弃长平卒，儿戏羞称灞上军。自笑腐儒无七略，铙歌简出向江焚。

旌竿嫋嫋隔城东，异马临江壁已空。赤祲满天休望气，黑云压阵更占风。牙旗早失刘开府，金印新悬张总戎。此日穹庐犹遍野，殊恩漫锡守虔功。

鹈鸹行赠刘客生御史

中庭有佳树，两鸟鸣高枝。毛羽既相类，声音亦参差。摇尾踯躅鸟心乐，刘生听之心伤悲。刘生关西游侠子，兄为中丞弟御史。中丞开府亲握兵，生也谢病卧虔城。不愿弃骢移柏府，跃马弯弓随阿兄。渔阳马飞章贡尘，胡兵百战汉兵新。江东诸将少节制，廉颇空思用赵人。鼓声才接列校奔，按剑独有中丞存。楚师弃胜得知武，宋人弃甲失华元。朝廷是非竟安在，守城论功战者罪。赐印益令逃将骄，鬫躯徒使英雄悔。刘生刘生哭勿哀，友恭自是天性胎。泣血尝知寝处湿，上书屡为时相猜。尔不闻信国被擒航海脱，李广遭缚夺马回。忠孝自获神明助，中丞不死突围来。

陈将军行为都督陈谦作

行宫门外人纷纷，争传看杀陈将军。郑家勋侯上殿救，天子两耳塞不闻。天子英明文且武，勋侯难挽雷霆怒。必罚用惩东向心，伤恩岂顾北道主。自从登极行天诛，西市骈首阿大夫。今年二竖冒官职，即时赐死冤谁呼。从来乱国用重典，将军观望那得免。君不见郑侯出抱将军尸，颈血淋漓亲为吮。

萃士歌

中兴圣人重文墨，取士耻循旧资格。上书召对无奇才，储贤有馆空自开。庭试诸生本故事，亲拔明经称萃士。木天教习随庶常，梧垣径授宠莫当。传闻馆课兼风雅，可怜萃士无知者。羽书已报东吴失，萃士初学调音律。为语萃士学勿迟，开外需君退虏诗。

越东破

当今天子高宗孙，鲁国同是至亲藩。改元本非利天下，域内原宜奉一尊。越东诸臣未可笑，誓死不开登极诏。天子洒笔亲致书，相期先谒高皇庙。闽中恃越为藩篱，如今越破闽亦危。往时纷争不足论，兴国既失应同悲。昨夜宫中诞元子，通侯鹊印何累累。中兴所重在边疆，恩泽冒滥同烂羊。唇亡齿寒古所忌，君不闻元子之诞唇先亡（孟兄子生而唇缺也）。

谏邦芑谏草

吾家有仲文，风流擅文赋。横被党人名，钩校同我锢。吴江举义师，竟被楼舡误。脱身西入闽，上书蒙奇遇。片言赐豸冠，宰相苦见妒。吾兄勇报恩，有怀无不吐。会稽初失国，异马方东渡。惜邻宜见哀，况乃唇齿傅。如何元子诞，封爵遍称觞拜新恩，举朝惜不寤。一疏破群迷，遂使人主惧。谏章满皂囊，兹当推独步。

恭 纪

钟报御门早，朝移受命初。府僚班苦后，天语听全疏。庭宜近驾表，帕覆出关书。中使传烧却，君王度有余。（七月初五日上御门，群臣朝罢将退，上命内臣奉出一柈，覆以黄帕，置御前上，谕群臣曰："朕本无利天下之心，为勋辅诸臣拥戴在位，朕布袍蔬食，晓夜焦劳，有何人君之乐？只是上为祖宗，下为百姓，汲汲皇皇，惟恐负诸臣拥戴之初心。今观诸臣大非初意，昨关上主事，搜得闽中出关迎阵书二百余封，今具在此。朕不欲知其姓名，命锦衣卫官检明封数，捧至午门前，对众焚之。班内诸臣宜亦有之，朕俱不问"云云。）

哭延平知府王士和

大运岂遽非，哲人遂云徂。我见谋国臣，叹息无良图。岂意匹马来，开门纵长驱。争降何纷然，尝恐后至诛。贤哉二千石，从容捐厥躯。夫子壮而简，薄官初剖符。不谓贞松姿，临难表所殊。独湔嵇绍血，莫污温序须。我生既已倖，鄙志宁可渝。弃舆咫尺间，岂复辞崎岖。回头望延津，吁嗟烈丈夫。

无　题

鄞江消息定如何，帐望旌旗洒泪多。野戍啼乌迷汉帜，荒城残月起夷歌。稽山无计栖勾践，南越宁堪王尉佗。谷鸟催人头白尽，声声长在向南柯。

山深辇路费春锄，江楚遥遥望属车。岂有千官怀去就，翻劳万乘久踌躇。朱提喜赐儒生对，黄帕传看边吏书。廷议半年长不决，澶渊亲诏已全虚。

去日追班入紫宸，花间鹓鹭片时亲。纶扉白发南阳旧，侯印黄金恩泽新。羽檄遥知边奏至，龙颜时向内家颦。自闻东越唇亡后，早使忧天泣小臣。

光禄蔬盘出尚方，柘枝新染布袍黄。威仪已睹汉司隶，边幅还嗤蜀子阳。书载五车闲秘阁，手裁三诏压明光。六龙此日无消息，夜半占星泪几行。

鄞江怨词

六龙空驻禁城旁，铁骑宫前射锦珰。隆准奇姿人尽识，谁为纪信代君王。

此日君王行路难，穹庐犹献八珍盘。金钟玉箸进，岂似伊蒲出大官。

日落三山烽火迷，乘舆说共左贤栖。长安不作青衣恨，夜半微闻杜宇啼。

龙旌何事久淹留，手诏频催待鄖侯。今日蒙尘栖毳幕，李陵先已着毡裘。

暗淡滩

方帅穷归应稿竿，更诛马相七闽欢。严州阁老降何事，白首同悬暗淡滩。（谓马士英、方国安、方逢年。）

虔州行

烟冥冥，雨啾啾，黄昏鬼火遍城头。行人白昼不敢过，问之乃是昔虔州。虔州地形控江楚，关税兼通闽越贾。舡上明珠不什钱，城中养女能歌舞。闾阎朴地楼插天，家家日暮喧笙鼓。渔阳白马动地来，中原十城九城开。吉安已破皂口失，孤城水上空崔嵬。铁骑连山风雨集，炮火塌天城不摧。城头壮士不畏死，夜半缒城砍敌垒。腰间夺得乌孙刀，背上插来白羽矢。紫髯将军不敢逼，立马西山时咋指。城悬粮绝无援兵，四面尽是吹笳声。初犹食马后食人，登楼击鼓鼓不鸣。朔风吹雪酒盏大，守埤人病三日饿。遥见萤火渡河来，一半传更一半卧。兵声暗杂风雨声，五更未醒虔州破。闭城刈人人莫逃，马前血溅成波涛。朱楼烧尽唯赤瓦，义士白骨堆空壕。自从司马誓城守，老弱登陴谁敢走。清江龙泉居上游，突围入城今在否。诸君磊落忠义人，死去名节千秋新。可怜虔州十万户，日暮流作沙与尘。

虔州死节歌

虔州城破相公亡，矢石既绝拳犹张。跃马夺门锋莫当，迴鞭赴水何慨慷（杨相公廷麟）。太宰忠清海内望，投缳仓卒正冠裳（郭维经）。司马有志不得将，出城欲去中彷徨，翻然裹帻殉封疆（元吉）。彭公靖节意久藏，匕首毒药左右防，郁孤台上此志偿（期生）。御史一死扶纲常，从容绝命圣人堂（奇胤）。别驾潇洒酒中狂，临危不屈项果强（期汲）。虬髯铁面周职方，啮齿骂贼肉飞扬。卢君里居须眉苍，倚杖妻儿次第僵，终焉清冷完幽芳。

虔州续歌

虔州陷后死者多，给谏不死意如何？舁去南昌还绝粒，不死锋刃死沈疴。睢阳激烈气诚壮，偃师需缓志岂颇。南海职方援兵至，入城不出今则那。吏部绝命无人见，城内谁人逃网罗。吾乡亦有胡通守，举家煨烬同消磨。其余流寓复谁在，出城尽葬江心波。玉石俱焚无足道，纷纷请恤殊淆讹。古来节义凭信史，敬采里巷成续歌。

章北院行

湖南有章北院，每战身先士卒，卒以劳悴死。章名旷，字子野，号峩山，华亭人。由沔阳知州，累官至巡抚。奉命经理湖北，人呼为章北院云。

昔年避难游云间，章公脱身沔阳还。人言汹汹匿不得，翻然投躯誓马革。天子亲政驻湖南，赐公节钺收湖北。昔何巽懦今何雄，能骑生马挽强弓。身先士卒亲搏战，身死人称章北院。

吊陈张二忠诗（按：即陈公子壮、张公家玉也）

寸磔常山痛未休，当时成败总难谋。出师不战身空死，报国无能志已酬。事转遗孤犹畏害，尸分列郡岂全收。岭南反正渠凶戮，底事忠臣尚有仇。（公遗孤，犹为粤当事所忌。）

骂贼都门太史雄，书生殉国勇从戎。南兵乌合知无济，西幸安正有功。肘腋奸应纾旧恨，头颅虏亦识孤忠。谁言君父难同报，已博侯封晋廼公。（燕京初陷，公独大骂李贼，贼义舍之。太翁以公功，封增城侯。）

端州杂诗

浔州节帅最卑庸，遭际同膺大国封。坐拥旌旄凭跋扈，檄征兵马漫从容。兴朝名爵真疑滥，蛮地征求岂胜供。柳庆抚军新遇害，司刑无计问渠凶。

李公雅负中兴略，再出广关功未成。猛气岂徒援兴国，锐师何故挫坚城。降书狎至谋难测，战鼓相闻敌莫轻。整暇不散防燕饮，底须沈醉戮儒生。

元戎仗钺已晋征，约法南人禁举兵。乌合自难迎大敌，骁腾或可借虚声。冒封恩滥诛无罪，奉使官多撤有名。过岭尚书旌节弃，幸邀铜马脱余生。

给事移朝奏草雄，更生笔削果虚公。金吾奉主宜无罪，中尉从龙信有功。多难未须增水火，一隅底用判西东。向来本触元勋忌，岂谓元勋志与同。

江右安危久不传，诸君高会庆新年。未知南粤将军贵，只讶西园公子贤。卿士几人能入幕，朝廷何事可分权。东来相国休凭藉，激切弹文出散员。

回首神京直北看，天隅数郡岂偏安。比闻政府频虚席，何事言官辄免冠。国法未严臣节见，朝廷多放圣恩宽。即今典制遵神祖，窃恐拘文此日难。

乍丧元戎举国悲，军中留后早相推。即愁阃帅权旁落，岂虑天王政下移。诸将比肩轻节钺，同官属目拥旌麾。纷纷割据知难问，从此关门不用师。

中丞本意领中枢，诏抚忠贞拜命移。只怪兵锋穷岭峤，何图伏节丧萑苻。驰骋未遂还朝志，沟渎轻捐报主躯。纵使官途多异议，无端阴计未应诬。

督师失势在苍梧，败后犹防列镇图。赤地魂销千里恨，沧江客散一舟孤。戎机误国休轻诋，使相还朝岂易移。莫怪言官封事激，中湘遗恨满天隅。

忠贞部曲驻施州，跃马争衡堵相谋。江上势方成破竹，穴中门忽起诸侯。三年百战城全弃，五路连营兵已收。湖北湖南皆赤地，苍梧象郡迥生愁。

堵公亦是济艰材，曾抚荆南万马回。心恃旧恩兵可用，疑生诸将志先灰。檄援江右无时去，围困长沙竟不开。试听楚人中夜泣，招魂千里为谁哀?

春王朔未出关门，喜见滇南使叩阍。请附心知天命在，乞封名仰圣朝尊。汉家故事须廷议，明主权宜有特恩。史记功臣多赐姓，何难破例与称藩。

堵相临边示建勋，梧州矫诏册滇云。便宜本自朝廷赐，封事无难咫尺闻。谋启贼臣凭假借，使烦属国重纷纭。即今庙议何时决，圣主殷忧孰与分。

故人须鬓已非初，忧国图君志未舒。名动宫廷宜早避，官兼清要岂长居。也知官热心原冷，莫使交亲迹渐疏。同是布衣君最遇，从容膴仕意何如?

霜严宪府凛难攀，大谏风裁更领班。便殿连朝求召对，敕书昨夜又封还。朝廷纵小多犹在，方镇徒强主未孱。底事髯公辞太戆，五千铁骑动龙颜。

过岭与太龚谈虔州事

虔州亦是咽喉地，天下讴吟金兴王。受困五月围不解，援师只盼岭南强。我闻章贡颇负固，坚壁清野还赢粮。疑兵缀缀肘可掣，且出间道移南昌。

麻河捷行

监军毛寿敦，叙其战甚悉，援笔述之：

中兴马侯古精忠，天子论勋策上公。毛生夜述麻河战，满堂骨紧生英风。是日初战兵不利，虏骑骁腾万马雄。将军下令尽弃马，短刀秃袄来争功。麻河岸高虏初驻，栏楯层层壁垒固。虏马解鞍兵作炊，我兵突至谁能御。可怜攻壁壁不开，壁门驳火声如雷。将军大呼身先进，人人死战坚为摧。壁门既夺瞄营乱，黄昏截杀及夜半。铁骑嘶颤橐驼奔，全军逼水容谁窜。天风吹月月朦胧，照见虏营营已空。僵尸枕藉安足计，余者尽葬麻河中。拂庐万落三军宿，胡妇琵琶唱胡曲。将军举酒健儿歌，残魂何处吞声哭。将军破虏檄屡传，岂似今无匹马还。积弱屡朝初吐气，昆阳钜鹿谁争先。我闻桂林虏来举城走，瞿相从容袖两手。焦侯三箭殪三骑，城门重闭至今守。又闻西有滇帅胡将军，摧锋陷阵虏中闻。身经百战锐不挫，南人争推第一勋。诸将纷纷膺国号，因时窃位何足道。马侯封公两人侯，此爵朝廷庶不负。

悲湘潭

长沙兵败湖南空，湘潭城中失相公（谓何腾）。举朝变色摧天柱，白日惨淡暗行宫。往时百战工不足论，即今还弃垂成功。可怜相公才五尺，头童齿豁一老翁。铜马百万哮豺虎，仰公乳哺婴儿同。时危饷绌谁用命，赤手空口驱群雄。湖南湖北竟千里，卷云扫墓随天风。只残长沙不日得，游鱼命在沸釜中。诸公（谓堵允锡）心劳计转误，忠贞兵来互疑惧。尝德烧残宝庆走，诸将旌旗挽谁住。长沙城坏无人登，孽虏将奔守复固。我兵溃走任东西，相公独在湘潭驻。夜半衔枚虏骑来，湘潭无兵城门开。相公衣冠虏能识，拥去罗拜声如雷。大骂不绝相公死，但见长沙城中虏举哀。功名事业长已矣，忠臣义士胡为哉。君不见忠贞兵过苍梧界，堵公双旌导马回。

悲信丰

信丰城外虏来急，将军勒马城上立。黄昏对酒坐城楼，诸将言事那敢入。酒酣掣剑剑不鸣，麾下去尽无人声。夜半斩关请将走，谁扶将军上马行。城外水深雨如注，将军马小不得渡。马声渐没将星沉，亲吏相随谁相顾。偏裨左右尽归来，独少将军匹马回。关门昼闭烽火绝，天子震悼举朝哀。语君且忽哀，军中收得将军印，元帅牙门昨已开。

悲南昌

信丰城败惠国亡，胡马东来势颇张。白旗八杆章门至，始闻正月失南昌。南昌将军睹戎机，婴城坐守听虏围。阎闾万户人食尽，坑堑百道鸟难飞。敌饱城饥夜深陷，将军上马犹酣战。金公赴水气如生，王侯刎首色不变。江人莫怪无援师，纵有援师来亦迟。两勋收兵自不出，客兵云集来何为。去年攻虔只自弊，今来守城堕虏计。又闻倡义非同谋，到死相疑还相制。古言两雄不并栖，何不分兵犄角湖东西？何为一城坐困与俱毙，使我百姓无故成鲸鲵。旧旧此城初友正，即今城破复谁恨。英雄成败古来多，其奈城中人命何。

书所闻

杨帅风闻已就刑，天隅此日识朝廷。汉家有法宜明正，都尉阴图似不经。诸将彊梁谋益狡，异时仓卒诏谁听。南阳问罪功非细，即恐萧墙祸未宁。

广州杂诗

红旗影飐角声喧，南海牙高留后尊。秋至将骄谁出岭，日高人沸一开门。有司心厌王官贱，除吏书愁幕府烦。莫怪总戎难节制，将军原未识君恩。

宝丰出镇许分疆，祖饯幢麾拥道长。鬻爵颇疑藩吏贱，输钱为助岭军装。悬知节钺轻难制，即恐关门弃不防。巡海归来薛刺史，量移同去色凄凉。（海道薛官出巡回，有谋其缺者，薛竟补南韶道同罗成跃去。）

小诗恭纪

传道文华殿，君王政自为。亲同宰相决，兼命谏官随。赐坐香炉近，还宫腊蛀迟。圣朝机务密，那许小臣知。

临轩曲

从龙初沐圣恩波，诏选词臣辟制科。格外郎官叨与试，本朝异数殆无多。

经年廷议许临轩，今日真承圣主恩。橐笔晓移双阙下，恭随胪唱入端门。

衮衣黄幄殿中间，玉几凭临咫尺攀。跪近炉烟宣履历，分明觌面识龙颜。

面对安详霁圣容，香烟深处闪重瞳。天心可否无人识，御笔高低点不同。

唱罢勾胪肃仗齐，小臣分号殿东西。千官班静相公出，恭请天恩御赐题。

内外关防视锁闱，金吾传奉懔天威。书生逻卒寻常见，争似银貂共锦衣。

内臣黄帕奉书来，香案从容信手开。遥见阁臣承旨起，御题拟就圣人裁。

麻纸龙文拂案黄，欲登宸翰费端详。犹防次第违经传，口诏宣传导有巨珰。

跸声起处晷初斜，老笔难矜旧有花。日暮大官勤赐膳，传闻辇驾在文华。

词澜正倒夜偏阑，中使频催蜡烛残。帝辇欲还宫漏促，花砖队队宿鹓鸾。

当场洒笔惯惊人，锦玉围观讶有神。剔烛细书光武论，内家也解点头频。

分衡早敕玉堂仙，夜半帘前忽放还。独召阁臣留便殿，堂餐直被禁中传。

侍臣收卷上亲临，惭愧么麽费圣心。腾录诸生沾帑赐，同朝争羡主恩深。

未央宫辟卷初呈，内殿班齐贺圣明。面敕言官勤简举，当轩析号御填名。

中兴特重玉堂宾，固请加恩放八人。不是圣朝恩太吝，分明珍惜宠微臣。

最怜新进与同升，郡吏曹郎籍漫凭。曾荷相公援例请，圣恩特赐一条冰。

旷典能无旧例遵，榜头端属首揆抡。即居卢后犹疑恭，盛事宁堪第一人。

煌煌手诏夜深传，八士同时入木天。才是国恩难报日，傍人莫漫羡登仙。

敕使凌晨候谢恩，口传天语浃春温。榜中怕有冯唐老，为报青年慰至尊。

新恩初许禁中行，为谒先师阁吏迎。再拜中堂前致谢，共称天子让门生。

渔洋山人著书考

渔洋山人，一代诗宗，著述极富，大旨在别裁伪体，宏奖风流，故所传诗选艺谈，尤为世所称重。通行三十六种本，余二十年前，购之南海孔氏。以字迹多漶漫，思得初印单行本读之，随时搜访，蓄积遂多。按三十六种渔洋《蚕尾诗文》，并非足本，其《蚕尾续诗》八卷，《蚕尾续文》二十卷，刻入《带经堂集》。二书一在新城，一在扬州，惜无有合并之者。三十六种《带经堂集》而外，精椠秘抄，往往而遇。昔惠栋成《精华录训纂》，采用渔洋书目，至八十八种，识其目而不见者八种，王氏家集书目十三种。乃翁覃谿撰《小石帆亭著录》，后附渔洋书目，所补三十六种者，止《然灯纪闻》、《声调谱》、《吴莲洋集评》、《李丹壑集评》四种；其《带经堂集》，尚失之目前。夫定宇去渔洋时，未及百年；其祖砚谿，又亲受业渔洋之门，故所见如此之夥。覃谿稍后于定宇，惠目所有，已不尽见。今去覃谿时，又百余年矣。世代愈远，散佚愈甚。然余所得，竟有出于惠目之外者，又以叹聚书之难，而永备之不可期也。偶以暇日，辑成斯目，揭要提纲，聊备检览，且冀继续增其所无。其中有一书而注成数书，如《精华录》、《秋柳诗解》、《古诗笺》之类；又有数书而荟为一书者，如《带经堂诗话》、《说部菁华》、《渔洋书跋》之类；虽非渔洋所作，实因渔洋之书而作，一并录之。余嗜读渔洋书；嗜书之癖，又与渔洋同。区区所藏，本皆初印，字若新写，纸莹墨黝，展卷神爽。盖余之访书也，不避重复，初得一本以为佳，继得更佳者，随将前本易去，更得更易，求之勤而辨之精，至于今，仍未止也。倘得好事者影而布之，宁非艺林快事耶！曾记有友问余，王士禛字贻上，是何取义？余无以应，后阅鲍鈖《稗勺》有云："司空图隐于禛贻溪上，王阮亭名字，盖取诸此。"不觉跃然。他书未见有及者，因并记之。

岁次戊辰，清明后十日，东莞伦明哲儒甫识于北京上斜街寓庐。

（一）《带经堂集》九十二卷（康熙辛卯，七略书堂刊本），王士禛著。据《年谱》康熙庚辰六月，御赐带经堂扁额，盖士禛官刑部尚书时也。因以名集。篇首有门人程哲序，略言吾师新城王先生渔洋正续诗文五十二卷，蚕尾诗文十卷，版行已久，顾无合刻，庚寅秋，哲邮书请命于先生，因举诸刻定本，并未刻《蚕尾续诗文》三十卷，统名之曰《带经堂集》云云。

又《年谱》后，子启汧跋云："歙中程君圣跂（哲）、友声（鸣）昆仲，以书来征先君平生诗文，汇为全集，锓板以行。先君呼不肖辈曰：'余所著诗文，每欲删繁就简，合为一集付梓，未果。顷门人程氏昆仲之请，甚惬余怀。'因于病次，置各集于枕旁，命不肖检查朗诵，详加去留，力疾编次，题曰《带经堂集》。至辛卯冬，始剞劂告竣。不意是书赍到之时，距先君之变，已阅五月，竟不及见矣。"

是集分《渔洋集》，《诗》二十二卷，《续诗》十六卷，《文》十四卷；《蚕尾集》，《诗》二卷，《续诗》十卷，《文》八卷，《续文》二十卷。篇首有程哲序，述刻书原起。附原序五首，钱谦益、李敬、汪琬、叶方蔼、陈维崧各一篇；又钱谦益古风一首。各分集之首，皆有程哲序。《续诗集》又有施闰章、陆嘉淑、徐乾学、曹禾、汪懋麟、金居敬、万言七序，《文集》又有张云章序。《蚕尾诗集》又有士禛自序、张云章序。《蚕尾续诗集》又有盛符升总述、吴陈琰序。《蚕尾文集》又有宋荦序。此板后由程氏转归扬州黄氏，有黄晟序，时在乾隆丁卯。

按渔洋成《蚕尾集》后，又有《蚕尾续集》二卷、《古夫于亭稿》一卷、《蚕尾后集》二卷、《已丑庚寅近诗》一卷，皆已刊行，后并入《蚕尾续诗》十卷中。

（二）《表余落笺合选》十一卷（顺治刊本），王士禄、士禛著，周南王士禧选。卷首凡例七则，有云："迩日诗道靡曼，或干强秃黝，号为性情；或泛衍浮夸，侈言声格，有心者伤之。予辈才不及古人，窃愿学焉，未敢亦步亦趋，媚时好也。”又云：“余两人新旧作，不下数千，兹编初出，不及备载，尚存箧笥，以俟二集；至贻上和月泉吟社六十篇，另为专集，不复编入。”

按士禄《表余堂集》，士禛《落笺堂集》，据惠栋书目，俱已刊行。此乃合选之本，不知此本外，是否尚有各自单行之本。又惠栋《年谱》云“山人自八岁吟诗，至十五岁有诗一卷，曰《落笺堂初稿》”云云。今选本已有十一卷，则原稿断不止一卷，盖惠氏未见此书，故云尔。然二公他日自订其诗，二集均弃去。

（三）《阮亭诗选》十七卷（康熙辛丑刻本），王士禛著，兄士禄、士禧、士祐同选。凡丙申诗一百八十四首，丁酉诗七十九首，戊戌诗一百七十五首，己亥诗一百八十八首，庚子诗一百九十九首，辛丑诗三百九十二首。卷首有钱谦益、李元鼎、黄文焕、熊文举、李敬、林古度、赵士冕、丁弘诲、张九征、韩诗、黄泽弘、蒋超、吴国对、叶方蔼、唐允甲、顾宸、汪琬、刘汉客、施闰章、冒襄、魏学渠、杜溹、陈维崧、杜濬、程康庄、赵进美、邱石常、兄士禄各序。

其自题丙申诗序云：“士生斯世，无异能奇技，以功名自显，而又鞿羁缭转，忧忧相接；顾犹得隐囊柔翰，吟弄于寒溪落木荒陂苦竹之中，斯亦幸矣。家世习三百之言，束发以来，不欲循塾师章句，辄思析其正变，通其比兴，思其悲愉哀乐之旨，以求得夫一唱三叹之遗音。四氏笺传，又最嗜韩婴之书，为其象外环中，淡然而合，有当于诗人触类引申之义。十年以来，旁及汉魏六朝、初盛中晚四唐之作，亦惟持斯义以进退之。性不好名，谬见知于当道名辈，征索遂多。因复取丙申一岁之作，裒而次之，至境诣之浅深，流派之得失，我不敢知；所可知者，三四言止耳。六经廿一史，其言有近于诗者，有远于诗者，然皆诗之渊岳也，节而取之十之七；稗官野乘，择其尤雅者十之三，雁结谩谐之习，吾知免矣。一曰典。画潇湘洞庭，不必蹙山结水；善花竹者，乃独在于荒寒风雪之中。李龙眠作阳关图，意不在渭城车马，而设钓者于水滨，忘形块坐，哀乐嗒然，此诗旨也。次曰远。三百五篇，吾夫子皆尝弦而歌之，故古无乐经。而由庚华黍，皆有声无词，土鼓鞞铎，非所以被管弦，叶丝肉也。次曰谐音律。昔人云，《楚辞》、《世说》，诗中佳料，为其风藻神韵，去风雅未遥。学者由此意而通之。摇荡性情，晖丽万有，皆是物也。次曰丽以则。"

又自序曰："夫哀乐发乎其情，而愉怫系乎其遇，此不可强而同，亦不可学而能也。庆卿不西入秦，则必无易水之歌；项籍不垓下阴陵，必无虞兮之慨；亭长不乐思沛，慷慨伤怀，必无三侯之章。夫犹是人也，当喜而咢，当忧而叹；犹是人也，朝或荣华，而夕或陨落；一人之身，歌哭殊致。而士君子生千百世之后，指乎千百世之前，代之升降不同，遇之感兴又异，乃必欲取古人偶然之言，规摹而仿像之，何其不智也。风雅颂不必相袭，赋比兴不必相谋，而正变不必相祖述也。楚骚不必经，而汉赋古诗不必骚也。《乌栖》、《石城》、《拔蒲》、《采菱》之曲，不必横吹陇头企喻，《琊琊》、《钜鹿》之辞，不必吴声清商也。唐人《水调》、《簇拍》、《塞姑》、《回纥》、《竹枝》、《柳枝》之属，未尝登于郊庙，而流传乐府，识者以为有风人之遗焉。此可以知四始六义之大端矣。予八岁受诗，家兄授以王、裴《辋川诗》即得其解。今二十年往矣，于古人益无所得，而独叹世之论诗者，舍其神明意思所在，而顾规摹仿像之为也。友人盛珍示、崔不雕辈，请余丙申以后纪年之作，雠校而刻之吴中。予不能禁也，聊为叙述大旨如此。辛丑九日雨中舟次召伯埭书。"

又卷一丙申诗自序曰："丙申之岁，予始释褐里居，却扫杜门，发藏书读之，益肆力为歌诗。春游长白，信宿范文正公祠下。夏五，之海上，省家兄西樵于官舍，登三山亭，以观沧海，泓峥萧瑟，蓬丘方丈，近在眉际，罣然有褰裳濡足之思焉。秋，吊栾公社之故墟，与海石往复甚久，得诗二百许篇，删存如干首，厘为三卷。”

卷四丁酉诗自序曰：“丁酉春，泲南诸州邑苦旱，其夏秋，又苦雨潦。予端居多忧，篇什稍减。八月在明湖，与诸公文宴于北渚之亭，时水始波，凉吹初起，亭下杨柳，渐就黄落，偶有兰成枯树之感，赋诗四章。一时和者几遍海内，为近今词流美谭。然蕉萃摇落，殆成诗谶。今居广陵，迴忆曩事，才如旦暮，为之慨然叹息。”

卷五戊戌诗自序曰：“予自乙未举南宫，归卧山中三载，至戊戌，始射策成进士，用新例，当出官法曹，留滞京师。久之不自得，日与长洲汪琬，南海程可则，泾阳李念慈，三原韩诗，武进邹祗谟，华亭张一鹄、吴懋谦，昆山许虬，吴邑钱中谐，宛平朱汉雯，新昌毛逵，侯官许珌辈，相切劘为古文诗歌。夏日观政武部，拜椒山先生祠下，有诗若《慈仁寺双松歌》、《洗象行》诸篇，则予倡之而诸子和之云。”

卷八己亥诗自序曰：“己亥三月，余复游京师，是时汪琬、程可则在都下，与予昕夕论文；鄢陵梁侍御熙、颍川刘比部体仁亦引与谭名理，时有倡酬。侍御尝得杜公秦州像，俾汪子记之，而予与程子题之。比部酒后于嗜退轩中，作《苏门百泉图》，汪、程与予皆题诗其上。是冬与海盐彭孙遹、嘉善魏学渠卜邻宣武门外，有《香奁唱和诗》。十一月家兄量程入京师，十二月予归里门。是岁友朋赠答之诗多，而兄弟献酬之作盖寡矣。”

卷十一庚子诗自序曰：“己亥冬，予谒选人，得扬州法曹，庚子三月赴官，生平濩落偃蹇，至是执手板学为吏。春夏浮家泛宅于江、淮之间，时有故园之思。秋八月，秦淮锁院，示疾几殆，归卧□提阁中两月。冬渡江至毗陵，过云阳，泛棹京口，登三山，入鹤林招隐诸寺。有《白门》、《过江》诸集，汇为庚子诗，凡三卷。”

卷十四辛丑诗自序曰：“吾友汪琬有诗云：‘邓侯栖隐处，闻在西南峰。’尝诵而慕乐之。辛丑春，始以吴门之役，冒雨入邓尉探梅，信宿圣恩寺还元阁，日与湖山相对，因自号渔洋山人。渔洋者，邓尉之枝峰蔓壑，连缀湖中者也。春暮赴金陵，居桓伊邀笛步上。遗老林古度、方文、纪映钟皆来过从。秋七月居銮江。冬十二月之淮阴。各得诗一卷，为《入吴集》，为《白门后集》，为《秦淮杂诗》，为《銮江集》，为《岁暮怀人绝句》，汇删之为辛丑诗。余悉以时日次第焉。”

是选各家序多至二十七首，他日编《渔洋诗集》，仅删存数首；又自序八首，述早岁学诗大旨，及交游涉历甚详，《渔洋诗集》皆删不存。且是刻丙申至辛丑六年诗，共一千二百二十三首；而《渔洋诗集》六年诗，只八百一十首，被删四百二十二首。是书写镌俱精，流传甚罕，弥足珍也。

（四）《渔洋山人诗集》二十二卷（康熙己酉吴郡沂咏堂刊本），王士禛著。又题《渔洋山人前集》，盖丙申至己酉十四年之诗也。士禛自为删存，门生王我建刻之吴门。卷首有钱谦益、李敬、汪琬、陈维崧、叶方蔼五序。按渔洋诗集编年，始自丙申，时年二十三，成进士后一年也。《年谱》云：山人自乙未五月买舟归里，始弃帖括，专攻诗。聚汉魏六朝四唐宋元诸集，无不窥其堂奥而撮其大凡，故诗断自丙申始。其诗已刻者，有《白门集》、《过江集》、《入吴集》、《銮江倡和集》、《壬寅集》、《癸卯诗卷》。盛符升所刻自丙申至辛丑五年诗，计东、朱彝尊所序《礼部集》，皆并入此集。渔洋者，邓尉山支峰。辛丑自号渔洋山人，见《渔洋诗选》卷十四自序。

（五）《渔洋山人续集》十六卷（康熙甲子刻本），王士禛著。自辛亥至癸亥十二年之诗也。壬子一年，占五卷，即《蜀道集》也。余每年为一卷。卷首有施闰章、徐乾学、陆嘉淑、曹禾、汪懋麟、金居敬、万言各序，卷末有计东序，系序前集，此补录。是集为常熟黄子鸿书，体仿宋椠，锋棱廉峭。甲子刻之吴中。按渔洋诗以《蜀道集》为最富，且最工。自注尚有徐处士嵇庵（夜）一序，今缺。

按《年谱》云：山人在禁苑时，上尝征其诗，录进三百篇，谓之《御览集》，未敢专行，后汇为《渔洋续集》。

（六）《王阮亭先生诗初续合刻》十八卷（康熙甲戌锡山于野草堂刻本），王士禛著。是集分体编次，卷一至七古体，卷八至十八今体。卷首有钱谦益、汪琬、叶方蔼、陈维崧、施闰章、徐乾学、曹禾各序，及钱谦益古诗一首。

（七）《蚕尾集》十卷（康熙丙子刊本），王士禛著。士禛以康熙甲子祭告南海，阻雪东平，望小洞庭中，有蚕尾山，为唐太宗苏源明宴赏地，悦其清远，因取以名其山房；图为小照，并以名集。凡诗二卷，文八卷。诗则庚子使粤以前，及丁卯以后所作；文则庚午以后所作也。见自序。又有宋荦序。

按盛符升作《雍益集序》，称戊辰乙亥诗文为《蚕尾集》十卷。此集目录下又注云："诗自甲子年起，其年冬及乙丑年作，别为《南海集》；文自庚午年起，均与序不合，疑有舛误。"

（八）《蚕尾后集》二卷（康熙甲申刊本），王士禛著。起乙亥讫甲申，官少司农以至大司寇之作，中间丙子使蜀诗不与焉。有吴陈琰序。

（九）《蚕尾后集》二卷，王士禛著。此戊子一岁里居之作。自序云："予次康熙戊子一岁之作，为《蚕尾后集》，得五七言绝句二百余首，而古律诗才十之一，于是先绝句，而余体反附其后。"又曰"予甲申归田后，诗曰《古夫于亭稿》，此卷则为《蚕尾后集》，以缀

《蚕尾》正续两集之后，实则《古夫于亭稿》后一年之作”云。此集及《古夫于亭稿》，后并入《带经堂·蚕尾续诗》十卷中。

（一〇）《南海集》二卷（康熙乙丑刊本），王士禛著。士禛以康熙甲子十一月奉命祭告南海，乙丑二月抵广州，六月归自粤，便道回里省亲。共得诗三百余首，有门人盛符升、金居敬序。

陈恭尹（元孝）评云：“虽不及《蜀道》之宏放，而天然处乃反过之。”

（一一）《雍益集》一卷（康熙丙子刊本），王士禛著。丙子奉命祭告西岳西镇江渎之作。士禛寓书门人盛符升云：“奉使秦蜀，往返万里，得书才百余篇，皆寥寥短章，无复当年《蜀道》、《南海》豪放之格；然览古兴怀，得江山之助，生色有加。拟之《眉山》集中所分纪行、游览、古迹、写兴诸篇，殆兼而有之。”前有盛符升总述，末有门人蒋仁锡后序。

（一二）《渔洋山人文略》十四卷（康熙三十四年刊本），王士禛著。士禛既刻《蚕尾集》，又次其古文词旧稿十四卷别为集刻之，皆顺治庚子后作也。首有门人张云章序。

谭献曰：“阅渔洋文，游记之工，不减郦、柳；小品均修洁，南宋元人之能者。”

按渔洋佚文当不少，余所见《吴陋轩诗序》、《查初白诗序》、《张木田诗序》等篇，俱未入集，当留心搜辑之。

（一三）《古夫于亭稿》一卷（康熙丁亥刊本），王士禛著。诗九十一首。《年谱》云：“山人既归里第，闭户著书，门无杂宾，惟与张萧亭、张历友诸君往来倡和。明年二月，大名成文昭较刊于京师慈仁寺。”

（一四）《精华录》十卷（康熙刊本），王士禛著。门人盛符升、曹禾编次，林佶手书。佶曾手写《午亭文编》、《尧峰文抄》，并此而三。《精华录》者，盖仿任渊选山谷诗文之例，前有广陵禹之鼎画戴笠像，宛陵梅庚赞。按是录系士禛自定，特托名于门人耳。福州梁中丞章钜，藏有渔洋与林佶札二十一纸，俱与林商略《精华录》中诗目行款，卷页多少，极其纤悉。内如《蠡勺亭诗》“沐日浴月”四字，初欲改“虎豹騂马”，既又改“騂马”为“水兕”，其一字求安如此。

又按卷末有林佶后序，而卷首无序。乾隆间，翁方纲按试山东，新城学官请作，今存《小石帆亭著录》中，而印本仍缺之。

（一五）《精华录训纂》十卷、《年谱》二卷（雍正红豆斋刊本），东吴惠栋撰。栋字定宇，诸生，精于经学。祖周惕，为士禛门人。训纂之名，盖取诸姚察《汉书》（按惠栋著《后汉书补注》，初亦名《后汉书训纂》）。原书十卷，每卷分为上下。前有凡例，言“山人诗于当代人物，极为注意，每遇风雅志节之士，集中必一见之。其《岁暮怀人》诗，大半布衣，余故于当代事实，悉意搜辑，十得八九。山人生平著作，余所见者八十余种，《带经堂》最后刻，较之《入吴》、《过江》、《渔洋山人礼部集》等集，逸者盖三之一；每有遗人逸什，与诗辞相发明者，必全录之，以备阙略。又诸集中，诗句间有异同，暨原注未备者，并采入之。”又渔洋有自撰《年谱》草本，栋从黄叔琳得之，于渔洋出处事迹特详，是皆惠注之所优。而《四库提要》毛举细故，斥其浅谬，又谓金荣《笺注》，行世在先，何其不考之甚耶。

（一六）《精华录训纂补》十卷（乾隆丁丑刊本），惠栋撰，补《训纂》所未备也。卷首有卢见曾序，书即见曾所刻，惟书口仍署“红豆斋”三字，前载黄叔琳所作渔洋山人本传。

（一七）金氏《精华录笺注辩讹》一卷（乾隆刊本），惠栋撰。栋称金荣笺注，系取其注而参错之，如一幅缣帛，割裂都尽，间有增益，皆浅近习见语；又多谬误，所引诸书，本书所无者殆半，纰缪不可悉举。因著《辩讹》一卷，附《训纂》后。

按此及《训纂补》系续出另刻，不附原书，通行本俱缺。

（一八）《精华录笺注》十卷（雍正凤翙刊本），金荣撰。荣字林始，吴县人。是书写刻极精，卷首摹戴笠图，亦肖；惟成书在惠栋之后，征引不免雷同，故惠栋以为剽窃。其用编年例，则较惠氏分体为胜。据翁方纲《精华录》序，尚有徐氏注，未见。

（一九）《精华录会心偶笔》六卷（乾隆初刊本），伊应鼎撰。自序言龆稚及侍渔洋，时已老病，而渔洋内兄萧亭恒馆渔洋家，时相提命，故诗诀之传，并渔洋诗中旨趣，得诸萧亭口述者为多。

按是书专释诗意，不释故实。可辅惠并行。

（二〇）《精华录选抄》（道光刊本），查慎行、何焯评，郭汝骢校刊。取《精华录》中查、何二家有评者抄之，而录评语于上方。初白、义门本善评诗，是评着语不多，具见窍要。前有吴德旋序。书刊于道光间。

（二一）《复初斋精华录评》，翁方纲撰。覃谿评渔洋诗，余所见有数本，而皆不同。一余自藏《覃谿草书评本》，系写在《精华录训纂》之上。二金武祥《粟香随笔》卷五所刻。三缪荃孙《烟画东堂小品》之一种。俱非伪托，盖覃谿素好渔洋诗，随手挥洒，非止一本，语各一端，见有先后，故不同也。金刻卷末跋云：“可亭先生（按即戴相国衢亨），虚怀不弃，属为圈识，岂敢似外间轻论渔洋者乎？然亦仅圈记百卅余篇，五古五律太少，求如七古七律之加圈至两圈三圈者，再四寻研，而竟不可得。何也？此间分寸毫厘，岂涉一执己见乎？”缪刻卷首跋云：“阮亭诗，如海估拣取明玑紫贝，制作仙子五铢衣，随手凑补，皆合五城十二楼中装饰；但寒者不可为衣耳。”又云：“五古五律五绝，皆似录旧，即七古亦多为格调所牵，惟七律七绝有神韵耳。”其他评语，大率异多同少。

余又于厂肆见王西庄鸣盛评本，为福山王懿荣迻录，于惠注多所补正，未知为何人购去。

（二二）《渔洋集古梅花诗》四卷（雍正间刊本），王士禛著，姚荚霖刻。有荚霖序称：“余从散帙中，得读其《梅花集句》三百有十首，上溯有唐，下迄宋元诸名家诗，咸在所取。对偶精切，而词意联属。爰整比其篇次，付之剞劂”云云。按此书不见惠栋《渔洋年谱》及书目，真渔洋佚诗也。姚荚霖无可考，亦无刻书年月；但改士禛为士祯，知为刻于雍正以后耳。

（二三）《渔洋集外诗》二卷（乾隆丁酉刻本），王士禛著，张承先辑。共一百二十首，从梁溪、邹流绮十名家诗选中录出者也。中属少作《落笺堂诗》居多，前有张承先、钱大昕序，后有褚英跋。

（二四）《论诗绝句》一卷（康熙壬寅刊本），王士禛著。诗三十五首，犹子净名注，卷首有陈士业序。《居易录》云：“余康熙癸卯在扬州，一日雨行如皋道上，得论诗绝句四十首，盖仿元裕之作。其一云：‘三代而还尽好名，文人从古善相轻。君看少谷山人死，独有平生王子衡。’吴江计甫草丁未于都门见此诗，因作记。”

按此又作绝句四十首，今诗集只存三十二首。

又按翁覃谿《石洲诗话》卷七，录渔洋《论诗绝句》，而阐发之极精。

（二五）《王渔洋秋柳诗解》（乾隆刊本），屈复撰。（士禛于顺治丁酉游历下，集诸名士于明湖，赋《秋柳诗》四章，四方和者数百人，誉者固多，讥者则以为不切题。）自伊应鼎谓为寓沧桑之感、云亡之痛，至屈复更加确指，谓四章皆寄刺南渡之亡。东坡云："作诗定此诗，必非作诗人。"渔洋岂徒赋《秋柳》者哉？

按管侍御世铭《韫山堂集》，有追纪旧事二绝。其一云："诗无达诂最宜详，咏物怀人取断章。穿凿一篇《秋柳》注，几因耳食祸渔洋。"自注云："秦人屈复注王渔洋《秋柳诗》，泥白下洛阳，帝子公孙等字，妄疑为凭吊胜朝，最为穿凿。"其二云："语关新故禁销宜，平地吹毛赖护持，辨雪仍登天禄阁，三家诗草一家词。"自注云："丁未春大宗伯某，掎摭王渔洋、朱竹垞、查他山三家诗，及吴园次长短句内语疵，奏请毁禁。事下机庭集议，时余甫内直，惟请将《曝书亭集》寿李清七言古诗一首，事在禁前，照例抽毁；其渔洋《秋柳》七律，他山《宫中草》绝句，及园次词，语意均无违碍。当路颇韪其议，奏上报可。"据此，则渔洋几以是注而获身后之谴矣。

又按屈复号悔翁，关中布衣，举乾隆元年博学鸿词，工诗，著有《弱水集》，《秋柳诗注》即附集后。集中《秋草诗》十首，凭吊兴亡，苍凉感喟，不减渔洋《秋柳》。

（二六）《渔洋山人秋柳诗笺》（嘉庆乙卯刊本），李兆元撰。兆元字勺洋，莱州人，官河南知县。兆元未见屈复注，而所见略同；诂解较屈氏尤贴合。谓第一首追忆太祖开国时事。太祖定鼎金陵，先以"白下门"三字，点明其地；不然渔洋之赋《秋柳》在历下水面亭，何取于白下而远引之乎？第五句，以唐太宗比明太祖。乌夜村者，后之所居，以长孙皇后，比明德马后。第三句，春燕影，是用建文中童谣“莫逐燕，燕日高飞，高入帝畿”。他日，指靖难时。靖难之后，移都燕京，以金陵为南都。差池云者，已见一番变革矣。第四句，今字指福王失国后言。亡国之惨，更甚靖难。第二首为福王作。次句比福王不能自振。三四句，指马、阮辈言，叹辅佐之无人也。第五句以隋堤水比福王征歌选舞，有类炀帝。第六句系借用，晋瑯琊王睿生于洛阳，南渡后为中兴之主。福王亦生于洛阳，立于南都，而一年遽亡。句中“不见”二字，寄慨深矣。第三首，因故太子既无下落，唐、桂二王又以次翦灭，而深戒诸遗老，当识天命也。太子所居系春宫，明亡于甲申三月，又系春时；“东风作絮”，言太子与二王之飘零。第二句，言南都已亡，明之气数已尽也。扶荔宫在长安，借指燕京，灵和殿在金陵，实指南都。相逢南雁者，如唐王、益王、桂王等，皆与福王为兄弟行。兄弟为雁序，诸王皆在南，故曰“南雁”，因太子二王而并及诸王也。皆愁侣者，诸王或灭亡，或流落，已无可辅之人。“好语西乌”，正指故明诸遗老。莫夜飞者，言当知天命有归，不可妄萌思明之念，效沈攸之之自取族灭也。第四首，专为福王故妃童氏作。如此证释，旁皇周浃，勿论作者是否有此意，夫亦言之成理矣。卷后又附许鸿磐、朱凤森说，可与本注相参证。鸿磐字云峤，济宁人，精地理；凤森字韫山，临桂人，侍御琦之父，工诗，皆同官河南者。

（二七）《渔洋秋柳诗笺注析解》（同治十一年刊本），郑鸿撰。自序称从王文简后裔名超峰者学诗，得知《秋柳》四章，为公吊明亡之作；后又得登州某先生所注（按即李兆元），与师说同，其书旋失去，因述师说参以己见，辑为此卷。

按是书大率抄袭李兆元说。

（二八）《王文简公秋柳诗注解》（同治丙寅，天壤阁刊本），王祖源录。祖源，祭酒懿荣之父。是书本李兆元说，参以屈复之解、惠栋之注。有自序。

（二九）《渔洋秋柳诗释》（光绪十四年刊本），高丙谋撰。谓《秋柳诗》为郑妥娘作。妥娘福王府中旧歌妓，随至南都。鼎革后，流落济南。诸名士结社明湖，一日，妥娘偶在座中，正逢秋霁，见湖边杨柳，忽动盛衰今昔之感。其引用白门、江南、扶荔宫、灵和殿等语，皆指金陵南朝而言；其引用隋堤水、永丰坊、洛阳、梁园等语，皆指河南福藩而言；其桃叶桃根句，则当日妥娘外尚有一人，故云。此亦可备一解。

（三〇）《八家诗选》八卷（康熙刻本），吴之振选。士祯之外，则宋琬、曹尔堪、施闰章、沈荃、王士禄、程可则、陈廷敬皆同时有名诗家。之振字孟举，尝与吕晚村共选《宋诗抄》。

（三一）《王宋二家诗抄》二十卷（康熙间刻本），邵长蘅选。王士祯《渔洋诗抄》十二卷，宋荦《绵津诗抄》八卷。长蘅字子湘，长洲人，诸生。卷首有长蘅序。案士祯寄荦诗云："尚书北阙霜侵鬓，开府江南雪满头，谁识当时两年少，王扬州与宋黄州。"长蘅缘此遂选二家诗为一集。或疑荦诗何足比士祯，荦以重金寿士祯，士祯因报以此诗；而长蘅遂据之以谀荦也。然荦诗虽不足比士祯，故亦自佳。且士祯诗，仅言二人年少风流，亦未及诗，何至有重金贿得之说。惟其中固亦有因，董曲江元度云："赵秋谷罢馆职，益修憾阮翁。屡游吴中，与吴修龄为莫逆交。一日酒酣，语修龄曰：'迩日论诗，惟位尊而年高者斯称巨手耳。'时商邱方巡抚吴门，闻是语，遂述于阮翁，故答诗云尔。”其实秋谷诮士祯则有之；若莘似不在其指议中也。

（三二）《六家诗抄》六卷（乾隆三十二年刻本），刘执玉选。王士祯外，有宋琬、施闰章、朱彝尊、赵执信、查慎行共六家。执玉字复燕，锡山人。卷首有沈德潜序，是选最通行。

（三三）《衍波词》二卷（康熙留松阁刊本），王士祯著。皆其少作，在扬州时，孙默所辑十七家词之一。《四库》著录止十五家，缺龚鼎孳《香严词》、程昆仑《衍愚词》二种。前有邹祇谟序。

彭孙遹曰：“阮亭《衍波》一集，体备唐宋，美非一族，其工致而绮靡者，《花间》之致语也；其婉娈而流动者，《草堂》之丽字也。”见邹祇谟《远志斋词话》。

按孙默字无言，新安人，布衣，渔洋所讥为名士牙行者也。

（三四）《阮亭诗余》（会稽赵氏刊本），王士祯著，徐夜评。并释出处，措语精要，不涉标榜套习。

（三五）《诗问》四卷（康熙丙辰萝延斋本），卷一，郎廷槐问，渔洋老人答。卷二，郎廷槐问，张笃庆（历友）答。卷三，郎廷槐问，张实居（萧亭）答。卷四，刘大勤问，渔洋老人答。前有廷槐上渔洋启。

按乾隆间，渔洋再从孙祖肃刻本，只卷一卷四，分为上下。又一本，题曰：《师友诗传录》一卷，续录一卷。前录并渔洋及张笃庆、张实居答语于同条之下，续录则刘大勤问而渔洋答也。《四库》以此本著录。

按张笃庆字历友，康熙丙寅拔贡生。著有《昆仑山房集》。渔洋云：“张历友文章淹博华瞻，千言可立就，诗尤以歌行擅场。”

（三六）《渔洋诗问附记》一卷（旧抄本），翁方纲撰。于渔洋答意，多所阐发，仅八条。此书无刻本，余得抄本《石洲诗话》九十两卷，此即九卷，其十卷乃《然灯纪闻附记》也。《石洲诗话》刻本止八卷。

（三七）《然灯纪闻》一卷（乾隆丁丑王兆寿刊本），渔洋口授，门人何世璂述。共二十则，世璂新城人，康熙己丑庶吉士，官至直隶总督，谥端简。前有宋弼序，称："虽偶然举似，言之甚迩，而意味深长，语言无多，而法戒昭朗，苟充其言，虽殚精毕力，犹有所不能尽也。"

（三八）《然灯纪闻附记》一卷（旧抄本），翁方纲撰。亦发挥渔洋论诗之旨，其中"欧、苏、黄七律，必不可学"一条，痛驳原说最详。末记云："是编不著何年，渔洋于康熙甲申冬归里，此编之录，在乙酉丙戌丁亥之间，渔洋晚岁里居，端简公未出仕时也。"

按覃谿好说诗，与渔洋同。其于渔洋原说，从者什六七，违者什三四，合而观之，则可互相发明也。

（三九）《律诗定体》（乾隆丁丑刊本），王士祯著，何世璂述。后有王兆森识云："右何端简所述先司寇公论诗语，兆森从何氏抄得，因为锓本。亦如司寇所云：'诗如龙然，此其一爪一鳞而已。'"

（四〇）《古诗平仄论》一卷；附赵秋谷所传《声调谱》一卷（大兴翁氏《小石帆亭著录》本），王士禛撰，翁方纲注。方纲序云："诗家为古诗，无弗谐平仄者；无弗谐，则无所事论已。古诗平仄之有论也，自渔洋始。夫诗有家数焉，有体格焉，有音节焉，是三者常相因也，而不可泥也；相通也，而不可紊也。渔洋之论古诗，盖为失谐者言之也，紊亦失也，泥亦失也。夫言岂一端而已，言固各有当也。方纲得闻绪论于吾邑黄詹事（按即黄叔琳），因得先生所为《声调谱》者。既又见江南屡有刊本，或详或略，又有所谓《诗问》、《诗则》者，其论间有揞柱，亦大同小异。今见新城此刻，抑又不同，或遂疑其有赝。方纲盖尝熟复先生言诗之旨，而知其不相悖也。夫张、王、元、白之雅操，不可以例杜、韩；山谷之逆笔，不可以概欧、梅，吾恶知先生当日有所为而言之之为桓司马耶？为南宫敬叔耶？”又云：“赵秋谷所传《声调谱》，或云前谱是渔洋著，后谱是秋谷著。以愚考之，前后谱，皆秋谷所为也。今以新城所刻《平仄论》合观之，愈见新城所刻，是渔洋真笔，而此为秋谷无疑，故附录于此。”

（四一）《五言诗平仄举隅》一卷，《七言诗平仄举隅》一卷（大兴翁氏《小石帆亭著录》本），翁方纲撰。自序言“二十年前，在粤东使院九曜池上与学侣论诗，偶识此二卷，不足视人也。今因著录渔洋先生《平仄论》，不得已而附于后”云云。

（四二）《七言诗三昧举隅》一卷（大兴翁氏《小石帆亭著录》本），翁方纲撰。自序云：“渔洋于唐贤撰《三昧集》矣。其为《五七言诗抄》，则皆三昧也。皆三昧，则皆举隅也，奚又择诸？曰：择其最易见者，择其隅之最易反者而已。”又云“神韵者，格调之别名耳。究竟言之，则格调实而神韵虚，格调呆而神韵活；格调有形，而神韵无迹。七言视五言又开阔矣。是以学人才人各有放笔骋气处，气盛则言之短长，声之高下皆宜，乌能执一以裁之。夫是以不得已而姑取短章也。至拈取七言者，以五言多含蓄，七言则疑于纵矣，故不得不举隅证之”云。

（四三）《声调前谱》一卷，《续谱》一卷，《后谱》一卷，附《谈龙录》一卷（乾隆戊午写刊本），赵执信撰，门人仲是保叙。前有论例七则，后谱之末附通转韵式。仲序言“唐诗声调，海虞冯氏始发其微，于时和之者，有钱牧斋、程孟阳。吴梅村闻之孟阳，王阮亭又闻之梅村，人无有得其说者。饴山先生，展转窃得之，有来叩者，无不指示”云云。

按序言展转窃得，则秋谷非受之渔洋可知。覃谿断为秋谷自作，洵有见矣。《谈龙录》有执信自序，其命名见开卷第一条，盖取渔洋言诗，如神龙见首不见尾为话柄耳。

又按《声调谱》他刻本有题作《诗则》者，实即一书。

（四四）《古诗选凡例》一卷（康熙癸亥刊本），王士祯撰。分五言诗凡例，七言诗凡例。此书刊于《古诗选》未成之前，其后编入《渔洋文略》，又刻冠《古诗选》卷首，惟字句俱有异同。

（四五）《渔洋诗话》三卷（康熙庚寅刻本），王士祯著。自序言：“武林吴陈琰书来，欲撰本朝诗话，征余所著，无暇剌取诸书，乃以余平生与兄弟友朋论诗，及一时谈谐之语，可记忆者，杂书之，得六十条；戊子秋冬间，又增一百六十余条。

按是书不但论诗，又多考证故实。又有黄叔琳序。

又按张潮辑《昭代丛书》载《渔洋诗话》一卷，盖录《古诗选凡例》而名之，非此书。

（四六）《五代诗话》十二卷（乾隆间刊本），王士禛著，黄叔琳校订。前有士禛自记，次黄叔琳、宋弼序。此盖渔洋手葺未成之书；叔琳属宋弼芟其重复，重为厘订，而授之梓。卷末又有许道基、伊福讷二跋。

按郑方坤有《五代诗话补》，搜采最富，有刊本行世。

（四七）《带经堂诗话》三十卷（乾隆二十五年刊本），张宗枏辑。渔洋论诗之说，散见所著各书，宗枏荟而集之，凡分门八，分类六十有四，另录御笔、应制二类于卷首。条理清晰，最便观览。前有张宗松书、宗枏自序及张宗橚后序。

（四八）《渔洋杜诗话》一卷（乾隆丁亥大兴翁氏刊本），翁方纲辑。就渔洋各书次其谈杜诗者得一百四十七条。卷首有自序，卷末有跋。

按方纲《石洲诗话》卷六云“曩辑《渔洋杜诗话》一卷，不尽评骘语也，而外间所传渔洋评本，又多杂以伪作”云云。是卷细为剖辨，有当时弟子私述所闻，以为出渔洋手评者，有渔洋早年未定本者，有西樵评误指为渔洋评者，皆一一指而出之。

又按方纲《小石帆亭著录》卷六云：“余得一本于山西崔南有之家，实系渔洋亲笔。所可疑者，一部杜集，只手评其半耳。愚于杜诗注本，所见已三十余种，即前人手批本，亦见十余种，其妙喻入微，未有若此半部之透宗者。”

（四九）《花草蒙拾》一卷（顺治庚子刊本），王士禛著。共五十七条，自序言：“往读《花间草堂》，偶有所触，辄以丹铅书之，积数十条，题曰《花草蒙拾》”云云。刻《倚声集》卷首。

按渔洋《论词粹语》，散见《远志斋词话》及《倚声集词评》。

（五〇）《古诗选》三十二卷（康熙丁丑蒋景祁刻本），王士禛选。首姜宸英、蒋景祁序，次凡例。五言始十九首而终隋，附以唐陈子昂、张九龄、李白、韦应物、柳宗元，凡十七卷。七言始《大风》、《垓下》诸歌，而终于宋元诸大家，凡十五卷。至今言古诗者，奉为圭臬焉。

按五七言划然分界，自是选始。渔洋此旨，实本于元遗山。陵川郝伯常作遗山墓志云：“先生以五言雅为工，而出奇于长句杂言。”余观集中有《东坡诗雅引》云：“五言以来，六朝之谢、陶，唐之陈之昂、韦应物、柳子厚最为近风雅，自余多以杂体为之。杂体愈备，则去风雅愈远，其理然也。”又有别李周卿诗云：“古诗十九首，建安六七子，中间陶与谢，下逮韦柳止。”是知五言诗凡例，非渔洋创论也。

又按渔洋答秦留仙宫谕书云：“二十年前，曾有五言诗七言诗之选，颇有别裁。荆溪敝门人蒋景少为刻其本，亦尚有讹字未校”云云。今阅是刻，信然。蒋序称校正字画，罔有讹脱者，欺人语耳。

（五一）《古诗笺》三十二卷（乾隆三十一年芷兰堂刊本），闻人倓笺。有自序。五言诗照原卷编次，七言诗每卷分上下。所笺引证颇博，惟句字原误者未能校正，原有注者多被删削。又原序二首，有姜宸英而遗蒋景祁。人倓字讷甫，云间人，诸生，为松江蔡显门人。显以文字被祸，倓亦株连遣戍。

（五二）《重订王文简公五七言诗抄》三十二卷（嘉庆乙丑苏斋刻本），翁方纲、叶廷勋同校订。有翁、叶二序。翁序称：“斯编实后学指南，有通途而无流弊，暇日，取曩时手校之本，与叶花豁翁所考述，有相引证者，遂依次重锓之。”花豁翁，即廷勋也。是刻于凡例、诗题、原诗字句、作诗者姓名，皆有订正。读此书者，最善本也。

按翁氏以渔洋五言诗不选杜、韩，不无缺憾，遂有《五言诗续抄》之刻，续者续是选也。廷勋，南海诸生。

（五三）《古诗选评》（旧抄本），翁方纲撰。方纲重订古诗选，于篇字多所刊正，而未及诗之旨趣。是本专主评诗，七言尤详于五言，当与《石洲诗话》参看。其评七言诗凡例第一条云："观此知先生专力在五言，而七言特因而及之。"又评金、元诗一条云："岂可以自己所好，狃于所习耶？此当终于元、虞足矣。"皆具特见，他评精粹语极多。

按姚范《援鹑堂笔记》有《评古诗选》一卷。

（五四）《唐贤三昧集》三卷（康熙二十七年，吴门书林刊本），王士祯选。首姜宸英序，次自序言："严沧浪论盛唐诸人，诗惟在兴趣，羚羊挂角，无迹可求，透彻玲珑，不可凑泊。司空表圣论诗亦云，味在醎酸之外。因取开元、天宝诸公篇什读之，于二家之言，别有会心，录其尤隽永超诣者，自王右丞而下四十二人。'三昧'者，取佛经自在义也。"

按渔洋云："《林间录》载洞山语云：'语中有语，名为死句，语中无语，名为活句。'余尝举似学诗者。门人彭太史直上来问余选唐人《三昧集》之旨，因引洞山前语语之。"

又按渔洋曾选《唐诗神韵集》。《居易录》云："广陵所刻《唐诗七言律神韵集》，是予三十年前在扬州，启涑兄弟初入家塾，暇日偶摘取唐律绝句五七言授之者，颇约而精。如皋冒丹书（青若），见而好之，手抄七律一卷携归。其后二十年，泰州缪肇甲、黄泰来刻之，非完书也。集中有陈太史其年及二子增入数十篇，亦非本来面目矣。"《神韵集》今不传。

（五五）《唐诗三昧集注》三卷（乾隆丁未刻本），王士禛选，南城吴煊（退庵），胡棠（甘亭）辑注。有吴煊、胡棠二序。

（五六）《十种唐诗选》（康熙丙寅刊本），王士禛删纂。殷璠《河岳英灵集选》一卷，高仲武《中兴间气集选》一卷，苗挺章《国秀集选》一卷，失名《搜玉集选》一卷，令狐楚《御览集选》一卷，姚合《极玄集选》一卷，韦庄《又玄集选》一卷，韦縠《才调集选》三卷，姚铉《文粹诗选》六卷。卷首有韩菼、尤侗、盛符升三序。《才调集选》、《文粹诗选》，又有渔洋自序。《才调集选》序略云："韦縠撰《才调集》，大抵以风调为宗。先是韦庄在前蜀尝撰《又玄集》，縠书晚出，实为过之。唐代诸选，殷璠、元结之流，以风骨相高，最为杰出。独令狐氏《御览诗》，暨是集，专尚风调，而縠殊少于持择，为识者所少"云云。其《文粹诗选》序云："铉别裁具眼，所取诗只乐章乐府古调，而格诗不录，视后来鼓吹三体诸唐诗，特为近古，较《英灵》、《箧中》二集，尤宏备。惜其雅俗杂糅，辄取删之"云云。据此二序，可识十选之旨。又渔洋答秦留仙书有云："妄谓后世选唐诗，较唐人自选，终隔一尘"云云。其大旨尤显然矣。门人盛符升、王我建校刊。

（五七）《唐人万首绝句选》七卷（康熙戊子刻本），宋洪迈原本，王士禛选。自序言洪文敏《万首绝句》，其书颇多讹舛，如何逊、沈警，梁、陈间人，侯夫人，隋宫人，概行混入；至唐人小说，如《东阳夜怪录》之类，亦点简册。又有一诗而隶两人，复见重出，因删存其佳者，八百九十五首。是选之成，距士禛殁仅三年，识老眼高，特为精审。

按《分甘余话》云："海盐胡震亨辑《唐诗统签》，自甲迄癸，凡千余卷。卷帙浩汗，久未版行。康熙四十年，上命购其全书，令织造兼理盐课通政使曹寅鸠工刻于广陵。胡氏遗书，幸不湮没，然版藏内府，人间亦无从而见之也。"按渔洋于康熙四十三年九月罢归，四十四年三月奉旨颁发内府所藏全唐诗，合《唐音统签》诸编，命曹寅等刊刻，至四十五年十一月一日书成，皆在渔洋里居时。然则《全唐诗》刻本，渔洋竟未得见，故所选唐人诗，仅就所见旧选数种捃摭为之耳。设使得遍读《全唐诗》，所得又岂止于此而已哉。

（五八）《广唐贤三昧集》十卷（日本影印袖珍本），宗室文昭录。是书就渔洋所选五七言古诗，《唐贤三昧集》、《唐人选唐诗十种》并《万首绝句》统录之；分为前正续后四集。前编则初唐也，正编则盛唐也，续编、后编则中晚也。昭文号紫幢主人，以天潢贵胄，辞爵读书，游于渔洋之门。其成此书也，则在渔洋既没之后。卷首有沈宗敬、林佶二序。林序言："渔洋师以诗名天下，几四十年，当其盛时，及门受业者，亡虑百千人。身后一纪余，弟子星流云散，或名他师者有之，或反唇操入室戈者有之；不意拈瓣香尸而祝之者，乃出于天潢宗室中之一老，真所谓'岂知万毛牛，难媲独角麟'者矣。"是编系文昭手稿，沈、林两序，亦出手写。不知何时流落朝鲜，又归日本书肆。湖北田伏侯得之，因影印流布。林序又称主人尝辑《诗管》一部。此书闻曾藏常熟翁相国家，不知今尚存否？余十年前曾购得《紫幢诗集》六册，忘其卷数，后忽失之，阅此怅然。

（五九）《二家诗选》二卷（康熙己卯刊本），王士禛选。二家者，明吴郡徐祯卿（昌谷）《迪功集》，祥符高叔嗣（子业）《苏门集》也。卷首士祯自序，谓："明兴至弘治，李、何崛起中州，吴有昌谷、徐氏，为之羽翼，相与力追古作，一变宣、正以来流易之习。嘉靖之初，高子业继起大梁，自写胸情，扫绝依傍。《弇州诗评》：'谓昌谷如白云自流，山泉泠然，残雪在地，掩映新月；子业如高山鼓琴，沈思忽往，木叶尽脱，石气自青。其弟敬美又云：'更百千年，李、何尚有废兴，徐、高必无绝响。'其知言哉。尝取二集评次，录为一通，大抵于徐主《迪功集》而不取外集别集，于高主五言而舍七言。"

按渔洋诗素法二公，故是选最见精粹。

（六〇）《边华泉集选》四卷，附《边仲子诗》一卷（康熙庚辰刊本），明边贡撰，王士祯选。士祯序云“明诗莫盛于弘、正，以李、何为首庸，而边、徐二家次之。吾济南诗派，大昌于华泉、沧溟二氏。而荜路蓝缕之功，又以边氏为首。暇日簚其繁芜，掇其精英，与徐氏《迪功集》并刻于京邸”云云。后附选边仲子诗，序云“仲子贫困负薪，以授徒取给饘粥。今所存《睡足轩诗》一卷，其七十时客孙氏作也。故友徐隐君（夜）购得手稿。康熙庚辰，余刻《华泉集》于京师，乃取徐本，录其半”云云。

按渔洋五言诗凡例后一条云“明五言诗极为总杂，西涯之流，源本宋贤，李、何以来，具体汉魏。平心论之，互有得失，未造古人。独高季迪、皇甫子安兄弟、薛君采、徐昌国、华子潜，寥寥数公窥见六代三唐作者之意。余别有总论”云云。其后渔洋于明诗竟未论次，只此徐、高、边三家选本行世，其殆以遥接《唐贤三昧》欤？

（六一）《新安二布衣诗》八卷（康熙甲申刊本），王士禛选。二布衣者，明休宁吴兆，字非熊，程嘉燧，字孟阳也。首有宋荦、汪洪度及士禛序。士禛序称吴五言，其源出谢宣城、何水部，意得处时时近之。程七言近体学刘文房、韩君平，清辞丽句，神韵独绝；绝句出入于梦得、牧之、义山之间，不名一家，时诣妙境；歌行刻画东坡，如桓元子似刘越石，无所不憾。大抵吴以五言擅场，七言自《秦淮斗草篇》而外，无颇可采；程以七言擅场，古体不逮今体。此其大略也。

（六二）《钤山堂诗选》（原稿本），明严嵩撰，王士祯评选。按士禛评论明诗未尝及分宜，此选亦未与高、徐、边三家诗选同刊行，盖有所忌也。然曹孟德、石季伦诗，古今何尝不传诵。王世贞读《钤山堂集》云：“孔雀虽有毒，不能掩文章。君子不以人废言可矣。”是稿为闽人黄秋岳所藏。

（六三）《阮亭选徐诗》二卷（康熙戊寅刊本），徐夜撰，王士禛评点。夜初名元善，字长公，慕嵇叔夜之为人，更名夜，字嵇庵，又字东痴，与士禛为外从兄弟。年二十九，遭世乱，遂弃诸生。康熙戊午己未间，有诏求岩穴之士，有司将以其名应，以老病辞。士禛尝索其稿不得，因就箧中所藏二百余篇，为之梓行。卷首有士祯序，称其诗五言似陶渊明，巉刻处更似孟郊。中岁以往，屏居田庐，邈与世绝，写林木之趣，道田家之致，率皆世外语，储、王已下不及也。卷末有王士骊跋，称先生诗不啻千篇，秘不示人，后往西江渡浔阳，其稿尽没于水，今所存才什一耳。

（六四）《林茂之诗选》一卷（康熙间刊本），林古度撰，王士祯评点。古度字茂之，闽清人。卷首有士禛序，称其诗清华省净，具江左初唐之体。逮壬子以还，一变而为幽隐钩棘之词，如明妃远嫁后，无复汉宫丰容靓饰，顾影徘徊，光照殿中之态。今所录篇什，皆辛亥以前之作，而世之浮慕翁者，或未必尽知也。

《渔洋诗话》云："林茂之乱居金陵乳山，每过余，亲为撰杖结襪。康熙甲辰，林携其万历甲辰以后六十年诗，诣余求为拣择，仅存其甲子以前诗百余篇。施愚山见之曰：'吾交林翁久，不知其诗清新俊逸，源本六朝初唐乃如此。'"

（六五）《青沟偈语》一卷，《台山游》一卷，《辛壬漫草》一卷（康熙刊本），释智朴撰，王士禛批点。智朴号拙庵，住盘山，《居易录》称其诗极似寒山子。《青沟偈语》前有黄元治序，《台山游》前有庞垲、郑缵祖序，《辛壬漫草》前有张朝琮、郑缵祖序，三种皆智朴诗。其他著未经士禛批点者，尚有《盘谷诗集》二卷、《盘谷后集》一卷、《电光录》一卷、《存诚录》一卷、《驾幸青沟恭记》一卷。

按《分甘余话》云："盘山和尚智朴，号拙庵，徐州人。丁巳以诗抵余，以所著《电光》、《云鹤》诸集属序，予亦两有诗怀之。庚午，侍者自山中来，寄诗云：'宫詹学士老诗伯，笔扫时风绝世才。日把盘山怀我句，横肩榔栎几时来？'"

又按智朴尝撰《盘山志》，渔洋亦与参酌。

（六六）《杏村诗集编年》不分卷（康熙四十七年刊本），谢重辉撰，王士禛评。重辉字千仞，号方山，德州人。以荫官中书舍人，历官刑部郎中。是集所存，皆晚年作。渔洋总评云："杏村近诗，去肤存骨，去枝叶，存老干，如长松怪石，颠倒绝壑，冰雪之所凝沍，飞瀑之所穿漏，讵复知名园百卉，争妍竞媚于春风骀荡中耶？寥寥千古，真赏甚希，存之箧中，以待后世有元次山、杜清碧其人者，相赏于弦指之外而已。"卷首有高珩序。

（六七）《萧亭诗选》六卷，张居实撰，王士禛批点。居实邹平人，明诸生，士禛内兄也。卷首有士禛序，称："萧亭古今诗千余首，乐府古选，尤有神解，为择其最五百余篇"云云。雕是集者，为邑令孙湘南，见王启涑后记。

（六八）《陶庵诗集》三卷（康熙刊本），李浃撰，王士禛选评。浃字霖瞻，德州人。顺治丙戌进士，官芮城知县。士禛序称："其古诗原本于陶，而杂采诸家之美。点次其古诗为一卷，而以近体诗二卷附焉。"又有高珩序。

（六九）《高津草堂五字诗》一卷，《七言绝句诗》一卷（康熙六十年刊本），田霡撰，王士禛批点。霡字子益，德州人，侍郎雯之弟。

康熙丙寅拔贡生，授堂邑教谕，不赴。卷首有士禛及孙勷序。

（七〇）《吴莲洋集》二十卷（嘉庆大兴翁氏校刊本），吴雯撰，王士禛评。雯字无章，号莲洋，蒲州人，诸生。康熙己未举博学鸿词，报罢。士禛作《莲洋诗选》序，称其诗古澹闳肆，得古作者精意，自成一家言，灼然可传。又作莲洋墓志云："其诗一刻于吴中，再刻于都下，三刻于津门，今未刻尚千余篇，予删之不少贷，所存皆卓然可传。"

按此系渔洋晚年所定本，其家未刻。乾隆间传刻数本，互有多少，且无渔洋评语。方纲是刻，称为真本，多所订正，载渔洋评语甚详，前有方纲序。乾隆己巳贾泽洛刻《莲洋集》一卷，称为莲洋手稿，渔洋所手定者。展阅之则五七古佳篇，概未登，似不足信。

（七一）《出塞诗》一卷（康熙戊寅刊本），徐兰撰，王士禛评。兰字芝仙，虞山人，能诗，工绘事，尝从安郡王出塞，著《出塞诗》一卷。卷首有士禛序，称其诗精悍雄拔，高者似供奉、嘉州，下者亦在樊川、昌谷之间。又有姜宸英序，万斯同序，汪灏序。是册书签题《〇〇〇诗集》，上三字损坏不可辨，旁注《出塞诗》、《井梧集》、《片云集》。他二集未见。

王应奎《柳南随笔》云："徐芝仙学诗于王阮亭，阮亭极称之。其诗已付梓者，有《芝仙书屋集》一卷，计诗二百三十余首。《出关诗》：'马后桃花马前雪，出关那得不回头。'沈确士亟为予称之，惜未刻集中，无从见其全"云云。今按是书第一首即是，前二句"将军此去必封侯，士卒何心肯逗留"。其《芝仙书屋集》，当是后来删定本也。

（七二）《观稼楼诗》二卷，《枫香集》一卷（康熙刊本），朱缃撰，王士禛评。缃字子青，高唐州人，候补主事。渔洋《朱君墓志》云“子青少负逸才，博通群书。其为诗，义兼骚雅，体备文质。性好宾客，所居有湖山之胜，四方名士，过济南者，以不识子青为憾”云云。《观稼楼诗》有士禛序，《枫香集》有田雯、李兴祖、张贞、梁佩兰序，魏坤题词。

按缃所著，尚有《云根清壑山房集》、《吴船书屋集》，皆渔洋评本，未见。

（七三）《苍雪山房稿》一卷（康熙刊本），朱纲撰，王士禛评。纲字子骢，高唐州人。缃弟官至福建巡抚，谥勤恪。卷首有士禛序。

宋弼曰：“公幼喜为诗，晚益进自然，如：‘人影楼边月，蝉声柳下门。黑云迷远树，白雨入空楼。’皆造老境，惜无存稿。《苍雪集》皆少作也。”

（七四）《慎余堂集》五卷（康熙二十年刊本），王元弼撰，叶方蔼、王士禛评。元弼字良辅，瑯琊人，幼籍辽左，官零陵知县。卷首有冯溥、沈荃、叶方蔼、徐乾学、陈维崧及士禛序。士禛序言“古诗歌行似太白、高、岑，近体得少陵家法，绝句又兼元、白、梦得、义山之妙”云云。

（七五）《但吟草》八卷（辛卯康熙刊本），萧（山）［惟］豫撰，王士禛批点。惟豫字韩坡，安德人。顺治戊戌进士，官翰林院侍读，卷首有田雯、冯廷櫆二序，及自序。

（七六）《黄湄诗选》七卷（康熙刊本），王又旦撰，王士禛评选。又旦字幼华，郃阳人。顺治十五年进士，选湖北潜江县知县，以治行，行取给事中，擢户科掌印给事中，入国史循吏传。卷首有士禛及汪懋麟、顾星星序。

《渔洋诗语》云："郃阳王又旦，才最高，初为诗，趋古澹，后变而之雄放，自入为给事中，乃敛才就法，七言古，五言今体，多可传。"

是集后增刻三卷，亦士禛评选。

（七七）《江湖夜雨集》四卷（康熙刊本），郎廷槐撰，王士禛评。廷槐字梅溪，贡生，官山东知县。早学诗于渔洋，及渔洋致政归里，又适知新城县事，就正较便，所传《诗问》大约亦在此时。是书卷首录上渔洋论诗书，及渔洋答书，次宋荦、朱彝尊、张贞、张居实各序。

（七八）《玉岩诗选》二卷（康熙刊本），林麟焻撰，王士禛评。麟焻字石来，蒲田人。康熙庚戌进士，官至礼部郎中。尝学诗于士禛，卷首有士禛序，称其诗温润缜密，孚尹旁达，扶疏而直上。

《渔洋诗话》云："闽旧无牡丹，惟塔山独有数本。石来题诗云：'催放鼠姑花信风，锦茵银烛照鞓红。何当澹月慈恩寺，传编新词到六宫。品题国色总寻常，姚魏争夸压众芳。不是宣和翻旧谱，何人解赏女真黄？'"

（七九）《淮豫集》一卷（康熙刊本），李孚青撰，王士禛批点。孚青字丹壑，合肥人，相国天馥之子。康熙己未进士，官至翰林院编修。尝学诗于士禛，士禛称其早慧，能以诗世其家。是集为《盘隐山房集》之一种，《盘隐山房集》共八卷，此其第四卷也。他卷无士禛批点。

按孚青诗先刻者，为《野香亭集》十三卷，起丙寅迄戊寅，凡十三年。士禛作序，称其诗清新绵婉，继刻者为《盘谷山樵集》，则自己卯至癸未五年作也。其后甲申至乙未十二年，诗尚未刊行。光绪末合肥李氏又刻《道旁散人集》五卷，而其诗始全。

（八〇）《绿杨红杏轩诗集》四卷（康熙刊本），蒋仁锡撰，王士禛批点。仁锡字静山，天津人。举人，官内阁中书，及学诗于士禛。卷首刊渔洋札一通，言："新诗评次完，本拟锁印后制一序，略述作者评者之指，不谓公事未了，欲觅晨夕片晷之暇，亦不可得，然《三都赋》自足不朽，正不藉一序也。"次有朱彝尊序。

仁锡后又刻《绿杨红杏轩诗续集》六卷，无渔洋批点，卷首有钱名世序。名世坐以诗谄年羹尧，世宗罢其职放归，且赐"名教罪人"四字，并令廷臣歌咏其事，亦趣闻也。名世著作，仅传此文。

（八一）《画堂西溪稿》三卷（康熙刊本），谢芳连撰。是稿卷一《啸庄集》，卷二《简言别录》，卷三《香祖山人文外》；卷一卷二渔洋评点，卷三则邵子湘评点也。芳连字皆人，宜兴人。卷首渔洋题云，"严沧浪以禅喻诗，余深契其说，而五言尤为近之。如王裴《辋川绝句》，字字入禅。他如'雨中山果落，灯下草虫鸣'、'明月松间照，清泉石上流'以及太白'却下水精帘，玲珑望秋月'、常建'松际露微月，清光犹为君'、孟浩然'樵子暗相失，草虫寒不闻'、刘昚虚'时有落花至，远随流水香'，妙谛微言，与世尊拈花，迦叶微笑，等无差别。通其解者，可语上乘。读皆人《啸庄》诸诗，不须更费草鞵钱也。"又五言一首，寄谢二皆人云："秋眠池上亭，竹暗通人语。空吟小谢诗，荆溪渺何处。流目送飞鸿，历历江南去。"按序与诗皆未入集，特录于此。

（八二）《问山诗集》十卷（康熙丙辰刊本），丁炜撰，王士禛、施闰章评选。炜字澹汝，号雁水，晋江人。康熙十二年，定远大将军济度统师入闽，招闽士试幕下。炜以诸生拔第一，授漳平教谕，寻迁户部主事，官至按察使。是集自序，言“编次诗稿，适王阮亭先生过访，出就绳削。先生曰：‘吾今乃得读子之全诗也，何向善閟，岂以世无嗣宗乎？’余谢弇鄙。先生曰：‘是奚足哉。夫一人之身，一日之感，穷达殊遭，旦暮异致。乐则钟鼓言欢，哀则展转寄忾。先生之诗教，大抵如是。必谓异曲者不必同工，是仲武不必振响于西川，而少陵无俟摅情于夔府也。子之志若抑然有以自下者，吾又何敢以今日而定子之诗。’余既感王先生言因删阘茸而述数语于前”云云。又有林尧英、魏禧、钱澄之、朱彝尊、宋琬、沈荃、余国柱、汪琬、丁焯各序。

《居易录》云：“闽诗自林子羽、高廷礼后三百年，兹惟郑继之，后惟曹能始耳。今复见雁水，林高风流为不绝矣。”

（八三）《木田诗抄》七卷，《文抄》一卷（雍正四年刊本），张丕扬撰。前有渔洋序。因赏其“畏事浑如鹢退飞”句，丕扬遂以稿属评，且索序。后有田实发序，称新城先生曩手评若干首，今似君以后作若干首属补评云云。是某评语不标人名，盖不尽渔洋评也。丕扬号木田，吴县人，曾官中书。

（八四）《聊园诗略》十三卷（康熙刊本），孔贞瑄撰，王士禛、田雯同鉴定，侄尚任（东塘）订。贞瑄字璧六，阙里人。

（八五）《王考功（时）［诗］集》四卷（旧写本），明王象春著，从孙士禛评。象春字季木，明南京考功郎中。以诗名万历间，渔洋从叔祖也。钱牧斋评季木诗，谓如西域婆罗门，邪师外道，自有门庭，终难皈依正法；然其警策处，要自不可磨灭。余游天津，于方地山处见此集。评点处，系渔洋手笔，行草极秀，涂削颇多，评语间有不满，其持论不肯假借如此。

按象春诗集有刻本，名《㟂湖集》。

（八六）《考功集选》四卷（康熙戊寅刊本），王士禄撰，弟士禛批点。士禄字子底，号西樵，新城人。顺治壬辰乙未进士，官吏部考功司员外郎，士禛伯兄也。与士禛同著诗名，时称二王。其诗已刻者有《表余堂集》、《十笏草堂集》、《辛甲集》、《上浮集》。士禛删成四卷，首有士禛序。

《香祖笔记》云："先兄《考功集》诗，屡经芟削，最后止刻四卷，佳句佚者颇多，略记一二。如《潍县道中》云：'人烟通下密，桥路绕东舟。'《夏夜词》云：'梦觉闻花漏，星河一带横。'《感兴》云：'大人有赋言仙意，内景何方驻圣胎。'此类尚夥。"

（八七）《古钵集选》一卷（康熙戊寅刊本），王士祜著，弟士禛批点。士祜字子侧，号东亭，康熙庚戌进士，士禛叔兄也。前有士禛序。引吴江计甫草论曰："三王著诗名，西樵、阮亭早达，故声誉易起；若东亭之才，讵肯作蜂腰哉？兄逾壮乃得第，中间以帖括废诗，不为者十数年，庚戌后稍复之，多幽忧侘傺之语，亦削稿不录，故存者什一耳。"

（八八）《抱山集选》一卷（康熙刊本），王士禧著，弟士禛批点。士禧字礼吉，新城人，太学生，士禛仲兄也。卷首有士禛序。

渔洋《仲兄墓志》云："兄所刻《抱山诗集》二卷，尝和月泉吟社诗五十余章，多警策，未及锓梓。间为小词，尝题露筋祠壁云：'女郎遗迹秦淮路，晓凉门外青枫树。石竹响空词，萧萧三两枝。可怜呜咽水，斜日西风里。那更感人情，估船吹笛声。'邹程村取入《倚声集》。"

（八九）《十子诗略》（康熙刊本），王士禛选。十子者，商邱宋荦（牧仲）。（官至江苏巡抚），郃阳王又旦（幼华。官至户科给事中），安邱曹贞吉（升六。官至徽州府同知），曲阜颜光敏（修来。官至吏部考功郎中），黄冈叶封（井叔。官至工部主事），德州田雯（紫纶。官至贵州巡抚），谢重辉（千仞。官至刑部员外郎），晋江丁炜（雁水。官至湖广按察使），江阴曹禾（颂嘉。官至国子祭酒），江都汪懋麟（季角。官至刑部主事），皆康熙丙辰丁巳间，都下相过从谈艺者也。

（九〇）《涛音集》八卷（乾隆五十七年刊本），此王士禄、士禛同选东莱人士之诗也。顺治十四年丁酉，士禄教授莱州，士禛省兄于学舍，相与观海赋诗，因撰次其邑人之作也。向无刻本，山东藏书家亦未见；惟莱人仅有存者。会桂馥（未谷）摄是邑训导，求得一本，始为刊行。前有翁方纲序，后有汤惟镜跋。翁序言"渔洋《窟室画松歌》盖和孙黄门作，所谓江南吴生者，赖此集以传其姓名，而注渔洋者皆失之。集内附渔洋诗，吴生前后凡三见，中以道子衬托耳。今所行渔洋诗，则删去中间吴生句，于层折乃转未了然"云云。

（九一）《感旧集》十六卷（乾隆十七年，扬州马氏刊本），王士禛选，卢见曾补传。卷首有朱彝尊序、士禛自序；刻书时又有卢见曾序、张元后序。士禛以诗名天下，交游最广，是集所录，皆同时师友之作，除二三名公巨卿外，多山泽憔悴之士，是其微尚所托。卢序谓"我朝诗人，虽不尽于是集，集中名家之诗，亦非是集之所能尽，而人之以诗鸣于我朝之初盛，而必传于后者，已囊括而无遗。"其论良确。

按渔洋撰是集，始康熙癸丑而成于甲寅，晚年复加更定，故编次与序所言多不合。梅耦（长庚）《知我录》云："新城先生著述甫脱稿，辄以流布；独《感旧集》一书，编成逾廿年，不以示人，因别有微指，尝手疏其篇目见示。云‘右康熙甲寅撰，故无新篇，尚有《屏风集》伫近作入之’”云云。按今《屏风集》不传，而是集晚年复加更定，则所称近今作者，当亦入之矣。又按渔洋尝深慨近世选家之滥，借此为结纳之资。其称许者，止陈其年《箧衍集》及陈伯玑《诗慰》，至伯玑之《国雅》即不免徇时好。是以此书弥加矜慎，秘置箧中，直到身殁四十余年，而始出也。

（九二）《倚声初集》二十四卷（顺治庚子刊本），邹祗谟、王士禛同选。前集四卷，卷一至三词话；卷四韵辨。本集二十卷，卷一至十小令；卷十一至十四中调；卷十五至二十长调。意在续卓珂月《词统》所选皆五十年来词人之制。卷首有祗谟及士禛序，于词学源流，剖析极详。邹祗谟字抒士，号程村，武进人。顺治十五年进士，著有《丽农词》。

按士禛早岁好填词，与祗谟共选《倚声集》，以资提倡。同时孙默刊《十七家词》，聂先辑《百名家词》，清初词学，此为极盛。其后士禛专力为诗，不复言词，而斯道亦浸衰息矣。余阅陈聂恒《栩园词弁》，卷首录顾梁汾书云“国初辇毂诸公，尊前酒边，借长短句以吐其胸中，始而微有寄托，久则务为谐畅。《香岩》、《倦圃》领袖一时，唯时戴笠故交，担簦才子，并与宴游之席，各传唱和之篇。而吴越操觚家闻风竞起，选者作者，妍媸杂陈。渔洋之数载广陵，实为斯道总持。二三同学，功亦难泯。最后吾友容若，其门地才华，直越晏小山而上之。欲尽海内词人，毕出其奇。远方骎骎，渐有应者。而天夺之年，未几辄风流云散。渔洋复位高望重，绝口不谈，于是向之言词者，悉去而言诗古文辞；回视花间、草堂，顿如雕虫之见耻于壮夫矣。虽云盛极必衰，风会使然；然亦颇怪习俗移人，凉燠之态，浸淫而入于风雅，可为太息”云云。读此可识一时风气盛衰之概。

（九三）《甫里初集》六卷（康熙五年刊本），计东著。东字甫草，吴江人，顺治十四年举人，十八年以江南奏销案被黜。是集系其所作古文初集，而士禛评之者也。卷首有王崇简书，及汪琬序。

按计东著《改亭集文》十六卷，诗六卷，乾隆间刊行。

（九四）《蜀道驿程记》二卷（康熙壬子刊本），王士禛著。康熙壬子，士禛为四川乡试正考官，记其往来所经也。上卷自京至成都，下卷自成都归至河南新乡，闻母孙太夫人讣，奔丧回里，故止于此。是记作于康熙壬子，后二十年而刊之。中多考古述今之作，不徒记行程也。

（九五）《皇华纪闻》四卷（康熙甲子刊本），王士禛著。康熙甲子士禛以少詹事奉使祭告南海，道途所经，采掇故实，直书即目，无甚考证，有韩菼、王源、魏世效序。

（九六）《南来志》一卷（康熙甲子刊本），王士禛著。是书纪驿程所经，仿范成大《吴船录》体，由京师至广州，故曰南来。

（九七）《北归志》一卷（康熙甲子刊本），王士禛著。士禛于康熙乙丑二月至广州，至四月一日北还，便道省父；六月十六日抵新城故里。此记其途中所历山水名胜也。

（九八）《广州游览小志》一卷（康熙甲子刊本），王士禛著。士禛由南京来讫北归，计居广州五十一日，以其间游览古迹，作为此志。合前二书，统名《粤行三志》。

（九九）《秦蜀驿程后记》二卷（康熙丙子刊本），王士禛著。康熙丙子，士禛以户部左侍郎，奉使祭告西岳西镇江渎，续记其往返所经也。上卷自京至华阴，迂道至汧阳，又由汧阳至成都，下卷自成都回至新城而止。

（一〇〇）《陇蜀余闻》一卷（康熙丙子刊本），王士禛著。是书所记，皆陇蜀碎事，间加考证，故曰余闻。

（一〇一）《浯溪考》二卷（康熙辛巳刊本），王士禛著。前有自序，言楚山水之胜，首潇湘，潇湘之胜，首浯溪；浯溪以唐元结（次山）名，得鲁公摩厓书而益张之。顾今志乃出庸手，冗杂泛滥，乃以退食之暇，穷搜遐摭，要取精核，间录诗赋杂文，多郡志、溪志所未收者。书分二卷，上卷载山川古迹，及元结诗文，附以诸家之题识议论；下卷皆录后人艺文；末附补遗三条。盖士禛有族侄官祁阳，以旧志见寄，而为之改作也。

《渔洋诗话》云："余撰《浯溪考》，颇搜奇秘；如李清照二长句，得之陈士业《寒夜录》；近又从《石门文字禅》得洪觉范二长句；若唐蔡京五言，近在耳目之前，而反遗之，殊自笑甚疏也。"

（一〇二）《长白山录》一卷，《补遗》一卷（顺治刊本），王士禛著。长白山在邹山县西南，是录纪其山之形胜，及故实艺文也。补遗一卷因宋绍定间，丁黼作《池州范仲淹祠记》，以青阳县东十五里之长山，指为长白，系属舛误，因引诸说以辨之。《渔洋文略》卷十四载是录，但无补遗。

此书当作于顺治丙申。

（一〇三）《国朝谥法考》一卷（康熙刊本），王士禛著。始于国初下迄康熙三十四年之赐谥者，凡亲王十八人、郡王十五人、贝勒十二人、贝子十二人、镇国公十一人、辅国公十六人、镇国将军五人、辅国将军七人、妃二人、公主二人、额驸二人、藩王七人、民公九人、侯伯十四人、大学士二十七人、学士四人、詹事一人、尚书二十七人、侍郎九人、都御史三人、八旗大臣一百六人、总督十七人、巡抚十七人、殉难监司三人、提督十七人、总兵官八人、前代君臣二十六人、外藩一人。首有士禛自序。

（一〇四）《琉球入学始末》一卷（康熙刊本），王士禛著。康熙二十三年，翰林院检讨汪楫，中书舍人林麟焻册封琉球，归奏中山王尚贞，请以陪臣子入国学，事下礼部覆议，准如所请。士禛方为祭酒，咨覆礼部，历述洪武以来故事。其后康熙二十七年，琉球王果遣陪臣子弟梁成楫等四人入监读书。此书盖记其始末云。

《渔洋文略》卷十三载此篇，此盖初出别行之本也。

（一〇五）《载书图诗》一卷（康熙辛巳刊本），康熙辛巳，士禛以刑部尚书，给假旋里，诸门生为纪其盛，属禹之鼎写载书图，以道其行。图成，各作诗纪之。是卷首刊载书图，次奏疏二篇，次序二首，次载书图诗，次赠行诗，次《赐沐纪程》，末附朱彝尊《池北书库记》。

（一〇六）《池北偶谈》二十六卷（康熙己巳闽中刊本），王士禛著。书分四目：曰谈故，凡四卷，皆述朝廷殊典，及衣冠胜事，间及古制；曰谈献，凡六卷，皆纪明中叶以后，及清初名臣、硕德、畸人、列女之事；曰谈艺，凡九卷，皆诗文；曰谈异，凡七卷，皆记神怪。池北者，其宅西有圃，圃中有池，池之北有屋数椽，书数千卷，庋置其中，取白乐天“池北书库”之名以名之。库旁有石帆亭，尝与宾客聚谈其中，故以名书。卷首有自序，盖作于康熙辛未也。

（一〇七）《居易录》三十四卷（康熙辛巳广州刊本），王士禛著。自康熙己巳官左副都御史以后，至辛巳官刑部尚书以前，十三年中所记也。录中所记，以论诗之语为最精，次则述所见古书，辨别源流得失，及他所考证，颇多精核。惟中间插入时事，以至身所经历，编年纪月，又似日记之体。居易云者，取唐顾况“长安米贵，居大不易”之意。卷首有自序。

（一〇八）《南台故事》一卷（原稿本），王士禛著。《年谱》云：“山人官副宪时，尝欲集《唐六典》诸书，作《南台故事》一书。未几迁侍郎，遂不果。”余从方地山处，得见原稿，采辑诸书，尚未排比，与评从祖季木诗同一手笔。

（一〇九）《香祖笔记》十二卷（康熙壬午刊本），王士禛著。是书接《居易录》之后，体例亦与《居易录》略同。初稿名《角巾录》，后更今名。记作于康熙癸未、甲申二年，至乙酉续成之。自序云：“所居邸西轩有兰数本，花时香甚幽淡。昔人谓兰为香祖，因以名之。”

（一一〇）《古夫于亭杂录》五卷（康熙丙戌刊本），王士禛著。士禛以康熙甲申罢刑部尚书里居，有别业，曰夫于草堂，在鱼子山，即陈仲子所居抑泉口也。山上有古夫于亭，士禛著书于此，采掇闻见，以成兹录，体例仍与《居易录》、《香祖笔记》略同。自序谓无凡例，无次序，故曰杂。初稿原名《鱼子杂录》，后更今名。初刻止五卷，后增刻一卷。

（一一一）《分甘余话》四卷（康熙己丑刊本），王士禛著。是书成于康熙己丑，年七十有六矣。间有考证，而记录琐事为多。自序言昔王右军与谢万书云“顷东游还，修植桑果，今盛敷荣，率诸子抱弱孙游观其间，有一味之甘，割而分之，以娱目前，虽植德无殊邈，犹欲教养子孙，以敦厚退让，庶令举策数马，仿佛万石之风”云云。分甘之名盖取诸此，后有程哲跋。

（一一二）《古欢录》八卷（康熙庚寅刊本），王士禛著。采上古迄明，林泉乐志若干人。古欢云者，取古诗“良人惟古欢”句，寓尚友之意。自序云“山人少无官情，虽在周行，时有灭景云栖之志。康熙己卯，官御史大夫，世号雄峻，山人居之澹然。退食之暇，浏览诸史、《庄》、《列》，下逮稗官说部、山经地志之书，有当于心，辄掌录之。单词片语，期在隽永，略仿高士、贫士二传之例”云云。前有宋荦序，下有门人朱从延序，从延即刻是书者也。

（一一三）《西城别墅唱和集》（康熙二十九年刊本），西城别墅者，其地十二：曰石帆亭，曰樵唱轩，曰半偈阁，曰大椿轩，曰双松书坞，曰小华子冈，曰小善卷，曰春草池，曰三峰，曰啸台，曰石丈，曰竹径，各咏一诗。王启涑首唱，自宋荦以下同咏曰九十余家。是集首载士禛《西城别墅记》，及蒋景祁《西城别墅赋》，又有张贞、王戬序。

按启涑字清远，士禛长子，官茌平教谕，著有《茌山诗存》、《因继集》、《闻诗堂小稿》、《读书堂近草》。

（一一四）《渔洋说部精华》十二卷（乾隆刊本），锡山刘坚类次。自序言：渔洋所撰说部，游历记志而外，《石帆亭纪谈》、《居易录》等书，多编年日，各为部帙；间有重复，不无词异而意同。妄摘菁英，略用门类，稍加区别，都十二卷。内分评骘、考核、载籍、典故、谈谑、诗话、清韵、奇异、八门。

（一一五）《渔洋书籍跋尾》二卷（乾隆刊本），刘坚辑。渔洋性嗜书，每得一编，多加题跋，或揄扬，或指摘；以至版槧传写，藏弆姓名，无不备载。其散见于说部者，坚已辑为载籍上下；兹又就渔洋《蚕尾集》中跋文五卷，除字画题跋并书后外，略加类叙，成此二卷。自序云："合之载籍上下，可补焦氏《经籍志》之遗"云。

（一一六）《历仕录》一卷（康熙壬午刊本），明王之垣述。之垣嘉靖壬戌进士，官至户部左侍郎。是书自记其生平服官之梗概，及师友交谊。之垣，士禛曾祖也。《池北偶谈》，曾录数条，至是复刊其全帙。卷首列大槐王氏世系图。士禛有二跋，皆证明录中所指大奸何心隐事。又有士禛后序。

（一一七）《赐闲堂集》四卷（顺治刊本），明王象晋撰。其子与敕，与孙士禄、士禧、士祐、士禛所校刊也。象晋字荩臣，明万历甲辰进士，官至浙江布政使，崇祯丁丑致仕。渔洋祖父也。是集卷一诗，卷二至四杂文。前有林棠序，后有男与敕后序。

（一一八）《二如亭群芳谱》三十卷（明虞山毛氏汲古阁刊本），明王象晋撰。是书凡天谱三卷，岁谱四卷，谷谱一卷，蔬谱二卷，果谱四卷，茶竹谱三卷，桑麻葛苎谱一卷，药谱三卷，木谱一卷，花谱三卷，卉谱二卷，鹤鱼谱一卷。搜采极博，尤详于治疗之法。是书为常熟毛氏汲古阁刻本，后入吴中质库，由士禛出资赎归。自言告诸家庙，不啻宝玉大弓焉。

《分甘余话》云："康熙四十四年六月十二日，奉圣旨开馆广续，命编修汪灏、张逸少等四人为纂修官，至四十六年二月告成，凡一百卷，赐名《佩文斋广群芳谱》。御制序文冠篇首，仍存先臣自序，及每卷小序，亦所不遗。谨录御制，并注缘起，以彰异数，备家乘云。”

（一一九）《清寤斋心赏编》一卷（明虞山毛氏汲古阁刊本），明王象晋撰。是书分六类：曰葆生要览，曰儆身懿训，曰佚老成说，曰涉世善术，曰书室清供，曰林泉乐事。首有象晋自序。

（一二〇）《翦桐载笔》一卷（明虞山毛氏汲古阁刊本），王象晋撰。是书为奉使琉球途中所作，故取“翦桐”为名。所载多嘉言懿行。首有象晋自序。

（一二一）《陇首集》一卷（康熙刊本），明王与胤撰。与胤字百斯，崇祯戊辰进士，官至湖广道监察御史，以劾总兵官邓玘，忤时相，罢归，甲申殉节，士禛伯父也。陈允衡录其诗入《诗慰》，与孙傅庭（白谷）、黄端伯（海岸）、袁继成（临侯），称为四忠诗。兹集即就允衡所录较刊，附以收人心明纪律一疏。卷首仍载允衡序，及钱谦益赞；卷末附《明史忠义列传》、墓表、士禛所为逸事状及纪映钟跋。

附王西樵著书三种

（一二（一）［二］）《十笏草堂诗选》十一卷（康熙刊本），王士禄撰。原刻止九卷，盖丙申、丁酉、戊戌、己亥、庚子六年所作，有汪琬序，赵士冕序。续刻二卷，乃辛丑所作，有弟士禛序。

（一二三）《炊闻词》二卷（康熙留松堂刻本），王士禄撰。即孙默所刻十七家词之一。有尤侗序及自序。另刻本名《炊闻卮言》。

（一二四）《焦山古鼎考》一卷（康熙《昭代丛书》本），王士禄图释，林佶增益。前有张潮题辞，称“宋中丞赠《筠廓偶笔》，始得读二王先生古鼎诗。越一年，王先生以此帙邮余，则图与铭咸在，而程处士之释文，林次公之增订，莫不备具”云云。二王谓西樵、渔洋也；程处士谓程邃；林次公谓林佶也。

（一二五）《读史蒙拾》一卷（康熙刊本），王士禄撰。所采皆诸史中新颖之语。曰“蒙拾”者，取《文心雕龙·辨骚篇》“童蒙者拾其香草”句也。

（一二六）《然脂集例》一卷（康熙《昭代丛书》本），王士禄撰。渔洋书《考功年谱》云：“先生著书惟《然脂集》二百三十余卷，条目初就，盖为之而未成，仅存此例十条而已。”“然脂”者，取《玉台新咏》“然脂暝写”之语。

附惠栋《精华录》采用渔洋书目

《丙申诗》（自序）。（明按是年渔洋二十三岁，晚年口占一联云：“得第重逢辛卯岁，删诗断自丙申年。”）

《渔洋山人集》（倍渔洋诗，牧斋序）。

《长白游诗》（同徐东痴）。［明按顺治丙申春，与徐夜（东痴）同游长白山，刻《长白游诗》一卷。］

《渔洋逸文》。

《彭王唱和信》（同羡门、西樵）。（明按是集皆香奁体，汪钝翁《说铨》云：“二王好香奁诗，倡和至数十首。刘公勇寓书于予问讯博士曰：‘王六不至堕韩冬郎云雾否？此虽慧业，然并此不作可也。’”又按渔洋《香奁诗》自序曰：

“情至之语，风雅扫地；然不过使我于宣尼庑下，俎豆无分耳。”其风趣可想。）

《秋柳诗》（屈复注）。

《过江集》（自序）。［明按顺治庚子，渔洋有事兰陵，与京口别驾程康庄（昆仑），同游金焦、北固及鹤林、招隐、竹林寺、海岳庵诸名胜，得游记六，题名七，古近体四十，编为集。］

《入吴集》（自序）。（明按顺治辛丑渔洋以例往松江，谒直指，途次游邓尉，泊枫桥，过寒山寺，经伯鸾溪，赋诗共六十余篇，名《入吴集》。）

《红桥倡和集》（同袁于令诸公）。（明按康熙壬辰，渔洋与袁于令、邱象随、蒋阶、朱克生、张养重、刘梁嵩、陈允衡、陈维崧，修禊红桥，成此集。）

《冶春绝句》（明按康熙甲辰，渔洋在扬州与林古度、杜濬、张纲孙、孙枝蔚等修禊红桥，有《冶春诗》，诸君皆和。）

《銮江倡和集》（同吴玉随自序）。（明按顺治辛丑，渔洋与吴玉随客仪真，同人唱和，共诗四十五首。）

《咏史小乐府》。

《论诗绝句》（陈士业序，山人犹子净名注。）

《水绘园修禊诗》（陈其年序）。（明按康熙乙巳，渔洋有事如皋，与邵潜、冒襄、冒禾书、冒丹书、毛师柱、许嗣隆、陈维崧，共八人，修禊水绘园所作也。共诗三十八首。）

（《渔洋诗话》云：“余与诸名士修禊冒辟疆园，分体赋诗，余戏谓其年曰：‘得紫云棒砚，乃可。’紫云者，冒歌儿，最姝丽，为其年所眷。许之。余坐湘中阁，立成七言古诗十章。”）

《焦山古鼎诗》（同西樵）。（程穆倩等跋。）

《金陵游记》（杜于皇、冒辟疆诸公序。）

《白门集》（汪蛟门等序）。（明按顺治辛丑，渔洋游江宁著《白门集》。）

《白门后集》（汪钝翁序）。（明按康熙甲辰，渔洋在扬州作。）

《壬寅集》。（明按康熙壬寅，渔洋有事江阴，登君山，过丹阳，登观音山，临曲河后湖，皆有诗。刻《壬寅集》于金陵。）

《癸卯集》。（明按渔洋在扬州作。）

《甲辰集》。(明按康熙甲辰，渔洋在扬州作。)

《癸卯诗卷》。(同西樵。)(明按康熙甲辰，渔洋在扬州作。)

《岁暮怀人绝句》。(明按顺治辛丑冬渔洋赴淮安，甓社湖舟中，作岁暮怀人诗六十首。《居易录》云："诗中所及，大半布衣。")

《衍波词》(乐府。)

《禅智录别诗》(同硕揆上人、杜于皇诸公)。(明按康熙己巳，渔洋离扬州北归，诸名士祖道于禅智寺硕揆禅师方丈，成《禅智录别集》，后更题《禅智倡和集》。)

《花草蒙拾》(论乐府)。

《礼部集》(朱竹垞序)。(明按渔洋门人辈裒集壬寅至丁未诸作，名曰《礼部集》。朱序外，尚有计甫草序。)

《西山纪游集》(严荪友等序)。

《渔洋尺牍》。

《蜀道集》。

《蜀道驿程记》。

《皇华纪闻》。

《渔洋文略》(载由户部郎中改官翰林以后事)。(明按文集不载此录，其大略收入《年谱》。)

《池北偶谈》。

《居易录》。

《长白山录》。

《长白山录补遗》。

《古欢录》。

《渔洋合集》。

《角巾录》(《香祖笔记》初稿)。

《香祖笔记》。

《南海集》。

《粤行三志》。

《蚕尾诗》。

《蚕尾文》。

《雍益集》。

《秦蜀驿程后记》。

《陇蜀余闻》。

《蚕尾续诗》。

《蚕尾续文》。

《鱼子亭杂录》（《古夫于亭杂录》初稿）。

《古夫于亭杂录》。

《古夫于亭集》。

《纪恩录》。（按康熙己巳，圣祖南巡视河。渔洋以少詹事兼翰林院侍讲学士，丁父忧，服满家居，迎驾于德州。奉温谕上尊天厨之赐，因作《感恩录》一卷，纪其事。）

《载书图》。

《渔洋诗话》。

《谥法考》。

《分甘余话》。

《己丑庚寅近诗》。

《带经堂集》。

《考功年谱》。

《诗问》。（按此合郎廷槐、刘大勤二家所问，刻为一集。）

渔洋选各种诗文：

《倚声集》（同邹程村）。

《林茂之诗选》。

《高徐二君诗》。

《神韵集》。

《杨梦山诗》。

《今文选》(同陈其年)。

《陇首集》(百斯先生)。

《考功诗选》(西樵先生)。

《抱山堂诗选》(礼吉先生)。

《古钵山人诗选》(东亭先生)。

《古诗选》。

《十种唐诗》。

《三昧集》。

《万首绝句》。

《张萧亭诗》。

《十子诗略》。

渔洋生平著述未见书:

《落笺堂初稿》(十五岁以前诗)。

《维扬信谳》。(明按渔洋为扬州推官五年,此其公牍也。其豁免扬属积欠一事,载《年谱》。)

《感旧集》(选牧斋、梅村、栎园诸前辈,程邨、文止、洞门诸同人诗,以《考功诗》终焉)。

《屏风集》。(明按《屏风集》之名,仅见梅庚、耦长《知我录》,盖选录近人诗,与《感旧集》相辅,当未成书也。)

《五代诗话》。

《齐州脞说》。

《师友录》。

《雪录纪谈》。

王氏家集目录:

《历仕录》(见蜂先生)。

《二如亭群芳谱》(康宇先生)。

《峼湖集》（季木先生）。

《箎鹅管集》（文玉先生）。

《然脂集》（西樵先生）。

《朱鸟逸史》。

《辛甲集》。

《上浮集》。

《十笏草堂集》（以上西樵先生）。

《抱山堂全集》（礼吉先生）。

《古钵集》（东亭先生）。

补采各书目

《阮亭诗选》（诗共十七卷，《渔洋集》初稿也）。

《五代诗话》。

《涛音集》（同西樵选东莱诗）。

《息庐诗》。

《二仲诗》。

《齐音》（季木先生）。

明按渔洋殁后，有其子启汸、启汧与黄叔琳书，略云“先君著述，俱已付梓，只《五代诗话》，尚未成书；暨《感旧集》二种，未经刊刻。但原稿为先长兄收存，今舍侄谒选都门，无从查觅。而一切书板，及刷印诸书，系门下梓工李万琮经手。今李又糊口他姓，一时未及刷印。附及者先君平日藏书，自弃世后，不思分析。因先长兄一病五年，不幸于丁未下世后，始查点三分收藏。孰知半饱鼠蠹，半坏积霖，而乘间攫去者，亦复不少。及经查检，已多残缺，致使先人手泽，尽付东流，可胜浩叹”云云。又按《五代诗话》后为黄叔琳刊行，《感旧集》又为卢见曾刊行，是渔洋著述，俱已刊刻行世。其池北书库，收藏极富，如何散佚，亦具见于此书中矣。

又附渔洋著述三十六种目

《渔洋诗集》二十二卷。

《渔洋续集》十六卷。

《蚕尾集》十卷。

《蚕尾续集》二卷。

《蚕尾后集》二卷。

《南海集》二卷。

《雍益集》一卷。

《精华录》十卷。

《渔洋文略》十四卷。

《唐贤三昧集》三卷。

《唐诗十选》。

《唐人万首绝句》七卷。

《池北偶谈》二十六卷。

《居易录》三十四卷。

《香祖笔记》十二卷。

《分甘余话》四四卷。

《皇华纪闻》四卷。

《粤行三志》三卷。

《蜀道驿程记》二卷。

《秦蜀驿程后记》二卷。

《陇蜀余闻》一卷。

《长白山录》一卷。

《浯溪考》二卷。

《载书图》一卷。

《谥法考》一卷。

《考功集选》一卷。

《抱山诗选》一卷。

《古钵集选》一卷。

《高徐二家诗选》二卷。

《华泉集》四卷。

《附边仲子诗》一卷。

《萧亭诗选》六卷。

《历仕录》一卷。

《陇首集》一卷。

《清癖斋心赏编》一卷。

《翦桐载笔》一卷。

《二如亭群芳谱》二十八卷。

（原载《燕京学报》1929 年第 5 期）

孔子作《孝经》证

甲　诸家谬说

《孝经》一书，后儒或以为曾子作，或以为曾子门人作，或又硬断为子思作。谓为曾子作者，盖误读《史记》，辨详于下。谓为曾子门人作者，以书中称曾子，必不出自曾子之口，更不出自孔子之口矣。按称曾子者，当为乐正子春、子思之徒所改易。证之《大学》、《论语》二书，皆称曾子，未有名且字之者。《孝经》犹此例尔。谓为子思作者，始于黄东发，盖以《中庸》类推之，不知《中庸》亦不得断为子思作也。但诸家所疑者，不过据“仲尼”、“曾子”之云。至朱子《刊误》，则疑圣之外，又疑经矣。朱子谓自“仲尼居”至“未之有也”，经文止此，仍不免有离析、增加之失。其下则或者杂引传记以释经文，难免傅会。综其致疑之故，约有六端：

一疑杂引《诗》、《书》之间隔经文。古文之多《闺门章》与三“子曰”字，“父子之道天性”下有缺文。二疑“天经地义”数句、“以顺则逆”一段及《事君章》之与左氏同。三疑“先王见教之可以化民”，文既有违，而于理尤悖。四疑“严父配天”之说，嫌于启人子“今将”之心。五疑《孝治天下》与《要道》、《至德》三章非经文本意，而语皆疏。六疑通篇论孝，泛指德教，而不甚切定事亲。

按汉儒分章之误，如今文作六章，古文作七章，即已不同，略之可也。若杂引《诗》、《书》，则雅言与执礼并称，孔子平居讲贯，必不离此。《论语》经门人删订，故所存者少。然如“相维辟公，天子穆穆”、“不忮不求，何用不臧”、“诚不以富，亦只以异”、“孝乎惟孝，友于兄弟，施于有政”，尚可考见。左丘明《春秋传》记孔子语，即多引《诗》、《书》之文，何独于《孝经》而异之？古文《闺门章》，为今文所无。司马贞、刘知己以此聚讼，而玄宗《御注》本削之，论者谓天宝之乱，实由于此。然宋时除司马光《指解》本外，固无之也。第二章首有“子曰”二字，按《中庸》亦有章首用“子曰”二字者，此犹《礼记》孔子已告哀公而遂言曰之例。其《庶人节》及第四章，多三处“子曰”字，今文本无之。至四“盖”字、一“此”字，无关要义，俱不必辨，是第一疑者误也。

其谓《孝经》袭《左传》，毛奇龄已辨之，谓《论语》“克己复礼为仁”，用《左传》“克己复礼，仁也”语，“出门如见大宾，使民如承大祭”，用“晋臼季出门如宾，承事如祭，仁之则也”语，即“彼哉彼哉”用阳虎语，“不学礼无以立”用孟僖子语。不特记者如此，即孔子自为文亦然。赞《易·乾卦》：“元者，善之长也。亨者，嘉之会也。利者，义之和也。贞者，事之干也。君子体仁，足以长人。嘉会，足以合礼。利物，足以和义。贞固，足以干事”，用鲁穆姜语。然而游、夏不以为疑，七十子之徒不以为怪，则以夫子之言，原与《春秋》相表里，而非有二也。余按《左传》纪及战国时事，作者必为战国间人，去孔子且百年。且勿论此，即以立学言之，《孝经》出于汉初，有长翁、江翁、后苍、翼奉四家同时讲习，乃是《左传》袭《孝经》，非《孝经》袭《左传》，不当以其书为先后，当以两汉立学之先后为先后也。是第二疑者亦误也。

“先王见教之可以化民”句，系紧承上文，“其教不肃而成，其政不严而治”二句来，此“教”字，自然包孝在内。下文而“民莫遗其亲”，而“民兴行”，而“民不争”，而“民和睦”，而“民知禁”，直贯到“民具尔瞻”，盖天子诸侯卿大夫之孝，与士庶人异，非徒自尽其孝而已。要在化民，作《孝经》之旨正在此。民具瞻者，即瞻其孝也，岂必如八股家作经义，必抱定题字为能哉？司马光不会此旨，改教为孝。朱子乃以误为不误，何倒置也？是第三疑亦误也。

严父配天，与《中庸》论孝极于大德受命、郊社禘尝者，正同一理。朱子盖不知《孝经》与《大学》、《中庸》同为治天下者说法。如《孝经》称“先王”、“明王”，又称“化民”，称“孝治”，《大学》称“古之欲明明德于天下者”，《中庸》称“凡为天下有九经”等语，亦同一理。且就本章之文观之，“严父配天”之下，紧接“以周公其人也”句，下文即说“周公郊祀后稷以配天，宗祀文王于明堂以配帝。是以四海之内，各以其职来祭”，皆是说周公之事，又何从而启“今将”之心？是第四疑亦误也。

《孝经》本无经传之分，四支十三章，一脉贯注，乃一人之笔。“昔者明王”《孝治章》，于“治天下”之上，有“以孝”二字，是孝已在其前。至于“得欢心以事其亲”，则又转以大其孝。而治国治家者，亦是以孝治其国，以孝治其家，因蒙首句来，故省之耳。礼乐之用，其要在爱敬。爱敬正是孝之骨，何得谓之疏？是第五疑亦误也。

推朱子之意，总以《孝经》不似其所著《近思录》，专体会于一身一节之间，故以为不甚切定事亲。盖朱子之理想，全非孔子之理想，乃欲以其理想为孔子之理想。其解他经亦多如此。譬诸村野人未曾游京师，乃欲模拟帝王宫殿及其一切饮食起居，无怪其所说多不似也。是第六疑者亦无可疑也。

又按朱子《刊误》，今已无人遵用，姑据以发明《孝经》之微旨。至如姚际恒《古今伪书考》列《孝经》其中，此极妄，勿庸辨。又王安石与司马光不合，因司马光作《指解》，竟废《孝经》，此挟私，亦不足辨。

乙　汉儒旧说

一、《孝经纬》

《孝经纬》曰：“孔子云：‘欲观我褒贬诸侯之志，在《春秋》；崇人伦之行，在《孝经》。’”《孝经钩命决》云：“孔子曰：‘吾志在《春秋》，行在《孝经》。《春秋》属商，《孝经》属参。’”又云：“孔子在庶，德无所施，功无所就。志在《春秋》，行在《孝经》。”以上诸语，俱见刑昺《孝经御制序》疏，及徐彦《春秋公羊传》何休《序》疏所引。虽纬书家言，其语必有所本，故汉人说经多引之。郑康成《礼记》、《中庸》注引孔子曰：“吾志在《春秋》，行在《孝经》。”谓孔子之德，二经固足以明之。又云：“至诚，性至诚，谓孔子也。大经，谓六艺而指《春秋》。大本，《孝经》也。”而何休《公羊经传解诂序》亦曰：“孔子有云：‘吾志在《春秋》，行在《孝经》。’此二学者，圣人之极致、治世之要务也。”按明吕维祺释“志在《春秋》”二语，谓“志者，犹言其心之所欲也。行者，犹言此道于天下后世也。盖《春秋》天子之事也，孔子不得位行道，诛乱臣，讨贼子，但寓诛伐之意于笔削闻耳，故曰‘志在《春秋》’。《孝经》亦天子事也，其中所言，皆修德立教、孝治天下之事。使果见诸施行，岂不成一上下无怨、天下和平世界？故曰：行在《孝经》。’”

二、《史记》

《史记·曾子传》云：“孔子以为能通孝道，故受之业，作《孝经》”。按“受之业”，令曾子习也，“作《孝经》”，属孔子。此二句乃倒文，古书多此例，不可据此而疑为曾子作也。《家语·弟子解》云：“曾参，南武城人，字子舆，少孔子四十六岁，志存孝道，故孔子因之以作《孝经》。”按阙里孔氏本《家语》，止此二十九字。其本较王肃本十少七八，与《索隐》所见唐以前本大同小异，宜可信。据此，亦可与《史记》相证。

三、《白虎通》

班固《白虎通》言孔子已作《春秋》，复作《孝经》，此亦显认《孝经》为孔子所作。据《公羊传·隐元年》疏引《春秋说》云：“十四年春，获麟，作《春秋》，九月书成。”《宋书·符瑞志》云：“鲁哀公十四年，孔子作《春秋》、制《孝经》。既成，孔子斋戒，向北辰而拜，告备于天。曰：‘《孝经》四卷，谨已备。’”按由哀公十四年九月，至十六年夏四月而孔子卒，则《孝经》之成，当在十四年冬至十六年春之间。《孝经援神契》：孔子七十二岁，语曾子，著《孝经》。孔子七十二岁，即哀公十五年。再证以《三国蜀志·秦宓传》，宓曰：“孔子发愤作《春秋》，大乎居正。复制《孝经》，广陈德行，杜渐防萌，预有所抑。”据宓说，亦是《孝经》成于《春秋》之后，盖汉儒旧说如此。

四、郑康成《六艺论》

郑康成《六艺论》云：“孔子以六经题目不同，指意殊别，恐道离散，后世莫知根源，故作《孝经》以总会之。”《隋书·经籍志》引此数语，其下云：“明其枝流虽分，本萌于孝者也。”按此二句，当亦《六艺论》之语。陈氏澧曰：“《六艺论》已佚，而幸存此数言，学者得以知《孝经》为道之根源，六艺之总汇。此微言未绝，大义未乖者矣。”澧又谓此经是孔子之言，其笔之于书者，但可谓之述，不可谓作。故郑君以孔子作云，此仍是游移之见，不可以解作字。据上述，《孝经》既与《春秋》相表里，又为六艺之总会，兹分抉其义于下。至《大学》、《中庸》，本为《礼记》之一篇，然《大学》亦孔子所作，《中庸》或云子思作，或云孔子作，以所言皆性与天道，非孔子不足以知之。篇中称仲尼，有“子曰”二字，正与《孝经》同例。愚按后说是，《论语》所记，皆孔子与诸弟子之精语，所谓微言大义者，多在此。孟子得曾子的传，故并为一章论之，非囿于元人四子书之陋见也。

丙　《孝经》与《春秋》

傅注《孝经注疏》序云：“修《春秋》以正君臣父子之法，说《孝经》以明君臣父子之行。”阮元《孝经义疏》云：“《春秋》以帝王大法，治之于已事之后，《孝经》以帝王大道，顺之于未事之前。”按二说俱是，而非其朔也。孔子作《孝经》之意，汉儒已详之，而作《春秋》之意，则莫详于孟子。孟子曰：“世衰道微，邪说暴行有作，臣弑其君者有之，子弑其父者有之。孔子惧，作《春秋》。《春秋》，天子之事也，是故孔子曰：‘知我者，其惟《春秋》乎！罪我者，其惟《春秋》乎！’”又曰：“孔子成《春秋》，而乱臣贼子惧。”据此则《春秋》为君臣父子而作也，为惧乱臣贼子而作也。姑举晋赵盾、许世子止二事以明之。春秋宣二年，书“晋赵盾弑其君夷皋”。昭二十有九年，书“许世子止弑其君买”。赵盾之弑，《左氏传》曰：“赵穿攻灵公于桃园，宣子未出山而复。太史书曰：‘赵盾弑其君，以示于朝。’宣子曰：‘不然。’对曰：‘子为正卿，亡不越境，反不讨贼，非子而谁?’宣子曰：‘呜呼！我之怀矣，自贻伊戚，其我之谓矣。’”左氏复引孔子曰：“董狐古之良史也，赵宣子古之良大夫也，为法受恶，惜也，越境乃免。”后儒如唐赵匡、宋欧阳修，谓是为盾宽罪，非孔子之言。按盾之罪，重在反不讨贼，越竟则不易得反，不反则不负讨贼之责，云越境乃免弑。《左氏传》曰：“许悼公疟，饮太子止之药卒。太子奔晋，书曰‘弑其君’，君子曰：‘尽心力以事君，舍药物可也。’”疟非死疾，称止之药，则止所自制，不由于医。当时国人必哗然谓止进毒，止无辞，故奔晋。《传》所称君子，盖当时断斯狱者之辞。舍药物，是不自制药，意正谓自制药，则无可解免也。乃《公羊》、《穀梁》二家，俱昧斯旨。《公羊》于宣六年晋赵盾卫孙免侵陈，曰：“赵盾弑君，此其复见何？亲弑君者赵穿也。”于昭十九年冬葬许悼公，曰：“是君子之赦止也。赦止者，免止之罪辞也。”《春秋繁露·玉杯》云：“盾之不讨贼为弑君也，与止之不尝药为弑父，无以异，盾不宜诛。其论难知，故赦止之罪，以传明之。”盖引申《公羊》之说者。《穀梁》于葬许悼公亦云：“日卒时葬，不使止为弑父也。”又云：“于盾也，见忠臣之至，于许世子止，见孝子之至。”

范宁《集解》云："盾以亡不越境，反不讨贼，受弑君之罪，忠不至故也。止以父病不知尝药，受弑父之罪，孝不至故也。"盖引申《穀梁》之说者。按二《传》之说，非也。卫宁喜亦弑君复见，不止赵盾。葬许悼公，在太子奔晋之后，所谓贼讨书葬也。果如二《传》之说，是孔子既书为弑，旋又赦之，弑而可赦，亦何以惧乱贼耶？请以《孝经》证之。《事君章》曰："君子之事上也，进思尽忠，退思补过，将顺其美，匡救其恶，故上下能相亲也。"此忠之至也。盾不能匡救其恶，忠不至矣，陷其君于死，又不能讨弑者之罪，岂但忠不至矣乎！《纪孝行章》曰："孝子之事亲也，居则致其敬，养则致其乐，病则致其忧，丧则致其哀，祭则致其严。五者备矣，然后能事亲责。"此孝之至也。止不能病其忧，孝不至矣，父被药杀，乃以出奔了之，岂但孝不至矣乎！此孔子所以于成《春秋》之后，不得不复作《孝经》也。

《春秋》责臣子，而亦不恕君父。孔子以《春秋》属商，而刘向《说苑·复恩篇》引子夏曰："《春秋》者，记不君、臣不臣、父不父、子不子者也，此非一日之事也，有渐以至焉。"此必亲闻诸孔子者。求之《左氏传·文十六年》，宋人弑其君杵臼，《传》曰："君无道也。宣四年，郑公子归生弑其君夷。"《传》曰："凡弑君，称君，君无道也；称臣，臣之罪也。"《春秋》称臣弑其君者十七，称人弑其君者三，称国弑其君者四。若楚世子商臣，若蔡世子般，则弑君而兼弑父者。其称人以弑者，人谓国人，众难辞也，所以著其君之恶也。其称国以弑君者，合公族朝臣与国人言之，极众辞也，所以著其君之甚恶也。太史公曰："为人君父，而不通于《春秋》之义者，必蒙首恶之名。为人臣子，而不通于《春秋》之义者，必陷篡弑之诛。"又曰："君不君则犯，臣不臣则诛，父不父则无道，子不子则不孝。此四行者，天下之大过也。以天下之大过予之，则受而弗敢辞。"斯言也，得《春秋》之旨矣。然则正君臣父子之道奈何？《孝经》言天子之孝，曰：“爱亲者不敢恶于人，敬亲者不敢慢于人，而后德教加于百姓，刑于四海。”其言诸侯之孝，曰：“在上不骄，高而不危。制节谨度，满而不溢。然后能保其社稷，而和其民人。”此正君父之道也。其言卿大夫之孝，曰：“言满天下无口过，行满天下无怨恶，然后能保其宗庙。”其言士之孝，曰：“忠顺不失，以事其上，然后能保其禄位，而守其祭祀。”此正臣子之道也，而尚有大本大用在焉。《孝治章》曰：“昔者明王之以孝治天下也，不敢遗小国之臣，而况于公、侯、伯、子、男乎？故得万国之欢心，以事其先王。治国者，不敢侮于鳏寡，而况于士民乎？故得百姓之欢心，以事其先君。治家者，不敢失于臣妾，而况于妻子乎？故得人之欢心，以事其亲。”夫既得人之欢心，得百姓之欢心，得万国之欢心，则无人不相亲相爱，故其下接之曰：“天下和平，灾害不生，祸乱不作。”孝治之效如此，故《孝经》行，天下无乱臣贼子可也，《春秋》虽不作亦可也。

古之制字，君从尹发号，故从口；臣象屈服之形。凡发号者皆君也，屈服者皆臣也。一家之中，父发号者，故称严君。《孝治章》曰：“孝莫大于严父是也。”《论语》：“出则事公卿。”皇侃《义疏》：“公君也，卿长也，卿大夫士，俱称长。自卿而上，则为公侯，为天子，此俱称君。”《尔雅》：“皇、王、后、辟、公、侯，君也。”是也，然卿以下虽称长，而君臣之义则同。魏张揖《广雅》“卿、大夫、令，长，君也”是也。楚芊尹无宇曰：“人有十等，故王臣公，公臣大夫，大夫臣士，士臣皁，皁臣舆，舆臣隶，隶臣僚，僚臣仆，仆臣台。”是大夫以下递相臣也。《庄子·人间世》述仲尼曰：“臣之事君，义也，无适而非君也，无所逃于天地之间。”据此则君臣云者，犹之称上下、称尊卑，上以摄下，尊以统卑。无上下、尊卑之别，则家不成家，国不成国，所包甚广，固不仅单指君主国之巍然一人也。

丁 《孝经》与《礼》

凡《孝经》爱敬之教，备于《礼》十七篇。爱敬之政，备于《周官》六典。爱敬之义，在二戴《礼记》。凡井田、封建、学校、军赋、宗法、教农、教兵、通商、考工、生人相生相养相保之道，皆天子以下爱敬之实事也。考“教”字从“孝”从“文”，故知孝为教之本。凡言教者，无非孝也，故孝者礼所由生也，礼者敬而已矣。《孝经》言士之孝，曰：“资于事父以事君而敬同。”言孝子之事亲，曰：“居则致其敬。”《论语》夫子告孟懿子问孝，曰：“生事之以礼，死葬之以礼，祭之以礼。”而其告子游问孝，曰：“不敬何以别乎？”朱子谓礼与孝其理可通，更为证之。《左氏传》曰：“孝，礼之始也。”孝为礼始，是因孝而有礼，故《大戴礼记·曾子大孝》曰：“民之本教曰孝。夫仁者，仁此者也；义者，宜此者也；忠者，中此者也；信者，信此者也；礼者，体此者也。”仁义忠信之德，必仁此孝、宜此孝、中此孝、信此孝，故《孝经》谓孝为德之本。而其论礼，亦云必体此孝。《曾子立孝》又曰：“君子立孝，其忠之用，礼之贵。”皆此旨也。孔颖达《左传正义》曰：“礼为天之经，地之义。《孝经》以孝为天之经，地之义者，孝是礼之本，礼是孝之末，本末异名，实是一物。”故《孝经》曰：“安上治民，莫善于礼。”盖以孝为本，而所以为治者，则皆礼也。故《孝经》言孝，即言礼也。

《孝经》曰：“事父孝，故事天明；事母孝，故事地察。天地明察，神明彰矣。宗庙致敬，鬼神著矣。”又曰：“春秋祭祀，以时思之。”证之《礼记》曰：“气也者，神之盛也。魄也者，鬼之盛也。合鬼与神，教之至也。”《记》又曰：“惟圣人为能飨帝，孝子为能飨亲。”据此知《孝经》言鬼神、言祭祀，无非报本返始之义。盖万物本乎天，人本乎祖，由父母而推之，则有祖。由祖而推之，则有天。

沿及后世帝王，虽不明此理，而法祖敬天四字，犹懔懔然出诸口，非夫谄渎鬼神以求福者所可同语也。

戊　《孝经》与《易》

《序卦》曰："有天地然后有万物，有万物然后有男女，有男女然后有夫妇，有夫妇然后有父子，有父子然后有君臣，有君臣然后有上下，有上下然后礼义有所错。"又《履象》曰："上天下泽，履；君子以辨上下，定民志。"《家人象》曰："家人有严君焉。"以上诸义，即《孝经》言父子、言君臣、言上下之所本也。《豫》之《大象》曰："先王以作乐崇德，殷荐之上帝，以配祖考。"《涣》之《大象》曰："先王以享帝立庙。"又即《孝经》严父配天、郊祀后稷、宗祀文王之所本也。不但此也，《系辞》曰："精气为物，游魂为变，是故知鬼神之情状。"即《孝经》言鬼神所本也。《系辞》又曰："乱之初生也，则言语以为阶。"即《孝经》言满天下无口过之所本也。《系辞》又曰："吉凶以情迁，是故爱恶相攻而吉凶生。"按《易》所云吉凶，不就厉害言，故不以占险。《孝经》则云："不在于善，而皆在于凶德。"凶以德言，且与善对举，尤合《易》义。至于《文言》所云："臣弑其君，子弑其父，非一朝一夕之故。其所由来者渐矣，由辩之不早辩也。"此则从反面观之，亦即作《春秋》与《孝经》之不得不然也。

己　《孝经》与《书》

《孝经·开宗明义章》曰："先王有至德要道。"陆德明《释文》引郑康成注"禹，三王最先者"六字，而申之曰"按五帝官天下，三王禹始传于子，于殷配天，故为教孝之始"云云。近人曹氏元弼补其义曰“《洪范》言鲧湮洪水，彝伦攸斁。禹乃嗣兴，彝伦攸叙。贾生言禹以孝立教，天下圣禹而神鲧。当尧之时，天下未平，禹敷下土，民有攸居。然后契为司徒，教以人伦。故后世礼乐制度，取法虞夏之制，丧服祭法，悉定自禹，《春秋》通三统。《中庸》曰：‘考诸三王而不谬。’至德要道，百世不与民变革，周因于殷，殷因于夏，三王道同，言禹而汤文可知。且《孝经》述禹之道德，而严父配天，特称周公。孔子自谓行在《孝经》，《礼记》载子言，亦以舜、禹、文王、周公并称。《孟子》言天下治乱，特归拨乱与治之功于禹、周公、孔子。论孔子之功在《春秋》，三圣同功，《春秋》、《孝经》同道。孟子此说，实出二经微言，足明郑义所本”云云。按记禹事者，惟存《尚书》，《孝经》无一字及禹。自得曹氏此论，而知圣人非有所遗失。至若周公郊祀后稷以配天，宗祀文王于明堂以配上帝，其事详于《召诰》、《洛诰》。又若居家理治可移于官，其意通于《论语》所引“孝乎惟孝，友于兄弟，施于有政”。此则其显然者。又按全经引《书》止《天子章》，有《甫刑》云“一人有庆，兆民赖之”二句。而《五刑章》所云“五刑之属三千”句，其文亦见于《甫刑》，殆非偶然？殆以列国之乱，由于王室之弱，刑乱国，用重典，周天子能奋其刑威，以惩治乱贼。庶几为兆民所赖，较之《春秋》以空言作斧钺者，尤有效。盖发于《春秋》成后之感想，最为微言大义所系，前人尚未有阐发及之者。

庚　《孝经》与《诗》

《论语》称“迩之事父，远之事君”，是即《孝经》之义也。《诗序》云：“先王以是美教化、移风俗。”按三百篇皆入乐，诗亦乐也。《孝经》云：“移风易俗，莫善于乐。”诗在其中矣。而孔子引《诗》，尤具深切意义，非徒资咏叹淫佚者。如《孝经·开宗明义章》即引

《诗》云："无念尔祖，聿修厥德。"法祖尊王之意，已于此见之。《圣治章》称："淑人君子，其仪不忒。"仪，法也，则也。推爱亲敬亲之心，以爱人敬人，是以其民则而象之，即《大学》所云"其为父子兄弟足法，而后民法之也"。《广至德章》称："恺悌君子，民之父母。"恺以强教之，悌以说安之，以证教孝、教弟、教臣。子说、弟说、臣说，真《诗》之古训也。《感应章》称："自西自东，自南自北，无思不服。"《诗·文王》云："镐京辟雍。"三代之学，皆所以明人伦。周道四达，礼乐交通，本于聿追来孝也。又按古人引《诗》之法，原无一定之格，有引以发端，而后申说己意者；有先自发挥而后引以足之者；有引在中间，而以一二语唱叹之者。前人多以《孝经》杂引《诗》、《书》属于节末，故疑《庶人节》有缺文。惟张叙《孝经精义》以《大雅》云"无念尔祖，聿修厥德"属诸《天子章》之首，谓其下加"子曰"二字，所以别《大雅》之文，以下四节，皆从此例。按张说甚善，如此则怀疑者与强解者，俱可息喙矣。

辛　《孝经》与《四子书》

《大学》、《中庸》、《论语》、《孟子》同出一源，故其义俱可相通，尤可互证。《孝经·开宗明义章》曰："夫孝始于事亲，中于事君，终于立身。"按：此三语为全经要旨。"始于事亲"者，即《孟子》所云"孩提之童，无不知爱其亲"也。"中于事君"者，即《礼》所云"四十曰强而仕，五十曰艾服官政"也。"终于立身"者，自始，而中，而终。凡事亲、事君与在君亲外者，无不涉之。单言终者，略词也。《论语》言"三十而立"，即立身也。由是以至于"七十而从心所欲"，仍属立身之事也。

请征之《大学》。《大学》曰："在明明德，在亲民，在止于至善。”又曰：“古之欲明明德于天下者，必先治其国。欲治其国者，必齐其家。欲齐其家者，必修其身。欲修其身者，先正其心。欲正其心者，先诚其意。欲诚其意者，先致其知。致知在格物。”又曰：“自天子以至于庶人，壹是皆以修身为本。”按：格物、致知、诚意、正心、修身，即《孝经》“立身”之事也。齐家，即《孝经》“事亲”之事也。治国平天下，即《孝经》“事君”之事也。修身以上，属明明德。齐家以下，属亲民止至善，则就定静安虑得言之，止有二纲领。云三纲者，非也。“自天子至于庶人”，即《孝经》五孝分章之意也。“壹是皆以修身为本”，即《孝经》所云“终于立身”也。

又征之《中庸》。《中庸》开首云：“天命之谓性，率性之谓道，修道之谓教。”又曰：“故为政在人，取人以身，修身以道，修道以仁。”又曰：“知斯三者，则知所以修身。知所以修身，则知所以治人。知所以治人，则知所以治天下国家矣。”又曰：“在下位不获乎上，民不可得而治矣。获乎上有道，不信乎朋友。不获乎上矣，信乎朋友有道。不顺乎亲，不信乎朋友矣。顺乎亲有道，反诸身不诚。不顺乎亲矣，诚身有道。不明乎善，不诚乎身矣。”按：天命之性，即《孝经》所云至德也。率性之道，即《孝经》所云要道也。教则《孝经》屡言之，亦即孟子所云“谨庠序之教，申以孝弟之义”也。诚身二字，包诚意至修身言之。明善二字，包明明德止至善言之，于事亲事君之间，添出朋友。古时行乡举里选法，不可无此，所以补《大学》也。治人，亦齐家内事。为政，即治国平天下，亦即事君。身即修身，亦即立身。道即明德，申之曰仁。《中庸》曰：“亲亲，仁也。”即齐家，亦即事亲也。

又征之《论语》。《论语》第二章，有子曰：“其为人也孝弟，而好犯上者鲜矣。不好犯上，而好作乱者，未之有也。君子务本，本立而道生。孝弟也者，其为仁之本舆。”第四章，曾子曰：“吾日三省吾身。”第五章，子曰：“道千乘之国。”又子路问君子，子曰：“修己以敬。”曰：“如斯而已乎？”曰：“修己以安人。”曰：“如斯而已乎？”曰：“修己以安百姓，尧舜其犹病诸。”按：君子务本，即《大学》所云“修身为本”也，亦即《孝经》所云“立身”也。孝弟，即《大学》齐家之事。“不好犯上作乱”，即治国平天下之反面也。陈氏澧《东塾读书记》举此章，引桂星垣之论曰：“《论语》第二章言孝弟则不犯上作乱，即《孝经》所谓‘至德要道以顺天下’，斯言得之”云云。记者又于此章之下。接以省身、治国二章，其旨昭然若揭矣。修己以敬，包立身事亲言之。朱注：人者对己而言，百姓则尽乎人矣，是包齐家治国平天下言之也。朱子或问云：“所谓修己以敬者，语虽至约，而所以齐家治国平天下。”举积诸此，是也。

又征之《孟子》。孟子曰：“谨庠序之教，申之以孝弟之义。”“学则三代共之，皆所明人伦也。人伦明于上，小民亲于下。”又曰：“人有恒言，天下国家。天下之本在国，国之本在家，家之本在身。”按：《孟子》所谓“学”，即大学，是指三代之学，即上文所云“庠序之教”，非泛指大人之学。“明人伦者”，即明明德也，是明明德指人伦。朱注云“人所得于天，而虚灵不昧，以具众理而应万事”云云，全与人伦无涉。与程子所云，仁内无孝弟，是宋儒大误处。即上文所云孝弟之义。“人伦明于上”，即《大学》所云“古之欲明明德于天下”者。“小民亲于下”，即《大学》之“亲民”。亲字对人伦言，亦可证朱注改亲为新之非，并可证《大学》所云“古之欲明明德于天下”者，即《孝经》所云“昔明王之以孝治天下也”之意。而天下之本在国，国之本在家，家之本在身，尤与《大学》八条目恰合，亦即《孝经》事亲、事君、立身之意也。以上所举，皆与《孝经》事亲、事君、立身三语，脉脉印证。其他四书中论孝者，何一非事亲之事？论政者，何一非事君之事？论学、论性、论言行者，何一非立身之事？不必一一遍举矣。又先儒以《孟子》一书，未言及《孝经》，据为孟子未传《孝经》。按：《孟子外书》四篇中即有《说孝经》之目。《外书》不伪，则孟子传《孝经》，自可信也。

壬　六国时人传述《孝经》

《孝经》为孔子所作，故子夏得传之。若为曾子所作，或曾子门人所作，则曾子年少于子夏，无论门人、子夏安得传之？子夏不传《孝经》，又何以有魏文侯之《传》？今按：魏文侯《孝经传》虽久佚，而遗说时见引于他书。如《后汉·祭祀志》引“大学，中学明堂之位”也，《旧唐书》颜师古议引“明堂在国之阳”，北魏贾思勰《齐民要术》引“民春以力耕，夏以镪耘，秋以收敛”，此其彰彰可考者。又田子方，魏文侯所敬事者也，其言曰：“诸侯而骄人，则失其国。大夫而骄人，则失其家。”实括《孝经》五孝章之大义。知其时《孝经》所传甚广矣，非惟魏国之人习《孝经》也，赵人、秦人亦习之。《孔丛子》：平原君与孔穿言曹良，引“居家理，治可移于官”。《吕氏春秋》编于群儒，其《先识览》明称《孝经》而引之，曰：“高而不危，所以长守贵也。满而不溢，所以长守富也。富贵不离其身，然后能保其社稷，而和其民人。”《孝亲览》又云：“爱其亲不敢恶人，敬其亲不敢慢人，爱敬尽于事亲，光耀加于百姓，究于四海，此天子之孝也。”矧齐鲁间儒，无不习《孝经》者。《荀子·大略篇》云：“孝子言为可闻，行为可见。言为可闻，所以说远也。行为可见，所以说近也。近者说则亲，远着说则附。亲近而附远，孝子之道也。”《子道篇》述孔子曰：“昔万乘之国，有争臣四人，则封疆不削。千乘之国，有争臣三人，则社稷不危。百乘之国，有争臣二人，则宗庙不辍。父有争子，不行无礼。士有争子，不为不义。”《尧问篇》云：“忠诚于内，贲于外，行于四海。”《礼三本篇》云：“礼上事天，下事地。尊先祖而隆君师，大率丐孝经之膏馥，自铸伟词。”又如《小戴记·表记》：“述恺悌君子，民之父母。非至德其孰能如此者乎?”《经解》引孔子曰:“安上治民,莫善于礼。”《问丧》引“辟踊哭泣,哀以送之……祭之宗庙,以鬼享之。”《丧服四制》引“资于事父以事母而爱同,资于事父以事君而敬同”,及“毁不灭性,不以死伤生,丧不过三年”。《大戴礼记》亦述孔子曰:“孝德之始也。”凡此皆见于六国时人所传授称述。设非孔子所作,安得崇尚如此其盛乎?

癸　结论

按《孝经》全书大义,在开首“先王有至德要道,以顺天下”二句。“以顺天下”四字之大义,又在《五孝章》。《孝经》云至德,即《尚书》之峻德,《大学》之明德,《中庸》之庸德,《论语》道之以德之德,《孟子》所称人伦。《孝经》云要道,即大学之道,率性之谓道,本立而道生三道字,有德而后有道。德实而道虚,故《论语》云“道之以德”。老子与孔子同时,其书即言“失道而后德,失德而后仁,失仁而后义,失义而后礼”,又言“大道废有仁义,仁义后道德而生”。则道德者果何物耶?韩昌黎所以称道与德为虚位也,《孝经》郑重而别之曰:“至德要道,犹言此为德之至者,此为道之要者,非犹夫诸子百家之言道德也。”而其义犹不止此。六经皆圣人经世之书,除孔子外,无不得位之圣人。故所云道云德者,皆非就个人言。而此云至德要道,上承先王,下对民,尤为明显。《论语》曰:“慎终追远,民德归厚矣。”慎终追远,孝之事也。民德归厚,则民用和睦上下无怨之效也,亦《孝经》之义也。孔子生封建之世,有天子、有诸侯、有卿大夫、有士、有庶人,凡五级。庶人之孝,仅居一耳。《中庸》称大孝,称远孝,皆就天子言,所谓“一人有庆,兆民赖之”也。《孝经》分天子、诸侯、卿大夫、士庶人言,所谓“人人亲其亲,长其长,而天下平”也。由天子下数至庶人,其级递轻。由庶人上溯至天子，其责递重。孟子言：“天下之本在国，国之本在家，家之本在身。”此孝治顺施之序，亦即孔子理想平天下之素抱也。使孔子不作《孝经》，则删订六经之旨，何从而会其归？他人未曾删订六经，则《孝经》又何从说起？故前人谓《孝经》之经字，实孔子自名之，即取本书“夫孝天之经也”之经字，而后儒之称《易》、《书》、《诗》、《礼》、《春秋》为经，亦源于此。或且列《孝经》于群经之首，亦有见乎此。秦以后，封建废，虚有诸侯王之名，不得自治其国。卿大夫、士之家则皆夷为庶人。天下国家四字，缺而不全，以堂高廉远之一身，临夫幅员数万里，蚩蚩无识之庶人，失相维相系之道。此孝治所［以］成空言也。不但此也，夫《孝治》云：“岂惟日日诏民以孝而已哉？”孔子时学校井田皆未全废，《孝经》屡言教，舍学校何以为教？《庶人章》言“用天之道，因地之利”，非井田何以用之因之？盖封建、学校、井田三者，举包在“孝治”二字中，无一可缺。管子言“仓廪实而知礼节，衣食足而知荣辱”，犹识此意。即立身云者，亦岂惟独善其身而已哉？更证以曾子之言，曾子曰：“身也者，父母之遗体也。行父母之遗体，敢不敬乎？居处不庄，非孝也。事君不忠，非孝也。涖官不敬，非孝也。朋友不信，非孝也。战陈无勇，非孝也。”是五者举包在“敬”之一字中。敬字又包在“立身”二字中。《论语》答问孝，曰：“不敬何以别乎？”亦括此意。宋儒注四书但知色难养志为孝，其言敬，又止矜持于居处之间，失之隘矣。故治身者能明《孝经》，则交友信、事君忠、居官敬、临阵勇。治国者能明《孝经》，则本恺悌之心，施亲爱之政教，内以保社稷和人民，外以欢万国刑四海。虽至今行之，犹有验也。非至圣如孔子，能为是博大精深，质百世而不惑之书也哉？

（原载《服部先生古稀祝贺纪念论文集》，冨山房，1936）

颜元及弟子著作札记

王源《颜习斋先生传》札记

颜习斋先生名元，字浑然，博野人。父昶，为蠡县朱翁义子，遂姓朱，为蠡人。先生孕十四月而生，生之日，人望见其居上有气如麟，忽如凤，皆惊异。既生，啼甚壮，有文在手曰“生”，舌曰“中”，足纹蝉翅甚密，时崇祯八年乙亥三月也。

戊寅畿内兵，先生父被掠去辽东。甲申鼎革，癸巳为庠生，名朱邦良。先生幼颖异，读书二三过辄不忘。学神仙导引，娶妻不近。既而知其妄，乃益折节读书。朱翁以讼遁，先生被系，而文日进。塾师异之，叹曰：“此子患难不能动，岂可量乎！”

年二十余，尊陆、王学，未几归程、朱。初，先生父被掠去，久之无音问，母亦他适。先生时思父涕泣，而事朱翁、媪至孝，初不知父非朱氏子也。翁纳妾生子晃，稍疏先生，后更才害谋杀之，先生孝愈笃。媪卒，泣血数月，毁几殆。朱氏一老翁怜之，私谓曰：“若过哀，徒死耳！若祖母从来不孕，安有若父？若父异姓乞养者耳。”先生大惊，访之，信。及翁卒，乃归颜。

自宋周濂溪得陈抟、僧寿涯传，以魏伯阳水火匡廓、三五至精，为太极图，言性与天道，主静立儒宗，程、朱因之，谓之道学；以为远述孔、孟，高出汉、唐诸儒上，实杂佛、老，非孔、孟之真。故秦、汉以来，二千年天下不得儒者之用，并佛、老为三教，而世运以雄侠为兴衰。先生初奉程、朱甚谨，后以居媪丧，觉《家礼》有违性情者，较以古礼，非是，因悟尧、舜之道，在六府、三事，周公教士以三物，孔子以四教。静坐，禅也；读书、讲注，空言也。于是著《存性》、《存学》、《存治》、《存人》四编以立教，名其斋曰“习斋”，帅门弟子力行孝弟，存忠信，日习礼、习乐、习射、习书数，究兵、农、水、火，堂上琴竽、弓矢、筹管森列。尝曰：“必有事焉，学之要也。心有事则存，身有事则修；家之齐、国之治，皆有事也，无事则道与治俱废。故正德、利用、厚生曰事，不见诸事，非德、非用、非生也；德、行、艺曰物，不征诸物，非德、非行、非艺也。乾坤之祸，莫甚于释、老之空无，宋儒之主静。”故先生之学，以事物为归，而生平未尝以空言立教。

孙征君奇逢，容城人，时讲学河北，先生与之书曰：“宋儒言气质，不及孟子言性善。将作圣之体，杂以习染，而谓之有恶，失践形尽性之旨矣。周公‘以三物教万民而宾兴之’，孔门‘身通六艺者七十二人’，一如唐、虞之盛，乃阴阳之秘寄于易，性与天道不可得而闻。近世言学者，心性外无余理，静敬外无余功，与周、孔若不相似然。即有谈经济者，亦不过空文著述。元不自揣，撰有《存性》、《存学》二编，欲得先生一诲正之，以挽士习，而复孔门之旧。顾今天下以朱、陆两门互竞，先生合而同之，意甚盛。然元窃以为朱、陆即独行于天下，或合一同行于天下，而终此乾坤，亦只为两宋之世，终此儒运，亦只为空言著书之学，岂不可为圣道民生长太息乎！先生将何以处此也?”又与太仓陆世仪书曰：“汉、唐训诂，魏、晋清谈，虚浮日盛，而尧、舜、周、孔之学所以实位天地育万物者，不见于天下，以致佛、老猖炽，大道沦亡。宋儒之兴善矣，乃修辑注解，犹训诂也，高坐讲论，犹清谈也。甚至谓孝弟忠信不可教，气质本有恶，与老氏以礼义为忠信之薄，佛氏以耳目口鼻为六贼者，相去几何也?元为此惧，著《存性编》谓理气皆天，气质虽殊，无恶也。恶也者，蔽也，习也。纤微之恶，皆自玷其体，神圣之极，皆自践其形也。著《存学编》明尧、舜、周、孔三事，六府、六德、六行、六艺之道，道不在章句，学不在诵读，期如孔门博文约礼，实学、实习、实用之天下，乃二千年来无人道。而元独为之惴惴焉，恐涉偏私，毁谤前贤以自是，顷闻先生先得我心，喜而不寐，故奉书左右，祈一示宗旨，使聋瞽得所尊，奉为依归，斯道幸甚。”世仪号桴亭，隐居不仕，著《思辨录》，学教以六艺为本，言性善即在气质，与先生所见略同云。

先生既归宗，欲寻亲，时方乱，且嗣未立，久之，乃如关东，誓不得亲不反。既而果得其□于沈阳①，殁矣，一女适人。寻其墓，哭奠如初丧礼，招魂题主，奉而归。遂弃诸生，终三年丧。

自是用世之志愈殷，曰："苍生休戚，圣道晦明，责实在予。予敢偷安自私乎？"遂南游中州，张医卜肆于开封以阅人，所遇甚众，倡实学，明辨婉引，人多归之；然执宋儒之见者比比，未能化也。

商水李子青，大侠也。馆先生，见先生携短刀，目曰："君善是耶？"先生谢不敏。子青曰："拳法，诸技本。君欲习此，先习拳。"时月下饮酣，子青解衣，演诸家拳数路。先生笑曰："如是，可与君一试。"乃折竹为刀，舞相击数合，中子青腕。子青大惊，掷竹拜伏地曰："吾谓君学者尔，技至此乎！"遂深相结，使其三子拜从游。

又于开封市上见一少年甚伟，问其姓字，沽酒与饮，叩其志，不凡。半醉，起舞，为之歌曰："八月秋风凋白杨，芦荻萧萧天雨霜。有客有客夜彷徨，彷徨良久鹳鹆舞，双眸□□空千古②。纷纷世儒何足数，直呼小儿杨德祖。尊中有酒盘有餐，倚剑还歌行路难。美人家在青云端，何以赠之双琅玕。"少年，朱越千也。

盖先生自幼学兵法，技击、驰射、阴阳、象纬无不精，遇豪杰，无贵贱莫不深交之。而其论治，则以不法三代为苟道，举井田、封建、学校、乡举里选诸法，作《王道论》，后更名《存治编》。又著《会典大政记》，曰："如有用我，举而错之耳。"乃隐居数十年，不见用于世。且老，令长及大吏数表其门，或造庐而请，有劝之仕者，笑不答也。

肥乡有漳南书院，邑人郝文灿修之。请先生往设教，辞，三聘始往焉。立规制甚宏，中曰"习讲堂"；东一斋曰"文事"，课礼、乐、书、数、天文、地理等科；西一斋曰"武备"，课黄帝、太公、孙、

---

① 果得其□于沈阳，□原稿字不清。

② 双眸□□空千古，□□原稿二字不清。

吴诸子兵机，攻守、营阵、水陆诸战法，射御、技击等科。东二斋曰“经史”，课十三经、历代史、制诰、章奏、诗文等科。西二斋曰“艺能”，课水学、火学、工学、象数等科。东西向门内，直东曰“理学斋”，直西曰“帖括斋”。凡习程、朱、陆、王及制举业者居之，皆北向。左处傧介，右宿来学。门外左六房，支客榻；右六厦，容车马。东“更衣亭”，西“习射圃堂”，东北庖厨仓库，西北柴薪。从游数十人，分别部居，且学且习，肫肫栩栩，学者接踵而来。乃先生初至即雨，经旬涉月，日益甚，先生叹曰：“此天意，不欲吾道行也。”辞归，不复出。

又八年，年七十，寝疾，七日而卒。远近来会者百余人。私谥曰“文孝先生”。无子，初养同高祖一从子尔檥为子，有隐疾，养一族子为孙，后先生卒四年又卒。所著书行于世者曰《言行录》二卷、《辟异录》二卷、《习斋记余》五卷，皆门人钟陵所辑；《年谱》二卷最详，则恕谷所为，崑绳所订也；又有《存性》、《存学》、《存治》、《存人》四编，《朱子语类评》、《四书正误》、《礼文手抄》若干卷。

尝谓张文升曰：“如天不废予，将以七字富天下：垦荒，均田，兴水利；以六字强天下：人皆兵，官皆将；以九字安天下：举人材，正大经，兴礼乐。”其自负如此。（据《清史稿》）民国初年，从祀孔庙，称“先儒颜子”。

——参《颜李师承记》、《清史稿》、《颜李丛书》

习斋于程、朱、陆、王之外，别树一帜。其论性善，无所谓气质之性，论格物即《周礼》之三物，所以励躬行、矫虚寂，一切必归于有事，多先儒所未言述。

——《习斋学案》

“四存编”札记

《存治编》

或问于思古人曰：“井田之不宜于世也久矣，子之存治，尚何执乎?”曰：“噫，此千余载民之所以不被王泽也!”夫宜言不宜者，类谓亟夺富民田，或谓人众而地寡耳。岂不思天地间田宜天地间人共享之，若顺彼富民之心，即尽万人之产而给一人，所不厌也。王道之顺人情，固如是乎?况一人而数十百顷，或数十百人而不一顷，为父母者，使一子富而诸子贫，可乎?

又或者谓画田生乱。无论至公服人，情自辑也；即以势论之，国朝之圈占，几半京辅，谁与为乱者?且古之民四，而农以一养其三；今之民十，而农以一养其九；未闻坠粟于天，食土于地，而民亦不饥死，岂尽人耕之而反不足乎!虽使人余于田，即减顷而十，减十而亩，吾知其上粪倍精，用自饶也；况今荒废至十之二三，垦而井之，移流离无告之民，给牛种而耕焉，田自更余耳。故吾每取一县，约其田丁，知相称也。尝妄为图以明之。

所虑者，沟洫之制，经界之法，不获尽传。北地土散，恒恐损沟。（意夏禹尽力沟洫，必有砖炭砌涂之法。）高低坟邑，不便均画。然因时而措，触类而通，在乎人耳。沟无定而主乎水，可沟则沟，不可则否；井无定而主乎地，可井则井，不可则均。至阡陌庐舍，古虽有之，今但可植分草以代阡陌，为窝铺以代庐舍，横各井一路以便田车，中十井一房，以待田畯可也。

有圣君者出，推此意而行之，搜先儒之格议，尽当代之人谋，加严乎经界之际，垂意于厘成之时，意斯日也，孟子所谓“百姓亲睦”，咸于此征焉。游顽有归，而士爱心臧，不本分者无之，为盗贼者无之，为乞丐者无之，以富凌贫者无之，学校未兴，已养而兼教矣。休哉，荡荡乎！故吾谓教以济养，养以行教，教者养也，养者教也，非是谓与？

——《井田》

《存学编》

某静中猛思，宋儒发明气质之性，似不及孟子之言性善最真。变化气质之恶，三代圣人全未道及。将天生一副作圣全体，参杂以习染，谓之有恶，未免不使人去其本无而使人憎其本有，蒙晦先圣尽性之旨而授世间无志人一口柄。又想周公、孔子教人以礼、乐、射、御、书、数，故曰“以三物教万民而宾兴之”，故曰“身通六艺者七十二人”。故性道不可闻，而某长治赋、某长礼乐、某长足民，一如唐、虞之廷某农、某刑、某礼、某乐之旧，未之有爽也。近日言学者，心性之外无余理，静敬之外无余功。细考其气象，疑与孔门若不相似然。即有谈经济者，不过说场话、著种书而已。

某不自揣，撰有《存性》、《存学》二编，欲得先生一是之，以挽天下之士习而复孔门之旧。以先生之德望卜之，当易如反掌，则孟子不得专美于前矣。论今天下朱、陆两派互相争辩，先生高见，平和劝解之不暇，岂可又增一争端也！但某殊切杞人之忧，以为虽使朱学胜陆而独行于天下，则终此乾坤亦只为当时两宋之世，终此儒运亦只如说话著书之道学而已，岂不堪为圣道生民长叹息乎！粗陈一二，望先生静眼一辨，及时发明前二千年之故道，以易后二千年之新辙，则斯道幸甚，斯民幸甚！临楮南望，不胜想慕战惧交集之至！某再拜言。

——《上征君孙锺元先生书》

某闻气机消长否泰，天地有不能自主，理数使然也；方其消极而长，否极而泰，天地必生一人以主之，亦理数使然也。然粤稽孔、孟以前，天地所生以主此气机者，率皆实文、实行、实体、实用，卒为天地造实绩，而民以安，物以阜。虽不幸而君相之人竟为布衣，亦必终身尽力于文、行、体、用之实，断不敢以不尧舜、不禹皋者苟且于一时虚浮之局，高谈袖手，而委此气数，置此民物，听此天地于不可知也；亦必终身穷究于文、行、体、用之实，断不敢以惑异端、背先哲者肆口于百喙争鸣之日，著书立说，而误此气数，坏此民物，负此天地于不可为。

自汉、晋泛滥于章句，不知章句所以传圣贤之道而非圣贤之道也；竞尚清谈，不知清谈所以阐圣贤之学而非圣贤之学也。因之虚浮日盛，而尧、舜三事、六府之道，周公、孔子六德、六行、六艺之学，所以实位天地，实育万物者，几不见于乾坤中矣。迨于佛、老昌炽，或取天地万物而尽空之，一归于寂灭，或取天地万物而尽无之，归于升脱，莫谓星辰、日月、山川、草木、鸟兽、虫鱼、人伦、世故举为道外，并己身之耳、目、口、鼻、四肢皆视为累碍赘余矣，哀哉！倘于此有尧、舜、周、孔，固必回消为长，转否为泰矣。即不然，或如端、言、卜、仲、二冉之流，亦庶几衍道脉于不堕，续真宗于不差，而长泰终有日也。奈何赵氏运中，纷纷跻孔子庙庭者，皆修辑注解之士，犹然章句也；皆高坐讲论之人，犹然清谈也！甚至言孝、弟、忠、信如何教，气禀本有恶，其与老氏以礼义为忠信之薄，佛氏以耳、目、口、鼻为六贼者相去几何也！

故仆妄论宋儒，谓是集汉、晋释、老之大成者则可，谓是尧、舜、周、孔之正派则不可。然宋儒，今之尧、舜、周、孔也。韩愈辟佛，几至杀身，况敢议今世之尧、舜、周、孔者乎！季友著书驳程、朱之说，发州决杖，况敢议及宋儒之学术、品诣者乎！此言一出，生命之虞所必至也。然惧一身之祸而不言，委气数于终误，置民物于终坏，听天地于终负，恐结舌安坐，不援沟渎，与强暴、横逆内人于沟渎者，其忍心害理不甚相远也。

某为此惧，著《存学》一编，申明尧、舜、周、孔，六府、六德、六行、六艺之道，大旨明道不在诗书章句，学不在颖悟诵读，而期如孔门博文、约礼，身实学之，身实习之，终身不懈者。著《存性》一编，大旨明理、气俱是天道，性、形俱是天命，人之性命、气质虽各有差等，而俱是此善；气质正性命之作用，而不可谓有恶，其所谓恶者，乃由“引、蔽、习、染”四字为之祟也。期使人知为丝毫之恶，皆自玷其光莹之本体，极神圣之善，始自充其固有之形骸。

但孔、孟没后二千年无人道此理，而某独异，又惴惴焉恐涉偏私自是，诽谤先儒；将舍所见以苟就近世之学，而仰观三代圣贤又不如此。二念交郁，罔所取正。一日游祁，在故友刁文孝座，闻先生有佳录，复明孔子六艺之学，门人姜姓在州守幕实笥之，欢然如久旱之闻雷，甚渴之闻溪，恨不即沐甘霖而饮甘泉也。曲致三四，曾不得出。然亦幸三千里外有主张此学者矣，犹未知论性之相同也。既而刁翁出南方诸儒手书，有云，“此间有桴亭者，才为有用之才，学为有用之学，但把气质许多驳恶杂入天命，说一般是善，其《性善图说》中有‘人之性善正在气质，气质之外无性’等语殊新奇骇异!”乃知先生不惟得孔、孟学宗，兼悟孔、孟性旨，已先得我心矣。当今之时，承儒道嫡派者，非先生其谁乎！所恨家贫亲老，不得操杖亲炙，进身门下之末。兹乘彭使之便，奉尺楮请教，祈以所著并高第孰长礼、乐，孰长射、御，孰为体用兼优，不惜示下，使聋瞽之子得有所景仰尊奉。倘有寸进，真一时千载也！山河隔越，不能多寄，仅以《性》、《学》编各一纸，日记第十卷中摘一页呈正，不胜南望恺切想慕之至！

——《上太仓陆桴亭先生书》

《存性编》

程子云："论性论气，二之则不是。"又曰："有自幼而善，有自幼而恶，是气禀有然也。"朱子曰："才有天命，便有气质，不能相离。"而又曰："既有此理，如何恶？所谓恶者，气也。"可惜二先生之高明，隐为佛氏六贼之说浸乱，一口两舌而不自觉！若谓气恶，则理亦恶，若谓理善，则气亦善。盖气即理之气，理即气之理，乌得谓理纯一善而气质偏有恶哉！

譬之目矣：眶、疱、睛，气质也；其中光明能见物者，性也。将谓光明之理专视正色，眶、疱、睛乃视邪色乎？余谓光明之理固是天命，眶、疱、睛皆是天命，更不必分何者是天命之性，何者是气质之性；只宜言天命人以目之性，光明能视即目之性善，其视之也则情之善，其视之详略远近则才之强弱，皆不可以恶言。盖详且远者固善，即略且近亦第善不精耳，恶于何加！惟因有邪色引动，障蔽其明，然后有淫视而恶始名焉。然其为之引动者，性之咎乎，气质之咎乎？若归咎于气质，是必无此目而后可全目之性矣，非释氏六贼之说而何！

孔、孟性旨湮没至此，是以妄为七图以明之。非好辩也，不得已也。

——《驳气质性恶》

朱子原亦识性，但为佛氏所染，为世人恶习所混。若无程、张气质之论，当必求"性、情、才"及"引、蔽、习、染"七字之分界，而性情才之皆善，与后日恶之所从来判然矣。惟先儒既开此论，遂以恶归之气质而求变化之，岂不思气质即二气四德所结聚者，乌得谓之恶！其恶者，引蔽习染也。惟如孔门求仁，孟子存心养性，则明吾性之善，而耳目口鼻皆奉令而尽职。

故《大学》之道曰“明明德”；《尚书》赞尧，首曰“钦明”，舜曰“浚哲”，《文》曰“克明”；《中庸》曰“尊德性”，既尊且明，则无所不照。譬之居高肆望，指挥大众，当恻隐者即恻隐，当羞恶者即羞恶，仁不足以恃者即以义济之，义不足以恃者即以仁济之。或用三德并济一德，或行一德兼成四德，当视即视，当听即听，不当即否。使气质皆如其天则之正，一切邪色淫声自不得引蔽，又何习于恶、染于恶之足患乎！是吾性以尊明而得其中正也。

六行乃吾性设施，六艺乃吾性材具，九容乃吾性发现，九德乃吾性成就；制礼作乐，燮理阴阳，裁成天地，乃吾性舒张，万物咸若，地平天成，太和宇宙，乃吾性结果。故谓变化气质为养性之效则可，如德润身，睟面盎背，施于四体之类是也；谓变化气质之恶以复性则不可，以其问罪于兵而责染于丝也。知此，则宋儒之言性气皆不亲切。惟吾友张石卿曰：“性即是气质之性，尧、舜气质即有尧、舜之性，呆呆气质即有呆呆之性，而究不可谓性有恶。”其言甚是。但又云“傻人决不能为尧、舜”，则诬矣。吾未得与之辨明而石卿物故，深可惜也！

——《明明德》

《存人编》

愚蒙人为秃番所欺固可怜，聪明人未闻尧、舜、周、孔之道，见异而迁亦无怪。所可恶者，柳、富、苏、王以绝世之才，读孔子之书，有目而不分黑白，有耳而不辨钟磬，时而堂堂正正，谈理如海潮河决，时而窒心眯目，迷惑如村妇牧儿，最足以侈愚僧之口，迷俗人之向，此君子所深为痛恨者也。纸上雄文，立朝气节，皆孔子所谓“其余不足观”者，功不抵其罪也。明之弇州辈，特一文士耳，未必有大君子与之交也，柳则友韩矣，富、苏则友欧阳矣。柳、苏、富之不虚心受益，韩、欧之不极尽规劝，均可憾也。今世而有韩、欧乎？遇友人之柳、苏、富者，宜极尽其救正，正之不可而再，再之不可而三而四，此非小故也。今世而有柳、富、苏乎？遇友人之如韩、欧者，则宜虚心受益，改辙自新，勿取诛于君子可也。试看贾岛一诗僧耳，从昌黎而归人伦，尚来千古美谈，况吾儒中豪杰，而可自误乎哉！

三代后，唐之昌黎，宋之程、朱，明之阳明，皆称吾儒大君子，然皆有与贼通气处，有被贼瞒过处，有夷、跖结社处，有逗遛玩寇处，今略摘一二，与天下共商之；非过刻也，恐佛氏借口，与儒之佞佛者倚以自解也。昌黎诛佛不遗余力，死生以之，真儒阵战将也。惜其贬潮州时，闻老僧太颠，召至州郭，与之盘桓，及其将行也，又留衣服为别。夫使太颠可教，则一二见可化之归儒，不可教，则为不就抚之猾寇，又何久相盘桓，留衣相赠乎？不几夷、跖结社乎！及孟尚书闻其事，贻书致问，又称太颠“颇聪明，识道理”，予阅答书至此，大为惊异，世岂有为僧之人而识道理者乎，岂有识道理之人而为僧者乎？则昌黎所见之道理必尚有微异于孔、孟者矣，则昌黎交太颠必尚有微为瞒过者矣，不几逗遛玩寇乎？周子《太极图说》已多了“无极”二字。极乃房上脊檩，是最上之称，又加以太字，是就无可名处强指之矣，又何所谓无极乎？至其言性，又不合加一恶字，故程、朱由此皆误言气质有恶，又言气质为吾性害，是即为六贼之意浸过儒道分界矣。朱子尽力与象山辩“无极”二字，是即为佛之空，老之无隐蔽矣。至程子作诗，说“道通天地有形外，思入风云变态中”，又云“隔断红尘三十里，白云红叶两悠悠”。朱子动辄说气质杂恶，动辄说法门。阳明近禅处尤多。习俗移人，贤者不免。所谓与贼通气者，此也。儒之佞佛者，大约是小智慧人看道未贯上下，或初为儒者，而功力不加，畏圣道之费力，半途欲废，又耻于不如人，遂妄谈空虚以夸精微者；或贪名利，工文字，名为儒而实不解圣道为何物，亦如愚民见异端而惊喜者。至惑地狱祸福之说而从之者，民斯为下矣。何谓小智慧见道未贯上下者？彼多谓“佛之上截与吾儒同”，或竟谓“佛得其精，吾儒得其粗”，此其人学识未大，未能洞见性命之本及吾道体用之全，见宋、明儒者之所谓性无能出乎佛氏之上，一闻禅僧之谈心性，遂倾心服之，谓之上截儒释原不异也。嗟乎！不几如吾《存性编》中所云根麻而苗麦乎，天地间岂有此理！有上截本仁而下截不爱父母者乎？有上截本义而下截不敬君上者乎？抑其上截之原非仁义也？吾儒以仁义礼智信为性，而佛以空虚不著一物为性。故忠孝者仁义之发也，仁义者忠孝之源也，后截之忠孝与上截之仁义，如树之根与枝一体也。佛之上截总一空，故为不忠不孝之教，断绝伦物，下截亦总一空也，又焉得上截同而下截始异哉！此辈犹能见宋、明儒者之性者也。至谓“佛得其精，吾儒得其粗”者，又并宋、明儒之性未之闻，平日徒以章句目儒业，即粗闻仁民爱物作用，亦第视为后起事。不知尧、舜之精一执中，三事六府之体也，三事六府，精一执中之用也；周、孔之一以贯之，三物四教之体也，三物四教，一贯之用也；如树之根本枝干，通为一体，未可以精粗分也。故无根本则无枝叶矣，无枝叶则非根本矣，梧槚之根，藏土千年，与秽腐同讥。彼佛氏固未可以精言也，又何者是其精乎？以腐秽为精，愚之愚者矣，何为以初为儒功，半途而废，妄谈虚空以夸精微者？人性皆善，虽甚恶人必有善念一动之时，虽甚浊世必有特起作圣之士。但吾儒之道，六岁教名、数，七岁教别，八岁教让，九岁教数目，十岁教学书、计、幼仪，十三岁学乐、舞，十五岁入大学，凡六德、六行、六艺，一切明亲止至善者，俱步步踏实地去做。二十岁尚不许教人，到三四十，发挥其幼学者，进见之君民，退式乎风俗。

今世全错了路径，少者无根本，粗者求之章句，精者求之静敬，到数年，或数十年后全不见古人充实大化之我觌，全体大用之我酬，再进无工程之可据，回顾无基本之可惜，又耻于奔宝山半生作空手回之汉，遂放达者为庄周、李贽之流，谨饬者作龟山、定夫之辈。非以欺世也，略以自涂抹其作圣初心，而不染于禅者鲜矣。世降学晦，孔径久荒，即虚花无果，前路弗凭，正宜返求之实地，虽六德之一德，六行之一行，六艺之一艺，不自失为儒也；即精力已竭，尺寸莫赎，惟当痛自悔恨，如汉武轮台之诏，亦自千古共谅，何必益为虚大而叛背于圣道之外哉！君子思之！何以谓名为儒而实不解圣道，亦如愚民之见异而喜者？自幼惟从事做破题，捭八股，父兄师友之期许者，入学、中举、会试、做官而已，自心之悦父兄师友以矢志成人者，亦惟入学、中举、会试、做官而已。万卷诗书，只作名利引子，谁曾知道为何物！故以官长、进士、举人，而听讲于村俗僧人，惊道妙而师事者有之，以秀才而信旁门邪说、入焚香会者有之，岂儒者而丧心至此乎，抑原未尝于儒道参一解、行一步也？况做秀才而贪利肆行，为官长而染指负上，中气必馁，中心必惧；明惧朝廷之法，幽惧鬼神之祸，一闻佛者颟顸之说，乌得不悦；一闻空名利之谈，乌得不服；一闻忏悔消灾之技，又乌得不甘心也？

——以上三段《唤迷途第四》

习斋语要

恶人之心无过，常人之心知过，贤人之心改过，圣人之心寡过；寡过故无过，改过故不贰过，仅知过故终有其过，常无过故怙终而不改其过。

阳刚阴柔而天下定，阳下阴上而天下和。今夫心天理，阳念也，常令刚；人欲，阴念也，常令柔，吾心有不定乎！天理虽为主，而常合乎人情，阳下也；人欲虽无能绝，而常循乎天理，阴上也，吾心有不和乎！

心不虚则不乐，所谓心体上不可加一物也。虽然，玩物而乐，离物则不乐，固非能乐者也；无物而乐，有物则不乐，亦非能乐者也。颜子箪瓢陋巷乐，不箪瓢陋巷亦乐，是何如乐？

人持身以礼，则能得人之性，如吾庄肃，则人皆去狎戏而相敬，是与天下相遇以性也。此可悟“一日克复，天下归仁”之义。

学求实得，要性情自慊，则心逸而日休；学求美名，便打点他人，则心劳而日拙。

志气如刀，集义如磨刀；常磨则锋芒常锐，常锐不磨则钝；一不义伤之，则刀摧折矣。

人心，动物也，习于事则有所寄而不妄动。

吾辈若复孔门之学，习礼则周旋跪拜，习乐则文舞、武舞，习御则挽强、把辔，活血脉，壮筋骨，“利用”也，“正德”也，而实所以“厚生”矣。岂至举天下事，胥为弱女，胥为病夫哉！

“持其志”，敬心之学也，“无暴其气”，敬身之学也。然每神清时，行步安重，自中规矩，则“持志”即所以“养气”；每整衣端坐，杂念不来，神自守舍，则“无暴”即所以“持志”。盖身也，心也，一也；持也，无暴也，致一之功也。

忘之病每生于无志，助之病每迫于好名。

为善克果，其善乃为我有，否则千思万想，善终不获；改过必真，其过乃不为我有，否则千悔万恨，过终不去。

日夜以此心照顾一身，所以养性也，九思、九容是也；日夜以此心贯通民物，所以事天也，三事、三物是也。精之无间，圣矣；勉之不忘，贤哉。

谨守之士，患其拘执，进以勇为，不可及矣；豪杰之士，患其粗率，济以慎密，莫与敌矣。

孔门六艺，进可以获禄，退可以力食，如委吏之会计，简兮之伶官，可以见。故耕者犹有馁，学也必无饥。

圣人以一心一身为天地之枢纽，化其戾，生其和，所谓造命回天者也。其次知命乐天，其次安命顺天，其次奉命畏天。造命回天者，主宰气运者也；知命乐天者，与天为友者也；安命顺天者，以天为宅者也；奉命畏天者，懔天为君者也。然奉而畏之，斯可以安而顺之矣；安而顺之，斯可以知而乐之矣；知而乐之，斯可以造而回之矣。若夫昧天、逆天，其天之贼乎！

感格之难也，非纯心聚精，不能萃神之涣；致飨之难也，非明德蠲洁，不足邀神之歆。故事莫大于祭，道莫精于斋。

当忧不忧，当怒不怒，佛氏之空寂也；儒者而无所忧也，何以别于异端乎！忧则过忧，怒则过怒，常人之无养也；学者而为忧怒役也，何以别于常人乎！惟平易以度艰辛，谦和以化凶暴，自不为忧怒累。

有道之士，文章皆秋实；浮狂之士，道德亦春华。

陈同甫谓人才以用而见其能否，安坐而能者不足恃；兵食以用而见其盈虚，安坐而盈者不足恃。吾谓德性以用而见其醇驳，口笔之醇者不足恃；学问以用而见其得失，口笔之得者不足恃。

精神竦起，使天君作主，诸念自然退听。

内肃敬而外肃容，人之本体也，静时践其形也；六艺习而百事当，性之良能也，动时践其形也；洁矩行而上下通，心之万物皆备也，同天下践其形也。

庖羲大圣，“一画”泄天地之秘，第大圣自喻，而以“一画”之散见，如八八六十四卦，与天地共见之而已。唐、虞之“一中”，第尧、舜、禹三圣人面授，而以“一中”之作用，如三事六府，与天下共见之而已。孔门之“一贯”，第孔子与颜、曾面授，而以“一贯”之散殊，如四教、六艺，与三千人共见之而已。

荒则不觉，不觉则益荒；怠则不断，不断则益怠。觉则不荒矣，断则不怠矣，常觉则断有力，常断则觉亦有力，四者之功过环相生而互相成者。然则欲求不怠，先当断；欲求断，先求觉；欲求觉，先当去其荒。心荒、身荒，耳目口舌者去其荒，身心耳目口舌者而求之道，则孔子之道出。

宁为一端一节之实，无为全体大用之虚。如六艺不能精，只精一艺可也。

曰“博学于文”，盖《诗》、《书》六艺以及兵农、水火在天地间灿著者，皆文也，皆所当学之也。曰“约之以礼”，盖冠婚、丧祭、宗庙、会同以及升降周旋、衣服饮食，莫不有礼也，莫非约我者也。凡礼必求精熟之至，是谓“穷理”；凡事必求谨慎之周，是谓“居敬”。

歌得其调，抚娴其指，弦求中音，徽求中节，声求协律，是之谓学琴矣，未为习琴也。手随心，音随手，清浊、疾徐有常规，鼓有常功，奏有常乐，是之谓习琴矣，未为能琴也。弦器可手制也，音律可耳审也，诗歌惟其所欲也，心与手忘，手与弦忘，私欲不作于心，太和常在于室，感应阴阳，化物达天，于是乎命之曰能琴。

文盛之极则必衰，文衰之返则有二：文衰而返于实，则天下厌文之心，必转而为喜实之心，乾坤蒙其福。文衰而返于野，则天下厌文之心必激而为灭文之念，吾儒与斯民沦胥以亡矣。

明者，目之性也，听者，耳之性也。视非礼，则蔽其明，听非礼，则壅吾聪而乱吾性矣。绝天下非礼之色以养吾目，贼在色，不在目也，贼更在非礼之色，不在色也。去非礼之色，则目澈四方之色，适以大吾目性之用。绝天下非礼之声以养吾耳，贼在声，不在耳也，贼更在非礼之声，不在声也。去非礼之声，则耳达四境之声，正以宣吾耳性之用。

澄澈渊湛者，水之气质，其浊者，乃杂于水性本无之土，正吾性之有引蔽习染也。

伊尹曰“兹乃不义，习与性成”。大约孔、孟以前，责之习，使人去其所本无。程、朱以后，责之气，使人憎其所本有。

孟子曰“必有事焉”。心有事则存，身有事则修，至于家之齐、国之治、天下之平，皆有事也，无事则道统、治统俱坏。

周公之制度，尽美尽善。盖使人人能兵，天下必有易动之势；人人礼乐，则中国必有易弱之忧；惟凡礼必射，奏乐必舞，使家有弓矢，人能干戈，成文治之美，而具武治之实。无事，雍容揖让，化民悍劫之气；一旦有事，坐作击刺，素习战胜之能。

一身智、仁、勇，足以整理一家，是谓“修、齐”；一家智、仁、勇，足以型式一国，是谓“齐、治”；一国智、仁、勇，足以镇抚四海，是谓“明明德于天下”。

气数益薄，人材难得，生三代而思五臣，不能借也；生两汉而求伊、莱、十乱，亦不能借也；居今而求三杰、二十八将，其将能乎？故才不必德，德不必才，才德俱无，一长亦不忍弃。

治世之官详于下，乱世之官叠于上；详于下则教养举，叠于上则掣肘成。下多一官，则民多一亲；上多一宪，则官多一畏。多亲而政事成，多畏而贿赂通。

天无旷泽，地无旷土，人无旷力，治生之道也。家无三旷则家富，国无三旷则国富。

“改过迁善”，所以自治也；“移风易俗”，与天下同“改过迁善”也。然“改过迁善”而不体乎三物，终流于空虚；“移风易俗”不本乎三重，终失之具文。

朱主一言：“用习礼等功，人以为拿腔做势，如何？”先生曰：“何必避？甲胄有不可犯之色，衰麻有不可笑之容。拿得一段礼义腔，而敬在乎是矣。后儒一扫腔势，而礼、乐之仪亡。”

迁心之善，改心之过，谓之“正心”；改身之过，迁身之善，谓之“修身”；改家之过，迁家之善，谓之“齐家”；改国与天下之过，迁国与天下之善，谓之“平治”。

行乎礼，则闺门之内俨若朝廷，不亦贵乎！体乎仁，则万物皆备，天下归仁，不亦富乎！

君子以所不及尊人，小人以所不及疑人，恶人以所不及忌人。

宥者无不容，密者无不精。圣贤成法，多用力于无事之时也。

天下小过，圣人必为提撕，恐陷于恶也；天下大坏，圣人必为包荒，恐绝于善也。故陶诗云：“亟亟鲁中叟，弥缝使其纯。”

人才无用矣，厌其无用，即己才无用。世路不平矣，怨其不平，即己情不平。

朝廷大政，天下所不能办，吾门人皆办之；险重繁难，天下所不敢任，吾门人皆任之，吾道自尊。

禹之治水，非禹一身尽治天下之水，必天下士长于水学者分治之而禹总其成；伯夷之司礼，非伯夷一身尽治天下之礼，必天下士长于礼学者分司之而伯夷掌其成。推于九官、群牧咸若是。

附　录

先生著《宋史评》为韩侂胄、王安石辨冤，谓安石新法不行，非特安石、宋之不幸，天下后世群遂以建功立业、撑拄乾坤者为小人，苟且偷安者为君子，而是非莫辨也。夫人至是非莫辨，其去禽兽也几何？此《存人编》之所为作也。韩侂胄之辨曰：“南宋之金，北宋之辽，不可同年而语也。乃累世知岳飞之忠，累世学秦桧之智，独韩平原毅然下诏伐金，可谓为祖宗雪耻地下者矣；仗谊复仇，虽败犹荣者矣。乃宋人必欲杀之以畀金也，尚有人心哉！夫兵临城下，宗社立墟，敌问戎首，无如何也。夷考当时，叶适、丘崈、辛弃疾等支吾于北，敌无胜算，而宋相之首，已致麾下矣。宋人有惜之者，题句朝门曰：‘晁错既诛终畔汉，於期一入竟亡燕。’金主见其首曰：‘此人忠于谋国，缪于谋身’，谥曰‘忠缪’，率群臣祭哭礼葬。可知金非恶平原，而深叹宋室之无人；亦知宋非因诛平原而存，留平原而亡也。

《宋史》徒以其贬道学曰伪而入之奸臣传，至指数其奸，除贬伪学，别无左证，徒曰‘姬媵盛，左右献媚’而已。且此亦安知非伪学媒孽之，以自快其言行，了不相顾之私也？而七百年来直视为宵小，无一察焉，不其冤哉！”

商水李子青，大侠也。馆先生于家，见所携短刀，目曰，君善此耶？先生谢不敏。子青印言：“拳法，诸技本。君欲学此，当先习拳。”时月下酒酣，子青解衣，演诸家拳数路。先生笑曰：“如此，可与君一试。”折竹为刀，对舞不数合，击中其腕。子青大惊，掷竹拜伏地曰：“技至此乎！某始谓君学者尔”遂深相结。

——以上《师承记》

先生鼓琴，羽弦断，解而更张之，音调顿佳。因叹为学而惰，为政而懈，亦宜思有以更张之也。彼无志之人，乐言迁就，惮于更张，死而后已者，可哀也！

刚主言：“每一念不合道，便斩截之。”先生曰：“予亦曾用此功，旋动旋斩，如盘草剪屠状，觉得甚难，正是‘克、伐、怨、欲不行’，功夫也，不如提醒身心，一齐振起，诸欲自然退听。”

赵麟书援食我、越椒事，以为气质有恶。先生曰：“请问二子方生，其心即欲贪财好色乎？弑父与君乎？向母、子文听其啼声，知其气禀之甚偏，他日易为恶耳。今指其偏即为恶，是见利刃即坐以杀人罪也，可乎？”

王次亭问孔、孟作用。先生曰：“孔子神化，其鑪锤乾坤处真不可测。如七日诛少正卯，七日焉能便诛得朝中大闻人？三月堕三都，三月焉能便慑服得四五世积成大奸，使之拱手听从？万不敢望。孟子王道手段窃有一二不愿学处，如‘善战’、‘辟草莱’之才，自是行道所必用，如何定大罪、‘服上刑’？且七雄以富强为主，此辈皆居腹心要路，只合包容任用，使之将虎贲、行吊伐、服农政、力沟洫，彼将乐我之得用，得比于周姜、禹稷矣。今曰吾入门便诛汝，彼又肯容我入乎？观孔子取卫灵，能用王孙贾等，则孔子若得用于卫，手段可想矣。”

张仲诚语录内，有“夷、惠非圣，逸民不足学”等语。先生曰：“我辈今日正要学个‘可、不可’。夫子之‘无可、无不可’，如何学得？‘士希贤，贤希圣，圣希天’是一定程头。若只说完美好听，譬如执路程本说南京，说‘一年，还只是在此，若实去走，一步也隔越不得。夷、惠，夫子皆称贤，孟子称圣，须知孔子看得细，说贤便是圣；又要知孟子眼高志大，不轻服人下，若夷、惠非圣，不肯说皆古圣人，亦不肯服他得君皆有天下。我辈不可以见不到处轻古人也。’”

与傅惕若言：“气质正吾性之附丽处，正吾性作用处，正性功著手处。”惕若问：“如何著手？”曰：“如敬之功，非手何以做出恭孝之功，非面何以做愉色婉容？”

谓曹万初曰：“‘改过迁善’，吾儒做圣贤第一义也；‘规过劝善’，吾儒交朋友第一义也；‘纳谏从人’，吾儒做经济第一义也。否则人役耳，乌能居成吾德，出交天下士乎！”

万初问：“人辄言礼、乐必百年而后兴，何如？”曰：“古人百年后兴，谓教化浃洽也，如唐、虞之‘时雍’、‘风动’也。予则谓一日行习礼、乐，一日之唐、虞；一月行习，一月唐、虞也。一人行习礼、乐，一人之尧、舜；人人行习，人人尧、舜也。”

杜益斋问：“习恭即静坐乎？”曰：“非也。静坐是身心俱不动之谓，空之别名也。习恭是吾儒整修九容工夫，愧不能如尧之允，舜之温，孔之安，故习之。习恭与静坐，天渊之分也。”

萧道成言：“治国十年，使金玉如粪土。”先生曰：“齐王恃其俭素，不贵珍宝为言耳。使天不废我，但使民贡本色十年，金玉何用？历代人皆愚，谓本色费脚价。不知王畿之贡，可足朝廷、宗庙之用；

盈世州郡边腹皆积仓，何地有事，何地粮食，不用解矣。即使三五百里近道运盘，或山川阻滞，三钟致一钟，一钟亦可用之一钟也；今解白金，一金即致万金，万金终无用之万金也。昔困锦州，五十金易一鑪饼，不大可见哉！甚矣，历代之愚也。吾人得君，必当以税本色、均田为泽民第一义。”

刚主佐政桐乡，将往，来拜别。先生赠言曰：“威仪欲庄整，出语贵开明。取人勿求备，看人勿太刻。存怜天下之心，定独立不惧之志。事必矫俗则人不亲，行少随俗则品不立，二者善用之，其惟君子乎！爱人才所以爱苍生，矫世儒所以卫圣道，二者交致焉，其惟君子乎！”刚主拜受。

孔子开章第一句，道尽学宗。思过，读过，总不如学过。一学便住也终殆，不如习过。习三两次，终不与我为一，总不如时习方能有得。“习与性成”，方是“乾乾不息”。

——以上《习斋先生言行录》

唐镜海先生曰：“先生学主于励实，行济实用，终身刻苦，介然自成一家。著《存性》、《存学》、《存治》、《存人》四编。盖目击明季诸儒心学纵恣之失，故力矫其弊。然视其性命亦几恍惚不自知。其矫枉过正也。遂谓孟子言性善与孔子言性相近习相远，语异而意同，会通孔孟则不可谓之立异矣。”

——《国朝学案小识》

习斋弟子

李先生塨（另为《恕谷学案》）

王先生源

王源，字崑绳，大兴人。（父世德为锦衣卫指挥佥事，仕崇祯朝，国亡变服为僧，痛野史载烈皇事，多证为《崇祯遗录》一卷。源其次子也。）

兄洁，少从梁以樟游，樟谈宋儒学，源方髫龀，闻之不首肯。唯喜习知前代典要及关塞险要攻守方略。年四十，游京师。或病其不为时文，源笑曰："是尚需学而能乎？"因就试，中康熙三十二年举人。或劝更应礼部试，谢曰："吾寄焉，使无诟厉已耳！"昆山徐乾学开书局于洞庭山，招致天下名士，源与焉。于侪辈中独与刘献廷善，日讨论天地阴阳之变，伯王大略，兵法、文章、典制，古今兴亡之故，方域要害，近代人材邪正，其意见皆相同。献廷殁，言之辄流涕。未几，遇李塨，大悦之，曰："自献廷殁，岂意复见君乎！"塨微言圣学，源闻之沛然。因持大学辨业去，是之。塨乃极言颜元明亲之道，源曰："吾知所归矣 。"遂介塨往博野执贽元门，一敛其凌铄之气。效《习斋日记》立省身录以纠身心得失，习礼终日，正衣冠对仆隶必肃恭。然自负经世之略益坚，每曰："吾所学乃今始可见之行事。"非虚言也。后客死淮上，时康熙四十九年，年六十三。所著《平书》十卷、文集二十卷、《读易通言》五卷、《文章练要》若干卷。

——参《清史稿》、《颜李师承记》、《崑绳家传》

《平书》自序

周以前所遵者黄帝之制，损且益，莫能外也。秦以后所遵者秦之制，迄今莫能外也。孟子曰：徒善不足以为政治，天下之法可苟焉而已哉？秦坏先王之法，祸中于一时，后世因之，祸流于万世。法至元明而弊已极，非尽弃其旧而别为规不可以为治。予不揣固陋，妄为《平书》十篇，《平书》者，平天下之书也，一曰分民、二曰分土、三曰建官、四曰取士、五曰制田、六曰武备、七曰财用、八曰河淮、九曰刑罚、十曰礼乐，为文十有五首，分上中下三卷，大抵本三代之法而不泥其迹，准今酌古，变而通之，以适其宜；参取后制，以洗历代相因之弊，而反乎古。要使民生遂、人才出、官方理，国日富、兵日强，礼教行而异端熄。即使世有变迁，苟遵行毋失，亦可为一二千年太平之业。嗟乎，此愚志也，而识未必逮也，世之君子有与予同志，而补其不逮者乎！动而以顺行，复斯民于三代，予日夜望之矣！

——《师承记》

附　录

恕谷尝从容与语李卫公，言史官多不知兵，故兵法不传。今观汉史至南北朝，良然。《唐书》乃专志兵，欧阳诸公之识，高出前史远甚。先生曰，《唐书》所志兵志耳，其法之不传自若。及为万季野撰《明史稿·兵志》，乃悉著其法于篇，古未尝有也。先生自幼随其父转徙江淮，任侠喜交游，所往来皆瑰奇玮异逸民，习知前代故事、山川扼隘关塞形势之要。以故论人多不平事，往往感慨悲激而动中，肯綮条理秩如。

吴三桂之叛或以咨先生，先生曰：“三桂鼓行而前，直抵中原，斯为上策。顺流东下，据金陵跨江为守，策之中也。徘徊荆襄，延日引月，此成禽耳。驽马恋栈，安能远图？必无事矣。”果如其言。后从恕谷谒习斋，习斋曰：“闻子知兵，其要云何？”先生曰：“不外奇正。”习斋曰：“假子以乌合数千，何法治之？”曰：“莫先束伍。”习斋跃然曰：“子真其人矣。”从恕谷寝，夜半蹶觉，起立曰：“源自少闻道学言意不慊，从事韬钤无所用，为文自必传世。近从吾子得闻颜先生实学，乃知文辞亦属枝叶，非所以安身立命也。源受业习斋决矣。”（古文自少为宁都魏叔子所器，见谓可施于用。恕谷为文尝从之问法。）

——以上《师承记》

钟先生錂

钟錂，字金若，博野诸生。习斋教漳南书院，錂率门弟子行礼，礼器、礼位皆錂为陈设。邑令赵某询以地方利弊，条列十事，终未尝私见于室。赵曰：“是博陵澹台子也。”丁母艰，蔬食寝苫，时方冬，年六十矣，人以为难。《习斋言行录》、《辟异录》、《记余》皆錂所辑，自著有《哀感录》、《女范》、《淑烈集》、《农书》、《一隅集》。年七十九卒，门人私谥“孝端先生”。

郝先生也廉。

郝先生也愚。

郝先生也鲁。

苗先生尚信。

白先生宗伊。

李先生宏业。

韩先生习数。

案：以上皆漳南书院受业弟子。习斋初至院，率弟子谒圣，有释菜文所称七人束脩而来者，其事迹已不可考，兹从《师承记》摘出。郝文灿未知也，与廉等是何行辈，《师承记》仅载其敦请习斋主教漳南，尝寓书问学而已，故未列入弟子。

朱先生宁居（子本良）

朱宁居、主一父子，明宗室。习斋南游中州，闻主一名，反至汤阴，访之，与其父子习礼，送至磁州，别去。又率其少子本良至博野，具贽从游，习礼乐书数，考水火诸学。习斋殁，又率其子从恕谷问学。主一尝言：明亡天下，以士不务实事而囿虚习。仅一阳明能建事功，而攻者不已，俗学入人之深也，识者韪之。

——《师承记》

李先生子青（三子珧、顺、贞）

李子青，字木天，商水人。为乡里任侠，与习斋校刀不敌，率其三子名珧、顺、贞再拜，从游。习斋教之折节学礼，卒为善士，乃闻于时。恕谷、崑绳皆与往来交好焉。

——《师承记》

习斋交游

孙先生锺元，别为《夏峰学案》

刁先生包，别为《□□学案》[1]

陆先生世仪，别为《□□学案》[2]

王先生余佑，别见《夏峰学案》

王余佑，字介祺，新城人，明诸生。入国朝，隐居五公山之双峰，因号“五公山人”。少有才誉，长念明季多故，乃读孙吴书。尝谓事须练，兵器须换。散万金家产结士。甲申闯贼陷京师，遂从父兄起兵讨贼，破雄县、容城、新城，诛其伪官。已而贼败，清师入，散

① 《□□学案》，□原稿字不清。
② 《□□学案》，□原稿字不清。

众隐居五山公，因号“五公山人”。

与人和易、简谅，习斋尝语及门曰：“夫子温良恭俭让，介祺得其二，温恭是也。予当英气奋发时，则思王五公。”恕谷亦曰：“春风满座，经济满怀，吾不如王五公。”

所著书《廿一史兵略》十卷、《乾坤大略》、《万胜车阵图》一卷、《民兵经略图》一卷、《诸葛八阵图》一卷、《十三刀法》一卷、《涌幢草》三十卷、《文集》三十二卷、《居诸编》十卷，又有《认理说》、《通鉴独观》、《前著集》若干卷。

将卒，寄恕谷诗曰：“一天雷电收风雨，欲使乾坤暗里行。尚有高灵护残喘，争留面目见诸生。”

——参《恕谷后集》

贾先生珍

贾珍，字袭什，蠡诸生。季父射斗以邹令署篆曲阜。先生后从焉，得游洙、沂，登尼峄，遍寻孔孟遗迹。归，厌城市纷嚣，徙居邑西北野，从而居者二十余家，命曰“廿庄”。晚年授徒，习斋暨子侄十余人从之学。昧爽莅斋，随材施教，终日肃如。清初文字竞险怪，先生专事《尔雅》。为人知几善守，不可干以私。邑令请见不得，备仪物致之，亦不谢。令去任，往就私馆，报礼，令喜曰：“古所谓‘见且不可得亟’者，君其人矣！”卒年六十有四。

——参《习斋记余》

吴先生持明

吴持明，字洞云，博野人。习斋幼从受学。长于数术，占验多奇中。能骑射、击剑。慨明季流寇，潜心百战神机，条类战阵、攻守事宜，参以己意，成书二帙。时不能用，以医隐。及卒，习斋资其丧。

——参《习斋记余》

李先生明性

李明性，字洞初，别号晦夫。兄弟皆蠡诸生。明亡，不复与试，有劝之者，辄饮以酒。性孝，有祭必斋。盛暑衣冠必整，读书无膏火则燃条香。不以朱、陆为门户，与习斋学合。崇祯末方弱冠，与乡人习射御贼，常挟利刃、大弓、长箭，骑生马疾驰，同辈无敌者。甲申变后，足不履市阙，生平慎独，功甚密，其教人先行后文。病革之夕，习斋赍酒来诀，三饮三拱。遗言曰："进斯道于吾子，须有始有终。"遂卒。私谥曰"孝悫"。有子五人，长即恕谷先生。

——参《习斋记余》

恕谷学案

恕谷之学，原出习斋，其后学乐于毛西河，且受经术，周旋于王草堂、阎百诗、万季野之间。通汉儒经训，要以习斋为归，故世称"颜李"。然恕谷晚出，详于考订，可以补习斋之所不及，其已及者，愈充实而光大焉。

——述《恕谷学案》

李先生塨（习斋弟子）

李塨，字刚主，蠡县人。尝自谓求仁不能期勉于恕，因自号曰恕谷。弱冠受学于颜元，父明性，元所称父事五人之一也。塨幼承家学，长而学数于刘见田，学射御于赵锡之、郭金城，学书于彭通、王余佑，又从余佑问兵法，从张而素学琴。后如浙，从毛奇龄学乐，定律吕。要其归，主于颜元之学，躬耕善稼，俭岁必有收，而食恒粢粝，妻妾子妇执苦身之役。康熙二十九年举人，晚岁授通州学正，浃月，以母老告归。

塨博学、工文辞，与慈溪姜宸英齐名。又尝为其友治剧邑，逾年政教大行，用此名动公卿间。明珠、索额图二相国，尝延教其子，不就。安溪李光地抚直隶，荐其学行于朝，固辞而不谢。皇十四子抚远大将军用兵西陲，再聘参其幕事，皆不就。

习斋之学，如初辟蚕丛，塨益修治疏通之，求其一一可据、人人可行。于是考辑小学成法，著《稽业》五卷，写定《大学》古本，著《辨业》四卷，《辨业》意有未尽，摘圣经之言学者，纂《学规》二卷，《学规》意有未尽，附以友朋往复之言，著《论学》二卷，以补《存学》所未备。晚为《平书订》，复仿《周礼》，《拟太平策》以佐《存治》所未逮。

习斋以六艺立教，先生皆有著录，唯《学御》成书最晚，而《学礼》所录最详。以吾国礼让为国，自治治人，非礼不行也。礼莫重于祭，而农田乃立国之本，民以食为天，而兵则所以卫民也。于是著《田赋考辩》、《郊社》、《禘祫》、《宗庙考辩》四卷，著《李氏学乐录》二卷、《瘳忘编》《阅史郄视》若干卷、《周易传注》七卷、《筮考》一卷、《诗经传注》八卷、《春秋传注》四卷、《论语传注》二卷、《大学传注》一卷、《中庸传注》一卷、《传注问》一卷、《恕谷后集》十三卷。其学务以实用为主，凡程、朱之讲习，陆、王之证悟，皆谓之空谈焉。

塨与王源皆不满朱子。方苞出刑部狱，塨往唁之。苞告以朱子《上孝宗书》，虽晚明杨、左之直节无以过也。其备荒浙东、安抚荆湘，西汉张、赵之吏治无以过也。而世不以此称者，以道德崇闳，称此转小，如视程朱为气息奄奄人。过矣，塨立起自责，取不满程、朱语载经说中已锓板者，削之过半。晚迁博野，葺习斋祠堂，以收召学者。苞使其子道希从学。博野去京师三百里，塨复三至苞家，一问母疾，再吊丧终，则自计衰颓，不能复出，就与言别。驱柴车，长子习仁御，往返刍秣，皆载车中。知苞时窭且艰也，隐居治农圃以终，年七十有五，门人私谥曰“文子”。民国初年从祀孔庙。

——参《畿辅先哲传》、《师承记》、《清史稿》

其解经义，如论《易》以观象为主，兼用互体。谓圣教罕言性天，《乾》、《坤》四德，必归人事，《屯》、《蒙》以下，亦皆以人事立言。陈抟《龙图》、刘牧《钩隐》，以及探无极、推先天，皆使《易》道入于无用。明人以心学治《易》，率持禅偈以诂经，反置象占于不问，诬饰圣训，弊不可穷。塨引而归之人事，深得垂教之旨。又以《大学》格物即《周礼》三物，孔子时古《大学》教法所谓六德、六行、六艺，规矩尚存。故格物之学，人人所习，不必再言。唯以明德、亲民标其目，以诚意指其入手而已。格物一传，可不必补。其说本之习斋，毛奇龄恶其异己，作《逸讲笺》以攻之，而识者多韪塨说。

恕谷交游

毛先生奇龄，别为《西河学案》

方先生苞，别为《望溪学案》

胡先生渭，别见《□□学案》①

① 《□□学案》，原稿二字不清。

万先生斯同

万斯同，字季野，鄞县人，父兄以文学世家。斯同博淹能强记，名尤盛。生而异敏，年十四五，取家藏书遍读之，皆得其大意。宁波有五经会，斯同年最少，遇疑义辄以片言析之。徐氏撰《读礼通考》，斯同与参定焉。

素不慊毛奇龄，后遇李塨，知其从奇龄游，酒余，赫然曰：“先生撰《毛河右集序》，称许太过，将累先生。”塨谢曰：“敢拜直言。”然序文先生未深读也。以躬行自励，以读书归毛先生，方惭虚大，非以屈谀，且圣道恢廓，讵一说而已。复以所著《大学辨业》质斯同，斯同击节称是，且为作序。大意谓后儒不知格物，或以为穷理，或以为正事，或以为扞格外诱，或以为格通人我，非泛滥则凌躐，终不得其指归。恕谷李子其言物，则大司徒之三物；言格物，即学习礼、乐、射、御、书、数之物，得古人失传之旨。卓识深诣为不可及云。

乾隆初奉诏刊定《明史》，以王氏《明史稿》为本而增损之，此稿实出斯同手。尝曰：“昔人病《宋史》繁芜，吾所述倍焉，非不知简为贵，恐后人务博，故先为之极，使知吾所取者有可损，所不取者必非事与言之真而不可益也。”性不乐荣利，见人惟以读书励名节相切劘。所著《历代史表》六十卷、《儒林宗派》六卷、《纪元汇考》、《庙制图考》、《石经考》、《周正汇考》、《历代宰辅考》、《宋纪忠义录》、《六陵遗事》、《庚申君遗事》、《群书辨疑》、《书学汇编》、《昆仑河源考》、《河渠考》、《石园诗文集》。其《历代史表》，稽考列朝掌故，端绪厘然，有助史学。又创《宦者侯表》、《大事年表》二例，为列史所无。

——参《学案小识》、《颜李师承记》

习斋私淑

恽先生鹤生

恽鹤生，字皋闻，武进人。因交李塨，得睹颜氏遗书，自称私淑弟子。于经长《毛诗》，著《诗说》，以毛、郑为宗。

——《武进县志》

程先生廷祚

程廷祚，字启生（全录）。

——参《清史稿》

戴先生望

戴望，字子高，德清人。倜傥有大志，初致力于考据词章，继从陈奂、宋彩凤游。通汉师家法。年十四，于敝簏得先世所藏颜先生书，上题识云："李刚主所赠。"望读而好之，亟欲闻颜、李本末。出其书，询诸邑人程贞，贞示以恽氏所撰《李先生状》，又见王源遗文有《颜先生传》，始惊叹以为颜李之学，周孔之道也。后从程、宋两先生游，治汉儒说，窥见微言大义，益叹颜先生当旧学久湮，奋然欲追复三代教学成法，比于亲见圣人。欲与贞条其言行及授受原流，不幸书毁于火，贞亦早卒。会稽赵之谦者，得颜李遗书于京师，因以贻望。遂条次成书，命曰《颜氏学记》，凡十卷。自序大意，称颜氏为百世之师，正而不迂，质而不俗，以圣为轨，而不屑诡随于流说。视同时越黄氏，吴顾氏，燕秦间孙氏、李氏，其功尤伟。又谓颜氏之学与后儒异者，大致有三。一谓古者学六艺，以成德行，不外一礼，礼必习行而后见非，专博书册诵读，奈何举参赞化育、经纶天地之实事，一归于章句。一谓气质之性气恶，恶也者，蔽也，习也。孟子言“性善”，孔子言“性相近”，语异意同。一谓圣门弟子不宜轻议，故孟子曰：游于圣人之门者，难为言。后儒侈言性、天，薄事功，动诋宰我、樊迟、冉有、季路，是其自视贤于孟子远矣。望生有奇慧，善谈辨，精校刊。中更丧乱，颠沛狼狈，未尝废学，而学益进。同治纪元，大军克金陵，江督延校官书，未几，遂卒。年三十有五，所著书《颜氏学记》外，有《论语注》二十卷、《管子校正》二十四卷、《谪麐堂诗文集》若干卷。

——参《颜李师承记》

先生家贫，甘旨奉亲，自食粗粝，不使亲知。父明性，偕母马氏乡居。先生奉其生母居城中，两居相距二十里。每朔望前日薄暮，先生徒步至乡宁亲，晨兴拜父母各四，乃还拜所生母，以为常。

翰林窦古勤等会知名士为讲会，先生与陈古今升降、民物安危、学术明晦之所由，以及太极、河图、洛书之非，屯田水利、天文地志、兵农礼乐之措置。众愕，顾相谓曰：“乾坤赖此不毁也！”

先生常以所著《大学辨业》就正万斯同，斯同喜甚，特序其书，握塨手曰：“天下学者，惟君与下走耳，太原阎生未足多也！”一日讲会，斯同向众揖先生曰：“此蠡李刚主先生，负圣学正传，非某所敢望。今请先讲李先生学，以为求道者路。”因举《辨业》所论“格物即学六艺”，历历指示，大言曰：“此质之百世圣人而不惑者，诸君有志，幸勿自外！”

门人杨勤为陕西富平令，聘主其事，应之往。先生曰：“富平，乱国也，治法宜严。”教之禁斗争、止赌博、勤听讼、减催科、抑强扶弱，行之期年，民俗丕变。乃语以崇孝弟、兴学校、选乡保、练民兵、劝农兴利，百废具举，关西学者，闻风麇至，先生以省亲辞行，士民饯送十余里不绝。又尝佐郭子坚治桐乡、温德裕治郾城，期年政教皆大行。

先生论治，不过教、养二端，当规其远大，而有本末、先后之不同，尤不可背时为治。尝以钱谷刑名为今时为治所必资：钱谷不扰，用一缓二亦可云养；刑名得当，使民知有所畏，勿陷于邪亦可云教。

附录　恕谷案

唐镜海曰："程、朱之学直接孔、曾、思、孟，其《传注》皆本之躬行心得，先生竟莫之究，乃举与陆、王诸近于禅者，一斥为空谈。惟先生持身谨朴，著书亦有根据，其论《易》大旨谓：'圣教罕言性天，《乾》、《坤》四德，必归人事。陈抟《龙图》、刘牧《钩隐》以及探无极、首先天者，皆使《易》道入于无用。'谓《参同契》、《三易洞玑》诸书皆异端方技之传，其说足以乱道。即五行胜负，分卦直日，一世二世三世四世之说，亦皆于三圣所言之外再出枝节。自来诂经，具有心得，发为新义，虽与前儒有异，亦复何害，乃若肆行排击，矜其所长，客气自高，无学无养，是可知矣！"

——《学案小识》

案：《先生事略》载，方灵皋劝先生勿诋程、朱，先生立起自责，取已锓板者，削之过半，且称其改过之勇。然则镜海所云，或是少年英气时事耳。

师　承

恕谷弟子王先生绍文

王绍文，字宗洙，衡水拔贡生。尝从枣强郑知芳家听塨讲学，读《四存编》及塨所著书，有心解。及应岁试，附丽《平书》，条数事上之学使陈世倌，复与其弟子刘廷忠会呈《存性编》。世倌大奇之，荐于朝，擢成都知县。雍正二年冬，将赴任，寄书来辞曰：“闻教于先生者，详参断，无变塞者。”塨赠之序曰：“越人有为水学者，闻银、夏之间有瀚海焉，具天潢辘轳往而不施于用。归泛黄天荡，泭不得窍，瓶革而嘘之，抱以泅又不得。渔者操刀，往来如飞，嘻而曰：‘噫，来附卬舟。’遂置所挟持而从焉。渔人毋乃诒人乎？王子语予曰：‘不变。’遒祝之矣！”

绍文既为成都，蜀万邑候谒上官日不暇，令是者率工言语，伺形势，不以民事第贤否，讼到官，判状而已。绍文至，叹曰：“何以为政？”乃屏交际，非公不诣大府，日接里老问疾苦、教农桑。或列状来，即坐堂望理曲直，民各厌其意以去。

将军岳钟琪驻节成都，监司以上争奔走，绍文一谒不再往。钟琪欲猎于水，命绍文主办。至日戒车骑，空一府且出。而绍文未报命，使使促之。绍文诣辕谢曰：“今章句儒不谙军事，舟楫益非所习，致方公命。”钟琪盛怒，必欲往。绍文曰：“成都近郊数十里无巨浸，弥望澄泓，皆民所潴，猎则必决其防，决则水涸，公奈何图一时之娱，忘百姓之怨。”辞剀切，钟琪不能屈，罢猎，目曰：“戆夫！”同官皆为耆叹。钟琪卒手书覆答之。

同知某素善谀，绍文嫉之，遇涂争道，弗为让，某怒下舆，难绍文，市人不能平，哗而前，挟同知仆地，或骂之，通衢哄然。绍文以是落职，而同知亦黜。众环绍文伏地泣慰，遣之不去。绍文素廉介，罢官后无以举火，市上人负米荷薪为酒食，隅坐焉，绍文与欢饮而去。明日饷金众络绎道左，吏遏之不能止。抚军闻其事，入禀，擢西安知府，激浊扬清，风益峻。

会钟琪握大将军印征关辅，生杀予夺，督抚咸畏惮之。绍文独与抗，凡均征、输筹、转运事，不便民者，必庭争。钟琪知其贤，常曲意从之。钟琪仆强市民货，绍文绳以法，仆大憾，遇诸街，乘骑过，怒目睨绍文，立缚之以白钟琪。钟琪为谢，戒仆曰："戆夫我犹畏，汝曹胡撄其锋！谨避之耳!"

县令陈某，陈世倌从子也，坐事，力揭之，无所徇。十一年，秦饥，斗米钱四百，民艰食。绍文借库帑二万，赴河南购米数万石，减直以粜，全活甚众。时城中文武官十数，而民间唯知绍文，每一令善，必曰"是王公所争"，不善则曰"是争之不得者"。屡以是忤当道，当道深恶之，与寮属计事，必小语曰："戆夫知否?"又曰："秘之，毋令知。"绍文知不可为，遂谢病免。城中哗哗之民，欲卧辕留，当道谋禁之。绍文曰："是我贻民祸也!"间道微服而去。乾隆元年复起，卒不得竟其用，再以疾谢归。

绍文弟子刘先生廷忠

刘廷忠，字其德，衡水人。绍文弟子，以元、塨之学补诸生。与绍文会呈《存性编》于学使，学使大奇之，屡见赐食。论古今学术，学使屈服。塨以其有功圣道，赠序曰："丧我者吾儿习仁，苏我者刘生廷忠也。"廷忠性颖悟，塨与言《中庸》戒惧慎独之功，闻之豁然。其兄廷直，字邦司，塨尝观其日记，嘉其有志。

恕谷弟子郑先生知芳

郑知芳，字若洲，枣强人。父端，尝任江苏巡抚。同里张叔璋，字瞻抑，闻颜元之学，约知芳共执贽，而元没，乃受业李塨，为刊《习斋年谱》，以表师范。初从李光地游，既从塨学，与订《周易》传注。塨论《易》专为人事而作，知芳亦专注庸常，凡涉幻妙高远皆汰之。伯兄知宠字见百，仲字良仲，叔字长民，皆遗其名。长民尝从塨问律吕。兄弟彬彬，皆质有其文。知芳尤英迈，既领乡荐，塨屡以心性之学告之，称其天资卓绝。会王源卒，知芳与塨约来岁共订其文集。及期，知芳不至，冯辰辑塨《年谱》，塨因自订之，知芳以为先缓急，且涉为名，塨与书辨其事。

冯辰、郑知芳、杜谦牧、杜谦益、刘调赞、林沃、刘熺、刘焞、魏纯武、国之桓、张朏明、李杜、阎键、阎鈵、阎铨、阎镐、阎钰、阎茂宗、阎世昌、赵宏泽、赵宏济、赵宏深、赵宏澍、赵玮、赵昕、赵璘、赵士秀、郭藩、刘心衡、刘心蕙、刘珙、李书思、李元英、钟淑、齐春、彭如龙、彭犹龙、刘贯一、李廷献、陈兆兴、管廷耀、管绍昌。

案：恕谷居忧时，阎中宽聘之设帐，亲与其子键、钠、镐、铨，侄钰，族孙茂宗、世昌皆来从学。赵思光子宏泽、宏济、宏深、宏澍从恕谷于赵庄。赵太若子玮、昕、璘，赵士秀、郭藩从恕谷于刘村。刘心衡、刘心蕙、刘珙、李书思从恕谷于王家营，皆居忧时先后设帐从之受业者。诸阎及赵思光子等，诸刘及李书思皆蠡人。赵太若诸子等及郭藩皆博野人。又有蠡人陈兆兴、李廷献、李元英、齐春、彭如龙、彭犹龙等，博野人刘贯一、钟淑、管廷耀、管廷昌等，先后执贽于恕谷。其余从学之可考者，京师则申奇章、董汉儒、董汉杰、郭锳、郭培、伊维藩、伊维城、祁鼐臣，易州则祝兆鹏之弟，佚其名，肃宁则王业丰、王业彪，深泽则李通及其子基，威县则田如龙，高阳则王楫、齐勋、齐中岳，大名则张珂，安平则赵垂勋及其子瑞鸿、弓巽、弓御九、王博古、王杰期，清苑则冯辰，大兴则郭金汤、郭金城兄弟云。谨记其略于此。

续修《四库全书》刍议

续修《四库全书》之议，发于光绪中叶，编修王懿荣上疏。略谓“时经百载，开通日广，文物日新，厥有市舶泛来前代流通海外之书；又有乾隆之后通材硕学，网罗散失，采集逸佚，复古再成之书；说经、补史、重注、重疏、精校、精勘之书；以及天文、历算、舆地、方志、政书、奏议、私家撰著，卓然经世之书，层见迭出；或先得者残而重修者足，或沿称者伪而改题者真；考据一门，后来居上；艺数之学，晚出愈精；若此之类，上溯旧例，应行著录，其为粹美，庶几前编”云云。奉谕：“著俟《会典》纂辑告成后，由翰林院奏明请旨。”然尔后内外多故，此议遂竟搁置。入民国来，纷乱益甚，投戈讲艺，殆成绝望矣。乃近阅报载，有阁议通过续修《四库全书》之事，盖各国退还庚款，以用于文化事业为限，因之联想及此，固国学之大幸，亦意外之新闻也。按王疏所言，包举赅备，有在修书前未经发见者，有在修书后未及收录者，前者宜补，后者宜续。闻阮文达所进呈二百五十四种尚存内府，其他或抄本流播，或刊本新成，见于中外图书馆及收藏家之著录，按目求书，为数有限，事尚易举，兹所论乃续修之事也。此案已交内、教二部筹议，未审办法如何？惟兹事与他不同，设馆派员等尚非至要，所要者其中之条理次第，而又有难易之不同。约而言之，大旨有三：一曰搜集，二曰审定，三曰纂修。三者之中，搜集最难。搜集不成，则审定、纂修无从说起，而斯议成空言矣。

请言搜集。往在乾隆间，修书议起，诏发内府所储，（闻内府书亦发不尽。）复令各直省进呈书籍。当时惟江浙两省奏进最多，其私家所进，如鲍士恭、范懋柱、汪启淑、马裕四家，各数百种。周厚堉、蒋曾荣、吴玉墀、孙仰曾、汪汝瑮，各百种以上。皆籍隶两省者也。朝绅中，仅黄登贤、纪昀、励守谦、汪如藻数人奏进稍多。（各省所奏进之书，载在各省进呈书目。尝见一抄本，想系当时底稿，其私家所进，俱见谕旨。）就中两粤、云、贵最寥寥。固由各省文化开塞不同，亦视各大吏奉行之力与不力，以故四库书并不完备，除著录、存目及违碍禁毁者外，所遗尚夥。今则中央命令之力极微，学者宠荣之心更减，此例不可复援，其难一也。自来藏书家贵古而贱今，崇远而忽近。古籍一字之异，动色相矜；近儒全璧之珍，熟视无睹。惟南皮张氏《书目答问》、长沙叶氏《观古堂书目》录及近代。然张氏不免谬误，（张氏此书修改多次，仍有谬误，漏略更不待言。）叶氏亦复漏略，一旦从事搜集，何所借资？其难二也。家刻之书与坊刻异，坊刻贩鬻四方，尽人可读；家刻只供馈赠友朋之用，在当时已不能及远。况值咸、同兵燹，新雕旧刻，多付劫灰。其仅存者，非得楹书善守之贤子孙，莫或修补，而未刊稿本之流落散失，更不待问矣。犹忆光绪七八年间，国史馆拟续修儒林、文苑传，咨行各省学政，调取私家著述。夫辅轩所至，就地咨询，时至近而势又至便，宜无不可得者。尝见江苏学政黄体芳刊采访书目一册，黄本淹通，尤致意于此，乃按目求书，十不获一，他从可知，其难三也。综是三难，请抒一得。在搜集之先，宜暂定一待求之书目，（或借用藏书家旧目，或由专门家新定之。）而刊布之。令阅者于本目外，别有所知，得随时举告，续为增入。其本目所列，倘有谬误缺漏，亦得随时纠正更改，于是搜集之方可得而言矣。一曰购书，书之一部属通行者，取之坊肆而可给，此最易办。二曰征书，以补购书所不及。法用奖励，分三种：一、奖以优价。本目所有，（不甚通行者。）或在本目外，无论刻本、稿本，需价若干，其在本目外者，另详书名及书之大旨，作者姓字，出版何地、何时，函达本馆，经本馆认可者，书到如价酬之。凡坊肆以外之人，适用此例。二、奖以名誉。亦分三种：（一）凡以书籍赠送本馆不索酬者，于成书时，在书目下注明某某所赠。又于篇首，另开赠送书人名一门。其赠书至若干种以上，或难得之稿本，另定他法奖之。（乾隆时鲍、范、汪、马四家，各赏《图书集成》一部。周厚堉、蒋曾荣、吴又炜、孙仰曾、汪汝瑮、黄登贤、纪昀、励守谦、汪如藻各赏《佩文韵府》一部。）又赠书者可于该卷首附拟提要一篇，本馆得书当沿用之不另作，即有改窜，仍署其人之名。（《四库全书》每提要后例署纂修者姓名，刻书时删之。）俟成书时，其人得列为纂修员。（二）赠书不分佳劣，一例收受。劣者置列丙种，若拟有提要仍附本书。（但不入汇刊。）（三）交换。本馆已有之书，有欲之者，可函商本馆，以册数略等之某书（不论刻本、抄本。）彼此互换。经本馆认可，照原书另缮一部与之。以上办法，须刊启事，详列条例，通告全国。三曰访书，以补征书所不及，可分国内、国外。属于国内者，宜派若干访书员，分访各省大图书馆及藏书家，以雅意相接洽。（或分省为界，大省则分府居县为界，各派员在所定界内，按省府州县志艺文门，勤加采访，尤注意艺文门所漏略未载之籍。）先记录书名，略分等第：（一）未刊之稿本。（二）罕见之抄本。（三）不甚通行之刻本。以次迻录。私家所有，不无吝惜，可与本人妥商办法，或报酬，或交换，各随所欲。有出刊布书目外者，随报本馆，俾得增入。并以其便，周游各地，调查家刻未印之书，采购坊间适用之本，惟此项访书员，须以稍通目录学者充之。其在国外者，由馆呈请政府咨行驻外各国公使，于所驻国参观其大图书馆，访问各藏书家，凡有关我国图籍，备录书名报告本馆，认为不可缺者，再咨请该公使设法抄录之，搜集之方，此为最要。乾隆时，修书诸臣未见及此，是以多所遗漏。

请言审定。亦分二事。有审定在纂修前者，有审定在纂修后者。在前者如某书入甲种，某书入乙种，某书入丙种。（说详纂修条。）甲乙有轩轾，丙种不与纂修之数，此纂修前审定者也。又如前书（指《四库全书》）已经著录或存目之书，今另得一善本，仍用原提要抑改作，即同此一书，认原提要不当，不可不改作，此亦宜审定者也。其在纂修后者，凡纂修员成一提要，宜审定其合作与否，不合者或酌予更改，或退令再拟，征之前书，所称总纂官即负此项职责者也。任此者，其学识宜高出纂修诸员之上，若徒以年高资老者充数，恐只成具文，或反滋轧轹。则不如以此责分付于各纂修员，使之互相审定，盖事虽各别，而职可相兼耳。至前项审定之事，或疑乾隆时不曾有此，是殆不然。今所传全毁、抽毁书目，皆屏出《四库》之外，使非审定于纂修前，何以辨之？

请言纂修。此事与前书同，价值重轻，全视得人与否，乾隆修书时，主经部者属戴东原，主史部者属邵二云，主子部者属纪晓岚及周书昌。数君皆学适其用，故篇篇精审。惟集部未得其人，因之疏陋谬误特为减色。居今溯昔，殆叹极盛难继。然如仪征阮氏进呈诸书，所撰提要叙而不断，详略得中，似非难企。惟有应商榷者数事：一、宜断自清初为始。（凡其人殁在顺治元年后者皆入之，不须如史家限断之严。）查前书告成于乾隆四十七年，则续书应与是年相接。但前书有数缺点：（一）忌讳太多。乾隆所揭全毁之书至千数百种，概不入录。（愚所见语涉指斥，而为此书目未载者尚多。）又往往因一书而牵连他书，虽非忌讳，亦被屏斥。（如李映碧《南北史注》及《南唐书注》，本已著录，曾见《四库提要》稿本有此篇，后因他书牵涉，致被抽出，故映碧所著书概不著录。他类此者甚多。）此种多有关史料，不可湮没。（二）遗书未出。最著者如顾祖禹《读史方舆纪要》，顾亭林《天下郡国利病书》，万季野《南疆佚史》，胡石庄《绎志》之类。此时只有抄本流传，未被采录。又顾亭林、王船山之遗著，晚近始见授梓，而仍有未尽，岂将一切置之耶？（三）进退失当。姑举其最显者，大儒如孙夏峰、颜习斋、李二曲等，文家如黄梨洲、潘次耕、顾黄公等，诗家如宋荔裳、吴野人、冯钝吟等，所著概入存目。最奇者诗如王阮亭，文如汪钝翁，亦仅以《精华录》、《尧峰文抄》著录，而《带经堂诗文集》、《钝翁前后类稿》，只入存目。而其他著录集部者，又不皆精诣，抑何乖谬至此。综上诸端，若从清初为断，则一切皆得救正矣。（若补修《四库书》，则上述诸端皆当归入补篇，而续书仍接乾隆四十七年后可也。）一、宜分甲、乙二种。凡甲、乙所不收者，另列丙种以纳之。按前书凡例有云，其上者悉登编录，罔致遗珠。其次亦长短兼胪，见瑕瑜之不掩。其有言非立训，义或违经，则附载其名，兼匡厥谬。至于寻常著述，未越群流，虽咎誉之咸无，要流传之已久，准诸家著录之例，亦并存其目。兹仿其意，以所谓上者入甲部，所谓次者入乙部，（张氏《书目答问》亦分甲乙，乙种低一格为别。）其余悉入丙种。甲、乙二种俱撰拟提要，分揭篇首，合之汇成一书。丙种仅列书目及作者姓名、爵里而已。惟前书存目内实不少佳书，去取多未允惬，姑就所撰提要观之，有于其书极力阐扬，毫无贬词者，则亦未践其言矣。在当时舍书而留其目，今则睹目而书已不可求，宜略为变通，于甲、乙二种收之稍宽，丙种即绝无价值，而考家族之遗闻，稽乡邦之掌故，或亦有所取资焉。且书由购赠，弃之何地，但使国家大图书馆中增一空室，而保全已不少矣。一、四部中宜分三大类。经部：（一）纂辑，（二）校勘，（三）笺注；史、子、集部：（一）纂辑，（二）校注，（校勘笺注并为一类。）（三）撰著。盖自惠栋、孙星衍、严可均、孙冯翼、洪颐煊、茅泮林、章宗源、（《玉函山房辑佚书》系章宗源撰，为马国翰所冒。）王谟、黄奭等纂辑之书，包罗四部，至千数百种之多。虽片羽零缣，使古籍复存面目。又自戴、阮、顾、卢、高邮王氏、嘉定钱氏等，盛倡校勘考证之学，如黑暗之室忽放光明，如棼乱之丝觅得条绪，有功群书，有益来学，宜创特例以容之。此外尚有二事：前书目录类附列金石，著录无多。顾时至今日，研索益精，发见益众，班孟坚所谓附庸蔚为大国者也。宜特立一门，分目录、文字及图象、义例诸子目。其原拓本尚存者，宜广为搜储，略分朝代，用保真迹。最新出土之龟甲文字亦附著焉，此一事也。前书词曲类，有词无曲，顾传奇杂剧亦文字之一种，名著何限，宜分立一门。凡金、元以来所有传奇杂剧，一一论列而次第之，又一事也。是二类前书所无，宜溯原最初，勿限时代。至其他门类，体例间有未善，俱仍旧贯，庶免参差。

修书之事述毕，尚有应改善者。前书皆写本，盖亦有故：一由于底本系从内府借出及各省进呈，事讫，理须发还。一由于同时须得数本分储七阁，除迻写外更有何法。而又急于完书，以致缮校不精，讹错百出，至于事繁费重，更不待言矣。兹则情事迥殊，无发还之烦，而有影印之便，可将原本汇集成帙，不但节劳省费也。盖有清一代刻书精美，有胜于宋椠者，并可借此保全艺术。惟是收书之时，刻本宜择初印雅洁者，抄本宜择字体工整者，若仅有粗劣之刻本，及潦草之抄本，须命善书者以精纸端楷另行誊缮，斯乃续书祖本，不得不特为矜慎也。或虑同一书而大小宽狭不一，终欠美观，不知是有补救之法，以白纸套于书页内，全书皆然，大小宽狭配令整齐，外形便成一式，此艺琉璃厂书匠优为之。至于付印之顷，放宽缩小随意所欲，即内容亦成一式矣。

修书之外，尚有二种著作可附之而成功。一为《国史经籍志》。曾见丛书中有黄本骥《国史经籍志》，乃就《四库》中国朝一部分汇录成书，鄙陋不足道。然若以期成于清史馆，亦穷年莫究之事也。且经籍者千秋之业，不宜断代为限。按《隋书·经籍志》本名《五代经籍志》，初亦单行，网罗赅备，堪与《汉书·艺文志》竞爽，宜直接斯志，独成一书，兼综古今，详稽存佚，总此既往，开示方来，定名《国史经籍志》，不与《清史》相附。（《清史》亦可不作此志。）一为清史儒林、文苑传。今所行刻本《国史》儒林、文苑传，虽出阮文达手稿，中经删改，疏略殊甚，曾见国史馆续修稿本，大致相同。同邑陈子砺先生伯陶，尝充国史馆协修，私撰有稿，十余年前就见其目，（闻现已成书。）为补举阮书所遗，及续稿所应有者数十人，先生欣然颔之，犹未尽也。江藩《汉学师承记》甚有原本，未免门户太隘。钱林《文献征存录》取材颇博，可惜书未完成。（愚藏有汪喜孙《尚友记》稿本，可补钱书。）至《国朝诗人征略》、《先正事略》等书，见闻有限，抄撮徒劳。因思修书大旨，例及本人爵里、学行，宜以其便详采事实。凡其书入甲、乙种者，或立专传，或附传，或汇传，书成咨付清史馆，仍辅续书并行。此二书待修之亟不减于续书，值兹事半功倍之会，幸勿交臂失之。

（原载《国学月刊》1927年第1卷第4期。本文据雷梦水《辛亥以来藏书纪事诗附录》整理）

拟印《四库全书》之管见

民国十七年秋，郑鸣之介杨邻葛之意，邀余游沈阳，至则知为筹印《四库全书》事。邻葛规模壮阔，并欲大购遗书，广招名宿，为续修《四库提要》之举，限期竣事。前书印讫，接印续书。又以库书删改错漏，触目而是，不可不借资别本遍校一次，于是议三事次第实现。其通电全国，及用英德文对外通告（系用张学良、翟文选、杨宇霆名），即余所拟稿也。单说印书一事，主张有二：其一，就原书影印，略缩小，如商务馆之《四部丛刊》，后附校记；其二，用库书之名，而易其本，凡库书所从出之本，或较善之刻本抄本，概取以相代，其以原稿本著录及从《永乐大典》辑出各种中，尚未发见别本者，则以三阁本互校（谓文溯、文渊、文津三阁）。既非原书，惟排印乃成一律。为省费省纸，且便于储贮计，缩之至小，如《云窗丛刻》中之《西陲石刻录》，余主张后一办法者也。设馆以后，从事调查，则北平影印工人，不问优劣，只有十余。上海艺此者较众，惟优者多从事商标中之美术画，余者亦不过三四十人耳。即能尽招以来，与所需相差尚远（据预算分五年出书，每日须三百人工作）。且照相所用之器具药料，在外国已不易购，因外国屡经改良，而我则仍守旧辙也。前一办法之最难点在此。后一办法，重在觅书。旧本不易购，惟有向公私藏书家假借。就使各藏书家概不靳惜，然不免多此谘访之烦，奔走之累，稽延时日，又不待论。此后一办法之难点也。虽然，影印之书，仍附校记，校记讵能空作，书之待觅，彼此同之。若谓今所急者印书，校勘无妨缓议，诚不知印书之意何居，岂欲以窳货骗世界耶？则宁勿印之为愈耳。乃办法尚未决定，而邻葛突遭横祸，闻有进谗于张汉卿者，谓杨邻葛所为，无一非欲害汉卿者，即印书一事，将至不可收拾。自邻葛殁后，汉卿曾邀议二次，余仍持前议，然窥汉卿之意，似不欲办，徒以通电在前，不好取消，聊为是敷衍耳。遂毅然返北平。当沈垣通电发出后，南京政府文官处忽来一电，略言中央现正筹印《四库全书》，请勿复印云云。当以兹事向未有闻，推想政府之议，殆不欲一方专其美。在沈言沈，只得覆云，此间筹备已妥，乞以见让，实则同是空言也。十八年夏，余南旋，道出南京，询知此议出胡君汉民，因晤胡君，具述余所主张办法。胡君大赞许，属具说帖，备提出行政会议。旋又言张汉卿尚未表示不印，当令吴铁城就近一询，方好定夺。数月后余北旋，再晤胡君，言已得吴复，汉卿志在必印，姑听之。二十年一月，余因事至南京，又晤胡君，言已与汉卿见面，彼称必印，与答吴铁城者同，且预定赠我一部，赠某某各一部，岂仍是相诳耶？余知汉卿决不印，唯唯而已。以上所述，与本题无多关系，余所以拉杂及之者，以此一段事实，舍余外少有知者，他日编印四库书历史者，不可遗也。

近月以来，教育部与商务馆订约在四库中抽出未刊者若干种，付之影印。此事发表后，颇多反对，其理由大率谓库本种种不善，不如易以他本，而库本中亦有不能易者，拟分甲乙编，甲编印原书，乙编印古本。又谓“未刊”二字亦未妥，不如易以“罕传”二字，以他本易库本之议，此余向所主张也，惟余所主张者，系指全书而言。试一翻历代正史以至各省府州县志，其经籍或艺文之一门，暨公私家藏书目录，其湮没为人所不知，与虽知之而遭遗漏，又晚出为修书时所限者，俱不在内。盖书之散佚也多矣。散佚之故何在？则历来无人负责为保存而流布之也。修《四库》书者，知保存矣，惜著录止有三千余种也。知流布矣，惜传写止有七阁也。光绪间，编修王懿荣奏请续开四库馆，补修未尽及晚出诸书，议未果行，此正吾人今日应负之责，乃未闻倡议及之者。今于此三千余种中，抽印其十分一，而诸君所断断者，又仅十分一中之一部分，无乃见目睫不见丘山耶？“罕传”二字，诚较“未刊”为当，但于印书之目标俱误。《十三经注疏》，最通行者也，而宋本不易得见，此非罕传者耶？若能汇集而刊行之，则阮氏校刊记可废。推之经史子三部中重且要者正多，资之读者亦多。不读则已，读则谁不思得善本，是故同一罕传也，视其用，用之有无大小亦无一定之准，视需之者之多少以为准。今抽印三百余种，大都宋元间撰著，余不敢谓其绝无用，然岂无比较重且要于此者乎？搜奇嗜僻之心理，蕴之个人者，不可推之人人。至若政府举动，又与个人不同，宜注目于大者远者，区区一枝一节，又渺乎不足言也。余为此论，非好破坏，亦非有左右袒，余之意欲政府与诸君，扩充其爱护国学与发扬国学之盛心，以印一部分者推而印全书也。全书印，此一部分者自括其中，而彼我之愿俱达矣。再者，编分甲乙，自是调停之法，惟一影原书，一影古本，同出一源，显成两截，他时续印，又将如何？凡做一事宜通盘打算，不但应为印全书留余地，亦应预为印续书留余地也。难者必曰：知者匪艰，行之维艰，全书筹印非一日，而终不克举者，毋亦议论多而成功少耶？余不暇辨，请述余所主张与办法。

余主张印此书：（一）不用原本，易以他本。其理由：（甲）阁本写工不佳，以文溯本最劣，有言文津本胜文渊者，余未细校，概言之，俱不得算精写本也。（乙）阁本所从出之底本，非最善之本，又经删改，非本来面目。（丙）近来古本流出海外者日益多，国内富于藏书之家，寥寥无几，不出二三十年，将为陆丁缪杨之续，赶于此时为之，尚可及也，否则将俟他国人为之矣。（丁）一书而有数古本，则择用一较善之本，再就他本作校记，附于书后。即如《太平御览》，以余所见明刊、明抄及清刊、日本刊有十余本，宜综合诸本，作一校记。此不过举其一例，他书除旧有校记当然附入外，凡认为稍重要者，宜广参异刻，旁证群书，成一善本。但此事须素治考据校雠之学者，方优为之（奖励报酬之法详下）。是则流布古本之中，兼有整理群书之用，兹举为不虚矣。昨阅报载叶君恭绰等向教部条议列名，皆一时耆宿，且无一非胸罗录略、手熟丹黄者，各掬其精诚，为蠹简拯垂危之命、觅不死之方，此其时矣，则余向者所虑觅书之难，又不足云也。（二）改用排印且缩成袖珍本，其理由（甲）省费，（乙）省纸，(丙) 便储藏。省费省纸，人共知之，无俟赘述，至储藏之便不便，与销售所关至巨。李邺侯插架三万轴，岂可拟之寒儒斗室，况外国图书馆，规制有一定，数百金得一书，不为浪侈（国币二千元合美金止五六百元)，有苦于大莫能容者矣。就余所拟，约中国尺一丈四尺之地，即能陈之。南面拥城者，无次东壁开府，则月入百金之讲学家，地辟半弓之阅览室，俱能购置。销额之广，可操左券。或疑小本书非艺林所重，是不然，巾箱之制，袖珍之名，由来甚古，最通行者，如殿板《古香斋初学记》诸书，最新出者，如上虞罗氏《云窗丛刻》，何尝不令人爱玩。更有一例，余旧藏有《佩文韵府》、《渊鉴类函》二书，皆殿本也。少时喜獭祭，日必翻阅，以卷帙之繁重，甚苦之。后购得同文馆石印本，《韵府》仅十册，《类函》止八册，每检一字，觅一典，随手即得，不觉称快，而二殿本遂束高阁矣。吾人今后应阅之书，日增无已，所谓时间之经济，必须顾及。此大类书，供人参考，犹余向者之于《韵府》、《类函》也，虽有巨册，犹将弃之，于小何嫌？若影印之不适用，亦另有说。凡影印之书，纸必白，墨必黑，笔画显露，始见肖妙。若宋元明旧椠，纸墨暗晦，徒成没字碑耳。尝见影印书，字本联属，而读之似讹错，颇以为疑，后始知由影工于缺字处随便填补，印成看不出也。且合多数之宋元明本而成一书，行格大小，字体方圆，参差不一，美观何在？余甚望此书毕工，接印续书，气脉相联，格式如一。至于影工之不敷需要，余向已言之，就令一切不顾，势亦不可能也。以上所述，只是理论，兹将切实计算，条举如下。

（一）字体。就唐古经，析为单字，用照相法缩成大小两项，大者视印刷用之三号字略小，四号字略大，小者同五号字，其字为唐古经所无者，以两偏旁并合之，大字为书之正文，小字文为书之细注，所影之字，用金类制成阴文字范，由字范造成阳文字粒，即书限用此体，凡承印之家，按范制字分给之。

（二）页数。全书计二百二十九万余页，姑以二百三十万页计，原书每半页八行，行二十字，全页十六行，共三百二十字，兹拟仿西隅石刻录式，该录半页十三行，行二十二字，但上下方尚多余地，拟于上方增三字，下方增一字，实每行二十六字，如此则二百三十万页，约可并为一百万页。

（三）工费。工人按每日八小时工作计，十个工人，每日可出书三十页，此十个工人，一包排字组板种种工作在内。分计之，一工人每日可成三页，一月以二十七日计，约可成八十页。工人月薪以二十元计，据此则二十元得八百页，二十五万元得一百万页，若印书五百部，则每部占工费五百元，印一千部，则每部占工费二百五十元。

（四）纸价。用国产粉连纸，每刀（九十六张为一刀）以一元二角计（此系上海行市），每纸一张，开为十四页，全书约用纸七百四十四刀，纸价八百九十二元八角，姑以整数九百元计，实每部占纸价九百元。

（五）装订等费。成板之后，尚待印刷，计一工人日可刷三万二三千页，约一月可刷一百万页，工人月薪以二十元计，全书印刷费，实二十元，印刷后，经过种种工作，订成整册，计一万页需银八角（此系北平行市），一百万页，共需银八十元，每部装订费实八十元，书面用染色纸，一万册约需三十元，订书用白丝线，一万册约需三十元，切书刀费，一万册约需二十元，合共需费一百八十元，或尚有琐碎未及计者，姑假定为整数二百元，每部实占装订等费二百元。

（六）校费。排印书最重校对，兹拟校对分三次，初次校员，月薪二十元，此项校员，不必考其文理，只须识字略多者，便可充之。其校法，每四字一对，印本有误，照原本改正。向闻先辈言，校书之法，此为最善，是名笨校。若文理通顺之人，顺文气读下去，反多忽略也。二次校员，月薪三十元，三次校员月薪五十元，以文理之深浅，学识之高下别之。初次校毕，移之二次，二次校毕，移之三次，须严定罚例，有一误字未校出者，罚薪若干。初次误字，罚初次校员。二次校员未校出初次误字者，罚二次校员。三次校员未校出初二次误字者，倍罚之。乾隆时，印《武英殿聚珍丛书》，翰林院诸臣充校对，每页署校官姓名，误一字，罚俸一年，以故此书无一误字，可仿之也。每校员限日校三十页，一月以二十七日计，每校员约月校八百页，校对三次，每八百页，实需校费一百元。全书一百万页，需校费一百零五万元，姑以整数一百万元计，每部实占校费二百元。但此项校法，可以变通，或将三次分作四次五次（分四次者校员月薪各二十五元，分五次者校员月薪各二十元）。又或由一人包办三次（需另定较严之罚例，以防怠惰放弃），俱无不可。惟定为每百元校八百页，其费不得增耳。三次校对以外，尚有高等校对，须通博之儒，且平素致力于考据校雠之学者，不但校印本之误，并能以他书证明原本之误，加入校记之内。此项校员，地位高尚，须以印出之单种书为酬，计成绩之多少，为酬书之比例。又别有奖励校书之法，有人能于向未校过之书，作一校记，送交本馆，由本馆审查一过，认为妥适，亦可援用前项酬书之例。此项校对，不酬现金，故不列入预算。

（七）成本总额。以上分项计算，每一部共成本一千八百元（系以印五百部计），惟其中工费校费纸费，可以伸缩。因工费占二十五万元，如印五百部，则每部占五百元；若印一千部，则每部止占二百五十元耳。增印或减印，俱照此以推。校费亦系按印书多少而增减。纸价系照中等粉连纸计。如改用上等粉连纸，或棉连纸、宣纸，可按纸价递增。又或改用毛边纸，或洋粉连纸，则按纸价递减。此外各项则不以印书多少为增减也。尚有他种事务费，不在此数，当于定价时加入之。

（八）册数。原书三万六千册，兹拟并为一万册。平均一百页为一册，每册中尺三寸二分，二百册装一木箧，每箧中尺一尺四寸，内分四格，每格装书五十册。一万册共装五十箧，五箧为一排，十排平列，共占地中国尺一丈四尺。

（九）售约。全书一万册，分三期出书。第一期三千册，第二期三千册，第三期四千册。全书三千余种，分配于此三期中，大约第一期，罕传本占五分之四，第二期，罕传本占三分之二，余书统归第三期。每期分售预约，不售全书预约。固各项预算，或因年月而有变迁也。每期出书，最速以一年为限，迟不可过一年半。另售单种预约，以页数计价，每百页售价若干，不及百页者不计。每期售出单种预约若干，印书时即增印单种若干。

如上所述，其最使人骇异者，乃全书如此之巨，而成本如此之廉也。犹忆民国十四年间，北政府议准以是书交商务馆承印，闻缩印本（同《四部丛刊》式）每部拟价一万二千元。以彼例此，大相径庭。余所列举，非出臆造。俗语云，大话怕算数，此乃极浅之数，大家一算，便知虚实真伪。今退一步言之，余所拟，即有差违，但相距必不甚远。再退一步言之，假所费一倍两倍于余所拟者，亦不可不印。方今东方文化问题，为世界所重视，而庚款用途，又限于文化事业。夫文化事业，有重于此者乎？政府岁糜百数十万以养有名无实之文化机关，岂有于成绩可立见者，而靳此些微之补助耶？况因此书之印，而造纸业、印刷业，随之勃兴，于提倡实业之旨，大相应也。

更有言者，余草此议，绝无成见，不过本一得之愚，供国人采择。如以为是，请以群力共督成之，余不敢居功，尤不愿身与其事。如以为不是，请别研究所谓是者，俾国内外早慰观成之望。幸勿徒兢意见之私，使惊世伟业，因相持而归于停顿也。前人《题观钓图》诗云："得渔同一喜，何必我持竿。"愿我同志，共事斯语。

余述此文，以是书屡拟印而未成，或且疑终不可印，而抽印之说，此亦一因。读余文者，于此可释然矣。然另有一说，则以是书不宜印，即印亦不宜全印，其所持之说，大别有二：其一，谓是书成于专制帝王之私意，毁禁所余，仍有删改，庸滥充数，势何能免。不知所谓私意者，止在妄删妄改，复其所删所改者，于原书固无损。此余所以主以古本易阁本也。至于滥收之书四库凡例亦不讳之，所谓论人而不论书者是也。然如椒山之文、石斋之学，讵可菲薄，惟范承谟、嵇永仁、潘天成诸集，著录清初，诚不足与王朱汪毛相俪。然奖励忠孝，其旨有在，且亦仅见。四库去取之旨具见凡例，所云长短兼胪，瑕瑜不掩者，指著录诸书言也，今亦无以易之。所云言非立训，义或违经者，指存目诸书言也，此则尚待商榷。以不在本文范围内，姑置不论。大约万历以前，旧籍之未亡者，十得七八，遗漏之故，以搜书之道未广，而非有所忌讳也（其以为忌讳者已删之改之矣）。万历以后诸书，始有忌讳，有忌讳斯有禁毁，故吾人致憾于《四库》者，在隘修而不在滥收。假使易乾隆时为今日，易纪昀、戴震诸人为我辈，此三千余种，未必见其可弃也。又有一辈，以不适用为说，附和者大都不学之徒，本不值辩，然不可不一折之。用之一字，随人而异，是丹非素，人之恒情。治史者荒经，为汉学者仇宋学，溺蟹行文者，至欲并数千年古籍，付之一炬。其持相反之见者，立说之相反正同，皆一偏之辞也。尝见旧家，子孙之谨厚者，必斤斤保守祖若父之遗物，不敢失坠，岂以其适于用哉，毋亦曰此吾先人手泽云尔。此极博之载籍，非吾数千年祖宗所留贻耶？亦既有之，可不讲求保守之道，而听其湮没耶？近二十年来，旧籍多流出海外，大藏书家悉被捆载以去，书价愈昂，输出愈盛，近疑骎骎尽矣。彼不同文之国，又曷为宝此无用之物耶？又其一，则谓《四库》书中，通行者占大多数，得全书者必嫌其复，何必多此赘疣。此说较前一说尚值研究。顾尝思之，我辈伏案数十年，若《书目答问》所载，必有若干供平时应用，然彼我之间有不尽同者矣。我辈以为通行者，在他人有以为不甚通行者矣。且是书之印，岂但为我辈设哉？又岂但为今日计哉？假如有骤起之家，或新设之图书馆，欲得全书乎？欲得不全书乎？又假如此书流传至数百年后，所有通行单本俱就湮灭，而罕传者独赖兹役而得存，将使今时之通行者变为他时之罕传，更望何人，力搜而重印之耶？且既用《四库全书》之名，缺其一页，即非完本。犹记数年前，有乡友卢某，就余借抄粤雅堂本《文史通义》一册，余告之曰："此书有通行大字本，全书五册，价止一元余，今抄此册，抄费非三四元不办，子何不识算耶？"友曰："非也。大字本我亦有之，我有《粤雅堂丛书》共四百余册，售与书坊，已议妥价二百元，检之乃缺此册，售者要减价五分一，余欲以大字本相抵，售者曰：'我售《粤雅堂丛书》，非售《文史通义》，丛书按目，缺一册则不可售，何能以他本补？'故不得已抄之也。"余为憬然。此可为印《四库全书》者之前例矣。以上诸说，为前文所未及，理甚显浅，然恐无以塞纷纷之口，故复赘于此。

（原载《国闻周报》1933年第10卷第35期。本文据雷梦水《辛亥以来藏书纪事诗》附录整理）

关于印行《四库全书》意见书

一、选用完本

《四库全书》北京、奉天、热河共存三部，惟北京所存经拳祸遗失不少。奉天文溯阁所存于日俄之战，亦失去七十余函。闻热河行宫所存尚是完璧，如以京、奉所存为蓝本，其残缺当用热河本补足。

二、择要校勘

四库传钞以清室旧存各省采进之本为根据，缮后均经覆校。校勘之后，如再发现讹字，有罚俸之规定，当日对于校勘之举，不为不重。然武英殿聚珍板之刊，其校勘罚则尤严，有因一字之误，而罚俸半年者。今日观之，内聚珍版书籍，讹误仍不能免。以彼例此，当出一辙。惟全书浩繁，何从入手？是必将卷帙较重、世俗易见及不甚重要之书剔除大半，专取篇幅较简，关系较重及外间别有精本、善本者若干种加以覆校。另作校勘记附诸卷末，庶为轻而易举。此举如款项充裕，可礼聘通人，使之尽心从事，否则假以虚名，使尽义务，尽可于校勘记内允其列名，亦必有乐于从事者。至校勘依据之书，不妨向各藏书楼及藏书家广为征求善本。又清室缮写《四库全书》，证以提要，多出各省采进。此项原书是否现仍存在，如能查得下落，即据原书为校勘底本，则尤易为力矣。

三、酌加序跋

既有校勘之举，即不可无序跋以引其端绪，或叙其经过，或序跋与校勘互出错见，斯与徒作书贾者有别。南海潘氏刻《海山仙馆》，虽选择均系精本，而始终不著一字。书虽流传，而潘氏徒负富商之名，毫未增个人之价值。歙县鲍氏刻《知不足斋》，一校再校，一跋再跋，往往于板已刻成之后，覆加骑缝小字或卷尾题记。南海伍氏父子刻《粤雅堂》及《岭南遗书》亦然。虽出谭玉生氏手笔，而伍氏之名并不因之稍减。昔张文襄谓鲍氏刻书仅三十余函，其功既非细，五百年中其名亦不能没。以彼例此，如果加以序跋、校勘，在事诸公其功与名足与世界并垂久远，有可断言者。

四、推广销路

此种巨大之制，非假政府及国外之力不易畅销。各国藏书楼以美国为首屈一指，如国家藏书楼、国会藏书楼、地方藏书楼、城市村镇藏书楼、学校藏书楼以及普通专门各种学术藏书楼，综计全国，不下三千处。如美国一部分能商榷就绪，即以全数藏书楼什一计之，已可消至三百部。此外，欧洲各国以一国一二部计，亦可消至五十部。再以本国各省及各国立学校计之，亦可不下五十部。诚能由政府出名发行预约，预收书价若干成，期以若干年竣事。即由政府担保，期以必成。则印行以前，既可预知准能销若干，且可得一宗巨款以为开办费。然后再设法筹款，如能筹得多数，并可加印若干部，以便逐渐行销。如此办理，既轻而易举且较有把握。

五、加印珍本

四部之刊原为流通国粹、嘉惠士林起见，然一人之年力有限，既不能全读，私家之财力不足，亦未能全购。在印行者虽存盛心，而在士子仍难沾实益。窃意应于全部分中就其篇帙较简、流传较少且最为有用者，选出数十百种，加印若干部，单行零星售卖。在制版上石毫不多费，不过加以纸料、人工即足。此项办法，不惟士林受益，抑且积少成多，可以收回巨款或于开印之前即发售零种预约，尤为便利。

六、储蓄纸料

纸料缺乏，刻下已兆其端。闻系因商务印书馆刊印《四部丛刊》，用纸较多之故。此说确否，虽未敢必，然以区区《四部丛刊》即足影响纸张市价，则《四库全书》十百于《丛刊》者，其将来之影响犹为足虑。查现在南省纸商均有行会，往往因生活程度日高，即行公议加价之举。印书以纸张为主要原料，一旦中途加价，则以前书价预算，均为所破坏，甚至停工待料，牵动全局，以至功废半途。窃意四部之刊，用纸浩繁，最好先筹的款，自设纸厂。好在华纸仍可用旧法，建厂之费极微。否亦须与南省纸行订有条件，按时供给，不得把持，亦不得无故增价。最下策亦应于开印之前，不动声色，先行分期收买，存有成数以备缺乏时之用。此节关系印行大体，极为重要，幸请注意。

七、择印存目

查《四库提要》有正书、有存目，存目之中，其精华多已括于正书之内。以故《四库》抄本只有正书，然存目中亦有极重要、极有用之书。不过当时以学说稍歧，或触犯忌讳，故置诸存而不论之列。现时代既有变迁，思想潮流不无因之而易，似宜将存目中有益当代文化者择印单行，以惠学子。

八、择印续书

《四库》搜集虽极宏富，然均截至清乾隆代止。此后百余年中，续出有用之书尚多，似应以余力酌为搜集印行，以免沦散。清阮文达《揅经室外集》即《四库》未收书目，若专就此书所列者搜求发印，尤为事半功倍。

九、续编书目

目录之学，不惟可供参考，且能使因目录而引起搜求者之注意，原书遂不至散失。历来各代，每经一次之变故，即有若干书籍随之湮灭。按之史书所载不难证明，《隋书·经籍志》所载经唐末黄巢之乱、暨《永乐大典》所载各书经闯献之乱，均十不存五，是其明证。清代乾嘉以后，名儒硕学之著述，何啻充栋？及今罗致，尚未晚，此亦关于文献一大事也。

十、设藏书楼

学术昌明，固以教育为根本。而藏书楼、图书馆实为灌输学术、流通文化最要之图。我国都会以及各省虽有此种设置，以较欧美各邦，远有未逮。窃意及此时机，由政府通令各省，就地筹款，迅速建设。同时，即购新印四部《全书》存储，实较枝节搜求者为整齐有用。提倡振作，亦惟当事诸公是赖，不禁企予望之矣。

#《四库全书目录补编》序

神州旧国，为东方文化起源，有甚长之历史，有极博之载籍。自结绳进为书契，而述作渐繁；竹帛易为版刻，而流布更便。上世坟典，守之在官；柱下之职，迄周勿替。迨春秋战国间，天子失官，诸侯去籍，极于秦人燔书。汉兴，收拾煨烬之余，开献书之路，建藏书之策，置写书之官，于是遗书复出。成帝时特命刘向校之，每一书已，向辄条其篇目以奏。向卒，哀帝复使子歆卒父业，遂成《七略》。自汉以来，海内之书，悉聚于内府。虽纷乱之际，不免散亡，但不久仍鸠聚如故。其继《七略》而成者，则有班固《六略》、王俭《七志》、阮孝绪《七录》、许善心《七林》。至荀勖更分四部，而李充、谢灵运、王亮、任昉因之。唐称四库，宋号六阁，其目分见诸史《艺文志》。明永乐间，集群书为《大典》，清之《四库全书》又因之。距今以前，无国家大图书馆之组设，使五千余年文献，得继续保全，赖有此也。

今就《四库全书》论之。《大典》拆散群书隶于每韵之下，《四库》则各还原帙，其他体例，亦经斟酌，择善而从，是其所优也。所憾者，以累代递遗递增之书，所收止三千余种。盖承康雍文字狱屡发生之后，多所猜疑忌讳。为深文之论者，谓高宗借修书之名，行焚书之实。观于同时有焚毁书目之颁行，是其证矣。

顾修书诸臣，亦有当分其咎者：挟掊击之私，则弃所不当弃；惮考证之博，则遗所不当遗。（谢章铤《观澜堂诗集》序云：予于丙申、丁酉间预《四库提要》之役，时总纂纪晓岚先生督功课，每日各阅书十种，晨发暮收，届十日而催促全完，弗容逾限矣。于是探阄者盼得子、集，而惮逢经、史，冀《提要》之易就也。集部中往往有文堪抄录，而作者之本末无可考，辄抑退而入存目者。）抑修书之先，宜就公私藏弆、师友见闻，商定一必不可缺者，以为征集之准的。彼乃不然，姑举一二端。如惠栋之《古文尚书考》，见于《提要》所引，而著录无其书；卢象昇文集、《奏议》，同刻于乾隆初年，《提要》亦言之，而奏议独任其缺；陆机、陆云兄弟所著，称《二俊集》，顾收陆云而遗陆机。凡此皆极不可解者。事前无预备，局内不公开，此又官修书之通病矣。且是书成于乾隆四十八年，继此正值吾国学全盛之期。如考据之学、校勘之学、辑集逸佚之学以及天文历算、地舆方志、金石目录之学，无不后来居上。又如孤本之偶存海外、深锢私家者，往往因缺而获全，从晦而复显，此赓续之必不容已者也。

往者光绪中叶，编修王懿荣尝奏请续修，廷谕“俟《会典》纂辑告成后，由翰林院奏明请旨”。其后内外多故，此议遂竟搁置。距今又数十年，世变迭更，新旧之蜕代，兵火之摧残，零缣断简，随贾舶以东行，宿学耆儒，似晨星之待尽。

向抱宏愿，惟以兹事体大，非可卤莽以尝试。先成书目，期与海内宏达，共相商榷，尚望订其谬误，补其漏遗，俾臻于美善完备，供校理旧文、发扬邦粹之用。此区区所希冀，而未敢自信。

（原载《广东文征续编》卷四，广东文征编印委员会，1986）

建文逊国考疑

建文逊国，为《明史》一大疑案。余谓疑之可也，以其疑而概芟之，未可也。论者谓国君殉社稷，愈于毁形逃遁，余谓不然。有史以来，独煤山一缢有遗烈耳。（梁主瑱自杀，① 后唐主从砢自焚，《纲目》俱不予之。）犹有议之者，谓国君指诸侯言，犹后世郡县吏有守土责者，城存与存，城亡与亡耳。天子不以畿内为界，充其义。如《诗》所云："普天之下，莫非王土；率土之滨，莫非王臣。"故晋之东迁，宋之南渡，转以去而延其社稷。夫燕王非犹是高皇帝之子耶？以叔代侄，社稷未尝亡也。则殉之为无名，不但无名而已，又有罪焉。彰皇祖立孙之隐憾，贻叔父弑主之恶声，故为建文计，宜逊国，不宜殉国也。虽然，此理论耳，而事实固有可证者：（一）成祖刑讯建文之中涓嫔御；（二）惠宗无园陵；（三）胡濙巡云贵湖湘。是建文之遁，彰彰不可掩也。正统五年，升思恩州为府，《通纪》大书曰获异僧也，是建文之归，又彰彰不可掩也。所憾者，《实录》未详纪其事，私家记载，又以传闻异词，多所舛漏。自《致身录》、《从亡随笔》二书出，而真相乃大明。或疑古文晚出，不无伪托，不知永乐以还，法禁甚严。神宗万历十二年，始赦建文忠臣亲戚谪戍者。二十三年，诏复建文年号，朝事附《太祖本纪》后。未几，二书即同时流布。昔秦焚书，至惠帝四年，始除挟书律。至武帝时，而献书者始出，彼汲冢《竹书》，井中《心史》，亦何以异于转轮道藏之所藏乎？始攻《致身录》者，钱牧斋也，潘力田兄弟和之，益吹毛索瘢，以史仲彬之名，见于《从亡随笔》，因而牵入，然未遍及他书也。李映碧拾牧斋余唾，推之一切，无非子虚。王横云别具肺肠，万季野、朱竹垞有意迎合。后之谈史者，如犬吠影，如虫应声，莫或深究，可悯孰甚？余爱阅明人说部，见关于逊国事迹，始亦疑之，继而疑信参半，终乃大信之。诸书

① 梁主瑱自杀，此处的"梁"，当是指五代时的梁，梁有两个皇帝，即太祖朱温及末帝朱有贞，末帝末年改名为瑱。见薛居正等撰《旧五代史》，卷八（中华书局标点本113页）。原稿"瑱"字不清，考证为"瑱"。

参错不一，且多矛盾，然合而观之，正可互相证明。大凡事之真者，虽证据不充分，而皆有蛛丝马迹之可寻。其伪者，则无处不露破绽。兹编参稽众书，折衷一是，释疑辨惑，务得其真，不为空谈，不持偏见，庶几五百年之疑案，由兹判决焉。

王鏊《震泽纪闻》曰：太宗师渡江，薄都城，建文君阖宫自燔死。或传实自火逃出，或传蜀府兵来赴难，窃载以去，莫察其实，故遣胡濙巡行天下，以访张仙为名，实为建文也。终莫知所之。正统间，有御史出巡，忽一僧当道立，从者呵之，不退。问之，则献诗云云，乃建文也。御史奏之朝，诏朝臣会问，亦不察虚实，后卒于禁中。诗曰："流落江南四十秋，归来白发已盈头。乾坤有恨家何在，江汉无情水自流。长乐宫中云气散，朝元阁上雨声愁。新蒲细柳年年绿，野老吞声哭未休。"

按：记建文出亡事，此为最先。文恪记他事，大抵翔实，惟此则多涉影响，然亦足见兹事之流传已久。胡濙巡行为建文，事实彰著，文恪所记，亦其一证。建文破露，即以此诗，《从亡随笔》但举"长乐宫中"二句，"云气"作"花气"，当日广西藩司奏送案中必附此诗，故一时流播，而文恪得录其全也。

黄佐《革除遗事》曰：建文更姓名曰"杨应能"，后被思恩知州岑瑛捉解赴京。升州为府，即擢瑛为知府。

按：此条所记，一字不错，惜太略耳。与《皇明通纪》全同，参之《从亡随笔》，原委始明。

又曰：建文在湖湘间某寺中，正统时八十余矣。一日闻巡按御史行部，乃至察院，言欲入陈牒，门者不知谁何，听之，直入至堂下，坐于地。御史问："尔何人？讼何事？"与以纸笔。即书云："告状人姓朱，太祖皇帝长孙，懿文太子长子。"以付御史。惊曰："老和尚，事真伪不可知，即真也，吾与尔无君臣之分，不得行此礼。虽然，尔老如此，复欲何为？"曰："吾老矣，无能为也。所以出者，吾此一把骨，当归于父母之侧耳。幸为达之。”御史命法司守护，飞章以闻。上令送至京师，遣内竖往视，咸不之识。建文曰：“儿曹幼，安得及事我？固应不识也。吴诚在，召之来。”众具以白，上命诚往，亦为迟疑。建文曰：“不相见四十年，可记得某年月日，某殿汝侍吾膳，吾以挟一脔赐汝，汝两手皆有所执，不得执。吾掷之地，汝伏地，以口取食之。宁相忘耶?”诚忆之，大恸。反命曰：“信也。”上命迎入大内佛堂中，养之久而殂云。

按：此条前半涉影响。内侍审视事，诸书所记多同，必不谬。

王士贞《弇州别集》曰：史云，正统五年，有僧年九十余，自云南至广西，给人曰：“我建文也。张天师言，我四十年苦，今满矣，宜亟反邦国。”命其徒清进特诣思恩府。土官知府岑瑛执送统兵柳溥。械至京，会官鞫之，乃言其姓名为杨应能，钧州白沙里人，洪武十七年度为僧，历游两京云贵，至广西。上命锢之锦衣狱，四日而死。同谋僧十二人，俱戍边卫。此事与薛应旂所纪相近，然应旂实借此而附会之耳。其人乃杨行祥，非杨应能也。建文以洪武十年生，距正统六年，当六十四耳，不应九十余也。大抵建文出亡与否不可知，僧腊既已深，当灭迹以终，必不肯出而就危地。所以有此纷纷者，止因杨行祥一事误之耳，亦未可深信也。

按：元美此记，十得八九。其一间未达者，在误认杨应能、杨行祥为一人。杨行祥事，见《实录》正统六年，此伪建文也。而真建文为杨行祥，亦在此案中，《实录》不载，故元美有此误也。

黄御史大克曰：吾乡侍郎王瓒，述其前辈某，为南京刑部河南司郎中，亲见一老僧坐于都察院堂上。后解至京，朝廷审问得实，密养于禁中，声言有僧妖言惑众，取狱中一老囚髡之，斩于市，以息天下之心。建文竟以寿终，葬西山某处。（此条见《建文朝野汇编》）

按：此条可与《弇州别集》互证。元美误以杨应能、杨行祥为一人，此则知一养于禁中，一斩于市，确为二人。求其故而不得，乃以狱中老囚当之。据《从亡随笔》，建文槭入京师，先至金陵，而黄御史此语，得之侍郎王瓒，瓒又得之亲其事者之刑部某郎中，与他道听途说者不同。在建文来归，此乃赘笔，可有可无，作伪者必不注意及此。《从亡随笔》得此一证，决知非伪。

杨循吉曰：建文之逸也，一御史随之，君臣俱祝发为僧。建文居山中不出，御史时出应付，又不通佛经，止诵《周易》而已。得衬施，买米麦以供建文，后御史病死。或谓御史即雪庵和尚，非也。姜时川曾言其姓，惜乎失记，建文无从得食，故不得已而出。（此条见《建文朝野汇编》）

按：某御史当指杨希贤。以雪庵和尚为希贤，见《革朝遗忠录》。

《说听》曰："薛判院言建文卒，谥为天下大法师，且出其《供状》，云录之秦宦官家。秦言是建文手笔"。《供状》："皇亲朱允炆，年六十四岁，耳聋疾，系太祖高皇帝长皇孙。初治天下，不得太平。戊寅年，公皇驾崩，允炆于闰五月十六日登基，管四年天下。壬午年，有叔王金川门来。允炆从水关走出，为僧三十九年，至今年老耳聋，难以度日。思想公皇坟墓，在九龙山紫金地上，年久无人拜扫，前去思恩州借土夫三名。不想州官有护国之心，将允炆提赴总兵官处，解赴来京。允炆不从实供，难辨真假。《供状》是实。"（按：《说听》为明人所刊《烟霞小说》之一种，无撰人名氏。）

按：此《供状》录之宦官家，来历可信。建文口吻亦酷肖，"难辨真假"一语，显系为杨行祥发，总兵官者柳溥也，可与《弇州别集》参证。据此知建文不忘紫金山坟墓，迎入大内，非其心也。李映碧所疑，观此亦可释然矣。

郑晓《今言》曰：溥洽字南洲，浙江山阴人。洪武初，荐高僧入京，历升左善世。靖难兵起，溥洽为建文君设药师灯忏，诅长陵。金川门开，又为建文君削发。长陵微闻其事，囚南洲十余年。荣国公（按即姚广孝）疾革，长陵遣人问所欲言，言愿释溥洽。长陵从之。释出狱，时白发长数寸覆额矣。走大兴隆寺，拜荣国床下，曰："吾余生，少师赐也。"仁宗复其官。卒年八十二。

按：杨士奇为溥洽撰《塔铭》云："溥洽字南洲，山阴人。于郡之普济寺，礼雪庭祥公为师。从具庵玘公于普福，贯串经范，旁通儒典。洪武二十二年，召为僧录，司右讲经。三年，代梦观主天禧。又三年，由左阐教升右善世。太宗即位，召斯道衍公于北京，命主教事。公以左善世逊衍，而已居右。永乐四年，诏修天禧寺浮图。车驾临幸，命公庆赞，祥光烨煜，天颜悦怿。时有任觉义者，忌其宠，构词间之，左迁右觉义。公不辨，自裕处如。既而上察其心，复右善世。又云三四十年间，巨缁老衲，有文声者，师与衍公为首。衍公既进位宫师，晚年于师尤厚。将化之前一日，太宗皇帝亲临视之，问所欲言，独举师为对，不及其他"云云。于设忏削发及下狱之事，俱不书。然云遭谗左迁，又云衍公将化，独举师为对，则其事在隐约之间。又周忱撰《凤岭讲寺记》云："公当永乐间，尝为同列所间。太宗皇帝欲试其戒行，幽之于禁卫者，十有余载"云云。竟明言下狱之事，惟不言所以被幽之故。杨、周二公身事成祖，服官史馆，所言宜得实。意存忌讳，乃史臣记事之体，固不足异。钱牧斋谓郑氏记逊国事，多流闻失真，此其最可信者。唯为建文薙发与史、程二书所记不合，自可两存其说，无论溥洽是否薙发，必与于建文为僧之事者也。

又按：《明史·姚广孝传》云："永乐十六年三月入觐，年八十有四矣。病甚不能朝，仍居庆寿寺。车驾临视者再，语甚欢。问所欲言，广孝曰：'僧溥洽系久，愿赦之。'溥洽者建文帝主录僧也。初帝入南京，有言建文帝为僧遁去，溥洽知状，或言匿溥洽所。帝乃以他事罪溥洽，而命给事中胡濙等遍物色建文帝，久之不可得，溥洽坐系十余年。至是，帝以广孝言，即命出之。广孝顿首谢，寻卒"云云。

按：《明史·姚传》此段，当是采郑氏之说。又按横云山人《明史稿·姚广孝传》云："永乐十六年入觐，年八十有四矣。病甚不能朝，仍居庆寿寺。命从者，天子且至，顷之车驾临幸，语甚欢，赐以金唾壶。问所欲言，广孝曰：‘僧溥洽系久，愿赦之。’帝即命出焉。溥洽者建文帝主录僧也。广孝顿首谢。将死，刻期告门人，及期敛夹端坐而逝”云云。《传》中止有“溥洽者建文帝主录僧也”一语，不及其他，盖王鸿绪素不信建文逊国事。故原文如此，而乾隆时馆臣认为未安，乃补入此段也。

《今言》又曰：张三丰，辽东懿州人，名君实，字全一，又字玄玄，别号保和容忍三丰子。不饬边幅，人号“邋遢”。日行千里，静则瞑目，旬日一啖，斗升辄尽，又或辟谷数月。洪武初，至大和山，往来长安、陇西、岷州、甘肃，又至扬州。成祖遣礼科给事中胡濙，名求邋遢，实访故君云。

按：成祖非好神仙者，访一张邋遢，亦何至十数年而未已耶？据李贤撰《胡濙墓碑》云：“丁亥命公巡游天下，以访异人为名，实察人心向背。癸卯，自均襄还朝，时车驾亲征北虏，驻跸宣府，公驰谒行在所。上卧不出，闻公至，喜而起，且慰劳之，赐坐与语，上欣然纳之，向所疑虑者至是尽释”云云。所云“人心向背”者，何谓耶？人心有所向乃有所背。考丁亥为永乐五年，若果建文已死，遗臣亦尽，建文素无恩德于民，民即思之，又何所依以为向背，而须亟亟焉察之耶？于此可断建文实未死也。濙此行，非徒卜建文生死而已，乃察其有无异图，及人心之归附与否也。就此以推，建文之遁，成祖盖知之而故纵之。所虑者其名义足以煽动宇内，于己不利，而又不欲无故杀甘心遁荒之皇侄，故胡濙驻外十余年。一方监视其行动，一方又保护其安全。不然，建文本生有异状，又所至多留墨迹，濙何难物色得之。即曰大索不获，岂无了期，何至出而归，归而又出耶？癸卯为永乐二十一年，建文之在外久矣，其侦察之者亦既周且悉矣。建文既深自晦匿，人心亦日远日忘，濙于是有最后之复命，所云“上卧不出，闻公至，喜而起”者，急欲闻此报告也。所云“上欣然纳之，向所疑虑至是尽释”者，濙必详述建文近状，及朝廷应取放任之意。故帝闻之，而向所疑而虑之者，尽释然也。李贤与濙，同时同官，又极交契，此事濙知之，贤亦知之，且不啻明揭以告天下人也。李卓吾曰：胡忠安之忠大矣。永乐在位二十一年，犹未放心于建文，而所托心腹之臣，惟忠安一人。孰知忠安一日在湖襄，则建文一日得安于滇粤诸寺耶？留一建文，无损于事，而足以完君臣叔侄之伦云云。按：此论实窥见胡濙之心，而未窥见成祖之心也。故特表而出之。

又按：《明史·胡濙传》曰：“永乐元年，迁户科都给事中，惠帝之崩于火，或言遁去，诸旧臣多从者，帝疑之。五年，遣濙颁御制诸书，并访仙人张邋遢，遍行天下州郡乡邑，隐察建文帝安在。濙以故在外最久，至十四年乃还。所至亦间以民隐闻。母丧乞归，不许，擢礼部左侍郎。十七年，复出巡江、浙、湖、湘诸府，二十一年还朝，驰谒帝于宣府。帝已就寝，闻濙至，急起召入。濙悉以所闻对，漏下四鼓乃出。先濙未至，传言建文帝蹈海去，帝分遣内臣郑和数辈，浮海下西洋，至是疑始释”云云。王鸿绪《明史稿》同。按：胡濙巡视，为访建文，明人对此无异词。王鸿绪最不信逊国事者也。其撰《濙传》，亦不敢没其实。《明史》全用《明史稿》，一字不易，无可易也。正史既著其事，虽谓之论定可也。

郑晓《吾学编》曰：吴亮者，建文中中官最亲幸，建文焚宫遁去，文皇疑匿于僧溥洽所。永乐乙酉，以他事禁锢溥洽，命胡给事中濙以访张邋遢为名，又遣太监郑和下西洋，物色不可得。正统七年，有僧至广西藩司，自称建文皇帝，曰：“我自蜀历滇，游方至此。今老矣，欲送骸骨归故乡。”官司奏上，驿送赴京，号“老佛”，寓大兴隆寺。京城内外僧，拜谒无虚日，皆曰：“此海外高僧。”科道屡上言，恐其惑众，朝廷不忍。以亮经侍建文君，使审视。老佛见亮，即曰：“汝非吴亮耶？”亮曰：“不是。”曰：“我昔御便殿，食子鹅，弃片肉于地，汝时手执壶，狗舔之。何谓不是？”濙伏地哭，不能仰视。

复命毕，自经死。遂取老佛入西内。卒葬西山，不封不树。鄞人黄润玉为广西提学，亲见建文君趺坐藩堂曰：“我朱允炆也。”长身巨鼻，声如洪钟。

按：诸书所记逊国事，彼此差异，可见非出抄袭。而同者有三点：一曰露迹由广西；二曰审视有内监；三曰葬地在西山。至于内监姓名，则或曰吴亮，或曰吴诚，或曰金某。所举食物，或曰子鹅，或曰片肉，或曰桃实。便有不同，盖街巷相传。当前即不免讹错，何况时移代远，惟其异乃所以为真也。

陈建《皇明通纪》曰：乙丑昧爽，靖难将刘保等攻金川门，克之。时谷王橞与李景隆守金川门，北兵至，遂开门迎附。保等遂引兵入城，魏国公徐辉祖率师迎战，败绩。建文帝纵火焚宫，变服遁去。京师传言帝崩，时六月十三日也。初太祖末年，将传位太孙，而占知其不终也。既大渐，乃以一小箧，封钥甚密，戒以急难乃启。至是穷迫无计，启箧视之，得杨应能度牒，及披剃之具。遂削发披缁，执度牒，自御史台出至郊坛而走。时宫中火起仓卒，咸以为建文自焚矣，无人知其变服出走者。

按：此所记，与《致身录》、《从亡随笔》全同，可以互证。或疑二书得无袭《通纪》乎？应之曰：《从亡随笔》不害与《致身录》同，二书又何害与《通纪》同？本来有此事实，虽千百人记之，无不同也。或又疑史仲彬、程济身历其境，记之宜矣。作《通纪》者何从悉之？应之曰：有二说于此。按：《致身录》言在殿凡五六十人，俱矢从亡。帝麾诸臣大恸，引去若干人，九人从。是除著书之史、程外，从亡者尚有七人，未与从亡之数者，尚有在殿四五十人。此若干人，能保其不传述乎？此一说也。二书虽梓行万历间，而书实成于宣德正统间，岂无私本流传？例如古文《尚书》，上于东晋梅赜，而汉魏间已多引用之者，此又一说也。〇又按：《震泽纪闻》云[①]：高皇帝尝问刘诚意，何术以教我嫡孙？诚意以小箧进，比建文发箧泣曰："伯温教我也。"与此小异，盖同一事而传者又甚其词也。

又曰：正统五年，升广西思恩州为思恩府，擢思恩州土官知州岑瑛为知府，以获异僧也。先是建文帝既削发披缁，执杨应能度牒出走，云游四方，自湘湖入蜀。朝廷疑之，命给事中胡濙等以访张邋遢为名，遍物色之，不可得。遂自蜀入云南，复游闽，最后入广西，至横州南门仙寿寺居焉。居十五年，人不知之，其徒归者甚众，恐事泄，复遁往南宁陈步江一寺，归者亦然，去之思恩。知州岑瑛出行，忽一僧当道立，从者呵之，自称为"建文帝"，曰："自滇历闽，游方至此，今吾老矣，欲送骸骨归帝乡。"瑛大骇，闻于巡按御史，奏之。驿送赴京，号"为仙"。及至京，朝廷未审虚实，以太监吴亮曾经侍膳，使之审视。老仙见亮即曰："汝非吴亮耶？"亮曰："不是。"曰："我昔御便殿时，弃片肉于地，汝伏地舔食之。何谓不是？"亮佯为不知。已而复命，遂取老佛入西内，后莫究所终。

按：升州为府，征之前史，必帝王行幸之地，始有此特典。杨行祥以欺妄论死，何足当异僧之目，亦何为而施此特典乎？假使无此事，并无此特典，史家岂能妄载之乎？此云居广西十五年，可与冯时之言相证。又云太监吴亮审视，可与郑端简所记相证。惟云岑瑛出行遇僧，与《从亡随笔》所记微异，当是传闻偶讹，亦足证彼此非出于抄袭也。

《日新里手镜》云：朝廷差湖州尚书严震直往交趾，相见帝于晟家。（按即黔国公沐晟。）严思不言，恐祸及身，言之不义也，一夕自缢死。明日建文逃焉。及老，遁至岭南横州寿佛寺十五年，人不知也。其徒归者千数，横州有礼部郎中乐章之父乐善，亦从受浮屠法，故至

---

① 《震泽纪闻》云，《震泽纪闻》记载无刘基（即刘诚意）的事，是伦明误引他书。

今寺额“寿佛禅寺”四字，乃手笔也。

按：此记严震直事与《吾学编》、《皇明通纪》同。然此云自缢，彼云吞金，仍是各有所闻，非相袭也。惟《从亡随笔》亦记此事，可证非误。所云乐善从受浮屠法，非可虚构。

《九朝野记》云：浦江郑氏，建文君朝曾旌其义门，出亡之后藏焉。文皇遣胡濙访之。胡公将至，郑氏先一夕前堂中所悬旌扁堕地，建文觉其不祥，遁去，未几胡濙到门矣。

按：《致身录》，从亡廿二人中有浦江郑洽，又举弟子中有家计可驻锡者七家，郑洽与焉，与此可互证。〇又按：道光中浦阳举人金际熙等，请以郑洽补祀乡贤，同时题咏甚夥，刊有《希忠录》四卷行世。

冯时可《超然楼稿》曰：娄江王元美尝谓予曰：建文实自焚于火，世所传髡缁为僧者谬。然归自田州，葬于西山者，又何人耶？余以癸未游于黔西永洪庵，其庵在万山深处，僧徒皆谓建文曾驻此三十年，尚有墨迹，后自黔而越，不知所往。又云：君初来时，两比丘与俱，未几即去。两比丘抑叶与程耶？抑当时物色之急，不能常捍御耶？

按：冯与元美同时，据其驳元美之言，知归自田州，葬于西山，确有其事。况永洪庵之墨迹，两比丘之行踪，更有可证者耶？

薛应旂《宪章录》卷二十四曰：正统五年十二月，广西思恩州获异僧，升为思恩府。擢土官知州岑瑛为知府。瑛遇一老僧于道，从者呵之不避，诘其度牒，检之乃杨应能也。遂自言曰：“此非吾姓名，吾乃托此而逃者也，汝独不闻乎？自金州失守，大内火起，吾遂潜由地道以出。自湖湘入蜀，至云南，复至闽，最后入广西，至横州南门寿佛寺居焉。居十五年，僧徒归者日众。吾复遁往南宁陈步江一寺，而归者复如之。乃又去南宁，云游四方，以度岁月。迤逦至此，沦落江湖，垂四十年。早晚入土，无能为矣。行路嗟伤，君侯独无怜悯之心乎？愿送骸骨归。”瑛大骇，闻于巡按御史奏之，驿送至京，号为“老佛”。（途次赋诗云：“沦落江湖四十秋，归来白发已蒙头。乾坤有恨家何在，江汉无情水自流。长乐宫中云气散，朝元阁上雨声愁，新蒲细柳年年绿，野老吞声哭未休。”）及至京，朝廷未审何人，以尚膳太监吴亮，建文时内使也。使之审视，老佛见亮即曰：“汝非吴亮耶？”亮曰不是。曰：“我昔御便殿时，弃片肉于地，汝伏地舔食之，何谓不是？闻杨士奇尚存，能出一认乎？”亮佯为不知，已而复命，遂取老佛入西内居之。

按：薛方山此条，全出抄撮，殆如集腋成裘。诸书所记，已不免有误。方山沿之，又加误焉。唯“杨应能”三字，始见于此，而其事则弇州所记之杨行祥也。杨行祥为伪建文，杨应能乃真建文，《实录》一载一不载。故方山混两人为一人，两事为一事，幸留“杨应能”三字，使史仲彬《致身录》、程济《从亡随笔》不陷于孤证，则方山之功为不少矣。或曰，安知史、程二书非袭此？余曰不然。史、程二书记他事，同诸书，此何以独异？且杨应能名仅见此书，旋为王弇州所驳，作伪者不应昧昧也。况据史、程二书，建文牒名应文，而杨应能另为从亡之一人，若袭此书，何为与之差池乎？若不袭此书，何为与之暗合乎？且《实录》明明是杨行祥，而史、程二书之出，又为方山所不及见，何由改杨行祥为杨应能乎？参互求之，而建文归国，史、程著书，俱因之而证实，即以此三字定案可也。又按闻杨士奇尚存一语，可以间执李映碧之口，三杨不自审视而使吴亮，当有其不得已之故。论详驳李映碧条。

上举诸书，其记逊国事，不过一鳞片爪，又大都得之传闻，未免参差离合。其有身与从亡之列，就所经历，述为专书，首尾完具。而或又疑其伪撰，驳难纷起，兹请分述于下，详为辨析，庶几阴翳消而阳光出乎！

一、史仲彬《致身录》

仲彬子晟《跋》曰：此先君事主之颠末也。先君性忠孝，一饭不敢忘君。从亡一节，为仇讼，凡十有七，竟以此死，先君终不为悔。死之前三日，不肖往狱中，先君云："吾死矣，即不望若远行，倘来时，得谨事，衣食周给，吾瞑目也。"《致身录》十八条：存之以志一生之概，然勿示他人。诫子孙毋轻示人，虽今皇帝宽仁长厚，此节事自不可知，虑有赤族之祸，子孙言及此者，以不孝论。时宣德二年丁未三月初七日也。阅三日，先君竟死。不孝讼冤于按台，置仇于死，但先君所不忘于师者，自后绝无音耗。至九年甲寅（九当为七字之误）。五月，儿妇患产，凡四日，家人惶惑无措。适老仆密言前道士在外，晟急迎之入。方稽首于地，而耳间微闻已产男矣。师悲先君之亡，旋喜产男之庆，命名曰"文"，随转语曰"我文也"而不终，将无疑耶。适一宋史在案，命名曰"鉴"。师精于禄命，详鉴子平，曰是儿当贵。晟曰："不求贵，识字成家足矣。"师曰："即不贵，当以文名世。"留五日，晟具衣十件，并行粮，为会稽之游，程济从。迄今又十一年，不知所之。时正统戊午五月，不肖男晟谨识。（按甲寅至戊午止阅七年，当系传写或刊板之误）。

按：据史鉴《西村集·曾祖考清远府君行状》，仲彬子五人：晟、旻、昊、昌、昂。是晟为仲彬长子。《行状》云：有黠民当运粮，负其才力，百计求赂，冀一脱，府君执不许。其人愤且耻，乃诬府君不法事。台下御史治，会御史当代任，逮府君下狱，不即治，府君竟死。后御史至，辨所告事，无纤毫实，即坐告者以死，府君冤始白。即《跋》所云"为仇家所讼者，凡十有七，竟以此死。明年讼冤于按台，置仇于死也"。《行状》所云"不法事"，当指隐匿建文，所云"无纤毫实"，盖所讼者凡十有七，有纤毫之实，即不得免也。观于坐告者以死，此岂寻常不法事耶？仲彬瘐死，事无左证，其狱遂解。其得免于赤族之祸，亦幸耳，故临殁恻然以诫子孙。此书所以不遽出，而《行状》亦迟之五十余年而始作也。（鉴《行状》作于成化十五年。）又按：程济《从亡随笔》曰：“甲寅夏五月，师命济从入吴江，访史仲彬之子。时史家事已大定，其禁亦宽，彬子晟妇，适娩身，得雄，师命名曰‘鉴’，留五日而去。晟馈布衣十余件，六月入会稽”云云。与《跋》正合。惟误儿妇为晟妇，一字之异，颇耐寻思。此次建文之至史家，离合死生，悲欢杂沓，非当前之误会，即事后之健忘，无足为怪。合观史、程二书，其中有异有同，又有同中之异。求其所以致异之由，而真伪立判矣。

又按：史鉴字明古，据吴匏庵《墓表》：“曾祖彬，祖晟，父珩，其卒以弘治丙辰六月，年六十三。”由弘治上溯至宣德九年甲寅，恰六十三年。又据《吴江县志·隐逸传》云：“鉴守祖训，不愿仕进。”与晟《跋》“儿不求贵”之语可参证。按鉴为文好言当世之务，又广通声气，所交如王巡抚恕、吴尚书宽、李太仆应祯，皆一时贵显。迹其生平，非甘沈冥者。顾成化间诏征不起，终于不仕，殆未忘建文之隐痛也。又按：刘子威《先贤赞》曰：“明古性善交，请谢宾客，不吝算器，家故饶，四方士归焉。虽在闾左，名出公卿间，郡县吏皆下之。”又云：“池馆宫室，占水地胜，供张甚盛。诡衣冠，与客谈笑，有四方志”云云。据此知仲彬侠风传至曾孙而未替。家又巨富，池馆宫室之胜，供张之盛，宜乎建文君臣相依始终也。

焦竑《致身录序》曰：往岁戊辰，予与二三友人，薄游茅山。会淫雨连旬，兀坐一室，老道以所藏杂文供翻阅，竟日无可意者。最后得史翰林《致身录》，读而拊掌曰：“革除多疑事，读史深不快之悲，得此足发覆矣。”询其得之由，则成、弘间史之裔孙，尝携以游，道士窥而窃之者也。袖之归，寻亦失去。今阅五十余年，于敝箧中得之，完好如故。因叹革除饶节义，而史未有闻。读兹《录》而夷险不二，建文君卒赖焉，不啻诸侠烈士矣。然史之子孙，失之于前，予亦失之于后。革除之多疑义，若有秘而惜之者，今幸圣天子已从昭雪，不讳之世，可不梓之以传。万历己未秋日谨书。

按：戊辰乃隆庆二年，为弱侯得书之岁。己未乃万历四十七年，为弱侯刻书之岁。上溯弘治八十余年，为茅山道士窃书之岁。所称史之裔孙，殆是史鉴辈矣。其云失之五十余年而复得，疑是托词。其下又云："今幸圣天子已从昭雪，不讳之世，可不梓之以传。"然则前之不遽梓者，以有所讳也。弱侯《澹园续集》，刻于万历三十九年辛亥，在梓此书之前八年，故集中无此文。

按：弱侯此《序》雅洁无疵，而钱牧斋《致身录考》，诋为芜陋非修撰笔。文之工拙，本无定评，不必辨。考弱侯殁于天启元年，而是书之刻在万历四十七年，弱侯固健在也。记雍正间，赵用亨刻钱曾《读书敏求记》，卷首一《序》，借用傅编修玉笥之名，傅见之怒，欲毁其板。后经调解，赵竟不敢刷印，作伪者不畏弱侯见之乎？或谓梓行年月，安见非提前。按牧斋《考》中，明言万历间吴中盛传《致身录》，此语出于攻之者之口，断然可信。况据《序》，书亦弱侯所梓也。史氏后人，自有家刻，何尝借重弱侯，而冒之者谁乎？使弱侯之《序》而非伪也，则是书已立于不败之地矣。

王廷宰《致身录纂注跋》曰：友人屠庚朏之先御史冲阳公（按当即署叔方之字）刻《建文朝野汇编》，意在传疑，迄无删定。庚朏尝愿与宰删其复者而未果，会宰得《致身录》抄本，即语庚朏，当以是为正。因示以纂注，庚朏首肯之，然未敢出也。而谭梁生得是书于史之后亦玄，遂刻行之。史自有刻，陈眉公尝为之序。梁生以宰注为可传，劝宰刻行，因记其颠末如此。时崇祯庚午八月望前一日廷宰识。

按：庚午为崇祯三年，是时焦刻本已行。而廷宰称得抄本，盖别本也。此外又有谭梁生所刻本，史氏家刻本，焦弱侯之本，不得矜孤秘矣。盖自解网而后，诸本纷纷俱出。万历己未至崇祯庚午，前后不越十年，已有四本。然皆来历明白，其时亦绝无疑之者。

二、程济《从亡随笔》

钱士升《序》曰：从亡二十二人，惟程编修与能贤，朝夕随侍，始终周旋。所记岁月往返，历历在目，与《致身》、《拊膝》二录，间有矛盾，而要之不离《随笔》者近是。故纪中多取准焉（按士升著有《表忠记》。）乃余窃有大疑。自古受命帝王，或阶侯封，或起徒步，独我高皇，以皇觉为初因。陵碑中亲自道破，而奉先殿所藏遗箧，牒具存焉。若于再世，有密印者，斯已不可测识矣。让皇出亡，初苦病足，乃自吴而楚而蜀而滇，重研万里，似行脚汉；密菁空山，乞食咬菜，似苦行僧；著《楞严疏》，作《大士颂》，参悟又似老耆宿。祖孙始末，何相符也。岂高皇以古佛现身圣王，而让皇又自王宫皈依雪岭耶？但文和尚腊已逾耆，迫欲东归，四十年前习气似犹未尽，命根不断。流转何穷，或再来享人王之奉，亦未可知。试拂策而问编修，恐不能复置一语矣。崇祯甲申秋八月魏塘钱士升识于小山丛桂别业。

按：甲申为崇祯十七年，即顺治元年。是书为钱士升所刻《逊国逸书四种》之一。四种者，玉海子刘琳《拊膝录》，史仲彬《致身录》，程济《从亡随笔》，及祝允明《野记》中之《黄陈冤报录》。《逸书》首有《总序》，称“《从亡》、《拊膝》二书，余得之江右徐若谷司空”。按钱牧斋《初学集·书致身录考后》已及程济《从亡日记》。牧斋作此文，虽无年月，而《初学集》刻于崇祯癸未，则士升未刻前，此书早已流行。他本不知有序跋述得书原委如焦弱侯者否？惜余未得见之也。徐司空书，从何处得来，惜士升未及追求也。《序》谓是书与《致身》、《拊膝》二录，间有矛盾，诚然。其相矛盾之处，即其不相剿袭之证也。济所记，自建文四年六月，燕师迫金川门起，至正统五年，建文迎养大内止。末云：“记其始末，以付了空。”了空者，其徒也。又按：《从亡随笔》二十三页十四行云：“乙卯春三月，师往粤西，济从。夏六月，师中毒，济以金线丸解之，师命镌此方于石。”其下接云：“玉海子曰，今犹存焉。”按此八字，定非原文。盖玉海子阅此书所加之旁注，传抄者误以接正文也。玉海子者刘琳号，即撰《拊膝录》者。据士升《序》，《从亡》、《拊膝》二书，得之江右徐若谷司空。然则传《从亡随笔》者刘琳也。但刘琳何人，徐司空已不能举其始末，最晚亦当在万历以前。石刻犹存，必系目见。是书不伪，此其铁证矣。士升序《拊膝录》，据此八字，竟疑刘琳或与程济同时，不知《拊膝录》中各传，多采《吾学编》语，士升偶失考耳。

又按：记程济事，始张芹《备遗录》。而郑端简《吾学编》，为济作传尤详。《传》云：“济朝邑人，以明经为岳池教谕。岳池去朝邑数千里，济寝食在朝邑，而治岳池学事不废。建文初，言某月某日西北兵起，朝廷谓非所宜言，系至京，将杀济，仰面大呼曰：‘陛下且囚臣，至期无兵，臣死未晚。’遂下狱，已而兵果起。赦济，以为翰林编修，充军师，护诸将北行。徐州之捷，诸将树碑，叙战功，及统军者姓名。济一夜往祭碑，人莫测其故。后文皇帝过徐，见碑大怒，趣左右铁椎椎碑，再椎，遽曰：‘止之，为我录碑文来。’已而按碑族之，诸将无得脱者。济姓名正椎脱处，得免。济曩之祭，禳碑也。淮上诸将败，建文君召济还京。初济与邑人高翔，并以明经征，翔厉名节，济好术数，翔止济勿为此，济不听。已而有兵事，济又劝翔学武术，翔曰：‘我愿为忠臣也。’金川门破，翔招济同死，济曰：‘我愿为智士也。’翔竟死之。建文君急召济入问计。济曰：‘天数已定，惟可出走免难耳。’立召僧为建文落发，济从之。每出遇险，几不能脱，济以术脱去。相从数十年，随建文君至南京，人尚识济，至京莫知所终”云云。按是《传》绝荒诞，其中惟为建文落发，及随建文至南京二事与《从亡随笔》合，此外大率附会。按《实录》燕兵于建文四年二月十日驻徐州东北，遣游骑薄城，发矢辱詈之。城中将士不胜愤，出兵五千搏战，燕兵击杀四千余人，余奔入城，闭门不出。三月朔，燕兵自徐趋宿州。四月，擒平安。六月三日，遂济河。据此则徐州并无战胜之事，何有于碑？无碑何有于祭？其他不足信，大率类此。而明人《续藏书》、《拊膝录》、《逊国忠记》、《表忠记》诸书，无不沿之。《明史稿》取而复弃。（北平图书馆藏抄本《明史稿》有《程济传》，而刻本无之。）钦定《明史》又补入焉，可谓无识。今观《随笔》，绝不摭拾《济传》。若云伪造，其人之识，当出郑晓、李贽、刘琳、周镳、钱士升及康熙乾隆修《明史》诸臣之上。

余于二书之流布，既大略论之矣，更进而考其所记载之事实。二书所记，互有详略。同记一事，亦有歧异，甚且不免矛盾焉。盖二人所处不同，见闻因之而异。兹本此意，就出亡及来归二大事，分别论之。

《致身录》曰：大内火起，帝从鬼门遁去，从者二十二人，时六月十三日未时也。帝知金川失守，长吁东西走，欲自杀。翰林院编修程济曰：“不如出亡。”少监王钺跪进曰：“昔高皇帝升遐时，有遗箧，曰：临大难，当发，谨收藏，奉先殿之左。”群臣齐言急出之，俄而舁一红箧至，四围俱固以铁，二锁亦灌铁。帝见而大恸，急命举火焚内。程济碎箧，得度牒三张，一名应文，一名应贤，一名应能。袈裟、帽鞋、剃刀俱备，随金十锭，朱书箧内。应文从鬼门出，余从水关御沟而行。薄暮，会于神乐观之西房。帝曰：“数也。”程济即为上祝发，遂亡。督察御史叶希贤毅然曰：“臣名贤，应贤无疑。”亦祝发，各易衣佩牒。在殿凡五六十人，痛哭仆地，俱矢随亡。帝曰：“多人不能无生得失，有等任事著名，势必究诘，有等妻儿在任，心必挂牵，宜各从便。”御史曾凤韶曰：“愿即以死报陛下。”帝麾，诸臣大恸，引去若干人，九人从。帝至鬼门，牛景先以铁棒启之，若不用力而即瓦解者。出鬼门，而一舟舣岸以待，十人乘舟，舟人顿首。

帝问："汝何人？何为至此？"对曰："臣乃神乐观道士，即前皇上赐名王昇。昨梦太祖高皇帝绯衣南向，御奉天门，令两校尉缚臣。诘曰：'汝提点秩六品为何？'臣顿首谢不知。曰：'明日午时，可于后湖舣大舟，至鬼门外伺候，汝周旋弗泄，后福未期，不然，难逃阴殛。'臣是以知陛下之来也。今晚憩息观中，徐议行五。"舟至太平堤畔，昇起导前，闲步至观，已薄暮矣。俄而杨应能、叶希贤等十三人同至，共二十二人：兵部侍郎廖平，襄阳人；刑部侍郎金焦，贵池人；翰林院编修赵天泰，三原人；浙江按察使王良，祥符人；四川参政蔡运，南康人；刑部郎中梁田玉，定海人；监察御史叶希贤，松阳人；翰林院编修程济，绩溪人；中书舍人梁良玉、梁中节，俱定海人；宋和，临川人；郭节，临川人；刑部司务冯漼，黄岩人；所镇抚牛景先，沅人；王资、杨应能、刘伸，俱杞县人；翰林院待诏郑洽，浦江人；钦天监正王之臣，襄阳人；太监周恕、何洲，海州人；徐王府宾辅史仲彬，吴江人。上曰："今后俱师弟相称，不拘礼数。"诸臣泣诺。廖平曰："诸人愿随，固也。但随行不必多，更不可多。就中无家室累，并有膂为足捍卫者，多不过五人，余俱为应援为便。"师曰："良是。"于是环坐于地，享道士夜餐，酌定左右不离者三人：比丘杨应能、叶希贤、道人程济。往来道路，给运衣食者六人：冯漼，时称塞马先生，时称冯翁，时称马二子；郭节，时称雪庵，时称雪和尚；宋和，时称云门僧，时称稽山主人，时称槎主；赵天泰适衣葛，称葛衣翁，时称天肖子；王之臣家世补锅，欲以此作生计，号老补锅；牛景先称东湖樵，时称东湖主人。师曰："吾今往滇南，依平西侯。"彬曰："大家势盛，耳目众多。况新主谅不释然，能无见告，不若往来名胜，东西南北，皆吾家也。弟子中有家给而足备旦夕者，驻锡于兹，有何不可？"师曰："良是。"于是更举七家：廖平、王良、郑洽、郭节、王资、史仲彬、梁良玉。师曰："此可暂不可久，况郊坛所在，明日必行，将何所之？"众拟浦江。而郑亦曰："族俱忠孝，可居也。”夜分，师病足骨，度不能行。明日，牛景先与仲彬步至中河桥畔，谋所以载者。有一艇来，闻声为吾乡人，急叩之，则彬家所遣，以侦彬吉凶者也。与牛大快，亟迎师且至彬家，诸人从之，且喜且悲。同载八人：为程，为叶，为杨，为牛，为冯，为宋。余俱散走，期以月终更晤。取道溧阳，依叔松隐所，不纳。八月始至吴江之黄溪，奉师居所，居之西偏，曰“清远轩”。众出拜，师亦大适。明旦改题“水月观”，亲笔篆文。越三日，诸弟子至彬家，相聚五日，师命归省。

《从亡随笔》曰：建文四年壬午六月十二日，燕师迫金川门。上仓皇无措。都督徐增寿，请上面缚开门出降。御史魏冕、大理寺丞郑瑾驱之。御史曾凤韶、翰林史仲彬、尚书张紞、侍郎廖平、大理寺少卿胡闰，力请加诛。上拔剑手刃寿于左顺门，群臣复劝上诛李景隆。上遣使召之，未至而金川门已献矣。上知金川门失，徘徊欲自杀。翰林编修程济进曰：“臣逆知有今日也，为今之计，莫若出亡。”上曰：“敌势正炽，兵且四集，如何出城？何处可栖身？朕且病足不能行，奈何？”济曰：“臣素习遁甲法，今出南方可免。”上曰：“然。”太监王钺曰：“即出亦惧人认得，奉先殿有太祖遗一谕，临大难发之。”群臣齐言速取来。须臾舁一红匣至，四围固以铁，闭以二锁。锁以铁铸灌，坚不得启。群臣无计，济以足碎匣底，视之，皆髡缁之具。得度牒三纸，袈裟、剃刀俱备，白金十锭。上曰：“数也。”因大恸，群臣亦哭。侍郎廖平进曰：“功莫大于存嗣，臣请保太子。”上急命太子出拜平，平亦拜。乃冠太子以宦者帽，潜出。上命举火焚宫，群臣大恸，皆愿从亡。程济曰：“人多不可，且不必多。”因为上祝发。命取笔来，顾济曰：“朕仍以文为名。”乃书牒名应文。吴王教授杨应能、御史叶希贤皆曰：“臣愿落发以从。”因书牒，能曰应能，贤曰应贤。济袖出道人巾易冠之。上与能贤皆披缁，群臣哭仆于地。上曰：“尔等各有身家，宜自为计。”尚书张紞、御史曾凤韶哭曰：“臣顷即以死报陛下。”上以手麾众引去，因与程济、梁良用，潜出西华门。时燕兵巷战金川，游兵攻朝阳门，以故上得从西华门出也。上不能行，济曰：“事急矣。”乃扶上沿河而走。见一舠横岸，济曰：“有舟无人驾，奈何?”中书梁良用曰：“臣可。”乃翊上登舟，鼓楫顺流而去。申刻抵南门，济曰：“此去是三山门，有兵，不可去。”乃舍舟而途，良用哭曰：“臣从此别矣。”赴水死。上掩面泣，济扶上至聚宝门。门军止上，济曰：“吾等异乡僧，恐死乱军耳。”乃得出。会日暮无可栖，济曰：“此东去，乃郊坛，有神乐观。道士王昇，与臣有旧，盍往投?”上曰：“恐泄。”济曰：“此人素忠义，皇上曾锡名者。”缓步乘月而行，更尽达观。王昇出迎，入轩中坐。顷昇进素食，上悲咽不能餐，是夕不寐。十四日晨，杨应能、叶希贤、金焦、吴成学、赵天泰、蔡运、梁中节、梁良玉、梁田玉、宋和、郭节、冯漼、王资、牛景先、刘伸、史仲彬、郑洽、王之臣、黄直，太监周恕、何洲亦至，环坐皆暗泣。上曰：“此后止以师弟称，勿拘礼数。”群臣泣诺。因议所往，师曰：“西平侯处何如?”济曰：“势耳，新主不能忘情，能免其不告耶？不若往来名胜，东西南北，皆吾家也。弟子中家给者，不妨驻锡。”师曰：“良是。”济复曰：“人多不便同行。”于是议以杨应能、叶希贤称比丘，程济称道人，朝夕同伴。往来通音信给衣食者，吴成学、蔡运、冯漼、赵天泰、梁田玉、史仲彬。复举可以驻锡，廖平、郑洽、王之臣三家。师曰：“此郊坛之处，可暂不可久。”郑洽曰：“我族皆尚义，可居，可先弟子家。”师点首而已。师曰：“吾足痛不可忍，盖昨行急，浮瘇耳。”济扶师出，正谋所以载师，忽遇一人于道，史视之，乃仆也。讯其故，盖遣来侦彬吉凶者，且云有舟在河侧，众喜。彬曰：“且至彬家。”于是扶师登舟，同行惟杨、叶、郑、史、程，余俱散去。期以半月会彬家。十六日次丹阳，时道多援兵，往往掠夺。师顾左右，嗟叹良久。十九日，抵吴江。史仲彬迎入家，出众罗拜，夜宿清远轩。阅数日，诸弟子亦至。此时吴成学亦为僧矣。师问何名，成学曰慧。师命之曰雪庵。成学礼谢，自后称雪和尚云。

按：燕兵之迫金川门也，建文之所以自处者有三：曰降，曰死，曰逃。降最辱，逃亦危，结果或仍不免于死，诚不如轰轰烈烈决然一死之为愈矣。观于手刃徐增寿，不降之志已决，则唯有逃与死二途而已。二者相较，为建文计，逃贤于死。盖与建文争位者，非他人，乃叔父也。既不能为吴泰伯，亦当学卫出公，特是敌兵压城，道路属目，逃亦岂易得免？况当发言盈廷之日，意见杂出。济小臣耳，言之能有效乎？故知临时种种，皆程济所预为布置者也。观于《随笔》所记，文义自明。济之言曰："臣逆知有今日也。为今之计，莫若出亡。"是出亡之计，济早定之，不俟高皇遗谕矣。程济之言甫毕，王钺之请继进，其时建文已决定出亡矣，而未及为僧也。钺之言曰："即出亦惧人认得。"钺之意非讽其为僧耶？及发箧皆髡缁之具，箧之物，与济之言，何以适相应耶？故知红箧者，济所造也，王钺者，济所使也。尚有可证者：群臣见箧无计，济独能于箧底碎之，一也；建文一人为僧耳，度牒何以有三，则预为杨应能、叶希贤备也，袖中道巾，济自备之，厥后从亡二比丘，一道人，即此三人也，二也。由此以推，横岸空舠，济所留以待者也；神乐道士，济所约以迎者也。盖济鉴于危局，早与三数同志，商定秘计，故能仓卒之间，措之裕如。当日史仲彬犹为所愚，他可知矣。此事梦梦五百余年，至余始发其覆。

又按：史仲彬亦在从亡之列，其记兹事，与《随笔》异。如云：程济碎箧，得度牒三张，一名应文，一名应贤，一名应能。应文从鬼门出，余从水关御沟而行。程济即为上祝发，吴王教授杨应能，亦愿祝发随亡。监察御史叶希贤毅然曰："臣名贤，应贤无疑。"亦祝发，各易衣佩牒。又云：九人从帝至鬼门，牛景先以铁棒启之，若不用力而即瓦解者。出鬼门而一舟舣岸以待，十人乘舟，舟人顿首。帝问

“汝何人？何为至此？”对曰：“臣乃神乐观道士，即前皇上赐名王昇，昨梦太祖高皇绯衣南向，御奉天门，令两校尉缚臣，诘曰：‘汝提点六品为何？’臣顿首谢不知。曰：‘明日午时，可于后湖舣大舟至鬼门外伺候。汝周旋不泄，后福未期，不然，难逃阴殛。’臣是以知陛上之来也”云云。皆《随笔》所未有。据《随笔》，随建文出西华门者，惟程济及梁良用二人。良用赴水死，则知其事者唯济一人耳。计既出自济，济自当始终守秘密。故仲彬所记，人数即误三为九。鬼门者，即济所云遁甲法出南方可免耳。仲彬乃云牛景先以铁棒启之，一若实有其地者，盖当时众人惊建文脱险，或故神奇其说，而仲彬得之耳闻也。就此以推，发箧及乘舟之时，仲彬必身不在场，是以亦生误会。度牒余二，何以单为杨、叶所有？则疑箧中已注定之矣。诸人何以分从水关御沟行，何以俱得脱险？则疑箧中已指定之矣。河岸何以有舟？帝何以偏至神乐观？则疑道士先时以俟矣。道士述梦，定有其语，亦程济所预授，与高皇遗箧，好照应也。其事本近滑稽，故济自删之也。二书所记互异，而有所以至异之故。彼此不能相易，苟得其故，则窒无不通，隐无不显，作伪者想不到，粗心者看不出也。即如《录》云取道溧阳，依叔松隐所，不纳。松隐者仲彬之叔，仲彬特书之，大义灭亲也。《随笔》削之，为贤者讳也。又如《录》云，师改题清远轩为水月观，亲笔篆文，仲彬详之，纪特恩也。《随笔》不载，非大事也。故曰二书之异，彼此不能相易也。其他互异者，如会于神乐观，《录》云：廖平、金焦、赵天泰、王良、蔡运、梁田玉、叶希贤、程济、梁良玉、梁中节、宋和、郭节、冯漼、牛景先、王资、杨应能、刘伸、郑洽、王之臣、周恕、何洲、史仲彬，共二十二人。《随笔》云：杨应能、叶希贤、金焦、吴成学、赵天泰、蔡运、梁中节、梁良玉、梁田玉、宋和、郭节、冯漼、王资、牛景先、刘伸、史仲彬、郑洽、王之臣、黄直、周恕、何洲，共二十一人。史有廖平、王良，而程无之。程有吴成学，而史无之。《录》云：郭节时称雪庵，时称和尚。《随笔》则属之吴成学。《录》云：宋和时称稽山王人。而《随笔》则属之蔡运。《录》云：王之臣家世补锅，号老补锅。《随笔》则属之黄直。《录》云：往来道路，运给衣食者，冯漼、郭节、宋和、赵天泰、王之臣、牛景先。《随笔》则属之吴成学、蔡运、冯漼、赵天泰、梁田玉、史仲彬。除冯、赵外，余皆不同。《录》云：弟子中，可驻锡者七家，廖平、王良、郑洽、郭节、王资、史仲彬、梁良玉。而《随笔》止三家：廖平、郑洽、王之臣。《录》云：同至仲彬家八人，程、叶、杨、牛、冯、宋，其他二人，则建文与仲彬也。《随笔》则为杨、叶、郑、史、程。《录》不及郑，《随笔》不及牛、冯、宋。《录》云：八日始至吴江之黄溪。《随笔》则云：十九日抵吴江。史仲彬迎师入家。凡此人名之异，人数之异，乃至时日之异，殆由于闻见各殊，记忆偶误，然即此可确证其非相袭矣。

又按：《吾学编·程济传》云：济，朝邑人。而《致身录》则云：济，绩溪人。又王良、叶希贤、牛景先，《吾学编》俱入死难，而《致身录》以为从亡。（《从亡随笔》有叶希贤、牛景先，无王良。）据《忠义流芳》云：希贤于壬午六月之变，家人惊溃相失，疑其已死，乃发丧，以衣冠归葬。希贤实从建文君出亡，隐姓名为僧。又冯时可《超然楼稿》云：希贤于建文中，尝劾耿、李二大将，当斩以徇，不报。壬午之变，与编修程济从建文主出走，变姓名削发为僧，皆以为从亡，不以为坐逆党死。至王良、牛景先，一以为投池水死，一以为走死萧寺中，当系蝉脱而逃，证以端简纪他事多失实，俱未可信也。余观明人言逊国事，未有不袭《吾学编》者，此独不然，即此可证非伪。又《随笔》云翰林史仲彬，而《录》云徐王府宾辅，亦足证非相袭。

今人胡适著一文，曰《建文逊国传说的演变》，大略谓《从亡随笔》是根据前出的小说（指《致身录》）而作。因要冒充史料，故删去过甚的神话。（一）太祖已定三人牒名，（二）箧中朱书的预言，（三）鬼门之一击即开，（四）王昇因太祖托梦驾船来迎。按：胡氏于逊国事，未尝深考，且以今人眼光观古书。他不具论，即如史仲彬、程济，系同时人，《致身录》、《从亡随笔》二书之出，亦相距不远。（钱牧斋云二书不先不后，若期会而出。）作伪者之学识程度，未必相差若是远也。果尔，则何不并高皇遗箧而删之耶？况史籍之有神话，近小说，马、班以来，多所不免，未可以苛绳此二书也。

《从亡随笔》云：夏四月，师题寺壁诗，有“长乐宫中云气散，朝元阁上雨声愁”之句。其时寺有游僧十余人，见其诗，不知为师作也。因冒云是彼所吟。五月，有人察其僧，僧因绐言我高皇帝之孙、懿文皇太子之子，事闻藩司，司因系僧，并系师，时盖同寓于寺故也。飞章以闻，诏械入京师。师时又不敢自认为真，但令济从。秋八月师至金陵。秋九月师及诸僧至京，朝廷命御史鞫之。僧称年九十余岁，老且将死，思附葬祖宗陵侧之语。御史以年度之，壬午迄今，仅三十九年，何言几有百岁？知其为诈，廉得其状。盖僧实名杨应祥，为钧州白沙里人，洪武十七年度为僧。御史以是奏闻，诏为首者以冒认宗室论死，下锦衣狱，从者戍边。师先有南归之思，兹适值此，度以真或可免，竟陈其实。御史疏闻，命宦官吴亮察其真伪。吴亮者，师之旧用中官也。亮至不能办，师语畴昔宫中事数条，亮乃大恸，伏地不能仰视。密以闻，遂命迎入，称“老佛”，养大内中。

按：杨行祥冒建文一案，载在《实录》，时正统五年也，事最奇突不可解。前史所载冒太子者，有所利而冒之也。冒建文者，将甘心受戮耶？况出之九十余岁老僧耶？大凡冒人者，必于其人之形貌年龄，仿佛相肖，其人之本末关系，大致习知，未有但执其人之一诗，而漫然冒之者。抑冒人者，必背其人而为之，真与伪不面质，面质即破矣。题诗之建文，固在寺中，冒之者岂欲如剧场上之演双包案乎？且也荒村古寺，野衲吟诗，称帝争王，何与官事？余以意度之，永乐间，广西藩司必奉有踩访建文之令，历年虽久，案未撤销。建文题诗寺壁，寺中人始相传播，继起疑猜。杨行祥者有心人也，见其诗，察其状，灼知为建文。恐其以诗肇祸，遂挺身自任，为李代桃僵之计，建文只好默然听之。初不料牵涉多人，己亦不得免也。但其度牒年龄，种种不符，故广西藩司据以奏闻，致有械送之举。设非然者，建文或当场破露。自状生平，历历可信。例之福王时，童妃太子两案，当由镇臣礼护至京。其在狱也，必有中外章疏，论辨其枉者，因之而正名定分，未可知也。《随笔》直书其事，惟不言所以伪建文之故。盖杨行祥之所为，初未商之程济，亦不以告建文也。大狱既兴，同寓之僧以嫌疑故，同被械送，而程济弗与，当以僧道异装，不类同党。（《随笔》云但今济从。若济亦在械送之列，安得不从，无俟令也。）故建文在缧绁，而程济执橐饘也。当出亡之始，济即约以二比丘一道人从，若预为此日地者，可谓智矣。杨应祥老逾侯嬴，忠过纪信。尤难者，于建文非臣非友，殆东湖樵夫一流，茹恨于革除之际者欤。是当亟为表彰者也。自御史鞫讯，至迎养大内，济亦得之传闻，故所记与他书同。不及建文之终者，帝入宫而济还滇，不得闻也。未指明寺所在地，当是思恩州也。州官则岑瑛也，戍边之从者，即王弇州所云同谋僧十二人也。所云竟陈其实，即《日新里手镜》所录之供词也。所云师语畴昔宫中事数条，诸书所记多不同。惟谷应泰《明史纪事本末》较详。谷云“阉吴亮，逮事建文帝，帝见之曰：‘汝非吴亮耶?’亮曰：‘非也。’帝曰：‘吾昔御便殿，汝尚食，食子鹅，弃片肉于地，汝手执壶，据地狗舔之。乃曰非是耶?’亮伏地哭。帝左趾有黑子，持其踵复哭，不能仰视，退而自经”云云。即其事也。《通纪》于是年书升思恩州为府，申之曰：“获异僧也。”纪此事也，特是一伪一真，同时发见。《实录》纪其一，而遗其一。而杨行祥与杨应能，其姓名又易讹混。（杨应文，建文度牒名也，杨应能另有其人，建文易为应能，不知何时。）遂使记其事者，迷离扑朔，莫辨真相。余敢断之曰：使伪建文之案而确也，则真建文之案必确。读者不信，试掩卷思之，自可于情理中得其线索，无俟余言之喋喋矣。

余据史、程二书，以考逊国之事，自谓毫发无遗憾矣。自来疑逊国者，持论不一端，大都挟其浅识，济以偏见，甚至有故意颠倒事实以快其私者，兹请遍举诸说，一一为之驳正焉。

三、钱谦益

《初学集》卷二十二《致身录考》曰：成化间，吴江处士史鉴明古，与吴文定为友。尝请文定公表其曾祖讳彬字仲质之墓，今《匏庵集》中所载《清远史府君墓表》是也。万历中，吴中盛传《致身录》，称建文元年，彬以明经，征入翰林，为侍书。壬午之事，从亡者三十二人（按三字当为二之误），而彬与焉。彬后数访帝于滇于楚于蜀于浪穹，帝亦闲行，数至彬家。诸从亡者，氏名踪迹，皆可考证。前有金陵焦修撰《序》，谓得之茅山道书中。好奇慕义之士，见是录也，相与欷歔太息，彷徨凭吊，一以为必有，一以为未必无。南科臣欧阳调律上其书于朝，且欲为请谥立祠，附方铁诸公之后者。余以墓表暨录参考之，断其必无者有十。表称彬幼跌宕不羁，国初与诸少年缚贪纵吏献阙下，赐食与钞，给舟遣还。恭谨力田，为粮长，税入居最。每条上利害，多所罢行，乡人赖之。如是而已。令彬果逊国遗臣，纵从亡访主，多所忌讳，独不当云曾受先朝辟召乎？即不然，亦一老明经也。其生平读书缵文，何以尽没而不书乎？文定之表，盖据明古行状，何失实一至于此？其必无者一也。表称每治水，诸使行县，县官以为能，推使前对，反覆辨论无所畏。彬既从亡间归，尚敢印首伸眉，领诸父老，抗论使者前，独不畏人物色乎？县官岂无耳者，独不知为故翰林侍书，推使前对使者乎？其必无二也。表记彬生平除缚吏诣阙，足迹不出里闬，《录》载其间关访主，廿年之间，遍走海内，何相背也？洪熙初，奉诏借报民间废田，减邑税若干石，以《录》考之，彬方访帝于滇南，何暇及此？其必无者三也。《表》言彬重然诺，遇事不计利害，至死不悔。而《录》云以从亡为仇家所中，死于狱。彬实未曾死狱，而云以从亡死狱，甚其词以觊恤也。表书其卒之日，宣德二年三月十日，而《录》云后三日书，其年六十有二，而《录》云六十七。卒之年与日皆舛误。其必无四也。从亡徇志之臣，或生扦牧圉，或死膏草野，或湮没而渊沈，或鸟集而兽散。身家漂荡，名迹漫漶。安有晏坐记别，从容题拂，曰某为补锅匠，某为葛衣翁，某为东湖樵，比太学之标榜，拟期门之会集哉？野史记壬午七月有樵夫闻诏，自湛于乐清之东湖，今则以为从亡之牛景先。岂湛湖者一樵，从亡者又一樵耶？其必无五也。录载彬入官后，元年，谏改官制，四年，请坚守，请诛增寿，皆剽窃建文时政，以彬事传致之也。不然，何逊国诸书，一时论谏皆载，而独于彬削之耶？其必无者六也。《录》后有敷奏记事，洪武二十四年，八月廿五日，东湖史仲彬缚贪纵官吏见上于奉天门，赐酒馔宝钞。次日陛辞，朱给事吉祖之秦淮。王文学彝、张待制羽、布衣解缙，赋诗赠行，而给事中黄钺记其事。按朱吉墓记，洪武二十三年，辞荐不起。廿五年以明经能书荐入中书，书诏敕，是年吉正辞疾里居，尚未入官，何得称给事中、祖饯秦淮也？张羽以太常司丞谪岭南，半道召还，自沈于龙江，此洪武初年也。王彝与魏观、高启同诛，洪武七年也。解缙二十三年除江西道监察御史，旋放归，是年缙不在朝，又不当称布衣也。黄钺建文元年，以宜章县典史，中湖广乡试，次年中湖广榜进士，授刑科给事中。安得洪武中先官给事彬家也？作是录者，以钺同郡人，又死于壬午，故假钺以重彬，而不知其踳驳若是。其必无者七也。《录》云：吴江县丞到问："建文君在否？"彬曰："未也。"微哂而去。当时匿革除奸党，罪至殊死，何物县丞，敢与彬开笑口相向乎？此乡里小儿不解事者之语。其必无者八也。当明古时，革除之禁少弛矣。明古之友，自吴文定而外，如沈启南、王济之辈，著书多讼言革除，何独讳明古之祖？明古为姚善、周是修、王观立传，具在《西村集》中，大书特书，一无避忌。何独于己之祖，则讳而没其实乎？其必无者九也。郑端简载梁田玉等九人，松阳王诏得之治平寺转藏上。彼云转藏，此云道书，其傅会明矣。序文芜陋，亦非修撰笔也。其必无者十也。史之后人诸生兆斗，改录为《奇忠志》，多所援据。通人为之序，以为有家藏秘本，合于茅山所传者也。去年兆斗过余，问侍书事真伪云何？余正告之曰：“伪也。”为具言其所以。兆斗色动，已而曰：“先生之言是也。”问其所藏秘本，则逊谢无有。余观《西村集·赵秉文画跋考》云：“世之作伪者，幸其浅陋不学，故人得而议之。使其稍知时世先后而饰词以实之，尚何辨哉？”明古之论，殆为《录》发欤？语有之，俗语不实，流为丹青。余之为是考也，深惧夫史家弗察，溺于流俗，而遗误后世也。余岂好辩哉！

按：牧斋此文，影响极大。崇祯间，南京给事中欧阳调律上《致身录》于朝，其时有欲为仲彬请谥立祠者，以牧斋之议而止。福王初，录逊国诸臣，礼部列仲彬名，给事中李清上疏摘其四诬，以至潘次耕之仇史氏。万季野、朱竹垞之议明史，皆衍牧斋之说，而加肆者也。今观是《考》，通篇错谬，无一是处。不解当日操笔时，何轻率若此。而诸公递相祖述，曾不觉悟，真可怪也。最要者，谓仲彬未尝死狱，牧斋所据者吴匏庵撰《仲彬墓表》也。不知明古《集》中，自有曾祖《清远府君行状》。据《行状》云：“有黠民诬府君不法事，台下御史治，会御史当代任，逮府君下狱，不即治，府君竟死。”《墓表》则云：“遇事可行，不计利害，故人多德之而小人亦不喜，然府君虽至死守之不悔。”虽未明言死狱，已隐约其词矣。按《行状》言春秋六十有七，卒之日，宣德二年三月十日，而《墓表》乃云享年六十二，与《状》不符，盖匏庵之误也。《录》云：“时宣德二年丁未三月初七日，阅三日，先君竟死。”初七又阅三日，恰是十日，《录》

未尝误。牧斋以误为不误，以不误为误，适其其反。牧斋篇末，引明古所作《赵秉文画跋考》，非未见《西村集》者，何以于《行状》失之目睫耶？匏庵《墓表》证之《行状》，而知多所讳饰，而《行状》亦不敢谓无讳饰也。姑就《行状》考之，《状》称幼佚宕不羁，任侠行权，喜趋人之急，此非闪射从亡耶？特不肯明著事实耳。其下即隔以洪武中缚贪纵吏献阙一事，使阅者不觉，此明古行文之巧也。试思以一布衣敷奏阙下，天子赐食与钞，何等意气，何等遭遇，此其人岂以税长终老者耶？缚魁献阙以下，显有删节。中述税长所措施，逾五百言，其事琐细，与前段不称，殆欲取盈篇幅耳，其所讳饰也多矣。《墓表》据《行状》而成，《行状》所不讳者，《墓表》犹讳之，况《行状》本缺者乎。牧斋谓先朝辟召及生平读书缵文，何以不书。所谓先朝者，指洪武时乎，建文时乎？在洪武时，赐钞给传，既书之矣，建文时如何可书？况叙辟召必及官阶，叙官阶必及追夺。据《录》，新皇帝即位之九日，编籍在仕之臣，去者即日削籍。八日行文各州县，追徼革除诰敕，此《行状》所以阙官阶也，则辟召遂不得不阙矣。老明经非尽能读书缀文者，凡文士例铺张其读书万卷下笔千言，此谀墓者所为耳。述祖德者讵可诬其亲耶？彬既以税长晦迹，则凡税长应为之事，皆无可诿。翰林院侍书，秩不过九品，况故翰林院侍书乎？应对使者，非屈辱之事，何为不可。税长非趋衙画到之官，何碍间关访主。据《录》云：永乐二十二年秋，彬往云南。八月十三日起行，九月二十二日，入湖广界，于旅店遇建文。十一月抵家。明年为洪熙元年，是后并无往访滇南之事。而仲彬亦于此绝笔。牧斋谓洪熙初奉诏借报民间废田减邑税，以《录》考之，彬方访帝于滇南，直是妄造事实。《致身录》言：往来道路供给衣食者六人，冯漼时称塞马先生，时称冯翕，时称马公，时称马二子；郭节时称雪庵，时称雪和尚；宋和时称云门僧，时称稽山主人，时称槎主；赵天泰适衣葛，称葛衣翁，时称天肖子；王之臣家世补锅，欲以此作生计，号老补锅；牛景先称东湖樵，时称东湖主人。此六人者，日在道路之间，最若招惹耳目，故隐匿姓名，改题别号，即别号亦须时时易之，事非得已。太学标榜，期门会集，拟非其伦。野史记东湖樵夫湛渊事，此居于东湖者耳。与牛景先之自号不同，况野史荒渺不足凭乎。《录》所记仲彬政绩，证之建文时政而有合，即非伪矣。乃转以为傅致，以所论谏之事，不载逊国诸书为疑，不知逊国诸书所载，搜采于煨烬之余，百不存一，且多讹伪，安见一时论谏皆载，此语欲谁欺耶？至于《录》后所附敷奏记事，乃后人增入，与原书无涉，未可相提并论。然亦有可辨者，据《录》仲彬缚魁献阙，系洪武二十四年事，秦淮祖别，即在此时。牧斋据朱吉《墓记》，洪武二十三年辞荐不起，廿五年以明经能书荐入中书，书诏敕，二十七年，授户科给事中。是年吉正辞疾里居，尚未入官，何得称给事？祖饯秦淮，按《墓记》止载吉辞荐，不云里居，距入官仅一年，安知其时不在南京？寻常酬赠之作，甚少具官衔者，吉此时亦无官衔可具。若墨迹有“给事中”三字，不必牧斋而辨其伪矣。但记事系后人辑录，补入他日官阶，有何不可？黄钺事同一例，解缙二十三年，除江西道监察御史，旋放归。“不在朝”三字，亦牧斋硬断。罢官称布衣，正合，必是原署如此，辑录者漏未补入他日官阶耳。不然，虽至陋者无不知解学士也。惟张羽、王彝，其卒在前，或由编者失检，误将他诗窜入。按《行状》、《墓表》俱言仲彬缚魁献阙，天子赐食与钞，给驿舟归家，其时必有祖别之事。祖别例有题赠，此属史氏家乘，不借诸公诗文，增其光荣，证其真实，伪之奚为？《录》载吴江县邑丞巩到彬家追夺诰敕，且曰建文帝闻在君家，彬曰未也，微哂而去。证之《从亡随笔》，吴江邑丞巩德至彬家敕追史彬敕命，且谓史曰闻帝在君家，彬曰未也，微哂而去。按二书记他事多异，独此条全同。《录》缺巩德之名，赖《随笔》以补之。其时必有建文君亡匿史家之风传，而吴江丞为追夺诰敕来，非为访建文来。只可以戏语试其虚实，微哂而去，正合情事。王廷宰谓吴江丞之问，盖微讽仲彬，所以速建文之远举，其人亦从亡之流亚，亦备一说。至姚善周是修王观诸人，其节烈世所共见，故明古为之立传。建文出亡，究未公布，何论从亡之仲彬，明古奉仲彬遗诫，深讳其事，彼吴文定、沈启南、王济又何从讼言之乎？

又书《致身录考》后曰："余作《致身录考》，客又持程济《从亡日记》示余。余掩口曰：陋哉！此又庸妄小人踵《致身录》之伪而为之者也。"按张芹《备遗录》，济朝邑人，为岳池县教谕，有术数。建文命护军徐州。金川门破，不知所之。郑端简则云："济曾为翰林院编修，为建文君决计薙发，数以术免于难。"端简好奇，或因河池学舍及徐州碑石之事而傅会之，未必确也。又言济随建文君来南京，至京不知所终。端简未见《实录》，故杨行祥之狱，在正统五年，而《逊国记》言，天顺初，斯已讹矣。其所谓西内老佛者，《国史》已明著其伪，而况从亡之臣，随至南京者，谁见之而谁识之乎？又况所为《日记》者谁授之而谁传之？又将使谁正之乎？作《致身录》者，涉猎革除野史，借从亡脱险之程济，傅合时事，伪造彬与济往还之迹，以欺天下。而又伪造济此书，若将疏通证明之者，此其本怀也。《致身录》之初出也，夫已氏者言于文宫庶文起，曰："当时程济亦有私记，载建文君出亡始末，惜其不传耳。"文起备载其语，亡何而《日记》亦出矣。济之从亡，仅见于野史，其曾有私记，出何典故？夫已氏何从而前知之？此二书者，不先不后，若期会而出，汲冢之古文，不闻发冢，江左之异书，谁秘帐中？《日记》出而《致身录》之伪，愈不可掩矣。甚矣作伪者之愚而可笑也。大抵革除事迹，既无实录可考，而野史真赝错出，莫可辨证，吾邑有黄给事钺者，忧居闻变，自投琴川桥下死。里人杨仪为给事立传，载给事与方希直执手商榷云云。又称给事少受学于期五世祖溇，溇之子福收其尸，为诗吊之。梦羽好著书，浮诞不实。又喜夸大其谱牒，识者哂之。同时邓韨修邑志，削溇、福不载，固已正其诬矣。而此传已流传人间，互相援据。繇此观之，岂独二书之袭伪哉！他如懿文新月之句，则残元之陈编也。钱氏二女教坊之作，则沈愚之艳诗也。《史翼》之载李祺，《吾学编》之载尝昇，皆云以建文命战守江浦。考其实则皆洪武中或死或戮者也。正史既不可得而见矣，后之君子，有志于史事者，信以传信，疑以传疑，无好奇撺异而遗误万世之信史则可也。或曰革除之际，忠臣义士，骈首接踵，而身名湮没，天下之所悲也。与其过而削之，宁过而存之，不亦可乎？余应之曰：是固然矣。一妄男子，欲荐撙其先祖，信笔排缵，俨然附方、铁诸公之后，猥云过而存之，则吾恐革除之书且充栋宇。而其庙祀且遍阛阓也。且夫少帝之事往矣，忠臣义士，不可谓不多矣。若子之言，其必人挟射天之矢，家畜吠尧之犬，使成祖无所容于天地，而后快与？今之君子，谁非戴天履地，服事成祖之圣子神孙者欤？其亦弗思而已矣。

按：牧斋此文，又因《致身录》而株及《从亡随笔》矣。郑端简好奇，故所纪多失实。程济传之有傅会，诚如牧斋所言，但溥洽为建文削发致系狱事，亦出郑端简，何以独深信不疑耶？论者谓牧斋持论，每以爱憎为进退，观此信然。牧斋既认定《致身录》为伪，以史仲彬之名，他无所证，仅见于《从亡隐笔》，故谓《随笔》之于《致身录》，若将疏通证明之者，不知二书歧异及矛盾之处极多，作伪者断不出此，牧斋未细阅耳。夫已氏不知何指，以一言偶合，硬坐以作伪，有是理乎？大抵牧斋性狭量褊，悻悻之意，流露于辞气而不觉。如云：一妄男子欲荐撙其先祖，信笔排缵，俨然附方、铁诸公之后。猥云过而存之，吾恐革除之书，且充栋宇，而其庙祀且遍阛阓云云。夫事亦问其真伪耳。如其真也，岂方、铁诸公肯专享其名，而不欲人之分之乎？就此以窥牧斋之心，使尔时无有为仲彬请谥立祠者。此二文或不作也。又云：少帝之事往矣。忠臣义士，不可谓不多矣。若子之言，其必人挟射天之矢，家畜吠尧之犬。使成祖无所容于天地而后快云云。斯论尤悖理，夫忠义岂能以额限者，有何多少可言。生则僇辱，死尚欲抑靳其名，为尊成祖计，可谓得矣。亦何以慰含愤之魂，而励敦节之士乎？观于此，知牧斋力排二书，意别有在，而不系乎真与伪也。

《有学集》卷十四《建文年谱序》曰：谦益往时罪史局三十余年，网罗编摩，罔敢失坠，独于逊国时事，伤心扪泪，紬书染翰，促数阁笔。其故有三：一则曰实录无征也，二则曰传闻异辞也，三则曰伪史杂出也。蕉园蚕室，尽付劫灰。头白汗青，杳如昔梦。惟是我文皇帝之心事，与让皇帝之至德，三百年臣子，未有能揄扬万一者。迄今不言，草亡木卒，祖功宗德，泯灭于一人之手，魂魄私憾，宁有穷乎？何言乎文皇帝之心事也。壬午以还，天位大定，文皇帝苟有分毫利天下之心，国难方新，遗种未殄，必翦灭此而后即安，张天网以笼之，顿八纮以掩之，闭口捕舌，遁将何所。以文皇之神圣，明知孺子之不焚也，明知亡人之在外也，明知其朝于黔而夕于楚也。胡濙之访张邋遢，舍人而求诸仙，迂其词以宽之也。郑和之下西洋，舍近而求诸远，广其途以安之也。药灯之诅咒，薙染之借手，彼髡之罪，百倍方黄。以荣国榻前一语，改参夷而典僧录，其释然于溥洽，昭示中外者，所以慰藉少帝之心而畀之以终老也。文皇帝之心，高帝知之，兴帝知之，天地鬼神知之。三百年之臣子，安处华夏，事其圣子神孙，尚论其心事，则懵如也。日月常鲜，琬琰如积，而文皇帝之心事，晦昧终古。此则可为痛哭者也，何言乎让皇帝之至德也。金川之师，祸深喋血，让皇帝苟有分毫不忘天下之心。凭仗祖德，依倚民怀。散亡可以收拾，蛮夷可以扇动。卫世子之焚台，卫太子之诣阙。谁能非之，谁能基之。让皇帝明知大命之不可干也，明知大位之不可再也，明知本支百世之不可倾动也。以神州赤县为孤竹之封，以鬃发坏衣为采药之遁。耄逊遐荒，自此退耕于野；头陁乞食，岂曰糊口四方。由是而内治外攘，逾沙轶漠。高皇帝之基业安，祖宗之统绪安。三百年之天地人鬼，罔不大安，宁非让皇帝之所诒乎？让皇帝以至德媲诸泰伯，其难易尤相倍，而三百年臣子之不能知也。有其知之，不能尽言也。夫既已知之不能，言之不尽矣。而其所以不能知不尽言者，轮囷苞塞，终不能泯灭于斯人斯世。于是乎愤盈交作，新旧错互。《实录》废则取征草野之书，传闻异则占决父老之口。梵宫之转藏，教坊之册籍，旅店市佣之留题断句，无不采集，无不诠表，亦足以阐幽潜，劝忠孝矣。而斯人之心不但已也。于是乎四十年出亡之遗迹，易代已后归骨之故事，问影访求，凿空排缵，亡是司契，子虚削牍。讯筮典于巫阳，听行筹于王母。公羊指定哀之疑，陆贾惧丹青之惑。固将轨梦以为实，又且巡故而造新。曰夫已氏一妄男子，乘是以卖弄笔舌，铺张祖先。若吴下流传诸录，其讹伪历然著明，而举世不尽知也。有其知之，则曰西方之山隰。犹思美人，蜀地之禽鸟，岂真望帝，信固当传，疑亦可恤。过而存之，不忍废也。于是东莱之君子赵君士喆者，作为《建文年谱》，年经月纬，事比词属。会粹诸家记录，而整齐其文章。以老宿如谦益，固亦常援据史乘，抗词驳正。读未终卷，泪流臆而涕渍纸，欷歔烦酲，不能解免。夫然后知让皇帝之至德，沁入人心者，如此其深且厚。而赵君之为斯谱，本天悶，述民彝，备国故，搜遗忠，当沧海贸易，禾黍顾瞻之后，欲以残编故纸，慭遗三百年未死之人心。是岂欲与世之君子，擅阳秋，矜衮钺，争名于竹帛哉，其亦可感而思矣。

按：牧斋此文，非《建文年谱序》，乃《建文逊国论》也。非徒论建文，论明之祖功宗德也。曷为论明之祖功宗德？思明也。士喆之书，亦此意也。时为顺治戊戌，距明社之屋，十有二年矣。（《序》云岁在戊戌，乃顺治十二年。）《序》云：“伪史杂出。”殆指史、程二书。《序》言文皇帝之心事，与让皇帝之至德，虽曰臣子曲笔，而亦不无根据。如云“明知孺子之不焚也，明知亡人之在外也，明知其朝于黔而夕于楚也。胡濙访之邋遢，舍人而求诸仙。郑和之下西洋，舍近而求诸远”云云，即余所论建文之遁，成祖明知之而故纵之，特不愿其以名义煽动人心。故胡濙巡视，一方监视其行动，一方又保护其安全也。按牧斋作《致身录考》，在崇祯间，惟恐言逊国事者，于成祖多所瑕疵，而于建文则不及计也。及作此《序》，则已时移代易，故于建文、成祖并尊之，非自相矛盾，时不同也。然则对史、程二书，宜可释然矣。而又有故，《序》云“药灯之诅咒，薙染之藉手，彼髡之罪，百倍方黄，以荣国榻前一语，改参夷而典僧录”云云。谓溥洽也，牧斋非不信建文出亡，惟以薙发属之溥洽。其《列朝诗闰集·溥洽传》，记其事独详，且断之曰：“观洽公十载下狱，考其所以被谗之故，金川夜遁之迹，于是乎益彰明较著，无可疑矣。”按牧斋既笃信溥洽薙发之事，而史、程二书，则言为建文薙发者程济，而非溥洽，牧斋不肯存骑墙之见，所以不信二书也。但士喆为此《年谱》，系据史、程二书而成。而牧斋佯若不知，但云会粹诸家记录而整齐其文章而已。乃《序》又云“夫已氏一妄男子，乘是以鼓弄笔舌，铺张祖先，若吴下流传诸录其讹伪历然著明”云云。序其书而骂其书，吁可怪已。〇或问薙发之事，溥洽与程济，孰可信？余曰：“建文出亡溥洽或与闻，盖溥洽之于建文，犹道衍之于成祖，观其设药师灯，诅长陵，可信。人以其为僧，故以薙发属之，不知其时溥洽已官至左善世，未必手操薙染之技。而且薙发与从亡，其事相连，而溥洽不在从亡之数，故知其非薙发也。”

又按：《建文年谱》，东莱赵士喆撰。士喆既成《年谱》，复作辨疑曰：“或问曰：‘子为是《谱》，本之史、程二书。然则是书可尽信耶？’曰：‘未必然也。二子之所记，原不尽合，其合者不得不信，其不合者，未可尽疑，尤不可偏主一家之说。盖记事属词，偶有疑误，遂致参差。疑以传疑，亦足见二书之不相依附，其大者若合符节，则不谋而同耳。’曰：‘是则然矣。乃吾于庚申之事，而更有所不可解。夫《归妹》之卜，程济之所谓大凶，是耶非耶？帝归未久，奄忽告终，则大凶验矣。济既明言，帝胡不惧，济又何以不固争也？’曰：

‘嗟！吉凶之际，言哉，难言哉。《易》有之曰：“小贞吉，大贞凶。”又曰：“过涉灭顶凶，无咎。”故义之所在，有凶不必避者，唯得正而毙焉斯已矣。以济之神于易数，不减青田。其所知者，建文往必不返，故止其行。建文素精于禄命，自知其大数告终。归亦死，不归亦死，死于荒山，与沟渎自经者等，孰与夫归身阙下，杖履翩然，使天下知我之逊位而去，不失避贤，投老而归，弥彰忘怨，父子君臣之两无憾也。’曰：‘然则帝之终也，果无烛斧之疑乎？’曰：‘事本难知，以理断之，则决不尔。盖文皇之有天下，祖孙相继，垂四十年。建文癃病无他志，虽庸人可以无疑。况仁、宣二帝，圣德彰闻，英庙冲龄，三杨柄国，而肯有意外之妄图耶？故谓建文之终，待之未尽善，则可。谓不以考终，则不可。然则僧之诡为帝何居，曰则是别有说焉。夫诡为帝者，非假子舆，希非望也。彼盖因寺壁之诗，为人所觉，故愿以身代。若此僧者，亦从亡诸臣之流亚”云云。士喆此论甚卓，所见俱确。按史、程二君之行事，互见二书。真则俱真，伪则俱伪，二书记事之有参差，二书之所以为真也。驳之者曰：“二书之不依附，既有征矣，何以证其俱真乎？”余曰：“是自有说，今谓史书真而程书伪乎？是必如钱牧斋所云，若将疏通证明之者，则不应故矛盾其说，使信程书者推翻史书，即疑程书者亦影响史书也。若谓程书真而史书伪乎，则仲彬姓名及行事，除其书中自述外，仅见于程书。而程书之出，在史书后，何由预睹。假曰睹之，又不应有歧异矛盾也。若谓二书俱伪，则二书固不依附，何以相合。以此求之，彰明较著，无遁情矣。又按老僧之伪建文，事最奇突。凡作伪者，不论为名为利，必有目标。建文者，今帝之仇也。九十老僧，已非图名图利之人，况所图者刑僇乎？虽近臆断，然不作如是观，万万为情理所不许。余之论杨行祥，即主此说。至建文迎入西内，其终即在是年。此事不无可疑，考其时，当政者为太皇太后张氏，素有贤明之称，未必肯为弑贼之事。况既欲害之，又何必迎之乎？此亦可据情理以断之，无须实证者也。”

四、李　清

《明史杂著·惠宗出亡辨》曰：予尝谓明有两异，以秉旄向阙之亲藩，而启运龙图，此千古一大新局也。以继统负扆之真主，而脱身鱼服，又千古一大疑端也。夫当年焚与亡，诚不可知。若世俗所传出亡，皆齐东耳。吾于《实录》所载程济事征之。按永乐三年，济为唐府长史，以犯夜获罪，是惠庙出亡时，所仗为左右手也。而见之国史若此，则所谓从亡者谁？所谓每遇艰阻，辄以术脱者谁？又所谓相从数十载，复随至南京者谁？嗟乎，以龙镡因晋府蒙谴，见于永乐元年十月，而诸书犹载其不屈死。以汤中历仕三朝，官以大理，卒以宣德，而诸书犹载其论死，误岂独一济哉？或曰：“济，异人也。将无分身若左慈，隐形若冷谦，一随帝而一从王，故以此示不测乎，则曷为乎祭碑也。夫徐州一碑，乃建文时诸将自诩战功耳。济既预知文皇之见必怒，怒必椎，又必按碑族，则何不毁而祭？且既遁矣，又能分身隐形矣，祭何为者，失笼之鸟，犹虞罗羁耶。脱网之鱼，犹畏罟制耶。何若危之，又若神之，云济名姓正椎脱处得免。种种刺谬，数言可折，犹谓济从亡，犹谓有《从亡日记》哉。”或曰：“是则赝矣。严震直遇帝，真乎否也。夫震直，建文降臣也，以官则工部尚书，谓使安南误。以卒则燕京，谓至云南遇建文吞金死误。所可疑者，独胡濙一访耳。然尔时故主焚，忠臣族，吁嗟之意，深于歌舞。或借濙之一行，以卜群心向背。若为访亡，则帝长身巨鼻，称名未已。又见题壁，如世俗所传，非终匿影者，濙安敢知而不言，以七尺与十族为方正学续哉？郑端简《吾学编》之概收，误已。而后遂如史仲彬《致身录》之赝，若非吴文定集内载彬《墓志铭》甚悉，则非从亡而从亡，而与程济俱讹耳。大抵建文之亡，非独千百世所乐闻，尤靖难诸臣所乐闻，何也？汤武征诛，犹云惭德，何如成祖正极，惠宗远遁，安其位者更避其名哉？出亡之说，无乃本此。虽然，究竟安据，夫以为不亡而焚，与以为不焚而亡，皆二百年后臆说也。烛影斧声，犹悬疑至今。何况惠庙，以焚为实录，以亡为存疑，两得之矣。”

按：映碧此文，不值一驳。明人记逊国事，如王文恪、陆文裕、郑端简、王弇州、冯时可、陈清澜、李卓吾诸公，皆士大夫留心掌故者，岂得概以齐东抹煞之。《实录》载永乐三年，程经为唐府长史，以犯夜犯罪，当是另一程济。前人著历史，《同姓名录》所引同姓名者，不可胜数。不暇远举，即以余十余年来所目睹，如两戴天囚互争命名之先后，见于报章，参议院议员韩世昌函请内务部勒令唱昆剧之韩世昌更名。有民国大总统徐东海，又有广东土寇徐东海。有革命大伟人孙中山，又有中南银行经理孙中山（近闻改称孙仲珊），同时同姓名，亦何足怪。郑端简《程济传》，多失实，驳之是也。诚如映碧所言，传中所纪程济之事，皆伪也。乃据之以驳建文出亡，是举伪证以断疑案也，可乎不可乎？胡濙以访异人为名，而李贤撰《濙墓碑》，则谓为察人心向背。盖默察人心之归向建文与否，非欲得建文而甘心也。此意钱牧斋知之，映碧于此尚懵然。严震直辨详下篇。

又严震直《不遇惠宗辨》曰：予尝叹人臣身际国倾，皆以幸生为耻。而独严震直又以赝死为惭。在《史概》则曰，震直当永乐时，往山西宣谕，卒于泽州。此死而没没者。在《吾学编》则曰，震直奉使至云南，遇建文君，悲怆吞金死。此死而铮铮者。然皆赝也。予读《太宗实录》，载震直以建文降臣，官工部尚书卒于京。及予给谏陪京时，其后人但述洪武时政绩，欲为请谥，而不及吞金。予召询之，亦云无。夫震泽死泽州与否，无足置喙。独云南一使，果遇惠宗吞金死，则御沟之窜身，罗永庵之题诗，与长身巨鼻声如洪钟之现迹，皆可借一事以证数事之真。如其赝也，则皆疑矣。近读《帝京景物略》，又有云：“金山口北之碑，题曰‘天下大师墓’，或谓‘建文君墓’

也。”噫！传非故老，识无冬青，何据？且惠宗来归，皆言在正统时，而英宗之送建庶人于凤阳也，方且六尺罔猜，犹欲广生者之血胤。而胡一抔若忘，独不标死者之朽骨，则诞可知矣。王凤洲疑出亡，而信自焚，以是夫。

按：《吾学编》记严震直建文君逊位后，复为工部尚书，奉使安南。至云南，见建文君，悲怆吞金而死。而《通纪》及《从亡随笔》亦记其事，且较详，可以助端简张目矣。《通纪》云：“永乐初，奉使安南，过西平侯第，见建文。建文曰：‘何以处我？’震直泣对曰：‘上自便，臣自有处。’夜吞金死于驿舍。”《从亡随笔》云：“夏四月，师往西平侯晟家，住旬日，震直忽至，拜师床下。师问：‘若何来，得无邀我乎？’震直曰：‘臣奉命交阯还，闻师在此，故图一觐耳。’师曰：‘尔已官新朝耶，幸好为之。’震直惭泣，拜辞师去，一夕吞金死旅舍。”映碧据《实录》以为卒于京，不知《实录》之误复不少。钱牧斋、潘力田所考辨可见也。映碧言询之震直后人，无吞金事。夫见建文而吞金，此何等事，想当时即深讳之。忆道光间大学士蒲城王鼎于宣宗前保用林则徐，不纳，思以尸谏，草遗疏，自缢死。其子与门人议改其疏，以暴疾卒奏闻（见薛福成《庸庵文集》），与此事颇相类。不但此也，世俗凡非善终，照例讳之。况事隔二百年，其后人又乌从知之，此不必询者也，而可以为证乎？惟曾否出使安南，可为此事虚实之证，映碧未言及此。想请谥呈中必有之，否则映碧又何以不询之也。

又《惠宗归来辨》曰：惠宗之出亡疑也，而来归更诞，吾于《实录》所载杨行祥事知之。按正统五年，有僧自云南至广西，称建文天子。及解京会鞫，则云杨行祥，以洪武十七年度为僧者，当年毙狱，始末已了然矣。彼诸书所载，或云七年归，或云十二年归，始迎西内，卒葬于西山者。一与二与，抑前之为惠帝赝，后之为惠帝真与，抑一事而两说。特好事者稍加缘饰，而后人遂以讹传讹与。夫谓宫有箧，箧有度牒，度牒为杨应能，高皇遗而惠帝髡，皆僧杨行祥之踵说也。亡亦悬揣，而况于归。然则吴亮见而识，识而哭，哭而自经，又岂无因者，无乃与严震直之吞金死，同一饰说乎？善乎！王弇州曰：“当时三杨皆故臣，岂皆不能识，而独一亮识。且建文果出亡，亦必不肯出就危地。”此言得之矣。若云出者真也，去犹潜龙，来非化鹤，岂一二故老遗氓，独无指故长安天子，而欷歔流涕者，何寂寂也。尤可痛者，以半世漂流，为一丘零落，死葬西山，不封不树，此故君耶，谅为义士意气动矣。况时又解网，胡冬青一枝，鲜移识者。昔忠臣车载，今义士跫音，吾未之敢信也。不金陵故乡，而故乡燕京，一疑也；不首丘南国，与孝陵相依，而首丘北土，与长陵相望，二疑也。吾欲以王弇州数言决疑，而更以英庙释建庶人一诏破疑。按诏内有云：“悯兹遗孤，特加宽贷。”噫，此谁氏遗孤耶？非即英庙正统初以僧服归之建文耶？则何不乘建庶人释后，更下一诏，述当年来归故，且敕所司曰：其访西山故茔以闻，倘依孝陵东陵例，一体葺祀，甚盛举也。况建庶人释，将往凤阳有期，咫尺西山，犹膝下也。今嗟远离矣，则又何不并敕所司，具牲帛往，道庶人辞哭如礼。且以君恩告诫，若是岂止如昔人所悲以一盂麦饭洒明宗陵者乎？何英庙与群臣俱未议此，不猜生犹猜死耶？不猜人间六尺之孤，犹猜地下一抔之土者。行其所难行，而不行其易行，何也？昔宋遣巫伋使金请钦宗归国，金主亮曰：“不知归后何处顿放。”伋语遂塞。若惠庙果亡，亡又果归，独不计何处顿放乎？吾故曰诞也。

按：杨行祥与杨应能两事皆有之，唯《实录》一载一不载，遂使人以讹传讹耳。王弇州谓当时三杨皆故臣，岂皆不能识，而独一亮识，其言似矣。按是时英宗冲龄践位，太皇太后临朝听政。三杨以建文旧臣，地处猜嫌，值此非常之事，唯有拱手听中宫之主张耳。使吴亮审视者，意在取信中宫，殆亦三杨之苦心也。阅二年（即正统七年），而杨士奇有修《建文实录》之请。英宗复辟之岁，即释建庶人出居凤阳。事有相因，当非偶然。相传英宗陷虏，悔建文殁，无所加礼。尝以语侍卫袁彬，故复辟初即有是命，或可信也。李贤曰：“上复位之后，思建庶人辈，淹禁将五六十年，意欲宽之。”一日谓贤曰：“亲亲之谊，实有不忍。”贤对曰：“陛下此一念，天地鬼神实临之，高皇帝在天之灵实临之。尧舜存心，不过如此。”上遂决，即日白太后许之，左右或以为不可。上曰：“有天命者，任自为之。”夫赦一蠢无知识之建庶人耳，而大臣不敢请，必待出之帝意。帝意决矣，而左右犹以为不可。观于“有天命者任自为”一语，是帝意仍未释然也。而建文抑可知矣，修一纸上之《建文实录》耳。以四朝元老之杨士奇吁请于太皇太后弥留之顷，而不获命，而建文生前之顿放，抑可知矣。映碧此文，无一字搔着痒处。

又辨史仲彬《致身录》曰：明之不幸有靖难也，当以成祖入城，惠帝阖宫与后俱焚为正。乃疑其事而为出亡，又新其说而为来归。且诸书所载，地异事异，又姓名诗句各异，究竟安在？故史仲彬《致身录》之赝，遂踵于此。吾第取彬墓表见之吴文定《匏庵集》者，生平有梗概，寿终有年月，与是《录》所载从亡，绝不相涉，则诬案定矣。夫其身诬而所传之人与书，亦诬矣。以王良抱印赴火，矢节甚烈，且成祖云朝廷印信良擅毁，不得无罪。而今忽云从亡，岂捐一身以殉国，又分一身以依主，其诬一也。以杨应能度牒，为太祖藏，为惠宗启，遂祝发以出，此稗官私记耳。而忽云从亡，方疑其事，何遽实其人，且实其人，不过影其事，其诬二也。以蔡运之坐奸党论死，牛景先之走萧寺死，又以梁中节之弃官为道士死，梁田玉之髡发为僧死，梁良玉之鬻书为业死，宋和、郭节之同卖卜客死，俱杂载诸书，较若列眉，而今忽皆云从亡，将死者为谁？遁者为谁？诸从亡者又为谁？其诬三也。以雪庵和尚之疑为叶希贤，见于本传，而今忽云郭节，以老补锅之疑为黄直，见于《拊膝录》，今忽云王之臣，以衣葛、河西佣与冯翁之初无姓名，而今忽指衣葛为赵天泰，指冯翁为冯漼，事愈详而名愈多，其诬四也。何洲之与宋和、郭节友善，相约为篮人客死，全身远害，力固首阳，其为士大夫何疑？忽云太监，果何所凭，大抵好事者为之也。然则从亡之程济，与后死之严震直、吴亮，见于《吾学编》者，又可尽信乎？夫程婴、公孙杵臼，《左传》无其名，而《史记》列其事，所载始末，判若秦越，此《容斋随笔》一书所以正驳也。若济为唐府长史，见永乐二年，而震直以工部尚书卒靖难初，从亡后死皆误也。则请以正《史记》之讹者，并以正《吾学编》之讹，而《致身录》更无论矣。

按：钱牧斋误据吴匏庵撰《仲彬墓表》，以攻《致身录》。书上于朝，集行于世，未闻有人起而纠正，映碧反奉为定论。一误再误，何仲彬之不幸耶。梁中节之为道士，梁田玉之为僧，梁良玉鬻书，宋和、郭节之同卖卜，俱不碍其从亡。据《致身录》，唯程、杨、叶三人追随建文，不离左右，余不过偶然省视耳。雪庵和尚之为叶、为郭，老补锅之为黄、为王，史、程二书，即有不同，其为闻见之殊，或记忆之误，俱不可知。若衣葛、河西佣、冯翁等，其人岂本无姓名者耶？特匿而不肯传耳。有人焉揭而出之，思古者正深快幸，而反斥其诬乎？总之逊国诸书所记，异同参错，其中有真有伪，未可一视，读者宜辨疑以征信。若不暇深辨，俱存疑可也。执疑以驳疑，其可了乎？

五、潘　柽

《国史考异》卷四曰：靖难事迹，四年六月乙丑，上至金川门。时诸王及文武群臣父老人等皆来朝，建文君欲出迎，左右悉散，唯内侍数人而已，乃叹曰：“吾何面目相见耶！”遂阖宫自焚。上望见宫中烟起，急遣中使往救，至已不及。中使出其尸于火中，还白上。上哭曰：“果然若是痴騃耶？吾来为扶翼尔为善尔，竟不亮而遽至此乎！”

遂驻营龙江发哀，命有司治丧葬如仪，遣官致祭，布告天下。壬申备礼葬建文君，遣官致祭，辍朝三日。《逊国记》云：六月乙丑，成祖入城，诸内臣哗言不如逊位去。须臾宫中火起，传言帝崩，成祖为发丧治葬。惠宗之自焚与逊去也，诸书纷纭，迄无定论。而余以所见所闻，反覆参订，则自焚之说，可疑者有三，而逊去之说，可据者亦有三。其可疑者何也？一曰丧礼之不备也。史言成祖望见烟起，遣中使往，出尸火中，还报而哭。遂驻营龙江发哀，命有司治丧葬，是始终未尝一临其丧。而《通纪》所传，抚尸而哭，且以小子无知斥之者，亦妄语耳。其谓丧葬如仪及备礼云者，皆史家微辞。初不言其仪注若何，服制若何也。遣官致祭，辍朝三日，此王公已下告哀之礼，而以加之四年共朔之共主。其他名数，一切简杀又可知。成祖方以周公自居，使非心知煨烬之中，莫辨真伪，宁忍概从其薄乎？一曰园陵之无考也。《实录·王景本传》云，时建文君未葬，上询景葬礼，景对以天子礼。上然其言，盖然之而不能从也。以事迹所书观之自明。而仁宗御制长陵碑，则云备天子礼殓葬，此亦饰美之言，非实事也。不然，既已备礼葬矣，何以讳其地而不传，或疑其附葬东陵之旁。而南京《太常寺志》，明言建文君封树莫识，魂魄无依，则桥山之藏，竟安在耶？《通纪》葬西山，不封不树之说，亦因此传讹耳。一曰马后之不知所终也。国史止记吕太后随敷惠王居懿文园陵，而马后之存没不著。《通纪》云：宫中火起，皇后马氏，亦赴火死。及上清宫诘问宫人内侍，以建文君所在，皆指后尸应焉。事虽无据，然当阖宫自焚之时，令中使所出之尸果为帝，而后尸竟安在也。其可据者又何也？一见于谷庶人之事也。大金川门之开，谷庶人首为内主矣。惠宗之存亡，宁不心识之，乃史载蜀王子悦熑获罪。避橞所，橞诡众曰："建文君初实不死，今已在此。"事在永乐十四年，则不死之说，有自来矣。此岂怀王扶苏传自民间而已哉？一见于胡濙之使也。李贤为《濙墓碑》云：丁亥命公巡行天下，以访异人为名，实察人心向背。时御制《性理大全》，为善阴骘孝顺事实书成，公以此劝励天下，以故虽穷乡下邑，轨迹无不到，在湖广间最久。癸卯自均襄还朝，时车驾亲征北虏，驻跸宣府，公驰谒行在所。上卧不出，闻公至，喜而起，且慰劳之。赐坐与语，上欣然纳之。向所疑虑者，至是皆释。李贤与公同朝，故所记最真。自壬午至丁亥，上御极已五年矣，何尚介介于人心向背，至暮年而疑虑始少释乎？一见于溥洽之狱也。《实录》永乐四年十二月戊戌，降僧录司右善世溥洽为右觉义。《今言》云：溥洽字南洲，山阴人。靖难兵起，为建文君设药师灯忏诅长陵。金川门开，又为建文君削发。长陵即位，征闻其事，囚南洲十余年。荣国公疾革，长陵遣人问所欲言，言愿释溥洽，长陵从之，释出狱。杨士奇撰《溥洽塔铭》云：太宗即位，召斯道衍于北京，命主教事。公以左善世逊衍，而己居右。永乐四年，有盛觉义者，忌其宠，构词间之，左迁右觉义（言左迁而不及下狱，与国史书法同），公不辩，自处裕如。既而上察其心，复右善世。又云：四十年间，巨锱老衲有文声者，师与衍公为首。衍公既进位官师，晚年于师尤厚。将化之前一日，太宗亲临视之，问所欲言，独举师为对，不及其他。《列朝诗集》云：文贞于洽公系狱，及设忏削发之疑，皆缺而不书。但云遭谗左迁，又云衍公将化，独举师为对。则又隳括其事，使读者习而闻之。此所谓不没其实，史臣记事之体也。正统三年，周文襄撰《凤岭寺记》云：公当永乐间，为同列所间。太宗欲试其戒行，幽之于禁卫者十有余载。其记洽公下狱与《塔铭》互相证明，文贞文襄，身事长陵，服官史馆。其所记载，非稗官野史可比。观洽公十载下狱，考其所被谗之故，则金川夜遁之迹，盖章明较著矣。然则地道之说信乎？曰未可信也。今观南京宫城之外，环以御河，果从地道出，将安之乎？意是时成祖顿兵金川，遣人奉章，（见长陵碑文。）实欲使惠宗自为计。而京师辽阔，东南一隅，势难遍及。仓卒潜行，惟为物色之者，而又何必假途隧中也？况惠帝是日尚能手诛徐增寿于左顺门，则非坐困宫中可知。若夫出亡之实，则其事秘，吾不得而知之矣。必欲从二百载后，而一一指其同谋何人，寄迹何地，非愚则诞，阙疑焉可也。

按：力田是考最精核。所举自焚之说三可疑，逊去之说三可据，俱无以易之。最扼要者，为建文何以无园陵，彼不信出亡说者，恐百喙不能代答。而谷庶人建文君初未尝死一言，亦有力之旁证也。史称其诡众云云，亦斡旋之词。诡与非诡，唯谷庶人自知之，记事者乌从测之，而知其为诡乎？胡濙巡行天下，所谓司马昭之心，路人皆知之。李贤撰《濙墓碑》，并成祖有意纵建文之隐，亦曲曲传出。得此三证，而建文出亡之案定矣。力田兄弟俱服膺牧斋，故采溥洽薙发之说。余谓溥洽下狱，确为建文。惟薙发一事，未敢附和。力田能扫除郢书燕说，以史证史，不附会，不武断，不游移，其史识远在万季野上。所惜杨行祥案，未及同一考定耳。〇按：力田不信《从亡随笔》，其谓成祖顿兵金川，京师辽阔，东南一隅，势难遍及。仓卒潜行，何假隧中，与程济出南方可免正暗合，且不啻为济书作注脚也。

《松陵文献》卷十《史鉴论》曰：余读史氏《致身录》曰：异哉所闻，以吴文定所撰《墓志》，及明古《家状》考之，乃知彬以税长，洪武中尝上书阙下，盖富而好侠者也。有未曾入仕，何论从亡。余少时，见明古所草《县志》于仲彬事，亦绝无记载，或以为畏祸故讳之耳。乃《西村集》于姚善周是修之死，皆为立传，无所避忌。顾独于先世之隐德没而不书，且并其官阀而削之，有是理耶？况孝庙时法禁已弛，吴文定固贤者，又以著述自命，不宜汶汶若是。夫为人子孙者，其先祖有是善而不传，是悖也。无是善而强名之，是诬也。然则为此书者不惟诬仲彬，且诬明古矣。余不敢信为实录也。刘子威《先贤赞》于明古颇多微词。要之其任侠负气，亦有祖风哉。明古长子南园君，名永锡，为诸生。孙南湘君，名臣，为云南参议。其卒也，臣之长子龙湾君名长，为《行状》云：寒家文献起于西村，然而补弟子员自先大父始，入仕自先君始，长工书法。今此《状》真迹犹存，即刻本亦多存人间，可据以证《致身录》之赝。

按：力田不信《致身录》，与其弟稼堂同。史仲彬入仕及从亡，《家状》不载，《县志》自应一律。其不载官阀，又另有永乐元年追夺诰敕之故，吴文定《墓表》系据《行状》而成。《行状》所不讳者，《墓表》且代讳之。《行状》未具者，何所藉以代为阐扬耶。明古之撰姚善、周是修等传也，亦非漫然。按明古卒于弘治九年丙辰。而弘治六年，兵科给事中吴世忠上疏云：昔成祖靖难时[①]，文臣如方孝孺、周是修、练子宁、邹瑾、魏冕、齐泰、黄子澄诸人，皆仗节以死。夫太宗之靖难者，武王之心，天下之大权也。孝孺诸人之仗节者，夷齐之志，天下之大虑也。征大权，则天下之民命不立。征大虑，则天下之大义不明，二者不可废一也。乞陛下褒美诸臣，九庙闻之，岂独生色而已耶云云。事下礼部议，虽格不行，而诸公节烈，则已公表于世，此明古所以有姚善、周是修诸传也。仲彬从亡，其事隐秘，未可与姚、周并论。观于吴疏犹格不行，安见孝庙时法禁已弛耶？盖自仲彬为仇家告不法后，史氏子孙，创艾之余，深讳其事。观龙湾君所为《行状》，断断言补弟子员自先大父始，入仕自先君始，一若恐人怀疑于其先代者，其意可得之于言外矣。

六、潘　耒

《遂初堂集》卷十一《书西村集后》曰：吾邑成、弘以前，以文词显者，惟史明古先生。博雅通古今，喜议论。为文雄辩有体裁，骎骎追古作者，诗亦俊朗可诵。《集》刻于嘉靖初，凡八卷。其未刻者尚多，余从其家抄得之，共十二卷，多于刻《集》可四倍。虽未必篇篇可传，然高出晚近人远甚，宜全刻之以行世。而其后人秘而不出

① 昔成祖靖难时，原文“成”作“太”，当是伦明之误。

者，盖有故焉。自史辰伯辈伪造《致身录》，言其远祖仲彬有从亡事，而寡识者或信之，然明古《集》中从无一字涉及此。其作曾祖《清远府君行状》始终言税长事。作考《桂轩府君行状》，言三世相继为税长，则仲彬固未尝入仕，而况从亡乎？《西村全集》行，则《致身录》之伪，不攻自破。故以史氏子孙之多力，足以刻此而不刻，为其害于从亡也。以一时饰说，而使其先人不朽之业，锢废不传，作伪之弊，一至是哉。

按：《致身录》一书，有原刻本，有史氏重刻本。其重刻本，多所增损。原刻本止焦弱侯一序，重刻本则序文跋语多至三十余首，其大别也。稼堂所云史辰伯，当即钱牧斋所云夫已氏。史辰伯所增损，盖重刻本也。何以知之，稼堂他文，称本书，又称今刻，又今刻有增损，此稼堂所言也。今浑言曰：自史辰伯辈伪造《致身录》。岂《致身录》为史辰伯一手所造，自造之而又增损之耶？曰史辰伯辈，是仍未能确指出操笔之某人也。据钱牧斋《致身录》但言序非焦修撰笔，而未敢断为何人作。又言史之后人诸生兆斗改为奇忠志而已。未言及史辰伯，及序建文年谱乃致恨于夫已氏，仍不肯显斥其名。然则史辰伯尚在史兆斗后，本书又岂辰伯所造耶？其谓史氏后人，以《致身录》故不肯刊《西村遗稿》，此亦周内之言也。《仲彬行状》即不显载从亡事。《西村集》中，亦无一语涉之。《遗稿》即无从亡实据，安见为《致身录》之碍。假使史氏后人果于作伪，窜入一二赝篇，反足证成之矣。稼堂得从史氏借抄，而谓史氏后人不肯刊以问世，无是理也。稼堂此文，全是武断，宜史氏后人之不服也。余阅蔡澄《鸡窗丛话》云，前明吴江有史仲彬者，相传为官于朝，曾从建文帝出亡。近时有《致身录》一书，云是仲彬所著，历叙出亡之事，并从亡诸臣，而虞山氏有十无之辨。稼堂宗其说以攻史氏，史氏后人亦颇盛，遂成仇隙，几为不共之仇。后史氏请于当道，及搢绅先生，以仲彬入乡贤祠，徐检讨釚与焉，稼堂复作书与徐辨论。先是稼堂兄力田曰：

此系前朝之事，当存而不论。此语最善。余又闻史与潘俱与吴江沈太常后人为姻娅。沈有吉事，史、潘俱往贺。席间言及仲彬事，竟至攘臂，文人习气未除，有如者。此条下又有案语云：墀（按原文如此，不知其姓）按仲彬裔孙有名编年者，字昭文，诸生。曾率其仆殴稼堂，并著《流芳录》以表其先世云云。观此，知稼堂与史氏后人之关系。其力攻《致身录》者，盖不在事理之是非，而在意气之胜负矣。又按稼堂尝刻《救狂书》，以攻石濂和尚，石濂竟得祸。沈归愚《国朝诗别裁集》载石濂主广东某禅院（按即广州长寿寺），能诗通画理，安南国王师礼之。以货币结往来宾客，分三等。翰林某以所赠平等，作诗文詈之，石濂亦以诗文交詈。翰林忿入都，适臬司某任广东，嘱其猝擒治，缓则有救之者，臬司如其言，刑僇递归浙江，君子讥石濂之不检，而叹翰林之褊窄也。按翰林某即指稼堂，其狠于报复，与此事颇相类。

《遂初堂集》卷十二《重刻致身录辨》曰：《致身录》一书，出于万历季年，谓是史仲彬所撰，叙从亡事甚悉。前此逊国诸书，从无及仲彬姓名者。官阀事迹，多乖舛不合。而好异喜新之士，辄轻信之。迩年当事有意崇奖节义，史氏之裔，求以仲彬祀乡贤，复刻此书行世。余反复观之，本书讹漏未经摘发者尚多。而今刻所增损，乃复公为欺诞，不得不重为之辨。就本书言之，未论从亡虚实，即其入仕始末，乖谬者有四。一曰出身之无征也。《录》言仲彬于让皇嗣位之年，以明经廷试。明初有荐举，有岁贡，考莫、徐两志，此两途中并无仲彬姓名。若以革除故不载，则萧谭、徐世英、曾坚具列科贡中，何独于仲彬而遗之？又称试四书疑一道，注云吏部尚书张竑监试，考列卿表洪武、建文时尚书无张竑。若以为张紞，则是年十二月茹瑺免尚书，以云南布政使擢任，不应十一月间先监试也。又云彬家藏《仪礼》十八篇，御史刘有年上之于朝，荐彬明经。刘有年上《仪礼》事，见《成祖实录》，今乃移之建文时彬家所藏耶？至言高皇帝尝命主政户部，访治道称旨，则益荒诞不足辨矣。二曰官爵之不伦也。《录》云廷试后授翰林院侍书，秩正九品，建文二年五月，改徐王府宾辅，仍兼原官。考之诸书，是年六月丙午始置各王府官属宾辅二员，正三品，仲彬安得于五月先改官？且有何奇绩，而自九品骤升三品？而亦无以三品下兼九品之事。新注后添“直文渊阁”四字，益复不经。是时徐王止十二岁，甚幼，未必设官属。注中所云徐王陵墓，则太祖马后父也，渺不相涉。又云：“四年三月，口授翰林院侍读学士。”侍读学士正五品，以三品改五品，是降也，非升也。且二年八月已改讲学士为文学博士，方孝孺正为其官，仲彬何人，遂与孝儒比肩，且何独其衔仍称侍读学士耶？考雷礼《列卿表》、王世贞《翰林表》，建文中讲读学士，止有高巽志、方孝孺，而董伦兼任之，余更无人。作此《录》者徒欲大仲彬之官，以觊厚恤，而不考官制尊卑，任意迁改。且不知馆阁要职，载籍犁然，非如九品侍书，漫无稽考也。此《录》屡刻，仲彬官辄加尊，牧斋《考》中有“独不知故翰林侍书推使前对”之语，则知牧斋所见之本，官止侍书。而宾辅，而学士，则后刻渐加大之。官由自除，则亦何所不可乎？三曰敕命之失体也。《录》载三年十一月皇少子生，京官三年考满者，一百五十三人，仲彬预焉。帝亲撰《制词》，发中书科誊写。夫覃恩敕命，皆出词臣代言，安有天子亲撰之理？《制词》芜陋不必言，尤舛错者，官为三品之宾辅，而阶止六品之承德郎。且已身与父母，同为一敕，明制惟武官则然，文官虽八九品，无不分为二敕者，安有三品而止一敕之理？作《录》者既思欺世，曷不略考朝章国故，而在在纳败阙乎。四曰宦绩之全虚也。仲彬既为禁近之臣，在帝左右，岂无建白设施，独自表见者。今徒剿袭他事，传会己事，而事事不实。因司业张智祭阙里，遂言彬祭衡山，然祭告山川，不遣九品官也。因《西村集》有《尹昌隆传》，遂言廷斥昌隆为奸党。然昌隆请让位，必在燕师渡淮危迫之秋。元年七月燕王举兵未久，声势尚微，讵有此请，而烦廷斥也。见《严震直传》中有“督饷山东”之语，则言彬为之副，而不知震直建文中致事，见于《列卿记》，初无督饷之事也。誉盛庸智勇，称庄得等死事之烈，不知夹河之战，在北平不在山东也。因魏冕请诛徐增寿，则言彬与同请。然同请者邹琏也，非彬也。改官制有刘亨之疏，今钞撮其语，以为彬疏之批答。均江浙赋出明诏，而以为彬所建白，固守京城。孝孺持议，而以为彬独是之。如小儿学语，如村夫说朝报，影响剽窃。曾不能于诸书之外，别述一事，别叙一人，焉有身立其朝，目睹其事，而荒略若此者乎？此即四谬，仲彬未尝入仕，断断无疑。前人所排击者，专在从亡，不暇论此。今以本《录》及《墓表》、《行状》反覆参较，则知仲彬实一税长耳。入仕尚虚，何有从亡？让皇出亡，尚在疑信之间，而何有于仲彬之从亡？此可不攻而自破矣。至于新刻之《录》，尤诞妄者有三：一曰矫造《制词》也。史氏辄称仲彬为忠献公，盖欲影附弘光中赠谥也。继知其实未赠谥，则改而用让皇之恤典，伪撰一文，冠于《录》首。据云逊荒之二十六年，在蜀峨眉，闻仲彬瘐死，怆然挥泪。思所易其名者，词之芜陋，倍于前敕。是时帝已着袈裟，遁山谷，匿影畏人，而犹俨然帝制自为，发纶言以修易名之典，岂犹然厓山硇州一小朝廷行事。且吴蜀数千里，谁为报赴，制书之来，谁为赍捧。据《录》末史晟所述，父没后，师绝无音耗。至九年，师复来，悲先君之亡。并未言先闻其死，先赐之谥。设有此文，原《录》何以不载？知此为伪。复是斩新造作，制而可矫，孰不可矫？若夫窃宋人之诗词为帝诗词，又其余事矣。一曰擅改表状也。明古《行状》，直叙平生。文定据以作《表》。止一勤俭有为之税长耳。无溢美，无枝辞，作伪者恶其害己也。辄改成刻，于《表》中添“其他隐德奇节未易殚述”十字，以为从亡地。又于“家世隐居力本”句，删去“隐居”二字。改“处士”为“赠公”，以为入仕地。人有持文定刻集诘之者，则又伪造明古《与文定札》，请削去“隐德奇节”语。夫此一语，岂足贻家门之祸，而必求削去耶？已刻之《表》尚可改，未刻之《札》其可信耶？《行状》中，军兴调发，是建文时事。直至洪熙初，皆彬为税长之日。今于治水诸使上，添“洪武之世”四字，欲与仕建文朝不相妨。然《行状》又叙洪熙后诏除户绝田地，税长莫敢报。府君独曰：“天子德意，吾辈岂可惧祸殃民？”众皆从之。得减税若干，则故税长事也。复删去“吾辈”字，及“众皆从之”，以掩其迹。正如讼者情虚，则关通吏胥，于文案紧要处，抽添一二语，以图掩覆。一经发觉，其罪滋彰。作伪心劳，盖谓此耳。一曰伪撰序文也。此《录》初出，托言焦太史所撰序文谫陋，牧斋已斥其非焦作矣。今刻乃载序文跋语三十余首。文人好奇，节义事更乐为表扬。史氏又善于干请，固多应者。而伪撰亦不少，即如周忠毅公一序，文气卑靡，决非忠毅笔。至言触奄归来，则公以天启三年奉命按楚，便道过家。丁外艰，乃不之官，并未落职也。公之孙藏公遗集，只字不遗，并无此序。从亡事，可以欺远，不可以欺近。吾邑人人知其不实，史氏倚公重名，辄相假托，而不知措词之谬也。他如李本宁、张天如等叙，未必真。其史晋江叙，称从孙闽吴辽远，尊卑阔绝，纵联宗安得有此称耶？朱白民跋，称采入书法中。今书法中，何尝及仲彬一字？俞彦跋言史氏先已板行，近浙西翻刻，颇多点缀。殆子瞻所云野人得鹿，转入官庖者，正讥其添改初本，而刻者不览也。事迹果真，即无序不害。不真，虽百序无益。假托奚为哉？此四谬三妄，或显而易见，或隐而难知。然以国史家集验之，如烛烈镜悬，而世人略不加考。信一家缘饰之言，雷同附和，以讹传讹，遂至参志乘，厕祀典，诚恐流传信史，贻误后世。故踵前人之绪言，续加驳正，岂好辨哉？不得已也！

按：子孙欲显扬其祖父，摛文述德，往往有过甚之词。然亦惟庸言庸行耳。君子犹以为自诬其亲，不屑出也，况无而为有乎。建文出亡，时论本介疑信之间，弄笔者即欲为庄叟寓言，何至借本支祖考，以供点染，是不惟诬其亲，且侮其亲矣。《致身录》出于万历间，至崇祯末，欧阳调律上其书于朝，因有请谥立祠之议。又因而史氏后人有觊觎恤典之心，岂万历时所及料哉？乃一格于钱牧斋之十无，再格于李映碧之四诬，史氏后人因而有《鸣冤录》之作。（稼堂与徐虹亭书及之，余未得见。）又因而有增损《致身录》之事，又岂万历时所及料哉？若谓史氏后人思深虑远，在万历时，即预为邀恤典计，则何不善为之，而俟后日之增损耶？稼堂以仲彬姓名，不见逊国诸书，不知逊国诸书所有者，未尽可信也，乃以其无而疑之乎。仲彬之事，载于《从亡随笔》矣。以不便于其说，又从而伪之，是无证者伪，有证者亦俱伪也。于此有亟应辨别者：（一）本书之真或伪。（二）本书不伪，而增损者伪。以本书之不伪，并增损者之伪而亦信之，不可也。以增损者之伪，并本书之不伪者而亦疑之，尤不可也。稼堂所指出身无征、官爵不伦、敕令失体、官绩全虚之四谬，盖为史氏重刻本言之。按《致身录》有万历原刻本，又有谭梁生刻本、王廷宰刻本、史氏家刻本，诸本未经对勘，其异同不得知。惟史氏家刻本有所增损，且增损似不止一次。万历原刻本，余未见，所见惟钱士升崇祯甲申刻本，各条多夹小注，盖亦后来所增。何以证之，如第七条更奏机密事十二，条下注云不传，此岂仲彬口气耶？他大率类此，故知非仲彬自注也。稼堂谓《录》云，廷试后，授翰林院侍书，秩正九品。钱本则作钦授翰林院侍书，其下注，曰阶待诏上，正九品秩。稼堂谓《录》云，彬家《仪礼》十八篇，御史刘有年上之于朝，荐彬明经。钱本则作适监察御史刘有年上《仪礼》十八篇，并叙仲彬明经，其下注曰：“《仪礼》故彬家所藏。刘夙与讲习，至是上之于朝，命藏秘阁。”稼堂复举试四书疑一道，下有“吏部尚书张竑监试”八字注，改徐王府宾辅仍兼原官，下有“直文渊阁”四字注，又有“徐王陵墓”四字注，钱本俱无之，是二本不同之证。然钱本注，必出于史氏重刻本。而稼堂所见，当另一重刻本也。稼堂据钱牧斋《考》中故翰林侍书一语，以断重刻本徐王宾辅翰林院侍读之谬，所见极是。盖仲彬之官，终于翰林侍书。万历本所载如此，故牧斋云然，否则牧斋何不云故徐王宾辅，故翰林院侍读乎？以此推之，牧斋止言焦修撰序，则他本之有周忠毅、李本宁、张天如等序者，俱牧斋所未见也。惟稼堂亦未见万历本，故所指摘，浑称本书，不免混淆。如仲彬以明经廷试，证以牧斋老明经之言，此万历本所有也。而稼堂驳之，谓莫、徐两志荐举岁贡两途，并无仲彬姓名。按仲彬以刘有年荐，特旨召试，应入荐举一途，与科贡途之萧、徐、曾不同。科贡有邑学册可凭，修志者依册录之，不暇辨其与革除有关否也。荐举则非同此例，国史既一切删削，家乘又讳莫如深，修志者安从采之。刘有年上《仪礼》十八篇，必有其事，但与仲彬不相涉。盖上《仪礼》十八篇，与叙仲彬明经，同具一疏耳。史氏后人不会此意，乃添注云书故家所藏刘夙与讲习云云。余所见钱本是也。继而觉其不妥，又改入正文云彬家藏《仪礼》十八篇，御史刘有年上之于朝，荐彬明经云云，稼堂所见本是也。稼堂谓有年上《仪礼》，又见《成祖实录》，果尔，必是一书再上。当建文焚宫时，此书或付煨烬，故再上之。若谓史氏后人见国史载此事，因而附会，不思可附会之人多矣，何必定刘有年。既见国史矣，又何至讹其年代。且为仲彬计，言叙明经可矣，何必及上《仪礼》。观其委曲添改之故，转可证本书不伪。又由此推之，帝撰《制词》一事，亦可断为史氏后人所增。何也？以牧斋方寻暇抵隙，若见此《制词》，讵有不驳之理，乃《考》中未提及此，故知万历本无之也。又据牧斋考中，仲彬宦绩，止言元年谏改官制，请坚守，四年请诛增寿，不过三事。按仲彬请诛增寿，亦见《从亡随笔》，魏冕之外，兼有曾凤韶、张纨、廖平、胡闰，又有邹瑾，不作邹琏。以理言之，徐增寿之请，为有血气者所共愤，懦如建文，犹加手刃，则请诛者断不止一二人可知也。其他二事，虽无旁证，然建文初政，操切更张，改官制其小者耳。仲彬以法租为谏，正合。作伪者之陋，恐见不及此。方孝孺请坚守，宜有附议之人，与请诛增寿同，特史漏未载耳。非如祭衡山之官阶不称，斥尹昌隆之时机尚早也。其他若祭衡山、斥尹昌隆、使山东、请均江浙赋诸事，牧斋概未提及，知万历原刻无之，而为后来所增也。或曰："子未见万历本，何所据以与增损本相区别?"余曰："是不难。凡关于仲彬官阶与政绩，十之四五不可信。史氏后人为邀恤典计，有意增损之也。其他大都十之八九可信，以与卹典罔涉，无所用其增损也。"余之所资于《致身录》者，在彼不在此。稼堂所断断致辨者，余则以为皆无谓也。何也?余之所重者，在以《致身录》证建文出亡之虚实，非以《致身录》证仲彬官阶政绩之虚实也。故余于仲彬官阶政绩，置不深辨，但知其中有后人所增损者可矣。虽然，界说不清，则仲彬官阶政绩之虚实，足以影响建文出亡之虚实，幸有稼堂此辨，乃知重刻与本书不同。尤幸有牧斋之考，使稼堂据以别重刻对于本书之增损，故牧斋、稼堂之力攻《致身录》，谓之皆有功于《致身录》可也。

七、王鸿绪

王鸿绪《明史稿·史例议下》曰：明代野乘之失实，无有如建文逊国一事。按《永乐实录》，四年六月乙丑，上至金川门，时诸王分守京城门。谷王橞守金川门，橞登城，望上至，即开门迎。上遂按兵而入，诸王文武群臣父老人等皆来朝。建文君欲出迎，左右悉散，惟内侍数人而已，乃叹曰："我何面目相见耶?"遂阖宫自焚。上望见宫中烟起，急遣中使往救，已不及。中使出其尸于火中，还白上。上哭曰："果然若是痴騃耶?吾来为扶翼尔为善尔，竟不亮而遽至此乎!"所谓中使者，乃成祖之内监也。岂肯以皇后尸诳其主，而成祖亦竟不之察耶?况成祖清宫，中涓嫔御平日为建文所属意者，逐一毒拷，苟无已死实据，岂肯不行大索之令耶?而为逊国之说者曰，帝知金川门失守，长吁欲自杀。翰林院编修程济曰："不如出亡。"少监王钺跪进曰："昔高帝升遐时，有遗箧，曰'大难当发，谨收藏奉先殿之左'"，群臣齐言急出之。俄而舁一红箧至，四围俱固以铁，二锁亦灌铁。帝见而大恸，急命举火，皇后马氏赴火死。程济碎箧，得度牒三张，一名应文，一名应能，一名应贤，袈裟、帽鞋、剃刀俱备，白金十锭，朱书箧内。应文从鬼门出，余从水关御沟而行。薄暮，会于神乐观之西房。帝曰："数也。"程济即为帝祝发，吴王教授杨应能，愿祝发随亡。监察御史叶希贤曰："臣名希贤，应贤无疑。"亦祝发，名易衣披牒。在殿凡五六十人，俱矢随亡。帝曰："多人不能无生得失。"帝麾，诸臣大恸，引去者若干人，九人从。帝至鬼门，而一舟舣岸，为长乐观道士王昇。见帝叩头称"万岁"，曰："吾固知陛下之来也。畴昔高皇帝见梦，令臣至此耳。"乃乘舟至太平门。昇导至观，已薄暮矣。俄而杨应能、叶希贤等十三人同至，共二十二人。夫祝发披牒，既有应能、应贤，反不随帝。而所谓九人从帝至鬼门者，又何人耶？其意曰，有徐王府宾辅史彬在内也。史彬《致身录》与《从亡日记》，虞山蒙叟惧史家弗察，溺于流俗，遗误后世，已辨之最悉，二书遂为识者所不谈。至正统五年杨行祥一事，弇州《二史考》，力证王文恪、陆文裕、郑端简诸记之误，并力斥薛方山《宪章录》杨应能之附会。其言曰，建文以洪武十年生，距正统六年，当六十四耳，不应九十余也。是时英宗少，三杨皆故臣，岂不能识，而仅一吴诚识之，诸说可不攻而自破矣。然考其出亡之道，《吾学编》云：剃发出亡。《名山藏》云：从御沟出郊坛亡。《大政记》云：从地道出。杨行祥云，自金川失守，大内火起，吾遂潜由地道以出。世竟未有辨之者。夫鬼门是何地，既无可考。若由地道以至御沟，直诣郊坛，会于神乐观而亡，帝与诸臣非习于水，而勇于泅水者，何能潜由地道以达御沟？且宫殿之制，地道通水以汇御沟，或隐伏于殿阁行庑之下，或显出于金水石梁之间，千年永锢，五丁难开，止能通水，不能通人，使可从此而潜出，则平时脱有奸暴，亦可从此而潜入矣。宫禁防御严密，岂有是理？况紫禁城无水关，至南京天地坛，在钟山之阳，正阳门之外，距宫甚远。坛内有神乐观，观中道官甚众，岂无一人觉？而先一日方孝孺建议坚守不出，潜赍蜡丸四出促援兵，皆为燕游骑所获。至是日金川门既开，数十万众齐入，成祖即命将分守大城、皇城。是宫门之外，尽是燕兵。建文于宫中手刃徐增寿，欲杀李景隆，不可得，而方孝孺复已为人擒献矣。危在漏刻，更有何法可脱耶？阖宫自焚以殉国，建文之正也。后人不见正史，妄相附会，皆因心恶成祖诛夷诸忠烈之惨，而不忍建文之遽殒，故诡言刘基之秘箧，程济之幻术，以神奇其说耳。谷应泰《纪事本末》最后出，见杨行祥之事，已不可诡众，乃复牵合其说曰，有同寺僧窃帝诗，自谓建文帝，诣思恩知州岑瑛大言曰："吾建文皇帝也。"瑛大骇，闻之藩司，因系僧，并及帝。飞章以闻，诏械入京师，程济从。八月至金陵，九月至京师，御史廷鞫之。僧称年九十余且死，思葬祖父陵旁耳。御史言建文君生洪武十年，距正统五年，当六十四岁，何得九十岁？廉其状，僧实杨应祥，钧州白沙里人。奏上，僧论死，下锦衣狱，从者十二人戍边。而帝适有南归之思，白其事御史，密以闻。夫既言系僧并及帝，诏入京师，程济从，是帝已在所械中矣。廷鞫时，僧实杨应祥，论死，从者戍边。又云，帝适有南归之思，白其事于御史。若另为一事者何耶？且既廷鞫矣，御史有不见之章奏者耶？盖欲舍杨行祥之事以立说，则实录无根。即以杨行祥为建文，则前人已驳。就其事以更端，迎入西内，与程济往云南焚庵散徒之说，可以不大抵牾耳。然其说屡迁，则其事愈离矣。按《宪章录》太监吴诚，《逊国臣记》作吴亮。《记事本末》云，阉吴亮逮事建文帝。帝见之曰："汝非吴亮耶？"亮曰："非也。"帝曰："吾昔御便殿，汝尚食，食子鹅，弃片肉于地，汝手执壶，据地狗舔之，乃曰非是耶？"亮伏地哭。帝左趾有黑子，持其踵复哭。不能仰视，退而自经。于是迎建文帝入西内。《实录》载正统六年三月丁巳，有司设监太监吴亮罪。锦衣卫奏内使范好管本监外厂，私以间地役人匠，与太监吴亮种菜，纵容人匠，饮食之具，以致火延厂房内，竹木白藤车辆等料，一百五十余万，尽焚之。亮等俱当鞫罪，上命司礼监记亮死罪，宥之。此正杨行祥瘐死之时，而以为亮复命自经，何耶？又郑氏载《建文君金陵诗》：“礼乐再兴龙虎地，衣冠重整凤皇城”，则《杨维桢集》中句也。其题罗永庵第一章，有“笑看黄屋寄昙标”，则直犯孝康讳，伪作可知。又叶子奇《草木余录》，载皇太子新月诗，乃指庚申君之子也。《余冬序录》引为懿文太子作，以为不及享国之谶，而《逊国记》则归之建文君。考此诗亦载《维桢集》，则诸书假托，堪资一噱。粤稽黄帝葬桥山，或言鼎成上升；大舜卒鸣条，或言九疑；象耕淮南自刭，或言仙去。文人好异，古昔皆然，善读书者会意焉可也。若曰逊曰让，则登极二三年间，窥周王于蛮方，执齐王于京师，囚代王于大同，幽岷王于云南，专行削夺之谋，曾无宽假之诏，及至欲执戮燕王，以致称兵犯阙，其为逼迫，自殒厥躬。即曰出亡，亦是势穷力尽，何逊何让之有耶？但传疑已久，故程济诸传，直削其文。而于建、永两朝本纪，永昭其实，千秋万世，无惑后人。矧前之君子，自弇州外，以为无出亡之事者多矣，不自余论始也。敢以质诸当世之大人君子。

按：鸿绪此议，东拉西扯，持论尤为武断。《永乐实录》，全为成祖斡旋，非事实。既曰中使出尸还白上，何以又毒拷建文之中涓嫔御？鸿绪引此，得毋自相矛盾耶？使中使还报者是帝尸非后尸，而后尸又安在耶？且何尝不大索乎？胡濙之访邋遢，郑和之下西洋，果何为者？此二事钱牧斋、潘力田已言之。伪建文者杨行祥也，而真建文为杨应能，真与伪同出一时，《实录》一载一不载，故弇州误混为一，反以王文恪、陆文裕、郑端简、薛方山所记为误。王文恪诸人岂未见《实录》者，何以所记相歧，故知确为二事也。同地道出，乃杨行祥所供。《致身录》则言帝至鬼门，《从亡随笔》则言出西华门，二书歧异，余前已辨之。至杨行祥既证明为伪，其供词何关典要。鸿绪拉杂牵引，足见无识。《致身录》云，应文从鬼门出，余从水关御沟而行。余者指从亡之余人，御沟水浅，不须泅。既曰从，又曰行，盖沿御沟旁行耳，何用泅水。出水关即可乘舟矣。鸿绪硬造为由地道以至御沟，直诣郊坛，诸书何尝有此言耶？神乐道官，皆王昇之徒，岂肯举发其师。虽觉何害，是时人心皆直建文而曲燕王，为建文殉者亡者，不可胜数，道士独无天良乎？况建文已易僧服，道士亦未必觉也。鸿绪又谓金川门既开，数十万众齐入，分将守城，宫门外尽是燕兵，何法可脱。不思建文出亡，在金川甫破，举火焚宫之时，燕兵初入金川，何遽能命将分布各城，又何能遽至宫门。宫中火起，人人注目于此，建文即乘间逸出，盖亦预定之计。敖英言靖难师驻金川门，是夕给舍御史四十余人逾城逃。诘朝，逻者觉察以闻，文皇悉置不问。已而军卫絷之累累，畏死者归附，悉复其官，今兵部绑缚册可按云云。据此，则逃者尚有多人，安在无法可脱耶？往者湘军破南京，曾国藩奏报太平幼主洪福瑱（按洪秀全子本名福，官书误为洪福瑱，因公牍署名之下有“真王”二字小印，连读则成“洪福瑱”三字，今仍之）死乱兵中。不料福瑱已密窜出城，后经左宗棠、沈葆靖上闻，国藩仍不信。致与交讦，迨浙军获福瑱，事乃大白。与建文之遁正相类，其地又同在南京，以彼例兹，建文非不能逃亦明矣。谷应泰《明史纪事本末》，记建文来归事最详。盖据《从亡随笔》，而又参以他书，故所记有合有不合。且前后多抵牾，鸿绪驳之是也。《吾学编》记太监吴亮审视，与《从亡随笔》同。《宪章录》则作吴诚，他书又有作金某者。宫闱事秘，道路传讹，或审视者确为吴亮，但未尝自经，或审视自经别有其人，而非吴亮，俱不可知。证以《实录》宥太监吴亮事，知其时太监中确有吴亮其人，亦以见载笔者之不甚离实矣。《从亡随笔》，吴亮无自经事，自属可信。诸书记建文诗多依托，不足辨。《从亡随笔》载建文诗独多，且俱工，亦不伪之一证也。鸿绪之言，最悖理者，谓建文登极二三年间，专修削夺之谋，曾无宽假之诏，欲执戮燕王，致称兵犯阙，其为逼迫，自殒厥躬，即曰出亡，亦是势穷力尽，何逊何让云云。绎其意，一若有所深恶痛恨于建文者。不思建文之时，诸王分镇，尾大不掉，燕王挟地大兵强之势，助以僧衍之谋，早蓄异志，徒以齐黄识短，措施失当，驯致覆败。鸿绪乃苛责建文，岂视燕王为吊民伐罪之汤武耶？明之臣子深讳成祖之篡，于建文之亡，美其名曰逊国，其后又谥之曰让皇帝。曰逊曰让，实为成祖地耳。何逊何让之云，向谁责耶？与钱牧斋言人挟射天之矢，家畜吠尧之犬，使成祖无所容于天地，若合符节，彼时牧斋尚为明臣，作史有体，犹可恕也。鸿绪以隔代之人，论隔代之事，其意何居？偶阅《啸亭杂录》云，康熙中王鸿绪、揆叙辈，党于廉亲王，而力陷故理邸，故其所撰《明史稿》，于建文君臣指摘无完肤，而于永乐及靖难诸臣，每多恕词。盖心所阴蓄，不觉流露于笔端。从古佥壬不可修史，王司徒言未可非也。按此论鸿绪，可谓抉其隐而诛其心矣。鸿绪又云，于程济诸传，直削其文，于建、永两朝本纪，永昭其实。今《明史》仍留程济诸人传，殆不以鸿绪此议为然乎。然《明史稿》建、永两纪，虽不著其事，而《胡濙传》云，建帝之崩于火，或言遁去，诸旧臣多从者，帝疑之。五年，遣濙颁御制诸书，并访仙人张邋遢，遍行天下州郡乡邑，隐察建文帝所在，以故在外最久云云。此所著者非建文逊国事耶？则鸿绪亦自为刺谬矣。余阅钱竹汀《潜研堂集·万季野传》有曰："建文一朝无《实录》，野史因有逊国出亡之说。斯同断之曰，紫禁城无水关，无可出之理，鬼门亦无其地。《成祖实录》，称建文阖宫自焚，上望见宫中烟起，急遣中使往救，至已不及，中使出其尸于火中，还白上。所谓中使者，乃成祖之内监也，安肯以后尸诳其主。而清宫之日，中涓嫔御为建文所属意者，逐一刑讯，苟无自焚实据，岂肯不行大索之令耶？且建文登极一二年，削夺亲藩，曾无宽假。以至燕王称兵犯阙，逼迫自殒。即使出亡，亦是势穷力尽，谓之逊国可乎？由是建文之书法遂定”云云。按季野此论，与鸿绪《明史例议》全同。特删节不全，作传之体然也。殆鸿绪授简，而季野捉刀欤。余又阅季野所撰《明乐府》，有《火烧头》一首，序云：“燕王称兵犯阙，既入京，宫中火起，帝已潜身逸去。王问帝所在，或指灰中他骨曰：‘烧死矣。’王抚尸而哭曰：‘火烧头，何至是也。’”诗曰：“高皇垂统建诸藩，欲贻子孙磐石安。岂知身没骨未冷，兵戈云扰起燕山。嗣王好文不好武，上欲登三下咸五。燕兵已至齐鲁郊，犹诏莫令杀叔父。不杀叔父诚为仁，谁料天心不属君。金川门开兵才入，乾清宫闭火已焚。火烧头，真还假，当年火里尸若真，异日遁荒胡为者。乃知天心终有存，虽亡天下不亡身。头白归来帝城死，眼看仇人已易孙。君不见高皇寄食萧寺里，前为沙门后天子。又不见嗣王行遁慎江滨，前为天子后沙门。人间得失难具数，得者何喜失何怒。试看长陵千尺圾，宁似西山一抔土。”徐时栋序是书，又记云：“此本《刑囚手》、《火烧头》二首，余本皆无之。”《火烧头》咏建文出亡事，绝不作一疑词。他日乃极论此事诬妄，盖先生少年以遁荒为真。既师梨洲，梨洲力辟之，遂亦变其初说。然则此首为先生手汰可知，事之有无，信不易定云。（按季野《明乐府》同时有二刻本，他一本无此及《刑囚手》二诗。）据此，可证季野前后持论之歧，盖居史馆时，为王鸿绪所惑，遂变其前说。其师梨洲在早年，《梨洲集》中文，亦未有涉及逊国事者，时栋之言误也。

八、朱彝尊

《曝书亭集》卷三十二《史馆总上总裁第四书》曰：（上略。）金川门之变，《实录》帝阖宫自焚，中使出其尸于火。越七日，备礼葬之，遣官致祭，辍朝三日。野记则云，松阳王景请以天子之礼葬，文皇从之。夫即葬以天子，未有不为之置陵守冢者，而钟山左右无之，则备礼云者，亦史臣欺人耳目焉尔。况孝陵渴葬，文皇责建文以庶人之礼葬其祖，又岂肯以天子之礼葬建文乎？不足信二也。北京金山口景陵之北，相传有天下大师之塔，谓是建文帝坟，此尤无据。彝尊尝登房山，山隅有乱塔，塔瘗僧骨，不可数计。绕山村落田中，亦多僧塔，或题司空，或题司徒，或题帝师国师。盖辽金元旧制则然，所称天下大师，不足为异。乃诬为建文帝墓，既云不封不树矣，其谁复立石为表。不足信三也。《从亡随笔》称，太祖预贮红箧于奉先殿侧，四围以铁锢之，锁二，亦灌以铁汁。程济破之，得三度牒。济为帝祝发，既扶帝出聚宝门矣，不应复折而至神乐观，不足信四也。（中略。）《致身录》帝至鬼门，从者八人，牛景先用铁棒启之而出。考是日乙丑，文皇一入金川门，即分命诸将守京城及皇城。鬼门非无人之境，为景先者，持铁棒启门，守城将士，岂无一人见者，不足信五也。万历初以建文所遗三诗宣付史馆，窃疑点窜元之故臣，忆庚申君之作，若“天命潜移四海心”一语，岂出之帝口乎？不足信八也。（中略。）《文皇实录》载壬午岁七月，命前工部尚书严震直，致仕户部尚书王钝、应天府尹薛正言分往山西、山东、陕西巡视，俾奏利弊。震直受诏至山西，九月病卒于泽州公廨。初不闻震直督饷山东，为北兵缚置布囊，夹以两马，舁至京，后使安南回滇，遇建文帝惭愤吞金死也。况震直之卒，忠诚伯茹瑺撰《神道碑》，可证吞金之事，不足信十一也。至若因杨行祥事，而移之杨应能，王元美辨之矣，不足信十二也。因史仲彬之名，而造为《致身录》，久而附益之，钱受之驳之矣，不足信十三也。（下略。）

按：竹垞言钟山左右，无建文陵冢。斯言也，足为建文出亡之铁证矣，讵止以天子礼葬之为欺人耳目也哉。竹垞乃转以为疑，抑何傎也。《通纪》云，没葬西山，不封不树。而冯时可亦云：“王元美尝谓予曰：‘建文实自焚于火，世所传髡缁为僧者谬。’然归自田州，葬于西山者，又何人耶?”据此，则建文没葬西山，确是事实。元美似亦知之，特无解于《实录》载杨行祥伪建文之疑，故时可据以驳元美，而元美无以反驳之也。其所以不封不树者，非必意存薄待，殆不欲留此遗迹，使人指而目之，以为成祖盛德之玷，惟既曰不封不树矣。谁则识之而传之者，语曰："若欲人不知，除非己莫为。"窃意其时内而办丧之宫监，外而观葬之野人，必有目击而心不平者。一经流播，有口皆碑矣。天下太师之塔，见《帝京景物略》，本是疑词，与不封不树之说不合，殆出附会。愚哉竹坨，乃欲于代远年湮之后，登墓门而凭吊，何可得耶？帝既出聚宝门，复折而至神乐观，当时自有趋避之所以然，未可凭臆悬断。鬼门者，即遁甲法出南方可免耳。王鸿绪以为是地道之门，已属误会。竹坨乃拟之京城皇城之门，岂有人境而名鬼门者乎？尤不直一哂。世传建文诗多依附，不足辨。据竹坨言万历初以建文所遗三诗宣付史馆，然则国史宜作建文后纪矣。严震直为北兵缚置布囊及见建文吞金二事，其虚实且不具论，试思此何等事，撰碑者可据实直书乎？官书之不详载，亦可推知。史仲彬之名，始见于《致身录》，故钱牧斋、潘稼堂俱以为疑，竹坨乃谓因史仲彬之名，而造为《致身录》，何不考也？甚矣竹坨史学之疏也。

属稿甫竟，适有客至。就案阅之，曰："异哉！振响于群喙已息之日，取材于众目共见之书，推陈以出新，自隐而之显，吾不能赞一词矣。虽然，就子所考论而比较之，于建文之遁也，既有史、程二书，为之互证，又得钱（牧斋）、潘（力田）之说以张之，虽王鸿绪等尚持异议，然《明史稿》中《胡濙传》，即不免以矛陷盾，而《明史》特立程济一传，又于姚广孝、胡濙传附著其事，可谓彰明较著，子之说嫌于赘矣。独是建文之归，《明史》不着一字，钱、潘亦未论及，《致身录》绝笔在前，《从亡随笔》集矢于后，吾子处此，宜更有说。"余曰："自来论建文，有信其遁并信其归者，有信其遁而疑其归者，有疑其归转疑其遁者，因时代之先后，而分三派。王文恪诸人，去正统时近，于大内之迎、西山之葬，见闻较真。转以今日之归，证成昔时之遁，大抵万历以前，除王元美外，少有疑之者，此一派也。钱牧斋去正统时稍稍远矣，其信逊国也。单据溥洽下狱之事，于其归也，置而不言，亦未断其必无也，此又一派也。李映碧又生牧斋之后，不信牧斋之所信，而疑牧斋之所疑。舍事实而决诸理论，乃至一切疑之，此又一派也。综而言之，万历以前，记事各殊，而不离乎实。万历以后，辩理务胜，而渐入于虚。今欲明兹事之真相，求之虚乎，抑求之实乎？如求之实，则正揭之而可为证者，《皇明通纪》是也。反驳之而亦可为证者，《弇州别集》是也。得此二证，微《从亡随笔》，其可信者自在，而况有之乎。史、程二书，详于前而略于后。史书不及建文之归，程书及其归矣，而不及其死。所云吴亮审视诸事，与他书无甚出入。盖至京之程济，已不在建文左右，其所闻与他人同，虽不据之可也。愚因论逊国事，附论史、程二书，一以证其非虚，一以明其不伪，读者可以信建文之遁者。信史、程所记，然不得以疑史、程所记者，疑建文之归。世仍有未释然于史、程者，请举他据，以攻二书，未可混为一谈也。”客退，随手书之，以当结论。

（原载《辅仁学志》1932 年第 3 卷第 2 期）

清史谈屑

尚可喜父子事考

求史料者，难于真实，自昔为然，清代尤甚。国史列传，但凭公牍；私家志状，全是谀词。任是汗牛，直同摸象。平生治史，别有取材。搜奇阐幽，足骇俗目。聊缀什一，藉资论定。若云悬门，则吾岂敢。

尚可喜及其子之信事，分具《钦定贰臣逆臣传》中。但于可喜多恕词，且嫌简略。余得瑯邪王钺《水西纪略》一篇，钺曾为广东西宁令，以行取入都。可喜恐泄其不法状，羁之不使行。故篇中所记可喜事，皆得之目见。自来文人讳恶，于同时人尤所避忌，况尚氏子孙尚在朝列，乃大书特书，公然刊木流布。与今释所撰之元功垂范，美丑相反，亦可谓无独有偶矣。首有王士祯序，后有李澄中跋。李跋题壬戌秋七月，盖康熙二十一年也，书当刻于其时。士祯序称“叙次抑扬，出入迁固，当上史馆，以备兰台石室之藏”云云。澄中跋称“西宁（按：西宁即指作者）处大乱将起、间不容发之时，能谋国持身，不失其正。闻梧州失守时常置匕首鞾中，誓与地存亡。究之弃官守身而人不知其功”云云。此篇附钺所撰《世德堂文集》后，世鲜传本，兹录其全文并略校注如下：

> 平南王者，尚姓，可喜名，故前朝游击将军也。守旅顺（按：可喜为广鹿岛副将，此误）与主将不合（按：主将是沈世魁），航海归本朝，积功劳至封王，与靖南王耿同定东粤，即留镇其地。其后，耿移镇闽中，独平南王留粤。王起身营伍，无学术，而性明达，晓畅军事。每上下文移及一切章奏，令左右诵之，辄能解其大略，有所处置，得当者尝十六七。然性贪好利，诸子女颇多，不能不一一为之计。每一女子出嫁，非万金不可；一男子授室，则数万金。计诸男子至四十余人，女子称是，故其晚年好利益

甚。凡粤中市舶、盐铁、材木等利，往往皆藩下人耑之，大为民害，而平南不省也。世祖章皇帝政尚精敏，虽遐荒僻壤，难容欺蔽。科臣杨建自粤东高要县行取，入为给事中，首发其端，而巡抚王来任继之。条晰粤东六大害，事闻，上为之严饬藩王。（按：《贰臣传》：顺治四年三月谕曰："近闻广东人民，为王属下兵丁扰害，失其生理。此皆将领不体王意，或倚为王亲戚，以小民易欺，惟图利已、恣行不法之故。自今务严加约束，以副要任。"殆即指此。〇又按梁药亭《六莹堂诗集》有《养马行序》云："庚寅冬，耿、尚两王入粤，广州城居民流离窜徙于乡。城内外三十里，所有庐舍、坟墓，顷悉令官军筑厩养马。梁子见而哀焉，作《养马行》。"诗云："贤王爱马如养人，人与马并分王仁。王乐养马忘苦辛，供给王马王之民。马日龁水草百斤，大麦小麦十斗匀。小豆大豆驿递频，马夜龁豆仍数巡。马肥王喜王不嗔，王瘦王怒王扑人。东山散场地广阔，筑厩养马凡千群。北城马厩生鬼坟，马厩养马王官军。城南马厩近大海，马爱饮水海水清。西关马厩在城下，城下放马马散行。城下空地多草生，马头食草马尾横。王谕养马要得马性情，马来自边塞马不轻，人有齿马服以上刑。白马王络以珠勒，黑马王络以紫缨，紫骝马以桃花名，斑马缀玉锁，红马缀金铃，王日数马点养马丁，一马不见王心不宁。百姓乞为王马王不应。"读此可以知平南暴政虐民之概。）而诸条刊碑严禁，民稍苏息。王夫人刘氏及嫡长子某皆早卒。（按：据《尚氏宗谱》，可喜长子之忠，出继其长兄可进，非早卒。）继者舒氏，生二子，长曰之信，次曰之孝。之信有才略口辩，然酗酒好杀，每醉后，尝手刃人或缚而射之以为戏，比死乃已。王屡诫之，不悛。世祖皇帝时，尝入侍，以艺能才辨当上意，赐号俺答公。（按：《元功垂范》云，世祖章皇帝，深器重之信，出入必从，时呼为僚答。十二年秋九月，特恩进爵为公。此并俺答公三字为一者，非。）甚爱之。一日，与其第十七弟驸马（按：驸马名之隆，系可喜第七子，之信第七弟 。此云第十七弟者，非。）会饮大醉，引佩刀刺驸马，左右力救，仅不死。驸马讳之，不敢言。已而公主微闻，省视得实，言之先帝。先帝怒，欲穷治之。

驸马力营救，得免，竟罢归粤。（按：之信归粤，在康熙九年。此云先帝者，非。《元功垂范》载可喜题请之信还粤暂管军机事务，之信亦以温清久疏，请假省亲，俱报可，未及其获罪事。）益凶忍无状。每有事言之王，王不应，辄呶呶出不逊语。王怒甚，然以嫡长故，又爱其才，终不忍有他意。一日，忽自讼，戒酒者年余。藩下诸老成皆喜，亟称于王。王信之，谓其可任似续也。遽上章请老，而以之信代。之信既得王印，益骄怙。笞其前母舅及姑丈，不恤。凡老王用事人，旧所不快者，小则鞭，大则杀，王无如之何。而其尤不相能曰金光者，故浙人，饶智略，通文义，凡所谋为，能曲得老王心，王爱之甚，与结婚姻。之信故未获王印时，有所求于光，光辄不应。既得志，必欲杀之为快。而老王加意持之，光亦时时有所馈，冀缓死。又老王诸男子未长成者，每宴集，之信尝指而问侍人："此辈何为者？"或以"阿哥"对，则怒曰："杂种耳！何阿哥为？"若是者，老王皆闻之。诸左右及诸姬人，日夜泣王前，为善后计。而金光者，复多方悚动之，谓朝廷方嫌尾大，计莫若率诸少子及左右亲信归耕辽东，避俺答去，朝廷必大喜，则君臣父子之好，可两全无祸。王以为然。具疏上，廷议果喜，优诏奖藉，然颇谓父子异地不便，并俺答公许移家辽东，已缺望。金光等遂乘机周旋，仍以王印归平南。俺答公遽失权，无能为。而朝廷因令靖南、平西两家驸马，风两王，奈何不效平南为归耕计。即两王无奈何，聊为一请，而三藩并迁之局遂决。缘其始，由尚氏父子不和，奸人乘之构祸，以致闽粤交讧，滇黔窃发。幸而社稷灵长，小丑万万无虞。然而寓内财力，坐以虚耗，非数十年培养元气，未易复也。或曰："彼三藩者，偃蹇天末，骄横无忌，实有指大如股之势。迁之则反速祸小，不迁则反迟祸大，诚有如晁错所云者。"余曰不然，计三藩之能谋叛者，吴逆一人耳。吴逆在边庭久，习兵更事，然已老，为恋栈计，令朝廷稍优容之。更三五年，吴逆死，儿子辈纨绔何能，固可折箠使也。吴逆既已变，朝廷乃驰使止平南、靖南两藩，俾勿迁。其时度吴逆交通之使，日夕在闽粤。靖藩耿精忠，少年狂惑，竟纳其邪说，称兵继叛。唯平南王守臣节特坚。方户部尚书梁公（按：系梁清标。）之复命也，王北面叩头曰："愿寄语皇帝，老臣受本朝恩最深，惟一死报国耳。无烦皇帝南顾忧也。"嗣是而诸子及左右亲信，旦夕进邪说，老王辄发愤骂曰："痴儿，而翁食盐酱，多于而辈食白米饭。已矣，勿复言。而翁之天时人事已预定矣。"竟坚卧不为动，朝廷亦信王甚，加封亲王，假以事权，自督抚下，一听王节制。而王之旧人金光者，益居中用事，招引江浙间轻俊无赖，若黄掌丝辈，布列前后，把持无间。即一言一动，非金、黄辈不行。自督抚若司道，候其门，求一面不可得。缘是贿赂公行，虽一巡一捕，咸计缺入贿，否即无由补。而东局大坏，又计竦王，谓俺答已谢事，怼怨伺衅，祸且不可测。遂密疏，谓之信凶忍，恐今日背父，异日背君，次子之孝，孝谨无过，可继老臣嗣。朝廷亦优诏允许，而之信反循循不出一语，若不知有其事者。老王用是更怜之，不深防。之信虽酷虐，而不吝于财，有当意者，赏尝浮于所事。诸藩下月饷，经老王扣克，分隶诸少子者，之信获印时，尽为清出，给诸穷丁。以是诸穷丁及藩下世职，多心属之信。而之孝者，儒雅安详，乐与诸文人游，然而性鄙甚，其贪吝过于老王，藩下诸将士弗善也。会潮州刘进忠反，极兵力征之不能胜，而孙延龄又跳于西，以十三年六月二十二日陷梧州。梧州在广西界上，若粤东门户，其太守杨某者，故平西下人，雄于财，自西逆叛后，时时蓄去志，不自安，在梧诸文武将吏尽知之。即王若总督亦疑之未发。会诸武弁有以献城互讦者，杨益惧，暗遣人通西逆，延龄乃用其所谓缑将军者，领兵东下。方近城合战，而杨太守衙内，故蓄健儿二百骑，开门接应，梧州遂陷。是时藩下及绿旗兵，水陆在梧者近万人，而西师一下，重镇失守，远迩震惊。余时令西宁，西宁上距梧才八十里，水汛流急，不半日可达。余方惧侵轶次，而藩下总戎班公际盛者，与余颇交好，是日即驰使相闻，有退汛不守意。余亟驰书，谓“梧州为东粤咽喉，乃今日必争之地。无梧州，是无东粤也。将军威名夙著，守一汛，不战而退，何面目见王？并何面目见藩下人？且将军一退，而远近人情益震恐，恐肇庆一带不可守，敌且长驱抵省城，忧且及将军室家矣。将军为国为家，为生平威望，万万不可退水口一步。以余料西兵之来，非有大志，其局不过为杨太守移家耳。观其来如风雨，而得梧之后，不敢越西界一步。至于谍者言梧州城内，虽一椽一甓，皆拆毁运上木马等舡，其意可见，愿将军俟以镇静，砺兵淬矢，以图一战。料王及制府接济之师，当旦夕下，行将克复不远。未必不缘之搴旗斩将，竖功名于不朽也。”次日，即具得班公报，言已整旅作鏖战矣。又数日，而藩下及绿旗果济师，师益壮，相持二十日，至七月之十有二日，而贼退矣。先是，梧州既陷，西宁为剥床灾，其西省诸渠魁，纷纷向彼将军处，认取某某城自效。贼渠陈四者，则认取西宁，率贼二百余，持伪札来临城。闻宁邑颇有备，屯三十里之月峒，五日未敢进。会西逆已退，犹迟回未遽去。余知之，集城守兵并诸狼长练长，拟会剿，贼始鸟兽散去。是岁，余以两台交章荐，奉檄行取。明春为十四年二月，乃离任。已交代讫，行有期矣。平南忽有《恳留行取官员以收地方实效疏》。余过肇，辞制府，具为余言之，甚惋惜，不得其所由。余退而思之，此金、黄辈过虑，惩向者高要令而吹虀也。然亦太早计，所谓见卵而求时夜者耶！继如省，见平南，平南更温语慰之，谓尔等系钦召官，我何敢轻视，会以府道缺相待耳。余见其父子兄弟间嫌怨已深，而王方髦而好利，群小用事，上下离心，又东迫于潮，西迫于梧，马雄虎视于外而祖镇（按：谓祖泽清。）方骄蹇，如奉乳虎，势不能以终日，余何忍以清白身自陷泥滓中，因引疾决去。久之乃得告，以四月之二十四日行，阅三月而高州难作。明年正月而全省变。闻广州之变也，时平南昏髦，藩下诸将士奉之信为主，已暗中通吴逆。一日，集将士，向老王议事，未决，而之信已阴令其母，持剪刀剪王辫，将士乃齐呼“老王爷已剪辫投降讫”。王势不自由，遽投地得病，而之信则取印绶向伪逆纳降款矣。王竟以是抑郁死。既而吴逆亦恶之信之凶忍也。封拜皆草草，且征兵征饷之使日至，之信乃悔恨。越岁余，复叛归本朝。枭性不改，傲狠日甚，卒为其母所告首，用审实正法。朝廷念王忠贞不置，为轸恤其后人，予祭葬皆破格，盖功过不相掩云。当广州之初变也，王公士大夫皆戴大帽，衣满洲袍，民间为之谣曰：“明朝头，清朝尾，过了三周年，依旧归康熙。”后卒如其言不爽。外史任庵氏（按：任庵，王钺字）曰：“余闻之傅竹君，而益叹先世祖皇帝之大也。”傅竹君者，名宏烈，江西进贤人。仕本朝，为陕西庆阳守。以计诱山中大盗，久之，得其要领，委心腹降，因悉其与吴逆交通状，具密疏上。先皇帝特留中不发也。无何，吴逆以他事论傅君，欲死地置之，先皇帝为下其章。会秦中新巡抚出，即引见面谕，谓傅某一好男子，今为平西所论奏，问则从伊问，然须一活傅某还我。其后乃奉特旨减死，流广西之苍梧。傅君得勿死，而吴逆亦终。世祖皇帝世守臣节，无他。呜呼，吴逆故骄蹇无人臣礼，先皇帝知之稔矣。又适会傅君发其隐，使当时小不忍，则吴逆之叛岂待今日，而竟以大度容之，俾怀德而畏威终已不敢复背，度先皇帝意，知彼吴逆者，志大而才小，外强而中懦，譬如养虎者，但勿激之使怒，则弭耳狎中老耳。彼岂能轶群决槛，出骇不存之地而为人患乎。汉文帝之赐几杖，由是道也。至于扼湖而守，遂成坐困，功之之成亦若与亚夫之策有暗合者。

《元功垂范》二卷，署丹霞沙门武林释今释撰次。按：今释即明桂王遗臣金堡也。桂王奔梧州日，堡被谴谪戍，不得行，出家于丹霞，名今释，可喜甚敬之，因为撰是书。首有吏部考功司郎中尹源美序。源美吾莞人也。乾隆时，堡所著书悉遭禁毁，是书遂去今释之名，改为尹源美撰次，固一字未易也。编年从甲子将兵东江起，按即明天启四年也。（其时清无年号，又不便用明年号故。）迄康熙十二年请归耕辽东止。多谀词。又有《续元功垂范》一卷，署平原张允格编定。从停止迁移始，迄归葬海城止。成于乾隆三十年，盖从《八旗志乘》等辑出，尚是实录。其可补《贰臣传》之漏者，则崇祯六年癸酉，清兵陷旅顺，可喜方追奔海上，其妻邢氏、李氏及家口数百人俱投水殉节。若可喜旋旆在先，必同死，是亦明季一忠臣矣。在广东亦不无片善足录，最大者如：顺治十八年与总督李栖凤奏请勿徙沿海居民，谓“广东沿海二千余里，生灵数百万，室庐在是，产业在是，祖宗坟墓在是，一旦迁移，流离失业，深可悯痛”云云。虽未获命，要仁人之言也。又顺治五年，攻克广州后，诸将请剿石门及佛山，固不许。并以广州地狭人稠，不依扯地分耕例使农民失业，是皆有惠于粤民者。他如修粤秀山、修南海神庙等，亦有可纪者。

康熙五十三年甲午刊《尚氏宗谱》，首有可喜第七子之隆、第二十子之瑶序，亦有可补《贰臣传》之漏者。《传》但称可喜辽东人，《谱》则详其先世本山西洪洞人。高祖生，迁真定府衡水县，生二子。次子继官，又生二子：长学书，仍居衡水，故谱中另列衡水一支；次学礼，继官挈学礼过辽东，因家海州，遂为辽东人。又《传》称长子之信，《谱》载可喜长子之忠，出继长兄可进房，则之信非长子也。《谱》有之信传，称其生而神勇，嗜酒不拘细行，临阵遇危，瞋目一呼，千人俱废，故终身无劲敌。其叙叛附吴三桂事，称“藩下精锐，尽随大将军之孝征潮，被围惠州，高州总兵祖泽清招引马雄等六伪将军，攻陷雷廉、德庆、开建、电台，直抵新会。藩下总兵班际盛、孙楷宗，水师副将赵天元、赵有仪等，俱叛。省会一区，亡在目前，人情汹汹，俱无固志。王年老，忧郁成疾，不能视事。积薪后楼，为自焚计。之信念三朝重恩，五代荣宠，值此攻守维艰，救援莫待，以死报国分所宜然。然死则广省尽失，南方一带皆为贼有。其势愈炽，若乘风鼓浪，长驱四进，何以御之？况粤地千有余里，将来恢复，非数万之众、数年之久，不克奏功。是死非报国，适足遗病于国也。吾心可对天日，安事虚名为哉！丙辰春，遂身摄王事。以丸疏入告，阳为顺逆，实保地方”云云。虽是回护之词，而当日广州危迫形势实是如此。姑勿问其是非，而保全广州，得免糜烂，未始不非广东之幸也。《逆臣传》中，载金儁疏难免周纳。儁复与王国栋代之信母上疏讦之信，及之信就逮，其母即与少子之节、之璜、之瑛等谋杀国栋，而之信实不与闻，则其功罪正未可凭也。

可喜生子三十二人，女亦三十二人。之信娶靖南王耿继茂长女，第四子之节、第十二子之璜、第十四子之瑛，俱以王国栋狱被诛。之节妇李氏，痛夫死，投缳自尽，葬于广州城报资寺后。第七子之隆尚太宗女和顺公主。可喜第五女嫁两广总督李栖凤。其谱续修于乾隆十七年，再续修于乾隆五十六年，后此尚未之见。清季河南布政使出洋考察宪政大臣尚其亨，即其支裔也。

道光广东夷务记　上

记道光夷务者，若《中西纪事》、《防海纪略》、《鸦片事略》、《柔远记》诸书，非略即误。若《筹办夷务始末》，又但记言而不记事，且所记仅官牍耳，亦未备也。予为兹记，独取二书。上篇本《夷氛闻记》（顺德梁廷枏撰，廷枏字章冉，道光甲午副榜，澄海县训导，以勷办夷务功，加内阁中书衔。尝在邓廷桢署中授读，亦善林则徐。）；下篇采《绥远纪略》（宁阳黄恩彤撰。恩彤字石琴，道光丙戌进士，随耆英、伊里布来粤，补按察使，擢布政使，再擢巡抚。以奏请年老武生符成梅给千总衔违例，革职。）梁氏接林、邓丰采，黄氏参耆、伊机要，一见目见，一则身亲，非夫耳食臆测者可比。又据《烟海春秋》八册，自公私论议至琐闻轶事，毕萃于帙，捃而拾之，识大识小。曰广东者，战局以广东为始事，亦以广东为重心，且予广东人也，广东之事所习闻也。故凡事涉广东者则详之，否则略之。曰《记》者，私记也。凡涉于官书及普通记载者则略之，否则详之。是役始战终和，其间和而又战，战而仍和，局屡翻而愈坏。始主战者林则徐也，始主和者琦善也。人莫不贤则徐而恶琦善，而不然也。激之使必出于战者，则徐也。假尔时稍留余地，何至兵连祸结，又何至为城下之盟？其应则徐而起者，若裕谦，若颜伯焘，非不慷慨激昂，而同归于败也。琦善固庸才，不足当折冲之任。试思英人何为而劳师远涉，所挟偿烟价、关口岸二条件，固缺一而不肯罢。即以广州和约与南京和约相较，一则仅割香港，一乃连开五口；一则仅拟烟价七百万，一则添入兵费共二千一百万，得失盖悬殊矣。其继琦善之后者，若伊里布，若耆英，未尝不小心审慎，亦未尝不少有补救也。又是役以鸦片始，不以鸦片终，论者咎议约诸公苟且了事、置而未提，亦不然也。前之□□□□□□厄，后之驰禁者在偿款，同是置重国计，而罔顾民生。今日之禁烟其名，卖烟其实者，其政策，其心术，如一辙也。兹篇据事直书，是非功罪，灼然自见。则徐实心办事，而才又足以副之，所短者昧于外情耳。呜呼，昧于外情之人，而可以定国是、谈外交哉！

鸦片来中国，始于明代。（明《四译馆同文堂外国来文》八册，有译出暹罗国来文云：“那侃备办金叶表文，差押坤大通事众头目到广东布政司，给文赴北京，叩头皇帝乞讨红纱二十匹、绿纱二十匹、红罗二十匹、青罗二十匹。那侃进皇帝苏木二千斤、树香二千斤、马前二百斤、鸦片二百斤；进皇后苏木二千斤、树香一千斤、马前一百斤、鸦片一百斤。”不知系何年之文。又《大明会典》九

十七、九十八："各国贡物，暹罗、爪哇、榜葛剌三国，俱有乌香，即鸦片也。"据此知三国在明时，已有鸦片，且入贡品。又徐伯龄《蟫精隽》云："成化癸卯，令中贵收买鸦片，其价与黄金等。其国自名合浦融。"是成化时市廛已有货卖者，且其价甚贵矣。至吸食鸦片之可考者，唐铎毗耶那杂事律云："在王城婴病，吸药烟瘳，捐苾刍白佛，有病者听吸烟，佛言以两碗相合，底上穿孔，孔中着火，置药，以铁管长十二指，置孔吸之。用小袋盛挂杙笐竿上，俟用时，置火中，烧以取净，不应用竹，不应水洗。"据此，则吸食鸦片西域古有之。又朱仕玠《海东賸语》云："鸦片出外洋，咬嵧巴（按：当同欧罗巴），吕宋、爪哇，烟筒以竹为管，围八九分，中实棕丝头发，侧开孔，以黄泥做成葫芦，空其中，以火煅之。"此即今鸦片枪也，与上所述者微异。仕玠，福建人，书作于乾隆时。）雍正、乾隆年间，载在海关则例，列入药材项下，每箱纳税银三两。惟自乾隆初元以来，吸食者渐众，输入渐增。嘉庆四年，粤督觉罗吉庆议以外夷之泥土，易中国之货银，殊为可惜。且恐内地人民，辗转传食，废时失业。奏请不许贩卖，犯者拟罪，递加重至缳首。嘉庆二十年，粤督蒋攸銛等奏定禁烟章程，奉上谕："鸦片烟一项，流毒甚炽，多由夷船夹带而来。自后西洋货船至澳门时，自应按船查验，杜绝来源。至粤省行销鸦片烟，积弊已久，地方官皆有失察处分，恐伊等瞻顾因循，查拿不力，嗣后有拿获鸦片烟之案，除查明地方委员等，有得规故纵情事，应严参办理外，其仅止失察者，竟当概行宽免处分。至所请获兴贩烟斤，自二百斤至二千斤以上，分别纪录加级，及送部引见。并军民人等，拿获奖赏，以及诬良治罪之处，俱着照该督所请行"云云。然官吏军民查拿得奖之轻，远不如徇庇获利之重，宽与严俱不得收其效。道光间，增输更甚。（乾隆三十年以前，每年不过二十箱，嘉庆末已增至三四千箱，道光间则逐年递增。据《海国图志》云："近来五六年间，孟阿腊出产七万九千四百四十六箱，内有六万七千零三十箱到中国。道光十三年，七千五百九十八箱；十四年，一万二百零六箱；十五年，九千四百八十五箱；十六年，一万三千零九十四箱；十七年，一万零三百九十三箱；十八年，一万六千二百九十七箱。此孟阿腊一处数目，孟买等处所发在外。）稍有识者，引为隐忧，而窘于所以应付之策。时仁和许乃济官雷琼兵备道，有同年生顺德何太青者，为仁和令，擢丞乍浦，罢归，相晤，从容为言：纹银易烟，漏卮不可数计。必先罢例禁，听民间得自种莺粟，内产既盛，食者转利值廉，销流日广，夷至者无所得利，招之不来，来则竟弛关禁而厚征其税，责商必与易货，严售银罪名。不出二十年，将不禁自绝。实中国利病枢机，如无敢举以入告何。（明按：鸦片耗国病民，值廉则吸者益众，而民病益甚，何云不禁自绝？但彼时朝野皆重视漏卮，此策未为不善。即黄爵滋之奏，与乃济主张相反，亦未尝不专为塞漏卮计也。）乃济大为所动，以质教官吴兰修（兰修，嘉应州人，时方为越华书院监课）。兰修亦赞太青议，退作《弭害论》以畅其旨。（论云：天下之害，常与利相因，上焉者利害均。其次利一而害十，甚则利一而害百如是止矣。其弭害之策，上焉者拔本塞源，次则严法厉禁，下则避重就轻，亦如是止矣。若鸦片者，其于人也，利一而害百；(有)［其］于国也，无纤末之利，有莫大之害。其弭之也，几于无策。夫害至几于无策，而不急为之权，何异厝火积薪之下而燕息其上也。请得而条议之。鸦片之类有三：一曰公斑，皮黑色，亦曰乌土，出明雅喇；一曰白皮，出孟买；一曰红皮，出曼达喇萨。其气薰，其性敛，能提神、止泄、辟瘴。其于人也，柔而善入，狎而易溺，久则废时失事，相依为命。甚者气中干，面灰齿黑。明知其害，而不能绝也。嘉庆初，食者甚少。不二十年，蔓衍天下，自士大夫以至贩竖走卒，群而趋之，靡然而不返，所谓利一而害百者此也。鸦片之入，贩于澳门，复徙零丁洋。初至约数百箱，乌土每箱价约一千二百员，白皮每箱约千员，红皮约八百员，总计岁耗洋银约数十万员。近年多至二万余箱，乌土约八千箱，每箱约八百员；白皮约一万三千箱，每箱约六百员；红皮约二千箱，每箱约四百员。总计岁耗洋银约一千五百万员。其始犹以洋银买货，今则尽以归国矣。始则专收光面，今则兼用碎花纹银矣。始则英吉利之银不来，今则花旗港脚之银亦少来矣。我国家休养生息几二百年，四海殷富，金贝充塞。然而天地之数，散之甚易，聚之甚难。以中原易尽之藏，填海外无穷之壑，日增月益，不知其极。所谓无纤末之利，有莫大之害者此也。论者谓下闭关之令，绝其互市，捐一百余万之税，留一千余万之银，则失小而得大，此拔本塞源之说也。夫西洋诸国，通市舶者千有余年，住澳门者二百余年，其贩鸦片者，止英吉利耳。今将绝英吉利乎？抑尽诸国而绝之乎？尽绝则无以服其心，专绝则无以善其后。即使诸夷尽去，而濒海数十万众，一旦失业，无以为生，小则聚而为奸，大则引以启衅。东南之患，自此始矣。就令无患，而蛟门以外，择岛为廛，天津、江浙、闽广之船，皆得而至之，又乌从而绝之哉。论者又谓民情之玩法也，非重典不能止，此严法厉禁之说也。嘉庆初，食鸦片者罪止枷杖。后则屯贩有禁，熬煮有禁，海口出入有禁，密以巡哨，重以流徙，加以连坐，法非不严也，禁非不厉也。而弊仍不止，何也？盖法令者，胥役之所藉以为利也。立法愈峻，则索贿愈多，其包庇如故，护送如故，贩与食者卒如故也。否则获十百而报一二，夺人之禁物而鬻之，犹自贩耳。而况伪官假役，百弊丛生，前车之辙，亦可鉴矣。奈何恶浊而扬波，止沸而益薪哉！然则为今之计，亦惟权害之轻重而已。自一人言之，则鸦片重而银轻；合天下言之，则鸦片轻而银重。查海关旧例，药材款下，鸦片每百斤税银三两，又分头银二两四钱五分。嗣后请外夷照旧纳税，交付洋行先换茶叶，内地种者勿论。至夷船出口，止准带光面洋银，其内地戳印等银，照纹银例，一体严禁，由洋商报查具结，关口盘获者给之，密报者给半，具结不实者罪。如是则通天下之货，留海内之银，十年以后，生计复矣。此避重就轻之说也。顾论者必谓宽一时之法，戕万众之生，则开禁难。窃以君上之养民，犹父母之爱子，饮食男女之欲，皆足以伤生，严以禁之，不可得也。使餍其心，而生其悔，则溺者寡矣。论者又谓耗中原之地力，夺天下之农功，则内种又难。谨案南方罂粟，三月成苞，收浆之后，乃种早稻，所妨者麦耳。夫三熟之田，二稻一麦，稻之利八，麦之利二，鸦片之利数倍于麦，其益于农者大矣。楚人失之，楚人得之，不犹愈于夷人乎哉。）总督卢坤、巡抚祁𡎴见而然之。兰修更约南海熊景星、番禺仪克中（二人皆学海堂学长）各著论以与为辅翼。坤随述粤士私议，附片陈奏，惟约略其词，终不敢明请弛禁。宣宗不省其意，但令沿旧禁加严而已。道光十五年，坤卒于官，擢安徽巡抚邓廷桢继其任。时乃济已内用为太常寺少卿，即取兰修旧说，稍稍润色条上。（按：《防海纪略》谓乃济奏系受粤大吏意指，非也。）举朝无继言者。御史许球疏争以为不可，乃下粤督抚察其当否。会议未决，克中故𡎴同乡，寄粤籍中乡举，方就𡎴记室，陈说甚力。向例，海事会议，总督主稿，巡抚会衔。独此次覆草，系克中拟就，由墳商同廷桢，旋即会粤海关监督文祥，合衔具奏。略谓“臣等细核原奏，胪陈时弊，均属实在情形。所请弛禁变通办理，仍循旧制征税，系为因时制宜起见，似应请旨准照原奏。嗣后如有外夷贸易带有鸦片，准令该夷商入关报税，仍照乾隆以前海关则例定额征收，并同别项呢羽等货，一体交与洋行。只准以货易货，不得用银私售。而税额轻于行贿，偷越之弊，不戢自消，兴贩等诸常货，诈扰之风，不禁自绝。况官员、士子、兵丁，仍限以制，不准吸食，犯者立予斥革。其民间贩卖吸食者，一概勿论，使知耽嗜者皆暴弃自甘之辈，不齿于衣冠文物之中，愧悔既生，湔除自易”云云，并拟具章程九条。（按《夷氛闻记》载“祁墳袖克中拟草，诣商廷桢，廷桢从之。即发椽录正，会印拜发有日矣。值廷桢生朝，嘉善陈鸿墀主讲越华书院，南海李可琼以都转假归，皆廷祯门下士，相将入祝，共约以弛禁不便，阻其成议。酒间，果及覆奏事。可琼耄且聋矣，緦緦谓他日子孙，恐沾染耗财为累，鸿墀大言曰：‘事系天下风化，累在吾师声闻，百世下青史特书某实首请弛禁，若之何？胡以一家之私为也。’廷桢为所动，即以‘禁约正严，黾勉绸缪，安知无济，请从此力持三年，如至期果不效，始计更张未晚’具稿，墳勉强列名，非所安也”云云。所记殊不实，大约李陈之言或有之，而廷桢未为所动，且恐别生阻碍，故终秘之，即克中亦不得知也。又按：梁章钜《浪迹丛谈》云“许青士太常所奏，甚可行，奉旨交广东大吏，会同妥议，不知彼时如何覆奏，未见施行”云云。盖覆奏留中，即关心时事者未知其作何语也。）未准施行。十八年，鸿胪寺卿黄爵滋奏“漏卮宜防，请置重典”（大意谓近来银价递增，每银一两，易钱一千六百零，非耗银于内地，实漏银于外夷，请严降谕旨：自今岁某月日起，至明年某月日止，准给一年期限戒烟。期满仍然吸食，置之重刑。一面严饬各府州县，清查保甲，预先晓谕居民，于五年后取其五家邻右保结。犯者举发有赏，容隐有罪。通都大邑往来客寓，饬令邻右查察，严治铺店窝藏。文武大小各官，照常人加等，除本犯官治罪外，子孙不准考试。地方官于定例一年后，如拿获多起者，照获盗例议叙。地方官署内及官亲幕友家丁吸食被获者，除本犯治罪外，该管官严加议处。各省满汉营兵，照地方保甲办理。其余管理失察人，照地方官衙门办理）。诏下其奏，欲广收众论，令内而九卿，外而将军、总督、巡抚共议，各抒所得条对。于是有请稍加罪名者，有请铸铜为银当银者，悉留中。两湖总督林则徐，言独剀切，谓目前因循不办，十余年后，银日消耗，兵日吸食，大为中国患，因条上分限投首、制具、兴贩处分诸法。（略谓烟具宜收缴净尽。一年戒烟之期，宜分为四限，递次加重。开馆兴贩以及制造烟具各罪名，均应一律加重。）召至京，面受方略，以兵部尚书、佩钦差大臣关防，驰驿至粤，会督抚商办。廷议贩卖吸食皆死，著为令，予戒限，年有半，粤中办理，已节从严，缉访贩户尤力。货舟往天津，官为查验封舱，抵津复由官验启。沿海诸营，以兵递送，驻舟师中路，按月轮截。民泊夷船售私者，见即捕执，格杀勿论。首令省绅设局劝缴膏土吸具，廷桢先严檄州县，实力奉行，劾去其吸食者，虑属吏以具文应也。则故差其材官分出坐催，因之民俗骚扰，熬验于官，日以百计，瘐死者甚众，诬首之风四起。有条陈仿保甲法，为五家互结者，然后良民得自为联保。（时查办严，廷桢明知骚扰，而转有假是以动民，使永戒痛绝之意，省中兵役栽赃肆害，旦夕诈索，络绎于道，皆雇工贱役。而巨贩率以贿纵，获者寥寥。外县武弁，尤藉以居奇，草木皆兵，几无宁宇。此则徐未至粤前事也。）至于鸦片入口，自奉令严禁后，凡洋艘至粤，先由行商出具所进黄埔货船并无鸦片甘结，方准开舱验货。其行商容隐查出者，加等治罪。鸦片趸船遂移泊零丁急水洋外，而内地之私运者仍不绝，所制船皆其形如蟹，谓之快蟹，百桨齐飞，行无晓夜，遇兵船则以炮相抗，被捕者不过十一，久之兵船畏其顽强，且佯避之。若浙闽江苏诸商船，则从外洋贩运，更为查捕所不及。其始趸船止五艘，至开衅时，竟增至二十五艘。姑息养奸，则历任粤督为之。当阮元莅粤时，已知流毒日深，但以内地商民，资以求食者多，则密奏暂事羁縻，徐为之计。（《归田琐记》卷五云：英夷初至中国，未尝不驯谨。自道光二十年以后，始逐渐骄肆。尝与云台师谈及往事，师深为扼腕曰："记得嘉庆二十二年我为两广总督时，首以严驭夷商洋商为务，每事裁抑之。时嘆船在黄埔与民人争水，用鸟枪击死民人，我严饬洋商，必得凶犯方登船，而此犯即拔刀自刎死。又咈囒哂国①夷人打死民妇，我立获凶犯，照例绞决抵罪。道光初，嘆夷有护货之兵船，在伶仃山用枪击死小民二人，我饬洋商向嘆国大班勒取凶手，大班诡言：‘只能管贸易事务，兵船有兵头，职分较大，我令不能行于彼。’我旋饬传谕兵头，兵头复诡称夷人亦有被民伤重欲死者多人，欲以相抵。我察其诡诈，传谕大班：‘如不献出凶手，即封舱停止贸易。’大班又称：‘实不能献出凶手，无可如何，情愿停贸易。’时兵船已诡避在外洋。将匝月，我持之益坚，大班乃率各夷人全下黄埔大船，禀称：‘无可如何，只好全帮回国，不做买卖。’我发印谕言：‘尔愿回即回，天朝并不重尔等货税。’于是，嘆夷大货船二十余号收拾蓬桅，作为出口之势。仍上禀云：‘大人既许回国，何以炮台上又设兵炮?’我又加印谕言：‘虎门炮台，本是终年常设，并非此时待尔等出口欲加轰击。’于是，各船不得已而出口。后又旋转在外洋校椅湾停泊多时，而其兵船遂远遁矣。未几，大班又禀：‘兵船不知何时远遁，我等实愧无能，大人如准入口贸易，固是恩典，否则亦只好回国’等语。而洋商亦代为禀求。并令大班寄禀回国，告知国王下次货船来粤，定将凶犯缚来，方准入口，否则不准。大班亦闻此禀求，我始应允。直至三年春，始照旧开舱递货。此事冬末春初，凡夷商人等，皆惶惶言关税必由此大缺，且恐别滋事端，城中各官，亦有为缓颊者。我一人力持，以谓国体为重，货税为轻，索凶理长，断不可受其欺胁。并饬其以后兵船不许复来，非是护货，适以害货等印谕。及四五年，货船来粤，禀称前此犯事兵船不敢回国，委不知向何处逃散，无从寻获。而四五年间，此种兵船亦寔不复至。我对众曰：‘此所谓可欺以其方也。’自我去粤后，兵船复来，门人卢厚山亦仿我之意行之，闻此后惟林少穆亦守此法，而情事顿殊，为之慨然”云云。据此，则则徐对义律种种措施，盖本之阮元、卢坤，然不揆情势，而惟严是务，终必决裂。阮元之不开衅，亦幸而免耳，皇可为法哉。）阮去，代之者李鸿宾，创设两广巡船（在道光六年）。从此有月规，水师关口，视为利薮矣。李去，代之者卢坤，察知巡船积弊，立撤之。（在道光十二年。）卢去，代之者邓廷桢，又复巡船。（在道光十七年。）信用中军副将韩肇庆，肇庆藉以渔利，假查为

① 现译作法兰西国，即法国。

纵，甚或以水师代运，取之趸船者辄数百箱。间自出所得规资，易私货缴公，竟因此擢总兵，赏戴花翎。而廷桢不之察也。（时陋规之归营员者，每借督署为言，故无名氏题壁诗有“何时钟室诛韩信，自昔铜山属邓通”之句。事为廷桢所闻，恶其无根讪谤，因有查办从严不利食者致作为诗歌之奏。）迨林则徐至粤，始褫肇庆职，尽发遣其属弁。（则徐因其乡人之久于粤者，习闻水师庇私之说，乃选集会城粤秀、越华、羊城三书院肄业生数百人为观风试，假学政考棚，扃而考之。卷夹纸条，问四事：一大容口所在及开设者姓名、一零星贩户、一令各就耳目所及指出而不书己名于纸片、一断绝禁物。于是诸生各以所闻详书于纸，得悉屯户姓名及水师贿纵欺朦大吏状，初拟置肇庆死罪，终以廷桢故贷之。）然水师之外，营县相因为习，不可胜诛也。则徐于十九年正月抵粤，即札令夷商速缴禁物。为谕四条（谕云：一论天理应速缴也。查尔等数十年来，以害人之鸦片骗人银钱，前后所得，不知几万万矣。尔则图私而专利，人则破产以戕生。天道循环，能无报应乎？及今缴出，或可忏悔免殃，否则恶愈深而孽愈重。尔等离家数万里，一船来去，巨海茫茫，如雷霆风暴之灾，蛟蛇鳄蟒之害，刻刻危机，天谴可畏。我大皇帝威德同天，今要杜绝鸦片，是即天意要绝鸦片也。天之所厌，谁能违之？即如英国之人，犯内地禁令者，前有大班喇咈占澳门，随即在澳身死。道光二十四年，啤唠啤闯进虎门，旋即忧惧而死；吗哩啞暗中播弄，是年亦死。此外凡有不循法者，该夷回国而遭重谴，或未回复受冥诛。各国新闻纸中，皆有记载。天朝之不可违如是，尔等可不凛惧乎？一论国法应速缴也。闻尔等国禁，吸食鸦片者处死，是明知鸦片烟之害人也。若禁食而不禁卖，殊非恕道；若禁卖而仍偷卖，是为玩法。况天朝贩卖之禁，本处吸食为尤重。尔等虽生于外国，而身家养活全靠天朝。且在内地之日多，住尔国之日少，日用饮食以及积蓄家财，无非天朝恩典，比之内地百姓更为优溥，岂非尔等于天朝之德，转不知悔惧耶？从前鸦片虽禁，尚不加以严刑，则是天朝宽大之政。至于尔等私下贩卖，亦不十分罪究。今则大皇帝深恶而痛绝，嗣后民人不特卖鸦片者要死，而吸食者也要死，都是尔等害之，岂内地民人该死而尔等独不该死乎？今仰体大皇帝柔远之心，姑饶尔等之死，只要尔等缴清烟土，出具以后不夹带甘结，如有再带入口，人即正法，货尽缴官。这是宥既往而儆将来，何等包含浑厚。且无论尔历年所卖鸦片不计其数，就论上年带来鸦片，偷卖去的，谅亦不少。尔等仅将趸船之现存者，尽数呈缴，已极便宜，那有再让尔等多赚银钱，更使内地民人买食以陷死罪之理？恭查《大清律例》内载凡外人有犯并依律拟斩等语，从前办过夷人死罪，如打死人偿命之类，都有成案。试思打死一命，不过衅起一时，尚当依律抵死，若贩卖鸦片，直是谋财害命，况所谋所害，何止一人一家，此罪该死乎不该死乎？而尚不思速缴烟土，以免其死乎？尔等细思之。一论人情应速缴也。尔等来广通商，利市三倍。凡尔带来货物，不论精粗整碎，无一不可销售。而内地出产，不论可吃、可穿、可用、可卖者，无一不听尔搬运。不但以尔国之货赚内地之财，并以内地之货赚各国之财。即使断了鸦片一物，而别项买卖正多。赚其三倍之利自在，尔等仍可致富，既不犯法，又不造孽，何等快活。若必做鸦片生意，必应断尔贸易。试问普天之下岂能更有如好马头乎？且无论大黄、茶叶，不得即无以为生；各种丝斤，不得即无以为织。即如食物之白糖、冰糖、桂皮、桂子，用物中之银朱腾、黄白矾、樟脑等类，岂尔各国所能无者？在中原物产充盈，尽可不需外洋货物。若因鸦片而闭市，尔等全无生计，岂非由于自取乎？况现在鸦片无人敢买，尔等寄在趸船，按月有租赁之价，日夜有防范之工，岂非多此枉费？一遇风狂火炽，浪涌潮翻，沉没烧毁，皆意中事也。何如呈缴而得优偿乎？一论事势应速缴也。尔等远涉大洋，来此经营贸易，全赖与人和睦，安分保身，或可避害得利。尔等售卖鸦片，贻害内民，正人君子无不痛心疾首，甚至兴贩吸食之人置之于死，皆由尔等而起。即闾里小民，多抱不平之气，众怒难犯，甚可虑也。出外之人，所恃者信义耳。现在各省皆待尔等以信义，而尔等转毫无信义，于心安乎？于势顺乎？况以本不应卖之物，当此断不可卖之时，尔等有何为难？有何恨惜？且尔等国内不食，势难带回。若不缴官，留之何用？既缴之后，贸易愈旺，礼貌愈优，岂非尔等之福也？本大臣与督抚两院，皆有不忍之心，故不惮如此苦心劝谕。祸福荣辱，皆由自取，勿谓言之不早也）。其中最要者，即“出具如有再带入口，人正法，货缴官”数语。盖西洋诸国，无犯罪斫首之例。（乾隆时，使臣不肯拜跪，亦以其国无此礼故。）无论如何强之不能承也。则徐又筹办内地兴贩吸食者，先以所访积年贩户，下司行拘，颁结式，令四民互保。海口船户，亦编澳甲，书名帆上，以便稽察。（凡章程十条：一吸食者，立限断引，省城以二月为限，截至三月底止；外府州县，以奉文为始，勒限两月，一体戒断。烟土、烟膏、烟枪、烟斗及一切零星器具，概准缴官，不问姓名，但不得稍有隐匿。至于窑口、兴贩、烟馆等项人犯，若不将烟土、烟膏首缴到官，及至被人告发，或线人引拿，搜获真赃实据，定当尽法惩治。并以本犯财产籍没变价，赏给首告及引拿之人。诬者反坐。一有人告发，或现犯指供，或线人密首，应行进屋搜查赃据者，其夹带栽赃之弊，固不可不防。而谣言鼓惑之风，亦不可不戢。嗣后遇有应行入室搜查者，文武各官，须亲带兵差。甫经进门，先将带去兵差逐一搜检明白，仍于出门时，当众照前搜检，务使栽赃、攫窃二弊均无所藉口。一大小文武官员，许其所属禀首，广开指揭之门，非纵其凌长犯上也，直指告罪人耳。沿海营弁，更难保无得规徇、隐售、私吸食诸弊。嗣后无论地方、盐务、文武官员，其属下有吸食或包私者，该管上司代为徇庇，一并严参。其上官有吸食或包私者，属下果能切实禀揭，熬审不虚，分别记功、奖励、拔补。一各州县奉文之后，勒限两月，收缴烟枪、烟土、器具，应责成该州县分都、分图，由城及乡，挨次编查保甲，以塞其流。敦请绅士为之综理，再由绅士选举各乡公正衿耆，分段编查，赴县具领门牌底册，详细填注。其有不能相信者，许于该户名下注明不敢保字样。地方官即将各乡不敢保之人，另立一册，限日搜查。无实据者，再责成该管族党正副，立限确查，切实保结。倘仍前不敢担保，立即严拘讯究。一士为四民之首，文武生官有吸食鸦片者，予限两月，若再观望迁延，则其情罪实较齐民为重。即责成教官逐一挨查，转报地方，审明实据，立即详革治罪。教官查核学册，随意拨派五人，互相联保，各于册内详注互保姓名。事竣，申缴备案。至捐职及贡监生，令各州县细查档册，开明人数，造册移送教官，谕令生员各保所知。倘生员未能尽悉，不肯据保，即责成已经保过之捐职贡监，保其同类。其无保之人，查讯熬验。一兵丁吸食，精神筋力，疲惫不堪，亟应严定章程，严加考验，以除积弊而肃戎行。每五人为一伍，令其互具连环保结呈送。所不敢保者，另立一册，听候委员熬试。一幕友、官亲、长随，统于两月限内，将署中有无吸食之人，出具切结，属员申送上司，同官互相咨送，以凭考查。经承小书，各班差役，亦应责成本官，设法查禁。亦随便指拨五人，互相派保。一粤东中东西三路口岸，出洋之漕船、拖风渡船、泥船以及虾笱等项，或揽载私货，兴贩吸食；或贪图微利，接济奸夷。责令该口岸澳甲编号造册，呈送该管衙门，饬令五船互保。将无人保结之船，另造一册，随时挨次搜查究办，即或查无实据，亦应编入岸地，交保约束，不准再令驾驶出洋。其内河大小船只，以及蛋家渔船，均责成地方官一体查办，倘有客商违例夹带吸食，许该船户前赴沿途地方官密行首禀。一船有桯三扇，或一二扇，书写大字三行：中一行写某州县某人姓名，左一行写某字第几号，右一行写第几甲第几牌。一客寓、寺观、伙店，所有暂时寄寓之人，应由地方官责成庙祝、店主，设立循环号簿，诘询里居姓名，详细注册，每五日送该管衙门考核。许该庙祝、店主随时密首。一各客商过关投税，势难一一打开盘验，责成行户、经纪人等逐一检查，到关即将货单保结，呈缴关口委员，核对图记相符，然后抽查货物。）二月初十日，义律由澳私来省，则徐侦知，调集巡船围之夷馆。十四日，义律自请就夷馆黄埔及趸船所有合二万二百八十有三箱，尽数呈缴。（闻缴数虽多，但中有内地人先向夷馆交银取单而未及载运者，又有上年由粤赴天津，以港口查办过严，不敢径入，固而原船带还仍借放趸船者，则非尽英夷之物矣。然据《澳门日报》，一云缴与中国值鲁碑二千五百万两，一云缴销破费一千二百五十万员，皆以所缴数核算。鲁碑值半员，两数相符，是并借放者亦作该船之物矣。）惟以商人居奇之物，其数之巨又如此，何以一旦舍之且绝不题及代价，则洋商暗许之，而则徐不知也。时则徐居越华书院，洋行总散各商，侨寓其侧，备日夜传讯。当义律呈缴禀至，则徐夜传总商入见，责以“汝为官商，倘有私许夷人以价而后赔补事，慎尔脑袋”。总商叩首，力言“不敢”而出。盖洋商未料为则徐所疑，见则徐声色俱厉，仓卒间不知所措，只得对以“不敢”。而负约之责，不暇计及。证之后日屡索偿款，皆以烟价为词，则此事断断可信。烟非义律所有，价既无着，何以对夷商？此开衅最大之一因。使则徐尔日和平推究，使总商吐露真情，当有法以善其后。至洋商何以出此愚计，或云洋商及义律皆惮则徐之严。但则徐以钦差名义来，事毕，例须回京。俟其去后，筹偿未晚，初不料则徐以钦差就授粤督，于是皆失所望，遂不得不决裂矣。则徐于缴烟夷船各赏以茶叶，计每箱五十斤，亲赴虎门验收，凡二百三十七万六千二百五十四斤。以每箱百二十斤计，转浮出所呈数外。随奏请派员解京得旨，令在海口销毁，俾军民知所震畏。乃开池引卤水入，随投随夹以石灰，俟其扬沸，旋自糜烂。则徐以为烟既缴尽，趸船空虚，恐其聚泊滋事，逐使回国。（按：此亦则徐昧于外情之一端。趸船乃敝坏废弃之船，非修理骤驾驶，其时舟师奉公，又不敢视为具文，强夷商以必不可行，亦何怪其铤而走险耶。）则徐又会督抚衔，照会英国云：照得天道无私，不容害人以利己；人情不远，孰非恶杀而好生。贵国在重洋二万里外，而同此天道，同此人情，未有不明于死生利害者也。以天朝四海为家，大皇帝如天之仁，无所不覆，而遐荒绝域，亦在并生并育之中。广东自开海禁以来，流通贸易，凡以内地民人与外来番舶相安于乐利者，数十年于兹矣。且于大黄、茶叶、湖丝等类，皆中国宝贵之产，外国若不得此，即无以为命。而天朝一视同仁，许其贩卖出洋，绝不靳惜，无非推恩外服，以天地之心为心也。乃有一种奸夷，制为鸦片烟，夹带贩卖，诱惑愚民，以害其身，以谋其利。从前吸食者尚少，近则互相传染，流毒日深。在中原富庶蕃昌，虽在此等愚民，贪口腹而戕其生，亦属孽由自取，何必为之爱惜？然以大清一统之天下，务在端风俗以正人心，岂肯使海内生民，尽甘心鸩毒？是以现将内地贩卖鸦片并吸食之人，一体严行治罪，永绝流传。惟思此等毒物，系贵国所属各部落内鬼蜮奸人私行造作，自非贵国王令其制卖。但各国之中，亦只数国制造此物，并非诸国皆然。稔闻贵国不准民人吸食，犯者必惩，自系知其害人，故特为之厉禁。然禁其吸食，何如禁其贩卖，并禁其制造，乃为清源之道。若自不食，而仍敢制造贩卖，引诱内地愚民，则是欲己之生而陷人之死，欲己之利而贻人以害，此皆人情之所痛恨，天道之所不容。以天朝力震华夷，何难立制其命。而仰体圣明宽大，自宜告诫于先。且从前未有公文移会贵国王一律严禁，则犹得诿为不知。今与贵国王约，将此害人之鸦片，永远断绝。我内地禁人吸食，属国禁人制造，其从前已经造作者，贵国立即颁行搜尽，投之海底，断不许天地间更有毒物。非独内地民人不受其害，即贵国民人，既有造作，安知其不吸食，果并造作而禁之，则该国亦不受其害，岂不各享太平之福，益昭贵国恭顺之忧？如此则明于天理，而上不致降灾；协乎人情，亦物亦能感化。况内地既经严禁，无使吸食，即使该国制造，终亦无处可卖，无利可图，与其亏本徒劳，何不改图别业？况内地搜出鸦片，尽行付火油烧毁。再有夷船夹带鸦片前来，不能不一体烧毁，恐船内所载他货，难免玉石俱焚，是利不得而害已形，欲害人而先害己也。天朝之所以臣服万国者，正有不测之神威，毋谓言之不早也。贵国王接到此文，即将各海口缘由速行移覆，幸勿谎饰支延。道光十九年二月□①日。则徐又虑义律或恐国王之谴己，而不敢以谕呈也，则缮封数十，按其在粤国船及他国船之经伦敦者，各与一通，托其代投，冀有一达。时有献议于则徐者，谓宜奏请朝廷，特颁敕谕，有乾隆、嘉庆两朝赐敕成例在。则徐以为现无该国使臣可带，又不便以人往，却之。（按：此等大事，自宜奉请特谕，派闽粤人之通英语者，持往其国，据理争辨，必获效以归。譬如人家有仆在外滋事，诉诸其主，必能约束之。若仅用粤东大吏照会，则不足以表全国公意。若仅寄去特谕而不以人往，则薛福成《四国日记》云乾隆五十八年赐英国王之敕书，今存博物院中，无人能识，徒多此一举而已。）则徐又派知府余保纯（系则徐随员）、刘开域出虎门，令各国夷人合汉夷字缮具甘结。诸国皆遵式缴送，惟义律不肯，请保纯等入澳会议禁烟章程，并请此后其国船来粤，悉泊澳门，由澳卸载，不经虎门。则徐以澳门驻西洋船，旧有定额，非英船可得援照。如不入泊黄埔，海关何从征税？私货何从稽核？严词批驳。义律遂托言既不准船泊澳地，便无章程可议，缴还所赏茶斤，坚拒具结。盖义律于缴烟后即据实报告其国，方待覆命，又稔知南洋新嘉坡诸市埠积顿鸦片尚多，运至伶仃洋者方源源不绝，自揣人微职小，不敢肩此重任。就使肯具甘结，亦不过虚应故事而已，不足恃也。顺德举人梁廷枏上书廷桢，略谓：“自乾隆初年，英夷据孟阿腊，所资于鸦片之收入者甚厚，土番

① 原文空缺。

以此为耕耨。其来也，随卖随补，纵设法不令入虎门，而自老万山外蔓延诸省，灌输内地者，安所底止？目前虽缴销净尽，恐不转盼而航帆至者，即以具结禁懈，而窥伺且接踵矣。策实难计其万全，不如明白宣谕，使义律速返报国王，俾切实谕其酋，谓中国既严禁令，誓断绝而后止，将来到必失利，而他货亦随以入官，夷商即从之受法，种种窒碍，利害悬殊。今中国予以三年期限，令外邦种植鸦片旧壤得以立行改种禾稻架非之属，即以所得代鸦片而赡生计。一俟三年期满，孟阿腊生计有资，鸦片既不制造，来商自无从获罪。至此方为尽绝根株”云云。当局不能用。延至五月，会有英船水手殴毙村民于尖沙嘴者，令义律交凶犯抵讯。义律自拘集其起事黑夷，听官查勘，尚未敢遽形悖逆也。则徐又下令驱逐义律并英国商人，不许留澳。恐西洋人庇护之，则禁绝入澳蔬食。西洋人惧，莫肯为英人居停，义律不得已携其妻子率住澳英夷五十七家往尖沙寄泊。由是诸夷怨甚。其国旧设护货兵船，大者护以二船，小者一船，货船入口时，兵船留外洋。英夷既离澳，澳夷代之乞情，但删“正法”二字。则徐以所请不与内地办法及各国结语画一，斥之。保纯既屡速义律具结，不受命，遂劝其自请船泊口岸，听候盘验，意以为夷商畏因盘验失货，临时将勉强具结，藉省口舌。义律不明其用意所在，谓私但入官，人免正法，仍可遵也，旋具牍以请，又为则徐驳饬。而义律怨粤吏反覆，复受群夷耸恿，始决意率兵船内犯。先是，舟师带小舟载引火物，烧其趸船之不肯回国者。八月初五日，英夷以二桅趸船泊潭仔洋售私，舟师二率二火船至，首尾夹攻，顷刻成烬。夷众下水逃，率捞获之。九月晦，义律又率货船三、兵船二逼九龙山炮台，以索食为名，突攻我师船，参将赖恩爵炮沈其三桅船一。夷驾三板驶近助战，皆中于炮，余退泊尖沙嘴。昧爽复配械于三板，再至，又被击，旋退，诸夷哗以为怯。是日适有二英船缮结纸求入，为义律兵船所阻。先二日，英兵船二，至穿鼻洋，兵目士密（新闻纸所译名）投词虎门，请停攻其驻尖沙嘴船，俟其国覆文至，事即定。其船先退三里外，候谕。提督关天培掷还其封，随率领五船巡洋。西洋通例，战时树红旗。而提督船适以红旗出，盖官舟仪帜，非挑战也。士密不知其故，遽燃炮迎击，师船拒之。值风潮皆顺，坏其船头鼻，夷兵多落水死。士密既败，偕义律同驶避尖沙嘴。十月初，又来攻尖沙嘴北官涌山炮台，接仗凡六次，为舟师击毙无算。凡淡水泉脉，皆守以兵，或下毒物。英船不敢聚泊，遂相将出碇外洋。事闻，赏天培福勇巴图鲁名号。十一月初八日诏："英夷反覆，先放大炮，未即绝其贸易，不足示威。即使此时出结，亦难保无反覆情事。兹屡次抗拒，仍准通商，殊属不成事体。区区货税，何足计论。彼自外生成，尚何足惜。着林则徐等，酌量情形，即将英吉利国货贸易停止，船只尽行驱逐，不必取结。凶犯亦不值令交出，着出示列其罪状，宣布各夷，倘敢包庇，潜带入口，从重治罪。"时则徐方驻海澨，接奉字寄，随即晓示军民，通谕诸国而还。适大理寺卿香山曾望颜条奏"夷情反覆，请封关禁海，设法剿办。澳夷货物，亦请定限制"。下广东大吏议奏，则徐等以别国货船皆遵例呈结，查无夹带，乃准开舱，惟英船屡谕不遵，是以驱逐。今若将未犯法者一同拒绝，事出无名，且米利坚、佛兰西外，余皆仰英夷鼻息，此荣彼辱，此中控驭，可以夷治夷。广东人以海为生，不准出洋，即不可终日。据是奏覆，事得止。义律既发难，旋悔冒昧，更自陈奉国命，来粤司理。本念实欲安静无事，今事势至此，心绪殊多忧虑，请从此一照大清律办理，而彼亦得无违其国法。且乞仍许率诸商还澳，俟王谕一至，即开舱贸易。词颇婉顺。则徐以新奉严旨，不敢骤事更张，仍拒其请。于是英船半驶出老万山外，但犹观望不肯去。滨海村落，初尚利夷厚值，频接济其食用。及是则徐出驻海澨，稽察益密，只少数无籍游民或潜越他港，运出牛豕米石，索五倍之值。即汉奸之为所利者，亦渐减少。旋廷谕则徐代粤督，调廷桢督两江，寻改闽浙。则徐以舟师出洋，不能如夷船帆炮之利，令水师不必在洋攻剿，但固守口岸，备火船，乘月黑潮退出不意潜出，乘上风攻其首尾，火器皆从桅掷下。又招募渔蛋，董以兵弁，潜伏岛屿，随时挈小船攻扑。先以链钉夷船四旁，使着火骤难解脱。英国王得义律请兵报，征和战之策于国会，多数主用兵。（其国中亦有持公论者，伦敦一新闻纸载云：律士丹合递一禀，讲论中国停止贸易，皆由鸦片犯禁起见，请国王将贸易停止。中国人禁止鸦片，系为风俗、政事、税饷，外国人即应遵其法律而行。现在众人皆说中国官府受规不管，禁止有名无实，又说中国拘禁我等使者，殊不思受规乃官府之事，而朝廷一知，立即究办，安得说禁止有名无实？况义律并非使者，不过系代理人而已。若按英国律例，即应按各客商所有之鸦片，更加三倍罚银，今中国不过只将其鸦片收缴而已。然因致累我国正经贸易亦受亏缺，所以不能任人再卖。）遂派伯麦率水师船十余艘合以印度驻防兵船数十艘，联艅来粤。方启行，值印度兵目马哈他病死，代以布尔德。二十年四月，则徐奏闻，尚奉有“以逸待劳、以主待客，彼何能为”之谕。则徐自在粤久，渐使人伺探夷事，翻译夷书，购阅其新闻纸，由是略悉夷情。断英市后，首防偷漏。定澳夷茶叶岁市之数，责诸夷毋听英夷假借船号，毋代英夷运出入货物。与天培议严防要隘，添募水勇五千。于虎门之横档屿设铁链木筏梗塞中流；购西洋炮二百余具，排列两岸，并购旧洋艘为式，令水师演习攻首尾跃中舱之法；又雇同安米艇、红单拖风船共六十，制火舟二十、小舟百余，备战时之用。则徐亲赴狮子洋校阅。（则徐自制《口占临阵小歌四章》示各弁兵，其一云：“汝弁兵，要自强，生死原凭天主张。拚死死不了，舍命命正长。闲人也有受病死，名将百战身安康。军功翎顶真辉煌，躲贼之人天降殃。”其二云：“汝弁兵，切莫走，军法脱逃先斩首。人人站得牢，胜仗十有九。撼山不动坚如城，才是健儿好身手。要害能攻险能守，杀贼快于宰鸡狗。”其三云：“汝弁兵，胆要雄，齐心无有不成功，大家一气进，我盛贼必穷。汝若临阵往后退，一人退后众人讧。贼便追汝压上风，跑不得脱死亦同。”其四云：“汝弁兵，有心肝，欲图上进休偷安。今日穿号褂，明日戴朝冠。有命安排作将帅，何怕战死沙场间。战死子孙也有官，况能得胜仍生还。”）悬赏格：令杀白夷一，赏银二百，黑夷半之。义律二万，领兵夷目数递降有差。获夷艘者，钱物尽以充赏。凡夷舶可入之海口，皆增置重兵。夷见赏重，疑汉奸之受雇在船者就购为内应，尽遣散去。夷船盘旋洋外，知无隙可乘，改计，驶三十一艘赴浙江。则徐初意其兵资货为饷，先停贸易，次停接济，将穷蹙自归。不料横海艨艟，大举入寇。然事先固曾移会闽海江浙，虑其舍粤他犯。而江浙大吏，以事出过虑，未尽信也。寇浙之夷，道经福建，突以五舶攻厦门。廷桢出驻泉州，命金厦道刘耀椿设防，少挫之，遂驶赴定海。仅二日，城破，巡抚乌尔恭额束手无策。奏入，严议乌尔恭额及提督祝廷彪罪，诏提督余步云驰赴堵御。初，当事者以夷商意在售私，稍加惩创，当可畏而就范。至是定海失守，朝廷以定海孤悬海中，非海道舟师不能收复。而承平日久，武备废弛，且水战又夷艘所长，更恐其沿海冲突，为祸未已。先是有蜚语上闻，广东缴烟，先许价买，而后负约，以致激变者。又有言邓廷桢厦门军报不实者。七月，命两江总督伊里布为钦差大臣，赴浙江宁波视师，敕沿海督抚遇夷投书即收受驰奏。又命侍郎黄爵滋、祁寯藻赴福建查勘，适其时留澳夷船，忽焚澳门后通香山之关闸，其地属前山营都司所辖，挈兵出御，炮伤其夷目及夷兵数十。则徐又侦知士密兵船五泊磨刀洋，令副将陈连升、游击马辰挈五兵船五艘，每船兵六百往逐之。辰先与遇，乘风坏士密所御船，夷多溺。夷驶小舟十来救，围辰船，辰开子母炮，断其绳缆。战方酣，士密乘间以船遁，获夷尸十余、军器数十件、旗一，以捷闻。旋奉朱批，有云“外而断绝通商，并未断绝；内而查拿犯法，亦未能净。无非空言搪塞，不但终无实际，反生出许多波澜。思之曷胜愤懑，看汝何以对朕也”等语。则徐惶惧，力陈六月后粤海防范情形，请戴罪赴浙，力图恢复。不报。六月，伯麦偕义律驶五商舟（未敢以兵往）赴天津陈诉。（奏云：“英吉利国臣统领本国水师主帅子爵伯麦谨呈天朝大清国大皇帝驾下：窃伯麦现奉敝国主命，协同本国陆路统领总兵官布尔利带领水陆军兵战船，前来贵国。缘为去年本国之正领事官义律，暨来贵国之商民，竟被广东林钦差、邓总督凌辱无道，以众欺寡，并从一向敝国之商民，到广东被该省大宪等欺压无辜，为此奉命前来上诉。惟思船大兵众，夫用兵必须水陆择地护船安营，是为首要之机。孰思贵国各直省大宪，以为业已封港，不通贸易，决不纳言，不肯接呈代奏，准有相拒之势。此即必彼此相斗，因此不得不直登定海，俾得各船安营有所倚。去年林钦差到广不几日，首先将西洋各国人用水陆官兵围困在省城寓行之内，立即封舱，连日不准出入。兼绝伙食，勒缴在洋面停泊船内之烟土。又言限日尽缴，否则要斩要杀。如于限内缴出，则仍前交易买卖，切思贵国新例，禁买禁卖烟土。但既已禁绝，无人敢买，则西洋亦必不再来，即有愚人带来，亦无人敢买，然则带来何益？且去年所缴之烟土，系在洋面，并非起运入内地，而外国商人亦万万不能运得入港也。奈林、邓二宪勒缴，而英国商人等如不缴，即不受杀，亦要饿死。虽不惧杀，而饥渴难当，只得含恨忍气以缴之，然后再酌议论。讵料已缴之后，忽又要具结，称‘如有嗣后查出船内夹带烟土，即将货物全行入官，其领人即正法’等语。但查犯禁货物入官，其领事人连船逐出，不准交易。此例西洋各国古今通行，惟正法条，西洋古今无杀头之刑，况且船多人众，万一遇有一二水手不肖，私自夹带，不拘多少，岂不累人，货物入官，而人亦受杀戮之惨。即因此正领事官义律暨诸客商皆不肯具此结之原委也。林、邓二宪因前事不服众，未得具结，即着封港，不准交易。切思英国荷蒙通商已来，已百十余年，于贸易买卖场中，岂无赊欠通融？今计贵国洋行商人前后共欠已有数百万两之多，一旦封港，不特不能贸易，又坏了到广东船内之货物不胜枚举，英国商人所失之本，何可胜言。且封港之后，林、邓二宪曾与义律商允具结。嗣后货船到广，任从搜查。如无夹带烟土，方准入口，否则逐回，不准贸易。奈林、邓二宪，前言不对后语，反覆无常，忽然改变，仍执前议具甘受正法之结也。后来义律求商事体递呈，奈林、邓二宪绝不肯收。即去年封港后，适有英国兵船巡海到广洋面，该船之总兵官递呈，系请询封港之由，以为开解。奈二宪仍不独不肯收呈，更又命水师提督带领水师官兵前来相拒，是以不得不还炮相护矣。去年林、邓二宪禁止买办，不准供办伙食之后，有吕宋货船一只，与英国船只同泊洋面，正欲回帆之际，适其船内人过来英船探望，即或随送些少食物，林、邓二宪责言吕宋人不应与英船人往来，不应送食物，竟用毒计，命人于黑夜之中，将吕宋船只烧毁，并伤毙三人。可怜该船无辜，受此惨害，神人共愤。窃思欧罗巴洲各国，即大国小邦、帝国王邦，无分统属，吕宋国与英国火烟相盖，非亲即故，今同在异邦客地，过船探候，即或送些伙食，亦系人情之常事。且欧罗巴洲与亚细亚洲相隔九万余里，不独无分统属，而且只有西洋船只到中华，而中华船只万万不能到西洋。今林、邓二宪系中国之官，在广东只可管中国广东事，岂能管到西洋耶？今大英国主仁慈怜念吕宋船人无辜受此惨苦，即命如数赔其银两。但未审林、邓二宪将此事如何奏报。”）又出其国政府致我宰相书，要求六事：一、索货价。（初次夷书中未敢显言烟价，但言货价。及见内地复书，不及禁烟之事，遂明索烟价，不少讳矣。）二、求广州、厦门、福州、定海、上海为市埠。三、欲敌体平行。四、索犒军费。五、不得以外洋贩烟船贻累岸商。六、请尽裁洋商浮费。（后就款时则并洋商裁之，盖英酋不知其粤商情形，故径请裁汰。义律则久于粤目睹诸商富豪，不敢为是言，但思减费而已。）直隶总督琦善以闻，天津巡道陆建瀛议以所请前三事，颇有关度交国体，今当以免税代烟价相抵讫，仍照征输。以澳门为市埠，以监督与平行。后三事所关尚小，应令其还粤，就则徐定议，总以烟之绝不绝为所请之许不许，示中国禁令始终如一。（按此议最妥。英夷虽为则徐所逐，而未尝不佩则徐。伯麦对张喜言：“林公自是中国好总督，有血性，有才气，但不悉外国情形耳。断鸦片可，断贸易不可。贸易断，则我国无以为生，故不得不出全力以争通商，岂为仇林总督而来哉？”观此，则令伯麦、义律辈回粤定议必可就范也。）琦善不能用，亦不复与夷辨论，但以现在夷情奏。又令奸民鲍鹏复夷目书，谓“上年缴烟必有曲折，将来钦差大臣往粤查办，不难水落石出”云云。（无名氏《寇海记》称：鹏至夷船授使请琦善赴粤。鲍鹏，香山人，幼习夷言，投身为颠地幸童。义律见而轻之，待如奴仆，而寄以耳目。烟禁既严，畏廷桢拘惩，逃京师，依其同乡。因转依南海招子庸，时子庸令山东也。适琦善觅通夷语者，鹏由是被荐。琦善喜其与夷狎，一切往来文牍口传皆倚作焉。因而内地情形意见，悉为所泄。琦善在粤，裁船桩丁勇，皆由鹏述夷意。谓非是，必乖和议，不得已强从之。又据御史高人鉴奏称：前奉命典试粤东差，旋至江西地方，遇见督臣琦善，详询英夷在津情形，该督极称英夷强横，非中国所能敌。并称此次若非设法善退，夷船早已直抵通州等语。臣思该督身任大员，辄以懦怯之词，轻宣诸口，至天津距通三百余里，每岁南粮，皆自杨村剥运，夷船喫水数倍粮艘，何以转可直达？臣复于沿途察访，风闻该督此次系为千总白含章所误。缘夷船驶至天津之时，该督因未有准备，意欲募集救火义兵，又皆畏慑不前，乃令营弁白含章前往说合。该弁本系无赖，便于口给，因欲取悦夷人，以致结交该夷跟丁，互相戏谑。迨至禀覆该督，一味恫喝，声言夷船每层安炮百余门，每炮重数千斤，荒诞不实，而该督信以为真。现闻该督已将白含章带往粤东，此等无行之徒，损威失体，岂可令其身在戎行？臣又闻该督路过山东时，复带有鲍鹏一名，其人前在广东洋行生理，缘事经地方官查拿，浮海窜逸。虽习夷情，何知大体？况其不安本分，作奸犯科，业已败露于前，何能补救于后？此次带往粤东，一经信用，或至顾利忘义，别构事端。该督身膺委任，臣以为必先去此二人，而后耳目不为所蔽云云。按鲍鹏系由山东来直隶，而人鉴谓琦善山东得之，殆传闻偶误。）八月，夷船自天津起碇，其兵船半踞定海，半赴广东。诏授琦善钦差大臣，赴粤查办，革林则徐、邓廷桢职，令俱在粤候勘。九月，义律道经镇海，见伊里布，请释夷俘。（先是余姚令汪仲洋设伏渔舟，陷之于满沙，执夷目突德等数十人。）伊里布谓定海现未退兵，不许，仍如天津故事，馈伯麦羊酒。伯麦报以呢疋。山东巡抚托浑布，亦有犒遗，并以夷情恭顺奏。是以浙亦效之。十月，琦善至粤，因伯麦在天津，语近乞怜，误以为夷性易驯，未度岭，即拟先赴虎门定约，而后入城查惩积弊，意以为不过稍给烟值，仍许贸易，夷必俯首听指挥，所事易了。又自以专办海口，无与他人，一切不复商诸巡抚，即司道以下非召不得入谒。诸省海防兵，皆撤归伍，散遣旧雇丁勇数千。悉裁横档前后之水底暗桩。粤兵船在半途，出不意为夷所掳。怡良以闻，琦善虑妨和议，不欲究，反诘开炮肇衅者，将罪副将以谢夷，兵心由是解体。前此则徐所募勇，择海滨渔蛋斗狠亡命之徒，熟悉沙礁险隘者，一旦被裁失业，相与徘徊口岸。夷派奸目二人，转相煽诱，遂为夷用。所有内外海口水道浅深避就，向来夷非引水无从谙悉者，至是亦为所泄。义律见内防既懈，更以增兵碍和相胁，琦善以粤之香港与闽之厦门，就邓廷桢商所与。廷桢谓厦门为闽门户，香港在粤洋中路，外环尖沙咀、裙带路二屿，夷舶恒藉以避风浪，英夷得之必建筑炮台，窥伺广东，其货船之泊黄埔者，及黑白夷之居夷馆皆香港应也，与之皆非便。而琦善早据以奏闻矣。并许偿烟价七百万，而义律求香港益坚。提督关天培密请添兵守虎门，琦善虑夷知之而有责言，峻拒弗许。十二月十五日，义律突攻沙角、大角二炮台（为虎门第一重门户）。三江协副将陈连升拒之，夷船炮攻其前，汉奸二千余越后山夹攻，从墙缺入台背。连升预伏地雷，毙贼百余，后至者蜂拥而上。我兵犹奋力格战，而火药已竭，横档靖远、威远、镇远各炮台，仅能自保，且为夷船所隔，瞪目顿足，不得相救。大角兵房，延毁殆尽。守台千总蔡志安方负伤，督兵取台上炮尚堪用者推堕诸海，反身跳围出。沙角隔水相对，为穿鼻湾，夷众哄入，先焚草棚，亦越后山至，四面受敌。连升发大炮，而我兵无药，炮不复发，发者又以省局搀杂炭屑，力弱。连升中弹死，其子方在侧，挺戟大呼，杀数夷，与千总张千龄等同时死（连升有马，甚神骏，绝爱之。既殉节，夷牵马不行，强驱至香港，饲之，不食。鞭之，则哀鸣，卒饿死。有好事者图之，一时题咏甚众。）夷入据两台。自此遂与我通。琦善奏言“贼歼我兵无数，我兵伤贼仅数十”，欲以张敌而胁款。义律则日夜赶制三板，增集贩烟快船数百，多备火箭、喷筒、竹梯，为攻台计。时潮州镇李廷钰先调驻虎门，与关天培、张辰分守诸台，兵仅数百。天培出衣装付质库，得银，遍赏诸兵，使寄其家，示必死。廷钰夜至会城，向琦善哭求增兵，同城文武官亦代之请，凡两次，仅许增兵七百。（亲供云：天培阵亡时，兵勇增至八千九百余。而十二月十六奏，乃云：拨提提标抚标兵五百名，可证亲供之非实。）使以小舟乘夜渡出，分派各台，惟惧迟明为夷所悉。琦善亦知羁縻非计，恐其再夺诸台，则粤防全撤，得罪益重，直奏请开禁通商，以厦门为市地。期以明年正月，给烟价七百万，并给与香港为居留地。（无名氏《见闻杂录》云：政府罢林文忠代以某协揆，某密与英人约，能遗我千万。我为若除烟禁，并给若以地，英提督义律许七百万，先缴一百万。香港遂为英有。义律挟制多端，某奉约惟谨，盖意犹在得六百万也。有人作时事诗刺之曰：“谁使货通狮子国，岂无兵驻虎门山。漏卮不塞河沙数，幸有雄师取赂还”云云。又据抄本《琦善抄家清单》第一款：番银一千万元。果尔，琦善何从有此？则义律所许之数殆不止七百万元，且已全收矣。颇疑此清单出伪造，俟再考之。）以浙江所获夷俘易定海，义律得约喜甚，请缴还大角、沙角二台及所掠师船、盐船，即由海道赴浙撤兵。求备文代递伊里布，俾知缴还定海之由。又，代义律送留浙夷目文，付伊里布嘱其据以收地，伊里布缘是观望不敢出兵，不知两台失陷奏到，已奉上谕革琦善、天培顶带，令戴罪立功。并速调湖南、四川、贵州官兵及南赣兵二千，赴粤剿办矣。

道光广东夷务记　下

二十一年正月初三日，琦善往虎门阅师，次莲花城（海中小山在虎门外）。招义律议，款以酒食。宴毕，义律演兵山坡，请琦善临观，兵携枪炮，阵列整肃，琦善心慑之。十九日，义律复请见于蛇头湾（在镇远山后）。出前所给香港券约，请补盖关防。琦善不允，而惧由此再开衅，遂复以“粤中地势无要可扼，军械无利可恃，兵力不固，民情不坚”陈奏。奏到，已在调兵后。奉严旨中有“烟价一毫不许，土地一寸不给”之语。又以伊里布误听琦善据夷文缴还定海，屡诏不肯用兵。二月初七日，宣示英夷前后罪状，命宗室奕山为靖逆将军。湖南提督杨芳方入觐，道安徽，命折往广东，与户部尚书隆文同为参赞大臣。以刑部尚书祁曾抚广东，熟识夷情，命驻江西，总理军饷。先是，两江总督伊里布奉命率兵赴浙分剿，至是命移防上海，代以江苏巡抚裕谦，驻军四明。奕山方度岭，有献策者谓以全师驻三水，则夷兵不能探我虚实，而随行司员李湘棻大言谓奉命剿夷，当驰抵粤城，相机调度，未宜远驻示弱，奕山乃兼程而进。旋又以外来兵炮攻具未集，暂止韶州。则徐自受代，别居馆舍，谢绝宾客。琦善亦不过问。冬十一月，有旨与邓廷桢协理夷务，询前所备舟勇，则已尽撤。初五日，夷船乘潮涨聚攻横档台前，攒排突进，炮密如栉。横档后有小河，则徐设船为备。众议其迂，撤不复顾。至是，夷分船闯越后河，台前后受攻，力不支。天培手燃巨炮，炮忽自炸，军士纷纷走窜。一小校从旁大呼曰："盍去诸？"言已，欲负天培逃，天培大骂，拟以刃。旋飞一弹，洞其胸，不仆。贼视之，气已绝矣。同时阵亡者，有都司署提标游击麦廷章。（参将刘大忠先遁，误以为同殉难。大忠已奏补香山协副将，遂照副将例赐恤，并与天培、廷章、湖南总兵廷福、游击沈占鳌、守备洪达科同立专祠虎门。大忠旋自回营，以遇救得生自解。）败报闻，诏增派齐慎参赞军事，调广西兵二千、湖广兵二千八百来粤。（湖广兵先调赴浙，命改道入粤。）先是琦善奏内河由狮子洋入，至乌涌、猎德、二沙尾、大王滘，又乌涌、瓲西、长洲冈、深井、黄埔、白泥涌俱扼要，宜守。旨催杨芳先至，相机布置，毋令其驶近城下。夷占虎门，台中炮皆为所有。（虎门炮之由省会运至者三百余尊，则徐所购洋炮二百余尊，俱失之。）直扑会城，内河设防惟搜括废，余兵无固志，会湖南提督祥福统常德兵甫至，闻警，急以舟师三百往御，与夷御于乌涌。乌涌在会城东数十里，筑土台，虎门外第二重防御线也。夷船悬炮于桅，中实以药，杂铁屑小链，发则堕地，屑链四飞，着人辄毙。乌涌沿河唇筑土墙，穴墙置炮，墙尽处横面缺如，夷循北岸来，炮向南斜发，无障蔽。又弹从空堕，未预制铁网承阻。粤兵先溃，楚兵继之。候补知县瑞宝管乌涌小粮台，兵奔亦奔，渡河桥，遽呼从役撤桥板。兵勇至河岸，不得渡，为后队挤迫堕河，自相践踏，河为之塞。又后者，由人首肩上过，鲜得生者。祥福及其属将游击沈占鳌、提标守备洪达科皆亡。（陈徽言《南越笔记》云："祥公堕水，求其尸不得。"）二沙尾本预购废夷船并石沉堵隘口，顾未守之以兵，夷至，悉拔起之。越猎德，即省河矣。时有为书荐罪弁梁恩升者，怡良出之于狱。（恩升为韩肇庆属弁，肇庆获罪，恩升亦坐发遣。伪托目疾，得缓行，至是起用之。）令率快船（目时悬赏招回汉奸及运私快船，将藉以卫省河，投诚者十九艘，艘二三十人，惟皆代以老弱，不可用。）出乌涌，与夷战。省河自虎门戒严，夷烟不时得售，及越虎门时，乃储鸦片于轮舟尾，其兵船以入，约窑户快艇乘酣战作临时贸易。乌涌之役，兵溃不复集，两岸空其无人。恩升则向空放炮，烟焰中货已售尽矣。芳始至，粤民詟其宿威，大吏亦倚为长城。芳疑夷炮善命中，必有邪教善术者伏其内，传令保甲遍收近地妇女溺器，为压胜具，载以来筏，使一副将领之出乌涌。而已于隔岸设伏，夷将至，举筒镜测筏所在，迫之。副将望见夷帜，即弃筏遁。遂长驱直进。芳见计败，亟勒兵入城，缚副将，欲斩之，诸帅力祈得免。复令总兵永福率兵千驻东胜寺。（在会城东南十余里。）使总兵长春率兵千驻凤凰冈。（在会城西南十五里大黄滘后，滘旧筑石台，大而固。）夷伪借求款之名，至凤凰冈营，密挈汉奸随路探水。长春不知诡计，收其书，遣送芳所，令候报，随掩帐高卧。汉奸悉无备。甫去，而夷分两路来袭：从东入者，逐我猎德炮台兵；从西南入者，登大黄滘台，坏台一角，皆留兵守之。先是，正月初十日，义律、伯麦在新安赤柱遍标示谕，称总督琦善已将香港地方让给英国。（示云：大英公使大臣住中华领士义律、军师统帅水师总兵官伯麦示为晓谕事：照得本公使大臣奉命为英国善定事宜，现经与钦差大臣阁爵部堂琦议定诸事，将香港等处全岛地方让给英国寄居主掌，已有文据在案。是尔香港等处居民，现系归属大英国主之子民，故自应恭顺乐服国主派来之官，其官亦必保护尔等安堵，不致一人致害。至尔居民向来所有田亩、房舍、产业、家私，概必如旧，断不轻动。凡有礼仪所关，乡约律例，率准仍旧，亦无丝毫更改之谊。且未奉国主另降谕旨之先，拟应大清国律例规矩之治。居民除不拷讯研鞠外，其余稍无所改。凡有长老治理乡里者，仍听如旧，惟须禀明英官治理可也。倘有英民及外国人等至害居民，准尔即赴附近官前禀明，定即为尔查办。至所有各省商船往来贸易，均准任意买卖。所有税饷船钞挂号各等规费，输纳大英国帑。倘嗣后有应示事宜，即有派来官宪随时晓谕，责成乡里长老转辖小民，使其从顺毋违。特示。正月初十日　一千八百四十一年二月初一日。）又有照会致大鹏协副将赖恩爵，意复相类。（照会云：大英军师统帅水师总兵官伯麦为照会事：照得本国公使大臣义与钦差大臣爵阁部堂琦说定诸事，议将香港等处全岛地方让给英国主掌，已有文据在案。是该岛现系归属大英国主治下地方，应请贵官速将该岛各处所有贵国官兵撤回。四向洋面，不准兵役稍行阻止，难为往来商渔人民。惟思两国现议和的，本统帅果望幸可常远相安，自必尽心竭力以保各事善妥。而贵国官如有滋扰阻止，使民不安，系贵国终非求和之明征，本统帅定必查明严办。本统帅存心诚信，先应明白指示，望免争端为美。为此，照会须至照会者。正月初八日。）恩爵转呈怡良，而东莞邓淳见夷示大愤，集郡绅于学，具词当道，请加痛剿。并约数十人诣督署见琦善。琦善谓款夷出上意，相与驳辨久之。则徐亦以大义责怡良，怡良遂具疏以闻。（疏云：为接据营员禀报英逆投递文书，词意狂悖，并在香港地方出有伪示缘由，据实具奏，仰祈圣鉴事：窃奴才于道光二十一年正月初六日，两次钦奉谕旨，遵将预备情形，由驿奏闻在案。嗣据署大鹏协副将赖恩爵禀称，英逆投递语副将照会文一角，系收管香港地方，全内地撤回警讯等由，照抄具禀。到奴才接阅之下，不胜骇异，发皆上指。窃惟我国家抚有寰区，无远弗届，薄海内外，悉子悉臣，即至重译来庭，亦莫不怀柔绥服。乃英夷义律等，妄肆鸱张，且忘名分，况敢胆思狡启，称钦差大臣琦善与之说定让给，实为骇人听闻。该大臣到粤如何办理，虽未经知会到臣，然以事理度之，亦万无让给土地人民听其主掌。如该夷所称已有文据之理，既无从悉其真伪，傍徨夙夜，心急如焚。乃闻民间传说，英夷即在香港地方贴有伪示，逼令该处民人归顺彼国各语，方谓传闻未确，故惑人心。及据水师提臣转据副将赖恩爵禀抄伪未移咨前来，则是该夷竟以香港视为己有。要害之地，为其所踞，相去虎门甚近，片帆可至沿海之新安、东莞、香山、顺德以及省城各处，势非刻之戒备不可。嗣后内地犯法之徒，必于此为藏纳之所。地方既因之以不靖，而法律亦有所不行。更恐犬羊之性，反覆靡常，一有要求不遂之时，必仍以非礼相向。谁欲追悔从前，其何能及。且大西洋自前明寄居香山县属之澳门，相沿已久，所有在澳华夷，均归同知县管辖，议者犹以为非计。今该逆夷竟欲将天朝土地人民占据全岛，更恐致滋后患。伏思宸谟广运，圣虑周详，定能烛照靡遗，不使奸宄得以遂志，何从愚昧为之过计。但忽闻海疆要地，外夷竟思主掌，敢以天朝百姓称为英国子民，实不胜愤恨。第一切驾驭机宜，无从悉其颠末。惟于上年十二月二十八日，钦奉谕旨，调集兵丁，预备进剿，兼令琦善督同林则徐、邓廷桢妥为办理，始见宣示某等见琦善，亦均忠心商请，添募壮勇，以壮声威，固守虎门炮台，防堵入省要隘。窃惟用兵之道，全在识定心坚，若再稍涉游移，逆夷窥伺多端，实有措手不及之虑。再夷务紧要，仍由驿驰递，合并声明，谨奏。道光二十一年二月初六日奉朱批“必当由驿速奏，甚有识见，即有旨，钦此”。）会场两江总督裕谦劾要琦善张皇欺饰、弛备损威、违例擅权、将就苟且、失体招衅五大罪之奏，同时而至。上震怒。琦善先已革职。至是命派副都统英隆拿解来京，下之狱，（并押解鲍鹏同入刑部狱鞫讯。）并籍其家，命祁𡎴作者粤督，先以怡良代理。义律探知款局中变，外军大集。虎门破后，商船虽得驶至黄埔，而会城内外商民大半迁徙，货物滞销，饷费无出，罔知所计。二十四日，突以兵船从西南扑入，为守凤凰冈，江西参将谭恩、都司伍定青、守备周荣升、湖南守备王金国击退。二十六日，夷又增船，乘风越凤凰冈闯入省河，飞炮向城。随退泊白鹤滩，数日自去。洋商代呈英夷字约，有“不讨别情，惟求通商。私货查出，甘愿入官”等语。芳怡良会奏其事，奉旨饬驳。又以芳暗赞琦善和议，有意阻挠怠慢军心，与怡良同受革职留任处分。祁至粤，见会城景象萧索，思所以招徕之，乃出示观风合试粤秀、粤华、羊城诸书院生童，阳为整暇，于还归者甚众。三月，奕山、隆文亦至，义律来文请在香港开市，督抚以未奉谕旨驳之。时夷船之在定海者，渐驶回虎门、香港，合五十余船。奕山商御夷计策于芳与则徐，芳主堵塞猎德、大黄滘二要口，俟风潮集柴苇为筏，举火攻之。则徐答以六事：谓堵塞要口，须设法诱夷出猎德、大王滘外，密速施功；二洋面船只应查明备用；三大小炮位，应验演拨用；四火船水勇宜整理挑用；五外海战船宜分别筹办；六夷情臣测宜周密探报。方待次第举行，而是月则徐奉命以四品卿衔赴浙候旨，时裕谦已抵浙。自去冬曾与闽浙总督前颜伯焘、浙江巡抚刘韵珂先后密陈则徐在粤办理无误，宜责以戴罪立功。虑夷败于粤而窜浙，故有是命。其时粤聚兵虽盛，而攻具尚欠完成，水勇亦未齐集。芳力主待时而动，勿浪战。奕山本无成见，而随员西拉本（系理藩院员外郎奕山奏带之随员）、李湘棻（系户部员外郎，隆文奏带之随员）及翼长段永福、总兵张青云（《夷氛闻记》概以西拉本等四人为文武翼长，非是。）皆志在立功邀奖，密请开仗。张必禄（前四川提督）亦怂恿之，奕山为所动，谋于祁，以为外兵新至，其锐可用，亦不之阻。遂于三月晦日，暗集军官，令三路分出：一屯西宁炮台外为中路，一屯东炮台为左路，一出泥城为右路。将突攻夷船于省河。调发毕，杨芳犹未知。迨兵出城，奕山始诣杨芳，告以故。芳大惊，拔剑奋呼，谓事且败，大局益不可收拾。奕山亦旋悔，思追回前命。然人自为备，兵众地散，不可及矣。先苦水勇未集，会四川营余丁四百愿承乏，与广州应募者合为千七百余人，乘小快船，挈火箭喷筒，都司胡倖伸率以往。分三队伏，约闻炮，齐起抄后路攻之。拟以长钩坏其船底，火物烧其船身。官兵但沿岸施炮轰击应之。夷船出不意，又值风逆，一时四面受窘。西路于白鹅潭攻毁其大兵船一、火轮船二、三板船四、小艇数十；东路于二沙尾攻其三板船，夷众方在睡梦中，猝闻变，罔知所措，投水溺毙。总兵张青云设伏西宁炮台，夷见台无守者，数百人舍舟登岸，伏发，退不得，皆歼焉。义律闻变，自夷馆踉跄走出，呼小三板过夷船，兵目援以登，获免。四川、湖南兵探悉义律所在，相率围夷馆，搜之不得，则掠其货物以去。（时美利坚夷商居馆者，外兵不能辨，误伤数人。）黎明，夷兵大集，风潮转顺，我兵为所乘。夷船连日游奕省河逼炮台，段永福领勇千余，守天字马头，望见夷旗遽溃，所设八千斤大炮，未及放，登岸夷已以钉塞其炮眼。守泥城者为副将岱昌、参将刘大忠，（大忠即前协守虎门夷至先逃，以阵亡请恤事后饰词归营者。）所备木筏材料，购自西省，费巨万。并油薪船三十余，大军辎重咸萃此。至是亦相率走，尽以资夷。守北门外山耆定台（俗称四方炮台）者为总兵长春，粤城北五台之一也。（清初，满兵攻粤城，数月不下，乃筑此，以瞰城中，瞭若指掌。辅以东西得胜台，城始不支。盖攻之利，即为守之害，乃承平垂二百年，无议毁之者。前年，故湖北总督周天爵，由奕山奏请改遣来粤，巡阅此台，亦以形势不便，欲将北门城伸筑而围耆定及两得胜于城中。不知加城于山，所费不赀，亦非策也。）初五日，夷泊岸，试登之，无拒者，遂据以筑土堤，藏药，为久守计。登高俯瞰，窥以筒镜，凡城中措置及官民来往，悉为所见。与怡良议，亟调炮置南西二门，示民死守。夷屡飞炮攻城，环东西南三门外，炮声无时息，炮子往往堕城西北隅。以为大将军以下皆驻城北贡院，而不知早已迁巡抚署，祁亦移避城内。夷复四射火箭，南北岸铺舍多被烧毁。民与兵皆不敢救，听其自灭，留者惟洋行屯货栈舍而已。兵无论内外皆撤入城。贡院号舍八千有奇，令舍住一兵，不能容，则任其自择居民间空舍。营主但知按籍记其兵数，实不知兵寓何地。遇有号召，辄出小旗沿街市招呼。有畏征发，匿不出者。非领饷之期，无从见而问所驻地也。已而南海义勇与湖南兵构衅，群勇譁拥入贡院，大帅不得已，摘段永福翎以解之。而互斗者已乘势四出，放火杀人，较场中尸骸如积。有逃难入城者，辄指为汉奸，攫其财物。（《南越游记》云："果勇侯所部兵颇肆骚扰，或有以为言者，则曰：'我宝贝也，毋多谈。'以是为众所怨物，物议嚣然。"按杨芳封果勇侯。又骆秉章奏云："臣风闻湖南兵到粤沿途骚扰，所遇市镇，居民多受其累。当逆夷进攻乌涌，其时湖南兵皆在乌涌驻扎，闻炮即逃，自相践踏、落涧死者数百名。其余逃至猎德，竟因抢夺财物，至有伤毙乡民之事"云云。按此所言，又系以前事也。）杨芳不能禁。城既闭，军帅伏处一隅，不敢言战。居民知兵足恃，虑夷入城，必遭焚掠，则扶老携幼，哭诣怡良，请权宜为目前计。于是款夷之议复决。军帅以下，各会印檄付广州府余保纯。（诸军帅于会衔时，皆痛哭流涕。怡良最悽怆，顿足失声。奕山于签订后，有某侍卫言："将军奉命兴师剿贼，今转给与银两讲和，倘圣主不依，大将军岂不重受其过。"奕山闻之，欲翻前议。杨芳、隆文云："既是拿主意不稳，不该会衔，因何此时又行反覆？"彼此几次翻脸。各官兵亦在辕门喧嚷，云："大将军不和，则请大将军自己出战。众兵将不能抵御。"奕山见此情形，遂默尔不复言。）缒城出，与义律议。初索偿款六百万两，后减为六百万元，限五日交清。（或言限七日。）另赔错烧吕宋国夷船一艘，又赔初二日所抢美夷船货价，俱不在此数内。大将军挈外兵屯会城外数十里，夷船亦退出虎门。议定，洋商合筹得百二十万两，余由公帑代贴括藩运关三库足之。（此款记名商欠。据原商伍秉鉴等禀称“积有夷欠议明分年归款，自十九年停止英夷贸易，至今未能归结。除商等自行筹措外，不敷银二百八十万两，一时无可借贷，恳于库贮款内拨借交领，以清夷欠。分四年在生理价银行用内，按款摊出，将借项全数归补。此项虽由商欠，而关系夷情，不若先为垫借，尤夷人无可借口”云云。其后和约为准英夷请裁去洋商，无羡可抵，此项遂归悬宕。惟人言藉藉，谓偿烟价非偿商欠，证诸台湾夷俘颠林供云，广东行商给还烟价，可信奏所云云。实欺朝廷也。）于是奕山、隆文、阿克精阿（广州将军）、祁𡎴、怡良、裕瑞（广东布政使）合衔（齐慎佛山，为西夷兵所，故未列衔）奏称：英夷船只攻击省城，督军竭力保护，幸尚无虞。而体察局势，难期久守，惟有权宜办理。奏中叙夷目向总兵段永福诉苦情，乞大皇帝开恩一段，全系欺饰。另有直陈苦衷一奏云：前者粤东用兵，攻守之难，约有八端。先经奴才杨芳密陈圣鉴，嗣奴才奕山、奴才隆文抵粤后，悉心体察。省河左在咽喉，皆为所守。溯查广东与各国通商近二百来年，凡夷人之性情嗜好，粤人无不周知。而沿海居民暨渔船蛋户，往来潮汐中，尤与夷人相狎，言语皆通，嗜利好斗，轻去其乡。所以夷人不惜重资，觅为使令，遂至死心向外，惟命是从，暗通消息，无所不至。虽屡经捕获，立即（立）［正］法，而混迹市廛，无可辨认。更有伪制兵丁号衣，杂入行阵，或首先奔溃，或戕害弁兵，诡诈多端。甚而谋为内应，幸先事密拿，骈诛示众。先经臣怡良于二月间刊示开导，宥其既往，许以立功自效。奴才等又将赏格加重，许以自新。劝谕再三，投回者卒鲜。兼之水路炮位，失散无余，水师无兵可调，陆兵临河遇敌，夷人炮火猛烈，所恃者土堆沙袋。胞絮牛皮而积至丈余，犹能洞彻。是以守兵往往立脚不住。现在所调官兵一万七千余人，将弁久历戎行，士卒亦皆用命。无如粤东既无战地，又难安营，热烁湿蒸，久而多病。除佛山、石门分防之外，可用者不过十之七八。此次夷船长驱直入，攻击省城，官兵犹能奋不顾身，相持数昼夜。无如汉奸煽惑，人心不固。而夷匪既南逼河岸，凡北踞山巅，居高临下，全城在目，势甚危急。奴才等蒙皇上豢养之恩，授命疆埸，一身何足顾惜。独念城中数百万生灵何辜，遭此荼毒。且省城重地，仓库监狱最关紧要，一有疏失，收复固难。而各路土匪，乘机窃发，通省动摇，更不堪设想。总之形势既难久守，百姓日愈惊慌，是以城内居民率众吁求，哀号请命。奴才等再四思维，若不权宜行事，必至十分决裂，罪尤难逭。但奴才等未经先为陈奏，候旨遵行，实因迫于情势，未能久待。而种种办理错谬之罪，百喙难辞。应请旨将奴才等交部从重治罪，谨附片密陈，伏望留中，优乞圣鉴，谨奏。（按：此奏从写《本靖逆将军奕山会辑广东军务折》档内录出。《筹办夷务始末》及他记载并无之，当由折后有“留中”二字，故私之也。又档载颁发赏格谕，亦不见他记载。与折中“赏格加重”等语可参证，并录于此。谕云：“照得不次赏，国家留以待贤豪。非常之攻盘错，始能别利器。英逆自去岁定海滋扰以来，逆天悖理，恃众逞贪，攻陷边隅，恣情淫掠。发掘坟墓，枯骨何辜？烧毁田庐，民膏胥尽。剥肤吸髓，万家则鸡犬绝声；失节辱身，三尺之孩童不免。而在粤东，又复借口求和，乘我不备。妖狐二体，勾引成表里之奸；为鼠两端，窥伺为门庭之害。是真遐迩所痛心，中外所切齿者也。本将军奕、参赞隆、参赞齐奉命专征，提师进剿。出边民于水火，取逆种为鲸鲵。食其肉而寝其皮，早坚众志；附其背而犄其角，更望同心。尔广东父武绅士、军民人等，俗称尚义，勇素知方。山海英灵之薮，不乏奇材；风云萃合之时，全资硕画。胥感圣主救民之意，共收天讨无敌之功。既造福于乡邻，复铭勋于竹帛。印绶累若，君子邀特达之知；攘往熙来，小民享升平之福。本将军铭心似水，执法如山，令出维行，赏不敢后。为此再行告诫，明定科条，为罹祸者复仇，为捐躯者雪恨。若能朝而奏功，当必夕则入告。尔军民尚其鉴覆辙于舟山，庶几奠磐石于珠海。其各恪遵无忽，特示。赏格开列于后：一无论军民人等，能擒义律来献者，赏洋十万元，奏赏四品翎顶。一能擒义律以下头目伯麦、马里逊、颠地担、臣霞毕等来献者，赏银五万元，奏赏五品翎顶。一能设计焚烧英夷兵船者，以桅之多寡为定，一桅赏洋银一万元。三板一只，赏洋银三千元。生擒贼目，仍令照前条数目加赏。如船中有存装货物，即分赏其众。其余恭顺各国，仍准照常贸易。所有货船、军民人等，不得借端滋扰，以示区别。倘敢故违，定行重惩不贷。一能拿获轮船一只者，赏洋银六千元。如船中有存装货物，亦即分赏其众，仍以军功从优议叙。一现在恭顺各国，有能擒义律来献，及助中国攻剿者，赏银如数外，仍于年例常税奏减一半，以示奖励。一能熟悉夷情，反间其党羽，或材武绝伦，及能制火器船只，制夷死命者，果能立功，愿为官者奏授以官，不愿为官者赏洋银二万元。一能擒英逆白夷一名者，赏洋银二百元；斩一级者，赏洋银一百元。擒黑夷一名者赏洋银五十元；斩一级者，赏洋银三十元。一内地居民，陷身外夷者，大兵一到，反正来归，从前概赦不问，能随战立功者一体照军功例议叙，分别奖赏。其执迷不悟、积惯作汉奸者，有能访闻拿获，奏赏六品顶戴，另外从优加赏。一沿海居民子弟，有为汉奸者，其父兄先行出首者，概不连坐。能设计诱回者，俱免治罪。一富绅大贾，有能出资团练、水勇、义勇者，照军功例，加等议叙。能亲身督率迎敌者，超加一等。一凡能破敌杀贼者，无论从前曾有过犯，概予宽免。果能始终奋勉，照义勇一律优赏。一拿获代英夷暗地销货及偷为接济者，除将该犯立即正法外，拿获之人给予七品顶戴，另外从优加赏。”）其词极危，宜待邀允也。然所给还夷欠，是否即作烟价，及此后给香港是否割让，俱不提及。此由于诸军帅苟且图纾一时之难，不为全局解决计。于是。浙宁战祸，继之而起矣。夷兵之犯粤也，声言与官为难，无与粤民。夷兵中每择其多年市粤者为领导，又故市恩，所获乡勇，皆立释还。而番禺、香山、新安之市井无识及蛋民渔户等，未明大义，心窃袒之。粤将军、参赞疑粤民皆汉奸，速募水勇于福建。然大多数粤民，其敌忾心，无时不跃跃动也。款既定，占耆定台之夷兵千余，尚迁延不遽退。有夷目率其众闯至泥城、西村、萧岗诸村落，村民大哗。举人何玉成柬传东北南海、番禺、增城、连路诸村，各备丁壮，出护附郭西北之三元里，先出拒堵者九十余乡，对岸之三山等村亦闻声而赴，不械而集者数万人。初，夷兵与村民战，村民稍却。夷兵追入牛栏岗，村民愈至愈众，转瞬间民多夷少，夷兵急匿丛薄间，放枪自卫。村民但遥围之，夷兵于夜间脱衣悬树杪，迎风摇扬，作疑兵，村民不敢迫。天明，入林内林，搜杀几尽。逃者不识路，多被截击。有叩首流血得免者。获二夷目。（诸书以为即总兵伯麦、先锋毕霞。然奕山等奏报止云："擒斩大头目一名。据其密报，系属伯麦。夷人愿出银万元，购求其尸，该绅士等秘藏深室。是否属实，容再查明"云云。其毕霞一名，亦恐不可信。）收其兵符、黄金剑、双头手炮之属。余众留耆定台者不敢下，村民环立山麓，相约听其饿毙。越日，义律驰至，亦被围。密遣人求救于余保纯，保纯闻报请于。或主就此痛惩之，但事在和后，不得更为戎首。遂派南海令梁星源、番禺令张熙宇随保纯步往三元里，揖绅民，代夷乞免。历数时许，绅士潜避去，村民以官故，不敢违拂，遂翼义律下，群夷继之。（梁星源后殉难湖北。张熙宇防九江，败于小孤山。皆擢至监司矣。余保纯因试士为所辱，引疾去，皆好官也。）三山村民亦击杀夷兵百余，获二炮及刀枪九百余件。佛山义勇三百余同时围攻夷兵于龟冈炮台，乘风扬毒烟眯夷目，歼夷数十。其三板船应援至，并击破之。于是，夷船克日全退虎门外。初四日，新安武举庾体群以火舟三队自穿鼻洋乘夜潮至虎门攻之，夷船惊觉，火舟已逼后舱，火药轰发，毁其大兵船一，余船遁窜。十七日，夷船渐退尽。有大船胶浅者，村民复将截而焚之。义律乞救于祁，出示晓谕，众始解散。事先后上闻，举以切责诸帅，谓调集各省兵何反不如区区义勇。义律亦渐愤，强出示，言百姓此次刁抗，姑与宽容，后毋再犯。村民回檄，丑诋之。所馘级及夺获炮械随缴之官。当事优予奖励，为祠祀死事者。绅士何玉成、何有书等纠合乡村，举办团练，设社学，辅以公所，使声气相联络。则惩于前败，取则徐前堵塞两台口之议，东西各推而远之。收游手入勇籍，月给厚糈。（养勇未及一试。迨勇散而盗即四起，实见过不见功。）增设炮台二十余处，造大战船十余艘。又从外洋购夹板船二艘。（黄恩彤《知止堂文集》有《上督部祁公书》，略云：“窃以为粤东炮台，患不在少而在多，战船患不在小而在大。炮台以防奔突，而炮台所及又足以中敌船而碎之，是以守为战也。战船以备冲击，而遇有敌船犯我炮台，不难飞驶来援而夹攻其背，是以战为守也。二者相须为用，缺一不可。粤东自防夷以来，虑彼乘虚登岸，则于外海内河，凡形势扼要之处，均经设台安炮。台则大小不等，炮亦多寡不一。意在节节慎防，不予彼以可乘之隙。炮台之多，盖由于此。但试为彼计，能必其分兵以犯我各台乎，抑合兵攻我一台乎，能心其用正兵以犯我兵炮俱多之大台乎，抑用奇兵以攻我兵炮俱少之小台乎？夫我之兵必须分，而彼之兵可以合，彼之战利用奇，而我之守须以正。是彼以兵合而力厚，我以兵分而力单，彼以用奇而势锐，我以用正而势钝，由是小台不守，则大台为之震动；一台失利，则各台不及应援。是彼以全力制我一台，即以一台牵我全台。夫处处设台、设兵、设炮，将以制敌，而不免为敌所制。孰若于扼要通中之地，审度形势，建一高固大台。台后建城，以作退步。城后添建两子城，以作觭角。环列大炮数百于台前及三板之上，而戍以精兵二千，统以大将一员，都守以下，按额选拨，粮刍器械足备，平时则雄关屹立，有卧虎之威。猝值有警，敌船至，则开台上之炮纵击之。敌登岸，则开城上之炮横击之。敌出我背，则开两子城之炮，狙击之。力能敌，则更番出战，以逸制劳；不能敌，则联络声势，且战且守。弁兵既得轮替以养力，自无难镇静以待援。于是乎，调陆路之兵以夹攻城下之贼，调水师之兵以环攻台下之贼，如此则我得胜势，彼得败势，所争者不过分合之机、多少之数而已。今各台甫建，势难议撤议改，惟当明乎台多之不足恃，将勘定地基未建各台工，一律停止，亦核实省事之一端也。昔之与夷战也，不胜则曰彼船大而我船小，故议者咸曰宜造大船。不知人能用器，非器用人。夷之所以雄于外洋者，制造之精，金木之利，驾驶之灵，炮火之猛，传之非一代，习之非一人，成之非一时一事。今我之水师弁兵不过按期出洋巡缉，事竣归伍，且往往视风涛为畏途，甚至有收泊内港，捏报出洋者。平时讲求驾驶，不过米艇捞缯，及拖风红单而已。于夷船蓬帆纤索之转折取势，外洋风云沙线之顷刻换形，非所素悉也。今一旦舍其所明，而用其所昧，必须雇募灵便水手为之教演，精细弁目为之训练，非旦夕所能取效。今不归咎于兵不精，而但诿过于船之不大，欲以不习之弁兵，有限之口粮，岁月之间，耳目之近，师数万里外不传之巧，期数十年后难必之效，多见其惑矣。议者又欲专造大船，将旧额师船概行裁撤，尤属非计。夫防夷一时之事，捕盗则无时可缓。今粤洋行劫之案屡告，大抵沿海奸民比诸内地匪徒踪迹尤为儵忽，捕盗者须出其不意，施以爪牙，若悉罢旧额师船而专用新造大船，方其出洋也，配兵须多口粮，不免靡费。及其放洋也，非风不动，行驶顿形濡滞，幸而探有盗鼓锐往捕，而大船势如山立，正正堂堂，十余里外盗匪早经瞭见瞬息远扬矣。今已之船势须配驾，已造之船亦难中止，而已估未造各船合应停止”云云。按此书洞达理势，不特见增台造舰之无济，而我之所以败于夷者，其故亦大半坐此矣。）［以下底稿或有脱文］义律又欲以香港易尖沙咀、九龙山二地，粤当道不许。未几受代去。代者为噗鼎查。奕山践款约，偕隆文移居三水水县之金山寺，撤湖南兵归伍。杨芳驻城弹压。（芳在粤英名大损，后告病归湖南。）隆文忧愤不食卒。［《南越笔记》云：参赞隆文颇忠耿，遇事有所规诤，苦格于势多不行。住金山寺，（壹）［抑］郁不食，寺僧每与覼缕谈谑，以舒其怀，伺有说意，奉槃匜进之。乃太息曰：“若意良厚，顾我罪重，孤负主恩，良内愧尔。”言已，凄然泪落。虽多方劝慰，终弗啜一饔。寺僧呶呶不已，则变色白：“若诚然，吾立嚼舌死矣。”居久之，竟饿死。］西拉本以心疾死。（西拉本为翼长。攻城时，方居贡院。忽炮弹飞至，击中其仆，遽倒，遂惊悖得心疾死。以奕山援，尝一署督粮道。奕山后，被逮入都治罪。）噗鼎查之来也，兵船增至百艘，舍粤洋而北。以南澳为闽越适中地，泊船登岸，盖造楼屋，事闻于，令澄海令倪沣谕毁之。七月初十日，率兵船数十由鼓浪屿闯厦门，颜伯焘（广东连平州人）志大而才疏，继邓廷桢为闽浙总督，轻廷桢。（前一年，夷船初次入扰，廷桢方督师，令与泉永道、刘耀椿固守炮台，聚兵力于一处，夷旋退。）谓守而不攻，则我劳而彼逸，彼省而我费。夷炮不及岸炮之大，载火小舟，虽恃以焚夷，仅可用于内港，而不及拿出外洋，因请帑三百万造战船，铸大炮千，增建口外炮台，广招海滨勇士。奉章中有“无敌可剿，恨敌不来”之语。至是驻泉州闻警，率兴泉永道到耀椿自白头汛仓卒出迎，击沉其大船一、兵船五。夷集七八船并攻一台。一台破，再攻他台。用以小舟分路登岸，自辰至酉，诸台皆毁。金门镇总兵江继芸中炮落水死。延平协副将凌志、署淮口都司王世俊、水师把总纪国庆、杨肇基、季启明，皆力战死。伯焘退保同安，时七月初九日也。夷据厦门肆掠，有陈姓乡民集五百人抗之，夷死伤多人。（《柔远记》称：夷死者百，伤者千。陈姓止死三人，伤十三人，恐不足信。）夷率大帮犯定海，以数艘留鼓屿，其首复招匠造小船。八月复以大船五、小船三十余入厦门，炮沉我兵船五，副将林大椿、游击王定国中炮死。提督普陀保、总兵那丹珠援兵至，始退。初，义律之随琦善来粤也，其兵船，尚踞定海不去。伊里布示谕居人，不得犯。裕谦代之。奏请林则徐来浙，会办军务。而则徐为广东盐运使王笃所谮。（王笃于招见时，救琦善而排林则徐。）有遣戍新疆亡命。旋即派河工效力。裕谦遂无所倚。方次嘉兴，闻夷将移兵入浙，奏言奕山等与夷要，自当筹及全局，断无仅令退出虎门，仍复滋扰他省之理。应请旨饬下奕山向该逆严行诘问云云。旋奉廷寄，谓该夷赴浙滋扰，既属风闻，何从究其来历？且果别有思逞，断无先将传播逗漏之理。着裕谦仍遵前旨，将江浙调防官兵酌量裁撤，不必为浮言所惑。裕谦方抵镇海，而厦门已告陷落。于是檄定海总兵葛云飞、同严州镇总兵郑国鸿、安徽寿春镇总兵王锡朋，统各镇兵五千，严守定海。夷初以兵船二十九艘犯乍浦，因礁险不利而退。八月十二日，复犯定海。先以回船驶进竹山门，我军炮击却之。十四日，夷绕吉祥门入，攻东港浦，又为我炮所却。由竹山咀登岸，国鸿等督兵御之，杀伤相当。连日阴雨，转战泥淖中，士卒渐疲。十七日，夷分三路进攻。以小舟渡兵登山，撤舟拼死战。首陷哓峰岭，锡朋中枪死，寿春营溃。有顷，竹山门兵亦溃，国鸿死之。云飞扼道头街，孤军巷战，敌挥刀削其半面，犹手矛杀数人，植立崖石间而死。定海复陷。夷踞定海数日，乘胜自蛟门岛进攻镇海。时镇海防兵仅四千。裕谦使提督余步云率其半守招宝山，使谢朝恩率其半守金鸡岭相犄角，而自驻节镇海。二十六日，夷薄镇海，分犯金鸡、招宝二山，队各数千人。谦登城督战，自辰至午。朝恩兵奋力下击，毙夷数百。步云不令兵开炮，夷由后山攀援而上，步云遽弃炮台走，谦［指］挥城上兵燃炮止溃兵，不能止。夷据招宝山，俯攻镇海城。金鸡山守兵见之，亦乱。朝恩率亲兵三百拒战，中炮死。二山既陷，督师营亦溃。裕谦知不可为，令副将丰伸泰护关防送浙江巡抚，自出东门，投泮池。未绝，家人至，援之出。抵余姚而瞑。行至西兴坝，浙抚刘韵珂探弁至，为购棺衾，殓于杭州。死已五日，颜色如生。（《抚远纪略》称：夷兵进至四明，裕公不能御，出城谋递保他郡，中途仰药死之。非也。）步云退宁波，宁波距镇海六十里。二十九日，夷船进泊灵桥门，步云应战伤右足，奔上虞，宁绍台道鹿泽长、知府邓廷彩从之。夷入城张示安民。步云本宿将，自知畏死罪重，以先退诿裕谦。适刘韵珂亦以谦死事状上闻，于是谦得优恤，而步云终就逮正法。九月初，夷拿小舟犯余姚，民逃。乏守者，焚掠而去。夷既连陷镇海、宁波，侵轶四出。巡抚刘韵珂以闻，诏以奕经为扬威大将军，侍郎文蔚、副都统特依顺为参赞大臣，调陕甘兵二千，赴浙进剿。时浙抚专任西路防守，自江以东伫待大军。有张应者（前泗州知州）献计于奕经，谓“英人入内，皆汉奸为响导，然不过啗之以利。今宁波士民，日延颈以望大军，而汉奸多其乡人，诚以重赏招抚，我兵攻城，使为内应，功可成也。”奕经深然之。专以购反间为得计，定议，进取宁波。镇海一路，以应云主之；定海一路，以知州王用宾主之，并称左右翼。应云先约宁镇士绅，令购汉奸充内应，而未能质其家属，反以我军举动输敌。应云请渡□娥江，据慈谿为战地。正月二十三日，奕经大兵营东阁（在绍兴）。文蔚驻慈谿东门外，使金华协副将朱贵、参将朱保，以四千人分屯长谿岭及大宝山，以图镇海。总兵段永福以四千人半伏宁波城外，半屯大隐山，以图宁波。应云率所募乡勇千五百人驻骆驰桥，为南北两军策应，约晦日首尾并举。俄而夷知师期，反令汉奸勾结乡勇，倒戈相向。两军见事急，先期于二月十八日分三路袭宁波、镇海。逾宁波西门入者，尽为夷兵所杀。其南门洞开，纵我兵入。夷兵踞街楼两旁，火弹雨下。我军信汉奸言，谓军至即开门，缚献英酋，故皆未携火器。及溃退，夷伏兵自北门截之，前后受敌，阵亡二百余人。永福闻败，退至东关。刘天保欲立奇功，先发，甫至镇海城外，即大呼噪，为夷兵所觉，即发炮以拒。招宝山之夷兵应之，天保退走。越日，骆驼桥乡勇中夜无故惊溃，奔入大宝山。王用宾所率图定海一路之师，亦为夷兵所觉，折损过半。朱贵率陕甘兵六百，并收集骆驼桥溃勇，回屯招宝山，再图进攻。刘天保、谢天贵领河南兵各六百，为左右翼。初四日，夷攻大宝山，朱贵率队迎击之，颇有杀伤。左右翼按兵不动，贵与其子昭南、督粮官知县颜履敬皆战死，麾下死者二百五十人。文蔚驻长溪，岭里方鏖战时，有请派援者不允，久之始发兵二百，薄暮未遣，而败报至，文蔚宵遁，全军遂溃，士气大阻。初七日，奕经弃绍兴走西兴。巡抚刘韵飞檄毋许一卒渡江，于是文蔚仍回绍兴。奕经渡江回杭州，韵珂旋奏请起用伊里布。［伊里布，前在两江总督任，以家人张喜往来洋船事涉通番，逮入都，奉旨遣（戍）［戍］，并谴张喜。］称其“老成谨慎，为英逆所感戴，其家人张喜亦为英逆所倾服，若令其来浙，该逆闻之，不复内犯，亦未定”云云。随有旨令同耆英前往（耆英，新授杭州将军。）夷索宁波士绅犒军银百二十万员，许退兵，遂于三月二十六日去宁波。四月朔日，又退镇海。奕经以大兵收复宁波闻。初九日，突犯乍浦。攻东门，不克，转攻南门，汉奸纵火内应，城遂陷。副都统长喜，同知韦逢甲死之。（夷兵自入浙以来所破城，人民率先避走，惟乍浦满大洋，出不意罹祸最酷。）韵珂忽奉“相机筹办”密旨，因与奕经趣伊里布赴乍浦。（随有旨授伊里布乍浦副都统。）伊里布遣张喜见夷酋，告以抚事有成，并释所俘夷十六名（乍浦接仗时所获）。夷船退大洋。是月三日，夷船突入吴淞，总督牛鉴方驻师上海，遣弁賫礼物赴夷船，不答。提督陈化成守宝山炮台。八日，夷船攻台，化成炮沉其三艘。毙夷数十。（《柔远记》云毙英兵三百余人，非是。）夷由小山背登岸，化成前后受敌，中炮死。守备以下死者七人。夷遂入宝山，牛鉴走嘉定。十一日，陷上海，兵备道巫宜楔、知县刘光斗走，典史杨庆恩死之。十三日，犯松江，为寿春镇总兵尤渤所却。六月八日，薄爪洲城，参赞齐慎、湖北提督刘久孝退守新丰、镇江城中，守具未集，夷射火箭入城，延烧房屋，乘间蹑云梯以登，焚满营，副都统海龄阖门殉焉。（镇江素繁富，夷积憾驻防，焚杀掳掠甚惨。）夷扬言将犯扬州，盐商恐，献赎城费五十万元，得免。（梁章钜《浪迹丛谈》云："道光二十二年六月初七日，英夷兵船闯入圌山关，将犯扬州。周子瑜观察，札委余东场盐大使颜柳桥、崇礼，驰往招抚。颜有胆略，素喜任事，遂与办事商人包恪庄计议，禀商但云湖都转，许即时相机办理。颜即于初八日，随带洋酒鸡豚等物，赴瓜洲，渡江至象山纤道瞭望。值夷船飞帆驶进，势甚凶猛。象山与焦山紧对，颜伺其抵焦山马头，以礼招呼，效郑商人弦高故事，头顶说帖，跪献江干。因得上夷船，见其头目郭士利，引与郭富相见，词色慷慨，晓以'敬天心，保民命'诸语，郭漫应之。次日复带金币等物，以婉词导之。时夷已将瓜洲民房占踞，并遍树赤帜，将江路全行堵截，无一民船往来。而火轮船及三板船已有七、八只，尽拦入金山北固之麓。颜探闻郭酋主战，噗酋主和，正在设法谋见噗酋，而镇江已破。传闻驻防海都统闭城锢民，尽遭屠戮。颜心胆俱碎，即欲为脱身计。而包以扬城危在旦夕，力怂恿之。颜亦以扬州若失，则夷船必溯江而上，金陵皖江一带，俱不可问。遂激于义愤，幡然复出。因吗利逊见噗酋，吗能通汉语，颜晓以战争之害，利议之利，转述之于噗酋，始有献银百万，不入扬城之议。归复于包，包为转请于都转。时城中人人危惧，移徙者十之七八。颜复上夷船，嘱吗酋与噗酋允为减银数，往复数四，议定给洋银五十万元，每元作七钱一分。遂面与噗酋定约，即分次送给，而扬城安保无恙，居民亦旋安辑矣。余初闻颜柳桥之名，住扬州半载，未见其人，故无由详其通款之事。后遍询同人，得包松溪、程柏华所述，柏华复嘱颜来谒，因得其颠末而叙次之如此。"又《柔远记》云："有江寿民素善淮商门客，自请往询之，谋者以告马利逊，呼之入，索赂款六十万。寿民请减其半。英酋方欲疾趋江宁，意不在扬，许之。时淮商皆中落，咄嗟莫办，具白于运使，但明伦不可。商人曰：'纳贿以行成，不犹愈于赍粮而藉寇乎？'明伦噎无以应，乃作商人提借之款，饬总商具领，事后归偿。即日交寿民，致送镇江英船"云云。按两书所记，一为颜柳桥，一为江寿民，其人互异。一银数五十万元，一银数三十万元，银数亦互异。梁氏得之身所见闻，自较可信。厥后南京和约内，扬州所给五十万元，即在第一次应交赔款六百万万元中扣回，则此款尚不虚糜，而梁氏所纪，益有征矣。惟头项诋帖，跪向江干，其丑状岂堪传述。（且）但明伦是时方加按察使衔，奉命防扬州，乃至以赂媚夷免祸，亦复成何事体。梁氏乃啧啧称之，何耶？若如《杂远记》所云，得无为彼辈开脱耶？相传赎城之议，阮文达公亦与闻之。曾见无名氏《闻警绝实》十四首中有云："阁老方刚岂信谣，情殷桑梓敢逍遥。谁知他运从今转，福寿都归公道桥。"自注云："阮相国王朝元老，于今仍食半俸，不能出定一策报国恩以安扬郡，乃竟弃福寿庭，上公道桥，以为民望乎！事平之后，不知其有面目见邗江父老否？"按此诗亦于文达有深责。其后粤匪过扬，亦用此策，扬城歼焉。又见张锦所撰《襄理军务纪略》残本，锦文，天津人，为长芦盐商所记。乃咸丰已未庚申英法诸国两次据津，锦文为各国供张，以保同乡里事。与扬州盐商何行事如出一辙也。赎城者，夷人挟兵索赂之口号云。）夷人于仪征张示，略云：中国中宪，待我不平。道光十九年大臣林则徐查办鸦片，既未能捉拿诸国走私之人，止其进口，又不酌议章程妥办，乃将住粤英国官商强拘留，吓以死罪，勒令将鸦片全行缴出，此不端者一；义律赴北海口，投文爵阁督部堂琦善，旋据照会，仍赴广东酌议。义律回粤，与琦善叠次面议，未明。而在京宰相，奉请撤回琦善，另派大将军奕山前来争战，致英人强取虎门炮台，并攻省城，勒取银两以赎，此不端者二；大臣裕谦及各省将军等，往往遇人遭风破船，或被诱上岸，擅行俘掠残杀。（按：裕谦在浙时，曾俘一夷人，剥皮支解，当指此事及达洪阿，姚莹在台湾两次俘获事。）并敢欺诈妄奏事，此不端者三；贸易一端，英商与各省民人有益无害，惟粤东官员欲专其利，奏设十三行洋商，止准在粤贸易，俾各官得以高下其手，任凭勒索，此不端者四。今来中国，务求伸冤，大端有三："赔还所夺货物及年来战费，一也；两国官员以友谊平行，二也；割让海岛给英人居住，三也。得此三者，其余不难善定"云云。未几夷船四十余艘驶至江宁仪凤门外草鞋夹江面停泊。先是牛鉴退守昆山，即援乾隆间缅甸成案，奏请议抚，奉旨不允。至是恰值仪征令抄呈夷示，乃照会噗酋，略云：“中外通商，已二百年，何至今日忽改旧章，实由鸦片流毒而起。禁鸦片而并禁通商，非我皇上怀柔远人之本意。禁通商而大启兵端，尤非我皇上绥远万邦之本意也。至广东查办之原委，本部堂未能深悉。近悉仪征县抄呈公使所贴告示，以结好伸冤为词，乃知两国本意原无不合。祇以形迹之间愈离愈远，致成决裂。如果中国相待于情理未惬，何妨据实指陈，由本部堂代奏。若徒恃船坚炮利，日事战争，兵连祸结，何日可了？幸熟思而审处之”云云。仍具疏以闻，时六月二十日也。七月一日接噗酋回文，略云：“欣闻皇帝明降谕旨，交与伊、耆两大臣，专办和好之事，心极快悦。上年六月，初到中国，即以善定和好等情，照会两广总督祁。后至浙省，以又以前情两次照会浙江抚院刘、杨威将军奕，均在案。今按来文，方知年来隔绝之情，得以通达。并祈将情由转咨大臣耆、伊知之”云云。惟夷酋欲索犒师银三百万元，鉴拒之。三日，伊里布至。六日，耆英至。时夷船续到者，连前共八十余艘。我弁兵亦列炮城上以拒。七日，耆英遣佐领塔芬布等往夷船，告知钦差已到。夷酋随将请求各款列单交塔芬布代呈。单开烟价、商欠、战费三项二千一百万元，本年先交六百万元，余分年带交。一给香港为英人居留地，并准往广州、福州、厦门、宁波、上海等处贸易；一英官与中国官用平行礼，仍彼示中所云三大端也。诸大臣方在酌议准驳间，八日，夷酋讹闻有调寿春镇兵来省之信，认议和为缓兵谲计，将俟援兵齐集，内外夹攻。即换红旗、升世炮，拟于次晨攻城。诸大臣震惊，齐至督署会议连夜备文，尽允其请。（《抚远纪略》云：“诸大臣会商以江宁省城周五十余里，分段防守，兵力本单。所调江西、徐州、湖北各官兵，均新经挫，士气不扬，未敢恃以为用。兼之江南民气柔弱，一闻此信，即有男妇数万人赴各衙门吁请救命，万一危城莫保，不惟三省根本动摇，且恐长江顿失锁钥，所关尤钜”云云。按恩彤时方署江宁藩司，身与会议。此段乃节录奏章中语，故作危词，不尽事实。即如男妇数万人赴各衙门吁请一节，据牛鉴亲供，乃系将军误听讹言。闭城时事，拉入于此。究涉含混。）夷酋见回文，立换旗撤兵。但以塔芬布等系微员，不足取信。于是更派署江宁布政使黄恩彤、侍卫咸龄往。九日，与夷酋会见于仪固门外静海寺，恩彤对各款颇有诘辨。夷酋固执不少变，遂定约。（原奏略云：该使求给洋银二千一百万元一款，查初拟款单本索银三千万元，经张喜再三驳减，始定为二千一百万元之数。据称以六百万作烟价，三百万作商欠，一千二百万作兵费。传卫咸龄等，诘以烟价已由广东还银六百万，岂得重索？商欠宜由洋行清理，何能官为偿还？至尔国所用兵费，更不能取偿于中国，向其反覆驳辨。据该使声称，鸦片并非英国所产，均系购自邻国，攸关成本。自被烧二万箱，赔折不少，前给之六百万不及原价一半，是以仍须补还。至商欠本应向洋行清理，因洋行延宕不还，积欠甚钜，祇求行文广东，查明勒限追缴，倘不能追出，仍须官为保交。其兵费一节，此时业经议和，兵船均应犒偿遣散，所费不赀。若不蒙议给则兵船之愿退与否，渠等不得过问。倘战争不息，恐中国将来费用不止此数。若和好通商，所入税银，三年之内，数足相抵，不致有亏公帑等语。该使求赏香港寄居，并请在广州、福州、厦门、宁波、上海等处贸易一款，侍卫咸龄等以香港业经尔等建造房屋，尚可乞恩，准予借居。其广州等五处贸易，未免为地过多。至贸易输税各条例，亦应及早详议，向其明晰诘问。据该使声称以香港为寄居之地，必须广州等五处为销货之所，如果不准给与，渠等现在占踞之厦门、宁波、镇海、定海、乍浦、宝山、上海、镇江各处，亦不退还。至渠等赴各处贸易，应纳税银照中国则例，按数输将，并不延欠。惟渠等在粤久被洋行朘削，嗣后应请自行投商，公平交易，其税银即由领事赴海关完纳，不经洋行之手，以免侵扣等语。）八月二十八日，夷船全数出江，镇江、宝山、上海、厦门、乍浦、宁波、镇海次第收复。惟定鼓浪屿，尚留夷兵踞守。俟三年偿款事竣，再交还。九月十四日，逮问两江总督牛鉴。（按：牛鉴逮问之由，诸书记载多缺。余得传抄本，牛鉴亲供，亟录于此，藉悉尔时战抚事之真相，而鉴亦非碌之如奕经、文蔚者流也。文云：具亲供牛鉴，上年九月初八日，鉴钦奉恩旨，补授两江总督。当军务倥偬之际，膺兹艰巨重寄，既不敢以非材遽请辞职，而力小任重、惊惧罔措之实情，已于谢折内敬谨敷陈。伏念鉴以边陲下士，渥蒙皇上殊遇，宠任至此。中夜傍徨，思维反覆，宜如何捐糜顶踵，仰鉴高深。故于受命之余，无片刻不思竭尽血诚，亦无一字敢于欺罔皇上。浙省遭逆夷之变，江苏唇齿相依，亲见民心不固，士气不振，触目寒心，随处棘手。先于沿海、沿江各州县颁发告示，谕以食毛践土卫国卫家之道。又刊刻军令八条，及前人训兵要言，散给各营自参将、都守以至千把、外委逐日轮流接见，明白开导，营阵如何讲求，纪律如何严明，器械如何修整，操练如何精熟。又告以如何是尽忠，如何是报国，使之递相训谕，俾知激厉。又念兵士之身受寒湿，则捐给蓆片、草荐；疾疫不时，则捐给各种药饵。遇时节，则优加赏赉；遇病故，则额外赏恤。提督陈化成先以兵心懈弛，刻刻忧虑，每语人曰："夷船若来，只好拼此躯命。"今年三月，又语鉴曰："近日将士，颇知用命，可期打得胜仗。"此鉴力求训练士卒之愚诚，为上海文武所共知，不敢有一字欺饰也。国家连年用兵，司农告匮，凡属臣子，必当各矢天良，力加撙节。鉴莅任后，谆谕局员，将用项五日一报，亲为稽核，查吴淞防兵万人，发给各项口粮，并铸造炮位、补制军器，均不令丝毫浮冒。计自前任防堵上海起，及今年六月止，共用商捐银八十万两，请帑五十万两，较他省实系减而又减。又恐属员藉端冒滥，必先正己以率，不但总督公署支项不准取之局中，即催募乡勇、加赏将士、制造药饵、预备火攻毒药、创制水轮大船三只、十桨小船十只，共用银八万数千余两，亦皆系自捐廉俸，及总督衙门奏明应得公项支发备办，均有案卷可稽。此鉴力求撙节帑项之愚诚，为上海文武所共见，不敢有一字欺饰也。本年五月初八日卯刻，提标中军游击张蕙来至宝山面禀事件，忽闻吴淞口炮声连响，知系逆夷闯入开仗，当即带亲随兵二百名前往督战。一出宝山南门，即有炮子从空飞坠，行五六里，至教场地方，躬亲督战。先有河南游击陈平川带兵五百余名在该处屯札，即令近伏土塘之内，预备接应。又饬武举张攀龙持令箭，偕游击张蕙至提督营帐。尔时炮声震地，烟焰蔽空，海塘距教场不及里许，炮弹从空飞坠，不可胜数，随兵击毙十余人。土塘将士见鉴在后督战，莫不于炮火中大呼奋迅，并未稍乱行次。适报提督陈化成轰坏夷船三只，伤毙夷匪数十人。正在一鼓作气间，不料后应夷船踵至，施放大炮、火箭不绝，并在大船高桅之上见鉴衣顶，立刻炮箭齐发。紧对教场轰击，将演武厅屋脊并左首耳房同时击碎，前后左右烟瓦乱飞，火焰尤烈。俄张攀龙来，传提督陈化成业已阵亡。鉴悲愤填胸，计惟以死报国。第念皇上付托之重，此时一死，兵民必更溃乱，全省必更震惊，事势仓皇，大局更不可问，乃痛哭流涕，退至嘉定。此鉴宝山督战失守之实在情形。万不得已苟延残喘之苦衷，为兵弁所共知，不敢有一字欺饰也。吴淞既陷，近海各州县居民纷纷逃散，土匪随在蜂起。鉴星夜驰至省城适中之昆山县，一面分兵弹压土匪，一面札谕自浙调苏之寿春镇总兵尤渤，带兵千名，严防淞江府城。其福山、刘河、嘉定、青浦、泖湖、三江口各要隘，俱分拨重兵防守，民心少定。是时民心汹汹，传说该夷大帮全行退出吴淞，意在长驱图犯天津。鉴北望畿辅，忧心如焚，是以附片奏明海上不可与该夷交锋，惟有变通坚壁清野之法，于陆路坚垒以待。钦奉朱谕："此朕早已料及早经谕饬。"奈沿海堵御总要与其海上交锋，反致凶焰益张，徒损国威，为之奈何。又钦奉上谕："所奏陆路坚垒一节，已谕知沿海各处相机办理矣，钦此。"又附片奏明该夷新到马船多只，拟赴天津肆扰。询得破之之法，须于海口登陆之地，随处挖濠沟，深宽丈余，以重兵邀击歼擒，钦奉朱批："甚好。即有旨。钦此。"是鉴才识梼昧，所尤兢之恐惧者。在天津之肆扰，而不在长江之豕突也。缘鉴方到江南，即奉谕驰往各海口筹画防剿，圣训谆谆，岂敢稍存玩忽？查长江入海要口，以鹅鼻咀为第一门户，山势陡险，突起江中，江水直起，傍山而下，江面深洪甚窄，自江口以至京口，緜延数百里，望之汪洋无际。其实水浮滩高，沙渔等船亦往往搁浅，视为畏途。鉴稽地图，旁考舆论，博访熟识水性之渔户，咸以为该逆大船，断难飞渡。火轮三板等船虽可窜入，亦不敢远离大船巢穴。又复专委丹徒县王德茂查探，又札饬荣明县熊传粟确查，众口一词，并无异说。上年十二月，常镇道但明伦禀请于鹅鼻咀添设大炮十余尊、兵丁二千名。当查鹅鼻咀岭上可安炮十余尊、长江一带如福山、狼山、京口各处，皆有重镇星罗棋布，水陆营兵，无虑八九千名。若遇事张皇，转滋摇惑，乃于鹅鼻咀地方，陆续添调兵丁壮勇六百余名，添设大炮、虎蹲炮，并旧设炮位较前所设之兵数及炮，已多至数倍。本年五月二十后，该夷图犯长江，又札调徐州练总兵王志元带兵七百名前往，又派委太仓州知州徐家槐办理火攻船只，又查该处刘闻大沙，计长百余里，并有磨盘斜桥鹿园名目萦回曲折，可以搁浅。复札饬该处将弁，雇募熟识水性之渔户，于沙线转湾抹角处所密钉排桩，填压碎石，毋令浮出水面，暗中设伏，以资拦截。星鉴于沿海各口，实系一律预防，并不敢稍有玩忽。不料六月初四日，该处文武惊报江水陡涨，江面顿宽，迥异常时。凡水浅滩高之处，立刻变为深洪，一无阻隔。加以连日东风大作，该夷大帮船只竟从此岸乘风鼓浪而过。突闻此信，神魂丧失，心胆俱碎。惟有顿足搥胸、仰天号哭而已。此则夷船闯入，出诸意外之实在情形，不敢有一字欺饰也。夷船既进江口，鉴时屯扎无锡，即于六月初四日星驰至镇江，适参赞大臣齐慎亦带兵同到。一面将京口防堵事宜，托付料理；一面将火攻船只木排等件，面交常镇道周顼及委员徐家槐分别布置。即于初九日驰至江宁南城，保守根本重地。维时江宁城中，旂绿两营兵丁不过四千名，将军德珠布欲拨兵一千名，带炮十余尊，前赴乌龙山设伏。当以省城兵本不多，若再分兵外出，于事无益，而省城更难防守，劝阻而止。至十二日五鼓时侯，该将军忽闻无根之言，遽遣弁来署，声称夷船已入观音门。城中骤闻此信，各门又皆关闭，百姓欲逃不能，男妇汹汹，势难终日。鉴亲出巡历，谕之不止。是日常州解到火药一万觔，苏州解到饷银十万两，遣弁执全箭饬令放进，无如守门旂弁，坚执不听，不得已赶作折稿，送该将军阅看，告以业经具奏，不妨开城。该将军于十三日，始将聚宝、通济两门暂开，百姓纷纷迁避出城，幸不至酿成大乱。然自十二日传此讹言，城外土匪即到处肆行抢劫，乃严拿为首之人登时正法，余犯镇禁县监，地方始得安定。此鉴既到江宁种种危苦之实在情形，不敢有一字欺饰也。又闻夷至浙时，（有一定）有恳求通商之说，初未敢遽信，既而采访舆论，体察夷情，始悉该夷以通商为性命，不通商即无以立国，然使我兵得手一战而胜，该夷断不甘休，仍然添船添炮，肆扰无已，势不至通商不止。又闻该夷兵船七十余只，有直犯天津之谣，鉴大惧失措，即拟上书请抚。鉴之幕友为鉴计者，无不劝阻。谓此议一上，皇上圣明，纵不以为罪，而中外人士不知其细，但以国体所关，交口訾议，子将奚辞？鉴以为两害相权，务取其轻，言抚则诚属有伤国体，然其为害轻；不言抚，则危迫之时既无御敌之法，必致兵连祸结，下毒生灵，上枋国是。一言其害，将有不堪设想者。鉴自幼读书，稍知君臣大义，如果逆夷贪图我土地、谋危我社稷，不共戴天之仇，惟有効死毕命，誓不与贼两立，何敢妄言抚之一字。今该夷既无异志，壹意道商，而我则师□财匮，祸患日深，当此之时，若犹为一身一家计，不肯据实沥陈，冀邀天听，又岂人臣事君之道？宋苏轼之言曰：“边境之事，但当顾事之利害，不当论理之是非。详味斯语，似与今日之事相合，是以敢冒斧钺之诛，决意请抚，赖皇上恩鉴格外，不及加罪。又于镇江失守后，将该夷（将）贴伪示，要求三条，附片奏陈，仰蒙皇上（闵）［悯］念生民之涂炭，保全天下之大局，谕饬广州将军耆英、署乍浦都统伊里布，办理议抚事宜。此又鉴辗转筹思，上书请抚之实在情形，不敢有一字欺饰也。逆夷之船炮，为往来所罕闻，书籍所未载。其船之坚百倍于我，炮之利百倍于我，我之大炮一发，须复装；彼船炮两面互装，重迭放而不穷。我之兵勇一经炮箭纷纷逃散，彼之黑兵有进无退，前者击毙，后者继进，决不退缩，凶焰之张，皆非意料所及。或谓长江之内，芦苇丛杂，或用渔船，或用木排，雇募水勇，可以设伏拦截，贼既深入重地，不难制其死命。殊不知贼用千里镜时时窥探，离贼船十余里外，彼皆瞭如指掌，纵有敢死之士推运船排直前拦阻，我未及发而彼之巨炮火箭早已糜烂我矣。即于今年六月，逆夷船到仪征口者，适有二只，适值回膀巴杆老于是日械斗，彼点动船炮，并放火箭，而其地千余户之房屋，延烧三日不熄，盐船千余只已立成齑粉矣。或又谓夷匪腰脚甚直，能水战而不能陆战，能乘船而不能乘马。此又不然，当该逆围江省之时，黑夷运炮排设城外各山，白夷驰马山顶上下如飞，始知人言不足为据。凡此情形，非但局外者不能尽信，即江南沿海之民人、在事之文武各员弁非身经目击者，断不道其详而知其难。即如吴淞口有炮数百尊，有兵万余众，经营两年，溃败俄顷，虽丧心病狂，疏懈亦何至此极？此鉴椎心泣血，叹息痛恨于时势之无可如何，不可有一字欺饰也。以前事论，逆夷之狂悖猖獗，诚令人眥裂发指。自此次受抚后，其感激大皇帝之恩德，欢欣鼓舞，似又出于至诚。虽其猜疑窥伺之心究不能信，其必无惟朝廷结以恩信示之不疑，当不至复为我患。至于中国修整武备，沿海沿江铸炮增垒设险防守，固不可少缓须臾，而开布腹心宣示德意，不使之更启我心，尤为至要。是又在疆臣抚驭得宜，可致亿万年边境绥靖矣。鉴身系囹圄，心在阙廷，区区之忱，固结于中，诚不能已于言也。鉴知识短浅，未娴军旅，仰蒙皇上格外鸿恩，予以重寄。去年十月任事，即赴上海筹查防堵，乃只知严防吴淞，又不能婴城固守；而于鹅鼻咀、圌山关等处，但知调集兵勇专事防堵，又不能详度机宜，在之周密，以致夷船竟乘潮涨风顺，驶入大江，既陷镇城，又逼宁省，办理错谬，实属无地自容。惟求皇上从重治罪，以为徒抱愚诚致误国事者戒，所亲供是实。）耆英代为两江总督，留办善后。伊里布授广州将军，驰往粤东查办通商纳税一切事件。而台湾交涉复起，先是台湾总兵达洪阿、兵备道姚莹，于二十一、二年迭报鸡笼、大安胜仗，坏夷船多艘，擒获逆夷百余名，将尽诛之。旋因御史福珠隆阿奏请暂留罪夷，解省讯究。上谕着刘鸿翱究查办理。姚莹后奏称：现犯文武官兵护送过海，恐洋面番船闻而截夺，寻奉旨将头目监禁留存，余概正法，共斩决一百六十六名。当金陵议款时，噗酋屡以为言，并具文申诉，以为实系商人，遭风破船，凫水上岸被获，并非阵擒，求释。诸大臣为行文福建，已不可及矣。噗酋以镇道控奏冒功，故违和约，欲带船往报复，耆英力止之，为具疏奏闻。命闽浙总督怡良渡海查办，并奉廷寄，倘此案稍有隐饰，不肯破除情面，以致朕赏罚不公不明，又误抚夷之局，将来朕别经察出，试问怡良当得何罪？凛之慎之。怡良惧拂舆情，（时全台士民合词为镇道申理。）又恐碍抚局，因宣传上意，迫镇道具供，以两次洋船之破，一系遭风击碎，一系遭风搁沉，实无兵勇接仗之事。据奏，又称此事在未经就抚以前，各视其力所能为，志切同仇，理直气壮，即办理过当，尚属激于义愤，惟一意铺张，致为借口指摘，咎有应得云云。奏上，逮洪阿莹入都，交刑部会同军机大臣讯结，议上，谕以业已革职，免其治罪，二人旋复起用。（《抚远纪略》记此事，亦以为捏奏冒功属实。按英夷是役，多以商船充兵船，且欧人例不杀俘虏，故有索回之事。但以商人为言，则名较顺证。证姚莹奏，夷船于八月十三日到鸡笼，在风息之后，所获有宁波、镇海各营军器，又有浙江提督水师号衣、旗帜等，设非兵船，何从得之？此其显然不待辨者。）伊里布来粤，调黄恩彤、咸龄为助。未几，伊里布卒。朝命耆英为钦差大臣，按办商税事件，仍倚任恩彤。恩彤论税则主增大宗，减冷货。（恩彤言于伊里布曰："今欲改定税则，办法有二：撤退洋商，将抽提行用及海关各项陋规；一并裁正归公，则岁入可加三倍，一也。酌留洋商，将出入口大宗货物，如茶叶、湖丝、棉花、洋布之类，逐件议增；冷僻货物，如钟表、洋参、洋缎之类，逐件议减，则所增数百倍所减之数，二也。"伊以后一法为善，未及行而卒。）耆英从之。于是茶叶每担税银由一两三钱增至二两五钱，棉每担由一钱五分增至四钱，其余增减有差。又主酌留洋商。（照会噗鼎查云："中国洋行，一如英国之担保会，一切贸易事宜，均惟洋商是问。事有责成，若另投不知，谁何之商？万一有匪徒诳骗、逃走，必致无从缉追，一可虑也。既无宽大栈房，可以居积，又乏殷实保家垫付价值，而洋货数多，非若中国散商小贩可以随时出售，必致壅滞不销，有误转运，二可虑也。贸易既分，缉私倍难，税饷易滋偷漏，且英国用洋钱，而纳税须用纹银，多一倾镕，添一折耗，占色较平，动致争论，三可虑也。不如仍留旧商，但不存官行之名，任凭英商自投云云。”又《知止堂文集》卷六有《与威伯吐德书》云：“洋楼赔修，栈房存货，此皆洋行旧规，洵利益远商之事。今洋行既撤，则不能责之于官，盖洋行虽由官设，所承承办者惟各国贸易，故一切均可代为经理。地方官公事颇多，安能分心分力。为远商计，遇有告理之事，惟有秉公剖决而已。此外非所及也。况洋楼被焚，或系天灾，或关人事，乃远商一时不幸，地方官不能分任其咎，亦无从代筹其费。至栈房虽非洋楼可比，但须先购地基，次集工料，费亦不赀。既不便动请公帑，又安得此巨富之官为之捐办，此皆必不能行者。揣米商之意，本不欲裁撤洋行，又不肯于甫撤之后遽请复设，故欲以官代行，意在裁其名而留其实。不知洋行之所以修洋楼、建栈房者，与远商均其利也。修建各费，名为出自洋行，实则于远商贸易中暗有抽取，以徐偿其值。故洋代修代建，无异远商自修自建。今官于远商除征税外，有何交涉，而欲强属以洋行行旧规乎？尝谓上年请撤洋行，乃英人失策之大者。当时伊大臣曾行文噗鼎查，极论此事不便，噗鼎查深以为然。而各英商受人怂恿（此人非他，即旧洋行辈。）坚执前情，噗鼎查亦未如之何。不佞曾与罗伯偶言及之，罗伯云：‘中国之洋行，犹英国之公司。昔年英商力请撤公司，迨公司撤而贸易不如有公司时。今又请撤洋行，洋行亦既撤矣，试问贸易比有洋行时究竟如何，恐数年后，英商必将后悔。即欲求复而不能得，此非无所见而云然也。足下若请复设洋行，则洋楼、栈房二者可以仍照规办理。洋行不设官、不与国。’”）为马礼逊所阻，然通市之始，虽有新商，而旧商贸易如故，对于鸦片主弛禁征税。（《抚远纪略》云：税则既定，噗鼎查使马礼逊来言曰：“鸦片为人害，中国禁之是也，然名禁实不禁也。今禁之不为不严，而吸食如故，贩运如故，中国无如不良之民何也，英国亦无如不良之商何也。且禁之则不准进口，彼得于海中交易，名为禁烟，实则免税。彼获厚利而不纳税，无怪乎愈禁而愈不止也。为今之计，与其禁之，不如税之。耆大臣若以此意入告，增税必多。”并具有说帖一纸。余白耆公，公踌躇曰：“鸦片弛禁，噗使蓄意久矣。先不言而今始言之，得毋别生枝节乎。”余曰：“彼所言，其名非也，其实是也。今若据理据法，正言拒绝，彼转有词，不若设为重税以难之。”乃谓马礼逊曰：“耆公非不知名禁不如实禁也。但中国烟禁甚严，吸食者罪至死，今遽请弛禁，大皇帝断不依允，中外大臣亦必力争，耆公即冒罪奏请，恐亦无济。且奸民与奸商走私渔利，由来已久，一旦弛禁，能必其进口报关、遵章纳税乎？诚恐徒有弛禁之名，仍无纳税之实，谁任其咎？公使如必欲耆公奏请，莫若先纳税银五百万两，作为一年定纳，即由公使汇交，以明各商先之走私原非得已，今之纳税实出至诚，以后每年照额完纳，统归公使保交，或邀恩允准，亦未可知。”马礼逊曰：“贩烟获利诚厚，亦安能先纳五百万之税乎。”余曰：“林大臣昔年毁烟二万箱，当时必不能收缴净尽，乃尔国索还烟价，在广东先有六百万，在金陵又有四百二十万，足见鸦片之成本重而余利多。今中国弛禁，每年只索银五百万，未为过也。如一时不能如数，先交三百万，余于半年内分两限完纳，或于此中划抵中国补还英国之银，似亦甚便，可回复公使斟酌为之。”其议遂寝。）议未就，故税章不之及，然是后增税几倍原值，岁入恃为大宗焉。（传抄本《鸦片战争文献》记：南京议和，末云：“说到烟土，夷酋言烟土并非其国所有，系诸他国自禁，两不相涉。如中国禁得住，自不能卖”云云。和约中，不涉禁烟，当以此故。按禁烟系我国内政，且旧令也。我国禁之，外商当然不得输入，无待规定。夷酋所答，意可默会。且鸦片亦货物也，议税则时，自可及之。故马礼逊以弛禁揲耆英旨，思彤之言，似坠马礼逊术中。然粤当局方苦于价款难筹，似隐留此作拒注也。）二十四年，英派德庇吐代噗鼎查。德庇吐甚狡悍，改成约。（时所定善后条约，如英人上岸行走，均有定界，不准结伴任意闲游。及走私漏税，或五口以外，私行贸易，船货一并查抄入官之类。所以约束之者甚备，反不如未用兵前得自便。）而无衅可寻，乃先期交还鼓浪屿。（和约定三年，偿款清后，与定海同时交还。）以为尝试。耆英料其有诈，回文谓鼓浪屿弹丸小岛，先还原自无妨。但成约具在，鼓浪屿可以先还，则定海亦可以迟交，是以此时未便收受。使见计不得售。转以试浙抚刘鸿翱，刘亦拒之，乃具文声明届期亦必按约还定海。至二十五年十二月，款偿讫，应收复定海。德使又以进城为要挟，亦不得逞。[《知止堂文集》卷六《致英酋德庇吐书》云：“粤东百姓之不愿英人入城者，约有二端，蚩氓生长于斯，耳目不广，彼亦不知福州等四口何如，但习见数百年来外国商民，从无进粤城之事，以为必应如此。一闻英国人欲行进城则群相骇怪，众论沸腾，谣言四起，此其一也。曾遭英人蹂躏，积怨于中，易生猜忌，故一闻进城之说则以为心怀恶意，迨闻其急欲进城则怀疑更甚，誓群起而拒绝之，此又其一也。以上二端，乃愚民之见。若绅士则于福州等处，俱已进城，均习闻之。进城之并无恶意，亦半信半疑。而其所不欲者，亦有二端：一则因英人进城后，任便出入，人数必伙，其中贤愚不等，易致生事滋扰。且各国人亦必接踵而至，中外杂遝难安，一时即可无事，日久必有他虞，此其一也。一则因福州有领事踞住乌石山之事，恐进粤城后，即据以为例，亦欲于城内僦居。英人喜住高耸之处，或建房竖旗，有碍风水，俯瞰都市，窥见室家，尤多不便，此又其一也。以上乃绅民之事，官之所虑，尚不在此。其大指亦有二端：官虽有权，而民之势太众，顺其意则喜，拂其情则怒，怒则聚众抗官，而不从其令。如百姓人人不愿英人进城，而官则准其进城，出示晓谕，百姓不但不遵，且从而撕毁之，又从而讪谤之，甚或标贴长红，显然与官为难。若胁之以威，激成众怒，必生事端，此一可虑也；官准英人进城，而百姓聚众而拒阻之，官不能禁，则无辞以对英人，强欲禁之，又无术以制百姓。英人中遣退出，则示粤民以怯，若恃强猛迫，必成械斗。两国失和，将自此始，所关尤大。此二可虑也。古人云：‘众怒难犯，专欲难成。’愿足下熟思而审覆焉。”又《文集》卷九《与许冰薬观察书》云：英夷进城之约，期在明春，当事重以为忧。蒙窃谓勿庸过处。夷之来粤，为贸易耳。进城与否，本非所急，故噗酋在江南，固请进城，而在粤东，则甫一提及，旋置不议。迨李太郭有租住乌石山之事，蒙即预料在粤诸夷必有烦言，未几而马额莪重以为倩矣。德酋性本乖张，又复活好磨，通商善后一切事宜均经噗酋启请中国大臣明定章程，画一遵守，德酋无可见长，彼之英商之甚欲，一旦进粤城也，故力主此议，屡有哓渎，冀以见好英商，夸耀诸夷，意谓迈越噗酋，在此一举，洎空言无益，则借舟山以为要挟，期在必得。嗣经蒙商同阁部，持以镇静，不为所摇。直至半年之久，始肯转而就范。自是舟山收复，夷情大定，卒未能跨进五羊一步。前年七月，突有夷人闯入太平门，即被市人捶之几毙。赖广协余副戎派兵护回，而德酋及领事皆噤若寒蝉，不置一喙。是其进城之念，实已冰消灰冷。不意此后城外河边行走之夷人，每被民人欧逐，由领事具报者，不一而足。地方官屡经禁止，而此风日甚。一日，德酋以粤民欺其无能，故加凌藉。又疑地方官利民仇夷，阳禁之而阴纵之。是以忿不能平，遂于上年春间，突以兵船进口，欲相报复。及见粤民聚散靡常，主名不立，无从肆其荼毒。而主客之形，众寡之势，胜负亦正未可必，无可如何，仍归于进城之一说，将就了局。其所以约期二年者，诚有见于众怒难犯，专欲难成，但不欲以脱兔之真情，尽杀其怒蛙之余势，自度年半以后，即应瓜代回国，比届二年之期，早有他酋来粤，能进城乎？伊仍居达议之功，不能乎？则他酋代蒙恇怯之诮，此其诡诈取巧如见肺肝者也。现在文酋早到香港，其人似尚安静，较之德酋，此善于彼。但明春即届进城之期，亦不肯遽捐成约，将来未免又有一番喧扰。而蒙以为无足虑者，实于此事筹之已熟，知其万万不能出我彀中也。英夷之于贸易，不啻性命。数年前兵端之开，由于绝市而就抚之局，定于通商。今进城与否，于贸易无增损也，直蛇足耳。万一届期，夷性难驯，纷纭莫决。但当密谕城外各华商一律闭廛罢市，仍间语英商曰：我辈所以与尔交易者，以彼此有利也。尔等渡七万里重洋，运货求售，殊甚劳苦。我辈亦多外省之人，涉江湖，越岭峤，携重资，身家性命，均攸系焉，岂敢轻于一掷而不知爱惜哉。今尔之公使专欲进城游览都市，拜见官长，以为光荣，置贸易于膜外，粤民强悍，必启争端，衅隙一开，市廛大扰，损赀亏本，所丧实多。尔等祸由自取，无可悔恨。我辈何为坐受连累，惟有捆载一切，各归故土，另作他图。不欲羁旅此邦，于壁上观斗。一面遍语各国夷商曰：我辈所以不敢交易者，虑受英商之累也。既避英商，不能不并尔各国之商一概谢绝，统俟事平，再申前好，此时唯有付之浩叹。又密遣沙文、麻占等私语英商及各国夷商，以华商罢市，伊等无可经营，现拟散去。如此鼓动其间，而夷情不转替未之有也。计此时夷酋必鸣之于官曰："进城自进城，贸易自贸易，华商因进城而阻贸易，是违约也。"官应之曰："昔之洋行，官商也，官得而钤束之。今知华商，民商也，官不得而调遣之。前于万年和约内（按南京和约称万年和约）载明裁撤官行，听英商与华商任便交易，官不过问，交易既须任便，则不交易亦须任便，官何从过问乎？非违约也。"至此夷之口关矣。进城之说，必中止矣。凡此一切操纵机宜，蒙濒行已白诸当事，但缓急之际，间不客发，稍有泄漏，便滋他处。执事思虑精密，必能了此，可与紫垣郎中及早图之。按此书作于恩彤罢官归山东时，冰蕖，许禅光字。紫垣，伍荣曜字也。他书言耆英与英夷订二年后入城之约，未及期，谋内用，遣其责于继任，据是书则遗二年后之责于继任者，乃英使德庇吐，非耆英也。〕而其祸发于咸丰七年，余别有专篇记之。

在广东贸易，除英国外，首数美利坚合众国。其商人向不贩鸦片，故林则徐勒令各国商人出具贩卖鸦片切结，美商遵约最先。道光二十四年，既派使顾盛来粤，欲入都见皇帝，耆英止之。随出条约四十六款，多窒碍不可行。且微露武力要胁之意。耆英与之书。言定章不得删改。（略云：“中国与合众国及英吉利各国，东西相距遥远，其所以通好往来者，实由各国利在通商，各国有求于中国，非中国有求于各国也。各国来粤通商，既至中国，应以中国为主。亦如中国商人赴各国贸易，所到之国，即所主之国，乃一定之理、一定之势也。中国之待各国，不容有所偏，偏则各国不服。是以新定英吉利贸易章程，凡一切有益远商之事，不俟各国请求一体照办，此即一无所偏之明证。各国商人，自应遵奉新章，交易输税，彼此相安，方合客从主人之义。倘此国商人，欲行此例，彼国商人，又欲行彼例，则中国之章程紊乱，各国亦亦靡所适从，非各国之利也。中国与各国交涉，仅贸易之一端，其一切制度，则迥不相同。中国有中国之制度，各国亦有各国之制度，中国不能因与各国和好即改制度而就各国，亦犹各国不能因与中国和好，即改制度而就中国。即如中国与英搆兵连年，迨经议以后，所定通商善后章程，仍不能违中国之制度。书册具在，可考而知。兵者不祥之器，不得已而后用之，合众国与中国毫衅隙，且远隔十余万里重洋，得其地不能守，得其民不能治，两国均不乏明于料事之人，岂有无端用兵之理”云云。）随亦就范，定约而去。

佛兰西者向暱米而忌英，方奕山之与英战而败也，有县亟张裕求见，介佛国数士住澳门名玉实、玉哲者二，愿为中国助。奕山喜，令其建意本国。未几有二人佛官来，询以出兵夹攻之事，则索兵费甚巨，而师期又缓。奕山料其不诚，遣之。二十二年，噗鼎查议款金陵，传有佛总兵则济勒媒介之说。（按汤叡译《英人强卖鸦片记》云：“是岁六月二十四日，有王世勋者，偶立海渍，为四五夷人捉之去，抵远洋一大船中，有译官一人在侧，谓世勋曰：‘本船主乃佛兰西大总兵则济勒，奉国主命来与贵国计议，请许英国通商如虑，而英国自行罢兵’云云。并载则济勒《告上海官长书》。而《抚远纪略》则云：‘英人于金陵就抚，即有佛使则济勒驾船驶至，停泊数日，随同英船出江。又有巴日一船，驶至上海，与则济勒扬帆同去’云云。惟未说及媒介之事，然停泊数日，果何为者证以该记所云事殆可信，但约款未必因佛使促成耳。”）其明年，则济勒上书祁，称英人反复，不足信，请中国遣使至其国，讲求修船铸炮攻守之法，以备防剿，复书谢之。（书云：“来书所云，立国在于自主，强勇不在兵多，在得其战守之法，攻击之具与夫演兵、修船、铸炮之方。而以商夷为贪婪诡诈之徒不足取信，此诚金石之言，非足下与不佞真心契好，孰肯为是言哉。不佞近年以来，督率文武，仿造西洋轮船，修建墩台，添铸炮位，训练弁兵，团结义勇，以为有备无患之计。虽未必果如足下之所厚期，而较之三年以前，固已一换局面。倘自兹以后，通商各国，以礼相交，以信相保，中国自当怀远人，必不挑衅生隙。若或贪利无厌，别有反覆，不佞必当激励将士，防剿兼施。仍望足下助一臂之力，以劲旅夹攻，歼厥丑类。不惟见足下与不佞交好之诚，亦征佛国与中国和睦之雅，既为天朝助顺，即为本国宣威，想足下必将拔剑起舞，踊跃而争赴也。至所请奏大皇帝，遣一使臣前往佛兰西，讲求战备，及派商贾、游客，察探民风一节，具荷美意。惟中国士大夫不惯风涛，若泛海行七万里，恐不能达。至商贾游客又多不晓事之人，往亦无济。”云云。）二十八年，派使拉萼尼带兵船八艘至澳门。耆英就澳相见，亦以助攻英国为辞，并请两国互遣使节，各驻京城。又请援大西洋故事，由国中选明习天文之士，送京备任使。耆英并婉却之。越数日，拉萼尼餂黄恩彤，谓英人在香港，逼近广州，将来难免滋扰。渠蒙中国大臣优待，且素仇英，愿以兵船数艘，停泊虎门洋面，代中国防守。即在近岸建楼，以便官兵栖止。一切兵费工费，佛国自行筹备。庶英人不敢越虎门而窥广州。恩彤以虎门乃省河第一要津，水师提督驻守重地，不能容留异国之人。且炮台林立，戍有重兵，今非昔比，敌船岂能飞渡？拉语塞，而别请弛天主教之禁，意甚坚，耆英不得已与订明：一外国人不准赴内地传教，一内地习天主教之人藉教为非及另犯别项罪名仍照本例治罪。遂照此定约，具闻于朝，奉旨允行。

论曰：是役也，以禁烟始，以通市终。鸦片毒物也，中国以爱民之心，行禁烟之政，英宜赞助之。乃反藉以称兵，奇矣。通市为世界公例，于我国有利无害，而我国拼死拒之，致于屡丧其师，强而后可，奇矣。讵惟我国之憾，抑亦英国之憾也。（伦敦新闻纸云：“律士丹合为一禀，讲论中国停止贸易，皆由鸦片犯禁起见，请国王将鸦片贸易停止。中国人禁止鸦片，系为风俗政事税饷，外人即应遵其法律而行。现在众人皆说中国政府受规不管，禁止有名无实，又说中国拘禁我等使者殊不思受规乃官府之事，而朝廷一知，立即究办，安得说禁止有名无实？况夷律并非使者，不过系代理人而已。按英国律例，即应按各客商所有之鸦片，更加三倍罚银，今中国不过只将其鸦片收缴而已，然因致累我国正经贸易，亦受亏折，所以不能任人再卖。”按：所言见《夷氛闻记》，盖得之澳门而译出者。又按：最近报载国联鸦片委［员］会开会，赖爱尔发言称鸦片输入中国南部，乃百年前英政有错误，可见公论久而未泯。）割地赔款，所失大矣而未也。使尔时英船直犯天津。（据牛鉴亲供，有此谣传）则咸丰庚申联军入京焚圆明园事或早见之，即不然而要挟更甚。又使尔时佛兰西、荷兰诸国，援香港为例。（《知上堂文集》有《与佛夷加略利论香港书》云：“英吉利之在香港，亦如葡萄牙之在澳门，乃大皇帝异量之恩，各国不得援以为例也。且英人连年用兵，亡失亦多矣。得此海外荒岛，草创而经管之，所费尤钜。足下以为得计乎？且彼乃藉为修船停货之所耳。佛国贸易无多，每年进口之船不过一二只，商人数不满十，即索得海陬片壤，将安用之？欲与英人争胜乎？是务虚名而受实累也。欲与中国人为难乎？明系假英人猖狂之余力希冀意外之获，适足为英人所笑也。足下曾云：‘譬如人有一屋一所，被贼占住一间，不能逐去。而朋友借居，则勒而勿予，未免失算。’其说似已。不佞则谓屋被贼占，为朋友者惟有助主擒贼，以屋还主方为良友耳。若亦欲乘势占屋一间，是幸主之危，援贼为例，大非君子之道也。”按据此书是佛人已要求援香港例之事实，盗贼朋友之喻，亦巧于设词矣。）则光绪季年胶州湾、旅顺、威海卫、广州湾各租借地，或早见之，即不然，亦必索特殊权益以相抵，是我国犹为不幸中之幸也。南京订约后，英商之为鸦片贸易者，以赔款太少，不足补向日之失，具情上诉于政府，政府不答。（见番禺汤叡译《英人强卖鸦片记》。）是英虽战胜，其商人仍怏怏未快意也。尤可异者，大局之坏，由于主战诸臣，国人不以为罪而共贤之；主和诸臣，补救于已破败之余，国人不以为功而群恨之。讵惟国人恨之，清帝尤恨之，故琦善、伊里布、牛鉴俱被逮。耆英以两广总督入为大学士，旋与穆彰阿同罢［上谕云：“穆彰阿倾排异己，深堪痛恨。如达洪阿、姚莹之尽忠尽力，有碍于己，必欲陷之；耆英之无耻丧良，同恶相济，尽力全之。”又云：“英夷船至天津，伊犹引耆英为腹心，欲使天下群黎后遭苍毒。（按：宣宗崩，英船使赴天津称之皇帝丧，直隶总督以闻，文宗召问大学士穆彰阿、耆英，以请执佛出自外洋修好之忱对，意在许之。文宗疑有他意，命直隶总督谕遣之，旋起椗去。）其心阴险，实不可问。潘世恩等保林则徐，伊屡言林则徐柔弱病躯，不堪录用。及朕派林则徐驻往广西剿匪，穆彰阿又屡言林则徐不知能去否，伪言荧惑，使朕不知外事。至若耆英之自仆生成，畏葸无能，殊堪诧异。伊前在广东时，惟抑民以奉夷，罔顾国家。如进城之说，非（门）［明］验乎。上乖天道，下逆人情，几至变生不测，赖我皇考烛悉其奸，速令来京。今年耆英于召对时，数言及英夷如何可畏，如何必应事周旋，欺朕不知奸，欲常保禄位，是其丧尽天良，愈辨愈彰。第念穆彰阿系三朝旧臣，若一旦置之重法，朕心实有不忍，着从宽革职，永不叙用。耆英虽无能已极，究属迫于时势，亦着从宽降为五品顶戴以六部员外郎候补。”］至咸丰庚申，以侍郎衔随桂良赴天津议和，又以擅还京师，赐自尽。黄恩彤积资历升广东巡抚，亦以小故革职。（《知止堂自订年谱》道光二十六年四十六岁条下云：“主试武闱，取士如额。有文昌县武生符成梅，年逾八旬，弓马可观。余与文武判为两途，不容与年老文生赏给举人副榜者并论，可否仿照耆民恩例，给予千把总虚衔。具折奏请。因于嘉庆年间失于援引，致与定例有违。奉旨交部严加议处，吏部照妄行条奏例，从重议以降三级留任覆奏。奉旨革职，仍留广东交耆英差遣委用”。按：当时必有参劾之者，故借此事予重谴也。）惟伊里布再起为乍浦副都统升广州将军，莅任未几卒，得免于谴，幸也。由是一酿咸丰庚申之祸，再酿光绪庚子之祸，清社亦随屋矣。琦善、伊里布（伊里布历任督抚，有政绩。）、耆英诸人之行事，余未及详，尝得牛鉴亲供词而读之，以为见事之明，矢志之忠，当时无第二人也。其言曰：“该夷以通商为性命，不通商即无以立国，纵使我兵得手，一战而胜，该夷断不甘休，仍然添船添炮肆扰无已。”又言曰：“如果逆夷贪图我土地，谋危我社稷，不共戴天之仇，惟有效死毕命，不与贼两立，何敢妄言抚之一字。今该夷既无异志，专意通商，而我则师老财匮，祸患日深。当此之时，若犹为一身一家计，不肯据实沥陈冀邀天听，又岂人巨事君之道？是以敢冒斧钺之诛，决意请抚。”又言曰：“以前事论，逆夷之狂悖猖獗，诚令人眦裂发指。自此次受抚后，其感激大皇帝之恩德，欢欣鼓舞，似又出于至诚。虽其猜疑观望之心，究不能信其必无，惟朝廷结以恩信，示之不疑，当不至复为我患。至于中国修整武备，沿江沿海，铸炮增垒，设险防守，固不可少缓须臾。而开布腹心，宣示德意，不使之更启戎心，尤为至要”云云。凡此议论，皆林则徐、裕谦所见不到，祁、怡良所不敢出。至于徐广缙、叶名琛之愚闇刚愎，徒欲博朝野之虚誉而不顾事之大小、势之安危者，更不足道矣。黄恩彤论炮台战船，所见亦极是，后之李鸿章、沈葆靖不是过也。姑单就禁烟一事论之，方黄爵滋疏上时，有旨下中外大臣博议，虽人异其说，而以吸食为罪不至此者诸多。山西巡抚申启贤言之尤切，略云：“窃观自古国家，往往因财用匮乏，而以重法绳下。迨重法既行，而人情恇扰，亦未见其财用之充足也。申韩之法，非所行于尧舜之朝”云云。盖其时论禁烟者，大都注意漏卮，以杀人为理财之策，殊觉骇闻。（语曰：“民不畏死，奈何以死惧之。”证诸新令，吸毒贩毒者处死刑，而吸者贩者如故，知严法徒扰民耳。）又则徐之勒夷船缴烟也，义律请于余保纯，嗣后英国货船不准驶入虎门，俱在澳门停泊，由中国官员监视，盘查货物，全行起卸上岸，再用小船剥载，至黄埔出售。如此可杜夹带鸦片之弊，保纯以白则徐，此法宜可从，则徐徒以官员难得其人，盘查徒以滋弊，弗之许。是国家但恃有重法，而一切政治废弛、官吏腐败俱可不问也，有是理乎？鸦片弛禁，与赌博弛禁无以异。果不能禁，何必取其名而遗其实？记李鸿章督粤时，毅然令番摊承饷。至宣统二年，张坚伯又议禁之。时余正参其幕，谓坚伯曰：“李鸿章功罪且勿问，但已为粤筹饷五千万矣。（番摊饷年五百万，由光绪二十六年至宣统二年刚十年。）公能真禁，甚善。否则徒饱蠹胥劣绅耳。”呜呼，国纪废而民德偷，又岂但禁烟成空言哉！

道光广东夷务杂记

耆英于道光二十八年戊申，以两广总督内召，自赋《留别七律》六首，一时官绅纷纷属和。有黄恩彤、李璋煜、赵长龄、易棠、刘开域、沈棣辉、铜麟、沈保颐、冯云路、郭汝诚、梁信芳、曾望颜、张维屏、吴家树、吴家懋、鲍俊、梁国瑚、梁国琮、陈泰初、许祥光、李仲良、龙元俨、黄培芳、金菁茅、潘仕成、伍崇曜、谢有仁、卢福普、孔广镛、陈昙、刘光熊、洪应晃、杨荣、庞文纲、萧树蕃、章凤翎、许应麟、何梓皋、胡敬修、潘仕炳、梅晃、陈其锟、蔡锦泉、李应田、潘仕炳、曹允高、梁廷枏、石衡、樊锺秀、罗家政、谭莹、丁熙、张应秋、仇乾厚、冯杰、黎彬荣、程锦泉、潘志典、潘廷煇、明之纲、潘廷儒、冯汝棠、何子彬、明伦、程师俭、冯汝柏、卢龙湘、谭显龙、潘夔生、朱亮光、刘允升、丁燕、黄树勋、林庆祺、林光宇、陈清、陈成、许镇安、周肇墉、黄藻光、黄挺蒨、陈淇、李蘅芳、丁彦和、黄元宪、陈丙、杨士醇、黄秀生、黄锡书等八十余人。又有陈其锟、许祥光、李蘅芳、丁彦和、黄元宪等作序，梁廷枏作跋，张应秋、许应騋绘图，其书写印精绝。兹录原诗，并摘送诗若干首如下。

戊申仲春，述职入觐，留别粤寅僚及各绅士七律六章

岭南春色正融和，温绰颁来雨露多。帝许归朝瞻凤阙，人情惜别唱骊歌。七年恋主心方慰，万里筹边事若何？浩荡酞恩霑化外，环瀛从此不扬波。

虎节龙骧亦壮哉，江南衔命又南来。涓埃莫补丹心碎，岁月如驰白发催。志切澄清愁计拙，性余姜桂觉年颓。孱躯何幸瞻云日，喜见天颜霁色开。

年来岭表驻云轺，敬矢官箴勉属僚。岂弟只因同好恶，干城端不让嫖姚。曾闻刺史能驱鳄，共说将军解射潮。但使鲸波常偃息，老夫

解组且还潮。

酒到离亭未忍斟，珠江朋辈感知音。低眉暂敛英雄气，尝胆方知烈士心（余与诸同仁及各贤绅甘苦备尝者数年，全赖赞余之力）。祖饯临歧犹绻恋，邮程揽辔独沈吟。春韶回度如驹隙，回首云山思更深。

春自罗浮顶上来，百花香里泛槎回。（余于花朝日启行。）节楼日丽旌旗动，荔圃风和祖帐开。壮志未消犹看剑，离情欲诉且衔杯。仔肩暂息应相慰，赖有诸公命世才。

星霜几易鬓丝侵，岭峤停骖惕懔深。念切苍生思拥喝，官成白首敢抽簪。刍荛欲献安边策，葵藿难忘报国心。偻指年光刚夏五，晨趋应到凤楼岑。

恭送介春节相述职入觐，即步元韵宁阳　黄恩彤

岭峤无尘玉烛和，帝思良弼霈恩多。十行初奉还朝诏，万口同赓遵渚歌。唐代长城推李勣，汉家留守待萧何。归舟载得清风去，薏苡由来笑伏波。

股肱贵近庆良哉，五管欢呼宰相来。万里筹防心力瘁，七年荏苒鬓华催。鬼方慕义资柔远，蛮俗移风仗挽颓。天锡丰年民气洽，瘴烟都拂吉云开。

竞持瑶斝拥星轺，摻袂临歧萃百僚。持重无如赵充国，开边不羡霍嫖姚。冰心应续梅花赋（宋广平曾为广州都督），赤手能回大海潮。衮绣桓圭画麟阁，巍巍鼎铉仰中朝。

攀辕父老酒频斟（粤东士民送至花埭），未许林鸮托好音（诸夷闻公北上，争欲送行，抚而遣之。）。一代夔龙劳帝念，九天云日系臣心。长生旧记江南祝，遗爱新传岭表吟［粤人闻公将行，争制（脾）［碑］以颂德政，并作诗画册以志去思］。画鹢将翔重回首，恋桑况似阅五年深。

曾随荡节过滩来（恩彤于壬寅冬随钦使来粤。），愿逐锋车度岭回。虚

藻徒工鹦鹉赋，空花几见木棉开。参军蹇拙惭筹笔，幕府雍容数举杯。恰可投荒御魑魅，天恩幸未弃樗才。

炎州底事鬓霜侵，七载追随感遇深。幼宰多言容启事，长源齿少托朋簪（董和为诸葛武侯参署七年，遇事辄言，甚蒙礼遇。李泌齿少于张曲江，故称小友。恩彤诚不敢拟幼宰、长源，而公之虚怀雅量，何减武侯、曲江哉。）边防最系元臣念，昼接应孚圣主心。湛露遥知承渥泽，五云宫阙望嵚岑。

按：恩彤是时已革职，有旨仍留广东，交耆英差遣委用，故诗有“恰可投荒御魑魅，天恩幸未弃樗才”之句。耆英去，代者徐广缙，再奉留粤差遣之命，然自此夷务多不与闻。旋又有旨，以同知归部选用。迨赴部投供，奉部示老亲年逾七旬，独子例应终养，饬令回籍，遂不复出。其去粤日，有《舟次始兴水浅遇雨早发》五古云：“七载宦峤南，窃位羞文仲。沐猴骑土牛，终日劳罄控。渐嗜南烹鲜，颇怯北风中。自分老蛮荒，朝天空有梦。回首白门役，痛定辄思痛。势迫讵求全，力薄偏任重。中更几翻覆，揞拄资国栋（谓耆相国）。罪积等丘山，罢退安足用？天恩念逐臣，内召丹纶玑。司马本清曹，白傅诗堪诵。佐郡剖半符，希禄叨（新）［薪］俸。归棹理琴书，珠澥一帆纵。溯流到江口（地名，属始兴县），溪涸浮沙壅。破沙走百夫，负舟如抱瓮。天公幸见怜，夜雨聊相送。新涨琥珀黄，风感靴纹弄。朝暾红欲然，夹岸桃花映（时戊申十月初旬，岭南冬暖，岸侧山桃盛放）。偻指岭头梅，南枝应破冻。残葩忆昔攀，（余于壬寅嘉平度岭，时梅花将落犹繁）初萼恰今供。遥数十八滩，潮平下章贡。”又按：恩彤诗中又有《耆介春节相以新画山水长卷见示，有题句甚警拔，因和元韵得诗四章》。又《介春节相十骏图》二诗。然则耆英能诗工画，亦雅人也。又恩彤集中有《闻林少穆尚书西谪，和成兰生方伯作》云：“小范胸中有甲兵，羊城隐隐作长城。汉家便欲诛征侧，秦将终须用孟明。珠海烽烟愁倚剑，玉门风雪冷需缨。天恩指日刀环赐，莫谓孤忠意不平。”盖恩彤亦未尝不心佩则徐也。

同题 六首录三 诸城 李璋煜

虎节龙旗海上来，调宣大度荷盐梅。萑苻宽猛皆棠黍（粤省自设巇局以来，盗风不息。）裘带雍容仰棘槐。半壁东南劳圣虑，六年衽席仗边才。风恬浪静豚鱼格，佳气春深霭越台。

欢腾列郡戢金戈，十骏图披入赋歌（节相以《十骏图》属题）。吏部文章能徙鳄，右军书法拟笼鹅（节相以手书十七帖见赐）。云瞻七阙辉光近，泽溥南天瘴疠和。奉职梯航联属国，共知臣节壮山河。

裴度勋名上相隆，金瓯早卜伫酬庸。花飞二月庚邮丽，星焕三台午夜浓。纶赞忠宣辉奏牍（节相重刊《陆宣公奏议》），勋高召伯屹崇墉。一时中外资筹画，岭峤徘徊去往踪。

同题步元韵 善化 易棠

万里京华返玉轺，别情真挚慰群僚。最高峰定推嵩华，极品花应羡魏姚。年换丙丁空阅鉴（粤省频年皆值丰稔），秋回甲子记观潮（公办夷务尝驻甲子门）。计程省识南薰候，引领瞻云赋早朝。

岭峤安全赖酌斟，忽闻风鹤息余音。闲摹古帖流传意（公重摹《太清楼书谱》，又摹《澄清堂帖》，皆手自钩勒。）重订遗书进御心。边徼风恬宣雅化，衙斋日永动豪吟。遥知早擅临池胜，墨迹模糊岁月深。

同题步元韵（六首录一） 归安 沈棣辉

风诏颁从北阙来，南人争盼使星回。和戎金石王家赐，伏道生徒子舍开（公子秋泉侍郎奉命出都远迎，兼赍上方珍赐）。泽遍华夷争卧辙，情深僚吏愿擎杯。应刘椽属当时隽，争及陈思八才。

同题（四首录一） 番禺 张维屏

簜节绥边徼，枫宸眷老成。丝纶传凤阙，旌旆下羊城。除莠驱螟螣，安澜息鳄鲸。六年怀保意，只是为苍生。

同题（集杜句，四首录一） 番禺 许祥光

文彩承殊渥，尊荣迈等伦。声华惬宸极，居守付宗臣。牢落乾坤大，调和鼎鼐新。南瞻按百越，雄略动如神。

又步元韵（集唐人句，六首） 前人

语回大地到阳和（杨巨源），银箭金壶漏水多（李白。正月十八日夜漏四下拜入觐之命）。江上柳营回鼓吹（鲍溶），朝来仙阁听弦歌（储光羲）。为霖勋业常如此，（沈林）爱日民心恋若何（司马礼）。休沐旌麾出城府（杜甫），缓行轻踏绉纹波（元稹。祥光设祖帐于珠江之袖海楼，公乘扁舟至）。

庆瑞堂成榜快哉（薛能），欣逢睿藻日边来（贾至。拜入觐之命，次日复奉到赐福寿字）。彤楼风暖歌声细（邓文原。连日官僚祖饯并为公寿），别馆春还淑气催（李憕）。处处送行南浦绿（高蟾），纷纷只见玉山颓（刘禹锡）。明朝又是扁舟别（窦叔向），曙色当衙晓仗开（薛逢）。

青云骧褭度轻轺（张泌），常忆平居接儁僚（赵嘏）。用笔能夸锺太尉（李颀。公善书，为世仰重），麾兵不羡霍嫖姚（杜牧）。鹓鸿得得争先翥（武元衡。保擢文武员弁，咸称得人），鸟雀群高欲避潮（皮日休。粤东向多盗贼，将委文武大员督缉，皆知敛迹）。只恐鸣驺催上道（刘禹锡），曙

钟吹入紫宸朝（殷璠）。

梨花春熟正同斟（李山甫），持节东行捧德音（刘禹锡）。烟月一时搜古句（章碣），星霜难改感恩心（杜荀鹤。元作有“星霜几易鬓丝侵”句，祥光为部郎，时公任大司农，备蒙训诲，督粤后，复蒙奖饰有加）。莫辞别酒和琼液（皇甫冉），却向春风动越吟（罗隐）。自有神仙鸣凤曲（沈佺期），曲中山水契高深（陆树声。元作《留别诗》传诵一时）。

东溟还驭赤虬来（张正见），玉佩登坛步武回（李景逊。公由两江移督两粤）。春满江城官柳发（沈彬），风生洲渚锦帆开（杜甫）。龙媒旧识朝天路（薛逢。公爱骏马，绘《十骏图》），山势遥临献寿杯（岑羲。仲春之三日为公寿诞）。共沐恩波凤池上，自怜佟壬马卿才（马怀素。祥光通籍后，家居有年，蒙公保奏，帮办夷务）。

按：耆英系三月三日生日，据黄恩彤诗集，耆英道光丙午年六十，是年六十二矣。至咸丰庚申，赐自尽，则年七十六也。

西山寇盗莫相侵（杜甫），用猛何殊用爱深（江为。公在署内，设谳局专办盗贼。毋枉毋纵，军民畏怀）。蛮府参军趋幕舍（韩翃。局中官属，皆一时贤隽），相门才子称华簪（刘禹锡。伯纯公子由侍郎出任马兰镇总戎）。东郊才转迎春仗（沈佺期），霄汉常悬捧日心（钱起）。暂向瀛洲访金阙（李白），未容高卧翠微岑（邵谒）。

同题（二首录一）　香山　黄培芳

重臣重寄镇边陲，绥靖经营费苦心。月朗一轮心共洁，风清两袖众皆知。筑城建寨期磐石，列戍分屯俨布棋。此去春融天万里，随车甘雨总无私。

同题（四首录一） 海南 伍崇曜

安抚江南又粤东，原非才子却从戎（壬寅六月，仰蒙檄往江南差使）。七旬干羽三苗格，一统车书万国同。相度公真逾富弼，将材余本愧佟童。寻恒散木芳菲甚，偏在春光浩荡中。

按：伍崇曜即十三行洋商之一家，平生好刻书，所刻有《粤雅堂丛书》、《岭南遗书》等。

同题步元韵（六首录二） 番禺 陈其锟

离亭酒暖莫停斟，旧两关怀尽赏音。辛苦调羹良弼手，艰难借箸老臣心。草焚每拟宣公疏（公刻《陆宣公全集》进呈），花落闲看蜀相吟（公和郑邸《落花诗十首》，属锟步韵）。魏国奚囊空赞卷，巾箱所得与年深。

疑自羲之腕底来，晋人风格笔端回。谱翻北宋援毫补（重摹《太清楼书谱》，公手补数百字，几欲乱真），帖仿南唐生面开（模《澄清堂帖》四卷，皆手自钩勒付镌）。握管定知无劲敌，谈诗时许到深杯。墨林盛事公兼擅，学步邯郸愧不才。

同题（四首录一） 南海 谭莹

临歧策画转深忧，善后仍思十载留。合节人终持绣斧（谓黄石琴中丞），覆名帝屡揭余瓯。丰功岂但如张辅，遗爱相期迓细侯。永祝马文渊瞿铄，巍峨铜柱并千秋。

《藉船诗话》（著者题武进青心居士而不署名氏，余别考之，盖余端也）载一条云：道光辛丑，英人以鸦片案失和，驾兵船入虎门，犯粤垣，索赔兵费及香港。时曾王父冰怀公知广州府事，力守北门，屡以与地不如与金白当道。四月初七日，事益亟，当道札公令往敌船会议，英官义律以香港请，峻拒之，许以兵费，成言而返。义律以是见黜于英。事上，廷议仍主战。英人犯江浙，游弋直东海洋。当道将许以香港，曾王父即乞病归。次年，成庙爱民息兵，准开海禁，五口通商，英人始在香港设埠。海洋重镇，拱手让人，可胜慨哉。湘乡曾惠敏公经济文章，学贯中西，名闻夷夏。出使英法时，继任为（芝）［芸］田星使。先严易斋公随节出洋，曾侯一见器重。询及壬寅款局，曾题一律云："欹岸硇礵禹未收，弹丸千古倚荒陬。忽归泡影三千界，顿比燕云十六州。郁郁垂杨生左肘，幽幽寸草塞中喉。当年若采先生语，羊豕投溪鳄远游"云云。按：冰怀，余保纯字也。此段所记，殊谬事实。先是琦善擅以香港许英夷，既而宣庙不允，故义律复以兵舰迫粤垣，索香港并索兵费，而意实在香港也。已而侦知粤当道方奉严旨，骤难践诺，于是暂置香港不提，而但索偿款。保纯就义律议款，既不声明前许香港之议作废，而所偿八百万元，其为烟价，为商欠，为兵费，绝未分晰。粤当道遽以英夷就款入告。未几而英舰北犯江浙，南京和约又增二千一百万元矣。义律得偿款后，即开始经营香港，何尝放弃前约？且英舰北犯，朝旨乃决宣战，非既已偿款，忽又无端主战也。惟尔时懵于外情者，不止保纯一人。而保纯固良吏，不得与鲍鹏、张喜辈相提并论。保纯之去也，以府试为诸童所辱，愤而乞病，非不行其志故。诚恐读者信曾侯之诗，因而信余氏后人所言为有据，故略辨之如此。保纯子汝侗，字幼冰，道光丁未进士，官刑部主事，总办秋审处。江督何桂清之狱，力争论如律。孙□□，字易齐，光绪丙戌，曾随刘瑞璋使英。端，其曾孙也。

余收得《道光二十年广东同官录》一册，红格写刻，纸墨精绝。就其涉于夷务者数人，录其履历如下。

兵部尚书两广总督林则徐，字石麟，一字少穆，行二。乾隆乙巳年七月二十六日生，福建侯官县人。由廪生中式嘉庆丙子科本省举人。辛未科二甲第四名进士，改庶吉士。钦派学习清书，散馆第一，授编修，充国史馆纂修、功臣馆提调，奏办翰林院事，兼撰文。丙子科江西乡试副考官。二十二年，记名御史。二十四年，京察一等，己卯恩科会试同考官，又充己卯科云南乡试正考官。二十五年，二月补江南道御史，奉旨巡视南城；四月，补授浙江杭嘉湖道。道光元年七月，因病解任，回籍调理。二年四月，病痊，赴部引见，奉旨补授江苏淮海道。三年正月，奉旨补授江苏按察使，十二月署江苏布政使。四年七月，奉旨总办江浙两省水利。八月，闻讣，丁母忧，回籍守制。五年二月，奉旨饬赴南河督催高家堰要工。七月，又奉旨饬赴上海筹办海运，因病呈请两江制府奏，蒙恩允回籍调理，并即终制。六年四月，在籍奉旨以三品卿衔署两淮盐政，因未满服，病亦未痊，呈请闽浙制府奏，蒙恩准开缺。七年，起复到京。五月，奉旨补授陕西按察使，署布政使事，即于是月升授江宁布政使，尚未赴任。十月，在陕藩任内闻讣，丁父忧，回籍守制。十年，起复到京。六月，奉旨补授湖北布政使。十一月，奉旨调补河南布政使。十一年七月，奉旨补江宁布政使。是年十月，奉旨补授河东河道总督。十二年二月，奉旨补授江苏巡抚。十五、十六两年，奉旨叠署两江总督。十七年正月，奉旨补授湖广总督。十八年十月，奉旨进京陛见。十一月，蒙赏紫禁城骑马，旋奉颁给钦差大臣关防，查办广东海口事件。十九年正月，驰驿到粤。三月，奉旨调补两江总督，差次尚未赴任。十二月，复奉旨调补两广总督。

兵部侍郎广东巡抚怡良，瓜尔佳氏，号悦亭，行五。乾隆辛亥年九月二十一日生，正红旗满洲德东佐领下人。由候补笔帖式，于嘉庆十六年六月签分刑部学习。二十一年，补授笔帖式。道光二年，京察一等。六月，升授陕西司主事。十一月，派在秋审处行走。四年三月，派在秋审处坐办。五年，京察一等，奉旨记名以应升之缺升用。

三月，题升江苏司员外郎，掌河南司印钥，兼掌广东司印钥。八年，京察一等，由吏部带领引见，奉旨交军机处记名以道府用。六年，奉旨补授广东广州府遗缺知府。十一月到省，委署高州府知府。九年二月，补授高州府知府。十年八月，奉委兼护高廉道事。于十一年正月，因回避藩司桂，奉旨调补广西南宁府知府，奉委兼护左江道事。十二年正月，升授云南盐法道，于五月交卸道府两篆。九月，升授山东盐运使。十月，行抵湖南辰谿县地方，接奉谕旨，升授安徽按察使，于十一月接印任事。十三年二月，奉上谕，调补江苏按察使，八月接印任事。十月，丁母忧，回旗守制。十四年二月，奉上谕，署理江苏按察使。四月，接印任事。八月，接奉行知，奉上谕，升署江西布政使。十月，接印任事。十六年二月，兼署江西按察使，旋奉行知，奉上谕，调署江苏布政使。三月，交卸藩臬两篆，接护江西巡抚篆务。五月，交卸抚篆。六月，到苏，接印任事。七月，接护江西巡抚篆务。五月，交卸抚篆。六月，到苏接印任事。七月，接护江苏巡抚篆务。十七年三月，交卸抚篆，回江苏布政使本任。十八年二月，奉文行知，奉上谕，补广东巡抚，即交卸江苏布政使篆务。六月，到广东巡抚任。

智粮道升授山东按察使王笃，字诚甫，号宝珊，陕西韩城人。道光癸未进士。由编修考补江西道御史，调河南道御史，外放福建汀州府知府，升广东督粮道，署两广盐运使，升长芦盐运使，署广东按察使，升山东按察使。

按：王笃即谮林则徐于宣庙前者。

即补有余保纯，号冰怀，江苏武进人。嘉庆壬戌二甲进士，以即用知县分发广东，署高明县事，兼理新兴县事，又兼理开平县事。十六年大计，荐举卓异，调署南海县，未到任，改署连州直隶州。以获匪功，保同知直隶州用。旋调番禺县，补南雄直隶州。二十四年，因母老，详准回籍养亲。十三年，前江苏抚部院林以在籍董办挑浚孟渎德胜滘港三河工竣，奏请赏加知府衔。道光十五年署两广运同。九月，署惠州府。十八年，准补南雄直隶州。十九年，奉委随侍钦差大臣查办海口事件。二十年二月，署广州府知府。

南海县梁星源，号石泉，陕西岐山县人。嘉庆丙子举人。道光六年大挑一等，以知县分发广东。十九年，以办理夷务保奏优叙。二十年三月，补南海县。

番禺县张熙宇，号晓沧，四川峨眉人。道光癸巳进士。以知县用，签掣广东。二十年二月，奉委调带揭阳练勇，赴澳门防堵英夷。七月，补番禺县。

骆秉章有疏密陈文武大吏，通同欺瞒，不顾国体。逆夷临城，不与决战。又用贿和，实伤体制。请旨分别严议，以整军旅，以肃官方。仰祈圣鉴事：窃惟广东英夷滋事，已历多年。鸷骜之性，猖獗之形，皆缘大小臣工互相讳匿，以致日肆鸱张之由来也。臣仰蒙天恩赏假数月，回籍祭扫，并奉上谕，道经广东，留心夷务，密加访察，不可张扬。纶言谆嘱，训诲靡遗，跪聆之余，铭诸心腑。陛辞后，即于某月某日，驰抵广州所属地方，当将大概情形，附片奏陈在案。嗣于某月某日至臣原籍，藉申松楸之远念，得遂蘋藻之私忱，顶戴鸿慈，欣感交集。假满后，复于某月某日，仍抵广东省城，查靖逆将军自抵粤以来，不问军旅之计作何整顿，地势之谋作何防堵，以及运筹决胜之策，折冲御侮之计，一无所出。惟知爱购钟表，喜买呢羽而已；惟知供应丰盛，养尊处优而已。如孩提之情性，作稚子之行为，若夫早已禀命征讨靖江海而歼逆寇者，恐无以仰副天心。参赞大臣隆文，自居文员，不谙武备。各省大兵云集，悉归参赞大臣（原文“大臣”下空二字，按指杨芳也）为之调遣。臣初闻其铸炮造船，填河塞海，扎以木排，备以稻草，添置短刀长枪，雇募精壮水勇，设沙囊以挡炮子，挖土坑以资藏身，处处防堵，尚合机宜。乃噗夷窥探谋虑稍周，欲使其权变无及，随后贿赂广州府幕姚，嘱其从中设法。而姚受贿之后，令其弟先投效军营，百计钻谋，始得与参赞（原文“参赞”下仍空二字）相识。多方谄谀，遂能诱请至家，待以盛席华筵，献以歌童美女，并同该参赞往来，便将美女剃发假作男子，夤夜送至公所，迷乱其心思，煽惑其耳目，赠其所好，结为心腹之爱。故军营之法制，逆夷无不尽知；军营之筹备，逆夷无不尽晓也。该参赞杨自此以后，气坦势平，军士解体。虽有精兵，不以御敌，与无兵何异？将不听使，与无将何殊？令不能御将，将不能制兵，与逆夷交锋，势如瓦解，万民涂炭，百姓遭冤，此实姚与杨谋逆夷之毒计，若不玩耳目之欢娱，觅狡童之侍奉，何致军心散漫？亦属法不容诛。况我皇上调兵筹饷，宵旰忧勤，无刻不以夷务为念。乃（空二字）等视同儿戏，可谓丧尽天良矣。嗣于四月初一日，该将军等与逆夷交战，用火攻烧三板船二只，战兵亦有所伤。迨至初二日，逆夷骤添火轮船二只、兵船八只，闯入泥城，由陆地绕进，大小船只皆扎城门之外，将我兵所备木排稻草烧成灰烬，大小炮柱，凿去其两耳。沿河铺户民房，被其横烧七八百间。陆路扼要炮台，悉被占住。当此之时，将皆畏缩不前，兵则多逃身命。城内火箭炮子，到处皆然。在省官兵，莫不惊惶流涕。该将军欲脱目前之危急，自必掩饰于将来，故作万民情切具呈，哀求和好，不得已许银四百廿万两，令广州府余守前赴夷船讲和，上可欺矇天听，下可见好黎民，其实则为戎行者救全其性命，窃禄苟安者得保其身家耳。该夷自占炮台之后，抢夺乡民资财，淫辱各村妇女。该乡民等因此忿不顾身，纠众团练，杀死夷人头目。维时逆犯义律尚在陆路，该乡民四面围定，万难飞越也。正可一鼓成擒，不使片帆复返。奈何势与时异，事与理乖，忽有不忠不法之广州府□□□、南海县□□□、番禺县□□□（按广州府、南海县、番禺县下皆空三字，当指余保纯、梁星源张熙宇也）前往该乡，为之排解，护送下船，竟以敌国之寇仇，作为相契之良友。圣谕煌煌，特饬严拿拘解进京之犯，该府等竟听其脱网，不知是何居心？是何意见？扪心自问，安耶否耶？愧耶否耶？此臣所以千思万虑而终不能悟其理。总之广东唉夷恃该商为护符，非将伍洋商（按伍洋商当指伍崇曜）严加治罪，籍抄其家财，则夷情断难慑服。逆夷恃该商为护符，官欲绝其饮食，而该商为之源源接济；民欲绝其鸦片，则该商为之陆续运送，并有劣幕陈某为之爪牙，得将军消息，无不辗转以相告。此逆夷之所以胆愈壮而骄愈恣也。不然，市井之徒，犬羊之性，何能奸猾多谋，一至于斯？且该夷只能取胜于兵，而不能取胜于民，其弊更属显而易见。兵本无奋勇之心，加之汉奸扬其利害，暗中摆弄，其民则兴踊跃之气，志切同仇，争先恐后。倘兵与民心相同，将帅与兵丁一体，诛其悖乱之汉奸，灭其不法之洋商，协力同心，以对仇敌，则此逆何患不除，何忧不克哉？顷者前帅所用将令不严，赏罚不明，大炮不坚，战船不固，军情同变，人心悲怨。或抱不平之鸣，作诗赋，造谤言；或怀逆情之忿，集戏目，编歌谣。并云大炮以铁砂掺泥料，□□（二字残缺）铁皮，所以施放之时，药力不能加足，炮子不能奋飞，而何能伤及坚厚之夷船哉？为今之计，惟有仰恳天恩简放明干有为、谙练军务，不殉情、不苟且、一秉至公之大臣来粤，修筑沿海炮台，另铸加料大炮，鼓励军心，以整饬行伍。备齐器械，招募水勇，然后以次战之，断无不胜。则夷情畏服，而天下平矣。现在文恬武嬉，兵弁安乐，惟省城绅民先此远逃者，不敢遽回，而未搬迁者，心甚惶恐。幸年岁丰稔，粮价颇平，瞬值早稻登场，可无饥馑之患。臣仰体圣恩，谕以留心夷务，今既有此见闻，不敢不据实具奏。并将诗赋戏目、乡民评论、夷人告示，另缮清单，恭呈御览云云。按：此疏不载刊本《骆文忠公奏议》，亦不见《道光筹办夷务始末》，惟附见秉韦《自订年谱》之后。惟文气不甚贯串，字句疑有断缺，即如疏中前言府幕姚、后言劣幕陈某行事，似属一人，而姓乃各异。疏中所云当将大概情形附片奏闻在案，刊本奏议亦无之，惟见于《筹办夷务始末》者，一参琦善撤去水勇及守具，又不亟援大角、沙角炮台，以至夷船直抵白鹅潭，占据省河。一参湖南兵到粤，沿途骚扰。当夷进攻乌涌时，湖南兵皆在乌涌驻扎，闻炮即逃，自相践踏，落涧死者数百名。其余逃至猎德，竟因抢夺财物，致有伤毙乡民之事云云。盖前又有二疏也，惟后一疏仅见同治刊本《年谱》，至光绪乙未张荫桓重刊是谱，遂并此疏去之。疏中所斥杨芳各节，证以陈徽言《南越游记》称“果勇侯为势所格，不得伸其壮志，纵情酒色，郁郁而归，所部兵颇肆骚扰，或有以为言者，则曰：‘我宝贝也，毋多谈。’以是为众所怨，物议嚣然”云云。益可征信。加以奕山之庸稚无能，粤事安得而不破坏。惟以官兵之不助乡民杀义律为憾。至（如）［加］余保纯辈以不忠不法之名，则犹未免乡曲取快一时之见。由其时款已交，战已息，皆意[①]杀义律必再开战，岂非白送偿款？而异时之索偿将更甚。秉章贤者，亦为是语耶？当时粤人忿于时事所编诗赋、剧目，竟因秉章而达天听，亦是奇事。可惜谱末未附以传。兹搜之故记，拾资谈助：

广东禁烟感事诗 七律十八首

闻道廷臣急理财，海疆新全走风雷。无多烟户供朘削，既倒银河望挽回。生道杀民原圣德，只通尽利仰宏才。此邦凋敝难堪命，况复频年水火灾。

元宝如泉布百蛮，分明津要失防闲。望洋空叹银涛涌，筹海虚糜铁镇环（恐夷人滋事，用木排铁锁横截海门，以为得计）。谁遣货通狮子国，岂无兵驻虎门山（虎门即海门也）。年年悖出河沙数，幸有雄师取赂还（谓两广巡船收回包弊私税）。

蛮烟流毒逼关津，兴雾蚩尤术固神。拯救有权仍在我，诛锄为事反循人。效虽可必先防扰，法亦何尝不外仁。正惜群鱼受甘饵，顿数

① “皆意”原稿不清，依上下文推测。

斧内作游鳞。

远物焉能遍市阛，舟船沿海可防奸。渴来不饮贪泉水，飞渡难通大屿山（虎门外）。君子有财兼有土，今人为暴即为关。燃犀试向源头照，百怪呈形咫尺间（巡船之防奸即作奸者）。

楼船威镇粤西东，全改卢遗蛋户风（蛋户求卢遗军士遗种，故名虚遗。两广巡船之设，始自制军卢敏恪公，因此借用之）。曾列戎行皆巨富（武弁巡船诸人），纵抄民物亦奇功。何时钟室诛韩信，自昔铜山属邓通。正本清源谁不解，同官无奈爱和衷。

按：自昔二句，原诗无注。上句韩信盖指韩肇庆，下句邓通则指邓廷桢也。因韩弁作奸弊，而邓公不之察，故疑及邓公，实则邓为所蔽耳。至则徐莅始严惩之，宿习顿革。

铁舰争看节钺临，月钱三万六千金（巡船月供本衙陋规）。江湖盗贼收王振，锦绣妻孥羡蒋钦（总巡有王蒋二姓得大利）。自诩得名还得利，谁知能纵不能擒。至今反覆波澜上，孳海茫茫怨毒深。

鸦军飞遍粤江湄，送往迎来任所之（巡船包送，万无一失）。新政忽闻尊国体，宿赃久已啖民脂。道途竟可拘淫具，江海焉能塞漏卮。到处营私兼犯法，如公原不是谦词。

按：“拘淫具”句盖用袁简斋《论榷酒》文中语。

风土人情久渐移，烟霞痼疾急难医。法当最密行宜恕，利未能兴害转滋。鬼满棘林闻夜哭，人多菜色忍朝饥。怪哉冤积蠡无限，吉了能言凤或知。

罂粟花香分外浓，晨昏忙煞两衙峰。弃烟尚自难逃死（何亚近改业从善十余年，被诬至绞），比户居然尽可封（闻风不实，便封铺户）。几处闾阎齐罢市，半年囹圄已难容（差役纷孥，无辜被害者多）。下民易虐浑闲事，那见痌瘝达九重。

真成儿戏捉迷藏（谓黄布一案），息鼓篝灯夜泛航（半夜猝至）。越境谁能识官长（李顺德令前往捕之），倒戈况是自残伤（差役自伤，诬赖民人）。贪功赵括威名丧（督巡抚主，见伤系赵姓），为政张君德颂良（谓番禺令）。假使当时声罪讨，村民焉敢抗王章（当时上宪有剿洗之令，幸张公恳求始免）。

钦恤何人解泣辜，渐看法网是秋荼。逃亡家室生何计，贫病累囚死未诛。坎地埋书征合比，叫天无罪梦良夫。从来南海祠神外，曾见亲祠狱鬼无。（南海县狱诬案毙命甚多，时夜满城鬼泣，令亲祠之。）

羊狠狼贪案牍繁，狐埋狐搰孰平反。木人屡窃江充智，薏苡争鸣马援冤（时有追赃诬陷二案，俱系马姓）。黔赤万家愁大索，苍黄半夜走讹言（时多半夜入人家，搜索甚残）。请看贯耳巡军日（所获烟犯及诬陷者，不分真伪，俱禁狱中，死者多，生者贯耳释之），秦镜难呼照覆盆。

小民畏罪复何求，武士贪功卒未休。种祸诈财奸屡败，诱人犯罪术弥周。飞蚨有母将焉往，野雉无媒肯自投。王道从来称正直，也同饵敌用权谋。

时平偏为立功名，不用文官但用兵。牙爪倍承祈父恤，腹心唯向武夫倾（任信武弁等，横恣特甚）。一抔土系愚民命，万灶烟屯大将营。怪得牧猪屠狗辈，纷纷投笔请长缨（诬陷良民有贿赃者即放，无者即系而鸣官得功）。

但见累累日被拘，未闻宽鞫脱冤诬。三章新改萧何律，一卷谁陈郑侠图。执法敢辞民怒讟，宣威刚被鬼揶揄。感君宽厚培风俗，遮道牵衣尽博徒。（禁烟已严，陋规无出，因宽赌博之令，甚至当街设局，遮道招邀，虽官不避。）

官吏追呼遍石壕，尚防沾溉有残膏。（民多畏法，弃其烟于城壕，官吏日给百钱，雇人捞之。有捞获者，即究办其附近人家。）淡烟已逐波中散，明月虚从浪里捞。掩耳盗铃聊自慰，拖泥带水不胜劳。地皮剥尽君知否，犹当黄金镇日淘。

无复天津估客船，都从桥上听啼鹃。难通百货价三倍，已散四方人几千。屈指齐呼庚癸日，关心又近丙丁年。（乾隆丙午、丁未，广东大饥。）可怜粤海繁华地，城市凄凉似禁烟。

希旨惟求固宠荣，全抛国计兴民生。俱将惊扰为能事，几见申韩致太平。入境逢人皆槁眷，断烟无日不清明。长歌当哭吾何敢，半是嗷嗷泽雁声。

按：《国闻周刊》第十一卷第三期录此诗。缺“罂粟”一首，亦无小注。

广东纪事新诗十二首

薪火燎原气焰雄，惊心惊眼半年中。抛家民已无生气，定乱谁论斩将功。已有先声如唳鹤，终无奇策拯哀鸿。庸人未必垂青史，边衅徒闻廑帝衷。

番舶云屯逞炮烽，奔腾碧海撼蛟龙。层台坚垒须臾破，水驿山程次第封。屋宇半荒余冷落，亲朋无处问形踪。可怜珠海繁华地，剑影刀光列几重。

蛮夷为患比痈疽，毒重根深费剪除。远涉干戈贪利数，未谙纪律抗文书。横江沈锁原非计，垒在成堤事亦虚。无那鸱张难扫灭，几番征战问何如。

已将乐土变危江，士将原应一力扛。空说韬钤无胆识，不明宽猛岂心降。妖氛围绕如笼鸟，海岸荒凉绝吠尨。践土食毛同愤懑，万人酸洒泪双双。

乱离何计出重围，万马驰风与檄飞。漂泊十年仍是昔，颠连八口几时归。炊珠安问贫民食，弃甲难称大将威。事到闭城筹善策，议和论战两全非。

浪战军书日夜驰，古来兵法有谁知。先分险要方能守，未度安危便出师。万甲逍遥随主将，片帆来往任嘆夷。惊惶不顾中华体，雉堞何因竖白旗。

兵骁将勇势虚张，无暇商量定乱方。海错山珍先果腹，明珠翠羽尽充囊。杯中浅酌西洋酒，帐内浓薰海国香。料理征袍倩红袖，生稊谁不羡枯杨。

按：此首刺杨芳，即骆《疏》中所云之“枯杨”，明指其姓矣。

阓内焚烧阓内惊，兵民逃窜此时情。临危且救军中急，不顾贻羞城下盟。铁骑远来空跋涉，金符曾握欠分明。他时画上凌烟阁，谁记当年听炮声。

按：杨芳战功卓著。晚年广州一役，凌烟减色矣。

华屋都城瓦砾堆，火轮船到走风雷。剑还用火原难敌，炮亦能飞更莫猜。化日光天成鬼蜮，执圭担爵尽庸才。从今一出增声价，百万金银买得来。

一自夷船入虎门，炮台冷落少兵屯。防闲有策凭谁画，调遣无才负圣恩。尸位尽能推上爵，阵亡未必尽忠魂。笑他兵力输民力，斩将搴旗几十村。

按：“阵亡未必尽忠魂”，即骆《疏》所云乌涌之役，湖南兵自相残踏，落涧死者数百名也。

空把旌旗拥戍楼，将军无事任优游。彻天红焰烧民屋，遍地青磷动鬼愁。粉饰太平先报捷，邀功姓字可能周。失机谁守泥城将，论赏应推第一筹。

迁移虽有避兵符，随处奸顽恨切肤。内患牵连招外侮，横遭掳掠痛无辜。冤仇欲报官无主，纪律难明将不儒。满目疮痍须抚恤，谁将实境奏天衢。

四方炮台晚眺题壁一首

城基夜景郁笼葱，立马居然第一峰。乱后民心如畏虎，凿余山势尚成龙。三更风雾沈金铎，百粤江河落玉钟。料得枯杨眠未醒，莺啼燕语梦魂浓。

按：末二句亦刺杨芳，可与骆《疏》相证。

广东戏目 一本作

黄爵滋上疏禁乌烟　许乃济奏开烟禁
林则徐巡边施丹药　黄爵滋清塞漏卮
发表章廷臣会议　发表章群臣会议
承简命天使临边　承简命钦使起行
十三行围困夷商　十三行围困嘜吡
二万箱勒交烟土　二万箱勒交洋烟
邓总督奏获番儿帽
林制军堵御阿娘鞋（即虎门炮台）
建奇谋称兵定海　建逆谋称兵定海
用反间告状天津　下同
琦侯爷主议讲和
林总督奉旨落职
琦相国东粤宴红夷　到粤东宴会红夷
余太守南牢放白鬼（咱唛）　莅制任恩释白鬼
老举馆收买天癸布　老举馆大收天癸布
军需局催索地丁钱　演武厅改造壮丁房
塞海口议取桑园石　讨沙角大宴莲花山
借香港大宴莲花山　塞海口议取桑园石
陈连升父子死节　李廷钰文武抗争
李廷钰文武争衡　陈连升父子尽节
议定海私嘱寄书　索香港威逼用印
索香港威逼用印　议定海嘱托寄书

破虎门三军失利　闹羊城百姓逃生

闭羊城百姓逃生　破虎门三军失利

祥福战死乌涌

义律进兵黄埔

怡中丞四门悬赏格　余首府单船入敌师

余太守单舸入敌师　怡中丞四门悬赏格

广副将割辫逃生

刘参戎脱衣免死

杨参将广收马桶　（御炮用）

琦侯爷痛哭龙亭

杨将军奋勇斩挑夫　（因闯道立斩大佛寺前）

英都统奉旨拿奸相

长镇台大战凤凰岭　邓总督避难狮子桥

邓总兵避兵狮子湾　长镇台大战凤凰冈

余太守两次入夷船

杨参谋一怒卧城楼

城隍庙大将建星台（建□四十九日）

怡和行洋商遭雷斧（名伍绍荣）

奕将军潜师入境（不敢走花地，由北门旱路而来）祁宫保出示安民

祁宫保出示安民　大将军潜师赴敌

献美婢巧扮巾袍（桃春亭献于杨侯者）

作伴当希图翎顶

选大鼻婆娘请客（义律妻到广府，惟说官话，选大鼻者陪之）

扯皮条姑侄宣淫

爱小脚叔侄宣淫（指杨侯）　选大鼻鬼婆待客

娘子军挺身探虎口（余太守妻与律妻往来）　公司馆架祸纵狼心

公司馆架祸起狼心　娘子军挺身探虎穴
失土城鬼兵登海岸　扎木牌战将落马
扎木牌战将落泥沙　失泥城鬼兵登岸
伤花旗误捉良夷
占山寨久困洋鬼
观音山饿鬼烹羊
西竺寺勇将坠马
杀小儿参赞加餐　杀小儿参谋立威
淫老妇夷兵纵欲　淫老妇夷兵肆虐
烧营房四面受敌
求广府三次议和
勇农夫杀贼立功
贤太守为敌请命
论兵头义律劝和
啖人肉楚师肆毒（湖南兵杀小儿为食）
斩良民上将扬威　杀壮勇儿遭民变
杀壮丁中宵激变　斩良民妄逞兵威
假打仗夤夜烧城　实议和连宵开库
真议和连朝运库　执令箭夤夜缒城
剪发辫争捉假汉奸
出赏格反放真鬼子
插白旗朱粮道献策
摘红顶段镇台失机
大将军一筹莫展
贤太守四次议和
击贡院将军闭房门
柝府署太守钻壁洞

闭危城总督筹粮　收逃卒将军议赏银

收逃卒将军议赏　闭城门总督催开库

避火箭神圣保城垣　拉红旗兵民救药局

挽水车兵民救药局　收火箭神佛保城垣

议和成八省弁兵齐奏凯　满城文武可怜虫

圣旨下一城文武尽升官（军功议叙六百人）　八省兵民丧家狗

三补顾亭林年谱

三补顾亭林年谱序

创亭林年谱者，始吴银帆映奎，而吴氏又本之亭林嗣子衍生，继之者为车秋舲持谦。二书今俱有刊本。其作而未成或成而不传于世者，有胡雒君虔、周信之中孚、徐星伯松诸家。张石洲穆并车、徐二谱，又自为参证，书成刊于道光甲辰，视诸谱为最备。顾石洲于刻木后，又复手自校改。（按：石洲所撰《莫宝斋事略》、《泗州府君事辑》皆于刻成后复加改订，余曾见其手稿，盖不止《亭林年谱》如此也。）徐梧生坊从其手稿迻录，缪筱珊荃荪又从徐本迻录而别附己意，刘翰怡承幹刊之《嘉业堂丛书》中。时民国七年戊午也。平景荪步青与筱珊同时，其《群书斠识》中有《顾亭林年谱》一种，不记刊书年月。然李越缦《日记》中曾言及之，必刊于光绪中叶无疑。所奇者以筱珊之博览竟不得见。比而观之亦有偶同者，固信其非出于砻也。平本流传绝少，余求之十余年始得之。缪本近亦不易觅，闻板已残缺。翰怡迩来刊书之兴渐阑，无意修补，而石洲之谱又得粤雅堂翻本，传布尚多。余爱法亭林书并及其所交游阅历，所见间有出于张、（常）［平］、缪三谱之外者，暇日录出，因并（常）［平］、缪二本，排比而为一书。其二本所引事同而互有详略者，并录之，全同者，则注其本条下曰：某本引同。缪本有补有增有校，今并略之。各条下但以平缪伦为别。读者以石洲原谱为主而参以诸条所补，或不无流壤之助也乎。

三补顾亭林年谱

缪闻桐城胡雒君虔尝为先生撰次年谱。“桐城”上增“仪征阮相国云”。

平闻桐城胡雒君虔为先生纂次年谱，惜未之见。按：乌程周信之中孚亦有《顾亭林年谱》，殁后其家鬻家他氏，并手稿畀之，遂不传。信之博闻强识，以纪事纂言为己任，所谱必有足以补吴、胡、徐、车诸家所未备。石洲似亦未之见也。

缪大兴徐先生丈钩稽诗文集，（原作钩稽各书。）携有上元车明经守谦（号秋舲）所辑谱。（按：守谦字子尊，本名持谦，邵阳黄门鼎晋四世孙。黄门徙江宁，故守谦为上元诸生。）

盖朱氏本之崑山吴广文映奎（号银帆）。按：映奎，字止狷。

缪盖车（下去氏字）本之昆山吴广文映奎，而吴（下去氏字）又本之先生嗣（抚）子衍生也。道光二十二年，穆与太史谋匄资为先生建祠堂于京师慈仁寺西偏。既成，太史谓穆曰：先生踪迹甚奇，学者或不尽知，子盍比而叙之，以诏后进乎？（乙去“徐丈欲更事厘订，以出榆林未遑，穆乃不自揆度”。）综两谱之异同，傅以各书所记，语务求详，事期核实。（乙去“综大贤之本末”一语。）岁在昭阳单阏。（原作道光二十三年。）

字宁人。（黎洲《思旧》原本作“迎人”，误。荃孙按：此与《山东通志》作“炎午”同。）

小字蕃汉。见王德甫《存养斋集》。

注：东坡《顾林亭》诗云“平林岂旧物，岁晚室扶疏”云云，《东坡集》无此诗，诗亦恶劣，殆赝作也。（荃孙按：此等话必抄自鄙俗志书，何足为据？）

秀水盛百二《柚堂笔谈》称：赵松雪有《亭林碑记》颇精。又曰：明华亭顾正谊仲芳，官中书舍人。晚于濯锦江上筑小圃，林木清幽，自号曰“亭林”，以南朝顾亭林野王所居曰“亭林”，故仲芳以自号，而顾亭林亦以名其集。（荃孙藏顾亭林《法云寺感梦伽蓝记》拓本，晋开运二年岁在乙巳，更在嘉祐之前。）

平学者称亭林先生。按：盛百二《柚堂笔谈》（卷三：）明华亭顾正谊仲芳，官中书舍人。精山水，法黄子久。晚于濯锦江上筑小圃，林木清幽，自号曰“亭林”，以南朝顾野王所居曰“亭林”。（赵松雪有楷书《亭林碑记》颇精。）故仲芳以自号，而顾亭林亦以名其集。苏味道，栾城人。其后迁眉山，子由以名其集，皆不忘本也。又按：《图绘宝鉴》（卷八）“芳”作方，有《兰雪斋稿》行世。又按：《佩文斋书画谱》（卷五十七）引《松江志》同。又按：诸联《明斋小识》（卷四）忆堂叔祖庚旧藏亭林顾君画一册，君吾郡华亭人，名正谊，字仲方，参政中立公子，明世庙时以国子生仕中书舍人。工诗书，画宗黄公望。晚与宋旭、孙克宏交善。喜宾客，治园林，隐居濯锦江上，亭林其自号也。又按：仲芳有《诗史》十五卷，入《四库全书》史部史评类，存目提要□①《戏瑕》谓本唐汝询作。

东坡《顾林亭》诗云“平林岂旧物，岁晚室扶疏”云云。唐询诗云“平林标大道，曾是野王居”云云。宋煇诗云“昔时高士宅，今日梵王居”云云。“林亭”字两见，皆不作“亭林”。然据下所引东坡诗云“平林岂旧物”，唐询诗云“平林标大道”，似乎华亭、海盐两县境内皆有一亭。至宋煇“梵王居”云云，则又与华亭之宝云寺其事适同，不知煇即指华亭故迹，而象之误系之海盐下否。

按：王《临川文集》（卷十三）《次韵唐彦猷华亭十咏·顾林亭》一首，自注：野王所居也。诗云：“寥寥湖上亭，不见野王居。平林岂旧物，岁晚空扶疏。自古圣贤人，邑国皆丘墟。不朽在名德，千秋想其余。”彦猷乃询字，则“平林”云云乃荆公作，非东坡作。“空”又误作“室”。

又按：《舆地记目》（卷一）嘉兴府法云寺碑在华亭县南三十五里。大唐苏州华亭县顾亭林市新创法云寺禅院记，吴兴沈瑊述并书。据《新唐书·地理志》“苏州华亭”下注：天宝十载析嘉兴置，晋天福四年，割嘉兴、海盐、华亭三县，并置崇德、置秀州，始别属。又

① 存目提要□，原稿□字不清。

据陆广微《吴地记》（卷上）《苏州管县七》：吴、长洲、嘉兴、昆山、常熟、华亭、海盐，与《新书志》合。是华亭之南，海盐之东，二境毗连，实即一地，非两县境内皆有一亭也。

又按：宋嘉祐六年《法云寺重修大殿记》第一行题云：大宋秀州华亭县顾亭林《法云寺重修大殿记》。此“顾亭［林］”三字之见于石刻者。按：沈瑊碑见《全唐文》（卷七百九十二），此“顾亭林”三字见石刻之最先者在嘉祐前。

缪穆按：《秋江别思》卷子，初归休宁程氏还香室，今归上元蔡友石京尹，穆于丁未从大尹全嗣小石处见之。

《觚賸》有“蒋山佣”一则。

平后更名神烈山。按：在嘉靖十年。

缪《邹平县志》前列修志姓氏，有顾俑，字宁人，昆山人。同时校编。疑“俑”即“佣”之讹。子贞云：“俑”字不误。

穆按：“王世贞”至“一也”，“静志居”至“高苏门者钞书”，“自序”至“十二卷”，“苏州府志”至“所居”，照此改。

平南京朝天宫后有侍郎祠。按：《亭林诗集》（卷一）乙酉年《金陵杂记》之四：“记得尚书巷，（先兵部侍郎府君官居所在。）于今六十年。功名存驾部，俎豆托朝天。”（有祠在朝天宫。）

缪魏果敏公徐母顾太夫碑：母何夫人，博学明礼。幼即训以《列女传》、《孝经》诸书。同应五子：长曰缃，字遐篆。次先生。三曰纾，字子严。四曰缵，字子叟。五曰绳，字子久。（荃孙附注。）

又有仲姊适马氏。推详衍生语意马仲实所娶，乃衍生之姊。

平先生《三朝记阙文序》按：“先生”应作“亭林余集”。

自万历四十八年至崇祯七年九月。按：“至上”应补“七月”。

则女兄弟之可考者亦四人也。按：《坚瓠续集》（卷二）：太仓顾宁人，言一夕入文庙，见猪一队，数几及千，押之者乌纱大衣，若广文先生也。中有一猪，独人面未改，近视则其故姊夫孝廉刘某。骇问何以致此，泣曰：生因行贿得中，累罚为猪，以祀先圣。凡累累同行者，吾等辈耳。按：此条或褚氏寓言，或传闻之讹，不可知。石洲谓女兄弟之可考者四，其一岂即适刘孝廉者耶？

贞孝太仆寺卿宇孙女。按：应作“辽东太仆寺少卿”。

缪左目为眇。乙去“或有云翳未可知”七字。先生目中白外黑。《觚賸》云亲见之。“眇”字殆衍生不善属文之误。

平穆据《行状》补。按：“行”上应补“先妣王硕人”。

李硕人卒。按：“《余集·先妣王硕人行状》云：又二年，而知县陈君祖苞拜其庐。又三年，先王母李氏卒，丧之如礼。又十六年，而巡按御史祁君彪佳表其门。”以前后文推之，则李硕人卒于己未，元谱列于戊午，误。

缪庠名继绅。乙去“庠”字。

《潜研堂集》有次山墓志，其所作先生传未见。又陆燿《切问斋集》称，有刘九畹者为《昆山顾氏传》，凭空结构，全非事实。未见其传，不知作何等语也。

伦按：王峻《艮斋文集》卷三、刘绍攽《九畹续集》皆有《顾亭林传》，二集非甚罕见者，缪先素称博览，何以竟未寓目，且求之于次山墓志耶？刘传虽小有错误，亦不至如所云“凭空结构，全非事实”之甚。兹录王、刘二传于次，并稍证之。

顾亭林传（王峻）

顾炎武，字宁人，初名绛，昆山人。赞善绍芳孙，诸生。同应子，出后从叔同吉。生禀异质，自幼笃志古学，九经诸史皆能背诵。年十四为诸生，入复社，有名明季，屡试不遇，见时多故，遂弃去举业，屏居山中。（明按：先生在崇祯十三年尚应岁试，列二等。十四年以承重孙居蠡源。公忧始不与试，在明季未尝弃去举业，亦未屏居山中。）讲求经世之学，取家藏经、史、累朝实录及天下郡县志书、一代奏疏文集，遍阅之。有得即录，积四十余帙，名曰《天下郡国利病书》。后以贡荐授兵部司务，［明按：在（宏）［弘］光元年。］再荐职方主事，皆不就。明亡后，绝意仕进，北游齐鲁、燕赵，西入关中，所至交其贤豪长者，考其山川风俗、古今治乱之迹，证以金石碑碣，自是闻见益广。凡所论述，皆上下古今，贯穿精核，卓然成一家言，当代咸推为通儒。性耿介绝俗，少与同邑归庄齐名，有"归奇顾怪"之目。嗣王母未嫁守节，及闻国变，不食而卒。临终诫炎武以世食明禄，毋仕二姓。炎武奉母教，厉节终身。每念故国旧君，发为诗歌，悲壮激烈。展谒诸陵至于再三。晚寓关中，庚申元日作一对曰："六十年前二圣升遐之岁，三千里外孤忠未死之人。"其老而弥笃如此。卒年七十，无子。学者称"亭林先生"。所著书共数十种。《日知录》三十二卷，积三十余年而成，于经义史学、官方吏治、财赋典礼、舆地艺文之属，一一疏通其源流，考正其误谬，最有补于学术世道者。于六书音义，尤有独得，撰《古音表》三卷、《易音》三卷、《诗本音》十卷、《唐韵正》二十卷、《音论》三卷，统名《音学五书》。大学士李光地以为自汉以来所未有。二书皆久行于世。又《文集》六卷、《诗集》五卷，并《左传杜解补正》、《九经误字》、《石经考》、《金石文字记》、《吴才老韵补正》、《昌平山水记》等诸杂著，皆门人潘耒梓行。其《天下郡国利病书》一百卷、《肇域记》一百卷及《二十一史年表》（明按：此书未见传本）、《历代宅京记》等书又百余卷，并藏其甥徐乾学家，今多散佚。

顾亭林先生传（刘绍攽）

先生姓顾氏，初名绛，字宁人，后名炎武，别字亭林，江南昆山人。生于明末，聪颖过人，博通强识，好为搜计辩论之学。上自经史，旁及子集稗野、列代名人著述、微文碎义，近自当世务、盐茶、水利、屯田、官方、兵农之属，无不究其得失。常骑驴走天下，荒山颓址，碑断碣残，僵仆沈翳于奥草寒烟，苔痕斑驳不可读，必披草剔藓，摩娑注视，录其要以归。或曰归于江南为望族。曾大父自方伯洊卿，贰大父赞善。先生早入复社，与同邑归庄齐名，皆耿介绝俗，乡人有“归奇顾怪”之目。兵后尽鬻其产，寄居章邱，别治田舍，久为土人攘夺，又迁山西之曲沃，一车两马，载十四经（增大戴）、二十一史暨明累朝实录，携子游天下。日五六十里或三四里就馆，启箧，朗诵课子，声相应和。（明按：携子游天下至此，疑是傅青主事，何以入之亭林传中？盖是传之下即是傅青主传，当是编者错简□□也。）流连数日然后去，或不逾日即去。有胜地必访名士，必交好古君子。卿大夫致仕巷处者，无不慕先生，所至争逢迎，先生欣然与之游。唯不喜荣利，当人要人，拒不与通。尝游关中，善盩厔李中孚、富平李子德、华阴王弘撰。寓华下最久，故关中学者多能言先生事。康熙十八年开博学鸿词科，士有令闻者皆应举，中朝诸公莫不欲荐先生，先生固绝之。昆山徐氏为先生甥，徐氏兄弟掇巍科，致显仕，声称烜赫而大科之举尤主持之，招先生，先生不应，独逍遥车尘马迹间。一日过济南，太守目为狂人，下狱。（明按：此二句殆指黄培诗狱事，在康熙七年，不应叙于举博学鸿词之后，且又不详本末。）李子德自秦驰往救之，会远来者益众，太守悔，跪请出先生。（明按：此亦非事实。）卒老于沃。独子洪善为中翰。先生性质直，负气节，嫉恶太严，讥诃古今，人必刺切。少为词章，甫脱稿，脍炙人口。中年讲经济，作《日知录》三十二卷，首明经义，次正诸史，次礼乐刑政，溯流穷源，揆今准古，实可施行，末析方名，覆同异，必归至是。先生殁，其徒潘耒刻于关中，今遍天下家有其书矣。尤精古韵，故相国李公光地在馆职时从质疑，先生曰：“古者同文，声与形应，凡字旁从某，音必从某。后世不悟音讹，反谓古音为叶，皆非也。《唐韵》承江左末流，部居悉舛，分合之间，纷不可治。今当以《诗》、《易》、周秦之文为正，质验字旁，分者并之，合者离之，使古书无二音，始复其旧。”后与李子德共为《音学五书》。李公见之叹曰：“平上去三声，虽有差互，犹得类从，入声则杂乱尤甚，如人经荒流者，不第乡贯不可复追，姓氏族系皆不自别矣。有顾氏之书，然后三代之文可读，雅颂之音各得其所。语声形者，自汉以来未之有也。”初，先生为《韵书》既成，厚自宝秘，曰：“五十年后乃有知我者耳。”当时见其大异旧说，知者尚少，未十年而言韵者无不宗先生矣。

九畹子曰：卫先生尔锡言先生有地理书，李先生子德言有《利病书》，用心尤多，李公光地求之未得。《明诗综》谓有《肇域志》，卷帙最繁，殁后散佚。意即所称地理、利病书与（明按：《肇域志》与《天下郡国利病书》二非一。《天下郡国利病书》道光间敷文书局刻之，屡经翻刻。《肇域志》原□尚在，亦未散佚。）先生游至一邑，必读其志乘，游几遍天下，志乘之读亦几遍天下。又摩□□碑板①，□访□□老②，必有谶证不遗、措置得宜者，而惜不可见也。呜呼！今之□③《日知录》以陈时政者，往往行之而效，《肇域志》胡不得一试其奇哉？

（原载《顾亭林先生年谱三种》，北京图书馆出版社，1997年）

① 又摩□□碑板，原稿二字不清，疑是“临于”碑板。
② □访□□老，原稿三字不清。
③ 今之□，原稿□字不清。

序跋、题识与书信

《丛书目录拾遗》序

古称四民，士最高而商最下。人之视士也，最贵；而视商也，最贱。何者？士以学为事而商以利为事也。吾观今之人，事士之事而心商之心者有之矣，不事士之事而心商之心犹翘然自附于士者有之矣。反之有人焉，其名则商也，而其事则学，其心又在利，将视之为士耶？抑视之为商耶？贵之耶，抑贱之耶？

吾友孙君耀卿，商而士者也。京师号人海，国中士之秀者萃焉，或为官，或为师，无不从士起，则亦士也。士必学，学必书，故国中之书亦萃于是焉。余来京师，游海王村，遇肆中人，见其语言举止异乎他之商肆，且异乎他地之书肆，意颇讶之。尝遇之王公大人家，见其挟布包坐厅事，吸烟啜茗，口讲指画，客无局态，主无倨色，意更讶之。渐与稔习，始悉彼中人日与书亲，多接名公通人，议论气度不饰而彬雅，闻见不学而赅洽，至其版本目录之精且博，又不待言也。且其为业也，虽不讳利而不汲汲于利。夫以货易货，交易而退，市道之常也；此独不然，予取予求，不汝瑕疵，其过而问之也，一年中止三次，即春夏秋三节日是也。亦非如催租人之败诗兴，或少与之，或缓却之，又或举原物以还之，而读已毕矣，殆通例也。例之外别有情。一书之值，人十之，我八之；力不能得者，又损焉；力尚不能得者，则不贾而假焉。此朋友慷慨通有无之谊，不谓于市交中得之，谁谓商尽以利为事耶。十余年来，人心随世变而降，肆中少年辄叛师而独立，学既未充而惟利是逐，挟冷摊之剩帙，以投浅识者之所需，百欺一售，群起效尤，小册衬纸，顿成巨观；残编去目，便作完简。凡此种种，皆开端于近时，旧风陵替尽矣。以余所识，守故步而不移者，尚有三四人，孙君其一也。

君博览而强记。其博览也，能详人所略。他人所究者，宋元明版耳。君于版本外，尤留意近代汉宋学之渊源，诗古文辞之流别，了晰于胸，随得一书，即能别其优劣。其强记也，姑举一事证之。君尝窥我架上书，凡某类缺某种，某种缺某卷，某卷缺某页，默志之，久之又久，一一为余觅补，按之无爽，即此可知矣。

君最勤，析疑辨异，恒至午夜，饿忘食，倦忘息，不知者疑以为肆务忙也。余尝戏谓：使君夙治学如我辈，不知造到若何境地矣。君心又最细，每校书，一点一画不肯忽。其与人交，诚实坦易不苟取，入肆问值不可少损益，鸿都之儒，鸡林之贾，交相推重。迩年遍游大江南北，迄浙粤，所见益富。君平生所寓目，皆有记录，积稿厚逾尺。比者整理删剃成《贩书偶记》若干卷，又以顾修以下举丛书目录者无虑十数家，俱不免有所漏略，又成《丛书目录拾遗》若干卷，将次第刊布之。余阅其书，叹其包举巨细，依类排比之中自有月旦，今之言目录者，未有如君者也。往者丁钝、丁施砚北身阛市廛不废著作，此士而为商者也。君则商而为士，盖与宋之陈起同流，是书出而《江湖群贤》诸集不得擅美于前矣。

（原载孙殿起录：《丛书目录拾遗》卷首，民国二十三年）

跋《肤公雅奏图》

左《肤功雅奏图》为长汀江叔海师所藏，云得之临桂王佑遐给谏。首有陈子壮题诗。检《陈文忠诗集》，此诗具在，题为《送袁自如司马还朝》。按：袁崇焕，一字自如，见《东莞县志》本传。他卷中人可考者：赵惇夫，字裕子，番禺人，布衣，著有《草亭集》；黎密，字缜之，番禺人，遂球父，著有《籁鸣集》；欧必元，字子建，顺德人，大任从孙，有《琭玉斋》、《罗浮》、《勾漏》、《溪上》等草；欧怀年，字子相，高明人，天启贡生，著有《望罗浮诗》、《罗浮游记》；释通岸，字觉道，一字智海，为憨大师书记，后居诃林，有《栖云庵集》；梁稷，字非馨，番禺人，为袁督师客。邝湛若诗自注云："督师以孤忠见法，天下冤之。后十二年，余与非馨同朝，疏白其冤，服爵赐葬"云云。邝瑞露当即邝露原名，（按《赤雅》有甲辰二月初六甘露降诗序云：余生日，甘露降于庭槐云云，所谓"瑞"也。）南海人，桂王时官中书舍人，著有《赤雅》、《峤雅》。叔海师谓"肤功雅奏"四字亦子壮手笔云。乙亥仲冬一日邑后学伦明跋于故都寓庐。

（原载东莞市政协编：《建国以来整理研究东莞文史群书图录》，东莞市政协，2009 年）

《艺林汇考》跋

《艺林汇考》二十四卷，《四库》著录在"杂家类"，列《日知录》之次，诚重之也。据《提要》，书分五篇：曰栋宇，曰服饰，曰饮食，曰称谓，曰植物。前三篇先刊成，后二篇后刊。植物篇尚著未完，当就遗稿而刊之也。是书行世者只前三篇，余所见五六本皆如此。世人未睹内府足本，多疑《提要》作欺人语，或配合稿本而言之也。孙君耀卿得此见示，为之惊异。为述其概略如此，殊足宝也。甲子二月二日伦明哲儒氏识

渔书楼刻本《李长吉集》题识

二樵评长吉诗，系以蓝、墨二笔加于渔书楼刻黄陶庵评本之上，后归陈兰甫京卿。番禺叶兰台写刻，即据是本也。其与原本不同者，将原本行间之评移于书之上方，但间有添改之字，又集外《神仙曲》漏一条，又有评语多条为原本所未有，是否叶自撰，抑录之他家，概未标别。幸陈藏原本尚在人间，取校叶本，始识真面。兹即用旧刻黄陶庵评本照录一过，期与原书如一。览者勿以叶本之详反疑此本也。辛亥四月，伦明录毕记。（渔书楼刻本《李长吉集》卷首）

（原载吴企明编：《李贺资料汇编》，中华书局，1994 年）

光绪二年刻本《书目答问》题识

余过录此本在己未夏间，距今岁一周星矣。时时检览，偶有所见，亦注其下，未有识别，竟致混淆。忆乙丑始晤叶先生于都门，谈次，各相见恨晚。约互抄借所未有书。别数月，余一寓书长沙，候起居不得复，未几，先生遂遭横祸。比闻其藏书散出沪上，旧都直隶书局信得其一部，以目见示，佳本十不二三，未知其他又失落何处，为之怆然。因援笔之于此。己巳夏历四月六日书于沈阳故宫之通志馆。东莞伦明。

（原载北京大学图书馆藏清光绪二年四川修订重刻本）

太炎先生挽联

儒生谈革命，是王而农吕用晦一流，开国元勋不言禄；
古学起中衰，继俞荫甫孙仲容二氏，读书种子尚留难。

［原载《制言》（半月刊）1936 年第 25 期］

与孙殿起书

耀卿仁兄台鉴：

一月前曾致函梁任公。因清华学校开办国学院，且财政充裕，我欲与彼停约，由院聘任专修《续四库提要》。而将我之书籍移存该校保存。校中每月送我薪金三百元，购买书籍在外，我修成之书，则版权归该校。将来成书后，我之书另与该校订价值，或先订价值，而后修书。此层于我之生计及柜上生意，均极有利。顷接任公覆书，大体赞成。惟要先看书目，但书目不易编就。今还有最简办法，此处之书由我编目，在京之书由你代编，不必审慎。但分经、史、子、集四大类，而经之中亦不必分易、书、诗、春秋、礼等类，但系经即归一处，集部亦不分时代先后，惟该书系诗文或他杂著，则列明××堂文集若干卷、诗集若干卷或札记若干卷（此类要详，勿略），某人著、何时刻板便得。即请见字即刻办理，俾我得持以商订办法。兹附任公原书一阅，阅讫存放好，勿失。至胡子俊处汇款如此迟滞，想不欲办，亦不必催他矣。前有信寄春龄来此。久未见来，亦未回复，未知有收到否？即请示知。此信接后祈即回示为盼。此请

台安

哲手

廿四日

（原载孙耀卿口述，雷梦水整理：《记伦哲如先生》附，《文史资料选编》第12辑，北京出版社，1982年）

与莫伯骥书

天一仁兄台鉴：

久别未晤同，契阔之感，想彼此同之。顷从友人处阅粤中《七十二行报》，见大著《读徐君信符中国书目学书后》。数年前，请假回粤，即闻人言吾兄搜诸古籍甚富，然不料所造之深至是，佩服佩服。弟亦同兹痼癖，二十年来，沈潜于此，尤好清人著述。虽资力无多，购蓄有限，然以收藏家例，贵古而薄今，即弟所有，海内似无第二家矣。窃不自谅，欲以个人之力，成《续四库全书提要》。已著手两载，成二百数十篇。以去岁有阁议续修《四库书》之事，因成《刍议》一篇，兹将印稿呈正。四部分类，鄙意本有不惬，然既之续，则不宜与原书立异。即欲立异，亦应俟书成并原书一例订正未晚也。且原四部分类之意，盖欲执简御繁，分而为四。则简无可简矣。若如《南洋中学图书馆书目》之分为十三，似未了解此意。且严格分之，又岂止十余而已哉。弟久离乡土，于粤人著述多有欲觅而不得者。如曾勉士之经学各种，吕坚、黄虚舟、刘彬华诸集，温伊福文集，又《劬学堂集》、《何宫赞遗书》、陈海楼《赐书堂集》，皆不可得，欲乞吾兄代为访求。此外粤人有何名著，亦乞录目见示。若得书，先示其目及价，弟即著家人备款送上，然后将书寄京。兄欲有得之书，弟亦可代为访求。弟在京设有通学斋书店，在琉璃厂，已数年。京师为书籍聚集之地，无论如何难得者，亦可代购，或借抄也。又前闻同乡陈子砺先生，谈李若农家藏明末清初佚史最多。砺翁近著各书，多取材于此。若农子敦孟，系砺翁学生，故能借。前砺翁允为弟借来移抄全份，惜一时不克遽归。吾兄能设法借出抄录否？如不能，当转乞之砺翁。此种书关系掌故甚大，且弟遍访藏书家，关于此种储藏极少，幸勿交臂失之也。大著金石各书，有脱稿否？快欲一读。现在邮寄稳速，远道不能阻也。尊驾关于粤人著作，请录目见示。弟所藏以集部为多，清初秘本尤多，但杂在群书中，尚未有目耳。此上。

即请

著安

弟明上

（原载《广东七十二行商报》1926年第7版，卢子枢抄原件现藏“卢子枢艺术纪念馆”）

与陈垣书

顷悉我公即长教育，不胜雀跃。现下关于教育者有二大问题：一为部员罢工，二为八校索费。其一略事疏通便可无事，次者本年内能筹得一月经费亦可敷衍。惟此项经费，当时秉轴者过徇教职员之意，如愿以偿，致令交部无从筹措，此实大错。实则该廿二万元约可减七万至十万之间，费轻则担负易，政府履约不难。如能应付得法，减费一层不难办到。弟所有恳于公者，则为图书馆一事，弟怀抱而欲行者久矣，今将凭我公而达到之。（一）编定一应之书目以待搜求也。查教部直辖之图书馆，收藏非不富，然皆就旧有而保存之，初未调查我国现存之籍共有若干。例如经部除《四库》所录外，其未收者若干种，在修《四库》后成书当时未录者若干种，或旧本尚存，或尚有抄本。其最精要之某种则不可不多方求之，或就藏书家移录之。盖此图书馆为全国之模范，其完备亦当为全国冠。况迩来旧书日少，且多输出，私家藏贮，不可持久。若无一大图书馆办此，则国粹真亡矣。（二）为校雠《四库全书》也。前此曾有刊印《四库》之议，但此书之讹脱，触目而是，若任刊布，贻笑外人（前日本人某曾著论言之）。且传布此讹脱不完善之本亦奚取乎？但此书博大，校雠不易。现在教部人员极冗，一时谅难裁撤。其中文理清通者当不乏人，与其画诺而无所事事，何如移一部分之人以校此书。且馆中人员亦不少，若去其素餐者以置清通之人，不一二年，此书便可校完。在国家不费分文而成此大业，何快如之。至校书之法，则宜将内务部新得之《四库》或再借用文渊阁之《四库》，至各书之有刻本者亦居大多数，皆可取资也。（三）续收四库全书提要。此着为最要紧。乾隆修书之时多所忌讳，未著录并未存目者甚多，且晚出之书为当时所未见者亦多。若乾隆以后之著述，其未及收更不待言矣。尝谓我国学术之发挥光大皆在乾隆以后，若此小半截不全，大是憾事。为时未久，各书搜求尚易，且宿学现存者亦尚有人，宜聘请通达者约十人之谱，每人薪脩月约五六十元（另有课责之法，兼差者亦可，但须限若干日成一书）。月需经费约一千元左右，亦约一二年而功成。即在学款所减内筹出此数非难。如能办到三事，则我公为福于国学者不细。且政治不过暂局，我辈在世界上要当作一事业，留作后世纪念。昔彭文勤在朝颇不满于清议，而功在《四库》，至今谈者犹乐道之，我公如有希望于后世者，此其时矣！闻教长尚未定人，最好我公以次长代理部务。弟自九月即脱离大学教席，绝无别事，日惟闭户读书，自分见弃于世矣。若得附骥尾而有所表见，则我公之赐也。草此即颂援庵我兄大人晚安。小弟明上。廿六灯下。

教部罢工，主要者不过数人，同乡黎君惠中在列。如须相助，请电知令黎君效劳也。

［原载陈智超编：《陈垣来往书信集》（增订本），生活·读书·新知三联书店，2010年。原编者注此信约在1921年年底至1922年年初］

与罗香林书

香林先生台鉴：

拜奉手书，情殷下问，愧乏伟论，藉副雅怀。往者粤当道漠视文化，图书馆等于虚设。近年则侈建筑之观，不知充实内容。皆是憾事。今得我公负此重任，当必日有进步。搜求本省文献自是要事，但粤人著作流出外省者殊少。弟聚书数十年，所得亦属有限。想因山岭间阻，输出不易。而在于本地者又因潮湿生蠹易于蚀坏之故，然不得因其难改而置之也。弟所藏略有二三万种，精秘居多。暇当开一目寄上。事关公益，有必需者亦可割爱也。现已分示通斋掌柜孙耀卿君，此人在书行中称第一手，所见既博且尤诚实。前令岳迪先兄居平时最相契，有所购依价不减，可一讯也。现弟有摄印《袁督师督辽饯别图》，赠呈一份。原图闻亦可出售，但未问价。袁督师为我省惟一伟人，且今日对辽事与明季略同，宜有此以厉同仇之气。又张萱（惠州人）有《西园闻见录》，系未刊本，一百余巨册，每册在百册〔页〕以上。旧为陈师傅宝琛所藏，其子欲售与燕京大学，已议定三千金矣。而陈氏家属多不尽同意，因是中止。弟识其后人，拟借抄一份。前曾函询岭南大学女教授冼玉清君。据云有某图书馆欲抄之，乃去信，至今未覆，不知何故。弟之抄法，系觅工多人抄写，且抄后再请一校对，每千字约以二角五分计算，连校工纸价约五六百元左右。然不敢确定。好在皆有实数可算也。及今不抄，想此书或流出国外，或遭意外损失，悔无及矣。张萱著书最多，尚有《汇雅》、《西园存稿》等，皆少流传。而《闻见录》尤为孤本，尤宜急也。又友人藏有北京《政府公报》自光绪三十三年始（此月开办）至民国十七年止（此月为止），完全不缺，待价而沽。又有梁节庵先生手写《补元史艺文志》，陈东塾先生手批《通典》及《孟子》，皆是有关乡邦之要籍，以价昂未敢遍阅，如有意可代作介也。此复。

即请

台安

弟伦明拜上

三月十八日

（原载马楚坚主编：《罗香林论学书札》，广东人民出版社，2009年）

与容庚书

希白吾兄台鉴：

弟于月之七日由京动身，匆匆未及走别，歉甚！十日早抵奉，现寓奉垣内东鹰市口胡同鼎昌旅馆。此间日用比北京加倍，一上手车最少奉币五元（约大洋三毛），一小菜奉币八元（约大洋五毛），栈租每日奉币三十四元（合大洋一元二三毛），不管饭食。所携旅费住十余天，已将尽矣。所谋之事，一图书馆，一通志局，二者或可得一。惟二机关尚未成立。大约已成者，即有人满之患，不易插足；未成者又需时日，即如国学馆所聘王晋卿等三人，来奉已时二月，现仅报考三人，均未定薪水，则弟之事又可推知矣。前将来京时，京中一切欠款及住馆经费、裱糊费等由珠女倩翟君款清理，共七十六元。又弟欠上海中国书店五十余元，杭州抱经堂二十四元，均已面述，允于书价内取出代偿。顷珠女来函云，兄不允拨，想是书价未核妥之故，切乞早为核定。内书价有一起一百七十元，又一起《续文选》五十余元，又一起四百余元，除共欠尊款二百五十元外，余数尚多，翟君款系短期相约，势难久延。而上海、杭州两处积欠多日，关于信用，兄所素知，亦不宜久宕。又弟临行时留下亲笔批校《李长吉集》四册，价六十元，亲笔批校《江文通集》四册，价亦六十元。又抄本《南疆佚史》八册，价八十元，存钟妻处，以备发送。各书或有重复被退，又或另有他项用途，在弟离京之后，故为此预备。因他刻本虑与贵校有重复，弟去后不便更换，而此三书均系抄校之本，万无重复之理也！又弟此间费用已尽，并再账支六十元交珠女汇来，切勿延缓。弟此次出门进退无虑，皆吾兄之力。古人托妻寄子之谊不是过也，感谢之意不可言喻，只有铭之于心而已。前临行时曾提及杨君钟羲可任校目之事，此人系盛伯羲表弟，深于目录，胜赵万里等十倍。观其所著《雪桥诗话三集》可知。闻其穷甚，一百八十薪金可请来也。弟不识其人，临行于尹硕公处晤其子，谈次，深慨文人末路之困，乞兄有以成全之。余不多及，此上。即请。

台安

明上　重阳后二日

（原载广东省立中山图书馆编：《广东省立中山图书馆馆藏名人手札选萃》，商务印书馆，2002 年）

与桥川时雄书

昨晚接奉尊示，属于本月起，先做《书》、《诗》、群经、四书各提要，但本月传记提要已做就十三篇。因前奉尊示，属于领费前十日交卷，故本月之稿，例须于前月预备故也。兹自下月起再遵尊示办法，今月仍旧各半。先此奉知，即乞察照。此请
台安

弟明上　三日

（原载萨仁高娃：《有关〈续修四库全书总目提要〉的通信》，《文献》2006年03期）

与袁金铠书

洁珊馆长先生钧鉴：

违侍多时，伏惟勋学并隆，起居佳胜为颂。明承委修《奉天通志》交涉、实业二门，早经编就呈阅，惟薪资余款尚有三百元未承颁给。前曾修函上渎，承谕以尚有采访余稿待补，应来沈一行，就便补发。

嗣复函询总纂金公息侯，询志馆收束期间，承复以今年底结束，有暇即来，若万不能来，我当为若耳至云云。半月前又函致金公，定七月一号来沈。金公复函赞同，且为筹商住址。乃今日忽有人告以明所留补志稿已由白馆长代补完了，闻之骇怪。明近住北平馆中，王穆萱、秦遇夫诸君皆悉住址；金公息候每月且通信三四次，而且一年以

来方为馆中办理抄《辽海志略》事，关系未曾稍断。若果补修之事刻不容缓，朝召夕至，似无烦倩人代庖。再四思维未得其解。或以告者传闻失实，抑或白馆长顾念寒畯以所补有限，而车资旅食为艰，因不惮为之代劳，此则明所感激而膜拜者矣。①

明离馆后就食他途，一时未即抽身，且悉志馆以今年底结束，为期尚长，而明近在北平，若有急需，一呼即至，因未即时动身。顷决定七月一号起程到沈，乃据传弟之志稿已由白馆长代为补完。忖思二稿系明专任，应由一手终始。前又奉到招来之函，若急不能待，馆中来一快函即可就道，何以事前绝未知悉？或者白馆长怜明寒士，往返旅食为费不赀，因加体恤，免其一行，此厚意隆情，深加感纫。惟否惟明往返车票已购就，过久即不。略一过目，所未发之余薪三百元，是否须明亲到领取，抑或由邮汇来？明往返车票前已购就，专候明示，以决进止。布悃，敬颂

勋安

晚明拜上　六月二十九日

（原载王贵忱、王大文编：《可居室藏清代民国名人信札》，国家图书馆出版社，2012年）

与傅振伦书

大作拜读，佩甚。稿未刊完，不知何时能续。便中请携余稿过我一谈，自今日至本星期四前下午一时至四时在寓拱候。日来极无聊，

---

① 按：本段系后增，故与下文颇有重复。

甚盼一谈也。此复。即请

著安

弟明上

十一日

（原载傅振伦：《蒲梢沧桑九十忆往》，华东师范大学出版社，1997年。函中“大作”指傅振伦《刘知几之史学》）

伦哲如札记

嫏嬛文集四卷[1]

明遗民张岱撰。集中题与文皆不脱明季纤巧之习，惟时多沈痛语、奇警语。石匮书，疑即《明史纪事本末》。

《茶余客话》

《菊庄词》传播朝鲜。

孙致弥以布衣名动京师，赐二品服，充朝鲜采诗使。戊辰成进士，官翰林至学士。

东莞尹之逵，八十重宴鹿鸣，主试严思位赠诗。（六莹堂序街南文集翟）

孙退谷之学，以朱子为宗，五经俱有纂述注疏。

胡天游于乾隆辛未荐举经学，举主凡七人，梅瑴奏："一人久居京师，声气广播，恐非真才。"遂不用。

顾栋高（详卷三）。

王渔洋《居易录》，杂书官职迁除，直抄朝报，不嫌凌杂，盖效《文昌杂录》也。前辈为一书，其体例必有所本，未有漫然落笔者。

汪钝翁《与友人伦师道书》曰："经学修明者顾亭林、李天生；内行淳备者魏环极象枢，梁曰缉熙。"亭林答书云："学究天人，难乎不拔，吾不如王寅旭；读书为己，探迹洞微，吾不如杨雪臣；独精三

---

① 《伦哲如札记》为伦氏手稿，计二十三页，用《奉天通志稿》笺纸写成。并无书名，姑以《伦哲如札记》名之。观其内容，似为读书笔记。采自众书，如《茶余客话》、《郎园读书志》、《湘绮楼日记》摘记，各条之间并无联系。前为《嫏嬛文集》之简单提要一页，后为书目七页。其中有些页面字迹潦草，至不可辨。间有不成句者，今照录之。由此可见此二十三页的内容并非伦氏成稿。

礼，卓然经师，吾不如张稷若；萧然物外，自得天机，吾不如傅青主；坚苦力学，无师而成，吾不如李中孚；险阻备尝，与时屈伸，吾不如路安卿；博闻强记，群书之府，吾不如吴任臣；文章尔雅，宅心和厚，吾不如朱锡鬯；好学不倦，笃于友朋，吾不如王山史；精信六书，信而好古，吾不如张力臣。”

阎百诗曰：“汪尧峰私造典礼，李天生杜撰故实，毛大可割裂经文，贻误后学匪浅。”

王渔洋诗：“谁识朱颜两年少，王扬州与宋黄州。”竟甚隐。董曲江元度云：赵秋谷罢馆职，盍修憾。阮翁屡游吴中，与吴修龄为莫逆交。一日酒酣，语修龄曰：迩日论诗，惟位尊而年高者，斯称巨手耳。时商邱方巡抚吴门，闻是语遂述于阮翁，故答诗云尔。予谓此，特漫堂假阮翁以何谈耳，其实漫堂固不在秋谷所指议中也。

徐健庵作叶石君诗云：“江浙藏书家有金陵焦氏、曰明范氏、钱氏半野之藏书甚富，惜厄于大漪围之没，亦多败失。惟天一阁尚存。予亦有聚书之癖，半生所得，庋之一楼，曰传是楼。较之诸家，多有目无书，殊足憾也。”观此则所云《传是楼书目》，殆未实存是书耶？

毛子晋摹刻最多，多梅村辈交相嘘抚声，价益重。其实所刊勘订未精。子晋家藏旧本亦夥，或云王驸马以金钱辇之去，其板多在昆明。驸马者，吴三桂婿也。江南藏书，毗陵、琅琊，一代文献。鄞人范司马钦，字尧卿，号东明，喜购旧本。与凤洲家藏书目相较，各钞所未见书。故两浙藏书以天一阁为第一。又晋江黄氏俞郜之先人海鹤先生，官南京监丞，居江宁千顷楼中，聚书七万余卷。他若山阴祁氏澹生堂、钮氏世学楼、禾中项氏、倦圃曹氏，皆东南文苑渊薮也。竹垞撰《经籍存亡考》，亦得力于数家。明代藏书，周晋二府、胡元瑞、朱郁仪、钱淑宝诸家，俱散尽。绛云一炬，无复了□，所为太息也。

黄尊古画（卷六）。

蔡疏（毓）荣，漕督英之子，将军良之父。

仁庙时刻《耕织图》，系焦秉贞画。《万寿盛典》，冷枚画。秉贞，济宁人，钦天监五官正。冷枚字吉臣，胶州人。又《避暑山庄三十六景图》，内务府司库沈喻画。

王秋山指画（卷六）。

邱海石、丁野鹤皆山左诗人。阮亭《怀人》所谓“九仙诗人丁野鹤”、又“齐名当日邱灵鞠”是也。二君生平友善。一日，同饮铁沟园，论文不合，漫骂不已。邱拔壁上剑逐丁，丁急出，上马逸去，邱追不及乃返。东人传为佳话。

白文谦，刑部尚书陈午亭亦入公赞有之。卷六[1]

汤文正学宗孙夏峰，自言为方面时，居官行政，只遵宁陵吕叔简《从政录》，行之不尽。惜文集不全，今所刊《汤子遗书》数种，皆失本来面目。

三鱼堂诗集（卷七）

彭鹏有清介之操（卷七）

阎潜邱遗书，惟《四书释地三续》，宋商邱刻于吴。《校正困学纪闻》，马秋玉刻于扬州。《尚古文疏证》、《孔庙崇祀末议》、《孟子生平年月考》则里人刻之。孙学林刻《潜邱札记》、《同知录补正》、《丧服翼注》、《毛朱诗说续》、《朱子古文书疑》，宋刘攽、李焘、马端临、王应麟四家逸事，皆未刊。《札记》乃未定书，零笺破纸，投入一笥，捐馆后家人与计簿混入笥中。学林不知抉择，将他人往还手迹及陈言狎语游戏之词，悉条举而刻之。珠玉并陈，大失潜邱面目，予当删存十之五六，卓然可传。又徐健庵尝手辑《梦邱绪论》一编，曰“阎氏碎金皆洞庭书局中辨论之事”，今无传。《湖掌录》一事，吴山井少年时犹见抄本，□知是者，王渔洋称其博雅精核，手录其盘谷一条，辨李愿非西手子亦金鼎之一脔也。梨洲初选明文集，搜罗家

① 末句字迹不清，或不准确。

藏集千余种，嗣从徐昆山假传是楼藏书又三百余家，于是益《文案》为《文海》。《文海》中摘加朱圈，以授子百家读，是为明文授读。

吴山夫学有本原。馆秦树峰司寇家，《五经通考》皆其手订者。著《山阳耆旧诗》。山夫著书甚富，已刻者仅《别雅》一种，乃其少作。晚年自言其书不足观。尚有《六书引经考》、《六经述部序辨》、《金石存》、《正字通正》、《山阳志丛辨》、《四朝黄河同说》、《删定潜邱札记》，皆可（诗）［存］者。所藏金石碑版文大富。其《山阳耆旧诗》五大册，曾见之，只存二大册，予购得，以待好事者补辑焉。

五代诗话补（林□□著）

《郋园读书志》

《尚书释天》刻于乾隆三十年。一刻广东，秀水门人李大翰主其事；一刻于山东济宁，门人刘凤翥主其事。皆据手稿本付刻，字句间有增省，大体全同。粤本不载刻书年月，山东本有刘凤翥跋知之。粤刻字体秀健，雅近小欧。

《经义述闻》初刻不分卷，次刻分十五卷，又次刻分三十二卷，阮《经解》并为二十八卷。

《孔丛子》七卷，光绪丙子仿宋刻本。南宋刻伪疏无年指。

《孟子赵注》，有孔韩二刻本。马国翰刻赵岐《孟子章指》二卷，竟不知有二刻本。

《尔雅正义》，邵氏曾主郭德作疏，而疏中采摭两汉刘（歆）、李（巡）、樊（光）、孙（炎）异文，故训不厌求详，亦不拘守疏不破注之例，故与郭注时有同异，于经训多所发明。此乾隆戊申初刻初印后有己酉重校字者，则后印也。邵氏与郝氏《义疏》齐称，郝详于声音训，故其于名物制度不及邵之精深，论者谓郝胜于邵，真耳食之言也。

《尔雅义疏》：一经解本，二陆建瀛本，三咸丰六年河督杨以增刻未成及仁和胡珽补刊本（最难得），四同治四年家刻进呈足本，五光绪十三年湖北官书局本。

《经义杂记》，臧琳撰，其玄孙镛堂刻。其书全与乾嘉诸儒所著书相类。方东树《汉学商兑》谓琳书为镛堂搀乱，阎若璩序亦其伪托，余谓其书不仅搀乱，直是镛堂一手改定。阎序不见《潜邱札记》附刻诗文内，其伪托可信。《经义杂记》，顾补目恐原书无，此精粹与镛自撰《拜经日记》同时刊，体例如出一手，谓之归美先人无不可。

叶廷琯《怀旧》、《伤逝》二集，即潘氏所刊百三十集也。当据原本抄足。

叶天寥《甲行日注》、《年谱》等刘嘉业堂所刊，于本朝忌讲者仍未全刻，底本余为付校，已缮正，未付刻。

《说文解字义证》原本缺四十卷第四十三纸，湖北本从抄本补足之。

宋景德本《仪礼》单疏、衢州本《郡斋读书志》，元泰定本《孝经注疏》、《鸡峰普济方》，吴门汪士钟刻注一布商家专藏书。

《小学钩沈》二十卷，前七卷皆元体字，八至二十卷皆宋体字。一至十一题王念孙校正，十二至二十无校人。□盖后八卷为大椿门人汪廷珍补注。是书采摭宏富，自汉以后唐以前诸家散佚之字书一一收拾残丛，汇为总集，与《古经解钩沈》同有功。

明宫史卷三

孤儿编卷三

《天寥年谱》、《甲行日注》卷四

《雷塘庵（主）弟子记》卷四

衢本《郡斋读书志》卷四

古今书刻　（四库未著录，岛田翰刊）

《一木堂外稿》十七卷，黄生撰。书分《义府》五卷、《论衡》七卷、《识林》五卷。《义府》考订经史子集金石碑版。《论衡》则专论史传中人，以自抒其褒贬。《识林》则无所不载，如沈括《笔谈》、洪迈《随笔》之例，博洽多闻，洵为佳作。四库只录《字诂》一卷、《义府》二卷，而不知其全，且以五卷为二卷，亦不知所据钞本。

《从古老款识（学）》，徐同柏［撰］（张叔禾之甥，叔禾每得款识之难辨者，属其细意融贯，豁然通解。）

《屈悔翁评杜诗》卷七

《权文公集》卷七

《湛园未定稿》、《苇间诗集》，魏有。

《尊水园集略》十二卷，顺治广十家刻本，卢世撰。

《秋影楼集》九卷，康熙癸巳查慎行刻，汪绎撰。

《己畦文集》二十二卷。

《尹文端文集》、《惟清堂集》。

《绳庵内集》十六卷外集八卷，乾隆甲午刊，刘纶。

《王鹤谿先生文稿》四册，手抄。王鸣韶，鸣盛之弟，详于考据。

《味经书屋诗稿》十二卷，道光十一年刻本，张夑。

《四百三十二峰草堂诗抄》十八卷，乾隆癸丑刊，赵希璜。

《蔗尾文集》二卷《诗集》十五卷《却扫斋唱和集》二卷，乾隆刊，郑方坤。

《排山小集》八卷《续集》十二卷附《青岑集稿》一卷，乾隆刊，朱枫。

《厚石斋集》十二卷，汪孟鋗撰。

《七经楼文抄》六卷《春晖阁（诗选）》六卷，同治八年，蒋湘南。

《绿天书舍存草》六卷，嘉庆戊寅刊，钱楷。

《巢休集》四卷，手写刊，汪士慎。

《青嵝遗稿》二卷，乾隆刊，盛锦。

《凌雪轩诗集》六卷，乾隆甲子刊，徐夔。

《赵璞庵全集》三十六卷，乾隆己酉刊，赵文哲。

（《□隅集》十卷《媕雅堂诗集》十二卷《词》四卷《媕雅堂诗续集》四卷《别集》六卷（五、六两卷文）。）

《秋树读书楼集》十六卷，道光丙申，史善长。

《烟霞万古楼文集》六卷，嘉庆丙子刊本。《诗选》二卷《诗录》一卷附《秋红丈室遗诗》一卷，咸丰元年徐渭仁刊，另袖珍本湖北刻。

《宝伦堂文抄》八卷，嘉庆二年刊。《诗抄》六卷，嘉庆十三年刊，齐召南。

《强恕斋文抄》五卷，乾隆丁丑刊。《诗抄》四卷，乾隆壬申刊，张庚。

《赐书堂集》四卷，翁照，光绪刊。

《凌雪轩集》六卷，乾隆甲子，徐夔。

《古愚诗概》六卷，乾隆庚辰，陈毅。

《南园诗选》二卷（随园全集附刊）何士颙

《一瓢斋诗存》六卷《抱珠轩诗存》六卷《吾以吾鸣集》一卷《花雨集》一卷，薛雪。

《吞松阁集》四十卷，郑虎文。

《西庄始存稿》三十卷，王西庄，一至十四为诗，十五至三十为文。

《灵岩山馆诗》四十卷《年谱》一卷，乾隆庚戌，毕沅。

《王梦楼诗集》二十四卷。

《树经堂诗集》十五卷《续集》八卷《文集》四卷，谢启昆。

《敦拙堂诗集》十三卷，陈奉兹。

《砚山堂诗集》十卷，吴泰来。

《百一山房诗集》十二卷，孙士毅。

《竹初诗抄》十六卷“文抄”十二卷，嘉庆刊本，钱维乔。

《悦款楼集》三十二卷，嘉庆刊本，祝德麟。

《白华诗抄》十三卷《文抄》五卷，吴省钦。

《正声集》四卷，施朝干。

《棕亭诗抄》十八卷《古文抄》十卷《文抄》八卷《词抄》七卷，金兆燕。

《二娱小庐诗抄》五卷《补遗》一卷《词抄》二卷，尤维熊。

《颐道堂诗选》二十五卷《诗抄》十九卷《诗外集》六卷《文抄》九卷。

《心知堂诗稿》十八卷，汪仲洋。

《种榆仙馆诗抄》二卷，陈鸿寿。

《海雪堂诗抄》十四卷《补遗》一卷《词抄》二卷《文抄》一卷，严学淦。

《尚䌹堂诗集》五十二卷《词》二卷《骈体文》二卷。

《是程堂诗集》十四卷，屠倬。

《吴侍读全集》二十三卷，吴慈鹤。

《铁如意庵诗稿》六卷，袁鸿。

《（抄本）介祉诗抄》四卷，王陆禔。

《湘雨楼诗》二卷，张雨珊。

《南江文抄》十二卷《诗抄》四卷，邵晋涵。

《勉行堂诗集》二十四卷《文集》六卷，程晋芳。

《小岘山人诗集》二十六卷《文集》六卷《续集》二卷，秦瀛。

《九曲山房诗集》十六卷，宗圣垣。

《学古集》四卷《诗论》一卷，宋大樽。

《知耻斋文集》二卷《诗集》六卷《附集》一卷，谢振定。

《亦有生斋集》。

《白云草堂诗抄》三卷《文抄》七卷，吕星垣。

《教经堂诗集》十二卷，徐书受。

《海门诗抄》十三卷，李符清。

《抱山堂集》十四卷，嘉庆辛酉刊，朱彭。

《沈氏群峰集》八卷，嘉庆元年刊。

《湘绮楼日记》

孙渊如《庐州志》、郑子尹《遵义志》，皆近代详核之作也。

明王行、黄宗羲《墓铭举例》四卷，浅陋无足取。

吴镐《汉魏碑录例补》，王行而作也。

《元和郡县图志》，岱南阁本胜于殿本。

王船山书精华在读《性理大全》、《兔园册》耳，极其浅陋。“船山生陋时无性”一语，道破非道王学熟读全书靠不住。

董研然诗四本，专以避熟为主，词意生苦。

段长基州判《地理表》阙落殊甚，严氏地图全不标山川。

《左传服注疏证》，朱久香刻。

牟庭所著书，乡中议论甚多，亦有精确者。同治十年四十四。

《徐州府志》，顾雅洁。

夏嗛甫注吴次尾《剥复录》甚核。

《癸巳类稿》通博，来仲约近之。

《列子书》唐人所伪造有《汤问》一篇，简文注《庄子》云：“汤大棘小。”若彼时有伪《列子》，不得有此注也。

江声《书集注》真大笑话也，但欲多写罕见之字以惑世人，其鄙气可掬。

何楷《诗古义》征引甚博。楷及罗典《诗说》甚确。凡经说，以不放空为佳。

《武冈志》‘畺域’、‘山水’果有异庸手，唯文过泛耳。当在《宝庆志》之上、《桂阳志》之下。

吴嘉纪诗在玉川、东野之间，诸序未有一言及者，但称好好而已。

邵位西《书通义》殊无用处，为之作序，不得不讨究耳。以其不足观，故不用。已录叔绩遗书，殊无可传。

王夫之《礼记注》亦有可采者，而大段不可观，乃知著作之难。

《浙略》多谀颂左公之词。

饶学斌《古诗解》以十九首为一人之作，云系桓帝初党锢被徙北方者，誉邑之徒也。因此求诗大胜于注解神韵者，但太凿空，未敢公言证实之。

《浏阳志》甚有条理，陶翊云优贡所辑，中叙兵事尤善，可备参证。

研然诗翰，居然名家，可与弥之抗行。

郭嵩焘《使西记》板被毁（因何金寿劾其有二心，于英国欲中臣事之，有诏申斥，郭并毁其板）。

王夫之《中庸衍》，竖儒浅陋可闻。

保之《读书记》大约似汉人《论语》篇，多平正阅历语，然不可摘录。

黄少义《道德经注》颇为精实。

唐人能与古为新，学诗者不先从唐入，则为明七子也。唐诗选又以《诗归》为善。先隔断俗尘。《诗归》为世所訾议，如吾辈不能□□□□也。

保之诗近体为高，然无□法不得成近体，故近体亦未易矣。

《述学·贾生年表》未为精核。

沙市即《方舆胜览》所谓“沙头”。李诗“沙头候风色”、“早晚到三巴”，杜诗“买薪犹白帝，鸣橹已沙头”是也。

《蜀志》无《事记》一门，盖纪用地志之体，不收政事，而首载宸章，殊为谬矣。铁江甚诋之。余则恽其浩博，不敢妄议，以省志□无条理无所谓佳劣也。

马氏辑佚书。马国翰，字竹吾，道光中人，为县令，藏书五万卷。此书亦本为其所刻，李氏为印行，而山东书局为补版。

元次山文胜韩、柳、独孤及。

吴柳□，光绪五年已即四十五页，所举不合。

《说文》分六书部类，凡会意复形声者，疑皆俗字。

《阴符经》唐人伪造。（光绪六年四十六页。）

程春海《国策地考》有一狄生窃刻之，以为已作伪撰，阮云台序亦可阅也。程子亦举人，不知父笔迹尤为可怪。（光绪六年五十五页）

己酉吕举人调阳好小学，甚有新说。

蒋士铨父为长随，其所作极天下之奇行。古今之美材，可谓怪绝。

皮陆学元白未易优劣，皆以诗为讽谏之作。意非不佳，诗必不佳，以非所职而强与人事耳。

《韩诗外传》二卷，皆钞录《诗记》，似非原书也。

杜工部《东屯月夜》诗冷僻恐人，集中无此鬼语。

王先谦：乾隆上谕十二本与论金川事，其时法严而诸臣愈贪恣愚蒙，不知何以至此。看乾隆钞不生嗣《东华录》，其时事太少，未知由刊削选半抑断烂□□耶。

《骆文忠奏稿》内有误偏者，若其家唯按时月不看年分之故，苏广堂遂据以作碑，然则谓碑志可补史，其说殊谬。

楚词注（光绪八年　七页又十二页）。

王益吾《汉书补》汪阅两卷，无所发明。

论诸家诗绝句（光绪八年　六十七页）。

陈伯双寄明报《易说》来，殊无发明，又为易家增一种耳。

《双楫》具论执笔，乃捷法，其言书则非也。子偲并以羲书为非真，其言近是。羲书固自一格，未必为古今之冠。马先生“羲不如邕”，乃为要言不烦。

《翻怿名义》二十卷，宋僧普园所作，非训诂，不为佳制。

朱允倩音学书，改假借为转注，可谓妄矣。

《野叟曝言》即王弢友人所作，不足观览。

杜诗《宿赞公房》是罢官后作，仇注偏之陷贼，其愦愦如此。两遇苏端则未授官，时残杯冷炙之慨也。

《野叟曝言》谈宋学于淫确无一字。文小坡云：《曝言》出乾隆时一老儒，南巡时欲进呈，门人知其不可，以素纸如式装之。当呈，开视无一字，大笑而止。今原本藏潘氏，内有残脱，皆其女所撕去。又有《蟫史》，亦奇书。

全校《水经》，张石舟极诋戴校攘窃掩袭，所谓大典本者，并无其说。作伪终当发觉，甚可笑也。然全于此书实为方家，戴殊不必须此。当时若直据全校，岂不更美？恐戴亦未得全本，偶相同耳。托之大典，则为欺人。张石舟丑诋四库校本，亦太甚，以为全取全氏书。

惠栋《汉书注》，今此谁贼，文理不通，信元和生□之陋也。

《郎潜二笔》殊不成书，多剿袭袁子才而又诋之，殊为无状。

《端州石室记》孙伯渊校文句误读可笑，记云：“遗土驷马，犹若脱屣千乘”乃以为“扙龙遗土，驷马陵晨”，何其妄谬。

论唐初书家（十七年三十八页）。

自注《离骚》（四十五页）。

镜《春秋笺记》犹嫌夹入《左传》议论。已为杰作，与船山可抗行。

孙退谷笔记，似欲修史，而断烂不完，未知其用。

吴梅村诗，专以用故事为长，是当时风气。

定六书之分，凡有部类而象形者，如眉、肩仍象形也。有部类而象事者，如衣、弦仍象事也。会意则必两体皆成文，转注则两体皆不成文或形不成文也。有声者，皆形声也。省声，亦声不假借而实假借也。如此则六书皆有字，且截然可分。一省牵缠，复大次焉。

《水经注》浙中水注文不似道元，亦从来所未觉。

王箓友《释例》，其分六书自转注外，差为有伦。而说假借处，尚非欲更为说正之。看王《字说》，如数家珍，亦尚可喜。

《封神演义》本拟《水浒》（十九年　三页）。

禹名九州，必有取义。（十九年　二十三页）。

李结甫学师送小学书及诗文各一种，亦月有得之言。

陶靖节冥报相贻，别有寓言，非感恩之说。

狼台事□天□注（二十年　二十四页）。

黎莼斋《续文编》，既无佳文，复无新事。

看玉溪诗始知吴梅村古体所自，然李无丑态又非吴比。

张霸《百两书》《论衡》两句，伊君死大雾三日，盖其文多诡异。

舜歌“南风可解愠”，“可”疑读“何”字。

闰字从王□门，是先有□而后有关，尧始置闰，则尧始居门也。《大传》帝王不分，盖尧仍是王，舜乃称帝耳。或者“王”即“皇”本字，后乃加白，以别三王。此说前所未到。

《燕子笺》纯学玉茗，其开目全仿《牡丹亭》。因曲子当家，胜李蒋多。

陈伯弢诗学我已似矣，但词未妍丽耳。

郭伋乃郭解玄孙，亦贰臣也。

张文心公年纪疑及臆说，皆非卤莽语。

苗王说文，浅学谩骂，非端士也。

梁履绳《左通》，张孝达所师也。凡不通可笑之说，皆引为典摘矣。

陶《闲情赋》，以其十愿有伤大雅，不止微瑕，发明文词有体之义。

王船山史论，似甚可厌，不知近人何以赏之。

邓弥之《游祝融诗》，语雄奇，余心愧之。卅年乃得《登岱诗》，压倒白香亭矣。

古今华山诗推魏默深，余诗较从容，亦稍胜也。本朝湘中两诗雄皆出邵阳，亦一奇。

陶子玲词以清空质实为极，未为善论词也。

七言排律，本朝重古诗体也。惟鸿博大考始用之。汤海翁有七排百□，亦第一诗人。

船山讲义，村塾师可怜。王顾并称，湖南定不及江南也。

陈兰甫水地图，纯乎宋学。在胡齐脚下盘旋者，不及汪梅村远甚。

西安严（长明，号道甫）志不佳。

改定《论语》一条，以不愠不知，因其人乃君子，不可加以喜愠者，故有“三移不举”之典。此真新义，所谓开生面者。

看《兰泉碑录》，考定《石鼓文》为西晋伪作。

王志以拟郑志也。

何贞杂文，此公有学识，不易及也。

俞樾辞行□临终诗撰述五百卷。

汤寿潜《危言》皆施行矣，亦处士千载之遇。

《论语》上篇即内篇，以雌雉终，即获麟之义。子路不能色斯翔集故及于难，小不忍则乱大谋，似之□□孟德口气，非垂训之道。

吴䌹斋《补晋经籍志》，经籍、艺文，古今名异。此补直名艺文，以多散篇，不成经籍也。

《逸周书》为周公等集。

亡经之义，因考诸书。亡者，大约本有而亡，凡无则直无耳。

（二十四年　一千七页）

王先谦《续录》，不完不备，未知所以补抄之意。

考荔挺即今水仙，余所谓山蒜，郑注以为马□者也。

《南岳总胜集》殊无可采。

唐鸿学字百川，以道员留蜀，颇知文字。

曾觙庵诗，浸淫六朝，格调甚雅，湘中又一家也。

杜诗“厨人语夜阑”之句，未得其意。取杜诗看之，以“语夜”对“吹灯”，知庭阑，字不相连，乃语夜已阑，夜深意也。盖州县亦为幕府办差差，故有厨人而懈于供应，故不寐而已。闻语阑，遂从其去矣。信以世乱为解，知不安也。念此可为一笑。

柳子厚叙韦安道，苦无章法，不知轻重故也。当以不从逆在先，后叙故女则精采矣。

孟子言仕乃较猎，则以猎禽多少相较为助祭之差等言。孔子不献禽，似违制也，与纯冕代麻更与时忤。

凿石浦，杜所宿处也。杜□自湘潭至此一日之程，明日便宿琴洲，不能卅里矣。泊杜公浦亦子□所宿也，自此发病不甚有诗矣。（或云即□寒林站）

《后汉书》周纡筑墼，今日放砖湿泥入埴当筑之也。刘攽不知，乃改为筑堑。又陈元母诣览言元即□元也，而以为多一元字。杨升庵则知筑堑矣。

明七子诗，殊不成语，大似驴鸣犬吠，胆大如此，比清人尤可笑也。

《素问》伪书中最劣者，乃有刘伯温与洪武问答。

（整理者注：以下书目，并无总名，兹照录之。）

玩辞初笔二卷　一册　明华希闵撰

易经一见能解六卷　六册　明黄淳耀

大义集成粹言八十卷　十六本　成德撰
周易传证五卷　五本　张步骞
周易旁注会通四卷　二本　朱升
周易本义辨证五卷　二本　吴省兰
周易铨义八卷　四本　夏应铨
周易会通六卷　六本　胡翘元
读易存稿四卷　二本　张主峰
周易通论四卷　二本　安溪先生撰
易林补遗注解四卷　二本　张世宝
象家言破疑二卷　二本　悟元老人著
周易纬传四卷　四本　汪景望
管蠡汇占十二卷　八本　周人甲
诗传名物集览十二卷　六本　陈大章撰
毛诗名物略四卷　十二本　朱桓撰
传诗嫡家十五卷　六本　申培撰
毛诗补传三十卷　十六本　仁井田
毛诗异同评三卷附古文尚书辨一卷　孙毓　二本
仪礼汇说十七卷　六本　焦以恕撰
仪礼述注十七卷　八本　李光坡
三礼述注七十一卷　廿二本　李光坡
春秋三子传二十二卷　十六本
春秋周鲁慕论八卷　六本　张□鸣
左氏节萃十卷　十本　凌璿
五经同异二卷　二本　吴省兰撰
李榕村经学五书　十二本　李光地
经解指要七经二十卷　六本　陶大眉
松源经说四卷　四本　孙之騄

传家易传义存疑三卷　章世臣　二本
论语语由十九卷　龟井鲁道载
旧唐书逸文十二卷　十二本
皇王大纪八十卷　廿本　胡宏
桐溪纪略　戴槃　六本
历代统系表附历代纪元表　黄本骥
皇明永陵编年四卷　支大伦　四本
四朝野乘二十三卷　姚汝能　廿本
南游纪略一卷　刘芳撰
塞语一卷　明尹耕
浔阳纪事一卷　明袁继咸
江南野史十卷　龙衮　三本
越事备考六卷　刘名誉
吴越文苑六卷　陈鸣鹤
赵恭毅公剩稿八卷　赵申乔
清贤纪六卷　尤镗伯撰
古今忠义烈传八卷　张岱
从政观法录三十卷　朱方增
广卓异记二十卷　四册　乐史
留溪外传十卷　陈鼎
历代河防类纂六卷　徐璈
吴兴掌故集　徐献忠
觉觉庵笔记七卷附再生哭祖庙记
权衡一书四十一卷　廿四本
寒山子附萨天锡诗集　一册　日本岛田翰
吾汶稿十卷　四册　王炎午撰
蒿庵集三卷　张尔岐　一册

黄山诗留　十六卷　法若真

秡园诗集九卷　梁清远

圆沙文集六卷　钱头陀自抄本　四本

在亭新指　李果　二本

欠山杂著　二本

砚溪遗稿　二本　一册　周惕

二马合集　八本

南田文鈔　五卷　恽格　四本

南堂文稿八卷　蔡毓茂

锡山文集十卷　王直

拙修续集四卷　吴廷栋

野香亭集附容斋千首诗　李孚青　二本

湖海集十三卷　孔尚任　六本

合肥三李遗集　廿四卷　李国杰

抄本越亭杂纂　林乔荫　一册

琉球诗录　二卷　一册　徐干之

娵隅集十卷　赵文哲撰

有竹居斋集十六卷　任文田

清溪草堂集四种

涧于集六卷　张佩纶　六本

姚江逸诗十五卷续十二卷　十二本　倪继宗

营陵诗略十二卷　黄咸宝

莆阳文辑五卷　涂庆润

匡山诗话五卷历下偶谈廿卷　六本　江治桥

藤花亭遗书　十六本

余暨丛书　二本　朱坤

亦园丛书　十六本　孟起然

伦明全集

第三册

伦明 著

东莞图书馆 整理

SPM

南方出版传媒

广东人民出版社

·广州·

图书在版编目（CIP）数据

伦明全集/伦明著，东莞图书馆整理. —广州：广东人民出版社，2017.12
ISBN 978-7-218-12090-4

Ⅰ. ①伦… Ⅱ. ①伦… ②东… Ⅲ. ①伦明（1875—1944）-全集 Ⅳ. ①C52

中国版本图书馆CIP数据核字（2017）第244093号

LUNMING QUANJI
伦明全集
伦明 著 东莞图书馆 整理

出 版 人：肖风华

责任编辑：张贤明 李展鹏 柏 峰
封面设计：彭 力
责任技编：周 杰 易志华 吴彦斌

出版发行：广东人民出版社
地 址：广州市大沙头四马路10号（邮政编码：510102）
电 话：（020）83798714（总编室）
传 真：（020）83780199
网 址：http：//www.gdpph.com
印 刷：广州市浩诚印刷有限公司
开 本：787mm×1092mm 1/16
印 张：165 插 页：14 字 数：2300千
版 次：2017年12月第1版 2017年12月第1次印刷
定 价：1200.00元（全五册）

如发现印装质量问题影响阅读，请与出版社（020-83795749）联系调换。
售书热线：（020）83780517 83793157

目　录

续修四库全书总目提要（上）

《续修四库全书总目提要》整理说明

清乾隆年间，设立“四库全书馆”，由纪昀、陆锡熊、孙士毅任总纂官，修成《四库全书》，这是中国最大的一部丛书。四库馆臣每校订完一部书籍，即撰写一篇提要置于书前，用以论述各书大旨、介绍著作源流、开列作者爵里、考订本书得失、订辨文字增删以及篇帙分合。复经纪昀和陆锡熊综合、平衡、润饰、整理，汇为《四库全书总目提要》。《四库全书》和《四库全书总目提要》之编纂，在中国古籍整理史上具有里程碑意义。

在尔后二百年里，随着社会和文化、学术的发展，新的典籍大量产生，新发现的典籍品种及各种版本亦复不少，于是续修《四库全书》的呼声不绝于耳。一些学者为此亦做了许多工作，阮元编撰《四库未收书目提要》即为一例。但受历史条件局限，续修之议终未成事。迨至1927年12月，北京人文科学研究所成立，以日本退还的部分庚子赔款作经费，始有《续修四库全书总目提要》之纂修。1928—1931年6月初步完成拟定书目工作，1931—1942年基本完成提要撰写工作，共撰成提要稿32960余篇。参加撰稿者共有71名专家、学者，伦明先生为其中之一。新中国成立后，这些提要稿归中国科学院图书馆庋藏。

由于太平洋战争爆发，提要撰写工作基本停止，后未能进行统稿编纂。1935年后，北京人文研究所曾将约三分之一原稿打印分送相关单位，1972年台湾商务印书馆据以影印出版。这份打印稿，既非全帙，校对亦不精，错误百出。迨至1993年7月，中华书局才正式出版《续修四库全书总目提要·经部》，由中国科学院图书馆整理，罗琳先生写有《整理说明》弁于书前，对《续修四库全书总目提要》之编纂原委作了简明介绍。尔后，齐鲁书社影印出版了全部原稿。

根据现存稿件统计，伦明先生共撰提要稿1899（亦说1902）篇，约占总撰稿数的二十分之一，承担的工作量相当繁重。所撰提要，囊括四部，经史尤多。其中经部1127篇、史部755篇、子部10篇、集部7篇。此次整理，系以齐鲁书社影印本为底本，适当参考中华书局出版之经部整理本。主要做了以下几项工作：

（1）校点文字：改用简体字和新式标点符号，订补明显的错字、别字、脱字、衍字。

（2）重新序列：原稿条目排序混乱，部类交叉，改依分类和常规排列，使之部居类归。

（3）略加考订：本着“就稿校审”原则，虽对引文一般不溯核原著，但亦有所校正，甚至纠正了中华书局版的某些讹误。

（4）统一格式：如增补版本，以求全书划一。

需要说明的是：虽然在条件允许的情况下，我们已经竭心尽力，但由于书目提要涉及知识面宽，加上原稿多有勾勒涂改，复印件模糊难辨，囿于时间、精力、闻见，不周之处，在所难免，尚祈读者理解、教正。

经部

总　类

注疏之属

0001 重刻宋本十三经注疏四百十六卷附校勘记七十二卷嘉庆二十一年江西刊本

是书目录后有阮元记，书末又有胡稷记。盖元抚江西日，取家藏宋十行本《十一经注疏》，尚缺《仪礼》、《尔雅》，以黄丕烈所藏北宋刻二经单疏本补足之。又取胡稷所得十一经，以补其藏本之残缺。复录《四库全书》、《十三经》各提要于各注疏之前，《周易》并附释文。刻于南昌，功未竟，而元移任去。校者非其人，以致文字转讹。附录记语弃取且有失当，元不以为善，语见《揅经室三集附注》。汪文台因之作识语，所补正诸条极当。江西巡抚刘秉璋，命江西书局刊附书后，以备参考。按王念孙亦尝手校是书，惟多证经文，不及注疏，稿亦不传。曾国藩从何绍基之请亦尝设局扬州，改刊大字，仅刊成《毛诗》而罢。其后广东重刊是本，则并所加墨圈去之。遂与《校勘记》不相应，益乖元之本意矣。

0002 十三经断句考补一卷原稿本

是书前有序八篇。首篇撰者署祁寯藻，余七篇俱无撰者名氏。又书面题《十三经断句考》十三卷，嘉定钱绎小庐先生著。祁序同，他序皆称既勤。按钱氏《艺文志》，既钤名东垣，乃绎之兄，非绎也。诸序之下，开篇即是《十三经断句考补》。自记云，“此书全录武虚谷《经句异读》，而详加辨论，更补其所未备，可云精博。浏览一遍，觉尚有遗漏。因就睹记所及，略为辑补。得百余条，敬呈钧诲。已见二书者不赘”云云。所谓二书者，当指武氏之《经句异读》及钱氏之《十三经断句考》。玩其词意，作者似另为一人，而非钱氏。所考凡《易》十三条、《书》二条、《春秋》五条、《周礼》四条、《仪礼》十三条、《礼记》二十七条、《论语》一十八条、《孟子》十八条、《尔雅》四条，总一百一十条。其原书十四卷，不存一字。诸序所称，又与补不相应也。

0003 **十三经心畬二十二卷**嘉庆庚辰刊本

清陶起庠纂。起庠字谨之，湖北广济人，大眉子。首有起庠自序，言“学先治心。治心之道，犹菑畬然”。此书所由名也。凡《易》六十七条、《书》八十条、《诗》七十一条、《春秋》七十五条、《仪礼》三十九条、《周官》三十条、《礼记》六十七条、《论语》四十六条、《大学》七条、《中庸》十五条、《孟子》四十四条、《孝经》十五条、《尔雅》二十条，各卷后间附“存异”、“析疑”、“外义”、“补遗”诸目。大抵杂采群书，而采《困学纪闻》、《黄氏日抄》为多。亦有不标明某书某说者。卷一引洪容斋说，本出《容斋随笔》，乃不引《容斋随笔》，而引《天禄识余》，殆未见《容斋随笔》耶？书中各题多无关要义，如“书之日月星辰山川”、“《周官》之礼乐兵刑水土”、“《论语》之天道人道”、“《中庸》之义利”诸条，亦有待于考证。观其体例，盖备近獭祭，非为说经也。

0004 **十三经独断一卷**光绪排印本

清赵曾望撰。曾望字绍庭，江苏丹徒人。首有自序，并揭《独断》大凡：一有洗伐无穿凿，二有援引无捋撦，三有箴规无毁谤，四有疆界无门户。其书自创新解，说多可喜，亦有极精惬者。说《论语》最多，间及他经。说“祝鮀宋朝”章，谓“免”字当训如《孟子》“未免为乡人”之“免”。祝鮀宋朝自皋鼬之盟，宋野之歌，声名（藉）［籍］甚。后生慕而效之，举世无非鮀朝之徒也。夫子慨言之，犹巧言令色一叹再叹之意。“周公才美”章，谓“吝”字当如《周易》“往吝”之“吝”，“使”字当如《诗序》卫庄公“使骄上僭之”之“使”。骄为才人通病，若曰周公才美，一经使骄，犹且获吝。其余不逮周公，更不足觏。“子罕言利”章，谓命仁与利相反，“与”字当如“与女弗如”之“与”，“与许也”或如“吾与点也”之“与”。与，从也。“色斯举矣”二节，谓《乡党》附载羁旅之义，齐景叹老而行，卫灵问陈而行，“色斯举也”。于卫主颜雠由，于宋主司城贞子，“翔而集也”。“雌雉”一节，则车过山梁，闲中评论之一事。“才难”二节，谓《泰誓》曰十人，《大诰》亦曰十人，何至以母妻充数。“斯”字即指人才。唐虞之际，明不专属舜说。当日帝使其子九男二女事舜，九人者九男也，妇人指二女。《诗·齐风·鸡鸣篇》谓“月出之光”，谓“月”字当是“日”误。鸡声始唱，东方渐明，蝇声随起，贤妃始告君曰鸡鸣。旋进之曰，非但鸡鸣，已有苍蝇之声矣。再告君曰东方明，旋进之曰，非但东方明，已有日出之光矣。《大雅·桑柔》篇“仓兄填兮”一句，谓“兮”乃“分”字。分者忿也，怆怳并省心，此亦省心。填通瘨。按此诸说，竟视韩昌黎画寝之解为胜。他条类此者尚多，然亦不无与前人暗合者，亦有求深而反失之者。《金縢》“我之弗辟”句，孔传辟治也，从井法也。郑读为“避”，谓管、蔡之罪，宜讨而治之，作“避”者误。又谓“罪人斯得”实辟字注脚，按“辟”与“辟”不同义。辟从井，其义为去。曾钊辨之甚详，郑读避不误。“罪人斯得”，有解罪人即造流言者是也。罪人未得之前，尚不知流言出于何人，何能讨管、蔡而治之乎？《书·禹贡》“岛夷”二字，谓古文“岛”本作“鸟”，应从“鸟”训。《说文》以海中山为岛，禹时声教至海而止，义不可通。按以禹时声教至海而止者，乃经生之陋说。既言岛夷，即可为不止于海之证矣。《孟子》“则臣视君如寇雠”句，谓臣不当视君如寇如雠。“寇雠”云者，寇之雠也。岂有为寇报雠者，言乎必不报也。按寇雠之喻，可以上句路人推之，盖视如草芥者，比犬马加甚。则视如寇雠者自当比路人加甚。如此曲解，只可向明太祖辈开脱耳。要之订误证疑，言皆有物，与搜奇吊诡者，固不同也。

0005 十三经提纲十三卷民国甲子刊本

清唐文治辑。文治有《洪范大义》，已著录，是书附刻《十三经读本》之前。其中《周易》最详，分《学易大指》、《周易名义》、《四圣作述源流及彖象文言名义》、《先儒说易家义例》、《学易绪言》，终以自作之《易微言》五篇。《尚书》分《道政事》、《辨真伪》，其《辨真伪》尤尊王鸣盛《后案》，而用孙星衍补集《古文尚书》马、郑注，但不以其存《泰誓》为然，以斥古文为梅书，附今文后，而删孔传书序。《周礼》分《授受源流》、《精义》、《正伪》、《奇字》、《注释》及《文法》。“四书”则仍以《大学》、《中庸》入《礼记》，《中庸》分《大义》、《微言》、《授受》、《注释》、《文法》；《论语》不及注释，余同；《孟子》分《要旨》、《注释》、《讲贯》、《评点》，以殿十三经末。《孝经》分《授受》、《大义》、《微言》、《实践》、《诵读》。《尔雅》分《授受源流》、《精义》、《致用》、《注释》及《文法》。其他《诗经》、《仪礼》、《礼记》及所附《大学》、《左传》、《公羊传》、《穀梁传》，止有杂论，不设题目。又《尚书》、《诗经》、《礼记》、《左传》、《公羊传》、《穀梁传》，皆有选目。按是书名曰《提纲》，乃绝无义例。搜辑诸说，瑕瑜互见。所持论大都陈言，无精义。且参以论诗文语，尤非体。卷首有陈宝琛等三序，又有文治自序及凡例，则为读本作也。

0006 十三经源流口诀一卷光绪十年刊本

清鲍东里撰。东里字古村，安徽和州人，诸生。是书就《易》、《尚书》、《诗》、《春秋三传》、《周礼》、《仪礼》、《礼记》、《论语》、《孝经》、《孟子》、《尔雅》各述其源流，括以四言，以便初学。惟《尔雅》家泛及《小尔雅》、《广雅》、《埤雅》，而《礼》家独遗《大戴》。所引经说止《春秋》家之程端学是元人，余经皆以宋人为限，元以后等诸自侩。故《尚书》不涉古今文之争，《毛诗》以《传》为毛苌所作并斥《小序》。《论语或问》，朱子虽成于《集注》之后，然《集注》屡有修改，后益加精，不以《或问》为定论也。《孝经》有朱子刊误，开改经之恶习，世无遵之者。郑康成作《孝经注》，近儒已为证实。凡此诸大端，东里书中概沿旧误，亦何足以该括古今，导学者研经之径耶？

0007 **十三经读本**民国甲子刊本

清唐文治编。是刻于诸经注解及版本，以意自为去取。《易》用宝应刘氏刻《朱子本义》。《书》用孙星衍古文《尚书》，马、郑注，而别置孔壁二十五篇于后，用任启运《传注》。《诗》用武英殿翻宋相台本，主毛传、郑笺。三礼主郑注。《周礼》据金陵局刊郑注本。《仪礼》据金陵局刊张尔岐《仪礼郑注句读本》。《礼记》据崇文局重刊宋抚州本，系以朱子《大学中庸章句》。《春秋左氏传》用乾隆钦定本。《公羊传》据金陵局刻何休注本。《穀梁传》据《古逸丛书》影刊宋绍熙刻范宁注本。《论语》、《孟子》用王祖畲校淳祐大字朱子《集注》本。其《学》、《庸》章句入《礼记》者，亦据王校本。《孝经》用明黄道周《孝经集传》。《尔雅》据乾隆四年武英殿刊注疏本。而别附黄以周《周易故训订》及《乾坤屯卦注疏》，陈澧《读诗日录》，王祖畲《礼记经注校证》、《读孟随笔》，自著之《洪范》、“四书”、《孝经》大义于本经之后。诸家评点，别作札记，以便读者。按所取诸家经注，汉宋相杂。其中，如《尚书》之取孙星衍，《孝经》之取黄道周，未为尽善。附刊黄、陈二种，尚非精谐。王祖畲及文治自著诸种，大率空衍乏精义，讵能附骥以传耶？卷首有陈宝琛诸人序，又有自序并凡例提纲。各序皆浅陋，不可加于经上，宜概删之，但存凡例，见去取之旨可矣。其《提纲》别著录。

0008 **通志堂经解**康熙刊本

清性德编。性德姓纳兰氏，原名成德，后改今名，字容若。康熙壬子进士，官至一等侍卫，太傅明珠子。性德举壬午乡试，徐乾学为主考。乾学藉以谄附明珠，是书乃乾学编刊，而让其名于性德者。首有总序，称书一百四十种，实止一百三十八种。各书中，自《子夏易传》至《书张文潜诗说后》，凡六十篇，并总序，俱见性德所著《通志堂集》中，亦乾学所撰也。乾学为性德撰墓志铭及神道碑，皆不及是书。其搜罗绝宏富，而不尽精粹，且不免有赝鼎。如《春秋类对赋》，本近类书，乃入之经解。底本亦未尽完善，且版取一式，不依原书行款，而合订删补《大易集义粹言》。署性德自编者，相传为陆翼王之稿。故丁杰谓乾学此书之刻，为一时好名之计，非实好古。然多数罕传之籍，得因其巨力以行世，亦未始非有功艺林也。

0009 皇清经解分经合纂二百一十三卷光绪乙未鸿宝斋石印本

无纂者名氏。首有孙廷翰序，称其为船山主人。其书以十三经为纲领，而以《大戴礼》次“三礼”之外，《春秋》次“三传”之外。其《日知录》、《养新录》等类，不说全经，仅有单文只句者，则以每经之字句为纲领，而以群说分列其下，附于各部之末。大指具所为凡例中，计分十六部。首《易》十九卷，二《书》十八卷，三《诗》十五卷，四《周礼》十九卷，五《仪礼》八卷，六《大戴礼》七卷，七《礼记》十二卷，八《春秋》十二卷，九《左传》附《国语》二十二卷，十《公羊》七卷，十一《穀梁》四卷，十二《论语》八卷，十三《孝经》三卷，十四《尔雅》八卷，十五《孟子》十一卷，十六群籍各种四十卷。纂者大率计举业家场屋检寻之便，视抉经［心］室之《群经汇解》，又不逮也。

0010 分订皇清经解十六卷光绪庚寅船山书局刊本

无编者名氏。依《易》、《书》、《诗》、《周礼》、《仪礼》、《大戴记》、《礼记》、《春秋》、《左传》、《公羊传》、《穀梁传》、《论语》、《孝经》、《尔雅》、《孟子》，各次为一卷。其涉于群籍者，别编《群经汇解》，分天文、地理、圣贤、王侯、辅佐、政治、礼制、乐律、祭祀、丧纪、伦常、人事、性理、身体、经典、字学、音韵、武备、宫室、服饰、器具、庶物，凡二十门。各门下，别附杂录，共为一卷，都十六卷。与《敬修堂编目》略同，惟彼仅拟一目，此则改订全书，俾阅者展卷得之，省检查之烦，尤为便益。所惜刻工拙劣，纸墨又粗。故其书虽佳，而不甚通行也。

0011 皇清经解一千四百十二卷道光至同治刊本

题阮元编刊。按元创编是书未成，移督滇黔，因属严杰成之。而刊于夏修恕，时道光九年也。首有修恕序，以著书人先后为次。所收顾炎武、阎若璩、胡渭、万斯大、陈启源、毛奇龄、惠周惕、姜宸英、臧琳、冯景、蒋廷锡、惠士奇、王懋竑、江永、吴廷华、秦蕙田、全祖望、杭世骏、齐召南、沈彤、惠栋、庄存与、卢文弨、江声、王鸣盛、钱大昕、翟灏、盛百二、孙志祖、任大椿、邵晋涵、程瑶田、金榜、戴震、段玉裁、王念孙、孔广森、钱塘、李惇、武亿、孙星衍、胡匡衷、凌廷堪、刘台拱、汪中、阮元、张敦仁、焦循、江藩、臧庸、梁玉绳、王引之、张惠言、陈寿祺、许宗彦、郝懿行、马宗梿、刘逢禄、胡培翚、赵坦、洪震煊、刘履恂、崔应榴、方观旭、陈懋龄、宋翔凤、李黼平、凌曙、阮福、朱彬、刘玉麐、王崧、严杰，凡七十三人，书一百八十余种。咸丰庚申续刊，增冯登府一人，书二种。同治庚午又续刊，增许鸿磐一人，书一种。自李福泰去粤，携《尚书札记》板归山东，故后印本缺末一种四卷。此其大略也。按阮元作《汉学师承记序》，有云："元尝思国朝诸儒说经之书甚多，以及文集说部，皆有可采。窃欲析缕分条，加以剪截，引系于群经章句之下。譬如休宁戴氏解《尚书》'光被四表'为横被，则系之《尧典》。宝应刘氏解《论语》'哀而不伤'即《诗》'维以不永伤'之'伤'，则系之《论语·八佾》篇，而互见《周南》。如此勒成一书，名曰《大清经解》。徒以学力日衰，政事无暇，而能总此事、审是非、定去取者，海内学友惟江君暨顾千里二三人。他年各家所著之书，或不尽传。奥义单词，沦替可惜，若之何哉。”按此序作嘉庆戊寅，道光间阮氏督粤，江藩曾入幕府，不知是编何以不属之藩而属之杰。体例亦绝异，殆非阮氏本旨也。书版藏广州学海堂，故亦称《学海堂经解》。严杰字厚民，浙江归安人，诸生。夏修恕，江西新建人，嘉庆壬戌进士，刊书时官广东督粮道。

0012 皇清经解续编一千四百三十卷光绪南菁书院刊本

清王先谦编刊。首有先谦序，又有设局刊刻经解及经解刊成两奏。例仿阮元《皇清经解》。所收作者一百十一人，书二百九部。其顾炎武、毛奇龄、万斯大、阎若璩、胡渭、江永、惠栋、庄存与、翟灏、胡匡衷、任大椿、孔广森、刘台拱、王念孙、张惠言、刘逢禄、陈寿祺、焦循、江藩、宋翔凤、胡培翚、冯登府诸人所著书，已为阮氏原刊及续刊所采，先谦更拾其所遗。原奏称“苏省尤人文荟萃之区，檄学官于儒门旧族，留心搜访，时有采获”云云。但编中除张成孙《说文谐声谱》，柳兴恩《穀梁大义述》，成蓉镜《尚书历谱》、《禹贡班义述》、《春秋日南至谱》数种，以稿本雕木外，寥寥无几。又考李慈铭《越缦堂日记》与先谦札，开示应刊各种，其中有茹敦和《周易二闾记》、《周易小义》，桂文灿《群经补证》，今皆不见是编。而茹氏《周易》二书，别刊于《南菁丛书》中。又记先谦复书有《续经解》中，如洪北江《左传诂》，宋确山《周礼故书疏证》、《仪礼故书疏证》，邵位西《礼经通论》，戴子高《论语注》，俱已刻，今以余言，去戴注云云。当是慈铭于四人所著有所不满。但诸书除戴注外，俱已刻就，不便去。慈铭又有《复陈蓉曙书》，与商《经解续编》中当去之书，及移置次第。惟不载原书，故所云当去及当移置者，其究赞同与否，亦不得知。而是编之不全惬于一时学者之意，则可断言耳。

0013 五经类要二十八卷康熙刊本

清周世樟辑。世樟字樟民，江苏太仓人，诸生。首有唐孙华序，称“世樟笃学醇行，专《春秋》之学。是书萃经传，以类相附，仿真西山、马端临、邱琼山例。惟彼兼述经史，此专于经”云云。书分十目：“君道”、“治道”、“礼乐”、“制度”、“人伦”、“儒术”、“技术”、“天文”、“地理”、“物产”。每目中又有小目。“封建”目下，注云列国始末另集。盖别有记列国者与此并行也。所引经文不附传注，而以己意檃栝作解。尤详于《礼》。小目之后，每附辨，或考或解，援义多确。与他类书徒事抄撮者迥不同也。

0014 五经正义表一卷嘉庆抱经堂刊本

清卢文弨录。按是表今所行梓本俱缺，《文苑英华》亦不载。惟明钱孙保影抄宋本《周易注疏》首有之，文弨因为录出。其“勅”字唐人皆作“勑”，并提行，俱仍其旧。惟宋讳缺笔之字，则为改正，刊而传之，以弁《群书拾补》焉。

0015 五经汇解二百七十卷光绪戊子鸿文局石印本

题抉经心室纂，按即赵贤也。贤字子进，浙江钱塘人，光绪丙子进士，授庶吉士，散馆改刑部主事，又改知县，分发江苏。是书本称《群经汇解》，以场屋中止以五经命题，故鸿文局主人先索五经付印。即五经亦有补遗，未暇及也。其例以经文为经，以众说为纬。列经文为标目，然后取各家解说，以次系于其下。计《周易》四十卷、《书经》五十二卷、《诗经》七十六卷、《春秋》五十三卷、《小戴礼记》四十九卷，《中庸》、《大学》二篇仍归入《礼记》，以复汉儒之旧。所甄录自顾炎武至张文虎，凡一百四十一家，为书二百八十七种。诸家姓氏书目，详列卷首。按阮文达《揅经室一集·国朝汉学师承记序》云："元尝思国朝诸儒说经之书甚多，以及文集说部，皆有可采。窃欲析缕分条加以剪截，引系于群经章句之下。徒以学力日衰，政事无暇，而能总此事、审是非、定去取者，海内学友惟江君暨顾千里二三人"云云。贤纂是书，即用其例而较文达之意稍广。江藩、顾广圻所未及为者，贤竟毅然成之。徒以场屋中挟此为兔园册，大雅之士，反鄙夷之不屑寓目。顾自科举罢废，此书即不易觅。其未印者，当更湮没不传，至可慨也。卷首有贤及俞樾二序，并凡例。

0016 **五经合纂大成三十卷**光绪十一年石印本

无纂人名氏。盖为举业而作，以乡、会试次场以五经命题故也。有注、有讲、有解，又间有案，大抵取《五经体注大全》、《五经备旨》、《七经精义》等书，撷精删冗，而证以《御纂七经》。其《春秋》注后，接以《左氏》、《公羊》、《穀梁》三家文，又附以胡传。又以《礼记》各本，但举大义，向无依经诠释者，因补为之，使与他经一律，其中亦费剪裁排次之功，而不足以厕于著述之林也。

0017 **五经备解不分卷**道光三年刊本

清周封鲁辑。封鲁字东山，湖北天门人。是书无序例。凡《易经》三百五十条、《书经》四百九十二条、《诗经》四百五十六条、《礼记》三百五十五条、《春秋》三百五十三条。凡涉于典故及义理者，择采一家之说，或兼采数家之说，惟不下断制，所取亦不尽当。体似类书，惟依经文先后为次。大旨在供试场獭祭，即俭腹者，亦未始不可资其益也。

0018 **五经要义一卷**浮溪精舍刊本

清宋翔凤辑。按《隋书·经籍志》："《五经要义》五卷，不题撰人名氏。"《旧唐书·经籍志》："《五经要义》五卷，刘向撰。"《新唐书·艺文志》同。翔凤盖从《隋志》也。所辑各条，除“社必树之以木”条、“笏所以记事”条、“笏者臣见于君”条、“地有九州”条外，余俱不注出处。惟“社必树之以木”条，亦见《魏书》，不宜舍《魏书》而引《北史》。其“笏所以记事”条，“鞸者舜之所制也”条，“地有九州”条，又“天子藉田千亩”条后有“藉蹈也”二十七字，“冠嘉礼也”条后有“孔子曰”五十二字，俱为洪颐孙辑本所无。其“《春秋》说题辞”条，洪辑本在要义中。

0019 五经集说六卷民国三年刊本

清张卫邦辑。卫邦字佛颠，湖南益阳人，布衣。卷首有王德基撰墓志铭。是书《周易》二卷，《书》、《诗》、《春秋》、《礼记》各一卷。《周易》上卷，全录《日知录》说；下卷，全录李赓芸说。《书》除《禹贡》杂引他说外，余皆《日知录》。《诗》、《春秋》亦全录《日知录》。惟《礼记》每条下不注出处，未考录何人之说也。书眉间引异说以相证，惟不多。据墓志，益阳有箴言书院，胡文忠藏书其中。卫邦尝入舍取群经笺疏、诸家别注手自缮写，凡数十卷云云，殆即此也。此何足言著述，而其妻与子必欲为不朽计，至于倾薄产以付梓人，亦至愚而可怜矣。

0020 六经读六卷乾隆己酉刊本

明陈际泰撰，乾隆己酉王洪序校订。按际泰撰《四书读》，崇祯刻本，十卷，其子孝威、孝逸订证为八卷，曾孙奇刊于乾隆丁卯。至是洪序取与《五经读》合为一书，而去其卷数，其中文句亦多删削，但分《大学》、《中庸》、《论语》、《孟子》而已。《五经读》原五卷，未改。按四书不得视为一经。按际泰非专经学，而所说四书似较善于五经，洪序必欲节为小册，使与他经相等，殊属卤莽。洪序于四书、五经仍各为序，然则并之为六经者，殆坊贾所为也。

0021 七经纪闻四卷附一卷道光刊本

清管同撰。同所著原定为《五经纪闻》与《四书纪闻》。校刊时，以《大学》、《中庸》归之礼，而以《论》、《孟》附五经后，故称七经。一至二卷说五经，《易》止一条，《公羊》止一条，又缺《穀梁》，惟说《书》、《诗》稍多。三至四卷，说《论语》、《孟子》，首有邓廷桢及方损之二序。损之即方东树也，损之述阮元称“其中有精核者十之二三，有未妥者十之二三。有人所已透发，而此犹未透者，十之二三”云云，未知果出阮元口否？而损之于每条下多附己见，与之立异。大抵同所致疑于朱子者，损之皆不以为是。朱子说之最害理者，《序》所云刺恶之辞，朱子多断为淫诗，且谓淫者自为之，而损之亦必曲为之解，然亦不无订误之益。同所说，如流宥五刑，引《范蜀公正书》，谓舜制五刑，以宥三苗之劓刵椓宫大辟。故舜时四凶之罪，止于流放竄殛，则不用肉刑可知。象以典刑者，正所谓画衣冠易章服以为戮。故命皋陶曰：五刑有服，既用流以代五刑矣。故即继曰：五流有宅，五宅三居，前后辞意明白。又《盘庚》上篇，盘庚与王曰并见，下篇但言盘庚而不言王。同据谓前所称王者，是阳甲。是时阳甲在位，盘庚尚为臣。故告众曰：我王来既爰宅于兹。盘庚既以此意告众，然后阳甲命众悉至于庭，而又告以己意。是以其辞前后相同，而不嫌于复。又据郊特牲大夫强而君杀之，义也。自三桓始也。谓是三桓子孙见诛于鲁，证之穆公时。公仪子为政，子柳、子思为臣。又四五传至景公、平公，则鲁欲乐正子为政，慎子为将军，而季孙为司徒，叔孙为司马。世执鲁权者，皆不见。夫子言三桓之子孙微，其言验矣。凡此诸条，殆廷桢所云直破二千年儒先传注之误者。他惬当者尚不乏。书中多引姚鼐《九经说》，则古文家相承一脉也。其《四书纪闻》，光绪间有刊本，已著录，此不赘论。惟《大学》、《中庸》久与《论》、《孟》相并，且原书本自分帙，仍之为是。后附同文二篇，损之文三篇，皆论治河事，而与《禹贡》相涉者。

0022 御案七经要说二十五卷道光甲午青照堂刊本

清刘廷升抄。廷升字晋阶，陕西朝邑人。先是《御纂周易折中》二十二卷，成于康熙五十四年。《钦定书经传说汇纂》二十四卷，成于雍正八年。《钦定诗经传说汇纂》二十卷，序二卷，成于雍正五年。《钦定春秋传说汇纂》三十八卷，成于康熙三十八年。《钦定三礼义疏》一百七十八卷，成于乾隆三十八年。所传《御纂七经》是也。板存内府，且卷帙繁重，贫士不易购读。廷升尝节抄成帙，其子际清拟刊丛书，即取以冠首焉。

0023 钦定七经纲领一卷宣统元年学部图书馆刊本

清学部图书馆编。盖就《钦定七经》中割其卷首纲领而成是书。计《易》三篇：一论作《易》传《易》源流，二论《易》道精蕴、经传义例，三论读易之法及诸家醇疵。《尚书》三篇：一论删《书》传《书》源流、今文古文，二论《尚书》大旨体例及《书序》，三论读《书》之法及诸家《书》解得失。《诗》三篇：一论作《诗》删《诗》及传《诗》源流，二论四始六义《诗》乐及篇次音韵，三论读《诗》之法及诸家说《诗》得失。《周官》二篇。《仪礼》三篇：一论本经源流及本经精蕴，二论本经义例及读经方法，三论诸家醇疵及后代礼仪。《礼记》三篇：一论本经源流及本经精蕴，二论本经义例及读经方法，三论诸家醇疵及后代礼仪。《春秋》三篇：一论《春秋》经传源流，二论《春秋》大旨、经传义例，三论传注得失及读《春秋》之法。按各经所集皆诸家成说，大体平正。编此者意在导学子通经之途径，中多要论，未可以陈言视之也。

0024 经苑二百一十八卷道光大梁书院刊本

清钱仪吉编。仪吉字新梧，浙江嘉兴人，嘉庆进士，官至给事中。尝主讲河南大梁书院，是书即其在书院时所编刊也。首有仪吉序，大旨在补通志堂所未收。原编四十四种，刊成者有司马光《温公易说》六卷、张根《吴园易解》九卷、杨万里《诚斋易传》二十卷、徐总幹《易传镫》四卷、黄泽《易学滥觞》一卷、郑伯熊《敷文书说》一卷、黄伦《尚书精义》五十卷、赵善湘《洪范统一》一卷、傅寅《禹贡说断》四卷、王质《诗总闻》二十卷、吕祖谦《家塾读诗记》三十卷、戴溪《续吕氏家塾读诗记》三卷、王安石《周官新义》十六卷附二卷、李如圭《仪礼集释》三十卷、《仪礼释宫》一卷、陆淳《春秋集传纂例》十卷、《春秋微旨》三卷、苏辙《春秋集解》十二卷、朱子《孝经刊误》一卷、吕维祺《孝经本义》二卷、《孝经或问》三卷、《孝经翼》一卷、郑汝谐《论语意原》二卷、许谦《读四书丛说》七卷、熙时子《孟子外篇注》一卷、熊明来《瑟谱》六卷，自唐迄明，作者二十二人，书共二十六种，虽不如通志堂之多秘笈，而校雠精审，则视通志堂远胜之也。编首列捐资者八人，海源阁主人杨以增与焉，时官江南河道总督，其他七人，亦显宦也。

书　类

正文之属

0025 影写隶古定尚书残卷一卷《云窗丛刻》本

是卷始《尚书·盘庚上》第九，至《尚书·微子》第十七。即古文《尚书》第五卷也。盖罗振玉据敦煌本《隶古定尚书》残本，校日本所传古写开元以前古文《尚书》真本。日本本存《盘庚上》至《微子》，凡九篇。敦煌本缺《盘庚上》及《盘庚中》之上半。因就两本之存者以相勘，如"高宗梦得说"，二本并作"导"，与《一切经音义》所引合。"旁招俊乂"，二本并作"畯"。按《释文》云，"俊"又作"畯"。考之古金，畯民畯正，其字皆从田旁，则作"畯"者是。今本"女分明猷念以相从"，《传》"群臣当分明相与谋念"，二本并无两"明"字。按《正义》言"汝群臣当分辈相与计谋"，是《正义》本原无"明"字也。"典祀亡丰于迟"，《传》"不当特丰于近庙"，二本并无"庙"字，与《史记集解》引合。今本"凡有辜罪"，《传》"六卿典士"，二本并作"典事"，与《正义》合。今本"罪合于一法"，《传》"皆合于一法纣"，二本并无"法"字。《正义》言"合于纣之一身"，是《正义》本亦无"法"字。惟今本"予乃迓续乃命于天"，日本本作"御"，敦煌本则作"卸"。卸，按"卸"乃"御"之别体，异而非异，而《匡谬正俗》亦引作"御"，则作"御"是也。凡此皆二本胜于宋以来各本者。后有振玉跋，谓此日本本为卫氏未改字以前真本，殆可信也。

0026 古写隶古定尚书残卷一卷《云窗丛刻》本

是篇为《隶古定尚书》残卷，发见于敦煌石室者，是周书《洪范》、《旅獒》、《金縢》、《大诰》、《微子之命》五篇，其中间有残佚。就其存者以校《史记·宋世家集解》所引孔传，十合八九。经文中，如“彝伦逌斁”，与《汉书·五行志》引合。“思曰睿”，与《诗》郑笺引合。“于其亡好”，与《宋世家》引合。“明作哲”，与《玉篇》引合。“曰济”，与《周礼·太卜注》、《宋世家》引均合。又取卷中之孔传以校《正义》，所据宋本尤多相合，可补阮氏校勘记所未及。更取校宋季宣《书古文训》及日本山井鼎《七经孟子考文》，则与《考文》多合，与薛书多不合，知薛书乃伪托也。

传说之属

0027 今文尚书说一卷《汉魏遗书钞》本

汉欧阳生撰，清王谟辑。《汉志》：“欧阳生《尚书章句》三十一卷，《尚书说义》二篇。”《儒林传》云：“欧阳生字和伯，千乘人也，事伏生……世世相传，至曾孙高，为博士。高孙地余长宾以太子中庶子授太子，后为博士，论石渠……余少子政为王莽讲学大夫。由是《尚书》世有欧阳氏学。”《隋志》云：“晋永嘉之乱，欧阳、大小夏侯《尚书》并亡，然其轶时时散见他书。”谟抄出《书正义》一条、《左传》疏一条、《周礼》疏二条、《礼记》疏二条、《史记》注七条、《三国志》注一条、《北堂书抄》一条、《文选》注一条、《困学记闻》三条、石经四条为一卷，但其中惟“以亲九族”一条、“钦若昊天”一条、“肆类于上帝”一条、“禋于六宗”一条、“弼成五服至于五千”一条、“王曰封惟曰若圭璧”一条、“兹惟三公”一条、“假我一日”一条、“肝木也心火也脾土也肺金也肾水也”一条，显标欧阳氏说，余都泛指今文《尚书》。而“宅嵎铁”一条，则但称夏侯等书。然欧阳与大小夏侯之同异，今亦无从辨别，总称之为《今文尚书说》可矣。

0028 百两篇一卷《汉魏遗书钞》本

汉张霸撰，清王谟辑。《汉书·儒林传》云：“世所传《百两篇》者，出东莱张霸，分析合二十九篇以为数十，又采《左氏传》、《书叙》为作首尾，凡百二篇。篇或数简，文意浅陋。成帝时求能古文者，霸以能为《百两》征，以中书校之，非是。霸辞（按当作“传”字）受父，父有弟子尉氏樊并。时大中大夫平当、侍御史周敞劝上从之。后樊并谋反，乃黜其书。”又《论衡·正说篇》云“至孝成皇帝时，征为古文《尚书》学，东海张霸按百篇之序，空造《百两》之篇，献之成帝。帝出秘《百篇》校之，皆不相应，于是下霸于吏。吏白霸罪当至死，成帝高其才而不诛，亦惜其文而不灭。故《百两》之篇传之世间”云云。所记略异。按顾炎武《日知录》云：“汉时《尚书》今文与古文为二。”而孔氏古文与张霸之书又自分而为二，霸书即所谓《百两篇》也。但如后人诸所指目，张霸伪书亦以意拟之耳，如今文《泰誓》已出于武宣之世，在张霸之前。而说者并以入张霸伪书，非也。惟《论衡·感类篇》所引《百两》文乃是真本，以其时书犹传世，充及见之也。谟辑是卷，抄出《玉海》数条，伪《泰誓》二条，而以《论衡》所［引］《百两篇》文，弁于首简。

0029 尚书注一卷《汉魏遗书钞》本

汉马融撰，清王谟辑。《汉书·儒林传》① 云：“扶风杜林传古文《尚书》，林同郡贾逵为之作训，马融作传，郑玄注解，由是古文《尚书》复显于世。”按杜林所传乃漆书古文一卷，得之西州者，非孔安国古文也。近儒王鸣盛专攻孔传，采马、郑、王三家注为《尚书后案》，其中厕以伪《泰誓》一篇。按《经典释文·叙录》云：“汉宣帝本始中，河内女子得《泰誓》一篇献之，与伏生所诵合三十篇，汉世行之。”然《泰誓》年月不与序相应，又不与《左传》、《国语》、《孟子》众书所引《泰誓》同，马、郑、王肃诸儒皆疑之，鸣盛何以反取之耶？谟舍郑、王而单辑马注，抄出《释文》二百九条、《正义》十四条、《史记集解》一百十条为一卷。

0030 郑氏古文尚书十一卷函海本

汉郑玄注，宋王应麟辑，清李调元补正。郑注《尚书》载《中

① 此实为《后汉书·儒林传》，漏字抑伦明误记。

经簿》，《隋志》作九卷，《北史·儒林传》称《南北章句》，好尚互有不同。江左《尚书》则孔安国，河洛《尚书》则郑康成。而《隋志》又称至隋孔、郑并行，而郑氏甚微，新、旧《唐志》犹存，《宋志》始无之，其书当佚于北宋时矣。王应麟辑成此书。按郑实未见孔壁书，范晔《后汉书》云："中兴杜林传古文《尚书》，贾逵为之作训，马融作传，郑玄注解，由是古文《尚书》遂显于世。"云古文者，以林于西州得漆书古文，与伏书小异，虽时古文未发，学者即以漆书为古文。但其书仍是伏生二十八篇之旧，而析为三十四篇，并序为三十五篇。是本题《古文尚书》，盖杜林所传之古文《尚书》，非孔安国所传之古文《尚书》也。应麟所采郑注不备，且多讹舛，调元颇能订误补脱。如"内于大麓"下所引全出《大传注》，非《尚书》注；"西土亦不静越兹蠢下"所引，当有孔氏驳郑语，非郑注。皆为指出。又"咨汝二十有二人"下，脱"殳斨伯与"二人；"臣哉邻哉，邻哉臣哉"下，脱"臣作朕股肱耳目，动作视作皆由臣也"数句；"王亦未敢诮公下"，脱"今又为罪人，言欲让之，推其恩亲，故未敢"十六字。俱为增入。其他字句琐细，补苴尚多。然误者未尽正，漏者未尽补也。按孙星衍《古文尚书马郑注序》称王应麟撰集古文《尚书》郑注本，李君调元曾刊于蜀中，误以"盘庚优贤扬历"为《大誓》之文，以《粜誓》次《文侯之命》。按今本并不如此，不知何所见而妄说也。卷首有调元自序，卷一至三《虞夏书》，卷四《商书》，卷五至十《周书》，卷十一《书序》。调元以前，未见他传本，王鸣盛、孙星衍皆依据是本。惟王兼采马、王，孙兼采马。是本为单郑注本，故仍以著录焉。

0031 尚书古文注一卷 《通德堂经解》本

汉郑玄注，清黄奭辑。按郑注《尚书》，旧有孔广林、袁钧二辑本，奭所辑，详于孔本，而视袁本多合。按袁本虽成书在先，惟刊行于光绪十年，奭未得见也。然亦有不同者，即就卷一校之，如"乃命羲和"条下，袁本多"星辰二十八宿"六字；"日中星鸟"条下，此多"星鸟星火"五十八字；又"夏不言曰"十一字注，袁本注于"申命羲叔宅南交"下，此注于"辩秩南讹"下，而袁本于"平秩南讹致敬"条下多"司马之职"十四字注；又"日永星火"条下，此多"星鸟鹑火之方"九十字，又袁本多"寅饯纳日注"一条；"宵中星虚"条下，多"虚元武中虚宿"六字；又"日短星昴"条下，多"昴白虎中昴宿"五十六字；又"遍于群神"条下，此多"遍以尊卑次秩祭之"八字；又"象以典刑"条下，袁本多"三宥一曰弗识"十五字；又"流共工于幽州"条下，除"幽州北裔"四字外，二本所引全异。"此辟四门"条有注，袁本无之；袁本"四罪而天下咸服"条、"询于四岳辟四门"条各有注，此无之；又"五品不逊"条下，袁本多"举八元"十二字；又"此有敬敷五教"注，袁本无之；又袁本有"予击石拊石"注，此无之。其他卷之异同视此，至若疏举"宅嵎铁"三字，郑不同夏侯等书，为论今文者之要证，此亦漏未之及，何耶？

0032 尚书郑注十卷 《郑氏佚书》本

清孔广林辑。广林字丛伯，山东曲阜人，官太常博士。首有广林自序及张海鹏后序。自序言郑注"三礼"，皆每篇为卷，故《目录》云"凡著三礼七十二篇"，则此注盖亦以篇分不以卷分。史、志所云《书注》九卷不知何人所定，亦不考如何别卷，辄以己意分之：《典谟》一卷、《夏书》一卷、《商书》一卷、《大誓》至《鸿范》为一卷，武王书也；《金縢》至《梓材》为一卷，周公初居摄书也；《召诰》至《立政》为一卷，周公作洛复政书也；《顾命》、《康王之诰》为一卷，成康之际也；《粊誓》已下为一卷，《书序》为一卷，以合九卷之数。别以《书赞》一卷附后，凡十卷。广林是书用王应麟本，别取经疏、史注、《水经注》诸书，搜缀而广之。其中如"佥曰于"一条，"师锡帝"一条，又"东为沧浪之水过三澨"一条，"篠簜既敷"一条，"蔡蒙旅平连"七条，"至于龙门西河"一条，"天明威自我民明威"一条，"东为中江"一条，"五百里侯服连"三条，"予则奴戮汝”一条，“予若观火”一条，“微子若曰父师少师”一条，“若之何其”一条，“牺牲牲用”一条，“商容”一条，“武王左杖黄钺”一条，“古人有言”一条，“乃止齐马”一条，“不过四伐五伐”一条，“次八曰念用庶征”一条，“而畏高明”一条，“曰咎征连”二条，“周公居东二年”一条，“有斯明享”一条，“旁作穆穆迓衡”一条，“我不敢知曰”一条，“开厥顾天”一条，“王乃洮颒水”一条，“太保受同祭哜”一条，“皇帝清问下民”一条，“其罚百锾”一条，“简恤尔都”一条，至王氏原有各条，补其缺文者尤多。至王氏原误者，如“内于大麓”句下引“麓者录也”三十八字，“栗而宽”九句下引“宽谓度量宽宏”百一十九字，“厥土赤戠坟”句下引“戠，黏土也”，“天惟五年须夏之子孙”句下多引“是须暇五年之事也”八字，俱非郑注。《金縢序》引“凡藏秘书藏之于匮，必以金针其表，乃纳策于金縢之匮中”，注也，而置之于序。李调元所未尽纠正者，广林皆不蹈其失。惟“度西曰昧谷”注下忽厕以“寅饯纳日”四字，乃下一条之题也。“女子时”下缺“观厥刑于二女”六字，当是写刊时之偶误。此书张海鹏刊于《学津讨原》中，时在嘉庆九年。总目题王应麟撰，误也。

0033 尚书大传注三卷《学津讨原》本

清孔广林辑，无序例，卷一至二传注，卷三略说，末附序目。分篇悉依《汉志》之旧，引传及注俱注出处，视两卢本善矣，惟讹漏甚多。其误引者如“遂践奄”一条应在《大诰》篇，广林入之《成王政》篇。“祭之为言察也”一条，《御览》引作周传，广林入之略记。“夏刑二百”一条，广林据《初学记》增“梦眉与发等”五字，乃《初学记》无此文，乃出《北堂书抄》。其误改者如“拊革装之以糠”，广林谓即“博拊鼓振以秉”之讹。按此文“拊”字应略逗，谓拊者用革而装之以穅耳。《书》疏引郑注云：“博拊以韦为之，装之以穅，形如小鼓，所以节乐也。一名相。”《乐记》云：“治乱以相注。相，即拊也。装之以穅，穅一名相。”《明堂位》博拊注：“以韦为之，充之以糠，形如小鼓。”《周礼·太师》“击拊”后郑注：“拊形如鼓，以韦为之，著之以糠。”贾疏引此《传》文，据此则此《传》所云“革”者即郑所云“韦”，必改装以糠为振以秉，谬矣。至其漏略，更不胜举。惟陈寿祺极称其善，所辑《大传》注多从之。则其可取者固有在也。

0034 郑氏尚书注九卷《郑氏佚书》本

清袁钧辑。是书每条引书下多附考证，辨诸说之同异也。所辑［较］孔广林为备。有在经疏为孔氏所未及引者，有在他书为袁氏所未及采者，有诸书不言郑注而证为实系郑注者。如“宅嵎铁”一条、“寅宾出日”一条、“申命羲叔宅南交”一条、“平秩南讹致敬”一条、“帝曰畴咨若时登庸”一条、“曰虞舜”一条、“协时月正日”一条、“四罪而天下咸服”一条、“惟明克允”一条、“教胄子”一条、“州十有二师”一条、“厥土惟白壤”一条、“厥贡惟金三品”一条、“云土梦作乂”一条、“厥土青黎”一条、“予誓告汝”一条、“盘庚迁于殷”一条、“殷降大虐”一条、“初一日五行”一条、“巫咸乂王家”一条、“割申劝宁王之德”一条、“惟吕命”一条，其同条而文增于孔氏者尤多，皆搜自经疏者。如“九族既睦”一条、“厥篚元纤缟”一条、“厥包橘柚”一条、“下土坟垆”一条、“沱至于太岳”一条、“东别为沱”一条、“初一日五行”一条，其同条而文增于孔氏者尤多，皆搜自群书者。至“流共工于幽州”一条，可征者惟“幽州北裔”四字，钧臆补“崇山南裔三危西裔羽山东裔”十二字，盖据郑《吕刑注》：“颛顼诛九黎，分流其子孙，居于西裔者为三苗，是以三危为西裔。”郑志赵商云：“鲧故居东裔，是以羽山为东裔。”北、西、东皆与马同，知南必同马，故借录马注。“天明威自我民明威”条，《诗疏》引脱明威训，而有空方十一钩。据上文“天之所谓聪明有德者由民也”，臆补“所谓明威有罪者亦由民也”十一字。“峄阳孤桐”条，臆补“孤特也峄山之阳特生之桐中为琴瑟”十五字，以出《夏官·山师》疏，与青州岱畎并举，定为郑注。“今予其敷优贤阳历”条，臆补“历试也，谓杨其所历试”九字，据《魏都赋》、《管宁传》二注并引不称郑，但据《正义》云郑注《尚书》，篇与夏侯等同，而经字多异。夏侯等书，心腹肾肠，曰优贤扬，是郑本不同也。刘渊林既引郑本必用郑训。按此诸条皆甚的，所谓得悟解于无文字处者也。考《太誓》篇尤详而核，惟《皋陶谟》“宽而栗”条下引“宽谓度量宽宏”百一十九字，此《正义》文也，而作郑注，与王厚斋同，岂别有所证耶？

0035 **尚书大传注三卷**《郑氏佚书》本

汉郑玄注，清袁钧辑。依《隋志》作三卷。书中所举今本四卷，即雅雨堂本。又屡引《考异》，则抱经堂本也。钧据二本而校补其讹漏，每条皆注出处，间附考证，与所辑他书同。条下多有尧年案语，盖钧之族曾孙也。钧所录甚慎，尧年又据陈寿祺本为之补苴。其于陈本增删之处，颇有意义。所增者如《尧典》篇有“君恩覆之臣敢进”七字注，“举事力”三字传，“《硕人》诗曰衣锦尚䌹”八字传，“庶人木车单马衣布帛”九字传，《春秋传》曰鲁赋八百十九字注一之三，以至九年三十八字传，《西伯戡耆》篇有“戡者克也”四字注皆所删者。如《尧典》篇无“妇人八岁备数”十五字、“舜生姚墟”四字；《咎繇谟》无“舜弹五弦之琴”十五字，“舜之时”十一字；《禹贡》篇无“禹成五服”十字，“下湿曰隰”上无“夏传曰”三字；《帝告》篇“未命为士者”上无“殷传”二字；《汤誓》篇“书曰”上无“帝告篇”三字，“夏人饮酒”上无“殷传汤誓云”五字；《西伯戡耆》篇无“四友献宝”十四字；《洛诰》篇无“八家为邻”十六字。又陈本于诸书节录传文，略有不同者不惮复引，此概删之。其互移易者，如陈本以“尧为天子”条入《虞夏传》，此入《唐传》。陈本以“维元祀巡守至七始天统也”入《虞夏传》，此入《虞传》。陈本以“微子”殿《殷传》，此以“微子”入《周传》，次《金縢》之后。陈本以“高宗梁闇”条入《周传》，属《毋逸》篇，此入《殷传》，属《说命》篇。至若陈本以“维五祀定钟石至迁虞而事夏也”，传文淆乱，为之更定。以《洪范五行传》次《洪范》后，此皆不录。又陈氏以《略说》连《大传》为第三卷，此除出之。凡此皆异于陈本者。书刊于光绪甲申，先于皮锡瑞作疏证十二年，惜皮氏未见之也。

0036 尚书大传注一卷《通德堂经解》本

汉郑玄注，清黄奭辑。按辑《大传》郑注者，有孔广林、袁钧二本，传文与注，俱注出处，孔本较略，袁本稍详。奭所辑，例与孔、袁同。所辑传，与袁本互有详略，注虽无多，然视袁本较详。即如卷一“西度柳谷”句下，多“五色聚为柳，日入时见五色”十一字。又“秋者愁也”句下，多“愁收敛貌”四字。又开篇从《玉海》转引《中兴书目》增《序》：“盖自伏生也。伏生为秦博士，至孝文时年且百岁。欧阳生、张生从学焉，音声犹有讹误，先后犹有差舛，重以篆隶之殊，不能无失。伏生终后，数子各论所闻，以己意弥缝其间，而别作章句，又特撰其大义，因经属指，名之曰《传》。刘子政校中书，奏此目录，凡四十一篇，玄铨诠为八十三篇。”几百八字，亦袁本所无也。

0037 尚书大传三卷补遗一卷孙晴川八种本

汉郑玄注，清孙之騄辑。之騄未见旧本，仅从群书抄撮荟萃而成。《隋志》：“《尚书大传》三卷。”故之騄亦分三卷强合其数。开卷引“遂火为遂皇，伏羲为戏皇，神农为农皇也。遂人以火纪，火太阳也，阳尊，故托遂皇于火。伏羲以人事纪，故托戏皇于人，盖天非人不因，人非天不成也。神农悉地力，种谷疏，故托农皇于地。天地人之道备，而三五之运兴矣”，谓为三五传即不谬。卢文弨谓其《洪范五行传》，不逮《文献通考》所载之详，其间反有以向、歆之文阑入之者，与伏生书大不类。至若“饯耆甫刑，仍作戡黎吕刑，殊不契勘”云云。阅之良然。惟是书为《大传》辑刊最早之本，搜讨苦心，究不可没。《四库提要》所称杭州本是也。

0038 尚书大传四卷补遗一卷续补遗一卷嘉庆刊本

书首题济南伏生撰，北海郑氏注。前载郑氏序，其《大传》四卷《补遗》一卷同雅雨堂本，而无卢见曾序。雅雨堂本《虞夏传》下有“唐传”二字，此本无之。其间亦偶有一二字不同，但雅雨堂本无《续补遗》，此本有之。盖取之抱经堂本也，而又不收其《考异》，未审何意。按雅雨堂本卢见曾讳所从来序，但云得之吴中藏书家，又未言为刻为抄。其书开篇《唐传》之上，先列《虞夏传》，不知引书自“唐虞象刑”条以上称《唐传》，“维元祀”以下称《虞传》，而《咎繇谟》以下始称《虞夏传》。今列《虞夏》于《唐传》之上，明系后人臆改。其他错谬尤甚。四库著录，即用是本。馆臣作《提要》亦未指正其失，惟陈寿祺所作《辨讹》举之甚详，宜附入此书中。是书系旧刊本，无授梓年月。当出于雅雨堂刊本后也。

0039 尚书大传四卷补遗一卷考异一卷续补遗一卷嘉庆庚申爱日草堂刊本

汉郑玄注，清卢文弨校补。首有自序，言“得孙之騄本。取与卢雅雨本相校，以卢本为详备。惟不免传写异同，因作考异若干条”云云。是书《大传》四卷，《补遗》一卷，系雅雨堂原本。《考异》及《续补遗》，则文弨所增也。《考异》中，若在“璿机玉衡”条载别本有郑注云“转运者为机，持正者为衡”，乃郑注《尚书》文；“白鱼入于舟中”条载别本有郑注云“燔鱼以祭，变礼也”，亦郑注《尚书》文；“四年营侯卫”条载别本有郑注云“建侯卫是封卫侯”五十四字，乃《毛诗·豳风》正义文；“遂践奄条”载《诗正义》引“此云多方”传，郑有注云“奄国在淮夷之旁”三十字，乃孔颖达引《尚书》及郑注《尚书》文。《续补遗》中，舛谬者尤多，殊不足观。

0040 尚书大传三卷序录一卷辨讹一卷《古经解汇函》本

汉郑玄注，清陈寿祺辑校，陈澧编定。书末有陈澧附记，言“陈恭甫辑校《尚书大传》，最为详核”。但《序》云三卷，而刻本则五卷。又每卷内刻板多不连属，案语之大小高下亦不画一，今并为三卷，缮写整齐而重刻之。《辨讹》即《序》所谓“订误”。序又云末载《汉书》五行。按陈氏辑《大传》藉以稽核者有仁和孙晴川本、德州卢雅雨本、曲阜孔丛伯本，惟不及吴兴董氏本。尝取董本校之，可补入者约有十余条。澧既改编其书，惜未为重校而增入之也。

0041 尚书大传四卷补遗一卷嘉庆五年刊本

汉郑玄注，清樊廷绪校。首有卢见曾序，又有樊廷绪二序，后有沈粲跋。樊序称是书有扬州本、杭州孙氏本、德州卢氏本、吴兴董氏本。董本采摭较富，而以己意诠次，先后乖舛。独卢氏一遵郑注，然节次混淆，字句讹误，亦所不免。因取董本略为校正。又言见仁和卢氏本，盖以孙氏本校德州本者，其《续补遗》一卷即掇拾于孙本者。而于吴兴董氏本未之采撷，但欲存德州本之旧，故于孙、董二家均不之及。偶有考订，加“按”字以别之云云。粲跋言董本引《洪范传》多非《大传》本文，郑注亦不尽出郑氏云云。今观其书所下案语，有云董本作某者，有云原本讹某者，并不注明所据。所云存德州本之旧，用意何在，亦不可晓。

0042 尚书略说注一卷《郑氏佚书》本

无作者名氏，清袁钧辑。按《略说》一卷，诸本多以附《尚书大传》之后，钧独别出之。征引诸条具注出处，间附考证。条下亦有袁尧年案语，与陈寿祺本全同，惟文之前后略有移易耳。小注有增多数处，无要义。《旧唐志》有云《尚书畅训》三卷，伏胜注，钧以为即《略说》之讹，陈寿祺与之不谋而合。按以《略说》即《畅训》，究嫌无据，且《略说》止一卷，又与三卷不合。又按《路史·后纪》有《虞纪》引《周传·考绩训》云云，当是《畅训》之文。训谓赏有功诸侯，与《王制》说同，未可混为一书也。

0043 古文尚书疏一卷嘉庆刊《汉魏遗书钞》本

清王谟辑，题梁吴郡顾彪撰。按《北史》本传，顾彪字仲文，余杭人，明《尚书》、《春秋》，炀帝时为秘书学士，撰古文《尚书》二十卷行于世。又孔氏《正义》云：古文“近至隋始流行河朔。其为正义者，蔡大宝、巢猗、费甝、顾彪、刘焯、刘炫”。今蔡、费、二刘书俱不传，惟《正义》颇引顾说，谟从抄出四十六条，为一卷。

0044 顾彪尚书义疏一卷汉学堂丛刊本

隋顾彪撰，清黄奭辑。取校马国翰辑本，则《孔序》多“古者包牺氏之王天下也”一句。《尧典》“钦明文思”条“知者此先聪后明”二十五字，是《正义》文，非《义疏》。马本有《皋陶谟》三条，此删之。《禹贡》“厥赋惟上上错”条，此多“《孟子》称税什一”三百六十三字。“导黑水至于合黎”条，此多“但此水出合黎因山为名”（九）［十］字。《五子之歌》，此多“怨岂在明”一条。“乃季秋月朔”条，此多九十四字。“伊训”首一条，与马本引义疏同，而题各异。“具训于蒙士”条，此多“例字宜从下读”十五字。又《太甲》首一条，引异疏同，而题各异。又《盘庚上》，马本有一条，此删之。又《泰誓上》，马本有一条，此删之。又马本《牧誓》、《武成》各有一条，此删之。又《康诰》有一条，引义疏同，而题各异。又《酒诰》，“惟天降命”条，“元大也”下马本多“《洛诰》称元祀”十六字，此删之。又《召诰》，马本多“惟二月既望”条，及“既得厥卜则经营”条，此删之。又《立政》“自一语一言”条，此多“释训云”十一字。大抵奭去取矜慎胜马本。

0045 书经绎二卷明万历刊本

明邓元锡撰。是书不录经文，依篇绎义，大率肤浅。惟说“稽古”二字，谓书古书也，叙而次之者仲尼，故称稽古。非虞史之文，征之叙夏商者直以简；叙周致严，又间有微辞。史称仲尼叙书者，叙在篇中，今书别有叙，非也。按此说未必即当，然实创而非因。又谓“危微精一”，今言道者宗焉。而靳靳疑古文晚出，曰是伪书也，晋人能仿佛耶？今文艰棘，以熟复而行。古文稍平质，忘之，且是以形论也。按其时郝敬、梅鷟之书甫出，元锡即驳之，则《冤词》之作，先乎毛氏矣。

0046 尚书主意传心录十二卷明万历辛巳刊本

明锺庚阳撰。庚阳字长卿，浙江嘉兴人，隆庆戊辰进士，官至刑部郎中。是书前有王樵序，后有王肯堂跋。《虞书》二卷，《夏书》一卷，《商书》二卷，《周书》七卷。分节为说，节又分段分截，全类讲章。所有缺文错简，皆置不理。即《盘庚》、《大诰》，亦视作文从字顺。序称“会通其聱牙难解之词，而出之以平易，使人如见。”盖为举业家而作，体宜尔也。至其名书之意，序云“本所得也”。得于经旨乎？抑得于文法乎？不知所指。书刊于万历、崇祯间，其孙锺键重订之，附陈懿典所为墓志铭。

0047 尚书删补五卷明崇祯壬申刊本

明汪康谣纂。康谣字唐征，广东海阳人，万历进士，官漳州府知府，以不媚魏忠贤被褫职。崇祯初起用，备兵福宁，旋告病归。是书首有王佐序，又有康谣自序及其子鼎和纪述。自序称槜李金沙之间，有袁、王二君子，天挺奇姿，夙秉异慧。其名言创论，皆发汉儒所未发，而于蔡传又多所针砭云云。是本即取蔡传之冗者删之，而补以袁、王二氏之说。袁、王不著其名，所补又与蔡传相混。大抵蔡传被删者十之八九，凡涉于考证者，俱所不取。所补者，无非浮谈空义，一如《四书章讲》之例，便举业家诵习而已。书成付梓，而康谣适卒，其子鼎和继成之，因述其始末云。

0048 尚书副墨不分卷崇祯辛未刊本

明杨肇芳撰，其子胤奇删补。肇芳字葆元，乡贡，官太仓训导。胤奇，字公才，诸生。江苏金沙人。是书首有马世奇、杨廷枢、张明弼序，又有胤奇自序及凡例。所列引用古今人姓氏多至二百七十余人，明人居十之九，同时人又居四之三，周延儒、项煜亦与焉。自汉唐经解、宋明语录、历科程墨，融会其义，以成此体，似讲义又非讲义，似时文又非时文，又加种种批评图识，盖明人说经之最陋者也。

0049 书经要义六卷雍正庚戌刊本

明王建常撰。建常字仲复，陕西渭南人。王铖序其《大学直解》，谓甲申丁沧桑之变，痛念苍湘梧水之惨，敝蹝衣冠，独守清门，广览百家之书，穷究四子之学，贞不字者近四十有余年云云。盖守遗民之节，而卒于康熙三十年以前者。是书于治历、治水二事言之较详，亦较切。如论天左旋，日月东出西入，亦是左旋，但行不及天，而次舍日以退，故为逆天而右转。其实舍虽退而行未尝不进，退虽逆而进未尝不顺云云，理极精，且发于梅文鼎、王锡阐之前，尤难得。其论列宿距星宫度，引西洋汤若望说。论璿玑玉衡，谓即今浑天仪，并取证于汤若望所制器。论《禹贡》所载南北山川，与今名称多有同异，由于水道分合通塞，沧桑代变，故据后世之地理不可以论禹迹之旧。如辨南条荆山，辨伊瀍入洛，证彭蠡即鄱阳湖诸条，皆甚确。于河水发源，则据元人都实访得星宿海以补蔡传所未及。又书中涉于律者屡称见《津吕图说》，建常曾撰有此书，今不见传本，不知其说何若也。然他所说多主义理，所采都实以下诸儒之说，间亦有所辨正，而究以朱子为归。至于说扬州，称明太祖由金陵北逐胡元，恢复二帝三王之天下。说《洪范》谓箕子不称年而称祀者，示不臣周，以其故君故国之思，俱可得之言外。卷首有张僳序，称是书成于晚年，于己卯冬得其稿，次其前后，搜其缺略，始得成编。按己卯，康熙三十八年也，时建常已前卒。又有上官汝恢序，同作于雍正庚戌，则刻书之年也。

0050 古文尚书辨一卷《忏花庵丛书》本

清朱彝尊撰。是彝尊《古文尚书辨》，见所著《曝书亭集》，而他书多别刊之。是本为光绪丁亥山阴宋泽元忏花庵所刊，附以陆陇其《古文尚书考》，泽元又为之序。书中引班固谓迁书《尧典》、《舜典》、《禹贡》、《洪范》、《微子》、《金縢》诸篇，多古文说。可知古文说仅此数篇，而他篇则非也。何以又谓《五帝本纪》载《尧典》、《舜典》，《夏本纪》载《禹贡》、《皋陶谟》、《益稷》、《甘誓》文，《殷本纪》载《汤誓》、《高宗》、《肜日》、《西伯戡黎》文，《周本纪》载《牧誓》、《甫田》文，《鲁周公世家》载《金縢》、《无逸》、《泰誓》文，《燕召公世家》载《君奭》文，《宋微子世家》载《微子》、《洪范》文。为从安国问故而得者，乃孔壁之真古文耶？彝尊文谓安国增多二十五篇之书，《史记》未载片语，惟《汤诰》载其词，是即《康诰》之真古文。又于《泰誓》载其辞，是即《泰誓》之真古文。合之安国作传之书，其文迥别。按《史记》于古文不载片语，当是其时古文未出，故班书仅云迁从安国问故，未云从安国受书。若谓《本纪》所载为真《汤诰》文，何以《书序》明言“汤既黜夏命，复归于亳，乃作《汤诰》”，与本纪所载“维三月王至自东郊告诸侯群后”者不同？谓《本纪》所载《泰誓》为真古文，何以《礼记》、《荀子》及马融《书叙》所引《本纪》无其一字？彝尊又谓班志于古文《尚书》云遭巫蛊事，未立于学官，乃史氏追述古文所以不立学官之故耳。而伪作安国序者，乃云“会国有巫蛊事，经籍道息”，竟出自安国口中。又荀悦《汉纪》于古文《尚书》、《论语》、《孝经》云：“武帝时孔安国家献之，会巫蛊事，未列于学官。”知安国已逝，而家献之。他书锓本脱去“家”字耳。按司马迁作《史记》，其自序有“遭李陵之祸，幽于缧绁”等语，可为安国前例。《汉志》云云，当是见序而知之。彝尊引《汉志》独删去“安国献之”四字，显欲曲护其说乃反引《汉纪》为证，不知《汉纪》所云“家献之”者乃言安国自家献之。若安国已逝，而其子孙献之，必书其子孙之名，又无疑也。彝尊又谓许氏《说文序》云：“《易》称孟氏，《书》孔氏，《诗》毛氏”，乃其撰《五经异义》说六宗并不引四时寒暑日月星水旱之义，是叔重未见古文也。又《正义》谓王肃注书始自窃见孔传，又引《晋书》皇甫谧从姑子外弟梁柳得古文《尚书》，故作《帝王世纪》。又《正义》云古文《尚书》郑冲所授，今证之陆氏《尚书释文》所引王肃注及皇甫谧《世纪》，冲与何晏所集之《论语解》，多与安国异说，是肃及谧、冲亦未见古文。按叔重实未见古文，皇甫谧见古文《尚书》及郑冲传古文《尚书》，皆见《晋书》，此《晋书》乃十八家旧《晋书》，唐时犹存，故《正义》引之。而攻古文者反以今《晋书》无其文，非也。王肃与郑冲同时，冲既传之，肃安得不见之？其书与古文异说者，盖古人著述不专主一书耳。彝尊是篇，当成［于］阎若璩《疏证》之先，其说多为《疏证》所采而其谬已甚。至陇其之《古文尚书考》，亦载所著《三鱼堂集》中，盖据朱子告辅广之言以证古文《尚书》之非伪，与彝尊各异其趣。泽元并为一书，岂欲聚敌人于一室，使之操戈相向耶？观其序意，殆窃附于攻古文者，乃谓清献篇中引证尤中肯綮，大可互相发明云云，可谓首鼠两端矣。

0051 **尚书辨疑一卷**乾隆己未刊本

清刘青芝撰。是书一卷，止九条。青芝以其所疑者，质之其友王尔缉、周伯章，尔缉、伯章各答以言，所持义不必同。大抵斟酌孔、蔡之短长，而参以己见。后附伯章、尔缉来书，并青芝答书。伯章谓一二号为经学者，多立异矜奇，以惊俗愚而为名高，究竟于平实正大处反多失之，深中治经者之病。尔缉谓“曰若稽古帝尧”句，分明是孔子删书断自唐虞之词，而后儒以为虞史追叙之词。“放勋”以下四十八字，分明是孔子括帝尧一生德业总断之词，而以为史臣纪事之词云云。所见亦是。青芝字芳草，襄（阳）［城］人，雍正甲辰进士，改庶吉士，未散馆卒。尔缉名心敬，鄠县人，乾隆元年举孝廉方正，不赴。伯章名裴，仪封人，康熙丙子举人。前有刘华岳序，后有青芝自识。书成在康熙己亥，越二十余年，而始梓行也。

0052 尚书家训八卷康熙己酉刊本

清董色起撰。色起字印韩，河南洛阳人，顺治辛卯举人。是书首有粘本盛序及色起自序。卷前有纪藏书并孔子履历，纪孔子删书之年，并孔子功德二篇。卷一至二《虞书》，卷三《夏书》，卷四《商书》，卷五至八《周书》。其中分节为说，全似讲章，亦有以考名篇者，大都抄袭旧典。篇后每附七言歌括，尤属浅陋。序后列校定姓氏、师友同族，合七十余人。道光翻刊本又增校对数十人，皆同族者。题曰家训者，自言为子孙弟侄问难而作也。

0053 尚书古义二卷嘉庆省吾堂刊本

清惠栋撰。按栋尝撰《古文尚书考》，故于是书亦拘成见，对古文孔传主异义。如“平章百姓”条，《尚书大传》作“辩章”，《史记》作“便章”。下文平秩“平”字，《大传》作“便”，郑玄作“便”，“便”、“辩”同音。然《毛诗》“平平左右”，毛传云“平平，辩治也”，服虔亦云“平平，辩治不绝之皃”，是“平”与“辩”可通用，古文作“平章”不误。又“宾于四门”条，《传》谓“四朝诸侯来朝者，舜宾迎之”，读为宾客之“宾”。郑玄云“宾”读为“傧”，而《传》以“宾”为“导”，实亦读“宾”为“傧”。是孔、郑无异。又“荥波既猪”条，《传》云“荥水波水，已成遏猪”。郑玄读“波”为“播”，谓即荥泽，是一水。《周官·职方》言豫州“其川荥雒，其浸波溠”，正可证《传》，不可驳《传》。栋俱非之，谬也。至引《论语》“予小子履”一节，孔安国注云：此伐纣告天之文，《墨子》引《汤誓》，其辞若此。然按《墨子》原文为“汤说”，若云字误，以形近言，当是“诰”字，非“誓”字。据《汤诰》第三节云“肆台小子，将天命明威不敢赦。敢用元牡，敢昭告于上天神后，请罪有夏”，末节云“尔有善，朕不敢蔽，罪当朕躬，弗敢自赦。惟简在上帝之心，其尔万方有罪，在予一人。予一人有罪，无以尔万方”，而《论语》则曰“予小子履，敢用元牡，敢昭告于皇皇后帝，有罪不敢赦，帝臣不蔽，简在帝心。朕躬有罪，无以万方，万方有罪，罪在朕躬”，盖合《汤诰》二节之文为一，且语多窜改。惟《墨子》所引与《论语》相近。安国注《论语》时，其意若谓此非吾所见《汤誓》之文也，故舍之而引《墨子》。若所云“此伐桀告天之文”，班固《白虎通》两引《论语》此文，皆以为代桀告之辞，与安国同，必当时有此解。又“七世之庙”条，据《汉书·韦玄成传》，主五庙之说，为郑玄所本，但《玄成传》又载王舜、刘歆议，主七庙。引《王制》、《穀梁传》“天子七庙，诸侯五，大夫三，士二”，为王肃所本。然班彪、马融皆是其说，又不始于肃也。若谓诸书言七庙者，皆周儒笔，专主周制，则小戴之《月令》、大戴之《夏小正》亦岂周制乎？至《吕览》引《商书》“五世之庙，可以观怪”，“德”字即已讹“怪”，“五”、“七”形近，安知非讹？又“虽有周亲”条，引王伯厚说，谓安国《论语》注，与注《尚书》异。按一人注两书而异其说，郑玄、高诱皆有之，义皆可通，不足为病。此三条皆攻古文者所矜之要证，而栋特摭拾之，其实亦谬也。其他不涉古文诸条，则多有可取者。

0054 尚书正解十二卷 康熙刊本

清吴荃撰。荃字荪右，江苏丹阳人，诸生。是书前有刘梅序，又有荃自序及凡例。大旨因申时行会编，而加以荟萃。每篇有纲领，各段有节目。因于注解之外分标全旨、合参、析讲等名，盖用举业家《四书讲义》之体也。卷首附《禹贡正解》节本，以便诵读。谱系天文诸图，以备参考。又有所谓类题辩异者，以《尚书》中异篇同句或句异一二字者，比而列之。使作文者不致误认经题，亦为举业家计也。

0055 尚书可解辑粹二卷 嘉庆乙未刊本

清潘相撰。相有《周易尊翼》，已著录。是书止有《尧典》、《舜典》、《大禹谟》、《皋陶谟》、《契稷》、《禹贡》、《甘誓》、《五子之歌》、《胤征》、《仲虺之诰》、《伊训》、《武成》、《洪范》、《金縢》、《顾命》、《康王之诰》十六篇，殆以可解者止此乎？所辑诸说，有标名氏者，有不标名氏者，又统于一篇，不为句解字释，殆说经之文一体也。书中《尧典》言天文，《禹贡》考地理最详，次则《洪范》。说《尧典》，征及近世西人之说，并附夏至、冬至、春分、秋分诸图。说《禹贡》，谓水道变迁，就后代地形水势以考禹时之水，必不可通。惟以《禹禹》解《禹贡》，九河主《尔雅》，分简、絜为二河。斥蔡传背师训。三江主郑注，谓北合汉为北江，右汇彭蠡为南江，岷江居中为中江。五湖主谢墉说，谓五湖当在今苏州、嘉兴、湖州、松江诸郡境内。俱合。以析支搜渠即河套，则误矣。《武成篇》，谓归有光读本较蔡本为顺。“惟恭天成命，肆予东征，绥厥士女”三句，应上接“其承厥志”，下接“底商之罪”。“惟其士女，篚厥玄黄，昭我周王，天休震动，用附我大邑周”五句，应在“血流漂杵”之下，“一戎衣”之上。因别为考定。其说《大禹谟》，谓谟言精粹渊醇，真非大圣人一堂授受不能到。后儒果于疑古，试问汉晋诸儒，所传著述甚多，谁能伪为此？又谓尧授舜，舜授禹，有《尧典》，必有《舜典》，有二典必有二谟。《尧典》曰若稽古帝尧，若无《舜典》曰若稽古帝舜，又无《禹谟》，别之曰大禹。遽以二典为《尧典》，以曰若稽古皋陶接于《尧典》，成何史体云云。亦可为攻古文者作反唇之稽也。

0056 尚书客难四卷道光刊本

清龚元玠撰。书分三卷，又卷首一卷，大旨亦以古文为伪，而与阎、惠有不同。谓伏书以《书》教齐鲁间，传之张生、欧阳生。卫宏所云使女口传，朝错以意属读之说非，王子朝奉周之典籍奔楚，周室已无典籍。《隋志》称孔子观书周室，得四代之典，删为百篇之说，误。谓孔壁藏《家语》、《孝经》、《尚书》、《论语》共四种，他三种皆不作科斗文，何独《尚书》用之？知《汉志》称科斗文之说欺。尤异者，于《尚书》增多之篇，不归之梅赜，而谓为姚方兴及开皇间人所假托。惟谓增多之篇，系以意增补阙简，故其中醇疵不一，则又非尽假托也。而春为建子之说，又谓孔传胜蔡，是孔传亦不可废也。又谓今文亦可议，《禹贡》、《康诰》、《酒诰》梓三篇，次序倒乱，为作伪者传写编次之讹。又谓《尧典》之名不合，当称《帝典》。凡此诸议虽出臆断，说犹可通。至谓《书序》亦全所亡之篇，以《周书》之《度邑》、《作雒》、《周月》、《时训》、《谥法》、《官人》、《王会》、《祭公》诸解当之。不知孔子叙《书》，见于《史记》，即百篇之目，亦大半引于《史记》，岂《史记》竟未寓目耶？其可备一解者，如谓《禹贡》为禹自作，引篇中称台、称朕为证。谓碣石在马谷山，引苏秦说，燕南有碣石，杜子美诗“碣石小秋毫”、“遥瞻碣石鸿”、“寒芜际碣石”诸句为证。又考商周诸君谅阴三年，据《竹书纪年》，周自成王康王后，不书命冢宰总百官，以孔子“古之人皆然”之语推之，东周诸君皆不遵此礼。按《孟子·滕文公》篇言“吾宗国鲁先君莫之行，吾先君亦莫之行也”亦可证。盖由天子以逮于诸侯，皆废此礼矣。首有自序，曰“客难”者，借主客以发其疑义也。

0057 尚书离句六卷旧抄本

清钱在培辑解。在培字苍益，浙江仁和人。首有雍正丁未汪惟宪、程川二序，又有凡例四则。卷一《虞书》，卷二《夏书》，卷三

《商书》，卷四至六《周书》。大旨悉遵蔡传，其未详者则旁采注疏、经、解大全诸说，惟以曾经朱子论定者为限。至句读之离绝，经文之分节，俱有依准。其蔡传音释未备者，则增入《康熙字典》、陆氏《释文》。盖为初学便诵习计也。

0058 书考辨二卷乾隆辛未刊本

清刘绍攽撰。绍攽字九畹，陕西三原人，拔贡生，乾隆间举鸿博及经学，皆报罢。历知什邡、南充、成都等县事。是书首有刘鸣鹤序，又有自序，称《书》注莫善于蔡氏，义理精纯，持论正大，间有考之未审者，窃取而详订之云云。书中信古文而疑孔传，然亦有时据孔传以驳蔡。如说“胤子朱”之类，说“日月五星左旋”，主蔡传。以朱子注诗《十月之交》，有“日月五星俱右旋”语，与蔡传不合，谓《诗传》只载旧说，别援《语类》“天左旋，日月五星亦左旋”之说以证之。说“律度量衡”，谓《史记》既有《律书》，又有《乐书》；《汉书》既有《律历志》，又有《乐书》。而《律书》则曰“六律为万事根本，其于兵械尤所重”。又曰“钟律调自上古，建律、运历、造日度，可据而度”。则所谓律者，历律兵律，非乐律。说“三江”，主郑康成，以左合汉为北江，右合彭蠡为南江，岷江居其中为中江。说“江淮”，据《哀公九年传》“吴城邗沟通江淮”，谓淮入江，在《孟子》之先，则孟子言排淮入江为不误。说“东渐于海，西被于流沙，朔南暨”，谓东西实指其地，南北不言所在。据《孔子三朝记》“北发搜渠，南抚交阯”以实之，谓与《尧典》南交幽都之文合。说“自周有终”，援《诗》“周爰咨诹”，毛传云“忠信为周”，证蔡从孔氏之不谬，俱惬于理。说“卜筮”，谓卜用五行，筮用八卦，后人混而一之，不惟经旨不协，抑且占验不灵。持论尤通。其说“恒卫既从”，谓恒卫以东为幽州，以北为并州。此独列于赋后，隐示人以割九州为十二州之迹。又说“莱夷作牧”，谓割此以为营州，即今之登莱，逾海而有辽东。叙莱夷于贡赋之后，与冀之恒卫同。按十二州之设，自属疑问，如此二条，亦可云读书得间。鸣鹤序称其

"考核至当，新义时抒"，得之矣。

0059 尚书注疏补正一卷嘉庆抱经堂刊本

清卢文弨录。自注称所校者据宋本《正义》为主，书内文字是者，大书。凡毛本讹字，及小有异同，注其下以备考。但宋本非一，未知所指。而勑字乃据元本以推宋本，是于宋本实未寓目，大抵据日本山井鼎考文所引耳。取校日本足利学所藏南宋本，即如首页言序述《尚书》起讫，彼本"讫"作"记"。又"三皇以前"，彼本"以"作"之"。其不同已如此，是又非足利本矣。其书兼著古本、宋本及《释文》本分卷之式，并采及浦镗正字。文弨亦每附按语，然未尽精审也。

0060 尚书诂要四卷道光五年刊本

清龙万育辑。万育字燮堂，四川成都人。是书有自序及例言，逐句为注，义遵《钦定传说汇纂》，其象数名物则载之上方。论古文，不疑梅赜，而以安国传未见前后《汉书》，恐为郑冲以下所作而托于安国，而亦不敢谓必无孔子相传旧义。论《禹贡》，谓蔡传于中州水道但据《桑经》郑注，致多缺谬，易以王氏《地理今释》及胡氏《锥指》。论《书序》，谓虽为朱、蔡所斥，然相传已旧，实出孔壁，录之以便查考。全书意主简约，于初学亦殊便也。

0061 尚书辨二卷《青照堂丛书》本

清王鸣盛撰。鸣盛有《尚书后案》，已著录。此二卷乃青照堂所刊，乃截取原书所附后辨，盖专攻《尚书》孔传并及孔疏也。其上有李时春评语，间及沈彤、钱大昕。鸣盛拾阎、惠之余唾，而乖谬过之。按安国卒年六十，见于《家语》。《史记》但言蚤卒，蚤卒非夭年，乃惜之之词，且纪其时曰武帝末。鸣盛徒执"蚤卒"二字，硬以四十为断。又云其卒当在元鼎、元封之间，独不顾及《史记》“武帝末”三字乎？又据陆氏《经典释文》称：“永嘉丧乱，众家之书并灭亡，而古文孔传始兴。”鸣盛乃硬断为古文亡于永嘉，不思陆氏所云众家并亡者乃指欧阳、大小夏侯而言，众家既亡，所以古文独兴。若古文与众家同亡，何以又云“孔传始兴”？所引之书尚卤莽灭裂如此，他可知矣。时春之评不尽附和鸣盛，时出冷语。如云“增多之篇，亡于永嘉，则永嘉前古文尚在，王肃、皇甫谧似不应伪撰”云云，可以关鸣盛之口。然其乖谬处，实驳不胜驳。然则时春之刊之者，亦何心耶？

0062 尚书考六卷道光刊本

清李荣陛撰。荣陛不特攻古文，谓今文亦有错误，《大传》亦是伪作。所考大都本经之要题，谓伏生书先《金縢》、《大诰》而后《康诰》、《酒诰》，先《召诰》而后《多方》，先《洛诰》而后《多士》，皆失其次。后《大诰》乃周公命庶殷城东都所作，诰亡而序存。伐殷之《大诰》，则诰存序亡，篇名适同。伏生因系前《诰》之尾，而为伏学者，更跳篇引冠《康诰》之首，俨然以王临孟侯，汉魏诸儒因据为摄位称王之证。所援证甚博，其要者谓郑训“寡兄”为“寡有之兄”，“孟侯”为太子之称，俱不可通。《左传》载祝鮀言“武王克商，成王定之，选建明德，以藩屏周。故周公相王室，以尹天下”，“分康叔”以“殷民七族”，“命以《康诰》，而封于殷虚”云云。说者引此，以为康叔不受封于武王，不知周公相王室，兼武王、成王言之。鮀所述卫、鲁、唐、蔡四国，得封非一时，故首举武王、成王以总之。三国之封，在成王世。康叔之封，在武王世。武庚灭，成王又分其地归康叔，《作雒解》所谓“俾康叔宇于殷”，代霍叔者也。康叔既受成王增封，故传与四国并序，其《康诰》之命，自承武王克商，与成王句无与。于此辨极确。又辨文王受命，乃受专征伐之命，无称王改元之事。据《纪年》，文王之殁，称西伯昌薨。《礼》大传：武王追王文王昌。改元起于七国之际，《纪年》于周显王三十四年丙戌下记云："魏惠成王三十六年，改元称一年。"周初何尝有是？又据《纪年》，帝辛四十二年，注武王元年。五十二年伐殷，自为武王十一年，无蒙父年之事。俱极确。又解《金縢》罪人，谓武王崩，武庚叛，无根之言播闻。然武庚思纪殷叙，而流言转为王计，若不相蒙者至二年，乃知其即出于管、蔡。故云罪人斯得，亦视郑注以罪人为周公之属党，与知居摄者为优。荣陛颇明历算，如正月上日月正元日诸篇，能言其故，且间订刘歆之疏。惟《召诰》以郑玄改经文二月三月作一月二月为迂曲，未若李锐所考之当，郑并不误也。其攻古文，自抒所见，不拾阎、惠之唾，然不免周内。所辨毛奇龄《冤词》诸篇，皆中其失，而不足以撼古文也。至考武王年岁，罗泌《路史》据《纪年》定为五十四岁，本不误。阎若璩引《作雒解》惟天不享于殷，发之未生，至于今六十年，谓是六十余岁，尚为相近之。荣陛乃引而驳之，转信文王世子书大传，谓武王七十六岁即位，八十六岁伐殷。则以不误为误，误为不误矣。其《禹贡》舆地诸篇，亦多发前人所未发，可与所著《禹贡山川考》、《黑水考证》二书相参证，与阎、惠诸人专攻古文者，又不同也。

0063 尚书篇第一卷道光刊本

清李荣陛撰。首有黄河清序。大旨以今文为伏书，古文为晋人补书，二书不可相混。而伏书中之《周书》多错误，一以成王之《金縢》、《大诰》列武王《康诰》前；二以周公后《大诰》序足成王《大诰》；三并武王、召公两阙篇为《梓材》；四列《多方》于《多士》、《无逸》后。一一更定之。而经文中《尧典》误衍"滔天"二字，又衍"夔曰于予击石拊石百兽率舞"十二字，《甘誓》误衍"予则孥戮汝"五字，《立政》误衍"今文子文孙孺子王矣其勿误于庶狱惟有司之牧夫"二十一字。又《禹贡》"恒卫既从大陆既作"八字应移在"至于衡漳"之下，"昆仑析支渠搜西戎即叙"十字应移至"三苗丕叙"之下，"织皮"二字应移至"球琳琅玕"下。其《盘庚》仍为一篇。"姚方兴所"上二十八字与晚出二十四篇归之补篇，盖沿元吴澄《纂言》别出古文之例。然硬断《正义》称张霸之徒所增益二十四篇为孔壁真古文，犹是拾阎、惠之余唾也。

0064 尚书私说二卷原稿本

清倪上述撰。上述，直隶乐亭人。是书尊信古文，惟不满意于梅本。首有自序，以为篇章字句之间，尚待辨证。其要者，谓姚方兴所得《舜典》二十八字，决为伪造。据孔《序》但云《舜典》合于《尧典》，不云篇首有脱字。梅本轶《尧典》之半，又失《舜典》发端之文，王柏所补殊牵强。谓《大禹谟》宜分三章，首章陈谟正文，次章受禅，三章征苗，皆附录。《皋陶谟》与益稷，为一时所言，本自相缘而起。然皋陶所陈，止于上篇，下篇乃帝与禹交儆者。末复有皋陶之赓歌，故史合录为篇，从附载之例。孔子特以篇秩之长而分之，此二篇俱无缺文。惟《益稷》篇“夔曰”二节，宜移附篇末。“庶顽谗说”一节，宜移置“象刑惟明”之下。《盘庚》是四篇，各自有史臣之序。上篇从首至“底绥四方”是一篇，《盘庚》“敩于民”下又是一篇，惟中篇“汝不谋长”一节当移之“奉畜汝乘”下。《泰誓》篇首有脱简，中篇之末、“呜呼乃一德一心”之前有“勖哉夫子，罔或无畏，宁执非敌，百姓懔懔，若崩厥角”二十字，与上下文意绝不属，而与《孟子》所引，文颇因依，义殊谬戾，其为乱简模糊，有所修润无疑。疑必下篇首简，错入前篇。开首或是“惟二月哉生明”，或是“曰壬戌”，“勖哉”二字，曰“壬戌”之似也。次云“至于商郊，夫子罔或”，“至于商郊”之似也。此下更当有“商人迎师”之文，如《孟子》所云“其君子实玄黄于篚，以迎其君子。其小人箪食壶浆，以迎其小人”者，其下乃如《孟子》文云“王曰无畏，宁尔也，非敌百姓也”“若崩厥角稽首”，再接“时厥明，王乃大巡六师”，则与武成所云“癸亥陈于商郊”者合。《武成》篇“惟四月哉生明”二节系大定后错简。《洪范》篇“初一曰五行”六十五字及各畴正文，皆《洪范》古经。“皇极”自“敛时五福”以下，“三德”自“惟辟作福”以下，“稽疑自汝则有大疑”以下，“庶征自曰王者惟岁”以下，皆箕子紬绎其旨以告武王之辞，本文当悉在古经之后，自相首尾。《大诰》篇“惟若兄考”十五字，宜在“尔亦不知天命不易”下。《多方》篇宜在《召诰》前，即大诰后东归之所作。《多方》篇宜在《召诰》前，其篇简有本篇自错者，有与《多士》互错者。惟“圣妄念作狂”二十九字宜在“尹尔多方”下，“乃惟尔辟”十七字宜在“罔可念听”下，“今尔尚宅尔宅畋尔田”宜在“图忱于正”下，“尔乃惟逸惟颇”二十九字宜在“畋尔田”下。此其自错者也。“本篇惟帝降格于夏”三十四字，及“惟夏之恭多士”二十八字，宜在《多士》篇“惟天明畏”下。而《多士》篇“我闻曰”三十字宜在“本篇寅念于祀”下。“本篇王曰呜呼猷告尔有方多士至凡民惟曰不享”凡百五十一字及篇末“又曰时惟尔初”十五字，宜为《多士》篇末简。又曰“时予乃或言尔攸居”宜为本篇结语，此其互错者也。《立政》篇有错简四：一群臣进戒之语，“虎贲缀衣”至“三亳阪尹”错在文武章中；一告孺子王语，“文王罔攸兼”至“罔敢知于兹”错在申说文王立政下；一亦告孺子王语，“今文子文孙”至“武王之大烈”错在戒后王章中；一告太史语，“呜呼继自今后王立政其惟克用常人”错在“周公若曰”上。《召诰》篇“有王虽小”一节及“其为王”二节宜移于“惟日其迈”下，“若生子”一节宜移于“王其德之用祈天永命”下。《洛诰》篇乱谬最甚，定为九章。《梓材》篇宜移《康诰》之序冠其首，其首句又误衍《酒诰》之尾。此上述改定经文之大略，余则无关紧要，及虽改而不敢定为必然者。按诸经中以《尚书》错简尤多，移易经文，蔡氏、金氏已开其例，但未若上述割裂之甚。顾割裂之余，转觉文从义协，即以侮圣言罪之，视彼议删难读之《盘庚》，废晚出之古文者，亦当末减。存其说，为《尚书》家备一案可也。

0065 尚书读记一卷 乾隆癸巳刊本

清阎循观撰。循观字怀庭，山东昌乐人，乾隆进士，官吏部主事。学宗程朱，与韩梦周善。尝共读书程符山中，是书及《春秋一得》即成于其时。殁后，梦周始刊其稿，并为作序。其书大旨，仍袭梅、阎品唾余：谓禹言已见《皋陶谟》，不必别为《禹谟》；谓《泰誓》文多谐偶，如“焚炙忠良”、“刳剔孕妇”、“播弃犁老”、“昵比罪人”、“朋家作仇”、“胁权相灭”、“剥丧元良”、“贼虐谏辅”，谓“祭无益”，谓“暴无伤”、“斮朝涉之胫、剖贤人之心”、“崇信奸回，放黜师保，屏弃典刑，囚奴正士”、“郊社不修，宗庙不享”，都不类商周间文字；谓《牧誓》止有司徒、司马、司空，《太誓》则曰六师，同是史臣之辞，不应有异；谓《泰誓》三篇详数纣罪，不出《牧誓》“妇言是用”数语之意。惟“牺牲粢盛，既于凶盗”则自《微子》篇“攘窃神祇之牺牲”来。谓“时哉，不可失”，非圣人之言。谓“观政于商”，从《史记》观兵来。谓“乃曰吾有民有命”，从《戡黎》来。谓“罔或无畏”四句，从《孟子》来而失其义。谓《泰誓》下篇自“惟我文考”以下与通篇意既不贯，亦不似对友邦君之言。又据《金縢》“我之弗辟”谓孔注误解“辟”为“杀”，《蔡仲之命》复有“群叔流言，乃致辟管叔”之语，疑古文《尚书》与孔注，同出一人伪作。凡此皆是囿于成见，有心吹求。又因《立政》而斥《周官》、《周礼》皆伪，则与程朱之旨悖矣。至若解“予则孥戮女”，谓“孥”坐为“奴”也，罪轻者孥，罪重者戮，故云“孥戮”。解“无俾易种于兹新邑”，谓易治田畴，言不使得耕种于此，非族诛之谓。虽于义未尽惬，而可备一解。惟谓古书“戮”、“诛”、“杀”等字非必置之死，“戮”多训辱，“诛”多训责。《尧典》“窜三苗于三危”，《孟子》变“窜”言“杀”，则杀亦可训窜。此则能识其通矣。

0066 尚书涉传四卷乾隆刊本

清戴祖启撰。祖启有《尚书协异》，已著录。是书首有朱珪序，后有门弟子跋。题曰《涉传》者，取《史记》涉《尚书》以教之意。专注今文二十八篇，仍缺《益稷》、《顾命》、《康王之诰》三篇。所采多马、郑、王之说及诸经传古义，《史记》、《汉书》、《国语》注，间采孔颖达疏而不及孔安国传。宋儒采程朱，亦间及他家，惟苏氏、林氏、吕氏、蔡氏、真氏、吴氏及近时胡氏、吴氏诸家注解俱弗及，以有专书行世也。古说缺者，间下己意。阮序称其“穿穴众说，而自标其所得，以成一家言”云云。按是书所引诸说，著其长而没其短，推其意，殆极不满古文孔传及汉儒谶纬荒怪之说，一切置之。自无所用其攻讦，以视毛、阎诸家，其静躁殆不可同日语也。其自创新解者，谓六宗之目即《禹贡》六府，《春秋传》“水、火、金、木、土、谷谓之六府”，亦即《甘誓》、《洪范》之“五行”，《周礼》、《月令》之“五帝”、“五神”。其配土以谷者，即《洪范》“土爰稼穑”之义。其折衷异说者，如《左传》以诛四凶在宾四门时，《史记》以诛四凶在初巡守时。祖启据《洪范》“鲧则殛死，禹乃嗣兴”以为鲧殛而后禹兴，禹兴而后有封山浚川之事。则流四凶族，当在正月受终之前，不当在二月东巡之后。左氏是也。其校正旧文者，东汉水不出武都，养水不出“氐道”。《汉志》于此皆有错误。祖启考为氐道下注十一字，本在“甸氐道”之下，“武都”二字是“葭萌”之讹。“武都”下注十九字，本在“葭萌”之下。而“甸氐道”注二十字，又本在“广汉”之下，皆为后人误移。凡此皆其荦荦大者。他条大都择善而从，不偏不泥，语甚简净，体亦谨严。惟于“肇十二州”条下所引马融、孔颖达说，与《尔雅》释地之文俱不足为证。即如《尔雅》“齐曰营州”，以《檀弓》“太公封于营丘”证之，似觉可信。但齐都临淄，则临淄之地即营丘。《禹贡》纪青州曰潍淄，其道则临淄，又即青州之地。然则营州与青州，殆一地而异名，于辽东何与？祖启于此，既无所取正，又不复致疑。近人有疑“肇十有二州，封十有二山，浚川”十二字，及下《象以》、《典刑》二篇，为汉人窜入者，祖启之识，不足以辨之，固无怪也。

0067 古文尚书冤词补正一卷原稿本

清周春撰。春字松霭，浙江海宁人。是书首有吴骞序及春自序，末有周广业序。春以为阎若璩著书攻古文《尚书》，后宋鉴、王鸣盛继之，江声又继之，其说愈巧，尤易惑学者而误后人。因就毛氏《冤词》为之补正，意在“卫道崇经”云云。但《冤词》归狱朱子，而春则尊崇朱子者，因又就朱子书中取其涉于古文者，为之辨白，以见朱子非疑古文者。次则举赵汝谈、吴澄、顾应祥、梅鷟、归有光之说，辟其非而存其是。虽附毛氏，尚谓功多过少。其补毛氏所未及者，则据《晋书·职官志》及《荀崧传》，则魏晋间已为古文《尚书》置博士，不始于东晋。诋阎氏谓为“庸妄”，举其论孙炎、沈约二条之失，并于徐乾学、顾炎武、朱彝尊、汤斌、朱鹤龄、方苞、齐召南诸人所论各加评骘。综其大旨，则信古文非伪，而孔传仍属可疑。按孔传之善，焦循历言之，春似未尝细读，而斤斤为朱子洗疑古文之名，亦殊无谓。盖朱子不以疑古文而失其为朱子，古文亦不以为朱子所疑而失其为古文。至末引方苞箴李刚主，以为诋朱子者多绝世不祀，援王阳明、颜习斋、毛西河为证，是则舍理而论因果，不为公而为私，自独立不惧之君子视之，其气已馁，又不徒荒诞不经也。

0068 尚书辨伪五卷 嘉庆壬申果克山房刊本

清唐焕撰。焕字石岭，湖南长沙人，诸生。书题《辨伪》，以古文为伪而辨之也。首《自序》，次《伏书及孔安国伪〈尚书〉本末》，又次《伏生口授孔圣删录真〈尚书〉篇目》及《孔安国伪撰〈尚书〉篇目》。仍依五十六篇次第，逐段分释而有区别。所谓“真《尚书》”者，单行大字；所谓“伪撰《尚书》”者，低一格双行小字。每段下缀以“凑贴”、“支离”、“赘极”、“丑极”等语。序中引攻古文者吴才老、朱考亭、吴草庐、郝楚望、归熙甫，书末又录其说为证。但止有吴才老、朱考亭、归熙甫而缺吴草庐、郝楚望，当是未见其书之故。而忽添一谢氏，乃序中所未及举，当是不知其名之故。按所称谢氏即谢济世也。谢氏之言曰，先儒谓壁书为伪作是也。其云东晋晚出之书，又云孔壁真古又不传，谬矣。孔壁何尝有古文，金石丝竹之音，蝌蚪之字，及送官承诏，遭巫蛊云云，皆孔安国诞辞。托言壁中有古文出，割《论语》，羼《孝经》，伪撰《尚书》，罪不容于诛也。

彼亦恐其以伪获罪，故不敢献，而私其业于都尉朝。后人亦知其伪，故刘歆请立之，而师丹劾之，书几废矣。梅赜献之，而此书又兴。赜之书即安国之书，固不得舍安国首罪而专罪梅赜云云。与焕序同一口吻，然后知焕之书，乃为谢氏补成之也。可谓无独有偶矣。自来攻古文者，诿之梅赜，或又诿之王肃，止矣。至诿之孔安国，是抹煞《史记》、《汉书》也。焕一乡曲陋儒，并未读过《史记》、《汉书》，不能识谢氏之妄反附和之，以如此俭腹之人而敢于疑古，亦可哀矣。焕序作于乾隆丁酉至嘉庆庚午，其子仲冕刊之，而姚鼐又为作序。鼐序言焕所辨多以义理文章为断，又惜其未见阎百诗书，故不能无误。殆是微词。然鼐固亦攻古文者，序中以韩昌黎有“辨古书之正伪”一语，硬断为所辨者即古文《尚书》，其妄不让谢氏矣。

0069 **尚书偶记一卷**嘉庆刊本

清汪德钺撰。德钺有《周易偶记》，已著录。是书随意掇拾，不乏妙义。如据称谓以论“二典”，谓“格于文祖”以前称“舜”，至“命十二官”后首称“舜曰”，继言“帝曰”。“帝曰”缀于“舜曰”之下者，别嫌也。后篇末，又称舜“三十征庸，三十在位，五十载陟方乃死”，则以书名《尧典》，疑于备载尧之终始，故不称帝而称舜，亦别嫌也。使当日别有《舜典》一篇，史臣记载何得于“帝曰”后复称“舜”？又论《高宗肜日》，亦据庙号为说。谓《金縢》一篇，其“翼日乃瘳”之上则称曰“王”，其下王既殁则称曰“武王既丧”。《顾命》篇，于成王初崩则曰“逆子钊于南门之外”，其后则曰“王麻冕黼裳”，曰“御王册命”。成王未崩前则曰“王”，既崩后则曰“皇后”。是篇称高宗，可断为作于祖庚。按此二篇，前人辨之详矣，此以本篇为证，语简而弥惬。又谓《梓材》后半截，皆修德和民、祈天永命之说，与《召诰》篇中之旨吻合，宜取《梓材》“今王惟曰”以下，以续于《召诰》“用供王能祈天永命”之后。又谓《洛诰》“惟周公诞保文武受命惟七年”系倒语，即“惟七年惟周公诞保文武受命”也，七年乃指成王在位之年。说俱有理。他如“谓厥民因”，盖因田中以为屋，即《诗》所云“中田有庐”。“厥民夷”，即《诗》所云“八月其获”，其字义则《秋官·薙氏》“夏日至而夷”。又谓“怙终贼刑”，“贼”乃“则”字之讹，“则”字与上“肆”字对，“肆”作“遂”解，谓青灾者遂赦之，怙终者即刑之。又谓“曰笃不忘”之“曰”，当读如“日月”之“日”，古文曰“日”，音异形同。又谓“天畏棐忱”，“畏”当作“威”，“棐”当作“匪”，二字古文皆通用。又谓“顾命太保受同祭哜宅”，“宅”当作“咤”，“咤”乃传写之讹。又谓《吕刑》两皇帝，皆指天言，非天子之号。凡此诸条，具见精细不苟。

0070 书经精义四卷补一卷 嘉庆刊本

清黄淦辑。淦有《易经精义》，已著录。是书首有特通阿序及淦自序，次古《尚书》序，又次《总论》。卷一《虞书》，卷二《夏书》，卷三《商书》，卷四《周书》，末卷则补遗也。书中不参己见，大率节取诸家之说，而所采蔡、沈、万经说居多，采阎若璩一条，惟未涉及古文《禹贡》，未［采］胡渭一字。同时人惟采周柄中《四书典故辨正》一条，盖据《竹书》所载外丙仲壬之事以证《伊训》，然此说不始于柄中也。大抵捃摭诸义，无非为制举业而设。卷末有其门人田穮跋，直以乡会试得售归功于是书，可以知其陋矣。

0071 书经节解二卷 道光丙戌刊本

清蒋绍宗撰。绍宗有《周易观象》，已著录。是书首有自序，次《总论》，次《读书偶记》。上卷《虞》、《夏》、《商书》，下卷《周书》。绍宗亦攻古文者，但不依附梅、阎，专就二十八篇今文节为之解。又取二十五篇古文与今文相比较，以为古文繁芜，不若今文之简奥，古文粗疏，不若今文之精密。然于今文之非者，则立心回护，于古文之是者，则曲意吹求。盖今古文本已划分，故持论如此。今文中，如《金縢》等篇，岂绝无可议者。若使其暗中摸索，恐未必如黑白之易辨也。其尤谬者，于《仲虺之诰》篇谓“惭德”二字不可以加汤武，不思以臣伐君为何等事，惟其内惭于心，所以为汤武。若居之不疑，与王莽所云“天生德于予者”何以异？又《多士》篇谓“顽民”二字，不见于《康诰》、《酒诰》、《洛诰》、《多士》、《多方》等篇，不知从其叛言之故谓之顽，从其服言之，则谓之士。又谓方纣无道，人戴周仁，则以诛纣为幸。及纣既灭，则人思先泽，则以亡商为愤。果如所云，则民心反覆乃尔，圣人何以治之？然亦有自出新解无碍于理者，谓经明言周公避而居东则得罪人，乃成王之事。罪人得而《鸱鸮》作，斯管叔已死，蔡霍已放废矣，何得谓周公杀管叔？又谓《礼记》明堂位，周公朝诸侯，误于《洛诰》“周公诞保文武受命惟七年”一语。按此二说俱前人所未曾发。又绍宗虽屈解古文，而于今文不无疏凿之功。即于古文，亦不尽没其善，与唐焕辈一味诋斥者又不同。末有黄本骥跋，推是书甚至，殆贡谀之言，非灼有所见也。

0072 读书解义一卷道光刊本

清朱毓楷撰。毓楷字幼则，江苏宝应人，布衣，士端之父，汪中之妻弟也。书中每引中说，然亦有与中立异者。中《述学·内篇·女子许嫁而婿死从死及守志议》引《礼记》曾子问“婿免丧，女之父母使人请，婿弗取而后嫁之”文，据为请期之后可以改嫁，最为害义。毓楷则以为，婿初免丧，或未能即取，俟其取而后嫁之，文不具耳。视汪说较胜，而尚未谛也。按此节《礼》意盖谓免丧之后，可以嫁矣。而发自遭丧之家，则嫌于丧毕忘哀，故必女家请之。请之而即许娶，是又嫌于伪也。故婿弗许，而女氏嫁之，犹曰彼本不娶，而吾强之娶也。语非不具，特解者欠潜玩耳。又解“璪”字，谓《伏传》今文作“璪”，孔书古文作“藻”。《传》云：“藻，水草有文者。”而《说文·玉部》璪谓“玉饰，如水草之文”，又引《虞书》曰“璪，火黺米”，可证许君书宗孔氏，亦兼用今文之学。按此说为前人所未发，然则许君非不见古文《尚书》矣。又解《有子孝弟章》，谓“《孝经》屡以乱为诫，《孝治章》云‘祸乱不作’，《纪孝行章》云‘为下不乱’，《五刑章》云‘非孝者无亲’。此大乱之道也，故止乱莫大于孝弟”云云。按陈澧《东塾读书记·孝经门》引桂星垣说，意与此同。而毓楷实先于桂氏，澧殆未见毓楷书耶？他解多洽当，惜所存无多条耳。卷末附《差铭传略》诸篇，可以考其生平也。

0073 书经考略一卷道光刊《海南杂著》本

清张眉大撰。眉大字紫雨，湖南湘乡人，官广东儋州知州。是书多引前人成说，间亦自出己见，条下间有其子棨楙及栩桐按语。论古文，大抵拾阎、惠余唾，然谓古文虽伪，然缀辑遗书成文，无悖于理，宜附今文之后。如朱子补格致传之例，亦不敢径言废也。其谓古文最贻误后学者，惟《伊训》“惟元祀十有二月乙丑”之文，以为商正建丑，但改正朔不改月数，嗣是解正朔者，反援据之以启纷纷之疑。按论正朔者本有两说，一说谓改正朔不改月次，一说谓并改月次，魏了翁辈主不改月次而援古文为证者也。然《正义》明言殷家犹质，踰月即改元年，以明世异，不待正月以为首。盖此为变例，即如他说并改月次，亦不足以驳之也。又谓孔叙称“遭巫蛊事，未列于学官”，安国卒在本初以前，巫蛊事发在征和二年，距安国之殁已久，此语不应出安国口中。不知武帝初元光五年，尚有一巫蛊大狱不得以征和当之。他条所举，虽少心得，而涉猎较博，采择较当，亦可观也。

0074 书义丛钞残卷原稿本

清焦循抄。按循子廷琥撰循事略，称循得王鸣盛《尚书后案》、江声《尚书集注音疏》两书，举其异同笔记之，谓之《王江尚书》。后又得周用锡《尚书证义》，益以当世通儒说《尚书》之言，足与三家相证订者，题曰《书义丛钞》。仿卫湜《礼记》之例，不专一说，不加断语，以时之先后为序，共得四十卷。所采录者，共计四十一家、五十七种云云。是册止存《盘庚》上中下、《高宗肜日》、《西伯戡黎》、《微子》，不题卷数，盖残本也。所除王、江、周三家外，有《日知录》、《经问》、《广听录》、《尚书古文疏证》、《解春集》、《古义》、《潜研堂答问》、《校勘记》、《撰异》、《说文解字注》、《述闻》、《释词》诸书。盖顾炎武、毛奇龄、阎若璩、冯景、惠栋、钱大昕、阮元、段玉裁、王念孙及子引之之说。所云四十一家、五十七种者，于此略可考见焉。

0075 **书经互解一卷**嘉庆戊寅刊本

清范士增辑。是卷以《书》解《书》。其尤善者：如以“罔有攸赦”解“怙终贼刑”，以“元后作民父母”解“百姓如丧考妣”，以“天道福善祸淫”解“惠迪吉从逆凶”，以“弗询之谋勿庸”解“好问则裕自用则小”，以“黍稷非馨”解“鬼神无常享，享于克诚”，以“润泽生民”解“若岁大旱用汝作霖雨”，以“慢神虐民”解“谓祭无益，谓暴无伤”，以“惟德动天”解“天大雷电，以风禾尽偃，大木斯拔”，以“毖殷顽民”解《多方》一篇。如此之类，义俱贴切。

0076 **周易解尚书一卷**嘉庆戊寅刊本

清范士增辑。是卷以《周易》解《尚书》。其尤善者：若以“天下文明”解“光被四表”，以“观乎天文以察时变”解“在璇机玉衡以齐七政”，以“小惩而大诫”解“扑作官刑”，以“交易而退”解“懋迁有无化居”，以“箕子之明夷”解“囚奴正士”，以“从妇凶也”解“牝鸡之晨惟家之索”。如此之类，义俱精切。至若以“明两作”解“曰重华”之类，虽属巧合，不足以云解也。

0077 **诗经解尚书一卷**嘉庆戊寅刊本

清范士增辑。是书以《诗》解《书》。尤善者：若以“锡尔介圭以作尔宝”解“班瑞于群后”，以“投彼有北”解“流共工子幽州”，以“万邦作孚”解“彰信兆民”，以“殷不用旧”解“播弃犁老”，以“实始翦商”解“至于太王肇基王迹”，以“是用不溃于成”解“为山九仞，功亏一篑”，以“缵戎祖考”解“以耿文王之耿光，以扬武王之大烈”。如此之类，俱见精切。

0078 礼记解尚书一卷嘉庆己未刊本

清范士增纂。是卷以《礼记》成句解《尚书》。如以“过则称已”解“负罪引慝”，“声音之道与政通矣”解“予欲闻六律五声八音在治忽”，“制国用”解“底慎财赋咸则三壤成赋中邦”，“军法以治之”解“不用命戮于社”，“所以警众也”解“遒人以木铎狥于路”，“行爵出禄必当其位”解“德懋懋官功懋懋赏”，“五行之秀气也”解“惟人万物之灵”，“善则称亲过则称己”解“予克受非予武，惟朕文考无罪，受克予，非朕文考有罪，惟予小子无良”。义俱足以相发。至以“夏造殷因”解“缵禹旧服”，尤见巧合。

0079 四书解尚书一卷嘉庆戊寅刊本

清范士增辑。是卷以“四书”解《尚书》。“四书”开首“身修而后家齐，家齐而后国治，国治而后天下平”，与《尚书》开首“克明峻德”一节，其义全同，适是确证。他若以“父母其顺矣乎”解“克谐以孝”，以“不仁者远矣”解“流共工于幽州”四句，以“民之所好好之”解“罔咈百姓以从己之欲”，以“君臣之义，如之何其废之”解“成汤放桀于南巢，惟有惭德”，以“斯不亦惠而不费乎”解“散鹿台之财，发巨桥之粟”。如此之类，义俱足以相发。至若以“比干谏而死”解“剖贤人之心”，本是一事。又若以“降一等”解“厥田惟上中之类”，亦贴切可取。

0080 尚书讲稿思问录二卷［道光二年依园精刊本］

清官献瑶撰。献瑶字石溪，福建德化人，乾隆四年进士，官至司经局洗马。事迹具陈寿祺所为传中。稿系献瑶在分教太学日为诸生讲演之作，谦不自是，故署曰《思问录》。首有自序，作于乾隆癸巳。又有汪廷珍序，不题年月，盖献瑶卒后作也。所讲《尧典》、《舜典》、《汤誓》、《仲虺之诰》、《汤诰》、《伊训》、《太甲》三篇、《咸有一德》、《盘庚》上中下、《说命》上中下、《洪范》、《旅獒》、《金縢》，今古文皆有。惟《尧典》论治历一段，尚明晰，余篇都沿旧说，循文敷义，难免浅陋之讥。汪序称其“融贯古今，通洽事理”，则誉过其实矣。

0081 尚书纂义四卷嘉庆刊本

清关涵撰。涵字东皋，浙江仁和人，诸生。是书首录古序，次作总纲。卷一《虞书》，卷二《夏书》、《商书》，卷三至四《周书》。自序“采录宋元明各家集解，旁及纬书子史，于经得所穿穴者，略用文条贯之”云云。惟所引有顾亭林、黄梨洲二家说，则不限于明。若《尚书后案》，则同时人矣。间下己见，申旧说之未尽。援据甚博，惟于同异之间，如四岳、六宗、五子之歌、七庙之制，如此之类，虽亦详举其说，实未能折衷至当，足以备典林而不足以语经学也。惟循五十八篇之旧，无一语涉及今古文，而不为同时习气所转移耳。

0082 尚书通考一卷嘉庆刊本

清式楹日撰。楹日有《周易通考》，已著录。是书题曰“尚书类”，所考止《禹贡》一篇。循文敷义，约而不漏，惟释则多舛误。如“治梁及岐”，以梁岐属雍州山；“三江既入”，以“三江”为北江、中江、九江；“至于大别”，以大别即鲁山。皆谬之甚者。于

“［南］至衡山”，按此衡山即霍山也，若以为澧沅南之衡山，则何以南至衡山而后北过九江乎？“导黑水至于三危”，以三危在古瓜州，经传无征，因而黑水所在，亦出影附。他若“北过泽水，又东至于澧”，俱未确指泽与澧之所在。其切当者大率十之一二而已。

0083 **书绎一卷**同治中真州张氏刊《榕园丛书》本

清廖翱撰。翱字羽皋，广东南海人，道光丙戌进士，官山西定襄县。是书专说大义，不泥旧解，间有合者。如说《禹贡》“导汧及岐”以下十三节谓天下之水以江河淮（淮）［济］为干流；在雍之渭，在豫之洛，在荆之汉，又支中之干。禹治水，先治其干以通疏泄之区，次治其支以畅归附之势；至于支中之支，其名不可悉记，则以其所经之山举之。济为四渎，不详支流所附者，以伏见无常也。弱水、黑水，在西南边徼之外，不经中国，禹施功之所，最后而先言之者，先略而后详云云。于治水次第，经纬了如，最为得之。惟说《泰誓》谓三篇中有附会之言，说《梓材》谓有残缺。疑古文果出于孔壁，不应与伏生所传同，是于攻古今文者见仍然未化。但于《微子之命》又深信之，则非阎、惠辈一概抹煞者所可同论也。

0084 **书经说四卷**求志居刊本

清陈（运熔）［世镕］撰。世（熔）［镕］有《周易廓》，已著录。是书说今古文，谓《舜典》、《大禹谟》古文未尝分，《顾命》、《康王之诰》今文未尝合，乃刘歆《七略》乱之。哀帝初，歆领校秘书，阿附王莽，凡所窜改，皆托之秘书。莽自以虞帝之后，故分出《舜典》，明当禅代，歆与甄丰、王舜等倡导在位，褒扬功德，故分出《益稷》，比虞廷赞襄。班固作《艺文志》据以为本，故各书篇卷之数，即多不符云云。论特奇创，而实臆断无理。所载说《泰誓》，不取后得之《泰誓》，亦不取古文《泰誓》。说“书序”，谓今所传者，非孔子之旧，且非安国之旧。《史记》无《汩作》等十余篇，盖本无是篇。按：班固只称司马迁从安国问故（故字断句），又称迁书载《尧典》、《禹贡》、《洪范》、《微子》、《金縢》诸篇，多古文说。是除《尧典》五篇外，未尝有古文说也。必以为安国即尽知之，且尽采入，本纪似未敢断。且序不俟古文始有之，亦与问何涉？说“六宗”，谓是五行及社稷之祀，即《禹贡》所称六府，解甚新。说“九江”，主湖汉九水。说“三江”，从郑注，左合汉为北江，右合彭蠡为南江，岷江居其中，为中江。虽非己出，而援证特博。说“文王受命惟中身”，不据《竹书纪年》而据《小戴记》，又不信改元称王之说，盖拘于三分服事之成见。至说“武成”，又尊信刘歆。而古文之日月错误，即非剿袭之证。又以为欲掩其作伪之迹，必使古文无自容之地，几于啼笑皆非矣。

0085 书经精义汇钞六卷道光戊戌刊本

清陆锡璞抄。广东龙川人。首有锡璞自序，次总论。所辑多从《钦定》中录出，先《集传》，次《集说》。其诠释《集传》者，标“释传”二字，附于《集传》之后。其从他书辑入者，别以“附存”二字。御案语全载之，他说则多节录。或但录其断制之词，间下己见，标曰“窃疑”，未敢自以为是也。每篇后又有总论，亦简要便观览。但殊少心得，仅别于坊间讲章而已。

0086 尚书古注便读四卷成都排印本

清朱骏声辑。首有咸丰六年二月骏声自跋，称“此书道光癸巳在济南脱稿，忽忽二十四年。今得博雅好古之士友梅宗兄许其可传，为之参校，毅然梓而行之”云云。按友梅名镜蓉，即为骏声刊《说文通训定声》者。其后遭乱家破，虽有拟刊是书之议，竟不果成。跋后有凡例数则，其孙师辙撰。中有云“地名山水，必注本朝”，又云“不专从郑，虽宋人说弗废”。果尔，又何以称古注？书题殊未妥。其书大抵采辑诸家，而没其名氏。依百篇之次，篇亡者，但注其目。属于古文诸篇不注，而证其作伪之出处，且低一格以别之。全取诸人，不下己见。别有二篇，泛论《尚书》篇目及古文真伪。编者题之曰序，盖误。又有其孙师辙一序，则刊时所作也。

0087 释书一卷道光十三年刊本

清何西夏撰。西夏有《易经大意》，已著录。卷首有序，分虞、夏、商、周书，每篇或释大义，或释一字一句。不引他氏说，而意多肤浅，无甚阐发。惟《益稷》篇，谓“五帝官天下，三王家天下”非也，古帝王皆世及，尧舜之子不肖，而朝有圣德，故传贤耳。禹戒舜曰“无若丹朱傲，惟慢游是好，傲虐是作，罔昼夜頟頟罔水行舟，朋淫于家，用殄厥世”，盖以不世为为恶之罚云云。此论甚当，证诸《孟子》“舜避尧之子”、“禹避舜之子”，岂闻有旧官已出缺，新官不接事而汲汲避旧官之子者？则德衰于禹之说又不待辨而知其谬已。书为《西夏经义》之一种。

0088 尚书补阙一卷道光己酉家刊本

清华长卿辑并集注。“补阙”云者，补《泰誓》也。自序言“武帝时，民有得《泰誓》者，献之。合于伏生之书，并列于学官。今世所谓古文者，乃梅赜之伪书，非孔壁之旧文。自梅赜之伪《泰誓》行，而真《泰誓》反为所敚。因即《尚书大传》、《左传》、《论语》、《孟子》诸书所引《泰誓》之文裒辑一册，并集马、郑诸家之注，以诂其义”云云。按旧《泰誓》，马融书序辨之最详，曰“《泰誓》后得，其文若似浅露。又曰‘八百诸侯，不召自来，不期同时，不谋同辞’，及‘火复于上，至于王屋，流为雕，至五，以谷俱来举火，神怪，得毋在子所不语中乎！’又《春秋》引《泰誓》曰：‘民之所欲，天必从之。’《国语》引《泰誓》曰：‘朕梦协朕卜，袭于休祥，戎商必克。’《孟子》引《泰誓》：‘我武惟扬，侵于之疆。取彼凶残，我伐用张，于汤有光。’孙卿引《泰誓》曰：‘独夫受。’《礼记》引

《泰誓》曰：‘予克受，非予武，惟朕文考无罪。受克予，非朕文考有罪，惟予小子无良。’今文《泰誓》皆无此语。吾见书传多矣，所引《泰誓》而不在《泰誓》中者甚多，弗复悉记，略举五事以明之”云云。是融不信旧《泰誓》也。《坊记》引《泰誓》“予克纣”数语，郑注曰“此武王誓众以伐纣之辞也。今《泰誓》无此章，则其篇散亡”云云，是康成以今文《泰誓》为非古也。攻古文者，奉马、郑为宗主，独论《泰誓》反不信马、郑，何耶？长卿辑是书之意盖窃取之王鸣盛，鸣盛之论最为荒谬。司马迁以《泰誓》并入伏书，故称二十九篇，明明以为今文。鸣盛乃谓司马迁从安国问故(按以故字断句，与孙星衍同)，载《泰誓》于《周本纪》，是反以《泰誓》为古文矣。长卿所辑惟开首“惟太子发上祭于毕”一段确出《尚书大传》，余多杂乱拉凑。马融所举《春秋》、《国语》、《孟子》、《孙卿》、《礼记》以为皆无此语者，皆在其中。又据融言“所引《泰誓》而不在《泰誓》者甚多，弗复悉记”，然则此外诸条，大都融所已见。而以为不在者，亦可谓徒劳而无功矣。书刊于道光二十九年己酉。

0089 书传疑纂八卷 原稿本

清戴钧衡撰。钧衡有《书传补商》，已著录。是书无序例，于蔡传及异蔡传诸说疑而未安者，则援证他说，或直抒己见，以求其是。凡以辅《补商》所未及中，如说“肇十有二州”，谓分九州为十二州，不始于舜，肇者正也，非始之谓，所以正其经界也。当尧之时，天下盖已十二州，州各有牧，故曰十二牧。其故或因疆域之广，非一牧所能理，遂于一州而立二牧或三牧焉。牧既十二，而州之称遂因之，实则未尝改也。禹仍治此十二州之水，而揭九州之名。及其成功作《贡》，仍止于九。而《益稷》篇犹言“州十有二师”可以互证。按此说创而有理。说“乃命羲和”，谓羲和为授时之官，下文四子，即此羲和。曰仲曰叔者，犹后世官有正副，析之则四人，合之止二职，而二职又实是一职。说“分北三苗”，谓系于考绩黜陟之下，盖三苗自来格后，无复梗顽。若所云君子在野，小人在位者，可以与在廷诸臣一体黜陟。是来格后实事。说“舜三十征庸，三十在位，五十载陟方乃死”，谓郑康成用《史记》说，与经文“三载汝陟帝位二十有八载”之文不合，亦与孟子“十有七年舜崩”及“居丧三年”之文不合。应从孔传。说“禋于六宗”，主全谢山说，谓六宗应是天神。曰岁，谓太岁；曰时，谓四时；曰日，曰月，曰星，则二十八宿也；曰辰，则十二次也，即《左传》之六物。俱持之有故。《泰誓》，引邵懿辰说，谓“汤承尧舜禹禅授之际，未有放伐之事，故其词戚。武王则率行汤之故事，天下之人，亦皆晓然。知武王行汤之事，故其词直。且《汤誓》作于亳都兴师之初，其事尚缓，故其辞不尽。《泰誓》、《牧誓》作于渡河布阵之后，其时已逼，故其词不得不迫”云云。“武成”亦引懿辰说，谓“原无错误。据《左传》楚芋尹无宇曰‘昔武王数纣之罪以告诸侯，曰纣为天下逋逃主，萃渊薮’，夫‘为天下逋逃主，萃渊薮’，此武王祷神之辞，而无宇以告诸侯，则是武王述祷神之辞于诸侯，而在未入孔壁之先，编简次序，固已如此”云云。按此二条，为刻本《尚书通义》所未有，盖《通义》原稿毁于乱，所刻者，止《召诰》至《吕刑》，钧衡及见其未毁之稿，故得引之。而钧衡与懿辰又皆深信古文者，更乐引之也。钧衡信古文而不信孔传，然谓其亦有可取，故书中多主之。他所主亦不尽宋儒之说，独于文王称王纪元一事斥为妄说。至若“惟有道曾孙周王发”一语，既证为非史臣所加，乃强牵程伊川“今日天命绝便是独夫”为解，不思天命之绝未绝，岂有谆谆焉命之者乎？囿于迂见，不惜抹煞经传，是治宋学者之通病矣。

0090 书传补义三卷 同治乙丑刊本

清方宗诚撰。是书卷一《通论大义》，卷二《通论要义》，卷三《附论疑义》。一二两卷言心、言学、言治，论平正而实迂腐。卷三于蔡传所未详者，则引他说以补之；蔡传所未尽者，则以参己意以申之；蔡传之原误者，则推经意以正之。多有当者。所引证自宋元儒以迄同时同邑之戴钧衡，以戴说为尤多。其要者，论胤征据左襄四年、哀元年传曰“因夏民以代夏政”，又曰“寒浞取其国家”，又曰“浞因羿室，生浇及豷”，可证羿据夏邑而自立及寒浞灭羿而代之。并灭相而夏统绝，后相未灭以前，太康虽废，仲康嗣位，与羿相距。命胤侯掌六师，此《胤征》所为作也。然不能移征羲和之师以加之羿者，殆势所未可欤？若如孔传以为羿废太康而立仲康，则仲康为虚位，胤侯为羿党。《胤征》之书，孔子奚取焉。按自后相之弑至少康中兴相隔四十年，《史记·夏本纪》略而不书。此论可谓得间。至论箕子陈范事，则高而不切，谓“惟箕子与武王则可，非箕子与武王则不可，以武王应天顺人伐暴救民。又大赉四海封纣之子”云云，全不合事理。按箕子去朝鲜不臣于周，武王所访者乃治天下之道，故不妨告之。后来黄梨洲以《明夷待访》名其书，不免识者之讥，是箕子尚不足为训也。卷一称“人心惟危”数语为论心精言，疑古文者以此为荀子语。荀子“言人心之危”、“道心之微”二语，万不若《虞书》之粹，且安知非荀子袭《禹谟》耶？其意似右古文，然又以今文《益稷》合《皋陶谟》为是。益稷之事附载典谟之中，不必别为一篇。《尧典》、《舜典》、《皋陶谟》皆有史臣托始之辞，而《益稷》无之。按此说虽见蔡传，实为攻古文者所藉口。古书分篇，本无定例。即如《齐鲁论》，“尧曰”以下本一篇，古论又分《子张》为一篇。然则分不分各从其便，亦何系于真伪耶？宗诚是书外，并著《诗传补义》。首有自序，为二书作也。刊于同治四年乙丑。

0091 读书随笔二卷光绪乙未刊《损斋遗书》本

清杨树椿撰。树椿有《读易随笔》，已著录。是书上卷《读书集传》，下卷《读钦定书经传说汇纂》。是书考地理颇核，谓“郦《注》南历冈穴，即经逾字。自潜至沔有一逾，自沔至渭又一逾，经但言一逾耳。由桓入潜，潜即西汉水，由西汉逾沔，由沔入东汉水，由东汉入褒水，由褒逾斜水，由斜水入渭，经沔字即指东汉水，其实二水”。又谓“朝邑入渭，此误为洛水。今漆沮经富平，名石川河，至临潼交口入渭”。又谓“析城王屋，相接最近，经言至于不可晓”。他如校正《集传》之误，如“庶民惟星”节，“轸星好雨”据《汉志》“雨”作“风”；“月行西南”，《汉志》无“南”字。“率汝敉功节”传“周公”下缺承字。“二人雀弁执惠”节，解未分明。“乃受同瑁”节，说不合。又考定坊本之误，如“底商之罪”节，所增圈外注，“列爵惟”五节，所删三处，俱宜从之。

0092 尚书图不分卷刊本无年月

清杨魁植辑，其子文源增订。魁植字辉斗，长泰人。文源字泽汪。是书无序例，亦不分卷，图凡一百十四，有附说者，有不附说者，说亦甚简。中如“作术离合”、“文体出处字例”、“冬夏风雨”等，亦为之图，殊无谓。以《浑天图》作《玑衡图》，不合。《闰余》诸图袭陈说，未为精审。《〈禹贡〉山川名》数图，不尽确。《商七庙》图，本无其制，以意附会。其他属于器物，大都沿旧，聊备观览可也。

0093 尚书绎闻一卷光绪三年刊本

清史致准撰。首有自识，言“服官于滇，苦无书籍。箧中尚存《尚书后案》一部，暇则取读寻绎旧闻，间有新得，辄笔识于上方，辑录为一卷”云云。书中不少确见，论《书序》最允。谓“《史记》言孔子序书，上记唐虞之际，下至秦缪，编次其事。司马迁亲见孔子《书序》，而本纪、列传所载，以序辞校之，往往不合。自《舜典》而下，《汩作》、《膏饫》、《大禹谟》、《益稷》、《釐沃》、《疑至》、《臣扈》、《伊陟》、《仲丁》、《河亶甲》、《祖乙》、《旅獒》、《旅巢命》、《成王政》、《将蒲姑》、《亳姑》诸篇目，皆不见于他书。《大传》有《九共》，而不言九篇。《史记》有《咸艾》而不言四篇，又《咸艾》下多《太戊》一篇。《说命》、《太誓》、《之为》三篇亦不他见。《君奭》篇言太戊时，则有若伊陟、臣扈。臣扈非汤时人，今序与夏社并列。《大传》言书序有揜诰，云遂践奄，《史记》言东伐淮彝，残奄。迁其君薄姑，不言作《将蒲姑》也。周公在丰，将没，欲葬成周。公薨，成王葬于毕。见于《史记》，而系之以作《亳姑》何居。大都《书序》亡于西汉之末，后人掇拾成篇，如'聪明文思'数语，岂足以括《尧典》。皋陶矢厥谟，禹成厥功，帝舜申之。《皋陶谟》一篇亦尽之矣。《大禹谟》、《益稷》安在？当司马迁时，《书序》亦已残缺失次，而《多方》在《多士》前，《本纪》叙在后。《多士》、《无逸》非一篇，非一事，而《本纪》及《鲁世家》合言之，意《无逸》序文原阙，而经文烂脱，二篇相牵混为一。今序篇次依《史记》，而《无逸》以'周公作'三字系之，足见无据"云云。按如此说，则攻序与护序者，俱无庸置词矣。又致准宦游于滇，熟于滇地山川。证澜沧江即黑水，谓"澜沧江自青海入云南，历丽江、大理、永昌、顺宁、普洱，走边外，历缅甸、暹罗、南掌诸国。而礼社江自大理历临安、开化、来会，至越南之南策县入海。其源流视大金沙江潞江较远，以当黑水近之"。又论江汉水道，今昔有殊。汉水改流，当春秋以后。《导漾》篇曰南入于江，东汇为彭泽。《导江》篇曰东迤北，会于汇。盖汉水自南来，江水自北来，相触而成巨浸。古之江水当稍南，直接湖汉九江，九江先人江，而后汇为彭蠡。不得如今之江水，但东行，而彭蠡入之。所见亦甚通。他如证二十二人之名，如定《洛诰》、《多士》、《无逸》之脱错，明用"又"字及"矧"字之通例，具见读书得间。按是书因王氏《后案》而作，而书中不涉今古文一语，亦卓立而不惑者。书刊于光绪三年丁丑。

0094 刊定尚书古今文注二十卷光绪刊本

清丁宝桢刊定。宝桢字稚璜，贵州平远人，咸丰癸丑进士，官至四川总督，卒谥文诚。是书首有宝桢序，卷中题孙星衍撰注，盖就星衍所撰《尚书今古文注疏》本，去疏而存其注也。然于星衍原注多有增删，并不依之，而转与王闿运《尚书笺》中之集注全同。由是推之，书盖成于闿运，而让其名于宝桢。即序亦是闿运代撰。所云采辑

《泰誓》，违于马义。又仍用旧读句，绝多讹者，固已纠星衍之失，似不宜仍其旧题。按光绪己卯，宝桢正总制四川，聘闿运掌尊经书院，此书即刻于其时。其后闿运又于注下略加笺语，便不复借重孙、丁，而自为主人矣。

0095 读尚书隅见十卷光绪甲午刊本

清谢庭兰撰。庭兰有《古文尚书辨》，已著录。是书首有自序，后有其门人缪鼎臣跋。卷一至五说《尚书》，卷六至十历辨毛奇龄、段玉裁、王懋竑、孙星衍、江声、王念孙、[王]引之、阮元、焦循、俞樾、戴钧衡，并及明袁良贵诸家之说。按序，庭兰所撰《经说丛抄》，其卷一至二即就《读尚书隅见》录其要者，此书后刊，凡见于《丛抄》者俱不入。合之，乃见其全。又按庭兰信古文《尚书》，而颇不满于孔传。谓“惟厥攸居”二句，即禹言安汝止意，传未悉其义。谓“尔其戒哉”，宜续“同归于乱”。“康济小民”，宜续“以和兄弟”。《传》乃离之，世乃谓壁书为东晋作传者伪撰，妄矣。其他条引孔传不曰穿凿，则曰非、曰误、曰不可从，即此可证经与传非出一手。然亦诋郑，独尊蔡传。盖庭兰读经，实崇宋儒重义理，薄名物象数，故其说类多陈腐。如论“伊尹”，谓“营于桐宫，即居庐之礼。即王未克变，尹必为微箕比干。若一再言之不从而遽废之，已而复立之，是视万乘甚轻。易君如更戍长，乃乱世篡窃之所为。所传放桐之言，盖出于乱世好事者”。按此等议论，未免以臆见为事实，则专信义理之过也。所辨诸家之失，不无当者，而多空衍。毛奇龄、戴钧衡俱深信古文之人，不为曲袒，与纠孔传同，亦见居心之平恕。末卷驳袁良贵，以良贵有《蔡注考误》也。然如四岳非一人之类，良贵本不误，亦并驳之。余皆理涉两可，绝不及名物象数也。

0096 读书随笔四卷刊本无年月

清吴大廷撰。首有刘熙载题词。《虞书》第一卷，《夏书》第二卷，《商书》第三卷，《周书》第四卷，第四卷又分上下。每篇题下注今文、古文皆有，或今文无，古文有，惟不涉今古文之争辨，且只说大义，罕及考据。独《洪范》篇自出心解，谓专诵白文明白昭晰，一切传注可屏弃。亦自有见。《金縢》篇居东采方苞说，谓镐东乡郊之实邑，古者大夫有罪，自投于私邑以待放礼也。自陕以东，周公主之。公主东诸侯，邑宜在国之东。下言王新逆而出郊，是其证。此说甚是。惜他篇义都肤浅，无甚高论。

0097 古文尚书賸言一卷 ［底稿本］

清洪良品撰。良品所著《辨惑》、《析疑》、《释难》三书，已刊布于世，是书成之在后，故曰《賸言》。盖良品门人萨廉官国子祭酒，于课士日，以孔传二十五篇古文与孔疏二十四篇真伪辨命题，而以卷属良品评阅，良品乃逐卷剖示。又就课题自拟四篇，即此书也。剖示之语，各有发明。其自拟之四篇，则可补《辨惑》三书所未及。首篇谓“自来疑古文者，实缘于误会孔疏。故欲辨孔书真伪，须先辨孔疏。孔疏之误，以刘、班不见古文，而谓二十四篇即其十六篇。夫刘歆《移博士书》云古文十六篇，又云《泰誓》后得，是古文与《泰誓》本区别言之。班固因于刘歆，虽以《泰誓》立学计入伏生书内，而其不得以今《泰誓》为孔壁古文自同。孔颖达既知伏生书内本无《泰誓》，而不知刘、班所云古文内亦不得有今《泰誓》，乃以二十四篇之兼今《泰誓》者，推之于刘、班，是诬刘、班也。张霸之徒不知古文不容有伪《泰誓》，但见郑康成分《泰誓》为三篇，乃造足以充五十八篇之数。今梅、阎辈乃谓郑逸书有今《泰誓》与二十四篇，是又梅、阎辈之诬郑也。自颖达误以二十四篇为刘、班不见古文，致后世不信刘、班不见古文之语。因不信此二十四篇为伪书而梅、阎辈即乘此隙，遂据刘、班所见即此二十四篇，以为攻古文切证。但康成虽分《泰誓》，固云《泰誓》得自民间，则二十四篇之非郑述自见。张霸之徒不以《泰誓》充数，即无以符五十八篇总数，更无以符四十六卷总数。而孔壁初出，断无豫知康成分篇之理，则二十四篇之为伪造，亦无以自解。于是攻古文者知伪书之证在《泰誓》，则自翻前案。一则曰《泰誓》又有遗漏，再则曰《泰誓》中下二篇未得，而不知此皆为马融所验、郑康成所分者，本据马、郑以攻古文。至此并马、郑之论而亦畔之，盖无往而不用其臆造矣。次篇论郑注之乖舛，张霸书与纬书混淆，郑以纬注经，即以《百两篇》注书序。三篇论阎、惠诸家，莫不痛诋孔疏，实乃阳斥而阴宗之。既用其文，又违其旨，直以己意为古说。四篇则申首篇未尽之意。并谓近世以辨古文，故诸家辄率臆改古书以就己说。而局本《史记》、《汉书》复沿其误以改古书，事久将不可辨”云云。卷首又有周绘藻序，李文田、左绍佐题词。书未刊，传者但移录本耳。

0098 书经问答八卷光绪丁未刊本

清胡嗣运撰。嗣运字鹏南，安徽绩溪人，副贡生。是书设为问答，于本经要义，多所阐发。盖所讨有得，与掇拾者不同也。如以四岳是一人，举三老亦一人为例。《书》之“四罪”，非《左氏传》之四凶。引《三国志·杜恕传》殛鲧而放凶，别鲧于四凶之外。自是两事。杜预即恕之子，以四罪附会四凶，乃悖其家学。伯禹之伯，乃袭父爵。鲧称崇伯，传云鲧殛而禹兴，是其证。“无若丹朱傲”，引《说文》“傲”作“奡”，丹朱与奡并举，又称“朋淫”，断属二人。“血流漂杵”，“杵”本作“卤”，卤是地发湿，血流地湿，不足为异，并可订《孟子》之误。惟答“元祀十有二乙丑”一条，据颜监注为说，谓秦汉亦改月。因以推之商周，不知秦不改月，有秦皇三十一年十二月更名腊曰嘉平为证。而秦必有所承则本经又其证也。即颜监之注，亦自相矛盾。于“汉元年春正月”下注云，凡此诸月号，皆太初正历之后，记事者追改之，非当时本称。于“太初元年夏五月正历以正月为岁首”注，又云以建寅之月为正也。未正历之前，谓建亥之历为正。今此言以正月为岁首者，史追正其月名。前注言不改月，后注又言改月，将奚从乎。书中亦攻古文，大率拾郝、阎余唾，无足辨。其谬者如驳《禹谟》，惟影响之影是伪古文之漏义，引高诱《淮南注》谓影字始此，然影响二字已见《尸子》、《荀子》。且同条并引之，岂非出尔反尔耶？又谓许氏《说文》称《唐书》为见真古文，不知今古文只有《虞》、《夏书》，曷尝有《唐书》？许氏曷尝见古文？真警言也。然亦不无持平之说，如谓《禹谟》中多格言，朱子亦赏《伊训》诸篇，当取其辞之正。又谓孔氏注《汤誓》，以为古之用刑父子不相及，先儒许为有功世道之言。是则又与郝、阎之徒诋毁古文，使无完肤者，不同科矣。刊于光绪三十三年丁未。

0099 **尚书讲义一卷**光绪乙未刊本

清黄以周撰。其子家岱述。以周有《周易释》，已著录。家岱字镇青，诸生。是编融会书旨，贯通章脉，或设疑难，以发共蕴。盖字解句释之后，所不可少也。而自来治经者俱未及此，讲义家知之矣。而素昧考据，芜于词而蔽于理，盖交失之。是编体同讲章，而撷义理训诂之粹，若《禹贡》、《盘庚》、《大诰》、《洛诰》、《立政》诸篇，使人读之，了然昭晰。所讲不分今、古文，惟以“武观”即“五观”，即作歌之五子，殊谬。然又谓伪书之言，必有所本。其辞若怨太康，实以自怨。深合悔过之旨。又谓《伊训》、《太甲》、《咸有一德》、《说命》诸篇，虽不类真古文，然其文多采自佚书，皆前贤之格言，亦是江河不废云云。以视侈口斥骂，不别黑白，甚且以白为黑者，殆有间焉。原书未至《泰誓》而止，其后数篇则家岱续述所闻以补之，仍未完也。首有以周及其兄以恭序，家岱亦有序。

0100 **尚书职官考略一卷附表一卷**光绪十三年刊本

清王廷鼎撰。廷鼎字羡瓠，江苏震泽人，诸生。尝肄业诂经精舍，师事俞樾。是书首有樾序。始《尧典》之羲和，迄《吕刑》之师，共五十五事。其间拾遗订异，不无所得。如谓羲和即下文之仲叔四人，四岳为唐虞之相，分掌四方诸侯之事。《甘誓》之六卿，即《周官》六卿，孟侯即五侯之长，谓康叔。皆可正郑注之误。又谓虞官名云，“汝作朕虞”者，犹言“畴若予工”，《史记》、《汉书》作“朕虞”者，亦误也。惟“师锡帝曰”一条，郑谓诸侯之师，廷锡驳之。谓若殷之父师，周之太师，而条下录俞樾之说又以郑为确。按俞说是也。末附表一卷，系象山陈汉章撰。唐、虞、夏、商、周，各为分界，殊清晰。盖表成在先而廷鼎据以立说，故绝无牴牾不同也。

0101 尚书质疑一卷嘉庆辛酉望岳楼活字印本

清朱霈撰。霈有《周易质疑》，已著录。是书或采先儒成说，或伸己见，不无一得。其论《禹贡》诸条甚辨。“三江”不用康成说，以娄江、东江、松江当之。谓松之黄浦，即古东江。苏之娄家河，即古娄江。吴淞，即古三江口。证之《越语》：“子胥曰，吴之与越，三江环之。”又曰：“与我争三江之利者，非吴也耶?”《吴越春秋》：“范蠡去越，乘舟出三江之口。”《晋书》：“顾荣语张翰曰，吾亦与子饮三江水耳。”《南史·谢灵运传》：“使薛道双合乡里健儿篡之三江之口。”皆三江属吴地之证。又“九江”，蔡传取曾彦和说，故言九江者皆称洞庭。然考潇湘之源，皆出湖南，不受蜀水。何得取未尝合流之南派，剟而入之北派？况程泰于胡氏所举九水之外，更有微、资、沅、澧四水，皆同入洞庭，同注于江，何以不数此四水？盖九水所在，汉时已不能明指，而后人独泥认江西之九江，更是坐井之见。又“敷浅原”，旧说以为传阳山。考《汉志》，传阳山在历陵，传阳川在南，《说文》原字注云：“篆文从泉。”则“敷浅原”是指川，非指山。其考正经文者，谓《益稷》篇至“方施象刑惟明”已终，下节“夔曰戛击明球”至“赓歌之末”另是一篇归结，其前已佚。又谓《康诰》本有两篇，当因残缺失次，误合为一。自“王曰外事汝陈是臬”至“则予一人以怿”，凡七节，乃初命康叔为司寇，告以祥刑之篇。自篇首“王若曰孟侯”至篇终，乃以殷民世享，方是康叔出封殷墟之诰。又谓《梓材篇》“今王惟曰”一节，是《洛诰》文，应在“惟事其爽侮”之下。“惟曰若稽田”一节，“皇天既付中国民”三节，是《召诰》文。篇首“王曰封”三节，是《康诰》文。其他尚有移易，虽不必尽协，存备一案可也。

0102 读尚书日记一卷光绪刊本

清余宏淦撰。宏淦，江苏昆山人，诸生。是书钩稽古义，颇有创获。亦间订江声、孙星衍、王鸣盛、段玉裁、王引之、朱彬、冯登府诸家之误。如谓“敬授人时”之“人”字，非必卫包所改；“宅嵎夷”之“嵎”字，当作“堣”；“有能俾乂”之“乂”字，当作“嬖”；“贽”以“埶”为本字；四岳非一人；箫韶之“箫”非乐器；“璆钺”之“璆”当作“鏐”；“文王殪戎殷”，“文王”当作“武王”；“若翼日乙卯”，“若”字当训“及”；“乃变乱先王之正刑”，“正”当作“政”。所援证俱甚确。虽亦以古文为伪，然如《君奭》一条、《多方》二条、《立政》一条，俱不没孔传之善，与故意吹求者又不同。首有林颐山序，谓卫宏古文为孔壁古文；又谓须从伪古文中考定真古文。未免向醒人说呓语矣。

0103 尚书大传疏证七卷皮氏家刊本

清皮锡瑞撰。首有夏敬庄序及自序。锡瑞为今文之学，书中多申伏抑郑。虽用陈寿祺之本，而不尽遵其说。如“度西日柳穀”，郑注云“柳之言聚”，贾疏云“柳者，诸色所聚，日将没，其色赤，兼有余色，故曰柳穀。”锡瑞采夏侯说昧谷为柳谷，穀乃谷之假借字。“在旋玑玉衡”，郑注云“浑仪中筩为（施）［旋］玑，外规为玉衡”。锡瑞以为非《大传》义，旋玑、玉衡皆星名。古者诸侯之于天子，五年一朝。郑于《尚书·尧典》“五载一巡守，群后四朝”注云：“巡守之年，诸侯朝于方岳之下。其间四年，四方诸侯，分来朝于京师，岁遍是也。”锡瑞以为如郑说则巡守之年，四方诸侯无一来助祭者，不如何休《公羊解诂》分四方诸侯为五部，部有四辈，辈主一时之说为长。“致天下于大麓之野”，郑注云：“麓者录也。”锡瑞以与《书》之纳麓不同，郑说误。“四岳八伯”，郑注云：“尧始得羲和，命为六卿。其主春夏秋冬者，并掌方岳之事，是为四岳，出则为伯。”锡瑞以为古者天子三公九卿，无六卿，羲和司天之官，即是四子，非羲和别为二人。郑盖傅会南正重司天，北正黎司地，羲近重，和近黎，故以羲和为掌天地，四子掌四时，即《周礼》之六卿。然《周礼》作于周公，不可以解唐虞之制。羲和司天之官，不得兼掌方岳。《大传》明以四岳、八伯并列，是四岳以外更有八伯，注与《大传》显然不合。“仪伯之乐”，郑注云“仪”当为“羲”，羲仲之后。锡瑞以为下文“羲伯之乐”，郑注云“羲伯羲叔之后”，郑何以知此仪为羲？又何以知此为仲后、下为叔后？皆出傅会。“天子三公”，一曰司徒公，二曰司马公，三曰司空公。郑注云：“《周礼》天子六卿，与太宰、司徒同职者，谓之司徒公；与宗伯、司马同职者，谓之司马公；与司寇、司空同职者，则谓之司空公。一公兼二卿。”锡瑞以为古者只有三公九卿，六卿是周制，若一公兼二卿乃周大国三卿之制。郑以周制为夏制，以诸侯之官为天子之官，失之。“百姓不亲”条，郑注云：“坐而论道谓之三公，通职名无正官名。”锡瑞以为郑所云乃《周官》之三公非《大传》之三公，引《韩诗外传》、《公羊传注》、《白虎通》，三公各有所主。郑盖以古文解今文。“武王胜殷继公子禄父”，郑注云：“武庚字禄父。”锡瑞以为非《大传》义，今文说以武庚、禄父为二人。“星辰莫同”，郑注云：“莫夜也，星辰之变夜见，亦与昼同。”锡瑞以为郑义迂曲，疑非传旨。“奄君薄姑”，郑注疑为齐地。锡瑞以为是奄君之名，齐地不妨同名，郑所疑非。“古之帝王者必立大学小学。”郑注引《礼志》：“小学在公宫南之左，大学在郊。”锡瑞以为系《礼记·王制》文。郑注《王制》云：“此小学、大学殷之制。”此复引以解周传，则四代质文相变之说非矣。其辨正陈说者，如以“畅”训“即”略说，“天子必有四邻”一节为唐传，“古八家而为邻”一节为《洛诰》传，“舜摄时三公九卿”一节为夏传。又如“旋玑”之引《考灵曜》，“上刑”之引《荀子》，皆以为误。其自序云：西庄之作后案，阿郑实多。朴园之考今文，诋伏尤妄。谓王鸣盛、陈乔枞也。此外于王引之、段玉裁、孙星衍、侯康之说，咸有所驳。书中屡引《玉烛宝典》之文，则近时新由日本传入者，他家所不及见也。至其考据之详核，为读《大传》者所必资矣。

0104 尚书古文考实一卷思贤讲舍刊本

清皮锡瑞撰。是书多袭阎若璩说，其显然谬误者，谓安国但传经文而无说义，其说义同今文家说。按锡瑞引“司马迁亦从安国问故，迁书载《尧典》、《禹贡》、《洪范》、《微子》、《金縢》诸篇多古文说”，故所谓故（按故字应属下，以问字绝句，锡瑞盖误）。所谓古文说，非说义而何？“故”字犹可诿为今文说，但所举《尧典》、《禹贡》、《洪范》、《微子》、《金縢》五篇，皆今文所有，何以别之为古文说？恐其有所不可通。则谓迁书多古文说，或是班氏袭用刘歆之言，未足深信。果尔，则不利于己说者，一切证据可以抹煞矣。又谓武帝建元五年立五经博士，孔安国为博士，当在建元五年之后。按辕固生、韩生、董仲舒、胡毋生皆于文景时为博士，见《史记》本传。贾生传文帝时召以为博士，《汉书》同。又《汉书·晁错传》迁博士皆在武帝建元之前，锡瑞又硬断安国当生于景帝初年，正鲁共王封鲁之时。按《汉书》载安国为谏大夫，而谏大夫系置于元狩五年。安国卒于元狩五年后，殆无可疑。惟由元狩五年，上溯至景帝元年止三十九年。安国卒年六十，何以证其为谏大夫必在四十前乎？锡瑞于此殊欠细考。锡瑞又谓安国蚤卒，不得见巫蛊事。按武帝时，巫蛊事凡二起，一在元光五年，一在征和五年。按《汉书·武帝本纪》：“元光五年秋七月乙巳，皇后陈氏废，为巫蛊者皆枭首。”《外戚传》：“元光五年，上遂穷治之，女子楚服等，坐为皇后巫蛊祠祭祝诅，大逆无道，相连及诛者三百余人。”安国序所云“会国有巫蛊”，当指此时。去元狩五年为谏大夫时，尚先十一年，何得谓“不得见”？若征和元年之巫蛊狱，则迟三十九年，安国卒久矣。误元光巫蛊为征和巫蛊，始自刘歆，班固以下因之。锡瑞以班氏云遭巫蛊未立学官，乃沿刘歆谬说。夫刘歆之谬，诚不必讳。若以为作伪欺世，则又非也。自来攻古文与护古文者，多未见及此，岂非怪事？是书亦不无一得，如谓班志所云武帝末，乃景帝末之误；谓杜林古文，非孔壁古文；谓郑君书赞已言科斗书，非出晋人里语。所见俱是。至以臆造孔传，属之王子雍，则又袭丁晏之说也。

0105 尚书古文疏证辨正一卷思贤书局刊本

清皮锡瑞撰。锡瑞亦攻《尚书》古文者，与阎若璩同旨。惟若璩所作疏证，实多疏谬，锡瑞恐为反戈者所借口，取而辨正之。非护古文仍攻古文也。首有自序，比于若璩之驳朱注。书中所辨，谓若璩未了古今文家法，如以马、郑所注古文为今文之类。谓若璩援宋人臆说斥古义，如信欧阳永叔说，而疑文王改元；信程伊川说，而疑武王观兵；信邵康节《经世书》以推算年数之类。谓孔本不误，而若璩以为误。如孔传解无逸三宗有太甲，及多士、多方再叛再征，必欲是蔡、郑而非孔之类。谓误考地理，如陪尾嶓冢，每与胡朏明相同之类。说多确当。惟间有不甚关紧要者又有伸其所未尽者，则正而兼补也。但其说亦不能无失，硬造西汉古今文一家之说，谓安国必以今文教授，然则兒宽既受今文于欧阳生矣，何以又学于安国？既谓安国古文无训解，又谓于古今文多寡、异同处？或系以说，此谓古文说。古文说非训解而何，乃又谓其说古文与今文同，其训解必同今文。已是武断。然则今文所无者，将何以说之？展转缭绕，殊觉不能自圆。至如《尧典》“帝曰我其试哉”，王肃本无“帝曰”二字，而孔本有之。即孔本非王肃所伪之明证。乃谓王肃故留参差之迹以欺后人，是则同者固伪，不同者亦伪，何锻炼若是。他如以《帝王世纪》有帝挚一事，即坐卫宏以创异说而诬今文，不知卫宏即马、郑所从出也。以《论语集解》一引安国注，即断为郑冲所纂入。不知郑冲与王肃同时，未至为王肃伪书所欺也。康叔之康为谥法、为地名，各持其说。必坚断为谥法，又碍于康叔、康伯父子同谥，则援今翰林出身者例谥文，常有数代同谥文者为比。不知今之例，未必同古。且谥文之下，尚有一字，如文正、文忠之例，独遗之乎？胡陋至此。若璩论安国未尝迁及刘歆，锡瑞则痛诋刘歆矣。若璩说梅赜未曾疑及王肃，锡瑞则指定王肃矣。若璩时汉宋学未甚分界，故辄援宋儒为助；锡瑞专治汉学，则兼斥宋儒矣。若璩时汉学未有今古文之分，故又援马、郑为助；锡瑞专治今文，遂不满马、郑矣。惟锡瑞以为孔传授于马、郑，且优于蔡传。公允之言异乎周纳，惜为成见所囿，不能综诸家之得失，作平情之剖判也。

0106 抱润轩读尚书记一卷原稿本

清马其昶撰。凡《尧典》四条，《皋陶谟》六条，《禹贡》一条，《盘庚》三条，《高宗彤日》二条，《洪范》三条，《大诰》七条，《康诰》五条，《酒诰》三条，《梓材》一条，《召诰》八条，《洛诰》五条，《多士》七条，《无逸》四条，《君奭》八条，《多方》四条，《立政》七条，《顾命》二条，《吕刑》二条，皆今文也。大抵多《尚书》中奥句，文义难晓者，前人以意属读，原不免牵强。惟《四岳》一条，引汪德钺七绝《偶记》，据《史记》称□□□□□，其昶所说不尽胜于旧解，且有不如旧解妥惬者。亦有参考未博，拾他人唾余而自矜创获者。其合者亦无关宏旨。书眉有朱墨笔评语，用朱笔评者为吴汝纶，其昶之师也。用墨笔评者不署名，未知何人，于其昶之说，颇有所阐明，且间指摘其失焉。

0107 文王受命改元称王辨证一卷传抄本

清蒯光典撰。光典字礼卿，安徽合肥人，光绪癸未进士，官至淮扬海道。尝师事张之洞，之洞聘主两湖书院。有分教某君撰《文王受命改元称王讲义》，光典以为错误，因作驳之。分上中下三篇，上篇援朱子之说以证康成，中篇就某君讲义之论据而正其谬，下篇准俞樾之说而推论古今中外。无一定之论，大旨以改元称王之事，归之传疑。以文王不伐纣为至德，以武王不臣纣故可以诛纣。不知文王称王，屡见诗人歌咏，篇中具引之。其未引者，尚在“王在灵沼”、“王在灵囿”二语。设未称王，国人何以共称之？称王则必改元，是以有“惟九年大统未集”之文，受命则因称王改元而附会之。其事本虚而无据，不足辨也。文王虽称王，并不失臣节。盖纣实称帝，王下于帝一等，篇中所（篇）举陈倬之说是也。惟此说并不创于倬。按《商书·说命》称“建邦设都，树后王君公”，上文既言明王奉若天道，则邦都者明王所建，后王君公者亦明王之所树，亦五等之诸侯而已。若如光典说，则曹操、司马懿之未篡汉魏，亦可为至德乎？“率土之滨，莫非王臣。”岂以未即位，即为未臣纣乎？且《书序》言武王十一年伐纣，即据《汉志》文王受命九年而崩。而礼即位在君崩之逾年，安得谓武王未即位乎？即曰武王袭文王之年，岂未改元，即为未即位乎？光典拾宋儒腐说，恐未足以折某君也。篇后有《致张广雅尚书书》，尚书即之洞也。光典曾以是篇请正之洞，故附录之。是本为其门人程先甲钞藏，亦载《遗集》卷三中。

0108 正学堂尚书说一卷原稿本

清王仁俊撰。仁俊于《书》，仍主伪古文说，而不全没其善。丁晏《尚书余论》，硬断古文为王肃所造，此更为证成之。其牵强周纳，尤无理。解“辰弗集于房”，以《左传》引太史语，即断为真古文。解“皇极王极”，以《史记》偶用王“极”字，又断为真古文。究何据耶？而解“南讹”，则谓训“讹”为“化”，实本古义。说“不宝远物”四句，又称为说论，盖未如阎、惠辈绝之之甚也。他惟考六宗，由秦汉以讫近今，遍举诸说，判其得失。而独采于惠栋、方明之说，谓与欧阳、夏侯相表里。所折衷差不谬耳。

0109 尚书约旨一卷道光三年刊本

清黄惟恭撰。惟恭字偶庄，安徽六安人。是书首有杨怿、曾梅冲、廖大闻三序。篇各为说，不分今古文。《太甲》、《盘庚》、《说命》、《泰誓》，旧分三篇者，皆并为一篇。篇中撮举经旨，意主简括，备记诵。但皆陈言，且多参骈偶之句，视讲义又下一等。杨序称其尚有《七经总论》、《易比卦义》、《毛诗辨诂》诸作，皆未见传本，然可推想而知之矣。

0110 书经疑言一卷 刻本无年月

清王庭植撰。庭植字实丞，江西庐陵人。是书于旧解未尽惬者自抒所见，说多可喜。如“纳于大麓”，谓大麓者，太山之麓，古“太”字无点。麓，山足也。舜行礼，而望秩于山川也。东方为雷雨所从出，二月又雷雨发动之时。弗迷者，言雷雨应时，毋或愆期也。又“禋于六宗”，谓“宗”字之义不可略。“六宗”者，祭五帝而加尊帝喾也，即太皞伏羲氏、炎帝神农氏、少皞金天氏、颛顼高阳氏、帝喾高辛氏也。《记》曰：“有虞氏禘黄帝而郊喾，祖颛顼而宗尧。”黄帝、少皞、颛顼、帝喾系尧、舜同姓之祖。又上朔伏羲、神农开创之帝，是为“六宗”。又“有扈氏威海五行、怠弃三正”，谓《禹谟》称水、火、金、木、土、谷曰“六府”，越千年至箕子，以谷为稼穑，本生于土，故舍谷而称为“五行”，有扈时尚无其名。“五行”者，君臣、父子、兄弟、夫妇、朋友之伦，“行”读去声，《洪范》□□其五行，亦同，即《泰誓》狎侮“五常”之意。夏之时，不能有“三正”之名，《尧典》已明言“仲春”、“仲夏”、“仲冬”，《舜典》又明言“岁二月东巡守”、“五月南巡守”、“八月西巡守”、“十一月朔巡守”，是即以建寅为岁首之证，则夏以前无子丑之建可知。“三正”者，盖舜、禹受禅之正朔，有扈氏负固不服，舜、禹受禅之三正，俱不来朝，《孟子》所云“一不朝则贬其爵，再不朝则削其地，三不朝则六师移之”也。按此诸条，援据并确。其论古文《尚书》，虽亦不敢以为非伪而亦痛斥阎氏，如“孔子引书惟孝友于兄弟”一条，阎氏谓孔壁之本，以“孝乎惟孝”为句者非，“乎”字是答或人口气，非书辞。又谓“人心道心”十六字，为唐虞历孔子思孟相传之统，必不伪。其中亦有主见，固非随声附和者。

0111 古文尚书辨［旧抄本］

清张文岚撰。文岚字风林，浙江萧山人，诸生。文岚学于毛奇龄，奇龄信古文《尚书》，同时阎若璩作《疏证》攻古文，奇龄因之作《冤词》。后于奇龄者有李绂、谢济世俱攻古文。胡渭与奇龄同时，所著《禹贡锥旨》，亦有攻孔传语，俱为奇龄辨驳所未及。文岚是书，犹奇龄志也。李绂谓“人心”、“道心”二语出《荀子》，荀子则称《道经》，非《尚书》语。其说虽本之梅鷟，而引证较详。文岚驳谓二语果出《荀子》，则伪造《尚书》者，自必曾见《荀子》，何至以《道经》为《尚书》？又《道经》非道家所专有，周秦前不称老庄为道家，《荀子》必不肯引道家书。绂又谓司马迁问故于孔安国，而所引之经绝不类。文岚驳谓《史记》引《汤诰》、《太誓》，并未言出自《尚书》。又谓班固称司马迁从安国问，全书卷帙浩繁，所记几何？故当时止取百篇之序入史，其余惟《泰誓》篇仿佛原词约略填凑，至《汤诰》则另是一篇。若谓《史记》所引为真，晋宋以来所行者为伪，何以经传中凡引《汤诰》、《泰誓》者，皆在今世所行书中，并无一字与《史记》合？胡渭谓积石在金城西南，金城置郡在昭帝始元六年，非武帝时有。文岚引《山海经》积石山在金城河关西南境中，则金城之名已古。渭又谓瀍水出谷城，魏始置谷城入河南，而《传》云瀍出河南北山。文岚驳谓汉初已有河南郡，见《汉书·地理志》。河南北山者，言河南境内之北山耳。渭又谓孟津在河阳之某地，东汉始移其名于河南。而《传》云在（淮）［洛］北，似以为河南洛北。文岚驳谓孟津在河北，至今未改。《传》云在洛北者，正言在河北也。河北即河阳，不言河阳而言洛北者，以经言河之东至，《传》不必河北混之也。凡此诸条，皆足关攻古文者之口。至谢济世则肆其狂说，谓孔壁何尝有古文？“金石丝竹之声，科斗之书，及送官承诏遭巫蛊”云云，皆安国伪造。直抹煞《史记》、《汉书》，斯不值一驳矣。文岚更得一古文不伪确证，谓汉之邦字、恒字、启字，魏之丕字，蜀之备字，吴之权字，晋之师字、昭字、炎字，皆直书不讳，为自来考古文者所未及。惜洪良品、吴光耀诸人未睹其书也。书系旧抄本，取较文岚所撰《螺江日记》、《续记》俱在其中，岂著者初本单行，后乃并入《日记》欤？抑读者从《日记》汇而集之为专书欤？未可知矣。

0112 书经大义一卷广州排印本

清杨寿昌撰。寿昌字果庵，广东归善人，光绪举人。是书据董子说，《书》记先王之事，故长于政，谓“政”即民政。中分四篇：第一篇，民政之原理；第二篇，民政之纲要；第三篇，民政之机关；第四篇，民政之根本。每篇又分细目，而附会以经文经说，且杂以新学理、新名词。每段下又有案语，以阐发其旨。虽大乖诂经之体，然可见经旨无所不包，即骛新者不必肆废经之喙矣。

0113 尚书经解雕玉不分卷旧抄本

清黄辕撰。是书无序例，书后附答问六篇。大约以蔡传为主，于汉、晋、唐、宋、元、明诸儒之说，有与蔡传两歧者，则杂引而比勘之。其《答李仲衡书》，谓“若离却蔡传单看经解，直是一派黑瞒瞒光景了。既会通蔡传，便看得经解是如此如此。后遂不须对原本集传，而解经自然雪亮”云云。可以知其旨矣。其于清代，只屡引圣祖《汇纂》，然释《禹贡》不涉胡氏《锥指》一字，于毛、阎二家攻辨古文之说，亦概不及。岂俱未见其书耶？书中援证虽博，案断甚少。或并存异说，无所折衷。惟于读蔡传者，不无多少参证之益耳。书为旧抄本，未知有刊板否。

0114 尚书要旨一卷湖北存古学堂刊本

清马贞榆撰。是书分目细碎，大抵以圣治圣学为纲。属于治者，如知人、安民、天文、地利、农政、教官、刑官、工艺、山泽之利、商务、祀典、乐官、纳言之官、取士、择相、巡守、学校之类；属于学者，如逊志、慎非几、处人伦之变、执中之类，一一傅以经义。所援引，除本经传注外，泛及群经、诸史、文集、杂录。所称东塾先生，即番禺陈澧，贞榆之师也。说经之余，辄牵史事。（而）［如］因刑官而附论锺繇、陈群等言肉刑之非，因择相而附论后世废宰相之弊，诸所敷衍，大体尚平实。惟其中有绝陋者，如“克明峻德”一节，司马光谓即《大学》修身以下四条目，蔡传本之。洪汝登释以《中庸》之九经，孔广森、刘逢禄信之，所见虽各异，皆是也。贞榆必以孔、刘为未合且以翻案之故，由于不知出自司马光，岂孔、刘有意难蔡、沈而压于司马光耶？又有绝谬者，贞榆明之燕王棣比管叔，已觉拟非其类，至以清之多尔衮比周公，则直以盗跖为孔丘矣。且亦何涉于书旨耶？

0115 尚书课程二卷湖北存古学堂刊本

清马贞榆撰。是书上卷论《尚书》学之源流，下卷论伪古文之破绽及各家之得失。大抵摭拾宋元以来攻古文者之成说，尤主阎百诗，谓至阎百诗而其论大定。其最谬者，如谓古文为王肃所伪，盖本之江声（按以古文伪自王肃者如惠栋非江声）。声因陆德明有肃注今文《尚书》，而解大与古文相类。或私见孔传而秘之之语，而无解于同时之郑冲、皇甫谧亦引及之。于是贞榆造为肃戒郑冲勿言皇甫谧则为所愚。不知所云戒者，其证何在？谧亦通儒，岂受人愚者？惠栋有云“王肃注存于今者”。按之皆与马融伪孔合，可云伪孔出于马融乎？又谓古文《尚书》亡于永嘉之乱，盖据《隋书·经籍志》。《志》云：“晋世秘府所存，有古文《尚书》经文，今无有传者。及永嘉之乱。欧阳、大小夏侯《尚书》并亡。”按《志》所言，自分两截，晋秘府本有古文《尚书》，梅赜止是孔传。以《传》合之秘府经文而不谬，故无人发异议。无有传者，谓无人传授耳。所亡者乃欧阳、大小夏侯《尚书》，语意自明。证之《晋书·荀崧传》，元帝践祚，已立《尚书》孔氏学，何尝亡耶？又谓郑康成所述《逸书》二十四篇，孔颖达横被以张霸伪书之名。又谓张霸所伪乃《百两篇》，非二十四篇，则并未细读《正义》。按《正义》云“遂有张霸之徒，于郑注之外伪造《尚书》凡二十四篇，以足郑注三十四篇为五十八篇”云云，并详举其目。按此二十四篇，乃张霸之徒所造，何尝为郑氏所述？证之郑注《书·武成》云：“建武之际亡。”注《缁衣》引《尹诰》云：“《书序》以为《咸有一德》，今亡。”此自述之二亡篇，即在二十四篇中。则二十四篇岂郑氏所述耶？且所云张霸之徒，犹言张霸之流，彼造《百两篇》，此造二十四篇，自是二事。若张霸乃西汉成帝时人，岂能见郑注之三十四篇，而增益之耶？他如谓贾、马、郑所传杜林古文《尚书》，即孔安国古文《尚书》。河内女子所献《泰誓》，为真《泰誓》。俱沿误之甚者。殆于张崇兰、洪良品、吴光耀诸家之书全未曾寓目，入者主之，竟成不解之惑矣。

0116 今古文尚书授受源流一卷湖北存古学堂刊本

清马贞榆撰。贞榆字贵立，广东顺德人，优贡生。是书就《尚书》考今古文授受源流。今文首伏生，以次及张生、欧阳生、朝错等；并后汉治欧阳《尚书》，不知师承牟长等；后汉治大夏侯《尚书》，不知师承张驯等。古文首伏生，以次及都尉朝、兒宽、胶东庸生等；并后汉治古文《尚书》不知师承张恭祖等。末附辨经义考，谓贾逵、许慎、马融、郑康成未见孔壁古文之非。按贞榆所考多有疏谬，《论衡·正说篇》：朝错传于兒宽。而贞榆举朝错之传，止引何比干不及兒宽。《家语·后序》言安国受《尚书》于伏生，疑出附会。据《史记》文帝十五年，朝错以太子家令对策，其受伏生《尚书》时，尚未为家令，当在其前。又《汉书》载安国为谏大夫，考谏大夫在元狩五年置，是安国为谏大夫当在其后。而安国终临淮太守，又在为谏大夫之后。元狩五年，距文帝十五年将近五十年。《家语》又载安国卒年六十，计安国是时未满十岁，安得从伏生受业？贞榆似知其误，而不敢改。又按刘歆在秘府，虽得见古文《尚书》，未必传古文《尚书》。《后汉书·郑兴传》云：“天凤中将门人从刘歆讲正大义。”李贤注曰：“左氏义也。”盖刘歆以《左氏春秋》名家。而《兴传》

又云："少学《公羊春秋》，晚善《左氏传》。遂积精深思，通达其旨。"是歆之传于兴者《左氏传》也。至《杜林传》云："兴尝师事刘歆，林既遇之，欣然言曰：林得兴谐矣。"泛无所指，贞榆乃据《林传》为兴传古文《尚书》于歆之证。又臆度歆得见古文《尚书》，即传古文《尚书》，殊属武断。至《经义考》，谓贾逵、许慎、马融、郑康成未见孔壁古文，并不误。《后汉书·儒林传》："扶风杜林传古文《尚书》，林同郡贾逵为之作训，马融作传，郑康成注解。"又许冲《上说文表》曰："臣父故太尉南阁祭酒慎，本从逵受古学。"是慎之学又传于贾逵。四人之学皆出杜林，而杜林之古文《尚书》乃得之西州之《漆书》一卷。云"得之西州"者，则无师承可知。云"一卷"者，则非《艺文志》所载古文经四十六卷可知。惟《贾逵传》云："父徽又受古文《尚书》于涂惲，逵悉传父业。"按逵既传其父之古文《尚书》，何以又传杜林之古文《尚书》？且既传其父之古文《尚书》，何以传又云以大夏侯《尚书》教授？辨者谓徽所传之涂惲，非《儒林传》之涂恽。盖一则心旁作整军经武之军，一则心旁作呇单作明居之单，或是二人。否则，悉传父业当统指徽之《左氏春秋》、《周官》、《毛诗》、《国语》等而不及《古文尚书》。要之，贾、马、郑所注，许氏所引，无出二十八篇之外者，显然可证也。贞榆徒以马融尝校书东观，遂硬断为亲见孔安国所献本；又硬断马、郑所治之《尚书》，皆孔壁本，非杜林本；更硬断杜林之漆书古文，亦从孔壁传写而得。但无以解于《儒林传》载杜、贾、马、郑传授之始末，反欲改范书以就其说。盖思标新于阎、惠、孙、王之外，而不自知其无据也。

0117 书经管窥二卷民国丁卯活字印本

清李景星撰。景星字紫垣，山东费县人，诸生。是书上卷《虞书》、《夏书》、《商书》，下卷《周书》。有自作弁言，并凡例。主发明各篇大义，间及文法。其分段分节处，自谓融会经文，订坊本之错误，又多引史事为佐证。每朝书终，则总其治乱兴衰之故而论之。大率皆陈言也。惟谓“武成改本丁未”一节，当在“恭天成命”以后。盖诸侯受命于周，必有命辞。“王若曰”四节，即周之命辞也。既命以后，乃率诸侯告祭。“丁未”一节，告祭也。告祭以后，乃有列爵分土诸政。故史臣叙之，以终此篇云云。又谓《伊训》五篇，皆今文所无。然皆言近而旨远，辞约而义博，迂儒何得肆口伪之。又谓夏商誓师，皆有孥戮之罪，盖古法也。惟《牧誓》言“尔所不勖，其于尔躬有戮”，即文王罪人不孥之实事。又谓扬子《法言》，称《酒诰》之篇俄空，而《酒诰》今古文皆有，惟《大传》引《酒诰》曰“王曰封，惟曰若圭璧”，今无此句，或即脱简之一证。若此之类，则亦未尝无独见矣。

0118 静修堂书经解四册旧抄本

清仇景仑撰。景仑有《周易解》，已著录。是书不分卷，兼解今古文，惟多袭阎若璩之说，或称伪孔传，又或称孔安国，不一其例。盖随所贩之书而称之也。或解篇题，或解经句，集诸家之异说，而别其是非。然非有确见，往往游移其词。如解“九族”，既引孔传，谓高祖玄孙之亲证以丧服小记亲亲，以三为五，以五为九。谓指同姓言，又引夏侯、欧阳说，作父族四，母族三，妻族二。证以《晏子》曰：使吾父之党，无不乘车；吾母之党，无不足衣食；吾妻之党，无有冻馁者。又兼同姓异姓言，按古人重宗法，指同姓是也，谓兼两说而义始备者非也。又解“四岳”，既取孔传，谓四岳为四人，又取蔡传，谓四岳为一人。四人或一人，各主一说可也。谓二说宜并存，不可也。又书中往往题同而篇复，所解亦无甚异，当是预为场屋中抄撮之需，非所论于精研有得者也。

0119 书经讲义一卷宣统写印本

清周嵩年撰。书口题“豫河客籍学堂”，盖在河南学堂课士之讲义也。书分六章：一章，全经大义；二章，《虞夏书》；三章，《商书》；四至六章，《周书》。大义中又分纲领、源流、今古文分合真伪、书序。大旨在阐发义蕴，不斤斤于训诂。书中伏、孔并收。据《隋志》有王肃《尚书驳义》五卷，《唐志》［有］王肃《尚书注》十卷，所释皆二十八篇今文，断为伪作古文者，不出于肃。视丁晏《余论》之周内，尚为胜之。虽不序、虽不信为孔子作，谓孔传未上之先，百篇序已著于汉代，司马迁且据以作夏、殷、周《本纪》，故说《书》之先河云。

0120 尚书说一卷原稿本

清万宗琦撰。宗琦字莲士，广东番禺人，诸生。宗琦谓东晋晚出者是孔传，非古文。孔传多有未达经旨处，可证非出一手。蔡传多承师意，可证朱子不疑古文。其释字句，如“共工方鸠僝功”，谓《说文·人部》引《虞书》“方救僝功”，走部引《虞书》“旁逑孱功”，“方”、“旁”、“救”、“鸠”，皆古今字。“逑”训聚敛，与“鸠”同义。“僝”，《说文》训“具”，《史记》释以“布”，与《传》训“见”义相近。盖言共工多才，能聚众事而见其功也。又“动予一人”，据《淮南·精神篇》注“动，犹惑也”，谓以浮言惑乱予一人。又“民有不若德不听罪”，据《周书》“被之以刑，民始听”注：“听，顺也。”《吕览》“行罪无疑”注：“罪，罚也。”“不若德不听罪”者，谓施之以德而不若，被之以刑而不顺，若亦顺也。又“大贝”，据《开元占经》引《援神契》“德至渊泉，则江出大贝”，谓大贝是瑞物。按诸说皆善。又按宗琦素治《尚书》，积稿盈帙。明曩从讲授，择录若干条。忽忽四十余年，不知原稿今尚存否。

0121 祖述约义私绎一卷原稿本

无撰人名氏。惟录《尧典》、《舜典》、《大禹谟》、《皋陶谟》、《益稷》五篇。又复删经文大半，亦不引训诂，而择义颇不苟。谓《尧典》“钦明”十八字，系总括帝尧之德盛化神，乃史臣之赞词，近儒谓言帝尧之修身者非。释“大麓”，是孔而非蔡。谓“雷雨不惊”，仅匹夫之勇，何得与“五典百揆四门”连叙。虽蔡氏亦本之《史记》，然马迁当诸经尚未立传之时就文起义，读者不必援为定解也，亦不以攻古文者为是。谓凡事理之荒昧难通者，有征亦属传疑。事理之切实不移者，无征亦足资信。以事理辨真伪，视以文理平顺艰涩辨真伪者，又进一解。书有后序，言典谟所记，如命官分职、授时宅土、敷教明刑、工虞礼乐、六府三事之功，仪象、瑞节、车服、律度、量衡之制，禋祀、巡覲、考绩之期，灿然大备。然备其目而不详其事，殆所谓“不可为典要，惟变所适”云云。书题殆取《中庸》仲尼祖述尧舜意耳。

书序之属

0122 书序略考一卷 旧抄本

不题撰人名氏，每条下有“举案”二字，疑是方世举也。亦无序例，大抵据《史记》以证《书序》，谓司马迁曾从安国问故，安国家《书》及《序》载于《史记》。《史记》不载者，疑安国家无之。汉初《书》不全，《序》亦不全，逸篇散见于古籍所引者。据左氏定四年传，知有《伯禽》、《唐诰》二篇。据《史记·殷本纪》，知有《大戊》篇。据《墨子》，知有《武观》篇。据《史记·秦本纪》，知有《大费之命》篇。据《书·毕命正义》，知有《霍命》篇。据伏生《书》传，知有《揜诰》篇。据《小戴记·缁衣》，知有《尹告》篇。又谓《论语》尧曰篇，有尧曰“咨尔舜，天之历数在尔躬，允执其中，四海困穷，天禄永终”二十二字，系古帝典语，今《尚书》无此文。《史记·五帝本纪》亦不载此二十二字，知伏生所传《尚书》，固非孔门旧本。即安国家所上，亦非孔子及七十子诵习全文。又据《孔子世家》，有“序书传”三字。《汉书·儒林传》亦云，孔子七十余君，自卫反鲁，究观今古篇籍，于是叙书则断《尧典》。马、郑以《书序》孔子作，本此。余如《甘誓》、《五子之歌》、《胤征》诸篇，《史记》所引，与《书序》全合，的为古序。又《史记》载《尧典》、《咎繇谟》、《禹贡》诸篇而不载序，载《说命》之序，而不载其文。然证之他书，则皆可信。篇中每称伪孔传，盖亦攻古文者。然谓作歌之五子与叛归之武观非一事，一在太康失位之后，一在太康未即位之前。盖亦据《史记》而证以《离骚》，视阎百诗辈之强词周内者异矣。

0123 书序考异一卷［约光绪刊本］

清王咏霓撰。咏霓字子裳，浙江黄岩人，举人，官江西知府。是书大旨，以《书序》非孔子作，孔壁所出十六篇之名，亦不可信。杂引诸经传注疏史志各家之论以证其异，异即伪矣。开首谓孔子序书百篇，伏生所授只二十八。孔壁古文，得多十六篇，犹缺其半。何以伏生所授绝无一篇出于其外？按《史记·儒林传》云孔氏有古文《尚书》，而安国以今文读之。《隋·经籍志》则云孔安国以今文校之，得二十五篇。又云："其余编简错乱，不可复读。曰读曰校，盖百篇之书本全，特古文难识，幸有今文对校，乃能读之。既识此二十八篇因之而通其他之十六篇，此外即所谓篇简错乱不可复读者也。窃意此二十八篇，岂无一二错乱？但既取证今文则缺者直以今文补之可矣。"理甚易晓，何至矜为千古未发之疑。至谓以《书序》为孔子作，始于马、郑，引孔颖达《正义》为证。按《书序》为孔子作，见于《史记》、《汉书》。《正义》曰此序郑（元）［玄］、马融、王肃并云孔子所作，盖谓三君亦以为是云尔，非始之也。又引顾亭林说，谓有《夏书》无《虞书》，而《左传》文十八年引"慎徽五典"云云，明称《虞书》，则以为后人所改，或刘歆所窜。《说文》亦多引《虞书》，又以许君为东汉时人，信口翻覆，何所不可。又引《孟子》二十有八载，放勋乃殂落。而谓之《尧典》，谓序之别为《舜典》者非。按古人引书原不尽拘，如《左传》僖二十七年赵衰引《夏书》曰：敷纳以言，明试以功车服以庸。此《舜典》之文，而以为《夏书》，况又《礼记》引《太甲》篇又称《尹诰》，《咸有一德》篇亦称《尹诰》。《孟子》引尧事称《尧典》亦同此例。即以《孟子》证之，《论语》"生事之以礼，死葬之以礼"，孔子言也，而《孟子》引作曾子，此又何说。又论《弃稷》名篇之误，按以《弃稷》名篇，实马、郑、王之误，古文则作《益稷》。《书叙》云皋陶矢厥谟，禹成厥功，帝舜申之，作《皋陶谟》、《益稷》。不以谟字统《益稷》，下明谟本《大禹》、《皋陶》二篇，《益稷》乃分出者。又明其非《益稷》之言故不统入“谟”字上，不可混也。又论《五子之歌》，误以五观为五人。按《史记·夏本纪》：“太康失国，昆弟五人，须于洛汭，作《五子之歌》。”《离骚》：“启九辩与九歌兮，夏康娱以自纵；不愿难以图后兮，五子用失乎家巷。”王逸注引《尚书序》曰：“太康失国，昆弟五人，须于洛汭，作《五子之歌》。”此逸篇也。楚语称启有五观，又云奸子，贤不肖相去绝远。自是二事。书中惟论《泰誓》一条尚不误。全书大都拾人余唾，甚少独见。学与辨又不足以佐之，宜韩昌黎所谓“蜉蝣撼大树”也。书无刊板年月，约在光绪间。

0124 书序答问一卷 ［约清光绪刊本］

清王咏霓撰。是书与所著《书序考异》并行，《考异》所未尽者，则设为《答问》以畅之也。中多牵强之词，甚于《考异》。按《史记·孔子世家》言“孔子序书，上纪唐虞之际，下至秦缪，编次其事”。所谓编次其事者，非作序乎？咏霓乃以为序者次也，谓次其时代之先后尔。然则百篇之序，何以多载于《史记》？至班孟坚《艺文志》云“书之所起远矣，至孔子纂焉，上断于尧，下讫于秦，凡百篇而为序”，言其作意。又《儒林传》云“孔子反鲁，究观古今篇籍，于是叙书则断《尧典》”，较《史记》更详更显。咏霓乃以为孟坚之言，乃袭刘歆《移博士书》语，不知其误。“叙书”之“叙”字，亦只是“叙次”之“叙”。《儒林传》为孟坚自撰，故不云言其作意。不思《艺文志》专为艺文而作，故言之较详，《儒林传》若再言之则复矣。且《儒林传》无“下讫于秦”一语，岂《尚书》亦不讫于秦耶？谓《儒林传》为孟坚自撰，岂《艺文志》非孟坚自撰耶？若伏生所传二十九篇有否书序在内，说者不一，亦不胜辨。但伏生固非未见《书序》者，证观于伏生《书传》中所说文义多与《书序》相合，可以决之。然咏霓则以为作序者取于传，非作传者取于序矣。书中又就陈寿祺《经辨》所举十七证逐一致驳，亦未中窾肯。其尤显者如第三证据《儒林传》云，张霸分析合二十九篇以为数十，又采《左氏传》书序作为首尾云云，因断霸所取《书序》出今文，极确。

咏霓必委曲为之解，谓霸所分析者固属今文，而亦未见《书序》者。然传固云《左氏传》书序，岂欲删去“书传”二字耶？他说多无关要旨。按百篇之叙本不无错谬，司马迁之说原未可尽信。惟必有所受，有谓为秦汉间人所作者，则不可以欺伏生。咏霓徒据《书传》、《史记》、《汉书》以攻之，只见其失据耳。书无刊板年月，当在光绪间。

分篇之属

0125 禹贡备遗二卷明万历刊本

明胡瓒撰。瓒字伯玉，安徽桐城人，万历甲辰进士，官至江西右参政。《明史》有传。是书首有瓒题辞，盖本诸其父效才之遗编，而参以彭灿之简备，故题曰《备遗》。效才，字用甫，嘉靖乙丑进士。灿无考，此称乡贡士，盖举人也。卷首有《禹贡》书法，地有疑者附以图。大旨遵蔡氏《集传》，而芟其繁复，提其精要，遵功令，便经生也。然亦有不同蔡传者，如“三江既入”条，蔡传以娄江、东江、松江释三江，瓒则谓南江、中江、北江，即本之郑康成注，而为苏轼所主者，但不详著其说耳。瓒别著有《尚书过庭雅言》，未见传本。

0126 禹贡山水清音一卷咸丰十年刊本

明刘椿撰。是书用泣颜回等套曲，分述经文，自冀州始，至导水止（凡例自导水止。盖误。）共七齣。不及疆域田赋，以别有疆域歌、田赋诀也。在导山导水尤详，山别方向，水记出入，并及所属州境。首有小引、凡例，自言声分平仄，字别阴阳，颇费推敲。先熟读《禹贡》正文，后咏兹编，则传注之繁，筌蹄视之。又云厌呫哔之劳神，托讴吟而俖意。殆亦精心结撰之作，与普通拈歌括便记诵者又不同。后有其裔孙辉钊跋，书系辉钊以遗稿付刊，附于刘崇庆《禹贡集注》之后。

0127 禹贡纂注一卷康熙戊寅刊本

清周天阶撰。天阶字象台，江苏长洲人。是书首有其门人吴一蜚序。盖刊书时，天阶已前殁矣。序称“汇集诸家，删繁摘要，何山何地，读者开卷了如”云云。按天阶未及见胡渭《锥指》，书中所释诸地虽亦本之旧说，惟多未确。后附《禹贡九州总歌》，便童蒙诵习而已。

0128 禹贡备遗补注二卷乾隆丁巳刊本

清胡宗绪撰。宗绪字环山，安徽桐城人，雍正庚戌进士，官至国子监司业，胡瓒曾孙也。瓒撰《禹贡备遗》，意主简括，又于蔡传少有辨驳。宗绪因为补注，援证较详，且间订蔡传之误。如“治梁及岐”，载壶口治梁，是一截事；治岐修太原至岳阳，是一截事。蔡传混而为一。又《说文》：汾水出太原晋阳山，西南入河。盖汾本西流，蔡传误为西入于河。覃怀之东有淇水，西有涑水，无涞水，蔡传误涑为涞。又蔡传论贡道，谓辽濡滹易，皆中高不与河通。不知辽水在青州，与冀无涉。易自涿郡至文安入滨，濡出高阳至鄚入易，滹沱出繁峙合漳卫入海，禹时河未南徙，舟楫直达大河，安得云中高不与河通？又陪尾，蔡传谓豫州山，不知泗水县亦有陪尾，为泗水发源处，淮泗相联，不得舍此而之他。又蔡传谓岷山之脉，其北一支为衡山，其南一支即敷浅原，其间湘水间断，不知二山之脉来自五岭，与岷山无涉。其中间隔沫若马湖、金沙、滇池、乌江、九江诸水，何独湘水？又江出潜沱，蔡传云“潜水未见”。宗绪举监利县北之潜江县自汉水出，复入于汉，名潜口，其流甚长。盖验之亲历者。又孔疏谓漯水从漯入济，自济入河。宗绪驳谓漯自入河不通济，济亦不通河。诸所考正俱是。惟蔡传所释九河之名，本于《尔雅》，而宗绪必以滹沱、滏水、清漳、浊漳、沤夷、涞水、易水、桑干、潞水诸河易之。则蔡传不误而宗绪误也。书中引证兼及瓒所著《尚书过庭雅言》、《泉河史》，洵可谓数典不忘祖矣。

0129 禹贡图说不分卷乾隆端溪书院刊本

清马世良撰。首有世良序，称“既辑《禹贡》注，乃绘《锥指》原图，摘系其说于各图之后，间附按语，以疏通之”云云。今按是书，各图中间引史志及诸家说为证，而图后乃无之，岂图成而说未就耶？抑以已详于节注，不必复赘耶？即如第一图所引马融说，舜以冀州之北广大，分置并州。燕齐辽远，分燕置幽州，分齐为营州，是为十二州。又引郑康成说，亦略同。按十二州之称，虽见于经，究属疑问，其疆域所在，亦无可考。今本《竹书》有“舜三十三年，春正月，夏后受命于神宗，遂复九州”之文。但其书辑自明人，不足为据。故《锥指》原图亦缺之，只宜置而不论耳。

0130 禹贡注节读一卷乾隆五十四年端溪书院刊本

清马俊良纂。俊良，广东石门人。是书以胡渭《禹贡锥指》被取入《钦定书经传说》中，因节其要语以为读本。其《钦定》所未采者，则用《地理今释》。首有自序，以为由是编而进读原本，纲领既得，辨说易明，亦为绎《钦定传说》之一助。间附案语数条，于“九河既道”条下，谓河自大伾以西，利用合，倘流分行缓，下壅则上决。《史记》言厮为二渠，一从大伾山南下漯河而入海，一从大伾山西下漳河而入海。嗣是至于大陆，则东方之地逾卑，入海之路逾近。所以疏为九河，利用分云云。所见亦是。惟“泾属渭汭”条，既引胡氏说，泾水至高陵县入渭，水之隈曲曰汭，而会于渭汭条下。又引《地理今释》，渭汭，渭水入河之处，在华阴县，今韩城县北，龙门山南。据此则渭汭有二也，殊欠分晓。他若九江黑水，胡氏说不确，皆宜考正，未可盲从也。书中引《地理今释》止四条，余所引诸家之说，皆本之《锥指》。即题以《锥指节本》，无不可也。

0131 漆沮通考六卷光绪乙未周正谊堂刊本

清郑士范撰。士范字冶亭，陕西凤翔人。《禹贡》言“漆沮既从”，是书遍征地志实考二水之所在，分为六篇。首漆水，次洛水，次故城，次山属，次水属，次附录。书中据《集传》引《地志》漆水出扶风县，《水经》：漆水出扶风杜阳县。程氏曰：“杜阳今岐山普润县之地，亦汉漆县之境，其水入渭，在澧水之上，与经序渭水节次不合，非《禹贡》之漆。”以正孙星衍说之误。而以乔世宁所言耀州之漆沮，入渭在澧泾之下者为是。又《集传》谓漆沮从朝邑入渭，疑混于洛水。据王复斋自临潼交口入渭之说以驳之。俱极确。他篇则以相涉而及之，故题曰《通考》也。惟杂引诸书，甚少断制，又无贯串，殊令阅者茫然。以资参考可也。前有张世英序，合士范所撰《旧雨集》而作，盖二书并刊也。

0132 禹贡释诂一卷道光乙酉家刊本

清孙乔年撰。乔年作《古文尚书证疑》，已著录。尚有《五经释诂》、《尚书今文集说》、《三正考》等书，稿藏于家，至其孙仝严始刊行是书，即《五经释诂》之一种也。首有乔年自序，言少读蔡传，不惬于心。因集诸家之明白坦易，并数十年沉潜反复，有得于心者，著为《释诂》一书云云。其书词意简净，惟于前人沿误诸条，未见订正。即胡渭《锥指》，亦似未曾寓目者，不可解也。首有《九州田赋指掌图》、《禹贡九州全图》，为其子仝严所补绘。自序作于乾隆庚午，越六十年而布于世，时道光五年乙酉也。

0133 禹贡指掌一卷嘉庆刊本

清关涵撰。涵有《尚书纂义》，已著录。是书于孔疏、蔡传外，兼采吴棫、吕祖谦、黄度、林之奇、陈经、胡士行、陈大猷、金履祥、吴澄、陈栎、董鼎、薛季宣、黄镇成、陈师凯、傅寅、程大昌诸家之说及他记载，参错贯穿，其自己见有十余条。惟论“达于河”，据《古文尚书》“河”作“菏”；《说文·水部》“菏”字下引书同，盖菏与河济通，而泗则上可达菏，下可通淮，徐州当浮淮入泗，自泗达菏。他本改“菏”作“可”则何以注青，不言河于徐复言云。又据《水经·泗水篇》云，从淮阴入淮，即禹浮淮入泗旧道。《泲水篇》云：“菏从湖陵入泗，即禹浮泗达菏故道。”可为之证。第导沇水之东至于菏，是主泽言，即豫州菏泽之菏，此达于菏。又自乘氏至湖陵为菏泽支流。按此说甚确。又论“河源”，于星宿海之上黄河之西，尚有天池，则前人所不得知也。他条虽详异说，考订尚疏。又全书绝未提及朱鹤龄、胡渭、蒋廷锡诸说，岂未见其书耶？抑以时近而篾之耶？与《纂义》引顾、黄说者又何其不同也。

0134 **禹贡示掌一卷**道光甲午家刊本

清尢逢辰撰。逢辰字霭庭，江苏元和人，诸生，尝为荥泽县主簿。是书前有自序，以为“注《禹贡》者，莫详于胡氏《锥指》一书。第书繁难读，因节其大纲，以己意联缀成文，取便讽诵”云云。按就《锥指》节录而成书者，有马俊良、方溶二家。俊良之书以今地释古地而略于故训，溶之书熟于南北条水道而不载经文。逢辰是书又不及马、方，然缩长编为小册，尚不大失原书之意，则亦大费心裁也。自序作于嘉庆乙丑，书刊于道光甲午，潘世恩为作序。

0135 **禹贡因一卷**光绪壬辰家刊本

清沈练撰。练字清渠，江苏溧阳人，道光辛巳举人，官安徽绩溪训导。是书杂采诸家之注，为之删润。谓之“因”者，因乎旧说，不自下一说也。其体与任钧台《尚书约注》略相近，惟注家释地互有得失。不明形势，曷辨纲条？练于此殊欠参酌。惟词句简雅便讽诵而已。书为其孙剑芙所刊，俞樾为之序，时光绪十八年壬辰也。

0136 禹贡水道析疑二卷道光五年刊本

清张履元撰。履元字龢斋，安徽泾县人，岁贡生，尝官吴江县训导。是书首有石韫玉序及履元自序，书名盖取陶诗“疑义相与析”之意。大抵以孔传、蔡传为主，而参以胡氏《锥指》。谓孔安国注，后人或以晚出而疑其伪托，然真伪虽不可知，而其传已古。蔡九峰之《集传》，本诸朱子，世多宗之。胡氏则会先儒之说，发明甚多。履元择善而从，间下己意，其误者为之驳正，其是者加以证明，皆有援据。于石序所云无臆说亦无剿说者，尚为近之。书中考订蔡传处甚多，如引《水经注》正汾水东入于河之非。引于钦《齐乘》正九河地沦于海之非，引《汉志》正睢水即沮水之非。引杨慎说正三江于下流之非，引《正义》正泾、渭、汭为三水名而汭入于泾之非，引《汉志》正漆水入渭在沣水之上之非。诸条俱甚确。惟蔡传疑敷浅原不应在历阳县，所见甚是。履元据朱子《彭蠡九江辨》驳之，则非也。乃又援明陈士元说，以为当在岳鄂之间，亦非也。综观全书，折衷异说，多允当。惟旧说俱误者，无所依准，因之亦乏灼见。然删去繁芜，简而得要，其可取者固有在也。

0137 禹贡锥指节要一卷咸丰三年家刊本

清江献玗节要。献玗字彦石，江苏元和人。是［书］前有陈奂序，后有献玗自记。记言《锥指》采摭繁富，疏通证明。摘孔、蔡之谬，撷诸家之精，而卷帙繁重，僮幼未能遍观尽识。爰为攟束节揃，归于说易明而词不费。序称言近乎雅，辞止以达。今观其书与尤逢辰《示掌》互有详略，亦便讽诵。惟《锥指》原书不无小误，见于徐文靖所驳者。若谓《山海经》临渝、骊成已两存碣石之说，渭必谓文颖所指临渝为是，《汉·地理志》所指骊成为非，终无确验。又九江一条，坚守洞庭之说，不思九江果在洞南，则经当曰“九江孔殷，江汉朝宗于海”矣，见于《四库提要》所驳者。渭河水不知有重源，由其时西域未平，无由征验。又所引郦道元诸说，经注往往混淆。则由传刻舛讹，未睹善本云云。献玗并未据以改正，至陈宗谊、杨守敬之书，献玗尚不及见，斯不足怪责矣。书刊于咸丰三年癸丑。

0138 禹贡集注一卷咸丰十年刊本

清刘崇庆撰。崇庆字德征，原籍河南，以顺天籍中咸丰乙卯举人，官鲁山教谕。是书首有自序，以为水患皆因下流壅塞而然，必先疏其下流，而后浚其上流，使下流有所归，上流有所杀，河始入于雍。而经于冀，冀当河之下流，兖又下流之入海处。故禹自冀而兖，疏河泲之下流。自青而徐，疏淮之下流。自扬而荆，疏江汉之下流。于是自荆而豫，浚伊洛之源。自豫而梁，浚江汉之源。自梁而雍，浚河渭之源。所言禹先后施功之序，与蔡传略异，而理可相参。惟题曰《集注》，而所集何家，概未标明。于地理往往沿旧解之误，未能订正。如“治梁及岐”、“三江既入”、“泾属渭汭”诸条，其误之最显者。又如“恒卫既从”，以恒卫为小水，谓恒水东入于滱，卫水东入于滹沱，亦不免微误。按经言既从，不得以小水当之。恒即滱，卫即滹沱，特古今异名耳。他如黑水、三危、西倾、大别、嶓冢等，俱不能实指其地。盖所见之书，本不甚博，又欠精思明辨，故不免于疏略也。卷首有九州总分二图，又有九州田等、九州赋等诸诗歌十五首。卷末有徐际旦撰崇庆行状。

0139 禹贡辑注一卷一经堂刊本

清余宗英撰。宗英字伯熊，安徽婺源人。是书所辑，以蔡传为主，惟蔡传有误者则不从之。间附己见，别为圈外。有虽从蔡传，而仍正之者。如蔡传谓梁即吕梁，岐即狐岐，二山河水所经，治之以开河道。其实冀之吕梁，去河百五十里，狐岐去河三百三十里。则蔡传非也。又蔡传谓冀之北，辽、濡、滹、易诸水，皆中高不与河通，故贡赋之来，必自北海达河。今考惟辽水入海，不与河通，余三水皆合流入河。则蔡传又非也。又有蔡传前误而后不误者，如释潍淄其道，谓淄入济，仍沿《汉志》之误。释浮于汶，则云淄东北入海，则引后以正其前是也。他不从蔡传者，俱注明于条下。惟所据尚多未当，如云梦本分二地，故古本《尚书》作云土梦作乂，宗英必断云梦为一泽。蔡山，欧阳忞以为在雅州严道县，胡渭则谓即嘉定之峨嵋。似胡说较胜，宗英乃未引欧阳说而遗胡说。即蔡传之误者，亦未能一一尽正之也。

0140 **禹贡图说四卷**同治四年刊本

清周之翰撰。之翰字翩廷，湖北广济人，诸生。游学四川，为学使何绍基所识。是书为授徒而作，不依经文，专说地理。凡冀州二十六条，兖州九条，青州十一条，徐州十四条，扬州八条，荆州十四条，豫［州］十五条，梁州二十条，雍州三十条，各州之山若水，证实在今某省某府某县，如冀州“治梁及岐”之类。众说有异者，则阙而不举。大段尚少舛误，但有说无图。而诸说皆系就图指点，离图则殊不了了耳。第二卷，论《孟子》与《禹贡》之异，谓《孟子》“禹疏九河瀹济漯而注诸海”系据兖州而言，疏九河而注诸海，是注诸北海。瀹济漯而注诸海，是注之东海。“决汝汉”系据豫州而言，决汝入于淮之上流，决汉入于江之上流，此三字不连下文。“排淮泗”而注之江系据徐、扬二州而言，是淮与江之下流。《禹贡》四渎，分四段说。《孟子》四渎，合为两段说。河济漯入海有三处，不得因《孟子》遂谓入海在一处。淮之经流，纳汝泗入海。淮之支流，纳汝泗入江。不得因《孟子》遂谓淮先入江后入海。此条最明晰。有何绍基、徐从枢、唐杰、毛国瑞、袁章诸序跋，分弁各卷之首，殊非体。文亦不工，宜删之。

0141 **禹贡水道便览一卷**同治六年刊本

清张先振撰。先振字以厚，湖北汉阳人。是书略于山而详于水，于诸水之源流派别，言之了了。并及治之之法，使书中无字不晰。惟解“夹右碣石入于河”，谓自海而南向，望碣石以接河滨，由右而西转，舟在左，石在右，转屈之间，视之若在挟掖之石，故曰夹石。似属望文生义。解“泾属渭汭”，谓泾水出汧头山，东入渭。渭水出南谷山东入河。汭水出弦蒲薮东入泾，泾上承汭，下达渭，故曰属。又于“会于渭汭”条下，谓水内北皆曰汭，渭汭渭水之内也。不以汭为水名，未免两歧。按泾入河处，谓之泾汭。渭入河处，谓之渭汭。泾至云阳而入渭，又至华阴之永丰仓而入河，其间泾与渭相连，故曰“泾属渭汭”。此前后二说皆非也。解“黑水”，谓出汾关山，而不言所据。殆本《汉书·地理志》注也。按本经黑水凡三见：一见梁州，一见雍州，一见导川。在汾关山者，梁州之黑水耳。究竟是一是三，亦未分别。凡此诸条，略欠精审。惟全书着语无多，删尽支蔓，甚便观览。书后有其子椝纯跋，言先振所著尚有《周易互卦图说》、《周礼精义》、《仪礼考》、《律吕考》诸种，俱零落无存云。

0142 禹贡说一卷 续经解本

清倪文蔚撰。文蔚字豹岑，安徽望江人，咸丰壬子进士，官至广东巡抚。是书说仅五篇。说“彭蠡”，据《史记·封禅书》“上巡南郡，至江陵而东，登礼灊之天柱山，浮江自寻阳出枞阳，过彭蠡”云云。汉寻阳在江北，枞阳在今安庆东境，北去巢湖仅百里。然则彭蠡即巢湖也，若彭蠡为鄱湖，岂既出枞阳，复上溯五六百里而过彭蠡耶？说“云梦”，据左氏定四年传，楚子涉睢济江，入于云中。睢即沮水，在今当阳县境。涉沮济江始入云，是云明在江南。宣四年传，邙夫人生子文，弃于梦中。邙在今安陆县境，必与梦相近，是梦明在江北。杜预称枝江县、江夏、安陆县东南，华容县东南，各有云梦城，则所谓方八九百里者非夸词。若今之云梦，全在汉东，已与跨江南北之言不合。则《禹贡》云梦为九江，益可信。说“三江”，据《汉书·地理志》：芜湖县，中江出其西，南东至阳羡入海。吴县，南江在其南，东入海。毗陵县，北江在其北，东入海。孙星衍、阮元主其说，惟不知南江出自中江，而以石城县分江水为南江之始，未惬经意。因援地势以证之，此三条持论皆有据。他如说“九江”，主朱子。说“敷浅原”、“东陵”，主姚鼐。特引申之而已。

0143 禹贡郑注略例一卷光绪刊一镫精舍稿本

清何秋涛撰。秋涛有《周易爻辰申郑义》，已著录。是书就郑注见义疏及他籍者，隐举其例，曰《援东汉图籍》，曰《驳正班志》，曰《辨正他地理书》，曰《地理证实》，曰《地理志疑》，曰《导山释义》，曰《导水释义》，曰《改读正字》，曰《明书法》，曰《政令》，曰《礼制》，曰《名物》，各援义以实之。又附《订误》二条。其要义，如考定郑氏所引《地理志》，为东汉时书。既异班志，郡县虽与司马彪《续志》合，盖为《续志》所本。而中仍有不同，则《续志》尚在其后，又经更改也。其遗文实赖郑而仅存矣。驳正班志凡五条，得失显然。“菏泽”、“桑土”、“海岱”三条，证诸《诗谱》而相合。他如考东原，核九江，和读桓是训坂，皆足以释疑发滞。不仅三江之说为胡渭《锥指》所称重也。首有秋涛自序，称“王西庄偏执己见，多谬郑义，江艮庭鲜所发明，孙渊简略已甚，咸于地理无裨”云云。则是书不特钩郑氏之沉，亦可以补正王、江、孙三书之缺误矣。

0144 增订禹贡注读一卷光绪四年刊本

清徐鹿苹辑。是书首录《随山浚川图考》、《九州考》、《禽星分野图考图说》、《九州田赋等数指掌图》、《江汉淮泗入海图考》、《九河图考》、《伊洛瀍涧入河图考》、《九州参看横图考》、《尧制禹弼五服图考》、《九州句读异同辨》、《玄圭锡命备考》等，大抵抄袭他书。而《禽经分野图考图说》，尤繁琐。既非说经所重，亦与课徒不便。上方标今地名，并及音义，以补注所未及，而中多漏略。据“自识”，则参合众书而成，何云补订？盖乡塾陋儒所为也。

0145 禹贡翼传便蒙一卷光绪五年刊本

清袁自超辑。自超字崧生，江苏上元人。是书首有其兄汝超序，末有自超自跋。大旨多与蔡传立异，而又不便违功令，故云《翼传》也。自超方以授徒为业，自跋云“义取其确，辞不欲烦”，《便蒙》之意盖在此。书中折衷成说，如三江从郑注之类，多有当者。然以三危非一、大别有二、昆仑析支、渠搜流沙之属，但纠缠于旧籍，则于今地理仍有未熟故耳。

0146 禹贡三江九江辨一种《拙尊园丛稿》光绪刊本

清黎庶昌撰。庶昌字莼斋，遵义人，廪贡生。同治纪元，应诏上万言书，奉命以县令发往安庆，交曾国藩军次差遣。中兴新政，多所建议，时颇采及之，国藩亦器赏其才识。出参英、法、德、日四国使署，兼使日本有年。旋任川东兵备道，监督重庆新关。在日影抄唐宋旧籍，成《古逸丛书》，皆中土不传之本。裒所为古文辞凡六卷，自署曰《拙尊园丛稿》，兹篇为卷中之一。按辨《禹贡》三江九江者，古今众矣。故首称“自汉以来，其说纷纭淆乱，莫可究诘。非山川形势之难明，穿凿者之为害也”。可谓一语破的。又曰：“篇中本无‘南江’名，世儒泥有中有北，d必求南以实之，不得而索诸经外，由是聚讼断断莫止。”尤足为辨正诸说之定论，一空前人。博引“三江”分为五，“九江”分为三，立学说者各殊，而主其说者亦各异。若郑康成之“以左合汉为北江，右合彭蠡为南江，岷江居中为中江”，其说仅一“南江”之误而已。惟九江之主洞庭者，至宋初胡旦而始明，晁以为九江，朱子考定去无、澧而易潇蒸，于经为合。又指“三江”为中江、北江、九江，近儒李氏绂、秦氏蕙田之说为当。至其结论，谓“准以地望，证诸经文，先分荆、扬二州疆域，荆之疆域定，确知洞庭即为九江，而后‘南江’之说不攻自废。‘南江’说废，而后‘三江’明，则诸家之论亦息。并《禹贡》‘荆扬二州’及‘导江导汉'之文，皆（燎）［了］如指掌，无复留疑”云云。考据精确，论断明允，当推名著，信足以传。若黎氏者，不诚读书得间者乎！

0147 禹贡本义一卷

杨守敬撰。守敬地理之学，至深且博。是书以今证古，明乎分合变迁之故。广征群言，断以己意。如“治梁及岐”条，郑注以美阳之岐山当之。惟蔡传谓即《水经》之狐岐，守敬主蔡传，并驳《锥指》“狐岐去河三百里”之非。“恒卫既从”条，《汉志》：常山郡上曲阳恒山北谷。《禹贡》恒水所出，东入滱。灵寿《禹贡》卫水出，东出东入滹沱。守敬以恒水当由恒山得名，主浑源州之恒山，非上曲阳、灵寿之卫水，必同有传闻之误。“碣石”条，《汉志》：骊城县有大揭石，山絫县有揭石水。守敬谓揭石水自以出揭石山得名，一山一水，分著两县，由于山大，非有两揭石。胡渭创为小碣石之目，成孺又以《禹贡》之碣与《汉志》之揭非一石，俱误。“三江”条，本《书》：“导漾东为北江，导江东为中江，而无南江。”后人有疑《汉志》之三江即以诠《禹贡》者，守敬谓《汉志》之南江，非补《禹贡》，其北江、中江亦与《禹贡》殊，并论《汉志》之分江水为驳文。“九江”条，后人多主下隽西北之九江。守敬谓下隽西北之九江，乃荆州之九江。若寻阳之九江，上有江夏之西陵，下有金兰之东陵，于导江之义正合。并推言九者极数，言其甚多，不必实限以九。“泾属渭汭”条，主易祓说，渭入河处谓之渭汭，渭至云阳而入渭，又至华阴之永丰仓而入河。此二百八十里间，泾与渭相连，故曰“泾属渭汭”。然泾入渭处，何以不言泾汭而言渭汭？则古时水道有互受通称之例。“衡山”条，本《书》衡山、衡阳再见，守敬以为荆州之衡阳，自当以《汉志》湘南之衡山为据。而导山之衡山，实即霍山。以霍山为南岳，由来已古。“黑水三危”条，经黑水三见，一在雍州，二在梁州；三危再见，一在雍州，一在梁州。守敬以为雍州之黑水即《汉志》羌谷水，梁州之黑水即今之南盘江。黑水之三危，本三苗旧地，及舜窜之于敦煌，仍以其所居名之。说者每合雍梁之黑水三危为一，遂不可通。“北遇降水”条，守敬谓河之过降在斥章不在信都，《锥指》疑信都之降水是汉代一时之徙流，亦非。按诸条俱确凿不可易。书中有数条，并得之身历目验，宜乎与钻故纸者不同也。首有自序，历举本书异地同名不能合一之证，治《禹贡》者所不可不知也。书刊于光绪三十二年丙午。

0148 禹贡选注一卷 光绪壬午刊本

清吴昔巢辑。昔巢，浙江海盐人。是书原无序例，其门人朱元庆访而刊之。增入元庆一序，止述刊书缘起。书中循文敷义，不重考证地理。间有案语，无关要旨。亦有援他书以驳蔡传者。字音别注于上方，盖为课蒙计也。

0149 禹贡九州今地考二卷 光绪湖南刊本

清曾廉撰。是书考《禹贡》水道以今证古州各为篇，先举源流变迁，次分列今地，甚有条理。其折衷异说，或自出己见，皆有援据。如冀州篇，梁山不采胡渭龙门之说，而主蔡传。碣石亦不采胡渭沧海之说，别据《通典》言在卢龙，谓即今秦皇岛。兖州篇，言济漯皆可达河，斥胡渭禹时济无出河之说。青州，胡渭以高丽当嵎夷，顾祖禹又属之辽东。廉以为在今登州之东，秦时日主祠成山，正当其地。经以海为限，无逾海而东之理。扬州篇，三江既入，释者以江为中江，汉为北江而缺南江。廉据魏源说，谓南江即自震泽分出，由今嘉兴达杭州府海宁州入海。荆州篇，释九江者，古文谓在下隽西北，今文谓在寻阳南。廉则定为下隽，而寻阳之九江亦包于东迤之中。又谓云土梦为泽名，土与徒、杜皆通。举《国语》云连徒州，汉江夏郡有云杜县为证。梁州篇，释三危，据《后汉书·西羌传》谓其地数千里，当有今安西及青海并前后藏喀木以北。又谓黑水为今怒江，南行至缅甸入海，所谓入于南海者也。按诸条所考，具见斟酌。惟谓敷浅原即庐山，说虽本于朱子，究无所据。至辨原非高平之原，援浙江出三天子都，非都邑之都为例，弥觉牵强矣。首有自序。据《隋志》以南海、苍梧、始安、交趾、九真等十九郡均隶扬，证禹迹曾至南海，亦甚确。

0150 禹贡通释十三卷陕西刊本

清童颜舒撰。颜舒字雩山，陕西洋县人，道光举人，官学博。是书有颜舒自作凡例，首《禹贡总考》，次《山川总考》，次《九州分考》，次《赋贡总考》，次《山川附论》，次《理财附论》，而终以《问答汇存》。按自近世明三危即今西藏卫喀木三地，黑水即今潞江，昆仑即今阿里之冈底斯山，河源出于葱岭和阗，即昆仑之支麓。于是《禹贡》导黑水至三危，入南海，与《尔雅》河出昆仑之说相合。颜舒即本昆仑三危之解，以测《禹贡》之众山；本黑水河源之解，以测《禹贡》之众水。山分三界，水总两条，使全书脉络了然纸上。诚说《禹贡》者一奇书也。其说汪洋透辟，大抵信经而舍传。又证之群经诸子，以史册笺疏，参互融贯，自成妙解。如说四海，谓水中可居曰州，禹自言外薄四海使九州之地不外薄海，安得名之曰州？考《禹贡》“东渐于海”，“嵎夷既略”也。“朔南暨”，皆及于海也，不言海者，蒙上文渐海之海而言。“西被于流沙”，西戎即叙也。三海统于各州之内，西戎附于雍州之外。雍边流沙，曰叙西戎而即海者，被于流沙而暨之也。说十二州，谓唐、虞、夏、商、周虽有损益，而其中邦同，其成赋同，并无十二州。别建之三州，不当据幽并营之名，求之于九州中，当据《禹贡》九州之末，所谓昆仑、析支、渠搜三国，别之于九州外。说“阳鸟攸居”，谓阳鸟乃地名，据《天官书》：吴楚之强，占于鸟衡，南为朱阳，可曰朱雀即可曰阳鸟，舜纪言鸟夷即阳鸟之鸟。说“三江既入”，谓三江即浙、闽、粤三江。三江本三口，任举一口，皆可曰三江，犹之三危本三境，任举一境皆三危。说“具区”，谓区字古有欧音，具字与且形声俱近。王会有且欧国，当即其地。说“敷浅原”，谓敷自为敷，浅自为浅，原自为原，各为一境。敷与博通，即博山。古溅字多作浅，音同渐即渐江。《尔雅》：三农之地，隰平原以外，陵阜陵阿，可食者皆曰原。此原之名即金陵也。说“篠簜既敷”，谓篠簜地名，震之上源其南派自苕溪来，苕即篠也。其北派自长荡来，荡即簜也。以篠簜名川犹以酸枣名邑、豫章名郡。说“云土梦作乂”，谓云梦江汉之中，首起郢纪，尾讫沔汉。其地总名土，沔水所经云杜故城，杜即土也。城名云杜，即书之云土。合汉北江南而言，则曰云梦。合汉北汉南而言，则曰云杜。说“三邦底贡”，谓箘簵楛三物之名即三邦之名。浔阳九派，其第九之江曰箘江，江名箘，地必名箘。簵一作簬。《王会》：“路人大竹。”路人，邦也；大竹，贡也。楛当即古槃瓠氏之地，瓠者楛之转音。他如以灅水为卫水，以卫为肥淇，以黔中为蔡，又即殷时之鬼方。其连类及本《书》之外者，如证大禹郊鲧之非私，孟子淮泗注江之不误，俱创而确。颜舒又以为书以《贡》名，而诸经所举画井授田、制赋颁禄诸多错迕，故于《贡赋》一篇考之特详。其《山川》、《理财》二篇泛及后世治河、漕运、水利、屯垦、钱粮、商税、仓储诸政，则非但说经矣。其《问答》一篇，记与王锡禄商榷之语，盖藉以阐发书中疑义也。凡例后署咸丰庚申，即成书之年，至民国癸亥始梓行。后有刘定铎跋，述刊板缘起。

0151 禹贡今注一卷宣统三年活字印本

清阎宝森撰。是书于《禹贡》山水川泽全释以今地名，删尽分歧之说，主于一是。盖说《禹贡》者晚出愈精，择善而从，故舛误较少。读者但观现行地图，即可得其会通。视芮曰松、周之翰二书，尚觉胜之。卷末附则壤成赋图、九州贡物表，眉目尤晰。首有序例。

0152 周书解义十卷嘉庆十年刊本

清潘振撰。振字芑芑田，浙江仁和人，嘉庆庚申副贡生。是书首有吴锡麒、徐懋义序，又有振自序及凡例。自序称“解各有义，第即其解，以还其义”。书所以题《解义》也。每题各为说，以拟书序。

节采孔注，或标“孔云”，或不标。亦及卢文弨所收十九家校语，而全没其名氏。于制度器物悉本旧说，别无考证。且篇中每标章旨、节旨、发端、结构诸法，其识殊陋。惟依《汉志》题曰《周书》，视诸家称《逸周书》者，似较正也。

0153 周书集训校释十卷附逸文一卷道光丙午刊本

清朱右曾撰。首录有丁嘉葆题词，及右曾自序。据蔡邕《明堂月令论》称《月令》第五十三，谓“解”字为孔鼌所加，原篇但题某之第几。又谓《汉志》所注，今其存者四十五篇，系师古抛据唐本言之。盖孔氏注本，至唐而亡其二十五篇，师古之后，又亡其三，故今孔注，只其四十二篇也。又谓晋唐之世，《书》有二本，据孔氏解《克殷》“荷素质之旗于王前”，云一作“以前于王”；解“大武三摈厥亲”云“摈”一作“损”，而刘知几《史通》云，《周书》七十一章，上自文武，下终灵景，不言有所阙佚，与师古说殊。《唐书·艺文志》：“《汲冢周书》十卷，《孔鼌注周书》八卷。”二本并列，其合四十二篇之注于七十一篇之本，而又亡其十一篇，当在唐以后。又谓是书宏深质实，虽未必果出文武周召之手，要非战国秦汉人所能伪托，历举要证。又据《春秋传》称“辛有之二子董之晋”，辛有当周平王时，为周史辛甲之裔，世职载笔，其子适晋或以周之典籍往，观太子晋篇末云，师旷归，未及三年，告死者至，亦是《晋史》之辞云云。所见具不谬。其释本书，据卢文弨本集诸家校订，复益以王念孙、洪颐煊二家序。虽未及丁宗洛，而采其说甚多。亦引孔注，盖节取之。其考订正文，如《文酌》篇“大武剑勇”，据《释名》“剑，检也、敛也”，当读作“敛”。又“树惠不麽”，卢云“麽字无考”，右曾改作“瘛”，“瘛”，审也。又《释匡》篇“企不满壑”，谓“企”为“佱”之讹，“佱”，古文“注”字。又《程典》篇“商王用宗谗”，读“宗”为“崇”，谓崇侯虎也。又《文传》篇“土可犯材”，读“犯”为“范”，范土为器也。又《度邑》篇“亦不宾灭”，“宾”读“摈”，谓“宾”“摈”同。“泣涕于常”，读“常”为

“裳”，谓“常”古“裳”字。又《谥法》篇“失志无转”，谓“失”当为“矢”。又《本典》篇“均分以利之”，“利”为“祘”，读若“算”，明示之也。又《周祝》篇“事关”，谓“事”当“峥”，古文“争”字。又《器服》篇“明器因外”，谓“因”当为“茵”，所以藉棺者。其考定训诂，如《大匡》篇“无播疏”，谓“播”，弃也，《楚词注》注，今本伪为“推”。又《武称》篇“遂其咎”，孔无注，右曾谓“遂，亡也”，本《说文》。又《大匡》篇“展尽不伊”，孔云：“伊，推也。谓推当是惟，伊惟也。”《尔雅·释诂》文。其考定名物，如《王会》篇“内台”，谓“台”即“坛”，坛有未成。据郑康成说，上等为堂，内台是中等，下言外台是下等。又“操弓执矛”，谓“矛”为刺兵，非句兵之戟。《作雒》篇“画旅”，谓即“旅树”。《器服》一篇，谓皆明器之类。凡此皆本古训。其移《考定》篇第，如《世俘》旧第四十移之三十七，使与《克殷》相次；《大匡》、《文政》、《大聚》则递移至三十八、三十九、四十，亦有理。所辑逸文与丁本有异同，而援证校博，诚读《周书》之最善本也。

0154 周书年表一卷道光甲午刊本

清马肇元撰。是表取与周书年月相证，以周自共和以上，仅著于《史记世表》而缺略不完。班固《汉书·律历志》所说周年，率依刘歆《三统》。而歆作《三统》多以己意推测，不可信，因据《诗·大雅疏》所引郑康成注及史记《封禅书》、《周本记》、《鲁世家》，参互钩稽而为之表。其间周鲁并列，盖借鲁之年数以证周年之数。武王克商辛未之年讫鲁慎公十三年，当厉王三十六年己未，凡二百二十九年。又《史记》共和元年庚申，讫惠公三十七年己酉，即平王三十九年，凡一百一十年，合三百三十九年。其明年庚戌，即杜预《春秋释例》所记始，得此可以相贯矣。自谓“于经可合，于历无违，核之信然”。书中兼详古历法，亦学者所宜知也。

0155 周书年月考二卷道光甲午刊本

清马肇元撰。肇元字六坪，安徽桐城人，马瑞辰之弟。首有瑞辰序及肇元自序。大旨以《周书》自武王克商下距春秋惟共和以上二百余年，为《史记》表所不详，班、郑二家相沿讹阙。肇元杂采旧说，订其异同得失。如"武王克商"，据郑康成注，岁在辛未。又谓古文《武成》篇所称一月、二月、四月者，有殷周正之别。武王改祀为年，以建子之月为正月，在《史记》所称武王即位社南之后。其一月、二月系在即位社南之前，仍用殷正，四月则在其后，改用周正。其实丑、寅、卯乃顺次三月也。又谓《洪范》称惟子首王祀，考"武王胜殷杀受立武庚，以箕子归，作《洪范》"，与《泰誓》序"十有一年，武王伐殷，一月戊午，师渡孟津，作《泰誓》三篇"，词意相承，明是一时之作，《泰誓》序盖误"三"作"一"。又谓《金滕》称"既克商二年"，此二年是克纣之明年。武王即崩于是年，篇中所称"翼日乃瘳"者，盖瘳后而崩。《史记·封禅书》称"武王克商二年，天下未定而崩"可证。又谓"周公居东二年"，即是东征，即《大传》所云"一年救乱，三年克殷，三年伐奄"。郑注称先居东而后东征者□。又谓《康诰》即《大传》所称五年营成周时诰康叔之篇，封康叔乃成王三年事，书轶不传。又谓《多方》所称丁亥为三年五月二十三日，王已灭奄归周之时。《费誓》所称甲戌，则在《多方》丁亥以前，疑在二年秋既诛武庚，《金滕》所谓"罪人斯得"之时。凡此诸条，所援据俱甚的。惟《召诰》所称二月、三月，郑注谓当为一月、二月，所见甚卓。元和李锐称谓其所考验，一一符合，而肇元乃斥为臆测，似欠细勘。殆未见李氏书耶？书中于《牧誓》、《洪范》、《金滕》、《康诰》、《召诰》、《洛诰》、《多士》、《多方》、《顾命》、《费誓》，凡涉年月者，靡不考，皆今文也。其属于古文之《泰誓》、《武成》、《毕命》三篇，剖附于后，亦有自序云"不难于考核之精，而难于帝王年数之实"。又云"折衷取信于经，而核为之证"。可以知其概矣。至其因年月而论文王称王、武王观兵、周公践阼以及岁星超辰诸说，证其该博，虽非主旨所在，多可取焉。

0156 香草校周书四卷光绪刊本

清于鬯撰。鬯有《校周易》，已著录。其《校周书》四卷，最要者，如证四岳是四人，非一人。帝咨四岳者五事，其四事皆有“佥曰”字，是为四人无疑。惟巽位之咨，下接“岳曰：否德忝帝位”，无佥字。以为一人者据此，鬯谓此实四咨四人，而四人四对，所对皆同也。又说“烈风雷雨弗迷”，谓“弗迷”即前知，即《洛诰》之“御衡不迷”，“衡”者“璿璇玑玉衡”之“衡”。大麓当是天文之府。说“百僚师，师百工惟时”，谓师在百僚、百工之间，亦是官。《益稷》篇云“州十有二师”，郑云：“师，长也。”师不一人，故曰师师，即十有二师。说“至于碣石，入于海”，谓此言导山，非导水。碣石本在海中，不在海岸之上，故必著此三字以明之。此古文倒句法。说“五子之歌”，谓不得以五观附会。序云“昆弟五人”，明是五人，非一人。俱有理。惟谓今之《书序》，非孔子之序，孔子序存今经文中。如《多士》篇“惟三月，周公初于新邑洛，用告商王士”之类。按书有叙事，有叙言，此特叙事之文耳。古人为文，必别有序，汉人犹然。不然，如《汤誓》、《微子》、《大诰》、《立政》等篇，曷为缺之？书中多引俞荫甫说，且间有驳正之者。鬯与荫甫，盖同时也。

0157 大誓答问评一卷《中国学报》本

方勇撰。前录龚自珍《答问语》二十六条，下录评语亦如之。自珍以伏生二十九篇无《大誓》，勇则就其说而反驳之，所惜词不足以畅其意。而涉于古文者，皆拾他人之唾余。如谓孔安国虽传古文，而《逸书》十六篇，绝无师说。又硬断王肃伪造古文，而归咎于马融之疑《大誓》。俱欠深考。后附勇上刘师培书，并师培答书。师培谓今文无序，古文始有之。三十一卷，由析《盘庚》为三，非《大誓》

分出二篇。所见虽与勇异，而皆不满于龚氏之武断者也。

0158 洪范五行传二卷《汉魏遗书钞》本

汉刘向撰，清王谟辑。考《汉志》有刘向《五行传记》十一卷，隋唐《志》同《汉书》向本传，称“向见《尚书·洪范》，箕子为武王陈五行阴阳休咎之应，乃集合上古以来，历春秋六国至秦汉，符瑞灾异之记，推迹行事，连传祸福，著其占验，比类相从，各有条目，凡十一篇，号曰《洪范五行传》，论奏之”云云。宋儒欧阳修、叶适颐非之。刘知几《史通》谓班史《五行志》出刘向《洪范》，赵枢亦云：“刘向《五行传》，其书不可见；班书《五行志》，乃其遗法。”谟据此从《汉书·五行志》抄出向说百四十一条，并引《春秋左传疏》、《穀梁传》注、《水经注》、《宋书·五行志》诸书以证之。又从《后汉书注》、《宋·五行志》、《初学记》、《文选》、《北堂书抄》、《御览》、《类聚》抄出若干条，为二卷。卷首有序录六则。

0159 洪范五行传三卷左海全书本

清陈寿祺辑。是传全录《汉书·五行志》，分作三卷。而引《尚书》、《毛诗》、《公羊疏》、《南齐书》、《隋书》、《唐书》各《五行志》，萧吉《五行大义》、《开元占经》、释湛然《辅行记》、《初学记》、《北堂书抄》、《太平御览》、《艺文类聚》诸书以证之。有原书不标所出，而以意断为传文者。文下间有考证，其不题刘向者，据本称“景武之世，董仲舒治《公羊春秋》，推始阴阳，为儒者宗。宣元之后，刘向治《穀梁春秋》，数其祸福，传以《洪范》，与仲舒错。至向子歆，治《左氏传》，其《春秋》意已乖矣。言五行传，又颇不同。是以擥仲舒，别向、歆。传载眭孟、夏侯胜、京房、谷永、李寻之徒所陈行事，讫于王莽，举十二世，以传《春秋》”云云。盖刘向之外专有诸家之说在也。

0160 洪范数雍正元年刊本

宋蔡沈撰，清张文炳校刊。首有文炳序。书分三帙：第一帙，沈原序、《天台谢无楙序说》、《朱子河图洛书图说》、《朱子皇极辨》、《范数筮仪》、《明筮歌》、《九畴吉凶之图》、《洛书范数》、《箕子洪范九畴之图》、《皇极居次五图》、《九畴虚五用十之图》、《九畴合八畴数之图》、《九畴本洛书数图》、《九畴相乘得数图》、《九九圆数循环之图》、《范数之图》、《洪范经》、《洪范畴解》、《序畴传》。第二帙，内篇，即《洪范皇极论》三篇，篇为一卷，有鳌峰熊宗立解。第三帙，外篇，即数八十一章。考是本与《四库》著录本微有不同。《四库》本系据《永乐大典》本，又云与《性理大全》同。二本外更未取证他本。是本刊于雍正初年，馆臣竟未得见之。[次] 三帙虽同《四库》本，而首帙各篇则《四库》本无之。书题《洪范数》，与《玉海》合。次帙小题曰《洪范皇极内篇》，三帙小题曰《外编》，又与王圻《续通考》作《洪范皇极内外篇》者合。疑王圻未见首帙，或虽见而不数之欤?《四库》本乃据之以改《玉海》，非也。《大典》本原无卷数，故馆臣任意并为五卷。至朱彝尊《经义》作《洪范内外传》七卷，又不知其何据。然《洪范》之下去“皇极”二字，殊未妥。文炳序，亦不言是本所出。首帙中之《洪范畴解》，又缺解者姓名；条下间有“朝雍曰”三字，当是附录他人之说而缺其姓，与曹溶所称之余深解本，不知是一是二。是书阐发皇极之理蕴，不专言数，仍当依朱氏经义考例，入之经部为较允也。

0161 洪范说一卷康熙戊子刊本

清李光地撰。首有自序，谓真西山《衍义》虽得经意，而有所未发。因推本于《洛书》之出。暨夫九畴生数，与易卦同异之根，而文义之间，亦多自抒所得，不沿旧解。其书旧刊于康熙庚辰。既而觉其词漫漶，非解经之体。又九畴目中分别禹箕，亦未甚审。因就删削，依文训释，期于平实简质，即是本也。按庚辰，光地五十九岁。戊子，六十七岁。盖历八年而稿再定。考光地《年谱》，于庚辰条下标“《洪范》初稿成”，而戊子缺之。序亦不见文集，殆偶遗之耶？

0162 洪范后案二卷《西庄始存稿》本

清王鸣盛撰。鸣盛有《尚书后案》，已著录。其《西庄始存稿》卷十九至二十为《洪范后案》，即《尚书后案》中之卷十二也。一为初稿，一系定本，微有异同，大约略于前而详于后。然是稿论《河图》、《洛书》至三千余言，定本无之，当是后来所删，则未可以一概论矣。又定本于孔传每加以伪字，稿亦无之。据此可知鸣盛著书先成《洪范》，其异同与详略之处，亦正可参互而考其得失也。

0163 洪范宗经三卷道光十五年刊本

清丁裕彦撰。裕彦字毓清，山东潍县人。是书首有陈官俊、贾桢、宋庆和诸序。陈序称其于蔡传之浑举大意、义蕴浑含处，言之务详且尽。贾序称其即九峰《集传》之说，引伸其旨，曲畅旁通，期于学者之共晓。丁序称其发挥圣人立言之旨，务使理无不实，义无不揭，剖析无不精当云云。今观是书，亦主蔡传，而阐发特详，颇嫌繁衍。其《五行》、《五事》两章，假物理以为喻，亦能发人所未发。惟“阴阳”二字不足以尽五行之蕴，而五行之分属五事，究嫌附会，“阴阳”二字尤不足以显之。斯则一孔之儒，不足与谈天地之秘奥矣。

0164 洪范大义三卷民国壬戌刊本

清唐文治撰。卷首有自序，又有后序。书分三卷，上卷传注，中卷政鉴，三卷析疑录。注以解字，多采黄式三《尚书启幪》、吴汝纶《尚书故》，而不录姓氏，以中多参杂也。传以释义，以黄道周、李光地为主。惟“辟作福”一节，谓旧解多误，概不录，别详其说于卷中

《三德》篇。《政鉴》者，五行、五事、八政、五纪、皇极、三德、稽疑、庶征、五福六极，各为篇。泛论治乱所以然，而深致慨于知有党而不知有政者，是其微旨之所在也。《析疑录》者，汇录朱子《皇极辨》、苏洵《洪范论》、王夫之《洪范篇》并及《四库提要》三则，各篇后按以己见，究以朱子为归焉。

0165 **尚书今古文五藏说一卷**《蛰园丛刻》本

清胡廷绶撰。廷绶字翌屏，安徽绩溪人。按今文《尚书》欧阳说肝木、心火、脾土、肺金、肾水，古《尚书》说脾木、肺火、心土、肝金、肾水。许叔重据《月令》“春祭脾”等，同古《尚书》说。郑康成驳之，以为《月令》祭四时之位，以五藏之上下次之，不得同五行之气。遂言今医病之法，以肝为木、心为火、脾为土、肺为金、肾为水，则有瘳也。若反其术，不死为剧。详郑此言，固以《洪范》之貌木属肝、言金属肝、视火属心、听水属肾、思水属脾矣。郑注《尚书》久佚，其注《尚书大传》，以貌配木、言配金、视配火、听配水、思配土，虽不言五藏所属，可由驳异义而推得之。乃王鸣盛《尚书后案》谓五行相配，与相属不同。《洪范》以形象之相配言，医经以气质之相属言，不可强合。廷绶以为康成大儒，于九流无不通，王氏不能通其说，信口武断。因援《易》、《礼》、《管子》、《内经》诸说以证成郑义之不误，深可取也。

0166 **洛诰新解一卷**石印本

温廷敬撰。按《书序》云“召公既相宅，周公往营成周，使来告卜，作《洛诰》”。但是篇文多不可晓，金仁山欲移“王若曰公明保”节于“公曰已汝惟冲子”节上，意仍晦昧。尤难解者，篇中“明保予冲子”语，近日发见矢令彝、明保殷成周彝、王令明公彝诸金文，始知明保为周公之子。然或又以伯禽当之。廷敬据王令明公彝文，连言明公、鲁侯，是明公、鲁侯为二人。鲁侯即伯禽，明公即明保。盖食采于明，故称明公。亦即《史记索隐》所称周公次子留相王室者也。廷敬即据是以释《洛诰》，惟明保为周公之子，虽可证实，而《洛诰》全文，原多讹脱，委曲附会，仍不免于支离也。

0167 召诰日名考一卷元和《李氏遗书》本

清李锐撰。锐字尚之，江苏元和人，诸生。素长算术。《尚书·召诰篇》："惟二月既望，越六日乙未。"郑注曰："是时周公居摄五年，二月三月，当为一月二月。不云正月者，盖待治定制礼，乃正言正月故也。"（见《诗·大雅》文王序疏及《周礼·地官》大司徒疏）而孔传则曰："周公摄政七年，二月十五日，日月相望，于望后六日，二十一日。"孔疏曰："《洛诰》云：周公诞保文武受命惟七年。"《洛诰》是摄政七年事也。《洛诰》周公云："予惟乙卯朝至于洛师。"此篇云乙卯周公朝至于洛，正是一事。知此二月，是周公摄政七年之二月也。按郑说实本于伏生《大传》，《大传》云："周公居摄五年，营成周。"《召诰》正是营成周事，故郑依之。而《史记·鲁世家》作七年，又为孔传所本。后来刘歆《三统历》依之，王鸣盛、江声于郑注皆致疑。但郑君精于步算，此破二月三月为一月二月断非漫然。锐是书据纬侯入蔀数推算，从二十九年戊午起，至二十五年甲申止，即作《召诰》之年也。又以一月二月相比为表，则一月十六日庚寅为既望，越六日二十一日为乙未，二月则否。证明郑注之确焉。

0168 立政臆解一卷

清刘光蕡撰。首有自序，言"泰西宪法精理，《尚书》二十八篇已阐之。而《立政》一篇，尤重用法。克知灼见以任人，博采庶言以为法。王则罔兼罔知，勿间勿误。人法相维，自天子至于庶人各守其范。故终饬司寇之执法，胥天下而范之于道"云云。全篇就此意阐发，大意尚不差谬。而附会可厌，即如常伯常任准人，蔡传谓有牧民之长曰常伯，有任事之公卿曰常任，有守法之有司曰准人，本无不合。乃附会谓常伯如西国之君相，及上议院勋贵为之；常任即西国行政之官；准人则西国下议院，以国人之公论议定宪法而行之，准人情以为法也。试思成王时，岂有如上议院与下议院者耶？岂有定于国人公议之宪法耶？他附会多类此。然亦有较长于旧解者，蔡传谓此篇周公所作，而记之者周史也。然开首周公若曰拜手稽首告天子王矣，何以多“若曰”二字。光蕡以此周公作书戒王，用书戒不面陈者，欲王悬之坐侧，终身守之也。“拜手稽首”四字，即从周公口中说出，如后世奏表中有稽首顿首语也。艺人，蔡传谓卜祝巫匠执技以事上者，光蕡谓教学之官，即教民以六德、六行、六艺者也。大抵光蕡为此，在援古以证今，但借伸其政论不求合乎经旨也。经文“虎贲缀衣趣马小尹”下，脱“左右携仆百司庶府”八字，则校者之咎矣。书为民国己未烟霞草堂丛刊本。

0169 **经锄堂经说一卷**刊本无年月

不署撰者名氏。篇后有陈澧评语，疑为张维屏撰。以维屏尝官湖北黄梅令，篇中有“余尝自龙坪至黄梅”语，又素与陈澧善也。文止五篇，皆说《禹贡》者。说“彭蠡”，据《史记·封禅书》“上巡南郡，至江陵而东，登礼灊之天柱山，浮江自寻阳出枞阳，过彭蠡”云云。汉寻阳在江北，枞阳在今安庆东境，北去巢湖仅百里。曰“自寻阳出枞阳”，则北岸必有分江可至安庆，然则彭蠡为巢湖无疑。旧解以为鄱湖，岂既出枞阳，复上溯五六百里而过彭蠡耶？说“云梦”，谓云在江北，梦在江南。据《左传》，楚子涉睢济江入于云中，睢即沮水，在今当阳县境。涉沮济江始入云，是云在江南明甚。又《左传》：邧夫人生子文，弃于梦中。邧在今安陆县境，必与梦相近。是梦在江北明甚。二泽跨江南北，《禹贡》之云即今之洞庭，与今云梦在汉东者非一地。说“三江”，据《汉志》，芜湖县中江出其西南，东至阳羡入海。吴县南江出其南，东入海。毗陵县北江在其北，东入海。近人多本之，惟以石城县分江水，为南江之始。考石城今属池州，分江水在池州西七十里，不可谓之南江。南江实出自中江，源近脉短，至吴越始分为二。经不言南江者以此。说“九江”，谓秦九江郡，在今安庆黄州地。经书九江于江汉朝宗之后，盖江汉合流，为众山所束，逼迫不得逞。至黄州安庆之交，漭荡数百里，洲渚纵横，旁流四溢。古人数之多者，皆约之以九，不必实指其名。若如朱子说以洞庭为九江，则长沙居洞庭之滨，当名之曰九江，何必远求之数百里下。说“敷浅原东陵”，谓敷浅原即今之庐山，《汉志》不误，姚鼐以为在今之和州六合间者非。东陵为今池州山，即以彭蠡为巢湖推知之。诸说俱标异翻新，可备一解。澧所评语，推许太过，近于谀矣。

0170 **尚书顾命残本一卷**宣统己酉影印《敦煌石室遗书》本

是篇出敦煌石室，自末“命女孠畓”起至“盥目异”止，凡九行。盖未经卫包改定之古本也。其中孠、畓、咊、敭、开、三、目等字，皆隐有隶古遗意。取校薛季宣《书古文文训》，其隶古文同者仅七字，不同者三十七字。又取注文校日本山井鼎《七经孟子考文》“策命告辞也”，《考文》“告”作“之”，惟注文间有夺字别字。皆无关考证。后附吴县蒋斧校记，及罗振玉补考。

0171 **三亳考一卷**光绪写刊本

杨守敬撰。《书序》：“汤始居亳，从先王居。”郑注：“亳，今河南偃师县，有汤亭。”《地理志》“河南郡偃师尸乡殷汤所都。”《立政篇》：“三亳阪日。”郑注：“三亳者，汤旧都之民服文王者，分为三邑，其长居险，故言阪尹，盖东成皋，南轘辕，西降谷也。”按郑以汤旧都释三亳，以成皋、轘辕、降谷三邑处三亳之民，示尝以三邑为三亳。自孔颖达《正义》以三亳、阪尹共为一事，云旧都分为三：其长居险，其意殆从偃师为汤旧都，至此分为三也。且以偃师为诺始居之，与《孟子》并不合。《孟子》称汤居亳与葛为邻。按《地理志》：葛，今梁国□陵之葛乡□陵，去□□八百里，汤池上也。□而□者

□□为□。子饷食，非其证也。且云：与汤至盘庚五迁不合。守敬是考，据皇甫谧旧说谓殷有三亳，谷熟为南亳，即汤都；蒙为北亳，即景亳，是汤所受命之地；偃师为西亳，即盘康所徙。又引左氏襄九年传，马融注：谓商邱即亳，以证谧说之确。引《汉书·地理注》“臣瓒注汤居亳，今泲阴县是”以释郑注之疑。末谓文王成皋、轘辕、降谷处三亳之民，正如后世处鲜卑回纥之事。郑解三亳阪尹并无不合，惟以谧引征葛事，以为出仲虺之□。又解阪尹，义与郑异，遂牵及近人攻古文《尚书》之谬说，则节外生枝矣。

0172 **九江考一种**新化邹氏《敩艺斋遗书》本

清邹汉勋撰。汉勋字叔绩，新化人。咸丰辛亥举于乡，以博学名。于《易》、《诗》经训、史家地理、音韵小学、金石书画靡不研究。洪杨乱作，以知县从江忠源守庐州，有功叙官直隶州同知，援绝城陷，歼贼死之。著书三十年，言数十万，自名其斋曰“敩艺”，后人梓其遗书焉。从来言“九江”者，不一其说，自古至今，聚讼纷纭，莫可究诘。惟其所在，约分为三：一曰彭蠡，一曰寻阳，一曰洞庭，宗者不外乎是（而）要以《汉志》与《水经》为各有当尔。故篇中首揭《汉志》曰：“在寻阳南。”《水经》曰：“在下嶲西北。”一谓“湖汉”，一谓“洞庭”，二者皆是。断以入“洞庭”之水四：沅、湘、资、澧；入“湖汉”之水五：修、赣、盱、鄱、余。二者合而为九。乃本刘歆之言。九江谓湖汉等九水，而为专说以明之。《水经注》固引其说，摈郦道元，不善读之。以入湘之水有九，殊失刘意。至宗儒胡旦，谓湘、沅、资、澧、酉、辰、无、溆、渐为九江，皆入洞庭。朱子考定，去无、澧而益以蒸、潇，亦认为非是，谓大小不伦。沅、湘、资、澧，汇洞庭之大水也。无即潕，与辰、潇皆次之。无、辰入沅，潇入湘，不宜亚正流而目为九，若渐、溆之数，何止十百？故二说皆不可从。但准诸《禹贡》先言澧而后言九江之义，似又不合。乃释“澧”为地名，并谓大抵荆州江南之地，其水皆萃于湖汉与湖湘，地之广狭，水之大小并同，故合而称为九。《山经》：“洞庭山在九江之间。”明二湖皆是九江，则《水经》与《汉志》各得其一。邹氏邃于舆地考据文学，创为斯说，足征其独具精心，考证明确，良可补言水道者之所未逮也。

文字音义之属

0173 书集传音释六卷咸丰乙卯刊本

元邹季友《书集传音释》，于蔡传有匡正疏证之功，曾覆刊于明正统间。卷首附书图、说书纲领、书序，最完备。明洪武时，刘三吾等修《书传会选》多资之。顾炎武《日知录》称，《书传会选》若《尧典》天左旋，日月五星右转。“高宗肜日”，谓祖庚绎于高宗之庙。“西伯戡黎”，谓是武王。《洛诰》“惟周公诞保文武受命惟七年”，谓周公辅成王之七年。皆不易之论。每传之下，系以经文及传音释，于字音、字体、字义辨之甚详。其传中用古人姓字、古书名目，必具出处，亦兼考典故，有功后学。不知《会选》即袭用是书，惟改日月五星右转之说耳。浦城祝凤喈先得正统刊本，嗣又得抄本，并元至正刊本及《书传会选》本。董氏辑录纂疏本，于蔡传原书及音释本之讹脱，一一为之订正，具注于凡例中。刊于咸丰乙卯，至光绪己丑江南书局又重刊之，诚读蔡传者最佳本也。季友字晋昭，江西鄱阳人。

0174 书经字考一卷嘉庆刊本

清吴东发撰。东发字芸文，浙江海盐人。是书说“陟方乃死”，谓“方”、“放”古通，“放”又通“仿”，陟言治化上升，放言治化周遍。若如蔡传以陟方为升遐，为徂落，则不当复云“乃死”。说“铅松怪石”，谓“怪”当作“圣”。古“墾”字，从又从土，象手击土，盖供治宗庙宫室之用。说“罔不寇贼鸱义”，谓“义”读若“义”，“鸱义”即“鸱鸮”，盖顽凶之目。说“邦人大恐王与大夫尽弁”，谓“弁”通作“变”，“尽变”与“大恐”语对。俱援证甚惬。其引钟鼎石刻，以见古字同异。如“分北三苗”，谓“北”本“背”字，引石鼓文作“[illegible]”，二人相背之象。“土爰稼穑”，“爰”字引“秙卣”作“[illegible]”，两手弄丸之象，有循环之义。《春秋传》“晋于是乎作爰田”，注易也。四曰“司空”，引周司空鼎铭，作“司工”。郑氏云：“初，尧冬官为共工，舜摄位，举禹治水，改名司空以命之。”知“空”、“工”古字通。“厥子民养”，引晋姜鼎“民”作“[illegible]”，象目有所蔽；周养鼎铭，“养”作“[illegible]”，《孟子》“庠者养也”。“养”、“羊”音义通，故“民养”当读若“芒羊”，犹《庄子》所云“迷阳”。凡此诸条，尤属义新而确。书中多引王氏《后案》，亦间驳正之。王氏素攻古文，谓夏侯等书，心腹肾肠曰优贤阳，乃今文。郑传古文故曰心腹肾肠，孔本号称古文，乃反同于夏侯等书。东发驳谓曰：“优贤阳，曰犹作也。”言心腹肾肠，夏侯等书作优贤阳也，是梅赜本正与郑同，此可以关王氏之口矣。东发别有《笔记》，其已见于彼者，则不复详云。

0175 尚书异字同声考一卷 光绪十年刊本

清丁显纂。首有自序，又有后序。是书以段懋堂《尚书撰异》为主，而参以顾亭林、江慎修、戴东原、张芸心诸家之说。而方密之《通雅》、钱竹汀《养新录》，并采及焉。就诸家所引义相同而声相近者，广为征引。其间惟“宅”作“度”、“底”作“致”、“猪”作“都”、“植”作“戴”，以古无舌头，舌上之音。故又“方”作“旁”、“弗”作“不”、“敷”作“布”、“弼”作“辅”、“弼”作“弇”、“岷”作“汶”、“陪”作“负”、“分”作“比”、“丕”作“负”、“敉”作“抚”、“冯”作“凭”、“剕”作“膑”，以古无轻唇音故。余无不合，惟“寅饯内日”，《大传》作“寅饯入日”，两不相通。而古书多互用，殊不可解。又遍于群神遍读如班，而浅人径改作班。悉为如此之类，俱为摘出。惟编中屡称壁中真本，全是臆断，何苦自欺以欺人耶？

书纬之属

0176 尚书中候三卷尚书纬璇玑钤一卷尚书纬考灵曜一卷尚书纬刑德放一卷尚书纬帝命验一卷尚书纬运期授一卷 玉函山房本

汉郑玄注，清马国翰辑。首有自序，《尚书中侯》分三卷，不依孔广林本，国翰似未见孔本也。其目卷上首《握河纪》，次《考河命》，次《题期》，次《立象》，次《运衡》。卷中，首《勑省图》，次《苗兴》，次《契握》，次《洛予命》，次《稷起》，次《我应》。卷下，首《雒师谋》，次《合符后》，次《挝洛戒》，次《准谶哲》，次《义明》，次《霸免》，次《觊期》。其诸书引无篇目者则归之杂篇。开卷首条“伏羲氏有天下，龙马负图出于河，遂法之以画八卦”二十字，作为纬文，他本则引作郑注。其下尚有“又龟书洛出之也”七字。次条引“文武成德俊乂在位”八字。《御览》明举《考河命》，此仍系之《握河纪》，未免太失考。他条窜误多类此。然亦间有为他本未及采获者，如次条“文命咸德”之上，引“尧励德匪懈万民和欣”九字，出瞿昙悉《开元占经》。惜不多耳。他所辑《璇玑钤》一卷、《考灵曜》一卷、《刑德放》一卷、《帝命验》一卷、《运期授》一卷，皆无序。按《隋志》于郑注《尚书中候》五卷外，尚有《尚书纬》三卷。注云：“郑玄注，梁六卷。”《七录》云六卷，无篇目。岂《中候》为一卷，他五篇各为卷耶？惟《后汉·樊英传》注备述五篇之名。首《璇玑钤》，璇玑者，帝王御运治历观天之器也。历之理，非数无以显；历之数，非象无以明。故第为先，《考灵曜》次之。王者观象治民，德为政本，政以弼教，斗华取象，庶狱哀矜。《刑德

(倣)[放]》又次之。《帝命验》、《运期授》，则明五行相代之期，易姓而兴之理，故以终焉。特举其概，以补国翰之缺焉。

0177 尚书旋玑铃一卷《说郛》本

原题阙名。所辑凡九条。中“禹开龙门，导积石，(出)玄珪出，刻曰：延喜玉受德，天锡佩”条，引见《类聚·帝王部》。“其帝者天号，王者人称，天有五帝以立名，人有三王以正度，天子爵称也，皇者煌煌也”条，《初学记》引此，泛称《尚书纬》。《唐类函》则称《刑德考》，未知孰误也。此条及“上清下浊”条，“在政不私公位”条，“天子之尊也”条，“少室之山”条，乔松年《纬攟》俱转引之。

0178 尚书考灵曜一卷《说郛》本

原题阙名。所辑凡十一条。其“地有四游”条，“五百载圣纪符”条，“日旁气白者为虹”条，同见引《御览》。“次星为夏期”条，与“虚星秋候”条，本连为一，亦见《御览》引。“五星若编珠、旋玑、中星、星调则风雨时”条，上五字见《御览》引，下十字见《类聚》引。“通天文者明”条，则《类聚》引。“从上临下”条，见《周礼·大司徒疏》引。“秦王政以白璧沉河”条，《初学记》引作《河图考灵曜》文，惟“秦”字误“赵”。“桑木者箕星之精”条，见《书·尧典疏》引，惟又见《帝命验》。“止晦而月见西方”一条，未考得出处耳。

0179 尚书帝命期一卷《说郛》本

原题阙名，他辑本多作《帝命验》。所辑凡十三条。首条“桀失玉镜，用其噬兽”见《白镜帖》引，与他条“桀失其玉镜用其噬虎”，虎亦兽也，疑本是一事。然下条亦见《御览》引。“禹白帝精”

条，“有人雄起”条，俱见《御览》引。“贼起蜚，卯生虎”，并见《书钞》、《御览》引。“虞舜在侧陋”条，亦见《御览》引，而文少异。“夏桀无道”条，见《路史》引。“秦失金镜”条，“卯金出轸”条，《古微书》并有之。“桀无道夏出霜”条，“有人大口”条，清河郡本亦俱有之。惟上条又见《洛书灵准听》，下条清河郡本多“郑氏注：出霜谓天降霜也，夏桀无道，感连寰宇，天乃示之，夏炎陨霜”二十六字。

0180 尚书帝验期一卷《古微书》本

明孙瑴辑。止得二条。一条云：“西王母于太荒之国，得益地图。慕舜德，远来献之。”又一条云：“王母之国，在西荒。凡得道授书者，皆朝王母于昆仑之阙。”按前一条见《玉海·地理门》引，后一条见《御览》引。前此《说郛》辑《尚书纬》，尚未及此。

0181 尚书帝验期一卷《纬攟》本

清乔松年辑。凡三条，中二条同《古微书》，惟增引《路史》“西王母献舜白玉琯”一条。按“西王母于太荒之国，得益地图。慕舜德，远来献之”条，见《玉海·地理门》引。此乃引明人《天中记》，殆未见《玉海》也。又按赵在翰、黄奭辑《尚书帝命验》，此所引第一、第三条，皆入之。盖混《帝验期》为一书，非也。

0182 尚书运期授一卷《古微书》本

明孙瑴辑。凡四条。首条“白帝之治，六十四世，其亡也，枉矢射参”见《御览》引。末条“房四表之道”见《史记索隐》引。惟次条“黑帝亡，二日并出”，《御览》引作《尚书考灵曜》文。三条“桀失玉镜，用其噬虎”，《白帖镜》引作《尚书帝命验》文，此恐误也。

0183 尚书运期授一卷《七纬》本

清赵在翰辑。凡三条。其"白帝之治，六十四世，其亡也，枉矢参射"条，同《古微书》。"房四表之道"条，亦同《古微书》。惟多李大瑛注语，谓"天镜经天有四表，四表者房星也，三道者房间三道，南间为上道，中央为中道，秋间为下道。"《星经》云："房四星，名天府，管四方，为四表。表三道，日月五星常道也"云云。又增引《河图》曰，仓帝之治，八百二十岁。"亽戊午蔀"一条，出《诗》文王叙正义，为《古微书》所无。

0184 尚书中候注一卷《郑氏佚书》本

汉郑康成撰，清袁钧辑。首据《诗谱》引郑《中候注》云：大名在下断为十八篇，小名在上。其十八篇之目次，同孔广林本。而篇中文与注之次，则稍异。每条下间附考证，同所辑《尚书》郑注。篇后又辑有《尚书中候序》三条，则孔本所无也。其详于孔本者，《握河纪》"比隆伏羲"条下，多"伏羲氏有天下，龙马负图出于河，遂法之画八卦，又龟书洛出之也"二十六字。又"嘉禾孳连"条下，多"嘉禾茎长五尺三十五穗"十字。《考河命》篇"蓂荚孚"条下，多"其星得则蓂荚生"七字。原疏引俱脱"注"字，钧定为郑注。又《握河纪》篇"凤巢阿阁讙树"条下、"荣名"上，钧以为当有"阿屋"二字，于"屋"上当有"巢"字，而"出"上当有"衖门"二字，并以空方记之。此则证以上下文义而得之者也。又"临坛止"条下增为"临坛而止"，此则证以他书而得之者也。《立象篇》下，据《御览》引"文命盛德俊乂在官则芝草生郊醴泉出山"十七字。称《考河命》者疑是《立象》之文。文命，禹名，尧、舜、汤、文、武并有文，不应禹独无文。此说禹事，其上当有"曰若稽古大禹曰"七字，所见亦是。要之，较孔广林为善，故皮锡瑞依是本为疏证也。

0185 尚书中候郑注五卷乾隆刊本

汉郑玄注，清孔广林辑。按《正义》：书纬云：“孔子得黄帝玄孙帝魁之书，迄秦穆公，凡三千二百四十篇，定可以为法者，百二十篇。以百二篇为《尚书》，十八篇为《中侯》。郑氏注《尚书》如稽同古天禺铁放勋之类，盖取诸纬。”其书《七录》云六卷，无篇目。《隋志》：“《尚书中侯》五卷，郑玄注。梁有八卷，今残缺。”《唐志》载郑玄注《书纬》三卷，《中候》不著录，盖久佚矣。广林辑成是书仍依《隋志》五卷之数，虽考得十八篇之目，惟昧于原次所在，不标第几。至其不能考出应附何处［者］凡七条另录于后，其中篇目出处则详注于书后。惟《题期》、《立象》二篇无注。据宋均云：“尧得图书，舜禅后，演以为《考河命》、《题期》、《立象》三篇。”乃诸书多引《考河命》，而《题期》、《立象》无称。疑《题期》、《立象》乃《考河命》中、下篇，故引者概称《考河命》。按他本有据《御览》所引“文命盛德”条，称《考河命》者疑是《立象》之文。文命，禹名，尧、舜、汤、文、武并有文，不应禹独无文。可为三篇无分之证。其无可附各条，另录于后。又附录之“鬯草生郊”四字，他本有置于《摘雒戒》篇“鸾凤见蓂荚生”之下者。“嘉禾茎长五尺三十五穗”十字，他本有置于《握河纪》篇“唐叔得禾异亩同颖”之下者，似无不妥。则无可附者仅五条耳。《稷起》篇引《诗·緜》正义“亶父以字为号”及“事之以牛羊”二句。又引《诗》“天作正义，一年成邑，二年成都，三年五倍其初”三句，不知正文何属，但皆说古公之事，正文宜标“亶父”二字。又九夷、八狄、七戎、六蛮谓之四海，凡两见，一在《我应》篇，一在《雒师谋》篇，乃书中正文一标“四海”二字，一不标，皆其漏误也。后有张海鹏识，书亦海鹏所刊，附《尚书郑注》之后。

0186 尚书中候一卷《说郛》本

原题阙名。所集凡十条，中惟“周公归政于成王，太平制礼，鸾凤见”一条，与《御览》所引全同。他如“尧沉（壁）［璧］于河，白云起，回风摇落”条；“帝尧即政，景星出翼”条；“尧即位七十载，凤凰止庭，巢阿阁讙树”条；“周天子发渡孟津，火自上复于下，至于王屋，流为鸟，其色赤，其声魄云”条；“天乙在亳，诸邻国襁负归德，东观于洛，习礼尧坛降三分沉璧退立，荣光不起，黄鱼双跃出，济于坛，黑鸟以雄随鱼，亦止。化为黑玉赤勒，曰玄精天乙受神福，伐桀克。三年，天下悉合”条；“成王观于洛河，沉璧礼毕，王退俟。至于日昧，荣光并出幕河，青云浮洛”条；“醴甘也，取名醴酒，尧祇德匪懈。醴泉出，文命盛德，俊乂在官，醴泉出山”条；“秦穆公出狩，至于咸阳，日稷庚午，天震大雷，有火下化，化为白雀，衔箓丹书，集于公车。公偶取其书，言穆公之霸也，讫胡亥秦家世事”条，皆散见于《北堂书钞》、《初学记》、《文选注》、《唐类函》、《御览》、《艺文类聚》诸书。惟彼俱缺略不全，因知《说郛》所引，皆是《中候》原文，足贵也。

0187 尚书中候一卷《古微书》本

明孙瑴辑。凡四十二条，条下每有按语，或“贲居子曰”，以释本文。然所引多舛误，如“伯禹在庶”条下，瑴又引“禹理洪水”条，不知此条是《水经注》括上条语意，非《中候》原文，且不宜复。又“初尧在位七十载矣”条，《路史》引此作《书纬》，“舜之潜德”诸条，亦见《路史》，是墨子语。又“尧之长子监明早死”条，亦见《路史·国名纪》，是罗泌语。而瑴皆摭入《中纬》，非也。又“玄鸟翔水遗卵”条，亦出《路史》。有“后崩水易”四字，瑴引“后崩水”三字，遗“易”字。“桀后十三世生主癸”条，见《宋书·符瑞志》，无“桀”字，瑴妄增之，尤非也。又“桀暮年雨石”

条，见《通志》及《路史》，皆未言纬。则不知他有所本否也。

0188 尚书中候一卷《汉魏遗书钞》本

清王谟辑。按刘向《七录》称《尚书中候》八卷。《隋志》称《尚书中候》五卷，郑玄注。汉世纬、候并称，《后汉书》注：纬，七纬也；候，《尚书》中候也。是纬与候原自有别。孙瑴《古微书》言《中候》书佚，而诸书所引，篇目猥杂云云。按诸篇目，即十八篇之目也。谟从《诗》、《礼》、《春秋》、《正义》、《后汉书注》、《文选注》、《御览》、《类聚》、《路史》、《文献通考》诸书，抄出《握河纪》八条、《运行篇》四条、《契握篇》一条、《稷起篇》一条、《勑省图》二条、《洛予命》二条、《我应篇》四条、《摘二篇》二条、《雒师谋》二条、《摘雒戒》二条、《准纤哲》五条、《仪明篇》二条。诸书引《中候》，而目无考者二十四条。独阙《考河命》，谓未见。按孙瑴《古微书》有一条，乔松年又增辑一条，皆见《诗疏》、《路史》，谟偶失考耳。又《中候》原有郑注，谟亦遗之。

0189 中候握河纪一卷《古微书》本

明孙瑴辑。瑴称“世纪，尧与群臣沉璧于河”，乃为《握河纪》，今《中候》也。“告禅后二年，刻璧为书沉洛”，今《中候·运衡篇》也。所授之图书，今《握河纪》也。所辑止二条。章全校本，于首条“仲月甲日”下注云：“《符瑞志》作二月辛丑。”此二条共一百五十余字，他书未有全引之者。

0190 中候握河纪一卷《纬擴》本

清乔松年辑。凡七条。其引《诗·麟趾》疏“尧即政七十年受《河图》”，又引《周礼、地官师氏》疏“尧曰皇道帝德，非朕所专”，此二条，俱见《古微书》。所引次条、他五条，俱《古微书》所无。

中引《诗·生民》疏“帝立坛，磬折西向”条，别有注云：“进迎接神也。辨护者，供时用相礼仪也。斯此也封三臣、赐姓号者，契为子，稷为姬，皋陶未闻。稷、契，公也。公即《周礼》三公八命，其出封加一等”云云，亦见《诗》长发疏。又“舜为太尉，稷为大司马”条，上四字见《礼·月令》疏。下五字仅据《汉魏遗书》。而《御览》连引此文，但称《中候》，宜再求出处也。

0191 中候运衡一卷《纬攟》本

清乔松年辑。按《御览》八十引“帝尧刻璧，率群臣东沉于雒，《书》曰：‘天子臣放勋德薄，施行不元’。”而《曲礼疏》亦引此文，作《中候运行》。《路史》又云：尧刻璧为书沉洛。今《运衡篇》是也。“行”、“衡”同声通用，故孙瑴称《中候运行》，而松年则作“运衡”。别据《曲礼疏》，增引“年耆既艾”一条，则《古微书》所无也。

0192 尚书微一卷［民国十三年刊本］

清刘光蕡撰。是书所诂，止《西伯戡黎》、《牧誓》、《洪范》、《金縢》、《大诰》、《康诰》、《酒诰》、《梓材》、《召诰》诸篇，多自出新解。释《金縢》尤新，谓武王知周公之圣，荐之于天祖，而天祖已默许之。故此周公由三王以请命于天，以为天下初定，须有神武之君临于其上，方能镇慑无事，非己之仁柔所能胜任也。与《逸周书》有武王有疾以位让周公事，可以互证。又谓践祚居摄，系唐虞以来君薨之定理，舜禹益皆如是，殷高宗时犹行之。人君命相，即是命为己副，即是荐其人于天。故尧、舜、禹有命舜、禹、益事，无立太子事。前篇前叙周公之祷，即是辞武王之让。武王既崩，周公不能不循常理，践祚居摄。如益于启，伊尹于太甲，成王为太子，居丧不言，三年之后，相其才可为君，则奉之。以为帝王御世之常，重天下不能不如是也。至再世无圣人，遂沿为父死子继之常。由夏至周，习为成例。以武王、周公之圣，成王之贤，而流言发于骨肉，此世变之大者。传贤之局，所以唐虞以后，不再见也。此论创辟，得未曾有。篇中我之弗辟，辟训法不训避最当，法用法于三叔也。若作避则流言方生，避居以自全，谁与定畔乱者。按《纪年》武王崩年五十四，此云九十三，盖沿《礼记》之误。又谓史言成王少，少不必在襁褓，亦当。《大诰》一篇最奥涩，此依王莽所仿《大诰》读之，顿觉窒处能通。又谓《书经》惟叙舜、周公特详，全书以舜、周公为主也。即《春秋》以文王始以尧、舜终之意，如此解，方见孔子删书，不同史钞。否则，人将以丛残掌故视之矣。惟书中引龚定庵、魏默深之说殊近于怪诞，至于附会泰西学说政制，尤非诂经之体。书刊于民国十三年甲子。

0193 尚书五行传一卷《古微书》本

明孙瑴录。瑴谓“伏生大传，引以传《洪范》。班固《五行志》，亦祖之以征五行。溯其来自纬书，则大禹之文也。纬书独此为完简”云云。其下历引《管子》、《淮南子》、《搜神记》以证其义。按瑴谓《五行传》来自纬书，非也。且完简无待于辑，不宜与诸纬书并列。

0194 尚书五行传注一卷光绪刊《郑氏佚书》本

清袁钧辑，袁尧年校补。尧年，钧四世诸孙也。钧称《尚书五行传》一卷，旧列《大传》中，称《洪范五行传》。然《大传》自有《洪范传》，此当别是一书。孔颖达曰：今文《尚书》，刘向《五行传》，蔡邕勒石，皆是此本。叶水心谓《大传》流为刘向《五行传》，夏侯氏灾祥之说是也。郑注所引刘传，即向书。此传为伏生创纪，详于五行之说，盖汉以前相承古义，虽同为《大传》，而不在郑君所诠次八十三篇中云云。是辑从仪礼、经传、通解、续传十九条，又从黄佐《六艺流别·五行篇》得五条，从《续汉书·五行志》得五条，从《御览》得八条。条后有注，即郑君注也。传与注皆有考证，所以别异文讹字。文及注，皆有尧年案语，为之标举所出，并参诸本异同详略。在诸辑本中，为尤异者。

0195 卫经社稿一卷民国戊辰刊本

清王小航撰。小航名煦，以字行，光绪乙未进士，候补四品京卿。卫经者，卫古文《尚书》经也。小航愤明以来毁古文经者之猖肆，思合同志出力以卫之，此其自撰之稿也。有自序，申其不得不卫之意。文十余篇，随题发议。后附评启赠句，以四库馆臣于《提要》中偏袒毁古文诸家，而士林趋向，由之而误，特首论之。先辈中信古文者有翁氏覃溪、阮氏芸台，翁氏尝欲著一书辟阎百诗，未果。阮氏尝著论，辨古文不伪，而所编经解乃收惠栋、王鸣盛诸书。故次论之，自毛奇龄以下卫古文而著有专书者凡十余家。小航尤服膺汪右丞，即书其寄某孝廉，书后举古文万无伪造者七证。又以攻古文者每藉口《正义》，而《正义》明言遂有张霸之徒，于郑注之外，伪造《尚书》凡二十四篇，并举其目。乃攻古文者反以所举伪目为真古文，因加注于《正义》以释其疑。又刘、班所述篇卷之不同，亦为攻古文者所藉口。则为之核计其相异之故，知刘、班与孔原无不合。其补先正辟邪余义，再补续补诸及挈要诸条，发前人未申之义，兼为孔传鸣冤。尤要者，以三体石经驳江声所改经文，江所称伪孔增改云者，与石经全同。是不可以关其口乎？或疑三体为正始所作，不思正始亦郑学极盛之时，故刻石止伏书廿八篇。与皇甫谧、梅赜诸人固无涉也。其启同社文，盖急于将伯之呼，但无如和者之寡耳。作评赠诗诸人，即其同志矣。

逸书之属

0196 逸周书补注二十三卷末一卷道光乙酉刊本

清陈逢衡撰。逢衡字穆堂，江苏江都人，诸生。是书首有顾千里、谢墉序及逢衡自序。又存至正甲午黄玢、嘉靖壬午杨慎、康熙己酉汪士汉三旧序。叙略集说，别为卷首。其五十九篇，大抵依卢文弨校本，而亦参订他本。惟程寤《月令》二解，仍从旧阙而集诸书所制者，以存其概。“谥法”解，以卢本据《史记正义》删改，既失《周书》旧观，亦非《正义》目次，亦不依之。又“世俘”解，据《汉律历志》，引《周书·武成篇》：“惟一月壬辰旁死霸，若翌日癸巳武王乃朝步自周，于征伐纣。”又引《武成篇》：“粤若来二月既死霸，五日甲子，咸刘商王纣。”又引《武成篇》：“惟四月既生霸，越六日庚戌，武王燎于周庙，翌日辛亥，祀于天位。粤五日，乃以庶国祀馘于周庙。”谓此八十二字，皆见今“世俘”解。惟今本《世俘》，“壬辰”讹作“丙辰”、“癸巳”讹作“丁巳”，当依以改正。其庚子陈本“命至告以馘俘”七十九字系错简，当移接“甲申”一条之下，亦异卢本。注则兼采之唐顺之、胡应麟、周文归、徐发、冯景、惠士奇、谢墉、赵曦明、汪师韩、沈涛、梁玉绳、履绳、左暄、阮元、张惠言、凌曙、郝懿行、施彦士诸家之说。其自为说，循文敷义，不为牵强。最精者，据《克殷解》“立王子武庚，管叔相”，谓管叔监殷乃武王之命证以下篇《大匡》解，管叔自作殷之监，盖管叔请于武王，而武因而命之，则陈贾所云周公使管叔监殷，何尝有其事？又据《作雒解》，“建管叔于东，俾中旄父宇于东”等语，谓可证周公居东之东，是国邑而非东都，当在鲁卫之间。按“东”当是“鲁”，周公居东，即出就国，此言鲁卫之间，《尚书》近之。又据《尝麦解》“其在启之五子，忘伯禹之命，假国无正，用胥兴作乱，遂凶厥国”云云。谓五子，启之庶子五观也。而太康与作歌之五子，乃嫡子，为同母弟。五子为启贤子，五观为启奸子。且武观是一人，作歌是五人，可证古文《尚书》不伪，其他具足补孔晁注之疏略。末一卷，其目有三：曰补遗，则□辑诸书所引深称《周书》而无篇名者；曰诸书误引，则引称《周书》而实非《周书》者；曰附录，则诸书所引，不言《周书》，而疑是《周书》者。

0197 逸周书管笺十六卷道光庚寅刊本

清丁宗洛笺。宗洛字瑶泉，广东海康人。是书首疏证，其目六：曰《书传不閔汲冢证》、曰《得书亦自冢中证》、曰《卷篇存多寡证》、曰《周书证》、曰《逸周书证》、曰《汲冢周书证》；次提要，其目四：曰《考原》、曰《辨证》、曰《论体裁》、曰《论义旨》；次集说，采录唐、宋、元、明、清诸儒涉于是书之说，而别其是非；次本书，为卷十；次摭订，为卷三，其目六：曰《订逸句》、《订商周之际》、曰《订地》、曰《订事》、曰《订官》、曰《订人》、曰《订物》。疏证诸目及提要之考原论体裁，俱无关要旨。辨证者，辨文王、武王之受诬也。宗洛所夸为考古之一快者。《克殷》旧云：“适王所，乃尅射之，三发而后下车，而击之以轻吕，斩之以黄钺，折悬之大白，适二女之所既缢，王又射之乃右击之以轻吕，斩之以玄钺，悬之小白。”又《世俘篇》云：“太师负商王纣悬首白旂，妻二首赤旂。”云云。宗洛谓商虽暴虐，非周不共戴天之仇，决无此事。以“尅”乃“就”字之讹，承上句言，就纣之死所，而射其三方也。轻吕、黄钺之击、斩，盖虎贲之士以剑、钺虚作击、斩之状，“折”与“折”同义，折叠也，折太白之幅悬之以远纣尸。二妾则以小白全幅悬而遮之，盖被除不祥之义。二“首”字皆“自”字之讹，言太师自所悬之白赤旂中，负出纣及二妻之尸来耳。据《墨子》云：“武王斩纣，而系之赤旗，载之白旗。”《荀子》云：“悬于赤旗。”《尸子》云：

"武王亲斫纣之颈。"皆可与本书相证。宗洛说殊未确，亦□□□，尤不顺。按《竹书纪年》："文乙杀季历。"而纣又尝曰："文王于羑里，谓无不共戴天之仇者。"又非也。其义旨诸条亦同此义，谓纣不自焚，武王必请其复辟，其立武庚即奉戴嗣君之意。据《武寤解》所云"庶赦定宗"，谓定宗即立武庚，而武王仍退居藩服，果如其说，则武王何为而伐纣耶？证之《武寤解》，其上文明言商不足灭，岂有再立武庚为君理？即立为君，又何为使管叔监之耶？"定宗"者，言定天下之宗主，岂定殷之宗主耶？凡诸曲说，自以为得圣人之心，不惜抹煞事实而就己说。《集说》采朱氏《经义考》、卢氏校本、陈氏《纪年集证》，聊备参稽；其笺本书，亦不校而多与立异。《世俘》一篇，多改例，往往抱于成见，好作强解；摭订三卷，识大识小，则详他家所未详。综全书观之，去其迂而不切者，其可取者自在，固精心结撰之作也。中多入其弟如金说。本书有眉评，以释文义。附以续增意解，题曰《外篇》。卷前有陈钧、杨嗣曾序，又有宗洛自序及如金所为凡例。

0198 逸汤誓考校勘记一卷 宣统刊《箧存草》本

清叶廉锷撰。廉锷字勤诹，江苏当湖人，举人。是书盖读徐时栋《逸汤誓考》而作。其中字之误者，如"怀"作"坏"；韵之误者，如"畏"叶坏；援引之误者，如《泰誓》讹"大明"，"文公"讹"文王"，"贞虫"即"員虫"。又有为补证者，如引《逸周书》，见商时磨国非无稽；引《穷愁志》，知积薪自誓等语为有本。所校诸条，有为徐氏所采而改正者。其未采各条，别存于此，亦让徐氏书者所宜参考也。

诗　类

传说之属

0199 诗传孔氏传一卷明刊《汉魏丛书》本

题卫端木赐述。考古今艺文志目未见有子贡诗传。据黄虞稷言，是书为丰坊伪撰，托为传自远祖稷。毛奇龄则言是诗与申培诗说，在明嘉靖中，同出庐陵郭相奎家。云得之黄文裕秘阁石本，字摹古篆，而附以楷体今文，用作音注。按是书明人刻本甚多，此则《汉魏丛书》翻刻本。字系楷体，无篆文。其编次与他本异。改《小雅》为《小正》，《大雅》为《大正》。无《豳风》与《鲁颂》，而以《豳风》、《鲁颂》合为《鲁风》，次于《召南》之后。又以《七月》一诗名《邠风》，杂入《小雅》。而以《小雅》、《大雅》分为正续为传。即风、雅、颂中，前后所次亦多错杂。书中多留缺字，以掩其迹。然《小正》篇中，有“凡为天下有九经修身则道立”以下十句。按《中庸》为子思作，子贡安得见之？则其伪不待问而自招矣。

0200 毛诗郑笺二十卷万历甲午刊本

题周卜商子夏叙，汉赵人毛苌传，北海郑玄笺，明甬东居本畯纂疏补协。卷首有程应衢序，次孔颖达《毛诗正义》序，次郑玄诗并序。但所录传笺，字有讹脱。纂疏但详名物。所补协音，自陈第发明本音后，已无有用之音矣。

0201 毛诗答杂同一卷《汉魏遗书钞》本

吴韦昭、朱育撰。《隋志》："吴传中韦昭、朱育等撰，毛诗答杂问七卷。"《吴志》有《韦曜传》裴松之注："曜，本名昭，史为晋讳改之。昭学宏嗣，吴郡云阳人。封高陵亭侯，迁中书仆射职省为侍中。"又裴松之《三国志注》云："孙亮时有山阴朱育，少好奇字，凡所特达，依体象类，造作异字千名以上。仕郡门下书佐，后仕朝常在台阁，为东观令，遥拜东河太守，加任侍中推刺占射，文艺多通。"云云。《唐志》："《毛诗答杂问》五卷。"卷数与《隋志》不同，不言何人撰。按即此书也。谟抄出《御览》三条、《类需》一条、《初学记》一条为一卷。

0202 毛诗题纲一卷《汉魏遗书钞》本

《宋志》有《毛诗提纲》一卷，无撰人名氏，亦不著时代。朱彝尊《经义考》云："当为唐以前书。"《御览》引有四条，谟辑为一卷，附《毛诗答杂问》之后。

0203 毛诗异同评一卷嘉庆刊《汉魏遗书钞》本

清王谟辑。题晋北海孙毓撰，而兼录王基《毛诗驳》十条。且所录《释文》七条，内有孔晁、马昭、张融数家说，未加删削。以视马国翰所辑三卷，漏略殊多，无足观也。

0204 毛诗义疏一卷嘉庆刊《汉魏遗书钞》本

清王谟辑，题梁吴兴沈重撰。按《隋志》："《毛诗义疏》二十八卷，萧岿散骑常侍沈重撰。"又陆氏《经典释文》叙录云："近吴兴沈重亦撰《诗音义》。"惟《隋志》不载其书，究与《义疏》是一是二，未可妄断。谟从《释文》抄出四十九条，凡有音无义者不录，视马国翰所收较严。并采《初学记》十三条，《史记正义》一条，为一卷。

0205 唐写本毛诗传笺五种 影印古籍丛残本

是册皆得之敦煌石室者。凡五种，唐写本二，六朝写本三。唐本甲卷存《召南·麟趾》至《陈风·宛丘》。《唐风》以下有注，以上无之。以校《释文》所载诸本，间有胜处，当据六朝善本移录者。乙卷存《国风·柏舟》至《匏有苦叶》。六朝写本之甲卷，存《小雅·鹿鸣》以下至卷九后题，乙卷存《出车》至卷九后题，丙卷存《六月》以下至卷十后题。此五卷皆不避唐讳，以书迹而别为唐与六朝，而字迹亦优劣不一。其分卷俱同开成石本。按是书《隋志》作二十卷，《唐志》同。证以此本，知开成本分本，是仍六朝相承之旧。此虽残本，以校宋元椠本，异同甚多，且多与《释文》所载诸本合，亦有《释文》所未载者，洵足宝也。

0206 影北宋钞本毛诗三卷 贵阳陈氏刊本

清陈矩录。此《毛诗郑笺》残本，存《王风》第四至第六。矩得之于日本古寺中，云是北宋钞古本。四卷后，有“文治二年二月廿一日比校了大江公朝”一行。考日本文治二年，当我国南宋淳熙十三年，去北宋未远，当可信。又考《经籍访古志》，谓山井鼎《考文》未见，北宋写《诗》、《春秋》，唯以南宋附释音本校之，是此残本在日本亦成久沉之珍秘。矩校刊行世，并为作序，称“视阮本，经序传笺所遗字句及异字，多至六百余言，各别以圈点”云云。其中属于经文，如“右招我由敖”、“巧趋跄兮”、“是以为剌”、“不稼不啬”、“谁之咏号”、“白石皓皓”、“我闻有命”、“如此邂逅”、“不能艺黍稷”、“君子并坐鼓簧”等句，虽不免偶存俗体，而皆可供考异文者之参证，洵可宝也。

0207 文献诗考二卷明刊《格致丛书》本

是书题鄱阳马端临贵与著，竟陵锺惺伯敬阅。盖从《文献通考·经籍考门·诗类》摘录出者。上卷考采诗、删诗、四家诗源流、诗序真伪，各详其说。下卷考历代注诗家，亦附诸家之说。所采陈振孙、晁公武之说较多。

0208 柯山诗传一卷旧抄本

宋张耒撰。耒有《柯山集》，《四库》已著录。按著录本《柯山集》卷三十九有《诗杂说》十四首，而无《诗传》。蒋光焴《东湖丛记》载宋绍兴刊本《张右史集序》，为单父张表臣作，其序目亦未及此。是本有《抑传》、《桑柔传》、《云汉传》、《嵩高传》、《江汉传》、《常武传》、《文王传》，凡七篇，皆在《大雅》卷中。《抑》至主《嵩高》皆相连，《江汉》与《嵩高》止隔《韩奕》一篇，《常武》与《江汉》亦相连。按《韩奕》已于《嵩高》中并论之，不宜再有传，实未尝隔也。惟《文王篇》本在《抑》前，今反列《常武》后为不可解。窃意耒所为传定不止此，特存者止此耳。《抑》与《桑柔》，《诗杂说》中亦有之，而与传不同。窥耒作传之意，当是讽切时政，故篇中惟阐大义，不释全诗。如《抑传》中，反复于“哲人之愚，亦惟斯戾”，盖为君者至于使哲人皆愚，人才尽矣。而其原自不知修己，将使“无竞维人”者，乃在于“有觉德行”而“四国顺之”。下无违德，则人才从上而作。《桑柔传》以为是诗大要，止于“告尔忧恤”、“悔尔序爵”，而忧恤与不能序爵，亦非两端。王不能使贤者在上，不肖者在下，各治其职事。故国至于可忧可恤，将使忧恤无至乎前。在反其本，本即序爵也。《云汉传》就诗言“胡不相畏，先祖于摧”，又言“天降丧乱，饥馑荐臻”，又言“昊天上帝，宁俾我遯”。知宣王虑患深，责己重，序所以言内有拨乱之志也。《嵩高传》并及韩奕，以为宣王之所能，乃止于“褒赏申伯，锡命韩侯"。盖周室至厉王而乱极，宣王始能行天下之职。故诗人乐其始治而美之，不计其善之大小也。《江汉》、《常武》二传，论命将用兵。《文王传》论养士。诸篇托义既正，说亦条达。宜取集中《诗杂说》附载于此，以完成一家之作。又按《宛丘文粹》所收，与是本同。殆即周紫芝所云网罗之未尽者乎？

0209 昌武段氏诗义指南一卷《知不足斋丛书》本

宋段昌武撰。昌武字子武，庐陵人，官朝奉郎。是书不载《宋史·艺文志》，诸家藏书亦无此目。康熙甲子，朱竹垞于京师慈仁寺购得之，并为之跋，即是本也。昌武有《丛桂毛诗集解》三十卷，未见传本，此当是其中之一卷。盖为举业发题而作，语至简略，了无精义。以其撰自宋人，故传者亦以罕见为珍也。

0210 困学纪诗一卷明刊《格致丛书》本

明胡文焕撰。是书系就宋王应麟《困学纪闻》卷三《诗》一百五十七条，全录于此，而讹错不少。如开卷第五条"狸首"下注云："射丽勾大戴礼义马汉书注"十一字，便不可晓。取校原书，则"射义"二字，见《狸首》注，"丽勾"是"骊驹"之省字，乃正文。其下原注云："《大戴礼》、《汉书》注。"乃误为一，且衍一义字，胡不校至此。是卷较《玉海》多精义，然如"近世说诗"条，张超谓《关雎》为毕公作，出《初学记》诮《青衣赋》，乃云未详所出。又云或谓得之蔡邕。按邕虽亦有《青衣赋》，并无此语。又"唐棣之华"条云：《说文》有尺遮之音。按《说文》无翻切，此后人所加耳。又"汉世文章"条，谓引《诗序》始于黄初四年诏。按司马相如《难蜀父老》云："王事未有不始于忧勤而终逸乐。"系用《鱼袭》序。班固《东京赋》云："德广所及。"系用《汉广》序。又《左传》襄廿九年："此之谓夏声。"服虔解谊云："秦仲始有车马礼乐之好、侍御之臣、戎车四牡田狩之事，与诸夏同风，故曰夏声。""蔡邕独断，载周颂卅一章，自《清庙》至《般》尽录诗序，何云黄初始行?”凡此皆不免失检。至“诗小传”条，云识者疑其傅会为此，证以六经天文编。则所云识者，即张行成也。

0211 玉海纪诗一卷明刊《格致丛书》本

明胡文焕纂。文焕字德父，浙江钱塘人。是书乃就宋王应麟《玉海》中纪诗一卷，全录于此。按应麟素深于诗，所著有《诗考》及《诗地理考》。《玉海》不过供词科采猎之用，是卷所征引，多已散见《诗考》中，而此较略。其齐、鲁、韩、毛四家传授源流，亦举之不备。他如溵中翁、冯野王、冯衍、刘方及翟酺之四世传诗，派别不明者，举未之及。宋人惟录《集传》，如欧阳修之《本义》、王质之《总闻》，亦付缺如。然大要已粗具矣。文焕是本，讹字亦不少，如“遭”讹“曹”，“名”讹“召”，“魏”讹“卫”之类，则校者之疏也。

0212 诗识三卷明刊《格致丛书》本

明胡文焕编。卷首有庄汝敬序及文焕自序。卷末有文焕侄孙光盛跋。盖择朱子《集传》中语，为之分门别类，曰《天文》、《时令》、《占候》、《地理》、《封建》、《风俗》、《宫室》、《人物》、《人伦》、《人事》、《身体》、《饮食》、《称呼》、《姓氏》、《礼制》、《冠服》、《乐舞》、《官制》、《军旅》、《制作》、《器物》、《农桑》、《五谷》、《花木》、《飞禽》、《走兽》、《鳞介》、《昆虫》、《珍宝》、《声色》、《数目》、《事实》、《引用》、《比喻》、《辨析》、《要句》、《训诂》，凡三十七目。题曰《诗识》者，取学《诗》多识意，所见甚陋。其区目之未善，又不必辨矣。

0213 诗经绎二卷明万历刊本

明邓元锡撰。是书不录经文，章各有释，多空言，乏精义。惟说《王风》，谓王为成周王城，即洛邑，幽王之乱，平王东徙于此。《国风》首二南，西都；邶、鄘、卫，殷都；王，东都。各以其重地为次。二南为前王之风，曰王正风。王城次邶、鄘、卫，仍其书为王变风，不关乎升降。按此条持论稍胜。书中采义，不标名氏。惟《鲁颂》条，引崔铣说，谓是颂之变，亦未当也。

0214 尔雅堂诗说一卷旧抄本

明顾起元撰。所说止《国风》，大抵就朱子《集传》而推演其义。亦有《集传》意未甚显，而补申之者。盖为《集传》作疏解，非徒说《诗》也。然颇善体贴诗意，如说《行露》，谓“雀角”二句辞意，犹言雀能穿屋者也。人皆谓雀有角，故能穿我屋。谁谓雀无角乎？使其无角，何以能穿我屋也？言外便有虽能穿我屋，而实未尝有角意。说《摽有梅》，谓庶士未定其人之辞。说《燕燕》，谓燕之宿相向，飞则相背，故以“燕燕于飞”为离别之诗。说《日月》，谓父母畜我不卒，重不得于夫上。是因见弃而言，父母岂有终养之理？庄姜亦非真欲父母终养，但疾痛之极，其词如此。书中不乏妙义，殆如吴淇《选诗定论》之类。所不同者，彼以说汉魏六朝之诗，而此则以说三百篇耳。

0215 诗经评不分卷明闵氏刊朱墨套印本

明锺惺评点。是书废弃一切传、笺、注，止就三百篇正文略拈数语，或着行间，或列栏上，或括题下，语简而弥隽永。大抵本其所撰《诗归》之旨，亦说诗者别一法门也。首有诗论，谓“诗活物也，说诗者不必皆有当于诗，而皆可以说诗”。又谓“解经者从极愚立想，而明者听之，不可以其立想之处，遂认为究极之地”云云。论虽杜撰，可谓妙于语言。书后附小序，有点无评。

0216 诗经永论四卷旧抄本

明方孔炤撰。是书于风、雅、颂之首，及风之各国、雅之大小、颂之周鲁商各有总论，余则篇自为论。但述大义，不涉训诂。句多骈偶，竟有演连珠者，则作文而非说经矣。每篇末引《周易》作收，义有切有不切，究不知仿何体也。其论“秦”，谓积五百年而并天下，亦与周积德之数相仿。及其得之，不三十年，而复归于圣神之胤。汉唐亦几八百年，而岐丰王气乃歇，为宋元大明，趋中原而东北也。论“终南”，谓军国之故，假力于边徼者，终必畀之。平王委宗周于秦襄，其风美终南。固已历岐丰而南之，六朝资五胡，宋资金元，明资三卫，其究也畀之矣。盖孔炤生崇祯季世，去满族入关不远，斯言若已券之，是又以论诗者论世论时事也。是本多讹夺，几不可句读，未考曾有雕板否。

0217 诗触六卷咸丰二年刊本

明贺贻孙撰。贻孙字子翼，江西永新人，布衣。是书大旨，具于凡例。尊信小序，但止取发端一语，触类旁通。谓汉儒于古序之外，往往牵合附会，有害诗意。惟《南陔》六诗，今所存者。古序发端一语，汉儒未尝赘，故知六诗之序独古。他所考释则斟酌毛、朱，标以已见，谓朱子所训雅、颂，圆转不滞，优于毛、郑，虽时与序意相背，正可互相发明。于十五国风、二雅、三颂，首皆有论。其论国风，谓诗无不可入乐；又谓《诗》不妨刺，论最畅透。论周南、召南，谓采周南之诗者，在周公辅成王主内治之时，以其为文王而作也，则系之周公；采召南之诗者，在召公分陕佐天子为方伯长诸侯于召邑之时，以昔之诸侯被文王之化而作也，则系之召公。说亦通融。论《关雎》，毛以为美后妃，齐、鲁、韩则以为刺康王，贻孙以为古序一也。所谓刺讽者，非讽文王太姒，乃以讽夫不能为文王太姒者。所谓周道阙而《关雎》作者，盖奏乐亦谓之作，犹始作翕如之作也。亦善调停。论“二雅”，于序称雅有大小，因于政有大小，郑玄称小雅诸侯之乐、大雅天子之乐，说虽甚辨，究嫌委曲，聊备一说可耳。

0218 **诗经能解三十一卷**明刊本

明叶羲昂纂。羲昂字岑翁，福建潭阳人。是书首有熊明遇序，及羲昂自作凡例。开篇有总括，每篇之前有全旨，篇后有能解，有指南。能解者，释一字一句之义。指南者，释一章之义。大抵采掇众说，而融贯之。上方则载顾麟士说约，锺伯敬总批，而又增以辨疑，参以大全。其体全仿《四书讲义》，标曰“遵注”，即遵朱子《集传》也。亦与功令四书遵朱子《章句集注》者同，殆俗书耳。

0219 **诗经水月备考四卷**康熙乙酉刊本

明薛宷辑。宷字谐孟，江苏武进人。崇祯进士，官河南知县。国变后，为僧以终。宷为应旂五世孙，应旂著《四书人物考》，宷辑是书，例亦同之。依风、雅、颂之次，于各篇中涉于典故、事迹者，征引群书，以备参考。训诂义理，概从略焉。别有史三长注，列于上方，补所未及。三长字绎心，亦晋陵人。其书先刊于明季，遭乱板毁。康熙乙酉邑人陈鍊重刊之，并作序弁其首。

0220 **诗经定本四卷**明写本

明黄澍撰。澍字仲霖，浙江仁和人。是书无序例。首列引用先儒姓氏，自毛苌至朱义，凡六十家。章有释，句有解，字有音。意不尽者，标之上方。虽择不必精，而宋元以前之说略备，视墨守《集传》或芜杂欠翦裁者大有间也。

0221 诗表一卷道光乙酉刊本

明黄道周撰。是书以经分部，以篇分卷，以传分表，以表系载。凡为部十二，为卷三十六。有篇序，无章句训诂。表始文王迄春秋列国世纪，各以其公从于本序；载始仲尼、左氏，迄西汉硕儒之所述，各以其辞从于本篇。序以知诗之意，表以知诗之时，载以广诗之义。序不别大小，子夏、毛公、卫卿，但称本序。表有先后，二南、十三国、二雅、三颂，年数不一，远近各异，故有定表。载止于西京，而于《礼记》、左氏内外传、荀卿、吕客、戴德、韩婴、贾谊、董生、孔鲋、刘向尤详。以未见辕公，则阙齐而存鲁。鲁者申公，存之者存疑也。韩见其外而阙其内，则从载而不从序。不取郑玄诸家，谓其诂也。大抵表以本序为主，其间有世次倒置者，则以为毛公之失。此其大较也。然序虽云古，亦既知有增益，何可尽依？且世次淆乱，亦不止如篇中所举。又《申公诗说》，明人伪造，与序、传故为差池，一例滥及，虽曰存疑，殊欠明辨。是书亦非完帙，诸表目下，仅附略说。三十六卷中，按数尚阙其一。至于卿、士、侯、伯、同姓、异姓等六表，则有目无说。所云载者，仅著引某书若干条，而无其文。后有道周门人胡梦錥识，称“得之友人抄稿，未见原本。间有讹阙，无从订正。所见止此而大义已昭”。又称“道周作此书时，方在弱冠”云云。而诸家《年谱》俱不载。洪石秋收书序，以为已亡。道光间嘉义林希哲始以付梓，即是本也。

0222 诗译一卷《船山遗书》本

清王夫之撰。夫之有《周易埤传》，已著录。是书系取三百篇，以论汉魏、唐、宋之诗，曰“译”者，通其邮也。其言曰：“汉魏以还之比兴，可上通乎风、雅，桧、曹而上之条理，可近译以三唐。”又曰：“艺苑之士，不原本于三百篇之律度，则为刻木之桃李。释经之儒，不证合于汉魏唐宋之正变，抑为株守之兔罝。故所论用字造

[句] 命意写景，深浅宏隘之所由判，简繁工拙之不相侔。”语多探微，非锺惺辈所能见及也。其中亦有发明大义者，如谓“‘诗可以兴，可以观，可以群，可以怨’，‘可以’云者，随所以而皆可也。于所兴而可观，其兴也深。于所观而可兴，其观也审。以其群者而怨，怨愈不忘。以其怨者而群，群乃益挚。又谓美孟姜矣，美孟弋矣，美孟庸矣，乃《国风》之怨而诽、绞而直者。夫子存而弗删，以见卫之政散民离，人诬其上”。又谓“《鲁颂》，鲁风也。《商颂》，宋风也。以其用天子礼乐，故仍其名曰颂”。如此之类，又不可当作诗话观也。

0223 诗经世本目一卷《闰竹居丛书》本

明何楷撰。楷著《诗经世本古义》，以世为次。计夏少康之世诗八篇，殷盘庚之世诗一篇，殷高宗之世诗三篇，殷祖庚之世诗一篇，殷武乙之世诗五篇，殷文丁之世诗五篇，殷帝乙之世诗五篇，殷帝辛之世诗二十篇，周武王之世诗十三篇，周成王之世诗五十篇，周康王之世诗五篇，周昭王之世诗二篇，周共王之世诗一篇，周懿王之世诗一篇，周夷王之世诗三篇，周厉王之世诗十篇，周宣王之世诗二十篇，周幽王之世诗三十二篇，周平王之世诗三十四篇，周桓王之世诗三十二篇，周庄王之世诗九篇，周僖王之世诗二篇，周惠王之世诗十六篇，周襄王之世诗十五篇，周顷王之世诗一篇，周定王之世诗八篇，周景王之世诗二篇，周敬王之世诗一篇。是本止录其目。其所分世次，虽不无可议，要是一家之学也。

0224 诗笺别疑一卷旧抄本

清姜宸英撰。宸英有《湛园未定稿》，已著录。是书首有自序，言“读《毛诗注疏》，于郑义多所未安”。又言“康成质于训辞，其注《诗》、《礼》语不逮意，于《诗》尤无涵泳玩味之意。论文王受命，与周公东征摄政之事，殆于毁纲裂常。又果于自信，破字一百余，非圣人阙疑之意”云云。其书凡四十余条，详略不一。附录一篇，则读汪琬《类稿》论诗语而辨之，其中亦有刊于《湛园未定稿》者。而残缺特甚，且多讹字。诸所驳郑义，不得谓非允当，而诋斥太过。匿其长而但翘其短，至谓识不如王肃，疏家屈此伸彼为不公，则傎甚矣。惟末谓“毛氏本为传，而冠其姓于诗。当因毛为训故，与诗别行?”非姓何以别之。所见极是。书后有云谷审定印，又有雷塘庵主印。盖云谷为叶梦龙字，雷塘庵主为阮元号，盖曾经二家鉴藏也。

0225 学诗阙疑二卷乾隆家刊本

清刘青芝撰。青芝字芳草，河南襄城人。是书首有雍正辛亥青芝自识，大旨尊序，兼取传、笺、疏，及苏辙《诗传》，而非《集传》。“君子阳阳”条，引朱子初解云：君子知道之不行，相招为禄仕，虽役于伶官之贱，而阳阳自得。若诚有乐乎此者，其所以全身远害之计深矣。是疏序意，而传诗又疑为妇人所作。“鸱鸮”条，谓《集传》用孔氏书注弗避之说，后来与蔡九峰辨其不然，以为当从郑氏，是朱子亦自为矛盾。诸条多泛论诗意。其涉考证者，“甘棠”条，据《周礼》贾疏：茇、舍、草、止之训，系以“草”释“茇”、以“止”释“舍”。孔疏所引，舍上去一“茇”字，未妥。“采芑”条，据陆玑《诗疏》：芑似苦菜，茎青白色。曰似则非一物，曰茎则不及叶。朱子本陆疏，而删似字、茎字，亦未妥。此二条，俱有裨经义。

0226 毛诗正本二十卷乾隆甲子刊本

清陈梓纂。梓字桐友，浙江钱唐人。是书以《序》为主，又以《序》为子夏与毛公合作，以序首一句属古序，次句以下属毛公，而郝京山则最信小序，据以为说者也。故于经文之下录古序，次毛公，次郝京山之说。而卷首则弁以郝京山读诗诸则，附以毛大可韵一则。又于郑风卷末，附李穆堂释淫字义一篇。但京山信《序》过甚，大可论韵多偏见。穆堂释淫，援义虽博而不切。郑声非郑诗，淫奔是淫行，非淫声。朱子之误解，固有不待辨者。其他与《序》立异者，非尽无理，不得概以为非也。

0227 毛诗遵朱近思录二卷乾隆丙子刊本

清宋在诗撰。在诗字雅伯，安邑人。康熙辛丑进士，官至鸿胪寺少卿。是书首有在诗自序，以为孔、曾、思、孟之说《诗》，不泥本旨，断章取义，偶指其一章一句，皆足为箴铭鉴戒。得此意，虽专守朱传而近思之可矣。书之本旨盖如此。然所说往往溢于《诗》旨之外，则非说《诗》也。既以遵朱为题，则不能废淫奔之说。故于《郑风》，止取《将仲子》。又特采王鲁斋说，以为淫奔改行之诗，则非尽遵朱矣。要之，《诗》本无邪，兴、观、群、怨，各有其义，徒作格言观之，则《诗》道太隘。即朱子注《诗》之旨，亦不如是耳。

0228 毛诗古义二卷嘉庆省吾堂刊本

清惠栋撰。是书如“采采卷耳”条，引《荀子》说证大毛公之师承。“江之永矣”条，据韩诗“永”作“羕”补《尔雅郭注》及《说文》所未及。“于以湘之”条，据韩诗作“于以鬺之”，颜师古《汉书注》“鬺，亨煮而祀也”正毛本之讹。“执辔如组”条，引《吕览》“圣人组修其身，而成文于天下也”见大毛公与吕氏同时，皆有所受。“鹑之奔奔”条，引《吕览》诸书作“贲”，证古音之从同。“河上乎逍遥”条，谓“逍遥”二字已见汉碑，惟经典只合用“消摇”。“胡取禾三百亿”条，引徐岳《数术记遗》，见郑传云“万万曰亿”，笺云“十万曰亿”，各有所本。“桧”条，谓帝高辛所灭之郐，非郑武公所灭之郐，证王符《潜夫论》之失。“吉日庚午”条，据《穆天子传》云“天子命吉日戊午”，又云“吉日辛酉，天子升于昆仑丘”，与翼奉说合，证王者吉午酉之非虚。凡此诸条，义皆确当。惟“中冓之言”条，引《玉篇·广雅》训“夜”作“冓”，不见《说文》。“齐子发夕”条，郑笺“发夕”训“恺悌”，与《尔雅》合。毛传云自夕发至旦，盖误。此引薛夫子、王叔师诸说以证毛，不可从。“艳妻煽方处”条，毛传艳妻谓褒姒。鲁诗厉王内宠之说，盖曲解。此增引纬书“剡者配姬”语，谓以剡配姬，非褒姒。尤属附会。“实始翦商”条，训“翦”为“勤”，谓太王自邠迁岐，始能光复祖宗，修朝贡之职，勤劳王事。按古公未为牧伯，无赐钺专征之事。修朝贡之职，群侯所同，不得谓勤劳王事。至于所援各条，不据释训，以明郑读，尤为失之。

0229 诗益二十卷乾隆四年刊本

清刘始兴撰。始兴字子彦，江苏金坛人。是书首有始兴就正启及总序，又有其弟辰骏所述要旨，即凡例也。凡《诗本传》八卷、《诗次问》二卷、《诗次补言》一卷、《诗表》二卷、《总辨》一卷、《杂辨》六卷。《诗本传》、《诗次问》、《诗表》、《诗辨》各卷首又有序略，《本传》参采诗序、毛、郑、孔氏及朱子传说，旁及近代诸家，不为墨守。《诗次问》推阐孔子编诗之意，以为诗有诗人之志，有孔子编次之义。孔子之编诗也，凡列于风者，皆足以征国政之盛衰。凡列于雅者，皆足以考王道之得失。凡列于颂者，皆足以见古先王创制垂统之义。然而诗人之为义也显，孔子之为义也微。诗人之为义存乎文辞章句之内，孔子之为义存乎文辞章句之外。故或取诗人之义而进退之、升降之，或复连类之，或复假借之，或远而附托之，或近而援引之，或反而形容之，或比而讽切之，或同类而各著之，或异类而杂陈之。诗之辞浅，而其义之所系则深。诗之辞简，而其义之所系则博。诗不能有正而无邪，而孔子则一归之于正。诗不能有治而无乱，而孔子必要之以治，故借《或问》而发之。意所未尽，继以补言。《诗表》者，按上述编次之义括之为表，表分前后，前表具本篇传指，后表详编次大端，分辨诗人孔子之意。其法前有次叙，无升降，后则一纵一横。纵者著其诗之本，第依时代及尊卑上下为说。惟二雅雅歌篇、周颂祀典，则别其类。横则推校孔子编次所在，升降次第，表里条贯咸备焉。《诗辨》者，分别旧解疑似可否，于近人依附旧解诋讦朱子者，讨论尤详。先总后辨者，先凡而后目也。末辨雅歌义及左氏引诗录，以著纪传驳杂之论。综观全书，义例昭晰。书中辨《卫风》不分属邶、鄘，据《左氏传》襄二九年季札观乐，歌邶、鄘、卫，《传》称《卫风》。又襄三十一年，北宫文子引首《柏舟》篇“威仪棣棣，不可选也”。《传》称卫诗不称邶诗，数确不可易。又《左氏传》记季札请观周乐，杂郑、卫于雅、颂、二南之间，始兴以为出左氏附会，以证惟坚信朱子以淫诗未解郑、卫为淫诗及郑、卫不入雅乐之说。因驳《左氏传》记季札观乐，杂郑、卫于雅、颂、二南之间者，系出附会。辩虽甚博，究嫌牵强。惟他所考证尚多允惬，且阙疑多而臆断少，具见矜慎不苟焉。

0230 重订空山堂诗志六卷道光刊本

清牛运震撰，田昂重订。昂字伯频，山东安德人。首有昂序并例言，又有读法十则。读法推原诗教之本，谓士气之弱，可以亡国。何以弱？由于不知自有性情，拘溺近习，怯于道义。此北宋所以败于金也。又喻说《诗》之善如人家有三代尊彝，向不置重。忽遇嗜古者为之论赞其美，则古器之神光，制作之精意，一时俱现。而其人亦宝爱摩挲，犹创获然。说《诗》者盖如是。其论运震是书，谓专剖其意，故有依意不依语者，有务解语以得其意者。惟是书非经运震手订，原刻不免粗率。因为之删节繁冗，并于其中数篇，有所附益云。

0231 张氏诗说一卷袖珍《豫章丛书》本

清张汝霖撰。汝霖，江西武宁人，字与行，履无可考。著有《毛郑异同签》二十二卷、《说》一卷，曾以活字印行，而流布甚希，《江西通志》亦不著录。陶福履见其残本，《诗说》一卷尚完，因刊传之。其中惟《周、召分圣贤后解》、《何彼秾矣篇解》、《郑氏昏用中春辨》、《毛郑豳风年表》、《释鸮》数篇。其解平王之孙、齐侯之子，谓即武王元女，下嫁胡公。诗人盖揣度王姬谦损之意，但平等于王之孙齐比于侯之子。按如此解，则王之孙、侯之子，三字连读，虽似勉强，视解作平正之王、齐一之侯之望文生义者，当较胜之。若以平王为周平王，齐侯为齐襄公或桓公，则王姬归齐，在春秋庄元年者。其时襄公即位已五年，宜称齐侯，不得称齐侯之子。在春秋庄十一年者，桓公为襄公弟，宜称齐侯之弟，不得称齐侯之子。皆不可通也。解“毛郑昏期”，谓郑说屡变，而多附会。且证以春秋庄元年冬王姬归于齐，庄十一年冬王姬归于齐，庄二十四年夏公如齐逆女，八月夫人姜氏入，二十五年夏伯姬归杞，皆于昏用仲春之说无征。释“鹊”，引诸书言鸮与鵋鶀、题肩为三物，郑笺混而为一之非。惟毛郑《豳风》年表，毛以成王即位年十三，郑以为年十岁，各系事为表，而不加论断。其《周召后解》，则因欧阳修之说而申之，已成陈言矣。卷首有陶福履序。

0232 诗经客难二卷道光刊本

清龚元玠撰。首有自序。驳正旧说，若据“亲迎于渭”，证天子诸侯有亲迎之礼，斥宋儒不信者为败坏先王之礼，义最正大。他若说“简兮”，谓古无伶官司乐舞之事，且伶官瞽者，亦安能舞？说“何彼秾矣”，谓平王若指宜臼，考鲁庄公元年为庄王四年，《春秋》书冬王姬归于齐，此为归襄公之王姬。襄公现为侯，不宜称子。又此时桓王即位二十七年，王姬当三十余岁，愆期已甚。若归桓公又越十年，且不可信。且二王姬归齐，经俱书冬，安得有《唐棣》桃李之华乎。说“太王翦商”，谓前编误据刘歆《三统历》，系太王于武丁之世，不知太王实与武乙同时。《竹书纪年》：武乙三年甲辰，命周公亶父，赐岐邑，邠迁于岐周。此事《孟子》亦未及详。太王修后稷、公刘之业，邠民归之。又值武乙无道，他国亦必有去武乙而归之者，故曰“翦商”。凡此诸义，创而有据。所驳朱子解淫奔诸诗，亦是自抒所见，不袭陈言。惟以《甫田》、《大田》为豳雅，《载芟》、《良耜》为豳颂，嫌于臆说。说“厥初生民篇”，信毛非郑，囿于迂见。又金仁山引《竹书》，武王五十四岁，本不误，而以为误，亦是小失。曰客问者借主客以发疑义，与所说易书同。

0233 读诗管见十四卷刊本无年月

清罗典撰。是书无序跋，每章下录集传集说，次以管见，间有辨说，有案，亦伸己见也。说义遵小序，每章之前，截取序之首二句，而自为说，或引他说以畅之，时有新义。说二南，谓武王有天下立二伯，乃以文王时治化之见于诗，播之天下，为风之准。于是为领于周公之东诸侯示焉，亦即为领于召公之西诸侯示焉，即二南也。二十五篇，不可缺，亦不可分，作南之前后编观之可矣。按此说创而甚圆。又谓二南之诗，惟《何彼秾矣》当属武王时作，然二章不称王之子而称王之孙，是仍推本于文王。又谓《汉广》诗，序特取于章内末四句，见是诗为汉南之人西入于周而作。亦有理。说邶、鄘、卫，据《康诰》称“孟侯，朕其弟，小子封”，为武王实封康叔于卫。并证以《史记》三监无霍叔，《汉书》又言“康叔不从管蔡之乱”云云。按周公居摄，封康叔，两汉古今文无异义，前人但疑先封于康耳。先封卫，后益邶、鄘，一分为二绝无证。典所持说，有合不合，大率类此。

0234 读诗一隅四卷乾隆刊本

清管榦珍撰。榦珍字松厓，后改名幹贞，江苏阳湖人。乾隆丙戌进士，官至漕运总督，被议免官。（凡）［是］书凡总说一条，《国风》七十条，《小雅》三十八条、《大雅》十九条、《周颂》十五条、《鲁颂》五条、《商颂》四条。大旨在知人论世，详大义而略训诂。书中以《周礼》、《仪礼》、《大戴礼》所举篇什，皆必不可删者，而今多亡佚，以证孔子必无删《诗》之事。据《春秋》所载嫁娶之文，其时有在夏及暮春仲秋者，以证“霜降逆女，冰泮杀止”之说，不可过泥。据《尔雅》、《禹贡》、孔传所释沱水，与江汉盖异势同方，不应一入“周南”，一入“召南”，以正旧说采之周南为“周南”、采之召南为“召南”之说之非。据《韩诗外传》及刘向《封事》引《柏舟》诗，以证朱子属之庄姜之非。据《左传》吴公子札观乐所称郑、卫之诗，与《汉书》哀帝诏所称郑、卫之声，证郑声之淫，在音调节奏，不在诗词。谓东迁后诗，大师不采，列侯不献，王朝不歌，《诗》虽存而其义已亡。故曰《诗》亡。其时季札观乐，已有《王风》，以证雅降为风之说之非。谓居东二年，即征东三年。二年者，指得罪人之年。三年者，指归宗周之年。以证郑笺及蔡传之非。据《乡饮酒》载《南陔》、《白华》、《华黍》，与《鱼丽》三诗闲歌，《鱼丽》三诗有词，不应《南陔》三诗无词。以证宋儒《南陔》六诗有声亡词之说之非。据秋官掌讶之文，又礼天子不下堂而见诸侯，以证郑以“鞗革忡忡，和鸾雝雝”为天子车迎于门之说之非。据《访落》、《小毖》、《闵予小子》诸篇皆成王免丧后求贤之诗，以证汉儒周公居摄七年之说之非。凡此诸条，皆能自抒所见。然亦有近于固者，如《终风》诗，序谓庄姜遭州吁之暴，见侮慢不能正。榦珍从之，谓“谑浪笑敖”，即石碏所云“骄、奢、淫、佚，所自邪”也。不思州吁之暴，至于弑君，庄姜正思讨之，何暇正之。“谑浪笑敖”，只是轻薄，不算为恶。而“顾我则笑”之言，又非庄姜所可施于其子也。凡此之类，不免过信序传。书首有榦珍自作小序，不署年月，据《年谱》，盖成于乾隆甲午。国史馆《传》，称改名幹贞，在乾隆六十年。而是书仍署榦珍，则是乾隆六十年以前所刊也。至民国甲子，其来孙炳文重刊之，亦有序，于原书引用及写刊之讹，多所校正焉。

0235 诗说一卷 嘉庆庚申刊本

清管世铭撰。世铭字韫山，江苏武进人，乾隆进士，官至御史。世铭论《诗》，多以意为断。其言曰《序》得则从《序》，《传》得则从《传》。《序》、《传》皆不得，则求之自汉以来之众说。众说皆不得，则求之吾心。吾心又不得，则阙之。故说《汉广》，说江汉之间，必有抱道闲栖可望而不可即者，公卿大夫与之为友，多方劝驾，而窥其意度深远，恐未可以爵禄勋名动焉，故作此诗。说《摽梅》，谓是志于开济之君子，亟思及时自效，而又必待聘礼之来，有三月无君，皇皇如也之意。说《野有死麕》，谓贤人在野，而友荐之于朝，其意已动，犹审顾迟回，而不肯轻身以出。说《凯风》，据汉章帝赐东平琅琊二王诏云：今送光烈皇后假紒帛巾各一，及衣一箧。可时奉瞻，以慰《凯风》寒泉之思。其引义不当，若是失伦。可见东京以前，为《毛诗》者不如序说所云。说《桑中》，谓若以为淫者自言，一人之辞乎，固未必遍游沬乡、沬北、沬东，而窃三姓之妇、三人之辞乎，又安得比次为诗，而所淫者适皆为孟也？说《氓》诗，谓是淫者自言，圣人以其有悔过之诚而录之。使女子闻之，足销其淫佚之思；使男子读之，亦增其伉俪之重。其说《溱洧》，则又以《集传》淫者自言为非，谓女曰“观乎”，士曰“既且”，则显然转述之词。“维士与女，伊其相谑”，则隐然嚬蹙之道。又谓郑、卫之俗自淫，郑、卫之诗自正。以淫俗而犹有恶淫之诗，此天理所以常存。而圣人亟录之，以广无邪之旨。如此之类，虽出臆断，殊胜于旧说之不可通。至说《生民》，仍主郑笺，谓处女生子，观之本诗“不坼不副”之文而有据。姜嫄立庙，证以《斯干》诗“妣先于祖”之语而益无疑。此条援据切实，又非因文求义者比矣。惟说《关雎》，仍遵广选淑女之说，不知诸侯之娶自有妾媵，何待他求淑女。又说《葛覃》，谓后妃当文王嗣位之日，计年当近五十，不当尚有父母。不知“后”与“後”同，后妃为文王继室，前人已有言之者，世铭尚未免有所沿误耳。

0236 三百篇鸟兽草木记一卷《闰竹居丛书》本

清徐士俊撰。士俊字野君，籍署西泠，盖钱塘人也。是书综鸟兽草木为一篇，不引出处，语简而核，为读《诗》者多识之便，而非释经之体也。颇似《事类赋》。潘锡恩曾为之释，亦同《事类赋》注。惟潘所据本，与此互有详略。而鸟兽之下，复有介属龟、贝、鳖、鼍等，鳞属鲂、鳣、鲔、鳏、鱮、鲤、鳟、鲿、鲨、鳢、鲐、鲦、鰋等，此乃无之。岂传本不同耶？抑潘氏有所增删耶？其题《鸟兽草木记》则同。

0237 诗蕴二卷石印本

清庄有可撰。首有有可自序，以为"《诗》虽非圣人所作，而为圣人所删定，犹之作也。圣人之文义无不包，苟得其说，逢原即是。蕴也者，理之杂而无弗著者也。随所举而不出于凿，虽使程朱复生，有不能易"云云。书凡百二十二条，义取乎备。尤斤斤者，于诗之篇数、章数、句数、字数，谓其多寡长短，皆与天地变化、日月离合相为比附，更为之别其同、合其异。错综变化，加减乘除，亦莫不有义存焉。说经至此，可谓想入非非。若其理之甚杂，则有可固自言之。书中言二南与邶、鄘、卫、王合，而得七十有四岁差之数。按左辅作有可《传》，亦称其读《春秋》二千余遍，精义日出。近于字数，得定岁差法，惜未究其说云云。与说《诗》全相类，不过取为比附尔，亦何足究也。

0238 毛诗说六卷石印本

清庄有可撰。有可字大久，江苏武进人，诸生。是书篇各为说，从旧解者，十仅一二，余多自出新义。其尤新者，如说"菁菁者莪"，谓美共伯也。史称周、召行政，号曰共和。《汲冢书》则曰："共伯和干王位。"又《卫世家》："厘侯世子为共伯余，厘侯卒，余即位。余弟和篡杀余自立，是为武公。"《诗序》云："世子共伯早死。"各不同。有可以为名余为无是公，共和亦无是号。干王杀兄，无是事，早死亦属无稽，俱可因《诗》定之。盖宣王中兴，卫武实佐之。和又为武公之名，所云共伯，疑即武公。共即侵阮徂共之共，乃王官采邑。伯乃九命作伯之伯，武公非特卫之贤君，实为中兴之功宗元祀。说《何彼秾矣》，谓伤东周之弱，诸侯无王也。春秋庄公元年、十一年，两书王姬归于齐。一齐襄公夫人，一齐桓公夫人也。礼诸侯亲迎，必百两御之，况尚王姬之贵乎？曷不肃雍，王姬之车者，言以王姬之贵，曷不待侯氏之亲迎。顾如妾媵之贱，止见车之往乎？不直曰齐侯，而加之子者，正名定分也。襄公于终僖公之丧，未尝以士服入觐。受命为侯，若桓公则因乱篡国，尤为非正，俱不可称齐侯。《诗》两举平王，又以见西周之亡，东周之弱，皆平王自取。与《齐风》之著，其义相发明。此二说，即曰附会，要亦言之成理。他如谓《汉广》，刺昭王娶房女为后，而又南征。《汝坟》，伤西周之亡，喜秦能勤王。《鹊巢》，莘国归太姒，美文王亲迎。《摽有梅》，急取士以待贡。凡此诸说，义俱可通。又说《新台》而斥左氏宣公蒸夷姜之妄，说《河广》而辨《小序》卫徒河南之非，援证甚确。又论《国风》不采宋、鲁诗，当以忌讳之故。亦发人所未发。惜他说牵强依附，难尽餍人意耳。卷首有自序，谓《笙诗》六篇，孔子存其题而删其词。存其题者，所以备《小雅》之盈八十；删其词者，所以正全《诗》之止三百。《商诗》五篇为附，不与于删《诗》之数云云。拉杂以就己说，难免于臆撰之讥矣。

0239 **陆氏诗草木鸟兽虫鱼疏校正二卷**《清献堂全编》本

清赵佑校。卷首有己亥佑自序，又有辛亥自跋。按陆玑《诗草木鸟兽虫鱼疏》，《四库》已著录。但所据乃通行本，文多讹阙。佑取陶宗仪《说郛》本及毛晋《广要》本，并诸家别录，校其异同。而以《诗》、《尔雅疏》、《释文》为主。其中题目之失实，文字之误窜，颇有是正。条下间有丁杰校语，盖杰别有校本，佑兼取之也。据朱彝尊《经义考》，引沈重《毛诗义疏》多条，佑以为其中多同陆疏。沈书久佚，无可考，而《初学记》所引陆疏，皆以为《毛诗义疏》。朱氏因《毛诗义疏》之名，妄以属之沈重，实是一误再误。按《尔雅》邢《疏》引称陆玑《义疏》，《齐民要术》、《太平御览》所引并称《义疏》，岂是书别有《义疏》之名耶？而朱氏为失考矣。

0240 **诗疑义释二卷**乾隆四十九年刊本

清胡文英撰。文英有《诗经逢原》，已著录。首有自序，称“诗义疑实极多，《集注》每云未详。究心数十载，详考诸家，略有所得，恐致遗忘，聊录数则”云云。按是书颇创新解，但凿空附会者居多。稍可取者，如《何彼秾矣》一诗，据《仪礼·士昏礼》疏云：“《何彼秾矣》篇，曰‘曷不肃雍，王姬之车’，言齐侯嫁女以其母王姬始嫁之车远送之”。王姬指齐侯之妻。又据《春秋》桓公三年九月，齐侯送姜氏于欢，诸侯不亲送女。今齐僖公送姜氏直至鲁境，故《传》云非礼也。平王之孙，齐侯之子。言周平王亲外孙女，齐侯之女也。按鲁《诗》此篇序目载在《王风》，不入《召南》。文英此解，不为无理。“荇菜”条，据《说文》作莕，从艸从水从行，此草行于水中也，故曰流之。陆玑《诗疏》，根生水底，另是一种。“蕨薇”条，谓薇菜比蕨菜相似而肥，初生紫绿色，近根稍白。既长，有双须如野蒲桃，老则坚刚中作钏，京中名曰龙须菜。毛作荇，盖隶省。“言告师氏”之“言”，应作“言”，比“言”字少下一横，即古“俺”字。今西北及山东人多称我为“俺”即此字。“钟鼓乐之”之“乐”，读如“涝”。“曷澣曷否”之“否”，读如“补”。凡此诸条，或据目验，或据土音。卷末又有《通释鸟兽草木》及《通释韵》二篇。所举尤详，虽未敢定其即确，视在故纸上强分辨者，究不同也。

0241 诗疏补遗五卷乾隆五十三年刊本

清胡文英撰。文英有《诗经逢原》，已著录。是书首有自序，称“孔氏疏《诗》，较诸经独为详慎。然限于功令，虽有质疑辨难之处，未敢繁称，而遗音每寄之弦外。宋人说《诗》，多取《传》、《笺》，然风、雅之体裁，字义之源委，远征近取，细入毫芒，舍疏终无由入。其有含意未伸、阙而不全者，据古籍及所闻见以稍补之”云云。按是书系据《诗疑义释》为底本，而又增之。故凡《诗疑义释》所有，全收无遗。而其中不无删润之处，而凿空附会之失亦相同也。其就疏意而申其所未及，殊有可取者。如“窈窕淑女”，《传》云：“窈窕，幽闲也。”《笺》云：“则幽闲处深宫。”《疏》云：“淑女已为善称。则窈窕宜为居处，故云幽闲。”《集传》既取“幽闲”二字，又用扬子云"善心曰窈，善容曰窕"之义，故曰"幽闲贞静"。文英据许氏《说文》："窈，深貌；窕，深肆极也。"又陶渊明《归去来辞》"既窈窕以寻壑"，以证扬说之异。"乐只君子"，《传》、《笺》于此章未注"只"义。《释文》据"南山有台"笺，作是义。《集传》以只为语助辞。文英据《左传》引作"乐旨君子"，注谓诸侯有乐美之德。孔疏云："旨，美也。"《疏》云："旨，美也。"孔疏于《诗》、《春秋》分两义，是随字而释，而作"旨"为优。"遵彼汝濆"，《释文》云"《常武》传云坟涯也"。《疏》云："释水汝为濆。"文英据《尔雅》引作"遵彼汝濆"。知晋世诗本犹为"濆"，遵字是循水旁之岸，故仰则伐条枝，俯则见水中之鲂鱼。赪尾，鲂鱼赪尾。《传》云：鱼劳则尾赤。《疏》引郑氏说，鱼肥则尾赤。其义似相反。文英考鲂鱼二种，其大者味美，极肥而尾不赤；其小者《尔雅》名鲂魾，尾頳俱赤，不关于劳与肥。"于涧于沚"，下"于"字应作"之"。《疏》引孙炎曰：蘩，白蒿，然则非水菜。《疏》之疑此极是。盖沼所止之处曰沚，可以采蘩，非谓采蘩于沼中也。与下章于涧之中一例，亦用之字。如此之类，持义多惬。是又在分别观之也。

0242 **诗经喈凤详解八卷**雍正癸丑刊本

清陈抒孝辑，汪基增。抒孝字百先，江西新昌人。汪基字敬堂，江苏星源人。首有吴启昆序及基《例言》，言为举业而设。每页分上、中、下简，下简题曰"绎集"。所解以朱子《集传》为宗，未详者乃参用他说，或寻其绪而为之补释。字训注本字下，句义系本句下。篇后有讲，以阐全篇之旨。中简题曰"详解"，专讲作意，分篇旨、章旨、句旨。上简题曰"备考"，详于名物典故。卷端别有图说。"喈凤"者，盖袭坊选古文之名，尤近俗。

0243 **读诗偶记二卷**嘉庆刊本

清汪德钺撰。德钺有《读易偶记》，已著录。是书泛论诗义，不主一家，时出独见。如谓《周南》言文王太姒之教，父母无统于子之义，终以《汝坟》，乃文王三分有二，以服事殷之时。《周南》之周，乃文王之岐周，不得以周公汨乱之。又谓《螽斯》、《麟趾》两篇正指武周诸人言，《周南》统论文王文母子孙之盛，无专美周公之诗。其论《关雎》也，谓郑笺不如毛传，君子好逑，非元妃不足以当之。不妒嫉之一端，不足以冒全诗。郑笺亦以《关雎》二句指后妃，惟以淑女为后妃所取之贤，则上下文不相联属。所见亦是。按后妃即太姒，《序》不称太姒而称后妃，盖尊之，亦举其实也。后妃犹言后妻，文王尚有前妃。德钺尚未窥及此，故于乐淫哀伤及寤寐反侧之旨，仍不免于强解。论《何彼秾矣》，谓侍明文王太姒之与《麟趾》同。《麟趾》，德之及其子也，此篇德之及其女也。然不列于《周南》，而列于《召南》者，盖文王三分有二，冀、兖、青三州，时尚属纣之地，在青州之界。此篇咏王姬下嫁于齐，乃武王既得天下后事。故《周南》至《汝坟》，以《麟趾》终之。所以明文王之子，皆有能得天下之才，是王道之始。《召南》至《何彼秾矣》，以《驺虞》终之。见诸侯皆代其布化，是王道之成。又论《王风》，谓不曰周而曰王者，非特以别《周南》，亦以既得天下，不可复称国号，以与邶、鄘、卫诸国等。春秋不称周而书王，即至东迁时，王朝无异侯国，而犹系以王，见名号之不可假。又论《鲁颂》无颂周公之诗，可知成王无赐伯禽天子礼乐之事。《吕览》载惠公时始请于周，孔子尝以周道伤于幽厉，舍鲁无适，而又言鲁之郊禘非礼。周公其衰，则郊谛出于幽厉后无疑。诸说俱惬理餍心。其他权衡旧说，辨析引申，可采者甚多。

0244 诗经精义五卷附一卷 嘉庆七年刊本

清黄淦纂。淦字纬文，浙江仁和人，乾隆庚子举人。是书首有汤诰序及淦自序，末有门人汤春生跋。卷首总论，《国风》、《小雅》、《大雅》、《颂》各为一卷，后附序传为一卷。采集诸家经义，录其精粹者而不参己说。捃摭甚富，具征识鉴。如《燕燕》诗，谓戴妫以先君之思勗庄姜，见姜与妫深心，迨妫归陈为内应。石蜡之谋，庄姜宁不佐之？其作用皆从塞渊淑慎中来。又《将仲子》诗，谓仲子指祭仲，叔段失道，而公不制。且与祭仲谋，欲待而杀之。诗人知其意，欲以天理感动之，公论开悟之。公纵不爱段，独不爱父母乎，独不畏公侯之议乎，独不畏国人之多言乎？如此之类，多有妙义。淦意在供举业者沾丐，纂成《六经精义》，此特其一耳。

0245 诗经言志二十六卷嘉庆甲戌刊本

清汪灼撰。灼有《毛诗周韵诵法》，已著录。是书首有张节序。题曰《言志》，盖本《孟子》“以意逆志”之说。不明引序及毛、郑、朱诸家，而时订诸家之误。然如《终风》、《凯风》诸篇，旧解沿误者，不能订正反附会以张之。其他亦不离乎旧解者近是。惟说《河广》篇，谓是诗作于卫已渡河时。卫与宋皆在河南，此第借河以起兴。朱子据未迁时，谓卫在河北，宋在河南，定以为赋者非。说《黄鸟》篇，据《括地志》载，穆公冢在岐州雍县东南，三良复有冢在雍县故城内，定为三良从死而非殉葬。证之本诗，只言从，未言死可信。此二条皆极当，且发前人所未发。语都简净，绝不矜奇炫博，是其所长云。

0246 多识录九卷道光刊本

清石韫玉撰。韫玉字琢堂，江苏吴县人，乾隆庚戌进士，以第一人及第，官至按察使。是书以“多识”名录，盖取《论语》言诗，有“多识于鸟兽草木之名”一语。书中兼及虫鱼，则从徐鼎《名物图说》例也。大抵以毛传、郑笺为主，次及《说文》、《尔雅》。他书所载，有关于物之名状者，亦采之。惟皆摘录旧文，不撰一语。所重在名，凡一物而多异名者，概胪列以备参考。又物各为类，不按经之次序。然多有欠分别者，如《召南·鹊巢》之鸠，《传》云：“鸠，鸤鸠，秸鞠也。”《曹风·鸤鸠》传，同《卫风》“氓之鸠”。《传》云：“鸠，鹘鸠也。”孙炎注《尔雅》云：“一名鸣鸠。”显是二鸟。

韫玉举《鹊巢》、《曹风》之《鸤鸠》，而不及《氓》之鹘鸠，岂混为一物耶？是则引证虽博反以滋惑矣。

0247 诗经考略二卷道光刊《海南杂著》本

清张眉大撰。是书大旨，与《尚书考略》同。论《诗序》，据“范书”《卫宏传》，宏从谢曼卿受学，因作《毛诗序》，善得风雅之旨，遂疑非子夏所作。又引叶梦得云：“宏《诗序》，有专取诸书之文而为之者，有杂取诸说而重复互见者，有委曲宛转附经而成其书者”云云。梦得殆亦因宏传而为之说。但毛公先于卫宏，而《传》多与《序》合。郑君与宏同时，而不知《序》为宏作，显不足信。故近人有谓宏传“善”字，当系“义”字之误，且属上读。宏所作，乃《毛诗序义》也。余大都拾前人成说，无得失可言。各条内间有缺字，盖眉大居海滨，偶有记忆，乏书可查，刊成遂不复补耳。

0248 诗地理考略二卷同治甲午刊本

清尹继美撰。继美有《诗管见》，已著录。是书首有张维屏题辞，又有继美自撰凡例及前后二识。大旨在补王应麟《诗地理考》而稍变其例。王氏依经文为次，此则《国风》以国为类，二雅始依经文为次。王氏随手抄录、不赞一词，此则翦裁繁芜，或列正文或入注语，间有折衷。或有两存之说，则以位置之先后示以轩轾。所据则《汉书·地理志》、《后汉书·郡国志》、杜氏《春秋左传集注》、《春秋释例》、《水经注》诸书，而参以他说。惟搜集尚嫌阙漏，有时又涉泛滥。考证尤疏，即如“汉有游女”，与地理何关？乃牵及弄珠《解佩》、莫愁《襄阳》诸曲。“淮水汤汤”，说到咸丰五年淮流入海，而“泥”之与“祢”古音同。是一地，非二地。《说文》“溱”虽作“潧”，而《孟子》诸书引溱洧，仍与《毛诗》同。但溱水有三，除在新郑者，尚有朗陵之溱，中宿之溱，继美于此，绝未为之辨析。他如《豳》诗《东山四国》之类，大率游移其见。至每国系之以论，解经之作流为史体，创而实谬。惟于古地名下证以今名，详其沿革，使学者寓目了然，不为无益。又“［戍］［戊］申”条引崔述说，谓申与甫、许，皆楚北出之冲，而申倚山据险，尤为要地。楚不得申，则不能凭陵中原，侵扰畿甸，是以城濮还师，楚子又居于申，宣王时荆楚渐强，故封申伯于申，以塞其冲。平王时，楚益强而申渐弱，故发王师以戍之，非私其舅。不然，“戍甫戍许”，又何为者？按具此深识，始可与论地理。书中于已［入］《诗管见》者，皆不复载。宜参观之又题辞与《名物考略》并言，今亦未见，岂书成未刊布耶？

0249 **诗名物考略二卷**光绪庚辰刊本

清尹继美撰。继美有《诗管见》，已著录。是书与《地理考略》同时撰，而付梓稍后。有继美自跋，引张司马“有益初学”语。按张司马，谓番禺张南山维屏也。“爰采唐矣”一条，即引其说。跋言“多闻易而多见难，计偕北上，见乌集屋，始知‘瞻乌爰止’之解。馆于大梁，食河鲤味美，始知‘岂其食鱼’二句之解。后游山东，始见黍稷与木李、木桃及白杨、青杨之属，由所见推所未见”云云。他所考，虽不尽出独见，而辨别尚细。如谓薇即野豌豆，菲即芦菔，谷即俗呼谷皮树，黄鸟即黄雀，鸤鸠即鸲鹆，亦即八哥。其正诸家之误者，如程瑶田之绘芄兰，陆玑之解勺药，郑樵之辨蓫，陆佃之说鹑，俱是。“惟南山有杞”一条，疑陆德明、陈藏器两引陆玑诗疏，而其文互异。按赵鹿泉陆疏校正本，两家所引俱有之，“惟其树如樗”四字，作“其状如栌”，不系之“南山有枸”句下，则非释杞也。又“赫如渥赭”条下，引“渥赭草名”三十三字，云与毛传异义，而不载何人之说，俱不免错漏。然固可资学《诗》者之参证也。

0250 **毛诗蒙求汇琐二卷**嘉庆庚申刊本

清薛韬光撰。自题云：“暇览经籍，有（概）［慨］于心，辄疏记之，或旁推交通之”云云。大旨补《窾启》所未备，亦有与《窾启》互参者。所引率传疏旧说而稍折衷之。引陈氏《稽古编》尤多。“地理”诸条，证诸《禹贡》，较为审核。“器服”诸条，采自《礼疏》，无所订正。若“心性”、“鬼神”诸条，微论若何阐发，总不出宋儒见解耳。

0251 毛诗蒙求窾启十卷 嘉庆庚申刊本

清薛韬光撰。韬光字少文，江苏上海人。是书首有自序，以为“诗中精义，经宋元诸大儒讨论，如日再中。其名物训诂，自《尔雅》外，诸子各有成书。兹集俱不多及，惟就诸说相持处，略标管见”云云。大旨于《小序》、《传》、《笺》、《集传》以至诸儒之说，择善而从，不主于一。于近人陈氏《稽古编》尤多采用。义要而说繁者，另为考辨专篇。论邶、鄘、卫，据班志“武王崩，三监叛，周公诛之，尽以其地封弟康叔”，谓康叔封卫，既尽有邶、鄘之地，故《卫诗》可称《卫风》，即可称《邶风》、《鄘风》。论《郑风》，据《御纂诗义折中》谓二十一篇皆非淫诗。论豳雅、豳颂，据《大戴》及杜夔《传》，风可名雅。据《节南山》、《崧高》，雅可名风颂。谓《七月》一篇，备有风、雅、颂。若其自具新解：如据《草虫笺》云草虫鸣，阜螽跃而从之，异种同类，犹男女嘉时。而郑于《出车》笺云：草虫鸣，晚秋之候。即此可证毛氏季秋至孟春为昏期说之不谬。又据《柏舟》诗“髧彼两髦”，考髦者子事父母之饰。父死脱左髦，母死脱右髦，亲没不髦。今云“髧彼两髦”，是共伯死时，其亲俱在。而武公弑共伯之诬，不辨而释。论《蒹葭》，谓西土之人，怀东周故主。谓脱稿后，始知陈子龙、李因笃已有此说，然无害其为冥思独到也。然亦有不当疑而疑者，如文王受命称王之说，经传、《史记》皆有明证。徒拘于宋儒迂见，以论三代以上之臣节，安见其可？序作于乾隆三十七年，后三十年而刊行。曰《窾启》者，取《庄子》为窾启之民意也。

0252 诗小说一卷同治刊本

清蒋光煦撰。光煦字寅昉，浙江海宁人，纳赀为大理评事，光煦从弟也。光煦治《诗》宗朱，已校（校）［刊］《诗集传音释》，以《集传》所释名物多从简略，乃旁征众说以广之，大都以不悖朱义为准。然如《集传》于蒹葭在《豳风》训为一物，在《秦风》则训葭似苇而细高数尺，前后互异，显有一非。又《十月之交》，郑笺十月主周正，《集传》则主夏正。光煦两引之，俱未能折衷于是。所采惟海昌唐氏释苹之说稍新，余多习见。卷首有李同寿序，于其书似有所未慊，非无故也。

0253 诗经互解一卷嘉庆己未刊本

清范士增纂。是卷即以《诗经》成句解《诗经》。如以"如此良人何"解"有女仳离"，以"不属于毛，不离于裏"解"谓他人父亦莫我有"，以"信誓旦旦"解"有如皦日"，以"其毒太苦"解"胡为虺蜴"，以"岁亦阳止"解"十月之交"，以"寘予于怀"解"出入腹我"，以"厌厌夜饮"解"乐酒今夕"，以"不屑髢也"解"绸直如发"，以"宜尔子孙振振兮"解"太姒嗣徽音则百斯男"，以"屡丰年"解"自今以始岁其有"。俱贴切有妙义。

0254 周易解诗经一卷嘉庆己未刊本

清范士增纂。是卷以《周易》成句解《诗经》。如以"妇人贞吉，从一而终也"解《柏舟》全旨，以"圣功也"解《淇奥》全旨，以"纯粹精也"解"如金如锡"，以"饮食必有讼"解"民之失德，乾糇以愆"，以"几事不密则害成"解"君子无易由言，耳属于垣"，以"顺乎天而应乎人"解"燮伐大商"，以"圣人久于其道而天下化成"解"周王寿考遐不作人"，以"君子以恐惧修省"解《云汉》全旨，以“日新其德”解“学有缉熙于光明”。俱贴切有妙义。

0255 尚书解诗经一卷嘉庆己未刊本

清范士增纂。是卷以《尚书》成句解《诗经》。如以“弗慎厥德，虽悔可追”解《氓之蚩蚩》全旨，以“时谓淫风”解《采唐》全旨及《溱洧》全旨，以“君子在野，小人在位”解《伐檀》全旨，以“乃心罔不在王室”解《鸱鸮》全旨，以“其克诘尔戎兵”解《车攻》全旨，以“怵惕惟厉，中夜以兴”解《夜如何其》全旨，以“在我后嗣子孙”解“似续祖妣”，以“人其代之”解“弗射弗亲”，以“官不及私昵”解“琐琐姻亚，则无膴仕”，以“天道福善祸淫”解“有皇上帝，伊谁云憎”，以“启佑我后”解“诒厥孙谋，以燕翼子”，以“尔身克正，罔敢弗正”解“不僭不贼，鲜不为则”。俱贴切有妙义。

0256 礼记解诗经一卷嘉庆己未刊本

清范士增纂。如以“后修女顺”解《葛覃》全旨，以“君子将营宫室”解“升彼虚矣”一章，以“登车则有光矣”解“星言夙驾”，以“君子比德于玉”解“如圭如璧”，以“一与之齐终身不改”解“实维我仪，之死矢靡他”，以“婿亲御授绥”解《有女同车》，以“燕辟废其学”解《子衿》全旨，以“好贤如缁衣”解《有杕之杜》全旨，以“是谓君臣为谑”解《株林》全旨，以“问庶人之富数畜以对”解“谁谓尔无羊，三百维群；谁谓尔无牛，九十其犉”，以“不忘其所由生也”解“有怀二人”，以“惧辱亲也”解“无忝尔所生”，以“所以善成王也”解《文王》全旨，以“王亲视学”解“于乐辟廱”。俱贴切有妙义。

0257 四书解诗经一卷嘉庆己未刊本

清范士增纂。是卷以“四书”成句解《诗经》。如以“王道之始也”解《关雎》全旨，以“思之弗得，弗措也”解“求之不得，展转反侧”，以“从者病”解“我仆痡矣”，以“一家仁”解《麟趾》全旨，以“恐惧乎，其所不闻”解“鸡既鸣矣，朝既盈矣，匪鸡则鸣，苍蝇之声”，以“戒慎乎，其所不睹”解“东方明矣，朝既昌矣，匪东方则明，月出之光”，以“亦可以成人矣”解“未几见兮，突而弁兮”，以“无罪而杀士”解《黄鸟》全旨，以“朝将视朝”解“夜如何其”，以“如不容”解“谓天盖高不敢不局，谓地盖厚不敢不蹐”，以“侍妾数百人”解“诸娣从之，祁祁如云”，以“则修文德以来之”解“既作泮宫，淮夷攸服”。俱贴切有妙义。

0258 诗问六卷嘉庆戊寅刊本

清牟应震撰。应震有《毛诗物名考》，已著录。是书句有解，章有说，又有总论。其旧有疑义者，则设为问答以辨之，故曰《诗问》。多阐发新义，间采《小序》、《集传》，不过十一。如谓《国风》是后世说《诗》者所题，“南”统列国之诗，国无主名，故以“南”概之。周主畿内，采自畿内者，系之周。召主列邦，采自列邦者，系之召。二南者犹今诗之合选，下十余国，犹诗之专稿。二南诗十之七八，为后世所增入。《诗》有正变，以哀、乐、美、刺为正变。乐者、美者以为正可也，哀者、刺者以为变可也，而非如《序》之所谓正变。王之为风，盖旧畿未并于秦之时所采之诗。《小雅》为畿内之民暨内小臣、外诸侯之诗，《大雅》为公孤、卿士之诗。又谓《关雎》，成婚礼也；《葛覃》，劝妇功也。皆与文王后妃无涉。《汝坟》，周公东征也。王室指周室。《何彼秾矣》诗，平王指东迁之平王。《燕燕》诗，别据《史记》、“郑注”、《坊记》、《左传》，其为定姜或庄姜，厉妫或戴妫，不定谁属。《旄丘》，卫人责晋文公；《泉水》，长卫姬啱戴公；《河广》，卫人美宋桓公；《东山》，为周公西归劳从行归士；《出车》，宣王劳南仲；《小旻》，平王谋东迁。诸所持说，皆援据凿凿。其考证涉于《诗》之外者，谓豳在镐京东北，黄河西岸，今延安府地，非唐所立邠州。因之定漆沮即古洛水，非地理今释之石川河。其石川河，即古汭水。又据《诗》证《书》郑氏解"辟"为"避"，《九罭》曰"公归无所"，是出避之证。又曰"公归不复"，又曰"无以公归"，是悔而迎之之证。又郑以东为东都，但管蔡未平之日，无所为东都。"居东"即居豳，"东征"是东行，非征伐。尤是破千古疑案。其解字亦多别义，如解"君子好逑"，"逑"，来求也。解"左右芼之"，"芼"，冒也，取生菜覆牲上以荐神。解"明星有烂"，"烂"，是"阑"衍文，"阑"，尽也，今以夜尽曰夜阑。解"集于栩苞棘苞桑"，栩棘桑从"苞"字取义。"苞"，饱也。兴下文"何食何尝"。此类尚多。尤妙者，解"并驱从两牡兮"，"牡"，牡雉也，以禽之中一见而知为雌雄者惟鸡雉，故决之也。可谓从无字处觅得解矣。书中屡引陌人说，陌人，牟廷相字也。然亦有过于拘者，如"履帝武敏歆"，不取郑笺。然祀溯姜源，其为有母无父之子，可不待辨。况屡寘之隘巷平林寒冰，显见于《诗》。概以理断之可乎？首有自序，称稿凡四易，而不敢自信。要之求是之学，固大异乎墨守者矣。

0259 毛诗名物考六卷道光戊申刊本

清牟应震撰。应震字寅同，山东栖霞人，乾隆癸卯举人，官禹城训导，升青州教授。是书首有应震自序，称"自童年喜考较物类，于物之形色性情，或能得其一二。及反而证之《尔雅》诸书，多不合者。今古异呼，方土殊名，传写之讹谬，假借转注之变移，以物注《诗》，不如以诗注物。"又有孟广均序，称"其与族兄弟松岩、陌人讲解《毛诗》，互相发明，又复兼采众说，引古证今。凡《诗》所载一名一物，靡不折中异同，晰疑辨似"云云。按松岩名昌裕，乾隆庚戌进士，官至御史。陌人名庭，乾隆乙卯优贡，官观城训导。三牟皆以经学名。书分六卷，鸟、兽、鳞介、昆虫、木、草各为一卷。《诗》

所未及者，附于其下以备考。亦有《诗》所已及，而缺以待详者。每大类有总考，每小类有分考，理精而语奥，可作《尔雅》读。盖精心结撰之作，非黄位清、尹继美辈可比也。

0260 诗传题辞故四卷嘉庆甲戌刊本

清张漪辑。漪字绿邨，直隶怀来人，诸生。是书无序例，单就诗传题辞作解，故首列总题，如“国风/之类”，次列分题，如“周南/之/之类”，又次篇题，如“关雎之类”。篇题下，首列《小序》、朱传，间引《论语》、荀子、司马迁、韩婴、刘向、毛苌、郑康成、杜佑、贾公彦、王安石、欧阳修、苏轼、程子、张子、辅广、熊禾、杨守陈、刘瑾、沈守正、范处义、陈鹏飞、李樗、朱善、廖刚、邓天锡、郝敬、唐汝谔等说。又次则列章句字数。其总题、分题、篇题及章句之下，各夹以双行小注，详其原始、时代及诸家异同。所谓《故》也，不参己见，参引众说，既不详备，亦嫌滥杂。要亦说诗家之别体也。按漪杂著中有《诗三百解》一篇，系计篇名，不计重名。如邶、鄘俱有《柏舟》，王、郑、唐俱有《扬之水》，郑、唐、桧俱有《羔裘》，《邶风》、《小雅》俱有《谷风》，《小雅》重见《白华》，《小雅》之《甫田》重见《齐风》，《黄鸟》重见于《秦风》，《杕杜》重见于《唐风》，《无衣》两见于唐、秦。除重名者十一篇，恰是三百。此说前人未曾发，宜可存也。

0261 诗传题辞故补一卷嘉庆甲戌刊本

清张漪辑。前篇皆毛氏诗说，此篇则韩鲁诗说，故云补也。计补《蔡风》一篇，据《鲁诗》云：“《芣苢》，蔡女所作也。”补《申风》一篇，据刘向《列女传》云：“《行露》，申女作也。”补《黎风》二篇，据《小序》：“《式微》，黎侯寓于卫，其臣劝以归也。《旄丘》，责卫伯也。”《鲁诗》亦云：“《式微》，黎庄公夫人及其傅母所作。”补《许风》一篇，据《小序》：“《载驰》，许穆夫人作也。”补《宋风》一篇，据《小序》："《河广》，宋襄公母归于卫，思而不止，故作是诗。"其事详于《列女传》。补《卫风》一篇，据刘向《新序》："《黍离》，寿闵其兄也。"补《楚风》一篇，据刘向《新序》："《大车》，息夫人所作也。"补《谭雅》一篇，据《小序》："《大东》，谭大夫作也。"补《苏雅》一篇，据《小序》："《何人斯》，苏公刺暴公也。"补《卫雅》一篇，据《小序》："宾之初筵，卫武公刺时也。"又补《卫大雅》一篇，据《小序》："抑卫武公刺厉王，亦以自警也。"惟颂无所补。卷首及末，皆有漪自识。其开篇所载各卷章句字数，疑属前篇之末，而刊者误入于此。

0262 **读诗钞说四卷**光绪丁亥刊本

清张澍撰。澍字鲁泉，四川华阳人，举人，官教谕，卒于同治间。是书为其再传弟子刘永镇所传，于光绪丁亥刊行。有高赓恩、黄云鹄、崔志道、伍肇龄诸序，及永镇后跋。大抵多依《集传》为说，《序》及《传笺》不合《集传》者俱驳之。于《郑风》虽不敢明主淫奔之说，而不以为非。诸所敷义，肤而不切，不惟未能得诗人之意，恐朱子之意亦未必如其所揣拟也。

0263 **诗绎二卷**《榕园丛书》本

清廖翱撰。是书专说义旨，采朱子《集传》居多，惟《郑风》不主朱子淫诗之说。谓"遵大路"，为送贤者之诗；"野有蔓草"，为思遇时之作；"箨兮、扬水"，伤国势之微弱，而讽其上下之同心；"褰裳、子丰"，思大国之庇，已而自欲褰裳与驾；"扶苏、狡童"，刺任用之非人；"有女同车"，咎辞婚之失助；"子矜"，刺学校之废弛；"风雨"，思君子之风度。《小序》旧说，皆有意义。又"朱子解诗亡"，谓"《黍离》降为《国风》而雅亡，翱辨谓风雅异体，《黍离》自是风诗，非降也。且平王之世，未尝无雅。《节南山》正月《雨无正》诸篇，玩其辞意皆东迁后之作"云云，则亦不尽遵朱子也。论《出车》、《六月》诸诗，于宣王平戎事，按之时地，最为精切。其自出新解者，说《葛生》诗，定为妇人悼亡之作。谓思远怀人，何须说到茔域之间、百岁之后？又引白居易《燕子楼》诗相附合，创而非凿。书后有李光垣跋，兼为《书绎》作也。

0264 诗诵五卷光绪乙酉刊本

清陈仅撰。仅字余山，浙江鄞县人。是书卷一论种种换韵之法，各为举例，力驳叶音之说。谓“后人之所谓叶音，实古人之正音。凡平、上、去之同纽者，依古音皆不须用叶，惟入声须略分别”。又考十五国疆城，均在直隶、山东、河南、陕西四省界内。今西北方土音无入声，今之北曲亦不分上、去、入可以相证。卷二至四就各篇为说，各卷中多引吴才老《韵补》，每有纠正。卷五专举朱子《集传》叶音字数，盖吴、朱二书，甚有资于诗学也。亦论及作意，知三百篇之佳妙处非后人所能及，而汉魏至唐之诗体，参错变化，无不本于三百篇。义多惬当。大旨同牛运震《诗志》，而其说较备、较深，谓之《三百篇诗话》可也。仅别著有《竹林答问》，论后世诗学最析，可与是书相参证。卷首有蒋湘南序及仅自序，于诗取乎诵之义，各有阐发云。

0265 诗经说六卷求志居刊本

清陈（运熔）［世镕］撰。是书首有世镕自序。其辨郑声非郑风，申吕东莱之说，谓《乐记》言“郑音好滥淫志，宋音燕女溺志，卫音趋数烦志，齐音敖辟骄志。四者皆淫于色而害于德，是以祭祀弗用”。然燕享亦岂用之。春秋朝聘燕享，有赋诗之事，第举其诗之辞，非即以其诗被诸乐。声虽从《诗》出，而歌之则成声，不歌不成声。虽歌之成声，不播诸金石管弦，亦诗而非乐。又当其歌《关雎》、《鹊巢》也，必不参以《缁衣》、《蔓草》；歌《鹿鸣》、《四牡》也，必不间以《风雨》、《鸡鸣》。又何足以乱雅乐？朱子以郑声之淫，归罪二十一篇之诗。诗固有声，然亦有有声而无诗者。笙入之《南陔》、《白华》、《华黍》，间歌之《由庚》、《崇丘》、《由仪》，金奏之《肆夏》、《陔鷔》，皆无诗也。安见郑声之必皆有诗？又安见其声即此二十一篇之诗之声？更据《汉书·礼乐志》：哀帝时，诏罢乐府官，“有郑四会员六十二人，一人给事雅乐，六十一人可罢”。著其为郑，而别之于雅，此必真属郑地之声，不知其歌曲，果此二十一篇否。然又有楚会员十七人，巴会员十二人，铫四会员十二人，齐四会员十九人，蔡讴员三人，齐讴员六人，竽笙钟磬员（员）五人。皆郑声可罢，则不必悉出郑地亦谓之郑声矣。云乱雅乐者，雅乐即笙入、间歌、合乐诸诗，以郑声歌之，遂为所乱云云。按此论畅辟得未曾有，使世之右朱子者无从置喙。其他若说风雅正变，说诗乐，说大雅小雅，说笙诗，俱有特见。其单说一篇者，多引《左传》为证，亦有合者。而附会穿凿，在所不免。若《雨无正》、《瞻卬》之类，字字按切时事，同钱谦益之笺杜，而读者终以为疑也。有时自出己见，如谓《溱洧》系君子之有志风化者叙其敝俗，冀以动在位之听，而思整饬之方。虽属臆断，较胜毛、朱旧解惟以从良择配之倡女释《丰》，以沈痼不悟之守财虏释《山有枢》。此类鄙浅之识，殊不足为训也。

0266 诗经精义汇钞四卷道光戊戌刊本

清陆锡璞钞。锡璞有《书经精义汇钞》，已著录。是书体例全同，惟所钞间采近儒之说。又彼书止载《御案》，此则兼及《折中》，是其微异者。其意主简要亦同。卷首有锡璞自序，斥汉学为曼衍支离，可云不自量矣。

0267 三百篇诗评一卷咸丰癸丑刊本

清于祉撰。祉字燕受，山东潍县人，诸生。是书九十余条，即以评古唐诗之法评三百篇。但见解不高，评语亦近俗，尚不及其乡人牛运震之《诗志》也。自序云“不能篇篇而为之评，非必古人之诗有高下也”，“学识浅薄，不能遍索其隐，则阙之”云云。岂以所评者，皆已索得其隐耶？陋儒之见，亦可哂矣。

0268 释诗一卷 道光十三年刊本

清何西夏撰。首诗序，次诗说，次删诗论，又次国风、雅、颂分释。惟大、小雅较详，间有精到之语，视释书为胜。论淫诗，引唐世子宏受《左氏春秋》，至世子商臣弑君。叹曰：经籍圣人垂训，何书此耶？郭瑜对曰：《春秋》义存褒贬，以善恶为劝戒，故商臣千载而恶名不灭。宏曰：非惟口不可道，故亦耳不忍闻，愿受他书云云。义深哉此论。世之著淫书者，何尝不托意惩戒，而阅之者偏不在惩戒而在其事。故为风俗人心计，淫书不可不禁也。然则存淫诗以示戒之说，不可为训。而诋《春秋》为断烂朝报者，亦不为无见矣。自来驳朱子淫诗诸家，未有道及此者。书为《西夏经义》之一种。

0269 诗传考六卷 嘉庆九年刊本

清陈孚编。孚，河南夏邑人。是书首《诗传提要》，引《史记》至成伯瑜说，共五十五条。次《诗考绪言》，自述所见，然亦多本旧说，共三十八条。以下章解句释，大抵以大小序毛、郑、孔、朱为主，而参以汉、唐、宋、明诸家之说。取其善者，而逸其未安者，其可通者并存之。自称不愿附会，亦不敢辄驳先贤。是其旨自出己见，申众说所未备。所谓考也，但所援证，至明而止。折衷未尽惬当，阐发亦殊浅近，无足观也。

0270 诗经读钞三十二卷 道光乙酉刊本

清李宗淇辑。宗淇字味岚，江西临川人，嘉庆举人。是书首有周作楫序，又有自序及发凡。经文之前全录《小序》，经文之后节钞《集传》；每章之后，又有“集说”、“总论”、“附录”诸名目，而终以“御案”；上方又有评语，点出诗法与诗旨，其某章、章几句诸条，另列卷前。叶韵未详于卷中者，亦另列卷前。盖大旨宗《集传》，所引毛、郑诸家不过以备参考，乃至征及子夏、申培诸伪书，可谓不知别择。题曰《读钞》，盖为自读计云。

0271 诗异文录三卷道光己亥刊本

清黄位清撰。首有自序，位清既成《诗绪余录》，于《毛诗》文字之异录所未及详者，别为是书以辅之。于冯登府《三家诗异文疏证》外，另采范家相之《三家拾遗》、赵佑之《诗细》、阮元之《校勘记》、朱芹之《札记》，以至顾炎武、段玉裁、臧庸堂诸家之说视冯氏为博。惟断制颇简略，无甚阐发。然有极精者，如“黾勉”条，引唐栾肇《论语驳》，谓文莫吾犹人也。《说文解字》：“忞，疆也，从心文声。”“慔，勉也，从心莫声。”《说文》二字相连，是“文莫”即是“黾勉”。又“假以溢我”条，《广韵》引《说文》作“哦以滥我”，《左传》作“何以恤我”。谓许所称乃《三家诗》，谧徐铉本作“溢”，系用毛诗改。“何者”，哦之转，恤与谧同部。《尧典》“惟刑之恤”，今文亦作“谧”。如此之类，不惟证诗，且裨及他经矣。

0272 诗绪余录八卷道光己亥刊本

清黄位清撰。位清字瀛波，广东番禺人。孔门论《诗》曰“多识于鸟兽草木之名”，朱子以为绪余。录题绪余，盖取诸此。然书中兼及虫鱼，则以《诗》之虫鱼亦多也。《七月》诗之喜与绹，一为食类，一属用具，亦所不遗，例斯滥矣。首有自序及例言，大抵以毛传、郑笺、《尔雅》、《说文》为主，次及陆疏，旁采不下十余家。所录以有关经义者为主，而有资闻见者，亦偶及焉。以风、雅、颂为次，而不分类。援引甚博，于同名而异物者，辨之尤审。如《鹊巢》与曹之“鸠”为鸤鸠，《氓》与《小宛》之“鸠”为鹘鸠，《鹑奔》之“鹑”为鹌鹑，“四月匪鹑”之“鹑”为鵰。“薄言采芑”之

“芑”，菜也，“丰水有芑”之“芑”，草也，“生民糜芑”之“芑”，白粱粟也。又礼表记注引丰水有芑，枸杞也，则又为木类。《谷风》“荼苦”之“荼”，苦菜也；《东门》“如荼”之“荼”，茅秀也；《良耜》“荼蓼”之“荼”，陆草也。《将仲子》之“树杞”，为柳属；《南山有台》之杞，与《湛露》“杞棘”之“杞”，梓杞也，为山木；《四牡》之“苞杞”与《北山》之“采杞”，四月之杞楰，枸杞也。《摽梅》之梅为今梅，《终南》之梅为枏。《定之方中》之桐为白桐，《卷阿》之桐为青桐。《唐山有枢》之枢，榆统名也；《隰有榆》之榆，刺榆也；秦《隰》有六驳之驳，梓榆也；陈《东门》之枌之枌，白榆也。如此之类，俱不得混。他若睍睆，毛传好貌，郑笺颜色说也，是言其目非言其声。后人以为音者误。又绿竹，绿、菉古今通字。《史记》下淇园之竹为楗，盖淇上多竹。绿竹当如字，与《尔雅》称菉王刍者异。此俱为之分别。惟所引间嫌过杂，如汉武之蟠桃，楚王之萍实，说本荒诞，岂足据为典要。书后有其门人叶应阳跋，即刊此书者也。

0273 诗经蠹简四卷道光刊本

清李诒经撰。诒经字星五，山东高密人。首有传，题石桐先生撰。按石桐乃高密诗人李宪暠号也。传称“其少孤，贾以养母，后改业儒。从宪暠学诗，辄能工，又进而窥六经二氏之书”云云。不及其殁，殆作于生时耶？亦不及是书，不解何以弁此于卷首也。书中逐篇为说，见解俚不可以评唐宋诗，况三百篇乎？题以《蠹简》，又不知何所采义。盖乡曲陋儒，昧于著书体例者之所为也。

0274 毛诗经说二卷道光甲辰刊本

清王益斋撰。益斋字吕谦，江苏高沙人，岁贡生，嘉庆辛未钦赐举人。是书亦题《郑莆田淫奔诗辨》。莆田，宋郑樵字，尝作《诗传辨妄》，斥毛、郑之失，又诋《小序》非子夏作。朱子《诗集传》所云淫奔之词多从其说，益斋辨之。书分二卷，上卷就邶、鄘、卫、王、郑、齐、陈诸诗辨其非淫，竟援伪《子贡诗传》、伪《申培诗说》以驳毛序。下卷《论郑卫淫声》、《论朱子疑淫奔何意》、《论朱子辨小序》、《说朱子〈集传〉用申序》、《辨申培诗序真伪》、《论端木诗传非伪本》，凡六首。尤谬者，以朱子《集传》，多同申序，谓朱子实用申序。朱子果用申序，何以绝不言之？朱子时果有申序，隋、唐《志》何以绝不载之？适形其乡曲陋儒之见而已。卷首有益斋自序，作于嘉庆二十一年，又有张芾、杨德坚二序，其侄栻前后二跋，则道光梓书时所增入也。

0275 毛诗陆疏校正二卷咸丰七年刊本

清丁晏校。卷首有晏自序，称《疏》所引刘歆、张奂诸说，皆古义之仅存者。又称鲁国毛亨为故训传以授毛苌，徐坚因之。《初学记》载《毛诗授受》悉同此《疏》，皆可证其为原本。但所释不尽依故训传，如易蒙王刍之传，谓蒙竹为一草。易六駮马之传，谓六駮为木名之类。所校据《诗》、《尔雅疏》、《释文》为主，与赵佑同。惟晏未见赵本，故不无异同详略。而所引《初学记》、《御览》、《类聚》、《类证》、《本草》诸书，则赵氏所未及也。序称兼据王谟《汉魏丛书》本。按王谟辑有《汉魏遗书抄》，不名丛书，盖误也。

0276 诗毛郑异同辨二卷嘉庆刊面城楼三种本

清曾钊撰。首有钊自序，以为毛、郑异同，大义有四，随文易说者不与。一昏期，二出封加等，三稷契之生，四周公辟居，皆毛长于郑。至六天之说，毛、郑故同。昊天上帝，诗有明文。五天即五德之帝，五德布为五行，助天生物，王者礼宜尊事。《周颂》“我将传”，将，大也。是毛以我将我享为大享。大享明堂，五帝遍。而《正义》乃诬毛不信六天之说，与郑异。孔氏述毛，不得其理。多类此。若夫故训假借，传例简奥，笺所改读，非尽易传，《正义》亦有未达云云。

书中大旨，主于申毛，义多精确。其辨《正义》“我之不辟”，谓毛读“辟”为“辟”。据《史记·鲁世家》，周公乃告太公望召公奭曰：“我之所以弗辟，而摄行政者，恐天下畔周，无以告我先王、太王、王季、文王。”据此则《史记》用古文说，读“辟”为“辟去”之“辟”。《说文》书称古文辟部嬖，引我之不嬖法也。（据《金縢》释文引《说文》，法当为去之误。）《说文》：“辟，法也，父益反。嬖必益反，音异义亦异。”《易·序卦传》云：“井道不可不革。”《杂卦传》云：“革，去故也。故嬖从井。其义为去，后乃省作辟法之辟。”按此义历来蒙昧，至此始见日月。又《猗嗟》三章，“舞则选兮”，《传》：“选，齐也。”按《史记·周本纪》百率、五百率、千率，《集解》引徐广“率音刷”。司马《索隐》率亦作选。郑司农《周礼》冶氏注，“锊”读为“刷”。“率”、“选”、“锊”读皆同，则可通假。孟康云：“埒，等埤垣也。”《史记集解》引徐广曰：“埒，等也。”“等”与“齐”同义，“选”即“埒”之假借。按此解委曲而切。又《鸨羽》首章“王事靡盬”，《传》：“盬，不攻致也。”据《天官》盐人，凡齐事鬻盬，鬻即练也。盐不练，谓之盬。引申之，故物不攻致者亦谓之盬。《椒聊》首章“硕大无朋”，据《尔雅·释诂》：“无间也。”《诗》无念《尔雅》祖《传》：“无念，念也。”此“硕大无朋”，犹言硕大又朋。按二解俱新而的。他所辨毛不失而孔以为失者，如《硕人》四章“鳣鲤之训”。孔申毛而失者，如《南山》首章“南山雄狐”之训，《蒹葭》首章“伊维”之训，《小弁》二章“捣心疾”之训，《頍弁》首章“皮弁”之训，《鲁颂駉》三章“作始”之训。又郑不失而孔以为失者，如《著》首章“君子揖”之训，《杕杜》首章“湑湑”之训，《车攻》二章“甫草”之训，《菀柳》首章“蹈读悼”之训，《笃公刘》首章“不以所居为居，不以所安为安”之训。又辨传写之误，如“我思肥泉”，《正义》引“释水泉归异出同流肥”，谓无“流”字。《水经注·河水篇》引吕忱云：《尔雅》异出同流为瀵水。疑《尔雅》本文当云“归异出同肥，异出同流瀵”。后人误溷“流”字入“归异出同”下，而脱异出“同流瀵”句。“山有苞棣”，《传》：“棣，唐棣也。”《正义》曰：“释木有唐棣常棣。”《传》：“必以为唐棣，未详闻。”据兼明书，引孔氏《论语》解“唐棣，棣也。”今本《尔雅》：“唐棣栘，常棣棣。”盖误《小雅》“常棣之华”，《传》：“常棣棣也。”《释文》云：“本或作常棣，栘非。”盖陆氏据误本《尔雅》以订《传》，其实作“栘”者为是。“食野之苹”，《传》：“苹，蓱也。”据《尔雅》：“苹，马帚是也。”后人误加水，则与“在野”不合。凡此诸条，俱不可易。“惟隰有六駮”，《传》：“駮如马倨牙食虎豹。”钊以上句苞栎，下章苞棣，皆木名，不宜此独举兽。据陆机《疏》驳马梓，榆也。《传》以駮马释駮木，似近牵强。《传》明言“倨牙食虎豹”，非兽而何？不可谓非千虑之失也。是书刊于嘉庆，《学海堂四集》又收之。

0277 东塾读诗录一卷传抄本

清陈澧撰。澧字兰甫，广东番禺人，道光举人，学者称东塾先生。是书为其孙庆佑手录，盖澧晚岁课孙之本也。卷首题“精语常常读之”六字。书中不全录经文，略似摘句。[有]不着一字者有之，语亦极简。意不在诂经，而在垂训。如《桃夭》章于“宜其室家”、“宜其家室”、“宜其家人”下注云：“谓凡妇人，当与一家之人无不合者，乃为妇德。”又《小星》章于“寔命不同”句下注云：“安命，多如此类。”而时有愤世之语，如“我有嘉宾，德音孔昭。视民不恌，君子是则是傚”下注云：“今之士大夫，乃示民以恌而则傚者多矣，此风俗所以坏也。”又“琐琐姻亚，则无膴士”句下注云：“今之大官，皆使其姻亚为膴仕矣。”亦多此类，殆说诗之别一体也。

0278 毛诗多识十二卷［《求恕斋丛书》本］

是书南浔刘氏刊本，二卷，题长白多隆阿著，无原序跋，《豳风》以下阙。其刘承幹序，则刊书时所作也。别有辽阳张氏排印本，亦题《毛诗多识》，为卷十二，不阙，但下题“辽阳绣江张氏玉纶著释”。首有序二，一题“自序”，一题“岁次重光大渊献相月梦月轩后学张氏玉纶再序”。以后序称再推之，则前序亦玉纶作，时在咸丰元年七月也。然据前序末语，或又曰：此多氏之所识者，显然属多隆阿著。亦因《论语》有“多识于鸟兽草木之名”一语，义取相关。则后序之题张玉纶者，乃郭象盗庄之类也。多隆阿可考者，书中屡称关左，当籍辽海，与所题长白者合。序有余自燕晋游归语，当是曾仕燕晋而归休者。刘序称姓舒穆录氏，字又希。检阅道光乙酉同年齿录，知为是科拔贡，抑名氏偶同，疑莫能明云云。按满人以多隆阿名者屡见，刘序所举，未敢遽定为一人。以刘、张二本互校，大段虽同，惟刘本详于张本。其不同处，又刘本每较张本为胜，似刘本系最后定本。又刘本条下每有程棫林校语，多所引申订正，所缺恰是半部。是书大旨亦详原序，略为考据之学，尤贵多见。居近山川原隰之间，羽毛动植之物，日与耳目相习，留心察之，悉得梗概。其或如鹃不来北，橘不逾淮，为疆域所限者，则备载先儒之说，不加论断，以俟后贤折衷。其确有可据者，则为详细释之。著其古号，杂以谚名。又云：此论之所是非者，于先儒之说，不必尽同，要期不戾于经。语近繁芜，则惟恐其不详；名杂俚俗，则惟恐其不实。于陆玑《草木疏》，尝病其简略；于蔡卞《名物解》，尝病其蹈空云云。综观全书，援古证今，实视自来释物名者为胜。惟关左气候迥殊，似未可以例他方。而其中亦不免有考证偶疏者。始以张本《豳风》以下补刊本所阙，再得如程棫林者校完之，庶乎尽善矣。棫林字少珊，贵州人，光绪进士，官至侍讲学士。

0279 读诗集传随笔一卷 光绪乙未刊《损斋遗书》本

清杨树椿撰。树椿有《读易随笔》，已著录。是书颇有订正，其朱子原误者如“吉日”条，解漆沮为洛水；“兔罝”条，仇叶渠九反；“南方之原”条，原下注无韵未详之类。其朱子原本不误，而坊本误者，如“汉广”条，“休思”作“休息”；“行苇”条，注叶韵不谐；“天作”条，“岨”作“徂”之类。又引汇纂一条，桧传，桓公当为武公。“方望溪”二条，《緜》九章，四“曰”字俱当作

“日”。《旱麓》四章，前后义不相属，疑错简。俱可补《集传》所未及。

0280 尚诗征名二卷 光绪三十四年刊本

清王荫祜撰。荫祜字子受，直隶正定人。“尚诗”云者，以三百篇为诗家之祖，宜援《尚书》之例正其名也。首有序说述征名之旨。篇分甲乙，甲篇六十，为已定之说；乙篇十五，为未定之说。总七十五篇。大抵据《小序》及齐、鲁、韩、毛四家，朱子《集传》，择善而从，而取《鲁诗》为多。《鲁诗》已佚，惟据刘向《列女传》，以向号传《鲁诗》故也。中如《柏舟》篇，定为卫寡夫人作，诸书作卫宣夫人者，“宣”乃“寡”字之讹。《燕燕》篇，定《燕燕》为卫庄姜作，诸书作定姜者，附存其说。《柏舟》篇，本《序》说以正《史记》卫武公弑兄之诬。《大车》篇，谓《列女传》之息君夫人与《左传》之息妫是二人。一守节自杀，一入宫生二子。《无衣》篇，定为秦哀公作。引《左传》定四年传，秦哀公为之赋《无衣》。据《左传》他篇所书，如云美而无子，卫人为之赋《硕人》也。又云高克奔陈，郑人为赋《清人》。又云皆秦之良也，国人哀之，为之赋《黄鸟》。以为凡有事实在前，然后书为之赋某诗者，无一不指作诗而言，是诗亦其例也。《常棣》篇，据《国语》定为周文公作，谓《左传》作召穆公者非。《小弁》篇定为周平王作，谓诗词凄怆，如“何辜于天，我罪伊何。我躬不阅，遑恤我后”等语，决非他人所能代。《白华》篇，定为周幽王后申氏作。《小序》有脱误，郑笺据脱误之文为解，直以褒姒为幽后者非。《武》篇定为周文公作。《左传》称武王克商作颂曰“载戢干戈”云云。又作武，其卒章云云。谓所云武王克商作颂者，言周公推本武王之克商乃作此诗，非谓此诗为武王自作。且篇内明著武王之谥，尤可证。如此之类，具见论《诗》有识。荫祜谓古人淳朴，本不以求名为务。《序》说有名诸篇，既偶有所传，转多可信，即当以《序》说为据。说亦有理。至乙篇以为未定者，或于义不合，如《关雎》篇或以为毕公作，或以为康王夫人作。但

《仪礼》以《关雎》为乡乐，又为房中之乐。是周公制作之时，已有此诗。果如其说，则《仪礼》不得为周公之诗，而周之盛时乃无乡射燕饮房中之乐，而有待于后世之刺诗乎？又或不得主名，如《芣苢》篇，《列女传》云蔡人之妻作；《汝坟》篇，《列女传》云周南大夫妻作。氏族不著，便与缺名无异也。是书虽标征名，而于经义亦多所折衷，援引繁而得要。书中屡引其兄荫昌说，荫昌尝官山东武定州知州，著有《毛诗校议》，未见传本。荫祜所从受，受业者也。

0281 毛诗异同四卷附一卷同治丁卯刊本

清萧光远撰。光远有《周易［属辞］》，已著录。是书首有自序。卷一，国风：周、召、邶、鄘、卫、王；卷二，国风：郑、齐、魏、唐、秦、陈、桧、曹、豳；卷三，大雅、小雅；卷四，颂；附一卷：郑氏改字，《集传》改字，《春秋》传赋诗汇钞，又《杂说》上、下篇。大旨取《小序》毛、郑《集传》异同，会其大意，择可而从。或系以说，义主比附，自云“不作汉宋调人”。惟《十月之交》，序以为刺幽王，笺以为刺厉王，光远引《汉书·谷永传》：“褒姒用国，宗周以丧。阎妻骄扇，日昃不臧。”师古曰：“褒人所献之女，幽王留之，卒有犬戎之祸。阎嬖宠之族也。”《鲁诗·十月之交篇》曰：“阎妻扇方处言厉王无道。内宠炽盛，故致灾异。”褒姒、阎妻对举，证为郑氏所本。而《杂说篇》又言“十月之交，朔日辛卯，日有食之”。后人以历推在幽王之六年，则仍以序为是也。又《生民篇》“履帝武敏歆”，既以笺说为诬，而《鲁颂》篇中引《周礼》“大司乐以享先妣”注：“先妣，姜嫄也。姜嫄无所妃［祀］，是以特立庙而祭之。”按如此说，则笺义不为无因。且姜嫄嫄字从女，则后稷有母无父，尤可征信。先远于此乃存游移之见，非也。《杂说》上篇论时令、天文，下篇论义法。全书简而得要，非泛泛抄撮者。

0282 诗义择从四卷光绪戊子刊本

清易佩绅撰。佩绅字笏山，湖南龙阳人，咸丰戊午举人，官至江苏布政使。是书为告归后所作。有自序，言序为先导，毛、郑为指点山川、疆域、风土、物宜之人，其有同归而必殊途，指点而未详未确者，则于孔、朱及各家，皆择其善者而从之。此“择从”所由名也。又言己所案有似独断者，因古义断之，非自创新义也。偶有推论者，亦从古义推之，或借以证之。其书不录经文，但录篇名章数。序或全录，或但录首句。以次及毛、郑诸家之说，案语则低列一格。虽不甚出己见，而别异同、判得失亦有可取者。如抑《诗序》以为卫武公刺厉王，考《史记》卫武公立于周宣王十六年，卒于平王十三年，在位五十五年。其生年不可考，姑以寿百岁计之。除平王十三年，在幽王时则八十余，将近九十。九十曰耄，与《诗》“亦聿既耄”之句正合。若在厉王时，去耄尚远。佩绅据《史记》以订《序》，是也。昏期之说，毛、郑互异，而各有所据。毛以十月至正月为及时，郑以三月以后为过时。佩绅调停之，谓九月霜降，二月冰泮。《家语》：“霜降而嫁娶行。”自九月以后，即可嫁娶也。冰泮而始杀，杀者，减也。至于二月，始减其礼，而嫁娶者亦少也。《周礼》：“仲春，奔者不禁。”以贫不能备礼，至于将过时，故不禁其奔，即杀其礼也。虽杀礼者亦止于二月，则过时实在三月以后。郑谓三月以后为过时是也。“展我甥兮”，传：“外孙曰甥。”笺：“展，诚也，姊妹之子曰甥。”言诚者，拒时人言齐侯之子。考鲁庄当齐襄之代，未尝如齐。其二十二年，如齐纳币。二十三年观社，其时齐襄已弑，文姜已死，齐桓立十二年矣。鲁庄于齐桓为中外兄弟，不当言外孙。按《尔雅》：“妻之昆弟为甥，姊妹之夫为甥。”佩绅以为其云甥者，指鲁庄娶哀姜言之是也。又有据朱以正朱者，《柏舟》，《集传》云：庄姜之诗。而《孟子集注》仍用《序》说。考《集传》成于淳熙四年，《孟子集注序》作于淳熙十六年。佩绅谓从古序者，是晚年定论。可谓以子之矛陷子之盾矣。至据《苌楚》诗“乐子之无知，乐子之无家”，谓以无知无室家为乐，为佛说入中国之渐，视陈启源牵西方美人以说佛者殊胜之。惟《生民》篇，说履帝武，采王夫之、顾镇二说。王说直以臆想为事实，顾说亦附会。大抵史书纪帝王发详，类涉荒诞，有未可以恒理断者。此诗毛传所释自平正，然诞而曷为弃之，则毛亦强解也。就诗论诗，由隘巷而平林，更极之于寒冰，则郑笺似不为谬，存而不论可矣。

0283 毛诗补正二十五卷光绪己亥刻鹄轩刊本

清龙起涛撰。起涛字禹门，湖南永新人。是书首录古序，次自作凡例，又次《国风》总论。每卷之端，冠以郑谱。每篇之端，冠以小序。于谱则征众说而以己见为折衷，于序则采首句而以下文作附注。篇中先引毛传，间及郑笺、孔疏。《笺》、《疏》所未及者，补以朱传。朱传未当者，又补以他说。于毛、郑、孔、朱之得失，各有所订正。篇末有论有评，而论以考时势而取证于史传，评以发诗趣而资用于文章。其涉于典制名物之纷烦者，别详其说，不与注语相杂。此其大略也。书中论郑谱次第主欧阳修说，谓殿王于豳末使十五国，以二南始，以陈曹终，见天下大局之兴衰。又以豳先以王后见周室之自为兴衰。而桧居郑先，与魏唐之例亦画一。论《关雎》忧乐，主尹继美说，谓乐以三篇为一阕。所谓乐而不淫者，指钟鼓乐之言。所谓哀而不伤者，指维以不永伤言。论邶、鄘、卫，谓郑灭桧不曰桧、郑，晋灭魏不曰魏、唐，何独于邶、鄘、卫而异其例？盖邶十九篇，鄘、卫各十篇，史家以卷帙过多，史家姑就所采之地以旧名分之为三，殆无意义。其说俱可备一解。其他诂义，大都平正。惟“草虫”章，笺意最明。未见君子，谓在涂时，在涂而忧，忧不当君子。无以宁父母，故其心冲冲然。既见，谓已同牢而食。既觏，谓已昏。并引《易》“男女觏精”为解。按此篇的系新婚诗，今习俗犹有于成婚之夕，以失贞而遭弃者。但贞不贞非有的证，因而起争义。至于涉讼者有之，故必待觏止，而后其心始降始说始夷也。毛传于第三章云，嫁女之家，不息烛三日，思相离也。则亦以为初婚作矣，惟“见觏”二字不为分别，朱传亦然。起涛引毛、朱而遗郑，岂以《笺》语近亵而讳之耶？抑思圣人于《易》不讳之，而于《诗》独讳之耶？其释物名，多出臆断。援引未甚博，评隲亦非体。后有自跋，称声音之道通兵法，益怪诞矣。

0284 说诗解颐二卷光绪九年刊本

清徐玮文撰。玮文字植之，江苏宜兴人。光绪丙子进士，以庶吉士改部曹，历官四川、广东知府。按汉匡衡有“说诗解颐”之语，于是明朱鼎撰《诗解颐》四卷，季本又撰《诗说解颐》四十卷。“解颐”云者，语杂庄谐以阐《诗》旨，固说《诗》之一体也。玮文是书，不嫌从同。所说凡七十篇，独辟悟解，间发前人未发之义。如《凯风》之母氏，谓指后母，欲去非欲嫁，不得牵入淫风。《左传》称庄姜美而无子，卫人所为赋《硕人》正意盖惜其无子，观结语“庶姜孽孽，庶士有竭”二语自明，解家只赞其美非也。《有狐》为征妇忧其夫无衣之词；《将仲子》为国人刺庄公之作，郑庄与叔段同气连枝，故以树杞、树桑、树檀为喻。《月出》指夏姬舒谓夏征舒。《狼跋》比武庚管蔡。《楚茨》合《礼经》祭祀之序。如此之类，又非徒涉笔成趣者可并论也。卷首有伍肇龄、许时中、顾复初、胡薇元、冯秀莹诸序。

0285 诗经贯解四卷光绪刊本

清徐寿基撰。是书仿《四书贯》之例，于每句之上下添入文义，使全章读成一气。题下括《集传》大意标曰“诗柄”，而节《小序》之语附于篇后。其名物训诂声音，别著于书之上方。卷首题“便蒙易晓”四字，旨所在也。

0286 读诗商二十七卷光绪刊本

清陈保真撰。保真字怀甫，湖南龙阳人。首有保真自序，大抵辑采众说。自《小序》、毛、郑、王、何、《正义》、《集传》以至《钦定诗经》，惟不及乾嘉后说诗诸家。其自为说，别之曰“商”。或抒己见，或引他说而衷其是。所辑颇嫌驳杂，如“契阔”二字既引《集传》远隔之意，又引毛传“勤苦也”，更引《韩诗》“约束也”。《汉书》注：“久阔不相见，转觉无所适从矣”。其自为说，如《柏舟》据《小序》“共伯蚤卒”以正《史记·卫世家》和弑共伯代立之非。“定之方中”，谓《史记》先言文公立，后言犇齐，乃倒叙语，无两适齐之事。“文王之什”，谓文王是没后追王，郑笺过信《易纬》诸书“受命称王”之说，《正义》又为《笺》误。“宾筵抑戒”，谓非武公悔过之作，乃惩当时淫酗之俗，而因以自警。“素冠序刺不能三年”，据《礼》一命缊韨，再命赤韨，谓刺大夫士，非泛泛之人。所见俱是。书中于乡先正王夫之《诗稗疏》引之最多。如以雎鸠为鱼鹰，委蛇本《山海经》之委维也。荼，引《古今注》“紫者荼，青者蓼”非《月令》之苦菜。蚣蝑即俗名蚱蜢，莎鸡即《尔雅》螒天鸡。“葑菲下体”，谓下体者叶，人从生，禽兽横生，草木逆生。根在下为上体，叶在上为下体。葑菲老时根可食，而叶为人弃，故云。“流离”，据《盐铁论》注“枭，流离也”，枭夜则攫，昼为众鸟所逐，窜伏茫昧，无所容身，故曰琐尾。说俱甚新。然亦间订王说之误，如王氏谓木瓜、木桃、木李皆刻木为之，如今之座供。又谓蓛即《山海经》言共水旁所生之蓛。又谓琚瑀即玭珠，其珠形以人工为之，非《禹贡》淮夷所产之蠙珠。其《尚书稗疏》，于蠙珠亦云琢为珠形。以三代南海未入版图，无蚌珠。保真一一驳之，亦甚是。通观全书，大抵拘牵于旧说。所考正者，仅义理名物之小小者而已。

0287 诗经质疑一卷 嘉庆辛酉刊本

清朱霈撰。霈言“读诗论世，必求其情事之有合，不可为古人所欺”。故是书多自出新解。如谓刈葛非后妃之事，国君夫人袒衣象服亦非污澣之具。盖太姒于服成之时作，为诗歌以诲三宫夫人世妇之侍。又据《左传》“嗟我怀人，置彼周行，能官人也”谓《卷耳》为文王作。又据《左传》献公初立，定姜不纳，酌饮叹曰：“是夫也，将不惟卫国之败，其必始于未亡人”云云。谓《终风》即定姜恶卫衎之诗，谓共伯为子伋，据《左传》，左公子泄右公子职，怨惠公之谗杀太子伋，攻惠公，立伋弟黔牟，谥伋为共。共伯非僖侯世子，武公亦无篡弑之行。谓氓字从亡从民，流亡之民也。“氓之蚩蚩”，盖异国之人，离其本土，而淫于外州者。诗言“以望复关”，复关在今直隶大名府开州城西南，可证。谓深宫肃穆之地，安得来鸡鸣？古者后妃入御于君，太师奏鸡鸣于阶下，然后夫人鸣佩玉于房中。乐声或与苍蝇相乱，故诗人咏之如此。谓《无衣》为美武公，“岂曰无衣”，泛指诸侯言。下云“不如子之衣”，子即指武公言。孔疏以子字属天子之使者非。谓《伐柯》美周公，序上句不误，其下句周大夫刺朝廷之不知也。则由《九罭》序而误合之。伐柯比伐畔，匪媒不得，比欲得管叔武庚，非公不能，其则不远，言欲伐兴谤之人，即以其所受谤之人往而伐之。至“我觏之子”二句，则东人喜大难之平救其死亡，而欲报之以厚礼也。据《左传》召穆公思周德之不类，故纠合宗族于成周而作诗。是《常棣》为召穆公作，非周文公作。谓《抑》诗是刺王，非卫武公作诗言“亦既抱子”，与九十五岁之武公不合。谓《鲁颂》“戎狄是膺，荆舒是惩”，上句指周公，证之明堂位，下句指僖公，证之本传。谓作《商颂》者，是宋桓公，非宋襄公。正考父在戴武宣之世去襄公远甚，《史记》之谬不待攻。如此之类，俱有理。其纠正《集传》诸条尤当。惟太史公、郑司农、伏生辈，皆言文王受命七年而崩，霈概斥为惑于《乾凿度元命苞》之说。然以郑司农例，伏生、太史公可乎？以有宋诸儒之论理，驳两汉诸儒之据经可乎？《竹书纪年》言武王崩年五十四，霈据《周本纪》武王告周公旦曰：惟天不飨殷，自发未生，于今六十年。谓武王受命有天下，年六十岁。不知《本纪》言发未生，非言发初生。又论姜嫄，舍郑笺而别为臆说，则皆深而反失之。

0288 毛诗笺疏辨异残本二卷原稿本

清李兆勖撰。兆勖，山东历城人，他无可考。是书据叙成于光绪丙戌，原三十卷。此所存止卷二、卷二十三两卷耳。卷二中有《鹊巢》、《周南召南辨》、《郊祀后稷以配天辨》三篇。卷二十三中，止《旱麓》一篇，而次《毛诗笺疏辨异叙》于后。似是从全书单抽此数篇以质正于人，而非偶然阙佚者。其著书异，其大旨亦见于叙。叙中详举毛、郑异义，及毛义难明者六端。谓冲远为疏，时有纰缪。或本异而合为一说，或相同而分为两义。或联章累句，只得郑氏之偏词；或随文树义，未究毛家之片语。谨究笺疏，辨其异同。但欲申明传义，上合经文，故多辨难。近世金坛段氏、长洲陈氏，皆为毛氏学，互有得失。辨其近是而实非者，附于各篇。至朱传、吕记于毛、郑有所去取者，亦附见一二云云。卷中以《鹊巢》以下四篇为王季诗，《鹊巢》、《采蘩》序之夫人为太任。其辨《周南》、《召南》，以《周南》皆文王诗，《召南》皆王季诗，系之周公、召公者，从后系之。其说虽辩，而苦于无证。又谓郊天与郊稷判然不相混，举证甚多。惟谓《公羊》家言，为方士新垣平之属所傅合，亦属臆断。惟《旱麓》篇，谓《疏》承《笺》误，《笺》以“岂弟君子”指太王王季，而篇内无文王事，受福究将谁属？所见极是。大抵兆勖之意，在申《序》、《传》而绌《笺》、《疏》。但《笺》之改《传》不无所长，《疏》不破《笺》，是拘于例。似未可一概论之也。

0289 毛诗鸟兽草木考四卷原稿本

书题“受业门人金溪黄春魁编辑”。卷首有小引，集经字为骈文。题衔同，署道光丁未冬十月。或是就正其师之作耶？书分鸟部、兽部、草部、木部，不及虫鱼。诸条除引注外，他所采甚略。有止引注而不及他说者，如玄鸟、蘩苹、藻龙、莫蕢、蒲芹、茆葭、卷耳、苿苢、薇葑、菲谖、萑萧、荷菡、茝兰、芍药、蔹茨、蕴苕、鹝苹、芩台、莱荠、韭瓜、壶稻、穜稑、稂苢、穈蕺、荏麦、来牟、秬秠、苴桃、李漆、木瓜、扶苏、椒薁、栗椅诸条是。又有注无而但引他说者，如鹰、雀、鸡、鸱、鸾、马、驖、兔、鼠、犬、豺、象、豹、狸、牛、穗粟、株枣、梅、松、竹诸条是。春魁概无所辨证，每条下附见于经中某某篇名，殆陋书也。

0290 诗故考异三十二卷道光辛卯刊本

清徐华岳撰。首有华岳自序及凡例。序引颜师［古］《汉书注》，“故”者通其指义也。诗虽不尽以“故”名，言“故”足以包之。考异者，事异、义异、字异，皆谓之异。是书全录毛传、郑笺，而节录孔氏《正义》，分注其下。齐、鲁、韩三家见于王氏《诗考》及他书者，亦全录之，附于传笺之后。陆氏《释文》，所据诸家之本，字多不同，录其异者注经文之下。又以毛传宗《尔雅》，《说文》称毛氏，而《尔雅》、《说文》引诗，多有异同。其他《戴记》、《左传》，及史汉百家之引诗亦然，俱从《释文》例。注异字于经文之下，其有异义及非异义而足相发明者，分别录于《传》、《笺》三家之后，附以《诗地理考》，并划分《经》与《传》、《笺》，不使相杂。期复古时经传别行之旧。凡所援引，专取古义，间及惠栋、钱大昕辈，而无宋儒一字。惟子贡《诗说》、申培《诗传》，明知其伪，以为其中颇有先儒遗说。不知二书浅薄无理，详见毛奇龄《驳义》。何有古义？不宜兼收，以自点污。且书中众说并陈，甚少折衷，虽博何益？后附《传诗考》、《伪诗辨》，亦是摭拾成说。其《逸诗录》，所采自《尚书》至《石鼓文》，裒然成帙，皆可征信，可补古诗之缺。视王士祯、沈德潜辈所录，殆有玉璞之殊。书后有其子宝琳跋，称华岳所辑注疏，系据毛氏汲古本，刊时则易以各善本，为之校定者谈师吉也。时华岳已前殁，距成书时十五年矣。

0291 毛诗兴体说一卷传抄本

清黄应嵩撰。应嵩，广东梅县人。是书大旨同林国赓，惟分例少异。其为林氏所未及者，如《诗序》言刺，毛传独标兴体例。所举“雄雉”、“匏有苦叶”之类三十四条，孔疏著明毛意例，所举“匏有苦叶”之类十四条。其林氏有例而缺证者，如郑笺自言兴义例，所举多《小雅》“采菽”一条。又郑笺不言兴义与毛同兴例，所举多《召南》“草虫”，《王风》“兔爰”，《魏风》“园有桃”，《唐风》“山枢”、“绸缪”、“杕杜”、“葛生”，《秦风》“晨风”，《小雅》“伐木”、“杕杜”、“黄鸟”、“小宛”、“頍弁”，《大雅》“棫朴”十八条。又毛传言兴而《笺》非兴例，所举多《邶风》“谷风”，《魏风》“园有桃”，《唐风》“绸缪”，《小雅》“伐木”、“頍弁”、“车舝”、“采菽”、“采绿”，《大雅》“棫朴”九条。又《传》、《笺》兴同而义异例，所举多《卫风》“芄兰”，《齐风》“东方之日”，《陈风》“东门之扬”，《豳风》“鸱鸮”、“九罭”、“狼跋”，《小雅》“菀柳”、“白华”、“卷阿”九条。又《笺》、《疏》申明毛传未标兴体例，所举多《小雅》“南有嘉鱼”四章、“我行其野”三章、“正月”十三章、“四月”八章、“北山”六章、“无将”、“大车”、“小明”，《大雅》“旱麓”六章、“凫鹥”五章、“荡”八章、“蒸民”八章、“常武”六章、“瞻印”七章、“召旻”七章、《鲁颂》“泮水”三章。又用犹字为兴例，所举多《召南》“草虫”、《鄘风》“柏舟”、“墙有茨”、“桑中”、《卫风》“竹竿”五条。用以言为兴例，所举多《小雅》“小弁”八章、“何人斯”七章、“巷伯”七章三条。又郑《笺》著明毛意例，所举多《周南》“葛覃”，《召南》“摽有梅”、“江之汜”、“何彼秾矣”，《邶风》“柏舟”、“凯风”、“旄丘”、“北门”、“北风”，《卫风》“芄兰”，《王风》“中谷”、“葛藟”、“采葛”，《郑风》“山有扶苏”、“萚兮”、“风雨”，《齐风》“南山”、“甫田”、“敝笱”，《唐风》“鸨羽”、“有杕之杜”，《秦风》“车邻”、“蒹葭”、“终南”、“黄鸟”，《陈风》“东门之杨”、“墓门”、“防有鹊巢”、“月出”、“泽陂”，《桧风》“隰有苌楚”，《曹风》“蜉蝣”、“鸤鸠”、“下泉”，《豳风》“鸱鸮”、“九罭”、“狼跋”，《小雅》“南山有台”、“蓼萧”、“湛露”、“采芑”、“沔水”、“鹤鸣”、“斯干”、“节南山”、“小弁”、“巷伯”、“谷风”、“蓼莪”、“大东”、“瞻彼洛矣”、“裳裳者华”、“桑扈”、“鸳鸯”、“青蝇”、“角弓”、“菀柳”、“黍苗”、“隰桑”、“白华”、“绵蛮”、“苕之华”，《大雅》“绵”、“卷阿”、“桑柔”六十四条。惟林本所有二条此独缺之。书中未提及林本，岂见而不言耶？而精密则过林氏矣。

0292 毛诗说习传一卷广州刊本

简朝亮撰，女弟子简菉盈、简菉持同录。民国庚午朝亮客南海忠义乡，时年八十矣。为二菉女士说《诗》，二菉同录所闻，而朝亮为之酌定，即是书也。首有朝亮自序，言五十时意欲为《毛诗集注述疏》，旋以义取断章，诗无达诂，遂销前意。今既耋思之，诗虽无达诂，惟当有正义之归。且以经考之，毛传犹有失者，则宜为说以明之，斯其始基云云。今按所说者仅《国风》八篇、《小雅》十六篇、《大雅》四篇、《周颂》六篇、《鲁颂》一篇、《商颂》一篇。大旨取《小序》、毛、郑、《正义》、《集传》，旁参吕祖谦、谢枋得、陈启源诸家，较其得失。往往一章之中，参用数家之说。然亦杂引他经、《国语》、《庄子》、《汉书》、《白虎通》诸书，以相考证。其《頍弁》诗“死丧无日”四句，且引杜甫《醉歌》：“忽忆雨时秋井塌，古人白骨生苍苔。如何不饮令心哀”，谓以古人况今日，实近此诗。又其说别见所著《尚书集注述疏》、《论语集注述疏》、《读书草堂明诗》者，此皆从略，宜互参云。

0293 香草校诗八卷光绪刊本

清于鬯撰。鬯有《校周易》，已著录。其论《诗序》，分序与续序。又谓序诗与作诗，其意不同。作诗者，即一事而形诸歌咏，故意尽于篇中。序诗者，合众作而备其推求，故事征于篇外。说本胡承珙。按此特因序与诗不相切，强而通之耳。他无可证，惟谓古序本为一篇，有异诗同序之例。如《日月》序云“卫庄姜伤己也”。《终风》序亦云“卫庄姜伤己也”。在古序必本作“《日月》、《终风》卫庄姜伤己也”。《雄雉》序云：“刺卫宣公也。”《匏有苦叶》序亦云：“刺卫宣公也。”在古序必本作“《雄雉》、《匏有苦叶》刺卫宣公也”。因而推之，《小星》、《江有汜》两诗，亦必同序。曰“美媵者”，兼两诗而言。其“勤而无怨”，专指《小星》。“嫡能悔祸”，专指《江有汜》。而《小星》序上惠及下也，应并入《摽有梅》。盖古序宜无不当诗意，而不能无错乱误系之处，毛公时已不免。按此说甚有理。又谓《南山》诗为鲁人作，而附于齐。如《黎风》附于邶，《许风》附于鄘之例。并谓诗有不成卷而以他诗附足者，亦有不成卷而附他风者，大率以十篇计。故《卫诗》多则离为三，曹、桧原并为一。说亦可通。其说诸篇，亦多创见。如《汉广》篇，谓系殷纣之人慕文王之化，欲渡江汉而南，而又以为不可者。《燕燕》篇，谓“仲氏任只”，任为仲氏之姓，非戴妫。又《载驰》篇，谓归唁者，许穆夫人使许大夫归唁，非夫人自归唁。上文云“载驰载驱”，下文云“驱马悠悠”。言于至漕，皆指许大夫言。下即承之曰“大夫跋涉”，其义自明。又《山有扶苏》篇，谓子都是古美女之号。《荀子·赋篇》：“闾娵子奢，莫之媒也。”杨倞注引后语“子奢”作“子都”，子都与闾娵并称，且以媒言，尤明其为女子。凡此诸解，证之诗而皆切。其他妙义尚多，殆匡鼎之流也。

0294 毛诗兴体说一卷 光绪刊本

清林国赓撰。赓字飏伯，广东番禺人，光绪甲辰进士，翰林院庶吉士。按《关雎》序云：诗有六义，二曰赋，三曰比，四曰兴。惟比显而兴隐。故刘彦和《文心雕龙》云：“毛公述传，独标兴体。”是书就各篇言兴者举其例。兴字有指首章而言者，有指首二章而言者，有指首、二、三章而言者，有指通篇而言者，有指首章及三章者，有指首章及三、四章者，有指首章及四、五、六章者，有指首、二章及七章者，有指首、二章及五、六章者。总之“兴也”二字，俱在章首。又有章首非兴，而置“兴也”二字于二章、三章者。又有明著兴之情者，如“采采卷耳”，云忧者之兴也。更有一章，中摘其一句为兴者，如“有駜”一章九句，前四句赋也，第五句“振振鹭”，云鹭白鸟也，以兴洁白之士。惟此仅偶见而已。又据诗《螽斯》疏引郑志答张逸云：“若此无人事，实兴也。”文义自解，故不言之。是知毛传所标百十有六篇之外，仍多兴体。因就《笺》、《疏》之有据者举之。又郑笺于毛公所言，往往引申之，隐易之，其例亦多。次论郑君注《礼·春官》解兴字之非，与《笺》诗不同。次论《正义》释“先郑比方于物”句，易混比体于兴。又次论《集传》兼说比赋，但所云比赋，往往与兴体无甚别。各篇举例甚备，为治《诗》者别开生面。又按是书亦见《学海堂四集》中。

0295 东迁后诗世次表一卷原稿本

清郭志正撰。志正字体吾，湖南长沙人，廪生。是书首有说，以为平王东迁后诸篇，说者纷如。如《召南·何彼秾矣》，朱子疑为东迁后诗。注疏以诗次《召南》，遂误解平王为平正之王。《小雅·十月之交》，郑氏以为刺厉王，解者据诗言“褒姒灭之”定为东迁后诗，朱子以为幽王时诗。江慎修谓十月辛卯日食，为幽王六年乙丑，建酉之月，辛卯日加辰时正入食限，其为幽王时诗无疑。又谓平王之孙，明是鲁庄公时王姬归于齐之事，不入《王风》而入《召南》者，以此诗为有王者之化，异于《黍离》诸篇。说同朱子。其谓东周以后，有风无雅，不知《雨无正》、《抑》篇朱子亦尝疑之云云。所列世次表，分平王之世、桓王之世、庄王之世、釐王之世、惠王之世、襄王之世、定王之世，而以邶、鄘、卫、王、郑、陈、齐、唐、秦、曹分系其下，并及《召南》、变雅、《鲁颂》。大抵本之《小序》、郑谱、孔疏。惟《抑》篇据朱子以为卫武公作此自誓，系之平王之世。《何彼秾矣》，从郑渔仲说，据□订篇义，系之庄王之世。按是书皆本前人成说，无所阐发，汇诸篇于一表，不过便治《诗》者之稽览而已。

0296 学寿堂诗说十卷附录一卷影印本

徐绍桢撰。是书就毛、郑、朱三家而去取之，旁涉他家。近及俞樾与其父灏为止，又兼采日本大田元贞之《九经说》。于《序》则或遵或驳，时有新义。说《摽有梅》，不主男女及时为说。以诗除“迨其吉兮”一句外，未尝涉男女婚嫁。若《摽有梅》则花已早落，惟摽其实，何所取义。况昏礼男下于女，此则屡言求我庶士，是女求男矣。书有和羹盐梅之喻，当取士为近。又说《柏舟》，谓孟子以“忧心悄悄，愠于群小”比孔子，盖指人不遇。朱子从《列女传》，以此为妇人之诗，则孟子拟人不于其伦矣。又说《凯风》，谓妇人有生七子而夫死，忧不能自养。其子乃为此诗，以慰母心，不必论及卫俗之淫乱。所谓不安于室者亦可解作贫不能自养。前三章言母氏劬劳，母氏性善，母氏劳苦。末一章则云有子七人，莫慰母心。明是孝子自责，若出自他人，则是刺而非美矣。如此之类，深合情理。其他释字义较胜旧训者尚多。据《小星》“抱衾与裯”一语证古人席地而寝，尤确。惟亦有微近诞者，若“简兮西人”，谓指西方极乐之国。虽陈启源亦已言之，但彼时佛尚未生，不宜附会也。附录说十一篇，多前人已论定者。中附时艺二篇，殊非体。又有绍桢自跋。

0297 正学堂诗说一卷原稿本

清王仁俊撰。所为《诗》郑笺释例，于用三家、申毛、改毛之外，广举诸例。曰附传、曰补传，又有引他经例，与他经违异例、《笺》与《礼注》异义例、与郑自注《论语》异义例、《笺》义同郑志例、《笺》说未及而补于郑志例、《笺》说前后互异例、似《易》传而非《易》传例，各举证以明之，可谓备矣。他篇不甚关于要义。其驳陈氏《毛诗稽古编》有二，一单驳西方美人说，一兼驳解捕鱼之器，有非大觉缘果之文不能救物命。按陈氏谓西方美人似指释尊言，不始于陈氏。与大善缘果之文，亦涉佛乘。虽非解经之体，而义可相参。且《四库提要》已驳之，何须多赘耶？又其解“实始翦商”，引《尔雅》翦勤也之训，亦是陈说。诗人推原王业所由成，归功太王，本无实事。为冤为诬，更不值一辨也。

0298 诗经疑言一卷刻本无年月

清王庭植撰。是书说多奇创，如谓“南”与“雅”、“颂”俱乐名，不应统以“国风”。“豳风”者西周之风，不应在各国后。《黍离》既为王风，不应杂郑、卫之间。大雅多朝会诸侯之乐，小雅多燕飨群臣之乐，不但政有大小，即声亦有大小。季札以大雅为大王之德，以小雅为周德之衰，由盛而衰，不能先衰后盛，是小雅不应在大雅之前。鲁颂亦不应在商颂之前。孔子言雅、颂各得其所，谓伯鱼以周南、召南，其余统以三百而已，其删定次序并无可考。后之编《诗》者，系本季札观乐，随太师所陈之先后。原豳、秦二风在齐风之后，“四始”之义，亦本于此。因谓诵诗宜首大雅而次小雅，次商颂而后周颂、鲁颂，次周南、召南，次豳风而后邶、鄘、卫、郑、齐、魏、唐、秦、陈、桧、曹，而以王风终之。《文王》为雅始，《那》为颂始、《关雎》为南始，《七月》为风始。按此论翻空而有理。他如论周南、召南，谓周、召皆指成王之诗而言，周南、召南即周、召二国之乐。谓《关雎》为周公所作，后妃指成王之妃，《鹊巢》为召公所作，是成王后妃于归之诗，故各为首篇。他条多独标新义，亦有沿用序说而引申之者。其论《大车》主鲁诗说，尤可释千古之疑。《左传》与《列女传》载息夫人事互异，左、刘是非各执一说，庭植以为皆是，息夫人与息，妫是两人，《左传》称失节者明言息妫，《列女传》是息夫人，各举一事。不然，刘向岂不读《左传》者？果如此说，则后世称桃花夫人者，真大谬矣。

0299 诗经大义一卷广州排印本

清杨寿昌纂。是书分二篇：第一篇，诗之体例；第二篇，诗之义蕴。体例又分重言、韵言、曲言、直言，义蕴又分男女之情、父子之情、兄弟之情、君臣上下之情、朋友之情、忧时念乱之情、同精敌忾之情，各引诗以证其说。其论体例，谓诗自为一种文体，非可以寻常按责义之法读之，不通其文体，不能得其指归。论重言，谓重言之体有前后只一意者，有前后略分浅深者。前后分浅深，寻常文体所同；前后只一意，诗之文体所独。论曲言，举陈古刺今、言美见恶、讬物比兴、代言情隐诸例，义俱各惬，可通古今诗学之邮。

0300 学诗绪余无分卷原稿本

清潘锡恩撰。锡恩字醇甫，安徽泾县人。是书系就徐士俊所撰《三百篇鸟兽草木记》而为之释，惟所释止及鸟、兽、鱼三篇。士俊原文，当有鸟、兽、鱼、虫、草、木六篇，此殆未完之稿也。士俊所撰联络贯串，便于小子记诵，而缺注解。锡恩因为释之，先采毛传、郑笺，无《传》、《笺》者，旁证他说。征引甚繁，间下己见。其中如释"鹑"，谓从鸟之鹑即隼，与从隹者不同物。谓"鳣"非"鲤"，当别有大鲤之称。故前人多以鲤、鳣互释。又谓"鸮"似"鹏"，而实非鹏，并谓周公以之自比，文义难通。所援据皆甚切，异乎徒以炫博为能者。

0301 诗旨纂辞三卷活字印本

黄节纂。无序例，始《关雎》迄《木瓜》，《国风》犹未完也。义主毛传，毛传缺者以郑笺补之，低一格次经文下，案语低二格次《传》、《笺》下。所据大率姚际恒、胡承珙、魏源、马瑞辰、陈奂数家之说，间附《韩诗》说以备参，不据以驳毛也。又次引《诗》，盖采经、子、史中引经语。又次"诗辞"，盖采汉魏六朝诗赋中用经字。末附重言双声叠韵等。自引《诗》以下，俱低经文一格，自案语以下俱用双行小字。节在北京大学授《诗》，即用此作讲义。讲义例一年而易，故止于此。然引《诗》一类，无所考证。"诗辞"一类，徒猎华藻。俱于说经无与，不作可也。

0302 诗经集解辨正不分卷活字印本

清徐天璋撰。天璋字睿川，江苏泰州人。首有缪潜、周莲二序，又有自序及例言。大旨据《左传》、《史记·世家》诸书，以驳毛、朱，几于尽翻旧案。至谓三百篇不特诗无淫风，且无民风。輶轩所采，太史所协，胥关列国政事之治乱云云。书于经文下，首列《小序》，次《集传》，次《汇解》，又次《辨正》。说未尽者，设或问以发之。中有极解颐者：《螽斯》篇，谓螽非善类，盖喻顽民，周能子之而不伤害。《汉广》篇，谓乔木喻纣，游女喻贤；汉广永，秋水伊人之慕；错薪秣马，弓旌姝子之招。《麟趾》篇，谓三叔率叛周，不类其德，故吁嗟三叹之。《摽有梅》篇，谓庶士是司徒选士，实七实三，即家七任三之义。《载驰》篇，谓所唁卫侯为成公。据《春秋》经僖廿八年，有晋人执卫侯。诸侯遂围许之文，大夫跋涉，盖以许围来告也。不能旋反者不能反许，若云不能反卫，则夫人已至漕矣。且果为戴公赋，何以列定中之后。《渭阳》篇，谓康公送公子雍，若晋文返国，康公时为太子，不得有"路车""悠悠我思"虞有晋难也。按以上诸解，俱创而有理。其《大明》篇，据"大邦有子"诸句，谓文王娶太乙之妹。其曰"缵女维新"缵继也，犹《左传》惠公元妃孟子卒，继室以声子之义。有莘诸侯以其女姒氏娣从，即太姒，实生武王。按太姒即《诗序》所称后妃，后乃先后之后，盖继室也。若是君后之后，则言后又言妃，岂非重复？但其他穿凿附会甚多，每篇俱按合时事，几如钱谦益之注杜，太无谓矣。且以毛传、郑笺，俱入之汇解。申培诗说，共识伪作，亦杂其中。至如武公弑兄代立，乃《史记》谬说，不为纠正，反弥缝之。以史证诗者何乃拾其小而遗其大耶？

0303 诗经简要一卷光绪活字本

清汪本厚撰。本厚，安徽六安州人，诸生。是书止有《国风》，从《周南》至《王风》以下阙，盖未完之书也。杂采旧说，多不标名氏。亦有较详析者，如说“关关”为雌雄相应之声，“窈窕”为幽闲意。言幽闲，又言贞静者，在内为贞静，在外为幽静。又云《周南》王者事，系之以风，避纣也。又云《汉广》、《汝坟》等诗，即楚诗也。夫子归之周，其意深远，惜此类不多得。惟说邶、鄘、卫风，谓得之邶者为《邶风》，得之鄘者为《鄘风》，得之卫者为《卫风》。是不然，即如《绿衣》，《序》谓“庄姜伤己”；《燕燕》，《序》谓“庄姜送归妾”。何以不属之卫，而属之邶？故说者有谓邶、鄘、卫者殷墟。又三监之旧封，而其后邶、鄘、卫率并于卫。孔子伤殷亡，故冠卫曰邶、鄘。虽出臆见而理较可通。则本原所本之说非也。卷首有本原自序，书无付印年月，序署六安州中学堂，则当在光绪之季年也。

0304 说诗解颐续一卷光绪十年刊本

清徐植之撰。是书系补前书所未及，自《采蘩》至《载芟》，凡四十篇。每篇前录《毛传·小序》、《集传》，后伸其说于章后，亦间着于格上与行间。所说多涉作法，亦偶及字义章旨。如说《采蘩》，谓古者后夫人有亲蚕之礼，蘩以生蚕，《七月》诗“采蘩祁祁”可证。公侯之宫，即记所谓蚕室。“夙夜在公”，即所谓公桑。说“羔羊”，谓皮者羔裘犹完好，革者毛脱而见革，缝者皮革绽裂处，细玩三节层次，便行节俭之义。说《燕燕》，谓“先君”二句，不但见仲氏之温惠，且有作用。《左传》“陈人使莅杀州吁于濮”，未必非其力，消息在其心塞渊内。说《常棣》，谓鄂不跗萼相衔也，脊令即雪姑鸟，凡一母所育者，必相聚不散。俱有理。惟说《柏舟》，仍沿《史记》之误以为杀兄诬卫武，则公博考之失也。

0305 诗经条贯六卷民国丁卯活字印本

清李景星辑。是书有自序并凡例。《条贯》者，取《汉书·董仲舒传》“同条共贯”之意。卷一总论，卷二周南至王，卷三郑至豳，卷四二雅三颂。总论又分源流、大义、读法、考异，大都辑录旧说，而考异稍要。朱子《集传》，《宋志》作二十卷，今本八卷，乃坊刻所并。其间经文传文皆有讹异，冯嗣京校正经文凡十二条，陈启源、史荣校正传文共二十四条。后来翻刻者未据补入，致读者多所疏忽。景星并举于此，不可少也。卷三以下，分篇为说，悉主《集传》，而录《小序》于前，使相参对。采引群说，偏重义理、文法。其自为论则但及当时编诗之次第，惟所采录以与《集传》相发明者为限，既欠该博；至编诗次第，按之时代先后，原多不合。必欲委曲牵强以就之，亦徒增词费耳。

0306 静修堂诗经解五册旧抄本

清仇景仑撰。是书不分卷，惟依风、雅、颂之序。有释全章者，有释一句至数句者，有释一物者。题下或称解，或不称解。此外曰说、曰义、曰考、曰辨，不一其例。又曰编次者，订旧次之失也。曰音读者，正诸读之误也。大抵以《小序》、毛、郑、孔、朱为主，旁及他宋、明、清诸家，折衷一是。不取博证，亦不自出己见。所援引至戚学标止，知为道光以后人。但应试之作，亦厕其间，则甚非体也。

0307 诗说四卷写印本

姚永概撰。首有陈朝爵序。说止《国风》，不及雅、颂。于毛、郑、朱三家之说各节所长，亦间采他说以辅之（《集传》）。《郑风》不采《集传》，而代以朱子初说。所采诸家，如钱澄之、姚鼎、马其昶、方铸，皆桐乡人。其昶及铸，且并时人也。作序之陈朝爵，亦录其说。虽云折衷，殊乏精识，备初学诵习可也。

0308 诗说标新二卷民国五年排印本

狄郁撰。郁自定界说:“以古人绝未道及,或虽道及而义理未完;或谬解相沿,决非作时情事及作诗人本旨;或旧说似无可疵,而不适于今日社会教育之用者,不得不易以新义”云云。所说止于《国风》,而开篇之《关雎》、《葛覃》、《卷耳》、《樛木》、《螽斯》等篇从阙,《桃夭》以下亦多不全。所说支离浅语,不能成理。如谓“凡诗必有名,后人选订汉唐以来诗,未有不署题于诗之前者,独于古诗三百篇仅系名于诗后殊乖伦序”。不知古题本无题,《汉诗十九首》犹然。三百篇之系名于诗后,不过为引诗者之便耳。唐人乃以“无题”为题,误矣!郁郁之意,岂欲如举场中之试律必有题乃有诗耶?其识如此,而全书可知矣!

0309 诗经通解三十卷民国印本

林义光撰。卷首有义光自序、略例、《诗音韵通说》。每篇下有“篇义”、有“别义”、有“异文”。“篇义”者,正解也。与“篇义”参者曰“别义”,与经文参者曰“异文”。义光说诗,每出奇解。如说《关雎》,谓求匹偶而未得,可云寤寐思之,不得云“寤寐求之”。“寤”训“觉”,不训“梦”。求之不得者,谓寐始觉而察视夫人,则既夙兴而离房也。以此断《关雎》为美夙兴刺晏起之诗。说《葛覃》,谓归宁父母,承上害否言。归宁以后,既不宜澣衣于父母家,故于将归之日而澣濯之。谓邶、鄘两《柏舟》,为一人之诗。一为其母不谅而作,一为兄弟之怒群小之侮而作。说《匏有苦叶》,谓“雍雍鸣雁,旭日始旦”,言纳采也。“士而归妻,迨冰未泮”,言亲迎也。亲迎必用昏,今则始旦而亲迎,且不及请期,而与纳采同日行之,盖仲春为嫁娶已尽之期。欲及冰之未泮,杀礼而行也。说“雨无正”,谓无正即正大夫离居之谓,“雨”疑“周”字之误。说“雍”,谓为武王事先祖之诗。“皇考烈考”,非分指二人,不得为兼祀文武之证，即不得为禘太祖之诗。俱有理。义光谓挽近三代器物，日显于世。学者得见真古文，因之识文字传写改易之迹。故书中如朱幩鸾旂入右等义，皆取证于金文。惟义光于近世治经诸家，除高邮王氏、德清俞氏外，未及博采。又新出土之彝器，亦未得遍观。故其所得止于如此也。

分篇之属

0310 邶风说二卷道光丙戌刊本

清龚景瀚撰。景瀚字海峰，福建闽县人，乾隆辛卯进士，官至兰州府知府。是书首有自序，称成于乾隆戊戌，将以次及十五国风，而因循未暇。其说实有前人所未及者，不忍弃之云云。今按其书，分篇为说，自出己意，按之情事，无一字不求其贴切。而议论畅快，行乎其所不得不行。盖雄于文者也。说《终风》篇，谓庄桓之际，事在春秋前半，不可考。然诗篇具在，其迹自见。《柏舟》纪始乱也，其时朝野之人情可见。《绿衣》之作，盖与同时。《燕燕》、《日月》、《终风》，则乱贼得志，而忠义扼腕之秋也。至于《击鼓》之篇作，而州吁之衅成矣。说《雄雉》篇，谓合观《谷风》、《泉水》诸篇，斯时卫之妇人，何多贤也。不独康叔武公之化未泯，亦由庄姜在上，其观感于人者深。《凯风》厕于诸篇之中，其非淫泆之思也审矣。至于新台恶宣，墙茨丑顽，而后《桑中》有葑麦之采，蝃蝀有昏姻之怀，卫之淫风乃流行。说《式微》篇，谓卫地而录黎诗，以见当时上无明主，下无方伯，小国微弱不能自立，而又以知卫之不振也。说《旄丘》篇，谓于此知东迁之后，齐桓、晋文之功不可没。虽其假仁假义，而既假其名，则人皆得以其实责之。先王礼乐刑政之遗，犹可存千百于什一。春秋之初，已有将为战国之势，而其后自庄僖以至襄昭，列国犹知以辞命为功，以礼义为美，以祭祀燕享、朝会聘问为事，以威仪揖让、周旋进反为能；未尝无篡弑，而有时犹能正其名而问其罪；未尝无吞并，而有时犹能礼其君而还其地；未尝无战争，而不至于杀人数万，流血百里。至于定、哀之际，而世变复极，伯者不可作，桧之卒章，伤天下之无王。言春秋之始也。曹之卒章，伤天下之无霸。言春秋之终也。按此等伟识，可以论世，可以论全《诗》，岂直说《邶风》而已哉。

0311 郑风考辨一卷刊本无年月

清章谦存撰。谦存有《周诰考辨》，已著录。是书首就《论语》、《孟子》之言郑声者，及《左氏传》季札论郑诗者，为释其义。次就《郑风》:《缁衣》、《叔于田》、《大叔于田》、《清人》、《有女同车》、《山有扶苏》、《箨兮》、《狡童》、《褰裳》、《子衿》、《扬之水》、《溱与洧》十三篇，取时事以证序，而为之辨。大意谓郑声即郑乐，乐即诗。郑人多失其是非之正，故见于诗者，如《缁衣》序云“美好贤”，而《国语》载郑桓公以欲逃周难故，寄贿与孥，谋并虢郐，其子武公遂至通郐夫人而并其国。又《叔于田》诗称其美好而又仁，而叔乃作乱之贼。又《清人》，序称高克好利而不顾其君，文公恶而欲远之不能，使高克将兵而御敌于竟，翱翔河上，久而不召。诗散而归，公子素进之不礼，文公退之不以道云云。据《序》所言，即可证失其是非之正。又《有女同车》、《山有扶苏》、《箨兮》、《狡童》，或刺忽之失齐昏，或刺其不能用贤，或因臣专而归罪于君，或以弟篡而归过于兄，各出一意以相诋。合而观之，以见郑人无公好恶，徒有私毁誉。若《子衿》，《正义》谓废于学问，惟不崇学问，所以无一定之是非也。惟《溱洧》一诗，不妨如《集传》所云。其十三篇外，无可据者，置不辨。并附辨《春秋》所纪，名卿赋诗言志，及先儒之说此者，以见《集传》概断为淫奔之谬。又附论古乐不淫之故，并淫字本义，与郑声、淫声之别。总言之谓淫与雅对言，不较量于男女间。《说文·水部》淫，与女部婬不相溷。惟《左传》以淫代婬，他经传如《书·无逸》训“浸”、《大禹谟》训“过”、《周礼·宫正》训“滥”、《小戴·儒行》训“倾邪”、《孟子·滕文公》训“乱其心”、《尔雅·释诂》训“大”、《周礼·司农注》训“陈”。其他训贪、训进、训久、训多，皆无有作婬字解者。诸所持论，创而甚有理，前人尚未有及之者。

0312 古邠诗义一卷道光十二刊本

清许宗寅撰。宗寅字吾田，初名畹，字芗韭，安徽桐城人。是书首有晁贻端序及宗寅自序及后序。大旨以邠之全诗，为周家先代所遗，据何楷《世本古义》定为公刘之世。诗八篇，《笃公刘》、《七月》、《甫田》、《大田》、《丰年》、《良耜》、《载芟》、《行苇》。公亶父之世，诗一篇，《鸱鸮》。公季历之世，诗五篇，《东山》、《破斧》、《伐柯》、《九罭》、《狼跋》。其诗散见于雅、颂，雅、颂中自有邠诗。而《周礼·龠章》所称《豳雅》、《豳颂》，无烦别为分划。邠有亶父、季历诗，无公旦诗。而《鸱鸮》六诗与《尚书》不合，不须多事调停。按此说自来未有言及者。书中以史证经，以书证诗，俱能言之成理。惟开卷“邠字辨”一条，谓《尔雅》邠国，《说文》引作汃国，字从水从八，不知《说文》汃字原系汾字落下刀字，遂误八，而仍作府巾切。此可证也。又晁序言《大雅·绵》诗前八章为太王时诗，《旱麓》二章为王季时诗，以补宗寅之漏。亦可备一说。

0313 毛诗国风绎一卷同治甲戌活字印本

清陈迁鹤撰。迁鹤字声士，《进士题名录》云福建龙岩人，据许祖涝《后跋》则以为安溪人，未知孰是？康熙乙丑进士，官编修，入直南书房。是书无刊本，同治末，晋江黄谋烈得是本，为校而刊之，并为作后跋。先是，许祖涝亦有是书移校本，谋烈求之不可得，而得其跋亦附于后。卷首有迁鹤自序，谓毛传、小序，俱不可废。而书中又引孔氏传申公说，以驳毛序。谓东迁以降，天子不巡狩。列国变风之诗，谁采之而谁陈之。所疑甚是。然又谓列国皆有史官，各采于其国之太史。《春秋传》称赋不出郑志，志者志也。列国皆有志，故夫子得取而删之。然季札观乐于鲁，在孔子删《诗》前，而各国之风已备。其说豳风，且引及之，则前后未免矛盾矣。其稍可取者，谓郑六卿饯韩宣子，所赋《野有蔓草》、《羔裘》、《褰裳》、《风雨》、《有女同车》、《箨兮》，除《羔裘》外，皆朱子所谓淫也。然古人读《诗》取其意，不问其所作之由。反之于己，得忠厚焉；施之于人，得和平焉。又谓郑声淫，淫者过也，是声非《诗》。《汉书·礼乐志》言“郊庙诗歌，内而掖庭才人，外而上林乐府，皆以郑声施于朝廷。至成帝时，郑声尤甚。哀帝诏曰：‘放郑声。’郑声淫，其罢府官郊祭乐，及古兵法武乐”。然则郑声岂如今解《诗》者之所云。又谓《溱洧》之诗曰：“维士与女，伊其相谑。”士者即离学校而出游者是。及子产相郑，与人诵之曰：“我有子弟，子产诲之。”则学校重修，而人知教化矣。至其调停毛朱之间曰：从朱传以说风诗，于文义为顺。从毛传以说风诗，于诗意为深。持论甚平，亦见其深有所得也。

0314 读风臆补二卷光绪庚辰刊本

清陈继揆撰。继揆字舜百，浙江镇海人。是书前有姚燮、徐发仁二序，后有陈继聪跋。又前有继揆撰例言，后有总评。盖补戴君恩《读风臆评》而作，评语低戴氏原评一格。原评于《国风》尚缺六十六篇，此尽补之。所评不尽出己见，例言中具著所引用书籍。然只采其引证诗赋及有关文妙者。如《卷耳》篇，引张子诗：“闺阃忧难与国防，默嗟徒御困高冈。觥罍欲解痡瘏恨，采耳元因备酒浆。”谓《卷耳》可为麴蘖，后妃主备酒浆之事。故见《卷耳》而念使臣在途之苦，思酌酒以慰劳之。又《静女》篇，引一说城隅乃后宫幽闲之地，谓贞静之女处幽闲而待进御。张子云：“后宫西北邃城隅，俟我幽闲念彼姝。”又《采唐》篇，唐，菜名，本训蒙。而《释草》又训蒙为女萝，女萝为菟丝，误二物为一。引《古乐府》：“南山幂幂菟丝花，北陵青青女萝树。由来花叶两同心，今日枝条分两处。”李白《乐府》：“菟丝故无情，随风任颠倒。谁使女萝枝，而来强萦抱。”以证实是二物。又《遵大路兮》篇，引宋玉赋：“遵大路兮揽子祛，赠以芳华词甚妙。”谓宋玉去《诗》时未远，引用当得《诗》旨。又《东门之墠》篇，引晋酒泉太守马岌求见宋纤不得，铭曰：“丹崖百丈，青壁千寻。室迩人远，实劳我心。”是古人以此诗与杕杜缁衣并用，不必作女忆男之词。又《山有枢》篇，引唐人诗：“黄金费尽教歌舞，留与他人乐少年。”魏咸阳王以叛诛，宫人歌曰：“可怜咸阳王，奈何作事误。金床玉几不能眠，夜蹋霜与露。洛水湛湛弥岸长，行人那得渡。”盖不劝及时行乐而转劝其行乐，词愈谲而意愈苦。如此之类，以诗证诗，别开一境，实不可少。又，后世诗体悉源于古，论者截经学词章为二，遂致昧其本来。书中一一傅合之，而三百篇为诗家之祖，益可信矣。

0315 **变雅断章衍义一卷**咸丰庚申刊本

无撰人名氏。卷首有自序，署古伤心人，盖不欲以名氏显也。自序称“儿时读大、小《雅》诸篇，但觉其性情悱恻，辞致缠绵。初未悟古人之言皆有物，中年以往，阅历渐多，身世所经，千态万状，一腔烦懑，辄欲寄诸咏歌，而古人已有先我而言之者。其于事局之纷纭，人情之深阻，盖不啻书符契而决蓍龟。焆煴所及，时参谬论于简端。间有与本经之旨不尽相符者，亦赋诗断章之义”云云。其书就二雅中，一句以至数句以意敷绎其义，意极痛愤，而言则雅驯。其与注说小异者，注明条后，止有二处。绝不参入史事时事，亦说经之别一体也。至于录者杨用霖，校者吴穆，雕者宋钟鸣，则又著其名氏于卷末焉。

0316 **三颂考三卷**同治十二年重刊本

清张承华撰。首有承华自序，后有阎承观序，卷二后有刘定敷跋。承华据《左传》楚子告潘党语《大武》实有七章，因定《周颂》之《大武》本七章，《天武》为第二章，《昊天有成命》为第四章，《酌》为第五章，《桓》为第六章，《赉》为第三章，《般》为首章，《武》则卒章也。《振鹭》与《有瞽》二篇为一篇，《访落》、《敬之》、《小毖》三篇为一篇。阎序更为引申其义，谓篇中“成王”二字，解“成”为“成就”之“成”，不指谥。又据孟子言“戎狄是膺，荆舒是惩”，因定《鲁颂》前三篇为鲁公之诗，后一篇乃僖公之诗。《小序》谓《駉》为颂僖公作，且云季孙行父请命于周，而史克作颂。考行父文公六年始见《春秋》，至襄公五年卒，凡相三君，五十余年，僖公时尚是童子。《春秋》之例，大夫出竟必书。如周请命，何以不书？则无其事可知。他二章亦颂鲁公及群臣。《閟宫》言周公之孙、庄公之子，的是僖公。然尚有错简，“泰山岩岩”两节，乃是鲁公征淮徐，当在“锡之山川土田附庸”之次。又据《国语》闵马父称昔正考父校商之名颂十二篇于周太师，以为校者校正其辞句之谓。商本有颂以祀商先王，今则宋公校于周大师而改作也，《小序》误改“校”为“得”。所举证甚多，最要者，《周颂》称曾孙诗乃称汤孙。周以前称荆不称楚，《诗》乃言荆楚，且不曰我先后，而曰商之先后，不曰实左右先王，而曰实左右商王，显然系异代之称。按诸说俱持之有故，言之成理，而说《周颂》尤新。先儒有怪《周颂》篇短、《商颂》篇长者，得此可释然矣。

三家诗之属

0317 重订三家诗拾遗十卷 嘉庆庚午刊本

清范家相撰，叶钧重订。钧字石亭，籍题程乡，按即今广东梅县也。乾隆乡试第一人，官直隶知县。是本首有韩崶序及钧自序，末有李士祯跋，其罗暹春及家相原序并凡例俱仍之。按家相《三家诗拾遗》，《四库》已著录。惟自序称以《古文考异》及《逸诗》二卷附《拾遗》之后，而其书乃以二卷居《拾遗》之前，故《四库提要》据以驳之。钧是本即依原序移其次第，所称正讹补脱者，盖据保定奎画楼所藏抄本，而未见刊本。按范氏是书亦刊于嘉庆庚午，是本适同时授梓。据李跋，书尚梓于钧殁之后，故所据惟抄本也。所订正者，如《关雎》四句，原书引《韩诗内传》曰："窈窕贞专，淑女奉顺坤德。"俱以"文选注"三字统之。按窈窕，贞专貌，见《文选·秋胡》诗注引薛君章句。淑女，奉顺坤德，成其纪纲，见《文选》颜延年《宋元皇后哀策文》注引《韩诗》。而家相于"贞专"下缺引"貌"字。钧虽补引"貌"字，而以"贞专貌"三字列为夹行小注，亦不合。且《文选》分见两注，而家相与钧俱混作一条，亦非也。如此之类，亦不多见。至家相援引之显然讹误者，举未及正也。惟李跋称家相所著《诗沈》，本于二闾诗说。二闾者皆隐于会稽山中，一曰茶闾，业贩茶；一曰姜闾，业贩姜。相遇则耦坐说《诗》，其说多创获饶理趣云云。未曾经人道过，奇而堪传。

0318 鲁诗传一卷《汉魏遗书钞》本

汉申培撰，清王谟辑。明丰坊刻有《申培诗说》一卷，盖丰坊伪撰，前人已辨之。按《汉志》：申公《鲁故》二十五卷，《鲁说》二十八卷。《志》又称汉兴，鲁申公为诗训故，而齐辕固、燕韩生皆为之传。或取《春秋》，采杂说。咸非其本义，与不得已，鲁为近之。据《隋志》，申公盖受诗于浮丘伯，传至西晋而亡。王应麟《诗考》云：刘向《列女传》谓蔡人妻作《芣莒》，周南大夫妻作《汝坟》，申人女作《行露》，卫宣夫人作邶《柏舟》，定姜送妇作《燕燕》，黎庄公夫人及其傅母作《式微》，庄姜傅母作《硕人》，息夫人作《大车》。《新序》谓伋之傅母作《二子乘舟》，寿闵其兄作忧思之诗，《黍离》是也。楚元王受诗于浮丘伯，向乃元王之孙，所述盖《鲁诗》。按《说苑》亦向所著，中有诗说三条，殆亦《鲁诗》，而应麟未引。谟辑此得六十一条，犹未备也。

0319 韩诗内传一卷《汉魏遗书钞》本

汉韩婴撰，清王谟辑。首有《序录》，凡得《释文》一百五十八条，《诗正义》九条，《周礼正义》五条，《礼记正义》七条，《公羊传注》二条，《孟子音义》一条，《尔雅注疏》四条，《史记注》五条，《前汉书注》五条，《后汉书注》十六条，《文选注》九十三条，《水经注》一条，《说文》一条，《玉篇》三条，《广韵》一条，《白虎通》二条，《艺文类聚》二条，《初学记》六条，《北堂书抄》一条，《太平御览》十一条，《玉海》四条，《朱子诗集传》一条，《董氏诗故》一条。然挂漏尚多，见于《王氏诗考》者，亦未收入，他可知矣。他辑本多兼薛君章句，谟独不及。《序录》称“别撰《韩诗拾遗》十六卷，网罗诸内外传散失，并加疏解”云云。今未见传本，其属于内传者，岂尚有溢出于是本外者耶？

0320 校元刊本韩诗外传十卷仿元刊本

是本为吴门袁氏五砚斋旧藏，原缺二十余页，黄丕烈据元本及毛氏汲古阁钞本补完。嘉善瞿中溶称证以他书，见其精妙。如卷一，“差然乖久”与《御览》合，今本“然”讹“迟”。“久讹人，桷桑而为枢”与《新序》、《庄子》合，今本“为”讹“无”。卷三，“相地而攘正”，今本作“正壤”。证以《荀子》作“衰正”，则元本第误“衰”为“攘耳”。“武王载发”与《荀子》、《诗考》并合，今改“发”为“旆”，非。“则莫我敢遏”与《荀子》合，今作“曷”去“辵”，非。卷五“行绝礼义”亦与《荀子》合，今加“人”旁作“仪”，非。“则举错而定一朝之自”，证以《荀子》，第讹“伯”为“自”。今本或脱“而”字，或“定”下增“于”字，尤谬。“天谓殷适”，与《诗考》合，今改“谓”为“位”，非。卷六，“远猷辰告”与《诗考》合，今本改“猷”为“犹”，非。“是唐之所以象典刑”与《御览》合，今讹“唐”为“君”。“告尔民人”，《说苑》、《诗考》皆作“告”，今改为“质”，非。“子孙承承”，与《诗考》合，今本改“承承”为“绳绳”，非。“王者必立牧三人”与《续汉书·百官志》刘昭注合，今讹“三”为“二”。卷七，“丧亲三年”与《说苑》合，今作“亲丧三年”，非。“莘莘征夫”亦与《说苑》合，今作“征夫捷捷”，非。“鹤鸣九皋”与《说文》、唐石经并合，今“鸣”下加“于”字，非。“兴兵而攻齐，栖于莒”，《大戴礼》卢辩注及贾子引，“栖”下有“闵王”二字。此本有“闵”字，而脱一“王”字。卷八，“忘我实多”下有“此忘我者”一句，与《文选》注引合，今本皆脱。“有弇凄凄”，与《诗考》合，今本改作“有渰萋萋”。卷九，“为人子不孝也”与《御览》合，今本“子”下加“不可”二字，非。“衣与谬与”与《荀子》合，今本改为“衣欤食欤”，谬。“及其升少阳”与《御览》合，今本讹“少阳”为“于高”。“而去苦少耳”，“而”上有二字少阙，似是“如量”，证以《初学记》、《御览》所引正合，今本脱。卷十，“澜然而涕下”，与

《御览》合，今本改“澜”为“潜”，非。“天难訦斯”与《诗考》合，今本讹“訦”为“忱”，非。又“书中本有阙字多以□记之，今本去□直接，使后人无从疑”云云，见中溶所为跋。惟中溶所举精妙犹未尽，如卷九，“粝荅之食”，《说文》：“荅，小米也。”今本则“荅”改“藿”。卷十“卞庄子”条，字句亦与今本异。中溶外尚有顾广圻跋。书为江都秦更年所刊，更年别有序。

0321 韩诗外传校注十卷拾遗一卷乾隆五十六年刊本

汉韩婴撰，清周廷寀校。廷寀字霁原，安徽绩溪人，优贡生。是书首有胡赓善序，廷寀之师也。次录《汉书·韩婴传》。所据校之书，则《小戴记》、《左传》、《公羊传》、《穀梁传》、《尔雅》、《国语》、《尚书大传》、《荀子》、《邓析子》、《韩非子》、《吕氏春秋》、贾谊《新书》、《家语》、《孔丛子》、《淮南子》、《说苑》、《新序》、《列女传》等。按赵怀玉校刊《外传》在其前一年，而廷寀未得见之。赵氏所据最要者如《初学记》、《文选注》、《御览》诸书，概未之见，诸异本更无论矣。惟他书虽赵氏间亦引及，而不及廷寀之详悉，正可补赵本之所遗。惟书中或称《吕览》，或称《吕氏春秋》，又杨倞《淮南子注》或单称“杨倞云”、“杨云”，又或单称“刘云”，则不知为《说苑》、为《新序》，抑为《列女传》。皆非体。《拾遗》一卷，廷寀从子宗杭别从王应麟《诗考》辑出，盖廷寀并《诗考》亦未见也。宗杭称“《诗考》所举《外传》异文，大半改从《毛诗》，诸刻略同，而毛本弥甚”云云，读者不可不知也。

0322 校刻韩诗外传十卷补逸一卷乾隆五十五年刊本

汉韩婴撰，清赵怀玉校。怀玉字亿孙，江苏武进人，乾隆四十五年诏试赐举人，官至山东青州府同知。是书首有卢文弨序，又有怀玉自序，其钱惟善、陈明二旧序仍存之。别辑《序说》二十一条。据怀玉序，则文弨于是书有手定本，怀玉复取己所参校者，改窜附益以成是本。文弨序则称怀玉参校数本，从其是者而存其两通者。又诸书所引，出于此书之外者，复为之博综以系于后，即《补逸》也。所据诸本，有元本、通律草堂本、林本、程本、毛本、唐本，又有浑称“旧本”者，则不审其为何本矣。所据诸书，则《左传》、《公羊传》、《穀梁传》、大小《戴记》、《国语》、《国策》、《尚书大传》、《荀子》、《庄子》、《晏子春秋》、《尸子》、《韩非子》、《吕氏春秋》、《说苑》、《新序》、《列女传》、《淮南子》、《孔丛子》、《家语》、《史记》、前后《汉书》、王应麟《诗考》、江几邻《杂志》、《初学记》、《文选注》、《太平御览》、《艺文类聚》等书，为之补阙正误。同时周廷寀亦作校注，而各不相谋。今观卷一，“促流而挹之”，“促”改“迎”。卷四，“纣作炮烙之刑”，“烙”当作“格”。卷五，“臣闻黄帝学乎大坟”，“大坟”系“大颠”之讹。卷五，“田畴”下补“甚易”二字。卷六，“船人盍胥”，“胥”多作“盖”。卷十，“齐桓公逐白鹿”，“桓公”他作“景公”。凡此诸条，援证皆确，皆为周本所未及。至于《补逸》诸条，并不止如董氏斯张所举。则虽卷增于旧，而世所传外传非全书，自信而有征也。

0323 韩诗外传疏证十卷 嘉庆二十三年刊本

清陈士珂辑。士珂字琢轩，湖北蕲水人，乾隆丁酉举人。翰林院修撰沆之祖也。是书以《外传》为纲，取诸书互见者备录于左。所录经部，有《尚书大传》、《春秋左氏传》、《春秋公羊传》、《春秋穀梁传》、《春秋繁露》、小大《戴记》、《礼纬含文嘉》、《孝经》、《孟子》、《尔雅》。史部有《国语》、《国策》、《史记》、《列女传》、《吴越春秋》，子部有《晏子春秋》、《老子》、《列子》、《庄子》、《文子》、《尸子》、《荀子》、《韩非子》、《吕氏春秋》、《淮南子》、《说苑》、《新序》、《孔丛子》、《孔子家语》。大约本书二百九十余条，互见于诸书者，十有七八。不加案断，而详略异同，醇疵疏密，因之而见。但“疏证”二字，若例之阎若璩之于古文《尚书》，似未适用也。卷首另辑叙录十条，又有张映汉序。

0324 韩诗翼要一卷《汉魏遗书钞》本

汉侯包撰，清王谟辑。按《隋志》："《韩诗翼要》十卷，汉侯包撰。"《唐志》同，惟不著撰人。今本《隋志》误作侯芭，则扬雄弟子，所称载酒问奇字者也。惟《汉志》无此目，其出处亦不可考。《困学纪闻》称董氏举侯包言卫武公作《抑》诗，使人日诵于其侧，朱子谓不知出于何处云云。盖其书亡于唐代，宋时说诗家已罕有能举之者矣。谟从《诗正义》辑得三条，《隋书·乐志》辑得一条，备传《韩诗》者之爪鳞可也。

0325 诗考校注一卷稿本

题浚仪王应麟撰集，范阳卢文弨增校。首列应麟原序。按文弨《抱经堂文集》卷二有《增校王伯厚诗考序》，卷八又有《王厚斋诗考跋》。《跋》作于乾隆庚午，《序》作于嘉庆庚子，相距二十九年。《序》略称"曩余于此书，增其所未备。并以元本补遗，各归本篇，录成清本，为之跋其后矣。嗣又阅通志堂梓宋本《经典释文》，继又得日本国人山井鼎所为《七经考文》，其所传古本往往与《释文》所云一作某，或作某，及《正义》中所云定本作某者符同。今补采之，以广异闻"云云。是本序跋俱无，但于各条下增注出处，间有按语，且补入释文，当是后定之本。原序后有跋语一行云："壬午照抱经堂元稿录副，惟钞手不佳，错舛太多耳。"下题"仲鱼"二字，按仲鱼系陈鳣字。壬午，道光二年也。书上下方皆有校语，丁晏最多，用红笔，余皆墨笔。姓名具者有徐鲲、曹文昭。有单署名而知其姓者，富孙当姓李，远孙当姓汪。惟署柳桥者三条，不能定为何人。亦有并不署名者，皆以补文弨所未及。文弨辑本未付梓，清本亦不传。是本幸留人间，兼得诸名家参校，殊足贵也。

0326 诗考异补二卷乾隆三十九年刊本

清严蔚撰。蔚字豹人，江苏吴县人，诸生。书首有王鸣盛、江声二序。先是严虞惇撰《读诗质疑》，后附《考异》一卷，盖补王应麟《诗考》所未备也。蔚为虞惇从曾孙，是书又补虞惇所未备。接应麟《诗考》集经传、子史及《说文》、《尔雅》所引，与《毛诗》字句殊者并为一编，分（韩）［齐］、鲁、韩三家，各自为类。蔚则依经次序总录其与毛异者，而不拘于三家。其后范家相之《三家诗拾遗》、冯登府之《三家诗异文疏证》，依应麟例也。黄位清之《诗异文录》，依蔚例也。而蔚亦不能无所遗，不若黄位清搜集之备。惟亦有黄氏所未及采者，如“汝坟”一条，“南涧之滨”一条，“蔽芾”一条，“召伯所说”一条，“江有汜”一条，“威仪棣棣”一条，“寤辟有摽”一条，“终风且暴”一条，“终风悠悠我思”一条，“曀曀其阴”一条，“击鼓其镗”一条，“于嗟洵兮”一条，“睍睆黄鸟”一条，“雄雉悠悠我思”一条，“我躬不阅”一条，“不我能慉”一条，“既诒我肄”一条，“静女其姝”一条，“爱而不见”一条，“蝃蝀”一条，“多锦褧衣”一条，“施罛濊濊”一条，“庶姜孽孽”一条，“有狐绥绥”一条，“君子于役”一条，“羊牛下来”一条，“逢此百凶”一条，“褰裳涉洧”一条，“缟衣綦巾”一条，“零露漙兮”一条，“子之还兮，遭我乎狃之间兮”一条，“东方之日兮”一条，“清扬婉兮”一条，“其谁知之”一条，“父曰嗟予子行役”一条，“河水清且沦猗”一条，“乐土乐土”一条，“见比粲者”一条，“生于道周”一条，“防有鹊巢，印有旨苕”一条，“劳心惨兮”一条，“棘人栾栾兮”一条，“彼其之子”一条，“四之日举趾”一条，“曰为改岁”一条，“零雨其濛”一条，“是则是效”一条，“六辔如丝”一条，“禴祀烝尝”一条，“伐鼓渊渊”一条，“振旅阗阗”一条，“啴啴焞焞”一条，“东有甫草”一条，“搏兽于敖”一条，“助我举柴”一条，“既伯既祷”一条，“麀鹿麌麌”一条，“其祁孔有”一条，“儦儦俟俟”一条，“鹤鸣于九皋”一条，“节南山”一条，“不吊昊天”一条，“亦孔之炤”一条，“晔晔震电”一条，“周宗既灭”一条，“莫知我勚”一条，“居河之麋”一条，“既微且尰”一条，“缉缉翩翩”一条，“周道如砥，其直如矢。君子所履，小人所视”一条，“睠言顾之，潸焉出涕”一条，“自诒伊戚”一条，“取其血膋”一条，“倬彼甫田”一条，“万寿无疆”一条，“兕觥其觩”一条，“茑与女萝”一条，“天子葵之”一条，“芃芃黍苗”一条，“烈烈征师”一条，“俾滂沱矣”一条，“娓娓文王，令闻不已”一条，“本支百世”一条，“凡周之士不显亦世”一条，“常服黼冔”一条，“聿修厥德”一条，“曰嫔于京”一条，“上帝临女”一条，“捄之陾陾”一条，“左右趣之”一条，“不识不知”一条，“岂弟君子”一条，“凤凰鸣矣，于彼高冈，梧桐生矣，于彼朝阳”一条，“是用大谏”一条，“时无背无侧”一条，“殷鉴不远在夏后之世”一条，“惟德之隅”一条，“诲尔谆谆”一条，“靡所止疑”一条，“大风有隧”一条，“耗斁下土，宁丁我躬”一条，“如惔如焚”一条，“维周之翰”一条，“既入于谢”一条，“柔亦不茹，刚亦不吐”一条，“不侮矜寡”一条，“民鲜克举之”一条，“四方其顺之”一条，“夙夜基命宥密”一条，“于缉熙单厥心”一条，“载见辟王”一条，“示我显德行”一条，“以车伾伾”一条，“食我桑黮”一条，“泰山岩岩，鲁邦所瞻”一条，“居常与许”一条，“百禄是荷”一条，“为政优优，百禄是遒”一条，“不敢怠遑，命于下国”一条，“方斫是虔”一条。他若“宜鉴于殷，骏命不易”二句，“维此二国，维彼四国”二句，“矢其文德，协此四国”二句，“商邑翼翼，四方之极”二句，“黄氏止采”一句，而遗其他，不若是书之全，殆未见是书也。惟是本多有讹字，如“陈锡哉周”，“哉”误“载”；“不吴不敖”，“敖”误“傲”之类，则刊者之失校也。

0327 诗古微二卷修古堂写刊本

清魏源撰。按源成《诗古微》上中下编二十三卷，刊于道光庚子，是本其初稿也。凡二卷，上卷《正始》篇二，《诗乐》篇四，

《三家发凡》篇三，《毛诗明义》篇五；下卷《三家发微》篇三，《齐鲁诗发微》篇一，《鲁诗发微》篇二，《韩诗发微》篇二，《三家通义》、《三家同义》、《三家异义》、《集传初义》篇各一。诸篇之目，俱不见于道光本。道光本有《通论四始》、《通论诗乐》、《通论毛诗》、《毛诗义例》、《四始义例》诸篇，即就《正始诗乐》、《毛诗明义》诸篇而推演者也。其《三家发微》诸篇，道光本则散之各诗篇中，余篇盖为定本所删。其《三家发凡》篇中，所论十五国风之次第、六笙诗之有无、诗三百篇之删与不删，俱有新义，未可湮没。卷首有李兆洛序，又刘中受《礼部集》中亦有一序，道光本并遗之，当是晚年写定，自信自坚，不借他人标榜也。

0328 诗经四家异文考补一卷晨风阁刊本

江瀚纂。盖补陈乔枞《诗经四家异文考》而作。凡一百八十六条，条下各附按语，以证其正俗同异及通假传讹之所由然。其中“自诒謦阻”、“室人交遍谪我”、“王事讁我”、“掎重较兮”、“一苇航之”，“毳衣如绵”，“彼汾沮澤”，“绲衣绣裳”，“謶謶硕言”，“仲氏吹鯱”，“缉缉缤缤”，“不以其酒或以其浆”，“济济锵锵”，“执爨碏碏”，“卓彼甫田”，“酌彼康爵”，“宣照谊问”，“乃慰乃止”，“受福不丧”，“不长夏以諱”，“诰尔孙谋”，“陟彼在甗”，“国步斯謦”，“秉心无倞”，“即不我隤”，“川泽诩诩”，“惟其瀀矣”，“对粤在天”，“贺以谧我”，“莫与甹蜂”，“堕山高岳”诸条，引唐本《玉篇》。“爱而不见”，“掩手踌躇”，“椅桐梓桼”，“氓之嗤嗤”，“无食我椹”，“无与士媅”，“勿仕衔枚”，“鸣雁于飞”，“百川滕沸”，“交交桑鸤”，“假寐永勤”，“潸然泪下”，“万方之蔽”，“缉熙敬止”，“捄之濡濡”，“慼慼之兄弟”，“乃告其曹”，“诲示谆谆”，“或辟四方”，“省此淮浦”诸条，引释慧琳《一切经音义》。“逢此百罗”、“二之日築烈”二条，引释希麟《续一切经音义》。“一之日毕发”、“一之日于狢”、“六月食郁及奥”、“惟螅惟虵”、“胡为虮蜴”诸条，引《玉烛宝典》。俱为乔枞所不得见。余杂引群书，搜采亦博。至若

"波涕涟涟"，王应麟之误。"新台有跐"，"中心洋洋"，"使我心疼"，"俾尔翦谷"、"檀车辑辑"、"蒸然罩罩"、"肆率大商"，范家相误之。"海水有截"，段玉裁误之。亦一一为之纠正，是又不徒为乔枞拾遗已也。

诗序之属

0329 毛诗序义一卷《汉魏遗书钞》本

宋周续之撰。《南史》：周续之，字道祖，雁门广武人。其先过江居豫章建昌县，时豫章太守范宁于郡立学，招集生徒，远方至者甚众。续之年十二，诣□受业，通五经五纬，号曰十经，名冠同门。既而闲居读《老》、《易》，入庐山，事沙门释慧远。时彭城刘遗人遁迹庐山，陶渊明亦不应征命，谓之寻阳三隐。征太学博士、太尉掾，并不就。武帝践祚，召之，上为开馆东郊外，招集生徒。乘舆降幸，并见诸生。周续之《礼记》："傲不可长"、"与我九龄"、"射于矍圃"之义，辩析精奥，称为名通。续之素患风痺，不复堪讲，乃移病钟山，景平元年卒。通《毛诗》六义及《礼》、《论》，注《公羊》传于世云云。《经典释文》叙录云："宋征士雁门周续之，豫章雷次宗，齐沛国刘瓛，并为《诗》序义。"按《经典叙录》，周、雷二人并有《毛诗序义》，又《释文》于卷首郑氏笺下云："此题非毛公、马、郑、王肃笺题，相传云是雷次宗题，承用既久，未敢为异。"又按周续之与雷次宗，同受慧远法师诗义。而续之释题已如此，又恐非雷之题也，疑未敢明之。所云释题即序义说，则陆氏在唐初必见此书。而《隋志》但载雷次宗《毛诗序义》二卷，续之书独不著录，何耶？谟抄出《书抄》一条、《颜氏家训》一条、《匡谬正俗》二条，为一卷。

0330 诗序辨一卷光绪刊本

清夏鼎武撰。鼎武字靖叔，浙江富阳人，震武之弟。书首有震武序。鼎武据《后汉书·儒林传》称卫宏受学谢曼卿，作《毛诗序》，善得风雅之旨，于今传于世，因断《诗序》为宏作。郑氏作《诗谱》，殆以宏不足取信于人，故深没其名，而远托子夏以为重。又据《汉书·艺文志》，称毛公之学，自谓子夏所传。曰自谓，固已明其无所取信，何得有子夏之序？又以惠栋、段玉裁、钱大昕三家护郑氏说，亦并斥之，而归结于《小序》不可废。以其中不能无孔氏说诗之绪言，则仍是游移之见矣。末又引洪良品《诗序》为国史所作、子夏所传之说，而终疑之。按郑君大儒，岂作伪者？况与卫宏时又相及，（况）其书方传于世，郑君何能没之？郑君果没之，何以未闻有执宏序以攻郑君者？按《隋志》云，先儒相承谓“《毛诗序》子夏所创，毛公及卫敬仲又加润益”，此说当可随《范书》所云作“殆即《隋志》所云润益耳”，总之不能范蔚宗而疑郑康成。又公论凡不可易者也。震武序亦以为斥郑君太过，姑存其说，以备参考，斯持平之见矣。

0331 **诗序非卫宏所作说一卷**清华大学排印本

黄节辑。《后汉书·卫宏传》称宏从谢曼卿受业，作《毛诗序》，善得风雅之旨，今传于世。《隋志》云：“序子夏所创，毛公及敬仲又加润益。”敬仲，卫宏字，盖沿蔚宗之误也。节是卷引《逸斋诗补传》、《读诗质疑》、《经义考》、曾朴《补后汉艺文志考》、胡元玉《璧沼集》诸说以证其谬。以范处义所举之二说，曾朴所举之七证最为确实，而仍无以解范蔚宗《宏传》之所云。惟胡元玉谓《宏传》言“善得风雅之旨”，“善”字乃“义”字之讹，引《释文》及《隋志》所录诸家毛诗序义为证。节又考得《说文》“善”字下云“此与义美同意”，又《大雅》“文王昭宣义间”，毛传曰：“义，善也。”《礼记·缁衣》“章义瘅恶”释文云：“义，《尚书》作‘善’。”足证此二字古来互训互用，而千古疑团一朝冰释，诚快事也。

诗谱之属

0332 **诗谱一卷**道光刊《汉魏遗书钞》本

汉郑玄撰，清王谟辑。《唐志》：“郑玄笺《毛诗训诂》二十卷，又谱三卷。”孔颖达作《正义》，于国风、雅、颂卷首皆引郑谱。欧阳修在北宋时，乃云《崇文总目》秘书所藏无之。又云所得绛州本首尾残缺，自周公已上皆亡。然其文具引于《正义》，未尝亡也。谟辑是谱，仍从《正义》所载录出。国风、雅、颂具全不缺，并弁玄自序于首，而图则从略焉。若朱彝尊《经义考》所载《郑氏诗谱》，乃欧阳修所订之本，非原谱也。

0333 **诗谱一卷**《通德堂经解》本

汉郑玄撰，清黄奭辑。按王谟辑本，王风次邶、鄘、卫之后，郑风之前，此则王风称王城，次豳谱之后。桧、郑分二谱，次邶、鄘、卫之后。又周颂谱视王谟本多“礼运曰”以下一百九十四字，其邶、鄘、卫、桧、郑、齐、魏、唐、秦、陈、曹、王城、周颂诸谱下，各引《正义》以证之。又群书引谱有异文讹字者，各备注于句下。又谱有附录十一条，皆王谟本所无。欧阳永叔补亡本，详次时代与篇什于说后，此未之及也。

0334 **毛诗谱一卷**《通德堂经解》本

汉郑玄撰，清黄奭辑。按王谟辑本，王风次邶、鄘、卫之后，郑风之前，此则王风称王城，次豳谱之后。桧、郑二谱，次邶、鄘、卫之后。又周颂谱视王谟本多“礼运曰”以下一百九十四字，其邶、鄘、卫、桧、郑、齐、魏、唐、秦、陈、曹、王、城、周颂诸谱下，各引《正义》以证之。又申群书所引谱有异文讹字者，各备注于句下。又谱有附录十一条，皆王谟本所无。欧阳永叔订补亡本，详次时代与篇什于说后，此未之及也。

0335 毛诗谱注一卷《汉魏遗书钞》本

吴徐整撰，清王谟辑。《经典释文序录》云：“徐整字文操，豫章人，吴太常卿，撰《郑玄诗谱》二卷。”《困学纪闻》曰：“《经典释文序录》、《郑氏诗谱》，徐整畅太叔袭隐。”《隋志》：“太叔袭及刘炫注。”《古今书录》云：“徐正阳注。”《馆阁书目》谓注者为太叔求，而不考《序录》。徐正阳，疑即徐整，误以整为正畅为阳也。按《唐志》无此目，殆亡于隋时，谟仅从《经典释文》抄出一条。

0336 许氏诗谱抄一卷嘉庆拜经楼刊本

清吴骞抄。按元许谦《诗集传名物钞》中附有自纂诗谱，首列二南相配图，而退《何彼秾矣》、《甘棠》、《野有死麕》三诗。谓《甘棠》，后人思召伯也。《何彼秾矣》，王风也。《野有死麕》，淫诗也。皆不足以与此。他诗亦有可谱不可谱者，卫诗可谱者二十二篇，不可谱者十七篇。《王风》诗可谱者二篇，不可谱者八篇。郑诗可谱者四篇，不可谱者十一篇。齐诗可谱者四篇，不可谱者七篇。唐诗可谱者四篇，不可谱者八篇。秦诗可谱者七篇，不可谱者三篇。曹诗可谱者一篇，不可谱者三篇。桧诗全不谱，豳诗全谱，惟次第异他谱。首七月，次《伐柯》、《狼跋》、《鸱鸮》、《九罭》、《东山》、《破斧》。《小雅》：武王、成王时诗三十三，成王时诗一，宣王时诗五，幽王时诗六，卫武公诗一。但作于宣王、幽王、平王时皆不可知，不可考者三十四。《大雅》：豳国旧诗一，成王时诗十七，厉王时诗四，宣王时诗五，幽王时诗五，卫武公诗一。作于平王时，不可考者一。《周颂》：武王时作一，成王时作二十七，康王以后诗一，昭王以后诗一。《鲁颂》无可考，《商颂》可考者三，不可考者二。盖自朱子不取《小序》，王柏欲黜诗三十余篇。谦师承有自，故所见亦复相同。惟所序诸国传世历年甚悉，骞以为可资讨核。因辑成此卷，俾与郑、欧二谱相参证，并跋其后。

0337 诗谱讲义一卷江苏存古学堂重印本

不署撰人名氏。是书不尽依原谱之次，首《周南》、《召南》，次小、大雅，次豳，次《周颂》，次王，次秦，次邶、鄘、卫、桧、郑、齐、魏、陈、唐、曹，终《鲁颂》、《商颂》。于谱下释以正义，而自为说或引他说以申明之，义多精实，尤详于礼制。其据《鸱鸮》诗序以证书“罪人斯得”，注以罪人为周公属党，与知居摄者之不误。又据《柏舟》诗序以证《史记》及《正义》卫武公弑兄之误，尤畅乎言之。惟据《乡饮酒》礼注论乡乐、诸侯天子之乐，上取下就之例。按之经传，多有不合。如燕礼，用诗正歌，十有八，皆《小雅》，为诸侯正乐。而《关雎》、《葛覃》、《卷耳》、《鹊巢》、《采蘩》、《采苹》，乃汉儒所谓乡乐。大夫之乐，即郑说所谓下就也。然宾降奏《陔》，纳宾奏《肆夏》，则燕亦上取矣。《升歌》、《鹿鸣》、《下管》、《新宫》，皆诸侯之乐。又曰遂合乡乐，若舞则勺，则下就复上取矣。穆叔曰：“《肆夏》，天子所以享元侯也。”《肆夏》为颂，天子用之。而以享元侯，则亦用于诸侯矣。文王两君相见之乐为《大雅》，而两君相见用之则《大雅》不必于天子矣。盖汉儒考礼，每多矛盾参差，不得但宗一说。惜作者于此未详论也。又论文王受命改元称王，既据毛、郑不言改元称王以驳《史记》、《书大传》，而独信受天命之说。不知诗人言天命，大都歌颂之辞。不知受命乃受西伯之命。天无言，何能有命？汉儒曲说，实为在虐芮质或亡年，一若实有其事者，殊可笑。如《史记》称受命之年称王、改法度、制正朔，事属相连。改法度、制正朔由称王而来，何以称王不得不托之受命？既不称王，何有受命？果如此，文王为逆天矣。且受命，称王同出一书，诬则全诬，安得信其一而疑其一乎？书中引《诗》、《笺》释例，殆是一人之作。又引陈澧说，殆其所私淑也。至王城谱后，引《汉书·地理志》、干宝《晋纪·总论》，弥觉泛滥。此书盖湖北存古学堂讲义，而适用于江苏之存古学堂，因为之重印者。

文字音义之属

0338 毛诗笺音证一卷道光刊《汉魏遗书钞》本

后魏刘芳撰，清王谟辑。《隋志》：“后魏太常卿刘芳撰《毛诗笺音证》十卷。”芳，彭城人。《颜氏家训·书证篇》引二条，本说无考，意其书必盛行于六朝而亡于唐代也。谟引此并抄出匡谬正俗一条、《文选注》二条、《御览》三条为一卷。

0339 诗集传音释二十卷札记一卷咸丰刊本

元罗复为《诗集传》作音释，于经传及音韵之文多异他本，而是书之至正刊本与正统本亦复详略不同。是本为蒋光煦所刊，即以至正本为主。而据正统本及胡一桂《诗传纂疏》、朱公迁《诗传疏义》、许谦《诗名物钞》、史荣《风雅遗音》，为作校记。卷首附《诗序》并朱氏辨说。《诗图》、《诗传纲领》校记亦不苟。复经钱泰吉、邵懿辰、伊乐尧、许丙鸿、管庭芬、朱元炅、陈锡麒诸人参正，详光煦所为记。复字中行，江西庐陵人。

0340 审定风雅遗音二卷乾隆庚辰刊本

清史荣撰，纪昀审定。荣字雪汀，浙江鄞县人。是书首纪昀序，又有史荣原序。荣序称“今本朱子《集传》所载之音，非惟与《释文》乖，并《集传》中语时或背之，决非朱子手定。因检《释文》及诸字韵书，为之考订，复分类条其所误之由。其当有音而阙者，与兼有他音者补之”云云。昀序则称“荣此书于《集传》以外无所发明，且不知古音，说叶韵多所舛误。又门目太琐，辨难太激，亦微乖著书之体。因为之汰繁就简，弃瑕录瑜”云云。其书先列原目，次列新目，新目分类凡十，曰“音与传义背”，曰“《集传》用旧训义而无音”，曰“《集传》有异义而不别为之音”，曰“音切之误”，曰“误音为叶”，曰“误叶为音”，曰“泛去四声之误”，曰“补音”，曰“京本音切考异”，曰“俗音订误”。所删原目，凡十有四。昀于条下间附按语，俱精要。又录戴东原一条，其时东原方主昀家。序云：“去取之间，多资参酌。宜其远善于原书也。”

0341 诗古音三卷原稿本

清杨峒撰。峒，山东益都人，他无所考。是书首有峒自序，大旨以顾宁人《音学五书》、江慎修《古韵标准》为主。谓顾氏始以偏旁求声，就二百六韵部分考古音之离合。江氏精于等韵，所作《四声切韵表》析二百六部为百有四类，至啧而不可乱，所以能循末会本云云。其书就三百篇入韵之字分条标列，取其与异读者合二家之音注之于下，而证其得失。于二家之外，亦间下己见，补所未备，不斤斤墨守为也。

0342 毛诗奇句韵考一卷嘉庆刊本

清牟应震撰。应震是书，成于《毛诗古韵考》之后。首有自序，以为“《诗》不独偶句见韵，即奇句亦无不韵，不独奇句见韵。分四字为二句，其为句中韵者十之八九。分二字为二句，其为韵亦十之一二。又谓前考始于乾隆丁卯，卒业于辛未，凡六年。兹考始于戊寅夏六月，卒业于七月，匝一月有半。是知博采群书不如取证于经，以经证经，不如取信于一己之口、一己之耳”云云。其书举《关雎》、《葛覃》、《卷耳》三篇为例，于某为双声，某为叠韵，某为通音，一一注明。且其用韵多不一格，有通章一韵者，如《卷耳》之后三章是；有一、三句一韵者，如《兔罝》之以罝天为韵是；有一、三句各本句为韵者，如《桃夭》全篇是；有一、二、四一韵、三句换韵者，如《击鼓》之前三章是。若六句为章，则多于五句换韵；八句为章，则多于七句换韵。《楚茨》三章十二句，则于十一句换韵。总之，换韵之句，非本句自韵，则与上下为句中韵。凡此皆应震自道其所得为，自来言韵家特创一途者。

0343 毛诗异字同声考一卷光绪十三年刊本

清丁显纂。首有自序，以为《诗》有周、鲁、齐、韩之殊方，汉、晋、隋、唐之异代。言以地殊，音随时变。故"市也婆娑"，而"婆"或读"槃"。"伐木许许"，而"许"或读为"所"。"景山与京"，而"京"或读如"疆"。"农夫之庆"，而"庆"或读如"羌"。要之，义本相同，声俱相近。或由于语之转，或缘于音之变。故诵《诗》宜知双声云云。是书于诸家引诗，异字同声者皆为拈出，附以引证。其中有同音假借，如"君子好逑"，诸书多引"逑"作"仇"之类。有古今音不同，如"宜其家"，"家"古音"姑"，转为"歌"，今变为"加"之类。有声义俱近，字可通用，如"江之永矣"，诸书引"永"作"羕"，又作"漾"之类。又有因方音而转者，如"关关雎鸠"，"关"或为"喧"之类。其余大率关于声转居多。至于"威仪棣棣"，有引作"威仪秩秩"者。"实惟我特"，有作"实惟我直者"。"左旋右抽"，有作"左旋右搯"者。"此维与宅"，作"此维与度"者。则以古无舌头、舌上之分故。又如"匍匐救之"，有作"扶服救之"者。"四矢反兮"，有作"四矢变兮"者。"番惟司徒"，有作"皮惟司徒"者。如"匪行迈谋"，有读"匪如彼"者。"有颁其首"，有作"有贲其首"者。"诞实匍匐"，有作"诞实扶匐"者。"铺敦淮濆"，有作"敷敦淮濆"者。"佛时仔肩"，有作"弗时仔肩"者。"其旂茷茷"，有作"其旂旆旆"者。则以古无轻唇音故。然如"三岁贯女"，《释文》云："贯"除音"官"。而石经"贯"作"宦"，则"宦"当为"官"字之误。书中于此类并摘出之。

0344 毛诗音韵考四卷道光三年刊本

清程以恬撰。以恬字南都，陕西渭南人，官朝坂教谕。是书首有以恬自序，作于嘉庆五年庚申。又有李元春、卫璟二序，作于道光三年癸未，盖刻书之年也。是书参取顾炎武、江永、杨峒诸家之说，而以戴震为主。谓震《声韵考》所分诸部，较之《说文》谐声，一一吻合，然亦不无小失。其例于每章入韵之字先考其音，次考属于某韵，间及诗题有疑义者。所考如“仇”、“令”等字，并无两音。“鲜”不当音犀。“不敢不局”，乃“踼”字之讹。“不敢不踼”，乃“趚”字之讹。《兔罝》“逵”与“仇”协，当音“鸠”。《杕杜》“睘”与“菁姓”协，当作“甇”。他如“蓲”讹为“枢”，“貐”讹为“貉”，“貉”讹为“貊”。此类甚夥，皆有依据。大旨具括于篇首略言中。所举正诸家之失，尤切要。以恬尚著有《说文形声考》，未见传本。是书多援《说文》为证，知其得力于许学者深也。

0345 诗韵字声通证七卷光绪癸巳刊本

清李次山撰。次山字结甫，湖南常宁人，官龙山教谕。是书为《百果山房十种》之一。自叙在总目中。卷一至二《国风》，卷三至四《小雅》，卷五至六《大雅》，卷七《颂》。大旨以为先有谐声之字，后有协韵之诗。就字声之谐，可以证诗韵之协。以字证诗，以诗证诗，故曰通证。故首列《毛诗》韵表，以今韵平声三十部，母为七部，即用郑氏六部，而析东冬江阳庚青蒸为二也。依此读《诗》，则古音叶音之说俱可以不用。其法虽创而颇有理，亦言声韵者所不得废也。至于《诗》中用韵之法，并篇法、章法、调法亦连及之。而书旨固不在乎此也。

0346 诗古音释一卷长沙胡氏刊本无年月

清胡锡燕撰。锡燕字伯蓟，湖南长沙人，诸生。尝学于番禺陈澧，是书卷首有澧一札，又有凡例四则，大旨就诗考古韵。以首见之字为目，即以此章之韵系之于后。按其次第通贯各章，有韵字已完，而所系未尽，即以最前所见之偏旁系之。或韵字诗止一见，又非谐声，则各随其音，系之部末。其分部，自一得至二十皮，视段玉裁二十七部增其三而不改其序。又于本音合韵，各为识别，即陈札所称丝牵绳贯谱也。使初学读诗，即识古韵，其法甚便。

0347 诗经音韵谱五卷触解一卷道光乙酉刊本

清甄士林撰。士林字毅庵，河南汝州人，嘉庆进士，官平原县知县。罢官后尝主讲临清之清源书院，是书却成于其时。首有同年马瑞辰序，又有自序、例言，《四声指掌图》、《参定四声韵图》等韵图，《诗经古韵》、《音韵谱读法》、《总论》、《三颂论略》，末附《触解》。大旨依《御纂诗义折中》分别章句，再参以《佩文韵府》、《康熙字典》、《等韵》诸书而为之谱。其要义详于读法诸条，为例有三：曰通韵，曰互韵，曰叶韵。互韵者即叶隔韵同母，先互本韵同母之法，前人所未及言者。互韵之外，更标举独韵、转韵、双韵、犯韵、悬韵、逻韵、隔韵、腰韵、逗韵、绾韵、不用韵、双声叠韵诸法。则随文指点，以见古诗用韵之变耳。谱之云者，以最简之符号代平、上、去、入四声，记于经字之旁，如度曲者之记工尺然。其一字之音及全章之韵，则俱别注之。于诵习诚至便，亦可为音韵家备一格。惟《触解》卷中，除涉于音韵者外，大率陈言。其自出新解者，率不免于拘滞，勿作可也。

0348 毛诗古音述一卷光绪己亥排印本

清顾淳述。淳字震盂，江苏金匮人，诸生。是书首有顾翃序及淳自序，作于咸丰三四年。大旨就陈第《毛诗古音考》、顾亭林《诗本音》、江慎修《古韵标准》、段懋堂《诗经韵谱》，取其确有据依者，删成是卷，便里师之诵习。虽述而非作，而大端粗具，要言不烦。究古韵者，藉为入门之径可也。

0349 读诗辨字略三卷嘉庆刊本

清韩怡撰。怡有《读易传心》，已著录。是书就《经》、《传》、《说文》诸书所引《毛诗》，别其字之异者而定所从。尤严于字体，谓字体之坏，始于程邈之《隶书》。凡《说文》所无之字，皆俗也。颇多订正，如"哀窈窕"，据《释文》引《论语》作"哀"，而知改"衷"者妄。"在河之洲"，《说文》作州，而知加水作洲者俗。"君子好逑"，他书多引作仇，逑、仇音义皆同，然是两字。谓逑本仇之正字，后人改从正字者妄。"麟之趾"，《说文》无"趾"字，《汉书》引作"止"，则"止"字是也。惄如调饥传云："调，朝也"，后蜀石经调作"輖"。案《说文·车部》輖重也，不从朝字解。而心部惄下引作朝，则疑"輖"为"朝"之讹。亦有以意断者，"陟彼高冈"，足利本引"冈"作"岗"，《御览》同。但据《说文》冈已从山，而又加山，非也。又有以义断者，"淇奥绿竹"，传云：篇竹也，《韩诗》作"藩"，汉石经同。《说文》：筑，萹筑也，薄水萹竹也。《毛诗》作"筑"，以为岸萹筑，竹是假借字。汉石经为《鲁诗》，是韩鲁同作"藩"字。经言"瞻彼淇奥"，则言水萹筑，是韩鲁较毛为胜。其他所辨大都类此，不矜多斗博，而断制甚当。所辨者经文、序文之外不杂传笺，故体尤简焉。

0350 诗经字考二卷嘉庆刊本

清吴东发撰。书中多补毛传所未详，或纠正毛传。如“贻我彤管”，谓彤管，韘也，大射礼所谓朱极三是也。韘所以管指，色朱，故曰彤管。“考槃在涧”，谓考安详也。槃，般旋也。“蒹葭采采”，谓采同彩，与“采采卷耳”异，与“采采衣服”同。“有纪有堂”，谓纪即纪纲之纪，山之脉络前后拥护。为屏翰者，比臣下之拥卫。“四之日举趾”，谓趾、止古通，言三之日有事于耜，四之日则举耜以耕也。“朋酒斯飨”，谓朋之为言朋也，造酒盛瓮中封固之，故曰朋。“六月栖栖”，谓犹春日迟迟，栖、迟音义同。“君子攸芋”，谓芋当作竽，隶从艸从竹无别。老子服文采，带利剑，厌饫饮食，而资货有余，此之谓盗竽。俱援义甚惬。书中引证金石文者亦多，如“被之僮僮”，引汉鲁峻石壁画像，小史骑持僮。又小史僮矛，《释隶》云“以僮为幢”。“駪駪征夫”，引《周南》仲鼎铭亖（古“四”字）。駪南宫，又古钟铭追祖侁考，駪侁义并作荐，荐进也，盖进进不已之意。“雨无正”，谓雨古通霸，引《周伯克尊铭》佳十有六年十月既生雨乙未，《颂壶铭》佳三年五月既死雨甲戌。“霸无正者”，言天下自此有霸无王，将不复奉周家之正朔。即《诗》所谓周宗既灭者也。此诸条俱精。惟说“王于兴师”，既疑为秦哀公所作，而改王为往。强引《韩诗外传》诸书，而不思往于兴师四字为不词。按是时楚僭王已久，哀公与为婚姻，宜亦以王称之，不须曲解也。但果为哀公所作，不应次于康公前耳。

诗纬之属

0351 诗纬一卷玉函山房刊本

清马国翰辑。凡二十三条，注一条，又附录注一条。视乔松年本，多其十六条。其中属于《开元占经》者十六条，为松年搜采所未及。所余亦八条耳。其“天下和同”条、“齐数好道”条、“陈王迹所起也”条，两本同，余五条则互异也。

0352 泛引诗纬一卷《纬攟》本

清乔松年辑。凡“天下和同，天瑞降，地符升”一条、“齐数好道，废义简礼”一条、“陈王迹所起”也一条、“君子悉心研虑，推变见事也”一条、“阳本为雄，阴本为雌，物本为魂，雌雄并行，三节而雄合物魂，号曰太素。三未分别，号曰浑沦”一条、“五际谓卯酉午戌亥”一条，所收殊略。

0353 诗泛历枢一卷玉函山房刊本

清马国翰辑。凡二十一条。所引《诗疏》“午亥之际为革命，卯酉之际为改正。辰在天门，出入改听”，《后汉书·郎颉传》引午亥为卯酉，卯酉为午亥，辰作神。按作神是也，可证以宋均《注》。其下又引“卯天保也”六十四字，则是《诗疏》语，而误以为纬文也。其“阳生酉仲，阴生戌仲”一条，《诗疏》但引称《诗讳》，不空属《泛历枢》，故诸辑本皆不收之。其引《开元占经》四条，并注一条，则为他辑本所无。

0354 诗泛历枢一卷《纬攟》本

清乔松年辑。凡二十一条。其中“王者受命”条、“灵台候天意也”条、“贱人牢一曰天狱”条、“房为天马”条、“箕为天口”条、“参为大辰”条、“大明在亥”条、“卯天保也”条、“候及东次”条、“彼茁者葭”条、“天霜树落叶”条、“促织鸣”条、“蒹葭秋水”条，“杨柳惊春条”同赵本，余皆互异。其中又同《说郛》者八条，其“圣人事明义”条亦录自《说郛》，而赵本不采。又“卯天保”条出孔颖达《疏》，《天中记》误以为纬文，松年辨之。其所收“卯酉之际（之）”条，出《后汉书注》。然又见《推度灾》，则宜两存也。

0355 诗泛历枢一卷《古微书》本

明孙瑴辑。凡十一条。按“建四始五际而八节通”，是《推度灾》语，此置于“卯酉之际为革政”之上，误也。其“卯酉之际为革政”，引见《诗正义》。“大明在亥”条、“卯天保也”条，俱引见《诗正义》。“候及东次”条，引见《御览》。“房为天马”条，引见《史记·天官书索隐》。“箕为天口”条，引见《御览》。“乐者非谓金石之声”条，引见《初学记》。惟“杓为天狱”条，《初学记》、《御览》所引，俱作《含神雾》。余条未考所出。

0356 诗泛历枢一卷《七纬》本

清赵在翰辑。凡二十三条，俱注出处。首条“建四始五际而八节通”，《困学纪闻》引作《推度灾》，在翰乃以为讹，置于“卯酉之际为革正”之上，当沿《古微书》之误。惟条下据《后汉书》，于《古微书》外增宋均注一条。“阴阳之会”条，盖录自《说郛》，而遗

“遇于北方者以中冬”八字，证以按语本有之，而刻时偶遗也。按此十六字亦见《繁露》，在翰以为《说郛》所载纬书，多见《繁露》，其为《繁露》述纬书，抑《说郛》讹《繁露》之文以为纬？俱不可知，亦一疑问也。“王者受命必先祭天”条，亦录自《说郛》。杨应阶据棫朴笺云，祭皇天上帝及三辰，谓与纬说合。并据此为文王受命称王之证，极是。又“卯天保也”条，实是孔颖达《疏》，在翰误为纬文。所引黄石斋论四始五际说，则甚奇创，可存参。

0357 诗纬泛历枢训纂一卷玉津阁丛刊本

清胡薇元撰。是篇多引《占经》属于天文，除《天官》外，他可证者绝少。所训多牵凑比附。惟“乐者非谓金石之声”条，引《乐纬动声仪》：“冬至阳气应，则乐均清。夏至阴气应，则乐均浊。五音调则和顺”。又“贱人牢一曰天狱”条，引《史记·天官书》“勾圜十五星属杓”，曰“贱人之牢”，实则囚虚，多则开出。“尾为逃臣贤者叛”条，引《天官书》“尾为九子，曰君臣；斥绝”，贤者叛。“箕为天口主出气”条，引《御览》五“箕为敖容，一曰天口主出”。“天市星聚众”条，引《天官书》“旗中四星曰天市，中聚众星者，实虚则耗”。如此之类，尚可稍征其义。

0358 诗纪历枢一卷《说郛》本

题阙名。所辑凡十三条。“箕为天口主出气，尾为逃臣贤者叛。十二诸侯列于庭”一条，引见《御览》。“天霜树落叶，而鸿雁南飞”一条，引见《初学记》。“立秋促织鸣，女工急促之候也”一条，亦引见《初学记》，无“也”字。余条未考所出。

0359 诗含神雾一卷汉学堂丛刊本

清黄奭辑。凡六十八条，盖并赵在翰、马国翰二本之所有而成之。其中如“五精星坐其东”条、“汤之先为契”条，在翰皆有按语，此则没其名氏，若自抒所见矣。其稍异于他辑本者，则据清河郡本以证《说郛》、《古微书》诸条。如“诗者天地之心”条，清河郡本增宋均注：“心，主也；祖，领也；宗，原也；户，由出入也。”又“集微揆著”条，宋均注：“望有天下也。”清河郡本“望”作“王”。“上以风化下”条，“言之者无辠”。清河郡本作“言也无辠”，增宋均注：“戒，警也。”“颂者王道太平”条，增宋均注：“颂、诵同，诵其德也。”“齐地处孟春之地”条，增宋均注：“污泥言卑下也。”“曹地处季夏之位”条，清河郡本无“土”字，增宋均注：“劲，健也。”“秦地处仲秋之位”条，增宋均注：“瞭当瞭。”“其人高目广颡，枸为天狱”条，增宋均注：“天杀，为天子杀也。”“阳气终”条，增宋均注：“白露，行露也。阳终阴用事，故曰白露凝为霜也。”“日月扬光者”条，增宋均注：“日以象君，月以符后。将帅之气，或如兕虎。动则气动，静则气亦静也。声容具之，谓象之也。”“王者德化充塞”条，增宋均注。“鸾瑞鸟烨烨震电”条，清河郡本增宋均注：“烨烨，大光也。不安，谓物不安也。雷亦震之，蛰虫皆启户而出之。”“大迹出雷泽”条，清河郡本增宋均注：“雷泽，地名。华胥，伏牺母。遂皇之世，有大人迹出雷泽。华胥履之，生庖牺氏于成纪也。”“庆都与赤龙合昏”条，清河郡本“伊祁”下无“尧”字，增宋均注：“伊祈唐尧帝也。”“执嘉妻含始”条，清河郡本：“含始上有四空方，汉皇下有二空方。”“古之火正”条，清河郡本增宋均注：“咮为柳。”“雷震百里”条，清河郡本增宋均注：“雷动百里，故因以制国也。雷声谓诸侯之政声，所至相附近也。”“黄帝座一星”条，增宋均注：“四象谓青龙、朱鸟、白虎、玄龟。”“其东苍帝座”条，增宋均注：“类鳞属也。”“其南赤帝座”条，增宋均注：“类羽属也。”“其西白帝座”条，增宋均注：“类毛属也。”“其北黑帝座条，增宋均注：“类介属也。”“五帝并设神灵”条，增宋均注：“集谋代相降精也。”“郁金十叶”条，增宋均注：“合郁之礼以降神也，合郁煮郁合鬯。”凡此诸文，俱摭拾者之遗珍也。

0360 诗含神雾一卷玉函山房本

清马国翰辑。凡六十一条。其"《诗》三百五篇"条、"天下和同"条、"齐叔好道"条、"颂者王道太平"条、"伏羲在亥"条、"风后黄帝师"条、"烨烨震电"条、"五纬聚房"条、又采自《开元占经》者，"日之蚀帝消"等十一条皆赵本所无。惟"陈王者所起也"条、"君子悉心研虑"条，《文选》注引但称《诗纬》，不能定其为《含神雾》。"其孔子歌曰"条，注语刓当采自《古微书》。又"北极天皇大帝"条，注语亦刓，见《礼·曲礼》正义。又"玄鸟遗水"条，注语亦刓，盖录《古微书》。

0361 诗含神雾一卷《纬攟》本

清乔松年辑。凡三十四条，其中转录《说郛》四条。赵本所采，如"构为天狱"条、"四角主张"条、"震电不宁"条、"东注无底之谷"条、"龙首颜似龙也"条，此俱遗之。而是本所有，若"烨烨震电"条，"神农龙首"条、"风后为黄帝师"条、"简狄吞卵"条、"《诗》三百五篇"条、"北极天皇大帝"条，亦不见赵本。"其诗者持也"条，松年谓"内则疏以手维持，则承负之义，是疏语非纬文"，是也。又"孔子歌曰"条，见《说苑》及《续博物志》，而松年但引《古诗纪》。又"北极天皇大帝其精生人"，见《曲礼正义》，此引作宋均注，皆疏谬也。

0362 诗含神雾一卷《古微书》本

明孙瑴辑。凡十四条。谓是谶类，每条后多有按语。首条"诗者天地之心，君德之祖，百福之宗，万物之户也。刻之玉版，藏之金府，集征撰著。上统玄皇，下序四始，罗列五际。故诗者持也。"他辑本引分四条，此乃并而一之。次条"夫齐地处孟春之位"云云，凡百六十八字。自记云，此简无全文，竟不知为何简。今按《御览·时叙部》引之，亦散见《类聚·岁时部》。其“天地东西”条，“天不足西北”条，俱见《山海经注》。“从中州以东”条，亦见《山海经注》，惟无“名曰竫人”四字。“大华之山”二十五字，亦见《山海经注》，惟其下“少室之山巅”二十三字无之。“五岳视三公”条，引见《北堂书抄》。“王者德化充塞”十四字，“尧时嘉禾七茎”十字，俱引见《御览》。“大迹出雷泽”条，亦引见《御览》，而文少异，“玄鸟翔水”以下无之。“执嘉妻含始生刘季”条，引见《类聚》、《御览》。“代汉者龙颜朱额”条，引见《御览》。“其孔子歌云”条，见《说苑》及《博物志》，不云《诗纬》。余条未考所出。

0363 诗含神雾一卷《说郛》本

题阙名。所集凡十条，不记出处。按“诗者诚为天地之心”条，引见《类聚》、《御览》、《困学纪闻》，无“诚为”二字，诗上多“孔子曰”三字。“地处季夏之位”条，引见《类聚》、《御览》，无“是也”二字。“德化充塞”条，引见《御览》，无“也”字，德上有“王者”二字。“含始吞赤珠”条，引见《类聚》、《御览·皇亲部》，引无“汉皇”二字。“其治世之音温以裕”条，清河郡本有之，多“宋均注裕以致安，怒以致乱”十一字。“雷震百里”条，亦见清河郡本，［多］“宋均注雷动百里，故因以制国也。雷声谓诸侯之政声，所至相附近也”二十七字。惟此条又见《孝经援神契》，未审谁是。余条未考所出。

0364 诗含神雾一卷《七纬》本

清赵在翰辑。凡五十一条。其中转录《说郛》、《古微书》各三条，余条俱注出处。其“五岳视三公”条，引杨应阶说，谓《史记》称孔子论述六艺，《传》略言易姓而王、封泰山、禅梁父者，七十余王云云。迁所谓《传》，盖秘纬。又汉初如贾、董诸儒引纬书，皆曰

《传》。以传记纬书证经，知封禅即巡狩之仪。纬书不言巡狩者，纬文佚阙。又秦汉废封建为郡县，时巡礼废，独存封禅之说。以下举证甚博，按杨说是也。又在翰论契稷无父而生，主郑笺。谓证以《尔雅》，武迹敏拇解义为安。所见亦是。又“五精星坐其东”条，在翰亦有按语，以纬证纬，亦不谬。

0365 诗纬含神雾训纂一卷 玉津阁丛刊本

清胡薇元撰。首有廖平序，谓西汉以上说经皆以纬为主，齐、鲁、韩三家诗尤为显著。后有门人萧洁端跋，称薇元旧有《诸经纬训纂》，已散佚，所存止此。其书就陈乔枞《诗纬集证》为之删补，参引《经史传记》，证以他纬文，附注本条出处。中如“集微揆著”，引《易乾凿度》：“天道三微而成一著，三著而体成。”又“上统天皇”，引《春秋纬》：“德合元者称皇。”又“北极天皇大帝”，引《春秋合诚图》：“天皇大帝，北辰星也。”又“七星不明，名为七政不行”，引《孝经援神契》：“天子不能祠名山，不敬鬼神，则斗一星不明。数起土功，坏决山陵，逆地理，则二星不明。不爱百姓，则三星不明。发号施令，不从四时，则四星不明。乐声淫佚，则五星不明。用法刻深，则六星不明。不祠江淮河济，则七星不明。”又“五纬聚房，为义者受福，为恶者亡。”引《春秋元命苞》：“纣时五星聚房。房者苍龙精，周以是兴。文王在丰，诸侯咸至。”如此诸条，得证益明，然亦有泛征而不切者。

0366 诗推度灾一卷 《七纬》本

清赵在翰辑。凡二十条，俱注出处。惟“上清下浊”八字，引见《御览》三十六，而在翰止引《古微书》。又“外规有云”条，亦引《古微书》。其“庚者更也”条，在翰谓孔门弟子尊师之记。“阳生西仲”条，在翰谓阴阳以形气言。“关雎有原”条，在翰谓与诗叙“忧在进贤”义合。“八”当作“九”，注义亦本叙说。“邶结蝓之宿”

条，在翰谓“结”宜作“蛣”。又“十月之交”条，引李大瑛说，谓周幽王六年乙丑建酉之月，辛卯朔辰时日食。此言周正十月，为酉月，非亥月。所见俱甚是。

0367 诗推度灾一卷玉函山房刊本

清马国翰辑。凡四十三条，俱注出处。惟“雄雌俱行”二十四字未注出处。按此条引见《广雅·释天音义》。又“作邑于丰”条、“契母有娀”条亦不注出处，盖转引《古微书》也。其“日蚀君伤”以下十二条引《开元占经》，皆为他辑本所无。

0368 诗推度灾一卷《古微书》本

明孙瑴辑。谓或齐诗授受之遗，所辑凡十二条，不注出处。今考首条“阳本为雄”二十五字，引见《御览》。“雄雌俱行”二十四字，引见《广雅·释天音义》。惟“上天下地”八字，引见《御览》，而《说郛》则引作《璿机钤》，不知谁误也。“月三日成魄”条，引见《事类赋·天部》。“《关雎》有原”条，引见《御览》。“邶国为结蝓之宿、营室之精也”条，“邶结蝓之宿”见李淳风《乙巳占》。“营室之精也”当是注，此误引。“庚者更也”条，见《魏志·文帝纪》。“上出号令”条，前三十三字引见《初学记》。“诗曰”以下，似非纬文。“百川沸腾”条，引见《诗正义》。“挠弱不立”条，引见《御览》。余俱无考。

0369 诗推度灾一卷汉学堂刊本

清黄奭辑。凡四十二条。赵在翰、马国翰两辑本所有，皆收之。赵辑本在翰按语四条，皆没其名。惟引《开元占经》较国翰本加详，如“有继周而王者”条、“外规有云”条、“百姓空虚”条、“上出号令”条，皆增据清河郡本，又颇诸本异文焉。

0370 诗推度灾一卷《纬攟》本

清乔松年辑。凡十六条。“月三日成魄”条，证《唐类函》引作《尚书考灵曜》之误，是也。若兼据《格致镜原》，则可不必。又“邶国为结蝓之宿，营室之精也”条，引杨升庵《丹铅录》，亦似未是。按“邶结蝓之宿”见李淳风《乙巳占》，注有“营室星”三字。然则“营室之精也”五字，与“营室星”三字，文略异而意同。盖注语，非纬文也。惟此条下引苏恭说驳陶弘景，误“貐”为“蝓”，甚是。

0371 诗纬推度灾训纂一卷玉津阁丛刊本

清胡薇元撰。篇中“君子悉心研虑，推变见事也”，引《匡衡传》：“《诗》者，原性情而明人伦也。故治《诗》必通律历阴阳，而穷极乎性命之原，善推祸福以著。斯乃告往知来，圣门言《诗》之微旨也。”“烨烨震电”条，引京氏曰：“人君承用节度，雷风以节之。暴行威福，雷霆击人，议狱缓死则灾消矣。天无云而雷，应人君以暴罚也。”其义俱足相证。若后稷母姜嫄出见大人迹，履之生后稷，此即郑康成《生民诗笺》所本。此引易纬郑注，而遗诗笺，何也？

礼 类

0372 礼记大学篇古微三卷 [活字印本]

清易顺豫撰。顺豫字叔田，湖南龙阳人，光绪进士，易顺鼎之弟。是书以《大学》为教太子之学，孔子七十子之徒，以《大学》将废，惧后世之为天子者，不复知以《大学》教其太子，致太子之明德不明，及其为天子也，乃不足以平天下。因述古《大学》，所以教王太子之大义微言，以告后世天子。故其篇中所述，一以平天下为极。所引《书》及《诗》，一皆诰诫天子。诸赞美天子诸侯之辞，凡皆天子言，为天子教太子言也。其本悉依《戴记》次第，分上、中、下三篇。篇中言《大学》之教，在致学者之知，以诚学者之意，一格物之教而已。非举修身、齐家、治国、平天下之事业，而一一预为之教也。盖知所以修身，则知所以治人。知所以治人，则知所以治天下国家。心诚求之，而自得之者也。使必俟之身修而后可以齐家，必俟之家齐而后可以治国。是修身为一事，齐家又为一事，治国又为一事。王太子、王庶子及诸侯、公卿、大夫士之子，及国民之俊秀者，何能同教？又言一家仁，乃至于一国兴仁。一家让，乃至于一国兴让。一人贪戾，乃至于一国作乱。所谓一人，非天子孰克当之？俱足以证成其说。姑存之，以作《大学》别解可也。书系活字印本，无岁月。

四书类

大学

传说之属

0373 大学古本旁注一卷

明王守仁撰。《大学》一书载在《戴记》，唐以前未尝单行，宋仁宗天圣八年，以《大学》赐新进士王拱辰等。拱辰为欧阳修同年，而程颢则为欧阳修所取士，意其书单行在二程之前。朱子作《大学序》，谓至二程子始表章是书，盖推尊之言耳。自来注疏家未有言《大学》缺失者，至程颢始更张之，程颐又更张之。朱子因程颐之次，别以经传，增补格物致知之义。明人本朱子《章句》为《大全》，用以取士。士子徒知奉功令，窃科举，日濡染于塾师之训，不复知有古本。郑晓谓汉郑康成所注，唐孔颖达所疏，皆古本。宋黄氏震，元王氏柏、吴氏澄，国朝方氏孝孺、景氏星、蔡氏清、郑氏琼、潘氏潢各有说，惟王氏守仁尊信古本。据此则《大学》复古之功，以守仁为首。故朱彝尊《经义考》极称之。今按是书不过取郑注、孔疏本而旁释之。而张夏辑《洛闽渊源录》，于《守仁传》谓其叙古本《大学》倒置经文，反以是为守仁罪。诚如守仁所云，今之学者重于尊朱而轻于叛孔，洵可怪也。书首有守仁自序。明代刊本甚多。李调元又刊于《函海》中，多附录一卷。

0374 大学全文一卷明刊本

明崔铣撰。铣［有］《读易余言》，已著录。是书先全文后通释，文遵古本，言《大学》乃一篇。先举其目，而后详其义，非有经传之分。自“《诗》云瞻彼淇澳”至“此谓知本”，为解说格物之义。切磋琢磨，格之工也。恂栗威仪，亲贤乐利，物之目也。仁敬孝慈信，物之纲也。是与他家特异者，通释即阐发全文之旨。其释“格物”，言格者通而至也，物者即一件而言。自心身以至天下，其事烦，其道广。又言近人谓格物为正物，则致知以上皆赘疣也。谓之至其理，则至善添注脚也。又言格物者，即实而言，显而可据。穷理者，即虚而言，隐而难求。释“正心”，言正心者居中而待应也。鉴之照以空，有留景焉。虽临泰山而不内，故忿懥四者有一。则滞于一隅，发而中节者鲜矣。此指本心之体，非用之失也。诂理俱精湛。书中独发抒己见，惟间采程氏之说。按铣尝著《程志》一书，宋儒中于程氏最服膺故也。卷首有铣自序。书刊于嘉靖丙申。

0375 大学古本一卷 明万历乙酉刊本

明来知德撰。是书首有知德自序，次列《大学》古本，又次辨说。释“德”字，谓以五伦体之于身，即下文仁敬孝慈信之德。言“齐家”，孝弟慈之德也。言“治国”，宜家人，宜兄弟，父子兄弟足法之德也。言“平天下”，上老老长长恤孤之德也。曰“明明德”，上明字即天伦明于上之明。释“亲民”，谓亲者九族也，民者万民也。“亲民”二字，即“亲亲而仁民”。俱惬当。又谓诚意功夫，只在格物。所以只讲格物，不言致知。然以格物为格去物欲，则未妥。经言“物”字多矣，何尝与欲相涉？宋人始言物欲，亦未以解“格物”之“物”也。书中不满朱子，亦不满阳明，谓注虚灵不昧为德，全在心上去了，未见之施为，何以能明德于天下？又解“亲民”为“新其民”，则修身齐家全空疏了，不能修其身、不能亲亲以齐其家，乃先去新其民，是所薄者厚，而所厚者薄也。谓阳明认知为良知是矣，但又教人悟良知，良知上做功夫，又错了。不知良知乃天理，做不得功夫。而阳明之错，又有因朱子之错而致者。《传习录》谓闻见之知，已落第二义。惟当良知，不知孔子所云闻见之知，多闻则择其善者而从之，多见则择其善者而记之，亦必知之之真。惟有待于闻见，故居生知之次，而固非无知妄作者比。乃朱子解为虽未能实知其理，亦可以次于知之者也。若说虽未实知其理，则是无知妄作了。阳明讲良知，引此章为证，差矣。他所论亦自畅快，而不免蔓衍。然在明人中，能并斥朱王之失而不少讳者，诚不多见耳。

0376 大学古本一卷大学述一卷大学述问一卷明刊本

明许孚远撰。首有自序，言格物之义不明，而孔门之学晦。尝兀坐沉思，恍然觉悟，知此心不可着于一物，澄然无物，性体始露云云。其说殆近于禅悟，故其释“致知”“格物”，谓此所谓知，即明德之不昧者。意有真妄，知无不明，知至至之，无有蔽夺，是之谓致。即致即诚，无知行之别。格即格其非心，《易》曰“闲邪”曰“洗心”、《论语》曰“克己”，其义一也。其释“慎独”，谓欺曰自欺，慊曰自慊。一念之微，炯然不昧，是名为独。盖本姚江之学，而又参以禅理者也。末附《答问》一卷，以申其未尽之意。说多微妙，但非经旨。曾见他本，多《支言》、《杂著》二种。是本缺之，盖初印本如此也。

0377 古本大学释论五卷明万历刊本

明吴应宾撰。应宾字客卿，万历进士，官翰林院编修。是书前有方大镇、周汝登二序。题曰古本，遵王阳明本也。首提纲，次释篇名，次释古本。以下分释首章及诚意、修身、齐家、治国、平天下，附辨石经新本。应宾以“明明德”为大学之宗，以“亲民止至善”为“明明德”之实。而其要在于知，实其“知止”之“知”，则善止，而明德之体不迁。其功在乎有定，以渐至于得，实其“知本”之“知”，则民亲，而明德之用不匮。其功在乎格物，格来也。物谓身民，修身亲民之谓格物。身民归一，则物格而知至于家国天下。独者明德至善之体，发于意而为好恶，好恶之僻曰自欺。孝弟慈者，明德之大用，亲民之大端，至善之大经，修身之大务。其大旨如此。分释各篇，则又细阐其理，大抵推演阳明良知之说。阳明谓至善者心之体，又谓无善无恶者心之体，义本相悖。应寅为之辨曰：无善无恶者，言乎心之无我也。心之可以为恶者，以其无善之我；心之可以为善者，以其无恶之我；心之可以止至善者，以其无善恶之我。而兼无为善去恶之我，于善恶之外添出一我，已近强词。至所云“明德”者灵知也，“明明德”者真知也。灵知之谓性，真知之谓悟，灵知逐境而妄知生，妄知返原而真知启。又云如日舒光，光还照日，悟真之明也。如水凝冰，冰还成水，破妄之明也。则真入于禅学矣。其释治国而论受谏，释平天下而论理财，殆以经义讽时事。方序所谓陈说治平，褒然可见之施行者也。释古本，谓《大学》一总而五别，首章总也，诚意、修身、齐家、治国、平天下者别也。按注家有嫌三纲领八条目过于整齐者，此则不整齐矣。释篇名，谓郑注读大为太，主教士之法。朱子云大人之学，则并及教人之义，郑说不谬，而朱训为优。自是调停之见。辨新本，谓新本即石经《大学》也。不言石经者，以非真石经也。其说甚详。且核郑晓至欲以新本立学，首发其伪者应宾也。

0378 大学古记一卷 [道光十五年刊《刘子遗书》本]

明刘宗周撰。是书分“大学之道至国治而后天下平”为一章，谓统释《大学》之教。自“天子以至于庶人”至“此谓知之至也”为第二章，谓申格物在致知之义。“所谓诚其意者”至“故君子必诚其意”为第三章，谓申诚意之义。“所谓修身在正其心者”至“此谓修身在正其心”为第四章，谓申修身在正心之义。“所谓齐其家在修其身者”至“此谓身不修不可以齐其家”为第五章，谓申齐家先修身之义。“所谓治国必先齐其家者”至“此谓治国在齐其家”为第六章，谓申治国先齐家之义。“所谓平天下在治其国者”至末为第七章，谓申平天下在治国之义。其与古本不同者，则此本第二章古本原次于“诚意章”之后，此本则从梁溪高氏所订正，通修身以下合为一章。谓即此完格致之传，文理焕然，无须补缺。其释《大学》，谓《大学》之道，尽性而已，性量大故其学亦大。其他诂义亦多与《参疑》不同，盖《参疑》为晚年定本，此当是早年所属稿也。后附《大学三纲》及《八目》两图。道光十五年刊《刘子遗书》本。

0379 大学古记约义一卷 ［道光十五年刊《刘子遗书》本］

明刘宗周撰。是书以《约义》为名，所论止《大学》章句、经旨、止善、格致、慎独、絜矩共七条。其说“章句”谓首言三纲，次言知止，次言知所先后，次言所先，次言所后。一开一合，文理完整，更无欠剩。至“修身”一条，明解物有本末之义，其为更端而释格致也何疑。又谓《大学》一篇，既可剖一而为六，则断不可不剖首段之一而为二。以厘正八目，分“修身为本”以下为格致之传。其说“格致”，谓格致诚正不作二观，《大学》八条目递推之，以求主脑之所在，而归功于格致。所谓主脑者，止至善而已矣，止至善之功知止而已矣，致知之功格物而已矣。格物之要，诚正以修身而已矣。又谓经曰物有本末，传申之曰修身为本。此谓知本，此谓知至。可谓明白注疏。按此诸条诂义俱精，余皆自抒己见，于朱子、阳明皆不附和，至其当处无以易之也。书为道光十五年刊《刘子遗书》本。

0380 大学杂言一卷 ［道光十五年刊《刘子遗书》本］

明刘宗周撰。是书名曰《杂言》，随举标义，间作问答体，颇多妙义。如谓德无明附心而成体，故曰明德。心无善即物以显，则是为至善。又谓《大学》认定始终本末，是人道之诀。又谓格物不妨训穷理，只是反躬穷理，则知本之意自在其中。又谓慎独是格物第一义。才言独便是一物，只戒慎恐惧，是格此物正当处。又谓小人无独，君子无闲居。其辨朱、王异同尤见分晓，如谓朱子格物之说置身于此，而穷物于彼，其知驰于外，故格致之后又有诚正工夫。阳明格物之说，置身于此，而穷物于此，其知返于内，故格致之时，即是诚正工夫。又谓朱子曰：“人心之灵莫不有知”。即文成所谓良知，因其已知之理而益穷之，即所谓致良知。又谓邦畿四节，通之朱子补传，无不吻合善会。朱子补传即古本之意，不必以支离而斥之。亦可谓善于调停矣。其他说理俱粹然无疵。书为道光十五年刊《刘子遗书》本。

0381 大学古文参疑一卷［道光十五年刊《刘子遗书》本］

明刘宗周撰。是本就高攀龙所定本，次“诚意”一章于“此谓知本”之下。然是本不纯用古本，兼用曹魏石经本。其间或从古本，或从石本（即曹魏石经本），颇具斟酌。然据吴秋圃《大学通考》，则石本实赝本也。宗周以为戴氏之传《大学》，早以成一疑案。程、朱之更本，皆疑案也。阳明以格致未尝缺传，从古本。石本与古本更异，而文理觉完整。言而是，虽出于后人也何病。又谓不敢辄为之解，听其自解自明，以存古文之万一。疑而滋厖，因题曰《参疑》云云。书中解“诚意”节最新，谓此章首喝诚意，而不言在致共知，以诚意为专义也。心所存主之谓意，非以所发言也。自之为言繇也，非己也。欺之为言罔也，非伪也。“如恶恶臭，如好好色。”言此心一于善，而不二于恶。所好在此，所恶在彼。两存而一机，如之云者，本乎天而不杂以人，诚之至者也。“自好自恶”，故自慊，非对众言也。独之言自也，慎者敬德也。又引阳明说，学问思辨行五项，学已是行了。如学书则必把笔伸纸，学射则必操弓挟矢，不是学问思辨后方行。诚意者行之始也，即在学问思辨时，即就格致中看出非格致了，方去诚意，可见格致诚意二而一，一而二。按此等说，显豁得未曾有。唯“仁人”节，谓此上疑有脱简，所见亦不谬。书刊于道光十五年，董玚所编《刘子遗书》本也。

0382 大学直解二卷乾隆刘氏传经堂刊本

明王建常撰。建常有《书经要义》，已著录。是书前有王钺序，称其穷究四子之学，今所传者止《大学》二卷，岂他有所佚耶？大旨依《朱子章句》，首列经文，次朱注，低一格；次《口义》，次《辑说》。《口义》者，建常以己意绎注意，期于详尽明白。虽体似讲章，而无泛滥支蔓之弊。《辑说》者，采《或问》、《蒙存》等书以证注，旁涉他家，亦取其足辅翼《章句》者，不尚博也。按建常著书颇多，又按王弘撰《砥斋集》谓其尚有《复斋录》，今不知有传本否。

0383 大学讲义一卷 [康熙刊本]

明朱用纯撰。用纯字致一，学者称柏庐先生，江苏昆山人。清康熙间，或将以博学鸿词荐，固辞之。其学笃守程朱，以主敬为程。是书为与门弟子讲究而作，意在切实可行。故于经旨与朱注，俱体会微至。首谓欲读《大学》，须先识大字。《章句》云："《大学》者，大人之学也。"朱子恐人误作有位者说，故《或问》曰："此大人对小子之学言之。"而《蒙引》又解曰："大人，成人也。"是凡为人即当为是学，而今人辄以帝王当之。第一章第一句第一字便读错，又谓累此心者，全在所发。而意才一发，即与物接，非推极善恶之儿，则不能抉择去就；非穷至事物之理，则不能分别善恶。岂非诚意、致知、格物一串是正心事。又谓格物致知，向来所以聚讼者，只为物是外物，知是吾心之知，不求吾心之知照见万物，却求天下之物充广吾知，殊不知心虽主于一身，而实管乎天下之理。理虽散在万物，而实不外一人之心。理在物而亦在心，所谓体用一原，显微无间也。又谓为己为人即诚与伪，而此心诚伪之分，见于事则为义利，在人品则为君子小人，在治道则为王霸之异。又谓玩新字最妙，不但去其旧染之污为新，虽旧污既去必逐日有一番振刷精神，便逐日有一番鲜新气象。又谓自欺关头，断开不得。初间自欺，犹不能安。及因循惯了，必且认欺为慊。不明之人，不叫做欺。欺之云者，知之而故昧之者也。不明之害小，自欺之害大。如此之类，说理极透。而所以提撕学者，尤为警切。盖实践之儒，自道所得，与彼作讲章为帖括者，固不可同日而语也。书刊于康熙间。

0384 古大学注一卷明崇祯跻新堂刊本

明乔中和撰。前有自序，后又有跋。自序言晦翁更《大学》旧本，乃犹存其迹。殆亦阙疑之虚衷，或疑所谓“诚其意”句，似涉自经自传。孟子所谓“人皆有不忍人之心”者，亦自经自传耶？当以曾子三守为经传分歧，语脉似觉明白，若作自引平日之言，何得自称“曾子曰”？孟子亦尝自引矣。我故曰告子未尝知义，此其例也。按是书虽从古本，而诂义多杂。如分经与传，“亲民”之“亲”作“新”，“身有所忿懥”之“身”作“心”，俱依朱。见贤而不能举，举而不能先，命也。见不善而不能去，去而不能远，过也。命过俱读如本字，谓命也者以命相安，过也者以过自咎，则依旧注也。其自出己意者，谓《大学》者天子之学，“明明”二字如《诗》称“明明在下”、“明明天子”之类。谓天子新民如《书》称“新邑新服”之类。谓庶秀，童年无染，如曰未翳，故曰明明如花初放，故曰新。育青宫故曰德，居下位故曰民。知止即格致，有定即意诚，静即心正，安即身修，虑即齐治平。知止者，君臣父子，各止其所。如此之类，殊近奇诡。末章论理财推本于忠信，以“彼为善之小人之使为国家”十一字为句，谓惟忠信则所用皆忠信之人，所行必忠信之政。财自散而众自得，生财与聚财异。若《孟子》“五亩之宅”等语，皆生财也。若王安石青苗转输，皆聚财也。自古为恶之小人，止于自丧厥身。为善之小人，乃能祸天下后世。又云：“《大学》之德，即德是财。《大学》之财，即财是德。”自是极快之论。书刊于崇祯十一年戊寅。

0385 大学决疑一卷［明万历丁巳刊本］

明释德清撰。是书但取经一章，于朱注所谓三纲领八条目者作解，其涉疑处则设为问答以决之。按德清本以儒兼释，其说是书参杂两宗，不袭恒解，时得妙悟。说“明明德”，谓第二个“明”字乃光明之明，是指自己心体。第一个“明”字有两意，若就明德上说，自己工夫是悟明之明；若就亲民分上说，乃是昭明之明。说“至善”，谓善恶两头，乃外来的对待之法，与我自性本体了不干涉。善不到至处，虽善不善。今言至善，乃是悟明自性本来无善无恶之真体。说“知止而后有定”一节，谓“定”字乃指自性本体。寂然不动，湛然常定。“静”字与“定”字不同，“定”是自性定体。此“静”乃是对外面扰扰不静说，“安”字乃安稳平贴之义，“虑”字不是妄想思虑之虑，亦不是忧虑之虑，乃是不虑之虑。“得”字不是得失之“得”，乃是不渗漏之义。其说“知与意”，谓意乃妄想，知属真知，真知即本体之明德。内外洞然无物可对，引《易》寂然不劲，感而遂通天下之故。寂然不动知体也，天下之故外物也，感而遂通格物也。其说“修身”，引颜渊问仁，孔子告以克己复礼为仁，谓此正是修身的样子。随告之曰，一日克己复礼，天下归仁，此便是治国平天下的实事。至颜子请问其目，孔子便告以四勿，四勿皆修身之事也。凡此诸说，俱见圆活。至谓为仁由己，此己乃真己，即至善之地。故颜子隳聪明，黜肢体心齐坐忘，皆由己之实效，则不可为训矣。首有自序，谓“自幼读孔子书，求直指心法，独授颜子以真传的诀，向不知圣人心法，尽露于二百五十言之间”云云。后有钱谦益跋，举张子韶晚造径山，以格物物格宗旨，言下扣击，顿领微旨以附和其说。书刊于万历丁巳。

0386 大学正业一卷古本大学条说一卷古本大学引证一卷

［光绪壬午恽彦彬刊本］

清恽鹤生撰。鹤生字皋闻，江苏阳湖人，康熙戊子举人，官金坛县学教谕。是书首自序，次“古本正文”，次“正业节解”，次“条说”，次“引证”。大抵抉择汉唐宋及近儒之说，而折衷己见。其要旨以为《大学》浑然全璧，条理清楚，无所用分经别传，割裂补缀。其“物有本末”四句，即格物之义。物何以格，循其本末，尽其事之终始而先后治之。如是而已。故言本末，而事之终始，序之先后皆该。故曰此谓知本，此谓知之至也。有此四句在前，故格物致知不须申说条说。颇多新义，如解“在亲民”，谓“亲”字确不可磨。欲治其国者，先齐其家，家齐而后国治，非“亲”之义乎。君子盛德至善，民不能忘，不“亲”而能如是也。贤其贤而亲其亲，乐其乐而利其利，亲之实也。既曰为人君矣，又曰与国人交非亲乎。至云不出家而成教于国，何其亲也。孝弟慈，亲者之事也。而治国以之，平天下以之。莫亲于赤子，而曰如保赤子。莫亲于家人，而曰宜其家人。而后可以教国人，莫亲于父子兄弟。而曰宜兄宜弟，而后可以教国人。为其父子兄弟足法，而后民法之。尤莫亲于父母而曰民之父母，至于父母，而所为亲民者止于至善，蔑以加矣。其解“物有本末”，取李恕谷说，谓《周礼》大司徒以乡三物教万民而宾兴之。一曰六德，知仁圣义中和，此所以“明明德”，为诚意正心修身之物也。二曰六行，孝友睦姻任恤，此所以亲民，为齐家治国平天下之物也。其解“自天子至于庶人”，据《礼记·王制篇》王大子，王子，群后之大子，卿大夫，元士之适子，国之俊选皆造焉。此皆身在学中之人，将为天子焉，将为诸侯焉，将为卿大夫士焉，亦有为庶人者焉。既从事于《大学》，皆宜修身，皆宜知本也。诸如此说，大都言之成理。其《引证》一卷，引王阳明、钱启新、吴思王、顾确士、李安溪、李恕谷、王虚舟七家之说，以证古本之是。鹤生自序，作于乾隆丁巳。后有其门人于虞龙跋，作于乾隆己未。稿成未刊，至光绪壬午，其裔孙彦彬始为梓行，又有跋焉。

0387 **考正古本大学一卷**康熙刊本

清刘道明订。道明字仁宝，江苏如皋人。是书大旨调停阳明古本与朱子改本之间，谓“所薄者厚未之有也”后有“此谓知本”句，“大畏民志”后又有“此谓知本”句，错简止此一处。但将古本前“此谓知本”句，依程子作衍文删之，“此谓知之至”也上依朱子作别有阙文，自所谓“诚其意者”起，至“故君子必诚其意”止，改置在“此谓知之至也”后。又经文三纲领在前，八条目在后，传文应先释纲领，后释条目。“诚意”章自应序在“修身正心”前，若先置

“诚意”章于经后，而将三纲领杂释其下，则紊乱无次矣。又谓古本格物传之或有或无，不必深辨。而朱子所补，必当增入。因宋明以来禅教大行，深溺人心，若不表章格致之旨，学修无从入门，天理必至蔽塞。又谓朱子分古本前文为右经一章，为孔子之言，而曾子述之。其传十章，为曾子之意，而门人记之。但《大学》为曾氏之书，若前述孔子之言，后复为门人所记，则非曾氏之书矣。因断为右经一章，系曾子本古《大学》立教之旨以为言。其传乃门人分释经文，因书内两见“子曰”，子果经文系曾子述孔子之言，何不以“子曰”冠之？至《传》中复引曾子之言，则为出于门人无疑。按道明所说于诸改本外，别有见解，而亦言之成理。卷首题“大中丞仪封张夫子鉴定”，谓张伯行也。道明殆张氏门人耶？

0388 大学古本私记一卷旧抄本

清李光地撰。光地有《大学古本说》，已著录。据《年谱》，康熙丙申光地七十五岁，《大学古本私记》成。又据光地族子馥序《四书解义》，言戊戌还朝，乃手定其本，以贻子弟。所云《四书解义》者，其一即《大学古本说》也。《年谱》称《大学古本私记》，刊本称《大学古本说》，名已不同。是本仍题《大学旧本私记》，取与刊本《大学古本说》相校，则刊本删削甚多。《私记》谓经传之分，朱子固言无所考据，直以其辞气之烦简而意之。况首章虽备纲领条目，而尤反复于格物知本。以起下章诚意之端，故不可以经传离别。又以知本释格致谓自身心意至家国天下，皆物也。格之者将遇物泛然而格之，以资口耳乎。抑欲其切于身心，而可以举而措之家国天下也。又以朱子之言格物者参之，则身心性情之德，即经之身心意是也。人伦日用之常，以至天地鬼神之大，鸟兽草木之微，则经之家国天下是也。然身心性情之理，即人伦日用之理，是内与外之相为本末也。人伦日用之理，即天地鬼神之理，是近与远之相为本末也。天地鬼神之理，即鸟兽草木之理，是小与大之相为本末也。鸟兽草木之理统于天地矣，天地鬼神之理，统于人伦矣。人伦日用之理，统于身心矣。然则身心者本也。按如此释格致，虽未为妥惬，然就朱子之说而反诘之，恐朱子亦无以答也。其他与朱异义者尚多。按清圣祖崇信朱子，曾有“跻之四配”之语。又修《朱子全书》，光地总其事焉。揣光地之意，背朱则势所不敢，宗朱又心所未安，乃私成此书。自云袭之巾箱，不敢示人，其意可知矣。故此等语皆不见于刊本，此《私记》与刊本之所以异欤？

0389 大学辨业一卷 ［康熙徐秉义刊本］

清李塨撰。是书首有塨自序，又有塨门人陈兆兴等凡例，又有阎若璩、胡渭、朱敬、彭超、李维坤、王源、孔尚任题辞，又有塨自识二则。书分四卷，卷一总论《大学》，辨后儒所论小学大学。论小学，辨后儒改易《大学》原本。卷二《大学原文》一篇，全篇解、“大学之道”至“致知在格物”解。卷三辨后儒格物解，其本乱至此谓知之至也解，申论格物。卷四所谓诚其意至末解，申解全篇。其大旨在辨程朱诸儒移易经文，妄分经传之不当。朱子以洒扫应对造退之节，礼、乐、射、御、书、数之文，入之小学；以穷理正心修己治人八字，檃括大学格物等，入之大学，亦属谬误。格物之物，即《周礼》大司徒以乡三物教万民而宾兴之。一曰六德，智仁圣义中和。二曰六行，孝友睦姻任恤。三曰六艺，礼、乐、射、御、书、数。此物字正格物之物，古圣之学也，心所欲为之事曰意，格致之后意自在正修齐治平，意欲正修齐治平也。如好好色，意不欲不正修齐治平也。如恶恶臭，乃谓诚。先儒谓诚意之意，有善有恶，亦非也。塨之学传自颜习斋，故其说亦多本之颜氏。其援引诸儒之说，则节取其于己见有合者。陆世仪《思辨录》，谓后世但有《大学》之道，无《大学》之法，故成就人材难。何谓《大学》之法，诗、书、礼、乐是也。塨为此书，意在切实可行，故一切空泛迂腐之言，在所必斥。是书意所不尽者，具于塨所著学规及其论学诸书。又另著有《小学稽业》，与此书相辅而行。书为康熙间徐秉义刊本。

0390 大学札记一卷雍正七年刊《读书小记》本

清范尔梅撰。所记无甚深义，惟重订格致传。添“所谓致知在格物者”一句，接以“物有本末”四句，“知止而后有定”五句，“自天子以至于庶人”五句，“子曰听讼吾犹人也”六句。直是妄作。反斥姚江之取古本为谬，而以表章《大学》正其错简之功归之程子。抑思错简之说，本无考据。表章《大学》，非始程子。以为错简而改之者，又不止一程子。古本原在《戴礼》中，非姚江所创。然则程子何功，姚江何罪耶？

0391 大学说［彭纯甫刊惠氏礼说附本］

清惠士奇撰。书为周锡瓒所藏，向无刊本。彭纯甫刊附士奇所著《礼说》之后，以《大学》本《小戴》之一篇也。段玉裁为之序，时为嘉庆三年。是书分章虽遵朱子，其他则多所订正。谓大学之道，致知在格物，格物在知本。故曰物有本末，事有终始。知所先后，则近道矣。此言格物，乃启下文非结上文。朱子以明德为本，亲民为末，谓德为本可，谓民为末不可。始终本末明指致知格物为言，非谓明德亲民。“亲民”不读“新民”，意重遵经。格物不取格去物欲，格之言度也。“辟”读为“譬”，主康成，纠朱子训僻之失。谓未闻意诚心正，而好恶犹僻者。又谓《大学》首章后言格物，先以本末始终先后启其端。末章先言絜矩，后以上下前后左右申其义。自宋至今，学者懵焉，絜矩犹格物也。絜矩者，取诸上，譬诸下，取诸下，譬诸上，推而至于前后左右皆然，所谓恕也。按此说尤创辟，其他亦多深粹。段序称精言硕论，根极理要，非溢美矣。

0392 大学原本说略一卷大学原本读法一卷［乾隆十二年刊本］

清王又朴撰。首有自序。不称古本而称原本者，以无今本可为配偶也。《说略》一卷，全录《大学》原文，次列朱子以下各改本，及丰坊伪本之异同。其自为说，则以知行分配。格物属知，诚意属行，循文敷义，亦自成理。《读法》二字，虽沿朱子，而反覆引证自伸其说，以为诸本纷纷，皆未明格致之说。独毛西河据《文选》李善注引《苍颉篇》并《广韵》，释格为量度，确不可易。又以为三纲领，止一修身，八条目亦不必执定八件。格致本一事，但言致知，即无庸更言格物。今以知止起，中间又言知所先后，而结以知本知之至。是致知一条，已甚明白，无待于补。又以为亲民非新民者，证以篇中言厚薄，言孝弟慈，言保赤，言恤孤，言民之父母，言同好恶而不专其利。若齐治平为新民之目，则三传何以无一语及新。又以为《康诰》言作新民，系言民之自新。康叔封卫，卫旧为纣地，新附于周，犹曰此新归附之民耳。其义止在作字。又以为辟即《中庸》“辟如行道”，“辟如登高”之辟。下章所藏乎身不恕，而能喻诸人，喻亦辟也。至平天下，则直以挈矩好恶，申明辟字，而与乎天下章辟则为天下僇之辟不同义。又以为平天下亦兼言德、言善、言忠信仁义者，格物以修身为本，明明德之始事也。诚意，以格物者能知诚其身之为本，明明德之中事也。平天下仍以慎德为本，明明德之终事也，故曰明明德于天下。以上诸说，虽云背朱，然书中仍多用程、朱之说。是书之旨，虽征引甚杂，大率以王阳明、毛西河之说救程、朱之失，而又不尽以王、毛为是，程、朱为非。冶异质于同炉，亦一奇也。末附先儒诸论，颇简要。书刊于乾隆十二年丁卯。

0393 **大学解一卷**道光刊本

清牛运震撰。运震所著《论语》、《孟子》解，俱已刊行，独此书及《中庸》解，因梓书时，觅稿本不得，久之乃于敝簏检出，致未付订。见其子钧所为跋。运震去官后历主书院讲席，是书当为课生徒而作，故所解一遵朱注。然晰理甚清，语简而意豁。如谓至善是万殊言，不就一本言，须随处看，这一事合当如此，那一时又合如彼。又谓定静安虑得是功效次第，非功夫节目。又谓明新两物而内外相对，故曰本末。知得一事而首尾相因，故曰终始。又谓诚意是人鬼关，致知是梦觉关。又谓不说穷理只说格物，要人就事物上理会。若遗物以为知，则为虚妄之学；逐物以为知，则为驰骛之学。又谓自欺是半上半下，知道善当为，却不十分为善；知道恶不可为，又舍他不得。又谓仁是孝弟慈之蔼然处，让是孝弟慈之秩然处。又谓好者情顺，恶者情逆，顺则安受而相忘，逆则不堪而易觉，故解挈矩独就所恶边说。如此之类，尚未堕讲章陋习，不无足取焉。

0394 古本大学集说三卷［嘉庆辛未刊本］

清王䜣撰。䜣字澹游，涂阳人，诸生。是书前有王祁序，又有䜣自序及例言。大旨以王阳明《大学古本》为主，而旁采讲古本诸家，采摘汇荟以成此书。故首列阳明《大学古本原序》，次阳明所定《大学古本全文》，又次摘阳明《传习录》及语录、文集中之涉于此书者。又次则摘徐爱、钱德洪、邹守益、邹德涵、何塘、来知德、鹿善继、刘宗周、陈龙正、金铉诸儒之说之涉于此书者。其中如铉所论格物，不朱不王，自抒所见。来知德之论格物明德，虽遵用古本，而不尽合于阳明，亦并收之。又所引诸儒于姓名下，详其行迹，盖以明学术事功，同条共贯之意。末附鲁邦彦、胡渭二人，而缺其学说。按胡渭著《大学翼真》，其书通行，䜣殆未之睹也。是书征引虽博，无所阐发，聊便披寻耳。书刊于嘉庆辛未。

0395 读大学偶记一卷嘉庆甲戌刊本

清邱嶅撰。嶅字铸人，江苏吴江人，布衣。是篇随意涉笔，间有精切语。如谓心意知即物而生，当身合下都到。才格即致，才致即诚，才诚即正，才正即修。总完一个藏乎，身之恕而已矣。先后与本末不可执一看，修身以下有本末，修身以上无本末。又谓为民父母，所与民同好恶者，孝弟慈也。惟财货与民同好恶不得，同之斯拂之矣。生财有大道以下，力去一利字，而后君臣父子兄弟，怀仁谊以相接，明德由此明，亲民由此亲，至善由此至。孟子导梁王，警宋牼本此，不得视为理财。又谓谬解《大学》者诚中形外，谓是恶诚于中，以诚意诚字对欺字看，诚中诚字对形字看。本一诚字，竟解作两诚字云云。具见体念有得。惟以致知之知即良知，即不学而知之知。则经明言致知在格物，格物讵非学耶？是则笃信姚江之过矣。

0396 大学臆古一卷［嘉庆乙卯刊本］

清王定柱撰。是书首有自序，大意以为朱子于《大学》，尤殚精力。独"格物"一节，补经所阙，纷纷讥病。惟自宋以来，学欲至于圣贤，舍是无由。然朱子虽有启后学之苦心，未尽当于孔、曾明大学之本朔，何也？孔曾之时，小学明备，自七年就傅以前，以至十有五年，陶铸诱掖，迨夫成童岐嶷，已俨然具圣贤之胚。汉唐以来，小学芜废。声誉利达之歆热，嗜欲沈溺之窞凿，如是而冀明德之明，何途之循？程朱于此，特补"格致"之传，以为伥伥于学者之门牖途径。此于先圣贤之教，岂有僇哉。是故经首章之文曰："欲诚其意者，先致其知。"此程朱补传之所以作也。而经次章之文，但云所谓诚其意者，不复如诸篇之例，更系以先致其知。此孔曾格致传之所以不必作也。沿诸汉唐而下，则程、朱即孔、曾之书；溯乎唐汉以上，则孔、曾未必即为程、朱之书云云。按定柱此论，最为明通。其书虽于程、朱不尽合，而不致戾程、朱，诚正轨彻。其分章取李光地所定古本，而亦不尽依之。如第二章，李本连淇澳两节、帝典二章、邦畿三节、听讼一节共为第二章。而此本不连，划此章为诚意正心中明德之事。其下自"淇澳"至"用极"别为第三章，为诚意正心中明德以亲民之事。自"邦畿"至"听讼"别为第四章，为诚意正心中明亲交致以申知止之义。而以李本之第三章为第五章，李本之第四章为第六章，李本之第五章为第七章，李本之第六章为第八章，每句下自下疏解，意所未尽，则为客问以阐明之。其中论理处颇精细，惟不脱宋明儒习套耳。书刊于嘉庆已卯。

0397 古本大学质言 ［咸丰三年刊本］

清刘沅撰。沅著《四书恒解》，以为文字简略，学者狃于常说，不能遽通其义。因复为此书，朴实说理，期于人人可知，故曰《质言》。是书大旨多主义理，惟不宗宋儒。开首“明明德”三字，谓“明明”二字相连。明而又明也，德即天理，心在后天。朱子以知觉运动之心为德，曰虚灵不昧，盖杂禅宗。不知心虽虚灵，而非圣人纯一之德。本原已错。又谓“至善”即谓尧舜以来所谓“中”，《左传》刘子曰，民受天地之中以生，所谓命也。子思言其为物不贰，不贰，一也。一者中之理，中者一之宅。宋儒不知中之所在，于允执厥中及此书止至善，但云其事合乎中而已。又谓至善为本，止至善为始。此节紧承上节，教人勿泛泛求知。下文特就大学功效言之，格去物欲，只是知止时。持志养气到了定静安景象，则物欲去矣。先儒不明书旨，另补格物之传，一错都错。其他所释，大率自抒己见，不拾他人牙慧。书中释“至善”引《老子》“多言数穷，不如执中。”又曰“玄牝之门，众妙之根。”则并止至善之法而亦言之。释知止以至善为太极之所，引《河图》、《洛书》以证其说。虽嫌驳杂，然视阳儒阴释者有殊矣。沅成是书时年已八十有五，首有自序，刊于咸丰二年。

0398 大学指掌一卷 ［道光辛丑刊本］

清周际华撰。际华字石藩，贵州贵筑人，嘉庆进士，官江苏知县。是书草创于甘泉汪氏，佚其名。只知其字瑞堂，而官翰林而已。际华为删其冗阘，补其缺略，正其讹谬，又复荟集众说，以成完书。大旨就《朱子章句》详为演绎，使章脉显豁，语气贯通。其字间注音句标圈点，俱为便初学计。书眉有评，着语简要。如谓“大学之道”，“道”字作方法讲，与“近道”“道”字作当然之理不同。又谓“知止”“止”字，即至善字，与“在止”“止”字指工夫者不同。又谓定静安虑得五者，乃功効次第，不是工夫节目。盖才知止便能得止，中间定静安虑，乃递言之。如此之类，分析甚清。卷首有魏茂林序，及际华自序，兼《中庸指掌》作也。书刊于道光辛丑。

0399 古本大学通解不分卷 [嘉庆二十一年刊本]

清聂镐敏撰。镐敏字京圃，湖南衡山人，嘉庆进士，官至太子洗马。是书首有镐敏自序，以为“程朱表章发明之功诚不可泯，而更改补缉亦有未安。因是体会贯通，恍然有以复古本之旧观，识经传之定界，而于朱子所谓明善之要，诚身之本，程子所谓学莫先致知，天德王道其要只在慎独者，非惟不泥其迹，而乃可以畅其旨”云云。书中先以古本《大学》读法，经分四段读，传分六段读，谓于合见分，眉目乃清（析）[晰]；于分见合，筋节实贯串。其持论典他家异者，扼重致知、诚意二事。谓学以明善，由致知入。致知以前更无事，格物乃致知之实，舍格物无所致知。观“自天子以至庶人”两节，致知为诚意根基，诚意居正心之先，而不仅连正心说。盖诚其正修齐治平之意，斯不自欺，其所致之知。书中阐发此旨，颇为条畅。其他说亦多新颖可喜者，如谓正心“正”字，守一以止也。修齐治平皆以归于正，皆守一以止也。“一”者何？至善也。自谦“谦”字，引《说文》诸书，训敬训让，郑氏读谦为慊，不作慊字解。转读为厌，及解厌然，则又读厌为黶，何如仍旧。以敬让释自谦，不失君子兢兢慎独本心。其解“格物致知”，谓姚江王氏训格为正，不免将格物混入正修甲里，而穷尽天下物理之说，亦无纪极。当以程子论格物，莫若察之于身，得之尤切。致知之要，当知至善之所在。如父止于慈，子止于孝之类，最当经旨。书中诂义大率本之宋儒，惟以作文之法推求理蕴，则较旧解为醒豁。书刊于嘉庆二十一年丙子。

0400 大学古本释一卷 [光绪己丑刊本]

清郭阶撰。阶字慕徐，湖北蕲水人，官江苏知府。是书首有自序，以为《大学》一书，其条贯次第之所以然。郑氏既略而不言，孔颖达又言之而不精。自宋两程子、朱子以迄明代诸儒，有改本十余家，大都强经就我。于是王阳明起而倡复古本，群儒复为之和。然力主古本者，或别有更易，是仍非古本，乃一己之本也。或不更易，而条贯次第莫能悉明其故，是古本终不能明也。其所以迄无定论，以未释三纲及格致耳。不知致知格物乃综终始之语，不知条目之内无须释。《大学》一书首重诚意，故杂释三纲于其中云云。书中谓三代之文，一篇中或隐、或显、或错综、或整齐，不拘一格。故是书首标三纲六目，其六目逐端发明显也，整齐也。三纲杂释于诚意之中，隐也，错综也。按此论于格致无传，可谓善于斡旋。其他大率参合诸家之说，意取简净。书刊于光绪己丑。

0401 大学解一卷［光绪十三年刊玉函山房续目耕帖本］

清马国翰辑。是书搜采颇僻，如"明明德"引胡煦《篝灯约旨》云："不专曰德而曰明德。乾卦乃见天则，复卦克见天心。"此两"见"字，便是此"明"字。"至善"引贾联枢《尊经堂四书笔记》云："至善，礼也。《论语》动之不以礼，未善也。"是至善为礼之切证。"格物"引褚稼轩《坚瓠集》云：兽有名格者，形似猩猩，而知吉凶。人有意害之则去不来，否则可援而狎也。格有前知，古人借作格物之格，意或以此。"康叔"引《尚书孔传》及《竹书纪年》，武生封康叔于康，康乃畿内国名，故康子之子亦称康伯，可证康非谥法。又"汤之盘铭"引元好问《夷坚志》云："安常从党承旨学大篆，多识古文奇字。太和末，曾见内府所藏汤盘，作白玉斗，近四寸底，铭九字，即德日新，日日新，又日新也。"按此条可证近人据新发见古器谓作《大学》者不识字之妄。"淇澳"引唐蒙《博物记》云："有臭水流入淇。"郦道元《水经注》云："肥水谓之澳。"可为陆玑《诗疏》增一证。"人莫知其子之恶"，引《吕氏春秋·去尤篇》云："鲁有恶者，其父出而见商咄。反而告其邻曰：商咄不若吾子矣。且其子至恶也，商咄至美也。彼以至美不如至恶，尤乎爱也。"可证俗谚亦有所本。见贤不能举节引《尊经堂笔记》云："命当读如字，言见贤而不能举，举而不能先。如李广有功不侯，冯唐白首为郎之类，犹可诿之曰命也。”“若不善而不能退，退而不能远，安危利菑，岂非过哉。”语意趋重下截。按以上诸［条］俱新而甚惬。他条俱可备异解。书为玉函山房《续目耕帖》之一种，刊于光绪十三年丁亥。

0402 大学古本释 ［道光庚子刊本］

清丁大椿撰。是书就《大学》古本，节解句释，更推求脉络，使之通贯。若者为承，若者为结，若者为中间过纽，为读者说法，自无不可。然圣贤立言垂教，岂若后世操觚家讲文法哉？其中说理间有当处，亦未可废也。书刊于道光庚子，为《来复堂丛著》之一种。

0403 大学古本荟参一卷续一卷 ［咸丰三年刊本］

清胡泉撰。泉字白水，江苏高邮人。卷一前有自序，冠以《礼记》、《大学》正文，溯古本之源也。次以王阳明《大学古本序》，著复古之始也。又次以王龙溪《大学首章解义》，王心斋《语录》，李见罗《大学约言》、《论学书》，高景逸《语录》、《古本大学题词》、《大学首章约义》、《大学首章广义》，刘念台《读大学》、黄石斋《榕坛问业》，广信古之证也。终以朱子及二程子改本，考今本之所自也。篇后多附案语，间有不附者，其意自显也。书既成，复以本朝诸儒不乏崇信《大学》古本，而可资参互考订者，又录应潜斋编注《古本大学序》，汤潜庵《上孙征君书》，李安溪《榕村语录》三条，胡朏明《大学翼真》，钱竹汀《潜研堂集》一条，李孝臣《群经识小》一条，孔巽轩《礼学卮言》一条，阮（云）［芸］台《大学格物说》，刘迪九《秋槎杂记》一条，谢氏江《格物说》，王介山《大学古本说略》，翟晴江《四书考异》六条，包纪三《郑本大学说》。篇首亦有自序，惟篇后不附按语，以意见已见前也。泉治理学，颇欲沟通朱子、阳明两家。尝谓以阳明之学拟之象山，尚属影响。以阳明之学准诸朱子，确有凭依。盖阳明讲学，删不尽格物传义在外。而朱子注经，包得尽良知宗旨在内。其为是书，以见古本今本不同，而下手功夫在致知格物则无不同。故虽遍征诸家之说，而其大旨则与是古本而非今本者，迥不同也。书刊于咸丰三年。

0404 读大学记一卷道光刊本

清范泰衡撰。泰衡有《读尚书记》，已著录。是书本遵汉儒，义从宋贤，而参以己见。分节为说，推陈出新。如说“格致”，谓木长为格，则本末贯，贯观其达。木各为格，则本末分，分观其到。君奭曰：“格于上帝，自下而上，无不达也。”《尧典》曰：“格于上下，上上下下，无不到也。”《春秋》曰：“致女，往致也。”《系辞传》曰：“致天下之民，来致也。”《礼器》曰：“有放而不致，极致也。”兼三义。说“诚意”，谓诚意非独善恶之分，乃好善恶不善虚实真伪之分。说“挈矩”，谓凡物之平，皆其方者。矩者方之至，好恶之正如方然，人主好恶之正如矩然。民从君之好恶，如方视矩然。君推民之好恶，如矩成方然。挈之而上下前后左右，无往不方，则无往不平。说“德本财末”，谓德之事，先君而后民，由本逮末之道。财之事，先民而后君，内本外末之道。其说古本，既谓《大学》旧文原无阙误，无庸补定。而亲民乃从《章句》作新，则未免去取任意，驳而不纯矣。

0405 大学臆说二卷［咸丰辛酉刊本］

清苏源生撰。源生字菊邨，河南鄢陵人，贡生。尝学于钱仪吉。是书首有方宗诚序，大旨笃守朱子《章句》，而别引《语类》、《或问》等书，及其他诸儒之说，以补充其义。其朱子所说彼此不同者，则参互而为之折衷。其自为说则引申之、融会之而已。方《序》谓其“深思力践，而实有得于心者，殆非泛然而作”。如云知止是知至善之所在，须是理会得透。十件事理会得一件透是一件知止，十件事理会得九件透是九件知止。若十件事均理会过，却只理会得半截，便不得谓之知止。又云古人先于小学习其事，后于大学明其理，所以格致也易。今人小学未曾习其事，直待大学始欲明其理，所以格致也难。又云“敬止”二字，本无所不该。仁、敬、孝、慈、信乃举其大者言之，故《章句》既言究其精微之蕴，又言推类以尽其余，所以体传者言外之意。又云盛德即明德之至于极盛，至于极盛是谓至善，故曰盛德至善，非盛德之外别有至善也。如此之类，具见精切。惟陈言过多，未能删削简净。又咏叹淫佚，佚字当为液，见《乐记》，而刊本仍沿误。源生据《困学纪闻》改正，此则有功于《章句》者也。书刊于咸丰辛酉。

0406 大学臆解一卷 ［光绪丙戌刊本］

清张承华撰。是书原附《大学补释》后，首《诸家考订经传解》，《次朱王异说解》，又次《纲领条目解》，又次《古本诚意章解》，又次《诚意解》，又次《格物解》，又次《敬止解》。其最精要者，如谓“致知在格物”句，经无明训，解者各以己见解经，而非以经解经。朱子之学得于博文，故以穷理训格物。阳明之学得于心悟，故以良知解致知。三纲领止“明明德”、“新民”二事，以“止于（止）［至］善”为总。八条目亦只诚、正、修、齐、治、平六事，而以“致知格物”为总。“止至善”不在“明”、“新”之外，“致知、格物”不在诚、正、修、齐、治、平之外。格物之物，即物有本末之物。格也者研求乎意心身家国天下之至善而知之也。所谓“致知在格物”者，谓欲知止于明、新之至善，在格乎诚、正、修、齐、治、平之至善也。后人不察，但知“止至善”统乎“明、新”，而未悟格致亦统乎意心身家国天下。又拘于先后字义，以致知在诚意之先，似别为一事。专为诚意而设，于是离意心身家国天下以言格物，是以经旨不明也。其解古本“诚意章”尤晰，谓古人著书，但求义理之明，无取乎印板文字。“诚意”二字已包举乎纲领之全，统贯乎明新之总。其引诗书之言，无非以证明新至善，惟于明新至善之理无不明，斯于为善去恶之功无不实。所谓欲诚其意，先致其知，知至而后意诚者，此也。观此而先儒所疑“诚意章”有缺文者，可释然矣。书刊于光绪丙戌。

0407 补辑朱子大学讲义二卷 ［光绪十年方宗诚刊本］

清何桂珍撰。桂珍字丹畦，云南师宗人，道光戊戌进士，授职编修，外放安徽徽宁池太广道，为降捻李兆受所害，赠光禄寺卿衔，赐谥文贞。是书为其值上书房时所著，卷首有自序，及进呈原疏。按朱子于绍熙五年召侍经筵，著有《讲义》六章，寻罢退。桂珍为补其所未及者四章，兼采真德秀辑《大学衍义》之意。但以为《衍义》实之以事，而《讲义》先明其理，不得乎理之真宰，亦无观乎事之会通。故书中摘录朱子《文集》，其小注则改照《章句》定本。《讲义》则间参《或问》、《语类》及《奏劄封事》等篇，复附以诸儒之说，折衷朱子之意。其修齐治平四章，系桂珍按式纂补，而附己说于后。按是书意在辅君德而推本朱子，并引申其所未及。故其意肫诚，而说尤渊粹。真德秀《大学衍义序》称，欲尽君道而尽臣道，未有切于是书者。桂珍殉难英山，曾国藩为作碑记，极其惋惜。复则亦无负此书矣。是本为光绪十年方宗诚所刊遗书之一。据倭仁所撰墓表，尚有《衍义附编》四卷，想已散佚矣。

0408 大学章句质疑一卷 ［光绪十六年思贤讲舍刊本］

清郭嵩焘撰。首有王先谦序及嵩焘自序。按朱子《大学章句》，改易古本而补格物致知一传。尝自谓《大学》用功最久，盖于明善诚身条理次第，深有体会。而验之躬行，非漫然也。嵩焘晚年治朱子之学，以为《大学》一书完具无缺，数百年之辨争，盖皆求之于外，而未究其中之要领。惟用其书以求朱子之学，深味而力行之，则可强《大学》之书以从朱子。比类而附之，循章以求之，则亦徒见其陵越而已。又云：“窃疑《章句》之书，纲目条领之分，未足以见圣经之全，而或失之纤曲。”此书之所由作也。其最要者，谓“止于至善”

一语，不得与明德新民同为《大学》之纲领。又谓郑注以“致知在格物”别为一节，格物即是致知，故直曰在而不曰先。自“诚意”章以下，首言所谓修身在正其心，“齐家治国”诸章并同此例。疑此云“致知在格物”，而结之以此谓知本。“此谓知之至也”，即朱子所补“格物致知”一章之义。经文本自无缺，然诚、意致知两项工夫，却是并进，不能划分先后。故云致知在格物，即结之以此谓知之至也云。所谓诚其意，即结之以君子必诚其意。经直析分两章，不更相为联属。又云《大学》所重，惟在致知诚意。疑明德、新民，以止于至善不必分章为释云云。所见俱极精当。他条多纠正朱氏之失，然与攻朱者固大有别也。先谦序自抒己见，亦有发明。书为光绪十六年思贤讲舍刊本。

0409 大学讲义一卷 [光绪七年平陵书院重刊本]

清芮城撰。城字岩尹，江苏溧阳人。是书无序例，大旨全宗朱子《章句》。按《章句》一书，诂义虽精，然间有过简之处，又似有不相连属之处。城于此书体会周洽，分章分节逐为解说。每章有总释，每节有分释，又有合数节总释者。“正心修身”两章，有总旨，又有“正修全旨”、“修齐全旨”、“齐治全旨”、“治平全旨”。无非欲使一节之中，句句自为通贯；一章之中，节节自为通贯。合而观之，则全书无不通贯。不为钩深索隐，达意而止。其中悉依朱注，不敢稍违，且多涉及章法字法。讲章之体，盖遵奉功令，且讲章之体然也。是书尚有原本，此为光绪七年平陵书院重刊本。

0410 大学申义三卷 [敬义山房刊本]

清左钦敏撰。是书为正真德秀作《大学衍义》作也，别乎《衍义》，故曰《申义》。按《大学》言自天子以至于庶人，壹是皆以修身为本。而真氏序目分《帝王为治之序》、《帝王为学之本》。而其所谓《帝王为治之序》者，杂引《书》、《诗》、《易》及子思、孟子、荀子、董子、扬子、周子之言。所引荀、扬又非其精粹者，然仅证明《大学》纲领条目先后之序而已，未尝序帝王之治也。其所谓“帝王为学之本”，自尧、舜、禹、汤、文、武以至汉、魏、陈、隋、唐数君之学，亦未尝深切著明帝王为学之本也。至其推衍《大学》之义，又仅衍格物、致知、诚意、正心、修身、齐家，而不及治国平天下。又并格物致知、诚意正心为两条，故丘濬疑其不备，而为之补。近人又疑丘氏所补未当，为之续补，其实俱未协也。钦敏是书首有自序，述著此书之意。书分三卷，卷一《帝王为学之本》，引《书》、《诗》、《中庸》、《孟子》所言尧、舜、禹、汤、太甲、高宗、文、武、成王、鲁哀公、滕文公之事。卷二《帝王为治之序》，亦引《书》、《诗》所言尧、舜、禹、汤、伊尹、仲虺、傅说、公刘、文、武、周公、毕公之事，及《论语》、《孟子》论政语，下至二程、朱子。卷三题曰《外篇》，引管仲相齐之事，而以子产相郑、孔明相汉、伯纪相宋继之，而殿之以许衡。每引一事，附以解说。所引诸书较真氏特为醇粹，解说亦颇详尽。篇分内、外亦见断制，惟李纲、许衡之议，仅属大纲，俱未及行。而许衡以道学自命，腼颜事元，尤无足取，似宜删削。书为敬义山房刊本，无年月。

0411 周易大象应大学说一卷 光绪丁未刊本

清高赓恩撰。赓恩字曦亭，直隶宁河人。光绪进士，官至太常卿。是书首有傅世炜题辞，雷柱序，又有赓恩自序及序论。以《大学》八条目分类，以《易》八纯卦为纲，而附五十六卦大象于下。删去君子以字及一上以一大人以二后比六先至以字。每条下释其义，末复引《大学》为之证。序论称格物主讲习为兑，致知至常而习之，不在格物外，肖坎。知有定而意无不诚，艮之思不出泣象之。兑一阴在上，为乾之下体。艮一阳在上，为乾之上体。二卦合而成乾，犹如意合而为心正心之功。以自强为本，以不息为极。一阳动而生雷，震之恐惧，修身之则也。顺德之行，自闺门始，坤则齐家之则也。申命于臣下，则欲其巽以入，风之行，常不遍于天下而各殊所向，以例治国。圣人治天下以文明，系辞以向明而治属诸离。巽离同宫，为两仪之大用云云。可以知是书之蕴。雷序称读《易象》如读《大学》，逐条悉著力之端。读《大学》如读《易象》，随在悟上达之理不远视乎《易》，引而即之于日用不近视乎《大学》，推之而极之于性天云云。可以知是书之用。虽着语寥寥，殆亦研二经而有得者，非夫徒割裂附会者所得而比也。

0412 大学古义一卷 ［烟霞草堂刊本］

清刘光蕡撰。是书大旨，以为《大学》者以天地民物为一体，而学以讲明其理，然后实为其事。“明德”是道之本，“亲民”是道之量。“至善”学道之诣，“亲民”当如字读，后世一切猜防民之霸政，皆由视民不亲而生。“至善”是明德新民之极，故为大学所止之境。“明德”、“至善”之地，仍在“亲民”上见。于是由自明说到自新，由自新说到作新民。不曰古之欲平天下，而曰“欲明明德于天下”。可见古人平天下，不过使天下之人皆为学。即是太平之治，治国是使一国之人皆学，齐家是使一家之人皆学。不是我往平之治之齐之也，不过为设学立教法，其教法即我修身之法，布之乡学中，使人人学之而已。古之“欲明明德于天下”，可见“亲民”亦是“明明德”。意即是“明德”，诚意即是“明明德”。析言之，则知是明，物是德，致是推极其明，格是方正其德。按如此解说，自见通贯。书中虽援古义，实新义也。亦不以《章句》分经传为失，惟以《大学》培养人材为诸《礼》之本。如以此篇为经，升之《仪礼》中，较与《中庸》同列《论》、《孟》中为稍胜云云。所论亦允惬。书无序例，为烟霞草堂刊本。

0413 大学谊诂一卷 ［民国癸亥刊本］

马其昶撰。是书为其昶所著《三经谊诂》之一。博征众注，上自郑康成下至同时之姚永概，而采朱子《章句》者较多，间附己见。意主平实，不衿新异。其诂“格物”，引《玉篇》：“格，量也，度也。”《仓颉篇》：“格，度量之也。”古人用格物字皆是度量之义。并引朱子云：“格物须有缓急先后之序。”如不穷天理，明人伦，讲圣言，通世故，乃兀然存心于一草木一器用之间，此成何学问？朱子之格物何尝不知先后，使当日不分经传，即以首章论格致，而用其说以释此经，斯可以息后世之争矣。其诂“君子贤其贤，而亲其亲。”谓“贤其贤”者，后世之所贤，皆前王作育之贤也。《诗》云“古之人无斁，誉髦斯士。”此之谓也。“亲其亲”者，后世之所亲，皆前王屏藩之亲也。《诗》云“君子万年，永锡祚胤。”此之谓也。诂“其心休休焉，其如有容焉”，谓言其如有容者，形容其休休之状也。说俱曲当。又“身有所忿懥”，据李光地说，忿懥之类，以心之发乎身者言。正程子改“身”作“心”之误。“若有一介臣”，据唐石经、宋本、岳珂本，个并作介，以正通行本一个之误，尤确不可易。书刊于民国癸亥。

0414 大学述义一卷［民国十年刊本］

徐绍桢撰。是书首读法，次述义，其大旨详于读法，以为《大学》乃孔门政治革命之书。开卷即云“在明明德，在新民，在止于止善。”“在明明德”者，欲人自明其明德，以受天之明命也。“新民”则易旧邦之民为新国之民也。又以为《大学》最重者德，最恶者财，故曰“德者，本也；财者，末也。”而斥长国家而务财用之小人，于传之八章反覆晓譬，其意实以不务财用为治国平天下第一要义。又以为《大学》既提出致知格物，而不为作传何也。盖知者自吾心来，自吾意来。既为正心诚意作传，自不必更释致知。且人心为物欲所蔽，利令智昏，非格去物欲，不能复其良知。抑物欲之累人，以财为尤甚。末章痛斥财利，已无余蕴。人能格绝财利，则无物不可格。末章即可作格物传读，又以为平天下之道，尤在明好恶。“诚意”传曰：“如恶恶臭，如好好色。”“正心修身”传曰：“有所忿懥，则不得其正。有所好乐，则不得其正。”“修身齐家”传曰：“人莫知其子之恶，莫知其苗之硕。”“治国齐家”传曰：“反其所好而民不从。”“治国平天下”传则更反覆言之曰：“所恶于上，无以使下。所恶于下，无以事上。所恶于前，无以先后。所恶于后，无以从前。所恶于右，无以交于左。所恶于左，无以交于右。”又曰：“民之所好好之，民之所恶恶之。”又曰：“好人之所恶，恶人之所好，是谓拂人之性。”据此，则“自诚意、正心、修身以至齐家、治国、平天下，无不以明好恶为主”云云。至于述义，则章解节释，多用旧说，惟分章从郑不从朱。惟以传三章“如切如磋者道学也”五句，疑后人读《大学》者，采《尔雅》解《诗》之文，加注于旁，后遂混作正文。卷首有其弟柴棨序，后又附《孔社讲义》五篇。发挥恕、忠、信、诚、敬等字义，颇透畅。书刊于民国十年。

0415 **大学还旧一卷**光绪刊本

清王廷植撰。廷植有《四书疑言》，已著录。《还旧》者，还圣人之旧，即从旧本也。亦不尽从旧解，以为《大学》指古圣人之学，《大学》之道，圣人之道也。纲领圣人之学，条目学圣人之学。纲领在“止善”，条目在“格物”，纲领浑举圣功王道之全。传中所引帝典、汤盘、文王之诗，皆古之明明德于天下者。下此而欲学古帝王之明明德于天下者，则有入德之门，用功之序，“《大学》之道”一句系纲领之总冒。“物有本末”四句，系条目之总冒。纲领以《大学》言，条目以学中之事物言。纲领以道言，条目入道之门以近道言。其说甚新而有理。惟以物兼内之物欲外之物诱而言格正也，物有善有恶，格之而物之恶者不能遁。如下文各传中欺也，揜也，著也，辟也，贪也，暴也，争也，夺也，悖也，拂也，骄泰也，娼疾也，财也，货也，皆物也。按古书无以物欲物诱解物字者，若然则万物皆备于我，又作何解？与下“正心”之“正”字有何分别？格训为正且如此解，则诚意、正心、修身三项，已该于格物中，又何必再赘言之。是不可通也。其他解大都与旧说无甚出入。末谓《大学》言格物，《中庸》后半部亦言物。故《大学》、《中庸》，相为表里。说亦有理。

0416 古本大学说一卷附大学改本考一卷［道光二十一年刊本］

清边廷英撰。廷英字育之，河北任邱人。是书说多创辟，以为《大学》言明、言诚、言慎独，皆与《中庸》大旨不异。而书中所出名目，亦多出于《中庸》。言修身，即《中庸》修身以道事也。言正心，即修道以仁事也。言诚意，即诚身事也。言致知，即明善事也。言格物，即体物事也。言齐家治国平天下，即《中庸》治天下国家事也。又书中引曾子之言，而末章仁义义利之言，为《孟子》首章之言之所本。自谦之言，为《孟子》慊心之言之所本。据此则《大学》之作，当在曾子之后，《孟子》之前，自亦子思之所作也。其作《中庸》，意主于述圣教。故全书所述皆孔子一圣人之言，而以己意疏明其大旨。此书则自立言，而杂引他书以证明之。按此说虽前人有发之者，而比附甚确。又以为《大学》一书，本义不明，误于改本补传之说。改本之有补传，由于误认经文为细列条目，必须逐条逐件各自做工夫。又见“诚意”以下，许多名色，后文皆复说一遍。惟“格物致知”名色，后文不再见。遂疑经文有脱简，为补格物一章。不知此节文意，乃逐节推上，归重一处之辞，非平铺直叙细列条目之辞。其解“致知”，谓致与《中庸》“致中和”、“致广大”之“致”同义。致之言犹尽也，尽其分而无余之义。知谓心之良知，即明德之明。随时呈露之知觉也，格至也，物兼民物事物二义。按此说主良知虽袭阳明，然以驳改本，其义较圆。后附《大学古本考》，荟萃程明道以下十家。不加论断，使学者比观之，是非不难自辨。虽丰坊伪本，亦列焉，以其为刘宗周所承用也。卷首有廷英自序，《改本考》有廷英自序，及门人贾臻后跋。其朱成烈总序，则兼廷英所［撰］《中庸说》言也。书刊于道光二十一年。

0417 大学顺讲一卷 [道光己丑刊本]

清丛秉肃撰。秉肃字恭作，山东文登人。秉肃穷居授徒，以终其身。是书一遵《朱子章句》，循文敷衍，不参他说，亦别无所发明，盖为学子治帖括计也。然贯穿融会，亦便于童蒙诵习。首有张井、李湘茝二序，于颖发秉肃小传、于廷瑞述略，盖兼为《中庸讲义》作也。书刊于道光己丑。

0418 大学古本说故一卷 [咸丰元年刊本]

清劳光泰撰。光泰字榕坡，广东南海人，嘉庆庚辰进士。历官湖北蒲圻、监利、蕲州、随州、武昌同知。是书首有自序，言读阳明《大学古本注》及《序》，所见稍有异同。此书字句一遵阳明之旧，而认意乃与之异。独知最尊朱子，而序次又不与之同云云。书中谓至善是未发之中，未发自是止。又谓人之意有明德斯有知，还用其知以明其明德，是谓先致其知。若致知则无所先焉，审明德所在而已。明德何在，在意而实意中之物也。意中之物是诚，所谓不诚无物也。又谓“在止至善以至能得”，是体会理一也。“本末终始”一节，是体会分殊也。“欲明明德于天下”一节，是由分殊勘归理一。“物格而后知至”一节，是由理一安顿分殊。又谓意为心主，即心之专气为之，而好恶出其中。好恶之明知则导之，好恶之用情则达之，好恶之理性则备之。而曰知曰情曰性皆在意中。以上诸说，俱能勘入至精。其经一章、传十章，皆依古本。谓旧本实无错简，“格致”章不必补。其以淇澳格物之诗，从阳明说，而分经分传分节从朱子定本。又以郑注本谓身也，又曰本谓诚其意也。此数语较之宋儒以意为私意者为长。卷首自署“南海劳光泰榕坡学说，引江声注古文《尚书》，谦学下系说者学师说也”。继即自叙其里籍官绩，例颇罕见。书刊于咸丰元年。

0419 古本大学辑解二卷 [同治四年刊本]

清杨亶骅撰。亶骅字铁帆，山西晋州人。是书首有自序，言世所传《大学》，本皆朱门之书，非孔门原书。王阳明著《大学或问》，发明古本，义指精当。毛先舒格物说出，而格致之义始定。鹿伯顺《说约》，孙奇逢《近指》，于《大学》义蕴阐发精透，而章次仍袭今本。李榕村古本说，少所发明。惟边廷英《古本大学说》，以《中庸》自明诚之义为说，求之全书，无不吻合，解修齐章尤足破诸说之诬。王定柱《大学臆古》，义理赅贯，间见层出云云。书中首录《戴记》、《大学》本，节录汉郑氏《注》、唐孔颖达《疏》；次王阳明《大学古本序》，及《大学或问》；又次毛先舒格物说，又次《大学渊源辨》，又次《古本纂诂》，而终以《古本大学解》。不录程朱注，以夫人而诵也。谓世人讥阳明为近禅，泥于程朱者之误也。其解"亲民"谓本章数"新"字，无一作"新民"新字解者，以上下两段例之，理与法皆说不去。又解"身有所忿懥"，谓"身"字从本字读，但以正心正字移在身上。身修则身正，身之不得其正，由忿懥四者来。俱能言之成理。书刊于同治四年。

0420 大学问答一卷 [咸丰六年刊本]

清赵承恩撰。承恩字省庵，江西金溪人。是篇大旨宗王阳明，以为"大学"者，大人之学，所以使天下人明通公溥。"亲民"亲字不作新，以为视一家之人如一身，一国之人如一家，天下之人如一国，新民者特亲民中之一事。至善者人心天然自有之中，学为大人者，欲明明德以亲其民。一事一物，皆当准之于心，以求不背乎天然自有之中。后附格物说，以为朱子谓穷至其事物之理者，欲人即物以存吾心也。阳明子谓格其心所存著之物者，欲人存吾心以明物理也。然外吾心以求物理，泛滥于形名器数之末，世俗之博物，非朱子意也。舍物理以求吾心，遗弃其人伦日用之常，佛老之绝物，非阳明子意也。是虽附阳明，而仍不訾朱子，又异乎入则主而出则奴者。书刊于咸丰六年丙辰。

0421 大学古本述注一卷 [光绪八年刊本]

清姜国伊撰。首有自序，以为“朱文公倡明绝学，而《大学》用程氏改本，以致继起大儒及海内有识之士，往往疑之。而旁门邪说，转得窃古本《大学》，以疵诋吾道。今欲使文公之《注》不违孔、曾之旧，乃次《大学》六篇，仍用朱注，叠附己说明其述文公以合乎孔子”云云。又于朱子原序后，案云：朱子于物有本末注曰：“明德为本，新民为末。”于“物格而后知至”节，注曰：“修身以上，明明德之事也。齐家以下，新民之事也。物格知至，则知所止矣。意诚以下，则皆得所止之序也。”于“壹是皆以修身为本”，注曰：“正心以上皆所以修身也。齐家以下，则举此而措之耳。然则朱子固以物为知意心身家国天下之物也。固以古之欲明明德于天下二节，为知所先后也”云云。是书于朱子原注用大字写，凡补说皆小字写。每节标明其旨，每章亦然。于“知止”节注云：“次节乃致知之事。”于“物有本末”节注云：“此节总挈格物致知之纲也。”于“古之欲明明德”节注云：“此两节皆明致知之近道也。盖如此说则格物致知，无须补传。其较朱注最要。”又谓“意者始念也，凡人始念在胸，其时必但有一念而未贰也，所谓独也。”又谓“始念曰意，转念曰思，定念曰志。诚意者，正其始念也。正心者，慎其转念，持其定念也。”又谓“心统性情才意而皆善，意感伪而心身逆用，其情才乃不善矣。意感正，而心身顺用，其情才乃至善矣。”凡此诸说，析理甚精，可以救朱注之疏谬，亦朱子之功臣也。书刊于光绪八年壬午。

0422 大学原文集解一卷 光绪丁酉刊本

清胡清瑞撰。清瑞字辑五，河南襄城人。是书首有清瑞序，驳先儒错简之说。谓献王所得古经，其文必接连写下，不应“《康诰》曰克明德至止于信”，适盈一简，与上下文绝无牵连。他简亦不应起讫适皆语足，错接此简，则移改者非也。然郑康成改谦为慊，命为慢，已为程、朱辈作俑。又谓《章句》既称有三纲领、八条目，则条目正所以释纲领，何烦更为纲领作传。俱言之成理。题曰《集解》者，不过于郑、孔注疏、朱子《章句》，各采其善，亦间及《孝经》、《孟子》。以孝释“明德”，释“亲民”，引《孝经》“爱亲者不敢恶于人，敬亲者不敢慢于人”。释“所厚者薄，而所薄者厚”，引《孝经》“不爱其亲而爱他人，不敬其亲而敬他人，谓之悖德悖礼”。而释《大学》，则引《孟子》“学则三代共之”，谓即国学。义俱精切。盖《大学》首节，证之《孟子》而益明。孟子言“学则三代共之”，皆所以明人伦也。人伦明于上，小民亲于下，明人伦即明孝，亦即明明德也。小民亲于下，说亲民更显然。因是知《大学》与《孝经》、《孟子》本相通，而宋儒妄以己意造解，适形隔膜。他所释，如谓知即不虑而知之知，毋自欺则致其知矣。物即物有本末之物。如恶恶臭，如好好色，则格物矣。格致诚为一事，离诚意而言格致，则格致泛；离格致而言诚意，则诚意空。而诚者物之终始，故言诚意以包之。意者独知之事，非他人所能预。慎其独，即所以诚意、自谦者，戒自欺而常觉其未能也。凡此皆与旧解立异，所惜语简笔拙，未能畅发其旨耳。

0423 大学旧文考证一卷道光刊本

清朱曰佩撰。曰佩字石民，江苏嘉定人，道光甲申岁贡。县［志］有《传》，称其“苦志穷经，兼通音律、篆籀、金石”。是书首有周沐润序，称精博过翟教授。谓翟灏《四书考异》也。书中如“亲民”引钱大昕说，谓宋儒改亲为新，特因《康诰》作新民一语，不知如保赤子，亦《康诰》文。保民同于保赤，于亲民意尤切。又亲之义大于新，言亲则物我无间。言新便有以贵治贱、以贤治不肖气象。又如“格物”，引车清臣《脚气集》，谓格比方思量之谓。此为是，此为非；此为正，此为邪；此为轻，此为重。《玉篇》：“格，量也，度也。”《广韵》亦然。以此训格最合。按，二句从来纷纷多异说，得此可作定解。他如“顾諟天之明命”，諟当作是。“汤之盘铭”曰“盘”当作“槃”。“如切如磋”，“切”当作“齺”，“磋”当作“瑳”。“如琢如磨”，“磨”当作“摩”。“赫兮喧兮”，“喧”当作“愃”。“终不可諠兮”，“諠”当作“谖”。“身有所忿懥”，“懥”当作“疐”。“一人贪戾”，“戾”当作“吝”。如此之类，或为《考异》所未及，或即及之，而未有断制者也。大抵曰佩深于许学，故各条多援据《说文》。推明通假之例，不使全经有一讹字。其备于翟氏者在此。各条下间附赵翰案语，亦能补苴细碎。“一人贪戾”条下，据《公羊传》“登来”，郑注引作“登戾”。《春秋》“隐十年经时来”，《公羊》作“祁黎”，杜注以为“釐城”。《诗》来、牟，刘向引作黎、釐，亦声同通假字。此又补曰佩所未及。翰字西屏，亦嘉定人，诸生，为曰佩门人。

0424 大学补释一卷 [光绪丙戌刊本]

清张承华撰。承华字蓉溪，安徽桐城人，诸生。尝主许州讲席。是书有承华自序，以为《大学》一书自朱、王异论，遂成聚讼。然朱子之可议者，更定节次耳，其义理则孔门之正传也。阳明之可议者，格物之解耳，其古本则《戴记》之原文也。今本古本文异而理无异，古本不分经传，非有缺文，亦无错简。朱子补格致之传，为穷理之功。又补敬字为穷理之要，乃细玩古本原文，则格物与敬之义皆已周备，惜古注未能尽明耳。书中所释，如谓《汉书·艺文志》子思作《中庸》上下篇，今所传仅一篇。盖下篇即《大学》。《大学》以示入德之门，与《中庸》相表里。其曰“在明明德”者，即率性之道，所以尽其性而成己也。“在新民”者，即修道之教，所以尽人性而成物也。“在止于至善”者，至善乃性之本体，而散著于事物，莫不各有至当之理。必止于是，所以全天命之性而为大人之学也。其释“物有本末”一节，谓物以德民，言意心身家国天下是也。事以明新，言诚正修齐治平是也。在物谓之物，处物谓之事。知先后则近道者，先本而后末，先始而后终。与《中庸》末章知远之近同意。其释“致知在格物”，谓物即物有本末之物；格，通也，言通乎诚正修齐治平之理，得其至善之所在也。言在不言先者，格物即致知之功。其释第二章，谓君子必诚其意以上，言欲正其心者，先诚其意。《诗》云“瞻彼淇澳以下，言欲诚其意者，先致其知。”其不分为两章者，致知即诚意之功，故叙于诚意章之内。而意诚则心自正，不待更言。按上所说，自较旧注通贯圆融。是书初刊于同治二年，复经删改，于光绪丙戌刊之。首有总序四篇，答问一篇，则兼为《中庸》补释，及《大学》、《中庸》臆解四书作也。

0425 大学俟一卷［《求志居经说》本］

清陈（运熔）［世镕］撰。是书晰理甚精，且多纠正朱子之误，如谓“明德”即《中庸》所谓“天命之性”，“明明德”即《孟子》所谓扩而充之。又谓明明德、新民、止至善，不可分为三事。朱子三纲领之说，系袭孔疏之陋。又谓“终始”即在本末中，朱子以“知止为始，能得为终”与先后近道，词意未协。又谓诚对妄而言，诚意者去其妄也。朱注释诚为实，何以处夫意之恶者。又谓“格物致知”，物即明德亲民之事。格为格式，因其格式而量度之，使吾之意不违乎格式。“极其至”，即孔子之“心不踰矩”。格致诚正，乃一贯事，非截然有条目之须逐节以求。朱子补传，外明德亲民，而泛求之天下之物，汗漫无归。阳明以为格去物欲，则格物即是诚意。又谓修身莫要于诚意，致知乃以知治意，故专释诚意，而致知即在其中，不必另补格致一传。又谓作新二字连文，朱子破经文亲民为新，因以新属民作为上作之，文意殆不然。又谓齐治平之条目，在《中庸》九经，非以齐治平为条目。格致诚正之条目，在博学、审问、慎思、明辨、笃行，非以格致诚正为条目。读《大学》者必先云其三纲领八条目之见。以上所释，俱自抒所见。其对于《章句》，谓多参杂释理。并谓朱子云，二氏之学弥近理而大乱真，其实二氏自为二氏之理，并不依附吾儒。而学朱子之学者，辄云复其性初，返诸太始。乃正是绵绵若存，如如不动，法嗣所云乱真者，恐不在彼而在此。亦自持平之论。自来攻朱子者所未及言，未敢言也。题曰“俟者”，俟有道就正也。书为《求志居经说》之一种。

0426 大学阐要一卷光绪九年刊本

清张恩霨撰。恩霨字冰王，慈元人。是书首有自序二首。题曰《阐要》，意在异于注疏家之逐字解释。大意谓孔子《孝经》体用兼备，其要惟语曾子。曾子传孔子之道，故于《大学》明其宗旨。其释善曰止孝，其释平天下曰兴孝，一为成己，一为成人。孔子未言，而曾子言之云云。书中又依附《易》理，如解“知止而后有定”节，引《易》“艮其背不获其身，行其庭不见其人，无咎谓艮止也。”不获其身，退也。不见其人，藏也。知止则定静之效立见，得其所止，即退藏于密。解“无所不用其极”句，谓人自有身而后有阴亦有阳，是曰太极。而当赤子之初，不识不知，纯阳而无阴，是曰无极。圣人体道立极，示人以复初之功，不以后天用事，无往而不归于至善也。并附诸图以明其义。其他循文为解，无异他家，特较简净而已。书刊于光绪九年癸未。

0427 大学参证二卷［光绪戊寅刊本］

清沈辉宗撰。辉宗字笃初，福州人。是书无序例，上卷总考，下卷条考。引旧说之合者，而驳正其不合者。说多特创，一廓旧障。其总考中，如谓首章是致知之文，宋儒疑为错简，删去首章结语。又以修身以上，为明明德之事，因而改读新民。以“致知在格物”联属上文，因而合称格致，以致一错皆错。又据《礼记》本［文］及《李翱文集》所引，断“致知在格物”一句不属上文。又谓“明明德亲民”，本之《尧典》“克明俊德，以亲九族”、“平章百姓，协和万邦”等语。“亲九族”，明是亲字。“平章”、“协和”亦是亲字意。其条考中，如谓民者对己之称，非专指百姓。亲民兼亲亲仁民言。程子以后文有五新字，故谓亲当作新。不知后文五新字都是说明德，非说新民也。又谓“明明德于天下”，历来皆是训章明己德。齐家治国平天下，只是自明其明德。故曰皆自明也。自程子以齐治平属之新民，故朱注云使天下之人，皆有以明其明德。与皆自明也句，显相矛盾。其解“格物”，据惠栋《九经古义引文选注》：“格，量度之也。量度事物，致知之道也。”又引格穷究也，解格物之格字，所谓能虑是也，穷而得之，亦曰格。解格物之格字，所谓能得是也。以上诸条，系于义理甚大，其他亦多妥惬。是能救正汉唐注疏之失，匪特不为宋儒拘束已也。书刊于光绪戊寅。

0428 古本大学解二卷《榕园丛书》本

清温飏撰。飏字仲道，广东德庆人，嘉庆戊寅举人。是书首有自序。卷一《大学》注，卷二附论。虽以古本为主而分章则自出己见，以“《大学》之道”节至“此谓知本”节，凡八节为一章。“所谓诚其意”节至“诗云于戏”节，凡六节为一章。“《康诰》曰”节至“《诗》云邦畿”节，凡三节为一章。“子曰听讼”节，自为一章。“所谓修身”节至“此谓修身”节，凡三节为一章。“所谓齐其家”节至“此谓身不修”节，凡二节为一章。“所谓治国节”至“《诗》云桃之夭夭”节，凡六节为一章。所谓“平天下”至末节为一章。其注参合众说，仍采朱注居多，而首节“明明德以明明二字连读”，则采毛奇龄说。谓发明圣贤义理，惟其言之是，固无取毛氏之诘。驳朱子亦不以其人好与朱子为难，并共当理之言而弃之。可征其设心之平允。释“此谓知本”二句，谓上文凡三言知字，知止者，知明德新民有至善之地而已。而本末之先后，犹未及也。知所先后，辨其本末，而知之在吾心者，岂可以虚见尽乎。格物以求其实，物格以极其功，则知至而修身为本之理始明，知本而吾心之知与家国天下之理始尽。此所以结言知本为知之至也。按如此解说，则前儒欲将“此谓知本”二句，随便移窜，或删其一句者，俱可不必。附论历举各家改本，而论其得失，谓明道改本最善。朱子改本，弊在过求整齐。既板立三纲领八条目之名，条目断不可先乎纲领，遂不得不退“诚意”章。而越次抽“《康诰》曰克明德”等节于前；既立三纲领之名，遂不得不割“邦畿千里”三节，补以“淇澳”两节，凑成止至善传；既立条目之名，遂不得不补格致传。又以此谓知本句，碍于其说，遂不得以为衍文云云。实深中朱子之病。书为温氏家集汇刊本，既而板毁于乱。同治甲戌，番禺李光垣重刊于《榕园丛书》中，并为之跋。

0429 大学补遗一卷宣统二年写印本

清章钧撰。钧谓《大学》古本，今本皆不全，古本于“未之有也”下接以“此谓知本二语”作结，语意不贯。今本以“未之有也”作结，语意亦未完。应以《中庸·哀公问政》章内“故君子不可以不修身”至末十五节补之，即其所阙之原文也。所以确知此十五节为《大学》原文者，以有此十五节，则“大学之道”即达道，明德即达德。“明明德”之明即好学力行知耻，“亲民”即子庶民来百工，“止至善”即九经第三节诸实功。末节愚明柔强之实效，既使首节数言句句皆有着落，而“故君子”与“知斯三者”两节，“九经”三节，皆重三身则于皆以修身为本一语亦发挥尽致。若在“问政章”内，则除去九经三节，余皆学问中事，非政治中事。后人于“《礼》所生也”之下指为重出，自非无故。按四子书中，其理皆互为贯通，自宜取以参证。必谓彼书即此书之阙文，则《论语》、《孟子》何不可割截以相辑缀。且此书有阙文必彼书有错简，而“哀公问政”章，与见于《家语》者全同，断无二书俱错简之理。卷首有钧自序及凡例，末又有自跋。钧并谓“首章以下诸章，疑其仍有脱误，故于其不可解者置之”云云。所解除袭朱注外，粗浅不足观，姑存之以广异说可矣。

0430 大学发微二卷［民国甲寅排印本］

刘次源撰。是书首有自序，次以经传分篇释例。卷一《大学》经，卷二《大学》传，传分《诚意篇》、《正修篇》、《修齐篇》、《齐治篇》、《治平篇》。《戴记》本无经字，亦无传某篇字，特为标出者，免混淆也。书中大旨以为古今疑《大学》者，在经传不相符合。经有格、致、诚、正、修、齐、治、平八端，而传始诚意，无释格致明文。他传尚有义例可寻，而诚意一传，则夹叙明德各事于中，求之不得其故，遂各出私意，以相揣测。又以为大学之道，以天下平为归宿。天下何由而平，明德明于天下，则天下平。诚意即所以明明德。诚意为修身之本，天下之本在身，本乱则末必不治。天下大矣，曰平者，必人人不自私其身，人人不自私其家，人人不自私其国。其学之范围甚大，举凡世界之人，无不纳入陶冶之中，故曰《大学》。而其事则甚简易，人人有身，人人只求诸己之身而已足，无须求之人云云。尤详于诚意一传，以为大学以明明德为主，诚意即所以明明德。明明德于天下，则天下平。曾子恐人以诚意与明德为二事，误以明明德于天下，与天下平为不相涉，故引《康诰》、《太甲》、《帝典》以明诚意，即以自明其明德。引《汤盘》、《康诰》、《周书》以释明明德于天下，荡除旧邦之畛域，与世更新，则天下自然平。按如此立说，不特理解较高超，书旨亦见融洽。惟词过繁杂，衍而愈滥，殊乖说经之旨。书为民国甲寅排印本。

0431 **古本大学分科详释九卷**民国五年活字印本

廖袭华撰。袭华字葆珉，贵州印江人。书分九卷，一释字义，二释章法，三释读法，四释鍊句，五释鍊字，六释鍊笔，七释鍊意，八释鍊局，此关于作文者；九释诚意，此关于修身者。诚意以外，举无关轻重，不可以说经。前有自序，又有后序，有跋说，皆拉杂支离，不足取。

0432 **大学讲义** [民国元年排印本]

萧炎撰。炎号隐公，广东梅县人。梅县旧名嘉应州。炎于丙午岁于北京法源寺，集同人讲《大学》，以操方言，听者多不晓，乃草成此书。卷首附《开讲通告》，记缘起也。有恽毓鼎序及炎自序。大旨以为“《大学》之道”一句，总挈全部，下三句中明学道所在。正文曰“在明明德”，二“明”字有人事、天然之别。程、朱补释“格物致知”之义，曰是以《大学》始教，必使学者即凡天下之物，莫不因其已知之理，而益穷之，以求致乎其极云云。此不过属于安而后能虑，虑字内工夫，凡知止而后有定，而后能静、能安。四层工夫，先已遗却，于知止之知字，尤未了。至云豁然贯通，表里精粗无不到，全体大用无不明云云。即使真如此明，亦仅上“明”字内一部分之明。又以为“欲明明德”，舍格物别无可由之路。欲格物，舍慎独别无可入之门。全部引申譬喻，曲畅旁通，皆阐发格物工效。又以为论学至于心，变动不居，况心内所藏之意。意内所藏之知，知内所藏之物，其幽隐潜细更不可以言达。自所谓修身至所谓平天下，双提侧落，以身心家国有可分也。诚意独用单提直起，以意知物三者不可离也。天下无离知物而仍有所谓意者，缺一即不成为意，焉有诚伪可言。单提诚意，其内即含格致。夫子教学者，格致诚之入门，曰所谓诚其意者，毋自欺也。如恶恶臭，如好好色，毋自欺。是毋自欺其独知而致知也。不云好善如好好色，恶恶如恶恶臭，使学者不得假善恶之名，为自欺之柄。常人好富贵而恶贫贱，慎独君子不特不敢以富贵贫贱为好恶，并不敢以邪正为好恶。盖邪正尚非自然天则，历验佛老杨墨，好之者奉为仁圣慈悲，奚仅正；恶之者斥为夷狄禽兽，奚仅邪。则仍是各随其意为邪正，焉足定好恶之准。况以邪正为好恶，必有待于邪正之物。而后有好恶，必待有好正恶邪之事。而后有可察，则所察者事物邪正，非察一己好恶，更不能察一己好恶当否。按此等快论，精确不刊。全书议多创辟，恽序称其“深造自得，于《大学》特真契圣源”，殆非过誉。书为民国元年排印本。

0433 朱子大学章句释疑一卷 ［民国辛未印本］

题顺德简岸读书堂同人萃编，盖简朝亮之门人。集朝亮所著《论语集注述疏》及《读书堂答问》若干条。又以朝亮之学，出于南海朱次琦。次琦《九江集》中有《格物说跋》。《格物说》者，顺德吴昭良撰，凡三篇，附刊《九江集》中，一并引之。盖朱子《大学章句》，因王阳明别倡古本，学者多所致疑。次琦、朝亮，俱宗朱子者也，于《大学》无专著，而其说往往散见于文集及他著。门人更以尊师者尊朱，此辑录之大旨也。朝亮谓朱子未尝改古本，其所移者，乃参程子定本，别古本而行。且经文一章，本无错简，无待于移。其释《大学》全书，实由经文定其义。又谓《章句》释格至也，盖本之《诗·大雅》、《书·大诰》、《尔雅·释诂》、《易传》诸经义。视郑注格来之训，远胜之。又谓传不必补，经则必注，何不可视补传文为首章注文。又谓《大学》首无“子曰”字，盖述古而传之七十子者，与《论语》“尧曰”章同例。又谓《礼记》冠义、昏义诸篇释《仪礼》冠昏诸经，若仪礼丧服则经传同篇，何疑于《大学》之分经传。又谓《大学》引曾子曰：“十目所视，十手所指，其严乎？明慎独也。”与引古圣贤人诸文异，如不连上文言诚意之慎独者，将何所视而何所指。此朱子所以云“盖孔子之言，而曾子述之也。”又谓程子云亲当作新，据下文《康诰》作新民也。孟子之言曰：君子之于物也，爱之而弗仁。于民也，仁之而弗亲。亲亲而仁民，仁民而爱物。如《大学原本》果曰在亲民，孟子何以云然。至吴昭良、朱次琦之说，主于辟阳明，与朝亮诸说互相羽翼，皆所谓持之有故、言之成理者。书印于民国辛未。

纬之属

0434 大学纬注一卷 [光绪丁酉刊本]

清锺颖阳撰。名曰《纬注》者，颖阳欲以《诗》、《书》、《易》、《春秋》由孔子所删定者为四经，以《论》、《学》、《庸》、《孟》由诸贤所论述者为四纬。是书即四纬之第二种也。首有颖阳自序及绪言，后有其子会英跋。颖阳定是书为曾子所撰，《诚意篇》有“曾子曰”三字，为曾子之自称。曾子受一贯之传，所谓一贯者，圣功王道一以贯之，《大学》是也。《大学》为一贯之道，其文亦为一贯之文，首尾联络，一气相承，故不用朱子分章之例。据古之“欲明明德于天下者”一语，谓古即二帝三王之时，如下文历引《诗》、《书》之词，以与吾说相证。见《大学》之道由来已久，非援古以释今，乃由今以述古。其释“致知”，谓与良知有别。良知者，孟子所谓不虑而知。致知者，曾子乃云专力以求，判然各殊。释“格物”，谓格式也，法也，不离乎物以为致，即不越乎格以求知。谓“子曰：听讼吾犹人也”一节，系释致知。因格物为《大学》赅本末、综始终、兼先后之事，故《大学》有释致知而无释格物，有释知本而无释本末，朱子补传可以不必。又谓心广体胖之“胖”与泮奂之“泮”通，非世所谓肥胖。郑注以为大者非，又“尧舜帅天下以仁”一节，《章句》本在“一人定国”下。颖阳以为文义不合，移置“以义为利也”下。凡此皆其特异之见，余大率仍旧说。书刊于光绪丁酉。

中庸
传说之属

0435 中庸传一卷 [咸丰元年刊《涉闻梓旧》本]

宋晁以道撰。按晁说之字以道。此书盖以字行。自记云："近世学者以《中庸》为二事，其说是书皆穿凿而贰之，于是本诸先生长者之论作传。"又云是书"收拾煨烬之末，简编不伦，文字混淆回舛"。末署"政和五年七月二十二日己丑，直罗县驿中自校毕。其成在此月五日鄜州官舍山堂"。按石𡼖《中庸集解》采两程、游、杨、谢侯诸家之说，朱子芟之为辑略，不取以道，而是书引及胡先生、刘侍讲、温公、二程、姚子张、张横渠诸人。除二程、横渠外，皆辑略所未取。胡先生当即胡瑗，学者所称安定先生也。刘侍讲当即刘敞，学者所称公是先生也。瑗有《中庸义》，早佚。敞之《中庸说》，亦不他见。以道是书大旨以"诚明"二字通释全篇，谓"诚明"即是中，又即是仁义。于"发而皆中节谓之和"句下注云："中之一物于是乎有二名也。"于"中也者天下之大本也，和也者天下之达道"句下注云："是一物而不得二名也。"自记所称"近世学者以《中庸》为二事，其说是书皆穿凿而贰之"，该谓此也。于"《诗》曰嘉乐君子"节、"子曰无忧者"节、"武王缵太王"节、"郊社之礼"节，俱疑简编之谬。又谓文字有误，社无与于上帝。于"在下位不获乎上"节，疑其脱误。即自记所云"简编不伦，文字混淆回舛"也。是皆以道之独见，传甚简奥，理多矫异。其书流传甚希，海昌蒋氏刊于《涉闻梓旧》中，时咸丰元年也。

0436 中庸凡一卷明刊本

明崔铣撰。首有自序，录《戴记》原文。次以十论，文旁有注，所以联其相承之义。未尽者又标于上方。十论，曰总论，篇分上下，曰道论，曰理论，曰性论，曰情论，曰忠恕论，曰鬼神论，曰诚论，曰尊德性论。序所云考其文之所起，及其旨之所竟也。其说不尽依宋儒，论情最新。谓情者发于本心，可与伪对，而不以配性。引《易大传》曰："设卦以尽情伪。"子曰："上好信则民莫敢不用情。"曾子曰："如得其情，则哀矜而勿喜。"又曰："自吾母而不得吾情，恶乎用吾情。"《孟子》曰："声闻遇情。"又曰："乃若其情则可以为善矣"诸语为证。而辟贺玚、韩愈之谬。论"鬼神"，谓人骨肉归土，游魂之灵，应发于上为昭明。昔为人形，今形毙而灵存，故曰鬼。天则一气下运，变动亡方，本亡形滞，故曰神。以视造化消长屈信之说高而不切者，较胜之。惟论"诚"，以诚为虚位。引《孟子》曰：士诚小人也。证诚亦有恶。按此句"诚"字乃活用，非谓小人亦有诚也，未免误读《孟子》。书题曰《凡》，谦言不能详耳。谓《中庸》"中"字，当读如中州方言中与不中之"中"。盖即读成《论语》"夫人不言，言必有中"之"中"也。说特新创。书刊于嘉靖庚寅。

0437 中庸讲义二卷［康熙刊本］

清朱用纯撰。是书首有序，言前半部发明"中"字义居多，后半部发明"诚"字义居多。惟"中"与"诚"皆本于天，而具于吾心，故要保此"中"必须戒惧慎独。"诚"是实理，诚之是以实心而实此实理。所以末章特推为己之心，为学问源头，工夫要领云云。已指全书大旨，以下分章诠绎，意在平近，不为高深。而宗守朱子，与所著《大学讲义》同。惟论"鬼神之为德"，颇与朱子立异。朱子言为德，犹言性情功效，盖泥《中庸》之"为德"句。谓《中庸》即是德，不容于《中庸》上另求所谓德者。今鬼神亦即是德，不应于鬼神上别作德解。故朱子更有言曰："性情便是二气之良能，功效便是天地之功用。"用纯则谓经书上句法同，而解法不同者正多，何必将此为德例看。鬼神之德，言鬼神实然之理。又鬼神是气之屈伸，其德则天命之实理。所谓诚也，按以气之屈伸解鬼神。不免同一谬误。此宋儒过求平实所致，而用纯执此以非朱子，所谓五十步笑百步也。用纯高尚其志，穷居教授，书中谓天下虽乱，而吾身之天地万物，不害为安泰，可想见其识趣。又谓后世直操爵禄以为市，矜己所有，慢彼所无。一时之上，亦不复问其君为何如主。争邀荣宠，愈矜则愈贪，愈慢则愈卑云云。其愤激于时俗亦深矣。书刊于康熙间。

0438 中庸直指一卷［明崇祯刊本］

明方外史德清撰。无序例。德清自称方外，而持说不离儒家，诂义精确，多有胜于旧解者。其说"修道之谓教"，谓上古之人性醇德全，无有一毫外慕，且不知有身之为爱。熙熙皞皞，俱在大道化育之中，不用教也。及至中古，人心渐凿，知身可爱，性被物染，凡所作为不率性而率情矣。情则有偏，故大中至正之道，隐其于日用当行。君臣父子之间，所有忠孝和信多出于情伪。情愈伪，而去性愈远。是以世人渐趋渐下，其间即有知者，或又索隐行怪。是故圣人悯之，不得已立言以垂教。所谓"修道"者，修即如世之修理物件一般。只就在人人不率性处，太过者折之，不足者引诱之。以之至于中道，将以复其性真耳。其说"君子戒慎乎其所不睹，恐惧乎其所不闻"，谓此一节，乃教造道作工夫之方法。即此便是教，从来说者皆言不睹不闻，乃人所不知己所独知之地。若如此谓之道，岂不睹不闻处是道，而正睹正闻处便不是道耶？此等说实能探见真源。他大都直抒所见，不剿陈说，多有合者。书为明崇祯刊本。

0439 中庸解辨一卷［同治六年刊本］

清王縡撰。縡号无奇子，河北霸州人。首有自序，言"解《中庸》者，汉儒失之支离，晋唐来弗敢违也。宋儒失之影响，元明来弗敢违也”。又言“若舍传、注而专对本文，思之思之，且重思之。思之不通，鬼神通之。将必有妙解神会”云云。是书义求通贯，征引众解而不囿于一解。秦以前则有《周易》、《管子》、《庄子》、《文子》，宋以前则有文中子、韩子，朱子以前则有周子。他若宋、元、明诸儒之说，下至金正希、陈际泰等之时文，凡有合者，采摭不遗。如“修道之谓教”，谓宜就施教言，不宜就受教言。“戒慎乎其所不睹，恐惧乎其所不闻”，谓“其所”二字当有实际所不睹所不闻，即指道之涵于性者言也。戒慎恐惧即存之之功，故君子必慎其独也。谓“独者天理之萌，无人欲以偶之也。君子之道四，我未能一焉”，谓一对忠恕看，不对四看。“君子胡不慥慥尔”，谓“尔”字作如是用，不作助词用。“素位而行”，谓素者无所与杂之义，不得以现在释。“君子有三重”，谓“三重”指动言行，不指礼度文。“来百工”谓“来”字作劝勉解，不作招来解。如此之类尚多，俱能推陈出新。至如谓性该仁义礼智，而篇中或专言仁，以仁统四端也。道该孝弟忠信，而篇中或专言孝，以孝首百行也。教该礼乐政刑，而篇中独重言礼，以齐之以礼胜于以刑也。又谓凡言物不对人民，则物中有人。凡言人不对己身，则人中有己。又谓“问强”章两个君子不同，“素隐”章两个君子不同。书中所称“圣人”二字，亦各不同，不可泥看，尤见通识。综观全书体贴细腻，有窒皆通，无隐不显，殊非芜滥讲义可比。书后附补解三十条，再补二十五条，三补二十七条。刊于同治六年丁卯。

0440 **中庸四记一卷**道光刊《榕村全书》本

清李光地撰。光地有《中庸余论》、《中庸章段》，已著录。是书刊于道光乙酉。其玄孙维迪《跋》云：“嘉庆戊辰春，鬻书者以是请售。检视之，似是先公手书。其分章宅段，又与《章段》符。复检读《榕村全集》，始知‘哀公问政’章、‘仁义礼智’说，已摘刻在二十四卷讲义中。”又有吴贤湘《跋》云：“《中庸余论》之成，在庚寅岁。《章段》之成，又在丙申。《四记》容出其后。”按光地一生著书之目，具详《年谱》。康熙丙申《中庸章段》成，是已七十五岁矣。次年丁酉七十六岁成《论孟札记》、《离骚》、《九歌》、《参同契注》。又次年戊戌七十七岁，成《诗所》，又注《尚书》，甫成七篇，遂绝笔。是书果为光地所作，不应《年谱》不载。即维迪、贤湘二《跋》，亦未敢确然断定。盖分章宅及仁义礼智说之相合，或有意采用，或不谋而符，俱未可知。再观开篇释“天命之谓性”，大旨与《中庸余论》首段同。但是书说较畅透，又微露不足程、朱之处，不如《余论》之精括无语病。乃知是书为光地治《中庸》之旧稿，其后成《余论》，又成《章段》。其说遂散见于二书，且入之于《文集》也。题曰《四记》者，当是草创以来改易四次。若是最后定本，则《四记》云云究何谓耶？惟其为未定之本，故《余论》、《章段》既成则弃去之，因之不见于《年谱》矣。其书说理通透，以证《余论》、《章段》二书，可验学识之渐进，未可以椎轮而废之也。

0441 中庸余论注一卷道光刊安溪四种书注本

清李光地撰，宋懿修注。懿修，浙江归安人，尝官山阴训导。先是，康熙庚子，光地族子馥以光地所著《四书解义》刊于江宁，即《四库著录》本也。其《中庸余论》一卷，据光地自序云五十二条，但《文集》载此《序》云四十六条。而光地更有最后定本，仅四十二条。盖成书后屡经改订，条数数递有分合增损，文字亦微有异同。即懿修所据本也。懿修好理学，尤服膺安溪，就其所著别种中，取义理之可互相发者，参以己意，为疏通证明之。所采乃至制义自记，可谓细大不遗矣。按光地《中庸余论》，说理本精。杨名时《跋》所称为根极天人，囊括性命，搜阐无余蕴。但杨氏仅据初本为言，不知后定本之尤胜。懿修于安溪一家之学，实能融会，故能遍探异同之故，而不失其旨焉。

0442 恕谷中庸讲语［康熙四十年刊本］

清李塨撰。是书乃塨居里为及门讲授《中庸》，门人记而录之，名以《中庸续统约言》。以为尧、舜、文、武、周、孔、曾、思递传圣道，其间不绝如线，得塨焕然重明，直续圣统也。塨谦不敢当，因重为订正，而命曰《恕谷中庸讲语》。按塨撰有《中庸传注》，发抒理蕴，颇称邃密。是书大致相同，而亦互有详略。且是书每用俗语达难显之情，尤为警切。如“仲尼曰君子中庸”章，谓此乃赶出假道学，扶起真圣贤。此小人不是贪财好色小人，是（小）［少］正卯、乡愿之流。在他八面滚圆，毫无忌惮。俨然一时中，俨然自以为中庸，而圣人道眼乃直断之曰反。“君子之道费而隐”章，谓“费”是借字，即费用财物之费。如人只有十金之产，必斤斤然不肯费。即或费之于此，而已缺之于彼。若有百万家产，则任从使费左宜右有，无所不给。然所以能如此大费者，只为有一善持家之主人翁在内，则是隐也。然隐易言之，恐启人妄索之端，故下文只费不言隐。“子曰鬼神之为德”章，谓张子以鬼神为二气之良能，未尝非是。而后儒推演其说，至遍指阴阳之物为鬼神，则不可。盖天地之中，人物之外，实有一种鬼神。所以自古圣人，分为天神地示三等，设为祭礼，岂曰虚言。凡此诸解特见开豁，其他亦尚精实。前有门人陈兆兴序，言解《中庸》者多，而了然者卒少尠。至此静坐而观未发，凭虚而揣性命，方且参杂空无，漫淫二氏云云。诚有慨乎其言之矣。书刊于康熙四十年辛巳。

0443 中庸剩语一卷［乾隆丙寅刊本］

清华希闵撰。希闵字豫原，江苏无锡人。书名《剩语》，见希闵所为题辞，谓《中庸》不容语，语皆剩耳。书中首总论，以下分章为释。大旨宗朱子，而参引张西铭、许白云、湛甘泉、郝京山、袁了凡、李二曲、毛大可、陆稼书、李厚庵、吴因之、胡云峰、庄忠甫、王篛林诸家之说。惟以朱子分章间有不惬，自云不敢与朱子异同，而各附说于下，以就正方来之朱子云云。其谓《中庸》一书，汉儒编入《礼记》，本礼书也。而所言皆大道，泝源于天，根极性命，不离伦物。孔子教人下学上达之旨，尽在此篇。又谓人与鬼神相接，莫切于父子祖孙。宗庙飨，子孙保。圣人由一念之孝，而推及先公。下达士庶，广及上帝。此礼所由始，礼行而治天下国家亦此。又谓一部《中庸》，说道处，皆“祖述尧舜”；说礼处，皆“宪章文武”。又谓中者，中无一物之谓，亦中涵万有之谓。诚乃中之所蕴，人皆知诚之为实有，而不知正以状中之为至无。语皆极精。书刊于乾隆丙寅。

0444 中庸脉络二卷［乾隆壬午刊本］

清吴楚椿撰。是书于《中庸》全书，通贯前后。凡二卷一十八篇，曰《名义》篇，曰《统绪》篇，曰《小人诬民》篇，曰《君子立极》篇，曰《论道》篇，曰《因性立教》篇，曰《德根于性》篇，曰《五常之德相需为用》篇，曰《即心言诚》篇，曰《天性贯始终》篇，曰《总论》篇，曰《论首章总冒》篇，曰《论第一大支》篇，曰《论第二大支》篇，曰《论第三大支》篇，曰《论末章总承》篇，曰《客问》篇。前十七篇，皆标题立说。《客问》篇，大都散碎，补诸篇之所漏。按是书颇多参用众说，而采朱注较多，亦间有纠正者。其《因性立教》篇、《天性贯始终》篇、《总论》篇，尤能融会经旨。他如释“庸”字、“戒慎恐惧”字、“隐”字、“善”字、“端”字、“执”字，亦允惬。卷首有苏鹤序，末有族侄森跋。书刊于乾隆壬午，盖成于《四书会通》之前也。

0445 国学讲义二卷乾隆间刘氏传经堂刊本

清王兰生撰。兰生字信芳，直隶交河人，康熙辛丑进士，官至［刑部右侍郎，管礼部侍郎事］。是书为兰生官司业时，与诸生讲论经义之作，故曰《国学讲义》。所说皆《中庸》，末附《孟子》三章。

按兰生尝学于李光地，光地撰有《中庸章段》及余论，兰生本其义，而推阐加详。谓五达道为体要，三达德为纲领。又先举全篇大指，而分一节一章或数章以论之。其说“夫子加齐之卿相”章及“人皆有不忍人之心”章，义亦本于光地之《孟子劄记》。然俱不若光地之简而得要也。首有兰生自序，末有门人刘绍攽跋，即梓是书者，于光地为再传门人。盖不忘师承所自也。

0446 中庸札记一卷雍正刊《读书小记》本

清范尔梅撰。是书着语甚简，时饶妙谛。谓“喜怒哀乐”句，为延平先生得力处。谓“至诚之道可以前知”章，为姚江之学所本。谓“子路问强”章，为孔门一卷《金刚经》。“为鬼神之为德”章，为太极动静之机。俱领会在语言之外。又说理之语，每以五言小诗出之。如“仁者必有勇，勇者不必仁。时惴博宽褐，不惴千万人”。又“正己真君子，怨尤真小人。援陵非吾愿，自得终吾身”。似格言亦似歌括，亦创见也。

0447 中庸总说一卷中庸读法一卷［乾隆十二年刊本］

清王又朴撰。《总说》，顺经文而畅其旨，无所阐发。《读法》，则就朱子九条而广之。其解费隐，即取证本书。谓因其不可离，则无处非道，无时非道，故曰费。因其费则“瞻在前而忽在后”，故曰隐。又谓《中庸》之名，始发自仲尼，不中必不庸，不庸亦必不中，二字分拆不得。又谓《中庸》全是说《大学》，《中庸》即是至善，时中即是止至善，其言诚一也。至于先言知，后言仁，即诚正修在格致也。其曰庸言庸行，无人不自得者，修身也。其曰父母兄弟妻子者，齐家也。其曰祭祀郊庙九经者，治国平天下也。又谓《中庸》全是说《易》之《乾》卦，如：言“强”，言“不息”，即君子之自强不息也。言“诚”，即“闲邪存其诚，修辞立其诚”也。言“时”，即“时乘六龙以御天”、“君子进德修业”欲及时也。言“戒惧”，言

“谨独”，即“终日乾乾，夕惕若”也。言“道不可离”，即“反复道”也。言“庸德庸言”，即“庸言之信，庸行之谨”也。言“遁世不悔”，即“遁世无闷”也。言“上下察”，即“本乎天者亲上，本乎地者亲下”也。言“居上不骄，为下不倍”，即“居上位而不骄，在下位而不忧”也。言“三重寡过”，即“圣人作而万物睹”也。言“暗然日章”，即“天德不可为首”也。至于性命天地、日月四时、鬼神之言，又无不从《易》来。按此条可与惠栋《易大义》相参证。惟《中庸》一书，言天道，言鬼神，极之于无声无臭。本与宋儒之有生于无，释家之真空寂灭，同为不可究诘。必强为分辨是非，是亦不可以已耶？书刊于乾隆十二年丁卯。

0448 中庸解一卷道光刊本

清牛运震撰。是书大旨同《大学解》，亦用三大支之说。惟诂义处，名理络绎。如谓知性，则知《中庸》所自来。知道，则知《中庸》所在。知教，则知《中庸》所由成。又谓率字不是用力字，必率其性之自然。循其仁之性，则亲亲、仁民、爱物皆是道。循其义之性，则事君、敬长、尊贤皆是道。循其礼之性，则恭敬、辞让之节文皆是道。循其智之性，则是非邪正之分别皆是道。又谓不可离，提醒人最紧切。如一事离道，这一事便不成事。一物离道，这一物便不成物。手容恭，足容重，道也。离了恭、重，便不成手足。父慈子孝道也，离了孝慈，便不成父子。又谓视由内出，故曰戒慎。听由外来，故曰恐惧。又谓两端是举首尾以该中间，如极厚以至极薄为中间。极厚者是，则以极厚者为中。极薄者是，则以极薄者为中。厚薄之间是，则以厚薄之间为中。推之大小轻重，莫不皆然。非察其两端不同，但指其中间，如“子莫执中也”。又谓凡载须出乎其外，道则无外，故莫载。凡破须入乎其内，道则无内，故其破。如此之类甚多。惟说“费隐”章，谓与知与能，只在人伦日用上看。如事亲敬长、耒耜井臼之类。若以小男女交感当之，误矣。夫妇居室之间，犹云处家之常，岂舍交感之外，居处遂无事乎？且以夫扫之知能为道，亦必指事当其理，而后谓之道耳。若不问其当理与否，直指交感处为道，与告子生之为性，佛氏作用是性，禅家运水搬柴，无非妙用者何异？其言甚辨。不知此段不泛言，凡人而良夫妇，确指交感言。食色性也，交感卒性也，即夫妇之道也。有夫妇而后有父子，一切伦理，由此而生。非夫妇交感，安得有父子。故曰“君子之道造端乎夫妇”。孟子言“男女居室，人之大伦”。男子治外，女子治内，今不云治外治内，而曰居室非交感而何逾居家。口口其处子，是非口口口口交感，即口口口理之有。《大学》言未有学养子而后嫁者。所谓夫妇之愚，可与知与能也。运震视道过尊，视男女交感过亵，故有此论耳。然足伦一说。

0449 读中庸偶记一卷嘉庆甲戌刊本

清邱翌撰。亦是随意涉笔，但语多习见，理未深研。惟说“中庸”二字，谓中庸亦言礼之书，中是体，和是用。有子曰：礼之用，和为贵。用其中之谓中庸。庸，用也。致中和，则用中之谓也。无时不戒惧慎独之为时中，中和之所由致云云。较见精恰，惜无多耳。

0450 中庸私解一卷［道光辛卯刊《敦艮斋遗书》本］

清徐润第撰。润第字广轩，山西五台人，乾隆乙卯进士，官中书舍人，外放湖北施南府同知。是书乃润第于道光壬午馆太原张廷鉴家，与廷鉴共读《蕺山语录》，因成此解。廷鉴字静生，太原人，嘉庆辛酉进士，官中书舍人。按蕺山之学，出于姚江，故书中推论姚江《蕺山讲学》宗旨甚畅。蕺山讲慎独，最与朱注异。润第衍之，谓凡物莫不有对，惟太极无对，人之本心象太极，继善之性随之而成。纯粹以精，精则一，一则独，独者性之本体然也。然至感于物而动，则与声声色色为缘，而性之为物贰矣。惟不睹不闻之时，独体可还，故必戒慎恐惧，以严其出入起伏之机。使外欲不接，内欲不萌，而性乃可复。又阐明阳明心体无善无恶之义，谓人心不但不可有恶，亦并不可有善。人性本善，若再有善，反成滞塞。彼证父攘羊，从井救人，只因其心中有个直与仁耳。全书大都推阐此旨。润第素深于《易》，故书中多援《易》理为说，颇有新义。如《易·咸》卦，《彖》曰：咸感也，旧解咸感之分在有心无心。润第推谓忠恕违道不远之忠字，与喜怒哀乐未发谓之中之中字，亦如咸之与感。忠是有心之中，中是无心之忠。中是君子分上事，忠是学者分上事，中字加心著心功也。然人伦日用间，用或不能如其体，动或不能如其静，故又用心推之，使之一一如其忠焉。而谓之恕，时时而中，则中之即在庸处可知。何谓庸？子臣弟友是已。由是观之，忠即是中，恕即是庸。即是时，由忠恕即可以至于时中中庸，故曰“违道不远”云云。他解比附多类此，惟析理虽微，究不免为宋明儒所囿。即如《大学》言诚意，未言念也。乃于意字之外添出念字，谓动于已发者意，动于未发者念。念则彼此两托而未定平心以观理，意则好恶一成而不变。骤发以应物，不知意有初起继起之不同。其不同者，仍属之意。念字创之宋儒，殊不典。所引无念尔祖克念作圣等语，无以别于意也。书为道光辛卯，其子继畬汇刊《敦艮斋遗书》本。

0451 中庸私解答问一卷［民国十二年排印本］

此徐润第答静生之问也。问署静生，自称其名曰鉴，当是名鉴而字静生者。首条又称李楷序所录本，似即一人。果尔，则姓李而又字楷亭矣。问语言有会心及疑处，谨疏己意，粘签请示。中分前解、续解。前解凡二十六段，续解凡十九段。问详而答甚略，间多妙谛。如问“无将迎、无内外”，答云：“千江有水千江月，无将迎也；万里无云万里天，无内外也。”又问“动于已发者意也，动于未发者念也”。“念则彼此两托，而未定平。心以观理，意则好恶一成而不变，骤发以应物。”分析极精，他条多类此者。至以太阴、太阳、少阴、少阳释动静，更以之释意念，则其理甚微。乏象可指，不可穷究矣。按润第为清嘉庆进士，官翰林典修，其为学杂儒释之间。卷尾有徐登鳌跋，称静生为舍人，而惜其事之不永，惟为徐门之颜，内阁中书而早殁。是书为《敦艮斋遗书》之一种，润第裔孙登鳌排印于民国十二年。

0452 中庸臆测二卷 [嘉庆二十四年刊]

清王定柱撰。首叙《钦定礼记义疏御案》一则，以见朱子《章句》外，郑注、孔疏，并不可废。次自序，以为《章句》以后，鸿儒代兴，拾遗补缺，新机递引，未可尽泥。其分章或从郑、孔，或从朱子，又或以意定之。其为说，于《章句》多所驳正，或引伸其未宣之蕴，间援引诸家，采其是者，辨其非者，颇能体会经文，折衷于善。即如首章"率性之谓道"，《章句》谓循性之自然，而为道是也。然观后篇，至诚能尽其性，尽人之性，尽物之性。但名为性，不名为道，而性之德也，合内外之道也。统成已成物属性，不能以成物之教划于道外，盖举天命之性。而道在其中，固无庸覆释。而通篇修字非一，皆主成己自尽之事，不应开宗独异，不如从阳明说。以为遥起二十一章自诚明谓之性之脉。所以统篇末，反覆申明，至诚至圣之为天道。又"修道之谓教"，《章句》以为圣人因人物之所当行者而品节之，如礼乐政刑之属。但礼乐政刑，皆圣贤亲民之事。此节推原大本，当仍属圣贤"明明德"之事，亦不如阳明之说为长。惟阳明言道即性即命，本自完全，若须要圣人品节，却是不完全物件。此说非也。百姓日用而不知，如何不要品节，品节不可谓人为，乃天道必须有此裁成之理。又如司马温公谓南方之强，不及强者也。北方之强，过强者也。定柱则以为南方之柔，为人情所难，政当属过。北方之刚，浮而易动，乃不及耳。又"父为士，子为大夫，葬以士，祭以大夫。"定柱谓此当专言父既殁既葬，而子进为大夫者，乃与章义相称。凡此诸说，具见斟酌不苟。书刊于嘉庆二十四年。

0453 中庸说二卷 [道光辛丑刊本]

清边廷英撰。是书分二卷，大旨以为子思述圣言以明圣教之书。

其曰“修道之谓教”，又曰“自诚明谓之教”，皆指孔子之教言。“修道之教”，即孔子修道以仁之教。“自明诚之教”，即孔子明善诚身之教。二十八章依文为释，义多允惬。其特创之说，谓《中庸》一书多出于《易》。首章言中、言和、言节、言独，即易之言中。言和、言节、言独之义、言天地位，即《易》言天位帝位之义。言万物育，即《易》言资始资生之义。其开宗明义，言天、言命、言性、言道，即《易·乾传》言天、言道、言性、言命之义也。再证全书，言诚即《易》言元之义；言明即《易》言亨之义；言庸即《易》言恒言常之义；言博厚载物，即《易》言坤厚载物之义；言博厚配地，即《易》言德合无疆之义。此外言索隐，即《易》求深之义；言远人为道，即《易》言远民之义；言夫妇知能，即《易》言眇跛之义；言素位，即《易》言素履之义；言居易，即《易》言坦坦之义；言远迩高卑，即《易》言升阶之义；言暗然，言不显，即《易》言含章之义；言不疚，即《易》言不疚之义；言无恶于志，即《易》言得志各志之义。按诸经不过孔子删定，惟《易》之爻传，乃孔子自作。得此一证，而《中庸》作述源流可以见矣。其解鬼神，谓书言鬼神，实非正言鬼神，盖即鬼神以况言人事之辞。鬼神即造化也，鬼之义归，神之义伸，以造化之循环往复，有屈伸之义而得名。按如此释鬼神，自胜于二气良能之说。但证之下文“祭祀”一语，又不可通耳。书无序跋，刊于道光辛丑。

0454 中庸顺讲一卷［道光己丑刊本］

清丛秉肃撰。是书一依章句，循文敷衍，不参他说，亦别无所发明，与所著《大学顺讲》同。《中庸》三十三章，较《大学》为散碎。秉肃条分缕析，穿成一线，尤见用心。然亦止便童蒙肄习而已。书刊于道光己丑，后有李湘棻跋。

0455 中庸指掌二卷 [道光辛丑刊本]

清周际华撰。是书创稿于甘泉汪氏，而际华为之增订，与《大学指掌》同。其书演绎《朱子章句》，理取明浅，亦与《大学指掌》同。惟卷首另有《中庸考》一篇，斥《孔丛子》之伪。谓子思十七非著书之时，《中庸》亦无四十九篇之数。《家语》后序：子思作《中庸》四十七篇，《家语》出王肃，非孔氏真本，其《序》不足据。或疑四十九篇为四十九章，亦非。《汉注》别载《中庸说》二篇，不过说经者分其卷帙。如赵岐注《孟子》，析七篇为上下尔。《中庸》只是一篇，一气到底。朱子分为三十三章，意在使后学潜心熟玩其节次脉络，其中层次，实枝枝相当，节节相承，一出自然之妙云云。又"郊社之礼"一节，附宗庙等九图，并为之考亦审核。书刊于道光二十一年辛丑。

0456 中庸绎蕴三卷 [道光二十二年刊本]

清胡笴撰。笴字东潭，安徽桐城人。卷首有笴自序，言"初读《中庸》无从理会，因求之朱子《章句》。读《章句》亦无能理会，因求之诸家讲义。即讲义而参互考证，遂渐通乎《章句》之说。久之觉诸家讲义之纷杂，虽欲有以阐发乎《章句》，终不足以尽《章句》之蕴，因转而求之《章句》。觉《章句》之依文训义，言简意该，真能阐发《中庸》。研穷玩索者久之，而又觉《章句》之阐发亦犹未尽《中庸》之蕴。非《章句》不足以尽《中庸》之蕴，《中庸》之蕴固无穷"云云。是书名曰《绎蕴》，意在于此。其书经文之下次以注，又次以讲，低注一格，间附案语，则笴所下己见也。引用诸儒之说，概不标名氏。其自出己见若干条，则于凡例中特标之，亦异例也。大旨详于义理，惟"天下国家可均也"一节，谓"均"字与"辞"字、"蹈"字一类，均造瓦之具，旋转者也。"设其裳衣"，谓衣上饰，裳下饰。经传言衣裳者，莫不先衣而后裳。惟《齐风·东方未明》篇，有曰“裳衣”，言《诗》已言其颠倒矣。此“裳衣”当为“常衣”，古文无裳字，以常作裳。《说文》：常，下裙也。今文作裳。此二条甚新而确。又解“君子之道造端乎夫妇”，谓夫妇所与知与能，有大有小。男女构精，即天地之缊氤化醇，道之大者；耒耜井臼，则道之小者。语亦精辟。余所诂于文义语气间多能体会。书刊道光二十二年壬寅。

0457 中庸俟二卷［《求志居经说》本］

清陈（运熔）［世镕］撰。是书以《章句》之第一章为首章，第二章为第一章，又并第三、第四、第五章为［第］三章，第六、第七、第八、第九、第十、第十一章为第四章。又以“诚者自成”至“纯亦不已”本为二章，亦并为一章。凡章句三十三章，定作十九章。上卷缺第八章，而第十章之下忽接第十六章，当是刊者之误。当以第九章改第八章，第十章改第九章，第十六章改第十章，以为脉络分明，易于寻绎。又以为《中庸》全书纲领，大指不外求诚以尽性，由尽性以达天。其要则在慎独，故其为教只在人伦日用之间，择善固执以求诚，天之至诚在于不贰不息。择善固执者，求几于不贰不息。末章从“潜虽伏矣”、“相在尔室”，推至于“声臭俱无”，无非欲令下学上达。宋后诸儒多舍其切近，求之高深，说愈烦而理愈晦。其大异于《章句》者，则朱子以“君子之道费而隐”以下九章，分释费隐大小。讲师因之纠缠不休，而（运）［世］镕概置不取，殊有快刀斩乱丝手段。（运）［世］镕素深于《礼》，于“宗庙飨之”句，辨孔颖达舜七庙之臆造。于“追王太王王季”句，证追王文王与太王王季实在两时。文王未尝有称王之事，《中庸》与《大传》俱无窒碍。皆援据俱甚精确。卷后有自跋，言脱稿后凡经八易，其矜慎可知矣。书为《求志（斋）居经说》之一种。

0458 中庸解一卷 ［光绪十三年刊玉函山房续目耕帖本］

清马国翰辑。是书搜采多僻，与所辑《大学》同。引公孙弘上书曰："臣闻天下之通道五，所以行之者三，曰君臣、父子、兄弟、夫妇、长幼之序。此五者天下之通道也，智、仁、勇此三者天下之通德也。所以行之者一也。故曰力行近乎仁，好勇近乎智，知耻近乎勇。知此三者，则知所以自治。知所以自治则知所以治人，天下未有不能自治，而能治人者也。"司马贞《索隐》曰："案此语出子思子。"案《汉志》子思子二十三篇，《文献通考》作十三卷，而不详篇数，《中庸》当即其中一篇之目，至宋尚存。《小戴记》盖重载之，而《中庸》为子思作，殆无疑义。又引张尔岐《中庸论》曰：《中庸》者，赞礼之极辞也。《中庸》一书，礼之统论约说也。又引贾联枢以《（水）［中］庸》之"庸"训"庸"字，谓以中为范，与《礼坊记》、《表记》同义。尤新。他若引汉刘耽《吕梁碑》："虞幕生穷蝉，穷蝉生敬康，敬康生桥牛，桥牛生瞽瞍。"世次甚明，可正《史记》之误。证以《左传》载史赵言：自虞幕至于瞽瞍无违命。郑注：幕舜之先祖。又《书》曰虞舜，又曰嫔于虞。是幕为有功始封之君，虞为有国之号。舜祖虞幕，不祖颛顼甚显。而《祭法》所云"有虞氏谛黄帝而郊喾，祖颛顼而宗尧"者，古之所谓宗祖，乃古有天下之称。有功则祖之，如《书》所谓文祖、艺祖之类。有德则宗之，如《书》所称神宗之类。皆非己之所自出云云。此条最精惬。又朱注释"蒲卢"为"蒲苇"，本之沈存中，以与"地道敏树"相应也。然旧注"蒲卢蜾蠃"，谓土蜂。于《毛诗》、《尔雅》皆有证。而《家语》载此篇"地道敏树"上有"天道敏生"一语，则亦相应。又引《山海经》"青要之山有鸟名蒲卢"，则"蒲卢"又为鸟名，彼作草名者特成孤证矣。此外若论性、论社诸条，广征异说，俱见赅洽。书为玉函山房《续目耕帖》之一种。

0459 中庸注一卷 [嘉庆二十五年刊本]

清惠栋撰。是书为栋早岁所作，本名《易大义》。目录云《中庸》二卷，《礼运》一卷阙。盖未成之书也。栋弟子江藩得江艮庭手写本于张子絜，而子絜又得之于徐述卿者。栋为此注，盖欲著《易大义》，以推广其说。当时著于目而实无其书，其子汉光即以此为《易大义》。江藩刊附《周易述补》之后，沿其称不改。藩有序述其原委甚详，今改题曰《中庸注》，从实也。栋注谓此仲尼微言也，子思传其家学，著为此书，非明《易》不能通此书。今观其书，不过取《乾》、《坤》、《坎》、《离》、《未济》、《既济》等卦名，间相比附，无甚发挥。盖栋素深于《易》，欲推之以说他经。然如有目无书之《礼运》，江藩已言反复求之而不能明，则此书可知矣。书中“体物而不可遗”，郑注云：体犹生也，言万物无不以鬼神之气生也。栋驳之曰：郑氏精于《礼》，疏于《易》。神可言生，鬼不可言生。此说不通于《易》。若以乾坤言鬼神，亦可云坤生广生是也。按此条最精。又“仲尼曰”，栋注引张禹说，仲者中也，尼者和也。言孔子有中和之德，故曰仲尼。此书专论中和，故称表德之字，则穿凿可笑矣。惟注语尚简括，犹有汉儒诂经之法。藩序称七十子之微具在是，亦溢誉也。书刊于嘉庆二十五年。

0460 中庸述义二卷 [乾隆间刊本]

清黄锡庆撰。锡庆，江苏甘泉人。是书无序例，开卷冠以全旨一篇。大旨专宗《章句》，故以《述义》为名。间或弥其疏漏，犹是述之意也。如解“中庸”，谓“中”是古圣相传之道统心法，至精至大。孔子恐人不易识，及致舍迩而求诸远，所以加一“庸”字。解两端，谓两端不作两头讲。谓众论不同之极致，俱就善言说，解费而隐。谓“中庸之道”，其用至广，故曰费，费之不可见者即隐。此隐字与索隐隐字不同。解“忠恕违道不远”一节，谓“施诸己”二句是恕，而忠即在其内。解“素富贵行乎富贵”一节，谓行字不是逐境顺守，此中有作用。如此之类诂义俱切。其他多就章节字句间分晰，无关宏旨。至章句于“鬼神之为德”句，以二气之良能释鬼神，本泛而无当。而锡庆亦强为斡旋，又恐涉于隐怪，乃谓鬼神二字当道字。为德犹云性情功效，则求浅而反失之。书无刊刻年月，当在乾隆间。

0461 读中庸记一卷道光刊本

清范泰衡撰。泰衡有《读尚书记》，已著录。是书大率本之《章句》，而稍参以《辑略》、《或问》之旨。亦是分节为说，而理较显豁。驳《语类》言“戒惧是由外以尽于内，慎独是由内以及于外”。谓经文首言须臾不可离，而归重于不睹闻与隐微。末章又以“不漏屋漏潜伏孔昭”，一一相应，殆非第举此见彼，全体偏端之常言。此皆从源头用功夫，示人以最得力处。而说“不睹不闻”，谓“非耳目之不睹不闻，乃心之不睹不闻。莫见莫显，非形色之莫见莫显，乃意之莫见莫显”。亦透深一层。谓郑注“庸，用也”。又曰“常也”，证以经文“庸德庸言”，则常义为当。中则庸，和则庸。但《广雅》直释“和为庸”，未尽庸义。果尔则子思何为不以中和名篇，亦是的论。又至诚章郑注，大经谓《六艺》而指《春秋》。大本谓《孝经》，朱子不从之。按孔子一生作用，在于二书。郑指而实之，本不误。朱子素轻信《孝经》，故不从之。此乃谓《章句》有廓清之功，甚至疑《春秋》、《孝经》，与至圣至诚无所与，斯失言矣。

0462 中庸补释一卷［光绪丙戌刊本］

清张承华撰。首有承华自序，以为后儒解此书，类分三大支，而于修道之教似多无所发明。盖以未理会鬼神为德之解，积久有得，悟合鬼与神为教之至，益恍然于首末总论。中间分释，若网在纲，有条不紊云云。其释“中庸”二字，引《周礼·大司乐》掌成均之法，以乐德教国子。曰中和只庸孝友，但言“中庸”者，和从中出，只止是敬。孝友皆庸德，言中庸足该之。最为切当。首章性、道、教并言，次章言《中庸》全篇之目，三章言道，四章言教，第五章言性。亦甚清晰。言教必托始于鬼神，证之《易·彖传》、《礼记·孔子闲居》篇、《家语·哀公问政》篇，而可信孝者教之所由生也。故言教必先言孝，故引舜、文、武、周公为例，此教之本也。哀公问政，则言教之事皆为上之施教者言也。其博学之以下，则补出学者之功，为下之被教者言也。亦能自圆其说。又谓《大学》、《中庸》二书相为表里，《中庸》以道体言，故明由天而人之理。《大学》为学者言，故示尽人合天之功。"戒慎恐惧"乃诚正修之始功，天地位，万物育，乃齐治平之极效。《中庸》言明善，《大学》言致知格物。《中庸》以喜怒哀乐言中和，《大学》以忿懥好乐恐惧忧患言正心。子臣弟友修身齐家之事备，九经三重治国平天下之道全。至博学、审问、慎思、明辨，皆格致之方。《中庸》既详，则《大学》从略。同民好恶，用人理财，乃为政之要。《中庸》尚略，则《大学》宜详。论尤创获。书刊于光绪丙戌。

0463 中庸臆解一卷 ［光绪丙戌刊本］

清张承华撰。是书原附《中庸补释》后。首诸家异训分章解，次首章解，又次喜怒哀乐未发已发解，又次中和解，又次尊德性而道问学解。其中多推阐朱子之义，如谓《中庸》与《大学》相为表里，率性即明明德，修道即新民。言性言道而非不言教，《章句》于致中和，谓修道之教亦在其中。朱子固以为言教矣。又谓《语类》载朱子曰："天地位，万物育。"乃是裁成辅相以左右民工夫，故唐虞之地平天成。"草木咸若"，乃位育之实效。其所以致此者，无非本人君主中和，发之于礼乐政刑者，无不合宜。而后治教休明，大化翔洽也。朱子又谓"天地位，万物育，诸家皆以理言，予独以其事论，《或问》尤为详明。"又朱子本传有曰："《中庸》论修道之教，必先之以戒慎恐惧。则持敬之本也。"是中和为申教字之义，朱子固已论定。又谓喜怒哀乐之未发谓之中，以未感于物而言，非谓心未动谓之中，以未萌于思而言也。人之喜怒哀乐未有无端而发者，皆感于物而后动。惟于未发之前有工夫。斯于当发之时乃中节，故未感物而动。不独庄敬涵养是未发，即读书穷理亦是未发。至既感物而动，则非但发于心而亦见于事。所论足救程朱之失。又谓寂感二语，与中和意不相合。寂然不动与戒慎恐惧亦有别，以寂感二语解中和，不如以廓然大公物来顺应解中和。又谓“尊德性而道问学”下四句，皆问学之事兼知行言。理解俱当。书刊于光绪丙戌。

0464 中庸心悟一卷 [光绪戊寅刊本]

清沈辉宗撰。是书无序例，且不署名氏。以其附于《学庸参证》后，故知为辉宗作也。首定序次，以“天命之谓性”至“万物育焉”为第首支，为总冒。“仲尼曰君子中庸”至“强哉矫”为第一支，为明行并进。“子曰索隐行怪”至“虽柔必强”为第二支，为过不及交修。“自诚明，谓之性”至“而早有誉于天下者也”为第三支，为安勉合一。“仲尼祖述尧舜”至篇末为第末支，为总结。而第一支又分四段，第二、第三支各分三段，第末支分二段。经文每节下，附引郑注，间及朱注、孔疏。其自为说，低经文一格。每段后又有总说，低经文三格。大要详于一章一节之旨。《中庸》本以一篇为一章，如辉宗之说，则首尾相贯，鳞次相接矣。辉宗著有《中庸参证》，就条立解，未及全篇。此书仍本其意，显浅简净，使读《中庸》者不苦其艰奥，诚快事也。书刊于光绪戊寅。

0465 中庸参证二卷 [光绪戊寅刊本]

清沈辉宗撰。是书无序例。上卷总考，下卷条考，义多精凿，与所著《大学参证》同。其谓他经以训诂而明，《中庸》转以训诂而晦。开章三句，已自为训诂。他如谓之中，谓之和，中也者，知也者，仁者人也。诚者，诚之者，知天也，知人也。言其上下察也，纯亦不已。如此之类，皆自为训诂，又何事别求训诂。按此论非善读

《中庸》者不能道。其释“修道之谓教”，谓修道者以道自修，非修此道。教者由教而入，非教人。释“天下国家可均也”，谓“均”即《周官》所云：“以土均之法，钧齐天下之政。”只是颁法令，定制度，不当训为平治。释“圣人所不知不能”，谓指不可知不可能，非问礼问官之事。释“造端乎夫妇”，谓是就不显之中，指示个发见之处，非谓用功之始，由夫妇做到位育。释“故大德者必受命”，谓旧注受命为天子，于“必”字说不去。释“修身也，尊贤也，亲亲也”。谓此修身指在外之言动威仪，故曰“齐明盛服，非礼不动”，非上文知所以修身之谓。此亲亲指诸父昆弟，故次于尊贤，非上文亲亲为大之谓。亲亲为大，以事亲为主。由父母而推之，乃至于九族。此“尊贤”与“尊贤为大”亦略别。“尊贤为大”，主义说，兼敬长在内，亦修身中事。以其对王公言，故曰“尊贤为大”。此“尊贤”专主贵德说，释有宋存焉。谓与《论语》分明是夫子两时之语，不得疑子思改易，正阎氏释地之谬。以上诸义，俱较旧说为优。书刊于光绪四年戊寅。

0466 中庸阐要一卷 [光绪九年刊本]

清张恩霨撰。首有自序二首。是书与其所著《大学阐要》相表里，以为孔子著《孝经》一书，子思传衍家学。《鬼神》章以前，为尽人之学。《诚明》章以后，为合天之学。其中大孝数章，看似绝不相类，反覆推阐，而知圣人下学上达，造广大精微之实地。而征参赞化育之全功，实以孝为尽人合天之一大转关。圣圣不传之秘旨，舜称大孝，武周称达孝，即此义。末引问政，举文武者，望哀公以继志述事，亦达孝之义云云。恩霨是说盖欲通《中庸》与《孝经》、《大学》为一。论虽创而实正。其解“天命之谓性”一节，谓先天曰命，○是也。后天曰性，●是也。命为性宅，⊙是也，而身立焉。○为乾之体，阳中有阴，下交于坤而成兑，后天在坎。●为坤之体，阴中有阳，上交于乾而成震，后天在离。乾坤退位，坎离用事，或恐陷于阴阳之偏。圣人体道立极，教人复归于中，内太极而进之以无极。其依附《易》理与《大学阐要》同，说亦圆通。书末释《衣锦尚絅》一章，谓以人所不见为义，颇得微眇之致，是其所特异也。书刊于光绪九年癸未。

0467 中庸古本述注一卷［光绪十三年刊本］

清姜国伊撰。首有自序，又有序例。依《家语》子思子作《中庸》四十七篇，而易章为篇。所谓古本也，亦不用三大支之说，以为首篇挈其纲也。述孔子言凡十篇，谓中庸至也。明道费隐凡十一篇，前五篇人事，次三篇鬼神，次二篇国政也。博学一篇，极言择善固执之诚。辟中人以下学圣之道，中庸所以作也。自“诚明”以后十二篇，皆言诚也。“大哉圣人之道”以后八篇，皆崇礼也。“仲尼祖述”篇，时中之至也。“至圣”篇，致中和位育之极功也。“至诚”篇，终率性修道立教之旨也。末篇反复戒慎不睹，恐惧不闻，隐微慎独之学也。释古本而仍遵朱注，朱注用大字写，补说用小字写。俱与所著《大学古本述注》同。但补说未如《大学》之多，且不甚关于要旨。惟二十、二十一两篇，各有“子曰”字。以为古书篇幅繁重，每分上下篇。问政分二篇，亦此例。系其特见。又引“子曰龙德而正中者也，庸言之信，庸行之谨，闲邪存其诚”，为“中庸”二字所本。而朱子原序引《虞书》，但言中，未言庸，宜据补。书刊于光绪十三年丁亥。

0468 中庸旧文考证一卷道光刊本

清朱曰佩撰。是书大旨，与《大学旧文考证》同，大抵援据文及近儒钱大昕之说居多。有为《考异》所未及举者，如“率性之谓道”，“率”即《说文》“衛”字之省。“索隐行怪”，“索”即《说文》“索”字之省。“和乐且耽”，“耽”当作“媅”。“期之丧达乎大夫”，“期”当作“稘”。有《考异》虽举之而不详其说者，如“不变塞焉”，谓塞、色声相似，故变文为色，又成一义。不变色，所谓无喜色也。“君子之道费而隐”，“费”通“拂”，道拂则身隐，即申言上文遁世无悔之义。“人道敏政，地道敏树”，郑注“敏”或为“谋”，谋古音谟悲切，音迷，与“敏”字声相近。有纠正《考异》之误者，如“施及蛮貊”，翟氏引《诗》：貊其德音。毛传静也，盖据别本非旧本。《韩诗》则作莫其德音，莫，定也。《说文》作貉，貊乃后起字。又经文之异，为《考异》所未举者，如《白帖》引其盛矣乎。盛，作至。引“视之而弗见”二句，两“弗”字皆作“不”。引“洋洋乎如在其上”，“如”作“若”。“惟一戎衣”，郑注：“衣读如殷。”《正义》云：“郑以十一年观兵，十三年灭纣。是再作戎衣，不得称一戎衣。司马光已驳正之。”而《武成》篇亦有一“戎衣”之文，正可为证。《考异》谓郑未见古文《尚书》，是矣。曰佩以为晚出袭《中庸》语，未免梅、郝之唾余。杜子美诗亦云：“社稷一戎衣。”无怪杨升庵又以趁韵抹之矣。

0469 中庸本解二卷光绪壬辰刊本

清杨亶骅撰。是书首有自序，言尽捐成说，咀味白文，恍然若得其解。序后又有提要，言全书以“道不远人”句为宗旨，以“仁者人也，诚之者人之道也”两“人”字为枢纽。曰“人莫不饮食也”，曰“以人治人”，曰“不可以不知人”，曰“待其人而后行”，曰“百世以俟圣人而不惑知人也”。每段提掇“人”字，皆以阐“道不远人”之旨。书中亦参用朱注及诸家之说，惟断以己见，其纠正《章句》之处，俱有理。尤关要旨者，如小人之《中庸》也，谓宜依王肃本加一“反”字。“民鲜能久矣”，谓以鲜能断句者失。“夫妇之愚，夫妇之不肖”，谓“夫妇”字勿泥，语意重“贤不肖”上。“圣人有所不知不能”，要看“有所”二字。“一圣之知能，不能兼群圣之知能。”前圣之知能，不能该后圣之知能。“天地有憾”，在化育上看。惟有憾，故须人赞其化育。“大德受命”，谓兼尊富飨保位禄名寿说，不必专说为天子。引嘉乐诗成王已为天子，亦曰保佑命之为证。“达孝”谓达乎诸侯大夫及士庶人，孝之达乎下也。事上帝，事其先，孝之达乎上也。至《哀公问政》章，及其“成功一也”之下，又有“子曰”二字，证以《家语》，此处尚有“公曰子之言美矣至矣，寡人固实不足以成之也。”故其下复以“子曰”起答辞，子思删其繁文，以附于篇。而所删有不尽者，故衍此二字云云。据此则注家之疑可释矣。书后又有门人李凤阁跋，盖刊此书者时光绪壬辰也。

0470 中庸章句质疑二卷

清郭嵩焘撰。是书首有王先谦序并嵩焘自序。嵩焘以为《中庸》一书，汉以来儒者多明其义，而其辨之明而析之精者，始自程子。朱子阐发疏通之，其功尤深。惟求之过密，析之过纷，不免有憾。是书要旨谓全书以慎独为主，以知、仁、勇三达德为纲，以至诚为归宿。大段分两截，由慎独以贯乎知、仁、勇之全，所以成德也。始条理者圣之事也，由知、仁、勇以合乎至诚之撰，所以尽神也。终条理者智之事也。又云谓之性者，圣人与天合德，创制显庸，一依天理以为之则，而道皆其性。谓之教者仁义之名立，而礼以生。圣人用之以为教，人皆得知其所以然。以求复其性，性者圣人所以自尽，教者圣人所以尽人之性。又云成己成物，皆圣人分内事，故曰合内外之道。成己成物，皆所以自成也。然成己有成己之功，成物有成物之功，条理秩序，随事而具。时措之宜者，于此措之己而宜，于此措之物而宜也。盖必有礼以为之节文，而后措则正而施则行。诚之行乎仁，知而措之宜者，礼为之也。旧注于此颇多含混，不如嵩焘所解分明。又知、仁、勇三者并举，而《章句》薄视“勇”之一德，亦乖经旨。嵩焘于此其说加详。嵩焘自称沉潜反覆，十载于兹，宜其灼然有得，不同肤泛也。书为光绪十六年思贤讲舍刊本。

0471 中庸释一卷光绪己丑刊本

清郭阶撰。首有自序，极诋朱子分章之不善。是书盖以性道教为目，诂以明诚礼，综其纲于时而已。书中即阐发此义。谓性足赅情，所以一《中庸》者，诚也。道明乎出入，动作万殊，归于一本，明也。教从而节文之，以去其过不及，礼也。随宜措施，所谓时也。盖诚体也，明礼用也。而明典礼又为一虚一实者也。至于时则贯串六者，有左右逢源之致，此中庸之极功。所谓君子时中也，故是书首标性道教为三目，而易以诚明礼诂之，综其纲于时焉。其参用不出郑注，孔疏及《朱子章句》，而自出己意处居多。但仅释大意，不斤斤于句字间耳。书刊于光绪己丑。

0472 中庸原文集解一卷光绪丁酉刊本

清胡清瑞撰。首有自序，以为朱子于《中庸》，虽无所增删移动，而所释多违经传。《中庸》两言达道，皆释首节之道字。曰喜怒哀乐皆中节，谓之和，和也者，天下之达道。又述孔子之言曰：以君臣也，父子也，夫妇也，昆弟也，朋友之交也。五者，天下之达道，而《章句》不肯承用。观其《序》，一则曰：忧道学之失其传。再则曰：道统之传有自来。是特藉《中庸》以自表章其道学，非表章《中庸》云云。按宋儒解经之失，在舍显而求之隐，强以其所自得之理为即圣人之理。其以道学道统牵合道字，亦其一端。清瑞所斥甚是，而未能一一明辨之也。且清瑞自以为《中庸》系对隐怪立名，其释“素隐行怪”，谓素即平素之素。如天子之文章为显，性道为隐。道学者流，动言性命，是以隐为素。果如其说，岂夫子逆知数千年后，有道学者出，而预为之防乎？其谬妄甚于宋儒矣。清瑞又以郑、孔注疏不尽善，而自为说，仍依旧解之间，无所创辟。惟解“舜其大孝”一节，引《孝经》：孝莫大于严父，严父莫大于配天。又引《孟子》：“孝子之至，莫大乎尊亲。尊亲之至，莫大乎以天下养。”的为此节切诂。而朱子《孝经刊误》，所疑为凡将之嫌者，亦可互证而释然矣。又解“身不失天下之显名”句，亦甚妥贴。武王伐纣，汤所称有惭德者也。然人悦其伐暴救民，不以为富天下而弑君。曰不失者，盖几几乎失之。然后知王者之师，非托名清君侧者所得附也。而圣人之言之妙于斟酌，无毫发憾，亦于此可窥见一斑矣。

0473 中庸通乾隆刊本

清胡炳文撰。炳文爵里无可考。是书以《朱子章句》为宗。按《朱子章句》诂义本精，义有未尽，每别详于《语录》。间或《章句》与《语录》异义，自可互相参证。至他家之说，多有发明朱义者，或有补朱义所不及者。是书首列经文，次列朱子《章句》，低经文一格。又次列诸家之说，及自为说，低经文二格。其自为说，意在贯通，故以通为名。一本书与他书相通，如“天命之谓性”一语，即为孟子之所本。知斯三者，则知所以修身一节，可该《大学》全部。二本书前后相通，能使全书脉络句句有着，首尾相应。章句虽精，得此益加邃密，乃觉无懈可击，不必以墨守为嫌也。书无序例，亦无刊刻年月，当在乾隆间。

0474 中庸大义一卷《中国学报》本

王树柟撰。是书要旨，以《中庸》一书，何者为孔子之语，何者为子思之语。古今传注，不为分别，读《中庸》者，宜先明乎此。书中有先引孔子之言，而引申其义者；有先倡明其义，后引孔子之言以证之者。大抵孔子之言简，子思之言繁，一一为之分晰。所称“至诚至圣”，皆专指孔子而言，非凭空虚拟之辞。自来说《中庸》，尚未有及此者。于《章句》之分合，亦殊有关系也。

0475 中庸心法渊源一卷同治光绪间刊本

无撰人名氏，署东海乐天翁著，又署男彬桐校，究不知其何姓也。亦无序例。大旨以为《中庸》一书为圣门传授心法，即尧舜相传，人心惟危，道心惟微，惟精惟一，允执厥中之旨也。而道统不自尧舜始，羲皇上承往圣心源，始作八卦。一昼象天，谓人得一以立命也，中也；两昼象地，谓人备其二，见诸用也，庸也。《中庸》一书，以天字冠其首，以无声无臭要其终。则知《中庸》初终本于大《易》：大哉乾元，万物资始，中也；至哉坤元，万物资生，庸也。此书该上古，统未来。性命治功在于此，心传亦在于此。子思述之以授孟子，孟子道性善，言必称尧舜。《易》系辞传曰：继之者善也，成之者性也。性善之旨即本于此。又引周子《太极图说》及《通书》，始于诚终于止之义，以为孟子以后一人。他所阐发不越恒解。惟“小人反中庸”句，以为程子因王肃本作小人反中庸，添一反字，于率性之义未圆。素隐二字以为仍作素隐读，乃与后费而隐之旨合。《汉书》作索，未为正论，亦自有见。书无刊板年月，当在同治光绪间。

0476 中庸篇义一卷光绪甲辰集虚草堂刊本

马其昶撰。是书主《朱子章句》，兼采郑康成、孔冲远，间下己见。每节后有总解，融贯一节之意。大抵于三家之说，各取所长，不为墨守，期达经旨。然义取平实，语芟支蔓，亦其所长也。其释“致中和天地位焉，万物育焉”，引董子言“人之所为，其美恶之极，乃与天地流通，而往来相应”，为旧解所未及。释“君子之道费而隐”，谓费而隐则不必素于隐矣。求道于费可也。释“其次致曲”，谓“次”次第也。曲者性体发见之端，致即《孟子》所谓扩充。按此数说俱合妙谛。自记谓“朱子称《中庸》文字整密，今乃知其言之精。”其昶本深于文事，此又其别有所得也。书为光绪甲辰集虚草堂刊本。

0477 中庸谊诂一卷民国癸亥刊本

马其昶撰。是书为其昶所著《三经谊诂》之一。《中庸》分章，诸家互异。郑注、孔疏分为三十三节，朱子因之，惟与注疏本第次不同。其昶则定为八章，而各申其说。其诂“中庸”二字，谓庸字一文涵数义，《尔雅》：“庸，常也。”《说文》：“庸，用也。”用可常行也。故郑注以用释庸，又以常释庸。朱子谓可常行，正本许、郑。又

《一切经音义》引《广雅》："庸，和也。"庸有和训，故可该和。其诂第三章云：君子之道始于夫妇居室，有夫妇而后有父子，有兄弟。由父子推之君臣，由兄弟推之朋友，终于格鬼神祭天地，皆由于谨言慎行。积诚之所至无非庸也。其诂第四章，谓教之本在孝，事亲事天无二理。引舜、文、武、周公以立之极，皆始于孝弟庸行，而终于格天受命，飨帝飨亲之盛。其诂第五章，谓言教之功用节目，自天子以至于庶人，壹是皆以修身为本。推之治国平天下，莫不原于学问之功。此自诚而明者之事。其诂第七章，谓此言性之功用，即在道教之中，性者未发之中，礼即发而中节之和，故尽性者不可不崇礼。以上二章总道教而归之于性，以申天命谓性之义，犹大学言明德亲民皆止于至善也。于全书脉络自见通贯。其他解释字句，意主平实，与《大学谊诂》同。后有陈汉章跋。书刊于民国癸亥。

0478 **中庸发微三卷** 民国甲寅排印本

刘次源撰。是书首有自序，次以《中庸》经说分篇释例，谓《汉志·礼家》有《中庸说》二篇，今《戴记》只有《中庸》一篇，例之孔子《易传》，先列《易》之全文，而附十传于后。故举经而言，则曰《周易》；举传而言，则曰《易大传》。中庸说之于《中庸》，亦当如是断。自"天命之谓性"至"万物育焉"为一篇，是谓《中庸经》。"仲尼曰君子中庸"至"虽柔必强"为一篇，系就《中庸》之凡例，分段发明，先经起义之例，即《中庸说》上篇也。自"诚明谓之性"以至终卷为一篇，系就《中庸》之经文。分节解释，属辞比事之类，即《中庸说》下篇也。按此说虽近臆造，然视他家分支分段，条理弥觉清晰。大旨以《中庸》为孔子垂教救世之经，探本性道之原，阐发天地万物人我一体之旨。其教义首在去私，戒惧慎独，皆为去私之工夫。私去则心公，公则无我见，无人见，无物见。又以为性之中原无恶，善恶云者，据其发而得中，与不得中而名之，非指其本体言。人类虽同禀生生之气，而自爱其生，恒不免太过。爱人与物之生恒不免不及，过与不及，则非中，非中则恶矣。节者中之节制，使其不至于过不及也，故孔子之教节性为第一义。凡此诸说，理虽创而实精。惟过于求新，不免附会。纵笔所至，泛滥无归，与所著《大学发微》同。书为民国甲寅排印本。

0479 中庸释义一卷民国己未刊本

萧隐公撰。隐公名炎，以字行，广东梅县人，诸生。宣统间以考职，官法厅推事。是书首有恽宝惠序，又有隐公自序及自书付印始末。隐公以《中庸》为孔子自作，以孔子即有“民鲜能久矣”之叹，而经文内仅有回之为人也。择乎《中庸》，得一善则拳拳服膺而弗失之语。而哀公问弟子孰为好学，夫子曰：有颜回者好学。不迁怒，不贰过。不幸短命死矣。今也则亡，未闻好学者也。以闵曾尚不能好此学，此子思能作此经。颜渊死后，夫子不得已述成此经，藏之于家。迨子思长成，乃出而布于世。遂有传为子思所作者。故《史记》云子思作《中庸》也。又以颜渊之不迁怒，即中庸未发之中。旧注解不迁怒，谓怒在此不迁于彼，此常人勉强能之。喜怒哀乐，性所有也。惟怒加于物，而吾本性之怒，仍寂然在中而未发，此之谓不迁怒。推之人世一切荣辱得失穷通顺逆，皆属外来境遇。而于吾学吾道，无丝毫亏损。曷足以牵动吾心之喜怒哀乐。此所以能素贫贱行乎贫贱，素患难行乎患难也。按“喜怒哀乐未发谓之中”一语，最难索解。喜怒哀乐未发，是寂然无物，何以谓之中。其既发何以不谓之中而谓之和，是未发时显有一物，与既发之和，显为二物，无可疑也。隐公是说，自是优于旧解。其谓颜子传《中庸》之学，亦自言之成理。全书大都矫矫立异，不拾先儒牙慧，惟谓武周称达孝与舜称大孝迥别。经举继志述事，文王事商，而武王伐商，其志事实相反。因及《春秋》托始周平鲁隐，削武周而不载。《中庸》之褒贬予夺，与《春秋》一例云云。按此论非是，大孝达孝，各有其义，同是褒而非贬。事殷伐殷，各因其时。果如其说，岂独夫亦不当诛耶?《春秋》托始周平、鲁隐，盖因《鲁史》之旧，又非删书断自唐虞之比。至云武王末受命，末字亦属贬词。按末谓末年，武王受命，未几即崩。此句连下周公成文武之德，盖谓武王受命未久，不及制礼而周公成之。文义甚明。且孔子素主从周，岂有非其先王先公之理耶？书刊于民国己未。

0480 中庸说一卷

刘师培撰。师培字申叔，江苏仪征人。是书大旨据《春秋左氏传》以证《中庸》之谊。谓孔子作《春秋》所以明中德，子思作《中庸》所以明《春秋》之用。其性、道、教三项，引传民受天地之中以生，所谓命也。是故有动作威仪之则，以定命也。能者养之以福，不能者败以取祸。以为天地之中，谓阴阳是为天命。民受以生，是之为性。动作威仪，性所自秉。率而行之，是之为道。修而裁之，是之为教。而统归之于礼。引刘子骏《三统术述传义》，故列十二公二百四十二年之事，以阴阳之中而制其礼。春为阳中万物以生，秋为阴中万物以成，是以事取其中，礼取其和。又引《传》韩宣子观书，鲁太史见《易象》与《鲁春秋》曰："《周礼》尽在鲁矣。"又引许叔重《五经异义》，左氏说孔子作《春秋》，《春秋》者，礼也。子思赞圣述其绪言，首称天命，即子骏所谓以阴阳之中制其礼也。兼言中和，又子骏所谓事取其中，礼取其和也。其曰君子时中，小人无忌惮，则《传》所谓能者养之以福，不能者败以取祸也。传言《春秋》之称微而显，志而晦，婉而成章，尽而不污，惩恶而劝善。又言《春秋》之称微而显，婉而辨，子思赞之，则以语大语小为文。又曰君子之道费而隐，文显而尽。所谓费也，文晦而婉。所谓隐也，复引孔子之言，以为君子以人治，人致而止，谓假褒贬示劝惩也。《中庸》言武王末受命，周公成文武之德，所以明《周礼》之源也。礼莫重于祭，故说丧祭为独详。又曰优优大哉，礼仪三百，威仪三千。三百者周官之数，三千者礼经之目。故复引孔子说曰："吾学夏礼，杞不足征也。吾学殷礼，有宋存焉。今用之，吾从周。"明《春秋》独宗《周礼》之义也。孔子匹夫，制作同天，故曰有德无位。其曰非天子不议礼，不制度，不考文。又曰今天下车同轨，书同文，行同伦。今谓《春秋》所垂之法，以明《春秋》为天子之事，惟素王乃克制作也。下记又曰：王天下有三重，王兼上下通言，所以明时王、素王之别者也。仲尼以下直明《春秋》之用，故曰祖述尧舜，宪章文武。上律天时，下袭水土。其记哀公问政者，明《春秋》据鲁立言也。按师培素专《左传》之学，是说虽不免附会，而较康有为《中庸微》为有根据，亦较详备。惟说至诚引服子慎说，麟为中央土兽，土为信，信礼之子，修其母，致其子，诚之为言信也云云，则太涉于牵强矣。

论语
传说之属

0481 论语说四卷道光丁酉刊本

清程廷祚撰。是书四卷，多言义理而持论能见其大。时引旧说，以正朱注。不主一偏，如其为人也。孝弟谓有子之意，欲人君行孝弟以化其下，使民兴于仁。有以革其悖逆争斗之心，而国家长享和平之福。此本主道生之说也。“思无邪”，就作诗说，谓夫子不曰诵诗而曰诗，此明诗之本无邪。诗之无邪，以作诗之人本无邪也。吾十有五而志于学，谓圣人所为之事，礼乐仁义是也，始以之为志，终身以之为主，修身则道立，尊贤则不惑。知命而后可以为君子（命谓穷达之分，见孔注），知言而后可以知人（此“耳顺”正解）。不踰矩则熟处仁之谓，以视他注家于不惑之后，多高远之论者远胜矣。攻乎异端，谓何平叔断子夏之言，以小道为异论，当移以到此。小道即百家、众技、农圃、医卜之流是也。“中人”以上四句，谓此章上下，皆系以中人，则知圣人之道唯以中人可知可行为准。故夫子之四教雅言，中人以下由是，中人以上亦由是。若“克己复礼”之告颜渊，敬恕之告仲弓，曾子之与言一贯，则语上也。若樊迟之先难后获，司马牛之其言也，是皆不为语上。此章系上下于中人，与有语上而无语下，其理最精。而后儒之高谈“性，天者也”。如用之，谓此章礼乐宜指宗庙朝廷，冠昏丧祭所用而言。若治身之礼乐，则斯须不可去者，先已驳朱注解己为身之私欲，不惟古无此训，使经之克己由己。俄顷有异同，知及之节。谓论居住临民之法，及之守之皆指民而言道不同。谓如治道，则许行之并耕，不可以参常王经世之务。学术，则告子之义外，不可以乱空赞仁义之说。以上诸说，其理俱长。是书刊于道光丁酉，首有廷祚自序，言创始于乾隆乙亥，改定于丁丑及戊寅之春。凡四易稿，盖钻研之功深矣。

0482 论语直指四卷

清何纶锦撰。纶锦字小襄，浙江山阴人，乾隆举人，官金华教谕。是书首有自序，言“覃精研思，旁引曲证，尽取前人二三之说，折中而归于一是。其或未经人道，则直抒己意，不以凿空白撰为嫌”云云。今观其书，颇与《集注》立异，见解尤多创辟。如“贤贤易色”，谓凡专言色者，颜色也，色难，必变色而作，色斯举矣。其次辟色，色厉而内荏，王勃然变乎色，征于色之类。若好色则必加好字，吾未见好德如好色者也。如好好色，寡人好色，知好色则慕少艾之类。惟去谗远色之色为女色，即好色之反对也。此易色即变色，见贤起敬，肃然改容之意。如《书》云：“孝乎惟孝友于兄弟，施于有政。”谓《尚书·君陈》篇，文王若曰君陈，惟尔令德孝恭，惟孝友于兄弟，克施有政。引者易孝恭为孝乎，克施为施于。征之他章，如“说命：“王宅忧，亮阴三祀，既免丧，其惟弗言。”子张引之作“高宗谅阴，三年不言”。《诗》：“衣锦褧衣。”《中庸》引之作“衣锦尚絅”。古人引书以穷理，非数典。撮其旨要，不必悉依经文也。如“由也，好勇过我，无所取材”，谓《集注》“材”借用作“裁”，不知何据？按材如字，取材者，取材于人也。子路之好勇且过夫子，又岂有人能为其所取材者，盖深美其勇也。如“伯牛有疾”章，“亡之谓亡”，当读无。言无致疾之由，故归之于命。孔注作丧矣。焉有圣人问疾，一见即谓其必死者？如觚不觚，谓“觚从角”，酒器也。《诗疏》一升曰爵，二升曰觚，三升曰觯。觚实二升，于义为寡。而《考工记》梓人，则以三升为觚，非其实矣。无饮寡之义矣，此夫子叹世之意也。其引申诸解，如泰伯本不居让之名，即让亦止让国，而夫子言以天下让，又称至德。又如论管仲者，多以为纠兄弟。而程注乃证成纠弟桓先。□论援引该博，辩舌澜翻，使持异议者不能置喙。他所解亦多允惬。书凡四卷，刊于嘉庆丙子，后有其婿何祖焯跋。

0483 皇侃论语义疏参订十卷稿本

清吴骞撰。骞字槎客，浙江海宁人，诸生。皇侃《论语义疏》，乾隆间由日本传入中土，浙江布政使王亶望始为刊行，鲍氏知不足斋又刊之。未几复由日本传入《孟子七经考异补遗》一书，亦为中土向所未有。骞乃据之以校勘皇《疏》之同异，其见于他书者，并为援证。且及于同时师友谈说。《疏》中讹误可疑，及名器事物章句训故间与先儒异说者，亦稍为诠订。首有骞自序及例言，附录书之上方。又有一条云："间有引诸君语而骞复作按语者。此系初稿，欲与高识商订，不得不并列之，将来定本另当斟酌去取，否则是显人之短，而炫己之长，亦非著书之体也。"据此知兹稿尚非定本，所以未曾刊行。此外又有周广业、周志祖校语，而广业最多，俱写在书之上方。广业字耕厓，海宁举人。志祖乃鲍廷博之伯子也。按"夷狄之有君"章，王本疏云："此章为下僭上者发也。诸夏，中国也。亡，无也。言中国所以尊于夷狄者，以其名分定而上下不乱也。周室既衰，诸侯放恣。礼乐征伐之权，不复出自天子，反不如夷狄之国，尚有尊长统属，不至如我中国之无君也。"据较大正刊本，竟全不同。大正本疏云："此章重中国，贱蛮夷也。诸夏，中国也。亡，无也。言夷狄虽有君主，而不及中国无君也。故孙绰云：中夏有时无君，道不都丧。夷狄强者为师，理同禽兽也。释慧琳云：有君无礼，不如有礼无君也。刺时季氏有君无礼也。如此解释，方合内中国外夷狄之意。"又按《天顺日录》云：高庙每听儒臣进讲，必有辨说。因讲夷狄之有君，不如诸夏之亡也。辨曰夷狄，禽兽也，无仁义礼智之道。孔子之意，盖谓中国虽无君长，人亦知礼义，胜于夷狄之有君长者。宋儒乃谓中国之人不如夷狄，岂不谬哉云云。按此数语正括皇《疏》大旨，岂明内府尚有此本，而高祖得见之耶？王刊本所以如彼者，当惧触讳而改之。而骞亦未及校正，盖未见日本刊本也。又按王亶望所据本，为日本宽廷中根伯修所刊，中多臆改。而日本流传固有他本，较之更善者。近日武内谊卿重刊此书，有校勘记。若再据之以补骞书，庶几复六朝之旧矣乎。

0484 论语后录五卷乾隆四十年刊本

清钱坫撰。坫字献之，江苏嘉定人，副贡生，官乾州州判。钱塘之弟。是书首自序，言有七例：一考异本、二校谬刊、三钩佚说、四补剩义、五正旧注、六采通论、七存众说。汇为五卷，五百七十余条。书中如“贫而乐道，富而好礼”，补集解本，作“贫而乐”，脱“道”字。“十世可知也”，引陆德明曰：一本作“可知乎”。“指其掌”，引其父煌（字永晖，通术数。）曰：“古有指掌算术，见徐岳《术数记遗》，其术最易。指其掌者，谓如指掌而算，不待烦言可决。故曰示诸斯也。”（示读如郑注《中庸》治国示诸掌之示。）“事君数”，引郑康成曰：“数，数己之功劳也。”“愿车马衣轻裘”，据《开成石经》，无“轻”字。盖后人以“子华使齐”章乱之。“子在齐闻韶，三月不知肉味。”据《史记·说苑》，三月上并有“学之”二字。“三分天下有其二”，据陆德明本，“三”作“参”。“伤人乎不问马”，以“不”字绝句，“不”读曰“否”。言既问人而及马，车中不内顾。引郑康成曰，鲁读“车中内顾”，今从古。以《曲礼》顾不过毂之说言之，或鲁论为长。愚按张平子《东京赋》：“夫君人者，黈纩塞耳，车中内顾。”薛综注：内顾谓不外视，臣下之私也。崔骃《车左铭》曰：“正位授绥，车中内顾。”又《车右铭》曰：“内顾自敕。”李善《西京赋注》，引《三略》曰：“将内顾，则士卒慕之也。”皆可以辅助坫说。“仍旧贯”，谓贯读“闲之者贯之”之贯，引《汉书·元帝诏》曰：“惟德浅薄，不足以充入旧贯之居。”应劭曰：“旧贯者，常居也，不能专对。”引阎若璩曰：“专，擅也。”即《公羊传》“聘礼大夫受命不受辞，出竟有可以安社稷利国家者，则专之可也。”此类俱确当不可易。坫成此书，原拟附《集解》之后，故曰《后录》。刊于乾隆四十年。

0485 论语大学偶记一卷嘉庆刊本

清汪德钺撰。德钺有《周易偶记》，已著录。是书敷畅朱义，颇有新得。其说《论语》，谓朱注以“效”与“觉”释“学”字，后人或肆诋病，德钺据《易》曰“爻者效天下之动者也”、又曰“爻也者，效此者也”，“学”、“觉”均从爻、从臼、从冂；《白虎通》曰：“学者，觉也。觉悟所未知也。”“效”、“觉”皆声义相兼，言“效”而不言“觉”则无心得，言“觉”而不言“效”则无实据。又“子张学干禄”，后人皆以“学”字与“干禄”［两］字离析言之，德钺引《曲礼》“宦学事师”，郑氏曰：“宦，仕也。”熊安生曰：“宦谓学仕官之事，学谓学习六艺。”孔疏引《左传》“灵辄”曰：“宦三年矣，服虔曰宦学也。”是学职事为官，如钱谷刑名之事，习其一以干禄者也。其说《大学》，谓朱注因其所发四才，指点最亲切，盖格物致知、明善而已矣。不于情之发观之，何以知性之本善而明之？诚意、正心、修身，为善而已矣；不于情之发验之，何以知性之本善而践之？故《大学》一篇，自诚意以至平天下，皆从发处教人，而不及本体云。亦理俱精凿，能申紫阳未发之蕴。

0486 论语古训十卷乾隆五十九年刊本

清陈鳣撰。是书首有阮元序及鳣自序。盖以《集解》为本，于《集解》所载之外，旁搜遗说，辑为十卷。曰《古训》者，别于今也。凡经文从邢昺《正义》本，而以汉唐石经、皇侃《义疏》、高丽《集解》本、《经典释文》，及日本山井鼎《七经孟子考异物观补遗》校注于下。或见于他书，亦间援证。以邢本《集解》多舛谬，甚至将语助字删削，文义不属则改从皇本、高丽本。以孔注古论据何晏叙，世既不传。《集解》所采说多不类，且与《说文解字》所称《论语》古文不合。反不如包氏《章句》之古，疑为后人假托。特以与《尚书》传文异，则姑从《集解》存之。以郑康成为汉世大儒，故《集解》之外，采郑说独多。且为之疏通证明，以补疏家之未备。马融，郑之师也；王肃，难郑者也。存马、王之注，意在发明郑注。此其大较也。至古训之善，阮序为条举之。如书云"孝乎惟孝友于兄弟"，包读"孝于惟孝"句，汉石经及《白虎通义》等书所引并同，乃知"乎"为"于"字之讹。"绘事后素"，郑曰先布众色，然后以素分其间。此与《考工记》绘画之事后素功合。射不主皮为力不同科，马曰马力，为力役。此与射对言。"何有于我哉"，郑曰人无是行于我，我独有之。此与"圣仁"章合。然阮氏所举尚未尽也，姑补数条，且申其说。"学则不固"，孔曰"固，蔽也。"皇《疏》云："孔训固为蔽，蔽，犹当也。言人不能敦重，纵学亦不能当道理也。"犹《诗》三百，"一言以蔽"之蔽也。此解较他解为优。"游必有方"，郑曰"方，犹常也。"盖［本］于《曲礼》。所游必有常，朱注解作"如告云之东，则不敢更适西。"其意已包在"有常"二字内，而"有常"则所该更广也。"由也好勇过我，无所取材。"一读"过"字绝句。子路闻孔子欲乘桴浮海，便喜不复顾望。故夫子叹其勇曰："过我无所复取哉"，言惟取于己也。古字材哉同，视郑注材作桴材，朱注训材作裁，觉彼终是勉强。"窃比我老彭"，郑曰：老，老聃；彭，彭祖。按曾子问，载夫子问老聃事甚详，正与窃此意合。包则云，老彭殷贤大夫也，好述古事。我若老彭祖述之耳，《笔解》引作"祖述之而已"。是包亦未定为一人也。朱注似未妥。"三军可夺帅也"，郑曰："匹夫之守志，重于三军之死将者也。将即帅也。"必如此说，方见三军与帅别。若余人说，竟似三军即帅矣。"邦有道谷，邦无道谷，耻也。"孔曰："谷，禄也。"邦有道当食其禄也，君无道而在其朝食其禄，是耻辱也。盖耻也属下句，不属上句。若如朱注，邦有道不能有为，邦无道不能独善，皆可耻也，是于经文外添字也。鱣所征引及考证，简而不芜，尤见其善。书刊于乾隆五十九年甲寅。

0487 论语广注二卷

清毕宪曾撰。宪曾字季瑜，江苏太仓人，乾隆乙卯举人，毕沅从子。是书首有彭元瑞序，又有宪曾自序。举采书之例有四，曰考异，曰拾逸，曰集说，曰互证。本经注疏及唐宋后专解不述。书中“如学而时习之，不亦说乎。”引《周易序卦传》：“入而后说之。”故受之以兑，兑者，说也。虞翻曰：兑为讲习，敬事而信。引《易·乾文》言曰：贞固足以干事。何妥曰贞，信也。君子坚贞，正可以委任于事。“有酒食先生馔”，引《吕氏春秋·尊师》篇：“视舆马，慎驾驭；临饮食，必蠲洁；和颜色，审辞令。”此所以尊师也。似本《论语》而不以先生为父兄，先行其言而后从之。引沈括《梦溪笔谈》，先行当为句，其言自当后也。(李冶敬斋《古今黈云》，先行断句，其言而后从之者。犹云而后其言从之，与《笔谈》合。)“思而不学则殆”，引《释文》，依义殆当作怠。“大车无輗，小车无軏”，引《考工记》，牛在车旁，牵者以曲木为軏，在辕内则以辕端之横木为軏。故《注》云：鬲辕端厌牛领者。鬲即《论语》之輗。曰“使民战栗”，引《礼》说，徐巡说木至西方战栗。(《说文》栗字注)，盖古有是语。“为宰我所本，夫子之言性与天道。”引郑注：“天道七政，变动之占。”“三人行必有我师焉”，引邵宝《简端录》：“一人行不善，即恶师亦于是乎在矣。必曰三人者，一人行二人中，易复六四，所谓中行也。”不然奚择之有？“肤受之愬。”引《汉书·五行志》注，谓初入皮肤，以至骨髓也。“苟有用我者，期月而已可也。”引《史记·儒林传》序曰：“苟有用我者，期月而已矣。”(《世家》亦无可字。《唐书·卢怀慎传》曰：孔子称苟有用我，期月而已。)“邦有道，如矢；邦无道，如矢。”引《汉书·贡禹传》注，“言其壹志。”凡此之类，皆极确当，有裨经训。彭序又举“君子耻其言而过其行”，明人旧抄高丽本作“君子耻其言之过其行也”。语义明白，足证今本之误。书二卷，刊于嘉庆五年。

0488 论语发微一卷 嘉庆间浮溪草堂刊本

清宋翔凤撰。翔凤字于庭，江苏长洲人，嘉庆五年举人。选泰州学正，[调]旌德训导，俸满以知县注铨。历任湖南兴宁、耒阳知县。

翔凤学于刘申受，治经主今文。《论语》旧传有齐、古、鲁三家，齐论多问王知道两篇，迨张禹合齐、鲁二家为之章句，两篇被删。何休本注《公羊》，同时又注《论语》，而其《论语注》不传。今文家虚拟“问王知道”篇中当有素王之事，改周受命之制，而何休之注，亦必于微言大义大有发明，而惜其不可得见也。翔凤撰《发微》，即本此意。首论左丘明，谓其不传《春秋》，并断其书多战国附会，刘歆改窜，抑左氏以伸《公羊》也。借“五十而知天命”一语，推之大夫命于诸侯，诸侯命于天子，天子受命于天。又借《世家》言孔子年五十，公山不狃以费畔。季氏使人召孔子，孔子曰：“盖文武起丰镐而王。今费虽小，傥庶几乎以为丰镐之起。”适发于五十之年，弟子记之，当必有据。孔子曰：“如有王者必［阅］世而后仁。”又“自五十至六十，自六十至七十，阅三十年而作《春秋》。”此推原孔子受命于天而作《春秋》，然五十至七十仅二十年，与“阅世后仁”之语不相应也。又谓《泰伯》一篇，明帝王有天下之法。舜禹禅让，不知周之天下亦出于让。让天下者，自尧舜至泰伯而三。《春秋》托始于隐，隐让国之君，故不书即位。有不与有天下之心焉。《公羊》说春王，王者孰谓，谓文王也。文王之受命本于泰伯之让，而春秋之受命，亦本于隐公之让。春秋王鲁而托始于隐，故以王加正月，而当文王也。子畏于匡曰：“文王既没，文不在兹乎。”此孔子称素王之说也。论颜渊问为邦，首言行夏之时。春秋先言春，后言王正月。春秋托新王，将以夏正变周正，故冠之以春。此明三统之说也。终之以子思作《中庸》，曰仲尼祖述尧舜，宪章文武，以为春秋受命致太平之道，昭揭无遗矣。此书为今文家，以《公羊》附会《论语》之权舆。未几而戴子高《论语注》、康长素《孔子改制考》继之而起，愈演愈幻。然翔凤晚年定《浮溪精［舍］丛书》，不收此种，殆自悔其少作乎？

0489 **论语异文考证十卷**道光甲午刊本

清冯登府撰。按《论语》有齐、古、鲁三家，齐《论语》多问王。知道二篇，凡二十二篇，为齐人所传。《说文·玉部》所引《逸论语》，即二篇中文也。古《论语》出孔壁，子张分两篇，凡二十一篇。孔安国、马融为之注。鲁《论语》为鲁人所传，安昌侯张禹受之夏侯建，又从庸生王吉受《齐论》，择善而从，号曰《张侯论》。包咸、周氏并为章句，郑康成又作注。就《鲁论》张苞周之篇章考之齐、古，读正者凡五十事。魏何晏集孔安国、包咸、周氏、马融、郑康成、陈群、王肃、周生烈八家之说，并下己意为《集解》。梁皇侃又采江熙十三家之说，撰《论语义疏》。今所习者盖本《鲁论》之文，而参之齐、古。《释文》载郑注鲁读某为某，今从古者，可证也。蔡邕《石经》为《鲁论》，与郑氏多不合，盖未经郑校者也。陆氏《释文》，皇侃《疏》、邢昺《疏》，同出何晏本，而各有异同。唐时郑注本尚存，而《开成石经》已多异同。宋时既遵用邢疏本，而《绍兴石经》亦多异同。至于日本本、高丽本，传授有别，其转写讹互，更不可胜举。至于汉魏以来，经史传注，子家文集，其所征引，每有增损窜易，尤使考古者目迷五色，无所折衷。登府为是书，博搜泛采，自本书流传各本外，参之群经子史，旁及唐宋文集，金石碑刻，以迄近儒顾炎武、毛奇龄、何焯、钱大昕、翟灏之说。凡一字之歧，靡不考订精审。其赅核在翟灏《考异》之上，可以通古训广异闻。其书前有马应潮、李富孙、洪颐煊三序及登府自序。初为广东学使李泰交刊于广州学海堂，仅成六卷。而泰交殁，以版还登府补刊成书，时道光甲午也。

0490 朱子论语集注训诂考二卷

清潘衍桐辑。衍桐，广东南海人，同治进士，官至翰林院侍讲学士。朱子注《论语》，虽长于义理，而亦不废训诂。观其《论语训蒙考义叙言》，本之《注疏》，以通其《训诂》、《语类》言。某寻常解经，只要依训诂说字。又《与吕伯恭书》言，不读《说文》，训诂易谬。而世儒顾诋朱子不明训诂，盖未考也。是书为衍桐督浙江学政时，命诂经精舍诸生，就《论语集注》详为寻绎，并考之群经子史注以证其所出，撮为二卷。其间义或简奥，则援某生说以申明之。书中所著邹寿棋、陈景條、崔适、楼蔚然、王正春、袁尧年、汪昌烈、陆以增、杨誉龙、孙兆熊、袁宝忠、袁尧年、高辛元、项咏之说是也。其间偶有订正，如注云《家语》记伯子不衣冠而处，今《家语》乃无此文，而见《家语》后叙及《说苑》第十篇。又“柴也愚”章注云：《家语》记其足不履影，启蛰不杀，方长不折。执亲之丧，泣血三年，未尝启齿。乃《家语》弟子行篇，无“泣血三年”四字。其藉引申而明者，如“尤罪自外至者也”、“科等也”、“裁割正也”、“摄管束也”、“栖栖犹依依也”、“周服有五祭服之冠也”、“和以处众曰群”、“耦并耕也”诸条，盖非专以抄撮为能者。书刊于光绪十六年。

0491 **论义肤说一卷**道光刊本

清唐兆扶撰。兆扶字鹿岩，四川绵竹人，官苍溪学训导。先是兆扶成《论语注存》二十卷，嫌其说之焚也，爰列十有六字，一道，一德，一仁，一义，一礼，一知，一孝，一弟，一忠，一信，一敬，一恕，一权，一时，一政，一学，字系以说，义不深而词特奥。其稍精者：说“仁”，谓颜子问仁，子曰克己复礼，列其目以礼，不列克己。《左传》昭公十二年，楚子狩于州来，不能自克，以及于难。夫子闻之，叹曰：古也有志，克己复礼，仁也。不复叙礼，但叙不能自克。及考《大雅》陶复陶穴音义，复累土于地上，复与覆通，则克己即以复礼，复礼亦即以克己。又说“义”，谓宋儒俯视百家，惟一理字，其言理者不一而足。其实不能离此义字，盖理之于义，如和顺之分合于道德，非义究无以为理。按此二条，较具心得，余则敷衍而已。首有自序。

0492 **论语发疑四卷**

清顾成章撰。成章字咏植，江苏武进人，诸生。是书前有全保泰序。中多创解，如“其为人也孝弟”，谓为读去声，仁作人。孟子曰：尧、舜性之也，汤、武身之也，五霸假之也。又答齐宣王曰：无伤也，是乃仁术也。皆为仁之义。“其为人（当作仁）也孝弟”，正与“孝弟也者其为仁之本与”句相呼应。又子夏据《集解》引郑说，温国卜商。温，为晋邑，见《左传》，后属魏。证以孔颖达《檀弓》疏云子夏魏人，正合。《礼记·檀弓》云：“退而老于西河之上。”《史记·仲尼弟子传》云：“居西河教授，为魏文侯师。而李萧远运命论云退老于家，盖归其本国也。”以辨《史记》及《家语》子夏卫人之非。又“有酒食先生馔”，谓先生非父兄，乃老而教学者。言侍食于父母之侧，如侍食于先生之前。则子虽能敬，反无温柔之色，何得为孝？故曰“色难”。又如曾参字子舆，谓参乃骖之通用字，古文名字文义相属。孟子名轲，字子舆。舆、轲皆从车，义相属也。曾子亦字子舆，而名参，盖取驾马引车之义。尤精者，辨“参”之本字，当读曰川。而以《说文》之“参”、“森”同音，为周秦之言，非齐鲁之言，证以曾子之子名申。若“参”读若“森”，则父子之名同一音矣。又如“有妇人焉”，谓“妇人”当作“归人”；归、妇文相近，传写误也。归人为谁？伯夷也。按妇字必不可通，此以为归人，自可于殷人外备一解。又如“子谓仲弓曰”章，谓《论语》一书，如或谓“孔子曰”、“子谓冉有曰”、“子谓子贡曰”、“子谓子夏曰”等，皆对其人以言之，断无对人子论人父之恶者。“犁夏正黑色”，《礼记·檀弓》云：“夏后氏尚黑，牲用玄。周人尚赤，牲用骍。”盖夏尚黑，别其牛之名曰犁，与周尚赤，别其牛之名曰骍同。《礼记·王制》云：“祭天地之牛角繭栗。宗庙之角握。”曰“且角幸其有角”之词，盖仲弓父有质无文，不乐用世。故以先代之正色喻之。仲弓年少文质彬彬，言其适当用也。诸如此类，书中尚多，语必有征，尚异乎穿凿臆解以矜新者。书刊于光绪壬辰。

0493 **论语稽二十卷**民国二年印本

清官懋庸撰。懋庸字伯铭，号莘斋，贵州遵义人。监生，试京兆，得眷录，不就。历充江浙州县幕府，著述甚夥。此书乃其晚年所成，其子应清，字诲之，后为校注，叙例亦应清所撰。盖懋庸是书甫脱稿，尝拟删改，未就，遽卒。应清为增饰之。是书以稽为名，意在述旧。悉录古注，各依原本载本经章节下。惟皇、邢二疏及朱注，则从节约。又以各家章节互歧，仿皇疏体例变通之，以著其别。于古注、朱注各取所长，遍征近代毛、阎、黄、龚诸家之说，间下己意。其应清所增注，则加“清按”字以别之。首列《孔子世家》，稽以《史记》为主，参以他书。以为说《论语》者不知孔子出处时势，则不知发言之故；不知孔子衣冠礼节，则不知所论之事。往往以宋人及今时风俗好尚，悬揣臆度。其所辨订，（不）大都平允。自为说者，如“入公门”二十一句，训由外朝而治朝，而燕朝，通记之。“千乘之国”，训井田百里，合山川附庸六七百里。“与其易也”，“易”训变除之次。“诚不以富”，亦袛以异，富训富于见闻，异训异于流俗。“章甫殷冠，不忮不求”六句，乃记者因缊袍语而类记。“原思为宰”六句，因子华事而附记。尤精者，言道为从辵从首，乃人生当行之路。言孝为义在，以子承老，非称美之名。言仁，谓仁者人也，人傍着二，谓之仁。如果之有仁，其萌芽二瓣，乃生生不息之理。又谓微箕非国，皆殷圻内之地，以其食邑称之。“子”非爵，乃男子之美称。可正郑注之误。其文集中，微箕非国，子非爵说辨之尤详，可参证。是书前有黎庶昌、王奠中二序，宣统三年排印未竣，遭乱版毁，越二年补印成书。应清以孔子多尊君之言，与共和国体不适，别附新说。又著《论语不背共和意旨说》及《续例》，弁于卷首。又有他序四首，今概删之。

0494 论语事实录一卷 光绪末刊本

杨守敬撰。守敬《禹贡本义》已著录。是书无序例，意在据事实以决疑问也。书中谓《论语》不特非七十子所记，并非七十子之徒所记。盖数传之后，私淑者相与裒集，其智皆不足以知圣人，采之者既非一家，定之者又少抉择。转经丧乱，此脱彼复。又谓《论语》或书子，或书字，又或书名，而字为尊。子虽有师道之称，然系于氏者，不过男子之美称耳。然孟子既称孔子又称仲尼，则亦无例可说。又谓今之《论语》，称《鲁论》者，盖张禹参合《齐》、《鲁》，而篇从《鲁论》。（《鲁论》二十篇、《齐论》二十二篇、《古论》二十一篇。）康成虽兼校《古论》，而篇仍从《鲁论》，故其后仍之。又谓康成并未见《齐》、《鲁》原本，第就张论考之，《古论》、《齐》、《鲁论》在康成时已亡，许氏《说文》所云《逸论语》者，即张禹删削之余。又谓汉文时《论语》虽置博士，其后旋罢。东汉之世，传者寥寥。又经董卓、李郭之乱，经籍沦亡。夏侯、张禹诸说，或因是散佚。又谓《论语》有重出，乃后人羼入之误，非张、郑之过。证之各本此有彼无，可信。又谓《尧曰》篇，疑皆断简无所属，故附之于末。《鲁论》以其少故合之（古《论语》“尧曰”分两篇）。又谓“公山弗扰”及“佛肸召”二章，为战国策士苟且求合者所托。据《公羊传》堕费出孔子之谋，据《韩诗外传》、《新序》、《列女传》、《水经注》，佛肸畔系赵襄子时事，在孔子卒后，其诬显然。以上各条具有理据。后附《三亳考》，据皇甫谧、郑康成以纠正孔冲远《正义》之误。说亦甚辩。无刊书年月，约在光绪末叶。

0495 论语足征记二卷 北京大学活字印本

崔适撰。适字适之，浙江吴兴人，清光绪举人。肄业诂经精舍，为俞樾高足弟子，其治经专今文。是书首有适自序，以为汉宣帝时齐人王吉传《齐论》，鲁人龚奋传《鲁论》，西京末《古论》始出，以蝌蚪古文作之。实则刘歆所造，托之孔安国所传。今得一确证，古者字少，一字恒管数义，故多假字。后世各造本字分用之，故有古人用假字。后世易以本字者，未有古人用本字。后世易以假字者，鲁古异读。率鲁用假字，古用本字。如“可使治其赋也”，鲁读为“其傅”，则“傅”假字，“赋”本字。“吾未尝无诲焉”，鲁读为“无悔”，则“悔”假字，“诲”本字。然则《古论》之后出于鲁明甚，其为赝古亦明甚。按适此说似是而非，适既知《古论》系蝌蚪古文，而今之

《古论》则实由蝌蚪古文而译为今文，安有弃本字而尚从假字者乎？其文从字顺，亦奚足怪。适之为此，在援先秦古书，西汉师说，东京班固、何休、高诱、王充之言，《集解》包《注》、《释文》所载，郑引鲁读为之疏通证明，故曰足征。其中每以莫须有之事归狱刘歆，不脱今文家习气。然亦间存精义，最要者如："攻乎异端"，谓异端即书礼所称他技、本经所称多能，害在"攻"不在"异"。哀公问社，社作主。南容名适（《论语》）、括（《史记·仲尼弟子列传》）、縚（《礼记·檀弓》）、韬（《家语》），说（《左传》）、阅（《礼记》注），而字容，实是一人。"说"古读如"阅"，亦如"脱"，脱、縚一声之转。《诗·邶风》传曰："阅，容也。"《吕氏春秋·似顺篇注》："容，说也。"可信为一人之名字。而《史记·仲尼弟子列传》："南宫适，字子容。"非即一人乎？其论《泰伯》三让天下，尤见其大。谓文王之有天下，泰伯让之。古者为天下朝觐讼狱之所归，即谓之有天下，不必易姓改物。孟子言文王一怒而安天下之民，与武王一怒而安天下之民并称。如文王未有天下，何由安天下之民？孟子又言："以德行仁者王，汤以七十里，文王以百里。"明以汤、文并称，且言文王之王矣。《集注》让商之言，以后世私神器于一家之心，上测古人公天下之理，以保全臣节。观泰伯不免以窥伺神器测太王，太王之心既无异于曹孟德。泰伯虽能让国，不能禁武王之伐商。其德复有愧于田宏正，何以谓之至德耶？三句天下有其二，谓句上有"文王为西伯"句。瓜祭，鲁读瓜为必，直躬郑本作弓，非弓矢之弓，乃股肱之肱。俱关古谊。惟"夷狄之有君"，所引皇疏之文，乃王亶望改。本与原意相反，盖未见日本刊本也。书为北京大学活字印本。

0496 论语实测二十卷

徐天璋撰。天璋字睿川，江苏泰州人。是书首有天璋自序，以为《论语》一书，门弟子记孔子言行。考其年月悉在司寇去官之日，自卫返鲁之时，定哀间居多，意各有指。盖孔子生当春秋，或因政治感言，或为君相托讽。质之《史记·世家》、《年表》、《年谱》、《弟子列传》、《春秋三传》、管晏诸子、《大小戴记》、《家语》等书，蛛丝马迹，皆可寻绎，因著《论语实测》。所谓“实”者，经史子集显有明征。所谓“测”者，比例参观若合符节。实以为注，测以为按云云。今观其书开篇首章，谓古者学校皆为官师，大夫七十致仕，老其乡里。大夫为父师，士为少师。孔子反鲁不肯从政，故任以国学之老，教士于杏坛。（哀十一年，《左传》：“子为国老。”）“学而”三节，盖子莅国学，哀公行释菜之礼，因乞言而勉多士也。次章记有子之言，谓有子鲁之国士。（哀八年《左传》）学校之少师也，有若少孔子十三岁。孔子殁，弟子思慕。有若状似孔子，相与共立为师，如孔子也。俱有根据。“子禽”章，据洪颐煊历引《公羊传》，其诸是齐鲁间语。足证子禽为齐国陈子车弟，是邦指在齐，（是字古训，此不训列。）定公十五年，孔子再适齐，尼溪欲封，季孟间待，正在此时，故子禽疑而有间，必闻其政。言齐侯必用子从政耳。《诗》三百章，谓孔子因删《诗》，言《诗》三千余篇，此言三百实从删《诗》告成之数。总括其义理，“道之以政”章，据《孔丛子》，谓孔子在卫言。“孟懿子问孝”章，谓僖子卒于昭公二十四年。樊迟生于昭公二十六年，迟既能御，此章又次七十从心后，必在哀公十四年，武伯圉马于成时也。懿子见武伯违己之命，近于不孝。适孔子来，武伯在侧，懿子因以孝问，子曰：“无违。”意与己合，故不复再问。证之下章孟武伯问孝，子曰：“父母惟其疾之忧。”武伯之问，盖在懿子病时。《左传》哀公十四年，武伯将圉马于成，成宰曰：孟孙（懿子）为成之病，不圉马焉。武伯袭成，秋八月辛丑孟懿子卒。是懿子因武伯而病。孔子之答，隐讥武伯不知自反也。故两问连类而志。“王孙贾媚奥媚灶之问”，贾为周灵王孙，见孔子适周，托奥灶为问，意以奥比敬王，灶比子朝。下章周监于二代，又下章子入太庙，太庙，周太祖后稷庙也。俱适周时事，可证。子语鲁太师乐，谓此齐论也。故太师加鲁以别之。鲁太师者，即太师挚。昭公出逊，太师适齐，复为齐之乐官。“居上不宽”章，谓孔子自齐返鲁，因见哀公而讽言也。“季文子三思”章，谓文子使晋成遭丧之礼，出莒濮，言齐不可叛，皆思合于礼者。其逐东门氏，立武宫，取穆姜，椓琴薨，齐姜定姒薨，不成礼，君子皆讥之。夫子于修《春秋》日，综前后事迹论之，惜其前能思后不能思，故曰再思可矣。谓《论语》所称之左丘明与作《国语》之左丘明为一人，以《左传》终于悼公，而《国语》亦终于悼公十四年。丘明绝笔，距孔子卒时，止二十五年，足证与孔子同时。其书有为后人追改者，无疑也。“苗而不秀”章，其上章为子颜渊，证以牟融、祢衡、李轨所云，惜颜渊也。“德行颜渊”章，谓此记在哀公十四年后，非专指二年四年。凡孔子在陈、去陈、迁蔡，数年之中，皆是从者，亦非止十四人。四科之分，亦非即在此时。子击磬于卫，据《世家》载，此章于佛肸召子欲往下谓荷蒉之言，正为佛肸召子欲往而讽之。子曰：“已矣乎，吾未见好德如好色者也。”谓“子罕”章为鲁君臣受齐女乐言，“卫灵公”章为卫灵公与夫人同车，使己为次乘言。以上诸条，俱确当不可易。其他尚多类此者。惟二十篇中，必一一证以事实，悬揣臆度，而牵强附会之弊，遂不可免。然开此途径，亦治四书者所不可少也。书为近时排印本，无年月。

分篇之属

0497 **乡党考一卷**［乾隆四十二年刊本］

清黄守儛撰。守儛字云石，福建三山人，乾隆进士，官余杭县知县。告归，教授乡里二十余年乃卒。江永撰《乡党图考》，守儛与永同时，似未见其书。是考共二十六条，并绘图十四弁于首。有朱仕琇、孟超然二序及守儛自序。是书搜采甚富，虽精密不如江氏，而剪裁颇费苦心，览者称便。其中"缁衣"句，以朝服而兼祭服；"素衣"句，以聘问而兼视朔；"黄衣"句，是腊非蜡。诸条俱精核。惟冕弁冠三制，本分等级。冕制又有五，而图中有弁冠无冕。又爵弁韦弁皮弁，不详言其用。又冕有冕服，弁有弁服，玄冠有玄端服，亦未细为剖析。车制亦未能详举，故图尤蒙混。然礼制至繁，孔疏即不能分明显之，为图何能悉合。篇中旁具圈点，盖为应举而作，读者节取其长可矣。书刊于乾隆四十二年丁酉。

0498 **乡党义考七卷**乾隆乙卯刊本

清胡薰撰。薰字兰亭，湖北蕲州人。是书首有陈诗序，又有薰自序并例言。盖昉江永《乡党图考》而加详。于各节本文下，先本义，次集证。本义以《集注》为主，而采《或问》、《语类》及汉以下诸儒之说以发明之。集证以群经为主，经未备者，补以《注疏》，亦间及群书。于注礼家之聚讼，江氏仍沿误者，间为订正，微嫌泛滥。末附《孔子世家》，征引尤杂。然字栉句比，于省览者不无便益。陈序称其尚著有《四书辑说》、《礼记纂录》二书，以帙巨尚未板行云。

0499 乡党类纂三卷

清谭孝达撰。孝达字云初，四川涪州人。是书首自序，次凡例。大率纂辑旧说，不参己见。中附图谱，则本之《钦定仪礼礼节图》、《周礼礼记礼器图》。后附龚元玠所增删《孔子世家》及《孔子生卒年月日辨》、《孔子诛少正卯辨》、《书〈史记·孔子世家〉考后》诸篇。书中所引近滥，又间不注明出处，惟《乡党》最难读。而是书关于考订处较为明晰，不无可取耳。书无刊刻年月。

孟子
传说之属

0500 孟子章句一卷 [玉函山房刊本]

汉程曾撰。曾字秀升，豫章南昌人。建初三年举孝廉，迁海西令。具见《后汉书·儒林传》。曾著《孟子章句》，亦见《儒林传》，惟不详卷数。《隋书·经籍志》不著录，则书已佚于隋以前矣。惟宋熙时子《孟子外书注》，于《孝经》第三“孟子去齐子敖饯于荦门”下引程氏曾云：“荦门，齐南门。”其时原书必据他书转引，其下又有“荦力博反”四字，断非曾之原文。盖后汉时尚未有反切也。马国翰辑此，一并引作曾语，误也。

0501 孟子章指二卷 [玉函山房刊本]

汉赵岐撰。岐注《孟子》，每章之后，各附以说，标曰《章指》，题辞所云，为之《章句》，具载本文。章别其指，分为上下，凡十四卷是也。自唐陆善经合十四卷为七卷，删去《章指》，孙奭作《正义》，并《章指》入疏，其中零落不少。余萧客始就毛扆、惠栋两校录本收之《古经解钩沉》中。至微波榭刊《孟子赵注》，乃还其本来面目矣。赵注原本，末有《孟子篇叙》。《篇叙》者，言《孟子》七篇所以相次叙之意。其说绝附会。开篇首仁义之说，盖由于误信《史记》孟子先游齐后游梁，而本书次序不可颠倒，乃委折而为此说。后之注家遂相沿成误矣。其谓篇所以七者，法天之七政；章所以二百六十有一者，法三时之日数；三万四千六百八十五字则兼法五（谓五常之道）七（谓七政之纪）之数而不敢盈，尤为无理。是本为马国翰玉函山房刊本，即余萧客辑本也。毛、惠二校，仍分注各条下。其《篇叙》则置之卷首，与赵氏原分开为单行本。

0502 孟子刘注一卷［嘉庆壬戌刊本］

汉刘熙撰，清宋翔凤辑。《隋志》七卷，《旧唐志》同。书久佚，翔凤辑为一卷，刊于嘉庆壬戌。《序》言刘君史佚名氏，惟《吴志·韦曜传》，曜言刘熙所作《释名》，信多佳者。今本《释名》题汉安南太守刘熙撰，或谓二汉无安南郡，当为南安云云。按熙《后汉书》虽无传，而附见《三国·吴志·程秉》、《薛综》二传中。熙亦作熹，（《文选注》引李登《声类》“熹”与“熙”同。）字成国，北海人。仕安南太守，尝居交州。汝南程秉与之考论大义，遂博通五经。沛郡薛综亦从之学。晋伏滔叙后汉青州人物，以熙居殿，在祢正平后。所云安南者，或是汝南之误，或是南安互倒，俱未可定。意熙罢官后即往交州，因授徒讲学于此也。翔凤《序》言赵岐注此书，时病疏阔。以今辑刘注较之，颇多同者。赵注地理尤略，以刘考之，恒复相胜。所举四条，并详为考证。知其训诂概非疏浅，惟《文选·景福殿赋》注引刘熙《孟子注》曰：“献犹轩，轩在物上之称也。”《酒德颂》注引刘熙注《孟子》曰：“槽者，齐俗名之如酒槽也。”“献”、“槽”二字，《七篇》不见，因无附丽缺之。按周广业所辑古注亦有此二条，以为“献”疑在馈孔子蒸豚下，“槽”疑“螬”字之讹云。

0503 孟子郑氏注一卷［《玉函山房辑佚书》本］

汉郑玄撰，马国翰辑。按《汉书》玄本传，不载玄《孟子注》。而《隋志》载“《孟子》七卷，郑玄注”，《唐志》同。其书久佚，而他传记亦绝无征引者，无从考也。国翰从玄所著诸书中，引及《孟子》及概括《孟子》义者，辑录成一卷。虽非本书，但文字与今本异者，可准郑笺《诗》改字，及注《鲁论》以齐古读正之例而训释之，得诸他经注者，固无以殊于本经。使玄于《孟子》无注而有注，亦一奇也。末二条，綦母邃注《外书》引之，又可证熙时子本之非伪矣。书为《玉（玉）［函］山房辑佚［书］》本。

0504 孟子高氏章句一卷附程氏章句一卷 ［《玉函山房辑佚书》本］

汉高诱作《吕氏春秋序》，自言正《孟子章句》，惟不见《隋志》，盖佚在隋已前矣。又考《后汉书》，无诱传。据诱注《淮南子》自序，知为涿郡人，从卢植学。建安十年辟司空掾，除东郡濮阳令，十七年迁监河东。其可考者止此。宋熙时子注《孟子外书》，引其二则。焦循撰《孟子正义》，以诱所著《吕氏春秋》、《战国策》、《淮南子》三注多及《孟子》，尚可考见。乃就三书中凡涉《孟子》者汇集之。语词多少，往往与今本不同。如以北宫黝为齐人，陈贾为姚贾，匡章陈仲子为孟子弟子之类。按诱以卢植为师，与郑康成同门，其所依据必有古义。马国翰辑得三十五条。又《后汉书·儒林传》言程曾作《孟子章句》，不详卷数，亦不见《隋志》，久佚。曾字秀升，豫章南昌人，建初三年举孝廉，迁海西令。事具《后汉书·儒林传》。宋熙时子注《孟子外书》，引有一条。亦马国翰辑。

0505 孟子注一卷 ［玉函山房刊本］

晋綦毋邃撰。邃字及里爵俱无考，裴骃《史记索隐》两引邃注《列女传》语。《隋书·经籍志》列其书于皇甫谧《列女传》之下、杜预《女记》之上，则邃为晋人，无疑也。《隋志》邃有《孟子注》九卷，已亡。而《新唐书·艺文志》又载綦毋邃《孟子注》七卷。殆隋亡至唐后得之，而缺其二卷也。其书见于李善《文选注》所引凡五条，《通典》所引一条，宋熙时子《孟子外书》所引凡四条。其解“伯夷隘，柳下惠不恭，隘与不恭，君子不由也”一条，焦循《孟子正义》采之，亦据《文选注》也。是书为马国翰玉函山房辑本。

0506 孟子注一卷［玉函山房刊本］

唐陆善经撰。善经字及爵里俱无考。《新唐书·艺文志》有陆善经《孟子注》七卷。其书宋代尚传，《崇文总目》云：“善经，唐人，以轲书初为七篇，因删去赵岐《章指》与其注之繁重者，复为七篇”云云。不知佚于何时。惟孙奭《音义》每引之，其解“为长者折枝”，谓折草树枝。解“必求龙断而登之”，谓冈垄断而高者，遂为《朱子集注》所本。马国翰仅据《音义》辑成一卷，其他训诂，已不可见。据奭《孟子正义》云：“自陆善经已降，其训诂虽小有异同，而咸归宗于赵氏。”然则除《音义》所录诸条外，其他说固无以大殊于赵氏耳。

0507 孟子要略五卷

宋朱熹撰。按《孟子》一书，自二程子始为表章，朱子更定为“四书”，荟萃诸家之说，成《孟子精义》。又采其尤者，成《集注》七卷。又剖断异同，为《或问》十四卷。终又简择为《要略》五卷。惟自宋以后，志艺文者俱未著录。朱氏《经义考》，亦称未见。王懋竑撰《朱子年谱》谓亡佚已久。道光间汉阳刘传莹始于金仁山《孟子集注考证》内搜出，复还旧观，以授曾国藩。国藩为之刊行，此书始传于世。今观其书，于《孟子》书二百六十章中，采入八十五章。自“滕文公为世子”起，至“万章问曰”止，共分五卷。据金氏所记，则朱子当日编辑此书时，别为注解，与《集注》间有异同。如“人皆有所不忍”章，金氏云《要略》注尚是旧说。“桃应问曰”章，金氏云《要略》注文微不同是也。又曾国藩谓朱子编次《要略》一书，于每卷之首，必有数语发明大指。今其说不可得闻，想当金氏收入考证时，已被删去矣。国藩爰仿《近思录》例，于每卷之首疏明分卷之大指，每章下亦间为附注，用资发明。其第四卷“公孙丑问曰”章，原书仅录至“而子为我愿之乎”为止，国藩以为朱子之意，特重在崇王黜伯，芟去后半。但此章后半言乘势待时，而归重于行仁政。可见圣贤谋国，未尝不顾时势，而政之本原悉依于王道，非同于后世杂霸苟且一切，藉口救时者之所为。仍录本章全文，而于“为我愿之乎”下，乙以识之，以存其旧。是书首有曾国藩二序，次《朱子语类》五则，《朱子文集》一则，《真西山文集》一则，朱竹垞《经义考》一则，王懋竑《朱子年谱》一则。刊于道光二十九年。

0508 孟子节文七卷明洪武大字刊本

明刘三吾撰。三吾初名如孙，以字行，湖南茶陵人。元末官靖江路儒学副提举，洪武十年以茹瑺荐，奏对称旨，授左赞善。屡迁翰林学士，后以罪戍边，建文时召还，卒。是书首有三吾题辞，署官翰林学士、奉议大夫，时在洪武十七年。按明太祖览《孟子》，至土芥寇讐之语，谓非人臣所宜言，诏去配享。有谏者以不敬论，且命金吾射之。其憎《孟子》甚矣。三吾之《孟子节文》殆为此作也。今观其书，《梁惠王篇》节存六章，《公孙丑篇》节存十三章，《滕文公篇》节存八章，《离娄篇》节存四十一章，《万章篇》节存七章，《告子篇》节存三十一章，《尽心》章节存六十七章。凡所删者八十五条。课试不以命题，科举不以取士。其节之之旨，以为魏惠王首以礼聘孟子，一见即问何以利便其国，非财利之利也。孟子恐利源一开，非但有害仁义，且将有弑夺之祸，仁义正论也。所答非所问矣。及其欲为死者雪耻，非兵连祸结不可也。乃谓能行仁政，可使制梃以挞秦楚之坚甲利兵，则益迂且远矣。台池鸟兽之乐，引文王灵台之事矣。《汤誓》时日曷丧之喻，岂不太甚哉。雪宫之乐，谓贤者有此乐宜矣。谓人不得即有非其上之心，又岂不太甚哉。其他或将朝而闻命中止，或相待如草芥，而报施以仇讐。或以谏大过不听而易位，或以诸侯危社稷则变置其君。或所就二所去三，而不轻去就于时君。固其崇高节抗浮云之盛心，在当时列国诸侯可也。天下一君，四海一国，人人同一尊君亲上之心。学者或不得其扶持名教之本意，于所不当言不当施者概以言焉、概以施焉，则学非所学，而用非所用云云。见于三吾所作题辞。又按史称三吾博学善属文，尝敕修《省躬录》、《书传会通》、《寰宇通志》、《礼制集要》诸书。惟是书独不见传，岂以负逢君之嫌获侮圣之咎，自为之而自讳之，故传亦不之及耶？观题辞抑扬委婉，未始不有调停之意寓其间也。

0509 性善绎一卷［万历三十八年刊本］

明方学渐撰。学渐字达卿，安徽桐城人，贡生。方孔炤之祖也。是书首有高攀龙序，又学渐自为引言。以为“孟子殁而性学不传，性一理也，理无不善。后之论者往往以气参之，则有疏而不善矣。始焉诸子各执一见，与性善者角。今且引虚无之帜，窜之性善之中”云云。大旨辟无善无恶之说。谓孔子言太极，未尝言无极。周子虽言无极，而太极但名《太极图》，不名《无极图》，其曰无极不过形容太极之无相耳。又谓性相近者，以圣之善，视贤之善，则近；以贤之善，视愚不肖之善，则亦近。夫妇之所知，圣人之所不知，若远矣，自善而观靡不近也。不于其性而于其习，则习于善者以习而完性，习于恶者以习而悖（而悖）性。习之善，或相信蓰。习之恶，且相千万。愈习愈远，而性几于难觅矣。孔子定于近，以其善者近之。孟子定于善，以其近者善也。其书具引《易》、《书》、《论语》、《大学》、《中庸》，下及伊川、晦庵之言性者，会归于一。其最辟之论，谓理君也，气臣也。纪纲臣仆而任使之者君也，臣仆奉君主之命则政修；臣仆侵君主之权，则职废。君主有道，则能制臣仆而国治；君主无道，则制于臣仆而国乱。以理论性，是以国与君主也。以气论性，是以国与臣仆也。尊君主，则性出于一而性定于善。徇臣仆，则政出多门而不善者纷纷矣。其论阳明谓亦主性善，其无善无恶之说，乃王龙溪所记，似不以为是。而云阳明所谓善，非性善之善，彼谓有善有恶者，意之动，则是以善属之意。其所谓善第曰善念云而已，所谓无善第曰无念云而已。按学渐素宗阳明者也，故多所曲护。然与攀龙说可相参。又按“性即理”一语，创于宋儒，实未妥洽。气与理合，乃名曰性。若离气为二，则何不并性之名而合之耶？其他所辩间多牵强，痛斥告子、荀、杨、释氏，亦不甚中肯。讵惟学渐即孟子驳告子者亦犹是也。书刊于万历三十八年庚戌。

0510 绘孟十四卷天启甲子吴兴闵齐伋朱墨套印本

明戴君恩撰。君恩字忠甫，湖南澧州人，万历癸丑进士，官四川巴县知县。是书首有黄汝亨、胡滙二序，又有门人龚惟敬后跋。是书仿苏老泉批点《孟子》，于篇章字句，以提转承接结合等法为之标明，但彼此不无小异。黄序谓于《孟子》当时所为辨难攻击，破涕感创之处有微而会心，直而刺骨，要而扼吭，为苏老所未及者，一一托之毫端。譬之画家，苏老则毛发骨节，眉目衣冠。而忠甫则于毛竖发指，眉扬目瞬，容与飘摇之神跃跃飞动。不特为子舆写照，且为老泉氏点眼云云。盖孟子本妙于文章，其精义妙道，即寄于变化错综之间。读《孟子》者固不妨别开生面也。书为吴兴闵齐伋朱墨套印本，刊于天启甲子。

0511 七篇指略七卷康熙十二年刊本

清王训撰。训字敷彝，山东安邱人，顺治己亥进士。卷首有宋继澄序、训自序及凡例。大旨仍仿苏氏评《孟子》，惟多用符号以作指点。如关于头脑指趣，关目照应之类，或用重圈或用阴圈。其吃紧则用大圈，精华则用中圈，文采则用点，叙次传神过接及叠句叠字则用尖圈，提絜对待事实则用双抹，大截则用钩，小截则用画。按此法虽使学者入目醒豁，究嫌未能免俗。惟其中间有涉于经义者，如“王者之迹熄而《诗》亡”，谓指康侯废觐，王者废燕，朝享献纳之雅《诗》亡，非黍离降国风之谓。又如“小弁之怨，亲亲也，亲亲仁也”。据子贡《诗传》，郑大夫闵尹伯奇而作，与周平王无涉。又如“君子不谅”，据书亮采之误，解作明字。《论语》岂若匹夫匹妇之为谅，君子贞而不谅，俱非美词，不得借谅释亮。此数条俱足为朱注进一解。惟谓齐伐燕有二，一在宣王时，《梁惠王篇》中所载是也。一在湣王时，《公孙丑篇》中所载是也。按此说殆因伐燕事两见，故强分之，其实乃一事，非两事也。书后附《孟子字学考》，分“一字独用”、“一字间用”、“二字并用”、“二字互用”、“二字不得通用”、“俗字难改”诸类。辨别颇晰，亦甚便于学者。书刊于康熙十二年癸丑。

0512 **标孟七卷**康熙丁巳刊本

清汪有光撰。有光字谦子，安徽新安人。是书首有曹贞吉序及有光自序。按《孟子》七篇，称仁义，抑功利，明王道，距邪说，人所知也。然文章家如韩昌黎作《原道》，自尧舜历数之，终于孟子。程子谓其必有所见。其送《王秀才序》，喜其好举孟子之所道者。子厚自序其文，则云参之孟、荀、庄、老以尽其变。若苏氏父子皆喜读孟子书，老泉赞欧阳公文，历数孟子、陆宣公、韩、李二公文以比拟之。而司马温公与王介甫书，称其平日好老子、孟子，则孟子之文又可知也。又按孟子与庄周、屈原生皆同时，皆以文雄。庄、屈二家久沾丐于文苑，独世所传苏老泉评《孟子》系出赝作，且词意肤浅，尤不足取。有光是书题曰《标孟》，行间有评，每节后又有总评，颇能发挥妙蕴。自序言当今之世，而不急急焉以文诱人，则孔孟或几乎息云云。是其意又欲学者因孟子之文，进而求孟子之道，又非仅以供揣摩之用也。书刊于康熙丁巳。

0513 **删补孟子约说二卷**康熙间刊本

清孙肇兴撰。是书似仿苏氏评《孟子》而略不同，彼专以文法求《孟子》，不外起伏照应等等作用。此则于《孟子》一字一句，务得其着落。即如首章曰“孟子见”，可知非梁王能致之也。曰“叟”，尊之也。“正”远之也，不远千里。所谓“前王”，非王前也。“有以利”，直是下王曰“何以利”说话曰，吾便不知有大夫等已教以遗之后之矣。“何必”，直是不可言，非不必言。“王”字，便有下大夫等在。“有仁义者”，仁义为王心所固有，为吾国皆有。更洗却上有以，印合下未有各“有”字，亦者见利实浸人。仁义终在，利吾家者，直从王曰始，各何以便是“上下交征”。弑夺即在交征内，非但形容国危。既曰交征，又曰必千乘等，正见上倡利。毕竟受亏还在上，仁义须从王来，括尽大夫等。遗只是不亲亲，后只是不急君。正不到弑夺处，两“未有”从弑夺拈来作形勘，指点语意。如此读法，可见古人立言，即一字必经苦心斟酌而出，不肯苟下。作者纵未必然，而读者不可不然也。他章皆如此。书中如“得行道”等章，说理精奥，讲章数千百语，越解越棼。此以一二语拈出，便已显豁，诚读《孟子》不可少之书也。卷首署门人王度传以渐杭齐苏订正。无序跋，亦无付梓年月，当刊于康熙间。

0514 **释孟子一卷**康熙刊《圣叹外书》本

清金喟撰。喟字圣叹，江苏吴县人，诸生。康［熙］间死于闹漕之狱。廖燕作《喟传》，述喟名圣叹之义。谓《论语》有两喟然叹曰，在颜渊为叹圣，在与点为圣叹。盖自比于曾点之流亚也。喟狂诞玩世，以批小说著称。是书凡释《孟子》四章，一“孟子见梁惠王”章，一“沼上”章，一“尽心”章，一“愿安承教”章。大抵以尖刻之笔，曲为摩写，妙义环出，令阅者解颐。惟于经义太疏，开首谓一部七篇，纯说仁义。故此章见梁王，劈面大声，便叫仁义。说“孟子见梁惠王”，谓“不是梁王要见孟子，是孟子自见梁王”云云。开口便错，小说家以文为戏，固不能绳以考据也。书为《圣叹外书》之一，约刊于康熙间。

0515 **孟子札记一卷**雍正刊《读书小记》本

清范尔梅撰。首有《读孟》数则，谓孟子以战国策士之口，而摅圣贤中正之蕴，读之如壁立千仞峰头，高踞百尺楼上，足以扩人心胸，拓人眼界。浅人训诂，反掩庐山真面，故书中评文处多，解义处少。时有隽思，无涉经旨。惟说“孟子不见诸侯”，引陈后山诗：“当年不嫁惜娉婷，傅粉施朱学后生。不惜卷廉通一顾，怕君着眼未分明。”意极贴合，训诂家所说不出也。

0516 **读孟十五卷**清乾隆十二年刊本

清王又朴撰。首有自序，依七篇之次，篇分上下，为卷十四。末卷附录。经文之旁，着圈点，注评语。扼要处，则圈围其字以别之。经文之后，自以所见。标其义法，又为之顺说，以畅其旨。视他本言读法者，较详较密。书中偶及义蕴典故，多采毛奇龄之说，亦颇订正毛氏之疏舛。《公孙丑篇》“加齐卿相”一章，最不易分晓，盖纯用宾主法。然又有宾中之宾，宾中之主，主中之主。其析理也，朱注未惬，又朴日剧毛说以补朱。毛说有未惬，又据他说以补之。此章遂昭若发蒙。附录一卷，专考典故，亦非苟然抄袭。如五亩之宅，朱注曰：二亩半在田，二亩半在邑。赵岐注多出“冬入城保二亩半”七字，朱注已删之。是赵误而朱不误，毛氏讥之，非也。又如周公，弟也；管叔，兄也。赵注曰：周公以为管叔弟也，故爱之；管叔以为周公兄也，故望之。则谓周公是兄，管叔是弟，证之周公称公，而管叔以下称叔，可疑一也。周公先封周，既又封鲁，而管叔并无畿内之封，可疑二也。周制立宗法，以嫡弟之长者为大宗。周公、管、蔡皆嫡弟，而周公为大宗，称鲁宗国，可疑三也。又按《尚书·金縢》，孔传谓周公摄政，其弟管叔及蔡叔、霍叔，放言于国，以诬周公。以为殷法，兄终弟及，三叔疑周公有次立之势。谓三年之丧，本周制。孟子之言，与子张之问，夫子之答，皆单指三年不言一事，并非谓衰绖苫块皆不行也。故下文特著“五月居庐未有命戒”八字之文。按此诸条俱有见地，非苟然作声者也。书刊于乾隆十二年丁卯。

0517 **孟子论文七卷**约嘉庆间刊本

清牛运震撰。运震著有《诗志》，盖以寻常论诗之法论三百篇，是书又以寻常论文之法论《孟子》。盖孟子生于战国，欲引时君常道，势当因其机而导之。如“太王好色”、“公刘好货”等语，骤读之若与纵横之士无大异者，而要其归粹然一出于正。运震有见于此，触处阐发，语简而当。妙悟所及，每每得之言外。如“文王之国七十里”，谓不必辨其有无。即“刍荛雉兔皆往”，亦不必定有此事，妙在就文囿王囿硬派出大小。又《诗》亡然后《春秋》作，谓《诗》与《春秋》绝不相蒙，孟子看出《春秋》继《诗》，何等渊识。如此之类，可见深有领会。又此书本不涉训诂，惟释“谁能执热”，谓“执热”犹言盛热，引杜诗“尔曹轻执热”为证，甚确。书无序例，亦无刊板年月，大约在嘉庆间。

0518 **孟子读法附记十四卷**乾隆四十九年刊本

清周人麒撰。人麒字衣亭，直隶天津人，乾隆进士，官翰林院编修。卷首有人麒自序，后有门人程凤聽跋。所谓“读法”，仍用单点、单圈、密圈等作标识，行间书眉偶着评语，不出批读时文习套。其“附记”则参引诸家之说，并参已见，于文法与章旨反覆推阐，惟不作句解字释，以已详《朱子集注》，无庸赘引也。惟“得行道”及“离娄之明”两章，援引极博，以《集注》未及详也。按孟子生于战国，所论辨者未脱策士机锋，而藉以明尧、舜、周、孔之道。其语言之妙与理义之精，并时无偶。后人玩索，浅者见浅，深者见深。人麒折衷群言，于旧解及朱注之不妥者，多有订正，显豁爽快，非他讲章所可并论也。书中如“万镒”之“镒”，注训为二十两。另一说又本《国语》以二十四两为镒。人麒据谢济世说，“镒”与“溢”通，一合为溢，其重一两，盖二十四铢。汉儒误铢为两，因谓二十四两为镒。按此说极是，宋薛小国而馈孟子至五十、七十镒，岂有点铁烧铅手段乎。又主司城贞子为陈侯周臣二句，人麒以为当是言主宋司城贞子，先为陈侯周臣者。按司城之官不但宋有之，若先事陈后事宋，安得谥为贞子耶？书刊于乾隆四十九年甲辰。

0519 绪言三卷

清戴震撰。按是书或以为《孟子字义疏证》改定本，或以为《孟子字义疏证》初稿本。主前说者如程易田，据书中言申影抄时戴本首叶有“壬辰菊月写本”六字。自壬辰至丙申，未尝改窜，而震殁于丁酉。是知《绪言》为定本。而段懋堂则推测谓改定或在丙申之冬丁酉之春。据震丁酉五月廿七日答彭元初书有云：“原善所指，加以《孟子字义疏证》。反复辩论，咸与足下之通截然殊致”云云。书作于殁前一日，而云《孟子字义疏证》，是《绪言》为初稿甚明。今观《绪言》三卷，上卷自立说，中卷尊孟子，下卷驳告子、荀子、杨子、周、程、张、邵、朱、王文成诸子及老庄、释氏，与《疏证》分目略殊。《疏证》所言天道诸条虽亦有之，而诚权二日则未之及。段氏所云辞意多同，而《疏证》尤为百炼之金，精繫之米，殆不虚也。是书与《原善》三篇合刊，不知出自何人，为《戴氏遗书》所不收，钱大昕、王昶、洪榜、孔广森、阮元、江藩等所述震著书总目亦遗之。惟《疏证》所芟汰之部分，（共）［其］粹语仍不少，当并存之。或取以附《疏证》各条之后，勿令湮无传也

0520 原善三卷刊本无年月

清戴震撰。首有自序，言“始为《原善》之书三章，既复援据经言疏通证明之，而以三章者分为建首，次为上中下卷。比类合义，端委毕著，天人之道，经之大训萃焉”云云。今按震《文集》卷八有《原善》上中下三篇，其下又有《读易系辞论性》、《读孟子论性》二篇，意盖相连。是本则上卷十一章，中卷五章，下卷十六章。其每卷之首章，即《文集》之三章也。其下即杂引群经之文为左证，并不限于《系辞》、《孟子》。惟每篇于首之一章，取较《文集》，其语加详，且多异同。盖其后所见又有进者，故两存之而不改也。其所谓善者，曰仁，曰礼，曰义，限于所分曰命，成其气类曰性，各如其性，

以有形质。而秀发于心，征于貌色声曰才，人之不尽其才患二，曰私曰蔽。全书即据此发挥，大旨主于经训，以折荀子、告子诸人之说。其言极辩。是书有与《绪言》合刊本，阑上行间，俱有注语，颇有发明。而阑上之注标曰原注，不知何指？其书亦无刊板年月，别有微波榭刊遗书本，在乾隆丁酉。

0521 孟子附记二卷《畿辅丛书》本

清翁方纲撰。方纲有《诸经》附记，此其一也。大旨尊朱处多，订朱处少。征他说多，出独见少。且所断断者，多在语脉文势之间，少及义理考据。即偶及之，仅琐细者而已。然亦不无可采者。“以遏徂莒”，《诗·大雅》作“以遏徂旅”。毛传：“旅，地名。”郑笺则训旅为兵众。孔疏两申之，朱子又专从郑说。方纲谓《孟子》引《诗》作莒，与《传》合，可证《传》义不误。“速于置邮”，注置驿也。邮，驲也。驿、驲本一义。以驿训置，误自《汉书》，而《广韵》、《韵略》诸书因之。方纲谓邮字从邑，乃停止人之处所，即传舍也。置是设置，度其远近之间置之也。“且比化者”，朱注化者死者也。翟氏《考异》化疑当作死，以死为羽化坐化乃佛老说。方纲引《庄子》“叱避无怛化”，庄子，周末人，语必有本，则翟说误也。“知好色则慕少艾”，诸家多训艾为美好。惟程大昌《考古编》训艾为衰减之义，方纲主之。又引《左传》“夏未艾”也，本书《万章》篇“自怨自艾”，证成其说。“会计当而已矣，牛羊茁壮长而已矣。”方纲谓“而已矣”三字非孔子语，乃孟子谓孔子当日只言如此也。诸条皆援引甚切，体会有得。惟“齐人伐燕”，方纲偏信翟氏《考异》，而非朱注。一见《梁惠王篇》，一见《公孙丑篇》，明是两事：见《梁惠王篇》者称齐宣王则为宣王无疑。见《公孙丑篇》者，止称王而无谥，则湣王也。朱子是疑湣王，翟氏断为宣王，俱失之。且荀子《王霸篇》，有“齐闵北足败燕”之语。《齐策》有“司马穰苴为齐闵王却燕晋”之语。闵与湣同，方纲亦既引之，即其确证。乃又诿为别事，何耶？又《史记》载“孟子谓齐王曰：今伐燕，此文武之时，不可失也。”方纲谓不足信。按《梁惠王篇》孟子对宣王曰：“取之而燕民说，则取之。古之人有行之者，武王是也。取之而燕民不说，则勿取。古之人有行之者，文王是也。”《史记》即概括此数语，何言舛讹耶？又孟子对然友言三年之丧，齐疏之服，按礼为父斩衰，为母齐衰，疏衰又次之。滕定公薨，文公当服斩衰，故或疑齐疏之服，当依《檀弓》作斩衰之服。方纲则谓孟子只述旧闻，“齐疏”二字，错互为文，不须别白。按本文明言三年之丧，齐疏之服三年之丧，即斩衰也。丧服二字，乃错互成文耳。纷纷之辨胡为者。又《尧典》曰，朱注今此文见于《舜典》。方纲谓伏生所传《尚书》舜事合于《尧典》，不另有《舜典》之目，孔传始分之。据孟子此文，得以证古未尝分。按《孟子》引尧事故称《尧典》，古书多此例。孟子岂能见伏生《尚书》耶？方纲素信古文《尚书》者，此论未免自为矛盾矣。书刊于光绪《畿辅丛书》中。

0522 孟子文说七卷嘉庆九年刊本

清康濬撰。首有黄靖本、岳震川序，又有濬自序、杂论、凡例。自序言说书不说道理，直说圣贤意之所之。今以古文说《孟子》，亦所以说其意之所之而已。得其意，则道理不说自在。杂论言七篇中，前数篇率论为政、治国、王天下以及出处大头目，《万章篇》全是论古论事之文。《告子》以后，则随事开导人，与顺便讲究道理者，然亦姑即其多者言之。又言《孟子》是做成文字，问答或亦有因。但每篇主意结构，总是用意安排就的。又言《孟子》有四大篇，“保民”章、“动心”章、“行助”章、“并耕”章，四章章法不同，而精深博大，变化跳脱，各臻绝顶云云。俱确有所见。岳序自抒所得，亦善读《孟子》者。全书则层段分合批导，令醒豁而已。书刊于嘉庆九年甲子。

0523 孟子篇叙七卷 嘉庆刊本

清姜兆翀撰。兆翀字孺山，江苏华亭人，嘉庆举人。《孟子》七篇自赵氏《章句》后，接以朱子《集注》。按：汉唐人解经，只逐字逐句解，朱子始逐节逐章解，仍未能合通部章数连属而贯串之也。赵氏有《孟子篇叙》，言七篇所以相次序之意，林之奇诋为迂阔。《孟子》一书，据《史记·列传》及赵氏《题辞》，皆谓孟子自作。朱子亦谓观七篇笔势，非补缀可就。则一手撰述，岂无首尾贯串之处？特不当如赵氏所说耳。兆翀是书，仍用赵氏篇叙之目，首列《孟子年表》，更以七篇分叙。每篇中又各有叙，从上孟叙起。《梁惠王篇》记历说梁、齐、邹、滕、鲁事，诸君编次并不紊错。《公孙丑篇》重叙在齐事，《滕文公篇》重叙在滕及梁宋事，分国限断，绝不凌杂。其《以力假仁》五章，不言齐而可决其为齐者，则以全篇皆言齐为断，且与《牵牛》章相发。其《陈代》四章，不言梁而决其为梁者，则以周霄言晋国，与惠王合，且正是惠襄时人，自当是孟子游梁时问答。因之可见《景春》章，及《陈代彭更》章之断属断记也。其下孟每篇，各自著论，亦相联络。《离娄》章次似极散碎，然以行仁政兼责君臣，而归本修身，直推到君子深造，君子存之，盖事功学术相为一贯。其中具有纲领支节，而或整齐，或错综，且有附见穿插之处。《万章篇》全是论古，虽似每章分载，而亦以类相次。《告子》章言性善，逐章衔接。其下章皆以阐发性善之旨，至叙入居邹，则以见著论之在居邹时尔。《尽心篇》，零文碎语，随手撰记，是又册尾杂叙体裁。按如此立说，则前人所疑滕文公为世子，尚在第三篇。而梁惠王下，先列滕文公三章，又齐人伐燕在首篇，而沈同两章，列诸公孙丑，皆可涣然冰释。而自梁而齐而宋薛，证之本书，无不较若画一矣。又如梁惠王之年从《竹书》，而孟子之见，在惠改元十五六年。齐宣王之年从《大事记》，而孟子之见，在宣二十四年。具见斟酌尽善。其他关于人物及制度，与夫文句字义之未晰者，靡不详考而明辨之。诚读《孟子》不最要之书也。书刊于嘉庆间，前有沈步垣，李宝泰二序。

0524 孟子七篇诸国年表二卷光绪南陵徐氏积学斋刊本

清张宗泰撰。是书就《孟子》七篇中，与有关系诸国分列年表，表非说则不明，故先为之说。其据《竹书纪年》以驳《史记》，极是。谓见梁惠王必在改元之后，以来见之初即称之曰王，则为改元之后至梁无疑。既在改元之后，而惠王复胪陈三事以质之。又下章即接见梁襄王，非后十六年而何。此则确当不可易。又谓孟子实三至齐，一在未至梁时，一在去梁以后，当齐宣王二十五年至宣王末年，一在湣王既立之后。此乃主《史记》先齐后梁说。此说亦不为无因，但游梁之前即至齐，而未尝仕齐，与七篇始梁惠王者固不相妨。孟子逮事湣王，故篇前称宣王，后称齐王而无谥。中间曾以葬母故归邹，后又反齐。此亦确当不可易。至因丧伐燕取十城，此在齐威王时，不在宣王时。而宣王时曾伐燕，湣王时又伐燕。一在“梁惠王”篇，一在“公孙丑”篇，可证。惟宣王伐燕，《国策》失载，载于七篇者毫无可疑。宗泰知齐伐燕有二次，惟以“梁惠王”、“公孙丑”两篇所载者并为一事，此大误也。至以“滕文公问齐将筑薛”，及“孟子为卿于齐，出吊于滕”二章，事在至梁之前。不思七篇为孟子自记，应有次序，不应前后颠倒。出吊于滕非吊文公，是否为吊定公，亦不可考。以“滕文公”篇，次于“梁惠王”、“公孙丑”二篇之下，可证孟子见滕文公在游梁齐之后。孟子为卿于齐之时，安得有文公之丧。此乃次序之不可紊者。至“梁惠王”篇末忽杂入“滕文公问曰”“滕小国也”四章，疑是错简。因“梁惠王”篇与“滕文公”篇止隔一篇，易致紊乱。不然，记滕事应归一处，且不应为世子之楚时在后，为君问为国时在前。此亦次序之不可紊者。他若辨邹即是邾、邹国邹邑之非一、《竹书纪年》载越灭滕之误俱甚确。其所为表以见经先后为序，不因国之大小，故首梁、次齐、次秦、次楚、次邹、次滕、次薛、次鲁、次燕、次宋，而以任终焉。以费无他故实可据依，又事在孟子前，卫仅北宫锜一人见于篇。曹灭于哀公八年，无缘至孟子时犹存。赵邠卿曹交之注，实为谬误，均不之及。表依其说，有合有不合，惟尚简括不支耳。书为光绪间南陵徐氏积学斋刊本。

0525 读孟子偶记一卷嘉庆甲戌刊本

清邱𪸩撰。所说视《学》、《庸》较详，惟无甚精义。谓孟子答齐王两于传有之，一是《诗》传，一是《书》传，非也。古时但口耳相传授，大毛公始为《诗》传，伏生之徒张生等始为《书》大传，孟子时讵有之乎？谓第一篇所记伐燕，为齐宣王事；第二篇所记伐燕，为齐湣王事。是已。然以宣王伐燕，即乘燕丧取十城之一役，亦非也。是役系齐威王事，而以属宣王，亦考之未瞭也。稍可取者惟说《诗》及“策滕”诸条，得言外之趣而已。

0526 孟子疏证二十二卷传抄本

清迮鹤寿撰。鹤寿有《齐诗翼氏学》，已著录。是书《正经界》六卷，《班爵禄》十六卷。《正经界》有凡例七则，分夏九州经界、夏九州分土，殷九州经界、殷九州分土，周九州经界、周九州分土，夏九州据《禹贡》，殷九州据《尔雅》，周九州据《职方》。其分土用今地证古地，以积方计之，而详其四至。惟夏制据山水泽地所在为准，难免迁就。至据《尔雅·释地》说殷制，郭璞等本出臆断。按郑康成《诗谱》言梁、雍、荆、豫、徐、扬之民被文王之化，今《尔雅》无梁州，非殷制可知。惟周制，据《周官·职方》，参以《汉书·地理志》，较可信耳。《班爵禄》，有总例二卷，其目，一曰周室封建，分二卷。上卷考武王封兄弟及同姓、先代苗裔、周室昏姻、功臣谋士各若干国。下卷考先代旧封、同姓支庶、异姓支庶、周时侯伯，各若干国。一曰班爵五等，首天子，如西周十二王、春秋十四王、战国十一王是也。次公，如同姓二国、异姓五国是也。次侯，如同姓十九国、异姓十二国是也。次伯，如同姓十六国、异姓十八国是也。次子，如同姓五国、异姓三十六国是也。次男，如同姓二国、异姓三国是也。一曰班爵六等，凡君、卿、大夫、上士、中士、下士，府史胥徒，王朝侯国，制各有数。一曰王畿乡遂都鄙，凡郊甸稍县畺诸地，暨名山大川里数，远郊朝宿之邑，又王官方伯是也。一曰侯国疆里，凡公侯伯子男封国里数，以至方岳，汤沐之邑是也。附以黜陟庆让二表，一曰东西二都，有东西二都表，东都八至表，西都八至表。畿内国，及畿内名山大川。一曰侯国道里，志东都、西都、南方、东南、东方、东北、北方，所有侯国道里。一曰附庸五等。据《汉书·王莽传》，附庸自九成至一成，并证以公附庸、侯附庸、伯附庸、子附庸、男附庸之见于记载者，附以间田及畿内名山大川。一曰采邑三等，分王畿采邑里数、东西二都采邑、侯国采邑数、列国采邑。一曰王朝侯国官禄，分王朝官禄、王朝市肆群胥数、王畿乡遂郊野官数、王朝都鄙公臣数、王朝采邑官数、山林川泽官数，而大国、次国、小国之官禄，乡遂郊野官数，采邑官数，视以为差。一曰农夫五等，分获粟差数，视年出税，食粟中数，农夫五等。又王畿、公国、侯国、伯国、子国、男国田税与军赋之差。一曰班爵禄通释，分二卷，凡三十余条，皆要义，补他篇所未详者。其大旨具总例篇中，以《孟子》与《周官》言封建不合，创为调停之说。谓《孟子》言谷土，《周官》言封疆，虽异实同。又周制六官，亡冬官，据五官之数，五分取一以补之。因以推之侯国官制，亦比例而定其数。按《周官》一书即先儒信之者，亦以为周公拟而未行，岂能据为定制。况《周官》所无者，而可以臆见补之乎。然其间修理精密，非同苟作。又按是书缺总叙，疑不止此二大目，亦似不专为《孟子》作也。

0527 孟子集注指要二卷 约道光间刊本

清董锡嘏辑。是书本朱子《集注》，而申其未显未尽之说。盖《集注》时有过于疏略之处，学者不得其指，不免以偏见相揣测。锡嘏以注证经，熟审于文气语脉之间，颇见融洽。又所求者义理，与他书讲读法者不同，且亦有时能见其大。如“齐宣王问”章，谓孟子时，民困已极，故其告君论政，只重在制产足民。而建学明伦，则但举大略。所谓“故国”章，谓为齐王轻于进退人才而发，世主不知有民，莫不知有国，故以故国引起世臣，以世臣引起亲臣。末后说到为民父母，以见立国在得民进贤，原以为民之意。“陈臻问曰”章，谓君子辞受取予，与出处进退各是一事。若谓齐王不能用，故弃而不受，则孟子不应久于齐，非此章正义。如此之类，又非墨守者所能见及也。书中间及考证，如说“决汝汉排淮泗”，谓汝泗入淮，淮自入海，惟汉水至大别与江合流。孟子所说与《禹贡》不合，考《禹贡》播为九河，同为逆河。盖河过大陆趋海，势大土平，迁徙不常，自播为九，又合为一。禹特顺其势而疏之分之耳。简洁为二，与蔡传不合。按孟子所举不过泛论治水之概，偶有参错，不必曲为之讳。锡嘏之说是也。其他亦多有关于典制，为《集注》所未致详者。书无序例，亦缺刊版年月，当在道光间。

0528 **孟子外书一卷逸文一卷**道光二十一年刊《闲道集》本

题裔孙经国辑。是书第四篇为正，较他本多八章。他篇亦间有异文，录熙时子注，而不为标明又或删之，不言所据何本。据林春溥《孟子外书补证》，后附经国答书，言得之梁苑老人言家传此稿二十余世云云。其事甚奇。《逸文》则经国所手辑，凡五十九条，搜采甚博，间附案语。经国，浙江会稽人，历充院道幕职。书首有韩克均序，又有吴荣光、恒豫二序则为经国所辑《闲道集》四种作也。书刊于道光十一年，为《闲道集》之二种。

0529 **孟子外书四卷附一卷**嘉庆二十三年刊

汉赵岐《孟子注》，题辞云：“轲自撰法度之言，著书七篇。”与《史记》同。又云：“又有《外书》四篇：《性善辩》、《文说》、《孝经》、《为政》，其文不能宏深，不与《内篇》相似。”《汉书·艺文志》则云：“《孟子》十一篇，并《外书》也。”然自赵氏斥之，其书遂不显。旧本有四家注，曰扬雄，曰韩愈，曰李翱，曰熙时子。扬、韩、李三家殆出依托，据马廷鸾序，熙时子者即公非先生刘贡父。贡父因李泰伯不喜《孟子》，为此以示之。按此序不署年代，马廷鸾何人无可考。刘贡父名攽，李泰伯名觏。《外书》，《艺海珠尘》尝刊之，而不识其由来。是本大兴金绍纶校刊后，多蔓渊、胡震亨二跋。胡跋云："吾友叔祥客济南得《孟子外书》见寄，惜第四篇《为政》残阙不全，真秘册也。"案刘昌诗《笔记》云："新喻谢氏多藏古书异本，有《性善辩》一帙，盖即是书。宋以来留传绝少，虽断珪碎璧，尤当宝贵之"云云。绍纶序言"受业于丁小山先生，先生得之周书昌太史家。卢抱经先生亟称之，共相订正，欲广为流传"云云。按自汉以来，传记征引《外书》者不少，晋有綦毋邃注《孟子》九卷，并注《外书》，今熙时子注尚引有四条。又汉刘熙撰《孟子注》七卷，唐丁公著撰《孟子手音》一卷。二书久佚。熙时子注各引其一条。则《外书》及熙时子注，断非伪造可信。绍纶每句下附有案语，多所引证。又就《史记》、《后汉书》注等所引，今书已佚者别为一卷，附于其后。书刊于嘉庆二十三年。

0530 孟子外书补证一卷道光间竹柏山房刊本

清林春溥撰。春溥先得姚士粦所传胡震亨本，既又得孟经国《闲道集》本。《闲道集》者，孟经国所辑首《外书》四篇，校姚本为正多九章。大抵旁见他书，惟字句增减，间有不同。注亦略。据云得之梁祠老人，为其先世所藏北宋旧本，春溥据以补入，凡十七章。因熙时子之注为补证，援引诸书，颇见简要。旧本作序之蔓渊，考为四川涪州人，朱子门人。卷首有自序，谓古书之亡，后人以不见为恨。其出也，后人又以晚见为疑，深致慨叹。末附孟经国书，以证逸文来历。又附《外书考》，于翟灏《四书考异》所举伪迹八验，一一为之辨正。最要者，谓三迁、出妻等事出《外书》，而为韩婴、刘向所述。设无此书，彼何从而述之？季孙公都子，内篇不见其名。今有季孙郊公都，或二人之名，赖（可）［以］可考。公孙丑称丑子，亦犹匡章称章子，决非杜撰云云。观此亦可释然矣。书为道光间竹柏山房刊本。

0531 孟子读本二卷同治甲戌刊本

清王汝谦辑评。首有自序，称“协用席先生讲《孟子》不屑屑于字句，但指其握要处数语而毕。令生徒每日各批《孟子》数章，是曰是，非则非。言其非而不言其所以非，盖引而不发，欲其人之自悟”云云。是亦续《孟子》之一法。是书大抵本之席氏，有圈点，有旁注，有眉评，有总评。所分析者，不外“主宾开转接应”等语，盖读时文之故技也。自序亦作于咸丰二年壬子。别有毛昶熙、李艮先二序，则同治间刊书，时所为也。

0532 疑疑孟一卷道光六年刊

清黄本骥撰。是书为司马光《疑孟》作也。王充作《刺孟》，冯休作《删孟》，其书皆不传。今传者司马光《疑孟》一编，其持论虽辨而近于刻，转失圣贤之用心。朱子《或问》及《文集》已驳之。本骥此书盖仿《刺刺孟》、《非非国语》之例。大意多与朱子同：如谓孔子仕父母之邦，定哀君也。孔子，臣也，无论其庸与不庸，安有召而不往且他适之理。孟子传食诸侯，居宾师之位，尊己即所以尊道。又谓仲子以兄之禄与室为不义，避于于陵。然其母之晨馐夕膳，皆不义之粟也。居游寝处，皆不义之室也。是鹅也，兄受之，母杀之，而仲子哇之。固无以处受馈之兄，亦将何以处杀此馈物之母。又谓桃应杀人之问，原是设词，然以大孝之舜为之子，焚廪浚井，无所不为，安保瞽瞍之不杀人。桃应之问意在两难，孟子之答意在各尽。执者原未尝知有窃，窃者原未尝俟其执。执者自执，逃者自逃。臣守法，子爱父，极天下难处之事，圣贤只以臣子常理处之云云。俱精确不刊之论，虽温公复起，恐亦无以置辨。书刊于道光六年。

0533 赵氏孟子章指复编一卷福州萨氏刊本

清萨玉衡辑。玉衡字檀河，福建闽侯人。首有自序，作于嘉庆十九年甲戌。所辑《赵氏孟子章指》，全据余萧客《古经解钩沉》，与马国翰同而例微异。玉衡于七篇中各标“第几章”，国翰则不标章而标句。玉衡于每章后兼校伪、疏字句、证其增减，国翰则否。玉衡于《告子》章下多“第十五章言圣贤困穷”一条、《尽心》上多“第二十八章言柳下惠不恭”一条、“尽心”句下多“第十八章言孔其厄”一条、“第三十六章言曾参至孝”一条，国翰本无之。国翰于《万章》上多“贤者为之乎”句下“言君子时行”一条、《尽心》下多“无上下之交也”句下“言君子固穷”一条，玉衡本无之。其他文字小有异同，无关要旨。按：国翰虽书成在后，但未得见玉衡本，两本正可互证。题曰“复编”者，以台卿书残而复完也。

0534 孟子文评无卷数乾隆三十五年刊本

清赵承谟撰。承谟字襄周，直隶安州人，乾隆举人，官陕西庄浪县知县。是书首有冉瑾、陈风二序及承谟自序。大旨亦仿眉山苏氏批点《孟子》，冉序称其“细针密缕，融会贯通，无不斗之笋，无不弥之缝，离合断续，脉络分明。”陈序称“《孟子》七篇，止如一篇，而一篇中埋伏照应之法，如堪舆家言地脉，忽隐忽现，可意会不可言传。此书抉亚圣自具之旨，阐老泉未泄之奇”云云。今观所评，亦自醒豁，亦不抄袭苏、戴二氏陈言。所谓仁者见仁，智者见智也。承谟书成于乾隆二十一年丙子，至乾隆三十五年庚寅始刊行。

0535 孟子章句考年五卷道光甲午刊本

清蒋一鉴辑。一鉴字存斋，安徽无为人。一鉴据《孟氏谱》，参以任钧台诸家（诸家）之考正，以为孟子卒年八十四，实生于周烈王四年，终于赧王二十六年。大旨本之曹之升《孟子年谱》，证以《史》、《鉴》、《国策》及诸儒先之说，旁征姜氏《孟子篇叙》、陈氏《孟子时事考征》、施氏《读孟质疑》。其诸家所未惬者，则以《孟子外书》四篇定之。用周统纪年而置列国纪年于其下，次以列国时事之与孟子有关者。其纪孟子事迹，先纲后目。章句能确指某年者，特标之。其不能定为某年，则浑列于是年前后。数年或数十年者，则标曰章句附。自下己见，加以按字。前四卷从烈王四年起，至赧王二十六年止，综孟子之生及卒也。五卷从赧王二十七起，至秦始皇二十六年止，终战国也。首列年表，则从周安王二十年起，迄于秦亡。从六甲核数也。其误在仍信《史记》先齐游梁，又将客邹之任，置于游齐之前。更以游齐分前后二次，以前之游齐居宾师之位，后之游齐居客卿之位。而《梁惠王篇》及《公孙丑篇》，所分记之伐燕，乃遂并为一事。不知七篇之文，无论孟子自作，或门人所记，其次序先后，万不可易，何得任意迁就。一鉴成此，亦费斟酌。然一着之差全局因之，其故亦不自一鉴始也。其稍具独见者，如据《外书》谓孟子师子上，证以孟子言"君子之泽五世而斩"。又言私淑诸人，人即指子上。子上距孔子四世，孟子则身当孔子五世也。又据《外书》，孟子老于驺，昭王使乐闲迎之，孟子不往。此二事他书多未之及。至孟子之卒于赧王二十六年，则以鲁平公卒于赧王十九年而称谥，宋王偃卒于赧王二十九年而不称谥。亦见读书得间。卷首有陶澍、张怀涑序，又有一鉴自序及凡例。

0536 孟子讲义四卷道光庚子刊本

清丁大椿撰。是书分内篇二卷，外篇二卷。内篇言心性，外篇言治道。诂义之外，间及论文。句下着评殊近俗，章后总解大率循旧说，然间有惬理餍心者。外篇所附考证，亦欠精核。书刊于道光庚子，为《来复堂丛著》之一。

0537 读孟子劄记二卷光绪刊罗氏遗书本

清罗泽南撰。泽南字仲岳，湖南湘乡人，诸生。以军功保至布政使，殉难，谥忠节。是书专说大义，于宋儒中主程朱，而所得甚浅。尊濂、洛、关、闽，至等之孔、颜、曾、孟；斥陆、王，至等之佛老。不已甚乎？其最迂者，谓封建胜于郡县，郡县行，则井田不可复；井田废，则学校不可兴。最谬者，谓理无定在，势之所存，即理之所寓，昧乎势即昧乎理。然读“好辩章”，谓吾人或出处莫不有斯道之责，讵可以为不关己事，置而不顾。此可见其一生得力处。至论士习之弊谓士当穷庐诵读，惟揣摩利世之文，博取科第。一登仕籍，则奔竞干谒，贪婪恣肆。朝廷之安危，生民之休戚，一无所顾惜于其间。论治习之弊，谓州县假权胥吏差役，此辈亦有妻子父母岂能蔽口枵腹，代公办事，势不能不舞法弄弊，巧取民财。宰官若尽禁其弊，则衙门无办事之人。若不禁其弊，则为害于苍生云云。不惮痛切言之，洵有心于世道者矣。

0538 孟子辨证二卷光绪庚辰刊本

清谭沄撰。谭沄湖南湘潭人，官郴州学正。是书首有沄自序，谓《孟子》一书，先游齐后适梁者，《史记》之误。以魏惠成王为有后元年者，《竹书》之误。以齐宣王移下十年者，《通鉴》之误。又谓熟玩《孟子》本文，参考诸家之说，益知《史记·六国表》之年为不可易。今按书中以西丧地于秦七百里，系之梁惠王三十一年，引宋翔凤说为证。谓七百里者计其程涂非量其四至，故不云方。其说亦自可通。惟《竹书》系《魏史》，惠王有后元十六年，又有襄王无哀王，此为事实之必不可没者。沄不信《史记》先齐后梁之说，而独据此以驳《竹书》，误矣。《通鉴》以伐燕事属宣王，但按之《史记》不合，于是屈齐之年数以从燕，此亦有所不得已。与阎若璩屈燕之年数以从齐者正同。沄以齐伐燕有二事，一在宣王时，《梁惠王篇》所载是也；一在湣王时，《公孙丑篇》所载是也。所据《齐策·闵（闵与湣同）王篇》，有“三十日而举燕国”语。然燕策燕王哙既立章，有数齐宣王字，则又何说？必谓宣字为浅人因孟子而改，究亦无据。而“置君”一语，其为燕哙子而发，殆可想也。此自《史记》有误，不足为讳。惟驳黄本骥《孟子年谱》，孟子卒于赧王二十六年十一月十五日午时，其日为冬至日。谓古人未尝以子丑寅卯纪时，而周正建子以冬至为岁首，即以此日为春之始。是日南至，在正月不在十一月，亦不名冬至。又由周以来七百有余岁，江永谓共和以前，《皇极经世》及《通鉴纲目前编》因于刘歆《历谱》，有误衍之年。沄则谓仅误衍十一年，无七十二年。据《史记》以正《历谱》，俱极确审。书刊于光绪庚辰。

0539 孟子说七卷光绪三十三年刊本

清姜郁嵩撰。本姓郁，名嵩，湖北武昌人，诸生。是书首有李有棻序，又有郁嵩自序及凡例。自序言“取朱子之意，发明《孟子》各章大旨，使学者由朱子之说，以求《孟子》之意”云云。其书不录经文，以孩提之童无不习也。又不用训诂，以《集注》已无不详也。每章檃大意，亦自清晰，然理解不出《集注》之外，大抵拾他人牙后慧耳。然约繁为简，在苦训诂之烦者，阅此自较便易，未可因书多陈说概以村学究斥之也。书刊于光绪三十三年丁未。

0540 孟子注二卷原稿本

清陈澧撰。是本首有澧自题，云“庚午岁读”，又云“晚年之学，直移《孟子》七篇”，又云“读《七篇》用功当以‘人皆有所不忍’一章为始”，又云“近读《孟子》，以善字、利字、充字之类求之，如测天之用实测也”。按庚午为同治九年，时澧年六十二矣。所注皆从涵泳体验得来，或举其要，或抉其微，或发其疑。又或借以证史感时，且因之自责自警。语皆平实，不骛高深。自警则其涉于考证者，如“郊关之内，有囿方四十里”。澧以为方四十里者，乃为方十里者四耳。“文王之囿，方七十里”亦然。明堂位“鲁地方七百里”，亦当是方百里者七之误。又如“富岁，子弟多赖”。谓“赖”，懒也。赵、朱注皆非。惜如此之类不多。至若告子、荀子之言性，及后来李泰伯之讥不尊周室，不当劝齐、梁之君王天下，及王阳明致良知之非是，皆即据《七篇》之文，辨而正之。非真善读《孟子》者不及此也。

0541 别本孟子注二卷原稿本

清陈澧撰。是本自题云：“矢志晚年，熟读《孟子》”。其下注云：“乙丑九月初九夜书。”按乙丑为同治四年，下距庚子五年，盖初读本也，以较庚子读本，同异互见，而异处较多。其中有同条而说不同者，彼此之义理，可以相参。前后之识力，因之可验。如“不嗜杀人者能一之”句下，此注云：“秦始皇嗜杀人，虽一而不能定。汉高帝除苛法，故能定之也。”庚子本则云：“暴秦虽并天下，仍不得为一也，不久而陈、项出矣。至汉文刑措，乃为不嗜杀人者能一之耳。”又如“原泉混混”一节，此注云“孟子说此”，则但言学业。庚子本则申之云：“不用功不间断也，必盈科而后可进。必通一经，而后可以读他经。”又如“君子之泽”一节，此注云：“五世似指师弟相传”。庚子本则云：“后儒则传五世，其学虽未绝，亦必失之矣。”又云“圣人百世之师，则永不斩绝矣。孟子说此之意，再细绎之”。又“人之所不学而能者”一节，此注云：“良知是不学不虑者，致良知，则必学焉虑焉矣。若致良知可不学，然则亦可不虑乎。”庚子本则云：“王阳明致良知之说，本于《孟子》，而连合于《大学》，似不误矣。然而《孟子》说向明白处，阳明说向玄妙处，乃大误矣。”如此之类，合而观之，乃见其全。其分为二本者，殆以语繁卷满不得不移之他帙，而非视旧得为糟粕也。

0542 孟子外书补注四卷光绪十七年灵峰草堂刊本

清陈矩撰。矩字衡山，贵州贵阳人，官知县。按施彦士、林春溥俱为《孟子外书》作注，矩俱未见。其征引群书与施、林二家大略相同，惟《邵思姓解》一书，为施、林所不得见，而矩引之。“千年一圣”，矩引《周礼》大行人注，徐辟据赵岐注，引作孟子弟子。施、林俱未之及。其所申说各抒心得，合者似较施林为胜。卷首有自序，言班志载《孟子》十一篇，乃兼外篇言之。胡元瑞谓七字误分为十一两字，则应劭《风俗通》所载中外十一篇岂亦误耶？矩别撰《孟子弟子考补正》，即根据是书。盖信之甚笃。自吴骞、金绍纶、吴省兰、李调元、钱仪吉，迭为校刻。又得彦士、春溥及矩不相期而递为作注，传布愈广，探究渐多，庶几十一篇之旧可以复合矣乎？

0543 孟子赵注考证一卷咸丰七年刊本

清桂文灿撰。文灿字子白，广东南海人，道光二十九年举人，选湖北郧县知县。自来疏家体例，凡注中名物制度、古事古言，皆当为之博考详证。乃伪孙疏之于赵注不然，赵氏于每章之后，本有章指，孙氏竟删节其语入之疏中，已乖体例。其疏又全无发明，且时有意与赵违异。文灿为此书，意在考群经传注为之证明，且纠正伪孙疏之失。如“齐桓晋文”章“为长者折技”，赵注“摩折手节解疲枝也”，意颇涩奥。文灿释之曰：此即内则所谓疾痛苛痒，而敬抑搔之也。如《诗》云“刑于寡妻”，赵注：“寡，少也。”文灿释之曰：“赵说虽与毛异，然《笺》云寡妻，寡有之妻，言贤也。”当本三家说，是则赵以寡为少者，盖本三家诗也。又如“燕人畔”章“周公弟也，管叔兄也”，赵注：“周公惟管叔弟也，故爱也。管叔念周公兄也，故望之。”按《史记·管蔡世家》，文王长子曰伯邑考，次曰武王发，次曰管叔鲜，次曰周公旦。是管叔者，周公之兄无疑。而焦里堂乃据《列女传》、《白虎通》，以周公为管叔之兄，以证明赵说，不知赵氏意不如此也。文灿释之曰："赵氏亦谓周公自以为管叔之弟也，故爱之。管叔自念为周公之兄也，故望之。"本与史迁合。又如"非礼"章"非礼之礼"，赵注："若礼而非礼。陈质取妻而长拜之也。"按陈质事无可考，文灿引《后汉·樊英传》："英尝有疾，妻遣婢拜问。英下床答拜，陈实怪而问之。英曰：妻，齐也，共奉祭祀，礼无不答。陈质事与此同也。"又如"曾子居武城"章"昔沈犹有负刍之祸"，赵注"沈犹氏时有作乱者曰负刍，来攻沈犹氏。"赵氏以负刍为人名，本不误。而孙疏云："有寇贼自负其刍来攻我室。"文灿斥之曰："刍草岂能攻人家室之具?"综观文灿所证，大率语简而理确。惟"孔子在陈"章"琴张"，赵《注》云："琴张，子张也。子张之为人，踸踔谲诡。又善鼓琴，号曰琴张。"按《左传》"琴张"疏引贾逵、郑众之注，亦有以为颛孙师。按《家语》："琴牢字子张，一字开。"此称琴张当即其人。若以善鼓琴之故，即以琴加其名之上，此惟乐工则然，未可以例圣门高贤也。书刊于咸丰七年，前有文灿自序。

0544 论孟书法二卷附读四书一卷光绪癸未刊本

清张瑛撰。瑛字退斋，江苏常熟人。自来无以书法解《论》、《孟》者，然古人载笔矜慎不苟，况《论语》成于孔门弟子，七篇为孟子自作，断非漫然为之可知也。是书首有瑛自序及凡例。最关重要者，如《论语》开篇，次以有子，以其似夫子，弟子尝师之。故首章书"子曰"，以见开宗明义。次章书"有子曰"，以示继圣立言。此外则曾子、闵子、两冉子，俱称子，盖皆弟子尊师之词。则《论语》为五贤之徒所记，可推知也。又如孟懿子问孝，懿子与南宫敬叔师事仲尼，见《左传》、《史记·世家》。而此乃书谥外之，与列国大夫等，盖罪之也。如"季氏富于周公"，谓古无以富称周公者。以富称周公，不伦也。拟季氏于周公，尤不伦也。特笔书之，使国人皆知周公功德不可忘，则尊公室之义自明。季氏掊克过其分，则弱私室之义自见。又"公山不扰以费畔"，谓《春秋》之例，必大夫而后书畔。

阳虎入于欢阳关，书盗不书畔。此书畔者，畔季氏非畔鲁也。至《孟子》一书，不削齐梁王号，其文与《春秋》异，其义仍与《春秋》同。东迁之世，吴楚僭号，夫子意在攘夷，故削之。七国称王，夷夏之防已紊。秦并天下端倪已见，不削王号而以王政勉齐梁。一则曰挞秦楚，再则曰朝秦楚。犹是春秋攘夷之意。凡此诸条，胥关大义，瑛特表而出之。其他尚多所发明，然亦不免有望文生义者。后附《读四书》共四十三条，盖援杨诚斋以史证经例，就朱注引史十八条推而广之，为读"四书"者别开途径。书刊于光绪癸未。

0545 答疑孟一卷 道光丙戌刊本

清陈钟英撰。钟英字英多，江苏吴江人。是书就司马光"疑孟"诸条，各为说以驳之，与宋余允文"尊孟辨"，援义多同。而盖钟英未得见余氏书故，而词亦不相袭也。其中"答齐宣王问卿"条，不若允文援《春秋大义》之尤严正。其不合理者，硬牵入司马光行事，谓不杀吕惠卿、章惇、蔡京之徒，卒致养成巨奸，宋遂以亡云云。不思主行新法者神宗，而王安石辅之，能专罪吕惠卿、章惇乎？若蔡京则司马光方以为才而赏之，且以何罪诛之乎？微、箕、比干之不能易纣，当是力有所不能为，不可以经权论也。"沈同问伐燕"条，又牵及"箪食壶浆以迎王师"等语。按齐伐燕，据《孟子》考之，在《梁惠王篇》者，为齐宣王时事。宣王以问孟子，而孟子答以置君而后去之，"箪食壶浆以迎王师"，即此时语也。篇中虽不详其始末，然证以燕之未亡，则宣王能听孟子之言可信也。一在《公孙丑篇》，为湣王时事。湣王伐燕，不问孟子，而沈同但以其私问孟子，安知沈同即以其语劝王。又王既未谋之孟子，孟子何从以有怀而未尽者告于王而止之？然司马光所疑，似亦并前后为一事，不特钟英未了了也。要之，仁智各随所见，是非本无定衡。允文之辨，已属多事，钟英可无须饶舌。而后来黄本骥、汪宗沂辈，益难免床上安床之诮矣。

0546 孟子补义十四卷约咸丰同治间刊本

清凌江辑，凌奎增注。江，吴兴人，凌堃之兄，奎则其弟也。卷首有江自序，大旨以赵邠卿章句为主。自序称“与仲弟堃，条理疏解，芟繁补漏，隐者显，瑕者纯”云云。书中赵注之外，间引刘注、孙疏，余不之及。亦间有订正赵注处，颇谨严有法。注下有双行夹注，当是奎增与注语互相参证。所引稍宽，自孙疏、朱注下至近代阎若璩、何焯之说，每见采及，或纠其误，惟其中多有沿误而未加详证者。如“孟子见梁惠王”，据孙疏引《魏世家》云：惠王三十五年，以卑礼厚币招贤者，邹衍、淳于髡、孟子皆至梁。不知惠王尚有后元十六年，孟子至梁当在后元十三年后，方与情事相合。《史记》盖误于西丧地于秦七百里，南辱于楚，亦未能指出实证。又夹注中引《诗谱》，孟仲子，子思弟子。不知孟子即与子思不相及，何况仲子。况注云孟仲子，孟子之从昆弟，从学孟子。不应自为矛盾。又景丑氏夹注引《汉艺文志》有《景子》三篇，殆以景子即景丑氏，亦属无据。其他疏谬之处尚多，盖凌氏兄弟原不长于考据也。书无刊版年月，约在咸丰同治间。

0547 孟子识一卷《甘雨亭丛书》本

日本物茂卿撰。是书不分章节，系杂记体。有涉议论者，有涉考证者。其独到之见往往与古契合，由立乎汉宋学派之外，不为所囿也。如谓孟子时百家坌涌，极口讥圣人，孟子奋然与争。于是先王之道，降为儒家者流。故其言务张儒家，以见孔子之道，踰于百氏。故其书脱略礼乐，圣夷惠，创仁义礼智，养浩然之气，俱非孔子之旧。荀卿以性恶抗之，圣子弓、著礼乐论，可谓善操其短。又谓义利之辨，先儒以为《孟子》开卷第一义，夫舜之三事，利用、厚生居其二。虽孟子亦以安富尊荣为言，此章首辨义利者，说之道也。战国时说客，务排他人以伸己说而求售，皆有所标异，以耸人之听，孟子亦犹是耳。其解“麀鹿攸伏”，据赵注：麀鹿怀妊，安其所而伏不惊动也。谓伏如鸡伏卵之伏，而朱注删“怀妊”者，误。解“数罟不入洿池”，谓洿池连言，只是池沼，非小小渟水之处，朱注非。洿池渊沼，鱼鳖所藏，生育存焉，故不用数罟。至于江河则其所溯游，不必禁矣。其解“五十衣帛，七十食肉”，引王制六十非肉不饱，七十非帛不煖。以为人饮食之养，切于衣服。故六十当言肉，七十当言帛。王制之文为优，孟子或为传写之误。其解“省刑罚”，谓“省”少也。盖先王之刑，条数极少，后世儒者乃有轻刑罚之言，不知乱国用重典，新国用轻典，治国用平典。是刑罚世重世轻，初非后世律文一定不易者比。又谓“孟子不嗜杀人”一语，意虽善而言则非。不嗜杀人者，但如徐偃、梁武可以当之耳。汉高祖、光武、唐太宗，绝非不嗜杀人者。其解“仁者以大事小”，谓仁者以安民为心。观于太王曰：君子不以其所以养人者害人。此古义也。朱注谓无较订大小强弱之私，未免见小。书中多驳正伊藤仁斋之说。仁斋者，伊藤维桢也，在彼邦讲汉学为茂卿之前辈。是书无序例，为甘雨亭丛书刊本。

0548 孟子劄记四卷宣统二年排印本

清翟师彝撰。是书首有师彝自作《弁言》，又有龙溪桑者《序》，鲁圣泉《书后》。书分内篇二卷、外篇二卷，大抵据近世新学理、新政制以考七篇。内篇言春秋奖霸，非孔子初心。孟子卑管晏为不足为，盖与孔子之时异。春秋王迹初熄，赖霸功以维持之。犹得藉华夏人伦之教，以治夷狄之罪。孟子时，霸已裂矣，功利之说遍天下。奖霸不足以销祸乱，故薄管晏而不为。又谓孟子言强恕而行，恕之一字，各宗教以之支配人心。孔子言老安少怀，释迦牟尼谓众生一念，无他，仁而已矣。仁者，恕之极端也。又谓黄老者任侠之勍敌，任侠者帝王之蟊贼。自汉以还，皆崇尚黄老以治天下，名虽统一孔教，罢黜百家，而其实则非也。又谓大义不明，而后小义乃见重于世。大义者，君君臣臣父父子子兄兄弟弟夫夫妇妇是也。小义者，重然诺，轻死生是也。《外篇》言谋于燕众而置君，与今日选举大总统之制同。

又言孟子称善战者服上刑，连诸侯者次之。仁人爱民之心，非策士弭兵之术。俱能抉见精蕴，余则不免支离矣。书为宣统二年庚戌排印本。

0549 读孟随笔二卷民国壬戌刊本

清王祖畬撰。后有其子保譿跋，盖祖畬于辛未岁读汪份《孟子集注大全》时所札记也。大旨在析理，每条以“经文”或“集注”为标题，而阐发其义。于《蒙引》、《存疑》、《困勉录》、《说丛》、《说统》、《翼注》诸书，及宋元明清诸儒之说，间亦有所纠正。惜持论多迂，如开篇“王何必曰利，亦有仁义而已矣”一条，谓此先从理欲上分剖，不必说到功效。则以儒者修身事例之治国，殊乖书旨。又尊信程朱过甚，程子谓师也过，商也不及，过于厚些，则渐至于兼爱，不及则便至于为我，其过不及。同出于儒者，其末遂至杨墨。按儒与杨墨，教旨迥殊。所谓过不及，自是儒家之过不及，何至流为杨墨？不能不谓程子失言。乃亦为之曲护，似可不必。又如“齐人有一妻一妾”，其事之有无，何关大义？乃亦哓哓置辩，未免空费唇舌矣。是书附刊于祖畬所校宋本《孟子》之后，时民国壬戌也。

0550 孟子性善备万物图解光绪辛酉刊本

清刘光蕡撰。是书卷首止一图，与所解不甚照应，当有错误。又据所为解，应有气图、形图、物图、人图、心图、身图、家国天下图。诸图，今俱无之。惟所解颇多精义，如谓孟子论性善，皆是据继善成性以后说。即是据气质言，无气质则礼义无所附。何从指为善，惟道性善，言称尧舜。此处性字是彻上彻下，盖至治如尧舜，则举世之人皆善。能使举世之人有善无恶者，天所生之人，其本源有善无恶也。又谓凡有形即有性，如本草所列药性是。形质色味同，则性同，凡物皆然，人性何独不然。孟子谓形色天性即此意，富岁章麰麦之喻，实发其理。生之谓性，即孟子形色天性之谓。特告子于形性未了了，而语则是。孟子以形异色同之白玉、白雪、白羽诘之，告子果知色而忘形。更诘以犬牛与人，而告子辞穷矣。又谓人性之善，在能为善，非不为而自然文明也。如果木然，其若生枝叶，即具花实之理。然必久而始华，又久而始实。倘无培植之功，且久而不华实，故神灵首出之君师，为赞天地之化育也。教化日启，则民智日生，风俗日美。炎黄以上之獉狉，能为三代以上之礼乐。盖有人形，即有人性。故善为人之所同具也。又谓尧舜之道孝弟而已矣，实能知天地万物为一体者，方能及此。《孟子》“万物皆备于我”章，乃其注脚。以吾身之父母证天地，以吾身之兄弟证民物，信其无不同也。尽恕之道，则天下一家，中国一人矣。又谓以性为善，则因其善而导之，凡事皆顺民心。孔子所谓“因民”，孟子则曰“同民”，王者之道也。按《孟子》七篇，皆言王道。王道者，尧舜之道也，尧舜之道不过由性善而推之。是书虽止解性善，谓为全书作解可也。书中宏议络绎，且能融贯，其所缺诸图，亦可据意补之。惟谓《孟子》书中所谓先王，系指孔子，则惑于近人谬说，未可为训。书刊于光绪辛酉。

0551 **香草校孟子一卷**光绪刊本

清于鬯撰。鬯有《校周易》，已著录。是书止“梁惠王”、“公孙丑”二篇，下缺。所校如“为其象人而用之也。”谓象人之字，合为一字，即是像字。今肖生人之形貌而为之者，谓之像。引《战国策》，“秦王言宋王无道，为木人以象寡人”为证，非但空似人形而已。又“人皆谓我毁明堂”，谓此明堂盖宣王自筑。引《吕氏春秋·骄恣览》：“齐宣王为太室，大益百亩，堂上三百户，以齐之大，具之三年而未能成”云云。其事亦见刘向《新序·刺奢序》：“惟明堂有太室。”此即宣王作明堂之据。又“孟施舍似曾子”，“北宫黝似子夏”，谓两“似”字，是“师”字之误。又“隘与不恭，君子不由也。”谓君子非泛言，即指孔子。又“孟子自齐葬于鲁”，谓葬鲁即是葬邹，鲁之并邹，即在孟子之世。或即篇中称邹与鲁关，所举有司死而民莫救，年岁凶而君不闻。上慢残下，老填沟壑，壮散四方。皆亡国之道，宜为邻国所并。至穆公为亡国之君而有谥者，则有宋康王之例在。凡此诸条，新而甚惬。惟谓"文王之囿百里"，"囿"是"国"字之误，即据《公孙丑篇》文王方以百里起为证，不知《公孙丑篇》以文王初起时言，非所论于三分有二、受命称王之时，于传有之，是明有其事，岂孟子而欺宣王乎？"百里之国"，及"国"、"囿"互误，虽有他证，而此章则明白无疑义也。

0552 孟子时事考征四卷嘉庆八年刊本

清陈宝泉撰。宝泉字凤石，安徽泾县人，嘉庆举人。是书主《通鉴纲目》，但《纲目》一书即多牴牾。盖朱子止成凡例，而纲与目则分属门人。故宝泉以《纲目》为经，杂引《史记》、《国策》、《竹书纪年》，与夫诸家编次孟子事迹图谱，信而可征者，以为之证。成书在周广业《孟子四考》之后，故其说亦较广业为详。卷一至三遍考时事，从威烈王元年王命韩赵魏氏伐齐起，至秦始皇二十六年灭齐止。其事有在孟子前及孟子后者，而与七国相终始。读《孟子》者所应知也。卷四附考七国形势，取宋王应麟《通鉴地理通释》中《七国形势考》三卷，删繁就简，释以今地，并绘地图于前书中。如齐伐燕丧取十城，或以为宣王事，而以沈同二章为湣王事。然若宣王止取十城，孟子安得有"毁宗庙迁重器"，及"劝王置君而去"等语？西丧地于秦七百里，据《史记》言秦取少梁东地至河，惠王时未尝丧地七百里。至襄王五年，秦败我龙贾军于雕阴，围我焦曲沃，予秦河西地。六年，秦取我汾阴皮氏焦。七年，魏尽入上郡于秦，秦降我蒲阳。八年，秦归我焦曲沃。十三年，秦取我曲沃平周。此正丧地于秦七百里之事，而系之于襄王，盖惠王立三十六年，又改元，后十七年卒。而《史记》误分为二王之年也。"南辱于楚"，即《史记》楚昭阳败魏于襄陵取八城事。其系之襄王十二年者，亦不知惠王有后元十三年之误。孟子去魏适齐，据孟子自范之齐，范即今东昌府濮州范县，孟子去梁之所经也。大梁、临淄相距千里，故尹士曰"千里而见王"，孟子亦曰"千里而见王"。若由邹以往仅得半耳。孟子去齐居休，休属颍川，当在宋境。孟子闻宋王偃欲行王政，故观之。《大事记》谓孟子去齐之宋是也，宝泉于此等处，依据甚当。惟以孟子先事邹穆公，自邹如宋。滕文公之楚，过宋见孟子，亦在此时。又自宋归邹，至邹穆公卒，乃应聘至滕，在游梁齐之前，则与本书顺序不合。又燕昭王非太子平，梁玉绳所辨甚明。而宝泉仍袭旧文，未为驳正，皆其小失。卷首有凌廷堪、赵良霨二序。刊于嘉庆八年。

0553 **孟子今义四卷**民国二年排印本

彭赓良撰。是书为赓良所撰《九经今义》之一，盖袭今文家张三世之说，而传之以今时新学说。谓孟子言尧、舜、文王、孔子，言仁政、王政、不忍人之政，言仁义，言性善，皆传孔子大同之义。择七篇中与有关合者，附会其说。首有自序，畅发此旨。书为民国二年排印本。

0554 **孟子微八卷**光绪二十七年印本

康有为撰。首自序。总论第一，性命第二，心身第三，仁义第四，礼智第五，孝弟第六，仁不仁第七，王霸第八，仁政第九，同民第十，政制第十一，外交第十二，战第十三，贵耻第十四，师友第十五，辨说第十六，论古第十七，辟异第十八。就七篇中，分类分条，各表其微言大义。所谓微也，总论一篇，揭其要领。其“滕文公为世子”章，曰道性善，言必称尧舜，曰夫道一而已矣。孟子言性主善，言道主仁，道一者仁也。他章有曰道二，仁与不仁而已。可证。所法者尧舜，一切言学言治，俱由此推。有为颇能畅发其蕴，尤以“性命”、“仁不仁”二篇，最为精切。以为孟、荀言性，大概皆同。但标名曰善曰恶，此盖诸子立义之常。后人不善体会，遂生讼端。告子杞柳杯棬之喻，与荀子、董子合，与孟子亦无不合。特辨名有殊，而指归则一。即其喻水之喻，亦即扬子所谓善恶混，合于孔子性近习远之义，为中人言之本无可议。其生之谓性之说，尤得制字本义。孟子驳以犬性牛性不足以折之，可谓能持其平。“仁不仁”篇发明孟子恶战之旨，至以善战者服上刑，而归之于不嗜杀人者能一天下。此其理亘古今横东西而不可易。又书中比附时事，如国人皆曰贤，国人皆曰不可，国人皆曰可杀。为授民权开议院之制。民为贵，社稷次之，君为轻。是故得乎丘民而为天子，为立民主之制。舜为天子，皋陶为士，为明司法官独立之制。俱于理无碍。惟据乱、升平、太平三世，乃《公羊》家言。乃专据之以说《孟子》，甚至执改制之说，谓井田之法，三年之丧，为古所无，并尧舜亦系空名，则涉于荒诞又若戒杀乃释家教条，自由、立宪等乃西学名词，叠引不穷，则有为之自为书，而非说《孟子》矣。要其深湛之思、宏博之辩，自有不可废者。书印于光绪二十七年辛丑。

0555 孟子发微二卷 民国十四年排印本

易顺豫撰。是书大旨以孟子实有王齐王滕之事，而人莫之知，盖为《史记》所误。最大者，缺魏惠王后元十五年，以其事属之襄王，致“西丧地于秦七百里，南辱于楚”二语，无有着落，后儒多据《竹书纪年》以正之矣。而齐宣王三年，又有不合。《通鉴》上增威王十年，下减湣王十年，乃以意为之，而仍有未合。顺豫据《索隐》所引《纪年》，谓《史记·田完世家》，已误桓公十九年为六年，又误威王四十六年为三十六年，致相差二十三年。于是威王后二十三年之事，前十九年不得不属之宣王。后四年，不得不属之湣王。不知威王实卒于惠王改元后之十五年，孟子自梁至齐之年，为宣王元年。按此说最确，为自来注家所未及。顺豫又据《史记·秦本纪》，惠文王十一年，燕君让其臣子之。而《公孙丑篇》，沈同私问伐燕，孟子曰子哙不得与人燕，子之不得受燕于子哙，当在其时。是时宣王初卒，湣王新立，齐欲伐之，孟子所谓以燕伐燕者也。然则“梁惠王”章，宣王伐燕，孟子所谓燕虐其民，王往而征之，燕民箪食壶浆以迎王师，另是一事，不得相混。书中引援杜预《左传后序》及《史记·孟尝君列传》、《田完世家》、《索隐》所引《纪年》，证最坚确。又遍引《史记·秦本纪》、《燕世家》、《田完世家》、《魏世家》、《六国表》各条，一一为之辨其讹谬。口谓孟子去齐，实因湣王不肯行三年之丧，而王齐王滕，则以宣王、文公皆行三年之丧，故发微之意盖在此。书为民国十四年排印本。

0556 孟子大义一卷 四川敬业书院活字印本

唐迪风撰。迪风，四川宜宾人，清诸生。是书首有自序，中分五章，一辨义利，二道性善，三息邪说，四政教，五守先待后。每章又分若干节，虽亦贯串七篇而理解平庸，未能畅发精蕴。惟论性善，溯源于《中庸》、《论语》、《周易》、《左传》、《尚书》，援引甚确。但以“上知下愚”为指气质，仍是拘于宋儒之陋说。不知此章重“不移”二字，不移于习也。习于善而不移者，斯谓上知。习于恶而不移者，斯谓下愚。非先有上知下愚之质，而后不移也。且孔子之意，欲人为知不为愚，故勉之以上，警之以下耳。仍与性近习远之旨不相悖，岂真有不移之人哉。宋儒见不到此，强分义理之性，气质之性。气质岂可为性哉？气质是性，而有善恶。称性善者岂不为所破哉？迪风他说，亦鲜独得。自非好学深思心知其意，论古诚不易也。

逸文之属

0557 **逸孟子一卷** 光绪十三年玉函山房续刊本

清马国翰辑。是书仿《孔子集语》之例于七篇外搜采群书，零章断句在所不弃。惟诸书所引《孟子》，或概括原文之意，或就原文而申解之，虽与七篇原文少异，未必全出七篇之外。且国翰所收遗漏尚多，如首条引《荀子·性恶篇》“孟子曰：人之学者其性善。”而《荀子·大略篇》引孟子三见宣王而不言事。门人曰：“曷为三遇齐王而不言事。”孟子曰：“我先攻其邪心，乃不之引。”则其他可知。其引《僬英玑珠》“孟子曰：‘江海异于行潦则深广也，泰山别于丘陵者高大也。若深不异于行潦，则孺子浴其渊。高不出于丘陵则跛牛涉其颠。’”此条仅见于陈士元《杂记》转引。而《僬英玑珠》，究何所据，毋乃近滥。书中不及《外书》，以赵岐有依放而托之语也。按《北堂书抄》引《逸孟子》曰：“战者，危事也。”《孟子》称“逸”，岂六朝时《外书》尚存，至唐初而逸耶？又按周兴嗣《次韵千字文》有孟轲敦素语，李瀚《蒙求》又孟轲养素语。今七篇无其说，岂亦出于《外书》耶？书为光绪丁亥玉函山房续刊本。

四书总义

传说之属

0558 读四书丛说八卷嘉庆何元锡刊本

元许衡撰。按此书已收入《四库》，据《提要》止有许谦《读四书丛说》四卷，其中《大学》一卷，《中庸》一卷，《孟子》二卷，《中庸》阙其半，《论语》全阙。阮元《四库未收书目提要》，有《论语丛说》三卷，系依元刻影抄本重抄。又有《读中庸丛说》二卷，则从吴中藏书家得见元板《中庸丛说》足本二卷，合之遂成完璧。此本为嘉庆间何元锡所刊。元锡，字梦华，浙江钱唐人，诸生。家多藏书，精鉴别。是本前有阮元作《何氏丛书序》，又有阮元作《何氏访书图题辞》。卷首有吴师道原序，首称谦师金仁山，仁山师王鲁斋，从登何北山之门，北山则学于黄勉斋，而得朱子之传者也。称《丛说》之于《章句》、《集注》也，奥者白之，约者畅之，要者提之，异者通之。画图以形其妙，析段以显其义。训诂名物之缺考证，补而未备，又详著焉。又称谦未没时，西州人有得其书而欲刊之者，君闻亟使人止之，且恐记录之差也。则自取以视，因得遂为善本云云。观此可知谦师承所自及著书之旨，与刊本之足贵矣。《四库》及阮氏《提要》俱未言及此序，想俱未见之也。

0559 四书辑释大成不分卷元至正刊本

元倪士毅撰。首凡例，次引用姓氏书目。先是，士毅之师陈栎撰《四书发明》，同时胡炳文亦撰《四书通》，栎又摘《四书通》之说，附入其书，仅于《大学章句》发其端而栎殁。士毅绍其师业，以陈说为主。胡说不全录。此外有所增入，先朱子《文集》、《语录》、《辑略》、《集义》，旁及诸家所引之说，多有融贯删节，不尽依原文。注文之下，又增入音释。此其大略也。士毅谓兴国间所刊四书，乃朱子晚年绝笔所更定本。惟祝氏附录依兴国本，他本皆依旧本。惟栎书遵祝本，又尝著《四书考异》一卷，辨祝本与他本之得失。大节有三，其一则《大学》经中释“诚意”处；其二则《论语》“为政以德”章释“德”字处；其三则《中庸》首章第一节下断语是也。故以《考异》卷中要语，各附于本处，使观者相参而得之。明永乐间修《四书大全》，即点窜是书而成。顾亭［林］所云详简，多不如倪氏，且间有舛误者是也。乾隆修《四库书》时未得此书，馆臣仅见士毅所撰《作义要诀》一书，硬断是书亦为经义而设，实大谬也。士毅凡例作至元三年丁丑，刊于又五年，而刊板时至正二年壬午也。日本有仿元刊本。

0560 四书浅说十二卷清乾隆刊本

明陈琛撰。琛号紫峰，福建晋江人，隆庆进士，官（部）［考工］主事。以母老告终养归，屡征不出，事迹具《明史》本传。琛讲学务平易切实，不为穷高极远之论。其说“四书”亦同此旨，语求显浅而理甚醇正。尝学于蔡清之门，清著有《四书蒙引》。明侍御陈让赞评之曰：虚斋《蒙引》得圣学之精深，间有意到而言或未到。及其所独到，可以发晦翁之所未发。紫峰浅说，得圣学之光大，意到则言无不到。及其所独到，可以发虚斋之所未发云云。按是书及《蒙引》皆为举业而作，然琛尝有诗云：“选举乖三代，词章赘六经。”殆亦慨乎言之。由场屋之学引而入于圣人之道，亦不得已也。是书初刊为隆庆戊辰，有圣泉子序，即作德书堂主人也。又有崇祯丁丑刊本，有唐光夔序。至乾隆己酉裔孙礼馨，又为翻刊，蔡新为作序。

0561 四书集注直解说约七卷康熙丁巳刊本

明张居正撰。居正为讲官时著《四书直解》进呈，其书先标举《四书章句》为纲，次朱注，次《直解》，句栉字比，大都平实。康熙丁巳徐乾学重刊是书，又取吴郡顾梦麟《说约》原文，以细字纂其上。卷首有乾学序，附居正进讲章疏。又附《四书直解看书法》，甚浅陋，不知何人作也。

0562 说书不分卷明刊本

明李贽撰，汤显祖批点，颜季亨注补。《说书》者，说四子书也。首《论语》，次《大学》，次《中庸》，次《孟子》。每书先统论，次分说。论《大学》，谓世传“大学之道”以下为圣经，孔子之言也。所谓“诚其意者”以下，为贤传，曾子释之之辞也。若后人欲复释之，释曾子之释可也。顾曾子之释，既详且明。乃不信曾子，而必信朱子者，岂以虚灵不昧之本体，举可以语之凡民耶？论《中庸》，谓“喜怒哀乐之未发，谓之中，中也者，天下之大本也。”《中庸》既两释之，而程子则曰：“不偏之谓中。”朱子又曰：“中者不偏不倚，无过不及之名也”。岂以子思子之释为非耶？语极痛快。说《论语》学者，谓学从爻，觉亦从爻，盖指吾心之爻之中而言。《易》曰爻也者，效此者也。岂不以所画之爻，以效吾虚中之真心乎？又曰：“爻者言乎其变也。岂不以千变万化，皆由此中出乎？”说亦新颖。说《孟子》皆所以明人伦也。谓三代之为道，同有此君臣父子夫妇，而无异道。三代之为民，均之为士农工商，而无异民。至于道释者流之昌炽也，人始不有君臣父子夫妇，而有异道。人始有不士不农不工不商，而有异民。今则正而一之以君臣之义，父子之仁，夫妇之别，庶乎人无异道，而道三代之道也。正而一之以士农工商，庶乎民无异业，而民三代之民也。按如此立让亦何让韩退之《原道》，孰谓贽非圣无法耶？他所说，虽多涉于玄理禅机，而旨趣自妙。如说孝弟为仁之本，引《老子》："绝仁弃义，民复孝慈。"谓孝慈，本也。民复孝慈者，以悖本也。是《老子》之学，何尝与孔子异。说"七十而从心所欲，不踰矩"，引《老子》常无欲以观其妙。谓常者真常也，真常之性本无欲。孔子"七十而从心所欲，不踰矩"，其所欲者正从无欲中来。附合殊有理。显祖辩才不若贽，所评亦具理解，而未足以辅之也。

0563 四书证义笔记合编不分卷 明万历癸丑刊本

明钱大复撰。大复字肇阳，江苏太仓人，万历癸酉举人，知山东蓬莱县事。大学士龙锡父也。大复先有《四书证义》之作。后令蓬莱，与诸生论性，及解官后答问诸生，各若干条，别为笔记，其子龙锡合为一编。首有邹元标序，为《证义》作也。次有孟时方、韩浚、孟一脉、张以诚诸序，则为《合编》作也。其书要旨在以阳明证紫阳，谓致知之知，即是良知，朱注以虚灵不昧解之，非良知而何。良知便含得至善，致良知，即明明德，亦即止至善，而新民该其中。其实功在格物，良知之说明，则学问有所宗。无论《大学》大旨不外是，即《中庸》、《语》、《孟》大旨，亦不外是云云。按朱注"虚灵不昧"四字，不过偶然作训，与阳明之抱良知为讲学宗旨者不同。大复于"致良知"外，又添出"止至善"，便非阳明本旨。与阳明于"知"字外添出"良"字，非圣经本旨正同。论学而专事调停，多见其牵强无谓耳。

0564 四书考不分卷 万历己亥刊本

明戴文仲辑，戴应扬注。四书人。按明人考四书者，以薛应旂、陈仁锡之书为赅备。文仲是辑，于本经外，兼及《集注》。凡经注所未详举者，一一为核其实。有图有说，使读《集注》者，左右逢源，省翻书之苦，不无小补。惟抄袭旧文，未加精考，舛误在所难免耳。卷首有汪学伦叙，书刊于万历己亥。

0565 四书合喙鸣十卷万历间刊本

明许獬撰。獬字子逊，福建同安人，万历辛丑进士，选翰林院庶吉士。卷首有张以诚序，又有池显方撰《许锺斗传》。锺斗者，獬之号也。又有獬季子镛识略。是书以朱注为宗，列作大字，其下附以释义、发明、剖疑、补略、参考、事实各目，俱作双行。释义者，字义所指，未及阐发，为释明之。发明者，讲说已完，但意之渊涵，愈出不穷。浅言之不足，又深言之。虚描之不足，又实证之也。剖疑者，或传注未有本旨，或旧说有戾传注。或章中前后，照应语意，涉于疑似，为之训释，使学者不疑焉。补略者，融贯之中，间有遗略，则别补之。参考者，义不限于一隅一事，其有可备采择者，若曰某可从，某可备览，某须详之类是也。事实者，人有行谊之实，事有度数之实，备载一二，以备操觚者所取资耳。按獬以工制艺著称，是书不脱时下讲章习套，惟解说较显豁，条理较清晰。其题《合喙鸣》者，取譬于鸟。人异其说，犹之鸟异其鸣。合众说而成书，犹之合众喙而为鸣也。晚明文士，竞尚纤巧，乃施之于圣经，不类甚矣。无刊书年月，当在万历间。

0566 学庸真旨三卷明万历刊本

是书签题《钱太史评点学庸真旨》，卷一则题龙锡手辑。首有龙锡及吴天胤二序，则俱称为薛公宣辑。而卷二以下，别称龙锡评定。盖辑者薛氏，而刻书者重龙锡名而假之也。龙文字雒文，江苏华亭人，万历进士，授职编修。崇祯初入阁，以袁崇焕狱，罢职系狱。旋遣戍，福王时始复官旋里，未几卒。是书称以太史，盖在万历时也。薛公宣即卷中所题薛士容余量也，亦华亭人，与龙锡为中表兄弟。卷首尚列参订姓氏多人。其书本之龙锡父某所纂合编，而参以他家之说，盖为举业而作。推勘颇细，而识实陋甚也。

0567 四书小参一卷附问答一卷明刊本

明朱斯行撰。斯行字道之，署籍西陵。按西陵汉县，属江夏郡，今在湖北黄州府黄冈县西北。是书以禅理说经，慧舌澜翻，时生妙悟。在四子书中，亦一新义也。其中有说理极精，足以补旧训所不及者。如解“格物”，谓格训至，亦有潜孚之意。如远人格，君心格，鬼神格之格。格物者直彻至托根寄命之处，与之融会贯通，合一无间。又谓解“诚意”，谓诚者自成也。《中庸》自有明解，何必加一实字。何谓诚意，谓意之初动，从无善中出。善且无有，何况于恶。如乍见孺子将入于井，而怵惕恻隐，并无有纳交要誉之念。一人转念，初意便不诚矣。解“君子素其位而行”，谓素训现在，古无此解，素之为言质也，犹“绘事后素”之素，位之变迁，时异世殊，反之太素，毫无改易。解“言寡尤，行寡悔，禄在其中矣”，谓吾人日用中，真能无尤无悔，不愧不怍，安闲受用，是为真禄。阙者阙然不敢自足之意，如疑必求其信，殆必求其安。若作空阙之阙解，则疑殆之所在，即尤悔之所在。解“令尹子文章”，谓忠清即是仁，只看知与未知若何，知得忠清所自来，则不废忠清，亦不立忠清。不知忠清之所自来，则忠者但见其忠，清者但见其清，于仁体何涉。以上诸条，俱新而凿。后附“问答”一则，全是禅家机锋语，于经旨无与矣。书无序例，明刊本。

0568 四书近语六卷康熙甲午刊本

明孙应鳌撰。是书为康熙甲午黄平王枵刊本。应鳌讲学清平时，著此书，已梓行，而传本甚罕。枵得残帙，缺下论《孟子》，多方搜访，始辑成完本付刊。卷首有枵序，及戴嗣方二序。原本有应鳌自序，枵序称每发一论，亲切著明，与朱注相表里。嗣方序称应鳌为切问近思之学，窥知行合一之原。其于四子书融会贯通，详说反约，著是书务得圣贤大旨所存。以《论语》开章言学，为圣人教人求仁之事。论《大学》则以格致为圣学之安身立命，论《中庸》则以慎独为尽性之始终条理。谓孟子一生之学为性学，故可以正人心，息邪说，曰治道讲学术云云。按明人讲章，大都宗朱，然拘迂空泛，尠能自抒心得。应鳌是书泛论大义，不为章解句释，与朱注互有详略，不肯苟同，亦不染讲章习套，似在其所著《易谈》之上。四库著录《淮海易谈》，而不及是书，殆未之见欤？

0569 二刻礼部增补订正四书合注篇主意 万历壬寅刊本

是书题前礼部尚书兼翰林院学士范谦、前礼部左侍郎兼侍读学士刘楚元、前礼部右侍郎兼侍读学士余继登（全）［合］纂，礼部尚书兼翰林院学士冯琦证正，礼部右侍郎兼侍读学士李廷机删补。盖《合注》为范、刘、余所辑刻，冯、李则取前刻而增补之，故称二刻。首有沈一贯序，称“阐发尽处再加阐发，剖析精处复加剖析，视前刻纯而又纯。盖前刻合注可以羽翼紫阳，而兹集补其合注又可以羽翼前刻”云云。今观其书遵守朱注，辟众说之纷纭，一以朱注为准。所争者大抵在一句一字虚实详略轻重之间，殆为举业家认题起见，故不得丝毫假借也。书中所引异义，概以旧说、新说、近说、时说等括之，不别标名氏。又孰为原刻，孰为二刻，漫无区别，俱属非体。书眉评语用醒眉目，明人讲义类多如此。书刊于万历壬寅。

0570 空山击碎一卷 明王尔谏刊本

明陆鸿渐撰。鸿渐字行之，浙江吴兴人。此说《大学》、《中庸》之书也。首有罗大冠、陈仁锡、闻启祥、管珍、刘贞诸序，又有鸿渐自序二首。又有引用名公语录书目，鉴定人名钱谦益等十二人，参阅人名闻启祥等三十二人，禅印人名云栖师等四人。是书不谈义理，不援训诂，本之禅机妙悟，而嬉笑怒骂以出之。每一段中间，作七言绝句以括其蕴，每段后又有诸人评语，以畅其旨。为说《学》、《庸》者别创一格。虽属旁门，别饶妙谛。邵尧夫诗“唐虞揖让三杯酒，汤武征诛一局棋”已开其风矣。序题庚申，不署年号，盖泰昌元年也。

0571 四书定本辨正六卷咸丰朱沅重刊本

是书署新安胡正心、正言考辑。前有小引，作于崇祯庚辰。正心、正言，盖兄弟同籍新安者，他无可考。朱沅得其本于市肆，为重刊之。有沅及甘煦二序，时咸丰元年也。书分《字画辨》、《音释辨》、《句义辨》、《类题辨》、《用字辨》，末附《枕中方》。其《字画》、《音释》不尽切合，《类题》仅为举业家所需用字，无关要义。《枕中方》虽为熟书之诀，但不过适用于孩童，且近游戏。惟《句义》考证颇详审，如“黎民亦有利哉”，据蔡说“黎民”带下读。“贫而乐道”，据孙奕《示儿编》及《野客丛书》，应补“道”字。“学干禄”，据《史记》“学”作“问”。“束修”，盖言束带修饰之礼，据《后汉书》延笃、梁商、贾坚传。“子在齐闻韶，三月不知”，据古本“韶”下有“音”字，或“三月”字即古本“音”字。《史记》三月上又有“学之”二字。又一本，在“齐为”句，“执礼”，据张燧说，“执”字当是“埶”字，以相类而讹。“埶”即“藝”字，乐也。“乱臣十人”，据《示儿编》、古文《尚书》，“治”字作“乱”，与乱相类。“患得之”，据《示儿编》引《家语》“患”下多一“不”字。“率土之滨”，据《玉海》“滨”作“宾”。此类甚夥。其校正朱注者，谓古者木铎，木口金铎，金口注，谓木铎金口木舌者误。此类亦夥。又雍字熟哉，见《史记注》。子产一名美，见《左传注》。曾参音骖，不音森。凡此具见读书有得，而著者生在崇祯时，尤为仅见者矣。

0572 四书讲义一卷同治己巳《小石山房丛书》本

明顾宪成撰。是书所讲止二十二章，就大处阐发，要处指点，精粹切实，使人不敢视讲学为无用。其讲举“直错诸枉”章，谓直明明是君子，枉明明是小人。只觉下个直字枉字更有力。谓之直，必然是曰是，非曰非，独立自信，略无依违。此等人，下面公论极归向他，上面人却最容易怪他，所以举之为难。谓之枉，必然是可为非，非可为是，曲意求媚，略无执持。此等人，下面公论极鄙薄他，上面人却最容易爱他。所以错之为难，乃知概曰用君子，犹未见其用之之实也。必连直者都用，才用得彻底，才唤得真能用君子。概曰去小人，犹未见其去之之实也。必连枉者都去，才去得彻底，才唤得真能去小人。按此段议论，将启祯朝人才进退之局，曲曲写出，不啻自陈贤奸用舍疏于朝庙也。书中讲“鸡鸣而起”章尤警透，谓“人只有善恶两途，既曰孜孜为善，应曰孜孜为恶。舍曰恶而曰利，反觉放宽一步。何也？人本有善而无恶，亦本好善而恶恶。只缘他起了一点利心，凡事但问孰是利吾者遂向前，孰是不利吾者遂退后，更不暇问善恶耳。既不暇问善恶，自然善一边少，恶一边多。故为恶者为利之标末，为利者为恶之本根也”云云。读者及此，应不减听陆子静鹅湖讲喻利章矣。又讲“行已有耻”章，谓“夫子于子贡问士独提出一耻字，这耻字极有精神，极有气力。耻道德不如人，究不到圣贤不肯干休。其处心积虑，只知有是非。那一切利害，如何遏捺得他。耻荣华不如人，究不至富贵，不肯干休。其处心积虑，便只知有利害。那一切是非，如何管束得他。两下所耻，不容并立”云云。按此段亦可为外饰道德而中慕荣华者下一棒喝，说“四书”到此，方信句句字字有着实受用处。视彼治训诂、谈空理者又高一等矣。书为同治己巳小石山房丛书本。

0573 **论孟语录四卷** 明王尔谏刊空山击碎附刊本

明黄汝亨撰。是书附《空山击碎》之后，而主旨不同。盖汝亨门人王尔谏取而并刊者也。首有汝亨自序，盖汝亨校士江西时所作，系为举业家说法。然明人制艺，其上者多能发挥书义，讲家每引之以诂经。汝亨是书不无精粹，如“有朋自远方来，不亦乐乎。”解谓“乐”者，有以信人。不但坚自信而以畅吾道公共之怀。“小大由之，有所不行”，解谓不行与由之相反。行如流水之源，有所不行则泛滥之极，反成壅滞。“多闻阙疑”，解谓证闻于心，不以耳听，阙非置疑不问。“慎言其余”，解谓心证于口，不以口说，慎非强闭不言。“据于德依于仁”，解谓德仁非两物，据依无二心，渐造自然也。“有性善有性不善”，解谓孟子所谓善非对恶之善，乃继善之善。天命之初，不涉形气而为之，若对恶言善，即同有善有不善之说，而不可破。凡此诸条，俱甚惬当。每条下间有陆行之、王尔谏评语，仍是《空山击碎》之机锋，于本旨无所发明焉。

0574 四书讲义不分卷崇祯辛未刊《高子全书》本

明高攀龙撰。是书为攀龙平时讲学之作，拈某章或某节而为之说，中多体会有得之言。如讲“六十而耳顺”二节，谓圣人之学全用逆法，如何为逆法，只从矩不从心所欲也。立者立于此，不惑者不惑于此。步步顺矩故步步逆欲，到“五十而知天命”，方是顺境。故“六十而耳顺”矣，七十而心顺矣。讲“一贯”章，谓所谓一不是只说一个心，是说这个心到至一处。一便上下四方，往古来今，一齐穿透，何所不贯。曾子何以便拈出一个忠恕，假如人自为是一样，为人谋又是一样，便是不忠，不忠便不一了，如何贯得去。自待是一样，待人又是一样，便是不恕，不恕便不一了，如何贯得去。曾子平日精察力行，其心已到至一处，被夫子一点，当下便贯了。但悟前只唤做忠恕，是下学人事。悟后便是一贯，是上达天德。曾子悟处全在“而已矣”三字，平日还认夫子有甚高妙，到此方知只是如此，别无余法。讲“人之生也直”章，谓人生何处有一毫不停当，何处有一毫不圆满，自家做得不停当，觉得不圆满，皆是有生以后，添出来勾当，添出来念头，原初本色何曾有此。但一直照他本色终日钦钦，不迷失了故物，便到圣人地位，也只如此。若迷失了，便叫做罔。人若罔了，真似投火之蛾，投网之鱼，撞来撞去至死后已。其未死者幸而免耳。讲“志于道”章，谓人生只有个念头，自生至死瞬息无停，为圣为贤也是他，为禽为兽也是他。只看人安顿如何，若安顿在人欲上去，便把声色、货利、官爵等项，结果了一生。目前自谓快乐，不知丧失了自家性命。千秋万古，却在一生坏了。若安顿在天理上去，便把声色、货利、官爵等项，一切摆脱。目前虽觉平淡，却全复了自家性命，这一生做了千秋万古的事了。所以圣人志必于道，据必于德，依必于仁，游必于艺。这志、据、依、游是人的念头，道德仁义便安顿在天理上了。按此数章，讲得最警切悚动，虽解经之旨未尽合于儒先，而为学之方，大有益于学者。他章说理俱能透入深际。首有《小引》谓“圣人之言，皆言吾之所以为吾也”，可以识是书之旨矣。书为崇祯辛未刊《高子全书》本。

0575 **高子讲义一卷**嘉庆甲子刊本

清潘世璜辑。世璜字理斋，江苏吴县人，乾隆进士，第三人及第，授职编修，后改工部主事。奕隽子。高子者，高攀龙也。世璜从其遗书中，辑成此卷。凡《论语》三十一条、《中庸》二条、《孟子》十九条。世璜自序言：“高子讲居敬穷理之学，大旨以反求诸身，为格物之要。所著讲义，实能洞见圣贤心体，故其发明义理，精微透切。间有与朱子不合处，不必援为口实”云云。书中所说平常之中，弥见精实。若圣贤不难造到者，则所重者践履也。其最透警者，如讲“六十而耳顺”二节，谓人生只有理欲二途。圣人之学，全用逆法。何为逆法？只从矩不从心所欲也。立者立于此，不惑者不惑于此。步步顺矩，故步步逆欲。到五十而知天命，方是顺境。故六十而耳顺矣，七十而心顺矣。讲“我未见好仁”章，谓人自有知觉以来，无息不逐于外物。惟好仁恶不仁，方始反情复性。好仁恶不仁，总是一个仁，好之者至无以尚之，方无一念夹杂。恶之者至不使加身，方无一息间断。讲“人之生也直”章，谓人生何处有一毫不停当，何处有一毫不圆满。但一直照他本色，便到圣贤地位。若迷失了，便唤做罔。罔者，冥然罔觉、悍然不顾之谓，人若罔了，便似投火之蛾，投网之鱼，撞来撞去，至死后已。其未死者，幸而免耳。如此之类，真足为学者棒喝。其显与朱注异者，讲“颜渊喟然叹”章，谓喟然是叹夫子，不是叹道体。若说道体，是人人具足，处处充满。颜子乃云：

"仰钻瞻忽。"是于道体，全是恍惚想象。况竭才之后，止见卓立。卓立之后，又叹末由。是终身与道为异，岂成个颜子。至讲"知及之"章，谓圣学由知而入，知字最关系学术之大小偏正。惟圣人方有全知，此外便分两路，一者在人伦庶物实知实践去，一者在灵明知觉默识默成去。此二者之分，孟子于夫子，微见朕兆。陆子于朱子，遂成异同。本朝文清与文成，便是两样。宇内之学，百年前是前一路，百年来是后一路。两者递传之后，各有所弊。毕竟实病易消，虚病难补。按此论于古今理学派别，言之最晰，亦最允。攀龙与顾宪成同属东林领袖，所学亦相类。是书与宪成《四书讲义》持旨亦同，在讲义中不多见也。

0576 四书人物备考十卷康熙刊本

明薛应旂辑，陈仁锡增定。首有陈仁锡序。是书依四书篇次，逐条援引故实，颇为详备。书眉又有密行小注，但繁芜过甚，不知翦裁。且孰为原辑，孰为增定，混淆莫辨。向来举业家视为枕秘，因之坊间翻刊多次，讹舛日增。是书为康熙刊，已非原本矣。

0577 四书杂考六卷明刊本

明薛寀纂。是书依经次第，不分门类。《大学》一卷，《中庸》一卷，《论语》二卷，《孟子》二卷。所考以礼制为详，惟止引经典，不加考核。至如江海山水等类，引不胜引。又如妖孽引《尚书大传》、宝藏引《尔雅》，如此之类，而本是空名泛引，尤无当也。

0578 四书鞭影二十卷天启七年刊本 又道光二十四年重刊本

明刘凤翔撰。凤翔字嶰竹，署籍广川，按即今山东临淄县地。卷首有自序，又有周文德序，则刊书之人也。鞭影二书出佛，书自序及周序，俱以禅为喻。其自为说，亦往往杂以禅理。盖凤翔师事张侗初肃，故学亦似之。其书于经旨体会甚深，融会群说，发抒己见。《大学》不取格致补传，其他亦多与朱注抵牾。阅至透爽处，令人心目开朗。所惜著书之旨，为作制艺者说法，且每引制艺以佐其说。然仁者见仁，智者见智。制艺家言，未尝不可资之以说经也。书刊于天启七年丁卯。至道光二十四年甲辰，三原李锡龄重刊之，加入路德一序，路盖深于制艺者也。序称其“经经纬史，义多创获，不泥古，不徇时，信为儒者之言。”其推许亦云至矣。

0579 四书说约六卷 崇祯六年刊本

明孙肇兴撰。首有王绩灿、李邦华序，又有肇兴所为《看书摘训》及《弁言》。《摘训》称以实字观义理，虚字审精神。又称言言能返证于自己，事事可实按之目前。忘言以解，而又不决裂。其文辞研几以入，而又增设乎意见。《弁言》称会神按脉，各从本章本句，讽咏玩味，觉指点开示，不啻详晰其长篇全文。自吸自应，逗泄既尽，即单节单句字意位置前后，语气铺叙侧落，入眼正自了了。是以或意尽于本句，或旨见于开口，或神注于转关，或影现于支意。余波互发于上下别章，总皆经文所已明已备，而不必他求者。观此可悉是书之大旨矣。每章皆有说，语取简约，而意则透切清晰。虽仍宗朱注，往往于朱注深入一层。又或显其所未明，补其所未及，绝不沾染讲章语录习套，明人说“四书”所仅见也。其“说之道之以政”章，谓德礼直在君身上说，若涉在民，仍是政刑了格正德礼之象。说“十世”章，谓礼所以维世，殷周所因者此礼，所损益者亦此礼。夫子直以礼定往古来今之不容异。说“夷狄”节，谓伸中国非贬中国，亡字下不着君字，盖不忍言之。说“卫君”章，谓正名只是正其称名，使祖还祖，父还父，观末于其言句可见。若说更置卫君，则是更其实非正其名。如此之类，皆关义理之大，非他揣摩神理者可比。后附《题说》二卷，亦有自作小引。盖补《约说》所已载而未及详，或略而不及载者，非专为作文计也。书刊于崇祯六年癸酉。

0580 四书广炬订不分卷约明崇祯刊本

明杨松龄撰。首有松龄自序。是书专论相题为文之法。先是，好事者就宋羽皇所辑《原始录》，刊其评语，名曰《题炬》。松龄又因而广之，故名曰《广炬订》。书中取近代说书诸家，芟其繁冗，采其精要，间出己见以相引证。虽为简练揣摩之用，而于阐发书旨亦有不可没者。无刊书年月，大约在明崇祯间。

0581 四书引经纂五卷明刊本

明邹巆纂。首页又题《四书白文引经释义便览》，无序例。《诗》、《书》、《易》、《礼》、《春秋》各为一卷，共五卷。《诗》称葩经，《书》称壁经，《易》称庖经，《礼》称戴经，《春秋》称麟经，词取新也。且所引礼文，有《周礼》、《仪礼》，何得以戴经该之？巆以“四书”中所引经文每多单句，或浑括其事与义，故引其全诗及其事之本末，义之终始以证之。所引经文，并附浅释。然古人引诗书，大都义取断章，不在全文。《周易》一编“四书”所引甚少，经文惟“五十以学《易》，可以无大过矣。不恒其德或承之羞，君子思不出其位，乃举大过全卦、恒艮全彖，不已烦乎？”其他数条皆朱注涉于《易》义者，而亦一例引经为证，则与所题《四书白文引经》者相乖矣。四书中惟《礼》、《春秋》关涉最多，但引《礼》如宗庙之制、谛尝之礼、封爵之等，其说失之太略。所引《春秋》，如“孔子惧作《春秋》”，“春秋无义战”，征不胜征，其事又失之太繁。又“郑人使子濯孺子侵卫”，《孟子》所引与《左氏传》贤否相易，正宜引之以互参，乃不之及。按旧曰教童子法，五经与四书并读，故古人注书，凡涉于经者皆不引证以人所共习，无待引证也。然则是书诚赘疣矣。

0582 四子书尘言六卷乾隆十年赵佑刊本

清戴宫华撰。是书为乾隆十年赵佑所刊。卷首有佑“书后”一篇，叙刊书缘起。是书为佑之祖宗抃手录，题西泠戴宫华先生著，名第俱无可考。其书博摭众说，间及徐笔侗、李卓吾诸人。断为明末儒林，入清初，以教授老者。原本系蝇头细书，用朱墨二色圈点，盖讨论非止一次。尚有讹缺，或出传写转易，或作者本未完稿，俱不可知。其经圈之处，皆精义所在。期于明理，不堕训诂窠臼，亦不染讲章习气。大体遵用朱注，间有违异者，亦足互资发明。按明清之交，注四子书者大抵为举业起见，斤斤于文法语气，甚且引时文以代传疏。是书独无之。赵序谓以校安溪李文贞、当湖陆清献诸大家说，折衷异同，均足空庸俗而翼正义。所为祖孙保守，弗使蠹简终闷幽光也。

0583 汇订四书人物名物经义合考十二卷崇祯五年刊本

明张溥辑。卷首有吴伟业序、溥自序及凡例。按郭青螺考圣门人物而遗七十二朝人物，薛方山考七十二朝人物而遗名物，陈牛杓考名物而遗七十二朝人物。至于经传及论注之异同，诸书更少论及。兹书合而考之，每页截分上下二层，上层汇集名物典故，下层汇集人物经义。循《学》、《庸》、《论》、《孟》之次，相连编入。遇有疑义，为之标注。诸所援引，虽见该博，亦嫌泛滥。如《康诰》曰：“克明峻德。”经文只一句，乃举及全篇修身之身字，至遍引《释名》、《内经》、《六微旨论》、《文子》诸书，多属无关要旨。他多类此。惟溥学本淹雅，虽偶意编纂，亦异俗书。至吴序所称“识大理明，见恢事历，镜览古今，包括人物”云云，则谀而过其实矣。自序有云：“文运之否，世运亦因之，毋惑乎奴酉敢纵横”云云，盖溥生崇祯之代，痛心外患，不觉随触而发也。书刊于崇祯五年壬申。

0584 四书图史合考二十卷明崇祯刊本

明蔡清撰。清字虚斋，福建晋江人。首有锺惺序，称事采其正，物考其详，经不载者史备之，言不传者图绘之。今观其书，不分门类，循篇章之先后。标题引证甚博，具注出处，文奥者附以简释。与《四书人物考》诸书异者，彼专供作时文者獭祭之用。此则主药空疏，惟征引之书，纯杂不一。所释大率浅近，又附圈点，未能免俗耳。书无刊板年月，当在明崇祯间。

0585 四书讲录五卷顺治八年刊本

清胡统虞撰。统虞字孝绪，湖南武陵人，崇祯进士。入清官国子监祭酒。是书一卷《大学》，二卷《中庸》，三卷《上论》，四卷《下论》，五卷《孟子》。盖统虞在金台社为诸子讲说，其子觐征录而存之者也。统虞学宗阳明，惟不甚驳难朱子。是书就诸生质问反复推阐，殊多心得。其讲《大学》，谓明德是心体，至善是性体，新民是明德中事。性无不善，而有至有不至。止到那至处，是学问得力事，所谓圣之事也。知得那止处，是学问最初事，所谓智之事也。又谓心譬主人，意譬奴隶，心是体，意是用，“欲正”二字，是由体以发用。“先诚”二字，是由用以达体。又谓“皆自明也”之“自”，不当作“身”字看。犹曰皆自明明德始耳。又谓诚意功夫，尽在“毋自欺”三字之内，“毋自欺”便是慎独。讲中庸，谓此个独字，便是上边所不睹所不闻，便是下边喜怒哀乐未发时气象。即是天命本体，一落睹闻，便涉在七情交感一边。又谓庸者用也，时中便是君子用处。庸字不训作平常之理，亦非以庸字来换和字。又谓“中立”非联贯字，中字断读，中即喜怒哀乐未发之中，此中一立则不倚。讲《论语》，谓“犬马有养”是圣贤教人，说到极伤心处，不如此不足发人深省。又谓忠恕不是一贯，若然，则《中庸》何以云忠恕违道不远。时解将曾子“忠恕”二字看作悟后语，非也。又谓“性相近”是对“习相远”

的人说，有了下句才有上句。孟子是占最初一着，不对习言，故说个善字。性要在习中看，相近就要在相远处看。如此之类，俱见体认甚深，说理能透。然亦有过偏过奇者，但俱能自畅其说。书刊于顺治八年辛卯。

0586 成均讲录二卷 顺治八年刊本

清胡统虞撰。是书为统虞于顺治初年官国子监祭酒时，为诸生讲说及答诸生之问。有称陈百史先生者即陈名夏也。为之纪录者，监丞王维城、博士萧谱元、监生吴就恒也。首有统虞自序，言“许鲁斋当大元定鼎之日，一聘辄起，曰不如此则吾道不行”云云，盖自解也。书中或说本体，或说功夫，俱就四子书作指点。开首言大儒体认新法不一其旨，如所云诚正、致知、慎独、主敬、行恕，各有本领。譬之升堂入室者，外来门户四通八达，各有途路，祈同登堂奥而止。虽然要看前贤毫厘差别处，此处看得的确，便能从前贤未着眼处，讨个自己得力功夫。是此书之微旨也。书中于程朱与阳明俱致不满。谓程朱开口言诚，而不先发明继善成性之本，此个诚字从何处主得脚跟定。姚江所以有致良知之说也，致知自合在诚正之前。然姚江直从生人不学不虑处指点出一个“良”字，其流极或使学者踏向空处。其辨无极之理，谓后来朱陆同异，亦为有一图，不徒供二氏谈柄而已，虽不用之可也。其辨异端，吾儒有吾儒之异端，学问同异，不于究竟。但于发端，不专指释老说。惟书中多杂释家语，如三语椽之类，虽举彼说以破彼说，究嫌不类。卷后附《原性》十章，曰星降，曰阴阳，曰生民，曰修道，曰万物，曰积善，曰原始，曰性善，曰乾元，曰为道。所引皆《易》、《书》、《诗》、《论语》、《中庸》、《孟子》之说。又作《原性或问》，以申所主性善之说。于韩退之及宋儒、释氏诸说俱加辨正。与《讲录》可互为考证。又附《明善堂学规》，则仿朱子《白鹿洞学规》而作也。书刊于顺治八年辛卯。

0587 万寿宫讲录一卷顺治八年刊

清胡统虞撰。是书为统虞在南雅社为诸生讲举子业而作。其重要指点谓须以圣学做举业，莫把举业去仿圣学，自是高人一着。故书中所讲，皆经义非文法也。统虞服膺阳明，兼信程朱。其讲义宗旨抱定“明善”二字，谓阳明“致良知”只说得“明”字，某特指出“善”字。阳明如登浮屠者，由最下一层登到绝顶处，不极顶不叫致知。某之“明善”，则如立定在浮屠绝顶处直看其下，觉得历历分明，更无有与他齐等并肩而立者。故其所说皆示学者以切实下手功夫，不徒明白大义已也。书中说“赤子之心”最妙，既谓之赤子，便是出离于裹之时。此时去天命以前未远，此点虚灵，全是天命之性用事，全未落善怒哀荣之后。过此以往，都是习气边事。所谓不失者，不失此一点本来面目耳。又谓“失”字不对“得”字说，紧对“失”字说，为人都是失却此心的，要作大人，只是不失此心。大人即是养其大体之大人，可称明快。惟谓未命以前有习象，例如生下来孩子，便有刚狠恃戾者。盖习于善，则既死之后，带去之习气，也是善。习于不善，带去之习气亦不善。此则统虞之创说，近于佛家轮回。虽于理不为无因，较不如西儒传种之说可证验也。又论孟子“舍生取义”，谓不是取义者必要舍生；孔子言杀身成仁，必“仁人”之上加“志士”二字，与孟子“志士不忘在沟壑”同。盖主气节一边说。而义者乃合宜之谓，可以死，可以无死，便不须舍生。则万分无复生理，方才舍而（而）取之。推其意，盖将成仁取义分而为二，而偷生轻节者，得以藉口矣。统虞殆为己解脱耳。书刊于顺治八年辛卯。

0588 四书读注提耳二十卷乾隆元年刊本

清耿埰撰。埰字锡公，河南襄城人。是书卷首有高玢序，又有例言。大旨以四书宜遵《集注》，但他书发明注理者，义多旁出，不必尽合《集注》原意。盖朱子注书不拘一例，有断论者，有推原者，有会发言之意者，有找白文之前而追说其由来者，有从白文之后而补足其义理者，有先取下文之意而豫解于前者，有解白文之言而非白文之所明言者，有解白文之意而并及言外之意者，有两章语同意异而各解之者，有两章语异义同而互证之者，有各章字同句同而所指有浅深偏全之不一者，有论理本重而非章意之所重，论理本轻而非章意之所轻者。凡此之类，章章各别，不得读注之法，一概比而同之，或混而用之，皆误也。垛是书意在醒出朱子解书窾要，或直诂曲释，或分注总疏，或总挈碎解，或随叙带解，期使朱子原意活现纸上。非研摩之功既专且久，不易有此。惜其意但知为遵功令作时文者计，于朱注无所献替耳。书刊于乾隆元年。

0589 四书正义二十卷康熙庚戌韩应恒等刊本

清宋继澄撰。继澄字澄岚，山东莱阳人。是书首有继澄自序，及其门人韩应恒序及《正义记事》。大旨遵《朱子集注》，而参以《蒙引》、《存疑》、《达说》、《浅说》诸书。又以近人顾麟士《说约》、张尔公《大全辨》取舍精确，广为采择，参之己见以成此书。书中于《朱子集注》不全录，其录《集注》，或有删一二语者。于《蒙引》诸书及顾、张二氏之说，亦间有辨驳。自序谓“理义博通，辞气则约，必合辞气而理道乃域其中，义之正也”云云。原书于论书之后，证以先辈制义，著其纯疵，既而以为是书之作，非但为制义，因去其论文诸说，而犹存其概。今按是书引证诸家所著书义，多至三十余种。抉择尚矜慎，惜《正义》多参杂论文私见，殊乖诂经之体。书成于崇祯壬午，至康熙庚戌门人韩应恒、马长春始为梓行。时继澄尚在，然相距三十余年矣。

0590 四书会通十一卷乾隆辛丑刊本

清吴楚椿撰。是书分《学庸会通》、《论语会通》、《孟子会通》，盖因刻工不敷，次第授梓，故为此别。而是书只《学庸会通》，是乾隆辛丑所刊。《论语》、《孟子》俱是抄本，殆未刊也。卷首有楚椿自序。《大学》独有总论，其书荟萃群注，不标明某家某说。就每一章中为之疏解其意，联络其词，隔者通之，隐者显之。委曲畅达，虽未能有所发明，视句解字释，不顾全章脉络者，固有殊矣。自序言看书之弊，患执一，即如朱子训道字。于率性句，则曰各循其性之自然，则日用事物，莫不各有当行之路。于所以成物，则曰道行于彼。于道之以政，则曰犹引导也。道率于已性，由己及人，即以引导乎人。会此三注，而道字始通。朱子训信字于省身章，则曰以实之谓信。于天道，则曰循物无违为信。于劳民章，则曰诚意交孚。本己之实心，而循物无违。以孚乎人心，亦会此三注，而信字始通云云。书以《会通》为名，其大旨亦略可见矣。

0591 大中合一三卷光绪丙子刊本

清孙观光撰。观光字利宾，河南虞城人，嘉庆癸酉举人。是书前有毛昶熙、李用清二序，又观光自序。后有其门人蔡同春跋，书即同春所刊也。自序称“《大学》简明易晓，《中庸》奥博难窥，欲将《中庸》贯入《大学》内，使学者易于会心，易于下手”云云。书分总论，及上下篇。要旨以明德之源，出于天命之性。朱子又言《大学》第五章乃明善之要，第六章乃诚身之本。因本此推而衍之，而《大学》之精蕴，又待《中庸》特为表出。盖《大学》之道，本教人之法。然《大学》自教说起，而未及性道源头，特于《中庸》发之。《大学》格致以后即言诚意在于慎独，是动而省察之事。至“不闻不睹，未发时”节，此静而存养之功，《大学》亦未之及，特于《中庸》发之。中和位育，乃明新尽头。《大学》浑言止至善，而不侈言功效，亦于《中庸》明揭之。语多精切，亦有甚肤泛者。要之，《大学》、《中庸》，原相为表里，观光特以意贯串之，不得为别有所阐明也。

0592 四书朱子语类摘抄三十八卷康熙四十一年刊本

清张履祥、吕留良辑。按《朱子语类》一书，多初年未定之说，又出于门人手记，参错不一，精而别之甚难。履祥、留良就《语类》中属于四书一部分相约抄辑，履祥先殁，未竟其事，留良亦抄至《论语·泰伯篇》而止。留良子公忠因合两家之所采汇而录之，公忠更为拾掇遗漏而成是书。附以凡例十二条，就中履祥所取稍宽，留良所采较严，不无出入，公忠不欲相混，各为识别。其他尚有句读等种种识别，虽无关大义，要于读者称便也。履祥、留良俱尊奉紫阳，深研有得。其抄此书，去取之间，具有精意，非同节录。惟公忠删履祥所抄"问尽心"等三条，谓与《集注》、《章句》未吻合，且谓理解必归画一，方足为学者笃信谨守。四书之有《集注》、《章句》，所当画一者也。按公忠此说，未免自作聪明。朱子成《集注》、《章句》在先，晚年所见更进，有未及追改者，略见于《语类》及《或问》。《文集》中《语类》之异乎《集注》、《章句》者，应细加审察，未可执一以绳也。公忠字无党，后更名葆中，康熙四十五年进士，以第二人及第。书无刊版年月，据公忠自识留良殁于癸亥夏，又十九年而刊行是书，盖康熙四十一年壬午也。

0593 致知格物解二卷康熙刊本

清魏裔介撰。卷上录二程先生论致知格物三十三条，朱子致知在格物补传、格物致知或问答。卷下录近日诸儒论格物、论格物致知说。而附以己作致知格物非物欲扞格辩、致知格物非去不正以全其正辩、与少宰孙北海论格物书答或问，凡四首。大旨主明道格至也之说，而以明道、朱子之说补充其义。其录朱子补格致传，亦不以古本《大学》为非，但取其可与经传互相发明。所录其他诸儒之说亦无非推阐程朱之义也。其独抒已见者，一斥司马温公之说，谓彼以物为物诱之物，格为扞格之格。谓虽于理非有所悖，但不可以释《大学》之格物。一斥王阳明之说，谓彼以格物如《孟子》大人格君心之格，仍是袭温公之意，而稍变其辞。如其说，是犹正心之说，何取重复，盖裔介笃信程朱，于其所谓物即理，理即性之论，持之甚坚。故不惜辟他说以成其是，亦适成其为裔介之学而已。书无序跋，亦无刊版年月，当在康熙间。

0594 四书经史摘证七卷坊间通行本

清宋继穜撰。是书摘四书中各句，杂引经史，以为之证。虽于训诂义理，俱无所当，但使读四书者，比类参观，获取法之益，多识故事，引读书之趣，亦非无益。惟后附制艺，猥俗可厌。虽制艺代圣人立言，前人有引名作以诂经者，究未可为例也。书为坊间通行本。

0595 读四书大全说十卷同治四年金陵遗书刊本

清王夫之撰。是书析理极精，于《大全》所引朱子之说，有绝非出自朱子，而为门人所假托者；有虽为朱子之说，而专诂某章，不可移之他章者；有的为朱子之说，而亦不可从者；或意甚是，而说不详者；而诸儒之说，又互有是非，皆一一为剖辨之，驳正之，引申之。至于释氏狂谬，解姚江偏见，分别尤严，曲尽洞达。词畅而理无不显，不徒为《大全》诤友也。最要者，如《大学》正心之心，朱子但云身之所主，殊欠分明。将使卑者以意为心，而高者以统性情言之，盖心者即孟子所谓志也。又如“致知在格物”，致知格物，自是二事。譬之规矩之与巧，规矩物也，可格者也；巧非物也，不可格者也。然巧固在规矩之中，故曰致知在格物。又如“中庸”二字，就体言之曰中，就用言之曰庸。将庸字作平常解者非，时中之中亦体也，时而措之，则用也。孟子言性善，统之形色，程子气禀之说则分为两截也，不若孟子看得彻。诸说俱极谛当。他如论泰伯，谓太王不妨有翦商之志，封建之世，易侯而王，事甚寻常。必如金仁山之斡旋太王，是泰伯一让，阳辞阴取，兄弟协合，以（以）［成］夺商之事。

夫子何为称之，反悖圣言，抑泰伯矣。论卫辄，谓辄于义得立。灵公初薨，辄未称兵拒父。为天子方伯者，宜立辄。而仕蒯辄于王国，或迎蒯聩以终养。若蒯聩仍怙恶，膺天讨而后辄可逃。而君卫者犹有灵公之嫡孙疾在，以驳胡氏主郢之谬。论世臣，谓为战国游士危害人国而发。论封建，据孟子对梁惠王曰定于一。论封建，据孟子言贡助彻。论井田之不可行，则察于古今治乱之故。卓识宏议，非复经生所能道矣。其他条亦多参以后代史事。盖夫之熟于论史，不觉连类及之。夫之为明遗老，茹痛易姓之际，书中于赵孟頫之仕元，许衡之讲学，深致讥诮。盖有为而发也。惟夫之颇不足于《孟子》，谓《孟子》七篇不言乐，自其不逮处。故大而未化，惟其无得于乐，是以为书亦尔。若上篇以好辨终，下篇以道统终。而一章之末，咸有尾煞。孔子作《春秋》，即不如此。然《春秋》为记事之体，不可以例《孟子》。文章自以首尾完具者为美，以是别优劣，得毋过矫。书为同治四年乙丑金陵刊遗书本。

0596 四书考异一卷 同治四年刊遗书本

清王夫之撰。是书以许慎所引《古文九经字义》不同者为准。然自解散隶体，古文已隐，安所取准。其未经古文引据，而今文同俗书者，则以许慎、李阳冰、徐铉所定字正之。其中如菉竹之“菉”应作“菉”，菉从艸，训王刍也。而《诗》作绿竹，本是二物。诔曰之诔，应作讄。据《集注》云：“诔者哀死而述其行之辞”。与《论语》作致祷之辞者自别。子贡之“贡”应作“赣”，赣训赐，与训献之贡者又别。又“无然泄泄”之“泄”，应作“詍”，詍训多言，与泄别。“为不若是恝”之“恝”，应作“忦”。忽忦也，与恝别。孔子辞以疾，辞命之辞从𤔔，辤受之辞从受，不可混。又如“矧可斁思”，古无矧字，应作矤。“不踰矩”，古无“矩”字，应作“巨”，或作“榘”。“郁郁乎文哉”，古无“郁”字，当作“彧”。“饮水”，古无“饮”字，应作“㱃”。“斗筲之人”，古无“筲”字，应作“箱”。“谓之躁”，古无“躁”字，应作“趮”。“深耕易耨”，古无“耨”

字，应作“槈”，或“鎒”。“数罟不入洿池”，古无“池”字，应作“沱”。“率西水浒”，古无“浒”字，应作“汻”。“瀹济漯”，古无“漯”字，应作“湿”。又“小大甹”，省弓不成字。“人焉廋哉”，“廋”不成字。“王曰叜”，亦同。“烏呼”，“烏”或作“於”，从口不成字。“与之（釜）［釜］”，从父从金，既不成义，亦难下笔。省父从八，益不成字。“民吕为将拯己”，“拯”当作“抍”，或作“撜”，从丞不成字。“其丽不億”，億当作“意”，加人作億，安也。从意之億不成字。“彌子”，“彌”当作“镾”，从弓不成字。“抱关击柝”，“柝”当作“㯤”，从斥不成字。“君子不亮”，“亮”当作“㤠”，亮不成字。凡此俱所关至要。其误至显，而学人沿用已久，而莫之或察者，至于不涉字体，“若合外内之道也”，而今监本《四书大全》作“内外”，虽“外内”、“内外”随文先后皆可，而古本似不当改易。又“万章曰乡原，一乡皆称原人也”章，赵氏本，“万章”作“万子”，注谓其不解圣人之道，故称万子。美之以责之，自是曲说。然［屋称］屋庐乐正公都皆称子，何独于万章而异之？似亦不必改。他所校俱当，然流俗传写，讹谬尚多，有是书所未及摘者。书为同治四年乙丑金陵所刊遗书本。

0597 四书笺解不分卷 光绪癸巳王之春刊本

清王夫之撰。是书旧无刊本，光绪癸巳，夫之八世从孙之春始为梓行，并作序弁首。按夫子于四书有《稗疏》、《训义》、《读大全说》、《考异》诸编，考核典故，发挥理蕴，亦既详备。是书盖病讲章时文曲解混说，迷误学子。因取全书，随意笺释。其言曰：“讲章时文黑暗数百年，天下秀才无一通文理者，亦极愤恨之至矣。”是书虽为正讲章时文之谬而作，而体会涵泳深有所得。如谓致知格物，变文言在者，以若云先格其物，则其字不妥。若云先格物，又不成句。又谓俗解慎独，或云在致知前，或云在致知后，俱错。若说在致知前，则已能诚意，何待致知？若说在致知后，岂致知时，任其意之恶而不慎？经云：“知致而后意诚，非非致知而后诚意。”其谬在将

“先”字作“前”字解。又谓心不在只不在视听食耳，心不论在不在，只论正不正。此“心”字乃好善恶恶之本志，非知觉之灵明。又谓天命之谓，程子以为兼人物言者非。物之性，无父子君臣等五伦，可谓之天生，不可谓之天命。至“率性之谓道”，尤不可兼物言。牛率牛性，马率马性，岂是道。若说牛耕马乘，则牛马之性，何尝要耕要乘。此人为，非天命也。又谓小人反《中庸》，乃尧时四凶与后世申商秦始皇之类。反《中庸》，是立意要反，亦自有济恶之才。又谓“巧笑”章，子夏言礼后，正与夫子言仁、言俭、言戚之理合。而引《诗》相证，以见凡物之理，无不以朴质为先。又谓齐桓、晋文之事，事字乃其富国强兵之略。如齐之作内政、寄军令，晋之作原田、作州兵之类，正与保民之仁术相反，不得搀入会盟征伐。又谓“道性善”，盖言人皆有至善之性，则可与尽至善之道。称尧舜者，乃称尧舜平治之道。世子疑吾言乎，非如告子辈疑性之不善，乃疑国小力弱，不可以尧舜治天下者治之也。夫道一而已矣，时无古今，势无强弱，止有个道理。以上诸解，特见清晰。又据《孟子》言伯夷治则进，乱则退，可证伯夷让国后尝仕于他国，战国时尚传之，可补史传之漏。其于朱注亦间有纠正，如“权然后知轻重”节，“舜往于田”章，俱谓注不可从。又于“为政以德”，注云所以正人之不正也。“道性善”，注云性即理也。以为此乃通释“政”字、“性”字，非本章之旨。又于“天命之谓性”章，谓“盖人知有性”以下，乃朱门后儒据祝氏本编入，非朱子原本。综观全书，义多精粹，实可与稗疏诸书相符而行，非他俗滥讲章所可同日而语也。

0598 **四书训义三十六卷**光绪丁亥重刊本

清王夫之撰。是书无序例。道光壬寅，王氏守遗经书屋始为授梓，板毁于火。光绪丁亥，潞河啖柘山房重刊之，弁以刘人熙序。大旨以《集注》为宗，（粹）于经文每章下先列朱注，次列《训义》。亦有训义阙者，当以朱注义已备，不须训也。所训不参异解，亦不涉典故。夫之所著《四书稗疏》、《读四书大全说》、《四书笺解》，于朱注多所纠正，此书概不引及。其略涉典故者，惟“三家者以雝彻”章，云周天子禘于太庙则歌雝，大夫少牢之（之）祀，无明日绎祭之礼。即于祭之日，有司彻馔，而更设以宾尸，所谓彻也。鲁之三家，于彻而宾尸之祀乃歌雝焉。又“季氏旅于泰山”章，云天子祭名山大川也。则曰旅，合群而祀之也。诸侯祭境内山川，不得曰旅，况于大夫云云。此外俱是敷演大义，主于闿达，无甚精粹，阅之如一篇经义，与刘序所称阐邹鲁之宏旨，畅濂洛之精义，明汉唐之故训，扫末学之粃糠。又云若心所独契，确然质百世而无疑者，则亦不与《集注》苟同。证之本书，殊不相应。疑是夫之早岁所为，故不及他书精博。湘乡曾氏搜刻遗书甚备，乃遗兹巨帙，得非有意汰之耶？

0599 四书改错二十二卷嘉庆十六年翻刻本

清毛奇龄撰。《改错》云者，改朱子之错也。朱子作《四书章句集注》，自谓铢两悉称，历数百年无异词。自元仁宗以八比取士，明清因之，功令遵用朱注，其或小异于朱注者，例遭摈斥，以故无敢参异议者。然朱注详义理而略名物，而义理亦不能谓无谬误。奇龄治经专主攻朱，是书更深文周内，杂以嫚骂，宜乎宗朱者之群相集矢也。卷首有唐彪序。先是奇龄撰《四书正事》八卷，盖门弟子辑其经集及讲录之及四书者成之。续有补缀。晚年整理成此书，自《人错》至《贬抑圣门错》，共分三十二门，计四百五十一条，合二十二卷。末卷附录，则借时人问答申其说之未畅者。奇龄虽辨才无碍，惟于学问之事，不免隔膜。关于典礼者，亦时有疏舛。戴大昌作《驳四书改错》，所驳各条约占全书之半。然义可两通者，又约占所驳各条之半。至其未驳各条，俱精凿，实能纠正朱注，昌明经义，未可以瑕而废瑜也。按是书不见《西河合集》，盛庸作《西河先生传》，备列撰著，此书独缺。乾隆时修四库书，著录、存目俱无之。此本系嘉庆辛未翻刊，有金孝柏跋，言“刊成旋毁，故流传甚少。而戴大昌则言毛氏初刻此编，其友人见而劝毁之，毛氏遂焚其板”云云。未知确否？岂以毁朱子之故耶？又按与奇龄同时如顾亭林、阎潜丘以逮李穆堂、全谢山，各有四书论说，于朱子亦多所救正，何独于奇龄而绝之？即曰驳而不纯，亦宜节取。凌次仲曰："萧山毛氏说经，廓除宋儒蒙晦。然间有矫枉过正，近于武断者"。斯乃平情之论。读者取是书与戴大昌所驳合参之，庶几无弊矣。

0600 四书正事括略七卷附录一卷道光己亥重刊本

清毛奇龄撰。奇龄晚年以未著四书为憾，其嗣子与门生就奇龄所著经集及讲录之及四书者，而成是书。原止五卷，卷一正名，卷二正文，卷三正礼制，卷四正故实，卷五杂正，六七两卷则补前所未备。书成而考辨踵至，因详载主客问答之语，为附录一卷。曰《正事》者，以宋儒说事物，说心性，每檃括以事物二字，则专指"事"字。而凡名物、典文、礼制故实皆出其中，惟是辨事贵详，狭则多漏，易启攻难。故将经集二十种胪列于前，遇有质辨，原文具在，可就审解。是书主攻朱注，其间虽纯驳参见，以视明人陈晦伯、卢荷亭、郝京山、姚舜牧辈，固远胜之。其后又增易为《四书改错》，此则大辂椎轮也。卷首有奇龄自序，时年八十五矣。又有门人王崇炳序。传本甚罕，道光己亥萧山沈豫重刊之，又作序弁其端。

0601 四书讲义四十三卷［康熙刊本］

清吕留良撰，其门人陈鏦编。留良字用晦，浙江石门人，诸生。留良学宗朱子，深疾禅学，以阳明之阳儒阴释也，并疾之。又留良虽举诸生，未几弃去，于满族入关，尤茹隐痛。国人甘心臣服而莫之异也。由于大义不明，蚩蚩者无论矣。号称读书之士子，溺心科第，时文之外，不知其他。留良有见于此，因而用之，故一寄其意于批选时文与讲解四书，（与）［以］士子非此不观也。证之曾静之事，则留良又不徒言之而已。是书为留良门人陈鏦所编，凡《大学》三卷、《论语》二十卷、《中庸》六卷、《孟子》十四卷。先是坊间有留良《四书语录》之刻，鏦以为中多混杂，且有妄意增删之处，因与同学蔡大章等及留良子葆中更互商酌，而成是书。留良之意，以为欲明孔孟之道，必求诸朱子之书。故书中悉就朱注发挥，然体会有得，多有比朱注更精更切者。时亦自出己意，不能尽合朱子。亦或过于回护朱子，不能尽衷于是。要之自成为吕氏之书，非一般遵朱不敢失尺寸者所以同语也。其微旨所托，最彰明者，如曰："天为生民而作君，君为生民而求臣，自秦人无道，上下猜忌，为尊君卑臣之礼。而君臣师友之谊，不可复见，渐且出宦官宫妾之下。"又曰："君臣之尊卑虽定，而其递降，相去止一间耳。三代以后，君以为惟我之所欲为，臣以为生杀刑赏为君所制，于是尊君卑臣，相去悬绝。故其治也，以威力相慑；及其不能慑也，则篡弑随之。"按此段议论，与黄宗羲《明夷待访录》所见同，而更警切。又曰："嵇阮之放诞，正愤嫉之极，古来可悲，至饿死甚矣。饿死未尝无圣贤，只愁不称此一饿耳。"留良尝有诗云："苟全始信谭何易，饿死今知事极微。"与此相证，可以知其自处矣。又曰："后世以诈利取天下，凡攀附与苟免，皆不仁也。"则骂尽时辈矣。其于明季政局亦慨乎言之，曰："启祯间门户之祸最烈，其时小人之党无论，即所称君子者，亦皆树私人而忘朝廷，争标榜而无实行。正和而不同之类。"其论时弊则曰："今之放生戒杀，斋供施舍，以为行仁，此直行不仁耳。凡感应功过劝善之书，皆劝恶之书。"殆为袁了凡一辈而发。论士习则曰："秀才读圣贤书，却只为做文字骗科名计，毫不信圣贤可做。"观于此知留良之选时文，非犹夫人之选时文也。要而论之，在清初服膺朱子，惟留良与陆陇其为最笃。此书亦略与《困勉录》、《松阳讲义》相近，惟苦心孤诣，视陇其偶乎远矣。书无刊板年月，当在康熙间。

0602 四书释地补一卷四书释地续补一卷四书释地又续补二卷四书释地三续补二卷 ［嘉庆二十七年刊本］

清阎若璩撰，樊廷枚补。廷枚，浙江山阴人，诸生。是书前有汪廷珍序，所云补者，约有三义，有补注于原文句下，详其出处是也；有补说于原文未及者，为之引申是也；有补正于原文谬误者，为之匡正是也。其中最要者如“五亩之宅”，说者谓二亩半在田，二亩半在邑。阎氏疑而不敢决，廷枚谓邑即今之村落。《论语》十室之邑，千室之邑，一举其至小，一举其至大。孟子所谓“五亩之宅”，大约即在此邑中，去田亦不甚远，就邑视田则谓之出，就田视邑则谓之入。若所谓“中田有庐”，则在五亩之宅之外，与五亩之宅树墙下与桑之地迥别。又如“夏后氏五十而贡，殷人七十而助，周人百亩而彻”阎氏止论句法，而不及其制。廷枚谓三代授田异者，尺度广狭不同，故数有多寡。《王制》“古者以周尺八尺为步，今以周尺六尺四寸为步。古者百亩当今田百四十六亩三十步。”所谓古指殷时言，所谓今指周言。殷周步皆六尺四寸，但殷尺大，周尺小。殷六尺四寸之步，以周尺应之只得八寸。而周以周尺六尺四寸为步，则短于殷步一尺六寸。故殷之百亩，当周之百五十六亩二十五步，殷之七十亩为周之百亩有奇。夏之尺度虽不可考，然殷已广于周，夏又广于殷，从可推见。俱确当不可易。又“阙里”一条，阎氏攻《肇域志》引《鲁世家》炀公筑茅阙门之误，且援朱锡鬯为证。廷枚则据朱锡鬯《答阎氏书》以著其伪诬。“曾点鼓瑟”一条，阎氏谓仍有口歌无徒瑟者，廷枚即据阎氏《潜邱劄记补正》、《日知录》引此条，作有曲无歌以明其矛盾，阅之令人失笑。其他所补亦多可取。盖阎氏解经好大言，拘偏见，且每有自欺欺人之语。其《尚书古文疏证》，近人已尽发其覆。而是书之舛谬，亦不一而足。如以子路宿石门，为夫子出游遣归视家；以孟子遵海滨而处，海滨为王者政令所不及。以齐人伐燕，《孟子》、《史记》不合，欲强移十年以凑之。又力诋孟献子为权奸，其不畜聚敛臣邀结民心，与陈氏厚施同，《大学》不过节取其言云云。惜廷枚于此等俱未纠正，不无遗憾，然已不愧为阎氏诤友矣。书刊于嘉庆二十七年。

0603 校正四书释地八卷 [顾问重编刊本]

清阎若璩撰，顾问重编。问字备堂，江苏高邮人，嘉庆庚寅乡试解元，官河南知县。先是，若璩成《四书释（城）［地］》、《四书释地续》，康熙庚辰宋荦序而刊之。至乾隆癸亥，若璩孙林复以《四书释地》、《又续》、《三续》付刊，程崟所序者是也。及乾隆丁未，丁杰再刊之，并《孟子生卒年月考》凡五卷，而朱珪为之序。惟若璩原书，有得即书，未加编次，不便读者。于是问为之重为编定，厘为三类。地理居首，人物次之，训诂又次之，各依章句先后。间有讹字冗文，亦有校正。仍名曰《释地》，从其旧也。书分八卷，首有张欣告序及问自序，末有问跋。问于原书无所参订，惟若璩作《孟子生卒年月考》所称引，俱与生卒无涉。问以为应定为生于安王丙申，顺推至赧王十三年己未，合八十四岁。按之事实相合，可补若璩之缺。其自序又言若璩所著《尚书古文疏证》，嗜奇者乐道之。然以后人所引经文，翻谓古文，从此附会，本末倒置，不敢阿好。问固极倾服若璩者，独此不肯苟同，其识胜惠栋辈多多矣。

0604 四书章句附考四卷家塾读本句读一卷

清吴英及其子至忠撰。英字伯和，江苏吴县人。父子俱诸生。按朱子注"四书"，注成复改，且非一次，临殁前数日犹有改笔。但其本行世早，而世之得其定本者鲜，此注本所以有异也。然亦有因传写而误者，如《论语》卫大夫公孙拔误为公孙枝，《孟子》自武丁至纣凡九世误为七世之类。此等之误，无关重要，尚可忽视。若朱子所自改则识随年进，虽一字之差，而义理之浅深广狭，迥乎不同。所惜读朱注者，浸不觉察。即偶然觉察及之，亦不辨孰为定本，孰非定本也。是书首有英自序，言命其子忠遍觅借古本四书，求疏释四书之书，以求朱子《章句集注》最后改定本，及传写未误者，别录一部，而私记考证附于后，有疑则折衷于予云云。次为英所撰《四书章句集注定本辨》，谓定本句有不待辨者，有犹待辨者，有不可不辨者，不待辨者。如《大学》"诚意"章，"故必谨之于此，以审其几焉"为定本。其初本则曰："慊与不慊，其几甚微。"如此之类是也。犹待辨者，如《大学》"圣经"章，"欲其必自慊"，此初本。其定本则曰："欲其一于善。"《论语》"为政"章，"行道而有得于心也"，此初本。其定本则曰："得于心而不失也。"如此之类是也。不可不辨者，如《中庸》首章："盖人知己之有性，而不知其出于天。知事之有道，而不知其由于性。知圣人之有教，而不知因我之所固有者裁之也。故子思于此首发明之，而董子所谓道之大，原出于天，亦此意也。"此亦非定本，其定本则曰："盖人之所以为人，道之所以为道，圣人之所以为教，原其所自，无一不本于天而备于我。学者知之，则其于学，知所用力，而自不能已矣。故子思于此首发明之，读者所宜深体而默识也。"如此之类是也。所为不待辨者，则坊本与定本相合，故不待辨也。所为犹待辨者，以虽有善本可证，又有朱子及先儒之说。然皆与坊本不合，故犹待辨也。所为不可不辨者，以既与坊本不合，为见闻所骇异，而善本及先儒疏释本，又但从善本而无所辨说，故不得不辨也。又推究坊本致误之由，盖源于明胡广之《永乐大全》本。而胡广又剿袭元倪士毅之辑释本，倪士毅又剿袭宋祝洙之附录本，祝洙之父穆为朱子母党，尝受业于朱子，实不知有定本云云。其说甚长。书分四卷。其家塾读本句读，则忠所撰也，尤便诵读，原附忠所翻刊宋本《四书章句集注》后。刊于嘉庆辛未。

0605 四书玩注详说三十六卷 ［康熙二十八年刊本］

清冉觐祖撰。首有耿介、李灼然、孟鐈序，又有觐祖自序及凡例。自序言玩注者玩程朱之注，即所以玩孔、曾、思、孟之书。徐以《大全》、《语类》、《蒙存》、《浅约》诸书为之羽翼。其说本详者连类互见而不厌其详，本略者亦旁搜曲证而不憾其略云云。此其大旨也。书分《论语》二十卷、《大学》二卷、《中庸》四卷、《孟子》十卷。《大学》列古本于前，谓不见古本不知程朱更定之有功。其书以朱注为宗，自序至注逐句逐段为之分释。所引证除朱子自著者外，兼采宋明儒之说甚博。其间有觐祖及孟鐈案语。孟鐈字公鼐，觐祖同学友，向亦有《四书辑本》未成，觐祖是书则与其商榷补缀而成者也。其书多至二百余万言，可谓详且尽矣。要其指归，一如大注之意而止。自明以来讲章充斥，其失蔓衍支离，莫衷一是。觐祖墨守朱注，判同异而归于画一，使朱注中一字一句条分缕晰，毫无滞碍，非反覆涵咏之深不能有此也。至其尊朱过甚，则彼时风气如此。觐祖治宋儒之学，素有心得。此书与所著《五经详说》同旨，惜俱不免伤于繁冗。然以视寻常讲章，固不可同日而语也。书刊于康熙二十八年己巳。

0606 四书醒义不分卷 ［康熙四十八年刊本］

清孙洤撰，其子用桢补。洤字静子，号担峰，河南容城人。康熙进士，授内阁中书。请假，遍游名山，不复出。洤为孙钟元孙，早传家学。是书为洤晚年所作，属稿于康熙戊寅秋，而洤卒于庚辰冬，至《孟子》“宋小国章”而止。其子用桢补成完书，并质正于方苞、刘岩、戴名世诸先生，而付之梓。洤言读圣贤书，一开卷便如与昔圣昔贤告语一堂，出彼之口，入吾之耳，自能得其立言之意。偶有未合，再参之注疏，便已雪亮。凡索解于讲章者，口中醒得，胸中终是不醒得。书以《醒义》为名，殆有得乎此也。自来解“四书”者，每诠实字略虚字，然之乎者也，每以只字传神。至于闲字，人亦忽忽读过。洤于此等处最为着意，即如解“大学之道”，谓道若作道理，便无所不包，下不得三个“在”字，且“之”字明系赶语气，所以知其为进为之方。解“天命之谓性”章，谓首节原欲正明性道教三件，故须剔醒之谓二字。解“子曰学而时习之”章，谓“不亦说乎”字，夫子心中有咀嚼亲切，难与人言之意。又“子游问孝”章，谓此章两“能”字原相叫应，盖指养亲之人与养犬马之人言也。说能养之人，则何以别？俱指一人而言，若去了“能”字，则何以别？便指父母犬马言，至于二字，所该甚众，自骨肉子弟奴仆以下至犬马。如此之类，大率揣摩在文法语气之间。洤遵信朱注，然谓误解朱注者不少。就中轻重抑扬，反正主客，须细心理会，统笼近似，毫厘千里。故书中于朱注一字一句细为辨别，惜无甚发明耳。卷首有杨中讷、张榕端、黄越序及凡例。凡例亦用桢补作。书刊于康熙四十八年。

0607 四书私解一卷乾隆间刊本

清廖燕撰。燕字柴舟，广东曲江人，诸生。是书不依传注，自出新解。如“先行其言”章，若依注云“行之于未言之先，言之于既行之后”，则而后从之从字，须解作言字，否则从字下须添而言二字，解作而后从而言之。然孔子亦何必欲人之行之而必言之耶？燕则谓“从”字当作遵从服从看，谓能先行其言，而后天下遵服他为君子也，与“天下归仁”意相同。又如“君子无所争”章，诸说皆讲作无争不争，燕谓如此则“所”字作何着落？况末句明说“其争也君子”，则病不在争，而在“所”字可知。“所”者私心也。又小人偷心躲罪之尽头处也，故君子无之。又如“观过斯知仁矣”句，世有仁人犹或疑其有过，未闻有过之仁而反决其为仁，燕谓鲁论仁人多通用，如“其为仁之本与”、“并有仁焉”、“殷有三仁焉”之类，俱以“仁”为“人”，此章“仁”字亦如此。观其过之有心无心，斯知其为君子小人也。又如“达巷党人”章，谓党人开口便称“大哉孔子”，与孔子称“大哉尧之为君”何异？下句“博学而无所成名”七字，正是极赞其大处。若如《注》云盖美其学之博，而惜其不能成一艺之名。若使孔子成一艺之名，尚何大之可言。又第二节注云：“闻人誉己，承之以谦。”果如《注》所云，党人之惜孔子直是不知孔子乃谤而非誉。且孔子并未与党人对谈，而与门弟子言，何所用谦？且谦而至于为人执鞭耶？不知上节著眼在“大哉”二字，下节着眼在“谓门弟子”四字。盖门弟子平日所欲求者在成名，今云无所成名，未免失望。孔子却教其不必成名，然又不欲直言之，故作委婉相商之词，使其自省御之不可执，便知名之不必成也。又如“子绝四”章注云，绝无之尽者下“毋”字又作“毋”解，岂不重叠？燕谓此记者善识圣人心体处。“子绝四”云者，言不特意必固我四者为圣人之所绝无。即此四毋之心，亦举在绝中。如此解方是圣人自分。按诸解俱甚惬当，然亦有过于纤新者，亦有见于先儒之说。其甚悖理者，则解“追王太王王季”句，援苏子武王论，谓纠未灭时，文已称王，故不追王。不知进王有先后，文王追王之说亦非创自苏子。燕所引适见甚陋耳。书（为）在《二十七松堂文集》中，为乾隆间刊。

0608 四书心解不分卷 ［康熙癸亥刊本 又道光重刊本］

清王吉相撰。吉相字天如，陕西邠州人，康熙丙辰进士，改庶吉士。潜心性命之学，尝问业于李中孚。是书盖其养病家居时所作，自序谓“心解”者何？解心也。治心而不解心，恐讲习讨论之总无当于心云云。其书自抒心得，以传注解格物为穷至事物之理，诚意为自修之首。而明德八条，皆有次第工夫，则是以致知为学问思辨之功，以诚正修为笃行之功。分知行为二事，而浅视致知为推测之能也。故其释格物不取朱子之说，然亦不取阳明致良知之说。谓将物字看做物欲，格得物欲净尽，自然静极生明。此是无为之学，未免落于空寂。又谓格物物格，是安勉的界限。格物如搭灯照路，照一步走一步。物格如明灯当悬，物来即便顺应。又谓传注诬认知字，故通步中解知皆向事物之外边，不知知行原是合一，皆在心上。如单就事物说，试思未遇事物时，遂可昏昏无用也乎。按此论极精辟。其释《大学》、《中庸》、《孟子》，以为皆发明《论语》之道，大旨尤谆谆于知之一言。谓仁为知之体，义礼为知之用，信为知之贞德，勇为知之强力，万事万物皆一知为终始。书中说理处，俱能贯通融会，绝不依傍他家。前有张汧及李中孚二序，中孚序谓其“洞见本原，学见其大”，可谓推许之至矣。书刊于康熙癸亥，道光间重刊有路德序。

0609 朱注发明十九卷 ［清康熙间刊本］

清王掞撰。掞号颛庵，江苏太仓人，太常时敏子，康熙庚戌进士，官至文渊阁大学士。是书无序，有钱之骏所作凡例。先《大学》，次《论语》，次《中庸》，又次《孟子》，以为统系次第应如此。掞笃信朱子，就《章句集注》中，一字一句细意体会，发明其未宣之蕴。其涉注义处，即列本注之后。其涉通章大旨，或列首节注之后，或列末节注之后，不一例。掞以为朱子于《学》、《论》、《庸》、《孟》所分内外注，各各不同。《大学章句》，为朱子生平全力所注。章句原不分内外，但读者不能贯证前后，甚或前后混杂不分，致生舛错。诸说与《章句》合者无几，故辨之加详。《论语》则朱子取其大醇者入内注，醇疵相间者入外注。辨析本严。此书从内注不从外注，而外注为朱子所自言，则又必急为表出。《中庸》不分内外，与《大学》同，以是发明稍略。《孟子集注》分内外，又与《论语》同，且外注仅居十之二，其中又半为朱子所自言，其他亦多妙言粹论。故《集注》内外兼收，此其大概也。惟是书专以本注为主，他书载朱子之言，有与本注不合者，概以为未定之论。不知朱子见解，因时不同，有晚年自悟其非，而本注不及改定者，未可执一而论也。无刊书年月，当在康熙间。

0610 四书明儒大全精义无卷数［康熙四十四年刊本］

清汤传榘撰。传榘字子方，江苏长洲人。明永乐间纂《四书大全》，自宋迄元，诸儒之说“四书”者略备于是。明代二百余年传朱学者接踵，其间纯驳不一。盖阳明一派代之而兴，即为朱学者亦不免因之歧出。文清、敬斋、月川，接朱之绪者也。龙溪、心斋、念庵，扬王之波者也。他如整庵、清澜、庄渠、少墟、景逸、泾阳、蕺山，或则攘斥阳明，而不能于紫阳毫厘尽合；或则尊崇紫阳而未能于阳明窠臼尽翻。传榘是书纯宗紫阳，虽遍采诸家，而引《读书录》、《困知记》、《居业录》数书最多。自言尝博涉于先儒之义，每览一编，辄举其有发明者，分章撰录，积二十余年，已觉洋洋洒洒。始欲附于《大全》之后，以其多不胜载，乃遂自为《明儒精义》一书云云。按是书搜罗甚富，别择亦颇矜慎，视《大全》之窜易淆乱，尚为胜之。至于说“四书”者，非朱学所能限，而明儒之说“四书”者，又不免为帖括起见，是则不必为传榘责矣。又是书广为采摭，而卷首不载采用书目，亦其一憾。首有自序，参订门人姓氏。书刊于康熙四十四年。

0611 四书辨讹六卷［康熙三十二年刊本］

清汪升撰。升字兰友，安徽婺源人，诸生。自明以八股取士，八股限以“四书”命题，虽功令遵用朱注，然讲章既多，言人人殊。作者又每标新领异，只求文心之出俗，不顾书理之失真。于圣贤之言，或全者偏之，详者略之，顺者逆之，隐者露之。与夫以文害辞，屈经从传，甚至以后世之情形概前朝之事势，以异端之宗旨为儒术之指归。乡曲陋儒，涉猎未广，藉坊间时文选本为枕秘，自《大全》以至《蒙引》、《存疑》、《浅说》、《说约》诸书，既醇驳不一，而评选家除仇兆鳌、吕留良二三家尚知引导正轨外，他无足论。升为是书题曰《辨讹》，首儒先之注，辨其合不合。次及行世之有名时文，又次及诸选家评跋之语。凡说之讹者，记以点；不讹者，以圈；谛当明快者，则以密圈。自序云：“作文字必须贴切圣贤本旨，见制义有不当于兹者，博而索之书解。觉书解有不合于是者，反而求诸白文。”此其大旨也。按是书未能免俗，惟见理颇真，语亦简净。升最服膺吕留良，于其说亦间有取正。当八股风行之日，借之以昌明正学，亦不得已之事也。卷首有韩菼、沈朝初、耿世际、李天叙、胡绳圣、汪旴序。又有自序及凡例。刊于康熙三十二年癸酉。

0612 四书绎注不分卷［康熙丙子刊本］

清王锬撰。锬字一雪，河南柘城人。自明以来，注“四书”者，有《大全》、《蒙引》、《存疑》、《浅说》、《达说》等类，虽率本之朱子，而说以纷而愈歧。锬以为此类皆以书说书，未有以书说理，以书说人人身心性命之理。独有取于石门吕留良晚村评时文之语，及平湖陆陇其稼书之《松阳讲义》，谓能于朱注有所发明。于每章下首列吕说，次列陆说，又次列已说。或加发明，或为驳正。无非阐发朱注未宣之蕴。按清初笃信紫阳，而心得最深者推以吕、陆二氏为最。吕氏借时文为讲学，其评时文语，颇多精义也。乾隆禁毁以前，其书风靡一时，然未有援以诂经者。陆氏则当时已推为理学第一，其讲义早家弦户诵，锬独有取于此二家，可云特识。首有钱肃润序、张夏题辞及锬自序。钱序申明“绎”字之义，引杨龟山语罗仲素曰：“学者读书之法，以身体之，以心验之，从容默会于幽闲静一之中，超然自得夫书言象之表，所为绎也。”书之命名盖取于此。刊于康熙丙子。

0613 四书遗义二卷乾隆十一年刊本

清陈廷策撰。廷策字嘉谟，顺天大兴人，布衣。廷策穷居授徒，素讲程朱之学，尤服膺程伯子。是书题曰《遗义》，意在补程朱所遗也。朱子注“四书”往往采二程子之说，亦时与立异。其自为说固多精粹，然亦时有不甚周浃之处，又时不免骑墙之见。廷策于朱子之说多所匡正，于二程子之说多所引申。其持义温醇笃实，融会贯通，非躬行有得者未易道其只字也。廷策谓著作之难，莫难于解经，虽程朱注书亦不能无失。然所失者，不过圣贤立言之本意耳，却不离乎道。昔日有人问于余曰：“朱子注书无误否?”答曰：“未可知也。”其失圣人之意者或亦有之，但依朱子之注，学圣人则无误耳。按此实通论亦确论也。开篇谓《论语》中学字多以学文言，如“则以学文”、“博学于文”，学《诗》、学《礼》、学《易》之类是也。古者小学大学皆有书，如《曲礼》、《少仪》、《内则》、《弟子职》，皆小学之书。《易》、《诗》、《书》、《礼》、《乐》皆大学之书。未有入学而不读书者，既读书则知忠知孝，然须回家时方好孝，出仕时方好忠。程子所谓“学者将以行之”，朱子所谓“素教而预养之”，皆谓此也。又曰“学者将以行之也”，一边学，一边行，不是读尽经书然后再行。譬之知如目之所见，行如足之所行，见在先，行在后。然所见者不过数十百步。若行数十百步，又见数十百步，既见又行，既行又见，迭进不已。故“学而时习之”一句，乃终身之学。如此诂“学”字、诂“知行”字、诂“时习”字，旧说一切可废矣。其解“子在川上”章，谓自汉以来儒者皆不识此章之义，而程子发之于前，朱子又申之于后。至《评语》、《惭书》则发挥殆尽，无余蕴矣。《评语》者，吕晚村所作《四书评语》;《惭书》,则晚村之时文也。是时曾静之狱已发,故廷策匿其名。然以时文而加诸汉宋传注之上,其推尊晚村至矣。书刊于乾隆十一年。

0614 四书讲四十卷 [乾隆五年重刊本]

清金松撰。松字仞直,浙江嘉兴人,诸生。是书前有汪瀶序,又有松自序及看书十则例言。其书以“讲”为名,每章有总旨,每节有正讲,有析讲。其单句单节,自为一章者,止有正讲析讲,而无总旨。或虽分数节,而旨归显然者,亦不用总旨。大旨遵守朱注而加以发明。于朱注圈外所引程子、张子之说亦如之。间征引明人蔡、林、陈、顾之说,为之疏别同异。于同时吕晚村援证尤多。大率所研求者,在道理真,口气肖,推而及章法、句法、笔法。以“提过挽煞”四字论其当否,则是以时文读四书矣。当明清之交,作讲章者殆成习套。松谓宋儒之书,专讲义理,其时不为帖括,故有下节意即讲在上节,后问意即发在前问者。明儒之书,兼求口气,自讲学一二语录外,大要皆为帖括取用。故讲上节,断不得预透下节;讲前问,断不得急侵后问。理贵透而有不宜说透者,理贵完而有不得说完者。斯论可称洞澈。书刊于康熙三十一年壬申,至乾隆五年庚申重刊,有朱邦椿序。

0615 四书尊注会意解三十六卷 [康熙丁丑刊本]

清张九达原辑,张庸德补辑。首有张潮序,庸德自序及凡例。是书专宗朱注,故名其解曰《尊注会意解》。凡诸儒之说有不同者,折衷于朱子。朱子之说先后有不同者,折衷于《集注》。而《集注》亦有不同者,又有内注外注之辨,内注外注两说不侔者,断以内注为主。亦有内外注可相参者,则两存之。书分上下简,下简全旨檃括一章大意,上简节旨详疏字句。采用先儒及时贤之说,务于《集注》相发明。凡背注概不载,以较他本详略得宜,眉目亦特清醒。惟解中叙意之处，多载时文，殊乖体例。然自明初以来，士子以八股进身，读四子书者，大都为弋获科第起见，而时文中亦有具深湛之思，足以发抒经旨者。解者未能免俗，遂与传注同视，诚可叹也。书刊于康熙丁丑。

0616 **四书衬不分卷**乾隆家刊本

清骆培撰。培字坦轩，浙江吴兴人，官慈溪训导。是书首有邓锺岳、彭启丰、姚三辰、徐以升序及培自序，又有其子云仪附言。自序言“书有正义，有神气，正义在有字句处，神气在无字句处。神气得而正义自见，故说书者忌直。衬则曲，忌板；衬则活，忌支离节解；衬则筋联脉属，累字而成句。字有衬，累句而成节。句有衬，累节而成章。节有衬，或顺衬，或倒衬，或旁衬，或反衬，或引起于前作衬，或收宕于后作衬。总于无字句处着神，而于有字句处，一转便醒”云云。观此可识书之大概矣。附记者，云仪所补作例言也。言“本于朱子《集注》及《或问》、《语类》，佐之于先儒之粹言，以成此编。于四声句读，尤详加校正”云云。今观其书，融合经注，成为一片。着语无多，条理分晰，于课举业者，诚不为无裨。但义理精博，岂神气间所能尽？明以来言四书者竞宗朱，真能窥朱子之蕴者，且不多见。况上窥圣贤之心耶？书刊于乾隆八年癸亥。

0617 **四书释文不分卷**光绪戊子刊本

是书首有王赓言序。称是书出何义门手订，而复以己意为之增补。其书依朱子《章句集注》，惟于一章之主脑，一节之关键，一句之虚实轻重，及每句之层次，一一识以符号。谓授成童者读之，可尽举诸讲义，置之高阁。然实陋书也。题曰《释文》，而实不着一字，亦未妥。赓言，山东诸城人，官至江西督粮道。

0618 大学讲语一卷中庸讲语一卷论语类解二卷孟子类解十一卷［光绪十三年刊本］

清王辂撰。辂字少白，籍题安昌，按即今河南汝宁府确山县也。拔贡生，以荐赏加内阁中书衔，补获嘉教谕。先是河北道陈宝箴，于武陟置致用精舍，招生肄业。辂适主讲席，因成《大学中庸讲语记略》，许振祎为之序。其后又续成《论语》、《孟子》类解。《讲语》但就章节疏释大义，《类解》分类为解。《论语》分言道、言性、言学、言志、言仁、言义礼智信、言直、言恒、言德、论言行、论伦常、论处境、论出处、论治言、教言、诗书礼乐、论士、论君子、论君子小人、论观人警世、叹世、论人、自道、圣容、圣行、杂记等类。《孟子》分道性善、言学、论治、辨王霸、论战、事君、警世主、警世人、观人、论圣贤、论德、纪游、答时人、论出处、交际、言教、记门人、辟异端、叙道统等类。每类中，章各为解。《论语》每类又有总解，大旨墨守程朱，无甚阐发。惟明白显浅，使学者容易领会。其类解尤便贯穿，尚非他陈腐讲章可比。书刊于光绪十三年。

0619 四书大全汇正备解十六卷［康熙己丑刊本］

是书题董喆、陈枚纂辑。董喆字二吉，江西金溪人，官训导。陈枚字简侯，浙江仁和人，诸生。盖喆先成《备解》稿本，寄枚参订。而枚亦有《正汇合解》之纂，因相为参证，而成是书也。卷首有宋衡序及喆与枚自序，并列先儒姓氏，明儒著述姓氏，本朝诸儒著述姓氏，凡数十家。书中首经文，下附朱注，次以《全旨》，又次以《讲义》。《讲义》未尽者，附以参补。所采顾梦麟《说约》、刘曰珩《纂序》、史以征《汇解》、吴荃《正解》诸书为多。大约去取不苟，考核矜慎，去繁芜而存精粹。且绝未涉及时文，与他庸滥讲义固有殊焉。又其所援引，不限于《注解》，如陈献章、湛若水、瞿景淳之说，亦间旁及。又如万经之《辨志堂集解》、戴名世之《大全》、陈锡嘏之《怡堂随笔》，今俱不传。一斑之窥，幸在于此。书刊于康熙己丑，署凭山阁定本，盖陈枚独力所梓也。

0620 四书典制汇编八卷［雍正十年刊本］

清胡抡撰。抡字应麟，江苏武进人。首有抡自序，略言朱子为《章句集注》，其中大经大纬，如《中庸》之宗庙祭祀，《论语》之玄端麻冕，以及《乡党》一篇，《孟子》之五音六律，以及井田、学校、千岁、日至之属，未及详悉。朱子非不欲其详也，圣贤立言大体在挈其大纲，至于条分缕析，则在其人之考求而自得之。所惜坊间备考诸书，重复杂乱，肤廓无当。因遇经史之有关《学》、《庸》、《论》、《孟》者，各以其类集之。通彻晓畅，累贯而无重复，详尽而不烦冗云云。今按其书，援引经传仅具崖略，未尽精核。间有按语，亦无甚发明。又所引多不标原书，泛以“旧说”“或曰”等浑括之，以视江永、凌曙诸人之书，不及远甚，然亦大辂椎轮也。书刊于雍正十年壬子。

0621 增订四书贯解无卷数［雍正十三年刊本］

清朱良玉撰。良玉先著有《释注大全》，以其过繁复为采择而成是书。首有自序，用朱子《章句集注》原本。所谓《贯解》者，列于书之上方。有全旨有节解，大约于《或问》、《语类》采录较多。于《大全》、《蒙存》以后诸书，稍严取舍。行间附以单圈、密圈以便阅者注目。盖讲章中之尤近俗者。刊于雍正十三年丁卯。

0622 集虚斋四书口义无卷数［乾隆五十三年刊本］

清方桑如撰。桑如字文辀，浙江淳安人，康熙丙戌进士，官顺天丰润知县，因事落职。桑如学于毛奇龄，淹博群籍，工为文，制艺尤有名。是书大旨，就朱子《章句集注》，反覆涵咏，审于义理精神虚实之间，以求其合，不参己见，不杂他说。初学读此，明白晓畅，最易领解。按棨如尝主讲紫阳书院，口授“四书”，令生徒笔录。有应增删之处，复口授改正。俾生徒入耳经心，易于记忆。解书外兼及作文，三年成帙，因名《口义》。是书未经棨如手订，展转传抄，难免漏误。卷首有姚任道序，又有姚一桂所拟凡例，皆作于付梓时，即乾隆五十三年戊申也。

0623 论孟考典不分卷传抄本

清方棨如纂。棨如撰《四书讲义》已著录，惟《讲义》重说理，是书则重数典。征引甚博，绝无案断。有其书虽不相涉，而义可相发者。如“百姓足，君孰与不足”，引《国语》单穆公曰：“民失其资，能无匮乎？若匮，王用将有所乏。乏则将厚取于民，民不给，将有远志，是离民也。”“久要不忘平生之言”，引《公羊传》荀息曰：“使死者反生，生者不愧乎其言，则可谓信矣。”“惟上知与下愚不移”，引《汉书·古今人表》曰：“可与为善，不可与为恶，是谓上智。可与为恶，不可与为善，是谓下愚。可与为善，可与为恶，是谓中人。”“周有八士”，引《国语》胥臣曰：“文王即位，询于八虞。”贾唐云：“八虞，周八士，皆在虞官。”“罪人不孥”，引《诗·正月》曰：“民之无辜，并其臣仆。”“内无怨女”二句，引《诗序》：“黄鸟，刺宣王也；采绿，刺怨旷也。幽王之时多怨旷者也。”“域民不以封疆”，引《左传》沈尹成曰：“郢不能卫城，无益也。古者天子守在四夷，天子卑，守在诸侯。诸侯守在四邻，诸侯卑，守在四境。慎其四境，结其四援。民狎其野，三务成功，民无内忧，而又无外惧，国焉用城。”如此之类甚多，搜采具有意旨。其书虽亦为举业而作，但与典制备考诸书，则远胜之也。书为传抄本，未知曾刊板否。

0624 三订四书辨疑七十卷［乾隆刊本］

清张江辑。江字百川，江西南城人，雍正元年进士，官翰林院编修。是书《辨疑》二十二卷，《辨疑补》一卷，《绪余录》二十卷，《绪余录补》三卷，《识小录》十卷，《武备编》四卷，《乐器编》五卷，《拾遗》十卷。每种俱有自序。所辨者，若朝聘、祭祀、衣服、器用、饮食之类。先列郑、孔、何、邢、赵、孙等注于首，以其言理虽未精，而典章制度尚备也。再就经、传、史、子、集并其古注可载者，分隶各条之下。自宋以来，名人议论可补注疏所未备者以逮近儒顾亭林、阎百诗、李安溪、何义门、姜尚均、任钓台之说，亦附焉。各条之后，间附图以备考。大抵就周章成《类编》一书，增删而成。而《类编》依类，改作依经，亦便检览。《绪余录》者，辨鸟兽草木之名。《识小》者，如《大学》"邱隅"、《中庸》"白刃"、《论语》"有朋"、《孟子》"梃"之类。《论语》"不贤者识小"，此则小中又小者也。《武备》、《乐器》，各从其类。《拾遗》者，则于辨疑外，零星细事，犹有所遗者。而《辨疑》、《绪余》二编，序后别有说，《绪余》又有引用书目，续引用书目，此其异也。按是书抄撮荟萃，无所订正。其意止以供作文之需，而不在稽典。惟四子书中一名一物，已具备无遗。且搜采甚博，抉择尚慎，亦参考者所不可废焉。书为乾隆间刊本。

0625 大学集要一卷中庸集要一卷光绪刊本

清萧开运撰。开运字淳斋，湖北黄陂人，诸生。是书恪遵朱注，不敢少畔。就《注》作解，章后又附总解。但学识庸下，循文敷衍，无所阐明，甚且不免谬误。即如"大学之道"，注云"大学者，大人之学也"，开运于句下解云："大学对小学看，此岂朱注原意乎？"解"明德"云："不特善者真性昭然，即恶人亦有天良之现"，则为蛇添足矣。又"天命之谓性"，朱注云："命，犹令也。"开运于句下解云："天不言故曰犹。"犹字尚待解乎？书中绝未泛引他说，不知所集何要也。卷首有陈嗣龙序。书刊于光绪三年丁丑。

0626 学庸图说一卷 [约乾隆刊本]

清侯连城撰。连城字完璞，江苏梁溪人。是书首有连城自序及例言。按四子书中，《论》、《孟》随时记录，不相联贯。惟《大学》、《中庸》则逐节相生，脉络交贯，由一章化为全部，而全部又归于一章。其间错综参互，不易分晰。是书于言所不能显者，以图显之。有总图有分图。总图者全部之图也，分图者各章之图也。其分合之理，使人于形象间得之。而《中庸》内有三大支，又于总图之外，每支另绘一图。而图有上下左右，轻重断续之别，复备录先儒之语以说之。图虽连城所创为，而其理悉原于旧说，非臆造也。自序谓象呈而理显，理显而意明，信非虚语。自宋儒诂四子书以义理为主，至明人乃兼于口气求之。盖为治举业家设也。是书针分缕析，尤便举业，然脉络明而后义理得，岂可以其立意之卑而废之耶？原序无年月，大约刊于乾隆间。嘉庆癸酉有重镌本。

0627 学庸困知录四卷 [道光二十三年刊本]

清庄咏撰。咏字赓唐，山东城阳人，嘉庆己未进士，官至直隶沧州知州。是书首有乾隆甲寅咏自序，又有道光癸卯李汝峤序，则校刊时所作也。于经文后，首列《集注》。次以诸家之说，用双行小字。《集注》之旁及上方俱有小注，以推阐其义。所辑诸家之说，有全录成文者，有因成文而增删之者。以《大学》纲领条目甚显，故有辑解，无序讲。《中庸》义理分合承注处，头绪较多较隐，故加序讲，以非此则脉络不清晰也。其所辑说兼及时文，此风始于明人，不合注体。然时文本名经义，其精者本与笺解无异，未可以其体卑而斥之也。特是书所收下及本朝，较明人更广。方今八股罢废，存此以见一斑，较之陈言腐语剿袭满纸，似稍胜之。卷首列引用姓氏，汉二家、唐一家、宋十一家、元五家、明五十八家、清六十四家。又有未详世次名号者四十一家，此四十一家中之开首数人，程氏篁墩即程敏政，王氏筠林即王澍，陈氏百史即陈名夏。其姓氏与事迹俱甚著，何亦懵如是，则弥形其陋矣。书刊于道光二十三年癸卯。

0628 潜沧四书解一卷 [光绪五年刊《永平三子遗书》本]

清佘一元撰。一元字占一，号潜沧，山海卫人。明崇祯举人，顺治四年进士，官至礼部仪制司郎中。一元学于陈龙正，是书大都推衍师说，往往翻新于旧解之外。如谓《大学》为诚意立单传，上不连正心，下不连致知，是格物致知，本无传也。格致何以无传？盖格致乃小学之事，《大学》不必详也。又谓《鲁论》首言学，未指所学为何事。继之以其为人孝弟，盖学为人子，学为人弟也云尔。“学而”三节，终之以君子，而有子言君子务本，又申言孝弟为仁之本，其旨显然。尤创者，解“三以天下让”，谓因吴事而发，吴泰伯之后也。寿梦四子，长诸樊，次夷祭，次夷眜，札其季也。寿梦欲传位季札，与太王欲传位季历，因而及昌，其意相同。乃诸樊不知效法泰伯，托故而行，徒欲援兄终弟及之义。以次传位及札，迨三兄皆卒，季子亦垂老矣。况僚光之流，方眈眈觊觎于其间，季子安得不辞。至光之弑僚，则志在得国，其让伪也，季子遂不得不去矣。按此论比附甚当。惟论管仲，谓仲不忠于桓，不忠于纠，而实忠于周天（王）［子］。以天下大君，惟周天子一人故。按此论殊谬，主臣之义，不惟国有之，家亦有之。岂周天子在上，诸侯之国遂可废臣节不讲耶？且当仲不死之时，何能预料他日兴江汉之师、责苞茅之贡耶？文人好奇，而不知其悖于理也。书为光绪五年己卯史梦兰所刊《永平三子遗书》之一。

0629 四书寻真二十卷 [乾隆十四年刊本]

清刘所说撰。所说字永庵，浭阳人，康熙甲辰进士，官保定府教授。是书首有陈世倌、宋梅、谭国桂序。谭序述其言曰：“四书确有真义，余所参解未必遂真。但世之学者由吾未真之说而悟真，未必非寻真之一助”云云。此《寻真》所由名也。今观其书，经文下首列朱子《集注》，次“序讲”，又次“发明”。“序讲”者融会一节之旨，“发明”者援说众家之说，间参己见。不过引申注理，阐发殊少。书刊于乾隆十四年。

0630 四书自课录无卷数 ［乾隆四年刊本］

清任时懋撰。时懋字又新，江苏长洲人，康熙庚子举人。是书首有魏廷珍序及时懋自序。大致宗朱子，以为发明四子之书者，朱子《章句集注》也。发明《章句集注》者，《或问》、《精义》、《辑略》、《语类》、《朱子文集》以及诸儒通释、集编、附录、纂疏、集疏等书也。自后之为讲章者，搜求一句之神，挑剔一字之义，立异翻新。多所汩乱。因就陆稼书所点阅《大全》，与《困勉录》、《松阳讲义》诸书，及汪遄喜《大全读本》，详加审核，而陆书有前后所见各异而兼存之者。汪书主于纠驳《大全》，袭用辑释之讹，其所援据，间有复者。时懋则为之斟订异同，删繁释滞。自谓用功四十年，题曰《自课》，亦谦词也。惟著书之旨，仍不外为作举业文计。墨守一家，发明殊尠。但荟萃群言，折衷一是，视俗讲章为差胜耳。书刊于乾隆四年。

0631 四书典林三十卷 ［雍正乙卯刊本］

清江永撰。是书前有窦容恂、吴华孙序，又有永自序及凡例。凡例后又有门人汪世望等，及其子逢圣、逢辰附识。分天文、时令、地理、人伦、性情、身体、人事、人品、王侯、国邑、官职、庶民、政事、文学、礼制、祭祀、衣服、饮食、宫室、器用、乐律、武备、丧纪、珍宝、庶物、杂语诸部。为题七百三十有奇，所列引用书目凡一百六十二种。自经传外，诸史子集杂书概为收采。大体仿《北堂书抄》，惟提要字数由少至多为序，则用阴氏《韵府群玉》例。虽多举成说，天文、历法、制度、名物、先儒说有未精者，辄加按语，如

"南北极"、"右行"诸条是也。永素精律吕，著有《律吕管见》，不用三分损益上下相生之法。而是书止录旧说，不参新见，恐不可通行也。是书虽为举业家储材，而援引必确，排次不苟，可为类书之式，并足供词家之采获、经学之参证。盖永学素淹贯，即区区俗书，亦非他人可及也。据凡例，永尚欲著《四书典制图考》详说一切，今未见其书，殆未及成欤？书刊于雍正丁卯。

0632 四书古人典林十二卷 [乾隆甲午刊本]

清江永撰。卷首有永自序。永撰《四书典林》，或疑其尚有挂漏，乃补作是书。方欲刊行而永适病殁，盖绝笔也。其门人汪澎为竟其志，并作后跋。是书分帝王、古贤、圣贤、诸侯、大夫、杂人、列女各部，凡二百余人。大旨亦为举业而作，然视坊行诸本率尔排纂，漫无类例，繁芜者不知薙删，重要者及遭刊落，固迥殊矣。向来援引错谬，如以卫公南楚为公子荆，卫公子朝为宋朝，漆雕冯为漆雕开，南容为南宫敬叔，左氏为左丘明。又政逮大夫四世专政，始季孙行父，而季悼子未尝在位，子贡一出，而存鲁乱齐破吴霸越，实出战国策士之谈。永一一为之订正删削。其尤重要者，如孔子事迹，史传抵牾甚多，孟子与子思年不相接。《孔丛》有问答语，本书先游齐后游梁，而《史记》倒其先后。梁惠王有后元年，《史记》失载，遂分惠王事于襄王，致与丧地辱楚之言不相应。并《孟子》应聘至梁，亦非其年。此等处永并详加考核，使后此注家奉为定论，又安得以举业所用而鄙视之耶？书刊于乾隆甲午。

0633 四书质疑五卷 乾隆九年刊本

清陈梓撰。梓字古民，濮川人，布衣。是书首有梓自序，末有后序。又有谢秀岚跋。序云："孔孟以后，折衷于紫阳。紫阳以后，折衷于杨园。"又云："期不悖于杨园，不获罪于紫阳而已。"其尊杨园也至矣。卷五附《读书记疑》，除朱子《语类》、《或问》、《大全》、

《精义》外，并及陆稼书、吕晚村、凌渝安，盖于杨园外，兼有取于三家也。论“四书”，谓唯《孟子》易看，次之《大学》，次之《中庸》，唯《论语》极难看。圣人之言浑沦，极平淡处极精深，极严密处极从容。又谓“孔子不说心，教人低头切实去做，自然悟得。然后来便成行不著、习不察的流弊”。“孟子说心，教人察识扩充，从源及流，后来又成了遗弃事物，单求本心的流弊”云云。诸语俱未经人道过。他如释“粪土之墙”，谓山东俗以驴粪和土筑墙，故曰粪土之墙不可杇也。释“夷齐不念旧恶”，谓恶非善恶之恶，即周郑交恶之恶。与己不合者，不因前隙而终弃之，怨所以希。又谓“季氏富于周公”一节，是夫子代门人记事，以见下文直斥“非吾徒也”，有为而发。不然何以不说冉有，而曰“求也”？所解俱新而甚确。又谓五岳独言华，以西北地厚，华是一块全石，入地最深，与他山不同。“折枝”二字为“扶杖”之讹，以篆文适相类。虽亦未是，而可备一解。惟谈义理，间有过于拘迂者，但精到亦不少。盖体认既深，与泛涉者自不同也。

0634 四书广注三十六卷 ［康熙间刊本］

清张谦宜撰。谦宜字縨斋，山东胶州人，康熙五十一年进士。按朱子著《四书章句集注》既成，又以诸家之说，纷纭互见，恐人无所取，则于是复著《四书或问》，设为问答之词，以明去取之意。惟是《或问》与《章句集注》多有抵牾，盖因朱子于《章句集注》多所改定，前后之说往往不同，而《或问》则无暇重编故也。至于《语类》为门人所编，言者非一时，记者非一手，难免参错。故视二书又多歧出。攻朱子者每执是为口实，不知此三书俱出朱子，其同者固资引伸，即异者亦供考证。又《文集》中间有论及“四书”者，片言剩义，每致忽略。谦宜是书以《章句集注》为主，次以《或问》，又次以《语类》，又次以《文集》。《大学》开首又有纲领，题曰《广注》。凡朱子所说涉于“四书”者，搜采靡遗，汇为一帙。辑者不赞一词，于以别异同，辨失得，庶几为朱注集大成矣。无刊书年月，当在康熙间。

0635 读书笔记六卷 [乾隆十五年刊本]

清尹会一撰。会一号健余，直隶博野人，雍正癸卯进士，官至吏部右侍郎。是书首有门人王击玱序。先《大学》，次《论语》，次《孟子》，次《中庸》。按朱子尝谓人须先读《大学》，以定其规模；次读《论语》，以立其根本；次读《孟子》，以观其发越；次读《中庸》，以求古人之微妙。会一所定次序，盖本于此。书中规抚指趣，亦不离朱子者近是。每条下间有王罕皆、王玉清等小注。罕皆，王步青字，会一同年进士也。玉清，王击玱字，会一门人也。书中参引旧说，亦及罕皆，盖同治四书而宗宋儒者也。其发抒己见，具征体验有得，然时不免于迂腐。于朱注亦间有存疑之处，不尽墨守也。惟"朱子论管仲及王、魏之功罪"一条，引刁文孝说，谓王、魏罪在事建成，而不在事太宗。不知王、魏之事建成，实高祖命之，而惜其无诤谏建成之事，不思建成辈暗谋太宗，王、魏未必与闻。且以魏征事太宗者推之，安知无谏诤建成之事。但史既缺载，莫从而考耳。又"夏后氏一夫授田五十亩"一条，谓至殷增至七十，至周增至百亩，代代增加，田间疆理俱令更改。蓄疑不解，反以为经论之活法，不知三代授田多少，乃尺度不同，非有更改也。"独桃应问答"一条，谓为臣执法，为子爱亲，各行其是而无所顾。分说便明，合看便差，最为理正词严。彼袁枚辈之博辨，可以息矣。书刊于乾隆十五年庚午。

0636 四书异同商不分卷 [咸丰九年刊本]

清黄鹤撰。鹤字汉皋，湖南新化人，诸生。是书搜罗甚博，上自汉唐注疏，下逮《学海堂经解》。此外经、史、子、集奥义新解，采获略备。其例有四：以为有合经旨者，列诸首条。其次则其说不同而可备参考者，曰存异。又次则说有未安者，曰存疑。又次则说之尤谬必不可从者，曰驳正。间出己见，别为按语，所谓商也。开卷"学而”章，谓夫子凭空说个学字，不知所学何事。故记者次以“孝弟”一章，见学当于孝弟用功也。次以“巧令”一章，见学当于自己心上用功也。次以“三省”一章，见学当于自己身上用功也。又谓“学”字今训“效”，古训“觉”，两训相兼，于理乃足。“效”乃始事，与“习”字义近；“觉”乃终事，与“悦”字理通。诸如此类，具见折衷。所惜征引过繁，殊少创获。其编次首《论语》，次《大学》，次《中庸》，又次《孟子》。《孟子》分为上中下，亦与他本略异。首有苏士瑛序。刊于咸丰九年。

0637 大学示掌一卷中庸示掌一卷嘉庆己巳重刊本

清汤自铭撰。江苏武进人，诸生。是书首有秦宫璧、汤自超序，又有例言。是书幅取狭小，语取简该，以便随处展玩及临场检阅，故曰《示掌》。义理悉遵朱子《章句》，而不载朱注者，以人人熟读也。间折衷于《或问》，兼参宋明清诸家讲论，惟以合于朱注者为准。不别标姓氏，亦从省也。书刊于雍正乙卯，原稿尚有《论》、《孟》，未刊，后竟失之，而板亦残缺。其曾孙贻汾重付剞劂，而为之记。

0638 四书贯解一卷［传抄本］

清孙锡畴撰。锡畴，山西阳武人，字与爵无可考。自序云道光丁亥春，授徒于封邑之安上集。时夙疴未除，性多疏慵，以笔代口，得八十余条，名曰《四书贯解》。绎其命名之意，当是贯通全部或全章，不主一句一字也。所解间多妙义，如云四子言志，与颜渊、季路侍章不同，尽各言尔志，不论穷达，皆可寄愿。若四子侍坐，则夫子明有如或知尔，则何以哉之问，则志自是用世之志。故子路、冉有、公西华志在兵、农、礼、乐，为用世计也。三子所言皆所优为，夫子实心许之。曾皙志在春风沂水，随时随地皆可自乐，可谓高矣。却与夫子何以一问，针缝不相对。故先自言其撰之异，此正狂者嘐嘐处。但三子所言，须见用于世，方可施行。当举世莫宗之日，二三子从夫子周流列国，栖栖遑遑，用者何人？虽有此志，不过与夫子之期月已可。三年有成，徒托空言已耳，反不如曾皙所言“操之在我”也。故夫子一闻其言，不觉喟然叹曰：“吾与点也。”言虽与点，意在三子。此是圣人一腔热血，殷然用世之心。盖此原是叹词，不觉鸾为喜词也。按如此解，真能传出当日一圣四贤心事。其他解多类此。卷首有同治三年其侄笃之序，言锡畴仅享年四十，他所著尚有《四书广义》、《四书正俗》、《学官谱》、《阳武县志》，已佚不全。是书系传抄本，想未曾梓行也。

0639 学庸示掌不分卷 [雍正乙卯刊本]

清汤西箴撰。首有汤自超序，自超即西箴兄也。又有凡例。大旨遵朱注，兼参众家。惟不载朱注，以朱注人人熟读也。所采众家之说，亦不标明姓氏。间下己见，则以“按”字别之。逐字逐句，分疏意义，便初学也。于章首揭明书旨，章后申明章旨、节旨。虽欠阐发，亦较清晰。自超序称“言简意该，圣贤旨趣，直示诸掌。”此书之所由名也。据凡例，西箴于“四书”已汇辑成编，因《学》、《庸》尤旨奥理微，故先付梓云。书刊于雍正丁卯。

0640 大学吃语一卷中庸吃语一卷雍正乙卯刊本

清耿问翁撰。问翁字锡公，河南襄城人，官睢州教谕。是书首有问翁自序，又有其子论道序，及参阅姓氏。盖录于众门人之手，而问翁复为点窜。“吃语”二字，亦其所自题也。大旨就《章句》随文敷义。自序称有总提，有过渡，有结束，有铺排，有剪裁，有正有侧，有虚有实。所注重者，如此而已。论道序，称问翁所著尚有《四书提耳》，亦为其一生精力所在。是书特其绪余，顾乃急此而缓彼，不知用意果何居也。

0641 四书易简录十二卷［康熙壬寅刊本］

清刘葆真撰。葆真字眉峰，江西金谿人，康熙辛丑进士。卷首有郑任钥、周天祐二序又凡例。书分上下截，上列经文及朱注，下列讲义。其讲义则列章旨于前，次则顺文诠叙，又次则剖析义蕴。自谓“逐章逐句疏发文义，循其条理脉络，而汰繁即简、去难就易”云云。此《易简录》所由名也。今按其书，大旨多本之《或问》、《语类》，其采用众说，又不注明姓氏，殊非著书之体。书刊于康熙壬寅。

0642 四书发注十卷［雍正癸卯刊本］

清朱奇生纂。奇生字亦人，拔贡生。首有奇生自序，以为范氏《体注》纂辑精详，但采诸说存参，二三其解，未免骑墙疑似之见。至其他诸家，又苦浩博繁衍，难于遍阅。因录诸儒名论，质以《或问》、《语类》、《大全》、《蒙存》、《浅约》诸书，核其源流，辨其同异，撷其精华，略者详之，繁者简之云云。今观其书，参引众说折衷一是，不为骑墙疑似之见。于吕晚邨、陆稼书、仇沧柱各家之说，所采尤多。书中亦分上下两截，下截全列经注，上截详发书旨，则仍是坊行讲章习套也。书刊于雍正癸卯。

0643 四书集说不分卷乾隆乙酉刊本

清李道南撰。道南字静斋，江苏甘泉人，乾隆甲戌进士，官刑部主事。尝以母老乞养，家居教授。是书即其时所纂也。首有序，谓“四子书之精微，尽发于朱子之《大注》、《或问》、《语类》。是本所集上自程朱语录之微言，下逮元明诸儒之名论，无不博采慎择。我朝李厚庵简而精，陆稼书质而醇，不失朱子之旨；其余诸家，纯杂各半，所择较严”云云。书中不录《大注》，经文后低一格录朱子之说，即《或问》、《语类》之属也。朱说后又低一格，录诸家之说。

间有按语亦附诸家之后，作双行小字。书中亦引吕留良说，而不敢名之。称曰“语溪者”是也。又多引时文语，盖沿明人讲义之习。亦以为课生徒作时文计，指示较切也。所集众说，虽多陈言，尚能简净。其自出己见，如“管仲”章，谓器小一叹，直从伊吕闳散，递及到仲，有多少慨惜意在？仲之僭侈，亦与三家异。“景公”章，谓景公兄庄公为崔杼所弑而景公得位，杼犹为政，与夷齐兄弟因让国而卧，二事亦有关照。如此之类，亦能发前人所未发，惜不多耳。惟说“孝弟为仁之本”，谓惟孝弟远于不仁，可悟仁为孝弟之本。殊可笑。盖因《集注》引程子曰：“性中只有个仁、义、礼、智四字，曷尝有孝弟来？”于是谢道显言孝弟非仁，陆子静直斥有子之言为支离。王伯安言仁，只求于心，不必求于父兄事物。此为宋明诸儒最谬之见。道南于此不敢背《注》，又不敢违经，遂不得不多转一湾矣。但其误非自道南始耳。

0644 四书翼注论文三十八卷乾隆四十一年刊本

清张甄陶撰。甄陶字希周，福建闽县人。乾隆丙辰召试博学鸿词，未用。乾隆乙丑成进士，改庶吉士，散馆出知广东高要县。是书首有蒋士铨、郑大进序，又有甄陶自序及凡例。是书遵守朱子《集注》，惟专以阐发《注》中所涵之奥与《注》外未尽之词，故不复述朱注。以朱注明白易晓处，尽人知之也。前儒纷纭辨驳之说，亦概不及。以后儒于《集注》外，另生枝节，以为有功于朱注，其实皆冗语赘词。如孔孟时无佛老，开口便诋虚无寂灭。朱子安知有王伯安、陈白沙，乃连篇累牍辟良知之非，斥主静之谬。皆无谓也。惟朱注于典物制度不甚详备，增纂者又多不注重于此。甄陶搜采甚博，芟繁得要，尽去《语录》、《讲义》凡猥之词，以雅洁为尚。题曰《论文》者，以是书兼及制义法也。清儒陆陇其凡例引陆清献、李文贞、方望溪，多以时文引证书理。按甄陶是书成于掌教五华、贵山两书院时，执业者大都应举之士，舍是几无以为教，亦不得已也。李富孙《鹤征后录》，称是书在兔园册中为最有根据之学。甄陶尚著有《五经通解》一百三十四卷，凡前儒成说已定者不复述，所述者自汉以来无成说，及有成说而彼此牴牾者。惜无传本。是书乾隆丙申刊于黔中，至乾隆丁酉甄陶又取初稿编整重刊，今所据即重刊本也。

0645 四书讲义十一卷［道光十五年刊本］

清王元启撰。卷首有自序。凡《大学》一卷、《中庸》四卷、《论语》三卷补一卷、《孟子》二卷。元启历掌福建、直隶、山东各府县书院，日与诸生评论书义，诸生各有记录，其子尚珏辑成此书。大旨宗朱注，而推衍其义。他说之稍违朱注者，则辨而正之。然亦不尽墨守朱注。铢权黍量，析理极精，尤详于《中庸》。经言上祀之礼，下达庶人，因推言庶人得祭始祖。经言父为士，子为大夫，葬以士，祭以大夫，但言父为士，不言父为庶人。经又言大夫得庙享其祖，而不言祖之为士为庶人。因推言既已祭从生者，苟其子孙得跻于大夫之秩。即无论父祖之为士为庶人，皆得以大夫之礼祀之。凡此皆补经文所未及，酌古今之所宜。《论语》辨颜渊之死在鲁哀公十四年，实四十有一。据《史记》以驳《家语》，说甚确。说“亚饭、三饭、四饭”，引顾仲恭说，据《礼器》“天子有亚饭，诸侯有三饭，大夫士有四饭”，俱无初饭。鲁有亚饭，僭也。说甚新。孟子主司城贞子为陈侯周臣，谓司城贞子系陈大夫，司城亦陈官。注家当云陈大夫之贤者，不知何故讹“陈”作“宋”。注家谓宋为王者后，仿天子制，故有司马、司城之官。不思陈亦虞帝后，与宋同备三恪。《左传》载曹伯阳以公孙强为司城，曹尚有司城，安见陈无司城耶？至“为陈侯周臣”五字，则属孔子，与贞子无涉。此解最的。惟《中庸》论鬼神遍征群说，繁而鲜当。《论语》说“三以天下让”，谓泰伯不愿有商之天下。考太王之时周之国势尚未强，人心亦未大归。况值武丁在位，商无亡兆，泰伯安得预料而不为？殆未深考也。书刊于道光十五年乙未。

0646 四书凝道录十九卷［光绪甲午泾阳刘秉仁刊本］

清刘绍攽撰。卷首有绍攽自序，略谓朱子《四书集注》，训诂本之汉唐，义理一宗二程，复参稽于游、杨、吕、谢及诸老先生之言。其析理之粹，补备之精，考据之确，千圣心源，粲然复明，而亦不遗于方名度数之细。惟初学之士，或未及详考而究心，抑观宋元儒说略备。其征之朱子者，亦止《语类》一编，程子、张子之书更阙。兹取而尽读之，伊、洛、关、闽互相证明，至事迹之有关大义，地理之足资征验，皆切求之，为论世之一助。若古注唐疏，实《集注》之权舆。然窒疑难通，谬于圣人者不少，亦并存之，附以辨别云云。今观其书，就朱子《集注》节解支分。其义有未显者，为之证明。解有未备者，为之补充。所援引除《或问》外，遍及宋、元、明诸儒。而于清儒李厚庵、陆稼书，及其本师王信芳之说，尤所取资。其自为说，亦多体会有得。又取《集注》诸刊本，较字句之异同，而求其一是。其于《集注》，洵极羽翼之功矣。惟《集注》不能绝无一失，如为格致补传。及解格物为穷至事物之理，绍攽亦知其未安，而犹持调停之见，殆守疏不破注之例欤？绍攽自序作乾隆庚辰，书成未刊。及光绪甲午泾阳刘秉仁始为授梓，有白遇道序。

0647 四书集疏附正二十一卷［道光乙未连毓太刊本］

清张秉直撰。秉直集四子书疏成，间有私解，积久成帙，名曰《附正》。成于乾隆乙亥，有自序。至道光乙未，同里连毓太始为梓行。毓太亦有序，称秉直博览群籍，遍读濂、洛、关、闽各先儒讲学之书，观元明以来诸儒语录，约之益精，归本四书，尤重《论语》，以朱子之说为宗，谓舍四子书外更无可讲之学云云。今观其书笃守朱注，为之疏通证明。其朱注有前后相歧者，或与《语类》相歧者，则参互以求其是。其朱注所偶遗者，则补充之。朱注所未显者，则引申之。总期不悖于朱注。至诸儒之解，违异朱注者，亦多所驳正。其中亦不少精核者，惟逐章备解，难免抄袭陈言。而朱注之显然乖谬，如解“格物”之类，亦附和之。谓圣人之治天下，尽己性以尽人性，尽人性以尽物性。将飞潜动植无一物不得其所，即穷而在下，亦必辨五土之宜，别五材之用，顺时物之性，而不失宰物之宜。此“格物致知”所以不遗乎一草一木云云，究与经旨何涉？是则过于拘泥而不知通矣。

0648 四书镜十九卷［乾隆十年刊本］

清程天霖撰。天霖字济安，安徽新安人，诸生。是书首有王康佐序及天霖自序。自序称《大全》精言，其理过于深奥。《体注》备旨，其词近于繁冗，均无当于初学，因纂是编。大旨于义理口气反覆推求，而又务为显浅，不抄《集注》，亦不背《集注》。不用章旨节旨等分目，然或提明于前，或补结于后，亦自清晰。题曰《四书镜》者，谓如镜高悬，无物不照也。章后附考典故，主简括，不夹杂于解中。卷帙省于《章句》、《集注》，而较之详明，于训蒙为尤便也。书刊于乾隆十年乙丑。

0649 四书图说不分卷乾隆乙卯刊本

清王道然撰。道然字桓坡，山东新城人，乾隆元年举人。是书首有刘大绅、刘元锡、蓝嘉瓒序，及道然自序。其所为图，自出己意，而说以明之。自序所云不无臆见创论是也，亦有无图而仅著其说者。《学》、《庸》二篇最详。如《大学》篇，谓敬统三纲领八条目。“知止”节，以知止能得为主，定静安即在知止中；虑与得相连，定静安全不费事，虑则吃紧着力。“淇澳”节，以道学自修恂栗威仪，分配明德五条目。《中庸》篇，以诚为全部枢纽，谓三大支表里相贯。道之体，即天命之性。性之未发为中，即是隐，即是天下之大本，即是敦化。道之用，即率性，性之发而中节为和，即天下之达道，即是费，即是川流。如此之类，表以图而理自晰。刘大绅序所谓“上士得图忘说，下士由其说以求其图，久之而图说可存，亦可不存”是也。《论》、《孟》二篇，其图都不甚关重要，而说间有可取者。如“射不主皮”节，《仪礼》本云“礼射不主皮”，夫子删去礼字，则以周衰礼废，不尚礼射而尚武射。主皮不主皮，世之治乱为之。“丘也幸”节，谓夫子答司败后，定有许多不安处。只承认一声错过，则君既尊而礼亦伸。如此之类，亦能善会书旨。说“唐虞之际，于斯为盛”，谓着眼在际字，使唐不际虞，虞不际唐，则周才旷千古而独隆。所见亦是。案人臣身事二姓而不失节者，惟唐虞之际为然。使殷周之际亦如此，则龙、比、微、箕皆在其列，安见不盛于唐虞？夫子于此，言外之意，殆不满于征诛而慨然于禅让之不可再见。惜道然未见及此也。书中悉遵朱注，诂义即极深切，不过为读朱注及作时文者计其便。若云精研圣贤义蕴，则未之逮也。

0650 四书说一卷《味经斋遗书》本

清庄存与撰。按存与之学，以西京为宗，郑康成以下蔑如也。其言曰：“孔子之言，魏晋人窃其近似者解以老氏子旨，附以释氏之家。后人悦老氏释氏之书，信为圣人所不及。儒者不察其本为魏晋谬解而附益之者，悉举其所窃六经之近似，而以为六经所自有。今反求而后得之。”又曰：“新说自郑康成始，莫巧于魏晋人。《正义》所笃信，实非《儒林传》诸老先生古义。若《正义》之变为新经也，萌芽于元和，波涛于北宋熙丰、元祐，卒成就于南宋孝、光、宁之世。朱子之学，宋之郑公也，皆非七十子所受之大义，况微言乎。”又曰：“见于《孟子》，若汤事葛，太王事獯鬻，尧舜授受，禹益避位。其文尽出孔氏，伏生《尚书大传》、大小《戴记》，皆自孔氏出。贾谊、董仲舒所著及《盐铁论》贤良，文学所称引，《白虎通德论》多三代遗言。毛公《诗》、何休《公羊传》学，有三代礼可考，无不自七十子所传”云云。即此可知其立说之大旨矣。是书与朱子言理显相矛盾者：朱子推阐濂溪太极无极之义；存与则谓天为极，无极则无天。朱子谓性与天道，终日所言，无非此理；存与则谓夫子言性与天道，特著于《系辞》。朱子谓隐为体之微，无声无臭，具为天道之不显；存与则谓显也，非不显也。无声无臭，凡民所知也。圣人所不知所不能，其实皆不可不知不可不能。知人事亲之常道，非所隐也。朱子分气质之性、义理之性为二品；存与则谓夫妇之有愚不肖，类也，习也，非天也。其所说不免有流于空泛者。［按魏晋儒者，不讳老释，宋儒则阳讳而阴窃之，其不得圣人之旨一切也。东京之学，亦沿西京而来，而胜西京之疏陋。康成集其大成，则博而稍杂，然非魏晋以下儒者所可同论也。存与高自矜诩至并康成而抑之，究其所云微言大义者，不过浅泛之空理。然］① 流于空泛者，大体固醇而不驳。书后有门人蒋彤跋，称“归本六经，得汉人之学而深造之”，稍溢美矣。后来宋虞廷、戴子高辈，亦自以为绍西京之绪，而支离荒诞，以视是书如外道之与正宗也。书为味经斋遗书本，刊于道光间。

0651 四书注疏撮言大全无卷数［乾隆癸未刊本］

清胡斐才撰。斐才字蓉芝，福建龙冈人，诸生。是书首有纪昀序及斐才自序。大旨以朱子《集注》为主。自序称“自《或问》、《语类》证以诸儒之说，于本文有字义未安者，特为阐发。《集注》中有未训口气者，复畅其词，参互考订，而断以己意”云云。今观其书，本文下首列《集注》，逐句细为训释。注后有讲，讲后又有解。讲以融会全旨，解以参汇群言，繁简颇为得宜。惟俱供举业家之撦挦，未足与语发明圣学也。书刊于乾隆癸未。

0652 四书撮言十二卷［乾隆二十八年刊本］

清胡斐才撰。斐才字蓉芝，福建龙冈人，诸生。卷首有斐才自序，称自《或问》、《语类》证以诸儒之说，于本文有字义未详者，特为阐发。《集注》中有未训口气者，复畅其词，参互考订，而断以

① 所补文字据中华书局本。

已意。繁不致滥，简不致略云云。书签题纪晓岚先生鉴定，盖纪昀督学临汀时，曾以呈质也。今按其书，本文之后先列注，次列讲，又次列解。而注下又有疏训，释较分明，脉络亦贯串。然亦寻常讲义而已。书刊于乾隆二十八年癸未。

0653 四书述要十卷［乾隆二十五年刊本］

清杨玉绪撰。玉绪字诞斯，安徽桐城人。首有玉绪自序，略谓于当代诸贤著说，随见随录。散者聚，迂者切，晦者显，疑者决。约而能该，脉络接续，故曰《述要》云云。其书亦分上下截，下截全列经注，上截详阐书旨。大抵折衷群言，意取简径。惟不载所采者姓氏，未免蹈掠美之嫌，而使阅者茫于所自出也。书刊于乾隆二十五年庚辰。

0654 四书证疑八卷道光甲申刊本

清李允升撰。允升字蔼蹊，山东文登人。是书卷一至四《论语》，卷五《大学》，卷六《中庸》，卷七至八《孟子》。《论语》、《大学》、《中庸》各有辛从益序，《孟子》有刘登桂序。卷首又有凡例。不备举经文，亦不逐篇解说。于书中一节一句，以为有可疑者，则援义以证之。不主一家，亦不拘一例。《论语》诸条，多取注疏。《学》、《庸》、《孟子》，偶一及之而已。所说又偏于义理，然不无独到之见。如“子张问十世”章，谓此章言因革者误，损益所以善其因。三代之礼，循之则治，失之则乱，可执此以律万世之天下。“子曰吾未见好德”章，谓此与“未见能见其过”章，皆为诸侯言。德者言也，不好德则不能用贤矣。“子贡曰管仲非仁者与”章，因管仲而推论王珪、魏徵，谓以圣人论管仲之例断之，王、魏以高祖命为建成傅，犹管、鲍以僖公命为子纠小白傅也。建成之诛，高祖在焉，则谓高祖诛之可也。太宗为高祖所立，胜于小白之自立。太宗之用王珪、魏徵，谓高祖用之可也。故王、魏之终为唐臣，犹管仲之终为齐臣也。而义犹胜于仲。而论者执区区兄弟之义，责王、魏之不死。当攻元武门时，有死建成者高祖必以罪人律之，后世能以节义录之耶？且建成未诛时，高祖早以珪不能辅导流嶲州，乌从而死之？按此论甚允。虽为王、魏辨，不啻为管仲辨矣。他条则义多习见，旧说已明，何疑须证，岂非徒费笔墨耶？

0655 四书说十卷道光刊本

清郝宁愚撰。宁愚字希柴，山东祝阿人，乾隆甲子举人。是书首有沈德潜、周玉章、柳继榩序，又有贾琰作宁愚传，宁愚自作凡例。凡《大学》一卷、《中庸》一卷、《论语》四卷、《孟子》四卷。笃遵朱注，揣摩于神理血脉之间，务求其合。其异于他讲章者，使连节白文，成为一气，不以分注隔。小注亦连节一气，不以白文及分注隔。其说义理，主简括清醒而已。盖为举业家作文而设，非治经之书也。书刊于道光己酉。

0656 增订四书左国辑要四卷［乾隆三十五年刊］

清高其名、郑师成同辑。前有魏之柱序，又有凡例。大旨就四书中所载君公大夫、文人学士生平事迹，见于《左氏传》及《国策》者，胪列成篇。其中又有国别：卷一鲁，卷二齐，卷三卫，卷四晋楚诸国。各国行事先录其君，后及大夫士庶。所录之事，文词稍奥者，附以原书注解。若四书中有其人而《左》、《国》无其事，概不旁采。书刊于乾隆三十五年己丑。

0657 四书引左汇解十卷［乾隆甲午刊本］

清萧榕年辑。榕年字霞郝，山东莱芜人。首有王采珍序，又有榕年自作例言。是书卷一至卷七《论语》，卷八《学》、《庸》，卷九至卷十《孟子》。凡四书中记人记事分见于《左氏传》者，各按次第纂辑。其云汇解者，因一人也而数出，一事也而或迭见，斟酌详略，颇有条理。间附注解，简而不繁。惟是书不过为幼学枵腹者备参考，若《左氏传》与四子书，固诵读者所勿废，亦奚须藉此以证彼耶？书刊于乾隆甲午。

0658 四书考正讹无卷数乾隆甲午刊本

清吴鼎科撰。鼎科字庭宝，江苏元和人。是书无序例，书口题《四书考正讹》。每篇首行或题《四书考正讹》，或题《四书乡党考》，共二十六条。大抵引群说以证经文。群说低经文一格，按语又低群说一格，亦有按语居经文之前者。近人采顾宁人、阎百诗、顾复初、何义门、陈见复、王已山诸家，每条多附以图。惟采集未博，折衷较少，未足与江氏《图考》作先驱也。

0659 校正四书逸笺六卷

清曾钊校。钊字勉士，广东南海人，副贡生，官教谕。钊湛深经术，为粤士治汉学者之先声。生平抱用世志，尤好兵家言。道光辛丑、壬寅间，广东与英法开衅，制府祁𡎴檄令修碉筑坝，募勇团守，已而议和，而所支帑不能报销者三十余万金。倾家不偿，坐此免官。藏书万卷，并质于人。是书系应城程大中撰，《四库》已著录。称其援据详明，惟"举其束带"诸条，不引《玉藻》"肆束及带勤者有事则收之"之文。"朋友死无所归"一条，引《白虎通》而不引《檀弓》"夫子曰：生于我乎能，死于我乎殡"之文。"厚无天里之布"一条，《集注》止引载师职，而此不引□师职，凡无职者出夫布之文以补之，未免疏漏。至因梦周公一语，遍引尧、舜、禹、文诸梦事，如《梦书》、《六帖》亦为引入，稍涉泛滥云云。按是书通行本有三，一于光华之增订杂录本，名《四书识遗》，不分卷。一张海鹏墨海金壶刊本，一在山堂集家刊本，俱六卷。钊据诸本参校，有原书误者，有刊本误者，如所引《宏明集予族》，不知其出《史记·列女传》。"舜妹敤"，不知其为擊之误，而误分敤与皲首为二人。（擊实敤手之合体，师古注《汉书》已辨之。）此其误之大者。又如“于本夫里之布”条，引孙奭云：“不知言布参印书者何见。”张本“者何”二字作“未之”。于“本小国井田之数”条，三分去一，除田七十五万亩。张本作七千五百亩。于“本记刑第五”条，引《汉书·刑法志》：“完者使守积。”张本“刑者”作“刖者”。又“斅首”于本作“斅手”，虽与《汉书·人物表》、《史记正义》、《初学记》合，而张本作“斅首”。斅首亦见《说文》。至于彼此同误，如“沽酒”条，引《周礼》贾公彦《疏》作孔颖达。“置邮”条，引《集注》作集句。此皆原本笔［误］，当为改正。此书经钊手校，遂臻完善。后有钊所撰跋。道光癸巳以活字本印行。

0660 四书识遗二卷心简书屋刊本

清程大中撰。大中有《四书逸笺》，《四库》已著录。按是书即《逸笺》之初名也。大中喜抄书，所为别录凡十种，《四书识遗》其一也。所引诸说，大抵散见他书，旁搜而得之者，以非解经之正，故入别录。后改题《逸笺》，又析二卷为六，于原文无一字增删。然《逸笺》之名，究不如《识遗》之称其实也。

0661 四书劄记［光绪九年刊本］

清王巡泰撰。巡泰字岱宗，陕西临潼人，乾隆甲戌进士。历官山西五寨、广西兴业县知县，擢吏部考功司主事，殁祀名宦。是书仿许鲁斋《读易私言》、薛文清《读书法》，开卷有得，随手劄记，积久成帙。首有乾隆乙未自序，盖以应补需次，侨寓望都，日与诸生讲论，因取旧稿增删成书也。其后又有乾隆丙午自序，盖主讲解梁书院时，取是书重加订正，距前序逾十年矣。另有门人阎成化序，作于乾隆乙未，亦初稿序也。书成未刊，光绪九年，临潼县知县汪凤標访得遗编付梓，功未竣而他调，继任严麟书续成之。各有序记其事。同时别有陈熙塏序，则巡泰之乡人也。是书敷说大义，名理络绎，于天命、心性、存诚、主敬，有关学术处，剖析尤细。盖从体会得来，故能言之深切。书中多引孙西峰说，其所受业师也。亦间及他家。自序云：凡有所见辄记之，不必所见之果是也。一时见以为是，一时辄记之，不必他时之即以其是为是也。其或言之足与先儒相发明者，期于明白易晓，不以嫌于雷同而不记也。其或自抒所见，不尽与先儒合者，即以所见记之，不以嫌于立异而不记也。其或旁见侧出，借书以发深省，而不必与书相檃括者，亦即以他说记之，不以非书之旨而不记也。据此可知书之所由名，而一改再改之未有已矣。

0662 **重订四书劄记不分卷**旧抄本

清王巡泰撰。巡泰字零川，陕西临潼人，乾隆举人，尝官山西五寨县知县。是书首有巡泰自序二，一作于乾隆乙未，一作乾隆丙午。盖屡经改易，至丙午则为最后定稿也。别有门人阎成化序，亦作于丙午，则巡泰寓望都时，成化读其稿而序之也。自记称“集注字字句句，与圣人之言相印合，一字亦不可易”。可以知其旨矣。书中间引他说，所称孙西峰者居多，盖其师也。谓良知与人心之灵不同，灵字该得良字，良字该不得灵字。知爱知敬是良知，知是非知好恶之类俱是人心之灵处。只可谓之知，不可概谓之良知。按《孟子》言良知，凡四端皆该于是。今谓良知异乎人心之灵，岂知爱知敬，是冥顽不灵者乎？知是非，知好恶，既由人心之灵而来，非良知而何？又谓天地万物，只是一性。天地之性岂同于万物？物之性岂同于人？而可一概视之乎？观其持论，似于宋以前旧说，全未寓目。又似于“四书”以外诸书，全未寓目。矻矻穷年，不离功令，弇陋亦殊足哂也。

0663 **四书解细论不分卷**［道光刊本］

清李荣陛撰。荣陛字奠基，江西万载人，乾隆丙子举人，历官云南呈贡、恩乐、嶍峨知县。是书盖因辛廷芝《四书解》而作。廷芝号畹堂，乾隆甲子举人，官金溪县教谕。与荣陛同邑友好，晚年各解官归。廷芝以所著《四书解》寄荣陛商榷，荣陛因为此书。曰《细论》者，取杜甫赠李白诗“何时一樽酒，重与细论文”意也。卷首附荣陛寄畹堂书，辨《大学》实为曾子作。中间标曾子者，系辞文言夫子所作。其“子曰”皆布篇中，庄周、司马迁之书，篇中亦间出“庄子曰”、“太史公曰”，可以参证。又廷芝原书题曰《书解》，荣陛以为书者简册总名，必配以他字，如《化书》、《兼明书》之类，四字必不可乙。持义俱当。书之大旨，仍主朱子，而引众说以折衷之。因原书多与朱子异趣，故疏其未协者若干条，其无可议者，有廷芝原书在，不加入也。最要者如《泰伯》章，谓朱子诬太王有翦商之志，泰伯不从，弃商之天下而不取。而陆稼书之论尤谬，至谓泰伯不去，高宗必不中兴。荣陛谓太王崎岖避狄，自岐邑外，尺地一民皆商有，本非己物何得加以让名？又“舜有臣五人”章，主顾宁人说，“妇”字是“殷”字之讹，胶鬲是也。荣陛所著《厚冈文集》，卷六有《论语至德节解》及《治臣十人有殷人即胶鬲证》二篇，其说尤畅，可以参证。愚按《尔雅》“翦”训“勤”，太王翦商如王季其勤王家之勤。如此则太王与王季文王同一盛德，似觉更当。惜荣陛未之及。卷首尚有黄河清一序，无刊书年月，当在道光间。

0664 说四书十八卷乾隆刊本

清韩泰青撰。泰青字南有，浙江萧山人。是书卷一至四《大学》，卷五至十《中庸》，卷十一至十五《论语》，卷十六至十八《孟子》。大旨义理宗宋儒，然谓“朱子为孔门嫡嗣，偶于解书处有未当，不害其为贤。或因其说之未当，别出一义以相咨诹，不害为遵朱”云云。故所说不墨守一家，且于朱注亦时斥其不当。如讨陈恒议论彻法诸条，说《中庸》尤详，尤精湛。谓“天命之谓性”，性字单指人言，本文是从天顺说到人，若逆而溯之，修道是穷理尽性功夫，率性为道，则能尽其性者，尽性则知命而达于天矣。此间一条理路，乃神圣往来之所，常人不获阑入，何况于物。下文言万物育者，尽人性自能尽物性，人能统物也。又谓道比作路，但路有邪正，而《中庸》言性天之道，中有实理，非可拟以虚位无已，则以下文达道当之，然达道犹指其用处，而非体也。无已，则进而言其节与和，然节与和，亦在已发处见，犹用中之体，非体中之体。无已，再进而求之中，此中非东西南北之中，乃“隐体乎中”之“中”，所谓“体物而不遗，费而隐者”是也。又谓“修道之谓教”，“教”字不作教人讲。率性之谓道由仁义行，性之之圣人，自诚明谓之性也。修道之谓教，由教而入，反之之圣人，自明诚谓之教也。又言无对之谓独，一杂动静内外之说，即不是独。独者空绝倚傍，此心浑然皆备。惺惺明明，灵光独照，于此操存，毋使或使或昧，是谓慎独。说《论语》，谓时习者，无断无续之谓，造次必于是，颠沛必于是，是时习之学。至于至诚无息，纯亦不已，是学之成。说“其为人也”章，谓有子以孝弟为仁之本，程子又以仁为孝弟之本，语相反而意实相成。有子以孝弟论仁，指事为言。若举仁之全体言，则（则）仁道至大，子得之而成孝，弟得之而成弟。特其一节。程子又云：性中曷尝有孝弟来，亦因有子一本字直推到大本之本也。大本为中，喜怒哀乐，尚无偏倚处，安得有孝弟？亦自善于调停。尤妙者，谓不有祝鮀之佞，为弥子瑕言之。然弥子亦幸而不佞，故祸止及身。孔子对哀公曰：“去谗远色。”告颜渊直曰“远佞人”。佞人殆弥子之不佞，卫国之幸。顾不以不佞贺，而以难免吊。故决为弥子言之也。他条虽不尽精惬，要之深研有得，多独到之见焉。

0665 四书温故录不分卷 ［乾隆五十二年刊本］

清赵佑撰。乾隆甲辰进士，改庶吉士，授编修，官至左副都御史。佑为此书及命名之意，于自序揭之。自序略谓在“四书”以“五经”为故，读“四书”不进之以“五经”，不足以通“四书”也。在《四书集注》以古注疏为故，读《集注》不兼之以古注疏，不足以见紫阳采集之精，体经明道之功。凡诸儒之勤勤于注之疏之者，亦均自故出。而所见之分诣不同，至有纰缪显然之失。虽然，凡故之异乎朱子而纰缪显然者，既非读之不足以见其有同乎朱子，而仍不及朱子，或较过于朱子。与夫虽异乎朱子，而未尝不足以备学者质疑析难。参今注所不逮者，初无碍乎遵朱云云。盖功令四书遵朱注，故佑自为斡旋，其书固非宗朱者也。录中略于《学》、《庸》而详于《论》、《孟》。其发人所未发者，如“重出解”，谓《论语》疏言篇中所载各记旧闻，不为义例，或亦以类相从。夫既由各记，自不免重复参差。既以类从，即非无义例。盖圣人原非一时一事之言，或前为彼而后为此，无嫌重也。是以古注未尝言重出，邢氏始间言之。自《集注》概以重出置之，而后人遂删不复读，过矣。其“弟子门人辨”，谓自欧阳永叔有亲受业者为弟子，受业于弟子者为门人之说，邢氏疏《论语》往往同之。近秀水朱氏别为仲尼弟子、孔子门人二考，举凡各章之言门人，而上下文有人可比附者，辄强属之。然“互乡”章，门人惑将谁属？《檀弓》孔子与门人立，又谁属？至孔子之丧，门人疑所服，其文大明矣。盖弟子、门人一也，以执礼之卑曰弟子，以受业于门曰门人，合言之则曰门弟子，约言之则曰徒。而记者书之曰门人，为其不可悉名也。何晏、赵岐之注，皆未有此说。其于“小人鸣鼓而攻之”，郑曰小子门人也。“小子何莫学夫《诗》”，包曰小子，子，门人也。可见汉儒质直。又赵岐《孟子章指》，其全已佚，佑从伪邢《疏》中辑出一卷，其可疑者别为之案。于是赵书稍还其旧焉，尤为有裨。书刻于乾隆五十二年，卷首有自序。

0666 四书句读辨一卷乾隆戊子心简书屋刊本

清于光华录。光华字惺介，江苏金坛人。是卷以俗师多不辨句读，句读一误便失书理，因举此以正之。其要者，如《大学》“见君子而后厌然，揜其不善而著其善”，十五字为一句。《论语》“吾与女弗如也”，上三字不可读。“逝者如斯夫，不舍昼夜”，“逝者”一读，“如斯夫”不可读。《孟子》“叟不远千里而来”，“叟”非绝句，连下文。“我非爱其财而易之以羊也，宜乎百姓之谓我爱也”，“我非爱其财”绝句，“而易之以羊也”一读。“孟施舍之守气又不如曾子之守约”，两“守”字一读。“其妻妾不羞也而不相泣者几希矣”，上十一字略读。“帝亦知告焉则不得妻也”，十字为一句。他所举，皆易于沿讹者。然“四书”当辨者固不止此，特引其例，期使学者触类推知耳。

0667 驳吕留良四书讲义不分卷武英殿本

是书首录雍正九年十二月十六日上谕一道，次录文华殿大学士吏部尚书朱轼、礼部右侍郎吴襄等崇正黜邪一疏。先是，雍正七年，曾静案发，词牵吕留良，致兴大狱，留良所评著诸书亦悉禁毁。于是有编修顾成天者，奏请将留良之讲义、语录，派员查阅，将书中剿袭先儒及议论悖谬、引据舛讹之处，一一根究原委、详悉辨明。敕下直省学臣，遍示多士云云。有旨着朱轼、吴襄总阅，方苞、吴龙应、顾成天、曹一士查阅，逐条摘驳，抄录成帙。朱轼等之疏即为进呈御览，而详其原委也。上谕谓“著书者之为醇为疵，与驳书者之或是或非，悉听之天下之公论，后世之公评，朕皆置之不问”。其意若廓然大公者。然乾隆间修《四库全书》，是书竟未著录，目亦不存。得毋以所驳尚不足以胜原书，因而并没之耶？按留良原书以朱注为宗，驳者亦援据朱注，惟朱子论一事、辨一理，往往有前后异说者。驳者乃摭拾以为创获，不知早为留良所吐弃也。然于词句之失检、考据之偶疏，亦非无一二有合者，惟大都肤末耳。其义关重要，如留良谓五伦惟父子兄弟从仁来，故不论是非。若君臣、朋友二伦，却从义生。义则专论是非，是而义合。则为君臣朋友，非而义离，则引退。义绝则可为寇雠云云。自是不可易之正论。乃驳者引《鲁论》不仕无义以相难，不思不仕无义即义合之说也。又以寇雠之语出于《孟子》，又援孟子三宿出昼，惓惓齐君相难。不思孟子之惓惓，齐君固以未义绝之故也，岂与寇雠之语相妨乎。又谓孟子所言，乃战国之时之君臣，不可例一统至尊。不思孔孟所言君臣皆就列国言，其时固无一统至尊也。又引朱子曰：臣无说君父不是的。程子曰：乱臣贼子只因见有不是处。此正见程朱生于秦后，不免囿于世习，而岂能是程朱而非孔孟乎？其他牵强多类此者。盖诸臣意在逢迎世主，正陈孔璋所云：“箭在弦上不得不发也。”综观全书虽所驳多有未当，而词气和平。视留良之痛斥禅学、王学者，尚觉优之。则以朱轼、方苞诸人，平时亦素讲理学也。书为雍正间武英殿刊本。

0668 学庸窃补九卷 [乾隆丙寅刊本]

清陈孚撰。孚字石美，江苏武进人，诸生。是书首有简亲王、孙嘉淦、潘思榘、程景伊、刘于义序及自序，又附记十三条。篇首又有提要。大旨以朱子为宗，而诸家之说载于《大全》，采其析理之精者，随本文之次第，参互阐明。间附己意，则加按字以别之。孚以为《学》、《庸》之义，周遍浑涵，非可执一。或两义若不相谋，而实互相发明，不可偏废。又或正意之外，尚有旁意。一义之中，更包数义。则俱存之，俟人玩索。云“窃补”者，窃前人之意，补前人之说。然亦不废典故，又以为典故未详，于理必有所蔽，惟不过于繁冗而已。自言凡数易稿，始成此书。观其剪裁之间，甚有斟酌，非仅治举业者所必资也。据附记，孚尚有论孟撰述，未见流传，岂未成书耶？书刊于乾隆丙寅。

0669 大学文说一卷中庸文说一卷 [嘉庆八年刊本]

清康濬撰。濬字百川，陕西郃阳人，乾隆己亥举人，官乾州学正。是书首有徐洪懿、安清翘序，又有濬自序并杂论。按《学》、《庸》二书言理深奥，疏解者已苦其烦，从未有以文说之者。是书用说《孟子》之例，随文指点，亦自显豁。自序言文章一道，自有至是者存，不当于无奇中求奇。杂论言《大学》全部无理障语，不过定静安虑数句，层折稍细。《中庸》中和位育之言，川流敦化其渊其天等句，按之皆极切实。又言《大学》以好恶为脉络，《中庸》以诚字为归宿。又言注家于《大学》“平天下”章，以理财用人反覆纠缠。《中庸》道不远人以忠恕作主，皆不看朱《注》，而妄为臆说云云。俱有会心，不徒说文也。此书成于《孟子文说》之后，故不别著凡例。书刊于嘉庆八年癸亥。

0670 四书偶谈内篇一卷外篇一卷 [嘉庆辛酉刊本]

清戚学标撰。学标号鹤泉，浙江太平人，乾隆四十五年进士。官河南涉县知县，罢归，改宁波府教授。学标精于考证，首有自序云：“遇友朋聚会商榷则谈，生徒及门请业则谈，兴之所至或纵己之见为谈，又或旁引他人之说为谈，又或篇谈其一章，章谈其一句，句谈其一字。无伦次，亦不取备。”又云：“分别其说之有醇有驳者，为内外编。”今观其书，详于制度名物，而义理亦剖析极精。殆合汉宋学之长，而去其短者。内篇如“揖让而升，下而饮”，谓升下饮皆揖让，觯在堂上必升饮，不便以下而饮为句。必如王肃七字作一句读，或如康成注射义，以揖让而升下为句。而饮字又句，礼节始明。“泰伯”节，引《尔雅·释诂》云：“剪，勤也。”剪商即王季其勤王家之意。《左传》“泰伯不从”四字，上承“泰伯虞仲太王之昭”，下接“是以不嗣”，乃谓伯不从昭穆之次继立，委国而去。天下之恶皆归，谓水亦有言恶者。《左传》“有汾浍以流其恶”，昌黎《池记》“虚以钟其美，盈以出其恶”是也。恶者，污也。史越王勾践为吴王尝恶，即尝污。《昌邑王传》青蝇恶，即青蝇污。明恶之为读，则下“流”字、“归”字，并有着落。外篇如“贤贤易色”，谓此即夫妇一伦。《易·序卦》：“有夫妇而后有父子，有父子而后有君臣。”此其序也。按此说奇而确。下文有“与朋友交，言而有信”，若贤贤又作朋友解，则复矣。又“深则厉”，《尔雅》：以衣涉水曰厉，繇带已上为厉，古或作砅。《说文》：“砅，履石渡水也。”戴东原主《说文》，疑繇带已上，不免涉险。引《水经注》：“吐谷浑作桥，谓之河厉。”《卫诗》“淇梁”、“淇厉”并举，意履石即桥梁。然有桥可度，亦何烦测其浅深？学标以为今山间人往来，遇水浅竟涉，稍深视有石处走，或先举石置水中。证为《说文》“履石渡水”之义。诸如此类，妙义甚多。书序于乾隆己酉，而刊于嘉庆辛酉，即学标官涉县时也。

0671 四书续谈内篇二卷外篇二卷嘉庆二十四年刊本

清戚学标撰。《偶谈》作乾隆己酉，《续谈》则成于嘉庆己卯，相去三十余年。时学标年七十八矣。编分内外，犹前例，书中商榷义理居多。而晚年所见较深，持论更精。即如开首“学而”章，谓学以为君子而已，悦乐不间，何愠之有？首节见圣人愤乐相寻，次节诸贤侍侧，“子乐”三节，为不怨不尤，俱夫子即身示教。次“其为人也”章，谓有子以世犯上作乱者累累，成一不仁之天下，孰是其为仁者，由不明本治也。“其为人也”“其”字，及“犯上作乱”二“者”字，皆就天下举示。君子亦指主治立教者，《大学》“上老老而民兴孝”，《孟子》“人伦明于上，小民亲于下，人人亲其亲，长其长，而天下平”，皆此章注脚。又“慎终追远”，引《檀弓》“子游曰：‘饭于牖下，小殓于户内，大殓于阼。殡于客位，祖于庭，葬于墓。所以即远也。’”追远慎终，言是一串事。亲之终，即远之始。反哭练祔，皆所以致其追之之诚，不待后来霜露之感也。义俱精切，余多类此。外篇多举异解，中多胜原解者。如开首“有朋自远方来”，谓方来非不定之辞，正见来之未已。易不宁方来，米芾方来，其读也。又“君子周而不比”，谓古人皆以忠信为周，见《诗》、《书》、《左氏传》、孔疏。忠信为周，《正义》曰：鲁语文也。此其证“告朔之饩羊”，谓告朔不以告庙为义，饩羊因饩礼而名，不止一羊。“吾自卫反鲁”章，谓“正乐”乃正音律，非正诗。此类亦甚多。首有陈中孚序及学标自序，又有校刊及门姓氏数十人，皆籍鄞县者。盖学标掌教四明月湖书院时所刊也。

0672 四书解疑二十卷［嘉庆十八年刊本］

清黄梅峰撰。梅峰字一泉，浙江余姚人，诸生。是书原名《摘疑》，邵晋涵改为《解疑》。首有邵晋涵、徐坤二序，又有梅峰自序及例言，后有自跋。书为诏初学起见，用问答体。例言谓观此书者，每遇一章，不可骤看问词。细思此章书意可解，何以生疑？思之已久，然后看问词，则知其辨是与非，不敢蒙混处。既看问词，又不可骤看答词。细思此疑亦关书意，如何打通，思之已久，然后看答词。则知其斟情酌理，务求亲切处。书中述解处，多本先儒之说，以不背朱注为归。专用一说者，标明本某氏，参用数说者则否。书词易解者，则不及也。卷一至卷十七为解疑，《大学》、《中庸》后俱附详图。又以解疑专主义理，故于卷十八以下别为补典。首亦有门人符端扬序，及梅峰自作例言。大都取材经籍，大都加以审核，异乎徒供獭祭者。书刊于嘉庆十八年癸酉。

0673 四书题镜不分卷 [乾隆九年刊本]

清汪鲤翔撰。首有自序及例言。按说“四书”者，宋儒专讲义理，以其时未有帖括也。明儒于义理外兼求口气，为帖括用不得不如是也。然于经传义蕴亦非绝无关涉，鲤翔是书即其类也。自序谓作文为讲书表章，讲书为作文根本，源流一贯。体认各题理行文，即以行文各旨法说书，则书之曲折精微，与题之神脉口吻，无手不出，而道理口气两无遗憾云云。故首列总论二十则，如标题旨、阐题理、正题解、清题界、辨题类等等。然亦间引新说，且有订讹正误之处，未可以概以俗本斥之也。书刊于乾隆九年甲子。

0674 四书典故通考无卷数 [嘉庆丁卯活字印本]

清陆文籀撰。文籀字周篆，浙江山阴人，嘉庆举人。是书首自序，次例言。题曰《四书典故通考》，实止《论语》。据序，盖未付印也。按注“四书”者多详于义理，而略于典故，即间及之，亦不若他经之详博。周柄中《四书典故辨正》，颇审核矣，而原委不具。江永《乡党图考》虽备引注疏，而未及群书，且限于《乡党》一篇。文籀是书以《十三经注疏》为主，作单行大书，而以“御案”录于书之上方。其诸家疏解，则作双行小注。至本条事实未明晰，及讹谬待辨正者，则作总按以详之。凡九十六条，皆典制中之荦荦大者。综观其书，《乡党》则多据江氏《图考》，水道则多据胡氏《禹贡锥指》，其他引《三礼注疏》居多。大抵皆用前人成说，惟旧说间有未详，或未得折衷者，则偶参己见。然亦斟酌妥善，于详博之中不失矜慎之意。文籕别著有《四书蹄涔编》，自云以补旧义所未及，未刊行。是书为嘉庆丁卯活字印本。

0675 四书讲义日孜录十二卷［乾隆四十九年刊本］

清李求龄撰。求龄字彭山，浙江山阴人，康熙癸巳举人。雍正初，总督李卫举充贤良方正，辞不赴。事迹见《绍兴府志·儒林传》。求龄尝受业陆陇其之门，以理学自任，教授生徒，先力行而后文艺。是书卷首有窦光鼐叙，及其子蠠芝跋曰："《日孜录》者，仿困勉而为谦词也。"大旨以《大全》为主，附以蒙存浅达诸说，复采群儒之说折衷于是。虽于义蕴无甚阐明，而体会周浃，于文法之错综、句意之隐显、语气之轻重，靡不斟酌揣摩，求其不谬。求龄虽遵守朱注，然于朱注之未妥者，如"泰伯其可谓至德"章，谓以天下让当主让商言。坐实泰伯当有天下，方见其让。但《注》"足以朝诸侯"句，勿泥看。又"太王有翦商之志"句，终当活看云云。此类尚多。是即救正朱注之处，但不敢明诋耳，亦异乎他家之斤斤墨守者矣。据传求龄卒年八十一，约在于雍正间。又五十余年，而其子蠠芝始将稿本刊行，时乾隆四十九年甲辰也。

0676 四书考异一卷乾隆癸丑刊本

清武亿录。亿既成《经读考异》，复以翟灏《四书考异》于句读离析，多为证明，足补未备。又其泛引群解，间与己见悬合，亦足证此理之同。因录其《大学》一条，《中庸》三条，《论语》二十六条，《孟子》二十二条，附于《经读考异》之后。所取不及原书十一，且有所删节，不尽依原书，宜别存之。

0677 四书人物类典串珠四十卷 [嘉庆十四年刊]

清臧志仁辑。志仁字韧斋，江苏上元人。是书前有自序，凡四书中人与物靡不备具。分门别类，为目六百七十余条，所采悉秦汉以前之书。名曰《串珠》者，因有层次脉缕，或上贯某人之辞，或上贯某书之说，或解经而参以要语，或因类而联作骈言，异乎他类书之散碎不连缀者，为便诵读，非徒备检查也。至礼制大典及古人事实，众说抵牾者，亦折衷以求其是。书刊于嘉庆十四年。

0678 四书典故辩正续编五卷 [嘉庆十九年刊本]

清周柄中撰。柄中既成《四书典故辨正》二十卷，刊于乾隆四十九年甲辰。续编之成，则在嘉庆十九年甲戌，相距三十年矣。首有史炳序。盖于先儒异义，前编所未及致详者，又复详为考辨，以成此书。大旨在订正《义疏》之是非同异，犹前书例也。其较当者，如“师尹”一条，据张大亨说，尹氏者，王官之长，宰辅之任。其曰氏者，犹侯氏、师氏，以正毛、郑谓为周太师尹氏之误。“先公”一条，据戴东原说，引《史记·周本纪》“后稷之兴，在陶、唐、虞、夏之世，皆有令德”。盖世次中阙，莫知其名。由弃至不窋，是不一人，以正《吴越春秋》、《帝王世纪》诸书谓不窋亲弃之子者之误。“击磬襄”一条，据《韩诗外传》“孔子学琴于师堂子京”，《史记》虽作“师襄”，而以学琴系之在卫时，是以师襄为卫人，以正司马贞师襄子鲁人，即击磬襄之误。(司马贞之误又沿于《家语》。) 又如“以五十步笑百步”一条，据《司马法》“古者逐奔不过百步”。“文王事昆吾”一条，据《帝王世纪》“混（昆一作混）夷伐周，一日三至周之东门。文王闭门修德而不与战”。俱足补注家之缺，而释学者之疑。然亦间有疏舛者，如“王驩”一条，据《左传》昭元年传，嬖大夫对上大夫言，即系下大夫（下引昭七年传，哀五年传略同)，以驳赵注嬖幸之解。但下文明云：齐卿何故自为利谬，知与《左传》所云有不同也。又如

“北辰”一条，谓北极之帝非天之精，天之精乃天皇大帝。“子入太庙每事问”一条，引《周礼》辨事者考焉。按郑注于上凡辨法者考焉，乃以辨为争讼，“每事问”非辨事之谓。凡此皆于经义极谬者。然综而观之，参稽尚博，于考古者不为无裨也。

0679 四书说略四卷道光三十年刊本

清王筠撰。筠字菉友，山东安邱人，道光举人，官山东宁乡知县。是书《大学》一卷、《论语》一卷、《中庸》一卷、《孟子》一卷。自序言当年所读儒先之说，遗忘殆尽，独存一己之私见，即其不背朱注者，亦皆肤浅粗略说之云云。按筠为此书在其晚年为幼龄习举业者计，故语至显浅，且每就制艺说法。其所解说注重义理，周洽旁皇，一章之中，兼顾前后。一句之中，熟审上下。于神气语脉揣摩不遗。盖制艺本代圣人立言，其精者以之解经，固无不可也。然筠素长于小学，是书亦不废考订。如“君子怀刑”，据汉石经“刑”作“荆”。《说文》：“荆，法也。刑，刭也。”二字判然。“王孙贾”，谓当读如古。古是古音，假是六朝变音，由双声而变。“归孔子豚”，郑本作“馈”，“鲁”读为“归”，谓“馈”为正字，“归”则假借字。假借之途甚广。《四书释地》所驳如字之误，不必拘。“庾公之斯”，《左传》作“庾公差”，字子鱼。“差”者，“鲝”之同声借字，《说文》：“鲝，藏鱼也。”故字子鱼。《孟子》作“斯”者，“斯”、“差”叠韵字。而“斯”又当为“鲜”之借字。“怨慕也”，谓慕别有哭字一解，下文“然则舜怨乎”，《万章》误以孟子所说怨慕为怨父母而号泣，故但怨字。说俱精确。筠又断“季氏篇”为“齐论”，以全书率称“子曰”，而是篇无一不称孔子，且三友、三乐、三愆、三戒、三畏、九思皆排偶。其余各章之文法，亦无不排偶，与他章不同。盖鲁人皆师孔子，故但称“子曰”。齐人兼有他师，故称孔子以别之。此说发前人所未发。又案筠别有《臆说》一书，其解“四书”则多与朱注立异，当与是书参观。是书刊于道光庚戌。

0680 四书联珠无卷数 ［咸丰元年刊本］

清章守待撰。守待字观颐，安徽桐城人，诸生。是书首有自序，以朱子《集注》为宗，复取诸儒之言参和成文。逐句逐字，疏解明晰。上下衔接，融成一片。名曰《联珠》，盖取累累贯珠意也。所引众说不标举姓氏，以为说书非沽名要誉，且使首尾横决，血脉阻碍贯通，不便于阅者也。书中虽具剪裁，全无阐发。乡曲小儒，究心帖括，其所成就如是而已。书刊于咸丰元年。

0681 四书考辑要二十卷 ［乾隆己丑刊本］

清陈兰森辑。兰森，广西桂林人，陈宏谋孙。卷首有陈宏谋序，言《章句集注》以及《大全》诸书，于典制人物少所纪载，因令长孙兰森详加参核，辑其要略，增以注释，有疑义者，申以按语，予复为阅定云云。而开篇题陈宏谋辑，自居编校之列，遵祖命也。序后有凡例，又有春秋十二国、战国七雄二图。是书就薛应旂、陈仁锡《四书人物备考》删繁订误，引古主经传及先儒成说，所载典故，概加注释。“四书”中所引诗书断章取义者，概引本义释明原文，更申所引之意。标题照书次排序，不为分类。惟所引悉属旧说，关于典礼制度及器名、地名之类，多未精考。即毛奇龄《改错》、阎若璩《释地》诸书，亦似未寓目。按语甚浅陋，幸大体尚详备。为课举业者计，殊可省翻检之劳耳。书刊于乾隆己丑。

0682 四书大成直讲二十卷 ［道光六年刊本］

清李锡书撰。锡书字见庵，山西静乐人，乾隆庚戌进士。历官四川汶川、蒲江、蓬州知县，罢官后，侨居成都，著书授徒以终。锡书博通经史，尤潜心四子书。始泛滥于金溪姚江，后乃归于朱子。是书乃其晚岁所作，年七十五矣。以为前儒言孔子集群圣之大成，朱子集群儒之大成，四子书圣人之大成也。《集注》、《章句》，朱子之大成也。故此书以《大成》名，首载朱子《年谱》，尊朱注也。不载朱子《论孟集注原序》及《大中章句序》文，以为朱子于宋孝宗二十七年己酉岁，年六十，知漳州，著《大中章句》成，作序以冠之。故序称淳熙二年后此书已行，而六十一岁以后，年年改易，至七十一岁后而止，尚有未经改定者。故今日所传之注，与序文之说每有不合。序文言大学者，古大学教人之说，是“大”读为“太”也。今本言大学者，大人之学，是后日改本不同。后人不考斯义，仍取旧序冠首，盖误。又是书异于他本者，首《论语》，次《大学》，次《中庸》，又次《孟子》。列朱注低经文一格，他说又低朱注一格。其自为说，则以“李见庵曰”别之。发挥义蕴，多能勘入精细，与他敷衍者不同。其别著之辨误、辨异诸条，亦附于后。首有自序二首，又有门人阚惟寅序二首，毛树棠序一首。书为河内县令刘雨岑所刊，时道光六年丙戌也。

0683 四书辨误一卷辨异一卷 [道光丙戌刊本]

清李锡书撰。先是锡书著《四书臆说》十二卷，时年六十八矣。阅二年又成《四书大成直讲》二十卷，未能付梓。其门下士乃录其关于辨误者五十条①，关于辨异者五十条，汇为一集，即是书也。书中所辨，率属性理，不涉考据。如辨“性”字，谓理在气中曰性。张子谓不杂于气质，不离于气质是已。曰“合虚与气有性之名”，其言未显，以虚字之义未明也。又曰“义理之性，气质之性”，二“之”字亦未妥。辨“四端”，谓仁、义、礼、智四字，向来解者皆误。惟朱子曰“仁者心之德，爱之理；义者心之制，事之宜；礼者天理之节文，人事之仪则”，俱从圣言体会而出。唯“智”字无解，今为之补曰：知者性之本体，心之虚明也。独“信”字解曰以实之谓，言之有实不从本体中来，是朱子意中固未曾以信字配仁、义、礼、智，以信字配四端，名为五常，始周子《通书》。不知《太誓》言“狎侮五

① 原稿此处重复，照录。

常”，乃五伦也。辨“诚”字，谓朱子解为真实无妄。真，不假也；实，不虚也。无妄者，无所缺陷之意。至诚者，知仁勇三德无所缺陷，故曰无妄。诸儒以实心实理解诚字，若开除三德，不知所实者何事。辨“过”字，谓此字从来无解。蔡氏《尚书注解》作无心之失，大误。此字乃说用情之不得其中正者，即《周易》大过、小过之义。辨“欲”字，谓此字解者都讲在不善一边去，如私欲人欲之类是也。程子于此章注云：心即体，欲即用。朱子云饮食男女之欲，盖有人所不能无者。讲欲字方通，欲是心之初动。其几甚微，犹未可以言情，到后来喜怒哀乐乃是情耳。辨“悮”字，谓“巧笑”章，夫子以《礼》解《诗》是一层，子夏因《诗》知《礼》是一层，是于子夏初问时已进两层。诸家说到悟字，大误。知是实的，悟是虚的。凡朱注用“悟”字，都是用悔悮字义，不用会悟之说。辨“立达”，谓欲立是立于礼，欲达是达其道。二句是由礼义以存仁道，子贡是从事物上说仁，夫子是从心上说仁。时解立达以教养说者非。按以上诸说俱允惬，他条义俱了晰，辨误以求其是，辨异以察其微。分观之各有所主，合证之可识其全矣。卷首有门人曾瑞和序。书刊于道光丙戌。

0684 **四书图表就正一卷**道光刊竹冈七种本

清赵敬襄撰。敬襄字竹冈，江西奉新人也，嘉庆进士。尝主讲广东端溪书院，是书即在书院时所刊也。为图十，为表三，曰《辰居星共图》，曰《日月系天图》，曰《井地图》，曰《分田表》，曰《千乘图》，曰《军旅图》，曰《春秋列国舆图》，曰《鲁公族世系表》，曰《性习相近远图》，曰《五谷表》，曰《深衣裁裳图》，曰《明堂图》，曰《六律正五音图》。其中说“千乘”，欲调和《孟子》、《周官》，谓孟子答北宫锜三等封国之制，皆乡遂用贡法之地，犹今地志云某州某县、田若干顷、编户若干里也。《周官》大司徒五等封国之制，合乡遂用贡法，都鄙用助法，并沟洫、里居、山川附庸言之，犹今地志云某州某县、四到八到、广袤若干里也。按此说盖本于《钦定周官义疏》。言封国里数，如今大州县，包络数百里，而计亩征赋，不过数十里。然以《孟子》百里较《周官》五百里，多少之数，差至二十五倍，殊难融合。况《周官》之真伪，已不一其议。而井田之虚实，亦难免于疑，徒见其词之费耳。论“性善”，斥《程氏遗书》“生之谓性”一节为禅学。朱子因师友渊源所渐，笃信不疑，遂启后人惶惑。按敬襄亦宗朱子者，此说自为墨守者所不敢言。又谓“下愚不移”，是为没世后名之，一息尚存，不能预断。义最通。他图多本旧说，时亦有所折衷。天文诸图，说较新。按敬襄所著《竹冈杂缀》中，有自书《大学经注合抄后》一篇，义惬而畅，宜附入于此。

0685 四书纪疑录六卷［道光丙午刊本］

清凌扬藻撰。扬藻字誉钊，广东番禺人，诸生。是书首辨书名，言唐人统称四库书为四书，而天宝中以老、文、庄、列四家列学官，谓之四子。《玉海·经解类》载开元详定传注四书，则《孝经》、《尚书》古文、孔、郑注，及子夏《易传》、王弼《老子注》也。惟无垢张氏《中庸说》六卷，《大学说》二卷，《论语解》二十卷，《孟子解》十四卷，《宋·艺文志》统谓之“四书”。是“四书”之合实始张氏。而朱子所注《大学》、《中庸》则曰《章句》、曰《或问》，《论语》、《孟子》则曰《集注》，实未尝标题以为总书之名目。其称“四书”者，则在元明以后云云。是书仍以朱注为主，遇有疑义随时札记，故曰《纪疑》。盖成书时扬藻年八十五矣。书中订正旧说，颇能择善而从。最要者如解“哀公问社”，引韩非书哀公问于仲尼曰：“陨霜不杀草，李梅实，何为记之也。”曰此言“可杀也”云云。按斯时哀公与三桓有恶，此社主之问与宰我之对。君臣密语，隐衷可想。又社阴气主杀，宰我因即社主之义，以起哀公威民之心。夫子责之曰：成事遂事必主一事而言。缘哀公与宰我俱作隐语，谋未发泄，故亦不显言耳。他如“子见南子”章，据韩愈《笔解》，矢，陈也。否，当为否泰之否。厌，当为厌乱之厌。言我之否塞，实天将厌此乱世而无可如何者也。按以“矢”作“陈”，当本于《春秋》“公矢鱼于棠”。惟以“厌”为“厌乱”之“厌”，不如解作《左传》“天其既厌周德”之“厌”。言我之否屈，乃天之所厌。以否属己言，于语气较顺。又如作者七人矣，旧本多通上贤者避世为一章，其七人，或指长沮、桀溺、丈人、石门、荷蒉、仪封人、楚狂接舆，或指伯夷、叔齐、虞仲、夷逸、朱张、柳下惠、少连。郑康成则并之，谓七当为十字之误。《集注》作起也，言起而隐去。按古无称隐士为作者，扬藻以作者之谓圣，解作字极妥。其七人则以作书契，开稼穑，作甲子，禅贤，在璿玑，平水土，放伐，皆开端作始者当之。并谓文供臣职，武述汤职，不当在作之列。按此看“作”字太泥，文武不得居作之列。然则文武不得居圣之列乎？向来论道统者，由尧、舜、禹、汤、文、武、周公而传之孔子，正合七人之数。而此语亦引出“夫子自任”之意，窃以为此解不可易也。书刊于道光丙午。

0686 四书典故考一卷

清戴清撰。清原名避文宗讳，更名清，字静斋。原籍休宁，祖父始迁扬州，遂为扬州人。岁贡生。是书原分十二卷，自序云：“汉人谈经最详典故，宋儒视为粗迹空疏者，未必不有所藉口。我朝名儒辈出，即四子书考据者，不下数十家。流览之下，勤加采录。垂二十载，得千余条。列孔、孟年谱及其弟子考于卷首，尊古圣也。列载记注疏引用沿袭之讹于卷末，砭俗儒也”云云。书成未能付梓，刘文淇就此书及其所撰《群经释地》十卷，各择数十条刊之，并为之序。书中如《论语》“子入太庙”注云：“孔子始仕，入而助祭。”清据《史记》孔子二十一岁为乘田，乘田属牛人等职，《周礼》牛人掌养国之公牛，祭祀共其享牛，故得入而助祭。又如《论语》“束带立于朝”，清据《周礼》小宗伯掌建国之神位，故书作立。郑司农注“立”读为“位”，“立于朝者”，即《左传》有“位于朝也”。又如《论语》“拜下”，清谓臣之见君，当拜下者，觐礼九、聘礼四、燕礼十二、射礼四、公食大夫礼六，凡此五礼，所谓礼也。邢疏引燕礼酬宾及觐礼赐车服二事证之，未备其解。又如《孟子》“不挟兄弟而友”，清据江氏永云：“古人以婚姻为兄弟。”清更证之《尔雅·释亲》云：“妇之党为婚兄弟，婿之党为姻兄弟。”然清所最精者尤在地理，如孔子去鲁至卫，去宋至陈，孟子自邹至梁，去齐至滕，以及太师挚之适齐，亚饭三饭四饭之适楚适蔡适秦，太王之逾梁居岐，晋人之由虞代虢，莫不核其远近，计其险夷。凡正路、歧路之殊，陆行、水行之别，皆一一书其古地，证以今名。此外如陈、蔡、长府、武城、中牟等，关于地理者，三千余条，无不考证精审。惟《孟子》“置君”一条，清谓燕世家子之死后，燕人共立太子平，是为燕昭王，无赵送公子职为燕王之事。此误也，燕昭王非太子平，梁玉绳《史记志疑》辨之已晰。公子职之立，亦见《竹书纪年》，清偶未考耳。书刊于咸丰元年。

0687 四书求是五卷 ［道光元年刊本］

清苏秉国撰。曰《求是》者，取汉河间献王“实事求是”之意。首有汪椿序，又有汪廷珍序。则专为《论语》作也。秉国于《论语》、《学》、《庸》、《孟子》各有自题，书分《论语》二卷、《大学》一卷、《中庸》一卷、《孟子》一卷。大旨以先儒所注或未确实，不得不辨。又旧说可从，及后来解义独得者，当并述之。又文字转写讹羡有可考者及所当存疑者，亦不得略。书中如“贤贤易色”，用颜师古说。贤贤尊尚贤人，易色轻略于色，分为二事。按汉李寻《论天象》云：“少微在前，女宫在后。贤贤易色取法于此。”是汉人已有此说，不始师古也。“民免而无耻”，谓“免”即免于刑戮，“免于罪戾”之“免”。乃政刑之实效，不得因而无耻一折遂轻视“免”字。政刑德礼自有浅深，而圣人之言，初无偏倚。“曾子有疾”章，“吾知免夫”之“免”亦同。“《关雎》乐而不淫，哀而不伤”，谓系就乐声言之，且谓《论语》言乐凡五章，皆论其声，不论其辞。“不患无位，患所以立”，谓“立”当读作“位”，上二句两住字，与下二句两知字，文法一例。他章知“柳下惠之贤而不与立也”，立亦作位。不念旧恶，谓事过境迁，非其人已改许其自新之谓。“今也则亡，未闻好学者也”，谓“今也则亡”，答公弟子一问已了。“未闻好学者也”，乃并详当时不在弟子之列者。“有妇人焉”，谓“妇”为“归”字之伪。古谓死人为归人，盖虢叔也。“子欲居九夷”章，谓舜为东夷主人，太公居东海之滨，若少连大连亦东夷之子，皆君子也。“圣人气象谦退”，断非自谓。“季氏富于周公”，谓周公指鲁君。《鲁颂》“戎狄是膺”，释之曰周公方且膺之。此周公，鲁僖公也。鲁为周公之后，故即以周公言之。《论语》书法可推而知。“不能期月守也”，谓期月是匝一月，非周一年。《中庸》“不能期月守也”，亦同。“郑声淫”，谓“郑”字非国名，郑声乃繁声。凡此诸条俱确不可易。尤通者谓鬼神于阴阳二气外自为一项，必如此则经书中言鬼神者方得其解。其书虽不尽释全经，而阐发多关精要，亦治四子书而深有得者也。《论语》自题署嘉庆庚辰，《学》、《庸》、《孟子》自题署道光元年。书则道光元年辛巳所刊也。

0688 **周易解四书一卷**嘉庆刊本

清范士增撰。是卷以《周易》解“四书”，亦有确不可易者。如“君子周急不继富”，解以“称物王施”。“天下有道则见，无道则隐”，解以“知通塞也”。“不怨天，不尤人”，解以“遁世无闷”。“过也人皆见之，更也人皆仰之”，解以“不远之复”。“吾学周礼，今用之，吾从周”，解以“随时之义”。“大矣哉，汤放桀，武王伐纣”，解以“顺乎天而应乎人”。“无罪而杀士，则大夫可以去；无罪而戮民，则士可以徙”，解以“君子见几而作”。若斯之类，义简而该。其涉于戏者，如“钻穴隙相窥，逾墙相从，则父母国人皆贱之”，解以“物不可以苟合而已”。此直侮圣人之言，宜删之。

0689 **尚书解四书一卷**嘉庆刊本

清范士增撰。是卷以《尚书》解“四书”。其合者，如“及其使人也器之”，解以“无求备于一夫”。“夫子欲寡其过而未能也”，解以“检身如不及”。“如得其情则哀矜而勿喜”，解以“惟刑之恤哉”。

"有罪不敢赦"，解以"今予恭行天之罚"。义皆足以相发。至若以"大统未集"，解"三分天下有其二"，语虽切而意无余。至以"人无有比德"，解"君和而不同"，则巧而纤矣。

0690 诗经解四书一卷嘉庆刊本

清范士增撰。是卷以《诗经》解"四书"。其合者，如"行不由径"，解以"遵大路兮"。"后生可畏，焉知来者之不如今也"，解以"小子有造"。"南容三复白圭"，解以"慎尔言也"。"子生三年，然后免于父母之怀"，解以"恩斯勤斯"。若斯之类，义俱足以相发。至如以"匪教匪诲，时维妇寺"，解"唯女子与小人为难养也"。以"夫也不良"，解"与妾相与讪其良人，而相泣于中庭"。虽亦恰如其分，然乏言外之趣矣。

0691 礼记解四书一卷嘉庆刊本

清范士增撰。是卷以《礼记》解"四书"。如"事父母能竭其力"，解"以外则尽物，内则尽志"。"三年无改于父母之道"，解以"不忘亲也"。"发愤忘食，乐以忘忧，不知老之将老"，解以"俛焉日有孳孳，毙而后已"。"而今而后，吾知免夫"，解以"父母全而生之，子全而归之"。"乡人傩，孔子朝服而立于阼阶"，解以"存室神也"。"有父兄在，如之何其闻斯行诸"，解以"示不敢专也"。"非礼勿视，非礼勿听"，解以"奸声乱色"。"不留聪明，驷不及舌"，解以"易出难悔"。"人人亲其亲，长其长"，解以"如此则四海之内，合敬同爱矣"。俱极精切。至"鼓瑟希铿尔"五字，注家所不能形容者，解以"待其从容，而后尽其声"。"直巧不可阶，至以故人不独亲其亲"，解"孝者所以事君也"。妙处即在假借。惟以"执轻如不克"解"为长者折枝，曰我不能也"。按折枝有释以按摩者，有以"枝"通"肢"，作折腰用者。二解俱通。喻解以执轻，似属望文生义也。

0692 四书互解一卷嘉庆刊本

清范士增撰。士增字松崖，浙江临海人，官武都训导。是卷以“四书”解“四书”，有确不可易者。如“至于犬马，皆能有养，不敬何以别乎?”解以“爱而不敬兽畜之也”。后儒多疑犬马不可以比父母，观此可爽然矣。他如“殷因于夏礼，所损益可知也。周因于殷礼，所损益可知也”，解以“考诸三王而不谬”。“子路有闻，未之能行，唯恐有闻”，解以“见善如不及”。“齐人归女乐”一节，解以“吾未见好德如好色者也”。若斯之类，义俱相发。又有语虽巧而涉于戏者，如“子告之曰：某在斯，某在斯”，解以“吾闻其语矣，未见其人也”。又“夫妇之愚，可以与知焉”，解以“未有学养子而后嫁者也”。若斯之类，殊无当于经旨，何足尚也。

0693 四书问答二十四卷［嘉庆庚午刊本］

清戴大昌撰。大昌字斗源，安徽婺源人，乾隆丙午举人，官宣城教谕。是书援引汉唐以来注家古义，下及当代，于朱注多所辨正，用问答体以畅其说，俱能折衷至当。其自下己意，发前人所未发者，亦数十条。最精者，如解“丧与其易也宁戚”，谓“易”当从简易之训。春秋时古意寖衰，其于他礼，俱以奢侈为尚，而于丧礼则以简易为尚。如粗衰疏食以迄祥禫之制，皆弗能如礼。故夫子云然，此救时之论也。解“居蔡山节藻棁”，谓包氏分“居蔡”与“山节藻棁”为二者，非。《集注》以“山节藻棁”为藏龟之室，亦不合。当改“室”为“器”，如今庙中之神龛，亦有节棁之类。因之刻山画藻，致其钦奉，盖龟藏于椟，椟藏于器，而器仍藏于室内。并举陈琳《悼龟赋》“山节藻棁，既椟且韫”为证。如此则与《左传》所云作虚器正合。其解“抑为之不厌，诲人不倦”，谓首句若圣与仁，则吾岂敢。此二句分顶圣仁言，证之子贡曰：“学不厌，知也。教不倦，仁也。”恰可为此节作注脚。其解“使门人为臣”，谓欲门人行家臣丧服之礼。

盖弟之于师，心丧三年，于礼无服。惟《仪礼·丧服》篇："家臣之于大夫，斩衰三年。"子路以夫子尝为大夫，故使门人遵行此制。观于他日孔子之丧，门人疑所服。子贡曰："昔者夫子之丧颜渊，若丧子而无服。丧子路亦然。请丧夫子，若丧父而无服。"与此节正相发明。其解"若由也不得其死"，谓此句疑错简，当在"抑亦可以为成人矣"之下。盖彼章子路以成人问，意在矜其所能。夫子告以须兼知廉勇艺，而犹必文以礼乐。正因其不足于中和之气，而勉其所未至也。乃子路自负其能，谓为今之成人者何必然。故次节另有"曰"字，乃子路之言。"见利思义"数语，正子路所能为之事。夫子见其悻悻如此，因叹曰："若由也不得其死然，所以深警之也。"其所以错简者，殆因"侍侧"章，有"子路行行"而误也。俱精确不可易。他条多类此。自序称"于九谷、六书、田制、水道、律吕、历象，并各项典礼，不厌诠释过详"、"凡五经疑义，靡不研究而檃括"，洵非虚语。后附四书字义不同，《集注》所未载者，及各本石经四书字句不同者，并考历代石经古今与地以备省览。书刊于嘉庆庚午。大昌尚有《续四书问答》十卷，未刊，未知海内有传本否。

0694 驳四书改错二十一卷［道光壬午刊本］

清戴大昌撰。大昌字斗源，安徽婺源人，乾隆丙午举人，官宣城教谕。是书刊于道光壬午，前有白镕序及自序。自序谓毛氏非以阐书义为心，而以攻朱注为事。凡于朱子用注疏旧说者，则必以注疏为非，不用注疏者则必以注疏为是。其或旁采《汉书》诸儒及宋人说者，则并訾其原说之失。且朱注依用《仪礼》者，则谓《仪礼》为战国时书。依用《周礼》、《礼记》者，则谓二书为汉儒驳杂。至其自为解说者，以周公制《周礼》，父母本无三年之丧。以《史记》谓《关雎》之乱，为刺幽厉失道。以"巧言令色"为言甚好而色甚善，未尝绝天良。以北辰为紫微宫之纽星，以燕毛为行赐爵礼，谓祭毕本无燕，以先传后倦，皆古符券传信之物。以三思是善行，再斯可矣，并非贬抑语。以武子之愚，如晋卫瑾浮沉取容。以南子方得天，不见则天将厌之。以卫辄本不拒父，而解必也正名。谓或是正其不拒父之名，而雪其枉。以夫子仕鲁时与齐卫同谋，助晋范中行氏与赵鞅为难。以浴乎沂如周礼女巫掌衅浴，谓薰药草涂体而浴。以为人非小人孺，是能匡君济民，胜于为己者独善其身，不自知其错云云。书亦照毛氏分三十二门，先列“四书”原文，下附朱注，次载毛说，次加按语。计二百三十七条。大昌本深于礼学，其中关于礼制者居多。毛氏自负精乐律，大昌斥为强不知以为知。于“不以六律不能正五音”条下，辨之极精。其他剖析义理，尤能体会入微。大昌曾撰《四书问答》及《琴音标准》，与是书可互相发明。而朱注未宣之蕴，亦因而阐之，即不为驳毛氏计。凡读朱注者不可不参证也。但其中仍不免小失，如“有妇人焉”，毛氏谓古《论语》妇人是殷人，韩愈指为胶鬲。惟其为殷人，所以有九人之叹。又“折枝”，毛氏据赵注折枝按摩，折手节解罢枝也，此卑幼奉事尊长之节。如此解，则与上“长者”二字有著，毛氏俱不错。而大昌亦驳之，则误矣。又按新城杨希闵有《四书改错平》，与大昌之旨略同，然说多空衍，逊此书远矣。

0695 四书会解不分卷 ［嘉庆五年刊本］

清綦澧辑。澧字汇东，山东利津人，诸生。首有戴均元序，又有澧自序及凡例。其书每章之前有全旨，每节之后有析讲。大旨以朱子为宗，至《或问》、《语类》中未定之说，与注间不合者，则以《章句集注》为宗，或注无明文。讲家互有异议，则审白文语气，以说之较醇者为宗。虽无甚发明，而于经注具能融洽。惟援引众说不详姓氏，使人昧所从出。盖沿俗本讲义之误，而不知其失也。书刊于嘉庆五年庚申。

0696 大学意读一卷中庸意读一卷 ［嘉庆甲子刊本］

清萧光浩撰。首有戴联奎、达林二序及光浩自序。次凡例，次《大学》、《中庸》源流。而《大学》卷中，又有《大学源流》、《大学文法》。《中庸》卷中，又有《中庸源流》、《中庸文法》。所述源流颇详晰，而注重者则在文法。于所谓章法、笔法、字法、句法上，俱以读古文、读时文之法行之，用种种圈点以为标识，俾阅者一目了然。谓二书宜合拢读，又宜分开读。合拢读，叹其格律之谨严；分开读，叹其意理之密致。且每引前人八股文以代传注，殊乖大雅。然二书义蕴精深，初学不易领会，似此指点显明，简而得要，容有胜于他解之繁冗者。且其训释书义，亦能斟酌而衷于是。如解“格物”，谓物字指八条目之物，而格物为格八条目之物。格物只是推究其理之是非得失，必知是非得失，方能诚正修齐治平。解“素位”，谓如今人言素来之意，随所居之位，皆若固有之位。位随时异，行随位异，而素位而行之道不异。他所释礼制名物诸条，亦见详审。达序称“深求不得，浅言解之；众口异论，片言折之”。是其旨。书为嘉庆甲子刊本。

0697 四书恒解［咸丰五年刊本］

清刘沅撰。沅字止唐，四川双流人，乾隆五十七年举人。选授湖北天门县知县，不愿外任，改国子监典簿，寻乞假归，隐居教授以终。是书《大学》一卷，《中庸》一卷，《论语》上下各分二卷，《孟子》七篇，亦篇分上下。卷首皆有自序及凡例。《论语》之首，另有考辨。《大学》不用朱子改本，谓删去“此谓知本”二句，以己意割裂诚意章。原文分为十传，截取“此谓知本”句入“听讼”章，而以“此谓知之至也”句为衍文，几于武断。《中庸》则谓朱子分三十三章，脉络次第较郑康成为精密。惟首尾贯通之旨，则仍就子思本意，不敢曲从朱子。《论语》从何晏、邢昺说，以朱子《集注》第释章句义理，而圣人言语抑扬轻重间，神气所留，讲章每至误会。故于词义稍有未达者，既解正文，复为串解附解以详之。《孟子》则谓孟子与孔子所处时势不同，其言仁兼言义，言心与性之不同。及养气不动心诸说，皆本于孔子，无毫发之差谬。惟谓《孟子》七篇中，于门弟子称子，诸侯王多称谥，决为门人所辑，非孟子自订。此说差谬，前人多已证之。书中持说平实，不骛新奇。题曰《恒解》，则与所著他经说同也。书刊于咸丰五年。

0698 四书简题四卷《桐阁丛书》本

清李元春撰。首有自序，言凡书悉有题，而题“四书”，简为最先。所题皆阅旧说未能了，思之而得者云云。今观其书无甚不可了之义，于旧说引《松阳讲义》、《四书汇参》最多。虽遵朱注，间能持平。如讲古本《大学》，确有错简。今所定，亦未知尽合原书与否。然以作程朱之书读去，自无渗漏云云。亦有关于大义者，如谓成子弑简公在鲁获麟后，却正是修《春秋》时事，请讨正《春秋》之义也。记此亦读《春秋》之法云云。其他大都陈言，然以视通行讲章，则特为简净，殊便省览。书无刊板年月，当在道光间。

0699 四书读不分卷 [嘉庆己巳刊本]

清李嵩仑撰。首有嵩仑序，称就白文读之，兼读《集注》、《章句》，简滥繁以求实义。又称程朱读“四书”，或总论，或分段，注中略具，其中又有虚实之分。依此意以读白文，私为圈点角记分段勾画以读之，以便开卷瞭然云云。此则同乎村塾俗本为命题作文起见者。又有《论语汇读》一册，虽便初学，无关宏旨，亦无取焉。书刊于嘉庆己巳。

0700 四书注说参证七卷 [传抄本]

清胡清焣撰。清焣字思平，安徽绩溪人，胡秉虔之祖。是书首有清焣自序，言极尊信朱子，然意有所见，或与朱子不同，不欲锢没，故为参证以质之云云。书成于乾隆辛巳，时年七十一矣。书中有秉虔按语数条，又有姚文田按语一条。书七卷，卷一总论，卷二《大学》，卷三至四《论语》，卷五《中庸》，卷六至七《孟子》。今按其书仍未脱讲章气，惟论性、论鬼神数条甚精。其论性，谓孟子言性，莫详于公都子，乃若其情则可以为善矣。乃所谓善也，若夫为不善，非才之罪也。明即以才情为性。又谓气归于理，气之至处是理性归于善。性之至处是善，性善即气理两字。若云性即理，则性善二字反成赘语。故气质之性，不须分别。性言其全，情是性中之一端。性即情，情即性，心统性情。性其情，情其性等语，将性情分作理欲二项，是深求太过。又谓孔子“性相近”一语，性善之旨包于其中。孟子“性善”之语，亦不外相近意。心字、性字、情字各顺本文，言之不甚分别，岂无仁义之心哉？即以心言性，此岂人之情哉？即以情言性，又谓人受于天，有才与情两项。情以嗜好言，才以识力言，自有理存于其中。性则兼而言之，情有厚薄偏正，才有昏明强弱，此相近之旨。理则确然不易，此性近之旨。其论鬼神，谓以屈伸往来解鬼神，先儒之说，虽极精深明详，然圣人正未尝必根究到此。盖亦必不能根究到此，考经书中言鬼神者，并未及此。详玩本文，又夹祭祀两节，亦恐未有此意。且据此则天地间共一鬼神，与天子祭天地，诸侯祭山川，仁人享帝，孝子享亲，夫子戒非其鬼而祭等义，勘究难通。又分鬼神为二气，至将现在人物亦作鬼神看，于经书言鬼神处，并未有证据吻合云云。所见皆高于宋儒。是书又有嘉庆己巳姚文田序，言其孙秉虔将付梓，究未知有刊行否。是本则传抄本也。

0701 四书典故覈不分卷 ［嘉庆戊辰刊本］

清凌曙撰。曙字晓楼，江苏江都人，布衣。按曙少习贾，后改习儒，为童子师。比及壮，识包慎伯，始知治三礼。既又识李申耆，承其指授。以为四子书言制度文物，胥与礼有关，乃先成是书。是书论礼者居大半，先是张皋文尝辨四子书中，汉说之当从者数十事。慎伯举以授曙，曙更为之推广。捃摭经传，极其繁博，而意主审慎，不欲多所辨难。不及人物，以有陈禹谟《四书人物概》也。不及舆地，以有阎若璩《四书释地》也。书中如“菉竹”，据《韩诗》、毛传、汉石经、《说文》、《水经注》以订朱注竹箭之竹之非。又如“切磋琢磨”，据《尔雅注》：鹄鬌剒劆雕为治朴之名，镂刻切磋琢磨为治器之名。则切磋琢磨皆物已成，而复治之也。亦驳朱注既切复磋，既琢复磨之无据。其解“日月星辰系焉，北辰天之高也，星辰之远也。千岁之日至”诸条，备采各家之说，于西法尤精。并言星谓五纬，辰谓二十八宿。此语千古未发。《左传》：“日月所会，是谓辰。”而日月所会，必以宿度为纪。宿亦名舍，日所舍也。言辰者，二十八宿分十二辰也。十二辰即十二日，亦曰十二宫，亦曰十二次，日所次也。日之次舍，空虚而无所纪，故以经星纪之，因谓之辰，因谓之宿。前人乃云无星处为辰。（按此乃邵子之说。）无星之处，何烦考测？而《虞书》乃云“历象日月星辰”乎？《中庸》曰：“日月星辰系焉。”若无星之处，即是天也，何所为系？又据《周礼》“致日兼冬夏”，《虞典》“命羲和详二分”，详古法与今法之合。又据《逸周书·周月解》证李光地古专主夏至，汉后专论冬至之谬。至于封地之制，《孟子》与《周礼》不合，折衷诸家，语简而当。惟解“三以天下让”，泥定“三”字，不知“三”为虚数，犹言“三仕”、“三黜”之例，三让者极言其善让。泰伯止让国，归本为言，文武卒有天下，由泰伯之让开之耳。书刊于嘉庆戊辰，前有洪梧、贵徵二序及自序。

0702 四书拾遗六卷 ［道光甲午刊本］

清林春溥辑。是书无序例，凡《大学》一卷、《中庸》一卷、《论语》二卷、《孟子》一卷。摭拾群书，不参己见，颇多新颖之解。如引《解春集》：“《论语》二十篇，孔子七十以后之言居多。”《史记》：“孔子去鲁年五十八，凡十四年反鲁。”所云“归与归与”，以裁“吾党小小子”。“七十从心”、“假我数年”之语可征也。又七十二弟子惟子路少孔子九岁，其曾、闵、樊、卜、颛孙、澹台皆少孔子五十以下。子渊、子羔、子贱、子游，及原冉、公西、端木之徒，皆少孔子四十上下。孔子七十时，曾子才二十四。而其书尚成于门人，且记曾子殁时启手足语。其不能纪远断可知。又引《小仓山房文集》：“《论语》皆与人议论之语，记者记其言，而不记其所以言。其答弟子问者，则详于师说，而略于问辞。孟懿子、孟武伯及游夏问孝，圣人答之不同。仲弓、颜回、司马牛、樊迟问仁，子贡、仲弓问政，其答之均不同。盖当时问者各有其人之议论，而夫子为之折衷。记者统括问辞，则曰问孝、问仁、问政尔。”按此二条可为读《论语》者会其通。他如“有耻且格”，引汉《祝睦碑》“格”作“恪”。“视其所以，观其所由”，引《穀梁传》：“常事曰视，非常曰观。”“鄹人”，引《札朴》：“治邑大夫，例呼为人。孔子父为鄹邑大夫，谓之鄹人。”“苟志于仁矣，无恶也”，据《论语拾遗》，恶读乌路反，谓无所不爱，则无所恶。“晏平仲。”据《史记索隐》，晏婴谥平，字仲，居蔡。据《太平寰宇记》：“蔡山出大龟。”“子罕言利与命与仁。”据《学斋占毕》，子罕言，独利而已。曰命曰仁皆平日所深与，“与”读如“吾与点也”、“吾不与也”等字之义。“季氏富于周公”，引《西堂日记》，周公非文公旦，盖周公之次子，世为周公于畿内，周召世为三公，犹鲁三桓世为卿。“子谓卫公子荆”，引《蛾术编》：鲁亦有公子荆，哀公庶子，特加卫以别之。“揠苗”，引《小尔雅》：“拔心曰揠，拔根曰擢。”“夏后氏五十而贡”三句，引《日知录》：“三代取民之异，在乎贡助彻，而不在五十、七十百亩。其五十、七十百亩特丈尺之不同，而田未尝易。”“君子上连，小人下达”，引《西畴常言》：“学成行尊，优入圣贤之域者，上达也。农工商贾各随其业，以成其志者，下达也。若为恶为不义之小人，只有败乱恶能达。”“虞仲”，引《日知录》：古“吴”、“虞”二字多通用，疑“虞仲”是“吴仲”之误。“叔夜”，引《宣和博古图》，有周叔叔液鼎铭。叔液名不见经传，殆即其人。“知虞公之不可谏而去之秦”，引《义门读书记》，以“知虞公之不可谏而去”为句，去谓去位，“之秦”别为句。与《史记》所言“虏晋走宛，秦赎之授以政”乃合。以上各条于义理事实，俱能切合。其搜采繁甚博，且及时文批尾，可云不遗葑菲矣。书刊于道光甲午。

0703 四书说苑十二卷补遗一卷续遗一卷

清孙应科撰。应科字彦之，江苏高邮人，廪膳生。是书汇聚群言，有似刘向《说苑》，故以名编。首有钱栻、李周南、夏味堂、刘宝楠诸序，及应科自为例言。又列历代解四书名目及引用书目二百零二种。《续遗》又列引用书目十三种。凡经、史、子、集四部中涉及“四书”，片义单词，俱行采摭，并及同时之人。其父齐所为《读书识小录》，亦所不遗。或两说异而互相发明，则俱存之，惟不自下断语。卷首录御纂五经，御制诸书，尊本朝也。书中如“反古之道”，据《问字堂集》：反古即言变古，非复古，观《商君书》可证。“贤贤易色”，据掌故及《朴学斋笔记》，主夫妇一伦。若贤人之贤，交友一伦已包之。“父在观其志”二句，据《潜研堂集》：乃观父之志行。然父之志行，容有未尽善者，不得概以承述为孝。但曰观，则包诤过干蛊之义。“夏礼吾能言之”节，据《野客丛书》，当于“言”字点句，“之”字各连下句。“人之过也”节，据《冶城客论》，“仁”是“人”字，与“井有仁焉”之“仁”皆以字音致误。《史记·弟子传》：曾参，南武城人。澹台灭明，武城人。据《费县志》非二邑，二传相连，不着南字，乃省文。俱即费之武城。“行不由径”，据《笔乘》：“古者道路在沟洫之上，行必由之。”《周礼》：“野庐氏禁横行者，修庐者禁径逾者。”皆其证。“当仁不让于师”，据《小仓山房集》，“师”作众字解。“狗彘食人食而不知检”，据《鹤林玉露》、《扪虱新语》，检作斂，即后世之常平。“刑于寡妻”，据《读诗传讹》，寡妻，嫡妻也。妾为庶，则嫡为寡。“知好色则慕少艾”，据《炳烛斋集》，“少”当音上声。“艾”读如“夜未艾”之“艾”，止也。“于卫主癰疽”，据《潜研堂集》，即《史记·卫世家》为灵公参乘之雍渠。赵注医者之说盖臆造。“而有宋朝之美”，据《经传释词》，而，犹与也，及也。凡此皆在《四书注解》之外，可以广异闻，备博采，为治“四书”者所必不少。又汤之《盘铭》，据《白田杂著》，谓内则槃字从木，乃木器，故可刻铭。而近人乃据新出土铜盘，其文字绝异，以证经误，当另是一器也。又“二嫂使治朕栖”，据周《栎园书影》，于“二嫂使绝”句，谓使女治朕栖，非使二嫂。虽胜旧解，然未若近人周家禄《寿恺堂集》，以“二嫂使治为”句，“朕栖”为句，谓象以二嫂帝尧之女，都君之妻，习于政事，都人必听命。使二嫂治，象乃得据干戈琴弤，而栖止舜宫以为乐矣。《诗》、毛传：栖迟，游息也。尤觉词简义明，惜应科未及见之。书刊于道光四年。

0704 四书记悟十四卷同治辛未刊本

清王汝谦撰。汝谦字六吉，河南武陟人。是书首有李棠阶、毛昶熙序及自序。书题曰《记悟》者，记其所自得也。而义多陈腐，绝少新得。观其所引止鹿忠节、孙夏峰等数家之说，盖乡曲陋儒，参证不广，亦未必有传世之意，其子孙及门生辈强为刊行耳。卷首列门生及门晚生数十人。作序之毛昶熙，方官工部尚书，即其子之门生也。书之上方，有李棠阶评语，棠阶以理学名而殊少阐发，且不多。自序作于咸丰二年壬子，梓书则同治十年辛未也。

0705 四书因论二卷［道光乙未刊本］

清许桂林撰。桂林字月南，江苏海州人，嘉庆举人。是书分十二篇，因勉强论曲直第一，因诚论欺罔第二，因平与中论成见第三，因权论平第四，因刚论和第五，因敏论缓第六，因性天不可闻、中人以下不可语上论下学第七，因为己为人论公私第八，因性论习第九，因命论死生鬼神第十，因名论虚第十一，因用论实第十二。复于目后自述其旨曰："圣人之教，曰仁、曰智、曰勇，为德之总名。恭宽敏惠，忠信公直，敬慎刚毅之属皆该焉。而统之以诚，不诚者不能入德。其入德者，有过不及之分。于是又示以至善之归，曰中、曰庸、曰平、曰权、曰时、曰义，名虽殊而理实一，皆所以定其极也。圣人之言反覆分明，而贤智愚不肖者，犹失之过不及。不及者无论，其贤智者以己之成见读圣人之书，见东失西，一误百信。乃以中人庸人平平无奇之称，用为鄙夷之词。而以时为逢迎阿容之称，以权为机械变诈之称，竟推之于小人。惟义之名，君子据之自雄。于是遂愚不肖者为不足与于道。即有不自暴鲁者，必以勉强鄙之。而斥绝小人，一以严厉。但矜性之刚正，不计事之成败。其所为义者，有过而无不及。又断不肯降心以求其中，以为如是乃异于平庸也。三代以下之君子，以此成名者多，以贻害者亦不少。将阐圣言以求至善，意在爱君子，且以励中材”云云。按是书融贯全经，识议通辟。既殊汉儒之训诂，亦非宋学之义理。论其指趣，颇类子流。至第十篇中论及果报，虽意在针砭顽俗，究非儒家之旨。桂林别撰有《易确》一书，篇中屡涉《易》理，妙义玄言，弥足羽翼。书刊于道光乙未，首有白镕一序。

0706 **四书诠义三十八卷** [道光六年汪守和刊本]

清汪烜撰。烜为学宗朱子，故是书一依《集注》为说。自序谓“勉斋诸贤，躬承师说，虽间有发明，何、王、许、金、陈、胡、吴、史而下，已浸失微言之绪。明代《大全》之纂，成于胡广、金幼孜诸庸人之手，罔知抉择。至阳明、龙溪辈出，大畅陆学宗风。卓吾、龙江诸人复援为三教一宗之说，其号墨守程朱，斤斤遵注。如蔡、林、顾、刘诸儒，或阴与《注》背而不自知，以故复会群言，辨讹纠谬”云云。序后又有例言，以为讲章家有涉陆学者，不可不析。有误因外注而反背内注者，不可不辨。“四书”中疑文缺义，朱子未有成说而为之强解者，应还其旧。推之执一说以非他经，如毁《周礼》为伪经，及据《小序》而非朱子《诗集传》之类，亦连而及之。至佛老异说，为害圣学，尤所必斥。其他天文、地舆、鸟兽、草木等类，亦为备考其说。观此可识是书之大旨矣。自序作于雍正九年辛亥，又有江廷镛序作于乾隆七年壬戌，至道光六年丙戌书始梓行。又有汪守和序，守和即梓书之人也。

0707 **四书求是十六卷** 嘉庆癸酉刊本

清王余英纂。余英字菊潭，山东福山人，嘉庆己巳进士，官湖南知县。是书首有邓显鹤、陈运镇二序，又有余英自作凡例及题辞。大旨重释典制，而亦不遗义理。典制必据经传，不取凭臆独断之说。合者从之，不合者置不辩。自谓所采取者，孙夏峰《四书近指》，顾亭林《日知录》，陆清献《松阳讲义》，阎百诗《四书释地》、《潜邱剳记》，李文贞《四书剳记》、《榕村语录》，全谢山《经史答问》，江慎修《乡党图考》、《群经补义》，惠定宇《九经古义》、《禘说》、《明堂大道录》，张惕庵《四书翼注论文》，赵鹿泉《四书温故录》，周理衷《四书典故辨正》为多。然同时如赵云松、钱竹汀诸人之说，间亦援引及之。又谓惠氏言禘礼，毛氏言六律，人多目为新奇，然实有当于经训，故不惮却众说而独存之。又谓朱子初年不留心典礼，故仍古注而误者十居八九。至于位在门屏之间，朱子本不误，讲家乃误为库门之外。九河有简絜之名，朱子本分为二，蔡氏乃误合为一。他如执圭主皮，朱子晚年所定《仪礼通解》辨析分明，特《集注》未及订正云云。故是书不偏主汉宋，以是为的。惟涉览尚嫌未博，不少遗珠。摭拾殊欠折衷，稍虚心得。其异乎他讲义者，则于汇参体注诸本所收蔡氏《蒙引》以下百数十家，概芟薙之不少存。其识洵非俗士所能及耳。

0708 四书记闻二卷 ［道光二十一年刊本］

清管同撰。同字异之，江苏上元人，道光五年举人。同少受业于桐城姚鼐，工古文，与同县梅曾亮齐名。是书名曰《记闻》，盖多得于平日师友绪论。其中述姚鼐说最多，而梅曾亮、孙星衍、钱大昕等亦间及之。引伸古训而折衷己意，大率精当不苟。如“子在陈”章，分“狂简，斐然成章”为三。“简”非即狂，“斐然成章”盖礼乐文学之士。子游、子夏、子张其人，固天纵之将圣。“将”训“大”，与下大夫言侃侃如也。从《集解》、《正义》训和乐，而订朱注改从《说文》之误。“必有寝衣”，依孔安国注作“被”，引《左传》“秦复陶翠被”为证。《说文》：“被为寝衣，衾为大被，非古制，乃汉制。”“必也正名乎”，乃夫子设为必不能然之事，以明吾之不仕卫。如胡安定说：子苟得政，必将上告天子，下告方伯。废辄蒯聩，立公子郢，必无此理。齐桓公正而不谲，证为《齐论》非《鲁论》。以是书通例，于鲁君昭公、定公、哀公皆称谥称公，不以国举。他国之君，若齐景、卫灵皆举国。是篇载齐事，直曰陈成子弑简公，与他篇迥异，故知必齐人者为之。有荷蒉而过孔氏之门者，过训过从，不训经过。否则门外之言孰传之？而孔子闻之，孔子之言又谁与语乎？“微子去之”三句，谓微箕之谏已贯于比干之谏之中，其文势蝉联而下。《论》、《孟》此例甚多，若“夏后氏五十而贡，殷人七十而助，周人百亩而彻”，彻言百亩，则五十、七十皆亩可知。交闻文王十尺，汤九尺，今交九尺四寸以长，言交长则文汤皆长可知。(《诗·豳风》：“七月在野，八月在宇，九月在户，十月蟋蟀，入我床下。”自七月至十月所言皆蟋蟀，于十月出之。文法亦正如此。)“狗彘食人食而不知检”，“检”作“敛”，主岁丰孰敛藏。言本《汉书·食货志》：“甫匐将往食之，将取也。”“王者之迹息而《诗》亡”，主王制巡狩。《陈诗》言不分风、雅、颂，正变皆亡。“接淅而行”，“接淅”作“滰淅”。白圭战国时有三，一为魏文侯时取中山之白圭，一为《史记·货殖传》乐观时变之白圭，又其一则《孟子》书言治水之白圭也。按同所主诸说，与焦循《孟子正义》、黄式三《论语后案》多同。三人时代亦略相近，惟焦、黄二书同未及见。是书虽有传本，而流传未广，焦、黄亦未及见，故书中俱不之及。是书无序跋，刊于道光二十一年。

0709 四书解琐言四卷补编一卷［道光元年刊本］

清方祖范撰。祖范字香宇，江苏青浦人，诸生。是书首有汤运泰序，及祖范自序。大旨在订正《集注》，旁及元明诸儒，以至近代毛西河、王已山之说，俱能确指其失。所诂义理多精核，考核典故亦能折衷于是。其自创新解者，如谓“请粟”章之冉子，疑非冉有。此篇首章，许仲弓可使南面，此章之下，又称仲弓之贤，则与粟或仲弓事，仲弓门人所记，故称冉子。“即退朝何晏”一章，亦称冉子，安知非仲弓为季宰时事？有政之问与前问政本合，为宰与退朝又同在一篇内。郑康成谓《论语》仲弓、子夏等所撰定，可证也。又谓“三以天下让”，“三”字疑是“正”字之讹。伯之采药去吴，正以天下让，于义固通。考佛经“三字”有作“正”字解者，可通也。又谓“山梁雌雉”章，非缺文，乃错简。当云“山梁雌雉，子路共之。三嗅而作，曰：‘时哉时哉。’色斯举矣，翔而后集”。书理自顺。又谓《左传》昭公五年四分公室，季氏择二，二子各一，而归贡于公。而有若告鲁君以行彻，可彻之地安在。先儒都未论及。考周之彻法，都鄙用助，乡遂用贡。助则收公田所入，以为君子之禄。贡则什一，自赋以充国用。意鲁此时郊外用助之地，三卿已尽征之，而归禄于公。其郊内自赋之地，以供国家祭祀宾客之用者，贡赋尚在于公所，即二之所从出也。如此方与《左传》及孔子所云“禄之去公”不相悖。凡此诸条，具见读书得间。综观全书多有独到之处，固非他掇拾陈腐一知半解者可比。书刊于道光元年辛巳。

0710 论孟考证辑要二卷［道光五年刊本］

清赵大镛辑。按朱子《集注》于事迹名数多致忽略，金仁山为作《考证》补其未备，宜与《集注》相辅而行。大镛既撰《集注管窥》，复就《考证》采其尤要者刊为是本，以备读《集注》者取求之便。简而不漏，不无足取。首有沈培序，后有大镛自跋。书刊于道光五年乙酉。

0711 四书集注管窥二卷［道光乙酉刊本］

清赵大镛撰。大镛字笙南，安徽泾县人，诸生。是书首有胡承珙、赵绍祖二序。承珙序称其训释字义，仿陈北溪发明《章句》、《集注》，多融会全书，彼此互证。绍祖序称其能荟萃宋诸大儒之说，以发明朱子《集注》、《章句》之精蕴。今按其书，上卷训释字义，下卷分条辨析。意在融会，词亦简括，惟大都陈言，不出宋儒臼窠耳。书刊于道光乙酉。

0712 四书臆说十二卷 [道光二年刊本]

清李见庵撰。是书卷一说《大学》，卷二说《中庸》，卷三说《论语》、《孟子》，卷四、五、六泛论，卷七、八说学、说道、说心、说理、说气、说性、说情、说才、说欲、说人、说事、说经书、说文艺各分篇，卷九至十二答问。首有自序，略言日与儿辈讲习及一二旧游相从问业，举相质证，其说有先后不合者，志之以待参酌。前八卷都泛滥，后四卷乃寻得归宿云云。其书每参引紫阳、阳明二家说，且两调停之。书刊于道光二年，为《锦官书》之一种。盖见庵罢官居成都日所著也。

0713 批点四书读本七卷 [道光七年刊本]

清高玲批点。是书就朱子《四书章句集注》原本，加以或录他家之说，或出己见。以朱字刊于书之上下方以及行间，于句读之间识以点及圈，或密圈。批语意在简括，兼注重字体字音。盖为便于初学诵习计也。卷首有高玲序，书刊于道光十年。

0714 四书训解参证十二卷补遗四卷续补编四卷

清张定鋆撰。定鋆字竹诠，江苏常熟人，诸生。是书首有朱溶、陶贵鉴、杨希铨三序，定鋆自序及例言，刊于咸丰壬子。《补遗》刊于同治乙丑，后有定鋆自跋。《续补编》刊于同治九年，前有定鋆小引。其大指在补朱注所未及。援引古义，下及近人。如顾炎武、陆陇其、阎若璩、万斯大、汪琬、何焯、臧琳、全祖望、惠栋、钱大昕、卢文弨、赵佑、赵翼、汪中、姚鼐、孔广森、李兆洛、赵坦、宋翔凤、戚学标、刘履恂、周炳中诸家，俱所搜摭。即攻朱如毛奇龄，亦节取之。或两说俱佳，则并录之。间参己见，别以按语。大约以义理为主，而典故稍从略，弥见矜慎。且所征引，颇能删繁就简。如“王孙贾”章，谓媚奥之讽指南子，后世所谓奥援本此。奥者宫中深隐之地，灶即明处。谓借援于宫阃之中，不如求合于朝廷之上也。盖从“子见南子”章悟出。“子所雅言”章，引李申耆谓《诗外传》、《书大传》、《礼记》多引孔子语，记者恐人以不著于《论语》为疑，故特别之为雅言。言当于各经求之，而《论语》一书之体例，不能该载也。“萧墙”，谓天子外屏，诸侯内屏。季氏大夫例以帘，不得树屏，故以萧墙指鲁君言。其后哀公欲以越伐鲁而去季氏。此一解也。台门旅树，管氏归以大夫僭礼，季氏无佾歌雍，何所不僭。则指季氏言，亦无不可。当日家臣屡叛，季孙之忧正在于是。此又一解也。“饱食终日”章，谓博奕非圣贤所为，□夫子不应以此立教。此章当是齐论，盖六博蹋鞠，齐之习俗，故假托圣言以附益之，“与桓公九合”章极称管仲之仁同。“五亩之宅”，注言二亩半在田，二亩半在邑，谓邑不指都邑，大约去田不远，或止八家，或倍八家以上，置堡以相守望。举成数言，则曰“十室之邑”。（千室之邑。）“举直错枉”章，引顾泾阳说，谓之直，必是曰是、非曰非，独立自信。此等人下面公论极归向他，上面却容易怪他，所以举之为难。谓之枉，必是可为非、非可为是，曲意求媚。此等人下面公论极鄙薄他，上面却容易爱他。所以错之为难。“郑声淫”，引李穆堂说，淫作慆灉解，非淫冶之淫。“余夫”引赵同翮说，在一家父子兄弟之外，另一单丁。依人佣作，至壮而有室者。说极确当。盖定整用力于此五六十年，所得甚深。与泛滥浅尝者，非可同日语也。

0715 四书题说二卷 ［道光戊申刊本］

清梁彣撰。彣号月山，福建将乐人，诸生。生平服膺朱子，论学皆于日用切近处指示，使人脚踏实地。详丁汝恭所为传。是书以《题说》为名，盖乡塾例以时文课徒，彣即借此为说，使学者切己体认，以寻圣贤立言本旨也。首有丁汝恭序。书中如说“就有道而正焉”，谓今之读书者，何尝不就正于人？但所就正者，未必皆有道之士。终日谈经，不外科名得失。终日劝学，不外富贵声华。先生以是教，弟子以是学。得志则恣肆骄吝，失志则委靡钻营。说“学而不思则罔”，谓今之讲章汗牛充栋，吾谓作讲章之人，亦多有不思者。非谓其章旨、节旨、字解、句释处于圣贤道理全不思也，谓其于圣贤道理字解句释，都是为作时文起见，而于自己身心上，全未尝细思也。按所说俱足针砭俗学之病。是书《月山遗书》之一种，刊于道光戊申。

0716 **四书蠹简六卷**道光庚寅刊本

清李诒经撰。诒经有《诗经蠹简》，已著录。是书首《论语》，次《大学》，次《中庸》，次《孟子》。《论语》、《孟子》各分上下，卷首仍弁石桐所为传。又有其门人单伟志一序，盖是书及《诗经蠹简》，皆伟志所校刊也。其书逐章为说，大都陈言。尤可厌者，开首“学而”章，斤斤于两“而”字、三“不亦”字。其他所谓明转、暗转、正笔、反笔等词，触目而是。岂以为发挥圣贤义理，不外此等处耶?

0717 **四书私谈一卷**《逊敏堂丛书》本

清徐春撰。春字可楼，江西宜黄人。是书首有黄传骥序及春自序。黄序称春“习梨园业，能诗”，又称“是书虽未尽合圣意，而新颖之思，警快之论，有可悦者”。自序称“私谈者何，避讲学之名也。世之讲学者，类皆窃宋儒之唾余，讲程朱之学，非讲孔子之学”云云。可以知其指趣矣。书中各条，率与朱注相背。如解“先行其言”章，谓“从”字当作遵从、服从看，言能先行其言而后天下遵服他为君子也。解“君子无所争”章，谓末句明说其争也君子，知病不在“争”字，而在“所”字。所者，私心也。若夷齐谏武王争天下万世之纲常，孔子作《春秋》争天下万世之是非是也。解“子绝”四章，谓记者善识圣人心体处，言不特意必固我四者为圣人之所绝无。即此四毋之心，亦尽在绝中。解“颜渊问为邦”章，谓夫子明以帝王自命，斟酌四代之礼为新朝之规模，特借颜渊之问而发之。诸说俱妥洽。其解“致知在格物”句，谓物指意心身家国天下，格指诚正修齐治平。“明明德”即格物致知诚意正心修身，亲民即齐家治国平天下。至善则物无不格、知无不致、意无不诚、心无不正、身无不修、家无不齐、国无不治、天下无不平也。以本文解本文，尤为爽快。惟春所自诩新义多有为前人所已言者。但春读书不多，当非抄袭，盖冥心孤造不觉暗合耳。书为道光戊申宜黄黄氏逊敏堂丛刊本。

0718 朱子不废古训说十六卷附朱注引用文献考略四卷［道光二十一年刊本］

清李中培撰。中培字根五，广东梅县人（旧称嘉应州），诸生。中培尝肄业学海堂，堂课以《朱子不废古训说》命题，谓世之学者，皆以汉儒训诂、宋儒义理分为两事，其实朱子何尝尽废古训。即以《四书集注》、《章句》言之，其本于古训者多矣云云。中培卷被总制首赏，既以课稿未尽发挥，乃复参稽群籍而为是书。首叙《论语》、《孟子》及《礼记》内《中庸》、《大学》各注疏源流，次叙朱子裒合《学》、《庸》、《论》、《孟》为《集注》、《章句》，引用古训诸说根柢，及唐宋诸儒解说书名，朱子编辑更改颠末。次分引用古训之例凡五：一曰引其说而系其氏；二曰但称旧说一说或曰；三曰因其训诂而不标其姓字；四曰本其文义，而稍有更易；五曰达其意旨，遂异其说辞。又以《论》、《孟》、《礼记》三经历代笺疏不下数百家，自元明以来解说者尤悉数难终。大约言义理者十之九，言典故者十之一，而专门考证异同者又百之三四。于是说中加注，专为义旨、典制、名物、训诂诸说聚讼。及声音句读疑似混淆者，特为拈出辨论。又于制度、器物非可想像而得者，比附本文作为一图。而制度有等级，名物有数目，众说互异，难于枚举者，俱作一表。又自注者凡四百九十二条，附于各说下。另依四书次序作一总目，以便查检。又以朱子《四书章句集注》所引贤儒之说，子史之语，虽称其姓字标其书名，而读者于先正品学著述，古书传授源流，尚未缕悉。复从正史及他志传谱录中摘抄，汇为四卷。简末系以朱子本传及贤儒从祀孔庙考。按是书用力甚勤，条理亦密。虽尊信紫阳，而后儒辨论与朱子异者，间亦采掇。诚读《四书章句集注》者参考所必及也。书刊于道光二十一年，前有陈继昌序及自序。

0719 **学庸总义一卷**道光二十八年刊本

清许致和撰。致和有《说诗循序》，已著录。是书《大学》、《中庸》，各为讲义一篇，后附时艺七篇。谓《大学》全书，蔽以知本。《中庸》大旨，在于尽人合天，一本于诚。以下即就此为说，使通篇筋脉联络融会，惟不似讲义之缭绕不了时艺。或以一章为题，或以数章至十数章为题，就题疏解，亦不似他时艺之排比无理。殆说经之别一体也。

0720 **论孟考略一卷**道光刊《海南杂著》本

清张眉大撰。是书亦多拾前人前说，惟据《御览》引无名氏《论语隐义》云：卫蒯聩乱，子路与师往。有狐黯者当师曰：子欲入耶？曰：然。黯从城上下麻绳钩子路，半城，问曰：为师耶？为君耶？曰：在君为君，在师为师。黯因投之，折其左股。不死，黯开城欲杀之。子路目如明星之光曜，黯不能前。谓曰：畏子之目，愿覆之。子路以衣袂覆目，黯遂杀之。又载《隐义注》一条云：孔子至蔡，假于客舍。夜有人取孔子一只屐去，盗者置屐于受盗家。孔子屐长一尺四寸，与凡人屐异。此二条甚怪。又文莫引《方言》云：侔莫，强也。北燕之外郊言努力谓之侔莫。此条亦少引及者。又引黄震齐人伐燕者有二事，一载《梁惠王》篇，一载《公孙丑》篇。极是。惟伐燕取十城，系齐威王时事，不可属之宣王。宣王时又有一伐燕事，仅《孟子》外他书无可证者，震与眉大俱不知也。又谓李觏《常语》非《孟子》，文意浅陋，疑他人剿入。按《常语》十七条，引于宋余允文《尊孟辨》中。其文桀悍不浅陋，似非杨升庵以其文集屡述《孟子》语。可以证其非不读《孟子》，不可以证其不攻《孟子》也。卷内则夹有论《孝经》、《尔雅》数条。

0721 四书讲义参真十九卷道光己亥刊本

清党瀛辑。瀛字海峰，陕西武功人，诸生。是书首有钱宝琛、凌泰封、张祖基三序。《论语》十卷，《大学》一卷，《中庸》一卷，《孟子》七卷。大旨遵朱子《章句集注》，兼集诸儒异同，间亦自抒所得。虽抉发未深，而斟酌颇善。四书卷首，各弁序说。所论孟子游历，虽主先梁后齐，惟以游梁在惠王三十五年，孟子年三十七，大误。因之释晋国章，亦傅合牵强，盖不知惠王有后元十六年故。此误亦不止瀛为然也。

0722 四书地记六卷［道光十年刊本］

清汪在中撰。在中字裳文，安徽旌德人，诸生。是书卷首有胡元、梁中孚、龙鼎三序，又有在中自序及例言。所记凡二百六条，大抵本之阎若璩《四书释地》。惟若璩之书兼及人物，而此则以地为限。每条概入圣贤口气，其所引先儒之说，则注于其旁，于后世州县地名概不搀入。所举多是典故，有全不涉于考据者。又如“周虽旧邦，地道敏树”、“舟车所至，人力所通”、“日月所照，霜露所队”等条，及单字之渊地土山石水等条，俱空洞无故实。盖是书即仿江永《四书典故》而作，不过为举业家计，意不在考据。惟征引众说，芟繁就简。又在中为凌廷堪再传弟子，于经学具有原本，与其他抄撮成书全无别择者有别。书刊于道光十年庚寅。

0723 四书翼注论文十二卷［光绪己卯刊本］

清郑献甫撰。献甫字小谷，广西象州人，道光进士。掌教广东端溪书院。是书首有林肇元序，盖献甫门人也。献甫年二十四五时，读四子书有所得，随笔所记，自云触类引申其义蕴，亦有与朱注相发明者。献甫殁后，肇元合诸门人所抄本，校刊于黔南，时光绪乙卯也。

0724 四书说六卷

清吴嘉宾撰。嘉宾字子序，江西南丰人，道光戊戌进士，官翰林院编修。家居办团练，粤寇陷南丰殉难。嘉宾学宗阳明，工古文而好治经。于《易》、《书》、《诗》、《礼》及“四书”皆有论述，统名《求自得之室读书记》。是书其一种也。《大学》一卷，《中庸》一卷，《论语》二卷，《孟子》二卷。首有自序。《大学》不用朱子《章句》，而遵旧本。《孟子》七篇，篇分上下，仿赵氏例，各有篇叙。“梁惠王云”，是篇上下皆孟子所告当世之诸侯者。“公孙丑云”，是篇上下皆记孟子在齐时所论治国之道、立身之节。“滕文公云”，是篇皆孟子所与当世之士辨者。“离娄云”，上篇言仁，下篇言义。“万章云”，上篇言圣人行仁义之心，下篇言圣人居世之迹。“告子云”，上篇言性，下篇杂举问答之辞。“尽心云”，上篇言性，而推之事天立命；下篇总结七篇之大指。考其所说，虽偏于义理，而每与朱子立异。其特创说者，则《论语》之两章连解，如“林放问礼之本”，连下“夷狄之有君”。“吾之于人也”，连下“吾犹及史之阙文也”。“可与共学”，连下“唐棣之华”。“见善如不及”，连下“齐景公有马千驷”。“宪问耻”，连下“克伐怨欲”。如此之类尚多。按两章连解，古注疏间有之，亦见于毛奇龄《论语稽求》篇。然未若嘉宾申说之详且明，且不流于穿凿，为可贵也。书刊于咸丰二年。

0725 四书蠡言七卷 ［咸丰二年刊本］

清谭光烈撰。光烈字松门，江苏吴县人，寄籍江西南丰，诸生。是书首有黄之晋、勒方锜、萧枢序及光烈自序、凡例，又有读《论语》、《大学》、《中庸》、《孟子》各若干则。黄序称其“究心宋学，而不为宋学空虚之谈。其说四子书，期于贯串圣贤理道，为修己治人有体有用之实学。萧序称其或提纲挈领，或引彼参此，或发言中之义，或畅言外之旨，或援经传以证佐，或据史事以疏通”云云。今观其书，分条设论，特以经义供其驱使。又其所见大率空浅迂腐，体非语录，亦殊讲章。诸序所称不免溢美，而未始非说四子书者之一新方式也。书刊于咸丰二年壬子。

0726 四书遵朱会通不分卷［道光乙巳刊本］

清杨廷芝撰。廷芝字仁圃，山东蓬莱人。是书既曰遵朱，又云会通。大旨详于自序，以为朱子教人读书，无疑者须教有疑，有疑者却要无疑。故《宪问》篇，“不患”章尝四见，而注云：凡指同而文不异者，一言而重出。文小异者，屡言而各出。《离娄下》“君仁”章，或谓重出，而注以上主人臣言，下就人君言，则朱子于此已显示人以会通之例矣。故亦欲本朱子之例，引而申之，触类而长之云云。书分四例：一曰错简，二曰重出，三曰衍文，四曰疑字。后又有附录、补录、重录各若干条。如错简例中，“此谓知本”句：谓《大学》古本前后有两知本，前一知本是知格物致知为修身之本，后一知本是知慎独为诚身之本。其实皆切身之事，故曰“壹是皆以修身为本”。“互乡难与言”章，谓与其进也至唯何甚。指互乡之童子，人洁己以进至不保其往也。拓开泛言之，若离若合，语意与“君子可逝也，不可陷也”四句同。重出例中，谓《阳货》篇“巧言令色”节，为观人者言，与《学而》篇为学者本身下针砭不同，就下文恶郑声恶利口看自知。衍文例中，“宰予昼寝”章次节“子曰”二字、“圣人吾不得见”章第二个“子曰”，谓皆更端之词。“子曰好学近乎知”节，谓“子曰”二字亦息而复起之词。疑字例中，“见贤而不能举，举而不能先，命也”，谓“命”字不烦改读。“子张问十世可知也”，谓子张意夫子必有十世可知之道，故特下“也”字，不是疑问。“无所取材”句，据古注以桴木解“材”字，以子路不解微言，故戏之。“井有仁焉”句，据孔注“仁”字读“如”字。井，盖喻言为仁之难，而忧仁心之穷也。“小人之中庸也”句，谓“之”字直注下无忌惮，正小人非中庸而自托于中庸处。若添“反”字则泄漏下意矣。附录中，“子夏问孝”节，谓“色难”二字正意已完，次却离开就旁面翻衬，如弟子之敬先生，以见敬与爱之有别。先生与弟子相对，非父兄。弟子亦与子弟有别。“地不改，辟矣；民不改，聚矣”，谓两“不改”字断句，上“改”字指开垦言，下“改”字指招集言。“好名之人”节，谓名如名义、名节之名，言人能好名，则千乘可轻。苟非其人，箪食豆羹为重。以见人之度量，相越甚远。凡此诸条，所解俱曲当。廷芝先著有《乡党约说》，后成此书，二书宜合参。此书刊于道光乙巳。

0727 学庸家训二卷道光丙午刊本

清金崇城撰。崇城字卓峰，贵州黔阳人，道光进士，官湖北知县。是书首有王履谦序，又有崇城自序。题曰《家训》者，盖授自其父光旭，而又留以课子弟也。其书依朱子《章句》，复于句下引诸儒之说，以申其义。《章句》之后，有讲，有解。别有《章旨眉评》，即为治举业而作，亦太芜杂矣。

0728 四书闲笔讲义四卷道光丁未刊本

无撰人名氏。卷一《学》、《庸》，卷二至三《论语》，卷四《孟子》。就“四书”中拈一句或一节一章，以俗语说之，理所不能达者，设譬以达之，至于再三。有甚切者，亦有泛滥而无当者。说“天命之谓性”句最详，至二万四千余言。次则“子曰学而时习”节、“主忠信”节各七八千言。“形色天性”章六千余言，但义多粗浅耳。亦有似是而非者，如论“止于至善”及下二节，以为“止于至善”句下，即接“知止”一节，明白补出一个所以明新。后来能得“止于至善”者，必先要知得至善之地而止之，然后德可以明到至善处，而民亦可以新到至善处。据此则经应先言止善，后言明明德新民，且未曾明明德新民之先。所云“至善”者，果何物耶？他若“拈学而”章，“子曰”二字为题而论之，尤觉无味。要之，讲者不惮烦言，意重在身体力行，与单为举业家说法者殊科，此则甚可取者也。

0729 郑本大学中庸说一卷道光二十七年刊本

清包汝翼撰。汝翼字纪三，安徽泾县人，世臣之族兄，慎言之父也。首有世臣序。诋《大学》、《中庸》二篇为周末汉初诸儒所记。又诋朱考亭为《学庸章句》，以尊信表章之功，归河南程氏，而不提仁宗书此二篇赐新科状头王拱宸事。并谓以《学庸》配《论孟》，名曰“四书”，始自考亭，斯尤谬之甚者也。汝翼说《大学》、《中庸》各二篇，《大学》上篇说致知，谓不囿于所知曰致，必达其所知曰致。以诸条目悉纳于致知之中。下篇说诚意，以诚意为本，而归于以诚取信于民。理自平正。惟《中庸》上篇说中和，而谓灾变之告即天命。下篇说鬼神，而以天与性与道。合鬼神为一，不思灾变之告于性何涉。鬼神情状，非理可究，翻不如《章句》尚无甚语病也。后附《宋县学设教谕考》、《宋时县学设教授皆命于朝考》二篇，正《宋史》及《泾县志》之疏陋。虽考证尚核，然无关于本书，宜别出之。

0730 四书经义考辨沈存十六卷［道光二十五年刊本］

清姚道辉撰。道辉字星槎，湖北孝感人，诸生。是书前有曾维桢、刘定裕、萧道鹤、屠道彰诸序，又有自序、凡例及《阙里圣庙记》。并附《棂星门考》，辨正“棂星”为“灵星”之误，甚确。书中有考有辨，考者考其实，辨者辨其疑，不分门类，意在与《章句集注》互证，故依本经次序分属各章各句。其有彼此可互参者，于本条下注明与某条参看。或其事于本义无关而可类及以资参考者，则于目下加附字。或专为《集注》考辨，则于目下加注字。搜采颇博，别择亦精，尤详于礼制。他如辨“淇澳”为“二水”；“壹戎衣”，“衣”不作“殷”；“至于犬马”，以“犬马”喻子之不肖者，犹刘景升儿子豚犬耳之类。《史记·弟子列传》“颜渊少孔子三十岁”，“三十”系“四十”之误，“卞庄子”疑即孟庄子，“虞仲”为仲雍，“南辱于楚”，据《战国·楚策》以补《史记·齐楚世家》之缺。诸条俱极审核。又“阙党童子”，引《汉书·儒林传》“有邹人阙门庆忌”，注云：姓阙门名庆忌。《后汉书·献帝纪》“下邳贼阙宣”，注阙党童子之后。亦可以广异闻。其于朱注亦多所匡正，如辨公叔文子非公孙枝，“枝”乃“拔”之误字。史鱼非官名，乃其氏。曾西为曾申之字，系曾子之子，非曾子之孙。此例尚多。凡四子书中，稍涉疑难者，此皆有所折衷。乃经学家之千腋裘，非仅举业家之馈贫粮也。书刊于道光二十五年乙巳。

0731 四书说賸一卷 [同治元年刊本]

清黄之晋撰。之晋字铁禅，江苏丹阳人，官江西知县。之晋与绩溪胡绍勋、当涂夏燮善，书中有与商榷语。盖绍勋曾入张芾江西学幕，而燮则与之晋同作令江西也。之晋精训诂，故书中详于字义。如“恂恂如也”之“恂恂”，“乡也”之“乡”，“盖阙如也”之“盖”，“夫子怃然”之“怃”，“侗兮”之“侗”，参互推阐，考之极博。又深于《易》理，书中如说“寡尤寡悔”，说“回也其心三月不违仁”，说“仁者其言也讱”，举《易》以证《论语》，义亦极精。尤创辟者，则以子张学干禄为说。《诗·大雅》云：“干禄百福”，“干禄岂弟”。子张学《诗》至此，而讽诵叹慕之，如三复白圭之意。禄与福、祉、祺、祜等字同，非斗升之谓。“假学”篇：“干禄百福，子孙千亿。”下文言“威仪抑抑，德音秩秩。”即慎言慎行之意。又言“无怨无恶”，即“寡尤寡悔”之意。故知此章是与子张说《诗》也。“季氏旅于泰山”，以为季氏欲行封禅。盖封禅之说，盛于秦汉，而实始于管仲《封禅篇》。季氏生后管子百余年，当是惑而羡之。可征者《路史·论封禅》引季氏之事，以为旅者封禅之细也。再征之光武诏称：“朕即位三十年，百姓怨气满腹。吾谁欺，欺天乎？曾谓泰山不如林放，何事污七十二代之编录。”则东汉已有是语。又征之《春秋繁露·王道篇》：“上言封禅，下言鲁舞八佾。北祭泰山，郊天祀地，如天子之为。”则西汉先有是说。他所解亦多新颖。书一卷，止二十九条，故名賸言。无序跋，刊于同治元年。

0732 四书一得录二卷 [同治癸亥刊本]

清胡泽顺撰。泽顺字梅坪，安徽泾县人，诸生。候选训导，咸丰间殉洪杨之难。是书首有自序，作于道光十七年丁酉，时泽顺年未三十。殉难后版毁重刊，而朱荣实为之序，则同治二年癸亥也。自序称无门户意气之私，则汉儒宜崇，宋儒亦宜崇。朱序谓贯穿于郑、孔之笺疏，而要归于程、朱之义理。盖兼参汉宋之长，不为墨守。且间出妙义，发前人所未发。如“贤贤易色”，引刘申受说，谓指夫妇。按顾亭林已有此说，泽顺未之见耳。至于“犬马皆能有养”，引束皙补亡诗及马周黄华文，且下一“能”字，确以犬马喻人子。“十室之邑必有忠信”，引《大戴礼》，《曾子制言下》过十室之邑则下，为秉德之士存焉。见此语非泛设。“伤人乎不问马”，采王弼说，以“伤人乎”不为句，最合记事语气。“唯上智与下愚不移”，谓不移者非不能移，是不肯移，所以为下愚也。“益者三友”节，据《集注》三者损益正相反，则便辟当与多闻相反，辟正韵陋也。“学记孤陋而寡闻”句下，有曰燕朋逆其师，燕辟废其学。此等友必不多闻。《说文》：宴，安也。便亦云安也，是便辟与多闻相反之证。考证俱甚谛当，此类尚多。泽顺尝问学于族人承珙，故书中间引承珙《尔雅》说。卷末并附孔、颜、曾、孟生卒年月表。《孟子年谱》俱无所订正，孟谱记游齐在游梁之前，则仍沿旧误也。

0733 读论孟笔记三卷 [同治四年刊本]

清方宗诚撰。卷首有宗诚自序，称“程朱于孔孟之经，真深思力践而有得于心。其见之于言者，真能发挥圣人之蕴。间有疏略，仅名物训诂之小者，后贤据所见以补遗质疑，未为不可，而不得肆为诋讥”云云。是书大旨就《集注》而推阐其义，不及名物训诂。于佛、老、庄、列之不同处，严为分辨。又多引象山、阳明之说，而证其非。又谓《集注》无一章不补出圣人未发之覆，而达其言外之旨。夫朱子与孔孟既非授受一堂，且相距千有余年，其所补孔孟未发之覆，与达其言外之旨者，虽经深思力践，而有得于心，然未必与孔孟之意吻合。此《集注》所以为宋儒之学也。犹之宗诚所推阐《集注》之义，亦不必尽合朱子之意。虽其间非全无所得，而于论究未该也。然亦有确当不可易者，如“无友不如己者”，谓“己”字承上重威忠信而言，“己”字方有着落。“邦有道危言危行”，“危”训高峻，高峻对卑鄙言。谓一毫不肯苟且，又谓德行、言语、政事、文学，乃记者就当时弟子所长者而言，非圣人以四科设教。圣门言语、政事、文学皆以德行为本，历举圣言以证之。此诸条俱能补《集注》所未及。余多不免陈腐。题曰《笔记》者，宗诚授经山东，随笔偶记，又阅十余年而成。书刊于同治四年乙丑。

0734 读论孟补记二卷［同治四年刊本］

清方宗诚撰。宗诚既成《读论孟笔记》，于朱注不少违。又以其所疑而待质者为《读论孟补记》。非补前书，乃别有所发明也。书中如“至于犬马皆能养”，用包咸“注犬以守御，马以负乘，皆养人者”，是以犬马比人子而言。而引唐李峤为独孤氏《请陪昭陵合葬母表》云：“犬马含识，乌鸟有情。宁怀反哺，岂曰能养。”马周上疏有云：“臣少失父母，犬马之养已无所施。”宋王丰甫《辞起复表》亦云：“犬马之养未伸。”皆以犬马比人子。“事父母几谏”，谓见几即谏，不待其过之露。“食不厌精，脍不厌细”，谓“不厌”是不求厌足之意，引《玉篇·曾子问》郑注，厌训厌饫为证。“如其仁，如其仁”，谓“其”字即指管仲言。如仲固有仲之仁也，语气甚轻。注谓“谁如其仁，谁如其仁”，加一“谁”字，扬之太过。“不以兵车”，谓自桓公九合诸侯，中国少兵争之祸者三十余年耳。《集注》云不假威力，桓公兴霸何尝不假威力？“邦无道则可卷而怀之”，《集注》引孙林父宁殖放弑之谋，伯玉不对而出，以证此语。谓此系左氏之诬，非实事。果如所载，是伯玉与闻乱贼之谋，何反为孔子所与？且以年考之，孙宁出君在鲁襄公十四年，去孔子之生尚早九年。使其时已为大夫，年必在三四十（十）。孔子适卫反鲁，在六十八岁之后。然则伯玉与孔子交友时，已百余岁，必无是理。“万乘之国”一节，谓孟子引当时实事以证“上下交征利而国危”之说。“万乘之国”，谓当时大国。孟子所云“以万乘之国伐万乘之国”是也。“千乘之家”，谓大国之卿，如三家分晋、田氏篡齐之类是也。凡此诸条，俱极精确。惟宗诚于各条下，问注后见某氏说同此云云，则何不径删此条？大抵宗诚阅书似不甚广，其同他人之说而未及检举者，当尚多也。书刊于同治四年乙丑。

0735 四书随笔三卷《杨损斋遗书》本

清杨树椿撰。树椿有《读周易本义随笔》，已著录。是书《大学章句》一条、《中庸章句》三条为一卷，《论语集注》一卷，《孟子集注》一卷。大都杂举诸说，以证书义，所引程朱说居多。此外则考证注中所引名氏，别无阐发。中一条云：朱竹垞与胡解元书，欧子曰：受业者为弟子，受业于弟子为门人。《论语》为孔子而作，所云门人，皆受业于弟子者。按此说前人已驳之。如互乡难与言，童子见，门人惑。此门人何所属耶？岂弟子皆不惑，而门人独惑耶？他如“子路使门人为臣，门人不敬子路”等语，此门人即是弟子。即所称子夏之门人，子张之门人，即是子夏、子张之弟子，非对于孔子而称门人也。又一条云吴氏名棫作《毛诗韵补》。按吴氏作《韵补》，非单作《毛诗韵补》也。此二条俱误。

0736 四书理话四卷［光绪三年刊本］

清张楚钟撰。楚钟字石瓠，江西泰和人，布衣。是书为楚钟所著《务实胜窩汇稿》之一。《汇稿》有引，言“书中之理，必有相对相当之妙，必有至方至圆之妙，尤必有万殊一本之妙。辄就‘四书’及朱子之解，澄心密勘，以此三言求之。而数理之妙，更与是三言者自然暗合”云云。又凡例言“有所见闻，或有所会悟，随得随记者，名曰《理话》”。今观其书，于训诂外别创一体，阐发名理，精粹处似格言。又每举算术方式为喻，盖楚钟素深于算术者也。惟逐章敷衍，每多浅泛无关要旨者，汰而去之，则更善矣。其中间有新解，谓称名者疑皆自记，如宰予、冉求、漆雕开、陈亢、南宫适、牢宪皆是。又谓孔子不言管仲之非，疑在齐时之言，与“为卫君”、“陈司败”二章同例，视断为齐弟子所记者其说俱通。每卷后有总说，卷末又附《孟子渊源于孔子说》。谓孟子愿学孔子，以孔子继群圣而己承之。书中多述孔子言行，其一动一言亦无不仿效孔子。又附《孟子长于譬喻说》，备举诸例。又是书原题《碎语》，后更今名。刊于光绪三年丁丑。

0737 四书条辨六卷 同治己巳刊本

清袁秉亮辑。秉亮字柳溪，江苏武进人。是书首有秉亮自序，称“凡遇注说互有异同，以及考证之后先错出者，辄摘录之，以备采择，间出己意，折衷一说”云云。书中就一章一节一句至一二字反复辨解，大都本之前人成说，而采崔述说尤多，不尽妥洽。关于礼制诸条，尤欠详博。然间有略新颖者，如“赤子”条，谓“赤”古通“尺”，引《礼》问天子之年，曰闻之始服衣若干尺矣。“有所不行”节，谓“知和当属”上有“所不行作”一句，而“和”当连下“不以礼节之”作一句。注“中一于和”，即是不以礼节，不得分两意。“子游问孝”章，谓“养亲”之“养”去声，“犬马之养”上声，其义迥别。束皙诗“嗷嗷林鸟，受哺于子。养隆敬薄，惟禽之似”本此。“八佾”章，引《左传》昭二十五年“将禘于襄公、万者二人，其众万于季氏”谓本章即指此事而言。所谓孰不可忍，正谓逐君也。“观过”章，引旧注，党偏也，观自谛也。言人过各于气质之偏而生，能自省察，去其偏私，则知求仁之方矣。“归与”章，谓《史记》世家，载归与之叹于哀公三年。明年，孔子如蔡，又明年如叶。反乎蔡，居蔡三载。如楚，楚昭王卒。然后孔子反乎卫。孔子既思归，何反南辕而适楚？此叹当在反卫前一二年。“武城”条，谓阎若璩南武城之说全无所本。《汉书》泰山郡无南武城，止有南成县，属东海郡。《后汉书》作南城县，至晋始为南武城，春秋鲁武城只一地。“季氏富于周公”章，引《左传》哀十二年，季孙欲用田赋使冉有访于仲尼，三发不对。而私于冉有曰：“君子之行也，度于礼。”季孙若欲行法，则有周公之典在。聚敛当指此言。观孟子言赋粟倍他日可见。所云“富于周公”者，谓过于周公之赋法耳。如此之类，亦不无可取者。

0738 四书评本十九卷同治十一年刊本

清俞廷镳撰。廷镳字昌时，浙江德清人，副贡生，俞樾之祖也。廷镳殁于嘉庆丁巳，书后有道光丙申其子鸿渐跋，而同治壬申江苏巡抚恩锡始为刊行。书首有恩锡序，书后又有其孙樾后序，并附鸿渐所为《家传》。后序称“是编为初学设，不务旁征博引，但就正文注文，逐章逐节，逐字逐句，一一研求。每下一语，使圣贤立言本旨，轩豁呈露”。又称“其书朱墨杂糅，以意联贯，使成片段。以小字双行，书于每节之后。其或及注文者则节录注文，亦以小字双行书其下。注不全录，从省也”云云。今观其书，视传注为详析，视讲义为简要。虽以《集注》为宗，间能补其所略。如《大学》谓意诚指一时一事言，心正指全体言，明命即明德之本原。明到十分尽处，便是峻德。“苟日新”，对未新言，是不因循。“日日新，又日新”，承已新言，一是不中阻，一是不倦勤。《论语》“其为人也孝弟”章，谓论孝弟非论仁。“无友不如己”节，谓无友，非拒之也，戒其乐与为友之一念而已。“今之孝者，是谓能养”章，谓说到不敬，便同犬马，使人闻而胆落。“夷狄之有君”章，谓如只作似字解，亡就心上说。如此之类不少。至论泰伯三让天下，主让商，谓其去也，所以潜孚吾父而挽其翦商之志，默喻吾弟。而继其辅商之心，并隐示文王。而终其忠商之节，说来恰是三让。创而有理。惟间有因袭谬解反曲为之说者，如《集注》：“《大学》者大人之学。”谓大人犹言成人，对小学言，不知泛常之成人，何足语治国平天下之事。“贫而乐”，谓不说出所乐何事，较说破更深，不知古本乐“字”下固有“道”字也。如此之类亦不少。又书每以理与礼对言，不知四书无单言理字者。礼即是理，别理于礼出之后来讲学家，岂可以证圣言哉。惟其书本为初学计，殊不必深求也。

0739 **刘氏家塾四书解不分卷**光绪丙子刊本

清刘豫师撰。首有自序及凡例，又有其门人温怀璋、袁文涣二序。自序称“读李二曲《四书反身录》，喜其‘反身’二字，切中时病。而所讲书理，又悉以人生日用寻常之事为言。爰仿其意，与子弟门人辈讲学，就人眼前情事指点，使圣贤言语，句句打人人心坎里去”云云。今观其书，无语录习套语，以浅俗之言，达精深之理，使人易能易行，视《反身录》又加切近焉。书中解“弟子”章，谓弟子当孩提之时，天性未漓，知识未开，心中本含得一团天理在内。此时较文人学士，去圣贤之路为近。就此时教以孝弟仁爱等事，以培养之，天理可以渐充，圣功可以立至。正不必亟亟于文学，以开其识。“行有余力”句，是推缓学文意。不然，孝弟仁爱，终身行之不能尽，岂有余力。按如此解法，则读四子书，胜于读宋儒《近思录》。其注书之旨，亦就此而可见矣。

0740 **四书质疑八卷**同治家刊本

清吴国濂撰。国濂字莲渚，浙江东阳人，诸生。卷首有自序，作于嘉庆丙子。又有李品芳序，作于同治甲戌，书所题作鉴定者也。又有潘树棠序，作于光绪癸未。张振珂序，作于光绪甲申。又其孙世爔后跋，作于光绪丙戌，则刊板时所为也。自序称“于群儒之说，参异同以求其安，不敢妄信为是，亦不可疑以传疑。其间或宗先儒之说，或参臆见之私，是者存之，非者去之”云云。卷一《大学》，卷二《中庸》，卷三至五《论语》，卷六至七《孟子》，卷八《辨正》。其中泛引诸家之说择善而从，所采阎百诗、周柄中之说居多。有就朱注之是而伸述之者，亦有就朱注之误而辨正之者。尤详于礼制，自出己见。如说“缗蛮黄鸟”，引《禹贡》“三百里蛮，蛮之言缗也”。《正义》曰：“缗是绳，蛮者以绳束物之名。”他疏有训縻者，训慢者，并不涉语言。又古箕山歌云：“甘爪施兮叶缗蛮。”叶亦称缗蛮，则非鸟声可知。说“彼为善之”，谓彼字即长国家者。善之，善夫小人也。说“太宰问于子贡曰”，谓吴有太宰嚭，陈亦有太宰嚭，官同名同。楚亦有太宰，未可硬断为吴太宰。说“不多食”，谓不撤薑食不多食，与惟酒无量不及乱为一例语。通章不食俱专指一物，何得于此而泛及？说“为长者折枝”，谓枝、肢古通用。腰亦曰肢，折枝犹折腰，盖言为长者揖拜耳。说“胶鬲”，引《韩非子》、《吕氏春秋》证为殷之贤臣。说“周公弟也，管叔兄也”，引《白虎通》、《列女传》、《邓析子》、《傅子》证周公兄而管叔弟。俱允惬。说“为长者折枝”，谓枝、肢古通用。腰亦曰肢，折肢犹折腰，盖言为长者揖拜耳。可于赵注外备一解。惟说“武王末受命”，引《玉篇》“末，尽也”、《广韵》“末，终也”以“尽”字解，言纣恶至于尽而武王乃受命。按“末受命”乃言末年受命，盖武王灭纣，不久而崩，故云末受命。若以末为尽，又属之纣，不成词矣。所引《竹书纪年》云：“武王年九十三而陟。”乃伪本也。《辨正》一卷，大都陈言。李序又补书义数条，惟谓“不图为乐之至于斯也”，“斯”指陈氏，亦可备一解。余俱习见。书刊于同治十三年甲戌。

0741 四书会要录二十八卷康熙庚子刊本

清黄瑞纂。瑞字辑五，江苏上元人，诸生。是书首有车鼎晋、谈仕麟序，又有瑞自序及凡例。大旨宗朱注旁及《语类》、《大全》，惟《语类》、《大全》与《注》不合者，则舍之而从《注》。《注》与本文不合者，则舍《注》而从本文。章首有旨，节有解、有叙，旨与解皆采先儒及时贤之说，而附以己见。叙则融会聚说，为之推衍。又有考，以明事迹。其析理有颇精者，如谓心统性情，声色臭味之欲，属耳目口鼻，理义属心。讲书因攻良知家言，未免将心说坏。又谓恕者以爱己之心爱人，以治己之心治人，所以去其有我之私，全其天理之公。事父而存有我之私必不孝，事君而存有我之私必不忠。五常百行，俱为此己私所隔，故以恕克治之。流俗市井以忠厚和平为恕，非圣贤所谓恕。如此之类，非庸腐讲章所能及也。

0742 四书补义七卷 [嘉庆十六年刊本]

清陶起庠撰。起庠字虞上，湖北广济人。是书《大学》一卷、《中庸》一卷、《论语》二卷、《孟子》三卷。首有自序，以为“书有本义，有旁义，有余义，或考之经义，以求其理，或征之传义，以纪其事。道通为一，无异非同”。今观其书，于名物典制援引甚备，虽欠案断，颇见简要。至于剖析义理，或标揭一说，或融合数说。惜搜采未甚广，间有翻新于旧解外者。如“父在”章，谓是半上半下底事。言道者尊父之辞，如武继文，志则终身不改，宣承厉虐，则不待三年而改。若可继虽不若文，而当改又不如厉，则所谓三年无改者也。《诗》三百章，谓《桑中》、《鹑奔》等诗，岂尽出于性情之正？然知其为邪，即无邪也。若圣人必存正去邪乃为无邪，则大《易》不当设见金夫不有躬之象，而《春秋》亦不当载姜氏会齐侯之文矣。又有释字甚谛者，如“泄泄”节，谓泄，水名，借为舒散之意。沓字亦从水，水性濡，状怠缓。“凯风”节，谓水激石曰矶，横石当水，水激于石而怒，犹之子以义阻亲，而激亲怒也。惟此等亦不多有，其搜采亦未甚丰。夫书义之待补何限，非博学深思者，诚未足以语于此也。书刊于嘉庆十六年辛未。

0743 四书续考四卷嘉庆二十一年刊本

清陶起庠撰。首有起庠自序。书分四卷，卷一至圣、四配、诸贤，卷二帝王、帝臣、王佐、贤侯、天象、地图、逸民、良史，卷三诸侯，卷四诸臣、时人。虽亦荟萃群书，而颇有择抉。每条后，多附辨疑。如谓“盖殡也，问于聊曼父之母”两句系倒置，故每滋后人之惑。又谓《家语》载孔子诛少正卯，是齐鲁诸儒造为此说，以夸圣人之权。又谓摄相非相礼，引成十五年《公羊传》云：“臧宣叔者相也。”宣叔为司寇，谓之为相，即孔子摄行相事之证。又“厄于陈蔡”之“厄”，乃蔡邑，属楚，为叶公所兼治，与蔡国无涉。诸解俱当，殊胜坊本备考诸书。书刊于嘉庆二十一年丙子。

0744 四书注解撮要二卷 ［光绪己丑刊本］

清林庆炳撰。庆炳字耀如，福建侯官人，林昌彝之子。自宋后，《学》、《庸》、《论》、《孟》并列为经，作注解者，无虑数百家。博览者穷年莫殚，且其中醇驳互见，重复不一，纵遍披寻，获益甚少。是书约为二卷，仅一小册。于注解各书，撮其要者录之，不录经文，不分章句，不标某家之说。仅就一节一句或一二字节举其义，其他无须注解而明者，概在所删，不主一家。而诸家之精粹毕荟，意取平正，不尚新奇。虽纯出抄撮，然非善于抉择者不能也。约之又约，良便诵习。首有自序。书刊于光绪己丑。

0745 四书亿二卷 ［民国二十二年印本］

清李仲昭撰。仲昭字天隐，浙江仙居人，同治庚午举人。是书首有自序，卷分上下，上卷《论语》，下卷《大学》、《中庸》、《孟子》。以《亿》名者，仿前人《老子亿》也。大旨好创新解，而说《论语》最详。其合者如“父母惟其疾之忧”，谓答人问孝，不应舍孝而言慈，以正旧解疾病使父母忧之非。“夷狄之有君”，谓为吴楚争强，晋君偷安而发。“则日月至焉而已矣”，谓日月至是一日尽在于仁，一月尽在于仁，非日一至月一至之谓。“诔曰”，谓“诔”乃“讄”之误，《说文》云：讄，祷也。累功德以求福，于斯为盛。谓盛字属周，不属唐虞。“太宰问于子贡”，据《说苑》子贡见太宰嚭事，谓太宰即吴太宰嚭，非宋与陈。“固天纵之，将圣又多能也”，谓“固天纵之”为句，“将圣又多能也”为句。“唐棣之华”章，谓所思者非他人，乃兄弟。“食不语，寝不言”，据《杂记》言而不语，及《诗·公刘》传“直言曰言，论难曰语”为释。“乡人傩，朝服立于阼阶”，主《礼记》存室神之说。“后进于礼乐野人也”，据《说苑》“苟可而行谓之野人”为释。“必也正名乎”，据《史记》“南子恶蒯聩子父易名”为释。俱甚允惬。余则瑜瑕互见，尤异者前人攻错诸书不过及于传注，此则于经文亦不为曲护，如：子曰无违是失言，子见南子不合礼，《论语》多言仁何以云罕言。“桓公杀公子纠”二章非公论，“公山不狃以费畔”章、“佛肸召”章必无其事。至于《大学》则云教外别传，又云非孔子之言。于《中庸》辨《孔丛子》困宋而作之误。《孟子》则尤多诋斥，最要者劝齐伐燕一事，应沈同以可即是供招确凿。天吏本无定属，以燕伐燕，特失望后之言。许行、墨翟、陈仲子俱未可厚非。又作《性善辨》，援孔子“相近”一语，以证无有不善之谬。虽所论不无过当，而自来非圣无法之例，因之而破。其立言之勇诚足惊也。是书稿藏于家，民国二十二年其曾孙镜渠始为印行。

0746 四书通叙次一卷通疑似一卷

清胡垣撰。垣字紫庭，江苏浦口人，诸生。垣潜心四书，尝拟著《四书十六通》。曰通解字，以“四书”二千余字，通《说文》诸书数万字音义也。曰通校勘，明“四书”字、句、篇、章各部有异同也。曰通体例，明“四书”记事、记言、书法有义理也。曰通节目，明五伦五常，分所当为，随时随地，可以“四书”提撕警觉也。曰通旨趣，以“四书”解“四书”也。曰通汉宋，通别解，合注疏与朱子《集注》互勘，求其有纯无疵。又搜罗众说，取以折衷，而防邪僻也。曰通算理，“四书”有需算学数十条，藉以明中西算学之理，期道艺之有用无弊也。曰通文法，明圣贤语妙，即以正行文之法也。而先刊成《通叙次》、《通疑似》二种。《（通）叙次》者，明四书篇章，相接相应。以为《论》、《孟》记言先后之序，未必有意为之，亦未必无意为之。第就每篇每章相接处，均有义理。且每篇首尾，亦复相应。如《易·序卦》，本乎自然。考黄之晋《四书说賸言》，铭东屏撰《论语解》，联章为篇，联篇为部，谓一部之中，首尾相为呼应，一篇之中章句皆有线索云云。而其书不传。垣此书犹斯意也。其不及《学》、《庸》者，以前贤已详之。《通疑似》者，取“四书”语义相矛盾者，明其相反相成之理，设为问答，仍以“四书”之理释“四书”之疑。中分六类：始家庭类，父子、兄弟、夫妇属之。次朝廷类，君臣、政治、征抚、用人、理财属之。又次师友类，又次心性类，又次学行类，又次出处类。其中虽不免有穿凿附会，要可为治“四书”者备一格。首有垣门人葛增祥叙。书刊于光绪甲午。

0747 论语发隐一卷孟子发隐一卷金陵刻经处本

清杨文会撰。文会字仁山，江苏石埭人，曾参戎幕，晚年究心佛法，设佛学研究会，刻佛经甚多。早治儒学，尝欲就《论语》、《孟子》二书，详加阐发，仅有标识，属稿未竟，间有批于原书上幅者。其弟子撮而录之，即是书也。书中颇有新解，说《论语》，谓“默而识之”章，谓末“何有于我哉”句，证以下文夫子自许为之不厌，诲人不倦，则此句疑传写之误。又谓“厩焚”章，各家注解皆误。厩中本无马，马从朝中驾车而归，见厩已焚，只问伤人一语，绝无诘责之辞。门人异而记之，妄者添“不问马”三字，意味便索然。说《孟子》，谓“王曰何利吾国，是公利，非私利。孟子曰：上下交征利”，则专指聚敛，与问意不合。谓“燕人畔”章，以“弟兄”二字为周公文过，不足以折人心。谓大人者不失其赤子之心，专认后天，未达先天。故所谈性善，不能透切本原。谓天与之，言天而迹涉有为，为西教之根据。谓告子与孟子俱不识性，惟告子以仁义分内外，是大错误。孟子以非外辩之，颇有理。其他说诸章，多附合佛法，盖其本色。然亦有甚微妙可参者。

0748 四书论［光绪二十四年刊本］

清王伊辑。是书专辑“四书”题《论》，自唐迄清凡百篇，不分卷。始韩愈《颜子不贰过论》，终阙名《乡原论》，系从诸家文集录出。有就一书或一篇为题者，如《中庸论》、《二孟总论》及《乡党论》之类是也。有就一人一事为题者，如《舜帝无为论》、《秦伯可谓至德论》之类是也。有就一句或二句为题者，如《忠恕逢道不远论》、《王天下有三重论》及《为君难为臣不易论》、《王赫斯怒爰整其论》之类是也。有就二字或一字为题者，如《异端论》、《格物论及性论、道论》之类是也。所录者大都发抒理蕴，不涉考据，不为空谈。如王宏撰《象未必杀舜论》，谓战国之士多为不必有之谈，孟子将以明道极人伦之变，为万世立则。顾栋高《孔子请讨陈恒论》，谓孔子之对哀公知己知彼，足征大圣人经济，不外寻常理势之中。而程子以义不以力之论，殆失之。全祖望《孔子正名论》，谓正名者正世子之名，将教辄避位而纳父。吴嘉宾《弗扰佛肸非畔论》，谓大夫无专国邑之义，二人不得称畔，况志在强公室乎？夫子欲往，殆阴折当日之知有大夫不知有国君者。诸篇皆卓然伟论，自来注家所未曾见及。其他类此者尚夥，不但程子之颜子所好何学，为宋学家所乐道也。明人录时文为讲义，此则所采皆古文，为说“四书”者别开生面。以补传解所未备，亦不可缺也。书刊于光绪二十四年戊戌。

0749 大学总论一卷中庸总论一卷

清唐圻撰。圻字静斋，安徽新安人。是书不分章节，使全书成一篇文字，道理融澈，脉络贯通。尤难者着语不多，而义不少漏。论《大学》，谓物有本末。结“明德”节，事有终始。结“知止”节，知所先后。则结上文两节，正以起下文两节。“古之欲明明德”节，言欲如彼先当如此。“物格”节，言能如此而后可以如彼。上则由外而内，下则由内而外。上则由末说到本，下则由本说到末。论《中庸》，谓“体物不可遗”释天命之性也，“舜武周文”释率性之道也，“孔子对哀公”则释修道之教矣。称文王曰无忧，正对舜之有忧。以文之父子皆圣人，舜之父子非圣人也。称武王曰缵，太王王季文王之绪，正对舜之匹夫崛起无绪可承也。曰“一戎衣而有天下”，则以“揖让”对“征诛”云云。妙义环生，道人所未曾道，亦奇作也。书刊于光绪五年己卯。

0750 **大中遵注集解四卷**光绪刊本

清韩濬辑。濬字次山，安徽新安人，康熙戊午举人，历官许州鄢陵教谕。是书《大学》一卷，《中庸》三卷，大旨宗朱注。章有全旨，节有节旨，又逐句作解，以浅语说理，又注重虚字及神气。解《中庸》尤晓畅，不尽主四大支之说。而条理分晰，血脉贯注。其书至五世孙瞻斗始为刊行，时光绪丙申也。有高袖海序，称为胶庠中之圭臬，副其实矣。

0751 **学庸述易一卷**光绪刊本

清华承彦述。承彦字屏周，直隶天津人。是书首有蒋兰畬序，称承彦学《易》近二十年，晚乃求之《大学》、《中庸》，悟其节次，上同于《易》，节节疏解而证明之。视以李光地等以《大》、《易》说《中庸》者有别。次则自署庸叟者，所为《好古歌》。歌有序，称其会通于《学》、《庸》二书，举《大学》之本末始终、《中庸》之中和位育，实与《易》相表里。次则承彦自序，但推论性命道教之原而已。次则弁言，中分《释名》、《释上系下系〈大学〉〈中庸〉纲领》、《释彖》、《释爻》、《释用》、《释图》诸篇。次则古本《大学》全文、《中庸》全文。次则举《周易》诸卦，分配于《大学》、《中庸》诸纲领。而论相贯通之故，终以《周易》全文。亦说“四书”者之新法门也。

0752 学庸识小一卷 ［光绪己丑刊本］

清郭阶撰。首有自序。阶既分释《学》、《庸》，而是书专言训诂。古人谓训诂为小学，故名《识小》。书中释“命也，过也”，谓“命”当如字读，诿之其人，命所遭也。过谬以其为过误也。释“小人之中庸也，小人而无忌惮也”，谓小人貌托中庸，实相反也。敢托于中庸之貌，可谓无忌惮矣。释“抑而强与”，谓而能也，而能同部通用，能强能自强也。释“不报无道”，谓颜子犯而不校，有道在也。此不报即以德报怨，过乎道则无道。释“君子之道，造端乎夫妇”节，谓夫妇道备五伦，夫尊妇卑君臣也，服则父子也。合二姓之好以祀其先，兄弟也。相敬如宾，相助为理，朋友也。闺门之内夫妇也，夫妇之道尽，而君臣、父子、兄弟、朋友之道不外是。释“睨而视之，犹以为远”，谓人于切近易知之理，或不屑或畏难。此中庸之所以民鲜能也。朱子谓犹有彼此之别，非是。凡此诸条，俱切理餍心。宜与《学》、《庸》二释相辅而行。书刊于光绪己丑。

0753 学庸训蒙琐言二卷 ［光绪八年刊本］

署乳山山人集，不著名氏。首有自序，言用（用）朱子读书，《论语》用冷看法，《孟子》用熟读法，《学》、《庸》尤用熟读法，逐字理会。凡虚字之轻重缓急、抑扬曲直与夫前呼后应，仰承俯注，务求其神气协合，血脉贯通。逐字解而后合观一句之旨，逐句解而后一篇之旨，逐节解而后合观一章之旨云云。今观其书，虽依《集注》为解，而体会有得，时参妙谛。题曰《训蒙》，便初学也。序兼《论》、《孟》而作，以无力付梓，于光绪八年先刊《学》、《庸》两种。时光绪八年也。

0754 大学俗话五卷中庸俗话八卷光绪十八年刊本

清查体仁撰。体仁字听谷，四川崇庆人，诸生。是书卷首有刘瑨、梅震煦序，及体仁自序。又附贺瑞麟、张澜二书，盖商榷此书者也。大旨以程朱为旨，即采他说，亦必不悖于程朱者。就经旨演成俗话，委曲畅达，于文理接续脉络贯通之处，使读者心目豁然。于童蒙讲习尤便。书为光绪十八年壬辰成都刊本。

0755 四书讲义四卷宣统刊本

清安维峻撰。维峻字晓峰，陕西泰安人，光绪进士。官至给事中。是书随意就一章或数章为说，不依书之次第。其说纵横泛滥，博而能切，非他讲章句解字释之比。其中有说“四书”而兼正他经者，如“陈成子弑其君”章，《春秋》书哀十四年六月，齐人弑其君壬于舒州，注家于书人之例，多异其说，然皆不免矛盾。维峻谓圣人因旧史以作《春秋》，旧史从赴告之文，有所损不能有益。弑君之国，每不以实赴，大都以征者当之。《春秋》欲正其诛，则赴告异辞。欲从其所诿，则真凶漏网。与其移辜以蔽狱，不若悬案以征凶。故书曰某国弑其君，某国人弑其君。此经所以书齐人弑其君壬于舒州也。《论语》记孔子告哀公曰：“陈恒弑其君，请讨之。”词严义正。而凡书某国弑其君，某国人弑其君者，即于此章道破之。《左氏传》亦记此事，但言“伐齐”而不言“讨”，“伐”字视“讨”字相去甚远。至章首书陈成子弑简公，则记者后来追叙之词，无关义例。按此说甚当，并可以解《论语》者解《春秋》。又“子谓伯鱼曰女为《周南》、《召南》”章，谓圣人欲以文王刑于之化为家法。因辨孔门三世出妻，一世再嫁之说之诬圣。其谬盖沿于《檀弓》，《檀弓》但言出母，而郑孔以为被出之母。出母即生母，其义与《尔雅》“生谓之出”、《左传》康公“我之自出”同。《檀弓》又言庶氏之母，庶氏者妾也，如伯氏仲氏之称。他说谓母姓庶氏，又谓嫁庶氏，俱非。并推论经传但言出妻，不言出母。《仪礼》“期服”传所云则为“出母无服者”。证之上文，“出”为衍字，或是“其”字之误。按此说亦极当，并可以释《论语》者释《礼》。又书中每涉史事，如谓孟子制挺之挞，至陈胜辈揭竿而验。不嗜杀人者能一天下，至沛公定秦楚而验。又尧舜禅让而尧都平阳、舜都蒲坂，是不居尧之宫之明证，更何有逼尧之子。曹丕辈不得藉口。又按维峻生光宣之代，新说渐输入，不免有所愤激。但隐约言之，仍不失说经之体。卷首有刘尔炘序及维峻自述。书刊于宣统辛亥。

0756 大学注释一卷中庸注释一卷［光绪二十年甲午刊本］

清李钠撰。首有自序。分《大学》为六段，首段言格物致知之功，为总冒。下诚意、正心、修身、齐家、治国各为一段，分《中庸》为五段。首段总冒，末段总束，中以穷理、尽性、至命各为一段。每段之下，附以己说，通论大意，不为句解字释。大致尚融贯，惟以曾子曰：“十目所视，十手所指，其严乎？”此曾子系曾皙。曾子引其父之言，讳名不讳姓。如《中庸》称仲尼，称仲尼讳名不讳字之例。盖以《大学》为曾子自作，则此处之引曾子，自不可通。然竟以为曾皙之言，究何所据？又谓孔子为官大夫，未为世大夫，无尺寸之封，无地以立家庙，不能长享大夫之祭，以此事父未能。天子分茅胙土，封功封亲为诸侯，诸侯得地亦封功封亲为世大夫。大夫得采邑，亦有给禄于功于亲。孔子未为世大夫，以此事兄未能。此说殊悖谬。孔子作《春秋》讥世卿，岂身欲为之哉？且素位而行之谓何？其自序谓朱子改经合世，以冀流传不息，亦非朱子本旨。书刊于光绪二十年甲午。

0757 四书正误六卷［四存学会排印本］

清颜元撰。元为学主实用，恶宋儒之空谈心性。其言曰：“汉宋儒专以读讲著述为学，自幼少历老壮，极一生心力为之，故发明确透者亦多。然路径不同，下手亦异。凡遇著实用功处，便含糊脱略过去。或说向精微远大处，更无亲切开豁语。”又曰：“宋儒正孔门所谓小人儒，故其立言皆为自己地。”又曰：“平生最厌宋儒，于圣贤书中所无添补己意。”又曰：“朱先生注解经书之功，不敌其废乱圣学之罪。”观此可以知是书之大旨矣。书中所摘大率在义理疑似之间，举其要者，如“克己”二字，谓“克”古训“能”也，“胜”也，未闻克去之解。“己”古训“身”也，人之对也，未闻己私之解。宋儒以气质为有恶，故视己为私欲，而曰克尽，曰胜私。不惟己之耳目口体不可言去言胜，且明与下文由己相戾，文辞亦悖。可谓快论。其他多有合者。元又言“余之正误，只偶举大端，其实朱注之支离妄谬，不可胜举”。据此则是书犹未尽其意所欲言也。然元之意尤注重经世，其言曰：“夫子为东周，便是奉定哀为齐桓。”又曰：“吾夫子极口称桓公之正而不谲，重辞赞管仲之仁，全以扶周室救苍生为主。”“五尺之童，羞称五霸”，出自《春秋繁露》，仲舒正是汉之程朱也。又曰：“即不敢望老孟复生，安得如胡文昭、韩苑洛、杨椒山、吕新吾四先生。一与之谈学救弊，可以窥其旨矣。其尤痛愤者，则曰夏殷周之得天下也以仁，其失天下也以不仁。汉唐宋之得天下也以智，其失天下也以不智。元明二国之得天下也以勇，失天下也以不勇。”又曰：孟子定善战者，连诸侯者，辟草莱任土地者三项人罪案。余则曰善战者加上赏，连诸侯者次之，辟草莱任土地者又次之。盖七国皆先生伯叔甥舅，若非三等人启诱搬唆，便不至争城争地，致杀人盈城野之惨。近世之祸，则在辽金元夏。倘有三等人，生民不犹受干城之福哉。观此知元抱憾于中国积弱，而思有以振之。其志则王船山、吕晚村也，宜其卑视宋儒矣。书未见旧刊本，是本乃四存学会所排印也。

0758 四书质疑十九卷 ［光绪九年刊本］

徐绍祯撰。首有自序，盖随手札记之作。书中多纠正朱注之误，有朱注本不误而攻者以为误，则为证而伸之。所采诸家之说，大率精审。其自出己见者，亦多新义。如“子路问成人”章，谓有错简，后人传写上下窜乱，当云子路问成人。子曰见利思义，见危授命，久要不忘平生之言，亦（此字疑因下文误衍）可以为成人矣（此字疑亦衍文）。曰："今之成人者何，必然若臧武仲之智、公绰之不欲、卞庄子之勇、冉求之艺、文之以礼乐，亦可以为成人矣。"按此说极是。他若"君子坦荡"，谓"坦"为"恒"字之误。"耕者馁在其中"，谓"馁"当作"餧"。"餧"、"馁"二字古多互用，《广雅》释诂：餧，食也。盖言耕则食在其中。"卿以下必有圭田"，据诸家算经，有方田、圭田之术，圭上锐下方。田有此形，圭不得训洁。俱确不可易。绍桢为徐灏之子，灏素精小学，序述灏之训曰：经传之义理，由训诂而明。训诂之指，以声音而著。古人传经多以同声之字通用假借，故书中如"节彼南山"，谓"节"当为"即"，即，就也。"有耻且格，格当为恪"，恪，敬也。"知者利仁"，"利"当为"厉"，"利仁"即力行也。"孔子时其亡也"，"时"当为"待"。"植其杖而芸"，"植"当为"置"。"子为恭也"，"为"是"伪"字。"吾不惴焉"，"惴"是"揣"字。"吾君不能谓之贼"，"吾"当作"语"。"只载见瞽瞍"，"载"当为"在"。"杨子取为我"，"取"当为"趣"。盖皆适用通假之例。其他诸条援据多核，亦间有过于新异者。书刊于光绪九年癸未。

0759 四书琐言一卷 ［民国十三年刊本］

清虞景璜撰。景璜字澹初，浙江镇海人，光绪举人。是书随意札记，颇多妙义。如"山梁"章，谓是错简，应将上下节易读，作"山梁雌雉，子路共之，三嗅而作曰：'时哉时哉，色斯举矣，翔而后集。'""楚狂接舆"，庄子作孔子适楚，楚狂接舆游其门。又肩吾问于连叔曰，吾闻言于接舆，则以接舆为人名。据皇本、高丽本、日本山井鼎考异本，"歌而过孔子下"俱有"门"字。郑注孔子下句云："下，下堂出门也。"郑氏盖据古本云。然与《庄子》游其门句亦合。然则孔子非车中人，又安得云接孔子之舆？"子使漆雕开仕曰：吾斯之未能信。"弟子于师前例称名，此何以称吾？据《汉书·艺文志》

“孔子弟子漆雕启”，知《史记·列传》“漆雕开，字子开”，上“开”本“启”字，避景帝讳也。（微子名启，世家亦避景帝讳，改作开。）《论语》“吾”字本“启”字，形近致误耳。“三危”，据全祖望《鲒埼亭集·皇舆图赋》云：“三危苗裔，诸说纷纭，昆明居延，人各有云。”不知出乎甘肃，直接滇云。瓜沙西峙，缅甸南分。当年吐蕃之建节，铁桥所屯，三藏鼎足，以相为邻。斯即三危，得所未闻。自注云：三危即今西域之三藏番僧，实苗民之裔。“夫公明高以孝子之心”六句，谓六句作一串，下四句即申结上二句意。以上诸条，俱理解独辟，确不可易。书刊于民国十三年。

0760 四书疑言十卷［道光八年刊本］

清王庭植撰。廷植字实丞，江西庐陵人，嘉庆进士，官至川东兵备道，罢官后寄居长沙。是书首有李元度序、陈三立序、毛庆藩序及书。又有自作凡例。疑者疑朱注也。《大学》就旧释之义未尽者别为说。《中庸》亦统释全篇，义多独得。如谓“回之为人也”，即回之为仁，古文“人”与“仁”同。而舜之智，回之仁，由之勇，自文从而字顺。“道不远人”，道即“五达道”之“道”，人即五伦之人。“以人治人”，即以五伦治五伦之人。“求乎子臣”者，求君子为子臣之道于己，非求之人。博学五之字，指五达道九经而言。“致曲”即致层累曲折之功，“崇礼”即崇此三千三百之礼。又谓孔子作《易》，子思本祖训而作《中庸》，与《易》多所发明。《易》言大人与天地合德，日月合明，四时合序，鬼神合吉凶。《中庸》言君子建诸天地而不悖，质诸鬼神而无疑。如四时错行，日月代明。故曰《易》其至矣乎，《中庸》其至矣乎。于《论》、《孟》则就一章一节或一句为释，义未尽者亦别为说。如说气质之性，至数千言，然不遍及全书。不疑者则不言也。其要者如殷因夏礼，周因殷礼，谓礼指吉凶军宾嘉，不指三纲五常。“不如诸夏之亡也”，“亡”读本字，谓诸夏之君出亡在外，并举《春秋传》鲁昭二十二年景王崩，王室乱，王猛出居，王猛卒，敬王立。居狄泉，尹氏立王子朝。至昭二十六年王子朝奔楚，王始入成周。周天子在外凡五年。又昭二十五年，公孙于齐，次于阳州，后如晋。次于乾侯，三十二年薨于乾侯。鲁君在外凡八年。为诸夏无君之证。“回也其心三月不违仁，其余则日月至焉”，谓至即不违之意。谓一日不违，或一月不违也。“自牖执其手”，引《诗》“天之牖民”注：牖与诱通。谓伯牛疾已垂危，夫子以己手引诱伯牛之手。视其能举手与夫子执之否？“不有祝鮀之佞，而有宋朝之美”，谓专就卫事言，佞才也。祝鮀善应对，左氏定四年皋鼬之会，若非鮀援故典以折苌宏，几何不辱国。固宋朝而蒯聩出奔，出公继立。是后篡夺频仍，则宋朝之美贻之祸也。“子见南子”章，谓卫辄立，南子当国之时，夫子之见意在立郢。子路仕孔悝，属于辄党，故不悦。夫子正告之曰：“吾所以为不可者，天亦弃绝之。”“天亦弃绝之”，谓辄之罪上通于天也。“有妇人焉”，亦主殷人之说。但谓殷人为箕子，以箕子陈洪范，为治天下大经大法所在，而又不得臣之。他日又言“殷有三仁焉”，可证。按他说有言“妇人”为“归人”之误者，《书》大序云：“乃遂伐纣克殷，以箕子归”。据此则归人亦可属箕子。惜廷植未考及此。“微子去之”，谓去纣而还其封国。凡此诸条，俱解新而理惬。其他虽于文义无关重要者，亦多订正。如《大学》自谦之谦，义“莫吾犹人”之“莫”，“游于艺”之“艺”，“天纵”之“纵”，“不占”之“占”，“非道宏人”之“宏”，“法而不壓”之“法”。“养气”章之子夏字、缩字、守气字、集义字、勿正字、汙字，俱于其字画相似者正之。至于爪不作必，少不作坐，五十不作卒，三月不作音，其原字较胜者，悉因之。又谓注非衍义之比，朱注杂引史事为不合。具见精审不苟。书刊于光绪八年壬午。

0761 四书笺疑疏证八卷 ［光绪丙申刊本］

清徐天璋笺，其子浚仁疏。天璋字睿川，江苏泰州人。首有天璋自序，以为文公《集注》不免仍有疑义，既疑矣，则必确求古训，确证他经而又涵泳本文。揆厥情理，揣时度事，笔之于笺。后有浚仁识，以为笺本去疑，文宜征信，因节录经训分疏笺下。其第五卷后附

《大学厘订章句》，则天璋父昌龄字眉卿所作，而天璋为之释。书中辨《大学》一篇，不详何人所著。朱子妄分经传，云经为孔子之言，其传十章则曾子之意，而门人记之。若经为孔子之言，何以经首不冠“子曰”？转于传中“听讼于止”加“子曰”？既云传曾子之意，何以入传不冠“曾子曰”？反于“十目上”加之。若云“十目”为曾子所论，此书即属曾子，则篇中有“舅犯曰”、“孟献子曰”，何以不属舅犯、孟献子？又定《中庸》一篇，为子夏所传。其可证明者，《中庸》次《孔子闲居》及《坊记》之后，“孔子闲居，子夏侍。观其问三王之德，参于天地，其得闻夫子”云云者，正与《中庸》相表里。更可证者，子夏习《诗》，《中庸》多引《诗》曰。子夏习《礼》，《中庸》多引《礼经》。其见于诸书所引，子夏文义与《中庸》相参证者极多。所笺分尊圣贤、正纪纲、扶伦常、明典制、原性天、防流弊诸类。如“与其媚于奥”节，谓祭灶老妇事。贾讽孔子与其结于君，不如阿附南子也。“夫子矢之”节，谓矢去也。（见《庄子注》）夫子去卫，因语之曰：“吾道否而不通者，实天厌弃卫德也。”“子在齐闻韶”章，谓季札适鲁观乐，见无韶箾。自昭公之乱，太师挚适齐。孔子至齐正值其乱，斯指在齐而言，不图为乐之至于斯，深伤鲁乱而叹之也。“太师挚适齐”章，谓昭公孙齐太师追从乎公，故干缭诸人纷纷去国。在“明明德”句，谓明扬明德之人。“父母使舜完廪捐阶”节，谓捐阶其廪既治，捐去其阶而不用也。焚，樊也。瞽叟于廪四周，复自卫以篱也。浚，濬也。出，泉出也。掩，幕也。父母使舜，如今父母命子葺屋。其子承命招集工匠，不必躬为之。治之既成，父母遂得安享之也。诸如此类，俱属创获。其他补正朱《注》，多有合者。书刊于光绪丙申。

0762 四书集解不分卷 ［移录本］

清朱应麟撰。应麟字耕岩，江苏昆山人，贡生。是书以程朱为本，次以吕晚村，谓其力辟异端，有功后学。他若《大全》、《存蒙》、《浅达》诸书，间采一二而已。所集诸家之解，又多删易连络，使之条贯。时亦自抒己见，然无甚发明。其著书之旨，则为习举业者计也。首有康熙四十年庚寅应麟自序，次凡例，又有乾隆五十四年己酉黄达序。原书未刊，行世者只移录本耳。

0763 四书改错改四十卷原稿本

清程仲威撰。仲威，安徽黟县人。是书首录光绪二十年六月上谕，盖从河南学政邵松年奏请，再严禁毛奇龄《四书改错》也。次仲威自序二首，一作于光绪十七年辛卯，一作于光绪二十年甲午。序后又有余论，次例言十则，所反驳凡四百余条。他未尽驳者，特以其本于旧法而存之。意以为毛氏无一字是处也。自序言“读《章句集注》者，当探其奥蕴，为之发明，不当索其疵瑕，加以非毁”云云。所见殊谬，非毁有当有不当，岂能一概禁之？其余论又云：“间有名物训诂一二可商。如‘素’为‘粉地’、‘觚有棱’之类，学者当为诤臣”云云。是朱子仍不无可议也，岂非自为矛盾乎？姑置名物训诂不论，即如首篇“有子曰：‘其为人孝弟章’”，注引程子性中只有个仁义礼智，曷尝有孝弟云云。自他日朱子《答范伯崇书》，即深虑人之误会。而仲威必曲解为仁义礼智所以名性，孝弟自性中出而不得以名性。夫性中之有否孝弟，讵徒以其名哉。其下章，传不习乎。《集注》主受之师，毛氏主授之人。说皆可通。按曾子最以孝称，而此章言三省不及孝，以情度之，当在曾点既殁之后。而曾点之殁，在孔子后。盖此时之曾子，非受教之曾子而为设教之曾子。则毛氏之说长矣。如此之类尚多，然其中固自有精凿可取者。其攻毛氏，谓多贩自短书，或阅未终篇，辄据为己说。甚有明知其说不可取证，特假一二句，便肆己私。更有全袭古说，而不著从来，若文自己出云云。亦深中毛氏之病。而仲威之短，又在过于偏护。又其气厉，其文繁，亦不能无失焉。按戴大昌有《驳四书改错》百余条，仲威谓其多肤词，而深有取于方东树之《商兑》，其强辩亦近之。据序称元和师，盖朱骏声之门人也。

0764 论语校议一卷孟子校异四卷抄本

清姚凯元撰。凯元字雪子，浙江湖州人。是书《论语》止存卷三，从《先进篇》起至《卫灵公篇》止，当缺卷一、二及卷四。《孟子》四卷不缺。是书与翟氏《考异》，互有详略。即同据一书而详略亦有不同，可以互证。至所引近及李赓芸、段玉裁、钱坫、武亿、薛传均、朱彬、雷浚、徐养原、陈倬诸书，为翟氏所不及见，宜乎详于翟氏矣。其为翟氏所不及者，尤在究假借通用之例。如“铿尔舍瑟而作”，《玉篇》引“铿”作“摼”，《说文》无“铿”篆。段玉裁谓“铿尔”当为“硻尔”，作“摼”者，同音相假也。“异乎三子者之撰”，郑“撰”作“僎”。《说文》：“僎，具也。”义合，古亦通用。“咏而归”，郑“归”作“馈”，与古论同。《鲁论》作“归”，归、馈音同，古通用。棘子成曰：《汉书·古今人表》“棘”作“革”，《三国志·秦宓传》亦引作革子成。《诗·文王有声》云“匪棘其欲”，《礼器》引作“匪其犹革”亦急也，革、棘字异而音义并同。“硁硁然”，今读“硁”如“铿”，《说文》“磬”古文作“硜”，是硁、磬同物。“子贡方人”，郑“方”作“谤”，“方”与“旁”通，古或与“方”通借。“颁白者不负戴于道路矣”，《说文》：“䰉，须发半白也，从须卑声。”段注云：“此《孟子》颁白文正字也。”按《广韵》“二十六桓”：“鬖鬆头曲发为之不成髻也”。“二十七删”：“鬆，发半白”，此必《孟子古训》有作鬆者。鬆斑同声。“鬆”正字，“颁”假借字。“狗彘食人食而不知检”，《汉书·食货志》引“检”作“敛”，《隶续》载成皋令任伯嗣碑奸轨检手，检即敛。检、敛为通用字。“放辟邪侈”，《十三经注疏》“侈”《音义》云丁作“移”，按《考工记》“皃氏侈弇之所由兴”，注故书“侈”音移。又《仪礼·少牢篇》：侈袂。《礼记》：衣服以移之。是移为侈之假借字。“是罔民也”，《十三经注疏》各本同。《音义》：罔民丁作司民。按丁本司当读为伺，司、伺古通用。“举疾首蹙额而相告曰”，《吕氏春秋·遇合篇》：“文王嗜菖蒲菹，孔子闻而服之，缩额而食之。”《仪礼》

乡饮酒礼注：古文“缩”与“蹙”通用。按此诸条，翟氏未及遍举，即举之，亦不过以为异文或误字而已。他所援据优于翟氏者尚多。书未刊板，流传者止抄本耳。

0765 大学质语一卷中庸质语一卷石印本

清胡德纯撰。德纯字敬一，直隶大兴人。以授徒为业，顺天府尹陈彝尝以“敦行励俗”旌其门。是书以俗话达义理，于经文及朱子《章句》俱添旁注。又于每节、每章之后，发挥其旨。虽未尽能曲当圣贤之意，然施之童蒙，较易了解。以言之无文，故题曰《质语》。《大学》、《中庸》卷首各有自序，《大学》序后又有读《大学法》、《读朱子章句法》。语虽平凡，亦从用力中来也。《大学》序题“光绪丙戌”，《中庸》序题“光绪戊戌”，相距十二年矣。

0766 四书劄记二卷新铅印本

清姚惟寅撰。惟寅，随州人。首有叙论，谓“圣人之道，一晦于考据家，再晦于理学家。晚近竞尚新学，则概斥为空言。不知空言中，自寓实理。举而措之，莫非实事”云云。书分二卷，为目六十，为条八十，然棼而无纪。首章《大学》格致补，言“朱子取程子之意，补《大学》格物，但止格得半中之半。因程子不问家之为何如家，国之为何如国，天下之为何如天下，而欲以正心诚意包举之。验以家国天下之实事，多不相符”云云。亦是快论。余篇大率空衍，无精义。书亦无刊板年月。

0767 四书过庭录十九卷旧抄本

题亹亹斋口授，白敏树述，兰陵庄捷月采氏参订。所称亹亹斋者，不知其名，又不具籍贯，无可考。书亦无序例。《论语》十卷、《大学》一卷、《中庸》一卷、《孟子》七卷。大抵就朱《注》而敷衍其义，尚不涉讲章习套。惟于朱注之明误者，不敢匡正，反为曲解。如朱注解“明德”曰：“虚灵不昧，以具众理而应万事。”其解“心”亦曰：“虚灵不昧，以具众理而应万事。”然则明德即心也，下文何以又言正心。讲者亦知其不可通，乃强谓明德即人心之本体，非别有一物，谬矣。又朱注解“思无邪”曰：凡诗之言善者，可以感发人之善心，恶者可以惩创人之逸志。所云恶者殆指淫诗，淫即邪也。诗既淫矣，那得无邪？然注犹泛言《诗》也。讲者更就删诗为说，诚思此等不好底诗，尚且不删，则夫子所删者何诗？盖尊朱之过，往往至于如此，固不止是书然也。

0768 大学中庸演义 ［民国刊本］

廖平撰。平以《大学》为皇帝之学，专在治平。乃以修身为本，不过推修齐以比平治。旧说之误，在以皇帝为入德之门，成人之学。宋人之言格致，乃方名物理多识之事，与《大学》宗旨相去霄壤。《大学》之条目以此篇四传为主，言平天下而不言修齐，几于无本。故借身家以寓国与天下之理，齐家传与平天下相通，修身传与治国相通。又以“知止而后有定”五句，分为圣人、至人、化人、神人、真人五等次序。以“古之欲明明德于天下者”八句，为《大学》四传。而删“欲正其心者先诚其意”九字，及“意诚而后心正”六字，俱谓为后儒所加，以相连缀。又“知至而后意诚”下，删“意诚而后心正”六字。又谓“诚意”章，古本在经后为《中庸》至诚说，朱子乃移与修身传相接。经文诚为天学，正乃人学，初基不相连。他若训诂字句，尤与旧说绝异。如谓“小人为王伯”以下，闲居为攘据国土，自私自大为不善，为功利富强，刑名法术之类，无一不新，无一不创，而又非全无所据。后附大中引《书》、《诗》为人、天学说界划表，其意以引《书》为人学，引《诗》为天学，以证《大学》为人学，而《中庸》全为天学。盖平素治今文家言。又略窥泰西新说，故拉杂附会，以成此书。治经者视为旁门别道可也。自记为丙辰四月作，盖民国五年也。

文字音义之属

0769 孟子丁氏手音一卷 ［玉函山房辑佚书本］

唐丁公著撰。公著字平子，苏州吴人。官至太常，赠尚书右仆射。《唐书》有传。按丁氏《孟子手音》，旧、新《志》俱不著录，公著本传但言著《太子诸王训》十篇，而不及此书。《宋史·艺文志》载丁公著《孟子手音》一卷，是宋代仍有其书，不知佚于何时。孙奭《孟子音义》，载其说甚备。又宋刘攽《孟子外书注》，亦引及之。惟丁书与《音义》时有异同。《音义》与伪孙疏所引亦间有详略，其内古义仅存，足证他本之讹者。如“然后收其田里”句，注云：“田，菜也。”菜，谓菜地，菜之言采也，故《礼》曰：“大夫有采，以处其子孙。”而注疏闽本、监本、毛本，并作“乃收其田里”。田，业也；里，居也。廖莹中本、韩岱云本，作“乃收其田菜及里居也”。孔继涵本、日本山井鼎考文古本，并作“乃收其田莱及里居也”。足利本作“乃收其田里田莱及里居”。孙氏《音义》出田菜，引丁作采地释。是古本作“菜”，讹为“莱”业耳。按孙氏序称丁氏稍识指归，讹谬时有。今观所引考证多当，堪与赵注相发明。盖经过删芟，渣滓去而精华存矣。是本为马国翰所辑，共一百八十余条，裒然巨帙。唐人经说传世者希，当与孙奭《音义》为骖靳焉。

0770 孟子音义一卷 ［玉函山房刊本］

唐张镒撰。镒字季权，一字公度，苏州人，官至中书侍郎，平章事，凤翔陇右节度使，赠太子太傅。新、旧《唐书》俱有传。《新唐书·艺文志》有镒《孟子音义》三卷，《旧书》虽未载而《传》中有之，卷数同。朱彝尊《经义考》云"《唐志》三卷"，盖朱氏之误也。《宋史·艺文志》载《孟子音义》三卷，张谥撰，"谥"盖"镒"之讹字。此书佚于宋后，惟孙奭《孟子音义》颇收之。其孟子题辞一条，并见于《正义》。马国翰辑成一卷将近百条，朱氏《经义考》有"子哙燕易王子"一条，而孙氏《音义》无之，当系误收。孙奭《正义序》讥其徒分章句，漏略颇多。可想见其书之大概矣。

0771 孟子音义考证二卷 续经解刊本

宋孙奭撰，清蒋仁荣考证。仁荣字杉亭，浙江海宁人。是书就奭所为《音义》，为之校证。博考诸本，且采近儒之说甚备。于翟灏、周广业二书采取尤多，间有驳正。尝受经于陈奂，亦屡引其师说，时亦自出己见。中如"数罟"条，谓"网也"二字，当在"音"之下。"沮"条，谓"沮"当读"阻"，不得各随字读，正原书之非。"夫恶"条，注疏本脱"夫"字。"死邪"条，注疏本作"死也"，订注疏本之讹脱。"悻悻"条，谓"悻悻"当作"硁硁"，斥赵注之乖。至若因梁惠王之名，而辨《史记》多疏。因太子发之事，而疑《泰誓》之非伪。则又不仅为宣公作注脚矣。

0772 孟子音义二卷附札记一卷 光绪四川刊本

宋孙奭撰，清缪荃孙校。荃孙字筱珊，光绪进士，官翰林院编修。按《孟子音义》，有徐乾学通志堂刊本、黄丕烈士礼居刊本，皆覆宋本也。又有孔继涵微波榭刊本、卢文弨抱经堂刊本、韩岱云本，俱有校订。阮元《孟子校勘记》，盖取孔、卢、韩本以校徐本，删讹订阙，尤为精善。是本为四川总督吴棠所刊，荃孙取阮氏所订卢本之讹者，参以己见，刊附于后。各本异同，咸具记中。诚读是书者之最佳本也。

0773 孟子字义疏证三卷［嘉庆微波榭刊本］

清戴震撰。按段玉裁作震《年谱》，言震著《原善》三篇、《论性》二篇既成，又以宋儒言性理、言道、言才、言诚、言明、言权、言仁义礼智、言智仁勇，皆非六经、孔、孟之言，而以异学之旨糅之，故就《孟子》字义开示。又玉裁《答程易田书》，称震自述生平著述之大，以《孟子字义疏证》为第一。此正人心之要，今人无论正邪，尽以意见名之曰理而祸斯民，故《疏证》不得不作。而是书震自序，极言孟子辩杨墨，后人习闻杨、墨、老、庄、佛之言，且以其言汩乱孟子之言。是又后乎孟子者之不可已也。盖宋儒谈理，每不免杂以二氏之说。所谓阳儒阴释之学，圣道几为之乱。是书大旨借理学以攻理学，而读书必先识字，孟子愿学孔子者也。乃条举其字义，一一为之疏通证明焉。凡理十五条，天道四条，性九条，才三条，道四条，仁义礼智二条，诚二条，权二条，意在发明孔孟真谛，以匡正宋儒之谬。然圣人立言多半因规时起见，言之者本无弊，而不能必行之者之无弊。孟子即有"不以文害词，不以词害志"二语。微特程朱之言，为孔孟所未言也。即孔孟之言性言命言仁义，尧舜亦何尝言之？而子思以为祖述尧舜者，又何说耶？而为宋儒辨护者，又操矛以陷盾，遂致说愈棼而不可理矣。书为微波榭刊本，无年月，当在嘉庆初。

0774 四书集注缓读辨一卷 心简书屋刊本

清于光华录。是书专就读《四书集注》说法，大旨以每章总注及说性理处，概不可缓。章内前后节脉络贯通，或前后章相承照应者，并宜细玩，不得随手点画，遗前忽后，抹煞先贤苦心。所辨凡二十四节，体会虽细，但俱无关紧要。盖其时蒙塾以《集注》与圣经同读，而《集注》反若重于圣经，故于读法亦详究及之。亦适形其陋而已。

0775 文照堂四书字音辨一卷心简书屋刊本

清于光华录。是书以“四书”白文朱子未注音声者，坊本每为妄增，如“在邦必闻”之“闻”，增“音去声”；“庶民去”之“去”，增“音去声”；“使养其老”之“养”，增“音去声”之类。多有舛讹，因作此正之。字辨音释，俱遵《字典》。若绪、序、犯、范、受、渐等字，《正字通》皆读去声，而《字典》及他韵书则读上声。光华以为《正字通》虽非无稽，究以《字典》为正。而《字典》所有，则不复核其是非矣。书中于朱子已注音者，俱不复载。所补凡四百五十五字云。

0776 四书正体校定字音［道光刊本］

不署撰人名氏。首有道光壬午闰三月榕荫堂主人宜亭氏序，是书即其所刊也。序称持节吴下，来典尚衣，公余无俚，率以课子为事。适友人汪君节安有家藏《四书正体校定字音》一书，逐字音切，无复无遗。且笔墨悉照《洪武正韵》，无鲁鱼亥豕之误。遍询坊间，原板竟不可考。因重为剞劂，以广其传云云。据此则板属重梓，而书为何人所撰，板为何时所雕，竟付阙如。按此书颇近浅陋，然取便初学，亦不可少云。

0777 里如堂四书字体辨一卷心简书屋刊本

清于光华录。是卷专为试场认清题字，免犯规例起见，因就里如堂坊本所辨四书白文中字体，摘录若干，俱依《字典》校正。注明可从不可从，其有不尽载者，亦可依类而得。与通行《临文便览》诸书略同，惟楷书已渐失古意。所云点画无讹者，仍多俗体，不过习非成是而已。在科举罢废日，此类书不值一顾矣。

0778 四书字迹核一卷心简书屋刊本

清陈瑶宾录。是书专究字迹，虽属无关紧要，而默识者每多混淆，亦场屋中不可不知也。如“后”勿误“後”，“壹”勿误“一”，“揜”勿误“掩”。又如“期”之与“朞”，“饑”之与“饥”，不可互易。又如“唯”即“惟”也，而《孟子》七篇无“唯”字。以“兄弟”之“弟”，为“孝弟”之“弟”，四书所同也，而《上孟》特有四“悌”字。以“知识”之“知”，为“仁知”之“知”，亦四书所同也，而《孟子》前五篇俱从日作智，后二篇又“知”、“智”杂出。凡此之类，俱宜切认于读书之时，庶不错用于临文之顷也。

0779 四书虚字讲义一卷［同治十年刊本］

清丁守存撰。守存字心斋，山东日照人，嘉庆进士，官至广西布政使。是书首有何国琛序。大旨取四书中虚字七十五，先引《尔雅》、《说文》、《玉篇》、《广韵》诸书，释其音义。继就行文之委曲变化，推阐其所用，而书中之精神脉理亦因之而畅达。守存本工制艺，是书盖为课举业而作。同时潘维城著《虚字韵薮》，每一字下罗列类典，虚者实之，藉供律赋家之采猎。此则以虚导虚，所用不同故也。然虚字亦为训诂所重。是书补小学家所未言，详笺解家所未备。治四书及诗文法者亦宜有所资也。书刊于同治十年辛未。

0780 四书字义说略二卷［嘉庆丁卯刊本］

清朱曾武撰。曾武字蒨圃，山东济南人。是书详论字义，有论单字者，如论“学”字、论“天”字之类。有论双字者，如论“君子”、论“鬼神”之类。又有论四字者，如论“致知格物”、论“恻隐之心”之类。至于虚字，如“之”字、“其”字、“焉”字、“者”字、“而”字、“也”字、“是故”字、“然则”字、“然而”字、

“然”字等，以及字义音节亦俱论及之，尤赅备者。为论省字之法，省义之法，虚读实读之法，加字读之法，平读仄读之法，为书二卷，只如二篇，不分段落。大率以《集注》为主，旁及诸家讲义，会而通之，颇有条理。亦治四子书者所不可废也。卷首有张其修序，称其贯穿分明，阐先圣贤未言之意，而无所于格。书刊于嘉庆丁卯。

0781 四书朱子集注古义笺六卷［日本印本］

清李滋然撰。滋然字命三，四川长寿人，光绪甲辰进士，官广东新会知县。罢官后随出日本大臣李家驹为学务专员，是书即在日本时所印行也。按朱子注“四书”，于《大学》一篇，分别经传，改易旧次。《中庸》亦不从郑注分节，故称《章句》。《论语》、《孟子》则称《集注》。其实皆荟萃诸家之说，与何晏之《论语集解》无异。所异者晏所集限于八家，其注各标以姓，朱子则所集较广，自汉儒正注，以至经子古谊，罔不甄采，而选择折衷，至为精审。惟所引诸家之说，有标名者，有不标者。不知者遂疑其多出杜撰，此大谬也。是书首有滋然自序及凡例。凡朱注与古注同者，先列经文，次列朱注，次列古注，而以己意为之笺。今观所列有直用古注者，有用其义而变其文者，有参引异说者，有融会众说而成者。其中如《论语》“瑚琏”一条，与“明堂位”不合。《孟子》“曹交”一注，与《春秋传》不合。“夫子之墙数仞”，注“七尺曰仞”。“掘井九仞”注：“八尺曰仞”。论者或疵其与经传相背，或讥其自相矛盾。不知“瑚琏”及“七尺曰仞”，皆包咸注。“曹交”及“八尺曰仞”，皆赵岐注。《论语》、《孟子》本各自成书，各存师说，不足异也。滋然所笺，如“夏时殷辂周冕”、“贡助彻”、“九一”诸条，俱足补朱子所未及。惟“故为政在人”一条，朱子引《家语》，亦是古训。而滋然必以《家语》出王肃伪撰，又以剿袭郑说附会之，未免多一转折。而“申枨”一条，又添出公伯僚以攻《家语》，愈显支离。所谓借他人酒杯消自己块垒，夫亦可以不必矣。

纬之属

0782 四书纬四卷 [道光丙申刊本]

清常增撰。增，江苏泰州人，拔贡生。增端介，里居授徒，两江总督陶澍屏从造门，始得一见。欲延致幕府，坚却之。所著有《仪礼琐辨》及是书。是书首有自序，言郑夹漈注《尔雅》，谓“名物为经，义理为纬。名物应释，义理不应释。余幼喜读濂洛诸书，私幸闻道最早，故于夹漈所谓纬者，余则视之为经。夹漈所谓经者，余则视之为纬”。此是书之所由名也。其书考据居多，言制度者，如屋漏奥灶主皮沟洫五亩之宅诸条。考名物者，如鸢蒲卢撮卷九百稯蓧诸条。辨地理者，如“邦畿”、“淇澳”、“仪”、“汶上”、“水浒”诸条。俱极详核。他有关经义者，如“作亲民”，谓古训“亲”本作“亲”解，程子始云当作“新”，仍是未敢遽定之词，不当从。“壹”是谓古本“壹”作“一”，近人从《说文》训“一”为“专”。则晏子“琴瑟专一”及《中庸》之“壹戎衣”，皆不成语。“菉竹”谓《诗》本作“绿”，即所谓淇园之竹。孔疏析为二，菉为王刍，竹为扁竹，非是。谓“能养”，谓养指三牲之养，犬马从三牲类，古皆可食，后人不详养字之义，遂至误解。“而后从之”，谓仍主行言，盖励行于无尽意。“绘事后素”，谓古注不特误解后素，以素为后，并误解礼。朱子断章取义，不为误。“二嫂使治朕棲”，谓“棲”为“妻”字之讹。欲二嫂治己妻，如姑之教妇。“棲”谓之床，出《广雅》，古不名床曰棲也。此类极有意理。书刊于道光丙申。

孝经类

传说之属

0783 孝经传一卷［玉函山房刊本］

周魏文侯撰。《史记·魏世家》云："桓子之孙曰文侯都。"司马贞《索隐》曰：系本［云］桓子生文侯斯。两书系代不同，名又不同，而同称文侯，固一人也。文侯事迹具《魏世家》，其著《孝经传》，《汉志》无明文。《志》有《杂传》四篇，或在其中耶？隋、唐《志》亦不载，不知佚于何时。惟《后汉书·祭祀志》刘昭补注引之，又《通典》、《旧唐书》、颜师古议亦引之。贾思勰《齐民要术》引"民春以力耕，夏以镃耘，秋以收敛"三句，而不著经句。朱彝尊《经义考》云："当是《孝经》。因天之道分地之利，德也。"余萧客《古经解钩沉》因取属"因天之道"下。然《淮南子·人间训》载：解扁为东封上计而入三倍，有司请赏之。文侯曰："吾土地非益广也，人民非益众也，入何以三倍？"对曰："以冬伐木而积之，于春浮之河而鬻之。"文侯曰："民春以力耕，夏以强耘，秋以收敛。冬闲无事，以伐林而积之。负轭而浮之河，是用民力不得休息也。民以敝矣"云云。即此三句所出，显非注语。按《汉志》儒家有《魏文侯》六篇，《淮南》所引，必出彼书中。然既是文侯之语即据为解经之传，不为赝造。文侯尝受业于子夏，其为说必得尼山之真传。且传《孝经》者，亦莫古于此。虽只鳞片羽，胡可听其湮晦也。书为马国翰辑，刊于《玉函山房辑佚书》中。

0784 孝经长孙氏说附考一卷玉函山房本

汉长孙氏撰，清马国翰辑。长孙氏名字爵里，俱不可考。《汉书·艺文志》:《孝经》一篇十八章，长孙氏、江氏、后氏、翼氏四家。又《长孙氏说》二篇，盖汉初首传《孝经》者也。长孙所传为今文，据《隋书·经籍志》“长孙有《闺门》一章”，是《闺门》章不惟古文有之也。其说隋、唐《志》不著录，不知佚于何时，亦无单文剩句可辑。国翰仅从孔安国古文中录存《闺门》章二十二字，并引汉、隋二《志》及孙本《古文孝经说疑》一则，附于其后焉。

0785 孝经后氏说一卷《玉函山房辑佚书》本

汉后苍撰，清马国翰辑。《汉书·儒林传》:“苍字近君，东海郯人，通《诗》、《礼》，为博士，至少府”。又《艺文志》:《孝经》十一家，有《后氏说》一篇。邢昺《正义》曰:“《孝经》遭秦坑焚之后，为河间颜芝所藏。初除挟书之律，芝子贞始出之。长孙氏及江翁、后苍、翼奉、张禹等所说皆十八章。及鲁恭王坏孔子宅，得古文二十二章，孔安国作传。刘向校经籍，比量二本，除其烦惑以十八章为定，而不列名。”据此则苍所说《今文孝经》也。隋、唐《志》俱不著录，佚已久矣。考《汉书·匡衡传》上疏称引《孝经》，而《苍传》云:“授翼奉、萧望之、匡衡。”则衡乃苍之弟子也。汉人说经守师法，则衡说即苍说也。其引经文颇不同今本，如引《大雅》曰:“无念尔祖，聿修厥德。”今本“曰”作“云”。又引“德义可尊，容止可观，进退可度，以临其民。是以其民畏而爱之，则而象之。”今本“德义可尊”下有“作事可法”一句，而《疏》无之。是又考异者之所资也。书为马国翰辑本，刊于《玉函山房辑佚书》中。

0786 孝经安昌侯说一卷［《玉函山房辑佚书》本］

汉张禹撰，清马国翰辑。禹字子文，河内轵人，官至丞相，封安昌侯。事迹具《汉书》本传。《汉·艺文志》：《孝经》十一家，有《安昌侯说》一篇。隋、唐《志》俱不著录，佚已久矣。邢昺《正义》引刘瓛述张禹之义，止一节。其他有但称旧说者，国翰亦附入之。以为《汉志》、《孝经》以说名者，禹之外有长孙氏、江氏、后氏、翼氏。禹之义既见于刘瓛所引，则其佚说在六朝时尚存。《正义》取裁齐梁诸疏，故得据而述之。按刘瓛所引，明指张禹，则称旧说而未指名者，似难一例。惟《正义》引“郑曰诸家”一条，统称诸家，内自有禹。此则不嫌硬断耳。书为《玉函山房辑佚书》本。

0787 孝经郑注一卷

《隋书·经籍志》：“《孝经》一卷，郑氏注。”总论称相传或云郑玄，其立义与玄所注余书不同，故疑之。《释文》亦称世所行郑注，相承以为郑玄。按郑志及《中经簿》无，惟中朝穆帝集讲《孝经》，云以郑玄为主。检《孝经注》与康成注五经不同，未详是非。迨唐时刘知几又立十二验以非郑。按宋均《孝经纬注》，引郑《六艺论》序《孝经》云：“玄又为之注。”《大唐新语》引郑《孝经序》云：“仆避难于南城山，栖迟岩谷之下。念昔先人余暇，述夫子之志而注《孝经》。”又均《春秋纬注》云：“为《〈春秋〉、〈孝经〉略说》。”皆当日作注之证。又按《郊特牲正义》引王肃难郑云：“《孝经》注云：社后土也，句龙为后土。”郑既云社后土，则句龙也。郑自相违反，此王肃所难。是郑康成注明矣。①自唐玄宗《御注》行世，郑注与孔传俱微，渐至于佚。宋太宗时日本国僧奝然献郑注《孝经》于朝。（按周显德中，新罗献别序《孝经》，即郑注也。而《崇文总目》以为咸平中日本

---

① 以上“按”，底稿勾勒不清，故置于此。

国僧奝然所献，未详孰是。）乾道中熊复重为刻行，今亦不传。是本为日本冈田挺之从《群书治要》辑出，首有挺之序，题宽政六年癸丑，即乾隆五十八年也。钱侗从贾舶得而刻之，亦有序。略言此本与《经典释文》、《孝经正义》所述郑注大半皆合。初疑彼国稍知经学者抄撮而成，细读之，如《孝治章》以昔训古，见《公羊传疏》，“聘问天子无恙”诸语，见《太平御览》；《圣治章》“上帝者天之别名”也，见《南齐书·礼志》暨《困学纪闻》。俱《释文》、《正义》所未引，而此本秩然具载，恐非作伪者所能出云云。然焦里堂有《勘倭本郑注孝经议》，谓可疑者十二。刘寿曾亦沿其说，指是伪书。按《治要》所载，或经删削，而唐以前古本流传非一，传写多讹，似未可执一以驳一也。日本原刻经注，字句之旁多有点乙，殆为便蒙诵而设，侗亦摩而存之。挺之字新川，日本尾张人。钱侗字同人，江苏嘉定人，诸生。书刊于嘉庆七年壬戌。

0788 孝经郑注一卷

清严可均辑。可均字铁桥，浙江乌程人。嘉庆五年举人，官建德教谕。可均成是书，盖从日本得魏征《群书治要》，又证之冈田挺之所辑《孝经郑注》与《治要》同。惟《治要》仅有《孝经》十七章，缺《丧亲》章，于经注又有删节。可均于是遍搜孔颖达诗、《礼记正义》，贾公彦《仪礼》、《周礼疏》，佚名《公羊疏》，裴骃《史记集解》，刘昭《续汉志注补》，沈约《宋书》，萧子显《齐书》，刘肃《大唐新语》，王溥《唐会要》，甄鸾《五经算术》，虞世南原本《北堂书抄》，李善《文选注》，徐坚《初学记》，释慧苑《华严音义》，《白孔六帖》，李昉《太平御览》，乐史《太平寰宇记》，王应麟《玉海》所引《孝经郑氏注》，汇而录之，以补《治要》之缺。注明出处，间加按语。惟尚阙数十百字，以为无从校补。其与《治要》异者，《治要》无章名，可均据《释文》补之，且引《天子章》注云：“书录王事，故证天子之章。”以为郑注见章名之证。愚按首章郑注云：“方始发章以正为始。”亦其一证，则可均说是也。其书博于洪颐煊，而精审似不及臧庸。如《庶人章》用天之道，据《治要》及余萧客所见影宋蜀大字本，改“用”为“因”。按魏文侯《逸传》，“用”亦作“因”。可均未引及此，自可备一说。其下两云孝无始终，以为无当作有，其作无者，系晋时传写承误，则嫌于臆断矣。“周公郊祀后稷”一条，据《仪礼》、《经传通解续》引郑注，“周为木德”下有“以后稷配苍龙精也”八字，可均亦漏未及。“在丑不争”一条注云“忿争为丑”。按今本《治要》无此句，未审冈田何据。可均断为《治要》原本如此，尚待证明。是书有可均前后二序，后序引郑自序及郑注“法服”、“五刑”以证《注》确为康成所作，其说甚辨。书为《四录堂汇集》之一，向有传抄本，光绪间章氏式训堂为之刊行。

0789 孝经郑注一卷 《汉魏遗书》本

汉郑玄注，清王谟辑。首有序录。所辑凡《释文》五十八条、《正义》三十二条、《毛诗疏》一条、《礼记疏》一条、《公羊疏》一条、《史记注》一条、《后汉书注》一条、《文选注》一条、《初学记》一条、《北堂书钞》五条、《通典》一条，搜采殊未备，且多讹误。即如首页，“曾子侍之”下引《释文》“卑在尊者之侧曰侍”八字，按此陆氏本《注》也，安可混入郑注？然朱彝尊《经义考》已误于前矣。按郑注辑本，以袁钧、孔广林为最先。而二书并晚出，谟未得见。若洪、臧、严、丁诸本，则又在其后，宜不免于疏陋也。

0790 孝经郑氏注一卷 《郑氏佚书》本

汉郑玄注，清袁钧辑。首辨郑注不伪。引王肃难郑，引郑《孝经注》云：“后稷土也，句龙为后土。”足以订邢昺之疏。所采诸书，大致赅备。各条下每附考证，如“夫孝始于事亲”三句注引邢《疏》，而别补以“行步不逮悬车”六字。“甫刑云”注引《春秋》有吕国而无甫侯，见《礼记·缁衣疏》引作《孝经序》，但序文不得为此语，断“序”乃“注”字之讹。“然后能保其社稷”注引“后稷土也，句龙为后土”见《礼记·郊特牲疏》，谓“稷”是“社”字之讹，且当与“土”字倒换。“先之以敬让而民不争”注，补“上好礼”三字。“治家者不敢失于臣妾”注引“诸侯称国大夫称家”，见《春官典命疏》，止称《孝经》，《孝经》下当脱“注”字。其他推测文义，以为应有之字，不敢径补，则以空格记之，而详其说于下。所见多是。其间或有异文，亦附著之。异夫徒辑成文而不知辨别者。

0791 郑氏孝经解一卷《高密遗书》本

汉郑玄撰，清黄奭辑。以《释文》、《正义》为主，旁采群书，中引冈田本最多。冈田即日本冈田挺之，首据《群书治要》以辑郑注者也。《治要》为冈田本所自出，宜称原书，不得漫称冈田本。冈田辑本传至我国，则有洪颐煊、臧镛堂诸本。日本东条弘又取洪、臧二本而订之补之，最为精博，惜奭未得见之也。书中未提及洪、臧二本，而所辑各条多与之同，岂不谋而合耶？抑有意讳之耶？

0792 孝经王氏解一卷［咸丰刊《玉函山房辑佚书》本］

魏王肃撰。《隋志》载：“《孝经》一卷，王肃解。”《唐志》作“王肃注一卷。”不知佚于何时。而胡三省《通鉴音注》引及之，是南宋时尚存矣。今散见诸书可考者，《释文》引一条、《正义》引六条、唐明皇《御注》引十三条、《史记·封禅书》裴骃《集解》引一条、胡三省《通鉴音注》卷三十六引一条。按肃好攻郑学，诸书所引，不见有难郑之语。当是为唐明皇《御注》所汰。其解“孝无终始而患不及”，引《苍颉篇》以患为祸，与孔、郑义合。知此义至确当，虽好异如肃亦无以易之也。国翰辑集诸条为一卷十四章。“居家理，故治可移于官”，《正义》曰：“先儒以为‘居家理’下阙一‘故’字，《御注》加之。”国翰据此以唐以前皆阙“故”字，肃注亦应同。又增补一条。书刊于咸丰间《玉函山房辑佚书》本。

0793 孝经解赞一卷玉函山房本

吴韦昭撰，清马国翰辑。按《隋志》："《孝经解赞》一卷，韦昭撰。"《唐志》同。玄宗《御注》两引其说，《正义》亦多引之。朱子《仪礼》、《经传通解》，引郑玄以祭法有"周人禘喾"之文，谓变郊为感生之帝，谓东方青帝云云。韦昭所著亦符此说。此节《正义》未引。按即昭之《孝经》说也，书久佚，国翰辑得一卷，并谓据其诸说并诂义切实，与郑康成笺《诗》相似。至"郊祀后稷以配天"，全用郑义。书名《解赞》，所赞或是郑解，姑备一说。书为《玉函山房辑佚书》之一种。

0794 集解孝经一卷［《玉函山房辑佚书》本］

晋谢万撰，清马国翰辑。万字万石，陈国阳夏人。官至散骑常侍，安之弟也。事迹见《晋书》本传。《隋·经籍志》："《集解孝经》一卷，谢万集。"《唐志》则谢万注，不云集解，卷同。邢昺《正义》引四节，国翰又据第十四章"居家理，治可移于官"，《正义》曰"先儒以为'居家理'下阙一'故'字，《御注》加之"。第十五章"昔者天子有争臣七人"，《正义》曰："按孔、郑二注及先儒所传，并引《礼记·文王世子》以解七人之义。"所云"先儒"，万当在内，因增入二条。又第十一章子曰："五刑之属三千，而罪莫大于不孝。"《正义》引旧注及谢安、袁宏、王献之、殷仲文等说云："不孝之罪圣人恶之在三千条外。"但谢安注《孝经》，不见隋、唐《志》。国翰以为安与万系一家之学，附录于后。书为《玉函山房辑佚书》本。

0795 孝经殷氏注一卷［《玉函山房辑佚书》本］

晋殷仲文撰，清马国翰辑。仲文《晋书》有传，而字里缺如。《文选注》引檀道鸾《晋阳秋》云："仲文字仲文，陈郡人，官至东阳太守。”其事迹则详载本传。《隋·经籍志》:“孝经注一卷。”云梁有,又云亡,盖亡于隋矣。而《唐志》复见著录,则唐时又得之也。其书殆佚于唐后。邢昺《正义》引三节第十四章“居家理,故治可移于官”下,今注疏本有“故”字。《正义》曰:“先儒以为‘居家理’下阙一‘故’字。《御注》加之。”是唐以前本“故”字并阙,仲文注本亦应如是也。国翰据以增入一条,然国翰辑谢万注,于第十五章“昔者天子有争臣七人”,《正义》曰:“按孔、郑二注及先儒所传,并引《礼记·文王世子》以解七人之义。”按所云“先儒”者,当亦包仲文而言。则此条亦不可不增入也。书为《玉函山房辑佚书》本。

0796 齐永明诸王孝经讲义一卷 [《玉函山房辑佚书》本]

无撰人名氏。按《隋志》载:“齐永明三年《东宫讲》,永明中《诸王讲》及贺玚讲、议《孝经义疏》各一卷。”梁有而隋亡。按《南齐书·文惠太子传》:“永明三年,于崇正殿讲《孝经》,少傅王俭以摘句令周颙撰为《义疏》。五年冬,太子临国学,亲临策试诸生。”下载太子问王俭、张绪及竟陵王子良、临川王暎问答十四条。《传》言永明五年,与《隋志》所称永明中讲决为一事。国翰即据《齐书》辑成此卷。□子与诸王,一堂辨杂经义,于此仅见不可没也。书为《玉(玉)[函]山房辑佚[书]》本。

0797 齐永明诸王孝经讲义一卷 玉函山房本

《隋志》载:“齐永明三年《东宫讲》,永明中《诸王讲》及贺玚讲、议《孝经义疏》各一卷。”考《南齐书·文惠太子传》:“永明三年,于崇正殿讲《孝经》,少傅王俭摘句,令太仆周颙撰为《义疏》。五年冬,太子临国学,亲临策试诸生。”下载太子问王俭、张绪及竟陵王子良、临川王暎问答,凡十四节。《志》称永明中,与《传》称永明五年者,大抵相合。惟其书据《隋志》并云梁有又云亡,盖亡于隋也。故《唐志》即不著录。是卷乃马国翰从《南齐书·文惠太子传》抄出，并云太子以长年临学，与诸王一堂谘论，皆前代所未有。录列一家，东宫讲义大旨，亦于此见其略云。

0798 孝经刘氏说一卷玉函山房本

齐刘瓛撰，清马国翰辑。瓛有《周易乾坤义》、《毛诗序义》，俱已著录。其《孝经说》，隋、唐《志》皆不载，惟邢昺《正义》序称之，亦未详其卷数。国翰从《正义》辑得五条。其说仲尼居，述张禹之义，以为仲者中也，尼者和也。言孔子有中和之德，故曰仲尼。张禹遗说，赖此仅存。丁晏《孝经征文》取之，而国翰乃以为疵，何耶？

0799 孝经严氏注一卷玉函山房刊本

梁严植之撰，清马国翰辑。植之字孝源，秭归人。官至中抚记室参军，兼博士。事迹具《南史·儒林传》。《隋志》有梁五经博士严植之《孝经注》一卷，亡。史称植之习郑氏《礼》，其注《孝经》亦必以郑氏为宗。史又称馆在潮沟，生徒常百数，讲说有区段次第，析理分明。每登讲，五馆生毕至，听者千余人。今《礼说》不见著录，《孝经说》传而复佚。国翰从邢昺《正义》录得三条。又《正义》引见先儒之说二条，植之说自在其中，合成一卷。

0800 孝经义疏一卷［玉函山房辑本］

梁武帝撰。《梁书·武帝纪》："大同四年三月，侍中领国子博士萧子显上表，置制旨《孝经》助教一人，生十人，专通高祖所释《孝经》义。"《隋书·经籍志》载帝撰《孝经义疏》十八卷，新、旧《唐志》并同，当佚于唐以后，间见于邢昺《正义》所引。开首释"仲尼"二字，谓邱为聚，尼为和。创凿无理。明人辑《梁武帝集》

有《说明堂》一篇，虽非《义疏》之文，而明堂之义与《孝经》有关。马国翰就《正义》辑出，并录兹篇，不为无见。虽采掇无多，然实开唐明皇《御注》之先，不可没也。

0801 孝经皇氏义疏一卷

梁皇侃撰，清马国翰辑。侃所撰《孝经义疏》，《隋志》作三卷，《唐志》同。孙奭《序》讥其辞多纰缪，理昧精研。今见于邢昺《正义》所录，颇多精粹。如《士章第五》疏云："称保者，安镇也。守者，无逸也。社稷禄位是公，故言保。祭祀是私，故言守。士初得禄位，故两言之也。"《谏诤章第十五》疏云："慈者孜孜，爱者念惜，恭者貌多心少，敬者心多貌少。昔者天子有争臣七人，虽无道不失天下。《疏》云夫子述《孝经》之时，正当周乱衰之代，无此谏争之臣，故言昔者也。不言先王而言天子者，诸称先王皆指圣德之主，此言无道，所云不称先王也。"按《正义》所引共十八条，俱不见有若何纰缪，其殆披沙拣金乎？书已佚，国翰就《正义》辑录成一卷。咸丰间刊于《玉函山房辑佚书》中。

0802 古文孝经述义一卷 [咸丰《玉函山房辑佚书》本]

隋刘炫撰，清马国翰辑。《汉·艺文志》："《孝经古孔氏》一篇二十二章。"《隋·经籍志》云：《古文孝经》与古文《尚书》同出，有《闺门》一章，又有衍出三章，合为二十二章。孔安国为之传，梁代安国及郑氏二家并立国学，而安国之本亡于梁乱。至隋秘书监王劭于京师访得孔传，送至河间刘炫，炫因叙其得丧，述其议疏，讲于人间，渐闻朝廷。后遂著令，与郑氏并立。儒者喧喧，皆云炫自作之，非孔旧本。又《唐会要》载：刘知几议以《古文孝经》、孔传为开皇十四年秘书学士王孝逸于京师陈人处买得一本，送与著作郎王劭。劭以示河间刘炫，又云炫以所见率意刊改，因著《古文孝经稽疑》一篇。隋、唐《志》并载《述义》五卷，今佚。邢昺《正义》引之，其《稽疑》一篇附著《孝经序》，《正义》据辑为卷。炫此书以古《孝经·庶人章》分为二，《曾子敢问章》分为三，又多《闺门》一章。按《黄氏日抄》谓今文《三才章》“其政不严而治”与“先王见教之可以化民”通为一章，古文则分为二章。今文《圣治章第九》“其所因者本也”与“父子之道，天性”通为一章，古文则为二章。“不爱其亲而爱他人者”，古文又云为一章。又云《闺门》云云二十二字，今文全无之，而古文自为一章，《圣治》分三章，与炫之说正合。惟炫以《庶人章》分为二，而黄氏则谓《三才章》分为二，微有不同。至《闺门》一章，汉初长孙氏传今文即有之，其非炫伪撰又明甚。国翰就《正义》辑为一卷，咸丰间刊于《玉函山房辑佚书》本。

0803 孝经训注一卷 [咸丰刊《玉函山房辑佚书》本]

隋魏真己撰。邢昺《孝经序疏》以真己巨鹿人，作《孝经训注》。《唐志》有魏克己《注孝经》一卷，列在贾公彦下，当是一人。真己、克己，一字偶误耳。唐明皇《御注》引用其义凡十二节，《正义》皆标明魏注。国翰据以辑录成一卷。惟《庶人章》注“分别五土视其高下”八字，宋本作魏注，考《唐会要》司马贞议取此二语为郑注，与孔安国传所谓脱衣就功云云。较其优劣，则为郑注甚明，当是宋本之误。国翰不收，具见矜慎。又按王应麟云：明皇《序》谓韦昭、王肃先儒之领袖，虞翻、刘劭抑又次焉。刘炫明安国之本，陆澄讥康成之法。又谓特举六家之异同。六家者韦昭、王肃、虞翻、刘劭及孔、郑也。惟《经典序录》有孔、郑、王、刘、韦五家，而无虞翻。细检注疏，亦无依虞注、依刘注之文。而依用魏注，又出六家之外。国翰以为魏氏《训注》，或本仲翔孔才以立说，亦属无据，以之存疑可也。书刊于咸丰中，为《玉函山房辑佚书》之一种。

0804 御注孝经疏一卷玉函山房本

唐元行冲撰，清马国翰辑。按《唐书》玄宗自注《孝经》，诏行冲为疏。邢昺等撰《孝经正义》，谓取元行冲疏约而修之。于是元疏混入《正义》，不复可辨矣。按朱彝尊《经义考》于唐玄宗《孝经注》下云:《唐志》作《孝经制旨》。(即)《制旨》即明皇《御注》。考《正义》引《制旨》一条云:“君有过则思补益。”而《御注》则云:“君有过失则思补益。”多一“失”字。又《正义》别引《制旨》三节，与《注》不同而说特畅达，是则为疏文无疑矣。行冲奉诏作疏，其述注意，宜亦可称《制旨》。原疏《唐志》作二卷，《宋志》作三卷。久佚，国翰辑为一卷，刊于《玉函山房辑佚书》中。

0805 孝经集注衍义一卷注韩居刊本

是书题新安晦庵朱熹集注，门人敬义童伯羽衍义。考童伯羽，瓯宁人，师事朱子，朱子尝造访之，名其堂曰敬义。按朱子于《孝经》止有《刊误》行世，不曾作注，是本于《刊误》所削者皆具之。且《注》极浅略，断非朱子所为。又《闽书》记伯羽所著书，亦仅有《四书训解》一种，不及此书。尝见明成化刊《孝经大义》，其上方载伯羽说三条，一在“爱亲者不敢恶于人”节上，一在“曾子曰敢问圣人之德”上，一在“子曰孝子之丧亲也”节上。取校是本，前后二条，文句略同。中一条，是本独缺。大约伯羽原有《孝经说》，而书已佚。是本疑从采辑而成，而有所未尽。又伪造朱子《集注》置其前，不思其全无依据也。卷首弁以《孝经》全文，无序跋。

0806 朱文公定古文孝经注一卷［明翻刻宋本］

宋朱申注。申爵里事迹无可考，书亦无序例，与朱子《刊误》本又不尽同。《刊误》定为经一章，传十四章。是本从古文章次，每章之后别注今文，以为某章。惟《庶人章》古文本分为二，而是本仍从今文作一章。又《刊误》本章末所引诗书俱被删削，是本一仍其旧，惟于“聿修厥德”下注云：“凡添者皆是后人增加之文，晦庵之所删去，后皆仿此”云云。《天子章》及《庶人章》首，《刊误》本无“子曰”字，是本有之。《刊误》所定《传》十四章，是本次序与之全异，而同于古文。其异于古文者，则古文“乎”、“也”等助词，是本多去之。于古文“训”字每改作“顺”，古文“谊”字每改作“义”。“因天之道”、“因作用”、“因天之明”，“因”作“则”。盖又同于今文矣。申所注甚简略。书为明翻宋本，以与《刊误》本有别，宜并存之。

0807 校定今文孝经注一卷 ［大德癸卯张恒刊本］

元吴澄撰。卷首有考一篇，大旨谓是经真伪混淆，今文出于汉初，未必曾氏门人记录之旧。古文出隋世，证以许慎《说文》所引桓谭《新论》所言，皆不合，决非孔壁原文。又谓观朱子所论，虽今文亦不无可疑。今因朱子《刊误》本参校今文、古文，有不同者，定从所长云云。今观其书所谓经一章者，从《刊误》本，仍谓终于立身下，敷陈五孝。语辞体段各异，似非同出一时。诸侯、卿大夫、士三节，尤为繁复，疑有掇取附会。首句“闲居”，去“闲”字，从许慎《说文》所引也。次句去“坐”字，以与“居”字义重也。传分十二章，其章次与今文、古文及《刊误》本全异。章后各著其所以移易之故。凡《刊误》本所涂之字概删不存，即未涂之《闺门》章，亦并去之。另附所删原文于后，而申以说。卷后有澄自识，盖畀其子文受读者。言唐注宋疏及诸家解，其说虽详，其义有未明畅者，辑此训释谆切卑琐，取蒙稚易晓而已。又有门人河南张恒所作记，中述与澄问答之语，与本注可参证。盖澄之疑《孝经》，殆甚于朱子也。书即张恒所梓，是为大德癸卯。

0808 孝经集注附增删讲义一卷 [顺治十六年刊本]

是书题明天台陈选集注，书之上方别题宣城王期龄讲义，白下张惠春增删。按期龄字安又，余俱无考。陈选所注，循文敷义，亦甚详晰。《讲义》则仿《四子书讲义》而作。盖顺治间曾敕礼部颁行《孝经》，令士子肄习。科岁乡会，各命一题。期龄因之作此，惠春则增删而成定本耳。皆为举业计，无关要旨。卷首有期龄序，盖合忠经小学三书同刊，时顺治十六年己亥也。

0809 孝经引证一卷 [崇祯二年刊本]

明杨起元纂。是书杂采《小戴记》言孝者十余条，每条后引经以结之，所谓引证也。惟中间杂以张子《西铭》一条已属佛类。末一条云：佛言凡人事天地鬼神，莫若孝其二亲，二亲最神也。兰公曰：“孝至于天，日月为之明。孝至于地，日月为之生。孝至于民，王道为之成。”曾子曰：“夫孝置之而塞乎天地，溥之而横乎四海，施之后世而无朝夕。推而放之东海而准，推而放诸西海而准，推而放诸南海而准，推而放诸北海而准。”《经》曰：“孝弟之至，通乎神明，光乎四海，而无所不通。”援佛入儒，弥觉荒诞。按《明史》称起元学不讳禅，其以是欤？书刊于崇祯三年庚午。

0810 孝经迩言一卷 [万历刊本]

明虞淳熙撰。淳熙，河南陈留人。是书首有张位序及淳熙自序；次提纲，内列宗传图、全孝图、孝字释、全孝心法、传经始末、全经纲目；又次汇目为斋戒事亲之目、斋戒事君之目、斋戒事天地之目、五刑章之目。《迩言》用语录体，不滥征引，意取通俗。明万历刊本。

0811 从今文孝经说一卷 ［万历刊本］

明虞淳熙撰。是书征引诸书之言古文《孝经》者，而录所作驳语于其下，凡十六条。大旨拾司马贞之唾余，而征引稍广。然中挟成见，语多武断，未足以昭公久。犹郝敬、梅鷟辈之考古文《尚书》也。无序跋，刊于明万历间。

0812 孝经大全二十八卷孝经或问三卷附孝经翼一卷康熙二年刊本

明吕维祺撰。维祺字介孺，河南新安人。万历四十一年进士，官南京兵部尚书。罢职居洛阳，崇祯十四年闯贼犯洛阳，城陷被执，骂贼死。维祺事母至孝，一生精力用于《孝经》，尝上奏谓：臣所以效愚忠报恩遇者，惟一部《孝经》。又上表章《孝经八要》一疏。是书为康熙癸卯其子兆琳所刊，前有进表，称所撰《孝经本义》二卷、《大全》二十八卷、《或问》三卷。又有维祺自序，略言“愚既注《孝经本义》已，复概比诸家同异出入。孔传已亡，郑说无征，唐注浮谫，邢疏繁芜，涑水《指解》、紫阳《刊误》疑非定笔。他如董广川、程伊川、刘屏山、范蜀公、真西山、陆象山、钓沧子、宋景濂、罗近溪诸君子，亦各有所发明，而或鲜铨释。又如吴临川、董鄱阳、虞长孺、蔡宏甫、朱周翰、孙本、朱鸿诸家，或是古非今，分经列传，牵合附会，改易增减，亦失厥旨。乃捃摭群书，又四年成《大全》若干卷。业已缮写，为表上之。会以恩放归田，不果。深山之暇，重加笺订，而《孝经或问》成”云云。按是书原缺《本义》二卷，盖付刊时已失之。其书全仿《永乐大全》之例，故亦以《大全》为名。卷首为《孝经》节略，列旧说为纲，后附案语，大都叙述孝经流源及赞论之辞。卷一至十三为经文，仍分十八章，而删《开宗明义》诸章名。所为笺释，融会旧注而删取诸家说为之夹注。卷十四为“孔曾论孝”，卷十五为“曾子孝言”，卷十六为“曾子孝行”，卷十七为“曾子论赞”，卷十八至卷末为“表章通考”，分宸翰、入（入）

[告]、述文、纪事、识余五门。末附《孝经诗》十首。其《或问》三卷，设为问答，以畅笺、释未尽之说。按维祺之学，兼有程、朱、陆、王，冉觐祖《孝经详说》颇讥之。然综观其书，十三卷以上纯粹居多，十四卷以下搜罗亦备。《孝经翼》一卷，乃其弟维祜撰，亦所以辑录《大全》、《或问》之义也。维祜字泰石，选贡生，官乐平知县，城破殉难。时称吕氏二烈。一门忠节，重其人益重其书矣。

0813 孝经本义二卷道光刊《经苑》本

明吕维祺撰。是书成于《孝经大全》之先，据《大全》序称"视南庚之明年，食足人悦，鞅掌小暇，不揣狂僭，下键脱草，成《本义》若干卷。又四年，成《大全》若干卷"云云。考维祺于崇祯庚午四月升总督粮储南京户部右侍郎，其明年则崇祯四年辛未也。而维祺门人施化远等所撰《年谱》，于崇祯四年条下不载此事。于崇祯八年乙亥条下特书曰"正月，《孝经本义》成"。盖未考《大全》序，不知二书之成有先后，而误以成《大全》之年为成《本义》之年也。取《大全》相校，盖即就《本义》自为疏证，而冠以义例、羽翼、引证、姓名、节略等。又附以"孔曾论孝"、"曾子孝言"、"曾子孝行"、"曾子论赞"及"宸翰"、"入告"、"述文"、"纪事"、"识余"等。回视此草创之本，不啻已陈之刍狗。惟是本维祺自序，与《大全》之序全别。而序后同署崇祯戊寅月正元日，考戊寅为崇祯十一年。据《年谱》，维祺于是年正月复订《孝经本义》、《大全》，二序所系年月，或以此故。维祺复有《恭纪诗》四首，其三云："孔门洙泗总断断，传孝独于曾子云。自古人皆存至性，只今天未丧斯文。心疑见处还非我，手欲拈来说与君。毕竟通神光海诀，其中消息迥难闻。"其四云："心传消息问遗经，绝学诸儒见未曾。尧舜可为惟孝弟，孔曾相授只渊冰。幸留斯道微言在，合有明王应运兴。想像东周真事业，谁当执此答升恒。"按此二诗，以韵语阐著书之旨，当与二序同读也。

0814 孝经翼一卷道光刊《经苑》本

明吕维祜撰。维祜字吉孺，河南新安人，维祺之弟。曰“翼”者，羽翼维祺之说也。所说义多精切，如曰：“身，动物也，见异而迁，故曰立。道，定理也，待人而行，故曰行。行道所以立身也，故下文止曰终于立身。”又曰：“夫子分别五孝，于《天子》四章，用‘盖’字。于《庶人》章，用‘此’字。盖者审量之词，《天子》至《士》章，似非显言养亲者，实乃所以为孝，且其分量各自不同，故用盖字。此者直指之词，《庶人章》明言养父母之为孝，且其职分不过如此，故用此字。”又曰：“《卿大夫章》首节，先服而后言行。次节乃申言行而不及服，盖服最显著，而言行次之。但服易而言行难，故申言行而不及服。故末节总结之曰三者备。”又曰：“政教虽并言，而教则可以化民。故先之以博爱德义敬让礼乐好恶，以身教也。身先之教，是谓德教。斯民从之，不以身先之。虽训诲皆至，德仍是政耳，则民弗从。”又曰：“德义可尊，德义岂有不尊者。如不爱敬其亲，而爱敬他人，虽亦博爱敬之名，乃可鄙而不可尊也。”又曰：“将顺匡救，各二意。美初萌则将之，已形则顺之；恶初萌则匡之，已形则救之。”凡此诸义皆能融会经旨，补《大全》、《或问》所未及。盖维祜之学本传之于其兄，固亦深致力于《孝经》者也。

0815 孝经释疑一卷明刊本

明孙本撰。本字初阳，学行无可考。黄虞稷言本钱塘人，亦不详生何年代。是书设为问答体，一疑一释，以阐发其义，而破俗儒之惑。凡十八条，所见多当。自朱子作《刊误》，合七节为一章，疑所谓《孝经》者止此。其下则或者杂引传记以释经文，然曰疑曰或，朱子故非敢断以为是。故原本止于章下注云“此一节当为某章”，仍留古文旧编，未尝移易一字。后人因朱子之疑，辄为更置。谓某章释某句，某句释某字，不思若果杂引记传，则甚哉。“孝之大也”，曾子何所闻而发此叹？圣人之德无以加于孝乎？曾子又何闻而发此问乎？夫子尝言无征不信，故《表记》、《坊记》，节节皆引经语为证。《孝经》亦犹是也。后人以所引《诗》非《诗》本文，又不亲切，多删去，而仅存其四。不知古人引经多属断章取义，非可以本文律之。本经引《书》者一，引《诗》者十。如论孝之终始而引《诗》曰："无念尔祖，聿修厥德。"盖言孝亦修德，当以立身行道为重，不徒沾沾于身体发肤间也。论天子之孝而引《书》曰："一人有庆，兆民赖之。"可见孝感之机，系于天子，非诸侯以下可同。诸如此类，皆有奥义，岂徒亲切而已。又如"天经地义"、"进思尽忠"诸句，具见《左传》，有似蹈袭。惟今古文之出，并经刘向诸儒校定，原有此语，若云窜入，究出何代何人？盖丘明作《传》时《孝经》犹未行，必是采夫子之言以装缀其文。昌黎左氏浮夸之言，正谓此也。至如《闺门》一章，汉初长孙传今文即有之，载于《隋志》。按之文义，篇首论士之孝，言以孝事君则忠，以敬事长则顺。而此节又言忠移于君，顺移于长，则"君"、"长"二字不必指言矣。若"居家理，则治可移于官"，所谓家所谓官者，何所指耶？不释则不明。故曰"妻子臣妾，犹百姓徒役也"，妻子对百姓言，臣妾对徒役言。所谓徒役如《诗》云公徒，《易》云师徒，指百姓之役于官者耳。观于朱子他章不注，独注此章，而以为凡鄙浅陋可乎？本于此等俱能详为考释，诚不刊之论也。本笃信古文，以为隋所得古文与今文增减异同不过一二字，断非出刘炫伪造。五代之季，孔、郑二注皆亡，而经未尝亡。别撰有《古文孝经说》一卷。

0816 **孝经本赞一卷**方壶斋丛书本

明黄道周撰。道周有《孝经集传》，已著录。是编系从手迹录出，经十八章，章各一赞，末又重一赞，凡十九首。题崇祯辛巳仲冬书于白云库下。白云库者，刑部狱也，辛巳为崇祯十四年。考道周于崇祯十三年冬，以解学龙荐，牵连被逮入狱。至翌年十一月，谪戍辰阳。此题辛巳仲冬，盖即作于十一月，书甫成而遇赦也。《年谱》记狱中事，但云“先生以清苦闻天下，诸狱卒皆不敢有望于先生，惟日奉纸札丐先生书。先生时时为书《孝经》，以当役钱。凡手书《孝经》一百二十本，皆为狱卒持去，散尽无余”云云，而不及作赞之事。观此知道周不徒书《孝经》也。卷末有二泉山人阮恩海、姚元之、汤金钊、乔松年、张振声诸跋，又载李榕村语录一则，殆皆从手卷中录出者。

0817 孝经集灵一卷［万历己丑刊本］

明朱鸿撰。鸿浙江仁和人。是书卷首有虞淳熙序及鸿自序。是书征引故事，采经史百家，凡二百三十一条。又附录二十八条，则辽金元以至外域释道二家所记也。其关于《孝经》典实，搜采略备。鸿序所云：“稽往哲之行，知报复之有征。于焉兴起其孝亲之心，于焉研究乎传孝之经，譬之引入其室，而先开之扃者。”是其旨也。书刊于万历己丑。

0818 孝经集灵节略一卷《宝颜堂秘笈》本

是本系就虞淳熙《孝经集灵》而删节之者。题曰《虞子集灵节略》，则节之者陈继儒也。按淳熙原书所集凡二百三十条，附录二十八条。此本仅存三十条，皆子史中切于《孝经》本事不泛涉者。亦有条节其文，如“颜芝河间人藏《孝经》”一条，止存此八字。其下着议论者，悉芟之。略而尚得其要，亦未可废也。

0819 孝经大全十卷［崇祯六年刊本］

明江元祚辑。元祚字邦玉，浙江仁和人。是书前录崇祯六年正月上谕一道，次葛寅亮序，次元祚自序。书分甲、乙、丙、丁、戊、己、庚、辛、壬、癸十集。甲集《孝经》考、宗传图考、全孝图说、传经始末、全经纲目、孝字释、全孝心法、诵经威仪；乙集汉《孝经》、唐《孝经》、汉《孝经》止一无名氏今文直解，唐《孝经》分齐古进石台《孝经》表、玄宗注石台《孝经》、元行冲撰《孝经注疏》；丙集宋《孝经》，分朱申《句解朱文公较定古文［孝经］》，董鼎注《朱文公刊误［古文孝经］》，邢昺、杜镐等撰《孝经正义》；丁集元《孝经》，分《吴文正公较定今古文［孝经］》、吴文正公《刊误》、张恒撰《吴文正公较定今文孝经记》；戊集明《孝经》，分朱鸿辑《孝经集解》、孙本《孝经解意》、朱鸿《古文直解》、虞淳熙《孝经迩言》；己集沈淮叙次《孝经会通》、梅鼎和《孝经疏抄》、朱鸿汇辑《四书孝语》；庚集朱鸿汇辑《五经孝语》、［江］元祚删注《曾子孝实》、元柞述《孝经汇目》；辛集虞淳熙《孝经集灵》及附集；壬集孙本《孝经释疑》、朱鸿《孝经质疑》、虞淳熙《从今［文］孝经说》、孙本《古文孝经说》、孙本《古孝经大旨》；癸集［江］元祚汇辑《孝经集文》，自晋陶潜《五孝赞》至明江旭奇《进孝经疏义奏疏》，凡二十三篇，惟《孝经注疏》及《孝经正义》有录无书，俱注云备疏钞。其朱鸿《孝经集解》及《古文直解》、孙本《孝经解意》、虞淳熙《孝经迩言》四书，［江］元祚辑为《孝经汇注》三卷，不别见。目录之后详记古今羽翼《孝经姓氏》，自魏文侯至梅鼎和，共一百八十七人。除是书所有诸本外，其他关于《孝经》撰述，具载于羽翼《孝经》本人姓氏之下，搜集可云大满。惟司马光《指解》见于羽翼姓氏，而是书不收，未解何意。羽翼姓氏中，高丽、新罗及日本僧奝，宜别标外国，不宜厕列某代。是书搜集虽多，不同滥杂。甲集虽非尽属于《孝经》，意在阐发孝旨，亦未可少。书刊于崇祯六年癸酉。

0820 孝经正解一卷 ［道光戊申刊本］

明徐大绅撰。大绅字见行，江苏通州人，诸生。明亡守节不仕，居家以孝友闻。事迹见《通州志·孝友传》。卷首有孙闳达序，称“是书删繁就简，去晦就明，俾读者易晓，以为初学津梁，有功于人心世道非浅”云云。按此序不署年月，当作于康熙初。刊时后有裔孙宗幹跋，即宗幹官台湾时所覆刊，时道光戊申也。大绅于是书，句上有解，书眉有评。其解“擗踊”，谓“擗”字从“扌”不从“足”，男子悲伤气盛袒而踊，女子不袒而发胸击心为擗。辨别甚确。余俱言简意该，显浅而真切。孙序所云非第以文教，其于《孝经》殆于身之、殆于家之，洵非虚语矣。

0821 孝经详说六卷［光绪辛巳大梁书院重刊本］

清冉觐祖撰。按《四库存目》有《孝经详说》二卷，冉觐祖撰，是本增多六卷。又《提要》称末附《朱子刊误》、《吕氏或问摘录》及《吕氏拟题》各种，是本俱无之，岂有前后两本耶？前有胡世藻序，又有觐祖自序及凡例，刊于康熙己卯。此本则光绪辛巳大梁书院重刊者也。其书遵用今文，于唐明皇《御注》全录之，邢昺之疏略有节删。自序极推元董鼎明、瞿罕、陈士贤、吕维祺之注。董、瞿之书不得见，书中录董说共六条，当是得之吕书，而瞿说无一字焉。于陈氏之说，谓其立言纯正，不杂异学。惟于吕氏之说，谓能集诸家之长，以补经文之缺。惟涉阳明家言者，应悉芟削。综此数家，旁及群言，参以己见，颇能畅达经旨。自谓但求其详，不避其浅，故以《详说》名其书云。

0822 孝经全注一卷［康熙刊本］

清李光地注。是书不取经传之说，以“故自天子至于庶人”一节以上，为一时之言。曾子侍坐而夫子告之者止此。以下则或异日问答，或更端因事之语。曾子取其与所闻相发明者，汇而纪之云云。所注亦不主一家，自抒所得，具能融贯。如谓“德之本”，释所以为至德也。“教之所由生”，释所以为要道也。教者修道之谓，道之所自始者，教之所由生也。又谓爱亲则能推其爱以爱于人，敬亲则能推其敬以敬于人。是以孝而修德行道之说也。不敢恶于人，以爱其亲。不敢慢于人，以敬其亲。是修德行道以为孝之说也。二者相为终始，自天子至于庶人一也。虽然自天子言之，则由前，故以德教之及言之；自诸侯大夫士言之，则由后，故以保社稷宗庙禄位言之，其理则互相备。其解“敬以事长则顺”，“长”字谓出则事公卿之类。解“以顺则逆”，言于顺之道为逆。悖故逆，逆故谓之凶德。于义甚圆浃。又言“中间与《左传》文相出入，先儒以为疑。然《易·文言》释四德处，亦左氏文。盖《左氏传》出最后，大抵采摭经史，杂以传授闻见，乌知非左氏撮《易》与《孝经》之意而为之辞?”所见尤大。书刊于康熙间。

0823 李氏孝经注辑本一卷附曾子大孝编注一卷 ［咸丰五年刊《浦城遗书》本］

清李光地原注。原［题］《孝经全经》，邵懿辰改今名，而以自注之《曾子大孝编》附之。是书异于他本者，则削去章次之目，以为本经之纲在“爱敬”二字。《天子章》“爱亲者不敢恶于人，敬亲者不敢慢于人”与下文“不爱其亲，而爱他人者，谓之悖德。不敬其亲而敬他人者，谓之悖礼”互相推阐，实为通贯五孝之旨。标目者专归之《天子章》，而脉络遂不可寻。章句之间，所以有凌杂之可议也。其最精之论，谓仁孝之理，得之最先，而统之最全。惟其得之最先也，故施由亲始。而二本而无分者，不足以言道也。惟其统之最全也，故事无终穷。而于万物为有外者，不足以尽仁也。孟子之距墨翟，韩愈、朱、程之辟释氏，其原本之差，正在于此。又谓“本经中间，与《左传》文相出入，故先儒以为疑。然《易·文言》释四德处，亦左氏文。《左氏传》出最后，大抵采摭经史，杂以传授见闻，乌知非左氏撮《易》与《孝经》之意而为之辞?”按此说极通。其附以《大孝编》者，亦本于朱子所云《孝经》宜附以《语》、《孟》、礼经诸论孝语之意。又以《小戴记·祭义篇》所载“曾子曰”数段即《大戴记·曾子大孝》全篇，而意义精深，出《事亲本孝》诸篇之上。因厘为六章，而《疏》所为与《孝经》发明之意。今按二注，俱粹于言理。咸丰五年祝凤喈合刊入浦城遗书，并为之序，称懿辰并辑光地语录文集附后。今取《全注》本相校，实无所附。其改《全注》为今名，亦不知何故。懿辰尚著有《孝经通论》四卷，咸丰辛酉殉杭州之难，其稿随失云。

0824 孝经集注一卷［康熙三十三年刊］

清陆遇霖纂。籍署延陵推步里，按即江苏丹徒也。尝官归德郡丞。书首有自序及凡例，后有门人张伯行跋。首载《孔曾论孝》、《历代表章》。大旨以《大全》、《笺》、《注》、《易知》、《通俗》诸书，或苦浩繁，或病俚俗，因就删取精粹，以成此书。谓“《庶人章》内‘谨身节用’，向来注本皆平讲，不知‘谨’字即‘敬’字变文，比‘敬’字尤加切实缜密。一身是父母遗体，父母爱子之身，比自己尤加护惜。显亲扬名者此身，辱身败名者亦此身。谨与不谨故也”。按此论极痛切。自序述身世，亦令阅者堕泪。书刊于康熙三十三年甲戌。

0825 孝经合解二卷康熙四十年刊本

清陈治安辑。治安字道援，浙江山阴人，官河南襄城县知县。是书首有治安自序，又有丛说七条，并举阐发经义者，周程张朱五子、司马光、陆九渊、刘翚、范祖禹、王祎、曹端、薛瑄、章懋、李继业、陈于廷、吕坤、吕维祺、耿介、冉觐祖，凡十九人。是本即合耿介之《孝经易知》、冉觐祖之《孝经讲义》为一书，题曰《合解》，《易知》实删吕维祺之《大全》而成。讲义即在觐祖自著详说之中别有辨论诸条，兹并不之及。盖为便于初学计。时治安正官襄城，即以训导其县民者也。

0826 孝经本义一卷雍正十年刊本

清姜兆锡撰。首有兆锡自序，削去《开宗明义》等章名。旧本分

《天子》至《庶人》为五章者，谓当合为一章。旧本合“圣人之德”至“其仪不忒”为《圣德章》者，谓当如古文分为二章，又加入古文《闺门章》。全经凡分十六章，又通为五段，各详其义。所释经文，义亦条达。其详他人所略者，如释“始于事亲”三句，谓“孝自天子下达，而以事君为职任者，惟公卿、大夫、士则然。所以始中终虽列为三，故首止言始终，而不及中，而下文孝无终始，亦不言中于事君”。又释“非先王之法服不敢服”三句，谓“下文说言行不说服，又继言三者备矣。盖服至卿大夫，有降而无益。益则是王侯，故只说言行不说服”。必如此解，方见圣人之言无漏义也。

0827 孝经管窥一卷雍正乙卯刊本

清窦容邃撰。容邃字槜邨，河南朱阳人。是书不用旧说，握定经文“不敢”二字，谓是全书之枢纽。就“不敢毁伤，非先王之法服不敢服，非先王之法言不敢道，非先王之德行不敢行。不敢遗小国之臣，治国者不敢侮于鳏寡，治家者不敢失于臣妾”等句，切实阐发。又谓《诸侯章》引《诗》“战战兢兢，如临深渊，如履薄冰”，即前后章“不敢”字之究竟。他所释俱极显浅，而在本经教孝之旨，则不嫌也。首有容邃自序。

0828 孝经精义一卷孝经后录一卷孝经或问一卷孝经余论一卷乾隆潞河书院刊本

清张叙撰。叙字凤冈，江苏太仓人。是书首有宋寿屏序及叙自序。大旨经文遵注疏本，而刊去标目画为十三章。又分为四支，首章第一篇体要为第一支，二章三章发明首支为第二支，四章至九章探原而细释之为第三支也，十章至十三章推其极要为第四支也。于“夫孝始于事亲，中于事君，终于立身”，截断以属上文。而以“《大雅》云”以下五引诗书者，各属五孝之起首。“盖”字、“此”字，乃释诗语。《诸侯》节之“一人”，但指君言，天子诸侯俱可通。《庶人》

节之“子曰”，原为颜本所无，古文有《闺门》章。按严父即孝，严兄即悌，妻子臣妾，即居家理。与第九章意同，宜删。“有觉德行”之“觉”字上承明王作先觉解，此其特异于众家者也。其他依文立意，或别文发义，颇多精切。以本经不分经传，则别录《小戴》曾子论孝四章及《乐正子春语》一章，益以《大戴》曾子所论二章，为《孝经》之传。题曰《后录》、《或问》者，补精义所未详。谓孔子取孝为天地之经意而作《孝经》，盖自作之而自名之。经者常也，有平常、久常二义。后人见经字义精，乃取而加之凡圣人之典。其论心、性、情谓三者本一物而微分，性尤为心与情之本。释氏所谓性，乃儒家所谓心。释氏所谓心，乃儒家所谓意。《中庸》“天命之谓性”，乃就流行而付予者言。是情而非性，孟子道性善。从继之者善，成之者性来。是心而非性，谓本经证之《中庸》、《大学》皆合。谓本经孔子传之曾子，曾子传之子思，子思传之孟子。皆言之成理，且有援据。后附《原孝》一篇，持说亦精。余论者又补《或问》所未详，及本人著书要旨。其论本经引诗及称名法，论本经为言性与天道之书，俱出创见。末辩朱子《刊误》有六疑三快，亦甚当。惟谓《开宗明义》等目为梁皇侃臆造，按《抱朴子》有“仲尼以明义首篇”之言，则皇侃前已有之，非造自皇侃也。书为乾隆四年潞河书院刊本，是书即叙长院时所撰也。

0829 孝经章句一卷孝经或问一卷［光绪乙未刊本］

清汪绂撰。绂学宗朱子，以朱子于《大学》一书分经别传为之章句，而《孝经》则止参合古今文为刊误，未及注释。是书题曰《章句》，意在配朱子之《大学章句》。自序言《孝经》之有今文、古文之异也，不过分章之多寡、简册之先后、字句之增减，至经传之混淆、援引之失类，则今文、古文其失略等。而脉络之贯通、旨趣之渊微，则近儒鲜所发明云云。开卷首《孝经》考据，述今古文之源流。次章句，先校字句异同，节次先后。次阐其义，颇多精粹。所引诸家之说，亦见简净。另附《或问》，则意所不尽者，藉此畅申之。如孝之称经，又自经一章，传首章至传十四章，各详其意。亦以朱子所删未尽洽，惟较胜于窜乱者。至谓读书只求义理，无庸有彼此之见，则折衷持平之论矣。绂序作乾隆二年，至光绪乙未始刊行。

0830 孝经约注一卷［乾隆刊本］

清汪师韩撰。师韩号韩门，浙江钱塘人。雍正癸丑进士，官翰林院编修。师韩以《孝经》孔子作出自谶纬之书，决属伪托，而以曾子弟子或子思作者为近。又以经之分章自汉儒始，后人求其分不求其合，遂使一书前后不相联贯。故于今文、古文分章之异，及皇氏《开宗明义》等之名俱所不取。但就文义约略分为四大节，自“仲尼居”至“其哉孝之大也”为第一节，总揭孝有始终之义；自“子曰夫孝天之经也”至“此大乱之道也”为第二节，大略明德之本；自“子曰教民亲爱”至“又焉得为孝乎”为第三节，大略明教之所从生；自“子曰昔者明王以”至终篇为第四节，大略明始中终之义。所分章段不从今文十八章之次，亦不从古文二十二章之次。谓《庶人章》不可无诗，遂以首章“无念尔祖，聿修厥德”移属下《天子章》。而以“一人有庆，兆民赖之”等诗书递属下章。并以“曾子曰：甚哉，孝之大也!”为叹词非问词，系之“未之有也”之下。此其与他本特异者也。题曰《约注》，但疏大旨，不欲词费，较觉显明。其解“孝无终始”，谓始即始于事亲，终即终于立身，与前孝之始、孝之终相应，无始终正明其有始终耳。亦觉成理。其解“周公郊祀后稷”一节，援《困学纪闻》谓礼制自周公，非谓父必配天，可正议礼家严父配天之失。又“古文《孝经》原有《闺门》”一章，议者谓唐司马贞为国家讳始黜之。师韩考司马贞所议乃郑、孔并行，并未废孔，且在开元七年，而开元二十五年杨氏始为道士，至天宝四载方册为贵妃，岂能逆知后事而为讳？可为司马贞雪诬。是书刊于乾隆间。

0831 孝经刊误辩说［乾隆壬午刊本］

清倪上述撰。上述，河北乐亭人。是书首有自序，后又有记。大旨以《刊误》一书，其经文必出朱子之所定，然辞说之际已不能尽得其旨。至传十四章，则多所割裂，不顾语脉之断乱，统纪之混淆。其间驳议与删除，尤非朱子所肯出。又以为考之本文，揆诸情事，确为曾氏门人所记，且断然与《大学》、《中庸》同出于子思。此三书之中，于仲尼则称字，祖也；于曾子则称子，师也。又以为经传之说，确不可易。但谓传文乃杂引传记，则大不然。详传文前后问答，本与经文语势连接。即中间《孝治》等章，虽无问答相属之词，然亦皆曾子所述孔子之言。本为阐明首章之意，故分而观之，虽有经有传，合而记之，正不妨通谓之经。按上举数条，皆荦荦大者。其他所辩亦多惬当。至谓"《刊误》中诸说，求其辞气，有确为朱子者，有颇类朱子者，有断非朱子者"，俱能体会微妙。《刊误》非朱子所作，前人多已论之，而未有若此书之畅且核者。书刊于乾隆壬午。

0832 中文孝经一卷孝经外传一卷［乾隆庚辰刊本］

清周春撰。春字松霭，浙江海昌人，乾隆进士。《孝经》自朱子作《刊误》，又尝欲掇他书之言可发明经旨者，别为传而未成。明黄道周本朱子之意，为撰《集传》，采取二戴礼、四子书而申以己说，其辞过繁。春为是书分别经传，大旨仍宗《刊误》，惟十八章之数则遵刘向所校定。《汉书·艺文志》，刘向以中古文校欧阳、大、小夏侯三家经文，"中文"二字当取诸此。章后申释不过片语，辞绝简净。按《孝经》事本庸近，言极显浅，本无俟训释而解，诸家各大肆其说，转益纠纷，诚不如斩尽葛藤，使愚夫孺子自然意会也。本经旧有外传，为诸家所辑，多亡佚。春特采经传以补之，凡二十四条。首有齐召南、查岐昌二序。刊于乾隆庚辰。

0833 孝经汇纂无卷数［嘉庆己未刊本］

清孙念劬辑。念劬字述甫，江苏昆陵人。是书首有自序，次凡例，次引用书目。又分卷首、正编、附录。卷首为《孝经》源流、《孝经》标旨、历代表章；正编为《孝经》注说、经注补遗、孔曾论孝、曾子孝行；附录为《孝经或问》、《孝经翼》、《孝经广义》。其书遵用今文本，而削去章名。又以“昔者明王事父孝”章，旧列《谏诤章》之下者，移于“忠可移君”章之上。“父子之道天性也”，旧与上文合为一章，古文则别为一章，此仍分两章。古文有《闺门章》，此亦存之。是又参用古文本矣。全书不参己见，书中于各章之旨，俱标于右第某章之下，总说则列之章末。纲领旨要标于上方，不参己见。所辑各家注说，又不著姓名。附录三种，一全摘吕维祺《孝经或问》，一全摘吕维祜《孝经翼》。其《孝经广义》则兼录《吕氏大全》、周氏《孝经广注》也。所采尚属精要，惟凡例称标题名目始于梁之皇侃，未免失考。书刊于嘉庆己未。

0834 孝经郑注一卷《郑氏佚书》本

清袁钧辑。首有序，谓“陆氏作《孝经音义》，据郑氏解。凡经文外所释，皆郑注。唐玄宗注、邢疏，于袭郑者曰‘此依郑注’。参之二书，往往而合。兼他所征引郑注，尚可十得七八”云云。不采《群书治要》。他所引亦较洪颐煊、臧镛堂二本为矜慎，惟“以显父母”下，引《释文》父母得其显誉也。按原文“也”下有“者”字，此乃删之。“刑于四海”下，引《释文》：“刑，见也。”原文无也。“夙夜匪解以事一人”下，引《释文》：“夜，莫也；解，惰也。”原文“惰”下无“也”字，此俱增之。又“文甫刑云”下，引《文选》孙楚《与孙皓书》注“引譬连类”四字。他本有移作一人有庆二句注者，同条引本疏“书录王事”，故证《天子》之章引“类得象”。按《疏》云郑注以“书录王事”，故证《天子》之章。以为引

"类得象"、"书录王事"二句是疏申明郑注之文，止"引类得象"四字，属郑注耳。此删去"以为"二字，以十二字全属郑注，非也。又"制节谨度"四句下，引"费用约俭谓之制节，慎行礼法谓之谨度"，无礼为奢，骄泰为溢。按"费用约俭谓之制节"，此依郑注释制节也。"慎行"以下，《正义》不云，此依郑注。当因下文"奢泰为溢"一句，并见《释文》、《正义》，以致混淆。洪颐煊本亦同此误。又"不敢遗小国之臣"二句下引"德不信别优"，按此五字乃缺文，不可解。宜引《礼记》"王制疏德不倍者不异其爵，功不倍者不异其土，故转相半别优劣"一条以补上。惟"然后能保其社稷"下引"后土社也"，句龙为后土，出王肃《圣证论》难郑所引，为他本所未及。并证原文"稷"字为"社"之讹，又与"土"字误倒甚确。书为钧辑《郑氏佚书》之一。

0835 集孝经郑注一卷［裕德堂刊本］

清陈鳣辑。鳣字仲鱼，浙江海盐人，诸生。是书首有鳣自序，言郑康成注《孝经》，见于《孝经本传》，《郑志·目录》无之。《中经簿》但称郑氏解，而不书其名。或曰是其孙小同所作。按郑《六艺论》，序《孝经》云："元又为之注。"序《春秋》亦云："元又为之注。"盖郑注《春秋》未成，后尽与服子慎，遂为服氏注。详见《世说新语》。乃从来列郑注更无及《春秋》者，其注《孝经》亦未写定，而其孙小同追录成之。郑志亦小同所撰，此或以先人未竟之书，不敢载入《目录》。《中经簿》所题，盖要其终，范书所纪则原其始也。按此论甚通。鳣作是序，署乾隆四十七年，先于冈田氏所辑十有一年，未得见冈田书，冈田亦未见其书也。是书以陆氏《释文》为主，旁及群籍，仿王伯厚《郑氏周易》例集为此编。凡元宗注、邢疏以为依郑氏者，悉为收合。惟"甫刑"节下引郑注云：引譬连类以书录王事，故证《天子》之章，以为引类得象。按"书录王事"二句，是疏申明郑注之文，非郑注。又以"事其亲"句下引郑注云："小大尽节养。"按"小大尽节"为句，"养"字属下。注养则致其乐，鳣盖沿《释文》之讹也。然鳣所辑诸条，有较洪颐煊《补证》为详者。岂颐煊亦未见此书耶？抑见而不收耶？是书为裕德堂刊本，流传甚罕。

0836 四书教子尊经求通录八卷［嘉庆七年刊本］

清杨一昆撰。一昆字无怪，河北天津人，举人。是［书］大旨攻宋人，谓“宋人著书，非理不言”，而《论语》二十篇并无一理字。又谓“程、朱注《中庸》，尽将其所学者一概搀入，以佛经道说愚混天下后世”云云。书中最服膺毛西河，而不尽用其说。虽攻朱子，而不尽废其说。有关于名教至大者，如子贡问孔文子章，谓夫子微词以示贬，勤学好问，无关齐家治国平天下之道，况谥文者卫灵公谥之。曰是以谓之文，固谓卫灵公及卫人辈以是谓之文也。“公山不狃以费畔”章，谓此章记于牛刀戏言之后，盖亦戏言也。公山止图季氏，而夫子乃为东周，则公山不召而夫子亦不往可知也。“佛肸召”章，谓“子路述亲于其身”句，子曰“然有是言也”一语便可了结此章，盖深是其说之不可易也。以下则曰：“彼召我者，欲磨我也，欲涅我也。”又以“吾为瓠瓜，人无食之者，必无可用者也。而吾岂往为不善哉?”“高子曰小弁”章，依赵岐注，为尹吉甫之子伯奇遭后母之谗被逐而作。若为宜臼之诗，或为宜臼之傅之诗。弑逆之徒，何得谓之孝、谓之仁？凡此数章，注家不得其解，则肆为曲说。得此乃知圣人自无可议也。他若“哀公问社”章、“子游为武城宰”章、“阳货欲见孔子”章，俱按切鲁事为解。“孟子谓蚳蛙”章，谓蚳蛙所谏必士师所当言，非孟子所当言者。孟子所谓官守言责，即士师之官守言责也。否则疑于卖友矣。皆发前人所未发。至如“冉子与粟五秉及欲洁其身以乱大伦”一语，虽圣贤之言行，亦不苟同，则无论宋人矣。其他妙义尚多。首有一昆自作《弁言》，谓“通者达也，达世情与世事也”。又谓“读书者第尊程朱之注，不暇尊孔孟之经。”又谓“天下后世必无信此书者，第以教子耳”。命名之意本此。书刊于嘉庆七年壬戌。

0837 孝经义疏不分卷 [道光十六年日省吾斋刊本]

清阮元撰。是书题曰《义疏》，并不依经文章解句释，实劄记体也。而中多精义，如谓“以经为书之名目，实始《孝经》，此名目又自本经《三才章》。‘夫孝，天之经也’之‘经’字出。《易》、《书》、《诗》、《礼》、《春秋》，当孔子时，并无‘五经’之名，惟此书言孝道，则肇名曰经，是孔子自名之也。后世各书名经者，皆始此”。又谓“孔子于诸侯卿大夫士，则曰然后能保其社稷，然后能保其宗庙，然后能保其禄位。于天子但曰德教加于百姓，刑于四海，不言然后能保其四海者，此孔子《春秋》尊王之义。孔子时，王室更弱，几于不保，不肯斥言，所谓志在《春秋》，行在《孝经》，非不烦言保也。诸侯之社稷，天子可予夺之。卿大夫之禄位，诸侯能予夺之。保守者能尽孝道，不致为上所夺、为下所犯也，故曰‘志在《春秋》，行在《孝经》’。《孝经》所以维持上下封建也”。又谓“《春秋》以帝王大法治之于已事之后，《孝经》以帝王大道顺之于未事之前。皆所以维持君臣，安辑邦家。《论语》‘其为人孝弟’一章，《孟子》‘王必曰利’一章，皆即此义。孔孟正传在此，凡此云微言大义所系”。他如释“敬”字，谓“终日常自肃警，不敢怠逸放纵之谓，非端坐静观主一之谓”。释“患”字，主恐祸患及身之解，而不主忧患己力不能及之解。又发明“顺”、“训”二字，古每通借，《孝经》“顺”字兼“训”字为义。此类俱极精确，惟断郑注为郑小同作，过信陆澄，而非刘肃，是其一蔽。书为道光十六年日省吾斋刊本。

0838 孝经郑注一卷附补证一卷 [嘉庆六年刊本]

日本冈田挺之辑，清洪颐煊补证。颐煊号筠轩，浙江临海人。乾隆辛酉拔贡生，官广东候补直隶州州判。挺之辑是书，盖见知不足斋所刊古文《孝经》，以为中土已得孔传，尚缺郑注，乃从《群书治要》辑得一本，刊成以寄鲍廷博。廷博跋其后有云：“不知所谓《群书治要》辑自何人，刊于何代，何以历久不传，近时始行于世”云云。盖其时《群书治要》尚未传入我国，故廷博有此揣测，无怪焦里堂辈对郑注多疑词也。颐煊补证，则取冈田本与《释文正义》诸书所引郑注，其同者为之证其出处，其未有出处者存而不论。其《释文正义》诸书所引而冈田本反略之者，亦为之考其有无，补其未备。并据《释文》增入音义。盖冈田草创，疏略尚多。经颐煊之摭拾，训义粗备。惟间有未及审择者，如“此庶人之孝也”一节，邢疏引郑曰：诸家皆以为患及身。又云《苍颉》篇谓患为祸，孔、郑、韦、王之学引之以释此经。又引郑曰：“书云：天道福善祸淫。”又曰：“惠迪吉，从逆凶，惟影响。”按此误也。果郑注不应有“诸家”二字，且所引《尚书》乃古文，郑未之见。又孔、郑、韦、王并举，此岂郑氏原注耶？当是唐人主郑者问难之辞，可均竟滥收之，逊臧庸本之谨严矣。是本为鲍廷博所刊，与钱本微不同者，钱本句之旁有点乙，而此去之。时嘉庆六年辛酉也。

0839 孝经约解一卷 嘉庆十年刊本

清温汝能纂。汝能字希禹，广东顺德人。乾隆戊申举人，官中书。是书首有汝能自序，谓“石台《正义》本为最善，唐注邢疏，经旨畅然，因撮其要而去其烦，融其义而集其说。此外复节采诸家，汇辑成书”云云。今观其书，解释详明，惟不标注家姓氏。其涉于考证及今古异同，别著于书之上方，不使相混。书后复申论今、古文传授源流，谓今文、古文皆有改本，非孔氏之旧。然词义典核，多与古书符会。纵非旧本，亦何可废。亦可云善读《孝经》者。

0840 孝经附刻一卷 嘉庆十年刊本

清温汝能辑。是书附刻《古文约解》后，凡《孝经古文》宋本一，日本信阳本《孝经古文》一，朱子《孝经刊误》本一，吴澄《校定孝经古今文》一，吴元征《孝经古今文考》一。其《孝经古文》宋本吴澄不信古文，其说详《孝经》题辞。他四本，皆古文也。隆元则偏信古文，亦有说。

0841 孝经郑氏解辑一卷［嘉庆辛酉鲍廷博刊本］

清臧庸辑。庸字西序，原名镛堂，字在东，江苏武进人，布衣。庸治经笃守郑氏，其辑是书，未见《群书治要》，故以《释文》及《正义》为主。盖以《释文》实依郑注而作，而唐玄宗《御注》亦用郑氏注甚多。元行冲等《正义》逐条举出云："此用郑义甚分明也。"有《正义》与《释文》小异者，则推求其所以致异之故。又有《正义》但标旧注，而从上下文证之，确为郑解。又有原文经后人改窜，亦援据义例为之订正。凡兹之类，俱极精确。如首章"仲尼居"，他本"居"作"凥"。庸谓此因《释文》上云"《说文》作凥"，因并改。此以隶书写篆文，自称正体者，发端于南宋毛居正、岳珂等，而近时学者为尤甚。然唐石经具存，无此异样，可以之诬古人乎？其解"哭不偯"，引其高祖琳《经义杂记》云："《说文》悠，痛声也，从心依声。《孝经》曰'哭不悠偯'，盖'依'之讹。悠、依古今字，《说文》、《序言》、《论语》、《孝经》皆古文，则古文《孝经》作哭不悠，今文《孝经》作哭不依。因本作依。故郑云声不委曲，据此可证《释文》引作怒为转写之讹。"惟解"富贵不离其身"，据《释文》离力著反，为离著之义。断郑注无"不"字，其"不"字为后人所加。按《群书治要》郑注固有"不"字，不但《治要》，《吕览》引此亦有"不"字。则庸误也。庸于《释文正义》外，亦摭他书以佐其说。并全录《释文》所有音义，又引石台本、唐石经、岳本等以订异字。惟尚未见日本冈田辑本耳。阮元为作题辞，见冈田本矣，然不甚信之。以为旧引之注与新出之书不妨并行云云。书为嘉庆辛酉鲍廷博所刊，与刊冈田本同时。

0842 孝经述一卷［同治癸亥刊本］

清贺长龄辑注，傅寿彤述。长龄字耦耕，湖南善化人。乾隆进士，官至云贵总督。傅寿彤字青余，贵州贵筑人，官河南道员。是书章、段依明黄道周更定本。案道周在白云库手写《孝经》百二十本，有依石台本，于《庶人章》末增引《邠风》“我稼既同”以下二十五字者，盖未定本也。其三十三本以“聿修厥德”移于《天子章》之首，即此定本也。道周尝言补《邠风》甚无谓，于是更定此本。然其所著《孝经集传》，又云欲移《大雅》以发天子之端，推无忝以起庶民之例。然于首章文义未终，于过节发端多碍。《小宛》之赋，虽通于“庶民有庆”之义，反疏于侯国，则道周亦不以定本为然也。长龄抚贵州日得道周此本为之辑注，刊版行世，时道光癸卯也。寿彤为长龄门下士，于注外又有申说，别之曰述，刊于同治癸亥。注在句下，述在章后，而述尤详，语颇泛滥。后附黄道周《孝经辩义》及《书古文孝经后》、《书孝经别本后》、《孝经大传序》三篇。卷首有贺长龄原序、翁同书序、尹良琨序及傅寿彤前后二序。

0843 孝经集义二卷同治十年刊本

清曾世仪撰。世仪字鸿陔，湖北黄冈人。道光进士，官至知府。是书用古文本，而集经子成句，注经文之下。题曰《集义》，实集语也。所集自《易》、《书》、《诗》、“三礼”、《左传》、《穀梁传》、《大学》、《中庸》、《论语》、《孟子》、《尔雅》、《钩命决》，以至《国语》、《家语》、《孔丛子》、《淮南子》、《论衡》、《搜神记》。惟于经文引诗、书之下，概引顺治《御注》，即顺治十三年清世祖御撰《孝经注》也。所集经子诸语，有甚切合，并可与本经相发明者，亦有泛滥无着者。且所集经子中间有文义深奥者，则注下似不可无疏也。首有咸丰十年江夏彭崧毓序，末有其子锡龄撰《孝经述言》。以经注经，前无此例，姑存之，以备一体。

0844 孝经述注一卷［咸丰丁巳刊本］

清丁晏撰。是书集唐玄宗、司马光、范祖禹三家之注，以为玄宗石台《孝经注》，取郑君、王肃、韦昭、虞翻、刘劭、刘瓛、魏真克诸家，摘要剪芜，约文敷畅，在诂家为最善。其他注《孝经》者虽有数十家，而以司马光《孝经指解》及范祖禹《孝经说》尤为明白正大，粹然儒者之言。惜其误信古文，窜易篇章，增改字句，寖失其真。此本一依今文为训，采集聚说，无所增附。比于“述而不作”，故曰《述注》。今观其书，汰冗袪烦，归之简易，是其所优。惟司马、范氏之注本依古文，晏一例改从今文，难免斫方为圆之讥。且三家之注，于礼制概从疏略，藉便蒙诵，未为不可。究不若其《孝经征文》，截断众流，自成一书也。前有晏自序，后有其门人陶镶序。书刊于咸丰丁巳。

0845 孝经征文一卷王先谦刊续经解本

清丁晏撰。自朱子作《孝经刊误》，删去“子曰”及引《诗》、《书》之文。又谓“天经地义，进思尽忠，退思补过”等语出左氏，为取他书窜入，开后人疑《孝经》之渐。晏因博采《孝经》本文散见古籍者，引《孝经》者，始于《吕氏春秋》，次及陆贾《新语》、董仲舒《春秋繁露》、司马迁《史记》、刘向《说苑》、桓宽《盐铁论》、班固《汉书》、王符《潜夫论》、许慎《说文》注、王充《论衡》、蔡邕《明堂论》、贾思勰《齐民要术》、应劭《风俗通》、《汉官仪》、徐幹《中论》、范晔《后汉书》、司马彪《续汉书》等，原文具存，一一取以为证。又注《孝经》者，始于魏文侯，次及孔安国、郑玄、韦昭、殷仲文、魏真克、刘炫等，古义俱存，亦一一取以为解。搜采极博，辨别亦严。惟既斥孔安国传为伪，而篇中仍兼引孔传。开篇解“仲尼”二字，既据刘瓛述张禹之义，以为仲者中也，尼者和也。曰孔子有中和之德，故曰仲尼。以《家语》“祷于尼山”为不足信，而又引《家语》以驳兄字伯尼之无据，未免出尔反尔。书末遍征众说以攻孔《传》，并以王肃之说多同孔传，硬断为王肃伪撰。夫肃注之同于安国，足为肃见安国《传》之证。若自撰一书，又本其解，以伪撰一书，不嫌雷同，无是理也。晏又因孔传出于日本，推之《群书治要》、《文馆词林》，并皇侃《论语义疏》、山井鼎《孟子七经考文》，凡出于日本者一切伪之，则又妄而不足与辨矣。首有晏自序及盛大士序。王先谦得其稿本，刊于《续经解》中。

0846 孝经解纷一卷［道光十六年日省吾斋刊本］

不署撰人名氏。是书不主经传之说，亦不从他本分章，惟就有“子曰”及“故”字为断。其无“子曰”及“故”字者，则就有结证处为断。共分二十二章，又分二十二章为四段。首章是总提引《诗》一证，为第一段。二、三、四、五章即申“念祖修德”，以还上下字，凡四等，用四证，为第二段。六、七章至十七章是天下，是以顺天下，是天下之顺，共十五章，只五证，为第三段。十八章至二十二章，是一切补笔，只一证，为第四段。自云读去极其清楚，且极其变化，不容另为分别。末又发明各章相接之理，完密无憾。按如此分章，虽亦能圆其说，但古人为文，错综离合，有非可以后世文法求之者，过于穿凿，毋乃失乎？又谓考妣合而为老，老了合而为考，了一合而为子，老子合而为孝。(按此本《说文》)老了人之终也，一者数之始也。老了复还为一，是终则有始也。故经内“始终”二字，乃孝之所以为孝。又谓顺者竖也，通始终以立身、以显亲是矣。又顺者无所为横，无所为逆也。母取其爱，君取其敬，兄取其悌，长取其顺。妻子犹百姓，取其无私。臣妾犹徒役，取其无偏。是无横无逆也。按此释字义颇新。书为道光十六年日省吾斋刊本。

0847 孝经义疏补十卷［道光九年刊本］

清阮福撰。福字喜斋，江苏仪征人，阮元第三子，官候补郎中。

是书全载《注疏》、《音义》原文，其所补者以“补”字别之。据邢昺序有“剪截元疏”之语，又据《论语》、《尔雅》二书，每卷前邢昺列名直书“疏”字，此独言校，特于陆德明《音义》下宋邢昺校上，补入“元行冲疏”四字。所见极当。书中仍以郑注为本，明皇《御注》、郑注半存其中。此外唐以前书凡可见郑氏旧注者，悉据以补之，而于陆氏《音义》所载郑注旧字旧义，为唐疏宋校所删者全行载入，以还郑氏旧观。惟偏信唐刘肃《大唐新语》，定郑注为康成之孙小同所作，不免沿误。先是阮元注释《曾子》十篇，谓《孝经》与《曾子》相为表里，因命福撰是书。故于《曾子》十篇中凡可以发明《孝经》及可以见孔、曾授受大义者，分补于各章各句之下。书中多述元说，元谓《孝经》之郊祀即《召诰》之用牲于郊，《孝经》之宗祀即《洛诰》之宗礼宗功。福更备引各经推明其义。又于“以顺天下”之“顺”字，全引《研经室集》释“顺”。“敬亲者不敢慢于人”之“敬”字，全引《研经室续集》释“敬”。其义最精。其自下己意亦多可取，如谓“口无择言”、“身无择行”二“择”字，当读为“厌斁”之“斁”，即《诗》所云“在此无斁”。《诗·思齐》“古之人无斁，誉髦斯士”，郑笺引《孝经》“口无择言”、“身无择行”以明之。《释文》“郑”作“择”，此乃郑读《孝经》之“择”为“斁”，而读《毛诗》之“斁”为“择”，假借之例也。皮锡瑞驳之，谓“择”当读为“斁败”之“斁”。《洪范》“彝伦攸斁”，郑注训“斁”为“败”。又引蔡邕《司空杨公碑》“罔有择言失行，在于其躬”，“择言”与“失行”并言，此“择”训“败”之证。窃以为两说俱通，不必主彼而驳此也。又福此本主正德刊本，字句有脱误，据元所撰《校勘记》补于其下。凡九卷，连卷首序目一卷，共十卷。刊于道光九年云贵总督署。

0848 孝经直解一卷 ［道光二十七年刊本］

清刘沅撰。沅以《孝经》为曾子门人所记，孔子言孝至多，不止此书。此书特与曾子问答数条，曾子没，其门人汇记成书，尊以为经。汉儒宝之，遂传后世。纬书附会孔子有志在《春秋》行在《孝经》之言，不足信。孔子三岁丧父，弱冠丧母，自言事父未能，岂有自言行在《孝经》者乎？至于字句之讹，古文、今文之辨，按之文义，无大乖离，可无庸争论。故于仲尼闲居、曾子侍坐，援毛奇龄说以驳吴澄。谓明明有曾子辟席及子曰复坐，则坐字自不可少。居是居处，不是坐，不应删。又据《隋·经籍志》云：河间人颜芝所藏《孝经》十八章，又有《古文孝经》，“长孙有《闺门》一章。其余经文，大较相似。篇简缺解又有衍出三章，并前合为二十二章”云云。颜芝所藏，即汉代古文《孝经》。何以云又有古文与《尚书》同出？疑古文《孝经》，至隋有二本。按此说为说《孝经》者所未注目。又删各章之名，谓为唐玄宗所加，夫删之未为无见。但《开宗明义》等章名，汉时已有之，不始自唐也。书末仍存《闺门》一章。又曾子曰：敢问圣人之德，至《诗》云淑人君子，其仪不忒。旧本一章，沅于“父子之道天性也”以下另分一章，此与他本微异。所解直诂本文，故名《直解》，解后间附论辨，自畅其说，不为旧解所拘。成此书时，沅年八十矣。书刊于道光二十七年丁未。

0849 孝经述一卷 [光绪十五年刊本]

清姜国伊撰。国伊，四川岷阳人。光绪丙戌举人。首有自序，以为《孝经》乃夫子亲笔。其言“孝皆原本于德，本教生之旨皆推行乎大者至者要者，弥纶天地而无际。举凡圣人时中之躬行，皆其孝也”。又以为“古书有篇无章，凡分章者汉儒也。旧本《开宗明义章第一》，宜去‘章’字。其第二篇明孝终始，以为当名五孝第二。其下《三才第三》，以为自此以下，旧本凡四章，皆无‘子曰’字，盖孔氏原本必上承天子篇而为一。其天子、诸侯、卿大夫言孝，而不言父言母者，以既为天子、诸侯、卿大夫时言之也。其为世子也，则孔子尝论士冠礼曰：天子之元子犹士，故其未为天子、诸侯、卿大夫也，则皆士礼也。子曰：‘资于事父以事母而爱同，资于事父以事君而敬同。’亦如是”。俱言之成理。又谓是经首称仲尼，仲尼者夫子字，是为自著之证。以《论语》门人所记称子，《家语》子孙所记称孔子为例。然下文曾子侍，何以不名曾参而称曾子？以为门人避讳而改，已近臆造。但《中庸》“祖述尧舜”，亦称仲尼，则又何说？于庶人之孝不引《诗》，以为诗者乐也。乐所以行礼，礼不下庶人，故不引《诗》。尤属牵强。窃以为古书称名，本无一定之例。缺文错简，亦恒有之，似无须一一为之比附。至于诠释字句，能详他人之所略，切而不冗。其分章遵司马光《指正》本，兼存《闺门》一章，谓宜在《事君章》之次，特不敢紊其先后，故附于末云。书刊于光绪十五年乙丑。

0850 孝经阐要一卷［光绪九年刊本］

清张恩霨撰。是书首有自序，言孝为生人之大本，实为经世之大原。古者圣帝明主之治天下，知移风易俗之规，不外资始资生之理。于是端本以化家，由家化国，由国以化天下。其教不肃而成，其政不严而治。礼乐政刑，无不由是而推。孔子生当衰周之际，弗克见用于世，恐孝治之道久而愈失，因假闲居问答，著为是经。孟子云圣人人伦之至也，又云尧舜之道孝弟而已矣，又云人人亲其亲、长其长而天下平。兹数言者，契是经之玄微，故宜绍尼山之道统。按恩霨撰《大学中庸阐要》，俱推本于孝。《孝经》为孔子所以授曾子，曾子又传业子思。则《大学》、《中庸》又以《孝经》为一脉相承之秘旨。恩霨既成二书阐要，则此经断乎不可缺也。特其为说，不主何家，意在显浅，不如他二书之尚有创见耳。书刊于光绪九年癸未。

0851 孝经章义一卷方柏堂全书本

清方宗诚撰。宗诚学宗紫阳，而是篇不以《刊误》为是。谓全书文理接续，血脉贯通，深浅始终，至为精密。其间“曾子复问”诸章，尤见筋节。“即言思可道”一节，或是承用古语，与他书同，非出蹈袭。语俱有理。惟又不以孔子自著为是，谓确是孔子传授曾子之言，而曾子门人编次之以为书。考陈澧《东塾读书记》云此经是孔子所言，其笔之于书，但可谓之述，不可谓之作，故郑君以为孔子作。按陈说是也。宗诚既断为孔子传授曾子之言，何以又断为非孔子自著，岂以述者为作者耶？

0852 孝经集证十卷抄本

清桂文灿纂。是书采集《易》、《书》、《诗》、《周礼》、《仪礼》、大小《戴记》、《春秋》、《左氏传》、《公羊传》、《论语》、《孟子》、《国语》、《荀子》、《吕览》、《新语》、《史记》、前后《汉书》、《春秋繁露》、《说苑》、《新序》、《列女传》、《韩诗外传》、《潜夫论》、《汉官仪》、《五经异义》、《春秋说题词》及诸纬书等，以与经文相证。其间大义微言，足资发明者不少，而征引驳滥，间亦不免。如开篇“仲尼居”条，引《白虎通义》，孔子首类尼山，盖中低而四旁高如屋宇之反。又“以顺天下”条，引《檀弓》“节丧顺变也”。又“上下无怨”条，引《尧典》“格于上下”。此等俱可不必。“夫孝，德之本也”条引《延笃传》，论仁孝前后之证，自是汉儒见解，不足以阐经旨。至宋儒遂离而二之，谓仁里何尝有孝弟矣。“惟孝莫大于严父”条，引荀悦家令说太公论云：“《孝经》曰：‘故虽天子必有尊也。’言有父也，王者必父事三老，以示天下，所以明有孝也。无父犹设三老之礼，况其存者乎？孝莫大于严父，故后稷配天，尊之至也。禹不先鲧，汤不先契，文王不先不窋。古之道，子尊不加于父母”云云。虽非诂经之文，而义至切当。是书前无序例，有按语者仅见三处。首题举人栋发知县臣某谨纂，按语称臣谨按云云。盖进呈之本，例应如此。书未梓行。

0853 孝经集解一卷［咸丰四年刊本］

清桂文灿撰。文灿字星垣，又字子白，广东南海人。道光二十九年举人，拣选知县，官湖北郧县知县。是书首有自序，据《困学纪闻》、《玉海》引国史志，谓注《孝经》郑氏为郑小同，唐刘肃《大唐新语》谓序郑注者为康成裔孙，皆可据。今但称郑氏以纪其实。按以《孝经》为郑小同注，唐以前无此语。宋均《孝经纬注》引郑《六艺论》叙《孝经》云："玄又为之注。"此言最可据，不必遇事游移也。［紧接下行］自序又言，"并征引王肃、韦昭、魏克真、刘炫诸家之说，是非兼收，长短互见，折以私意，以昭平允。"今观其书，多援他说以驳郑氏，所征引大率唐以前旧注，颇能择善而从。开篇引《抱朴子·仁明》篇"唐尧以钦明冠典，仲尼以明义首篇"证《孝经》本有章名，为自来注家所未及。"始于事亲"三句，刘炫驳郑氏曰："若以始为在家，终为致仕，则兆庶皆能有始，人君所以无终。若以年七十者始为孝终，不致仕者皆为不立，则中寿之辈，尽曰不终。颜子之流亦无所立。"按此论箴郑氏之失，可云畅快，然未言究应作何解也。文灿以为言始于事亲，承上文"身体发肤，受之父母，不敢毁伤"而言。言中于事君，终于立身，承上文"立身行道，扬名于后世，以显父母"而言，即下文"孝无终始"之谓。此解最妥。又"忠顺不失"一节，《释文》所引郑注，讹阙不可读。文灿据《辅行记》所引"补食廪曰禄"一句，其下句"曰祭之上"仍空二字。文灿又据《说文》"手持肉为祭"，谓当作"持肉曰祭"，并当从之。按陈澧《东塾读书记》言："《孝经》大义，在自天子诸侯卿大夫皆保其天下国家，其祖考基绪不绝，其子孙爵禄不替，庶人谨身节用，为下不乱。如此则天下世世太平安乐，而惟孝之一字，可以臻此。亡友桂星垣尝与澧论此云：《论语》第二章，言孝弟则不犯上作乱，即《孝经》所谓至德要道以顺天下。"今按书中未及阐发此意，特为补入。书刊于咸丰四年甲寅。

0854 孝经古今文传注辑补一卷

清吴大廷撰。大廷字桐云，湖南沅陵人。咸丰五年举人，官至台湾道。是书首有自序，以为古文、今文，其文字之或增或减，章句之或分或合，特所传微有不同，而大义固无弗同者。又以为近世丁晏

《三家述注》、宋司马光为《古文指解》、范祖禹又为之说，是遵用古文矣。然句下仍备载开元《御注》，则又未尝尽废今文。因用吴隆元《孝经三本》之例，而稍变通之。首列古文，次今文，又次列述注，后系总论。于文义增减，章句分合，得失之间，多所订正。按是书所集之说，仅限三家，以义长为准。然孔、郑最古，参以丁、晏，殊觉不伦。惟删芟陈言，意简语净，亦其所优也。后有徐宗幹、孙寿铭、孙衣言三跋。书刊于同治丙寅，至同治癸酉复重订刊行之。

0855 古文孝经荟解四卷附孝经别录四卷 [光绪十六年活字印本]

清洪良品撰。良品于经笃信古文，既成《古文尚书辨惑》，因又为是书。按现行古文《孝经》即鲍廷博所刊，日本太宰纯作序者也。刘炫之本，唐人已疑信参半。是书出自海外，人以为伪中又伪矣。按刘向校经籍，已云《孝经》古孔氏一篇为二十二章，后乃除其繁惑定为十八篇，而去《闺门》一章。唐时与郑注并行，至宋犹存秘阁本，司马光为作《指解》，校定悉依古文，惟鲍刻本与宋秘阁本微异。如“父母生之续莫大焉，亲生之膝下以养父日严”，《指解》本仍作“续”，但注云“或作绩”，而鲍刻本则作“绩”。“亲生之膝下”作“新生毓之”，无“膝下”二字，与《书》合。良品以为与班固所见同为真古文，胜于刘炫所传。且安国此注与各传记所引历历皆符，如“身体发肤不敢毁伤”，释作形伤，谓三代之刑有劓、刖及宫为伤身，荆为伤体。髡为伤发，墨为伤肤。所见甚当。故是书专主此本，博引诸家，附以案语，有同异者则折衷之，未竟者引伸之，纰缪者辨正之。其附录四卷：（一）《孝经》古今文章句增减异同；（二）古文《孝经》章段大意；（三）孙本古文《孝经》说及毛奇龄孝经问；（四）《孝经》古今文考述；（五）古文《孝经》条辨；（六）历代表章《孝经》及传习《孝经》。良品所考类多精确，其中如古文甫刑，宋本作甫刑，今文同。良品据郑语史伯曰“申吕虽衰，齐许犹在”，申吕即申甫也，史伯当幽王时犹称甫为臣，可知吕乃古称。故《正义》引郑康成曰：《书》说云周穆王以甫侯为相。此自今文家说，而

《汉书·古今人表》甫侯作吕侯，仍据安国古文。乃宋秘阁本《吕刑》反作《甫刑》。此亦如《尚书》传本之时杂以今文，非孔旧本。按此则《吕刑》有据，《甫刑》转无据，亦可以息攻者之喙矣。首有潘祖荫、饶登逵二序及良品自序，光绪十六年辛卯活字印本。

0856 孝经疑问一卷［光绪元年愢进斋刊本］

清姚舜牧撰。舜牧字承庵，浙江归安人，其行事无可考。是书为愢进斋刊本，首有舜牧自序，后有"男祚端、祚硕、祚敦、祚重、诈驯校，丙申仲冬曾孙男淳起校补，光绪元年三月十世孙觐元重校刊"，共三行。就此推之，舜牧当为清初人。大旨笃信朱子，不用章名，不用旧注。谓首章之《开宗明义》，七章之《三才》，十七章之《事君》，不知何所见而立此名，宜从删削。又谓"母取其爱"、"君取其敬"等语未必出于孔氏。又谓"则天之经"以下等语，类于宋儒。又谓"先之以博爱"以下等语多纷杂，又谓"赫赫师严，民具尔瞻"之语不亲切，又谓"以顺则逆"以下等语杂取《左传》所载季文子之言，又谓"天经地义"民行何以名三才，又谓至德、要道本同一理，何以云广要道、广至德，为之分割？又谓行成于内，而名立于外，何以云广扬名？诸如此类，因疑生问，此书所由作也。按疑《孝经》者，始自朱子所传《孝经定本》，仅删去《圣治章》数句。论者以为口实，舜牧拾其余唾，不求根据，徒于文理语气之间，轻决去取，又陋妄之甚焉者也。近代注家日盛，古义复明，其疑问诸条，不足复烦研讨矣。

0857 孝经十八章辑传一卷光绪二十四年刊本

清汪宗沂撰。宗沂字仲伊，亦号弢庐，安徽歙县人。光绪六年进士，签分山西知县，告病不就。屡主安徽敬敷、芜湖、中江、紫阳各书院。是书首有自序，谓孔子作《孝经》见于《史记·仲尼弟子列传》，曰："曾参少孔子四十六岁，孔子以为能孝道，故授之业，作

《孝经》。”《注疏》序云：“夫子说《孝经》一十八章。”“纬说”云：“孝之一字，苞十八章。”是十八章之析已古。序中引田子方、平原君及编《吕览》之群儒，称述《孝经》，而《荀子》书中称述尤多，以为战国儒者讲习《孝经》之证。又引陆贾、董仲舒、刘向、班［固］等之著书及西汉名臣之章奏，东汉诸帝之诏令，不特长孙、江翁、后仓、翼奉四家之说咸具也。以为两汉上下皆重《孝经》，而断之曰《孝经》有逸传而无逸经。据许冲上表，但云昭帝时鲁国三老献古文《孝经》，建武中卫宏所校。今《汗简》中犹存《孝经》古文之字凡六，盖文字形声古今不同，非章句不同。郑本注伪而经非伪，孔本经注皆不可据，且伪托实不止一本。因萃集古今众说，其义通于《孝经》者录之，不限于传注家。末仿赵岐注《孟子》例，每章之后作章指以发明本章之意。第六章“故自天子至于庶人，孝无终始而患不及者示之有也”一节，玄宗《御注》云：“尊卑虽殊，孝道同致。而患不能及者未之有也。”宗沂据陶潜《五孝传》云：“不敢毁伤，孝之始也。夫能敬慎若斯，而灾患及者未之有也。”以为最合古义。并断《五孝传》系昭明失编，决非伪作。具见精识。书刊于光绪二十四年。

0858 孝经读本一卷孝经存解一卷孝经存解阐要一卷孝经存解析疑一卷读 孝经刊误问答一卷光绪十年刊本

清赵长庚撰。是书首列《孝经读本》，次《孝经读本考证》，又次《孝经存解》，又次《存解阁要》，又次《存解析疑》，终以《读朱子孝经刊误问答》。《存解》及《问答》皆有自序。《读本》依朱子改定章次，而以古文为主。今文文字异者，分注各节下。古今文章次异者，分注各章下。但所谓古文有从《指解》本者，有从《刊误》本者，又有从其他本之近似古文者，大约以义长为准。《存解》者解释其文，《阐要》者阐发其义，《析疑》者设为疑问，反复申辨以补前说所未尽。书之大旨虽宗朱子，然仅以朱子分章序次说为有条理。至其所分经传与其所指驳之文字，甚至有欲删去者，乃是朱子未定之说。《问答》中以为详味各章，皆自成结构；以为曾子有意编次，使前后互相发明则可；以为某当为经，某当为传则未可；以为后儒辗转传授，简编分合先后，或失之淆乱则可；以为首章门人记录为经，余章后人附会为传则未可。斯则信朱子而不曲阿朱子，为朱学者所当法也。书刊于光绪十年。

0859 孝经启蒙新解一卷 光绪刊本

清王泽厚撰。首有序，又有凡例。谓“学有精粗，义有深浅。兹特浅而言之，欲人易晓。”又谓“此解有与旧注同者，有与旧注异者，亦间有旧注所未及者而及之者。”今观其书，语取通俗，顺文敷义。与旧解异者，解“口无择言”，谓无择其口之非而议之也。“身无择行”，解同。解“孝无终始而患不及者未之有也”，谓始天子终庶人，各有所居之位即各有当尽之孝。苟思各尽其孝，则天子非有所加，庶人非有不足，无贵贱一也。俱能言之成理。惟涉于典制者，概略之。当以为浅人说法，不须如此也。

0860 孝经识一卷 [《甘雨亭丛书》本]

日本物茂卿撰。日本旧行《孝经孔氏传》，视司马光《指解》本微有不同。经字视中国稍增，义尤完粹且备。又多汉时古字，与班固所云诸家说不安处，古文字读皆异悉与符合。乾隆时鲍廷博得于市舶，遂传我国。茂卿生于日本宽文六年，卒于日本享保十三年，年六十三。盖在我国康熙之世。廷博得书当未知茂卿是书，故未指名求之也。是书据孔传而较以今文，录其同异，且为是正。茂卿以为《孝经》系战国时儒者所作，名之为经，古所无有，而以所引孔子曰“吾行在《孝经》”一语为妄。其言甚辩。又谓孔安国《孝经序》西汉文也，《尚书序》则魏晋时伪作。殆亦惑于郝敬、梅鷟之说者欤？宜与冈田挺之《孝经郑注》并垂册府，以著彼国之留心古籍者之先导。书为《甘雨亭丛书》本。

0861 孝经郑注疏二卷 [光绪二十一年刊本]

清皮锡瑞撰。锡瑞号鹿门，湖南善化人，光绪举人。锡瑞治经专今文，颇攻郑氏。而是书则笃守郑氏之说，尤详于典礼。以为郑君深于《礼》学，注《易》笺《诗》，必引《礼》为证。其注《孝经》亦援古《礼》。自唐以来不明此义，明皇作注，于郑注征引典礼者，概置不取。按郑君先治今文，后治古文，而注《孝经》最早。其解“社稷明堂大典礼”，皆引《孝经纬》、《援神契》、《钩命决》文。郑所据《孝经》本今文，其注一用今文家说。后注《礼》笺《诗》，参用古文。陆彦渊、陆元朗、孔冲远不考今古文异同，遂疑乖违云云。其书于郑注，引典礼为之疏通证明。诸家于郑注有驳难者，则解释其疑滞。如“社稷”一条注：“社谓后土也，勾龙为后土。”王肃难郑引之，且明言《孝经注》。此可为郑注《孝经》的证。锡瑞据侯康谓举配食者而言，而引申其说最为得解。其他如“法服”、“日祭”、“郊祀”、“明堂”、“簠簋”诸条，俱能原原本本折衷至当。惟“始于事亲”一节，刘炫所驳不误，而锡瑞守疏不破注之例，曲为辨护。谓经言常理，非为一人而言。郑注亦言其常，不得以颜夭为难。终嫌勉强。其“天子有争臣七人”一条，别据唐武后臣轨匡谏章，引《孝经》“争”作“诤”，与《白虎通》、《家语》所引同。此则他辑本所未及者。书刊于光绪二十一年乙未。

0862 孝经学凡例一卷 [新订《六译馆丛书》本]

廖平撰。是书仅成凡例，共二十七条。其中如谓《孝经》所述礼制与王制有异同，此由传《孝经》弟子缘经立说之义。又孔子制礼，弟子有所参酌，差互亦所不免。今取凡与六艺不同者，以为《孝经》专派。又谓《孝经》汉有今古文异同，今以今文为主，而兼采古文异文，以为《孝经释文》一卷。班志“孝经”有杂传四篇，今仿其例编辑先秦以前传记子史言《孝经》者为旧传。又谓孝经说今仿陈氏之例，统辑汉人传注及余说《孝经》者，以为《孝经》先师轶说。又谓内则文王世子曲礼，此旧传仪节也。又《吕览·孝行》曾子说养有五之类，皆就事亲各立条目为本经旧传仪节，今仿其例，将载籍所言事亲仪节汇齐，分立节目，将旧说依类分人。如《曲礼》之侍坐立居处禁忌之类，悉按经目归之，略如家仪之例。又谓言孝专就事亲而言，其道甚隘。而《孝经》之旨则以事亲为小孝，而归重于事君立身。凡一言一行，皆引归于孝。如战阵无勇，交友不信之类，皆归之。立目分类，以为《孝经》广义，至泛论《孝经》者则归入通论。又谓《中庸》自“君子费而隐”至“其如示诸掌”，皆《孝经》旧说孝。其大孝以下则旧天子传也。晋陶潜《孝传》，《御览》引师觉授《孝子传》，并仿其例。通辑秦以前旧事，依经分例五等。以为古孝上篇传，其外有心是迹非，与夫夺情失礼之事，既不可以入于孝，又不可以为不孝，当别为一门，以类归之，为《孝传》中篇。然如不孝之事，不加采录，无以戒恶。今更立门以示惩创，凡载范所称不孝之事，亦因五等归汇为孝传下篇。又谓曾子传《孝经》，凡曾子言皆《孝经》说，不惟《大戴》十篇而已。班志有儒家曾子十八篇，今辑《大戴》、《小戴》共十一篇。凡散见之文通辑之，以合十八篇之旧目。按此诸条俱关切要。《孝经》孔子称为至德要道，先儒又以为六艺总汇，自宜包举该备成一巨典。凡例具存，依此纂辑成书，固非难事也。

0863 孝经集注述疏一卷答问一卷

简朝亮撰。朝亮号竹居，广东顺德人，清诸生。隐居教授，卒于民国二十二年夏。首有自序，言成此书时年六十有八，盖朝亮授徒时，每开说此经，有答诸生问而辩旧说者，编为《孝经答问》一卷。及所著《论语述》草毕，因思《孝经》为诸经之导，由是考之古义，酌于今时，以成此书。曰集注述疏者，注为唐明皇御注，疏则邢昺疏也。义蕴典制逐一诠释，于邢疏增删御注之处，训辨其得失，并及众注之得失，而推究其所从出。他若存疑正误，补阮元校记之遗。摘字定音，循陆氏《释文》之例，而精粹尤在答问诸条。反复援证，务得其安。其要者如经曰“仲尼居，曾子侍。”谓据此知本经为曾子门人所记，谓曾子作岂当自称子，谓孔子作岂当自称字。又经曰“故自天子至于庶人，孝无终始而患不及者，未之有也。”谓“无”字如《论语》无小大之无，谓无论也。其孝无论为终为始，不患其力不及焉，孝由天性故也。其不曰始终而曰终始者，明乎成终以成始也。又经曰“生事爱敬，死事哀感，生民之本尽矣。”谓生民者，生人也，统贵贱尊卑而言。而旧说不及此，遂有疑亲丧章不言天子之事。又谓本经有互文，有变文，有省文，有分应之文，有回顾之文，有主孝而递推之文，有重教而独承之文，有言改而微及之文。而旧说每忽略之，所以多失。惟断“闺门”章为伪，据《大戴礼·本命篇》，女日及于闺门之内。以为女子居内男子居外，臣妾之臣应在闺门之外。此似视闺门二字太狭。臣即家臣，臣妾犹言仆婢耳。全书未尝及此辈，正不可少，据此定“闺门”章为伪。窃谓“闺门”章之真当别论，惟“闺门以内”四字似不宜泥看。“孝治”章不云乎，治家者不敢失于臣妾，而况于妻子乎。是臣妾与妻子同属于家也。男子治外对内而言，乃一家以外也，岂一家之中又分闺门以内、闺门以外乎？然综观全书，发挥尽致，无一漏义。不但全经贯串，于他经亦无不贯串，非夫剽袭肤浅者所可比也。书无刊版年月。

0864 孝经谊诂一卷 [民国癸亥刊《三经谊诂》本]

马其昶撰。其昶字通伯，安徽桐城人，光绪举人。是书为其所撰《三经谊诂》之一。自序谓《孝经》为圣人已乱之书，人有血气则有争心，不夺不厌而至于残杀，天下遂大乱。于是明尊卑，列上下，制为天子诸侯以统御之。天子、诸侯、卿大夫，数之至少者也。以少御众，而能戢之使不争者势也。势不可以持久，于是圣人有以动其相爱之心焉。相爱之心生于爱父母，而推之及于天下，继之以君臣，导之以师儒之数，俾天下之人皆得相安相养以生，而《孝经》由是作。今观其书，谊求其是，不主一家，不废唐以后说。其所征引，如宋司马光、范祖禹，元吴澄，明吕维祺，且及近人刘光蕡、陈汉章。其解“天之经也，地之义也”，引董仲舒《春秋繁露》：“河间献王问何谓天之经，对曰天有五行，木生火，火生土，土生金，金生水”云云。王曰：“愿闻地之义，对曰地出云为雨，起气为风”云云。《玉海》引郑氏《序》云：“《孝经》者，三才之经纬，五行之纲纪。”即承用董义。又解“宗祀文王于明堂，以配上帝。”引《礼》明堂位疏引异义。古《孝经》说明堂文王之庙，《疏》引郑玄云：“明堂居国之西南，是明阳之地，故曰明堂。”《史记·封禅书》注引郑注：“上帝天之别名也，神无异主，故异其处，避后稷也。”按此二条，为向来辑郑注者取证所未及。书为民国癸亥秋浦周氏所刊。

0865 孝经易知一卷［同治十一年翻刊本］

清耿介撰。介字介石，河南登封人，顺治壬辰进士，官至少詹事。介讲理学，践履笃实，学于孙钟元。与汤斌为友，尝为斌荐于朝。是书首列《洛学续编》所为介传一篇，无序例，署睢州汤斌鉴定。经用今文本，书题《易知》，故解极显浅。兼注异文及音声所遗者，又于注于格上，盖为课学童计也。原刊本未得见，同治十一年壬申有翻刊本。

0866 孝经郑注附音一卷光绪丙申刊本

清孙季咸辑。原名藻成，以字行，山东荣成人，同治癸酉选拔贡生，孙葆田弟。是书兼辑郑康成注及陆德明释文，故首列陆氏《孝经序录》及郑氏《孝经序》。经注之后，附以《音义》。郑注但载旧文不标所出，以已见诸家辑本，不必赘也。于陆氏《音义》，详载靡遗，而删去诸家校语，不欲使混淆大指也。亦取《群书治要》，同严可均而异于臧镛。惟第六章注未之有也，善未之有也。《释文》善一作难，《治要》善作言。此不从《治要》。第十五章又焉得为孝乎，《释文》焉于虔反，《注》同，《治要》作岂得为孝乎。此不从《治要》。五刑，《注》谓劓、墨、宫、割、大辟，《治要》作墨、劓、膑、宫、割、大辟。盖据《吕刑》易其次第，割字衍文，当为剕字之误。陆氏亦误释，俱可据此以订之。经文有从《治要》者，第六章因天之道，与余萧客所见影宋本同。其异于严辑本者，严辑本第四章“是故非法不言，非道不行”二句，经注并脱，此不脱。第十六章经文光于四海，严氏据石台本改于为於，此从《治要》及各本仍作于。第十七章进思尽忠，《释文》：“进，津忍反”，不云《注》同。下出“死君之难”四字，严氏据《文选注》：“死君之难为尽忠”，增三字，此不增。又《释文》误字，如“不戒而伐谓之暴”，“伐”当作“成”。此作成。他如第九章经文“续焉大焉”，他本上“焉”作“莫”。此从《释文》作焉。又经文“则而象之”，《释文》出傚字。邢疏：“法则而象效之”。正用郑注。而诸家或以效为释则字，盖误。其以意增入者，如公侯伯子男注，公者正也四字。《正义》引作旧解，此断为郑注。又删去章名，亦与诸本全异。书后有葆田二跋，言季咸殁，年仅二十七，尝欲为本经作义疏而未成云。

0867 郑注孝经考证一卷光绪家刊本

清潘任撰。任字希郑，江苏常熟人。郑玄注《孝经》，自刘知几以来多有疑者。严可均辑郑氏《孝经》，其自叙剖辨甚力，学者韪之。任又广严氏所未及者，得证十五：一证之礼注而相合；二证之《诗》笺而相合；三证之宋均之言；四证之王肃所难；五证之范蔚宗《汉书》、荀昶《孝经集解》；六证之《唐会要》引玄《六艺论》；七《初学记》经典有玄《孝经》、《论语注》；八王应麟《汉书艺文考证》言马融《孝经传》，玄为融传业弟子，注《孝经》系本师承；九《正义》于众人章释患为祸，谓本孔、郑、韦、王之学，郑谓玄也；十诸书所引《孝经》说多据纬，决为玄注；十一韦昭《孝经解赞》，说多同郑注，知玄注本名解，昭或为郑解作赞也。此十一证，皆雄凿不可易。其他四证稍委曲比附，亦能自圆其说。任是书援引既详审，其化异为同，征虚成实，最为有识。如《孝治》章，“而况于公侯伯子男乎。”注诸侯五年一朝，天子五年一巡狩，此与玄《周礼注》不合。任据《王制注》云“五年一巡狩者虞夏之制，周则十二岁一巡狩。”孔颖达、贾公彦、皇甫侃、陆德明皆以《孝经》为夏制，证之此注益信。“诸侯”章引《诗》云“战战兢兢，如临深渊，如履薄冰。”注云：战战，恐惧；兢兢：戒慎。如临深渊，恐坠；如履薄冰，恐陷。《诗》、《笺》未释，惟毛传与此注同。任谓盖据毛释经。“圣治”章引《诗》云：“淑人君子，共仪不忒。”注云：“淑，善也；忒，差也。善人君子，威仪不忒，可法则也。”而《笺》则云：“仪，义也；淑，善也。善人君子，执义不疑。”一以仪为义，一又以为威仪，各异其训。任谓古者书仪为义，仁义之字为谊。上章云。“其带伊丝，其弁伊骐”，正指威仪言。是则以仪为义，乃其正字。按此诸条皆确凿不可易。郑注《孝经》经此论定，遂成铁案，真功臣也。书刊于光绪二十年甲午。

0868 读孝经日记一卷学古堂本

清潘任撰。任字毅远，江苏常熟人，诸生。是记至“五孝”章而止，未竟全书。所援据古义，至详备。断《孝经》为孔子作，据《艺文志》，《孝经》者孔子为曾子陈孝道也。孝道既是孔子所陈，则其书自是孔子所著。又《礼记经解》云：“孔子云：安上治民，莫善于礼。”此系《孝经》语。如为曾子所作，则师不当引弟子之书。又《史记·仲尼弟子传》，孔子以曾参能通孝道，故授之业，作《孝经》。业者，业于是经。授之业，乃授之以孝使曾子业之。《史记》所云，盖倒文。又《礼记》、《中庸》、《郑目录》云：孔子之孙子思伋作之，以昭明圣祖之德。自“天命之谓性”至“万物育焉”，皆子思之言。先以己言开首，继引仲尼曰，以明作述之义。如《孝经》为曾子所作，当如《曾子》十篇首皆云“曾子曰”矣。此乃“仲尼曰”开首，非曾子所著甚明。最为不易之论。任又断郑氏解，确为康成作。举证十五，别见所著《孝经郑注考证》，另著录。他如据《汉书·匡衡传》云，《大雅》曰：“无念尔祖，聿修厥德。”孔子著之

《孝经》首章，谓为古有章名。又据魏征《群书治要》，作仲尼居，谓“凥”字疑后人因《说文》而改郑注。又据《释文》引郑注，有“禹三王最先者”一语。谓先王指禹，不指文王。凡此皆关要义，说俱确当。又谓郑序所称避难南城之山，系因党事逮捕，以正乐史《太平寰宇记》黄中寇青部之误，亦可采也。

0869 孝经集注一卷 光绪丁未聚珍印本

清潘任辑。首有自序，称经宜就唐之前本十八章为定，注宜以郑氏为定。故是书以郑注为主，兼采陆德明《经典释文》、邢昺《孝经义疏》所载古义，并及近人马国翰玉函山房所辑佚注。始魏文侯传，至唐为止，不录宋元以下。经文下首列郑注，圈外则列古注，古注不标明出处，便诵读也。严可均辑郑注，于《释文》所载阙文处，悉存其旧。下注校语，任亦据之。惟严所未详，字不成句者，概为删去。所辑《释文》，引其义而不采其音，亦以便诵读也。文重简约，义取赅备，与所著《孝经讲义》相辅而行。任尚著有《孝经郑氏解疏》十卷，未刊行。

0870 孝经讲义一卷

清潘任撰。是书分目四十，目各一篇。自第一篇至二十二篇释孝经名义、分章名义，论《孝经》为孔子所作，《孝经》有今、古文之别，历代《孝经》学之传授，古代以孝立教，历朝尊重《孝经》，《孝经纬》有微言大义，《孝经》郑注之真，御注、邢注之得失，《孝经》与《春秋》相表里，《孝经》与群经史传诸子相贯通，诸家《孝经》中古注之粹语，《孝经》引《诗》、《书》之微义，《孝经》之典章制度与三代相同，《孝经》有关于政治，《孝经》为身心性命之本，孔子作《孝经》有杜渐防微之意。自二十三篇以下，分释各章，其有关重要，详他注所未及详者，如第二篇，定《孝经》为孔子自作。所举八证中，引《艺文志》云：“孝经者，孔子为曾子陈孝道也。”孝道既是孔子所陈，则书应是孔子所作。又《礼记经解》云："孔子云安上治民，莫善于礼。"此《孝经》语。如为曾子所作，则师不当引弟子之书。又《史记·仲尼弟子列传》："孔子以曾参能通孝道，故授之业，作《孝经》。"后儒据此，以《孝经》为曾子所作，不知孔子以六艺教人，如子夏传《诗》，子游传《礼》，皆谓之授业。授之业，乃授之以《孝经》，使曾子业之。《史记》云"故授之业，作《孝经》"。乃古之倒文，正文为"故作《孝经》授之业"也。又《中庸》云："惟天下之至诚，为能经纶天下之大经，立天下之大本。"郑注至诚指孔子，大经谓六艺而指《春秋》，大本《孝经》也。与第八、九篇，驳陆澄、刘知几之说，以证郑注之真，俱确不可易。第十九篇，引《孝经钩命诀》云："辅《书》、《诗》以合谋。"《汉书·匡衡传》：衡上疏曰："《大雅》曰：'无念尔祖，聿修厥德。'"孔子著之《孝经》首章，以证《诗》、《书》语非后人所加，且惟各章有引有不引，方见其真如为后人作伪，岂难尽加。亦足解朱子《刊误》及毛奇龄《孝经问》之惑。他如第七篇举《孝经纬》之微言大义，第一篇发明邢疏之八善，具见潜研有得。其释本经，如第三十一篇斥宋儒立经分传之失。第三十三篇正邢昺引晋人不孝之罪在三千条外之谬。俱允惬。余亦援据该博，义备而理正，治《孝经》者以此书为南车可矣。

0871 孝经孝翔学［清宣统元年刊本］

清叶绳翥撰。绳翥字敬伯，罗田人。绳翥幼慧，早通群经，尤专《孝经》，殁时年仅十八。是书首有绳翥父屺寿遗书叙录，凡五种：一曰《古微》，二曰《缮微读本》，三曰《约歌》，四曰《函体检字歌》，五曰《细职音节》。又有绳翥自撰缮微序，次凡例。其要旨则取古文补今文，取群经补《孝经》。用《孝经》例补《孝经》，用《孝经》说订《孝经》，订群经补《孝经》，据小学书正《孝经》字，援宋儒例移《孝经》句等，共十四条。次《孝经》缮微说，谓《孝经》为夫子口授，曾子手记，子思又修之，举证甚备。又次《孝经》

篇章次第说，经文本一篇谓应分三篇，盖以文法论，固以事亲、事君、立身分三段也。今文十八章，古文廿三章，此则并为七章。古今文都不过千八百许字，此则采经补注，益至七百许字。章第既析，乃生章次。其精心结撰，在《古微》一种。卷首有题词，章后有总述。谓忠恕即《孝经》大义，行在《孝经》，即行此忠，行此恕。曾子通《孝经》，故特明忠恕。孟子恐人不知忠恕源于孝，故复言孝弟。孝弟是独善事，属之尧舜。忠恕是兼善事，属之孔子。此其道一贯甚明。故于篇后补"曾子曰慎终追远"及"子曰参乎吾道一以贯之哉"两章，以为必系《孝经》卒章脱在《论语》者。至于《缮微读本》、《约歌》、《函体检字歌》、《绌职音节》四种，不过就《古微》括其意，盖意在课小学也。别附绳翥家书一通，尤多创见。自云古人可作，即不我许，必不我尤。盖自信甚深。尤奇者，成于未冠之童子也。惟书中多杂用自由、平等、维新、立宪等新名词，颇嫌不类。书刊于宣统元年。

0872 孝经质疑一卷［光绪甲申刊本］

徐绍桢撰。绍桢为徐灏子，灏治经学尤精《说文》。绍桢传家学，习是经，尝取一十八章，因唐注以参诸家，并附己见，别为注疏。既复删润，去其人已言。己所未洽者，取若干条另为一卷，名曰《质疑》。其书大抵详于字义，如"仲尼居"，据《说文·自序》称：《论语》、《孝经》皆古文。而此所引《孝经》但作"仲尼凥"，且释之曰凥谓间凥。然则《正义》引古文《孝经》作"仲尼间居"，与许叔重传自卫宏之真古文不同。如"无念尔祖"，据《尔雅·释训》云：勿念，勿忘也。念，可释为忘者，古字多反对为义。"后能保其社稷，而和其民人"，谓古书"和"与"龢"多通用，《说文》：龢，调也。调有治义，犹云治其民人。"口无择言，身无择行。"谓"择"当训"异"，天地之经而民是则之。谓"是则"也，法也，"是则"两字同义，不嫌复。古人行文有此例。"治家者不敢失于臣妾。"谓陆氏《释文》出"遗佚"，云或作失。《说文》佚从人失声，"佚"、"失"

古声相同，可通借。此“失”字正用“遗佚”之义。“是以天下和平”，谓和平当作治平，不当作和睦释。“不在于善而皆在于凶德”，据《尔雅·释诂》：“在，察也。”言而不察于善，而皆察于凶德耳。“虽得之君子不贵也”，谓“之”者，“志”之假借字。“哭不偯”，谓“偯”为声余委曲。“偯”字两见《礼记》，非字讹。并正臧琳之失。以上各条俱精确不可易，惟自序谓《孝经》、孔传、郑注得自日本，实彼国人伪为之。然又谓亦有单词剩义附会古训以成者，既属古训仅存，何所证而疑其伪？可谓游移失据矣。书刊于光绪甲申。

0873 孝经养正一卷光绪乙丑刊本

清吕鸣谦撰。鸣谦字吉垣，湖北广济人。是书首有李廷箫序，次鸣谦撰条议十则。其要者，谓推广孝道，须立孔圣教堂，旁设曾子坐位。每逢房、虚、昴星之日，礼拜先师。由教谕、训导两官主讲，绅耆士庶临期来听。讲毕，就在堂内演礼习乐。按此事近人有倡之者矣。其讲解义理纯用白话，则又近人倡白话替文言之先声也。

0874 孝经本义一卷民国刊《烟霞草堂遗书》本

清刘光蕡撰。光蕡号古愚，陕西咸阳人。光绪己亥举人，历主泾阳、泾千、味经、崇实各书院。是书开篇冠以读法十则，最要者如谓《孝经》“经”字非六经之“经”，乃天下大经之“经”。即本书所谓天之经也。天生万物，人为最灵。即以裁制万物而为之主，而非人与人相接为群，不足以制物。孝者人与人相接之始，所以能群之源也。以孝为经，而帝王之政治，圣贤之学问，皆以纬之。又谓此书论孝，与《论语》有子所述夫子答孟氏父子及游夏两贤，《孟子》良知良能、守身事亲之语，无一不同。故为大道之渊源，儒家论学之宗旨。又谓万物本乎天，人本乎祖，祖亦天也。盖推及生人之始，必有不可知之祖，不得不归之天，则天为人人之大父。然天无形质可接，其可接者惟天所生之人物，亦独事父母者。拘于父母之身以为孝，则其孝甚小。必由孝而为悌，以敬爱其昆弟，然后能顺其亲，推之民为同胞，物皆吾与。天下皆一家，中国为一人。义俱警辟。篇中诠孝字，谓世俗之见，泥父母之身以为孝。养其口体，不及其他。而夫子与曾子论孝，开口即曰先王，曰天下，曰民，曰上下，盖此等语为圣门微言。汉时犹未大著，故其风俗多以庐墓持服为孝，而于立身行道忽略不讲。后世相传愈远，而愈失其诠天子之孝。谓此天子是以德言，非以位言。帝王与庶人非不同，惟帝王真能爱尽天下之人，敬尽天下之人，故惟天子能实充满孝量，下此则心存其理而已。统观全书，不斤斤于句解字析，惟议论稍嫌空衍，且特不免附会。然精粹处亦不少。书为《烟霞草堂遗书》之一种，刊于民国庚申。

0875 古文孝经直解一卷 [约光绪间刊本]

清曹若柟撰。自宋司马光就古文《孝经》作《指解》，朱子就《指解》作《刊误》，元董鼎又就《刊误》作《大义》，然发挥尚未畅也。清初冉觐祖尝欲依《刊误》更作《训释》而未成，若柟为是书即本觐祖意。书中博引宋、元、明诸儒之说，引觐祖说尤多。与觐祖同时若陆桴亭、耿逸庵、汤潜庵、张杨园诸说，亦间引之。卷首有自序，次辑《朱子语类》七条，又次辑司马光、范祖禹、真德秀、熊禾、曹端、吕维祺、陈龙正、吕介儒、冉觐祖说各一则。末附《孝经余论》，谓“不敢”二字，是一部《孝经》骨髓；“爱敬”二字，是一部《孝经》血脉；“立身”二字，是一部《孝经》结穴；“不敢毁伤”“立身行道”八字，是一部《孝经》全功；“昔者明王事父孝”一章，是一部《孝经》大效；五致孝，是一部《孝经》全体云云。颇能包举全书，融会精旨。刊书年月，大约在光绪间。

0876 孝经古本考一卷湖北存古学堂活字印本

清王仁俊撰。是书历考《孝经》诸本，一春秋战国人所引古本，二两汉人所引古本，三鲁国三老所献古本，四刘珍所据孔氏古文说本，五王肃、刘炫伪造本，六唐玄宗御注本，七郭忠恕承讹本，八朱子删定本，九吴澄所定本，十日本伪孔传、郑注本。其中既有两汉人所见本，许叔重、刘珍皆后汉人也，何为别之？其鲁国三老所献古本，既单据许叔重之《孝经》、孔氏古文说、刘珍所引，又谓是《孝经》孔氏古文说，又何为分之？至于王肃伪造，其说始发于丁晏，绝无他证，乃信而据之。而丁晏谓刘禾作伪，又不肯信。李阳冰科斗书《孝经》仅见韩昌黎文，乃硬断为郭忠恕所据。朱子删定外继之而起者，不止吴澄一家，乃遗而未举。日本郑注本，系从《群书治要》辑出。《群书治要》不伪，则郑注亦不伪。凡此皆考之未的。惟辨朱子删去“子曰”及引《诗》、《书》之文，引《孝经钩命诀》，首仲尼以立性情。言子曰以开号，列曾子以示撰，辅《诗》、《书》以合谋。纬书出于哀平间，而有“子曰”及引《诗》、《书》之明证，以驳朱子，无可置辨矣。

0877 孝经旁训一卷芸居楼刊本

清孙传瀫订。传瀫字对涧，浙江宁波人。是书经文作大字，注作小字，列于经文之旁。《广扬名章》下，附古文《闺门》一章。又《庶人》、《三才》、《孝治》、《圣治》、《纪孝行》、《五刑》、《广要道》、《广至德》、《广扬名》、《谏诤》、《感应》、《事君》、《丧亲》各章后，俱附朱子《刊误》。首录开元御制序，又有成都府学主乡贡传注序。殊陋略，止便童蒙诵读而已。

0878 孝经注一卷刊本无年月

清杨起元撰。起元字复所，广东归善人。是书删除章名，屏绝一切旧注。本肫挚之情，达显浅之理，亦自可取。如谓至德者，良知良能之出于天，而无复可加也。要道者，在迩而非远，在易而非难也。说“身体发肤”一节，尤警切。谓始者初也，乃于婴儿验之。婴儿或屈龁其手足，则哑然啼，便是其身体不敢毁伤处。或为之剃发辄啼，或稍损其肌肤辄啼，又是其发肤不肯毁伤处。人情虽至愚不肖，无不爱其身体发肤者，亦无一人敢于毁伤者。水火知避，刑宪知远，疾病知畏，俱从婴儿一啼来。但人率以常情视之，不知此便是孝之发端处。如此立说，方不致使人视经文为空廓。开首录“诵经威仪”一则，亦他本所无。

0879 **孝经说三卷**民国十六年香港奇雅铅印本

清陈伯陶撰。伯陶字子砺，广东东莞人。光绪壬辰进士，以第三人及第。授职编修，外放江宁提学使，署江苏布政使，以养母告归不复出。辛亥后，避乱居九龙。伯陶少从陈澧学，告归后屏绝人事，专心著述。其成是书时年七十三矣。是书分三篇，首篇论《孝经》与《春秋》相表里。以为《孝经》者，孔子成《春秋》后，因为曾子陈孝道，而曾子之徒记述之。《孝经（决）［钩］命决》云：“孔子曰吾志在《春秋》，行在《孝经》。”而孟子言孔子成《春秋》而乱臣贼子惧，传注作《孝经注疏序》。谓修《春秋》以正君臣父子之法，说《孝经》以明君臣父子之行。最得其旨。《春秋》为乱贼作，实为鲁作。鲁之君被弑者四，被戕者一，被逐而死于外者一。《鲁史》讳国恶，书薨书卒，乱贼之罪不明，孔子以属词比事明之。夫大孝尊亲莫过于舜，而《孝经》不称舜而称周公，则为鲁作可知。次篇言曾子学行传授皆本《孝经》。《开宗明义章》曰：“身体发肤受之父母，不敢毁伤。立身行道，扬名于后世，以显父母。”曾子一生即守此数语，以之自省其身，且以之教门弟子。《论语》、《孟子》、大小戴所记可证也。推之《论语》，夫子言一贯，曾子解之以忠恕。忠即一，恕即贯。故曾子之论孝亦以一贯明之，《本孝》、《立孝》诸篇可证也。推之《大学》一书，为曾子所作。《中庸》虽述自子思，而子思学于曾子，故二书皆本忠恕一贯及《孝经》大义为之。末篇论孟子本《孝经》以辟杨墨。按《孟子外书》有《说孝经》一篇，汉儒贾、董及郑康成《礼记坊记注》所引皆《外书》之文，是孟子之学出于曾子，而又传《孝经》者也。陈澧《东塾读书记》言《孟子》七篇多与

《孝经》相发明，按之信然。孟子言杨墨无父无君，盖实有所见。虽杨墨书亦言仁义忠孝，要皆诐淫邪遁之词。篇末言孟子虽斥杨墨，世不之信。汉兴，《孝经》始出，与《论语》、《孟子》同置博士。而汉之诸帝自孝惠后，谥皆先孝，盖明孝治天下之道。光武中兴，令虎贲士皆习《孝经》，而汉制又复使天下诵《孝经》。三代以还，于斯为美。逮至末季，邪说复起，路粹奏孔融，谓融与白衣祢衡跌荡放言，云："父之于子，当有何亲？论其本意，实为情欲发耳。子之于母，亦复奚为？譬如寄拘瓶中，出则离矣。"而向诩则谓："遣将于河上，北向读《孝经》，贼自当消灭。"盖有激之言也。其后曹操竟公然下令，求所谓不仁不孝而有治国用兵之术者，遂启夷狄乱华之祸云云。伯陶盖见于今日邪说有甚于路粹所云，而学士大夫嚣然倡率，又不仅孔、祢一二人。然则神州陆沉，讵止如典午之祸已耶？其寄慨之意深矣。

0880 孝经学七卷［光绪戊申江苏存古学堂刊本］

曹元弼撰。书分七卷，首明例，次要旨，次图表，次会通，次解纷，次阙疑，次流别。而明例又分三目：一、《孝经》脉络次第说，二、《孝经》微言大义略例，三、陈氏澧说《孝经》要略。陈澧字兰甫，学者所称东塾先生者也。说详其自著《东塾读书记》论《孝经》诸条，能见其大。"要旨"则述《中庸》、《史记》、《汉书·艺文志》、郑氏《六艺论》及陶渊明、黄道周、阮元诸家之说《孝经》者。又就书中某句某节而为之说。"图表"则分今文各本表，古文各本表。以日本所传郑注、孔传为伪本。"会通"者，以群经证本经，而见其相通。郑氏《六艺论》云孔子以六艺题目不同，指意殊别，恐道离散。后世莫知根源，故作《孝经》以总会之。据此则会通之作不可少也。"解纷"者，本经述典礼者，以郊祀后稷、宗祀文王一事，阮元据《周诰》为之说，间有语病。陈澧更删节而申成之也。"阙疑"者，本经本无甚疑义。间有一二当考，语在要旨，解纷流别，此但虚立其目耳。其"《孝经》注解传述人考正"，谓《闺门》一章出刘炫伪本，此论殊谬，前人已辨正之。其证郑注确为康成作最详，可息群疑。惟述《孝经》各家撰述所举太略，于唐玄宗注疏后，仅一阮福《［孝经］义疏补》而已。自来言《孝经》者，是书体例较多赅备。为江苏存古学堂刊本，时光绪戊申也。

0881 孝经六艺大道录一卷光绪二十四年西湖书院刊本

曹元弼撰。元弼，江苏吴县人。光绪进士，点庶吉士，散馆授内阁中书。是书止《述孝》一篇，推原孝出于天性，亲者天性，严亦天性。人之性既亲严其父母，顺而推之，可以无所不亲，无所不严。无所不亲之谓爱，无所不严之谓敬。上古圣人因性立教，推其至孝之德，先行博爱敬让之道。于是正夫妇、笃父子而孝本立。序同父者为昆弟而弟道行，因而上治祖祢，下治子孙，旁治宗族，而亲亲之义备。博求仁圣贤人，建诸侯立大夫，以治金木土谷之事，上下相安，君臣不乱，而尊尊之道著。天子以德教光于四海为孝，诸侯以保社稷和民人为孝，卿大夫以守宗庙为孝，士以守祭祀为孝，庶人以谨身为孝。地以平天以成，封建以固，井田以均，军赋以出，学校以修，人才以多，官方以饬，礼俗以成，民气以乐，冠昏以时，丧祭以严，朝聘以尊，处则有备，出则有威云云。如此立论，方见《孝经》为至德要道，人有恒言孝治天下，洵非空论矣。是录拟而未就，其目列后，自述孝以下其目四十有九，为卷一百。殆其后删定为《孝经学》，遂仅存此开卷之一篇欤?

纬之属

0882 **孝经纬一卷**嘉庆刊《七纬》本

清赵在翰辑。以诸书所引泛称《孝经纬》，而不别其何书者，统入此类。所辑凡二十条，附注一条。中一条云“周有千八国诸侯，尽京师之地，不足以容，不合事理”二十字，《穀梁》杨疏统释为《孝经》、《说文》。在翰据范氏《集解》引《五经异义》，文上有“若今诸侯，京师之地，皆有朝宿之邑”句，是此文惟“周有千八国诸侯”句为引用纬文，余非是。又“周有百八国诸侯”七字，已见《援神契》，则此文仍当入《援神契》也。所附宋均注，引郑《六艺论》叙《孝经》云：“玄又为之注。”是郑君注《孝经》之的证。

0883 **孝经援神契一卷**《说郛》本

题云阙名。文凡二十条。中一条云：“伏羲大目，孔子海口，言若含泽。斗唇吐教，陈机授度。”其“伏羲大目”四字，“斗唇吐教，陈机授度”八字，不见群书征引。又一条云：“奎主文章，苍颉效象，洛龟曜书，丹青垂萌画字。”《天中记》引“仓颉效象”下多“是也”二字。又一条云：“明堂之制，东西九筵，筵九尺也。明堂东西八十一尺，南北六十三尺，故谓之太室。”《御览·礼仪部十二》亦引此，“长”字作“丈”，盖误也。

0884 孝经援神契三卷《古微书》本

明孙瑴辑。以为“此言孝道之至，行乎阴阳，通乎鬼神，上下古今若执符”云云。殆亦望文悬断。书分三卷，大约以涉于天地时令者为上卷，涉于帝王礼制者为中卷，涉于六经及物理者为下卷。每条下多按语。又间有称“賁居子曰”者，賁居子，当亦瑴自号也。所辑不著所出，其中纬谶相混，且多讹脱。如“地以舒形”八字，“祭祀之礼”二语，“郊社后稷”三十三字，“封于泰山”二十四字，皆应入《钩命决》。“元气混沌”七语，应入《左契》。“鲁哀公十四年”一百八十一字，应入《右契》。瑴乃俱收于此。而“封于泰山”二十四字，瑴既收之于此，又收之于《含文嘉》，收之于《左契》，尤见游移失据。“故敕以天期”二十三字，见《周礼·冯相氏疏》。“周千八百诸侯”十二字，见《礼运疏》，皆泛言《孝经纬》，瑴亦收之于此。“伏羲画地”五十九字，分见张揖《博雅释地》、《释山》两篇及罗泌《路史》。“月三日成魄”二十八字，见《白虎通》。“神农长八尺”二十四字，“黄帝身逾九尺”二十二字，皆见罗泌《路史》。“郊祀后稷”二十八字，见《礼大传》郑注。“麟中央也”二十八字，见《左氏疏》。皆未言是纬，瑴又收之于此。至于“故敕以天期”条，“皆由此术”四字是疏语，非纬文，瑴乃连及之。“神农长八尺”条，“牛愿”讹作“牛头”。“言若含泽”条，“含”讹作“合”。“少昊乐曰兀渊”条，“大”讹作“兀”。“郊祀后稷”条，“泛配”讹作“凡祀配”三字。“祭祀之礼”条，“地”讹“祀”。“郊社后稷”条，“地”下脱“天”字。其按语，援引似甚博，而驳杂不切，徒见其赘耳。

0885 孝经援神契一卷嘉庆刊《七纬》本

清赵在翰辑。所辑凡一百六十九条，附宋均注一条，逐条注明出处。他书互引，有同异者，皆详具条下，间下按语。有证经义者，如

“稷乃原隰之中”条，谓祗地示。谓之稷者，能生五谷也，故亦谓之谷神，而配以后稷。郑君句龙配社后稷配稷之说，盖本于纬。又“明堂之制”条，援杨应阶说。郑君明堂五室之说，亦本于纬。有征典故者，如“郊祀之礼”条，所云象天酒旗，坐星厨仓者，援柳上娄南紫微垣东西诸星以释之。有疏奥文者，如“诸侯归各帅于国”条，谓诸侯还归，帅行于国云云。有正讹字者，如“丧不过三年”条，有云五五二十五日义断亡，据汉《樊敏碑》五五断仁句，谓此文亡作仁。如此之类，深有功于纬学。惟开篇“天子孝曰就”一条，宜以《礼祭统》所引为准。其就之为言成也，天子德被天下云，乃邢昺《孝经疏》语，盖为《纬文》作解。此连引之，非也。又篇中采证孙瑴《古微书》数处，按孙瑴亦由辑录成书，且多疏谬，似未可据为典要也。

0886 孝经援神契二卷玉函山房刊本

清马国翰辑，题魏宋均注。盖以孙瑴《古微书》为底本，故开首即录赍居子云云。是书作解题，按瑴所说，不过望文生义，不足据。惟国翰于所采诸条，具注出处，昧于出处者不收。有增多于瑴书之外者，俱标别之。以“周公郊祀后稷”条，入《敢问》章；以“刑者侀也”条，入《五刑》章。二章外，概归之杂篇。所引诸书，亦颇具酌裁。如“夏至之日在内衡”，他本引此，其上有“周天有七衡”五字，此独删之。又“冬至日在外衡，斗牛之初”句下，他本引此，有“冬至之日”四字，此亦删之。其“周天七衡六间”条引李淳风《周髀算经注》，为他辑本所未及。其下又连引一条云：“大雪后，玉衡指子，冬至指子，小寒指丑，大寒指艮，立春指寅，雨水指甲，惊蛰指卯，春分指乙，清明指辰，谷雨指巽，立夏指巳，小满指丙，芒种指午，夏至指丁，小暑指未，大暑指坤，立秋指申，处暑指庚，白露指酉，秋分指辛，寒露指戌，霜降指乾，立冬指亥，小雪指壬。”玉衡，北斗柄也，亦出《周髀算经注》，为诸辑本所无。然总而数之，固视他辑本为略。首条之下，别引《后汉书·郊祀志注》以解本条，亦蛇足也。

0887 孝经援神契一卷 光绪丁丑刊《纬攟》本

清乔松年辑。所辑凡一百三十四条，条下各注出处，兼及他书互引之异同。其《春秋》“设三科九旨”条下，缺注出处，盖《公羊疏》也。间有考证，如《御览》诸书，引“谷雨后十五日，斗指辰东南，维为立夏；后十五日，斗指巳为小满；芒种后十五日，斗指午为夏至；大暑后十五日，斗指西南，维为立秋；白雪后十五日，斗指西为秋分；霜降后十五日，斗指西北，维为立冬”诸语，原引并未指为《援神契》，以其文与《初学记》所引大寒后十五日斗指东北维为立春云云，句法相合，遂连缀之。又《天中记》诸书所引“春分之日日在中衡，夏至之日在内衡，秋分日在内衡”诸语，原引亦未指为《援神契》，以其文与《唐类函》所引“冬至之日，日在外衡”句义相合，亦连缀之。又《御览》引一条云“三者道成三，五者训于五品，言其能以善教己也”，其下尚有“三老五更，皆取有妻妾完聚者”十二字，考为应劭《汉官仪》语，删之。又《白虎通》引一条云“仲春祈谷，仲秋获禾，报社祭稷”，其下尚有“以三牲何重功也”七字，是《白虎通》语，《唐类函》误引，亦删之。又《礼祭统疏》引一条云“天子孝曰就，诸侯孝曰度，卿大夫孝曰誉，士孝曰究，庶人孝曰畜”，而邢昺作《孝经疏》，更申之曰孝之为言成也云云。诸辑家率误连为纬文，此不采之。又《御览》引一条云“上德至山陵，则根车应，载万物金车。王者行仁政，则出虞。舜德盛于山陵，故山车出。山者，自然之物也。山藏之精，与象车相似。舜时德盛，故山车有垂緌”五十八字。疑为“山出根车”之注，低一格存之。凡此具见矜慎不苟。惟中有引《渊鉴类函》一条，引《字典》一条，此二书皆成于近世，诸条必由转引而来，宜追求其出处，似未可径引之也。

0888 孝经援神契一卷《汉学堂丛书》本

清黄奭辑。是书大率本之赵之翰所辑，而以《古微书》及清河郡本校之。按赵辑各条，俱注出处，而二书则否。今取二书与赵本同引者及有异文者俱注于下，以资参证。凡《古微书》与赵本同引者一百一十七条，中有异文者七十五条。清河郡本与赵本同引者六十三条，中有异文者四十六条。然奭所采，亦有异于赵本者。如“五岳之精”条后，赵本引《毛诗正义》：“性者生之质，命者人所禀受也，情者阴之数，精内附著生流通也。”而奭去之，增引《大义论》：“肝仁故目视，肺义故鼻候，心礼故耳目，肾信故窍泻，脾亏故口诲。”又“肝仁肺义”条后，赵本引《文选注》：“抗节厉义，通乎至德。”奭亦去之。又“天子刑于四海”条后，赵本引《礼运正义》：“惠及于天，斗极明，日月光，甘露降。”而奭去之，别引《御览》：“王者悳至天，则降甘露。”又赵本此条之后，引《文选注》：“甘露一名膏露。”奭亦去之。又赵本引《御览》：“悳至泉则出大贝。”而奭别引《占经》：“泉上多渊字。”又赵本此条后引《御览》：“惠至渊则海出明珠。”奭又去之。又赵本引《御览》：“神灵滋液则琅玕景。”奭别引《占经》：“‘神灵滋液’下增‘百宝为用’四字。”又赵本引《御览》：“蜂蔓垂芒。”奭别引《广韵》下多“为其毒在后”五字。奭又于赵辑之外，增多五十条。其“王者德至于天，则日抱戴”，附于“黄气抱日条”后。余四十九条，则接于赵辑之末。又赵本于注语或全漏略，或止录其半，如“奎主文昌”条下，录宋均注，缺“仓颉视龟”十九字，而移之篇末使无所系。又或没“宋衷”二字，止称以注。奭皆一一具之。凡此皆视赵本为善，惟赵本原有考证皆标“之翰按曰”四字，此则用其语而删其名。且全书绝不提及赵本，未免有掠美之心矣。

0889 孝经中契一卷《玉函山房辑佚》本

清马国翰辑。引《路史》云："孔子见《孝经》文成而天道立，乃斋以白之天。则玄云涌北极，紫宫开北门。角亢星北落，司命天使书题，号云《孝经篇》耳。元神辰裔，某知元命。使阳衢乘此麟，下告地主要道之君。后年麟至，口吐图文。北落郎服书鲁端门，隐形不见。子夏往观写之，得十七字。余文二十消灭，飞为赤鸟，翔摩青云。"按《御览》亦引此段，而文字小异。国翰并为校注句下。又按孙瑴《古微书》，亦引此条而不注出处。乔松年《纬攟》引亦同，而未校异文。盖《中契》之传世者，惟此一条而已。

0890 孝经左契一卷《说郛》本

题云阙名。文凡十条。其"不孝敬，痹在喉，寿命凶"一条，"天序日月星辰以自光，人序孝弟忠信以自彰，务一德也"一条，"孝之澌身也，犹春气之澹澹也"一条，俱不见群书征引。其"天子孝，天龙负图，地龟出书，景云出游；庶人孝，林泽茂"一条，《艺文类聚》引作《援神契》，而九十八又引作《左契》。盖《左契》是也。又《孝经》者篇题就号也，所以表指括意。序中书名出义，见道曰著。一字苞十八章，为天地喉襟。"道要德本，故挺以题符篇冠就"一条，《御览》引作《钩命决》，而字句小异。又"孝顺二亲，得算二千，天司录所表事，赐算中功，祉福永来"一条，《唐类》函引作《河图》，则未知谁是矣。

0891 孝经左契一卷勤业堂校定《古微书》本

明孙瑴辑。首条，"将军颐，虎衔珠，大夫正，海出鱼"，当出《御览》二百七十四。但作"将军顺"，此"颐"字，盖误。次条"封于太山，考绩燔燎，禅于梁父，刻石纪号，垂度示典，功平政教”，未知所出。章全考定本多通行本一条云“元（孝）［气］混沌，孝在其中。天序日月星辰以自光，人序孝弟忠敬以自彰”。按“元气混沌，孝在其中”八字，见《御览》卷一。又卷四百十一“天序日月星辰以自光，人序孝悌忠敬以自彰”十八字，见《说郛》。其下尚有“务于德也”四字，此未引，亦未知所出。

0892 孝经左契一卷玉函山房刊本

清马国翰辑，题魏宋均注。首条“元气混沌”八字引《御览》，但《初学记》则引作《孝经援神契》。次条“天子孝，天龙负图，地龟出书，夭孽消灭，景云出游”引《御览》。按《艺文类》引此，“景云出游”上无“夭孽消灭”四字，其下多“庶人孝，林泽茂”六字，而此别引“庶人孝，则林泽茂，浮珍舒，怪草秀，水出神鱼”，出《御览》卷四十一。但《御览》引此作《孝经援神契》，非《左契》也。又引《占经》卷五云“日变布五色，苍色见于百姓也”，又《占经》卷六云“轩辕列明，后女争誉”，此二条，为他辑本所无。

0893 孝经左契一卷《纬攟》本

清乔松年辑。所引《广韵》“天子孝”一条，《艺文类聚》引作《援神契》。然九十八又引作《左契》，则《左契》是也。引《说郛》四条，俱无出处。其中“孝顺二亲，得算二千，天司录所表事，赐算中功，祉福永来”二十二字，《唐类函》引作《河图》，非《左契》也。按《说郛》尚有“孝弟之至，通于神明”一条，《孝经》“者篇题就号也”一条、“孝弟之至”一条、“周襄王不能事其母弟”一条，此俱不收。盖前一条，《御览》引作《孝经援神契》；后三条，《御览》俱引作《孝经钩命决》也。又按马国翰所辑较此为详，松年未得见之，故不及借之也。

0894 孝经左契一卷汉学堂丛刊本

清黄奭辑。所采凡十三条，较他辑本为多。其中十条，据清河郡本所引。又“元气混沌”条下，有“宋均注：一德谓从一体也，天序日月星辰，不欲人见，而人见自光。人序孝弟忠信，不欲人知，而人见自彰，同修一体也”四十五字。“霜以挫物”条下有“宋均注：孝皆人心所自然有者。行之善，则如露之于草，其身自泽；行之不善，则若霜之挫物，其自损也”三十九字，亦同据清河郡本。奭又引《开元占经》一条，而马国翰辑本尚有“轩辕列明，后女争誉”一条，亦出《开元占经》。此未引之。

0895 孝经右契一卷《说郛》本

题云阙名。文凡六条。其开篇“孔子夜梦丰沛之邦”一条，“吾姓为赤松”以下，据《御览》云：“字时侨，名受纪。孔子曰：汝岂有所见乎？曰：吾所见一兽如麢者，羊头，头上有角，其末有肉，方以是西走。儿发薪下，麟视孔子，趋而往。麟蒙其耳，吐书三卷，孔子精而读之”云云。取校此文，知多阙误。又曾子撰斯问曰：孝文手较不同何？子曰：吾作《孝经》，以素王无爵禄之赏、斧钺之诛，与先王以托权，自至德要道以题行。首“仲尼以立性情，言子曰以开号，列曾子示撰，辅诗书以合谋”一条，《御览》引作《钩命决》，而字句小异，亦未知谁是也。

0896 孝经右契一卷勤业堂考定《古微书》本

明孙瑴辑。首条“孔子夜梦丰沛之邦”云云，章全考定本注其下，云见《援神契》。按此文《御览》八百八十九引此，作《右契》。全说非也。又考定本此条下多“内深藏不足为神，外博观不足为明，惟孝者为能注天之神，丽日之明”二十七字。按此条见《说郛》，清河郡本亦有之。且多“宋均注：博学笃志，切问近思，仁在其中矣。夫仁犹不足为明，唯孝者能动天之神、感日之明，与身相通附矣”。凡四十（二）［一］字。惟未知所出。又毂所辑《孝经援神契》有一条云：“孔子作《春秋》，制《孝经》既成，使七十二弟子向北辰磬折而立，使曾子抱《河》、《洛》事北向。孔子斋戒，簪缥笔，衣绛单衣，向北辰而拜，告备于天曰：‘《孝经》四卷，《春秋》、《河》、《洛》凡八十一卷，谨已备。’天乃洪郁起白雾摩地，赤虹自上下，化为黄玉，长三尺，上有刻文。孔子跪受而读之，曰：‘宝文出，刘季握卯金刀在轸北，字禾子，天下服。’”与《御览》文虽小异，真《右契》也，何以失之？

0897 孝经右契一卷玉函山房刊本

清马国翰辑，题魏宋均注。首条引“孔子夜梦三槐之间，丰、沛之邦，有赤烟气起，乃呼颜渊、子夏侣往观之。驱车到楚西北范氏之街，见前刍儿捶麟，伤其前左足，束薪而覆之。孔子曰：‘儿，汝来，汝姓为谁？’儿曰：‘吾姓为赤诵，字时乔，名受纪。’孔子曰：‘汝岂有所见乎？’儿曰：‘吾有所见，一禽如麕，羊头，上有角，其肉有肉，方以是西走。’孔子曰：‘天下已有主也，为赤刘，陈项为辅。五星入井从岁星。’儿发薪下麟视孔子。孔趋而往，茸其耳，吐书三卷。孔子精而读之，《图》广三寸，长八寸，每卷二十四字。其言赤刘当起，曰‘周亡，赤气起，火曜兴，元卯制命，帝卯金。’”盖据干宝《搜神记》。校以《初学记》、《六帖》、《御览》，其文小异。次条“孔子作《春秋》，制《孝经》既成，使七十二弟子向北辰磬折而立”云云，自“磬折而立”下全同《宋书·符瑞志》，而国翰刓其所注出处，未知究是何书也。

0898 孝经右契一卷《纬攟》本

清乔松年辑。首条孔子夜梦丰沛之邦云云，引《御览》八百八十九，而校以《路史》所引，其文小异。取与《说郛》相校亦小异。次条，“制作《孝经》道备，使七十二弟子，向北辰星而磬折，使曾子抱《河》、《洛》事北向。孔子簪缥笔，衣绛单衣，向星而拜”凡四十一字，引《御览》五百四十二，但《唐类函》及《天中记》皆引作《援神契》。其下又连引“告备于天曰：‘《孝经》四卷，《春秋》、《河》、《洛》凡八十一卷，谨已备。天乃洪郁起白雾摩地，赤虹自上下，化为黄玉，长三尺。上有刻文。孔子跪受而读之，曰：‘宝文出，刘季握卯金刀在轸北，字禾子，天下’”凡七十一字，云依《宋书·符瑞志》。然《北堂书抄》卷八十五引“制作《孝经》道备，使七十二弟子，向北辰而磬折。孔子绛单衣，向北辰而拜”二十八字，又作《孝经援神契》。按“下”字下，《古微书》引有“服”字，宜据补。

0899 孝经右契一卷汉学堂丛刊本

清黄奭辑。所采凡八条，亦较他辑本为多。其中六条转引清河郡本，孔子夜梦丰沛条，据校《初学记》、《白帖》、《事类赋》，略有异文。清河郡本亦引此，异文尤多。其“内深藏不足为神”条，《古微书》、清河郡本同引，而清河郡本多“宋均注博学笃志，切问近思，仁在其中矣。夫仁犹不足为明，唯孝者为能动天之神、感日之明，与身相通附矣”四十二字。又“孝匪形逌格神”条，亦《古微书》、清河郡本同引，而清河郡本多“宋均注：孝匪可形，以神相授矣”十二字。又“麒麟一角”条，引《路史·余论》，亦他辑本所无。

0900 孝经钩命决一卷《说郛》本

题云阙名。文凡十条，其“中国多孝则风雨时”一条、“孝旨如醴泉”一条、“作礼制乐，孝以事天，则景景见也”一条、“流深者其水不测，孝至者其敬无穷”一条、“正朝夕者视北辰，正性情者视孝子一条”、“不时谓之败岁，不孝谓之戮民”一条，俱不见群书征引。又一条云："三皇步，五帝骤；三王驰，五霸骛。或称帝王。接上称天子，明以爵事天。接下称帝王，明以号令臣下，其或称帝王以下。"亦不见群书征引。又一条云："父之所生，其子长之。父之所长，其子养之。父之所养，其子成之。其子皆奉承而续行之，不敢不致如父之意。"此条全见《繁露》第三十八篇，岂仲舒亦引纬文耶？抑误入耶？又一条云："春政不失，五谷蘖。夏政不失，甘雨时。季夏政不失，地无荒。秋政不失，人民昌。冬政不失，少疾丧。五政不失，百谷稚熟，日月光明。"此条并见《尚书考灵曜》，不知谁误入也。

0901 孝经钩命决一卷《古微书》本

明孙瑴辑。以为《纬书》言命者，莫如《元包》。以钩言者，莫如《春秋》之《文燿钩》，《河图》之《稽燿钩》。兹撰《孝经纬》，则直言"决"矣。殆即元命钩燿之命，而参其奥以示人，故以"决"名云云。亦是悬断。所辑不著所出，又混杂讹脱，与《援神契》同。如"孔子海口"八字，瑴已入于《援神契》，又重收于此。"水性则信"九字见《王制疏》，但作《孝经纬》，瑴亦收之于此。且疏引此文，作"土性则智，水性则信"，瑴妄为互易，殊失古训。"东夷之乐"条，见《周礼·春官鞮鞻氏疏》，作持矛、持弓、持钺、持盾。瑴除持矛与疏同，余则作持羽、持戟、持干，不知何据。按语驳而不切，亦与《援神契》同。

0902 孝经钩命决一卷嘉庆刊《七纬》本

清赵在翰辑。所辑凡七十八条，其第一条："圣人不空生，必有所制，以显天心。其为木铎，则天下法"，其圣人二句，《诗·閟宫》正义引入《援神契》。第十四条"仲尼海口，言若含海泽也"，《艺文类聚·人事部》引"孔子海口含海"入《援神契》。俱宜两存。在翰于条下皆注明出处，其他书互引有同异者，亦具详之。"郊祀后稷"

条，援杨应阶说，谓礼王后蚕于北郊，无北郊祭地之文。此云祭地北郊就阴位，证以《汉志》引《逸礼》云："祭地于泰，折在北郊就阴位也。"可据以补礼文之阙。篇中亦引《古微书》数处。惟"钩象星也"四字，《古微书》讹作正文，此订为注。按是篇所言志在《春秋》，行在《孝经》二语，经学家据为金科玉律。又以《孝经》"属参"一语，论者亦据为曾子传《孝经》的证，知是篇与《孝经》最有关也。

0903 孝经钩命决一卷玉函山房刊本

清马国翰辑，题魏宋均注。以《古微书》为底本，开卷引贲居子云云。作是书之解题，亦是望文生义，无足据。惟所采诸条，具注出处，且间补《古微书》之所遗。如"尧梦乘青龙"条，《古微书》漏引"情者既有知，故有喜怒哀乐好恶"几字，此补引之。又"彗五彗也"五十三字，《后汉书·天文志》注引作宋均《孝经钩命决》注，而《古微书》误收入《孝经内事图》正文，此移正之。又"助时生也"条，《古微书》系出《白虎通德论》，"持弓"误"持羽"，"楯"误"干"，此据《周礼》贾疏订正之。又"天子亲临辟雍"条，《古微书》误入他书所引《援神契》文，此据《北堂书抄》订正之。又"情生于阴"一条，《古微书》所引，出《白虎通德论·性情篇》，此则别引《广弘明集》"奇者阳节，偶者阴基，得阳而成，合阴而居，数相配偶，乃为道也"二十四字。以为与上说性情，当是一篇文。又补入《北堂书抄》"刑者教也"一条、《御览》"先立春七日"一条、《周礼》郑注"祭天南郊"一条、《周礼》贾疏"祭地于北郊"一条、《礼记正义》"后稷为天地之主"一条、《文选注》"宗祀文王于明堂"一条、《路史注》"神农名轨"一条、《文选注》"耕桑得利"一条、《仪礼疏》"五礼用雁"一条、《礼记正义》"暂所不臣"一条、"天子当所不臣者三"一条、《后汉书注》"自外至者"一条、"予谁行赤"一条、《文选注》"天有顾眄之义"一条、《文选注》"地以舒形"一条、《诗正义》"孝者万世之桎辖"一条、《文选注》“明王用孝”一条、“勑躬未济”一条、“欢欣慎惧”一条、“引兴摘暴”一条、《御览》“孝悌之至”一条、《后汉书注》“岁星守心”一条、“天子失仁”一条、《后汉书注》“失义不德”一条、“日蚀修孝”一条、《占经》“彗守大角”一条、“天子失和”一条、“水失信”一条、“天子失礼”一条、《御览》“周襄王不能事其母弟”一条、《文选注》“名毁行废”一条、“削肌刻骨”一条、“云委雾散”一条、《礼记》郑注“吾志在春秋”一条，别据《唐书·儒学传》“后稷为天地主，文王为五帝宗”二句，校《礼记正义》无二之字，为他辑本所未及。至若“三皇设言”条下，兼引《公羊疏》，以解本文，亦可不必存。

0904 孝经钩命决一卷《纬攟》本

清乔松年辑。所辑凡七十二条，条下各注出处，兼及他书互引之异同，亦间有考证。如《周礼·大司乐》郑注引“祭天于南郊就阳位”，但云《孝经》说，而《周礼·地官牧人疏》引“祭地于北郊就阴位”，两文相俪，因亦入之此卷。又引《说郛》一条云：“作礼制乐，孝以事天，则景星见也。”谓当是制礼作乐。又《春秋左传》杜序疏，引《春秋》二尺四寸书之，《孝经》一尺二寸书之。而《通典·封禅门》引《六经册》长尺四寸，《孝经册》长尺二寸，疑杜佑括此意为之，非别有出处。所见俱是。惟引《说郛》一条云：“三皇步，五帝趋；三王驰，五霸骛。”据《御览》引此“趋”作“骤”，按旧本《说郛》原作“五帝骤”，此云“趋”者，不知所见何本。卷中亦引《渊鉴类函》一条。

0905 孝经钩命决一卷《汉学堂丛书》本

清黄奭辑。是书亦本于赵之翰所辑，而以《古微书》及清河郡本校之。《古微书》同引者三十三条，中有异文者十条。清河郡本同引者十五条，中有异文者八条。或称“帝王”二十五字，清河郡本以接

"三皇步，五帝骤；三王驰，五伯骛"之下连为一条。又清河郡本于"三皇步"条下，宋均注增多"步者行犹缓，骤则行之速，驰者则如奔，骛者则如飞。行缓则久，行速犹常。如奔则疾，如飞则一止而已。故霸不如王，王不如帝，帝不如皇矣"凡五十三字。又"情生于阴"条下，清河郡本增多宋均注"阳气主于流动，故仁。阴气主于积聚，故贪也"二十字。又赵本引《续汉书》注天失仁，"天"下注云"疑有阙字"。而清河郡本直作天子，俱视赵本为善。奭依之。另补二十九条，附于其后。仍用之翰考证而删其名，与《援神契》同。

0906 孝经内事一卷《说郛》本

题云阙名。文凡九条。其"天子行孝，则景星见"条，据《御览》引，"孝"下有"德"字。又"王者远嫌别微，殊贵贱，抑骄臣，息乱子，则屏星为之明以润，章大也"条，《御览》引此，润字下尚有"帝座章而光"五字正文，此阙之。"章大也"三字，是宋均注，此误混。又"昆弟有亲亲之思，则钩钩入房"条，《御览》引此，"之"作"至"，"入房"作"不离房"。又"王者厚长幼，各得其正，则房心有德星应"条，宋均注"长幼厚则政著明"，《御览》引此，"政"下有"教"字。盖《说郛》传本，向多讹脱，不独是卷然也。

0907 孝经内事一卷《汉魏遗书》本

清王谟辑，题汉南阳宋均注。所辑凡八条，皆见《古微书》。惟最末条"彗在北斗，祸大起；在三台，臣害君；在太微，君害臣；在天狱，诸侯作祸。彗行所指，其国大恶。四彗在月中者，君有德，天下欣心，大丰盛"，其下注云："《御览》本作《孝经内记》，《始皇本纪正义》引此，亦作《内记》。"按《史记正义》所引无"四彗在月中者"以下十六字。《御览》引虽连"国有大恶，而国有大恶"以上，疑非纬文。故他辑本皆不及之。谟所注殊混淆不清。他七条俱未注所出。

0908 孝经内事图一卷《古微书》本

明孙瑴辑。按《御览》引此无“图”字，以《春秋内事》例之，无“图”字为是。瑴则以为天象玄隐，非图莫著，而终以其言隐也，名之《内事》云云。盖臆说也。不著所出，同《援神契》。所辑“大角为坐候”五字，“斗曲杓桡”三十二字，“岁星守心”三十字，皆已入《援神契》。“失义不德”三十三字，“彗五彗也”五十二字，皆已入《钩命决》，又重收于此。按语驳而不切，与《援神契》同。

0909 孝经内事图一卷玉函山房本

清马国翰辑。书有“图”字，沿孙瑴之误也。异瑴者，每条皆著所出。瑴所收“大角为坐候”条、“斗曲杓桡”条、“岁星守心”条、“失义不德”条，此皆不存。其“彗出北斗”条，于瑴书增十字，删一字，改二字。又据《御览》增一条，据《开元占经》增七十一条。惟诸辑本，皆兼引宋均注，此独删之，不知何意。各条下间附浅解，语虽甚略，亦胜于瑴之繁称博引也。

0910 孝经内事一卷《纬攟》本

清乔松年辑。所引“天子行孝德”条、“王者动得天度”条、“王者得礼之制”条、“王者得云台之礼”条、“昆弟有亲亲至思”条，俱《御览》八百七十二。又“四彗在月中”条，见《御览》八百七十五。亦俱为《说郛》所引。惟“王者厚幼，各得其正，则房心有德星之应”条，亦出《御览》而《说郛》失之。“王者敬诸父有差，则大角光明以扬”条，亦见《御览》八百七十二，何以舍之而引《汉魏遗书》，岂失之目睐耶？若“五车星主五谷，明则无饥寒之困”条，但注《格致镜原》，此则真未考见原书矣。

0911 孝经内记图一卷汉学堂丛刊本

清黄奭辑。题下注云："记一作事。"所引《开元占经》六十三条，俱抄自马国翰辑本，附以见《御览》者十条。其中同见《说郛》、《古微书》者九条，单见《说郛》者一条。至所引"大角为坐候"一条、"斗曲杓桡"一条、"岁星守心"一条，他书俱引作《援神契》。"失义不德"一条、"彗五彗也"一条，他书俱引作《钩命决》。不宜以入于此也。

0912 孝经古秘一卷玉函山房刊本

清马国翰辑。是书原缺撰人，《隋志》：《孝经古秘援神》二卷，《孝经古秘图》一卷，云梁有又云亡。盖亡于隋也。按《古秘援神》之目，不见经述。国翰以为亦纬之类，盖当时别行之本。从《开元占经》辑得十一节，附录《孝经河图》一节，《孝经谶》一节，为一卷。按《孝经河图》，《隋志》无此目，国翰以为或是兼引《孝经纬》及《河图》，亦嫌无据。又按谶之与纬，本各自为书，但谶文传者尤寥寥，姑杂缀成编云尔。

0913 孝经中秘一卷汉学堂丛刊本

清黄奭辑。引《御览》某作《孝经》一百六字，同他辑本。惟别校以《路史》，"某作《孝经》，文成而天道立"下有"乃"字。"天"下无"则"字，"玄云"作"玄霜"，"北"下有"极"字，"角"作"召"，"号"下有"曰"字，"篇"下有"目"字，"云神星裔"作"玄神辰裔"，"余字灭消"作"余文二十消灭"，无下"其余文"三字，"乌"作"鸟"，《古微书》同。盖亦引《路史》也。惟"玄霜"作"玄云"，异一字耳。

0914 孝经古秘一卷汉学堂丛刊本

清黄奭辑。全据《开元占经》，与马国翰辑本同。而国翰所采“日已入而光复照，兵起”条、“夏时两日并照”条、“失信则辰星缩，天下大水，岁不丰熟”条、“辰星冠珥帝不明，三月之中，亏阳灭弱，下力强阴，制政反蔽阳，佞人出，世有兵”条、“大夫不信斗辅亡”条，俱削之。而增入“岁将大恶，金加于胃”一条，亦《占经》之文也。

0915 孝经雌雄图一卷玉函山房刊本

清马国翰辑。《隋志》：“《孝经雌雄图》一卷，《孝经异本雌雄图》二卷。云梁有，并以为亡。”庞元英《文昌杂录》：“周显德六年，高丽遣使献《别叙孝经》一卷、《越王孝经新义》八卷、《皇灵孝经》一卷、《孝经雌图》三卷。”又云：“雌图者止说日之环晕，星之彗孛，亦非奇书。”按高丽本只称《雌图》，疑缺其半。而卷数与《隋志》相合，颇不可解。国翰从《开元占经》辑得四十九条。《占经》每称《雌雄图三光占》，国翰以为《图》中篇名，据录于篇首，亦是臆度之词，未可据信也。

群经总义类

传说之属

0916 刘向五经通义一卷《经典集林》本

清洪颐煊辑。按《隋书·经籍志》："《五经通义》八卷，梁九卷。"不题撰人名氏。《旧唐书·经籍志》："《五经通义》九卷。"题刘向撰。《新唐书·艺文志》同。颐煊盖从《唐志》也。所辑诸条，俱注出处。见两书或三书者，同著之。其"青帝灵威仰"条、"王者诸侯所以三年一祫"条、"闰天道小备"条、"诸侯会天子"条、"泰山一曰岱宗"条、"五帝三王乐所以不同"条、"乐贵和而尚质"条、"受命而王者"条、"东夷之乐"条、"八风者八卦之风"条、"何谓声何谓音"条、"管匏为笙"条、"箫编竹为之"条、"圣人闻羽声"条、"邹衍言天事"条、"日中有三足乌"条、"日蚀者月往蔽之"条、"阴阳散为风"条、"阊阖风至则解县"条、"不周风至则修宫室"条、"寒气凝而为霜"条、"阴阳乱则为雾"条、"天道所以有寒暑"条、"夏至阴气始动"条、"中南一名太一"条、"颛项者颛犹专项犹悫"条、"有德则善谥"条、"谥者死后之称"条、"弁高五寸"条，皆为宋翔凤辑本所无。惟"《春秋》说题辞"条，宋辑本在要义中。他条文字小异者尚多。

0917 刘向五经要义一卷《经典集林》本

清洪颐煊辑。按《隋书·经籍志》："《五经要义》五卷。"不题撰人名氏。《旧唐书·经籍志》："《五经要义》五卷，刘向撰。"《新唐书·艺文志》同。"《隋书》：梁有《五经要义》十七卷，雷氏撰。

别是一书。”颐煊是本题刘向《五经要义》，盖从《隋志》。所辑各条，俱著出处。一条而见两书或三书者同著之。其“太庙为太室”条、“立坛于田”条、“三代名腊”条、“王者田猎”条、“国君及元率”条、“凡乐音有八”条、“肆春秋传曰”条、“磬立秋之乐也”条、“篪竹也”条、“太昊之世”条、“昏暗也”条、“终南山”条、“太一一名终南山”条、“太一山在扶风”条、“诸侯黼裘”条、“鞸者裳前之蔽也”条、“虞主埋之庙北牖下”条，俱为宋翔凤辑本所无。

0918 驳五经异义十卷《通德堂经解》本

汉郑玄撰，清黄奭辑。按《后汉书·许慎传》：“慎以五经传说，臧否不同，撰为《五经异义》。”《公羊疏》云：“左氏先著竹帛，故汉时谓之古学。《公羊》，汉世乃兴，故谓之今学。是以许慎作《五经异义》云，古者《春秋左氏》说，今者《春秋公羊》说。治古学者，即郑众、贾逵之徒。”《礼记疏》云：“凡异义皆同《穀梁》之义。许氏书可征者如此。”《隋志》作十卷，《唐志》同。郑君驳载本传，及《郑志·目录》、隋、唐《志》皆连异义为书，不别载卷数。其书佚于唐以后，惟散见诸经义疏、《史记注》、《北堂书抄》、《初学记》、《通典》、《类聚》、《御览》等书所引。奭辑是本在诸辑本之后，故较他辑本为详。然亦不无舛误，所当参观而得其是也。

0919 六艺论一卷《通德遗书所见录》本

汉郑玄撰，清孔广林辑。凡总论三条、《易》十三条、《书》三条、《诗》八条、《礼》十条、《春秋》五条、《孝经》一条。《易论》引“大昊帝包牺氏”一条、“宓牺氏为网罟”一条、“炎帝神农氏”一条、“神农氏斫木为耒耜”一条、“轩辕皇姓公孙”一条、“黄帝佐官有七人”一条、“轩皇有景云之瑞”一条，俱见《辨正论三教治道篇》注。但不似《六艺论》，他辑本俱无之。《春秋》、《孝经》应皆有“玄又为之注”一语，此又缺之。余同他辑本。

0920 六艺论一卷玉函山房本

汉郑玄撰，清马国翰辑。卷首有叙录，不标总论、经别。属于总论者二条，属于《易》者三条，属于《书》者二条，属于《诗》者七条，属于《礼》者六条，属于《春秋》者三条，属于《孝经》者二条。其《诗论》“《泛历枢》云午亥之际”一条，出《诗正义》。“文王创业”一条，出《路史注》。《礼论》“汉兴始于鲁淹中得古礼”一条，《汉书·艺文志》条下增。又按“《儒林传》云”六十字，为他辑本所无。诸辑本总论、《易论》书中所有者，此亦多阙之。殆未尝参证他本耶?

0921 六艺论一卷光绪刊《郑氏佚书》本

汉郑玄撰，清袁钧辑。凡总论三条、《易》五条、《书》三条、《诗》八条、《礼》七条、《春秋》六条、《孝经》一条。按玄于《春秋》、《孝经》，皆云“玄又为之注”。此于《春秋》、《孝经》俱收之，是也。《易论》，“易者阴阳之象”条，末有“人皇即遂皇也”六字，非原文。“遂皇之后”条，“一百七十八代”六字，宜删。《诗论》引《周诗》是孔子所录，《商颂》则篇数先定，见《诗谱》序疏，他辑本无之。各条下校订疑义，标曰“考证”，亦为他辑本所无。

0922 郑氏六艺论一卷《鄦斋丛书》本

汉郑玄撰，清臧琳辑。不标总论经别。属于总论者三条，属于《易》者三条，属于《书》者二条，属于《诗》者六条，属于《礼》者五条，属于《春秋》者五条，属于《孝经》者二条。又自叙三条：一引遭党锢之事，逃难注礼，党锢事解，注古文《尚书》、《毛诗》、《论语》，为袁谭所逼，来至元城，乃注《周易》。一引凡著《三礼》

七十二篇。一引赵商字子声，河内温人，博学有秀才，能讲难，而吃不能剧谈。按此三条，为他辑本所无。又《春秋论》引《礼记正义》“右史记事，左史记言”，不从《公羊疏》引“左史所记为《春秋》，右史所记为《尚书》”。弥见矜慎。余条都见他辑本，其中间有漏略，经玄孙镛堂为之补次。见嘉庆丁巳镛堂所为后跋。

0923 **六艺论一卷**乾隆四十九年刊本

汉郑玄撰，清陈鳣辑。《隋志》有《六艺论》一卷，《唐志》同。不知佚于何时。鳣从《诗谱》、《释文》、诸经注疏、《汉上易传》、宋均《孝经纬注》、《路史》、《辨正论》、《唐会要》、《北堂书抄》、《类聚》、《困学纪闻》诸书，辑得四十六条。卷首有鳣自序，辨徐彦《公羊疏》称郑君先作《六艺论》讫后注书之非，引《诗论》云：“注诗宗毛为主。”又《春秋》、《孝经论》并云：“玄又为之注”。是作于注书之后，本书即有明证。又孔颖达称《六艺论》有方叔机注，未详何时人。鳣从《礼记正义》，引其一条，亦足珍也。

0924 **六艺论一卷**《通德堂经解》本

汉郑玄撰，清黄奭辑。凡《易论》十三条、《书论》三条、《诗论》八条、《礼论》六条、《春秋论》三条、《孝经论》二条。所采除诸经注疏外，有《释文》、《路史》、《世说新语》、《辨正论》、《山堂考索》、《瑞桂堂暇录》、《事物纪原》诸书。奭似未见陈鳣本，故所采书不尽同。以校陈本，如“易者阴阳之象”条，此多“人皇即遂皇也”六字。乃释原文“人皇”二字，非原文也。又“遂皇之后”条，引“伏牺始作十二言之教”，“二”字是衍文，陈本无之。又陈本引“辨正论”五条，又“太平嘉瑞”条末多“是其变也”四字，陈本无之，疑亦《正义》所增。又“易之为名也”条，末多“据兹三义”十三字，系《易赞》，非原文。又“春秋演孔图”条，引多百八字，是《泛历枢》，非原文。惟“易系辞云”一条、“礼其初起”

一条，为陈本所无。又陈本分数条者，此往往并为一条，故数若少于陈本，而文实繁于陈本也。

0925 新校郑志三卷附录一卷 嘉庆间汗筠斋刊本

清钱东垣、钱绎、钱侗校。东垣字既勤，绎字以成，侗字同人，俱江苏嘉定人。是书据武英殿本郑志，每条下取诸经正义及唐宋说部类书所引，为之补注出处，间或正其谬误。如《提要》所举“尧典注”一条，不载《正义》者，乃得之于《礼记·王制》“正义”中。又以“临硕难”一条，即《汉书》本传所称《答临孝存周礼难》一书，与前录《答临硕孟子》云云一条无难字者不同，恐收之不可胜收。所见甚是。原书本有按语，故加“东垣按”、“绎按”、“侗按”以别之。另有标“鉴”按者五条，按鉴姓秦，字炤若，亦嘉定人，即汗筠斋主人，刊此书者也。后有附录一卷，记郑志之见于诸书者，亦鉴所录也。末有东垣与绎二跋。绎跋言张逸、焦乔、汜阁、田琼、赵商五人，弟子也，故答而不问。崇精、崇翱、王权、鲍遗、陈铄、刘德六人，门人也，故问而不答。又据本传称赵商等自远方来就学，在何进辟召之后，时年六十，兹则商所问者十居其四。又诸弟子所问，历引《易注》、《书赞》、《书注》、《诗笺》、《周礼注》、《礼记注》、《仪礼注》、《论语注》、《谛祫志》、《驳五经异义》，可证斯志成于诸书已成之后，为郑君晚年定论云云。又按《四库提要》尚有补遗一卷，今刊本无之，岂后又有所删并耶?

0926 郑记一卷 《郑氏佚书》本

《隋志》:“《郑记》六卷，郑玄弟子撰。”刘知几云:“郑君卒后其弟子追论师所著述，及应对时人，谓之郑志。”又云:“郑之弟子，分授门徒，各述师言，更相问答，编录其语，谓之郑记。”《唐志》二书并载，《郑记》卷数并同《隋志》。钧既辑郑志，复取焦乔、崇精、王权、鲍遗、任厥、崇翱、桓翱、刘德、陈铿、陈铄诸人之问，及答者张逸、赵商、田琼、王琼、焦乔、汜阁诸人。盖诸人皆及事郑君，与于弟子之列。所谓“分授门徒各述师训，更为问答者”，是不可混于郑志也。钧所采以《通典》为主，旁及经疏。至于《初学记》、《御览》，间有疑义，别为考证。如钧所辑他书。

0927 圣证论一卷玉函山房本

魏王肃撰，晋马昭驳、孔晁答、张融评，清马国翰辑。孔晁说党于王，即元行冲所称王学之辈也。国翰所辑，凡四十余条，依经为次。所为驳、答、评，不能诸条悉具，即原书亦未必皆有。其今所存者，当略备于此矣。张融核定郑王之臧否，谓“郑注渊深广博，两汉四百余年，未有伟于玄者。然二郊之祭，殊天之祀，此玄误也。其如皇天祖所自出之帝，亦玄虑之失”云云。所评亦允，而未尽也。如笺鸱鸮，谓成王多罪周公属党。论昏期，主仲春嫁娶，先儒多非之。马昭以《家语》为王肃增加，非郑所见，本无左证，后人遂据此以伪造《家语》坐王肃。至所辑诸条，绝无涉及古文《尚书》者。议者徒以其说多与古文《尚书》同，亦以伪造坐之。是此残余之仅存者，反为王肃之不幸矣。

0928 圣证论一卷《汉魏遗书钞》本

魏王肃撰，清王谟辑。《魏志·王肃传》：“肃善贾马之学，而不好郑氏。集《圣证论》，以讥短玄。孙叔然受学郑玄之门人，驳而释之。”《旧唐书·元行冲传》云：“子雍规玄数十百件，守郑学者，时有中郎马昭，上书以为肃谬。诏王学之辈，占答以闻。又魏博士张融，案经论诘，融等召集，分别推处，理之是非，具《圣证论》。”此王肃著论之大旨，及往复相寻之始末也。《隋志》十二卷，《唐志》十一卷。其书佚于唐后，谟所辑仅二十条。或录马融、郑玄说于前，或单录郑说于前，又或附张融评马昭难于后。肃之难郑，至于再三。昭之通郑，亦至再三。然谟采获未尽，且编次杂乱，不如马国翰辑本之善也。

0929 五经析疑一卷《说郛》本

题魏邯郸绰撰。《隋志》:“邯郸绰撰《五经析疑》二十八卷。”《唐志》作三十卷。其书早佚,宋以后未见引及,《说郛》所收亦非原帙。凡十一条,不注出处,惟“夫笙者法万物所生”条《初学记》引之,“矢绝于弦不可追”条《御览》引之。余不知采自何书。王谟辑本,多未引及。

0930 五经析疑一卷《汉魏遗书钞》本

题宋邯郸绰撰。按《说郛》本,题魏邯郸绰。此题宋,俱无所据。谟据《北堂书抄》引云:“甲女子欲入门,为乙门所算死,以为当坐杀人弃市。意此书当如春秋决事,设为甲乙以科罪”云云。按是书《唐志》本入法家,证诸此条,可信。而诸书所引他条,则有不尽然者。谟辑得《初学记》四条、《书抄》一条、《御览》一条。

0931 五经然否论一卷玉函山房刊本

晋谯周撰,清马国翰辑。国翰增辑《通典》所引二十余节,其中标明《五经然否论》者三节。参以《后汉补志注》、刘恕《通鉴外纪》所引,又引谯周《礼祭集志》二节,《缞服图集图》各一节。或称蜀谯周,或称谯周。国翰以为省文,然亦稍区别之。以称书名者列于前,止称谯周者附其后。于王谟辑本所采者,惟《穀梁传注》一条及《通典》一条耳。

0932 五经然否论一卷《汉魏遗书钞》本

晋谯周撰,清王谟辑。周字允南,巴西西充国人。仕蜀,历官太子家令、中散大夫，以劝后主降魏，《隋志》称晋散骑常侍，殆予夺之微意耶？据《蜀志·秦宓传》云："宓见帝系之文，五帝皆同一族，为辨其不然之本。又论皇帝王霸养龙之说，甚有通理。谯允南少时数往咨访，记录其言于《春秋然否论》"云云。此但就《春秋》言之。原书《隋志》云："五卷，久佚。"群书征引绝少，《御览》亦不载其目。《经义考》止辑得三条，谟更从诸经疏补辑四条。卷首有序录。

0933 五经通论一卷 玉函山房刊本

晋束皙撰，清马国翰辑。据杜佑《通典》引四节，又引其与《步熊问答》五节，皆发明礼服之义。合以《春秋正义》引二节，为一卷。说《诗》中《桃夭》、《摽梅》二篇及《周礼》中春会男女，谓昏姻不限时，于理最通。说夏封诸侯，谓王据《月令》以非祭统，郑宗祭统而疑《月令》，俱未为得。又说《左传》五父佗，马迁分为二人之误，皆确。惜无多条。然于王谟辑本，止同二条。其引《初学记》男十六可娶，女十四可嫁一条，则未之采也。

0934 五经通论一卷 《汉魏遗书钞》本

晋束皙撰，清王谟辑。皙字广微，阳平元城人。察孝廉，转佐著述郎，迁尚书郎。《晋书》本传称其著有《五经通论》，而不载隋、唐二志。《册府元龟》、《玉海》、《经义考》虽列其目，惟不详卷数，且别无考证。盖亡佚久矣。谟从《通典》抄得二条、《初学记》一条，为一卷。

0935 五经钩沉一卷 玉函山房刊本

晋杨方撰，清马国翰辑。校王谟辑本，增引"天霜树落叶，而鸿雁南飞。桃林披华，而元鸟入宇"一条，出《御览》。国翰谓其说生知玄照，稍涉道家谈，而文笔议论，与葛洪《抱朴》相近。贺彦先《报虞预书》称之曰："不图伟才如此，其文甚有奇分。若出其胸臆，乃是一国所推。盖亦欣赏之至"云云。可以知其旨矣。

0936 五经钩沉一卷《汉魏遗书钞》本

《隋志》："杨方《五经钩沉》十卷。"《唐志》作"《钩沉》，卷同。"方字公回，会稽人。司徒王导辟为椽，迁参军事，补高梁太守。在郡积年，著《五经钩沉》。《晋书》附《贺循传》后。按《文献通考》称"晋杨芳撰《五经钩沉》，答难申畅，自谓钩取五经之沉义，篇第亡缺，今缺五篇"。又《玉海》称"杨方撰《五经钩沉》，自序云：晋太宁元年撰，钩经传之沉义，著论难以起滞，"即此可知其大旨。而《初学记》引作扬雄《五经钩沉》，盖误也。据《文献通考》云缺五篇，《玉海》尚引其序，知此书宋世犹存，迨朱氏作《经义考》则云已亡，盖亡于元明间矣。谟辑得《初学记》四条、《御览》一条。首有序录。

0937 七经诗一卷《汉魏遗书钞》本

晋傅咸撰。《困学纪闻》曰："傅咸为《七经诗》，王羲之写。"按《艺文类聚》、《初学记》载，傅咸《周易》、《毛诗》、《周官》、《左传》、《孝经》、《论语》、《诗》，皆四言，而阙其一。《经义考》以傅咸《七经诗》标目入群经门，谟因是从《类聚》辑五条、《初学记》辑一条，以备群经之一种。其《孝经》、《论语》、《毛诗》、《周官》、《左传》各二首，惟《周易》止一首，《尚书》全缺。即王伯厚所云阙其一者也。

0938 五经大义一卷玉函山房刊本

晋戴逵撰。逵字安道，谯国人。义熙初以散骑常侍征，不起。事迹具《晋书·隐逸传》。《隋志》："《五经大义》三卷，戴逵撰。"《唐志》不著录。其佚已久矣。庾蔚之谓其申马难郑，而弥觉其踬。可以想见其概。国翰从《通典》引丧服一条、从《书抄》引杂义一条，为一卷。

0939 五经通义一卷 《说郛》本

题阙名。按《隋志》："《五经通义》八卷。注：梁九卷。无撰人名氏。"《唐志》亦有《五经通义》九卷，云刘向撰。后汉曹褒又有《通义》十二篇，究未定谁属也。是本凡十七条，文多不全，盖由辑集而成，惟不注出处。见于群书所引者："郑国有溱洧之水"条见《初学记》，"玉有五德"条见《初学记》、《御览》，"月中有兔与蟾蜍"条见《类聚》、《初学记》、《御览》，"冬至寝兵鼓"条见《通典》、《书抄》引，"连下夏至"条而文不全，"冬至阳动于下"条见《类聚》、《御览》，"寒气凝以为霜"条见《初学记》、《书抄》、《御览》，"诸侯冢树柏"条见《通典》而文不全，"东夷之乐"条见《通典》、《御览》、《初学记》而文不全，"受命而王者"条见《类聚》、《初学记》、《御览》，"王者所以祭天地何"条见《类聚》、《御览》，"王者诸侯"条见《御览》而文略异，"诸侯不观四方"条见《类聚》，惟"舞四夷之乐"条、"吴公卿奏曰"条、"汤作濩"条、"王者受命而起"条，未知所本。

0940 五经要义一卷 《汉魏遗书钞》本

《隋志》："雷氏撰《五经要义》五卷，梁十七卷。"《唐志》亦作五卷，卷数各异。而诸书引《要义》，皆不著撰人名氏。余萧客《古经解钩沉》以其序次在刘向《五经通义》下，遂以属之刘向，非也。王谟以雷氏即雷次宗，引《莲社高贤传》："雷次宗字仲伦，豫章南昌人，博学，明《诗》、《礼》。入庐山，预莲社，与宗炳等并执奏承旨。慧远法师后著《义疏》，首称雷氏。宗炳寄书责之曰：昔与足下面受于释和尚，今便称雷氏耶”云云。按传称雷氏，不过随便举之，非以为次宗之定称。而《隋志》之称雷氏，必是已佚其名。谟所考，姑备一说可耳。所辑凡《后汉书注》一条、《北史》一条、《隋志》一条、《世说新语注》一条、《文选注》一条、《类聚》六条、《初学记》七条、《书钞》二条、《通典》一条、《御览》三条。首有序录。

0941 六经略注序一卷 玉函山房刊本

魏常爽撰。爽字仕明，河内温人。武成西征，拜宣威将军。置馆温水之右教授门徒，学者称儒林先生。《北史》有传，称其暇述《六经略注》，以广制作，甚有条贯，惟隋、唐志俱不著录，遗文亦未见引他书。其佚当在唐以前，止其序载于本传。国翰录之，以备一家，并附本传于后。谓“独守闲静，讲肄经典，二十余年之深诣，即斯可想见焉”。

0942 五经疑问一卷 《汉魏遗书钞》本

魏房景先撰。景先字光胄，清河人。由太学博士迁步兵校尉，领尚书郎。《魏书》称其有《五经疑问》百余篇，其言该典。今行于时，文多略举其切于世教者。符玺郎王神贵答之，名为《辨疑》，合成十卷，亦有可观云云。隋、唐二志俱不著录。《经义考》徒据《册府元龟》以房景先《五经疑问》、王神贵《五经辨疑》二书各十卷并列，而不详其本末。盖未检《魏书》故也。谟从本传抄出原文十有四条。

0943 七经义纲一卷 《汉魏遗书钞》本

题后周樊文深撰。《北史·儒林传》：“樊深，字文深，河东猗氏人。周文赐姓万纽于氏，官至县伯中大夫，加开府仪同三司。”《隋志》："樊文深撰《七经义纲》二十九卷、《七经论》三卷、《质疑》五卷。又有《五经大义》十卷。"《七经论》即《七经异同》。《唐志》惟载《义纲》、《质疑》二书，而作《七经义纲略论》三十卷，书名卷数，俱视《隋志》稍异，岂《略论》别为一卷耶？据《北史》，文深系字而非名，隋、唐志俱题文深，非也。又据《御览》引作樊文渊，知其因避唐讳而改。是书罕见他书征引，《经义考》拾得三条。谟谓"孔子称天子之德"条，《类聚》引作《帝王世纪》，非《义纲》。然安知非《类聚》误引耶？谟所辑于《经义考》外，无所增也。

0944 七经义纲一卷 玉函山房刊本

后周樊深撰。按隋、唐二志俱题作樊文深，此作樊深，盖据《北史》本传是也。国翰称"深子义纲"，与书名正同。或书成而子适生，因以其书命之。抑以子之名命书，寓以经遗子之意，俱未可知。国翰所辑，仍不外《经义考》三条。其"伯也执殳"条，增引"格论"二字。"孔子称天子之德"条，不引《类聚》，而引《初学记》，知《经义考》不误。此三条并增引余萧客说。

0945 五经要义一卷 玉函山房本

题雷氏撰。较王谟辑本增引"终南山，长安南山也"一条，出《初学记》。今人谓"社神为公社"一条出《书抄》，"先农立坛"一条出《通典》，"太室经为太室"一条出《类聚》，"《周礼》大驭掌王玉路"一条出《后汉书注》，"昏暗也"一条出《文选注》，"篪以竹为之"一条出《书抄》，"冠嘉礼也"条下增引"孔子曰正其衣冠"五十字，"笏所以记事"条下增引"笏者臣见于君"十一字。又"王者受命"条全同王辑，而王氏止引《初学记》，此兼引《太平御览》、宋敏求《长安志》。国翰谓"说裼袭肜管，详晰有古致"，盖承汉人遗说，固有可取者焉。

0946 经序录五卷明最乐堂刊本

题东陂居士睦稈编。按即明宗室号西亭者也。睦稈撰《授经图》，已著录《四库》，惟《经序录》流传绝罕。是本亦缺卷一，其卷二是《尚书》类诸序，则所缺者，乃《序例》及《周易》类诸序也。考归有光《震川集》有《经序录序》，称"西亭公修学好古，有河间大雅之风。尝得唐李鼎祚《周易集传》，椠版行于世。又为诸经序录，凡为经之传注训诂者，皆载其序之文，使世之学者不得见其书，而读其序固已知其所以为书之意，庶以广其见闻，而不安于孤陋"云云。辑录之旨，略见于此。故所收诸序，上自周汉，下讫元明。《尚书》始孔安国《尚书序》，终刘三吾《书选会选序》，凡十八篇。《毛诗》始《卜商大序》，终翟思忠《诗传旁通序》，凡十八篇。《春秋》始何休《春秋公羊传解诂序》，终湛若水《春秋正传序》，凡三十一篇。三礼始孔颖达《礼记序》，终湛若水《二礼经传序》，凡十六篇。《论语》、《孝经》、《孟子》、《尔雅》诸经，俱阙不录。睦稈素以该博著称，而所录止此者，其中自具斟酌，非犹夫以多为贵者不免有滥竽之诮也。

0947 五经讲宗五卷明刊本

明颜茂猷撰。茂猷字光衷，福建漳州人。是书讲《易》，主卦变，每近穿凿。讲《书》、《诗》，以俗情达经旨，全是门外语。讲《礼记》，分孝弟之礼、男女之礼等，但就经文敷衍。讲《春秋》，分十二公，但取《左传》指点。总而观之，除《周易》外，大率以制艺家气脉，参之市井口吻，以言经义，离题远矣。

0948 道统传经一卷明抄本

明岳元声订。卷首有《总叙》，次《道统总图》，次《孔门道统之传》，次《理学诸儒之派》，次《传经诸儒之派》。《周易》、《尚书》、《诗》、《公羊传》、《左传》、《穀梁传》、《礼》、《周礼》、《孝经》、《论语》、《大学》、《中庸》、《尔雅》皆有表，各附以说。又有《汉儒传经统派总叙》。道统创于伏羲，递传而至孔子，孔子又递传而至孟子。理学创于周、邵、张三子，周子直接传至二程子，递传而至朱子，朱子又递传而至许谦。与朱子对立者，有陆子，再传而止。传经诸儒，则溯始于汉，而归宿于宋明。此其大较也。

0949 小辨斋说义一卷明刊本

明顾允成撰。是书说《易》一篇、说《论语》四篇，大抵借经义以箴时事，励同人。其言至激切，如曰："否初二，尚是君子的世界，故曰吉。六二是君子小人相持的世界，故曰吉曰否。六三纯是小人的世界，故曰羞。小人而不得志，则就身上看，亦自为吉，非特君子之亨也。小人而得志，则就他身上看，亦自可羞，非特君子之否也。"又曰："人活的时节少，死的时节多，君子不以一时之生易万世之生。"又曰："自小人看君子，见他贫贱也不辞，夷狄也不辞，患难也不辞，在下位也不辞，却似做个难题目。自家只图富贵一边，只图在上位一边，似做个容易题目。不知难易不在外面讨，只在里面讨。以我处富贵、贫贱、夷狄、患难等项来处我，则难。故君子居易以俟命，恰是难题目容易做。此认得自己与不认得自己之分也。"按此等议论皆是有为而发。其说"管仲成仁"章，谓子贡以管仲为非仁，孔子亦以管仲为非仁。"相桓"节，系顶又相之句来，岂若节系顶不能死句来。孔子道他相桓公，一匡天下，是恁么样功业，至今那个人不知道他。毕业当初欠了一死，岂若召忽守匹夫匹妇之谅，自经沟渎。不求人知，不失却本色。又谓召忽之死，留下三纲五常与当时后世作模样，这"自经于沟渎而莫之知"也一句，形容志士仁人杀身成仁心事如画，下个"自"字正与"莫知"相应。大凡人要死节而先使人知之，死必不果。惟从方寸间直截果断，旁人一毫觑他不破，斯真能死节者也。按此义的是此题妙解，即使孔子立说初心不如此，亦不可不作如此看。"方见圣贤"等语，于世道人心大有益也。

0950 一贯问答一卷传抄本

明陈瑚撰。大旨取《易系》以解一贯。《系辞》云："圣人有见天下之动而观其会通，以行其典礼。"朱子注云："会谓理之所在，而不可遗处。通谓理之所行而无碍处。"何谓理之所聚而不可遗处？谓如一事，而关系君臣，又关系父子，又关系夫妇。举此则失彼，无或遗也。何谓理之所行而无所碍处？盖既看得定，则权其重轻，君臣重则从君臣，父子重则从父子，夫妇重则从夫妇。只就一路行，而此不碍彼，彼不碍此，故谓之通。通者权也，权而得中，故曰典礼。典者，常□经也，是即一贯之义。至于门人未达，而曾子告以忠恕者，忠者立心之本，恕者所以求通之方，忠恕者即造一贯之阶梯。更以《大学》之"絜矩"二字注忠恕，以"所恶于上"一节注絜矩，即合之程朱之注，亦无彼此之隔云云。虽未必即当于一圣一贤问答之旨，而自抒所得，亦殊不碍于理也。

0951 五经纂注五卷明刊本

是书纂者非一人。《周易》题大学士李廷机纂，《书经》题袁宗道辑，《礼记》题王萱辑，《春秋》题萧良有辑，惟《诗经》不题辑者名氏。经文多所删节，注亦不主一家。首有沈一贯序，称"馆中诸名公深于经者各辑所习为一卷，刻之京师"云云。是刻者亦一贯也。按一贯及廷机辈似不至如此庸妄，疑是坊贾托名序者与纂者，皆不足信也。

0952 十三经古注二百九十一卷明崇祯十二年永怀堂刊本

明金蟠、葛鼐、葛鼒同校。前有蟠题辞，并总目附考内《周易》九卷，王弼注，附《略例》一卷；《尚书》二十卷，孔安国注；《毛诗》二十卷，毛亨传；《郑玄笺附诗谱》一卷，郑玄撰；《周礼》四十二卷，《仪礼》十七卷，《礼记》四十九卷，俱郑玄注；《春秋左氏传》三十卷，杜预集解；《公羊传》二十八卷，何休学；《穀梁传》二十卷，范宁集解；《论语》二卷，何晏集解；《孝经》九卷，郑玄注；《孟子》十四卷，赵岐注；《尔雅》十一卷，郭璞注。其《毛诗传》原题《毛公》，《毛诗笺》、《孝经注》原俱题郑氏，今改正。诸经所据，均非善本，又校勘未精，故不为学者所重云。

0953 **匏瓜录十卷**光绪甲申刊本

明芮长恤撰。长恤字蒿子，原名城，字岩尹，明诸生，国变后更今名。署籍濑北，溧濑为双声，水北曰阳，盖江苏溧阳人也。彭光斗作《传》，称其甲申后，谢诸生，隐居荒野，幅巾裹发，终身不变。又称其学博而能醇，经史疑义，考证尤精。是录藏家几二百年，至光绪十年恽彦琦始序而刊之。首有自序，盖取《论语》“磨而不磷，涅而不缁，吾岂匏瓜也哉”之意以为名。自卷一至八说《易》、《书》、《诗》、“三礼”、《春秋》、《论语》、《大学》、《中庸》、《孟子》，卷九以下则纲目书法及杂记也。长恤学宗宋儒，尤尊朱子，而亦不尽从之。所持论皆自抒心得，于《易》取《河图》，谓《河图》之数与《易·系辞传》第九章自天一至地十之数合，而不取《洛书》论卦变。谓程朱即自参错，朱子未免牵强。于《书》论舜罪四凶，据“天下咸服”一语谓舜全是公心。若如吴棫、朱子之说，无论四凶不服，即天下亦未必服。解“弗辟”，主郑注，谓周公避位而出，则心安理得。公既去，则安全调护乃二公分内事，无烦公谋。故“罪人斯得”系于居东二年之后。若作“致辟”解，试问仓猝疑虑之时，不识罪人为谁，将拟何人而辟之？于《诗》，谓季札观周乐，称自桧以下无讥，盖以其国小而微之。若以《诗》论，则桧、曹之诗胜于齐、陈。其称齐以泱泱大风，亦以国不以《诗》。又谓史迁称“《国风》好色而不淫”，非通论。将使魏、唐诸国横被好色之名，郑、卫诸邦反得不淫之誉，且未有好色而不淫者。于《礼》，谓冬官不当补，斥俞寿翁辈决裂之谬。于《春秋》，谓为贤者讳，非《春秋》之义，不得援尊亲为例。于《论语》，谓泰伯与其仲适吴时，或未有子，或有之而不才。惟季实贤，又有圣子，故逃之。《左氏传》称泰伯不从，意谓不得嗣守先祀，非不从太王翦商之志。诸条俱持议甚正。亦有借经义而寓身世之感者，如谓《洪范》陈自箕子，记之者必周史官。史氏以箕子之故，改周年为商祀，箕子不肯臣周，则商虽灭，犹有箕子存焉。长恤殆以箕子自比耶？又谓《蒹葭》之诗，周之遗士所作也。《无衣》之诗，周之遗民所作也。使平王能因而用之，则君父之仇复，而国势亦不至不振。君忘仇而民反毅然不肯忘其仇，君弃民而民独殷殷不忍弃其君，此皆先王之遗泽云云，又似为福、桂二王偷安不思光复而发。要之长恤类王夫之一流，惟其学则少逊焉耳。

0954 六经原流不分卷 崇祯戊辰刊本

明吴继仕辑说。继仕字公信，安徽新安人。是书前有自序。首论六经原，次经学，次《周易》、《书》、《诗》、《春秋》、“三礼”原流。《周易》附大衍数原、天地数原、先天后天辨、易分上下辨。《书》附《禹贡》九河入海辨、《禹贡》九江辨、《禹贡》导山辨、《禹贡》黑水辨。《诗》附论诗为乐章，论诗比兴各有取义。《春秋》附春秋多阙疑辨、春王正月辨、左氏非丘明辨。“三礼”附郊社分合辨、周礼缺冬官辨、《三礼集注》序例。按所考诸经原流尚不误，而归功于宋儒，则误矣。诸辨亦多拾前人之说，而折衷不尽当。其《三礼集注》序例，欲割隶“三礼”，别为经传，则尤妄矣。

0955 五经同异三卷 嘉庆省吾堂刊本

题顾炎武撰。卷分上、中、下，上卷《易》、《书》，中卷《诗》、《春秋》，下卷《礼》，附《大学》、《中庸》、《论语》。《大学》、《中庸》犹属《小戴记》之一篇，若涉及《论语》，则不得称五经矣。各经中大率录宋元明及清初诸儒之成说，不加论断，亦未得云撰。考顾氏《日知录》，于诸经皆有考证。中惟“卦变”、“九族”、“西伯戡黎”、“微子之命”四条，与此同题。“卦变”条证苏轼、王炎说，“九族”条引《路史》说，略同，他二条全异。至下卷引万斯大、汪琬说，琬说见《钝翁类稿》，《类稿》刊于康熙十四年，炎武尚得见之。斯大说见《礼学》四书，其书为斯大卒后，其子经所刊行，炎武安得见之？不知何人托炎武之名，以售其欺。蒋光弼遂据而刊之，其识殊足哂也。

0956 经义辨讹一卷辨疑标目一卷康熙刊本

清周世樟撰。是编所举承讹诸条，大抵为普通作文者之通病，然不可胜举也。其中间有新解，如据《史记·吴世家》：“泰伯卒，无子，仲雍立。”至武王得天下，求仲之后人而封之。惟伯无子，而文王生有圣瑞，太王遂欲传季以及文王，不然太王岂无端舍长立少者。此说为前人所未发。他若谓周之九庙起于孝王以后，有道曾孙，有道属祖宗说。曾孙则武王自谓。“童子佩觿”，“童子佩韘”，诗意本刺躐等。今人直作童子正面语。又如“有干有年”，年者寿也，而以为丰年。“廉善廉能”，廉者察也，而以为清操。如此之类，有必不可从俗者，亦有不妨从俗者。其辨疑标目，以见于所辑《类要》及《列国纪》为限。虽亦本于旧说，而抉择殊精撮，非徒资獭祭者比也。

0957 诸经略说一卷康熙刊本

清周世樟辑。每经为一篇。凡《易经》一篇，《书经》一篇，《诗经》一篇，《春秋》合圣经、左、国、公、穀、胡传为一篇，《礼记》一篇，《周礼》一篇，共六篇。《仪礼》、《孝经》、《尔雅》俱缺。大都录前人成说，其未当者，多欠考正。如称卫、郑、虢、桧、陈，五国淫风流行，按《集传》止言卫、郑、陈有淫诗，未及桧。虢且无风，何得混而一之。《吕览》载鲁惠请礼乐于周，因之鲁亦有颂。然无美周公、伯禽之诗，则《吕览》可信也。此云成王以重礼赐伯禽，故有颂以祀周公，亦非也。三传之有异同，如邾仪父盟于蔑，左氏以为蔑，《公》、《穀》以为昧。筑郿，左氏以为郿，公、穀以为微。此同声相假之例耳，乃以为无所适从，又非也。汉文帝时博士所议之王制，与今《小戴礼记》之王制，非一书。此云为后人附会，尤非也。诸篇中，独《周礼》稍详赡，余篇则以简净胜。

0958 经书言学指要一卷 雍正十三年刊本

清杨名时撰。名时有《易随录》已著录。名时官云贵总督兼管巡抚事，雍正六年，坐事落职。居滇六七年，是书即作于其时。首有弁言，大旨言学者当知分别贯通之义，以诚敬为立体，以精义集义为致用。引《易》、《论语》、《中庸》、《孟子》，以申其说。句下有注，旁行及上方亦有评语，皆名时自为之。盖得力之所在也。名时学于光地，得其传。所称师说，即光地说也。乾隆壬［子］刊名时全书，是书亦收其中。臧镛堂跋称“名时讲论经义，以是书为第一。其平生学问大指，不出乎此”云云。但其书言希天，言体坤合乾，言穷神知化，仍属虚理。言虽简约，未见其得要也。

0959 五经古文今文考一卷 《昭代丛书》本

清吴陈炎撰。陈炎字宝崖，浙江钱塘人。是书于古文、今文之别，殊不了了。谓由漆书蝌蚪而变大篆，由大篆而变小篆，由小篆而变隶。至唐卫包始改古文为今文，不思古文今文之说，起于西汉，今文即隶书也，岂至唐卫包而始改。论《易》，举贾氏、郑氏、王氏之异同，此古本殊于今本耳。论《尚书》，谓古经十六卷，即张霸伪古文书二十四篇。论《诗》，谓孔子删《诗》，有删一章及一两句至一字者。论《春秋》，谓《春秋》原经为古文，三传混称《春秋》者为今文。论《礼记》，谓《中庸》、《大学》子思、曾子之论，不可附于礼篇。尤为谬妄。其中且牵及朱子《诗集传》，胡氏、程氏《春秋传》，王氏《周官新义》。此何与古今文事。要之，陈炎全于经学懵然，信手摭拾，无怪其摸不着题旨也。

0960 读经一卷乾隆十三年刊本

清方苞撰。书中论“三礼”诸篇，于意所不合者，硬以为刘歆窜入。其见于《书序》、《荀子》、《史记》，显然有证者，则概以为歆所窜入。从来说经，未有如此武断者。大旨崇宋而抑汉，奉程朱以压郑康成。惟读古文《尚书》，不以朱子所疑为然。据《史记·儒林传》，安国以今文读之，及安国自序考定文义，定其可知者等语。谓“本文缺漫，及字体为伏生之书所不具者，不得不稍为增损，以足其辞，畅其指意。此增多二十五篇，所以独为易晓”云云。此则可为藉朱子以攻古文者塞其口矣。

0961 二李经说一卷《昭代丛书》本

清李光墺、李光型同撰。光墺字广卿，光型字仪卿，俱福建安溪人。是书以《小戴记·文王世子》一篇，原有错脱，为之更定。谓前段乃历采异代教典为世子法，故每条用一凡字引例，而总结之曰：“凡三王教世子，其义自见。”后段则举文王为世子之道，与周公抗世子之法。卷首有序，以揭其旨。章后有说，以阐其义。一移易间，稍觉条理可寻，以视改经文以就己说者，似为胜之。于“周公践阼”四字，谓非衍文，亦非缺文。是以冢宰摄行践阼之政，非居摄天子之位，新莽自不得援为口实。其识解殊胜也。

0962 读经三卷乾隆刊本

清姚培谦撰。培谦字平山，原名培本，后更名培谦，江苏华亭人，诸生。是书随笔劄记，虽乏心得，而引证异同，尚知别择。如读《尚书》，谓古文不伪，使出后人手意。主于以伪乱真，则必摹仿《盘诰》。《诰》屈聱牙，而后使读之者喙息。古文虽文从字顺，然《伊训》、《说命》诸篇，岂后人所能伪造。所驳郝敬“人心道心”诸条，俱足以关其口。读《春秋》谓僖十四年书季姬及鄫子遇于防，及僖十五年书季姬归于鄫，必系错简。《左氏传》以两之一卒适吴，舍偏两之一焉。驳杜注之谬，谓古人一车谓之一两，《诗》百两御之，《孟子》革车三百两是也。楚广之制，本用一卒，故云以两之一卒。其云舍偏两之一者，车之半边为偏。偏五十人，今留五十人也。又读《孟子》，据《竹书》梁惠王、襄王在位年数，订《史记》之误。又谓齐伐燕有二事，一《梁惠王篇》所载称齐宣王者，为宣王时事；一《公孙丑篇》所载沈同问燕可伐者，为湣王时事。如此之类，具见折衷之善。惜全书多拾他人牙后慧，且不免有疏谬也。

0963 注疏琐语四卷 雍正乙巳刊经玩本

清沈淑辑。淑有《陆氏经典异文辑》，已著录。是书无序例，卷一《易》、《书》、《诗》，卷二《礼记》、《周礼》、《仪礼》，卷三《左传》、《公羊传》、《榖梁传》，卷四《孝经》、《尔雅》、《论语》、《庄子》。题曰《琐语》，系就注疏中掇采一语至数语。有涉性理者，有关典制者，有为后世名例器物所本者，有雅言隽谑可资谈笑者，有僻事奇字，可供挦撦者。殆以《太史华句》、《文选锦字》之例，而施之注疏者也。

0964 说学斋经说一卷 《艺海珠尘》本

清叶凤毛篡。凤毛字超宗，江苏南汇人，叶映榴孙。以荫授内阁中书。是书说《易》一条、《书》四条、《春秋》二十二条。最创者，为文姜昭雪，谓姜氏即淫，未有章明较著。盛其车与仆从，设为宴享隆礼，而为一夕之淫者。襄公虽无道，未有身离国人、惊动国人，而淫乎其妹者。果如传者所云，则当初嫁之时，兄弟之年方盛，而旷隔至十有八年，逮至与夫同来，忽与之苟合，人情不应有是。或齐襄恶鲁桓之诬已及妹，而毙之乎？若后来之频会，或鲁人利其通好耳。至庄公十九年如莒，其时已六七十。总之，姜氏昧于妇人无外事之训，所以招尤云云。其论甚奇，可备一解。又谓传言宋襄公执鄫子用于次睢之社，而襄公固不厄人于险，不重伤，不禽二毛者，岂其独不仁于曾子。经言邾人执鄫子用之，而不书宋，当是邾人所为。又谓许世子止以不尝药，书弑君，尝字当解作尝试之尝，不当解作未达不敢尝之尝。古人所以有事亲不可不知医之感，除酖药外，不能以一尝知其对症否也。按此二条甚有理，诸治经家多未见及。

0965 **琐语一卷**嘉庆庚申全集附刊本

清章恺撰。恺字虞仲，江苏嘉善人，乾隆乙丑进士，官翰林院编修。是卷附文集后，凡《易》十七则，《书》十八则，《诗》三十九则，《左传》十二则。辨异正讹，斟酌不苟。尤可取者，如谓《泰誓》称肆予小子发，《牧誓》称今予发，《武成》称惟有道曾孙周王发，皆不讳名。而《金縢》之篇，独称惟尔元孙某据礼称卒哭而讳。则生时不讳，《泰誓》、《牧誓》、《武成》作于武王之世，故不讳名。《金縢》作于成王之世，故讳名而称某。又谓《书序》言祖乙圮于耿，而不言所迁之地，显有阙文。据《史记》："祖乙迁于邢。"《竹书纪年》："自耿迁于庇。"无论为"邢"为"庇"，而耿后必有一迁，始足盘庚以前五邦之数。又谓《柏舟序》称卫世子共伯早死，既曰世子则非已立之君，其卒必在僖侯之世，故得谥为共伯。以证《史记》卫武公杀兄之诬。又据《豳诗谱》，言公刘自邰而迁于豳，而《国语》则言不窋失官，自窜于戎狄之间。所云戎翟之间者，即是有邰。弃本封邰，夏衰，弃稷弗务。不窋乃出而就国，并非奔匿。不窋迁邰，公刘迁豳，是二事。俱见读书得间。其涉于考订者，如《东山》诗有"敦瓜苦"，传疏皆以"专"释"敦"。谓"敦"、"专"同音，即"团"字。引韩昌黎诗"黄团系门衡"为证。又《江汉》首章传云：浮浮众强貌，滔滔广大貌。谓义皆不协，疑浮浮当为广大，滔滔当为众强。亦殊有理。他条有习见者，亦有嫌于拘滞者，分别观之可也。

0966 说经三卷乾隆刊本

清韩泰青撰。是书多主其乡人毛奇龄说，信古文《尚书》。谓晋世秘府所藏，有其经文。梅赜所奏，特安国之传。又谓伪《泰誓》一篇，原系伏书，故《史记》载伏生壁藏之数二十九篇。传伏书者，为伏生讳，减去一篇，称二十八。不知太史公《周本纪》、董仲舒《天人策》即引用其文，何得云出孝宣时？按此论为前人所未发。至谓记难记易之语，后世攻古文者，皆起于朱子，则与阎若璩适见其反。而出之宗宋学者，尤可怪也。其论居东即东征，虽未引奇龄说，而意实本之。然“舜典多阙文”条，乃不以奇龄补《舜本纪》为然，则亦非有所偏徇矣。至若文王称王，证以《诗》咏灵沼，周公践阼，证以《书》言复辟。俱显而至切。说《诗》亦不取朱子淫诗之说，引宋黎以常《经论》云：“少时读箕子《禾黍歌》，怒焉流涕。稍长读《郑风·狡童》诗，而淫心生焉。出而视邻人之妇，皆若目挑心招。夫犹‘彼狡童兮，不与我好兮’二语，而一读之而生忠心，一读之而生淫心。则解之者之故”云云。是则《集传》之作，不免罪孽。自来反驳，未有如此之痛快者。说《春秋》，论“三正”时月俱改。说《礼记》，谓系汉儒编成，可以合于义理与否为取舍。洵是通识，其于众说抑可知矣。

0967 说经补遗一卷乾隆刊本

清韩泰青撰。所补者止生成之义，阴阳之义，教育之义三篇。论生成，谓生中自有成，成中自有生。引毛西河说，而增以主客多寡之义。论阴阳，谓阴阳如水火，相克亦相需。引赵觐宸说，但易调济为低昂。论教育，谓三代而后，选举辟召。诗赋帖括递相变，法愈变而弊愈深。其本要反之明人伦，此其大旨也。

0968 说经杂录四卷乾隆刊本

清韩泰青撰。是书杂辨释、道、老、庄，并及宋明诸子。大旨偏于陆、王，谓朱、陆不相悦，由于朱子表章周、程太过，而陆子独否。谓朱、陆及他宋儒，皆曾学禅。又谓阳明主致良知，独探性源。嘉靖间忌其功者，借陆以陷王。而指陆、王为禅学者，实起于康熙年间某氏。按所云某氏，指吕留良也。诸所辨论甚博，惟与经旨不甚相涉。中有“读经勿泥儒”一条，历引朱子旧说。谓“凡读经，不可但知尊畏前辈，左右顾瞻，曲意周旋人情”云云。斯则以虚公存心，可为学者治经之法矣。

0969 读经心解四卷道光八年刊本

清沈楳撰。楳字雪友，浙江会稽人，诸生。三十后，弃举业幕游吴越滇楚。治法家言，兼研经学。著有《易书诗礼心解》，后多散轶，止存一百五十余条，分四卷。今按卷一解“讼九二”云：“讼而不已，必有废置之忧，其邑人亦有株连扰累之患。不克讼，不特二旡眚，其邑人亦无眚也。”卷二解“赎刑”云：“轻刑怙过不悛而得赎，重刑情法可议而不得，于宥过刑故之义何居?”又云所谓“疑则赎”者，谓“疑于情，疑于法，非疑于辞也。五辞不简，自有正于五过之法。若情法既孚，而犹论赎。则富者生而贫者死，开利路而伤治化。萧望之之言是也。”卷四解“分争辨讼非礼不决”云：“凡听五刑之讼，必原父子之亲、立君臣之义以权之。今律犯罪亲属得相容隐，盗则服愈亲而罪愈轻，奸则服愈亲而罪愈重。若止以听讼言之，于义似为未尽”。如（类）［斯］之类，俱以律意释经，非深于经并深于律者不能道也。卷二论古文《尚书》，谓古文多平易，似属汉儒润色之书。如《礼运》出于《家语》，二戴所记多有不同，《史记》引《书》亦与今文、古文往往不合。以彼例此，安在不然，不得斤斤于字句间斥之为伪。所见极通。他条亦多引证详核。卷首有贺熙龄、何绍基二序，卷末有谭光祜跋，又附百龄所为《传》。言“数十年中，平反大狱，准之例案，酌之经义，无不服其平允”云云。殆所称学以致用者欤。

0970 **七经掌诀一卷**道光甲午刊本

清孟超然纂。首有序。始《天子居明堂图诀》，讫《乡党公门图》，凡七十八。其中涉及《易》、《书》、《诗》、《周礼》、《礼记》、《春秋》、《论语》、《孟子》、《尔雅》，而题曰《七经》，殊不可解。诸图诀，不尽属重要，尤欠明瞭。殆俗学之所为也。

0971 **重校古经解钩沈三十卷**道光二十年刊本

清余萧客撰，柳荣宗校。荣宗《穀梁大义述》已著录。按萧客是书早著录四库，刊板于乾隆六十年。其后板归丹徒鲁氏，至道光庚子重加补葺，属荣宗校勘。荣宗因据所有书籍，检萧客原注出典，凡正误字二百七十五，补脱字八十。又萧客原例，于经文之异者以小字注于经文本字之旁，惟刊本或有或无，荣宗依例悉为校补。其书传原引舛错者，如《尧典》至于岱宗柴《公羊疏》引郑注云：“柴者，考绩燎也。燎上当脱柴字，同律度量衡。”《史记集解》引郑注云：“同音律。音当作阴。”《左传》襄十九年传：诸子、仲子、戎子。《御览》引服注云：“诸子妾生子氏，生当作牲。”又十一年，“司慎司盟”，《仪礼疏》引失名注，至讹不可读。荣宗以为书阙有间，不敢意为增改。具见矜慎。卷首有陈维谦序，柳荣宗记，又列总校陈维谦等四人，分校陈以琮等八人，实荣宗一人之力也。

0972 **秋槎杂记内篇四卷**道光元年刊本

清刘履恂撰。履恂字迪九，江苏宝应人，乾隆丙午举人，即用儒学教谕。是书有履恂后序，在乾隆壬子。后毁于火，其子宝树重为芸辑，得内篇四卷，外篇一卷。外篇杂考群书，另著录。内篇主说经，所援据多古义。如《论语》“射不主皮为力不同科”，据《乡射记》，辨主皮之射尚力，前番不中，不复射。礼射不尚力，前番不中，后复射。故曰“为力不同科”。又据《乡大夫》、《考工记》、《乐记》，辨主皮非贯革。又“管氏有三归”，据《左传》杜《注》，诸侯取适夫人，及左右媵，乃有侄娣，皆同姓之国。是取妻班次有三，适也，娣也，侄也。或后夫人而行，则本国妇女为一次，二国各一次，故日三归。正包注取三姓女之非。又据《公羊传》“诸侯不再娶”以正鲍注三取女之非。又论“禘祫”，据《左氏经传》，辨新免丧之祫。合食，禘不合食。与郑注合。而常时禘祫皆合食，又与王注合。则宗二家无庸相难。又《大学·汤盘》，据《内则》，少者奉槃，长者奉水。公食大夫礼，小臣具盘匜，在东堂下。下云公降盥，既夕礼。用器两杅槃匜，匜实于盘中。南流注，特牲礼。尸盥匜水，实于槃中。小牢礼，小祝设槃匜于西阶东，下云尸入门左。宗人奉槃一，宗人奉匜水，乃沃尸。盥于槃上，证为洗盥之盘，非沐浴之盘。他如据《穀梁·西宫灾传》，知庙制横而非纵，以订朱子之误。据《大戴礼》、《列子》，天子有驾六马之文，以补郑注之疏。据士冠士昏，辨《论语》袗絺绤，非禅非元。据《左传》辨黻冕之黻，非蔽膝。俱甚惬当。每条下间附刘文淇、薛传均、凌曙、杨大承按语，盖校刊时所增入，于原义亦多所引申焉。

0973 慕良杂纂四卷 活字印本

清庄有可撰。有可字大久，江苏武进人，诸生。遍研群经，尤精《春秋》。友张惠言、恽敬、左辅辈，左辅为作《传》，存集中。所著说经之书，约七十种，《春秋》占三十种。其玄孙俞俱保藏未佚，先以此种印行。是书考证群经，多独创之解。尤新者，谓《风诗》首篇，其题名，不曰《雎鸠》，而曰《关雎》。盖“关关”古字，本作“丱丱”。“丱丱”犹两两也。“丱”字象鸟形，非鸟鸣声。谓“卫徙河南”，经传无明文。《左传》闵二年，宋桓公以兵逆诸河，宵济。

《传》意谓宋师渡河而北，非谓卫民渡河而南。故漕也、虚也、楚邱也，皆卫地，皆在河北。证之《春秋》，宋襄公自即位至卒，俱在卫城楚邱之后，迁帝邱之前。而《卫诗》有《河广》篇，则卫未济河可证。谓“鸟鼠同穴”，只是见两山相接，一似鸟形，一似鼠形。有水源于其中，盖以象形取名。又谓桐柏山，本当作同白，白古伯字，长也。前此本名涂山，禹治水，合诸侯，遂更名同白。读者妄加木旁，且因此山名桐柏，遂移涂山于今之定远。谓世子无昏礼，上不可拟君，下不同大夫。即年至知色，只能纳妾。生子则为庶长，故虽诸侯必有兄也。谓“厥初生民，时维姜嫄”。《周官》以享先妣，谓之追享。则始祖之母，本以无夫而生子。始祖而尚有父，则追之且不胜追，何以断其为始祖。其说《春秋》，尤多奇解。谓公伐齐纳子纠，子者未成君之称，纠既书子，当为襄公之子。时襄公被弑，诸臣欲立长君，故背鲁盟而立小白。小白未奉王命，而又弑纠，是乱贼非仅争篡。谓三代置闰必于十二月之末，《传》所云“归余于终”也。汉高祖纪后九月，颜监注曰：据《汉书》表及《史记》，汉未改秦历之前，屡书后九月。则知秦律至汉初，应置闰者，总致之于岁末，盖犹承三代“归余于终”之法。至论《春秋》之义尤备。惟《传》所云：于字数得定岁差法，未见其说。惟求深而失者亦不少，如以西王母为指房后，二南为指终南山，汉广为豫著汉有天下之兆，汝坟著秦之所以继周。甚至释周字，谓其外门即山形。其中吉，即卜吉。释鲁字谓鲁为东国，文当从西者，省声者。日光所映者而从西，是反照。周都镐京，在中国之西。封伯禽以镇抚东方，使从西周之治，犹西照及东之意。则巧而弥凿，殊不可训。书中历诋古文《尚书》、《诗·小序》、《周官丧服传》、《尔雅》，即并时张惠言之虞氏《易》，亦以拘滞概之，殊开后来疑经之渐。自云学者治经，不妨各抒所见，可以识是书之旨矣。

0974 慕良杂纂四卷 活字印本

清庄有可撰。有可字大久，江苏武进人，诸生。遍研群经，尤精

《春秋》。友张惠言、恽敬、左辅辈。左辅为作传，存集中。所著说经之书，凡七十种，《春秋》占三十种。其玄孙俞俱保藏，未佚，先以此种印行。是书考证群经，多独创之解。尤新者，谓风诗首篇，其题名不曰《雎鸠》，而曰《关雎》，盖“关关”古字，本作“丱丱”，“丱丱”犹“两两”也。丱字象鸟形，非鸟鸣声。谓卫徙河南，经传无明文，《左传·闵二年》：“宋桓公以兵逆诸河、宵济。”传意谓宋师渡河而北，非谓卫民渡河而南，故漕也，虚也，楚邱也，皆卫地，皆在河北。证之《春秋》，宋襄公自即位至卒，俱在卫城楚邱之后，迁帝邱之前。而《卫诗》有《河广》篇，则卫未□河可证。谓“鸟鼠同穴”，只是见两山相接，一似鸟形，一似鼠形，有水源于其中，盖以象形取名。又谓“桐柏山”本当作“同白”，“白”古“伯”字，长也。前此本名涂山，禹治水，合诸侯，遂更名同白，读者妄加木旁。且因此山名桐柏，遂移涂山于今之定远。谓“世子无昏礼，上不可欺君，下不用大夫”，即年至知色，只能纳妾，生子则为庶长，故虽诸侯，必有兄也。谓“厥初生民，时为姜嫄。《周官》以享先妣，谓之追享。”则始祖之母，本以无夫而生子，而始祖（而）尚有父，则追之且不胜追，何以断其为始祖？其说《春秋》，尤多奇解。谓“公伐齐纳子纠”，“子”者未成君之称，纠既书子，当为襄公这子。时襄公被弑，诸臣欲立长君，故背鲁盟而立小白。小白未奉王命，而又弑纠，是乱贼非仅争篡。谓三代置闰必于十二月之末，《传》所云“归余于终”也。《汉高祖纪》“复九月”，颜盐注曰：据《汉书表》及《史记》汉未改秦历之前，屡书“复九月”，则知秦律至汉初应置闰者，总致之于岁末，盖犹承三代归余于终之法。至论《春秋》之义尤备。惟《传》所云，于字数得定岁差法，未见其说。惟求深而失者亦不少，如：以西王母为指房后，“二南”为指终南山；“汉广”为豫著汉有天下之兆，“汝坟”著秦之所以继周。甚至释“周”字，谓其外“冂”即山形，其中“吉”即卜吉。释“鲁”字，谓鲁为东国，文当从西者，有声；者，日光所映；者而从西，是反照周都镐京在中国之西，封伯禽以镇抚东方，使从西周之治，犹西照及东之意。则巧而弥凿，殊不可训。书中历诋古文《尚书》、《诗·小序》、《周官·丧服传》、《尔雅》，即并时张惠言之《虞氏易》，亦以其拘滞概之，殊开后来疑经之渐。自云学者治经，不妨各抒所见，可以识是书之旨矣。

0975 北海经学七录七卷乾隆甲午写刊本

清孔广林辑。广林有《周易注》，已著录。是书即郑志也。《易》、《尚书》、《毛诗》、《周礼》、《仪礼》、《礼记》、《春秋》，各分录为卷，故曰《七录》。题郑氏弟子撰，按《四库》著录郑志三卷，无辑人名氏。题魏侍中郑小同撰，与此不同。广林盖本之《后汉书》郑玄本传及刘知几《史通》，视库本为有据。各条下具注出处，亦胜库本。以较库本，互有详略。即两本共收者，亦互有异同。亦有库本在《毛诗》类中而此入之《周礼》。库本在《周礼》类中，而此入之《仪礼》者。标题之不一者亦有之。按是本刊于乾隆三十九年，库本颁行，尚在其后。而馆臣乃未见是本，取以相校，甚属可怪。读者取两本而合观之，从而补遗订误，于治郑学者不无裨也。

0976 经解斠十二卷道光刊小字本

是书题长沙唐陶山夫子鉴定，及门诸子编次。首有唐仲冕序。按陶山即唐仲冕号也。《序》称江南通州，号人文薮。如杨子述臣、王子凤沼、徐子沂舫手辑书成，邮质于予云云。则及门诸子，即杨、王、徐三人。而仲冕官通州时所取士也。述臣、凤沼、沂舫，殆是字而非名。是书卷一至二《易经》，卷三至四《书经》，卷五至六《诗经》，卷七《周礼》、《仪礼》，卷八至九《礼记》，卷十《春秋》，卷十一《三传》、《论语》、《学庸》、《孟子》、《孝经》、《尔雅》，卷十二补遗。诸经详略不同，大抵皆本经要义、前人旧解。殆《十三经策案》之类，备场屋中獭祭者也。

0977 续隶经文一卷道光刊本

清江藩撰。藩著有《隶经文》，已著录，是卷盖续成者。凡论《尚书》四篇，论《春秋》一篇，《与阮侍郎书》一篇。其《顾命康王之诰辨》，引申江艮庭之说，以驳苏轼，甚当。《尚书今古文辨》，谓“今、古文者，乃篆隶之别，经文无异同。况刘向以中古文校欧阳、大小夏侯三家经文，自向校定之后，今古更合而为一。而近日儒生辨某句为今文，某句为古文，何所据而云然。”其说良是。又谓“安国先通今文，后得古文。以今字读之，其说必与伏生不甚相远。而今文家之倪宽，又受业于安国。宽之弟子门人，所谓欧阳氏学者，未必尽今文家说。又小夏侯氏之学，失其师法，不但合今古为一，其杂以诸儒之说”云云，则臆断矣。至谓杜林所得于西州之漆书即中古文，亦未必然。中古文自是安国之书，系五十六篇。欧阳、大、小夏侯之书，仅二十八篇。刘向但取中古以校二十八篇，而中古文固非二十八篇。贾、马、郑所注古文，即传之杜林者，乃不出二十八篇之外。则杜林《漆书》，岂得谓之中古文耶？《书书叙后》，欲以《丰刑》、《册命霍侯》二篇补足百二篇之数，不知百二篇《尚书》，出纬家言，本不足信，亦无须补也。《原命解》，驳江艮庭原之言再说、《与阮侍郎书》驳程瑶田倨句之形生于圆半周图说，俱有理。

0978 经解入门八卷光绪戊子石印本

清江藩纂。藩有《周易述补》，已著录。首有阮元序，作于道光十二年壬辰，衔题协办大学士两广总督。按元于道光十二年九月以云贵总督，授协办大学士。此题两广总督，误也。而《揅经室文集》中，亦无此序。又据近人所撰《江子屏年谱》，藩实卒于道光十一年辛卯，年七十一。而序作于其后一年，若不知其已死者。就序断之，书为赝作，殆无疑也。序后又附凡例，分题五十有二，殊繁琐。括其大旨，不外三端：一群经之源流，与经学之师传；二读经之法，与解经之体；三说经之弊，与末学之失。末卷，则选解考辨释各体，以为初学楷模。综而观之，似于治经一途，尚略知门径者，未可以其伪托而抹煞之也。

0979 读经八卷嘉庆丁丑刊本

清戴大昌撰。大昌字斗源，安徽婺源人，官宣城教谕。与凌廷堪友，所著书屡引其说。是书通说《易》、《书》、《诗》、“三礼”、《春秋》，而于历象、水道、祀享、田制、服物等类不之及，以别详所著《四书问答》也。其为说颇多独到之识，亦不拘于汉宋。惟说“三江”，主《书疏》所引三江分于彭蠡，为三孔东入海。而以《初学记》引《左》合汉为北江，汇彭泽为南江，岷江居其中为中江，为别无明文足据。不知两书语似相左，而义实相成，未可泥也。说《小星》，断为征夫早行自咏之作，且援《容斋随笔》为证。似尚未考《韩诗遗说》。韩谓为劳使臣，章俊卿、程大昌俱从之。《白帖》引“肃肃宵征，夙夜在公”入奉使类。则唐宋时《韩诗》犹存也。然说《甘誓》孥戮汝，援《周官·司厉》：“孥，男子以为罪隶。”谓但没其身为奴隶，戮则杀之。两刑自分轻重。说《秦风·无衣》，谓非为秦君作。王谓平王，盖日夜引领王师之西来，与之同袍而偕作，而惜乎平王自忘其不共戴天之仇也。说《正月》诗，谓此篇及《数月之交》数篇，皆平王时诗。所云“国既卒斩，褒姒灭之。”“周宗既灭，邦国殄瘁。”皆叹已然之词。其谓迁于王都，曰予未有室家，正指东都。又解王日一举，王三日一举。据郑注杀牲盛馔曰举，所谓杀牲者非必太牢。王齐日三举，郑注引司农云：齐必变食。盖谓齐日每食必洁，故三食必三举。以驳贾疏之非。如此之类，俱极惬当。他条属于议论者，亦能达其所见，惟引证稍欠精博耳，未足令人称快耳。

0980 浙士解经录五卷嘉庆刊本

清阮元录。按元于乾隆五十九年，由山东学政调任浙江学政。是录盖课浙士之作也。元有序，谓风檐短晷，无书可校。证据少舛，辄恕而存之。所录除《论语》乡人饮酒解，系拟作。据《礼记》乡饮酒义，乡人士君子尊于房户之间。郑康成注曰：“乡人，乡大夫也。”又《仪礼》记曰：“乡朝服。”郑又注曰：“乡，乡人，谓乡大夫也。”而试山左、浙江，无有能举此以正谬说者云云。余所录数十人，其中会稽顾廷纶，海宁陈鳣，归安杨凤苞，乌程张鉴、周中孚、施国祁，萧山王端履、汪继培、徐鲲，仁和孙同元，其后皆有著作行世。诸篇有长近千言者，亦有少至七八十字者。虽详略不一，而皆遵守古义，能举其要。未可以寻恒试牍等视之也。

0981 汉儒传经记二卷嘉庆甲子刊本

清赵继序编。继序字易门，安徽休宁人。是书首有汪滋畹序，末有自跋。《跋》称“以两汉《儒林传》为宗，参以《经典释文叙录》，兼及他书有明征者。上溯周秦，不忘所自出也；下逮三国，尚有汉氏旧人也。晋以下，非关于经之大义者，不悉记”云云。按洪亮吉作传经表，毕沅经训堂刊之，事在乾隆辛丑。是书刊于嘉庆甲子，相距二十余年。继序似于洪表尚未寓目者。洪表五经横列，各为一格，各家传授，混淆不清。此则经自为表，较为清晰。惟不无漏误，如《易》类中，高相与其子康，据《隋志》称授自王璜，应属费氏。白子友即白光，传朱云。云为《孟》、《易》博士，应属孟氏。此俱别而出之，非也。又梁邱临，既学于其父贺，又学于施雠，则亦属施氏矣。此于施《易》缺之，非也。《书》类中，杜林所传漆书古文，得于西州。虽非孔安国原本，亦非张霸《百两篇》。且杜林之学，仅传于贾逵、马融、郑玄、卫宏、徐巡。此乃并尹杨、盖周之学，概归之张霸《百两篇》，非也。《诗》类中，若高嘉、右师、细君、魏应、鲁峻、许晃等，皆传《鲁诗》。乐恢、崔发，俱传《齐诗》。《汉书·艺文志》有《齐孙氏故》二十卷，则孙氏亦传《齐诗》。薛方、张恭祖，俱传《韩诗》。虽皆不详所授，未可遗也。许慎则受《毛诗》于贾逵者，此皆不之及。《春秋》类中，邹、夹二氏外，尚有宣氏。见《张元传》。又第五元、郑玄、闾葵班等，俱传《公羊》。韦贤、夏侯胜、史高、梅福、尹敏等，俱传《穀梁》。扬雄、金子、严棠、溪典等，俱传《左氏》。此亦未之及。《礼》类中，不及《大戴》。“三礼”传授亦欠详。《孝经》类中，孔腾壁藏《孝经》，见《释文叙录》。许慎上古文《孝经》，见许冲《上说文表》。是孔腾、许慎，不可谓非传《孝经》。此又未之及。且诸经中尚缺《尔雅》、《孟子》，究未为备也。然视洪氏《通经表》，则远胜之矣。

0982 **历朝崇经记一卷**嘉庆甲子刊本

清赵继序编。首有自序，记由汉至明崇经之递变，盖崇经同，而所见不能无异。约分三期，一汉附六朝，二唐宋，三元明。大抵唐宋以前，尚遵汉旧。睹于朱子学校贡举私议，犹言今欲讨论诸经之说，各立家法，而皆以注疏为主。如《易》则兼取胡瑗、石介等，《书》则兼取刘敞、王安石等，《诗》则兼取欧阳修、苏轼等，《周礼》则刘敞、王安石等，《仪礼》则刘敞，《二戴礼记》则刘敞、程颐等，《春秋》则啖助、赵正等云云。是朱子未尝不重注疏，不采众说。自元廷祐二年颁行《程朱经解》，而明因之，古注疏几于束阁矣。书中归有光、顾炎武二氏之说，深致慨叹。千余年来，经学每降而愈下。读是记者，知汉学复兴之不容已矣。

0983 **辨讹释义录六卷**嘉庆丁丑刊本

清张均撰。均有《经史辨论》，已著录。是书首有自序。所释先四书，次《易》、《书》、《诗》、“三礼”、“三传”，尤详于“四书”。大抵集昔人所已订正者，间亦参以己意，解多新颖可喜。释“四书”“出则弟”，谓弟以出言，不指兄。对师亦称弟，凡宗族乡党，年长以倍，及十年以长者者，皆是。“贤贤易色”，谓指妻若贤人之贤，交友已包之。好德如好色，可曰如不可曰易，易者就情于一人言之。“犬马有养”，谓犬马以赅六牲。言今之孝者，以养为能。至于日用三牲，有力者皆能之，而不能敬也。“媚奥”，谓指南子。夫子所谓天厌之者，即获罪于天之意。“子谓仲弓”章，谓仲弓为宰，不知举贤才。夫子既告以举尔所知，又恐所知者或为世类所拘而失之，故复谓之以此。证诸子谓颜渊，子谓子夏，子谓子贡，皆当面相谓，岂有对子面扬父恶之理。“加我数年”章，引《孔子世家》，四十四岁，阳虎专政，退而修《诗》、《书》、《礼》、《乐》，不言《易》。又考孔子读《易》至损益，有喟然之叹。此章之言，当在此时。故他日又言“五十而知天命”也。又释《书》，断伯益非皋陶子。释《诗》，断《小序》非卫宏作。俱视常解为优。惟凭空臆断，及错谬显然者不少，其合者在今亦多成陈言。盖摭拾之余，与出于心得者究不同也。均别著有《经史辨论》，其已见彼书者，不赘入。又是书原是十卷，七卷以下，别辨史子，兹略之。

0984 经史辨论四卷 嘉庆乙丑刊本

清张均撰。均字坦斋，浙江江山人，官射州学博。是书首有自序，大抵论议多而考证少，所论议亦泛衍多而精实少。惟论《二戴记》，据《汉书·儒林传赞》、《艺文志》及《刘向传》，孝宣时《二戴礼》已列学官，后数十年至成帝，乃召刘向校经传。而《隋书·经籍志》，反谓戴德删刘向所第为八十五篇，戴圣又删为四十六，马融增《月令》明堂乐记，合四十九篇，是为《礼记》。不知向著《别录》，已有四十九篇书目，与今《小戴记》同，岂容有马融增入。《大戴礼》篇目，始三十九，止四十一，当为四十三篇。中间缺者四篇，重出一篇，其不见者三十八篇。统而计之，复不能合八十五篇之数。则《隋书》为不根之谈可信。又论卫宣公烝夷姜，谓卫宣公立于鲁隐公四年十二月，卒于桓公十二年十一月，在位才十九年。当其为公子也，尚出居于邢，国人杀州吁，始迎立之。若烝夷姜，当在即位后。急子之生，亦应在即位后二三年。至公卒时，尚未冠也。急子之婚，宜在宣公末年。公自娶之，生寿及朔。而公亦将殁矣，朔方在襁褓，安能构急。寿亦不过二三岁，安能窃旌先往。此事理所无者，殆左氏据传闻之说，未及统前后参观也。按此二条，洵读书得间，前人尚未有及之者。阅是书者，节而取之可也。

0985 经剩一卷刊本无年月

清章谦存撰。谦存有《周诰考辨》，已著录。他所撰《郑风考辨》及《春秋比辨》，俱属专编。此外有《说礼》者十则，《书鲒埼亭凯风说后》一篇，《答友生问》十则，统归之《经剩》。如谓明堂为郊天之所，据郑康成说，以正贾公彦、孔颖达之惑。谓《仪礼》之旅酬，不但与生人饮酒异，亦与宾尸之旅酬不同。谓孔疏解《凯风》，七子作诗自责，其母遂不嫁。七子有谕亲于道之功，而其母亦不失为贤母云云。即序传之旨，不得以序传为非。谓季氏舞八佾，夫子以忍加之。是昭公二十五年，平子逐昭公时事。左氏云：禘于襄公，万者二人。其众万于季氏是也。是年秋平子逐昭公，禘必在夏。传系追叙之词，谓诸侯有废祭，无摄祭。大夫有摄祭，无废祭。士则无废无摄。按此诸说，俱有精识。又谓《春秋》书公与夫人姜氏遂如齐，复书孙于齐。孙者与鲁绝也。然此后书会书享，不一而足。而未尝书至自齐之文，必《鲁史》有其文而夫子削之。夫非孙而以为孙，归而不书其归。此大义之所在。于夫人之归鲁，知庄公借念母之心而因以解齐襄之疑。按此论甚严正。而责庄公者未免过刻，庄公即位时，年仅十三，念母亦人情。齐襄即无人理，尚杀彭生以自解，更何辞以伐鲁。无待解也。他所说，则碎义而已。

0986 穆斋经诂四卷道光庚子刊本

清任均撰。均字子平，浙江鄞县人。是书有道光丙申均自序，后有其门人施世锡道光庚子跋。据自序，原题《经传正义》，今题《经诂》，则梓书时所更也。书中论“周正”，历驳改时不改月，改月不改时，及改正朔不改时月诸说。虽列国间，有用《夏正》者，而《春秋》所书皆周正。论“文祖”，谓文祖尧之始祖，即颛顼。颛顼实出于黄帝。据祭法，有虞氏禘黄帝而郊喾，祖颛顼而宗尧。《国语》有虞氏禘黄帝而祖颛顼，郊尧而宗舜为证。俱确不可易。论“六宗”，谓为日月与白虎、朱鸟、苍龙、玄武之中星，说甚新。论“田赋”，主班固《刑法志》，谓核之《司马法》、《周官》，其制皆合。盖融贯于匠人遂人小司徒之法。惟不可以较《孟子·王制》，盖《王制》本出《孟子》。《孟子》明言诸侯恶其害己，而皆去其籍。是孟子未尝见《周官》，故曰其详不可得闻。因推论《孟子》所言公侯方百里，伯七十里，子男五十里，当是二代之制。果如《孟子》之言，则列国公田之赋，将尽以具乘马而无余。而吉凶军宾嘉之五礼，除军礼外，其四俱废。又如《孟子》之言，则列国井田之数，只以授正卒而无余。而何有于余夫之二十五亩，及卿大夫之圭田。均自谓“潜心三载，易稿十次，刊落先儒之枝叶，表章《周官》之法度。”世锡谓“井田封建，立可施行。”盖亦刻意经营之作也。又说“先天”，谓先天之学，即伏羲之《易》，连山、归藏不可考。《周易》则文王之卦辞，周公之爻辞，皆后天之学。其先天自然之法象，独详于孔子《十翼》。黄宗羲不信先天，岂能不信孔子。因举《十翼》，以证其说之失。所持辨俱极博。其他若论礼制，论水道诸篇，词虽简而理则甚惬。均最服膺朱子，而嫉姚江，尤恶阎若璩，斥为心术不正。盖兼讲义理考据，而实事求是者。

0987 经解指要十八卷嘉庆刊本

清陶大眉辑。大眉字又坡，湖北广济人，官安州教谕。书分《周易》八卷、《书经》二卷、《诗经》二卷、《春秋》二卷、《仪礼》二卷、《周礼》二卷、《礼记》二卷。系就《御纂周易折中》、《书经传说》、《诗经传说》、《春秋传说》、《三礼义疏》节繁就约，汇录而成。按《御纂七经》帙巨文繁，披寻不易。大眉于此，虽欠阐发，而剪裁尚属不苟。“三礼”尤简而得要。首有其子起庠序。

0988 一辐集续编十二卷嘉庆丁卯刊本

清项淳撰。淳有《一辐集》，已著录。是集为淳庚戌至甲寅间所撰。与前书异者：前书编年，此则分经，《易》、《尚书》、《诗》、《春秋》、《礼记》、《周官》、《仪礼》、《大学》、《论语》、《孟子》、《中庸》、《性理》各为一卷。首有程瑶田序，及项先生祠堂碑记、赵翼题五古诗、门人刘椿撰《传略》，并椿及淳子峤二跋。按淳笃信朱子，故于性理大都主程朱遗书、文集，而参以宋元明诸儒；于制度治术，则主《三通》、《大学衍义补》，兼及汉唐以来之说，其中且有陶靖节、邵尧夫、李泰伯、陆放翁之诗，李空同、朱竹垞之文，更引及程让堂《亦政录》。让堂乃瑶田字，淳之妻弟也。其本身琐事，如青士双鹊之类亦厕入焉。盖举所亲切者以证经，不遗于一理一事，又不止求之子史则已。末篇论姚江良知之学，辟阳明以尊程朱，则其深旨之所在也。

0989 菣厓考古录四卷嘉庆十三年刊本

清锺褱撰。字保岐，江苏甘泉人，诸生。嘉庆甲子，举优贡生，未廷试卒。是书首有阮元、阮亨二序。又有焦循撰墓志铭，称褱所著有《春秋考异》、《说书区别录》、《论语考古》、《祭法解》、《周官识小》、《汉儒考》、《考古录》、《兴艺塾笔记》诸书，剌其精华，统得四卷，即是书也。书中除“古诗用律句”一条外，余皆考证经义字义。其要者，如“卫辄据国”条，引何休《公羊》、江熙《穀梁》二注。而江《注》据蒯聩称世子，是灵公不命辄，尤为不易之论。又“彻田为粮”条，谓助、彻乃通名，贡之实亦是十一。《夏小正》称“初服于公田”可证。《孟子》论“彻”不举夏，盖因诸侯去籍，未由考之。又毛、郑昏月条，据束皙《五经通论》，谓毛、郑说俱失之。春秋二百四十年，鲁女出嫁，夫人来归，大夫逆女，天王娶后，自正月至十二月，悉不以得时失时为褒贬。二说自出特见，创而惬理。又

《论语》“予有乱臣十人”，《释文》作“予有乱十人”，褒据《左氏传》叔孙穆子谓“武王有乱臣十人”，苌宏引《太誓》曰“予有乱臣十人”以证《论语》知无“臣”字者，是脱误。《家语》樊迟少孔子四十六岁，《史记》则云少孔子三十六岁。褒据《左氏传》哀公十一年清之役“季孙曰：‘须也弱’，”依《家语》计之，樊迟时正二十五岁。以《礼记》二十曰弱例之，则《家语》是也。此外于名物训诂多有所订正，亦间有习见之说，未为芟削者。其辨两汉五经博士一篇，尤详而核。称蔵厓者，其号也。有《蔵字考》，载卷末。褒与阮元少岁同学，书即阮元所刊，间有讹字。近日有影印本，附鲍鼎所为校勘记一卷。

0990 诸经绪说八卷刊本无年月

清李元春撰。首有自序，称“阅诸家经解，喜其博而不尽当心。此所说，不敢袭前人，然亦有前人之唾余，姑以识一时心之所开而已”云云。是书卷一至二说《易》，卷三说《书》，卷四说《诗》，卷五说《春秋》，卷六说《周礼》，卷七说《仪礼》，卷八说《礼记》、《春秋》，不及“三传”、《礼记》，不及《中庸》、《大学》。大都主义理而略训诂，精语少而陈言多。又往往涉及文法，非解经之体。可以觇其毕生治经所得甚浅也。

0991 经传摭余五卷《青照堂丛书》本

清李元春辑。元春著《诸经绪说》外，复集是编。《绪说》者，自道所得。是编则辑前人类说。首有小引，称“所纂数纪典故中，有经艺一门，此摭其余”云云。于《易》，则有《易》同类句、《易》古义、《易》异义、《易》要义、《易》传授著述；于书，则有《书》古句、《书》古义、《书》异义、《书》要义、《书》传授著述；于《诗》，则有《诗》同类句、《诗》古义、《诗》异义、《诗》要义、《诗》传授著述；于《春秋》，则有《春秋三传》略例、《左传》摘释、《公羊传》摘释、《穀梁传》摘释、《春秋三传》总断；于《礼》，则有《周礼》杂释、《仪礼》杂释、《礼记》杂释；又有四书杂释、《说文》引经之异、石经字句之异。按是书题曰摭余，当合他著经艺门参观。然（时）［元］春于经学殊陋，即辑前人类说，其滥与漏自在所不免也。

0992 经义文要十卷刊本无年月

清李元春辑。首有元春自序，谓“以文明经，犹之以经明道。汉人训诂不言文，自是文之一体。唐宋以后文，不尽说经，而说经之文为贵”。又谓“汉魏时郑、王便分门户，至宋每翻旧说，近则又多遵汉以斥宋，不敢以私见分左右袒。惟准经以断，取其合者，间有不合，亦附己说”云云。是书所选，《易》始孔颖达序，《书》始孔安国序，《诗》始大序，《春秋》始杜预序，《周礼》始贾公彦序，《仪礼》始贾公彦序，《礼记》始孔颖达序，以次及汇纂折中之说，参以元春自作。其《尔雅》、《孝经》、“四书”，并诸经古义考略，则皆元春自作也。按元春治经，不分汉宋，而主义理。参证欠博，所得亦肤浅。是编格上行间，俱着评语。圈点一如坊间古文、时文诸选本，尤近俗。别有蒙天庥一序，蒙即刊书之人也。

0993 汉学商兑三卷道光辛卯刊本

清方东树撰。东树字植之，安徽桐城人，诸生。是书首有序例及重序，又有姚莹、朱雅、陆继辂、沈钦韩、李兆洛、毛岳生、陶澍诸家题辞。大旨斥考证而崇义理，义理又独宗朱子。朱子而外，亦多所斥，于阳明尤甚。按考证固治学之一事，非汉学所得私有。自惠栋治经标揭汉学，江藩因之撰《汉学师承记》，于是有汉学、宋学之分。东树所题，盖指专治考证者言也。书分三卷，首溯畔道罔说之源，次辨依附经义小学似是而非者，次为总论，辨诋诬唐宋儒先而非事实者。历引黄震、焦竑、顾亭林、万斯同、毛奇龄、朱彝尊、阎若璩、臧琳、惠栋、戴震、钱大昕、段玉裁、王昶、阮元、汪中、江藩、凌廷堪、焦循、庄忻诸人之说，而一一辨之。所引大半为同时人，且有素尝论学者。阮元又其所客之府主也，皆断断不少逊避。于臧氏《杂记》、惠氏《古义》，尤所憎恶。亦汉学家一大箴砭也。综观所论，不无当者。盖其时治汉学者志傲气骄，轻于发言，原不免授人以口实。而吹求周内，讵能无隙；而强词臆断，亦所不免。谓诸人多憎忌程朱，坚欲与之立异，不思己亦憎忌汉学，坚欲与之立异也。戴震谓宋以来儒者，以己之见硬坐为古圣贤立言之意。此说本不谬，古今之义理何穷，因时救弊，立言者何妨补六经所未及？乃硬以宋儒所言之义理，即是孔子之义理。且私造心传道统诸说，又举朱子以压倒群儒，恐不足以取胜。则援朝廷功令相胁制，见何陋也。其说又繁而不杀，如开首驳毛奇龄《道学辨》，既引叶适之疏，道学之名，出于小人所指目，而又为之力辨。其意无非炫博，而不知适形词费也。惟其中有云："为学而能堕于禅，此虽为圣学之害，然大段已是上乘人物。若其余则皆溺于货色、忿欲、私曲、邪佞者也。如曰不然，请各扪心自反。"云云。其时治汉学诸儒，多于持躬行已有歉，此语殆有为而发也。

0994 汉学商兑刊误补义一卷道光戊戌刊本

清方东树撰。东树刊《汉学商兑》成，其后续有所获，有堪与本条相发明者，应为补入；又有前说偶误，后忽发觉者，应为改正，遂成是卷。题道光戊戌，距刊前书时，越七［年］矣。所持论视前尤悍，如儒之训为需为柔，自是造字本义，乃曰姑阙之，而断以理，可乎？其斥汉学，至比之鸩酒毒脯，食之者必裂肠洞胃，狂吼以死。不思汉学家所考据者典章制度、训诂名物也，即不适时用，亦何至有害于人耶？凡不合程朱者，如甘泉、白沙、景逸、念台，皆所痛贬。即素行不背朱子，如黄梨洲、顾亭林者，以其平日未尝言心言性，亦概訾之。盖东树记诵本甚该博，佐以褊心粗气，老而益甚，遂至于此。惟中驳吴英及其子至忠所为《四书章句集注定本辨》，谓定本并无其书。且所引皆朱子初说，不如今通行本之义周词当。所见甚是，非研讨素深者，不能知之耳。

0995 读经析疑二卷 嘉庆庚辰刊本

清聂敏镐撰。敏镐有《易解》，已著录。是书首有自序。题曰《析疑》，取陶诗“疑义相与析”意。其读《禹贡》二篇，一及治河，一及治漕。治河主疏下流，仍是常谈。治漕主陆运，辅以河运，而废海运，则迂儒之见。道光后，江浙行海运，大著成效，惜敏镐不及睹也。读《武成》，谓本无错简，由于疑经者有所误认。虽出臆断，可备一说。读二南，改《葛覃》首章“中谷”为“中溪”，使与萋飞喈相叶。不知“谷”自与“木”叶，不须改也。谓《汉广》章，“广”与“方叶”，“泳”与“永”叶。不知“广”叶“诳”，“泳”叶“旺”，“永”叶“恙”，“方”叶“放”，同是去漾也。谓《行露》首章，两“露”字相应为叶，“夜”字不用叶。不知“夜”叶“裕”，“本”与“露”为韵也。谓《行露》三章以“墉”、“讼”，“讼”、“从”为韵，“牙”、“家”为韵，不知牙叶颙，乃以“牙”、“墉”、“讼”、“从”为韵也。又谓《殷其雷》首章，雷与末句为韵，不知中间违字亦韵也。谓《驺虞》首次章，不用以驺牙驺红分叶，不知两章自以乎与虞相叶也。其有可采者，谓《尔雅》“杜甘棠”之文，应以杜甘二字为句，棠一字为句。《采薇》第四章“维常之华”，“常”係“旗常”之“常”，毛传“常，常棣也”之训非。谓《十月之交》第三章云“百川沸滕”，今本“滕”作“腾”，非明咸象“滕口说”，字虽不误而解则非。谓《荡》诗之首章乃《板》诗之末章，《板》实九章，非八章。俱援证甚确，大都从读书有得中来也。

0996 经治堂解义二卷 嘉庆癸酉刊本

清郭坛撰。坛字岱封，山东潍县人，诸生。是书首有郝懿行、贾声槐二序，末有陈汝庚跋。郝序称其“博综群言，时出新义”。按是书大旨主考证，尤详于地理。如“泥中”条，谓即“饮饯于祢”之“祢”。据《韩诗》“祢作坭”，《释文》云：泥乃兮反。依字作尼，又作坭。《仪礼》士虞礼注引《诗》“饮饯于祢”。《释文》云：“祢，乃礼反。”刘本作泥，音同。盖坭、泥、祢三字，古通用。其地在今开州西北，即《寰宇记》所称大祢沟。“琅琊”条，据《山海经》郭注谓齐之琅琊，与句践所都之琅琊不同。《括地志》所称密州诸城县有越王句践琅琊台，亦误。琅琊为邑，始于秦，朱注亦误。此二条最详确。他条则有所断甚是，而举证未备者。又有涉于臆断者，如“负夏”条，谓负夏即负瑕，又即瑕邱。鲁卫皆有瑕邱，《齐乘》以为一地者非。但卫之瑕邱已见《路史》，《齐乘》之误，又沿《水经》。坛俱失引。“转附朝儛”条，据《后汉书·陈蕃传》“齐景公欲观于海，放乎琅琊”以为是水名，非山名。按坛所说，亦空泛近臆断。“转附即之罘，朝儛即成山”，焦循所考说是也。“毕郢”条，谓毕郢即毕程，引《毛诗正义》、《竹书纪年》为证，极是。惟谓毕乃程之一邑，文王葬毕，即葬于程。按毕乃程地之大名，程者，毕中之号。杜佑谓王季都毕，通国内言之。程者，王季所邑，而毕之小别。故系毕而言之曰毕郢，坛所说适得其反。“费惠公”条，谓孟子所言费惠公当是战国时季氏僭称为公。以列于诸侯，亦出臆断。按曾子书，有“费君”、“费子”之称。《说苑》又有“曾子辞于鄪君”之语。可证费惠公即费君。但三桓之后，泯然无闻，则费君似非季氏之后。“薛方山为庝父之后”，亦臆说也。他条若“公子庆父辨”、“公侯干城解”之类，亦多允惬。惟书中间有似袭他说而未及删者，想由参考未博，致有雷同。至其的然错误，如“羕为永字异文”一条，“驳《康诰》非周公作”一条，“驳《左传杜注》食字”一条，则郝序已纠正之矣。

0997 **何氏学二卷**嘉庆刊本

清何治运撰。治运字郊海，福建闽县人，乾隆丙子举人。阮元督粤，尝聘修《广东通志》。是书原四卷，前二卷经说，后二卷杂著，兹盖前二卷也。治运之学，深于《说文》。如读《易》条内，谓“夕惕若夤，系古文。《易》‘夤’作‘厉’者，乃今文。《说文》：夤，敬惕也。故《文言》言‘惕’，而‘夤’在其中。惟作夤则上与田人乾韵，下与渊天人韵，若作厉则无韵云云。可正王氏《经义述闻》之非。读《说文》条内，“瓬”读若“瓬破”之“瓬”。据《说文》：瓪，败瓦也。从瓦反声。瓬破当作瓪破。可正钱氏《说文答问》瓬作柧、段氏《说文解字注》柧作放之非，合之杂著内书。段氏《说文解字注》后二篇，所论昏字、笑字、奡字、妄字、奂字、颮字、嫛字、祡字、韬字，书钮氏《说文新附考》后所举琖、琛、茗、呀、透、闹、鸭、剜、筠、篙、曈、昽、映、寘、倜、襆、觌、嵌、屿、庡、庱、駃、悱、灃、愬、惹、瀛、潺、淼、漱、雯、鳐、妲、琵、琶、瓷、蝨、虴、蜢、颭、瓻、塓、坳、塔、钏、酩、酊、件、借、峰、鮭诸字，俱援证甚确。可订段、钮二家之疏谬。其以籀文证石鼓，谓不必指为何、王之世。又以石鼓中“六马”二字，宋本剥蚀中似作“𡵂”字，与第九鼓“駠”字下一字相同，则作“六马”者非也。天一阁本依别本割一“六”字补入，痕迹可按云云。此说未经人道，他所考正，亦有合者。惟读《尚书》诸条，扬梅、阎之焰，所见多偏。如是“观怪”而非“观德”，信“堋淫”而斥“朋淫”，俱悖于理。改“献獒”之“獒”为“骜”，引《说文》骜健之训，究指所献何物，尤为凿空武断。其读《孟子》一条引或云，《尧典》曰：女于时。郑氏《书》注曰：不言妻者，不告其父，不序其正。据此则帝女下嫁，皆当言妻。《说文》：𡜵，古妻字。古文妻从肖女，肖古文贵字。从贵之义，即下嫁之义。后之妻公主者，皆曰尚。尚者，肖之讹也。《孟子》“舜尚见帝”即言既𡜵之后见帝也。按此说义创而精，乃治运不取，反援《汉书》晋灼注：娶天子女曰尚公主，娶诸侯女曰承翁主。谓“尚”与“承”并称，当为尊尚之义。又谓舜妻见帝为不辞，不思晋灼之注绝无据。“承”字当因“尚”字而附会之耳，史籍上何曾有承翁主者。舜妻见帝，古书简质，文义本明。若“尚”字作尚公主，则去公主而留一尚字，亦不成辞。况尚主之名，出于汉后。周时王姬下嫁未见此称，尚若用作助词，更不成辞矣。治运所著尚有《公羊精义》、《论语解诂》、《孟子通义》、《周书后定》诸书，今皆不传，于此可窥其一斑云。

0998 经义说略一卷道光刊《娱景堂集》本

清刘宝树撰。宝树字幼度，江苏宝应人，嘉庆十二年举人。历官赣榆训导、五河教谕。履恂子，宝楠兄也。是书说经，颇多新颖。如《洪范》“考终命”，据《释诂》：考，成也。《左氏传》解扬对楚子曰：“寡君有信臣，下臣获考，死又何求。”终命，谓终其正命。以见考非老寿之谓。盖赴义捐生者，虽不寿，不得谓之凶短折。偷生忘义者，虽寿，不得谓之考终命。又《中庸》“禘尝”之义，谓“专成禘尝者，盖谓明乎所以重之之义。则治国不难，非泛言祭祀、祭统”云。古者于禘也，发爵赐服，顺阳义也。于尝也，出田邑，发秋政，顺阴义也。故曰禘尝之义大矣，治国之本也。朱子谓四时皆祭，举其一，非是。又《左氏春秋》“公矢鱼于棠”，谓古有射鱼之礼，惟于棠则嫌远地，故公闻僖伯之谏但以略地为辞，不以射鱼为非。下有刘恭冕注，引唐皮、陆《射鱼》诗，以见唐时此风尚存。而序云：镞而纶之曰射。则其法亦可知矣。又《论语》“吾十有五而志于学”，据赵岐《孟子注》：“志，记也。”志于学，即所谓多见而识之。若云圣人至十五岁而志向始专，则夫子为儿嬉戏陈俎豆、设礼容，其时已志于学，岂待成童时哉。又“事君数斯辱矣，明友数斯疏矣。”谓数当训为数君友之过儒林，其过失可微辨而不可面数也。谓不可面相责让，取夺相疏大抵由此。说俱洽当。至以金石文证经，如引《古玉图谱》载“商王吉圭”，“吉”字作“吉”，以证《易》“包承，小人吉”为“小人喜”之误。又引《博古图》载“商父舟觚”，“舟”作“亚”，《周处敦铭》“周”作“亚”，以证《诗》“有饛”“舟人之子”，为“周人”之误。别开证经之途，尤足贵也。卷首有刘文淇、陈庆镛二序。

0999 五经通义一卷浮溪精舍刊本

清宋翔凤辑，不题撰人名氏。按《隋书·经籍志》：“《五经通义》八卷，梁九卷。不题撰人名氏。”《旧唐书·经籍志》：“《五经通义》九卷，题刘向撰。”《新唐书·艺文志》同。翔凤盖从《隋志》也。所辑诸条，除“八风者八卦之气”条、“士冢树槐”条外，余俱不注出处。其“天子有天下大号”条、“妇人无爵故无谥”条、“古者天子至于士”条、“功成作乐”条、“礼乐者所以象德”条、“受命而王者”条、“黄帝乐所以为咸池”条、“王者之乐有先后者”条，皆洪颐煊辑本所无。惟所引“震与霆皆霹雳也”下，洪辑本多“电谓之雷光也”六字。“士冢树槐”上，洪辑本多“诸侯冢树柏”五字。其他文字小异者尚多。

1000 读经求义不分卷嘉庆二十一年刊本

清张维屏撰。首有维屏自序，并录陈寿祺来书。寿祺，其座师也。所说止及《诗》、《礼》，各为一册，而《诗》较详。虽欠精博，而不无新得。说《汝坟》，谓“父母”谓二亲不谓文王，证之《诗》言“民之父母”，则先言君子。《书》言“作民父母”，则先言元后。未有直称父母，并其比儗之意而隐之者。此义甚确。后来魏源《二南答问》与之同，岂袭其说而讳之耶？又谓《黄鸟》诗之三良，皆是武夫。于《诗》言“百夫之特”、“百夫之防”、“百夫之御”知之，可云得间。又谓风、雅、颂乃诗体，无尊卑优劣，何有升降？风先邶、鄘、卫，以其为殷之故都。次之以王，以其为周之东都。亦殊有理。说《礼》，惟“庙”一条最辨。谓周世室，不在七庙外，无九庙之制。可为康成功臣。其他持义虽不谬，大率碌碌因人耳。

1001 经义录六卷道光庚子刊本

清张维屏撰。维屏字子树，广东番禺人，嘉庆进士，官至湖北黄梅知县。是录大率引先儒成说，或附己见，或否。引毛奇龄说居多，当是其服膺所在。所论断多未当，而采摭亦殊陋也。卷五录杨椿《周礼考》一篇，而不知为何许人。按椿字农先，江苏武进人，康熙戊戌进士，官翰林。尝与修《一统志》、《明史》、《明鉴纲目》诸书，著有《孟邻堂文钞》，中有《周礼考序》及《后序》二篇。维屏所录即《后序》之一。文钞中尚有与齐次风《论周礼书》十二篇，其说尤详，维屏当未得见之。

1002 经图汇考三卷道光刊本

清毛应观撰。应观字盥三，山西夏县人。是书前有祁寯藻序及应观自序，后有王鎏跋。全书原十卷，梓成者止三卷。卷一《天文祛异》，卷二《地理征今》，卷三《井田计亩》。《地理征今》又分前后卷。书中于天文列《恒星》、《七政》、《二道》、《九行》诸图，并详论岁差、斗差、里差等。著其所推测之度数，而驳正《天元历理》、《天文大成》诸书之谬。于地理列《禹贡》职方之九州、春秋七国之疆域，下至秦汉以后郡县之变更，而注今直省各府、州、县于其下。于井田，用开方法，自一井至于万井分之合之。因及朝市廛里计军大阅诸事，图各有考。按应观言天文多本徐光启、利玛窦之说，独以诸天离地若干里，非目验不肯信。言地理谓九州之浸惟扬曰五湖，其余八州则皆川也。《说文》："通流谓川。"《集韵》、《正韵》："浸渍也，润也。"自有分别，川、浸各有定名。又谓《孟子》"禹疏九河"节，言自禹疏九河瀹济漯以后，而泛滥之水皆注诸海。决汝、汉排淮、泗以后，而泛滥之水皆注诸江。而字蒙上洪水来，孟子不是论水道，以为汝与淮、泗皆注江也。祁序补充其说，谓淮水无由通江。"排挤"也与"推"同义，见《说文》，排淮非导淮，乃推淮而注江耳。言井田，谓夏之五服方五千里，周之九服方万里，不可强合。书言外薄四海咸建五长，是禹于五服之外各建其长，以统辖蛮夷。而《周礼》藩服北极沙漠，东入东海，南滨南海，西逾流沙，五长更建于何地。又谓小国城方三里，三三九里，实有八千一百亩之地，则近城农民得居国都。以上诸说俱甚允惬。其春秋《地理征今》，简而得要，尤便学者。惟不信诸天距地若干里，谓非目验，未免拘泥。又徐、利诸说，在今日推验有更精者，亦不可尽据也。

1003 然后知斋答问二十卷嘉庆丙子刊本

清梅冲撰。冲字褒村，安徽桐城人，嘉庆举人。是书以答问之体阐发经义。卷一至十“四书”，卷十一至十二《易》，卷十三《尚书》，卷十四至十五《诗》，卷十六至十七《春秋》，卷十八《周礼》，卷十九至二十《礼记》。其为说不拘于汉宋，或独伸己见，或全引旧解。又或摘录他书，若江永《乡党图考》、阎若璩《四书释地》、方苞《春秋通论》、顾栋高《春秋大事表》之类。尤熟于《礼》，凡“四书”中涉于礼制者，及说《周礼》、《礼记》三卷，俱精洽。其辨“鲁未尝用天子之禘”及“周以文王为太祖、后稷为始祖”二条，尤为得未曾有。其他新义亦不少，如“四书”卷中，谓孔子已开性善宗旨，同一善而有清浊高下之不齐，所谓相近也。自程子分义理之性，气质之性，强赘之性二字。而义理仍是义理，气质仍是气质。则无所为性，无所为性善，益无所谓相近。又谓曾子以忠恕解一贯，证之《大学》而了然。诚意以前，忠也。正心以后，恕也。尽己之谓忠，合致知、诚意，而后为尽己。平天下以絜矩，恕也。又谓东周无王者之迹，而伯者假之。观列国之诗，类止于桓文之时。《卫风》终于《木瓜》，且《载驰》许诗也，何以载于《卫》？以有“控于大邦”之言。属望于齐，故无其国而存其诗。秦之《渭阳》，曹之《候人》，皆与晋文相涉。以后唯有陈灵《株林》一诗，则以涉于楚庄，盖伯者欲天下歌咏其事，故令天下及当世以前之书，尽贡于天子，犹然王迹之意也。后此则迹真熄矣，真无诗矣。又谓唐虞以前，皆用夏正，殷周之改正朔特以新耳目，其实皆夏正也。周公所作之书，若《周书·时训》，若《周官》，莫非夏正。《豳风》凡月皆夏正，齐与晋皆自用夏正。僖五年十二月丙子朔，晋灭虢，而卜偃称九月十月之交。绛县老人言臣生之岁正月甲子朔，以长历推之，乃鲁文公十一年三月朔也。文十年，齐公子商人弑其君舍，《经》书九月，《传》作七月，皆可证。观周人用夏正之多，则殷之承夏可知。而究嫌政令之不画一，故孔子断以行夏之时耳。又如《尚书》卷中，亦以古文非真本。惟谓采集遗逸，编次成文，使虞、夏、商、周圣帝明王精言，藉以脍炙人口，功莫大焉。传古圣之遗训，又不自居其名，固无见罪天下万世之处。必欲吹毛求疵，非君子之道。按如此立论，变毁为誉，足令攻古文者咋舌。其反驳阎若璩数条，诋为锻炼、为曲说，俱允。其辨文王称王，谓夏、殷天子称帝，则王亦臣爵也。《史记正义》谓虞、芮二国相让后，诸侯归西伯者四十余国，咸尊西伯为王云云。文王之受与不受未可知，而诸国必以是为称。《中庸》但言追王太王、王季，亦文王先已称王之明证。按此说新而有理，王之号当创于文王，故开国后承用之。民所向往谓之王，亦从此起义。商称帝，文王称王，未为失臣节。周以王为天子之称，故吴、楚为僭而非可论于文王时也。卷首有冲自序及胡克家序。

1004 娱亲雅言六卷嘉庆刊本

清严元照撰。元照字九能，浙江归安人，诸生。是书首有段玉裁、钱大昕、吴兰庭、徐养原诸序，又有余正观诗，钱大昕、吴兰庭、段玉裁、梁玉绳、周中孚、徐养原、许宗彦诸札，及元照自序。自序云：先人年六十三，患河鱼之疾，思以此娱之。因以《娱亲》名书。其曰《雅言》，先君所定名云云。原十六卷，删成六卷。卷一《周易》、《尚书》，卷二《毛诗》，卷三《周礼》、《仪礼》、《礼记》附《大戴礼》，卷四《左传》附《国语》、《公羊》、《穀梁》，卷五《论语》、《孝经》、《孟子》，卷六《尔雅》。其稿经段玉裁、钱大昕、孙志祖、许宗彦、徐养原、臧镛堂、丁杰、梁玉绳、赵春沂审阅，行间往往有诸人小注，元照间亦自为按语。书中援证古义不尚新奇，其尤善者，如《易》“何以守位曰人”，诸本“人”多作“仁”，元照谓“守位以人，聚人以财，二语相承，作人为合”。《书》“女后稷”，诸书作“女居稷”，并谓王肃所改。元照据《汉书·百官公卿表叙》弃作后稷。应劭曰“后主也”，若孟坚元文作居，则应劭不当训主。足为一非私改之证。又高宗肜，谓高宗系庙号，若武宗在位，不得有庙号。断为祖庚嗣位之后，祖己追述其事而作。以正金氏《通鉴前编》之非。又“大木斯拔”，《正义》以“斯”为“此”，元照据《诗》“王赫斯怒”笺“斯，尽也”，谓斯有尽义。《礼记》“生乎今之世，反古之道。如此者灾及其身者也”，引《大戴礼》孔子曰“生乎今之世，志古之道，居今之俗，服古之服。舍此而为非者，不亦鲜乎”以证《中庸》与《正义》合。又《大学》“自天子以至于庶人”至“知之至也”，谓此节在所谓“诚其意者”之前，乃申说致知在格物之义。“致知”之“致”，注云“或为至”。明知至即致知也。诚意正心，皆修身之要务。故曰：皆以修身为本，而不曰以诚意正心为本。本所厚者也，末所薄者也。身不修而能治国平天下者，未之有也。能知其本，斯知之至者，经义初无阙漏。《论语》“孺悲欲见孔子”，而皇《疏》则云“孺悲使人召孔子，欲与孔子相见”云云。元照谓阳货召孔子，书曰“欲见孔子”与此书法相同，若就见者则当书请见，如仪封人之例矣。凡此诸条义俱精惬。按元照亦不喜古文《尚书》者，而于顾亭林以“奈何”二字为楚言证《五子歌》有“奈何”字是伪证。元照举《洛诰》“曷其奈何弗敬”一语。江声乃毁古文最力者，以《白虎通》引“厥兆天子爵”，称《书·亡逸篇》遂强改《无逸篇》以就之。元照并切指其失，亦不囿于成见者。篇中屡述卢文弨、段玉裁说，盖素服膺二人故也。

1005 惕斋经说四卷道光癸卯刊本

清孙经世撰。经世字济侯，号惕斋，福建惠安人。道光辛卯举优行生，以试殁于京师，事迹详其弟子陈金城撰《行传》。经世深研理学，而治经又穷探训诂，尝谓“不通经学，无以为理学；不明训诂，无以通经；不知声音文字之原，无以明训诂”。据传《经说》六卷，是本仅四卷，当是刊行时所并。书中说虞、周朝数最博辨，谓朝礼所垂，其为非常之举者，不可以年计。而常礼则虞时分诸侯为四部，部各一岁，四岁而周；至周则分诸侯为六部，部各升降一岁，六岁而周。周以四岁者，合之巡守之岁，共五岁。统四部计之，则为五载四朝；自各部计之，则五年一朝。盖据《尧典》与《王制》《大行人》为准，而辟马、郑、孔、胡、韦、王诸家之证。解《关雎》，谓如传、笺说，哀乐指太姒求女言，则诸侯及世子女媵已满，何须别求？更如《集传》说，则文王未娶之先，不应豫有宫人，即日为三季宫人，亦应代为哀乐。所见极是。而以为诗人追叙其事，代文王着想，亦近臆断，岂不同鲁、韩及他家别有解耶！尤详于字说，如《诗》之“还”、“罠”、“鹑”、“鸢”、“兼”、“蒹”字，《左传》“泽”、“疥”、“蘧”字，《周礼》之“橐”、“軓”、“轨”、“儥”、“盦”字，《礼记》之“腯”、“肥”、“鲝”字，《论语》之“鼻”、“逢”、“放”、“虑”字，诸经之“哀”字，皆剖析至精。其订《释文》与《说文》五十余条，分补、备、删、譌、改正、依定及据勘、参酌、兼存诸例，尤可证二书之得失。至《说文解字假借考》，搜摭之博，宜为专编。卷［首］有徐树铭、苏廷玉二序，又有杜彦士挽诗六首、陈金城撰《传》一篇。廷玉即刊其遗书者也，距经世之殁已二十七年矣。

1006 读经校语二卷道光癸卯刊本

清孙经世撰。经世有《惕斋经说》，已著录。卷一《周礼》共九十八条，卷二《春秋左传》共一百六十一条。大旨于或字、借字、俗字、譌字、古今字、引伸字、小篆新造字以至衍字、漏字，一一别之。亦间有涉及音义句读者，如“不胜干”，释文：胜，音升，误谓“胜”应读去声。“餬其口”，注云：餬，鬻也，误，《方言》训寄食。“万死我君，寡我襄公”，谓即先轸所云“死齐君而弱其孤”。“诸侯以字为谥”，谓“为谥”属上以字读。“纪伯姬来朝其子，能者养之一以福”，谓“之”、“以”文误倒。俱甚妥洽。至“天子使召伯来赐公命”，闽本“赐”作“锡”，《公羊》、《穀梁》及《曲礼》、《正义》所引并作“锡”，据此兴文元年经皆作“锡”，而《传》作“赐”者，因证明左氏以训诂代经文之例，尤见得间。按陈金城撰《传》，称《读经校语》四卷，乃今本止二卷，当亦苏廷玉刊时所并。后附陈寿祺跋，称“发疑正读，多可为章句之助”云。

1007 **读经如面一卷**道光刊《蛾术堂集》本

清沈豫撰。豫有《皇清经解渊源录》，已著录。是书凡《书》十六条、《诗》四十二条、《春秋》三十条、《周礼》六条、《礼记》四条。不及《易》者，以别著有《读易寡过》也。诸条大率约举义理，无甚精粹。其中有习见之解，而矜为独创获者。惟“城阙”条，引《晋书·左贵嫔离思赋》“彼城阙之作诗兮，亦以日而喻月”以证《青衿》非淫诗。“节彼”条，引《晋书·秦秀传》，诗云：“节彼南山，惟石岩岩。赫赫师尹，民具尔瞻”言其德行高竣，动必以礼。俱可以备异解。其“不登于明堂”条，信杜注，谓明堂与祖庙为一处，谬甚。“夏天王使宰渠伯纠来聘”条，下注小谷先生曰，尚未确当。刻本存此评，亦是非之公心也。

1008 **袁浦札记一卷**道光刊《蛾术堂集》本

清沈豫撰。豫有《皇清经解渊源录》，已著录。是集皆考订经义之作。其“王肃圣证论”条，能持郑、王之平。孙星衍以肃与司马有连，有无君之心。康成之孙小同，为司马氏所鸩，肃谄事司马，故多诋郑学。高贵乡公与诸儒讲《尚书》，从郑说，因愤濇博士称扬肃言，卒致被戕云云，牵扯诬罔，不足辨也。“书五经异议疏证明堂篇”条，遍引戴震、孔广森、金榜、孙星衍、汪中、阮元说，豫但诋孙氏之非，不知戴、孔诸说俱未当也。“邵氏《尔雅正义》引时贤”条，全祖望谓鯬即鲥鱼，援粤谚“三鯬不上铜鼓滩”为证。按祖望曾至广东，故能诵粤谚，但无人称鲋鱼为“三危”，不云“三鯬”，“鯬”、“危”尚属同音，然删去“三”字，则非此鱼矣。盖豫于经学，所造尚浅，虽其间不无一得，仅如拾稊米于太仓耳。

1009 五经博士考三卷道光乙未刊本

清张金吾撰。金吾字月霄，江苏昭文人，诸生。是书孙原湘、李兆洛序，作于道光丙戌。又有黄廷鉴序，作于道光乙未。廷鉴为金吾之师，序则刊书时所作，其时金吾已殁矣。卷前列《覆陈君子准论五经博士书》及子准原书，以当序例。读之亦可见金吾钩稽商榷之矜慎。卷一载置立博士之始、博士所领之事、前后辟举之法、增益之数，以至历代诏疏。卷二载说经诸家立学之始。卷三载建元以前博士，次之以五经博士，终之以诸侯博士。言必有征，宁略毋滥，间下按语，以释疑难，自非苟作者。

1010 爱日精庐遗稿一卷传抄本

清张金吾撰。金吾字月霄，江苏昭文人，诸生。是书说《礼》者五：《释冕》、《释弁》、《季冬始渔解》、《贵黍贱稷解》、《覆褚仙根问禘郊宗祖书》。说《诗》者七：《相鼠说》、《木瓜说》、《黍离说》、《扬之水说》、《伐檀说》、《蒹葭说》、《菁菁者莪说》。说《书》者二：《殷人贵富说》、《康诰解》。又有宋椠《经典释文残本跋》，宋蜀大字本《月令跋》，亦与经文考证有关。外有杂文四篇，以《释冕弁篇》最巨。谓弁者古冠之大号，言弁可以统冕，言冕不可以统弁，所以析之为二。参证群经，佐以汉儒之说，不加论辨。解“季冬始渔”，冬令冰坚，何从得鱼？据《诗》“潜有多鱼”，《传》云：潜，糁也。《笺》云：冬鱼之性定。按《释文》、《小尔雅》谓积柴水中，令鱼依之止息，因而取之。又《周礼·庖人》注：鱼雁水涸而性定。所云定者，疑是“节耆欲定心气”之“定”，即不再孕育之谓。乘其不孕育而取之，仁之至也。此义至精，发前人所未发。其论禘郊宗祖，据

《公羊》以驳郑君。并申论四禘三祫之义不合于《公羊》者，辩而能断。论《康诰》，谓康是畿内国名，非谥。甚是。而据马融说以难《书序》，谓作于武王之时，则非也。殷人贵富，《贵黍》、《贱稷》二篇，亦有特见。若《相鼠》诸诗说，则引申旧解，徒骋议论而已。

1011 经史答问四卷光绪甲午刊本

清朱骏声撰。首有其子孔彰序，称“骏声少从钱竹汀游，故往往述其语。又与朱右曾友善，右曾著《逸周书集训》，尝与商订。后与汪文台、俞正燮、程鸿诏及弟子程朝钰、朝仪等质疑问难。有《经史答问》一编，乱后颇有散失，今存四卷”云云。今按其书，经史杂厕，绝无次序。大约说经者居十之七八，而《诗》较多，《礼》次之，《易》又次之，余经偶及之而已。设问答之词以发疑义，或引他人成说，而不言所出。有甚惬当者，亦有沿误而不知者。如“小人反中庸”，谓“反”当训，“复”，读如“反古之道”、“反身不诚”之“反”。盖君子是生知一等，小人是困知一等。举两端以包中人，即性近之谓。“子路终身诵之”，谓“终身”上当脱一“请”字，不然，一时之语，何由知其终身。“至于犬马，皆能有养”，谓“养”字作“羖”，主服勤之义。“王者之迹熄”，谓“迹”乃“迒”字。“迒”即所谓遒人、逌人、行人，盖采诗者。《燕燕》诗，谓庄姜作近是。是年三月十七日，州吁弑完，则戴妫之归，必在春夏之交。“不属于毛”，谓“毛”为“表”之误字。“浅则揭”，谓“揭”读为“竭”。竭，负举也。盖褰其裳，耸其肩，高其足指，趋而涉之，如负举物然。“大道之行也，与三代之英”，谓“与”当读为“欤”，绝句。凡此诸条，援义俱确。“实始翦商”，谓“翦”者“前”之借字，前先也，犹曰德胜于商，亦可备一解。他如“子思之哭嫂也为位”，谓子思岂有兄，疑是原宪。所伪传子贡诗传，乃伪鲁申培弟子东海太守碭鲁赐，非端木赐。《子夏易传》引或曰：沛人邓彭祖，字子夏。疑是其人。俱可备考。又如引《管子·小匡篇》“施伯谓鲁侯曰：管仲天下之贤人也，大器也”以证孔子管仲器小之叹。引《逸周书·寤儆篇》周公“不骄不悋，时乃无敌”以证孔子如有周公之才之美，“使骄且悋”之叹，以见圣言有为而发。亦殊可取。惟“索隐行怪”，谓索空也，所谓纯盗虚声者。说虽可通，但春秋时，尚无此类之人。又斥郑笺“亦既觏止”为媾精，“言从之迈”为自杀，“永矢弗谖”为不忘君之恶，俱有害于义。此未免存迂固之见，先儒已多辨之。至所举古文《尚书》十二伪证，则全拾阎、惠之余唾，尤不足论矣。卷四有校释《周书集训》诸条，序已及之。

1012 稽古轩经解存稿八卷道光十九年刊本

清赵逵仪撰。逵仪字衢斋，安徽泾县人，嘉庆癸酉举人。首有黄中模序，逵仪乡试座师也。卷一《易》，卷二《书》，卷三、四《诗》，卷五、六《春秋三传》，卷七“三礼”及《大戴礼》，卷八“四书”、《尔雅》、《孝经》。其中《周礼》、《仪礼》、《大戴礼》、《大学》、《中庸》、《孟子》、《尔雅》、《孝经》各止一篇，似以足十四经之数者。其文大率书院课试之作，故多抄前人成说或发空套议论。每篇后皆有批语，尤为近俗，然亦不无可采者。如解“六宗”，主郑康成说，谓是星、辰、司中、司命、风伯、雨师。解“大夫孔父”，引“郑大夫公子嘉字子孔”，谓孔父是字非名。解“辟雍泮宫”，据《说文》：“廦，廧也；廱，天子飨宴廦廱也。”鲁有泮水，泮宫乃泮水旁之宫，俱非学名。解“公伯寮愬子路于季孙”，谓愬，告也，《说文》引此作诉，与谗迥别。肆诸市朝，语同“鸣鼓而攻”，无害为仲尼弟子。如此之类，自见精核，未可没也。

1013 困学蒙证六卷道光庚寅刊本

不题撰人名氏。卷首有陈寿祺序，称“归安月樵宋令君，由进士筮仕来闽，尝出示其所撰《困学蒙证》若干卷”云云，月樵当是其字。盖就王伯厚《困学纪闻》中，取其前数卷说经者，援古传注及阎、方、全、何、程五家校语以证之，间亦附以己见。然非全证，如卷一《易经》，所遗多至五六十条。他经称是，且援据不若翁元圻之博。即如卷一“蔡泽谓亢龙有悔”一条，意似深许蔡泽。然伯厚《通鉴答问》又曰“范雎鉴于穰侯，主眷既衰，亟思变计。蔡泽倨见而不怒，闻成功者去之言，翻然谢事，泽也激辞谲说，攘相印而得之。心邪而论正，其自谋亦为雎谋也。泽克践其言，见险能止，居宠知退，其全身幸也。张华、李德裕之才，犹失于不早退。吾非取范蔡也”云云。正可与此条相证，乃亦遗之，殆流览所未及也。出己见处亦多未惬，陈序许为厚斋功臣，过矣。

1014 经传小记续一卷传抄本

清刘宝楠撰。宝楠有《经传小记》三卷，已著录。是卷系刊后续录。凡《诗》一条、《周礼》一条、《仪礼》六条、《礼记》二十条、《尔雅》十六条、《大戴礼》七条。此外则《韩诗外传》、《说苑》、《新序》各数条。纠订讹谬，类多可取。惟《缁衣》、《尹吉》，注“吉”为“告”，尹告，伊尹之诰也，《书序》以为《咸有一德》。按注语不误，引经而不用本篇名者，古书有其例。宝楠乃谓亦《尚书》篇名之不见于《序》者，则拾攻古文者之余唾，非有特见也。

1015 读经劄记二卷同治丁卯刊本

清单为鏓撰。为鏓字伯平，山东高密人。是书首有阎敬铭序。虽题《读经》，但止及《春秋三传》。大旨见所为凡例，其中有发明字义者，有驳正误解者，有更正刊本脱误者，有考证地理者，但不过摭拾细碎，而议论居多。尤详于文法史法，竟全抄方苞《左传义法》，实可不必。至于摘录注疏罕见之文，标识古今传诵之句，俱属无谓。顾炎武以杜注短丧为非，按春秋国君皆以遭丧之明年正月即位改元，证以《孟子·滕文公篇》“吾宗国鲁先君莫之行”云云。疑三年之丧，非周定制。杜解未谬，为鏓驳之，非也。又按《史记·宋世家》有“微子启持祭器造军门，肉袒面缚”等语，绝非事实。为鏓引以证

《左氏传》而不为置辨，亦非也。其采用诸家之说，亦未博核，且少案断。聊藉以备检寻，殊无裨于研讨也。

1016 五经赞一卷半亩园刊本

清陆荣秬撰，徐堂注。荣秬字锡山，江苏青浦人。堂字左篁，江苏上海人。是书赞述原本，注详事义，足供初治经学者记诵之资，惟其中不免漏误。《易》尊程朱传，《春秋》遵胡安国传，《礼记》宗陈澔集解，皆非近代所尚。言《诗序》，断以为卫宏作，已误。又硬断两语以外续而申之，世谓《大序》者，即宏语。尤无稽。大都摭拾陈言，未及广为考证，补而正之，不能不望于专精之儒矣。

1017 经说拾余一卷咸丰八年刊本

清胡泉辑。泉既取阳明《传习录》、《语录》，成《经说弟子记》，又取集中书一百五十篇为之疏证。此外若序、若记、若说、若论、若书某卷，其中有援据经语者，因复删节其要，汇为此卷。除已引证在《弟子记》者，篇后各附按语，与书旨相表里。末篇论“元年春王正月”，据《论语》“吾从周”，不主改月改时之说，自是正论。纯然说经之文，仅此而已。

1018 经说弟子记四卷咸丰八年刊本

清胡泉辑。泉字白水，江苏高邮人。是书就王阳明《传习录》、《语录》辑出，按“五经”、“四书”次序分为四卷。计《易》十六则、《书》七则、《诗》二则、《春秋》一则、《礼记》一则、《大学》四十则、《中庸》二十五则、《论语》四十则、《孟子》三十一则。“五经”说中谓孔子所定三百篇皆雅乐，安得有淫诗？此必秦火之后，世儒附会以足三百篇之数。所云可以惩创人之逸志者，是求其说而不得，从而为之辞。论虽出于臆断而可塞解诗者之口。《诗》何尝有淫，解者妄以为淫耳。"四书"说较详，亦较多精义。《大学》主复古本，谓"亲民"亲字，不当作新，沿《大学》者多遵之。虽处处粘合良知，而理足以达之，自成其一家独造之学。泉于每则下间参按语，证合其旨，但无甚阐明。且书中皆讲学语，而题曰《经说》，又强"五经"以凑"四书"，殊无谓也。

1019 鄂拊堂经解十二卷道光十九年刊本

清吕伟山及其弟伟峙撰。伟山字松坡，诸生。伟峙字蓉塘。俱安徽旌德人。伟山兄弟俱学于赵逵仪，是稿即逵仪所订，又为之序。首录其父吕培《经解》一篇，卷一至十伟山撰，卷十一至十二伟峙撰。诸篇题太宽熟，解亦薄浅，不如其师。亦不无可取者，如"平章百姓"条，郑注"平"作"辨"，训"辨"为"别"，与平字古文形声易混。自孔传讹为"平"，训作"和"，唐宋以来宰辅衔名，皆误用之。《周颂》"实始翦商"条，毛传："翦，齐也。"郑笺："翦，断也。"孔疏谓齐即斩断之义，后人遂滋疑议。按《尔雅·释诂》："翦，勤也。""翦商"者，当谓勤劳于商。翦亦通"践"。左氏文元年传云："践，修旧好。"《士相见礼》云："不足以践礼。"皆是言勤。按此二条，援据最的。至"陈太宰嚭"条，遍征春秋时同名之人，无一挂漏，蔚成巨篇，可离本书而单传也。

1020 广英堂遗稿一卷道光刊本

清包慎言撰。慎言字孟开，安徽泾县人。是稿除《与刘孟瞻论〈史记·周世家〉书》等三篇外，余皆说经之作。谓乐有乐之雅颂，诗有诗之颂。《七月》，邠风也。而籥章吹以养老息物，则曰雅；吹以迎送寒暑，则曰颂。《大戴礼·投壶篇》云：凡雅二十六篇。《鹿鸣》、《貍首》、《鹊巢》、《采蘩》、《采蘋》、《白驹》、《伐檀》、《驺虞》八篇可歌。《鹊巢》、《采蘩》、《采蘋》、《伐檀》、《驺虞》，此五篇风也。《投壶》又云"八篇废不要歌。七篇商齐可歌，商颂也，齐风也，而皆曰雅。”《汉书·礼乐志》云：“周衰，王官失业，雅颂相错，孔子论而定之，曰：‘吾自卫反鲁，然后乐正，雅颂各得其所。’”所谓“雅颂相错”者，谓声律之错，非谓篇章错乱。孔子论而定者，谓定其声律，非谓整齐其篇次。辨毛郑昏期，征之《易》，《易》言昏礼者五卦：《屯》十一月十二月卦也，言“昏媾，往吉，无不利”。《蒙》、《泰》俱正月卦也，《蒙》言彪蒙“纳妇吉”，《泰》言“帝乙归妹”。《暌》十二月卦也，言“后说之壶，匪寇，昏媾”。《归妹》九月卦也，言“帝乙归妹”。更征之礼，《昏礼》谓古者先嫁三月，教于宗室。教成之祭，牲用鱼、芼之以苹藻。若昏期果属仲春，则教成之祭，当属仲冬，何有苹藻可采？则霜降逆女，冰泮杀止之说，为不可易矣。论诸侯越竟亲迎，据《经·隐二年》书“纪履緰来逆女”，《传》曰：“讥不亲迎也。”《庄二十四年》书“公如齐逆女”，《传》曰：“亲迎礼也。”明亲迎之礼，达于诸侯。《庄二十七年》书“莒庆来逆叔姬”，《传》曰：“大夫越竟女非礼也。”明大夫外，娶之之非礼。故《传》加“越竟”二字，非讥其亲迎。何劭公于庄二十四年《传》注云：“讳淫。”别有故非变例。又论兄弟为君臣者异昭穆。据《公羊传》云：“先祢而后祖也。”《左传》云：“子虽齐圣，不先父食。”下又引禹汤为证，明以闵、僖相继，有父子之道，则有昭穆之异。何劭公、范宁、孔颖达等不明庙制，以为兄弟虽为君臣，昭穆不嫌其同，非也。凡此诸篇，俱援证精详。又据与胡竹村论室户制度，据斯干《诗毛传》以证室有东户。由虚得实，可称善悟。他篇俱审核，自抒心得，惜存稿无多耳。

1021 陈东之经说一卷《国粹学报印》本

清陈潮撰。潮字东之，江苏泰兴人，中道光辛卯顺天举人。居京师，与大兴余松善，馆其家。卒年仅三十五，友人杨亮辑其遗稿，即是书也。计《周易》、《尚书》、《毛诗》、《春秋》跋各一篇，杂记三十四则，附《金山泉悔堂记》一篇。是时常州二庄之学盛行都下，群与古文经为仇，故潮亦不免沾染风气。其跋《尚书》，谓“逸篇十六，既无训解，并不列其经文。疑马、郑古文，即取夏侯等经，采掇古文异字而为之说，本非安国所传。近儒专据马、郑以阐古文，未为知言”。按潮不径以马、郑所注为真古文，其识自高于孙星衍、王鸣盛辈。跋《毛诗》，断“《小序》为卫宏所作，康成不能諟正，后儒以尊郑故并尊序”。按康成与卫宏略同时，何至误宏为子夏。范书称“宏从谢曼卿受《毛诗》，遂作《毛诗序》，善得风雅之旨，今行于世”云云。作者当于序有所阐明，故曰善得风雅之旨。考毛公之传本，据小序而作，其异乎三家而存《南陔》六诗之目，即其的证。(宏)［弘］治《毛诗》，又为《毛诗》作序，岂非倒置？况既云“今行于世”，何以当时不闻？有据宏序以驳康成者，此误虽不创于潮，亦未免疏于考证矣。跋《春秋》，谓“左氏于经外自成一家言。离经以读左，左氏实完书；传经以读左，左氏几破甑”。按此说既不袒刘歆左氏传、《春秋》之议，亦不菲薄左氏，持论甚平。惟谓“传载刘氏出自士会，为附会本朝以希立学”云云，按眭弘上疏，即有汉为尧后之言，近人竟以诬经坐贾逵者，实误也。至杂记诸条，大都属于声音训故，精核居多。是书为刘师培所藏，末有师培跋，称刘逢禄所著《诗声衍》，半为潮所补苴。其条例廿一，潮补其三，并作跋文俱宜补入。又按刘本原题文抄，兹易为经说，从其实云。

1022 絜苦斋杂考一卷活字印本

清戴熙撰。是书所考，大率经义字学，间及金石文。说《大东》，依序意，为谭大夫供亿周人过境之词。惟旧注于首章不能贯串。熙谓“饛簋飧、捄棘匕者，供食也。道如砥、直如矢者，除道也。君子谓过境之周人，小人谓谭人。顾之者，犹云予与褐之父䚗之也。如此解方与全诗旨合”。说《猗嗟》，谓“通首无一抑语，而所刺在言外圣人不为之讳而取焉者”。“为展我甥兮”一语，与《春秋》书“子同生”同旨。说《鲁颂》“实始翦商”，据毛传、《尔雅》，“翦”，“齐”也。谓此“齐”字即“见贤思齐”、“妻者齐也”之“齐”，言周之规模，始与商齐等。俱有理。《说文》琼注，各本作赤玉，谓“赤”疑“美”字之误。又《说文》无“刘”字，据竹部藰注云：刘声。

杙字注，刘，刘杙。然则许氏原有“刘”字，而偶脱之。又据《说文》鼎字注云：下象析木，左为爿，右为片。然则应有爿部，而二徐本失之。又据邾娄公华钟之[illegible]字，谓“古人因音造字，邾国邾字无正音，在刍、邾、娄三字之间，故制字以朱居中。上从二舛者，刍省也。下从臼女者，娄省也。”凡此诸条，皆见读书得间。熙以画称于时，而考据亦复精实如此，良足贵也。

1023 **愚一录十二卷** 光绪四年啸园刊袖珍本

清郑献甫撰。献甫字小谷，广西象州人，嘉庆进士。献甫历主广东端溪越华书院，与番禺陈澧论学相善。是书首有自序，又有锺德祥、林肇元二序，葛元煦后跋。自序未署年月，肇元即初刊是书者。序作于光绪二年丙子，元煦又缩翻肇元本，则光绪四年戊寅也。献甫自拟何义门《读书记》，而于《日知》、《养新》二录，则逊谢未遑。其书体似札记，遍及《易》、《书》、《诗》、“春秋三传”、“三礼”、《孝经》、《尔雅》、《论语》、《孟子》。综其异同，别其得失，言皆有物。宋以下，篾如也。惟其中多录前人成说，不标所出，其原说有误者亦因之而不及正。所论古文《尚书》，大都拾阎、惠之余唾，至若订《鲁史》脱简沿《困学》之讹，记梁惠改元斥《竹书》为伪。如此之类，概欠详考。惟其中《论语》数条甚精心得，如谓“宋人误以性为情，则不得强以理为性。此程子人性中曷尝有孝弟来之所本也。不知天下容有无仁义之理，断未有无孝弟之性”。又谓：“子贡问君子，是问君子之人，非问君子之言。夫子示之曰：君子之人虽往，君子之言固在。先取其言勉而行之，而后于其人追而从之。其字指君子，之字亦指君子。”又谓默而识之两章当作一章。上节“默而识”三句，承以“何有于我哉”；下节“德不修”四句，承以“是吾忧也”，乃以自任衬起自勉之词。皆是犹抒心得，惜不多见耳。书眉有临桂周干臣校语，或补所遗，或匡其失，颇矜慎不苟。但于“孟子葬母”条，献甫从周广业《四考》说，干臣又广以王夫之《稗疏》说，两俱失之。要之，是书虽多稗贩，而诸经要义多在捃摭之中，以供治经者之参考，未为不善也。

1024 九峰精舍辛卯集五卷光绪丁酉刊本

清王棻录。棻字子庄，浙江黄岩人，光绪丁卯举人。先是同治己巳，黄岩县令孙熹，仿杭州诂经精舍意建九峰书院，以经解、词赋课士。棻主讲于此有年，是编即其辛卯一年课士之经解也。题仅十七，而文多长篇，极其博赡。但求其是，不拘汉宋元明。其义新而确者，如罗嵘椿之《易·文言》首节非孔子所作说，始为此说者梁武帝，而人多忽之。嵘椿据《左氏·襄九年》传穆姜引“元者善之长也”下八句在《乾文言》首节，其时孔子尚未生，且就《文言》上下文观之，《乾文言》首节释彖词，次节释六爻。释六爻者，皆作问答语，题标“子曰”云云。独首节释彖词者不然。况《文言》之名，若非因首节是文王所作，义果何取？又罗藻新太姒为文王继室考，为此说者，始于明邹忠允，而人不信之。藻新据《诗·大明》云：“文王初载，天作之合。”初载乃即位初年。又据《书·无逸》云：“文王受命惟中身，厥享国五十年。”《孟子·公孙丑篇》云：“且以文王之德，百年而后崩。”与《小戴记》文王九十七而终说合。以九十七之数，除在位五十年，即位当在四十七之时。踰年改元，次年免丧，是娶太姒时，年已近五十。又据《逸周书·度邑解》云：“发之未生，至于今六十年。”以此推之，其生武王当在五十一二之时。且太姒之前室，固可考。《诗·思齐》篇云：“思齐太任，文王之母。思媚周姜，京室之妇。太姒嗣徽音，则百斯男。”据此，明以周姜为文王之妻。故下即承之曰“大姒嗣徽音”，即嗣周姜之徽音也。周姜贤而无子，太姒继而能不妒忌以得多男。故有则百之庆。因是而证之孔子所云《关雎》“乐而不淫，哀而不伤”，又证之《诗序》所云“窈窕，思贤才而无伤善之心”。盖乐者，乐太姒之得。哀者，哀周姜之亡。俱可不烦言而解矣。又棻评金韶古文《尚书》、伪孔传多用汉儒旧考，云孔传多本汉儒旧说，悬诸日月不刊之书也。近儒如江声变乱旧文，自我作古。孙星衍杂采旧说，无所折衷。王鸣盛墨守郑义，舍经从注。以视伪孔之传，似皆不及云云。其识亦不可及。惟仍以作伪硬坐王肃，则未免偏徇俗见耳。

1025 九峰精舍壬辰集一卷光绪刊本

清王棻录。是集题十有三，惟文多短篇，故卷帙不及《辛卯［集］》五之一。而不泥旧解，时出新义，则与前集同。如“居德则忌”解，取王注明禁之说，杂卦《大过》以下卦不反对说，参虞传而申其义。“予乘四载”解，据《说文》以正群书。“朕复子明辟”解，谓明辟言明备之程式。所引证俱确。惟文王受命称王改元辨，未能免拘迂之见。称王创于西伯，即民所归往之意，与三分有二以服事殷不相悖。《大传》、《史记》可信。篇中引《商书》及《竹书纪年》称西伯未称王之证，夫自纣视之，固西伯也。改元受命，与称王相因，不改元何以为称王？有魏惠王后王可证。受命乃推本而言耳，俱不足异。至“成王若曰”解，引孔传删去“成”字是也。篇末又谓“周秦经师，恐后世有以周公称王者，特于《酒诰》称成王以发其凡”云云，意虽甚巧而近于凿空附会矣。

1026 九峰精舍自课文一卷光绪刊本

清王棻撰。棻字子庄，浙江黄岩人，同治丁卯举人。是书乃其掌教九峰精舍时自课之文也。其中说“六宗”，主张髦三昭三穆说，而增以四证。一考本经，再考群书，三考字义，四考礼文。其要旨则古制天子有七庙，文祖以外，即是六宗。本经于受终文祖，遍祭群神，岂能独遗三昭三穆。又说“舜三十征庸”四句，谓《虞书》“‘舜生三十征庸，三十在位，五十载陟方乃死’与《孟子》同。今文《尚书》传本误‘三’为‘二’，上文二十八载《史记》随意割截，以合征庸二十之说。而以八年属下在位，遂减五十载为三十九载，合居丧三年为五十载。近儒王鸣盛等不纠史迁之谬，反信郑读之讹，甚可怪”。又谓“陟方”当作巡狩方岳解，“征庸在位陟方”三句，皆纪生年，乃子承陟方言之，谓巡狩升方岳乃死耳。又辨“七世之庙”，谓天子七庙，为唐虞三代之达礼。《吕览》言五世之庙，可以观怪，对万夫之长可以生谋言。万夫之长，乃诸侯也。则所引《商书》，必是汤为诸侯时之书。《丧服小记》所举，非常礼，且有错简。又解“西伯既戡黎”，据《汉书·地理志》，黎属商之冀州，非雍州牧伯所得而伐。西伯非文王，乃武王。证以《竹书纪年》载“帝辛四十四年，西伯发伐黎”，益可信。篇中并详纠郑注及回护郑注者之误。又考“侵镐及方，至于泾阳”，据经文以证地理，谓“镐即镐京，方即往城于方之方，泾阳在泾水之北，太原即宣王料民之地，在今甘肃泾州镇原县西，毛传、郑笺俱非”。此诸条皆援证精切。至解“犬马皆能有养”，谓“犬马指田犬猎马，曰犬马皆能驰逐禽兽以充父母之庖。但其能止此，不能致敬于人”。说虽近强而甚新，亦可存也。

1027 **经书卮言一卷**《昭代丛书》本

清范泰恒撰。泰恒字无崖，籍署河内，即今怀庆府属之沁阳也。大率以文体论经。以古文《尚书》为伪，谓辨之气骨之间。谓《大学》、《中庸》亦汉文，周人无此格，《考工记》亦汉人作。论《春秋》三传，取俞世宁《左传选本》。论《论语》，谓有似左史者，有似《国语》者。识陋如此，其他所论，抑可知矣。

1028 **駉思室答问一卷**南普书院刊本

清成蓉镜撰。蓉镜有《春秋世族谱拾遗》已著录。蓉镜素治历学，据周历及三统历，定孔子生日是八月二十八日庚子，与众说主八月二十七者差一日，（与）其他论历诸条俱有见地。论《诗》诸条，亦精核。《四库提要》谓集传废序，成于东莱之相激，考之《朱子文集》、《语类》，并无其说，殆沿杨慎《丹铅录》之误。欧阳修谓齐、鲁、韩三家，皆以《关雎》为康王政衰之诗。惜《齐诗》魏代已亡，修宋人，何从见之？后苍传《齐诗》者，《大戴礼记》亦出于后苍，而保传篇云："《易》曰：正其始，万物理，故君子慎始。《春秋》之元，《诗》之《关雎》，《礼》之冠昏，《易》之乾巛，皆慎始敬终云尔。"又匡衡为后苍弟子，亦习《齐诗》，其说曰："尝闻之师曰，妃匹之际，生民之始，万福之原，婚姻之礼正，然后品物遂而天命全。孔子论《诗》，以《关雎》为始，言大上者民之父母。后夫人之行不侔乎天地，则无以奉神灵之统而理万物之宜，故《诗》曰'窈窕淑女，君子好仇'，言能致其贞淑，不二其操。情欲之感，无介乎容仪；意私之意，不形乎动静。夫然后可以配至尊而为宗庙主此纪纲之首，王教之端也"云云。是《齐诗》正与毛同。至《韩诗序》虽以为刺时，然考《韩诗外传》卷五云："子夏问曰：《关雎》何以为《国风》始也？孔子曰：《关雎》至矣乎，夫《关雎》之人，仰则天俯则地，德之所藏道之所行，大哉《关雎》之道也！天地之间，生民之属，王道之原，不外此矣。"是韩亦不尽以为刺诗，修盖单据《鲁诗》以概齐律耳。又辟王氏《述闻》三五即参昴之说，谓昴宿以远镜窥之，得三十六星，不用远镜，亦见七星，则直用目验不烦辞费矣。又王事适我，颜师古《汉书注》"适"读曰"谪"，责罚也，以正传笺之失。皆是也。至援《中庸》今夫天日月星辰系焉，谓日月星辰聚于天，是日月星辰外，别有一天可知，以证天有九重之说，非西人所创获。孔广牧《礼记天算释》采之。末二条，文完具，盖刘岳云援自他书补入者。

1029 **逸经一卷**观象庐刊本

清吕调阳述。调阳有《易一贯》，已著录。是书录《周书》：《大匡解》、《皇门解》、《周祝解》、《王佩解》、《作雒解》、《王会解》、《文王官人解》、《谥法解》、《史记解》、《芮良夫解》，凡十篇。录《大戴礼》：《夏小正》、《诸侯迁庙》、《诸侯衅庙》、《公冠》、《武王践祚》，凡五篇。《管子》：《弟子职》一篇。《吕览》：《辨土篇》、《任地篇》，凡二篇。题曰《逸经》，篇中略具注校语，无序例，未识何旨趣也。

1030 群经理话二卷光绪刊本

清张楚钟撰。楚钟有《四书理话》，已著录。是书上卷《周易》，下卷《书》、《诗》、“三礼”、“春秋三传”、《孝经》、《尔雅》。盖以《周易》为主，独占一卷。至《公》、《穀》、《尔雅》、《孝经》，各止一条。又《总说》一条，则备数而已。题曰《理话》，而理固不深，大都拾宋儒余唾，有趣语而乏精义。多以算术为喻，殆熟于算术者。话《易》云：“言不尽意，象足尽意。不知其实形，虽千言万语，终属支离。一见其形，则理之经纬错综，无不包孕其中。”话《书》云：“以羿为射十日者，因十旬弗反。十日为旬，且日者君象。羿本善射，羲和又不救日。总四事而附会之。”话《诗》云：“诗人托喻以刺恶，刺加于微物，则不撄小人之怒。其实以刺加于微物，即以微物目小人，又未尝非惩之。”如此之类俱前人所未发，惜不多耳。

1031 勿自弃斋遗稿一卷《云南丛书》本

清华嵘撰。嵘字藕船，云南昆明人。举人。历官他郎、普洱、丽江训导。同治癸亥马荣煽乱，戕总督潘铎于五华书院。嵘适在侧，同时被害。是书首有同治丙寅粮储道韩锦云序，盖书刊于此时也。原不分卷，凡经义条辨二十二条，经义条比四十条。条辨内，谓“条”字，在《毛诗》有两读四义。“猗”字，在《毛诗》有五读十义。“剥”字，在《毛诗》有两读两义。“土”字，在《毛诗》有两读。俱辨析甚细。又说《诗·羔裘》：“自我人居居，自我人究究”谓“居居”安肆偷惰之意，“究究”穷致苛察之意。既“居居”复“究究”，遑暇恤民。说《诗·桧风》“素冠”，谓先儒训诂皆以为刺不能三年者，但经多以素冠、素衣、素韠为常服。且丧礼本无素冠、素衣、素韠之文，何得泥“素”之一字，曲为之说。说《论语》“父母惟其疾之忧，”谓“疾”字如博弈饮酒，好勇斗狠，一切从耳目之欲者皆是。又如物不格，知不致，意不诚，心不正，身不修，无非

“疾”也。与《孟子》“寡人有疾”“疾”字略同。如此诸类，俱可取。其条比诸条，则借经义以推阐名理。其体略似连珠，亦说经之新格也。

1032 临川答问一卷光绪刊本

清李联琇撰，刘寿曾录。联琇字少湖，江西临川人。道光乙巳进士。官至大理寺卿。同治乙丑，曾国藩延掌钟山书院，寿曾即书院肄业生也，录讲授之语而为是书，曾经联琇审定。首有寿曾序，称仿《郑志》之例云云。凡《易》三条、《书》五条、《诗》六条、《礼》三条、《春秋》三条、《礼》九条、《尔雅》三条、《杂问》八条。书中折衷群说，审义多当。其自出己见者，如辨论息夫人：“据［左］《春秋》庄十四年秋七月荆入蔡，《左传》于是年叙楚子灭息，以息妫归，生堵敖及成王，而未言及楚伐蔡事。息妫入楚甫半年，安得遽生二子？即系追叙庄十三年楚执蔡侯以后事，则二子当生在十二三年，至十九年而楚子卒，二子皆童稚耳。堵敖立五年，成王弑兄代立，成王年必更幼于堵敖，岂有未及十龄而能弑兄者？则二子必稍长，非息妫所生可知。则《左传》不无可疑，而《列女传》所记息夫人事未必不可信。”又辨太师挚：“据《史记》云：读春秋历谱牒至周厉王而叹曰‘师挚见之’，是师挚事显见年历谱牒。下云：周道缺，诗人本之衽席；《关雎》作，言‘师挚’即言《关雎》，与《论语》‘师挚之始，关雎之乱’相合。‘洋洋盈耳’之叹，当属旷代慕想之辞，如‘郁郁乎文哉’之类。”辨《尔雅》两牵牛，谓“牵牛主牺牲，有牛象，故曰牵牛；河鼓象牵牛之人，故亦名牵牛。牵之者与所牵者皆可云牵，不可因河鼓一名牵牛，转概星纪之牵牛为非牛宿。”以上诸解，援据极确，惟诸解间有已入《好云楼文集》者，寿曾未及见《文集》，故不免重出。按寿曾序作于同治十二年癸酉，至光绪八年壬午联琇子翊煌始为刊行，时寿曾殁已七年，卷末有翊煌跋，言寿曾尚未续辑以未经联琇寓目，概不羼入云。

1033 经义塾钞一卷光绪刊本

清俞樾撰。按经义之体，创于宋人。然《韩昌黎集》有《省试颜子不贰过论》，是唐时已有之。此体至元而变，虽沿经义之名，而有破题、接题、小讲诸名目，则八股滥觞于是矣。清光绪二十七年，有诏废时文，改用四书义五经义。樾遂拟为是作，以资模范。凡《易》三篇、《书》二篇、《诗》二篇、《礼》二篇、《春秋》二篇、"四书"五篇。樾素专经学，诸篇发挥义理，周浃旁皇，且非宋人所及，真经义也。题曰《塾钞》，即往年刻课孙草之意，盖谦词。首有樾自记。

1034 读书杂释十四卷咸丰十一年刊本

清徐鼒撰。鼒字彝舟，安徽六合人。道光乙巳进士，官至福建福宁府知府。按是书系鼒早年所作，据鼒自记《年谱》，"戊戌（自叙作戊子，误）二十九岁"条下，记云：游扬州，与刘孟瞻文淇、念楼宝楠、罗茗香士琳、陈卓人立、梅蕴生植之、薛介伯寿订交，问难既多，札记日富，有《读书杂识》之作，成《戴记、吕览、蔡氏月令异同疏解》四卷。云自是年至癸卯，治《易》，校楚词，校《毛诗》、《尔雅》，校《公羊》、《左氏传》，具详于《谱》。中经散失又毁于兵，乃就行箧所遗留者而录之。有自序，时在咸丰十一年辛酉，年五十二矣。书中杂说《易》、《书》、《诗》、"三礼"、《春秋传》、《尔雅》、《孝经》、《论语》、《孟子》，亦间涉群书。说"三礼"较详，亦较精。如辨"醋"为本字，"酢"为音转，假借字，《唐韵》以"醋"为"酢"，浆字之妄。又辨"恤勿"与"搔摩"为一声之转，孔疏分"搔摩"与"恤勿"为二之非。皆极是。六、七两卷，皆说《月令》，当即《谱》所称《月令异同疏解》之底稿也。大抵取高蔡而诎康成。他如说《书》，谓商有二帝乙，一为汤，一为汤之玄孙之孙。说《诗》，谓留为畿内国名，即刘康公采邑，非郑地。又谓舟人当为周人，历引金石文为证。说《左氏传》，谓少昊氏之重，另是一人。颛顼之重黎，又各自为二人。说《孟子》，谓西子非指越女，引《管子·小称篇》证为古之美人。又引《庄子》司马彪注证夏姬亦名西施。皆可广异闻。至附庸引《春秋繁露》四等之说，又可补《周礼》王制诸经注所未及。此外辨别字音、字体诸条，多有当者，亦间不免雷同、琐屑，盖随手札记，无足深责也。亦每引刘楚桢、陈立人诸人之说，盖友朋之讲贯有素，故虽少创获之功，而尚免师心之失欤。

1035 经学博采录十二卷原稿本

清桂文灿纂。是书首有文灿自序，称“生长南海，壮游京师。当代通儒，或在私淑之列，或居请业之科，或闻声而相思，或捧手而有授。每得一义，受业已多。自顾寒儒，不能整齐众家。登之梨枣，聊欲摭其梗概，以广见闻。番禺陈先生取许君博采通人之语，题曰《经学博采录》”云云。后署咸丰五年八月，盖成书之岁。番禺陈先生，即陈东塾澧，文灿所从问学者也。其体例，视江藩《汉学师承记》较宽，视张星鉴《经学名儒记》较详。其间或单录一人，或并录数人，又或只录一书一事。所录之人，每详其爵里行事，间及轶闻。亦有从略者，则其人已著称于时，无俟详也。又所录之人，每详其撰著，或全录某篇某义。惟郑环、夏銮、何若瑶等独遗之，中亦不无错误。按王劼著有《毛诗读》及《毛诗序传定本》，各三十卷。而《录》言劼有《毛诗训纂》若干卷，盖未见二书而泛称之为《训纂》也。又孔广林所著《尚书郑注》，嘉庆间梓于金山钱氏；《北海经学七录》，乾隆间梓于古俊楼。而《录》云遗书俱未刊，则所见未广也。而阮文达“万柳堂”一条，全不涉经学，亦厕其间，尤所不解何以厕入。又《录》中时代错杂，不分先后，且第十二卷多与前卷多复出。岂是初成之稿，尚有待于整理者耶？然收罗甚博，如广东之张杓、梁国珍、周寅清、梁汉鹏、黎永椿、冯誉骢，福建之林乔荫、黄蕙田、张关和、汪光爔，江苏之江震沧，安徽之王佩兰、凌焕，满洲之寿昌，其名氏多半沈翳，赖此得见梗概。即已见他书者，亦可藉以补所未详。固作《儒林传》者所必资也。

1036 群经补证十八卷 抄本

清桂文灿撰。是书无序例，凡《易》十条、《书》十三条、《诗》二十八条、《周礼》十三条、《仪礼》二条、《小戴记》二十四条、《春秋左传》一百四十条、《公羊传》一条、《论语》八条、《孟子》五条、《孝经》二条、《尔雅》六条、《说文》十六条。诸条引证不博，似是读经随意札记之作，而陈义多当。尤善者，如说“象以典刑”，谓《书大传》及《孝经纬》以“象”为“画象”之“象”，皆因后世有肉刑而设为之词。说“食哉惟时”，谓“食”为“念”字之讹，篆文“食”作“”，念作“”，二者形近。时，是也。“食哉惟时”，即《左传》云“念兹在兹”。说“被孟猪”，谓与上文导菏泽为二事。被读为陂，谓障陂也。说“三危既宅”，谓三危言宅，知为国名非山名，盖今之卫藏喀木。说“罛维鱼矣”，谓罛当作罛，罛即鱡字。鱡，鱼子也。“鱡维鱼矣”者，鱼子皆为鱼，故为丰年之兆。说“有豕白蹢”，《传》曰：蹢，蹄也。谓“蹢”无“蹄”训。此云蹢蹄也者，盖蹢篆作“”，蹄篆作“”，形近。且篆文“啇”即“啻”字，原不分二体。说“自称于诸侯曰寡小君”，谓非夫人自称。与《论语》所云称诸异邦曰寡小君者，同为己之邦人称于诸侯之辞。说《檀弓》名篇，谓犹《论语》以《公冶长》、《雍也》、《泰伯》、《颜渊》、《子路》、《卫灵公》、《阳货》、《子张》名篇，《孟子》以《梁惠王》、《公孙丑》、《滕文公》、《离娄》、《万章》、《告子》名篇，以其人适见于篇首之故。说“晋献公烝于齐姜”，谓《广雅》训“烝”为“淫”，无上淫之说。《史记》云：“太子申生，其母齐桓公女也，曰齐姜，亦晋献公之夫人。”假令果为武公妾，则其生秦穆夫人，太子申生必在武公既卒之后。但武公于庄十年，始奉王命以一军为晋侯。庄二十三年，献公始见于《传》。申生之生，当在其前后。而庄二十八年，使申生、重耳、夷吾出居曲沃蒲屈，计其时方在十岁以下。事讵可信？凡此诸条，具见折衷于是。又谓孔注《论语》非伪，何氏所云世不传者，谓流传不广耳。书中称叔梁纥，犹之称孔子。孔子师表万世，非子孙所得而私。以圣裔释圣经，不必如家乘族牒之称某公某祖。论尤正大，可以袪俗士之疑。此本亦经进呈，故篇首列衔称臣，与《孝经集证》同。

1037 求益斋读书记六卷光绪戊戌刊本

清强汝询撰。汝询字荛叔，江苏溧阳人。是书卷一《易》，卷二《书》，卷三《诗》，卷四《仪礼》，卷五《周官》，卷六《春秋》、"四书"，惟《春秋》后杂入《小戴记》数条而不别标题，殆编者所乱也。汝询学宗宋儒而识解明通，不为墨守。论《易》，谓汉初《易》学，皆言义理而不涉术数。据《儒林传》：汉兴，言《易》者本之田何，丁宽从何受《易》，其说惟训诂举大谊。孟喜、焦延寿、费直、高相，其学皆不出于田何。近儒收拾残剩，从而尊之者非。论《书》，谓今文《尚书》非传自朝错。据《儒林传》：伏生教张生及欧阳生，欧阳生授兒宽，宽授欧阳生子。由是有欧阳氏之学。张生之后，又有大、小夏侯之学。孝文时《尚书》未显，故使朝错往学。错能通与否不可知，然不闻以《尚书》授人。以证卫宏之说之非。论《诗》，谓风、雅、颂各以声分，南者二南，用南方之声，为房中之乐，由汉房中歌用楚声。邶、鄘、卫其声不同，故分为三。豳又可雅、可颂，故次于风之后，雅、颂之前，雅有大小亦其声则然。一切旧解皆非，说俱翻空而有据。又说"鸟鼠同穴"，谓实有其事。其山在万山之中，四望童然无树木。鸟力薄，不能远去，故与鼠同穴。盖尝亲至其地，询之土人者。可以释前人之惑。又说"履帝武敏"，歆谓后稷始生，外里白胞，浑然一物。故曰先生如达，不坼不副，既怪而弃之。及鸟来覆翼，啄破其胞，儿始出声。故曰"鸟乃去矣，后稷呱矣。实覃实訏，厥声载路"。明其先未尝呱也。自云述之潘欲仁，创而近理，可备一解。其余亦多妥适。虽间疵汉学，而不尚意气，洵足法也。

1038 经说丛抄四卷光绪癸未刊本

清谢庭兰撰。庭兰有《古文尚书辨》，已著录。是书首有庭兰自序，末有缪之镕跋。先是庭兰著《读尚书隅见》、《读毛诗隅见》、《读四书隅见》三书，以卷数繁，无力刊布。因择录若干条问世，命曰《丛钞》。卷一至二说《尚书》。卷一，辨惠栋、全祖望、臧琳、姚鼐、孙志祖、王鸣盛、段玉裁、孙星衍、江声、卢文弨、王引之、焦循、武亿、孔广森、朱彬、阮元、崔应榴、戴钧衡、俞樾之说。卷二，辨阎若璩、梅鷟之说。按庭兰所辨，多讲义理，但理往往有涉于两可者，所谓“彼亦一是非，此亦一是非”也。又以毛奇龄言古文之冤始于朱氏，因极论朱子实尊古文，不知古文之真伪，不以朱子一言定也。所说与《古文尚书辨》间有互见者。卷（二）［三］说《诗》，是毛而非鲁、韩，又申朱而抑毛、郑。以《郑风》为淫诗，本朱子之误，庭兰必曲护之。郑氏释“履帝武”句，以为“祀郊媒有大人迹”云云。说虽近诞，惟古帝王发祥之始，必托诸神怪以耆俗。（托）观《班书》记蛟龙与刘媪合事，至汉犹然。朱子从郑，本不误，庭兰乃独议之，则偏于义理之过也。卷四，说“四书”，痛诋戴震《孟子疏证》，又诋阮元，谓学术与戴同，并及臧琳、惠栋、陈鳣、刘台拱、王引之、俞樾、戴望辈。盖诸人素主考据，与朱子立异也。总之，庭兰持说拘于义理，而所称义理又以新奇为忌，故不免流于陈腐。辞又不能达意，令阅者不快。然观其书，信其为笃学守正之儒也。

1039 读俞氏经说随笔十卷光绪刊本

清谢庭兰撰。庭兰有《古文尚书辨》，已著录。是书首有自序，言“经学在今日，不如不读经之为愈，且不如无经之为愈”。诚愤之也。俞氏经说，系总俞樾所著《群经平议》、《茶香室经说》、《群经剩义》、《四书辨疑辨》、《达斋书说》、《达斋诗说》、《郑驳正三礼考》、《续论语骈枝》、《论语小言》、《论语孟子古注择从如其仁如其仁解》、《达斋丛说》、《群书疑义举例》诸书而言。其书先“四书”，次“五经”，次《国语》，次《古书疑义举例》。又附录三则，则《读楚辞》、《读昌黎集》、《湖楼笔谈》也。按俞氏说经，间标新义，仍本旧解，与凿空附会者不同。庭兰治经素主义理而仇考据，其于俞氏以为合者不及十一，余则概斥曰“新奇”，曰“牵扯”，曰“舛”，曰“误”，曰“改经”，曰“非经旨”，又不能举实证以折之，恐不足以服俞氏之心也。但其中亦不无合者，而所驳《古书疑义举例》，合者尤多。其攻击俞氏者尚散见于其所著《经说丛抄》、《读尚书隅见》二书。诸书刊布时，俞氏健在，当得见之，不知肯引为诤友否也。

1040 **汉学商兑平四卷**光绪戊子刊本

清豫师撰。是书首有自序，后有徐桐附识八则及金文、同玉庆、刘名誉诸跋。大旨以东树所辨虽是，惟徒争论于文字之间，以讼止讼，仍是空谈。不知圣贤道理，原无执着。苟能实力行习，功夫进一层，识解高一层，自可走到圣贤路上云云。豫师亦素究宋儒之学，主实践，记诵之博，不如东树。而于理学，所得较深。书中推阐东树之说而亦间揭其失，如东树谓执中是措施允当意，乃用中，非执中。又引服膺为执中，固执为执中。俱差误。又东树指阳明良知为禅学，尤谬。良为固有之良，知为固有之知，即朱子所谓本体之明未尝息者。朱子为初学入门立论，故本八条目之格物说，《大学》始教也。阳明为半途而废者立论，故本三纲领之明明德说，《大学》正意也。又谓阳明满街都是圣人语，不过以粗浅语警醒学者，与孟子“人皆可以为尧舜”同意，而东树未可以此非笑之。他条于东树之攻阳明者，皆为曲护。盖豫师之憎汉学与东树同，而不薄阳明则与东树异也。惟豫师腹笥无多，远不如东树之左右采获，供其佐证。尤谬者，谓义理出于心性，训诂不出于心性。指训诂为异端，则可；指义理为异端，则不可。不思训诂与义理，非可对言。义理亦从训诂出，则训诂亦义理也。且义理从训诂出者，方是六经古圣之义理。若离训诂而从心性出者，则非六经古圣之义理，真异端之义理矣。又谓考音义，较脱简，乃末之末者。苟能由义理而通其悟，得心解于经传之外，方是学能得力。果如是，则人人自谓得悟，人人自有心解，成何义理？此则东树所必不肯言也。

1041 会辅堂问答记略二卷 光绪庚子刊本

署亦蹢编辑。后有跋，籍题三韩，即今满州也。跋称其祖于光绪癸未建会辅堂，按期会讲，诸生有问答者辄喜与之反复辨论，归必述诸家塾，所录盖口述云云。其祖为何人？未有述及。按其祖名豫师，曾撰《汉学商兑赘言》。是书分二卷，上卷“四书”，下卷“五经”，而《大学》又分“入门”、“辨明知”、“纲领条目”、“要窍”、“辨止至”、“辨物德”、“辨本”、“章释”各目。《中庸》又分“心法”、“真诠”、“性命”、“道不可离”、“中是天机”、“天地万物”、“中庸三十二章大旨”、“知仁勇”、“困勉”、“家国天下”各目。《论语》又分“开章”、“罕言仁”、“五行所统”、“五常七情”、“言行”、“小学大学”、“君子小人”、“名利”、“二论首章”、“礼乐”、“二论末章”、“孔门语录”各目。《孟子》又分“语意”、“梁惠王”、“齐宣王”、“滕文公”、“门人问事”、“告子”各目。《易经》又分“八卦”、“理气”、“理数”、“五行五常”、“五德三德”、“吉凶”各目。《春秋》又分“经义”、“传义”各目。末篇则总论六经也。理解不出宋儒，而意特显浅，语亦条畅。然如论《易》而至金钱课、丹经、堪舆，且援及太上吉神、凶神之说，则驳杂不经甚矣。其《诗》、《书》、《礼》、《春秋》诸篇，略而又不切，当非其所素习，聊敷衍以备数尔。

1042 𥨊天经义录一卷 汗筠簃抄本

清赵树吉撰。树吉字沅青，四川宜宾人。光绪乙酉拔贡。是录凡经义三十余条，说《诗》者占二十六条，说《郑风》于《集传》所称淫诗者，一一辨之。谓“将仲子兮，是庄公讽公叔段之词”。“箨兮扬之水，皆兄弟相儆戒之词。”“彼狡童兮，为当时放逐之臣之词。”“东门之墠，为思贤者而不得见之词。”《郑诗》廿一篇，惟《女曰鸡鸣》、《有女同车》、《子之丰兮》、《出其东门》、《溱洧》，有男女情事。然“鸡鸣”、“同车”，皆美贤妇，“丰”是刺乱，“东门”则礼法之士，“溱洧”乃举其习俗，如近世《竹枝词》，绝无淫奔之诗。按郑与卫不同，朱子徒以郑卫同称，连类及之。树吉所论，不为无理。又论《大雅·文王篇》所云“王之藎臣，无念尔祖”者，当指殷士。盖戒殷之孙子，永为周之藎臣，毋更念尔殷之祖也。论《齐风》“无佃甫田”，谓仍是刺襄公淫乱。前二章远人指文姜，“无思远人”，是戒襄公。“未几见兮，突而弁兮”，是指鲁庄初立时，齐人心目中时时料其复雠制母也，其次序又恰在《南山》、《敝笱》之间。其赞美处，即是讥刺处。又田甫田，即畋猎。《卢令》篇，亦刺鲁庄与齐襄田猎。篇中三言其人美，指鲁庄尤显而易见。诸解皆证虚成实，不问确当与否，而理固可通。在说《诗》家自不嫌标异也。

1043 咫学读经记略一卷光绪刊本

清杨澄鉴撰。澄鉴字伯衡，安徽桐城人。是书多能阐经意于文字之外，如推张惠言《易》合《周礼》之义，因就《易》象以征《礼》，见韩宣子言非空设。谓《月令》本《吕氏春秋》，多搀秦制入周制。其迎春秋迎诸侯，迎夏冬不言诸侯，当是庄襄时代之制，非有阙文。据《公羊》桓十四年九月宋人执郑祭仲传，古者郑处于留，后取桧公国而迁郑。“遂野留”，储同人云“野鄙”也，此即武公取虢桧事。《诗》言“彼留子”者，东迁之初，晋、郑焉依。是时武公犹国留，故周公美其功者。因桓公死绥，武公复仇，迎立平王，尚犹在丧。嗟者代悲留国之恤，子者新君未逾年之称。“来施来食”，盖谓入觐燕飨。“贻我佩玖”，亦木瓜美齐桓之意。谓《楚茨》诗所言“神保”，似是庙中木主。初言“神保是飨”，将迎主而先飨于本庙也。次言“神保是格”，已迎主至太庙合食也。终言“神保聿归”，送主还群庙、远庙也。《楚词》“思灵保兮贤姱”，“灵”犹神也。凡此诸条，树义甚新。又据《康诰》蔡传驳《书序》，谓篇内称朕其弟及寡兄勗，又屡称文王无一语及武王，定为康叔之封在武王时。又谓依《孟子》王制卫辉一府，地可兼封，与三监并列无碍。俱甚确。惟以为受封于武王时，就国于成王时，史官追溯而作，尚未免迁就。盖《书序》次第本不可信也，李荣陛作《尚书》篇第即以《康诰》列《洪范》之后、《酒诰》之前，得其序矣。又谓郑笺平王作平定之王，齐侯作齐一之侯，诸儒多以康成改前王谥法为疑，因援《商颂》颂成汤曰元王、曰武王，如后世加徽号之例。所见虽是，而“平王”二字，究嫌无出。愚按《国语》，周太子晋曰：“十五王而文始平之子。”《晋语》必有所本，即是《诗》所本也。至齐侯则不必作齐一解，他篇都不剿陈言。盖治经而好深湛之思者，惟惜着墨无多耳。

1044 学荫轩经说三卷民国丁巳活字印本

清王国瑞撰。国瑞字进之，广东番禺人。同治癸酉举人。以大挑分发福建，历知顺昌、新竹、仙游、崇安、闽县、诏安、宁德等县事。少从同邑陈澧受经学，《东塾读书记》中引门人说，惟国瑞一人。而是编中之《亥有二首六身解》，亦引师说为证。按澧说经主融合汉宋，国瑞亦遵其旨。如释格，谓朱子借古义“至”字而加“穷”字，后人取新义“穷”字而去“至”字。（见《三鱼堂集》）但朱子《补传》云：“所谓致知在格物者，言欲致吾之知，在即物而穷其理也。”是朱子已竟用穷理释格物，不待后人始去至字也。盖“穷”字与“至”字，义本相通。《广雅·释诂》：“穷，极也。”《仪礼·聘礼》记郑注：“至，极也。”是穷、至二字，并有极义。然则穷与至，物与事，二而一。朱子于“至”上加“穷”字，犹之于“物”上加“事”字。并言之则其说愈明，单言之则其义已备。惟“之理”二字，经文所无。然有物必有则，故朱子言天下之物，莫不有理。盖经言物而理在其中，朱子特伸言之耳。又释“习”，谓朱注云：“习，鸟数飞也。”本《说文》，乃“习”字本义。其引伸为温习、为熟习者，盖鸟之习飞，有飞而不已之意。人之习学，亦有习而不已之意。故其义同。朱注与《注疏》之义亦无异，但《注疏》所未及者，朱注补之耳。又《古本大学说》，谓不读古本《大学》，不知朱子《章句》本之善。阳明之意以《大学》首在诚意，讥朱子以致知格物为先。然《大学》首章云："物格而后知至，知至而后意诚。"则先格至而后诚意，经有明文。且古本先云此谓物格，此谓知之至也。后云所谓诚其意者，则依古本，亦是致知先于诚意，尤不必与朱子争先后。他如二南诗毛、郑、朱子异义辨，"请野九一而助，国中什一使自赋"诸篇，俱意在申朱，而言之成理。又《诗经》句例说，举证赅备，可另成专书。又"《诗》内外传异同考"，谓毛传于"哆兮哆兮，成是南箕"下，说鲁男子柳下惠独处；于"序宾以贤"下，说孔子射于矍相之圃；于"休其蚕织"下，说天子后夫人躬亲耕织。是兼用《外传》之例，因疑《毛诗》亦有《外传》。此条他人尚未有发之者。他篇粹义甚多，微嫌数见。盖国瑞于近儒经说，流览未广，闭门造车，出门合辙，自不能免也。文数恰盈百篇，其中已采入《菊坡精舍集》及《学海堂四集》者十数篇。全集中之杂著三卷，其可收于《经说》者，犹有十数篇也。

1045 浙士解经录一卷 光绪辛卯写印本

清潘衍桐录。衍桐字峄桐，广东南海人，同治戊辰进士，官至翰林院侍读学士。是录乃其督学浙江日，选录士子解经之文也。两浙向有诂经精舍之设，诸生多习经学，故虽在风檐寸晷中，不乏考据详核之作。其中如罗衍鋆《汝后稷异文考》、江氏声据宋本《列女传》作《汝居稷》。衍鋆引閟宫郑笺云："后稷长大，尧登用之，使居稷官。"又《论衡·初禀篇》云："弃事尧为司马，居稷官。"证郑、王所见之本，亦作"居稷"。黄家岱《食哉解》，谓"食哉"句绝，为牧答帝之辞。《方言》及《广雅·释诂》并云：食，劝也。劝、勉同义。项咏《圭田说》，据《孟》言"卿以下必有圭田"，玩一"必"字，知为卿大夫士授禄之定制，非赏有功之田，亦非余夫之田。圭本作

“蠲”，毛传“蠲”训“絜”，即“絜其粢盛”之“絜”。陆懋勋《〈陆氏释文〉师读为何人考》，据《新唐书·德明传》，曾受学于周宏正。又《陈书·儒林传》，张讥教授《周易》、《老》、《庄》，元朗传其业。但宏正卒于作《释文》之前，讥卒在其后。故宏正举其姓，称师者讥也。黄家岱《孝经郑注真伪辨》，据王肃《圣证论》“难郑后土”及“圆丘”二条，决为康成自注《孝经》，非小同。凡此诸篇，俱能力扫时解，申明古义，未可以试牍而薄之也。

1046 山公说经辨疑七卷民国庚申活字印本

清曹林撰。林字山公，湖北武昌人。是书无序例。卷一《周易》、卷二《书》、卷三《诗》、卷四《周官》、卷五《仪礼》、卷六《礼记》、卷七《春秋三传》。书中参稽众说，时出独见。最善者，驳欧阳修《濮议》，谓修引经曰：“为人后者，为其父母报。以报，则降服而期。曰父母，则仍父母之”云云。其谬坐重“父母”二字，而不细玩一“其”字。又误“报本期服”，而不知经直曰报也。又辨“管仲不死子纠”，谓《春秋》书八年十一月弑襄公。九年春，杀无知。下即书公及齐人盟于蔇。纠果当立，齐大夫所与也。何以盟？何以不书纳齐子纠？又何以书齐小白入于齐？是明以小白当有齐也。八月书及齐师战于乾时，我师败绩，是明齐之不受子纠也。九月书齐人取子纠杀之，衡以《春秋》之义，是众杀之之辞也。则离经而争子纠桓公之少长及仲之可死可不死者，皆无谓也。又解“东汇泽为彭蠡”，谓“东”字当断，“汇泽”二字当连，“为彭蠡”足上为句。下“经导江，东迤北”当断，会于汇足上为句。犹言汉水东端，其汇泽曰彭蠡，江水至于东陵，东而又北，乃会于汇，非汇在江之北。按此诸条，就经证经，义新而理惬。又《周官》六年，五服一朝。孔传谓六年一朝会京师，孔疏据《周礼》侯服一岁一见，甸服二岁一见，男服三岁一见，采服四岁一见，卫服五岁一见，要服六岁一见。蔡传因疑《周礼》与《周官》不合。而孔疏又引《左传》，诸侯岁聘以志业，间朝以讲《礼》，再朝而会以示威，再会而盟，以显昭明。林据谓六年一会与经文六年一朝，又六年王乃时巡事正相当。《周礼》之一岁一见者，各以服数远近来朝。《周官》之六年一朝者，五服之内，无论远近，均朝会于京师。一详其目，一志其纲，不特二孔之说无不同，即《周礼》、《周官》，亦无不同。所调解亦甚当。他条若论宣公蒸夷姜之失实，晋人从曲沃之误解，豳诗兼夏正周正，孔氏非三世出妻，俱极条畅。但前人皆已及之，而不言所本，或讳之耶？抑所见未广耶？

1047 经心书院经解二卷 光绪己丑刊本

清左绍佐录。书院在武昌，绍佐时为掌教。录其一年课士之作，得经解二卷。其题目曰《郑君笺诗多以韩易毛说》，曰《禹河故道迁徙考》，曰《继善成性解》，曰《辟雍解》，曰《大别考》，曰《用九用六说》，曰《尚书·舜典存逸考》，曰《白虎通诗说考》，曰《千乘之国解》，曰《易书不尽言言不尽意说》。每题所选诸作，最少者二人，最多者十一人。诸卷后不着一字评语，岂以名次之高下定诸生之优劣耶？其中有各持异说者，将何所折衷耶？即如《大别考》，第一名李文藻，以为在今之汉阳，不在安丰。而第二名黄觐恩，则以为在安丰，其地当今安徽霍丘、河南固始之间。据《春秋》定四年，蔡侯吴子伐楚，《左传》自豫章与楚夹汉，楚子常济汉而陈。自小别至于大别，济汉而阵，亦必去汉百许里，始与吴兵相及。自小别至大别，盖自汉川而益东。若大别在汉阳，则为自北而南，中隔汉水，既不可阵，又非吴师所及。将谁与战。按觐恩说是也，则月旦为不公矣。其他若“郑君笺诗多以韩易毛说”及“《白虎通》诗说”二题，意在引诸生研求经义。题好而文亦多佳。余题多有定说在前，略事捃摭，便可完卷，殊不足以征学识也。首有绍佐序。

1048 研经书院课集一卷 光绪乙未刊本

清胡元玉录。研经书院在湖南衡山县，元玉主讲于此，课试经业汇成一集。集中如说“四门”、“四目”、“四聪”，谓“四目”为“四瑁”之假音。《说文》云：“瑁，诸侯执圭朝天子，天子执玉以冒之，似犁冠。”古“冒”字不作“瑁”，“冒”、“目”声近，故古文假目为“冒”，盖杜注“四聪”作“四窗”。“四聪”既非人耳，则“四目”亦不得以人目为说也。又解“五紽”、“五緎”、“五总”，据《玉藻》：“大夫素带辟垂。”《诗》“素丝”即指“素带”言。“五”依陈奂说，“训”为“交午”之“午”。“紽”读如“拖”，“五紽”谓横束其带而从曳其绅，“緎”与“紽”同训。“总”，《说文》云：“聚束也。”“五总”谓横束于腰之后，复聚两绅而约之，使从垂于下。解“六駮”，谓“六”当读为《庄子·马蹏篇》“翘足而陆”之“陆”。《释文》引司马彪注云：“陆，跳也。字书作踛，马健也。”说《孟子》引“戎狄是膺，荆舒是惩”为周公之事，谓周公伐戎狄、荆舒，经传虽无明文，然据《渐渐之石》序，称幽王之时，戎狄叛之，荆舒不至。则周初之戎狄、荆舒率服可知。即周初之戎狄、荆舒，因周公膺之、惩之而后率服亦可知。况荆自僖公元年已改称楚，诗人不称楚而称荆，其为述周公之事，更属明显。又“五药”，谓指五方之药。“八边”，谓本无枣、㮚、桃、榛、实五字。“宵雅肄三”，谓雅乐器名。据《周礼》笙师掌教舂牍应雅，以教祴乐。郑君注云：“牍、应、雅教其舂者，谓以筑地，笙师教之。”“宵”当读为“捎”。《文选注》引韦昭云：“捎，拂也。”《说文》云：“拂，过击也。”“过”即“挝”字，即笙师所谓“舂”。“宵雅肄三”，谓捎击牍、应、雅三器，以习祴乐。又释“宋”字，《说文》云：宋，居也，从宀从木，读若送，于声未协。谓《说文》当本作从“宀”，“栋”省声，“东”旁磨灭，传写又脱去省声耳。诸篇陈义创而当。其释《说文叙》尤创，谓《叙》云：其称《易》孟氏，《书》孔氏，《诗》毛氏，《礼·周官》、《春秋左氏》、《论语》、《孝经》，皆古文也。而孟氏《易》非古文，且许书未尝不用《鲁诗》、《公羊传》、今文《礼》。因断《叙》中原文，止有称《易》、《书》、《诗》、《礼》、《春秋》、《论语》、《孝经》皆古文也十六字。孟氏、孔氏、毛氏、周官、左传十字，乃读者所加。观《论语》、《孝经》，不言孔氏，则加者未尽也。

阅此，宿疑不觉顿释。惟“集有妇人”焉，并录二作。一以为归人为来归之人，指泰颠。一以归人为死人，指虢叔。俱似牵强。又辨共和主《史记》，亦误。《史记索隐》引《汲冢纪年》云：“共伯干王政。”按《竹书》未出，《庄子》、《鲁连子》、《吕氏春秋》已载其事。《左传》虽未明言共伯，然云“诸侯释位以闲王政”，固指畿外之诸侯。若如《史记》所云周公、召公行政，号曰共和。周、召乃卿士，非诸侯。卿士摄政，岂得云“释位以闲”？篇中乃信今本《纪年》之文而以《索隐》所引者为伪，则尤误也。卷首有督学使者张预序。

1049 壁沼集四卷光绪己丑刊本

胡元玉撰。元玉字子瑞，湖南湘潭人，拔贡生，官教谕。壁沼者，学官所居，故以名集。元玉父锡燕，传番禺陈澧之学，而元玉又王闿运之甥也。故其治经，不主一家。精思独辟，或申旧义，或抒新得，而援据精博，不为臆断。如论讳，谓周人讳父不讳祖，然卒而讳之，为己不忍闻，更亦不欲父母闻之。故《杂记》称王父母世父叔父姑姊妹。子与父同讳，盖指祖在时言。父与祖同讳，故曾孙得讳曾祖王父母。姑与世父叔父，父之姊妹兄弟也。父讳之，故子不得不讳。当祖存时，孙从父讳，故亦讳之。并因而推及从父昆弟大功之亲，从祖昆弟小功之亲，且及于母妻之父母。凡为令人感动亲亲之义，所推而出。而尊神故不名之说，非其朔也。辨《诗序》，谓创自子夏，而齐、鲁、韩、毛诸家，各以己意为增损。即就毛《序言》、《小弁传》引高子之说，“维天之命”传，引孟仲子说，故郑志答张逸云：高子之言，非毛公后人著之。即言此乃毛公所著，非毛公以后人所著也。至《隋志》谓卫宏有润益者，盖误据宏传称宏从谢曼卿受业，因作《毛诗序》善得风雅之旨云云。此“善”字是“义”字传写之讹，且属上读。宏当撰有《毛诗序义》，如雷次宗、孙畅之之类也。（《隋志》云：《毛诗序义》二卷，雷次宗撰。梁有《毛诗序义》七卷，孙畅之撰。）解“哀而不伤”，据《吕览》高注云：哀，爱也。哀之训爱，犹怜之训爱。(见《尔雅·释诂》)《序》称哀窈窕、思贤才，忧在进贤，不淫其色。贤才即指淑女。“忧在进贤，不淫其色”，即谓寤寐求此窈窕之淑女。哀窈窕，思贤才，即谓求之不得，而辗转反侧以思之。无伤善之心，即谓琴瑟、钟鼓友乐之，郑君注《论语》，以哀乐分释及笺《诗》，觉其不安，因破“哀”为“衷”。俱非。近人刘台拱见《卷耳》有“维以不永伤”之文，谓古乐章皆三篇为一。乐而不淫，属《关雎》、《葛覃》。哀而不伤，属《卷耳》。不思《大序》明云“哀窈窕，而圣人既专以此”二语为《关雎》之义，则哀而不伤，断非指《卷耳》可知。他如考“三妃”，谓娥皇为二人。解“三归”，谓管仲娶归姓三女。考“武城”，谓曾子所居，与子游所宰，同一武城。俱见精识独到。凡此诸条，俱足以释疑解滞。余多惬当，惟断孟子曾师子思，订《史记》子思卒年六十二之误，甚确。但以为孟子生在鲁穆公初，则恐未然。又据魏惠王三十五年，孟子年七十始来魏，不知魏惠王三十五年之后，尚有复元十六年。孟子十五年来魏，在惠王卒之前一年，证以《孟子》本书。若所谓西丧地于秦七百里，南辱于楚者，必在此时始得闻之，岂时孟子至八十余，而始出游乎？有以知其不然矣。首有元玉自序，言刊落旧草，所取才什一云。

1050 授经簃课集一卷光绪辛卯刊本

清胡元玉录。授经簃在会同县学官署中，会同属湖南靖州，地瘠民朴，元玉适摄教谕。于诸生除月课时文外，别设经课，而先以《论语》，凡一年，录成此集。作者不及十人，得元玉指授，皆斐然可观。如说“揖让而升，下而饮”，《论语》与《射义》皆载此语。《论语释文》云：“揖让而升”下绝句。郑君《射义注》云：揖让而升降。而《诗·宾之初筵》笺引《论语》云“下而饮其争也君子”，是郑君于此文有二读。集谓“揖让而升下而饮”，当作一句读。言揖让而升，揖让而下，揖让而饮也。射礼揖让之仪甚繁，特举七字以包括射礼之全。又考仪地所在，或以为浚仪，或以为夷仪，或又以为仪封。集据夷仪之名见《左传》，本是卫邑，惟后又属晋，盖两国接壤地。孔子不见用于卫，将西见赵简子，至河而返。封人请见，当在此时。又解“宰予昼寝”，据《资暇录》及《韩李笔解》，“昼”作“画”。但何故而画其寝室？昔人未及言。集据《礼》“庶人祭于寝”，殆以祭故画之。春秋时，君则刻桷丹楹，臣则山节藻棁，相率僭天子庙制。习俗移人，予殆以庙饰为寝节，故夫子责之。又说“正名”，谓宋儒强就卫事立解，因有此说。不知辄之嗣位，命自灵公。蒯聩出奔，灵公无子，辄以孙嗣位。例无不合祖孙父子之名，何尝紊乱？本无祢祖事实，何待于正。诸说俱惬当可取。首有督学使者张亨嘉序，及试课经史告示，又有王闿运序。

1051 东山书院课集一卷光绪壬辰刊

清胡元玉录。东山书院在湖南攸县，光绪壬辰，元玉主讲于此，是卷乃其课士之作。杂文数篇外，皆经学也。首有元玉自序，又有王闿运序。集中如谓“夕惕若夤”，他本“夤”作“厉”，乃经师传本之异。“夤”即“厉”之通假字，非误文。又谓“地势坤”，“坤”乃“顺”字之误。王嗣辅注云：“地形不顺，其势顺。”足证晋时尚未误“顺”为“坤”。又谓“烟于六宗”，据《尔雅》“祭天曰燔柴”，则“烟于六宗”，所祭为天神甚明。《大传》言“非天不生”，即指天皇耀魄宝。非地不载，即指黄帝含枢纽。非春不动，即指青帝灵威仰。非夏不长，即指赤帝赤熛怒。非秋不收，即指白帝白招拒。非冬不藏，即指黑帝汁光纪。六神至尊，故曰六宗。谓仲山甫非异姓之臣，实杜钦欲媚王凤，臆创之谬说。谓鼠只有当唇二大齿，而两旁之牙不具，虽有如无，以与“谁谓雀无角”对言。谓良冶之子必学为裘，古本“裘”止作“求”，乃“銶”字之古假借。此句及下句“必”字上皆有“先”字。谓《高士传》以接舆为陆通之字，必有所据。《说卦》云：坎为隐伏，为心病，为轮。其于舆也，为多眚为通。接舆志在高隐，迹若病狂。名与字又相应，决无可疑。如此之类，俱惬古义。至订郭公之谬解，补孔广森、柳荣宗所不详，申归余于终之注意，释沈彤、梅文鼎所未达，尤见精识。所录有一题至二、三篇者，义不必尽同。惟诸生童甫事钻研，恐未能深造至此。殆出于元玉之指示，或有所润色耶？

1052 经解筹世九卷同治澥红山馆刊本

清李扬华撰。扬华字湑先，湖南清泉人，同治庚午中顺天榜举人，官兵部主事。是书首有武廷珍序，又有自序及凡例。原名《经解条分》，旋易今名，以为治经期于济世。老不获用，思托空文以自见，故改曰《筹世》。大旨期有裨于身心家国，而亦不废考据。所论《尚书》、《诗》、《尔雅》、《孝经》、“三礼”，共一百三十八条。而《周官》多至八十四条，次则《尚书》二十三条。其辨经之真伪，惟以义理之当否为衡。谓不特古文《尚书》不可废，即姚兴所得《舜典》篇首二十八字，亦存之而无害。断《周礼》为秦汉人未成之书，《仪礼》为鲁诸生作。谓二书俱伤烦琐，且多窒碍。惟《仪礼》止涉一身，《周礼》祸及天下，尤不可以不驳正。又谓清儒力辟古文《尚书》，而笃信《周官》，然《周官》言凡式贡之余财，以供玩好之用，后儒知不可训，转生曲解。而《旅獒》则曰：“玩人丧德，玩物丧志。”又曰：“不宝远物，则远人格；所宝惟贤，则迩人安。”孰为可法？不于义理辨是非，徒于文法辨今古。又谓《洛诰》言庚戌攻位于洛汭，甲寅位成。五曰位成，势所必无。《洛诰》为伏生所传，论者何以不疑今文，而疑古文？又谓诋古文者每摘“辰弗集于房”一条，谓以三统历及中西法推之，仲康元年季秋朔，不入食限，不思中西法乃明以后历术，即三统亦汉人为之，况古有太岁超辰之法，每百四十年，则超一辰，尤不得以六十甲子硬排追溯而得之。至所驳《周礼》诸条，尤要者，如说“诸公之地方五百里”，谓不特与《孟子》悖。《易·震》卦建侯，其文曰：震惊百里。《春秋传》：子产引古制责晋侯曰：列国一同，同方百里。与此所云公五百里、侯四百里者不合。《尚书》曰：列爵惟五，分土惟三。与此自五百里、四百里降而至三百里、二百里者不合。《论语》：子路治千乘之国。盖指公侯百里，故冉求逊词曰方六七十，则伯之类也。如五六十，则子男之类也。是皆可证《周官》之非周制。然亦非王莽所作，王莽于居摄三年奏曰：周爵五等，地四等，有明文。五等者，公、侯、伯、子、男也。四等者，百里、七十里、五十里、不能五十里也。是莽正符《孟子》而异《周官》。又说不易、一易、再易之地，谓田愈种愈熟，愈休愈荒。所云不易、一易、再易者，不知何解。说“奔者不禁”，谓佞《周官》者曰：奔者六礼不备也。然古者娶妻，纯帛无过五两。五两，二十丈布也，虽至贫者亦能备之。奔者无媒妁之言，自鬻其身。如《左传》：泉丘人有女，梦以其幕帷孟氏之庙，遂奔僖子。即《内则》所云奔则为妾也。且礼不下庶人而加以奔字，刻矣。他所驳，多类此，而亦有不尽是者。其说《书》、《诗》、《尔雅》诸条，亦多可取。不及《易》、《春秋》、“四书”者，以别著有《读易寡过》、《春秋四传汇笺》、《四书备检》三书。“四书”先梓行，余不知有传本否？

1053 十六观斋经说一卷传抄本

清何维栋撰。维栋字研孙，湖南道州人。光绪癸未进士，改庶吉士，散馆又改是部主事。是编大半为其在江南惜阴书院时之课业，其子积祐所辑存。凡说《易》、《书》、《诗》、《礼》、《孟子》者若干篇，其中弃置注疏、自抒所见，多有当者。如引《儒行》古人与释“稽古”二字，自胜同天考道等说，不但《尧典》之合于《陶谟》，即《周书》武穆解，所谓“曰若稽古，昭天之道，熙天之载”。《周颂谱》引《尚书中侯摘頟戒》曰：“若稽古，周公旦，罔不可通。”又说“三江”，据《周礼·职方》“扬州其川三江”，与《禹贡》合，知三江皆在扬州。下文继以震泽底定，知其止于震泽；上文彭蠡既潴，知其止于彭蠡。解“王朝步自周”，谓“步自周”者，步自周庙。告庙以质明将事，故步必书朝，若解作步行，无论“召诰”、“武成”俱不可通。又解“周公居东”，谓“东”乃岐山之东，《诗》之《豳》，公之采邑在焉，《括地志》所谓“周公故城”是也，故曰“我徂东山，滔滔不归”。曰徂山，肥遯之所也。曰滔滔，去国之词也。而东征镇抚之谬，不待辨而明。诸条虽援证未广，而理解颇新，不无可取。"十六观"者，释氏修淨土之名也。

1054 经说二卷光绪辛巳刊本

清丁午撰。午原名正，字奚生，浙江钱塘人，诸生，丁丙从弟也。尝肄业诂经精舍，年未三十而卒。其文散见《诂经精舍》三、四集。家富藏书，又身及俞樾之门。虽未竟所学，而稽古钩沈，多有心得。如《诗》"愿言则疐"，《传》云："疐，跲也。"《笺》云："当读为不敢嚏咳之嚏。"午解谓"跲"本作"㰦"，㰦即《曲礼》"君子欠伸"之欠。人体倦则伸，志疲则欠。此诗皆庄姜自伤之词，谓思之不已，故言之。志倦则㰦也。自王肃以"㰦"与"劫"形相近，改"㰦"为"劫"。"劫"与"跲"同音义，遂改从"狼跋之疐"。之训"疐"为"跲"，而《传》与《笺》遂异义矣。又《礼·王制》言古者百亩，当今东田百四十六亩三十步。午谓古者之步，皆准乎车。周惟田车之轮，六尺有三寸。而兵车、乘车之轮，皆以六尺六寸为定制。则今以周尺六尺四寸为步，乃六尺六寸之讹。以六尺六寸为步计之，古者百亩，实当今百四十六亩九十二步三尺七寸八分有奇。虽未尽合，而大数已符。又《礼·王制》祭用数之仂，方悫《礼记解义》，以数之仂，为一年所用四分之一。午解谓《说文》有"仂"字无"扐"字，仂即《易》言归奇之"扐"。国用之法，三年余一。则一年余三分之一，而一年所用为四分之三，合之为四分。每年所入，以四分之。犹易筮之以四揲，其四分必取整数，则四分之外必有其零数，谓之仂，而取为祭用。凡此各条，俱能不泥旧说，而惬于理。然亦有欠当者，如谓"鲁有周庙"，是周公之庙，非文王之庙。篇中但举毛奇龄异说，不知顾炎武亦谓诸侯若竟不敢祖天子，则始封之君将何祭。盖同姓诸侯，其五庙之太祖，固以始封之君，而未尝不别有天子之庙。特《周礼》散亡无文可考。观于郑有周庙祖厉王，何疑于鲁。然此犹持之有故也。其引韩宣子见《鲁春秋》，以为《周礼》在鲁据谓《周礼》之名，已见于传。不知《周礼》本称《周官》，王莽时始名《周礼》，春秋时何能便有其名？况韩宣子见《易象春秋》，而云“周礼在鲁”。乃《周礼》指《易象春秋》，非别有一书也。又“引朝以讲礼，聘以志业享训恭俭燕示慈惠”之文，以为《仪礼》已见于传。斯更牵扯之甚矣。书首有冯一梅、孙礼煜二序。

1055 陈惕庵经说一卷原稿本

清陈玉树撰。玉树字惕庵，江苏盐城人，同治举人。按玉树所著《后乐堂文集》，附目有《经说》二卷，未刊。是稿凡《书》三篇，《诗》十七篇，《左氏传》三篇，《孝经》一篇，《尔雅》三篇，《孟子》一篇，附《襄贲故城考》一篇，《与刘楚芗论镇海县非古甬东书》一篇，不分卷，未知原书否也。其《淮海惟扬州解》，据孔传：北据淮，南距海。谓《禹贡》扬州之域，南至交趾。始误于杜佑《通典》，以为不及五岭之外。胡渭《锥指》沿之，主揭阳为说，非是。援证甚博。又孟侯解，亦据孔传：孟，长也。五侯之长，谓方伯。使康叔为之，而驳伏、郑解作孟迎之非是，亦引证甚博。并谓近之治《尚书》者，预挟一尊郑伪孔之见，不顾说之是非，致经义晦塞者多云云。可称通论。说《诗》宗毛传，多申其未达之义。若“公侯好仇，终风且暴”。《中茸》、《六驳》、《勿士行枚》诸篇是也。其《勿士行枚》谓微训伺间，见《汉书·郭解传》。又训小，见《广雅·释诂》。又训少，见《列子·周穆王释文》。又训藏匿，见《左传》哀十六年传注。又训密谋，见《列子·说符注》。总言之，诗意在言奉命讨逆，名正言顺，无容用诡谋奇计耳。惟“哙哙其正，哕哕其冥”解，谓“正”为正寝，别于燕寝为小寝言之。“冥”为“塓”之省文，塓，涂也，与毛义异。他篇虽间出己见，皆不背毛。“践土”解谓在河阳是孟县之践土，非河北之践土。“不替孟明”解，据《释言》“替”训“止”。皆是。“宗祀文王于明堂”解，据《礼记·祭法》及《国语·鲁语》，皆言祖文王而宗武王，与《孝经》不合。主韦昭说，谓周公初祖后稷而宗文王，至成王即政后，更祖文王而宗武王。亦能言之成理。《尔雅》篇目考，据《汉志》：《尔雅》二十篇，今存十九篇。盖缺叙篇。证以《逸周书》、《史记》、《汉书》、《淮南子》之例，说自可信。玉树别著有《尔雅释例》，宜移以附之。

1056 群经地释十六卷光绪癸巳刊本

清周翼高撰。翼高字厚生，湖南湘潭人。是书除《仪礼》、《孝经》无地释外，就王应麟《诗地理考》、焦循《毛诗地理释地》、毛晃《禹贡指南》、傅寅《禹贡说断》、程大昌《禹贡论》、蒋廷锡《尚书地理今释》、朱鹤龄《禹贡长笺》、胡渭《禹贡锥指》、徐文靖《禹贡会笺》、程瑶田《禹贡三江考地》、杜预《春秋土地名》、高士奇《春秋地名考略》、江永《春秋地理考实》、程廷祚《春秋地名辨异》、顾栋高《春秋舆图》、阎若璩《四书释地》、宋翔凤《四书释地辨证》，而考以《清一统志》、各史地理志、《水经注》、《元和郡县志》、《太平寰宇记》、《元丰九域志》、《舆地广记》、《通鉴地理通释》、《方舆胜览》诸书。摘经中地名为正文，录本句为注，但详其始末同异，而不别加考证。间及史事古迹，不纯为谈经而作也。

1057 经义正衡叙录二卷活字印本

雷廷珍撰。廷珍自云拟著《诸经正衡》，此二卷，其叙录也。大旨分经义为小学、士学、贤学、圣学，其中惟论小学稍具独见，亦颇具条理。然谓六书之形声、象声，则未敢信。至所称士学、贤学、圣学，无非强为区画，于经学亦只摭拾皮毛，助其狂议。其正衡诸书，大略可想而知矣。

1058 经义骈枝二卷惺諟斋排印本

清喻长霖撰。长霖字志韶，浙江黄岩人。长霖说经，谓诸经皆以康成郑注为长，惜唐孔颖达作《疏》，于郑氏仅取《毛诗》、“三礼”。其余诸经，概用他家，于是郑义渐微。又谓郑氏笺《诗》，大都遵毛。其易毛者，率有精义，非漫然易之。以故诸所持说，申郑居多。然说

《玄鸟》诗，则又驳郑而申毛。则于康成固非墨守矣。亦往往采近人孙星衍、王引之、朱骏声之说。其自创新义，如解“夕惕若厉”，谓此爻之义，宜证以孔子《文言》。《文言》两释此爻之义，俱云“乾乾因其时而惕，虽危无咎”。其曰乾乾因其时而惕，是读“终日乾乾夕惕”为句矣。其曰“虽危无咎”，是读若属无咎为句矣。“夕”字乃“日”之对文，“惕”字乃“乾”之对文。不言“终夕惕惕”而言“夕惕”者，省文耳。又解“括囊”，谓此爻以阴居四位，本非以才见长。然有柔顺之德，故戒之以括囊。括者包也，言宰相求贤，无所不容，其象当如囊之无所不括。此即一个臣休休有容之义。旧解主缄口不言者非，如此之类何嫌翻旧。书中间有同题而异篇者，如“拔茅茹，以其汇，征吉”解，“庶明励翼”解，释佩玉诸篇既非异义。未尽之意，何妨章中分节。别而异之，似可不必。至以原《玉篇》四卷以传自日本，疑其为赝。其识殊陋。此书即非陈彭年、邱雍所修，自是相传别本。佚书之骤出于海外者，且日出而不穷，难为少见多怪者道也。

1059 经义积微记四卷沔阳卢氏影印本

清姚晋圻撰。晋圻字彦长，湖北罗田人。首有晋圻自记，末有王葆心跋。《记》称言积者尚有期于后来，《跋》称晋圻之学受之于刘文怀。此《记》以师说为践履，皆辛壬癸甲四年间在讲舍之作。以前逮以后说经之文，举不入此云云。文怀者，宝应刘宝楠字也。书中说礼制居多，大都牵合《周官》经、大小《戴记》，参用贾谊、董仲舒、郑康成之说，而断以己见。如《记学制》、《释泽宫》、《释宗祀》、《述庙祧》、《述时朝》、《记四阿屋》、《记皋门应门》诸篇，虽不尽合，而言之成理。说明堂古制，援证驳杂，嫌于臆造。《释九江》以下八篇，据班志以证《禹贡》。《禹贡》地理诸条，除沱灊篇外，成蓉镜全采入所著《禹贡班义述》中，而没其名，赖此著之。又“释亳”条，据《秦宁公本纪》：别有亳王名汤者，以正杜预辈解亳地之误。“《式微》诗释地”条，据《水经·瓠水注》但云泥中邑名，以辨今本训诂传又作卫邑之非。俱见精识。惟谓杜林《漆书古文》即刘向所校中经异字之本。按《范史·儒林传》止云：林于西州得古文《尚书》一卷，并未言出自何人。且刘向校本即存，当储秘府，何由于西州得之？又谓《唐书·艺文志》称《韩诗》卜商序，而韩婴亦字子夏，《志》盖因子夏而误为卜商。按《毛诗序》亦托之卜商，《韩诗》应同一例。若《韩诗序》为韩婴作，岂《毛诗》亦为毛公作耶？殊觉武断无理。至释文衷论诸篇，谈理高而不切。今文家持论，往往如此，不独晋圻然也。

1060 宗孔编二卷宣统元年刊本

江瀚撰。首有赵熙序。上卷《明伦》、《谈道》、《辨性》、《述学》；下卷《修身》、《应务》、《论治》、《杂事》、《丛说》，凡九篇。大抵以经为主，参以周、秦、汉、唐、明、清诸子群儒，并及欧美、日本学者之说。《人伦》，期于两方交尽，不伤于教忠教孝。《辨性》，主吕坤说，谓性者理气总名，无不基之理，无皆略之气。《谈道》，谓仁与公二而一。《述学》，谓考据及空谈心性，皆有弊。而嗜新奇者患尤大。修身，重信，重有耻，凡此皆意在援经义以救时弊，然未能“务去陈言”。其《丛谈》篇内，品评理学诸儒，徒事摭拾，不为定论。至于推崇唐鉴《学案小识》，斯失之矣。

1061 经学质疑四十卷

清狄子奇撰。子奇字叔颖，江苏溧阳人，诸生。是书原名《四书质疑》，继以“四书”名目，起于宋儒，未为古义。即朱子《论孟集注》、《大学中庸章句》，本各自为书，其合为一编者，乃出自后人之手。遂改题《经说质疑》，计《论语》质疑二十卷、《中庸》质疑四卷、《大学》质疑二卷、《孟子》质疑十四卷。前有陈銮题词、朱洊序。有总例。其书于《集注》、《章句》无可疑者，不复置议。其未协者，则取诸儒之说，间及己见，为之疏证。所引异解择善而从，即世所措为攻朱若毛奇龄，指为伪造若古文《尚书》、《竹书纪年》、《孔子家语》、《孔丛子》、《小尔雅》诸书，亦见采择。于朱注多所匡正，其发前人所未发者，据《礼》郑注、《周礼》干宝注、《觐礼》贾疏，以证天子诸侯外朝治朝皆有堂阶。据孔融《周武王汉高祖论》，周自后稷至武王积五十代，皆有鱼鸟之瑞。以夏十七世，商三十一世合之，加以唐虞百有余年，该有此数。千乘之数，不用包、马二家义，别援稍人邱乘，谓乘宜出十六井。又用《司马法》甲士十人步卒二十人之说，使《周礼》、《孟子》可相通。其他亦多精核可取。书刊于道光丁酉。

1062 读经指迷二卷光绪戊戌刊本

清胡嗣运撰。嗣运有《书经问答》，已著录。是书分上下篇，上篇论《易》、《书》、《诗》、三礼、春秋三传，下篇杂论经学，涉及民主、民权及海外政教，斯非读经之体矣。上篇七言绝句一百首，下篇七言绝句六十二首。上篇较醇粹，途径亦略备。若附以注释，可作为初学读经歌括也。

1063 才兹经说一卷光绪戊戌刊本

清王兆芳撰。兆芳字漱六，江苏崇川人。尝肄业南菁书院，为黄以周高足弟子。治经尤长于《礼》。《才兹》者，取草木初生长益之谊。书中说稽古，融会贾、马、郑说，贾、马言考古道，郑言稽古同天。据《周祝解》，天为古，地为久。贾、马是从古字本谊，郑是从古字引申谊。考稽同谊，亦相通。又说“受享有迎礼”，据《周官·大行人》，言庙中将币三享，及飨献食举。而先言朝位宾主相去之步数。此节实贯庙中币享及飨食为文，可见宾立有车，主迎亦有车。飨食有车迎，币享亦有车迎。又说移字谊，《表记》衣服以移之。注“移”读如“禾泛移”之“移”，但“禾泛移”一语，他无见文。据郑云：移犹广大也。又《郊特牲》“移民”注，“移”之言“羡”

也。是移有羡衍、饶余意，即犹广大之谊。《说文》释移本谊云：禾相倚移也。音假则为靡移，而谊皆生于禾。故《注》以为犹广大，而读为“禾泛移”之“移”也。又考“宾媚人”，据《春秋》左、公、穀三传，证《汉书·人表》分二人之非。谓系宾于媚人上者以奉使致赂，能膺宾客之事。故杜注不连“宾”字读，以驳钱大昕宾为族或为邑之非。凡此诸条，于义俱当。又说“皆不及门”，郑注言皆不及仕进之门。据谓门即《尧典》“辟四门”之门。又据《文王世子》，语郊之法，有德进、事举、言扬、艺誓四端，即德行、言语、政事、文学诸科也。郊学取士如国学，春秋学校衰，圣徒有此诸科而不得仕进。此申郑谊，更完密。又说平王之妻齐侯之子，据序言王姬下嫁诸侯，不言王姬之女。则郑说齐侯嫁女者非。因断为邑姜幼女嫁齐侯吕伋之子，并据《文王世子》“武王九十三而终”。文王终时，武王八十三岁。又谓邑姜归武王，在太公相周后。武王八十而娶，又十年而崩，而有十三岁之子（见所引古《尚书》说），殊不近理。按《竹书纪年》武王崩年，实五十四。如此则武王幼女，不问为邑姜所出与否，自可以适吕伋之子。惜舍此，而误信《文王世子》也。书首有兆芳自序及黄以周序。

1064 经学讲义一卷 光绪刻本

清王舟瑶撰。舟瑶字枚伯，浙江黄岩人，光绪举人，官广东候补道。是编在北京大学堂课士之讲义也。首论读经法，大旨以学者读一经，必求其大义所在，不宜敝神于形声训诂、名物考据之末。次述经学家法，分孔门传授、易家、尚书家、诗家、礼家、春秋家、孝经家、论语家、孟子［家］、尔雅家、小学家，共十一章，亦能备举源流。惟《尚书》，《隋志》及陆元朗、朱竹垞咸谓马、郑所传古文非孔氏旧本，本不误，而舟瑶非之。据范书《贾逵传》，逵父徽受古文《尚书》于举恽，逵传父业，则逵为安国嫡传。又《孝经》章，郑康成《六艺论》叙《孝经》云“玄又为之注”，是康成注《孝经》无可疑，而舟瑶据王伯厚以郑氏为郑小同。此二条皆其小失。至《通变》、《自强》二篇，附会新学说，乖经旨矣。

1065 经术公理学四卷光绪甲辰活字印本

清宋育仁撰。育仁字芸子，四川富顺人，光绪丙戌进士，官翰林院检讨。是书首有自序。中分《明德》、《原律》、《正辞》、《知新》四篇，每篇为一卷。其说驳杂支离，于经学与时务，所得俱属肤末而好为大言者，不足观也。

1066 质盦经说一卷光绪戊戌活字印本

清白作霖撰。作霖字振民，江苏通州人，光绪丁酉举人。作霖尝肄南菁书院，受经学于黄以周。是卷经说凡三十五首，皆院课之作，而经以周阅定者也。其治《毛诗》致功颇深，次则"三礼"。卷中说《诗》，如《葛覃》篇，谓诗言"归宁父母"，即序言"归安父母"。言归既为归文王，则父母自指文王父母。又《楚茨篇》"或肆或将"，毛传云：肆，陈将齐也。或陈于互，或齐其肉。作霖为申其义，以或肆承上剥言，或将承上亨言。两句相次，或剥而陈于互者，谓豚解也。或亨而齐其肉者，谓体解也。说《礼》，如条狼氏誓辞，谓为军行而设。其誓仆右诸文，即条狼氏命仆右等之词。诸誓之刑，非为刑所誓者而设，不必强分军旅、祭祀言。又舅姑既没，妇入三月有庙见礼。庙见必奠菜，故或谓之奠菜。其后又有祭祢礼，注家每以相混。作霖谓庙见即奠菜，祭祢非庙见。其别尤在庙见奠菜则舅姑异席，祭祢即当同几。又《檀弓》"孔子少孤"章，作霖据《家语》，叔梁娶鲁之施氏，生九女。必施氏死，乃娶颜氏。下文言"合葬于防"，则施氏墓实先在防，则叔梁纥，亦当葬防。父卒，孔子年止三岁，故不知在防之墓。及颜氏卒，不便别葬，故权殡于五父之衢，以当时实殡而非葬，故曰其"慎"也，盖殡也。"慎"读如"填实"之"填"，殡谓仿殡制以掩覆其棺。诸解俱精核。他若《左传》宾媚人，杜注云即国佐，而《汉书·古今人表》两列之。作霖谓宾姓，媚人名，与齐之宾须无一族，与国佐非一人。《论语》太师挚，班固以为殷纣时人，郑康成以为周平王时人，孔安国又以为鲁哀公时人。作霖主孔说，并谓四饭乃一食中之节。大师小（少同）师同等官，系周职。鲁盖承用周制。类能以新义订正旧解，盖师承有自，故所援据多切当也。卷首附黄以周一札，称其“有《读诗札记》，拟入之《续南菁丛书》中”云云。但《丛书》续刊未成，此稿不知尚有传本否也。

1067 **经谊杂识一卷**光绪刊本

清许克勤撰。克勤字勉甫，浙江海宁人。是书钩稽细密，颇有是正。尤善者“昏礼不告庙”条，谓士昏虽无告庙明文，而《诗·齐风·南山》云：“取妻如之何，必告父母。”毛传云：“必告父母庙。”《仪礼》虽记称问名之词曰：“将加之卜。”言卜而告庙可知。《曲礼》称斋戒以告鬼神，告鬼神非告庙而何。又《左传》隐八年，郑忽先配而后祖。杜注云：礼逆妇必先告庙而后行。可证春秋时皆行此礼。“郑有圃田”条，据邵晋涵引《竹书纪年》“乃居郑父之邱”证郑国未封之前，地已名郑。更据《水经·渠水·济水注》，证明圃田南北长二百许里。视《元和郡县志》所云“南北二十六里”者，十倍之。惟“齐人伐燕年代”条，徒据《战国策·燕策》，伐燕者属齐宣王，而谓《齐策》以伐燕事，列闵王篇者为非。按宣王与闵王皆有伐燕事，一在《梁惠王篇》，一在《公孙丑篇》，以为皆在闵王时，固非。以为皆在宣王时者，亦非也。又《左传》大武六章与《诗序》异条，谓《左传》依乐章之次第，《诗序》依诗篇之次第，所以异。不思三百篇皆入乐，诗篇即是乐章，《诗序》不同《左传》。明是篇次失旧，无所用其调护也。

1068 **蜕私轩读经记三卷**宣统己亥活字印本

清姚永朴撰。永朴有《群经考略》，已著录。是书首有自序，又有吴汝纶跋，马其昶序。卷一《周易》、《尚书》、《诗》，卷二《周官》、《仪礼》、《礼记》，卷三《春秋》附三传、《论语》、《孝经》、《尔雅》、《孟子》。大旨不偏主汉、宋，考稽诸说，别其得失，颇有当者，而心得殊少。引姚氏鼐说，盖其私淑所在也。其说《礼记》“婿弗取而后嫁之”条，谓甫免丧未可图昏，“而后”云者，言辽缓之，“婿”弗取，非竟不取也，特不遽取云云。亦据姚说，意自不误。惟经之言嫁，属于女氏。盖婚家遭丧甫毕，嫌于忘哀故弗［娶］而女氏嫁之，犹曰“彼本不娶，而吾强之娶耳”。文本明白，无须详解。大约永概［朴］探研尚浅，采摭亦隘，故所得醇驳互陈。自序言“去其与昔人同者”，然三卷中同者固数数见也。至吴跋称其“精凿处不减王怀祖父子，而无汉学碎琐复沓之敝”，“碎琐复沓”诚可免，若云“精凿”何足以尤王氏父子耶！

1069 **群经考略六卷**排印本

姚永朴撰。是书卷一《通论》，卷二至三《周易》，卷四至五《尚书》，卷六《诗》。《通论》分六章，一《诸经义蕴》，二《诸经体例》，三《读诸经之法》，四《诸经授受源流》，五《诸经传注得失》，六《诸儒说经异同》。诸经之分章亦同。惟《礼》以下缺如，《诗》亦缺第六章，盖未完之书也。征引群言，间加案语。然搜采未博，且挟偏见。其所称道者止李光地、阎若璩、惠栋、吴廷华、张惠言、江永、秦蕙田等数书，并推而归之朱子之《绪余》。断谓清儒经学，源出朱子。可以觇其旨矣。

1070 **经学举要一卷**民国壬子活字印本

姚永朴撰。永朴字仲实，安徽桐城人。是书就十三经中标其概要，大都抄集成说，甚少断制。沿讹袭谬，亦所不免。于《周易》较详，亦未备也。《论语》、《孝经》、《尔雅》、《孟子》各仅一条。后附《读法十四诀》，曰循序、识字、考音、玩词、明体、审例、求宗、广证、存异、辨伪、祛惑、复古、知今、绘图。虽未为醇备，尚不拘于桐城家法，专以佞宋为事。至所揭大义有八，则多空言而无当矣。

1071 经窥续八卷光绪癸卯刊本

清蔡启盛撰。启盛字臞客，浙江诸暨人，光绪戊子举人，历官直隶湖南知县。是书首有汤寿潜序，盖续前刻《经窥》，距丙戌十七年矣。篇中间有署甲子者，则游宦时所作也。启盛肄业诂经精舍，为俞樾入室弟子。书中屡引樾说，但非墨守。遍征近代治经家言，而判其得失，然不肯一语蹈袭。惟文笔蹇涩，往往不能达其意。俞樾序其前书，称“入之既深，出之亦不能甚显”，诚谓其短矣。“隰则有泮”、“淮有三洲”、“夫人过市罚一幕”诸条，皆补前书所未备。他条最惬经旨者，如“随山”条，谓“随”当读为“堕”，引《班书·沟洫志》贾让奏曰“昔大禹治水，山陵当路者毁之。故凿龙门，辟伊阙，析底柱，破碣石，破天地之性”为证。“同为逆河”条，谓“同”应训“皆”，皆为逆河。因九者皆受海潮，以此句申明上句之未备。“比年小聘，三年大聘，五年一朝”条，谓郑、许异义，会通之，则相合而不相背。据定四年传，言唐叔封于夏虚，启以夏正，此晋在春秋，所以独用夏正也。则朝聘之制，取于虞夏也何疑？“事君尽礼，人以为谄”条，谓事君在尽心不在尽礼。况着一“尽”字，是其人专心一志于外貌。其处心可知，不直断为谄，而托之于人，词婉而意愈深。“自行束脩以上”条，谓行当为言行之行。以上与中人以上之词一例，“脩”为“修”之假字。其行约束修饬，乃狷者以上，则狂者与中行矣。其附合新理者，则“民可使由之”条，谓民指民政，民政虽有不可废之利，亦有不胜防之弊。于是熟思审处，寓其迹于君政之中，是使由之也。不为显立民政之名，因不可使知之也。其他补苴订正，可采者尚多。然亦有臆断而失者，如“肇十有二州”条，其三州之名不著。今注疏所云幽并营者乃取之《周礼·职方》与《尔雅·释地》，而皆有所不合。且其下文接以封山濬川，古者于山，止曰望曰旅。《史记·封禅书》，始有封泰山之说，经固无之也。濬川即《禹贡》篇九川涤源，何容特载于此。可信此三句系汉人窜入，启盛必委曲为之说，未免词费。又“令会男女奔者不禁”条，旧说奔指礼不备，是也。钱大昕引“内则奔则为妾”以释“奔”，已属添足。洪颐煊更据内则注奔或为衒，因谓卖以为妾。启盛更据《职方氏》列各州男女之多寡，荆一男二女，扬二男五女，幽一男三女。谓女倍于男，非听其为妾，将终身为无夫之女。不思《职方》男女多寡之说，本无稽，卖妾乃后世陋俗。语曰：“婚姻论财，夷虏之道。”讵可以释经耶？“有虞氏官五十”条，《礼记》与郑注之误，核之《周官》篇“建官惟百”一语而益明。足为古文《尚书》非相袭之证，乃亦斥之曰伪。周内之曰：“犹有鉴裁。”岂为公论？亦可见梅、阎辈锢人之深矣。

1072 **勉勉锄室经说四卷**光绪乙巳刊本

清祁永膺撰。永膺字百福，广西博白人，光绪甲午进士，授内阁中书，改官广西知县。永膺尝肄业广雅书院及朱一新之门。是书大旨在调合汉宋，而所得略浅。谓朱子《诗集传》未尝攻《小序》，亦不尽从郑樵。因就《集传》之明用序说、隐用序意，及明引毛传、隐用毛传者，分条辑录，成书六卷，而存序例于此。又拟重《三礼图条例》，取焦循之《宫室图》、程瑶田之《车制图》、张惠言之《仪礼图》，旁及江慎修之《乡党图》，依各贤之世次，汇为一书。以郑为主，后儒订郑者，为第二图。新说有精义者，为第三、四图。惟谓孙星衍、严可均《三礼图》刊本未出，按此图已刊于《问经堂丛书》中，永膺偶未见耳。其考皇氏《论语义疏》，据臧琳、余萧客、翟灏、卢文弨、孙志祖、阮元、马国翰、陈澧及山井鼎诸家所校，证今本之漏舛，最为详尽。他篇如辨南交非交趾，明农非归老，以及《周官》王制之异同，《大戴》、《小戴》之弃取，大都见于他说，略之可也。首弁王树枏一书，无他序跋。

1073 喔经日记一卷光绪刊本

清刘尔炘撰。尔炘甘肃皋兰人。是书首有自序，以为治《春秋》当治三传，三传互有得失，而左氏详于事实，事实明，而圣人之经旨自显。圣人作《春秋》不过据事直书，其是非善恶自在言外，并未尝容心于褒贬。其有意论断者，如成宋乱及宋灾之类数条而已。又以为居今日而读《春秋》，当先其所急，如何国与周为同姓、何国为异姓、何国为华、何国为夷、华何以弱、夷何以强，或由于人才之盛衰，或系于政治之得失，或兵谋战略之不同，或交涉往来之各异，皆当悉心考究。他如三传之异同，诸家之纯驳，先儒已有定论，略知梗概可也。书中论《春秋》讬始于隐，盖居□衰之际，追溯天下无王之始。左氏叙季扎历聘（历聘）中原之事，非表季子之贤，正以伤中夏之衰，俱能言之成理，作《春秋》史论读可也。后附大旨提纲表，即节左氏之言事实者为之。

1074 读经救国论六卷民国丁卯活字印本

孙雄撰。首有雄自序，又有姚永概、江瀚、唐文治诸序。书分《政治》、《伦理》、《理财》、《教育》、《兵事》、《外交》六篇，每篇以类相从，自分章节。大抵标经语为题，而博引群说，参以己意，为之疏通证明。光宣之交，已有倡废止读经之论者。雄以为六经去，则中国无礼乐、无政刑、无史、无文字，国将不国。故以《读经救国》名其书，而援引滥杂，未必尽当于经旨。书刊于民国己未，修正于丁卯。盖七八年间，国情递变，故论旨亦随之而变也。

1075 养气斋稽经文一卷光绪丁未活字印本

清陈文新撰。文新字石森，湖南邵阳人，诸生。是书多述其乡先辈王船山、魏默深、邹叔绩之说。其《周易》、《诗》、《书》、《周官》、《小戴记》、《论语》诸篇尚能举其本末。惟说《中庸》，断作者是颜子，非子思。子思自有书，其《子思子》三十三篇，见《汉书·艺文志》。又《史记·列传》有《尸子》，其道理纯正，过异诸子。“尸”、“思”同音，《尸子》即《思子》。殊觉附会。《中庸》即非子思作，亦无以证为颜子作也。又谓《噫嘻》、《维天之命》、《小毖》三诗，皆有错简，各为移正。虽亦言之成理，但古代乐章有不可徒以辞意求之者，存之以备一说可耳。

1076 读经志疑一卷 宣统元年刊本

清韩晋昌撰。晋昌字西侯，山东潍县人。是书首有王文藻序，称其“笃嗜经学，博稽而能断”。今观其书，如“解血流漂杵”，据《周语》云：“王以二月癸亥夜陈，未毕而雨。”《六韬》云：“武王东伐至河上，雨甚雷疾，太公率众先涉。”《吕氏春秋》云：“武王伐纣，天雨日夜不休，武王疾行不辍。”《淮南子》云：“武王伐纣当战之时，风雨击于中。”而孔传孔疏解上文“俟天休命”句并据言雨毕而陈，倒戈之徒，与纣党相攻，血入水而漂杵。故史臣目睹其事而直书之。说《无衣》诗，据《左传》“秦哀公为之赋《无衣》”与“卫人为之赋《硕人》”，“郑人为之赋《清人》”、“秦人为之赋《黄鸟》”，语意无别。此诗断为秦哀公作。辨周公用天子礼乐，据《吕氏春秋》惠公请郊庙于天子，天子使史角往止之，证明堂位之诬。解“五十以学《易》”，谓五十乃大衍之数，见孔子《系辞》。说子疾病，子路请祷。据《仪礼》既夕记有疾，乃行祷于五祀。是古有其礼。书《金縢》，武王弗豫，周公祷于三王，愿以身代。是古有其事。子路之过，不在祷，而在请。证之《金縢》，周公不惟不请于武王，并令二公弗及知。故夫子不直拒，而但告以无所事祷。解凶服者式负版者，据郑注《仪礼》“前有衰，后有负版”。负版乃丧服之最重者，夫子式之即见齐衰者，虽狎必变之意，盖以下句申上句。说“管仲不死”，谓先王之制，惟立嫡以长。桓与纠皆庶孽，长幼原不必论。说“性近习远”，谓远指美恶言，乃习使之然，非性之异。故不曰“性相远”

而曰“习相远”，《集注》分气质之性者误。考汤崩，太丁未立，外丙二年，仲壬四年。据《史记》、《汉书》、《竹书纪年》，谓汤崩太丁尚在，以居丧，未及立而卒。时太甲尚幼，故立其仲父外丙，即位二年崩。又立其季父仲壬，即位四年崩。按诸解俱确切。虽有为前人所已及者，而援证之详，推阐之显，则不可没也。

1077 经义亭疑三卷宣统三年刊本

清蒋楷撰。是书专就经义说律，略仿汉人春秋比事。就《尚书·舜典》、《大禹谟》、《春秋左氏传》、《周礼·秋官》、《礼记·王制》、《尚书·康诰》、《吕刑》，取其涉于律者，遍引经子史传，并及泰西学说刑律。所引现行律，则宣统二年十二月所奏定者。考证虽详，但附会不少。即如开篇“象以典刑”一段，于五刑外，加以鞭、朴、赎、赦、贼五条，与后文“命皋陶”之词不类，显为汉人窜入。按刑之有赎始于管仲对桓公意在强兵，不惮变古。其后桑弘羊相汉武帝行之。证以《吕刑》止言罚不言赎，安得唐虞之世有此弊法？蔡沈《吕刑注》，以为《舜典》所谓赎刑者，官府学校鞭、朴之刑，尤不近理。不可行于闾阎者，讵可行于官府学校？楷于此俱未为之参稽辨正，无论古之识，亦奚足以言通今耶？

1078 五砚斋困知经说一卷刊本无年月

清梁恩霖撰。恩霖字可孙，江苏江都人。书中论《左传》诸条，亦见读书之细，惟不甚关于要义。所举则如勿生，则如勿伤，则如服焉，则如无出，则如违之，则如与之诸句，皆是如字上少不字，如“即不如”，齐人语也，出《公羊》隐公元年传，如勿与而已矣注。然则左氏亦齐人耶？又一条，论僖公辛丑年晋公子重耳在秦，秦伯纳女五人，怀嬴与焉。奉匜沃盥，既而挥之。左翼与杜异解，谓穆公未告公子，一概收纳。后知为怀嬴，乃避嫌挥之。恩霖以为于理甚是，但碍于二十四年逆夫人嬴氏以归。按左翼是也。秦女五人皆嬴氏，所逆夫人，岂必怀嬴，亦何必致疑耶？

1079 **群经大义述一卷**活字印本

清王舟瑶撰。是书亦题《经学讲义第二编》，盖对于《初编》而言也。分篇为说，曰《通变》、曰《自强》、曰《合群》、曰《天人》、曰《进化》、曰《新民》、曰《古今》、曰《道德》、曰《明伦》、曰《嫁娶》、曰《学校》、曰《教育》、曰《原儒》、曰《礼乐》、曰《大同》、曰《君民》、曰《集议》、曰《惩惰》、曰《义利》曰《公私》、曰《经权》、曰《矫制》、曰《复仇》，凡二十三目。其中《道德》、《明伦》又分上下，共二十五篇。所言都半密切于见世情状。以六经皆圣人经世之书，士之通经，亦求经世。篇中并引东西学说相印证，则以经所言皆公理，公理无间于中外云云。其首《通变》者，则以其时方锐意变法，即援《易》变卦为言，变卦内离外兑，“离”为文明，“兑”为和说，故必其人具有文明才德、出以和平手段，始可以言变革。他篇亦都按切时事，以寓箴砭。而援古义以证之，所谓六经皆我法脚也。其《道德》篇发挥最透切，谓国民道德欠进步，一由于老庄破坏，二由于陈义太高，三由于取士不重德行。又谓诸经多言私德者，少言公德，非放弃私德也。证之《大学》，言“欲明明德于天下者，必先治其国”，以次推本于齐家、修身、正心、诚意，则公德必根于私德也。惟《天人》篇，说多牵强。《集议》篇，尤觉附会。《原儒》篇，引证未博。《复仇》篇，无所取义。而驳杂肤泛，瑜瑕并陈，则诸篇所同也。

1080 **用我法斋经说一卷**《国粹学报》印本

清江慎中撰。是书论古今文，颇能破门户之见，而持其平。谓《书》、《礼》古文，同出孔壁。《礼经》十七篇，今古文之异，今尽见于郑注中。不过字句小殊，无关大义。《礼》之古文如是，《书》之古文可知。学者不察，视古文与今文，判若鸿沟。其始起于《尚书》，其后遍及诸经。或震于古文而慕其名，或力诋古文而以为伪。彼此诟争，皆可已而不已。学者今日，但考家法，勿问古今，庶乎经学可得而治。又谓费《易》、毛《诗》，并非古文，由东汉诸儒因费、毛二家未立学官，与博士异，遂强牵之为古文，《范史》因而传成其说。近儒又有以用假借字为古文，用本字为今文者。惟证之《毛诗》与鲁、韩《诗》，则《毛诗》有用本字，而鲁、韩《诗》有用假借字者，则亦妄说也。又谓近儒尚汉《易》，咸以王弼废象为罪。不知弼之学出自费氏，费氏本不言象。弼以义理为宗，正其善守家法。其他涉于礼制者，如六宗说，作三事解。《周颂·雍篇》解昏礼赞者，用妇人说燕礼乐正复位说。“禘郊辨”、“服章说”诸篇，自抒所见，咸有据依，不同立异。得惟论文王受命称王改元，未免沿误。其据为称王的证者，引《大誓》“予克纣，非予武，惟朕文考无罪。纣克予，非朕文考有罪”等语。以为誓师之时已称文考，不谥法作于周公，文为追谥无疑。作史者由后改前，其例多有。且文而曰考，亦不足断其称王也。其尤谬者谓《论语》言“三分天下有其二，以服事殷”，是未称王以前事。诚思孔子论定于数百年之后，岂能不观其晚节。果尔，王莽谦恭下士之际，曹操伏义讨卓之时，亦据而褒之耶？慎中尤专《穀梁》，著有《春秋穀梁传释》。其条例十余则，存卷末，未审有成书否。

1081 温故录一卷 刊本无年月

是书题满洲长庚，即纂辑之人也。无序例。先立题目，而引群经以释题，复引众说以释经。曰“五教”、曰“三物八刑中和”、曰“教学之法”、曰“考校之法”、曰“宾兴”、曰“六礼七教八政”、曰“四术”、曰“乡学简不率教”、曰“乡学升士”、曰“国学简不率教”、曰“辨论官材”。大旨杂述古来兴学育材之法，以端学子之趋向。题曰《温故》，是其寓意之所在也。

1082 倦游楼经解一卷活字印本

清谌百瑞撰。百瑞字立武，湖南溆浦人，诸生，尝问学于艾作模。作模有《留子国考》，信《序》、《传》、《笺》而非《集传》。仍未知“子国子嗟”为谁氏之裔，受邑在何王之世也。百瑞更据《公羊传》，古者郑国处于留，先郑伯有善于郐公者，通乎夫人，以取其国而迁郑焉。而野留，何邵公注《公羊》云：迁郑者迁于郐也。《地（里）［理］志》孟康注：留，郑邑，后为陈所并，故曰陈留。此诗本郐人为郑桓公作，“子嗟子国”，当是桓公武公之字。父子施惠于民，故并思之。得此解，而是诗更无疑义。其考《河广》为何人所作，亦申师说。至解诗《硕人》尤切当，谓诗言硕人者，《简兮》、《考槃》、《硕人》、《白华》，凡四见。《传》、《笺》皆以硕人为大人。大人，君也。就诗《硕人》绎之，“硕人俣俣，公庭万舞”，谓释奠之君，于公庭观万舞。下云“赫如渥赭”者，君容也。末章西方美人，《笺》谓即硕人。错矣。《序》明言“刺不用贤”，美人指贤者言。若“硕人颀颀”，《笺》指庄姜。《白华》硕人指褒姒，非也。《序》言刺庄公，公纵娱乐弛国政。故《诗》云：在涧在阿在陆。硕人之宽，贤者去之。其为庄公明甚。“硕人俣俣”，与《考槃》相项，当亦指庄公，即“衣锦褧衣”考之可知。《礼》：君衣狐白裘，锦衣以裼之。颀颀君体也，见《齐风》。《小雅》硕人盖指幽王。《白华》本申后作，玩“维彼硕人，实劳我心”语意，口角恰有，则硕人指君。殆《诗》之通例。又谓“有女同车”考谓次清人，后决为文公诗。文公三十五年，楚伐宋以救郑。夫人芊氏、姜氏，劳楚子于柯泽。杜注：芊氏楚女，姜氏齐女。是文公有二夫人。诗盖刺文公昏楚，贰中夏而事蛮夷也。又谓黎离而不在变疋，而在《王风》，非王朝卿大夫诗。据《韩诗》：《黍离》伯封作，伯封魏源以为卫寿字，与《乘舟》诗可相证。凡此俱言之成理。惟于《左传》与他经不合者，概归之国师公所窜乱，疑于周纳。以《尔雅》为孔子作，嫌于无证。又谓文王受命改元而不称王，说亦未圆。其是能传艾氏学者。首有自序。

1083 朋寿堂经说一卷刊本无年月

清邹寿祺撰。是书未题名氏。其文见于《诂经精舍》八集，因而知之。无序例，凡说《易》一篇，说《书》四篇，说《诗》一篇，说《周礼》二篇，说《春秋》二篇，说《孝经》一篇，说《论语》一篇。诸篇无义不创，其新而惬者，如解“丰其蔀，丰其沛”，谓“蔀”为山阜。《仓颉篇》：“阜山庳而大也。”沛为泽薮，管子揆度，焚沛泽，注大泽也。《丰》卦取象乎居，蔀与沛皆就所居言。说“岐周岐劦”，谓“劦”是“州”之误。《晋书·王濬传》李毅言三刀为州可证，周、州通用。解《商书》曰“祖甲返”，谓为《逸书》之文。据《竹书纪年》云：“祖甲十二年，征西戎，冬返自西戎。”《竹书》当据《商书》，必有“祖甲返”一语。说“定公为昭公子”，据《汉书·五行志》，称昭公死于外，归葬鲁，公子宋立。不曰弟宋，而曰公子宋。又左氏哀十一年传，曰“公叔务人见保者而泣”。务人即公，为昭公子也。惟其为昭公子，故于哀公称公叔，则何休以定公为昭公子者，不误。解“争臣七人五人三人”，谓周制，天子之臣凡七等：公、孤、卿、大夫、上士、中士、下士也。诸侯之臣凡五等：卿、大夫、上士、中士、下士也。大夫之臣三等：上士、中士、下士也。每等以一人为率，故天子七人，诸侯五人，大夫三人。士无所属，故只有争友；父无他属，故只有争子。虽不言一，要亦以一为率。《礼》：天子七庙，诸侯五庙，大夫三庙。传天子七月而葬，诸侯五月而葬，大夫三月而葬。皆可旁证。至于通众家之异而释千古之疑者，则说“三寿”。谓古之言寿者有三等：上寿百岁，中寿八十，下寿六十。上寿三十至六十为壮，七十至百岁为老；中寿三十至五十为壮，六十至八十为老；下寿三十四十为壮，五十六十为老。是则上寿七十始衰为老。《曲礼》“百年曰期颐”，为上寿言。故以七十为老。中寿六十始衰为老，故《管子·海王注》以六十以上为老，是为中寿言。下寿五十始衰为老，故《论语》及其老也。皇《疏》谓五十以上为老，是为下寿言。自老以后，耋耄寿亦为三等，《曲礼》云：八十曰耋。而《易·离》九三马注、僖九年《左传》服注，则云七十曰耋。《尔雅》舍人注，宣十年《公羊传》注，则云六十曰耋。《曲礼》云：九十曰耄。而《大雅·板篇》毛传、隐四年《左传》杜注、《周语》韦注，则云八十曰耄。《释名》云：七十曰耄。通以上中下之例，而无不合。此则尤读之而令人怡快者也。

1084 读经笔记三十六卷续笔记二十卷传抄本

清管凤苞撰。凤苞字翔高，浙江海昌人，康熙己丑进士，官高阳县知县。是书首有陈世倌、惠栋二序。陈序称其辨北辰之星，夏时不冠周月。三门三朝，康为圻内国名，政逮四世，为文、武、平、桓。薛君非奚仲后，曹交非振铎裔。“匏瓜为星”、“羊枣为柿”诸条，惠序又称其辨裼袭之衣、诠乘车之数、释乡遂都鄙之制，考之详而论之笃。大抵其学深于《礼》，书中于礼乐、朝会、祭祀、冠裳等制，皆能博引群说，反覆辨证，多有合者，不仅如陈、惠二氏所举也。凤苞父宏淳治《易》，著有《秋林读易》，未刊。宏淳字右民，康熙辛酉举人，晚号读易老人。

1085 朋寿堂经说六卷光绪辛丑刊本

清邹寿祺撰。是书首有寿祺自序，称是三十以前旧课。其时方友王梦薇而师俞樾，大都在诂经精舍应课作也。凡六卷，解《易》六、《书》十四、《诗》八、《仪礼》四、《周礼》十三、《礼记》十一、《左传》六、《公穀》二、《公羊》二、《穀梁》二、《论语》四、《孟子》一、《孝经》二、《尔雅》三、杂说八，附策问三，都八十九篇。初刻十三篇，此亦有之。其中如解“小亨亨小”，据荀氏义谓阴升阳降为小亨，阳升阴降为亨小，以正宋儒改亨小为小亨之非。解“曰食哉”，谓曰非舜语，乃史臣纪事之文。证以下文“舜命禹宅百宅而水土既平之后”。首及稷播百谷，以正诸家以食作劝作钦之非。说“织皮"，谓皮者纰之声叚字。《说文》："纰，氐人罽也。"《周书·王会篇》："令正西以纰罽为献。"织皮分见梁、雍二州，郑注梁州云织皮西戎之国，惟雍州异义，然雍州以织皮与昆仑、析支、渠搜并列，其为国名无疑。解"总角之宴"，《释文》"宴"本或作"丱"，唐石经"卯"作"卝"，谓"卝"当为"毌"，作"卄"，中不断，有贯穿之义。解"蕃衍盈升"，谓"升"为"卄"之误文。"卄"即"𠬞"变，"𠬞"即"𦥑"变。"𦥑"为古"拱"字，象两手向内形。下文"蕃衍盈匊"，"匊"本字为"𦥑"，古作"𦥑"，象两手向下形，知升亦同以手言也。说"中兴之中"，谓据《白虎通》、《说文》、《释名》皆训"仲"为"中"，仲、中古实一字。"中兴"云者，犹云再兴继兴。即《孟子》所云继世而有天下。解《周礼》"世妇"，谓天官之世妇，为天子之妇。春官之世妇，为大夫之妇。解"舜歌南风"，据《乐纬动声仪》，引孔子曰："箫韶者舜之遗音也，温润以和，如南风之至"云云。谓歌南风，即以制《韶》。凡此诸篇，义俱惬当。策问三篇中，谓伏书虽有《泰誓》，但其本当不全。后得于民间者，仍是不全之本。故《左传》等书所引，均不在内。此亦臆断之词，果如其说，凡真伪之别，俱可以不全解之，将何所折衷乎？

1086 辟毛先声四卷附录一卷传抄本

清蒋元撰。元字大始，浙江乍浦人。毛即毛奇龄也。奇龄所著《古文尚书冤词》、《国风省篇》、《毛诗写官记》、《白鹭洲主客说诗》、《四书索解》、《大学证文》、《大学知本图说》、《论语稽求篇》、《中庸说》、《四书賸言》、《圣门释非录》诸书，多攻朱子之失。宗朱者切憾焉，元故著此以辟之。辟毛即所以护朱也。所辟《论语稽求篇》，多至八十条，次则《四书賸言》二十六条，余则寥寥数条耳。然奇龄之《四书改错》，专为驳朱子而作，乃独遗之。盖通行本《西河全集》已削去此种，元未得见也。所辨率空理，有当者，亦有不当者。即如《集注》于"彻"字，解以"通力合作计亩均收"，本无据，奇龄驳之是也。元亦知孟子不能详言而元委曲为之辨，即其理可通，其谁信之？独“虞仲”一条，谓虞仲自然属仲雍曾孙周章，则同于毛而异于朱。果尔，又何以云辟？且书中每肆毒骂，如云“下愚不移”、“一窍不通”、“梦魇未醒”、“驴鸣狗吠”等语触处而见。甚至援功令二字，坐以大逆不道之名。是则非徒论学之偏，更露居心之险矣。篇末摭及师友优妓琐事，助其诋毁，究与书旨何涉？书眉有评，不著名氏，亦助元张目者，而于元说亦不无纠绳。然俱不足以服奇龄，亦非所以遵朱子也。

1087 **抗心斋经解一卷**活字印本

清艾作模撰。作模字式成，湖南溆浦人。尝参左宗棠、郭嵩焘幕府，晚掌教卢峰正峰书院。所著有《十三经抉微》、《古礼考》、《古乐考》、《六书正音》等书，皆溺于水。其弟子谌百瑞刊其遗集，仅得《经解》一卷。止《曰若稽古解》、《尧舜禹汤名字谥号辨》二篇属《尚书》，余都解《诗》之作。其中颇多创见，如解“曰若稽古”，据王充《论衡》，以“钦明文思”以下为孔子所言，此四言亦必孔子所加。解《河广》章，谓为宋桓夫人作，夫人悯卫灭亡，欲桓公举兵救卫，宋桓卒具舟于河，迎卫君。与《载驰》、《木瓜》二诗意同，故圣人取之以次。论《凯风》，据《孟子》过小之说，谓七子不同母，母爱不均，七子自责，故诗人美之。赵注以母心不悦释过小，于不可矶之意最合。解“韩城燕师”，谓春秋时别有南燕，姞姓，地在今卫辉之封丘。韩即韩武子食采之韩原。《郡国志》云：河东郡河北县有韩城，即其地。与南燕连姻，故城为燕师所完。解“履帝武敏”，从郑笺，但谓姜嫄为帝喾元妃，值帝崩，故弃之以避嫌。谓无夫者误。考“南仲”，从郑笺，谓《常武》之“南仲”，即《出车》之“南仲”。但以属文王时人则非，笺之误，盖因《采薇》、《出车》、《杕杜》三诗，错在正疋。而鲁、齐诗，则以三诗列《采芑》之下《车攻》之前，则为宣王时诗无疑。考《鸡鸣》诗，谓为刺谗之作。以蝇比小人，“蚕飞薨薨”，比小人众多。解“嘒彼小星，惟参与昴”，谓参、昴即上章之三、五。俱有理。其他则有拾前人之唾，而不自知者。卷首有百瑞序。

1088 群经释疑六卷原稿本

清黄维清撰。维清，广东梅县人。是书于《十三经注疏》及清儒经说之未安者，单以俞樾为准。樾之经说，散见所著群书中甚多。又单以《茶香室经说》为准，而是说尚有所本。及并时之同于是说者，不暇顾也。诸条大都引申樾说，惟《禹贡》“厥包橘柚”一条，谓樾破贡为汞，甚确。惟《说文·水部》：汞，丹砂所化，为水银也。按水银为汞之一，许氏举一以当全汞，其词偏，古本当无“为水银”三字。其意欲补樾所未及，而武断殊甚。水银乃通用之物，故许氏举之。若《淮南》所云“黄汞生黄金，赤汞生赤金，白汞生白金”云云。人但见黄金、赤金、白金耳，谁则见为黄汞、赤汞、白汞所生者。不举，非疏也。又“亦既觏止”条，樾引《左传》杜注：觏，成也。谓既成妇礼。按樾所著《右台仙馆笔记》三，载永平府某县之俗，嫁女必俟成婚次日，夫家相庆，而后即安。否则，并女之去留唯命。疑诗人之意固如此云云。是又以郑笺“男女觏精”之说为然矣。维清岂未之见耶？要之，所举各条，义即未当，而皆新颖可喜。惟《孝经》二条，未引樾说，殆出已见。辨“形刑”条，已习见。他一条，谓《孝经郑氏注》是小同，非康成。按康成注《孝经》，严可均、潘任辨证甚详，维清岂亦未之见耶？首有自序，作于光绪癸巳。

1089 卧雪堂经说一卷石印本

清袁嘉谷撰。嘉谷字树圃，云南石屏人，光绪癸卯进士。甲辰举经济特科第一，官至翰林侍读学士。是本题曰《文集》，全是说经之作，因为改题《经说》。凡群经通说三、《易》说四、《书》说八、《诗》说十五、《春秋》说三、《左传》说二、《公羊》说二、《穀梁》说一、《周礼》说一、《礼记》说三、《论语》说二、《孟子》说一、《孝经》说二。其精粹者，如：《书》说中，据《说文》颇从皮声，皮正协义，以驳明皇改“颇”为“陂”之谬。所援证甚博。又据《史记》“明通四方耳目”，以释“明四目、达四聪”。证以孔传“广听四方”之解。则史公问故于安国者，此其征也。又《尧典》命官禹、益、皋陶诸臣俱称其名，惟后稷独称以官。证以《论语》曰稷契、曰禹稷，亦称官不称名。盖孔、孟周人以讳故，变而称官。据此知定《尧典》之文，在正雅、颂后。故不惟称稷，且尊以后也。《诗》说中，如《野有死麕》，卒章“舒而脱脱兮”，谓“而”指汝也，对下文“我”言，言当施展汝疏略之礼。并据敦煌石室古《诗经》，“吠”字下有“兮”，以补经文之阙。又据《史记·匈奴传》“夏道衰而公刘失其稷官，变于西戎，邑于豳，”谓古文《尚书》“平章”今文作“辩章”，《史记》作“便章”。《戴记·礼运》大夫死宗庙，谓之变。郑注：“变”当为“辩”，盖平与便、辩、变皆一声之转。“变西戎”即“平西戎”，与毛传平西戎事，及本诗“弓矢干戈”诸语方合。《穀梁》说中，据《穀梁》桓五年传，郑同姓之国也，在乎冀州。考于周烈王元年建国，都在冀州。传乃于春秋之初预言之，知穀梁氏著书，确在战国时。《论语》说中，据郑注《中庸》“温”训“焨温”，攻何晏引孔注“温”训“寻绎”之谬。谓寻、焨虽通，惟古未有以“绎”训“温”者。凡此诸条义新而惬。其纰谬者，如谓郑玄亲见《逸书》十六篇。所云无师说者，无师以解科斗。不知《逸书》，经孔安国读后，已非科斗，何不能解之有？又所列《尚书表》，以杜林、贾逵、马融、郑玄分作四本，不知贾、马、郑之本，皆出于杜林，非各有一本也。又《西伯戡黎》，是武王事，见《竹书纪年》。《纪年》非伪书，必属之文王，与《论语》所称三分服事者，理不可通。乃又造为率叛悟君之说，弥觉牵强。《无衣》为秦哀公作，说似可信。徒以诗中称王故而疑之，不知秦楚为婚姻国，楚称王已久，且对其臣称之，尤为近情。且《春秋》一书，未见有斥楚、吴、越称为僭者，讵可以后世之见论前史耶？他篇多泛论，亦有义虽胜，而习见不鲜者，当由涉览未广无意雷同。又篇中好骋文笔，每多剩句。而评者辄以批尾家套语谀之，尤非说经之体也。

1090 忠恕堂读经记二卷活字印本

清赵赞元撰。赞元字襄丞，安徽凤阳人。是书前系总论。上卷修己，中说“四书”者二十九篇、说《毛诗》者九篇。下卷治人，说“四书”者三十四篇、说《毛诗》者十八篇。既题“读经”，而不遍及；其所敷衍，大都陈言；体似策论，弇陋殊甚。冠以严复、姚永朴二序，严序称其“考核精详”、“控颠引末”，姚序称其“朴实说理，发挥说理，发挥精细”，似未细观其书而漫为谀美者。

1091 经解提纲残本四卷原辑本

是书缺辑者姓名。盖以天干为次，每编又有分上下者。今存者，卯编之下，申编上下，酉编全。共四卷。卯编下，中录陈寿祺《上阮芸台请定经郛义例书》，附经郛条例，胡敬、赵坦、陶定山、钱福林，论唐孔颖达《五经义疏》得失；汪家禧、钱福林、邵保初、胡敬、吴文健、徐鲲《六朝经术流派论》。申编上，中录臧庸《春秋经传源流考》，顾炎武《左传杜解补正小序》，惠栋《春秋左传补注序》，钱大昕《左氏传古注辑存序》，马宗梿《春秋左传补注序》，江永《春秋地理考实序》，焦循《春秋左传补疏序》，刘逢禄《春秋公羊经何氏释例目录序》，《公羊春秋何氏解诂笺叙》、《穀梁废疾申何叙》、《箴膏肓评序》、《论语述何叙》，臧庸《王门子公羊注》、《书宋椠左传不全本后》，钱大昕《论正义刊本妄改》、《左传服杜之学》，臧琳《春秋左氏传序》，孙志祖《论何休公羊注谬》、《郑引公羊异文》、《公羊注引纬》，臧琳《论公羊注异字》，孔舒元《公羊传》，孙志祖《论范宁穀梁注》，臧琳《论穀梁失实》。酉编，中录孙志祖《论郑注孝经》，郑偁《孝经注》、《孝经孔传》，臧琳《论孝经孔安国传》，孙志祖《论孝经疏》，冯景《读孝经》，臧琳《论孝经闺门章》，董仲舒《孝经解》、《孝经音义考正》、《论语古文今文》，孙志祖《论孔安国论语注》、《论语义疏》，钱大昕《论谯周论语注》，孙志祖《论赵岐注孟子》，钱大昕《论孟子章指》，孙志祖《论孟子章指》、《孟子异文》、《孟子异读》，臧琳《论孟子述老子》，钱大昕《论孟子正义非孙宣公作》、《与黄荛圃论孟子音义书》、《论孟子四考》、《书孟子四考后》。大抵从诸人文集笔录抄出，多关精要，可补诂经专书所未及。然采集未博，且所录诸篇中，完粹者固多，亦不无醇驳互参者，未为一一辨别，又不但残缺不全为可惜也。

1092 祚翰吟庵经学谭一卷活字印本

常赞春撰。所论自汉以来，儒学七变。谓汉重师承，其弊也拘。魏启玄风，间持异议。唐宋以来，其流未沫，其弊也杂。程朱继起，独研义理，摆脱汉唐，其弊也悍。宋末及明，偏于所主，驱除异己，其弊也党。自明中叶后，材辩聪明，激而衡决，其弊也肆。清初诸儒，学务征实，精密太过，其弊也琐。中叶迄今，骛新弃旧，其弊也荡。又谓“乾嘉以来，考据学炽，理学渐微，经说多破碎穿凿，于是有倡今文黜古文者，且旁涉纬数及诸子，而经学之藩篱大决”云云。所论未尽当而颇切时病，近人废经疑之风，盖肇于此矣。附举诸经书目，殊未备，未足供治经者之需也。

1093 阙里讲经编一卷云麓山馆刊本

清徐天璋撰。天璋有《诗经集解辨正》，已著录。民国丙辰曲阜开讲经大会，天璋应招往。诸生笔录，汇为是编。十三经中，各说数事。率皆自出己见，阐先儒未发之旨。尤新者，如讲“方命圯族”，谓“圯”字从“土”从“巳”。象为障水防塘。古者民多聚族而居，鲧时献策，令筑防墉自卫，不求疏导，故帝吁咈之也。“方命”当如《诗》曰“方命厥后”之义，讲纳于“大麓烈风雷雨弗迷”，谓大麓泰坛所在，尧将逊位于舜，故使摄祭祀之礼。风雷雨弗迷，雨暘时若荐天而天享之也。讲《鲁颂·閟宫》篇，谓閟宫是僖公既葬，制谥立主。文公大事于太庙，跻僖公，合禘之乐歌。讲中春之月令，会男女于是时也。“奔者不禁”。若无故而不用令者罚之，谓周正建子，中春是建丑之月，今十二月。“会”读音“侩”，令会男女，正媒氏掌判总稽其数。“不”作“丕”，“不禁”当作“丕禁”，丕，大也。故谓变故，无故而不用令，未有不罚者。讲“春王正月”，谓春王者何？春朝王也，春岁始也，正政也，王者春朝诸侯，而图天下之事。诸侯若不亲朝，必岁首为坛国门之外，望王而朝拜，送行人使贡祀物。如亲朝于天子，故曰春王正月。平王东迁，诸侯放恣，朝贡不时。孔子因《春秋》奉若天道，鲁朝贡焉，书曰“春王正月”，不朝贡焉。曰春正月，观《史》所书十二公有王无心之心见焉。讲“宋人执祭仲”，谓古者一命书名，再命书字，三命书行。祭仲时为三命之卿，例得书行，如书原仲季子之类。他条都戛戛独造，奇而不失乎正。按天璋尝遍注十三经，未尽刊行，即此可觇其一斑矣。首有王易、陈重庆、陈庆年、缪潜诸序。

1094 **苏斋述学一卷**民国甲子刊本

钱文霈撰。文霈字汝霖，江苏元和人。是书首有自序，言“考据之学，贵乎以古书证古书，能会其通，绝不参以臆说”云云。故是书所录，或就误解而衷诸是，或本异说而证为同，且多发前人所未发。尤善者如“老艾耋”条，使《曲礼》五十曰老，六十曰耆，七十曰艾，八十曰耄，九十曰耋，至百年曰期，各还其位。“新旧”条，断“旧”字从臼，即齿之古文。他如“俴驷”条，证毛、郑之同于《韩诗》。“厥兆天子爵”条，证逸篇之不同亡佚。“履无咎言”条，知“履礼”之训错倒。“七卜”条，知“卜五”之句误断。又如属于一字者“斃”之误“鑿”，“瞀”之异“雺”，“敊”之混“蔱”，“垂”之为“华”，“化”之为“銚”。所援据俱确核。至“蓄兰药”条以《夏小正》言蓄兰，《荆楚岁时记》言蓄药，各脱一字。引及《名医别录》，盖文霈兼治医，故取证及此也。自序又言先梓十一，以存一斑，则其学又不尽于兹编矣。

目录之属

1095 经序录一卷旧刊本无年月

清吴承渐辑。承渐字公仪，籍署天都，今甘肃固原人也。是书《周易》录王弼、孔颖达三篇，《尚书》录孔安国、孔颖达、蔡沈三篇，《毛诗》录卜商、孔颖达、朱熹四篇，“三礼”录孔颖达、贾公彦三篇，《春秋》录杜预、孔颖达、程颐、胡安国、何休、范宁六篇，《孝经》录邢昺传注、唐明皇三篇，《尔雅》录邢昺、郭璞两篇，《论语》录何晏一篇，《孟子》录孙奭二篇。而弁以归有光所为朱睦㮮书序，谓睦书未得见，窃取其意而采集。然睦㮮所辑下至元明，每经自十数篇，以至三十余篇，而承渐止于唐宋少仅数篇。又睦㮮不及《论语》、《孝经》、《孟子》、《尔雅》，承渐乃无不备。此其同而异焉者也。

1096 皇清经解续编目录十七卷光绪丁酉蜚英馆石印本

无编者名氏，盖书坊所为也。《皇清经解续编》有尤莹者为之编目，今通行《式古堂目录》是也。然详于缩本，而略于原书。是编仍仿敬修堂例，以十三经为序。《春秋》一卷，另列三传前。《大戴礼记》一卷，另列《礼记》前。而《尔雅》改次《孟子》后，《说文》别自为卷，则又与式古堂同。至单辞只字易编一卷，名曰《分部目》，则又《敬修》、《式古》二目所共同也。卷首列原编缩对照表，式古堂无之。

1097 学海堂经解检目八卷光绪丙戌刊本

清蔡启盛编。启盛有《经窥》，已著录。是书首有俞樾序，又有启盛自序及例言。是书以类为主，所分类自天文至杂语廿六部，古人七部，经总十四部，小学一部，后附宿本通用表。俞序谓胜《敬修堂编目》，其不分经而分类，使学者以经证经，得触类贯通之益。良然。原题《皇清经解检目》，兹改题学海堂，从其地也。

1098 学海堂经解缩本编目十六卷光绪壬辰石印本

清凌忠照、张绍铭编。是书与《敬修堂编目》、蔡启盛《检目》，又有不同。以十三经为序，每经为一卷。惟《春秋》一卷，另列三传。《大戴礼记》一卷，列《礼记》前。其天算各书，以及单辞只义不见十三经者，另编一卷，名曰《群籍分部目》。每经中，逐句标明卷页数。有一句之义，散见数处者，则摘出统注于此句下，名曰《群籍汇目》。又有推阐一经要旨，如《日知录》中详三《易》，《潜研堂集》中论《尚书》，其卷页数注于汇目之末，名曰《杂录》。又全书逐句有训诂者，如《仲氏易》、《尚书集注音疏》，叙明书名、篇名、卷数于《汇目》前。又发明经训，详论一字一义者，如《周易述微言》、《周官禄田考》，叙明书名、卷数于《汇目》后。其全书止解一篇一节之义者，如《禹贡锥指》，以列《禹贡》后。《声律小记》，以列《周礼·春官·大司乐》后。大抵分类别部，贵简而不漏，后起者自较胜于前也。

1099 式古堂目录十七卷光绪壬辰石印本

清尤莹编。莹字麓孙，浙江临海人，诸生。是书首有俞樾序，又有莹自序及凡例。盖就《南菁书院续刻经解》，为之编目，以备翻检。仿《敬修堂目录》，惟《尔雅》改次《孟子》后，小学别为卷，略异。为卷十七，卷三、卷九各分上下，则以《诗》与《左传》卷帙较繁也。卷十七，另为群籍分类目，盖欲兼收蔡启盛之所长。惟别古文《尚书》二十六篇于《秦誓》之后，以示辨别，殊有妄作聪明之嫌。式古堂者，西湖诂经舍新筑之堂，书成于此，故名。时掌诂经者为俞樾，莹盖诂经肄业生也。

文字音义之属

1100 陆氏经典异文辑六卷经典异文补六卷雍正乙巳刊经玩本

清沈淑辑。淑字季和，江苏常熟人。是书首有淑自识，盖就陆氏《经典释文》中，摘其异文录之，间附案语。如“大人造下”，案云见《刘向传》是也。所据《经典释文》，不知何本多讹脱。以校卢文弨刊本，如“嫌”下原注“郑作谦”，卢本则“谦”是“溓”。又“经纶”下注云：本亦作“论”，卢经纶本是“经论”，注作“论”，是作“纶”。又“象曰无往不复”，注云“一本作无平不陂”，卢本文与注互倒。又“而不荐”下，注云王肃本作“而观荐”，卢本观上有不字。又“皤”下，注云：郑陆作“燔”，卢本“燔”是“蹯”。即开卷三四页，其讹脱已如此。淑复据经传中文字互异及注疏《史》、《汉》、《说文》诸书所引经传文异者，以为之补。按唐后写刻诸本，可供参证者尚多，淑未一一备举。而《尚书》后附入逸书，《毛诗》中引及申培伪传，则俱可不必也。

1101 经典释文附录三卷嘉庆二十四年刊本

清陈昌齐撰。昌齐字海楼，广东海康人，乾隆辛卯进士，官至温处道。是书首有自序，称“仿陆德明撰《经典释文》意，凡注疏《史》、《汉》、《说文》诸书，所引经传与今所传本异，而未为陆氏所采者，录之为《经典释文附录》。已而稿本毁于火，重辑得《易》、《书》、《诗》各一卷”云云。按此云“附录”，即补遗也。其《周易》卷中，引《丙子学易编》云：“‘考详’古本作‘考详’。”按阮元《周易注疏校勘记》“不详也”条下，引古本足利本“详”作“祥”，可以互证。盖古“祥”、“详”通用，“详”可作“祥”，“祥”亦可作“详”也。但郑及二王本并不如此，则古本必是唐后之本也。又《尚书》卷中引及纬书《考灵曜》，《毛诗》卷中更引伪《申培诗说》，其间每引异说，多不定所从。而“五子之歌”条下，硬谓肃注《尚书》，其言多是孔传。疑肃见古文而匿之而不言，未免拾阎惠辈唾余。惟“岛夷皮服”条，引《史》、《汉》、郑、王，并称“鸟夷”。《疏》则云：“孔读‘鸟’为‘岛’，则唐初亦作‘鸟’字。今本作‘岛’，盖开元中所改。据此则作岛，非古也。”又“载驰”条，引宋苏氏作四章，朱子据之而实本于《左传》，亦古义也。然“七月”条，非郑注而是朱传，竟采及宋以后说，则非补陆书之原旨，亦恐纷纷者不可胜收矣。

1102 卢本经典释文校记一卷

清钱馥撰。馥字广伯，浙江海宁人，布衣。是本校卢文弨刊本《经典释文》，虽寥寥无多条，且卢本之舛亦不止此。然所见皆确不可易。如“旝”字据《正义》及《五经文字》，证徐氏《说文》载之㫃部者不误。又“屡空”之“空”当作力住反，而诸书多作力从反。胡氏《论语通先进篇》，又作力纵反。殆误以为空字之音，不知空即读去声，亦当音苦贡反。纵自从字而来，其沿误已久矣。他若“鄍”，亡杏反，谓“亡”字误，应作“古”。“君数”，谓“君”字乃“疏”之讹。又“缧”，尤追反，谓“尤”字误，当作“力”。非精研音韵者，不能审也。

1103 经典释文考证札记一卷小学庵遗书刊本

清钱馥撰。馥有校卢本《经典释文》，已著录。是书则就卢本详为考证，凡序录一条、《周易音义》二条、《毛诗音义》二条、《周礼音义》二条、《仪礼音义》一条、《礼记音义》三条、《春秋左传音义》七条、《公羊音义》一条、《穀梁音义》三条、《论语音义》一条、《尔雅音义》三条。所考或为宋本之误，或为原引书之误，或为卢校之误。其间有陆氏用音作字，前后不一者，卢氏误疑后人所改。然如曾子名参，《论语》所金反，《孝经》所林反。又如“冠”字，文十二年音义，工唤反。宣十年音义，工乱反。又何从定为陆氏原本耶？诸条俱精核，读卢本《释文》者，不可不知也。

1104 经典释文校勘记二十七卷嘉庆刊本

清阮元撰。凡《周易释文》一卷，《尚书释文》二卷，《毛诗释文》三卷，《周礼释文》二卷，《仪礼释文》一卷，《礼记释文》四卷，《左传释文》六卷，《公羊释文》一卷，《穀梁释文》一卷，《论语释文》一卷，《孝经释文》一卷，《尔雅释文》二卷，《孟子释文》二卷。但诸经所据之本，除注疏本、卢文弨考证本外，各有不同。《周易》则据宋本、十行本、闽本、监本、郑本；《尚书》则据毛本、叶本，又有毛居正所见本；《毛诗》则影宋本、十行本、小字本；《周礼》则宋本、监本、闽本、毛本、十行本、余本；《仪礼》则宋本、监本、叶本、张淳本，而采张尔岐所定为多；《礼记》则檀州公使库本、十行注疏本、叶本、抚本、岳本；《左传》则北宋本、叶本、徐本；《公羊》则宋本、闽本、监本、十行本、毛本、叶本、徐本；《穀梁》则宋本、叶本；《孝经》止叶本；《尔雅》则宋本、叶本、徐本；《孟子》则通志堂本、韩岱云本、孔继涵本。此外如唐石经、《六经正误》、《五经文字》，贾昌朝《群经音义》，周春《十三经音略》，以及王应麟、山井鼎、臧琳及其孙镛堂、段玉裁、顾广圻等，亦间采其说，以证诸本之异同得失。然是书虽题阮元之名，而校者实不止一人。且其例亦不画一，如所校《毛诗》最疏，卷中屡斥卢文弨之名，而他卷则否。不知出幕中何人。所驳正文弨诸条，及自为考正各条，皆有当有否。所见诸本，亦未为备。后起者宜有以完成之也。

1105 经典释文补续略例一卷宣统刊《振绮堂丛书》本

清汪远孙撰。远孙字小米，浙江钱塘人，举人，官内阁中书。是书为其弟迈孙所辑。先是远孙欲就卢抱经刻《经典释文》本，拟补拟续。未及成，但存条例。拟补者，大约取书在陆氏以前，而《释文》未及采或采之不尽者，至唐人则择而采之。其宋人书中，有采汉儒音训者，亦所不弃。又以释此书自周显德、宋建隆、开宝、咸平、景德，递经修改失真，当悉据丁度《集韵》、贾昌朝《群经音辨》补入。拟续者，大约以陆氏书止于梁陈，而自唐末迄明，亦不可缺。且退去老、庄加入孟子，别出《学》、《庸》。惟《易》、《诗》、《论》、《孟》、《学》、《庸》、《孝经》并以朱子为主。《书》用蔡氏，《礼》用陈氏，《仪礼》用朱子、黄氏，《春秋》、《周官》、《尔雅》仍依原书，而附以各家之说。其拟补者，又有更定条例，无大差别。末附应采书目，并远孙与陈扶雅、严厚民往复商榷诸手札，迈孙为跋其后焉。

1106 九经通假字考七卷旧抄本

清钱坫撰。坫有《诗音表》，已著录。是书无序跋。按坫所撰《十经文字通正书》之未定稿也。存卷一至卷七，起一部，讫帛部，以校《通正书》，止得其半。《通正书》有三、小、犛、冎、朮、誩、犾、共、雈、雔放、丂、可、兮、号、喜、青、𡿺、缶、高、H、畗、嗇、稽、巢、橐、軓、有、毋、朿、韭、宫诸部，而是书无之，当是后来所增。是书有豆、冖、出、桼、毇诸部，而《通正书》无之，当是后来所去。而各部之字与注，亦多不同，当是后来所更定也。按坫博采群书以证古字通假原委，然如形声之误本不可通假者，传写之误与通假绝不相涉者，坫亦一概收之。其他沿讹袭谬之处，亦复不少，疏略殊甚。初稿犹可恕之，而《通正书》亦未见有所订正，何耶？

1107 十三经字辨八卷道光庚寅刊本

清陈鹤龄撰。鹤龄字瑶宾，江苏通州人。是书卷一校画，卷二至八校音，末附检字。辨画悉从《字典》，而《字典》首引《说文》。故辨画遵《说文》，而参以《正讹》、《精蕴》诸书。辨音依书为次序，首“四书”，又《四书补遗》。次《易》、《书》、《诗》、《春秋》、《礼记》，又五经补遗，又次《周礼》、《仪礼》、《尔雅》。而尤详于“四书”。每章画断经载于前，传详于后。即习见之字，不厌重复。至“五经”，则或分卷，或分篇，不更涉习见之字，凡以便童蒙也。惟辨音必宗朱注，如善动下夏等字，朱注未曾注音。则专读一音，不复详分上去，未免拘迂。又“四书”“五经”后别录字迹一项，如《大学》“后”勿误“後”，“壹”勿误“一”，《周易》“说”勿误“悦”，“财”勿误“裁”之类。此等无关要义，不过恐碍功令而加慎。又先“四书”而后“五经”，且置《周礼》、《仪礼》、《尔雅》于“五经”之外。则因尔时学塾诵读之先后、重轻而递及之，殊不可训。按坊间通行四书诸经，音释反切，诸本多互异，驯至讹以传讹。是书虽不为精深，而斠若画一，于初学习经，不无少裨。初刊于顺治间，继刊于雍正甲寅，又刊于道光庚寅，张桂卿叙之。

1108 五经不二字音韵释文五卷道光庚戌刊本

清庄缤澍辑。首有缤澍自序，盖继《四书不二字》而作也。就五经白文及传注计之，其字为《四书不二字》所无者，二千二百有奇。先是梁溪邹氏辑有《五经音韵合注》一书，但标音韵，不专主韵府，又不及字义。缤澍更定为是书，凡《易经》一卷，《书经》一卷，《诗经》一卷，《礼记》一卷，《春秋》一卷。每字大书，而音义环注其旁。其一字兼数音数义者，并举之不漏。于初习五经者为最便也。

1109 十一经音训二十六卷道光辛卯刊本

清杨国桢辑。国桢字海梁，四川崇庆人，官至闽浙总督，昭勇侯遇春子也。是书为其官河南巡抚时所刊，首有国桢自序及林则徐、麟庆、黎学锦、张坦、存业诸序，又有刘师陆撰例言。盖仿甘肃兰山书院所刻之《经训约编》。惟《约编》体例未善，如《易》、《书》、《诗》、《春秋》外，余经非足本。又旁注所采，多不依本文。又上方载评语，论及文法，非说经体。又句旁着圈点，近于亵经。此皆矫之，以辨反切、训字义为主。《易》、《书》、《诗》、《礼记》，遵功令，用宋儒传注。《春秋》则以《左传》为宗而参以《公》、《穀》。《周官》则以连氏《精义》为主。《仪礼》则以吴氏《章句》为主，参用张氏、郑注句读、马氏《易读》诸说。《尔雅》以邢疏为主，间取姜氏《参义》、邵氏《正义》之说。《孝经》用清世祖《御注》。具见斟酌不苟。诸经之首，别有辑说义例。称十一经者，减去《论》、《孟》，以《论》、《孟》人人习读故也。虽未足以语博综，然简而易通。士子各手一编，亦可免荒经之陋矣。

1110 十三经音义故例一卷己学斋刊本

清孙葆璜撰。葆璜字仲屾，浙江归安人。是书总例二十二条，凡例二十五条。故者，诂也。由今言以通古义，故曰《十三经音义故》。总例大旨分字体音义，字体主《说文》。经有而《说文》无者，从《字林》、《玉篇》、《广韵》、《集韵》辑补。注疏用阮元《十三经校勘记》，辅以严可均《唐石经校文》。若《易》之子夏传、京、荀、郑、虞诸本，《书》之《尚书大传》、《逸周书》，《诗》之齐、鲁、韩三家诗逸篇，《礼》之《大戴记》，《周礼》之《故书》，《仪礼》之《古今文异字》，《三传》外之《国语》，汉、魏、唐、宋石经之不同今本，及《说文》、《字林》、《玉篇》之引经异字皆登之。音义主陆德明，用卢文弨考证本，参核影抄宋本、通志堂本。惟专经舍注释文亦无须遍引。惟陆氏所称本或作某字，适与《说文》合，又为监本所不载者必表而出之。群经中又以《尔雅》为主，用邵晋涵《正义》本，兼剌取《小尔雅》、《广雅》、《方言》。五经原疏除《周礼》、《礼记》、《诗》外，《仪礼》用张尔岐《郑注句读》，《易》宗李鼎祚《集解》，《书》引江声《今注音疏》、孙星衍《古今文注疏》，廿九篇外所不尚。廿九篇外之字为群经所无者，则一例登之。《书序》暨百篇逸经之附见于序者并及焉。其凡例分目曰体，曰阙，曰逸，曰刊，曰补，曰通，曰别，曰存，曰释，曰形，曰重，曰湝，曰包，曰特，曰详，曰略，［曰析］，曰合，曰连，曰互，曰埘，曰仍，曰约，曰緐，条下各系以说。按是书作于嘉庆间，金日追之《仪礼正讹》、胡培翚之《仪礼正义》尚未出，实胜张氏《郑注句读》。书之江、孙二注，不为美善。尊二十九篇而弃古文，尤属偏见。凡例所举，微嫌于琐。后起者诚按是例而斟酌其间，不难成一巨著，胜于《经籍纂诂》之徒供捋撦也。

纬之属

1111 诸经纬遗一卷《青照堂丛书》本

清刘学龙选。皆取之陶九成《说郛》者，为《易川灵图》、《易通卦验》、《尚书旋机钤》、《尚书帝命期》、《尚书考灵耀》、《尚书中候》、《诗含神雾》、《诗纪历图》、《春秋元命苞》、《春秋运斗枢》、《春秋文曜钩》、《春秋合诚图》、《春秋孔演图》、《春秋说题辞》、《春秋感精符》、《春秋潜潭巴》、《春秋佐助期》、《春秋纬》、《礼稽命征》、《礼含文嘉》、《礼斗威仪》、《大戴复逸》、《乐稽耀嘉》、《孝经援神契》、《孝经钩命决》、《孝经左契》、《孝经右契》、《孝经内事》、《龙鱼河图》、《河图括地象》、《河图稽命征》、《河图稽耀钩》、《河图始开图》、《洛书甄耀度》、《遁甲开山图》、《易飞候》、《易洞林》、《春秋后语》、《五经析疑》、《五经通义》，凡四十目。首有引云："所不载者，以见于他丛书。今以较孙瑴《古微书》，其《易川灵图》、《诗纪历图》、《春秋纬》、《大戴礼逸》、《遁甲开山图》、《易飞候》、《易洞林》、《春秋后语》、《五经析疑》、《五经通义》诸种，皆孙书所无。"其为孙书所有者亦各有异同详略。然《春秋后语》乃全录《战国策》，且有两书相复者。又有一书前后自相复者，又有连录注文者。其脱误之多，更不必责矣。

小学类

1112 经字异同四十八卷光绪五年刊本

清张维屏辑。维屏有《经义录》，已著录。是书专举群经异字，卷一至三《周易》，卷四至十《尚书》，卷十一至十七《毛诗》，卷十八至二十三《周礼》，卷二十四至二十七《仪礼》，卷二十八至三十四《礼记》，卷三十五至三十七《春秋》，卷三十八《大学》，卷三十九至四十三《论语》，卷四十四《中庸》，卷四十五至四十八《孟子》。其中《周礼》居《仪礼》之先，《中庸》次《论语》之后，《大学》、《中庸》别出于《礼记》。泛题经字，而不及《尔雅》、《孝经》，殊可怪。且所列异字，或出于通假之殊，或缘于传写之误，概未之考。所摭拾亦绝不赅备，不知著书之意何居也。首有小序，作于道光庚子，其刊板则光绪己卯也。

1113 经字正蒙八卷光绪乙酉刊本

清吴文沂纂。文沂字鲁南，广东吴川人，诸生。是书首有陈兰彬序，又有自序及凡例。大旨就十三经所有之字，用《字典》音义，分注其下。采其简切浅近者，而删其深奥者。《字典》未收《孟子》，则增入之。计四子书，除雷同字外，共二千三百二十八字。“五经”除见四子书外，共二千四百二十四字。以下七经，除已见“四书”“五经”外，共一千七百七十字，合共六千五百二十二字。每字皆就其先见于某书某句，注第一解，然后类引别解。其先四书而后九经者，凡为便童蒙诵习计，谓课蒙者每日讲解五字，约四年可完云。

1114 **经字正蒙八卷**光绪乙酉刊本

清吴文沂纂。文沂字鲁南，广东吴川人，诸生。是书首有汪鸣銮、陈兰彬二序，又有文沂自序及凡例。是书就《学》、《庸》、《论》、《孟》、《易》、《书》、《诗》、《春秋》、《礼记》、《周礼》、《仪礼》三传、《孝经》、《尔雅》依字次第，为之注解。每字凡有几音有几解，并收之。盖删字典之繁且奥者，而归于简切浅近，是其旨也。卷首并附《四声韵目》，及分画便查。陈序所谓蒙师有所据守，童子易于习传，是其旨也。后印本增光绪壬辰启寿序，盖启寿令吴川，购其原板以去，而别为序以弁之者也。

1115 **经字辨体八卷**道光癸卯刊本

清邱家炜纂。家炜字莲舫，顺天宛平人，嘉庆进士，官至湖南知府。是书首有祝庆蕃序，又有凡例。大旨在正经典之俗字，以《说文》为主，兼采《玉篇》。通行之俗字，以经典中之正字正之。经典中之俗字，以《说文》正之。其俗字为《说文》所无者，则从阙。全录《说文》偏旁部，俾知字之所由从也。于字之音同义异，引申、假借、别体、讹文皆连类出之。其重文古籀大小篆，备收之，俾寻流以溯原也。声读依许书，字画依《康熙字典》，末附联绵字及豪釐字，则因张有《复古篇》、郭忠恕《佩觿》，而加以订正者也。

1116 ［**易书诗礼**］**四经正字考四卷**嘉业堂刊本

清锺麐撰。麐原名宝田，字璘图，浙江长兴人。咸丰辛酉顺天副贡，官内阁中书。麐本通考十三经，稿稍散佚，止存《周易》、《尚书》、《毛诗》、《周礼》，即今本也，亦无序例。大旨以诸经之字，为《说文》所无者，旁通假借，证为《说文》之某字。《尚书》又分今、古文，多引段懋堂、钱竹汀、王伯申说，亦间有所订正。其中如

“爤”即“爛”，“爛”是隶省。“衺”即“表”，“表”是隶变。“庫”即“肇”，“肇”是隶借。“遣”即“缱”，“缱”是隶别。“樟”即“榔”，“榔”是隶俗。其类甚多。“傓”是“煽”，“岨”即“砠”，“煽”、“砠”乃传写之误。“愓”即“塈”，“塈”乃音近之误。“州”即“洲”，“疾”即“蒺”，州旁之水，疾上之艸，皆是浅人妄增。其类亦甚多。此外尚多新增新附之字，廖俱一一为之辨别。按《诗》：“方秉蕑兮。”《传》：蕑，兰也。《说文》无“兰”字。廖据《诗传》：白华，野菅也。经文作“蕳”字，书与“蕑”同。蕳，兰也。《说文》：“蕳，香艸。”则“蕳”即“蕑”也。此条甚佳。又按《诗》：“螓首蛾眉。”《说文》无“螓”字。廖谓“䫄”即“螓”，据《说文·页部》：“䫄，好皃，从页争声。”螓是虫类，方言谓之蜻。夫经文有而《说文》遗之者多矣，似未可牵合也。要之廖所证，大半是奇字。即能举之，亦今人所不识耳。

1117 毛诗古韵五卷嘉庆辛未刊本

清牟应震撰。应震有《毛诗物名考》，已著录。是书首有张鹏序，及应震自序。大旨以古韵久亡，春秋以后之书，不足为春秋以前证，乃返求诸《诗》。凡读八十余过，而恍然于古韵之未尝亡。因之以经为主，经合用者合之，不合用者分之，旁及者通转之。合阳、唐及庚之半，为阳字部；合东、冬、钟、江，为东字部；合谈、盐、添、严、咸、衔，为谈字部；合侵、覃，为侵字部；合缉、合、盍、叶、帖、洽、狎、业、乏，为洽字部；合耕、清、青及庚之半，为清字部；合蒸、登，为蒸字部；合元、寒、桓、删、山、仙及先之半，为元字部；合真、谆、臻、文、殷、魂、痕及先之半，为真字部；合月、曷、末、薛及祭、泰之半，为月字部；合质、屑，为质［字］部；合宵及萧、肴、豪、沃、药、铎、锡之半，为宵字部；合尤、萧、豪之半，为幽字部；合尤、有、宥、肴、豪、巧、皓、号各半，为黝字部；合凡从坴、从畜、从叔、从逐、从复、从奥、从云、从匊之字，为六字部；合侯、虞各半部，为侯［字］部；合鱼、模及虞之半，为鱼字部；合铎、药、陌、昔之半，为铎字部；合屋、烛及觉之半，为屋字部；合歌、文、支、佳，及齐、纸志之半，为歌字部；合锡、昔，为锡字部；合脂、微及齐、佳、灰之半，为灰字部；合至、未、霁、术、队、泰、怪、代、物之半，为未字部；合脂及咍、灰、尤之半，为咍字部；合止及海、贿、有之半，为海字部；合职、海及屋之半，为职字部。各部、首合部，次正音，次摘证，次通转，次附论。其“通转”一门，有本证，有旁证。本证以读本经，旁证备读他书。惟谓通韵非古人所尚，偶用之，不过一字而止。力辟沈约分部之滥，及所定四声之非。间采陈一斋、顾亭林、江慎修说，亦间驳正之。虽未敢信其果合古人，以视陈、顾、江三家，则诚进矣。

1118 毛诗古韵杂论一卷嘉庆辛未刊本

清牟应震撰。应震有《毛诗物名考》，已著录。是书杂论古韵，不专属《毛诗》。盖因治《毛诗》而兼及之。中多创见，如谓“古时已有韵书，以三百篇证之，十五国之地，东西三千里，南北二千里。上自《商颂》，下逮陈灵，千数百年之久，而用韵未之或异。旁参帝舜、皋陶之赓歌，文王、周公之系词，以及老、庄、左、屈诸人，无弗同者。因知古人不以方音为韵”云云，此论新而极确。又谓《沈韵》一书，系横割《等韵》而成，故其序韵亦仿佛三十六母之音。至其标韵目之字，不用公而用东，不用光、罔而用阳、唐，皆所以掩《等韵》之迹。若其两音并收之法，殆为通转计，如阳、通、庚、清，故收庚以联络之；东、通、阳，故收江以联络之；寒、删通真、文，故收先以联络之。他多类此。后人不免受其所愚。又自《沈韵》行，而字有讹音。如格，本音读若古，假本音亦读若古。故二字同音得通用。今读“格”若“革”，读“假”若“甲”，则讹音也。俱能深中《沈韵》之病。惟斥麻为西音，至欲去之，而代以合、盍、业、帖、叶、洽、狎、乏诸部，诚可不必。其论六书，谓以记命为本，岂在文义。至谓以义取文，为书之失，亦不尽然。论转注，但引郭景纯、焦弱侯、程端礼旧说，无所折衷，亦未窥见转注真义。然于韵学，则可证其深有所得也。

1119 毛诗古音谐读五卷民国五年活字印本

清杨恭桓撰。恭桓字穆吾，广东梅县人。是书有自序及例言，大旨以诗三百篇，无韵者惟《周颂》多见，余则字顺音谐，无句不韵。陈季立谓之古音，顾亭林则谓为本音。其实自后世言之，则曰古音。自当时言之，则曰本音。初无二致，故古音能全诗皆同，即周秦以上之音，亦莫不同。《说文》凡一字得某声者，其引伸之字音正相类。顾亭林不明字母，因多牵强云云。书中于谐韵之字识以符号，凡双声叠字之类，各注于本字下。而于鱼、虞等韵及鱼、虞上去韵，人易误读作支、齐者，更正甚多。又以《说文》引经异字，必有所本。其同音假借之字，不经指点，读者未免生惑，并一一标于上方。卷末又附《反切详论》，以明反切之用。虽未为精博，而于童蒙诵习，则甚便也。

1120 释文问答一卷嘉庆辛未刊本

清辛绍业撰。从益有《冬官旁求》，已著录。是书止有上卷，据陶福履重刊本，亦止上卷，且称赵撝叔与修通志时，曾檄万载令诣其家，求得一册，亦无下卷。盖下卷未刊，且并稿佚之矣。但是卷，核其文，才完天官，此下必非一卷所能容。殆未成书耶？绍业序称得卢抱经所校《经典释文》本，多考证之条，覃谿师（按覃谿，翁方纲号也）以为未尽，集同志之士重校。绍业分得《周礼》，每有条问，师辄称善。其有绍业曰字者，师所阅而加也。其但注注疏之误，师无所加，亦遂仍之。而如“天官冢宰”条，“地官如比”条，“春官数谷”条，皆师所改定。至“锥毬”条，师更为“作答语”云云。今卷中惟存冢宰，他俱不可考。盖地官以下原阙也。所据系通志堂本，其中有已经卢氏校正改者。所校大抵援据《说文》，以定字之正俗通假。其中稍要者，如“胥条”郑读“如谞”，谓“其有才知为什长。”据《说文》“谞，知也”，与郑注合。《大行人》注：“象胥”作“象谞”，是其例。“腊人”条，据《说文》：“昔，乾肉也，从残肉，日以晞之。”此“乾肉”系“昔”字本义，作古昔者乃借义。今以古昔为专义，而“乾肉”字从籀文作“腊”。此云者，盖未知古本即一字也。“劓条”，据《说文》正文作“劓”，云：“刑鼻也”。引《易》“其人天且劓”为证，劓其鼻，今则易文亦改作“劓”。“刖”条，据《说文·刀部》云：“刖，绝也。”足部跀，云断足也。二字义异，今则但作“刖”，无云作“跀”者。“所赒”条，《说文》无“赒”字，古只作“周”。《诗》“靡人不周”，《论语》“周急”，《孟子》“考周之”，皆然。从贝者，后人所加。“辟于”条，谓此字通假最多，引证尤详。然他条多有原文即如此，如冢宰冢字、大保大学之类。又有卢氏已经考正，如医字为醫之讹之类，必为之一一补证其议，则补不胜穷，且难免蛇足之嫌，无怪乎谓卢氏有未尽也。

1121 经传释词续编二卷道光癸卯刊本

清孙经世撰。经世有《惕斋经说》，已著录。按陈金城撰《经世传》称见王伯申《经传释词》，因为《释词附录》八卷，较原书倍之。今是本止二卷，盖刊书时有所删并，改“附录”为“续编”，殆亦出刊者之意也。卷一，而至即，凡六字；卷二，与至未，凡十六字。共二十二字。与王书同者：而、如、若、然、则、即、与、抑、庸、一、乃、尔、耳、将、者、诸、非、未，凡十八字。其中“而”字六例、“如”字六例、“若”字十一例、“然”字六例、“则”字八例、“即”字三例、“与”字一例、“抑”字一例、“庸”字一例、“一”字一例、“乃”字七例、“尔”字三例、“耳”字二例、“将”字二例、“者”字一例、“诸”字四例、“非”字一例，王书皆有之，则为之增其证，其他皆补王书所未有。例既备而证尤详，于王书宜为辅车之依，岂徒资涓壤之助已耶！光绪间蒋风藻心矩斋刊其书，缺“则”、“即”、“与”、“以”、“必”、“抑”六字，又紊各字前后之次，强分“补”与“再补”，当是得其残本继续刊行者，不足存也。

1122 郑许字义异同评二卷光绪丁亥刊本

清胡元玉撰。卷首有元玉自序，以为“世人习见郑驳五经异义，辄于郑、许遗说，强求其异。岂知笺毛驳许，固自同情。许实先师，郑非异党，未可以门户相判。因取郑君笺注说字义者，证以《说文》，通其所同，辨其所异”云云。书中先标郑说，次列许书，而以己见为之折衷。所谓评也。开首辨六书最精，郑君于此，从先郑，不从许。其象形、会意、转注、假借，二家所同也。处事与指事，虽名异而实同。惟形声与谐声则大异。形声者，依声以定名。谐声者，因声以测义。而皆源于转注。转注者，仍象形、处事、会意之文。转相灌注，而不师心别造者也。按此条不惟别形声、谐声甚晰，而论转注，亦较诸家为胜。大率郑、许之异，除假借及义可相通者外，郑义皆优于许。盖许氏自成一家言，而郑君则博采众长，无足怪者。若元玉之深探窾要，能言其故，藉以发明六书古义，非欲为郑、许作调人也。

1123 经典通用考十四卷嘉业堂刊本

清严章福纂。章福字秋樵，浙江归安人，诸生，可均弟。素究心小学训诂，成《说文校议议》三十卷，别著录。是书首有自序，作于咸丰丁巳。末有后序，作于咸丰辛酉。大旨以为唐虞三代文字无多，多假借。当以今文释古文，如郑康成笺注每谓某读为某、某读如某，陆德明《音义》每谓某《说文》作某，是也。或以古文别今文，如《说文》或言读若某，或言读与某同，或复举一曰，或引经异文是也。如此则假借之义明，而古文亦藉以不坠。然学者每以假借为正字，且至目今文为古文，以古文为今文，颠倒舛错，滞执不通，因纂成此书。以《说文》为主，盖《说文》皆正字，经典多假借也。经典中有本无其字而假借之者，亦有先假借而后有字者，通用亦假借之类也。因以十三经假借字，依《说文》部次，某为正字，某为通借字。或字相同而义别，或字相似而义别，一一辨而析之，确有依据。亦有附会而近理者，如“公”字下，据《小雅》“以奏肤公”，《传》：“公，功也”。《说文》作“功”，云“以劳定国也”。而五等之爵首曰“公”，《书》：“微子之命，庸建尔于上公。”疑即此“功”字。又《尔雅·释亲》：“夫之兄曰兄公，夫之姊曰女公。”《说文》作“伀”，云“志及众也”。公，平分也。“公”与“伀”，义略同。兄公女公，即“伀”字引申。而《汉书》：“贾谊策与公并倨”，《史记·毛遂传》“公等碌碌”，亦疑即此“伀”字云云。如此之类，亦何嫌于臆断，惜不多见耳。又以《说文》正篆分别，部居不杂，惟重文最难检。别辑《重文便检》，附于卷末。书刊于民国丁巳。刘承幹又序其后。

1124 经句说四卷嘉庆庚午刊本

清吴英撰。英字简舟，江苏吴县人，诸生。卷首有自序，又有凡例，垂八千言。序释“说”字，谓说从言兑，人在下而其言则公。兑，悦也。公字从八从厶，背厶为公。八犹背也，厶即私。说经无所用其厶，则人无有不悦之。然必明乎道，其言乃能公云云。凡例尤词繁无当，惟谓称引宜有别。称前代，宜以氏，称本朝宜以姓及别号。甚是。如此则阅者亦易分晓。至又为人师、经师之别，则迂而固矣。此序及例，至乙亥刊全书时，俱削去。所说不分经而以人为类，大率就经文一句至数句，征引群说，而不分汉宋。而以己见证其是非，时亦空诸依傍，自为论断。其说太王、王季、文武时事，多有可取。如说“三以天下让”，引《仪礼》三逊谓之终逊，谓三让是终让。让至三，而终不奔丧，而让终矣。说“居岐之阳”，谓居即度地居民。驳《疏》引皇甫谧“徙都于程”之非。谓迁程者，即来降之密人。而宅程者始于王季，非文王。说“以服事殷”，谓服者，职也。即《鲁语》“分异姓以远方之职贡，使无忘服”之“服”。并引《纪年》“帝辛三十年，西伯率诸侯入贡”为证。说“有妇人焉”，引《论语笔解》：妇人作殷人，谓指虢叔，以死于伐纣之前，未见鼎革，故称之殷人。按周柄中亦以妇人为殷人，而以胶鬲当之。以胶鬲为纣臣，而为武王用。按如此说是二心之臣也，不如指虢叔为惬矣。说“伯夷、叔齐饿于首阳之下”，谓汤、武革命，孔子言顺乎天而应乎人，夷、齐不应有叩马之谏及不食周粟事。且伐纣时，疑夷、齐已死。《孟子》曰：“伯夷避纣居北海之滨，闻文王作，兴曰：盍归乎来，吾闻西伯善养老者。”曰“闻文王作”，必在文王行政初盛之年。其时已称大耄，又安能待至武王伐纣而犹在。又考孤竹国在辽西，夏、商时冀州地，首阳山在蒲州，古蒲坂地，亦属冀州。当其让国而逃，盖自西北而入东南，不离冀州之境。所云饿者，盖在未闻西伯善养老之前。而《疏》乃云：让位适周。及武王既灭纣，义不食周粟，故于首阳山采薇而食，终于饿死云云。不思自丰邑至蒲坂，道路千里，又岂老者所能枵腹而至。按此说甚快，前人未有发之者。他所持论，俱斟酌不苟。惟好引宋儒陈说作无谓之辨，稍觉不知体要耳。

1125 经句说二十二卷嘉庆刊本

清吴英撰。英撰《经句说》四卷，刊于嘉庆庚午。以后续刊成二十二卷。首有自序二，前序题嘉庆乙亥，后序题戊寅。时书尚未刊竣也。其书卷五至七，说周公、成王时事。卷八至九，说商代及周先伐事。卷十一至十二，说舜禹时事。卷十三至二十二，说孔子事。例如初刊。最善者，卷五说周公与三叔事，谓周公称公封周封鲁，特以有德兼有大功故。三叔无功，则无德可知，故不得称公，不得有畿内之封。其监殷者，只取其同胞至戚而信之。管叔叛逆之萌，已非一日，及武王崩，以已为次弟，依殷传弟法，己当立，故恨周公而诬以流言。又谓《墨子·耕柱篇》，言古者周公旦，非关叔。“关”即“管”字假音。辞三公，东处于商，是战国以前。“已读我之弗辟”，辟字为避，商即鲁国。左定四年《传》曰：“因商奄之民，命以伯禽，而封于少皞之墟。”周公之去，盖乞假以营封国耳。又谓“罪人斯得”，罪人即受管叔之教而造流言者。而《疏》谓是公属臣，此亦足为罪人之一证。属臣即公之叛臣。惟流言出于周公属臣，故似实有其事。又谓《金縢》虽有新迎出郊之文，但王将迎而四国之告叛至。王遂命周公诛之。《东山》诗曰：“我徂东山，滔滔不归。”又曰：“自我不见，于今三年。”计自避至讨而归为三年。又谓《左昭》四年《传》曰：“管蔡启商，基间王室。王于是杀管叔。”据此知周公惟奉王命以讨管蔡，管叔盖王使人杀之，非周公杀之，亦非王使周公杀之。按如此立说，按之时势，揆之情理，弥觉惬协。卷十三至十四考孔子生卒年月及诸事迹，多能订传记之讹，衷于至当。书中虽好引宋儒之说，而颇有驳正。于程朱，亦不稍宽贷。惜言过于繁，而题不尽要。又每逞偏见，即如汤伐纣、伊尹放太甲、姜嫄生子、文王受命称王诸事，经传所载甚明，亦欲以理衡其是非。又涉于古文《尚书》、《家语》，率斥为伪。斯则难免通识者之讥矣。

1126 **字典校录一卷**光绪癸巳刊本

清英浩撰。英浩高佳氏，字慕纯，号养吾，晚号人海拙叟。官礼部仪制司笔帖式。是书就《康熙字典》校录，约分二部，一拟增，一校误。拟增者二项，校误者十二项。析目琐碎。其稍重要，即原书重出之字宜删一存一者，原书门目、书名宜更正者，原书考证中未及检正者。卷后附《补音》、《补字》各一篇，搜集颇备。又附自序二篇，言尚有补注、拾遗十四卷未刊。故是书止题卷首。按是书虽不为赅博，然用心甚细，可弥原书缺憾，不徒惟检阅者之便已也。

1127 **字典校录外编四卷**抄本

清英浩撰，英浩姓字已见《字典校录》提要中。浩辑是书，首列清帝庙讳敬避字样，与《字学举陟》相同。卷一分楷体正讹，楷体相承，摘讹之百三篇。正讹者，正异体字大书之而注俗体字于旁。相承者，俗体字承用已久，骤难改革。摘讹者，字音讹读，摘出正之。卷二为辨似集，辨释字体相似，揭其已甚者，分画横列于前，而以相近之字列后。卷三为切韵入门法二十四摄图。卷四为字母、切韵、切法、等韵切音、切字要法。此二卷大约多据司马光《切韵指掌图》而成。卷首有自序，作于光绪甲戌。又有后序，作于宣统辛亥。盖用力三十余年而成，可谓勤矣。惟摭拾琐细，殊少发明。后序言与陈励之《释字百韵》大同小异，绝非相袭。因陈书已行世，而是稿尚庋箧中也。

伦明全集

第四册

伦明 著

东莞图书馆 整理

SPM
南方出版传媒
广东人民出版社
·广州·

图书在版编目（CIP）数据

伦明全集/伦明著，东莞图书馆整理. —广州：广东人民出版社，2017.12
ISBN 978-7-218-12090-4

Ⅰ. ①伦… Ⅱ. ①伦… ②东… Ⅲ. ①伦明（1875—1944）-全集 Ⅳ. ①C52

中国版本图书馆CIP数据核字（2017）第244093号

LUNMING QUANJI
伦明全集
伦明 著 东莞图书馆 整理

出 版 人：肖风华

责任编辑：张贤明 李展鹏 柏 峰
封面设计：彭 力
责任技编：周 杰 易志华 吴彦斌

出版发行：广东人民出版社
地 址：广州市大沙头四马路10号（邮政编码：510102）
电 话：（020）83798714（总编室）
传 真：（020）83780199
网 址：http://www.gdpph.com
印 刷：广州市浩诚印刷有限公司
开 本：787mm×1092mm 1/16
印 张：165 插 页：14 字 数：2300千
版 次：2017年12月第1版 2017年12月第1次印刷
定 价：1200.00元（全五册）

如发现印装质量问题影响阅读，请与出版社（020-83795749）联系调换。
售书热线：（020）83780517 83793157

目　录

续修四库全书总目提要（下）

史部

杂史类

1128 南宋六陵遗事一卷《昭代丛书》本

明万斯同辑。斯同有《历代史表》，已著录。是书记元番僧发宋诸陵、诸义士私瘗遗骸事。首录《续通鉴纲目》及《元史·世祖本纪》，以著兹事之缘起；次录罗有开、郑元祐、周密、谢翱、张丁、孔希普、赵汸、陶宗仪诸人所记述；而终以自撰《书林唐二义士传后》、《书林唐二义士诗后》、《书癸辛杂识后》三篇。按瘗骸之事，诸书所载不一，或以为唐玉潜，或以为林霁山，或又以为王修竹，斯同据《霁山文集》言馆会稽王修竹家二十载，其与玉潜酬答之诗甚多，而玉潜亦修竹之客，则必诸人协谋为之，非一人事。又唐林诗中所云犬之年、羊之月、羊之年、马之月，又谓丙之年、子之月，皆有误。以谢翱《冬青树引》"知君种年星在尾"考之，当为戊寅，即至元十五年也。又谓周密所称罗陵使事，亦不可没。卷后有杨复吉跋。

1129 新安全城定寇记一卷旧抄本

明张鼎延撰。是书记崇祯十三年八月定新安土寇事。时新安土寇李永福、张石等纠众约二千人，据城为变。土寇王之典等蚁聚千人，与城中通，约八月初六日，引城汲贼。谋已定矣，有知者告密，悉就擒。邑令某与监司王某审明正法，新安由之安堵。鼎延方为兵部侍郎，因记其事云。

1130 从亡随笔一卷［清顺治元年钱士升刊本］

明程济撰。是书为钱士升所刊《逊国逸书四种》之一。首有士升序，逸书之首又有士升总序，称《从亡》、《拊膝》二书，得之江右徐若谷司空。其书二十三页十四行云："乙卯春三月，师往粤西，济从。夏六月，师中毒，济以金线丸解之，师命镌此方于石。"其下接云："玉海子曰，今犹存焉。"按此八字，定非原文，殆玉海子阅此书时所加之旁注，传抄者误以接正文也。玉海子者，刘琳号，即撰《拊膝录》者也。士升言二书同得于徐司空，则传此书者为刘琳明矣。钱谦益斥为伪书，以为庸妄小人踵《致身录》而为之，附和者据为定论，并谓程济实无其人。案，王崇炳《学耨堂诗稿》有《皇回庵见让帝像》及《程济墓》二诗，诗稿刊于雍正辛亥，自序称七十九叟。崇炳为毛奇龄门人，盖康熙间人也。据此，则建文出亡及归国实有其事，程济实有其人，即其书亦非伪造矣。书中所记，自建文四年六［月］六日燕师迫金川门起，至正统五年建文迎养大内止。末云："记其始末，以付了空。""了空"者，其徒也。而王崇炳二诗，又可据以补此书之缺。盖济辞建文后，筑皇回庵以见志，殁即葬于其旁也。钱谦益因考史仲彬《致身录》而及此书，以仲彬之名，除自述外，止见此书，故谓为若疏通证明之也。然《沈石田集》有《登小雅楼哭史仲彬诗》，沈诗作于万历前，则又何说？是仲彬亦有其人，即《致身录》亦非伪矣。士升序刊是书，为崇祯甲申秋八月，案即顺治元年，八月则在鼎革之后矣。

1131 忠统日录三卷明崇祯刊本

无编者名氏。卷首有刘士龙序，略称"崇祯戊己间，关中连无岁，乱兵饥民相附，始于延庆，蔓延蒲富泾原，官军蓄缩，乡兵乌合，市里恣其劫掠。于是，马云麓、焦涵一侍御（侍御）、王心葵司理发愤倡义，捐资募兵，一时孝秀编氓靡不人请缨而家枕戈。贼犯池

阳，再战再挫。云阳之战，贼游釜中，乃债帅受赂，阙其围，夜半纵贼去，贼从此远遁，则忠统兵威有以挫其锐而寒其胆”云云。盖募民兵以拒贼，而揭“忠统”二字为号召者。是录就所有示谕、报告、条约、方略、布置、往来公牍、捐赀银数、支用账目，又有守御器具图说、诗歌、赠序等，汇为一帙。事在崇祯元、二年，守卫乡闾，法本甚善，然不足以当剧寇也。

1132 三案始末一卷小方壶斋丛书本

清包世臣撰。“三案”者，一铜山段继干案，一泰安徐文诰案，一归安陆名扬案。三案皆嘉庆间事。段、徐两案，官吏诬以杀人，尚涉嫌疑；至陆名扬乃乡党自好之人，绝无瑕隙，徒为贪吏所忌，构成杀身之祸。三案皆上闻于朝，奉旨严勘。卒以交相庇护，覆盆莫伸。世臣游幕时所亲见，特笔记之，一时官吏之贤不肖，可藉以考见。如按察温承惠之刚鲠 、布政伊克札木素之义愤，固有不可没者。他如唐仲冕、童槐之朋比，陈文述之贪肆，三人皆有声文苑者，亦不为之曲宥。三案之外，并述及柴大化、杨天相两案，此两案在当时颇有以为冤者，据记则大纪仓存米二万石，坐视饥民之死，大纪行白金三千冒获盗之功，其伏法固不枉也。是篇载世臣《小倦游阁集》，已散佚，王锡祺得此稿刊之，并为之跋。

1133 燕京岁时记文德斋刊本

清敦崇著。敦崇是记，撰于光绪庚子，创于丙午。卷首有刑部主事润芳序，称其退食之余，以书史自遣，于国朝掌故多能识其本源云云。是记自元旦起，迄除夕止。四时节令，事无大小，内自宫闱，外至庙会，多所采录。其□涉于内廷事例，外间罕知者甚夥，亦谈掌故者所不可废也。

传记类

总传之属

1134 春秋疑年录一卷光绪乙未刊本

清钱保塘录。首有保塘自序，称《疑年》之义取诸《春秋左氏传》，而钱氏所录于春秋时人未之及，因取左氏所记及散见他书者稽其生卒，有可考者，依次列之；有可约推者，分国类次，得二百七十六人云云。其中多可按《左传》以订诸书之误，如晋文侯、郑祭仲、晋文公、公子庆父、晋平公、晏婴、襄夫人、楚成王、太子建诸条皆是。孔子条，当段玉裁作年七十四，此依梁玉绳《史记志疑》，非也。

1135 四史疑年录六卷嘉庆二十三年刊本

清女士刘文如录。文如，大学士阮元妾也。卷首有电塘庵主序，即阮元也。又有文如自序，称钱辛楣作《疑年录》，前汉无一人，后汉止郑康成，因遍考各史传，算其年岁。史无明文者，则以前后事迹辗转推测而知之，或约计之。计《汉书疑年录》一卷、《后汉书疑年录》一卷、《三国志疑年录》三卷、《晋书疑年录》一卷。其中灼然可信者十居八九，不惟补钱氏所未及，亦续史一新法明也。书刊于广州，在阮元督两广时。

1136 疑年赓录一卷光绪戊戌刊本

清张鸣珂录。鸣珂字公束，浙江嘉兴人，拔贡，官江西知县。是书在吴、钱、陆之后，拾其所未备，得四百余人。大抵始顺治，讫光

绪。其补《初录》者，如张尔岐，生明万历四十年壬子，卒康熙十六年丁巳。补《三录》者，高不骞，生明万历四十三年乙卯，卒康熙四十年辛巳，年八十七，并正《三录》作八十四之非。正《续录》者，应㧑谦生明万历四十七年己未、卒康熙二十六年丁卯，（证）［正］《续录》生万历乙卯、卒康熙癸亥之非。惟其中亦有缺如不具者，如法若真生万历四十一年癸丑，卒康熙三十五年丙子，此但约计之。又有错误者，如冒襄生万历三十九年辛亥，卒康熙三十二年癸酉，年八十三，此乃以为生崇祯四［年］辛未，年六十三，何不考之甚耶?

1137 **四续疑年录一卷**原稿本

清朱燕昌辑。凡二百四十六人，除赵㧑谦生元至正十年庚寅，卒明洪武二十八年乙亥外，大率始顺治讫光绪，其间先后并无一定之次。惟条下各注出处，（他）［与］他录不同。题“四续”者，盖继陆心源“三续”而作，不知尚有张鸣珂赓录也。与张氏所录诸人时代相同，而人亦有互同者，但不多耳。盖世愈近则人愈繁，譬之钓鱼于渊，取之不尽，在博览者自觅之耳。

1138 **年华录四卷**乾隆刊本

题甬上全祖望绍衣辑。卷首有序云：“丙子夏，余寄迹金台，斋头无事，惟与蠹鱼作缘，偶思人生自稚而壮，壮而老，其间升沉不同，彭殇各异，或妙龄而蚤遇，或皓首而成名，或盛德不获期颐，或庸才每臻上寿，于是采辑旧闻，考稽载籍，由一岁以至百余，咸备列焉。正史之外，佐以百家，广览旁搜，积而成帙，颜之曰《年华录》”云云。按祖望年谱不载是书，序文亦不类祖望作。又祖望生于康熙四十四乙酉，卒于乾隆十九年甲戌，前后丙子俱不及见，其为伪书殆无疑也。

1139 圣门十六子书百零一卷道光甲午刊本

清冯云鹓辑。云鹓字集轩，崇川人。十六子者，四哲及十二配也。分辑其言行、古迹、世系，各为一书。颜子七卷、子思子四卷、曾子八卷、孟子七卷、闵子六卷、冉仲子四卷、端木子七卷、仲子六卷、卜子五卷、有子六卷、冉伯牛五卷、宰子五卷、冉子有五卷、言子三卷、颛孙子六卷、朱子三卷，皆别有卷首一卷，合一百有一卷。各有传有论有赞。颜子、曾子、孟子、闵子、端木子、仲子、有子、冉伯牛、颛孙子，皆有年谱或年表。朱子惟载本传及言行录，以为生平事实皆具也。子思子有世职，例以衍圣公之次子袭。除言子、朱子祠庙不在阙里外，其他皆有宗子世表。其间或袭用旧文，或从新裒辑，又或旧略新增，惟总不免疏漏。云鹓辑此时方任曲阜令，得以备稽掌故，则书成亦非偶然耳。

1140 圣门诸贤辑传一卷［光绪十三年刊］

清查光泰辑。首有潘祖荫、孙诒经、高万鹏、薛福亢序，又有凡例。是书凡传十八篇，有独传，有数人合传，有合数十人为一传，序次则颜子、曾子后，继以子思、孟子、有子似圣人，冉、闵，具体而微，故次之，宰我以次，同列四科，多合传。公西列于仲、冉，颛孙列于言、卜。子贱三子皆循吏，曾晳六子皆高尚士，各从其类。颜路、伯鱼以父圣子贤而传，公冶、南宫及子篾，圣人戚族中之贤者，故又次之。樊迟、子禽，鲁论中问答颇多，可藉其言论以窥圣人。林、商十子，或通一艺，或传一事，其无事实者，别为一传，传其姓名。又为左丘明立传，则补前史之阙，诘后世之疑也。名为《辑传》者，不杜撰一语，并不录记载中无稽之谈。据《家语·弟子》篇共七十六人，《史记》无琴张、陈亢而有秦冉、颜何、公伯寮，为七十七人，其姓名互异者，郑国疑即薛邦，鄡单疑即县亶。光泰去公伯寮，合薛邦、郑国为一人，鄡单、县亶仍二人，并益以牧皮、林放、左丘

明，共八十二人。其年岁不同者亦为考正，然主于传诸贤言行，不重考证异同也。书刊于光绪十三年丁亥。

1141 孔子门人考一卷 [光绪丙申刊本]

清费崇朱撰。崇朱字敬庐，江苏浦江人，诸生。前有江澄序，后有邓锺玉跋，又有崇朱自序。辨欧阳修受业者为弟子，受业于弟子者为门人，不为定论。又有凡例，则辑是书之大旨也。按《史记·弟子列传》，共七十七人，琴牢、陈亢、县亶、薛邦，俱不在列。《家语》亦七十七人，有琴牢、陈亢、县亶、薛邦，而去公伯寮、秦冉、鄡单、郑国秀、朱彝尊，又搜采群书，补《史记》、《家语》之阙，然亦不无遗漏。是书正录八十人，补遗二十四人，存疑四人，正误三人，各著其里居、年齿、言行，及唐宋封爵。然有无年可考、里名失传、封爵不及者，则阙之。其言行之过繁者，仅采存大略。诸贤名下，多附考证。关于人之误者，如鄡单与县亶、薛邦与郑国，为二人而非一人，壤驷赤非见《左传·定十年》之郈工驷赤。关于姓之误者，邽巽之“邽”不是“邦”，后齿之“后”不是“石”。关于名之误者，如巫马施不名期，樊须字子迟，不字子达，商瞿名瞿，非复姓，公晳哀，“哀”当作“克”，而南宫适又名韬、名说、名阅，字子容，谥敬叔，一人而有多名者□不误。关于里居之误者，如曾参为费县人，非嘉祥县人。关于言行之误者，如《庄子》记颜回不愿仕之言，《家语》述子贡霸越之事，崇朱于此俱为订正。至蘧伯玉前于孔子，左丘明后于孔子，公伯寮自□孔子，常季□□之书不敢竟删则姑存其疑，孟武伯古无其说，阳虎、佛肸自为叛徒，则明正其误。据江序尚有应补者三人，《淮南要略训》有墨子，《吕氏春秋》有鄙人，陶景《真诰》有施存。孔氏及门，庶几无遗漏矣。书刊于光绪丙申。

1142 孔子弟子考一卷孔子门人考一卷 [康熙间刊《曝书亭全集》本]

清朱彝尊纂。首有自序。书中分弟子与门人为二。盖本于欧阳修谓受业者为弟子，受业于弟子者为门人。但证之《论语》，“子路使门人为臣”，此子路之弟子也，“门人厚葬之”，此颜子之弟子也，皆所谓受业于弟子者也。而“童子见门人惑”，此当为孔子之弟子。“孟子门人问曰：夫子何以将见杀”，此当为孟子之弟子。又“子夏之门人问交于子张”、“子游曰：子夏之门人小子”，此皆受业于子夏，断非受业于子夏之弟子者。然则称门人何如再传弟子之为妥耶？彝尊为是书，以为杏壇设教，必先长幼之序，故先书三十二人，以齿为次，首秦商，末公孙龙、曾点，无年岁则次于子路之下，依侍坐四子伦序也。不知年岁者六十六人，首冉耕，末颜涿聚，凡九十八人，门人凡三十一人。后又附《孟子弟子考》十七人，诸人事实从略，而详于封爵，重祀典也。其书搜采甚博，考据亦详。然公父文伯之事见《韩诗外传》，季襄为受业弟子见《淮南》高注，而彝尊未收，则搜采不能无遗矣。南宫适一名縚，字子容，谥敬叔，实为一人；(史记)申枨，《史记》作申棠，《家语》作申续，亦为一人，彝尊俱分为二人。公伯寮诉子路，必非圣人之徒，《史记·弟子传》偶然误入，而文翁礼殿图因之，明人程敏政、薛侃皆疏请罢其祀。《史记》言“左丘失明，厥有国语”，《国语》记及战国时事，故王安石疑为六国时人。朱子谓《春秋》三家皆非亲见孔子，而彝尊必强为之辨，则考据亦有未审矣。其考孟子弟子，止据赵注，而去季孙、子叔二人，殊未尽也。书为康熙间曝书亭全集本。

1143 孔子弟子姓名表一卷 [传抄本]

清全祖望撰。是书以《史记》、《家语》、文翁《石室图》、苏辙《古史考》四书所记孔门弟子列表参对，计《史记》七十七人，《家语》今本七十六人，旧本七十人，《石室图》新旧皆七十二人，异三

人，《古（古）［史］考》七十九人。《史记》、《家语》、《石室图》同者六十七人，《古史考》同；《史记》、《家语》同者六人，《古史考》同；《史记》、《石室图》同者二人，《古史考》同；《石室图》、《家语》同者二人，《古史考》同。此外，《史记》之公伯寮、鄡单，《家语》之申绩、悬亶，《石室图》之蘧瑗、林放、申枨、申党、容蒧，止蘧瑗、林放《古史考》同，余俱不同。其中陈亢、琴牢见于《论语》，而《史记》遗漏。苏辙补《列传》之缺，而见于《论语》之申枨亦遗之。鄡单、悬亶，究为一人抑二人，无从辨据。“郑国”乃“薛邦”之讹，“申党”应即“申枨”，既转为“党”，又转为“棠”，“奚容蒧”有作“容蒧”，皆传写之误。蘧伯玉亦非弟子，此皆祖望所附考于表后者。按鄡单字子家，悬亶字子象，姓名字各异，断非一人。张守节《史记正义》谓“邦”避高祖讳改作“国”，“薛”字乃“郑”字误，然避讳改名，古虽有之，但“郑”、“薛”二字迥异，何致相混？其他所考，俱确。又按记孔门弟子籍者，汉《艺文志》有《孔子徒人图法》二卷，隋《经籍志》有郑康成《论语弟子目录》一卷（唐《艺文志》作《论语篇目弟子》），今俱失传，不得与三书互证，为可惜也。是书系传抄本，未付刊。

1144 孔门弟子列传补编一卷［光绪十七年刊《孔孟志略》本］

清张承燮纂。首有承燮自序。是书以《史记》为主，而参以《家语》，其事实则旁采《礼记》、《左传》、《论语》、《大戴记》、《孝经钩命决》、《汉书》、《尸子》、《庄子》、《新语》、《韩诗外传》、《说苑》、《新序》、《论衡》诸书，以至郑康成、孔冲远之经注，盖援史公所云“出于古文者为近是也”。按《史记·弟子列传》七十七人，然止七十六人，与《家语·七十二弟子解》故有无相错，是书据两书而酌为去取，共得八十人，惟二十八人名年事实俱备。其名年事实不备而名字互见《史记》、《家语》者五十二人，内《史记》有而《家语》无者三人，《家语》有而《史记》无有者亦三人。至仲孙何忌、懿子、仲孙敬叔与惠叔兰，以父兄命而师孔子，左丘明观书周史，因

孔子《春秋》而作传，颜浊邹学于孔子而为天下名士以终其身，此俱见之《左传》、《家语》、《汉书》、《吕览》及《史记·世家》。所自述者，惟以言七十子者皆未列入，则附论于书后，而仍阙之，意在示慎也。书中间有考正，如《史记》、《家语》俱谓宰我谓与田常为乱，夷其族，《说苑》又谓田成与宰我争遂残之云云。按《左传》，阚止字子我，田阚争宠，子我为田常所杀，诸书竟误子我为宰我。又《左传·哀公十一年》清之战，冉求帅左师，管周父御，樊迟为右，季孙曰须也弱，有子曰就用命焉。《家语》云："迟少孔子四十六岁"，则是时二十三，故曰弱。《史记》乃云少孔子四十六岁，则是时三十六，不得曰弱，自以《家语》为得实。此二事俱辨，见李氏《尚史》，承燮援之是也。书刊于光绪十七年辛丑，为《孔孟志略》之一种。

1145 孟子弟子考补正一卷［光绪二十四年刊本］

清陈矩撰。是书盖为正朱彝尊作《孟子弟子［考］》也。自来考孟子弟子者，人各异说。赵岐注孟子弟子十五人，学于孟子者四人。宋政和中，以程振之论，加入滕更，共十八人，朱子仅取十三人。吴莱《弟子列传》十九人，其书已失，止存一序。张九韶《群言拾唾》载孟子弟子十七人，去季孙、子叔、滕更、盆成括，增孟季子、周霄。宫梦仁《读书记数略》，则去滕更、浩生不害、盆成括，增孟季子、曹交、周霄。彝尊所考，本之赵注，而增滕更，去季（叔）［孙］、子叔。矩更据《外书》及群书之散见者，补入七人，告子、季孙、子叔、匡章、曼丘不择、孟季子、周霄，并朱氏原有者共二十四人。其中定浩生子不害、告子胜为二人，盆成括学于孟子见赵注。朱子特以《孟子》有"死矣盆成括"一语而斥之，不知此语与孔子曰"由也不得其死"，旨意正同。季孙郊见《外书》，赵注定孟子弟子，孙疏同，彝尊从朱子反斥注疏为无稽，亦误。匡章为孟子弟子，见《吕览》高诱注，曷为赵岐所遗？《内篇》公都子以章子通国皆称不孝，疑孟子与之游，玩其辞意实因章子已列门墙，故疑而问之也。矩一一为之辨正，可谓有识。卷首有何维棣、吴树棻二序及矩自序。

矩称古籍无征而疑为孟子弟子者二人，若夷子、鼬子，皆弃墨而归儒，有古籍载之而可疑者五人，若陈仲子、公明高、公明仪、离万、曹交云云。按《内篇》书后车数千乘从者数十人，今姓字之传者，寥寥如此，诚可慨矣。书刊于光绪二十四年戊戌。

1146 周列士传一卷 同治丙寅刊本

清顾寿桢撰。寿桢字祖香，浙江会稽人，同治进士。是书首有万庭琬序。传凡二十有四，每传少者二人，多不过四人。传末各引诗，又别有赞。始宁武子、苌叔、子家驹、屈原传，终费子、杨狐援传，各从其类，惟苏秦、鲁连同传，读者或昧其旨。传引管仲相桓公为比，序则谓苏季子假连衡以诳秦，又阴使人掣秦肘而抑其狂噬，终季子之世秦不得逞，季子死而秦之兵及六国。鲁仲连以一布衣，义不帝秦，而秦卒不获得为帝，故能借六国以拒秦而存周者，仲尼之徒云云，殆别具论世之识者。诸传点窜经传，文特简奥，盖寿桢固雄于文，视近人所撰《中国之武士道》，似胜之也。

1147 安鼎名臣录不分卷 明崇祯刊本

明王都纂。都字介清，籍署安德，按即今山东陵县。曾知元城、沙麓等县事。是书首有卢世漼序，又有都自作凡例。所录皆守成名臣。唐太宗谓侍臣曰："创业之难，既已往矣；守成之难，方当与诸公慎之。"纂录之意本此。以为三皇五帝夏商周，为时太远，人事不同，列国南北朝五代，君非正统，即臣之披肝沥胆，无非问鼎奸谋，故所录止汉、唐、宋三朝，以享国较长，且保大事务与今时大略相似也。附以晋者，晋非正统，但诸臣每以王室为念，一段忠义，不可没也。各臣事迹，或举其一端，或括其大概。其有疵可议者，如晁错、李绩、赵普、张浚等俱斥之；非王臣而有利社稷，如，陈东安全藏等，则破格取之；武臣战胜攻取与文臣因事尽忠相等，故周勃、李晟、岳飞等亦所不遗。每人有评，（着语）传后与书眉各着评语，然

无甚特识。书刊于崇祯五年辛卯。

1148 国朝臣工言行记二十六卷原稿本

清梁章钜辑。无序例。从范文程起，至吕璜止。所记如佟养甲，曾降永明、孟乔芳、黄梧，皆宜入贰臣。朱彝尊、庞垲、李因笃辈(事)，皆文苑中人。彭昭庭、袁枚、戚朝桂辈，官仅县令。如此之类，收不胜收，而且取材甚隘。其时《国史列传》尚未行世，此所据《知今录》、《测海集》等，随意采拾，未尽可信。记寥寥无几，文集又多本之家状，夸谀尤甚。又其时《碑传集》等亦未行世，所采中如记李赞元，止据《觚（腾）［賸］》捕大猾一事；记汪琬，止据《午亭文编》官兵马司指挥一事，与他篇详略悬殊。又所记闽人较多，不免有私视乡土之心。岂未成之书耶？否则，如此巨著，而以俭腹偏见出之，何不知量至此也。

1149 明良志略一卷道光己酉刊本

清刘沅辑。沅有《周易恒言》，已著录。成都有昭烈庙，旁有丞相祠堂，所谓明良也。沅有记，论昭烈与关、张终身以讨贼为志，既得西川，遂兴义旅，人以为经营王业，而不知实本于忠勤之素。至于三顾之频，追踪莘渭，君臣契合，三代以下所无。又论祠庑所祀诸臣，旧有李彪、张虎，于传无征，即法正、刘巴、许靖辈，皆不得为昭烈纯臣云云，故于诸臣位次，以意为之，移改所定。正殿侍臣四人，庞统、赵云、孙乾、简雍；关侯祠从祀四人，关平、关兴、赵累、周仓；昭烈偏殿祀张侯，从祀二人，张苞及其子遵；两庑从祀诸臣二十四人，周凯、董和、费祎、傅彤、邓芝、陈震、蒋琬、董允、秦宓、马良、冯习、程畿、张翼、马超、王平、姜维、黄忠、张南、傅佥、向宠、杨洪、廖化、马忠、张嶷，各为之传。卷首并有沅自序。

1150 良吏述补一卷道光己酉刊本

清钱仪吉辑。为补彭绍升《良吏述》而作也。首有序，并引绍升之言，谓“予虽无所效于世，使诸公所施设不泯于人心，其亦不异予之亲见之也；有闻诸公之风而兴者焉，其亦不异予之自效之也。故所述（不必）事不必出于己，即其言亦不必出于己”云云。自王毅州天鉴至赵松年之鹤，凡十九人，其事都在顺康间，大率采自诸家文集，间及方志、家谱等。篇下各标出处，亦用彭氏例也。

1151 虞槃佐高士传一卷传抄本

清周世敬辑。按《隋志》：“高士传二卷，虞槃佐撰。”《唐志》同，惟“槃”作“盘”。明焦竑《国史经籍志》尚有其目，不识真见其书与否。世敬从《御览》辑得皇甫士安、朱冲、刘兆、伍朝、郭文举，凡五人。伍朝一条，并见王隐《晋书》。

1152 明高士传二卷传抄本

清侯登岸撰。登岸字穆止，山东东莱人。是书首有王镇序及登岸自序。自序称“《明史·隐逸》只列数人，余或列之《儒林》，或列之《文苑》，要不过其卓卓者，所遗尚多，因搜采《明史》及群书中有高行者，得百人，录成一编”云云。其书始倪瓒，终徐宏祖，凡八十五人，附者韩奕等十五人，恰盈百数，传后各有论。惟各传不著所本，其中如友鹿翁、太笑生、溪渔子，俱出方孝孺《逊学斋集》，俱缺名氏，疑属寓言。唐寅者，狂士耳。又《马犹传》后附李天植，天植康熙间犹存，然则若徐枋、杜濬辈应收者多矣。然则若徐渭辈应收者亦多矣。且既录梁寅，则杨维（祯）［桢］不宜遗之；既录胡居仁，则王心一不宜遗之。其他未备者，更不必论矣。所论之谬于理者，如谓徐俟斋不见汤文正为已甚。按俟斋，明遗民也，而文正为新

朝显官，故拒见之，非周璆与陈蕃之比。又引朱彝尊语，称“吴与弼一见征书，亟令弟子表迎恩之桥彩云之山”云云。按张杨园称明人诬康斋最甚，皆一时趋时媚嫉之徒。为石亨跋族谱事，《明史》已辨之，彝尊所举，又不知从何处拾来，要之皆好事者为之，奚足以污贤者耶？自序后题道光乙未，盖书成于其时，王序称其尚有《掖乘》，《西汉大节录》二书，俱未刊行，不知今尚有传本否？

1153 学案备忘录一卷传抄本

清成蓉镜撰。蓉镜有《周易释爻例》，已著录。是书题下自注云：“随笔杂记，略无诠次，聊备遗忘。”即是书所由名也。又云《国史满汉大臣传》、《儒林传》，及《国朝先正事略·名儒类》所已有者，悉删去，所录止五十八人。开首录段玉裁，因及江永、戴震，谓永之《近思录集注》，以紫阳之说，注紫阳之书，大关学术；震所著《孟子字义疏证》，及《原善》、《论性》诸篇，于江氏论学之大指，颇相违戾，如玉裁者，可谓干蛊云云。殆欲援汉学入宋学，其旨可见矣。所录诸人，事绩不求备，惟采其涉于理学者。惟刘世謩、朱彬、苗之铤、刘宝楠、王瑶桢五人，籍隶宝应者较详焉。

1154 历代儒学存真录十卷咸丰丁巳刊本

清田僦辑。僦字乙亭，河南浚仪人。是书首有郭程先序，又有僦自序及例言。所云儒学，兼经史道德事功而言。所录自汉讫清，人始伏生，终胡煦，而闻见未博，去取不精。如唐无姚思廉、刘知几，宋无二苏，元无虞集、吴莱，清初无顾炎武、王夫之，至乾隆后汉学诸儒更无论矣。又汉无扬雄，当以其事莽故，而沈约之身行弑逆者，又何说？宋收裴松之矣，而魏不收陈寿，又何说？盖乡曲小儒，学疏识陋，妄欲厕身于著述之林，宜其成就无足观也。

1155 儒林录约刻四卷嘉庆庚午刊本

清张恒撰，黄培芳节录。恒字北山，江苏华亭人，布衣，朱彝尊表弟也。尝纂伏羲以来至宋五子，为《道传录》二十卷。又起春秋迄明季，选理学诸大儒纯粹要语，为《儒林录》，无卷数，止有浙粤明儒，盖雕板于粤东，尚未全也。培芳取其中黄双槐、黄粤洲、黄泰泉三传，别出之。双槐名瑜；粤洲名畿，瑜之子；泰泉明佐，瑜之子。皆粤之香山人，且培芳之远祖也。复附录佐所撰《郡志自叙》、《先世行状》，殆以溯家学渊源也。首有培芳序，作于嘉庆庚午。又有恒原序，作于康熙壬午。

1156 蕺山弟子籍一卷道光甲申刊本

无编者名氏。弟子自叶廷秀以下，凡八十人；学人自万斯选以下，凡六十三人。学人者，盖尝从问学，而未受业于门者，各著其字与里。亦有阙之者，如董标、王开二人，俱阙其字；谢縠、吴调元、江浩三人，俱阙其里。董玚下，但注原名瑞生，则字与里并阙之。玚即与姜希辙，同编《刘子全书》四十卷，其后又自为改编者也。弟子中如叶廷秀、刘理顺、成德、金铉、祁彪佳、章正宸、熊汝霖、孙嘉绩、吴钟峦、陈子龙、彭期生、陈龙正、王毓耆、周镳、祝渊、陈洪绶、黄宗羲、宗炎、恽日初、陈确、张履祥等，学人中如万斯选、斯大、斯同、万言、李邺嗣、仇兆鳌、毛奇龄、邵廷采、黄百家等，皆以节义、理学、文章著称。惟魏学濂传其曾受闯官，未免有坫［玷］师门。窃疑蕺山弟子不止此数，即如见于年谱者，有请别拥宗宣之张应熚、吕滋；见于《刘子语类·问答门》内者，有李明初、章晋侯、祁季超、秦履思与王右仲、董标、史子复、祝开美，各质所疑。王董、史祝俱著于籍，则李章、祁秦，疑亦当在弟子之列。而黄宗羲序全书，所称“曩日之旅进者，才识多下一流，更不知有若干人矣”。又按，籍中有来成去名藩，无他事可考，有《过东楼赠董玚》句云：

“经台寂寞垂相实，与子相逢窗户阴。一座简书能裂眦，百年持论已开心。”亦为蕺山作也。见董玚所为抄述中，特录出之。

1157 濂洛关闽六先生传道光二十七年刊本

清罗惇衍辑。惇衍字椒生，广东顺德人，道光乙未进士，官至户部尚书，谥文恪。惇衍尝督学安徽，书即成于其时。首有自序，称取宋贤书，反复推勘，见研极莫精于濂溪，规模莫大于康节，运量莫周于横渠。纯公之纯，有似颜子；正公之正，有似子思。至朱子则析杪忽、贯天人，奄有诸贤之长，而综其成。又称考之史宬，参之传记，实有见于濂溪诸先生之学，非如世俗所诟病，因采其立行垂教之要，与其格君心、救民瘼之大节，汇而辑之，以与多士观感而向往云云。按《大程传》，兼记其父伯温治行，自《康节传》外，余皆治行与学术并详。惟率抄撮旧文，毫无阐发。《康节传》不录天津摘闻鹃事，甚是。而《大程传》，乃有“安石子雱囚首跣足，携妇人冠以出”等语，此野史恨安石父子者丑诋之词，何足置信，乃亦采之传中，斯无识矣。又按《康节传》应在首列，否则亦宜在濂溪之次。今以次二程之后，岂亦微存进退之见耶？此则尤非也。

1158 王学渊源录二卷活字印本

清邵启贤辑。首有启贤自序，称传阳明之学者，越中与江右最著。越中钱、王之后，流弊百出。江右学者务趋平实，故黄梨洲谓姚江之学，惟江右得其传云云。是书一卷，全录邵廷寀《阳明传》、《王门弟子所知传》、《姚江书院传》三篇。其《阳明传》，较《明史》本传为详，他二传尤精审别。卷二，为《王门学派表》、《赣南王门弟子表》。《学派表》又分为二，第一表，划浙中、江右、南中、楚中、北方、粤闽，各为一格，以浙中、江右为最盛，南中、北方次之，楚中、粤闽又次之。据梨洲《姚江学案》，而补以邵廷寀所记；第二表，分丰城、泰州为二格，丰城者李材，泰州者王艮也。姚江之

学，至李材特揭“止修”二字，以易良知，王艮复揭自然学乐之旨，故梨洲皆为别立一案，故表亦另出之。《赣南弟子表》分赣县、云都、兴国、会昌、龙南、大庾、南康、宁都，以云都为最盛，以补第一表所未及，亦有已见第一表中者。又第一表后，附有里贯未详者若干人，其中徐桢卿系太仓军籍，弘治乙丑进士，见题名题录。余人当亦有可考者。又附日本治王学者若干人，启贤为廷寀之裔，故祖述其说，又现宰赣南，故为治属增一表也。

1159 皇明理学名臣言行录二卷续一卷明刊本

明崔铣辑。无叙目，始薛文清，共十三人，系据碑状、序、赞等，辑录成篇。陈剩夫，止布衣，陈白沙、胡敬斋皆未仕，何以俱入名臣？殊所不解。续辑一卷，不署名氏。首何柏斋，共四人。铣亦与焉，殆其门人辈为之也。例同前，然采及诗篇，不免稍滥矣。考明儒理学者，以是为椎轮可也。无刊书年月，当在嘉靖间。

1160 国史儒林传二卷文苑传二卷坊刊本无年月

卷首有阮元《拟国史儒林传序》，相传以为阮元所编。而序下又注云，国史传无此序，今从《揅经室集》抄出，据此则传与序，非必出于一人矣。按阮序称，自顺治至嘉庆之初，得百数十人。合是本正传得三十六人，附传五十人，合之不足百人。又据李富孙《自订年谱》，壬申四十九岁有一条云：“阮师由翰林转少詹，为国史总纂，札令纂辑文苑传，以志传集序等，联缀成文，不自加一字褒贬，自朱检讨以下二百余人，属编成寄呈备采”云云。是本文苑传，始谷应泰，不始朱彝尊，正传四十三人，附传三十人，合之仅七十三人，且文皆连贯，无以志传集序联缀成文之迹，其非阮元原编无疑。其中位置不允，如颜元附潘天成，顾祖禹附胡渭，傅山附吴雯，胡天游附黄之隽，多所错乱，又不必论矣。大抵出于坊贾所为，从国史稿中截取儒苑之一部，与贤良循吏并刊，而读者多习然而不之察也。

1161 师友渊源录一卷光绪十二年刊本

清陈奂撰。首有序，略称“承奉庭训，执业家塾，出内有交，资获闻见，兹所录师先之，友次之，游于内者又次之”云云，时咸丰五年乙卯，年七十也。所录凡六十六人，附见者若干人。虽无凡例，而《程同文传》下注云：“凡记中人虽附录，亦素识，唯梁方伯（按即梁章钜）因春庐而及之，是即其例矣。”录中人最著者，如江沅、段玉裁、王念孙及子引之、姚学塽、严杰、钮树玉、程同文、郝懿行及妻王园照、陈寿祺及子乔枞、徐松、吴志忠、胡承珙、朱洊、徐璈、金鹗、刘逢禄、曾钊、陈沆、胡培翚、汪喜荀、汪远孙、费丹旭、魏源、潘曾沂、郁松年、劳权及弟格、李善兰、陈倬等。诸传甚简略，爵里撰述而外，间及趣闻，而笔亦过拙，往往不申其意。所记郝懿行《尔雅义疏》，其刻于粤东经解，及陆制军建瀛者，皆是王怀祖点阅之本，其原稿藏严厚民家。按原稿于咸丰六年杨以增刻之，宋翔凤为作序，与是书之成同时。又记金鹗所著《礼说》十六卷，尚佚一卷。按此佚卷潘伯寅已刻入《滂喜斋丛书》中，在光绪间，奂俱不及见之。录中记王树获其家十九代举秀才不绝，又记郝懿行与其妻王园照居都城东南隅，著书自乐。时有“高邮王父子，栖霞郝夫妇”之目，夫妇辄持论不合，交谪诤辨，或相对竟日不一语。如此之类，殊足传也。

1162 宋诗纪事小传补正四卷十万卷楼刊本

清陆心源辑。无序例。其中补事实者，有苏德等若干人；补里籍及登第之年者，有青阳楷等若干人；单补里籍者，有安昌期等若干人；正原书之误者，有李永等若干人。大抵据《宋史》、方志、《万姓统谱》、诸文集、说部，以至石刻，搜采极博，条下具注出处，而未注出处者多至数十条，岂刻木时遗之耶？抑以为不待注而可知耶？惜不得例言以证之也。

1163 国朝诗人征略六十卷道光十年刊本

清张维屏辑。维屏有《经义录》，已著录。是书首有嘉庆二十四年维屏自序，又有道光十年再序。以为“海内诗人众矣，诗集繁矣，兹编所录不过千百之十一，然百数十年以来，心藏心写师事友事之人，大半略可考见，且意在知人，本非选诗，其中或因题，或因事，或己所欲言，或人所未言，意欲无所不有，不专论诗之工拙”云云。大率远溯开国，近讫并时，师友之前卒者，各具爵里、诗文集目，并及居官行事之概要、诗文撰著之评论，附以标题摘句。综而观之，雍乾以前，多据选本，嘉道以来，稍见全集，而遗漏实多，诚如所云“录千百之十一”。其“标题摘句”，凭意去取，亦未尽善，虽援引皆注所出，而所见甚俭，其自著之《松心日录》、《松轩随笔》、《听松庐文抄》、《听松庐诗话》，采入最多。然别裁正雅诸集，不详行事，先正事略之类，又不涉诗文，是书则兼之，亦浏览者所不可废矣。

1164 国朝诗人征略二编六十四卷道光二十二年刊本

清张维屏辑。卷首有维屏自序。以为“海内师友耆旧先后凋谢，初编已镌之板，不可羼入，势宜续之。而二百年来之人之事之诗，昔未见而今始见，昔未详而今始详，势又宜补。今并续与补，名曰《二编》”云云。分卷虽逾于前编，而卷占一人者居多，至卷十二、卷十四、卷十六，则并一人而无之。亦有目标其人，而卷中缺之者。大抵续者居十之九，而补者不过十一。其中又以粤人为多，其略异于初编者，如胡渭、惠士奇、崔述诸人，重考其学，不论其诗。惠本工诗，有《北征》、《峥嵘》、《东中》、《红豆》、《呓语》、《谪居》诸集行世，维屏未之见也。崔本无诗，此仅举其楹联，则非标揭诗人之旨矣。卷二十五记阿桂，亦非诗人，因其奏中言及铸炮，遂博考诸书之言炮者。赵翼、洪亮吉已见《初编》，而卷三十三再记赵翼，因其杂记中言及银币，遂博考诸书之言银者。卷四十七再记亮吉，因其文集

中有《西海释》一篇，遂缀以自著《老渔閒话》之话及海外者，盖维屏晚岁蒿目时事，有所触而涉笔及之，不复如《初编》之谨严。序称距初编之成二十年，盖由嘉庆二十四年计之，但所掇拾无多，仍是“录千百于十一”而已。

1165 东轩吟社画像附传一卷光绪丙子振绮堂刊本

是卷首费丹旭所绘《东轩吟社图》，图中画二十七人像。二十七人者，汪鉽、庄仲方、黄士珣、项鸿祚、严杰、汪远孙、费丹旭、高垲、诸嘉乐、吴振棫、夏之盛、汪皐、胡敬、邹志初、赵钺、龚丽正、赵学辙、张应昌、汤贻汾、陈善、钱师曾、汪适孙、张廷济、汪迈孙、汪秉健、释了义、吴衡照，像后录黄士珣所为记，时道光甲午岁也。吟社主人即汪远孙，同治甲戌其从子曾出此图，属诸可宝各为之传，张炳堃序其首，末附张珍臬、陈奂诸人题跋，以可宝书后殿焉。与是社者七十六人，不能全举其名，此二十七人皆一时名彦，比之兰亭陈迹不没人间，殊足纪也。

1166 艺林汇谱一卷续一卷传抄本

清翁方纲编。是书题下自注云：纪载始于苏文忠公生，终于陆清献公殁，凡六百五十七年。又续一卷，接朱竹垞游广，止于查初白殁，凡二十六年而断，盖未成之书也。所纪如苏东坡、黄山谷、王荆公、陈后山、司马温公、曾子固、米元章、陆放翁、朱晦庵、元遗山、赵子昂、虞道园、邓善之、张伯雨、沈石田、吴匏庵、李空同、王守溪、李西崖、王文成、文衡山、董文敏、黄石斋、钱牧斋、曹秋岳、吴梅村、高江村、王渔洋、朱竹垞、查初白，纪其生卒，并纪其事，惟甚略；余人但纪生卒而已。亦间纪他事及时事，如嘉定十七年纪“《文献通考》载事至是年止”，德祐元年纪“元伯颜入建康”之类是也。书无序例，古亦无此体，所标举又不能备，大抵读书之暇随笔偶记而已。

1167 闸义二十二卷康熙丁亥刊本

明吴肃公纂。肃公字晴崖，安徽宣城人。是书首有张自烈序，又有梅庚、刘楷二序，末有沈廷璐跋。廷璐为肃公门人，肃公卒，稿藏其家，楷见而刻之。与庚序、廷璐跋同时作，自烈序则旧作也。中分义民、义客、义属、义弟子、义童、义工、义卒、义道士、义僧、义女、义奄、义隶、义仆、义婢、义丐、义屠、义盗、义优、义倡、义兽、义禽、义虫鱼，凡二十二部，每部各有小序。旧总十二卷，廷璐改为二十二卷。以类相从，视旧为善。按肃公身为遗民，茹亡国之痛至切。是书有托而作，大旨见每部小序中，廷璐跋称"得书家藏锋、医家及治法"，是矣。《义民·序》谓"《诗》言'率土之滨，莫非王臣'，然民奚足拟臣？其于君也，可去可就，可后可仇，顾观于前代，编户穷庐，慨然激烈，未尝不间出于君亡国破之际，民以下若卒若隶，以迄含牙戴角之伦，靡不各效其灵于所当报"云云。所采自史传外，旁及稗野，但以本事为主，词简而例严。中如"义民"之记苏民死义者，及萧伦、髯樵，"义客"之记徐起凤，"义弟子"之记（之记）梁份、俞载公，"义工"之记武风子，"义卒"之记俞希龙，"义僧"之记海明、澹斋，"义女"之记崇祯宫人费氏，"义奄"之记崔升、李凤翔、马国元、史宾、韩赞周，"义隶"之记凌国俊等九人，"义丐"之记百川桥乞丐黑牯，"义优"之记汪张飞，"义（娼）[倡]"之记黎应祥，皆近在崇祯末年，且在弘光、永历间者。且所收不以盖棺为限，如魏禧弟子梁份，其卒尚在雍正后可据也。所引之文，如李清、黄宗羲、顾彩等，其人亦现存，则又事取征信、不尚避嫌也。自烈序尤沈痛，谓"禽兽去人霄壤，顾不待教戒，往往与义合。今人求近于义兽不可得，焉得而人之？殆有愤于其时之忘事虑者"。自烈亦遗民，与肃公志同故也。廷璐跋又称"肃公尚有《义貊》一卷，诠次未成"。按"义貊"云者，推其意殆欲得如冉闵、李嗣源之流，自以身为胡人，一愿奉土归中国，一愿天早生圣人，皆义也。然二人空有其言而无其事，是以此类终付缺如，曰"诠次未成"

者，有所待也，其旨盖昭然若揭矣。按是书以义为类，虽无儒之名，而所行皆儒之事也，故入于此。

1168 宋季忠义录十六卷附录一卷补录一卷四明张氏刊本

明万斯同辑。斯同字季野，浙江鄞人，布衣。《万氏宗谱》、《家集录》载是书十六卷，全祖望《甬上耆旧诗传》所载同；而王士祯《香祖笔记》作十二卷，当是不全之本。是本无序例。卷一《恭帝本纪》，卷二《端宗末帝本纪》、《广王本末》、《卫王本末》，卷三自江万里至刘辰翁，合附者凡六百八十三人。盖据《宋史》及野史、各方志搜辑而成。然二帝纪兼录《元史·世祖本纪》、《续通鉴纲目》诸人传，并采诸家所为传，殆是草创之稿，未经编定，亦不无遗漏、舛误。按邓光荐尝撰《文丞相督府忠义传》，所载五十五人，是录缺十七人。又是录既题"宋季忠义"，自应以宋季抗元为限，而卷中王复系在建炎死金难，于例似有未符。又卷中何中、梁栋、罗椅，斯同作《遗民广录》订误，均斥之，而仍存于录，俱所未解。是为张寿镛所刊，寿镛重为编定，有所增并，亦未能尽善也。

1169 忠孝节义录不分卷明万历刊本

明陶登辑。登字汝高，山西绛州人，万历壬辰进士，官运判。是录乃登纪其先德。首陶氏世系考，其先出于晋东乡侯侃。元时再徙绛，始祖贵。七传至铨，正统乙丑进士，官至陕西参议。铨第四子玺，天顺甲申进士，官至河间长芦运使。第五子琰，成化辛丑进士，官至兵部尚书，以老乞休，卒谥恭介。琰长子滋，正德甲戌进士，官至刑部河南司郎中。琰第二子治，以宦生宦运同。琰三子沐，沐长子祐，俱布衣。登即祐之长子也。铨父子四甲科，曾孙登又以甲科继起，一门鼎盛，而铨抗王振，琰忤刘瑾，滋争大礼，直节萃于一门。余则居官居卿，俱著令德。是书辑铨以下各像与传，并摘录当官奏疏、历任考语、身后旌奖及一时题赠、挽吊之作。书为万历辛丑五世

孙重茂、六世孙世征所刊。登传以下，当系重茂等补录，首有左春坊左谕德兼翰林院侍讲陈懿典序，末有吏科都给事中曹于汴跋。

1170 本朝忠义录十六卷崇祯己巳刊本

明徐与参辑。与参，字原性，浙江兰溪人。是书首有自序，题《本朝生气录》，生气即忠义也。以类相从，曰《开国忠勋》，曰《靖难殉节》，曰《土木蒙难》，曰《抗节精忠》，曰《殒节行间》，曰《婴城全节》，曰《贾勇陷敌》，曰《攖鳞戆谏》，曰《忤权惨祸》，曰《诬构奇冤》，曰《慷慨仗义》，曰《捐躯成孝》，曰《内侍殚忠》，目凡十三。《靖难殉节》又分"朝臣"、"外臣"、"武臣"，附"靖难忠勋"各为一卷，《贾勇陷敌》分上、下卷，余目各为一卷。惟其中分目，稍未了晰。如杨继盛以讦严嵩获罪，杨涟以讦魏忠贤获罪，其事略同，而一入《攖鳞戆谏》，一入《忤权惨祸》之类。其《贾勇陷敌》下卷为抗满洲死节者，孙膑、梁平、崔世荣、吴昂、王治道、郎得功、李如松、张承胤、刘铤、杜松、江万化、祖天定、刘招孙、王宣、赵梦麟、马林、尤世功、陈策、周敦吉、张名世、吴文杰、秦邦屏、戚金、张神武、罗一贯、陈尚仁、王崇信、丁文礼、李国保、刘委、韩世卿、祁秉忠、张盘、朱国昌、鲁之甲、李承先、钱应科、鲁钦，又辽沈阵亡诸将不能遍举姓名者一百余人，亦以见诸将士抗战之烈而无政府之失算与专阃之非才何也。序题崇祯己巳，即二年，故《贾勇陷敌》卷中，满桂申甫等未得入，《诬构奇冤》卷中，袁崇焕未得入，录中诸人《明史》无传者居大半，非得与参之采辑，名氏将终付翳如矣。

1171 二续表忠记八卷康熙戊寅刊本

清赵吉士纂，卢宜辑。无序例。盖承《续表忠记》而作也。《续表忠记序》称记天启改元，迄崇祯甲申，诸君子之死阉祸、死国难者。按国难兼流寇清兵言，或一人独立一传，或数人共立一传，亦同

前书。惟是书自五卷以下，记及南渡以后诸忠；又卷五卷七中间及明遗臣遗民，皆不能备；而所记启、祯诸臣，不必皆死忠者，谓之《启祯名臣记》亦无不可。卷二《袁崇焕传》，称又获间牒，讹言崇焕密约通款。按满洲纵间谍杀崇焕，清高宗于《御批通鉴辑览》始详之，而吉士传中已及此。又卷二《黄龙传》中，记毛文龙死后，东江变乱始末，而以杨嗣昌之撤迁其军民为是，东江牵制之为空言，论极公允。诛一悍将，又为国家岁省百数十万兵饷，则崇焕之于东江，洵有功而无罪。按是书成于陆翼王《争光集》、屈翁山《成仁录》之后，所记之人与事，可信者居多，而亦不能无误。如《徐汧传》中，言张采、张溥先汧卒，按张采之卒在顺治六年，在汧之后。又《叶廷秀传》，言廷秀为僧匿山寺，后得危疾终，按廷秀于顺治八年殉节东昌，阎古之哭诗，比之文山柴市可证。如此之类，间所不免。诸传后多有附记及诸人评语，亦与前书同。

1172 **梓里表忠录五卷**同治己巳刊本

清玛佳恒秴编。恒秴，满洲正白旗人，官正白旗右翼翼尉。梓里者，就本旗言也。首有全庆序，又有恒秴自序及凡例。从咸丰初年，金田发难以后，本旗死事诸臣，（立）［未］为立传，或抄从《国史列传》，或采自家乘历略，或搜之旗储官册，或得之道路传闻。其科尔沁亲王僧格林沁、内务府大臣文丰，特录于卷首，以二人为本旗正副都统也。卷一至二，为多隆阿以下五十三人；卷三健锐营六十二人，圆明园三十八人，外火器营三十人，火器营三十三人，前锋营二十六人，护军营十五人；卷四特穆恩以下十三人，又健锐营十八人，圆明园三人，外火器营五人，火器营三人，前锋营一人，护军营一人，骁骑营一人。按卷四诸人当是补遗。各传或全录诏谕，或信笔叙述，绝无文采。又或仅隶某参领，第几佐领及阵亡之时与地者，甚或并阵亡之时地亦不可考者，然此数百人之名氏，湮没者居十九，赖此以传。得此但满洲之一旗耳，且咸丰至同治二十余年间事耳，此外灭没者何限，视咸同间诸省采访忠义局录及黔黎匹妇者，抑何不幸也。

1173 三忠传一卷光绪刊本

三忠者，塔斯哈及其二子长瑞、长寿也。瓜尔佳氏，满洲正白旗人。塔斯哈以笔帖式积军功至喀什噶尔办事大臣，塔什干爱曼布鲁特别什噶尔等倡乱，战殁，谥庄毅。长瑞由健锐营前锋随征喀什喀尔逆回，升至前锋校，以父荫赏三等侍卫，洊升至天津镇总兵。长寿以父荫赏蓝翎侍卫，官至凉州镇总兵。俱从赛尚阿剿贼广西，战殁。长瑞谥武壮，长（泰）［寿］谥勤勇。是编为长寿子荣禄所辑，首有全庆序，次录恭亲王以下诸人题词，次录圣谕六道，御赐祭文三道，御赐碑文三道，国史三列传，庄毅公遗像赞，题庄毅公遗像，双忠传、家传、别传、书传后诸篇，并荣禄所为《义仆》、《义马》二记及跋。

1174 垩室录感一卷

明李颙录。《礼》：人子居亲丧，涂壁令白，名曰垩室。颙时居母丧日，杂举诸孝子事以寓所感，故名之也。所录辛复元、曹真予、贺文忠公、何北山、吕泾野、费文宪公、王心斋、陈云逵、李霖雨、任元受、夏旸、顾忻、李琼、曹良良、相城乞儿、襄城男子，凡十六人。其中，吕泾野录二事，夏旸是石工，李琼以贩缯为业者，曹良良乃仆人之子，且采及乞儿，孝无分于贵贱也。襄城男子，至杀身以供父之一饭，极人生之至惨矣。每条颙皆有论，不外反身自省，读之真一字一泪。卷首及末有颙自识，又有其门人王吉相序。

1175 尚友记残本一卷遽雅斋影印本

清汪喜孙撰。喜孙字孟慈，江苏江都人，嘉庆丁卯举人，官至怀庆府知府。按喜孙为汪中之子，亦擅文学，博掌故，据其子保和所作行述，称其著有《国朝名臣言行录》、《尚友记》、《从政录》、《大戴礼记补注》、《且住庵诗文稿》诸书，除《从政录》外，俱未刊行。

按王藻序钱林《文献征存录》，称稿存喜孙处，索之，色吝甚诡云云。或者遂疑喜孙有郭象盗庄之意。今观是记，全是辑缀旧文，与钱氏录自为叙述者迥殊，则疑者过矣。行述不著卷数，此所存者，郑虎文、赵怀玉、焦循、丁杰、臧礼堂、孙星衍、程晋芳、刘台拱、李惇、任大椿、卢文弨、汪莱、李因笃、冯廷丞，凡十四传，体例全仿阮元国史儒林、文苑传。闻原书系四卷，喜孙曾写以赠高丽柳得恭，今归日本文学博士藤冢邻云。

1176 先友记一卷光绪仰萧堂刊本

清张星鉴撰。本名《怀旧记》。首有序，言取潘安仁赋意，所记凡十人，曰顾锡祉、钱绮、季锡畴、王振声、李可玖、马钊、何秋涛、叶名沣、顾瑞清、袁瓒，皆记其里居，仕履、学行、著述、寿数。据记顾锡祉为顾亭［林］裔孙，尝刊行亭林《宅京记》。钱绮曾著《南明书》三十六卷，今未见传本。季锡畴尝为常熟瞿氏修藏书志，今所得《铁琴铜剑楼书目》，殆出其手。但所举著述，多有漏略，如钱绮著有《钝砚卮言》，何秋涛著有《一灯精舍甲稿》，叶名沣著有《读易记》、《桥西杂记》、其《敦夙好诗集》尚有续刻，此俱未及。盖闻见偶疏，所致要诸人皆足传也。

1177 寿者传三卷乾隆乙巳刊本

宋陈懋仁撰，懋仁字无功，嘉兴人。是书不见前人著录。任兆麟求得之，为之订正付梓。书分三卷：帝王、国老、庶老，各为一卷。每人一小传，各系以赞。帝王则太昊氏、女娲氏、炎帝、黄帝、少昊、帝喾、帝尧、虞舜、夏禹、成汤、古公、季历、周穆王，凡十三人；国老则彭祖、伊尹、吕尚、召公、李耳、张苍、范长生、张窃、顾思远、罗结、曹宪、甄权、裴知古、张祜、刘元、童参、谯定，凡十八人；庶老则王安、班壹、窦公、泰山老父、龙丘苌、华佗、赵瞿、梁顷、张元始、赵逸、于伯龙、轩辕集、李元爽、嘉祐黠卒、杨

氏父子、刘珏、韦旻、龙光寒，凡十八人。传中引及叶石林语，盖讫于南宋也。首有女士江珠序，后有兆麟跋，序跋后并有赞，又有王鸣盛、许宝善、陈大文、朱奂、钱大昕阅观读等字。

1178 庆诞记二卷道光戊申刊本

清张邦伸撰，其子怀洵补注。邦伸字云谷，四川汉州人，官河南固始知县。怀洵嘉庆辛酉举人，大挑知县，以亲老请改教职，终会理州学正。是书又名《稽古生辰录》，体略似钱大昕《疑年录》，但记其生不记其卒，且所记凡帝王将相、圣神贤哲、佛祖仙真、忠孝节义，并及有功德于民之享祀者，而又摘录其事实，以备稽考。此皆异于大昕者。所据至佛道书、《搜神录》、《桃园记》之类，未免滥杂。即开首第一条庆寿礼，不过淳熙十三年正月一日行之，并非高宗生日，亦未免自乱其例。邦伸创稿仅教人、怀洵广之，并为之注。首有姚莹、陈际虞二序，际虞为怀洵女夫，即刊是书者。序言怀洵尚有《鼎元录》二卷，《蜀中经籍志》四十卷，藏于家。而邦伸所著行世者，别有《锦里新编》十六卷，盖父子皆留心文献者。

1179 历代寿考名臣录不分卷文学山房活字印本

清洪梧辑。首有梧序，称同人纂辑，又称“宫保爵中堂方拟全辑，寿考名臣言行以为完书”云云。所称同人及宫保爵中堂者，无名氏可考，不知何人，当是承某中堂之命纂辑此书，又非梧一人之力也。其书起周讫明，计周八人、汉三十五人、三国十人、晋十四人、南北朝十八人、唐八十八人、宋一百九十一人、辽金五十一人、元六十八人、明一百一人，俱依二十二史编次。例自七十岁以上，官至卿位以上，方得编入。诸人略具里居爵谥。又附录寿考诸臣一百三十二人，汉之张苍，晋之王祥，唐之屈突通，五代之张金义，宋之赵普、李昉，明之朱升、宋讷等俱入之。以诸人身事二姓故也。但采录仅据正史，不无遗漏。而名臣中间有碌碌无甚建白，不副其名者。宋之梁

颢，俗传其晚年登第，按其卒年，止四十二，此云九十二岁，亦误也。梧序作嘉庆二十一年，书为文学山房活字印本。

1180 新编古列女传八卷考证一卷嘉庆丙辰刊本

汉刘向编撰，清顾之逵校刊，顾广圻考证。后有之逵跋，谓考《颜氏家训》，知曹大家注本已有羼入者，宋苏颂、王回又出己意更改，蔡骥遂散颂入传，而建安余氏勤有堂所刊，兼逸去颂义大序及鲁师氏母一传，迥非刘氏之旧，是刻悉仍不改，云云。刻既成，广圻参核异同，亦略补正讹脱，成《考证》一卷，附于书后。其中多采段玉裁说，且及其师戴震说，虽亦有所是正，而征引未博。谓传与颂皆刘向作，其子歆所作别有《赞》一卷《隋志》所载甚明，后人误读致混，甚是。又谓序称每篇皆十五传，今《母仪篇》止十四传，据《齐风正义》引《列女传》，鲁师氏之母齐姜，戒其女曰："平旦纚笄而朝，则有君臣之严。"庄廿四年何休注，其言与《列女传》同云云。今本无此传，当即所缺之篇。按《师氏母传》，《御览·礼仪部二十》引其全文，广圻未之考耳。而《御览·皇亲部一》，引《列女传》云："黄帝妃曰嫫母，于四妃之班居下，貌甚丑而最贤，心每自退。"海盐吴骞据以补于今本之首，与广圻所考互异，究未知谁是也。之逵字抱冲，江苏吴县人，岁贡生。首卷有钱大昕作小传。广圻字千里，诸生，之逵族弟也。

1181 列女传校注八卷道光振绮堂刊本

汉刘向撰，清女士梁端校注。端字无非，浙江钱塘人，梁玉绳女孙，汪远孙室也。是书首有梁德绳序，其姑母也。又有汪远孙序。依顾之逵本而考证，增于广圻据《大戴礼》、《御览》、《类聚》、《渚宫旧事》诸书，以校传注。又增引王照圆补注，及孙志祖、臧庸、卢文弨、黄丕烈、陈奂诸家说，皆广圻所未及也。单就卷一言之，中如：《有虞二妃传》"事瞽叟犹若初焉"，"初"字旧脱，引《御览》补。

《契母简狄传》“与其妹娣”，增引《御览》“妹娣”作“姊妹”，又“误而吞之”，引《御览》下多“有妊”二字；《启母涂山传》“涂山氏长女也”，引《类聚》下有“曰女娇”三字。《汤妃有㜪传》，引《御览·皇亲部一》“汤妃，有莘之女也，德高而伊尹为之媵臣，佐汤致王，训正后宫，嫔御有序，咸无妒嫉逆理之人。生三子：太丁、外丙、仲壬。教诲有成，丙、壬嗣登大位”，又引《后汉书·崔琦传》注“德高而明，伊尹为之媵臣”，《北堂书抄·后妃部一》“有㜪高明”，《后妃部二》“训正后宫，嫔御有序”。证今本有脱文，又“颂贤行聪明”，引《北堂书抄》，“贤”作“质”；《周室三母传》，“有吕氏之女”，引《类聚·后妃部》、《御览·皇亲部一》，“吕”作“台”；“端一城庄”，引《御览》，“一”作“懿”；“耳不听淫声”，引《御览·人事部一》，作“恶声”；“口不出敖言”，引《御览》作“放言”，又作“恶言”；“以一而识百”，引《御览》，增“卒为周宗”四字；“坐不边”，引《大戴礼·胎教篇》，“边”作“差”；“目不视于邪色，耳不听于淫声”，引《大戴礼》二“于”字；“自少及长”，引《类聚·后妃部》，增“常以正道提持之”七字。《鲁季敬姜传》“尽在经矣”之下，引《御览·资产部六》，增注云：“注者总丝缕以成文采，有经国治之象”；“所以正曲枉也”，引《御览》，无“曲”字；“所以均不均服不服也”，引《御览》，无“不均服”三字；“捆可以为大行人也”，引《御览》，“捆”作“梱”，无“也”字；“综可以为开内之师”，引《御览》，“开”作“关”；“楚子发母□，政秦绝槿”，引《类聚》、《御览》，“秦”下有“军”字；“士卒得无恙乎”，引《聚类》、《御览》，无“得”字；“士卒并分菽粒而含之”，引《类聚》、《御览》，无“并”字；“客有献醇酒一器”，引《渚宫旧事》、《类聚》、《御览》，“器”下增“者”字；“王使人往江之上流”，引《渚宫旧事》、《类聚》、《御览》，“往”改“注”；“味不及加美”，引《渚宫旧事》，“及”作“足”，《类聚》、《御览》作“味不加喙”；“而士卒战自五也”，引《渚宫旧事》，“五”下有“倍”字；“而战自十也”，引《渚宫旧事》、《御览》，“十”下有“倍”字；“非其术也”，引《渚宫旧事》，“术道”；《孟轲母传》“学

所至矣”，引《御览》，“学”下增“何”字；“自若也十下”，引《御览》注云“言未能博”；“今者妄窃堕在室”，引《御览》，“堕”作“惰”；“而责礼于人”，引《御览》，作“而责于妻”；“而明于姑母之道”，引《御览》，“母”作“妇”；《鲁之母师传》“吾从汝谒往监之”之下，引《御览》注云“谒，诣也，监视也”；“少系父母”，引《类聚》、《御览》，“系”下增“于”字；“天阴还失早”，引《御览》，“失”作“太”；“夕而入”，引《御览》，“夕”下有“待”字；“一日从北方来”，引《御览》，“一日”作“母”；“至闾而止”，引《御览》，“闾”下有“外”字；“良久夕而入”，引《御览》，无“夕”字；“独与九子□腊月”，引《御览》，“月”作“日”；“恐其酺醵醉饱之下”，引《御览》注云“酺醵，合聚饮酒也”；“期尽而入”，引《御览》，作“尽期”；“使明请夫人”，引《御览》，“明请”作“朝谒”。如此之类，补正不少，其他□证训义，亦视顾本为增，卷二以下视此，端得素致力是书，而讲解高又其父与夫之益，宜其优于王、顾二本也。

1182 广列女传二十卷附录一卷同治己巳重刊本

清刘开纂。前有阮元自序及序、方宗诚序，并行状。杨传第后叙。刊于道光丙午，版旋毁于乱，重刊于同治己巳，增吴坤修弁言，而开之子继于两刊本皆有跋。传分曰十一，曰皇后类，曰王妃类，曰公主类，曰母仪类，曰女范类，曰节妇类，曰烈妇类，曰贞女类，曰孝女类，曰奇女类，曰附录类。卷帙多者或分二卷、三卷以至四卷，虽因于刘向书，而目各不同，且向书善恶并列，此则但列懿美，而［不］载恶行，至于所采诸书，或删易本文，又间引小说家言，殊乖体例。原开辑是书之意，因其母吴氏苦节抚孤，以至成立，因□成此，以彰母德。其后开客死亳州，妻倪氏闻丧归，自经以殉。一门两代，并著节烈，故同治重刊，复于卷后附入方东树、包世臣、梅曾亮、姚柬之诸志传，犹开志也。开是书征引过繁，中多讹错，校者腹笥过俭，沿而未正者尚不少。末附刊校员郑襄原禀，所闻未见书一百

四十二种，皆罕见。覆审者竟乏其人，殊可怪也。

1183 中兴将帅别传三十卷光绪丁酉刊本

清朱孔彰撰。孔彰字我山，江苏长洲人，举人。是书无序例，为卷三十，卷三、卷六、卷七、卷十、卷十一、卷十三、卷十四、卷十六、卷十七、卷十九、卷二十三、卷二十四、卷二十六、卷二十八、卷二十九，各分上下，卷十八、卷二十五，各分上中下，人为传，或一传占一卷，或数传共一卷，略以类从。传后有评，凡一百有六人，附传若干人，惟□忠武部曲罗罗山弟子别为专篇。卷一曾国藩、胡林翼、江忠源等传，中兴之功，曾、胡并称，江有曾、胡之才而未成者也。卷末华尔、勒伯勤东、法尔第福、戈登，以泰西人代我平乱，此例外也。孔彰父骏声，尝参国藩幕府，孔彰少闻诸论，熟于咸同军事，参以官报、家状等，撰成诸传，要之俱可征信。惟特详于湘军将帅，淮军次之，诸将帅特详，此外难免漏略，即如丰顺丁巡抚日昌、东莞张布政敬修，皆未采入，又如袁甲三、吴棠辈，皆以军功致通显，而皆遗之。而湘军中若陈湜、李桓者，乃不得比于罗山弟子之数，他可知矣。

1184 逊国神会录二卷康熙乙卯刊本

题新安黄士良纂。据蒋瑶芝后跋，知其字元寔，其父盖以国学生殉节者，而名不可考矣。其目为《表忠圣谕》、《表忠纪序言》、《二亲臣传》、《殉难列传》、《死义列传》、《死事列传》、《死战列传》、《从亡列传》、《隐遁列传》、《后死列传》、《三不忠传》。按即窃钱士升《表忠记》而易其名。其《表忠圣谕》，即钱记首卷之《纶音》；《表忠纪序言》，即士升原序而删其后半。此外分目全同钱记，惟钱记有正讹及附录，此则缺之，钱记作十卷，此并为二。各类中，或目具而传不同，或传全缺而仅存一赞。增于钱记者，每段有杨思本评，亦欠情精切，题曰《神会》，亦不知是何取义。按钱记刊于崇祯癸酉，下距乙卯才四十余年，竟敢公然窃人所作而授之梓，又删其所不当

删，以视郭象盗庄殆有甚焉，殆极妄庸人所为也。

1185 懿畜前编不分卷懿畜后编不分卷旧抄本

明黄道周撰。无序例。前编有诸葛亮、魏徵、韩琦、魏相、狄仁杰、富弼、王导、裴度、寇准、张良、谢安、李泌，传凡十二。后编有杨士奇、李贤、彭时、商辂、王鏊、梁储、解缙、薛瑄、岳正、王恕、马文升、刘大夏、夏原吉、于谦、王守仁、黄福、王翱、梁材、倪岳、杨守陈、吴宽、陈选、吕柟、舒芬、宋礼、陈瑄、周忱、刘定之、杨廷和、杨一清、徐阶、胡宗宪、唐顺之、沈希仪、俞大猷、戚继光、刘显、高拱、张居正、靳学颜、徐贞明、吕坤、朱燮元、熊文灿、杨嗣昌、魏校，传凡四十六，内李贤、彭时、于谦传各两见。又附见者十余人。考庄起俦撰道周年谱，崇祯甲戌五十岁条下记："尝于历代史中，自汉迄宋，取十二人，自为传，三传为卷，每传各以行事相比，曰《懿畜前编》，首诸葛侯，终邺侯。又取明兴以来杨文贞而下，得二十四人，所附见者凡若干人，曰《懿畜后编》。二编皆总厥大义，或详或略，非复史臣之所能到"云云。今以是本证之，与《前编》合，惟《后编》多至四十六人，与所称二十四人者不合，其中且有熊文灿、杨嗣昌，姑勿论薰莸不同器，而文灿死于崇祯十三年庚辰，嗣昌死于崇祯十四年辛巳，又岂道周著书时所得见？又张居正传后附其曾孙同敞，叙及顺治七年事，则道周卒已久矣。而诸传中屡称"我大清"云云，尤不应出诸道周之口，大抵《后编》多有他人附益。又证之庄谱，《后编》但言杨文贞以下，不能举其所讫，殆必未见定本，究为二十四人与否，尚难确信也。又据《黄忠端全集》卷首，所举郑白麓本，《懿畜》一编，有诸葛武侯、魏司空、韩侍中、魏宪侯、狄梁公、富郑公六传，《前编》止得其半，而《后编》全缺，以故刊遗书者不之及。是本增出之传，其中必有赝作，其不分卷，或传写者为之。至于传不以时之先后为次，则作者自有主旨，《前编》固无可疑也。

1186 瘿史一卷［咸丰六年印本］

清梁清远撰。清远有《雕丘杂录》，《四库》已著录。是书首有清远自序，称官闲无事，撰次里中先贤遗事，自醇德姱节以至女子小人一端之行，皆可纪述云云。传凡十二，《双烈传》纪一妇一女，《真定三子传》纪三才士，凡十五人。赵登者仆也，老姑娘者婢也，熙真子则其妻也，瘿冠道人则自寓也。史而名之曰瘿，义见是传。传后有论，或称梁清远，或称梁子，或称无垢氏，又或去名氏单题“赞”字，文亦雅健。序署顺治乙未二月，当刻于其时。是本咸丰六年史策先跋，盖旧板重印者。

1187 昭代名人尺牍小传二十四卷道光丙戌刊本

清吴修辑。修字子修，浙江海盐人，诸生。是书有修自序。修少好旧人尺牍，就所蓄及见诸收藏家者，以清代为限，钩而刻之石，题曰《昭代名人尺牍》。凡六百余家，各为小传，以资考核，即是书也。其间大率理学、忠孝、名臣、逸士，其他皆研经、治史、考金石、工诗古文词曲、善书画诸家，间及平生师友之已故者，其人皆可传，不徒重其尺牍也。诸小传繁简不一，有仅著其爵里者。又卷一顾炎武等三十余人中，大半是明遗民，而亦入之昭代者，选录之书不以史例拘也。

1188 芦浦笔记一卷刊本无年月

题驴背逸民述。按述者盖杨象济也。象济字利叔，浙江秀水人，诸生，尝参江忠源、张亮基军。自云，得庄芝阶中书所为《殉节诸公传》一册，因记其所及知者。所记除葛云飞殉夷难外，他皆咸丰、同治间殉洪杨之难者，其中有显有不显，且有竟忘其名者，如记“何游击”是也。所记吴定州、鲍宗轼，行动矫异，而皆功成不受赏，奇士

也。又记韦九升妻率家丁余勇，为夫复仇。栾何□沈云英，则奇女子也。记粤产鳔胶，坚劲可御铅子，可备参。记杨文轩于武昌城破日，引常巡抚至其家，从容请其报国，常战栗，杨引带缢之中梁，俟其气绝，自缢于旁。按巡抚即常大淳也。若杨者，可谓成人之美矣。而常亦以殉节受恤，得毋强耶？记江忠源田家镇之役，由同乡首府某煽惑楚勇，致不力战而败，他记载未有及之者，别有《忠源传略》，特详。其《书高参军殉节录后》，谓陆建瀛之罪，不系于退九江，因壬寅夷祸以后，兵制尽弛，其出防也，迫于朝命，仅调护漕卒二千以行，本不堪战，即不退亦败，其咎在平时不知振刷，以备非常耳。按此论甚允。记又全录陈庆镛奏剿贼情形疏及两片奏，以为洞见时势。又附自作《上唐方伯书》、《致陈琴斋》二书，孙光裕、姚近宝答书皆涉于兵事者。方伯，唐训方也。记江忠源一诗，为编遗集者所遗，后又附题词数诗。

1189 竹窗笔记一卷光绪刊本

清醇亲王奕譞撰。是书述宣宗俭德及穆宗之孝、慈禧后之慈、生母顺成贵妃之教，又少时学骑射、习清文种种佚事。推其意，非仅记宫廷遗闻而已，殆借此以讽谏。如宣宗撤外学优伶回籍，严惩太监曹进喜，而慈禧后则嗜戏成习，不吝赏赐，又宠眷太监安得海、李莲英等，不啻陈祖训而使之心有所怵也。所述穆宗之孝、慈禧之爱，又若为德宗树之楷则者，醇王即德宗也。所记事虽琐细，如见其谦谨之心，不但备宫廷之掌故也。

1190 船山师友记十八卷光绪丁未刊

清罗正钧纂。按邓显鹤选《沅湘耆旧集》尝集船山之友，别为一卷。刘毓崧撰《船山年谱》，于交游中有关涉者皆附于篇。然邓氏以诗存人，且例不得及湖外。刘氏征录仅据《遗书》，又以出处义行为主，而略于交谊。正钧此记，兼用二家之例，而略广之，搜采较博，

得百五十七人，人具爵里事迹，无可考者，但就《遗书》所记录之，其《遗书》中仅见姓字者，则备论而仍缺之。凡《遗书》一话一言及于其人者，举摘录于各人小传之后，他书之可征信者，亦附之。有疑难待稽，则自为按语，具于其后。记父兄者，列为卷首。当时提学举主，他若蔡忠烈诸公，有知己之言者，次之。乡先达如伍学父诸人，会交之友如夏叔直诸人，及乙酉丙戌避乱湘来所为主诸人，在戊戌从王之先，惟岭外同僚以名位相次，汇为二卷，躐置于前。至辛酉返楚而后，所过从多是遗民，稍以类从，共为四卷。又后进一卷，门人一卷，亲懿子弟一卷，其闻声相思如顾亭林辈别为一卷，叙赞一卷则自表著书之旨也。卷首有陈三立序。据叙有补刘氏《船山年谱》，补是书以行。今未见刊本，岂以王之春辑本先行，遂谦让不肯出耶？

1191 **鸳湖求旧录四卷**民国己未刊本

清朱福清纂。福清字仙槎，浙江嘉兴人。考《舆地纪胜》，鸳鸯湖在嘉兴郡南，湖多鸳鸯，故名。曰鸳湖，省词也。福清之祖茂曙，尝撰《南京求旧录》，经乱散佚，故袭其名。是书首有陶葆廉序，又有凡例，以嘉兴、秀水二县为限，本籍他徙者、他籍侨寓者亦入之。凡已见郡、县志者不录。原委未详者，别为小传，附于各卷之后。每传或附论或缺，所采录大抵乡里布衣，绝无显官、商贾、僧人、妇女，下至仆媪，一事足录，综其平生，所重在孝友、节义、慈惠诸事。惟文笔甚拙，卷中如王元松、王张氏、顾宝清、郭椿、郭照、徐吴氏、王宜穀、时宜吉、朱孝子、朱锡祺、顾仰臣诸传，全录他人之文，盖意在传其人，不必词自己出也。传中之人，率在道咸以后，惟第四卷王士麟乃顺治辛丑进士。又《带湖独叟传》亦录他人作。在作者不过如《醉吟先生传》例，非有所讳，福清亦竟不补其姓名，则又何为录之耶？

1192 克复金陵勋德记一卷曼陀罗阁刊本

清刘毓崧撰。为曾国藩及其弟国荃克复金陵作也。卷首有杜文澜序，称“荡平粤寇，大勋伟绩，中外咸知之而喜言之。然其渊虑宏谋，运画于成功之先，措置于成功之后，则有知所不能尽、言所不能详者。是篇语必纪实，无一浮词，其推阐成功之由，尤为详备”云云。全篇集唐文，凡数千言，语语贴切，不啻已出，洵难得也。

1193 福珠洪阿兄弟殉难事实一卷宣统元年石印本

清福珠洪阿，苏完瓜尔佳氏，满洲正黄旗人。咸丰二年，洪杨军北犯，两江总督陆建瀛溃败，提督福珠洪阿率死士守江宁城，城陷殉节。其弟福珠诚阿更名福诚，先于道光末年，以陕安镇总兵殉难湖南石首铺。又后九年，而其季弟金华协福昇，从巡抚王有龄殉难杭州，子咸山从死，一门妇女皆尽节。又三年，而福珠洪阿次子出后福昇者，以剿山东教匪死于高唐。是卷首录两江总督曾国荃请立专祠奏折，次《国史列传》，又次李映庚所撰家传。

1194 二林居集二卷正觉楼刻本

清彭绍升撰。序题名臣事状，凡十七篇，曰魏象枢、李之芳、汤斌、熊赐履、张贞生、徐元文、于成龙、李光地、陆陇其、赵申乔、蒋伊、张伯行、陈鹏年、杨名时、孙嘉淦、沈起元、雷鋐诸事状，皆采合诸书而成。以方望溪所记佚事数篇为尤要。大旨见所为《书后》二则。末附自撰其父兵部尚书启丰事状。按汤斌事状中所载斌示谕“爱民有心，救民无术”语以闻于上者，乃徐乾学，非明珠、余国柱也，见李光地《续榕村语录》。又按熊赐履伪理学也，事状载康熙十五年陕西总督有开复疏防官员一疏内阁误票云云，即《续榕村语录》所云嚼签子事，此市井无赖所为，讵足以当“名臣”耶？赵申乔于康

熙五十年劾戴名世《南山集》，致兴文字大狱，事状不载，其居心惨酷至此，他又何足论耶？至如沈起元、雷鋐辈，于“名臣”之称似亦未副。又按诸事状皆见嘉庆四年刊本《二林［居］集》卷十二至卷十八，惟是本事状后多汪大绅评语，异于集本耳。

1195 仙儒外纪削繁不分卷 光绪丁未刊本

《仙儒外纪》，清刘䨲撰，王晋荣削繁。䨲，字雪崖，寿阳人。晋荣，字（字）子仁，平遥人。䨲有《引》，谓集还阳青主遗轶，称“仙儒”者，取青主“顿悟有仙儒”句。还阳谓道士郭静中，青主谓傅山也。又有《答友人书》，谓青主师事还阳，自称闻道下士，不知所闻何道。而还阳之法，未闻偶试，可见其学术之正。又谓以仙属还阳，儒属青主，还阳立身制行有儒风，青主通于神仙解脱之术，故合以名编云。晋荣以所纪涉于神怪，故削其不涉于青主者，即涉青主者亦为删繁就简，即是本也。首有像赞、凡例，有张廷鉴所为年谱。谱有《世系略》，为丁谱所遗。谱中各条，丁谱有所取舍，且间为订正，晋荣亦削及之。其他所纪轶事甚备，但恐难免附会，未可尽信也。郭静中事，不见他记载，当是隐君子，有托而逃。据青主贻诗，称师戊子整九十岁，按戊子为顺治五年，逆数之，当生于万历己未，而卒年不可考矣，其梗概尚约略见之。

别传之属

1196 增删孔子世家一卷［清道光刊本］

清龚元玠撰。是书分年隶事，较有条理于《史记》。《史记·孔子世家》（有据）原文，有据事增之者，有据理删之者，其应删之故，详见所为《书史记孔子世家后篇》中，谓有大谬者六，大误者十六，小误者十四。野合生孔子，颜氏讳墓，要绖与飨，为高昭子家臣，使从者为宁武子臣，病没世不称欲自见于后世而作《春秋》。此大谬者六也。襄公二十一年，孔子生，讹一为二；孟僖子病，不能相礼，以病为疾病；不知孟懿子与南宫敬叔为兄弟，晋平公卒，敬叔未生，楚灵王弑，敬叔仅二岁，而记适周与晋平、楚灵同时；孟僖子卒于昭公二十四年，孔子年三十五，而以为十七；昭公时，平王无东伐诸侯之事，而以为六卿擅权东伐诸侯；适周在定王元年，孔子年四十四，而以为昭二十年，孔子年三十；昭公出奔，祸始季公君，而以为季郈斗鸡故；定公九年，孔子由中都宰为司空矣，而载公山不狃载于此年；定十五年，哀元年，孔子在鲁，元年秋，至卫如陈，二年孔子复至卫，三年孔子在陈，而以为孔子居陈三岁；哀元年、二年，晋楚无伐陈之事，而云争强，更伐陈；孔子主颜雠由；而以子路妻兄颜浊邹；又以为孔子之徒；子思为穆公所尊礼，穆公元年去孔子卒七十一岁，而云子思六十二岁卒；子产次子襄字子士，鲋之从孙也，为汉孝惠帝博士，而以为鲋弟名腾之子襄，遂遗二世。此大误者十六也。以晋乾侯为齐地；以齐景公待孔子为面语；阳虎逐仲梁怀，而以为执；蒲圃无执桓子之事，而谓公山不狃与阳虎共执；且以季寤等五人之事属之不狃一人；堕郈费，定十二年事也，而系于十三；孔子去鲁十三

年事也，而系于十四；学琴师襄子，二十九岁事也，而系于哀三年；卫灵公卒、赵鞅纳蒯聩、蔡迁州来皆哀二年也，而亦系于三年；灵公问伐浦之年，四十五岁耳，而以为老；中牟叛，哀五年也，而以为三年；长尺有咫，石砮也，而以为矢；冉有与齐战于郊，以“郊”为“郎”；吊服加麻绖而出，弟子之丧孔子也，而沿无服之说，以为心丧。此小误十四也。书中所删正皆据此，其所增者则防叔以前之世系，叔梁纥娶施氏，生九女，妾生孟皮，郯子来朝，齐景公田于沛，周景王崩，齐使人报聘，鲁侯会齐侯于夹谷，郳子朝鲁，子贡问为卫君，周使言庙燔，季氏将伐颛臾，将旅泰山，及增引《论语》言命、言仁、言孝、言敬数章。至末段详引历朝封祀之典，如寻恒作传状者之夸张荣耀，此则适形其陋矣。后附《书孔子世家后》、《孔子生年月日辨》、《书孔子生年月日辨后》、《孔子诛少正卯辨》、《孔子设教杏坛为□学师说》、《孔子删述六经有王命说》共六首，其谓孔子实年七十四岁，其生日为今之八月二十一日，独创□□，余篇意俱新。书为道光间刊本。

1197 孔子世家后编一卷［光绪二十六年刊本］

清张承燮纂。是书依《史记》为主，参以《家语》、《孔丛子》、《世本》诸书。分年编次，则参酌胡氏编年、江氏年谱，于诸家异说，颇有订正。《史记》之而为后人所沿者，一孔子不知父墓。承燮辨谓《史记》之误出于《檀弓》，《檀弓》之误，又本于李由之对魏王，造谤诬圣，不足据。一昭公二十年，齐景公与晏婴适鲁见孔子问对事，承燮据《左传·昭二十年》，齐侯疥遂痁，期而不瘳，十二月痁瘳，而田沛未尝适鲁，设有其事，景公既与孔子言而悦之矣，他日孔子适齐，又何必屈为家臣以求通？显相矛盾。一齐景公欲以尼溪封孔子，为晏婴所沮事，□□为孔子去卫□匡，匡人以为阳虎止孔子，孔子使从者为宁武子臣于卫然后得□事，俱辨其妄，概为删削。其有《史记》本不误而以为误者，如《史记》记孔子三十五岁适齐，又记四十五岁自齐反鲁，即诸在齐七年之所昉也，驳之者引《孟子》未尝有

所三年淹为证，狄子奇之亡尤力。承燮即据狄氏论在□在陈，皆云不止三年，以反□狄氏，且言《世家》纪适齐反鲁不过因事直书，未明书七年，何待于纠。又《史记》纪孔子反鲁与南宫敬叔适周在定公五年，而他家乃以适周系之昭公二十四年，承燮俱一一引证而衷于是。承燮据《庄子》言孔子年五十一南见老聃，考孔子五十一为定公八年，证之《家语》、《孔丛子》所引孔子在周与老子问答，苌宏与刘文公问答，大概相合，但不能确知为五年或八年耳。他如改亓官为开官，证阙里非闾里，虽说或因乎前人，而义不离乎实据。又据承燮称孔子去鲁凡十四岁，中间如卫、陈、曹、宋、郑、晋、楚、蔡，或数至或一至，《史记》类序，间或失次，已于年表为之订正，而自序又言冠两表于首，今刻本乃无年表，岂未撰成耶？卷首有自序，则连《弟子列传补编》、《孟子列传补编》而作也。书刊于光绪二十六年庚子。

1198 **孔志四卷**咸丰刊本

清龚景瀚编。景瀚有《邶风说》，已著录。是书首有自序，称"《史记·世家》博而多误，《朱子论语序说》未能节节辨正，江慎修《乡党图考》谱年兼考事迹犹有未详，因广采群书举其要端而证以经传、史志之言"云云。其书正行提纲，次以引证，而辨其说于小注。大约辨江氏之失者十之二，补江氏之不及者十之四五，或全削其文而仍具其说与辨于篇。最要者，如《乡党图考》沿《史记》之误，《世家》既以适周事叙于昭公二十年之前，又于昭公二十年云"孔子盖年三十"，齐景公与晏婴来适鲁，问秦穆公所霸。按景公适鲁事之有无未可知，而江氏遂意造三十一岁。当昭公二十一年，书齐景公遣使来聘孔子适齐，三十二岁在齐辞廪邱，三十三岁在齐对釐公庙灾。且《年谱》皆从《世家》以庚戌数年。景瀚考之，皆有一年之差。此读江氏书者不可不知也。书中考老子最核，谓老子有三：曾子问所载之老聃为周守藏史，即孔子所从问礼者；《秦献公本纪》所载周太史儋，在献公十一年，魏文侯没十三年，而老子之子宗为魏将，封于段干，

则为儋之子。《魏世家》：魏安釐王四年，魏将段干子请予秦南阳以和，是时距孔子之殁二百一十年，言《道德》五千言者，老儋也。其见于《大戴记·太傅礼卫将军文子篇》，孔子所称者则老莱子也。《史记·仲尼弟子列传》亦载其说，所云“贫而乐者”与《本传》隐君子之说又甚合。《汉书·艺文志》云“老莱子，楚人，即苦县厉乡曲里人也”。自来纷纷疑论，得此释然矣。

1199 孔志补笺四卷光绪辛丑刊本

清林昌彝补。昌彝有《三礼通释》，已著录。是书有昌彝自作后跋。按龚景瀚序孔志，称自过蒲适卫至卒，犹未详考，故昌彝特为补之，而不限于此也。跋称凡众说纰缪，类于墨氏《非儒》之篇者则削之，其传闻未实者则辨之，其无年分可列，如欹器之铭，射于矍相之圃者则阙之，其于景瀚或申其说，或补其所未及，如《穀梁》书孔子生于鲁襄公二十一年十月庚子，《公羊》作十一月，据段懋堂说，公羊原亦作十月，作十一月者乃异本耳。又《史记》载齐景公欲封孔子尼谿，为晏婴所阻，据《说苑》孔子见齐景公，景公致廪丘以为养，孔子辞不受。是孔子自辞，非阻于晏婴。又诸书载孔子适周之岁，纷纷不一，此据《家语正论解》，南宫说仲孙何忌学于孔子，在宣公元年，而适周则据《庄子》，称孔子年五十一，南见老聃，时在定公八年，即阳虎将享季氏于蒲团之岁，孔子为问礼亦以避乱，而敬叔与俱亦以家难之故。凡此诸条，俱关重要。他所掇拾亦多有援据。惟微仲为微子之次子，有《檀弓》郑注可证。《汉书人表》宋微中第五等，注曰启子，亦可相证。而第四等又有微仲，注曰纣兄，自是误衍。微子封微，断无其弟同封一国之理，此必曲为之说，非也。又《史记》载纥与颜氏野合而生孔子。江氏野合，谓年不相若，亦有理。此据《家语》，求婚于颜氏，辨非野合，不知求婚是一事，年不相若又是一事，盖习于后世以野合为非礼之合，故尤非也。又按景瀚原书多采《家语》，昌彝亦然。跋乃斥为未（尽）可尽信，引马昭云，为王肃增加。颜师古云，非今所有之《家语》，不知马昭以王肃难郑多据

《家语》，故以增加相诋，非有证也。即如其说，增加转于伪造，师古亦止谓与今所有不同。至严氏《春秋》所引之《观周篇》，或别有其书，不得以《家语》篇名偶同而疑之。篇中辨大司徒一条，因《家语》而诬及《史记》，更属臆断。同一书也，合己见者则非伪，不合己见者即伪之，可乎？

1200 孔子世家补订一卷 ［道光十四年刊本］

清林春溥撰。按《史记·孔子世家》，系从《论语》、“三传”、《国语》、《檀弓》、《家语》、《晏子》诸书采辑而成，凭臆牵合，其间前后倒置，以及舛讹重复之处俱所不免。如“孔子年十七”下，忽系孟懿子学礼一段；“尝为季氏史”又系在“母死”之后，忽插入“由是为司空，已而去鲁，斥乎齐，逐乎宋卫、困于陈蔡之间，于是反鲁”诸句①□历聘记。孔子二十九岁，适卫，从师襄学琴，□应系在“居卫击磬”之下，“去即过蒲”句下“应与会公叔氏以蒲畔”一段相接，乃中间隔以（中间）五百余字。“孔子道行”下，接以复如陈。接孔安国注问陈年，曰孔子去卫，如曹，曹不□；又之宋，宋遭匡人之难；又之陈，会吴伐陈，陈乱，故乏食，遽云如陈，凡此皆谬之大者。又“若欲归与主蘧伯玉，蔡迁关”俱前后两见。其他若一字之讹，如阳虎奔齐，在定公九年，是时孔子年五十一，乃误作五十；为大司寇摄行相事，应在定公十四年，孔子年五十五，乃误作定公十三年，孔子年五十六。春溥于此并一一为之订正。又广搜轶事，附入小注，而小注所引如“伯居”误“伯尼”并“官氏”误“开官”，并订其误，以补原文之漏者。卷首有自序，言移并“过蒲”“去卫”二节，本之圣裔檗轩先生。按檗轩名广森，衍圣公□之子也。是书刊于道光十四年甲午。

1201 孟子列传纂一卷 ［道光六年刊本］

清林春溥撰。案《北堂书抄》引孟轲传云：“轲字子舆，勤学不

---

① 下文影印本缺字。

息，师事孔子，遂成天下之名儒。”今《史记》列传无此文，是唐以前孟子有别传矣。元吴莱又尝本《史记》删荀卿、邹衍以下诸子，为《孟子列传》，今亦不传。春溥是书据《孟子》内外篇为主，而参以本传及他书，错综成文，不加笔削，惟《春秋演孔图》云：“梦神人乘云攀龙凤自泰山来，将止峄，凝视久之，忽见片云坠而寤，时闾巷皆见五色云覆孟氏居，而孟子生焉。”又《列女传》云：“始舍近墓，孟子嬉戏，为墓间事，踊跃筑埋。母曰‘此非所居吾子也’，乃去舍市，其嬉戏为贾衒，母曰：‘此非所以居吾子也’，乃徙舍学宫旁，其嬉戏，乃设揖让俎豆，母曰‘此真可以居吾子矣’。”按此二条俱出附会，殊不应采。又“孟子至梁”句下，既注云“时惠王后元十四年”，而惠王之卒，即在次年，乃传以为后三年惠王卒，亦误。案齐伐燕，一见于《梁惠王篇》，一见于《公孙丑篇》，两篇分载，明属两事，传竟混而为一，亦失详考。春溥尚著有《孟子时事年表》、《孟子外书补证》，与是传互相参证。卷首有序，刊于道光六年丙戌。

1202 孟子列传补编一卷 ［光绪十七年刊《孔孟志略》本］

清张承燮纂。首有自序，略云，史公为传简略，似于《孟子》七篇亦未详求。若游齐适梁之后先，过宋，如滕至鲁，在邹之久暂，及齐宣伐燕，燕畔，梁惠称王辱败，各时事之有关孟子者，传中曾未之及。而核各世家及六国表，又多自相矛盾，以致《孟子》一书之疑案，自有宋以至今日，纷争迄不能定。又云，兹编义主补阙，取赵邠卿以来言《孟子》者，择其尤雅，以资缀缉。而近世周氏《孟子四考》、狄氏《孟子编年》，视诸家较精审，亦取备一说。今观其书，分段叙述，首幼学时事，次初仕齐以丧去时事，又次后至齐致仕去时事，又次去齐归邹时事，又次归邹至鲁时事，又次归邹至滕时事，又次应聘至梁去梁归邹时事，除幼学时事之外，其他多乖错，其谓孟子游历先齐后梁者盖沿林注之误。赵注□孟子冀得行道，故仕于齐，齐不用，乃适梁，连篇先梁者，欲以仁义为首篇，此盖沿《史记》之误。而无以解于篇次之先后，乃为首仁义之曲说。即如其说，他所游

历无关处旨，何以七篇居中，不按先后为孔□耶？惟于游梁之年，不信《史记》，而据《家［语］》纪年。惠王三十六年，改元曰一年。后十六年，而后惠卒襄立。此十六年内，史言襄事，莫非惠事。惠之称王，并非追尊，自云丧败，亦非无著。只此一条依据甚是。然又谓孟子虽两至齐，仅事宣王，则于燕表注王哙子之，皆死于齐滑之十年，证之本书所云"吾甚惭于孟子"，又不得其解，只得以疏舛之咎归之史矣。至据《外书》，孟子学于子思之子曰子上，证之本书，君子之泽五世，乃私淑诸人等语，尚无不合，可备一说。卷末附孟子弟子悉据赵注，而以浩生不害易告子其季孙子叔二人，为朱子所非，仍未去也。书刊于光绪十七年辛丑，为《孔孟志略》之一种。

1203 宗圣志二十卷［光绪十六年刊本］

题湘乡曾国荃重修，东湖王定安编辑。首有王定安序。据序，明万历二十三年，曾子裔孙翰林院五经博士承业始为是书。崇祯二年，海盐吕兆祥续修之。曾国荃督两江日，得吕志，复补搜崇祯以后二百五十余年之事实，又以吕志所载曾子言行多疏漏，体例亦不善，乃属丹徒贡生陈庆年依类编次，采诸吕志者十不及二三。至于世系邑里，不少伪托臆撰，则属定安为之辨订，赝者纠之，漏者补之。曰"宗圣"者，从元至顺元年加曾参号宗圣公也。书凡二十卷，首《图像》，次《传记》，次《世系》，次《邑里》，次《述作》，次《祀典》，次《祠庙》，次《林墓》，次《祭告》，次《荫袭》，次《祭田》，次《户役》，次《院第》，次《弟子》，次《私淑》，次《颂赞》，次《旁裔》。按是书搜辑赅备，《世系》门断自曾点。曾西，或云曾子之子，或云其孙，而皆有据，则两存其说。《里居》门，以前人多主南，武城为嘉祥，而费县，亦为武城。今费县有曾点墓，曾子墓则在嘉祥，父子异葬，古多有之，亦两存其说。《述作》门，采目至百五十有九，犹未尽也。《弟子》门，为定安创作，得十二人，惟吴起学于曾子见《史记》，或以为曾子乃曾□。《檀弓》则仅据宋胡致堂王伯厚说，不为定论，然足与前人作孟子弟子传争美矣。《私淑》

门，以论著涉曾子者为断，恐不可胜收，况私淑者岂徒在文字耶？《旁裔》门，亦无谓，殆为曾国藩、国荃兄弟地也。定安湖北东湖人，官至道员，别著有《曾子家语》六卷，与是书并行。书刊于光绪十六年庚寅。

1204 至德志十卷附录一卷乾隆三十一年刊本

清吴鼎科纂。按：《论语》以“至德”称泰伯，书志之名卒于此，记泰伯也。首录清圣祖御书“至德无名”、清高宗“三让高踪”二匾额，及乾隆十六年、二十二年御祭文二道。次汉桓帝敕赐吴泰伯世系图赞。又次彭启丰序。书分十卷：一、《历代褒崇志》，二、《优恤后裔志》，三、《兴建祠庙志》，四、《修葺林墓志》，五、《祖宗行实志》，六、《古迹遗像志》，七、《圣贤论断志》，八、《古今艺文志》，九、《宗支繁衍志》，十、《杂事识余志》。附录一卷则关于至德庙地，墓禁约诸事也。其《宗支繁衍志》内自泰伯传至一百三世，绵续不绝，恐未可信。

1205 北海三考六卷湖南丛书本

清胡元仪撰。元仪字子威，湖南湘潭人，光绪乙酉拔贡。父锡燕，师事番禺陈澧。元仪自少传其家学。是［书］前有元仪自序，作于光绪丙子，又有元仪后序，作于丁未，相距三十一年矣。又有孙文昱跋，则为刊板而作，时元仪已殁矣。书分《事迹考》、《注述考》、《师承考》，大率依仿郑珍《郑学录》，尽采郑说，并补其略而匡其失。其《事迹考》，多所订正，其要者如：《太平广记》屡引《世说》，与今本《世说新语》不同。郑珍以为改易《世说新语》注，元仪据《太平广记》列所引书目《世说》在《世说新语》前，盖别有一书。《别传》称康成在马融门下七年，郑珍证其不合，元仪据融传及他记传，断为康成在马融门下，在延熹二年后马融赦还之时，去融卒尚八年。又康成《戒子书》，阮元信史承节碑反谓范书倒置事迹先

后，元仪据书中"入此岁来已七十矣"之语，与《别传》"生于永建二年"相证。此书作于建安元年，范书并未误。然亦有因仍旧误者，如引司马彪《续汉书》云孔融迁北海相时年二十八，缪荃孙作《孔北海年谱》系迁北海相于三十八岁之下，证之融本传，言死时年五十六，则融当生于桓帝永兴元年，至献帝初平元年正三十八，则"二"乃"三"之误也（缪氏《孔北海谱》引《后汉纪》作年三十八，盖臆改。）其《注述考》，最赅洽，诸书分为"存及存而残缺者"及"亡佚而为后人辑自群书者"、"亡无可考者"。每书附列版本，并论其善否，其自著亦缀于末。其中如据服虔《通俗文》、颜师古《汉书叙例》以正《经典释文》"汉人不作音"之误。据《六艺论》王肃难郑《孝经注》以辨"康成未注《孝经》"之非，俱极碻当。其《师承考》，凡康成师四人，弟子三十一人，再传弟子七人并及不折服康成者五人，其甄子然、临孝存，郑珍皆以为弟子，元仪以为甄临与康成同时，年岁当略先，无为弟子明文，去之。然孙乾、刘熙亦无为弟子明文，似不一例。就全书论之，浩博精审，诚治郑学者不可少之书也。书中屡称先师陈先生，即陈澧也。又书中附有善泽补订数条，善泽姓刘，字腴深，湖南浏阳人，官学博。

1206 桓阶别传一卷光绪庚子刊本

清陈运溶辑。《隋·经籍志》无此目，《北堂书抄》卷六十九引一条，《御览》卷二百六十二引一条、卷八百二十二引一条、卷二百六十二引一条、卷二百二十一引一条、卷四百八十五引一条，运溶辑成一卷。据传，则阶盖仕于文帝之世。尝擢赵郡太守，至俸尽食酱醉，后官尚书令，至诸子无裈，其廉可知，岂即晋诸桓之所出耶?

1207 郑玄别传一卷问经堂丛书本

清洪颐煊辑。原书无撰人名氏，佚已久，颐煊从群书中辑成此卷。开首郑康成以永建二年七月戊寅生，颐煊谓各书引俱称名，此独

称字，当云郑玄字康成，后人抄变其词耳。又年十二，随母还家，正腊宴会同列十余人，皆美服盛饰，语言闲适，玄独漠然，如不及云云。见于《北堂书钞》、《艺文类聚》、《太平御览》所引，而《后汉书》注，《太平广记》又引作年十一二，颐煊虽附注条下，而未加订正。按一事不能分属二年，幸有他书引作年十二者证之，则“一”乃衍字也。又按，裴松之《三国志注》引《郑玄传》云“荐荐孙乾于州”。按松之注例所引必书名，从无引某人传者，惟引别传系专书之名，故称之，此条实出别传，但脱一“别”字耳。颐煊不及深考，竟致遗漏，以是书可补本传所未及。其分年隶事，即后来年谱所由昉也。其校本传特优者，如《戒子书》云“为父母群弟所容”，本传则“为”作“不为”，甚为害理。阮文达所称昭雪古贤者此也。然亦不无小舛。书言玄一子益恩年二十三，相国孔君举孝廉，府君多寇屯都昌，为贼管亥所围，乃令从家将兵存救，遇贼见害云云。按《后汉书·融本传》，融到郡时，黄巾复来侵暴，融乃出屯都昌，为贼管亥所围，乃求救于平原刘备，时为初平二年，《后汉记》是年九月，公孙瓒以刘备为平原相，可证也。而玄之《戒子书》中，有“入此岁来已七十矣”之语，以生于永建二年证之，知此书作于建安元年，其时益恩固在，若益恩死于初平二年，安得逮建安乎？再证以《后汉书融本传》，建安元年为袁谭所攻，自春至夏，所余裁数百人，城夜陷，乃奔东山。据此，则管亥乃袁谭之误也。范蔚宗当亦采及《别传》，而不能无疑，故《康成传》但云为黄巾所围，不知亦非黄巾也。又书云：“献帝在许都征为大司农，行至元城卒。”按《后汉纪》征为大司农，在建安三年，本传建安五年，袁绍遣其子谭逼玄随军，不得已载病到元城县，其年六月卒。据此则征为大司农与病卒元城系两事，且相隔两年。此条为《世说新语》所引，疑有脱文。原书似不应误至此也。书为《经典集林》之一种，刊在《问经堂丛书》中。

1208 诸葛忠武侯故事五卷 道光刊本

清张澍辑。前有钱仪吉序。书凡五卷，曰《诸葛篇》，曰《遗事

篇》，曰《用人篇》，曰《制作篇》，曰《遗迹篇》。搜采甚博。《诸葛篇》中引《晋书·陈寿传》，寿父为马谡参军，谡为诸葛亮所诛，寿父亦坐被髡。寿为亮立传，谓亮将略非长，无应敌之才，议者以此少之。又引《后魏书》，毛修之言陈寿曾为诸葛门下书佐，得挞百下，故其论武侯云应变将略非其所长，可知《蜀志·亮传》，不为实录。澍于诸篇，亦间有考证。如《遗事篇》中，《太平寰宇记》引《蜀志》，有诸葛亮"出屯江阳"语，澍考为出《华阳国志》，乐史误引，他书亦沿其讹。如此之类尚夥。

1209 关圣帝君全书六卷乾隆三十七年刊本

清彭绍升删定。按自元胡琦首著《关王事迹》，明吕柟续之，曰《义勇安武王集》；赵钦汤别辑《关公祠志》，焦竑为之订定；又绛州辛全有《关帝全集》，沈泰灏有《关帝纪》，李叶有《武安王集附录》。至卢湛乃汇而辑之，复列图志于首，名曰《关圣帝君圣迹图志全集》。乾隆间彭启丰以卢氏旧本义例多所未安，命其子绍升删定之。绍升定为《遗像考》、《本传考》、《发祥考》、《世系考》、《逸事考》、《翰墨考》、《法语考》、《坟庙考》、《封爵考》、《遗印考》、《遗迹考》、《灵应考》、《艺文考》，余多从删削，启丰为之序，绍升述其例，弁于卷首。

1210 关帝事迹征信编三十卷补遗一卷乾隆癸巳刊本

清周广业、崔应榴纂。是编首录乾隆四十一年上谕，次卢文弨、雷汪度序，又次例言。内分《传》、《纪事本末》、《爵谥》、《追封》、《祠荫》、《将吏》、《墓寝》、《祠庙》、《祀典》、《辑闻》、《名迹》、《灵异》、《杂缀》、《考辨》、《评论》、《碑记》、《赞颂》、《诗词》、《书略》，凡十九门，又弁御制于卷首，附补遗于卷末。搜辑该博。尤善者，则《传》与《纪事本末》及《考辨》也。按诸家纪帝事，率据稗官野史增入，羌无故实，陈寿之传，虽不免曲笔，尚是近古，兹

编取之，惟间采他传记，以补裴注所未及。又诸家所为年表谱系，按之正史，多有牴牾。兹编折衷同异，旁取《华阳国志》、《后汉书》、《通鉴纲目》等书，别为《纪事本末》，无妄作之嫌，有包举之美。又诸家所说氏族、祖茔、年岁、生卒等率多臆造，而小说家流传种种故事尤为不经，愚俗播为丹青，词人编成曲剧，兹编一一为之辨正，极不可少。广业、应榴本称博综，合成此著，亦足见考史之功，（不徒）不徒备稽神之典也。

1211 汉汉寿亭侯世家一卷嘉庆癸丑刊本

清郑环纂。首有环序，大意谓“不称帝而称侯，成侯志也。侯之志不忘汉。建安二十四年，昭烈所表封之汉寿亭侯，侯之爵也。不称蜀而称汉，侯薨于建安二十四年，生于汉，薨于汉，百世后犹志乎汉”云云。篇中并论《纲目》书“侯”曰“汉中将”为不当，侯志在匡翼汉室，非豫以昭烈为君而事之。其说甚辨，其称世家，亦本此义。叙侯事，至曾孙彝续封止。有正文，有小注，小注尤详，即所涉之人亦无不各详其始末。大抵主《季汉书》，所引张镇《夏口考》、《乌林赤壁考》、《荆州考》、《华（陀）［佗］疗毒辨》诸篇，可补周广业、崔应榴考辨所未及。要者其历代封号，止附入小注中，甚得体。

1212 文昌通纪八卷乾隆戊戌刊本

清周广业辑。按文昌列祀典，而记载缺焉弗详。惟乾隆四十五年三月，大学士阿桂等议吏部侍郎谢墉一奏，考据近理，谓文昌之神，《史记·天官书》载斗魁戴筐六星，曰文昌宫、六曰司禄。《春秋元命苞》云“司禄赏功进士”。又《五帝本纪》“禋于六宗”注有文昌之名。又魁星之神，亦载《孝经援神契》云“奎主文章”。《路史》载“史皇帝仰观奎星圆曲之势而创文字”。至朱衣之神，类书载宋欧阳修知贡举，考试阅卷，常觉座后朱衣人点头，然后文入格，尝有句

云“朱衣暗里点头时”，可信，非后人附会，足令入场士子安于义命，亦神道设教之意云云。按《古今图书集成·神异典》内，有《文昌之神部》二卷，载星祀以至诞化奇踪，甚备。广业据之以成是纪，云“通曰，纪星兼纪神也”。首有序，有凡例。序称化书出自淳熙，而封号颁从元祐。当时必有依据。书分《原星》、《事迹》、《灵应》、《经训》、《佐吏》、《碑记》、《诗赞》、《辨讹》，各为一卷。助其成书者，为卢文弨、崔应榴，见凡例。

1213 陶诗附考一卷道光刊本

清方东树撰。是书所考为渊明世系及不仕异代、书甲子三事。世系主阎咏说，谓渊明不出于陶侃，以《赠长沙公序》所称大司马为陶舍，非陶侃。但舍乃右司马，非大司马，则委之魏晋谱牒诬妄。至《命子》诗首章溯受姓之始于陶唐以逮司徒，次章及愍侯舍，三章及丞相青，四章、五章言长沙公，六章言祖及父，一系相承，最为清晰。东树必以为非本支，则钱竹汀所云“攀援贵族乡党，自好者不为也”。姚石甫据《尔雅》、《仪礼》释“族祖”二字无可驳，乃转取诗中“昭穆既远，礼服遂悠”之“既”字、“遂”字为说，尤见词遁。辨“不仕异代”尤悖理者，谓“公之心岂以司马氏之篡为得天人之正，而必当万世长享天下，子孙不替”云云。不思得天人之正者曾有几代？武王伐纣，可谓得天人之正者，而伯夷饿死不食其粟。子房为韩报仇，韩之先代非篡晋者乎？渊明家有茅土之封，祖父及身俱曾食其禄而反幸其亡国，尚有人心乎！况《宋史本传》云“义熙末，征著作佐郎不就”，尤事实之可证者也。辨“不书甲子”，引《祭弟敬远文》但书辛亥为证，不思文章之纪年号甲子其常也，然不无偶然失纪者。渊明于义熙以前，非预决有易代之事，而故严其例也，特永初以后则有意为之耳。作史者从后溯前，假定一限以示别，故《自祭文》之无年号可为证也，《祭［弟］敬远文》之无年月不可为证也。要之世系及不仕异代、不书年号三事，见于沈、萧二传，证之本集，俱无可疑。后人以好奇之心，持过高之论，如谓渊明不以出于侃为

荣，“不思出于侃”与“不出于侃”，止问事实，渊明不以出侃为荣，又岂以蔑祖为高乎！又谓渊明在晋已不仕，何待易代？不思宋祖王业渐隆之日，吏治必较前清明，故人颜延之、殷晋安辈，皆为之用其希为佐命者，又不必论。本可以仕而渊明独否，故史特异之，岂空言哉！东树诸论，皆强词夺理，于不便其说者加以（至）硬断。如何义门言“族祖”二字衍文则以为“编者伪造”，朱子言渊明“无忝乃祖”则以为非指桓公。狂悍至此，而其巧辩博证实足以推倒一时，与所著《汉学商兑》同一鼻孔出气也。

1214 **罗含别传一卷**光绪庚子刊本

清陈运溶辑。含东晋人，与桓温同时。《隋·经籍志》无此目。《世说新语·方正篇》注引一条、《类聚》卷九十引一条、《御览》卷二百六十五引一条、《世说·规箴》注引一条、《类聚》卷六十一引一条、《世说·方正篇》注引一条，运溶辑为一卷。据传，含尝为荆州刺史，庾廙、庾亮部从事。桓温临州转参军，又以为别驾，屡迁散骑常侍、廷尉、长沙相致仕。桓温至推为江左之清秀，其才品从可知矣。

1215 **魏郑公谏录校注五卷续谏录校注二卷**光绪癸未刊本

清王先恭校注，《谏录》唐王方庆辑，《续谏录》元翟思忠辑，先恭合而校之。大抵据《贞观政要》、新旧《唐书》、《全唐文》、《通鉴》，参以《册府元龟》所引；或即以本书及《续录》互证，于以别异同，考讹脱，不可少也。先恭序引陈氏《书录解题》云“一名《魏文贞故事》，以证《宋志》分《谏录》、《故事》为二之误，甚是。又引《唐志》及王氏《玉海》、焦氏《经籍志》，《谏录》外，别有《魏徵谏事》，不可合而为一，则非也。《谏录》即《谏事》，诸书涉于郑公谏事者王、翟二录尽收之，且有非谏诤之事，而泛滥入之者，若另有《谏事》五卷，亦何所藉以充其篇幅耶？或为传写之讹，

或为后人改题，因而致异，无足辨也。卷首有郭嵩焘序，其兄先谦后序，及先恭原序，并考证十余则。

1216 魏文贞公故事拾遗三卷光绪癸未刊本

清王先恭辑。按陈振孙《书录解题》称《魏郑公谏录》，一名《魏文贞公故事》，先恭因以名其书，又以二录所收不全属谏诤之事，因而更广其例。首叙《世系》，次《恩遇》，次《建言》，次《荐贤》，次《定礼》，次《编纂》，次《杂缀》，次《纪述》。稍引诸书，证以同异，又以征所撰著分为二卷，上卷录诗文，下卷录梁、陈、北齐、隋书诸论序。后有其兄先谦跋，为补《编纂》门三事、《杂缀》门二事，并谓柳宗元《龙城录》载羊鼻公食醋芹、张鷟《朝野佥载》记职科由天之类，皆所弗取。宋元以降，评论滋繁，概从芟弃，以示矜慎云。

1217 唐书魏郑公传注一卷光绪癸未刊本

清王先谦撰。大旨以新书为主，附以旧书，各为之注，援引颇备，时亦自为案断。如《旧书》以迁尚书左丞系于贞观元年，《册府元龟》作二年，《新书》又作右丞，先谦据《玉海·官制门·尚书省注》，惟系魏徵于右丞下，则左字误也。又据《旧纪》，征元年已为右丞，三年自右丞迁秘书监，则作“二年”者并误。又《新书》册郑仁基女充昭华，《政要》系贞观二年，《通鉴》系八年十二月，先谦据《政要·谏录》所书王珪等官，则作八年者是。又新、旧《书》皆载高昌王麴文泰入朝，先谦据《高昌传》，武德初，麴文泰立，遣使来告，后五年来贡献，太宗即位复来，贞观四年文泰遂来朝，前此无文泰入朝事。又据《谏录》，谏西域诸国入朝，引征语“往年高昌主来贡，马才数百匹”云云，则“入朝”当是“入贡”之误。又《新书》系检校侍中于四年下，《旧书》则系于“谏优长乐公主礼数”后，“七年为侍中”前，先谦据长乐公主出降，《政要》、《通鉴》俱

系六年，《宰相表》六年五月，征检校侍中，七年即真，差为近之，《新书》系四年下者误。又《新书》载后宴丹霄楼，《册府·帝王部·任贤门》云："贞观六年闰八月乙卯，宴群臣于丹霄殿楼，帝甚欢。"又云："帝大悦。夜分乃散，各赐钱帛有差。"而《帝王部·庆赐门》则云："贞观六年八月，宴近臣于丹霄殿，夜分乃散，各赐钱帛有差。"先谦谓即是一事。又云："闰八月帝在岐州，皇太子来朝。丙申，宴东宫官属。乙巳，宴岐州父老。"是宴丹霄殿不在闰八月，《任贤门》误衍"闰"字。《庆赐门》又云"六月三日戊寅，宴三品已上于九成宫丹霄殿"，可证丹霄乃九成宫中殿名，《醴泉铭》所云"南注丹霄之右者"是。按此，诸条所考俱确。其他□补罗士琳《旧书校勘记》者甚多，亦有数条引其弟先恭说。

1218 郭令公遗事一卷 [崇祯八年刊本]

明朱棐编，其子文豸续编。棐字体忱，陕西华州人。尝官确山令。棐尝采郭子仪、寇准二公遗事，题曰《郭寇随笔》，又改唐、宋名臣笔录，以二公同籍华州也。书分二卷，缺第二卷，其第一卷即是编也，因改题《郭令公遗事》。卷首有李烨然、孙绍统二序，棐自序，又有史文楷后序。是本止有一卷，缺卷二，而卷一之末即为后序，似卷二尚未刊也。虽列采用书目，而不注于每条之下，殊不便于检寻。后附《唐书》本传。诸遗事无甚重要者，惟微时为李白所识，及屏姬妾见卢杞二事，可资麈谈。又一条云，宋郭元亨，汾阳裔孙，庆历闻诏为永兴军助教，可藉以考汾阳世系。至录秦观《郭子仪单骑见虏赋》，则与遗事无涉矣。书刊于崇祯八年乙亥。

1219 张中丞事实集录四卷道光庚子刊本

清王德茂录。德茂，字亥坪，河南光州人。张中丞，唐张巡也。按：张巡者，有明杨循吉所编《完节录》、卫庸顾伯圭所编《唐忠臣录》，又有称《张中丞集》者，则取二书而改订之，而所载芜杂不

经。德茂易以此名，择其言之近雅者存之。卷首录《旧唐书本传》，而节录《唐书》张镐、程千里二传附之；次《新唐书本传》；次《通鉴纲目》。起天宝十五载正月，以李随为河南节度使、许远为睢阳太守，讫至德二载冬十月，尹子奇陷睢阳，张巡、许远死之，所云《事实》是也。卷上：遗著、诏、表、书后、论、序、祭文、记碑。卷中：赋、乐章、诗、诗余。卷下：识余、附录、补遗。所云《集录》是也。然韩愈《书张中丞传后》宜入《事实》卷中，今与他文相次，非也。卷首有德茂序。末有陆嵩跋，乃七言古诗耳。

1220 范文正公言行录四卷光绪丁亥刊本

清崔廷璋录。盖取《宋名臣言行录》中《范文正［公］言行录》三卷，益以文正裔孙国隽所为年谱，节其言行，补所未备。有廷璋后跋。

1221 韩魏公言行录一卷光绪丁亥刊本

清崔廷璋辑。卷首有廷璋跋，称《宋史·魏公本传》嘉言懿行未尽详备，因就魏公子忠彦所叙《家传》十卷、王岩叟所述《别录》一卷、强至所纂《遗事》一卷，节其纪公之性情、德量、经济、风义者而成是编云。

1222 蔡福州外纪十卷附录一卷同治癸亥刊本

明徐𤊹辑。首有陈甫伸叙。“福州”，谓宋蔡学士襄也。首有甫伸序，称襄不独以挥翰著，如作《四贤一不肖诗》，封驳除授非人、不为温成后父撰碑、请罢监护园陵吏诸事，幸值时平主圣，不如苏黄之濒于危死云云。目凡十，各为一卷，曰《恩宠》、曰《德行》、曰《政事》、曰《书学》、曰《艺谈》、曰《赏鉴》、曰《纪异》、曰《茶癖》、曰《茶录》、曰《荔枝谱》，附录一卷曰《崇报》。其《茶录》

《荔枝谱》皆襄原著，中惟《书学》最详。按：《德行门》采《宋名臣言行录》，称"襄知泉州，罪章拱之，为士论所少"。又《政事门》采《欧阳文忠公集》，记英宗初立为皇子，襄持异议，因为所恶事。又采王明清《玉照新志》，言晋江令章拱之在任不法，君谟按以赃罪，坐废终身，式之讼宽于朝。又"撰《造君谟乞不立厚陵为皇子疏》，刊板印售，遂干上览，君谟几陷不测"云云，此与《欧集》所记可相证，而《名臣言行录》乃云"为士论所少，岂以式之为正人，君谟罪之有不当耶！"语虽出于朱子，亦宜删之，或摘注于《玉照新志》条下而辨其误乃不矛盾耳。又《政事门》中，历引造万安桥事，而万安桥之又名洛阳桥，亦见《天都载记》。按此事野语流播，颇涉神怪，或竟以属之蔡锡者，观此可证其不然也。《附录》中采及徐㶷诗，当是陈甫伸所增，而每卷题陈甫伸订补者，恐非实也。

1223 濂溪志七卷附遗芳集一卷清道光刊本

周浩撰。浩字午桥，周子二十四孙也。按濂溪为周子营道故居，后流寓江州庐阜，临流结屋，亦以濂溪名。志濂溪，本志阙里之遗意也。旧志创自前明李牧嵊慈，鼎革后殆无余烬。清康熙间，吴牧大镕复纂，岁久板复漫漶，浩乃校讹补阙、益以国朝褒崇优恤之典而重修之。书为目七，卷亦如之：首《遗书》、次《杂著》、三《年谱》、四《祠墓》、五《褒崇》、六《优恤》，以《文录》终之。举晚近名流诗赋，别为《遗芳集》一卷附后。篇中事状本传，得详先生之始末。而读《遗书》《杂著》，其穷理尽性之旨、光风霁月之怀，暨月岩之奇、溪桥之胜，千载后犹能想像及之。先贤遗泽，感人深且至矣。惟于旧志原有之《宗图》缺而不纪，谓"以杜他族窃冒"，不知世系之载录，所以明统绪于一脉，资后代之参稽，关系至巨，焉能以杜窃冒去之，于义实有未安也。后有续者，其抑得而补正之耶。晚近诗赋，别为集录，尚称得体。卷端有前湘学使汤金钊及道州牧延禧为之序，盖亦足彰其一省一邑之文献已。

1224 岳鄂王行实编年二卷旧抄本

宋岳珂撰。按珂所撰《金陀粹编》，内有《鄂王行实编年录》六卷。今所传者惟元至正二十三年重刻本，有戴洙后序，称“旧本佚阙，遍求四方，得其残编断简，参互考订，后为成书”云。故其书间有断缺，非完书也。是书乃旧抄本，题“岳鄂王行实编年删录”字，并作二卷。按《宋史·本传》，系本此书而成，不及此书之详。《朱子语类》称飞早年为韩魏公家佃，此书载宣和六年。贼张超率众数百围忠献、韩琦故墅，飞奋然曰：“贼敢犯吾堡耶?”即乘垣引弓一发，贯贼吭而踣，贼众奔溃，墅获以全云云，可以相证，而本传删之。本传载秦桧命何铸鞫飞狱，铸诘其反状飞裂裳以背示铸，有旧涅“尽忠报国”四字，深入肤理，亦为《纲目》所采而此书无之。而与珂同时，尚书章颖别作《鄂王传》，上之于朝，亦不及此语。又《杭州府志》载飞被难时，其幼女痛父冤抱银瓶入井而死，他说部亦有载之者，载飞后人榜其井曰“孝娥井”并庙祀之，多见名人题咏，而此书止载飞女安娘适高祚，不及其他。岂家乘所辑，亦有未尽耶？抑传闻之说不免子虚耶？不可知矣。

1225 宋广东制置使凌公死事本末一卷民国甲寅刊本

清凌鹤书撰。鹤书字孟征，广东番禺人，光绪举人。是书为宋凌震死事作也。按震字国威，吴人，登理宗淳祐四年进士第，知广州，兼领岭南东路经略安抚使，改广东都统，旋升广东制置使。《元史·李恒传》云，恒进兵取英德府清远县，败其制置凌震，运使王道夫遂入广州，世杰等移屯厓山。时都元帅张弘范舟师未至，恒按兵不动，凌震等复抵广州，恒败之，皆弃舟走，赴水死。《传》又云，越十六年二月，宏［弘］范直指厓山，恒率所部赴之。张世杰集海舰千余艘，贯以巨索，为栅以自固。恒断其汲路，捣其栅，索绝，世杰犹死战，宏［弘］范督南面诸军合击，大破之。陆秀夫先寻妻子于海，乃

抱卫王赴海死，死者十余万人。后宫及文武之臣，其大将翟国秀、凌震等解甲降。按《传》先言凌震赴水死后，又言凌震解甲降，互相矛盾，必有一误。证诸《宋史·二王附纪》载厓山之战，曰诸军溃，翟国参、团练使刘俊等解甲降，则与翟国秀同降者乃刘俊也。刘俊恰与凌震姓名对音，致误。或由于此，而《宋史新编》、《南宋书》、《续资治通鉴》皆沿《李恒传》后段之误，不为辨正。《广东通志》、《广州府志》亦因之。鹤书系震裔孙，据宋元二史，反复驳难，意在为震辨诬，不特降非事实，即他书谓战败愤懑而殁，又有谓宋亡隐于东圃者，俱属不确。卷首有吴道镕序，颇佳。其他序跋、题词，尚有多篇。

1226 清贤纪六卷适园丛刊本

明尤长镗辑。镗字伯声，江苏无锡人。是书记倪瓒逸事也。首有陈禹谟序，又有天启元年长镗自序，附顾宪成、顾存性二札，及天启癸亥瓒九世孙锦跋。书中志传条称，稗虞琐说，赏□当年而摹述于后世者，杨廉夫、张惟中、王达善、张伯雨、虞伯生、陈惟允、王孟端、吕志学、盛冰壑、李西涯、吴原博、沈启南、王温、郎英、蹇朝阳、卞荣、张梦晋、徐元玉、曹士冕、都元敬、祝希哲、陆果、王弇州诸人，其所采撷，大率不外乎是。视顾元庆《遗事》，雅驯胜之，又加详焉。书分六卷，不以类区，条各为目，略以重轻为次序。如卷一所纪至性条，孝于后母、伪爵条，不受张士诚饵、隆师友谊、勇为诸条，皆关伦纪，不徒以清著也。又卷五年误一条，邑乘谓瓒卒年六十有九，而王宾、周南老二葬志，俱谓七十溢四，长镗据集中五十岁诗在乙未，由乙未逆数至洪武甲寅恰是十九年，则邑乘可信而王、周皆误。按《南濠诗话》亦称洪武甲寅瓒年六十八，秋七月始还乡里，不久以脾疾卒，与本集相差仅一年，然则王、周真误矣。沈伯良为瓒作年谱，亦断为七十四岁，盖未见是纪也。末又有王文濡跋，盖从旧家借抄而印行者。

1227 显忠录二卷续显忠录一卷嘉庆十一年刊本

《显忠录》，明程枢辑，其子应阶订补，《续显忠录》，清程邦瑞辑，皆记明程通殉节建文，前后褒恤诸事也。按通字彦亨，绩溪人，洪武庚午举应天乡试，授辽王府纪善，进左长史，从王之国。靖难师起，朝廷遣人告急，通草上封事数千言进之。成祖知其事，诏械诣京师，死之，家人戍边。枢所辑大都永历以来关于褒忠之（之）举，卷首有天启辛酉吴应宾序。邦瑞续之，弁以《表忠祠图》，复汇《明史》列传、《胜朝殉节诸臣录摘抄》、《四库·〈贞白遗稿〉提要》、《乾隆六十年安徽学院详请设奉祀生公牍》、明张芹《备遗录》一则，并附《明辽府左长史节愍公二祀会簿序》，而邦瑞为之跋。

1228 流芳录不分卷刊本无年月

是录纪明工部尚书严震直事。创稿者为震直外孙工部尚书闵珪。书凡六卷，前有吴宽、胡承谋二序，及珪题后。刊于（宏）［弘］治癸亥，至万历癸未重刊。增正德庚午同郡陆崑题，康熙癸未三刊，又增康熙壬午周清原序。雍正乾隆间屡有翻本，删并不一。是本署懿字行孙魁点登等名，无刊书年月，又不分卷。首太祖恩旨，次郑济撰《政绩记》，次高逊志撰《历官记》，次曾凤韶等《书历官记后》八篇，次出使安南文牍，次王彦翚等撰序、记、赋、颂、诗、祭文等，而以震自作《家范》及《遗诗》、《遗命》杂厕其中。其《明史》及省、府、县志专传，以见家谱，不复入此。编次殊紊乱无序。据陆崑称，震直以遗老奉宣德意往山西，卒于陆师；又称衔命巡方，吞金驿亭。考《明史》、《太宗实录》载，震直以建文降臣，官工部尚书，卒于京。而《皇明通纪》则云，永乐初奉使安南，过西平侯第见建文，夜吞金死于驿舍。《吾学编》、《从亡随笔》略同，所记差异如此。今录中有遗诗六首，中有“神驰凤阙只轻生”句，又有《遗命》云“讣闻九重，必云遘疾，虽家间亦无庸逗漏”，则为吞金自尽无疑

也。六诗中有《泽州书事》一首。以为卒于泽州者，岂即据此耶？诗作于此，未必即死于此，且是诗之后，尚有四诗，安知不又到安南耶？且《遗诗》、《遗命》，究为原本所有，抑为后来所增，亦无可别。李清作《震直不遇惠宗辨》，并吞金事亦欲没之，不知吴宽序言“震直奉职益谨，卒能全其身，完其家，蕃其子孙”云云，于吞金事，意已在隐约之间，盖鉴于方景诸臣覆宗夷族之祸，故隐其事于遘疾，宽之言最可信也。至死泽州与死于京，传者即不一其词，安见使安南之全出虚构？至他书有载震直为北兵傅置布囊事，按震直洪武末已致政，且向未习军旅，此可以理断其必无也。

1229 建文帝后纪一卷《昭代丛书》本

清邵远平撰。先是陆棻作《建文本纪》，不载出亡事实。远平补之，故名《后记》。惟所纪自为太孙为帝以逮出亡，本末皆具，不续陆纪也。记后附从亡诸臣，叶希贤、程济等十七人。其书大抵取材史仲彬《致身录》、程济《从亡随笔》、刘琳《拊膝录》三书。间参以郑晓《逊国臣传》等书，而去取多失当。即如从亡一段，《从亡随笔》与《致身录》所记各异，而以《从亡随笔》近理可信。盖自出宫至神乐观时，程济从而史仲彬未从。故程济所记能得实，《致身录》牛景先以铁棒启鬼门等语，最极其荒诞，而远平采之。按鬼门即《从亡随笔》所云遁甲法，出南方可免耳。鬼者，无人之地；门者，所从出也。岂真有其地哉！后来王鸿绪即据此等记载，斥出亡之并无其事，亦所谓痴人前不得说梦也。其归朝也，《随笔》载建文题诗寺壁，有僧冒之，自诡为帝，广西藩司以闻诏执入京云云，亦是实事。远平不据之而转据他谓与思恩土知州岑英遇于道，从者呵之不避，诘其牒曰：“我应文也”云云，以为《随笔》不得实，则书中不宜据之。乃据不全据，东拉西扯凑集成编，适见其失据耳。惟书中记为太子时事甚详，可补《明史本纪》之缺漏。《明史》言太祖晚年，诸王携其子岁时来朝，游晏宫中，独伟燕王及其长子、顾太子父子意若未惬。及太子薨，诏谕廷臣欲主燕王为太子，因翰林学士刘三吾言而止云云。

按太祖英明，立储大事，三吾一人之言岂能惑之？适证其诬耳。而远平所记又有燕王入觐，行皇道，登陛不拜，为户部侍郎卓敬、御史曾凤韶所劾一事，亦属失实。按太祖崩后，建文止诸王临丧，燕王即未来京，不然岂有齐黄辈日谋制燕，而肯纵虎还山耶？清康熙间开修《明史》，馆臣多主削建文出亡事，而远平独成是记，洵矫乎不惑者矣。远平所著《戒山文存》中有此文。杨复吉刊入《昭代丛书》而为之跋。

1230 姚江传二卷传抄本

明施邦曜撰。邦曜，字尔韬，浙江余姚人。万历癸丑进士。官至刑部右侍郎。甲申殉节。事迹具《明史》本传。传称邦曜少好王守仁之学，以理学、文章、经济三分其书而读之，不言其有是传。按是书首题《姚江传》，而《自序》又称《姚江军旅传》，《序》亦专就其治军言。岂此外又有理学等传耶？又传中所录各文，具著其目。文凡五十首，虽属于军旅者居多，而其中有《古本大学序》、《朱子晚年定论序》、《礼记纂言序》等，且有诗五首，究不知其为完书否也？

1231 金氏世德记二卷丁氏嘉惠堂刊本

清金应麟辑。纪其族祖应奎之事实也。应奎字拱辰，明嘉靖癸丑进士，授吏部文选司主事。以不谒严嵩，十年不调。嵩败，改河南道监察御史，出为山东按察使司佥事。以治河功，迁四川按察使。因失察镌级，仍为佥事。有太监冯保家人某者，故川人，倚势侵占，杖之阶下，巡按惧，劾之。遂以原衔予休，家居数年，卒。子二，相继殁，无嗣。岁久，墓亦被侵。应麟既鸠合族人修复其墓，复就谱牒，稽其事略，遍征时人，撰记歌咏，以表扬之。上卷，碑记颂序；下卷，古今体诗。作者百数十人，大抵皆时贤中之能文章者。按是记刊于道光，口题“吉云草堂”，随征随出，所流传者，多寡不一。此其最足本也，流落京师厂肆，丁立诚得之。按立诚，丁丙父，又应麟女

夫，女未嫁殉难杭州，故立诚为重编而授之梓。

1232 少司徒王公传一卷明刊本

明郭正域撰。王公讳重光，字廷宣，山东新城人。万历辛丑进士。传称其守云中，兴俺答议马市，又以法惩仇鸾部卒、定折值给饷之法、诛杀良冒功之卒，数事俱足纪。《明史》无重光传，可据此补之。惟是本四五六七各页，文不衔接，中有脱简而以其妻某氏传杂其中，而页数仍相连，诚不可解也。

1233 李见罗行略一卷民国壬戌刊本

明李材字见罗，江西丰城人。嘉靖壬戌进士。官至右佥都御史，郧阳巡抚。行略其子颎撰，多至二万三千余言。按材初学于邹文庄，为致良知之学；后变其说，止拈“止修”二字，以为得孔孟之真传。“止修”云者，以为“止于至善，人知其为终事，而孰知其为始事？修身为本，人知其为经世之宗，而孰知其为性宗？”其意殆欲压倒良知，自为巨子。是篇于先后（后）所以同异者略而不言，其叙岭西、滇南、郧阳诸绩，语多铺张欠简括。末记所著书目至三十六种，今多不传。是篇原具家乘中，此抽出印行之本也。

1234 赵忠毅公行述一卷道光庚子刊本

明赵清衡述。赵南星谥忠毅，清衡其子也。南星被诬赃，遣戍代州。清衡亦戍庄浪，崇祯赦还，为南星讼冤，得优恤。是篇所述，视《明史》本传为详，并可据以正本传之漏误。《明史》称居正歿，调吏部考功，引疾归。起历文选员外郎，疏陈天下四大害，云云。按居正歿于万历壬午，调吏部考功在其次年癸未，旋称病归。又次年为甲申，调文选司，升稽勋司员外。丁亥，以母丧归。戊子，复除稽勋。己丑，调文选司员外，《陈四大害疏》即上于是年。本传遗母丧一事，

且误"稽勋司员外"为"文选司员外"，非也。又本传所称"四凶"宫应震，此作应辰，吴亮嗣，此作应阙。本传称嫡母冯氏、生母李氏，并哀恸而卒；子七龄，惊怖死，乃清衡之嫡母生及其子也，宜据以校之。是篇为高邑令吴承祖所刊，后有跋云"得草稿"，然崇祯间必有刊本无疑也。

1235 高忠宪公事实不分卷 明崇祯刊本

明高世儒、世学、世宁编。首崇祯元年十一月《诰命》，次崇祯三年十二月《谕祭文》，次礼部札付祭文祭品，工部发给造坟工料，次国史本传，次小传，次遗墨，次文震孟、鹿善继、倪元璐、钱士升、吴桂森、邹期桢、徐遵、汤赞，叶茂才、许令典跋，次朱国桢撰墓志铭，次钱谦益、钱士升撰神道碑，次叶茂才撰《行状》，次其子世儒撰《行述》，而终以《祭文》。以《行述》为最详，即两（年）［谱］所本也。国史传言丙寅三月十七日，缪昌期、周顺昌同逮。按：顺昌被逮在攀龙投水后，盖误。是卷共两厚册，开卷称"奉母命安厝谕茔"云云，殆其时讣告亲友所用，流传至今。祭品清单及造坟价目俱可考见于此，至可宝也。

1236 袁石公遗事录七卷 同治八年刊本

清袁照辑。首有照自序。石公名宏道，举万历二十年进士，选吴县令，罢官，起授顺天教授，历国子助教、礼部主事，谢病归，复起故官，寻擢吏部验封司主事，改文选，移考功郎，迁稽勋郎中，复谢病归，数月卒。照辑是录，分《著作》、《学术》、《高行》、《宦绩》、《游踪》、《异迹》、《杂记》七目。俱就诸书记载，汇录成帙。按明季言诗文者，盛宗李、何，其弊也剿袭摹拟，无真气。宏道起而矫之，举世从风，所称公安派是也。然平生好言理学，推之者至谓其见地过阳明。宰吴有惠政，去官日，吴民攀留者数万人，是又非徒以文学重也。录中所举，大率因文见事，殊多逸致，如读明人小品文字。世传

宏道为东坡后身，兹录殆东坡遗事之类耶？其《著作》一门，尤可资读《中郎集》之取镜。照序称今行集本中《暑谈》一卷，《狂言》三卷，俱是赝作，《瓶花斋杂录》亦然，盖盛名所在，因不免多所附会也。

1237 褒忠录七卷道光刊本

是书记明郝景春殉难房县事。景春子明龙编，景春六世外孙姜朗一重编。按景春，字和满，江苏江都人。万历壬子举人，授盐城教谕，坐事罢归。旋擢房县知县。时张献忠受抚，寻叛，围房，城陷，景春被执。景春骂贼死，其子鸣鸾同遇害，诏赠官建祠，事迹具《明史》本传。乾隆四十年赐胜朝殉节诸臣谥，景春谥忠烈。是书以史乘、事迹、著述、恤赠、记传、附录分六卷，而以乾隆重修时陈宏谋、姜忠基二序及房县贼营图说别为卷首。卷二止公牍，卷三文诗亦寥寥，卷五雷士俊、王岩二传最佳，卷六明龙撰《殉难》《入郧》二纪略、《先君轶事》，可补传所未及。卷末又附裔孙翎及梅二跋。盖是录始刊于郝明龙，不记岁月；次刊于郝梅，时为乾隆丁未；又次刊于郡人，时为道光戊戌，有李璋煜序及璋煜、阮元二《祠祀》，并录乾隆赐谥事弁于其首。

1238 金息斋事实一卷康熙刻本

清金之俊，字彦章，号岂凡，江苏吴江人，明万历己未进士，官至兵部右侍郎。降清，官至吏部尚书，中和殿内秘书院大学士，致仕，卒谥文通。事实为其子世濂、世渼所述。按之俊事迹具《贰臣传》，而传所传系断自顺治元年以后，据此则之俊成进士后，授中书舍人，为崔魏所挤，不得注上考。金陵为阉立祠置像，之俊适迁南仪曹，称病不往。历官所至，刻有《问心录》、《续问心录》、《定变录》诸书。庄烈帝登煤山，遥见昌平军容整肃，召见平台，慰勉奖赐，随授兵部右侍郎，所记可补传所未及。又此称京城陷后，援刀自刎，为

同难所夺，寻复投缳，为贼拥去，械系贼庭，榜笞交下，既死乃释。传则但称李自成陷京师，之俊不能死，被拷索而已。按之俊于清兵入关始，凡所建议，多关要计，如蠲畿甸之租、赦土寇之罪、禁满洲官役需索驿递夫马，及所条漕政八事，俱见于传，此只浑括言之，不知所指，即刊本《息斋疏草》亦未全也。又官左都御史日，因议总兵任珍罪坐党附论死，从宽削衔罚俸；致仕日，以送究匿名帖罪，削太傅。此俱不载，斯若失实。按之俊七十岁曾自撰年谱二千余言，今集本无之。是篇首录谕祭文、谕碑、遗表，并李霨所撰墓志铭。志称"世祖重之俊古文词，朝廷有大制作，多命属草，尝奉命为崇祯帝碑文，措词得体，尤被奖谕"云云。按之俊又尝奉敕撰《孝献皇后传》，而志及行实皆遗之，其文旧存集中，后亦删之，岂为主德讳耶？世濂康熙丙戌举人，世渼侍卫。

1239 渔樵话一卷传抄本

题锡山张夏秋绍编次，纪郑鄤事也。其目为《郑鄤本末》、《诛谪》、《扶轮信史》、《愍节外史》、《韩烈女传》、《又传》、《放郑小史》、《大英雄传》、《狱中自记》、胡濙撰《峚阳草堂书经稿序》、钱陆灿撰《峚阳草堂书经稿序》、赵鼎撰《峚阳草堂书经稿序》、赵鼎撰《峚阳先生诗集序》、冯舒撰《后狱中草序》、龚炜《巢林笔谈》一则、钱人麟撰《郑鄤传》。自《郑鄤始末》至《大英雄传》，皆无撰［人］名氏，《诛谪》篇中有"郑复寄讯先文肃"语，"文肃"谓（文隶谓）文震孟也。又前半所记与《烈皇小识》同，知撰者为震孟之子文秉。此篇及《郑鄤本末》，于鄤虽稍有菲薄语，而不涉阴私。若《扶轮信史》，则形容丑秽，直同目见，殆仇鄤者之所造也。《愍节外史》者，湘潭令韩锺勋女许字鄤次子，锺勋死，女甫十四，待年于郑，一夕忽缢死，许曦所讦为奸媳致死者也，《烈女》二传亦为此作，其事无可证也。《放郑小史》，相传许曦为之，与《大英雄传》皆章回小说，惟但有其目耳。按鄤获罪温体仁，体仁特疏劾之。然疏中但谓"郑鄤以仙箕幻术，惑父披剃，扶鸾传语逼父杖母"云云，罪

未至死。后黄道周疏论阁臣杨嗣昌夺情留用，红绯视师，中有“郑鄤即不孝，谁其见之”语，帝大怒，因饬法司提鄤乡族谳，遂置重刑。而许曦讦鄤，于杖母外又加入奸媳、奸妹二事。按鄤妹适钱氏，已寡，堕娠亦有其事，惟于鄤亦无证也。《狱中自记》，题“戊寅八月十六日”，其死即在是月二十六，相距才十日耳。《始末》篇中，言鄤体肥似豕形，此又袁简斋说部中猪道人之所本。其《书经稿序》诸篇，无关事实，当是附存者，亦殊拉杂不类也。

1240 郑峚阳辨诬录六卷原稿本

清王仁俊录。自题“圣哲辨诬录之一”。卷首有杨模序，次录引用书目五十六种。分卷为六：卷一《钦定书录》、《黄南雷墓表案证》，卷二《明贤辨论》、《国朝名人辨论》，卷三《黄南雷诸贤赠峚阳诗文》，卷四《汤猾庵为峚阳辨略》，卷五《峚阳著述考略》，卷六《附载》。按所云《钦定书录》者，仅录《御批历代通鉴辑览》四条，其后二条不涉鄤事，实二条耳。《南雷墓表案证》，繁征而无当。卷二除黄道周救鄤疏外，余多未晰是案之始末，徒骋空论耳。卷四录汤猾庵《郑案传信录序》、《郑峚阳冤狱辨五则》、《书刘念台先生年谱后》、《又书刘念台先生年谱后》，大都辨之以理，而《郑案传信录》未之及也。卷三、卷五、卷六全与辨诬无关，要而论之，刘宗周称鄤久干乡议，陈卧子诋其内行不修，无乡曲誉，其人非绝无可疵者，特以其被不孝之名以死，其死也又与东林门户有关，故一时清议多为之惜。但杖母之事，既非绝无影响，而所诬上蒸下报等事属于暧昧。至当时已无从湔洗。况相去数百年后，徒欲以空言为之辨护，而所辨护者又皆不着痛痒之语，是亦不可以已乎。按仁俊称是录为“圣哲辨诬录之一”，其所欲辨者，应计有若干人，今其著述总目中无之，想俱拟而未及为也。

1241 卢公遗事一卷旧抄本

明许德士撰。德士既撰《戎车日记》，著象昇死事大节，是篇则录其遗事也。篇中记崇祯九年授尚书阶，杨廷麟传同，而《明史》则此时尚位少司马，至十一年始进尚书。又记“部帅祖宽败斩高迎祥，象昇谓之曰：‘洪制台旦夕获罪，吾不克救，今关门制台辖地，以今日首功让之，可保全也。’至于下拜，宽乃从命，洪以此复宦阶、承宠眷”云云。杨传亦同。洪制台即承畴也。而吴伟业《绥寇纪略》乃以此事归之孙传庭，《象昇年谱》及邵长蘅传因之并削其事。按士德于崇祯十年入象昇幕，自云：“公历叙生平讫督抚日，不遗一事。”而廷麟亦以十一年赞画军前，所闻宜俱可信，不必以他书之舛误而致疑也。

1242 戎车日记一卷旧抄本

明许德士撰。德士字雪城，籍贯无可考。曾参卢象升军，此篇［记］象升贾庄殉难事也。此篇及《卢公遗事》，原名《钜鹿野史》，杨廷麟作象升《行实》即据之。明遗老薛寀作《象升集序》云：“公友许君雪城，千载伟君子也。以经笥武库游天下名公卿间，受知于公，与之周旋患难，爰著《戎车日记》，一一写出公之须眉、性情”云云，可以知其概矣。德士以病留保定，故不与贾庄之败。事后与杨廷麟同象升尸且与象升弟同赴□请邱。篇中记杨嗣昌、高起潜龋龁以至于败，至详悉。其斥嗣昌书及向嗣昌告急书并见嗣昌集中可证也。惟记虎大威，谓溃围出，寻以重创，号踊亦殒。据《明史》，大威在崇祯十五年与寇战死，尚在四年之后，则传闻之偶误耳。

1243 忠节全编不分卷乾隆己未刊本

清卢豪然编。豪然字杰夫，江苏宜兴人。雍正癸卯举人。其曾祖

象晋为明宣大总督象升之弟。象升有弟二人，曰象晋，曰象观。象升殉难贾庄，时议尚诬以不死，象晋疏讼之，并请祭葬，既又伏阙请死边事。庄烈帝以为率妄。国变，象观起兵，事败，死震泽，宗族赴难者百余人。象晋奉母匿深山，不出。后为仇家诬陷，守迫令薙发，不肯，则缚而髡之，释出，因并削顶发为僧。母卒，会葬毕，远遁。忽一日返，自言将死，且示葬处，遂终，年七十三。是编首有豪然自序，中录《明史·象升传》、邵长蘅《明大司马（明大司马）卢忠烈公传》又附书《忠烈公遗事》、胡宗绪《卢象晋传》、任启运《卢象晋传》、无名氏《卢象同传》、《常州府志·卢象观传》、《宜兴县志·卢象观传》、何溥题《象升纪实》并《纪象晋象观诗》、豪然自撰《先曾祖锡侯公遗书后序》、任启运《卢劬山传》、任启运《杰夫五十寿序》，而终以《生斋学言》。按锡侯名励劬，小名本植，乃豪然之祖若父。《生斋学言》则豪然文稿出。豪然于《明史》及长蘅所为《象升传》，俱略有改正处，又所搜集传记尚多，列其目于卷首，以俟续刻云。

1244 东山外纪二卷 嘉业堂刊本

清周骧、刘振麟同纂。骧字九逸，浙江鄞县人。振麟，字轩孙，江西安福人。是书杂记查继佐之行事、言论，二人俱继佐门人也。前有振麟撰序、骧撰引言，又有“奥东同学较次姓氏”五十二人，后有高骏恒跋。据年谱，《外纪》二卷刻于康熙已亥，时继佐年五十九，客潮州，故所列皆粤东门人也。按继佐负盛名，曾附鲁王监国，受其官，为世指目。其时屡兴文字狱，几于不免，故以讲学自晦。所识拔，如沈陵、马圣、陆晋、杜水棋、王乐水之流，类多怪僻。生平好声妓，好游侠，旁究兵法、音律，又讲养生，殆亦有托而逃。晚岁浪游东南，结交势要，在粤交黎琬居、陈元孝、张璩子、张穆之、薛剑公等，皆遗民也，俱见于纪。惟所纪有近于荒诞者，如云梦登尼山之堂，礼孔子，复与端木并拜之类；有近于猥亵者，如因阁帖而取陈姬，又因不帖而遗去之类；又如论学问以居室为大、论鬼神以投胎为

真，殊近游戏。但亦不乏名言，如谓道学家率以貌教、诸子率以貌学，始之以理，终之以气，而祸随之。史中所载某党得某人而显，是明以爵位争胜，非救党之意也。又谓“坐而言理，总非其至。主于化小人为君子，不主于辟小（子）［人］为君子，前辈之过始于吾等为君子，立一垒以生敌心，究竟君子之才，不逮小人，其数亦万不能齐等，势必大败”云云。其箴明季讲学之失，可谓切中。又谓“人能闭户一日，则享受不止一日；能闭户一年，则享受不止一年。静者可以制动。”又谓“人能闭口一日，则鬼神亦不能测吾。”盖继佐平生好游，又作诗多，此殆自箴其失也。骧言“微词浅笑，尽属天机；粗服乱头，每关至要”，庶几近实。又据年谱，尚有《续外纪》二卷，沈起撰，成于康熙甲寅，未见流传。是本为刘承干所刊，后有承干跋。

1245 **萧氏旌孝录一卷**道光刊本

是录记萧孝子事。孝子名日曦，江苏江都人。母朱病笃，日曦炷香告天，自刲肝二片，和药进母，母瘳而日曦殒，时康熙七年六月四日事也。里人感其孝，为立祠梅花岭祀之。按割股事记载多有之，惟刲肝则未之或闻，诚愚孝之又甚者。虽过奇之行不可为法，而风厉末俗正有益也。是录有日曦遗书、黄文旸《萧孝子传》、李璋煌书《萧孝子传后》、姚鼐《萧孝子祠堂碑文》，并附其父廷璜《哭儿诗》二首，凌鸾、张祖华《谒祠诗》各一首。又有刘文淇跋，书即文淇所编，李璋煜刊附郝氏《褒忠录》后。

1246 **尺五堂述祖汇略一卷**康熙丙子刊本

清严我斯及弟允斯记其六世祖凤之遗事也。首有严颢序。凤字季祥，号溪亭，归安人，举弘治乡试，初令分宜，转南昌同知，升工刑二部员外郎中，补镇远守，致政归。是编述其持己接物、服官居乡诸善行。各条注明所出，不同夸侈。惟所记宰分宜日，牒城隍驱虎，次日果有三虎伏西门外，攫之不动，遂就获；又记岁除纵囚还里，无

何，纵者各以期至，无一失，似是有所仿而言之。后附居巢令严觉死节事。觉字知非，亦举人，令居巢三年，考最。迁郡丞，将行，贼从寿州南逼巢，巢不守，胁觉降，不屈，死之。其妻莫氏、子有芑年十七从殉焉。崇祯八年事也。张溥、黄道周、夏允彝、杨维岳、钱邦芑诸人为文记之，并有蒋德璟、谭元春、凌义渠、姚允庄、倪元璐、陈子龙、徐石麒、茅元仪诸诗。

1247 归安姚布政传略一卷道光刊本

是书合严元肇《姚布政传》、蒋伊《方伯榕似姚公传》、吴世杰《书布政使姚公传后》为一编，附以无名氏《金坛公是录》。辑之者，归安姚文田也。布政名延著，字象悬，浙江乌程人，舜牧之孙，顺治四年进士，授柳州知府。李定国陷柳州，被执不屈，覆桂林，清兵复（覆）广西，调平乐府，升山东盐运司，升江南按察使，旋擢河南布政使，以失出。史记青管得案，按定例，承问失出，止降级调用。延著某提督有隙，为所构，竟至论死。后其子淳焘官中书，上疏讼冤，部臣以拟罪稍过，但事属既往，不得昭雪。延著江南日，值郑成功舟师下京扬，围南京郡邑，官民多望风归顺。事定而叛案以起，延著每从宽释，官兵威胁妇女千七百余口，延著尽放之归。其死也，民为之罢市。金坛之狱，其始官绅以郑成功且至，为畏兵计，公遣诸生八人通款，其后官与乡绅诸生相讦，乡绅又与诸生相讦，案结，邑全论绞，乡绅诸生死者各十人。是狱亦经延著讯问，拟从平反，案未结而他去。录中于延著多颂词，故取以附之传后。文田，盖延著六世孙也。

1248 毋欺录三卷光绪六年刊本

明朱用纯撰，清金吴澜重编。用纯字致一，昆山人，明诸生。其父集璜以贡生殉国难，用纯自比王裒庐墓攀柏，号曰柏庐。卒年七十二。所著《毋欺录》，始三十二岁，止七十一岁。旧有刻本而不全，

澜得传抄足本，仿编年之例，据用纯所著《愧讷集》及传，［其］补撰三十一岁以前事；其三十二岁以后，则低一字缀于原录之后。按录出用纯口气，谱乃编者纂叙，相杂殊觉不伦。况行事有传可考，而录中自有事在，无须画蛇添足也。且所系之事，如以拒举鸿博系于康熙十八年下，不知考试鸿博在十八年，而荐举则在前一二年，不在本年也。惟是录以此为最全，澜虽妄编，未削一字，读者分别观之可矣。原录于自课之外，有谈经语、论学语、纪时事语，切实而不迂腐。有一条云："每至坐困时，辄诵庾开府、傅燮之但悲身世，无处求生，袁安之每念王室，自然流涕。"读此，可想见其心事。又有一条云："名之隐见，当视时之盛衰。天崩地圮、波沸燎扬之日，名固可得而有者耶？犹龙之学，非吾所逮。若行已在清浊之间，苟全性命于乱世，吾辈当以是为法。"读此可想见其自处。卷首附用纯自传、杨无咎撰传、彭定求撰墓志铭及《苏州府志》传，其周荣植、金吴澜二序则重编时所作也。

1249 潜确录一卷康熙刊本

清李慎言录。慎言，陕西盩厔人，拔贡生，李颙子也。康熙癸未，圣祖西巡至陕，欲召见中孚，总督觉罗华显具币征诣行在，并札邑令亲为敦请，时中孚七十七矣，以病坚辞不赴。慎言于谢恩时，垂询甚悉，是录即记此事。按颙于康熙戊午，两次召见，皆坚辞不赴。此犹初志也，历年纪略至于康熙二十八年止，未及此事，亦以补其遗也。

1250 陆清献莅嘉遗迹三卷嘉庆戊午刊本

清黄维玉辑。首有陈梦兰序、曹廷宿跋。是书陆陇其令嘉定者，所有居官、自守、奉上、爱民、宽赋、听讼、疏河渠、修书院诸事迹，其中有可与年谱互证者。如记巡抚公诞辰，公仅馈诗扇一柄、家机紫花布二匹、黄草凉鞋一双、竹刻一件，号扇以礼薄，又无使费，

屏不收，抚宪查阅号簿，独嘉定县无名，不悦。会有推公福建按察使者，抚军疏更调，又记公解任，士民徒跣赴郡，昼夜绎络于道，诸抚乞留慈母，抚军哀之，上疏乞还。秩命未下，制府连及讳盗落职。又记抚军闻俞鹤湖送公诗，有“圣代自来公论在，谁传消息到长安”句，内不自安，遂暗属地方官慰谕百姓，许题请留公复任。按年谱止言抚军嫌其儒术迂缓，不及馈寿事，亦不及俞鹤湖赠诗事。又言巡抚请复疏未下部，又引讳盗例落职。一若劾讳盗，亦出自巡抚者，不知又是制府也。按其时，巡抚为慕天颜，制府为阿席熙，此俱讳之。他所记多有与年谱同者，可互证而知其实。书中记清献上张素存书，自称“劝谕多而敲朴少，迹似纵驰，方愧不能尽用德教，乃以为宽厚之误”云云。真是蔼如之言。又记鹤湖赠句云“有官贫过无官日，去任荣于到任时”，语亦贴切。维玉籍宝山，故嘉定所分县也，故能知之而述之。

1251 王阮亭行述一卷康熙刊本

清王启涑、启汸、启浒述，三人皆士禛子也。书系蓝印，当是士禛初卒，以讣同人者。惠栋修士禛年谱，未得见此，故所述事实，多可补谱中所未及。如理维扬日，直李应轸之子而惩州役，访诗人邵潜夫而感邑令，昭雪居氏烈妇，主戊年顺天武闱乡试得罗淇、徐宪武、缴煜，后皆成武状元。又遇吴天章，诵其佳句，吴诗名遂噪于都下。未识邢孟贞，托高淳令李松客恤其妻子。凡此诸事，皆卓卓足可传。是本流播极罕，当与惠谱参观。

1252 吴文端崇祀录一卷康熙刊本

清吴琠，山西沁州人，康熙癸未进士，官至刑部尚书、保和殿大学士，卒谥文端。是书首崇祀乡贤录，次庙祀录，次崇祀三立祠录，次崇祀湖广名官录，次崇祀確山名宦录，率皆一时缙绅文牍铺张盛美者。

1253 明苏爵辅事略一卷附录一卷民国己未刊本

清苏泽东辑。泽东字选楼，广东东莞人，诸生。苏爵辅者，明隆武、绍武辅臣，建明伯，东莞苏观生也。观生不附永历，立隆武弟聿鐭于广州，改元绍武，致与肇庆构兵，未几佟养甲、李成栋率兵破广州，观生与聿鐭同殉。《明史》观生本传多失实，盖作传者采之他野史。而永历诸臣，对于观生辈每肆丑诋，野史多沿之。惟黄宗羲论隆武，谓观生与黄道周皆有儒者气象，未尝非诸葛之亚，乃为郑氏所束缚，不能一展所长。又谓观生受前王特达之知，其立后王也，同荀息之不食言，非仅仅修魁楚之隙。盖特识也。邑人陈伯陶为观生作传，求得观生继子国祐所授《易箦遗言》，更参互他记载，以订《明史》及诸野史之误。尤要者，《明史》称"观生走梁鍙问计，鍙答以死。观生入东房，鍙入西房，各拒户自缢。观生虑其诈，稍留听之，鍙故扼其吭，气涌有声，且推几仆地，久之寂然，观生信为死，遂自经"云云，当采之《鹿樵纪闻》。按大臣身值危时，自处乃其素定，岂有问计于旁人者？且观生已死矣，所称虑诈留听诸情形，谁知之而谁言之者？此不足欺小儿，而正史乃据以入传，可哂也。伯陶据《明季南略》，观生实被执就义，非缢死。又据阮元《通志》，称君臣冢在广州大北门外。绍武及苏观生稿葬处，证以魏源《圣武记》，称李成栋袭执聿鐭，及明诸王宗室世子等二十余，戮苏观生。源所记当据奏报档案，惟其同时被杀，故稿葬一冢，若一自缢，一被杀，时地又不同，何缘合而为一耶？《明史》之失，殆可无疑。伯陶并申论聿鐭贤于由榔，且监国又在前，理宜立，构争非观生所及料，罪在丁魁楚，所见亦是。并论推及观生所用诸人，如关捷先、梁朝锺、霍子衡，皆佳士也。此传载东莞新志。泽东为观生族裔。是编冠以隆武敕谕，次陈传，次国祐《易箦遗言》，次泽东自撰《观生里居世系考》，次《观生遗著》。附录中张家玉力保辅臣疏，及陈邦彦上观生三书，俱可与陈传相证。邦彦始附观生，而后立异，桂王返肇庆，正大位，出其谋，故其子恭尹作行状，于观生多谤语，未足信也。他所录则凭吊诗

文耳。是书卷首有观生遗像，又有吴道镕、张其淦二序暨诸家题词，卷末有苏兆元及泽东二跋。

1254 忠节编四卷同治壬戌刊本

纪明中湘王何腾蛟事也。腾蛟，贵州黎平卫人，崇祯十六年巡抚湖广，南都命兼抚湖南，寻以故官总督湖广、四川、云南、贵州、广西军务。左良玉反，为所胁，投水遇救，招集旧部，又收李自成降众数十万，次第收复失地。时唐王立于福州，腾蛟拜表出师。既而诸将逗（遛）［留］观望，不听命，清兵下汀州，唐王被执死，永明王立，进腾蛟武英殿大学士。清兵进长沙，腾蛟出走。既而金声桓、李成栋反正，腾蛟乘势再复湖南所失地。适堵允锡招忠贞营入湖南，诸将率空城避之，腾蛟止携吏三十人驻衡州，清兵突至，被执，不屈死。是编者腾蛟侄曾孙琮原辑，有康熙壬寅琮自序及陈法、赵炯二序，同治间胡长新复取而重订之。首何氏世系，次《明史》列传，次琮所为编年纪略，次诸名人所撰传、志、祭文、祠记、论跋、祝文等，次腾蛟遗集，次后人题咏，汇为四卷。

1255 明湖广巡按李公表忠录一卷活字印本

清陈明盛记。李公名振声，陕西米脂人，崇祯七年进士，官湖广巡按。《明史·宋一鹤传》称：崇祯十五年十二月，襄阳、德安、荆州连告陷，一鹤趋承天护献陵，贼犯献陵，巡按御史李振声、总兵官钱中选皆降。明盛是录则称：闯贼陷承天，下令敢伤李御史者斩，因被获。贼闻公至，狂喜曰："大史为我得，天下不足定。"公厉声曰："汝本一驿卒，奈何称乱，为灭族事，今晓汝以顺逆，若能知悔者，吾为汝请命。不然，当速杀我。"贼不忍闻其语，故迁之。公言益切厉。一日，两卒以骑至，公怡然上马，出南郊，至则北向九拜，复西向拜，自谢无状，亏忠孝，拜毕，引颈受刃云云。与《明史》大异。按明盛所记是也。明盛与振声同系，亲见其事而为之记。顺治七年，

米脂令张禹谟将赴官，遇明盛于道，出是录，属访其后嗣授之，于是李氏子姓始知其先祖死事之详。按振声与自成同县同姓，故呼之为兄。至《明史》所以致误者，以贼入山西，榜列受职者名氏，列振声名，意在诳诱未降者。《明史》称振声降，又称后复杀之。果降矣，曷为杀之？其诬不待辨也。录首有张禹谟序，录后有明盛吊振声诗及《节烈纪略》。附以河滨逸老白曰可跋，朱之俊撰《李侍御忠烈传》，孙必达撰墓志铭，《陕西通志》、《米脂县志》传。此旧刊本也。晚近其乡人宋伯鲁等为之具征文启，其王树枏辨论诸文，则又后来所增入也。

1256 胡煦祀乡贤录一卷乾隆刊本

清胡煦字晓沧，河南光山人。康熙壬辰进士，改翰林院庶吉士，散馆授检讨，官至礼部左侍郎，以年老罢归。乾隆元年赴阙召见，赏回原衔。卒年八十二。是录为光山士绅王乘六等胪举事实，请乡贤，备举其孝友睦姻诸行，以及潜心理学，著《周易函书》、《农田要务》、诗文集等，又登第前，任安阳教谕课士厉俗诸事，并光山儒学、知县、知州，河南布使递转原牍。首附乾隆元年复官、荫子、给恤诸谕并谕祭文。

1257 求可堂自记一卷［咸丰壬子刊本］

清廖冀亨撰。冀亨，字瀛海，福建永定人。康熙庚午举人，选江苏吴县知县。是书为冀亨自记所历。少时就学、婚葬，事皆琐细。官吴县日，赈荒治狱，具见实心。其时江苏巡抚为张伯行，苏州知府为陈鹏年，方为总督噶礼所构，致兴大狱。冀亨为鹏年所器，因亦牵及，被陷革职。是记于噶礼之骄横，张、陈之清正，及属吏之勾结承迎，一一备悉。所记至噶礼拿办，张、陈及已同时复职而止，可补他记载所未及。惟文笔朴拙，又偏信堪舆家言，所载鬼哭烛灭事，迹涉迷信，略之可也。记作于康熙间，而刊于咸丰壬子，首有王发桂、贺

长龄、陶樑三序，末有孙昺跋。

1258 朱文端公行述一卷道光刊本

清朱轼，字可亭，江西高安人。康熙甲戌进士，以庶吉士改官知县，宰潜江，入为刑部主事，升郎中，放陕西学政，部吏劾报册延迟，降二级调用，士子七千人诣大吏跪留，事为圣主所闻，特旨令复任。寻历光禄寺少卿、奉天府尹，超擢浙江巡抚，内升都察院大都御史。既丁父忧，圣祖令在任守制，疏乞回治丧，不许，请往军前效力，亦不许，只命往山西劝赈，旋准给假安葬。世宗改元，兼吏部尚书。乙巳，授文华殿大学士，偕怡贤亲王等办畿辅营田水利。丁母忧，诏以素服视事，寻因病解部务。庚戌，兼管兵部尚书事，又署翰林院掌院学士事。乙卯，命视浙江海塘。乾隆改元，召还，未几卒，谥文端。是编为其子必堦等所撰，虽未分年隶事，而记载较详。所录奏疏，首尾完具，足觇梗概。按轼受知三朝，所建白颇多，其大者：规画畿辅营田水利章程、预杜开垦、禁止滥刑、盐政去弊诸疏，俱切中时势，不稍涉迂腐。其请终制三疏，词旨哀楚，何减孝伯《陈情》？世宗朝以藏吕留良私书，部议革职，特旨留任，未几赐还原职，而顾天成等请驳留良《四书讲义》，复命轼总理其事，而世宗之守秘调护于母死之时，高宗之降尊问视于病危之日，尤非他儒臣所能及也。必堦以荫官通政使司右通政。

1259 王白田行状一卷乾隆刊本

清王箴传撰。按王懋竑，字予中，学称白田先生，江苏宝应人，康熙戊戌进士，选安庆府学教授。雍正初，召至京，授翰林院编修，为三阿哥授读。以老疾休致归，又十六年卒，年七十四。篇中述行事，甚纤悉，大抵谨笃慈惠，而惟于荣利。其学则专宗朱子，与朱泽沄同，所论朱子为学次第，最详晰。又订朱子年谱，别为《考异》，与泽沄《朱子圣学考略》可相参证。他著述甚多，俱详著于篇。按懋

竑有孙希伊，曾为撰年谱，未见传本。

1260 **张濬川行述**乾隆刊本

清张渠，字濬川，顺天三河人，康熙辛卯副贡生，援例捐中行评博，选太常寺博士，再捐副使道，补兴平仓监督，调大通桥监督，补刑部郎中，仍管运务，旋以府道用，分发广东，署惠州府，升肇罹道、广东按察使、广东布政使，调江苏布政使，升湖南巡抚，调江苏巡抚，又调湖北巡抚，卒于官，年五十五。按渠以管运，为世宗所知，五年间由知府洊历藩司。无他政绩，惟严综核戒纷更而已。是篇为其子彦烈所述，多浮词。

1261 **杭大宗轶事一卷**光绪十四年刊本

清汪唯曾辑。按杭世骏字大宗，号堇浦，浙江仁和人。乾隆元年举博学鸿词，授职检讨，以言事革职归，卒后无传状。是卷乃唯曾杂集诸记载而成，中以洪亮吉《书杭检讨遗事》、许宗彦撰《杭太史别传》、龚自珍撰《杭大宗逸事状》较详，稍具梗概。自珍称癸巳高宗南巡，大宗迎驾，名上，上顾左右，曰："杭世骏尚未死么？"大宗返舍，是夕卒。果尔，是杀之也。曾唯驳谓高宗六次南巡，辛未、丁丑、壬午、乙酉、庚子、甲辰，并无癸巳之年，以自珍为误记，然记年或误，记事或不误也。又大宗以言事获谴，《遗事》以为特设阳城马周科试翰林，大宗语过戆直，末又言满洲官督抚者多，触上怒云云。《别传》又以为时亢旱，举直言极谏，徐文穆公以太史应诏，遂上疏言部臣自尚书至主事，皆满汉并列，请外省自督抚至州县亦如此，所言纰缪不中理云云。《逸事状》又以为，癸未大宗以翰林保举御史，例试保和殿，大宗下笔为五千言，其一条云，朝廷用人宜泯满汉之见云云。《鹤征后录》则云，高宗仍纳其言，天下督抚汉人参半，于四条中已行其一云云。所言各异，当皆得之传闻也。按大宗生于康熙三十五年，卒乾隆三十七年，盖七十五岁云。

1262 永宇溪庄识略六卷乾隆刊本

清曹庭栋撰。字楷人，江苏嘉善人，诸生。永宇地在嘉善北郭外，庭栋营寿藏于此，就数年来工筑之役，与诗文之作，并及闲居著述、生平阅历，汇而识之。有自序。分卷六：一寿藏，二庄屋，三杂文，四题咏，五著述，六阅历，别以绘图弁诸卷首。阅历，即其自述之年谱也。寿藏营于六十二三岁时，自序则作于六十七岁时。卷六六十七岁下，注曰续，至七十六岁止。按庭栋所著《产鹤亭诗》十集，序后署乾隆四十年，时年七十有七，疑所记系逐年增入，此本适印于七十六岁时，故如此。其卒于何年，□俟得最后印本定之。庭栋富有田产，又享高年，以著书吟咏为乐，凡数年而成一书。今所传，《宋百家诗存》、《孔子逸语》、《琴学内外编》、《昏礼通考》、《孝经通释》诸书，俱载其始事与成书之年月。其《产鹤亭诗》，自一集续至十集，亦有年月可稽。他所记多山林逸士、风雅趣闻，与其淡泊品格相称。按卷六雍正十一年条下云："时保举宏博，长安故人贻书相招，我母促装就道。"又云："抵都留匝月，疾作即南还。"是庭栋曾与乾隆宏博之选，惟未知已具题到部否。而李富孙《鹤征后录》遗之，据《后录》凡例中所举，如邬希文、陈章、马曰琯、李茹旻、戈溥、唐枢、沈荣儁、董熜、何晫、丁敬诸人，皆是欲举而未题部者，而亦不及庭栋，当未见是书也。

1263 宋仁圃行述一卷道光刊本

清宋如林，字华春，号仁圃，汉军镶红旗人，乾隆丁酉举人。历知山西平鲁、襄垣、绛，浙江嘉善、余杭、临安、昌化、定海、钱塘各县事，升玉环同知，署嘉兴、宁波知府，补松江知府，调苏州知府，升常镇通海道，调苏松常镇太粮储道，继升两浙盐运使、湖北按察使，调贵州按察使，署贵州布政使，以老乞归，卒年七十有二。历官尚勤慎尽职。任松江至八年之久，惠政亦多，故知府县久任之制为

最宜也。在松江日，延莫晋、孙星衍修《府志》；在贵州日，得程恩泽《橡茧歌》，因推种橡育蚕法于全省，皆可纪者。《行述》其子鉴、铨同撰。鉴官山东同知；铨嘉庆乙卯举人，官户部员外郎。

1264 清芬录一卷光绪刊本

清陈文騄辑。是录纪陈大受也。首国史大受列传，次陈世倌墓志铭，次彭维新神道碑，次郭焌祭文，次石韫玉过祁阳吊大受诗，次方苞、鄂容安致大受书，次孙尔准、魏元烺、陈寿祺、陆我嵩、韩克均、朱桓、张鳞、吴鷟、陈銮跋，方、鄂二札文诗，终以文騄补作《成太夫（夫）［人］事略》。太夫人，大受继室也。文騄为大受十三世孙。卷首别有郭嵩焘序。

1265 相国三文敬公传一卷道光刊本

清三宝，姓伊尔根觉罗氏，字树庭，满洲正红旗人，乾隆己未翻译进士，授内阁中书，迁侍读，随舒赫德征金川，迁湖北驿盐道，改补户部郎中，派经理达什达瓦游牧事，擢直隶布政使，旋因事左迁，以道员衔往哈密办事，授四川布政使，历调湖北、湖南、贵州，擢山西巡抚，调浙江，升湖广总督，晋东阁大学士，兼礼部尚书，仍管湖广总督事，调督浙闽，旋命来京，入阁办事，充经筵讲官、上书房总师傅，乾隆四十九年卒，年六十七，谥文敬。是卷有聂铣敏撰传、书通阿撰世家序略，大致略同，官之外记载殊。按三宝联姻帝室，长女适郑恭亲王，三女指配五阿哥绵忞，未婚守志，五女适未入八分辅国公恒勋，七女适礼亲王昭梿，具详于传。而三宝抚浙江日，四库馆谕各省采访书籍，浙省进呈独多，有《浙江进呈书目》行世。今流传《四库》底本，多有三宝钤记，士林宝之。传末载此事。卷末附三宝所为《天竺法喜寺梦泉记并跋》，卷首有李宗传序、吴杰赞。题曰集，殊不类，因改之。

1266 王在川行状一卷乾隆刊本

清王希伊，字耕伯，号在川，江苏宝应人。乾隆辛酉举人，选陕西白水县知县，以病乞休。病痊，请改教，选青浦儒学教谕。致仕归，又四年卒，年七十六。《行状》为其子直所述。按伊自其祖懋竑，父箴传，皆治朱子之学，希伊承而勿替，尝取朱子文集，依朱子读程子书例，分门别类为朱子小学、朱子《近思录》。又取朱子书，分为读书须知、诲人须知、为政须知、四书须知、各类须知、女学须知，及读《四书章句集注》例，集注疏通证明诸书，盖王之效非朱子三世矣。他所述为县令、教官时便民爱士之政，亦甚具。

1267 朱止泉行状一卷乾隆刊本

清王箴传撰。按朱泽沄，字湘淘，号止泉，江苏宝应人。（学）与同邑王懋竑善，同究朱子之学。箴传乃懋竑子，而学于泽沄，亦其女夫也。篇中所述详于学，谓朱子之学，即居敬穷理之学，从来道问学者莫如朱子，尊德性者亦莫如朱子。彼为《朱陆异同说》，分尊道为二涂者，妄也。然居敬不知体认，已发未发，斯理流行之实，徒矜于貌言视听之间，未免昏愦纷扰，徒劳把捉。穷理不知推寻性情体段身心源头之实，遽遍观夫天下事物之繁，亦未免失却本领泛滥无归云云。他所论多自抒心得，不同墨守，著书甚多，所辑《朱子圣学考略》，用力尤专。卒年六十七。状附集后，箴传自谓仿朱子之状李延平也。

1268 万里寻亲录一卷乾隆刊本

清刘弘甲，字天绳，山东单县人，诸生。其父兴邦，官云南澂江府经历，值吴三桂叛，音信隔绝。经十二载，弘甲与弟弘基，次第入庠，乃留弟奉母，自往寻父，历遍险阻，得其父于腾越州之界头，遂

奉以归。阅二年，父卒。其母卒于雍正三年，寿一百二岁。弘甲卒于雍正七年，寿亦当八十余矣。是录为弘甲季子瓒及长孙资深辑。首有康熙辛丑衍圣公孔毓圻、雍正癸卯曾尚溶二序，辑《单县志·孝行纪略》，袁以嶂《旌表刘孝子纪》，刘淇、卢锡晋、鞠逊行《孝子传》三篇，朱绂黄、求可书传后二篇，并对联、扁额、名公诗词等为一书。末有资深续刻纪言，时乾隆五年庚申也。

1269 刘世謩行述一卷嘉庆刊本

清刘台拱撰。世謩，台拱父也，以贡生选靖江儒学训导，年六十二乞（乞）休，卒年七十七。按世謩为明刘永澄裔孙。永澄，万历辛丑进士，与顾宪成、高攀龙、刘宗周、文震孟友善，《明史》有传，亦见《明儒学案》。世謩请于当道，从顾、高之后，增祀道南祠，礼宜尔也。其论著书云："以明道，则古人备矣；以徼名，则去道已远，又何取焉。"所见甚超。又按近代宝应刘氏世以学行著，自世謩始。

1270 康茂园行述一卷嘉庆刊本

清康亮钧述。按康基田，字仲耕，号茂园，山西兴县人，乾隆丁丑进士，以知县分发江苏，洊升江南河道总督，因事革职，旋补太仓州知州，又升至江宁布政使，复因事镌级，补户部郎中，加太仆寺少卿衔，旋致仕，年逾八旬矣。基田负干才，熟河务，自守怀庆，调开封，历河南河北道、江南淮徐道、河东江南河道总督，不离河工。中间三任按察、两任布政，仍命兼理。其后摄松江府，则重浚刘河及七鸦浦。擢广东布政，则开六脉渠、玉带河。镌级后，又以知府衔，随长麟、戴衢亨办理南河工程。致仕后，又以南河改建山盱五坝。仁宗特谕令入朝与议，可谓与河务、水利相始终矣。所著《河渠纪闻》、《晋乘搜略》，俱关掌故。卒于嘉庆癸酉，年八十六。亮钧，其次子也，以荫生官顺德府知府。

1271 南涧先生易箦记一卷瑞安陈氏排印本

清李文藻自述。文藻，字素伯，晚号南涧，山东益都人，乾隆庚辰进士，历知广东恩平、新安、潮阳县事，升广西桂林同知，卒于官。文藻晚岁病痈，临殁前，口授此记，使其甥蒋器笔录。记中除作病中痛苦语，则惓惓于平生未成之书、所亲厚之友、所交接之学人文人。亦有涉于考据者。如谓大毛公为毛亨，仅见《初学记》，岂有汉人所不能知而唐人忽知之者？又谓采石矶太白楼中萧尺木所画四大名山，有华岳而无衡岳，渔洋诗乃以为有衡岳而无华岳，不可解。又谓“桂海”二字，“桂”谓桂岭，“海”谓海，范石湖时高、雷、廉、琼皆属广西，大海在所部中，所志多言海物，故桂海对举，近人以桂林为桂海，则不通矣。其《邓谦持小传》及《疡厄自祷文》，皆病中作，存记中，潘祖荫刊《南涧文集》未收也。条下湘蕙识语六则。湘蕙姓闫，昌乐人。又有有经识语二则，益亭识语二则，俱不知其姓。别王献唐按语数则，则编时所记也。卷首有文藻小像，及琉璃厂书肆记手稿，又附钱大昕撰墓志铭、翁方纲撰墓表，合而观之，文藻之学行政绩，备见于此。据是记，文藻尚有自撰年谱，今不传。墓志铭系撮年谱为之，亦可觇其梗概矣。

1272 张泗州事辑一卷道光二十八年刊本

清张佩芳，字荪圃，山西平定人，乾隆丁丑进士，选安徽歙县知县，调合肥，升寿州知州，又移泗州，以父母年皆逾七十，请终养归，又十一年而卒，年六十二。佩芳，张穆之祖也。是书即穆所编，成于道光戊申，距佩芳之卒，五十有五年矣。佩芳学于牛运震、胡天游，能传其学，所注陆宣公《翰苑集》，极详博。莅官则兴书院、新学宫、修邑志、立社仓、禁淫祀、恤穷民，有足纪者。穆所辑，分年隶事，例同年谱。但专就佩芳所著《希音堂文集》及朋友赠言，排比而成。自云“不敢以子孙私言阑入一字”，可为子孙撰先谱者法也。

1273 重定张泗州事辑一卷稿本

清张穆辑。是书系就刻本有所增补。如乾隆甲戌二十三岁、乙亥二十四岁条下，各增引牛运震《空山堂集》各一条；丙戌三十五岁条下，增引《方盛诗注》一条；丁亥三十六岁条下，增引《殷煜诗注》一条；己丑三十八岁、辛卯四十岁条下，各增引《歙县志》一条；壬辰四十一岁条下，增引《吴珏诗序》；癸巳四十二岁条下，增引佩芳自撰《祠仓题词》。又《翰苑集注自序》下，别据道光四年宜宾令陆成本刻《陆宣公奏议》。题下文中皆有注者，即是翠岩精舍足本，为阮元所未见。其他小小补苴，尚有数处。末附任质淳撰《翰林院编修张敦颐及其妻王氏李氏合葬碑铭》、李日茂撰《廪生张晋暹墓志铭》。敦颐，佩芳子，晋暹，（孰）［孰］颐显子，即穆之父及兄也。未见刊本。

1274 甕芳录一卷同治十三年刊

清高熊举，字渭川，江苏江宁人。业贾，以赈捐议叙从九品衔。咸丰三年二月，粤寇围江宁，熊举集乡勇守御，城破，熊举移巨甕入于庭，满贮水，与子德丰、德升，德丰妇谢及女孙三人，同投甕自尽。熊举年七十有一矣。大吏奏闻，赠熊举盐运司知事。是录为其嗣子德泰汇辑敕书、奏案、家传、府县志传、遗像并赞、墓志、征诗启、题词等而成。并附德泰业师叶德钧、妇翁徐以谐、未婚妇徐氏，皆同时殉难者，书题“甕芳”，从其实也。末有德泰自识，并诗十首。德泰以输饷官中书。

1275 德仁圃行述一卷嘉庆刊本

清德元，字仁圃，姓索绰罗氏，满洲内务内正白旗人，尚书德保之弟。乾隆癸酉举人，官至内务府畅春园郎中。嘉庆癸酉，乡举重

逢，殁年八十。《行述》为其子英贵所撰。中可记者：乾隆甲戌新定大臣子弟不准会试之例，其时德元兄德保已官至侍郎，因此别考由笔帖式入官。戊申因所属庄头互控为和（坤）［珅］所奏，致降级，盖和（坤）［珅］与德保不合，因迁及之也。然入仕五十年，犹然郎官，则不止冯唐之感矣。

1276 魏秋浦行述一卷嘉庆刊本

清魏银河，字星槎，号秋浦，浙江钱塘人。诸生。受知于窦东皋，请业于齐息园。工诗，与陈玉几、杭堇浦、吴西林、汪槐堂、丁龙泓辈相酬唱。翁覃溪赠以诗云："湖山几个论耆旧，及共齐杭唱和来。"其子成宪以郎官谳案扬州，适银河方游宝应，侍舟中数日，罗两峰为作《官舫侍膳图》，覃溪复题诗云："画中邗浦交淮口，画中郎官今太守。谳狱淮扬二载前，欢叙初追十年后。"盖其时成宪出以郎官守扬州也。是篇即其子成宪等所撰，所纪大都琐事。惟记丁龙泓子佺耿介，不屑受人怜，独银河造庐赠衣，佺以诗谢云："绨袍解赠情何限，记取年时戊子冬。"又贷扬州阎京顺千金，其孙隔三十五年而来偿，皆古谊足传也。

1277 王文僖公行述一卷嘉庆刊本

清王懿修，字勖嘉，号春甫，后更号春敷，安徽青阳人，乾隆丙戌进士，改翰林院庶吉士，散馆授编修，官至礼部尚书。嘉庆辛未以原品休致，卒年八十一，赐谥文僖。按懿修以词臣受知仁宗，仁宗居藩邸时，送其校士江西，有诗十六韵，今存《味余书室集》中。仁宗登极，懿修方养病家居，嘉庆七年，始销假入京，仅四年而擢至尚书，及以礼部尚书致仕。同日命其子宗诚为礼部右侍郎，若使其父子相承袭者，尤异数也。是篇即其子宗诚撰。宗诚乾隆庚戌进士，以第三人及第，时方官礼部左侍郎。

1278 崔东壁行略一卷嘉庆刊本

清崔述，字武承，号东壁，直隶大名人，乾隆壬午举人，以截取知县，两任罗源，一调上杭，在官仅六年即告归，卒年七十七。其居官之前与后，皆著书之日，所为《唐虞考信录》、《夏考信录》、《商考信录》、《丰镐考信录》、《洙泗考信录》诸书，辨伪存真，自成一派。《行略》为其门人陈履和所述。履和识述于逆旅，事为师，问业止两月，乃至终身依慕，尽刻其遗书八十八卷。是编所举治罗源、上杭之治绩甚具。卷后补一条，则在罗源时所释被诬为盗之林孙，后以功升至浙江提督，亦何殊李白之识郭子仪耶？于著（事）［书］事记之尤详，而师与弟数十年眷眷之情，跃然如见，则履和亦足传矣。履和云南人，以举人选知县。

1279 纪慎斋行述嘉庆刊本

清纪大奎，字慎斋，江西临川人，乾隆己亥举人，以四库全书馆誊录，议叙知县，历官山东之商河、馆陶、昌乐、栖霞、福山、博平，四川之什邡、合州，告归，卒年八十。是编为其嗣孙运疊所述。按大奎以理学而为循吏，明察而慈惠，为民所爱戴，在什邡最久，编中记其事尤详。然有近于语怪者，如述大奎在都时，得宋刻《元包经》，北周成都人卫元嵩撰，政和元年，什邡令杨楫刻，并作序言。莅官三日，谒卫先生祠，有茔域在县廨东偏，而省、县志“祠墓”俱失载，大奎适补是县，若有先兆，犹可曰事出偶然。至述乩语称卫真人题诗有“惟有大奎清且良”句，且疑于诞矣。又述邑中洛水源出九龙坪，旧有禹母祠，此洛水见《山海经》，大禹生时，有洛出书之祥，当在此。洛水八方皆相对合十，秦置什邡县，义本此，犹可曰不妨臆解。至恐人不信，因设坛祷雨，以验否定此义之是非，又近于诞矣。编中述其与文为宪言学，谓陆子称宇宙内事，皆己分内事，可见不是空讲心，便与朱子明德具众理应万事意同。按大奎论学，不分朱、

陆，不分儒、释、道，几欲汇众流而归于一，是数语可觇其概。大奎本精术数，临川人尚传有种种预知之事，恐出附会，不足信。

1280 杨宫保中外勤劳录一卷嘉庆刊本

清杨芳述。芳字诚村，贵州松桃厅人，充兵营书职，杨遇春拔补把总，终于湖南提督。是录即述遇春之战绩。从乾隆四十三年，遇春入伍时起，至道光元年止，时正遇春以固原提督入觐时也。所记视年谱互有详略，而简净胜年谱，即如叙平定川楚教匪，经十余年，其事相连，此所记者首尾完具，若编年则散碎矣。其南山兵变一役，芳身与其事，且因此获谴戍军台，故所记较年谱稍具原委，而事后处置不之及，亦有所讳也。录中如称武举为举人，称巡抚朱、汉中镇吴、长制军，皆不著其名，如此之类，俱非体。又所记首逆徐安帼，据《靖逆记》，“帼”作“国”，未知谁误？其他讹字尚多，则校者之疏也。

1281 刘青天传同治癸酉刊本

是书首列国史馆《刘清列传》，次《礼部覆议山东抚学请祀名官疏》，次《贵州巡抚请祀乡贤疏》附《贵州士绅公禀》，次《热河奉祀刘公祠碑记》，次张邦泰辑《刘贤尹事略》，次梅曾亮撰《总公刘公传》，而终以蒋湘南撰《刘青天传》及《书刘松斋先生轶事》。按刘清，字天一，号松斋，贵州广顺人，以乾隆丁酉选拔贡生，充四库馆誊录，官四川县丞，迁知县。数以乡勇破贼，由南充县骤迁建昌道，屡蹭复屡起。其后以云南布政司改登州镇总兵，又改曹州镇总兵。道光二年以疾乞休，又八年卒于家。清从官县令时，时人皆呼为青天。贼自为民时，即知其名，与战，众莫为用，故遇之辄逃。入贼巢谕降者三四，贼不肯害。又爱士卒，人乐为死。川匪之平，皆其力也。其任山东盐运使日，又平教匪朱成良之乱，收复曹县、定陶，盖清以循吏而兼饶将略，在史传为仅见。仁宗御赐诗有“蜀民何幸见青天”句，则青天之名，达宸听矣。其以布政使改总兵官，在清代亦为

仅见，史馆列传，仅据军中奏牍不能件件繁，故不详。徒张、梅二传亦简略，蒋湘南传夹叙夹议，奕奕有生气，谓清□功尤在于抚，散贼党且保全民命，所论甚的。但谓考之传记，闻诸故老，殊多未具，仅觇大略。其轶事一篇，则得□当幕中人□□传所未及。是书为贵筑杨蔚文重刊本，后有蔚文跋。

1282 刘端临行状一卷道光刊本

清朱彬撰。端临，刘台拱字，世谟长子也。举乾隆辛卯乡试，由大挑铨丹徒训导，卒年五十五。彬论其学，谓“深于声音、文字，其考证名物、研精义理，未尝离而二之”，“传注有未确，虽自古经师相传之故训，亦不为苟同”，“于汉宋诸儒，绝无依傍门户之见”云云。盖深知台拱者。惟举所著书，谓“缮写成帙者唯《论语补注》一卷，《汉学拾遗》、《荀子补注》各一卷”。按今所行《端临遗书》不止此，而《念楼诗文集》亦编次成书，但未刊行耳。

1283 曹俪笙行述一卷道光刊本

清曹振镛，字怿嘉，号俪笙，安徽歙县人，曹文埴之子，乾隆辛丑进士，官至武英殿大学士、军机大臣，卒谥文正。篇中所记，无非迁官、校士、阅卷、修书之事。惟振镛在乾、嘉、道三朝著遇最隆。如以汉大臣加太傅衔，为前此所未有。他若官翰林时，以编修而擢侍讲；官通政时，以总纂而授副总裁；官尚书时，协揆未五日而拜大学士；官宰辅时，入阁甫三月而晋太保，皆异数也。虽无赫赫之绩，而篇中所云“恪守成宪，小心慎密”八字足以定之。所以能容身保位，并膺身后之美谥欤。篇为其子恩濙述，恩濙官刑部员外郎，赏给四品卿。

1284 鸿爪录一卷道光刊本

清赵敬襄述。敬襄字司万，江西奉新人，嘉庆己未进士，改庶吉士，散馆又改吏部主事。是录自记至道光八年戊子止，时七十三岁，即卒于是年冬十一月。见于其门人龚耀南所为《哀辞》。按《录》，敬襄十五岁举乡试，四十四岁始成进士，何其滞也。在京供职无多时，惟居广东颇久，掌端溪书院者五年，掌丰山书院者一年。其辑《端溪书院志》，题丙子涂月，即来粤之第一年，惟不载于《录》中。又按敬襄素治经，尤长于《易》，亦讲宋儒之学，而《录》中不涉一论学语，所记大率羁旅及家常琐细事。稍有趣者，即初次会试日，与同省钦赐举人李炜年一百岁者，一老一少，诣南苑迎驾，其呈词有云："寿届其颐，齿更加于大耋。年方丱角，名已列于贤书。弥彰仁寿之征，益显文明之瑞"云云。又临终口占一绝云："魂归缥缈留形际，命在须臾顷刻间。只恐夜台无纪叟，提壶沽去复空还。"语甚旷达，亦见龚耀南《哀辞》。所著《竹冈诗草》，早刻成，未补入也。

1285 史尚书行述一卷附一卷光绪刊本

清史致俨，字容庄，号望之，江苏江都人。嘉庆己未进士，改庶吉士，散馆授职编修，官至刑部尚书。因病，请开缺。卒年七十九。是篇为其子丙荣、悠、辰、璜所述。致俨以词臣起家，屡司文衡，为主试者三，为学政者三，为同考官者一。所述大率清介持身，勤慎奉职而已。按致俨为嘉庆己未会元，是科得人之盛为清代壬□□科第一。经学如张惠言、王引之、陈寿祺、郝懿行、张澍，词章如鲍桂生、吴鼒，名位通显，自汤金钊以下，凡数十人。主试者为朱珪、刘权之、阮元、文宁。相传是年五星聚奎，朱珪因作《五纬联珠图》，是可纪也。后附其子丙荣传、《璜妻王氏墓志铭》、《甘泉山阡表》。丙荣，字桂材，道光戊戌进士，官至亳州知州。撰传者赖椿，时丙荣尚在也。璜殁于四川酉阳知县任，其妻王氏抚遗孤久常、念祖成立，

念祖后以军功擢布政使。《阡表》盖追述璜在□汤桥擒嘓匪田毛狗事，皆其子念祖作也。

1286 毕太夫人行述一卷道光刊本

清衍圣公孔繁灏撰。太夫人为两湖总督毕沅女，适衍圣公孔庆镕。其姑于太夫人大学士金坛于敏中女也，沅为敏中门下士，巡山东时，诣谒林庙，并拜于太夫人，因订婚焉。沅殁，家被查抄，太夫人才八岁，婚后迎养其母于阙里，太夫人后庆镕卒，五十八岁，卒时其母尚在也。繁灏为太夫人出。是篇述太夫人懿行及他琐事甚备，然可传者则在其家世也。

1287 重订会稽莫公事略一卷稿本

清张穆辑。是篇亦就刊本有所增易。其嘉庆元年，散馆一等三名，二年充国史馆纂修，原本缺载，此特补之。充日讲起居注官，本在七年，而原本误系八年，此特正之。又十三年五月，派充教习副总（栽）［裁］，十五年，巡抚阮元聘主蕺山书院讲席，刊本皆遗之。原本载与满侍郎因议事不合，各执奏，陈辨上前，仁宗为和解之，而未著所议何事。此则著因常州帮武弁旗丁与办漕各州县互讦，牵控多人，满侍郎润祥议交刑部审讯，公议咨交两江总督就近鞫之，（祥润）［润祥］持不可，公不为屈，其后仁宗命军机大臣传问，卒从公议，亦非和解也。又在仓场侍郎任与户部争议事，补录宣宗特谕，亦不可少。拾遗补阙，后胜于前，与张泗州事略同。惜改定后，皆未及重刊耳。

1288 会稽莫公事略一卷道光刊本

清莫晋，字锡三，别署宝斋，浙江会稽人，乾隆乙卯进士，以第二人及第。历官至仓场侍郎，降为内阁学士候补。嘉庆癸未，因病乞

休，阅三年卒，年六十六。《事略》为平定穆撰。穆，晋外孙也。从晋次女得晋残稿，因合缀旧闻而成是篇。其中在江苏学政任，讦藩司鄂云布玩公护短；在仓场侍郎任，驳户部以放代盘主于再三，皆理正词厉。他若请审案责成督抚，惩诬罔兼防袒庇，请出继伯父为后，全公义并顾恩私。惟疏草恐不止于此。又晋中岁后专意理学，服膺姚江，尝重刊黄梨洲《明儒学案》，其宗旨具见所为《学案序》中。晋别有《来雨轩稿》行世，惟不录奏疏，又状志阙如，考其生平者仅此而已。

1289 焦里堂事略一卷

清焦廷琥辑。廷琥字虎玉，江苏江都人，诸生，焦循子。是书即纪循一生事略也。不依年谱例，随笔记述，而循持身、交友、治学、著书之梗概，具见其中。循以考据著称，乃其言曰："近之学者，无端而立一考据之名，群起而趋之，所据者汉儒，而汉儒中所据者又唯郑、许，执一害道，莫此为甚。"为考据者，必嫉理学，乃其言曰："紫阳之学，所以教天下之君子；阳明之学，所以教天下之小人。"为两家之学者，无庸互訾。其论学经之法曰："不可以注为经，不可以疏为注。"论作文之法曰："不学则文无本，不文则学不宣。"凡此皆得于趋庭时之所闻。至如同时交游，各以所学相切劘，又成一书之先后难易，及其主旨，记之尤详。其他烦要不甚切者，概从删略。盖酌于家传年谱之间，兼乎纪事纪言之体。又名父贤子渊源传授，其言之亲切，宜矣。书后附已刻未刻书目，亦使搜集遗著者，可得所据依焉。

1290 周文忠公传一卷同治刊本

此传周天爵也。天爵字敬修，山东东阿人，嘉庆辛未进士，由知县洊擢湖广总督。以罪革职，戍伊犁。寻起用，署漕运总督，兼摄河道总督。丁母忧，服阕，请休致，年七十一矣。文宗登极，杜受田首荐之，授广西巡抚，罢归。寻又起治安徽军务，署安徽巡抚。殁于

军，年八十二。按天爵为政，似海忠介，当时颇有弹其苛暴者，而刚正殊不可及。其对宣宗，谓今之督抚其清谨者，但知拘文法、循资格，中下者更惰废苟且，贪与廉皆不能办事，实切中当时吏治之病。对文宗又力陈中外蒙蔽状，穆彰阿、耆英之革职以此。惟在广西日，欲以不练之兵驱使灭贼，诚不能免轻进之讥。其时李星沅亦肯任事者，徒以意见不协延误事机。未几，星沅殁而赛尚阿来，天爵亦去职，而燎原之势遂不可救矣。至其以重兵扼宿，使寇势不得直趋徐州，藉以遥保近畿，所系甚巨，向荣江宁大营为中外倚重，而天爵特疏参之，谓不可当大事，其深识亦有不可及者。又按天爵未入翰林而特谥文忠，亦属异数。是传叙述甚详，不著撰［人］名氏，为《楚疆三文忠［传］》之一。

1291 唐仲友补传补一卷光绪金华倪氏刊本

清张作楠辑，其弟作楫注。作楠字丹邨，作楫字舫斋，浙江金华人。《宋史》以仲友曾为朱子所劾，不立传。宋濂私补之，《明史·艺文志》有其目，而书不传。《金华志》虽有其传，大都剽窃论性论学语，攒凑而成，不足见仲友之真。作楠是传，用集句体，采集既博，贯串亦佳。其纪载互异，传所未详者，作楫又仿《考异》例，注于各条之下，亦极精核。仲友本究心经世之学，尤工于文。《传》中所录，隆兴元年，上张浚书，于战守机宜，最条畅。史称张浚视师江淮，招徕山东、淮北忠义之士，以实建康、镇江两军，万弩营所招淮南壮士及江西群盗陈敏统之以守寿州，凡要害之地，皆筑城堡，其可因水为险者，皆积水为匮，增置江淮战舰，诸军弓矢器械悉备。金人闻之，亟撤兵归云云，殆即用仲友之言。他如二年上四府书，八年上书论时政，以至论理财、论救荒，无不洞中窾要。其为学博通经史，惟不专谈性命，其《论语发题》有云："近世释者各以己意为说，以为圣人之道尽在是，他所说者皆非，则过矣。"意殆指朱子。著述之多至八百余卷，今皆散佚，作楠具著其目。作楫所注，如据《辞学指南》以正道光金华举宏辞科之误。又据《上四府书》有"蒙被国家

长养作成之恩”句，定仲友生于乙卯。据《夷坚志》，知仲友知医，能以意治病。据唐氏谱，知朱子按仲友第三状所列仲友子士俊、士特、士济三人皆误。据周必大《经世图谱序》仲友卒年五十三，以订唐氏谱八十有二之讹。其于朱子与仲友互劾始末，言之尤悉。读此传者，可以持朱、唐之平矣。传后有论，亦系集句。卷首有作楠自识，补宋传缘起。卷末有作楫及金萼梅跋。

1292 **孝节录六卷**嘉庆乙丑刊本

清臧庸为其弟礼堂辑也。卷一状祭、卷二传志、卷三序记、卷四书后、卷五哀诔、卷六诗歌。按礼堂事父母，以孝称。尝为母割股疗疾。师庸，治许氏学，有心得，成《说文解字经考》。其高祖玉林著有《尚书集解》百二十四卷，学者苦其繁重，礼堂取其精义名言，为《尚书集解案》六卷，卒年仅三十。庸撰行略，述其学与行甚详。他所作若朱珪、严可均、汪德钺、翁方纲、陈寿祺、吴育、朱为弼、汤金钊、陈鹤、宋翔凤等皆所称“蓄道德、能文章者”。卷首有汪廷珍序。

1293 **刘簾舫传辑**同治刊本

清刘衡，字蕴声，号簾舫，江西南丰人，嘉庆庚申乡试副榜，由教习八旗官学俸满以知县用，历知广东四会、博罗，四川垫江、梁山、巴县等县事，洊升至开归陈许道，告归。卒后数年，垫江、梁山、巴县及博罗县同请入祀名宦。同治丙寅，四川学政杨秉璋，奏举衡历任政绩，请将事实宣付史馆，编入循吏列传，上谕允许。是编首录国史《循吏传》，次录吴嘉宾撰《循吏刘公家传》，又次录杨秉璋奏折及上谕。附咨国史馆文二，一四川学院咨呈衡所著诸书，一礼部咨送广东道监察御史刘庆所呈其祖履历行状也。是册当为庆所汇刊。

1294 林文忠公传一卷同治刊本

无撰人名氏。首题《楚疆三文忠传》，此其一也。后有江阴李念诒识语，称为“眉公”。按李鸿裔，字眉生，岂即其人耶？传中叙则徐始末，尤详于广东禁烟事，有他记载所未及者。广州府余保纯、洋商伍某知则徐不久留，与义律勾结，愿缴在海土二万一千箱，而阴由洋行分其值。此后，日条约所以“有代偿洋商欠款二百万”一项也，如此，则和局何能持久？大约则徐处此，过于操切，迫义律具人即正法之结，不知西洋刑律，即重谴无殊死者。不思乾隆时，英使入觐，不肯行跪礼，高宗尚恕而遣之。使则徐据以入告，予以变通，未必不可就范，盖英人非不知鸦片害中国，违背正义，惟解决须有途径，此次战役，所谓无事自扰。一着之误，遂至不可收拾，则徐不能辞咎也。其后家居时，尚倡驱夷议，几为刘韵珂所劾。传讳其事，但云“持论侃侃，洋人畏公逡巡避去”，非实录也。传又称“英畏中国势盛，无敢以用兵请，惟英商嗜咤以失烟土最巨，愿罄己资千万助军，遂定大举”云云。和战大事，岂能听命于一商人？亦是捉影之谈，非实录也。他所叙，尚多可信。晚岁起用，赴桂林办贼，若迟数月不死，乱当已，论嘉道名臣，自当首（届）［屈］一指。不幸当中外交通之局方开始，而则徐适当其冲，非可以前朝驭夷之道例之也。

1295 张朗甫行述一卷刊本无年月

清张方泳等所辑其廷鉴之事略也。廷鉴，字朗甫，山西阳曲人，嘉庆辛酉进士，改翰林院庶吉士，散馆以知县用，旋援例就内阁中书。居家读书授徒不复出，卒年四十八。是篇所记言行甚详，大率持身治家涉世，以古为则。平生服膺同邑先辈傅山，谓其学直指心源，而棒痕掴血，脱尽讲学门面，实从来所未有。辑有《霜红龛集拾遗》并《年谱》。又师事徐润第，润第尝与参订所作《中庸私解》诸书。所交若王崧、陈履和辈，皆好学笃行士也。其通籍不求仕，志趣亦不

可及。

1296 陈布政行略一卷咸丰刊本

清陈子辂撰。布政者陈嘉树，即子辂父也，字亭玉，江苏仪征人，嘉庆壬午进士，以编修出为济东泰武临道，迁广东盐运使，再署按察使，一署布政使，调山西按察使，终于江西布政使。治广东于鹾政吏治，多所整饬。时值钦差大臣林则徐莅粤，初得外人所出新闻纸，有此运司不收银钱、礼物语，因语大府，得署上考云。在山东定漕艘拒杀事，亦见机敏。惜方待大用而遽殁也。

1297 许珊林事实一卷光绪刊本

清许梿，字叔夏，号珊林，浙江海宁人。道光癸巳进士，分发直隶知县未赴，荐修国子监金石志。叙劳，改知州，选山东平度。调江苏历知淮安、镇江、徐州诸府。一署江苏督粮道，以病致仕，卒年七十六。梿居官有惠政，尤善断狱。殁后，平度人士请祀名宦。治学精六书，亦工篆隶，通医术。是本汇礼部核准山东、浙江绅士请梿入祀名宦、乡贤原案及事实册、《杭州府志·循吏传》、谭献撰家传、都国樑撰轶事，事实册采辑最备。按梿刻书甚多，皆校订详审，纸墨精良，与黄氏士礼居相颉颃，大略见于事实册。是本无编者名氏，盖梿后人所刊也。

1298 黄明经言行略一卷光绪刊本

清黄以周述。按以周父式三，字薇香，定海诸生。尝赴乡试，母以暴病卒于家，驰归，恸绝，誓不再应乡试，以岁贡生终。族弟子称为明经公，兼谓其善解经也。是书记行谊外，尤详于学。有刘芬等所为《十略》，一《易略》、二《尚书略》、三《诗略》、（次）［四］《春秋三传略》、五《三礼略》、六《论语后案》、七《周季编略》、

八《小学略》、九《经济略》、十《文学略》，凡二万数千言，此全录之。式三于光绪十一年采入《国史·儒林》，故篇首附《国史·儒林传》。

1299 徐辛庵行述一卷道光刊本

清徐士芬，字诵清，号辛庵，浙江平湖人，嘉庆己卯进士，由编修历官至户部右侍郎。在顺天学政任，因病乞回籍调理，未几卒。按士芬积学工文，著有《漱芳阁文钞》行世。篇中所记《开垦天津水田疏》，最切用可行。又记其在直庐辟地半亩许植稻，采《农政全书》及《奇器图》所载恒升车，仿其法，以取后圃井中水，因浚小沟洫，使水曲折达稻所，以时灌溉，至秋杪获稻，得实数斗。又记尝于里中试行水田法，复植旱稻数亩，又尝以旱稻种寄其子，且手书种植法甚详云云。殆非空言时务者可比，惜所实验者，未得试行于当时耳。是篇为其子元锡等撰。元锡，道光乙卯举人，官广西永安州知州。

1300 翁文端公行述一卷同治刊本

清翁心存，字二铭，江苏常熟人，道光壬午进士，改庶吉士，散馆授编修，洊升工部尚书，兼管顺天府尹事务，以失察盗案事落职，未几起用。又洊升至体仁阁大学士，管理户部事务。咸丰己未致仕。穆宗即位起用，以大学士衔管理工部事务，旋命在弘德殿授读。是年十一月卒，谥文端。是篇为其子同书等所述，但详官职迁除年月。然开端云，凡所规画，务崇大体，有以言利之说进者，必抗词执奏，不为少诎。篇末云："及官卿贰为院长，荐达贤俊，不可胜数。其手疏密陈者辄焚其稿。"又云："今上初登极，即一再上封事，盖以人才为首务"云云。其中皆含有实事，体固宜尔。末又特著与肃顺廷争洋药税，几陷不测事，其时肃顺已伏诛矣。

1301 骆文忠公事实一卷同治刊本

是书合李光廷撰行状及苏廷魁撰神道碑铭为一册，而弁以谕祭文、谕祀京师贤良祠祭文。行状、神道碑皆本之秉章自记年谱而简括有法。光廷论秉章以楚南一隅备筹全局，援鄂、援江、援粤、援黔，助饷分军，独遣将不相遥制，故出境各以功名自见，而己反无赫赫勋。廷魁论秉章，谓粤逆之平，湘军功为多，而用湘人、募湘勇，实自秉章始。湘军东征，独完全湘以应其急，而又以其间辑邻固圉，以一隅而为天下计，亦自秉章始。其所职拔，朝廷多倚以办贼，名臣、循吏、良将、劲兵，布满海内，而世俗或以将略少之，岂知古大臣识量所以异于人者，固在此不在彼云云。皆深知秉章者，亦盖棺之公论也。

1302 启秀事略一卷光绪刊本

清启秀字松岩，库拉雅氏，满洲正白旗人，道光乙丑进士，改翰林院庶吉士，散馆改刑部主事，官至礼部尚书、军机大臣，光绪庚子以庇义和团伏诛。是篇为其继妻颜札氏所撰。按启秀无子，只一幼女，未字，启秀死之次日，亦死。事详附录。故事略由颜札氏具名也。所述居官事迹，尚能持大体。于庚子乱事，但云："五月十六日，派同赵大司寇，往各使馆慰问，未几匪势益张。至七月，宫庭震动，渐有西迁之议。"又云："二十一日入直，闻圣驾西巡，惊惶无措，惟有捐躯以殉国"云云。按启秀身为军机大臣，当大乱之起，未闻以一言救正，及两宫西狩，又不能拚一死以谢中外，其受诛也固宜。附录载日本翻译官所传临刑情形，称其谈笑自若，亦较胜于徐承煜辈而已。

1303 魏默深事略一卷咸丰刊本

清魏源，字默深，湖南邵阳人。道光甲辰进士，乙巳补殿试第三甲，以知州分发江苏，终高邮州知州。是篇为其子耆所述。按源早岁以贡生随其父入都，从胡承珙问汉儒家法，从姚学塽问宋儒之学，学《公羊》于刘逢禄，与董桂敷、龚自珍究古文辞。己卯、辛巳两中副榜，壬午举顺天乡试第二，旋捐中书。其间为贺长龄编《皇朝经世文编》，自撰《圣武记》，若《海国图志》则成于母忧去官之日。其官江苏也，先署东台，次署兴化，皆有惠政。咸丰辛亥，特授高邮州知州，时粤寇已陷江宁，扬州继失守，源宅城中，以待大兵，乃为谗者所构劾罢。继就周天爵军，击宿州匪，获胜，辞归。卒于咸丰丁巳。见于篇者，略如此。末述著书二十余种，除《经世文编》、《圣武记》、《海国图志》外，皆未记成书岁月，亦未言其完缺存佚，不无憾焉。

1304 徐青霞行述一卷道光刊本

清徐玉举，字青霞，江苏甘泉人，嘉（酉）［庆］癸酉举人，纳赀为刑部员外郎，升郎中，引疾归，卒年七十有七。玉举深于制举文而不得一第，顾一生以此为业，篇中所刺刺不休者多此类。时涉他事，每有闲情逸致。其子根、彦林、椽等所撰也。

1305 李文恭公行述一卷咸丰元年刊本

清李星沅，字子湘，号石梧，湖南湘（潭）［阴］人。道光壬辰进士，以翰林院编修外放陕西汉中府知府，洊升至两江总督，乞归养母。寻以广西会匪滋事，授为钦差大臣，驰往剿办，卒于军，谥文恭。行状为其子概等所撰，于星沅历官事迹叙述详悉。按星沅治事勤能，在任滇抚日平定回匪，任江督日筹办海运，颇著成绩。惟在广

西，值金田贼势初张之际，与巡抚周天爵各持意见，未能奏功迅速，事机一逝，驯至燎原，虽事后是非不一，均不可辞其咎也。又道光二十八年，因御史曹楙坚奏参江苏保举卓异府县各员劣迹，派侍郎福济庶子骆秉章查覆，周沐润、狄家丞等分别革职遣戍，部议星沅降二级调用，改降四级留任。篇中竟（竟）不提及，此等事岂可讳饰者耶？首载咸丰元年赐恤上谕及谕祭、谕碑二文。

1306 赐恤纶言一卷咸丰刊本

是本汇载李星沅传志诸文。首录咸丰六年四月廿七日赐恤上谕，次谕祭、谕碑二文，次国史馆本传，次何栻撰家传，次熊盛旸撰墓志铭，次张金镛撰神道碑铭。除国史馆本传外，他文大都因《行述》而成，惟多增谀词耳。

1307 莲花山纪略一卷咸丰甲寅刊本

纪明殉节山阳知县董三谟事也。三谟，天启甲子举人，崇祯中知陕西山阳县事，有惠政。流寇攻县城，粮绝城陷，与其父嗣成、弟三元、妻李氏并子女皆死。《明史》附《庞瑜传》，三谟籍贵州之开泰，归葬莲花山下，子孙渐绝，墓遂被人侵占，墓碑亦埋没。乾隆间，贵筑陈文政官开泰训导，始查出修复并置守护。是编即文政所辑。首世系，次编纪，次杀贼图并墓考，次案卷，次艺文。有乾隆乙亥文政序，及锦屏知县王达跋。重刊于咸丰甲寅，增入开泰儒学训导黎兆勋序。

1308 褒忠录一卷同治癸酉刊本

清王肇谦，字益之，直隶深泽人，道光甲午举人，选福建海澄县知县，调上杭县知县，升永春直隶州知州，署漳州府知府及延建邵道，因统领军务，积劳病故，由闽浙总督王懿德、福建巡抚庆端为之

陈奏，有旨准照军营病故例，从优议恤，时咸丰七年十一月也。是录首录上议及督抚原奏，次录其子用臣所为行略，而附吊跋诗文于后。据行略，肇谦于治斗、剿匪、办夷务具有成绩，亦一时能吏云。

1309 陈问山行述一卷

清陈克让，字谦吉，号问山，奉天承德人，道光癸未进士，改吏部主事，官至江安徽宁池太庐凤淮扬十府粮储道。粤贼陷金陵，与其弟克诚、子松恩同殉难。妻李氏亦在署自尽，无嗣，以其异母子玉章为后。是篇即玉章所述也。克让以京曹外授四川绥定府知府，经保荐四川吏治第一，盖不但以尽节传。金陵之失，由于陆建瀛弃师回省，粮储非守土官，本可借催漕出。篇中言，二月初十日，贼用地雷，攻（圮）［圯］仪凤门，入城，克让督勇接战，杀贼三十余人，贼却，随与祥将军堵筑缺口，贼之阑入者悉歼之。十一日，三面夹攻，城陷，克让率勇巷战，复杀贼数人云云。据此则克让之死，视祁宿藻呕血而死者（尤）［犹］烈。文宗徒见陆建瀛之畏缩，及金陵失守之易，故于殉难诸臣，予恤概从其薄耳。

1310 喻星槎行述一卷

清喻元升，字登瀛，广西南宁人，嘉庆己卯举人，由大挑历知直隶雄县、延庆州、灵寿、容城、大名各州县事，升顺天府治中，寻署东路同知，又署通永河道。篇中述治容城日，每村庄编其户口多寡，给以更牌及循环簿，五家一夜，轮流报更，村前后俱设木栅，一家有警，则群相呼应，又不时下乡夜巡，稽其勤惰，颇得古人守望相助之遗意。任治中日，正值科场舞弊事发，所拟预防（腾）［誊］录顶替、诸生修卷、水夫传递诸弊，后即纂入《科场条例》。行述其子怀信撰，元升妻吕氏早殁，终身不娶，不置妾，亦仅见也。后附吕恭人行述，亦怀信撰。怀信，道光丙午举人。

1311 邓忠武公荣哀录一卷光绪刊本

此记邓绍良湾沚殉难事实也。汇录谕旨、谕祭文、谕碑文、国史列传、事略、折稿、家传、墓表、祭文、挽诗等为一集。绍良字臣若，湖南乾州人。由屯兵拔为把总，擒逆（西）［酋］李沅发，擢都司。嗣从向劳军至广西，又随至湖南、金陵，累保至江南提督。北固山之败，褫职。嗣以黄池、婺源之捷赏回提督衔，命在德兴阿营帮办军务。寻又命督皖南军务，调浙江提督。又以失援黄池降三级调用。既而收复，仍复原职。湾沚之役战殁，谥（壮）［忠］武。按绍良战绩，以守长沙城为最著，湘人称之，无异词。其败虽由贼率大股合围，实由于饷缺兵单、援师不至。其湾沚告急遗折，备陈危急，旋即捐躯，亦可哀矣。国史多讳词。事略不署撰人名，记死状与国史同，不及家传为得实也。

1312 汪悔翁行状一卷光绪刊本

清甘元焕纂。按汪士铎原名鏊，后改士铎，字振庵，晚号悔庵，江苏上元人，元焕其门人也。士铎早治经学，尤深于地理，其为《水经注释文》，广辑群书，释以今地，订正穀水、江水、若水、沫水、延江水、存水、温水、叶榆水、夷水、沅水、资水、湘水，凡十二篇，可补赵一清所未备。其书已亡于兵火，幸存其说于此。亦好言兵，上胡林翼书，极言楚勇之弊，且诋及当时统兵之文人，谓“新集之兵，特莠民之贪惰者，以罗、李之故，而统领必用文人，则未思间世之英，其兄弟父子有不能继其轨者，何可概求之占毕之士”云云，其言不必有当，然大异乎谄谀之士矣。士铎卒年八十八，然半生坎坷居多，继配沈尤不相得，有敬通、孝标之恨，至形之文字，具见未刊稿中。元焕于此未赞一词，盖为尊者讳也。末附著书总目，惟佚者八九，殊可惜耳。

1313 表忠录一卷同治壬戌刊本

此纪明殉节莱州知府朱万年事也。万年，贵州黎平人，万历己酉乡举，守莱州。崇祯五年，登州千总孔有德煽乱，登州叛兵附之。围莱，诡降，当事命万年受之，被执，骂贼死。《明史》有传，惟称犯莱者是叛将李九成等，为孔有德讳也。别有莱人张谦宜纪死事状，与《明史》多异。至城下呼守者击贼事，《平叛记》所载，以月日系事，尤悉。陈文政摘为专篇，而万年殉莱之事益详。是录即文政原编。首有文政序并跋，弁以朱氏世系考、万年寄宗人书，他家谱纪略序赞等，而汇记、传、状、志、祠记、家庙文、墓序、墓志铭、诗、联、杂记等为一编。同治重刊，增入胡长新序、彭应珠跋。

1314 郑征君行述一卷宣统元年刊本

清郑珍，字子尹，贵州遵义人，道光丁酉举人，历官古州、镇远、荔波训导。有大臣某荐之于朝，以知县征起，分发江苏，未行，病卒。《行述》为其子知同所撰，已刊行。是本为赵怡重刊，后有识语，言从知同文稿中钞出。其中字句，多有异同，如原刊本云“适大臣某荐十四人于朝，相国祁公（嶲）［寯］藻以先子弁首”。是本删“相国祁公（嶲）［寯］藻”六字。他异同尚多，大率无关重要。怡似未见原刊本（本），故未一为校对也。篇中详于治学之次第，盖珍早岁好程朱，壮治许郑，然但求明注说，不尚诘疑，尤究心于文字。所为诗由眉山而□□韩、杜，然横肆遒逸，不持一格。于文亦步趋方、姚，然以为失之窘。尤喜朱竹坨之春容雅洁。按珍在挽近崛起西南，为儒苑中一巨子，读是篇者亦可识其大略也。

1315 潘星斋侍郎行述光绪刊本

清潘曾莹，字星斋，江苏吴县人，大学士世恩次子也，道光乙未

进士，改庶吉士，散馆授编修，累迁至吏部右侍郎。以病请解职，逾年病痊，复出，历十余年，不补缺，卒年七十一。《行述》为其子福同所撰。福同钦赐进士，翰林院庶吉士，以己未科场案革职遣戍。篇中记世恩癸丑重宴琼林，适曾莹为会试总裁，世恩赋诗云："大罗天上会群仙，子舍承欢忆赐筵。笑指新阴桃李盛，小门生认老同年。"洵词林佳话也。妻陆氏，能诗，曾选入《闺秀正始集》中，钱塘汪端为（赠）"潘江陆海"小印以赠，事韵而切，亦足传。

1316 吴氏家乘一卷同治刊本

是本纪吴昌寿事实，一曰《名宦录》，一曰《乡贤录》。昌寿，浙江嘉兴人，道光乙巳进士，历官广东连平州知州，阳山县知县，韶州府、广州府知府，南韶连兵备道，广东按察使，广东布政使，湖北巡抚，河南巡抚。缘事降调，重授广东布政使，署广西巡抚，卒于任。其治连平、阳山、韶州、广州各地，颇致力于剿匪、赈灾、训士、筑堤、治狱、平械斗诸事，故卒后各地士民呈请入祀名宦，而邑绅又同时兼举其敦行励学等事，呈请入祀乡贤。是编即汇各地及本省公呈并礼部议奏而传之者。

1317 蒋布政行状一卷光绪刊本

清蒋凝学，字先民，湖南湘乡人。以儒士从军，积功升至陕西布政。于湖南、江西、安徽、甘肃等省，皆立有战绩。大抵善于以少击众，而以门牌司一捷为最著。寿州之役，苗沛霖已归命矣，而僧格林沁为所愚，推诚相待，曾国藩亦持两可之见，已而沛霖复反，国藩漫令还军南路，幸凝学坚持不退，沛霖不得逞，卒授首。此着关系颇巨。《行状》为其子泽沄、泽澍撰。二子皆诸生，具以军功同补至道员。

1318 戴友梅事实一卷附一卷光绪刊本

清戴肇辰，字友梅，江苏丹徒人。历官浙江临兴场中正场盐大使，山东登州、济南府知府，广东廉州、琼州、广州府知府，告归，卒年八十有一。守登州日，值丁母忧候代，而捻匪围城。肇辰与官绅筹画防堵，城获全，事详《山东军兴纪略》，《登州府志》亦详纪之。守廉日，则剿灭灵山土匪及海面洋□，亦有他惠政。去任，廉人以诗赠行，辑有《三廉赠别录》。治琼，则有《琼纪事录》。而待铨知县时，别著有《求治管见》、《续求治管见》，又辑《本朝名公学士奏议书简》之类。有关治道者，为《学仕录》，殆极留心于吏治者。而在廉州延林昌彝掌海门书院，在广州延硕儒续修府志，亦足纪者。《行述》其子夔元撰，后附志铭、碑铭、祭文、挽联等。别一卷为肇辰妻何氏行略，亦夔元撰，并志传、志铭、论赞、挽联等。夔元，咸丰己未举人，户部广西司郎中。

1319 曾文正公事略四卷附一卷光绪元年刊本

清王定安辑。定安字鼎丞，（江苏）［湖北］东湖人。官陕西候补道。先是定安辑《中兴以来兵事始末》，以湘军为纲，而他军战绩及外洋交涉，以至盐漕河工，□及先世懿德，依宋《刘原父弟子记》之例，名曰《求阙斋弟子记》，既又以其书过繁，乃撮其事之巨且要而芟其俚琐者，即是书也。按定安与黎庶昌皆参文正幕府，庶昌成《年谱》，定［安］别为《事略》，各自为体，亦各有详略，考文正事迹者，正可参互而观之。附一卷，则杨彝珍等所为曾祠雅集诗及记也。卷首有定安自序。

1320 江忠烈公行状一卷咸丰刊本

清江忠源，字常孺，号岷樵，湖南新宁人。道光丁酉举人，甲辰

大挑二等，得教职。以协剿会匪功叙知县，旋署浙江秀水县。嗣从赛尚阿剿贼广西，又从和春追贼湖南，积功保至道员。以援守南昌城功最大，随擢安徽巡抚。庐州陷，殉节，谥忠烈。是篇题左宗棠、郭嵩焘撰，叙忠源历战功绩甚备，其中有他记载所未及者。如以洪秀全之北窜归罪向荣，盖围永安时，官军多贼数倍，深沟高垒以困之，贼食尽援绝必死，乃向荣泥围城缺一之古法，欲纵贼出击。其时忠源与乌兰泰力争不得，贼果然由此路窜出，遂不可制。及贼围长沙，忠源又请守土墙头、龙回潭要隘，张公檄向荣扼土墙头，不答，土墙头旋为贼踞；复檄其扼龙回潭，时荣方被议褫职，答曰："身是已革提督。贼从此窜，不任咎。"据此，则荣不得辞纵贼之咎矣。其论荣曰："识略故非所长。"又曰："乌兰泰、向荣皆任意气，然乌忠勇而向刻深。"又曰："是犹知以讨贼为义、为贤于他将耳。"若他记载则多为荣讳矣。又按忠源奋迹行间，在曾、胡之先，使其不死于庐州，成就当不亚于曾、胡。篇中不徒详叙忠源于尔时战事成败得失如判黑白，亦非左、郭不能为也。首录谕祭文、国史馆本传，后附其弟忠济行状。忠济以功补至即选道，殉难通城，谥（状）［壮］节，行状为新化邓瑶撰。

1321 胡文忠公传一卷同治刊本

此亦《楚疆三文忠传》之一，叙胡林翼事，能见其大，篇末颇寓惋惜之意。其论当时局势，谓江南北兵十三万，军饷六百余万，所剿之贼为金陵、浦口、芜湖诸城垒；湖北兵六万，军饷五百余万，所剿之贼为九江、安庆、楚皖连界；皖北兵不及三万，军饷仅数十万，所剿之贼为张落刑等巨捻十数股，弥漫千余里，悍贼陈玉成且逼其南，诸帅皆参商，互讦奏，以贼势最重之地，而兵单饷绌，将帅乖违，故师久无功，仅杜其北窜而已；江南饷与楚埒，而兵数倍之，给战士月粮仅如楚兵三分之二，德兴阿与和春不洽，和春又与张国樑不洽。驯至庚申大乱，楚中有川盐为来源，汉口为总汇抽厘助饷，兵皆腾饱，而林翼与官文，曾国藩、骆秉章皆以至诚相契，下逮诸有司、群将领

如共一心，故能聚两楚之精神气魄，吞百万狂寇而有余。又谓林翼吏治勤敏，不如其用兵之坚定，而用兵又不如筹饷之精能，至于爱惜人才、护持大体又迥出筹饷、用兵、吏治之上。篇中记保全左宗棠事，及排解杨岳斌、彭玉麟事，极其委曲。至其交欢官文，别详薛福成所记，可补传中所不及也。独怪以林翼勋业资望，中朝所知，而不得一摄兼圻之任。金陵功成，小将校不知名者亦列爵五等，膺双眼花翎、黄马褂之赐，而林翼一不得与。而所创借川引、改折漕、抽牙厘，不过权宜济变，今日仍沿袭，反尸作俑之名，为林翼之不幸。诸所持论皆极公允。他所叙述，视林、周二传（尤）［犹］详，盖极经意之作。惟陈玉成、四眼狗本是一人，而篇中时异其称，则偶欠检点耳。

1322 孤忠录二卷光绪五年活字印本

清袁祖志辑。是录纪吴可读尸谏始末也。首可读誓殉记（记）略，次可读遗疏，次吏部代奏疏，次光绪五年闰三月十七日两宫太后懿旨，次王大臣世铎等会议疏，次尚书徐桐、翁同和、潘祖荫疏，次翰林院侍读学士宗室宝廷疏，又夹片，次翰林院侍讲学士黄体芳疏，次国子监司业张之洞疏，次掌陕西道监察御史李端棻疏，次光绪五年四月初十日两宫太后懿旨，次直隶总督李鸿章奏蓟州绅士请为可读建祠片，次书后三篇，不署姓名，当即祖志所作。附录可读绝命诗联句并诸人挽诗，而以劾成禄二疏终焉。按穆宗崩，无子，论序本有当立者，两宫太后乃舍之而别立德宗，闻为慈禧后所主，盖后素不慊于毅后，果立顺序者，则毅后当为皇太后，而己将为太皇太后，名虽尊而无权，故决然出此，而又恐无以塞臣民之口，故有俟嗣皇帝生于皇子即承继大行皇帝为嗣之谕，而不思祖制有不建储之训，若指定嗣统之人，实与建储何异，此可读疏中所云一误再误也。可读之意，即因前谕而发，以为既可指定继统之人，即无妨明白宣示，以绝后日纷纭，盖亦未思及祖制也。按帝王立后，与臣庶异，凡嗣位者皆为子道，非如小民之家，操田宅之券为之谋，必明立继书，定其称谓，以杜侵吞者比，诸臣疏中独张之洞援引礼制甚博。疏中要语，谓将来皇子虽为

穆宗之嗣子，仍无妨为皇子之嫡子，又谓承嗣承统之说，不过于礼制典册之中，存此数字空文云云，则亦何所用其争？而可读之死，不成虚掷耶？然忠肫之志，固不可没也。后来德宗崩在慈禧后前，继统者果如可读言，而清社亦将屋矣。祖志，江苏上元人，袁枚曾孙，官上海县知县，殉刘丽川之难，卷首有其序。

1323 庸闲老人自叙一卷光绪刊本

清陈其元撰。其元字子庄，晚号庸闲老人，浙江海宁人，诸生。以军功谕叙选金华训导，擢富阳教谕，在官十八年。既又以守城功叙知县，历官江苏南汇、青浦、上海等县，署绍兴府知府，旋引归。是书自叙一生所历。少日困场屋，应乡试至十五次，不得售。中岁官教职，值洪、杨蹂躏江浙，助地方团练守御，为左宗棠、李鸿章所知，屡治剧县，皆著政绩。绩尤著，则在办宁郡厘捐总局，一岁得钱二百余万，供给本境及左军饷糈，以成肃清之功。大抵其元长于干济，而性颇恬淡。道光末，英兵犯浙，撰《筹边策》数千言，为林则徐所赏。晚岁方膺特荐，及乞就教职，为左宗棠所重。书中所记，尤详兵事 。目见所及，可补官书之虚漏。书后有自题七律一首，时年六十一，又十年而卒。是书前附左宗棠撰墓志铭及俞樾跋，后附其子德濬、德嵩述。

1324 六安涂大司马行述一卷民国庚申活字印本

清涂宗瀛，字海王，号朗轩，安徽六安州人，道光甲辰举人，同治元年大挑一等，签发江苏知县。曾国藩奏留安庆，办谷米局事。金陵克，又檄办金陵巡防保甲总局事，旋奏署江宁府知府，历苏松太兵备道、湖南按察使、湖南布政使、广西巡抚、河南巡抚、湖南巡抚，升湖广总督，时光绪八年也，逾年即乞休，又十一年而卒。是编系其子习恪撰。按宗瀛刚正有为，所措施具详篇中。惟王树汶一案，言之不详。顾家相《五余读书廛随笔》记其事，谓剧盗胡提安纠夥行劫，

有王树文者，年十八九，为盗看守礼物，嗣因破案，捕胡提安不得，捕役遂迫树文冒顶，教令认供，已成招，解省咨部矣。行刑日，树文忽呼冤。宗瀛命停刑，复发开封府鞫问，奈官幕交相回护。寻宗瀛移鄂，李鹤军继之，回护如故。后刑部请旨，提全案至京，定案树文仅拟徒罪。李鹤军及原审府县均分别议罪，宗瀛亦以疏忽，得革职留任处分云云。编中又载，陈宝箴去职时陈奏事，而不得其故。盖二次提审陈宝箴与其事，而未受处分，为张佩伦所劾，降三级调用故也。编中载激变营兵之江夏县知县，及劾奏之言官，皆讳其名。按知即蔡炳荣，言官即张观准、李鸿逵也。又按宗瀛为言官劾奏凡二次，皆由彭玉麟查办了案。编中漏载其一，玉麟于后案覆奏，末云："深知其居官为人，办事勤慎，治躬清俭，居心正大，与人诚朴，廉于取财，亦未能惠以济众，严以守己，亦未免苛以绳人，爱民敬贤，而恶恶不无稍过，随才任使，而知人未能尽明，长于吏治，而短于兵事"云云。虽语稍抑杨，而情极推许，节之可作传赞，似不宜遗也。（宗）

1325 文庄公行述一卷同治刊本

清瑞麟，字澄泉，姓叶赫那喇氏，正蓝旗满洲人。由生员补为太常寺读祝官。不数年，洊升礼部右侍郎，在军机大臣上行走。旋补礼部尚书，调户部尚书，擢文渊阁大学士。咸丰十年因事褫职，旋起用，由广州将军调两广总督，晋文华殿大学士。同治十三年卒，谥文庄。是篇为其子怀塔布所撰。所述治粤之事最详，如治械斗、剿土寇、惩奸民，又助越南收复海宁诸事，俱可纪者。而粤人对之多所谤议，法越之役，给事中邓承修上疏请罚其家属出赀佐军兴，而彭玉麟覆疏，力为申辨之，事获已。则诸所举不为私言矣。

1326 精忠录二卷光绪二年刊本

是书记湖南绥宁县知县［吴熊］殉难事也。卷一有其弟熙所撰年谱及行略，卷二有胡凤丹撰《精忠录序》、徐有珂撰行状、张士宽撰

墓志铭、俞承宗撰神道碑、张建基撰传、俞凤翰撰传赞。按熊字戴仁，号朴安，浙江乌程人。道光庚子举人。由宗学教习期满，拣发湖南知县，历任麻阳、通道，后调绥宁。会粤匪攻城，缮完未竣而贼已至，城陷中飞石死。其宰麻阳、通道，于治盗安苗，亦有政足纪者。诸篇撰者不一人，互有详略，合之而巨细不遗矣。

1327 彭刚直公行状一卷光绪刊本

清王闿运撰。刚直，彭玉麟谥。玉麟以诸生从曾国藩剿寇，与水师相终始。靖港、田家镇、九洑洲之战，皆卓卓可纪。法越战起，派往广东筹防，拚决一战。而和议骤定，遂请疾归。平生誓不作官，屡次授职皆坚辞。清正廉直，并时无第二人也。闿运是篇叙次有法，写出刚直本色，可与所为《湘军志》并传也。

1328 文文忠公事略四卷光绪刊本

清文祥，姓瓜尔佳氏，盛京正红旗满洲人。道光乙巳进士，由工部主事，官至体仁阁大学士、军机大臣，卒谥文忠。是书卷一，谕旨、谕祭文、谕碑文、国史馆本传；卷二至三，自订年谱；卷四，《蜀轺纪程》、《巴林纪程》。据谱，文祥于咸丰九年初派在军机大臣上行走，旋值天津、海口失事，英法军长驱直入，文祥先阻巡幸木兰之议不得，即派在京办理抚局，一时辑兵安民颇赖其力。同治纪元以后，两宫垂帘听政，依阿而已，无可述者。其《蜀轺纪程》，在咸丰四年奉命与载龄、崇实往陕西查办事件；《巴林纪程》，则在咸丰七年派往巴林札萨克奠故贝子多尔济萨穆鲁布也。

1329 童宗伯行述一卷光绪刊本

清童华，字惟兖，号薇研，浙江鄞县人，道光戊戌进士，改庶吉士，散馆授编修，官至工部右侍郎，卒年七十二。是编为其子德厚、

秉厚所述。华虽官止侍郎，而屡奉命查办要案。其奏结四川东乡一案，牵涉总督文格、丁宝桢、李宗羲，而言官又劾其在华州途次失察家人需索之事。按王闿运《湘绮楼日记》，亦言两钦使需索供应，惟丁宝桢实有轻纵李有恒回护文格之嫌，华与恩承所拟大致尚允。此邓承修奏所云“弹疆臣如撼山，参廷臣如拉朽”，亦慨乎言之也。王闿运党于丁宝桢，日记中于二钦使多有谤辞，亦不足置信，但朝廷处置此案颇善，除孙定扬、李有恒按律定拟外，文格革职，李宗羲降一级留任，丁宝桢以平日勇于任事，操守尚好，故改革职留任，惜是编未连而及之也。后附其妻盛氏行述。

1330 玉池老人自叙一卷 光绪癸巳刊本

清郭嵩焘撰。嵩焘字筠仙，号玉池老人，湖南湘阴人。道光丁未进士，改庶吉士。丁忧回籍。以赴援南昌功授编修，还朝直南书房。咸丰九年，参僧格林沁军。僧格林沁主战，谏弗听，引疾归。同治元年，授江苏粮储道，迁两淮盐运使，擢广东巡抚，罢归。光绪元年，起为福建按察使，旋擢兵部左侍郎，充出使英法大臣，任满，又引疾归。家居十余年而卒，时光绪辛卯也。是书系七十后所自述，始作于己丑，再作于庚寅，三作于辛卯，最末题三月二十日。嵩焘即卒于是年六月，其平生出处志事，略具于是，且多人所不及知之事。如湖南之筹兵筹［饷］，皆发端于嵩焘。曾国藩□□帮办团练之□，已力辞矣，赖嵩焘力止之。左宗棠为总兵樊燮所讦，已奉旨归案审讯矣，又赖潘祖荫据嵩焘语入奏，事获解，而宗棠且大用。李鸿章之再就曾国藩，亦嵩焘代为之策，此其最快意者也。其在广东巡抚任内，则扼于左宗棠；在英法公使任内，则扼于刘锡鸿。篇中所称某公者，即指宗棠也 。宗棠折参凡四次，最后则为潮州厘务，嵩焘竟因此去职。宗棠之意，殆欲保蒋益澧为广东巡抚，遂不得不劾去嵩焘。其集中有《留别广东》诗云：“谁言胏（拊）［腑］（弋）［戈］矛起，渐愧平生取友心。”盖指宗棠也。至于刘锡鸿则斥言之不少讳。锡鸿之参嵩焘以十款，据自叙则锡鸿因营求为随员不遂，乃借此为报复计。其时

嵩焘所著《西征日记》因之被禁，以事涉政府措施，篇中未之及。按嵩焘以精于洋务，为李鸿章、丁日昌所推。当时言洋务者，实无第二人。家居时所上《为误定俄约筹补救》一疏，尤见通识，政府亦采其议，亦篇中（亦）不之及，盖素以此得谤，至死而不敢尽表襮也，亦可哀矣。卷首有自题画诗二首，其一云："世人欲杀定为才，迂拙频遭反噬来。学问半通官半显，一生怀抱几曾开。"除"学问半通"四字外，皆实录也。别附李鸿章《请将事实宣付史馆疏》及所为墓表、王先谦撰神道碑铭、黄嗣东撰墓志铭及冼宝幹记平发逆汪海洋事，各有详略，大都可以互证。

1331 沈文节公事实一卷 光绪壬午刊本

清沈炳垣，字紫卿，浙江海盐人，道光乙巳进士，改庶吉士，散馆授编修，旋升右春坊右中允。乙卯督学广西，道经梧州，遇艇匪来攻，助府镇防守，城陷，仰药未绝，贼拥之去，以骂贼死。诏赠内阁学士兼礼部侍郎衔，谥文节。按道咸军兴以来，学臣遇害者有湖北学政冯培元、安（政）［徽］学政孙铭恩，并炳垣而三。冯、孙俱赠内阁学士兼礼部侍郎衔，予谥。炳垣秩较卑而（饰）［谥］终相同，盖异数也。是本系其子守廉编，首冠谕祭、谕碑二文，国史列传，次广西巡抚劳崇光请优恤原奏，次咸丰十一年上谕准劳崇光请在省城建立专祠并附原奏，次礼部请赐恤原奏，次御史吴祖昌请逾格加因原折，次光绪十四年上谕准徐用仪等请在原籍建立专祠并附原奏，次《海盐县志》传，次家传、事状、诔文、挽诗、题词，终以其弟拱枢所撰年谱，于光绪八年付刊，距殉节时二十四年矣。后并有守廉跋。

1332 归安赵忠节公事实一卷 光绪八年刊本

清赵景贤，字季侯，浙江归安人，刑部侍郎炳言子。道光甲辰举人，选授宣平县教谕，改内阁中书，未到官。咸丰三年粤贼陷江宁，景贤在籍办团练，屡战胜贼，其时杭城两陷而湖州无恙，实赖景贤之力。积功授福

建督粮道，加布政使衔。以粮尽城陷被执，不屈死。其子深彦，年十二，闻变仰药死。事闻，诏依巡抚例赐恤，此同治元年事也。是编首录谕旨六道，次国史列传，又次汪曰桢撰别传。汪传较详，后幅有所辨论，以解当时之疑，尤不可少云。

1333 罗提督事实一卷光绪刊本

清罗逢元，字旋吉，湖南湘潭人。武生，从征粤寇，积功至提督。是书合行状、国史列传、通志列传、县志列传、别传、墓表、墓志铭、去思碑、翰飞楼记为一编，而附以湖南巡抚李瀚章奏请附祀本籍昭忠祠，并家世出身、事迹战功清单，及礼部覆奏原折。所记战功，以行状及清单为详。其守金柱关，以少击众，最见勇敢。江宁平，列头等功。惟刚直，好嫚骂人，曾国藩称其性太戆，故终身不获持节，盖湘军中酬功最薄者。行状称逢元在军，尝冬月日课。士卒浣浴，或令更番解衣，验虱多寡，准杖数。及围金陵，诸军疾疫大行，独逢元军无传染云云。逢元不学，而暗合医术上卫生之理，抑亦奇矣。

1334 丁中丞行略一卷稿本

清丁惠衡辑。其父日昌之行略也。日昌，字禹生，广东丰顺人，以廪贡生选授琼州府学训导。以在籍守府城功授江西万安县知县，署庐陵县知县。旋随曾国藩安庆军营，调帮办崑寿高州军营，又督办上海制造，署苏松太兵备道。调两淮盐运使，署江苏巡抚，补授福建巡抚。后因病请假回籍，不复出。卒年六十。按日昌负干济才，尤熟洋务，同时言洋务者，群推在李鸿章上。在广州，初设炮局，铸开花炮。寻调上海，督办制造。任上海道时，与英使巴夏礼折冲，如驱城洋兵出城、檄犯事轮船充公、索回吴淞口炮台地基、裁革会防局供应英法兵费万余金、禁洋酋收洋泾（滨）［浜］赌规、拿英教士陆和尚正法、资遣外洋流氓返国，捕奸侩通事某置狱等事，中外翕然交称。

又参定《江海防水师章程》，帮同北洋大臣办日本、秘鲁换约事务，督办福建船政。其抚苏政绩，别详其所著抚吴公牍及奏疏。日昌好藏书，有《持静斋书目》五卷行世，中多宋元版本，世传其有豪夺之事，据状则是时吴中藏家散售其书，日昌节俸得之，盖适逢其会也。是篇摭拾不详，亦欠润色，备修史者之参证可也。惠衡为日昌长子，例贡生，江西补用道。

1335 **李文忠公事略一卷**光绪壬寅日本印本

清吴汝纶辑。卷首有汝纶序，称李文忠公薨后，门下士虑各行省请建专祠不得公事实，属代撰事略，分寄各省，以备采择。其后，各省皆自别撰，考核加详备，拙稿不足复存。今来日本，儿子自行箧检出付印。念文忠事迹，闻国家掌故，又海内外所愿共闻见云云。其中有护理直隶总督周馥胪陈忠勤功绩疏、山东请建专祠事略、江苏请建专祠事略、浙江请建专祠事略、福建请建专祠事略、河南请建专祠事略、上海请建专祠事略、天津请建专祠事略、京师请建专祠呈稿。按文忠宦迹曾至广东，时值庚子拳乱，文忠倡东南互保之局，不为无功于广东，而粤人无以建祠请者，当以在粤主开赌禁，为粤人所憎也。

1336 **孝行录一卷**光绪刊本

清胡恩燮，字煦斋，江苏江宁人，寄籍顺天涿州。以县丞从军，保至知府，历办厘金、矿务等局事。当咸丰三年，粤寇犯江宁，恩燮适侍父在吴，奔江宁迎母，困围城中，乘间脱母出。其后，母病剧，告天，愿以身代。母死，投园池，期以身殉，为园丁拯救，因之得风痺疾。延六年，遂卒。其在军时，曾约张继庚、吴复成作内应，图复江宁。事泄，复成逃，继庚死，所称翻城之役是也。恩燮卒年六十八，郡绅濮文暹等，连名具呈请旌得准。是录汇刊呈文、事实册、学勘府勘公牍及礼部原奏为一卷。

1337 张勇烈公行状一卷同治刊本

清张树珊，字海柯，安徽合肥人，两广总督树声弟，在淮军中与兄树声及刘铭传、潘鼎新、周盛波、盛传，同称健将。始则治团卫堡，贼不敢犯。既从李鸿章定江苏福山一役，战功最著。既又从曾国藩、李鸿章征剿捻寇，战于德安，阵殁。先以记名提督，授广西右江镇总兵，及殁，赠太子少保衔，谥勇烈，年仅四十一。《状》为钱鼎铭撰。弁国史列传于首。

1338 易笏山行状一卷光绪丙午刊本

清易顺鼎、易顺豫撰。顺鼎著有《经义莛撞》，顺豫著有《易释》，俱已著录。笏山者，易佩绅字，顺鼎、顺豫父也。咸丰戊午举顺天乡试，寻以知县率军击贼，历官至江宁布政使。光绪丁亥乞病归，归二十余年而卒。按佩绅虽以军功起家，而战绩逊同时湘人远甚。惟官贵东道日，治苗擘画颇多中肯，如废土司通事，选苗民为保正团长，裁撤卫弁，改屯军为佃户，以租入养官，停止挽运采买，而折价给兵使自食，皆其著者也。佩绅亦喜著书，有《通鉴触绪》、《老子解》、《仁书》、《诗义择从》等行世。惟《状》中语多夸诞，如“以天地为量，以万物为怀”等类，泛而无当，殆出顺鼎手笔也。

1339 国史金学士传一卷思贻堂刊本

清金福曾，浙江秀水人。附生，以军功保知县，历署娄县、南汇、吴江等县，其后屡次办赈治河，叠经大府保奖，再署永定河道，卒于光绪十八年。由直隶总督李鸿章、浙江巡抚崧骏、山东巡抚福骏奏请议恤，并将事迹宣付史馆。按故事，国史馆有总纂、纂修、协修，翰林初入馆为协修，承辑史稿，宁详无漏，纂修、总纂则要删润色之。福曾入国史《循吏传》，朱锦辑初稿，据奏牍、行状、墓志铭

等，搜集最详，其后又有周爰諏、骆成驤二稿，以次就简，福曾子兆蕃抄得三传，汇而传之，并为之跋。

1340 温壮勇公六合殉难事略一卷光绪活字印本

无编者名氏。壮勇者，温绍原所赐谥也。有周长森撰传略，徐鼒撰祠碑记，绍原自作乞援血书，及六合军中纪事七律四首，弁以御赐赞文、原籍督抚请合建昭忠祠奏折、同治元年二月十三日再恩恤战功卓著死事诸臣之上谕、光绪三十四年九月三十日军机大臣咨查功勋著二十三员有后嗣之名单，末附湖北按察使司梁鼎芬捐置墓田立案之原文。按绍原字北屏，湖北江夏人，入赀为淮南盐大使，代理六合令，督练勇杀贼。又破平天长来安土匪，随官军攻克江浦。卒以坚守六合，城陷殉节。长森传甚略。劾绍原者为德兴阿，请开复者为何桂清，传中讳其名，何耶？惟兼及总兵吴全美事，得昌黎《书张中丞传后》遗法，鼒尝与绍原共事，故所言较详实。其英夷轮船至金陵，获其通贼书，绍原与鼒犒劳始退，互见鼒所记与绍原纪事诗，此着所关非小。绍原以一赀郎，竟能杀贼殉职，谁谓捐纳中无人材乎？

1341 陈将军事实一卷光绪己丑刊本

清尹琳基编。琳基山东日照人，同治癸亥进士，官翰林院编修。将军者，陈国瑞也。国瑞剿贼江苏、安徽、湖北、山东、河南、直隶诸省，以功升总兵，曾帮办僧格林沁军务，以与提督李世忠私争降都司，交地方官管束。又以前总兵詹启纶殴死监生胡士礼案牵及国瑞，遣戍黑龙江，未几殁于戍所。琳基以国瑞大有造于东省，身后宜膺恤典，托给事中邓承修请开复原官，建立专祠，得旨准其开复，而建祠未允。琳基又联东省京官二十人，联名再以在山东立功地方建祠为请，允之。又助国瑞遗妾迎骨归葬。并呈请嗣其侄观全，以绝觊觎，因撰《陈将军归骨记》。又就所闻见，条其轶事二十则，而附以邓承修原疏，都察院代尹琳基等原疏，七月初二日、七月十二日二次上

谕，礼部咨行立嗣原稿，王祖畬《陈将军家传》，其魏迺勷等歌咏之作亦殿诸卷末焉。

1342 病榻述旧录一卷光绪刊本

卷后题舫仙识，而略其姓。按即陈湜，舫仙其字也，湖南湘乡人，以军功官至山西按察使。是录为其病中自述，起道光辛卯，讫光绪庚辰，即述从一岁至五十岁事也。《录》称献议曾国藩，谓欲复江宁，非长围不可；欲合围，非先得九洑洲以断其接济不可。其后竟以此制胜。既而防捻山西，为忌者掣肘，所议皆不行，以河防失事罪，议革职，又以离防进省罪，议遣戍。旋又从左宗棠赴甘剿贼，亦屡立功，肃州垂克，将报肃清，受殊赏，遽乞归。《录》中兼记鞫狱数事，殊快人意，殆彭刚直一流耶？其时湘军勋旧多存，若稍失实，当必有证之者，故知其可信也。据所述，湜固善谋敢战，又平昔与曾国藩、国荃兄弟善，受左宗棠特知，而建树乃至于此。是《录》成而湜病旋愈，惜后事无有补之者。

1343 陶方之行述一卷光绪刊本

清陶模，字子方，号方之，浙江秀水人，同治戊辰进士，以庶吉士改官知县，官至两广总督，卒谥勤肃。是篇为其子葆廉所述。按模一生官迹，多在陕甘，由文县知县，历陕甘总督。新疆初设行省，模为巡抚，时值英、俄争帕米尔坎巨提事，湘军在新疆者，咸愤激，欲开战，时议和之，模独主修备守疆，据理力争。甘肃逆回之变，外顾邻封，内消反侧，其才识有过人者，篇中述此最详。而考证地理，如帕米尔，即唐人《西域记》之波罗谜，亦即乾隆《御制文集》所称之叶什勒库尔；罗布淖尔，即《汉书》蒲昌海，唐人《西域记》之纳缚波，音转为罗布；海北四百余里之都纳里等处，即郦氏《水经注》所谓龙城姜赖之墟；海南一百四十里之卡克里克，有古城遗址，甚巨，其东一百里密阮，其西二百里凹石峡，均有古废城，即《新唐

·地志》所谓海南岸之七屯城，汉楼兰国鄯善城、弩支城各地。盖葆廉素精地理，诸地其所亲历，撰有《辛卯侍行记》，可与是篇相参。又按，模于同时督抚中，颇倡新学，如设舆图馆，诱奖治畴人家言者，教兵士以新操，晓将弁以乞沟伏地发枪之法，奏请废科举、办学堂。广东之有学堂，自模始之。抚新疆日，曾上勉图补救一折，所举革旧布新，凡十数事，尚先于戊戌三岁也。其裁制董福祥，防其以骄纵偾事，亦有先见。葆廉附贡生，分部员外郎。

1344 吴挚甫传状一卷光绪刊本

清吴汝纶，字挚甫，安徽桐城人。同治乙丑进士，授内阁中书。尝客曾文正、李文忠幕府，掌笺奏。知深、冀二州事。去官，主莲池书院。管学大臣张百熙任为大学堂总教习，派往日本考察学制，归国未几卒。是编有行状二，墓志铭、墓表一，哀状一，事略一，附奏折、序、记、书、祭文、燕诗、哭诗为一帙。（文）叙事雷同，编次亦无类例。

1345 郭庆藩行述一卷光绪刊本

清郭振镛所辑其父庆藩事略也。庆藩字孟纯，湖南湘阴人，郭嵩焘侄。诸生，纳资通判，由军功保知府，官至江苏候补道。篇中所述办盐厘、海运诸事，自是干才。惟请恢复琉球言之侃侃，未免不识时势；开矿、行钞诸策，亦空言无实。独论六书中转注，创为三例：一曰举部首之字，与其部得声之字为转注，如“酉”注“水”而转为“酒”，“小”注“丿”而转为“少”之类；一曰举一部为纲，而以得声之字互为转注，如“坻”注“一”而转为“坻”，“空”以“工”注“弓”而转为“穹”之类；一曰举一部得声之字，而以分见异部得声之字为转注，如“不”注“一”而转为“丕”，“降”注“生”而转为“隆”之类。其说甚新，盖深有得于许学者。

1346 朱鼎甫行述一卷光绪刊本

清朱一新，字蓉生，号鼎甫，浙江义乌人。光绪丙子进士，改庶吉士，散馆授编修，补陕西道监察御史。以上《遇灾修省疏》劾及内侍李莲英，中旨诘贵，降补六部主事（降补）。以母疾请急归。粤督张之洞聘主端溪书院，移掌广雅书［院］，凡五年，卒于院。《行述》乃其子萃祥所撰，略具梗概。称其论学，谓“当于汉宋诸儒独到之处融会而贯通之，不宜沟分界限”云，与陈东塾意旨相近。又谓“粤中多嗜学能文之士，但高才者务为新奇，未免乱学人心志”云云，殆指康有为言。一新尝与有为论学相驳难，其遗札曾有人刊之，而是篇未之及焉。

1347 黄公度事略光绪活字印本

清黄遵楷述。按黄遵宪字公度，广东梅县人，光绪丙子中顺天籍举人，历充出使日本参赞官、美国金山总领事官、出使英法二等参赞官、新驾坡总领事官、奏派五省教案委员、苏州开埠事宜委员、出使德国大臣、湖南盐法长宝道署按察使，光绪戊戌派充出使日本大臣，未及行，遇政变，罢归。按遵宪自游日本后，颇谙悉列强情形及我国应付之方法，所言有行有不行，而皆有见地，在彼时无第二人也。其《日本志》成书太早，于其维新以后之政制未及详论，论主扫去词章家陈言，用今人所见之理、所用之器、所遭之时势，一寓之于诗。证之其所为诗，虽未臻绝诣，亦卓然自立者。惟是书所记多属空谈，笔亦俚俗，殊不足观。遵楷字幼建，遵宪弟也。

1348 杨龢甫家传一卷写印本

清杨调元，字孝籛，号龢甫，贵州贵筑人，原籍湖南清泉。光绪丙子进士，授户部主事，改知县，历官陕西之紫阳、长安、华州、渭

南。辛亥武昌革命军起，九月陕变继作，有张士原者矫军政府命，率众至渭南宣谕，并索饷，辱调元，调元忿投水死。城中民大愤，执士原磔之。是《传》为李岳瑞撰。篇中并举其造士、疏河诸惠政，及其平日治学著书之概。篇末更致慨于忠孝大节之不为时重。岳瑞字孟符，陕西咸阳人，光绪癸未进士，官户部主事。

1349 田寿荪行述一卷光绪刊本

清田祚，字元持，号寿荪，浙江山阴人。道光甲辰举人，历官江苏吴江、丹徒、江都、嘉定县知县，以劳绩保知府，署常州、镇江府知府。任丹徒日，佐冯子材守御江北，藉以保障。其兄湖南常德府知府祥家居，以乡团御贼，不克，奉其母依包村义士包立胜，包村陷，全家三十八口殉焉，亦惨劫已。是编为其子兆林述，言祚为丁日昌、李鸿章所善，中丞某中谤，劾祚去官。按其时督两江者沈葆靖也，岂亦懵懵于黜陟大政耶?

1350 郭中丞行述一卷

清郭梦星，字文兴，山东潍县人，道光癸未进士，由直知县洊升至山西布政使，旋署山西巡抚。以潞安、黎城两县失守褫职。卒于咸丰四年。是篇为其子襄之等撰。所记在山西布政任内，筹饷筹防等事，不无劳勚。去官未几，即卒。否则或有当再起望也。襄之，道光甲辰举人，官平朔府知府。其三子绥之，有诗名。

1351 张养亭行述一卷

清张浩存，字养亭，云南安宁人。乾隆壬子武举，历官至福建漳州镇总兵。其子琴，道光癸未进士，授职编修，浩存卒之日，方以给事中外补江苏督粮道。《行述》即琴所撰。其时其地，非可建烜赫之功，所得纪者，尽职循分而已，亦因有文学之子而传之也。

1352 济刚节公表忠录一卷光绪刊本

清济昌，姓周氏，字普霖，其先世从龙，遂为正白旗内务府人。举道光乙酉乡试，以誊录议叙知县，历知江西之新淦、德化、南昌、湖口、瑞昌等县事，丁艰归，改发广西，署阳朔县事，旋调临桂，又调富川。值土贼朱洪英犯富川，城破，不屈死。广西巡抚劳崇光奏闻，有旨赠道衔，给世职，建专祠。光绪二十六年，两广总督李鸿章、广西巡抚黄槐森奏请列祀典，并付史馆立传。二十七年，两广总督陶模、广西巡抚黄槐森复奏请予谥，以彰忠节，得赐谥刚节。是编首录咸丰五年谕旨，先后请恤诸疏，及碑记、传赞、诗、状之类。盖其时济昌子庄山方以奉宸苑卿，监督粤海关，故粤中大吏为之旧事重提，一再申请，即撰文诗者，亦多粤之绅宦，然则褒扬忠烈，亦有待于后起之有人欤？

1353 李古余事略一卷民国元年排印本

清李滨，字古余，江苏上元人。纳赀官浙江通判，晚岁为曲阜经学会讲师，故是书题曰“清儒士经学讲师”。卒年六十二。滨虽非出身科目，而好治学甚勤，工书画、刻印，著述甚夥，颇为俞曲园所称许。今行世者，有《中兴别纪》六十一卷、《急就章草法》九卷、《急就章偏旁表》二卷。是篇分段记述，迥殊旧体，中有论心性、论文、论读书、论画、论作书、论金石、论刻印语，其余则官私诸事而已，其子遂贤、齐贤所撰也。

1354 绵竹杨先生事略一卷民国二年写印本

清杨锐，字叔峤，四川绵竹人。以优贡生考取知县未就，又考取内阁中书，充会典馆帮总纂官，书成，晋侍读。由湖南巡抚陈宝箴荐，德宗召对，特命在军机章京上行走。戊戌政变与刘光第等六人同

被难。是篇为其门人黄尚毅所撰，中载德宗手诏，略言“圣母意旨，不欲退此老耄昏庸之人而进用英勇通达之人，亦不欲将法尽变，虽由朕随时几谏，而慈意甚坚。若必强以行之，朕位且不能保，尔与刘光第、谭嗣同、林旭等详悉筹议，必如何而后能进此英勇通达之人，使新政及时举行，又不致少拂圣意，即具封奏以闻，候朕审择施行”云云。与所传王照在日本笔谈一则，大致略同。殆非德宗本意，锐之覆奏见于其子庆昶所上都察书，则以“遇事将顺太后，变法宜有次第，进退大臣不宜太骤”为言，据此则召外兵以胁太后，殆非德宗，亦非锐与其谋。异罪同刑，清廷之懵懵可知。方锐被祸时，尚毅与之同居，同受逮系，宣统初又与锐之子庆昶同缴手诏于都察院。传中所述，以居京师时事为多，尚毅皆得之目见耳闻，确切可信，虽文未甚工，亦足传也。尚毅亦绵竹人，光绪丁酉举中书科中书。

1355 **愧室事略一卷**宣统写印本

清高凤岐，字歗桐，号愧室，福建长乐人。光绪壬午举人。岑春萱督两广，尝佐其幕府，以平匪功，擢知府，权梧州，创工艺厂、蚕桑学堂，于式枚以御史荐于朝，廷试列第一，记名未用，卒于上海。是篇为其弟而谦、凤谦同撰，时宣统初元也。

1356 **秦宥横事略一卷**排印本

清秦树声，字宥横，河南固始人。光绪丙戌进士，以工部主事，历员外郎郎中，截取知府，出守云南曲靖，调署云南，旋护迤东道，调护迤西道，擢迤南道，迁云南按察使，改提法使，又改广东提学使。辛亥革命避居上海，旋来京师。卒年六十六。按树声在工部日，因德宗召见询部务，面劾枢臣蒙蔽状，为权贵所忌。在迤东道日，与英人争边界，代滇督锡良草奏，言不可许者六、必可争者九，为英人所畏。晚居京师，以鬻文字为生计。袁总统曾征为河南提学使，弗应，亦清季士夫中之矫矫者。是篇无撰者名氏。

1357 福慧双修庵小记一卷活字印本

丁传靖辑。录锡山女尼韵香事也。韵香俗姓王，又号清微道人，能诗，工小楷，善画兰，所居名福慧双修庵，尝绘《空山听雨图》，一时名士题者几遍。因事气愤，小除夕日自经死。陆继辂有悼诗二首，《崇百药斋诗集》中编在道光八年戊子，其诗首句云“独客残春感旧游”，决为春日所作。戊子前一年为丁亥，其生日在正月，死时年四十九，俱见龚淦《耕余琐闻》，因推知韵其生于乾隆四十四年己亥正月。其《空山听雨图》，相传为某相国所赚，亦考知为平湖孙尔准。合他所辑，共数十条，亦空门韵事也。

年谱之属

1358 孔子纪年备要二卷乾隆四十二年刊本

清周鸣翥纂。鸣翥字鹏南，湖南湘潭人。是书首有夏大观序，又有鸣翥自序及例言。纪年起微子始封，讫孟子。序称“本之《论》、《孟》，以纪其实，质之《春秋》经传，以定其年，于《家语》、《檀弓》、《史记》、《孔丛子》诸说，疑者阙之，讹者辨之”云云。今按，其书沿讹者正不少，即如孔子生于鲁襄公二十一年，见《公羊传》，此以为在襄公二十二年。又孟子见梁惠王，据《竹书纪年》在惠王后元十五年，此以为在惠王三十五年。他更不必论矣。

1359 孟子年谱二卷［嘉庆十年刊本］

清曹之升撰。首有之升自序，略言旧辑《孟子年谱》，未敢问世，自之官秦中，举嬴氏远交近攻之遗，目验者半，又购得《孟子年表》数页，与《山东通志》、《阙里文献考》诸说参互校订，缀集成书云云。所称《孟子年表》数页，未言何人所作。之升于此书外，他所引援据亦甚博，所考孟子四十以前尝客于邹，事邹穆公，皆甚确。惟谓孟子四十三岁由邹之任，四十五岁去任由平陆之齐，四十五岁为宾师于齐，至四十九岁去齐反鲁之宋，五十岁由宋之薛，五十一岁自薛反邹之滕，五十三岁去滕由鲁之梁，五十四岁去梁自范之齐。其惟五十三岁游梁，五十四岁游齐不误，余皆（臆断）出于臆断。三十七岁游齐，盖之升过信赵邠卿先齐后梁之说，不知赵说实沿《史记》之误，《史记》载齐宣王喜文学游说之士一段，系之末年者，与之不相应，

又硬改为初年，因又有二次游齐之事。至于游宋之滕，虽其不能确知其时，然孟子每称宋君为宋，必在王偃称王之后可知。考王偃称王，在慎靓王三年，孟子年五十五岁矣。又本书言齐馈为“前日”，宋馈为“今日”，而薛又在其后，是之薛又在之宋后可知。惟之滕一事，之升据本事系之五十三年。凡此皆可证明之升之误，至之升定孟子六十一岁去齐归邹，皆为周赧王三年而以《纲目》书孟轲去齐于赧王元年为误，所具亦是。之升是谱，首周，次鲁，并附七国时事，以供参考，体例□□□。书刊于嘉庆十年乙丑。

1360 亚圣年谱一卷嘉庆刊本

式楹日撰。首有自序。大旨主任钧台《考略》，但谓叙次犹欠精审，因取《史记》、《通鉴》、《竹书》及顾亭林、阎潜邱、汪武曹诸说，参究辨订，以成此书。称是书所考，虽有合者，而误处仍复不少。孟子至梁在周显王四十八年，魏惠王后元十五年，楹日乃系之周显王三十三年，魏惠王三十五年。其致误之由，盖因《纲目》于至梁从《史记》，在惠王三十五年，又历后元十六年，至襄王立乃去，前后在梁，凡十八年，何以绝无建白？故不从任钧台而从阎潜邱。按如潜邱之说，则孟子至梁之年，止三十七岁，惠王不应称之曰叟，而西丧地于秦七百里，即入少梁河西地于秦之事，南辱于楚，即指襄陵之败，皆在其后，于是不得不以丧地一事移之于前，于秦属之卫鞅败，执公子卬，献河西地于秦者当之，而辱楚一事无可附会，则置而不言矣。又齐宣王位，立于慎靓王元年，薨于周赧王元年，在位止六年，楹日例定为宣王立于显王二十七年，薨于周赧王元年，在位二十九年。所谓牵一发而动身，一误则俱误也。按诸家考孟子者，动曰从《通鉴》、从《纲目》、从《大事记》，而不究其何所根据，即如减齐威之十年，增齐宣之十年，屈齐之年数以从燕，屈燕之年数以从齐，具出臆见，不足为典要也。或参用两说者，则进退俱失之，是书亦其流也。书为《十四经通考》之一，刊于嘉庆间。

1361 孟子年谱一卷嘉庆二十一年刊本

清管同撰。同以诸书所举孟子生卒年月不可据，故但考其事，所见甚是。《谱》从周安王二年魏文侯生子罃起，至赧王三年燕人共立太子平止。惟所隶事大都错误：以孟子游历，先宋次滕，在梁齐之前；以《战国策》言楚取睢濊之间，为南辱于楚之证；以孟子见梁王惠王，在惠王三十五年；以《梁惠王》篇所记齐伐燕，为易王初立，齐取十城之事，皆谬之甚者。盖《史记》纪年多舛，不足征信，同徒依违其间。所引《国策》殊不相涉，且不及生卒，何以云谱？即表六国之年，亦不宜止赧王三年也。卷首有阮元题辞，谓同于顾亭林、江慎修、焦理堂、臧在东诸书，似未全见，意殆讽其陋耶？

1362 孟子年谱《赐砚堂丛书》本

清黄玉蟾撰。玉蟾字芬桂，江苏太仓人。是书纪年依《纲目》，惟《纲目》于乙酉下书“孟轲至魏”，则以为非是，但《纲目》于齐伐燕，分见《梁惠王》、《公孙》二篇者并为一时之事，未加辨正。书中引谭梁生见圣谓齐人伐燕有两事，《梁惠王》所载是宣王乘燕易王之丧而伐之，《公孙丑》所载是湣王乘子之之乱而伐之，谭说不说玉蟾乃引之而致疑前人，谓孟子事齐两君，书中不称宣，王而称王者，皆湣王。玉蟾谓《庄暴》章单称王，前承《齐桓晋文王事》章，下启《文王之囿》以下十章，不应十二章中十一章俱属宣王，忽杂一湣王于其际。按此说非也。《庄暴》章记庄暴见孟子曰：“暴见于王，王语暴以好，乐云之出于庄暴之口。”何能称下文“他日见于王”系承上文来，此章夹于十二章之中，断然为宣王，不得以不称谥而吹求之也。他所考误处尚少，叙次简净，文省而事不漏，亦可取也。书为道光间赐砚堂丛刊本。

1363 孟子年表一卷［道光十一年刊《闲道集》本］

清孟经国辑。书中谓之代所用数首，虽子丑寅不同，但止以其月首岁，非新岁仪，故孟子四月初二日生日，不必改为二月。又谓据《孔丛子》言孟子字子车。而传玄则称子舆，但孟子师子思之门人，子思又师曾子，古人虽不讳字，然亦何必以曾子之字为字，应以子车为是。又邹非鲁邑，孟子非鲁人。即以七篇为证，孟子言“吾之不遇鲁侯”，岂有本国之臣而敢斥言其国与爵者？又曹交言交得见于邹君，既有鲁何又有邹君？此三条具确当。余则傅引诸家之说，而不主一说。杂然并陈，又无断制，甚非作年谱之体。书刊于道光十一年，为经国所著《闲道集》之一种。

1364 孟子编年考一卷光绪刊一镫精舍稿本

清何秋涛撰。秋涛有《周易爻辰申郑义》，已著录。是书以孟子生于周安王十七年四月二日。按《孟氏谱》云周定王三十七年四月二日生，定王即安王，但安王无三十七年，故《礼乐录》改为十七年，而秋涛依云，然诸书皆定为生于烈王四年。又是书以孟子游梁系之梁惠王三十六年，不知惠王尚有后元十五年。孟子在梁止二年，则游梁不应在三十六年。又是书以孟子卒年九十七，而《孟氏谱》云八十四，诸书多从之，此俱不合。至其他诸侯之年，俱依《史记》、《通鉴》。按《史记》于孟子之游梁、齐，即以倒置，《通鉴》于所不合者辄任意增减，皆不可据，而秋涛沿之，亦非也。惟游历先后依七篇为次，尚属不误。此殆其早年未定之作，未加博考。刊遗稿者漫取以充数也。

1365 孟子年略一卷［民国十四年印本］

易顺豫撰。是书所记孟子生卒年月，据孟氏语与他书略同。所不

同者，据《告子》篇，孟子居邹，季任为任处守，以币交，受之而不报，处于平陆，储子为相，以币交，受之而不报，他日由邹之任，见季子，由平陆之齐，不见储子，据此证孟子始由邹迁居平陆，复由平陆迁居于齐，其居齐在威王之世，未尝仕，后乃应聘至梁。观于梁惠王曰“叟不远千里而来”一语，亦可为证。盖由邹至梁，不及千里，由齐至梁，始有千里也。其游梁在惠王后元十五年，是岁威王卒，宣王立。次年为宣王元年，乃去梁及齐，宣王就见，聘为客卿，事以师礼，力行孟子之言，齐国大治。宣王四年，孟母卒，孟子居丧去位。宣王六年，孟子自齐奉母丧归葬于邹。是岁宣王卒，湣王立。孟子自鲁返齐，所云“于崇见王，退而有去志”者，见湣王也。是岁又去齐之宋，滕文王过宋见孟子，即在此时。湣王元年，自宋归邹，又自邹反齐。是岁滕定公卒。孟子为卿于齐，出吊于滕，即在此时。旋去齐，所云“三宿而后出昼”是也，是孟子年六十一矣。是书所记止此。自云以《孟子》证孟子，其有关时事者，更参以《秦本纪》、《国策》、《汲冢》、《纪年》诸书，视他书之沿讹及臆断者，殊觉胜之。尤不同者，谓齐伐燕，凡三次，其一，则在宣王之世，是也，又其一、其二在湣王之世，合之威王伐燕取十城，则四次矣，后三次，说者多混为一，此独考之甚晰。按是书与顺豫所著《孟子发微》，相辅而行，此互有详略，宜参看。书印于民国十四年。

1366 卜子年谱一卷活字印本

清陈玉树撰。玉树有《毛诗异文笺》，已著录。是书首有自序，据《史记·仲尼弟子列传》，子夏少孔子四十四岁，而《史记》称孔子生于鲁襄公二十二年，《世本》同，孔子四十四岁为鲁定公三年，即周敬王十三年，子夏实生于是年。又据《史记·魏世家》，文侯二十五年，受子夏经艺，计其时，子夏已百有八岁，其卒在何年，则不可考。是谱从周敬王十三年起至安王二年，即魏文侯二十五年止，分年隶事。其涉于考证者，据郑康成云，温国卜商，玉树以为温本东周畿内苏子园，为狄所灭，狄不能有，地归周，鲁僖二十五年，襄王以

赐晋文公，故子夏在春秋时为晋人。三家分晋，温属魏，子夏又为魏人。并证以《礼记·檀弓正义》，引《仲尼弟子列传》，子夏姓卜名商，魏人也。复云，子夏魏人也，居西河之上（今本史记无“魏人也”三字），西以怀庆府三温县故城，旧属卫者为非。按《家语》以子夏为卫人，《经典释文》序录同。《文选·左太冲招隐诗注》，引《尚书大传》：“子夏对夫子云，退而穷居于河济之间。”《艺文类聚》六十四引同。温县故城正当河水之北，济水之南，然则《家语》亦不为无证。或者因子夏晚岁教于西河之上，西河魏地，遂因此疑为魏人耶？然玉树亦证明子夏曾居鲁，教授生徒，讵得因此疑为鲁人？两存其说可也。又据阎百诗《四书释地三续》，孔子厄陈蔡之岁为六十三，子夏年十九，以驳金鹗、郑环之说。按十九之年，即以文学著称，亦似过早，注家有谓《从我于陈蔡》章与《德行颜渊》章原不相接者，则无须辨也。他如“为莒父宰”，据《四书释地》，莒父属鲁西鄙，非旧属莒国之莒州，今莒州有子夏祠，系附会。“教于西河”，据《史记索隐》，系龙门至华阴之地，《寰宇记》误为汾州西河县，相传有子夏石者，亦附会。按此二录俱确，《自序》并考群经之置博士始于鲁缪公，博士有弟子始于魏文侯，亦发人所未发云。

1367 贾景伯年谱一卷 国粹学报本

清陈邦福辑。景伯，汉贾逵字也。《谱》据《后汉书》本传为主，考以《通鉴》诸书，略具本末，起建武二十六年庚戌二十一岁，迄永元十三年辛丑七十二岁。按由建武二十六年上溯之，实生于建武六年，宜从是年一岁起。中如本传称逵明《左氏传》、《国语》，为之解诂五十一篇，永平中上疏献之。此别据逵答神雀事，纪称永平十七年，神雀五采翔集京师，因断是年。又本传称帝以逵母常有疾，特使颍阳马防与钱二十万，此别据《马传》，防以建初四年封颍阳侯，因断在次年。本传无荐鲁丕事，此别据《鲁丕传》永元十一年，丕迁中散大夫，时贾逵荐丕道艺深明云云。多增一事，如此之类，于旁证得之。首有邦福自序，兼为《马季长年谱》作也。

1368 马季长年谱一卷《国粹学报》本

清陈邦福辑。季长，汉马融字也。以《后汉书》本传为主，参以《通鉴》诸书，与《贾谱》同。起建初四年乙卯一岁，迄延熹九年丙午八十八岁，所隶事较《贾谱》稍详。按赵岐讥融不持士节，其为梁冀草奏李固及作《大将军西第颂》，年六十九矣。年七十出守南郡，以贪浊称，后坐忤梁冀，髡徙朔方，自刺不死，会赦归。盖经孺之最无行者也。《谱》于系年外，颇采僻事，如有妾约氏，据《元和姓纂》、《七厉》之作，见傅玄《七漠》序。所考订者，如谓郑玄来学，孙星衍谓在和平元年，孙星衍谓在延熹二年，均不足信。至郑珍谓在延熹七年，是年融八十六岁，考郑君本传在门下三年，不得见，然则七年得见马融，四年即来茂陵，九年始归北海，而融殁已久矣。然邦福亦不能知其来学为何年也。前附世系，故《谱》中兼及其诸父昆弟，亦为其家世丰豪征实也。

1369 徐征君年谱一卷光绪戊寅刊本

清杨希闵纂。征君，徐稚孺子也。范书："稚，豫章南昌人。"故希闵据为豫章先贤九家之冠。是《谱》首有希闵自序，又有引用书目，多至二十一种。范书称灵帝初欲以蒲轮聘稚，会卒，年七十二，盖建宁元年戊申也。因推知其生于和帝永元九年丁酉。惟范书叙事又多不系年，故传中所纪诸事不能切指，但依约计之而已。又旧有《徐稚别传》，已佚，希闵止从类书中辑得一条。至魏明帝甄表状，晋孙绰墓颂，殷允、王珣祭文，唐张九龄墓碣，宋曾巩祠堂记等篇，概属空言，附之卷后，仅资尚偏而已。

1370 郑康成年谱一卷［《昭代丛书》本］

清沈可培撰。可培字向渝，浙江嘉兴人。乾隆壬辰进士，官江西

上高县知县，罢官后掌教山东滦源书院。按康成幼为小吏，二十以后，始从经师受学，四十而党事起，预禁锢者十有四年，五十八而避黄巾之难，讲学不其山中，六十遭父忧，六十四避难徐州，七十始归高密。是书事实根据本传，而岁月则参别传及他书，可培亦间有考证。如据本传"游学十余年"及"年过四十乃归供养"数语，因以本传所云"西入关"系之永寿三年，时康成年三十一。又据《灵帝纪》，光和元年四月，以太常袁隗为司徒，中平二年二月免，六年四月以后，将军袁隗为太傅，则隗为后将军当在免司徒之后，因以本传所云"后将军袁隗表为侍中"传之中平六年以前。又据《孔融传》在郡六年，刘备表为青州刺史，又云建安六年为袁谭所攻，城夜陷，乃奔东山，则融为北海相当在初平元年，因以本传所云屣履造门诸事，系之初平元年，时康成年六十四。并据《献帝纪》，建安十三年八月，曹操杀大中大夫孔融，融本传言死时年五十六，则融当生于桓帝永兴元年至献帝初平元年，以正《续汉书》所云"孔融迁北海相，时年二十八"之误。俱甚确。其荐孙乾于刘备一事，系据《三国志·孙乾传》，为他家著郑谱者所略。惟引《太平御览》"孔融与诸卿书，郑康成多臆说"云云，可培谓非孔文举之言，或系王肃之徒伪托，郑注诸书俱无甚说。按钱大昕《十驾斋养新录》驳此，以不见今书为解，与可培同，并谓晋荀勖《中经簿》始有四部之分，安得称四部书，尤是为证。而他说部书所记麒麟呼冤之附会，更不必辨矣。是书本在可培所著《滦源问答》中，沈楙德刊入《昭代丛书》中，以《拾遗记》"经神学海"之语出于拟仿，又以《世说新语》"曳婢泥中"一事，亦论盛德，非实录改刘附录，楙德并为之跋。

1371 郑君纪年一卷袁钧《郑氏佚书》本

清陈鳣撰。是书原题《郑康成年谱》，钱大昕《潜研堂文集》卷二十六有序言，北海郑君，兼通六艺，集诸家之大成，删裁杂芜，刊改漏失，俾百世穷经之士，有所折衷。而后人未有谱其年者，海宁陈君仲鱼，始据本传参以群书，排次事实，系以年月，粲然有条，咸可

征信云云。惟鳣书未见传本，袁钧辑刊《郑氏轶书》，取附书末，改题今名，而不载钱序。又钧有“因加订正”之语，而书中未标明订正者何条，殆虚言耳。开篇首载唐史承节撰《后汉大司农郑君碑》，次纪年。书中据贾公彦《周礼》，（元）［玄］为郑冲之孙。据钱大昕《潜研堂文集》卷八《答问五》有一条云，问周礼疏以汉郑康成为汉大司农北海郡郑冲之孙，考证后汉书本传，但称“八世祖崇尚书仆射”，不言其祖名冲。惟魏晋时，有郑冲与何晏同修《论语集解》，乃在康成之后，且荥阳开封人，非北海人也。曰《礼记》、《毛诗正义》、《仪礼疏》，俱不云康成祖名冲，恐系《周礼疏》误。按贾疏本有所本，《礼记》、《毛诗正义》、《仪礼疏》，不言者以已见《仪礼疏》，不重出耳。魏晋间之郑冲则名姓偶同，不得证为误。又以“冲”为“崇”之误。按贾氏《仪礼郑氏注》下疏云“郑崇之后”，而《周礼郑氏注》下疏云“郑冲之孙，郑崇为八世祖，故曰后称孙”。则冲乃曾祖，语意分明，非误字可知。又书中永和三年，康成十二岁，康成十二岁引《别传》曰“年十二随母还家，正腊会，同列十数人皆美服盛饰，语言闲通，玄独漠然如不及”云云。按此条见《太平御览》引《别传》，又《后汉书》注，《太平广记》引《别传》同，惟年十二作年十一二，他作郑谱者多据之。按一事不能分属二岁，则所云年十一二岁者，必衍一字无疑，而《太平御览》引作十二岁，知所衍乃“一”字也。鳣于此独不误。《别传》言少好学，十三诵五经，好天文占候、风角隐术，文本相连。鳣将好天文、占候、风角、隐术，割弃次条。年十七见小风起诣□曰某时当有□，至时果然云云，之上意在与事相附，不知《别传》尚有“年十六□曰神童”一条，鳣偶未检得。失此一条，因之割裂原文，使两条俱舛，此其疏也。综观全书，诚如钱序所云，“粲然有条，惟嫌简略”，即郑君别录见于郡书所引者，搜录亦未及半，或是未成之书耶?

1372 郑司农年谱一卷［嘉庆十四年本］

清孙星衍撰。按康成注《周礼》屡引郑司农，盖谓郑众也。康成

虽曾被征为大司农，而未尝就。华歆荐郑小同，表曰："伏见故汉大司农北海郑玄，当时之学，名冠华夏，称康成为大司农，当始此为世儒宗"云云。然《朱隽传》亦有博士郑玄之称，以玄亦曾被征为博士也。按康成本高士，其时应劭言回赐之使，不称官阀瞬然见志，□□可以未就之官爵污之耶？则题郑司农者，未为惬也。是书首有阮元序，以为较陈鳣所作年谱详备，并采陈谱为之补益。又以《太平广记》引《别传》"康成以永建二年七月戊寅生"，又《三国志注》引《别传》"康成以太岁在丁卯生"，固属谈泰以四分术推闰朔，知康成生于汉顺帝永建二年七月五日，与《别传》合。以后祀康成生日，咸取准于是焉。书中颇有考正，如本传载《戒子书》有"不为父母群弟所容"句，引《别传》与史承碑俱无"不"字为证。按之书意，以无"不"字为长。言徒学不能□吏以益生产为父母群弟所含容也。又《戒子书》作于建安元年，时益恩尚在也，而《别传》则谓死于管亥之难。考《后汉书·融传》："为贼管亥所围，乃求救于平原刘备。"《后汉纪》初平二年七月，公孙瓒以刘备为平原相，《三国志·太史□传》，融告急平原相，应自请行，遂到平原，刘备以平原相代陶谦为系刑牧。据《武帝纪》，在兴平元年，是备相平原，不能过是年，又后二年为建安元年。《别传》之谬无疑。又《晋书·刑法志》，言建安元年，应劭又删定律令，以为汉议。是时天下将乱，百姓有土崩之势，刑罚不足以惩恶，于是名儒大才故辽东太守崔寔、大司农郑玄、大鸿胪陈纪之徒，咸以为宜行肉刑。汉朝既不议其事，故无所用矣。按康成未就大司农，且被征又在次年，复肉刑又非儒者所宜言，当是《晋书》误记，星衍代为曲辨，谓此云"大司农"者由后人进改，可谓欲复肉刑者，以汉末法重，欲减死刑之□入手肉刑，非增肉刑。不思康成方为处士，安得建议于朝，且据《刑法志》无减死刑之文，由"刑罚不足惩恶"一语推之，是增重非减轻也。书末附阮元《金承安重刻史节汉大司农郑公碑跋》。承节之文乃兼取谢承诸史，非蔚宗一家之学。所举与范书异文甚多，谱俱采入矣。书刊于嘉庆十四年己巳。

1373 郑君年谱一卷颐志斋刊本

清丁晏撰。自序云：余夙好郑学，凡遗文轶事，必手录而存之，久之裒集既夥，次为汉《郑君年谱》一卷。按晏是谱成于沈可培、孙星衍之后，但据序云云，似于沈、孙二书，并未寓目者。书中排比简净，较他谱郑者独略。惟另据《通鉴目录》定为永建二年丁卯七月初五日生，可与孙谱推验所得，互相证明。又据《御览·人事部》引《别传》，玄病困，戒子益恩曰："吾家旧贫，为父母郡所容。"按"父母郡"者，犹言父母之邦，谓召署郡职也。范《书》改作"不为父母群弟所容"，颇为害理，当从《御览》为正。其详如他谱者，乃在康成注述及其弟子，惟定《孝经注》为其孙小同所为，未免失考。按康成注《孝经》，见于范《书》，而《六艺论》序《孝经》云"玄又为之注"，是其的证。《崇文总目》载咸平中日本僧奝然以《孝经》来献，与《大学》所立陆德明释文相应，熊克、袁枢得之，刻于京口学。是此书南宋时尚有传本，非小同注明甚。又引隋、唐《志》"孟子注七卷"。按康成注《孟子》不见范《书》，马国翰遍辑轶书，于康成《孟子注》独不见一条，因致疑于或为郑学者所依托。其所辑《孟子郑氏注》一卷，乃取玄所著诸书中引及孟子及檃栝《孟子》义者充其数，郑珍所辑《史记·五帝本纪》，尧知子丹朱之不肖，《索隐》称郑玄曰"肖，似也。不肖言不似人也"一条，安知非据玄所注他书为释？似宜存疑。康成所著见于《郑学录》及《北海三考》，为晏所漏引者尚多。所考弟子亦未备，只大书程秉传云："汝南，南顿人，逮事郑玄。"《魏书·崔琰传》，公孙方从学谟山，皆其显著者。又《魏书》称"孙叔受学于郑玄之门人，称青州大儒"，按叔然名炎，盖康成再传弟子。至见于《郑志》者尚有十余人。康成既与问答，必当在弟子之列，晏俱未之及，则又不止事实之有漏而已。书刊于道光二十三年癸卯，为《颐志斋四谱》之一。

1374 郑大司农蔡中郎年谱合表一卷冠悔堂小字本

清林春溥编。前有杨浚序，又有春溥自序。郑表据沈可培所撰年谱，蔡表据王昶所撰年表。按《拾遗记》取康成称经神，而邕亦有鸿都石经，又范书邕传，言邕死狱中，北海郑玄闻而叹曰："汉世之事谁与正之?"两表之合，盖取于此。其书横分三格，上格记时事，中格记郑，下格记蔡。二君行事撰述，与时事有关涉者，可以互相参照。玄长于蔡邕六年，邕死先于玄八年，自阳嘉二年至初平三年，则二君所固也。法甚善也。玄治朴学，邕擅华藻，一时之声闻同，玄少执高节，奈为袁绍所逼，带病随军，魏武歌辞有"郑康成行酒，伏地气绝"之语，邕屡谏董卓，亦非降志辱身者，奈为王元所恨，死于狱，甚晚节亦无不同也。自序称"郑谱征引稍繁，次第间有陵乱，略为订正"云云，取较原书，但有删节，俾与蔡表一例而已。原书具注出处，此则概删之，意主于简而不知非体也。王昶辨邕死年六十，可正本传死年六十一之误。又据《羊祜传》，祜，邕外孙，讨逆有功，将进爵上，乞以赐舅子蔡袭诏封，袭为关内侯，袭即邕之子也。据此，则邕非无子，而女不止文姬一人，实蔡表中一要典也。郑谱除沈氏外尚有多家，于玄之轶事遗闻，搜获亦不少，惜春溥未得遍览，为沈谱补所未有也。自序作于道光甲辰。其他著有《竹梅山房丛刻》，惟此书藏稿于家。至杨浚始序而刊之，时光绪九年癸未也。

1375 诸葛武侯年谱一卷康熙戊寅刊本

清朱璘编。隶事甚简而不误，依陈《志》也。生于光和四年辛酉，盖推得之。《志》称建兴十二年薨于军，年五十四，故知其生于辛酉。《谱》于汉帝（帝）之废立、昭烈之播迁，并同时僭窃诸雄、其举动顺逆之迹，亦并书之，以见侯兴复之难，而拥辅之正。别撰《武侯本传》，附于卷前，可与张栻葛传相差。

1376 诸葛忠武侯年谱一卷道光刊本

清张澍纂。叙武侯事略因朱《谱》，而所隶时事则较详。建安十二年以前事，有全无关涉者，亦入之，殊可不必。于建兴五年丁未记子瞻生，据在武功与兄瑾书“瞻今八岁”语，瞻战在景耀元年，年三十七，故知其生于丁未。又于建安十二年丁亥，记后帝禅生于荆州，则据章武三年癸卯，太子禅即位，年十七知之。此二条俱朱《谱》所无。

1377 诸葛忠武侯年谱一卷光绪戊寅刊本

清杨希闵编。大旨依张《谱》，而嫌其略，凡言行政事、书疏条教，并详录之。其记劝诛刘封事，则据孟达与封书有“已立太子”语，知其死于立太子之后，即章武元年也。多引诸家议论，然未能尽也。惟《出师表》引何逊说，谓《赵云传》建兴七年卒，七年当为六年，证其不伪，此条甚要。后附《木牛流马考略》、《八阵图考略》。

1378 右军年谱一卷咸丰丙辰刊本

清鲁一同撰。一同字通甫，江苏山阳人，嘉庆举人。是书首有杨以增序，后有熊存泰跋。右军，晋右军将军王羲之逸少也。史称右军卒年五十九，而不著何年。一同据右军与周益州帖有“年垂耳顺”一语，考《益州名摭》，卒于兴宁三年，由是逆推之，则右军实生于晋怀帝永嘉元年，最确不可易。于其他诸帖，亦多能钩稽其年月，及所涉之人与事。其较要数右军书《兰亭序》在永和九年，羊欣、王师乾以为时右军年三十三，黄长睿以为年三十八，一同据《晋书》传云：“羲之初渡浙江，有终焉之志，尝与同志宴集山阴之兰亭，为之叙，以申其志。”又据《通鉴》云：“永和四年，殷浩以江州刺史王羲之

为护军，八年羲之遗殷浩书，谏止北伐。十年以前，会稽内史王述为扬州刺史，十一年三月，羲之称疾去郡。”以此推之，永和九年，其时右军为会稽内史无疑，因以系之四十七岁。又右军书《黄庭经》，真睿据陶隐居《真诰》，黄庭降世，在晋哀帝兴宁二年，而先三年为穆帝升平五年，右军已卒，安得豫书之？一同谓道家有《黄庭内景经》、《黄庭外景经》及《黄庭遁甲缘身经》、《黄庭玉轴经》，右军所书为《外景经》，与赵夫人所传不同，陶隐居有《与梁武帝启》云："逸少有名之迹，不过数首，《黄庭》、《劝进》、《告誓》等，不审犹有存否?"后又启云："垂旨以《黄庭像赞》等诸文，可更有出□理。"又《晋中兴书》，亦记羲之为山阴道士写《黄庭经》，举群鹅相赠事，尤为的证。一同更据右军《与殷浩书》谏再举北伐事。又《与会稽王笺》，请令殷浩、荀羡还据合肥、广陵，许昌、谯郡、梁、彭城诸军，皆还保淮，为不可胜之基。使简文深源纳其言，内可销桓温篡弑之计，外可乘石氏内乱、羌姚输诚之机，其卓荦伟抱为过江以还所未有。按此论前人未有发之者，右军何幸，得此知己耶？其文笔俊雅，多作偶语，亦学晋人。末附《丛谈》二十则，有一条据本集（与）按羲之七子，《晋书》本传止载其五：玄之、凝之、徽之、操之、献之。《丛谈》首一条，据本集与《郗家论婚书》有子肃之，又据《东观余论》，有子涣之，可以补史传之缺。

1379 陶靖节年谱一卷 陈氏灵峰草堂刊本

宋吴仁杰撰。仁杰字斗南，河南人。是谱考证多当，如集中《示庞主簿邓治中》云"始室丧其偏"，据《礼》"三十曰壮，有室"，《左传》"齐崔子生成，及彊而寡，娶东郭氏"，杜注"偏丧曰寡"，可证王谱二十失妻之误。安帝隆安四年庚子条下系《始作镇军参军经曲阿》诗，五年辛丑条下系《赴假还江陵夜行涂口》诗，叶梦得据为渊明仕于刘裕、桓玄，仁杰考裕元兴元年为建威将军，三年行镇军将军，与此先后岁月不合。渊明以庚子岁作镇军参军，乙巳岁去彭泽，不复仕。其《还旧京》诗云："畴昔家上京，六载云还归。"自

庚子至乙巳，凡六年，既云“家上京”，又有《经都还阻风》诗，是未尝居江陵。其《祭程氏妹文》“昔在江陵，重罹天罚”，当是女母居江陵，其母因视女而殁于此，非仕玄也。《昭明传》载檀道清为江州刺史，馈渊明粱肉，渊明麾而去之，在为镇军参军之前，仁杰据《道济传》宋文帝元嘉三年为江州刺史，移之于后。又渊明辞彭泽令，《昭明传》称“不为五斗米折腰”，而《归去来辞序》则称遭妹丧，仁杰以为渊明意别有在，是时寄奴不臣之迹渐显，盖见几而作耳。又《文选》五臣注谓，渊明诗晋所作者皆年号，入宋所作但题甲子，按之本集多不合，仁杰据《宋书》潜所著文章皆题年月，义熙以前则书晋氏年号，自永初以来惟云甲子而已，证之集中诸文，如《桃花源诗序》“晋太元中”、《祭程氏妹文》“惟晋义三年”是也。至《游斜川诗序》在宋永嘉二年作，则但称“辛酉岁”，《自祭文》在元嘉四年作，则但称“岁惟丁卯”。则史氏之言不诬。以上诸条，俱极确当。惟谓渊明十二失母，颜延之诔所称“母老”是继母，盖因《祭妹文》“慈妣”讹字。其生年之误，则因《宋书》渊明卒年六十三而错推也。按仁杰是谱有蜀人张缜《辨证》，今不传，惟元人李公焕注采入数条。又公焕注引年谱云“在晋名渊明，在宋名潜”一条，是谱及王谱俱无之，则宋元间当又有一谱也。是书前后有傅云夔及其子汝砺序跋。云夔序言，是谱《与子俨疏》年过五十，当在义熙十一年乙卯，而误列九年癸丑；《楚调》“僶俛六九年”当在十四年戊午，而误刊十二年丙辰。而吴瞻泰《凡例》又以《斜川诗序》改“辛丑”作“辛酉”为误。按“六九”乃讹字，其误改，尚有《癸卯始春怀古田舍》，改“癸卯”为“辛卯”，为云夔所未及举者，惟改与未改俱误，不足辨也。又吴瞻泰本以为彭泽令赋《归去来辞》属之甲辰，盖偶脱“义熙元年乙巳”六字，因而连缀上年也。

1380 陶靖节年谱一卷 道光癸卯刊本

清丁晏撰。晏有《周易解故》，已著录。晏所见止王质一谱，书中称“旧谱”是也。所举二十丧妾之误，檀韶清、周续之、祖企、谢

景夷在城北讲学系于永初元年之误，王宏为江州系于元熙元年之误，檀道济为江州系于元嘉三年之误，皆为纠正。然如《祭妹文》，昔在江陵重罹天罚，盖失母，而王谱误作失父，晏未及举也。晏称张缜“渊明生于壬子”之误，不知旧谱作“生于兴宁三年乙丑者”亦误也。吴仁杰谱作“三十丧妻”，晏知丧妾之误，不知“二十”亦误也。又《桃花源记》标明“晋太元中”，则记必作于太元时，晏谓在刘裕废安帝立恭帝时亦属臆断。按晏未见于吴仁杰谱，陶澍《考异》与之同时，亦似未见。其《述酒》诗，据“山阳归下国”句，谓喻恭帝被杀，与汤汉合，想亦未见汤注也。序言依据本集，参稽史文，而镇军、建威之类并未详考，所云史文者殆指诸史中渊明传耳。甚矣，其陋也。

1381 靖节先生年谱考异二卷道光刊本

清陶澍撰。澍［字于霖，一字云汀］，湖南安化人。嘉庆进士，官至两江总督，卒谥文毅。是书据王质、吴仁杰二谱而考以宋元以来诸家所说为之辨证，最为详博。其要者，如渊明诗《始作镇军参军经曲阿》，李善《文选注》引臧荣绪《晋书》“‘宋武帝行镇军将军’，辟公参其军事”，是以渊明所参者刘裕军也。澍考此诗之下一首为《庚子岁从都还》，则此诗必作于庚子前，题曰“经曲阿”，曲阿今丹阳县，自隆安二年丁酉至元兴元年壬寅镇京口者为刘牢之，渊明为镇军参军当在己亥。其次年，乃庚子也。镇军在京口，故曲阿为必经之路，则渊明所参者乃刘牢之军，非刘裕军。又义熙元年乙巳有《为建威参军使都经钱溪诗》，他谱以建威将军为刘怀肃，澍据《晋书·刘牢之传》及《宋书·刘敬宣传》，敬宣与诸葛长民破桓歆于芍陂，迁建威将军、江州刺史，镇浔阳，则此建威将军乃刘敬宣，非刘怀肃。他若《赠长沙公诗序》引杨时伟说“长沙公于余为族”一句、“祖同出大司马”一句，以题中“族”、“祖”二字为衍文。又引钱竹汀说驳阎百诗父子谓渊明不出于陶侃之谬。皆极是。又《答庞参军》四言诗云：“大藩有命，作使上京。”谓庞参军即庞通之，时宋文帝为宜都

王，以荆州刺史镇江陵，“大藩”谓此也。参军盖与闻营阳废立事，故诗有“思终”、“保躬”之语，盖勖之也，亦属有见。惟《渊明传》云：“祖茂，武昌太守。”澍又引陶茂麟家谱，则祖名岱，官散骑员外，而不断其孰是。按作“岱”者是也。岱见《晋书·陶侃传》，家谱又较可信，“岱”、“茂”形近易讹，则作“茂”者非也。又《祭程氏妹文》云：“慈妣早世，我年二六。”他谱遂据作“年十二丁母夫人孟氏忧”，澍据颜延之诔“母孝子幼，就养勤匮”，又渊明诗有“凯风负我心”句，证为十二岁丧母之非，但以为程氏之妹之生母即渊明之庶母亦非。其《祭妹文》云“谁无兄弟，人亦同生”，盖同母无疑，而父卒何年，无可考见，“妣”殆“考”之误也。至于误以渊明卒年六十三，以致隶事三年无一不因之而误，此则沿袭旧谱，不及订正，为是书一大憾事也。

1382 **陶元亮年谱一卷**陈氏灵峰草堂刊本

清王质撰。首举谢灵运为比，称“渊明世地色言俱僻，而灵运为武帝秉任，最后乃欲诡忠义，杂江海。远师送君过虎溪，而却灵运不入莲社，素心皆所鉴之”云云。按为渊明作谱者，实始于质。开首书生于晋哀帝兴宁三年乙丑，即大误，盖本于沈约《宋书·隐逸传》，而昭明太子所作《渊明传》及《南史·隐逸传》、《晋书·隐逸传》因之，作陶谱及注陶诗者又因之。质于他条亦阙考证，如《［祭］妹文》“慈妣早世，我年二六”，即定为十二失母。《楚调》诗云“弱冠逢世阻，始室丧其偏”，即定为二十失妾。“镇军”、“建威”俱未指出何人。于义熙元年乙巳下突云“是岁刘将军录尚书”，此“刘将军”亦不知何指，若指刘裕，则是年三月方为车骑将军，都督中外军事，至录尚书事乃在四年正月，亦不合。又《辛丑七月赴假还江陵》，臆断为赴官，则叶梦得、恽敬仕于桓玄说之所本也。其《祭妹文》所云“昔在江陵，重罹天罚”，以为丧父，俱误。至于年月错系，不可胜举。按是谱见质所作《绍陶录》，又见陶宗仪《辍耕录》，吴瞻《陶诗汇注》亦收之。此本为贵阳陈矩所校刊，皆辅吴仁杰谱并行。

以是谱虽不及吴谱之善，而荜路蓝缕之功不可没也

1383 晋陶征士年谱一卷光绪戊寅刊本

清杨希闵纂。征士，晋陶渊明也。希闵旧有《渊明年谱》，附《乡诗摭谭》中，时为咸丰丙辰。后二十余年，再成是谱。自云："意趣不同，视前谱亦有所增删、改窜，而沿误诸处仍未及正。"如谓生于晋孝武帝太元元年，卒于宋文帝元嘉四年，年六十三，即本之昭明太子所为《陶渊明传》，近人已辨其非。此处一错，则隶年之事，无不错矣。若镇军参军，系指参刘牢之军，见陶澍《年谱考异》，援证甚确，反不从之，岂并未见澍集注本耶？惟辨在晋书年号，在宋书甲子，主钱大昕说，谓指玄不指诗，谓五臣误读《宋书》，斯真不易之论矣。

1384 陶靖节年谱一卷清宣统二年刊本

清杨希闵撰。希闵有《四书改错平》，已著录。希闵未见王、吴二谱及陶澍《考异》，参互校稽间有暗合者。惟《赠族祖长沙公》引旧刻数本，目录上止题"赠长沙公"四字，可见诗题上加"族祖"二字为衍文，此《考异》所未及者。解"已同路人"句，引《礼》"五世亲尽，则为涂人"（路人即涂人，陶公正引《礼》），陶公至是于大司马将及五世。又"丧服自期"以下，诸侯绝，大夫降，长沙公正可方诸侯，故序云："昭穆既远，已同路人。"又《诗》云："礼服遂悠也。"按此条甚妥惬。其最谬者，谓陶公五子皆翟夫人所生。考陶公《与子俨疏》云"汝等虽不同生，当思四海皆兄弟之义"，又云"他人尚尔，况同父之人哉！"是五子不同母之的证。希闵想未之见也。镇军为刘牢之、建威为刘敬宣亦引考之，而以为宜阙疑，殆未详考也。其辨虎邱僧论书四子事，引钱竹汀说，谓《宋书·陶传》止言所著文章，不云所著书。渊明之文，存者才数首。就此数首考之，《桃花源序》称"太元中"，《祭程氏妹文》称"义熙三年"，此书晋

(氏)[代]年号之证;《自祭文》但称"丁卯",此永初以后,书甲子之证。按:此说已见吴仁杰年谱,不特希闵未见,想竹汀亦未见也。其以为生于兴宁三年乙丑,则与他谱同误。是书成于咸丰丁巳,至宣统二年始刊附《乡诗摭谈》后,希闵亦江西人也。

1385 陶渊明年谱一卷 排印本

梁启超撰。是谱纠正诸谱渊明卒年六十三之谬。据陶集《与子俨等疏》云"吾年过五十",又《挽歌》云"早终非命促",若六十三,不得言"早终"。又颜延之诔云"年在中身",此用《书·无逸》"文王受命惟中身"语,谓五十也,最属有识。惟断作年五十六,据渊明诗《辛丑岁七月赴假还江陵》云"闲居三十载,遂与尘事冥",又据《游斜川诗序》云"辛酉正月五日",谓"由辛酉逆溯至辛丑,正三十岁"。按陶渊明为州祭酒参镇军事,皆在三十前。《宋书》本传曰"潜[弱]年薄宦,不洁去就之迹",证之其诗"弱龄寄事外","弱年"、"弱龄"即弱冠之年龄也,故近人有谓三十为二十之误者。渊明《归园田居》诗又云:"误落尘网中,一去三十年。"此诗虽不明纪甲子,然《归去来辞》题义熙乙巳,此诗必作于去官之时,以乙巳为三十,则辛丑非三十矣。又渊明有《戊申岁六月中遇火》一首,中云"总发抱孤念,奄出四十年",则与辛丑三十、辛酉五十诸文相矛盾。硬改"四十"为"四九",而谱乃系之三十七岁,则亦与四九、三十七不符也。因辛丑三十不为定论,则辛酉五十亦成疑案矣。又据颜延之诔,有"州府三命不就"之语,谓渊明未尝就州职,殆亦以"闲居三十载"句有妨也,不知昭明传固云"亲老家贫,起为州祭酒,少日自解归州,召主簿不就"。颜诔所云,盖指召主簿不就事耳,岂能并为州祭酒事而抹之?又《晋书·隐逸传》云"陶潜字元亮",《南史》本传云"陶潜字渊明",昭明传则云"陶渊明字元亮,或云潜,字渊明",李公焕《陶集注》引年谱云"在晋名渊明,在宋名潜,元亮之字则未尝易",启超引"古者君子已孤,不更名",谓晚年改名不近理。渊明是名,潜是小名。所引本集《祭程氏妹文》及

《孟府君传》自称小名尚可解，惟颜延之诔称“有晋征士浔阳陶渊明”，诔称小名，岂有此例？已孤不更名行于古，未必通于今，又何可拟于易代之变耶？近人又有谓潜是名而渊明是小名者，但据昭明传“对檀道济曰：‘潜也何敢望贤？’”亦岂有对州刺史而自称小名者？则公焕所引，实不可易也。谱又以丧妻系之二十岁，吴谱则以为三十岁。诗中“弱冠逢世阻，始室丧其偏”，“弱冠”、“始室”是偶句，本不误，启超反斥为杜撰，非也。又渊明诗“畴昔家上京”，《朱子语录》云“庐山有渊明古迹处，曰‘上京’”，亦不误，启超必引绿君亭本“上京一作上荆”，谓即江陵，亦非也。惟以丧父系之三十二岁，以《祭程氏妹文》“慈妣”系“慈考”之误，援证极确。其他大都因袭前谱耳。

1386 魏文贞公年谱一卷光绪癸未刊本

清王先恭撰。是谱多据《通鉴》，参以新、旧《唐书》。谓司马光得见《唐实录》，故《通鉴》编纪月日，较他书为审，而亦间有疏失，政要多传讹云云。中如本传载太宗即位，拜征为谏议大夫，而《通鉴》则系于武德九年六月，在即位前。按是年军国庶事，悉委太子处决，《册府元龟》载七月命谏议大夫魏徵宣慰山东，又征与王珪同拜是官，《通鉴》六月已书“谏议大夫王珪”，合而证之，《通鉴》是也。他条具月日者多依《通鉴》。若生于周静帝大象二年庚子，则据《旧书》称年六十四推而得之。籍襄国郡鹿县，《旧书》与《通鉴》同，依之，而斥《新书》“魏州曲城”之误。皆是。稍不合者，其中引自撰之《故事拾遗》。按《拾遗》所有，都是他书贩来，引书例从其朔，未可任便为之也。

1387 陆宣公年谱辑略一卷乾隆丙寅奏议附刊本

清江榕辑。榕字荫千，爵里无考。有后跋，署乾隆十一年丙寅，谱宣公者始此。称宣公生于天宝十三年甲午十一月初八日子时，（缺

月日）丁、杨二谱依之，究未知所据。光绪丙戌淮南书局翻刊榕谱之增注“诞生十一月初八日子时”小字，亦未言所据，殆妄造也。又记刺史张镒赠钱百万事，系之大历六年辛亥，亦误，丁谱已正之。又大历八年癸丑条下，记试《禁中春松诗》。贞元五年己巳条下，记丁韦太夫人忧。丁、杨谱皆不采，殆不信之也。宣公为中书舍人，在兴元元年十二月，见《旧书·本纪》，谱乃连记于七月从车驾还长安下，是并《本纪》亦未寓目也。诸条皆不注出处，具大概而已。

1388 陆宣公年谱一卷 道光癸卯颐志斋刊本

清丁晏编。首有晏自序，称奏议，宋绍兴二年嵊县主籍某氏注，十五卷，为刊本最古者。按某氏即郎晔也，晔注有二十卷者，注亦视十五卷较多，其刊当在绍兴二年前，晏未及举也。是谱大抵据新、旧《唐书》，《通鉴》，参以所为制诰奏议，排比年月而成之，亦间有考订。旧谱以寿州刺史张镒赠钱百万事，系于大历辛亥十八岁条下，此据《旧书·张镒传》，镒迁寿州，在李灵曜反汴州后，又据《本纪》，灵曜反在大历十一年，因移系之。编中隶事主简，惟贞元四年载征处士阳城为谏议大夫，贞元五年载以董晋窦参同平章事，因参与贽相恶，而城则救贽者也，此则必不可省者。

1389 陆宣公年谱一卷 光绪四年刊本

清杨希闵编。首有希闵自序，亦是据新、旧《唐书》，《通鉴》及制诰奏议排比而成，惟征引较详。以为贽经国远猷，全在奏议，读者当考其行诵其言，于以知其表里，持是以读全集，已若食鸡取跖，即未见全集者，得此亦可揽撷大凡，其旨如此。按《旧书》以窦参逐于公异，请罢翰林学士，指斥吴通玄、通微，希闵以为皆出当日谗谤者之点污。帝本薄参，贽三次上疏为申理，其非相轧可知。诏归中书，本旧刺不为二吴，帝好猜疑，或中谗者二吴不协之语，观他日痛黜通玄，则贽之诬枉日明。公异之逐，以其少不容于父母，明见诏

书。即逐出于贽，亦是恶其无行，绝非忌才云云。以史证史，持论极正。书眉有一条，驳胡三省谓贽自李泌相后，不复谏说语，谓泌谏说已善，何必傀伦，亦有理。

1390 韩翰林诗谱一卷江阴缪氏刊本

清缪荃孙纂。翰林，唐韩偓也，偓字致尧，小字冬郎，京兆万年人。昭宗龙纪元年登（弟）［第］，天复二年擢左谏议大夫，旋迁翰林院学士。又迁兵部侍郎，进承旨。三年贬濮州司马，朱全忠恶之也。昭宣帝天祐元年以兵部侍郎翰林院承旨召，不赴。全忠篡唐，再以兵部侍郎翰林承旨召，不赴。晚岁游闽，依王审知，卒年八十。是谱每年下先系时事，次系偓事，又次系诗题。唐亡以后但纪甲子。偓之生年，史无明文，则据李商隐赠诗“十岁裁诗走马成”句，冯集梧作《商隐年谱》编入宣宗大申七年癸酉，上溯十岁，当生于唐武宗会昌四年甲子，可云得间。谱后复杂引群书，涉于轶闻及遗著者，以补谱所未及。云“诗谱”者，为读偓诗者作也。

1391 韩承旨年谱一卷宣统辛亥刊本

清觉罗震钧纂。是书大段依缪谱，而所系时事较详。其特异者，谓《香奁集序》故为迷谬之词，《序》云：“自庚辰、辛巳之际，己亥、庚子之间所著歌诗，不啻千首。”又云：“自大盗入关，缃帙都坠，迁徙不常厥居，求生草莽之中，岂复以吟咏为事。”审如此说，则偓诗均作于未及第以前，咸通、广明之间矣，何以集中诗，凡有年之可考者，均在贬官以后？即《翰林集》亦始于及第之年，乃知其意在避文字之祸，都非正言。按震钧著《香奁集发微》，谓偓诗无一非忠君爱国之忱，是谱即证实其事，故于天复元年下，标《香奁集》诗始于是年。又于天复三年下，谓《香籢集序》云“大盗入关”，应即指此年。全忠举兵入朝事，明年全忠弑帝，故名之曰“大盗”，纪实也。此后偓即贬濮州，贬荣懿，徙邓州，故云“迁徙不常厥居”，诸

所持说，亦自有理。其每年下所系诗，并推断为某人某事而作，则似有过于牵附者。

1392 欧阳文忠公年谱一卷光绪戊寅刊本

清杨希闵辑。文忠，宋欧阳修谥。是书首列引用及杂采书目，凡三十余种，而以本集之碑志为主。修于仁宗天圣八年成进士；嘉祐六年，由侍读学士拜参知政事；英宗治平四年，出知亳州；神宗熙宁二年，徙青州，寻徙蔡州；四年，以太子太师致仕；卒于熙宁五年，年六十六。是谱于修行事，录大遗细，颇有剪裁。然濮议为英宗朝一大事，修所持论最允，且后之得谤，亦由于此，而谱未载一字。至修之受诬，一为甥女张氏犯奸事，一为妻弟薛良孺怨谤事，希闵博征诸书，次其始末，最为详尽。又洪容斋谓修中年以后，意欲居颍，无一语及松楸之思，《泷冈表》可不作。王阮亭和之，至诋为不孝。希闵即援本集前后表乞洪州至七次，表中明言营葺先墓，其作《泷冈阡表》，乃在熙宁四年，修年六十四矣，阅二年而修卒，洪、王二公全未博考，是修又受诬于身后也。希闵于荐吕惠卿事，亦为力辨。按惠卿才自可用，若后来得势时之狼狈，讵能料之？且朋党倾轧，不无溢恶之词，《宋史》以入《奸臣传》，殊未公也。谱后附记修所著书，并诸家评论、祭文等，间有考证，可与谱相参也。

1393 韩忠献公年谱一卷光绪四年刊本

清杨希闵辑。首有希闵自序。忠献，宋韩琦谥也。按琦著有《安阳集》，外有家传，有别录，有遗事，而年谱独缺。希闵即据之而参以史传及他记载。按琦历相三朝，定策于危疑之际，其镇定有足多者。其对西夏力主攻战，虽乏成功，亦异乎偷安恇怯之辈。尝上疏言昼夜泣血："以西北二虏祸衅已成，而上下泰然，不知朝廷之危，宗社之未安，未言和与不和，俱为大患。为今之际，莫若择帅练兵，日计用武之策。以和好为权宜，以战守为实务"云云。语亦切要，何以

知枢密后，即不复以此为虑。尤奇者，其奏阻王安石新法也，曰致敌疑者近有七：“一招高丽朝贡，一取吐蕃之地建熙河；一植榆柳树于西山，制其蕃骑；一创团保甲；一筑河北城池；一置都作院，颁弓矢新式，大作战车；一置河北三十六将，皆宜罢之，以释其疑”云云。然则将以释疑之故，弛一切备以听敌人之入耶？可谓悖矣。谱不录此疏，殆有意为琦讳。至刺陕西义勇事，司马光屡言之，不听，明言愎谏，以曲护之，尤为失平。惟他所采录尚属矜慎，如魏泰《东轩笔录》载：“好水川之役，云全师陷没，魏公还至半途，亡者父兄妻子数千人，号于马首，招魂而哭声震天地”云云。希闵辨谓自来军败，何尝有父兄妻子半途招魂哭震天地之事？魏泰小人，言不可信，而《名臣言行录》、《续通鉴》俱采之，非也。序又言，《名臣言行录》载琦在延安，夏人遣刺客害琦，取金带置城上一事，小说家载把烛碎盏诸事，家传称殁为真人事，俱妄诞，删不录。盖琦事迹繁多，作谱者不难于备，而难于得要也。

1394 曾文定公年谱一卷光绪戊寅刊本

清杨希闵纂。首有希闵自序。文定，曾巩谥也。巩于嘉祐二年登章衡榜进士，终中书舍人，卒年六十五。旧传《南丰续集》附有年谱，系朱名辑，随《续集》俱佚。希闵纂此，据本集、《宋史》、李焘《通鉴长编》诸书。其生于天禧三年己未，则据王荆公所为巩之祖谏议墓志，而不得其月日。按《宋史》载，曾公亮对神宗言，曾巩行义不如政事，政事不如文章，以是不大用。希闵以为托克托等采谰语入史，特详其居家交友、当官治事之始末，以证史臣之失实。又《司马温公日录》，载巩父坐赃编管英州，因死焉，巩不奔丧，为乡论所贬，王介甫作《辨曾子》以解之云云。希闵考巩父为钱仙芝所诬，失官归，非坐赃，亦未编管英州。后如京师，至南京病卒。杜祁公为之经纪其丧，巩亦在侧，见王介甫所为墓志铭，介甫亦无《辨曾子》之文，是死英州及不奔丧之说，皆无稽。谱据志称，会朝廷变法，公推行法意施行之有次第云云。按所谓朝廷变法，即新法也，是巩并不反

对新法。然他日巩对神［宗］，言安石勇于有为，吝于改过，又于介甫倩于禁中坐讲，巩著《讲官议》以为讽。凡此皆巩不满介甫之实证，谱俱不之及，殆欲为介甫讳耶？又按，曾集编次颇凌杂，希闵钩稽年月，于每年下载入文目，并附前人评论，于读曾集者殊有俾益。他亦间有订正，如魏衍《彭城先生集记》，谓陈无已年十六谒巩于江汉之间，希闵考无已年十六，为熙宁元年，巩方官京师，无已无由谒见，因系此事于知襄州条下。如此之类，知其下笔不苟也。

1395 司马温公年谱五卷附录一卷明万历刊本

明马峦辑。以苏轼所撰《行状》为主，参以本传、《言行录》，兼采传家集、诗话、小说所引诸书，俱书出处条下，间附己见。惟考订疏略，不免讹误。如光服除授官，编在庆历五年乙酉，年二十七岁。考光诗自序，明云庆历庚申，光二十六岁，又生子康，编在庆历八年戊子，光年三十七；考范祖禹撰康墓志铭，康卒于元祐五年庚子，年四十一，逆推之，当生于元祐二年庚寅，光年三十二。光与王安石同为群牧判官，在至和元年甲午，见《宋史》安石本传及欧阳修《荐安石札子》，此乃系之庆历乙酉，与事隔十年之武成军判官，同编一岁中，尤为无理。然亦不无所得，如据叶佑元《光山祠记》定生年月日，据《东莱诗话》补韩琦《安阳集》所遗之三书，据《传家集·邀子骏尧夫西街赏花诗》考出真率□画像所遗之二人。如此之类，则固有不可没者。峦于光为乡后进。卷首有峦自序，及凡例、引用书目。书署“温公十世孙露校梓”，露亦作序。别有王远宜序。露序称光曾孙吏部侍郎伋从高宗南迁，胡元僭窃，后人无一仕者，至明而有大司成恂、侍御垔、助教鞾，科第相望云云，与开卷所举世系，后先考照，俱不可少云。

1396 司马文正公年谱一卷乾隆《传家集》附刊本

清陈宏谋辑。宏谋字汝咨，广西临桂人。雍正癸卯进士，官至大

学士，谥文恭。是谱首有自序，称“马峦所纂年谱与史传文集，颇多舛遗，因为参订改正，删其繁冗，补其缺略”云云。按马谱以子康生系于庆历八年戊子，宏谋亦沿其误。服除补官，移之庆历四年甲申，其除群牧司判官，虽石见苏轼《行状》，然《闻见录》载光与王介甫同为群牧司判官事，证以《言行录》载安石以至和中召试馆职，因辞，乃除群牧判官。《宋史·欧阳修传》称荐安石为谏官，以祖母年高辞，修以其须禄食，言于朝用为群牧判官。其《荐安石札子》亦云至和中，可知确在至和元年甲午。宏谋于马谱系于庆历乙酉者，虽以削之，乃谱中全没其迹，殆未深考也。他所增入，大率据《长编》及《传家集》于元祐改注诸事，仍嫌采集未备，按宏谋为是。谱虽在顾栋高后，但顾书尚未流布，其中虽不无暗合者，而终逊其详且核也。

1397 司马温公年谱八卷卷后一卷遗事一卷求恕斋刊本

清顾栋高辑。栋高有《春秋大事表》，已著录。栋高据正史及光所作诗文，为之考订年月，参稽事实，字字有本。如光妻清河郡君卒年六十，系元丰五年壬戌，因推之娶妻在二十岁；又光子康卒于元祐五年庚午，年四十一，见范祖禹所撰墓志，因推知生子在三十二岁；又如《祔庙议》、《配天议》、《宗室袭封议》，篇中不著年月，则据《宋史·礼志》定之。大抵以苏轼《行状》为蓝本，而补其缺略，正其讹舛。又以光平生于国家典礼政事，无不关予，于每条下附载当月施行何如，并同时朝士之意见、后代儒者之议论。又以年谱与文集分行，欲使读年谱者不须更阅文集，因是录奏疏书牍特多。其生年月日与营葬天章公及树碑之日月干支等事，则采之马峦旧谱。至于光卒后元祐之赠封赐谥、绍圣之削夺仆碑、靖康之追雪、建炎之配享等事，别载之于卷后，述温公者至是无遗憾矣。栋高于叙事之下，时参论断，如谓《祔庙》、《配天》二议，可法百代，虽为朱子所非，孙忭所阻，而可法百代。谓《罢陕西义勇议》，虽为韩琦不采，而验之十年，说多允洽。惟与王安石争新法一事，新法之是否当别论，惟安石不免操切，光诤诤于初行之时，未尝不是。至元丰末叶，则行之已

久，人多习而安之，乃必不顾利害，一切推翻，且于安石所用之人，无论贤否，概行斥逐，使之铤而走险。当时程颢即言，须并用熙丰之党，而光不之听，致有绍圣之报复，则光亦不得辞其咎也。栋高于此，仍是为光曲护，斯失其平矣。卷首有栋高自序及凡例，并参订书目、温公像赞等。序作于雍正癸卯，阅百余年，吴兴刘承幹得其稿而刊之。

1398 王荆公年谱考略二十八卷嘉庆甲子刊本

清蔡上翔撰。上翔，字元凤，江西金溪人。乾隆辛巳进士，官四川东乡县知县，以母丧归，不复出，卒年九十二。是谱成于八十八岁时，见自序，盖致力于此者数十年矣。按为荆公（辨公）辨诬者始于李穆堂，诸文具见集中。其《青苗社仓议》，谓朱子社仓法与青苗同，即荆公在鄞亦行之，其利与害则在人而不在法。持论极允。上翔继为是谱，多采穆堂说，而所辨尤详，最要者，辨吕诲所疏十事，不啻荆公之自具辨状也。此外，若邵康节洛阳天津桥闻杜鹃，苏老泉作《辨奸论》，苏子瞻称王安国以苦言至计规切其兄，坐与郑侠、王斿同贬，王元泽囚首跣足携妇人冠见程伯淳，荆公怀刺见周濂溪，濂不给，荆公与曾子固始合而终睽，右李仲昌开漯河议为刘敞所讥，凡此种种，一一证其非实。即邱琼山所言设宫观之官以处异议者，亦属疏于考古，而后人之谤荆公者，则缘于宋人尽采私书之故。然《宋史》于荆公之年，已误六十六为六十八，又遑论其他矣。惟上翔意有所激，征引不觉其过繁，议论亦不觉其过多。且谱以纪事，而论及诗文亦嫌非体，宜杨希闵有节要之作也。卷末有《五伦考》，以补谱所未及；有《实录考》，以著党祸所由兆。惟卷首二卷，除《略例》外，似宜归入附录为合也。

1399 王文公年谱节抄四卷附存二卷光绪戊寅刊本

清杨希闵节抄。首有希闵自序，称蔡元凤撰《荆公年谱》考证详

而确，议论通而不偏，可以知人论世。而微病繁多，为节其要，得四卷云云。然其中不尽节抄，条下间有考证，以补蔡氏所未及。第三卷后增入十余条，皆属于荆公身后加礼之事，出李焘《通鉴长篇纪事本末》，蔡氏未之见也。又补入荆公门人十余人。郑侠于荆公居忧金陵时，亦尝从学，其后乃力诋新法。附存二卷：一《年谱推论》，一《熙丰知遇录》。《年谱推论》又分三种：一《补录》，补所见集本及序文；一《外录》，与本书事实无涉，而可互文见意者；一《博证》，推类广求，明乎彼而达乎此者。《熙丰知遇录》亦据李寿［焘］《长编》，详君臣问答语，以证朱子《言行录》之多诬。自穆堂、元凤之后，又得希闵为之后劲，虽似私其乡人，要亦公理之不容泯者也。

1400 **宋孙莘老年谱一卷**道光乙巳刊本

清茅泮林纂。莘老，孙觉字也。觉，高邮人。宋仁宗皇祐元年，登冯京榜进士第，官终龙图阁学士。《宋史》有传，甚略。其著述传于今者，惟《春秋经解》十五卷，他皆散佚。是谱以史策所载为纲，别考群书以证之，采辑甚博，钩稽甚苦。按觉神宗朝以敢谏名，早年学于李公择，请益于欧阳永叔，受知于吕晦叔，与王介甫、苏子瞻、刘贡父、秦少游、张芝叟诸人游，黄山谷又其婿也。泮林俱能证其踪迹。谱所录如《乞依天禧诏书疏》、《近降指挥御史察官许言事疏》、《水旱灾变乞赐宰相罢黜疏》、《奏乞罢免蔡确韩缜疏》，又疏《奏劾韩缜疏》、《辞除给事中疏》、《奏劾韩缜章惇张璪疏》、《奏劾安焘疏》，又疏《请刊定元丰编敕律令疏》、《乞罢韩缜疏》、《请体量灾伤赈济疏》、《奏请旱灾宽减囚徒疏》、《奏请定将将兵分路出戍疏》、《乞留顾临在朝疏》、《乞奖用陈师道疏》、《乞令御史台弹奏四方使者不法疏》、《恩榜请黜冗官疏》，皆从李焘《续通鉴长编》（缉）［辑］得。节其大略，而别裁其全于《二孙奏议事略》中。（按“二孙”连孙升言，皆同郡人也。）行事之外，兼及诗文，如《王逢原杂诗》、《过掘港营寨诗》、《怀裴博士诗》、《初至汤泉诗》、《游龙洞诗》、《题阎虚乐亭诗》、《斗野亭诗》，又《俞汝尚墓表》、《春秋经解自序》、《张

氏十咏图序》，并他人题赠和答诸诗，咸具其中。其卒于元祐五年二月三日，则据陆游《老学庵笔记》，而生年之月日不可得。谱中并连及其弟览行事，览字传师，治平中举进士，官终待制，知永安军，览十年后卒。卷首有左晖春序，末有王敬之跋、泮林自识。别据《如皋县志》，补王惟熙墓志铭，据《左灵先生集》，补陈襄墓志铭，据《历代名臣奏议》，补请著本朝式一篇，付有司议，而觉著作之存于今者，大略无遗矣。

1401 考定苏文忠公年谱一卷康熙刊文集本

明郑鄤订。首有鄤序，称"锦衣卫狱，时宰方谋亟杀余，无片纸出入。从同舍雷生应元借观苏集，命长儿珏日诵数章，口授而诠次之。觉东坡须眉朗然，照人千载。后之览者，知东坡先生考定年谱，成于明后学郑鄤系锦衣卫之日"云云，署"崇祯丁丑二月二十八日"。按所云"考定"者，盖据《志林》、《别集》所载，补王宗稷者所未有而删王本之芜杂者。条下每作浅俗评语，此明人恶习也。

1402 山谷年谱三十卷明嘉靖刊本

宋黄罃编。罃字子耕，山谷诸孙也。咸淳进士，居官有惠政，尝学于朱子，迹具《宋史》本传。是谱就山谷诗文，详稽岁月，并及其地其人，读《山谷集》者不可少也。明万历陈以志并为十四卷，且欲改编之，所见殊谬。翁方纲重刊十四卷本，止辨正咸淳已未为庆元己未一条，殆未见是本耶？卷首有罃序，又有《豫章先生传》，新增《太常寺谥议》、《山谷祠记》、《山谷先生别传》，末有嘉靖丁亥查仲道书《山谷全书》。

1403 黄文节公年谱一卷附诗派图一卷光绪四年刊本

清杨希闵辑。首有希闵序，并录引用书目。以黄罃谱专为考证诗

集，嫌于繁琐，因别为是谱，详其行事。中多特见。如谓山谷倾倒东坡甚至，引山谷《跋荆公禅简》云：“吾尝熟观其风度，真视富贵如浮云，不溺于财利酒色，一世之伟人也。”又《次韵荆公题西太乙宫壁》云：“风急题乌未了，雨余战蚁方酣。真是真非安在，人间北看我南。”谓上二句喻旧政新政，议论纷纷，下二句言一关佐斗实无真是非。据此则山谷并不满于元祐之改革矣。又谓山谷生平极有道气，观其深契濂溪而知之。谱中全录《濂溪诗序》，以见臭味相同。惟序称黄罃作年谱二卷，盖误。原谱三十卷，即万历刊本亦十四卷，非二卷也。其元丰五年条下，引原谱论戒石铭事，原谱无之，不知为何人何时所妄增也。

1404 增订秦淮海年谱一卷 同治刊《淮海集》本

清秦镛原稿，秦瀛重编，秦清锡重订。按秦观字太虚，改字少游，学者称淮海先生。登元丰乙丑焦蹈榜进士第。除定海主簿，寻调蔡州教授。元祐庚午召至京师，应制科，除太学博士，校正秘书省书籍。辛未迁正字，寻罢，依旧校对黄本书籍。癸酉再除正字，迁国史院编修。绍圣甲戌，坐党籍，改馆阁校勘，出为杭州通判，道贬监处州酒税，徙郴州，又编管横州，寻徙雷州。元符庚寅放还，道藤州，醉卒于光化亭。谱于宦游先后、诗文岁月、友朋憎答，钩稽略得其概。按《宋史》及家谱，皆言观五十三卒，旧谱系之建中靖国元年，而不著月日。镛据《东坡集》，知为八月十二日，既系八月，则非建中靖国元年甚明。盖东坡即以改元七月二十八日卒于常州，使观后东坡十五日死，又安得悲伤道路涕泪笔札，且取其诗词墨迹而赞叹之、笺注之？又查慎行《苏诗年表》，于元丰元年条下，谓观及黄鲁直识公始此，不知先一年已候于彭城，各有赠诗，瀛亦据本集订正之。又钱大昕有订补旧谱若干条，清锡俱引注本文之下，而重编本间有沿旧谱之讹者，清锡复为订正若干条，洵可称善本矣。又按，观卒于元符三年，而谱延后二十年，至建炎四年止。盖是年高宗追赠直观龙图学士故也。是谱旧入家谱中，同治间，秦元庆取弁本集之首。

1405 米海岳年谱一卷嘉庆戊寅刊本

清翁方纲辑。海岳，米芾号也。诸家所记及芾题跋，取其有年月可考者著之于篇。盖生于皇祐三年辛卯岁辛丑月，卒于大观元年丁亥，年五十有七，时方知淮阳军也。《宋史》本传称卒年四十九，《宋诗纪事》称大观二年罢知淮阳军，皆误。又据《王子敬帖跋》云："崇宁元年五月十五日，易装手装，时以芾字行，适一纪。"此云"一纪"，以崇宁元年计之，是写名作芾在元祐六年辛［未］，以此定芾所书之前后，最可信。而岳倦翁犹有错互者，并附考其子友仁，卒年八十二，官终兵部侍郎、敷文阁待制提举神祐观奉朝请。又按方纲成是谱［成］于嘉庆戊寅，年八十六，以寄广东藩司赵慎畛，方纲即卒于是年正月，而书于是年四月刻成，不及见也。

1406 杨龟山年谱一卷康熙癸卯刊本

清毛念恃订。前有《引》，称"先生年谱已失其板，今先简授之梓"云云。盖念恃据旧籍而梓之，非其手辑也，惟未著编者名氏。又据张夏补编《龟山年谱》序称"尝阅旧本，详略颇觉失宜。其条下又屡黄《谱》、毛《谱》之异"。"毛《谱》"即指是本，"黄《谱》"又是一书也。《四库提要》称张谱于七十一岁书"宣和五年癸亥四月，有旨召赴都堂审察，以疾辞"，又七十二岁书"六年甲辰十月召为秘书郎，仍令上殿。十二月至京师，入对"，此二条下注高丽王问传墨卿，墨卿具以奉闻，及墨卿闻高丽使臣将至，再荐于朝云，夏但沿旧文耳。然是本是实难免详略失宜之讥，张《谱》删补之，是也。

1407 邹道乡年谱一卷文集附录本

清李兆洛订。按宋邹浩字志完，号道乡。元丰元年登黄裳榜进士第。哲宗朝，官右正言，以谏立刘后削官，羁营新州。徽宗立，召

还，复为右正言，迁左司谏，改起居舍人，进中书舍人，迁兵、吏二部侍郎。以宝文阁待制知江宁府，徙知越州。为蔡京所构，责衡州别驾，寻窜昭州，崇宁五年赦还。四年，复直龙图阁。卒于政和初，年五十二。事迹具《宋史》本传。旧有谢龟巢所编《思贤录》，即年谱也。经十九［世］孙忠允、二十一世孙俞仪一再校补。中如谱以元丰七年改除扬州州学教授，而旧谱误属之前二年。又如吕公著守扬州，命撰《乐录》，而本传误为范纯仁。元祐四年，改除颍昌府学教授，而《宋元通鉴》误入元丰六年。元丰四年十二月上皇帝书，而《宋元通鉴》误入元祐七年。崇宁元年官试尚书兵部侍郎至安置永州，《思贤录》误系之前一年。大观二年以八宝恩赦授宣义郎，寻叙宣德郎，蔡《志》系之前一年，且脱“宣德郎”一条，《思贤录》沿之。如此之类，俱为纠正。兆洛复采《长篇》及《名臣奏议》，增其所遗而删其可省者。又忠允别有《外纪》一卷，兆洛剌取其有资考证者著于篇，而不收《外纪》，谱至是乃备而核焉。

1408 罗豫章年谱一卷 康熙丙午刊本

清毛念恃辑。豫章谓罗从彦也。从彦学于杨龟山，龟山上接河南程氏之传，一传而为李延平，再传而为朱紫阳，而紫阳父韦斋亦从受业。言朱子学者所当溯其源也。旧有至正间沙县曹道振所为年谱。又全书中附录事实，互有详略，念恃为之增订，但仍不免简略。其享年六十四，系据其从弟革《题语［孟］解后》，而念恃疑其非止六十四。其卒也，李延平以为归葬本郡罗源黄济坑之源，而革《题语孟解后》则云“自广回，卒于汀州武平县”、而龟山《答胡康侯书》亦云“仲素死于道途”。又《行实》称晚以特科授惠州博罗县主簿，延平、沙阳二《志》同；石公辙《志》释莱事，则称“惠州博罗尉”；而《延平问答》则云“随人入广”，竟非爵命如潮之官。如此之类，皆未折衷一是，不无憾焉。卷首有《引》，谱前附录事实。

1409 李忠定公年谱一卷同治丙寅刊本

清杨希闵纂。忠定，宋李纲谥也。清林侗尝为纲撰年谱，今不传。是书首有吴大廷序，又有希闵同治丙寅自序，称“就本集、正史及各家传说辑为此编，但本纪与列传不合，行状与纲所自撰书又不合，推之各家传说皆然，今（与）［以］本集及纲自撰书为主，次正史，次《续通鉴》及各家传说，慎择其可据依者、其有关治乱之大者，作正书，资考镜者，节要作附注，有校正者，别为按语”云云。又有希闵光绪丁丑再识序，称“得见新刊《梁溪全集》，所附年谱缺略，反不如是谱”云云。按叙纲大事，一在宣和末建康初，策划汴京守御时；一在建炎初高宗召用时。纲所撰《靖康传信录》、《建炎政记》、《建炎进退志》，虽足征实，而首尾不甚完具，希闵贯穿剪裁，不支不漏。按纲所荐张所、傅亮，后人多訾之，甚且摭其措置，以为纲罪，希闵具详二人本末，更为亮释夺门出降之枉，揭所有识拔岳飞之功，则纲不为苟荐，而二人亦不负纲荐。所纠正者，如本传称，上手书《裴度传》以赐，据邵二云说，删“手书”二字；又行状称纲曾提举亳州明道宫，据《建炎进退志》，断为刘珏之误。至议论之失平，如吕本中谓纲以围城中事，中伤有怨者，则引《系年要录》以斥之；刘棐劾纲械系场务官，则录纲与政府书以明之；又以当时诬纲者甚众，惟张浚稍负时望，则辨之以例其余。末载陈庚焕《宋齐愈狱事辨》，称张南轩述其父言“纲以修怨杀宋齐愈”，朱子则谓如齐愈岂小小刑杖可断，是不惑于南轩之说，《宋史》无识，乃采其说于纲传，此论殊佳。世谓朱子因南轩故，于张浚有偏袒，并可雪其诬矣。

1410 宋胡少师年谱二卷光绪壬午刊本

清胡培翚辑，胡培系补辑。少师名舜陟，字汝明，号三山老人。宋大观三年进士，历官广西经略。与运副吕源有隙，源构于秦桧，下狱死。事迹具《宋史》本传。培翚参以家谱及《新安文献志》，及舜

陟遗集等书，为年谱一卷。其族弟培系复据《靖康要录》、《建炎以来系年要录》诸书为之订补，体例依前。培翚所辑仍于条下注明原谱，原谱各有考证，而培系于原谱亦间有分并移易，且析作二卷。又培翚原题《三山公年谱》，培系改题今名。按舜陟在靖康末，如论宇文虚中、蔡攸罪状，请诛赵良嗣，请救中山，乞命康王为元帅，诋郭京不可用，责张邦昌退位反正；建炎间劾刘正彦，论岳飞冤，皆关国家大计、臣子正义。而本传有"言者论其尝事伪廷"语，"伪廷"谓张邦昌也。培系据邓肃《栟榈文集》，肃奏劾叛臣之事伪楚者，高宗谓肃在围城之中，固知姓名，令其具奏。当时诸执政、侍从、台谏称臣于伪楚及拜于庭下者，无不被弹劾，独不及舜陟。且其时舜陟方以正言被鞭，疮痏未平，何遽能供职伪廷？其诬不待辨也。又《宋史·高登传》，载舜陟为秦桧父建祠，且以高登不从，诬以专杀之罪云云。培系据《宋史·秦桧传》，舜陟因语忤桧，以非笑朝政下狱死。又《宋史·刑法志》，秦桧欲诛岳飞，命万俟卨锻炼成之，飞赐死，舜陟为广西帅，与转运使吕源有隙，源奏舜陟（赃）［藏］污僭拟，又以书抵桧，言舜陟讪笑朝政，桧素恶舜陟，遣大理官往治之，舜陟不服，死于狱。本传略同《刑法志》，舜陟果有为桧父建祠之事，何至为桧所恶？且《宋史》即自相矛盾，何足置信？由此推之，则本传所称论宰相李纲之罪者，亦未必有其事也。卷首有俞樾序，末有胡廷桢跋，廷桢即刊是谱者。培翚字竹邨，嘉庆进士，官户部主事。培系字子继，诸生，皆绩溪人，与廷桢皆舜陟族裔孙。

1411 洪忠宣公年谱一卷宣统刊本

清洪汝奎纂。忠宣，宋洪皓谥也。皓以建炎三年使金，被留十五年，乃得归。又为秦桧所扼，谪英州，居九年，始复左朝奉郎，主台州崇道观。居袁州道南雄卒。旧有年谱，彭泽洪庥、浮梁洪声闻编刊于嘉庆戊辰，汝奎以为疏略，且多讹舛，因援《宋史》纪传、其子适所为《先君述》并及《盘州集》、《隶释》、《隶续》、《容斋随笔》诸书，自建炎三年以后、绍兴十三年以前，多采用《金史》纪传，而每

年下别注明金庙号、年号、年数，其记忠宣事实檃括简约，作正文大书，而引证诸书以为之注。所引之书有未晰者则为注中之注，可旁参者不杂注中，别为附考，其深得事增文省之意，可为作谱者取法。用原谱者，特标出之，然无多条也。卷首有汝奎自撰《缘起》，即凡例也。

1412 李延平年谱一卷康熙丙午刊本

清毛念恃辑。首有《引》，延平谓李侗也。按侗年谱出于朱子，志铭出于汪应辰，《宋史》本传因之，朱子又为作《答问》，具著岁月，念恃据成是谱。其涉于朱子者，如六十一岁，朱子来受（受）业；六十六岁、六十八岁，朱子皆来见于延平；七十岁，朱子迎谒于建安，与俱归延平。其答朱子诸书，皆有年月日可考，但他行事殊寥寥耳。谱前并录《宋史》本传。

1413 岳王年谱一卷岳王遗事一卷［道光刊《逊敏斋丛书》本］

清黄邦宁撰。邦宁字远亭，陕西同安人，官河南彰德府知府。是书年谱本之岳珂《岳鄂王行实编年录》，参以《宋史》本传，遗事亦本之《行实编年录》，而参以黄元振《百氏昭心录》、《家传》，刘光祖《襄阳石刻》事迹，大抵可纪年者，归之《年谱》，不可纪年者入之《遗事》。《年谱》事繁而能简，《遗事》兼笔细大而得要，自非苟作。书无序例，道光间为黄秩模刊于《逊敏斋丛书》中。

1414 洪文安公年谱一卷宣统刊本

清洪汝奎纂。文安，宋洪汝遵谥，洪皓次子也。绍兴十二年，举博学宏词第一，终资政殿学士。按遵与其兄适同取博学宏词，高宗见所呈制词曰："父在远，能自立，此忠义报也。"即除秘书省正字。中兴以来，词科中选即入馆，自遵始。遵与兄适、弟迈，世称"三洪"，

其文学、仕绩亦略相同。惟遵年止五十五，且所著《小隐集》七十五卷早经失佚，亦不如《盘洲集》、《容斋随笔》等之流播人间，惟其立朝颇多建白。汝奎从陈确《名臣奏议》得三十余篇，或约其文，或存其目，合之他所采获，粗得厓略。例与所为《忠宣年谱》同。注曰“失详”，盖昭慎也。

1415 洪文惠公年谱一卷宣统刊本

清洪汝奎增订。是书系就钱竹汀辑本为之补遗正误。其要者如：绍兴四年，沈夫人来归。十九年，为忠宣公作《禳谢青词》、《哭叔父常平公》。二十二年，就方滋广南僚属。乾道二年，驳蒋芾以武举杂卒伍非便。皆补钱氏所阙。此外，补文目、诗目不少。又如《忠宣行述》称，绍兴二年下秀州存问家属，赐银绢二百，适未冠得监南岳庙，本一时之事，而钱谱以泥“未冠”二字，将监庙系之绍兴五年；又钱谱以作《蛰寮记》系于绍兴辛酉，而《记》末明署“绍兴庚申”，皆订钱氏之误。盖钱氏未见《盘洲集》，故汝奎即据是集为之增订。他所援证，殊无多也。

1416 洪文敏公年谱一卷宣统刊本

清洪汝奎补订。是书亦就钱竹汀辑本为之补遗正误，卷帙几两倍钱本。钱本之最谬者，绍兴二十四年甲戌条下，记是岁编诗为《野处类稿》二卷，自序云“甲戌之春，家居卧病”云云。按钱氏《十驾斋养新录》言吴门徐淡如抄洪文敏《野处类稿》二卷见赠，细读此集，似不出文敏之手，如《庚戌正月谒普照塔》云“重来得寓目，归枕尾残汴”，公生于宣和癸卯，至庚戌仅八岁，即早慧能诗，不应有“重来寓目”之句，又有《呈元声如愚起莘三兄》及《怀舍弟逢年时归婺源》诗，与文敏两兄字全别，盖可疑云云，是则《野处类稿》之为赝本非不知之，何以记之于谱又无一语辨证？汝奎考为朱韦斋集中诗，且文敏所著有《赘稿》、《猥稿》而无《类稿》，是也。又

绍兴三十二年壬午记正月金遣使议和，公以左司员外郎充接伴使，三月除起居舍人，假翰林学士，充贺金登位国信使。按《宋史·高宗纪》，绍兴三十一年十二月乙未弑其主亮于扬州龟山寺，戊戌金都督府遣人持檄诣镇江军中议和，三十二年正月己丑，金遣其臣高忠建等来告嗣位。汝奎据此以迈为接伴使，乃来告嗣位之时，非议和，亦是。此外据容斋诸笔所补，当由钱氏意主简约，弃而不收，非遗之也，然亦足备参证。若绍兴乙亥《重修广州都盐仓记》、绍兴辛巳二月四日《馆阁诸公送胡正字诗序》，采之《事文类聚》者，此当为《野处赘稿》、《猥稿》中所有矣。

1417 陆放翁年谱一卷《瓯北诗话》本

清赵翼撰。翼字云菘，江苏阳湖人，乾隆辛巳赐进士第三人，官至贵西道。放翁集向无年谱，其诗自入蜀以后四十卷，系出手定，四十一卷至八十五卷，则其子虡于放翁在日随年记录，故岁序略可考见；而集中碑记之类，多书年月官位，亦可藉以稽其时位。翼是谱即据此为主，而参以《家世旧闻》、《老学庵笔记》等书，并节时事之重要者，系于每年之下，以相印证。大致尚简净，惟传卒于嘉定二年己巳，云年八十五，系沿《宋史》之误。按放翁实卒于嘉定三年庚午，年八十六，见陈振孙《直斋书录解题》。又记其父宰，云官位不可考，宰之卒，但于绍兴十七年条下云："是年父尚在，而入仕后，未见有丁父艰之事，盖卒于此数年中"云云。按《系年要录》载绍兴十八年六月丙午，知临安府直秘阁陆宰卒，是为宰最终之官及卒年皆可考也。又庆元三年条下注，据《说郛》初娶某氏云云。按放翁初娶娣系唐氏，与其母为姑侄，其姓名亦可考也。又兴隆二年条下，据本传通判建康、寻□、隆兴府云云。按放翁无通判建康事，《宋史》误载。其官隆兴在乾道元年，非隆兴二年，翼殆失考，凡此之类。又嘉定二年春被劾落宝谟阁待制，有"乞身七年罪未除，君恩南许宽严谴"之句，俱载诗集中，翼当见之，而谱未之及，此岂可删者耶？是谱首有《小引》，即附于所撰《放翁诗话》之后，无单行本也。

1418 陆放翁先生年谱一卷嘉庆八年刊本

清钱大昕撰。是谱较赵翼所撰事实较详，考证亦多确。如父宰卒于绍兴十八年六月丙午，以在从事郎考敕令所删定官，在绍兴三十年五月，除大理司直在绍兴三十一年七月，皆据《系年要录》。又如，初娶妻唐氏，不获于舅姑，被出，放翁不能忘情，于绍兴二十五年春出游，相遇于禹迹寺南之沈氏园，为赋《钗头凤》词。绍兴三年，偶过禹迹寺南沈氏园，又作诗有“林亭感旧空回首，泉路凭谁说断肠”之句。开禧元年十二月二日，夜梦游沈氏园，有“玉骨久成泉下土，墨痕犹锁壁间尘”之句。其长子子虚生于绍兴十八年，仲子子龙生于绍兴二十年，赵谱俱未载，大昕独详之。尤要者，《直斋书录解题》谓其嘉定庚午八十六而终，与《宋史》异。大昕据集中题《药囊诗》，有“残暑才属尔，新春又及蕤”之句；又末题诗云：“嘉定三年正月后，不知几度醉春风。”则正月间尚亡恙，《宋史》盖误也。大昕所引《系年要录》、《中兴百官题名》，皆赵氏所未见。然搜采亦不为备，即《家世旧闻》十卷足本且未之见，他可知矣。

1419 重镌朱子年谱三卷康熙癸卯刊本

题何可化、蓝润、王同春、蔺一元、林云铭、李脱凡重编。其署衔，自巡按江宁御史至婺源知县，曰“重编”者，实重镌耳，近世所称“徽本”指此。首有康熙癸卯聂炜序，次录魏了翁《年谱》旧序、戴铣《实纪》旧序、朱家栋《年谱》旧序，末有十五世孙烈跋。卷一至二年谱，卷三行状。按谱朱子者，始李方子，原作三卷，实书已佚。戴铣《朱子实纪》中，年谱亦占三卷，而行状别为一卷。是谱但称重镌，而不言所镌何本。虽录戴铣一序，而分卷即不依之。取戴谱相校，所系事亦多不同。而所录朱家栋序，称“十三世孙诸生崇沐即闽本梓之”云云，然则所重镌者乃崇沐本，亦即闽本也。王懋竑以闽本为疏略，然未见是本也。

1420 朱紫阳先生年谱一卷康熙丙午刊本

清毛念恃录。首有《引》，称“间较旧本，增删一二”。而疏略殊甚，如乙未四十六岁条下，记梭山陆公子寿、鲁山陆公子静来会于鹅湖寺。按子寿号复斋，不号梭山，当因象山辨《太极书》，屡言梭山而误。又壬子六十三岁条下，记永嘉陈同甫来访。考两家文集，同甫以壬寅来见朱子于婺州，别无壬子相见之事。此皆旧谱舛谬之显然者，念恃俱沿之而未改，所云增损者，不过文句间而已。

1421 朱子年谱不分卷康熙庚子刊本

清黄中辑。中字平子，安徽舒城人。是书有中自序，题康熙庚子，又有重刻自记，不题年月，盖刻成后，又有所增删也。谱前有《像赞》、《世系图》、《题名录》、《年谱别录》，谱后附录《道学始祸》，沈继祖《奏伪学疏》、《伪学籍》、《元祐党籍碑》，韩侂胄《权奸纳贿迹》，吕祖泰上书，历代褒典，盖兼为程谱言之，中所异于他谱者在此。至于编年系事，大率本之洪去芜本，而不尽依之。惟沿误而未为是正者不少，具见王懋竑《朱子年谱考异》。然懋竑并未见是谱，所校者洪谱，而中与之同借为他山之攻可也。

1422 朱子年谱一卷乾隆五年刊本

清王意存录。意存无可考。是谱附刊舒敬亭所编《朱文公经世言行录》中，敬亭题云“此中州王意存所录，托以授梓者，不敢妄为增减”云云。按是书大抵循袭旧谱，别无特见。按诸谱于二十四岁受学李延平条下，多称“先生学无常师，出入于经传，泛滥于释老者几十年。年二十四，见延平，洞明道要，顿悟异学之非，尽能掊击其失。由是专精致诚，剖微穷深，昼夜不懈，至忘寝食，而道统之传始有所归”云云。此是李方子原谱之文，而李默本无之，盖默奉阳明之学，

不欲以“道统”二字归之朱子，故删之也。今是本亦无此文，是又参用李默本之一证也。

1423 朱子年谱纲目十四卷嘉庆七年刊本

清李元禄编。元禄，字涵万，湖南（兴）［新］宁人。是书首有元禄自序及罗典、何学林序。卷一至十为年谱纲目，卷十一行状，卷十二门人，又补遗一卷。大旨以为读朱子书欲按其年岁次其先后，以考其终身议论、行事之本末。彼载诸年谱及本传者，亦略而又能得其详。及覆他书，又以卷帙繁多，散见错出。因本之《言行录》，更取之《文集》、《语类》诸书，约举为学之道、用世之方，仿编年纪载体，提其大纲，详其节目，系于各年之下，以便按年检阅，得以知其始终，出处之大略。其或年岁无考、或年岁不同，而与事相例者，以因例以见云云。其例则分见各卷之首或各条之下。与他谱异者，除生卒及奏事、除官、罢官外，皆不书时月。虽不废记事，而究致详于言。是书初刊于阁订，后复考订，重刊于郴州。刊成后，续有刊订，成补遗一卷，标明补入某条之后，或与某条相易，殆与朱泽《续圣学考》相近，为年谱之别体也。

1424 朱子年谱一卷光绪六年刊本

清郑士范纂。谱后有士范自记，题“同治戊辰”。卷首及末，又是有贺瑞麟、（冠）［寇］守信序跋，题“光绪庚辰”。盖成于同治戊辰，而刊于光绪庚辰也。自记称参徽、建二谱，于提纲稍有所删而不敢增，其目则仍全录本文而增文集、语录中之年月确然宜入者，以补其阙而订其讹云云。按士范未见王懋竑《朱子年谱》，故经懋竑考订者，士范多不及采。尤谬者，朱子师事李延平，旧谱系之二十四岁，士范乃系之二十九岁。按朱子三十四岁而延平卒，其祭延平文云“从游十年，诱掖谆至”，则士范之失，与懋竑断三十一岁为受学之始者正同。而贺瑞麟序竟硬定士范记中“徽本”即王懋竑本。按懋竑，宝

应人，与徽无涉。所云“徽本”，或即朱烈之重镌本。惟其未见懋竑本，故系［年］多与之异，瑞麟乃疑其有意去之而不为提纲，岂非痴人说梦语乎？

1425 陆文安公年谱二卷 光绪四年刊本

清杨希闵辑。文安者，陆九渊象山，宋嘉□十年所赐谥也。首有希闵自序，称就陆集旧谱为之增删，大抵以本集为主，而考用群籍。按临川李绂尝增订《象山年谱》，希闵未得见之，今取相校，大段多同。然如首条“绍兴九年己未二月乙亥生”，李谱“乙亥”下多“辰时”二字。又辛酉三岁，“母夫人饶氏卒”，下多“葬乡之杨美岭”六字。又壬午二十四岁，“丁父忧”下，多“葬饶州安仁崇德乡之毛源”十一字。又辛卯三十三岁，“八月子挎生”，“八月”下，多“十七日”三字。又甲辰四十六岁，李谱有“在敕局春祀祚德庙为分献官”一条，此无之；而前一年，此有“九月享明堂为分献官”一条，亦为李谱所无。又壬子五十四岁，李谱有“二月九日之夜郡火灾”一条、“阅武”一条，此俱无之。他所录文字则互有详略。又象山诸兄弟事略，李谱录于谱前，此则附于谱末。至于陆氏之学，希闵亦识及之，谓陆氏家学，一准儒先，并非禅学。杨龟山、谢上蔡解经，直有糅儒释为一者，人都议陆不议杨、蔡，一为洛学，一孤主无附云云。论固甚允，然亦作谱者义所应然也。

1426 魏文靖公年谱一卷 江阴缪氏刊本

清缪荃孙纂。按宋魏了翁，字华父，邛州蒲江人。父孝璹，本姓高氏。后于魏登宁宗五年曾从龙榜进士第三，终于资政殿学士，知福州兼福建安抚使，卒年六十，谥文靖。是谱即就《鹤山大全集》，采掇钩稽，于了翁历史始末，从游名氏，略具梗概，亦间有纠正史传之误者。至于治学从政之大要，及遗闻轶事之见于他书者，俱未及详也。谱后有荃孙自识，盖四川总督吴棠拟刊《鹤山大全集》。因属荃

孙为此，以弁卷首云。

1427 湛然居士年谱一卷活字印本

张相文纂。湛然居士，元耶律楚材自号也。楚材为辽东丹王突欲之孙，金大安元年应制策，渐至燕京行省左司员外郎。既成吉思汗召见于行在，后从驾西征，居撒马儿罕甚久。迨窝阔台嗣位，骤极用，所建议多见施行，其重修皇庙、谏止屠民，尤有功于□□。卒于蒙古乃马真后三年，即宋淳祐四年甲辰也。谱分四格，首世纪、次时事、次履历、次杂考，后附世系。谱中杂考诸条并世系后附辨诸条，多所订正，为极完心之作。所据书以《湛然居士集》、《双溪醉隐集》为主，且近及屠寄《蒙兀史记》，远及泰西史，洵佳构也。

1428 元遗山年谱一卷附录一卷嘉庆五年刊本

清翁方纲编。无序列。据凌廷堪《遗山年谱》自序，称癸卯在京师，曾以草创质翁覃溪师，师甚喜曰“昔者拟为此，今得子书，余可以不作”云云。然其后书竟先廷堪而成。（按《谱》乙丑十六岁条下，注有凌廷堪按语一条，而凌谱无之，盖廷堪早年注谱，方纲因未见凌谱也。）盖谱遗山者之第一人矣。首载金章宗明昌元年庚戌生，而缺月日。其后凌、施、李谱俱因之。按遗山生日虽不可考，但据郝经《寿遗山诗》云“秋风飒飒吹庭梧，长庚吐焰横太虚。遗山先生曳长裾，醉鞭黄鹄来天隅”，其诗当在七八月间，似宜引证及之。其书大抵据本集及郝经墓碣，而参以他书。惟考核多疏，未能订误拾遗。如乙酉三十六岁条下，引《木庵诗序》：“乙酉冬十月将归太原，侍者出《木庵集》，求予为序。”按是时太原已属蒙古，何由得归？又按，是序上段有云“近年七夕诗，予为之击节，惜杨、赵不及见”云云，若在是年，则杨、赵固未死，不应有此语，盖乙酉乃丁酉之讹也。又戊子三十九岁条下，引《涌金亭诗·石刻后题》云：“己酉清明日崧阳王赞立石，谓涌金亭示同游诸君子七言古诗，即在正大戊子冬罢内乡时，其云已

西者，后来所补。”按此盖误以半山亭为涌金亭，半山亭在河南内乡，涌金亭在河北苏门，地理悬殊，行迹何能相及？又壬辰四十二岁条下，引《寿阳县学碑阴记》：“壬辰之冬，溥游燕赵齐鲁间，迹益穷，文益奇，名益大振，每一篇京师为之纸贵”云云。按是时，河北、山东皆非金有，遗山得游之，且一冬亦何能遍游诸地？“壬辰”二字属舛误无疑。又戊戌四十九岁条下，《千户赵侯碑》云：“余往客平阳者六年。”按此“平阳”乃“阳平”之误。遗山踪迹，从未至平阳，若果至平阳六年，不应诗文无一字，且阳平六年，屡见于诗，盖自癸巳出都至此恰六年，可证也。乙巳五十岁条下，引《紫微观记》“乙巳九月落成，请予记其事”，又云“侯名天锡，字受之，此天锡为其太夫人建也”。按《元史·赵天锡传》，戊戌征宋，驻兵蕲、黄间，被病还，卒于冠氏，年五十六。又集中《赵千户碑铭》“戊戌南征，驻兵蕲、黄间，被病还，以庚子夏五月二十有四日卒，春秋五十”，与《元史》合，惟寿不合，必有一误。而庚子至乙巳，事隔六年，天锡何得再生？则乙巳当属乙未之讹也。又是谱兼记他人卒日，如赵秉文、王庭筠、党怀英、庄九畴、杨云翼之类，后之作谱者多祖之，其人往往毫不相涉，甚无谓也，即如谱中于崇庆壬申，记麻征君九畴卒。按《金史·隐逸传》，麻九畴字知几，易州人。隔十一年无癸未，而遗山至郾城见麻知几，前后两引之，何不检至此？若认知几为麻革，则正大丁未，始聚于内乡，又不应书其卒于三十余年前也。但亦不无所得，如据足本《归潜志》，记崔立碑事始末，以证作碑系刘祁非遗山。又考郝经诗中“林希”二字，谓指宋林希，因希有“坏了名节”一语，以证郭元釪《金诗纪事》之误解，俱是。卷后原有附录七条，后又增墓图、墓碣、世系略、重修墓记及跋、诗、词等，为一卷。无刊书年月，据凌谱称嘉庆元年十一月覃溪师自都门寄示新刻云云，知其即刊于是年也。

1429 元遗山年谱二卷嘉庆刊本

清凌廷堪辑。首有廷堪自序，称遗山出处本末，天兴甲午以前，

虽具《金史》本传，而自乙未至丁巳，行踪靡定，本传及墓铭，皆未知详。因杂采金元史、《中州集》、《归潜志》、《元文类》，（泊）［洎］金元人文集撰著等，钩稽校勘，厘为二卷云云。书成后，复见翁方纲辑本，复取稿中所未备者，补录于书眉。按廷堪所辑，视翁本较详核。辨为崔立撰碑事，亦据《归潜志》而直以理断之，谓《归潜志》乃京叔自著之书，载撰文始末甚详，而语皆游移无定。其曰，以是知扬子云剧秦美新出于不得已，是以扬雄自解其撰文之惭也；其曰，欲以死拒，则吾二亲何以自居，是以二亲自释其撰文之罪也；其曰，知不能辞，即略为草定，则已自承不讳矣；其曰，赍告身二通付余辈，则已受赏不辞矣；其曰，并无褒称崔立之言，夫谀词非出已出，何烦代为末减，况《陵川集》有极口吠尧之语为明征乎。良由当时迫于威势，事后物论不容，聊以此分已之谤耳。又按《金史》言好问意未惬，乃自为之，亦是惑于京叔之说，廷堪又驳之，谓当时立碑撰文，不过畏崔立之祸，非必取文辞之工，既有京叔属草，已足塞立之请，何取更为之云云。论极痛快。谱中兼详作诗之年，每以时事证诗语，如俳体《雪香亭杂咏》十五首，杨升庵以为咏宋徽宗时事，郭元釪又以为金亡后重过汴宫而作，廷堪早断为作于癸未北渡之时，与《癸巳四月二十九日出京》诗，皆句为之解，视施国祁笺注为详。其《续小娘歌》云："黄河千里扼兵冲，虞虢分明在眼中。为向淮西诸将道，不须夸说蔡州功。"谓讥宋人渝盟，自失辅车唇齿之计，与施笺不谋而合。然亦有甚误者，谓《元史》所称"元裕"，偶脱"之"字，即遗山，因而有北觐请世祖为儒教太宗师之说。此与遗山大节有关。按《元史·张德辉传》，北觐与元裕请世祖为儒教大宗师下又云，德辉与元裕、李冶游隐封龙山，号龙山三老。考遗山无隐封龙山之事，元裕自另有其人。又按张穆证以《四元玉录》莫□序称"绛人元裕有细草"，而传碣记遗山著作无此目，尤可信也。惟此误不始于廷堪，元葛逻禄诗："维时儒教师，矫矫真天龙。乾坤如开廓，鱼水欣相从。"自注："世祖尝因金儒元好问之请，为儒教大宗师。"谱引之，而未考其致误之由也。又按同治间，张穆刊《遗山全集》，附收是谱，并补入数条，中有一条引《续夷坚志》，误曾大雨为人名，赵

培因驳正之，见光绪重刊全集中。

1430 元遗山年谱一卷 道光壬午刊本

清施国祁辑。国祁有《金史详校》，已著录。是谱横列四栏，配以纪年、时事、行事、文目四项，视他本较清晰豁目。其行事栏内，除据传碣外，于诗文词凡涉年月之语，悉割取以实之，既藉以考年，而月日亦往往具焉，其涉于考证者，则见国祁所为《金史》本传（本传）及《大德碣铭笺语》中。其笺或据碣以正传之误，如传不言除镇平令而碣有之；或据传以正碣之误，如碣称大兴初入翰林知制诰而传无之；又或据本集以补传碣之漏，如集昭禅师引云“正大初，予在史馆”，又吏部巡警二纪，题末并云“正大二年乙酉五月，儒林郎权国史院编修官”，《上贾左丞诗》注“时官编修”，又有《帝城》、《史院夜直》、《出京》、《史院告归》等诗，是遗山曾官国史院编修，而传与碣俱略之。有谱略而笺详之者，如“癸亥本生父东严君卒”条，“辛巳登第同年”诸条，“戊子太夫人”卒条，皆是。又有谱未及笺著之者，如再配毛氏，在天兴元年是。又有碣与碣不合，而两通之者，如集承奉铭云“祖春不仕”，而碣则称“曾大父春，隰州团练”，笺谓“团练，宋官。春生请□天辅间为此官，隰州入金，或挂冠去，承奉铭遂其终志，故讳言之”。碣书原官而去“宋”字，因以致异。按此说他谱尚未有发之者。谱中案断止二条：一条，据《归潜记》，遗山寉立撰碑事及卷末见元世祖于潜邸事，俱欲曲为遗山开而不知二事本是□□也；若他一条，谓万户张柔于遗山为僚婿，当遗山拘管聊城日，其家盖必为张柔所扶获而出柔之取亡金实录，盖阴受遗山之指。按后说虽出臆断，而弥近理。是谱附《遗山诗集》带注，刊于道光二年，其时翁、凌二谱行世已久，国祁言于凌谱仅见其目，至翁谱并未知之。宜乎于辨立碑诸论议未一采掇及之也。

1431 广元遗山年谱二卷同治丙寅刊本

清李光廷编。光廷有《汉书西域图考》，已著录。是书首有陈澧序，及光廷自序。按光廷熟于地理，是书考元兵代金所至之地，及遗山奔走流寓之地，至悉。又因地而考其时，凡遗山诗千三百六十一首，考得其时与地者，千二百七十九首，其不可知者仅八十二首，又因类而附之，而全诗皆有着落矣。谱以年系事，并系所作之诗，其中有总录，有附录，有总附，有辨正，有存疑，有附编。辨正诸条，考核俱当，存疑诸条，亦可备参。订翁谱之误者，于戊子三十九岁条下，谓翁谱误以半山亭为涌金亭；又于丁未五十八岁条下，据《寰宇访碑录》云，《涌金亭诗》，元好问撰，正书，定宋后称制元年三月立于辉县，考定宗后称制在下年戊申，其诗之作必在此一二年间。去年丙午，亦有彰德之行，而逆溯七年，为庚子三月，则遗山方在家，无至黄华之事，而由是年溯辛丑，则春由东平回忻，取道了然。又考《重修真定学记》，王（指世祖）以丁未之五月，召真定总府参佐张德辉北上，与《题归隐图》诗注正符，诗自当作此时。按此二条，同证一事，援证最确当。他所纠尚多，则皆误之显然者。订注笺之误者，玉溪诗张颐斋注端氏二字，据《金史·地理志》，端氏隶泽州，诗自当编入潞州，然首二句云“邂逅诗翁得胜游，烟霞直欲尽崧邱”，则明是崧山时诗，诗翁谓之德新。又在叶县诗“东南地上游，荆楚兵四冲”，据《纲目》：“去年金遣乌库哩等南侵，本年宋李全却金兵于淮，孟宗政破金兵于枣阳，兵未息也。”下句“游子十月来”，是此时事，施笺以三乡光武庙当之，不合。订本集之误者，《木庵诗序》：“乙酉冬十日予将还太原。”谓是时太原属蒙古，“乙酉”当为“丁酉”。又《兴福寺禅院记》，称正大庚辰，谓“辰”是“寅”字之讹，正大无庚辰。又《曹征君墓表》“又五年”句，谓“五”字是“三”字之讹。自癸卯又三年，正是丙午。订郝碣之误者，据为第四女配婿祭家庙文，称得世官之子兴祖为婿而碣讹作霍维祖。又碣称天兴初，入翰林知制诰，史及本集，无考。又据《元史》经传，中统元年使

宋，居宋十五年，以至元十二年夏还阙，秋卒。墓碑作于使宋之前，其时振揔尚幼，不应所历之官已至此，且碑立于大德四年，距遗山殁又四十三年，不应诸子官衔依旧不进一阶，疑诸子仕履后来窜入，说亦有理。据陈序，盖为广翁谱而作，而凌谱实踵翁谱而出，光垣未见之，故未及之也。

1432 许鲁斋年谱一卷光绪庚辰刊本

清郑士范辑。是书止就族谱、传记，考得鲁斋生于金大安元年己巳九月丙寅，余都就《鲁斋集》附录一册，为之叙次前后，而引《元史》、《考岁略》、《神道碑》、《薛文清读书录》、《国学事迹》诸书，注于句下，然连篇一气，体似别传，非年谱也。末论鲁斋非宋遗民，又未仕金，不责其臣蒙古。按此说非也，鲁斋早应忽必烈伴读之选，其时见义尚未甚明，既知其非，而势不可以不出，是以召则往，往则陈其道，不可则止，未尝为期月留，身殁之日，命无以官爵题墓，曰吾生平为名所累，竟不能辞官，不然，蒙古之政，狄道也，鲁斋亦知不能行，而顾可滥食其禄也？张杨园谓，吾于鲁斋，敬其人而未尝不悲其遇。斯言允也。同时刘静修以老氏相讥，谓其特主于万物之表而不受其责，自以孔孟之时义、程朱之名理自居，而人莫之夺，当即指其罢中书执政，就国子而言。至邱琼山则谓无能改于其俗，必不能行己之志，若以万世之道概焉，恐不能以无过斯亦至正之论，使鲁斋受之而不能敢辨者。卷首有贺瑞麟序。

1433 王深宁年谱一卷［嘉庆八年嘉兴郡斋刊本］

清钱大昕撰。王应麟为南宋大儒，《宋史·儒林》有传，晚号深宁叟，见其子昌世所为《圹记》。是谱意主简核，采摭未博，中多舛错。绍定三年庚寅八岁下，系弟应凤生，与先生同日。据《宏简录·道学》本传，又扔同日双生二子，曰应麟、应凤，按即俗称孪生也，言同日生者，不问而决为同岁，若不同岁而同日，乃偶然之事，曷为

而特著之不言所据？案《宝祐登科录》应凤名下，称年二十七，七月二十九日寅时，大昕当本于此，不知应举全岁多有减少，几成习例，殊不足据。又据《四明文献集》，有应麟撰《浚仪遗民自志文》云："先民擢第之岁，与弟太常博士应凤生同日，嘉定癸未七月也。"是同岁同日之的证，大昕想未见此文，盖大昕之移后八岁，未言所据。应凤与文天祥同榜进士，《宝祐登科录》应凤名下称年二十七，七月二十九日寅时，据此以推□生于绍定三年庚寅，然应举者多减少其岁，此风至晚近犹然，不知始于何时，率不足援以为据，况别有灼然可据者乎？又宝祐癸丑三十一岁下系"丁吏部公忧"，注云"年月无可考"。按《圹记》云"淳祐十二年，差浙西提举常平茶盐司主管账目，是岁丁吏部公忧，宝祐三年服阕，差扬州州学教授"，按吏部以十二月三日卒，年六十九，卒于宝祐元年癸丑十二月己卯，则十二月方再期不得除服赴差，皆舛误之□者当。□如迁太常主簿，及忤丁大金，应在□□己未，通判台州应在景定庚申，又俱误系宝祐戊午。又迁主管三省枢密院架阁文字应在宝祐丁巳，乃误系宝祐丙辰，因人日雪，奏言春雪过多，民生多寒，宜谨感召，应在咸淳丙寅，乃误系咸淳丁卯，因冬雪奏言，命令不专，□那并进。在迁起居舍人后，应系咸淳丁卯，乃误系咸淳戊辰，此皆□序小之差失。盖大昕是谱多据《四明志》，而不知是志多失实也。然其允惬亦不少，刻创始者难为也。书为嘉庆八年嘉兴郡斋刊本。

1434 王深宁年谱一卷［道光八年刊本］

清陈仅撰。是谱据《王氏家乘》与应麟子昌世所作《圹记》，参以他书，以钱谱为底本，于钱谱误者多所订正，有钱谱不误而仅反误者，大段固较钱谱详备，而未惬者尚多。如本传云，初应麟登第言曰，"今之事举子业者，沽名誉得，则一切委弃，制度典故漫不省，非国家所望于通儒"，于是发愤，誓以博学宏解自见，假馆图书读之。据此则是条应系在淳祐元年辛丑之下，仅乃云"未知当在何时"，附于己巳作《广恩崇福记》下，未免失之目睫。又侍吏部公通判婺州，

据宋史本纪及宰相表，实以避史嵩之而乞补外，应系于四年庚子，仅乃误系淳祐元年辛丑。因之史弥巩知婺州，亦误附同条之下。又“汤汉为太常少卿”一条，系于咸淳元年乙丑下，按《宋史》汉本付云，迁太府少卿，升太子谕德，改秘书少监，疏论台谏乞休致，擢太常少卿，补外为福建安抚，改知隆兴府。度宗即位，召奏事，授太常少卿。是汉两除太常，一在登极前，仅于此失考。目条又云“会汉髦年，遂荐先生于似道”，不知咸淳元年，似道已因授表而惊异，何烦汉荐。又德祐元年乙亥下，系四月造朝，其上又云：“有旨令庆元守臣勉谕赴阙”。按《四明文献集》，有高达授少保制，《本纪》在二月，加张世杰授保康军使制唐震赠华文制《本纪》在三月，则二三月间，皆在□垣当制，安得谓四月始造朝？又至元三十一年癸巳下，系八月作《鄞县重修儒学记》。按是《记》虽不署年月，惟文中有云“自绍熙庚戌，迄今百有四年”，则作于癸巳，是有显证，盖差一年也。又如钱谱于淳祐三年癸卯下，系调衢州西安簿，注云“无年月可考，姑系于此”，仅移于淳祐二年壬寅，而不言所据，似亦测断。谱首附像，后附《宋史》本传、《浚仪遗民自志》、《圹记》、《四明文献集》小传、画像记、捐造祠堂引诸篇。又有仅自跋及张恕跋。恕字铁峰，亦鄞，盖助仅核校是谱者。书刊道光八年戊子。

1435 深宁年谱一卷 [浙江书局《玉海》附刊本]

清张大昌撰。是书就钱、陈二谱分别取舍，又复广为掇拾，增益颇多。最要者如：钱、陈谱俱不载应麟母姓，此从《宝祐登科录》应凤名下，知母为陈氏；钱、陈谱只言从王埜受学，此据袁桷《清容集》，知又曾传徐凤之学；陈谱御制诗缺四字讹一字，此据咸淳《临安志》补而正之；陈谱试博学宏词只有试题，此据《词学指南》分属第一场、第二场、第三场，其他以《四明文献集》所撰文目，分隶某年之下，甚关紧要。于钱、陈谱之舛误，亦有订正，然亦有以不误为误者。如钱福系应凤生于绍定庚寅，陈谱订为与应麟同生嘉定癸未，援证甚确，此乃不从陈而从钱。陈谱系凤卒于咸淳戊辰，年四十

六，盖据家乘，又证之陈合撰《陈太硕人墓志铭》为咸淳九年，云子二，应凤官至朝奉郎、太常博士，先五年卒，本不为误。大昌不信应凤生嘉定癸未，移后八年，故定为卒于德祐乙亥，由德祐乙亥推至咸淳，恰差八年，由一误而再误，势相因也。至据天祥荐为太常博士，甫入国门而卒二语，谓文天祥在四年适为贾似道劾罢，彼时安有荐除？不知同此一年荐除在前，劾罢在后，有何妨碍？又于《至正直记》所载，以小册录秘府典籍异闻一事，注谓秘府不必皆内府公廨庋藏，案牍亦得称之藏，未不知秘府自指内府言，未闻公廨可称内府，且公廨案牍，非当官不能阅，当官尽可调取，何须纳小册于袖中后藏之而出手？谱后记所著书目，著其存佚，并考应麟子昌世□原孙宁孙始末甚详。复录陈著、袁桷、□觉氏、全祖望等文诗记述，皆钱陈谱所未有。是书附刊浙江书局，本玉海□□□□□□□□□□□。

1436 周草窗年谱一卷 光绪二年刊本

清顾文彬辑。文彬字紫珊，江苏元和人。是谱据朱存理《珊瑚木难》载《弁阳老人自铭》，生于宋理宗绍定五年壬辰五月廿一日，又据赵由礽跋老人所遗《王大全保母帖卷》定为卒于大德二年戊戌，年六十七。他条大率本之《癸辛杂识》、《齐东野语》、《蘋州渔笛谱》、《志雅堂杂抄》，而参以《剡源集》、《清容居士集》、《珊瑚网》、《云烟过眼录》、《绝妙好词》诸书。惟李日华《六研斋笔记》载周公瑾，名密，号草窗，又号弁阳老人、泗水潜夫，残元时流寓吴中，目见伪吴张氏，狂图不遂，城破国亡，皆由任用非人、淫乐自恣，竟歼天戈，有足□者于杂记中得其诗数绝，皆追悼之作云云。按老人实生于宋绍定五年壬辰，而张氏起于元至正十三年，至二十七年而殁，若目见吴亡，年当在百三十六岁以外。文彬谓日华所称潜夫乃钱塘陈振祖，明初为国子监学正，其诗所云“次卢先生韵”者当是卢熊，《列朝诗集》潜夫有《卢公武鹿城隐居诗》，是其确证。又吴修《［续］疑年录》注，称老人至大戊申年七十七尚无恙。文彬考知系本于《癸辛杂识别集》，录高炳如《与妾银花帖》有云事余七十七岁，盖指炳

如，而修移之于老人也，并可据此以正二书之误。又按《笔记》所载潜夫数诗，今宋本《草窗韵语》固无之，文彬未得见，故未及援引耳。是谱刊在《过云楼书画跋》中。

1437 谢皋羽年谱一卷《昭代丛书》本

明徐沁撰。沁字埜公，浙江会稽人。是书首有张潮序，又有潮后跋。据谱，皋羽生于宋理宗淳祐九年，其月日时无考，生二十八年而临安陷，次年，端宗航海，又二年而宋亡，又三年而文信国死。皋羽哭信国凡三次，一在至元乙酉，一在丙戌，一在庚寅。皋羽死于元贞乙未，后信国十六年，年四十七。沁据诸书参订，谓《西台恸哭记》所云别公漳水湄者，即赣郡西南章江，非闽之漳州。其过张睢阳所往来处者，乃永丰之睢阳庙，后皋羽祭信国文曰“章贡之别，言犹在耳。水寒天空，老泪如霰”，可证。又据《元史》，世祖至元二十一年九月丙申，以江南总摄杨琏真伽发宋陵冢，所收金银宝器修天衣寺，而宋文宪书穆陵遗骼事，及邱文庄《续资治通鉴》皆云：至元二十一年甲申，僧嗣妙高上言，欲毁宋会稽诸陵，江南总统杨琏真伽与丞相桑哥，表里为奸。明年乙酉正月奏请如三僧言，盖其谋始于甲申，而成于乙酉，故仍从宋邱而系于乙酉之下。又甲午皋羽由鄞入越，遇邓牧于会稽，牧举在杭所知若干人，而不著其名，沁据戴表元《杨氏池堂宴集诗集》所举徐天祐等十四人以当之，俱是。沁别有《金华游录注》，盖沁亦遗民，身世之感相同故也。

1438 倪高士年谱一卷宣统元年刊本

清沈世良辑。世良字伯眉，广东番禺人，诸生，选授韶州府教授。高士者，倪瓒也。世良是谱，先刊于伍氏《岭南遗书》及《粤雅堂丛书》中。刊成而世良已殁，未及校勘，其子泽棠据以重刊，于伍氏本讹舛者颇有订正，补录《四库提要》、《明史》本传于卷端。并附录《清閟阁集》中序、传、表、铭、撰人姓氏，以资稽考，视伍

本殊胜之。按是谱以本集为主，旁集诸家书画题记，搜采颇博，考证亦详。瓒生于元大德五年辛丑正月十七日，卒于洪武七年十一月十一日，盖据周南老《云林墓志》，而《南濠诗话》称洪武甲寅元镇年六十八，秋七月始还乡里，不久竟以脾疾卒。甲寅即洪武七年，与《明史》合。《明史》称卒年七十四，则云六十八者非也。他条如据本集《赠郯九成小引》，证《鹤林图》题至正辛巳之伪。据至正无癸亥，证题《赵松雪居图》之伪。据陆友仁《隶书世说》证洪谷子《秋山晚翠图》之伪。又如《清何书画舫》，称至正癸卯元镇时年八十三，为进道写青绿山水小帧。按瓒卒年止七十四，癸卯才六十三耳。“八”当为“六”字之误。《壮悔堂集》云，《林十万图记》有与张伯雨论诗语，款署至正癸丑。按伯雨卒于至正八年戊子，距癸丑已二十五年，安得伯雨犹在记并有携妾锅山事？疑皆出朝宗妆点。如此之类，具见精审不苟。至其荟萃之富，可视作云林画史，而题咏之不见于集者又可视本集补遗也。卷首有泽堂序，卷末伍绍棠跋仍存之。

1439 宋文宪公年谱二卷附录二卷民国丙辰刊本

清朱兴悌、戴殿江辑，孙锵增辑。兴悌字子（悌）［恺］，殿江字襟三，皆浙江浦江人，贡生；锵字玉叟，浙江奉化人，四川同知，降补金华府学教授。文宪，明翰林学士宋濂谥也。按濂五十一岁始应太祖之聘，授江南等处儒学提举，为太子授经，旋以疾乞归金华。洪武元年召还，与为《元史》总裁官，升翰林侍讲、侍讲学士、知制诰，再授承旨，九年致仕。十三年坐其孙慎党胡惟庸，徙茂州，至夔州道卒，年七十有二。事迹具《明史》本传。旧无年谱。嘉庆中，殿江、兴悌创为之，有岳炯序，并殿江、兴悌二序及凡例。卷末有同治九年陈书跋，盖重刊时所作也。大抵据文集为主，参以本传，隶事颇略，而详于文目，锵所补较备。如原谱于十年、十二年，皆记朝京师，独十一年漏载，与每岁来朝之训不合，锵据《纂要》补十一年入朝一条，甚是。又濂徙茂州，原谱不记时月，《明史》系之九月，《三编》系之十月，锵据《逊志斋集》，濂子璲及孙□圹志，一言其

死于季冬八日，一言其死于十一月二十八日，盖在冬十一月也。他所订正尚多，其于原谱下所加注语，可广参证。附录原三卷，锵并为上下卷。上卷录锡典、祠墓、刊刻文集年，仍用编年体，从洪武十四年起，讫民国五年止；下卷录遗集书目，凡已入《潜溪录》者概削之。卷首有锵自序。

1440 陶主敬年谱一卷景紫堂丛刊本

清夏炘辑。陶主敬名安。元至正十五年，明太祖自和州渡江至采石，主敬方为明道书院山长，与耆儒李习出迎。太祖克太平，授为太平兴国翼元帅府令史，官至学士，事迹具《明史》本传。是谱据主敬诗文集参以元、明史、《太平府志》，排比而成。《明史》载卒于洪武元年，而生平无考。而集首载有龙凤十年二月授黄州府令旨一道。龙凤十年，即元至正二十四年，是秋坐事谪知桐城，冬还。集载《黄冈寓稿·服药诗》云："阅世五十三，颇觉元气壮。"又《鹤沙小记·读易诗》云："静观大易九九数，忽觉行年五十三。"由至正二十四年至洪武元年，只五年，由至正二十四年溯五十三年为皇庆元年，是主敬生于皇庆元年，卒年五十七，并可正集首载国史云卒五十九之非。又按，明初典礼多由主敬议定，而其文不载集中，炘尽采《明史·礼志》入谱，并以补文集之缺，不为泛滥。卷首有杨大容序，末有炘后序。

1441 曹月川年谱一卷咸丰刊本

明张信民编。信民字抱初，河南渑池人，万历癸巳选贡，廷试第一，历知渑池、陇西县事。其妻为曹月川六世孙女，素私淑月川。月川旧有年谱，辑自门人谢琚，稍涉冗繁，信民与王幼真订正梓之。是本全略，但题信民，殊不合。谱起洪武九年丙辰，至宣德九年甲寅，盖端生及卒之年也。记端生有月无日，以下逐年隶事，有纲有目，意在阐其所学，而题多琐细。按端尊信宋儒，与胡居仁、薛瑄同时，所

学亦略相同，大旨见所著《太极图说述解》、《通书述解》、《夜行烛》诸书中，而借闻剩说，则间存于是谱，未可废也。是谱旧有正统六年翰林宋公、正统七年国之监学正鲍相、万历六年学博唐文辉、万历十八年山西提学佥事范宇己、顺治十五年渑池令张璟、分守河南道右参政崔起鹏诸序。璟别纂自宣德十年至顺治十五年后贤论说，及修理祠墓、刊刻遗集等，附读后别为一卷，是本俱削之，还原谱之旧，止存孙钟元一序。盖刊咸丰庚申，以端从孔庙之后也。

1442 建文年谱二卷 [道光二十九年刊本]

明赵士喆辑。士喆字伯濬，山东东莱人。是书记明建文帝始末，从始生之年起，即洪武十年十一月也，迄迎居西内止，时正统五年九月也，皆据程济《从亡随笔》。复记建文之终，无年月，盖得之传闻也。书分上、下二卷，上卷止至出亡之年，下卷止于迎入西内之年。上卷大抵为《皇明通纪》为主，而参《吾学编》、《昭代典则》、《朝野汇编》、《从信录》诸书。其洪武末及建文初，则以《朝野汇编》、《致身录》为主。下卷以《从亡随笔》、《致身录》为主，而参以《吾学编》、《续藏书》及《表忠记》，但引用诸书剪裁贯串而不尽著其书名，惟《从亡随笔》、《致身录》则直述全文。按建文逊国，为明史上一大疑案。按胡濙出巡天下十五年，名为求张邋遢，实访建文。李贤为濙作墓志，即隐约著其事，断非他传疑可比。从亡之臣，史仲彬作《致身录》，程济作《从亡随笔》，记之极详。二书未出以前，传者不过恍惚其词。至二书之出，则年经事纬，一一指实。议者又疑二书为伪，且疑同出一手，首发难者钱谦益也。然二书所记，实有足供人指摘者。如记出亡实事，《致身录》云："帝知金川失守，欲自杀，程济曰，不如出亡。少监王钺进遗箧，程济碎箧，得度牒三，一名应文，一名应能，一名应贤。袈裟、帽鞋、弟刀俱备朱书箧内。应文从鬼门出，余从水关御沟而行，九人从帝至鬼门，午景先以铁棒启之出鬼门，而神乐观道人藏舟以待，且述昨夜梦高皇帝事。"《从亡随笔》则云："济请出亡，曰臣素习遁甲，出南方可免，少监王钺以高帝遗

箧进，发之，有僧牒、衣具三。济袖出黄冠自□，帝独以济及吴良用潜出西华门，诣河出空舟，良用鼓棹而行。抵南门，良用赴水死，济掖帝出城，走神乐观，宿道士王升轩。”据此，则二书之言互有参差，故士喆即言未可尽信，（尽）未可尽疑。窃建文出亡，主谋者为程济。观《随笔》所言，济先请出亡，后发遗箧，且袖中早备黄冠，盖已定计于豫，遗箧空舟，皆其所为。从建文行者济之外，止一梁良用，良用又赴水死，故此事惟济知之独真，未必举以告人，故传者不免神奇其说，《致身录》所以与大异也。《录》所云经鬼门出，《随笔》所云出南方可免耳。二书之不同，实因其关系不同。惟其不同也，故知其非出一手，故知其皆非伪。钱谦益攻二书，实未细读二书也。惟士喆实未见《从亡随笔》，仅从嘉定钱氏所为济传，得见大略。其此传于原书多删节，尚当据原书以补之。史、程二书，自癸未后，止书甲子，士喆改书年号，每条下引证诸家之说，而附以己说，篇末又附年谱后事数则，亦关于建文者也。惟谓仁宗后张氏为河间王女，其父死东昌之战，故于建文不释然。案张后非河间王女，其父亦未死东昌之战，殆未细考也。书首有钱谦益、张遗二序，及济自序、凡例。谦益非不信逊国事，惟以为建文薙发者，系僧溥□，又而力攻史、程二书，是序泛论逊国，于是书不赞一语，序例后，附山僧问答、年谱传疑，年谱之前又附提纲。士喆是书，不徒谱建文兼寄亡国之痛，于山僧问答，微露其志，其诗曰“沙陀雪耻真堪涕”，则斥言之矣。张遗作序自署旧京遗黎，殆其同志也。士龙序署二月初吉，而不系年，大约书刊于顺治间。传本极罕，道光二十九年乙酉李文瀚得抄本重刊之，分为四卷，多张祥河及文瀚二序。

1443 龚安节年谱一卷 又满楼刊本

明龚绂编。绂字朝美，成化辛卯举人，官青县教谕。安节，龚诩私谥也。其父察，官兵科给事中，以言事获罪，卒于戍所。诩当补伍，初戍辽阳，调卫王宫，建文四年，守金川门。谷王橞以门降，诩操戈擿之者再，不中，亡去。变姓为王大章，□忱抚江南，条上宜兴

草十余事，文襄以为贤，拟荐署淞江大镇卫学教授，皆坚辞。忱亲往劝之，始吐实，犹迪迪不已，乃曰："某因非食禄之臣，但不欲负往日城门一恸耳。"意盖终身矢忠于建文也。诩生于洪武十五年，卒于成化五年，年八十八。绂为诩族孙，亦其门人，诸所叙次，大都得之目见，足与逊国事相证者，所记有与王执礼、张大复二条，稍有详略。余诗甚多，为《野古集》所未载者，至三十六首。建文四年，记靖难兵入金川门下，接云："见宫中火起，传言乘舆巽去。"又正统七年记云："旧君还京，有《落叶吟》寓意"云云。按诩亲为金川门守兵，所得建文出亡之传，的然可信。据《从亡随笔》，记建文还京在正统五年，是谱系于正统七年下，盖流播至二年而后知之也。此事不但诩闻之，绂亦及闻之。又二十七年，为成化五年而诩卒。卒后八年，为成化十三年，而是谱成。其间若稍发觉所传之虚伪，何为存之？而或者乃以为谱作成化十五年，杨应能久已论定，不应有"旧君还京"之语。正惟在杨应事论定之后，而仍作此语，乃更可信也。谱后有康熙十八年诩八世从孙挺跋，称"重绎旁参，正其讹舛"，今不能考所正者何处。民国辛酉其乡人赵诒翼重刊之，并补注十余条，不无细流土壤之功焉。

1444 杜东原年谱一卷光绪二年刊本

明沈周撰。据谱，东原生于明洪武二十九年丙子十二月初五日，卒于成化十年甲午十月戊申，年七十九。始号五坞山人，又号东原耕者，又号正绿亭主人、鹿冠道人。其一生事迹，则永乐庚子以讲读《大诰》率生徒朝于北京，洪熙乙巳本府延纂《永乐》事迹，宣德乙卯本府修《宣宗实录》又延为七县总裁，又景泰五年朝廷修舆地志，郡守请修辑郡中事以应。此外，郡邑举贤、请乡饮，皆固辞。所著诗文，题曰《学言》，今亦不传。周为东原门人，故传记其概。按史鉴《西村集》有东原诔，吴宽《家藏集》有东原墓表。据墓表，东原得宋朱长文乐圃而家其旁，自号东原，吴人固称东原先生。王鏊《东原诗集序》称乐圃在吴城西，其东有原马，故世称东原先生，所述较谱

为详。是谱原附《石田东原图卷》，故顾文彬刊之《过云楼书画跋》中。然丁日昌持静斋有是谱抄本，罗振玉《云窗丛刻》又有影印本。

1445 段容思年谱纪略一卷道光三年刊本

明彭泽编。容思，段坚号也。坚，兰州人，景泰甲戌进士。初宰福山，擢守莱州，以忧去官。服除，改知南阳。所至创书院，崇节义，得士民心。《明史》入《循吏传》。按坚屡上书言事，本传仅载其景泰元年请悉征还四方监军，罢天下佛老宫。据谱，则正统己巳，英宗北狩，坚曾诣阙上书，其时尚未释褐。尔后，请修龙逄、比干祠墓，谱旌表孝行节义；因朝钟失音，请开言路，请宽章纶钟通罪；因地震上封事，再请崇祀元儒刘因，则皆在官县府时，《明史》俱未之及，即此见明代言路之广。按坚为学宗程朱，好刻先儒书，故《关学编》亦有其传。《明史》称其“私淑河东薛瑄，务致知而践其实”云云，谱及《关学编》无此语，未知所本。又按坚所著有《容思文集》、《柏轩语录》，皆佚。幸谱中收诗文颇多，藉一斑。即是谱亦止抄本流传，至其十四世孙名殿公者始梓行之。首附《明史》本传、《关学编》传、像赞四则，后有王德馨、张仲英二序。彭泽，长沙人，官至太子少保，坚门人也。

1446 邱文庄公年谱一卷光绪戊戌刊本

清王国栋辑。国栋字尧雰，广东琼山人。文庄，明邱濬谥。是谱就《明史》、府县志、家谱、本集、诗话等，辑录而成。摭捡殊未博，反有不应收而收者。如“登第”一条下，全抄是科题名碑录。“蒋冕辑《琼台诗话》”条下，既录冕序，又连冕四次上书，殊非体。按谱，濬登景泰五年进士第，年三十四，至（宏）［弘］治四年，始升文渊阁大学士，典机务，年七十一矣。卒于（宏）［弘］治八年，七十五岁。此数年中屡以病乞休，其相业无足称者。惟（宏）［弘］治五年五月，上访求遗书疏，敕内阁所藏书籍，检其有副本者，分贮一

册于两京国子监。若内阁所无，或不备者，敕礼部行天下提学官，榜示购访，俾所在有司校录呈送云云，武宗纳其议，遂下诏求遗书。又官礼部日，上漕运议，谓宜寻元人海运之故道，别通海运一路，与河漕并行云云，虽不允行，而其识实有大过人者。按濬最受谤者二事：一阻陈献章，二去王恕。国栋辨之，谓吏部尚书尹旻称献章向听选京师，非隐士比，应檄召至京，令就吏部试，献章遂称疾不试，乞归。其时濬方为礼部侍郎，与之无涉。又刘文泰劾王恕，史明言文泰自为奏草，示除名御史，吴祯润色之，于濬何与？至史言濬论好矫激，讥范仲淹多事，谓岳飞未必能恢复，秦桧有功再造，国栋亦援濬诗文，以证其诬。谓濬会试发策，达于治者，于唐专称陆宣公，于宋专称范文正，又题岳庙词，叹武穆能恢而害于奸相，而《大学衍义补·严武备类》，引岳飞之言不一云云。为乡贤雪青史之枉，又不减蔡上翔之谱王荆公矣。

1447 胡文敏公年谱一卷光绪戊寅刊本

清杨希闵纂。文敬，胡居仁谥。居仁，饶州余干人，学于吴与弼，布衣，乐道，一生朱受荐辟，惟曾应当道聘，屡主白鹿书院讲事而已。顾宪成与子书云："吴康斋、胡嗣斋二先生只是布衣，却成了大儒，连科目亦无用处"云云。盖为理学家开一生面也。卒于成化二十年甲辰，年五十一。万历十三年从祀孔庙，追谥文敬。希闵不得见其行状墓志，仅据本集、《明史》、《理学宗传》、《明儒学案》、《江西通志》诸书，辑集成编。开篇止有生年，而缺月日。《明史》及《学案》，皆言与罗伦、张元禎友善，为会于弋阳之龟峰、余干之应天寺，又讲学贵溪桐源书院，然皆不系年月，因之仅取集中与罗一峰、张东白论学诸书，节录于后。他行事俱简略，惟学说稍备耳。首有希闵序。

1448 李文正公年谱五卷嘉庆八年刊本

题法式善纂辑，唐仲冕增补，实王芑孙所编定也。首有芑孙、仲

冕二序，又有芑孙跋，言用吕大防、洪兴祖诸家分编《昌黎年谱》之例判其起讫，又假借得明汪俊、李时所作《文正继母麻太夫人九十寿言》中载诸孙有大理寺右寺副兆延、尚宝司卿兆蕃、工部司务嘉敬三人，则文正初非无后，而《尧山堂外纪》谓兆先殁而公无后者尤非云云。嘉庆癸亥刊于扬州，盖是谱之初本也。据甲子刊本法式善序言“修书殿阁，逸文秘本，往往而有，因备采事实，厘为七卷，重锓板于京师”云云，盖后二卷为法式善所增，而前五卷略有删润。两书付梓，相距仅一年耳。

1449 李文正公年谱七卷嘉庆甲子重定本

清法式善辑。式善字开文，蒙古人，乾隆壬寅进士，官仕读。文正者，李东阳谥也。先是，式善为东阳作谱，意主简赅，以授唐仲冕，仲冕有所增订，与王芑孙同序之，刻于扬州。既而式善修书殿阁，多所采获，因就刻本重加厘定，即是本也。书分七卷，卷一起正统丁卯，讫天顺丁未，卷二起（宏）［弘］治甲戌，讫（宏）［弘］治乙丑，卷三起正德丙寅，讫正德庚午，卷四起正德辛未，讫正德丙子，卷五杂记，卷六至七附录。按东阳于（宏）［弘］治七年甲寅，始以礼部右侍郎，专管内阁诰敕，遂与刘健、谢迁同柄政，至（宏）［弘］治十八年乙丑，遂同受顾命。其后刘瑾擅权，健、迁被斥，而东阳独留，时论讥之。然健、迁未去之前，东阳之求退也，与健、迁同。健、迁得罪之后，东阳之求去也益力，己卯疏称“备员内阁十六年，辞免者二十有四”，其非恋栈明矣。杨一清为作墓志铭称“他人瑾前论事，唯诺无敢与可否，公独事事辨析，瑾不能平，每切齿焉”，则非附瑾明矣。李绂以狄仁杰比东阳，谓起杨一清，使偕张永平置镭，因结永，遂诛瑾，为东阳之功，意在为东阳辩护。不知一清结永，永诛瑾，皆不可必之事，断非东阳意料所及，即张柬之之诛武氏，亦非仁杰意料所及也。论者又谓留其身以扶持善类，亦非知东阳者，盖既求去不得，只可随事补救，岂必如康海之为李梦阳耶？本传称罢相家居，至设客不能具鱼菜，淡泊之致，可以想见，无事更骋辩

矣。是谱掇拾该博，几于巨细不遗，其《麻太夫人九十寿言册》，所举大理寺右寺副兆廷，尚宝司卿兆蕃，俱已一清所为墓志铭。俱东阳侄，兆蕃又后东阳者。芑孙喋喋考辨，殆未见一清文耳。式善并自录所作《西涯考》、《畏吾村墓记》、《李东阳论》，韩邦奇《见闻考》、《随录辨》诸篇于谱中，其《西涯考》最核。书刊于嘉庆甲子。

1450 明文正谢公年谱一卷明刊本

题门人倪宗正编，七世裔孙钟和重辑。文正，明大学士谢迁谥也。迁举成化十一年一甲一名进士。（宏）［弘］治十一年以兵部尚书兼东阁大学士，正德元年告归，旋夺职，嘉靖六年起为户部尚书，谨身殿大学士，逾年又告归，嘉靖十年卒，年八十三。按迁受孝宗宠任最深，言无不从，沮抑内侍尤力，孝宗临崩，与刘建、李东阳同受遗诏辅政，未几以焦芳谗构，与健同去，家居二十余年，及再诏，而老成已尽，迁亦衰老，不能有为矣。谱所叙甚略，不足以传迁生平，而屡次循例之敕文，独详录不遗，当是钟和据家牒补入，以为光荣也。

1451 阳明先生年谱二卷明刊本

明李贽编。贽有《后语》，略言："余自幼倔僵难化，年四十，友人李逢阳、徐用检告我龙溪先生语，示我阳明先生书，乃知得道真人不死，实与真佛、真仙同。虽倔僵，不得不信之。予在济上刘晋川公署，手编《阳明年谱》自适，黄与参见而好之，即令梓行，以示同好"云云。按是谱系依钱德洪本而成，而《后语》不提一字，其删繁就简之功，自便观者。惟所增益，但有议论，而乏事实。至于行间遍着圈点，则尤陋而可哂也。

1452 阳明先生年谱二卷明刊本

明钱德洪编。德洪，原名宽，字德洪，后以字行，号绪山，浙江

金姚人。嘉靖壬戌进士，官至刑部员外郎。以论郭勋失入下狱，隆庆初复官。从学阳明最早，亦最称笃实。其成是谱，就罗令庵商榷，故阳明成学之先后及其得力所在，具能言之，甚详晰。丁亥五十六岁条下，德洪自记与王畿论“知善知恶是良知，为善去恶是格物”二语，及阳明说“只好默默自修，不可执以待人”云云，此是良知要紧关键，而攻阳明者未体会也。按阳明之学，自有本领。如作《古本大学》，朱子晚年定论，及与罗整庵论《大学》古本、改本之是非，无关宏旨。门弟子习以为是，徒开门户攻讦之端，德洪亦不免焉。又按阳明答王与庵论朱陆，谓象山未尝不道问学，朱子未必不尊德性，论极持平。德洪录此，有所删节，以致阳明之意反有未了，皆非也。其叙事过繁处亦欠剪裁，然亦有不宜略而略者。据门人黄绾所为行状，有桂公、杨公嗛聂能迁，诬公有托送金银百万于张孚敬，奉旨严讯，下狱杖死。时绾为詹事，恐其在朝不便，因推补南礼侍缺，桂公遂密具揭奏。上命多官会议，削公世袭伯爵并朝廷常行恤典赠谥。谱全缺之，且不载削谥爵事，则他日补爵赠谥又何所本耶？又行状末载夫人诸氏，继张氏及子孙撰著等，谱反未入，皆不宜略而略者。

1453 王文成公年谱二卷光绪戊寅刊本

清杨希闵增订。卷首有希闵序，盖就钱德洪本为之删繁补略，以为阳明之修身行道，不在时时提掇良知宗旨及论《古本大学》之类，可不多缀若《传习录》之粹者，则节其要而附于后。而经理南赣、两广与平逆藩之事功，则不惮详其区画之方，以见儒术之有实用，盖所重偏于事功也。然于戊辰至龙场条下，则又增入龙场诸生立志勤学、改过责善诸教条，以为《白虎洞规》后无其切于此者，是又强以阳明合于朱子，而不知阳明一生得力又不在此也。按《天香阁随笔》称阳明往贺宁正生辰，至丰城，而宁王变作，即返吉安。记言勘事福建以自讳，否则何不取道汀州而溯盱江或上饶江耶？希闵据阳明《上王晋溪书》称闽中积变，始延平，继邵武，又发于建宁（于）［至］汀漳云云，其不取道汀州意必先往（事）［视］邵、延、建三地，若宁王

将叛，路人知之，岂阳明而反昧之？所驳亦是。谱原题《王文成公年谱节抄》，但钱谱称“阳明”不称“文成”，题已互异，而希闵又别有所增，非但抄之而已。其特详事功，亦与钱氏异旨，改曰“增订”，称其实矣。

1454 吴聘君年谱一卷光绪戊寅刊本

清杨希闵纂。卷首有希闵自序。聘君，吴康斋与弼也。与弼学宗程朱，主实践，不事著述。当道屡荐不起。英宗天顺初，石亨欲引贤者为己重，谋于大学士李贤，上疏称与弼学行之高，士类矜式，朝廷宜礼聘至京，重以禄位，俾展嘉猷。上乃命贤草敕，加束帛，遣行人曹隆赐玺书，赍礼币，征赴阙。既至，命以官僚侍太子讲学，授右春坊左谕德。寻以老疾辞归，命有司月给米二石。卒年七十九，时宪宗五年己丑也。旧无年谱，希闵就史传、行状、《明儒学案》诸书，钩考成编。又与弼所作《日录》，章衮称为一人之史。希闵复就其有年岁可稽者，按年采入。于与弼受谤各事，如为石亨跋族谱，自称门下士，虽黄梨洲亦信之，但谓后人徒以成败论人，见亨他日以反诛，便谓先生不与作缘，岂知先生之不与作缘，已在应聘辞官之日，不宜求于屑屑语言文字间。希闵则据孙退谷《益智录》，称康斋过南京，士夫候之者多不见。有问者曰：“先生何为不致君而还？”但摇手曰：“吾保性命而已。”归来未几，石亨败，凡与亨处者，悉被重谴，而公不及，是之亨之败，与弼洞若观火，岂有为跋族谱自称门下士者？又谓公始至京，大学士李贤推之上座，以宾师礼事之；编修尹直至，令坐于侧，直大愠，出即谤公。所传公跋石亨族谱，自称门下士者，出于直所著《琐缀》，是造此事者尹直也。又有谓与弼与弟讼田，褫冠蓬首，跪诉府庭者。希闵引杨端洁《传易考》，谓抚州守张璝因先生拒不见，欲坏其节行，令人讼之，久之无应者，璝以严法令他人代弟讼之，牒入，遣人执牒拘之，门人劝以官服往，先生服民服，从拘者至庭，璝加侮慢，方以礼遣，先生无愠色，亦心谅，非弟意，相好如初云云。此乃实录。云有谓与弼因敕当聘以伊傅之礼，至而授谕德，

失所望，故不受官。希闵引孙夏峰言：“舜且历试诸艰，而后纳于百揆，伊傅亦岂初命为相，即世俗□无如此校量官职之法，况在与弼?”凡此数事，俱足以关谤者之口，伸千古不没之公论也。

1455 张端岩年谱一卷借月山房刊本

明张文麟自叙。文麟，字端岩，江苏金山人。弘治己丑进士，授刑部主事，升郎中，终于知府。自叙从成化十八年壬寅一岁起，至正德七年三十一岁止，则止郎中差广东审案便道省亲时也。后有乾隆甲申八世孙仁济识，称由刑曹出守剧郡，致仕归，年才四十二，优游林下又二十五年没，不言所守何郡，殆无可考矣。又有嘉庆戊辰九世孙海鹏识，盖从世谱中出而梓之者。按文麟官刑部日，正值刘瑾伏法，寘璠被俘，所记二人讯问及处死情状甚悉。至若正刘二汉之罪名、减刘瑾疏属之从坐、不徇张琮之非时考察、廷折杨一清之不引祖训，具见风节矫矫。惜缺其后半，当不无遗美也。

1456 王心斋年谱一卷谱余一卷续谱余一卷明隆庆刊本

明王艮，字汝止，中岁悉心究学，自号心斋，江苏泰州人，布衣。其门人董燧、聂静同辑。按艮为王阳明高足弟子，正德庚辰，年三十八，始见阳明于豫章，但其学从“不学不虑”之旨，转而标之曰自然、曰学乐，视姚江殊趣矣。是谱致详于学悟之终始，及其出处之大概，而从学者之先后，亦分注条下，可与弟子师承表互参。卷末有燧后序。燧字兆时，江西安乐人，官南京刑部郎中。静字子安，江西永丰人，官兵部给事中。《谱余》及《续谱余》，盖艮卒后祭奠传记诸文，即附录之类耳。

1457 何大复年谱一卷附录四卷刊本无年月

清刘海涵编。海涵字怡宣，河南信阳人。大复，明何景明号也。

卷首有邵松年、刘承幹二序。大复少以神童称，十六岁举乡试，二十成进士，授中书舍人，值刘瑾用事，上书太宰许进，言宜自振立，抑瑾权，旋乞病归。瑾恨之。免诸在告者，大复与焉。瑾败。以李梦阳荐，复授中书舍人，掌诰敕，升吏部员外郎，又升陕西提学副使，卒于任，年仅三十九。大复诗与李梦阳齐名，交谊尤笃。梦阳以劾刘瑾下狱，康海辱身救之，为之介者大复也。谱于大复行藏，仅具大略，所订正惟举乡试年岁一事。附录尽收诸家评语与所记序、诗、文，各为类别，溢于谱者几三倍焉。

1458 唐一庵年谱一卷咸丰甲寅刊本

明李乐辑，清王表正重辑，许正绶三辑。按唐枢，字子镇，浙江乌程人，嘉靖五年进士，授刑部主事，以言事，斥为民，《明史》有传。是谱初稿撰于李乐。表正因之，而有所刊落。惟李谱止抄本，字多讹误，正绶合二本而加以润色。《明史》本传，但载论李福达第一疏，其请复大礼谏官疏、请罢浙江太监镇守二疏、又论李福达第二疏，俱缺，幸藉李谱而存。又按，枢自罢官后，虽日以讲学为事，而优于干济，为郡守陈谠条陈地方利病十事，及说降土寇江天祥数千之众。其关于防御倭寇者，巡按林应箕、赵炳然，郡守赵炳然、徐洛、兵部尚书张经、总督胡宗宪，皆就询方略，以为进止，不特本传不载，即其门人钱缜所为墓志亦不之及，皆赖李谱著之。正绶所考证者，据李谱载，安定书院改为颜祠，新庵改为曹祠，事在嘉靖十六年，以正府志属于嘉靖八年之误。又据李谱枢所结岘山秋社在嘉靖癸卯，时年四十七，阅六年，至嘉靖丁未，汤世贤为筑堂名逸老社，府志即据是年为结社之始，亦误。又本传谓粤、蜀、滇、黔，无不亲历，而游录不载蜀、滇、黔，李谱同，或别有据。李谱止汉口，止潼关，亦非，当以墓志为准，止此三条。正绶又谓《木钟台集》，有（有）地有人有事有论说诸条，本可编入，惜为李谱所遗，今无岁月可考，是则乐亦不能无漏略矣。李辑无序。王辑有宋瑾、吴光二序，康熙五年归安儒学详牍。许辑有凡例，卷首有枢遗像，正绶作赞，附

《明史》本传、《湖州府志》传，又以钱缜墓志铭殿谱末。乐，桐乡人，隆庆二年进士，尚宝司卿。表正，宁海人，举人，归安县教谕。正绶，乌程人，湖州府学教授。

1459 王一斋年谱一卷明刊本

无编者名氏。按王栋，字隆吉，号一斋，江苏泰州人，艮族弟也。嘉靖戊午以贡生选南城训导，年五十六矣。以母艰去职，服阕，补泰安训导，迁南昌教谕。年七十，致仕归，又九年卒。按栋早岁师事州守王嗣同，既又从其族兄艮受格物之旨，尝谓格物乃为欛柄，良知人人自有自足，但为见闻情识所混，识认不清，故讲格物之学，以身度人，推心从矩，彼此皆是，内外无失，方是良知，洁净而不为见闻情识所混云云。盖令二家之学而一之也。谱仅寥寥十余条，盖以事系年，无事则缺其年故也。文笔殊俚。后附小传，亦无撰者名氏。

1460 归震川年谱一卷乾隆戊申刊本

清孙岱撰。岱字守中，江苏昆山人。是书首有汪照、钱大昕二序，谱前有世系表，自一世至十四世庄止，盖归庄原撰也。有光属十一世。谱分年隶事，附以文目，简而不漏。按有光以制义名，年二十一补弟子员，二十三举乡试，六十始成进士，授长兴令，迁顺德府通判，升南京太仆寺丞，逾年卒，年六十六。未第以前，惟力辨安亭女子冤狱，冤意得白。又撰《三吴水利录》，虽不行于当时，而隆庆间，海瑞卒用其法。宰长兴日，有治狱、兴学诸善政。官太仆日，惟成《马政》、《职官志》而已。中录王世贞、方苞书文集后二篇，所评有光文甚当，若王鸣盛《钝翁类稿序》，则门外语耳。卷末附墓记及著述目，光绪己卯金吴澜翻本，并增入邑令陈其元重修墓记，则同治辛未作也。

1461 太常公年谱一卷光绪甲辰刊本

清钱泰吉辑、钱志澄增订。太常公，钱薇也。薇字懋垣，海盐人。嘉靖十一年进士，官至礼科右给事中，事迹具《明史》本传。泰吉据《文集》，参以郑晓、蒋信及薇从兄芹诸人所记。如本传止载其疏劾大学［士］李时、礼部尚书温仁和、外戚蒋轮，疏郭勋不法，因星变极言主德之失，疏谏南巡，疏陈选补官僚请如会推故事，云云。此则考劾夏言有二事：一在言官宗伯时，一在言入关后。又本传所称蒋轮乃蒋荣之误，轮已卒于嘉靖五年，所劾者乃其嗣子轮也。此外，如劾司礼内臣、劾太常寺卿刘铳、论京营军政废弛、论六卿都给事中当陪祀太庙、论六科给事中不当回避大臣坐轿、论夏言霍韬互相讦奏失大臣体、论五臣失职，皆为《明史》所遗。又偕侍御邢址查视湖广、广西，如《擒四武弁》、《论湖广钱粮奸弊》、《论武弁优盗选储请申明罪例》，又《论湖广、广西官员贤否请旨黜陟》诸疏，《本传》全未之及。至罢官以［后］二十余年之事，排比尤备。泰吉原谱止存手稿，先经钱聚仁参校，志澄更据何商隐《年谱》诸书重校而刊之，各标名于条后。又泰吉创稿时，薇《疏草》二卷尚行于世，故仅记所疏之事而未录其文；至志澄时疏草板已毁，故补录诸疏之略，而于《论六科给事中不当回避大臣坐轿》及《星变宫门》二疏，俱全录焉。复补《明史》本传、屠隆《显忠堂祠记》于卷首。末又有志澄所为跋。泰吉，薇八世孙，聚仁及志澄则薇十世孙也。

1462 海忠介年谱一卷稿本

清王国宪辑。按海瑞，字刚峰，广东琼山人。嘉靖二十年举人，三十二年选授福建南平教谕，三十六年以荐擢浙江淳安知县，四十一年移江西兴国，四十三年擢户部主事，隆庆元年改兵部主事，寻擢尚宝司司丞，又升南京通政司，三年升都察院副都御史，巡抚应天，五年罢官回籍，十四年起用南京都察院左都御史，十五年卒，谥忠介。

事迹具《明史》本传。是谱据《明史》参合传状及文集而成，颇详备。瑞以清介著。其课士也，严立教约，不许诸生以一货物进其治县也。均繇省赋，惩大户，清田亩，以一县令而敢辱总督胡宗宪之子，拒都御史鄢懋卿入境。入都任职，上世宗疏历数阙失，直声震朝野。抚应天，开吴淞江、白茆、杨家滨等河，惩豪右尤严。而早岁所上平黎疏，请开道立县，为琼州永绝黎患，尤为切用，惜不能行。至清光绪张之洞、岑春煊先后主开琼州，而不尽符瑞之所陈，尚未见其利也。瑞在当时，有讥其矫激过甚者，又有疑其拙于才者。观于是谱，爱民之心，勤勤如见，所至兴利除弊，功绩昭然，乃知时论不足凭也。谱中录文太多，至及赠寿诸序，似宜略汰。国宪亦间有考订，但不多耳。

1463 王文肃公年谱一卷乾隆癸巳刊本

明王衡编，其子时敏补编。文肃，王锡爵谥。锡爵成嘉靖壬戌一甲二名进士，以吏部尚书建极殿大学士致仕，再起用，未赴卒，年七十七。是谱为其子王衡编，衡先锡爵卒，其七十六岁以后，则衡之子时敏补成之。按锡爵以建储事，屡受言路攻讦。今读是谱，则委婉开陈，无意不到。不但此也，其箴切时政，维护善类及去身让贤诸事，无不于此详之。计请建储十七疏、请豫教三疏、请册立豫教三疏、阻三子并出阁一疏，又求去十六疏、请省亲二疏、乞终养三疏、因灾请罢免一疏、请解职避贤一疏，又请止内操、召谪谏、禁开矿、定国论、答东事、减免织造钱粮、论彭应期请罢减织造、论开买珠玉各一疏，又如马象乾、李沂、李材、饶伸、维京、王如坚、高攀龙、吴宏济、顾宪成诸人，或坐事，或坐言，俱赖解救，得免重谴。凡此皆不见本传及疏草者，盖锡爵以密揭纳宫中，宫中报以御札，或遣文书官传旨，并记明年月日期，即谱所云“紧要文卷一箱”，锡爵曾录以进呈者，外人概不得知，而修《明史》诸臣亦不及见，盖其书至乾隆间始流市也。又按宪宗虽暗惰，而于锡爵宠任特深，建储终以得请，他拂意之事，片言立即转圜，至其往复恳款如家人，如良友。其疾也，

至托灵济宫道官为之祈祷，垂十年之久，而念之不忘，必欲起之，自古君臣契合，无其比也。谱记昙阳子事颇详，盖锡爵之次女，传者以为汤若士《牡丹亭还魂记》因之而作也。衡字缑山，万历辛丑进士，廷试第二，终翰林院编修。时敏字麓台，官尚宝司司丞，以画名。

1464 高子年谱一卷

明华允诚纂。允诚字汝立，江苏无锡人。天启壬戌进士，官至兵部职方员外郎，告归。顺治五年殉节。允诚学于高攀龙。攀龙于天启六年闻缇骑来苏，自度不免，以为大臣不可受辱，因作遗表，投水死。是谱于攀龙为学层次，悉遵《困学记》。至其从容尽节，叙之尤详尽，可以传攀龙矣。据华衷黄撰《允诚年谱》，允诚于崇祯初拟请崇祀攀龙，其兄允谊贻书谓“从祀一事，侧目者必以门户相诋，且真知灼见，以为当然者亦无几人。此时宜极力表章攀龙之学，使大明于世，而后可议及此”。允诚因搁疏不上，退而辑其年谱，盖成于崇祯八年乙亥云。

1465 高忠宪公年谱二卷康熙刊本

清高世宁编。世宁字季远，攀龙少子也。首有吴兴祚、严瑴、朱士达、华允谊、陆世仪序，崇祯恤赠制词，崇祯谕祭文，小像，文震孟题词，董其昌、倪元璐、吴桂森像赞。按是谱实华允诚所定为蓝本，作序之华允谊即允诚兄也，而书中绝不之及，岂以允诚曾抗清殉义，因而讳之欤？所叙正文文下附以小注，较华谱为详，亦有华谱所有而此独缺之者。如壬寅辑《朱子节要》，壬午有《戊午吟》，辛酉入京，以会讲事拜属叶间适、吴觐华主盟，此诸事，不知何故削之。惟世宁所记其父名梦龙、子名攀龙，似是雁行，盖由其继父恐觉为抱子之故，此则属于隐事，允诚或无由知，抑知而故讳之。然非特揭于谱，则易滋后世论者之疑，尤不可也。

1466 理学张抱初年谱一卷乾隆四年刊本

明张信民，字孚若，号抱初，陕西渑池人。隆庆癸未选贡，廷试第一。历官陇西怀仁县知县。少私淑曹月川。在关中，交冯少墟，尝创正学会，从学者甚众。生于嘉靖壬戌，卒于崇祯癸酉，年七十二。是谱为其门人冯奋庸所编。奋庸字则中，宜阳人，于万历己未从学，就所见闻，撰成是谱。讲学详其地，来学、商学、表学、观学详其人，著书详其岁，即学谱也。惟印绶暴长一事，殊近神怪，似非宜存。他亦有过于琐者。首有康熙壬寅陆求可序，吕维祺、郭光复传，雍正丙午王箴舆洗心祠碑记，又有像并像赞，后有乾隆己未张凤翮跋。

1467 周忠惠公年谱一卷同治壬申刊本

明周起元自记。起元，字仲先，福建海澄人。万历辛丑进［士］，官至应天巡抚。为魏忠贤诬赃，死诏狱。福王时追谥忠惠，事迹具《明史》本传。是谱起穆宗六年一岁，止天启三年五十二岁，即升应天巡抚之岁。盖在械系途中所述，不及抚吴以后事者。自安罪人之义，不敢言也。所述柳庆振饥事，可补本传所未详。其天启三年三月到苏州任，至天启六年死狱底，则苏州诸生王焕如为之续定。按起元以屡劾织造太监李实得罪，其被逮也，则魏忠贤取实空印疏，令其党李永贞、李朝钦为之。盖嫉起元与高攀龙辈往来讲学故，非由实修旧怨，谱言李实疏参，盖未悉其隐也。后附其居官居乡逸事及寄儿二书，并天启、崇祯诸诰命。据诰命所称，则崇祯初曾谥介愍，而本传遗之，谱亦宜从初谥称介愍为合也。

1468 魏廓园自订年谱一卷传抄本

明魏大中自述。大中，字孔时，浙江嘉善人。万历丙辰进士，官

至吏部都给事中。为魏忠贤构陷，下诏狱死，事迹具《明史》本传。是谱前后皆有大中自跋语，前跋略称事多未详，详略缓急俱未停当，幸得至刑部狱，当更定之。后跋略称孙杰、梅之焕、左光斗于己有所规讽，意若小嗛，而俱为知己云云。所述入仕前处困情境，字字真切。若本传所载举于乡，家人易新衣冠，怒而毁之乃无事，本不近情也。叙阮、魏构陷案甚悉，而归罪于左光斗，谱讳其名氏，但称为“某”（按即指光斗也）。略称，某由大理丞迁少卿，时副院为郑玄岳，佥院为杨大洪，某欲迁佥院璯杨为副，而迁郑为户部侍郎，以二人俱称职，不宜无故更动，且吾辈宜以恬淡风世效朋友切磋之道，而某遽有二心，逆数是岁二月，吏垣都谏程芸阙当升，序属刘弘化。弘化于冬间以亲艰闻，序当属予，而某不使予居斯也，令且讳刘之丧，而贻书院大铖令急来。既而某与院因补江北铨司事意相格，则倏推并升周士朴出工垣以待阮。阮大恨，急图于傅继，教嗾不下，某又阴卸，以为是予欲之，阮故弗善予，及是恨滋甚云云。按《明史》光斗本传亦称“光斗与给事中阮大铖同里，招之入京。而大铖密邀中旨勒当迁之周士朴，为赵南星所悉。大铖疑光斗发其谋，遂嗾傅櫆并劾之”。据此，则光斗以躁进而引祸端，阮负友而又自贻伊戚也。而《明史》左、魏两传俱未及之，殆未见是谱耶？卷首载崇祯元年追赠诰命，卷后附其子学洢《将赴浙狱遗友人书》。又按是谱宜有刊本，惜未见之耳。

1469 鹿忠节公年谱二卷

明陈鋐辑。按鹿善继，字伯顺，直隶定兴人。万历癸丑进士。观政兵部，改户部主事，以争金花银事镌级，归。光庙御极，复官，典新饷。旋改兵部职方，参孙承宗军事，承宗罢，乞归。崇祯初起用，升太常寺少卿，未二年又乞归。崇祯九年丙子，北兵犯定兴，入城守御，城陷殉节，赠大理寺卿，谥忠节。善继学宗阳明，期于实践，求事事不亏本分，时时不愧本心，即以授徒为讲学。其要旨具托所著《四书说约》中。其服官，如争金花银、阻用废弁张思忠等；其佐幕，恢复

辽疆四百里，及五城七十二堡，多参与擘画，气节才识，皆过人远甚。讲道最合者有孙启泰，即世所称夏峰先生也。受知最深者有孙承宗。惟家所悄自之杨嗣昌亦甚善，身后，嗣昌上［书］言其生平大节，不当徒以死事褒，由是得优恤，可见其立朝不分门户。而嗣昌之恶，亦未必如谤之者之甚也。鋐以定兴人，（诸）与其父兄俱学于善继。是谱据善继所著《认真草》、《三归草》编次而成。因事□□□其文，多至二十余篇，大都有体有用，足以证其学者，惟事迹不免少有漏略。据卢象升撰善继传，容城订交，同拜杨忠愍祠，为善继、启泰、魏大中、周顺昌四人，谱独缺顺昌，殆是偶然失考。卷首有鋐序，称作谱出启泰之命，时康熙丁未矣，距善继之卒三十有三年矣。启泰尚在，老而不忘故人也。此书道光间重刻，有郑献甫序。

1470 **刘忠介公年谱二卷**乾隆丁酉刊本

明刘汋撰。首题《先君子蕺山先生年谱》，按即董玚所称学人窜抹之本也。但玚谓三十一岁戊申“赵令问疾，至右息而去”条下注语，先君子谱御史某下，有上章诋先生坚伪，欲置之殊劣云云。是本无此文，岂窜抹者另有一本耶？至丙子“始以《中庸》已未发之说示学者”条下，引作“动而无动，静而无静，性之所以为性，心之所以为心也”，与董本不同。玚所斥为不会诚意宗旨者，殆以此取与董本相校，则“鲁王赠光禄大夫，少傅兼太子太傅，吏部尚书谥忠端，唐王赠东阁大学士，少师兼太子太师，吏部尚书谥忠正”，此俱无之。其乙酉“杭州失守”条，多所漏略。最要者，董本“为战守计”下，有“又寓书章格庵正宸及余姚熊雨殷雨霖趣入城共治守具”二十三字。又“晚始粒”下，有“遣人访石斋（谓黄石斋，时传其在近郊）复趣格庵雨殷急趋郡”十四字。又“出居郭外之水心庵”下有“越数日，雨殷约期来会，曰为今日计，宜别拥贤王画江自守。首则借资方藩（谓方国安），次则藉援未孩（谓朱大典），若闽兵数十艘见泊蛟川，使其列防钱塘东岸，自是寝兵窥江，更从徽宁间道邀约左兵，捣虚建业，彼当退而自顾，如此则恢复可期矣。即当趋候指使于长者之前，

不敢一字欺先生。又以书邀之曰：‘辱手谕，足尽今日措置事宜，门下若有意高皇一线，急宜捐躯入郡，吾辈断无生路，行亦死，住亦死，做事亦死，等死也，与其墨墨而死，毋宁烈烈而死，况事尚可为乎！若不做，便合速死矣。’随命汋以雨殷书上颖，不遇”一百九十一字，此俱不之载。又汋不敢以书呈下，有“时雨殷为邑人所觉，避入山中，格庵以书辞，踪迹石斋无所遇，而二生亦竟去”三十字，此皆不之载。而“答征书”条下，忽插入“先生曰，吾所以隐忍至今者，以熊雨殷诸君不忘明室故，今已矣”云云，殊无着落。且著此一着，正见宗周因恢复绝望而死，不为徒死，何可少也。而请别立宗室之张应□，以避讳故，改为应兆，尤无理。又董本后附《年谱录遗》，此亦缺之。而戊申三十一岁“叙赵令造榻”条下，注云其详见《录遗》，是明知有《录遗》也。其详于董本者，亦有数处，大都奏疏，具文集，董本但存其目，此则全载其文者。又按忠介系乾隆间赐谥，宗周原有忠端、忠正二谥，何为舍本朝之谥而用异代之谥？其书大清兵及顺治年号，与董本同。卷首有梁国治序。卷末附邵廷采撰《刘汋传》，又附宗周玄孙毓德跋，谱即毓德所刊也。

1471 刘子年谱二卷 道光甲申刊本

明刘汋撰。汋字伯绳，浙江山阴人，左都御史刘宗周子，幼习父训。国变后，杜门绝人事。时人高其节，与徐枋并称。刘子谓宗周也。是谱董玚编入《刘子全书》中。玚称宗周违世后七年，郡人祀之证人书院之后室，汋即居于室旁。取宗周日记、纪过格及私抄笔札、谱集种种，手编之。又称汋戊寅殁后，录得谱稿二本，一曰《先君子蕺山先生谱》，中多窜抹，传自学人，不会诚意宗旨者为之，至不可认；一曰《刘忠正公年谱》，与前大同小异云云。按是谱即所称之后一本也。又据汋自称，天启丙寅间，讹传宗周被逮，祸在不测，悉以平生著述寄友人，其后未及索归，故丙寅以前笔札，无一存者。丁卯至乙亥九年著述，复为人窃去。汋年二十四，始留心抄录，存者十之七八，故末后十年行事独详云云。今谱于条下每注“稿佚”者，殆于

此，然大致要不失为详备。按宗周在官，负清正敢言之誉，论学，标体用一原、显微无间之旨，其尽节也，又兼从容就义、全受全归之美。汮句摹字绘，举其大而不遗其细，盖见闻有素，而学与识又足以达之故也。其汮于丙寅条下注云："行事之始末，学力之浅深，不可尽考。"按宗周作《日纪》，自云"始自学日"。据此则壬辰十五岁，宜书作《日纪》。又《学言》载："丙寅有三十年胡乱走，今日始知道不远人语。"丙寅宗周四十九岁，则问道始二十岁。据此则丁酉宜有书"是年始慕圣学"。又《代陈太母母徐安人七十序》，有"承母夫人之教，志慕龙逢、比干之为人。一日登朝，即慷慨论天下事，以去去而倡道于稽山镜水之间者，前后一十五年"云云。据此则"二十六岁旌母夫人"后，宜有"志慕龙逢、比干之为人"一句，"澄水澄里"后宜有"倡道于越"一句，而谱皆缺之。又谱于辛亥载丁元荐致书定交，而与元荐遇于许初所在癸卯，见祭文，不载"则定交垂本"。又己巳汮遇丹东宫补宫生，宜入己巳，而系之谱末，亦为失次。又有错误者，年谱录记上书纠沈一贯脱草以示友人，友人曰："公有老亲，万不一加以不测之祸奈何?"先生默然，明日遂请终养，而谱乃以拟纠沈一贯及请终养，分系万历三十二、三十三两年，非也。又谱载，甲申五月十日，起复原官。按邸抄系八日。又载会推冢宰吏部疏，举宗周已而枚卜阁员，吏部亦列宗周名以请，俱置不用。按邸抄，三日监国，四日署吏部尚书事，兵部尚书史可法传单约诸臣会推吏部尚书，以在任南京吏部、户部尚书掌都察院事，张惧言为正，以宗周为陪，点用慎言，五日，慎言传旨会推阁员，诸大臣推可法、高弘图、姜曰广，七日，复同九卿会推曰广、王铎、陈子北、黄道周、徐汧，无宗周名，则所载又非也。又谱于是月十一日拜疏辞下注云，自先生行而内阁高弘图、姜曰广，太宰徐石麟，苏抚祁彪佳，给事韦正宸、熊汝霖、陈子龙，先接出去□位。按邸抄曰广以六日告归，行在十五日。宗周出郡门，在十六日，实后曰广一日，则所载又非也。又谱载，史可法先主立福藩，马士英持异议，使所亲为可法具言不可状，可法然其说，改拟潞王，遂以书报士英，书至，而士英拥主福藩之策已定。福藩立，仍士英宣言□以可法书入告，可法惧，举士英自

代。按此条不见他记载，恐是传闻之误。凡此皆其小失。是本间有董玚订正处。丙子“始以《中庸》已未发之说示学者”条下，引“动而无动，静而无静，神也，性之所以为性也。动而无静，静而无动，物也，心之所以为心也”。以按别本，“无静”下多“神也”二字，“为性”下多“也”字，又多“动而无静，静而无动，物也”十字。确为玚所增入，以玚自言之也。他条虽互有详略，玚未及之，则亦无以证之矣。至谱中书大清兵顺治年号，谅亦后人所易，原本当不如此也。

1472 刘子年谱录遗一卷道光甲申刊本

明刘汋辑。《录遗》者，录《蕺山年谱》之遗也，盖仿《范文正公年谱附补遗》之例。其中有正年谱之讹者。谱于甲辰二十七岁“除授行人司行人”条下，载：“四明沈一贯当国，与给事钱梦星朋邪乱政，禁狱妖书，相缘为械。贤人君子，无所措足，将上书极谏，既而叹曰：‘此身犹非我有也。’属草而罢。”又乙巳二十八岁“拜疏请终养”条下，载“舍大父不置，去冬拜疏请终养。”而《录遗》则云：“在大行人将上书纠沈一贯，脱草以示友人，友人曰：‘公有老亲，万一加以不测之祸奈何？’先生默然，明日遂请终养。”是纠一贯与请终养。事才隔日，而“公有老亲”一语，亦较“此身犹非我有也”为显。有补年谱之略者。谱于壬申三十一岁“叙赵令造榻”条下注云：“后丁巳京察，御史韩浚欲坐先生考功法，时赵公入为功郎，力争不可，乃获免。”而《录遗》则云：“江西巡抚韩浚上疏参先生，比之为少正卯，乞赐尚方加诛，以为惑世诬民之戒。归子顾、刘廷元复相继攻之，盖为先生修正学一疏发难也。越丁巳，考察京朝官，主计者尽黜东林诸君子，浚入掌河南道，必欲以考功法处先生。时功郎为赵士谔，言于众曰：‘刘大行贞修拔俗，士谔昔令会稽，稔知之，非相倚为名高者也。’浚乃止。先是，浚以巡鹾按浙，行部至越中，修年谊，谒先生者再，先生正患病谢之，浚疑为伪。一日屏驺从，单车造门，苍头报按君至，而浚以入室，先生亟从帏后避之，浚恨绝之甚，

故有此狂诋。”又谱载：“临终属汋祠事要交代明白，不得容情作不了之局，义田不可一亩分动，少存区区之心，以报祖宗。”而《录遗》云：“绝食中，有宗人数辈至床前，欲分散义田为己产，先生曰吾拮据一是，置此祭、义两田，所以上报祖宗之，不第为汝辈而设。故遗言属汋者，首书祠事义田，要尽心经理，不得容情，作不了之局。”按此三条，所载事同，而《录遗》较详，以相证而益明。其他大都关于持身、治家、交友、事君之事，各有其义，无小非大。而所记倪鸿宝，三谒不得见至以朱元晦为比，又识黄石斋气节有余而学问不足，阻其赴召，又避之别业，终至走诗箑讽其行。按二公亦负儒林重望，其后俱以死节者。此轶闻二则，兼可补倪、黄年谱所未及。又按所录诸条，多有年月可系，即无可系者，亦可依类相从，例宜并入年谱，证诸谱有“其详见《录遗》”之语，则二稿之成似无先后，岂亦叙事各有体，故未可混为一耶？要之，汋所录，可信，无一字虚伪，得此与年谱相辅而蕺山清卓之行，乃无所遗耳。

1473 **牧翁年谱一卷**传抄本

清葛万里编。万里有《别号录》，《四库》已著录。牧翁，钱谦益号也。万里是谱，搜采甚略。大率就诗文集有年可系者为之排比，而仍有未备。如《投笔集》，自己亥至癸卯，五年之诗皆入之，其己亥七月初一《金陵秋兴》八首，为郑成功海上兵迫金陵作也。如云“埋胡紫塞慰天心”，又云“黑水游魂啼草地，白山新鬼哭胡笳”，又云“沟填羯肉那堪脔，竿挂胡头岂解飞”，摅愤至矣。又云“枕戈席稿孤臣事，敢拟逍遥供奉班”，言已将待罪也。以下诸诗中多寓事，而万里概未之及，岂所据者止刻本《有学集》耶？取校彭城退士编本，惟钱千秋案，此以举发者为章允儒，彼以为顾其仁，而职皆礼垣。又升詹事府少詹，此系于乙丑四十四岁，彼系于甲子四十三岁，未知谁误。无刊本，仅于《国粹学报》中一见之。

1474 钱牧斋年谱一卷宣统活字印本

题彭城退士撰。当撰于乾隆中叶以后。牧斋所著书严行禁毁，故作谱者亦匿其名氏。按钱氏谱称，有篯铿者封于彭城，即彭城也，后去竹西为钱氏，然则彭城为钱氏□自出，退士盖其宗人也。所叙殊简，而与葛万里辑本相（辑）［较］颇有异同，而稍加详焉。如丙子被逮入京，由于邑人张汉儒希温体仁旨，讦牧斋与瞿式耜居乡不法，其得解也，由于司礼监曹化淳自请按治，尽汉儒等奸状；又丁亥再逮，由于江阴黄毓祺谋举义被擒，而牧斋曾留毓祺宿，且许助资招兵，其得解也，以首告之盛名儒逃匿不赴质，毓祺病死狱中，总督马国柱为了申雪。此具著其事，而葛谱遗之。又己亥载《投笔集》于是年始，似曾见《投笔集》者，而葛谱又遗之。又甲辰载，黄太冲捉刀于垂绝之时，柳夫人殉节于已殁之日，事皆足传，葛谱俱遗之，则视葛谱为优矣。

1475 黄忠端公年谱四卷道光九年刊本

明庄起俦撰。起俦字子鹤，福建龙溪人。起俦学于黄道周，尝偕道周出师至建阳。是谱记道周学事迹，较他谱为详，可与《明史》本传互参，有可正《明史》之误者。本传“道周字幼平”，而谱云字幼玄，按道周第四子麑子复名子平，不应犯父讳，则本传误也。又据谱，道周于崇祯壬午遣戍，在途复官，即乞还闽。乃本传载，道周在途，疏称学龙廷秀贤，既还，帝召见道周，道周见帝而泣：“臣不自意，今复得见陛下，臣故有犬马之疾，请假许之”云云。全非实事。又本传载，福王监国，用道周吏部左侍郎，道周不欲出。马士英讽之曰：“人望在公，公不起，欲从史可法拥立潞王耶?”乃不得已，趋朝，陈进取九策，拜礼部尚书云云。据谱，道周于闻报后，止附疏陈赣闽形势，未至都，晋礼部尚书，则本传云云，亦误也。又本传载，从道周殉难者，中书赖继谨、蔡雍、兵部主事赵士超。谱于三人外，

尚有别驾毛玉洁，而蔡雍则作蔡之溶，赵士超系□马非兵部主事，其他所记，若解学龙、叶廷秀之狱，衢州劝进以后，婺源被执之前，皆可补本传所未及。至于著书讲学，本传不涉只字。谱乃详悉不遗，尤足资也。然亦不免少有舛误，如开卷记道周初字螭若，引《续骚词》为证，门人某注《骚》，曾正其误。又崇祯庚辰条下云："是时薛国观、蔡国用当国，而杨陈用事（按谓杨嗣昌、陈新甲也），道周虞不免，未几因江西巡抚解学龙之荐而逮命下。"而本传则云："大学士魏照乘，恶道周甚，则拟旨责学龙，帝遂发怒，立削二人籍，逮下刑部狱。"按本传是也。又谱记至乙酉止，丙戌正月十二日以后即叙在乙酉年后，与记道周自推年历至六十二岁止者，尚缺一岁，亦不照原稿藏道周裔孙鸣盛家。谱后附蔡夫人及韩、吴二妇传，为鸣盛所增。按韩、吴二妇与谱无涉，宜删。道周在隆武时，原谥忠烈，乾隆时始谥忠端，此题忠端宜改。书为蔡世远校刊，编首旧列纂修弟子姓氏十五人，刊书时弁以，道光三年礼部议准从祀文庙原奏及栗毓美、刘荫棠二序。

1476 黄子年谱一卷道光甲辰刊本

清洪思述。思字浩士，号石秋，福建龙溪人，思与其父图皆学于道周，尝收道周遗书，为道周及蔡夫人作传，又成是谱。曰"黄子"者，尊师也。然书中有数处仍称"先生"，则义例未尽归一矣。思与庄起俦同为道周弟子，所记同起俦者十之九，然各不相谋，详博逊起俦。如十二年己卯条下，所云"十朋"，自管、葛、郑、董、王、梅、张、周、沈，凡二十六人，"九串"，自屈、贾、鲁、李，至张、赵、李、马，凡三十人，不为各注其名，孰知所指？其他关涉之人亦多举姓而遗其名者。据庄谱，万历戊申二十四岁，初馆于浦中卢司徒家，是秋张公绍和乃言于太史高公，致书迎居于兰水之霏云室，此则缺戊申一年，而以其事附于丁未年后，非也。其以丙戌正月十二日后事，附乙酉年后，则与庄谱同。惟朱永明，庄谱以为绍兴人，此以为昆山人，未定孰是。谱记道周完节为三月五日，与庄谱同，而何义兆《麟

书纪略》作三月十五日，黄梨洲《明儒学案》作三月七日，各异其说，尚待详考。是本始刊于道光甲辰，间有脱衍讹误，悉仍不改。龙溪林广获据庄、郑二谱及他书所载若干条识于书眉，中一条云："时有疑子不讨贼者，诗云'万国共传衣带诏，一人方诵水嬉诗。今读与陈卧子书，知燕都之信尚未通。'"按此条最要，燕都之变在三月十九日，而《水嬉序》作于夏五月三日，得此可以释疑矣。书后有庆获跋。

1477 **漳浦黄先生年谱二卷**道光黄忠瑞全集本

清陈寿祺辑。是谱以庄起俦本为主，而采洪思本以补之。其庄、洪二本全同或略同者，亦附注每条之下。庄、洪二本不纪丙戌，自正月十二日以下，即叙在乙酉年下，郑亦邹本独否，寿祺从之。他所采郑本，尚有数条。其庄、洪二本沿误者，亦未及校也。仍题"邺山弟子庄起俦编"，则以资于庄氏者较多故耳。

1478 **黄漳浦年谱一卷**传抄本

清郑亦邹辑。亦邹字居仲，号白麓，福建海澄人，康熙乙未进士，官内阁中书。是谱出庄、洪二谱后，视洪谱更略。惟隆武二年丙戌六十二岁，另列一条，不附乙酉之后，识胜庄洪。他条可谱二谱之阙者：乙丑四十一岁条下，洪谱有讲筵获罪语，而不详其事。此则云："当魏珰时，经筵故事，展书官必奉书膝行，道周以为经筵道尊，不宜有此，独以平步进。魏珰目摄之，不能难也。"又弘光元年六十一岁条下，庄、洪二谱，俱不涉郑芝龙一字，此则云："是时朝廷草次兵食大事，俱仰给郑芝龙，隆武虽拥空名，实为寄生，独倚道周为重。道周知事不可为，每陛见相对泣下，辄请行边，翌日朝晏，又与芝龙争执朝班，上疏乞归，隆武慰留再三。道周观芝龙不轨，复请行边。"按此二条，所系甚要，不知庄、洪二氏何以竟忽之也。

1479 方孩未年谱一卷报恩录一卷祸由录一卷嘉庆丁丑刊本

明方震孺自述。震孺字孩未，安徽桐城人，寄籍寿州。万历癸丑进士，由沙县知县，行取为御史，巡按辽，为魏忠贤党诬陷，下狱论死，庄烈帝嗣位，赦出，以守寿州功，授广西参议，擢巡抚广西，乙酉清兵南下，走南雄，呕血卒。是谱记自万历乙酉一岁起，至天启丙寅四十二岁止，其时正系东厂，议大辟，待决，震孺自知无生望，因述行事，以示后人。详载得祸始末，及诸奸倾陷之阴谋，亦可籍考辽事大概。按震孺于熊廷弼有师生谊，当时构震孺者皆曰党廷弼，而谱记筹辽语，谓经抚终日不算敌而斗口，经说话岁隐而不肯做，抚肯做而漫无实着。据此知于廷弼并无偏袒意。惟又谓经抚皆乐于卸肩，两人皆望余一参疏，以便卸担，两人总非敌对手，余逐一人去，后来河西有事，必归罪于出疏者，且代经抚者实未见其人，是以未敢轻议去留。按明知二人不胜任，何不并参之，若预虑后来归罪，是重一己利害而轻国事也，可乎？《明史·震孺传》称扬州守刘铎咒诅之狱起，并诬震孺而不详其事。谱云，有李承恩者，李戚畹也，大内所深恨，在狱连屋而居，李行贿大内之嗣肃宁伯，托刘知府介绍，事泄，为东厂所访，诸奸遂密嘱审官，诬震孺得三百金。右居间不及咒诅，盖传误也。惟谱中时称“余”，又时时称“先生”，当出后人增润。而震孺卒于乙酉，六十一岁，上距丙寅十九年，未有补述。《酬恩录》记在狱时，诸营故调护及为乞措赃金者，然传载，罗卒夫妇恩最大，何以遗之？《祸由录》记魏应嘉、刘廷宣、吴淳史、徐大化、郭兴治、李蕃、谢启光、高嘿、冯铨、崔呈秀十人，王在晋、薛贞则难见焉。二录与年谱并一时所作。

1480 明德先生年谱四卷康熙刊本

清施化远等编。明德先生者，明吕维祺也。维祺字介孺，河南新安人。万历癸丑进士，由兖州府推官擢吏部主事，迁文选司员外郎。

值熹宗嗣位，内侍渐欲干权，维祺遏抑于几先，致招所忌，幸以省亲回里，不及于难。观其后所陈九忌三不负疏，亦危甚矣。掌南京户部最久，绩亦最著，但其时计政已不可为，区区补苴，何救于败？迨升兵部，赞机务，则整饬只托空言矣。六疏乞休，不许，旋以大计革职。崇祯十四年，流寇犯洛阳，维祺与当事者婴城固守，城破，殉之。生平喜讲学，尤致力《孝经》，初成《孝经本义》，继成《大全》。《或问》几经修订，崇祯十一年九月进呈，是年十一月，复疏陈表章《孝经》八要。全书至康熙间而刊行。是谱编次者，题施化远、周景濂、袁应参、姚赓唐、黄基昌、李毓楠、石岳、陈榕、孟瑠、郭希铨，皆维祺门人也。每条标揭纲要，而详其原委，类其散碎，以为小注，多录诗文章奏，大抵政学之外，不涉其他。称明德先生者，盖维祺晚岁尝建明德堂，作讲会之所，故以称之。后有姚赓唐、孟琚二跋。

1481 王弇州年谱一卷嘉庆丁卯刊本

清钱大昕辑。凤洲，明王世贞号也。世贞嘉靖丁未进士，官至南京刑部尚书。是谱多据四部稿，排比年月，其见于《明史》本传者，如传载在锦衣都督陆炳家，搜得阎姓奸人，炳介严嵩以请，不许；又杨继盛下吏，时进汤药，代继盛妻草讼冤疏，为嵩大恨。谱未载陆炳事。又传载其父忬，以滦河失事系狱，世贞解官奔赴，与世懋日蒲伏嵩门，涕泣求贷；两人又日囚服跪道旁，遮诸贵人舆，搏颡乞救云云。谱仅言自乞罢（乞罢）入都，他不及，惟给事中牛维垣、御史孙承南，以昙阳子事，劾王锡爵，并及世贞兄弟，传略之而详于谱。按顺治间，世贞孙国瑞撰有《凤麟两公年谱》，记生于太仓州牌楼市，及幼岁受业诸塾师，此俱缺如。又记其父忬，嘉靖十七年戊戌成进士，大昕作二十年辛丑。考《明史》忬本传，辛丑是也。然大昕实未见是谱，而叙次有法，则过之也。

1482 华凤超年谱二卷附一卷康熙刊本

清华良黄述。凤超，华允诚号，生万历十六年戊子二月三日。成进士后，受学于高攀龙，既与攀龙同去。攀龙寻被难。崇祯初元补官，旋上疏，讦温体仁、闵洪学之奸，罚俸，遂请养回里。福王立，起吏部文选司员外郎，改验封司员外郎。未三月，引疾去。后避地泰伯乡，为杨镇标兵所执，以全发被祸，时顺治五年戊子四月十四日也。按允诚以遗老居田间，不与起义诸役，竟死于满官□□之下，其残无人理可想见。开卷录汪琬撰传，严觳撰诗并序、徐枋撰墓志铭，并允诚小像。后附入祠事略、宗谱传赞。末一卷，则汇纪丙寅建祠事也。

1483 补辑李忠毅公年谱一卷江阴缪氏刊本

清缪荃孙纂。是谱叙明李应昇事迹。应昇，字仲达，江苏江阴人。万历丙辰进士，授江西南康府推官，行取为福建道监察御史，以讦魏忠贤被逆党曹钦程劾为东林护法，削籍归。忠贤旋假苏杭织造劾周起元疏，厕入其名，逮锦衣狱，竟死狱中。福王时追谥忠毅。应昇子肤公，尝作年谱，佚不可得。是谱乃荃孙据《明史》列传，《江阴志》，钱谦益、吴伟业两墓志辑成。按赵吉士《续表忠记》，有应昇传，所记如缪昌期为应昇之姑夫，吴钟峦为其师，释褐及被逮日有极痛切之训语。其死也，实许显纯承奄意，而丧于狱卒颜紫之手。凡此俱为是谱所未载。又谱记“官南康日，决积案千六百余”，而赵传止云“六百余”，未定谁是。谱后有荃孙自识，称“略存梗概”，其疏漏固无足怪耳。

1484 倪文正公年谱四卷旧抄本

明倪会鼎编。会鼎字无功，浙江上虞人，文正公元璐子。是谱首

有元璐小像，及黄道周赞。谱所记详而确，条下会鼎自为注，足以相发。中如：援礼折德王之骄，移疾避魏珰之祸，又寇祸陈言，及揭户部四事。任祭酒日，陈造士规条，有陈雍务六事。任户部日，所称实做、大做、正做，及十事条议、虚实五议、停开采议等，皆为《明史》本传所未详。若辛巳壬午间，值江浙大饥，所拟赈灾诸策，无所不备，询可为法后来，亦以见其干济之才，小用小效，惜其起用之晚，无所救于末造也。惟所记刘孔昭讦冒封事，语涉含混，不知何指。证之《明史》，盖讦其妻陈尚存，妾王冒继配复封，败礼乱法，卒以登科录二氏并列为罪。在会鼎则为尊亲者讳，故不欲形诸笔也。按会鼎学于黄道周，唐王时，官职方，尝参道周军。谱记道周论元璐癸未率敢死士勤王事，谓“视宗泽在卫，欲据金人归路，以邀二帝，张浚判建康，以小舟径抵北岸，其胆略实过之”云云，即驻兵信州时，所亲闻于道周者也。又赵告吉《寄园寄所寄》，称元璐遗语家人曰：“必大行殓，方收吾尸。”按元璐自缢时，尚未得庄烈煤山之讯，安得有此语？谱不及此，可证。吉士又称文正谥从未以赠死节者，其弟请曰：“曾子云‘得正而毙’，孟子云‘顺受其正’，何必不谥死节者？”于是并刘詹事之名亦定。按詹事名理顺，亦以死节谥文正，所云其弟，殆即元瓒。此数语，似宜补注于末条谥文正之下。谱后附顺治十年谕祭文、门下士徐倬跋。咸丰间伍崇曜始刊入丛书，复为之跋。

1485 天山自叙年谱一卷传抄本

明郑鄤撰自叙。鄤字谦史，号峚阳子，江苏武进人。天启壬戌进士，改翰林院庶吉士。以上疏救文震孟降调，旋削职。崇祯初，以原官起用，言者讦其杖母，下狱论死。是谱从万历二十二年甲午一岁叙起，至崇祯十一年戊寅四十五岁止，后署崇祯十一年戊寅八月十五日天山翁口授。盖其子珏侍鄤狱中，因授之也。叙被诬始末甚详。始结怨于陆完学，终触忌于温体仁，而诸日所挟以相讦者，则远在二十余年前。其父母游武林，皈莲池师，因而兴谤。有言其父披剃而母为尼

者，又言其为婢妾争哄而起者，至是乃加之于鄤，谓其惑父披剃，迫父杖母，遂籍成此惨狱。然证成之者，实其侄郑一谦，而谱未及之，岂为亲者讳耶？按鄤死于温体仁、陆完学去位之后，时庄烈帝必欲杀之，救者愈力而祸愈酷。鄤意中所疑主害之人，亦恐未尽是也。按《陈卧子自记年谱》有一条云：峚阳多才艺，依附正论，与石斋师同馆交善。然其人贪险，内行不修，无乡曲誉，石斋师不知也。乌程知乡品秽，易乘，可使群正夺气，遂披抉其闺门，下之狱。石斋师闵之，且恶宰相以私意杀人，上疏称其才，得严旨。师更欲自直，予力谏，以为其人本公论所斥，诸君子误收之，令既为大奸所中，宜弃一人，以全善人之朋。其语微闻于郑，则大憾于狱中作文。盛称予才侠，趋人之急，诸公在厄者，罔不营救，即已犯不测之罪，交游皆绝，急难之友，惟陈子耳。然予实无是事也，其意欲以相中，镂其文于板，且布长安中，幸大金吾吴祖洲，与予善，见之为咋舌，属狱吏削去之云云。自来论鄤事，未有引及此者，则鄤本不容乡评，即曰所谤全虚，而以一言之不助已，意欲拉其人同入陷阱，其设心亦太险矣。卷末附嘱妻训子诸条，又有《来无名先生传》，亦是鄤自作，书中屡言冤业，袁简斋说部中记诸道人事，殆又缘此而造耶？

1486 郑桐庵年谱二卷 《甲戌丛编》本

明郑敷教，字士敬，晚号桐庵。取居桐悔过意也。崇祯庚午举人，与杨廷枢同榜。又同隶复社，声气之盛，亦复相亚。鼎革后隐居教授，年八十卒，门人私谥贞献先生。是谱上卷，讫弘光元年乙酉五十岁止，为门人徐云祥、卢泾材所记。下卷讫康熙十四年乙卯八十岁止，敷教自记。此本为其门人徐枋手录，道咸间归昆山潘晚香，后归昆山马梅轩。上卷首册缺数行。从万历三十五年丁未十二岁起，而生于万历二十四年四月十□日，卒于康熙十四年九月初二日，别详于门人沈明杨所记，后并附同议私谥门人缪慧远等四十九人及门人钦兰撰《私谥议》，民国甲戌赵诒琛得而刊之，附入《苏州府志》人物传，而跋其后。

1487 **金正希年谱一卷**光绪丁酉两湖书院活字本

无撰人名氏，校程锡类所撰谱全同，惟缺开篇总叙一段，又无附录。刘洪烈间据《明史》及他书为之考证，盖声著籍嘉鱼，亦湖北人也。光绪中张之洞督湖广，创经心书院，取乡先贤后裔入院肄业，有金承钰者，声之裔也，因出是谱刊之。洪烈适充监院，因加考证，并跋其后。按是谱先刊丁酉，距金兆蕃刊程谱时已三十年。兆蕃乃似未之睹者，何耶？

1488 **金正希年谱一卷附录一卷**民国戊辰思贻堂刊本

明金声字正希，安徽休宁人。崇祯元年进士，授翰林院庶吉士。二年，北兵迫京师，声举刘之纶、申甫可任事，已而之纶、甫皆败死，声上疏自劾。有旨，金某不必引咎。寻告病归。十六年，以修撰起用，会母卒，未终制，而京师不守矣。南都溃，义兵在本郡起兵，隆武初，加兵部右侍郎兼都察院右佥都御史，旋郡陷，被执，不屈死。谱为休宁程锡类撰。锡类，字不匮，声门人也。隶事之外，稍涉其学说，与熊开元所撰传，互有详略，而皆得之为身所见闻，较亲切可信。附录崇祯时秋命三道及声家书一篇，及隆武时恤谥疏诏。是书向无刊本。后有叶世寅、金兆蕃二跋。书即兆蕃所刊，展转抄录，晚乃传世。兆蕃曾见别本，于跋中为补三条，又考证同难诸人甚核。

1489 **卢忠烈公年谱一卷**乾隆辛卯刊本

清卢安节编。安节字亨六，江苏宜兴人。明督师卢象升曾孙。忠烈，象升谥也。象升天启二年进士，主事，历员外郎，迁大名知府。崇祯二年，在大名府任以兵卫京师，由是为大名、广平、顺德三府兵备。抚郧阳，总理湖北等七省军务。总督宣大，屡摧寇氛。十一年，北兵入寇，命督天下援师。时杨嗣昌、高起潜阴主与满洲媾和，帝为

所动，而象升力持战议，遂为所扼，以致战殁。杨廷麟为作传最详，是谱大率据之，而增入未仕时事，以所为奏议、诗文系于年下。惟其时所得奏议、公牍自崇祯七年至十一年，尚缺而不全，谱亦因之。其中有不依刘传者，如进兵部尚书在崇祯十一年，杨传则在九年，而《明史》本传与谱同，当是谱从《明史》，非别有据也。又以斩高迎祥功让洪承畴一事，杨传有，而谱无之。考吴伟业《绥寇纪略》，以此事属孙传庭，谱不载或即因此。然《纪略》于擒闯事，已两存其疑。且许德士《卢公遗事》所记与杨传全同，似不宜信彼而疑此也。象升死四年，刘宗周为颂冤，始得复官。福王时，始赐谥忠烈，至康熙二十七年而建祠，谱连及之，并附《世系》及《从祀录》以资考焉。

1490 堵文忠年谱一卷道光癸卯刊本

明诸允锡，字仲缄，江苏无锡人。崇祯丁丑进士，授南京礼部主事，升南京户部郎中，升长沙府知府。山贼掠安化、宁乡，破灭之。又杀醴陵贼魁。福王时，命摄湖北巡抚。唐王继立，降李锦、高一功部众，屡复失地。闽部溃，桂王又命为兵部尚书，总督军务，旋以何腾蛟战死湘潭，失助，入朝广西，授吏部尚书，文渊阁大学士，卒于浔州。按允锡自著有《年记》，惟止于甲申二月，其后有邑人任源祥为之续。而邑人张夏合之而为是年谱。以校《明史》列传，多所补正。如李锦系自成义儿，英淑夫人高氏系锦亲母，而《明史》谓锦为自成兄子。又谓高氏为自成妻，高氏封英淑夫人，又误“英淑”为“贞义”。又胜草坪，复常德、辰州，复衡州、湘潭，胜麻河，皆允锡功绩，俱被《明史》删削，幸详于此。谱又称有欧阳典者，为允锡亲吏，在浔州送终，有《粤西实录》一卷，专述允锡事迹云云。夏所掇拾，大率据此。卷首有俞德渊序，末有潘光序跋，并附潘士超祠碑记及静日轩跋。

1491 查东山年谱一卷嘉业堂刊本

清沈起辑。起，字仲芳，浙江嘉兴人，布衣。国变后为僧。东山者，查继佐也。据谱，继佐初字三秀，更字友三，号伊璜，《外纪》则云号兴斋。申酉之后更名省，字不省，或隐姓名为左尹，别号非人氏。浙江海宁人，崇祯癸酉举人。鲁王监国，授兵部职方司郎中，参张煌言军事。兵败，隐居不出，讲学于杭州敬修堂，弟子从游者逾千人。中间浪迹东南，又罹南浔庄氏史狱，幸而得免。卒于康熙丙辰，年七十六。起即敬修堂入室弟子也。所称“东山”，即审山，离龙山二里，继佐世居山之西，呼其山为东山，故云。起与继佐相依四十年，所记事多与相涉，其详且实，宜矣。世传继佐识吴将军六奇事，证诸是谱而知其误。据谱，所识武林乞儿乃陆晋也，其后以史狱株连，相传有人于满人侧为之白冤。当对簿时有笔帖式下阶问安，且传语三十年所失诗稿珍藏无恙。因忆及三十年诗稿为乞儿陆晋所取，岂晋后籍满洲而居要地耶？是则援继佐者亦陆晋也。然继佐之免，实因祸□发前投牒督学自辨，牒中连及范骧、陆圻，故三人俱免，则亦不尽关乎援之者也。王士禛《香祖笔记》、钮琇《觚賸》、蒲松龄《聊斋志异》皆属之吴六奇，后来蒋士铨且谱为《雪中人传奇》，然继佐所著《偶记》自云：“葛如方布衣野走，世传余有一饭之德，怀之而思报，其实无是也”云云。葛如者，六奇字也。则当日误传，继佐固已自闻之而自辨之。谱云继佐于吴将军非旧识，而倾倒如故交，令二子启晋、启丰负笈往游，如是而已。即啧啧有名之绉云石，亦得之江西，非吴将军所赠。惟谱于甲申后授官参军等事，俱不之及，盖有所讳，而别详于继佐所著《鲁春秋》中。书首录吴启丰撰《东山七秩乞言启》，启丰字文□，潮州人，即吴将军次子，后以军功镇滇南。按起著《乐园集》，是谱即其第七卷，咸丰间张涛得其稿，因与查谷共注之，于原谱外并有补有附有案。首刊征引书目，凡六十一种，内继佐自著书十一种，今多不传，赖此得见其概。又有查世礼序及诗各一首，涛自序一首。末附翁广平撰《书湖州庄氏史狱》一篇，及刘承

干跋。涛字铁庵，布衣，业于商。谷字稻孙，继佐族裔孙，俱海宁人。

1492 王烟客年谱一卷光绪二年刊本

明王时敏字逊之，号烟客，晚岁号西田主人，又称西庐老人，江苏太仓人。祖锡爵，父衡，累世清贵。孙原祁，又传其画法，世人并石谷所为三王者也。生于万历壬辰，崇祯己卯以太常寺少卿册封岷世子，旋里后，遂不复出。南都起升太常卿，疏辞。卒于康熙庚申，年八十九。是谱为其七世孙宝仁所辑，原四卷，未刊；顾文彬缀其大凡，载过《过云楼书画记》中，大抵属于登览、交游者居多。壮岁接董玄宰、唐叔达、娄子柔诸公；沧桑后，所过往者则黄摄六、陈确庵、陆桴亭、康雪法师等，皆胜朝遗老也。七十七岁始识王石谷。八十九岁于病榻识恽南田，皆具谱中。其原本四卷，未知今存否？

1493 白耷山人年谱一卷宗附寅宾录一卷嘉业堂刊本

清鲁一同编。一同有《王右军年谱》，已著录。白耷山人，阎尔梅号也。尔梅，沛人，中崇祯庚午乡试。甲申闻京师陷，不食七日，气绝复苏。嗣破产结士，图复明社。尝以策干史可法，可法不能用。又结山东豪杰举事，亦不成，被捕下狱。羁三年，司李纵之出，遂不返。沛人士代之申诉，获平反。旋又为仇家所攀，复亡命。（命）［幸］龚鼎孳长刑部，题疏得免。尔后浪迹无定，七十以后，始家居不出，卒年七十七。旧有其孙圻所撰家传，又有张氏而阙名者为之年谱，一同更取本集诗文及潘来之诗、孙运锦之传，增其所未备，但仍不免简略，且有隶事多舛误。如己丑条下注《叶润山见访次韵》诗，按润山为叶廷秀字，后从山东榆园军起义殉节者，证之万年少己丑诗序，历叙北行诸人，独无廷秀，可知来访必非此时。又丁酉条下，记正月在少林寺，注又云"有元夜少林寺方丈诗"，丙申条下，记岁暮入少林寺。按尔梅出亡河南凡三年，乙未岁除在通许，丙申岁除在关

中，丁酉岁除在临颍，戊戌冬回沛，踪迹历历可数，无由丙丁间在少林寺。又癸未条下，记泲置草堂落成。按本集七律《南直隶（卷）［卷］内泲置草堂读史》诗有序，言“堂创庚寅五月，至九月落成”云云，删本误庚寅为癸未，一同虽疑之而不敢定。按尔梅诗全集刊于康熙乙卯，不分卷，近体就九省游历省各为集，即所云“毋以当世忌讳为去取者也”。尔梅卒未几，其子畏惧祸，删其涉忌讳者改编十卷刊之，一同所据者是也。以故所系诗目不全，然其纠正张谱多有当者。《寅宾（集）［录］》盖汇友朋投赠之诗与札为编。卷末有刘承幹序。一同，字通甫，山阳人，道光乙未举人，以古文名。

1494 **白耷山人年谱二卷**阎古古集刊本

张相文编。是谱据泗山家乘、家传、足本诗集、家藏未刊文集、《寅宾录》诸书，以补正鲁谱。如崇祯乙亥，张夫人来归，崇祯丁丑，长子灵生，鲁谱俱遗之。崇祯甲申，作《哀燕山》篇，鲁谱以为佚者，实未尝佚。尤要者，自乙酉归沛，至壬辰案发，此六年间，家传及张、鲁二谱几无一字表见，并其踪迹亦不能实指。相文据诗集并考他书，断其与榆园义旅有关，如李化鲸等拥立明裔，自称忠义王，而清史概目为土寇。又叶廷秀系被执殉节，而《明史》以为事败为僧，相文俱据为证明，同时仗义秉节之士连类而及。大率野史所记诸义烈往往详于南而略于北，得此可弥其阙，不第尔梅大节藉之传而彰也。其纪年，则崇祯以后接以弘光、隆武、永历，至永历十五年后则援郑成功奉鲁王监国仍称永历年号例，纪至永历三十一年尔梅卒日而止，于义应尔，亦由易代以来无所用其讳也。谱后附阎圻所撰家传。凡事见家传者，谱但著其目，以避繁复。又兼详万年少事，以年少与尔梅同岁生，同以恩贡中庚午乡举，国变后同以抗节逃禅，又二人投契至深故也。首有尔梅遗像，末有相文后跋。

1495 傅青主年谱一卷旧抄本

清张廷鉴辑。廷鉴字静生，山西汾阳人。青主，傅山号也。山生于万历间，为明诸生，国变时年将四十矣。在诸遗民中，齿仅次于孙夏峰耳。廷鉴辑此殊简略，且有舛误。谱作青主生于万历三十四年丙午，今考本集，六月十五日至十九日《即事成吟》二十一首之十六云："三十六未老，一兄不肯长。"按青主兄庚，卒于壬午，由壬午逆数三十六年，是丁未。又《甲申守岁诗》："三十八岁尽可死。"由甲申逆数三十八年，亦是丁未。又《览岩径诗示眉及两孙一百韵》："昨年吾七十，五十汝今年。"考眉生于戊辰，时青主年二十二，眉五十时，青主七十一，亦生于丁未之一证。丁未为万历三十四年，盖廷鉴误后一年也。其卒年引青主五世孙履巽所编事实，在康熙二十三年六月十二日，当可信，惟享年七十九，盖沿生于丙午之讹，致增一年，青主实七十八岁也。又顺治二年乙酉三十九岁条下，记是年避地武乡魏驯家，云据《武乡县志》。考《志》言"顺治初，求贤甚急，内外诸当路，稔悉太原傅山，征辟檄屡下，皆不应，夜潜出城，至武乡，止邑人魏驯家岁余，迹者渐稀，乃返太原"云云，但言顺治初，不实指何年，而是年青主寓盂县，其岁除诗有"何除爆竹震仇犹"句，可证。其居盂度岁，则谱所记又非也。廷鉴事迹无可考。

1496 傅青主年谱一卷宣统三年刊本

清丁宝铨纂。宝铨安徽山阳人，官至山西巡抚。是谱首有宝铨自序。每条下有缪荃孙、段朝瑞、罗襄、罗振玉等按语，仿《顾亭林年谱》例。自万历戊午至崇祯甲申，据《明史》纪分记清兵流寇犯顺于每年下。于青主生卒年月及所流寓之时与地，颇费考核，亦有存疑不能定者，要亦十得七八矣。若举诸生，在天启元年，正诸记载之误，居士、登山、非土穴。又袁继咸乙酉丙戌狱中贻札，正全谢山事略之误，皆有据。□青主参兵国事，止一应李□□之聘，一生□然物

外，然青主非甘于沈冥者也。谱以游金陵、海州，系顺治己亥，甚是。其时南中有舟山、台湾之师。己亥夏，张煌言方破金陵，据集中《朝沐》篇“怆臣心兮五百田客”句，知此行不无声气之涉，他时鸿博被征，以死拒之国门，直与文□同其志节矣。顺治甲午太原之狱，据《朝沐》篇，有“堪包羞被耻兮，重之以甲午之情事。忆使九日不食兮，溘此微气”，则郭铉传称或劾其通南朝明赧帝，全谢山《事略》称其“绝粒七日”，可信。视顾亭林济南之狱，殆又甚之，亦幸而得解耳。其早年交游，如张履旋、郭新、曹良直、薛宗周、王如金、崔嗣达、曹伟、卫嵩、钱文蔚、李中馥、韩霖、桑拱阳、李木虎、毕拱辰、张忻、还阳真人等，并详其事实。晚岁往还，如戴枫仲、张天斗、纪映钟、范云茂、周容、申涵光、孙钟元、顾炎武、阎若璩、李因笃、戴本孝、阎尔梅、潘耒等，并著其踪迹，盖用蔡小岘谱淮海例也。

1497 陈忠裕公年谱三卷 嘉庆八年刊本

前二卷，明陈子龙自述，起万历三十六年，至弘光元年止。后一卷王沄续述，起弘光二年至顺治四年止。按子龙以崇祯丁丑进士，为绍兴司李，洊擢兵科给事中，巡视两浙兵马城池，时在崇祯十七年。未履任而京师告陷，弘光监国，仍以原官巡视京营。旋见群小势张，惧祸，乞侍养归。南都复陷，连同郡诸义士举兵，败走陶庄，自述遂止于此。既又随吴易起兵，易败，间行归里，值凌提督吴胜兆谋叛，事泄被诛，主兵者欲乘此尽杀三吴知名士，遂及于祸，此沄所补述也。子龙所记，如赈饥、办漕、剿寇诸事，策划精详。平许都之乱，尤中机宜，洵干才也。谱于马士英颇有怒词，谓“士英傥莽不羁，惟昧于门户之见，徒为阮大铖所挟，致与公义为仇，尝力解于士英，士英捎信之”云云。近人有作《马阁老辨冤录》者，惜未中见而引之也。续谱止书干支，无年号，盖陶潜书甲子意。记一子嶷，早卒，与杨荣《三藩纪事本末》所称“子龙死，其子时方五岁，亦论杀”者异。然证之吴梅村诗“相看徐稚与陈郎，无家二子同哀郢”，又董得

仲诗"对此稽绍孤，中心良耿耿"，皆谓嶷也。则杨荣误矣。沄字胜时，娄县人，明诸生，从子龙学，晚节相依，收子龙尸首，即其人也。是谱每条下，附有考证，援引甚博，则王昶所增入也。

1498 吴梅村年谱四卷道光刊本

清顾思轼纂。思轼，字景和，江苏太仓人。梅村，吴伟业号也。伟业所著诗集有程穆衡笺、靳荣藩集览、吴翊凤笺注。靳、吴二本皆分体，惟程本编年，且去伟业较近，于伟业身世、交游考证甚的。思轼是谱，以程本为主，参以靳、吴二本，又得其家牒，故卷首弁以世系。又以同里之故，网罗杂记佚闻不少。按伟业于崇祯四年辛未举会试第一，殿试以第二名及第，崇祯十六年癸未升庶子，而北都亡矣。宏光二年，召拜少詹事。顺治十年癸巳被征入都，授秘书院侍讲，寻升国子监祭酒。十四年丁酉告归，不复出。临殁遗嘱题"诗人吴梅村之墓"，又作绝命词云"忍死偷生廿载余，而今罪孽怎消除？受恩欠债须填补，纵比鸿毛也不如"，又《病中有感》词云"故人慷慨多奇节，为当年沈吟不决，草间偷活"云云，盖以老父在堂，隐忍受辱，其志可悲矣。谱中分年隶事，并及诗文，例甚善。惟集中之诗不全分配，不能藉作诗谱。其中如《清凉山赞佛》诗，为清世祖悼亡妃作，殆无疑义，乃系之十七年庚子，恐不然也。又按伟业之诗多切时事，中多隐讳，注家不能尽为举出。即如"墓门深又阻侯门"句谓陈沅，辟疆识陈沅，见陈维崧《妇人集》，时陈沅已归吴三桂，故曰"阻侯门"也。又《通玄老人龙腹竹歌》，"通玄老人"谓汤若望，清世祖赐号通玄法师，故有此称。如此之类，注家俱不之及，安得如近人《玉豁生年谱会笺》之作，一一为之发其覆乎？书中间附其弟思义考语。思义，字仁仲，师轼之弟也。书刊于道光，卷首有徐元润、宋清寿二序。至光绪二年丙子板毁重刊，有师轼自跋，视篇略有增删，距初刊时三十余年矣。

1499 黄梨洲年谱三卷同治十二年刊本

清黄炳垕编。炳垕卷首有序，末有跋。按黄宗羲字太冲，号南雷，世称梨洲先生。生于明万历三十八年庚戌八月八日，卒于康熙三十三年甲戌，八十五岁。崇祯元年入京颂父尊素冤，袖长锥击许显纯。顺治二年，迎监国，鲁王授兵部职方司主事，改监察御史，寻渊河兵溃，监国入闽，乃返故居。顺治六年，监国还至海上，复赴行朝，晋左副都御史，继而再归再出。庚寅以后，遂伏处著书，凡四十余年乃终。按宗羲尝自作年谱，以授门人郑梁，继而郑本与原本俱毁于火。炳垕是编，据碑传文集及《行朝录》、《思旧录》，益方志野史诸书，取材颇慎，繁简亦得中。其中乞师日本一事，据宗羲所作《日本乞师纪》，止载冯侍郎奉使始末，而不及己，而《避地赋》乃云："历长埼与萨斯玛兮，方粉饰夫隆平。"又云："返余旆而行兮，胡为乎泥中。"则宗羲实尝偕行，而后讳之。谱引全祖望说补入此事，最不可少。而祖望所记宗羲他事，多有不可信者，如小山堂《祁氏遗书记》云，南雷黄公讲学于石门，其用晦父子俱北面执经，已而以三千金购淡生堂书，南雷亦以束脩之入参焉，用晦之使者，中途窃南雷所取卫湜《礼记集说》、王偁《东都事略》以去，则用晦所授意也，南雷大怒，绝其通门之籍，用晦亦遂反而操戈，自托于建安之徒，力攻新建云云。"用晦"谓吕留良也。按此事祖望殆得之途说，留良文集中有与宗羲书，直称为太冲，可证无北面执经事。又诗集有《得山阴祁氏淡生堂藏书三千余本》一首，中有"大担论斤换直银"句，则非三千金求购，亦可证矣。是谱于癸卯五十四岁下，止载四月至语溪，馆于吕氏梅花阁，不言用晦父子执经事。后三年丙午五十七岁下，载祁氏旷园之书，乱后迁至化鹿寺，公过郡，与书贾入山，翻阅三昼夜，载十捆而出，不言与用晦同购及中途窃书事，可见炳垕于此，深有辨别。至庚申七十一岁下，载徐元文延其子主一参史局，宗羲以书戏之曰"昔闻首阳二老，托孤于尚文，遂得三年食薇"云云，而留良有《梦伯夷求太公荐子》诗，极其丑诋，盖指宗羲，盖以他事

至隙末也。是谱首有《世系图》，后及祀府庠、置墓田诸事，皆详他人所略也。

1500 陆桴亭年谱一卷光绪己亥刊本

清凌锡祺编。锡祺字葆斋，江苏太仓人。是谱后有孙寿祺、唐受祺二跋。孙跋作于同治癸酉，唐跋作于光绪己亥。盖锡祺稿成未刊，受祺辑遗书时得之，为之删冗补漏，而付之梓。大抵据陈瑚所为行状，世仪子允正所为行述，及世仪所著《文集》、《诗集》、《思辨录》、《论学酬答》、《志学录》、《性善图说》、《虚斋格致传补注》、《四书讲义》、《淮云问答》、《八阵发明》、《月道疏》、《分野说》、《治乡三约》、《制科议》、《甲申臆议》、《苏松浮粮考》、《娄江条议》、《桑梓五防》、《常平权法》、《家祭礼》、《支更说》、《避地三策》诸书，就其年月可考者，为之编次，旁参陈确庵诗文集、年谱，惟论《思辨录》刻本，引叶调《生吹网录》而证其微误。此外绝未涉及他书。按桴亭与陈确庵同籍太仓，崇祯癸酉同入郡学，同谢社事，同学言兵，国变后同弃诸生，其为学互相辩难，以归于是，而大旨则同。确庵后死，行述所具，足概生平。谱虽材简略，尚不致失桴亭之真也。

1501 张杨园年谱一卷乾隆刊本

清姚夏辑。夏字大也，浙江桐乡人，布衣。按张履祥，字考夫，居桐乡清风里杨园，学者称杨园先生。明诸生。生于万历三十九年十一月一日，卒于康熙十三年七月十八日，年六十四。又按履祥虽師事蕺山，而其学宗紫阳，而辟阳明。国变后，隐居授徒以终。在同时诸遗民中，节尤艰贞。夏为其受业门人，据谱，在履祥二十五岁时，即依门下，杨园集中，与夏书最多。是谱隶事颇略，不足以见履祥学行之全，且间有错误。如谱从履祥文明俊曾中浙闱副车，据履祥撰《先考事略》云“补本邑增广生”，又云“万历壬子，以母疾不赴乡试，

乙卯戊午再试浙闱，不遇”，未尝有中副车之事。又谱于癸亥九岁下云，从诸叔明董威先生受业，据祥自撰《言行见闻录》云：“天启乙丑，某初事诸先生于塾舍，时吾师陆子与先生善”是癸亥尚事陆先生，非诸先生也。又谱于戊辰十八岁下云：“遭王考丧。”据《先世遗事》云：“年二十，先大夫弃世。”是遭王考丧在后二年庚午，不是戊辰也。又谱于癸巳四十三岁下及甲午四十四岁下俱云，馆溦湖（湖）吴仲木家，据集是年答吴仲木与吴裒仲书并云：“寓居敝里，而辞裒仲来岁之订。”又丙申与吴裒仲书云：“以仁兄数年来恳恳之诚，只得今岁之赴命。”是癸巳，甲午并未尝馆裒仲家也。又谱于己亥四十九岁下云：“正月返杨园故庐。”据集：“戊戌与姚大也书，今年正月仍返杨园故庐，与家兄同居，而身糊口于禾中。”则不在己亥也。共此文字之误系者尚多。按履祥所著书以涉吕留良，已刻者遭禁毁，未刻者不敢出。浙江学使雷鋐得是谱于履祥族孙继栻家，属陈梓校而刊之，前有鋐及梓二序，后有继栻跋，时乾隆癸酉也。

1502 张杨园年谱四卷附录一卷道光甲午刊本

清陈梓辑。梓字古民，濮川人，布衣。先是梓为雷鋐校刊姚夏撰《杨园年谱》，复自为辑补。又经钱氏馥方氏坰、顾氏广誉为之订正增删，谱中著梓。按，馥按、坰案、广誉按以别之，卷首有凡例七条，卷末有乾隆己卯徐柢序，为梓原本作也。有道光壬午徐熊飞序、道光癸巳方坰序、顾广誉序，则结为订本作也。又有道光甲午沈维鐈序，则刊书时作也。梓以姚谱未尽善，乃取《杨园全集》及平生见闻之足证者，以成是编。其文视姚本加详，而纪年系年尚多舛漏，馥与坰、广誉赓续校订，沈维鐈得其书于方坰门人钱廷翰，因付之梓。书分四卷，于原谱之舛者正之，漏者补之，所录文甚多。其评《传习录》云：“姚江罪之大者，诋朱子为异端，本释氏以为教。”又曰：“世以陆王并称，实则王较陆尤多欺己诳人之罪。”评晚年定论曰：“年之晚与不晚，论之定与不定，考之年谱自见，即此姚江欺己诳人之罪，虽有仪秦之舌，不能为之解”云云。盖其尊朱实为陆陇其、吕留良辈之

先导。又载《见闻录》一条有云："已绝意进取而教人举业，是嫠妇为人作嫁衣裳也。"有云："蒙可训，成童以往，即不可训，以志俱在进取也，将以举业可为乎，则身既不为矣。如以为不可，犹教人为之，是欺己欺人也"。而晚年所著《备忘录》，亦有一条可以相证，曰程子云："举业不患妨功，只患夺志，人苟志不为富贵利达，岂无一事可为，何攻而必为举业"云云。即此一编，视张自烈、吕留良辈之以评选时文为业，钱秉镫、黄宗羲辈之使子弟应试入官，倜乎远矣。按履祥与吕留良最善，馆其家有数年，谱称"语水主人"即留良，盖讳之义。附录一卷，载未到书目文目小传、遗诗并同时诸名人文章相涉者，而梓所作，二跋二诗一书，尤足见□□□□先贤及重辑遗谱之大旨焉。

1503 张杨园年谱一卷附录一卷道光癸卯刊本

清苏惇元编。惇元字厚子，浙江桐城人。首有方东树序及惇元自序。自序称"陈编漫冗，难见要领，因重为删补"。按是书大体俱依陈谱，所增无多，最要者惟"甲申五月，闻京师三月十九日李自成之乱，缟素不食，去馆，携书麓归杨园"一条。若"戊寅梦颜子"一条，事涉妄幻，直不应存。其所删者，虽不关重要，但事实所在，不可没也。其中如丁亥三十七岁下，"感于孙子度严、颖生诸人语，因而谢举业之徒"，正履祥高节不可及处，删之则全书无色。又己亥四十九岁下，履祥女为其夫与妾所鸩，履祥讼之官二年，褫其衿，逐其妾，婿遂郁郁以死，近鉴所由作也。惇元但述夫与妾谋鸩杀之，而删讼事一段，反使阅者不快。其他异于陈谱者，同一文字，不过互易前后，以示不沿袭而已。惟谱末增嘉庆道光间地方有司立祠、修墓数事，附录末增陈宏谋、祝洤、朱坤数条。按履祥又字午祁，见于吕留良《东庄诗存》，有喜张千祁携胡天木遗诗过访，及题张午祁、杨园竹屋二诗，而三谱俱未之及，故知谱虽屡纂，而遗漏恐仍不能免也。

1504 钱田间年谱一卷文集附刊本

明钱澄之，原名秉镫，字饮光，安徽桐城人。明诸生。唐王时，为延平推官。桂王时，御试翰林，管诰敕，改编修。辛卯，广州、桂林同失守，澄之逃归，时年四十。自后以布衣漫游南北，卒年八十二。是谱为其子㧑禄述，从万历四十年壬子一岁起至壬子六十一岁止，后缺。所述一生涉历交游，详于诸豪杰仓卒起义之情、小朝廷排挤构陷之状，一时人物之臧否与恩怨甚备。前后□相照应，非亲见闻者不能若是之委曲详尽也。据谱，㧑禄生于丁酉，时澄之已四十六岁，殆得于其父与兄之口授耶，抑澄之自述而寓名于其子耶？自乙酉入闽以后，可与《所知录》相参。甲申以还，不书年号，澄之志也。惟记澄之生平，而缺其月日；又父母名氏，俱不之载，俱非谱例。或首页本有残缺，后人随意补之耶？是谱附刊宣统二年《田间文集》后，末有八世孙秩孚跋。曾见是谱抄本，后缺同。文内有萧穆注语，末有穆跋，称田间生于万历壬子四月二十九日，卒于康熙癸酉九月初一日，可补谱所未有。又称，就《田间诗集》考之：癸丑居京师；甲寅春季至天津，又至汴及雒南归；乙卯春季至合肥及归德、汴梁，又至邯郸，南归；丁巳至吴门，游历诸山水，回里；己未以后三年，客吴中昆山、常熟，又时返里，复游江右；壬戌里居，癸亥复游吴至越；甲子夏客松江，至上海，又由无锡返里；乙丑秋，由秋浦至楚北；丁卯春过洞庭，达长沙，旋返金陵，至江阴，复回金陵，又由皖桐北至兖州度岁；戊辰春，入京师，秋回里；己巳夏由金陵入吴，庚午冬归里。当参考诸集综癸丑以后事迹为附录一卷云云。今附录虽未成，就其所叙，亦可作二十一年之后谱观也。

1505 归玄恭年谱一卷又满楼刊本

赵经达辑。玄恭，归庄字也。庄少与顾亭林齐名，有“归奇顾怪”之目。与亭林同年生，而卒于康熙癸丑，年六十一，则先亭林九

年。当弘光元年，昆山令阎茂才下薙发令，士民絷茂才，庄白众杀之，闭城拒守，城破，为僧装亡命，称普明头陀，往来湖山间以终。其志节亦无愧亭林也。而自来未有谱之者，经达据邑志，考以《文抄》、《看花日记》等书辑成是卷，粗得大略。依《顾谱》，隆武二年以前，兼记时事。其永历元年至十八年，《顾谱》未记者，间采《通鉴辑览》注之。崇祯以后，接纪弘（文）［光］、隆武、永历年号。永历亡后，则记甲子，无年号，盖书成于易代之时，理势俱应尔也。诗文年月有可稽者，附记是年条下，亦如《顾谱》例。其较详者，于庄平日交游倡和，如杨彝、侯峒曾、诸嗣郢、万曰吉、陈芳绩、史孝咸、杨永言、张由、钱肃乐、顾天逵、天遴、杨廷枢、陈必谦、蒋遵路、袁骏、陈瑚、陆世仪、侯瀞、万寿祺、陈济生、顾梦麟、侯汸、汪沨、张适、蒋淑、金俊明、徐时勉、戴笠、潘柽章、吴炎、路泽溥、泽淳、顾苓、葛芝、吴甡、咸默、陆元辅、徐芳、呼谷、孙默、李朴、叶奕苞、孙致弥、吴殳、徐枋、徐白、顾景文、俞仲蔚、孙竑、杜濬、宋龙、盛敬、陆义宾、吴兴祚、姜实节、魏禧诸人，一一著其略历，且多及其生卒年月。亦稍有考订，如《顾谱》以陈芳绩为鼎和子，《常昭合志》同，此则以芳绩是鼎和孙。《胜朝殉节录》称杨永言殉乙酉之难，此则以为永言依吴志葵败后，祝发为僧。如此之类，亦见取材不苟。按玄恭最受谤者，为师潘用微，然玄恭初见陆世仪，亦欲修弟子礼，世仪固不可与用微并论，而其好善之诚，迫切而不及待，则一也。事见《桴亭年谱》，而经达反遗之，遂无可解于用微矣。

1506 **陈安道年谱一卷** 光绪壬辰刊本

明陈瑚字言夏，号确庵，江苏太仓州人。崇祯壬午举人。私谥安道先生。是谱为其孙溥所述，缪朝荃为补世系。书刊于光绪壬辰。首有吴镜沆序，题“光绪癸巳”，则作［于］刊成之次年也。按瑚与同邑陆世仪同为明清间名儒，谱记其初与世仪同行袁了凡功过格，年二十四始悟与程朱之道尚隔一层，因更相约为圣贤之学。至却南部诸公

之聘、辞白使君之属、拒王□□端士邀入社，其谋识有非时贤所及者。所著《经义录》、《□事录》、《开江书［院］讲学全规》、《典礼会通》、《治纲》、《周易传义合阐》、《续正气集》诸书，今多不传，赖谱中尚存其目，并详成书之年。所讲学，如淮云寺、蔚洲村、隐湖、鹿城、印溪、王峰，俱著其地；所交友，如文□□、李映碧、屠闇伯、陆冰修、毛子晋、顾伊人、徐昭法、陆天圃、宗子发等，俱识其人。□□谓简□□□□□□□□又按瑚卒于康熙十四年，而谱兼记十五年州人请崇祀乡贤、二十五年汤斌改安道书院之事，直至乾隆十六年立石于墓而止。溥为瑚第四子舆所出，不及见瑚，谱中所述当得之其父，而笔之于书则在乾隆十六年以后也。

1507 顾亭林年谱一卷［道光二十三年刊本］

清张穆补辑。穆字𣅀斋，山西平定州人，道光辛卯优贡。是书就车持谦、徐松二谱增删成书。徐谱别无刊本，书中所引凡八十余条，当是全收。车谱又本于吴映奎，故于每条下注曰“原谱”、“徐谱”、“穆补”，“原谱”者即吴谱也，“穆谱”者据己见增入也。就谱而为之考证者，注曰“车按”、“松按”、“穆按”，又有何绍基、许瀚所加识语。谱后附入祀乡贤始末、著书目录、诸书所记遗闻逸事，书首有穆自记，刊于道光二十三年。其后穆续有改订，以墨笔书于印本之上。徐坊录得副本，缪荃孙又过录徐本，附入牟房、陈鉴及荃孙诸人名题，后有刘承幹二跋，即嘉业堂刊本是也。松与穆引证极博，遍搜群书，旁及墨迹，故于谱及诗文所涉人名，几无一不能举其爵里行谊，其诗某句之意有所寓者，俱不难指时事以实之。惟黄培诗狱，微有失实。按所云《启祯集》即《启祯遗诗》，为陈济生所辑，每人有小传，盖以续钱谦益《列朝诗集》所未及。是书今尚有传本，著书之陈济生绝非诬罔握发以终一语，实是不制显之证，书中涉及“宁人”二字，亦决非他人，故当道不欲再兴大狱，又待友□调护之力，亭林得免于难，反使沈天甫、姜元衡等自伏其辜。在清代文字狱中惟□事差快人意，但弄真成假，而真相终未大白，阅谱者难免迷惘。穆于此

书未有一言揭其覆，岂犹有所忌讳耶？此与荃孙所引陆清献日记，适得其反，记言亭林有所冀于□其仆，仆挟《金刚经》上私书以相诋，亭林惧□力士入其家，叙之，取其所有云云。按通书海上理或有之，他所言不类亭林行为。设果有此事，则其仆已死，宁人断不肯自供，谁言之，而谁述之？若出于仇家叶氏之口，岂可置信？贤如清献，何以轻听途说，笔之于书耶？又校本天启六年条下，引《潜研堂集·次山墓志》亦未见所作传。拣次山著有《艮山文集》，传即在集中之一篇。荃孙未见此集，故未寻得，特为拈出补之。承于后跋又言汝……南京屡云又有一校本，订张本之误入五事，俱允当。顾谱又得此，殆无遗憾矣。

1508 顾亭林年谱一卷 ［道光十七年刊本］

清车持谦补辑。持谦字秋舲，江苏上元人，贡生。首有陶澍序，后有持谦自序。据自序言，创此谱阅岁两稔才及十之五六，后得吴映奎稿本，爰合未成之本，芟复补遗，按年纂入，彼相同者仍之，已所增盖及校□误者，注中以谦案为别云云。今观其书，于吴谱增益及证正之处颇不少，引证之博，虽逊张穆，然极矜慎不苟。惟据《余集·从叔父穆庵府军行状》，有“南渡初元相与赴南京，寓朝天宫，即先兵部侍郎之祠而拜焉”云云。谓“南渡初元”，盖指弘光元年，即顺治二年乙酉。而《诗集》编拜祠诗入辛卯年，殆因未见《余集》之故，不知赴南京拜祠，前后有二次，乙酉年有《金陵诗记》得《尚书巷》一首可证。辛卯年，乃再至而再拜之，《诗集》并不误也。又谓亭林丙辰岁，与黄太冲书，辛丑曾至武林并未渡江，而原谱乃谓抵银兴谒禹陵，未知何据？案书中言，未渡娥江此江在绍兴东嵊县，未渡娥江，非未渡钱塘江，何碍其抵绍兴谒禹陵？况集中明有谒禹陵及宋六陵可据耶。卷首录国史儒林传、全祖望神道表、亭林像、沈兆沄赞，又有参校姓氏李兆洛等八人。持谦曾校刻宋王象之《舆地碑记目》行世，盖亦博雅好古之士。书刊于道光十七年丁酉。

1509 顾亭林年谱一卷［光绪四年刊本］

清吴映奎辑。映奎字正狷，江苏昆山人，贡生。按曾为亭林作年谱者，有桐城胡虔、湖州周中孚，皆未见传本。今所流传，成书最早者，则映奎是本也。先是，亭林抚子衍生曾撰有谱，仅十余页，惟甚简陋。映奎与亭林同里，乃更掇拾遗闻，草成此书，中有其友潘道根校补数条。道根字确潜，亦昆山人。其书至光绪四年邑令金吴澜，澜始为付梓。展转传抄，舛错颇多，吴澜又同陈霄卓、王子兰、张铁崖、李芸谱、李子骅诸人为之重校，具见吴澜所作序。按亭林浙□遍燕鲁秦，皆□□闻之士纳交。惟一至浙，未得见黄梨洲，晚年始通书问，谱亦漏载，及其书幸存于梨洲《思旧录》中。粤人则识屈翁山，皆可于谱中考见大略。自六十五岁以后，衍生随侍在侧，所记尤详，然亦不无小误。如母氏贞孝受旌，系崇祯九年事，见亭林康熙十八年《与史馆诸公书》，县志亦同。谱乃误系之崇祯十年。亭林于康熙十六年秋入陕，主王山史家，李因笃《受祺堂集》有《南问宁人先生中秋抵华下阻雨，尚稽省视，怅然有作》四首，谱乃系之是年冬十一月。他所考证，亦欠详博。且车持谦长穆二谱，俱以是谱为蓝本。荜路蓝缕，创始者□曰无功。谱首有亭林像，又录国史儒林传、全祖望所撰神道表、江南顾氏世系。谱后附亭林轶诗一首，陈仲达、徐夜、王宏撰等诗八首，又映奎与潘道根书一首，道根题年谱诗二首。按谱载亭林□族子衍生为后，又立从子洪慎之子宏伏昌□子诒穀后。今谱无衍生之名，车持谦谓稽其家谱后者别名洪端不详所出，今亦不见洪端之名，岂车氏所见另一语耶？是则不可知矣。

1510 顾亭林年谱补正一卷［香雪崦刊《群书斠识》本］

清常庸撰。是书与缪荃孙所录《顾谱》增校，互有详略。有可订张谱及有与缪谱同者、缪谱之误者，余则大都可补诸谱之漏。是书刊于光绪丙子，缪氏竟不得见，可怪也。与缪书同者，止贞孝受旌在崇

祯九年一条。订诸谱之误者，如顾咸建投命，在杭不在吴。江耿橘顺天宛平人，非献县进士。薛寀自署衲米，号堆山，非号米堆山。陈芳绩，字亮功，应移上《陈芳绩书来答之》一首下。传闻三首，《诗集》实二首。顾亭林诗非东坡作，乃王荆公作。归元恭觅兄德清教谕继登骨，是长兴非德清。诗皆是他琐细者，不及举其为诸谱所未及者。如“女兄弟”条，补有一适刘孝廉者。“诏用为兵部司务”条，补同吏部司务，韩范见事不可为，皆弃去。“东武四光历”，即“隆武四年”之隐语。又路太平为振飞第三子，年十七，赐名太平，官至广西按察司签事，复奉敕招讨。又钱行人邦寅，字驭少，丹徒人，著有《历代舆地征信编》。又“楚二沙门”，一为熊开元，一为释髡残。又黄职方师正，官监军兵部主事，尝参史可法军事。又永历三年，与钱饮光同取中八人，为刘莒、杨在、李来、吴龙桢、姚子壮、涂宏猷、杨致和及饮光共八人。尤要者，见“东武四先历”，人多不解，庸考得即“隆武四年”隐语。亭林于同时佚老，多有酬接，独不及船山，庸据集中《与楚僧元瑛绝句》，谓为船山作，得此以殿亭林诸谱，不徒为亭林之功臣，亦吴、车、徐、张诸人之功臣矣。书为香雪崦刊《群书斠识》之一。

1511 黄山年略一卷乾隆辛未刊本

清法若真撰。若真字汉儒，山东胶州人。明诸生，顺治丙戌进士，授翰林，国史院编修，戊子典福建乡试，己亥补福建参政。康熙壬寅，移浙江按察，丁未补安徽藩司，以丁母艰归。壬子服阕来京，年六十矣。若真自记《年略》止于癸丑，年六十有一。是后，己未召举博学宏词，以疾不就征，卒年八十四，则其孙辉祖所补记也。按有干济才，于典试途中，以计脱山贼之险；守兴化，备敌安民，尤见策略。他若治狱理财诸事，亦皆准情切势，惜不获大展其用。若真工诗及画，自十一岁时已为之，乃记中绝少诸论于此。其文笔简劲，善状险境，于北兵屠杀之惨，不稍忌讳，可补《扬州十日记》、《嘉定屠城录》所未及。泉州兴化之役，系与郑成功交绥记之特详，亦史料之

所资也。书为其孙辉祖乾隆辛未校刊。

1512 魏果敏公年谱一卷雍正甲寅刊本

清魏象枢自记。象枢字庸斋，号环溪，直隶蔚州人，崇祯壬午举人，顺治丙戌进士，选内翰林国史院庶吉士，散馆授刑科给事中，升吏科都给事中，以不参陈名夏，降补詹事府主（薄）［簿］，升光禄寺寺丞，乞养母归。归十三年，以大学士冯溥荐，授贵州道监察御史，洊升至都察院左都御史，旋补刑部尚书。自以贪墨大吏尚多漏网，疏辞，愿留总宪，得旨，加刑部尚书衔，仍留原任。未几，仍授刑部尚书。康熙二十三年致仕。又三年卒，年七十一。自记至是年六月止。所记当官陈奏弹劾，皆直叙其人，明指其人，不少避讳。象枢之以御史降级也，以大学士宁完我参陈名夏而连及之。记云，因前所参之布政刘汉祚，为宁完我亲，本年二月宁完我参大学士陈名夏疏内，一款言余与潞安牛商人为儿女姻家，与名夏为□门姻家，结为一党，票签本章有私等语，奉旨部院会议，查余尚未生子，止生一女，已聘与本州刘姓多年，且严讯名夏仆人，咸称余与伊主从无往来，至于票拟本章，大学士出班对众言曰，是我票拟非名夏，查议若有偏私，我当认罪，故名夏以他事拟绞，余奉旨免议云云。证以《贰臣传》，陈名夏辨诸款皆虚，唯留发复衣冠所言属实。然则名夏之死亦枉也。此条所补正《贰臣传》之疏略，唯康熙二十一年壬戌记云“五月二十日，会推浙抚，欺天欺君，奈何奈何，自愧自愧”，而不记所推浙抚为何人。考之，乃王国安也。主于奏对之语，每用“失记”二字，当以事关机密，守昔人不言温室树之戒。综观所记，推见心地坦白，皭然不欺，然有可不必存者，则书上屡说奇梦，至有云孔子为司寇，执弟子礼相从，而文集中亦有梦谒孔庙记，与吴康斋《日录》屡言梦见孔子、朱子者同，于义殊无取，徒资笑柄。又全书不纪年号，但书甲子，岂以举乡试故，欲并泯其迹耶？此或出编者之用心。若开卷记天启丁巳，按丁巳为万历四十五年，非天启，偶误。卷首有李玉鋐、史圜序，末有吴廷华题词、杨二酉书后。除题词外，余俱不

切，宜删。

1513 陶庵年谱纪事一卷康熙刊本

清李浃自记。浃，德州卫人。陶庵，盖取陶诗“结庐在人境，而无车马喧”意，罢官后所自号也。崇祯七年充诸生，顺治三年成进士，除直隶延庆州知州，以失察逃人，降山西芮城知县。总兵姜瓖叛，犯芮城，浃逃，事平，革职归，时顺治七年，浃年仅三十七耳。谱从万历戊午一岁起，至康熙丙子七十九岁止，末有论，称前此八十年，如白驹过隙云云，盖作八十岁时，而其后未有所增，殆即卒于其年也。所记治延庆、芮城政绩甚详。罢官后，或游或处，略识踪迹而已。纪事之外，并及吟咏，中岁而往，所作尤夥，盖年谱即诗集也。顺治初，兼纪流寇北兵事，庄烈殉国后，德州即拥立宗室朱帅欽为济王，在南都立福王之先。官绅仇陷，与南都同。至六月北兵至，挟之去。此事记载者颇少，可备小腆遗闻也。

1514 尤西堂年谱二卷年谱图诗一卷《西堂余集》本

清尤侗自记。侗字展成，晚号西堂老人，江苏长洲人。明诸生，顺治戊子选拔贡生，考授永平府推官，被诬罢职。康熙己未举博学鸿儒，考列二等，授翰林院检讨，告归，癸未圣祖南巡，进侍讲。是谱系侗自记，从万历戊午一岁起，至康熙庚辰八十三岁止。据朱彝尊撰《尤侍讲墓志铭》，称侗卒于甲申六月，年八十有七，盖未入谱者，尚有四年也。按侗少工文章，所作《临去秋波一转制义》、《续离骚乐府》、《西堂杂俎》，流传禁中，世祖叹为真才子，而未及登用。举鸿博日，年六十二岁，论齿居五十人之首。以子珍成翰林，告归。续游林下，又二十年而卒，足偿其早岁之蹇矣。所记雅坛才华，评略得中。惟中屡记杜真人降坛诸事，且涉及黄道周、徐汧，嫌语怪矣。图凡十六，曰《寒宵伴读》，曰《春山携友》，曰《斜塘避难》，曰《北平听讼》，曰《卢龙赈饥》，曰《榆关观猎》，曰《小园偕隐》，曰

《草堂戏采》，曰《书斋教子》，曰《金门待漏》，曰《瀛台赐宴》，曰《玉堂修史》，曰《西湖泛月》，曰《西山筑圹》，曰《蒲团礼佛》，曰《玉局游仙》，曰《竹林晏坐》。图各有记，附小影图四，有侗及诸名人题词，图作康熙甲戌侗七十七岁时。卷首有钱肃润序、高士奇跋。

1515 施愚山年谱四卷乾隆丁卯刊本

清施念曾编。念曾字得仍，江苏宣城人。贡生，历知新会、余姚等县事。施闰章曾孙也。闰章号愚山，生于明万历四十八年，崇祯九年补博士弟子员，顺治三年举乡试，六年成进士，授刑部主事，补员外郎，擢提调山东学政，按察司佥事，迁江西布政司参议，分守湖西道，缺裁，归里，康熙十八年取博学鸿词，授翰林院侍讲，进侍读，病卒，年六十有六。有自编，佚不传。念曾就闰章所撰《家风述略》、诗文集，及未刊遗札，益以墓志、行状等，编成四卷。按闰章试博学鸿词，原定一等，后改为二等第四。谱据示子札，因诗结句有“清彝”二字，嫌触忌讳，阅卷诸公不敢录，得高阳相国争之云云。高阳相国谓李霨也，曾见此札墨迹，全句乃“王道荡清夷”五字，读之真骇目，若在乾隆朝，便成胡中藻狱矣，此改“夷”为“彝”，李集《鹤征录》引此，并“清彝”二字亦删之矣。念曾参证未广，又隶事与诗文目录每混杂不清。其节录诗文中语，多属无关重要，如：崇祯壬午条下，引《茂绿轩诗集序》“忆余因孟贞交与治”云云，不及其姓。顺治庚子条下，又引《茂绿轩诗集序》“予归见其病坐榻上”云云，并其名亦遗之。按孟贞姓邢，与治姓顾，今文集亦无此序，其粗率可知。首有杭世骏序。考念曾是谱成于宰新会日，世骏适掌广州越华书院，序盖作于其时。近有翻印本，首录“校阅姓氏”徐乾学等四十余人，后录康熙戊子梅庚跋，不知其皆全集而作，与谱绝无关也。

1516 王船山年谱二卷光绪己丑刊本

清刘毓崧纂。首有曾国荃序，毓崧自序，又有国史儒林传。盖毓崧为国荃校刊《船山遗书》，复就采录而成是谱。曾序称，得之想像，不免挂漏。自序称，船山所撰之《源夜话》、《潮涛园集》、《罗薇稿》，皆不传，《姜斋文集》多缺略，其子虎丘所撰行述，亦是节本，其他可供参者多未全备，仅成初稿，考订俟诸异日云云。按自序所举，如《存吾文稿》、《存砚楼集》，坊间皆有刊本，何以不见，未免太因陋就简。其中漏甚疏舛，不可胜举，如顺［治］己丑二月服阕、辛卯侨寓祁阳、丙申暂往兴化之类，皆误载，又己丑疏请终丧免阅试、癸巳三子勿幕生之类，皆失载。然体较善，大书小注，叙次简明，则较王谱为善也。

1517 王船山年谱二卷光绪癸巳刊本

清王之春纂。之春字芍庭，湖南衡阳人，以军功官至广西巡抚。是书首录国史儒林传，次行述，次彭玉麟奏请改建船山书院片，次之春自序及凡例。谱前又有世系表。分前后编，以桂王未执以前为前编，桂王既执以后为后编。自顺治元年至十八年，下皆注明福、唐、桂三王年数，然于时事，间载间不载，且夹杂于叙事之中，殊属非体。按刘谱记元配陶孺人来归，系于戊辰二十岁。盖据七十自定稿内《侄敏五十七律二首》，作于丁卯，有云：“吾方授室尔悬弧，一幅当年燕喜图。”是敏生于陶孺人来归之岁。康熙丁卯，敏年五十，回溯不当生于崇祯戊寅，而此则移系于丁丑十九岁条下，不言所据。又刘谱记子攽生，系于乙酉二十七岁，盖据船山《谒祖茔诗》自注：“丁巳冬，同族众埽东洲上祖茔，并哭拜先孺人冢，攽甫二岁而先孺人卒。”按陶孺人卒于丙戌，则攽当生于乙酉，而此则移系于甲申二十六岁条下，亦不言所据，亦属非体。且往往引诗题为叙事，其下重列诗题，不如刘谱以事注于题诗下，特别清晰。又如刘谱庚申二岁条

下，记云“十二月初一日，武夷先生诞辰，是日极寒”，注“闻之先慈云，泰昌庚申上冻，杯盂凝沍”。而此则记云：“十二月初一日大凌，武夷公五十齿满，盃盂凝沍。”而注亦称“闻先慈”云云，岂非复乎？且“盃盂凝沍”，不过偶形容其冻，记曰大凌足矣，何必多赘，则修辞不善之过也。惟叙述之详，倍于刘谱。卷末又附余廷灿撰传、唐鉴撰学案、邓显鹤辑著述目录，而编首之行述，复据异文为之校补，考船山事实者仍不得不资于是编也。

1518 张尚书年谱一卷传抄本

旧题全祖望撰。张尚书谓煌言也。按祖望作《张尚书集序》，称又为作《诗经》二卷、《年谱》一卷，以详其集中赠答之人与事。而祖望之门人董秉纯序《鲒埼亭集外编》，称祖望著述三十余种，见在者未及十种，是谱不与焉。其为作而未成或成而早佚，俱不可知。此本流传世间，宣统间印《张苍水集》入之附录中。今取以与祖望所作《张尚书神道碑录》相校，多有差歧，尤可怪者，卷首特书“忠烈”赐谥。按为明季殉节诸臣赐谥，事在乾隆四十一年，而祖望之卒在乾隆二十年，安得见之而书之？且不惟异于祖望，《北征录》、《奇零草》、《冰槎集》，煌言所自著也，核其岁月与事实亦多颠倒。集又祖望所编定者，何至不考若是？当是妄人抄撮野记托祖望之名以传，诚恐考史者资为异闻，甚或疑不误者为误也，特存而辨之。

1519 张忠烈公年谱一卷

清赵之谦纂。之谦，字撝叔，浙江会稽人。咸丰举人，官江西知县。是谱为张煌言作也。煌言，字元箸，号苍水，浙江鄞县人，崇祯十五年壬午举于乡。顺治二年北兵下江南，煌言从钱肃乐等奉鲁王监国，□充报闽使。江上师溃，又从张名振奉监国入闽。名振卒，代将其军。顺治十六年己亥，会郑成功舟师陷辰洲，趋芜湖，成功兵败援绝，逃归临亹，既而散军居悬奥，为清提督张杰所执，不屈死之。乾

隆中，赐谥忠烈。之谦是书以全祖望所撰神道碑铭为主，参以本集，又查继任之《鲁春秋》，得自身历，最为可信。为全氏所永绝，故援引独多。旁及群书，阙订疑证，字字有本。其正旧谱之误者，如煌言以万历四十八年庚申六月初九日生，旧谱作“十九日生”者误。顺治二年乙酉监［国］赐煌言进士，加翰林院编修，旧谱作“翰林院检讨”者误。顺治三年丙戌煌言随张名振奉监国入闽，招讨使郑成功不为用，与名振还石浦，旧谱云“张名振弃石浦扈监至舟山，黄斌卿不纳乃入闽，煌言留舟山”者误。顺治五年戊子，煌言集义从于平冈，旧谱以煌言军平冈系之己丑者误。又黄孝卿、冯京第再乞师日本，煌言以诗赠行，亦在戊子，旧谱系之丁亥者误。康熙二年癸卯，岛师尽散，本集有《瓯行志慨》三首，当作于是年，旧谱疑指温州事，又疑为郑经者误。其正神道碑铭之误者：顺治七年庚申，煌言入卫舟山，诏拜兵部左侍郎，碑文作“加兵部右侍郎”者误。《北征》言丁亥后三入长江，一在顺治九年壬辰，二在顺治十一年甲午之春及秋，碑甲午未误，而误壬辰为癸巳。顺治十五年戊戌，桂王遥授兵部尚书，碑作“加兵部左侍郎兼翰林院学士”者误。康熙元年壬寅秋九月监国鲁王卒于金门，碑作“冬十一月”者误。其正本集之误者：《鲁春秋》载张名振题诗金山寺，有“十年横海一孤臣”之句，而《奇零草》收之，只易数字而已。其正《鲁春秋》之误者：煌言于康熙三年甲辰七月十七日被执，二十三日至郡，《鲁春秋》以至郡之日为被执之日者误。凡此皆互相参稽而得其实。若文之简净，又其余事也。

1520 李文襄公年谱一卷康熙刊本

清程光祖纂。首有唐梦赉序。文襄，李之芳谥也。之芳，山东武定人。崇祯十四年举人，顺治四年进士。金华推官，入为刑部主事，改御史，十四年不迁，骤擢都察院左副都御史。康熙十三年总督两江，以平耿精忠功，加兵部尚书，拜文华殿大学士致仕。卒年七十三，谥文襄。按之芳为推官日，即以廉干著称。督浙江日，值耿精忠北犯，连失辖地，卒以扼守衢州，以俟大军之至，断贼饷道之策，亦

发自之芳也。谱所记，粗得大概，而前半较多漏略。其巡视浙江盐课，劾商人汪仲琰，致给事中汪之洙伏法。居御史，论大学士魏裔介蒙混得荫，吏部议裔介削级罚俸。所谓风节矫矫、不畏（疆）［强］御者，而谱俱缺之。至其不载言事诸疏，当以谱附文集，无庸多赘耳。

1521 汪尧峰年谱一卷赵氏又满楼刊本

清赵经达辑。经达字尊三，江苏昆山人。尧峰姓汪，名琬，生于明天启四年甲子正月十六日，卒于清康熙二十九年庚午十二月十日。顺治乙未进士，授户部福建司主事，改刑部河南司主事，升山东司郎中，因奏销案降二级，左迁北城兵马司指挥，丙午升户部山西司主事，己酉选榷江宁西新官仓，旋返京，请告南归。己未召试博学鸿儒，取中一等十九名，授编修，与修《明史》。辛酉，又请告南归。按琬工诗古文辞，宋荦尝刻其文，与侯朝宗、魏禧称三家，与龚鼎孳、陈廷敬、李天馥、董文骥、刘体仁、王士禛、程可则辈以诗歌相唱和，性恬退，到官未久即乞休，惟性刚使气，交友多隙末。经达搜采雅记遗文，以成是谱，尚不简陋。按琬与王士禛最善，应召入都日，士禛以诗相谑，琬以诗报之，往复之间致成芥蒂，然实雅事也，详见士禛《居易录》。是谱删采微嫌过略，谱后载《鸡窗丛话》，叶横为琬所诋，不应鸿博之举，后因悔成恨，遂指摘汪文为报复云云。以二人学行观之，决不至此，所谓以小人之腹，度君子之心也，宜删此一则。又言琬殁后见梦于宋荦云云，更诞妄不经，则经达已辨斥之矣。

1522 汤文正公年谱一卷乾隆庚申刊本

清杨椿辑，椿字农先，江苏武进人，顺治戊戌进士，官翰林院检讨。文正，汤斌谥也。首有椿自序，及鲁曾煜序，又题桐城后学方苞考订。先是，斌门人钱塘王廷灿作斌年谱，详于讲学，而略于立朝本末。斌之子沆不以为是，商于方苞，苞以属椿，椿因采旧谱，并行略

墓，及他书之可据者，辑成是本。不录讲学诸语，以别有遗书在也。尤详者康熙甲子至丁卯三、四年间事，即外简江苏巡抚至擢礼部尚书、管詹事府时事，系斌一生政绩，及被谗构之始末也。按椿《孟邻堂文集》中，别有《汤文正传》，可与是谱相参。谱于余国柱、明珠、靳辅、龚其旋等，皆讳其名，传独著之。据谱，余国柱以治江苏布政使某狱，及报泰州水淹民田案，憾斌；又国柱，明珠以拒蠲漕四十万酬金，不驳靳辅治河议，力主董汉无罪诸事，憾益深。因摘斌出吴时示，有“爱民有心，救民无术”语，诬为诽谤。按李光地《续榕村语录》载此事甚悉，言斌内召，系明珠、国柱引之以敌徐乾学，及议海关事，斌稍持两端，乾学力言不便，将得罪，因呈出斌在苏州安慰百姓告示。圣祖怒斌过则归君，善则归己，命詹事尹泰责斌，斌只磕头谢罪，明珠、国柱皆不知。又言徐向汤云，此告示是国柱拿进，而他为之愤懑不平，一日一遍，去安慰汤，汤至死不知其由徐云云。据此，则陷斌者徐乾学，非余国柱、明珠也。谱所云云，当是乾学嫁罪他人，设非光地揭之，讵惟汤至死不知其由，即撰谱者与后之读谱者亦不知其由也。又谱称，江苏布政某以亏库金，为御史所劾，以传证之，则布政便是龚其旋，御史乃陆陇其也。按陇其擢御史在康熙二十九年，斌已卒于二年前，盖误也。谱后附录斌子溥、睿、沆、准等撰行略，汪琬撰墓志铭，崇祀乡贤录，顾嗣立撰诗，尹会一撰传，方苞撰逸事，而又录国史列传弁于谱前焉。

1523 王文靖公年谱一卷康熙刊本

清王熙自记。熙字子雍，宛平人，顺治四年进士，官至礼部尚书，保和殿大学士，卒谥文靖。按熙为王崇简之子，顺治间崇简为国史院学，熙亦为弘文院学士，未几，崇简长礼部，熙亦礼部侍郎，加礼部尚书，父子同时同官，朝士荣之。然熙特以精通满文，为世祖所眷，谱所记世祖临崩时事，证之《东华录》，顺治十八年辛丑正月五日壬子，世祖不豫，丙辰遂事渐，召原任学士麻勒吉、学士王熙至养心殿，降旨一一自责云云。当即谱所称奉天语面谕者，关系重大也。

谱又称力持正论，自责之旨，殆有所献替耶？熙以汉官而得预此，其被倚任可知。世人误读吴梅村《清凉山赞佛诗》，竟传世祖出家之事，观此可释然矣。熙卒于康熙四十二年，年七十有六，立朝五十余年，居揆席者二十余年，恩礼始终，亦仅见者。

1524 历年纪略一卷康熙刊本

清惠龗嗣纂。龗嗣，陕西富平人，举人，李颙门人也。是书即颙年谱。纪年从顺治二年乙酉始。以前是崇祯之年，故以前皆略之。凡纪年下，皆不注若干岁。据《潜确录》，康熙癸未中孚七十七岁，由此逆溯之，盖生于明天启七年丁卯，顺治二年乙酉，时中孚十九岁也。考中孚卒年七十九，在康熙四十四年乙酉。是书止于康熙二十八年己巳，距其卒，尚缺十六年事。按颙为学与处境，皆坚苦刻厉，能人所难，尤卓绝者则其节也。龗嗣得之亲炙，言之特详。所记康熙十三年与十七年两次征召，颙以病坚拒。当道督促起程，至有舁榻□验之怪事，甚至绝食五日，白刃以自裁。尔时之征求隐逸，其事可想。而颙于此，直欲继叠山之节，不徒许衡、刘因辈见之而自愧也。惟记康熙二十七年壬戌，顾亭林寓□下倡修朱子祠堂来书，朱子冠服之制云云，据《亭林年谱》，倡修朱子祠堂系之康熙十九年庚申，若壬戌则亭林于是年正月初四日病，初九日卒，必无来书之事可信也。卷宗首有龗嗣序。末附颙手札及颙门人马棫土跋。

1525 陆稼书年谱一卷康熙戊戌刊本

清陆宸征、李铉同辑，吴光西编次。宸征，字直方，江苏嘉定人，陇其子；铉字枚吉，江苏金山卫人，陇其子婿；光西亦嘉定人，陇其外孙婿也。谱陇其者以此为祖本。卷首有吴承芳序，后有宸征跋。吴光西谱例言，谓原本出李君枚吉之手，同参者为赵魚裳、曹星佑。时锦州椒亭公守禾，索李君（索）谱授梓。李以草李进郡公为之点窜，而舛误犹多，属为校订，增芟其显然者数十条云云。椒亭小芳

字也，据此则稿创于铉手，而光西为之校订，特以宸征为陇其子，而增入其名耳。谱虽简略，而吴光西重纂之谱、张师轼谱，多因之，其中有涉吕晚村事数条，吴谱先采而后削之，张谱则全没之也矣。谱首条称，龙其后避嫌名改陇其。按改“龙”作“陇”，盖避于成龙讳也。成龙曾荐陇其，而后挤之，谨岂以此故不著其事耶？自吴、张谱引世，是本流传甚稀。一刊于小石山房，削序与跋；一刊于武林，又增多乾隆五十三年、五十四年二条，皆非也。

1526 陆稼书年谱定本二卷附录一卷 雍正三年刊本

清吴光西纂。光西字丰在，浙江平湖人，陆陇其女甥婿也。是书首有陇其子宸征小序，甥倪喆林述言，又有光西康熙戊戌原跋，及雍正戊申重订例言。盖其书初据陇其婿李铉原本，略事增芟，刊于康熙戊戌，既而觉漏舛尚多，于更加搜辑改定，复经梅安世、陆奎勋诸人之参互考正，又数年而书成，故曰定本，别乎初刊本而言也。最可征信者，则依陇其随记手稿，自康熙五年丙午三十七领乡荐之岁始，迄康熙三十一年壬申卒之岁止，事皆具焉。尤详于论学，盖陇其之学，专宗朱子，凡稍不合于朱子者，皆所排击，不惮曲为分辨，尤恶象山、阳明，因而及高景逸、刘念台，极于黄梨洲，即孙夏峰、汤潜庵、陈确庵、陆桴亭辈亦有微辞。于明儒最推者惟陈清澜，于同时人最契者惟吕晚村。李光地《榕村语录续编》，讥其“枯槁窄隘”，“人有骗之者，辄诣其处，痛骂姚江子静一顿，便敬为上客”云云。证之谱中，屡称许熊赐履。按赐履晚节阿附权贵，毫无建白，盖伪学一流，陇其为所骗也。然其治行，实为一时之冠。宰嘉定灵寿，俱受士民爱戴。及为御史，风节凛然。其去官也，以乎捐纳，固是正论，而持之稍激，几陷于祸。《榕村语录续编》亦记其事，谓陆稼书不晓事，当日捐纳上本，上发九卿议，已依行矣，而稼书竟要将已往选过的官，一概限年去之，□死力争，振甲大怒，入奏，遂问死罪，减等为流，旋寝其事，是后捐纳之事，振甲一力担当，自壬申讫于今未已者，亦稼书有以激之云云。振甲□于成龙字是危其身而无济于事。是

谱于陇其所交游，兼详其学行言识，间及时政，不少讳避，惟后印本有所刊削，或仅去其名，或并全条而去之，而痕迹尚约略可见。中多涉于吕晚村及子□□党者，盖梓书未久，而曾静之狱发故也。惟于成龙主开捐纳，及倾轧陇其之事，隐约不肯切指，岂以成龙曾为荐主耶？附录一卷，载殁复祀典及行状原本。行状出门人倪淑则手，有人改易数字，窃入文集，故特表之云。

1527 陆子年谱二卷乾隆乙丑刊本

清张师载纂。师载字西铭，河南仪封人，康熙丁酉举人，官至东河总督，张伯行子也。是书首有雷鋐序，又有师载自序及凡例。即陆陇其子当尊之也。师载汇举诸年谱，有其子宸征与侄礼征本，有外孙曹焕谋本，有门人王素行本，又有失名草稿二本，皆未刊者，别有禾郡太守吴椒亭刊本，概未完善，难征信云云。按所禾郡吴椒亭本，即康熙戊戌吴光酉初成本也。而师载又云，编辑既竣，始见禾中吴光酉年谱定本。按光酉定本，刊于雍正乙巳，下距乾隆乙丑二十年，何至书成而后见之，岂欲掩其相袭之迹耶？是书仿朱子年谱例，首列纪元甲子，下系生年，每事大字书纲，又详其原委，细书于下。其下己意发明者，别为标识，殊简净便观览。所述学行治绩，大都不出吴谱外。惟吴谱全录《再答秦定叟书》及汤潜庵来书，一则详辨朱、王之异为陇其一生造诣所在，一则藏其诋毁先儒之非，深中陇其之病。合而观之，得失自见，而师载俱置不收。至凡涉于吕晚村者，不存一字，则以禁毁之令方严，不足怪也。惟奉旨改补条下，引一抄本云，总宪于成龙为直抚时，曾疏荐先生，后亦屡加称许，至是乃分冰炭。说者谓于养志为总宪同谱，而夺情一事，先生抗疏论列，不为总宪地。又有谓先生曾为于公荐奉，而先生持“受爵公朝不可受恩私室”之义，公亦不能无芥蒂云云。按抄本所举二事，虽亦不能无涉，而成龙固主开捐纳者，陇其独力持之，故借甄别以快其私，此其至显者也。抄本于此事始末，似未了了。按陇其卒于康熙三十一年壬申，而是谱记至乾隆元年丙辰而止，盖欲终刻书、从祀、赐谥、赠官诸事

也。从祀之举，成于张伯行为礼部尚书日，广刊遗书，亦自伯行发之。师载又为是谱，父子洵陆氏功臣哉！

1528 翁铁庵年谱一卷借月山房刊本

清翁叔元自记。叔元号铁庵，江苏常熟人。康熙壬子第二名进士，以第三人及第，官至刑部尚书，以病乞休。是谱记至康熙丁丑六十五岁止，即乞休之年也。考韩菼《有怀堂文集》，叔元神道碑称其卒于康熙辛巳十一月十九日，六十九岁，则乞休之又四年也。据谱四十岁始举顺天乡试，四十以前，贫苦至不可堪，求死者屡，自忆所历，刻尽态竟类小说，为谱家别开生面。而通籍后仅十二年，位至正卿，腾达又何速耶？谱记张汧狱词连部院大臣，叔元不肯刑讯，意似宽恕。考张汧纳贿，为郭琇举发，事涉徐乾学、陈廷敬，二人皆叔元座师也，叔元又素党于乾学，此狱实阴欲解之，而转似能持大体者，可谓巧矣。叔元又尝攻耿介，且及汤斌，为清议所弃，至门下士□□请脱籍，其未老而乞休，或亦因是。谱末历述受掌院某君、台中某君倾陷，反报以德事，殆欲自解耳。

1529 渔洋山人自撰年谱二卷乾隆刊本

清王士禛撰，惠栋注补。后有士禛子启汧跋，称士禛著于康熙乙酉，未几婴痒症，时作时辍，丁亥以下，乃病中口授云云。按乙酉为康熙四十四年，士禛七十二岁，乃罢官之后一年。又二年为丁亥，士禛七十四岁。自记止于辛卯，七十八岁，而不记其卒，栋据王氏家传补之，盖卒于是年五月十一日也。士禛于顺治乙未成进士，由扬州推官入为礼部主事，又由户部郎中改官翰林院侍讲，清制入部曹改词臣自士禛始。① 后洊升至刑部尚书。甲申以王五一案失出、罢归，庚寅

① “清制”句，正文与行间修改者稿中共存，即行间改动后并未将正文划去。正文原为“清制：推知不行取台省及部曹特改词臣，皆自士禛始。”兹依修改之文字。似此两存者，只取其一，且不再出注。

复还原职。是谱于士禛一生仕宦、交游、撰著，具见梗概，惟本文与注补略无标别，顶格者皆本文，低一格者中有本文、有注补，须分别观之。而小注中，或称“案”，或称“栋谨案”，亦不一例，殊属非体。本文于“崇祯十一年”下，载是冬左使姚永济入觐一事，而《考功年谱》称方伯公于崇祯十年致功归，则此事当属九年，栋已驳正之。然如注称戊午典顺天乡试得王泰生等一百八十六人，按是榜乃武闱乡试，盖脱“武闱”二字。又本文称己未在翰林充明史馆纂修官，系在其前一年，栋注未之及。又按鲍钤《稗勺》，称士禛字贻上，“禛”、“贻”系地名，唐司空图隐居禛溪上，即此。栋未引及，殆未见其书也。他书记士禛轶事，为栋所漏采者尚多，但无甚关重要，不以求备为贵也。栋之祖周惕，尝学诗于士禛；其父士奇成辛未进士，又出士禛门下。以有累世之渊源，故不惜以研经注史之力，为《精华录》训纂，并补成是谱，非偶然也。

1530 **渔洋山人年谱一卷**乾隆刊本

清金荣编。荣字林始，江苏吴县人。是谱系就惠栋补本改编，分纪年、时事、出处、诗文著述四项，混本文与注而为一。如纪年内“顺治十八年”云“谳海寇大案，于良善力为保全，山人独获无咎，有天幸焉”，“康熙四年”云“拜别两大人，偕叔兄上京师”，“二十八年”云“葬祭酒府君”，“三十四年”云“在户部七年，得全清白，举朝皆能谅之”，“四十三年”云“以王五一案失出罢归，兹以微罪行，幸矣！”“四十八年”云“奉旨纂修《广群芳谱》，仍存先臣自序”云云，此皆出士禛手笔，故其言如此。乃于“五十年”云“山人卒于五月十一日，葬于系河北岸祖茔之次”，与前语如一口气，可笑孰甚。且于惠谱外，不能增一语，盖庸妄人所为也。

1531 漫堂年谱四卷康熙刊《西陂类稿》本

清宋荦自述。荦字牧仲，号漫堂，河南商丘人，内翰林国史院大学士宋权子，以荫为三等侍卫，除黄州通判。丁母忧，服阕，补理藩院院判，积资陞直隶通永道佥事，年五十矣。未十年，擢江西巡抚，调江苏巡抚，在江苏十四年，陞吏部尚书，旋乞休，卒年八十。荦任苏抚日，曾三次迎銮，归里后，曾一次入都祝嘏，所记奏对语甚详。其居官，大抵持身务清廉，治事务安静，以故舆情甚洽，而主眷亦隆，谱所记治绩当是实录。又荦素宏奖风雅，一时朝野名辈，咸与缔交。好刻书，雕写俱精。官辙所至，兴修胜迹，皆足传也。

1532 范忠贞公年谱一卷咸丰癸丑刊本

清柯汝霖辑。汝霖，浙江平湖人。忠贞，闽浙总督范承谟谥也。承谟，大学士文程子。十七岁选充侍卫，十八岁成进士，授宏文院编修，以秘书院学士擢浙江巡抚，升福建总督。在官清廉爱民。康熙十三年，耿精忠应吴三桂据福建反，承谟被拘二载。既清兵破仙霞关，精忠迎降，遂杀承谟以灭口。汝霖据承谟遗集，并采逸事，编成是谱，并附记其幕客沈上章、嵇永仁、永仁妾苏瑶青。其幕客未同死者许旭、许鼎、林可栋亦附见焉。承谟死于十五年，而谱记二十一年止，其间有归榇、建祠、赠恤诸事，而结于精忠伏法也。后有汝霖志。

1533 颜习斋年谱二卷康熙刊本

清李塨纂，王源订。习斋，颜元号也。元字浑然，诸生。早岁为学，笃信宋儒，至尊周濂溪、朱子为圣人。既而觉其非，谓静坐读书，乃程、朱、陆、王为禅学、俗学所浸淫，非正务。又谓穷经明理，恐成无用学究。乃上求之周公之六德六行六艺、孔子之四教，谓

正学在是。既不见用于世，遂以授徒终老。李塨、王源皆其门人也。是谱塨始创稿，而源为之删订。首有源序及所为习斋传，又有塨作凡例。大抵三十以前，据习斋追录稿及塨所见闻，三十至七十则据习斋日记。按元坚苦卓绝，北方学者孙夏峰为其前辈，而旨趣不同；稍相近者，惟大倉陆桴亭。元自称生平父事者，包文孝、张石卿、王五公、张公仪、李晦夫五人，其掖善规过，亲切而最久者，则王法乾。习斋之论学、论治、订礼，皆与他人殊趣，一一具于谱。其殊异者，则谱中功过并录，无少曲隐。又凡习斋所交游，见于谱者，各为之传略，盖塨为李晦夫之子，又为习斋之最高足弟子，钻仰之深，以成是谱，宜其详尽，而塨则尚以为过略也。又按习斋父，冒姓朱，崇祯间，被北兵略至辽东，习斋年五十，出关寻父，竟得之，但已殁矣。其事甚奇。即此一节，亦足与黄孝子寻亲记并传也。后有张琡璋、郑知芳二跋。

1534 田蒙斋年谱一卷续一卷补一卷康熙刊本

清田雯自记。其子肇丽补记。雯字子纶，晚号蒙斋，山东德州人。顺治辛丑进士，康熙丁未考取内秘书院中书舍人，由工部郎中外简江南学政，补湖广督粮道，递升鸿胪寺卿，擢抚江苏，调贵州。丁母忧，服阕，补刑部右侍郎，累转至户部右侍郎，以病致仕。谱但纪干支，不标年号。初谱始乙亥一岁，即崇祯八年，止甲戌六十岁，即康熙三十三年；其后又续七年，至辛巳，即告归得请之年。初谱后有论，续谱后有生志，皆出雯自记；归后三年卒，年七十，则其子肇丽所补也。据谱，雯于辛丑成进士，殿试二甲第四名，不与馆选，前此未有也。其以进士考选中书，亦是新例。任江苏学政日，督抚先荐而后扼之，自云："凡督抚疏入，属官不求当于部，则嫌隙顿开，阻难日甚"云云。又述总督于成龙言："尔不善取钱，无考满资，受人摧抑"云云。康熙初案弊政已如此，何怪末世所披扼之督抚讳其姓名。按即阿席熙及慕天颜也。所称"新抚余公"，亦讳其名，按即余国柱也。雯自己参用四六文句，为年谱之创格。首有倪璠序，亦是四六，

就谱敷衍，长近三千言，尤无谓。补编寥寥无多条，录其身后恤典、行状、崇祀乡贤公牍等，别出之为附录可也。

1535 阎潜丘年谱一卷道光丁酉刊本

清张穆编。穆辑《顾亭林年谱》，已著录。是谱首有自序。《元和郡县志》："潜丘在太原县南三里。"阎若璩（有）太原人，而寄籍山阳，自署潜丘居士，示不忘本也。首有穆自序，称"据杭大宗、钱晓征所为传及札记、疏证诸书，排比岁月，助以丁俭卿、刘茉云、叶润臣、何愿船之搜采修订，其后又得若璩子咏所为行述，更事讨论，凡五易稿而后写定"云云。然庚寅十五岁条下，有苗夔按语，则序未及举也。援引甚博，事之无年月可系者，则参证而得之，所涉之人，必一一具其梗概，且不但述若璩也。其父修龄为明末贡生，鼎革后，弃不就试；其子咏，康熙己丑进士，官中书，亦能文，谱中俱详著之。故所载于顾谱，惟据《行述》称世宗在潜邸，以书币相礼致。其卒也，又亲撰祭文挽章。按《啸亭杂录》，谓是安郡王玛尔浑事，王为安亲王岳乐子，少封世子，俗呼安王府为四王邸，因致传讹。世宗居潜邸日，不与外人接见，况《御制诗集》中无挽百诗诗，可证也。《杭大宗传》误同《行述》，盖本于《行述》也。李光地作小传，即不及此事，穆必曲护《行述》，若以非出于雍邸，不足为若璩荣者，谬也。证据《疏证》为马氏《绎史》，从若璩说，改标今文古文，而今文行《绎史》本无之，何秋涛臆断改定本藏于内府。按内府本即康熙九年原刊本，张玉书购进内府后，乾隆间仍印行，坊中多有其书，而今行之本亦从原本翻刊，并无分标今古文之本。盖若璩攻古文，每（造）硬造同于己者，以厚其援，见于《疏证》者不一，无足辨也。又谱于康熙三十八年条下，记宋中丞赈荒过淮，穆注引国史宋荦传，康熙三十八年疏，报苏松所属沿海地风雨成灾事，按国史荦传系之三十五年，荦自记年谱同，误五为八，此则编者偶失耳。按若璩一生以攻古文《尚书》为事，谱引札记题《古文尚书冤词》，自云不复与毛氏辨，而付之闵默，盖屈于毛也。故晚岁止刊行《朱子尚书古文疑》，

而《疏证》匿不肯出。后儒惠栋辈，大扬其波，非若璩意也。以若璩所付之闵默者，而四库馆臣，乃代之驳诘，种种强词无有是处，亦非若璩意，而谱反全引之，又若借官书为之定论者，斯更无识矣。

1536 阎潜丘年谱斠识一卷《香雪崦丛书》本

汝南常庸撰。系就粤雅堂翻本为之校误，共得十三条。其要者，如谱称曾孙葵生芝生，皆成进士。校云，吾山少司寇，举乾隆壬申乡试，未成进士。按吾山葵生字也。又谱称坦庵入本朝为詹事，顺治十四年，因少为子章钺科场夤缘中式。校云，坦庵入本朝官少詹事，章钺系第四子，非少子。又谱称父名玺，字完璧，康熙十七年，以工部侍郎，典江宁织造。校云，季渔《一家言文集》卷四，有《赠曹完璧侍郎》，廷瑛联名。与其异。其他诸条，或一字偶讹，或臆测无实证，略之可也。

1537 熊文端公年谱一卷《微波榭遗书》本

清孔继涵撰。继涵字体生，号荭谷，山东曲阜人。乾隆三十六年进士，官户部主事。是谱为熊赐履作也。赐履以康熙戊戌进士，授翰林院检讨，官至东阁大学士、吏部尚书，殁谥文端。少讲理学，著有《闲道录》、《学统》诸书。继涵于其行事，多所漏略，即如，赐履在康熙三十三年曾监修《明史》，乃谱中绝不之及。谱载赐履于康熙十五年以内阁票事致仕，证之李光地《榕村语录续集》则为内阁嚼签子事也。时值三藩称兵，人心慌乱，中堂阁学每错批案牍。赐履某日错拟一批，为圣祖检出，恐遭谴责，乃将错批换写他人本上而自嚼其原批以灭迹，为索额图讦奏，下吏部按问得实革职。谱浑言之，又以革职为致仕，讳之也。按赐履颇负清望，而中实猥鄙，党于徐乾学，本因索额图而去职，晚节冀起用竟联索额图，以与明珠、余国柱相轧。但就谱观之，俨然一理学名臣也。综其生平，品不若魏象枢、汤斌，学不若李光地，惟身后清寒，有经宅之谕，以情度之，当胜于徐乾学、高士奇等之贪

黩而已。谱后有赐履世系表，并及其弟赐瓒。又有女系表，载赐履所出六女，其第六女适曲阜孔传钲，即继涵生母也。继（汾）［涵］于赐履为外孙，故作是谱以崇之云。

1538 郑寒村年谱一卷［嘉庆戊辰刊本］

清郑照辑。寒村，郑梁号。梁字禹梅，浙江慈溪人，生于崇祯十年丁丑十二月初五日，卒于康熙五十二年三月十五日，七十七岁。康熙戊辰成进士，时年五十二矣，馆选庶吉士，改户部湖广司主事，出知高州府。戊寅丁父忧归，未几病中风，右体废，固改名风，字声雅，号半人。又十余年而终。按梁为学宗黄宗羲，年三十一始见宗羲，其文存稿即始是年，颜曰《见黄稿》，以为陈后山年三十一见黄豫章，尽焚其稿而学焉，梁见宗羲亦年三十一故云。梁父溱，崇祯己卯举人，鲁王时，起为按察副使。溱本与宗羲善，其后梁之子性述先志，建二老阁。二老者，溱与宗羲也。勋字简香，梁之玄孙，就诗文之散见者，推按甄综，而成是谱。微伤于繁，然师友渊源、乡邑掌政，不徒藉元家乘也。卷首有万学诗序，又录康熙三十六年诰命，后附《梁高川家书》一卷，刊于嘉庆戊辰。

1539 于襄勤公年谱二卷道光戊戌重刊本

清于成龙，字振甲，奉天盖平人。以恩荫授直隶乐亭令，升通州知州，皆有惠政，得民心。历知府按察，督理下河，以持开海口、放积水议与靳辅所主东水注海议不合，以阁臣九卿多助辅，两议俱罢。旋命巡抚直隶，又内擢都察院左都御史，又外出为河道总督。丙子讨噶尔旦，命督运粮饷。再巡抚直隶，再为河督，卒于任，谥襄勤。是谱为宋荦、李树德同撰，叙事纪言，详而不冗。尤详于与靳辅议治河事，不□下断语，而得失自见。按成龙居都察院日，以夺情及主开捐纳二事，犯清议所不韪，陆陇其两参之，至欲借端杀陇其。李光地谓其做总宪，失人望，决裂无所不为，而谱中绝不之及，殆有所讳也。

然其清德直节，实足为一时矜式。且所至皆以抑制旗民为事。至谓王子、贝勒、公侯伯家人有不法，要执法重治，即皇庄之人亦不瞻顾，此岂他臣僚所敢言耶？后附王士禛撰墓志铭，多所讳饰，至并议治河事而亦略之，则尤不足征信矣。

1540 **郭华野年谱一卷附一卷**康熙刊本

清郭琇字华野，山东即墨人。康熙庚戌进士，选吴江县令，行取为江南道监察史，升至左都御史。坐与山东巡抚钱珏私书，降五级调用，寻令致休。己卯起用湖广总督，癸未罢归。卒年七十八。是谱为孙若彝撰，有若彝序，云据自叙历履及多方搜访而成。据事直书，不似他谱之多所隐讳。所记与明珠、高士奇党人构隙事，最悉。按琇为御史，再疏劾罢靳辅。辅，明珠党也。随即劾大学士明珠、余国柱，左都御史葛思泰，户部尚书佛伦傅腊塔席珠诸人，既又刻詹事府少詹高士奇、左都御史王鸿绪诸人。据李光地《榕村语录续集》，则参明珠与国柱之疏，主之者徐乾学。乾学先以珠与国柱声势奸利状告圣祖，因自具参稿，先呈御览，而后令郭琇上之；又称琇受知于汤斌，乾学谓斌之死，由高士奇诸人，因又激琇劾士奇，其实谗斌者乃乾学，非士奇云云。据此则琇殆为乾学所愚而利用之。其时，乾学之罪，不亚士奇，而琇无一语及之，则光地之言殆可信也。后琇为佛伦及士奇之侄高承爵所构，几陷不测，报复相寻，殆乾学贻之害矣。若彝未窥其隐，故止就事论事，即此亦足知其时朋党倾轧之为祸烈矣。琇宰吴江，有惠政，圣祖南巡访得之，以故骤起用，亦以见其时直道未泯，下情上达之易焉。谱中存文二首、诗七首，奏稿外此其片羽。附一卷，则墓志铭、行述也。

1541 **张文贞公年谱**光绪辛丑活字印本

丁传靖辑。首有传靖自序。文贞，张玉书谥也。玉书字素存，江苏丹徒人，顺治辛丑进士，康熙庚午以礼部尚书授文华殿大学士，卒

于康熙辛卯，年七十。旧无年谱，传靖据其所著《松荫堂集》，参以史传、行述，辑为是编。按玉书自二十岁通籍，服官五十年，登揆席二十一年，未尝少有蹉跌，盖一生谨慎，为圣祖所倚信。其时明珠、余国柱、高士奇、徐乾学等结党相倾，惟玉书孤立无附。谱记在经筵切言汉唐党锢之事，而盛称郭泰、白居易，超然尘墟之外，殆以自喻耶？据谱，在礼部日，御史李时谦请行禘祭，词臣曹禾上封禅议，玉书俱阻止之；在内阁日，靳辅请增建高家堰重堤，以防淮水，玉书乃辨其无益。数事皆荦荦大者。他如三十五岁丧妻，终不复娶，又不肯置姬侍，亦人所难能也。传靖亦间有考订，如本集记赐游玉泉山、畅春园，但云四月初四日，而不云系某年事，传靖考定为康熙三十七年。又国史传及行述皆云康熙三十九年冬诏促入京，传靖据《东华录》及本集谓在四十年。又国史传四十年辛巳，有扈从南巡之事，传靖谓是四十四年事，误属于是年。惟谱中屡引《先正事略》，按此书乃近人所辑，追述必有所出，不得徒据之。又按李光地《续榕村语录》，言京江过于勤慎、淡泊，真是大难，其文其诗，都是无气概，却句句稳当。自朝至暮，无片刻暇，自公事至读书应酬，每事必迟回审慎。又云，读书却句句看过，如不看过一般，不识其大处要处，立意要读尽天下书，便不是。按京江谓玉书也。所论似誉似谤，又非誉非谤，当是确有所见。惜传靖未及采之。后有玉书裔孙藻文跋，盖传靖得是稿，取以附刊于本集也。

1542 文贞公年谱二卷道光乙酉刊本

清李清植纂。清植，字立侯，福建安溪人，李光地孙也。光地谥文贞。是谱编年隶事，于光地历官始末、著述先后，纪述甚详。按光地才识过人，学亦笃实。早年策耿精忠、平白头贼、荐施琅为将定台湾、抚直隶、筑堤治水、设学恤灾，俱有成绩。生平于同时学人所最服膺者顾炎武、梅文鼎，于同时臣僚所最输心者魏象枢、汤斌，所荐之人如陆陇其、卫既齐、德榜格、徐元梦、杨名时、赵由乔、李绂、陈瑸、蔡世远、何焯。以荐德榜格故，几至自累。荐徐元梦获罪后复

荐之。救张伯行，劾吴禄礼、张霖，忤于成龙。初近明珠而不附乞，竟为所讦。其所为盖正人也。徒以陈梦雷流布绝交书，致犯清议。又为徐乾学、熊赐履所倾，终身在危难忧惧之中，不敢有所建白。是谱为其孙所撰，疑不免有过张之辞，然荦荦大者皆有事实，非可造也。光地于《易》、《书》、《诗》、《礼》、《乐》、《春秋》皆有撰著，尤宗朱子，早岁或尊朱要旨，晚年与修《朱子全书》，又成《朱子礼纂》。然观其《古本大学私记》，竟多有与朱子□异者，则其所谓宗朱子者殆亦屈于时势，而非心之所安耶？书首列参订门下士魏廷珍、徐文梦、杨名时、王兰生、蔡世远、梅瑴成、徐用锡、官献瑶诸人，皆以品学著于时，宜其书之缜密也。

1543 榕村谱录合考二卷道光丙戌刊本

清李清馥辑。清馥，字根侯，福建安溪人，光地孙也。光地有《榕村语录续编》二十卷。卷九“本朝人物”，卷十一至十五“本朝时事”，以有忌讳，未刊入遗书中。清馥合年谱与《语录续编》，参之文集及他记载，以成是书。故事实加详，其尤致详者则与陈梦雷隙末一事。按光地以进蜡丸疏，圣祖嘉其志贞，超擢内阁学士。同时编修陈梦雷以附耿逆被谴，乞救于光地，光地不能助，梦雷遂致书与光地绝交。书中言蜡丸疏实出梦雷，而光地掠为己功。果尔，则光地为欺君卖友，至今论者尚多怜梦雷而恨光地。是书记两人之关涉极悉。光地实曾上救梦雷疏，至以百口相保。其疏稿为梦雷与徐乾学合撰，绝不说蜡丸事，及梦雷发遣时始讦及之。平情而论，梦雷果有蜡丸疏，何以不径上乃委托之光地？且光地上蜡丸疏时意在免祸，不在邀功，何必削去梦雷之名？其时，徐乾学辈构陷光地，无所不用其极，梦雷之讦，未必出其本心。证之绝交书竟达宫廷，梦雷一罪犯至承圣祖面询，谁为为之可以推知矣。梦雷之诬光地以观望，谓也使人到本朝，也自己到耿逆处，也通伪郑。幸而本朝成功，就算全节，忌者即摭以进，正中圣祖之忌，几于不免，故光地以忧谗畏祸终其身。述其一生，亲近正人，笃守正学，要不失为君子，徒以陈梦雷不白之事为

青史之玷。细观是考，事实自不可诬也。至于其时之汉大臣，结党妒能，争权黩货，及圣祖之待下精刻，俱可于是考得其概焉。

1544 南昀老人自订年谱一卷 [光绪七年刊本]

清彭定求撰。定求字勤止，晚号南昀老人。康熙丙辰进士，殿试一甲第一，官至翰林院侍讲。定求素讲关闽濂洛之学，著有《密证录》、《姚江释毁录》及《南昀诗文集》行世。有《自订记年》一册，遗命不许锓板。至六世孙祖贤恐久而就湮，乃仿《昌黎集》例，区为四门，先纪年，次时事，次出处，次诗文著述，颇简括，便省览，亦年谱中一创格也。书刊于光绪七年辛巳。

1545 张清恪公年谱二卷乾隆刊本

清张师栻、张师载编。清恪，张伯行谥。伯行，字孝先，河南仪封人。康熙乙丑进士，以中书科中书效力河工。授济宁道，升江苏按察使，超擢福建巡抚，调江苏，入为仓场侍郎，调户部右侍郎，升礼部尚书。年七十五，谥清恪。师栻、师载，其子也。按伯行究心理学，刻行先儒遗著甚多，其居官以清正著称。谱所记噶礼、张鹏翮藉案构陷，读之可为发指。科场案犹可曰鹏翮为噶礼所胁，若张元隆案则主之者鹏翮，公然捏白为黑，敢于欺罔，而中外交相朋比，党邪害正，幸圣祖和伯行素深保全耳。鹏翮亦负直声，据此则一倾险之小人耳。谱详叙始末，不为少讳。而于康熙四十六年有意相厄之督抚，尚为隐其名氏，考之乃邵穆布于准也。然伯行清而乏才，亦于谱可考见之。师栻，字又南，官至宿虹同知；师载，字又渠，康熙丁酉举人，官至巡抚。

1546 潜虚先生年谱一卷旧抄本

清戴钧衡纂。钧衡有《书传商纂》，已著录。潜虚谓戴名世也，名世于康熙五十二年癸巳被文字之祸，所著书亦遭禁毁，故讳其名氏。潜虚犹云子虚耳。名世旧有年谱，藏其玄孙皋亭家，钧衡犹举其有“一岁能言”句，今佚不传，亦不知撰者何人也。钧衡就其文中所自道，并据里中吴氏藏手写文集目下系年者，参以家乘，而成是谱。其生于顺治十年癸巳三月十八日，当是得之家乘。狱发于五十年辛卯，在狱二年，毕命于癸巳，谱书曰卒，亦讳之也，年六十一岁，距成进士日，才四年尔。谱中游处岁月，率从钩稽而得，粗具梗概。据全谢山撰《方望溪侍郎神道碑》称，宗人方孝标者，故翰林，失职，游滇中，陷城而归，怨望，语多不逊，戴名世日记多采其言，姓而不名，事发，吏遂以为公也，及讯得知孝标云云。按《望溪集·教忠祠祭田序》云：“康熙辛卯，余以《南山集序》牵连赴诏狱。”是望溪之被牵连，为《南山集》一序，不为日记也，钧衡据以驳正谢山，甚是。惟同时以作《南山集序》，牵连获罪者尚有宿松朱书，谱未及之。又谱以讳故，中多缺字，致尤云鹗刻名世之文所题集名亦缺之，其文数亦但言百有十余篇。按尤刻实题《南山集偶抄》，文止百十一篇，中有《与方灵皋书》一首，为钧衡文集辑本所无，似钧衡尚未见尤氏原刻也。

1547 李恕谷年谱五卷雍正刊本

是书卷一至四题清苑冯辰纂，武进恽鹤生订。卷首有辰及鹤生序，又有辰所为凡例、鹤生所为传。卷五题威县门人刘调赞续纂，卷首有调赞序。卷一至五皆题孙锴修订，有锴总跋称“删繁补漏，并非原本”。按李塨，字刚主，号恕谷，蠡县人，康熙庚午举人，选通州学正，莅任三月，引疾归。其学传于颜习斋，而博则过之。除学《礼》于习斋外，学琴于张而素，学射于赵思光，学数于刘见田，学

书于彭雪翁，学兵法于王五公，晚又学乐于毛大可。尝从万季野讲学京师，于时贵之贤而下者，如王颛庵、王阮亭、许南山、徐秉义等，亦与之往还。门下士之作令者，时亦游其治邑，助其修政，一一见于谱中。按恕谷法颜习斋立日谱，年谱多据之。日谱记功过，年谱亦如之。辰创是谱，恕谷所命，时年五十二。调赞所续，成于雍正庚戌，恕谷时七十二；又三年而卒，则续而又续也。谱言行并录，关于辨学论道者尤所致详。师友各附小传，作学谱及先友传观无不可也。

1548 焦南浦年谱一卷 光绪二十三年聚珍印本

清焦以敬、焦以恕编。按焦袁熹字广期，世居黄浦南焦家浜，学者称南浦先生。黄浦原属华亭，后分为娄，又分为金山，故袁熹为金山人。生于顺治辛丑九月初三日，卒于乾隆丙辰，七十六岁。康熙丙子举人，乙未以王顼龄、李光地荐，特召来京，以母老辞不赴。王鸿绪里居修《明史》，尝邀之为助。平生笃守宋学，所著有《春秋阙如编》、《诗礼左氏传说》、《四书读注疏》、《四书说》、《经字韵编》、《纪年略》、杂著、诗文集等。以敬、以恕，其子也。谱中所载，涉于制义居多，令人阅之生厌，反不如张照所撰行状，详所著诸书之旨，深得要领。按袁熹长于经学，文事亦优。论曹魏诗，谓“魏文情味胜陈思”，所见与王船山不谋而同；论诗饯首周邦彦，亦为后来周止庵所祖，俱见卓识，不为一时风气所囿。又论古文谓震川为上品，但穷寒老死，高文大篇多藏在胸腹间，其写在诗上者，什才一二，盖知震川之深者。惟论唐诗谓右丞有“天子”之目，李杜大家，但可为其辅弼，置李杜于右丞之下，斯乃偏见，不为公言。附录一卷乃行状、志铭之属，刊于乾隆辛亥。其增附一卷，乃门人吴光绪所辑，述者总目及门姓氏，成于乾隆戊寅，至光绪己亥重印时始缀于后，并载《金山县志》小传于前，光绪中《赎墓公禀》于后焉。

1549 博野尹太夫人年谱乾隆十年刊本

清尹会一编。会一字元孚，直隶博野人。雍正癸卯进士，官至左副都御史。是谱为其母李太夫人作也。自来文章家志妇女，不过举其族姓、生卒，并约略其德行为之铭，若志而已。编年作谱，当以会一为创始。太夫人年二十七而寡，授会一以经书。迨会一成进士，随官襄阳、淮南、豫州，所至恤灾振穷，建桥梁，设津渡。其在博陵原籍，则又赎粥田，设义馆义仓，皆其卓卓可纪者。然大率妇人庸德必欲异之，而为谱则亦好名之过也。卷首有方苞序，又有苞论编年谱书，《望溪集》中亦有《尹母李太妇人碑铭》，与谱所记略同。谱载太夫人寄苞人参、地黄，苞受地黄而返人参，即此可觇苞之廉介，非夫受金谀墓者可同日语矣。

1550 顾秀野年谱一卷道光刊本

清顾嗣立自记。嗣立字侠君，尝构草堂，题曰“秀野”，因以为号，江苏长洲人。康熙壬辰进士，散馆革去庶吉士，仍归进士中教习。是谱从康熙四年乙巳一岁起，至六十一年五十八岁止。据谱癸巳四十九岁，载自辑《闾邱年谱》一卷，其后十余年之事，当是逐年递增。而绝笔于五十八岁，当是殁于是岁也。据谱，嗣立于康熙三十八年己卯，举本省乡试，主考李蟠、姜宸英，即世称己卯科场狱也。谱纪其事特详。又嗣立于己卯圣祖南巡，进诗及所选《元百家诗》。至四十四年乙酉，以宋荦荐，特召考试列一等，命在内庭修书。迨五十一年壬辰，以搜落卷得赐进士，一体殿试，年四十八矣。散馆落职，修书如故，又二年而归。漫游胜地，尝一至广东，视其史嗣协于新会官署，此其大略也。所叙游览酬唱居多，如记如序，间录雅吟，正如其诗，饶秀逸之致也。

1551 何端简公年谱一卷刊本无年月

清何世璂，字澹庵，山东新城人。康熙己丑进士，雍正元年放浙江学政，未终任，补两淮盐运使。三年擢贵州巡抚。六年二月，授弄部额外侍郎，三月转户部左司郎，四月转吏部右侍郎，皆兼刑部如故。五月署理直隶总督。雍正七年，卒于任，谥端简。据谱，世璂四十四始通籍，五十八岁补山西道监察御史，未三年而至巡抚，何其骤也？尤异者，世璂被李日更劾奏，世宗嫌其柔顺太过而内用，乃是年即授直隶总督。而世璂自审才短，管盐政日，具详督抚，愿还京职。在直隶任内，举张广泗自代，自荐张坦麟，皆不允。因见世宗之用人不可测，即世璂亦不解所以受知者何在也。是谱题俞正燮编次，于其父母之殁，全录王士禛、李绂、齐召南志传之文，于两度封赠父母全录例撰制文，于去浙日又全录浙士所立去思碑，而抚黔督直，政绩全无。正燮以精考据称，不宜详略失当若此，疑讬其名，以为重耳。卷首录国史馆列传、孙勷撰墓志铭，鄂尔泰撰墓表、张廷玉撰神道碑铭。

1552 方望溪年谱一卷咸丰刊附文集本

清苏惇元编。惇元有《张杨园年谱》，已著录。方望溪名苞，桐城人，康熙丙戌进士，以为戴名世《南山集》作序，逮下狱论死，宥免治，罚隶汉军，以白衣入直南书房，旋移直蒙养斋，编校乐律、历算诸书，又充武英殿修书总裁，雍正元年赦归原籍。九年，授詹事府左春坊中允，累擢至礼部右侍郎，逾年解职，仍任教习庶吉士及修书事。乾隆七年，赐翰林院侍讲衔回里，年七十五矣。卒于十三年戊辰，年八十二。按望溪自授官后，屡上书言事，如请定征收地丁银两之期、请复河南漕运旧制、请备荒政兼修地治、请矫除积习兴起人材、请定庶吉馆课及散馆则例诸疏，关国计人才，录自本传、家谱，可补文集之缺。又望溪素治“三礼”、《春秋》、《管子》、《荀子》诸

书，具录成书年月，并录其序。按诸序皆见文集，似不必又赘于此。惇元之为是谱，盖深契其学旨，盖望溪与杨园皆宗程朱，而惇元与之同也。然如谱中录望溪《与李刚主书》，谓訾朱子者罚及后嗣，殊为失言。又谓《南山集序》非望溪作，在事定百余年后，尚为之曲讳，尤可不必也。卷首有惇元自序，又有戴钧衡序。

1553 **沈端恪公年谱二卷**浙江书局刊本

无编者姓名。按沈近思字闇斋，浙江仁和人。以钱塘籍补诸生，成康熙庚辰进士，选河南临颍县知县，升广西南宁同知，告归。以荐起用，发福建候补知府，旋特用吏部文选司郎中，渐升至左都御史，卒谥端恪。近思初为僧于灵隐，后返儒服，袁枚《子不语》记石揆和尚，即其师也。但中有舛误，如云，七岁丧父母，为人慵，据谱则九岁丧父，十八岁丧母。又云有项霜泉者，仁和学霸也，率家童数十篡取公为假辫以饰之，即以己妹配之云云。据谱则二十三岁由灵隐回家，其娶项氏妇在二十六岁，盖传闻之讹也。其后世宗尝问其为僧事，对曰："臣少年潦倒时，逃于此，及幸得通籍，方留心经世事，以报国家，日惧不给，不复更念及此，亦知皇上圣明天纵，早悟大乘，然万机为重，臣愿皇上为尧舜，不愿为皇上为释迦，臣即有记，安敢妄言，以分睿虑"云云。谱记此段，盖本之全谢山《题沈端恪神道碑后》，而谢山又得之李穆堂者。近思亦以理学称，早岁私淑应潜斋，晚服膺陆清献，思由程朱以上接孔孟，尝上书座师熊赐履，请其奏黜象山、白沙、阳明两庑从祀，犹稼书意也。谱又记其在世宗前论耗羡归公，上曰："汝为令，亦私耗羡乎？"对曰："非私也，非是且无以养妻子"云云。考康熙朝，但有俸银，尚无养廉，县令政治繁剧，俸银实不足供正用。又考黄雄玉撰《陆清献莅嘉道迹》，有除火耗革羡余诸事，而其后又记云"群仕之日，亏空库银约千金，嘉民代公完纳，十日补足，公得脱然"云云，清献不藉耗羡而不免于亏空，故知"养妻子"一语是实情，故世宗闻之，不以为忤。不然，近思素崇清献者，何至与稼书相反耶？又按，近思起家县令，所记查亏空、

论耗羡、定调补差遣诸议，皆洞达情弊。若论浙省十弊疏，国史本传录之，然近于迎合矣。

1554 澄怀主人自订年谱六卷光绪庚辰重刊本

清张廷玉撰。是书首有自序，题“乾隆十三年，时七十七岁”。廷玉为大学士张英子，康熙三十九年成进士，世宗登极，由吏部左侍郎升礼部尚书。自是眷遇益隆，雍正元年，入值南书房，兼翰林院掌院学士，调户部尚书。四年授文华阁大学士，仍兼户部翰林院事。五年晋文华殿大学士，兼署吏部尚书。高宗登基，同庄亲王允禄等总理事务，乾隆二年改为办理军机大臣。十一年其长子内阁学士若霭病卒。十三年上疏乞休，不允。十四年，令四五日一入内廷，备顾问，而仍不许归里。盖以廷玉承世宗遗诏，将来配享太庙故也。谱记至此而止，距作序之后一年也。所记大率历官迁擢，累朝宠遇，旁及家人子弟之事，惟雍正十一年详录条奏刊部事宜折，自云：“待皇上左右十一年，内直趋承，无日不蒙召对，每有刍荛一得之见，或口奏，或具折，皆请特颁谕旨，宣播于外，从未留片稿于私室，惟此次奏折，上命发九卿集议，虽欲焚稿而不可得”云云。按此折亦见国史列传，而列传所载乾隆二年三老五更之议，此乃缺如，其慎可知矣。按廷玉卒于乾隆二十年三月，此后十年之事，不见续记。则以是年之后，皆其失意之事，始以旋里得请，不亲诣宫门谢恩，继以定亲王之丧，朱荃之败，至受再四，谕斥不得以恩礼终，固于高宗刻待旧臣，而廷玉素以谦谨自居，乃切切争身后之配享，夫亦不达之甚矣。书后有六世孙绍文跋。

1555 黄侍郎年谱三卷乾隆写刊本

清顾镇辑。黄侍郎者，叔琳也。叔琳，康熙辛未以第三人及第，年仅二十一。阶至吏部左侍郎，外放浙江巡抚。因案被勘，罚修海塘。旋起，官至詹事府詹事，又以公累罢职。乾隆辛未，重遇胪传给

侍郎衔，卒年八十五。是谱分三卷，上卷一岁至四十岁，中卷自四十一岁至六十二岁，下卷自六十三岁至八十五岁。其督山东学政，孝子尹奇强报仇杀人，叔琳檄令出狱就试，因而得释，甚得扶植士类之妙用。主江南乡试，得知名士陈祖范、任启运、徐文靖等，亦擅精鉴。会试出张玉书、陈廷敬、王士禛、李光地门下，皆名流也。于王士禛契尤深，为刻其《渔洋诗话》、《五代诗话》诸书，其自著则一一具载谱中，有《砚北易抄》、《夏小正辑注》、《文心雕龙辑注》、《史通训诂补》诸书。盖镇为陈景范门人后，又执贽叔琳门下，渊源最深。叔琳之《史通训诂补》，即其校订。是谱乃就叔琳子云门原稿为之编次，颇简要得体。后有镇跋。按镇别著有《虞东学诗》，《四库》已著录。

1556 沈归愚自订年谱一卷乾隆甲申刊本

清沈德潜撰。德潜字确士，号归愚，江苏长洲人。是谱乃其所自述，从康熙十二年癸丑起，至乾隆三十一年丙戌止，是年九十四岁。后四年卒，年九十八，赐谥文慤，则是谱不及记矣。按文人晚达，无过德潜。六十六岁犹为诸生，虽乾隆初一举鸿博，以失写题中字，不合格，被放。乾隆己未始成进士，年六十七矣。年七十始散馆，授编修。己巳年七十七，以礼部侍郎赐归。犹于辛未、丁丑、壬午、乙酉四次南巡迎驾，辛未、辛巳二次进京祝太后寿，在籍晋阶尚书、太子太傅，食正一品俸，可谓极人臣恩遇之荣矣。又按德潜以诗名世，一生瓣香王士禛，未及接见；师事叶燮，燮尝以其所作诗质士禛，士禛极称许之，此其渊源之所自也。通籍后，以诗结主知，晚年乃以选《国朝诗别裁集》首钱谦益受痛斥，亦全美中之一憾也。卷末附《南巡诗并序》。卷首有门人顾诒禄序，称其六十以前，未尝以为否，六十年以后，未尝以为泰，读者称得体焉。

1557 孙征君年谱二卷乾隆元年刊本

题门人汤斌、魏一鳌、赵御众、耿极编次，后学方苞订正。征君谓孙钟元，夏峰也。首有方苞序及传，又有霍炳、戴明说二序，又有钟遗像并自赞，及门人汤斌、魏一鳌、赵御众、崔蔚林、耿极、刘泽祖题词，未有吴维桓跋。自赞署八十六翁，盖康熙六年己酉也。霍、戴二序俱署康熙乙卯，乙卯为钟元卒之年，是谱即镌于集年也。方序未署年月，而□首称“征君既殁之三十有九年，其曾孙用桢以旧所编年谱属余删定”云云。按夏峰卒于康熙乙卯又三十九年，为康熙五十三年甲午，至乾隆元年而刊行。吴跋即作于其年也。霍序称年谱为孙先生所自谱，门人魏莲陆合同学为之编次。今观是谱，有大书正文，有双行注文，其正文当是钟元自谱，注文当是汤斌等所增，而辛亥八十八岁条下注云：“先生自叙谱，至庚戌止。”是年以后，俱系门人从谱中考入。故是年以后，正文亦入门人口气，与前不同。惟所题方苞订正，以无例言，未知视原编次者何如耳。考钟元举万历庚子乡试，崇祯三年御史黄鹤岭疏请征聘，奉旨着与核才酌用，钟元以病辞。又八年，礼科王正志保举“真孝真廉，有体有用”，奉旨取用，钟元力辞。其后又以守容城功，经直隶巡抚张其平、恤刑员外郎胡向□奉荐，奉旨取选用加一级用，即方传所称“台垣及巡抚交荐，屡不起”者也。鼎革后，巡按刘寅东、兵部刘余佑俱以人才荐，祭酒薛所蕴且请让贤，钟元皆以病辞。故征君之名，在两朝皆可称之。其去容城而定居辉县之苏门，在顺治七年。卫河使马光裕赠以夏峰田庐，故学者称夏峰先生。其行事及早岁与鹿伯顺为友，好急人之难，近于侠。晚岁则绝去町畦，人无贤愚，一接之以诚，以故名在天下，人无忌嫉之者。其为学，早岁宗象山、阳明，晚乃欲以陆王融合朱子，殊可不必。唐伯顺曰：“新安亦无朱元晦，姚江亦无王伯安，各存其心之所是而已。”此真英雄本色语。强为沟之，转嫌牵合。或疑门人汤斌、耿介等皆新朝显官，不免为介范之累，不知钟元外宏容而中有所守。其辨刘静修《渡江赋》作于顺治元年，殆以寓其隐志耶？其《甲申

大难录》一狱，与顾亭林《启祯遗诗》狱相类，幸而得解，实为清代文字狱之先声。今全书已削之，于是谱略存其概，几无人知之矣。是谱本之钟元自记，又经一再修订，繁简有条理，考钟元学行者，宜于是取资焉。

1558 高南阜研史年谱一卷附一卷咸丰二年刊本

清高凤翰，字西园，号南邨，更号南阜，山东胶州人。诸生，安徽试用县丞，署歙县令，为卢见曾所重。见曾转运两淮，荐于制抚，将授仪征令，已而见曾因事坐牵连废斥，又十余年而卒，年六十七。凤翰善制砚，尝蓄研千余方，著有《研史》，诸研纪年月者十之七。钱侍宸据其所纪，并他事迹之可考者分年排比，题曰《研史年谱》，殊简略。即其卒之月日，亦付阙如。《研史》原本为王相所得，属王曰申摹刻，未及半而申殁。吴熙载以枣板继成之，而远逊曰申之精。相因取曰申刻石时商榷之札汇为一编，题曰《子若手牍》，附于谱后。子若曰申字，江苏太仓人，诸生，画承家学，兼精金石篆刻。

1559 钱文端公年谱三卷光绪甲午刊本

清钱仪吉初编，其孙志澄增订。文端，钱陈群谥也。卷末有钱应溥及志澄二跋。志澄跋称："见仪吉原稿，纂有陈群事实十余纸，因据《香树斋集》，参以《钱氏世谱》，《箨石斋集》，《衎石记事稿》，《甘泉乡人稿》，尹继善、沈德潜、汪由敦诗文集，《随园诗话》，《忠雅堂集》，《嘉兴府志》等书，排比成帙。而张庚为陈群总角交，倡和最久，其《强恕斋集》，尚访求未得"云云。按陈群成康熙辛丑进士，累迁至刑部侍郎，因病乞归，时年六十七，家居二十余年。乾隆丁丑、壬午、乙酉三次迎銮，迭赏刑部尚书衔、太子太傅。辛卯来京祝太后嘏，年八十六矣。与沈德潜同以在籍词臣，蒙高宗宠眷，御制诗章，每命赓和，赐诗有"二老江浙之大老"句。卒于德潜殁后五年，八十九岁，时乾隆甲午也。身后之眷，视德潜为优焉。谱中详记

恩遇，余事甚简。又按陈群母陈氏工画，屡承御赏，世所称“南楼老人”是也，亦详见于谱。又按谱于三十四岁以前，多据年谱残稿，不著编者名氏，又引及《半完圃集》、《南野堂笔记》，志澄跋亦未及举。检所称未见之《强恕斋集》，惟诗抄卷二有《复归满城馆舍途中寄钱编修香树暨同人》一首。然志澄所采实欠该博，依其所录可补入者宜尚多。首列陈群像及赞，次御制《怀旧诗》、赐祀贤良祠加祭一坛文、国史列传、府志列传、神道碑、墓志铭等。应溥自称玄孙，志澄则来孙也。

1560 诸城王侍郎年谱一卷乾隆十六年世德堂家乘刊本

清王沛憻，字汝存，山东诸城人，康熙甲子举人，从户部尚书王鹭赈饥陕西，议叙，选漳州府同知，累升至广西布政使，内用通政使，数迁至吏部侍郎，告归，卒年七十七。是谱系其子棠所编。按沛憻父钺，为广东西宁令，康熙十四年以行取入京，尚藩留不遣，钺窥其将变，托病回里，事详于钺所撰《水西日记》，是谱亦略著之。钺精干有吏才，而存心仁厚，所记鞫狱、制船及赈荒诸事，可征也。晚为世宗所知，将大用，而沛憻老且病矣，于其致仕，犹加都察院左都御史衔，盖异数也。谱称官建南道日，忤四川巡抚，其后由广西布政内召，陕督实挤之。陕督即前川抚，考之，盖年羹尧也，后数年而事败被诛。故作谱时犹讳其名。是谱首有朱轼、李绂序，张廷玉撰传，后有唐执玉跋。棠，康熙庚子举人，仕至直隶□北道。

1561 厉樊榭年谱一卷嘉业堂刊本

清朱文藻辑，缪荃孙重订。文藻字朗斋，浙江仁和人，诸生。按樊榭为厉鹗号，籍钱塘，康熙庚子举人，乾隆初荐举鸿博，不售。文藻是谱，大抵据全祖望撰墓碣铭，而参以他书。其生卒年月日时，则得之于栗主。惟谱稿止寥寥数页，殆未成之作。故荃孙重为增辑，且有所订正。如据《公车征士录》得其父母与兄之名，据本集得其完娶

之年壬戌，纳妾刘氏。原谱疑在南湖或溪樯，别据马曰琯兄弟诗集，定为在扬州。又据马曰琯诸人挽诗，知殁时老母尚在。又全氏墓碣铭云享年六十二，而汪沅《樊榭山房文集序》云殁于乾隆壬申，则是六十一。再据《瑞石山房集·哭樊谢诗》，编在壬申，则六十一是也。惟是谱于鹗所著书，如《南宋杂事诗》、《湖船录》等，尚多漏载。又所采交游之诗，止有全祖望、马曰琯、曰璐三家，亦未为备。谱后又就董汝熊《樊榭集注》、鲍珍《稗勺录》，补事迹逸诗若干，并有刘承幹跋。

1562 汪双池年谱四卷同治刊本

清余龙光辑。龙光字黼山，安徽婺源人，举道光丁未乡试，官江苏知县。双池，汪绂字也。绂终身不应试，亦未尝从师，其学宗朱子，所著书一以朱子为归，详其门人余元遴所为行状。龙光，元遴孙也，述祖志而为是谱。卷首有夏炘序，又有自为凡例。叙事大率依行状。惟双池所著诸书全录其序，自以学浅识妄，不敢节删，亦因其时遗书未审刊布，欲藉以存其旨意也。又增录与江慎修往来书答五篇，盖慎修之学亦宗朱子故也。而双池之学，又传于元遴，故于双池答元遴诸亦备载焉。后附行状、心丧稿，皆元遴撰。并附墓表、呈书状、请祀紫阳讲堂状、崇祀乡贤题疏等。

1563 是仲明年谱一卷［光绪十二年刊本］

无撰人名氏。仲明名镜，号识斋，江苏武进人，讲学著书，以布衣终，学者称舜山先生。年七十七卒。是谱前有柳商贤传，后有金吴澜跋。跋称据唐梦赉所撰行述，知作谱者为张敬之。仲明高□也。谱盖据仲明日记而成。然有详于行述而为谱所未及者，澜撮要注于分年之下。又年谱至戊子而佚，尚缺后一年，澜又依行述补之。按阮葵生《茶余客话》云：“江阴是镜，□诡妄诞人也，胸无点墨，好其矜式，居之不疑。海宁陈相国为其所惑，高东轩相国亦信之。尹健余侍

郎督学江左，周卫公之言，造庐请谒，结布衣交，镜遂辟书院，招生徒，与当时守令往还，冠盖络绎。常州黄永年亦与过往，其后因嘱托公事，不复往还。因于书院静室，供陈、高、尹、黄四木主。”又董潮《东皋杂志》云：“澄江是镜，字仲明，托名讲学，一时大老交章荐之，后为胞弟告。发三十余款，常郡守宋楚望深恶之，毁其庐，建书院”云云。谱于此事系之乾隆十九年，是年仲明六十二。澜引行述注于下云：“邑令某，素无行，不见答于先生，恨之，乃与先生季弟铉，为谤书，以达当道，郡守宋公劝移书院于郡城，风波乃息”云云。按邑令即圣宝也。事旋得白，而谤仍未息。阮、董二书不加深辨，遂据途说而诋之耳。据谱，仲明早父死，庐墓以居，郡守黄永年过访，作庐墓记，早弃举业，学政尹会一两疏其学行，大学士高斌、河道总督顾琮交章荐其经学，当时闻人如方苞、袁枚、戴震皆相推重，书问往来，见之各家文集中。不幸蒙谤，至于县志不敢立传，可胜慨叹。澜得是谱，为补成而刊之，发潜阐幽，用意至善，是光绪十二年丙戌也。

1564 恪靖公年谱一卷乾隆刊本

清王永祺编。按胡宝瑔字泰舒，安徽歙县人。雍正癸卯举人，官至河南巡抚，卒谥恪靖。以从傅恒征大金川，由顺天府丞骤升府尹，其后历任山西、湖南、江西、河南四省巡抚，虽无赫赫之勋，而恪谨持躬，未尝少受挫跌，在乾隆朝督抚中不多见也。其以内阁中书考选御史，旧无其例，自宝瑔始。谱记生之前夕，梦王文成赠一金轴，曰五十年后，送至吾乡，至乾隆辛未高宗南巡，果承命往祭文成。岂凡事真有前定耶？抑不免附会耶？永祺，华亭人。

1565 夏检讨年谱一卷乾隆甲辰刊本

清夏味堂辑。味堂，江苏高邮人，乾隆丁酉举人，夏之蓉孙。是谱为之蓉作也。据谱，之蓉生于康熙丁丑，卒于乾隆甲辰，年八十八

岁。乾隆己酉选授盐城教谕，癸丑成进士，授翰林院检讨，充《明史》纂修官。壬申考试翰林，名列三等。以原品休致，时年五十六。中间一为乡试主考，两为学政。罢官后，历掌钟山、丽正两书院，在钟山久至十一年。著籍弟子最著者有戴祖启、王念孙诸人。所著书有《半舫斋诗古文》、《读史提要》，俱刊板行世。在翰林时曾上成均课士札子，请以课时文者改课实学；又上纂修《通考》札子，谓其书缺河渠而详仙释，宜加删正。持论俱当。惟在史馆建议，谓建文出亡，出于史仲彬所纪，必当日事定之后，燕王使其徒党倡为游言，以稍平忠臣义士之气，非其实也。又议与献大礼，力辟张之谬。按二说俱误。建文出亡，燕王正讳言之，故以后尸为帝尸。史仲彬实有其人，其《致身录》出于永乐后将二百年，岂是燕王所使？今《明史》存程济一传，并于姚广孝、胡濙二传微著无事，之蓉之议当不见采。张桂议大礼，其言不谬，其人相非，未可以人废言也。又据味堂后跋，谓是谱系之蓉手自削定，玩其语气，殊不类，殆有增饰也。后附戴祖启《送归高邮》一序，盖辞钟山院长时所作，味堂以为能窥见之蓉性情，故录之云。

1566 **陈句山年谱一卷**乾隆刻本

清陈玉绳述。按陈兆仑字星斋，号句山，浙江钱塘人。雍正庚戌进士，分发福建知县，旋荐举博学鸿词，未试，先考取内阁中书，复以词科授翰林院检讨，历日讲起居注官、侍读学士、顺天府尹、太常寺卿、太仆寺卿、通政使司副使，终于太仆寺卿。生于康熙庚辰，卒于乾隆辛卯，七十二岁。玉绳其从子也。兆仑于乾隆癸酉擢太仆寺卿，阅十四年丁亥，复再为太仆寺卿，终于其官。谱中述早年曾梦迎驾，借戴张藻川之冠，时藻川方官太仆，丁忧家居，竟成终身之谶，亦一奇也。是谱所述梦境非一，虽有巧验，殊可不必。又按兆仑学有根柢，于杭世骏、齐召南同举词科，名亦相埒，其文亦为方苞所许。乃是谱于学问梗概，诗文年月绝不之及，何耶？卷首附顾光墓志铭，郭麟神道碑铭，与谱互有详略，可资参证。

1567 陈可斋年谱一卷刊本无年月

清陈大受，字咸占，湖南祁阳人，雍正癸丑进士，官至两广总督，谥文肃。是谱为其子辉祖等所辑。按大受以乾隆丙辰散馆，授职编修，次年丁巳，乾清宫御试，一等第一。嗣是四岁七迁，以吏部右侍郎外放安徽巡抚，旋调江苏，又调福建，内补兵部尚书、军机处行走、协办大学士，外简两广总督，卒年仅五十。治江苏最久，如缉盗、办赈、戒奢侈、修水利等，绩亦最著。其扬历内外，未稍挫折，在高宗朝亦不多见。是谱前有范时绶序，后有辉祖等跋，又附雍正癸丑、乾隆戊辰两馆选题名录，盖癸丑为大受成进士之岁，戊辰则光会试总裁之岁也，殿以墓志铭。辉祖后官至湖广总督。

1568 全谢山年谱一卷附《鲒崎亭集》本

清董秉纯编。秉纯字小钝，浙江鄞人，全谢山门人也。是谱叙谢山行事若甚略，而生平梗概具见于是。所记作文著书之岁月，不能悉备，而皆可信也。世传谢山为钱肃乐后身，证之谢山举子诗，若真有其事，“吴门迎驾”一条，可不必记。相传堇浦因之得祸，而谢山亦多此一举。其《柬梁一芗林诗》云：“故人为我关情处，莫学琼山强定山。”按《明史·庄昶传》，昶字定山，以母忧归，又丁父忧，不出者二十年，邱琼山濬素恶之，曰：“率天下皆背朝廷者，此辈是也，独不闻祖训乎?”盖祖训有不仕之刑也。谢山本无希录用及赏赉意，秉纯记此，岂非蛇足乎？谢山适粤，在乾隆十七年，制府为永常，谱亦漏记。次年，永常召回京，谢山亦辞粤归矣。谢山在粤，盖得恶疾归，而谱讳之。董渊《哭诗》云：“采采歌芣苢，亡之命矣夫。”《韩诗说》：“伤夫有恶疾也。”《论语》：“伯牛有疾，孔子自牖执其手，曰亡之命矣夫。”《集注》：“先儒以为癞也。”又马曰琯募能医谢山疾者，皆可证。而所称文集归堇浦，索之再三，而终不应者，或亦秉纯过虑之言也。

1569 时庵自撰年谱一卷乾隆戊申刊本

清蒋元益撰。元益字希元，号时庵，江苏长洲人。乾隆乙丑会试第一，授庶吉士，散馆改编修，以兵部右侍郎致仕，里居十年，卒年八十一，时乾隆五十三年戊申也。自述至是年止，即卒于是年十一月十六日。后有其弟王翼跋。按元盖以内阁中书，值总理初改军机，首被选入直，为鄂尔泰、张廷玉所知，将升擢，而元盖必欲以甲科进身，竟达其愿。在台日，以参南河、河东二河臣足疾，得旨申斥，既而南河决口，河臣获谴，以此受知，渐响用，以跻卿贰。其间两任山西学政，一任山东、江西学政，一典浙江乡试，山西首拔张佩芳，浙江首取翁元圻，尤知名。在山西试士，重诵经，命童子十五以下背诵，十六以上默写卷后，经熟者，文理清顺即入额，以奖读经之风，法甚善也。致仕后，二次南巡迎驾，一次入都预千叟宴，亦晚节之荣。谱所记有足识者，一乡举房师，为江西孝廉姜公，邻省进士举人入廉，始行于此科，后三科而罢。朝考日，新进士各赐纱葛二端，前此未有其例。又长女嫁长洲褚廷璋，季女嫁镇洋彭兆荪，俱以文学传。

1570 随园年谱一卷传抄本

清方濬师辑。濬师字子箴，直隶定远人，官至广东盐运使。随园者，金陵之小仓山，袁枚去官后居此，世遂以是称之。按枚举乾隆元年博学鸿词，报罢，才二十一岁。旋成乾隆己未进士，选庶吉士，散馆改知县，历宰溧水、沭阳、江宁三县，乞休，寻改发陕西，丁父忧归，不复出，时年三十八。自是颐养林泉，专事吟咏，时或出游，逾时即还。年八十二卒。是谱据诗文集及诗话，分年隶事。按《随园诗集》本编年体，但辛亥以后，诸多舛误，其卷三十六是甲寅所作，而编乙卯，《诗话》亦其所作，而讹误亦复不少。如适蒋士女，后其婿四年亡，而《诗话》称未半年女与婿俱亡，己酉得“落花扶不上枝

头”句，以为金姬谶，而金姬实卒于壬子，如此之类，濬师俱为改正。惟谱记乾隆壬申三十七岁条下，云“旅发陕西，丁父忧归”，据王昶《蒲褐山房诗话》云“再起至陕西，与黄文襄制府臭味差池，上书万余言，不省，遂乞病归”云云。按文襄，为黄廷桂谥。廷桂，以乾隆十六年任陕督，十八年去，随园赴陕在十七年，适当其时。集中有《送宫保巡边文》，集亦有《上文襄书》，但未必是此篇。况昶与随园同时交好，决不作妄语，岂乞病后适值丁忧耶？又己丑五十四岁条下云：“刘文清守江宁，以风言欲逐先生，先生闻信，偏不走谒，逾年文清托刘广文要先生代作《江南恩科谢表》，备申宛款”云云。又按《蒲褐山房诗话》云“今石庵相公在江宁时，将访而按之，子才投以二诗，阅毕，即请见，顿释前嫌”云云，是何尝不走谒？又集中有《将移滁不果》等诗，即是此时情事，亦张皇之至矣。至代作谢表，乃“前嫌已释”后事耳。谱所取材甚隘，即本集、诗话，似尚未采之不尽，大好题目，乃枯寂如此，殊觉不称也。

1571 阿文成公年谱三十四卷嘉庆癸酉刊本

首题兵部尚书总督陕甘等处地方军务第三孙那彦成恭纂，原任刑部侍郎王昶勘定，工部侍郎卢荫溥增修，尚有校定松筠、董教增，校对何铣等九人，各具官衔，盖官修之书也。阿桂，字广廷，姓章佳氏，本籍满洲正蓝旗，赐入正白旗，协办大学士阿克敦子也。乾隆三年举人，以武功封一等崇谋英勇公，授军机大臣、武英殿大学士，卒谥文成。按阿桂平定西域及大小金川，功最高，立朝亦守正不阿。晚岁屡派出外查视事件，盖是时高宗罢眷和（坤）［珅］，和（坤）［珅］欲揽权，以阿桂勋望出己上，又是挤之不得，特假外差以远之也。是谱全录一切诏谕及阿桂所上诸奏疏，裒然巨帙，为向来年谱所未有。然繁中有略，即如乾隆十三年为岳钟琪奏参论死，并不著其获罪始末。至征缅之役，傅垣为经略，阿桂副之，近人发现缅邦档案，乃傅垣贿缅酋以行成，所称“大惧乞降”者，伪也。盖自明瑞战殁于猛育，高宗怒极愤兵，而军士疲劳且病瘴，势不可胜，高宗似亦明知

之，故于阿桂数年大举之请，降旨切责，而守备苏尔相旋被拘留矣。其后两金川既定，索诺木母子受诛，缅使观西市行刑，即尔革面，斯不战而屈人之兵矣。又按，阿桂奏议无单行本，是谱作奏议读无不可也。

1572 纪年草一卷嘉庆刊本

清万（庭）［廷］兰撰。（庭）［廷］兰江西南昌人，乾隆壬申进士，改庶吉士，散馆又改知县，历怀柔、宛平、献县、通澧、通州，缘事落职下狱。在狱十五年，遇赦，年六十四矣。年八十九卒，时嘉庆十二年丁卯也。年各纪七律一首，而附注事实于后。诗凡八十首，盖八岁、二十四岁、五十一岁、五十三至五十八岁，此八岁皆无诗也。首有自序，作于嘉庆九年，即以付梓。其后每岁补刻一首，末岁有《元旦试笔》一首，旋卒于三月十日。所纪大官迹外，详于家事。其间惟校刻《太平寰宇记》、《十三经初学读本》、修南昌府及新昌、上高两县志，颇足记。其下狱不记以何事故。上一年记修通州城工，有“总其事者，欲速成，勉强完工，而周章至不可解”等语，当是以此获罪。按（庭）［廷］兰别著有《计树园诗文存》，卷首有梁同书题词，盖其壬申同榜，而老寿亦略相等也。

1573 张度西年谱一卷道光己酉刊本

清张家榗纂。家榗字竹方，湖南湘潭人，亦张九钺侄孙，家栻族弟也。卷末有家榗自跋，称据依诗文集，及箧储遗稿并家集、当时名人诗集文集、诗话数十种，参互编葺。又称“与家栻本互异者多，此则较确”云云。据此则是谱盖为家栻谱而作。但家榗序后题道光二十九年己酉，而家栻本则题咸丰甲寅，岂家栻谱编成在先，而刊成在后耶？今取与家栻谱相校，如从父河西公游南岳，家栻本系于丙午六岁条下，此则九钺《序戴净念游衡岳记》，言“余自戊申至甲寅三游，皆以秋”，断岳自戊申始，系之八岁。又此本癸丑十三岁条下，记潭

郙公（按家杙本称河西公，此本称潭西公，皆谓九钺父垣）补府学生，而家杙本遗之。又辛未三十一岁条下，家杙本记“送姊丈曾谅臣之安西，即之云南”，此则云“彭方伯家屏，由江西调任云南，邀公往游，同时游云南”，而所主不同。又丙子三十六条下，此云“冬至益阳柳大令牧人署，未几归”，家杙本是年无事。又家杙本戊寅三十八岁条下，云“三月至京”，此则云“冬如京师”。次年己卯三十九岁条下，又云“春过苏州，同吴尧年、秦橘园，探梅邓尉”。若戊寅三月如京师，其明年，又何得探梅邓尉耶？又此本甲申四十四岁条下，记潭郙公同赴任所，马太安人自湘携眷来署，家杙本漏不载。而戊子四十八岁条下，突载马太安人卒于署，殊无所本。又家杙本丙年四十六岁条下，记修《峡江志》，此则系于四十七岁。又家杙本壬辰五十二岁条下，记“正月抵广州”，此则云“正月抵家，四月至广东”。又家杙本甲午五十四岁，记“调知海阳县”，又云“八月代南海县事两月返”，此则系之乙未五十五岁四月，无代南海县事。又己亥五十九岁，此记“归湘合葬潭郙公与马太安人于南塘，秋返南昌”，家杙本则云“之扬州，病痁寻愈”。二本全异。又家杙本记庚子六十岁四月痁复作，此则云“三月之杭州，至嘉兴、松江、太仓、苏州，秋至扬州，病痁，季冬稍瘥”，记病痁同，但无至徽州之事。又此本记主周南讲席，从乙巳六十五岁始，至己酉六十九岁止，家杙本则但著之六十八、六十九两岁。又家杙本记庚戌七十岁，固始谢畊于聘主临淮讲席，此则系之辛亥七十一岁。如此之类，此视家杙本为核。又开卷记九钺字度西，引潭西公《易字歌》注，取东井西曲曰钺在张度之西云云，此曲甚僻，亦为家杙本所未及。

1574 陶园年谱一卷咸丰甲寅刊本

清张家杙辑。家杙字小珣，湖南湘潭人，嘉庆己卯进士，官四川峡江、万年、遂宁知县，诗人张九钺侄孙也。九钺晚营桃园，易桃为陶，并取以署集，故以称之。卷首录何绍基札，并《湖南通志》，《湘潭县志》，邓显鹤、戴熙所为传，谱前别详世系，年月先后大率据

诗文集及杂著各种。按九钺在乾嘉间诗名甚盛，惟仕官偃蹇，乾隆辛酉拔贡廷试第一，改入成均肄业（业），旋考取八旗教习，期满得知县。乾隆癸未，中明通榜进士，年四十三矣。次年即以知县赴江西，丁艰归，改广东。在海阳任内，以盗案镌级，不复起，前后入官不满七年。归后又二十余年而卒，年八十三。世传九钺前生系南狱一僧，幼时其父携游衡山昆庐洞，寺僧瑞檀惊类其师，随出句属对，曰“心通白藕”，九钺应声曰“舌涌莲花”，僧大骇，即聚徒膜拜，言师圆寂时，留此偶句，后有吻合者，即其后身云。证之九钺《岳麓六朝松歌》云：“我昔六（按当是八之误）岁时，家严携之谒岳灵。”又云：“师惊拜我呼尊宿，五日留之饭松粥。黄精苗盛芋魁肥，白藕青莲对相属。”据此，是真有其事。谱又记殁时，其子世津自外入，见先生出怀中僧帽戴于首，疾趋而出，追之不及，已而伏枕如故，惟口吟云：“担柴运米百无能，自读楞严自翦灯。夜半万缘钟打尽，前身南岳一枯僧。”尤足相证。盖文人慧业，自有夙因，有非可以恒理论者。惜家栻是谱弁全集之首，征引甚繁，而中多讹误，不如家谱本之核实。末又附家栻所为墓志，可与谱参证云。

1575 梁文定公年谱一卷旧抄本

清梁国治自述。国治字阶平，浙江会稽人。乾隆戊辰进士，以第一人及第，由修撰升日讲起居注官，外授广东惠潮嘉道，特旨署都察院左都御史，补吏部左侍郎。以在广东粮道任内失察事，落职。旋授山西冀宁道，历湖南按察使、江宁布政使、湖北巡抚，乾隆癸巳内召在军机处行走，驯至户部尚书、东阁大学士，卒谥文定。按国治素擅书名，在官碌碌无建白，不敢有建白也。乾隆朝，汉大臣类如此，不但国治也。惟所拔擢多知名士，如金榜，洪朴及其弟榜、梧，钱棨，顾宗泰，钱唐，李惇等，皆著作才也。在都寓魏梁胡同，吴梅村故庐也，识其旧联云：“傍人错比杨雄宅；异代应教庾信居。”亦可备故都坊巷掌故。国治自记起雍正癸卯，止乾隆壬寅；乾隆癸卯至丙午，凡四年，则其子承云等所补，又于原谱下间附注语，并跋其后焉。

1576 张北湖年谱一卷乾隆写刊本

清王朝晋，自号北湖子，浙江海宁人，诸生。是谱为其子京颜纂辑。朝晋生于康熙壬子，卒于乾隆癸酉，八十二岁。年十二为诸生，四十后，即不应试，平生研理学，尤服膺张杨园。谱中所记，从三十四岁始读杨园《训子语》，三十五岁抄《杨园全集》。三十七岁制榷赠杨园如夫人陆氏，三十九岁刻《杨园言行见闻录》，五十岁约同人筹资葬杨园后人五棺，又搜编《杨园未刻稿》，盖私淑杨园最深也。交硖川陈梓最深且久，梓曾编《杨园年谱》，盖道合而志同也。朝晋先代本陆氏，明吴元年，赘于张，遂姓张。谱载与梓论复姓事，谓理虽正，而极重难返，不得已，刊诸家乘，令子孙勿与陆氏通婚姻。按此议可为嗣异姓者取法。据谱，朝晋所著有《六有斋札记》、《读书记疑》、《陈几亭集摘录》、《曹月川夜行烛疑义》，今俱不见传本，惟录诗文十余首，可藉窥其蕴蓄之一斑焉。京颜亦诸生。

1577 戴氏年谱一卷《戴氏遗书》本

清段玉裁撰。戴氏者，东原，名震。举乾隆壬午乡试。乾隆三十八年以于敏中荐，充四库馆纂修官。四十年，命与乙未进士一体殿试，授翰林院庶吉士。玉裁受东原之传，故是谱尤详于学。凡所编著，考其年月而别其先后、详略、异同。义稍晦者，则申明其说。非得于东原之深者，不能为也。谱记乙酉四十三岁，定《水经》一卷。自记云："夏六月，阅胡朏明《禹贡锥指》引《水经注》，疑之，因检郦氏书展转推求，知朏明所以致谬之故，实由唐以来经、注互讹"云云。又甲午五十一岁，记校《水经注》成。先是赵东潜亦校是书，及四库馆开，赵书亦得著录，而所更定经、注，与东原校本无异，论者遂兴窃庄之嫌，玉裁辨谓全谢山七校是书，深窥秘奥，两公交最深，或闭户暗合，或丽泽相取，而其说往往与先生同，云云。按东原与赵书同无与《全书》，何能援以相证？况玉裁未《全书》，何由知

之？若钱塘梁氏校刊赵书，多取正戴本，故大段不同者少，事容有之，而著录之本当不然也。谱又记戊子四十六岁，应直隶总督方恪敏聘修《直隶河渠书》，其清稿为王履泰者所得，益以乾隆己丑后事，易名《畿辅安澜志》，其书进呈，今刊版在武英殿云云。此与世所疑东原盗赵者相反。惟亦有传东原之稿系得之陈学士仪者。究竟主名谁属，在今日更难证断，要之有用之书得流在天壤已，不没著者之苦心，不须断断为一人争也。

1578 檀默斋寿谱一卷嘉庆元年刊本

清檀萃自叙。萃字岂田，号默斋，安徽望江人。乾隆辛巳进士，选云南青溪县知县。丁父艰，为谋葬费，游广东，居数载，病归。再入滇，补禄劝县知县，被参，坐徙，久之得赦。盖滇藩某之子尝与诗会，萃批其卷，因以假西江派，某冲之，遂借端与狱。萃未仕，即以讲学为事，在官亦不废讲学。及被谴，聚生徒尤盛，徒满，主成材书院，时在乾隆甲寅，年七十矣。自叙生平，以当年谱。诸生绘为图，凡三十二，名《寿谱图》。是卷盖弁于诗集之端者。谱具而图乃缺如，兹始删去图字。考师范《抱瓮轩文稿》，有萃家传，称萃于己未春，辞馆归皖，主晴川书院，卒于辛酉之十一月，年七十有七，距作谱时尚七年。萃之获谴，盖以运京铜事挂迟缴故，而谱未言，可据传以补谱所未及。所称滇藩某，乃谭尚忠也。谭江西南丰［人］，故忌伪西江派之讥。此则谱与传俱讳之，意其时谭尚存耶？按萃工诗文，素以该博称，撰述甚夥。其居滇南，殆如文翁之化蜀焉。谱中称先生者，盖萃口述而门人辈笔录之也。

1579 竹汀居士年谱一卷道光辛卯刊本

清钱大昕自述，其孙庆曾注。六十六岁以后，则庆曾续编也。大昕生于雍正戊申，卒于嘉庆甲子，七十七岁。乾隆甲戌成进士，官至詹事府少詹事。乙未丁父忧，时年四十六，不复出。大昕仕不废学，

归田后益肆力著述。是谱意主简质，独详于治学、著书之年月，其《廿一史考异》、《诸史拾遗》、《元史氏族表》、《艺文志》、《唐五代学士年表》、《通鉴注辨正》、《洪文敏》、《陆放翁年谱》、《疑年录》、《鄞县》、《长兴县志》、《金石文跋尾》四集、《三统术衍》、《十驾斋养新录》、《余录》诸书，皆成于家居之时。亦有不著属稿年月者，如《恒言录》、《四史朔闰考》、《声类》之属。谱载大昕为两湖总督毕公覆勘《续资治通鉴》，未蒇事而毕公卒，以其本归公子，时嘉庆丁巳也。按《章实斋文集》，有代毕沅与大昕书，商榷《续资治通鉴》体例，末云“全书录副呈上，幸为检点舛误”云云。此书作(作)［于］壬子，则大昕校此书时当在壬子，谱于此漏载。又章实斋作《邵与桐别传》，中有云：“已故湖广总督镇洋毕公沅，尝以二十年功属某客续宋元《通鉴》，大率就徐氏本稍为损益，无大殊异，属君更正，君出绪余，为之复审，其书即大改观。时公方用兵，书寄军营，读之，公大悦服，手书报谢，公旋薨于军。其家所刻《通鉴》乃宾客初定之本，君之所寄，公薨后家旋籍没，不可访”云云。据是谱，言以本归公子，则毕氏所刻本与实斋所云宾客初定之本，乃大昕未蒇之本也。庆曾之注，就谱中所引人物、古迹，为之考证，甚精核，尤详于家世，即作钱氏家乘观可也。卷首有宝山袁翼序，后有庆曾跋。

1580 弇山毕年谱一卷嘉庆刊本

清史善长撰。善长字诵芬，江南吴江人，诸生。毕沅督湖广游其幕府，是谱即其时所作也。后有善长自跋，盖承沅命编次，未及半而沅已病，不及见其成矣。是谱文笔雅洁，剪裁公牍不略不蔓，间引诗篇，弥见风趣。于沅编著诸书，粗举崖略，具得体要，惟语多谀攸，于过失处多为删削，殊失征实之义。如乾隆四十一年，以高朴在叶尔羌私采玉石案，以审讯朴家人供辞不实，有旨责草率，谱不载。又四十六年，以甘肃捐盐州县通同捏灾冒赈案，谕令沅自行议罪，沅请罚缴银五万两备官兵犒赏之用，谱不载，而误将四十七年，失察甘肃冒

赈移于四十六年。又五十四年，以河南考城县移建城垣，非地糜费，奉旨严议。嘉庆元年正月，以襄阳贼匪滋事，调度失宜，六月又以剿当阳旷日持久，两次申饬，谱俱不载。又按沅卒嘉庆二年七月，其后一月，上谕毕沅前在湖广失察过多，不必予谥，四年九月，又以沅任湖广总督贻误地方且提用军帑馈送领兵各大员，谕令革荫没产，谱更不之及矣。按洪亮吉书事，言沅宽平，官陕西久，诸西事或废弛，又言沅军旅非所长，又易为腐吏欺蔽云云，自是公论。然沅礼贤下士，如恐不及，一时江左人才，半归幕府，其轶事流传，亦有不宜没者，又惜善长未措意及此也。

1581 姜司寇年谱一卷嘉庆刊本

清姜晟自述。晟字光宇，号杜芗，原籍山东莱阳。高祖埰明，礼科给事中，以言事谪戍宣州，埰子实节卜居吴门，遂籍元和。晟成乾隆丙戌进士，洊升至直隶总督，以永定河决革职。随复录用，又洊升至刑部尚书，调工部尚书，因病请开缺。旋因直隶总督任内失察事，议革职，准以四品京堂休致回籍，卒年八十一，时嘉庆十五年庚午也。自述迄于是年三月，其卒在四月七日。见其子廷璨等所为跋。所述事迹自释褐日，授刑部主事升员外郎郎中。屡迁光禄太仆少卿，仍兼理部务，且迭派往外省审办案件。外放江西按察，骤擢刑侍，解湖北巡抚任后，又还刑侍任。在两湖（南）任内，又屡派审办云南、湖北、江西案件。在直隶总督被议革职后，仍回刑部，尤奇者，前后二十余年，再为刑部主事员外郎，又由侍郎至尚书，仍在刑部。综其一生，盖与刑务相终始，其间在湖南、北，剿办苗教诸匪，亦著劳勚。至其两次蹉跌，则所遭不幸，非其罪也。

1582 朱石君年谱三卷嘉庆刊本

清朱锡经编。石君，朱珪字。珪成乾隆戊辰进士。在翰林，以文学受高宗特知，虽外简司使，仍令入翰林修书，及上书房行走，又傅

仁宗于潜邸。其后虽一擢安徽巡抚，犹以才情不开展为言。嘉庆初，擢两广总督，即以不能认真缉捕获咎降补，旋以吏部尚书内召，渐擢至体仁阁大学士，卒谥文正。凡潜邸师傅，以后谥文正，自珪始也。珪好道家言，谱记其通任督脉，召先天真气转河车，得《参同契》、《悟真篇》，读之遂大悟彻。后数十年，夜坐不卧，老益精进不衰云云。按此儒者之事，珪亦幸而不为罗有高，致损天年也。其末年，恃元功调养，而疽发于背，岂其验耶？按恽敬撰张惠言墓志言皋文龂龂以善相诤，文正言天子当以宽大得民，皋文言宜大伸罚以肃内政之政；文正言天子当优有过大臣，皋文［言］庸猥之辈惜全之何以用；文正喜进淹雅之士，皋文言当进内治官府、外治疆场者。又敬撰《前翰林院编修洪君遗事》。洪君，即洪亮吉也。称亮吉留书成亲王并当事大僚，言时事，当事大僚，当指珪。谱言值门生洪亮吉投书，不敢求假，可证。书中于文正多所责备，想见其晚岁不为清流所许。然雍乾以来，汉大臣遇事畏惧，随取容已成惯习。观于珪屡以小故被议，悉赖两朝宽宥，其敢振厉自表见乎？且其时大权属于军机，珪虽承优眷，从未一涉其地，似未可苛以高论也。锡经，珪长子，以一品荫生，官刑部广西司郎中。

1583 翁氏家事略记一卷 道光刊本

清翁方纲撰。是记叙翁氏由莆田入籍顺天以来家事，起明正德二年丁卯，讫清嘉庆二十三年戊寅正月十二日。所记迭代之事甚略，自乾隆六年以后，乃逐年不缺。盖方纲生于雍正十一年，其时方九岁，至嘉庆二十三年八十六岁，即卒于是年正月二十七日。按方纲于乾隆二年举乡试，年仅十五，十七年成进士，改庶吉士，散馆授编修，其间曾一任江西副考官，一任江西督学，三任广东督学，一为山东督学，未满任调京供职。所历官，中经降革，嘉庆九年以鸿胪寺卿原品休致，十二年重预鹿鸣宴，赐加三品衔，十九年又重预琼林宴。所记历官之外，旁及家族，以至著书刻书之事，然亦粗且梗概而已。是记之作，盖由方纲耄岁正存幼孙，因写以是记，诒其门人大学蒋攸铦，

攸铦以付英和，英和父德保与方纲善，遂为梓行。条下间具按语，且为之跋，盖即方纲年谱也。又按方纲督学山东日，与巡抚国泰、布政江兰有微嫌，二人和珅党也，故挤之，不得终任。方纲卒后，家渐式微，至于极窭。其孙妇光绪间犹存，见叶昌炽《督缘室日记》，皆可补是记所未及也。

1584 谦山行年录一卷咸丰五年刊本

清熊枚撰。枚字汝调，晚号谦山，江西铅山人。乾隆辛卯进士，官至刑部尚书，以五品京堂休致。是录乃枚自记其历官始末，至七十四岁止。后有其曾孙嘉澍跋。枚生于雍正十二年甲寅，三十八岁成进士，以刑部主事用，外放知府，任平凉、汝宁、顺德、保定知府，济东泰武临道，江苏臬司，安徽藩司，内擢刑部侍郎，升尚书，调工部尚书。数年间，凡三署直隶总督，三任都察院左都御史。以直隶藩司书吏假印舞弊侵盗库银案，降补顺天府丞。又因京兆印卷迟误，以五品京堂休致，时年七十四矣。其卒于何年无可考，以跋未为言及也。录中所记刑案为多，最大者松江营弁杨天相、沈长发冒功诬商船为盗船案，杨天相、沈长发俱正法，松江提督枷号示众三月。其他政绩大都平实无矜夸，然非甚干练无以胜之也。晚年以细过受谴，亦见其时法令之严，于六臣宿望不少贷，而枚一生事迹遂亦不纪于国史，（若）遂亦不得宣付史馆，若斯录者殆可补大臣列传之缺也。嘉澍跋作于咸丰乙卯，盖刊书之年也。

1585 尹楚珍年谱道光五年刊本

清尹壮图自记。壮图，云南蒙自人。乾隆丙戌进士，授职刑部主事，补江南道监察御史。以云南乏大员骤擢内阁学士，因言事降职回籍。嘉庆己未特旨起用。旋以母老许其归养，授给事中衔，并准在籍奏事。卒于嘉庆戊辰，年七十一。按高宗耄期，和（坤）［珅］擅权，公行贿赂，甚至督抚获罪，自请罚银若干万两即可免议。壮图上

疏切言，致干帝怒，命户部侍郎庆成带同往山西、山东、江苏各地盘察仓库，坐无实据，几获重咎。至嘉庆初，而情状尽露，至烦谕旨代为昭雪。盖彼时各该督抚等挪移掩饰，巧为蒙蔽，非壮图所言之不实也，此疏在当时为仅见。然嘉庆朝，所陈各疏，亦尝屡受申斥。陋规一事尤中时弊，亦格不用。盖朝政日非，在位虽少如彼之行，而庶事安于苟且，正言视为迂腐，宜谔谔者之不能容也。壮图言事诸疏，除留中者，其要略见谱中。自记止于乾隆末年，以下乃其子佩珩等所续，刊于道光五年，距卒时十七年矣。

1586 沧来自述年谱一卷嘉庆刊本

清鳌图自述。鳌图姓于，字伯麟，号沧来，汉军镶红旗人，于成龙曾孙也。乾隆庚寅举人，以知县拣发江苏，洊升江苏按察使。以审办金山寺僧案，降三级，终于江安粮道，年六十二。是谱自述至四十八岁，并自刻行，四十九岁以下，则其子定保等所续。据谱所载，大率治事稳练，尤长于折狱、理河，又好作诗。钱竹初、赵云松、洪稚存、王侪樵辈互相唱和，风雅有足称者。惟叙事中多参入夸谀无实之语。自述与子述其父，俱非体也。

1587 翠微山房自订年谱一卷原稿本

清曹锡龄自述。锡龄字受之，山西汾阳人。乾隆乙未进士，改翰林院庶吉士。庚戌授江南道盐察御史。乙丑转吏科给事中。是谱作于嘉庆戊辰，锡龄时年六十八矣。讫于壬申，七十二岁止。卷首有蒋予蒲、李銮宣二序。蒋序未署年月，李序署上章敦牂，盖即庚午。前于壬申二年，又无后跋，不知其卒于何时也。锡龄学于朱笥河、纪文达、钱竹汀，而友翁覃溪、邵二云、洪稚存、朱沧湄、法梧门、何兰士、张船山、罗雨峰等。谱中时有论经、论理学、论文、论诗语。其中记《魏象枢年谱》梦关帝论一贯，因类及孚佑帝君吕纯阳真人，可不必存。锡龄以将四十年老翰林，上转止到给事中，官运蹇滞至此，

亦可异也。

1588 汪容甫年谱一卷嘉庆庚申刊本

清汪喜孙辑。喜孙字孟慈，江苏甘泉人，嘉庆丁卯举人，官至河南怀庆府知甫，汪中子。容甫，中之字也。是谱首有喜孙自序，就中所著书及诗文排比岁月。序言“先人同时文士，生不同道，谬托相知，传闻失实，谨以就正先人文章道义之交，审定抉择，十去二三”云云，因知谱中相涉之人，皆为中平素相知者也。其师事者，如朱筠、沈廷芳、郑虎文、谢墉辈；友事者，如刘端临、王念孙、程瑶田、凌廷堪、黄景仁辈；容门下者，如阮元、毕沅、曾燠辈，若杭州所主直指全德者，仍不失为知也。其不相知者则去其名氏而称“某”，如主安定书院之某编修，即铅山蒋士铨也。谱不言娶妻生子事。按中自叙云“孝标悍妻在室，家道轗轲，余受诈兴公，勃溪累岁，里烦言于乞火，家构衅于瓜梨，蹀躞东西，终成沟水”云云，凌廷堪撰中墓志铭云“初娶孙氏，不相能，援古礼出之”，是中曾有出妻之事，讳为亲者讳，故隐之。而生子事，遂无从插入矣。而喜孙行述，但言妣朱氏，不及前母，岂知自叙与墓志铭皆有显证耶！又按中与翁方纲亦有倾盖之雅，而谱未及之。翁氏家事日记称：“乾隆四十四年九月十一日，扬州汪容甫来谒（来）于秦淮旅舍，出所藏碑帖盈筐共享。”是必喜孙未见册记，而并非有意删之。然则搜集固有所未尽矣。

1589 汪蓉甫年表一卷清嘉庆庚辰刊本

清汪喜孙辑。首有自序，称“始为先君年谱，惟恐阙失。文繁事复，书成历二十年。虑失史裁，乃撷其大纲，缀为此书。谨依先君所撰《贾生年表》，以平生撰集序次前后”云云。表分四栏，一纪年，二纪岁并纪事，三纪经史诸子，四纪诗文。读者可以识其游处之大概、治学之浅深次第、著作之存佚。如诸书之有提纲、有节本，特同出之一手为稍异耳。

1590 洪北江年谱一卷光绪丁丑重刊本

清吕培编。培字因叔，安徽旌德人，嘉庆癸酉拔贡生。北江，洪亮吉号也。按谱亮吉四十五岁始登第，时为乾隆庚戌，壬子即放贵州学政，时尚未散馆也。培以为未散馆翰林为学政者，始亮吉及石韫玉。盖韫玉以第一人及第，与亮吉同庚戌，又同时放云南学政也。不知前乎此者已有辛巳修撰王杰，于次年壬戌为湖南乡试副考官，又甲申提督福建学政，皆未散馆。培殆未之考也。又按亮吉以嘉庆四年上书成亲王陈时政，几获严谴，后改戍伊犁。五年，京师久旱，祈祷无效，忽奉仁宗谕，将亮吉原书宣示内外，并装潢成卷，常置座右，随赦亮吉回籍。是日得甘霖，御制得两诗，注证其事甚详。乃谱不载原书，惟据上谕有“视朝稍晏，小人荧惑”等句。又据孙星衍作亮吉传，称致书亲王大臣，累数千言，列某封疆误国，不恤民，某使臣婪索，亏帑藏，某号称正士，托迹权门，某列官清班，乞怜费要。又言部使出按章，辄瞻徇完结，不能伸理冤狱。凡指斥内外臣四十余人云云。而亦不录全文。按此书，既经宣示中外，又至尊常置座右，似无所用其忌讳，且亮吉立朝大节所系，谱竟略之，殊不可解也。又谱于亮吉所著之书，止记成书年月，于本书概略，及一生著书全目俱不详。培为亮吉门人，何疏略至此？后附诸传状、碑志遗事，与谱可相参证。书为洪用勤重刊本，用勤，亮吉曾孙也。

1591 吴菘圃年谱一卷道光刊本

清吴璥自述。璥字式如，号菘圃，浙江钱塘人。乾隆戊戌进士，官至吏部尚书，协办大学士。按璥在乾隆朝称谙熟河务，一生官职，虽或内或外，而在河工为多，自乾隆五十四年以安徽学政改授河南开归陈许道，嘉庆四年授东河河督，五年补江南河督，十一年授河东总河，十四年授南河正总河，十六年会同初彭龄、松筠查办南河，是年复以降员赴清江襄办王营减坝暨李家楼漫工，十九年授河东正总河，

二十年以刑部尚书两权河督篆，二十一年赴山东曹河勘工，二十二年以刑部尚书河南巡抚阅勘山东运河，是年又命查勘南河，二十三年又署河南巡抚，堵筑沁河古樊村漫口，二十五年以吏部尚书协办大学士署河东河道总督，时年七十四矣。阅一年而乞休，又一年而卒。谱中叙治河之事，简而得要。后有其孙若准等识语。

1592 王壮节公年谱一卷咸丰（申）［壬子］刊本

清王文雄，字殿宣，江苏太仓人。以行伍从大学士傅恒征缅甸，又随大将军阿桂征金川，积功补湘南施南协中军都司，累升至通州协副将。嘉庆元年，调湖北剿白莲教匪，又以功累升至固原提督。嘉庆五年七月，与匪战于山梁，以众寡不敌，阵亡，年五十有二。得旨赀给三等子爵，赐谥壮节。是谱其子开云撰。开云，袭官至御史。后有文雄弟士杰及开云二跋。初刊于嘉庆甲戌，次刊于道光甲午，三刊于咸丰，又有其孙凤翥跋。

1593 青城山人年谱一卷嘉庆戊辰刊本

清关槐，字桂生，晚年自号青城山人，浙江仁和人。以举人应乾隆丙申召试，授内阁中书，庚子成进士，历官至礼部左侍郎。是谱署受业李钧简、陈希曾、沈学厚、吴廷琛编次。钧简丙午进士，希曾癸丑进士，学厚乙卯进士，皆槐所取士，廷琛则槐于癸丑荐而未售，后壬戌以第一人及第者也。槐素工画，卷首录高宗题槐所作画诗十五首、仁宗题槐所作画诗九首，并槐五旬小像、李钧简题词，而谱中亦关于画之故实居多。亦谙国语，纂成《辽金元三史国语解》。乙巳，高宗试翰詹诸臣，钦定一等第一，以和（坤）［珅］奏劾逸官韵，坐黜，可为非和党之证。他若奏请复试加经、科场回避、增孙女婿，俱因其请而定。又任广东学政日，成《粤东使轺纪闻》一百二十卷，皆其荦荦可纪者。

1594 黄勤敏公年谱一卷同治刊本

清黄钺，号壹斋，江苏芜湖人，乾隆庚戌进士，官至户部尚书，谥勤敏。是谱为其子富民所编。按钺四十一岁始成进士，授主事，乞假回籍者九年，岁五十矣。仁宗以朱珪之荐，召对养心殿，自是洊历尚侍，入军机，道光丙戌以户部尚书致仕，又十五年卒，寿九十二。其晚遇与老寿，略同沈归愚。以诗画受知仁宗，以德潜以诗受知高宗亦略同。至其恩遇宠眷，则过德潜远甚。宣宗命书仁庙碑文，谕曰“皇考待汝好，故命尔书，使在天之灵见碑知出汝笔”云云，可见得君之深矣。钺词臣，殊乏建白，谱中少可述者，惟记庚辰光会诚总裁日，入闱时，梦两广总督阮元来拜，是科榜首为陈继昌，以三元及第，始悟阮元字伯元，含姓名恰为三元，而阮字偏旁又为陈姓之半，阮任两广总督，继昌籍隶广西，一一关合，鬼神之巧，真非拟议所及。富民跋称，谱经钺手自删定，八十六岁以后，则富民所续，刊于同治丙寅，距钺卒又二十四年云。

1595 梅庵年谱二卷续编一卷道光刊本

清铁保自述，其子瑞元续。铁保字梅庵，满洲人，生于乾隆壬申，卒于道光甲申，七十三岁。乾隆壬辰进士，授吏部主事，官至两江总督，吏部尚书，其间屡起屡仆。一在两江总督任内，以失察山阳县谋毒冒赈案，谪戍乌鲁木齐；一在吏部尚书任内，以前在哈什噶尔参赞办理回民敛钱滋事案革职，发往吉林效力，居五年，授司经局洗马回京，又三年致仕，年七十矣。保自述至六十止，以下则其子瑞元、恩元所续。谱中所记，以在漕运山东、两江、喀什噶尔任内事为多，尤详于漕务河务。其为喀什噶参赞大臣日，犹条陈河工漕务事。然保固词臣，工书，擅书法，其中有论诗一条，谓“诗贵说实话，一作虚语敷衍，必落前人窠臼，欲不雷同，惟有直道其实”。又论书一条，谓“近日丰者无骨，瘦者不腴，气魄胜者，剑拔弩张，风韵胜

者，柔姿媚态，皆非书家正格”云云。俱非浅得者所能□□。瑞元，道光辛巳举人，刑部员外郎。卷末有后识。

1596 法梧门年谱一卷嘉庆刊本

清法式善，原名运昌，字开文，号时帆，乾隆五十年，高宗特改名法式善，满洲语黾勉上进也。又自号梧门，蒙乌吉氏，蒙古正黄旗人。乾隆己亥进士，授翰林院检讨，屡起仆，终于庶子，其间曾一度升国子监祭酒，故世多以祭酒称之。卒年六十一。是谱乃阮元据其《桂馨所寄杂稿》为之删定。按式善在八旗中最号通博，素工诗，尝进所纂《八旗人诗》一百三十四卷，高宗为制序，赐名《熙朝雅颂集》。他如《宫史》、《皇朝词林典故》、《全唐文》诸书，皆与编纂之役。其自著则有《清秘述闻》、《槐厅载笔》、明之《李文正公年谱》、诗集、文集等，具著于谱。惟《陶庐杂录》编刊于身后，故谱未及之。又按嘉庆三年，谱纪上书言事，几获重谴，旋赏给编修。原疏说不载，亦未见文集。据上谕知有论八旗在外屯田，请亲王领兵二事。又按言乾隆壬子，谱记有清理四库进呈遗书一事，其详亦记于《陶庐杂录》。每见旧抄佳本，其首页纸色字体特异，钤有“诗龛”印章，诗龛亦式善号也。原书首页，当有翰林院印，当是清理时私易之，而不能没其迹也。又按桂馨成嘉庆辛未进士，官中书，谱成而桂馨已殁。以式善女夫国泰之子文锦为嗣，八旗以异姓为后，始此。见大学士三宝传。国泰，三宝子也，为是谱所未及。

1597 孙渊如年谱二卷光绪戊戌刊本

清张绍南辑，王德福续辑。绍南江苏阳湖人，德福江宁人。自一岁至五十九岁，绍南辑；自六十岁至六十六岁，德福补。光绪戊戌，星衍曾孙士廉得其稿，校而刊之，即是谱也。按星衍未第时，尝客毕沅陕西巡抚署，喜（慢）［谩］骂，一署中疾之若仇。严侍读长明等辄为公揭逐之，毕公因别构一室处孙，馆谷倍丰于前云云。事见洪亮

吉文集。是谱未载，就此可见其负才尚气，其后不肯屈节和（坤）［珅］门下。见端于此，在刑部深究刑律，每治狱，多所平反，兴水利亦有成绩，所撰辑书甚多。晚年颇得顾广圻、严可均之助，谱俱明著之。据谱，尝采钟鼎文字，为《说文翼》，至五十七岁始校定。与严可均事而《式训堂丛书》目下《说文翼》一种，题严可均撰。但书未刊成，学者颇惑。余十余年前曾于南海盛氏见《说文翼》稿本，确题孙星衍撰，乃知谱不误也。谱又载，义士左伯桃、羊角哀墓在山东范县之义城寺东，牧令唐晟请考其事，则小说亦非尽诬也。按是谱不为详赡，似（未）星衍诗文集及集外文未曾为钩稽者。书后有士廉跋。

1598 孙玉庭自记年谱一卷 道光刊本

清孙玉庭自述。玉庭，山东济宁人。乾隆乙未进士，以翰林院检讨外放河东兵备道，历广西盐法道，广西按察使，湖北布政使，广西、广东、贵州、云南、浙江各省巡抚，湖广、两江总督，兼体仁阁大学士。抚广东日，以英吉利兵登岸事，总督办理迟延，不即奏参，革职回籍。谱但制军而没其名。按即吴熊光也，熊光方以此获遣戍新疆，玉庭旋复起用。督两江日，又以河督张文浩高堰漫口事，革职回籍，时年七十四矣。又九年而卒。其平黔苗农登联、歼缅僧张辅国，及不主招抚海盗等事，俱非碌碌者所能。惟议论有似是而极非者，如论讨安南事，谓“国家主于外夷，不以其国之顺逆为顺逆，而以其顺逆于我国者为顺逆”，论水师事，谓“从古治海疆者，论海防而未闻海战”，当时以为名言，不知实违谬于事理。至对仁宗论英吉利谓其富由于中国，又谓我能制其死命，一段中全似呓语，阅之令人失噱，亦足觇彼时士大夫对外之识解。是谱为有自序，作于道光丙戌。一记于嘉庆乙丑，为五十四岁以前之事；一记于道光丙戌，为五十四岁以后至七十五岁以前之事。其后又接记至道光甲午九月止。卒于是年十月十六日，则其子善宝、瑞珍所补记也，后有跋。

1599 杨蓉裳年谱一卷光绪己卯刊本

清杨芳灿撰。芳灿字蓉裳，江苏金匮人。以拔贡试选甘肃伏羌令，擢灵州知州，旋入资为户部员外郎，丁母忧归，主讲关中书院，修《四川通志》，卒于蜀。生于乾隆十八年癸酉十二月十八日，卒于嘉庆二十年乙亥十二月二十一日，六十三岁。是谱其所自作也。按芳灿少负才名，受业袁枚之门，工诗及骈体文，宰伏羌，值田五起事，捍御危城，得不陷。以弟揆任甘肃布政，引避。官京师日，法式善、吴锡祺、马履泰、张问陶、李鼎元、赵怀玉、谢振定、陈用光、孙星衍、姚椿、陈文述、袁通辈以诗唱和，极一时文酒之盛，具见谱中。自赋词有“三十六年尘劫尽”句，倒读之为六十三，竟应卒年之谶，亦奇事也。书为其曾孙婿上饶唐绍绪所刊，时光绪五年己卯也。

1600 冯潜斋年谱一卷嘉庆刊本

清冯承修，广东南海人，乾隆己未进士，改翰林院庶吉士，散馆又改吏部主事，晋礼部祠祭司郎中，尝典试福建、四川，督学贵州，假归，不复出，卒年九十五。承修在母妊时，父远出，遂不归，承修遍访其踪迹。得官后，两次乞假寻亲，终不得遇。年八十七，计其父已百有十岁，乃持三年服焉。在贵州学政任，尝请试武生，改弓刀石为枪炮，被高宗申，谱不载，实不必讳也。谱为其门人南海劳潼编次，附以冯应榴撰墓志铭。

1601 仁庵自订年谱一卷道光刊本

清魏成宪自述。成宪字宝臣，号春松，又号仁庵，浙江钱塘人。乾隆甲辰进士，殿试二甲四名。以大学士兼管刑部阿桂奏刑部需人，改派刑部行走，洊升郎中。外放扬州府知府，擢江南江安督粮道，以丁忧解任。补山东兖沂曹济道，再以丁忧解任。因失察仪征私枭案，

被议降级，以六品员外郎用，补户部四川司员外郎，补山东道监察御史，告归。所记止于七十六岁，主讲紫阳书院，不及卒年月日。按成宪出身刑曹，仆而复起，官皆不达。谱中所记，如在刑部日，杖歌郎陈盈官、减释新疆等处遣犯共六千四百余名；在扬州日，鞫实副将杨天相诬良为盗案；在户部日，奏请豁免积年应追未完违例地价花利漏税银两案、覆核山西省二十州县照成案丁银归入地粮案，皆其荦荦可称者。又按成宪工诗，刊有《清爱堂集》，所作间附见谱中。

1602 韩桂舲年谱一卷道光刊本

清韩葑自记。葑，字桂舲，江苏元和人。乾隆丁酉拔贡生，考取刑部七品京官，累擢至郎中，外简广东高濂兵备道。屡经起仆，道光甲申，在刑部尚书任以侯际清赃案革职，发万年吉地工程处效力。旋命署刑部右侍郎，以病乞归。卒于道光甲午，年七十七，所记止于前一年。后有其子范跋。按葑谙于刑律，在高廉道镌级后，仍降为刑部主事，一由湖南布政使内擢刑部右侍郎，再由广东巡抚内擢刑部尚书。其间奉命审理重案及酌定各项条例甚多。任广东巡抚日，屡署总督，招降洋匪张保仔最惠于粤。其时英夷渐思狡逞，葑值吴熊光获谴后，颇重视炮台、巡舰，谱记此特详。惟所称巡阅澳门，夷目俱免冠叩头，恐不足信，盖夷人无叩头之礼，乾隆时英使不得觐见有前例也。

1603 叶石农自编年谱一卷咸丰五年写刊本

清叶葆述。葆字宝田，山东东昌人，乾隆己酉举人。以授徒为业，门下士科甲甚盛，侍郎聊城杨以增以藏书著，即其高足也。谱中隶事琐细，惟每年详载来学弟子姓名。所撰《齐语考略》外，有《十二科墨选》，殆一老学究耳。是谱即以增所刊，后有高均儒跋。

1604 卢霁生自述年谱一卷道光刊本

清卢荫溥，字霁生，山东德州人。乾隆辛丑进士，改翰林院庶吉士，散馆授编修。辛亥，御试翰詹，列三等，降礼部主事。嘉庆庚申，补军机章京。辛未以光禄寺少聊，在军机大臣上学习行走。终于吏部尚书，体仁阁大学士。道光癸巳致仕，卒谥文肃。自述至己亥四月，顺天府奏请就近重赴鹿鸣而止，即卒于是年五月，竟未及赴也。后有其子本跋。谱中所记，前半多查案事，后半多阅卷事，大率稳练循谨人也。按荫溥为卢见曾之孙，见曾官扬州日，风流文采著一时，致仕后，为继任盐运使讦其在任内提引事，致受惨戮，家产籍没，子孙连坐，时荫溥才九岁。谱中所云，言之痛心，不忍备述者也。后大学士刘统勋为之昭雪，荫溥父谦得复官，则见曾之死实诬也。谱记此事殊略，殆犹有所讳也。

1605 杨忠武公年谱一卷道光活字印本

清杨遇春，字时斋，四川崇庆人。乾隆己亥武举，拣选入伍，积功至固原提督。道光乙酉，署陕甘总督，旋实授，己未以病乞准开缺。晋封一等侯爵，阅二年卒，年七十八。按遇春以武举从征，历平台湾林爽文、廓尔喀、黔苗、川楚教匪、豫省教匪、陕南股匪、回疆张格尔之变。其间川楚之乱，转战最久，豫陕之乱，奏功最迅，为当代第一良将。其以提镇任督抚，自雍正初年以来所仅见，盖异数也。然以宣宗倚任之深，而不肯令独当一面，回疆张格尔之役，遇春一人了之有余，乃以扬威将军长龄总理军务，而遇春及武隆阿为参赞，倘非遇春冒险过河一击，后路一败，前方必受牵动。又始则纵张格尔不急追，其后又欲穷进于三千余里戈壁之地，谱所云“以贪功相讽刺者，公胸次气塞，疾发不能督兵”云云，而朝旨责以措置乖方，又令遇春先赴京陛见，其时将帅不和之情况，亦可想矣。直至后来洪杨之役，胡林翼以交欢官文而成功，而平定金陵之奏，仍须官文领衔也。

遇春一生，无甚蹉跌，固由仁、宣二主不若前朝之猜忌，亦遇春立心之忠诚、持躬之清洁，有以致之。遇春所长，能以少击多，一经其训练，即疲兵亦变为精兵，所以能百战百胜者在此。是谱为其子国桢所撰，颇详悉。惟叙南山兵变事有所漏略。按是役，德楞泰为钦差，官兵大败于叛首蒲大芳，遇春仅以亲兵数十殿后，幸叛兵皆旧部曲，见之即反走，其后由杨芳往谕降，事后廷议，卒戍降卒二百余人于新疆，全为松筠所杀，盖此事始终处置未善，故（讳）［谱］中亦若讳之也。国桢字海梁，官至闽浙总督。

1606 一西自记年谱一卷道光刊本

清张师诚记。师诚字心友，号兰渚，晚号一西居士，浙江吴兴人。乾隆癸卯南巡，应召试第一，赐举人，内阁中书，选军机章京，成乾隆庚戌进士，改翰林院庶吉士，散馆授编修，外放蒲州府知府，累升至江西巡抚，调福建，再调江苏。以擅离职守褫职，盖以父病情假，嗣闻病笃，不俟批讼而遽行也。随赏给编修。复以右春坊右中允，外放江西布政使，擢广东巡抚，调安徽。丁母忧，服阕，补山西巡抚，再调江苏，又调安徽，内召为礼部侍郎，调仓场侍郎。致仕，归，逾年卒，六十九岁。是谱作于道光五抚安徽日，家居时补成。起乾隆壬午，讫道光己丑十月，越三月卒。后有其子应昌附述。所记兴革诸大端，具见实心任事，以剿获海贼蔡牵，解散余党，功最著。其以擅离职守获遣，仁庙许其愚孝，所谓观过知仁也。按师诚朝考钦取第一，散馆钦取第一，考差又钦取第一，连试行在第一，事属仅见。朱珪汇刻为《四元卷》，亦翰苑佳话也。附述盖补谱所未详者，中称师诚在闽时，曾搜采四库未收之书，恭加按语，进呈云云。与阮元进呈四库未收书，时同事同。惜其书目种数不传。应昌嘉庆庚午举人，候选内阁中书。

1607 鲍觉生年谱一卷道光刊本

清鲍桂星自记。桂星字觉生，安徽歙县人，嘉庆己未进士，累擢至工部右侍郎，充武英殿总裁。以条奏武英殿事宜，劾提调某副管某不职状，提调某讦其薄视满洲人，以莠言乱政，照溺职例夺官。逾五年，仁宗六旬万寿，赏复编修。至詹事卒，年六十二。是谱起乾隆甲申一岁，止道光甲申六十一岁，以后其弟珊补记。后附黄海雪魚文传，盖自传也。作时尚未复官，观其夺官之故，则满汉之猜防此时尚未解也。

1608 罗壮勇公年谱二卷振绮堂刊本

清罗思举自叙。思举，字子刚，四川东乡人，官至湖北提督，卒（谱）［谥］壮勇。自叙始乾隆甲申，至道光十八年止。按甲申为乾隆二十九年，至道光十八年，时七十五岁。又二年卒，则七十七也。叙事连贯不分年，文笔率俗。记少日为盗事，甚悉。所记二十七岁时被诬为盗一段，其技之奇、志之侠，若出之小说家，直疑是虚构矣。自云打仗五百三十七次，小仗尚记不清，而谱亦不能尽记也。自来未有作贼自招、且著之于书者，他所记之皎然不欺，亦可知矣。文即不工，其真切而有趣味，殊可喜也。

1609 别本罗壮勇公年谱二卷光绪三十三年刊本

清罗珍材补编。珍材，思举孙也，以荫官湖北抚标中军参将。以振绮堂刊本尚多未备，复搜集折件、文牍、祠规、书院章程等，并增入事实，而重刊之。首载上谕、谕祭文、御制碑文、谕祭专祠文、遗折、专请建立专祠折、国史馆本传。谱后有珍材自跋。

1610 杜文端公自证年谱一卷咸丰刊本

清杜堮自证。堮字次崖，山东滨州人。嘉庆辛酉进士，由编修官至礼部左侍郎，以病乞休，七十三岁矣。时其子受田方以左中允充四阿哥师傅，四阿哥即文宗也。堮就养京师二十余年，卒年九十六。按受田于文宗登极后，方蒙优眷，以出差卒于清江浦。帝悼之甚。以堮高年丧子，思所以慰藉之，于是赏加礼部尚书衔，又赏食全俸；于九十生日，又赏加太傅衔，赏戴花翎。其卒也，帝亲临奠醊，晋赠大学士，赐谥文端。恩礼之隆，旷代未有。又据谱，堮与子受田、孙翰，三代继为经筵讲官，子受田、孙翻同时□阁试卷，长孙翰、次孙翩同时并为侍郎，翰且兼任军机大臣，亦仅见也。又据谱，六十以前，多病，屡濒于危，而竟享高寿，致仕后，老懒盖甚，而著书不倦，皆足异者。至其念念不忘父训君恩于兄弟离合死生之感，缠绵不尽，弥足征其性情之笃厚焉。

1611 绳枻斋年谱二卷道光十五年刊本

清蒋攸铦自述，其子霨远附注。攸铦字砺堂，汉军镶蓝旗人。乾隆甲辰进士，由御史外放江西吉南赣宁道，洊升至两广总督，调四川总督，内□刑部尚书，旋补直隶总督，授体仁阁大学士，在军机大臣上行走，又以大学士授两江总督。因办理蓝枭、黄玉林案未协降补兵部右侍郎，时道光十年庚寅也。自记至此而止，即卒于是年十月，年六十五。所记止官事家事，荦荦大者，而附注较详。嘉庆中，由浙抚授江南河道总督，自陈不谙河务，得旨，仍回原任，深合陈力就列之义。惟会奏海运事宜，陈不可行者十二事。在江督任内，又请将已试行之海运撤销，然未几果行之而碍，则识不足以通时变也。任粤督日，夷务渐臻繁剧，所定粤泽巡缉章程、整饬洋行章程，拿获鸦片烟奖赏章程，恐亦从成具文。曾不三十年，而鸦片战祸踵之起矣。

1612 大梦编年一卷道光甲辰刊本

清汪荆撰。荆字松樵，山东高津人，嘉庆丙午举人，历官高陵、宁陕、长武、山阳县知县。是编分年隶事，每事系七律一首，（从）起乾隆甲寅一岁，讫道光癸卯五十岁，凡百二十有八首，亦纪年之别开生面者也。所记有甚雅甚趣者，亦有极琐极俚者，诗偶见佳句，而不叶律者居多。首有陆汝滋序，末有徐尔定书后二诗。

1613 彭甘亭年谱一卷光绪己亥刊本

清缪朝荃辑。甘亭，彭兆荪字也。兆荪，江苏镇洋人。监生，少从其父礼官宁武、颍州，中岁以后，历客王秉韬、曾燠、胡克家幕，助曾燠选本朝《骈体正宗》，为胡克家校刊淳熙本李善注《文选》，及元本胡三省注《通鉴》，皆为艺林所重，卒年五十三。是谱多据兆荪所著《小谟觞馆集》，其文有年月可考者附摹其目，诗本编年，但著若干首而已。据《忏摩录自序》，知生于乾隆己亥而缺月日，《墓志铭》称嘉庆丁卯。所知者主江南试必欲得君，君闻之，遂不复应。考是科主江南试者为萍乡刘凤诰，兆荪娶侍郎蒋元益季女，而凤诰系元益督学江西时所取士，故必欲得之也，即此可知其介节。尝自注《小谟觞馆集》，今本题孙培元者，盖借名也。谱亦著之，朝荃于此，摭采虽未甚博，而叙次井然，大体略具，亦可读也。

1614 李申耆年谱三卷小德录一卷道光活字印本

清蒋彤纂。彤字丹棱，江苏阳湖人，诸生。申耆，李兆洛字也。按兆洛于训诂、义理之学，皆非所屑，而主于用。尝教人读《通鉴》、《通考》，所深究者，地图天球之类。其论文，谓散出于骈，即《报任安书》、《出师表》，皆后来骈文所祖。主暨阳书院垂二十年，蔚然为东南大师。其先宰凤台七年，兼理寿州三年，具有治绩。且于其间

成《凤台县志》。彤肄业暨阳十余年，亲炙既久，故所证特为详切。卷首有例数则，盖采众家之长而为之，既藉以考见兆洛一家之学，而涉于同时朋友生徒之事，亦兼及焉。其中所记，如曾为扬州鲍氏撰集《八代全文》二部，其一以时代先后相次，又其一则分数十门，以类相从，盖严可均辑本外，又有此二部也。又洪孟慈之世东辑补，曾请质于孙伯渊，白渊以其稿付江都秦氏，秦氏不易一字，冒为己作而刻之，然则今行《世本辑补》，题秦嘉谟辑者，实洪氏书也。又尝拟刊《卢忠肃奏议》，已定体例，蒋攸铦乃妄为删汰而梓之。然则今所行《卢忠肃奏议》，非善本也。又笺注《日知录》，实资于钱竹汀、杨南屏诸家而广其义例，分司其事者吴育、毛岳生及彤也，黄汝成只任剞劂费，同刊本单提汝成名者，非也。又兆洛访求海外记载，辑有《海国纪闻》，书佚不传，实成于魏源《海国图志》之前。凡此皆艺苑之珍闻也。又彤于兆洛所著及所刊诸书，多全録序文，以见其书之大概，若在他谱，则嫌其赘矣。至于《代康中丞拟复查办陋规折》及《盐政私议》，皆文集所遗，赖此以存。《小德录》所记，皆其细行足法者。又按，彤文抄中别有《养一子述》可与是谱相参。又有《暨阳问答》，述兆洛学说尤悉，龚定庵《己亥杂诗》有云："江左晨星一炬存，鱼龙光怪百千吞。迢迢望气中原夜，又有湛卢倚剑门。"盖为彤作。则彤学行之可想，不独毕生惓惓于师门为难得也。

1615 瞿木夫年谱一卷嘉业堂刊本

清瞿中溶自述。中溶字苌生，号木夫，江苏嘉定人。诸生，纳资为布政司理，问分发湖南，曾署安福县知县及辰州浦市通判，年五十五乞休，家居十九年卒。是谱述至道光壬寅五月，逾月卒，年七十四。按中溶为钱竹汀长女婿，少从问业，治考据之学，于究心金石、泉布之类，求之勤而辨之精，一一俱详谱中。归田后，与吴荷屋、刘燕庭、钱梅溪、黄荛圃、顾涧宾、张叔未、冯柳东、盛大士、吴康斋辈相讨论参证，识尤该博，所著书亦夥，若《三礼石经辨正考》、《春秋三传经文备考》、《古文孝经辨误》、《孝经释文辨证》、《谐声

表》、《宋本汉书附录札记》、《汉石经考异补正》、《魏石经遗字举正》、《蜀石经考异补正》、《校勘隶释隶续大义拾补》、《古泉山馆彝器图释》、《古泉山馆金石文编》、《吴郡金石志》、《汉武梁祠堂画像考》、《集古官印考证》、《钱志补政》、《古钱图录》、《洗冤录详辨》、《列代避讳札记》诸书，今皆亡佚，赖此得存其目。又佐钱竹汀校《续资治通鉴》，为翁凤西补《困学纪闻》注，为《湖南通志》撰《金石篇》，亦俱著之。晚境颇窘，至设长物斋以售其所有，与黄荛圃同。谱条日记，兼体学兴学之外，于亲戚师友死生聚散推解酬答之事，所载尤悉，读者亦可考见其生平也。

1616 孙平叔年谱一卷道光刊本

清孙尔准，字莱甫，号平叔，江苏无锡人，广西巡抚永清子。嘉庆乙丑进士，官至闽浙总督，谥文靖。是谱为其子慧惇、慧翼所编，后有跋。按尔准以翰林外放，洊历抚督，一生无赫赫之勋，惟于台湾、兴学、开港、剿贼、息斗、举刻文武吏诸事，颇费心力。尔准本长文学，所师友皆一时名宿，问业于王昶、邵晋涵，相酬唱者孙源湘、胡敬、徐松、姚文之、陈鸿墀诸人，游粤交许宗彦、黎简，治闽延陈寿祺、高澍然、冯登府、沈学渊辈修通志，又经记李庚芸之丧，请崇祀黄道周于文庙，俱见谱中，皆可传者，不必汲汲与俗吏争建树也。

1617 鹿樵自叙年谱二卷道光刊本

清张大镛撰。大镛字声之，号鹿樵，江苏昭文人。乾隆甲寅举人，纳资为内阁中书，洊升内阁侍读，外放河东道，告养归，卒年六十九。是谱成于靠养之后，分年编次。上卷，自乾隆庚寅至嘉庆庚辰；下卷，自道光辛巳至戊戌。是谱所记，一事必竟其事之原委，一人必具其人之本末，即毫不关涉者亦掇拾及之。其官中书日，多朝廷掌故及名人轶事，故高宗八旬万寿之铺陈、仁宗喀喇河坠骑之预兆、

内阁稽察房改革之缘起、兵部帐房失印的由来，皆其重且要者。他若梁山舟却赠之清介、陈曼生刻印之敏速，亦挥麈之所资也。官河东道日，则盐务公牍居多。惟附录诗文，多关地方故实。归田后，大率家常琐事而已，要亦年谱中之别体也。

1618 潘文恭年谱一卷咸丰刊本

清潘世恩自述。世恩字芝轩，号思补老人，江苏吴县人。乾隆癸丑进士，以第一人及第，官至武英殿大学士，军机大臣。致仕，食全俸。卒谥文恭。自述止于咸丰甲寅三月，时年八十有六，旋卒于是年四月二十日，则其子曾莹等所补述也。按世恩在清代词臣中，荣遇罕有甚比。咸丰癸丑以致仕大学士，再宴琼林，是科其次子曾莹以工部左侍郎为副考官，世恩赋诗有："子舍承欢侍赐筵，小门生认老同年"之句，别见诗集。先是道光己丑，其父奕隽亦再宴琼林，时世恩正署礼部尚书，谢折有云："臣伯父重登蕊榜，百五人之选，尚有一存，我圣朝再宴琼林，二百年以来，于斯六见，并世恩而数之，则七见矣。"以仅仅七见之事，一家竟占其二，真词林佳话也。其简授大学士，不阶协办，亦是异数。一生绝少蹉跌，惟丁母忧服阕，陈请终养，以不亲自进京，降补侍郎，而准其请。谱所述除家事外，大率迁除赏赐，殊少建白。据曾莹则升庶子时（按在乾隆三年），某相欲其往谒，世恩不往，致讲学缺迟半年未进。按所云某相，即和（坤）［珅］也。又据其子曾绶年谱，则咸丰初，曾保奏林则徐、姚莹、冯桂芬、邵懿辰，俱可补谱所未言。就此二端观之，在同朝中，进身之正，固异迹于阮元；为贤之公，似同心于王鼎也。

1619 恩福堂年谱一卷道光刊本

清英和自述。英和姓索绰络氏，字树琴，德保子，内务府正白旗人。乾隆癸丑进士，嘉庆末充军机大臣，道光初元撤出军机。戊子，以孝穆皇后陵寝地宫水浸，革职，籍没，发黑龙江充苦差。辛卯，赐

还，遂不复用。按英和在嘉道间，所建议多关大计，最要者，如道光乙酉，南河淤滞，力主改行海运，所陈四难四善，洞中窾要，果著成效，遵行不废；次如历陈开捐之弊，谓“于国家经费未见实有裨益，为节流计，莫如停止各项工程，并暂停谒陵、秋狝之典，及各项无名之费；为开源计，莫如开采新疆金银各矿，取弃置之物，以济生民之用，且以赡养贫民，虽聚多人，而多人即藉以谋生”云云。其言虽不见用，而其识岂尔时臣工所能及？又所记其父德保，谢和（坤）［珅］缔婚，至受谤于生前，抑遏遗折于身后，仁宗言之阿桂知之，亦可补国史之阙漏。英和自述，讫于己亥之冬，其卒在翌年庚子六月。详其子奎照、奎耀所作后跋。英和卒时，奎照官都察院左都御史，奎耀官詹事府右庶子。

1620 **卢厚山年谱一卷**道光刊本

清卢坤字静之，号厚山，河北涿州人。嘉庆己未进士，官至两广总督，谥敏肃。是谱为其子端黼所编。按坤在嘉道间，颇以干练著。抚陕时，开水田，置社仓，深得治本。回疆张格尔之役，筹画运输；湖南赵金陇之乱，调度攻守，亦见应变之才。督两广日，以封舱事，致英吉利兵船阑入虎门，几酿衅端。按此事在禁鸦片烟前，而前乎此者，则嘉庆十四年英兵船曾占东望洋一带，总督吴熊光因之获谴。道光七年，巡抚朱桂桢毁英商公局，亦似过于强硬，盖其时当事者于外情与战具一切茫昧，上受朝旨之督责，下迫民情之激愤，非失之畏葸，即失之操切，无时不可以起衅。坤幸卒于道光十五年，阅三年而禁烟议起，以邓廷桢、林则徐辈当之，尚致偾事，坤更无论矣。谱后附宣宗祭文、碑文两道，并端黼一跋。

1621 **汤文端自订年谱一卷**

清汤金钊撰。金钊，字［敦甫］，浙江萧山人。乾隆中乡试第一名，嘉庆己未进士，官至吏部尚书，署翰林院掌院学士。道光壬寅，

缘事降四级调用，补光禄寺少聊，致仕，年七十一。又十三年而卒，年八十四，谥文端。是谱极简质，居官日，但记官阶迁转，致仕日，但记钞经先后，其余则儿女琐屑而已。自言“一生学问毫无实获，自后行述称其善者未必真，真者未必可称，不如不作之为愈，故所述止于此也”。然如世系里居，三代名讳，俱略之。其子作后跋，且不自著其名，不但非体，亦可怪甚矣。

1622 吴荷屋年谱一卷嘉庆刊本

清吴荣光自述。荣光字伯荣，号荷屋，广东南海人。嘉庆己未进士，改庶吉士，散馆授编修，授湖广云南道御史，以稽察中仓失察革职，再补刑部员外郎，以郎中外放陕安兵备道，洊升至湖南巡抚，因事降四品京堂，再授福建布政使，寻以原品休致，卒于道光癸卯，年七十。谱中除记居家居官事，尤详于金石书画。盖荣光本善书画，兼治金石之学。平生得力于刘石庵、翁覃溪，而资助于黄本骥、瞿树辰，如摹刻《定武兰亭》、《筠清馆法帖》，刻《辛丑消夏记》、《筠清馆金文》，辑成未刻者《帖镜》、《筠清馆石文》，俱著于谱。据《邻苏老人年谱》，《帖镜》曾归南海伦郎中五常，旋于京邸失之，其《筠清馆石文》则不可考矣。

1623 邓尚书年谱一卷补遗一卷宣统元年刊本

清邓廷桢，字维周，江苏上元人。嘉庆辛酉进士，以编修外简延安府知府，渐升至两广总督。时值禁烟事起，林则徐以钦差大臣抵粤，相与制夷治奸，并筹战守之具，无不同心共济。廷桢旋调闽浙。既而战局开，廷议中变，廷桢与则徐俱获遣戍军台，未几召还，终陕西巡抚，年七十二。是谱为其曾孙女邦康所辑。据族谱、行述、墓志，盖以他所记载。卷首附引用书目。殊嫌漏略。其道光十六年秋八月《复奏鸦片烟情形疏》、冬十一月《论私运疏》，俱谓今不可考。按此二疏，具存《道光夷务始末》书中，惜邦康亦未之见也。又按粤

人梁廷枏著《夷氛闻见记》，廷枏曾参廷桢幕，记廷桢筹粤事甚详，惜邦康亦未之见也。又廷桢所著《毛诗双声叠韵谱》、《说文双声叠韵谱》、《双砚斋诗抄》，皆有刻书年月，而谱俱不著之，非也。谱所著者仅道光丁亥刻方绩《屈子正言》一条，按绩乃方东树之父，东树为廷桢客，廷桢于是书多所辨正，单题方绩者，殆谦词耳。谱不表而出之，亦非也。惟补遗数条，录自林则徐未刻公牍，稍可贵，但不其关重要耳。后有邦康跋。

1624 龚文恭公年谱一卷咸丰刊本

清龚守正自述。守正字象曾，浙江仁和人。嘉庆壬戌进士，官至礼部尚书，谥文恭。是谱为其自记，始乾隆丙申，止道光庚戌，后一年卒。其子自闿、自闳复据守正所著《艳雪轩笔记》、《家乘述闻》，暨他所闻见，附注其下。守正终于京秩，一生稳顺。惟以傅志隐郡王，有失于查察之事，由礼部左侍郎降补通政使司通政使。道光癸卯乞休，卒于咸丰辛亥，年七十六。龚氏一门，科甲鼎盛，龚中书自珍其侄也。卷首录赐恤上谕、谕祭文、谕碑文各一道，后有自闿、自闳跋。

1625 徐寿臧年谱嘉业堂刊本

清徐同柏，字寿臧，浙江嘉兴人。岁贡生，生于乾隆乙未，卒于咸丰甲寅，年八十。是谱为其子士燕编。按同柏为张叔未廷济之甥，少师事之共治金石之学。与沈铭彝、张燕昌、钱梦庐、李遇孙、汪远孙、黄士珣、胡敬、赵之琛、陈均、徐林、刘喜海、瞿世瑛、蒋光煦、陈介祺、瞿中溶辈，各以所学相订正。所辑《古履仁乡古器［物］铭》三卷，若张氏清仪阁、古村书屋、铜篆书堂、吉石祥金楼、沈氏雪浪斋、王氏清和堂、对山草堂、万氏溪阳书屋、珠溪草堂，合之同柏之从古堂，天地古今之秘，聚于一隅，师友戚党之欢，同此一物，真罕有之盛事也。谱中所记，于考释之物，辑录之书，一

一详之。虽多散佚不存，而其目具在，亦谱录中一雅典也。末附张叔未京邸七札、诗二首，沈竹岑七古二首，朱建卿、陈寿卿各一札。盖藏稿之仅存者。士芬字縠孙。后有刘承幹跋。

1626 栗恭勤公年谱二卷光绪庚寅刊本

题惜余道人辑，不署名氏，当是以州县官仕于河南者。后有跋，称得《栗恭勤公行述》一册，叙录详实，因改纂为年谱。吴大澂督东河日，索稿去，欲为刊布，不果，稿亦不还，复重加排比而梓之云云。按栗毓美字含辉，籍山西浑源，嘉庆辛酉拔贡，用河南知县，累升至河东河道总督，卒谥恭勤。谱所述历官治绩甚具：自宰武陟日，即以事河工，其用旧砖代埽，坚固耐久，且省费，前人未之知也。因是以善治河著声，骤擢用，至河督。谱亦载治河事特详，惟全录奉章公牍，不稍剪裁。盖编者系一俗吏，未谙著述之体，但就行述标别年月而已，其不署名氏及吴大澂之不为刊布，或以此故。然所记用砖法甚悉，足资治河者之考镜，究不可废。俗传毓美为河神，当以其有功于河而崇祠之，则是谱尤数典者之所资也。

1627 沈鼎甫侍郎年谱一卷道光刊本

清沈维鐈，字鼎甫，浙江嘉兴人。嘉庆壬戌进士，官至工部左侍郎。以两耳重听，开缺。又十年而卒，年七十二，时道光己酉也。是谱为其子宗涵、宗济撰。维鐈起家翰林，一为辛未会试同考官，一为福建乡试主考；历任湖北、福建、顺天、安徽学政。在安徽且连任六年，以故得士甚盛，最著者：疆臣有林则徐、言官有陈庸镛。其后李鸿章为中兴功臣，则谱未及载矣。又维鐈孙有曾植、曾桐。曾植字子培，尤著闻于时，作谱时尚未生也。谱中所记安徽乙未科江宁府举入闱筵宴，时维鐈为安徽学政。□主考卓秉怡、总督陶澍、江苏学政龚守正皆为维鐈会试同年，副主考单懋谦、巡抚林则徐，则维鐈门下士也。陶澍为乙绘《乙未入帘图》，各赋诗以纪盛，此又乡闱中韵事足

传者矣。

1628 **斋威烈公年谱一卷**咸丰刊本

斋清阿，姓纳喇氏，字祝澄，满洲镶黄旗人。以马甲出身，洊擢至广东肇庆副将。会广西土贼滋事，斋清阿奉令与肇庆府知府蔡振武、督标参将左炘督兵越境协剿，行抵贺县，与贼遇，胜之。穷追深入，贼反攻，遂遇害，同殉者六人，优诏褒恤。时咸丰元年，斋清阿已七十一矣。四年，追谥成烈。是谱其子常恩编，前录谕碑文，后李星沅、周天爵、向荣、徐广缙、叶名琛等奏报并上谕。常恩道光庚戌进士。

1629 **知非录一卷**咸丰壬子刊本

清孔昭杰撰。昭杰原名昭辰，后改今名，字濮瞻，号俊峰，山东曲阜人，孔子七十一代孙，宪彝父也。嘉庆辛酉举人，历官沧州批验大使、越支场大使，升盐城县知县。以完漕迟延，得降级处分，遂不复仕。是录为昭杰自述，即年谱也。自乾隆庚子一岁起，至咸丰壬子七十三岁三月止，逾一月卒。其子宪阶、宪彝、宪庚复据所知，补注其下。大抵述居官政绩及家人生育、婚嫁、仕宦诸事。其六十岁时，预立遗嘱数条，以为治命，亦达观之士也。

1630 **云翁自订年谱一卷**道光刊本

清王楚堂，字授方，号云榭，晚年自号云翁，浙江仁和人。嘉庆壬戌进士，以知县用，历官至云南布政使，旋内用为大理卿，洊擢仓场侍郎，因病乞休，卒年七十。是谱从乾隆庚寅起，至道光戊戌止，绝笔距卒时仅一月余。所述居官事迹，据实直书，无夸饰。述其少时，且商且学，三十岁外，尚贸易金衢一带。官福建日，曾审理布政司李赓芸被诬自尽案，云周旋其间，颇难排解云。

1631 杨清梁自叙年谱一卷道光刊本

清杨国桢述。国桢字海梁，四川崇庆人，杨遇春子。嘉庆甲子举人，纳资为郎中，外放颍州府知府，洊升山西巡抚，擢闽浙总督，未到任，因病乞准开缺，又八年卒于己酉，年六十八。谱中多涉其父遇春事，遇春卒于丁酉，其时国桢方卸河南巡抚事，侍养于家。服满后，任山西巡抚。仅二年，即以足疾罢废。如所记连战阵式之类，皆忠武谱中所未及也。国桢谙练持重，故一生无过失，晚岁拜闽浙之命，方膺艰巨，已病不能行矣。幸耶？抑不幸耶？己酉末一段，及遗折，则其子炘所补也。

1632 周稚圭年谱一卷同治刊本

清周汝筠、周汝策辑。周之琦字稚圭，河南祥符人。嘉庆戊辰进士，由庶吉士授编修，历司业，中允侍讲，外放四川盐茶道，升浙江按察使、广西布政使。丁母忧，服阕补太仆寺卿，历刑部右侍郎、广西巡抚。生于乾隆壬寅，卒于同治壬戌，八十一岁。是谱大都搜集公牍、家书而成，繁芜不剪，殊无足采。按之琦素工词，所著有《心日斋词集》，而诗无存稿。谱中入有诗九首，其《八十生日志感》有句云：“重吟冥报句，慎无哂渊明。”盖之琦晚岁颇贫，至货屋助饷，读是诗可以想其清操。汝筠、如策皆之琦子，汝筠道光乙未举人，官至江西督粮道。

1633 冯柳东年谱一卷传抄本

题门人史诠编。诠爵里无可考。柳东，冯登府字也。登府，嘉兴人，嘉庆庚辰进士，改翰林院庶吉士，散馆考一等，用知县，选福建将乐县，以母老，引疾归。改为宁波教授，卒年五十九。谱横列四格，首纪年，次时事，次出处，次诗文、杂著。凡国家大事、时贤宦

迹与有关涉者，以至父母妻子俱属之“时事”，“出处”所叙甚略，惟“诗文、杂著”备著无遗且皆具岁月，可供留心艺文者参考焉。

1634 校经叟自订年谱一卷道光甲辰刊本

清李富孙述。富孙字芗子，浙江嘉兴人。拔贡生，超孙弟也。生于乾隆甲申，卒于道光癸卯，年八十。是谱体同日记，事多琐细。所自著之《七经异文释》、《说文辨正俗》、《鹤征前后录》、《汉魏六朝墓铭例》、《曝书亭词注》等，但记其目，或记其付梓之年而已；其假名他人者，如为阮元编《文苑传》、为汪士钟校《郡斋读书志》，非读是谱不知其出富孙也。

1635 张温和公年谱一卷咸丰刊本

清张祥河，字诗舫，江苏娄县人。嘉庆庚辰进士，授内阁中书，道光甲申补军机章京，辛卯以户部云南司郎中外放山东督粮道，洊升至陕西巡抚，旋内召为内阁学士，洊升至工部尚书，致仕。卒年七十八，谥温和，是谱为其子茂辰等所编。按祥河早岁有诗名，入宣南诗社，与陶云汀、周稚圭、钱衎石、董琴南、鲍双湖、朱茉堂、李兰卿、潘功甫、徐廉峰、汪大竹、吴小穀、吴西穀辈相唱和，颇极一时之盛。晚年入九老会，与陶凫芗、潘木君、陆稼堂、李朴国、何子贞辈相唱和，皆极一时之雅兴。历官内外，则官自为集。此外别无赫赫之建树。谏院至以“诗酒风流，不理公事”劾之，盖一词臣才具耳。曾见某说部，载其广蓄姬妾诸豪侈事，证之是谱六十二岁同时生二子二女，则其言不诬矣。

1636 汪孟慈年谱一卷传抄本

清汪喜孙自述。喜孙有《汪容甫年谱》，已著录。是谱从乾隆五十五［年］一岁起，至道光元年三十六岁止。按喜孙举嘉庆十二年乡试，

随入资为内阁中书，又入资为员外，签分户部，即道光元年事也。所记大都表扬其父中遗著及友朋推奖、赠答之事。其后以员外郎外简河南怀庆府知府，甚著循声。卒于道光二十七年，年六十有二。别详其子保和所为行述及刘宝楠墓表。

1637 言旧录一卷嘉业堂刊本

清张金吾撰。金吾字月霄，江苏常熟人，诸生。是录为金吾三十九岁所作，有其室季景和序。四十一岁景和亡，至四十二岁而止，金吾卒年四十三，不及记矣。金吾喜藏书，撰有《爱日精庐藏书志》二十卷。其叔海鹏以刊《守山阁》、《学津讨原》诸书者，金吾继其志，排印《续资治通鉴长编》诸书。其手所辑集甚多，以《诒经堂续经解》一千四百卷、《金文最》一百二十卷为最巨。金吾亦精考据，通声音文字之原，《能古读如台十六证》、《昄骭质疑》、《切韵指掌图音释》、《论双声》、《古人寝地方证》、《读三礼疑义》诸篇具载录中。前载黄廷鉴所作传，廷鉴金吾受业师也，传载金吾年廿二补博士弟子员，省试一不售，即弃去。考是录年四十二尚赴金陵应试，则传误也。季景和序，不颂而归与《录》，载孺人语予君之学问能博览而不专精，知为人谋而不知自为谋，语气全同，有诗时人鸡鸣交儆之风。考妻为夫书作序者止于宋之李清照，惟彼作于死后，此作于生前，一极凄恻之情，一致肫诚之意，俱足相附传也。末有刘承幹跋，则刊书时所作也。

1638 秋士自述年谱一卷道光刊本

清徐元润，字云伯，号秋士，江苏太仓州人。嘉庆己巳举人，历官紫阳、宜川、渭南、白水知县，卒于道光戊申八月，年六十二。自述至是年四月止，五月至八月，则其子春祺所补述也。谱中自记，四十以前记交游，四十以后记仕迹。质朴无夸辞，殆笃实人也。尝受业于钱竹汀门人陆学钦，受知于莫晋、朱珔，友盛大士、葛其仁、王宝

仁、黄安涛等，皆知名当世者也。其应秋试日，适祖母病殆，重孙例应持服，但闻讣时，三场已毕，院司以例无明文请部示，部议丁忧应以闻讣日始，著为令。按此事创未开之例，亦足记。又按元润长于诗，据谱有《琴思》、《蓟门》、《昌亭》、《壶口》、《灌园》诸集，他著有《居易肤诠》、《禹贡图说》、《春秋国名考》、《经义图说》、《说文凡例》、《读经日记》、《读史日记》、《史贯》、《史泊摘填丛抄》诸书，俱未见传本。

1639 杜文正公年谱一卷咸丰刊本

清杜翰、杜翻纂。按杜受田字芝农，山东滨州人。道光癸未会元，由翰林官至协办大学士，卒谥文正。受田傅睿宗于潜邸，历十余年，深受知遇，故睿宗继位后，宠眷最隆，其饰终典礼之优，为近代第一。自受田以师傅谥文正后，沿为定例，至孙家鼐而止。谱中所载，惟疏荐林则徐、周天爵数废员，及主轻处薛执中案，不使釀文字狱，是其荦荦大者。故论者颇以无所建白为疑。谱称于召对时多所敷陈，未尝以泄于人，即其子亦莫由知，证之上谕所云“每召见时于用人行政，周计民生，造膝敷陈，深资匡弼”等语，知非虚饰。相传睿宗为皇子日，调护备至，即一言一动之末，亦为谆谆教导，故于其身后，震悼特深，非无故也。翰、翻俱受田子，翰道光甲辰进士，翻道光乙未进士，俱入翰林。受田卒时，其父堮尚在，先以礼部侍郎致仕，祖孙父子，同时任馆职，亦仅见也。

1640 无成录一卷道光戊申刊本

清陆我嵩自述。我嵩，字莱臧，江苏青浦人。道光壬午进士，分发福建知县，补莆田，调闽县，署南台同知，以监筑莆田木兰坡工程，有功水利，陛用同知直隶州。所述宦迹之外，详于交游。其著者若邵堂、吕星垣、沈学渊、钱侗、倪倬、王初桐、盛大士、邹鸣鹤、郎葆辰、丁履泰、履恒、祝百十、李兆洛、季芝昌、潘眉、庄绶甲、

任泰、赵怀玉、张祥河、潘曾沂、翁心存、朱为弼、陈寿祺、高澍然、张际亮、姚莹诸人。按我嵩素工诗，间数年而成一集，此俱详之。所述止于道光庚寅四十二岁，后八年卒，年仅五十。其间曾署邵武府知府。卷首自作小引，作于己卯三十一岁，时尚未仕也。又有顾元凯序，作于道光庚子，称其后八年中，教耕织、行保甲、筹海防、急攘夷、戢斗争、清讼狱、理盐课、裕仓储诸事，皆可补是录所未及。又有黄宅中撰祭文，亦题道光庚子，盖我嵩卒之岁也。

1641 葛壮节公年谱一卷道光刊本

清葛云飞，字凌台，浙江山阴人。道光癸未武进士，以守备用，改水师，积功至定海镇总兵。辛丑，英兵陷上海，战死，谥壮节。是谱为其子以简、以敦所编。有后跋。记定海战守事甚详，云得之生还之部曲，及义勇徐保等口述。王之春《柔远记》，称英师退去，议筑定海外城，云飞欲包市肆于内，左右以山为城。有诤者曰："天下无一面之城，敌若左右逾山入，即在城内矣，备多则力分，山峻则师劳，请环内城为郛，勿包市埠，勿倚外山，庶城足卫兵，兵足守城。"裕谦未亲勘，不以措意，至是失事，果如其言云云。据谱，则云飞虽有此拟议，而当事者以费繁沮之，实未筑也。定海之失也，一由于吏议不许水战，将定海营船，尽押过镇海，使敌兵登岸，毫无抵御；一由于陆地守兵少，炮不敷用，若尽弃山险，而待毙城下，无是理也。诤者云云，实不知兵，况并无其事耶？但谱称，云飞自发炮击毙第一大头目璞鼎查，亦非也。璞鼎查系领事官，亦不在前敌，盖传闻之讹耳。又谱记，处州镇总兵郑国鸿，处州亦严州之误。云飞善论史，工诗词，且著书甚多，俱毁于之海之役。谱载，读《史记》、《汉书》、《五代史》诸绪论，及《游赵氏园赠主人》、《谒兵鄂王墓》、《夜登金山》、《书怀登第》、《谒月湖张忠烈公祠》、《送戴侍卫恩》诸句，及《念奴娇》词，略见一斑。又尝著《名将录》、《制械要言》、《制药要言》、《水师辑捕管见》、《全浙沿海险要图说》诸书，幸谱尚存其目，殊可贵也。以简、以敦，以云飞荫，一赏举人，一赏武举，以敦后亦

殉难，小称小葛云。

1642 鸿雪因缘图记四集一卷稿本

清麟庆记。是集未付刻，且未有图，当是麟庆罢官归京后所作，题止三十。卷首亦有小照自题，所记游迹，京师之外，远仅近郊。《惕庵年谱》称麟庆罢官后，凡都城内外，古寺名区，无不造访。卒于道光二十六年丙午七月二十五日。而是卷《贤良待漏》云“道光丙午，年五十六岁，因腿疾渐愈谨于二月二十一日，恭诣圆明园，出入贤良门，递折请安”云云，则所记终于卒年。合之前书，恰成完帙。其下又按云：“得旨麟庆仍以四品京堂候补。”而《惕庵年谱》则载此事于前一年，盖《年谱》误也。其不刻之故，岂以一、二卷雕木在前，且此尚未足八十帧之数耶？一篑之亏，不能不为彼后人憾矣。

1643 鸿雪因缘图记三卷道光刊本

清麟庆记。麟庆姓完颜氏，字见亭。嘉（庆）己巳进士，官至江南河道总督，革职。复以四品京堂，授为库伦办事大臣，未赴任，卒。按麟庆少随祖若父，历官河南、江苏、浙江、山东诸省。年十九成进士，授内阁中书，旋授詹事府春坊中允，以京察外任，知徽、颍二府事，升开归陈许道、河南按察使、贵州布政使、湖北巡抚、江南河道总督，举凡山川游历，以至生平际遇，各为之图，而附以记，即创格之年谱也。卷进一、二各八十帧，各冠以小照自题。据卷一郎葆辰序，称绘图者为汪春泉，而其子崇实《惕庵年谱》自记则曰“丙午葬事毕，即请从前绘图之陈朗斋专办此事”，岂补绘者为第二卷耶？然则始终其事者属陈朗斋，非汪春泉也。按朗斋名鉴，春泉名英福，皆尝客麟庆幕，当或葆辰误记耳。《惕庵年谱》又云“派人随往扬州琼花观开局，延访江南名手开雕，越三寒暑而后成，刷印千部”云云，盖此书于麟庆在日，有门下士先刻成两本，有记无图。故其子崇

实补刻之。其图绝精，所各记文笔甚雅，诗亦工秀，颇似史震《西清散记》。其中且多涉掌故，足资观览。卷一有阮元、祁寯藻、郎葆辰、钟世耀、释了璞序，王国柱跋；卷二有赵廷熙、龚自珍、周际华、金安澜、释明俭序。两卷皆有戈载题词。

1644 钱警石年谱一卷同治甲子刊本

清钱应溥撰。警石乃其父泰吉号，又号甘泉乡人，浙江海盐人。廪生，官海宁州学训导，钱陈群曾孙，仪吉从弟。应溥，道光己酉拔贡生。官吏部文选司主事，军机处行走。泰吉官海昌二十余年，罢官后又掌海昌安澜书院七八年。七十后，遭粤匪之乱，流离转徙，卒于安庆。时应溥襄曾国藩军幕，在安庆，故也。学不及其兄仪吉，而生平留意掌故，见书甚多，尤喜传录名人校本，雠勘异同。所校书如《诗经》、《史记》、“两汉书”、《南宋文鉴》、《元文类》及宋元人集部，俱历见之谱中，可与所著《曝书杂记》参看。所交友如陈硕甫、胡竹邨、钱梅溪、吴仲伦、冯柳东、刘燕亭、朱述之、劳季言、蒋生沐及门人管芷湘辈，气味相投，具见师友渊源。居海昌久，成《海昌学职禾人考》及《海昌备志》，搜采尤赅洽。凡此皆详载谱中。卷首有小像，莫友芝作赞。卷末有泰吉外孙沈师济跋。

1645 龚定庵年谱一卷吴氏家刊本

吴昌绶撰。昌授字印臣，浙江仁和人。定庵，龚自珍字。道光己丑进士，由内阁中书擢宗人府主事，改礼部主事，乞养归，卒年五十。绩溪程秉钊欲为撰年谱，创稿裁数十事，以授钱塘陈昌绅，昌绅为龚氏姻戚，又就其子姓访得若干事，以畀昌绶。昌绶复据本集参以他记载，依年件系，即是本也。于龚氏先世事迹，及自珍著书作文年月，考之甚详。惟以擢宗人府主事，系于道光乙未，而注云，迁官事于诗文无征，惟结衔始见于丙申五月《送梁公序》，遂以为当在甲乙之间。按此事当检道光甲乙丙三年搢绅录，何以随意臆断？又道光己

亥条下，记以其父闇斋年逾七旬，从父文恭公（按即守正）适任礼部堂上官，例当引避，乃乞养归。而注又引汤海秋诗自注，有定庵忤其长官，赋归去来语，未免矛盾。证之自珍只身出都，若迫不及待者，则汤注可信。但其时从父守正方为长官，所忤究何人，忤者为何事，阙而不具。又按《己亥杂诗》有“定公四纪遇灵箫”句，灵箫，妓也，自珍后纳为妾，俗传自珍之卒，实因灵箫，乃亦削之不载。又道光癸未条下，记五月自编甲戌以还文章为《文集》三卷、《余集》三卷，又录少作十八篇，附《余集》之尾，注云“曾获一册，无余集，所附少作只五篇”。按此集题《定庵初集》，首有总目，《文集》分上、中、下卷，注云：“道光癸未六月开雕，共六十四篇。”此外尚有《余集》上、中、下卷，注云“未刻”。《余集》附少作一卷，注云“开雕五篇”。又《诗》上、中、下卷，《梦草》一卷，《余集》上、中、下卷，附少作诗一卷，俱注云“未刻”。又别集一、二、三、四卷，注云“开雕”。昌绶所得一册，当是偶缺此页，故不知《余集》原未付刻。其《无著词》、《怀人馆词》、《影事词》、《小奢摩词》四种，即所称《别集》四卷也。又道光丁亥条下，记十月录辛巳以来七年之作，百二十八篇，为《破戒草》一卷，又依乙亥、庚辰两例存《余集》五十七篇亦一卷，而不言及付刻。按《破戒草》及《余集》，实于是年十月付刻，后有跋识，题“龚自珍一名易简、伯定父自识”，昌绶亦未引及。又道光乙酉条下注，引程采钊说谓曾宾后为某官构陷，被召入都，坐盐课惰销，投秩永废。按曹振镛撰曾氏墓志铭称，两淮盐政任满召还，以五品京候补，则程说非实也。又谱中称售飞燕玉印之估客何伯瑜，按即番禺何昆玉，精金石，又善雕印，所称恶《周礼》之张瓒昭，别著有《易义原则》及附篇、《书义原古》诸书，昌绶于此，不无漏略。而乡会试八股文、试帖诗，全录不遗，尤属非体。又按昌绶刻成是书，旋悔之，意欲重加修改，故靳不印行，而传本已多，亦终不及为也。

1646 **定庵年谱外纪二卷**镜娟楼活字本

张祖廉辑。首有叶德辉、金蓉镜序及祖廉自序。是纪补吴昌绶

《定庵年谱》所未备，先是祖廉与昌绶同嗜定庵文，相约搜其轶事，已而别去。比相见，则昌绶年谱已刊成，而祖廉历年襞积所得，有为昌绶所未见者，因拟为之补遗，迟之又久而书成，即是本也。上卷，纪琐闻，下卷，纪杂论。最要者，为年谱补生卒年月，他条都雅而有则。年谱观之，龚氏一生，学行大略可见。至其取材，矜慎，即昌绶后记亦多所弃，盖不以炫博为能者。

1647 定庵年谱稿本一卷遂汉斋《定庵全集》本

黄守恒辑。是书据定庵事实见于集中者，参以阳湖赵烈文《落花春雨巢日记》，排比年月，而成此谱。后题己酉四月，即宣统元年也。在吴谱刊行之后一年，竟不之见，可谓无益费精神矣。《落花春雨巢日记》系未刊本，亦为吴昌绶所不及见，但无多可采，所引定庵以不善书不得入翰林，乃作《干禄新书》刺执政，且令婢妾皆学馆阁书以辱之云云，当是齐东野语，奈何据之入谱耶？

1648 潘功甫年谱一卷咸丰刊本

清潘曾沂述，其子仪凤补述。曾沂字功甫，自号小浮山人，江苏吴县人。嘉庆丙子举人，报捐内阁中书，假归不出。自述至道光癸未止，时年三十二。卒于咸丰壬子，年六十一。甲申以后，则其子仪凤所补述也。按曾沂系大学士潘世恩长子，少□风节。居京师日，所交皆知名士。归里则杜门谢客，而心不忘乎民物，尝请于世恩，以分授田二千五百亩，为丰豫义庄，备年荒平粜用。又仿古区田法，试行娄葑间，有效。浚尧峰湖，以溉民田；凿义井，以供众汲；举放生会，以惜物命。素好为诗，逐年编集。是谱前后异致，所自述者，涉笔间冷，寄慨遥深，如其诗境。仪凤所续，叙事而已，然亦有极风趣者，如绘饭瓮图，劝同人备饭干，置瓮中，以济贫苦。又以诗及药丸易蟹，随手放之，且纪以句。账荒放生，而以雅道出之，洵足传也。卷首有像并赞，又有吴嘉淦所为传。仪凤为世恩嫡孙，得一品荫生，不

仕以终。

1649 吴文节公年谱一卷咸丰刊本

清吴文镕，字甄甫，江苏仪征人。嘉庆己卯进士，以礼部侍郎授福建巡抚，至湖广总督。咸丰甲寅殉难，谥文节。是谱为其子养原所撰。所叙述征引公牍，时失之繁，而重要者或略之。如抚浙江日，识秀水令江忠源，其丁忧也，顶畀养廉银五百两，后又特疏荐保荐。督云贵日，识黎平守胡林翼，使练兵除土寇，得便宜行事，并奏擢监司及移督湖广，又擢林翼帅黔勇来楚会剿。凡此诸事，后来中兴之业，实萌兆于此，而谱俱未之及。又文镕战殁，实掣肘于巡抚崇纶，其后曾国藩疏陈文镕死事情形，并追论巡抚倾陷状，有诏逮问，崇纶服毒死，谱乃讳崇纶之名，且未及其被逮伏毒事，亦非也。养原，副贡，官主事。文镕之死也，却浙盐商八千金之赙，其清介亦不可及。

1650 彭文敬公年谱一卷同治刊本

清彭蕴章自记。蕴章字咏莪，江苏长洲人。道光乙未进士，授工部主事。先以教谕改中书，又由中书参补军机章京，至是仍留军机处行走，升至工部右侍郎。咸丰元年，命在军机大臣上行走。六年，授文渊阁大学士，管理工部事务。七年，充上书房总师傅。八年，改武英殿大学士。十年，以病出军机，旋准开缺。十一年，病痊，署兵部尚书，调署都察院左都御史。同治元年五月乞休，是年十月卒，谥文敬。按蕴章为彭启丰曾孙，四十四岁始通籍。自福建学政回京，即入赞枢密。时值粤氛猖肆，继以英法联军犯关，蕴章碌碌，无所匡救。惜所记惟咸丰十一年十一月遵旨密陈时务六条，力请回銮而已。首录褒恤上谕及谕祭、谕碑文，后有其子慰高等补述。

1651 骆宫保年谱一卷同治刊本

清骆秉章自述。秉章字吁门，广东花县人。道光壬辰进士，官至四川总督、协办大学士。卒谥文忠。记至同治六年十一月十二日因病请假而止。其卒当在是年十二月，竟缺补记，亦无序跋。后附奏议三篇：其一上于为御史时，陈广东文武讳匿情形；其二上于四川总督任内，一陈生擒石达开、剿灭发逆大股情形，一陈擒滇匪逆首情形。据谱所记，官御史时查库事，可见其操守清介。其在湖南、四川除保境外，更以兵饷协助他省，如援江西、援浙江、援广西、援贵州、援陕西、援甘肃、援云南，遂成中兴之功。所长尤在任贤使能，屡见上谕褒嘉。在湖南，军事专倚左宗棠，并保荐宗棠由在籍郎中赏加四品卿衔。谱但载宗棠因樊燮控案出署事，不载保荐之事，殆不敢居荐贤功也。其他诸将帅由其简拔而成名者，不可数计。史记洪秀全攻长沙不克，始北窜，其时在长沙办贼共六七万人，城内有一中堂、三巡抚、三提督，总共十一二员，城外有两总督，竟不能遏其北窜，以至溃决，真是恨事。而向荣堵贼河西，尤不得卸其责也。又记吴文镕田镇之败由于失助，王珍之军始调而中阻，误于吴坤修之利口，皆他书所未及。于四川军事尤详，考咸、同军事者宜必资之也。

1652 重刻骆文忠公年谱二卷光绪乙未刊本

清骆秉章自述。是本系张荫桓重刻。首有荫桓序，增入御祭文、御碑文、国史馆本传，而删其后附奏疏三篇。又分为二卷：上卷起乾隆五十八年癸丑，止咸丰六年丙辰；下卷始咸丰七年丁巳，止同治六年丁卯。亦未补入卒年之月日。于原刻仅校正讹字，并删去闲字数处。最谬者并其“年谱”二字下小注删之，使阅是谱者，不知为何人所撰，何疏略至此？所增国史本传，最善，盖本传与年谱，于事实互有详略，宜参观。序称秉章为政，在一“诚”字，极有见。人亦以此推曾文正，然文正犹间用权术，独秉章无之，虽无赫赫之战功，论心

术、度量，实为中兴名臣第一人也。

1653 思补斋自叙年谱一卷同治刊本

清基溥自述。基溥字润野，先世赐姓李氏，内务府正白旗汉军人。笔帖式出身，官至吏部左侍郎，卒年七十五。是谱自述至同治六年丁卯二月止，即卒于是年四月初二日，见其子钟文、继芳所为后记。基溥以旗员服官几六十年，晚岁回翔五部侍郎，不得一升尚书，可以想其朴拙，谱中所记，官粤海关监督日，值广州定约后，英夷有入城之议，及庚申天津失守，文宗幸热河诸情事，可补他记载所未及。后记称文宗朝深受信任，终为二王所抑，二王者端、郑也。殆亦不肯趋附权势者。基溥殁，妾吴氏以身殉节，故谱后以其节略附焉。

1654 斯未信斋年谱一卷同治刊本

清徐宗幹自述。宗幹字树人，江苏通州人。嘉庆庚辰进士，由山东知县，洊浙江布政使，降调回籍，奉旨办理团练，旋擢福建巡抚，卒于任，年七十一。是谱记至同治五年六月二十一日，有大星自南而东，下陨，至此有光，而绝笔，卒于是年十月二十日，所缺止四月。前录褒恤上谕及宗幹遗疏，英桂左宗棠代递遗疏，奏后有其子毓海跋。按宗幹起家牧令，以循良称，谱于所莅之县，备载治绩，具见实心为政。其纪冬赈，谓秋末即按保甲册，密查户口之极贫者记之，届期以票封与各地保及公正绅士，按户分给。另建栖流所收养流民，按日给薪米，令自炊。本境贫民皆得实惠，而城市亦清静云云。可为后人取法。惟记略涉夸张，自其口出，尤属非体。晚岁在福建，值李世贤、汪海洋诸寇由粤入犯，连失汀漳及各要地，若非左宗棠提军来援，几为江浙之续，则勤吏治者不必优兵略也。谱首别载族胄，又宋讫本人，不分代次而题曰世系，亦非体。

1655 王兰史年谱一卷咸丰刊本

清王锡九自记。锡九字兰史，浙江山阴人。道光癸巳进士，以知县分发江苏，历知嘉定、昭文、丹阳、元和、青浦、华亭、长洲、奉贤、吴县事，升柘林通判。所记从嘉庆二年丁巳一岁起，至道光三年壬子五十六岁止，即卒于是岁八月。按锡九官江苏日，值陶澍、林则徐、裕谦相继为督抚，经裕谦保举，有“悃愊无华，措施有法”语。其时鸦片战起，英船犯江浙，锡九亦兴办防堵、供需诸事。后因病乞假，旋卒。年仅五十有六。卷首有李鸿章、郭柏荫、冯桂芬、汪祖绶诸序。末有其子宗濂跋，时宗濂方为上海令也。

1656 思补斋自订年谱一卷宣统庚戌鹿邑徐氏排印本

清徐广缙撰。广缙字仲升，河南鹿邑人。嘉庆庚辰进士，改庶吉士，散馆授编修，补御史，外放陕西榆林府知府，洊升至两广总督，调署两湖总督，以武昌陷，革职拿问，旋赦出，交河南巡抚差遣，随又罢之。家居十二年，卒年七十二。身后由河南巡抚吴重憙奏请，开复原官，时宣统元年也。按广缙在粤督任内，以拒英兵入城，受宣宗特赏。其时值粤民三元里之捷，顺机应付，因得苟安一时。而不悉外情，不修内备，徒以虚声恫喝为得计，固知不可以持久。广缙去，而叶明森遂承其祸矣。至武昌之陷，则以仓卒接事，调应不灵，咎不尽在广缙。然当粤贼围长沙时，大兵云集，乃止知注目长沙，不分兵遏其北去之路，致令窜出，如决川之不可御，此则失策之尤者，广缙亦不得辞其责也。是书首有许振祎序。谓谱中于攘外事，其中曲折未尽载，盖权变之事，自讳之也。至援林文忠为比，则未免谀词矣。

1657 苏河督年谱一卷稿本

无撰人名氏。按苏廷魁，字守柔，广东高要人。道光十五年乙未

进士，十七年戊戌授编修，二十二年壬寅补福建道御史，二十三年癸卯升刑科给事中。是后丁外内艰，多居原籍，至同治二年始以道员发往河南，未几任布政使东河总督，九年告归，任官显要仅数年耳。告归时七十一岁。又逾七年，重游泮水。不及卒年，岂廷魁自记耶。廷魁官御史颇著直声，与福建陈庆镛、广西朱琦称“都中三君子”，辛亥奏参穆荫尤有名。居粤时，值红巾诸匪起事，滋扰广肇，助当事筹防筹饷。任河南布政，裁陋规，清宿饷，俱有足录者。末附杂记数则，则补谱所未及也。

1658 冯桂山年谱一卷同治刊本

清冯德馨，字桂山，山东济阳人。道光癸未进士，签分户部主事，官至湖南巡抚。以匪首脱逃，革职戍边，未几赦回。按所云匪首，谓李沅发，沅发踞新宁城月余，粮尽自去。德馨据报奏称，收复，毙贼□，沅发燔死，而沅发实未死，以是获咎。逾年，而广西有洪秀全之变。谱为德馨自述，至咸丰癸丑止，阅十八年至同治戊戌卒，年六十八。自咸丰癸丑以后，其孙斯建补述。谱所述都平庸无奇，然可想见其朴诚。谱中极称郑梦白中丞“精勤谨细，诸凡练达”云云。按梦白，即郑祖琛字，时官广西巡抚，德馨以广西按察署布政，与之共事，而养成洪秀全至糜烂一十二省者，祖琛也，后被革职拿问。二人由知县以至开府同，末路亦略同，盖以凡材而膺戡乱之任，宜乎误国而身亦随败也。

1659 余黼山年谱一卷光绪丙申刊本

清余祖香及其侄家鼎编。黼山，余龙光字。龙光，道光丁未举人，以大挑知县分发江苏，历宰昆山、元和、青浦各县，以要犯漏网革职。龙光为余元遴孙，元遴为汪双池高足弟子。龙光既为双池撰年谱，又亟表章其学、保守其遗书而传布之，具于谱者可考也。又尝撰《广唐书》三十余卷，于天祐丁卯以后同光建号以前，为《天祐续

记》。其《烈祖本纪》、《本纪后论》、《伪晋载记后论》、《逆臣传后论》全录于谱，可藉以知其义例。又龙光世传双池之学，于朱子尤笃信。谱中《跋四书释地》、《读学蔀通辨书后》、《汪仁峰年谱序》、《与汪自修嘱抄双池书副本书》、《与夏弢甫》诸书，论皆精凿有见地。其文集尚未刊布，即此可觇其学诣。祖香、家鼎，其子若孙也。

1660 殷侍郎自订年谱一卷光绪刊本

清殷兆镛撰。兆镛字序伯，号谱经，安徽歙县人。道光庚子进士，改翰林院庶吉士，散馆授编修，循资至礼部左侍郎，光绪七年因病得请开缺，时年七十六，又二年卒。谱中所记，如咸丰庚申热河之狩、辛酉上海之乱，系其目击，述之较详。其当官建白，则戊午言夷务封奏，乙丑请军务已平省分停止厘捐也。戊午科场狱兴，派重勘者八人，兆镛与焉。其他大率迁职、派差、谢赏等事，旁及家常琐碎而已。

1661 遂翁自订年谱一卷同治刊本

清赵畇撰。畇字遂园，安徽太湖人。乾隆辛丑进士，官至惠潮嘉道，赵存楷子，李鸿章继妻父也。是谱所记事较详尽，一事必具本末，稍繁者则先纲后目。谱中志秦中之云栈、写漠地之偏桥，则体类游记。议修《宣宗实录会纂》、《夷务始末》，则例涉政书。至阻周天爵画淮之失策，吕贤基移舒之败，其治潮嘉也，虽无赫赫之功，而松源枫洋之役，调度得宜，不致滋蔓为患，殆亦谙于兵略者，惜不与胡曾辈驰骋中原，及其离粤而归，则大局已将定矣。畇以同治壬戌去官，家居十五年，自记止于光绪丙子，阅一年卒，年七十。后有其子继元等跋。

1662 万晴轩年谱一卷光绪丙午刊本

清张鼎元辑。晴轩，万斛泉号也，斛泉字齐玉，湖北兴国州人，笃守程朱之学，隐居授徒。曾国藩聘赴大营参赞军事，不就。胡林翼奏举隐逸，给七品顶戴；涂宗瀛又奏“讲学进修，老西弥笃”，给国子监博士衔；张之洞、端方又合奏“学行端纯，一乡感化”，给五品卿衔。卒年七十七。按斛泉倡理学于世衰风靡之日，诚不易得，尤可异者平生未曾一应试，且不授弟子以举业，其弟子宋鼎、邹全粟俱不求仕进，在清代理学诸儒中，未之有也。谱言授徒于高峰山房，有流寇过馆门，窥斛泉讲诵不（缀）［辍］，遂逡巡引去，亦何异黄巾避郑康成耶！惜中岁名遇盛，诸当道争相引重，使不求闻达于士仆仆于酬接，未免反损其高耳。鼎元于斛泉学行标举甚略，而全录国藩聘书、林翼奏稿，仍不免有势力之见存。前有胡元吉序，称其年九十二，独黎明即起，终日危坐，虽盛暑不去冠。仓卒作书，未尝不端楷。朔望必具公服谒家庙及朱子祠。退坐书室，几席书帙必整必洁。从游之士，皆恂恂有礼云云。可补是谱之略。鼎元字兼甫，湖北兴国州人；元吉字敬庵，安徽黟县人，俱斛泉门人。

1663 陈恪勤公年谱一卷道光己巳刊本

清唐租价撰。按陈鹏年字北溟，湖南湘潭人。康熙辛未进士，以知县授浙江西安知县，终于河道总督任，谥恪勤。历任县府，多惠政，得士民心。任江宁日为总督阿山所陷，几致不测，赖张英、曹寅力得解。旋命来京修书，参之《榕村年谱》，则为之请者李光地也。任苏州日，又忤总督噶礼，奏其《题虎邱》诗，以为阴蓄异心，几陷文之字狱，幸噶礼败，事亦得白。晚岁治河，亦颇著绩。咸曰：“其被陷也，士民为呼吁者达数万人；其去任也，士民之挽留亦如之。”亦见彼时直道犹存。鹏年与子书，言其“一生绝无奇功伟绩，徒以‘不要钱’三字，上受知于先帝，下见爱于百姓”云云。按鹏年与张

伯行俱以清官为百姓所爱戴，可见其时贪黩风行，得清官甚难，而在江苏尤为难也。又按鹏年有自订年谱一卷，今不传。祖价据国史本传及各方志、碑传谱录等书，纂成是谱，尚属详实，惟所记多涉神鬼，料出附会，似欠审择。又记四朝诗馆纂修诸员，吴暻、王铨外，惟西谷名未详。按西谷名灏，陕西泾阳人，见《清御史题名录》。谱后首有鹏年像二，后有祖价跋。祖价字介人，亦湘潭人。

1664 潘绂庭自订年谱一卷 光绪刊本

清潘曾绶自述。曾绶字绂庭，江苏吴县人。道光庚子举人，考取中书，补侍读。是谱记至光绪九年正月止，时曾绶七十有四，即卒于是月二十四日。按曾绶为大学士潘世恩第三子，工部尚书潘祖荫之父。谱中前半为其父所历各官，后半为其子所历各官，而参以家庭间之生亡婚娶，甚少切身之语。其四十二岁祖荫尚未自请显，侍读，缺而不著其故，殊可怪也。

1665 曾文正公年谱十二卷 同治刊本

清黎庶昌编。起嘉庆十六年一岁，迄同治十一年六十二岁，而治兵之事特详。自道光三十年洪秀全起难金田，为寇乱之始。咸丰元年，江忠源募楚勇赴广西，为湘军出境剿寇之始。咸丰二年，奉谕在籍办理团练，为文正督兵之始。其间，援引同志，荐任诸帅，以至筹划战守，近关一隅，远涉全连及川陕滇黔，咸同战事始末咸具于篇，非但谱文正也。按文正以儒生克复江宁，称中兴元勋，其微不足于清议者。惟办天津教案过于迁就，虽亦费尽调停，但其时法正丧师于德，若坚持，或能就范，惜是时朝野皆懵然于外情也。其讯马新贻案，疑亦随同讳饰，责备不得因贤者而宽也。至若疏劾崇纶，见《东华录》，语极严厉，崇纶即因是伏法。谱仅存“办理不善”四字。而劾崇纶之疏，集亦删之，殆以崇纶之子裕禄、裕德方贵显，恐触其忌耶！又文正克复金陵疏中言洪福瑱已死，而左宗棠、沈葆靖皆言逃

出，因是交讦。作谱时宗棠、葆靖俱在，则别置而不言。刘锡鸿辈碌碌无所长，亦叹异为难得之才，此则编者别有用心，乖乎直笔也。(末）然庶昌在文正幕府，多所闻见，叙次亦详略得宜。其书后谓“道光中叶以还，人才之进退，寇乱之始末，洵时事得失之林，文正于此，或筹稍迂而成功甚奇，或发端至难而取效甚远，或用人立事为众听所骇怪而徐服其精，或为国忘躯受万口之诋訾而所全实大，大凡若此类，皆不敢忽”云云，盖有所指，亦以见知文正之深而窥其全，非他泛泛辑录者所能为也。

1666 胡文忠公年谱三卷梅氏抱冰堂刊本

清梅英杰纂。英杰字殿芗，湖南宁乡人。是谱述胡林翼事迹。卷一从嘉庆十一年壬申一岁起，至咸丰三年癸丑止；卷二从咸丰四年甲寅四十三岁起，至咸丰八年戊午四十七岁四十二岁止；卷三从咸丰九年已未四十八岁起，至咸丰十一年辛酉五十岁止。盖林翼成道光丙申进士，入词馆，因故降中书，改捐知府。初试绩于贵州，旋回湖南，调湖北。及克武昌，即以策画东南全局，而立中兴之基，其识略为同时将帅之冠。是谱因严树森所辑林翼旧谱而广之，剌取官私记载并其宗谱、家书之属，排比成书。于一切练兵、命将、理财、荐贤、察吏，巨细不遗。其坚卓之志，沈远之虑，亦能曲为传出。即凡姓字之见于是谱者无不详考其仕履，洵可谓尽心矣。协英杰之祖钟澍为林翼业师，而英杰其父又与林翼同厕戎行，故闻见特详而推崇尤至。后序至引王闿运之言，以圣贤许之，则亦过矣。

1667 罗文恪公年谱一卷同治刊本

清罗惇衍自记，其子罗槼等补。惇衍字椒生，广东顺德人。道光乙未进士，官至户部尚书。卒年六十一，谥文恪。自记起嘉庆甲戌一岁，止咸丰辛亥三十八岁。三十九至六十一岁，槼等所补也。惇衍居官，颇以敢言称。其保林则徐赴广西剿贼、保曾国藩在湖南募勇，一

洽东山之望，一储中兴之勋。至谓筹纾国计，宜兼用布帛纳税，则迂而不可行，但同时孙芝房辈亦为此论，亦不创于惇衍也。

1668 仓布政年谱一卷原稿本

清仓景愉自述。景愉原名景恬，避德宗讳，改今名，字静则。道光戊戌进士，以编修外简知府，历知江西抚州、湖南长沙府事，由贵州布政告归。自述止于光绪九年甲申，卒于十六年庚寅，后六年事，则其子所补也。自题云追忆生平事迹，据实书示吾儿，他日删繁就简，即可传信于家乘，倘于此外有丝毫溢美之词以不孝论云云。所述尤详于官湖南时事，方粤寇围攻长沙，景愉正摄长沙府事，筹办守御，随以长沙府知府兼署盐法长宝道，后为毛鸿宾、恽世临所扼，愤而去职。所记其时诸将帅，极推重潘铎、塔齐布、江忠源，而以粤寇北窜之祸归罪于徐广缙，而曾国藩之枉杀，胡林翼、左宗棠之徇私，历历举之，不稍为贤者讳，则直笔及于他人矣。又称英国翻译官马嘉哩之被害，出于巡抚岑毓英之授意，其时景愉方藩云南，躬与其议，曾阻之而不见听，所言当可信也。谱后有其子植、国桢后记云，“仅遵遗嘱，付之梓人”。而未见传本，岂拟刊而未果耶?

1669 徐相国年谱节略一卷排印本

清徐桐，字荫轩，汉军籍。道光庚戌进士，历官至体仁阁大学士。光绪庚子拳匪肇乱，桐与载漪、刚毅等袒之。联军入京，桐自缢于私第，年八十二矣。是谱为其从侄右翌所撰。首有其门人魏元旷序，序称《年谱节略》，体实列传，不编年。所记同治六年谏止两宫临幸，七年请两宫召对枢臣，皇上入座，以扩聪明而广闻见，八年因武英殿灾，奏请停止一切大小工程，光绪二十一年疏陈厘别各省冗费。凡此诸事，尚能持正。其他大率迂疏之见。其陈大计疏中，谓邪说潜兴，凡荒唐无稽之徒，皆得逞其浮游不根之论，以希诡遇而言自强云云，盖指维新党人言也，不知适为义和团写照。然事败尚知死

殉，则视载漪、刚毅等为贤矣。传中但云二十六年以拳匪之乱、敌军入京师，乘舆西幸，殉节于私第云云，此外不着一字。至其子承煜，监杀袁昶、许景澄，助虐尤甚，又不随其父同死，卒就显戮，传乃以为忌者入其罪，斯可云不辨黑白者矣。

1670 马端敏公年谱一卷同治刊本

清马新祐编。端敏，马新贻谥。新贻，道光丁未进士，以知县分发安徽，官至两江总督。为张汶祥刺毙，谥端敏。新祐其弟也。谱详于居官治军事迹、奏牍，直同政书。其记讯问张汶祥始末，虽亦纪实，殆非真相。世传新贻有害友占妻之事，汶祥为友复仇，实侠士也。当刑部尚书郑敦谨讯汶祥时，以誓要之，汶祥始吐实。既而曾国藩等坚不肯照实奏陈，敦谨遂佯病径归，不复命。国藩等之出此，岂以新贻方被褒恤、为朝廷体面计耶？此事闻之敦谨之孙沅，若谱所记汶祥供词，殊不近理，不待辨也。

1671 曾忠襄公年谱四卷光绪刊本

清王定安编，萧荣爵增订。忠襄，曾国荃谥也。国荃，字沅甫，湖南（长沙）［湘乡］人，曾国藩弟也。以优贡生从国藩剿贼，克服金陵，功第一，封一等伯。历官至两江总督，卒谥忠襄。是谱叙次其治军、居官事，而于围攻金陵一役，载之尤详。按忠襄谋略，优于文正。十九岁时，文正送别都门，有“屈指老沅真白眉”句。是谱所记，文正初起治兵，忠襄为画三十二策。又答文正谓“淞沪财赋甲天下，筹饷易。然贼巢在金陵，急攻其巢，必以全力救援，而后苏杭可图”，又谓“金陵为贼根本，恃江南北各城为屏蔽，江南北各城亦恃金陵为应援，今以一军直捣金陵，苏常各贼闻江宁急必更来援，彼时遣别将间袭苏常，吾因而乘之殄寇犁穴即在此举”。文正皆从其计，建中兴之勋，故是谱可与文正年谱互参，盖文正年谱亦成于定安也。卷三以下全载公牍，漫无剪裁，岂即荣爵所增订者耶？

1672 庞文恪公年谱一卷同治刊本

清庞钟璐自述。钟璐字宝生，江苏常熟人。道光丙午进士，以第三人及第，官至刑部尚书，卒谥文恪。按钟璐由编修大考升庶子，五转至内阁学士。咸丰戊午居父忧，在籍为团练大臣，旋以常熟失守引咎自劾。惟贻曾国藩请派奇兵万人倍道急援上海，厥后李鸿章卒从上海以次划复苏常，其深识亦有不可及者。遍历六官而任礼部最久，故于礼部最娴熟云。其自述止于同治壬申，时年五十一，命曰《知非录》。其后四年，则其子鸿文、鸿书所补。谱首录谕祭文及谕碑文，末附翁同龢撰墓志铭。

1673 裴光禄年谱四卷光绪己亥刊本

清徐嘉编。嘉字遁庵，江苏山阳人，诸生。光禄，裴荫森也。荫森中咸丰戊午举人，是科适起科场狱，正主考柏葰罹大辟。庚申成进士，授工部主事。改捐道员，赴湖南。李鸿章调充西征营务处，补湖南辰永沅靖兵备道。升福建按察使，授督办船政大臣。补光禄卿，以疾致请开缺。卒年七十三。嘉，其老友也。归里后，过从尤密，故谱所述行事较详，凡奏疏、公牍、书序俱撮其略，所涉之人必具爵里。按荫森官福建日，值中法构衅，谱记马江之败，于张佩纶、何如璋、何璟应付失当，各有责备。荫森旋代佩纶为船政大臣，以费绌未展其志，旋议停止制造，荫森去而督办大臣裁，船政归总督兼管矣。此区区一船厂，政府且视为不意之务，力摧阻之，读荫森与李少荃、张香涛诸书，可以兴感矣！卷末有嘉自跋。

1674 王壮武公年谱二卷光绪刊本

清王錱字朴山，湖南湘乡人，诸生，为罗泽南弟子。咸丰二年，从泽［南］募勇备防守，湘勇之名始此。以功累保至道员，加按察使

衔。咸丰丁巳，以劳卒军，年止三十三。是谱为罗正钧纂，据遗集、日记、家书、家谱，其父宗麓所为事略，何应祺、冯崑、左枢、李元度、罗汝怀所为传，而参以《湘军志》、《湘军记》、《湖南通志》，骆秉章、曾国藩、江忠源、郭嵩焘、刘蓉诸家之文集、奏议，记载详悉，于同学及所交游，俱存其概，以至湘勇为事诸人名氏巨细靡遗。平生战绩，数栗木衔、西涧桥、郴州城、布柳塘之捷为最。位虽不甚达，而胡林翼称其"所部百战之余，精锐不可当"。曾国藩采其所著《练勇刍言》以为营制，左宗棠出领师，凡其部曲，悉委用。其推许可知矣。至在营中，教军士夜诵《孝经》、"四书"，并与讲明大义，则尤罕见也。惟左宗棠与其兄书述相者言，谓"功烈虽高，名望虽重，然不得过三品"，"与中丞时为忧之，故屡欲保擢显秩，辄复中止，不料竟以是止"云云，所称"中丞"即骆秉章也。宗棠非庸识，乃竟袭汉武数奇之说，致使李广不侯，抑何惑耶！卷首附国史本传，无序跋。

1675 惕盦年谱一卷光绪刊本

清崇厚自记。崇厚姓完颜氏，字扑山，东河总督麟庆子，议俄约大臣崇厚兄也。道光庚戌进士，改庶吉士，甫散馆，即由编修升左赞善，又转侍讲。又二年，而署户部左侍郎。因徇庇家人事降职，旋以内阁学士，派为驻藏延正办事大臣，旋署四川总督，补城都将军。内用为镶白旗蒙古都统、刑部尚书，终于盛京将军，谥文勤。是谱乃其自记，至光绪二年丙子冬止，时年五十七，即卒于是年十月十九日。后有其子嵩申跋。按崇实在四川总督将军任内与骆秉章和衷共济，用收敉平之功，惟事事辄归功于己，殊近夸张，其于秉章亦间致不满之词。如谓秉章清操优于才略，又谓末年神明已衰，几至声威稍减，当是实录。要其所记四川剿贼之事，正可与秉章之《自述年谱》互参，其在盛京将军任内，主定法改章，事权归一，请以将军兼营总督事，府尹行巡抚事，即后日关东改制之先声也。是记叙事周书悉，如记咸丰三年勒令富绅捐款事，及两次查办四川大案，皆详具始末。又多录

自作诗句，笔亦类雅。惟时涉神怪，言之凿凿，难免不学无识之讥耳。嵩申亦同治丁卯进士，时官翰林院检讨。

1676 鲍公年谱一卷同治刊本

清李叔璠编。鲍公谓鲍超也。超字春霆，四川奉节人。出身行伍，官至浙江提督，封一等子爵。是谱从道光八年戊子一岁起，至同治六年丁卯四十岁止。按超咸丰初，隶向荣军，往广西征剿，以病还长沙。复隶□齐布。自曾国藩练招水师，始拔为哨官，隶杨岳斌。谱于入水师以前事悉略之。所叙战功，与他记载无甚异，而言论增多，不无虚饰。按超卒于光绪十四年。当光绪六年，尝召授湖南提督，时俄人窥珲春，统军从驻乐亭。和约定，撤军还蜀，卒谥忠壮，皆谱所未及也。据谱生于道光八年，盖六十一岁，亦可据补《中兴将帅别传》之略。惟未殁而他人为作年谱，古无此例，殆其部下不学者为此谀之。后有周霈春等二跋，则补述其内行也。

1677 成山老人自撰年谱六卷附录一卷宣统二年活字印本

清唐炯自述。炯字鄂生，贵州遵义人。湖北按察使（殉难金口）树义之子。道光己酉举人，纳资为四川县令，升至云南巡抚。革职逮问，旋赦罪，赏给巡抚衔，督办云南矿务。以年老准开差回籍，卒于（宣统）［光绪］戊申，年八十。自述止于光绪丙戌出狱之岁。附录一卷，为其子坚所编，始丁亥，迄戊申，补年谱所未及也。谱所记较详者：一、其父树义殉节金口事；一、贵州剿匪事；一、四川改革盐运事；一、云南出师防法事。按勒树义兵饷，使陷死地者，乃湖北巡抚崇纶，复为曾国藩严劾伏罪，而谱讳其姓名，盖其时崇纶子裕禄、裕庚官骤显贵，即国藩奏稿内亦削此疏，殊失直道。四川盐运，改商为官，总督丁宝桢主之，实炯成之。谱所述利弊沿革及群谋构陷情事亦掌故之所系也。贵州剿匪，功垂成而不终。在云南巡抚任，徒以未经奏报擅回行省受篆，致被严议，盖其时广西溃师，因而迁怒，非其

罪也。丁宝桢曾为乞恩，虽有旨切责而朝廷旋悟其非，因得赦罪复用，炯所撰《丁文诚公年谱》别详之。附录所记，仅就陈牍依年撮要而已。

1678 潘文勤公年谱一卷光绪刊本

清潘祖年辑。文勤，潘祖荫谥也。祖荫字伯寅，江苏吴县人，潘世恩之孙。以钦赐举人，成咸丰壬子进士，以第三人及第。光绪壬子以刑部尚书□军机大臣。未几，丁父丧，服阕。再起，终工部尚书。年六十一卒。祖年其异母弟也。祖荫无子，以祖年子树孳为嗣，尚幼，故祖年为述是谱也。按祖荫早岁颇肯言事，如保用左宗棠，阻木兰巡幸，请撤各省团练大臣，又参总兵大臣胜保，参直隶总督文煜（谱言疏参直隶督臣某，按即文煜也），皆重系大局。又按同、光间，京朝士夫惟知写卷折、习试律，其高者，如倭仁、徐桐辈，则借理学之名，以饰其陋。惟祖荫稍知学，屡偕翁同龢司同文柄，重视经策，积学者往往得售，文习丕变。性又爱才，得一士，必欲培成之，出于诚而非藉以为名。其时翁□而深识者，则谓同龢褊，不如祖荫也。但其所孜孜者，不过金石版本之学，而尤长金石。谱所述好刻书，［得］赵明诚《金石录》，广搜外域拓本，成《海东金石录》；得邵钟四及史颂匽鼎，成《攀古楼款识》。又考季高辈致盂鼎诸事，略见一二。又如辑刊《士礼居题跋》，流布冯巳苍、徐元叹、潘力臣、刘继庄、沈小宛、王南陔、李南涧、沈西雍、钮非石、江郑堂、龚定庵、许印林、吕世宜、张文节、刘贵阳、金诚斋、程稚衡、程子准、陈□斋、李鄦斋、吴项儒、叶调生、胡仁圃、张秋水、叶润臣、许海秋、石霨士父子诸遗著，谱亦一一著其年月。其收藏亦甚富，谱止载得宋刻《金石录》一事。按祖荫曾编《滂喜斋藏书目》，梓甫成而毁其板，故谱亦遗之。然一时言金石版本者，无不推为宗匠，其流风讫清末而未衰。惜是谱未及详记，其軼往往在都人士之口，有人拾捕之，尚能盈帙也。

1679 苏溪渔隐读书谱四卷光绪十五年刊本

清耿文光撰。文光字斗垣，山西灵石人。同治壬午举人，官平遥县训导。是谱分年隶事，与他年谱同，惟所记大都读书、购书、修目录诸事，其一生事迹，别详于《五十自序》及篇末所记。首有自序，称“以年谱之体，序读书之次，凡关于书者，斯笔之，而事皆从略，故名曰《读书谱》”云云。谱中语多泛衍，如因认字，而遍举训诂、字书、韵书之属；因读诗，而总述传授流别、版刻异同之类。惟剿袭陈言者居多，发抒心得者甚少。于音韵、词章尤欠探讨，不免参与谬见。中有一条云：“昔来瞿塘居深山三十年，成易注，以为前古未有，然所说中爻之象，即汉以来互体之法，岂非伏处村塾，不睹遗文秘籍之故哉!”按此数语不啻文光自道，所购书亦皆坊间通行，绝少旧抄精校，而斤斤数数，亦谓敝帚自珍者也。所记止于光绪己丑，年六十岁，其人尚健在也。

1680 丁松生年谱四卷

清丁丙，字松生，浙江钱塘人，诸生。是谱其子（中立）［立中］辑，凡四卷。每条下附小注，条文简而注语赅，法甚善。按丙一生以积书为事，有《八千卷楼书目》，及《善本书室藏书志》，且澹泊不乐仕进，而尽力于地方事。凡赈粥施棺、育婴掩骼、浚河建桥、恤难民、旌节义，一切善举，无不倡助，并修复先代寺庙祠墓，而文澜阁散出之书复成完本，及刻《武林往哲遗书》、《武林掌故丛编》，至数百册，又助学使潘衍桐□《续两浙辅轩录》得三千家，自亦辑杭郡诗得四千七百余家，尤为有功文献。其记杭城两次失陷，得之身历，亦考□用兵事者之所资也。中立字修甫，光绪辛卯举人。

1681 王湘绮年谱六卷民国十二年刊本

王代功编。按王闿运字壬秋，晚号湘绮老人，湖南湘潭人。咸丰丁巳举人。光绪戊申湖南巡抚岑春蓂奏荐耆儒，授翰林院检讨。宣统辛亥以乡举周甲，加翰林院侍讲衔。卒年八十五，时民国五年九月二十四日也。闿运有日记，起同治八年三十八岁，迄民国五年七月朔日，距卒日，才两月余。代功乃闿运长子。是谱三十八岁以后，多撮日记而成。其三十七岁以前，或得之身所见闻及家人传述，所记大率交游行止，及著书之先后。咸丰己未以会试居京师，户部尚书肃慎延教其子，至欲约为异姓兄弟，又欲代入资为郎，后谢去，其称肃慎曰才识开朗，日思欲延揽英雄，以收物望，则肃慎亦非常矣。考闿运一生住成都稍久，自光绪戊寅至丙戌，主讲成都书院，凡八年，育才甚众。又著书之外，每及论诗、论文、论学、论兵、论政、论时务诸语。其论诗、论文，语多造微；论兵、论政，大言不切；论时务，非迂则激。亦幸其以布衣终耳。所记光绪癸卯改会试于大梁，拟出游以观时变云云，时闿运已七十二岁，尚欲赴大梁会试，至驻马店，其乡人官师张百熙等，设计尼其行，致电确山令，以山水暴发阻之，乃改辙而南。实则并无山水暴发之事，闿运为所绐，入之日记，谱亦沿之，殊可笑也。晚岁值袁世凯称帝，日记存致杨度及袁总统二书，谱多所删节。又日记云："陈仲醇为我作符命，证成莽大夫也"云云。虽为晚节之玷，然不失为爽直。谱乃以窃名为诿，亦是曲笔。综观全书，始末包举，具有条不紊，固自可取也。

1682 邻苏老人年谱一卷石印本

杨守敬自述。守敬字惺吾。官黄州日，以城北即东城所游之赤壁，因筑园，名邻苏，自号邻苏老人，湖北宜都人。同治壬戌举人，以景山官学教习期满，选授黄冈教谕。是谱记至辛亥十一月止。其后应大总统之召，为顾问，又为参政，卒于民国乙卯，则门人熊会贞所

补也。按守敬授笔法于文昌潘存，由是善书，更进而究楷法碑帖，在日本得森立之《经籍访古志》，由是知藏书，并熟目录之学。自与熊会贞撰《隋书地理志考证》，推而及历代沿革，更上溯于《水经》。谱中于此数事叙之较详，惟匆卒写成，稍欠修饰。开端言，日者推其流年，止七十三。故谱即作于其年，然卒之年乃七十七，则日者之言竟不验，删之可也。

1683 王簝泉年谱一卷深泽王氏刊本

清王用诰，字观五，号簝泉，直隶深泽人。咸丰己未选拔贡生，朝考用知县，改官主事。同治甲子举于乡。为学宗宋儒，于《易》、《书》、《诗》、《礼》，皆有撰述，尤深于《论语》。事父能养志。请父疾食必手调以进，夜必侍寝，息烛垂帘乃退，二十年如一日。卒年五十四。是谱为其子孝箴、孝铭、孝来同述。隶事之外，并详辑其学说，大抵抑二氏而尊儒，抑汉而尊宋，无甚特见。附录贺涛所为行状，篇终忽缀以论，殊觉非体，而持义尤多失当，无足取焉。

1684 周渔璜年谱一卷陈氏听诗斋刊本

清周起渭，字渔璜，一字桐野，贵州新贵人。康熙甲戌进士，官至詹事府詹事。起渭以诗称康熙间，而殁后无志状可考。是谱陈田辑，据起渭门人方婺如所撰《书桐野诗集后》，得生卒年月。又据桐野诗集、日记，及同时吴滋大、陈廷敬、田雯、赵吉士、毛奇龄、李振裕、陈尧凯、刘青藜、缪沅揆叙，王式丹、查慎行、乔崇烈诸集，查为仁《诗话》，得其郊游倡和之大略，而未能详尽也。然亦颇有考订也，如据乔无功《学斋诗集》，得请出京应在康熙丁亥，而诗集《送无功还宝应诗》误系于戊子者。又如《分咏京师古迹》以下九诗，诗集误编在己丑，据查初白《敬业堂集》、王方《若楼村集》，则在戊子，田皆据以改正。又法梧门《清秘述闻》，载康熙四十六年，起渭以詹事任顺天学政，田考定起渭任顺天学政在康熙四十九年，时

官侍读，则年与官皆误也。别搜得起渭佚诗一首，删余诗四首，可补诗集之缺。田，贵州贵阳人，光绪丙戌进士，官至给事中。

1685 章午峰年谱一卷光绪壬辰刊本

清章家祚编。家祚字锡卿，安徽铜陵人。午峰，其父邦元，字也。邦元，诸生。咸丰六年，粤寇逼顺安镇，邦元与邑绅数人募勇守御。同治初，于安庆谒曾国藩。谱述其论古今治乱，并名法家之得失，谓“老、庄申韩，不妨取其长以救世”，又谓“宋学之体，得宋儒而明，而其治世之用，亦不免以宋儒而衰，宽仁既恐入老、庄，刚毅又恐入管、商”云云，亦殊有见。又述国藩屡欲荐授一阶而邦元力辞，不欲以他途进。历南北乡试十余次，屡荐不售，夷然自若云云。按其时以诸生从戎致通显者固不乏人，而守其拘迂之见但长揖军门不就保荐者，如王闿运、朱骏声辈皆是，亦不但邦元一人也。谱后有日记十余条，记侍病事。卷首有孙锵明、俸朝仁、张焕纶序，宋存礼书后，袁康、邵曾鉴、章燮理跋，沈祥龙、章鸿森传，侯绍瀛墓志铭，汪宗沂墓表及挽诗、像赞等。

1686 王祭酒自定年谱三卷光绪戊申刊本

清王先谦自述。先谦字益吾，号葵园，湖南长沙人。同治乙丑进士，改翰林院庶吉士，散馆授编修，累迁至国子监祭酒。自江苏学政任满，请假回籍，遂不复出，时在光绪戊子，年四十七耳。光绪戊申，湖南巡抚岑春蓂奏进所著书，赏给内阁学士衔。宣统庚（戌），以长沙闹米案，诸伸电达政府，首列先谦名。湖广总督瑞澂疏劾之，镌五级，湖南京官诉都察院，辨其诬，不报，逾年而清社屋矣。是谱所记，始道光壬寅一岁，迄民国丙辰七十五岁丁巳十一月，别据吴庆坻撰墓志铭，盖卒于（在）作谱之后一年，未补记也。按先谦立朝遇事敢言，其尤切直者请罢三海工程、请严戒太监李莲英二疏，后疏上于光绪戊子，其时归志已决矣。凡历官所上章疏，皆全录于谱。又先

谦一生，著书之外，所编刻之书亦多，如《东华录》、《续东华录》、《续古文辞类纂》、《天禄琳琅书目前后编》、晁氏《郡斋读书志》、《皇清经解续编》、《南菁书院丛书》、《八家四六文抄》、《湖南六家词抄》、《荀子集解》、《世说新语校正》、《盐铁论》、《养知书屋遗集》、《畹兰斋文集》、《合校水经注》、《柈湖文集》、《思益堂集》、《汉书补注》、《骈文类纂》、《景教碑文幻事考正》、《日本源流考》、《尚书孔传参正》、《庄子集解》、《五洲地志略》、《诗义标准》、《诗三家义集疏》、《后汉书集解》、《外国通鉴》等，以至李璜、丁蓉绶、毛贵铭、欧阳辂、毛国翰诸家之诗，所有序跋例言，亦全录于谱，若其自著之《虚受堂诗文集》，则转录他人之序。其七十生日，以文诗为寿者，亦以小字双行录之，诚开谱家之未有之例也。

1687 韧叟自订年谱一卷排印本

清劳乃宣撰。乃宣字季瑄，号矩斋，晚更号韧叟，浙江桐乡人。同治辛未进士，历知临榆、南皮、完蠡、吴桥、清苑等县事，晚充资政院议员，京师大学堂总监督，学部副大臣。清室逊位后，避居涞水，又迁青岛。是谱系自述，止于庚申，七十八岁，次年辛酉六月十七日卒于青岛，年七十九。按乃宣宦直隶廿余年，颇著循声，尤以己亥、庚子在吴桥任，禁遏义和拳，称佼佼。亦不废学，讲筹算、等韵、合声简字，不无心得。惟办杭州学堂，所拟教法，迂腐可笑，乃以能办学为名，则时为之也。谱后有自题十六绝句，又有女夫陶葆廉跋。

1688 艺风老人年谱一卷文禄堂刊本

清缪荃孙自述。荃孙字筱珊，江苏江阴人。光绪甲戌进士，改庶吉士，散馆授职编修。以反对纪大奎入儒林传，为大学士徐桐所憾。至甲午大考，抑置三等二十四名，罚俸二年，遂乞假归。宣统己酉，派充学部图书馆正监督。国变后，居上海，不复仕，卒年七十六。是

谱所述迄于宣统辛亥。其以后八年之事，则其子禄保、僧保补述之。谱所记购书、著书、刻书及访碑之事甚详。有为人编刻而不出名者，如《续皇朝经世文编》，《偲进斋》、《聚学轩》诸丛书，《常州往哲遗书》、《续遗书》、《东坡七集》等，皆是。惟光绪乙亥三十二岁条下记云："八月执贽张孝达先生门下，命撰《书目答问》四卷。"据此，则《书目答问》荃孙所撰也，但荃孙作邵懿辰《四库简明目录标注序》云："同治甲戌，南皮师相督四川学，有《书目答目》之编，荃孙时馆吴勤惠公督署，随同助理"云云。近见南皮《与王懿荣书》，称"弟在此刊书目一卷，以示生童，意在开扩见闻，指示门径，分别良楛，其去取分类，及偶加注记，颇有深意，特自知谫陋，以职司所在，不敢谦避，其间舛漏必多，特寄上一本，请为补正。又一本望转交缪筱珊进士。望转交，属其订正"云云。果为荃孙所撰，何以又须其订正？意者南［皮］拟撰此书时，或命荃孙为之创稿，而南皮以已意修改之，否则南皮自创稿而荃孙有献替，俱未可知。以南皮平日自信所学，目空余子，似无全听人捉刀之理。而荃孙序邵出，在光绪戊申，南皮尚健在，故仅言助理。是谱或成于宣统辛亥，南皮已前卒矣，岂以事无质证，遂欲篡为己有耶？然荃孙一生与南皮因缘最深，观是谱而可知已。

1689 陆文慎公年谱二卷民国癸亥刊本

清陆宝忠，字伯葵，江苏太仓人。光绪丙子进士，改翰林院庶吉士，散馆授编修，官至都察院左都御史，卒于光绪戊申，谥文慎。是谱首列世系，上卷自一岁至四十五岁，系宝忠自述；下卷自四十六岁至五十九岁，系其门人陈宗彝续编，其中多据宝忠日记，亦不啻其自述也。按宝忠居翰林殊碌碌，其骤迁以光绪甲午大考名列一等第三，一等第一则文廷式也。王懿荣以侯字失叶原列三等，翁同龢采望拔置一等末，则宰辅以爱憎为取舍，不特廷式夺标出椒房意矣。谱又记检查天禄琳琅及武英殿书籍，盖同治清查后至此，再见诸精本又多缺失，盖由于嘉庆二年乾清宫之灾，而武英殿所存，未及全收大内，致

成劫灰，此亦访古者所宜知也。

1690 思恩太守年谱抄本

清敦崇自撰。敦崇富察氏，字礼臣，别号锆狮道人，满洲镶黄旗人。由兵部笔帖式官至广西思恩府知府。是（记）［谱］起咸丰五年乙卯，迄宣统三年辛亥。（记）［谱］中述本支世系、历代勋绩甚详。系年之下，兼及时事。如咸丰庚申，英兵薄都，文宗出口，光绪庚子，拳匪倡乱，两宫西巡，以至政局之变动、枢府之黜陟，皆有记载。全录当时章奏。故其本身虽无甚可纪，于清末掌故则可资参考也。

1691 汪穰卿年谱一卷排印本

清汪康年，字穰卿，浙江杭县人。光绪壬辰进士。殁于宣统辛亥。是谱为其弟诒年所编。康年于光绪丙申与梁启超创《时务》于上海，丁未又设《京报》、《刍言报》于京师。按康年为诸生时，尝受知于瞿鸿禨，既而鸿禨入军机，与庆亲王奕劻互树党，《京报》暗承鸿禨意，故于奕劻父子讥切不稍避忌，鸿禨卒以交通报馆为奕劻排去，《京报》亦同时被封。谱于此特讳之。康年之卒，在辛亥武昌革命军起后。据谱称，闻政府将起用袁世凯之信，默不一语，是夜遂病，遽卒，殆先忧之甚而致然耶。

1692 左忠毅公年谱定本二卷民国己丑刊本

马其昶辑。首有自序。大抵据左宰旧谱兼采左氏家谱、家传、《桐城志》、《明史》，旁及其乡人姚康、戴名世、肖敬孚之说，所引《画溪逸语》二则，最佳，称光斗里居必究心当世之务，尝置人材录一册，其地有某人、某相才、某将材、某第一流、某少次，暗加圈识，云备朝廷缓急之用。尝谓元祐去乱法，不去乱人，毕竟是错。李

伯记于高宗议和上疏，皆争事不争人。事之失，只一时，人则胎祸无穷。又称光斗于古寺庑下，识史可法，招之署，亲教之学。据此二事，如延揽人才，要有真鉴，尤须储之于平时，使光斗而得君当国，或有众正汇升，挽回末运之一日乎！视旧谱虽援证稍博，多非要者，亦不能谓采获已尽，题曰定本，谁定之耶？

郡邑之属

1693 畿辅三贤传一卷光绪甲申刊本

清范鸣凤辑。鸣凤字岐岩，直隶肃宁人。道光壬辰举人，官临城教谕。三贤谓颜元、李塨、王源也。首有鸣凤自序，谓颜、李以仁义礼智为性，子臣弟友为行，礼乐兵农为学，是为周孔正传，非他志为汉唐豪杰或墨守宋明道学者所可比拟。其《颜元传》，取之王源；《王源传》，取之李塨；《李塨传》则鸣凤自作之。及王源者，源亦颜、李徒也。末附李国治上鸣凤诗并序。国治，鸣凤门人也，亦以河北巨儒推鸣凤焉。鸣凤序，署道光十六年，至光绪甲申始授之梓。

1694 燕济名宦传二卷道光乙巳刊本

清史朴辑。朴字文辅，直隶遵化州人。道光丙申进士，现官广东南海县知县。是书首有黄恩彤、韩凤翔及朴三序。是时直隶、山东两省官于粤者，合建会馆，名曰燕济，满蒙汉八旗亦属之。固取二百年来两省先达官于粤而有称者，自督抚藩臬监司以及守令若人，入祀其中，而为是传。自卷一李率泰至卢坤，凡三十四人，李率泰逮孔兴琏二十八传，俱录自《通志》，富康安、万龄、松筠、蒋铦四人有目无传，注云俟补，惟孙玉庭、卢坤二传系新增。卷二自贾棠至陆向荣，凡六十四人，大都采自府、县志，或采访册，亦间及名人文集。作序之黄恩彤，山东宁阳人，时官广东巡抚；(韩凤翔)，山东章丘人，时官广州府知府。

1695 敬止述闻一卷同治癸亥刊本

清沈兆沄辑。题用《诗》“维桑与梓，必恭敬止”意。所述都天津人物，期备志乘采择者。凡见《津门诗抄》、《畿辅诗传》者不录。首列“问津书院”、“三取书院”，“如是庵”、“谢公祠”四条。然“问津”记张模、韩崧教诸生事，“如是庵”记周遇吉题石事，“谢公祠”记谢子澄歼寇全城事，所重仍在人也。次记名宦，有申允恭等六人。次记选举，有金相等七人。次记忠义，有周人骥等二人。次记王又朴、蒋玉虹，无所属，王当入儒林，蒋当入文苑。次记义行，有梅成栋一人。次记贞节，有王贞女二人。次记侨寓，有查彬一人。诸传所叙事，颇略，中如王又朴著书甚多，皆已刻行，此止举其《易翼述信》一种；查彬精于《易》，刊有《湘艿漫录》，此止言其工诗善画兰，皆欠详考。末论修志，称灵寿第一，欲举为例，识殊陋。首有兆沄自序，末有孙元复跋。

1696 盩厔三义传一卷道光刊本

明李颙撰。颙有《四书反身录》，已著录《四库》。三传者，一贫户侯氏，以饿死全节；一明经马始复，与其弟大复，友爱无间；一贫妇武氏，事姑尽孝。三人者，事皆庸行，而颙特表章之，其意殆以风世。卷首有门人王心敬序。《侯氏妇传》后又有论，谓史传所载某某诸人者，始负文章之望，举朝有国士之目，卒之背主事雠，靦认偷生，甘心犬豕，为万世唾骂云云。而马始复固以明经家居不仕者，则作传之意从可识矣。

1697 感旧集小传一卷光绪铅印本

清卢见曾纂。按王士祯撰《感旧集》，见曾得其稿于黄叔琳，刊于乾隆壬申，集所收凡三百三十三人，凡例称原本但列名字，距今才

四十年，已多湮没不传，传之后世，不知其人，所以逆其志，因为各补小传。所采集诸书，但述而不作，爵里之外，别采士祯所著说部及他家记载与其人相涉者分注于下。其中论诗者居多，体宜尔也。然亦有竟缺爵里者。又所录如钱谦益，万历庚戌进士及第，官礼部尚书；吴伟业，崇祯辛未进士及第，官国子监祭酒，与记卢世㴶天启乙丑进士，授户部主事同一书法。然世㴶之成进士授主事皆在明代，而钱、吴之成进士在明末，而其官礼部尚书、国子监祭酒则在清初。若记龚鼎孳则称崇祯戊辰进士，本朝官礼部尚书，书法应如此，而前后不一其例。他若彭而述、高珩、熊文举、孙廷铨，所记亦同钱、吴，使阅者忘为身事两朝。又如冒襄、戴重、卓人月、王猷定之贡生，金俊明、徐夜、吴光承、李沂之学生，皆在明代，不为标出，使阅者不知为遗民。又侯方域，顺治初曾举副贡，此亦略之，使阅者与遗民同视，俱不可也。其增于原本者，如张笃庆，素为士祯所赏，而集未录其作，见曾为补语溪摩崖碑一诗，又于马之骦下补高凤翰、祝应瑞二人，高、祝皆士祯后辈，士祯所不及见，见曾以其皆诗人而屈卑官者连类及之，偶尔破例，因自无妨。据凡例，采集多出张元、宋弼之助，而厉鹗、陈章亦检阅焉，而见曾综其成，其案语当是见曾自出己见。至别于原本，以小传单行者，则仿钱陆灿《列朝诗集》例也。

1698 **彤管阐幽录一卷**道光刊本

清许乔林辑。乔林字石华，江苏海州人。是录所载皆其同邑近岁守节殉节诸妇女事。清制，凡夫亡守志年及格者，例得之礼部赐金建坊。然穷贱之家，力或不能自达，又或以不及岁限，为例所格，而《一统志》及省、府志所录，维以曾受旌表为断，则湮没而不彰者多矣。乔林是编表扬苦节，及三次续利，共得六十七人，乔林自为传者十人，其弟桂林撰二人，余篇皆具撰者名氏。其文笔率雅饬可观。按乔林辑有《海州文献志》，用备修志之采集。是录虽别行，亦其类也。首有黎世序序，末有其门人陶应荣跋。

1699 **海宁乡贤录一卷**光绪癸卯刊本

清许湝祥录。海宁属杭州府，即古监官县，元升为州，清因之。是录所辑起南齐顾欢，讫清许梿，凡四十八人。盖皆崇祀邑中先贤祠者，湝祥据史传志乘，旁证群书，各为小传，以备掌故。其中若顾欢，若褚无量，若许远，若颜真卿，若张九成，诸人因昭昭在人耳目。其他名迹稍晦者，不用记述，景仰曷由。若许梿则湝详之父也，卒后，山东巡抚请祀名宦，浙江巡抚请祀乡贤，同日俞允，事属最近，录亦止此。首有俞樾序，称海宁人之著名前代者，有顾黯、顾越、王禀、叶文荣、苏平、苏正、唐明德、祝渊、蒋心赤、刘璿玑、萧文玺诸人，以未与从祀之列，不得与于是录，深有望于湝祥之补辑云。

1700 **江震人物续志十卷**道光庚子刊本

清赵兰佩辑。兰佩，字国芗，江苏吴江人。按乾隆丁卯，沈彤修江、震二县志，于旧志外，兼采周永年《松陵别乘》、潘柽章《松陵文献集》、朱鹤（鹤）[龄]《松陵文征》及钱云《江震人物志》，距道光庚子近百年矣。兰佩是篇广考乡村里志及诗文集、家谱、家传及他记载之书，断自乾隆以后。分卷为十：曰《名臣》、《孝友》、《节义》、《文学》、《隐逸》、《艺能》、《已旌列女》、《未旌列女》、《释道》、《名宦》、《寓贤》、《别录》。《已旌列女》者止载姓名，《未旌列女》者略具事实。卷首有张履序，又有自序及例言。自云“事必求其核，文不厌其详”，又云“视沈志稍宽其例，以俟后人编定”，此其大旨也。

1701 **嵇康圣贤高士传一卷**怡兰堂刊本

清严可均辑。《隋志》：“《圣贤高士传赞》三卷，嵇康传，周续

之注。”《唐志》传属嵇康，赞属周续之。据康兄喜为康传云，撰录上古以来，圣贤隐逸遁心遗世者，集为传赞，自混沌至于管宁，又百一十有九人。据此则传与赞皆出于康，《唐志》以赞属周续之者非也。可均辑此得传五十二，赞五，凡六十一人。取校马国翰辑本，多广成子、襄成小童、巢父、壤父、石户之农、庚市子、齐子、老子、狂接舆、原宪、范蠡、市南直僚、段干木、於陵仲子、庄周、田生、韩福、求仲、羊仲、尚长、禽庆诸人。光绪辛丑唐鸿学得其本，补北陵仲子、成仲、羊仲三人，又项橐、安邱、邱望之，各补多一条，为之校刊，并有序。

1702 嵇康圣贤高士传三卷传抄本

清周世敬辑。世敬字子肃，江苏长洲人。卷后有跋，题嘉庆戊寅。序云：“明黄省曾刊皇甫谧高士传，叔夜作亦错杂其间，兼取《后汉书·逸民传》，补缀删增，遂使嵇与皇甫氏混而莫辨。”又云：“《类聚隐逸门》，有魏隶高士传数则，不见史志。其词与《御览》所载叔夜语多同，盖魏隶嵇康二字形似致讹”云云。所见皆是。惟云周续之注，今无片言。按《文选》注引孔子问项橐曰“居何在，曰万物流屋是也”，注曰“言与万物同流亡也”。按此当即周续之注，但未著其名氏，世敬引之而不知耳。书分三卷，意在存隋唐二《志》之旧，而所得之人反少于严本，即项橐及逢萌条房李昙王尊二传，唐鸿学所增者，此亦缺之。独孔休二则，为严本所无耳。后有附录五则，并篇目考。

1703 越中先贤祠目一卷光绪十一年刊本

清李慈铭撰。慈铭有《汉书札记》，已著录。是书首序、先贤祠之缘起，次定崇祀先贤之例。大要在严界限：凡侨籍改籍流寓者俱不得与；虽史又佳传，代负盛名而易代之际，有可议者，不得与；立言有违名教者不得与；盖口虽称于志乘，而史传又瑕疵者不得与；时代

行事，无可考者不得与；德行事功虽可记，而世较近者，亦从缓焉。余于郡籍人物，亦多考核，所祀自汉严光，至清代傅鼐，凡二百二十二人。写为慈铭写刊，甚精。

1704 越女表微录四卷乾隆庚子刊本

清汪辉祖撰。辉祖有《病榻梦痕录》，已著录。首有卢文弨、谈官诘二序。按辉祖少孤，赖二节辛勤抚育，以至成名。因体母遗意推之同族、同邑、同郡，录其梗概，而章其姓氏，是录所由作也。书分五：一曰《录事》，溯自清初，逮所闻见，年与例协，事可纪录，孝妇、贞女、烈妇，以类诠次；一曰《类聚》，寻常旌节，合于年例，今异可录，分立孤、抚嗣子、无子三条，类叙于篇；一曰《述谱》，见于家谱而县志不载者录之，断自前明，殊于他邑，本乎亲也；一曰《外姻》，录者四人附一人，亦亲亲之义；一曰《识轶》，前录所有，已汇册请旌，续采者不及补入，而又不可轶之，随时采录，不分邑里存殁。五目各为一卷，而以《征节孝事事启》、《请褒节孝状》、《请给旌扁并祠庑附主状》三篇，弁于卷首。

1705 瑯琊诗人小传二卷旧抄本

不题撰人名氏。首录《卧象山伐木记》，记后题“道光戊子桂月，其楼小子象篮挥涕书”。而记中有“南轩家学”四字 。盖张姓象篮其名者所辑，而成于道光戊子者也。按瑯琊西漠郡，今属山东青州府诸城县，是书传凡四十。中惟杨公硕漪青兄弟同传，《徐栩野传》附其季□，《邱海石传》附其二子龙标、霞标，《孙肯堂传》附其子藻如。又丁野鹤、孙肯堂、孙仲高、孙健之、孙淮东、孙扶南诸传各附世系。除王钟仙殁于崇祯癸酉，余大都顺、康间人。传多采自邑乘，丁野鹤、刘子明为最著。附《流寓》一卷，传凡十七，各著原籍。李象先、洪去芜、薛仪甫最著。仪名凤祚，精历算之学，传称其能前知，似不可信，又称其遗编散佚。按凤祚所著《历学会通》诸

种，今尚行世，编者未之见耳。传屡道其先人，而卷中无一张姓者，殆别有《琅琊张氏诗人小传》也。

1706 泾川文载小传一卷刊本无年月

清郑相如编。相如，字汉林，安徽泾县人，康熙庚子副榜。尝辑《泾川文载》，所录作者，唐十二人、宋二十一人、元十三人、明百五十四人、清百四十四人。人各系以小传，略叙出处踪迹。此则不载诗，而但存其传。原书有名具而缺传者，此亦沿之。并存胡培翚、朱琦二序，惟胡序称自唐至乾隆初共三百三十六人，此则三百四十四人，增八人焉，当是后来所补，而相如及其子文熊并附焉。殆《列朝诗集小传》、《感旧集小传》之类也。

1707 武林人物新志六卷道光乙未刊本

清施朝幹撰。朝幹字庭午，浙江钱塘人。是书首有严杰、王三畏序，又有朝幹自序。曰“新志”者，盖以补旧志所未及，所采自乾隆讫道光，各为小传。其目十五，曰《忠臣》、《名臣》、《武功》、《循吏》、《儒林》、《孝友》、《义行》、《隐逸》、《文苑》、《书家》、《画家》、《方技》、《贞烈》、《闺秀》、《方外》，又《孝寿》附于《隐逸》，《孝女》附于《贞烈》，凡二百余人。按《忠臣》、《名臣》、《武功》可归一类，《孝友》、《义行》可并独行，《书家》、《画家》，可并称《艺人》。且《名臣》中之钱琦，《循吏》中之陈鸿，《书家》之梁同书，俱宜入《文苑》，《文苑》中之翟灏、江衡，俱宜入《儒林》，而各卷所收之人与所系之事，亦似有所未尽，视为新志之长编可矣。

1708 国朝天台耆旧传八卷光绪壬寅活字印本

清金文田辑。文田，字性山，浙江天台人，光绪丁酉举人。先

是，光绪乙未天台设局修志，文田与其事。旋以费绌中止，文田乃裒辑所闻见而成是传。分目八，曰《高士》、曰《循吏》、曰《儒林》、曰《文苑》、曰《孝友》、曰《忠义》、曰《卓行》、曰《方伎》，目各为卷，《文苑》分上、下卷。目各有论。断自清初者，以旧志纂于康熙间，明以前人物已备也。《高士》止三人，首徐确庵，节尤峻传，言或讥其为本朝培植（人）材"遂不复授徒"云云，视张杨园不授制举文更高一等矣。《儒林》中，《齐息园传》最详。按《碧溪诗话》称息园未遇时，梦于忠肃言皇史宬中有其谏易储疏，后息园修《明史》至皇史宬，遍觅未得。而邵晋检得明时通政使进本档册，载景泰某年某月日于某一本为太子事，即是忠肃具疏力谏之明证云云。李元度《先正事略》本之。文田另据《台州外书》，称息园至史宬得其疏，因著《易储十论》，以白忠肃之冤云云。所记不同，可广异闻。《文苑·朱螺舫传》，录《幽明辨》八千余言，穷极幽眇，奇作也。又《文苑·陈赓廷传》称赓廷著《春秋纬史传说》、《春秋历朝金鉴录》，一以史解经，一以经解史，观其序文，亦是伟著，例宜入之《儒林》，此列《文苑》，未当也。又齐同华著有《名山藏副本》行世，为息园从弟，宜收《文苑》，但以讼吕留良之冤获遣，书亦被禁，此竟缺之，当由文网未解之故。诸传微伤繁冗，盖备修志者之要删。卷首有张迈褚传诰序，又有文田自序及凡例。

1709 山会先贤录一卷道光十年刊本

清宗绩辰辑。先是道光庚寅，山阴、会稽二县于京师建邑馆，议设位以祀先贤，佥以越中之学由洙泗而被吴会者始于言偃，汉经师如钟离意、淡台敬伯、顾奉，宋儒如周谟、陈祖永，元儒如韩性，明儒如胡谧、王文辕、王守仁、徐爱、范瓘、朱节、蔡宗兖、钱德洪、王畿、季本、俞子良、刘塙、张元冲、王元汴、胡纯、陶望龄、章颖、董懋策、刘永基、王朝志、刘宗周，宗周从弟竟中，子汋，汋子茂林，王毓蓍、潘集、章正宸、沈静、傅性喆、向璿、周之璿、李求龄等，皆与从祀之列。大旨以理学忠孝为准，绩辰因辑诸贤事实刊行以

传并为之序。

1710 山阳录一卷康熙患立堂刊本

明陈贞慧撰。贞慧字定生，江苏宜兴人，诸生，侍郎于廷子，清检讨陈维崧父。是录首《五君赞》，五君者，陈继儒、文震孟、张伟、黄道周、华允诚也。皆□父执□□继儒者，殆寓真处士之意。次《乙酉四君子赞》，四君子者，侯峒曾、徐汧、夏允彝、黄淳耀也。次《十子篇》，十子者，吴应箕、杨廷枢、钱禧、雷演祚、周鑣、麻三衡、梅朗中、陈子龙、顾杲、卢象观也。次又《二子篇》，二子者，黄毓祺、张溥也，附一人，陈祼也。此十三人学同、道同、志同，平生多兄弟事者。终以《伯仲篇》，贞贻、贞达皆其兄也。诸人或死国难，或死党狱，或死感愤，或死疾病，题曰“山阳”，用“向秀闻笛”语意。每篇先叙其意，而后赞之，词皆委婉。首有衲米序，为补述若干人，盖不徒思旧怀贤，亦寄沧桑之感也。

1711 云间孝悌录一卷道光癸巳刊本

清胡润辑。润字洪源，江苏华亭人。松江旧时有孝子祠，道光间郡人士改建于学宫侧。凡郡邑志所载及榜门旌奖者，并置主于祠，并刊是录以传之。凡汉三人，晋三人，梁一人，唐一人，宋二人，元十五人，明八十九人，清自顺治至道光百五十三人。此类专编，他郡少有。即就云间言，亦恐不止此数。盖孝悌本家庭庸行，能副实者，本无邀名之心，人且不尽知，亦何能尽彰其简册耶？观是录者但重其行可矣。首有知松江府事沈兆沄序，谓“尽孝弟而求闻于此，其孝弟必伪，然人于能尽孝尽弟之人而不爱之慕之，思有以传之，必因其人本无孝弟之心而后可”云云，亦正论也。

1712 桐城耆旧传十二卷宣统三年刊本

清马其昶撰。首有其昶撰序目，称初欲拟阮文达公国史儒林传例，采掇旧文，悉注所出，既闻吴先生语，翻然改图，事皆有征，词必己出，云云。吴先生谓汝纶。按采掇旧文为传，防妄作也，亦陋者之藏其拙也。若能文之士，正以剪裁刊落，镕铸伟词为高，亦何必效东施之颦耶？传始王胜，终吴汝纶、萧穆，自元至正讫清光绪，有专传，有附传，凡九百余人。为卷十一，附列女一卷，凡二十七人，女亦雅驯，惟浮泛语去之未净。其有传者，采材于博，无传者遗漏尚多。即如戴名世、朱书之文学，与方苞同时，名世所著《南山集》，苞等作序，书墓志见《望溪文集》。马肇元为马瑞辰弟，著有《周书年月考》，瑞辰序其书，称引据折衷，既精且博，其昶俱遗之。又孙临妾葛嫩，从临殉节，见余澹心《板桥杂记》，其昶录临妻方氏，而不及其妾。张令仪为张英第三女廷玉之子，工诗，著有《蠹窗诗集》九卷，其昶尽录廷玉诸兄弟，而不及令仪。彰彰者亦如此，而潜德幽光，尚待阐发者，抑可知矣。

1713 丹徒节孝列女传略四卷乾隆壬子刊本

清冯锡宸辑。锡宸字艾圃，江苏丹徒人，乾隆丁未进士。是书首有署知松江府事王秉韬、署知丹徒县事杨兆鹤及邓梦禹、王文治诸序，又有锡宸自序，并凡例六则。书分四卷：卷一录前代节孝，起宋迄明；卷二，录本朝节孝，已见前志者；卷三，分正附二编，录本朝节孝未见前志，凡已与旌与未旌者皆入之；卷四，录邑人章仲英所撰《节孝祠谱》，并及有姓氏而无事实者，意专为阐扬节孝起见，故虽旧志所记王庄妃宫闱之贵，徐悱妻文翰之工，皆摈不得与。王序称凡志所载必有名宦、乡贤、节孝三门，然名宦世不多见，乡贤之流风余韵即一再传，尚昭昭在人耳目间，惟节烈秉天地之正气，立纲常之大闲，往往散见于穷乡僻壤，瓮牖绳枢，此而不为之搜罗记载，则数十

年之茹荼饮蘖，终归沦没云云，是传之作即本此旨。凡例称五年一渍，按期增辑，以备邑志之参考，而续刻杳如，则信乎盛事之难继矣。

1714 中州朱玉集二卷咸丰壬子刊本

清耿兴宗辑。兴宗字东山，河南襄城人。是书首有俞長赞序，有“规惟桑梓，近在本朝。仰怀先正，兼述家风”等语。所录凡二百有五人，人系以传。以顺治、康熙时人最多，雍正、乾隆以次而减，至嘉庆则寥寥数人耳。录中如耿华国事，附载其弟震国传中，盖华国系明副贡，考授评事，顺治初，部催赴铨，不就，固明遗民也。如此类，体例尚属谨严。然录中有彭始奋，而不及其父而述；有孙夏峰季子博雅及其孙佺，而不及佺之父望雅。他如襄城诸刘、新安诸吕，著书传世者漏略尚多，他可知矣。又录中屈启贤，止具里爵，别无事实与著作，不解何以入之。耿姓固为中州望族，所录乃多至十二人，且九人同籍襄城，所为“兼述家风”也。但各传详略不一，且多泛语，大抵从他书辑集，而未经剪裁者。

1715 江西忠义录十卷同治刊本

清江西巡抚沈葆桢、刘坤一等修纂。咸丰间，粤寇屡犯江西，将士捐躯，官民殉难，不可胜数。咸丰九年有诏汇录死事诸人，奏请旌恤，于是巡抚沈葆桢设局采访，刘坤一继之，并网罗事实，编为列传，传凡八百余人，附见者七百余人，其仅有姓氏而事实不可稽者，则列为表，凡十余万人。传分守土、援军、江军、仕官、绅士、练勇、列女，按年月为次，而各以府县为类，流寓次之，劳故官绅又次之。其援军，曾为江西守土，而阵亡殉难于他省者亦依类录入。其守援军内，如张芾、江忠源，忠义罗南泽、李续宾、续直等，战功兼著于他省，录其事之涉于江西者。仕宦籍隶本省者，则详录其生平。按是录体例妥慎，文亦峻洁。首录上谕二道，礼部奏咨一道，又有刘坤

一序，及纂修衔名、凡例等，列卷端焉。

1716 晋张方楚国先贤传一卷光绪庚子刊本

清陈运溶辑。按《隋书·经籍志》：“《楚国先贤传赞》七十二卷，晋张方撰”。《新唐志》无“赞”字。《旧唐志》作《先贤志》，题杨方撰。按《文选》应璩百一注，引张方《楚国先贤传》云：“汝南应休琏作百一篇诗，讥切时事，遍以示在事者，咸皆怪愕，或以为应焚弃之，何晏独无怪也”云云。称“张方”，不称“杨方”。又《艺文类聚》引张方《鲁国先贤传》云“古者先王日祭，月享，时类，岁祀，诸侯舍日，大夫舍月，士庶人舍时”云云，作“鲁国”不作“楚国”，“鲁”应是“楚”字之误。又按，《世说·德行篇》注引百里奚，《初学记·居处部》引熊宜僚，《御览·鳞介部》引宋玉，而裴松之、李贤注史所引，则皆汉魏晋时事。据此，知其书上起春秋下迄魏晋。运溶所辑，只三十一条，又附类聚未著姓名，不知朝代者一条。运溶字芸畦，湖南善化人。

1717 襄阳耆旧记三卷乾隆五十三年刊本

晋习凿齿撰，清任兆麟校补。凿齿《汉晋春秋》辑本，已著录。是书旧有万历癸巳湖广布政使司□考议、陆长庚序。盖宋时郡斋刊本后，至此而再。按此书，前载人物，中载山川城邑，后载牧守，《隋志》称“记”，《唐志》改称“传”，至万历刊时，则山川城邑已佚，兆麟得而传之，更为作序，称“脱讹颇多，为补正数处，以备史传记一家”云云。其书分代为次，《人物》托始于周，有宋玉；次汉，有王逸、王延寿、庞德公、庞统、庞林姊习、蔡瑁、杨虑、杨仪、习融、习询、习竹、习承业、习珍、习温、习承彦、马良、马谡、杨颙、向朗、向条、向宠、向充、廖化、董恢、张悌、李衡；又次晋，有罗宪、罗尚、蒯钦、习嘏，共二十七人。《牧令》托始于汉，有胡烈；次晋，有羊祜、杜预、山简、李重、刘洪、桓宣、邓遐、朱序，

共九人，其马良、马谡、杨颙、向朗、向条、向宠、廖化、董恢、张悌，俱事于蜀，而以系之汉者，即其作《汉春秋》黜魏帝蜀之见。惟向充仕吴，李衡仕晋，而亦入之汉者，当是不许同时有僭伪，义尤严矣。其《人物》、《牧令》中人，是否与原书符数无可考。兆麟所补正为其某条，亦无可考。

1718 晋刘彧长沙耆旧传一卷 光绪庚子刊本

清陈运溶辑。《隋书·经籍志》："《长沙旧传赞》，晋临川王朗中、刘彧撰。"按《水经·洛水》注、《北堂书钞·礼仪部》、《太平御览·天部》、《艺文类聚·天部》，并引作《长沙耆旧传》，盖《隋志》脱去"耆"字耳。《新唐志》四卷、《旧唐志》三卷，并讹作"旧邦传赞"，"刘彧"《旧唐志》作"刘成"，书抄引"讚"或作"赞"，又《御览》卷六百六，引夏侯叔仁氏族单微丁母忧，居丧过礼，同郡徐元休弱冠知名，闻而吊焉，旬日积刺盈案云云，《北堂书钞》卷一百四，引夏隆字叔仁，长沙临湘之人也，丁母忧，居丧过礼，同郡徐元休弱冠知名，闻而吊焉，旬日之中积刺盈案云云，当同出一传，则"夏侯"当作"夏隆"。又《御览》卷七百四十，引夏叔丁母忧过礼云云，亦当同出一传，而脱"仁"字。运溶所辑，得二十条。

1719 武陵先贤传一卷 光绪庚子刊本

清陈运溶辑。《北堂书钞》卷六十六引《武陵先贤传》："王担字方山，为中庶子，时燕来翔，被令为赋。"又卷七十三引《武陵先贤传》："潘景为郡主簿，太守赵伟甚器之，有辨对。"《续汉志》卷二十二刘昭注引《武陵先贤传》："晋代太守赵厥，问主簿潘京曰：'贵郡何以名武陵？'京曰：'鄙郡本名义陵，在辰阳县界，与夷相接，为所攻破，光武时移东出，遂得见全，先识易号，传曰止戈为武，高平曰陵，于是改名焉。'"《类聚》引《武陵先贤传》："潘京为川辟州，

进谒，值社会，因得见。次及探得不孝，刺史问曰：‘辟士为不孝耶？’京举板答曰：‘今为忠臣，不得复为孝子矣’”。其机辨如此。按隋唐志俱无《武陵先贤传》，此就诸书辑得四条。

1720 零陵先贤传一卷光绪庚子刊本

清陈运溶辑。《隋书·经籍志》：“《零陵先贤传》一卷，无撰人名氏。”唐志同。《水经注》、《三国志注》、《北堂书钞》、《御览》、《类聚》诸书所引，大都汉末人。运溶强书为汉、蜀汉、魏，非也。《周不疑传》，《御览》卷三百八十五引，“周不疑字文长，长安人，始婴孩时已有奇异，至年十三，曹公欲拜识，即以女妻之，不疑不受。时有白雀瑞，儒林并以作颂，不疑见操，授笔纸，立令复作，操异而奇之。”而《类聚》卷九十三，引作“周不疑，曹公欲以为议郎，不就”，“时有白雀瑞”以下同《御览》。当是各以意约之，非有异本。所辑十五条。

1721 桂阳先贤传一卷光绪庚子刊本

清李运溶辑。《隋书·经籍志》：“《桂阳先贤画赞》一卷，吴左中郎张胜撰。”《唐志》作五卷。《御览》卷六百六，引胡滕部南阳从事云云；《水经·汝水》引注，引临武张熹字季智云云；《御览》卷八百六十三，引程曾字孝孙云云；《御览》卷四百二十一，引来阳罗陵果而好义云云，俱作“画赞”。《类聚》卷八十五，引成丁郴人能违鸟鸣云云，作“画赞”；《类聚》卷六十五，引苏耽尝除门庭云云，则作“记”；《御览》卷八百二十四，引苏耿尝闻有众宾来云云，又作“赞”；他所引皆作“传”，此所辑得十条。

1722 粤东名儒言行录二十四卷道光辛卯刊本

清邹淳辑。淳，字朴庵，广东东莞人。诸生。是书首有陈继昌

序，又有淳自序及凡例。所录凡汉二人、唐三人、宋十三人、元一人、明五十人、清五人。有事功、文章而未尝讲学者不录。各立小传，次纪事，次纪论。纪事者，纪传以外之轶事；纪论者，述名人所品评以为定论，而已见不与焉。以为学问之道，不得依傍门户，故于源流、文派，概不言。其间一偏之见、相反之论，醇驳并陈，以待学者抉择。所见良是。首列引用书目百余种。所云“阮志”者，道光间阮元督粤时所成，淳尝与纂修之事。其采辑之博，殆亦修志时旁涉所及耶。

1723 锦里新编十六卷 嘉庆庚申刊本

清张邦伸撰。是书原名《锦里新闻》，因与段成式书同名，遂易“闻”为“编”，盖纪蜀中人物时事而作。首有邦伸自序及凡例，卷一《名宦》，卷二至三《文秩》，卷四《武功》，卷五《儒林》，卷六《忠义》，卷七《孝友》，卷八《节烈》、《流寓》、《异人》，卷九《高僧》，卷十《贼祲》，卷十一至十三《边防》，卷十四至十六《异闻》。所载人物以清初为断，其已见《明史》或系前明科第，概不录。《名宦》门，录懋绩循声在人口及身所亲见者，其政绩可传，而籍贯、科名，暨升迁事故不及知者，阙之。《武功》门，录杨展而削李乾德，正《通志》之误。《贼祲》门，据海史《蜀碧》，载张献忠于甲申八月十六日僭位纪元，正《明史》冬十一月之误。《异闻》门，题目雨雨相对，当是仿《谐铎》为之，殊无谓。全书体例严而搜采亦博，殆亦留心掌故，而非徒以荟萃为能者。

家族之属

1724 鹿氏家传一卷道光刊本

是书盖鹿氏后人辑。明鹿久征及其子正、孙善继、曾孙化麟各碑铭、家传为一集。久征，字子诚，号豫轩，直隶定兴人，万历庚辰进士，两为邑令，有惠政，擢御史，巡按苏松，以申救罢谴言官判泽州。正字成宇，诸生，久征子，值珰祸，以援救左、魏、周三君子著义声。善继，正子，事迹已具《鹿忠节年谱》。化麟，字仁卿，崇祯辛酉举人，善继子，善继殉节以毁卒。鹿氏父子祖孙正气萃于一门，于史属仅见。久征神道碑铭为孙承宗撰，正传为孙奇逢撰；善继传一为卢象升撰，一为方象瑛撰；化麟［传］为范作榫撰。即秉笔者亦足传也。

1725 颜氏忠孝家传一卷康熙刊本

是传录颜胤绍父子孙三世事也。胤绍为颜子六十五代孙，崇祯辛未进士，令江都、邯郸，俱以扞贼寇著功，迁守河间，清兵攻城，胤绍纵火焚其梯，延风吹火，延烧城上人皆死。胤绍知不可支，归署，亦纵火自焚死。先一月，清兵犯兖州，城破，胤绍子伯瑜、伯玠走，伯璟性肥，趋步窘，恐累弟，跃投城下，伯玠俯视恸哭，中流矢死。伯璟堕城伤左足，逻卒舁告其帅，适伯璟妇孟氏被掠，不肯行，被刃伤，四日复苏，敌帅知为颜子后，护之出垒，孟氏亦孟子裔也。伯璟赴河间，收父遗骸归葬焉。伯璟卒，私谥孝靖。其子光猷，康熙癸丑进士，翰林院编修，终河东盐运使。光敏康熙丁未进士，终吏部考功

司郎中。光敩康熙丁卯进士，翰林院检讨，终浙江学政。是卷首魏禧撰《颜氏忠孝传》，次林璐撰《知河间府颜公传》，次王士禛撰《颜孝靖传》，次施闰章撰《颜孝靖诔》，次朱彝尊撰《颜孝靖墓表》，而以李克敬撰《曲阜三颜公传》终焉。光猷兄弟亦以文学节行著称，宜附祖若父似传也。

1726 **家乘述闻一卷**石印本

清龚守正撰。守正有《自述年谱》，已著录。是书所述，自先世谱牒，下至伯叔兄弟，旁逮姻戚。中祀本身仕宦经历。其继室谢氏，侍郎谢墉孙女也。墉子户部郎中杨镇与诸兄弟不睦，无子，临殁，违例具遗折，不愿立嗣，奉旨允行，殆属仅见。书中间涉神怪，惟意主法戒者居多。

1727 **续家乘述闻一卷**石印本

清龚家尚撰。家尚号跛叟，浙江仁和人。官至法部郎中。礼部尚书守正孙，光禄卿自闳子也。是书盖续守正《家乘述闻》而作。所述多其祖若父遗事。中有《礼部世家》一条，守正终于礼部尚书，其子自闳继升礼部侍郎，而守正伯祖敬身、兄丽正、侄自珍，均曾为礼部司员也。又《纪龚、祁两姓交替学政》一条，守正任江南学政，继承为祁寯藻，时守正子自闳、寯藻子世长各随侍，寯藻笑谓："汝曹他日亦如此交替。"其后自闳任安徽学政，其前任恰为世长，因赋留别诗句云："文字因缘传再世，宦游佳话岂三生。"按此二事，可作词林嘉话，不仅家乘美谈也。

1728 **宣城施氏家风述略一卷续编一卷**康熙刊本

清施闰章辑，其子彦恪续辑。首有毛先舒、尤侗二序，李来泰所为《孝友传》，孝友谓施察也，察即闰章父。所述自高祖志和、曾祖

尹政、祖鸿猷、以逮父察，凡四世，而尤详于察。大抵皆乡间任恤睦姻之德，家庭中慈孝友共之行，而言之笃切，越琐细越见至性，能使读者感泣。《孝友传》，当本述略而成，所述“惟爱而后教行，惟严而后情至”，可称名言。末有闰章自跋，谓不敢溢一语。彦恪为闰章子，《续编》述闰章也兼及治绩。所述细行，可补《愚山年谱》所未及，其事叔父如父，尤罕见。惟所称为祖母祷神减算事，理究属于渺冥，年谱不采之，是也。

1729 正定王氏家传六卷光绪十九年刊本

清王耕心撰。首有耕心叙录。卷一至四述始祖至其父及伯叔父而止，卷五述十一世族祖妣至其王母而止，卷六为族之先正及先硕人汇传。始祖名大贤，于洪武三年由山西清源迁真定，雍正后真定改正定，迄耕心五百余年矣。其间多以仕官、文学著。其十一世祖钟庞，明吏部尚书赵南星外孙也，传述南星劾魏阉时，钟庞方为中书舍人，南星授疏稿使缮写。而钟庞有戚许某，魏阉私党也，适至内宅，见疏，遽袖之，走白忠贤。由是祸益棘，而钟庞亦牵连就逮，谪戍永昌。庄烈嗣位，赦复原官云云，可与《明史》南星本传相参。卷末附家传后记，补传未及，亦自揭其例也。

1730 高邮王氏家传一卷咸丰刊本

是辑汇高邮王氏一家事实为一编。首式耜，诸生，吏部尚书，谥文肃，安国祖也；次曾祜，诸生，式耜长子，安国伯父也；次曾禄，亦诸生，式耜次子，安国父也；次安国，雍正二年一甲进士，授编修，官至吏部尚书；次念孙，安国子，乾隆乙未进士，官至山东运河道；次锦孙，诸生；次引之，念孙子，嘉庆己未一甲进士，授编修，官至工部尚书，谥文简；次寿昌，引之长子，以恩荫补主事，官至广西按察使；次彦和，引之次子，官宁池太广兵备道。编中录史、州志诸传，兼采《半舫斋文集》，偶辑《从政观法录》、《淮海英灵集》诸

书，中并有安国及念孙两代入祀乡贤事实公牍等件。

1731 **竹居先德录一卷**光绪乙未刊本

清张士珩辑。卷首有俞樾序。“先德”者，士珩祖纯，以诸生举孝廉方正，未试卒。父绍棠，以军功记名提督。是录汇诸人所为祖父母父母赞、颂、传、状、碑、序、祭文、诔等为一编。而士珩妻，李鸿章妹也，先士珩卒，亦以附之。作者如俞樾、汪士铎、王闿运、孙衣言、陈作霖、冯煦等，多名人。士珩，字楚宝，安徽合肥人，官候补道。

1732 **游谱一卷谱余录一卷**康熙刊本

明孙奇逢撰，其子望雅及门人马尔楹编，《谱余录》望雅辑。首有张镜心、张凤翔二序，又有奇逢自序。据年谱，钟元于顺治十一年甲午二月赴磁州张镜心之约，四月过东昌，访张凤翔，七月归。是谱所记，起二月初十日，至五月十二日止。按镜心号湛虚，崇祯末官兵部尚书、蓟辽总督，十六年丁艰归，顺治初征召不起，深于《易》，著有《周易杂说》。凤翔号蓬玄，素附东林，万历间与顾泾阳、高景逸、冯少墟、邹南皋诸公讲习，崇祯末官兵部侍郎，唐王时授浙江总督，投诚清军，官至工部尚书，顺治十年乞休。钟元之访，在其乞休之次年。所记有论学语，有世故语，有先朝遗事，有当地逸人，有诗，有文，有手札。赠凤翔诗云：“言念真人天际看，天风鼓我入烟峦。紫云已卧东山谢，青海犹传西夏韩。道在岂虞天地老，心间殊觉梦魂安。卅年仰止登龙晚，愿共沧溟理钓竿。”推许得无过当乎。年谱记张谆谆于姚江“无善无恶心之体”一语，不能无疑。先生曰：“古人立言，意各有在，一人之言，前后不同”云云。此不载《谱余录》，则记凤翔语云：“历观禅家无善之说，全是打儒家‘善’字；圣学至善之说，只是打禅家‘无’字。”又云：“至善无恶性之体，有善无恶情之动。知善知恶为良知，为善去恶为良能。”按此数语即

其致疑姚江之所以然也。《谱余录》记凤翔要语，共十八则，大约多辨儒释之异云。

1733 乔氏载记二卷同治壬申刊本

清乔松年辑。首有松年自序，仿傅山著《傅史》例，但著录而不为谱。自周迄明，得二百余人。后附《神仙》、《妇人》及《蓬峰真逸诗刻》、《乔姓受氏考》。蓬峰真逸者，乔庡，字君章，洪洞人，金正隆间丞蒲邑，后官至大理丞，《中州集》录其诗一首，是刻乃有二绝句，可补《中州集》之缺。松年是书，搜采甚博，但仍不免有漏。如所载乔恕止及其弘治庚戌进士，据咸丰《邳州志》则恕曾官御史，正德三年谪判邳州，历升苑马寺卿。又所载乔中和不及其爵里，按中和内邱人，崇祯中以拔贡官太原通判，其著述仅及《葩经旁意》，按今通行《跻新堂集》有《说易》、《说畴》、《图书衍》诸种，皆中和撰，朱彝尊《经义考》又载中和《易林补》四卷则在《跻新堂集》之外。如此之类，是官阶著述之漏载也。《唐书·孝友传序》有乔绍俊，《明史·忠义传》有乔于昆、乔国屏，《肖县志》有洪武十九年任知县乔俊，乾隆《巴县志》有嘉靖间川东道乔应光，《淮安府志》有嘉靖中盐城主簿乔栋、崇祯中清河训导乔任、正德间贡生乔醇、嘉靖中渭南知县乔淳、天启举人知县乔尧仁。姑略举之，待补者已多，此又人之漏载也。数典忘祖，固不免贻讥，亦以信搜辑之道难乎其言备也。

1734 江阴季氏家乘一卷同治刊本

无编者名氏。盖江阴季氏父子孙一家之事实也。中有梅曾亮撰《季谐宇先生墓表》、李兆洛撰《季晴郊先生家传》，又钱仪吉撰《季先生家传》、钱仪吉撰《季母史太夫人墓志铭》、曾国藩撰《闽浙总督李公墓志铭》。按季熙，字谐寓，布衣，以授徒终身。子麟字晴郊，拔贡生，历知直隶南乐、沧州、西宁、钜鹿等州、县事。坐不身捕妖

民，革职遣戍。娄史氏有贤德，教子芝昌成立。芝昌字云书，道光壬辰成一甲三名进士，官至军机大臣，外任闽浙总督，因病迄退，卒于家。又按，芝昌有子念诒，芝昌歿时官翰林院编修。是册当为念诒所汇刊。

1735 **傅史一卷**宣统元年刊本

明傅山撰。山字青主，山西太原人。诸生，康熙征博学鸿词，至国门，誓死不入，放还。是书成于甲申以后，抄史中诸傅而论其可否。开篇畅论君子出处之义而极之，曰“不幸而无所遇，龙蛇之蛰，存身之教而已矣；不幸而有所遇，反经合道，间关拔乱，毋沦胥以溺，岌岌乎难哉，其旦暮遇之也”云云，殆自寓也。始《傅说》，迄《傅友德》，凡五十六人。原书有传有论，此止存论，当是刘霏削之。虽诸史中傅姓者未尽入此，而山之意亦不求备也。

1736 **通介堂徐氏传略一卷**同治刊本

无编者名氏。书分国史列传及先世事略、列传四篇，徐湛恩、徐绩、徐锟、徐泽醇，湛恩传目下注阙。事略五篇，首《徐国琛墓志节略》，次吴荣光《书宝鸡令徐公遗事》，次徐锟先《振威官迹记》，次王元启《副河督徐公家传》，此四篇皆记徐万诜事，万诜即湛恩父也。又次殷如璋《大宗伯徐恭勤事略》，恭勤即泽醇也。据所记徐氏出明中山王达，明季□别子有世职关外都指挥者家于辽阳，后从清军入关，遂为正蓝旗汉军人。湛恩为宝鸡令，于吴三桂兵逼宝鸡时，有大姓潜与通，各村寨从之。大将军图海，拟先灭各寨，后剿贼，湛因争之不得，则身当炮前，多方解说，卒获保全。此其最可纪者。湛恩以诸生纳粟为教谕，施弃教谕，应武科试，得蓝翎侍卫，后又以和圣主诗称旨，对品补兵部员外郎。及在西曹及广西周全李绂事，俱足流美。泽醇次子桐，后为大学士，是书当为桐所编刊。

1737 桃溪潘氏文献二卷乾隆刊本

清潘书馨辑。书馨字汝潢，自称颍川逸叟，安徽婺源人，布衣。桃溪者，婺之一乡也。首有周曾培、汪基二序，又有书馨自序。人各系传，而附以诗文，计宋一人，明二十七人，皆曾登仁籍者，明经七人。惟节斋先生隐居不仕，盖值宋革命，秉节不履元地，楼居二十年，故以之弁首，景名贤也。后附廷试将军传，以武职而别之也。桃源观纪轶，则以地不以人也。《颍川先生行略》，则书馨自传也，另附《桃溪潘氏世代纪略》，及《桃溪潘氏尺牍》。书刊于雍正丁未，至乾隆壬辰重刊，有曾孙联彩后跋。

1738 吴江沈氏家传不分卷同治六年刊本

无撰人名氏。盖取谱牒中之一部刊而传之者，后有沈桂芬记称“诵芬述德”云云，是其旨也。谱修于乾隆五十八年，故传托始元末，下讫乾隆间。目凡九十一人，间有二人合传者。□逸十五人，又妇女九人，其间蝉嫣不断。最显者，正德间刑科给事中汉、隆庆间翰林院检讨位，至若万历间礼部主事琦、兖东道副使琉、山东左布政珣、光禄丞璟、江西按察司佥事瓒，则一门群从也。或同登甲科，而或以直声著，或以循绩著，或以文学著，若诸生彤世所称果堂先生者尤以经术重于时。其他隐德不彰者甚众，而所贵尤在三百余年世泽蝉嫣不断也。卷首有周忠肃撰沈奎墓志铭，盖以吴江旧志奎无传，而雍正间邑儒学即据（恭）［忠］肃是文准祀乡贡，特录此以俟新志采补云。

1739 李氏三忠事迹考证一卷刊本无年月

此纪宜兴李用楫及来颀同殉忠事也。用楫，崇祯癸未进士，授广东琼州府推官，定黎蛮之乱。桂王时，行取迁御史，历太常少卿，尝出使安南，典广东乡试，旋擢兵部侍郎，巡抚肇、高、廉、雷、琼、

罗五府一州。耿继茂率清兵入钦州，用楫御于合浦，师溃，走灵山，自沉劳氏园池。来为用楫同□弟，丙戌选贡，以中书封藩广西，桂王时，官监军道，从李定国围攻肇庆，定国败，来殉于德庆州。颀于用楫及来为大父行，亦丙戌选贡。桂王时，官江西道监察御史，王在安隆，为孙可望所制，□□之与吴贞毓等谋约李定国迎驾，事泄，为可望所害，所谓三忠也。安隆之事，传者异词，《胜朝殉节诸臣录》有林青阳，无李颀，而《南茏府碑志》及《行在阳秋》，所载谳狱诏书，则有颀无青阳。若来之死于肇庆兵败时，尤他书记载所未及，此考证所为作也。是偏首列三忠像，次吴德旋序，次赵怀玉、谢阶树、储□、毛燧传所为诸传，次乡评备考，次宜兴、常州、南笼诸志传，及《续黔书墓论》，次《用辑年谱》，次附录，而以题辞终焉。无编者姓氏，亦无刻书年月，大约在嘉庆间也。

1740 戴氏先德传二卷道光二十三年刊本

清戴钧衡撰。传上卷为《孝友》、《义侠》、《仕宦》、《文学》、《隐逸》、《独行》，下卷为《烈妇》、《贞妇》、《节妇》、《贤妇》、《贤媛》，各若干人。一世祖智富，生元明间，明太祖伐陈理，尝运白米三百石助饷，不受官，太祖赐《助国功臣札》，复其身及子孙赋税徭役所传诸人。至乾隆间而戴名世者，钧衡曾为编其文，且作年谱，乃文学传中无之，则盖讳而不敢著也。所叙亦间有谬误，如云魏惟度有《石仓诗选》。按《石仓诗选》乃曹学佺所为，魏惟度别有诗选，不名《石仓》也。卷后附《先世墓地记》、《书始祖庆二公家传后》。卷宗首有毛岳生诸人评语。

1741 万氏宗谱十四卷乾隆壬辰刊本

明万斯大修。斯大有《学礼质疑》，已著录。是谱创作于万全，时在天顺二年戊寅，重修于万表，续修于万邦孚，至斯大盖四修矣。首有康熙己未魏禧序，次高斗枢、李文胤序，皆题康熙戊申。附旧序

三，即嘉靖戊子洪贯序、全自序、又一后序无撰人名氏者。次斯大所为凡例。书分内外集，内集为《姓源》、《始祖录》、《世系图》、《宗子图》、《世传》、《世恩录》、《崇祀录》、《先茔录》、《遗容录》、《祖训录》、《冠昏仪》、《丧葬仪》、《祠堂仪》、《祭祀仪》、《厚族仪》、《家集录》、《世泽录》、《遗迹考》；外集为《存征录》、《藏书录》。每录后有斯大所为论辨或记遗。其《学礼质疑》中之《宗法》四篇亦附入焉。斯大之子经先刊《世传》八卷，时康熙五十三年甲午也。其后，经及经之子承、式、福等各有增併。今按《世传》共九卷，六卷终于万泰，斯大之父也；七卷则斯大诸兄弟，经所增也；八卷则经诸兄弟，承、式、福所增也；九卷则承天诸兄弟，万系前、绵前、光前等所增也。各传后多附行状、墓志、碑碣、传诔之类以备考。按鄞万氏在明初即有所谓"四忠、三节、一义"者彪炳史册。传至九世表，以督漕著声。又传至十二世泰与其诸子斯大、斯同等皆守高滔之节，斯大、斯同等与其子侄□等又皆以文学重于时，一门之盛，未可多见。其《家集录》，即万氏之艺文志也。合考诸录，洵备谱家之大观。是本承、式、福梓于乾隆壬辰，惟阙《外集》未刊，盖《存征》、《藏书》二录，斯大即未成书，后复遭毁，故但存其目，以待搜罗云。

1742 **华氏文献表不分卷**乾隆家刊本

清华孳亨纂。首有孳亨自序，后有自跋。是书纪梁溪华氏一家文献。据序，先有所称天全翁者，撰《华氏文献志》，尚多遗误。孳亨采其意，易志为表，人数倍前而帙仅五之一，盖又约繁为简也。书列五格，首讳号、次科第官爵、次品行、次著述、次闺范，眉目醒朗。始南齐孝子宝，讫雍正举人罗圻，自一世至二十五世。后附存疑五十一人。按华氏为江南望族，至明中叶最盛名官理学，代不乏人。清初则有殉节与高蹈不仕者。所著作亦甚夥，一一详于表中，后跋称始祖宜数吴徐陵亭。侯覈谓吴之武进，即该无锡，只以旧谱始孝子，不敢辄改。旁及他支，所能言其始末，异乎数典而忘祖者。书刊于乾隆五

年庚申。

1743 黄氏家录一卷康熙癸未刊本

明黄宗羲撰。后有其子百家跋，称系宗羲四十岁以前之作。无序例，盖述其先世之遗事。始宋，有讳万河者，其父判庆元，失其名，值金人来犯，城陷殉节。《宋史》及《北盟会编》皆失载，幸见于谱。自宋至明，代有达人，或仕或隐，其间风义及韵事，有足传者。止于御史尊素，宗羲父也，所述尤详，可补《明史》及本传所未及。如记任宁国推官时执法惩奸人事，其擢御史实出邹元标之荐；又为元标言追理挺击红丸移宫二案之非急；又杨涟具疏劾魏忠贤，尊素阻之不听；又请其削疏中涉宫嫔者，亦不听。涟疏入，尊素亦草疏助之；又万燝死，尊素上疏论廷杖；又劝杨涟宜去官，全身名。《本传》俱遗之。尊素之见，与杨涟、魏大中辈稍异，欲弥缝其间，不致遽裂，使善类一朝同尽。《本传》称阉以尊素多智虑，欲杀之者，殆以此，故宗羲特表出之。又尊素父日中，当尊素被逮日，同受榜掠。崇祯初，尊素冤雪，赠太仆寺卿，即以其官封日中，于是日遂以诸生骤膺太仆卿之荣，亦罕见事也。又录中记其远祖玺入楚寻兄，视路旁伞而得之，事尤奇。自来记寻父或母者有之矣，未有及寻兄者，洵足传也。

1744 桃溪杨氏先德录二卷咸丰刊本

清杨希闵辑。希闵有十五家年谱，已著录。是书述先世言行，上卷祖德，下卷女德。是录以见于志乘及集部书者为据，每条下希闵自为考证，其中杨应和、杨居久、杨应兰、杨思爵皆于明末殉节，居久有赠黄端伯诗；杨思本高蹈以终，著有《榴馆初函集》，论者比之太玄；汤玉茗有思本诗，俱可传也。其他大都关于孝友慈惠之事，可以为训者。桃溪当是乡名，属江西新城。卷首有希闵序，称尚有《别录》一书，为是录羽翼，稿草粗具云云，未见传本。

1745 明经胡氏七哲集传一卷咸丰乙卯刊

清胡朝贺辑。明经胡氏者，世居婺源县之考川。其先为唐昭宗太子，讳昌翼，避朱温难，育于胡氏，遂冒胡姓。以明经登进士第，义不仕，隐居考川，人号明经翁。其后子孙，世以经学传家，详见所为《总略》。传七篇，曰《环谷先生伸》，曰《玉斋先生方平》，曰《孝善先生斗元》，曰《梅岩先生次焱》，曰《双胡先生一桂》，曰《云烽先生炳文》，曰《石邱先生默》，所谓“七哲”也。《斗元传》后附《舜卿先王师夔刚》。八人皆治经学。有传书，生于宋元之间，济鼎一桂，皆不仕元。炳元虽曾任书院山长，而荐于朝则义不肯就。默又遇乱不屈死，其高节亦可尚，不第明经也。后有跋，皆集成语次之。朝贺于昌翼为二十七世孙云。

1746 汾阳曹氏志传合刻一卷嘉庆刊本

清曹锡龄辑。锡龄字定轩，山西汾阳人。乾隆乙未进士，改翰林院庶吉士，散馆授编修，擢御史。是书辑其祖英墓碣墓表，父学闵墓志铭、神道碑传、逸事、墓志后序，合裕、曹两先生戒台赞记为一编。英，字彦傑，布衣。学闵，字孝如，号慕堂，乾隆甲戌进士，官至宗人府府丞。为御史时，尝请考古制建辟雍，未及行，后高宗将临雍，忽忆及之，特旨嘉奖。以病请解职，卒于家。志传诸篇，撰者为钱大昕、朱珪、翁方纲、邵晋涵、纪昀、章学诚、曹锡宝，文率渊雅，可与人俱传。图先生名图鞈布，字裕轩，满洲镶红旗人，乾隆辛未进士，官至翰林学士。卷首有翁方纲序。

1747 关西马氏世行录后录续录又续录余录十六卷同治刊本

清马先登编。先登，大荔人，乾隆丁未进士，直隶州知州。《世

行录》，始叙繁峙县知县通，及其子詹事府詹事兼翰林院侍读学士珍，孙顺天府通判自勉，礼部尚书兼文渊阁大学士自强；《后录》叙散馆自修、吉州学正忱，处士恬，山东布政使司右参议怡，南京尚宝寺卿慥，屏山县知县槝，皆珍之孙，若曾孙也。《续录》叙云南按察使司副使朴、苏州府通判桢、师宗州知州材、济南府通判煜，朴、桢、材皆珍曾孙，煜其玄孙也。《又续录》叙秫、镕、士宜、北运、兆祥、兆玉、腾蛟，兆运外俱诸生，皆珍之裔，而腾蛟则先登之父也。大抵自明嘉靖迄清咸丰，所录诰敕、像赞、墓志、墓表、传状等成编。《余录》又汇录家集、家谱、祭田诸序。《世行录》有陈应芳原序，《续录》有马腾蛟序，《又续录》有马先登序及马有德跋，又有马先登总序弁于全录之首。

1748 牧斋晚年家乘文一卷国学扶轮社印本

清钱谦益撰。首《钱氏谱图序》，次《宗法附议》，次《吴越旁支图序》，此三篇属于总考。以下为《族谱后录》上下篇，上篇纪本支，始惟演，武肃王曾孙也；迄世扬，谦益父也。下篇纪旁支，旁支不可尽纪，则纪其中之一支焉。人各为传。自谓“详吾所自出。虽以亲疏为详略，而其实则以贤不贤为详略。其隐而贤者则从其详，而其显而不贤者不敢从其略，取史家旌戒之遗法”云云。末又附《谱图后序》、《吴越钱氏本支图序》，用寓垂训之意。文精悍是谦益本色。按诸文作于晚年，而于“明初”称“国初”，称“先帝”，一若未曾易代者。而“华夷同贯，□有伊川之叹，于吾身亲见”等语，篇中屡见之，亦可见其愤慨之情老而弥甚。是卷《有学集》未收，惟抄本流传，至宣统间始刊传焉。

1749 祖孙殉忠录一卷康熙辛酉刊本

此汇记明太湖令金应元殉节事实也。应元号尧门，浙江会稽人，中万历辛酉乡举，崇祯一年太湖令。八年流贼犯太湖，太湖无城可

守，应元率数百人御之。贼至，皆逃散，应元率数人冲阵，被执，死之。孙兆嘉才九岁，同殉。是录首列崇祯九年赠恤敕书，次应元陈无兵无饷以死谢朝廷禀及批，次应天巡抚张国维请恤疏，次兵部尚书张凤翼议恤疏，次姜逢元、王业浩、刘宗周、倪元璐、吴之芳、鲁元宠、金兰等公揭，次应元子汝宏乞恤典奏，及吏礼部眷语，次绍兴府祠祭咨县公牍，次省府县志传，次余煌所为行状，次钱象坤诸人题词，次康熙三十五年诸生周继志等请崇祀学宫公词并院县详文。首有秦宗游序，末有徐商腴跋，皆署康熙辛酉。是录即刊于其时也。

政书类

1750 湖广水利论一种《古微堂外集》本

清魏源撰。源字默深，邵阳人。道光进士，官内阁中书，后外任高邮州牧。文笔奥衍，熟于掌故，尤精舆地学。治经以西汉今文为宗，与仁和龚自珍齐名，人并称龚魏。生平著述甚富，有《圣武记》、《海国图志》等多种。其诗文有《古微堂文集》、《清夜斋诗集》，此篇为《古微堂外集》之一也。按湖广水利最著，从来号称鱼米之乡，利多而害少。乃近百数十年来，堤垸溃决，灾祲见告，时有所闻者，何也？人为之也。兹篇首述历代以来，有河患无江患，河性悍而江流驯。河之所经，地多平衍，江则狭处有山以夹之，宽处有湖以储之，宜乎永无溃决，而今几与河防同患。揆厥其由，自明季张贼屠蜀之后，赣人入楚，楚人入蜀，今承平日久，生聚繁殖，沿江沿汉沿湖诸省，皆筑圩捍水，成阡陌，治庐舍，于是平地无遗利，湖广无业之民，迁黔、粤、川、陕交界，刀耕火种，于是山地无遗利，堤垸愈宽，泥沙壅积愈广。人与水争地，水与人争地，相因为患，至于不可收拾之情事。辨论极称详审，此犹统言湖广者也。其专言湖南者有曰：又如君山自昔孤浮水面，今则三面皆洲，水涸不通舟楫。岳州城外，昔横亘大沙滩，舟楫距城甚远，今则直泊城下。他若洞庭湖西之布袋口，今亦不通舟，此由乾隆至今判然不同，皆西涨东坍之明验也。洞庭上游，如龙阳、武陵、长沙、益阳、湘阴，下游南岸巴陵、华容等属之私垸，宜编勘孰碍水之来路或去路，应不问其垸之为官为私，但问有碍无碍而定修毁。且湖南地势高于湖北、江西、江南，举数垸之流离，孰轻孰重？况一遇大潦，诸县私垸之人民，漂溺亦同无算，不但以邻为壑，并已亦复捐之。源之斯作，指陈两省水之利害，

洞见本源，了如指掌。其结论谓欲兴水利，先除水弊。除弊如何？曰除其夺水夺利之人而已，洵可谓不刊之名论。此夺水夺利之人，又岂独湖广一隅有如是哉！余故曰：人为之也。

1751 洞庭湖淤塞于常德有何损益说一种《沅湘通艺录》本

清戴丹诚撰。丹诚，武陵人，不详其字历。所为兹说，谓洞庭为沅、湘、资、澧所汇，湖南全省咽喉。春夏水涨，藉以蓄泄注江，古大禹所经营之云梦也。自沧桑互易，陵谷变迁，洞庭日徒日南。洞庭狭则湖南之咽喉梗，由是而沅、湘、资、澧下游滨湖之水灾甚，而常德更为可忧，何也？盖沅、湘、资、澧之上游，万山巩固，居高临下，自可无虞；湘、资之下游，犹足捍御；澧虽平衍，然有潮沙；独沅水下游，较澧无潮沙，较湘、资无山势，顾氏亭林所谓"南干山脉一支止于武陵者"也。丹诚立论，能道厥本源，诚非臆说。又谓山脉既尽，则平衍之地胥依堤防，堤防多则水径日梗，况自藕池决口，江水挟沙而来，淤塞湖身，广袤数百里，竟成村落，四时旱潦，救治两穷。水口塞则咽喉梗，年胜一年。使不求疏泄，恐全省卑湿之地皆将其鱼，常德特其甚者耳。因而推及欲湘省蒸黎粒食，非会同湖广督府与滨湖州县，筹款劝捐，用泰西挖泥机船疏浊河身及洞庭隘口浮沙，更非用人力坚筑藕池决口不可。并推述西人筑堤之法，急宜行于湘省今日洞庭淤塞堤防众多之时。然款巨工繁，则又须移植耐水与月熟之禾稻，详为考辨，不遗余力，以期讲求农业而资补救。如是，则湘省滨湖之民庶可稍苏，而常德之为害尤甚者亦同受其庆。丹城此作，于湘省水道之形势原委，与夫疏浚淤塞、树艺耕种之法制，极称详审，读者又安得视为迂远难行之议也哉！

1752 洞庭湖淤塞于常德有何损益说一种《沅湘通艺录》本

清蔡钟潜撰。钟潜，武陵人，不详其字历。所为兹说，首谓："常德之水患，洞庭湖之淤塞为之；洞庭湖之淤塞，藕池之溃口为

之。”此四语为一篇纲领，乃洞庭湖淤塞有损于常德之定案也。其故为何？大江出巫峡直捣荆州，泛溢四出，荆民转徙，屡患其鱼。自同治八年，江水暴涨，藕池溃口，直趋洞庭，今沅、澧诸水逆流横涌直上，由是荆地之患减、常郡之患殷矣。高岸为谷，深谷为陵，切肤之痛，隐于腹心。往者，常、岳、澧各属合议堵塞藕池，以工程浩繁，加之比岁不登，资绌议寝。而漫口日宽，为患尤甚。常郡当沅壅塞之冲，更恐沦为泽国，固应早为之计者。尝考禹之治河先于兖，治江先于扬，以下流不治，则上流不畅。欲缓常德之水患，其惟仿疏治下流之法而稍加变易乎。曷为“仿其疏治下流”？曰：疏治北架子口团山一带，俾湖水由布袋口流出大江，则可弭淤塞之患。曷为“稍加变易”？曰：堵塞藕池溃口，俾江水不致挟泥沙冲入洞庭，则可弭逆壅之患。故常郡之水患，不在上流之泛滥，而在下流之淤塞，莫善先堵而后疏也。目今省治拟造浅水小轮、拖带商船，常郡亦拟造若干。其议果成，可调四五轮，于春潮暴涨时，各尾蒺藜，或专用挖河机船，由北架子口一带，逐次震刷至布袋口，使沙泥流畅，法善而工审，郡城受利无穷。此疏治之法，又不能缓于塞池后也。又谓藕池之塞固益郡城，而溃口处等于荆州江面，疏治恐难有成，则莫若堵塞藕池口内之鲇鱼须焉。“欲淡郡城之水灾，必疏西湖之淤塞；欲疏西湖之淤塞，必除外入之泥沙；欲除外入之泥沙，必塞横冲之江水。合上下大局筹之，恐非疏塞兼施不为功也。”至哉言乎，富哉言乎！综而论之，钟潜以堵塞之方，宜于藕池之鲇鱼须；疏治之法，宜于北架子口团山一带。探本穷源，敷陈条畅，其明朗处如绘图指掌，无一肤泛之词。祛常德之水患，岂别有他策哉！非独以文辞为优胜者矣。

1753 洞庭湖创设浅水商轮有益无损说一种《沅湘通艺录》本

清杨仁俊撰。仁俊，巴陵人，不详其字历。按洞庭一湖为楚南巨浸，汇沅、湘、资、澧诸水而达于江汉，从无横溢淤塞之苦。有之，自同治间藕池决口始。仁俊谓有明以来，江水至荆、岳之间，西来北转，日徙而东，西岸自江陵以降淤洲二百余里，东岸则夏水故道今皆

淤塞，而白螺诸山之脉自东来转在西岸，此亦见江流之久狭也。若夫江水之东通洞庭，则始于同治时，江由石首南决藕池建瓴而下，直贯洞庭，怒流奔泻而挟泥沙，于是淤洲隆起，湖身愈蹙，沅湘水涨，而城陵口隘，迂缓难消，石首、安乡、龙阳、沅江、益阳、华容、临湘、巴陵均被其害。故光绪壬辰，朝廷谕湖广督臣详察堵塞藕池利害，欲复江水故道，因之有议挖沙洲者，可仿明代河工广设浅船；有议复梳船之制者；有议假机器以濬湖者，如英人之教吕宋开河口、欧罗巴之浚穿红海口是其成法。然前二议则器小而功难就，后议则费巨而事难成，众说纷纭，迄无定论。近始有创设浅水商轮之议。又谓商轮固为商务计，湖多暗礁，多淤洲，浅水之制，驾驶通利，其飞轮迅激，大有益于洞庭，激荡泥沙，不似假机器浚湖之为功巨也。反复辨论其利害，权衡诸法之得失，良为允当。至谓议者又以西人狡焉思启，昕夕不懈图南之志，商轮若设，恐反通西人之运载，而我船为彼用矣。此有损于南者。读仁俊所述时论如此，足以见当日风气之闭塞、民智之谫陋，令人忍俊不禁，抑可为长太息者。复引杨太曾设飞轮于洞庭，岳武穆有以制之，成法可考，何患彼之有？且不独无损于洞庭，即沿江一路，得商轮以激动其泥沙挟之东下，湖流愈畅，虽藕池不塞，又何损之有？故知今日之洞庭，固远不及昔日之洞庭。然欲使他日长有今日之洞庭，舍斯议其又何策云云。损益利害之情，详核精审，持论正大，仁俊亦不失为识时务之通才也欤。

1754 保安湖田志二十四卷续编二卷 民国四年乙卯刊本

曾继辉撰。继辉字月川，新化人，廪生。卷端自序，谓性孤僻，然早岁颇自负，不甘以农夫自命。又谓清戊戌政变后，恐株累所及，避祸此间久之。邑陈石擎学博由澧释铎归，与谋筹巨资购荒亩，作湖上耦耕之计，修筑堤堰，名曰“保安”，同任董事而期成事业，盖一识时务之俊杰不得遂其所为，而遁迹于湖滨者也。书为卷二十有四，首自序，凡例，洞庭全湖、沅江淤洲、保安垸诸图。一之二曰《南洲垦务章程》，三曰《南华澧安各属垦务章程》，四之六曰《沅江垦务

章程》，七曰《保安垸垦务章程》，八至十五曰《保安垸卷宗》，十六之二十曰《保安垸田册》，二十一之二十二曰《筹办疏浚洞庭大江案牍》，二十三之二十四曰《湖上草堂浪笔》；又《续编》二卷，为学田堤费钉塞河道二大案呈词。按洞庭湖滨淤州，强豪争夺垦殖，械斗讼讦，积岁不休，由来久矣。光绪初元，省大吏委员查勘南洲地亩，由官招佃，明定章程，害始稍戢。保安一垸，在沅江县境，继辉等顶佃其中官荒若干亩，惨淡经营，纠纷百出，爰著此篇，以资传信。图精且确，为说亦明。以淤洲垦务，昔自南洲经始，各属均效其成案办理，此篇搜集章程，首南洲，次华容，次澧州、安乡，再次沅江，均依先后之序，其所列之章程、卷宗、田册、案牍悉全录原文，无所增减，自谓仿前清委员文炜所辑《查办南洲善后事宜》一书之例而广之，良为有识。以“志”名篇，殆纪实也。故记载述录，悉存其真，可备后人取法乎上之用，有足多焉。惟附其文诗，刊于卷末，似近矜炫。然例诸撰方志者，以己作编入艺文，足俾觇其才学，相与并传，又岂得为过哉！

1755 小淹石路碑记一种 《印心石屋文钞》本

清陶澍撰。澍之字历，已详《登君山记》、《洞庭湖志》诸著录。澍籍湖南安化，为一代名臣，殁谥文毅。按小淹在安化北九十里，资江东岸。修小淹之石路成，文毅为文，勒碑记之。谓滨茱萸江皆山峡也，其水自绥宁路山发源，行一千三百里至安化之小淹，汇为石门潭，壁立万仞，土人谓为石龙渡江者也。其南岸曰城墙崖，尤抖峻，行者危之。此叙资江之滩高流急，岸石巉丛之险状也。又谓而小淹地当冲要，有市集，行旅往来，与夫纤缆而上者赓续不绝，实为必问之途。此明石路之兴修有不容缓者，里中父老，每思治理，以力微五丁、功非一木，未克举事。丁卯之夏，余伯父羡周公暨同志诸君子锐意任之，自城墙崖上，距淹市四里有奇，险者夷之，阻者通之，泥洼低陷之处则甃以石，俾坚固而平，所谓“道如砥直如矢”者足以当之。从兹山确既辟，水啮无虞，可永庆康衢而履之坦坦矣。工既竣，

命余记之云云。余尝考之，石门潭有印心石，即文毅早岁读书处也。后文毅于道光时，摹清宣宗御书“印心书屋”四字，镌于南岸之西崖，与小淹相距甚近，名臣遗迹，永千古矣。不然，小淹区区一市集耳，石路之修亦仅数里，奚足为记以寿贞珉耶？盖得文毅斯文，是以传而弗替，丰碑屹立，当更与印心石屋互相辉映已。

1756 醇亲王使德始末记排印本

无编者名氏。按庚子和约，以德国公使克德被戕于拳匪，订有派亲王赴德道歉一条，醇亲王载沣之使德，即以是故。是记辑录中外报章，首纪事、次论说、次诗词。纪事从光绪二十七年五月二十七日起，至年十月十八日抵保定止，中间纪去来行程及国内外接待之概况。最要者为德皇欲迫醇王及各随员行拜跪礼，醇王因之濡滞不前，至于以死自誓。既闻德皇意忽改变，且委之谣传之无稽，醇王遂得终使事，此其大略也。编者于西报止译原文，惟易西历为经历，便览阅耳。论说所见不同，皆可借镜。诗词则寥寥耳。

地理类

杂志之属

1757 **唐市征献录二卷续二卷**光绪己亥刊本

清倪赐辑，张璐续辑。赐字锡三，璐字保之，皆常熟人。按《常昭合志》，唐市旧名尤泾，在双凤乡，去县东南三十里，又东南则昆山界。赐尝著《唐市小志》。又为《征献录》未成，仅存二帙，无卷次、目录、序例。璐访得其稿，编成二卷；别加搜采，续成二卷。所录大都取之史乘文集，不加笔削，而人物艺文因之而传。而属于区区一隅，尤难得也。原录当辑于乾隆间，《续录》成于道光壬寅，璐皆为之序。《续录》又有朱珩序。至光绪己亥始刊行焉。

1758 **颍上风物纪三卷**道光六年刊本

清高泽生撰。泽生字孔霖，安徽颍上人。按颍上今属凤阳府。是书纪地一卷，纪人二卷，纪地并及名迹；纪人，上卷自周迄元，下卷自明迄清康熙间。后有《醵社诸老传》、《诸亡友传》，则泽生所及见又同游者也。惟上卷次序颇紊，《管仲传》反列宋人之后，殊不可解。卷首有康熙辛未北平王源序，篇中间有源评语，又有王世桢及缺名氏二序，皆原序也。别有刘耀椿序，称其所考地理未尽精确，纪人亦有误入，然未指出何条。作于道光五年，即刊书时也。

1759 **三楚考一种**《汪梅村先生集》光绪刊本

清汪士铎撰。三楚之说，纪载各殊。按楚之立国，自周成王封熊

绎于荆蛮始，至春秋而称王，战国时为七雄之一，灭于秦。其境广袤五千余里。初都丹阳，楚文王徙都郢，顷襄王又徙陈，考烈王徙钜阳、又徙寿春。《寰宇记》以楚文王徙郢为西楚，汉封元王交于彭城为东楚，又封厉王胥于广陵为南楚。孟康注《高帝纪》曰“旧名江陵为南楚、陈为东楚、彭城为西楚”，士铎谓以《史记·项王本纪》，引孟注所云，则当如孟说。又谓项王自称西楚应以项王之地定之。在《货殖传》云：“淮北沛陈汝南南郡为西楚；彭城以东，东海吴广陵为东楚；衡山、九江、江南、豫章、长沙为南楚。”其界甚明，与《水经注》之孟注不合，与《史记》之孟注合，当以此为定。而以《史记·高祖纪》、项王自立为西楚霸王，王梁楚地九郡，然则项王之地不仅西楚也。班志不书楚郡，九少其一。胡东樵谓“盖分为九江、鄣、会稽三郡”，全谢山讥班氏之略，兼及东樵之谬。士铎又谓秦分天下为三十六郡，本无东海，东海乃汉高所立，安得以足九郡之数，而据以斥全氏误解之非。并引《史记·始皇纪》注及晋志释秦之州十六郡地与以王者，洎东楚之九江以王英布、西楚之南郡以王共敖、南楚之长沙以奉义帝，而吴芮王衡山、高祖王巴蜀汉中，又梁地余东砀二郡、楚地余鄣等六郡、楚梁之交余颍川一郡，于梁楚九郡详且晰矣。士铎今本《货殖传》而分三楚，可无疑义，人称之精舆地之学，不其然乎。

1760 楚地今名考一种《沅湘通艺录》本

清曾朝祐撰。朝祐，衡阳人，不详其字历。按古之楚地甚广，湖南仅其一隅。兹篇所谓“楚地今名”，乃举楚国都城、山水在湖南省者，释以今地也。朝祐谓：“楚地当以春秋时为主，战国时次之，秦汉之间又次之。而自后儒有言楚地当春秋时不到湖南，学者几疑楚之都城、山水无在湖南者。然以《尚书》、《尔雅》证之，则虞夏以来，湖南已入中夏版图，安有楚地不到湖南者？况楚都郢距湖南甚近。传所谓抚有蛮夷，奄征南海，岂楚能尽汉阳之诸姬而不能服近郢之熊湘乎？”引证精确，辞简而义赅，足以正《春秋大事表》立说之妄，堪

称别具卓识。因以据《春秋》传注及《国策》、《楚辞》、《汉书·地理志》、《淮南子》诸书，条列详注，亦纯洁可取。至谓“其他后儒之原据旧志，或以形势按图悬断者，概不录入”，则尤断制谨严也。其所条列者为都域二：一曰“麇”。举杜注楚地湖南岳州府巴陵县有麇城，顾氏谓麇当为今郧阳县地，且与传文战于柏举云云吻合，不知柏举固今黄州地，当楚之东北。吴居楚东，及五战及郢，楚乃奔随。随居楚北，盖吴师由黄州地（柏举）西南至武汉，因上泝至荆口（即古郢都），所谓“五战至郢”也。居麇乃南据其上游，故楚向北而行，如顾氏说麇为郧阳，已截楚之北，楚何以反北向而奔乎？准古之事实，而证今之地理形势，诚允当无疑。二曰“罗”。后汉志枝江侯国本罗国，后乃徙长沙，谓之罗川。今湘阴东、平江南皆有罗城，即一地之接壤处。山一曰苍梧，引《国策》苏秦曰“楚天下之强国”及“南有洞庭、苍梧”。《山海经》注云：“苍梧，九疑山也，今宁远县境。”水四：曰洞庭、曰沅、曰湘、曰汨罗江，见《国策》苏秦谓吴起曰：“三苗之国，左洞庭，右彭蠡。”《淮南子》曰“楚地南卷沅湘”，《楚辞》屈原投于汨罗，即地志所谓之罗川也。究之楚地之属于湖南者，又岂仅此数者已耶？不过择其灼然可举者言之耳。谓朝祐为博古通经之士，谁曰不宜？

1761 楚地今名考一种《沅湘通艺录》本

清左全孝撰。全孝，清泉人，不详其字历。按楚于古为蛮荒，立国自周，为成王封熊绎于荆蛮始，春秋初称王，战国为七雄之一。西有黔中巫郡，东有夏州海阳，南有洞庭苍梧，北有汾陉之塞郇阳，地方五千里。故苏秦曰：“此霸王之资也。”全孝谓春秋楚地不到湖南，考湖南楚地断自战国始，楚悼王时，南并蛮越，遂有洞庭、苍梧。引《淮南子》：楚地南卷沅湘，因释沅水出贵州镇远府境，至湖南常德东境注洞庭。湘水出广西兴安县南海阳山，至长沙北境入湖，复释洞庭在岳州。苍梧，《山海经》云：“即九疑山，在宁远县境。”黔州为今辰州、常德、澧州、靖州、永顺诸郡也，巫郡在川省。又引苏代约燕

王秦王正告楚曰："乘夏水下汉，四日而至五渚。"刘氏谓五渚在宛邓间汉水上，胡氏以为西汉水，惟程恩泽据《水经注》及裴骃《集解》定为近洞庭地。其说确凿无以易。秦时荆王献青阳以西地，为今长沙府。所述战国楚地之大略如此。至谓或以《方舆纪要》，岳州有縻城、平江有罗国城，《左传》有南海之文，欲据以破春秋楚地不到湖南之说。不知郧与绞罗地本相近，春秋之战，自应以在郧阳者为是。古称"四海"皆无实证，南海、北海在春秋犹浮辞。征引有据，颇称详核。惟余意若举楚地而言湖南，则舜南巡狩而崩苍梧之野，君山、黄陵均有二妃祠墓。《禹贡》岷山之阳至于衡山、荆及衡阳，惟荆州是楚地之及于湘以南者，在虞夏时已入中夏版舆毫无疑义，又何得谓湖南楚地断自战国耶？若《春秋大事表》楚地不到湖南之说更不足据矣。

1762 湖南疆域驿传总纂序一种 《养知书屋文集》本

清郭嵩焘撰。按是书名曰《湖南疆域驿传总纂》，为悭碒蒋君所编官书也。嵩焘为之序，以明其旨。谓汇辑今湖南七十四厅、州、县之地，类编而分次之。为目三：一曰《接壤限行程图》，一曰《铺递程途》，一曰《湖南四至水路程途》，则极十八省方位、道里、袤广、远近皆若列眉。是所记者，湖南一省之地域而通之各省，亦皆得其道里之大凡焉。其书之详备精审，从可知矣。篇中首辨《周官·职方》之掌为王政之大经。秦汉以后，邮政益详，至元世设水陆二驿；又设通远铺，置铺兵传递。洎及后世，疆土日广，法日密而纪录日繁，要皆官行文书，由州、县自记其道里所至，司之典吏，存之官府，云云。余尝考之，置邮传命，自古已然。惟其立法常疏，良不若后世之密。驿丞之设，昉于有明，各省以按察一司兼管驿传实为清制。凡驿程马递，上自封奏，下迄官书，靡不计时刻而驰传，罔或延误。其不值驿程之厅、州、县治，悉有塘铺置兵传达，亦称便也。盖立法之善，莫逾于此。蒋氏斯作，当即条列其法制之成规，并纤悉其一省疆域广轮之数，故嵩焘亟称其虽为官书，而使家置一编，以为考览地势之助，亦学者所宜尽心，意深远矣。

1763 **湖南通志地理沿革考列洪亮吉三国东晋疆域志洪齮孙梁疆域志并自补陈疆域志举例一种**《养知书屋文集》本

清郭嵩焘撰。按湖南分省虽在清初，而《通志》之创修始于乾隆丁丑，足备一方掌故，较前之《湖广》合撰详于北而略南者胜矣。嘉庆庚辰，续有纂辑，典章文献，均告灿然。至光绪乙酉，再事续修，为嵩焘及李元度等秉笔。此补陈举例之作，盖即董是役时也。所谓地理沿革，史所不详，而方志之纪，最关重要。故嘉庆庚辰之作，允称详审。其地理沿革考中所列洪亮吉《三国东晋疆域志》、洪齮孙《梁疆域志》足资考证。《三国志》不详州郡，而荆湘隶吴，多仍汉志，《两晋疆域志》已有参差，其间又多侨置。然荆湘以南，鲜所变更，仅增营阳、平阳二郡而已。梁世建置最繁，广立州郡，梁、陈书皆不著。《隋书》备六代之制，略具裁并之由，其他多缺而不录。洪氏亮吉，精于史地；其子齮孙，能绍其学。所为二志，于前史所未详及所缺遗参错记之，数百年中皆可推考而知其略。曰《疆域志》者，不敢袭州、郡之名，以别于正史也。是洪氏父子之著述，有足多焉。又谓陈氏建国，视梁又有增省而无能续为之志，其因革损益备具于《元和郡县志》、《太平寰宇记》中。其间小有裁并不备列者，稍取证府、县方志，亦洪氏之例。五代楚疆域不列《五代史·职方考》，而列吴氏《十国地理表》，以《职方考》惟举分州大略而《表》为加详。详历代沿革之数而中有阙，则于体为不备。陈改梁天门郡为石门郡，又增置通宁、卢阳二郡，皆因革之大者，洪氏举其例循而求之，可推知其始末。地志之书，务在真实，损益轻重，因时制宜，又未可一概论也。云云。足谂嵩焘当时之预斯役，斟酌悉臻美善，忠事求实之心，卓然可信，又匪独《补陈疆域》一志之举例已也。

1764 **汉长沙零陵桂阳武陵四郡考**新化邹氏《敩艺斋遗书》本

清邹汉勋撰。汉勋湘人，精舆地学，故于湖南境地之沿革多考论

焉。按秦废封建置郡县，始皇分天下为郡县三十有六。汉兴，于荆州复分置七郡，故篇中首称“两汉荆州七郡”，而江南居其四，曰长沙、零陵、桂阳、武陵，于以知此四郡之境为广，谓上世统谓之“江水”。引《山海经》、《大戴礼记》、《始皇本纪》、《汉书·邹阳传》所载，为今之祝融峰为青阳以为证。虞夏谓之“九江”，春秋谓之“江南”，战国谓之“洞庭之野”，亦谓之“洞庭五都”、亦谓之“江旁十五邑”，而《货殖传》、《项羽本纪》、扬子《方言》诸书又谓“南楚”，数易其名，几无从考定。惟兹四郡，其名最著，其地可考。长沙为秦置，汉曰“国”，莽曰“填蛮”，其县十三。《逸周书》：“长沙国成王时献鳖。”《国策》亦有其目，由来久矣。零陵，武帝九年置，莽曰“九嶷”，其县十。太史公书“舜葬苍梧，曰零陵”，《山海经》亦载其事，则零陵自舜始也。桂阳，高帝置，莽曰“南平”，其县十一。应劭谓以桂水名，或曰桂山，即《水经注》所云桂水，出桂阳县北界山者，是其得名亦古。武陵亦高帝置，莽曰建平，其县十三。《续汉郡国志》谓秦昭王置，曰黔中，高帝五年更今名。汉勋引《史记》“秦昭王拔楚巫黔中”，仅一年即仍复为楚，故班黜之。又引《楚辞》“朝发辰阳兮夕宿枉渚，入溆浦兮宗邅徊”，可知武陵之辟久矣。并于诸县今昔之名罔不详晰。此四郡所在地之大略也。又引《水经》而辨其疆域：长沙南极衡山，西兼宝庆，北苞岳州；零陵则南兼全桂，内薄衡邵，西逮靖州，东与桂阳接壤；桂阳该郴桂之全，南越岭峤诸州，幅员几千里；武陵最广，西有贵州半省，北规湖北施南、四川酉阳，南尽岭，号称雄郡，不亦宜乎！读邹氏斯作，以今视昔，其古今版舆分合之异与世变之殷，能不憬然而感喟耶！

1765 宝庆疆里图说一种新化邹氏《敩艺斋遗书》本

清邹汉勋撰。汉勋邃于舆地之学，其籍新化，宝庆全郡亦其乡里焉。所作疆里之图，其尽美尽善，从可知也。故为之说，考据之详核，研讨之精审，无与比伦。首谓“作图之法，古有成规，必明于勾股，深知形势，更能测星测景，又有指南记里准表重测之器，成图方

能精绝”，“自暴秦灭法，知者甚鲜。晋裴秀作《禹贡图》，条陈六法，尚存其仿佛。贾耽诸人，犹略能宗仿。迄于国朝，胡朏明渭，又申明六法，而以鸟道为要。自是踵效者多，然取鸟道之说未有详者，而朏明所撰《禹贡图》不画支川，亦未精妙。至近世为地志者，大半委之画工书吏，安有善图哉！”信洞见症结之确论也。又谓今作斯图，深鉴诸弊，增益六法，讲贯既明，方举郡内俊髦转相授受，按方搜讨。既成全图，始一一分划，裂为小图，以著于篇。又缩为六图，冠之篇首，其指揣方向。钩心斗角，以明形势；幸榷远近，以明分率。用心良苦。惟记里表准之器，末由造具，不逮于古，未快于心。复举其为图有五病，今循分率皆能祛之。再申以不能明方隅者，其病八；不能取鸟道之法而用者，其病六；不能记道里者，其病七。兹图诸病既除，取古人六法，约为四要：曰分率，曰方隅，曰鸟道，曰道里。而察其要害，抉其包蕴，富哉说乎，为图之能事毕矣。以视近今之西法测绘，号称精确者，又岂得而让焉！

1766 湖南方物志一种《小方壶斋舆地丛钞》本

清黄本骥撰。本骥字虎痴，宁乡人，道光举人，官教谕，著有《圣域述闻》、《嵰山甜雪》等书。按方物之志，昉自《禹贡》。《洪范》八政，食货居先。《周官》职方氏，并及于鸟兽、谷种之属，由来尚矣。隋有诸郡土俗物产书，亦其遗意。故史家之志食货肇自班氏，而后世之为省志、郡县志者皆因之，良有以也。若私家之自志方物者则不数数觏。本骥以博闻强记之士，勤于著述，尤留心全湘物产，有闻必录。首为总纪，以次依九郡四州四厅顺序骈举，集而成篇，以言湘中物产。其品类故不及他省之富且巨，然亦恒有天然佳产。如零陵君山之斑竹、沅之芷、澧之兰、浏之苎布、辰之楠木等等，皆名满海内，不无可屈者焉。但其他尚多奇葩异卉、禽兽虫鱼之属，或不常闻见，或他地所无。及产造为物理之所难喻，而事实之所竟有者，省志、郡县志中不能免疏略之病，本骥斯志，巨细靡遗，足补其阙漏，抑堪备采风者考镜之资，殊杰作也。本骥不诚有心人欤！

1767 乾州小志一种《小方壶斋舆地丛钞》本

清吴高增撰。高增，浙之秀水人，莫详其字历，为乾州同知吴镄父也。镄以乾隆戊戌之夏六月，奉特旨擢授乾丞，（翼）［翌］年迎养其父，高增以路远不果行。适有客自永绥来者，于乾之山川风景甚悉，具言乾有八景，可供游览，因得周谘其形势之险夷、风景之情况、气候之寒燠、治乱之因由，与夫种植树艺之土宜、抚绥导化之得失，靡不详且尽焉。于是笔而书之，成兹《小志》。《小志》者，类纪其概略尔。按当时乾州同知，尚为辰州府佐。其体制虽不若后来直隶专厅之崇，而统辖军民、管理刑钱仓谷已固然也。苗疆重寄，久成奋武卫之边区，膺斯任者监司必慎选良材，以资治理。高增以镄承职边要，时值红苗初定，向化输诚，绥辑善道，当抚之以恩，感之以诚，不喜事以滋扰，无拂情以启衅，谓当邮寄至乾，俾奉为官箴。此种义方之训、仁厚之心，堪资矜式，垂诸简策，信足以永其传。至若其他之纪疆界、沿革、官制，洎八景之名胜、苗俗之冥顽诸类，已有乾隆三年王丞玮创修之《乾州志》在，应毋俟赘述。故高增自谓书之以当卧游，可知其用心固在训子之励精图治，非徒意于为志乾也明矣。

1768 永顺小志一种《小方壶斋舆地丛钞》本

清张天如撰。天如字念斋，会稽人，以拔贡生官永绥同知，旋擢永顺知府。本经术为吏治，有造于一郡者非轻，洵湘之良二千石也。按永顺自雍正五年永顺宣慰司彭肇槐献土归顺，始以其地设府，而辖永顺、保靖、龙山、桑植四邑。天如乾隆二十四年乙卯来治郡，相距设治已三十余年，闻文献无征，即毅然创修郡志，四载而成书。典章名物，得有所考矣。既已创为郡乘，而兹复有《小志》之作，何耶？盖举全郡之故实有未尽者别为纪录，以补郡志之未备，故以《小志》名篇。其体列段而分叙，文约而质实，意简而事赅。首综述其沿革，

以次气候水土、土著之居处、苗民之心性及种植时期、婚丧礼尚、祭神祭鬼诸习俗、客户贸易、土苗语言，再次则四邑，而以物产终之。虽非巨帙鸿篇，以较《蛮司合志》、《峒溪纤志》诸作，又多让焉。即天如之关心民瘼、德化政成之效，亦得于兹见之，允足并其创修之郡志同永其传已。

1769 桂阳风俗记一种《小方壶斋舆地丛钞》本

清某氏撰。按是记原著录阙名，撰者未由考悉也。桂阳为荆南古郡，风俗故以朴厚名。宋陈傅良亟称桂阳民同居、丧祭之俗，朴而近古，不其然乎？篇首引《汉书》言桂阳郡南四县颇有南海之风。以今州之四境所界，北衡西永，南连东郴，连为粤属，郴居五岭第二，亦固宜然。州前隶于衡，风亦多与衡若。蓝山徭封，今其俗率同内民，自是涵濡向化之效。至谓临武习越俗，由于溱水通浈，嘉禾分州临武之地，别自为国，其论似未尽洽。惟指其病在安贫恋土，不尽地利，如陈傅良拙惰苦窳之说。今日治桂阳，当以教农事为最急，可谓洞中肯要。列举大姓氏族今昔之盛衰，习尚之同异，极称详审。于其婚祭丧礼，有异于列郡者尤多叙述。如“血葬”谓即《春秋》传“渴葬”，葬急曰“渴”，“血”、“渴”声近，释义诚允。家家各有祭田，清明上冢，于族中子孙贫者多资之。又有老人会，丧则更递相助，皆最善之俗。婚者前一日冠于祖庙，择宾训戒之，族人字之。以及丧不受赙之类，犹存三代之遗风，洵可贵也。他若节候农畴、岁时景物、祈禳报赛之礼，饮食衣服之规，靡不纤悉，足补志乘纪载之阙漏，是皆斯记之可传者。中有州“节候多暖而少寒，然播种莳稻后长沙半月”之语，作者或为长沙人欤？

1770 桃花源志序一种《退补斋文存》本

清胡凤丹撰。凤丹字月樵，永康人。同光时官湖北道员，工文辞，性伉侠，以培植后进为己任。其著述有《退补斋集》。致仕归，

设退补书局于杭州，所刻精审，号称善本。按桃源之以名县者有二，名胜地者有四，而脍炙人口、称道不衰者，则莫武陵桃源若也。凤丹浙人，仕于鄂而未尝游于湘，因跂慕武陵桃源之名，为之志序。故首曰："宇内胜地，以'桃源'名者，未易更仆数，即以吾浙论，新昌、浦江皆有之，杭之包家山与金华赤松山皆号'小桃源'。但仅称其名，不一道及胜景，岂徒虚有其名而无足道者耶！"凤丹又谓："家居永康桃溪数百年，其村前桃花万树，时届仲春，丽若绮霞，落如红雨，溪半青松绿柳，掩映蔽亏，野老扶犁，稚子叱犊，鸡犬桑麻，与桃源相仿佛。"则其优胜之致，以视武陵之秦人洞里又何多让焉。诚如所谓世称桃源，大率皆追慕仙踪，袭嘉名也。淮安以桃源名县之由，无由考悉，虽东道通衢，多亦不著，惟常德之县，自晋迄今，艳称不绝，比之洞天福地者，以靖节先生一记之文传而不替。至又谓："地以人传，岂独桃源？古来名贤韵士偶焉寄迹之区，后人企想芳徽，无弗托诸金石，形诸图画，争相咏歌记述，恐或就湮。是盖秉彝之好，莫能自已，固不无假神仙之说以惊世炫俗。名教多乐地，桃源所在有知，人人可游游，自不游耳！"凤丹斯论，其襟怀之恬淡，悠然自得，有类于曾点舞雩归咏之志，非乐天知命之君子焉能道及？故末谓"因靖节之记而慕桃源，因慕桃源而为之志"，抑深有契于靖节之高风微旨也夫！

1771 宝庆沿革一种《敦艺斋文存》本

清邹汉勋撰。宝庆一郡，据湖湘之上游，接壤黔桂，形势险要，苗徭逼处。其沿革有足考者，郡县诸志纪载固详，然亦恐不免间有疏略，汉勋之为此篇，盖亦以备补志乘之疏漏，而实有裨掌故，非浅尠也。谓宝庆本《禹贡》荆州之域，秦为长沙郡。汉置昭陵县，属长沙国；武帝时分昭陵为夫夷、都梁二侯国，属零陵郡；平帝又分昭陵为昭阳侯国；后汉仍之，但改都梁为县而已。两汉昭陵皆属长沙。又引《元和郡县志》、《汉书》、《续汉书》所云，昭陵、夫夷之属零陵、长沙互有异同，盖汉末时一度之属耳。至吴孙皓始以零陵北部为郡，分

昭陵置高平，改都梁为武冈。昭陵置郡领县五，曰昭陵、曰昭阳、夫夷、武冈、高平。自是以后，由晋而隋而唐均有因革。洎宋绍兴中于夫夷江北立新宁县，宝庆元年升邵州为宝庆府，旋又升宝庆军节度。元至元间先后分立宝庆、武冈安抚司，未几又改宝庆路总管府，升武冈亦如之。明洪武初又皆改为府，其属县亦互有更易。入清仍明旧，领县三，曰邵阳、新化、城步，州一，武冈，而武冈亦领新宁一县，后改隶府。乾隆三年，以城步隶靖州，未几仍旧，于是并新宁而州一县四矣。此其沿革之班班可考者。汉勋复综而申述，自汉以来，宝庆凡置郡二、县十，其故城之可考，及见为府、州、县志凡十有四，而陈湘东郡之新城，宋之溪洞中胜州，虽在府境，皆不数焉。更分辨由吴迄梁之昭陵诸郡治，繁征博引，以水之流域与地之形势，两列三证以明之。详审精确，纤悉靡遗，实从来识沿革者无与伦比也，汉勋宁不得谓为存宝庆文献之功臣也哉!

1772 新宁形势说一种《敩艺斋文存》本

清邹汉勋撰。按新宁者，汉之夫彝侯国也。其地险峻，民傜杂居，为湘南之要区也。盖时当蓝逆窜扰边境，故汉勋为此说，以明其形势，藉供军备之采择耳。故谓新宁为县，本以控制苗、傜，内为武、邵之藩捍，外接全桂之声援。其境内为村二十有八，为洞八。村者里民之所居，洞者傜民之所居。以傜较里民仅五之一，而皆聚处于县之西境。宋于水头立治，势虽偏于西南，以夫彝故址据水陆之通津，握溪洞之要害，以镇压傜疆也。又引《宋史·诸蛮传》云“兴安之大通虚，新宁之盆溪八十里山、永州之东安，皆可径达溪洞。而盆溪一大村镇，今犹为群蛮之关键、楚粤之门户，往时立四隘以制诸洞，即自此以达石门”，从可知矣。又详述“昔胡海洋之征飞山蛮，破名鹤、金竹、万数诸砦”，考金竹在今大绢洞，而名鹤、万数未闻，或即茅林之茅穴、上富之万自，傜语有异也。并引万历中城步知县谌廷锦亦谓城步居洋洞之北，当麻林之冲。然嘉靖中古田蛮乱，又得麻城傜邀挈歼除，可为东西（犄）［掎］角之用，而其要隘仍在盆溪。

复申论新宁在明代不为通衢，而八十里山则实为滇、黔趋粤间道，遂引李定国潜师出新宁而困恭顺王于桂林。顺治初，马进忠阻兵于盆溪，旋寇新宁，直由八十里山而下，可见盆溪、八十里山均楚、粤之巨防也。谓近日蓝逆直指武冈，置新宁于度外，騃竖无能，苟出劲卒于新宁以尾其后，内外夹击，亦必无噍类耳。由是言之，县之西南，楚、粤之交界也；县与东安之间，又永、宝之交界也。其境辽阔，崇山峻岭，在处可以容奸，讲求武备，实为今之急务，云云。汉勋故精舆地，新宁密迩梓乡，于其形势尤得纤悉。兹说明晰详尽，且征引故实极称宏富，洵推杰作，又岂仅足为当日言军备者得资考镜也哉！

1773 重修石城桥记一种《印心石屋文钞》本

清陶澍撰。按石城桥在湖南安化县近郊，肇建于有明，名桥也，故澍为是记。首述邑西十里有桥曰石城，正德中家七世祖修武令石城公所建。旧有木桥在稍东数十步，石城公移至今处，而易以石。是桥即以其人名而名之，明矣。后圮于水，毁东岸石墩，里人复架木桥以度。万历甲寅、乙卯间，仍甃以石。邑令杨君以杰为记，称桥名石城，其创始靡得而考。时距始修仅八九十年，而木石数易，变迁既屡，传闻而已无征，于以见陵谷沧桑之甚。即一桥之兴废不及百年，而基始者其名已泯，令人感喟。又谓事有必至而无足怪者。嘉庆辛酉夏大水，山溪暴涨，斯桥复圮，并及西岸石墩，时石城公始修之碑，魄然藏其中，而后知杨记失于考据也。岁癸亥，邑人以地临孔道谋修复之，白其议于邑侯陈君，乡人亦皆踊跃从事，毅然复其旧观，洎树碑桥右，刊厥捐名，问记于余。余惟水涸成梁，王政所重，贤令尹纳沟念切，不以其事无关考成而首为之倡，此邑之福也。至捐资成美，伐石鸠工，成以不日，则邑人之好善有足多者。复引语云："莫为之先，虽美弗彰；莫为之后，虽盛弗传。"石城之迹几湮，得诸君而名赖以不朽，余知心怡而神沕者，当不独往来病涉之民已也云云。噫，斯桥之屡圮而屡复者，数也。石城之名，微旧碑之复出无以知，亦微兹澍为之记无以传也。且其远祖就湮之遗泽，得显于其嗣孙，又岂天

下事之偶然者欤！

1774 贻庆桥碑记一种《印心石屋文钞》本

清陶澍撰。按贻庆桥者，在湖南安化，澍之故里小淹左近也。澍为是记，谓古有梁无桥，及梁与桥之制亦古今为义各殊。首述《毛诗》“在彼其梁”、“造舟为梁”。《尔雅》：“梁，莫大于溴梁。”《孟子》：“十二月舆梁成。”其以桥名者，如《史记》：“禹山行乘桥，则直辕车也。”《尚书》：“发钜桥之粟，则储粟仓也。”“士昏礼笄加于桥，则横格架也。”《戴记》：“奉席如桥衡，则井上桔槔也。”其以“梁”为“桥”者，自秦昭王五十年初作河桥始，盖即今之浮桥，以木为之，非石也，故其字偏旁从木。惟《尔雅》“石矼为徛”，注“石桥也。”《集韵》：“矼通作杠，聚石为步渡水也。”既曰“聚石为步”，则非今之架石水上作弓虹半月形者比。《齐记》载始皇作石桥，欲渡海观日出处。其语荒诞。然则架石为桥，其起于秦以后乎？其征引宏富，释义精确，良为允当。又谓：“余里小淹之东曰南牛洞，其水从石峰山湍腾而下，皆石也，凡数里喷薄相陶，以注于茱萸江之岸，又石也，篑以土则啮，彴以木则颓，行者危之。”此纪其水之汹涌澎湃而山石搏击以使其然也。又谓里人杨君公弼始桥之以石，往来称便。乾隆癸巳圮于水，修之者其嗣允升。嘉庆丙寅复圮于水，修之者其孙某某等也。此述杨氏子孙之善于继志，而全一方之利涉也。复称余惟断潢绝港，咫尺天堑，是以成周有司险之官，以通川泽之阻。至于易梁为桥，支桥以石，固良于古，而尤不免于屡坍，是则缺陷所留，非一手足之烈。澍为斯记，有不能无感慨系之耶！而称杨氏子孙毅然肩其劳，再三修之不少怠，可谓难已。昔先太史尝名此桥曰“贻庆”，盖取积善余庆之意。贤哉杨氏，不弃其先，善贻厥后，余固乐为道之，以为乡里好义者劝。斯桥也，圮再而复亦再者，杨氏祖孙父子之力也；能识其颠末、寿之贞珉而不朽者，陶氏之文也。

1775 重修湘西万福桥记一种《东洲草堂文集》本

清何绍基撰。绍基字子贞，号东洲，一号蝯叟。道光进士。官编修。博涉群书，于六经子史皆有著述，尤精小学，旁及金石碑版文字。凡历朝掌故，无不了然于心。书法具体平原，上溯周秦两汉古篆籀，下至六朝南北碑，皆心摹手追，卓然自成一家。草书称一代之冠，海内罔不知名。凡得其一文一字者，靡不珍弆。其著述有《惜道味斋经说》、《说文段注驳正》、《东洲草堂诗文集》。斯记记重修万福桥工事而作也。桥位湘江西北牯牛山之右，由长沙渡江，仅约三十里耳。所谓上通省城，下达宁邑，盖往来孔道也。是兹桥当驿程之冲，关系至重且巨，虽重修工事之微，自不能无所纪述。然桥之所跨，并非大江洪流，而仍易被其冲刷坍毁者，昔之料质与构造之法不良也。故篇中原其始建自某年，洎某年重修，近复倾圮，昔人之工非不坚也，河西数十里沟浍之水悉汇此以达于川，每值大雨，山水盛长，而桥势平夷，无以御其涨而抵其澜，是其所以易毁。于以见山洪暴发，其势迅奋，未可以沟浍之水，其涸可立待而忽视之。又谓今乡里醵金重修，商度甫定，畚筑遽兴。近取云母石，以其质本坚，特易为拱桥，令其上隆然以高，而其下窕然以深。桥面宽平，而其南北下垂之处又广为坡陀，以资壮固，庶几可久，足见乡之人乐善急公，不斤斤于近小之图也。修之培之，有基使勿坏，是所望于后来者矣。斯役也，易其旧制，工坚而料实，想见长虹相望，岂徒驿由是利，而民永无病涉之虞，其盛举也。工竣，得绍基为文纪其颠末，洵足昭示来兹，传之不朽。其旧碑仍立桥之北岸，以志不忘，用心亦良厚已。

1776 东瀛载笔一卷咸丰六年刊本

清马克惇撰。克惇字云伯，顺天大兴人，官台县丞。是书纪咸丰三年癸丑台湾、凤山、嘉义三县奸民勾结为乱，台湾县知县高鸿飞、凤山县知县王廷幹、典史张树春皆遇害，台南北震动。幸台湾总兵恒

裕、台湾道徐宗幹、台湾知府裕铎调度守御，绅民协力助顺以荡平。克惇先为凤山县丞，调任甫二月，未预斯难，因据奏牍加以采访而成是篇。篇中论治台“以戢匪弭盗为要务，以执法用人为大经”，所见极是。后附《三忠合传》，即高鸿飞、王廷幹、张树春也。

方志之属

1777 澧州志六卷明嘉靖四十年辛酉刻本

署州事胡容主修，知州水之文汇正，州人李槃删润，李献阳编辑。与修者尚有同知陈仲弟等。容为新安人，以岳州同知权任。之文，鄞县举人，庚申来任。槃为前工科给事中。献阳，则光禄寺监事也。湖广布政使司、分守上荆南右参政、丰城雷逵，暨之文、槃，均有叙言弁首。雷序谓："州故无志，余驻守荆岳，知前分守刘见峰公命州率属草创，前给谏汇湖李公研心摛藻，润色加详，越再稔编成。知州水子之文，偕僚贰师生以叙请，是兹篇为州志创制之作，前刘分守经始，以瓜代不及观成，水守之文能卒其事，亦云幸矣。"书为卷六：首叙言、修志名氏、宸章纪、凡例、州境图谱、目录；卷之一曰《郡县沿革大纪》、《分野灾祥大纪》、《郡县世表》、《封建世表》、《秩官年表》；卷之二曰《蕃守表》、《人物表》；卷之三曰《地理纪》、《食货纪》；卷之四曰《建置纪》、《学校纪》、《正祀纪》；卷之五曰《兵防纪》、《名胜纪》、《宦迹纪》；卷之六曰《人物纪》、《方外纪》、《物异纪》、《外志》、《杂录》。首宸章，为明初澧州、慈利土酋单垕负固不服，党结诸峒蛮夷为乱，太祖命湖广参政杨璟帅师讨之敕谕二道。观其谓"蛮贼恃险，乘时击之，但使远去，不必穷其巢穴"，又谓"限以日月，平其小寨，仍抚绥慈利等地人民，俾安生业"云云，岩疆边鄙，行师深入其阻，已犯兵家之忌，况值中原甫定，鼎命新膺，尤当极事绥辑，不宜穷兵黩武，洵雄主开国之睿谋。李槃赞其仁至义尽，非过颂也。图谱虽未能开放计里，要以足明当时之形势，未可以疏略少之。纪郡县沿革，断自唐尧，而先之以表，与

分野、灾祥均用编年法为之，详实有征，自堪传信。封建籍故有稽，于澧尤关重要。作者溯古审今，明其世系，为之年表，于旧志之藩封次第其名、藩贤述如列传，讥为僭录，削而不书，尤符体制，尤足多也。秩官历代不一其制，得而表者，仅始自李唐，其官其人，分类而条列，亦云备矣。是书残阙过甚，仅存其第一卷三纪、三表而已。惟迄今读之，能概其全作之精审，应推湘邑志中之佳构，可胜惜哉。

1778 澧志举要三卷不著刊年

安乡潘相撰。相字润章，号经峰，乾隆辛酉拔贡，举庚辰顺天乡试，癸未成进士。授山东福山令，调曲阜令，迁濮州牧。历官勤教养、修废坠，学贯经史，著作名海内。其时，澧州牧何璘已有《澧州志林》之辑，潘氏于濮阳公暇取而读之，苦其卷帙浩繁，因仿各志通编之例而撰兹篇。不分目类。据考地理，断自西汉高祖十二年丙午，讫于《志林》告成。编年大书，依次分注。于历代有关全澧之治乱、政法、休戚、利病，以及名宦、乡贤、荐辟、科甲、忠孝、节义，俱按史传与名家专集考辨详实，并举有清以来之大恩大典，纪述明备，义精而覈，文简而赅。其中以辨范文正公父生母鞠之岁，决非随继父适安之年，且并未尝读书安乡，指为厚诬昔贤，凿凿有据。又逃官金许增等之难附名宦，同名戴君恩之媚珰，不可以混诛贼之晋抚，守道周应锺等捐置供田、积储施德于安士安民，历数百载湮没无闻者得一朝而阐扬之。荦荦数端，有俾名教纲常之大，是尤可称述者也。他若于诸志之正其譌，补其疏漏者，详尽弥多，例目分类而列举之，亦云审矣。且谓惟于星野、风景之虚、邱阜汊港之细、仙释巫祝之诬、鱼虫华实之琐，无关体要，姑从阙省，命名举要，以便检阅，盖崇实也。其同年友前湖南学政长洲褚廷璋序言，极为赞服斯作，并谓王文庄公总裁《四库全书》之日，尝亟称之，断其必传无疑。潘氏时年将耄，第一、二卷付其次子承炜校雠，因命续辑第三卷，以完成之。三卷继原编自乾隆十六年辛未至五十七年壬子，并附补编三页。按是书不识刊刻之年，惟另一部以补编置卷首，第三卷讫于六十年乙卯之

岁，余无差异。卷端署有“古歙程红圃先生鉴定，嘉庆二年丁巳经腴堂校刊”等字，岂卷尾之三年即为程氏所增补欤？

1779 **直隶澧州志二十八卷**清道光元年辛巳刻本

州牧安佩莲主修，孙祚泰等纂辑。佩莲字玉青，贵定人。壬戌进士。贵定盖黔之邑也。祚泰字文冈，州举人，前任宁远县训导。安牧以嘉庆二十二年莅任，下车即励精图治，百废俱兴。以志乘阙修已七十余载，适大府议修《通志》，檄饬调取，乃延祚泰秉笔，未成而没。复属举人安乡训导陈融观心泉继之，始蒇其事。续乾隆庚午前牧何璘《志林》而作也。是书为卷二十有八。首三卷，序文、纂修姓氏、凡例、诏谕，以次卷一曰《星野志》，二至五曰《舆地志》，六曰《水利志》，七、八曰《食货志》，九曰《学校志》，十曰《武备志》，十一之十三曰《职官志》，十四曰《选举志》，十五之十六曰《祀典志》，十七曰《人物志》，十八曰《列女志》，十九曰《祥异志》，二十之二十五曰《艺文志》，二十六曰《金石志》，二十七之二十八曰《杂类志》。又分目凡九十七，繁不具录。按澧之得名，肇于《禹贡》，置州则自西魏始。由是为郡、为军、为路、为府、为县，或隶人或隶于人，代有因革。至清雍正八年诸土司归流，始升直隶，先后以安乡、石门、慈利、安福、永定五县属焉。篇首裒录诏谕二卷有余，盖匪仅尊王，意在举有清之大恩大法备登于册，使民毋忘。不知非关一州政典，与夫星野之繁为图说，皆属有乖体例，甚无取也。“山川”于澧水源流，考证详确，且能辨析茹、温、溇、渫、黄、涔、淡、道、并澧为九水之源委，搜采有据，精审可观，颇为有识。至《水利》一篇，多因《志林》之《河渠志》为之增益，所附何氏《澧州水道图说》并各家水利说，尤为有裨史要。《艺文》亦多仍《志林》而续增，更称富有，惟冠以“天章”，皆非有关澧治之选，兼收唐、明两代敕诰表之类尤涉芜杂。至附以关系全澧之公牍文词暨其他文艺，或有益世道人心，或足觇稽其政学、山川、风俗利弊者，差为允当。《金石》于古有征。《杂类》之摭史事、纪闻、辨伪、丛谈诸

作，多存故实，足补阙疑。卷尾有《田赋说》一篇，系抄补者，其文中纪述明清两代全澧田赋情况甚悉，及雍乾间减除额数，乃地方切要之大政，堪资传信于方来者。卷端安牧自序及岳常道长白多赉序言，皆题曰《续修澧州志林》，凡例亦谓“仍其旧称”，不忘渊源所自。何氏十樵之前作详赡，固久名于时，而安牧之钦承亦可见矣。

1780 安福县志三十四卷清同治八年己巳刻本

县令姜大定主修，前任县教谕尹袭澍编纂。大定字可堂，安徽怀宁人，五年来任。袭澍字雯轩，益阳举人，咸丰七年任。姜令莅任伊始，取阅旧志，悉阙修垂五十年，思有以续辑。适奉大府饬修之檄，商之邑绅，时值尹学博乞休归里，群推其司秉笔之任，大定即致聘焉。设局从事，经岁而观成。书为卷三十有四，分类三十有一。首一卷，为序文、修辑姓氏、目录、凡例、诏谕，以次一曰《星野》、二曰《沿革》、三曰《疆域》、四曰《山川》、五曰《水利》、六曰《津梁》、七曰《城池》、八曰《公署》、九曰《户口》、十曰《田赋》、十一曰《积贮》、十二曰《蠲恤》、十三曰《典礼》、十四曰《学校》、十五十六曰《秩祀》、十七曰《武备》、十八曰《职官》、十九曰《政绩》、二十曰《选举》、二十一曰《封荫》二十二曰《人物》、二十三曰《列女》、二十四曰《风俗》、二十五曰《物产》、二十六曰《祠庙》、二十七曰《寺观》、二十八曰《古迹》、二十九曰《祥异》、三十至三十三曰《艺文》、三十四《外纪》。按安邑本秦慈姑边境，自汉迄元分隶靡常，明为九溪、永定二卫地，逮清雍正八年，始裁卫，改九、永、益、慈、澧地而置今县，将历百年。至道光癸未田令敏耕甫修志，是其权舆也。其书出沅陵潘永盛、道州黄彝二君之手。潘字松田，黄字蕴山，先后官邑训导，皆才识宏博者。虽为创制之作，殆明备足称，堪资传信。兹又旷久无续，故实之待编者自多。斯篇之作，固诚不容缓也。以旧志缺卷首“诏谕”一门，仿《通志》例，取有关湖南事实者备录无遗，连篇累牍，不知非关一邑典要，殊失体裁，甚无谓也。《星野》一仍旧志，无所增损，差为有识。至若

“关隘”中之“新安镇”与“新安屯堡”误分为二，及疆域之错杂、山水之纷歧，皆能分别考证，以正前修之讹舛。又如增详文庙之位序源流、礼器乐舞诸图说，与夫以田赋、屯漕、杂税入于《积贮》之芜乱，旁注当年选举之原籍，节删历职之繁互诸类，亦能见其远大，折衷精审，断制谨严，有足多者。《流寓》特增西汉之纪信，并以晋之车允、唐之李群玉二人安、澧各欲私为己有，今安邑纵有墨山平台之胜，岂容再与相争？从《志林》载之于此，亦称允洽。各门小序，雅洁清通，切于事类，综而论之，斟酌损益，于旧志之补苴罅漏，良非浅鲜，堪称佳构。姜令惓惓文献之心，讵非得尹氏之笔而益彰欤！

1781 石门县志十四卷清同治七年戊辰刻本

县令林葆元主修，陈煊接修，申正飏等纂辑。葆元字树香，顺天大兴人，同治五年任。煊字春皆，贵州湄潭进士，七年任。正飏字旭亭，邑贡生，候选训导。按《石志》创自天顺间，久失无考。清康熙时邑令张霖、许湄前后搜辑，简略不备，均未授梓。至嘉庆二十三年，苏令益馨，属邑举人梅峄编纂成书，而石始有志。阅五十余年，是为初续，仅五六年而藏板被人抽攫。甲戌郑令立诚，亟为镌补，复成完篇。为卷十有四：首一卷，新旧序、姓氏、凡例、目录，以次一《天语志》，为目二，曰诏谕、宸翰；二《星野志》；三《舆地志》，为目十八，曰地图、建置、沿革、疆域、城池、古城邑、关隘、公署、养育、镇市、山川、湖堰、津梁、水利、景物、古迹、陵墓、义冢、风俗；四《食货志》，为目六，曰户口、田赋、徭役、税课、积储、物产；五《学校志》，为目七，曰学宫、典籍、弟子员、乡饮酒礼、书院、义学、学田；六《武备志》，为目四，曰兵制、塘汛、筹饷、铺递；七《职官志》，为目三，曰文职、武职、名宦；八《选举志》，为目二，曰科甲、荐辟；九《祀典志》，为目五，曰文庙、武庙、文昌、坛壝、寺观；十《人物志》，为目十，曰孝友、忠义、儒林、文苑、位望、武功、隐逸、流寓、方技、耆寿；十一《列女志》，为目五，曰贤淑、节孝、节烈、贞女、寿妇；十二《祥异志》，为目

三，曰灾祥、荒歉、兵难；十三《艺文志》，为目三，曰文辞、诗古、著述；十四《杂类志》，为目三，曰摭史、纪闻、辨讹。以纶章冠首，诸志相沿，兹取“天语”列为专志，其凡例谓“弁诸纲首，用表尊无二上之意”，所录诏谕宸翰，非关一郡一邑之典章。复附前代诏敕，意若藉为冠冕，不知有失体裁，迹近恭而无礼矣。星野图考，力求详尽，亦属无关体要之作。《县志》无雉堞之周环，无阛阇之启闭，大有异于他邑者。其说称前临河水，复带溪流，势难浚筑。前令许湄有联云：“以峰为城，以溪为池”，其形势概可想见。《艺文》所辑，多有关地方建置之文词，足资征考故实。《杂类》之摭史纪闻，能引史以补阙疑，订其传闻异辞之说，纪闻甚鲜怪诞不经之事。“辨讹”之末，有《石门名考》一篇，引证详实，可补“沿革”之未尽。综其全帙，颇能因旧志而或正其讹（讹），补其疏漏。惟诸志既缀小序，复按目为说，不无冗复之病。举梅志小叙汇列卷端，俾览者得资参检，备悉修续始末，不没人善，良足多也。若以著作言之，文笔平庸，较逊于梅氏之前修远矣。

1782 郴州总志四十三卷清嘉庆二十三年庚辰刻本

州牧朱偓主修，署州牧至善、常庆、徐凤喈接修，陈昭谋总纂。偓字右佺，四川兴文进士，嘉庆十四年授任。至字宝庭，庆字誉堂，俱旗籍，摄篆仅经岁。凤喈字芗坪，安徽青阳进士，亦其年权任，惟朱牧莅治几十年，适有续修通志之举，奉大府檄赍志乘，用备参稽。爰集州人士采访故实，延州绅前甘肃文县知县陈昭谋剑奚秉笔，编辑将成，正待五属志稿总而续之，朱牧忽奉调权岳郡而去，幸至、常两牧能踵其役，四易岁月，至徐牧始得告成，不綦难乎！按《郴志》肇自元总管王都中。有明一代，亦凡三修，然皆佚而无考。迨清康熙间陈邦器、范廷谋，乾隆中谢锡佐三牧先后重修，始称完备。兹编盖续谢志而作也。是书为卷四十有三，分类三十有五，于序例、姓氏、目录而外，首一卷曰《皇言》，仍旧志例，尊王也。以次曰《星野志》、曰《舆考志》、曰《沿革志》、曰《疆域志》、曰《山川志》、曰《关

隘志》、曰《古迹志》、曰《城池志》、曰《公署志》、曰《学校志》、曰《典礼志》、曰《祀礼志》、曰《赋役志》、曰《积贮志》、曰《盐法志》、曰《矿厂志》、曰《蠲恤志》、曰《风俗志》、曰《苗徭志》、曰《名宦志》、曰《流寓志》、曰《职官志》、曰《兵防志》、曰《选举志》、曰《人物志》、曰《节孝志》、曰《典籍志》、曰《艺文志》、曰《仙释志》、曰《寺观志》、曰《物产志》、曰《事纪志》、曰《杂志》、曰《附考》。其时司颁条目繁多，篇中能以《边防》、《屯练》、《茶法》、《木政》、《隐逸》、《方技》、《故宫》、《僭窃》诸目为郴所无者，毅然去之，而补旧志阙如之《关隘》等类，极为允洽。图考明备，较旧滋全。八景不列图绘，别具卓识。《沿革》、《疆域》、《山川》悉臻详实，备录何达宪《古桂阳郡考》、齐召南《水道提纲》等篇，足资征考。附以陂塘、坝堰，“水利”亦得尽之。他若增文庙之典制、举贡之名额，厘订赋役之数，以及《职官》、《选举》之舛漏，《流寓》、《古迹》之疏略，补缺正讹之功良非浅鲜。矿政于郴素为大患，坑冶啚旺蒙利之时少，邻省暴徒侵入为害之时多，封禁不严，贻祸为烈。兹特列专志，采喻春山“十害”之论，征引无遗，并矫前修以此不恒有之“五金”列诸《物产》之失，亦云审也。又观《人物》所纪，有刘平章瞻之鲠正、邝司徒野之忠烈、朱总宪英之勋业、何吏部孟春之文章，数人者，固不仅为志乘之光荣，早已名垂史册者。斯殆昔昌黎所云“郴当中州清淑之气，磅礴郁积，必有忠信材德之士出乎其间”，洵信然欤。是志也，搜采故实，颇称宏富；序论诸作，典赡渊雅。文简而事赅，自堪传信。陈氏昭谋跋尾，有谓“曾叨分校续补《通志》、上成《一统志》之役，今以治省志者治州志，因以报诸贤牧者报郡人”，其忠勤文献之心，昭然若揭，得良史才为之精心结撰，抑朱牧之礼贤任能以致之也。四牧各有序弁首备述始末焉。

1783 桂阳直隶州志二十七卷 清同治七年戊辰刊

州牧汪敩灏、署州牧吴嗣仲主修，王闿运总纂。敩灏之字与籍不详，官师表仅记同治中署任者六人，或敩灏补授斯缺而尚未来任也。

嗣仲字春谷，保山举人，六年权任。闿运字壬秋，晚号湘绮，湘潭举人，后特赐进士，翰林检讨，年登大耋，逢重乡举，晋荣衔，学贯经史，海内外罔不知其名。时当同治初，州人士御寇安定，由在籍前江苏按察使陈士杰俊臣与乡耆等，复修州志，网罗散缺，补阙旧闻，编撰稿成，上之闿运润色而纂订之，厘卷二十有七，分十有五篇。是书一变通常体例，其叙述之次类、从事之职名详于“叙志”。凡为“志”十，为“纪”一，为“列卷”百四十有三，为“表”三十有六，为“图”六十有六。第一曰《疆域志》，次曰《事纪》，三曰《赋役》，四曰《工志》，五曰《州官表》、《官师列传》，六曰《学校志》，七曰《礼志》，八曰《兵志》，九曰《人物志》，十曰《货殖传》，十一曰《水道志》，十二曰《天文志》，十三曰《洞徭志》，十四曰《艺文志》，十五以《叙志》、《匡谬》、《小说》终焉。按近世修志乘者，咸拘于奉颂条格，首重天文，抑相率固执天先乎地之义，罔不以“星野”冠篇，而次“地理”或“疆域”，不知郡县志于目录家属地理，顾地志之本也。而其最要者，尤莫“舆图”，若兹篇以“疆域”列首，即崇斯义。首建制之缘治、疆域之方位，四至八道，都里之名；次及沿革，为表而明之，开方计里，以图城乡凡十七、分图历代之形势凡三十。又附历代正史地志以资考证，何其审也。《事纪》自汉迄于当时，举一州之大政有关治乱者，编年纪述。《赋役》、《工志》，于地方古今民生优绌之情，建置盛衰之迹，与夫学校、礼、兵诸志之化民成俗、靖乱保疆，乃大经大本之常规，尤称详赡，足资征考。至《官师》、《人物》所为传赞，一宗龙门。《货殖》祛数纪物产名类之陋习，州故以农惰工拙商贾鲜通称，宜之所纪，然临蜡篮油，货倾领表，犹其小焉。有清康乾盛时，矿盐之利，尚称大州，且大凑煎炉，出产宏富，定课置监，权舆唐宋，由来久矣。特详其盐引运销之利弊、矿产兴废之始末，亦饶卓见。他若志“水道”，则分图纤悉，穷钟、深之二源，明溱、洭之会注。志“天文”缘五行而识其占候，征物变而详及休祲，述洞徭以格化有方，鲜闻逆命。辑“艺文”知士风笃朴，自古多才，金石有传，典籍可考。又以汉自班书迄明顾氏，言桂阳者多有舛差，作《匡谬》以正其误，并采民物方俗及

其遗闻为《小说》，次其目曰“伽蓝记”、“轶事”、“赋咏”三篇，意谓稗官之言，亦本史家所掌。综斯鸿篇巨制，条贯古今，非老师宿儒，岂能通其万一，应推湘志中之名作矣。至主修牧令，均不掇一言，以述始末，殆郭氏《湘阴图志》之一例欤！

1784 **宜章县志二十四卷**清嘉庆二十年乙亥刻本

邑令陈永图主修，龚立海、黄本骐汇纂。永图字固庵，涪州人，以翰林散馆来宰斯邑，检阅旧志，知阙修阅六十载，亟应补辑。庠生宋中行等咸请续修，诸绅亦踊跃捐资。从事开局，永图乃驰书延龚、黄两君来秉笔。龚字云涛，为巴陵贡生；黄字花耘，宁乡举人。盖知其学识素裕，具有良史才者，相与发凡起例，网罗故实。永图自序，谓“曾供职庶常，读书中祕，仰窥册府煌煌图籍”，是文饰润色之功，永图为多也。是书为卷二十有四：卷首为新旧序、姓氏、凡例，卷一曰《舆图》、二曰《沿革志》、三曰《象纬表》、四之五曰《疆域志》、六曰《建置志》、七曰《风土志》、八之九曰《田赋志》、十至十一曰《学校志》、十二曰《祀典志》、十三曰《兵防志》、十四曰《秩官志》、十五曰《选举志》、十六曰《名宦志》、十七曰《人物志》、十八曰《列女志》、十九之二十二曰《艺文志》、二十三曰《事纪》、二十四曰《外志》。另分子目一百六十有奇，繁不具录。图绘二十，颇称明备，于黄沙、栗源、笆篱三堡暨莽山各图，尤裨史实之大者。宜为郴属之一，地处极边，为楚南之关键、岭表之门户。县初名义章，始于隋大业间，萧铣据有荆州析郴而置。至宋太平兴国初改定今名，迄无更易。其形势之要，自古然也。谓志乘家多遵《一统志》例，列《天文》于《沿革》前，揆为不合，特效徐青藤《会稽志》、孙豹人《扬州志》二书之作，以《象纬》次《沿革》，别饶卓见。至搜求回龙新峰一钟，知乡名沿于唐代；考证召募飞虎二寨，悉兵制备于宋时；益以蒙岩洞石，得存宋元风雅遗迹。偰世玉之题词，而于赵希逾《平寇纪事》磨崖之镌，一洗从来承袭余嵘露布之误。皆能本一物一韵之微，博引繁征，参证确凿。险要无逾三堡，而三堡首

推笆篱，自明戍兵扼西莽嵛以来，久称重地，篇中于图绘外，复将堡城分纪建置。“关隘”附列《疆域》，防守备载《兵防》，虽不厌求详，要未可以冗复目之。传人物不分款目，只期无遗，亦诚允当。邑之炳然史册者，惟明之邝忠肃埜、邓司徒庠二公，今读邓公劾廖珰弟鹏一疏，及《闻逆刘瑾伏诛》五律，忠肝正气，可贯日星，犹足想见其为人矣。又其他续旧增新、订讹析疑之处，更难枚举。即以小序结论言之，亦雅洁简净，堪登著作之林。复以历修姓氏序跋汇集卷端，得存始末，不抑资异日征文考献者之一助欤。

1785 桂东县志二十卷清同治五年丙寅刻本

邑令刘华邦主修，邑绅郭岐勋等编纂。华邦为江西泰和进士，其年夏奉权邑篆。莅任时，省大吏以将续《通志》，属重修邑乘以备采择。既抵县，即取阅旧志，知距前修已五十余稔。乃会同教谕李俨山、训导戴埏暨岐勋等而纂辑之，并以邑之耆绅廉正者相与采访，逾半载而即观成。书为卷二十：首一卷，序例、姓名、诸图，以次曰《星野》、曰《沿革》、曰《疆域》、曰《建置》、曰《田赋》、曰《学校》、曰《秩祀》、曰《兵防》、曰《物产》、曰《风俗》、曰《古迹》、曰《祥异》、曰《职官》、曰《选举》、曰《名宦》、曰《人物》、曰《节烈》、曰《艺文》、曰《寺观》、曰《仙释》、曰《杂志》。按桂邑本为郴县地，在东晋升平初析置汝城县，自陈迄于后周，或曰卢阳，或曰义昌，或曰郴义，或曰桂阳。至宋嘉定间，始析桂阳之零陵、宜城二乡而立今县，遂无更易。文献之征，创制于明洪武，永乐、万历复两修之，经兵燹蹂躏，残佚无考矣。逮及有清，肇修于康熙之田国辅、续修于乾隆之洪钟、嘉庆之曾钰诸令，而要以曾志体例堪称完善，出于邑绅李克钿希濂手笔。兹编重修，一循其例。其辨讹析疑之处，虽岐勋等编校之力，盖华邦润色订正亦多焉。如以旧志不载“隘要”，举咸丰时所筑堡垒而备书之，其形势险夷，了如指掌，有裨史要。《艺文》虽多仍旧述，而于地方建置故实攸关者，增所应增，严为决择。其中录及李克钿与何积之复魏默深书二篇，具有省察

克治之功，洵为辅益学子之选。惟纪“职官”以周元公冠首，不知元公之令邑，桂阳也，非桂东也。在未分县之先，为令者代不乏人，于陈则有邓平直为卢阳令，于宋在元公后令桂阳者亦有璩重等十一人之多，悉佚其名，原为旧志之失，而《职官志》结论既证明晰，应亟诠次而补入之，乃谓“不书诸人”例也。书周子，尚绩也，且尝亲至宜城，留有遗迹，县治之宜城、零陵二乡，沐泽实久，今以桂东重周子，非引周子为桂东重也。与夫以殉难并义行诸人仍括为一类，庆贺等典礼多迁就原本，杂附各门，皆殊失允当，不免瑕瑜互见之讥，良可惜尔。卷端刘令序言称：“邑处万山中，土沃风厚，秀读朴耕，昔韩昌黎所云‘郴当中州清淑之气，蜿蟺扶舆，磅礴而郁积，意必有魁奇忠信材德之士出乎其间’，桂为郴属，于兹益信。”今证以夙被濂溪化导之泽，愈足想见其然矣，不诚懿欤！

1786 宝庆府志一百四十三卷 清道光二十五年乙巳刻本

署郡守黄宅中主修，郡守张镇南接修、前宁乡县学教谕、即选知县邓显鹤总纂，邵阳县学训导彭洋中、郡廪生邹汉勋同纂辑。宅中字惺斋，山西河曲进士，前一岁以古文坪同知来权郡事，殷心文献，毅然倡之。显鹤字湘皋，邵阳人，博学耆儒也，时主濂溪书院讲席，亦慨然自任。汉勋实怂恿之，遂相与援翰。甫逾年，宅中被擢大定府去，继摄者为郴州吴牧士俊傅岩，天津进士。汉勋，字叔绩，博通经籍，擅良史才，适又为黔中大吏招往，事几中辍。幸三阅月，而孝义张守镇南授任来郡，张字俪卿，与宅中有桑梓谊，闻而力持前议，复得学博彭洋中相助。肇乙巳迄己酉，四历寒暑，始底于成，厥惟艰哉！是书纪事编年，一宗史例。立纲八，曰“纪”、“表”、“图”、“记”、“书”、“略”、“录”、“传”。以序及总目、例言、纂辑衔名、全书目录汇列卷端。首四《诏谕》、曰《公典》，弁冕全书，不入于卷，示尊崇昭限断也。以次为“纪”一，曰《大政》；为“表”十，曰《沿革》、曰《疆里》、曰《藩封》、曰《世职》、曰《职官》、曰《武职》、曰《巡历官司》、曰《选举》、曰《世族》、曰《士女》；为

“图”二，曰《形胜》、曰《疆里》；为“记”三，曰《形胜》、曰《疆里》、曰《山川》，为“书”六，曰《吏》、曰《户》、曰《礼》、曰《兵》、曰《刑》、曰《工》；为“略”二，曰《五行》、曰《艺文》；为“录”五，曰《政绩》、曰《武功》、曰《良翰》、曰《使岷》、曰《残明》；为“传”四，曰《先民》、曰《胜朝耆旧》、曰《国朝耆旧》、曰《列女》；卷末曰《摭谈》。综首六末三，大凡一百五十二卷。首纪《大政》，循史法之编年，振一篇之纲领，沿革疆里，明古今分合之情，备方域形势之要。《藩封》等表之详赡，固无论矣。其中《巡历》一表，为诸志所无，殆以非守土之官概从阙略，兹分九目，断自汉桓，别具卓识。且有召伯巡行南国之遗迹，虽年湮代远，邈不可追，要亦得有可述者。他于《选举》，特详有清科举之法制，附录考官之姓氏、题目及第者之字履、名次、氏族，分列爵次、勋衔、军民编户，备述其族有职官、膺选举、科第、列庠序者各若干人，何其审也。形势、疆域之纪，分次乡都，匪仅能纤悉山水之脉络源流、塘铺、书院、寺观、亭台之兴废，而末附名都之大姓某氏，尤足与氏族一表互相参证。至所绘各图，开方计里，全郡次第衔接，了如指掌，别为图说，见诸《艺文略》中。邹氏汉勋，亦本舆地专家，出其手制，自非凡品。六书之作，本《周礼》六官之遗意，于一郡之典章故实，分类毕陈。又如《良翰》、《使岷》、《残明》诸录，《先民》、《耆旧》诸传，搜求古今人物，求无或漏。《士女》有表，复为《列女》之传，存其事行，抑昭慎欤。萃陶士行、欧元功之治行，张九韶之教泽，柳公焯、李公素之诘戎，曾烈愍、李节愍之殉难，而《政绩》、《武功》之录，得以尽之。《摭谈》八门，多裨风化，亦足多焉。邓氏斯作，体虽变而不失大雅，文虽富而不伤于繁。至其综覈之精密、断制之谨严，洵非老师宿儒三长兼备者所能道其万一，足推为湘邑志中之冠。吁！其伟矣。卷端湖广总督裕泰、署按察使盐法长宝道杨炳堃，暨黄、张两守皆有序，盛称述之，余读之而益信。

1787 邵阳县志四十九卷 清嘉庆二十五年庚辰刻本

邑令唐凤德主修，黄崇光等编纂。凤德字梧庄，河南邓州人，前

一岁由辰州粮捕调权斯邑。崇光字谦山，安化人，以翰林庶吉士改官任宝庆府学教授。是役倡修者为前府学训导尹荣祖等数人。荣祖鄜县进士。秉笔者，则崇光也。崇光曾充武英殿纂修，其学擅三长，堪备良史才之选，不问可知，殆任得其人欤。惟风德自序，仅谓“来摄县篆，适修志成，幸藉留名于弗替”云云，不具详其始末。肇修前令，当为陈宸书，亦不纪其名，未免失于疏略。按邵置县最古，秦汉曰昭陵，仅三国吴、五代晋有昭阳敏政之两易。今名自宋迄清，未尝或改。宝庆置府，附郭为治，则肇于宋，由来旧矣。文献有征，创明嘉靖，逮清康熙颜令尧揆首修之。未几，张令起鹏即为之续。乾隆甲申萧令聚昆，再续也。阅六十年，兹三续也。是书体例，殊于旧志，缘其时司颁格式未便显违。虽首尾遵循，而于钱法等门邑所无者，能变通从阙，诚为允当。为卷四十有九，除首列新旧序、凡例、目录、姓氏而外，以次曰《星野》，曰《建置》，曰《沿革》，曰《疆域》，曰《城池》，曰《山川》，《形胜》，曰《古迹》，曰《户口》，曰《田赋》，曰《学校》，曰《典礼》，曰《兵防》，曰《积贮》，曰《蠲恤》，曰《职官表》，曰《宦绩》，曰《选举表》，曰《人物》，曰《列女》，曰《艺文》，曰《风土》，曰《祥异》，而以《杂识》终焉。篇中于《建置》、《沿革》之后，次以《藩封》，是有异于他志者，盖析昭陵而置侯建国，远肇汉初，自路陵、夫彝、都梁而后，迄于有明，史不绝书。虽分爵之名位各殊，要有足纪，依其时代而悉为裒录，颇关典要。至以邑为附郭，凡公署、营伍、粮饷、秩祀之繁于法制者，例得备考，量为增入，不无僭越郡志之嫌，有乖志例。但故实繁征，论列详尽，抑当曲谅作者之深心。《职官》、《选举》，亦所同然，首纪历代设官分职之制，次列年表，断自汉兴，类聚而题其名。《选举》则副拔、岁贡与夫封荫、恩恤、乡耆，胥井然无漏，纠正萧志或有传无表、或羼以纪传芜杂之失有足多者。其他《人物》、《列女》、《艺文》均搜采宏富，纤悉靡遗，纵卷帙浩繁，未尝冗滥。各门小序，摛辞简朴，殆重以纪事，而不尚文藻之铺张，期于信今而传后也。黄氏崇光，未掇一言。卷端郡守潘毓琔、翟声焕为序述始末焉。

1788 辰州府志八卷明万历四十三年乙卯刻本

知府马协重修，通判吴瑞登纂，推官侯加地参订。协字寅所，陕西同州举人，四十二年任。瑞登字云卿，武进人，二十三年任。加地字庆宇，解州举人。万历二十五年丁酉，瑞登倅辰之三年，于修废举坠之余，搜采故实，从事重编府志。适丁艰讣至，于苫次聊以草辑，成稿若干篇，授其门人钱春，谓续前成化太守易贵所修志而作也。贵字天爵，贵阳进士。越二十年，钱春巡按湖广，乃举其稿属加地删订而润色之。加地跋尾，有谓“旧稿数十余万言，今势异时移，详略应有异宜之处，爰汰其十之六七，以毕瑞登未竟之业”。由沅陵知县王恭己督刊而成。书无凡例。卷端仅钱氏春、吴氏瑞登两序，及目录、纪名而已。为卷八：一卷曰《地图》、《沿革》、《星野》、《灾祥》，二卷曰《山川》、《形胜》、《古迹》，三卷曰《城郭》、《宫室》、《佃赋》、《物产》，四卷曰《风俗》、《户役》、《祀典》，五卷曰《秩官》、《武荫》，六卷曰《荐辟》、《选举》、《人物》、《流寓》、《貤封》、《耆寿》，七卷曰《边防》、《方外》，八卷曰《艺文》。辰州之名，肇自隋开皇中，其时领沅州一州，沅陵，卢溪、辰溪、溆浦、黔阳、麻阳五县，所为舆图图经及《山川》、《形胜》、《古迹》诸志，率皆简略，不能如后来方志考据之精博，殆亦时代之不同欤。田赋正贡、秋征粮、夏税麦，辰、沅粮额多至一万四五之巨，余亦数千不等。尚有杂税暨土物之贡，率皆折粮输之。岩疆边哨，仰给烦多。况自条鞭法行，追迫尤甚。其时民力憔悴，从可知矣。《物产》纪载颇详，当时采取麸金之苛扰，赖御史薛瑄、参政游震先后陈请得蠲免焉。其《秩官》、《武荫》、《荐辟》、《选举》、《人物》、《流寓》诸志，或能见其政治之贤否，或能悉其人物之盛衰。至以善卷，屈原改隶《流寓》，正旧志纪于《人物》祀诸乡贤之误谬，及辨刘禹锡之非黔阳人之类，尤为荦荦大端之可称者。《艺文》一志，亦撷择精审，其记序诸文，每有关一郡建置兴废之事，足资故实之征考。诗歌则多唐、宋名贤之作，流风余韵，得以长存。中有元蔡明《麸金》一章，记征淘金户税

课追呼之酷，尤堪与《春陵两章·示官吏》一作并传也。是书惜其第七卷《边防》、《方外》二志阙而无存，不能无遗憾焉尔。

1789 **靖州直隶州志十二卷** 清光绪五年己卯刻本

州牧吴起凤主修，劳铭勋接修。起凤字才九，武进进士，同治十三年署任。铭勋字芗林，鹤山人，光绪三年授任。起凤下车日即奉省檄，催修志乘，因有续纂通志之举也。乃集州人士商之，有廪贡生黄炳燮南丁者愿董其役，敦请举人唐际虞赞廷、廪贡生李廷森介卿同司秉笔，补苴旧志，五阅月而毕稿。迨铭勋来，闻未蒇事，亟督士民筹费纂订付梓，越年余告厥成功。吴牧自序谓急就章，润色文明，以臻完善，则后来之责，盖前之草率从事者，聊为搪塞大府之具，其疏略不言而喻矣。书为卷十二，首末各一卷。首曰《舆图》，次一曰《地理》、二曰《建置》、三曰《祠祀》、四曰《贡赋》、五曰《学校》、六曰《武备》、七曰《秩官》、八曰《选举》、九之十曰《人物》、十一曰《艺文》、十二曰《事纪》、末曰《杂识》。图不计开方计里，复无说明，殊形简率。繁绘十景，相沿陋习，徒费篇章，甚无取也。按州境位湘西极边，接壤黔桂，苗傜杂处，素号要区。其形势则山溪重复，关隘险阻；其沿革则自秦置黔中郡后，其因革代相递嬗，奄及五季之末，杨氏以十峒称徽诚二州，宋崇宁初杨晟臻纳土贡，始复版籍，改曰靖州，即领永平等三县，自是升降隶属，又更易靡常。迄于有清乾隆，始得定制，仍以绥宁、会同、通道三邑隶焉。“星野”取史册征引略述，仍其旧志，聊备一体，颇称允当。《建置》所纪，全属苗寨及烟民户额学额，得存故实，足资征考。“赋税”极详审可观，惟盐、茶、钱诸法暨矿厂木政之类，既无事实可采，强略敷陈，大可省其繁芜之作，殆限于当时所颁程式不得不奉行尔。州之文化，自宋魏文靖公了翁流寓讲学始，濂溪奥窔主静立极之旨，即已灿然大备，一时从游之士，不远江浙而来，靖得为文化渊薮，被化早而遗泽深，是以“文物”志中，博雅淹通之学、孝弟忠节之行，代有其人。《艺文》所收，类多传作，即《事纪》之兵燹，于历代军事綦详，有裨

史要。“休祥”、“灾异”，分而书之，力求明晰。《杂识》虽系数篇，迥非俚俗诡诞之语。《靖志》创自明万历州人唐宗元，清肇修于康熙甲子祝钟贤，嗣吕宣曾、冯大贤、戴保豫、徐凤喈、魏德畹、隆恩诸牧，先后均有续辑。斯编盖续《隆志》而成，斟酌损益，有功靖之文献匪浅。论其著作，词旨亦简净可称。卷端吴、劳两牧均有序。

1790 **靖州乡土志四卷**清光绪三十四年戊申刻本

州牧金蓉镜纂辑。蓉镜不详其字，秀水进士。时当光绪末造，清廷革新政学。三十一年夏，特允学务大臣之请，命编译馆通令各直省郡邑咸修乡土志，意在使人民由爱乡而知爱国。金牧督同学政刘世罍、训导江昌言及州士绅储世铎等而编撰之，自任秉笔。惟奉令纂修之由及颁定例目之式未能诠述，仅于自序中约略言之，殊不若邵阳陈令吴萃丁未所修志叙述綦详之允当也。当时颁定门类例目，以历史、人类、地理三大纲统之。历史，首建置，次政绩，次兵事，次耆旧；人类，首民族，次实业，次宗教；地理，首疆域，次山脉，次水道，次物产，次商务。而是书为卷四：首一卷曰《例言》、《人表》、《舆图》，卷一曰《沿革》、《政绩》、《兵事》、《耆旧》，二曰《人类》、《户口》、《民族》、《实业》、《地理》、《山水》、《道路》，三、四曰《物产》、《商务》，以附录终焉。易“历史”之纲为《沿革》，“人类”增《户口》而遗《宗教》，又于“耆旧类”之末而增“名宦”、“乡贤”、“忠义”、“节孝”等祠，志地理而增“古迹”、“祠庙”、“坊表”、“桥梁”、“市镇”、“学堂”诸目。程式不遵颁定，纲目亦多舛淆。虽云“乡土”，究属官书，准诸义例，有未安也。特援班固《人表》、蕺山《人谱》之例，作《人表》一篇冠首，画分圣、贤、儒、士、农、工、商、役、盗九等，意以人道之大防。圣贤盗跖，相去几希。值此五洲竞争，优劣显判，强弱各殊，此书十四目，皆吾人心理所镕裁。世道之隆污，系乎人心之邪正，令观此表，知其等差。复附以证人六事功课、过格暨应用书目，揆诸金牧之用心，至良且厚，深得濂溪、紫阳性理之旨，殆欲藉以明其学道爱人之怀抱欤！

《政绩》、《兵事》、《耆旧》，虽录自史册诸书及旧志，尚颇详赡，多所补苴，正其遗误。《人类》能悉纪苗寨户口之数、风俗语言；世族分其姓氏，征以谱牒，于世系支派记载明晰，足资考镜。有关故实，良匪鲜也。惟疆域、山水仅叙其界至源流，实业徒记士、农、工、商之数，则不免疏略。物产举其常、特，别类纷陈，占全帙之半，得觇其土地之肥瘠、民力之兴衰，具有卓识。附录诗词，皆咏土风之作，自谓“体全宋制，义兼竹枝”，堪备采风者之撷取，亦足多也。《例言》称《人类》、《道路》、《物产》、《商业》全资新纂，与学正刘世嵩再三审定，始著于篇。及观自序，谓全书旨趣“一衷大道，不加褒贬，示见设施，或于学者身心提其纲领，知此书不空作，是则区区编定之义”云云，于以知金牧之用心，当不失为今之循吏矣！

1791 **乾州厅志十六卷**清光绪三年丁丑校正同治十一年刻本

同知林书勋主修，张先达编纂。书勋字麟阁，粤东人，光绪元年来任。取阅《厅志》，知为同治十一年壬申前厅丞蒋琦溥续修，甫脱稿即解任去。继者罗丞行楷，因续修通志，奉檄索甚急，未暇校雠，遽以付梓。为厅人拔贡张汉槎等所辑，历时仅三阅月，讹漏颇多，爰就其原作校正而重刊之。属厅贡生候选教谕张先达秉笔。先达字行可，亦壬申前修分任纂辑者。书为卷十有六：首一卷，曰新旧序言、姓氏、目录、凡例；以次一曰《星野》、《舆图》、《沿革》、《城池》、《公署》，二曰《疆里》、《山川》，三曰《坛庙》、《田赋》，四曰《典礼》、《学校》，五曰《风俗》、《兵防》，六曰《屯防》，七、八曰《苗防》，九曰《职官》、《名宦》，十曰《乡宦》、《选举》，十一曰《人物》，十二曰《列女》、《流寓》，十三曰《物产》，十四之十六曰《艺文》。按厅本沅溪地。自汉以来，故属辰州沅陵郡，唐析置泸溪县而沅溪属之。乾之得名则肇于明嘉靖，因苗疆要隘，设置军哨以羁縻之；万历间始建成，为屯粮之所。逮清康熙时，初设厅治，仍隶辰州。嘉庆二年复升为直隶，与凤凰、永绥二厅同隶辰沅永靖兵备道，制崇而圉固矣。虽归流设官未久，而文献不无可征。《厅志》创修于

乾隆三年厅丞王炜，嘉庆二十三年赵丞文在续之。蒋丞之修，其再续也。篇中图绘精而且备，惜八景之相沿陋习未能免焉。《典礼》之末所列三神，不仅详其祀典、前后封号，并附以《杂识》、《纪闻》诸篇，得资征考苗疆故实，足裨史要。其兵、屯、苗三防之志，有独异者，他邑有《兵防》而无《苗防》，乾则苗强于民，安危所系，兵防不足，济之以屯，兵、屯皆以防苗也。防苗之术，不仅兵、屯，然足以征兵、屯之效，故各列为专篇。《兵》、《屯》但载其法度，《苗防》则治乱可稽，并悉其户口、语言、风俗。乙卯之变，三厅同然，详略之分，尤为得体。时当兵燹之后，凡《职官》、《乡宦》、《忠义》、《节孝》前修采访未周者，逐一搜求编入。《艺文》之选，皆古今人士有关厅治，能正人心、厚风俗及兴利除弊之述作。综观全帙，于原志体裁，虽因其旧，然能取其讹谬者正之、遗漏者补之、简略者详之、繁冗者汰之，讵不堪称为信今传后之佳乘欤？卷端蒋丞无言弁首，仅罗、林两序得存始末。惟于旧志序暨其小序，与夫两续作者之姓氏，胥为纪录，俾供后之参检，更可以备遗佚，亦足多已。

1792 凤凰厅志二十卷清道光四年甲申刻本

同知黄应培主修，孙均铨、黄元复等纂辑。应培字竹庵，浙江仁和举人，以道光元年任。均铨字秋崖，辰溪进士，前永顺府学教授，时长敬修书院。元复字柳桥，为仁和监生，盖应培之同族也。按厅治僻处湘边，嵓苗错据。溯其沿革，在汉为武陵郡，隋为沅陵郡，唐初为锦州，旋置麻阳县，厅地属之。逮元置五寨长官司，属思州安抚司。明因元制，隶保靖宣慰司，永乐初增置筸子坪长官司。至康熙四十六年，裁革各土司，以地内附，始置之官长，籍其人民，正其疆界，析为乾、凤、永诸地而立之厅，建设肇兴，政令制作基于此矣。洎乾隆十八年，黄凝道慎斋以岳守来绾分巡道篆，悉改设已五十余载，典册阙如，乃搜采故实，属乾州潘丞曙编辑，至二十一年丙子，草创成书，文献之征亦其权舆也。黄丞应培为凝道从侄，检阅前修，不无简略，且时逾甲子一周，应有续纪，爰属均铨等秉笔，越七阅月

而成此编。书为卷二十：首一卷曰新旧序、姓氏、目录、凡例，以次一曰《星野》、《舆图》、《沿革》、《城池》，二曰《疆里》，三曰《山川》，四曰《坛庙》、《田赋》，五曰《典礼》，六曰《学校》，七曰《风俗》，八、九曰《屯防》，十曰《兵防》，十一、二曰《苗防》，十三曰《职官》，十四曰《名宦》，十五曰《乡宦》，十六曰《人物》，十七曰《列女》，十八曰《物产》，十九、二十曰《艺文》。篇首图说，特详各乡碉卡，岩疆险要，如在目中，极为有识。惟相沿漏习，繁绘八景，且系以诗，无裨史要，甚无取也。《沿革》分条而志，附及废土司考，详实有据。而尤以《屯防》、《苗防》、《兵防》三志，最称明备，征录靡遗。其《屯防》之于建碉练勇、筹防绥辑诸大政，《兵防》自汉迄清用兵置军设官之故实，编年纪载，《苗防》之安定治理诸事情，户口、弁兵、义学之数额，及苗民居处、习俗、语言，罔不纤悉，足资传信者。他如于《人物》之外，别立《乡宦》一门，独标斯格，异于诸志。《物产》搜集甚详，于货之属，更能分列行销四方诸品，俾觇物产之丰啬，即知民力之兴衰，洵非无谓之作。《艺文》首列清高宗宸翰，以庆云见苗疆献赋为颂，和声鸣盛，共仰天章。其余文艺诗歌，多关地方典制。卷末有黄崇政之《春鼓行》一章、但湘良《五箄留别四律》，均光绪七年辛巳所作，不审为何时补刻附入者。

1793 永绥厅志三十卷清宣统元年己酉铅印本

署同知董鸿勋修。鸿勋字湘舲，直隶开州人，以副榜继其先人仕湘。光绪末年，初权古丈坪同知，即创修志乘。宣统元年，调权厅篆，复独力而撰此篇，可谓惓惓文献、善于修辞者矣。全书为三十：首一卷，列门八，分目若干，于凡例、总凡例之外，复逐门各缀凡例，以明其旨，是其变例，盖示详审也。卷首新旧序例、纪事、目录，以次“天文门”为目三，曰《星野》、《气候》、《灾祥》，“地理门”为目十四，曰《建置》、《舆图》、《疆域》、《山川》、《形胜》、《关隘》、《水利》、《津梁》、《铺递》、《义冢》、《古迹》、《风俗》、《苗硐》、《六里语言》，“营建门”为目十四，曰《城堡》、《碉楼》、

《学校》、《坛庙》、《公署》、《官厅》、《仓廒》、《屯仓》、《军局》、《卡房》、《育婴堂》、《养济院》、《塘房》，“食货门”为目三，曰《户口》、《田赋》、《物产》，“武备门”为目三，曰《兵制》、《屯防》、《剿抚》，“秩官门”为目三，曰《官制》、《职官》、《政略》，“人物门”为目十四，曰《选择》、《封赠》、《忠烈》、《难荫》、《孝友》、《笃行》、《义行》、《文苑》、《方技》、《列女》，“艺文门”为目三，曰《经制》、《奏疏》，以《丛谈》等终焉。按《厅志》创自乾隆初梁丞璨，而成于段丞汝霖；嗣嘉庆中袁丞廷极续纂，稿成未刊，咸丰初被但丞遗失几尽。逮同治元年，周丞玉衡再续成书，至四年王丞起衔始克付梓，出举人杨瑞珍手笔，书仅六卷，不无简略。董丞此作，续周志也。永绥本六里苗地，清初即输诚向化。自雍正初改土归流以来，绥靖有方，日臻治理，其事之有足纪者日益繁多。兹篇别类分门，一仍前志，但增其卷而五倍之，搜采故实，纤悉靡遗。《舆图》不仅详于疆域、城垣、水道、山脉、里团之巨，即城堡、碉楼、公署、学校、局所，悉各为备列。其《形胜》、《关隘》、《风俗》、《苗碉》、《六里语言》以及《兵制》、《屯防》等志，最称详赡。至易地志之《名宦》而为《政略》，每传皆缀以论赞，颇能得龙门八书序赞之遗意，于《人物》之《孝友》诸志及《列女》各传亦如之。又若《艺文》之不滥收无关典要题咏之作，其所录经制、屯田等奏疏，莫匪诸大臣经邦致远、绥辑之宏谟、防边之大计，令读者于前人规画之苦心得所征考，有裨史实。即《丛谈》一卷，摭拾遗闻逸事，暨所附诗、赋、书、铭等篇，亦要皆苗疆之治乱攸关、名教之本源所系，绝非芜泛之选。综其全作，洵令人服膺其考证之精确、体例之谨严，目虽多而不病其杂，文虽富而不伤于繁。且于前志悉存其原文，或为增益，或加按注，能不没人之善，斯亦难已。惟卷首已有序言纪事之述，而卷末复为《五十初度自序》并取各目分系以词，又另缀自跋、自评，既有涉于重叠之嫌，复不免蹈夸炫之病，良为可惜。其所为文，多原道于天人之际，尽功于事物之微，如斯巨帙，不一月而观成，何其敏也。虽然，是役也，不设局，不派费，董丞于民事之余精心结撰，一手而成，其勇于任事，人所共知，又不得而少之也。

山水志之属

1794 霍山即衡山考一种《十经斋文集》本

清沈涛撰。涛原名尔政，字西雍，号匏庐，嘉兴人。嘉庆时未冠领乡荐，由知县历官江西道员。洪杨之役，随巡抚张芾婴城拒守四十九日，围解授兴泉永道，未至任卒。生平学尚考订，兼嗜金石。其著述有《论语孔注辨伪》、《说文古水考》、《常山贞石志》、《铜熨斗斋随笔》、《交翠轩笔记》、《十经斋文集》、《柴辟亭诗集》等书。是考为《十经斋集》中之一也。从来言衡、霍者与南岳之名，淆乱纷争，各为其说，然莫不宗于《尔雅·释山》之“江南衡”暨“霍山为南岳”二语。而郭景纯注云：“在衡阳湘南县，今在庐江灊县西，即天柱山。汉武以衡山辽旷，因谶纬皆以霍山为南岳，故移其神于此，今其土俗人皆呼为南岳。南岳本以两山得名，非从近也。”又云“从汉武始乃名之”。涛摈此注殊不明了，致邵二云疑此句为后人附益。考之殊大不然。引《风俗通·巡狩篇》曰：“衡山一名霍山，言万物霍然大也。衡山之一名霍山，犹泰山之一名岱宗。”谓其说确不可易，盖霍山即衡山，一山而有二名。又引《尔雅》大山宫、小山宫之文，及汉武移神于灊之天柱亦名霍山之注，谓衡、霍之移名天柱，殆犹上曲阳之恒山，自辽祭北岳于浑源州后，人遂以恒山在浑源，是不得以三代以前之霍山专指天柱而言，更不得以三代前以之霍山不得为南岳。且霍山之名不仅此二山，举郭注《中山经》、《白虎通·巡狩篇》为证，由是驳郭注为未免疑误后学。断其言南岳者当以仲瑗之说为长，洵具卓识。惟所指崔灵恩之谓唐虞以衡山为南岳、周氏以霍山为南岳，谓为“不得其说而强为之词”，余以为实有未合。盖莫能征及

楚考烈王徙都寿春、移衡山之名于灊霍之事，或沈氏之疏也。不过，仅云周氏以霍山为南岳不甚明晰耳，不得谓之“强为之词”。用申其义，愿与精考据者更商之。

1795 霍山为南岳解一种 《筠轩文钞》《邃雅斋丛书》本

清洪颐煊撰。颐煊字筠轩，临海人。精研经史，为孙星衍门人。嘉庆间客星衍山东粮道署，取平津馆所藏碑读之，成《平津馆读碑记》，后益以自得各碑，成《续记》、《再续》、《三续》。又有《读书丛录》、《礼记宫室答问》、《汉志水道疏证》、《诸史考异》等书。此篇为《邃雅斋丛书》中《筠轩文钞》之一。按“霍山为南岳”一语，本出《尔雅·释山》之文，其述“五岳”，一云“江南衡”，一云“霍山为南岳”。篇首并引李巡曰：“衡，南岳衡山也。”郭璞曰：“霍山，今庐江灊县，灊水出焉，别名天柱山，汉武帝以衡山辽旷，故移其神于此，今其土俗人皆呼之为南岳。”又引《汉书·地理志》，应劭《风俗通》，孙炎、郭景纯二氏之注《尔雅》，李善注《文选》，《水经》记山水泽地所在，及《沘水篇》诸家之说，互相考证。谓孟坚作志在武帝移易衡山以后，故注岳祠于“天柱”下，并未以“天柱”为霍山。独郭景纯注以南岳本以两山为名，而驳孙炎以霍山为误当作衡山之说为不合，且衡山在江南，天柱山在江北，若霍山即天柱山，则《尔雅》所举不应前后互异，故当以应仲瑗之霍山即衡山，不分为二，与《汉志》、《尔雅》相符。视景纯为核实，此解固亦精当。然不知南岳之说为衡为霍，或以为一山两名，或以为两山同名，或以为名号各别，众说纷歧，莫衷一是，推原其故，乃自战国时楚考烈王徙都寿春移衡山之名于六始，而其流传之误则实滥觞于《尔雅》，由是秦名《禹贡》之衡山曰湘山，灊霍曰衡山，至汉武则竟名灊霍为南岳，殆仍沿周秦之误，非必以衡山辽旷移其神于天柱山也。颐煊通才博学，不及于此，抑岂其疏漏耶？

1796 大崎即大别说一卷光绪二十二年刊本

清刘宝书撰。宝书字楚青，湖北江陵人。《禹贡》大别，《汉·地理志》以为在安丰县西南。郑康成注及《水经》、《禹贡》山水泽地俱同，李吉甫《元和郡国志》，始云“鲁山一名大别山，在汉阳县东北一百步。”乐史《太平寰宇记》、《蔡氏集传》、胡氏《锥指》并主之。宝书据《春秋左氏传》，定公四年冬，蔡侯吴子唐侯伐楚，舍舟于淮汭，自豫章与楚夹汉，史皇谓子常必速战，乃济汉而陈，自小别至于大别，三战，子常知不可，欲奔。十一月庚午，二师陈于柏举，谓吴子伐楚，北会蔡唐之师，既舍舟于淮汭，则率师而南，必经淮南以至汉东，故传曰：“自豫章与楚夹汉，夫吴自东北向西南行而入楚，楚自西南济汉向东北行以拒吴，适会于二别之间。”楚三战不利，二师又陈于柏举，是二别去柏举不远可知。《水经注》云：“举水出龟头山，即令麻城县六十里之龟峰山，相近有黄蘗山。”《图经》亦云：“举水出黄蘗山”。“蘗”、“柏”声同，当即柏举。龟峰在大崎北仅数十里，举水自大崎北络其西，复西南流入江，称举口，去大崎亦仅数十里，盖直以大崎为大别也。按据《左传》柏举之战，以大别之所在，前人有发之者而未确指为大崎。宝书复别援《水经注》、《地理通释》、《长江图说》及洪氏亮吉诸说，以广其证。末又录张子登释“崎”字之义，称“崎”字《说文》作“攲”，入危部，从危支声。“支”有分义，即有别义，作“崎”者乃汉隶之变云云。说殊委折。夫考地理者，宜先明地势之所在，若地名之变迁，古今容有不同。宝书是篇，自可传信。即《长江图说》所指之长山，亦并存其说可也。篇后并附宝书所为《游大崎山记》及熊命官跋。

1797 南岳总胜集三卷清光绪三十二年丙午重刊长沙叶氏《丽廔丛书》本

宋陈田夫撰。田夫字耕叟，莫详其里贯。自署曰“隆兴改元重九日九真洞老圃庵苍野子”，又拙叟序称之曰“阆中道人”。是书分上、

中、下三卷，不为总目。其上卷，首峰峦灵迹，次岳词，次历代帝王传经受道；中卷为观寺兴废，并得道异人高僧，附以岳中所产灵异；下卷为唐宋得道异人高僧洎隐逸。末终之以叙古跋。上卷峰峦灵迹之后，别为目曰：岳有一洞天、四福地、二境、三涧、六源、六门、九溪、十五洞、十六台、十四塔、二十三坛、三十八岩、二十五泉、九池、八堂诸胜。篇中山岳之邃隐、寺观之始末、古今之题咏，搜纪靡遗。而于前古异人高僧之灵踪秘迹，考录尤为详尽，并兼采及隐逸之士、珍奇之产，可云详赡。按陈氏庵居岳之紫盖峰下，往来七十二峰之间历三十余年，不倦访求，始成斯作。其自序略谓衡岳之记，有寻胜、证胜大小二录，《胜概集》、《衡山记》，皆近代好事者编集，不仅疏略过甚，且各执一隅，两教互存门户之见，彼削此阙，爰合前四记广为修之，可为寻幽赏胜之司南也。盖其时南岳本无专志，兹集之名《总胜》，固足以当之。余意陈氏其人，必一博学通儒，穷性理之功用，悟三教之同归，高隐于衡，逃名遁世，殆怀葛巢由之流亚欤。惜此书元明以来久无传刻，致清《四库书目》不及著录。得长沙叶氏德辉校勘重梓，数百年欲绝未绝之书复流传于世，殆亦非事之偶然者矣。

1798 衡岳志八卷清康熙刊本

衡山县令朱衮修，袁奂辑。衮字青崖，蜀之阆中人。奂字参岚，鄂之襄阳人也。按衡岳之有专志，自明嘉靖中衡山令彭簪始，嗣提学姚弘谟、枢巡邓云霄复两修之。是志修于清康熙甲辰，体制取裁邓本，盖其时名山历劫，鼎命肇新，巡祀礼隆，待光典册，爰搜集六七十年间兴废之迹及艺林故实，为之删繁补阙、斟酌损益而成。凡为卷八：其一曰《星野》、《图考》、《山水》、《书院》，二曰《寺观》、《物产》、《田赋》、《灵异》、《古迹》、《碑碣》、《游屐》，三曰《仙释》，四曰《祀典》、《祝辞》、《御制》、《特记》、《歌颂》、《骈议》、《径路》、《说》，五、六曰《文艺》，七、八曰《诗章》。衡星为北斗玉衡，主荆州，岳为天南巨镇，而长沙一星在轸之中，主寿，岳旧属

长沙郡，衡故又为寿岳。其方为离，南宫赤帝，其精朱鸟。衡之为义，有所从来矣。篇中首详《星野》，极称允洽。《图考》择要而绘，明晰简当。祛旧志鄙俚之作，亦云审也。其他易《名贤》为《游屐》；厘正其祀告文辞之冗杂，使《祀典》、《祝辞》判别，《御制》、《特记》攸分，目无混淆，尤为得体。至若《歌颂》另列专门，以示不容偏废；《骈议》用存己说，姑有待于后人；《路径》之增，能补图经之不备，了如指掌，深便游观，未可以繁芜目之也。《文艺》按时代而编次，《诗章》恐采录之多遗，作者惓惓之心，于斯可见。综厥全志，堪称体例谨严，网罗宏富，其著作亦斐然雅洁可诵，洵足与名山并寿已。尝考尚有《南岳图志》一书，为明崇祯间吴懋材所撰，兹编不一述及，殆以其谫陋而摈之欤。

1799 读《尔雅·释山》论南岳一种 《皇清经解》学海本《经韵楼集》

清段玉裁撰。玉裁字若膺，一字懋堂，金坛人。乾隆举人。官巫山知县，引疾归。师休宁戴震，讲求古义，尤精小学。有《说文解字注》、《六书音均表》、《周礼汉读考》、《仪礼汉读考》、《古文尚书撰异》、《毛诗训诂》、《经韵楼集》等书。是篇为《经韵楼集》中之一也。玉裁读《尔雅·释山》而论南岳，首谓其书不出于一时一人之手，且又备采众说以俟折衷，故一篇内时有自相违戾者，立辞似为之恕。及读其所记五岳之文，一则曰“江南衡”，一则曰“霍山为南岳”，二说均已失当。孙炎之注信《尔雅》前说，谓“霍”为误，应作“衡”；郭景纯之注则兼信二说，谓“霍”与“衡”皆南岳。又引《风俗通》，谓“衡”、“霍”如“太”、“岱”，一山二名。孔冲远《崧高》正义文，亦谓“衡山亦名霍山”，汉武移其名于天柱，乃邢昺作《尔雅疏》不知据《崧高》正义以补郭注今本之脱落，为甚昧。综合证论，释义良允。复申述毛公、伏生两大儒训诂传举衡山，《尚书大传》举霍山，汉初说已乖异，故谓孙氏注疑而易字未为失；郭氏注失之过信，未能核实古者南岳衡山非霍山。断制尤为精审。至称伏生之举霍山，为《大传》不出伏生之手，其徒各论所闻，或袭用元封

后名号云云。殆玉裁邃于考据，对汉儒或存曲谅之心欤？然而亦未可薄为臆说也。

1800 秦始皇南渡淮水之衡山乃天柱山考一种《质疑删存》本

清张宗泰撰。宗泰字登封，号筠岩，临海人。乾隆时拔贡，官天长、合肥等县教谕。著述甚富，有《周官尔雅注疏正义》、《孟子七篇诸国年表》、《天长县志》、《质疑（偶）［删］存》等书。是考为《质疑删存》中之一，于秦始皇南渡之衡山为天柱山，征考甚详。其所依据《始皇帝本纪》，参之《正义》引《括地志》所云“衡山之所在地”，而证以《封禅书》，可知《正义》之误。允称精审，惜其义实犹未尽也。按衡山为南岳，肇于《虞书》，无足置辩。其后世相沿紊乱之由，乃自楚考烈王徙都寿春，移衡山之名于六，移九江之名于寿春始。《尔雅》释山因以名霍山为南岳，是以秦名《禹贡》衡山曰湘山，名灊霍山曰衡山，至汉武更径名灊霍为南岳，滋谬甚矣。宗泰兹篇，不一及此，仅谓《始皇本纪》于“过彭城”下云“乃西南渡淮水之衡山”，洎申引二十八年始皇东行，上太山并渤海以东，穷成山，登之罘，南登琅邪，遣徐市，入海求仙人，还过彭城，西南渡淮水之衡山南郡，浮江至湘山祠，自南郡由武关归，举以参校《封禅书》中所谓登礼灊之天柱山，号曰南岳。及先渡淮而之衡山之南郡，又次登礼天柱而后至琅邪诸文，则可知《本纪》之衡山，即《封禅书》之天柱，不得为衡州之衡山，其说固当。惟于其所以致淆误之由阙略过甚，殊疏漏也。《正义》诚不得其说，而《本纪》亦仅明始皇当日东巡，西南至淮水之衡山南郡。不过其下文接言“浮江至湘山祠”，湘山祠者，即洞庭之君山也。故宗泰谓太史公汉人言秦汉事，其次序如此，当必无误。依文读之，自可得其实，不必曲为之解。殆专释《史记》之文，而准诸古今地理之形势，为之信据而已。

1801 衡山考一种晦明轩稿本

清杨守敬撰。守敬，字惺吾，鄂之宜都人，晚号邻苏老人。同治壬戌举人，官黄冈县教谕。以屡试春官不第，乃绝意进取，笃志力学，著述等身，薄海知名，士林翕服。书法亦上追汉魏，见重于时。民初袁世凯当国，畀以参政。未几卒，人咸惜之，时年已近大耋矣。按从来衡山之说，一主湘南，一主江北，又有一名二山者，聚讼纷纭，终鲜定论。守敬是作，谓《禹贡》衡阳衡山，两见荆州之衡阳，自应以《汉志》湘南之衡山为据，若《导山》之衡山，说者亦主湘南。无论《汉志》之九江在浔阳，湘南之衡山在其南，不得南至衡山而后北过九江至于敷浅原。即宋儒指洞庭为九江，湘南之衡山亦在其南，亦不得先至衡山而后过九江至于敷浅原。守敬以《导山》之衡山，指为灊之霍山，为定说矣。又谓敷浅原在历陵，为今九江德安县地。今由衡山东北出醴陵、万载、义宁、武宁径至德安，何缘西北走洞庭而后东出德安也？宋人亦知由衡山过敷浅原不经洞庭，以越洞庭之尾附合之，不知洞庭之尾但有湘水耳，何得以统九江？此守敬据今之地理形势而为之说。然洞庭之尾何止湘水？独未知沅、湘、资、澧已得九江之四乎（此说见邹汉勋《九江考》）？又分引《尔雅》江南衡霍山为南岳，郭璞注称“汉武以衡山辽旷、移其神于天柱”，并谓《尚书大传》有中祀霍山及奠南方霍山之文，是霍山之载祀典实出三代，非汉武凭空指实也。而不知《尚书大传》亦汉儒所为，又何得定其“祀典实出三代”耶？至谓因博考先秦古书而知霍山实名衡山，繁征博引，立五证以辨明《禹贡·导山》从霍山过九江至于敷浅原，并惜郭氏但以《尔雅》为古，未尝以《禹贡》证之也。又称或问若以荆之衡阳指岣嵝，《导山》之衡山为天柱，是有两衡山矣。曰岐山则冀、雍各一，荆山则荆、雍本殊。雍州三危、黑水三危，实为两地，求之《禹贡》，已有其例，是亦何伤？复以霍之为衡自孔颖达、张守节已不能证，何尤乎后人？是又深为汉以后之诸家恕也。守敬为近今海内鸿博之儒，精于考据者，兹篇所举五证悉宗《禹贡》之文，以绳地理形

势，自谓其道里径直，不烦解说，抑能无过于固执己见之病欤？

1802 岳阳君山志序一种《退补斋文存》本

清胡凤丹撰。按岳阳君山之胜，自古绝称。惟其胜在洞庭，故范希文为《岳阳楼记》，首即曰："予观夫巴陵胜状，在洞庭一湖。"而岳阳一楼、君山二墓，又为名迹中之特著者，欲罄湖山之大观，又必须登楼而远眺也。凤丹首称："岳距鄂不数百里，余需次鄂垣，每湘中朋旧自洞庭道武昌，为述岳阳君山之胜，辄眉飞色舞，恍若御清风、乘云气，置身十二峰顶，俯瞰八百里洪荒而吞云梦于吾胸焉。"其企想之情，何其殷也。又谓："海内名山在大江东南者，皆得携筇策蹇，躬览其胜。独岳阳君山，未遂裹粮之愿。"凤丹维时听鼓武昌，似无官守羁身，何竟不能一偿兹素志？盖重湖浩淼，其时尚无轮航之迅驶耳。至君山峙立湖心，至者更鲜。陶文毅公澍游记中所谓"名利两航，去来如织，风逆则不能至，风顺又不肯至，非有缘者不至也。"于以见名山大川游踪之得而历者，信非偶然事矣。至叙述"因念宗少文，性爱山水，凡所经历，皆图斋壁，自谓名山恐难遍睹，惟澄怀观道，卧以游之。余亦抱少文之癖，老病侵寻，求买醉岳阳，朗吟飞过，知不可必，爰考图经、搜故实，缀辑斯篇，聊当游记。湘君有灵，当不以予为好事也"云云。然则凤丹之遗文足永其传，以视少文之图于斋壁、骋快卧游一时者，讵不又优越孔多耶！

1803 汉志阳山阴山考一种晦明轩稿本

清杨守敬撰。按阳山在今湖南之桂阳县境，清之桂阳直隶州，即古之桂阳郡也。其地接壤粤边，故又谓在粤之连山县境者，非也。守敬以《汉志》桂阳侯国，又有阴山侯国，古今释义各殊，相沿疑误，爰为兹考而详辨之。谓应劭于"阳山"下注云："今阴山也。"师古曰："下自有阴山，应说非也。"独怪阴山即在此郡之末。应劭虽疏，何至眯目若此？说者见《续志》无阳山，遂谓后汉改阳山为阴山，故

应说云尔。或又谓前汉并有阳山、阴山，后汉省阳山入阴山，且谓《汉志》有阳山侯，无阴山侯，“阴山侯国”四字是衍文之。数说者，似是而非也。因详释应氏于汉县之省併，注甚明晰。唯“固始”下云“故寝也”，与此文意同，则知此应说不为东汉省併之故。若云“阴山侯国”是衍文，岂“固始”亦衍文耶？又引《水经·洣水》，又西北过阴山县南，注县本阳山县，东北犹有阳山故城，即长沙孝王子宗之邑也。以形家言其势王，堑山湮谷，而改阴山之说，当在王莽专政之年。是改阳山为阴山即在前汉，班氏故两载之。而两注侯国，又谓且汉封王子之例，宗之封阳山节侯，其地当密迩长沙。更举《水经·洭水》注，《史记·南越王传》、《寰宇记》诸书之说，反复证论，是皆谓不明《水经注》阳山为孙皓所置，而谓长沙孝王之子远封于岭峤之南，是不惟于《汉志》例未悉，于汉王子封国之制亦未审也。守敬兹作，考据详确，断制明允，一空前人，不愧擅舆地之硕学名儒已。

1804 九疑山志四卷康熙严陵詹氏刻本

清詹惟圣撰。惟圣浙江人。康熙元年以江华令来权宁远县事，次年即成斯作。按九疑旧固无志也，有之自明万历间邑令蒋镄始，创制之作，仅三阅月而告成，当不能无简略之病，惟圣取而重辑之。书分卷四：一为《形胜之属》，其目曰：山、峰、岩、岭、江、溪、池、涧、井、湖、洞石、图画。二为《古迹之属》，其目曰：神异、建置、人物、游寓、仙释、山徭、土产。三为《祝颂之属》，其目曰：碑铭、表状、祭文、图记。四为《留题之属》，其目曰：赋、诗、歌颂、乐章。殆多仍前例也。其所纪山川、形胜、图绘、疑山八景，较详郡邑志乘，然亦仅搜集旧闻，以期传信而已。九疑《汉书》作“嶷”，上古沦于荒服绝徼之外，以舜葬而名焉。究之帝陵何在，终古存疑。相传舜峰，渺无真迹。不过以其特立中宫，九峰环抱朝宗尔。即朱明、石城、石楼、娥皇、舜源、女英、箫韶、桂林、杞林、九峰之名，亦不能详其所自。不过峭壁高深、佳气葱郁、人迹所不能至处，或为帝舜藏真之所欤。读蒋向荣志序云：“九疑之名，昉自庸众。岳山以虞

狩而名传，此山以虞藏而名疑。惟不求信，故令人疑。惟疑者传疑，故亦见知希之贵。圣人存神过化，视此山若堂奥，视万古若一日，视此身之浮沉隐显若大造之生长收藏，何为疑？更何为九疑也？疑不疑之间，虞帝其神行乎！”大哉斯言，所以形帝灵者至矣。篇中《古迹》、《祝颂》二志，多存故实。《留题》之诗赋乐章，类皆昔贤名作，均称允当。惟《人物》之录李部、乐雷发二人，与疑山何涉？《游寓》之始自许由、彭祖、皋陶，亦荒渺难稽，殊无谓也。后四十三年，邑令徐旭旦，复有再续，当较兹篇精审也。

1805 船山记一种《姜斋文集》同治湘乡曾氏金陵刻本

清王夫之撰。夫之字而农，号姜斋，衡阳人。明崇祯举人。瞿式耜荐于桂王，授行人，寻归。居衡阳之石船山，筑土室曰观生居。康熙间吴三桂僭号于衡，乃逃入深山，郡守馈粟帛请见，以疾辞，未几卒。其论学以汉儒为门户，宋五子为堂奥，尤神契张载正蒙之说，学者称船山先生。所著《船山遗书》，凡三百二十四卷。是记为其遗书《姜斋文集》中之一。山在衡阳县境，名曰石船山，故篇首即曰：“船山山之岑，有石如船，顽石也。所谓名其冈，童其溪，渴其木，其草癯靡，其田纵横，其沼疑浊，其前交蔽，其右平芜，其良禽过而不栖，其肉趾之狞者与人不忌，其农习视其塍埒而不修，其俗旷百世不知琴书之号。”如斯云云，其僻陋可知矣。“顾独于此阅寒暑者十有七，而将毕命焉，因曰此吾山也。”此夫之有“安贫乐道，君子居之，何陋之有”之概也。又推而论之，古人之居与游皆有选，古之所就，亦人之所欲。然有则虽欲选之而不得者，虽欲选之而不能者，虽欲选之而不忍者，虽欲选之而又奚以为者，夫如是，船山者即吾山，奚为不可？夫之之志与气节从可知矣。复谓：“无可名于四远，无可名于末世。偶然谓之，欻然忘之。老且死仍还其顽石。严之濑，司空之谷，林之湖山，天与之清美之风日，地与之丰洁之林泉，人与之流连追慕，非吾可者，吾不得而似也，吾终于此而已矣。”嗟夫，夫之以命世特立之儒，生地老天荒之日，苦其心志，养晦著书以终。兹之记

船山，即所以自记也，讵非孔子所谓“求仁得仁，不怨天，不尤人”者乎！

1806 **小云山记一种**《姜斋文集》同治湘乡曾氏金陵刻本

清王夫之撰。按小云山者，大云山之支干也。大云山在衡阳之西百一十里，一名耶姜，一名白云，又名七星，接祁阳、宝庆二县界，为衡岳七十二峰之一也。篇首述湘西之山，自耶姜并湘以东，其复数十，以北至大云。大云之山遂东其陵乘十数，因而曼衍以至于蒸湘之交。北麓有溪，并山而东，以汇于蒸。北又东其复数十，皆渐伏而曼衍。登小云，复者皆复，而曼衍尽见，为方八十里，遂逾湘南，尽晋宁之洋山，西南尽祁之岳侯题名，东尽来之武侯祠，东北尽炎帝之陵。陵，酃也。北迤东尽攸之燕子巢，此详叙其山蜿蜒四至之处也。其次所述之天宇澄清，平烟羃野，飞禽重彰，虹雨明灭，皆迎目授朗于曼衍之中。则山之上下形形色色所可名者，其北有南岳西峰，簇如群萼初舒，寒则苍，春则碧，周乎曼衍而左函之，小云之观止矣，则登高远瞩之状也。而春之云，夏之雨、秋之月、冬之雪，种种变态奇异，气象万千，山之观奚有止，则又四时各殊也。再次述小云之高，视大云不十之一，大云之高视岳不三十之一。而“岳之峻极，又唯祝融”，意谓小云又何足称。自湘西群山观之，逮小云而尽，视大云则庞然大也。是盖“登东山而小鲁，登泰山而小天下”之概欤。至谓“或曰道士申泰芝，修养生术于大云，以小云为别馆，故小之，然尽湘以西终无及者。其山自麓至脰，皆高柯丛樾，阴森葱蒨。陟其颠则古木百尺，皆俯以供人极目。养生者去，僧或庐之。下莳杂花，四时萦砌。右有池，不雨不竭。”此罄其小云之美，纵犹不能与大云争其雄，而他则无可与之若者，记之固宜矣。其终也，谓自甲辰始游，后岁一登之不倦。友人刘近鲁居其下，有高阁藏书六千余卷。导余游者，刘氏拥书岩阿，殆亦时之隐者。不然，夫之奚恒恋于兹山也耶?

1807 汉路山考一种《敦艺斋文存》本

清邹汉勋撰。路山在今湖南武冈、城步界连之地，为汉之都梁县治，资水所出。又名唐纠，山之甚著者也。汉勋斯考，盖以山脉广袤，交错之境绵远，古今纪载各殊，欲一为之辨正耳，故以《汉路山》而名其篇焉。首引《汉书·地理志》："都梁有路山，资水所出。"《水经》"资出零陵都梁县路山"，注云："资水出无阳之唐纠山，路山之别名也。"《明一统志》："唐纠山在武冈州（竟）［境］。"康熙《武冈州志》："唐纠山在州西南百里。"而今武冈西南无百里之地，计程已入城步（竟）［境］，城步旧本为武冈辖，《州志》仍据旧文而未更正也。是山之属于两境明矣。又举资水之源而证山，谓自武冈泝资而上，凡有三原：西出广福山，在城步、安化二都之西北，四都之西南，水名路溪；东注其中者，出茅坪坳，其东者出唐子界，近安化之威溪乡，水名申溪；北注三原，合为资水。入武冈西南界，始纳威溪，西原有路溪之名，盖路山之名所衍也。则广福当是路山，东北以唐子名，似又唐纠之转变。以道里计之，唐子去武冈八十里，与所谓"西南百里"者差近，则唐子当又是唐纠，此山与水之名相合，而方位、道里均得以参证者欤！又谓嗞以山势论之，自大古山而西北，为黄泥山等诸山，皆资、沅间山也；自大古山而东北，为青凼山等，皆威溪西山，尽于威汭；自萧家山而北，为车田岑等诸山，皆九溪东山，尽于武冈。凡此一干二支，古人皆呼为路山。广福之溪存路名，则其西麓也。就原之长与山之干而论之，则茅坪为路山之正。青凼又单名凼山，或亦路之声转也。后人不识古人命名辽阔，徒指一处为言，则唐子凼山其近是，然不足以尽路山矣云云。汉勋故邃舆地，复精音韵之学，路山更密迩乡邑，是以兹篇所述，征引详确，形势宛然，如读图说，又岂恒流以博闻考据擅长也哉！

1808 古河考一卷乾隆壬午刊本

清吴楚椿撰。首有楚椿自序，凡考十篇，附论二篇，图一篇。大旨主天津为大河入海故道。据《尚书》注云："九河在兖州界，平原以北"。一"北"字最的。又据汉成帝时，河堤都尉许商上书言古记九河之名，有徒骇、胡苏、融津，今现在成平、东光、鬲县界中。玩"界中"二字，九河当在成平南，鬲县北，今之南皮、东光、沧州，正其遗迹。盖禹河故道，由汲县东，临漳县东，又迳肥乡、曲周之间，入广阿泽，又迁南宫、冀州西境，入广博池，始渐分。由献县至南皮、东光、沧州分为九，至静海，又同为逆河，天津入海。此其大略也。次论禹治水所以分合之故，及九河命名之义，其论太史公禹断二河一语，谓犯河不两行之忌，贻万世患，最为有识。附论畅前说所未尽，图后又附说。别周河故道与禹迹之同异，非熟于古今河道者，不能知也。

1809 二渠九河图考一卷嘉庆问经堂刊本

清孙冯翼辑。"二渠"之名见于《史记·河渠书》，"九河"见于《禹贡》，故道久湮。是考引《史记》《五帝本纪》、《夏本纪》、《河渠书》、《封禅书》，《汉书·地理志》、《沟洫志》，《晋书·地理志》、《水经志》①，《通典》，《元和郡县志》，《太平寰宇记》，《元丰九域志》，《舆地广记》，《太平御览》，《齐乘》，《金史地理志》，《明一统志》，《明史地理志》，《明万历恩县志》，并及《尚书正义》、郑志。其中有同名异地者，并列编中，不加案断。自序略有考证，即不尽当。序言："二渠者何？大河与漯川也。"按漯川为一渠，始见孟康，但《史记》云河行平地，数为败，禹乃厮二渠北载之高地。然漯川实平地非高地，故论者疑禹之二渠，或指鄁东与贝丘。序又言禹河自大名已北、东光已南合清河，东光已北合漳水，至章武入海，故班固称

① 原文如此，"志"或为"注"之误。

为郦东故大河。周定王五年，东徒平原高唐之间，王莽时枯，故后人谓之王莽河，亦谓之大河故渎。按定王五年河徙见周谱。河既徙于定王时，则王莽河非禹河矣。《沟洫志》未免失考，冯翼何亦沿其误而不察耶？所考九河有笃马河、马颊河、徒河、大史河、覆釜河、明苏河、简絜河、钩盘河、鬲河、迎河与《尔雅》所举不符。《尔雅》无笃马，无迎河。郭注及陆氏《释文》均分简洁为二，冯翼乃合为一。按汉儒论九河，即不能实指其地。《汉书·洫志》引司空掾王横之言，谓九河之地已为海水所渐，郑康书注谓周时齐桓公塞九河导为一。故诸书所称九河故道，即不可信，况并其名而谬之耶。卷首附《二渠九河古今河道图》，殊不清晰，所云涂朱涂黄概易以墨，未悉何故。书为同经堂刊本。

1810 九河故道考光绪壬午刊本

清张亨嘉撰。亨嘉字燮钧，福建侯官人。光绪癸未进士，官至学部左侍郎。“九河”见《禹贡》而不尽具其名，《尔雅评》徒骇、太史、马颊、覆鬴、扶苏、简絜、钩盘、鬲津之名，而不能实其地。是考主许商、孔颖达之说。许商谓古说九河之名有徒骇、胡苏、鬲津，今见成平东光鬲界中，自鬲以北至徒骇间，相去二百余里。《尚书》孔颖达正义云：“九河所在，徒骇最北，鬲津最南。许商上言三河，下言三县，则徒骇在成平，胡苏在东光，鬲津在鬲。”《尔雅》九河之次，从往北而南，既知三河之处，则其余六者，太史、马颊、覆鬴在东光之北，成平之南；简絜、钩盘，在东光之南鬲之北，可推寻而知之。亨嘉即据以为准，证以本书绳以当今地名，群书有不合者则以地望定之。所考有极确者，亦有在□□之间者。若谓求九河宜□虚，不宜征实，盖九河周时已亡其八，其注疏亦日徒而南，今所谓其地其河即《禹贡》九河之一者，皆后人所闻而附以旧名者也。按此论甚□，大河故道者止可如是。又按《诗·周颂》正义又云：“徒骇是九河之最北者，鬲津是九河之最南最者，然则《尔雅》之文，从北而说也。”太史、马颊、钩盘又在胡苏之上，则三者在成平之南、东光之

北也。简絜、覆鬴又在胡苏之下，则三者在东光之南、鬲津之北也。此属亨嘉未引。与《尚书正义》异者彼以覆鬴次马颊之下，此以钩盘次马颊之下，彼以彼钩盘次简絜之下，此以覆釜次简絜之下，岂所见《尔雅》不同今本耶？抑一时误记耶？否则两河地望相易，所考即不能无失矣。又按：汪份《黄河考》引《元和郡县志》，简絜在南次城外十余步，今本缺此文，据所引是以简絜为一河也。书刊光绪八年壬午。

1811 **黑水考一卷**原稿本

清徐养原撰。《禹贡》三言黑水：一见梁州、一见雍州、一见导水。班志、郑注皆不能实指黑水所在。胡渭《锥指》，分雍、梁、黑水为二，甚误。养原是书据《尔雅》，谓“河所出为昆仑，穷河之源即识昆仑之所在”，又据《山海经》，谓“河与黑水同出昆仑”，因而断《水经注》黑水出张掖鸡山，南流过三毫入南海之说之非。再求之雍、梁二州，得水道凡六，曰黑水河、曰□水、曰□水、曰布仆水、曰仆水、曰劳水，就此六水，观其会通，知雍州之水，可至于梁，梁州之水可至于海。黑水故道，自在其中。雍、梁二州，同此黑水，亦即导川之黑水，所考极详确。后有程同文跋。谓《禹贡》雍、梁分域，必在今察木多洛隆宗之间，故三危既宅载于雍州，黑水出昆仑至三危，乃雍州西距之黑水，过三危迤下，乃梁州西距之黑水，今洛隆宗以西，又二千余里，乃至前藏，若察木多则出川边，亦仅二千余里。禹迹所至，雍之□渠在葱岭西，青之嵎夷在朝鲜，□贡道夹右碣石入于河，则远及辽东，荆三邦底贡，其远莫考。然尧与南交必在域内，安见梁州不得有今卫藏之地。又证黑水即今澜沧江，援据甚切，可补养原之说所未及。

1812 **湘水记一种**《小方壶斋舆地丛钞》本

清王文清撰。文清字廷鉴，号九溪，宁乡人。雍正进士，官岳州

府学教授。乾隆初以荐为三礼、律吕各馆纂修官，补内阁中书，考授御史。告养归，主讲岳麓书院，于士林多所成就。少工文学。著有《仪礼分节句读》、《周礼会要》、《锄经余草》、《考古源流》等书。从来三湘之水，著闻南服，潇湘、蒸湘、沅湘皆纬流，经流则湘水也。其源出阳朔，考之者往往详其流而略其源。且阳朔一山，或以为属零陵，或以为属兴安，其说莫衷一是，学者病焉。文清亲至粤西，呼土人为前导，探其源始，始知发于海阳，即志所谓阳朔，属桂林郡灵川县。其上下有洞门，广约丈余，深入一潭，广仅三十余步，即漓湘二江之始源也。洞口石涧，水流绕尺许，渐下渐阔。中别有两大水，东西来助，蜿蜒至九十里。中横一洲，北复有大天平坝，南亦有小天平坝，为楚粤二水分界处。南流为漓，北流为湘。由此至永，而潇水入焉，曰“潇湘”。达衡，蒸水来会，曰“蒸湘”。过长沙合于沅，而三湘争汇矣。次复详及潇、蒸、沅三水来源之所自，谓此一经三纬，皆出深崖幽邃中，行二千余里，以合于江而达于海，其渊源有本，其流行有渐，其支派有条，其分合有序，毕综之后，而浩荡之势极。是记也，可作《湘水源流图经》读之。惜仅一纪甲子，莫悉其之粤之始末。又谓：“究其滥觞，不过三十步之潭，潭外之涧不过尺余细流，而涓涓绵绵遂至于此。天下事由浅而深，积小成大，下而善受之不穷者，固如斯乎！”观此，文清寄慨于物理巨细之功用，至深远矣！

1813 漓湘二水记一种《小方壶斋舆地丛钞》本

清乔莱撰。莱之字贯与所历，已详于著录《永州近治山水记》中。漓湘之源，始自阳海山，亦名海阳山，山在兴安县境，县初名始安，曰始安墧者即五岭之一也。水出墧之阳，北流曰湘，南流曰漓，二水实同源而异流，莱以之合而为记，亦固宜也。漓南注于粤，迳番禺而入海，无用叙述。兹仅以其湘水详之。所谓湘水出墧东流，苍崖翠壁夹峙，数百里不绝。其岭多枫、楠、松、栝、杉、桂；其趾多香草；其腹多藤萝下垂；其鸟多翡翠、鹧鸪、杜鹃；其村多结屋青嶂白

云间，荫以篁竹，艺以兰芷，钓艇系绝壁下；其江多狼石蹲踞，穿急滩，下旋濑，顷刻百里，是皆粤西境内之流域。惟其写景如画，令读者心旷神怡，不能无所慨慕矣。又谓“至全灌水注焉，至永潇水合焉，至衡蒸水会焉，洎与茶陵河合，江渐广，流渐缓，滩渐平，而山渐蜿蜒盘礴，下湘潭，历长沙，有浏、洣、罗洋、瓦官、三石、汨罗、黄诸水皆合于湘阴县，凡三十六折，入青草湖，汇于洞庭”云云。乔氏斯记，于三湘之汇，独遗沅流，何耶？揆诸支派分合，义有未当，且不能辞疏略之病。以视王氏文清《湘水记》之作，又岂得免上下床之别哉！

1814 五溪考一种《小方壶斋舆地丛钞》本

清檀萃撰。萃字默斋，望江人。乾隆进士。官云南禄劝县令，著有《法书》。按五溪之名，由来不一其说，要以《水经注》为近是。萃官于滇，而楚、黔为必经之途，故于水道得详察焉。兹考谓五溪各书不同，而以雄溪、满溪、潕溪、酉溪、辰溪为是，其说亦本《水经》。五溪之流，皆汇沅而达洞庭。沅之源，远出且兰，在黔之平越州境，所汇诸溪峒水甚众，五溪特其大者，故独别而名之。潕溪或作“沅”、作“濰”，今镇远称濰水以此，满溪上流为柱水，即天柱县，其所自则在清水江，皆源于黔属，亦云远矣。篇中斥《地理今释》以清水江为沅水之源，洎志称其名凡九，而雄为众水之汇，诸谬误，颇为精确。又引酉溪导源故武陵之充县酉源山，东南流经无阳、迁陵、酉阳故县，又东流经沅陵入沅。今沅陵城北有大小二酉山，小酉山石穴中旧有藏书千卷，相传避秦者隐此，因述闻近时酉阳牧某，登高见穴中藏棺无数，疑为金宝，遣役往启，探之皆书，手出灰散，未几牧与役均死之事，谓彼其心不在书，若求书得书，必不至死。此种不经之谈，殊悖于理，迹近齐东野语，不审萃何据信而录入篇章，不亦涉于谫陋乎！至首纪“辛卯之春，沿沅泝湘，逾郴入粤”云云，不详其始末，抑萃由滇迁粤，致有此黔湘之经行耶？

1815 五溪考略一种《清风室文钞》民国二年刊本

清钱保塘撰。保塘字铁江，海宁人。咸丰举人，官四川定远、大足、什邡等县令。少肆力于诗古文词，后究心形声、诂训、考证、舆地之学，人称为朴学君子。所著诗文集，自署曰《清风室》，其子剑虹录其遗稿若干卷梓而行世。是篇于五溪源流、分合次序，考证精确。辨正其名本诸《水经注》，亦最允洽。惟《水经·沅水注》"武陵五溪为雄溪、满溪、力溪、潕溪、酉溪、辰溪"，保塘按，唐章怀《后汉书·马援传》注引《水经注》无"力溪"，与《宋书》所说五溪合，谓"力溪"当是衍文。洎驳《荆州记》之增一"沅水"去一"熊水"之误，尤为有识。又举《太平寰宇记》据《舆地纪胜》引《新图经》云"巫、无、沅、舞、潕，一水五名，为声之变"，并顾氏《方舆纪要》、《元和郡县志》诸书所云，五溪环流，为于今沅陵、辰溪、泸溪县境，而注入沅，皆辰州县。足证今之辰、沅、永、靖诸郡邑，皆汉武陵郡地，以溪名者，无虑数十，"五溪"之说，当时第举其最大者，故古今微有不同尔。余读保塘斯作，虽曰《考略》，而征引有据，洵可为言水道者之一助也已。

1816 九江辨一种《慕良杂著》本

清庄有可撰。有可一名献可，字大久，武进人，一诸生。博通经传，尤致力于《春秋》。客京师十年，得校书中秘。道光初卒。著有《春秋注解》等多种。其所为文曰《慕良杂著》。此辨凡三，为《杂著》中之作也。其一谓"九江"与"江汉"，其难治略同，故《禹贡》于《荆州》首曰"江汉朝宗于海"，即继之曰："九江孔殷，诸侯春见天子曰朝，夏见曰宗，殷见曰同。"是九江与江汉之归海，皆以诸侯之见天子为喻，引朝觐之文，以释"朝宗"、"孔殷"之义，未克强为牵合。又举《水经》于"九江"之下不言水而言地、《越绝书·金气》篇所云"荆州全楚之地"与分野之文，判荆、扬、吴、

楚之交，因据以摈班志，更繁征《周官》保章氏，以星土辨九州之地，所分之域，皆有分星，不知周天列宿宫度进退移易，每若干年即有变更，岂得而胶柱考验者？若谓班氏以九江等地为吴郡，辟其鲁莽可也。至全不明九江之源委及主何说而定是非，徒举疆域星野而以人体气色及医术为譬喻，实近于不伦之甚者矣。其二则称《禹贡》之“九江”、“九河”散漫为患之势，并江河而言，在夏时当洚水泛滥，其洪流之性与疏浚之迹，居今日孰得而知其详耶？又引九河言道，九江言孔殷者，以西有敷浅原，东有彭蠡之口。于大江又曰“过九江至于东陵”，“东迤北会于汇”之文，断以自大别而南入江。又东汇彭蠡者，汉水也；自东陵而东迤北会于汇者，九江也。释汇为九江与彭蠡江汉交集回旋、相哄相解之名，不过徒胶执其文自为之说而已。其三谓九江之流，在江北归海者，现皆湮塞无考。若其源在江南，至今犹昔，咎班氏漫无别白，仅于《寻阳》下云：“九江在南，皆东会为大江。”又谓“湖汉”即今赣江，由鄱阳湖入大江，为今江西大泽，与洞庭无异。故《禹贡》屡言彭蠡，而不言洞庭。洞庭当治水时，即能受湖南诸水，安流入江。若彭蠡虽汇九江，而未能不泛溢于敷浅原东陵。洞庭不待治，则《禹贡》不书。江汉与彭蠡相遇横荡，因而于朝宗殷汇过至，自不得不一再详书也。有可斯说，未免泥于《禹贡》之文，而拘牵以释其义。禹迹茫茫，在数千年后，焉能知当时洞庭“不待治”而彭蠡之横激逆荡耶？又渭“古之九江，无不于江北分流入海，则可以知秦郡名九江之意。后于江南分流入鄱湖，可以知莽郡于汉豫章改名九江之意。且汉时犹名湖汉，又可知禹时九江在南、大江在北，中与湖汉为汇之势”诸语。按自古九江之说，约分为三：一《禹贡》、一秦、一汉。而汉有二说：主湖汉之水入彭蠡者，刘歆也；主寻阳者，孔安国也。乃班志宗刘说，而郑注亦本其说以释《书》，是不得为班氏咎矣。至宋儒以洞庭为九江，据《山海经》澧、沅、潇、湘在九江之间为证，恽氏敬尝谓“揆之经文，洞庭在彭蠡西南，于导水之文合。衡山并洞庭趋敷浅原，于导山之文亦合”，是据经以折传，据三代以折汉唐，不可谓之叛古。至哉言乎，不解有可擅名通博，而于此前后三辨专本《禹贡》之文以释其义，胡不能旁搜博采而

正订之?

1817 九江考一种《大云山房文稿》涵芬楼影印光绪十年刊本

清恽敬撰。敬字子居，号简堂，阳湖人。乾隆举人，历官富阳、江山知县，迁江西吴城同知，以事罢去。为人负气，矜尚名节，所至以振兴文学为务。自言其学“非汉非宋，不主故常”。治古文得力于韩非、李斯，与苏明允相伯仲，近法家言，世称阳湖派。梓其集曰《大云山房文稿》。按古今九江之说，纷纭聚讼，各执一词，然不外乎浔阳、彭蠡、洞庭三者而已。篇中首即辨此三者：述陆氏德明《音义》引《浔阳记》所称九江之名为一说，其地在浔阳江之北；又引《太康地记》之名，乃刘歆所主湖汉入彭蠡为一说，其地在彭蠡湖之南，曾氏旦曰：“《楚地记》巴陵在九江之间，今巴陵上即洞庭”；又申之罗氏泌曰“《山海经》：‘洞庭之山在九江之中。’”《吴录》“岳之洞庭，荆之九江也，其名为一沅、二渐、三沅、四辰、五溆、六酉、七澧、八资、九湘。朱子去沅、澧易潇、蒸”为一说，其地在洞庭湖之南。并驳蔡氏沈《书传》以浔阳九江属扬州之非。准古今地理形势，与《禹贡·导水》《导山》之文皆不合。敬主宋儒之说，良有识者。复申言浔阳为秦始皇之九江，彭蠡为王莽之九江，洞庭乃《禹贡》之九江，尤考证精确，论断明允，力辟自汉初诸儒说经之误，至曾氏、罗氏始大反之。今揆之经文，洞庭在彭蠡西南，于导水之文合；衡山并洞庭趋敷浅原，于导山之文亦合。是据经以折传，据三代以折汉唐，不可谓之叛古也，故曰《禹贡》之九江也云云。可谓不失为言九江者之正宗矣。

1818 九江考一种《汪梅村先生集》光绪刊本

清汪士铎撰。士铎字振庵，别号梅村，江宁人，道光举人。初治“三礼”，后精舆地，朴学渊邃。著述累数十万言，有《水经注释文》等，半沦灰烬。胡文忠公林翼抚鄂时，聘入幕府。所论议多裨时局。

旋归金陵，筑屋曰砖丘，隐居以终。兹篇其文集中之一也。首分九江为三曰：有《禹贡》之九江，有秦之九江，有汉之九江。而汉又有二说：一为刘歆之谓湖汉，一为孔、班二氏之以为在寻阳南。秦在江淮间，自为郡名，不足辨。湖汉则入彭蠡，地属扬州。经言九江者四，皆在荆州，且彭蠡以东无地可当东陵者，据此以非刘说。寻阳则朱子辨之，胡东樵申之，今士铎复详引经文而更辨其非有四，仍以经文“九江孔殷”、“九江纳锡大龟”在荆州以定之。并以导山之文，在衡山东敷浅原西；导水之文，在澧东东陵西，则在今澧州东岳州九江西，当为洞庭，而以洞庭为九江。因所纳之水凡九：湘、澧、资、沅，入湖者也；渐、沅、溆、辰、酉，附沅以入湖者也。又举《山海经》“洞庭之山，帝之二女居之”二语，释洞庭之义以明之。举经所谓“东迤北会于汇”之文按今之地形测之，巴陵实在其处，故断以巴陵为东陵，洞庭为九江。士铎通才，号精舆地，于水道当所谙悉。斯作然汉宋诸儒寻阳之说，引经为证，言之凿凿，义固审矣。而独不及朱子考定去无、澧而益潇、蒸，复全辟刘氏湖汉之论，宗《禹贡》而信《山海经》，准诸地形方位以为断，似又颇涉于按图索骥之嫌也已。

1819 三江彭蠡东陵考一种 新化邹氏《敩艺斋遗书》本

清邹汉勋撰。汉勋已为九江一考，谓九江之所在，《水经》与《汉志》各得其一。兹复举三江、彭蠡、东陵而考正之。谓“不知东陵则不知彭蠡，不知彭蠡则不知三江”，可知其意首重东陵，辨东陵与彭蠡而定三江也。三江为北江、中江、南江，其名固昉于《禹贡》，然古今来为之说者淆乱纷纭，靡所底止。黎氏庶昌所谓“非形势之难明，穿凿者之为害”，其言是矣。按之经文，汉水入于江，东会泽为彭蠡，东为北江，入于海。又江水至于东陵，东迤北会于汇，东为中江，入于海。并无“南江”之目。然又有“三江”既入之文，汉勋谓《汉书·地理志》，南江在吴南，东入海。又曰中江在芜湖东，至阳羡入湖，二文相备，乃为南江。又谓彭蠡巢湖也，《水经》及《汉志》皆以东陵在庐江金兰东北，后世以巴陵为东陵者非，班氏以彭蠡

在汉彭泽县西者亦非，因以释经之义，彭蠡之水导而东行，名为北江，则彭蠡在北明甚。而东陵以东，江北之泽，巢湖最大，故知是巢湖。又引三江，《水经注》湘水为南江，汉为北江诸说，皆非《禹贡》之义。汉勋断彭蠡为巢湖，以非宋儒言东陵之处，乃执古之经文证今之地理，固不得谓为臆说。但若以《山海经》郭注、《水经注》、《元和志》诸书所云，及蔡沈《书传》与罗氏泌之说，则沅、湘诸水亦足以当，而巴陵之为东陵，亦岂得谓为误。由是方之，汉勋似又不免存泥古之见矣！

1820 **九江考一种**《璧沼集》光绪刊本

清胡元玉撰。元玉字子瑞，湘潭人。绍承家学，博通群经，以诸生游京师，所为文辞署曰《璧沼集》。卷端自题辞中有“金门待试，璧沼相羊”之语，盖上国观光，读书太学，惜未得膺贡举，其才不见用于时。所著尚有《驳春秋名字解诂》等书。是篇其集中之一也。首即揭橥说九江者，言人人殊。今参考众家，惟刘、班、郑三君所说最确，余皆后起之臆说也。又引《淮南子》云“禹凿江而通九路。”太史公云“余南登庐山，观禹疏九江”为证，谓自是判然九江距庐山不远明矣，以为定案。于是悉举《释文》引《太康地记》云“刘歆以湖汉九水入彭蠡为九江”，《汉书·地理志》所云“湖汉九水在寻南，皆东合大江”。班志即本刘说，而郑注亦即本其说以释《书》，乃王西庄分郑、刘之说为二，殊误。孙渊如舍庐水而以湖汉经流当九水之一，亦误。又应劭注《汉书》，创九江自寻阳分为九之说，与夫《寻阳地记》洎张须元《缘江图》所称九江之名，妄指溪涧小水，实为舛谬。惟朱子《九江辨》，颇足正应说及二书之失。但宋儒胡旦辈，以洞庭为九江，义不合于古，数不合于今，仍斥为臆说。又谓湖汉即九江，不得仅以入大江处为九江，宋儒误据《山海经》，沿讹袭谬，后人莫能抉其致误之由，或反疑古本有是异说，则非窃所敢信者。云云。元玉精于考据，引证详实，信非无见。然又不若新化邹氏汉勋之以入洞庭之水四：沅、湘、资、澧；入湖汉之水五：修、赣、盱、

鄱、余，二者合而为九之义似较允洽。总之，自古疑九江者，各持其说，莫衷一是。元玉斯作，辨论明确，多前人所未道及者，抑岂得而少之也耶。

1821 与魏默深舍人论潚水一种《邹叔子遗书·敩艺斋文存》本

清邹汉勋撰。汉勋邃于舆地之学，于全国之山川脉络源流，靡不考证精确，不厌求详。默深名源，邵阳人，道光进士，以内阁中书授高邮州牧。文笔奥衍，亦精舆地之学，与汉勋交笃，故相讨论。按论潇水者，有曰有湘无潇，有曰潇非水名，或又以《汉志》、《水经》俱无其名，聚讼纷纭，莫衷一是。然其源出永州宁远县南九疑山，一名泥江，经道县会沱水，又北经零陵县南折而西北入于湘，故潇湘之名著焉。汉勋谓前岁修《宝庆府志》，以邵水当之。近作《湘中考古录》，复觉昨非，兀坐思之，知潇即资水也。而首引《山海经》："澧沅之风，交潇湘之浦。"以澧、沅、湘三者俪之，潇宜为水名。柳子厚谓潇即《水经》及《汉志》之营水，似未榷。又谓《说文》无"潇"字，但有"潚"字。"潚"训深清，徐氏音子叔切，郦氏读《山海经》为子叔反。考"潚"字古书在尤幽部，尤幽部之字，如"逵"、"龟"、"轨"，今皆入脂微韵。"潚"盖亦对音读"资"，湖湘四大水曰沅、湘、资、澧，而"资"正当《山海经》"潚"之次，则"资"即"潚"。《水经注》："湘水又左会清水口，资水也。"是资水亦名清水，与深清之说又合。并述武冈呼"资"为"济"，及"潚"又有桑郁反之音，今人云"冷潚潚"、"风潚潚"。《广韵》收"潚"字于萧韵下，苏雕切，此音转"萧"，"潚"是本体字，又作"潇"。如"州"之于"洲"，《山经》、《水经》、《诗经》所用之字，未必一依《说文》，噭其源一也云云。汉勋此说，纯本群经音韵反切为断，于义固允。然考资水源有二：西源出武冈之唐纠山；南源即夫夷水，出自广西兴安，蜿蜒径新宁县合，至益阳仍分二派，一经王家村趋瓦石矶入湖，一通林子口入湖，似又不应直指为资水矣。余尝谓论潇水者，良不若陶氏方琦，所谓今《说文》从水肃声下，脱去"一曰水

名”四字，不得有潇无水名之说之为愈也。姑两存之，以俟后之深明水道者详考正订，俾质其疑，则幸甚已。

1822 **潇水有是水名说一种**《汉孳室文钞》光绪会稽徐氏铸学斋刻本

清陶方琦撰。方琦字子珍，会稽人，同治进士，官编修。穷经好古。督学湖南时，号称得士。著述甚富，有《淮南许注异同诂》、《汉孳室文钞》等书。按潇水一名泥江，源出永州宁远县南九疑山，北流经道县会沱水。又北经零陵县南，折而西北入于湘，其源流明且晰矣。然《汉志》、《水经》俱无潇之名，至唐柳宗元《愚溪诗序》始称“谪潇水上”，宋祝穆始称“潇水出九疑”，《清一统志》尚引伸其说。方琦兹作，谓“潚”即“潇”字，《说文》从萧之字多作肃，并训潚为深清，今《说文》从水肃声，下脱去“一曰水名”四字，故后儒皆谓有湘无潇，而引罗含《湘中记》为证，窃以为非，云云。信有卓识。又谓庚辰按试永州，道出潇水，一碧澄澈，余漪莹净，与“清深”二字适合。《湘中记》云：“湘川清照五六丈，即潇水也，是又不然。所谓湘川，当指湘水而言，不过潇湘皆同澄清澈底尔。”又举“潇”字篆在“演”字上，“演”下有“一曰水名”四字，释“演”为长流，经籍中无以“演”为水名解者，且“演”与上“潒”字通，“潒”下无水名之说，则“演”字不得有水名审矣。据此以断为《说文》“潚”字处之脱简。释义良为精确，足以正前人据今本《说文》之误。更引《玉篇·水部》“潇，水名”、《广韵·二萧下》“潚，水名”，《集韵》、《韵会》“潇”下亦有“一曰水名”四字，皆本之许书。是盖《说文》旧本如是，而不得以“清湘”解“潇湘”，遂谓潇无水名，洵定论也。全篇反复详引《说文》，仅一举中山经洎《水经注·湘水篇》“潇湘之浦”为证，其潇湘之名，居三湘之一，尚不之及。殆方琦服膺于许氏《说文》至深邃耶！

1823 海阳山湘漓水源记一种《铜鼓书堂遗稿》本

清查礼撰。礼字恂叔，一字俭堂，号铁桥，宛平人。乾隆间以农部郎外任道员，随征金川，专司督运。擢四川布政使，迁湖南巡抚，未至任卒。精绘事，尤善画梅。其子淳守桂林时，搜罗所作诗文为《铜鼓书堂遗稿》若干卷而行世焉。按湘漓二水之源，出粤西之海阳山，即桑钦《水经注》① 所谓之海阳山者是也。山下有邃窦，窦北向，外有小溪，宽仅尺余，清流从窦中出，涓涓不绝。罗君章《湘中记》曰："湘水之出于阳朔，则觞为之舟。"言其源之小也。水出溪，东北流九十里至兴安县之始安峤始分为二，北为湘川，南为漓水，同源而异流。乾隆甲戌之秋，粤督杨应琚有疏凿湘漓水道、修复南北诸陡之役，檄礼往勘陡门之圮败，探江源之巨细。礼谓见山势巍峩崒嵂，高可千尺，四围无嶂岫、无冈阜，矗起大荒中，群山避以远走，而莫敢与之附，似讶其奇。余以为如宁远之九疑、桂林之独秀诸峰，皆平地壁立，高耸千仞。盖楚南迄于桂省一带，山多类此，无足异者。惟窦内之潭，其光澄渟若镜，冲融穹窕，莫测渊深，窥之魂悸，乃深秋波敛涛收之候，厥状若此。虽岁焊阳，亦无耗竭，时当春夏阴霖，则喷薄泛滥，环山漫野，遂成鸿川巨渎。下流更长津骇浪，浩然无涯，灵泽如斯，四时异态，良足奇矣。礼以九月之望，具羊豕酒果，虔祭山神，同往者尚有兴安令梁希贤也。礼之斯记，仅明湘、漓二水之源。至修复寻渠工事，另有记详其始末云。

1824 与吴南屏舍人论罗水出巴陵一种《养知书屋文集》本

清郭嵩焘撰。嵩焘字筠仙，其里贯与所历已详于《湘阴县图志》著录中。吴氏南屏，名敏树，其贯历亦已备述于《巴陵县志》洎《游大云山记》等著录，无烦赘也。篇中首谓："昨论罗水出巴陵，

---

① 应无"注"字。

阁下颇以为疑，因属检方志，以资讨论。”意者此书或为二公时当纂修方志而互相参考，以资证订欤。按罗水本属湘阴之罗汭。《左传·昭公五年》：“楚子以驿至于罗汭。”又“楚师济于罗汭。”今其地犹名曰罗内是也。兹嵩焘举《水道提纲》所谓“北得伏井驿一水，即罗水，行百余里，至小江口入濆水”；又谓《水经注》混汨、罗为一，别濆水为二，而云湘水北会东町口为濆水，盖郦道元以湘水之东惟汨之名最著，因而牵合濆、罗二水为之说，不知《说文·汨》下云：“长沙汨罗渊者，为屈原所自沉，即今名之屈潭，实罗水经行处。”独《隋书·地理志·罗》下云：“有湄水，源发白鹤山，出东町口，并《水经注》所谓之汨口、罗口而三，分注洞庭。”其间经行曲折，错综经纬，皆可考悉。然古罗城环带三水，而汨、罗久经混合，苟非《隋书》记载，则濆水源盛，不几并湄水之经流而亦夺之，实《水经注》不能叙其源流分合之咎也。自郦氏混罗为汨，以东町口属之湄水，而湄水之委遂失。又并汨、罗为一，而夺汨水之名以与濆，罗水之源亦失。承讹袭谬，遂以终古。致昔之罗县，因罗水而得名，为湖湘间一巨川，言水道者莫之能及，亦考古家之一憾也。嵩焘论次濆、湄二水，与罗水相发明，其考据之详确、断义之精审，洵发前人之所未发，又岂仅得明濆、湄水之源委，正郦注之舛误也哉！

1825 桂阳汇水说一种《青学斋集》本

清汪之昌撰。之昌字振民，苏之新阳人，膺同治丁卯副贡。后遂谢举业，以闭户读书为事。崇尚实学，博通经史。其著述有《青学斋集》三十余卷。主讲学古堂，负经师人师之望，为后学之津梁焉。斯说为其集中之一，考证桂溰水之“汇”字。诸家所谓为“溰”或“洭”字之误，征引详实。按汇水一名桂水，又名卢水，源出广东连山县西北，东南流会洭水。又按洭水一名湟水，又名光水，源出郴县黄岑山，南流经广东连县，东会汇水为连州江。是汇、洭二水各异其源明矣。篇中首述《汉书·地理志·桂阳郡·桂阳》注：“汇水南至四会入郁林，过郡二，行九百里。”应劭曰：“桂水所出，东北入

湘。”王念孙《读书杂志》：“‘汇’当为‘滙’字之误。《说文》：‘滙水出桂阳卢聚南，出滙浦关为桂水，从水，匩声。’又曰‘溱水出桂阳临武入滙，滙字或作匯，形与汇相似，因讹而为汇’”云云。之昌谓“《水经注》之汇水自误。而《地志·桂阳》下之汇水，不定为‘滙’字之误，以滙水虽出桂阳，而桂阳非必止一滙水。”又谓应劭注释含洭，与师古所见同，亦未可信汇为洭之误。并举庾仲初曰：“峤水南入始兴灌水入于海，北入桂阳湘水注于江。灌水即桂水，灌桂一水，汉时通称。”故注灌水，劭言桂水以实之。与诸引劭说之文亦合。且劭谓“洭水所出，东北入沅”，于此云东北入湘者非一水明甚，安得谓汇必洭误哉？其征引有据，释义亦极精审，自足正诸家歧误之失，而为读《水经》者之一助也。惟徐广有曰：“湟水一名洭水，出桂阳，通四会，亦曰灌水，桂水其别名也。”而劭又何得谓“洭水所出，东北入沅”耶？则又惑之甚已。

1826 浯溪集二卷明嘉靖刊本

明黄焯辑。焯字子昭，南平人。正德进士，时官永州知府，后洊擢至湖广参政。是书分上、下两卷：其目上卷曰《古颂》、《古跋》、《古铭》、《古碑记》、《今碑记》、《古赋》、《续古千文》、《古诗长篇》、《今诗长篇》、《古词》、《今词》，下卷曰《古诗五言七言》、《今诗五言七言》、《浯溪十景律诗》。首为图一，次为《浯溪小志》，叙溪、亭、台、堂、桥、宅、坊、院、祠、寺、镜、石诸胜，再次纪浯溪十景。以《集》名者，盖取“述而不作”之义。焯自撰小引谓浯溪旧有元颜书院，余为葺而广之，以便游观者。顾石中诸刻，不可不传，乃命邑生集之，邑尹刻之。而重刊者，则邑人陈斗也。浯溪僻在湘水之涯，得次山之品题而卜居之，始名于世。复有中兴之颂，鲁公磨崖之书，遂成胜迹。由唐以来，名公巨卿，山人墨客，游踪所寄，歌咏所遗，曷可胜纪。盖其时本无专集以广流传，黄氏斯作，当为创制，亦固优已。但以视清初王士正之《浯溪考》、乾隆时宋溶之《浯溪新志》，又何如耶？其必曰“世易时移，详略自异”。独兹册下

卷，又全阙佚，更不禁令人有遗憾焉。

1827 跋浯溪志一种《带经堂集》本

清王士禛撰。士禛字贻上，号阮亭，别号渔洋山人，新城人。顺治进士，由扬州司理官至刑部尚书。后避世宗讳，改名士正，乾隆中复赐名士祯，谥曰文简。诗为一代宗匠，与朱彝尊并称“朱王”。善古文，并工词，皆为诗名所掩。有《带经堂集》、《渔洋山人集》、《渔（阳）［洋］诗文集》、《精华录》等数十种。此跋为《带经堂集·蚕尾续文》中之一也。浯溪本湘南名胜，以唐元结次山名，得鲁公摩崖书而益张之。纪溪之胜者，明嘉靖间黄焯旧有集二卷，并有李仁刚、綦光祖两集，惜无传本。兹所跋志，殆即士禛《浯溪考自序》中所诋钱邦芑之所编者欤。谓溪有山谷题《中兴碑颂》后诗刻，世谓之小磨崖，与颜书并重。顺治初，复有县令媚其上官，乃磨去一角，刻其诗，过者惊惋。引观欧阳詹《吊九江驿碑材》文云：“美玉抵禽，高冠藉足，又与‘有道而黥，无罪而劓，投四裔魑魅’何以别？‘石不能言，其岂无冤’诸语，因而反复其言而悲之，先颜后黄，其揆一也”云云。士禛吊古之深情溢于言表，可为摧毁古迹者资其警惕。其事虽细，其文足传。惜不著某令之名氏，用彰厥罪耳。

1828 书浯溪新志后一种《存吾文稿》本

清余廷灿撰。廷灿字卿雯，号存吾，长沙人。乾隆进士，官检讨，充三通馆纂修，以母老告养归。家贫，取予不苟，居丧以孝闻。精天下律历、勾股、六书之学，所为诗文，有《存吾文稿》。此篇代前零陵令某君所作。按《浯溪新志》者，祁阳令宋溶怀山之所辑也。浯溪旧有志，故以《新志》名。抑以邑乘方续于钱塘李令莳，时仅两载，乃搜采继康熙间丹徒钱邦岂所为专志而成，凡十有四卷，故首称其“荟萃剪裁、熔冶成书。浯溪幽遐邃邈，怪特环富之胜，搜抉骈罗，轩豁毫楮，非笃于嗜古者能勤恳至到、绸密典实若兹乎？”推许

备至。其著述之超越旧志，足与溪山之名贤遗迹同永其传可知。况钱氏前作，当时渔洋山人王士禛已诋其总杂泛滥，今相与较其优劣，自更易判别矣。某君与怀山同隶籍西蜀，复同宦游湖湘而怀山令祁阳，某君令零陵，邻封毗连，仅百里耳。“知怀山负干局，兴废举坠，阴折其才。至庚寅乡试，复相与分校文字，得过从弥月，促膝谈心，官烛风帘，相视莫逆。无何怀山以吏议罢免，明年相遇长沙，屯蹇拓落，出是书草本，珍重属予，因作而叹曰：‘文吏非可学而至也！’予于文事亦结习难忘，作吏零陵，管领黄溪、愚溪、钴鉧、石渠诸胜，私幸当为柳子一一收拾润泽，用识向往，而簿书填委，竟不暇及。独怀山从容考古，仰止元颜，搜证文献，整齐一书，何其博综尔雅、恢恢有余裕耶！因梓之于清泉官舍，以成怀山之用心，而志予之不逮。”读廷灿斯文，今虽世异时移，浯溪之胜当依旧也，能令人无感喟焉！而零陵吏某君为谁，莫由考悉，是则又其疏略者，惜哉！

1829 **洞庭湖志十四卷**清道光五年乙酉刊本

清陶澍督修，万年淳撰。澍字云汀，以翰林编修洊擢皖抚，历江督十年，文章经济，伟烈宏谟，为一代名臣，殁谥文毅。尝持洞庭即九江之说，谓洞庭为海内巨浸，合辰、沅、渐、溆、洑、酉、澧、潸、湘九水潴之以会江，并引《禹贡》所言“九江”者四，皆指荆州，无及扬州者，以辟历代诸家相沿之误。援古证今，辞义精确。年淳深然其论，以为发前人之所未及。年淳字弹峰，华容举人，亦博学多闻士也。嘉庆乙亥，文毅在都官侍御时，有前长沙郡守沈廷瑛举綦世基所辑《洞庭湖志》稿乞为删订，因巡城鲜暇，转付年淳，属代笔削。阅越十年始得撰竣，正讹补缺，倍于前书。其时文毅已抚皖，而年淳亦铨六安州丞，适为属吏，喜其功竟，亟醵金而梓之。前后七十余年，始克成斯巨帙。盖洞庭旧无专志，兹为创举，其难其慎，不言可知。全书分卷十四，目曰《舆图》、《皇言》、《星野》、《湖山》、《水道》、《洲港》、《堤垸》、《税课》、《兵防》、《风俗》、《物产》、《古迹》、《祠庙》、《游览》、《事纪》、《捃摭》、《艺文》，凡十有七。

图说详尽，了如指掌。而首列之三府、一州、八县、四大水入湖全图，尤称精审。源流既析，分合斯明，洵能得其纲要。湖有专神，隆以祀典，石台之建，帝德靡涯，次纪《皇言》，亦符体制。其他《湖山》、《洲港》、《堤垸》之形势、方位、流者、峙者，巨细毕陈。《税课》以下诸门，或政令民命所攸关，或商旅游观所难喻，以及《事纪》识既往之天时人事，《捃摭》采相传之怪异神奇，皆有足多者。大凡山川之志，往往以铺张胜景、广集二氏之仙踪佛果为指归。虽所谓“巴陵胜状，在洞庭一湖”，而兹编之作，有独异焉。群流综汇，其地险扼滇、黔、楚、蜀之咽喉；百物滋生，其水利资长、岳、常、澧之蓄泄。所关至巨，笔者应别具眼界也。《艺文》搜罗，亦最宏富，殆视郡县诸志所裒集者，当倍蓰也，能不推为名著欤！卷端陶、万各为序，详其始末，湖南布政使长白裕泰亦有序备极推许云。

专志之属

1830 舜陵考一种《存吾文稿》本

清余廷灿撰。按舜陵所在，为今湖南之宁远县境，即古之营道郡也。其山曰九疑，位县郭南六十里。其峰凡九：曰朱明，曰石城，曰石楼，曰娥皇，曰舜源，曰女英，曰箫韶，曰桂林，曰杞林。清詹惟圣所撰《九疑山志》，称“九疑”《汉书》作“嶷”，上古沦于荒服绝徼之外，以舜葬而得名。究之帝陵何在？终古存疑。相传舜峰，亦森无真迹，盖以其特立中宫，九峰环抱朝宗尔。即九峰之名，亦不能详其所自。不过峭壁高深，佳气葱郁，人迹所不能至之处，或即为帝舜藏真之所欤！其论良为允洽也。廷灿兹考，征引繁博，断制谨严。首述本始于《尚书》，详核于《礼记》，杂见于《墨子》、《离骚》、《史记》，又通考十三经古注，《汉书》、《汉纪》各注，暨《竹书》、《山海经》、《淮南子》、《风俗通》、《世纪》、《皇览舆地考》诸书，俱各往往称舜南巡崩，葬苍梧九疑，历三千年无一异者。独昌黎韩子孤据《竹书纪年》云“帝王之崩曰陟”，陟为上升，舜南巡则地势东南下，宜言下方，乃断“陟”为“读”，而以方乃死为释文。后儒又援“孟子卒于鸣”条一语，遂置经传而不信。然姚姒典谟，简古浑噩，从无赘文自释之例。惟《商书》有“陟遐自迩”之文，则“陟”亦不尽训升，而训行，方则省方之方是。廷灿谓五十载书其年，犹《尧典》二十有八载乃死书其崩，犹《尧典》乃殂落中错“陟方”二字书其事，是年适巡行南方有事于苗民尔。何以知之？以吕刑皇帝亲问下民鳏寡，有辞于苗而知之也。又复条释吕刑诸文，而得《舜典》、《禹谟》之通证，并得五十载陟方之确诠。“陟方之解定，则舜陵定

矣。”洵千古卓识。又谓鸣条之说，不必一一求详而为之考。至“九疑封树无稽”，不知《易·系辞》曰“不封不树”，盖因山为体，亦其时制。南方之人，信古而质，必无妄有增益者。又辨苍梧于古为山名，本荆州南境，属岺外之说为妄，及古今析置郡县之始末，于九疑即苍梧、苍梧即九疑辨之尤审。惟谓“舜陵在舜源峰”一语，与《九疑山志》洎郡县志之纪载，不无歧异之点而已。末谓湘乡萧副车智瑚作《舜陵考》征引甚博，予以古文法著其援据之正、断制之确者，而削其不合者。至以经证经，窃谓差有一得，以待通今学古者是正云云。是此篇实出叶，其润色审订，厥惟廷灿任之。其不矜己能，不没人善，尤有足多者焉。

1831 重纂三迁志十卷 ［光绪十三年刊本］

清孟广均原纂，陈锦、孙葆田重纂。按《三迁志》创于明史鹗，“三迁”之名本《列女传序》，称孟子作圣之功由于母氏蒙养之正者是也。厥后一修于胡继先，再修于吕元善，三修于孟衍泰，四修于孟广均。广均仅成草稿，藏于家，其后人昭铨献于陈锦，又引孙葆田等为损益而刊之。时光绪十三年丁亥，即今本也。首有张曜、陈锦、孙葆田诸序，又有孟广均原序。书分十卷，卷一《世系》、《年表》，卷二《事实》，卷三《经义》、《佚文》，卷四《祀典》，卷五《从祀》，卷六至九《艺文》，卷十《杂志》。卷首又冠以御制文、圣像诸图。锦称“事增于前，文省于旧，征信阙疑，力反沿讹之习”。今观其书，《年表》、《事实》二门，考订甚慎。表不列生卒年月，但从安王元年起，至赧王三十三年止。上记周、鲁、燕、齐、魏之年，下纪孟子出处时地，甚清晰。惟谓梁惠称王在后元十年，孟子相见必在其后。按《国策》卫鞅见魏王曰：“大王有伐齐楚从天下之志，不如先行王服。”魏王从其言。广公宫制丹衣桂建九斿之旗，此天子之位也。而魏王居之，于是齐楚怒伐魏，杀其太子。此即焉陵之败，在惠王三十年。据此则《史记》载三十五岁游梁，不为刺谬。而顾亭林诸人所定游梁在后元十四年者，亦不为确凿也。据《纪年》，梁惠后元十五年，

齐威王薨，宣王立。是孟子游齐，应在宣王二年，而表乃系之宣王十八年。按宣王在位止四年，表云宣王十九年卒者，亦误也。又按齐伐燕，在七篇中，一见于《梁惠王》章，一见于《公孙丑》章，的然二次。《梁惠王》篇称齐宣王，《公孙丑》篇但称王，则湣王也。诸书多混为一事，或属之宣王，又或属之湣王，而皆不合。是书仍沿旧说，未能订正也。若《经义》、《佚文》二门，搜采虽详，犹有遗漏。又既袭《三迁志》之旧，则旧志史鹗、黄克缵、胡继先、潘榛、周希孔、贺万祚、吕濬、李日华、孔胤植、吕麟瑞、虞廷陛、施凤耒、于斐诸序，似不宜全删也。

1832 沅江县尊经阁记一种 《印心书屋文钞》本

清陶澍撰。澍以一代名臣，尊崇正学，通经致用，勋业烂然，故其成已闳，而其作人也亦钜矣。沅邑处洞庭上游，当沅水入湖之会。其邑人礼聘澍至，商榷志乘之辑，而为兹记。因述沅之有尊经阁，始于教谕骆僎孔，与其学之贤者成之。据学宫之后、崇圣祠之前左偏。制恢而高，由其中以望，则衡麓之胜隐隐于席案之横如前，资江、沅水环抱前后，兰芷之芳可撷而数也。而洞庭一湖，浩浩汤汤，尤有学海文澜之观焉。盖僎孔司铎于沅，而得以创建是阁，览山水之胜概，其棫朴作人之效，亦从而可知。乃谓阁成于嘉庆八年，未有记者，微澍为之文，讵得有闻于后耶？故首即曰："经者，常也。"所以纲纪人道之始终，而轨一世于和平者也。初未尝以为典籍之称，自《戴记》有经解一篇，言《诗》、《书》、《易》、《礼》、《乐》、《春秋》之教，而"六经"、"五经"、"七经"、"九经"、"十三经"之名由此起焉。盖尝论之，古之所谓经者，致治之理也。惟天下至诚能经纶天下之大经，而凡为天下国家皆不外九经之目，若典籍则所以发明此理者也，名之曰经。而古籍中若有古人守纲常名教之理，实经之用宏，而经之名亦于是乎尊矣。澍之斯论，于经之大义阐发无遗，抑知此始得知之尊经之本也。又谓秦火而后，知尊经自董仲舒始，故汉治浑浑犹为近古。洎宋儒崛起，经旨昭然复揭，顾时君不能知，或知而不能用，用

而不能尽，亦未可谓为能尊经。盱衡古今，立言悉当。乃推崇清之圣圣相承，精一之心传直接尧舜，宋儒所讲求者，始咸见诸施行。盖以清制直省学宫，皆有御制及钦颁诸书，例得建阁储之，以彰尊经之化。是僎孔之建斯阁亦循典制，固其宜也。末谓“顾名思义，愿与诸君子共勉之”，澍之有望于沅之人士者，又何其诚且至也。

1833 叙建爱莲池亭题额一种《存吾文稿》本

清余廷灿撰。湖南邵阳县境有爱莲池，池故隘，其葩甚繁，宋周元公所手植也。盖旧故有亭，不知圮于何时，邵阳贾令，殷心于兴废举坠，而名贤胜迹有廷灿斯作益足以彰。首谓是地周遭不百弓，然宋大儒手泽存焉。“岁岁翻红播绿，噪蛙黾而唼凫鹥，一任仙根自开自落，诚王不得与牡丹之爱等。”廷灿斯言，深有默契夫先贤道脉之旨。可见虽山陬僻壤，区区一池，而繁卉清泠，芬芳不绝，千载后犹得承其流风余韵，何其伟也。又谓“贾令曩官城步时，每到是间则必曰‘此濂溪先生一瓣香也’。盍复旧亭，以寄仰止，闻者若为不知而过之。既移治邵阳，以簿领填委，依次勾稽。越明年夏，乃践盟息壤，即凌波作亭，亭成举酒，面面蓊葧葳蕤，与回风摇荡，收纳栏杆，憩中而望，环其外者，远莫能即，无犀断尘，始知光风霁月中别有琼岛瑶洲，不必出人间而求海上矣。”描摹景物之清绝，尽其旨趣，读之令人低回慨慕而勿能自已也。复有郡守孟公、嘉贾侯治古，载咏新诗，醮笔题额，属廷灿叙之，以纪颠末，讵不懿欤？因有慨夫前贤精爽所依凭，既寿名于壤地、贯性于草木，诚不以一亭削损，顾弥望清池翠盖，风义攸关，而待片瓦于守土。侯之古心直行，为政之大体，故事入手一新，能缓所急而急所缓，大类如此。噫！此濂溪瓣香手泽，非贾令之治无以存其迹，非孟守之笔无以彰其亭，非廷灿之文无以传其胜，亦岂事之偶然者哉！

1834 **三闾汇考六卷**道光戊申刊本

清屈见复纂。见复字心梅，江苏常熟人，官湖南知县。是书首有宋翔凤序。卷一《图像》，卷二《古迹》，卷三《祠祀》，卷四《艺文》，卷五《奏稿》，卷六《外见》。《古迹》、《祠祀》可供考古之资。《艺文》搜采未尽。《奏稿》，止余联沅奏请庙祀一篇。《外见》亦仅三条，其中二条记三闾大夫子及女，洵珍闻也。

1835 **岳庙志略十卷**嘉庆八年刊本

清冯培辑。培字鹤巢，江苏元和人。乾隆进士。官至给事中。罢官后尝主讲西湖崇文书院。院临岳庙，岳氏后人请为修补新志，因成是编。首有阮元序，又有培自序及凡例。按志岳庙始明人，有徐阶等《岳庙集》四卷，徐缙芳《精忠类编》八卷，高举、郑继芳《忠烈庙志》八卷。培于二徐所辑俱未寓目，于高、郑所辑仅见《图制》、《敕书》、《祀典》三卷，不啻从新裒集也。分目有七：一《祠墓》，附画像铜爵；二《敕告》；三《祀典》，附祭产；四《行实》，附考证；五《诗词》；六《序记》，附谕祭文；七《轶事》。《行实》分三卷，录《宋史》本传及宋尚书章颖经进传，传系掇拾岳珂《行实编年》及《吁天辩诬录》而成，本传又据章传而成。而本传于删节章传处多有未当，且有曲笔。章传亦不免疏略冗杂，阮序已论。培并录两传，俾资参考。至章传与《行实编年》、《吁天辩诬录》之异，别为逐条考证，以归于是。轶事一卷，以补传所未有，视为外篇可也。

1836 **新化建火神庙记一种**《敦艺斋文存》本

清邹汉勋撰。新化，汉勋之故里也。火神之祀，典制所存，庙位阙如，非礼也。道光二十五年，实维肇建；工竣之日，汉勋为文以记之。首原天生五材，民并用之，而水火最切。天一生水，地二生火。

水位于北而幽，火位于南而明。水令于冬而藏，火令于夏而长。故火尤著于水，此火神所以有祀，而水神特少也。谓故世之言火神者，其说不一。考之经记，天有五帝，赤帝司火；地有五行，其一为火，曰祝融。五纬之中为荧惑，二十八辰之中心为天火，味为鹑火，皆司火政。在周列于祀典，古帝王所创制也。继述汉、晋、宋、明四朝崇祀火神之制，洎清之司火之祀，释其神为荧惑，庙曰祝融，五纬与五行之义，并引郑康成、贾公彦、陈祥道诸家之说以析其疑，极称精审。又谓南楚火神，自乾隆时巡抚陈宏谋檄府、州、县岁时奉祀，皆为立庙，新化未遑也。先是，城中灾祲屡见，用术家言，于南门建水晶阁以厌之。近仍焚如频肇，议者谓不宜丹雘，或曰火神之祀不修，邑侯胡公恻然念淡民灾，二役并举，易水晶阁之丹雘为黝垩，择地奠基而兴庙宇。并识董其事者为李、晏二绅，输绅商之财，尽工农之力，既勤既慎，夙夜罔懲，数月而工竟蒇。汉勋深有慨夫邑于斯举悠忽不为者几九十年，其间亦尝更历循良令长，公勤士绅，而卒未能以终建是庙为言，逮至灾祲迭起而始憬然。甚矣！民之难与图始也。复称微吾胡侯之仁与李、晏二君子之能，则我新化之民至今不获冢祉福也，是乌可不记云云。汉勋兹作，于火神之义理、庙号之异同，以及古今典祀之通制，靡不繁征博引，考证详确，洵为有裨宪典之文。而胡侯与李、晏二绅亦得附传于不朽，抑何其幸耶！

1837 邵阳重修龙神火神刘猛将军庙记一种《敩艺斋文存》本

清邹汉勋撰。邵阳者，宝庆府之附郭邑也，立治最古。典章文物，罔或弗修，祀事孔明，礼固然也。五行列于《洪范》，为民生利赖之资，孟子所谓“民非水火不生活”，故尤须臾不可离者，自古先王列于王政大经者有由然矣。龙、火二神固为一邑之常祀，而汉勋斯记，非徒以庙之迁建、分合、废兴为有足纪，实明神之所由而崇其典制也。谓邵阳旧有龙神祠二：龙山之龙湫与城隅之濂泉。濂泉在郡城南隅，昔人祀龙神于此。雍正初颁神像于直省，令守土大臣虔诚祷祀。龙山在宋即赐庙额，元明以来，祈祷不绝。火神一庙，旧在郡

南，清初移与龙神合祀，盖其时咸为无文之秩也。未几，先后皆列祀典，春秋礼制特隆。又述乾隆壬午，郡守郑公移濂泉龙神于城东砥柱矶石齐庙侧之注生夫人废祠，下临资水之深潭，龙、火二神始各有专庙。洎道光初，因庙剥落，又复与濂泉之火神一度合祀。甲申翟守谋及郡绅，争相乐输，费近万缗，凡阅四稔，并刘猛将军庙而同新之。刘猛将军者，元代指挥，今颁祀典，为治蝗神也。于以见神有救灾捍患之功，而民祈报之殷有不容已者在也。复称然考之经记，火神者荧惑星也，在周列于实柴之典，故与岁镇、大晨诸星同祀；其特祀而颁之天下，盖自宋崇宁军始，宋以火德王，故特崇之；而至今数百年相沿不替，且湖南特盛者，以南为火方也。龙神者，即《月令》所云名源渊泽也，并泉也。《史记》、《汉书》之朝那湫亦其比。以吾邵论之，龙山名源也，濂泉井泉也，是皆于法应祀者。《诗》曰："田祖有神，秉畀炎火。"猛将军其是欤！八蜡之祭词曰"昆虫毋作"是蝗蝝者。八蜡之所司，猛将军宜祀于八蜡者也。若夫火神庙额，宋曰"离明殿"，近世曰"乾元宫"，殆以坎离为乾坤之用。离本乾体，"乾元"云者，谓乾以为元，非乾之元也。或曰"邵之火神"，独灵异于诸方，则以南岳配朱鸟为之宅，而南岳实邵阳龙山之所衍云。汉勋于三神之名与位，及其为德之盛，探本穷源，言之有据，非博学多闻之斫轮老手，乌能有此作？未可以等闲庙碑读之。

1838 李大中丞修江神庙记一种 《存吾文稿》本

清余廷灿撰。廷灿是记，为代湖南巡抚李世杰而作。斯文存于集中，故冠以"大中丞"之称焉。江神庙者，湘江之神也。庙祀之始，肇自雍正八年世宗下诏湖南，以江神职司江渎，利赖舟楫、云雨、井牧、土田，宜秩祀，所司选桔洲尾作神庙，奉春秋。庙貌既崇，上关国典，与名楼并峙，奠定中流，桔洲益严整壮丽矣。此叙述创制之情事也。而篇首即称湘江滥觞阳朔山，迤逦潇、蒸诸水，北折而下，至长沙江澜澄涵不怒，则桔洲浮其中，《水经》所注桔洲子戌也。考湘江清照五六丈，下见石底为樗蒲齿，宜若空明净彻、千里一碧者。独

桔洲匹练曳水面，如荇菜牵风，湘人传奇初无根蒂，能与波上下，盖江之瑰奇、灵异、谲诡正于是乎聚。此水与洲之足纪者。昔人尾洲建拱极楼，雄视俯瞯，所以陪护墉隍，夹辅形势，与岳阳、黄鹤名胜相望也。岁既久，栋柱摧折，瓦沕甃破，上雨旁风，无以崇明祀，饬巨观，迭议撤新，不克兴事。今大司空刘公驻节长沙，政通民和，有输金百两呈请劝众捐修者。遂犖财遴匠，起庚子迄壬寅，工成而值世杰奉简命巡抚是邦。展庙翼翼，凭楼言言。所谓栖湘灵于恍惚，壮气象以万千，水之蛟宫蜃窟，陆之隩皋神区，与夫湖岳之精英灵淑，皆贡献轩豁，收纳在岛屿、桔柚、轩棂、墙屋间。是以阴阳和，风雨会，老幼蕃祉，年谷连熟，鱼虾菱芡，物土之产，阗溢街衢，于以见当时治世休明，百神效顺，太和祥洽之盛，蔑以加焉。至又谓“是役也，典制严重，神人欢喜，固为天子守土吏所宜不得简陋者也，而公皆先余为之，余则何幸而承其乏乎！”按所谓大司空刘公者，乃先世杰而抚湘者也。殷殷然归其善于旧使者，抑以示谦让之意欤！故纪其颠末于石，志美也。而廷灿之摛词润色鸿业，亦足并永其传，懿哉！

1839 黄陵庙志序一种退补斋文存本

清胡凤丹撰。黄陵庙者，祀舜之二妃也，在湖南湘阴县北四十里。《水经注》：“大湖水西流经二妃庙前，世谓之黄陵庙。”二妃从征，溺于湘江，故民为之祠于水侧。凤丹为志，以析古今之疑，辨众说之异，兹序则所以明斯志之大旨也。首述在昔翠妫南巡，卒葬苍梧之野，今湖南道州九疑山是也，其上盖有帝陵云。（按九疑山舜陵，据《九疑山志》、《湖南通志》暨郡县诸志均谓在今宁远县境，道州之说盖误。）顾虞夏之书不识二妃相从事，而史传所记及骚人韵士所咏歌，往往喜称二妃灵迹，余窃疑焉。凤丹兹说，固诚允当，然吾意“虞夏之书不识二妃”事者，盖当日史臣记载仅及在位之年陟方乃死之事，典谟简朴，或以二妃相从南征，非关天子巡狩之大政，阙而不书，未可知也。至谓考图经，湘阴黄陵山有舜二妃墓，洞庭湖口其庙亦号黄陵，二妃果从舜九疑，其卒也，胡不附葬于彼，而相望于数百里之遥者，

何也？且湘阴、岳阳两地俱存妃墓，毕竟孰为同穴、孰为疑冢，岂皇、英之卒后先异时，一瘗黄陵、一瘗君山耶？是皆不可知也。良为通论。三代之事，荒渺难稽，正不必泥古文而妄加悬揣。孟子所谓“尽信书则不如无书”，于《武成》犹然，遑论上追虞纪乎！又称：“大舜圣德神功，沦浃湖湘，五载时巡，翠华不返，后人哀慕讴思，尸而祝之，因帝及妃，理有宜然。若必欲强分为湘君、湘夫人，或以黄陵为是、君山为非，又或以君山为真黄陵为伪，争执附会，均通人所弗取。”千古卓识，凤丹诚不愧为通才也欤！

1840 重修南岳志序一种《养知书屋文集》本

清郭嵩焘撰。嵩焘是序为平江李元度次青重修《南岳志》成而作，时光绪五年癸未秋也。衡山庙殿，以同治十二年毁于火，粤六年光绪己卯，次青独任修复，又五年告成，乃历览其名胜古迹，研考方志与人文物产之丽于山者，重辑《南岳志》，编次成书若干卷。嵩焘称其“体大而物博，例严而辞雅”，从可知矣。按衡山为南岳，远肇《虞书》，自舜南巡加礼而后，大论荒服。篇中首述《尔雅》释山云“霍山为南岳”，缘于楚考烈王徙都寿春，移衡山之名于六，移九江之名于寿春，是以秦名《禹贡》衡山曰湘山，名灊霍山曰衡山，盖仍袭楚之旧，而汉武亦承之，径名灊霍为南岳，实《尔雅》传流之误也。迄乎南宋，仅衡尚存域内，祭告独隆，殆山灵显晦各以其时。于兹山沉郁彰明之数，详且尽焉。又谓衡山之志，代有专书，而迄无传世者。惟顺治初元，船山王氏纂辑《莲峰志》，莲为衡之一峰，其事典则，其文雅驯。次青斯志，其体例犹受成船山，为功于衡尤大。有若衡之为山，晦于秦，显于宋，而大昌于今日，世运之变迁，人文之升降，若隐系于其中，岂惟兹山之灵异，沛然伸于知己，餍饫乎吾楚而甄晛无穷，亦将有资于来叶也云云。于以见深幸次青劳工事于前，复成典籍于后，得与名山并寿，寄俯仰感喟之余，而推许亦备至矣。

1841 建朱子祠记一种《存吾文稿》本

清余廷灿撰。按渌水源出江西萍乡，经湖南之澧陵而汇湘流，其地曰渌口。瑞渌池者，醴之名胜也。有朱子遗像，而名益彰。廷灿首称朱子过澧陵讲学，醴陵人审像伐石，图碑于瑞渌池上，葺亭覆之。池故醴陵灵迹，水绿可绘字，而朱子遗像在焉。越七百余年为乾隆甲午，又新亭甃池，作祠堂以奉主祀，堂成岁约为会。明年三月某日，邑人肃衣冠而至者约数十百人。盖道德之辉光，昭被于斯人精神心曲，愈远则愈有耀，而不可遏佚蔽掩。斯因其名迹遗像而建祠，隆以禋祀，垂为典则，其惠泽感人于微深且至矣。又谓世之好异同者，动党护陆文安、王文成为有用之学，以诋訾朱子，不知朱子主静敬极性命之功，广博精深，用无不具。而讲陆、王者，乃谓其纡回幽渺而不乐道。然以法迹论，观其前后《上孝宗书》、六劾唐仲友之风节，及为政崇安、浙东、潭州之为民请命，如疾痌在身而务去之。遇非道非义，虽三分之贵、一介之细，较然不欺其素政。使学陆、王者径约切实，发于身心，见于家国天下，复何以加兹？夫学在诚以自治其身心，陆、王何异？胡独疑于朱子？然若仅猎取其绪言妙义，藻绘文字，或阁束其书，取腐烂无根之游言，掇拾呫哔，则于朱子讲学宗旨茫乎未闻，是岂得谓学朱子者哉！廷灿学养素裕，于性理盖亦深纯，故于世之偏党陆、王而诋朱子者，能道厥本源，不惜痛下针砭，良为有裨名教之作。所谓今宗朱子者遍天下，乃有清一代甄才取士之文，以朱注为正宗也。末谓“醴陵山水清淑，士气淳正，后之登堂而仰遗像，思所以学朱子之学者何在，则正学于是乎盛昌。”廷灿之景仰先贤、尊崇正学，惓惓之私亦昭然若揭矣。

1842 梁祠辑略一卷道光戊子刊本

清梁章钜辑。按《后汉书·逸民传》云：“梁鸿，字伯鸾，扶风平陵人。父让，王莽时为城门校尉，封修远伯奉少皞后，寓于北地而

卒。鸿时尚幼，以遭乱世，因卷席而葬。”又云：“与妻子居齐鲁之间，去适吴，依大家皋伯通，居庑下，为人赁舂。”又云：“及卒，伯通等为求葬地于吴要离冢旁。”道光间，章钜为江宁布政使，求其墓址不得，以为古制庙视墓尤重，为择皋桥近地为之构祠，撰碑记，并辑其遗文，录《后汉书》、《东观汉记》二传，《续列女传》，皇甫谧《高士传》，及隋唐书、《广韵》、《御览》、《寰宇记》、《吴郡图经续记》、《吴郡志》、《中吴纪闻》诸书涉于鸿所著书与遗迹者，又录晋周颖文以下诸诗文之表扬而歌颂之者。按叶燮、沈德潜论鸿，以父事莽，位列爵，使身复仕官，挂姓氏于朝端，且益彰父丑，况父死卷席以葬，为鸿隐痛，故将死遗言，不愿归葬乡里云云，得鸿之心矣。但所云“彰父丑”者则非。鸿父未仕汉，其死也，于莽为忠。鸿之不仕，孝也，亦义也，无可丑也。卷首有朱琦序，后有章钜跋。

1843 敦大中丞重修城南书院一种《存吾文稿》本

清余廷灿撰。按城南书院者，宋张栻讲学之所也。栻家潭州时，建书院于长沙南门外妙高峰之阳，凿池以汇息泽之水，故号曰“城南”。名以纳湖等十景，与朱子互有题咏。后废为僧寺。有明一代，兴废不常。至清乾隆十年巡抚杨锡绂、四十七年巡抚觉罗敦福先后重修之。此名贤遗迹之大略也。廷灿斯记，代巡抚敦福所作。首述前中丞清江杨公抚湖南，以岳麓书院隔湘涛，往往颠风断渡。期会不远，稽图考典，知有宋张魏公就妙高峰筑城南书院，是时晦庵、南轩两大儒会岳麓外，多就城南讲论酬倡，游止其中。湘东之有城南，故与湘西岳麓岿然并峙者。而旧迹既化为僧房，不可复，乃选得都司废署地，筑屋八十楹，以居学徒便讲习。前堂摹悬赐额。东南隅作御书楼，藏经史数千卷，即合祀晦庵、南轩两先生于中，附祀陪护书院诸贤，额仍旧称，不忘初也。兴废继绝，锡绂之功有独多矣。又谓后十九年桂林相国来抚湖南，通筹两书院事宜。城南按岁支销，始与岳麓并定经费。又十有二年，余摄抚军，因相国经画既久，略通其变，增酌规条，详备慎密，且时率僚吏来城南，与诸生崇奖德义、考评文

章。见其地气脉交聚，突怒拗起，收纳隔江峰峦入轩窗几席。而曩时所种树，根干磥砢，柯叶蓊郁，上通灵气。读书者多成业发名，人材辈出，收效与岳麓等，此地灵人杰之谓欤！再纪书院历岁年多，栋楹宋桷渐腐，砖瓦渐缺，赤白漫漶，乃与廉使观察筹费鸠工，换脆以致，绘暗以鲜，并重新雄控湘城陪卫书院之天心阁，用壮登临，非徒求复清江中丞之旧观，亦庶几存晦庵、南轩两大儒遗泽于勿替。泐石嵌壁，俾后之守土者有所考而共护之云云。其感慕先贤之胜迹，与夫期望于湘人士者，至深且切，是廷灿代敦公立言，亦能以敦公之心为心者也。

1844 补修石鼓书院记一种《存吾文稿》本

清余廷灿撰。按石鼓山在湖南衡阳县北二里，当蒸、湘之会。《水经注》所谓“临蒸县有石鼓，高六尺，湘水所迳”是也。俗有谓鼓鸣则主有兵革之事。唐李宽建石鼓书院于山半，宋朱子曾为之记焉。廷灿斯记，为补修书院而作。谓是山斗然拔岸，驾入二水，如艨艟万斛，衔碇下垂。书院蟠其腹，门前蒸、湘分泻，中间隔地不多，仅仅见界画如牵一缆，矢直刀削，线脉最奇。此山雄峻突兀之状，非廷灿之笔奚足以形。厥初门其左隅，以上势直也，利曲受之。无何，中有徒者，表里洞穿，左右激射，风气疏泄，讹言屡腾。郡大夫曰：“是不可不还其初，急转移之，乃胶执于风鉴之说而致其然也。”至谓遮蒸衡突、迎湘溶漾，则天台、回雁诸岭尽拱秀效奇，心目则辽朗轩举，或抑其山之势所宜然者欤？次叙由门入，最高当中座者曰大观楼。楼左右二祠，一祀汉诸葛武侯，一祀赵宋李忠节，岁久板瓦腐剥，不足揭忠敬、壮高明。又墙舍中几榻斋厨之需，缺如不具，寝兴无凭。郡守与衡阳、清泉两令，次第筹画，不废不侈，有则有经，良不解于先贤创建之名山讲舍，任其颓废至此。祠祀亦将阙然弗修，何幸而得贤守令之兴废举坠也。末乃侈陈其工讫而后之胜概，称：“俯仰周遭，引背为向，展旷得奥，则造化之灵秀始呈露焉。濯暗为鲜，抽脆补致，则神人之栖息倍肃整焉；陈列充庭，从容资藉，然后体气

得夷愉、神志得清宁焉。其畴不徘徊咨嗟，感激奋自兴于学乎，洵守令之功也。”赞其急所先务，尤不可宣；书于石，非贺是山也，宁得谓为谀词也耶！惜郡守暨两邑令之姓氏莫得而附传之，是抑疏矣。

1845 重修濂溪志序一种《寸心知室存稿》本

清汤金钊撰。金钊字敦甫，一字勖兹，萧山人。嘉庆进士，道光间官至协办大学士，吏部尚书。卒谥文端。其学以治经为务，主敬为本，不立门户，不争异同，大约本明道敬义夹持而兼有取于良知即慎独之说，以刻意励行为宗。督学湖南时，得士称盛。其遗著有《寸心知室存稿》。此序为道州拔贡生周嗣徽而作。嗣徽名浩，元公二十四世孙也。濂溪故有志，创于明，修于康熙廿有四载，岁久漫漶，州牧延禧有志重辑，浩乃校讹补阙而重修之。旋至京师，以志序为请，金钊慨然为之，以识在湘时展平生瓣香景仰之忱，乐附名于简末，足以昭崇仰濂溪之至意。观其篇中，首称“圣天子重道崇儒，化民成俗，躬精一执中于上，而期天下学者以仁义中正之归。曩者承乏司成，蒙恩召对，谆谆训谕，以教导士子宜讲明圣贤性命道德之指，使躬行实践，然后士习端而民风可移。大哉皇言，万世立教之圭臬。圣贤之道，备于四子五经；经书之精，阐于关闽濂洛、二程朱张之学，开于濂溪。天生周子，盖以承先圣之秘，而教后学于无穷也”云云。具见其上体国家端崇正学之深心，下慕先贤之遗泽，蔑以加矣。

游记之属

1846 使楚从谭一卷《春融堂集》本

清王昶撰。昶字德甫，号述庵，江苏青浦人。乾隆进士。从征缅甸及两金川，前后在军将十年，官至刑部侍郎。湛深经术，娴于政事韬略，研穷性理，时号通儒，学者称兰泉先生。有《春龙堂诗文集》、《金石萃编》等书。兹编之作，以乾隆庚戌七月，有湖南湘乡民童高门控书吏等折色重征诸弊之案，奉旨著偕同觉罗吉庆驰往鞫谳，并以许兆椿从，自八月朔衔命出都，讫次年二月还京复命。按日记录其行程情事，一小小日记尔，似无足纪述。惟皇华载涂，柳往雪来，王事鞅掌，古昔风人，曾抒歌咏，非无谓也。其中途在湘在鄂，屡奉谕旨，以应城县民李杜赴京控告，暨江陵县民赵学三控吏书何良弼等侵冒堤工、长沙民王泽远告县勒买常平仓谷、又提督衙门奏湖南永顺县民蒲太圻具控等四案，先后命顺道分别前往提审，往返纡程亲谳，骁骁靡盬半载有奇。其沿途之气候、原隰之风物，日必有书。而于民生利弊有关、官吏职责所寄之大者，尤多咨察，以求其隐。殆侵侵乎有召伯巡行南国之遗风焉！读之可想见其为人。斯作之可重者在此，故为之诠述，以俾永其传云。

1847 奉使纪胜一种《小方壶斋舆地丛钞》本

清陈阶平撰。阶平，泗州人，名安魁，以字行，号雨峰，又号鹿岑。乾隆间从军，道光时官至福建水师提督。英人入厦门，以统兵拒战有功，寻罢去。迨厦门陷，复起为提督。和议成，假归卒。是纪

也，首称“道光九年己丑孟春，皇上以西域荡平，八方安谧，恭上皇太后徽号。粤稽典礼，遣文武臣工祭告岳渎及历代帝王陵寝。阶平职守镇箪，承命恭捧祭文香帛前往”云云。所谓“职守镇箪”者，盖官镇箪总兵也。以二月初六日祭南岳，十三日祭炎帝陵庙，二十三日祭虞帝陵庙，至三月望之前一日回署。就沿途经过山川，略纪名胜而成此篇。按清例，奉使命者须驰驿遵陆行毕，始可航也。篇中为文，起由凤而麻，迄自省转櫂上沂常辰而归，依次叙述。凡形胜古迹有所稽考者，罔择巨细，靡不探厥本源，详为记录。有如舜陵之祀，徭长率男女伏谒道旁，祭告时分行笙鼓舞跳，揖让有礼，可知向化日久，能循三代来格之风。三处礼成，均值光天霁日，霭气和风，允聿昭其诚敬。惟惜于炎虞陵庙、衡岳高峰，以使命在身，莫罄登临瞻眺，不无遗憾尔。复谓前历戎行三十余年，于江左一带名迹均足迹所经，既而来楚，上溯湘沅，以山水之壮观尽矣，不知衡、永且有胜于是者。有清盛典祭告，向遣文臣，阶平得膺斯役，可称异数。抑与名山大川有夙缘欤！末又谓署中旧有斗室，形颇似船，归而葺之，因额曰“斯安航”，联曰：“敢诩涉川能作楫，但期素位若乘航。”用以自勉，并副纪胜，纾其恪恭寅畏之怀抱。几有古大臣风，雅不失为彬彬儒将矣，斯记宁不得而传哉！

1848 湘行记一种《小方壶斋舆地丛钞》本

清彭而述撰。是记专纪由长沙至衡州湘江之所见也，故以《湘行》名。首谓“湘”与“潇”并著，长沙而上，统于“三湘”，“潇”不复名。小臣于大，不独潇矣。末又曰：“抑郦道元曰：‘潇者，清深也。’如是则前云‘潇湘二水’或妄也。”是辨潇湘之流域至严且晰。独惜一如《桂阳石洞记》，不系甲子，仅述湘之游以七月十八日，又于廿五日抵衡，云云。按之《游浯溪记》所称“己亥六月余以校士事卒入祁”，洎斯记中所述“自四月抵长沙，凡五阅月”诸语观之，此行当为而述提学湖南莅临之始矣。综其全作，于沿江之风景、两岸之山势，以及树木、花竹、杂草、鸟兽之属，摹写俱曲尽

其致。复俯仰古今兴亡治乱之迹。湘江一水，足扼南北战伐之喉。时值鼎革方新，大乱甫定，居民甚鲜，间见颓垣，感宋玉悲秋之语，于风雨扁舟中，无酒无肴，客况索甚。独觉其山灵春恋，云物追随，有恨负于湘流者久矣。噫！而述之去国怀乡、思君忧民之心志，油然见于字里行间，盖读之不能无跂慕焉尔。

1849 楚游纪略一种《小方壶斋舆地丛钞》本

清王沄撰。沄字胜时，华亭人，著有《瓠园集》，一博学多闻风雅士也。是作首述壬子在都，先后得林子安国、徐子野公二良友。癸丑暮春，偕徐子游武昌，登黄鹤楼。未几，蔡公毓荣有湖南之役，乃得登南岳。按蔡公毓荣者，为清初汉军正白旗人，字仁庵，顺治间补刑部理事官。滇藩吴三桂叛，拜为绥远将军，率兵定滇黔，遂授云贵总督。沄与徐野公，盖同参毓荣戎幕，故得而从游焉。所署壬子癸丑，当在康熙十一、二年间。其纪游踪，自荆南涉江抵岳阳，时楼已毁，倚舷远眺，洞庭茫茫，君山隐见而已。越湘阴，泝湘水，过长沙而至衡山纵览全岳。篇中描写胜境，至详且悉。如记嘉应门内庭中之铁香炉，为崇祯间桂藩物。僧言南天门下有石船，辛卯春，一夕大雷雨，忽失所在（之类），器物流传，陵谷易位，足供后人征考。时当鼎革方新，大乱甫戢，名山古刹，半沦劫灰，所叙除峰峦林壑胜迹依然而外，其庙宇寺观之属，仅存荒残余烬，似沧桑之感有不能自已者焉。斯衡游所独异于人者，时为之也。并述浮湘下长沙，访岳麓，摩抄北海碑字与隋文小石幢，谓“俯视湘江，近在襟带，怀屈贾之遗风，与徐子有同志”，其胸心旷达可想见矣。于是浮沅流而上达常澧，折而之荆，复泝汉水而上，趋襄樊，游武昌。夷考其时，湖广统治分上下荆南二道，湘鄂固无畛域也，联而纪之，良所应尔。其末与林、徐二子综评蜀之峨眉，楚之衡岳、武当三山之胜，以“眉山高寒，土毛不殖，可游而不可居；林壑之美，琳宫之□，莫武当若，惜第祈年望仙之伦，非嘉遁之幽栖也。至可车可骑，亦可杖，靡地勿泉，泉及为田，不及则圃，僧厨举炊，不汲而至，溆湍作舂，起止自然，上药

名香，珍果厅奇卉，名笋蔬菰，四时咸具，虽松杉之伟不逮武当，而美箭佳林亦可娱目，其惟衡山乎！”信能于名山之真意，心领神会，独有所得，洵笃论也。又谓卫夫人之石，让迁二祖之塔，二氏所宗，翳彼唐之李韩，其游焉息焉者，亦宋之朱、张、胡、林，洎先朝罗湛诸公问道讲学之区也，高山仰止，景行行止，微衡山我谁与归。其跛慕前贤之甚，又何如乎！若王氏者，可谓善于游者矣。

1850 泛潇湘记一种《小方壶斋舆地丛钞》本

清黄之隽撰。之隽字牧石，号唐堂，华亭人。康熙进士，官编修，坐事罢归。喜蓄书。著述甚富，尤工诗。所著《唐堂集》，能别开生面。之隽以某岁由湘之桂，泛舟潇湘，泝江而上，揽其全景而为是记。按：湘为水之最著闻于楚南者也，故以“三湘”见称，潇湘、沅湘、濆湘是已。永以上为潇，以下为湘，潇不及湘之长且巨，读彭而述之《湘行记》中曰：“长沙而上，统于三湘。潇不复名，小臣于大，不独潇矣。”然欤？否欤？彭氏过于苦为分明尔。之隽此行，似在仲冬之月，所叙“江流曲折旋绕，舟行乍左乍右，东南西北，步步易向，故行程日久。水澄澈，经冬缩潦，清激弥甚”，又谓“红叶翠柯、浓染密缀，不因寒损。其余平沙荒溪，浅芜衰草，皆是《楚骚》之象。时则积雪襞积于遥峰连阜之间，峭蒨邃冷，描绘转胜”云云，从可知矣。篇中分纪全江山水之形形色色，靡不曲尽其妙，可作潇湘八景图读之。以视昔之郦注、柳记，当不得让其专美于前。至读其结论，有“大抵潇湘之间，水纹石皴，岸容树态，真化工之为画工，余舟泛其中，悔未学画矣”诸语，则之隽于山水之真意，其领会别有独到处耶。

1851 沅水泛舟记一种《穆堂别稿》本

清李绂撰。绂字巨来，号穆堂，临川人。康熙时翰林，官工部侍郎。其学原本象山，在先立乎其大者，博闻强识，下笔千言，论者谓

集江西诸先正之长。著有《穆堂初稿》、《续稿》、《别稿》等多种。绂以康熙五十六年为户部尚书赵申乔所举，特简云南正考官，试竣，于十月下旬归途出黔之镇远登舟东下，而作是记。自沅水泛舟始，按日纪其行程情事，类日记也。大凡所经之地，于大小诸滩险夷，洎沿江胜迹，或于历史可考，或于苗蛮有关，及其风景之足流连、物产之资记述者，靡不笔之于书，极称详尽。如谓马王滩之五溪人称伏波将军为马王之误，以伏波未尝封王，疑为楚王殷曾遣将平飞山洞酋，今靖州尚有马王庙，此盖其昔所经营处也。又谓泸溪县境之辛氏女崖，传为高辛氏女配槃瓠，今山头有石头人及其石罅有丈余木船，土人呼为沉香船，辨槃瓠衔吴将军头事出自小说，鄙诞不经，古无吴姓，吴即虞也。古字多从虍，如“乎”作“虖”、“彬”作“彪”、“处”作“處”、“租”作“樝”皆是。《史记·吴世家赞》亦已“吴”、“虞”为一。汉吾邱寿王《两都赋》作“虞邱”，“美”、“吴”、“虞”一音，故“吴”、“虞”非二字，公孙以王父字为氏，故虞仲之后为吴氏，古安得有吴将军哉！妄为此说，以辱诸蛮可也，其污蔑帝女甚矣。引证精当，良为有识。至沅陵令馈鲤，其事虽细，亦足以志方物之美。过浑水滩，怀伏波武溪壶头遗迹，谓虽世运休明，瘴疠少减，而川之险如故，不禁令人思乡。吊古深情，溢于言表。是记迄于常郡之鼎江而止，盖以沅水将汇湘流入洞庭耳。皇华摛藻，文足以传，视王昶之《使楚丛谭》又何多让焉！

1852 游南岳记一种《小方壶斋舆地丛钞》本

清金之俊撰。之俊字岂凡，吴江人。明万历进士，官至兵部右侍郎，降清后仍原官。康熙间以秘书院大学士致仕，卒谥文通。有《金文通集》。斯记所纪游踪，至详且悉，用笔清健，词无烦冗，允推杰作。先修谒庙礼者，盖循官仪也。履芒鞋，曳竹杖，遴道士之不恶游者为津梁，信能得游山之法。行甫五里，至玉板桥、宝善庵，有老僧从石罅中出迎，长三尺许，状如山猴，询其年八十有一，扪萝如飞，殆异人欤！至飞来船，为蜀僧所构小庵题曰“筏庵”，足称嘉会，能

并贯道泉上石壁，定林祖师题诗之笔痕常鲜乎，恐莫伦也。宿上封寺，观日月上升。导游羽衲击节称快，谓“望月者百不得一，望月而兼望日者尤从来稀有奇遇。与夫过鸡公岩，行薜萝深处，为三十余年游屐罕至之地，非天特假以胜览，抑三生缔有前缘，曷克臻此?”惜记中不识其年月。惟观首述“屏去舆从，策蹇作山游状”，及末谓“还岳庙，屈指游境，十未二三，欲再商问奇处，忽一邮卒持公牒来，余喟然曰：‘我犹俗吏也!’遂带星而归”云云。按之《湖南通志》，之俊官佥事分巡下湖南道，时当明熹宗朝，是之俊此游在天启间明矣!

1853 衡岳游记一卷《昭代丛书》本

清黄周星撰。星字九烟，江苏上元人，明崇祯进士，官户部主事。少育于湘潭周氏，后疏请归宗，盖复姓黄周，星其名也。国变后遁迹江湖以终。著有《刍狗斋集》。是编自序其首，述生平旷适之性，衡游告成，聊托纪咏。谓稍稍破蜂房、出蚁穴，信如王谑莽之言，署曰“汰沃主人”。又谓：“自总角时即有五岳之志，顾生钟山草堂间，距五岳青翠遥远，每于缣素中缅怀云气，曾狭策走山东道，瞻望岱宗葱郁，穷旅䞈隤，仅从驴背上延颈注盼，黯然告别，徒感惭惶。若南之衡，自辛未入楚，又十二年，始践斯约，于以见寻山不辞远而怅其迟。”其襟怀之旷达可想见矣。古今南岳之游，有纪述者，何可胜数?能不失之纤琐、流于冗杂者，殆不多觏。兹记于行程气候、草木泉石，历历如绘。而山灵奇闻逸事，则多于善问得之，有前人所未及者。至若言祝融之高、方广之幽、水帘之奇，尤悉探其蕴奥，以清健之笔描写游踪，极称简净，今取作衡岳图经卧游读之可也。附录题咏诸诗，即事寄情，隽逸有致。余意凡名山奇景，朝晖夕阴，气象万千，游者目遇神领各有不同，其所为文自亦各异其趣。末有杨复吉为之跋，谓星著述最富，惜梓行者不及什之一二，良可喟也。兹记亦散刊之本，当与王氏《五岳草》、潘氏《鸿爪集》可称鼎足，其信然乎！按星斯游在壬午秋杪，距甲申之变仅两稔，所谓五岳之游，请从

衡始，似莫得竟其志，能无遗憾欤。

1854 游南岳记一卷《小方壶斋舆地丛钞》本

清潘耒撰。耒字次耕，号稼堂，吴江人，有《类音》及《遂初堂诗文集》。康熙乙卯春正，偕其甥陈周纶、表侄吴勖初同游南岳。时阴雨连旬，私祷开霁，盖欲效昌黎之精神感通而未能也。踏雪登祝融，投宿上峰寺，暖酒烧榾柮，夜分月上，披衣起视，光景奇绝。晨兴眺望，千峰万岭，一白无际，深沟大壑，处处平填，枯树变作琼琳，荒榛化为瑞草。复鼓勇登绝顶，俯视山河，融成一片。七十二峰纵横高下，若琼台瑶岛，出没于白银涛浪之间。以视昔诗人王冕，大雪中赤脚上会稽山顶瞪目叫绝，谓世界一白玉合成，此峰高会稽十倍，故当胜之。生平观雪，无逾此者，十日始竟，其胸怀之清快何如耶！读之令人神往。从来记衡游者夥矣，山川风日，气象万千，所遇之景既殊，其所得之趣亦自异，状雪如斯奇绝者，得未曾有。抑潘氏之笔善于摹绘欤？观其首叙五岳为衡岳最远，唐以前名贤无至者，杜少陵望而未游，韩退之仅至山麓，宋之朱、张始登祝融，至方广，元明以降亦无几人，余来南楚，专为游观，其自许为古人所不及，可概见矣。

1855 登南岳记一种《小方壶斋舆地丛钞》本

清唐仲冕撰。仲冕字六枳，号陶山，善化人。乾隆进士。初知荆溪县，累官陕西布政使，权巡抚，后引疾归。性至孝，以其母没父任所，贫不能还，葬肥城之陶山，因以自号。尝结庐墓侧，孜孜著述。有《岱览》、《陶山文集》。此作首谓“衡山为寿岳。岁九月往祈亲年，裹粮步行”云云。每至岁之仲季二秋月，往岳庙顶礼者，相望于道，昼夜不绝。或禳亲疾，或祈亲年，盖湘俗由来旧矣。顶礼者率皆斋戒沐浴，必诚必敬，非谒毕罔敢游观，故斯记不曰“游”而曰“登”，所以别于常而示敬，非无谓也。中途过昭山，远见一峰，东南

屹立云端，询知为紫盖，引少陵句云："紫盖独不朝，争长業相望。"其瞩目营心，已有独异。所至多识前人题石，如纪上封寺为昔朱张所谓板屋者，今一名蓝巨刹。祝融峰寺右，循泉枧而上里许，见泉发峰背石罅中，涓涓流入上峰斋厨，饭可数百人，虽盛暵沍寒不藨。盛宏之《荆州记》云"峰上有泉，飞派如一幅绢，分映青林，直注山下。殆尔时上未有枧"之类，发考古之幽情，多悉陵谷变迁，古今异势，洵为有识。唐氏出仕苏、秦时，以嗜修治古迹称。观此益信。宿上封，未得观日出，颇恨缘悭。与夫邺侯书院、黄庭观、方广寺诸胜，莫罄游踪，犹留遗憾。以相距十数里或数十里之遥，恐劳扶鸠倚门之望，其慕恋之忱，可敬也。惜记中不纪甲子，末由考悉，其在读书里闾之岁欤。

1856 游南岳记一种《小方壶斋舆地丛钞》本

清罗泽南撰。泽南字仲岳，号罗山，湘乡人。少苦力学，尤笃志性理。洪杨乱作犯湘，以诸生率乡勇与战皆捷，积功官至布政使。曾文正公藩甚重之。后援武昌中炮卒，谥忠节。道光戊戌秋，泽南偕陈子乔、林固庵之衡山，舆行两日抵其麓，阴雨骤注，咫尺晦冥，此昌黎所咏"阴气晦昧无清风"也。诘朝云开，祝融忽现天际，旋露旋灭，山行崎岖，各蹑草履以上，憩半山亭。上则云深不可测，经羊肠屈曲，瀑布奔流，怒下万仞，尤奇险可怖。秋日上蒸，云气五色夺目，历境恍惚，不可名状。俄一岫见，以为凌绝顶。奋登之，则闻钟磬声、鸡犬声、行歌互答声，倡和天下，仰之不见其处。攀跻达上峰寺，云忽划然而断，峰颠挺现云中，如螺如髻，如大海孤岛，绝无依傍，风动云舞，山岳俱摇，令人眩悸。夜半大风作，殿宇铁瓦欲飞。晓视云散，遂攀危石凌绝顶，近瞩荆襄，远览宇宙，一目万里，洞然无蔽，此又昌黎所谓"须臾静扫众峰出"乎。斯数景者，乃岳之常态，而罗氏窃有感焉。盖其学深性理，所见有独到之处，故于名山胜状了晤人之显晦穷达。其所谓"凡人于天地间，始多蒙昧而未开者，殆初遇之阴霾冥晦境也。而其本体之高峻，未尝不时发露。殆继见祝

融之旋露旋灭，与夫半山以上之奇险可怖，云气恍惚也，不因其所明而求之，遂至茫然而莫辨者。则俄一岫见，奋登得闻诸声而不见其处也。且卑而近者其境易窥，高而远者其妙难见者，乃上峰寺云断峰现，云中俱景令人眩悸也。天地蕴奥，每多秘藏，不可骤知，使因偶有所得而遂快然自足者，则风作云散，登临绝顶，一目万里，洞然无蔽也。必毋自弃自画，尽乎人复得乎天，而后此心庶无憾”，大哉言乎！至所谓将遍访岳中昔贤曾游之幽洞异岩，欲有以尽其细者，似又适证其终有所不能违之旨矣。余观罗氏之论，始知其效命疆场，竟厄于眩乱者，天也！其具有临大节而不可夺之志者，尽乎人也！噫，征斯记恶得以知之。

1857 登君山记一种《小方壶斋舆地丛钞》本

清陶澍撰。澍字云汀，安化人。道光时官至两江总督，谥文毅，为有清一代名臣也。尝持洞庭即九江之说，援古证今，发为文辞，论义精确。且任皖抚时，曾督修《洞庭湖志》，人称名著，于诸水入湖图说，尤为精审，是熟谙全湖之状况者莫文毅若矣。斯说为登君山之作，所谓“余往来洞庭数矣，未及登也。会有事常德，而岳守陈公亦专人相迓”云云。惜于其甲子涓经行始末均不得详，令读者不无遗憾尔。按洞庭本海内巨浸，其峙立于中者，东则扁山，南则磊石青山，西则明山、寄山、团山，独君山苍然贴湖心，为沅、澧、濱、湘之砥柱，居十一福地之列。山中有若二妃之墓与庙，有若洞庭君祠，有若崇胜寺，有若轩辕台，又有若酒香亭、柳毅井、龙虎二洞及朗吟亭诸胜之事迹景物，靡不详其源委、阐其幽异，可作一君山图说读之。虽其周仅七里有奇，然有关历史足资征考之处，则至繁且巨。又如于郭璞释《山海经》：“洞庭之山，帝之二女居也，谓为天帝之女。”谬误滋甚。轩辕之台傍有飞升亭，谓黄帝铸鼎荆山，未必即此。崇胜寺僧堂下所列铁鼎二，为孟珙所遗无疑；柳毅井旁有大刺桔，即毅为泾阳妇人传书处，事见小说《虞初志》，流俗遂奮为洞庭之神；朗吟亭旧有石碣，刻“朗吟飞过处”五字，谓神仙踪迹，实之以“处”，得不

贻回道士笑耶之类，皆能博引典籍，正诸前人之傅会舛讹，独具卓识。至叙山奥一刹，榜曰“有缘”，盖言山非有缘者不至也。蓬莱三岛，自在人间，然名利两航，去来如织，逆风则不能至，风顺又不肯至，其有欣然襥被、蜡屐思游而尘心未化，见远山灵，往往阻以风波或临岸而引之使返。如今日之游，不谓之有缘不得也。观夫文毅过此登临，信非偶然事，其斯记宁亦不与之俱重也耶。

1858 重游岳麓记一种《小方壶斋舆地丛钞》本

清李元度撰。元度字次青，自号天岳山樵，晚又号超然老人。道光举人，咸丰间转战皖、浙，卓然儒将，为曾文正公国藩所重。以功累官云南按察使，终贵州布政使。工文辞，谂掌故地理，著述颇富。是记为同治壬申夏四月八日，与罗研生、郭意诚、张力臣重游岳麓之作也。此山为衡岳之麓，峙长沙湘江西岸，以书院而名著。岳麓居四大书院之一，旧为宋贤朱、张二子讲学咏歌之地，流风遗泽，由来尚矣。故登赫曦台、风雩亭，而有晦庵、南轩之名迹在焉。其入万寿寺，观僧众浴佛；登云麓宫，视湘流如带。桔洲出没巨浸中，长垣十万户缕缕可数。襟怀旷达之致，饶于笔端。至若抚六朝松、摩挱北海碑兼宋嘉定间何致所摹刻禹篆，憩稻香台，一以见神物之隐显无常，一以念宋邹浩之名无终极，与夫望射蛟台、谒屈子庙，皆油然怀古、一往情深，洎更追述未冠时读书斋舍。又七年，偕桃源令景君再游。甲寅夏，曾文正屯军城南妙高峰，相随步月往，归且达曙。景君既死寇难，文正亦不可作，其俯仰今昔，人事变迁，大有感不自胜之慨，是殆苏子所谓自其变者而观之，则于天地曾不能以一瞬欤，又奚不回视宇宙山川悟物我之无尽藏也。

1859 游桃源山记一种《小方壶斋舆地丛钞》本

清李澄中撰。澄中字渭清，号渔村，诸城人。康熙时举鸿博，授检讨，典试云南。著有《卧象山房集》、《滇程日记》等书。是记即

庚午秋澄中由滇试竣，回道桃源，便游之所作也。桃源山在桃川宫东，距常郡不百里，郡附郭邑曰武陵，故陶记中首有“武陵人捕鱼为业”之句。兹山得渊明一记而传，澄中以读其记，谓洞中阡陌交通，鸡犬相闻，颇如外人，未尝谓其为仙，亟欲一究其真相，从而入山。仅有八卦亭、遇仙桥之胜，不独求所谓鸡犬桑麻杳不可得，且溪口皆崇山峻岭，即渔人舍舟处亦无从问津，岂山川陵谷今古变迁有若是之甚耶？惜亭前虽多古碑，率斑驳不可读，平台之石床、石几恍惚若鬼物，抑岂渊明之旨无足深辨？至土人所述南峰下故有洞口，其中乃秦人隐处，前为深潭，今沙砾日积，又岂沧桑有以致之欤？澄中寻圣无获，意兴索然，遂谓陶记非渊明所作，又疑高岸为谷，深谷为陵，古今异势，抑渊明好奇，偶有所闻，率而漫笔。又或痛义熙之乱，欲得所为“不知魏晋者”而逃焉。深有恶于士君子以文辞垂后世，靡所据而徒快意一时，致使传闻异词，痛下针砭，义正词严，言近于理，读者当不得以妄诋古人目之。

1860 游金牛山记一种《小方壶斋舆地丛钞》本

清潘耒撰。耒至龙阳，闻邑令余若山、学博申宫雍言金牛之胜，欣然往游。山在县南，相距六十里。志载其景凡八，类多琐细，不足尽之。入山夹道枫柟，三十余里，斐亹不绝。时当十月之杪，经霜红叶，如行云锦中，饶有佳致。秋光之盛，有如匡庐春色。其山径蒙密，路殊幽峭。几过小岭，忽平原大开，遥山连绵包其外，隐隐如大环，环中村落相望，鸡犬桑麻，别一世界。寺在山半，无边胜概，一望能收，可称绝境。金牛本古名道场，载在灯录者。形势之雄伟轩豁，宜乎为历代祖庭。然芜废殆已百年，僧迹几绝。时住持鹤宕，与耒同籍江左，二十七年未曾下山，一坚苦笃行老僧，来主其寺，始稍稍修葺殿宇，虽规模宏远，而旧制复未二三，盖綦难矣。登山巅所见益广，周遭皆数层，近者钟釜帖伏，不可算数。循崖东下，有风、雨二洞，一石下垂如鼻，中分二孔，咫尺间燥湿迥殊，亦一异也。耒为斯记，不纪甲子。观其首述“浮湘涉沅，数百里烟涛浩然，水观颇

畅，独未及登山”云云，是兹游当在衡水前也。

1861 游石门记一种《小方壶斋舆地丛钞》本

清罗泽南撰。道光辛丑，泽南馆于洲上，石门矗其南，冬日偕诸生游之。由山北造其巅，以多不可名状之巉岩恶石、又有毒草恶木从而蒙蔽之，令人心悸目骇，废然欲返。幸得山人相告，山麓有岩，幽邃可探。乃循石磴下，陗历陡绝。其岩有三：下曰水岩，因山南水注，多泥不可行。入中岩，始则荒甚，旁有穴而黑，持炬进，其洞深宏。石多白，上悬者若镛，若磬，若鸾凤，若虎豹熊罴、旌旗等等；其凝于下者，为墩、为几、为床、为槛，可坐可凭。再入里许，溪流有声，中有洲，下有桥，坐听琮琮琤琤，幽静凄切。又上有数重，掘其土可粪田，农人利之，是尤可异者也。至上岩则多温风，炎气拂人，炬几欲灭。山人又告曰："此为风岩。"划然长啸，风喁喁和之，众窍皆应。洞又数重，层递而下，所见益奇。最下有圆窍，坠以石，声硧硧然历时始尽。凡此种种所见，泽南以为奇异，幸山人之来告而又惜相赏者之稀。从来山川蕴毓，象人物、鸟兽、草木之形，秘藏于幽岩曲洞者，殆所在多有。泽南通儒，宁未及知耶？及观其所记，或曰："此地之人类桀骜不驯，其得之粗气欤？"曰："其气禀使然，亦习俗有以致之。然其所受于天，未尝不善，特未有以启其窍者，何遽以其俗弃之"云云。是泽南秉施教无方之旨，欲有以尽化其野犷之质。君子之用心，可概见矣。

1862 罗山记一种《小方壶斋舆地丛钞》本

清罗泽南撰。泽南家故居湘乡县百里外之罗山，尝以罗山自号。为是记者，所以形其美善而自得也。罗山以群峰钩连，四面罗列故名。山势远自西来，最大者曰黄龙山，横亘数十里。屈曲变化，相接盘绕北下者有荆紫峰，一峰独秀者则颜子岭，横列若屏者则龙破石。又有桃林一山峙其北之麓，诸溪之水汇之，夹岸多桃树。由黄龙逆折

而南，曰石屋岭，并有所谓蕉芭天使诸岭联亘西南隅，峰多种竹。忽而奇峰迭起，与荆紫峰对峙者为九峰山，黄龙折至此为衡山干脉，一支东趋祝融，一支东北趋历城涧，为双峰屹立水滨，与桃林汇为罗山门户。周百余里，中径五六十里，居中望之，如城如垣，如藩篱，如旌旗环侍，如臣僚笏立，又有笔山等三峰并立其中。泽南之居，在其下焉。其间田宜稻，圃宜菽麻、宜瓜蓏，山宜松、杉、桐、梓、竹箭，鸟多黄鹂、慈乌，人多淳朴，水最清洌，罗山之美备矣！泽南谓人于修业之暇，时相眺览，足以涤尘垢，宣堙郁，条达其广大高明之气。是山据湘之上游，磅礴郁积，巍然于外也；万仞壁立，闳然于中也。宽平舒泰，无一物凝滞，投之不能得其间，窥之不能尽其藏，殆有类于有道者欤。复有衡岳东去不百里，龙山亦高峙其西，又若重翼于外，成为一家者。伟哉论乎，其视罗山亦至矣！余以为泽南之学识，与夫贞毅不挠之志，捐躯取义，大节凛然，不即此山清淑之气钟毓于其一人也耶？

1863 游龙山记一种《小方壶斋舆地丛钞》本

清罗泽南撰。道光壬寅秋九月，泽南以天高气清，经旬不雨，偕谢子春池、李子察庵往游龙山。谓时馆洲上，去山百里许，盖方家居授徒也。按龙山在县治之西南，罗山峙其东，高逾四十里，与岳之祝融峰埒，并跨湘乡、邵阳、安化、新化四邑境，涟水之源出焉。越二日，宿白水，始登山之半。忽平田广数十亩，烟村相望，水循石硖出，飞悬瀑布数百丈，故以白水名。俗传其间旧有龙，盖山之得名亦以此。余意幽壑潜蛟，理所固有，龙则难信也。其俄而寒风作，阴云出岩穴中，瞬遍布山谷，攀履之境骤灭，如泛大海，如立太虚，人前后行，以行歌互答验远近。竟日之力得跻其颠，可谓劳而险矣。其颠有祠，石壁铁瓦，凭轩望之，楹庭外即无所见。若此之阴霾四塞，应隳败游兴，气馁而神疲，乃不出此。有樵者笑问："何故汲汲而来，不于清明之时，而于秋阳久暴、阴凝潜伏之候？知几者神，宜悬车息足以待。"是讥之甚也。泽南谓："以道喻之，所谓虽险易殊途，雨旸

异候，心与道凝，即神与天游游，无入而不自得。今既不获极宇宙之大观，揭造化之奇秀，而我心自若，彼浮云舒卷，初何与哉！乌知今日之昏昏，不可易为昭昭者乎！又安忍是山之高大终蔽锢于尘雾中也。”樵者闻言，负薪而歌，曲终而去，莫知其向。读此可知泽南性理之学纯邃，托樵者为问答，以寓物理之显晦有时，人生之穷通有数，与陶靖节之《桃花源记》、苏东坡之前后《赤壁赋》诸作颇相类。其结句之飘忽欲仙，尤惟妙惟肖已。

1864 游永州三岩记一种《小方壶斋舆地丛钞》本

清潘耒撰。耒尝于康熙己卯春正，偕其甥陈周纶、表侄吴勋初同游南岳，其游记中有云“余来南楚，专为游观”，斯记仅纪二月上旬，是此游在衡游之后可知矣。三岩者，芝山、朝阳、淡岩是也。首叙江行入永，始见石山棱棱露骨，与潭衡诸山绝异。郡郭之西，诸山不高，而石锐削挺起者，即柳州记所称西山也。问于零陵葛令，知岩则芝山最佳，朝阳最近、淡岩差远，有绿天庵为怀素故迹；余则柳子厚之遗迹，略存一二。有若愚溪桥，其溪流入于潇，水清石瘦，为子厚故居，今有祠。溪中又有所谓钴鉧潭及西北谷中之柳子岩者，似无足称述。至岩故自奇，而临望佳绝者为芝山朝阳一岩，元次山曾作铭，而柳记中独不及。相隔廿余里之淡岩，其形初如覆釜。继有悬崖，如狮蹲伏，洞开其口，一刹藏焉。复有洞深高而通明，岩石巧异，内外各殊，耒谓殆列仙之居，非蛟龙之宅。永山多奇，以此为冠，其称许可谓至矣。又谓“永州山水之胜，以柳司马记始显，余来只寻记中所述。不意旧迹皆湮没不可见，见亦平平无奇。其奇绝者，乃在后出之芝岩、淡岩”云云。岂当时无是二岩欤，抑柳司马未知之欤？人间陵谷，亦同仙源之隐见有时耶？令人惑之甚已。

1865 前游桃花源记一种《小方壶斋舆地丛钞》本

清陈廷庆撰。廷庆字兆同，号古华，奉贤人。乾隆进士。官辰州

知府。有《谦受堂集》。是记为廷庆于乾隆庚戌秋七月，莅辰阳过桃源时初游之所作也。方其抵沅江，即舍舟而陆，行经桃源山下，适雨余积阴未散，乘兴至八卦亭，会云松上人导登山腹，入大士堂，瞻谒敬礼。攀罗而登，北行至洞口，但见两旁绝壁，石扉双扃，洞前泓然为池，窈然为溪，洑流涓涓不绝，泉籁悬空，绿阴夹路，万缘为之俱断。由遇仙桥而下，回瞻林岭，愕眙恍惚，迥出尘表。所叙洞之崖略如是而已。谓“今按白马江距洞口数十丈，古今陵谷海桑之变，故自不同，无从征信。读渊明之记与诗，当秉其自言‘读书不求甚解’之旨以解之，则渔人之真伪、神仙之有无，疑信均不复置辨”，洵具有卓识。又谓“摩诘之因陶记而为诗，昌黎则斥为荒唐，形诸讽咏，一作诗中之画观，一与辟佛同其旨”，亦属通论。廷庆曩曾司铎淮上之桃源，今领郡符而来溪峒，昔临大河之奔浑，今探古洞之幽胜，毋乃儗非其伦，溯洄境异名同，不免萦怀梦毂，大有愿为武陵渔者之慨。延庆心志之淡泊，从可知矣。

1866 后游桃花源记一种《小方壶斋舆地丛钞》本

清陈廷庆撰。乾隆癸丑夏五，廷庆守辰之三年，归棹星沙，小泊朗江鼎城下，循驿路行，是日为竹醉日，其夜束火宵征，至桃源候馆息焉。思乘明月再访桃花源，以补前游所未逮。因贺建亭访其大沅于县幕不果，翼日晨挈贺氏竹林暨冯心白伯仲之客于桃者，与之俱往。山僧出迎，殷倍畴昔。导由遇仙桥入，竹香泉韵，翳如洒如，琐碎琮琤，移情如昨，而小白蔫红已不可复睹矣。又历禅观，憩新葺之陶祠，汲泉瀹茗，具黍烹蔬，题诗相（诒）［贻］，情豪兴逸，重游之乐，殆不可殚述也。回溯曩者秋山新沐，独领清佳，前后两渡问津，虽风景不殊，而气候之阴晴与游人之众鲜，故自有别，廷庆固不能无感焉。但所谓他日者，仅为一夕之淹，禅林梦觉，载寻揽船洲、归鹤峰诸胜，则又补斯游所未逮，胡仍不穷其源而尽其胜耶。反观其引东坡诗云“桃花流水在人世，武陵岂必皆神仙”，又叙云“世传桃源事多过其实，渊明只言先世避秦乱来，则渔人所见，似是其子孙，非秦

人不死者也。仙源何地无之，而仙骨不尽人而有。盖必具此理解，然后可与读渊明之文、识渊明之诗，而后可以得渊明之意”云云，洵可谓读书得间，发前人之所未发，堪称妙喻。至记中于后游情事，叙述清晰，笔亦清健，又岂不足与坡公之前后《赤壁赋》同永其传哉！

1867 游天井峰记一种 《小方壶斋舆地丛钞》本

清罗泽南撰。道光丁未，泽南馆于左氏之芭蕉山馆。夏四月，久雨新霁，谢子絅斋、康子斗山自涟滨来访，因偕馆中诸生作天井峰之游。峰似在馆之左近，山高水深。时际清和，古木修竹，翠色欲滴。幽禽惊人至，飞鸣上下，与泉声互答。其境之胜若此。山巅有僧寺，寺有井泉，深而清洌，上映天碧，峰之得名盖以此焉。泽南踞峰巅远眺，南则龙山，西极褒中，缥渺隐现；东有衡岳诸峰，突兀天际；北望潇湘洞庭，远在若有若无之间。四顾徘徊，一目千里。思虞舜之南巡，怀禹碑之奇古，或则为迁客骚人栖迟寄迹之处，临风遐想，宜有情不自禁之感矣。至答谢子之言，谓：“兹游之乐，固人之幸，若山之幸与不幸，则在乎人。或道明德修，继往哲之坠绪；或扶危定难，挺不朽之功勋于宇宙，后之慕其人者，为之凭吊，则山与人方同不朽。否则，肆意登临，瞬成梦幻，曾何与于山？”余读泽南所为游记，罔不托词山川，寄慨身世，其终也毕竟捐躯报国，良有以夫。观所纪是日少长追随，或先或后，洎归途日影西斜，暮烟苍翠，望之不尽，大有浴沂风舞雩咏归之志，是又深得圣贤乐天知命之旨者欤！

1868 游连云山记一种 《小方壶斋舆地丛钞》本

清李元度撰。元度字次青，平江人。以连云在县东南，其家面山而居，准诸虚空鸟道，不过十余里。其巅则路纡折，远且三倍。同治庚午展重阳，约毛生萼屏游焉。连云古称纯山，朝晖夕霭，四时异状，每久晴山巅出云必雨，其竣极可知。所纪自卑而登，先历雪峰之单椒秀泽，刘君镜蓉有草堂在其麓，与元度之居遥遥相对。愈上磴

窄，几不受趾，斗折螺旋。经十数息，一峰突起，号棋枰石。巨石阁岩端，危若垒棋，类仙者所置。再陟尚有三峰高插天半，奋臂造其巅，若不知人身之小天地之大者。其登也，不信前峰有路；其降也，不信身自绝壁回。其险巇又可想见。兹山之脉，来自桂岭，迳茶陵，折入万载、浏阳，蜿蜒盘曲而崛起是峰。水则汨水东来，淮川西注，登临可极目二百里，众山垒垒如蚁垤。其尤异者，既无古刹，复无民居，风劲不能树木，飞鸟绝音，蓬蒿没人，境皆兽内，此荒野之又足骇怪者矣。惟所述归途，循纯水出灶门洞，有飞泉自绝涧堕千尺潭，以视庐山之青玉峡，三峡泉诸胜，未必过此，而彼独名天下，何显晦各殊耶？然在唐有田先生游岩隐居，已见史志。宋有方先生�居山麓，尝问业朱子，学者称连云先生，是山虽居地不同，顾亦早传闻于世，当又未可夷为不足置论之列。元度斯作，能悉阐其蕴奥，且俯仰今古，感喟系之，信非无谓也。

1869 登天岳山记一种《小方壶舆地丛钞》本

清李元度撰。天岳在平江县境东北，距元度之居百二十里。有族人蓉村者住山麓，招之游。以光绪三年九月己卯造其家，辛巳偕游焉。首述南纪之山，高千百计，衡山外天岳为最，高千八百丈；丹岩为最，是高峻之度几与衡埒。由麓跻丹岩尚二十里。游之日，值阴雨，初迳丁家洞，见危峰插天际，相接如是者数。飞泉行山脊，成沟坎，深及仞，水流坎中，谾谾然，为他山未见之景。久之，白云起峰巅，弇其顶，寻合山腰而顶露，若泛洞庭，银盘内承青螺十二，行云气中，历绝巘。亡何云散，凡山之峘、峄、蜀、冢等等诸形一览胥尽。宿太平庵，观缆船石，传为神禹维舟处，是耶？非耶？未可知也。次日十月壬午朔，雨霁云敛，出寺陟危岩，忽又云起，如兜罗绵四山。别有云自远飞来，渐飞渐逼，可搴可揽。自是径益险，山益奇，久之始达丹岩，殆为葛勾漏烧丹处，故名。山体遒厚，平壤宽广，矫首四望，呼吸通帝座，葛稚川所记道家称为第二十五洞天即此。俄忽罡风起，乃下寻沸沙池，漱飞泉。有王山人，年七十五，岩

栖五十余载，谈山中事甚悉。癸未，导观石田三亩，暨扫坛竹、堑字岩诸胜。顷之云复大起，改道普济庵，觅别径穿云而归。元度谓“兹山之游宜秋高日晶，余来晚未能开云，然三日中奇诡百出，变态几尽，转以云胜”，又谓“山有禹篆，未能搜岩剔薛，一睹真迹，他日当裹粮住山求之”，莫审终竟其愿否？宋孟珙摩崖书“洞天幕阜”，字尚可辨，故是山亦名幕阜云。

1870 游浯溪记一种《小方壶斋舆地丛钞》本

清彭而述撰。是记作于康熙已亥六月。维时而述方膺湖南提学之任，以校士事卒入祁。会分藩关东胡公养忠亦至，相与订游浯溪，以邑令浔阳孙斌为前导焉。溪之名肇于唐元结次山，经其品题，始显于世。《中兴》一颂，得鲁公磨崖之书，与夫石镜之奇，号称三绝。其胜以此，自永其传，旧之纪载、咏歌，固已夥矣。但人之处境及所遇之时各有不同，其怀抱感念发于文辞者亦各异也。而述来游，适鼎革方新，大乱甫戢，故独怆然于古兴亡之叹，抚兹磨崖，低回遗迹，感叹歔欷，不能自已。谓“忆古帝王盛德大业，必有歌颂以彰不朽，若以灵武而言‘中兴’，则其变例。道州诗中有颂而无规，是一恨也。毋亦哀定微词，漫郎故宜云尔乎？灵武已矣，渔洋之羯鼓已息，马嵬之香魂久散。晋阳旧业，已付断烬寒烟，惟兹楚南荒徼，山角水涯，尚有岿然片石流传于天下后世，是此颂又曷可已也”云云。并读其首述“出南门，邑新灾，瓦烁焦烂，人处煤炭间”之语，可知而述之心臆，岂能无感喟存乎其间？是大有异于人之游者欤！

1871 游浯溪记一种《遂初堂集》本

清潘耒撰。耒之字贯与所历已详于著录《游南岳记》中，无俟赘述。浯溪之胜，据乎湘流，自次山居而铭之，始闻于世。复有《中兴》一颂，鲁公磨崖一书，遂与之俱传不朽。读浯溪专志、新志诸作，亭台故迹，兴废靡常，陵谷沧桑，令人感喟。独元、颜二公之遗

文遗字，亘古常存，于以知其名节风裁实足与山川同永也。由唐洎清，游者众矣，而记其胜者亦何以数计。惟游者所遇之时与所处之世，各殊其趣，是以寄慨于林壑、思慕乎前贤，文辞诗歌，亦莫不各异。耒之斯作，首纪湘江两岸之景物，与溪之岩石流泉清绝幽胜之致；次及摩挲临眺，且得洗尘剔藓，尽拓其前人题咏，洵尤快意之举。其以祁阳携拓工来，维舟二日，从容而竟，抑何幸耶。至于人所称诵之山谷一诗，意谓肃宗不当攘取大物，上皇西内凄凉，次山有痛于中而以颂托讽者，反复辨论次山初无此意："序言大业，颂言盛德，二文互见，亦复何疑?"谓"文人喜翻案，山谷为此诗亦一时树异尔。后人辄祖其说，致题浯溪者往往诟及肃宗，与元、颜颂扬国美大书深刻之意实相背谬，两公有灵，当愀然有所不乐也"云云，为从来记浯溪者所未道及。耒之识过人远甚，岂徒断断于峰峦泉石，称述元、颜之遗迹者所可同日语哉!

1872 浯溪记一种《小方壶斋舆地丛钞》本

清黄之隽撰。之隽谓稚时爱诵《元次山集》，见所铭浯溪山水之胜，尝神慕之。以康熙五十年十一月某日，舟过祁阳，始获游焉。诘朝晓发，值大风雨。与同人登岸，先观镜石如漆。经役夫汲湘水磨拭之，竟隔岸人物照澈靡遗。循岩西入亍亭，断崖如双阙。飞桥跨越其巅，过桥憩古右堂。次陟最高处，有亭。亭前大石，方广可坐，上有圆坎，即窊樽，因以名其亭也。再次过元颜祠，为峿台故址。又次北行数十武为庴亭。此皆次山所自名而为其所有者，后人遂刻其岩为"三吾胜览"，而祁阳之驿亦名"三吾"，地以人著有如是耶。复于雨中遍观石刻，以次读而识之，可谓嗜古不懈者矣。又终乃抚摩崖碑《中兴颂》，次山所撰，鲁公所书，文雄字庄，令人起敬。虽大雨濯衣，而立石壁间仍徘徊不肯去。舟子以矶激不可久泊遥呼，返而解缆。斯游也，天独不假以风日之缘，致不得游目骋怀，以罄其兴，吾甚为之隽惜之。

1873 游祁阳浯溪记一种校邠庐光绪刊本

清冯桂芬撰。桂芬字林一，号景亭，吴县人。道光进士，官詹事府右春坊右中允。精古文辞，兼通算学，著述甚富，其《校邠庐抗议》一书尤传遍海内，名闻于时。所为诗文，则为《显志堂稿》。是记亦其遗文中之一，盖使粤时道出湘江，游而作也。篇中叙述浯溪胜迹极清简，能一祛繁冗。惟不纪游踪始末及其甲子，不无疏略之病。谓其字从吾“或以三字皆次山自造”非是，良为有识。但谓庴亭，《次山文集》作“庴庼”，“庼”为“廎”之或体，其“庴”字古书不见，指为唐时俗字，似涉于臆度。独称鲁公功名气节即无书名亦传，谓次山为诗人尔，则不免近于薄视。读其《中兴》一颂，《舂陵》、《示官吏》两诗，其忠君爱民之忱，为何如人乎？及其首称“浯溪为元次山吟咏之地”之类，斯亦过矣。至寄慨于“石壁上镌诗题名不可数计，今皆无恙，然试举一二名字，则群诧以为谁何？文章功业无所表见于世，妄思附青云以自显，庸讵可得”诸语，冯氏宁能无抑郁沉愤之怀邪？

1874 游永州近治山水记一种《小方壶斋舆地丛钞》本

清乔莱撰。莱字子静，号石林，宝应人。康熙进士，官内阁中书。举鸿博，授编修，累迁侍读。中蜚语罢归，治废圃曰纵棹园，读《易》其中，著有《易俟》、《直庐》、《使粤》、《归田》诸集。按永治山水之胜，以柳州而始显。其奇绝名于世者，乃厥惟“三岩”。潘耒记中谓“三岩”为后出之胜，而芝山、淡岩较朝阳尤胜，叙述详赡，已为著录。莱之记此，仅纪永郡近治山水之名，与夫可游胜迹曲折之致，殊为简略。且于最著之淡岩尤不悉详及，斯可异已。亦谓“若柳子记中之所称道者，皆没于荒榛密箐，土人不能识焉”，又曰“使余得休暇于此，蹑崇岩，穷洄溪，铲恶木，凡名泉奇石，如石城、石邱、石渠、石涧之类，不难搜而遇也”云云。观此，殆莱维时使

粤，道经湘南，以皇华载途，骁征鲜暇，姑抒此寻幽揽胜之怀抱欤！

1875 永州纪胜一种《小方壶斋舆地丛钞》本

清王岱撰。岱字山长，号了莽，湘潭人。明崇祯举人，入清官随州学政。康熙中举鸿博。能诗文、工书画。著有《且园近集》、《且园近诗》、《了莽文集》等。是记取永州近治之胜，分段为文。首纪澴，次朝阳岩，次凿谷，再次冉溪，又次鸡冠石，而以新岩终焉。按永州山水之胜，厥为"三岩"，而"三岩"尤以后出之芝岩、淡岩为最。而岱仅详朝阳一岩。所谓"新岩"者或即淡岩，述亦甚略。惟芝岩素称绝佳，讵即所纪澴之胜欤？土人呼逆流曰澴，中有石，厥状奇绝，水次上则鸥鹭之飞影，下则鱼鳖之游鳞。潇水之源，至此清极，澄澈不波，其情景从可知矣！至五松雷氏之凿谷、柳子故居之愚溪，亦诡异特甚。又若鸡冠石之以声籁胜、新岩之以幽僻胜，奇趣横生，令读者更有飘然出尘之想。兹种种胜概，固天然如是耶？抑作者之笔能描摹入画有以致之耶？王氏斯纪，不仅写景生情，尽其逸致，而其造句之清颖豪隽，亦足并永之山水以俱传，与苏子之《赤壁赋》、欧阳子之《秋声赋》、《醉翁亭记》诸作，殆相伯仲，当称游记佳选矣。末段新岩一纪，有"七月杪，易无画、金友石、彭次明、雷简叔拉舟至焉"云云，差得审其同游之侣尔。

1876 游静谷冲记一种《小方壶斋舆地丛钞》本

清罗辰撰。辰为临桂人，莫详其字与历。是记也，仅纪甲午重阳前七日，偕友三四辈，自中湘游南岳归，舟次闻榜人语以静谷之奇，游而作也。静谷即在衡山邑南里许。所谓"冲"者，乃湘人土语，称山之深处曲折幽邃尔。其中山林田土为郑氏楚之私有之业。初入其境，枣林茂密，畦陌交错。土山之半，有亭迎路，舟入则亭桥相望。溪涧清冷，有小石洞，就石干九曲，甃以方池，可供羽觞随波之用。洞后直上，有屋三楹，祀麻姑小像。左数武有张、王二仙祠。自右崖

下，有吕祖阁。又后高峰之半西南有洞，云昔王十八仙人曾栖息其间，其层峦叠嶂，鸟道回环，颇绝尘嚣，亦云胜矣。辰首述平生性嗜山水，凡足迹所经，或便道留连，或纾途游览，得之耳者必欲证之目，而后始快于心。是谷一区区幽境，得辰之一记，亦足以传。信夫“山不在高，有仙则名”，况以初览祝融之胜而还者耶？

1877 郴东桂阳小记一种《小方壶斋舆地丛钞》本

清彭而述撰。是记亦不纪甲子月日，似为而述任上湖南道或提学时之所作也。楚南之山，以郴桂一带为最雄峻而多诡谲。而述辎轩所至，靡不萦情，载笔摛辞，垂诸简册，有由然也。兹以《郴东桂阳小记》名篇，仅记其一隅之山尔。故谓郴四面皆山，东尤剧，至罗汉岭，斗绝横亘。岭半东望，烟雾苍茫。俯察则柔芜如掌，田界历历，如楸枰局；一溪潆洄如练；红树渥丹，弥漫川谷。此种情景，似在春融之候，不然，何妩媚之若是耶？又谓久山者忽见平壤，如游子归故乡，如行穷漠海外忽见中国人。洎赤石司之夕阳新月诸景，其旷望爽适之襟怀从可知矣。他若文明司之山复怒作险愜轧出之状，殊堪慄慄。山前后皆傜居，昔悍今驯，材勇喜斗，性固然也。近桂水曲石头伸出，如虎豹鼋鼍之异形。隔岸太保坊之遗迹，俱所足称述者。而述复慨及桂居炎荒之徼，不若大江以北为英雄王霸所必争之地，故山如蜀道孟门井陉之险，衡以南不著焉，更为桂阳之山，惜其不生于中原齐鲁，止以仙佛见长。噫，斯论亦允矣。

1878 三滩记一种《小方壶斋舆地丛钞》本

清陆次云撰。次云字云士，钱塘人。康熙时召试鸿博未遇，官江阴知县，有惠政。著述甚富。惜次云浮湘涉沅之始末及作是记之年月，莫由考悉尔。三滩者，五溪之险滩也，其名曰“猛虎跳涧”、曰“满天星”、曰“大王滩”。五溪之险，曷可胜计？此则仅记其尤。盖自武陵而西，迄黔之沅阳，舟行者时时相越，但有有名之大滩而不极

形险峻者，如清浪等滩是已。篇中所述船之名与形，洎舟夫之勇健、溪流之曲峻横急，言虽简易，靡不尽之。至三滩之险状，各有不同，其骇人耳者为“猛虎跳涧”，乱人目者为“满天星”，慑人魂者为“大王滩”也。扁舟逆上，须举数十百人之力，挽坚绠而犯怒涛。倘或舟触乱石，或绠断舟回，则危险立至，此秋冬水落石出上驶者然也。次云谓“乘风破浪快事也，而不胜其险。然不泛瞿唐，不知滟滪之异；不浮云梦，不识吕梁之奇”，洵至论也。余于清季侍宦游黔，三滩曾所数历，至今思之，犹令人心悸，读斯记不能无感焉。

1879 游大云山记一种《小方壶斋舆地丛钞》本

清吴敏树撰。敏树字本源，号南屏，巴陵人。道光举人，官浏阳训导。工古文，曾文正公国藩称其“字字如履危石，落纸乃持重绝伦”。生平淡于名利，文正延参军幄，辞之，惟以读书吟咏为乐，有《柈湖诗文集》。是记作于道光壬寅冬十月也。大云山在巴邱之下游，首曰“立吾村而东望”，又曰“去此可百里”，盖指距其所居而言。所谓“仿佛翼然起于云中”，其高峻可知也。吴氏欲游将廿年不果，至是其友郭建林来践旧约，乃偕其从弟伯乔，三人同游焉。其过鹏湾望悬泉自四山下，响泉崖之其声淙淙，如松风走万壑。涧侧大石如宿龟，响泉自其下出，此水之胜也。陟峰下视万山如走马、如驱羊、如滚波涛、如千万人军旌旗鼓戈，鱼丽鹅鹳，升堂而指麾。其尤奇者，卓笔如笔，青笠如笠，横剑如剑，围屏如屏，此峰之胜也。山祀真武，其神甚灵，远近走祷者众。列宫凡六，进香者可百许人，道士告以八月之望为最盛，此仙灵之胜也。大云诸胜，略云备矣。吴氏斯游，步而即路，三日始得登山。游凡八日，得诗十有一首，当具存于集中。又谓“凡所称峰、崖、泉、石，向未有名，名之自余。以大云之居境盖远矣，近县鲜好事者，四方之人莫至，游者自余三人始”云云。是兹山登临者绝鲜，其胜隐閟，曾几何年，得吴氏一游，锡以名而传于记，岂非山之幸也耶？

1880 乾溪洞记一种《小方壶斋舆地丛钞》本

清张九钺撰。九钺字度西，号紫岘，湘潭举人。早负才名，年十三登采石矶，赋长歌，人呼为“太白后身”。历官江西南昌及广东始兴知县，讲求农田水利不少懈。著有《陶园诗文集》、《历代诗话》、《晋南随笔》等书。乾溪出辰溪县西南，水势迅悍，洞承其下流，深窈莫测。后洞在洪江浒溪，水所由入沅处也。九钺是记不书其年，仅谓游以四月之望而已。所纪兹洞之胜在水，而其奇尤在石。谓“峰如覆釜，左右两阜夹翼，阜岭各峙一亭，左下而右上，初下瞰磤驳桀削，水石隐嶙，骇人心目”，“洞中无径，九钺独愤而必欲穷其奇，循崖下，彳亍不及踵，断处绠藤以身如瓶掷，舩然堕岩沚。又遇两石，虎牙对向，各长五六丈，末锐不受趾，以手为跖，匍匐穿一穴，以腹为趾。复有怒流，辊雷电掣不得逞，徐转縠行，若与之斗”。如此冒险，可谓特殊，令人折服。然洞中狮䆃、象濮、龟洑、熊斗诸石之奇，以及怪树寿竹，穿疏筋突骨中垂下。诸景之异，非九钺之奋勇，不避艰危，又乌得而睹也。至遇怪风之冲袭，闻怪蛇之唬声，则尤绝险。余尝侍宦游牂牁，由湘之黔屡矣，频经岩疆溪峒，谂知其山川多险恶。九钺首称辰阳以西，山益峻，石益诡，乾溪一洞尤最雄谲，今读之而益信。

1881 桂阳石洞记一种《小方壶斋舆地丛钞》本

清彭而述撰。而述字禹峰，南阳人。明崇祯进士，授阳曲知县。入清官至云南布政使、贵州巡抚。所为诗文，皆雄奇峭拔。著有《读史亭诗文集》。按而述当康熙初，且曾历上湖南道、湖南提学诸职，斯游在此两任之间，惜记中不纪甲子尔。兹洞在桂阳邑四十五里官道之南，所谓远望之层冰峨峨如雪，山石逗青霭中，由径盘屈而上，岩岩硌硌者，山外之胜也。然炬而入，暗泉虢虢，堞牖宽豁，天光隐透。上悬石乳，如蜂房下垂，大者如金刚杆，再大者如车轮。其下流

水如促织鸣，如摇环佩。又三里外，水啮石为泽，距数丈，必假小艄而后得渡，厥深无际，此洞中之胜也。然是洞不以石奇，不以水异，其所足记者，厥为外狭而中阔，能容数万人。山泽通气，可为室家，有若天生以拯救斯民于危难者。两崖狼戾之遗穗陈仓、柴床竹篱诸物，皆当时鼎革大乱，避兵逃匿余生之所弃也。且去此不十步，庙门有石刻云“元人避乱之所”，则武陵桃源又何地无之耶？而述因广其说，谓：“桂阳为东南楚尾，扼江岭之喉，为闽粤右臂。中州山川，平易芊眠，杀伐之气，至此且终。若值英雄逐鹿时，中原为血国，天苟不生此等洞壑于巑岏巀嶪中，为孑遗寄生之乡，则人类将无遗种，是大造之不仁也。”至哉言乎，洵可称斯记中扼要之论矣！

金石之属

1882 汉碑征经补一卷原稿本

清王仁俊辑。题《汉碑征经补》，而不言所补何人，亦无序例。凡《（书）［易］》二十一条、《书》七十五条、《礼记》四条、《周礼》一条、《春秋左氏传》十条、《春秋公羊传》三条、《论语》三十条。又附录《论语》一条、《孟子》三条、《尔雅》一条、《孝经》一条、《国语》四条。所辑虽似甚略，而视于氏、皮氏诸辑，略有异同。存之以备考可也。

子部

1883 说畴一卷明刊本

明乔中和撰。中和有《易畴》，《四库》已著录。是书说《洪范》，分《正误》、《释次》、《广形》、《辨是》、《卜繇》诸篇。《正误》者移易旧本于“五曰历数”下，附以“曰王省惟岁”以下八十七字。于“于汝锡极汝保极”下，附以“凡厥庶民有猷有为有守”一节、“人之有能有为”一节、“凡厥庶民极之敷言”一节、无“偏无陂”一节、“曰皇极之敷言”一节、“惟辟作福”一节、“凡厥庶民无有淫朋”一节。第六章“高明柔克”下，接以“无虐茕独而畏高明”二句，与他改定本又有不同。《释次》以说九畴，《广形》以说五行，《辨是》则辨蔡沈、刘牧所定河图、洛书之孰是。其说大率支离附会。《卜繇》讥蔡沈补畴不用龟而用蓍，甚是。龟以骰，所拟卜法，不必问其当否。即其代龟以骰，未免戏也而同于俗矣。

1884 驳正朔考一卷道光刊欔香三种本

清陈钟英撰。按魏了翁作《正朔考》，历引《易》、《书》、《诗》、《周官》、《春秋》、《左氏》，以证改正朔者不改月，钟英分条驳正之。最要者，若僖五年正月辛亥朔日南至，昭二十年二月己丑日南至，时以十九年十二月失闰，故误以闰月当正月，以正月当二月。又梓慎云：“火出于夏为三月，于商为四月，于周为五月。”又昭十七年，夏六月甲戌朔，日有食之，平子曰：“唯正月朔，日有食之。于是乎有伐鼓用币，余则否”。太史曰：“在此月也，日过分而未至。”（过分，过春分也；未至，未夏至。）又曰：“当夏四月，谓之孟夏。十八年夏五月，火始昏见。二十一年秋七月壬午朔，日有食之。”梓慎曰：“二至二分，日有食之，不为灾。言七月朔是日至也。二十四年夏五月乙未朔，日有食之。”昭子曰：“日过分而阳不克。襄二十七年十一月乙亥朔，日有食之。辰在申，司秝过也，再失闰矣。又僖五年冬十二月朔，丙之晨龙尾伏辰。昭七年夏四月甲辰朔，日食在鹑尾。”又

《周书·周月解》云："惟一日既南至，斗柄建子，始昏北指"。凡此皆周正之尤彰著者。惟隐三年传曰"夏四月，郑祭足帅师取温之麦，秋又取成周之禾"，似用夏正。而杜氏以周正解之曰："四月，今之二月也，秋今之夏也，麦禾皆未熟，取者盖芟践之。"则亦有说可道矣。而钟英更谓古文"六"字与"四"字易淆，隐三年之四月，必六月之讹。亦自言之成理。卷首有钟吴自序，言周以前时月虽改，而参用夏正则同。诸经纵有参错，《春秋》则经圣人笔削，不容有所乖戾。正月必书王，周王也。即位必正月，周正月也。（定公不正不必论）周用之则鲁用之，鲁用之则史官用之，史官用之则孔子用之，左公亦用之。又言当时侯国，独晋用夏正，而左公采晋史以成《春秋》，必更之以周正，证诸左氏内外传而可知。盖时月并改之说，无可致疑矣。

1885 **白虎通德论十卷**元大德九年刊本

汉班固撰。按《隋书·经籍志》："《白虎通》六卷。"新、旧《唐志》作"《白虎通义》六卷"，《崇文总目》作"《白虎通德论》十卷"。按《白虎通》、《白虎通义》、《白虎通德论》皆一书，惟六卷与十卷不同。而《郡斋读书志》、《直斋书录解题》皆作十卷，《宋志》同，当是唐以后所改编。惟《通志·艺文略》仍作六卷，疑据旧目言之。是本题"《白虎通德论》十卷"，乃元大德九年所刊，有严度、张楷二序。张序称"得之州守刘世常旧藏，世常乃许鲁斋高弟，收书万卷，此帙尤罕见"云云。又有"刊本缘起"一则，不署名，殆即世常所题也。惟《玉海》称"《隋志》至《中兴书目》皆四十篇，今本自《爵号》至《嫁娶》，凡四十三篇"云云，显有后人增入。是本又增其一，共四十四篇。而《嫁娶》下，尚有《绋冕》、《丧服》、《崩薨》三篇，则与《玉海》所言终于《嫁娶》者，其编次又不同，盖另一本也。按《后汉书·章帝纪》，建初四年，诏下太常，将大夫、博士、议郎、郎官及诸生诸儒会白虎观，讲论五经同异。是所讲无非五经同异，而四库入之杂家。即《提要》亦云："书

中征引六经传记而外，涉及谶纬，乃东汉习尚使然。方汉时崇尚经学，咸兢兢守其师承。古义旧闻，洵治经者所宜从事”云云。若以谶纬而外之，则郑康成所注诸经，亦将视之为杂家耶？且《四库》所收四卷本，乃通行俗本，兹以是本著录经部而辨正之。南陵徐氏所影刊者，即是本也。

1886 **白虎通德论二卷**程氏《汉魏丛书》本

题汉扶风班固撰，明新安程荣校。卷首有大德九年张楷、严度二序，又有嘉靖元年冷宗元序。冷序称正其误而刻之，盖于大德本有所改正。而程氏又据嘉靖本重刻，已非大德本之旧矣。其并十卷为二卷，不知出嘉靖本否。视大德本略有改字，而同于吴琯者多。然亦不无异者，如卷一“非明王之张法”一条，他本皆同，此独作“非明王之法不张”。卢文弨从之。但明人好改古书，取其文顺，非必有据也。卢氏不免轻信矣。

1887 **白虎通四卷阙文一卷补遗一卷**乾隆甲辰抱经堂刊本

汉班固撰，清卢文弨校。有文弨自序及后跋，又有庄述祖《白虎通义考》。文弨先得庄葆琛校本，复自为考核而刊之。将毕工，嗣得吴槎客小字旧刻本，以《嫁娶》终篇，谓即王伯厚所见本。后又得元大德九年刊十卷本，二本目次各异，更证以他书。为之补遗其阙文，则采自经疏、《广韵》及唐宋诸类书。其中除《封禅》、《五刑》、《嫁娶》外，如《郊祀》、《宗庙》、《朝聘》、《贡士》、《车旗》、《田猎》、《杂录》，皆四十三篇所无。知其所佚者多矣。所校搜采甚博，所援证不尽本书。中引惠定宇数条，则同时人也。意尤矜慎，谓古书不宜轻改。于其甚讹者，即据他书之文改正，亦必注明本文及何书所引。按此论甚善，凡校古书者，宜取法也。

1888 白虎通二卷明刊《古今逸史》本

题汉扶风班固纂，明新安吴琯校。卷首有大德九年张楷、严度二序，盖翻刊大德本也。目全同，惟卷则并十为二。《爵》、《号》、《谥》、《五祀》、《社稷》、《礼乐》、《封公侯》、《京师》、《五行》、《三军》、《诛伐》、《谏诤》、《乡射》、《致仕》、《辟雍》、《灾变》、《耕桑》为上卷，《封禅》、《巡狩》、《考黜》、《王者不臣》、《蓍龟》、《圣人》、《八风》、《商贾》、《文质》、《三政》、《三教》、《三纲》、《六纪》、《情性》、《寿命》、《宗族》、《姓名》、《天地》、《日月》、《四时》、《衣裳》、《五刑》、《五经》、《嫁娶》、《绋冕》、《丧服》、《崩薨》为下卷。于大德本间有改删。如“四十强而士”，此改“士”作“仕”，“迎子刘”，此改“刘”为“钊”之类。又如“地比爵为质故不变”，“为质故不变”此删下五字之类。所见明刊本多如此，未知有所据否。按卢文弨称小字旧刻本目录前有小序云：“几十卷，今作上下卷。”文弨以为近北宋本，然则作二卷者，北宋已然，又不始于明人矣。

1889 白虎通德论二卷《两京遗编》本

题汉班固纂，明杨祜校。无序。上卷“爵”、“号”、“谥”、“五祀”、“社稷”、“礼乐”、“封公侯”、“京师”、“五行”、“三军”、“诛伐”、“谏诤”、“乡射”、“致仕”、“辟雍”、“灾变”、“耕桑”，凡十七目，下卷“封禅”、“巡狩”、“考黜”、“王者不臣”、“蓍龟”、“圣人”、“八风”、“商贾”、“文质”、“三政”、“三教”、“三纲”、“六纪”、“情性”、“寿命”、“宗族”、“姓名”、“天地”、“日月”、“四时”、“衣裳”、“五形”、“五经”、“嫁娶”、“绋冕”、“丧服”、“崩薨”，凡二十七目。目同大德本，卷同吴琯、程荣本。惟句下有点，为诸本所无，而文字亦不无少异。如开卷“爵”篇，“二五十里有两爵者”，此同大德本。而吴程本“二五十里”，俱作“二十五

里"。如此之类，尚有之也。

1890 补句读叙述一卷乾隆癸丑刊本

清武亿纂。亿有《经读考异》，已著录。是卷补《摭言》、《五代会要》、《宋史·选举志》、《文昌杂录》、《补笔谈》、《西溪丛书》、《容斋四笔》、《尚书古文疏证》、《潜邱札记》、《陈氏纲目订误》各一条，《野客丛书》、《钟山札记》各二条、末四条则亿自为考订也。《钟山札记》内引王怀祖删《大戴礼》二氏字（详《读书杂志》），卢、王皆为亿同时人，其时《杂志》尚未成书，故不引之也。亿所录各条下间附己见，其《西溪丛书》云："有一老先生，读《法言》，谓'吾家三童'为一句，'乌'连呼字，作'呜呼'读，谓叹声也。"按此读甚是，而其下又据《郑固碑》、《苏颀赋》，决为子云之子小名，则仍沿俗读矣。亿于此条，不着一字，殆与西汉同见耶。

1891 经史管窥六卷嘉庆丁丑刊本

清萧昙撰。昙字曼叔，江苏太仓人，诸生。是书首有石韫玉、孙星衍二序。前三卷经部，多引申古义，或正讹补阙。博采群书，旁及金石。其要者，如《易》"突如其来如，焚如，死如，弃如"，引《孔丛子》云"焚者不孝之刑"。又云："子不子，倒'孚'为'㐬'，焚者㐬也，'孚'，古'子'字；'㐬'，古'突'字。《说文》'㐬'即古'突'字，从倒孚，'突如其来'，如不孝子突出，不容于内也。故有焚如、死如、弃如之象。"此条最新而惬。又《左传·宣十二年》，楚子为陈夏氏乱故伐陈，杀夏征舒。陈无居，因县陈。后因申叔时之谏而复封之。考夏征舒弑灵公在十年夏，距楚讨夏氏阅十有七月，此间岂能无君以统理之？昙据《史记》征舒自立为陈侯，灵公太子午奔晋，楚人迎而立之。征之经书，陈灵公之葬，自属可信。此条据《史记》以补《春秋》，必不可少。又孟子为长者折枝，"枝"、"肢"古通用，引扬雄云"见长者而举手曰折肢"，陶元亮云"吾不

能五斗米向乡里小儿折腰”，即折枝也。此解殊胜赵注。又《左传·哀三十年》，叔孙庄叔败狄于咸，获长狄侨如虺也，豹也。而皆以名子，而庄叔之子，有侨如与豹而虺。全谢山据《永乐大典》载《春秋世系谱》，谓叔孙昭伯即虺。考《左传》昭伯名带不名虺，旁据《庄子》蝍蛆甘带，带，蛇也，虺亦蛇也。《诗推度灾》“维带维蛇”，则“虺”、“带”古为通用，此条并可为谢山补证。他如“枯杨”，“枯”读“姑”。“肥遁”，“肥”作“飞”。“亿丧贝”，“亿”无丧有事，亿同亿。“厉熏心”，“熏”即“阍”。“予曰拙谋”，“拙”当为“灿”。“谁谓雀无角”，“角”音“六”，应训鸟味。“胥鼓南”，“胥”读为“雅”，即古文“疋”字。“士会”，“会”当作“土”。“贤贤易色”，指夫妇。“摩顶放踵”，“放”训至。诸条或引申旧义，或出己见，援证皆切。多引近人全谢山及同时武虚谷、钱竹汀之说，于钱说且订正。孙序称其考证博而该，其匡谬精而确。洵非溢誉也。

1892 竹书穆天子传校本六卷嘉庆刊本

清洪颐煊校。卷首有荀勖、王渐旧序，又有颐煊序。称是书非周秦以下人所能作，《史记索引》引《穆天子传》目录云：“傅瓒为校书郎，与荀勖同校定《穆天子传》。”今本载勖序云：“谨以二尺黄纸写上，藏之中经，副在三阁。”今本六卷，当是勖等所定。但晁公武《郡斋读书志》云：“书凡六卷，八千五百一十四字。今本仅六千六百二十二字，是又与晁氏所见不同”云云。是本取何镗本与程荣本、吴琯本、汪明际本及同时赵坦所校吴山道藏本，暨《史》、《汉》诸注，唐宋诸类书所引，参校异同，订正舛谬，补正文及注若干字，删若干字，改若干字，无可校证者阙之。以为于旧观十得五六云。

集部

1893 一辐集十八卷乾隆庚戌刊本

清项淳撰。淳字任田，安徽歙县人。乾隆庚辰进士，授中书，升吏部主事，假归不出。是集为其居课诸子侄所作，前有其兄景及门人刘春、项桂林序，又有淳自序。不分经而编年，每年自为一卷。从乙未至己酉得十五卷，自十六卷以下为补录。自序称：本先儒论说，考核明白，间附管见，首尾贯穿。卷十八有一条云：“羽翼经传之功，宋儒最巨。”又引徐幹《中论·治学篇》曰“凡学者大义为先，物名为后，不能统其大义之所极，以获先王之心，此无异乎女史诵诗、内竖传令”云云，故其大旨专宗宋儒，下及元、明，书中论礼最详，亦以宋儒为准。每引后世史事为证，于声音训诂概未之及。盖景生乾隆之世，程朱子之学尚炽，许郑之灰未燃。景所纂辑虽难语夫精博，尚不骛于新奇，其可取者自有在也。惟“不能五十里”一条，卷十三与卷五相复。著者纵不复忆，岂校者亦不及觉耶！

1894 南行诗草文德斋刊本

清敦崇撰。首有自序。敦崇于宣统二年春往直隶江宁、察哈尔、保定、顺德、武昌、汉阳、苏州、上海调查军政防务、学堂、工业等事，所到之处，多有诗。其《莲花书院吊崇文山》诗“岂知天地否，公运亦迍邅”，即指庚子之乱，崇绮及子徐初全家殉难，诗注甚详。其《孝陵怀古》诗注，载宣统二年十月，施兆霖自称为方孝孺后裔，呈请复姓归宗，得旨依议，此条尤可备故实。他题咏酬赠之作少有佳者。

1895 哲川诗草一卷抄本

清希濬撰。希濬姓爱新觉罗氏，字哲川，号篆庵，隶满洲正红旗，礼烈亲王后裔，礼恭亲王之孙。父昭梿，著《啸亭杂录》，因故

革爵。希濬以庶封宗室，得应嘉庆丁卯乡试中式。多病，与其兄皆早卒。是集有鲍桂星序，桂星乃希濬业师也。桂星又有《感旧》一律诗云："春去绿云楼（自注：礼印斋名），璧池闻雁呼。几年埋玉树，何处得金铺。句好仍飞动，才高竟郁纡。士安头白久，挥涕序三都。"是皆五七律及绝句，后附试帖。其《山中早起》云："花残三月雨，梦破一声钟。"《山寺口占》云："戏水知鱼乐，凌空羡鸟飞。"《宝珠洞》云："鸟飞烟岛外，人在画图中。"七律《新霁》诗云："山因雨洗添新军，泉为风来漾绿波。"《山居》诗云："林中幽鸟时来去，世外浮云任意舒。"尚有丰致。试帖不存可也。

1896 紫藤馆诗草铅字印本

清敦崇著。敦崇世居京师铁狮子胡同，紫藤馆即宅中之书斋也。是集起自光绪丙戌，至宣统辛亥，共诗一百三十三首，附录诗三首。集中《哭兄》及《哭从父》诗，弥见天性之笃。《咏隋炀帝》诗云："东都方罢又江都，倒没移山死万夫。门外六军无计退，可怜空叹好头颅。"最可诵。又《明初杂咏》六首，褒贬甚公，《读史》四律亦有寄托。其《恭纪福陵二首》则掌故所关也。

1897 天然如意斋诗存铅字印本

清阜保著。阜保，字荫芳，姓伊尔根觉罗氏，热河驻防满洲人。进士，官至刑部尚书。是集所录二百首。阜保曾奉使蒙古王册封朝拜。又曾权吉林将军篆，及往铁京查办事件，此数他留题很多。又"清川江"注"即薩水，见《明一统志》，隋炀帝东征高丽，宇文述全军覆灭于此"，皆有关故实。其《寄呈国王尊甫石坡大院君》诗一首，"大院君"即甲申肇事而囚于吾国数年者也。他如《咏蝉》五古云："嗟尔粪土生，翻飞成仙子。岂为自鸣高，与世无求耳。"殊有寄托。阜保乏嗣，以其犹子双泰承继，卷尾有双泰志语。

1898 逸蒨阁遗诗刊本

清多敏撰。多敏，字惠如，满洲喜塔腊氏，适长白马佳氏，夫名松椿，由部曹官至漕运总督。多敏随夫于官，道经山西、山东、江南名胜之区，虽有题咏，而集中所载寥寥。其诗多作于病中，盖体弱多病之人也。其《绿水亭晚坐》诗云："返照衔暮山，景色何平远。坐眺爱幽林，寒禽独归绝。"大有初唐古意。《春日有感》句云："有痕纤月影，病意小桃花。"《秋闺漫兴》云："天凉如水屋如舟，炉药烟青袅散愁。为折晓花频早起，自怜病骨强支秋。随风落叶初辞树，待月疏帘怯上钩。闻道楞严堪念疾，细拈贝叶写蝇头。"《寄麋云四妹》句云："寒添残病絲相似，春送闲愁水不如。"《微山湖夜泊》句云："自怜病骨禁宵坐，最怕春寒袭梦醒。"《高邮道中》句云："药炉谙病骨，经卷忏愁心。"《清宴堂》句云："遣病围书坐，噙香对菊吟。"《春日有感》句云："久病渐谙方药好，怀人偏得旅书迟。"古体如《题钩弋夫人小印歌》、《香冢二首》，笔力太薄弱。《咏柳絮诗》云："东风轻□五铢衣，怅触池塘旧事非。瘦影正如春影薄，好花偏作雪花飞。几分别绪牵愁易，一缕吟魂入梦微。怊怅梁园旧游处，天涯芳草客思归。"风调颇近渔洋。前有刘可毅序。

1899 涵性堂诗钞都六卷已刊本

清宋庆常撰。庆常，字香樵，铁岭人。嘉庆己卯举人，官贵州知府，后改官江南知州，盖左迁也。诗六卷：曰《趋庭学对草》、曰《黔南侍游草》、曰《海天泛游草》、曰《吴中重游草》、曰《咏蓼莪吟草》、曰《石阡竹枝草》。道光间为其子泰康、济康所刊。首有潘□、赵文麟、吴嘉椿三序。大抵庆常少侍其官，游吴、赵，既由部郎出守黔南，再改江南，凡官迹所经，多记于诗。其诗格调亦谐协，惟登临题咏诸作，既乏性灵，亦鲜故实，殊不足观。惟在竹枝词，叙苗疆古迹、土俗，造语虽不工，却不蹈空。集中如山顶、山腰、山眉、

山脚，诗魔、酒魔、禅魔、睡魔等，题已极纤巧，无论其诗也。卷四有《诗钟》一首，句云：“牌分字字添文韵，钵击声声落采毫。”按“诗钟”□□□代，据此则道光时已有之矣。

篇目索引

◎本索引揭示《全集》中《续修四库全书总目提要》所收录篇目。

◎本索引依照篇名首字笔画排序，首字笔画相同者按第二字排序，以此类推。

◎篇名后所标四位数号码为篇目编码。

一画

二画

三画

四画

五画

六画

七画

八画

九画

十画

十一画

十二画

十三画

十四画

十五画

十六画

十七画

十八画

二十二画

著者索引

◎本索引揭示《全集》中《续修四库全书总目提要》所收录篇目之著者。

◎一书多名著者，依著者分别揭示。

◎本索引依照著者姓氏首字笔画排序，首字笔画相同者按第二字排序，以此类推。

◎姓名后所标四位数号码为篇目编码。

◎姓名后括号内为著者生卒年，生卒年不详者则标示朝代或国籍。

二画

三画

四画

五画

六画

七画

八画

九画

十画

十一画

十二画

十三画

十四画

十五画

十六画

十七画

十八至二十三画

伦明全集

第五册

伦明 著

东莞图书馆 整理

SPM

南方出版传媒

广东人民出版社

·广州·

图书在版编目（CIP）数据

伦明全集/伦明著，东莞图书馆整理. —广州：广东人民出版社，2017.12
ISBN 978-7-218-12090-4

Ⅰ.①伦… Ⅱ.①伦… ②东… Ⅲ.①伦明（1875—1944）-全集 Ⅳ.①C52

中国版本图书馆CIP数据核字（2017）第244093号

LUNMING QUANJI
伦明全集
伦明 著 东莞图书馆 整理

出 版 人：肖风华

责任编辑：张贤明 李展鹏 柏 峰
封面设计：彭 力
责任技编：周 杰 易志华 吴彦斌

出版发行：广东人民出版社
地　　址：广州市大沙头四马路10号（邮政编码：510102）
电　　话：（020）83798714（总编室）
传　　真：（020）83780199
网　　址：http://www.gdpph.com
印　　刷：广州市浩诚印刷有限公司
开　　本：787mm×1092mm 1/16
印　　张：165 插 页：14 字 数：2300千
版　　次：2017年12月第1版 2017年12月第1次印刷
定　　价：1200.00元（全五册）

如发现印装质量问题影响阅读，请与出版社（020-83795749）联系调换。
售书热线：（020）83780517 83793157

目　　录

东莞伦氏续书楼藏书目

第一册

从番禺叶氏遐厂借钞，计十二册，新四册未到。叶氏前已失第八、九册、新第二册，今实存十三册。

第一箱

易图明辨　四册
洪范正论　二册
大学翼真　四册
诗益　十二册
读诗一得　一册
黄门篆说义（管榦珍）　一册
说文字原（同上）　一册
毗陵食品拾遗（同上）　一册
五云草（同上）　一册
职方志（同上）　一册
诵诗一隅（铅印）　一册
古刑法质疑附考工记论文　一册
考工记论文　一册
娱莱轩字释　一册
农家言　一册
广蚕桑说辑补校订　一册
冰梅山馆丛书散种　四册
经笥质疑　八册
诗谱讲义　一册
诗经集解辨证　四册
韩诗遗说补（抄本　又一部未装订）　一册

诗经集传述蕴　二册
毛朱诗说附春秋三传异同考读礼问（照代本）　合一册
诗异文录　三册
诗绪余录　四册
诗义补正　四册
诗义补正（衬订）　八册
三百篇原声　一册
诗疑笔记　四册
诗地理考略　一册
诗疑义释　二册
诗疏补遗　二册
毛诗名物图说　四册
诗经拾遗　二册
诗双声叠韵谱　一册
韩诗内传并薛君章句考（抄本）　一册
三百篇鸟兽草木记（抄本）　一册
诗笺别疑（抄本）　一册
续诗传鸟名　一册
诗古微（精刻本）　二册
古经疑言（易、书、诗三种）　三册
诗说循序（学庸总义）　二册
诗故考异　十册
毛诗辨韵　四册
诗经比义述　三册
毛诗周韵诵法　四册
诗经言志　二册
毛诗集解训蒙　一册
毛诗正韵　四册
毛朱诗说附春秋三传异同考　一册
齐诗翼氏学　一册

读诗释物　六册
毛诗通说　六册
毛诗草木疏校正　一册
诗经说铃　六册
毛诗草木鸟兽虫鱼疏（活字本）　一册
毛诗兴体说（稿本）　一册
诗集传附释　一册
三颂考　一册
毛诗笺疏辨异（不全　抄本）　二册
诗义旁通　六册
孔氏三出辨　一册
诸草庐经说三种（毛诗说、夏小正、飨礼上）　一册
说文统释自叙注　一册
斅经笔记　一册
读诗考字　一册
古郊诗义　一册
周官参证　一册
毛诗异义　四册
诗考异补　一册
毛诗明辨录　四册
诗经原始　十册
毛诗读　十册

第二箱

论语评（抄本　吴庄）　二册
孟子年略附发微　一册
孟子年谱（管同）　一册
论语要略　一册
论语足征记（铅印）　一册

论语发疑附西崖经说　二册
周易大象应大学说　一册
高子讲义　一册
大学补遗（石印）　一册
校正四书释地　二册
郑易马氏学（抄本）　一册
尊孟辨　一册
孟子（白文）　一册
四书典故考辨　一册
群经释地（抄本）　一册
四书地理考　四册
四书典故辨证附续　六册
四书拾遗　二册
乡党备考　一册
乡党备考　二册
论语偶记　一册
论语实测　四册
群经賸义　一册
四书释地补　五册
论语笔解（抄本）　一册
大学偶言　一册
大学传注中庸传注（戴望批本附传注问）　二册
孟子要略　一册
论语后案（木活字本）　六册
求己堂散种（读孟质疑、孟子外书集证、海运刍言、求己堂诗集）四册
经学质疑附孔孟编年　八册
乡党正义　四册
论语郑注　一册
论语要略　一册
闲道集　一册

戴氏注论语　一册
孟子篇叙　四册
孟子音义　一册
国语补音　一册
孔门师弟年表附孟子时事年表　二册
四书求通录　六册
大学古义说附论语说义（经解本）　一册
话山草堂杂著　一册
论语校异孟子校异（抄本）　二册
论语小笺（稿本）　一册
春秋公羊经何氏释例　四册
论语广注　二册
孟子外书　一册
论语说　二册
礼记训义择言　二册
四书集注管窥　一册
四书体味录残稿　一册
奉使还乡日记（抄本）　一册
论语孟子书法　一册
论语论仁论　一册
论语足征记（铅印）　一册
论语补注（二部）　一册
论语事实录　一册
论语通释　一册
四书考异　五册
说文管见　一册
四书广注　十二册
希郑堂丛书配说文粹言疏证　四册
博约堂经说附说文粹言疏证　二册
周礼讲义（抄本）　一册

经训书院自课文　三册
六艺论疏证　一册
仪礼讲义（铅印）　一册
四书质疑（吴国濂　木活字本）　二册
孝经集注（木活字本）　一册
孝经讲义（同上）　一册
礼记讲义（铅印）　一册
孟子游历考（抄本）　一册
孟子年谱（黄玉蟾　抄本）　一册
四书因论（抄本）　一册
古本大学解（抄本）　一册
尚书中侯疏证　一册
古文尚书冤词平议　一册
圣证论补评　二册
经训书院自课文　二册
礼记浅说　二册
春秋讲义（铅印）　一册
发墨守箴膏肓释废疾疏证　一册
尚书古文疏证辨正　一册
召诰日名考　一册
师伏堂骈文　一册
经学历史　二册
师伏堂笔记　一册
汉碑引经考附引纬考　五册
孝经郑注疏　二册
尚书大传疏证（欠首册）　三册
经学通论（欠第二册）　四册
今文尚书考证　六册

第三箱

推春秋日食法　一册
春秋经朔表　二册
春秋朔闰日食考　一册
春秋日食质疑　一册
春秋求故　一册
春秋至朔通考　四册
麟史历准　一册
左传释地　一册
鲁史榷　一册
春秋析书（抄本）　一册
明名臣言行录　二十册
穀梁范注阙地释（稿本）　一册
春秋七国统表　二册
补春秋僖公事阙书　一册
春秋识小录初刻三书　三册
春秋世族谱　二册
春秋希通　一册
读春秋界说　一册
春秋朔闰表发覆　四册
春秋日表附岁星表日食星度表　二册
春秋内传古注辑存　三册
三传经文辨异（抄本）　一册
陈惕庵经说（抄本）　一册
春秋穀梁传时月日书法释例　一册
春秋通论（稿本　欠卷十一至卷十三）　五册
左传注解辨误（东洋刊本）　二册
左国颖　一册

左传质疑（稿本）　一册
左翼（稿本）　二册
张鼎所著书（稿本　读易日记、四书、水道志略、战国疆城凡四种）　七册
春秋经传日月考　一册
北齐人书左氏传（石印）　一册
春秋左氏古义补证长编（抄本）　一册
春秋世族谱　二册
规过附读左小说　二册
春秋十二公年谱（抄本）　四册
汉书引经异文录证　一册
三家经文同异考　一册
经史问答（抄本）　一册
策钞（抄本）　二册
春秋朔闰至日考附日食辨正朔闰表（铅印）　四册
春秋日食辨正（铅印）　一册
春秋内外传筮辞考正　一册
春秋内传注辑存附补辑　三册
七经纪闻（石印）　二册
经义积微记　二册
钱苏斋述学　一册
七经纲领（铅印）　一册
经谊杂识　一册
一山经说（铅印）　一册
十三经音义故　一册
十三经独断（铅印）　一册
杜贵墀传稿　一册
汪悔翁行状　一册
周甲录（即姚培谦年谱）　一册
黄公度事实述略　一册

卜子年谱　一册
章实斋年谱（铅印）　一册
肄雅释词　一册
穆斋经诂　二册
邹征君传　一册
陶宫保履历并请假还乡文（陶澍　抄本）　一册
学案备忘录（抄本）　一册
何庆涵行略　一册
杨仁山别传　一册
杨仁事略　一册
经说（袁嘉谷　石印）　一册
周秦名字解故附录　一册
郭庆藩行述　一册
孙籀顾年谱（铅印）　一册
黄仲弢传　一册
古文孝经集解　一册
经锄堂经说　一册
阙里讲经编　一册
娱莱轩字释（铅印）　一册
九经学　一册
经典释文校语补正　一册
说文释例补遗（稿本）　一册
然后知斋四书五经问答　四册
说文建首训（抄本）　一册
孝经郑注附音　一册
湘芗漫录（稿本）　一册
周官古经举例　一册
传经表补正　一册
汉碑经义辑略　二册
传经表　一册

明寿室经说　一册
吴氏遗著　二册
群经识小　二册
古文孝经参疏（东洋刊本）　一册
北窗偶谈　一册
群经宫室图　二册
易堂问目　二册
经传考证　一册
实事求是之斋经义　二册
汪双池行状　一册
刘世谟行述　一册
刘端临行状　一册
许珊林传赞事实　一册
邵阳魏默深事略　一册
黄式三行略　一册
朱一新行述　一册
焦理堂事略　一册
经书算学天文考　一册
赵撝叔行略　一册
许君疑年录（抄本）　一册
李氏三传（李梅村、李西园、李雨樵）　一册
钱竹汀行述（铅印）　一册
世统纪年订　一册
揽香小品三种　一册
勿自弃轩遗稿　一册
慕良杂纂　一册
慕良杂著　一册
群经释疑（稿本）　二册
刘氏遗著　一册
经典释文序录　一册

经典释文考证　二册
孝经郑氏解（东洋刊本）　一册
霜菉亭易说　一册
经义亭疑　一册
公羊榷论　一册
字典校录　一册
鬋金山馆文集　一册
毛诗说习传　一册
偲学读经记略　一册
家人衍义　二册
刘贵阳经说残稿　一册
礼经学述（照代本）　一册
蜀石经残字　一册
经词衍释　二册
读经析疑　一册
续广雅（二部）　二册
小演雅　一册
羼雅　一册
经冶堂解义　一册
五经赞　一册
五砚斋困知经说　一册
历代载籍足征记　一册
群经理话　一册
缪南乡事状　一册
朱九江讲学记　一册
七经读法　一册
读书解义　一册
郭氏佚书六种　一册
经史质疑录　一册
律吕新书浅释　一册

纬学原流兴废考　二册
读经志疑　一册
说经呓语　一册
凤氏经说　二册
正讹初稿　一册
五经小学述　一册
经传释词　二册
经传释词补附再补　一册

第四箱

易通例（二部）　一册
九经三传沿革例　一册
序卦图说　一册
易经三种　一册
易义随记附文集附刻　二册
虞氏易消息图说　一册
卦本图考　一册
春秋左氏古义　一册
劳谦室易说四种　一册
易穷三昧（稿本）　一册
易家法表（稿本）　一册
古易音训　一册
淮南子周易古义（抄本）　一册
易通（程廷祚）　五册
茹逊来所著书　十四册
易学图说会通周易辑说存正易学图说续闻　十册
读易记言　一册
唐开成石经图考　一册
急就章考证　一册

范家相三种（三家诗拾遗、诗沈、夏小正辑注）　七册
周易卦变图说附五代史艺文志　一册
易确　二册
仪礼易读　四册
易纬八种　二册
读易管见　一册
周易辨　八册
周易索诂　六册
大易择言　十二册
写经斋诗文稿附退学录（有配）　五册
仪礼（士礼居刊本）　一册
五经义疏得失南北经术流派（抄本）　三册
经序录（欠首册）　三册
经史序录附甲子会纪　一册
公羊逸礼考征附辅行记别雅订许印林遗著钮匪石日记虞氏易消息图说
　　潘刊　四册
北海经学七录　一册
郑志　一册
周易孔义集说　十册
所愿学斋书钞四种　七册
味经斋遗书　十册
越谚　三册
皇朝经解（抄本）　一册
徐贻庵遗书（稿本）　十册
周易图说述　四册
钱氏四种附十经文字通正书　四册
周人经说附王氏经说　二册
十四经通考　八册
新学伪经考　六册

第五箱

说文阙义笺　一册
六书类释　一册
说文段注校三种（长沙叶氏刊）　一册
六书例解　一册
六书辨通　五册
说文解字补逸（稿本）　一册
说文测义（二部）　四册
读易札记　一册
礼表　一册
易释　一册
易古训（抄本）　一册
周易解故　一册
周易筮述　四册
周易衷义集解　十二册
夏小正分笺附国语补革　一册
周易略例附周易举正（明刊）　一册
周易寻门余论附易学辨惑礼经学述（照代本）　三册
卦变解八宫说　一册
京氏易　四册
周易卦本反对图说　一册
畴人驳议　一册
礼记卢注佚文疏证（抄本）　一册
易守　八册
周易通义　六册
周易玩辞集解　十册
制服成诵编　一册
周易述礼　二册

周易旁注　四册
汉宋易学解　二册
周易禅解　三册
易卦序象（即周易图）　一册
始兴记　一册
面城楼集钞附周礼注疏小笺　八册
面城楼丛刊三种（周易虞氏义笺、诗毛郑异同辨、字林）　八册
周易传义音训　八册
易大象说录　一册
经玩　八册
乔氏易俟　四册
周易大象解附稗疏　一册
读易丛记　一册
易经卦变解附增辑易象图说　一册
需时渺言　十册
周易集解纂疏　十册
儿易外义　四册
易道入门　四册

第六箱

仪礼蒙求　一册
夏小正集解　一册
孔氏三出辨　一册
五省沟洫图说　一册
周易通义　二册
周易繁露（稿本）　一册
易学蓍贞　二册
学易慎余录　二册
尚书古文疏证　十册

周易指　十五册
礼记天算释（二部）　一册
夏小正经传集解（石印）　一册
仪礼大要　一册
夏时考训蒙　二册
尚书私说（抄本）　二册
参补礼经精要（抄本）　一册
尚书余论　一册
夏小正音读考（又名明堂阴阳夏小正经传考释　不全）　一册
夏小正小笺附弟子职小尔雅　一册
尚书章句　六册
龙冈山人古文尚书四种附古文尚书賸言　七册
古文尚书正辞　八册
禹贡通释　四册
成周彻法演（稿本）　四册
礼记训纂　八册
周官心解　六册
成周彻法演　一册
夏小正经传考释　四册
夏小正通释　一册
夏小正校注　四册
夏小正传笺　三册
夏小正注　一册
夏小正注（黄叔琳增订）　一册
夏小正校注（欠卷四）　三册
四禘通释　一册
冕服考　二册
夏小正笺疏　二册
丧服表　一册
九州山水考　三册

仪礼聚考　一册
春秋识小录初刻三书　四册
周书年月考附周书年表　一册
尚书商谊　一册
尚传疑纂（抄本）　二册
尚书礼记　四册
素隐所刻书（仪礼释宫、宫室图、宫室说、宪并冠服图）　一册
太誓决疑　一册
周官指掌　二册
读易传心附读诗辨字略　六册
尚书证义（抄本）　三册
书传图　一册
尚书约注　二册
易卦私笺　二册
内则章句　一册
古文尚书条辨（抄本）　二册
仪礼问津　一册
古文尚书冤诗补正（抄本）　一册
变征定位考（抄本）　一册
夏小正考注　一册
明堂月令章句　一册
井田图解　四册
夏小正传笺　一册
夏小正集说　二册
丧服论（抄本）　一册
许氏说音（抄本）　一册
永平三子遗书　二册
尚书周诰考辨　一册
尚书隶古定释文　二册
纬学原流兴废考　一册

第七箱

圣贤高士传赞（抄本）　一册
埜语秘汇（即启祯记闻录　抄本）　二册
克复金陵勋德记　一册
穆天子传校本　一册
弘毅公衍庆录　四册
唐两京城坊考　二册
所知录（抄本）　一册
榕城景物录（抄本）　一册
释徐沟　一册
孝定景皇后事略　一册
守岐纪事　一册
天台游记　一册
江上遗闻附闽事纪略　一册
校辑邺中记　一册
御制表忠录　一册
历代讳名考　一册
顾祠小志　一册
海岳山房别稿（明刊）　一册
旧京琐记　二册
庚子国变记　一册
孝妇王氏传　一册
海东礼记　二册
记桐城方戴两家书案（抄本）　一册
名宦传　一册
平定浙东纪略　一册
古虞石室记　一册
三案始末（抄本）　一册

海东逸史　二册
熹朝奄党祸国录（抄本）　一册
中州朱玉录　一册
科名盛事录（明刊本）　二册
山海经新校正　二册
弘毅公衍庆录　四册
铁函心史　三册
汉唐事笺　三册
南明野史　三册
国粹丛书散种　一册
襄阳守城录附北狩见闻录（抄本）　一册
褒忠录　一册
万历三大政考　一册
古春草堂笔记　一册
瓣香斋随笔　一册
东轩吟社画像　一册
庚申外史　一册
补元和郡县志四十七镇图说　一册
国朝史余（明刊本）　一册
闲暇清论　一册
挞伐新编（即上谕）　一册
明末轶闻　一册
兵书四种（城守验方、练兵辑要、金锁八门、镇图要诀、空群斋集）　三册
甲子清室密谋复辟文证　一册
清帝系考（二部）　一册
东道纪略　一册
拳匪纪略　一册
大清定鼎能一编　一册
滇粹　一册

明史志（即明人列传）　一册
蜷庐随笔　一册
实录馆新定规条（抄本）　一册
稽香室杂记（抄本）　一册
黄运河口古今图说　一册
湖州府水道全图　一册
崇祯五十宰相传　一册
出围城记　一册
追忆陷冠纪略　一册
江阴倭寇旧闻　一册
宗室勋戚官奉册　一册
少司徒王公传　一册
鲁春秋　一册
方家园杂咏纪事　一册
江人事　三册
逊国神会录（抄本）　一册
金陵野抄（抄本）　一册
周书集训校释　二册
汲冢纪年存真附周年表　二册
醇亲王使德始末记　一册
瘿史　一册
本朝忠义录（明刊本）　五册
爝火录（抄本）　一册
别国名归一表附中外约表（抄本）　一册
外蒙交涉始末记　一册
革除遗事节本　一册
周礼医师补注　一册
唐诗韵汇　二册
山海经存　四册
山海经笺疏　四册

王文勤公圣祖北征行在述略（稿本）　一册
蒙古家谱（抄本）　一册
赵忠毅公行述附铁如意考　一册
赵忠毅公行述　一册
周忠惠公年谱　一册
魏廓园自订年谱（抄本）　一册
左忠毅公年谱定本　一册
金石订例　一册
忠节录（明刊本）　二册
五胡指掌编　一册
三湘从事录　一册
愚忠录（抄本）　一册
汉魏六朝志墓例　一册
汉魏六朝唐代志墓例　一册
李秀成供　一册
明懿安皇后外传　一册
孝献皇后行状附传　一册
孝献皇后传　一册
出塞图画山川记附闽行随笔　一册
烬宫遗录　一册
梦蕉亭杂记　二册
明成祖本纪（抄本）　一册
补晋书艺文志　一册
客窗偶谈（抄本）　一册
建文帝后纪（抄本）　一册
石柱记　一册
塘报稿附余生录　一册
防边纪事　一册
傅冠县殉难诗文略　一册
乡兵救命书　一册

闽师进剿纪略附磨盾余谈（抄本）　二册
管蠡编　一册
奏折规例便览（抄本）　一册
庚子年日记录要　一册
安南事件稿（抄本）　一册
墨鞑事略　一册
星槎胜览　一册
西游录　一册
钱币刍言（抄本）　一册
小倦游阁文稿（抄本）　一册
南烬纪闻录（抄本）　一册
唐才子传　二册
汉魏碑刻纪存　一册
龙门志续纂　一册
庚辛之际月表（稿本）　一册
越中先贤祠目　一册
铜官感旧集　一册
朝鲜近世史　二册
元秘史注节要（抄本）　一册
多识录　二册
西征纪略　二册
惠献贝子忠定录　四册
洛西平冦纪略　二册
墓铭举例附金石要闻　一册
畿辅人物志　四册
史通　四册

第八箱

武昌殄逆纪略　二册

各省历代帝王陵寝名臣祠墓（抄本）　一册
康梁徐谋财害命铁证书　一册
水鉴斋见闻录　一册
明台湾郑氏亡事　一册
外交部沿革纪略　一册
春秋疑年录附辨名小记　一册
疑年录附续疑年录　一册
疑年赓录　一册
四续疑年录（稿本）　一册
补遗年录　一册
三续疑年录　二册
五续疑年录　二册
史外（欠首册）　七册
五代史（过吴仲伦批）　八册
三国志（周星诒批本）　八册
新疆外藩纪略　二册
释名定本　四册
道学论衡　二册
天文算学纂要　一册
梅花阁集　一册
律吕元音　一册
乐律心得　一册
圣庙乐释律（稿本）　二册
滇粹　一册
庭闻录（勤下册　抄本）　一册
庭闻录（录遗　抄本）　一册
清开国史料考　一册
武昌殄逆纪略　一册
一梦缘　一册
西藏见闻录　一册

汪氏述学附遗诗孤儿编　四册
读汉书札记（稿本）　一册
所知录附田间年谱　一册
史记疑问附檀弓疑问　一册
听涛图征题（稿本）　一册
史记阐要（抄本）　一册
强恕斋文賸（抄本）　一册
隶经賸义（据经解续编　抄本）　一册
毛诗谱（据经解续编　抄本）　一册
驳春秋名字解故（同上）　一册
天文地舆图（李申耆）　十六册
乙编（抄本　即列传　欠首册）　一册
出塞诗（徐兰）　一册
多尔衮摄政日记　一册
钟义士文集　一册
蒙古世系谱（抄本）　一册
行朝录（抄本）　二册
历代黄河变迁图考　四册
中西度量权衡表　一册
旧京遗事（铅印）　一册
东塘日札（铅印）　一册
剿奴议撮　一册
所知录　一册
般上旧闻　二册
从征实录　一册
达磨论讲疏玄义　一册
览海赋（即希古堂文乙集）　一册
江南北大营纪事本末　一册
醉翁谈录（适园本）　一册
金陵癸甲纪事略　一册

震泽长语附震泽纪闻　二册
阅史闲评附照代旧闻　二册
东林列传　八册
四史剿说　四册
会典简明录　一册
读史日录　一册
如梦录　一册
蒙韃备录校注　一册
二十一史弹词　二册
后鉴录（毛西河合集本）　二册
胜朝彤史拾遗记附蛮司合志（同上）　二册
亭林诗集　一册
四王传　二册
道德经述义　一册
格致四种（抄本）　一册
荀子补注　一册
太上黄庭经注附阴符经注　一册
尸子尹文子（湖海楼本）　一册
列子附释文（湖海楼刊本）　二册
尸子辑本　一册
老子河上公注　二册
南华经笺注　六册
庄子解　四册
朱子讲学辑要编　六册
道德经订注　一册
庄子因　二册
先圣大训　五册
南华经合注吹影　八册

第九箱

（颖）［颍］上风物记　一册
辛丑各国合约　一册
雷波琐记（稿本）　一册
海南杂著（欠下册）　一册
怡怡堂集（即游台记）　一册
北湖小志　二册
竹镇纪略（抄本）　一册
京师五城坊巷胡同集　一册
拟辑十三经汉注议附吴郡通典（稿本）　二册
吴郡通典　一册
台海采风图考　一册
竺国纪游　四册
蒙古诸部述略　一册
魏书官氏志疏证　一册
平苗纪略　一册
两淮戡乱记　一册
庚子北京事变纪略　一册
平原拳匪纪事　一册
武昌纪事　一册
忠文靖节编（昭代本）　一册
燕都识余（同上）　一册
平海纪略（同上）　一册
外国纪（同上）　一册
鸦片事略　二册
思痛记　一册
金陵兵事汇略　二册
谈浙　二册

太平寰宇记补阙　二册
校正元亲征录　一册
西游录注　一册
凌公死事本末　一册
李氏藏书（欠下半部）　四册
异域录　二册
伏戎纪事云中降虏传平番纪事绥交记纪剿大同平叛记藤峡纪略南太纪
　　略款塞始末龙凭纪略藤峡纪闻大宁考（明刊本）　四册
渡海舆記　一册
元朝秘史　二册
史林测义　六册
黄山纪胜　二册
暨阳风俗赋　二册
匡山图志　一册
沔县志（稿本）　一册
三省山内风土杂识　一册
新疆方域录（稿本）　一册
黄山赋　一册
云岭志　一册
五茸志余（抄本）　一册
番社采风图考　一册
前溪逸志（抄本）　一册
西北边界图地名译汉考证　一册
竹垞小志　二册
四论奇赏　二册
志远斋史话附止焚稿雌雄渊　二册
史测附左逸短长　二册
历代州域形势说　四册
校正元亲征录　一册
琅嬛史唾　四册

论史同异　六册
史贯　四册
续史　八册
庚子北京事变纪略　一册
高给谏庚子日记　三册
平定教匪纪事　一册
庚子剿匪电文录　一册
股匪总录　一册
一梦缘　一册
西夏国书略说　一册
孙文定公南游记　一册
金陵省难纪略　一册
苗疆闻见录　一册
河朔访古记　一册
西宁等处军务纪略　一册
湖北随州教案纪略　一册
岭海异闻附续闻（明刊本）　三册
保越录　一册
四夷馆考　一册
弢园随笔　一册
读史兵略缀言　一册
平台纪略　一册
津案纪略　一册
彝军纪略　一册
开垦水田图说　一册
英吉利考略　一册
洋海图说（抄本）　一册
三吴水利条议　一册
大狱记（抄本）　一册
明氏实录（抄本）　一册

书事七则　一册
中山传信录　二册
征吾录（明刊本）　二册
新仪象法要　一册
岭海舆图　一册
吴中水利书附四明它山水利备览　一册
职方外纪　一册
熬波图附坤舆图说（抄本）　三册
西方要纪（二部　照代本）　一册
蛮书（聚珍本）　二册
郧中记（同上）　一册
刘廷琛奏稿（铅印）　一册

第十箱

明辨录　二册
朱子学的　二册
读书日记　四册
荀子校释（抄本）　一册
元史地名考节要（抄本）　一册
天元历理　二册
浑盖通诠　一册
孔丛正义　一册
资镜录　一册
庄子诠话　四册
蒋氏游艺录　四册
孔子集语　一册
赵氏家法笔记（抄本）　一册
贾子新书　二册
近思录补注　四册

先正遗规　一册
思辨录疑义　一册
明辨录　一册
白虎通疏证　六册
商君书集解　一册
道德经注释　二册
栎翁稗说　一册
春秋繁露义证　六册
老庄礼记　一册
吕氏春秋正误　一册
老子集解　一册
读书偶然录（抄本）　一册
晏子春秋（吴刻）　二册
道德经集解　一册
黄石公素书　一册
论衡（批本）　八册
南华经简抄　六册
墨子校注补正　一册
黄帝阴符经注解（即阴符经汇刻）　四册
道德经注（汪光绪）　二册
文中子中说（仿宋刻本）　一册
邓析子（有校）　一册
鬼谷子（秦刻本）　一册
慎子（抄本）　一册
天香楼偶得　一册
黄海游录　一册
老子本义　一册
三愿堂日记　一册
参同契集注　二册
圭美堂题跋（抄本）　一册

近思录集解　四册
樗翁随笔（又名一得录　抄本）　一册
临池管见　一册
軏行录　一册
丹铅余录（明刊本）　一册
管子校义　一册
元和纪用经　一册
老子今见　一册
弟子职注　一册
民历铺注解惑　一册
进呈鹰论　一册
熊钟陵无何集　六册
陆子附小荀子鹿门子（明刊本）　一册
曾子家语　二册
道德经注（汪光绪）　二册
益识录　四册
老子故　一册
老子道德经解（东洋刊本）　二册
庄子内篇注　一册
道德经述义　一册
周子通书讲义　一册
新仪象法要　一册
古文参同契分节解（明刊本）　二册
自得庐　一册
偶记（欠下册）　一册
风俗通义　二册
湛园题跋　一册
孔丛子　二册
黄庭经注解　一册
黄庭经笺注　一册

阴符经注疏　一册
百字碑注笺　一册
阴符经释义　一册
鬼谷子　一册
庄屈合诂　二册
庄子解　六册
南华简抄　二册
管子学　十二册

第十一箱

西吴蚕略　一册
地理或问　一册
西域尔雅　一册
黄庭经童注　二册
阴符经窃注　二册
茗壶图录　一册
花镜　二册
陆子茶经　一册
茶花谱附茶花咏　一册
泰西水法　一册
天玉经外传　一册
人物志　一册
射艺详说　一册
南方草木状　一册
续谈助　二册
菌谱　一册
青烟录附啸岩吟草　四册
无能子　一册
兰言四种　二册

东篱中正　一册
致富全书（又名圃史）　一册
艺兰说　一册
猫苑　二册
说蛇　二册
丝绣笔记　一册
醉苏斋画诀　一册
卧游录　一册
疚斋小品（哥窑谱、青田石考、戏言等三种）　一册
读古偶志　一册
桂考　一册
女红传征略　一册
胭脂录　一册
哲匠录　一册
髹饰录　一册
沈竹岑笔记（底稿本）　四册
能改斋漫录　八册
格物绪语　一册
洛阳伽蓝记钩沉　二册
五行大义　二册
世说新语（欠下册）　一册
采真子衡论　一册
植品　一册
潞水客谈　一册
兵仗记附荔枝谱（照代本）　一册
弹谱（抄本）　一册
读书偶记　一册
自耻录　一册
墨子刊误　一册
昙波附法婴秘笈　一册

泰西人身说概（抄本）　一册
檇李谱　一册
叶槑夫菊　二册
论墨绝句诗　一册
墨法集要　一册
万年少墨表　一册
睿养图说　二册
墨薮　一册
测绘仪器考　一册
庄我　一册
寿石斋砚谱（二部）　一册
近思录集注（茅星来）　四册
农圃便览　四册
虫荟　四册
蠕范　二册
杨子太玄别训　五册
新校本抱朴子　五册
异郛（抄本）　一册
蠹存　二册
十研斋端溪砚说　一册
蒙园纪闻附宝昌杂录　一册
明夷待访录纠谬　一册
掉谱合参　一册
宣和谱牙牌汇集　一册
读书记疑　一册
蔬香小圃菊志　一册
士林彝训　四册
愧生丛录　一册
醒书（又名越世清音）　一册
自号录　二册

射书　四册
射的说（抄本）　一册
龚安节画诀（抄本）　一册
简平仪图说　一册
世说逸（东洋刊本）　一册
元始阴符经注解（抄本）　一册
历代崇道记（抄本）　一册
太玄经注（明刊本）　二册
希贤录　八册
盐铁论附考证（张氏刊）　五册
世说新语（刘辰翁评）　二册
织余琐述　一册
博物志（士礼居刊本）　二册
困学纪闻三笺　八册
雕邱杂录　六册
少室山房笔丛（明刊本）　八册
困学蒙证　三册
遣睡杂言（不全）　二册
困学纪闻集证（欠末册）　十一册
礼记疏残卷（影印旧抄本）　一轴

第十二箱

舆古斋琴谱补义　二册
知非琐言　四册
岩下放言　二册
避暑录话　二册
南吴旧话录　六册
南湖旧话　六册
康济谱　十册

福州物产表（抄本）　一册
漳水沿革图考（抄本）　一册
乾坤大略　二册
鞠部群英　一册
京师女伶百咏　一册
顾误录　一册
燕兰小谱　二册
燕台集艳　一册
日下看花记　一册
众香词数集　一册
吴门画舫录　二册
群芳外谱　二册
群芳列传　二册
撷华小录　一册
伶史　一册
众香园　一册
籁纪天籁附水品全秩　一册
新门散记　二册
桑蚕提要　一册
颜子　一册
抱朴子校补　一册
山水纯全集　一册
壎谱　一册
瑟谱　一册
变征定位考　一册
溪山琴况　一册
铁网珊瑚歌　一册
邻鹤斋琴谱（抄本）　二册
曾子家语　一册
屏庐题画　一册

皇极经世补遗　一册
周庆云琴书（三种）　八册
杨氏琴学丛书　十一册
选择天镜　六册
地学正经（抄本）　一册
星学洞微宝镜（明刻本）　一册
古书隐楼藏书（二种）　一册
皇极经书易知　八册
滴天髓　一册
绛帖题跋　一册
杨大瓢所论碑帖纂列总目备览（抄本）　六册
草书编类（石印）　八册
芥子园画传　五册
草字汇　六册
奥衍新著　三册
学部通辨　二册
书法正宗　一册
芸香馆重刊正字略　一册
拳石山房画说　一册
铁函斋书跋（昭代本）　一册
平津馆鉴藏书画记　一册
书法正宗　一册
字画指南　一册
篆法辨诀　一册
琴旨申邱　一册
杨氏琴镜　一册
测量法义　一册
壎谱　一册
琴旨申邱　一册
溪山琴况　一册

汪氏琴谱　二册
琴学正声　四册
顾误录（抄本）　一册
琴律指掌　一册
舆古斋琴谱　四册

第十三箱

文中子中说　一册
四部丛刊本
刘子新论校释（列子校释）　一册
商君书解诂（石印）　二册
老庄札记（铅印）　二册
淮南子校补（铅印）　一册
管子编注（铅印）　三册
盐铁论（四部丛刊本）　二册
国文述要（四种铅印）　一册
大同书　一册
天马山房丛著　一册
冷语　二册
圣学入门附内则章句　二册
毅一子附外篇　四册
台学源流　一册
国学专修提要（石印）　一册
墨子闲诂笺（铅印）　一册
墨子学辨（铅印）　一册
墨经校释（铅印）　一册
天马山房丛著（铅印）　一册
老子西敖诂（铅印）　二册
管子新释（铅印）　四册

周秦哲学史（铅印）　一册
诸子论略（铅印）　一册
墨经通解（铅印）　二册
墨子新释（铅印）　三册
鹖冠子吴注（铅印）　三册
庄子约解（铅印）　四册
商君书校诠（铅印）　二册
商君书新释（铅印）　一册
韩子新释（铅印）　三册
墨子笺（铅印）　三册
太公遗书（抄本）　一册
南华本义　一册
区田图说　一册
司马法古注　一册
人范　二册
唐写本老子　一册
张杨园训子语　一册
弟子职集解　一册
励志杂录　一册
古刑法质疑（铅印）　一册
道德经注　二册
关氏要语录　二册
孙氏南华通　二册
韩诗外传疏证　十册
握机经传附非周礼辨附经传正讹　一册
濂洛关闽书　四册
太玄经集注　一册
道德经测　一册
性理四书　三册
实学考　四册

参同阴符浅头解　二册
罗子全集（抄本）　九册
阴符经（抄本）　一册
曹月川遗书　十一册
孔子家语疏证　八册
迩训　三册
躬耻斋经世十八篇　一册
戎政刍言　一册
山左桑蚕考　一册
论养蚕新法　一册
试行蚕桑说　一册
逊敏录　一册
张子（抄本）　一册
国朝近思录　二册
罗近溪语要　一册
赵子言行录　二册
知新肤语　二册
参两通极　二册
传习录总论　一册
子刘子遗书　一册
人谱类记　一册
唐子潜书　四册
葵书附攻玉堂文集（铅印）　七册
葵书　六册
高子遗书（抄本）　一册
洛阳伽蓝记　二册
老子古义　一册
庄子南华经　一册
宋吕氏庄子义　二册
鹖冠子　三册

墨子哲学　一册
鹖冠子吴注　一册
吕氏春秋正误　一册
诸子通考　三册
司马法注　一册
吴越春秋附汉武帝内传群辅录（抄本）　八册
老子评点　一册
商君书　一册
老子宗指（欠首册）　一册
荀子性善证　一册
墨经新释　一册
论衡举正　二册
老子解　一册
读诸子札记（管子、韩非子、淮南子等三种）　四册
道德经辑注　一册
南华通（清照堂本）　一册
太公兵法逸文附李卫公兵法　二册
东国闻道录（长留阁抄本）　一册
老子王弼注（东洋刻本）　三册
王阳明传习录　四册
蚕桑备览　一册
真诠　一册
太玄经集注　四册
古文周易参同契注（抄本）　三册
管子补注疏义　一册
道德经释辞（欠下册　明刻本）　一册
庄子天下篇释　一册
国学别录三种篇释　一册
老子衍　二册
弟子职注　一册

文子缵义　二册
管子地员篇注　四册
周秦诸子叙　一册
庄子补注　二册
公孙龙子（严校本）　一册
太上感应篇注合抄　一册
荀子集解　六册
道德经集解　二册
老子证义　一册
傅子　二册
阴符经解　一册
子华子　二册
道德经释义　二册
傅鹑觚集　三册
傅子（钱保塘辑）　一册
傅子（聚珍本）　一册
平书订　二册
乾坤大略　二册
百子辨正　一册
大儒要言　一册
掩理章程　一册
龙溪密谛　一册
农书　一册
仙佛合宗（抄本）　一册
正蒙集说　二册
庄子因　三册
荀子（谢刻本）　四册
墨子刊误　一册
淮南旧注校理　一册
晏子春秋（晏子春秋校本）　二册

老子故　一册
於陵子注　一册
道德经注　一册
荀子考异　一册
御注道德经　二册
盐铁论　二册
杨子法言　一册
晏子春秋校本　二册
道德经注附阴符经　一册
乐府传声　二册
老子约说（两部）　一册
老子说略（两部）　一册
道德经集解　一册
老子本义　二册
法言疏证　四册
方言（王先谦辑）　三册
南华经解（宣颖）　六册
张思叔明德录附彦明语录　二册
宋元学案　二十四册
小尔雅疏证　四册
九经直音　二册
朱子晚年全论　四册

第十四箱

周子全书　十册
二程全书　十六册
近思录集朱　四册
志学篇　二册
学案附朱子白鹿洞规条　二册

圣门十六子书　六册
朱子遗书　十八册
毗邪台山散人日记　二十四册
朱子语类　四十册
山木周易注　二册
尔雅正义　八册
尔雅参义　二册
读尔雅日记（学古堂本）　三册
尔雅补注残本（二部）　一册
尔雅正郭　一册
龙溪密谛（抄本）　一册
尔雅节要（抄本）　一册
读雅笔记（抄本）　一册
汉官仪　一册
尔雅启蒙　六册
尔雅补郭　一册
尔雅注疏校勘记　三册
尔雅郭注　一册
尔雅（清芬阁刊本）　三册
尔雅（崇文书局刊）　三册
尔雅郭注附音义　四册
尔雅蒙求　二册
尔雅疏　二册
尔雅翼　六册
释名疏证（王先谦）　三册
吕氏春秋正误（铅印）　一册
莲华经普门品　一册
傅青主书南华经　一册
温氏母训　一册
汤文正公家书　一册

孝友堂家规　一册
尔雅（碧琳琅馆刊本）　一册
尔雅郭注补正　三册
别雅订　一册
尔雅（方氏刊本）　一册
续方言疏证　一册
方言笺疏　六册
尔雅古义（抄本）　一册
尔雅音注　三册
尔雅郑注　三册
尔雅匡名　八册
尔雅谷名考　八册
尔雅谷名考弁言　一册
尔雅校议　一册
尔雅释例　一册
尔雅正郭（二部）　一册
尔雅补注残本　一册
祓心堂读雅孔见（抄本）　三册
尔雅注疏校勘记　四册
尔雅新义　四册
思辨录辑要　八册
圣学知统录　二册
致知格物解　一册
圣学知统翼录　一册
张子全书　六册
濬元　六册
陆子学谱　八册
魏贞庵论性书　一册
樗林偶笔　三册
雒闽源流录　六册

近思录发明　十册
归装辑录　二册
周秦诸子学　一册
周子全书（传经堂刊本）　一册
晏子春秋（吴氏刊）　四册
南华经笺注　四册
庄子南华经（谭元春评）　三册
三坟金玉　一册
弟子职音义　一册
弟子职集解　一册
春秋繁露（明刊本）　四册
徐氏杂著四种（铅印）　一册
谷盈子十二篇　一册
孙子集解　二册
道德经注　二册
庄子雪　三册
读书说　六册

第十五箱

南华经副墨（明刊本）　六册
关尹子文始真经（明刊本）　一册
瀞庵集（明本）　一册
庄子辩正　六册
庄子故　三册
读塔庄毅公及长武壮勤勇父子列传　二册
寡过未能斋杂著　一册
崇祀河南江西名宦祠录（铅印）　一册
清芬录　一册
崇祀乡贤录　一册

崇祀礼部乡贤录　一册
桂林朱氏科名总目（铅印）　一册
湖州同乡学士录（铅印）　一册
瓮芳录（高渭川）　一册
纪慎斋行述附崇祀录（二部）　一册
崇祀名宦录（徐荣）　一册
名宦录（刘拱宸）　一册
名宦乡贤录（陈銮）　一册
温壮勇六合殉难事略　一册
江忠烈公行状（二部）　一册
刘壮肃公家传　一册
刘襄勤史传稿　一册
马中丞史本传（马丕瑶）　一册
蒋之纯行状　一册
明陶恭介公像赞　一册
补唐仲友补传　一册
恪斋行状　一册
伊尔根觉罗氏家传　一册
徐珥珊传（二部）　一册
思过录　一册
崇祀乡贤（高建瓴）　一册
江叔海遗像　一册
尚维升列传　一册
宋牧九行状　一册
高仪部传　一册
赵忠节公遗墨　一册
陶方之行述　一册
陈仲云行略　一册
马玉山行状　一册
王肇谦行略　一册

历任实纪　一册
涂朗轩行述　一册
三文忠传　一册
刘衡列传　一册
侯纪之事略　一册
徐乃秋行述　一册
伊壮愍公事实　二册
崔劭方行述　一册
刘幼云行状　一册
顾展卿行述　一册
邓忠武荣哀录　一册
朱可亭行述　一册
张朗甫行述　一册
孙大司马列传（孙传庭）　一册
姚方伯传略（姚延著）　一册
万清轩年谱　一册
锡金四喆事实汇存　一册
李文诚公行状　一册
谢松麓行述　一册
李恕皆行略　一册
徐伟侯行状　一册
邹康斋行略　一册
鲍幼宣行述　一册
恽薇孙行状　一册
聂仲芳行述　一册
郭涔南行述　一册
赵文恪公行状　一册
罗长祜列传　一册
徐秋士自订年谱　一册
陈可斋年谱　一册

陈文肃公遗集（二部）　一册
何端简公年谱　一册
周渔潢年谱　一册
刘方伯事实记（刘旭岑）　一册
万里寻亲录　一册
刘忠宣公诰敕碑文附东山草堂赋（明刘大夏）　二册
瑞麟行状　一册
金虏海陵王　一册
南简易箦记　一册
宁乡黄氏族谱释例　一册
启秀事略　一册
沈氏族谱　一册
徐氏宗谱　一册
松寿老人自叙　一册
李古余事略　一册
严觐待行述　一册
徐忠勤公遗集识后　一册
严复墓志铭　一册
曹广权行述　一册
周懿慎公行状（二部）　一册
杨增新行状　一册
范静生行述　一册
洪悌丞事略　一册
杨叔峤事略　一册
徐固卿讣告　一册
汪伯唐行状　一册
秋坪行状　一册
沈家本志哀　一册
赵景贤传　一册
李星沅传　一册

陆赓南讣告　一册
何文安行述（何凌汉）　一册
何文安公祭文　一册
高凤岐事略　一册
寒山三种　一册
沈文节公事实　一册
徐辅庭行述　一册
郭文舆行述　一册
刘廉舫行述　一册
李霭山行述　一册
仁圃行述　一册
卓庵行述　一册
濬川行述　一册
鄞张公神道碑铭　一册
徐辛庵行述　一册
李文恭公行述（李星沅）　一册
王春甫行述　一册
蒋光煦行述（抄本）　一册
朱少仙行述　一册
李滋园行述　一册
徐青霞行述　一册
史太君行述　一册
边喆人行述　一册
姜太夫人行述　一册
徐夫人行略　一册
魏南厓传　一册
刘恭人事略　一册
赵琼卿事略　一册
毕太夫人行述　一册
董恭人家传　一册

康茂园行状　一册
张曦亭行述　一册
吴霁峰行述　一册
彭芍亭行述　一册
田寿荪行述　一册
张养亭行述　一册
杨穌甫家传　一册
朱达河墓表　一册
崇祀乡贤录（黄辅辰）　一册
刘松斋传　一册
朱敏斋行状　一册
童薇研行述　一册
通介堂徐氏世传　一册
程忠烈公行状　一册
赵忠节公遗墨　一册
石埭陈氏传志　一册
壮敏暨壮武列传附益谦殉难事实　一册
喻旭斋行述　一册
南海张公事状　一册
李恭人行述　一册
陈右铭行状　一册
王仁堪传　一册
六吉行述　一册
梅庵自叙年谱　一册
金正希年谱　一册
金学士传（金福曾）　一册
金正希年谱　一册
堵文忠公年谱　一册
华凤超年谱　一册
钱警石年谱　一册

陈秋门年谱　一册
吴荷屋年谱　一册
沧来自记年谱　一册
王右军年谱　一册
无成录　一册
沈归愚年谱　一册
汾阳曹氏志传　一册
梁文定公年谱（抄本）　一册
翠薇山房自订年谱（抄本）　一册
江阴季氏家传　一册
吴文节公年谱　一册
卢氏世系述略　一册
斯未信斋主人年谱　一册
苏河督年谱（抄本）　一册
丁禹生行状（抄本）　一册
海忠介公年谱　二册
勿斋自订年谱　一册
刘象久年谱　一册
陈句山年谱　一册
遂翁自订年谱　一册
周稺圭年谱　一册
卢厚山年谱　一册
王子若摹刻研史手牍附高南阜研史年谱　一册
吴梅村年谱（抄本）　一册
思补过斋主人自叙年谱　一册
厉樊榭年谱　一册
张麓樵自叙年谱　一册
沈文节公事实　一册
崇德老人自订年谱　一册
洪北江年谱　一册

郑寒村年谱　一册
葛凌台年谱　一册
毕弇山年谱　一册
黄勤敏公年谱　一册
杨海梁自叙年谱　一册
杨时斋勤劳录　一册
杨忠武公年谱　一册
青城山人年谱　一册
冯潜斋年谱　一册
云翁自订年谱　一册
臧在东年谱　一册
张九龄年谱　一册
刘楚桢年谱　一册
查东山年谱附东山外纪　二册
夏子松年谱　一册
艺风老人年谱（抄本）　一册
蚁园自记年谱　一册
吴松圃自订年谱　一册
孙玉庭自记年谱　一册
孙平叔年谱　一册
温和公年谱　一册
谢皋羽年谱（昭代本）　一册
徐寿臧年谱　一册
恩福堂年谱　一册
三曾年谱　一册
俞理初年谱　一册
朴安年谱（吴熊）　一册
成山老人自撰年谱　三册
桐溪达叟自编年谱　一册
鉴园主人年谱　一册

张沌谷年谱　一册
穰卿年谱　一册
敻叟七十年谱　一册
翁文端公年谱　一册
翁文端公行述　一册
魏秋浦行述附仁庵自记年谱　一册
焦南浦年谱　一册
唐一庵年谱　一册
黄侍郎年谱　一册
澄怀主人自订年谱　二册
沈鼎甫年谱　一册
谦山行年录　一册
黄山年略　一册
杨蓉裳年谱　一册
钱辛楣年谱　一册
孙渊如年谱　一册
龚文恭公年谱（二部）　一册
于襄勤公年谱　二册
汪尧峰年谱　一册
王筱泉年谱　一册
邻苏老人年谱　一册
邵二云年谱　一册
顾千里年谱　一册
万年少年谱　二册
徐愚斋自叙年谱　一册
韧庵老人自订年谱　一册
大梦纪年　一册
叶石农自编年谱　一册
殷谱经自订年谱　一册
庞文恪公年谱　一册

杜芝农年谱　一册
英果敏公传状　五册
姜司冦年谱　一册
摘录福文襄王年谱（抄本）　一册
尹楚珍年谱　一册
三迁志　六册
榕村谱录合考　二册
李文贞年谱　一册
高邮王氏父子年谱　一册
江子屏年谱附焦理堂年谱　一册
全上古文作者韵编　二册
黄子年谱　一册
高景逸行述　二册
叶天寥年谱　三册
骆文忠公年谱　二册
张杨园年谱　一册
鹿忠节公年谱　二册
建文年谱　二册
高忠宪公年谱　三册
齐威烈公年谱　一册
高忠宪公年谱　一册
黄忠端公年谱　二册
吴文端公崇祀名宦录　一册
鹿忠节公年谱　一册
陆陈二先生诗文钞（不全）　六册
志学录　一册
思辨录辑要　四册
读欧记疑　二册
读欧记疑　一册
典三賸稿　四册

陆桴亭文钞　二册
確庵诗文钞　四册
陈安道年谱　一册
师荔扉诗集　十二册
说文转注考（不全）　二册
燕香居诗稿　一册
江文通集（有批校）　四册
易母挽词　一册
慕皋庐杂刻附盾墨拾余　五册
双泉堂文集　四册
瓻余集　二册
卜法详考　四册
蛟湖诗钞　一册
积书岩古文选略　四册
尔雅释草释木统笺（王仁俊手稿本）　五册
积书岩宋词选　五册
杜律通解　四册
杜诗百篇　一册
杜诗约选五律串解　二册
邵二泉分类杜诗注解全集（过氏笺）　六册
集验简易良方（不全）　四册
慎始基斋校书图题词　一册
续藏书　六册

第十六箱

滇南诗话　四册
国学丛选　七册
南汉春秋　四册
二十二史札记　十册

金华山樵诗全集　九册
草堂外集　四册
仪宋堂文二集　二册
陈介石哀挽录　一册
绘事雕虫（欠下册）　一册
剡录　二册
拙修集补编　一册
盘山志（配第八卷）　三册
陵阳集　四册
名疑　一册
菊坡精舍诗（稿本）　一册
天瓶斋书画题跋　一册
续尚书　一册
蒋拙存书续书谱　一册
毛诗马王微（问经堂刊本）　一册
禹贡地里古注考附释人注（同上）　一册
子夏易传附马王易义仪礼丧服马王注（同上）　一册
尔雅汉注（同上）　一册
韩非子　六册
周历典（抄本）　一册
繁露佚文辑补（抄本）　一册
重订辑释通义源流本末（抄本）　一册
曲品　一册
明高士传（抄本）　一册
尊经阁祀典录　一册
仕隐图题词附都门唱和诗　一册
菊坡精舍文（抄本）　一册
经义模范（二部）　一册
名家制艺汇序　一册
味隽斋史义　二册

读书日记补编　一册
苍岘山人文集　一册
苍岘山人集　二册
铁桥诗悔　一册
补绘离骚图（石印）　一册
逸语　一册
尊国大义附康有为逆迹三十二条并康有为赴新加坡籀许誃（抄本）　三册
各省区域沿革一览表　一册
蓬莱阁诗录　一册
吟秋馆诗存　一册
二熊君诗賸　一册
缪武烈公遗集　四册
怡云山馆骈体文　一册
味无味斋诗文钞　二册
世说新语　四册
卓峰草堂诗钞　六册
鸥汀渔隐诗集　七册
古学微言　一册
弹指词　一册
记红集（抄本）　二册
惜抱轩文集　四册
初月楼闻见录　二册
小草庵诗钞（二部）　一册
伏敔堂诗选　一册
樊榭山房集（抄本）　一册
梦园子　一册
历科题名碑录（有配）　十二册
养灵根堂遗集　一册
取斯集诗选　一册

醉月西庐古文　四册
春秋君臣世系图考　一册
倚霞宫集附玉虚斋集　一册
经学传授考　一册
宛邻文集（铅印）　一册
胡公井铭　一册
读史兵略续编　十册
历代舆地沿革表　十九册
中国名学考略　一册
佩文诗韵释要　一册
抑末录　一册
昆仑山房明季百一诗（抄本）　一册
白喉证治通考　一册
医方择要　四册
格致录　一册
启祯两朝遗诗考（排印）　一册
淮南许注异同诂补遗　一册
古合宫周明堂遗制考　一册
牡丹百咏　一册
文字偏旁举略　一册
杜律详解　二册
绿窗遗稿附杨太后宫词　一册
孟子性善之研究（抄本）　一册
定武兰亭（影印）　一册
弹弓射法（抄本）　一册
崇兰堂骈体文　一册
二南诗钞　二册
苦兵集　一册
节物出典　一册
贻令堂杂租　一册

文学研究法　一册
松花庵诗　一册
西清笔记　一册
玉液金丹　一册
随山宇方钞　一册
欧蛊燃犀录　一册
慈济方　一册
神效良方　一册
金鳌退食笔记　二册
松亭行纪　一册
文艺杂志　一册
绛守居园池记注解附樊绍述集注　二册
蠹余诗稿　一册
天籁集　一册
寝叟乙卯稿　一册
绛守居园池记注　二册
红楼梦抉微　一册
昆仑集　一册
中国最近世史　三册
世说新语　四册
达生编　一册
独秀峰题壁诗（抄本）　一册
心庵诗存　二册
义丰集（抄本　未装订）　一册
蒿庵集补遗（抄本　未装订）　一册
律吕通今图说（附律易）　一册
中国文学史（石印）　一册
念堂诗钞　一册
匪莪堂文集　一册
畏庐三集　一册

梦草山房集附罗浮游记（稿本）　六册
斯未信斋主人自定年谱　一册
朴园行述　一册
两广方言学堂同学录　一册
片云集　一册
牡丹百咏　一册
樊绍述集注　二册
开垦水田图说　一册
绛守居园池记注　一册
惠翰钞存　一册
松鹤斋诗草（抄本）　一册
原富賸义　一册
神仙济世良方　一册
平海纪略　一册
黄梨州遗著（铅印）　八册
此登临楼笔记　一册
中国哲学史大纲　二册
文字学形义篇（两部）　一册
秘史丛刻　一册
燕南琐忆　一册
新尔雅　一册
訄书　一册
文字学音篇（两部）　一册
中国文学概论　一册
三代残篇　一册
中古文学史　一册
中国文学史要略　一册
辛亥殉难记　一册
编配街村图说　一册
印度调查盐法记　一册

论语足征记　一册
诗学　一册
人境庐诗草　一册
论语解　一册
中国法制史　二册
古文讲授谈　二册
讲义（北京法政专门学校）　四册
国文古微存　一册
续天下名山胜景记　二册
天下名山胜景记　一册
广西边事旁记（两部）　一册
中国民约精义　一册
春冰室野乘（又一部）　一册
清代学术概论　一册
老子评点　一册
周汉唐宋明地方制度考　一册
国立北平图书馆馆务报告　一册
庚子使馆被围记　一册
新方言　一册
辨学　一册
盾鼻集　二册
攘书　一册
东游日记　一册
仁学　一册
李鸿章　一册
陶渊明　一册
心史（两部）　一册
墨辩解故　一册
明季南都殉难记（两部）　一册
三海见闻志　一册

国学杂志　二册
国学丛刊　四册
康熙南巡秘记　一册
新游记汇刊　十四册
清朝全史　四册

第十七箱

吉林汇征　一册
黄帝魂　一册
梨园话　一册
訄书　一册
渔业历史　一册
中国民约精义　一册
新庵笔记　一册
中国预言　一册
拳匪祸教记　一册
慈禧写照记　一册
国粹学报　三十册
文艺杂志　七册
经史析疑（不全）　七册
小方壶斋丛书散种　二册
金壶浪墨　一册
六艺通考　四十八册
聊斋志异　十二册
论语集解义疏　五册
考古录　六册
石渠余纪　六册
义墨堂宋朝别号录（抄本）　一册
黄文节公诗集　五册

六通订误　一册
槫州词　一册
春曹仪式　一册
甲申传信录　一册
汉人经解辑存　一册
冷庐杂识　八册
陶诗合笺　四册
读史记十表　十册
螺江日记续编　四册
三余偶笔附续　六册
訒庵诗存　四册
易义针度补　三册
易例大全　一册
韩柳年谱（粤雅本）　二册
郑氏爻辰补　四册
说文引经考证　四册
养一斋诗话　二册
汪穰卿笔记　二册
心竹轩草　四册
通介堂文集　一册
竹溪诗话　二册
诗訒　二册
诗缘　四册
秋水堂双翠圆传奇　二册
酒令丛钞　二册
闽杂纪　四册
听春新咏　四册
二南诗钞大全　八册
经义述闻　十六册
经解入门　二册

剔弊元音　二册
古夫于亭诗问　一册
西巡回銮始末记　六册
古四家诗　十二册
蠡庄诗话　八册
古今诗话探奇　二册
周易集解附口诀义夏小正传急就章考异岱南阁丛书　四册
石渠宝笈三编目录　三册
杂剧十段锦　四册
妆楼摘艳　四册
国朝蜀诗略　六册
历科状元事考三元鼎甲策论考官试题录　八册
金批西厢记　十册
长短经　二册
天咫偶闻　八册
历代纪元表（既黄本虁三种）　四册
清六家诗钞　四册
韦柳二家诗　二册
经义图说　十六册
巴山七种　八册
啸叶轩文钞　二册
养一斋诗话　四册
闲谈消夏录　十二册
益智编　十二册
十二笔舫杂录　四册
二十二史策案　八册
庭闻录　四册
苏文忠公海外集　六册
豆棚闲话　六册
梦花杂志　二册

闺秀香咳集　四册
海天余话　四册
南野草堂附笔记　八册
瓮牖余谈（申报本）　四册
常谈丛录　六册
甲申传信录　四册
屑玉丛谭（二三集申报本）　十二册
金壶七墨　八册
兰茗馆外史　十册
海游记　四册
诗策征实　六册
孔丛子　四册
宋元检验三录　四册
台湾外记　十册
耕余琐闻　八册
续函海　十六册
历代史疑　四册
香草堂三种　九册
新安景物约篇　二册
穆天子传西征今地考　一册
前五十段　一册
耐冷谭　六册
闽中摭闻　一册
甲申传信录　四册
庸庵笔记　三册
钦训堂文存　一册
垒叠字考　一册
传恭堂祭仪（未定稿）　一册
国朝书人辑略　八册
南烬纪闻　一册

戏法图说（名鹅幻汇编）　六册
摄生总要　八册
四生谱　四册
鉴定新书　二册
江城名迹记　六册
范声山杂著　四册
历史名贤手札　四册
焦氏易林（批本）　六册
十三经策案　十册
宛溪集　一册
片石诗钞　二册
广新闻　二册
客窗偶笔　四册
皆大欢喜　四册
东藩纪要　四册
则克录　一册
景愚轩缀闻　一册
五代诗话　六册
啸亭杂录附续　十二册
磨盾余谈　一册
南行日记　一册
韫山六种曲　六册
孔子家语　三册
桐阴清话　二册
六观楼曲谱　六册
留香山阁诗（抄本）　二册
围炉诗话　四册
淮壖小记　四册
诗韵合璧（三益斋本）　二册
后八家四六文钞　八册

小北堂诗略　一册
先天罗汉拳十八手势图（铅印）　一册
萩园赘谈（铅印）　二册
庚子西狩丛谈（铅印）　二册
王无功集　二册
乌衣香牒　二册
春驹小谱　一册
戴熙家藏古钱谱（抄本）　三册
南疆逸史　六册
道藏目录详注　四册
依翠轩遗稿　一册
论画辑要　一册
虎邱山志　二册
题江南曾文正公祠百咏　一册
张陈二先生时事疏稿合刊　一册
海上嘉月楼勗学遗楠　二册
海盐陈氏二烈传　一册
旧言堂集　二册
清代画史补录　四册
四铜鼓斋论画集刻　四册
石樵诗话（欠一册）　三册
聊城杨氏海源阁藏书之过去现在　一册
菊谱（怀古阁藏本）　一册
近代名人小传附当代名人小传　五册
披沙集（影印）　二册
钞币刍言　二册
宜略识字　一册
迩言　一册
王烟客集　六册
四明文献集附年谱　四册

历代史略鼓词　一册
越南纪略　一册
平猺述略　一册
戡靖教匪述编　四册
今水经注要览　三册
异绎编　四册
参禅谱　二册
管刻诗学问难　一册
觉非庵笔记　一册
西行日纪　一册
越南纪略　一册
杂记　二册
北征纪行集　一册
自怡轩楹联賸话　二册
吴门百艳图　一册
养贯根堂遗集　二册
姚氏家俗记　一册
西域尔雅　一册
海天余话　二册
卧园诗话　六册
碧筠楼吟稿　一册
梦华外录　一册
艺舟双楫　一册
东使纪程　一册
范伯子文集　二册
印雪轩随笔　四册
说文古语考补正　二册
贞蕤稿略　一册
明史杂咏　一册
姜白石全集　一册

试律新话　二册
驾云螭室论泉诗　一册
历下偶谈附续编　二册
释名疏证附补遗　二册
借园偶笔　二册
金陵纪事略　二册
蟋蟀谱　一册
红楼梦赋　一册
秋虫谱　一册
今画偶录　一册
品花四奇合璧　一册
仙源书院书目　一册
粤游小志　一册
经书算学天文考　一册
然脂余韵　二册
昭忠录（粤雅本）　二册
宽城随笔　一册
聊斋志异拾遗　一册
清秘藏　一册
流民记　一册
六合内外琐言（申报本）　八册
楚词集注附屈子生卒年月考　一册
梧巢唱和诗　二册
清绮轩历朝词选　六册
浙西六家诗钞　三十六册
千百年眼　二册
十三经策案　二册
后五十段　一册
天宝新咏　一册
汉儒通义　二册

春秋比　二册
笺注唐贤诗集　四册
古歙乡音集证　二册
丘偶集　四册
天目山斋岁编（影印）　二册
白下琐言　四册
说雅十九篇　二册
题画诗　一册
冶游备览　二册
哭庙记略附洄溪道情　一册
潜邱札记　四册
奇门遁甲元炙经　四册
玉雨堂书画记　二册
天算策学通纂　三册
刘大将军台战实纪　十一册
杨升庵夫妇散曲　一册
罗振玉先生影印金石十种　十册
历代帝王系世考（抄本）　十二册
律陶谱陶读陶三种　三册
国朝遗事纪闻　一册
传经堂书目（三种）　一册
尔雅读阮　五册
屑玉丛谭（三四集）　七册
蝶花吟馆诗钞　一册
韵字鉴　四册
天书（抄本）　二册
士礼居藏书题跋记　一册
云石山房诗钞　一册
巧对汇钞　一册
登瀛琐迹拟乐府百首　一册

十二省全图　十二册
丹铅录　八册
南野堂笔记　一册
国朝贡举年表　一册
白香词谱　一册
姑射词人客陕西抚部笺牍（欠首册）　三册
石遗室诗话　四册
读画录　一册
印人传　一册
今世说（欠首册）　一册
宋季三朝政要附词源（粤雅本）　二册
奉天录（粤雅本）　一册
威淳遗事（粤雅本）　一册
至正直记（粤雅本）　二册
京口耆旧传（粤雅本）　二册
海山仙馆（首本）　二册
乡言解颐（不全）　二册
三朝各家文稿（抄本）　二册
唐诗近体残　一册
东野文钞残　一册
毘陵见闻录残　一册
伦叙乡试墨卷　一册
古音十七类表（抄本）　一册
龙瑞观禹穴阳明洞天图经（抄本）　一册
经畬日知录　一册
使粤日记（抄本）　二十四册
会辅堂问答纪略　一册
师传保加衔　一册
京师万生园修禊诗（铅印）　一册
李石亭先生诗集　一册

答罗有高各家文稿（抄本）　一册
赤溪杂志　一册
铁笛亭琐记　一册
红楼梦抉微（铅印）　一册
明僮合录　一册
西泠仙咏　一册
七国穰地图　一包
故宫宝谱匣衍记　一册
萤照阁集　一册
析枝雅故残　一册

第十八箱

晓亭诗钞附鹤鸣集（宗室塞尔赫栗庵著）　四册
韦庐近集　一册
南行纪事诗注（冀县李氏著）　一册
祝人斋先生集　一册
白虎通义引书表　一册
述德征言　一册
普济玉林国师语录　六册
丰川外集　二册
徐霞客游记（两部）　十册
和亲王稽古斋全集　五册
杨氏全书（杨名时著）　十册
李文庄公全集　十册
正谊堂文集　十六册
受宜堂驻淮集（纳兰常安）　四册
受宜堂沈水三春集（著者同上）　四册
张杨园未刻稿　二册
潜庵先生遗稿　三册

潜庵文正公家书　一册
陆桴亭先生文集　二册
张杨园文集　四册
张杨园训子遗书（二种）　一册
张杨园备忘　二册
张杨园先生全集　十六册
澄悦堂诗集（国申舟著）　十册
受宜堂集（纳兰常安）　二十四册
受宜堂居官说（同上）　一册
琴籁阁钞　三册
周礼故书疏证（宋世荦学）　一册
仪礼古今（同上）　一册
确山骈体文（同上）　一册
京师坊巷志（求恕斋本）　六册
水经注正误举例（同上）　二册
渤海国志（同上）　一册
春雪集附诗余（李笋香编）　二册
春觉轩诗草（武进庄章逵著）　四册
吕晚邨四书讲义　八册
钱塘游览志圃　一册
晤言日录（薛生白著）　一册
藏园诗钞　一册
西斋集（黄左田著）　一册
疏影楼名花百咏（高密郑文焯著）　二册
大鹤山人集（女史李淑仪著）　一册
江文通文集（明本内有批校）　一册
巴里客余生诗草（蒙书延子证著）　四册
藤荔轩诗集（叶河吉氏著）　一册
孙石亭归去来集　一册
求是山房遗集附诗文（吉林鄂氏著）　二册

涉江诗稿附文钞　二册
选梦楼诗钞（长白豫李氏著）　二册
朝鲜国王母妃卒遣使读文　一册
题咏集录　二册
来薰园十咏诗集　二册
敝帚集诗稿　二册
绿云堂诗集（长白人著）　二册
鸣盛集（和硕果亲王著）　六册
经畬斋诗钞（同上）　一册
静怡轩诗草（长白人著）　一册
心太平室诗钞（同上）　一册
柳萤诗传（蒙古三多氏著）　一册
澄怀书屋诗（穆彰阿著）　一册
叙州集（文焕氏著）　一册
仿玉局黄楼诗稿　四册
承恩堂诗集附蕴兰唫馆诗余曼陀罗馆消寒集贞白堂诗刻三种　十册
樗亭诗稿　六册
续同书　六册
续同书　四册
思元斋全集　八册
朱蓉生论学遗礼　一册
义乌朱先生文钞　二册
八旗人文集（即楳庵文钞　抄本）　一册
陶人心语　四册
陶人心语续选　一册
窗课存稿　二册
海外纪事　三册
石濂和尚诗（离六堂二集、潮行草近）　二册
固哉草亭诗　一册
秀钟堂诗钞　一册

重订楳庵诗钞　二册
山斋杂录（抄本）　二册
雨田古论　二册
楳庵诗钞　二册
奉使纪行诗　二册
书春堂集　三册
清宁合撰　二册
妙香馆诗文钞　四册
薛箖吟馆钞存附奉使朝鲜驿程日记　九册
蟋蟀秘要　一册
挂月山庄诗钞（抄本）　二册
蟋蟀窝诗集　四册
袁浦留帆（抄本）　一册
小琅玕馆课余草（抄本）　一册
怡情吟草（抄本）　一册
萋香轩吟草　一册
小谷口诗钞　二册
思旧集　一册
挂月山庄诗存　一册

第十九箱

白山诗介　四册
坦室诗草　一册
百一草　一册
友松吟馆诗钞　四册
习静轩诗集　四册
墨花香馆诗存　二册
梦堂诗稿　四册
山左皇华集　一册

闾山纪游诗　一册
醉墨画禅诗草　一册
冷红轩诗集（两部）　一册
香南居士集　八册
问诗楼合选　一册
文集（抄本）　一册
祝子遗书　二册
戴南山文集　四册
松龛诗存　四册
正气堂集　十六册
半洲诗集　四册
不系舟渔集　四册
萤芝全集　八册
听潮居步蒍草　二册
双崖诗集　三册
范文忠公初集　七册
乍浦九山补志附九山游草　三册
逊庵文稿附大学正业　二册
堵文忠公集　五册
恩福堂散文奏议（抄本）　二册
德荫堂集　四册
嘉荫轩诗集　一册
张家口至乌里雅苏台竹枝词　一册
塞外唫　一册
羞园诗词　一册
江上草堂诗集　一册
思斋存草　一册
诚斋诗钞　一册
粤行草　一册
白山词介　一册

选梦楼诗钞　二册
诚正堂诗艺　一册
芸香馆遗诗　一册
郁华阁遗集（两部）　一册
意园文略　一册
圣叹选古文读本　六册
罗昭谏集　四册
罗江东外纪拾残　一册
滏水集　八册
梁昭明太子六律六吕文启　二册
墙东杂钞　二册
尚论持平　二册
吴地名贤赞　二册
松花庵全集　十六册
小谟觞馆全集　十二册
四家纂文叙录　一册
赐诚堂文集　四册
刘练江集　三册
万忠贞公遗集　二册
陶元睇遗集　二册
杨忠节公遗集　五册
双溪醉隐集　五册
壼庵集　五册
石臼后集　一册
石臼后集选　一册
华阳国志（批校本）　四册
华阳国志（二部）　四册
列朝诗集　四十册
柯山集　十二册
赐绮堂集　十册

一品集附使黔集　一册
高文襄公全集（明刻本）　二十三册
航海吟草（二部）　一册
高文襄公三种（明刻本）　五册
只可自怡　一册
求放心斋诗钞附明刑管见录西行日记　六册
遂初诗草附淮程旅韵　二册
传砚斋丛书附也是园藏书目录　十三册
庄子解（士夫之）　三册
庄子解附老子言　四册
尚书读法　六册
巾经纂　四册
识字略　三册
春巢诗钞　四册
常溪草堂集（诗文）　二册
西村诗草（初、二、三集）　三册
匏村诗集　一册
白鹤山房诗钞　六册
渠亭半部稿七种　十一册
杞田集　四册
古韵通说　四册
经籍举要　一册
尔雅经注集证　一册
鸳鸯湖櫂歌　一册
屑玉丛谭（二集）　五册
使流球记　二册
二三家宫词　二册
小演雅　一册
机器录　一册
佐杂谱（抄本）　一册

第二十箱

虚白亭诗钞　二册

如亭诗稿　一册

心逸轩诗存　二册

怀旧集　一册

易水往还稿　一册

雪窗杂咏　一册

只自怡悦诗钞（三部）　一册

山矾书屋诗集附二集　六册

炙芬馆全集　十七册

樗高诗稿　三册

庆芝堂诗集　八册

表文（满汉合璧文抄本）　三册

完颜氏宗谱（抄本）　一册

凝香室诗存（抄本）　一册

麟见亭诗文（稿本）　十册

通鉴纲目三编（袖珍本）　四册

施注苏诗（袖珍本）　十八册

春藻堂一螺稿　一册

车中吟存草　二册

若汀自定吟草　一册

半日闲斋诗存　一册

岩泉山人诗附红蕉吟馆启事　一册

怡堂六草　一册

银州诗草（抄本）　一册

霜天碧　一册

永怀堂诗钞　一册

松风尘余纪　一册

碧云山房集　一册
绿秋书房诗钞　一册
密斋文集　一册
双江倡和集　一册
南浦酬唱集　一册
朱子文善备钞　一册
射阳存稿　二册
徐氏庖言　二册
保闲堂集　四册
味檗斋文集　九册
孙夏峰集　六册
史忠正集　一册
清风遗集　一册
偶斋诗草（内外集）　十册
适斋居士集（初刊本）　一册
香南居士集　二册
适斋居士集　二册
易简斋诗钞　二册
妙香馆咏物全韵　一册
梦喜堂诗集　二册
皇华草　一册
使喀尔喀纪程草　一册
朴庵丛稿　四册
知圣道斋读书跋尾　一册
俯浦诗钞　一册
碧山集　一册
明史杂咏（批本）　一册
红叶读书楼草　二册
枝巢诗草　一册
紫琼岩诗钞　二册

带绿草堂遗诗　一册
蕴真轩诗钞　二册
味和堂诗集　二册
兰雪堂集　四册
花间堂诗钞　二册
嘉乐堂诗集附延禧堂诗集芸香堂诗集　四册
鄂渚唱酬诗草　一册
养志书屋诗存　一册
听雨轩诗草　二册
酒堂遗集　一册
爱竹庐诗钞　一册
怡情书室诗钞　一册
澎棠轩诗钞　一册
从吾所好斋纪恩排律　一册
醉石龛即事诗　一册
吹笙馆诗存　一册
悼亡诗二十首　一册
卜魁城赋　一册
慎修堂诗集　一册
古藤簃潭柘集　一册
翠筠馆诗存　一册
使闽吟草　一册
偶存诗钞　一册
闾山纪游诗　一册
止足斋诗存　一册
醉墨画禅诗草　一册
心逸轩诗存　二册
保心堂诗钞　一册
可青轩诗集　一册
东使吟草附出塞杂咏（抄本）　一册

西昆贯玉稿　一册
述园诗存　一册
习静斋遗稿附冰雪堂诗　二册
梓里表忠录　四册
挂月山庄诗存　一册
精勤堂吟稿　一册
尘远书屋诗稿　一册
肃忠亲王遗集（二部）　一册
天外归帆草附海国胜游草　二册
望江南词　一册
心太平室诗钞（抄本）　一册
谦益堂诗钞　一册
酒五经吟馆诗　三册
红香馆诗草　一册
冷斋吟初稿　一册
绿窗吟草　一册
静宜吟馆诗集　一册
一镜堂诗续钞　一册
乐贤堂诗钞　三册
深省堂闲吟集　四册
马佳氏诗存　五册
述德笔记　四册
廓轩竹枝词　一册
庚子都门纪事诗附补　三册
蝶仙小史　二册
蝶仙小史汇编　四册
奉使车臣汗纪程诗　一册
慈杏堂母训　一册
春雨草堂賸稿　一册
酒堂遗集　一册

如如老人灰余诗草　一册
湛恩纪咏　一册
可青轩诗集　一册
敦教堂诗钞附续刻　六册
香湖诗文存（有配）　二册
报好音斋文稿　二册
守素堂诗稿（抄本）　一册
如亭诗稿　一册
月小山房遗稿　一册
挹绿轩诗稿　二册
如舟吟馆诗　二册
絜香吟馆诗稿　一册
桐华竹实之轩梅花唱酬集　一册
退复轩全集　七册
听香读画山房遗稿　一册
春祺堂诗钞　一册
长白山人四求吟草　一册
豳风咏　一册
吴下诗存　一册
问竹诗草　一册
乐循理斋诗稿　四册
盘山御制诗章（抄本）　一册
雷溪草堂诗　一册
绿雪堂诗集　一册
椿荫堂诗存稿　一册
御论（满汉文）　一册
读宋史感怀诗一百韵　一册
落花诗　一册
日课诗稿　三册
持斋挽诗百韵　一册

神清室诗稿　一册
行有恒堂初集　二册
北海集　三册
诒晋斋集　十册
念修堂诗　一册
家戒诗注释　一册
御制盛经诗　一册
御制盛经赋　一册
困学纪闻九笺集证　十六册
丰溪存稿　一册
祝大宗伯疏稿　一册
王子遗书（文二、三录、诗录）　二册
鸿雪联吟　一册
大桴山人偶存集　一册
月山诗集　二册
罔极编　一册
葵尊公奏疏　一册
思补堂文集　二册
容川诗钞　二册
栘情堂四六　二册
云海楼诗稿　二册
绠修堂诗草（抄本）　五册
玉楮集　二册
香草笺　一册
沙州文录　一册
倚华楼诗　一册
仰福居游记　一册
书声韵考后　一册
雅笑（明刻本）　三册
耕心堂诗存　一册

采山亭诗稿　一册
小海自定诗　一册
雨窗客话（抄本）　一册
韦苏州诗集　一册
白云草堂诗钞　一册
于文襄手札　一册
冶塘诗钞　四册
周文忠公尺牍　一册
琴响阁诗钞　一册
近山诗钞　一册
宜斋诗钞　一册
戊戌诗存　一册
文波集　一册
吴徵士遗文　一册
耕心堂诗钞　一册
读论质疑　一册
独学庐题跋附尺牍柳下偲闻　二册
多识录　二册
汉书利讹　一册
存悔斋诗钞　一册
孟亭编年诗　二册
伊蔚堂文选　二册

第二十一箱

老庄子解　三册
函海三种　八册
松崖诗录　二册
赵侍御奏稿（抄本）　六册
姚锡光著书（稿本）　十三册

潜籁轩诗草（抄本）　一册
齐庄中正堂诗钞　四册
镡津文集　四册
青虚山房集　六册
来雨轩存稿　四册
教经诗文集附谈薮（缺少册）　七册
梦月岩诗集　四册
居东集　一册
红蕉山馆集　二册
铁堂诗草（抄本）　二册
铁堂诗草　一册
知守斋诗集　二册
文会堂琴谱（明刻本）　四册
培荫轩集附澹宁三接始末　五册
葆璞堂诗集　四册
小万卷斋文稿　十二册
清代公然都梨园史料　十二册
清献堂全编　十六册
水经注释　二十册
东华　一册
学诗阙疑附念二史讳略　二册
南阮集　二册
章云李四书文稿　一册
韩大中丞奏议（即恭寿堂奏议）　二册
虚受堂诗文集　八册
钮南诗钞　六册
青门簏稿　四册
石畦集　七册
艺文类聚　二十二册
梦林玄解　二十册

素心集　三册
艮山文集　四册
代言选　二册
王懿荣硃卷　一册
骈枝别集　四册
春秋困学录　四册
经讳堂诗集　四册
香府小品　一册
毛稚黄集　三册
声韵丛说附韵问（昭代本）　一册
地理元文　二册
金坛见闻记　一册
陶云诗钞　三册
野航诗钞　二册
正声集　一册
瓯香馆集　四册
瓯香馆集　三册
南江书录（聚学轩本）　一册
经史质疑录（同上）　一册
九曜斋笔记（同上）　一册
落帆楼遗稿（同上）　一册
太炎文录　二册
蓟汉微言（两部）　一册
湖北书征存目　八册
石笥山房集　八册
食古研斋诗集　三册
石船居诗賸稿　四册
藤轩笔录　一册
水流云在馆诗钞　二册
一班唫草　一册

邵氏联珠集　一册
双羽高馆诗存　二册
芬响阁存稿　二册
小栗山房诗钞　六册

第二十二箱

稗传汇编附余二卷　六册
寄蜗残赘　八册
西征纪程　二册
见闻杂录　四册
清代伶官传　四册
网旧闻斋调刁集　二册
通雅堂诗钞　二册
获训堂诗钞　二册
机声灯影图诗　一册
都门秋饯图　一册
冬心先生续集　一册
元遗山先生集考证　一册
文苑珠林　一册
景教碑文纪事考正　一册
校增纪元编　三册
鱼凫汇刻三种　四册
倚晴楼诗集　一册
石柏山房诗存　四册
揖竹诗馆吟草　二册
石昌蒲馆诗钞　二册
绿梅花龛词　一册
菜花賸语　二册
李西淮遗稿（明版）　八册

爱琴馆评选诗慰（欠一册）　十三册
石溪周先生文集（明本）　十二册
东蒙古纪程　一册
义臣賸稿　一册
黄海纪游　一册
画梅杂咏　一册
节相壮游日录　一册
拳教析疑说　一册
庚辛之际月表　一册
湖防纪略　一册
辛亥定变纪略　一册
光复军志　一册
隍中纪行　一册
东牟守城纪略　一册
粤闻余事　一册
客韩笔记　一册
滇轺纪程　一册
教士迩言　一册
燕赵水利论　一册
论孔教会书　一册
书岩賸稿　一册
镜亭轶事　一册
待焚录（云南丛书本）　一册
隽雅堂诗（抄本）　一册
长白山江冈志略　一册
通商志　一册
刘先主志　一册
大观亭志　一册
芍陂纪事　二册
泖浦水利记　一册

侦探记　一册
津门奉使纪闻（两部）　一册
圣安本纪　一册
西康建省纪　一册
与伊藤陆粤往来照会　二册
西征日记　一册
禹州用兵纪略　一册
从戎纪略　一册
邓将军战功纪略　一册
史乘留芬　一册
南疆逸史列传　八册
水东日记　八册
黄山诗留　十六册
倚晴楼全集附国朝词宗续编（欠首册）　十五册
国朝先正事略　二十四册
经史全书　四册
海壑吟稿　五册
严石溪诗稿　六册
钱塘吴氏家集　八册
南雅楼诗班　一册
东宁草　一册
挹翠楼诗钞　一册
未了居士诗賸　一册
研樵诗录　一册
介白堂诗集　一册
琼华集　一册
散花天室　一册
闵黎明经诗录　一册
四女祠集　一册
书台诗钞　一册

叩囊韵语　一册
眠云出岫集　一册
子廉古今体诗合编　五册
贻砚堂诗集　一册
秋竹斋诗存　二册
读史论略　一册
崇礼乡贤录（胡煦）　一册
陶诗集解　一册
茗香室诗略　一册
邵村重游泮水诗集　一册
春秋会要　二册
庱鹤轩词　二册
丹愧堂诗集　二册
丹魁堂自订年谱　一册
推蓬寤语　四册
武功县志附朝邑（志）　一册
平湖采芹录　二册
西湖白文公祠附祀樊谏议　一册
樊绍述集注附绛守居园池祀樊宗师集　四册
樊谏议集附录　一册
明季实录　二册
敬亭集　二册
松霭遗书　六册
季汉书（章陶）　十六册
北游录（抄本）　六册
朱栢庐愧讷集　四册
天下才子必读书　六册
归田稿武林稿省中稿（明刊本　二台稿）　十二册
韩诗外传（明刊本）　六册
藤香馆诗删存　四册

织帘书屋诗钞　四册
雒闲山人诗钞　四册
艳雪堂诗集　四册
明史考证（抄本）　七册
西疆杂述　四册
扶桑两月记　一册
高不危文集　一册
松心诗略　二册
菊隐庐诗录　一册
玩花轩词遗稿　一册
悦轩文钞　二册

第二十三箱

浙西村人全集　十四册
修筠阁诗草　四册
晚晴轩诗存　一册
晚学斋诗集　六册
宦游纪略　四册
居易堂诗钞　四册
香苏山馆全集　十二册
萤雪轩丛书　十册
榕村讲授　三册
于斯阁诗钞　四册
梦花记　一册
吉堂诗稿　二册
我诗集　二册
绿萼梅斋遗稿　二册
明李文正公年谱（又二部二册）　一册
雪桥诗话　十二册

雪桥诗话余集　八册
韦苏州集（石印）　六册
小畜集　十册
湘绮楼词撰　一册
白香亭诗　一册
三依啸旨　一册
明史杂咏　一册
金陵述难全诗　一册
东畬杂记　一册
吴歈百纪　一册
闽中新乐府　一册
天启宫词（抄本）　一册
函髻记　一册
诵芬诗略　一册
蜀輶诗记　一册
望江南词　一册
涂山赋稿　一册
瑞安百咏　一册
绩溪杂感诗　一册
云南风土纪事诗　一册
张家口至乌里雅苏台竹枝词　一册
京华百二竹枝词　一册
高堂齐音　一册
瓯江竹枝词　一册
悯忠草　一册
陟屺清吟录　一册
宫词纪事　一册
越咏　二册
南唐杂事诗　一册
岳阳风土记　一册

菰芦笔记　一册
尺五堂述祖汇略　一册
明良志略　一册
敬止述闻　一册
国朝天台耆旧传　二册
胡氏七哲集传　一册
桐城姚氏碑传录　一册
李氏三忠事迹考　一册
周列士传　一册
吴江沈氏家传　一册
武威耆旧传　一册
濂洛关闽六先生传　一册
四王传　一册
贰臣传附逆臣传　十四册
文莫室诗　二册
陆张二处士诗集　六册
觌庵诗亦有集雪溪吟
天潮阁集　一册
野棠轩全集　六册
长沙瞿氏家乘附苏常日记　四册
纳生诗集　四册
抑快轩文集　四册
妙香诗草　四册
琴海集　二册
桂留山房诗集　四册
畊烟草堂诗钞　二册
岭南集钞　一册
内心斋诗稿　二册
天绘阁初稿　二册
真率斋初稿　一册

芙蓉山馆文钞　一册
雪青阁诗集　四册
明季杂钞（抄本）　一册
挽联存稿（抄本）　一册
乙山课艺（徐文蔚抄本）　一册
十三经礼器通考（抄本）　一册
广雅书院课文（漆葆熙抄本）　一册
徐宗伯奏进赋（抄本）　一册
泫志拾遗（抄本）　七册
萍轩小草（又名黄礼部）　二册
花宜馆诗钞　六册
霜红龛全集　十二册
顾征君遗书　十五册
道咸同光奏议　八册
尔雅古义　六册
汇刻书目　二十册
读论孟札记附大学古本说中庸余论（又名四书解义）　三册
历象本要　一册
啖蔗山房吟稿　二册
南唐二主词　一册
唐诗摘钞　四册
悔余生诗集　一册
古诗源（潘德兴批）　四册
苏诗评注汇钞　八册
雁门集　八册
陈后山诗注　四册
真山民集附詹元善集　三册
半山诗钞　四册
东坡诗钞　八册
巴西集　二册

风怀诗注（抄本）　三册
济南杂咏　一册
明事杂咏　一册
使东杂咏　一册
西征吟草　一册
西湖棹歌　一册
风沧集　二册
丙寅天津竹枝词　一册
故都竹枝词　一册
新乐府辞　一册

第二十四箱

冒伯麟集　六册
孙文恭公遗书　六册
铁船诗钞　四册
石琴诗钞　六册
白茆草堂诗钞　二册
东坡诗选　五册
青山集　八册
南行诗草（抄本）　一册
覆瓿賸草（抄本）　一册
恕堂诗　一册
玉禾山人诗集　二册
静永堂诗稿　二册
观我生室賸稿　四册
云隐堂全集　十二册
朱笥河全集　十四册
鸳鸯湖棹歌（抄本）　二册
白鹤堂诗文稿附诗话　四册

静春堂诗附红蕙山房吟稿　一册
铁庵年谱　一册
华不注山房诗附真研斋诗　三册
麟角集　一册
陶渊明诗（石印）　一册
游志续编　一册
戴鹿床手写宋元四家诗（石印）　二册
兰泉老人遗集　一册
代草请蠲南漕疏　一册
东山诗选　一册
王子安集佚文　一册
思斋存草　一册
怀净土诗　一册
三五类编　三册
常谈考误　三册
慎墨堂诗品　二册
不自收拾集（抄本　王继耀）　一册
渠阳诗　一册
挚太常集　一册
周恭肃公奏疏　一册
康求诗集　一册
别山诗钞　一册
丹邱生集　一册
巨鹿东观集　二册
危太朴集　六册
漫堂文集　十二册
姑溪居士文集　八册
桐引楼诗（黄仙裳）　二册
陆子年谱　一册
丁亥入都纪程　一册

中露集　一册
研依存草（抄本）　一册
王文敏公奏疏　二册
颜氏家诫　一册
酌雅斋诗集　一册
四子诗录　一册
元破临安所得故宋书画目（抄本）　一册
平津馆文稿　二册
岱南阁集　一册
问字堂集　一册
周明堂遗制考　一册
尸子集本　一册
读书杂志（初刻本）　八册
河南金石目录　一册
藏书纪要　一册
元遗山全集　十七册
邵阳魏先生遗集　三册
灵素堂骈体文　二册
姜白石四种　四册
蜕学翁遗集　三册
寒山诗集附萨天锡遗诗　一册
胎簪集　四册
重桂堂集　四册
悦云山房诗存　二册
容川诗钞　二册
云来山馆诗钞　二册
四持轩诗钞　二册
金冬心集　二册
蒙庐诗存　二册
忆琴书屋存稿　二册

剑闲斋遗集附半隐庐诗草　四册
舍嘉室诗集附悔余生诗　三册
绿筠书屋诗稿　四册
橘荫轩全集　二十一册
粤小记　二册
梅楼诗存　四册
东园诗钞　二册
秋桥诗续选　二册
悔斋诗稿　二册
湘上诗缘录　四册
金陵琐志五种　二册
养和轩随笔（即可园全集）　十二册
金陵通纪　二册
金陵通传　十册
元宁乡土合志　一册
续金陵琐志（秉烛里谈、可园文存、石城七子诗）　十册
愊裕堂文集　二册
恒斋文集　五册
十二种兰精舍诗　二册
桂丹盟行述　一册
养浩斋诗续稿　一册
养浩斋诗稿　二册
睫音诗存　二册
容漆轩诗草　一册
伊蒿文集　四册
晚晴轩俪体文存　一册
杜诗钞　一册
石帆诗集　二册
思锡堂诗稿合刊　二册
庆诞记　二册

寿籐轩吟稿　四册
锦里新编　十四册
石遗室诗话　四册
永新诗征　五册
左庵记附群经总义讲录　四册
吟桐馆随笔一（抄本）　五册
念堂诗话　二册

第二十五箱

罨画楼诗话　四册
雪桥诗话续集（附三集）　二十册
洪范说（附孝经）　二册
南浦诗话　四册
雁荡诗话　二册
闽川闺秀诗话（附续编）　四册
榕城诗话　一册
尊西诗话　一册
合肥诗话　一册
薿薿堂诗话　一册
煮药漫草　一册
卧雪诗话　二册
味蔬诗话　二册
敩园诗谭　二册
定雁诗话　一册
观我生斋诗话　二册
小清华园诗谈　二册
龙山诗话　二册
柳隐丛谭　一册
灯窗琐话　二册

瓯北诗话　二册
阅莒草堂诗话（抄本）　一册
今雨谈屑　一册
纪河间诗话　五册
说诗乐趣　八册
诗谱详说　四册
天禄阁寓言外史　四册
全浙诗话　二十四册
杜诗编年　十二册
杜诗阐　八册
杜诗直解　五册
读杜心解　六册
杜诗提要　四册
退思庐诗文　三册
阮亭诗选　六册
杜诗疏解　二册
钱注杜诗　四册
岁寒堂读杜　十册
熊襄愍公全集　十册
紫山大全集　十册
杜律详解（抄本）　八册
广雅书局目录　一册
越缦堂日记　五十一册
关氏经学五书　十册
渼陂集　十四册
仪礼疏（汪刻本）　十二册
吕氏春秋（配本　又三册）　六册
乡诗摭谭　四册
书画过目考　四册
熊襄愍公尺牍　四册

谢集拾遗　一册
剑虹斋集　四册
小息舫诗钞（抄本）　二册
荃石居类钞　二册
节庵集　一册

第二册

第二十六箱

游定夫集　二册
问渠诗草　二册
墨林今话　六册
止止轩诗稿　六册
昌云文集　二册
罗涧谷遗集　二册
昌谷集注（姚文变注）　四册
盛京故宫书画记　一册
黄律巵言　一册
临川集拾遗　一册
藏海居士集　一册
乖崖集　一册
嘉祐集（涵芬楼景宋本　石印）　二册
念宛斋诗集（铅印）　二册
永嘉文选　二册
仙溪杂俎初集　二册
梦影庵遗稿　二册
月塘书屋诗存　二册

秋舫诗钞　二册
幸草亭诗钞　二册
肃肃馆全集　二册
陵阳山人诗钞　四册
弇榆山房诗略　二册
月舫诗钞　二册
方雪斋诗集　二册
杜诗琐证　二册
軥录斋稿　二册
鸿桷斋诗文初刻　二册
子云文笔附诗阁　二册
王舍人诗集　二册
左梅溪馆二集　二册
海客日谭　四册
驻帆阁骈文（二部）　一册
双牖堂全集　二册
读海外奇书室杂著　二册
陶瓮诗钞　四册
明秋馆全集　二册
闻诗堂读书随笔（抄本）　六册
恭录圣训（抄本）　八册
说文解字注　十二册
鸿爪集（潘来）　二册
江岭游草附楚粤游草（同上）　一册
台湾杂记　一册
全闽诗话　九册
澉浦诗话　二册
寒塘诗话　二册
乐栏诗话　二册
青芙蓉阁诗话（抄本）　二册

兰皋诗话（抄本）　一册
山静居诗话　一册
楚天樵话　一册
乾嘉诗坛点将录（抄本）　一册
西河诗话　一册
通斋诗话　二册
苏亭诗话　二册
刘贡父诗话　一册
草堂诗话　一册
杜诗义法　一册
杜诗谱释　二册
读杜私言　一册
杜工部七律诗注　一册
八病说（抄本）　一册
杜诗说略　一册
杜诗百篇　二册
杜律浅说　二册
杜律虞注　一册
杜律（闵刻）　四册
杜诗说肤　二册
杜律注　一册
青城说杜　一册
雪鸿堂读杜（抄本）　一册
杜律意浅　二册
杜诗五律串解　二册
杜诗集评　八册
西河文选　四册
书巢杜律注　二册
阮亭诗选　二册
元遗山诗注　四册

章氏遗书　三十二册
端绮集　一册
宦游吟　二册
存悔斋集杜注　一册
胥屏山馆诗存　一册
泾西书屋诗文稿　二册
射阳存稿　二册
湘绮楼诗集自定本　一册
孚湘访学集　一册
夜雪集　一册
研依诗草（抄本）　一册
啸经草堂拾唾余草（抄本）　一册
词（抄本）　一册
古今名媛百花诗余（抄本）　一册
诗（抄本）　一册
徐节孝集（不全）　八册
蓝涧诗集附蓝山诗集　四册
山海漫谈　二册
王心斋全集（铅印）　三册
蓉川集　二册
许文穆公集　六册
张忠敏公遗集　六册
李诗直解附杜诗直解　八册
杜工部诗集注（朱著）　十二册
杜工部诗集注（批本）　六册
杜律通解　六册
杜诗增注　八册
钱注杜诗（铅印　又石印一部）　八册
杜律详解　八册

第二十七箱

鸿桷斋文集初刻　二册
晚晴堂稿　二册
巢凤集（即芝泉集概）　一册
蒲上题襟集附快园诗话　二册
小东园诗谭圃谈　一册
姜斋诗话　一册
赋话　一册
诗筏　一册
樵说续　一册
诗缘附樵说　四册
孔子年谱辑注　一册
考订朱子世家　一册
汉魏二十一家易注　八册
十二石山斋诗溪　四册
金忠节公文集　四册
听云仙馆集　五册
四声切韵表　一册
古韵标准（江氏韵学三种）　四册
泰云堂集　四册
红桥老屋遗稿　三册
李石亭诗文集　三册
云樵诗笺　二册
筠斋诗录　二册
春星阁诗钞　二册
寿云山房诗集　四册
爱竹馆遗稿　二册
泊鸥山房集　八册

正义言行略　五册
二许先生集　三册
雁门集　四册
复初集明刻本　十四册
杜诗镜铨　八册
杜诗详注（仇注）　十四册
杜律启蒙　六册
杜律虞注　四册
明李文正公拟古乐府　一册
学易集（聚珍本）　二册
胡文恭集（同上）　九册
净德集（同上）　六册
祠部集（同上）　六册
宋元宪集（同上）　四册
文定集（同上）　四册
刘忠肃集（同上）　四册
涑水纪闻（同上）　四册
融堂书解（同上）　八册
凉熙稿（同上）　六册
章泉稿（同上）　二册
公是集（同上）　八册
彭城集（同上）　八册
居易轩遗稿　一册
沈青门诗集　一册
媿林漫录　二册
萝石山房文钞　四册
左侍御奏议　一册
萝石山房集　六册
宝纶堂集　八册
左忠毅公集附左忠贞公集（又名左氏双忠纪）　八册

瞿忠宣公集　六册
疏草存略　一册
咏怀堂诗（铅印）　四册
杜清献公集　六册
韩节愍遗稿　四册
凌忠介公集　四册
凌忠介公奏疏　二册
文嘉堂诗集　四册
廉立堂文集　四册
何端简公集　四册
蟋蟀窝诗集　一册
白鹄山房集　四册
越台舆颂　一册
姚休那集附太白剑　十五册
太感应编（惠著）　一册
防海纪略　二册
骈体正宗　六册
辽代年表　六册

第二十八箱

春秋释例　六册
历代州域形势　八册
汉学商兑　二册
邱邦士文集　八册
周孟侯全书　十册
朱舜水遗书　四册
常孰二冯集　六册
李蜃园文集　四册
存素堂诗续集录存　四册

戢思堂诗钞　二册
阙里孔氏诗钞　三册
墙东王氏诗录　二册
董氏诗系　四册
五大家诗　五册
明八大家诗选　八册
海壖倡和诗　二册
归收集　一册
诗凼唐律　二册
芑野诗钞附梅坪诗钞　二册
石堂诗钞　二册
问亭诗集　二册
读书指南（抄本）　一册
九经古义　三册
爱日斋集　一册
凝香室文稿（抄本）　一册
章门纪事草（抄本）　二册
河上吟（抄本）　一册
祇异斋杂录（抄本）　一册
粤东宦游草（抄本）　一册
祇异斋稿（抄本）　八册
挂月山庄辑录（抄本）　一册
煦斋手扎（抄本）　一册
九思堂诗钞　二册
交辉园遗稿（续刻）　二册
诗集汇订　一册
凫葵草堂诗稿　一册
东瓯纪游　一册
皖江采风录　四册
读雪山房唐诗钞　十二册

滇诗嗣音集　六册
明诗综　二十四册
怀荆堂诗稿附敬仪堂经进文　二册
碧山堂诗钞　六册
孔北海集　一册
金元忠遗集　一册
宋石学士诗集　一册
张来仪集　一册
三鱼堂文集　六册
张石樵遗集　四册
宋金元诗选　八册
因树楼全集　二册
故城贾氏手泽汇编附椿庄文辑　二册
洛中吟　一册
滇诗重光集　三册
贵阳潘氏家集　三册
故城贾氏遗稿　一册
佣吹录　六册
佣吹录二集　五册
梅花字字香集　一册
见闻辑要　一册
小三吾亭文甲集　一册
诗慰续集　一册
陈石间诗　四册
宗诗贡举备考　二册
孝经集灵附孝经过言（明刻）　四册
抱冲斋诗集　十二册
积翠轩诗集　二册
万山楼稿（抄本）　四册
鹤寿堂丛书　二十册

嘉树堂稿　二册
三国纪年表　一册
五代春秋志疑　一册
三国志考证（铅印）　一册
三国时代簿葬考（铅印）　一册
季明封爵表（石印）　二册

第二十九箱

万子迂谈　四册
金盖心灯　十册
明滇南诗选附国朝　四册
御制诗初集　四册
句东三家诗钞　三册
琵琶亭诗　四册
崇雅堂集　四册
小竹甲馆吟草　二册
龙眠风雅（欠草八册）　十五册
唐诗选　三册
印须集　八册
怀旧集　六册
国朝诗选　六册
葛中翰遗集　六册
卢忠肃公集　八册
观复堂稿略　一册
无欺录　二册
大泌山房集（不全）　二十一册
少室山房笔丛（不全）　十二册
少室山房汇编（不全）　二十一册
友林乙稿影（宋印）　二册

天工开物　三册
嘉永轩丛书甲编　八册
金粟斋遗集附带耕堂遗诗　二册
赵氏家藏集（抄本）　二册
张卿子遗集　四册
庐山复教集　一册
养正图解　三册
因哉草亭集　四册
怡兰堂丛书　六册
沈观斋诗　六册
知德轩诗文钞　二册
春雨楼诗文集　二册
齐庄忠正堂诗钞　四册
刘孟涂文集　八册
刘孟涂遗诗　一册
范伯子诗集　四册
刘孟涂初集　四册
范伯子诗集（铅印）　四册
剡源文钞附佚诗　五册
清容居士集　十二册
克薪堂文集（不全）　三册
韩子　四册
杨忠愍集　二册
梁溪文集（抄本）　十册
李卫公集　六册
折狱龟鉴　二册
重思斋丛书　二册
绿满庐全集　一册
石坛山房全集　六册
心白日斋集　四册

蜩翼庵遗诗　一册
送春诗偶存　一册

第三十箱

杨韵谷遗集　二册
易园集　六册
读骚楼诗初集　四册
变雅堂全集　八册
西涧草堂集　四册
枫南山馆遗集　二册
拜石山草诗钞　二册
花宜馆诗文略　二册
琴鹤山房遗稿附残稿　三册
中国绘画上的六法论　一册
抱润轩文集　六册
存悔斋集　六册
袁文笺正　四册
乐潜堂诗集　四册
寥天一阁文附莽苍苍斋诗　二册
知耻斋诗集　四册
知耻斋文集　二册
两竿竹堂文集　四册
东征集　三册
容膝轩文集　二册
随安庐文集附市隐书屋诗稿　四册
善思斋诗文钞　三册
桂之华轩骈文　二册
抱经室诗文初编　五册
寄庵杂著　六册

学制斋骈文　二册
方学博全集　六册
漱六山房集　十册
小睡足寮诗录　二册
兰雪斋诗钞　四册
敦夙好斋诗初编　二册
泝瀞集　一册
餐芍华馆诗集　二册
雪颠存稿　二册
散原精舍诗　四册
思过斋诗钞　二册
香树斋全集　二十四册
荔雨轩诗文集　四册
霞荫堂诗文集　二册
郭大理遗稿　二册
友竹草堂集　四册
孟晋斋文集　三册
晚晴轩文存　一册
荫圃诗文钞　三册
洗蓬仙馆文集　二册
抱山草堂遗稿　一册
迟鸿轩诗文弃附续　三册
迟鸿轩集　四册
玉鉴堂集　二册
涧于集　八册
镂冰诗钞　一册
问斋杜意　六册
云灵心轩　二册
辟疆园杜诗注解（有配）　九册
读书堂杜诗注解　十二册

范伯子全集　六册
向阳斋文集　二册
何文贞公遗书　二册
归砚斋诗文存　二册
华峰文集　二册
铜山传　一册
悦轩文钞　二册
蜕私轩集　一册
写礼庼遗著四种　四册
翠岩室诗文集　四册
天根文钞　四册
贺先生文集　四册
贺先生书牍　一册
曾文正公诗文集附杂著　四册
范伯子文集　二册
鸿濛室文钞　五册
求阙斋文钞　二册
张文达公遗集　二册
文莫室诗　一册
陶卢百篇　四册
陶卢百篇　四册①
琴语堂文书　二册
寄愚室诗文钞　二册
归安钱司业骈文（即示朴斋文）　一册
蕉声馆诗集　六册
达可斋文初集附证学　四册
适园自娱草　二册
黾溪集　四册

① 《陶卢百篇》四册与上条相同，按原文照录。

市隐园集　十册
陆文节忠奏议（慎始基斋刻）　二册
虎禅诗论佛杂文（两部　同上）　一册
听春草堂诗钞（同上）　一册
辅希堂文集（同上）　二册
童内方集（同上）　四册

第三十一箱

清草堂集　十六册
紫竹山房诗文集　十册
杜诗会粹　八册
绳庵内外集　六册
担公遗诗（三部）　一册
二十我斋诗稿（两部）　二册
知白轩遗稿　二册
蜀游草　一册
读海外奇书室杂著　一册
明滇南五名臣遗集附雷右庵胡二峰遗集　二册
云南丛书三种　三十八册
石坪遗集（即泼墨轩集）　二册
心乡往斋诗集　四册
一朵山房诗集　二册
道福堂诗集　二册
二黄合稿　二册
待堂遗稿　二册
哺庵诗词　二册
端安百咏　一册
二黄先生集（两部）　一册
姑诵草堂遗稿　二册

悦雪山房诗存　二册
瓶卢诗钞　二册
豫斋集　二册
鸿雪斋诗藏稿　二册
蕉影斋诗集　四册
心乡往斋诗集附江上集用陶韵诗　三册
天放楼诗集　二册
求闻过斋诗集　二册
夏小正诗　四册
念堂诗草　二册
思树轩诗稿　二册
青墅诗稿　四册
红豆诗人集　四册
龙冈山人全集　十册
寄簃文存　三册
巢云阁诗钞附诗续钞　三册
抱真书屋诗钞　三册
静庵文集　四册
许玉峰集　一册
张义士遗稿　一册
唐鲁泉遗稿　一册
逊敏录　一册
礼石山房诗钞　四册
云卧山房集　二册
寸阴丛录　一册
中复堂全集附遗稿　二十一册
试策笺注　五册
小试航诗钞附退鹢居偶存　五册
瓯隐刍言　一册
林皋闻集　四册

李文忠公遗集　二册
思诒堂全集　五册
袁文笺正注诗　八册
潘少白全集　七册
石汸诗略　四册
问湘楼骈文附灵芸仙馆诗钞　九册
味静斋诗存　二册
袁文合笺　八册
知耻斋文集　四册
值鼻余沈　一册
袁文补注　一册
随园骈文（抄本）　一册
今白华堂文集　二册
琴语堂杂体文续　一册
蒲石斋文稿　一册
日损益骈俪文钞　二册
尚志居读书记　三册
莫宦草　一册
移华馆骈体文　二册
愿学堂诗存　四册
红林禽馆诗录附井眉居诗录　一册
杏本堂诗古文学制　二册
井眉居杂著　一册
括春轩骈体文集　四册
凝斋先生遗集　四册
剑虹居文集　四册
陶庐文集　二册
泽雅堂文集　二册
泽雅堂诗集　二册
铜鼓书堂遗稿　四册

泽雅堂诗初二集　六册
西区待商稿附瓻草　二册
诵芬堂诗钞　二册
禯仉亭后集　二册
弢楼遗集　三册
壮学堂诗钞　二册
韫玉楼遗集　一册
竹书纪年统笺　四册
毋自欺室文集　四册
默庵诗遗集附使蜀日记（少一本）　三册
半江集　四册
浣花居诗钞　二册
袁爽秋京乡请剿匪疏稿　一册
中隐堂诗草　二册
西皃山居残草　二册
玉井山馆文略　四册
味静斋诗文存　八册
朱文端公集附年谱　五册
澄怀园文存附澄怀园语　八册
邹意园文录　二册
玉山阁诗文选　四册
鹤侣斋文稿　二册
花砖日影集附酬唱集长生箓词　九册
思贻堂诗集附续存　五册
张梅渠古文　四册

第三十二箱

竹坡奏议　二册
易史　四册

龙乘　四册
秀岩集　六册
异鱼图赞笺　四册
大易则通　八册
长白先生奏议附年谱　一册
道腴堂全集（足本）　十七册
精华录笺注　六册
悔庵诗存　二册
吴诗集览　十册
思绮堂四六文集　十册
陈确庵全集（抄本　配刊本）　十册
陈确庵诗文钞　六册
确庵日记　四册
陆桴亭遗书　十册
浅山园诗集　四册
荫圃诗钞　五册
任勇烈公遗集　四册
喜闻过斋全集　十册

第三十三箱

师水斋全集　四册
夏时孝　六册
补读书斋集　二册
愈愚賸稿附续稿（即愈愚全集）　八册
四寸学　二册
二余堂丛书　十五册
周书补正附毛诗词例举要　三册
从政观法录　八册
愿学堂诗钞　六册

碧山堂诗钞　四册
拙修集　六册
刘申叔草稿附公羊解诂误字　一册
禯䡈亭集　六册
左庵文内外篇（抄本）　一册
灵峰存稿　四册
启祯两朝遗诗（抄本）　八册
左庵襟文（抄本）　四册
商子校本　二册
毛诗马王微　二册
于湖文录　四册
印心石屋诗荟　一册
神农本草经　四册
尔雅汉注　三册
问经堂丛书（足本）　十九册
说文正字　二册
姜氏家集　四册
廷桂文集（稿本　版心刊“问丹手辑”四字）　四册
雅雨堂遗集　四册
问经堂丛书散种　四册

第三十四箱

冬心草堂诗选　一册
经句说　二册
易说附诗说　二册
春秋说　八册
味尘轩诗集　四册
经句说　十册
璜川吴氏经学丛书散种（三正考、春秋疑义、疑亦录等）　四册

五是堂诗稿　二册
诗契斋诗钞　二册
国朝诗的　二十四册
经史论存　四册
隐拙斋文钞　二册
隐拙斋全集　十册
沈归愚全集　二十册
遗民诗　八册
陆宣公奏议　二册
翰苑集注　八册
陆宣公奏议　八册
臧氏述录　四册
苏文忠海外集　二册
读雪斋诗集　二册
小容斋诗钞　二册
寿恺堂集　九册
陆宣公奏议　十册

第三十五箱

通志堂集　十二册
紫幢轩诗　六册
聊园诗存　四册
历朝闺雅　二册
天根文钞　六册
小匏庵诗存附诗话　六册
点苍山人诗钞　五册
九柏山房诗　四册
文木山房集　二册
高密遗书　十册

鸿雪因缘阁记　五册
鄂文瑞公全集　六册
问亭诗集（抄本）　四册
睫巢集（有配本）　五册
石汸诗略　四册
隙光亭杂识　六册
益戒堂文钞　四册
益戒堂诗集　八册
鸡肋集　一册
真冷堂诗稿附戆叟诗钞　三册
遂初堂集附湘雪诗钞　四册
集氏笔乘（明刊本）　八册

第三十六箱

杨仁山遗书　十册
抚吴草　一册
春风庐诗集　二册
富阳夏氏遗书　四册
章氏遗书（铅印）　十三册
红杏山房文稿　四册
三经草堂诗钞附青溪诗选　二册
听秋书屋稿　二册
天瘦阁诗附诗半　五册
翛然自得之庐诗存　二册
佳想轩诗钞　二册
椿花阁诗集　二册
补拙草堂诗稿　二册
湖海诗瓢　二册
枕经堂诗文钞　六册

灵峰集附存稿（铅印）　三册
灵峰集　四册
施随村遗集　二册
古渔诗概　二册
荔雨轩文集　二册
蛰庐丛书　六册
邃怀堂全集　二十二册
西塘草　三册
觉生诗钞　十册
讷庵类稿附骈体文　六册
绿野斋前后合集　八册
史通通释（批本　未装订）八册
兰樵归田稿　一册
宝啬堂诗稿　二册
樟汀诗草　四册
孤树裒谈（明刊本　欠第三册）　九册
居稽录　八册
剧说　二册
容台别集　四册
一辐集　六册
禹贡本义　一册
数纪典故附外录　八册
舟车所至　六册
铸鼎余闻　四册
蕙风簃随笔　五册
谈尘　四册
碧里襟存（监邑志林不）　一册
今言类编（同上）　四册
骆文忠公行状　一册
鹏南文钞附续钞　九册

一夕话　六册
一班录附杂述　六册
郑斋汉学文编　二册
扬州丛刊　十六册
永丰乡人杂著　八册
悔庐全集　五册
孝经（影印本）　一册
书经秕　二册
十三经断句考（抄本）　二册
四经正字考　二册
经典通用考　三册
娱亲雅言　二册
风雅逸音　一册
经义莛种附读经琐记读老杂记　二册
禹贡古今注通释　一册
鸿范通论　一册
先圣生卒年月日考　一册
群书答问　一册
郑莆田淫奔诗辨（即毛书经说）　一册
孝经刊误（抄本）　一册
洪范数　三册
师郑堂集　四册
洪范大义　一册
十三经提纲　二册
禹贡今注　一册
禹贡翼传便蒙　一册
禹贡选注　一册
尚书今文考证　一册
经说（抄本）　一册
会辅堂问答纪略　一册

蜕私轩集
临川答问
说诗解颐
经谊杂识　一册
书经讲义（石印）　一册
嗳经日记　一册
古河考（抄本）　一册
蜕私轩诗说（石印）　一册
雪樵经解（铅印）　八册
经解校　十四册
经解入门　二册
耕余琐录　六册
典制汇考　一册
读易经读诗经　二册
苔岑经义钞　二册
诗经音释　一册
诗经形释　一册
式古堂目录　二册
皇清经解编目　四册
骨董琐记附续　六册
十二字头（满汉文　抄本）　一册
骨董拓片　一册
括地志　二册
小倦游阁（残本　稿本）　八册

第三十七箱

何氏学　二册
南国漫录　四册
三水小牍　一册

石船居杂抄賸稿　一册
三鱼堂賸言　二册
校经堂杂记　一册
蔗余偶笔　一册
秕言（抄本）　二册
见闻录　二册
家语疏证　二册
读书脞录附续编　二册
闻见晚录　二册
徐氏笔精（明刻）　八册
桑榆夕照录　二册
晚翠轩笔记　一册
经学质疑　二册
经史管窥　二册
藜床呓语　一册
伟略　四册
闲居录　一册
蠡测偶记　一册
梦兰琐笔（昭代本）　一册
修洁斋闲笔　四册
容安斋苏谭　四册
片刻余闲集　二册
牖景录　二册
亦园脞牍　四册
同善录　四册
长芦盐务议略　一册
合稽郡故书杂集　一册
南越游记　一册
樾亭杂纂（抄本）　二册
浔阳蹠醢　四册

佣吹录　二册
海防经略纂要　二册
庶物异名疏　四册
文通　十册
灼艾集（明刻本）　八册
目前集　二册
说部精华　二册
听而轩杂集　四册
谔崖脞说　四册
草堂清话（抄本）　六册
焦氏说楛　二册
鹤林玉露（明刻本）　六册
雷庵杂述　二册
松漠纪闻（抄本）　一册
覃溪手扎（影印）　一册
闲居释言　一册
章宝斋文钞　二册
孙氏仓颉篇（陈仲鱼校本）　一册
问字堂集（原刻）　六册

第三十八箱

楹联集帖　一册
松崖笔记（聚学轩本）　一册
澄怀录（抄本）　一册
政辨随笔　一册
云间据日抄附云间杂志　二册
晁氏客语（东洋本）　一册
省心杂言（同上）　一册
仁恕斋笔记　一册

备忘录（抄本）　一册
钟山札记附龙城札记　六册
癸巳类稿　五册
癸巳存稿　八册
日知录　八册
养如轩随笔　一册
榆塞记行录　一册
炳烛编附桥西杂记　二册
烟楼读书志　八册
孝廉方正录附溉亭述古录　三册
恩富堂笔记　一册
竹如意　一册
曼陀罗华阁琐记　二册
泺源问答　四册
知新录　十六册
愧生新录　一册
明宫史（昭旷阁本）　一册
溉亭述古录　一册
北狩见闻录（昭旷阁本）　一册
靖康纪闻（同上）　一册
山斋客谭附唐述山房日录（昭代本）　二册
丁氏遗著残稿（抄本）　四册
南游记　一册
师友谰源记　一册
炙砚琐谭　一册
莳古斋辑注　二册
杂说通解　一册
淡墨录　四册
六艺纲目　二册
茗余随录　四册

群经字类　一册
谭艺琐录　一册
蓬窗类记　一册
心字略　一册
求阙斋日记类钞（铅印）　一册
古今伪书考（石印）　一册
海南日抄　六册
卜岁恒言　二册
犹贤录　四册
菰中随笔　一册
对床夜语（知不足斋本）　一册
节序日考　二册
休宁碎事　四册
藏斋随笔　一册
郑开阳杂著（影印）　四册
读书偶笔　四册
劳氏碎金　一册
樵香小记（畿辅本）　一册
说听（明刻本）　六册
说纬　六册
唐人说部四种　四册
江城名迹集　四册
证疑备览　六册
三冬识余　二册
痴学　二册
鲁岩所学集　六册
楚庭稗孙录　四册
茶余坐话　四册
山中闻见录　四册
春秋说　一册

澹仙诗话　二册
锄经书舍零墨　二册
燕台花事录附竹西花事小录　二册
书饮楼宾谈　一册
对山书屋墨余录　八册
沛上停书集（抄本）　一册
古文尚书马郑注　一册
稼墨轩全集　六册

第三十九箱

易余籥录　三册
双砚斋诗钞　五册
蜀道纪游　二册
瓮天琐录　一册
震泽长语附震泽纪闻　二册
蕙榜杂记附鸡窗丛书　二册
获堂旧话　一册
篋叔录　一册
凤城琐录　一册
西斋偶得　一册
读书证疑（抄本）　一册
闲渔闲闲录　二册
类林杂说　一册
云溪友议　二册
朴学斋笔记　二册
碧声吟馆谈尘　二册
广阳杂记（功顺堂本）　三册
泾林续记（同上）　一册
南涧文集（同上）　一册

半毡斋题跋（同上）　一册
西清笔记（同上）　一册
中州杂俎　六册
见闻杂记（明刻本）　六册
欧余漫录（明刻本）　四册
姜露庵杂记　二册
汉律辑证　一册
存斋偶编　一册
苏庵杂志　二册
莲溪吟稿续刻　一册
怀小编　八册
榕壇问业　六册
春秋释例　六册
关陇舆中偶忆编　一册
旧闻随笔　一册
篛庵画注　一册
鸿泥日录　二册
王志　一册
可约录附离骚经　一册
陶楼杂著　二册
衍微附训俗常谈　一册
五余读书廛随笔　一册
非勴堂文集　二册
文说　一册
黄学卢杂述　一册
湘山野录（二部）　一册
覆瓿丛谈　一册
赌棋山庄笔记合刻　八册
非石日记钞　一册
浪迹三谈　二册

非勴堂读书记附日记类钞　二册
退复轩随笔　一册
人海丛谈　一册
竹人录　一册
玉井山馆笔记　一册
陔余丛考　十册
闻见瓣香录　六册
一斋杂著　六册
江千丛语　四册
鸿泥杂志附万历吟　三册
爻山笔话　四册
蛾术编（不全）　十八册
历下偶谈附巨山丛话　十册
侯官郭氏家集（即匏庐诗存等）　十册

第四十箱

容山教事录　一册
梦谭随录　一册
经学历史　一册
杂效学楼述闻　一册
病余掌记　四册
古书疑义举例　三册
黄谷琐谭　二册
敬乡录　四册
读书拾遗　六册
虚堂习听录　六册
桂氏札朴　四册
孟庐札记　二册
管城硕记　十册

读书引　六册
萃芳集（抄本）　十册
前汉微言　一册
觉花寮杂记　一册
剧谈录　一册
随园轶事（抄本）　二册
旧闻随笔　一册
闲君录（昭旷阁本）　一册
前定录（同上）　一册
燕翼贻谋录（同上）　一册
闰八月考　一册
梦晓楼随笔　一册
岭南随笔　一册
怀亭琐记　一册
折肱漫录　一册
揎书　一册
稽古日钞　四册
澄怀园语　一册
啬庵随笔　一册
横经堂考古杂录　一册
北户录　一册
蔗余偶笔　一册
玉尘集　一册
双砚斋笔记　五册
武林旧事　四册
师竹斋随笔　四册
不远复斋见闻杂志　二册
砚桂绪录　八册
思补斋日记录　一册
潜皖偶录　一册

公余随笔　四册
荷廊随笔　四册
慎宜轩笔记　二册
困学斋杂录附樵香小记郝言雪海笔记（畿辅本）　二册
北埜闲抄　四册
竹叶亭杂记　二册
晋游日记　一册
南游记程附南游小草　二册
辟毛先声（抄本）　一册
藤阴杂记　一册
抑斋记闻　一册
检论（章氏从笔本）　三册
国故论衡（同上）　三册
教官谱附佐杂谱　二册
忏庵随笔　二册
山庵杂录　一册
宦海浮沈录附粤游小志　二册
人海丛谈　一册
五百名洞天挥尘　六册
亦若是斋随笔　六册
松风阁诗钞附归朴龛丛稿　八册
孙子十家注（有批校）　二册

第四十一箱

迂存遗文　二册
双池文集　四册
敬孚类稿　四册
补读书斋遗稿　四册
颐彩堂文集　六册

复斋文集　十二册
蕴愫阁诗文集　四册
啸雨山房诗稿　一册
东里生炉余集　三册
石璧山房初稿　二册
袖海楼杂著　六册
煨芋岩居文集　二册
味退居文集　一册
十六观斋遗集　二册
贻馨堂集　二册
如不及斋文钞　二册
自知室文集　二册
勉勉锄室类稿　二册
自得斋老学编　二册
复礼堂文集　六册
修凝斋集　六册
落帆楼文稿　一册
落帆楼文集　八册
养素堂文集附诗集　二十六册
仰箫楼文集附国朝经学名儒记　二册
稼墨轩集　四册
逊斋文集　四册
横阳札记　四册
山海经地理今释　六册
汉书地理志水道图说　一册
今水经注　一册
唐贾耽记边州入四夷道里考实　五册
求志山房文稿　二册
游道堂集　二册
孔堂初集　二册

蒿庵文集附遗集　四册
好云楼初二集　十二册
沈氏群峰集附韩诗故　三册
陈司业集　五册
枕葄斋三经问答（书、诗、春秋）　五册
鹏南诗钞　一册
麟洲杂著　四册
惕斋遗集　一册
质庵集　二册
赐葛堂集　二册
章北亭全集　十册
刘礼部集　六册
东里类稿　四册
成蓉镜著书（十一种　南箐书院本）　二册
莘民杂著　二册
会稽山斋全集　六册
石冠堂文钞　二册
慎自爱轩录存　八册
李扬华全集（即澥红山馆）　十三册
安吴四种　十六册

第四十二箱

东原考古录　一册
晚华居遗集　二册
郭明经遗集　二册
通艺堂集　一册
句溪杂著　一册
璞山存稿　四册
秋芸馆全集　二册

包轩遗编　一册
良心书附谪星四集　一册
求志斋文集　一册
古史帝系考（抄本）　一册
松翁近稿　一册
一山文存　四册
茹荼轩文集　四册
有获斋文集　二册
读书小记附焦里堂轶文　一册
茹经堂文集　三册
西云诗文钞附札记　五册
涌翠山房集　二册
年峰全集　八册
慈寿堂文钞　二册
汉孳室文钞　二册
思复室文集　七册
汉阳关先生遗集（又名师二宗斋集）　一册
匪石遗文附日记　二册
郑堂札记　一册
学聚堂初稿
乐志簃集　一册
南池类稿　一册
眼学偶得　一册
镕经室集　二册
莼斋文集　四册
星隐楼文集　二册
退庵文集　一册
汀鹭诗文钞　一册
晋专宋瓦室类稿　一册
才滋文　一册

广英堂遗稿　一册
三易三统辨证　一册
小学庵遗书　一册
惜斋文录　一册
董方立文甲乙集　一册
䂿斋文存　一册
九水山房集　一册
赐锦堂文钞　一册
爱吾庐文钞　一册
后甲集　一册
石璧山房初稿　一册
晚学斋外集　一册
劳氏碎全　一册
汉孳室文钞　一册
黄鹤云集　一册
一镫精舍甲部稿　一册
求是斋文存　一册
谁舆庵文钞　一册
小石山房文集　一册
竢实斋文稿　一册
识学录　一册
礼堂写定文　一册
幼学堂文稿（二部）　一册
玉函山房文集（抄本）　一册
洨民遗文　一册
洨民丛稿　一册
句溪杂著（又一部二册）　一册
伊蔚堂文选　一册
养余外集　一册
华民杂著　一册

梨云阁杂文　一册

磨庵杂存　一册

岫云吟稿（抄本）　一册

岫云杂著附经说　二册

阊坛文稿　二册

勿待轩文集存稿　一册

尹人文存　一册

六九斋馔述稿　一册

钝砚卮言　一册

学诂斋文集　一册

盘监斋遗稿　一册

句溪杂著　二册

思诚堂集　二册

啸云轩文集　二册

茹经堂文集　三册

桐溪文集　三册

厚庄诗文集　二册

思古书堂四种（即淡园文集等）　四册

困学斋文存　四册

怀旧杂记　二册

舒艺室全书　十册

周易集传　二册

有恒心斋全集　四册

汲庵文存　四册

桂门自定稿　四册

经古篋存稿　二册

空石斋诗文集　五册

长汀江叔海著书五种　七册

趋庭随笔　一册

论孟卮言　一册

慎所立斋初稿　一册
宗孔编　一册
孔学发微　一册
吴门销夏记　一册
耐庵类稿　六册
煨芋岩居诗集　四册
二洪遗稿（影印本）　五册
枕经堂杂著　二册
校经堂文集　六册
抗心斋遗集附侠游楼诗文　六册
怡青堂诗文集　十三册
爱吾庐文钞　一册
启秀堂文集　二册
定轩古文豹班集　四册
缀学堂初稿　二册
达斋堂文附续　三册
姚正父集　四册
垣曲安氏三先生賸稿　八册
煨芋岩居诗续集　一册
劬书室遗集　六册
来复堂全书　十册
澹勤室全集　十册
兼山堂集附读经心解　二册
儆居集　四册
长春草庐学文　六册
荔雨轩文集　二册
筠心堂存稿　四册
问亭文钞　二册
竹园文集　二册

第四十三箱

攻玉堂文集　一册
政务处开辨条义明辨　一册
汉贾谊政事疏考补（抄本）　一册
痒石斋文稿　一册
潜庄文钞　一册
惜道味斋集　一册
知耻斋文集　一册
刘葆真遗稿　一册
甑峰遗稿（二部）　一册
华峰文集　一册
元穆文钞　一册
乖庵文录　一册
读秋水斋文集　一册
任午桥存稿　一册
麻山遗集　一册
绮绿轩骈体文　一册
茹古斋文钞（二部）　一册
袖云山房文钞　一册
印雪轩文钞　一册
六斋无均文集（二部）　一册
得闲偶言　一册
知非斋古文录　一册
钱子久遗文　一册
五瑞斋遗文　一册
半弓居文集　一册
萉姜山房文集　一册
寒松晚翠堂初集　一册

马主政奏稿（马其昶）　一册
远明文集　一册
六草轩文集　一册
邹氏三先生遗稿　一册
南云书屋文钞　一册
粟香室文稿　一册
窳翁文钞　一册
思诏堂文稿　一册
古杼秋馆遗稿　一册
纯甫古文钞　一册
田砚斋文集　一册
淮南杂著　一册
寥天一阁文附莽苍苍斋诗　一册
青草堂文约钞　一册
小园古文附诗　一册
知非集　一册
后亭纪事　一册
李彰九遗稿　一册
读有用书斋杂著　二册
万物炊累室骈文　一册
公言集（铅印）　一册
海天旭日研征诗　一册
卧知斋骈体文　一册
红豆树馆遗稿　一册
擘红楼文集　一册
青萍轩文录　一册
犀禅山馆文集　一册
问琴阁文录　一册
撰异遗文　一册
鸥堂遗稿　一册

陆文节公遗集　一册
择雅堂初集　一册
使粤吟　一册
肃藻遗书　一册
既畊堂诗钞　一册
忘夏草诗初二集　二册
一砚楼诗草　一册
无味集　一册
玩花轩诗词　一册
寄情草堂诗钞　一册
画延弇室诗稿　一册
絜香吟馆诗稿　一册
芋畹诗集　一册
蜀游草　一册
沁诗草堂遗诗　一册
诗庐诗文钞　一册
珍蓺宧诗钞　一册
拳石山房遗稿　一册
双红豆斋诗录　一册
戊己消夏诗合刋（二部）　一册
铁瓶诗钞　一册
懒余吟草　一册
四十贤人集　一册
余事偶存（二部）　一册
道腴室遗稿　一册
黄海前游集　一册
牧鸥亦舫诗钞　一册
一经轩诗存　一册
最乐亭诗草　一册
感旧怀人集　一册

岱游集　一册
曼志堂遗稿（二部）　一册
贲园诗钞　一册
蔆泽堂诗草　一册
磨绮室诗存　一册
龙川诗钞（又石印一部）　一册
澹余诗略　一册
陈愚谷诗集　一册
唾莽诗集　一册
孤鸿编　一册
南罔草堂诗选　一册
檗岛诗存别集　一册
客旋草　一册
妙峰倡和诗　一册
堇庐遗诗　一册
煮石斋稿　一册
盟葎山馆遗稿　一册
望古遥集诗存　一册
师竹山房遗稿　一册
闻妙香室遗文　一册
哀怨集　一册
临江山人集诗　一册
随吟小草　一册
芑田集　一册
雁影斋诗存　一册
翠柏山房诗附续　二册
延秋吟馆诗续集钞　一册
辕下吟编　一册
松壶画赘　一册
上瑞堂集　一册

小方壶斋诗存　一册
李恭毅公诗遗稿　一册
留耕堂诗集（畿辅本）　一册
安然庵集（同上）　一册
玉晖堂诗集（同上）　一册
蕉鹿吟草　一册
冬心自书诗稿墨迹（石印）　一册
菉竹斋诗　一册
沈观斋诗钞（二部）　一册
扪腹斋诗钞　一册
南泾集　一册
李忠毅公遗诗　一册
闾山纪游诗　一册
景春山房诗文集略　一册
志道集　一册
山晓堂诗选　一册
停云轩古诗钞　一册
放游录　一册
郑斋类编　一册
韫真诗草　一册
双桐书屋诗賸稿　一册
闽游草　一册
萸庵退臾诗賸　一册
青岛纪游诗　一册
文山别集　一册
冬暄草堂遗诗　一册
双清阁袖中诗本　一册
梦还集　一册
寄瓯寄笔　一册
塞垣集　一册

高给谏遗诗　一册
宝文堂遗诗　一册
松壶画忆　一册
玉通诗选　一册
神明竟诗　一册
石室秘藏诗　一册
五石瓠斋遗稿　一册
大潜山房诗钞　一册
西垣诗钞　一册
秋湄诗钞　一册
琴游集　一册
获华堂诗存　一册
惜心书屋诗钞　一册
四养斋诗稿　一册
随扈纪行诗存（二部）　一册
弋渔楼小草　一册
金雪诗存　一册
蓬山诗存　一册
孙秋土诗存　一册
冬荣室诗钞　一册
玉笥山房要集（二部）　一册
京东诗钞续集　一册
南游草　一册
善思斋诗钞　一册
万桑园诗　一册
撼山草堂遗稿　一册
复丁老人诗记　一册
蓼园诗钞　一册
学寿堂诗烬余草　一册
红杏楼诗賸稿　一册

玉鉴堂诗存　一册
尊瓠室诗（二部）　一册
诗集（怀法、荣文达、可民著　稿本）　一册
古腴斋诗稿　一册
东陵道　一册
松鹤堂私淑杂著　一册
燕尘录　一册
梦影庵遗集　一册
复鄗初稿　一册
勿二三斋诗集　一册
南庐诗钞　一册
癸丑怀人诗　一册
九十九峰草堂诗钞　一册
愫泉书屋诗稿　一册
犹存集　一册
鸳江集　一册
证响斋诗集　一册
圭庵诗录（二部）　一册
天影庵诗存　一册
未焚草　一册
鹤鸣诗钞　一册
竹亭续刻诗文　一册
圣遗诗　一册
啸剑山房诗钞　一册
梅氏遗书　一册
涵斋遗稿　一册
柳州遗稿（二部）　一册
麻园遗集　一册
马一斋遗书　一册
观我生斋诗集　一册

垂涕集　一册
枸橼轩诗钞　一册
石琴庐诗賸　一册
椒花庵诗外集　一册
海外吟　一册
古杼秋馆诗草　一册
浩然堂诗集　一册
海云阁诗钞　一册
周辛仲遗诗　一册
泊居賸稿　一册
李舍人遗集　一册
二友山房诗集　一册
宝严堂诗　一册
八松庵诗集　一册
然松阁存稿　一册
借舫居诗集　一册
汉州续记事诗　一册
甲六集　一册
涵斋遗稿　一册
慊斋诗钞　一册
近迂斋偶存（抄本）　一册
六桴山人偶存集　一册
云隐堂诗存录　一册
篆枚堂诗存　一册
黄石斋手写诗卷（影印本）　一册
乐饥斋诗竹　一册
遂园诗钞　一册
玉搼山房诗集　一册
白雨湖庄诗钞　一册
归来轩遗集　一册

东石草堂诗草　一册
槐南书屋诗稿　一册
冬暄草堂遗诗　一册
倚山阁诗　一册
蕴真居诗集　一册
潜叟漫录　一册
诗庐诗文钞　一册
壬辰蜀道杂诗　一册
说经堂诗草　一册
劫后吟　一册
寄园烬余集　一册
丁文诚公遗稿　一册
桂一斋仅存稿　一册
振绮堂诗存　一册
寓无竟室悼亡草　一册
黄陵诗钞　一册
珠泉草庐文集　一册
侣梅轩偶存稿　一册
拥书堂诗集附传砚堂诗集　一册
雅雪园诗钞　一册
张氏棣芬賸稿　一册
梦湘楼诗词稿附茧香馆吟草　一册
央斋集（又名张尔眷四种）　一册
隐庵诗集　一册
袁太史诗文遗钞　一册
寄春吟　一册
香叶草堂诗存　一册
退宜堂诗集　一册
周辛仲广文遗诗　一册
观古阁诗钞　一册

且想斋诗稿　一册
梵隐堂诗存　一册
牧鸥亦舫诗钞　一册
绣墨轩诗词　一册
文道希先生遗词　一册
借浇集　一册
边声（吉林宋小廉著　石印）　一册
沈观斋诗　一册
六是堂诗述附文稿略编　一册
贲园诗钞附补遗　一册
檗坞集唐杂感诗二部　一册
西陬牧唱词　一册
木兰馆诗钞　一册
大潜山房诗钞　一册
颐和园词　一册
小沧州诗草　一册
南游初稿　一册
古槽山房遗稿　一册
梦白楼诗钞（抄本）　一册
六贤诗　一册
游华山诗　一册
借庵诗文遗稿　一册
滋蕙观澜室近作　一册
孔堂初集　一册
宝拙斋古今体诗　一册
证响斋诗集　一册
种树轩诗草　一册
秋闱杂咏　一册
退学诗斋诗集　一册
棠荫书屋诗集　一册

蓬山诗存　一册
据梧集　一册
退舟诗稿　一册
爱竹馆遗稿　一册
游雁门集　一册
绮秋阁诗选　一册
兰石诗钞　一册
可亭诗稿　一册
大鹤山人官词纪事　一册
东游草　一册
七峰诗稿　一册
苏邻遗诗　一册
藏园诗钞　一册
师矩斋诗录　一册
度岭草　一册
紫竹山房遗稿　一册
养素园诗　一册
百老吟　一册
祭文（稿本　有双白燕堂印）　一册
万壑云楼诗　一册
喝月楼诗录　一册
贻谷堂主人賸稿　一册
陈太仆课孙草　一册
曾刚父诗集　一册
清抱居诗稿　一册
荼坪诗钞　一册
独诵堂遗集　一册
展碧山房骈体文选　一册
藏园诗钞　一册
致远堂集　一册

兼葭楼诗　一册
澹勤室诗附芋香馆集　一册
绿萼山房詩　一册
缶庐诗　一册
结一庐遗文　一册
篷吟集　一册
子铭遗集　一册
万柳老人诗集残稿　一册
两般秋雨庵诗选　一册
贻砚堂集　一册
清寂堂诗选　一册
万里游草残稿　一册
逢腰馆诗集　一册
清足居集　一册
沧江精华录　一册
蛮语集　一册
风月庐賸稿　一册
蔚庐刘子诗集　一册

第四十四箱

正蒙同人集　十三册
读孟随笔　一册
王文贞全集　十二册
周礼外仪附旧事考逸　三册
甲乙存稿　三册
在山堂集附余事集测言　五册
在山堂全集　八册
蒋侑石遗书　五册
义停山馆全集　十册

铁砚斋丛书　八册
达浛就正编　十册
关西马氏世行录　十册
勿待轩文集存稿　六册
关西马氏丛书　十八册
石泉书屋类稿（即利津李氏家集）　十册
咏梅轩全书（即谢搸生所著书）　二十一册
周氏词辨（有批校　又一部）　一册
求志堂汇稿（即介石斋）　八册
止庵文附诗词（抄本）　四册
汪梅村全集附遗诗　九册
銕孟斋诗钞　七册
崇睦山房词　一册
镜烟堂十种　十二册
七国地理考　二册
武陵山人杂著附神农本草经华阳国志校勘记　三册
战国策编年（抄本）　一册
山公经说辨疑　二册
山公四书集注补附丧服经传汇编考正　二册
白华遗稿　四册
文字辨讹　一册
听彝堂偶存稿三种（急救章姓氏补注、河源记略承修稿、续通志谥略）　二册
圃珖岩馆诗钞　一册
桐华阁全集　十册
邹叔子遗书　十四册
甲戌丛编　四册
仪顾堂题跋（正、续）　八册
仪顾堂集（又一部　十六卷本）　六册
烟屿楼全集　十六册

安吴四种　十六册
尚志斋三编（左钦敏　学编文编杂记）　十一册

第四十五箱

浮云集（抄本）　二册
憺园文集（欠首二册）　十册
遯庵文集　四册
青緗堂诗集　四册
撵雪堂诗稿　二册
靖海记　三册
劬庵类稿　八册
水香园遗诗　四册
金台集　四册
小南邨集　三册
岺阳草堂文集（抄本）　八册
岺阳草堂诗集　八册
依归草附自长吟　六册
嘉兴李氏家集（即秋锦山房篇）　九册
胡茨村全集（即谷园诗集、息游堂诗集等）　六册
天佣子集附依归草　八册
昆仑山房诗集残稿（稿本）　六册
吴莲洋集　六册
吴莲洋集（翁刻）　八册
石帆轩诗集　二册
艾陵文钞　六册
虬峰文集　二十册
尺五楼诗集　四册
尺五堂诗删　四册
春溪园集附偶镰　六册

之溪老生集　四册
允射堂全集　四册
信心斋稿　四册
读书堂彩衣全集　二十册
静用堂偶编附续编　四册
受祺堂文集（抄本）　四册
斯未信斋全集　十二册
退补斋诗文存附文存二编　十册

第四十六箱

虚真堂文集　六册
逸德轩全集　十七册
白鹿山房诗集　八册
桐城方氏七代遗书　十册
数度衍　八册
古今释疑　九册
连理山人关河集　一册
冒氏丛书第四集　四册
虹玉堂文集　八册
已畦全集　八册
晓庵遗集　三册
晞发堂文集（抄本）　四册
肆雅堂诗选　四册
关中集　二册
欲焚草　四册
一笑堂诗集　二册
逸山文集　十六册
寒香馆文钞　四册
史折　四册

可则轩近存诗稿　二册
且亭诗　三册
愚谷诗集　四册
耕余居士诗集　四册
古人几部（又名澄怄阁杂著）　二册
扑巢诗文选　三册
冒嵩少拙存堂遗稿　四册
南疑诗集　四册
载酒园诗话　十册
秋影园诗附庐山纪游　五册
存庵诗集　二册
焚后书　四册
寤言堂诗　二册
姑山遗集　十二册
柿叶庵诗选（抄本）　二册
柳塘诗集　二册
匠门书屋文集　八册
易释文（雅雨堂本）　一册
大学疏义（退补斋本）　一册
论语释疏　一册
春秋三家异文核　一册
孝经附三本管窥　一册
表章先正正编　一册
中庸章句大全　一册
皇清经解检目
读尚书日记（学古堂本）　一册
逸经（观象卢本）　一册
文献诗考　一册
樊榭山房游僊诗注　三册
山矾书屋诗集　二册

受经堂汇稿　四册
武功县志　一册
韩五泉诗集附朝邑县志　三册
南北史世至表（抄本）　一册
舟车后集　二册
观河集　一册
濂亭诗文　二册
郑端简公吾学编余目录（抄本）　一册
尚书后案　八册
列子释文附考异　二册
故宫善本书目　一册
樗寮诗话　一册
禹贡辑注　一册
禹贡纂注　一册
瓶笙馆修箫谱　一册
咏华轩诗集（未装订）　二册
弇州集选（四杰诗选本）　一册
读风臆补　二册
故友诗录初编　四册

第四十七箱

鸣鹤堂文集　二册
白燕唱和集　二册
石谱　二册
玉山草堂集　二册
菊隐翁诗集　二册
四书笺义　六册
四书丛说　五册
崇百药斋集（又一册重复）　六册

论孟札记　一册
熊学士诗集　三册
蔗尾诗集附文集倡和集　六册
祖砚堂集　四册
枢垣纪略　二册
杜诗说（未装订）　四册
海山存稿（同上）　四册
国朝贡举考略（又名贡举考略二册）　四册
李忠定四种　五册
北塘漫录附南圃行业　二册
赤谷诗钞附蠹书　六册
山带阁集　六册
国史经籍志（明刻本　又掉配一册）　五册
战国策（黄刻）　四册
古愚心言　八册
观古堂藏书目　四册
群碧楼善本书录附寒瘦山房书目　五册
剑客丛撰四种　二册
王岩公时文　一册
翁太史传稿　二册
熊锺陵传稿　一册
秋潭外集　八册
食旨斋鸣秋草　一册
燕赵吟　一册
居易堂诗集　一册
乳初轩诗集　一册
蛙鸣诗集　一册
翁山诗外（不全）　八册
风骚补编　二册
东游记略　一册

晚闻存稿　一册
海虞三陶集　八册
陶诗汇评　四册
礼塔龛考古偶编　一册
木庵居士诗　一册
考辨随笔　一册
秋坪诗存　四册
亦佳室文钞　三册
闽儒学则　一册
傅木虚集（明刻本）　三册
石门集　一册
绛雪山房诗钞　十册
樱桃轩诗集　一册
怡山馆诗钞　一册
畏卢诗存附论文文集文续集　四册
张文厚公文集　六册
焚余偶录　二册
闽会水利故　二册
郭伯苍全集附闽中十子诗　二十五册
乌石山志　六册
西霞文钞　一册
射鹰楼诗话　八册
榕村讲授　三册
马忠节父子遗诗　一册
唐石岭集　一册
纫芳斋稿　一册
亦佳室诗文钞　四册
杜怀堂诗初稿（抄本）　四册
余诗录　十六册
罗诗摭谈　一册

罴生诗存　一册
养拙斋诗存（二部）　二册
留春草堂诗钞　二册
有不百斋序文稿（稿本）　一册
云鹤山人诗钞　一册
壮怀堂诗初稿　二册
绿筠堂菊花诗集　一册
近道斋集　三册
近道斋诗集　五册
海藏楼诗　二册
黄漳浦懿畜编（抄本）　六册
雅歌堂文集　八册
吴中唱和集　五册
玄既集　一册
闽中郭氏家集　十六册
籀经堂类稿　十二册
三尚声集　二册
藤花吟馆诗钞　二册
北行倡酬记　一册
铜鼓联吟集　一册
香草斋诗集（又童一册）　二册
文艺杂志　十二册

第四十八箱

绳武斋遗稿　一册
赌棋山庄全集附东山风谢氏明诗略（有配）　二十七册
闽诗录　十册
退庵诗存　八册
傅木虚集　三册

二希堂文集　六册
筠碧山房诗集　二册
白华楼诗钞　三册
荔影堂诗钞　四册
东越文苑　一册
介石堂文钞　四册
晚翠轩诗　一册
绿筠堂菊花诗集　二册
石溪读周官　六册
榕荫日课　四册
薇花吟馆初稿　一册
尚书举要　一册
崇雅堂诗钞　三册
磐那室诗存　一册
姑留稿　五册
丽江草　一册
惕园初稿　十二册
屺云楼诗选　二册
永怀堂诗文钞　四册
涛园集　一册
南游草　一册
遐憩山房诗　一册
新城杨氏先德录　一册
读书举要　一册
闽南游草　一册
怡亭文集　六册
双镜卢文存附槟榔屿志略　五册
亨甫诗选　八册
松寥山人诗初集　四册
思伯子堂诗集　十册

冠悔堂全集　十八册
甚德堂文集　四册
知稼轩诗　二册
五湖游稿　一册
岛噫诗集　一册
即庵诗存　二册
梅庄遗草　一册
宜秋集　一册
严候官文集　一册
中国教育议　一册
救亡决论（严氏丛刻本）　一册
榕园全集　十六册
偲闻轩诗草　三册
绿筠书屋诗钞　四册
水经注汇校　十册
周易述闻二部　一册
周易集解补笺　四册
平园杂著　六册
琴思楼词（二部）　一册
郭明经遗集　二册
黄鹤山人诗钞　六册
阜轩文编附至谊堂实记　四册
晚香堂诗集　一册
癸丑诗存附甲寅诗存　四册
琴楼梦　一册
庐山诗录　一册
琴恩楼杂著　二册
小黛轩论诗词　一册
听秋山馆诗钞　一册
孟子年略　一册

孟子发微（二部）　一册
函楼全集　十八册
湘社集　一册
庐山诗录　一册
琴志楼丛书（内配铅印本）　三十七册
畲经堂全集　六册
青郊诗存　二册
白香亭诗存　一册
劬庵文稿附辛亥殉节录　八册
天岳山馆文钞　十四册
涧东诗钞　二册
移芝室全集　十册
移芝室古文　一册
史汉求是　十二册
读史臆说　一册
博约堂文钞附瑞芝室家传　五册
经义寻中　十二册

第四十九箱

古微堂内外集　四册
古微堂诗集　四册
三长物斋文略　四册
古微堂内外集　五册
亦园事全集附孟氏八录　十六册
万儒庐全集　六册
耐轩古文初二钞　四册
李鹭州文集　四册
高陶堂遗集　四册
仙屏书屋诗文全集附己酉北行草粤游草　十一册

云卧山庄诗集（二部）　四册
达观楼集　十册
敬堂全集（未装订）　九册
鱼亭诗钞附诗选　二册
耻夫诗钞　二册
畅谷文存　三册
宧拾录　八册
红雪楼诗钞　一册
忠雅堂诗集　八册
章圃文蜕　五册
梦柏山房诗草（稿本）　二册
纵钓居文集　三册
计树园诗文存　四册
万清轩全集　二十一册
水南灌叟遗稿　六册
慎其余斋文集附诗集　七册
持雅堂全集（有配）　十一册
三国志辨微　二册
小沧溟馆全集　十六册
字云草全集（即盛氏家集）　十一册
字云草文稿　四册
说云诗钞　四册
二水楼全集　十册
闰榻集附外集　十五册
三惜斋散体文　五册
寄思斋藏稿　十册
捐柮谈屑附寥天一斋遗稿　二册
秋声馆遗集附曼庵诗稿　四册
七十二峰堂文勺　二册
江上万峰楼诗钞　一册

守瓻堂稿　二册
梦香居诗钞　二册
今夕庵诗钞　一册
冬荣馆遗稿　一册
瘿晕山房诗删附五山志林　八册
黄蓉石诗集　一册
守柔斋诗钞附行河草　三册
片云行草　一册
瘿晕山房诗钞　二册
小南海集诗钞　二册
端州小纪　二册
林芾南行略（抄本）　一册
心亭亭居诗草（抄本）　一册
佩兰斋诗钞（抄本）　一册
咏梅山馆存稿（即北游诗草　抄本）　一册
香草斋诗注　五册
秋江集注　六册
皆山草堂诗钞　四册
木天草
持庵诗　二册
香雪堂诗稿（抄本）　一册
赵鲁庵集　六册
补学轩诗文集　八册
怡思斋古文稿　二册
环天室诗集　二册
涧东诗钞　一册
白香亭诗草　二册
卓山诗集　八册
十六观斋遗集　二册
梁稚非遗诗　一册

坚白斋集　四册
食笋斋遗稿　一册
瞿文慎公诗选附文稿　五册
珂溪山房诗钞　五册
东冈诗賸　二册
屺云楼全集　十册
喟味觚斋文录　二册
纬萧草堂吟草　四册
寒香馆诗钞　二册
松庐诗钞　二册
云寥山人文钞　六册
履绥堂诗稿　四册
草草草堂诗草　二册
美游诗词存稿　一册
寄愚草堂初稿　二册
罘罳草堂诗集　一册

第五十箱

也居山房文集　二册
郎园北游文存附论学书札　二册
使黔草　四册
潜款诗文附诗二集　六册
东洲草堂诗钞　六册
东洲草堂文钞　六册
峨嵋瓦屋游草　一册
师伏堂诗草附编文　六册
雅堂全集　十册
郭明经遗集　二册
秋声馆遗集　二册

天影庵诗存附读史草　四册
绿漪草堂全集　十六册
古香山馆存稿　六册
曾惠敏公全集　八册
乱定草　一册
和州集　一册
北岳山房全集　十二册
北岳山房骈文　一册
铁支山房咏史诗钞　二册
罪言存略　一册
使西纪程　一册
湘雨楼诗　二册
平养堂文编　六册
壮学斋文集　四册
皇华草笺注　一册
印心石屋诗钞　二册
印心石屋诗荟　二册
蠡庵全集　二十二册
南村草堂诗文钞　十六册
草堂之灵　四册
屺云楼文钞　五册
云卧山庄尺牍附家训　五册
涧东诗钞　二册
听竹芦集　一册
绿萼山房　一册
燹馆吟草　六册
循陔集　一册
滇牍偶存　一册
三山存业　十册
墨香阁集　四册

涌芬堂诗文稿　七册
云冈文集　十册
金粟如来诗龛集　四册
松窗余事草　二册
偶吏堂诗文集　二册
贾静子诗文集（又名游园集）　四册
晚闻堂集　五册
受祺堂文集附续刻　八册
醉白堂集　二册
赐诚堂文集　二册
野香亭集附容斋千百诗　九册
涉园丛刻三种　三册
鸣鹤堂诗文集　六册
景紫堂全书　二十三册
钱牧斋初有学集（铅印）　二十册
钱牧斋尺牍（铅印）　二册
投笔集笺注　一册
牧斋晚年文　一册
织斋文集　二册
东山草堂全集　十六册
元和郡县志附补志　十册
元和郡县补志　四册
删后文集附诗存　十二册
屺恩堂诗文集　五册

第三册

第五十一箱

晋乘搜略　三十六册

十三经校勘记　四十八册

太平御览（鲍刻）　一百册

周益国公全集（欠一册）　三十九册

鲒埼亭集外编　八册

半可集　二册

北庐诗存　二册

真志堂诗集　四册

范忠贞公文集　四册

雪堂诗　一册

西亭文钞　四册

何义门家书　二册

问山全集　五册

竹云堂全集　八册

江冷阁全集（二部）　六册

寒香馆遗稿　四册

水田居诗文集　八册

变雅堂诗集　三册

苞山集（豫章丛书本）　五册

一砚斋诗集　四册

钓璜堂存稿　八册

第五十二箱

笠翁全集　十四册
河滨诗文选附河滨遗书钞　二十一册
章文毅公诗集　一册
石闾集　一册
湄湖吟　二册
菉竹园文集附西斋诗文集（一名国事合集）　六册
三鱼堂集　七册
客星零草　一册
陈一斋诗文集（铅印）　二册
敬恕堂文集纪年　十册
平津馆丛书　四十八册
文选楼丛书　八十册
孙潚如外集　一册
平津馆文稿（残本）　一册
岱南阁集　一册
慈溪姜先生全集　十八册
湛园诗稿　二册
定峰文选　二册
定峰乐府　二册
董若雨诗文集　六册
静啸斋遗文　一册
吴兴备志　十二册
春心堂诗集　六册
吴桐城经说　五册
诸葛承相集　四册
诸葛忠武侯集　四册
南江诗文钞　十册

古微书　六册
葛震父全集　三册
萝藦亭文稿　一册
纬捃　四册
启祯野乘　四册
启祯两朝遗诗考　一册
王心斋全集　六册
黔经笔记　一册
周易图　一册
国朝诗别裁集（石印）　十二册
美人纲目　四册
粤东笔记　四册
广州乡贤传　二册
明遗民录　十二册
国朝馆选录　二册
长文襄公自订年谱　四册
太常纪要　四册
苏长公外集　六册

第五十三箱

养一斋文集（稿本）　十六册
佞汉斋丛书　五册
养一斋文集附石经考端溪砚坑记　八册
养一斋诗文集　八册
旧言集　十二册
骈体文钞　十册
李申耆年谱附暨阳答问丹棱文钞　四册
纪元编　二册
历代地理韵编今释附皇朝舆地韵编　八册

姚惜抱年谱　一册
姚惜抱尺牍（又一部海原阁本二册）　四册
五七言今体诗钞（抄本）　二册
庄子章义　二册
姚选唐人绝句诗钞　二册
惜抱轩课徒草　一册
老子章义（二部）　一册
惜抱轩诗文集　三册
姚氏汉书评点　一册
惜抱轩文集　二册
惜抱轩经说春秋三传（二部）　一册
古文辞类纂辞赋　一册
惜抱轩书录　二册
庄子章义（重刻本）　二册
惜抱尺牍补编（二部）　一册
惜抱轩九经说（又一部）附左传补注　二册
七言今体诗钞　一册
惜抱轩外稿　四册
乐律古义　一册
冠豸山文集　二册
朱子为学考　一册
山谷诗钞　四册
房仲诗选　一册
惜抱轩诗文　一册
惜抱轩尺牍　一册
海愚诗钞　四册
惜抱轩笔记附法帖题跋　二册
曾文正公词百诵　一册
朱骏声文集　一册
经史答问　四册

岁星表　一册
传经室文集　二册
六书假借经征　三册
六十四卦经解(抄本)　一册
朱氏群书　四册
仪礼经注一隅　一册
半隐芦丛稿　一册
商书古注编读　三册

第五十四箱

广释名　二册
海州文献录　四册
郭良斋遗书附遗墨五种　六册
松龛全集　四册
尚书大传考纂　二册
识小编　一册
周书校补　一册
周礼三家佚注　一册
尚书骈枝（又一部铅印）　一册
温州古甓记　一册
九旗古义述　一册
永嘉郡记　一册
古籀余论　二册
籀亭遗文　二册
大戴礼记校补　三册
礼迻　四册
籀亭述林　四册
老老恒言　二册
易准　二册

琴学　二册
孝经通释　八册
昏礼通考　八册
文征君遗诗　一册
逸语　三册
永宇溪庄识略　一册
产鹤亭诗　三册
跬园诗钞　二册
抱拙斋集　四册
函雅故斋丛书（即山阳顾氏所著书）　八册
陈简庄缀文附对策经籍跋文　五册
孝经郑注附六艺论　一册
论语古训　五册
春晖杂稿　十六册
遯庵丛编　四册
开元天宝遗事　一册
海日楼诗附词　二册
寐叟乙卯稿　一册
寐叟题跋　二册
蒙古源流笺证　二册
味义根斋全书　六册
左传评　一册
岭南诗集　二册
李静肃遗文　一册
十经斋遗集　二册
后汉书辨疑（不全）　二册
说文古本考　六册
常山贞石志　六册
曼陀罗花室全集　八册
铜熨斗斋随笔　二册

交翠轩笔记附匏卢诗话　二册
十经斋诗文集附论语孔注辨伪瑟榭丛谈等　六册

第五十五箱

小学义疏　四册
士鉴录附女鉴录　三册
尹建余全集（几辅本）　八册
尹建余全集（原本）　九册
真率集　二册
尹太夫人年谱　一册
小窗遗稿　十二册
攀古小庐杂著　四册
攀古小庐文（又一部）附遗补　一册
横山乡人类稿　四册
樵隐昔呓　六册
群书校识　六册
霞外捃屑　八册
舒立人诗（抄本）　一册
袖海山房诗钞　一册
碧梧秋馆诗稿（抄本）　一册
诗集（抄本）　一册
蔗园诗存　二册
隐厚堂遗诗　二册
琅琊诗略　二册
华不注山房诗文　四册
潍诗采录　一册
二家律选　一册
蜀江诗选　二册
太朴庐诗选（又一部）附词　二册

望三散人感旧诗　一册
王石史文选（抄本）　一册
讼过书屋文钞　一册
澹云斋诗　一册
铭夏诗钞　一册
师竹轩诗存　一册
琅邪诗人小传（抄本）　一册
南国史隐诗存　一册
欸乃书屋诗集　一册
震庵集附外集　二册
憩云阁诗集　一册
绿野斋太湖诗草　一册
天籁堂秋蛩吟三刻　一册
春雨堂诗选　一册
畹香村会稿附聊复集　四册
亡友遗诗　一册
楚壁吟附续　二册
摩墨亭稿附种李园诗　二册
补斋文集　一册
无如斋文集　六册
绿隐山房诗草　一册
赠云山馆遗诗　一册
庐山诗草　一册
东园诗钞　一册
鲁山集　一册
兰根草舍诗钞　一册
葵园诗集　一册
焦尾编（苔岑集本）　一册
峨嵋瓦屋游草　一册
东行杂咏　一册

二十台诗　一册
南庐诗钞　一册
密斋诗存　一册
独行堂诗存　一册
问樵诗续钞　一册
桐叶山房诗钞　一册
凝绪堂诗稿　一册
草草草堂诗选　一册
呓语亭诗集　一册
兰秘阁北游诗草　一册
听秋轩诗钞　一册
砚隐诗存　一册
积风阁近作　一册
小云庐诗稿　一册
灵峰志　二册
壬癸消寒集　一册
晚松斋遗箸　一册
敝帚集　一册
华蕊楼遗稿　一册
香坪诗草　一册
吾溪诗钞　一册
瀫江游草　一册
拜石山房诗集　一册
寄庵诗钞　一册
红蕉馆诗钞　一册
逸友堂遗稿　一册
仪欧阁诗遗稿　一册
绩溪杂感诗　一册
莲窗书室诗钞　一册
方雅堂诗集　一册

粤游诗草　一册
味无味斋诗钞　一册
汲绠书屋诗钞　一册
观雨斋诗钞　一册
东园诗钞　一册
寄圃诗草　一册
樗云诗钞　一册
叠聚星堂韵诗　一册
得未曾有斋诗钞　一册
呓语亭诗　一册
岥尘馆诗存　一册
范墅诗草　一册
真研斋诗　一册
沧粟庵诗钞　一册
浣花阁诗草　一册

第五十六箱

种竹轩古文　二册
种竹轩诗选　二册
自娱草　一册
楼北诗钞　一册
香山草堂集选　二册
种蕉馆诗集　四册
青苔馆诗钞　二册
秋岩诗钞　二册
有香草堂诗集　四册
吴越游草（又一部）附尔雅山房诗选　一册
京江七子同音集　四册
鷞鸣草　一册

冬心草堂诗存　一册
海岳山房同怀集　一册
画虎集文钞　一册
尘远书屋诗稿　一册
纯斋诗录　一册
游梁小草　一册
使沈纪程偶目　一册
乐贤堂诗钞　一册
精勤堂吟稿　一册
萝溪诗钞　一册
京江后七子诗钞　二册
翠屏吟馆诗钞　二册
因斋诗存　一册
新安游草　一册
种梧因馆诗存附小住为佳轩遗稿　二册
焦山诗钞　一册
绉云楼诗钞　一册
卧闻诗存　一册
萧艾堂诗集　一册
停云集　一册
栎堂诗钞　一册
挹青阁诗集　二册
蠹余集　二册
晴江阁文钞　二册
蝶庵诗钞　二册
在山堂诗略　一册
国朝今体诗精选　四册
三砚斋诗賸　一册
袖海集　一册
石帆诗集　一册

巢云山房诗集　二册
退思堂诗钞　一册
留春馆余龄漫笔　一册
蕙圃寄吟　三册
法古斋诗稿　一册
京江七子诗钞　六册
孔氏家仪附勯仪纠谬集　二册
文庙乐谱附阙里仪注　二册
周礼（敦本堂本）附红榈书屋诗集微波榭三种　六册
暗公诗存　二册
驼峰馆诗钞（二部）　一册
云花诗钞　二册
伊园诗存　一册
锡谷堂诗　一册
半吾堂文钞　一册
天心阁诗钞　一册
碧虚斋吟草　二册
寿藤轩吟稿　一册
朱秋厓文集　一册
容瓠轩诗钞（又一部　一册）　四册
遂园诗钞　二册
味灯书屋诗集附经余书屋诗钞　四册
经遗堂集　四册
孙莘老年谱　一册
宋二孙奏议诗略　一册
邗江三百吟　二册
夏澹人行略　一册
雁桥诗钞　一册
铁庵甲乙稿　二册
乔止巢诗词三种　三册

半园诗录　二册
梅花书屋诗钞　二册
石林草堂诗存　一册
掩关集（二部）　一册
爱荆堂诗草　一册
悔园小集　一册
映珠堂诗钞　一册
樗巢诗选　二册
同癖吟稿　一册
下河水利新编　一册
犹存集　一册
樊桐诗选　一册
古茶簃文　一册
雨窗文存附遗文　二册
冬生草堂全集　九册
槿花邨诗词　四册
武林人物新志　一册
奏疏稿略　一册
长啸斋诗集　一册
爱春华馆遗草　一册
朱文定公集　二册
朱秋厓诗集　二册
爱日堂全集附年谱　六册
洗桐轩文集　四册
退谷文集　二册
弢尘馆诗存　一册
寄云楼诗集　二册

第五十七箱

西湖梦寻　二册

越中三不朽图赞　一册
史阙　六册
琅嬛文集　六册
山志初二集（又一部翻刊本）　六册
王山史四种（待庵西归、北行、日札、正学隅见述）　四册
山志（初刊本）　二册
砥斋集　七册
江村销夏录　三册
愚庵小集　四册
读左日抄　五册
诗经通义　四册
聊斋文集附词　一册
柳泉居士词稿（石印）　一册
鸣盛集（抄本）　二册
聊斋文集（抄本　又一部二册　又一部足本四册）　一册
朱止泉行状附王白田行状　一册
宗朱子要法　一册
朱止泉外集　二册
朱子分类文选　四册
白田草堂存稿　六册
读书记疑　六册
朱子晚年定论辨　一册
朱子文集注（稿本）　六册
朱止泉文集　二册
朱子圣学考略　十一册
绝妙好词　一册
金鳌退食笔记　一册
北墅抱瓮录　一册
天禄识余　二册
清吟堂全集（有配）　十六册

湖海楼诗集　六册
湖海楼集拾遗　一册
湖海楼诗稿　二册
湖海楼全集（患立堂本）　十八册

第五十八箱

释谷　二册
易旨　四册
刘端临遗书（又一部一册）　二册
论语正义　六册
食旧德斋杂著（又一部）　二册
五经算术疏义　二册
海镜窥豹附勾股比例表图说　二册
农漕案汇　二册
噩言　一册
食旧德斋集坿录　一册
四川尊经书院讲义　一册
格物中法　六册
念楼集（抄本）　四册
秋槎杂记附义迹山房诗稿　一册
临川答问　一册
广经室文钞　一册
尔雅补注残本　一册
娱景堂集　一册
胜朝殉阳录　二册
楚汉诸侯疆域志　一册
扬州水道记　二册
宝应图经　四册
刘氏遗书（广本）　二册

愈愚录（同上）　二册
昏礼重别论对校义（抄本）　一册
通义堂文集　八册
左传旧疏考证　二册
清溪旧屋文集　二册
通义堂集（五卷本）　三册
清芬集　四册
韩诗内传征　一册
释服　二册
句余土音附甬上族望表　四册
东井诗文钞　二册
鲒埼亭诗集　一册
汉书地理志稽疑　一册
全谢山遗诗（又一部　铅印）　一册
韩江雅集　二册
全校水经注　十六册
年华录　二册
鲒埼亭集附经史问答　十二册
樗庵存稿（抄本）　四册
鲒埼亭集外编附读易别录（抄本）　十七册

第五十九箱

七经孟子考文补遗　十六册
雷塘庵主弟子集　二册
山左诗课　一册
文选楼诗存　一册
天云楼诗词　三册
玉津阁文略　二册
导古堂文集　二册

研经馆诗附诗词三种　五册
阮氏三家诗补遗　一册
诗书古训　六册
瀛舟笔谈　六册
甘州明季成仁录　一册
说文营见附古韵论素问校义　一册
古韵论附尚书序录　二册
绩溪胡氏所著书目录　一册
丛笔轩遗稿　一册
关帝事迹征信编　六册
文昌通记　二册
补余堂全集附琴音标准驳四书改错　十册
补余堂四书问答　六册
冬集纪程　一册
孟子四考　二册
意林注（聚学轩本又批校）　六册
蓬芦文钞（抄本）　六册
经史避名汇考　十六册
四史疑年录　二册
曾子注释　一册
仪礼石经校勘记　一册
娜嬛仙馆诗略　二册
研经室诗录　二册
唐宋旧经楼诗　二册
文选楼诗存　二册
研经室全集　二十三册
安事斋诗录附愚溪诗稿　二册
菣崖考古录　一册

第六十箱

乖庵文录　一册
任午桥存稿　一册
续东轩遗集　一册
遂初斋文集　一册
张亟斋遗集　一册
石钟山人遗稿　一册
南湖集　一册
桐冈存稿　一册
此观堂集（临川文选本）　一册
寓意拎物斋文编　一册
澹庵文存　二册
试畯堂钞　一册
确山骈体文　一册
偶园集　一册
小称集　一册
陈简庄缀文　一册
姚升闻文集（抄本）　一册
斧戴斋文稿（稿本）　一册
敬卢文略（稿本）　一册
文集稿本　一册
容拙斋文钞　一册
树经堂遗文　一册
炑室遗文　一册
月川未是稿　一册
木雁斋杂著　一册
闲存堂西山纪遊　一册
文集（稿本　鸣鹤著）　一册

史礼堂奏议　一册
容拙斋古文　一册
梅庄文集　一册
程山三世诗　一册
郧云文钞　一册
容山教事录　一册
西碛山房诗文录　一册
竹隣遗稿　一册
仪郑堂文　一册
慊斋文集　一册
类谷居近稿　一册
待卢集　一册
篴楼诗选　一册
真息斋诗钞　一册
文史通义补编　一册
丙辰札记附信摭（章宝斋铅印）　二册
湖北通志凡例　一册
丙辰札记（聚学轩本）　一册
历代纪元韵览　二册
章氏遗书　四册
一经卢全集（五种）　十册
习苦斋诗文集　四册
习苦斋笔记（二部）　一册
访粤集　二册
赐砚斋题画偶录　一册
习苦斋画絮　四册
厚冈诗文全集　十二册
厚冈经说　八册
明州系年录　三册
两浙令长考　一册

汝东判语　二册
六一山房诗集　十册

第六十一箱

薛浪语集（抄本）　十八册
王文成公年谱　二册
王学潇源录　一册
阳明道学抄（明刊本）　五册
姚江传（抄本）　四册
胡白水四种（王阳明钱疏证、经说弟子记、经说拾余、大学古本荟参）　八册
倪石陵书　二册
王文成传本　一册
昆陵集拾遗附浮溪集拾遗　一册
野古集　二册
南斋稿（抄本）　二册
刘练江集附离骚经纂注　六册
群玉山房文集（明刊本）　八册
汲古堂集（明刊本）　六册
玉茗堂全集（明刊本）　八册
罗鄂州小集　一册
叶文敏集（抄本）　二册
韩文百篇编年　三册
韩诗集注　四册
孙可之集　一册
昌黎诗钞　二册
斜川集（木活字本）　四册
范石湖诗集　四册
李太白全集　八册

李诗选注（明刊本）　八册
李太白文集注（王注）　十二册
昌黎全集（永怀堂本）　六册
五峰集（抄本）　一册
秋声集（明刊本）　二册
韩集笺正　四册
读韩记疑　三册
胡子知言　一册
韩书酌蠡　六册

第六十二箱

二远堂诗集　一册
纺授堂集附二集　八册
治平言　四册
华岳集（又名赐砚斋近草）　二册
浮溪遗集　二册
何心隐集（又名爨桐集）　二册
左忠毅公集（二部）　二册
乖崖集存　一册
熊勿轩集　二册
祁忠惠集　二册
胡少师总集　四册
史子朴语　二册
清江诗集（未装订）　二册
后圃编年稿　六册
姑射山人吟稿　一册
余先生诗钞　一册
陈沧洲全集　四册
柯亭吹竹集　一册

改堂文钞　一册
姜白石集　四册
晞发集　四册
权文公文集（抄本）　四册
眉庵集（明刊本）　六册
缶鸣集（明刊本）　四册
石园全集　六册
白石山房集　六册
燕山草堂集　四册
唱经堂才子书　四册
柳潭遗集　二册
慎墨堂诗品（即初蓉阁集）　一册
初蓉词　一册
野航诗集　二册
和苏诗一集　二册
吕明德年谱　二册
邱邦士文集　四册
柏岩文集　四册
青要山房诗选　六册
古宫室图附古冠服图　一册
青要集　二册
松坪诗草　二册
孝经大全　六册
吕明德文集　十册

第六十三箱

蓼原山房诗集　四册
孔氏大宗谱　一册
孔子世家支谱　一册

礼庭吟　一册
对岳楼诗录附续录　三册
挐云馆诗草　一册
韩斋文稿　二册
孔英尚文集　五册
申椒集　二册
完玉堂诗集　二册
匏野文集　十册
王荆公诗文注　十册
三芝堂诗集　二册
履村诗集　二册
清风堂文集　四册
鹤静堂集　八册
晴鹤堂诗集　八册
瓦缶集　八册
南崖集　二册
冉蟫庵语录类编　三册
寄愿堂文集（抄本）　十册
砚庐全集　四册
皆山堂诗草　四册
佳山堂诗集附二集　八册
毛襄楙公全集　八册
尚志馆文述　十册
画舫斋诗集　五册
传习录附王文成年谱　六册
口北三厅志　五册

第六十四箱

乌台诗案　一册

眉山诗案广证　二册
韵语　二册
荷亭文集（欠末册）　三册
甘白张子宜诗集（抄本）　二册
水心文集　六册
苏诗编注集成　二十四册
景文集（聚珍本）　十二册
澹园续集（明刊本）　四册
苏诗选　二册
春草斋诗文集　一册
六如居士外集附墨亭新赋制义　三册
纨绮集（明刊本）　一册
司马源流集略附温公家范（明刊本）　八册
袁中郎敝箧集（明刊本）　二册
叶文庄全集　十册
疑雨集选　二册
沙溪集　六册
洞庭文集　四册
朱枫林集（明刊本）　四册
西村集　四册
隐秀轩集（明刊本）　十二册
影园诗稿　二册
郎山集　一册
东游草附洛草（明刊本）　二册
黄山谷文集（明刊本）　五册
黄山谷诗注（聚珍本）　十二册

第六十五箱

大荫堂集（抄本）　四册

破梦斋诗草（抄本）　一册
刘文烈公全集　六册
夏节愍全集　二册
拜鹃堂诗集　五册
陈卧子安雅堂稿（铅印）　八册
见一诗稿附笔谈踏荒纪事浚河纪事卧象山志等　六册
兵垣奏议　二册
陈忠裕公全集（欠首二册）　六册
药圃诗　二册
王太史遗稿　二册
聊斋文集（抄本）　三册
董文友全集（又名正谊堂集）　四册
匪棘堂集　四册
陶庵集　三册
颐中堂诗文集（初二集）　八册
凤池园集　六册
天鉴堂集　六册
青门全集　八册
不遮山阁集　二册
学耨堂诗稿　四册
学耨堂文集　六册
简斋诗选　四册
怀古堂诗选　四册
烟舫集　四册
吴忠节公遗集附年谱　八册
谦斋遗集　十册
吴文肃公集（明刊本）　八册
至乐堂诗钞　二册
囊云文集　二册
考古类编　四册

潦园集　二册
西湖赋附省轩外集　五册

第六十六箱

晋文诗钞附复园诗钞　三册
欠山集　一册
孟忠毅公奏疏　三册
总督奏议　四册
李文襄公奏议　十册
赵襄忠公奏疏存稿　六册
淮鹾本论附疏稿李赘　四册
存诚堂全集附笃素堂诗文集　三十二册
赵氏奏议（抄本）　一册
赵忠毅公剩稿　八册
匡庵全集　十四册
壮悔堂文集（二部）　四册
积学堂诗文钞　三册
栋亭诗钞附词　三册
栋亭诗钞附别集　三册
双云堂诗文稿　二册
友鸥堂集　二册
蓉川集　二册
念西堂诗文集　六册
补亭诗集　四册
北黟山人诗　四册
可人集（明刊本）　四册
小山诗续集附后集诗余　六册

第六十七箱

憨山大师梦游全集（支那述本附绪言答问）　二十一册
刘子全书　二十四册
高子全书　十六册
皃盟集　一册
忠裕堂全集　六册
申端愍公诗文集附宝政录旌忠录　四册
鹿忠节公集（二部）　六册
认真草十五种（又一部畿辅本四册）　十册
无欲斋诗钞　一册
鹿侍御家传　一册
扶孤诗墨　一册
箧余　一册
榆关草　一册
素岩文稿　六册
正蒙释　四册
遍行堂全集　二十五册
岭南焚余（适园本）　一册

第六十八箱

西北文集　二册
远秀堂集　二册
霜红龛集附我诗集　四册
霜红龛集　一册
霜红龛全集　八册
静园仅稿　四册
郢雪斋纂稿　六册

魏伯子文集　六册
吴傅二征君诗钞　六册
南谿北游集附诗　一册
南谿偶刊　四册
书带草堂文选　四册
寒村全集　十一册
徐忠烈公遗集　八册
独善堂文集　二册
书带草堂文集　一册
澹宁居全集　十册
慎修堂诗集　四册
白溇集　六册
南沙文集　八册
龙湫集　一册
蜃园全集　四册
半溪诗草附揖秋集等　六册
哲次斋稿　七册
居业斋文稿诗钞别集　十一册
讬素斋全集（又一部十二册）　十册
读画斋题画诗（又二册　不全）　六册

第六十九箱

菊有斋文集　二册
瑶光阁集　四册
嘉定四先生集　二十八册
松园浪淘集选　一册
定山堂古文小品　二册
吴诗校正　四册
读吴诗随笔　一册

吴诗集览　十二册
梅村诗集　六册
梅村家藏稿　八册
过岭集　一册
太崑先哲遗书　十八册
牧斋有学集　十六册
定山堂诗集附奏议　十六册
潜庵疏稿　一册
牧斋初学集　二十一册
耻庐近集　三册
雪堂集选　四册
钱氏谱牒（抄本）　十七册
定山堂古文小品附补遗政谱贼退谈余　八册

第七十箱

卧象山房全集（又名李渔村全集）　十册
蓼斋集　二十四册
雪堂文集　十册
鸣鹤堂诗集　四册
宛委山人诗集　二册
谿翁诗草　二册
嘉会堂集四种　二册
步陵诗钞　四册
匡山集　二册
敬斋集　二册
祓园集　四册
原圃集附塞庵诗文　一册
寒支集（初、二集）　十二册
悬榻编　六册

史感物感　一册
半舫斋诗集　四册
陋轩诗　七册
健松斋集　十册
瑞竹亭合集　二册
璇玑碎锦　二册
研云堂诗集　二册
云来馆集（又名王无瑕诗集）　二册
柴村全集　十册
研庄遗稿　二册
清华堂集　二册
斯友堂集　二册
话山诗文稿　四册
宝星阁诗稿　二册
宠寿堂诗集　八册
水云集　二册
见山亭诗集　二册
嵩庵集（抄配一册）　四册
古云堂诗集　四册
怀葛堂文集　三册
硕园诗稿　四册

第七十一箱

大观堂文集　六册
雨蕉斋诗选　二册
咸悦堂诗文集　四册
异香集　一册
岁寒堂集　六册
西斋集（即编年诗）　四册

将就园记附廋词（昭代本） 一册
黄九烟三字经 一册
九烟诗钞（铅印） 二册
九烟遗集 二册
周九烟集 二册
夏为堂别集 二册
唐诗快 五册
栲栳山人遗诗集 一册
太古园诗集 一册
觇斋诗选附论文诗谈 五册
觇斋诗选附家学堂诗（抄本） 一册
无闷堂集 五册
若庵集 六册
懒庵偶存稿续又续三续 六册
微泉阁诗文集 十六册
文字形义学（未装订） 二册
星图（裱本） 一册
五经堂合集 五册
续垂棘编（三四集） 九册
书馆闲吟 四册
怀舫全集 十二册
冯舍人诗钞 二册
钝吟全集 二册
吴赤溟文集（抄本） 二册
寒石诗钞（又名沈香岩诗集） 二册
闾丘诗集 六册
蓼村集 一册
二十四泉草堂集 一册
心孺诗选 四册
钟水堂诗 二册

榴馆初函集　六册
樵山堂全集　四册

第七十二箱

区大司徒游江门稿　一册
海日堂诗集　四册
翁山文抄（抄本）　六册
皇明四朝成仁录（抄本）　四册
翁山文外补（抄本）　四册
翁山文外　五册
翁山诗外　十册
双清堂诗　二册
翁山文外残本（原刻）　一册
道援堂集　六册
六莹堂初二集　六册
关陇集　二册
石樵诗稿　二册
二十七松堂集　十册
广东新语　十册
浮山堂集　一册
欧虞部集　三十册
陈独漉年谱　一册
独漉堂集　四册
独漉堂诗文全集　八册
西洲存诗　四册
咸陟堂文集　六册
安静子全集　六册

第七十三箱

绿玉斋稿（又名欧子建集）　四册
欧西屏集　三册
露香阁摘稿　一册
语山堂诗钞　一册
雁州草堂诗稿　一册
兰聚堂诗草　一册
半解集　一册
梁比部诗集　一册
世德堂诗文集附水西纪略　五册
世德堂遗书　五册
清止阁诗　三册
炳烛斋文集附随笔（抄本）　四册
掩辽疏稿残本　一册
东江诗钞　四册
清止阁集（抄本）　四册
穆庵遗文　一册
白门草　二册
朴学斋诗稿　二册
朴学斋文稿　二册
渐细斋诗集　二册
咸陟堂二集　三册
芜巢拾稿　二册
燕堂诗钞（有抄补一册）　四册
陆云士杂著八种　八册
忆雪楼诗集　二册
随缘草堂集（又名守约堂集）　四册
澹园诗删　四册

槐江诗钞　四册
秋水斋诗　一册
凤池园文集残本　一册
变雅堂全集　八册
变雅堂文集初刻本　一册
变雅堂诗文全集　六册
茶村诗钞　四册
七颂堂全集　四册
栖贤山房文集　二册
溉堂集　五册
扶桑阁集（抄本）　一册
日观集（南国二家诗本）　二册
石闾集　一册
墨井集（铅印）　一册
榆溪集　四册
陈士业全集　二十四册
国朝进士列卿表（明刻）　二册
南垣论世考（明刻本）　四册
一溉堂诗　四册

第七十四箱

龙图诗集　二册
来鹤庵诗草　二册
万青阁诗余　三册
万青阁全集　十二册
未庵集　二册
寄园寄所寄　十册
映日堂诗　三册
石云居诗集　二册

甓湖草诗文集　三册
陈岩野全集　二册
大观堂文集　六册
诗末　二册
栗亭诗集　二册
丹东集附后集　三册
鹤岭山人诗集　六册
东村集　四册
小秀野唱和诗（张殷斋书　石印）　一册
存研楼文集附二集　十八册
秀野草堂集　十一册
在陆草堂文集（二部）　四册
振野堂诗文稿　四册
丰草庵杂著附别集　十四册
复园文集　六册
南雅　二册
宝云诗集　三册
东石涧日记（抄本）　一册
吹景集（明刻本）　二册
静啸斋存草（明刻本）　四册

第七十五箱

三曾诗集（曾庭闻、曾青藜、曾丽天）　二册
傳平叔集　二册
西山纪游诗　一册
柯庭余习　一册
摛藻堂集　三册
古香楼吟稿　二册
柯庭文薮　二册

陆密庵全集　六册
何义门集　四册
榆溪全集　六册
湘帆堂集　四册
内省斋文集　十册
理咏堂集　四册
无异堂文集　二册
毛稚黄十二种　十二册
芙蓉集　六册
霞举堂集　十二册
了庵集删　四册
葛庄诗钞　六册
南崖集　二册
了庵诗文集　八册
词雅（抄配首册又四册　重复）　六册
午亭山人第二集　三册
河上集　二册
读史外编　三册
禹峰文集　八册
读史亭诗集　五册
草亭文集附诗集（抄本）　三册
息斋全集　十三册
纲寒亭诗文集　四册

第七十六箱

菉居文集　一册
兴近园诗选　一册
三千里诗附莘野诗集　一册
西江草　一册

拾遗编　一册
澶州吟稿　一册
花韵轩集　一册
动忍斋诗稿　一册
北游草附偶游日记　一册
敦好堂旅草　一册
宝拙堂集　一册
秣陵诗　一册
居易轩遗稿　一册
蜀游稿　一册
九问　一册
再堂诗存　一册
梦村诗集附冰壑集遯斋稿　一册
鸾啸堂集　一册
凝玉堂诗　一册
曹司马集　一册
雄雉斋选集　一册
息壤集　一册
赤嵌集　一册
西岩诗集　一册
茗斋诗余　一册
南疑集　一册
中江纪年诗集附黄山纪游诗　一册
石屋剩集　一册
十峰诗选　一册
林屋诗集　一册
往深斋诗集　一册
山游诗　一册
谦谷集　一册
鹤溇诗选　一册

万卷山房诗集　一册
兴袁堂诗集　二册
焚余绪　一册
调皖纪行草　一册
偶吟集　一册
恪斋诗集　一册
张秦亭诗集　一册
小独秀斋诗　一册
红乙草堂集　一册
苍霞山房诗意　一册
樟亭集　一册
心声　一册
迈吟附南行句纪杭游杂咏　二册
四本堂偶吟　一册
古喤初集　一册
采饮集　一册
义门小集　一册
大茂山房合稿　一册
漫与集　一册
闲存堂诗集　一册
绪风吟稿　一册
黄夏孙遗集　一册
石门诗选　一册
匡蠡草　一册
顾侍御集　一册
浮云草　一册
东山偶集　一册
居东吟　一册
愚斋梅花百咏　一册
复村集杜诗　一册

留邨诗钞　一册
鷇音集　一册
宫岩诗集　一册
寒石文集　一册
恽逊庵遗集　一册
桐埜诗集　一册
闵离草（又名艺葵草堂诗稿）　一册
篿香堂诗稿　一册
槐墅诗钞　一册
绿净轩诗钞　一册
云溪草堂诗　一册
一斋新旧诗　一册
陋轩诗　一册
西田诗集　一册
蒹葭书屋诗　一册
水田居文集　一册
秋壑吟　一册
茢庵遗集　一册
嘉遇堂诗　一册
婆罗草堂诗集三种白华集等　一册
爱吾庐诗稿　一册
阳山草堂诗集　一册
姑射山人吟稿　一册
枫谿遗文　一册
砾邨诗拾　一册
红藕诗钞　一册
啸村近体诗选　一册
菜香书屋诗钞　一册
大年堂诗钞　一册
茅亭诗钞　一册

浩观堂集　一册
虚白斋诗草　一册
皆山楼吟稿　一册
藕怡诗钞　一册
放鸭亭小稿　一册
象外轩集　一册
茗柯斋诗集　一册
楚帆集　一册
留雪怀人诗附剑山古赋　一册
赏雨茆屋小稿　一册
执虚诗钞　一册
表忠观碑纪事诗　一册
筑闲籁　一册
南涧诗钞　一册
乐圃吟钞　一册
绿肥轩诗钞　一册
勤思堂诗集　一册
松声草（又名晓堂集）　一册
恭纪诗　一册
西窗集　一册
青坪诗稿　一册
晚香堂诗集　一册
白鹤堂诗续刻　一册
雪声轩诗集　一册
木雁斋诗钞　一册
筠园诗稿　一册
一鹤庵诗　一册
黄山游草（抄本）　一册
集思堂外集　一册
留研堂集　一册

春晖楼四六　一册
烎虚大师遗集　一册
出塞集　一册
绿衫野屋集　一册
粤游吟　一册
米堆山人诗钞　一册
斗斋诗选　一册
养云亭吟稿　一册
铁瓮集　一册
秋岩诗钞　一册
楚南集　一册
戒亭诗草　一册
非水舟遗集　一册
章江集　一册
寒石渔鼓曲（二部）　一册
青来堂诗（又澹园集）　一册
松岩诗　一册
醉耕轩诗钞　一册
笛步集　一册
瀛壖百咏　一册
桑乾草　一册
猎微阁近诗　一册
吴吏部集　一册
碧江集　一册
独出心裁　一册
梦村集　一册
玉蝉庵散编　二册
岭云诗钞　一册
雪堂辽海集　一册
容居堂诗钞　一册

蝶园甲寅诗附末学草　一册
燕台草附滋兰馆诗　一册
兰雪堂诗稿　一册
似山亭诗　一册
东归唱和　一册
郭宣城诗　一册
又来馆诗集　一册
蝼堂稿　一册
在原诗集　一册
楚游杂咏　一册
咏庄集　一册
东漪草堂诗历　一册
淮南诗钞　一册
朱介庵诗（又名于园集）　一册
天益山堂集　一册
强意堂诗稿　一册
显允堂诗钞附得月轩诗　一册
悔斋诗　一册
观海集　一册
茗斋百花诗　一册
水明楼诗　一册
万山楼诗钞　一册
倚晴阁诗钞　一册
静中吟　一册
蹇愚集　一册
耕钓草堂诗　一册
学古堂诗　一册
吹剑集　一册
研堂诗　一册
辊辊集　一册

梅岑集　一册
松露堂诗稿　一册
戒庵诗草（抄本）　一册
雪花吟　一册
冰壶游草　一册
崑岺草　一册
息庐诗　一册

第七十七箱

小蓬海遗诗附屑屑集（又一部）　一册
憺忘斋稿　一册
蕴真居诗集　一册
史山樵唱　一册
陆次山集　一册
借闲生诗词　一册
香案集　一册
樗亭诗草　一册
韩江棹歌　一册
梅麓诗钞　一册
梅修书屋诗钞　一册
黔轺纪行集　一册
劲香窝诗钞　一册
研秋斋诗略附笔记　一册
禅余吟草　一册
铁园集　一册
研芝书屋诗钞　一册
一斋画友录附泛江录　一册
弗如室诗钞　一册
秋舫诗存　一册

铁砚山房稿　一册
诒卿诗钞　一册
石如遗稿外集　一册
光复堂诗稿　一册
秋鸣集　一册
参茶老人集　一册
秋鹗遗稿　一册
晚翠轩诗钞　一册
登云山房文稿　一册
友砚斋遗稿　一册
绪余集诗稿　一册
枫江草堂诗稿　一册
石浮诗钞　一册
含薰诗　一册
水竹庄诗钞　一册
潜虚诗钞　一册
丁亥诗钞　一册
种药斋诗钞　一册
秋君遗稿　一册
使沈草　一册
沈四山人诗录　一册
幸存稿　一册
二亭诗钞　一册
有获堂诗集　一册
俯浦诗钞　一册
佘青园诗集　一册
楚壁吟　一册
牧石居诗集　一册
适𡨴诗稿　一册
试晙堂文钞　一册

南归集　一册
丙寅诗稿（抄本）　一册
诗集（抄本）　一册
空山堂古文（抄本）　一册
允吾诗草　一册
崇雅堂诗钞　一册
灌沭庄初稿　一册
说饼庵诗集　一册
飞香圃诗集　一册
西溪诗草　一册
珊珊轩诗钞　一册
小石居稿　一册
雨香龛诗草掇余　一册
种瑶草堂诗钞　一册
养泉遗诗　一册
历游庚庚集　一册
海右堂遗诗　一册
通艺阁诗录　一册
云柯馆学诗　一册
鹤舫遗诗　一册
古白书房吟稿　一册
竹轩诗集　一册
与竹居弃稿五十首　一册
祝人斋先生集　一册
最秀园稿　一册
累累斋赋　一册
近郇居诗钞　一册
葆泽堂余草　一册
青荃集　一册
味某华馆诗初集　一册

仰浦斋诗集（抄本）　一册
西圃草堂诗集　一册
高梅溪遗集　一册
晚笑堂竹庄诗集　一册
看云吟稿　一册
白门游草　一册
抱碧斋诗　一册
寄余草　一册
金吴二子遗诗选　一册
文竹山房诗稿　一册
蓉湖吟稿附磊轩小草　一册
玉九山房吟稿　一册
冬花庵烬余集　一册
砚林集续拾遗　一册
砚林诗集　一册
塞外蠹中集　一册
竹岩诗草　一册
式古堂集　一册
塞垣吟草　一册
密娱斋诗稿　一册
石川诗钞　一册
旧雨草堂诗　一册
许氏巾箱集　一册
因树山房诗钞　一册
远音集　一册
容台存草　一册
听泉遗诗　一册
书声韵考后
岁寒亭画句诗　一册
兰孩诗集　一册

松筠堂诗　一册
梦松居诗略　一册
梅轩诗钞　一册
玉巢诗草　一册
经稼堂诗　一册
蒙泉学诗草　一册
附蓬小草　一册
云溪诗草　一册
玉井塞莲集　一册
翼堂诗集　一册
竹素园诗草附日下集　一册
吏隐集诗钞　一册
山集（恒敬斋诗钞　即怀旧集）　一册
石民集　一册
耘业斋诗稿　一册
雪庄渔唱　一册
罗浮纪游诗　一册
拓坡居士集　一册
清嵝遗稿　一册
爽籁山房集　一册
邓尉山房稿　一册
珠江集　一册
九宫山人诗选　一册
桐华馆诗钞　一册
高山堂诗文钞　一册
食味杂咏　一册
诚一堂诗文稿　一册
泛槎吟　一册
遗安堂诗　一册
敩坡诗钞　一册

行余集　一册
红雪山斋诗集　一册
盋后集附游天台日记　一册
卜砚斋诗集　一册
绘声园诗钞　一册
汪陶村诗稿（抄本）　一册
随园诗草（稿本）　一册
云林小砚斋诗钞　一册
听匏轩诗稿（稿本）　一册
东湖诗钞　一册
樊榭山房集外诗附焦山纪游集　二册
藏密诗钞　一册
苍筤存稿　一册
十三经阁诗录　一册
自怡诗钞　一册
雪樵续集　一册
吾面斋诗存　一册
香杜草　一册
勿轩小草　一册
浩然堂初集　二册
来谂堂诗草　一册
听茶馆诗偶草　一册
湘浦诗钞　一册
鹰巢诗集　一册
张得天居士集　一册
读史百咏　一册
梦游仙馆集　一册
一桂轩诗钞　一册
味真阁诗钞　一册
口头吟　一册

昙香精舍遗稿　一册
寄情草堂诗钞　一册
简学斋诗存　一册
西河草堂诗賸　一册
南园吏隐诗存　一册
砚雨山房诗钞　一册
使蜀小草　一册
宝铁斋诗录　一册
望江南词　一册
三千藏印斋诗钞　一册
真意斋诗存　一册
四香阁诗集　一册
湘浦诗钞　一册
华藏室诗钞　一册
赤臣诗存　一册
谦益堂诗钞　一册
生白斋诗存稿　一册
止止室少作　一册
有不为斋诗钞　一册
壬癸诗存　一册
写心偶存　一册
积风阁诗钞附味无味斋诗钞　一册
次民诗稿　一册
晚香草　一册
学山楼诗草　一册
曼陀罗盦诗　一册
云花诗钞　一册
愚谷遗诗　一册
云无心轩诗　一册
澹余诗略　一册

慎六生斋賸稿　一册
碧腴斋诗存　一册
顾斋诗录　一册
鸿爪续集　一册

第七十八箱

一咏轩诗草　二册
清风草堂诗钞　四册
与稽斋丛稿　四册
树谖室遗诗　一册
小石山房诗存　二册
逊志堂杂钞　二册
柏香书屋诗钞　六册
思居堂集　二册
乐圃吟钞　四册
八铭堂诗稿　二册
百一山房诗集　四册
白羊山房诗钞　一册
燕来堂诗稿　一册
定性斋集　一册
李少鹤诗集附李石桐诗　四册
韦庐诗集（初集、续集、近集、剩稿、小草、浮湘草）　六册
韦庐内外集　四册
竹生吟馆诗草　四册
白蒲书屋诗　一册
白蒲子诗编　二册
鹤半巢诗存　四册
铁山园诗集　六册
竹叶庵文集　十册

壶山自吟稿附梓庐旧稿　俟宁居偶咏（一名小木子诗三刻）　七册
桂馨堂集　三册
候涛山房吟草　二册
彭念堂集（皋庑集、独持集）　五册
双琴堂集　四册
夫椒山馆诗　六册
腾啸轩诗钞　十二册
听雨斋诗集　二册
井福堂文稿　四册
静崖诗稿　六册
赐砚斋诗钞　二册
三瓦砚斋诗钞　三册
菖蒲集诗选（抄本）　七册
粤雅堂诗集（抄本）　一册
朱鹤亭诗稿（抄本）　一册
西征集（抄本）　一册
论医新咏（抄本　又名论医截句）　一册
春晖堂诗（抄本）　一册
秋蝉集（抄本）　一册
摩兜坚室诗钞（抄本）　一册
瀞云诗钞　二册
此木轩诗钞　二册
一楼集　六册
恕堂诗　二册
望云楼诗集　二册
笏山诗集　二册
自春堂诗集　二册
长吟阁诗集　十二册
耨经庐诗集初编　二册
砚山堂集　二册

芥生诗选　二册
柳圃集　四册
澹友轩文集　四册
心白日斋诗钞　二册
稽古堂诗草　二册
尊文居士集　二册
西垣集　八册
南堂诗钞　六册
开有益斋读书志　五册
蓉洲初集（又一部一册）　二册
治经堂集　九册
雪杖山人诗集　四册

第七十九箱

花妥楼诗　四册
太俞山房诗稿　二册
五湖渔庄图题诗附太湖竹枝词　三册
还珠堂诗钞（又名厉茶心诗集）　四册
厉廉州诗集　四册
雨当轩全集　八册
雨当轩诗钞　二册
师善堂诗集　二册
二娱小庐诗词钞　二册
荷塘诗集　二册
宝书堂诗钞　二册
石帆诗钞　二册
石帆诗集　二册
大涤山房诗录　二册
心止居诗集　二册

红豆村人诗稿　二册
出塞集（柘城高玢）　二册
味经书屋诗稿　四册
次立斋诗文集　二册
药堂诗钞　二册
海红华馆诗词钞　二册
苍茫独立轩诗集　二册
怡情集诗钞　四册
在山草堂诗稿　四册
绿天书舍存草　二册
排山小集附续集后集　四册
巢林集　二册
香草堂诗略　四册
羡门山人诗钞　二册
茗香堂集　四册
花屿读书堂集　六册
挹秀山房诗集　四册
静寄诗集　二册
水屋賸稿　二册
藏书阁诗稿　二册
子云诗集　四册
易画轩诗录　二册
弃余诗草　二册
雪门诗集　二册
白华荆北文钞　一册
来山堂文钞　二册
白华诗钞　三册
丽则堂诗钞　二册
秋水诗钞　二册
秋潭诗集　二册

亥白诗钞　四册
船山诗草（又补遗一册）　三册
玉山草堂诗集　二册
贺九山房诗集　二册
秖芳园遗诗　四册
思茗斋集　四册
眺秋楼诗　二册
竹素园诗钞　四册
学古集附牧牛村舍外集　三册
湘麋阁遗诗　二册
忆园诗钞　一册
筱饮斋稿　二册
拗堂诗集　二册
简学诗存　二册
后村杂著附吴越游草　四册
奉使琉球诗　三册
春及堂集　二册
亦政堂集　六册
宝闲堂集　二册
春雨楼诗略　二册
无悔斋集　二册
一瓢斋诗存附诗话　二册
唐人小律花雨集　二册
赐书堂诗钞　四册
天根诗录　一册
蠡勺诗钞　二册
南皋山人诗集类编　一册
北园诗集　三册
阅篁山馆诗钞　二册
华林庄诗集　四册

观树堂诗全集　二十册
心盦诗词存　五册

第八十箱

凤巢山樵诗集　七册
孟亭居士文稿　五册
崇雅堂全集附南薰殿图象考年谱　六册
古欢堂诗集（胡涛）　一册
归舟杂咏　一册
舒天香全集　八册
程侍郎遗集　二册
西园遗稿　一册
藕颐类稿　五册
花隝联吟　三册
陶山诗录附词　八册
陶山文录　四册
孙渊如外集　一册
蓟州刘氏丛刻（金田村匪迹纪略等十种）　一册
孟亭居士诗稿　二册
辛臼簃诗谫　一册
阁注文钞　二册
吹万阁诗文钞附吹万阁集　三册
孱守斋遗稿　四册
四录堂类集　十册
思适斋集外书跋　一册
思适斋集　四册
铁箫庵诗文集　二册
松溪文集　二册
秋室学古录附忆漫庵賸稿　五册

思贤阁文集　二册
声远堂文钞　一册
舍是集　四册
冬巢诗集　二册
稽庵诗文集　四册
乌澜轩文集　二册
南山集偶钞　二册
杜溪文稿　二册
朱杜溪集（有抄配）　四册
松桂读书堂集　四册
尺云轩全集　四册
素余堂集　八册
陈白云集（有配）　八册
北田诗臆附北田文略　二册
吹万阁全集　四册
无为斋文集　四册
秋草文髓　四册
漱芳居全集（又名星阁全集）　八册
万善花室文稿附诗集　四册
张四州事辑（又抄本一册）　一册
莫公事略　一册
殷斋诗文集　六册
希音堂集　二册
敬亭诗文稿　四册
青溪集（金陵铅印）　四册
奇觚庼文集附诗集　三册
云中集　二册
张裕钊手札（石印）　一册
谪麟堂遗集　二册
景詹闇文集　一册

许印林遗著（旁喜斋本）　一册
洨民遗文　一册
悲庵诗文存附四书文　三册
延绿阁集　八册
歉夫诗文稿附游粤东杂诗　六册

第八十一箱

恩余堂辑稿　二册
诸经绪说　四册
诸史闲论　八册
经义文要附选要　八册
拙存堂文集　四册
时斋全集　二十二册
桐窗余稿　一册
敦艮吉斋诗文存　三册
銮山遗集　四册
西樵山房文集　四册
茶山文钞　四册
竹初诗文钞　六册
菉郙诗文集　四册
王石和文集（二部）　四册
养一斋集附札记　七册
云东韩氏家谱　二册
听钟楼诗稿　四册
岫云草　一册
补瓢存稿　四册
洽隐园文钞　二册
浦二田尺牍（石印）　二册
醵密集　四册

小学盦遗书　一册
吴越稗事诗录　一册
紫竹山房遗稿　一册
退思粗订稿附可斋经进文存　三册
澹成居文钞　一册
六观楼诗存（铅印）　二册
六观楼文集拾遗　一册
六观楼文集（稿本）　一册
白湖诗文稿　四册
古文尚书辨　一册
读俞氏经说随笔　二册
读尚书偶见　五册
经说丛钞　四册
韵考略　二册
湘谷初稿　四册
积石文稿　八册
吴窓斋尺牍　一册
雨罍轩尺牍　六册
养生四印斋文三集　二册
柯亭子文集附复素堂文　九册
二南文集附外集　四册
望山堂文集　二册
盋山文录附诗录　三册
知耻斋文集　二册
南兰文集　四册
名山藏副本　二册
匪莪堂文集　一册
浦雅　二册
宝奎堂集附篁村集　八册
编录堂诗文钞　六册

还读斋诗稿　十四册
吕晚村文集　四册

第八十二箱

藻香馆诗钞　四册
雪庄西湖渔唱　二册
白云诗集　六册
南垞诗稿　二册
南香草堂诗集　四册
黄瘦石诗稿　四册
玉禾山人诗集　四册
澹俱斋集　二册
黄琢山房集　二册
弇山诗钞　八册
澹粹轩诗草　三册
双清阁诗稿　四册
孤石山房诗集　四册
耘圃诗钞　四册
嘉树山房诗集　六册
金桧门诗存　五册
海门初集　六册
松溪诗草附烟波归钓图咏　三册
绿筠轩诗　二册
祥止室诗钞　二册
凝云书屋诗集　二册
听雨轩诗草　二册
扶雅堂诗集　二册
丹衢诗稿　二册
抱山堂诗集　二册

小庄诗钞　二册
浣桐诗钞　二册
寿雪山房诗稿　二册
吾友于斋诗钞　四册
无尽意斋诗钞　二册
白鹤山房诗钞　四册
慎余斋诗钞　一册
静娱室偶存稿　二册
光霁阁诗草　二册
见山楼遗诗钞　二册
柳渔诗钞　四册
东望望阁诗钞　二册
养初堂诗集　四册
辟疆园集　二册
读书楼诗集　二册
雪烦山房诗集　二册
竹轩诗集附晋希堂诗集杏琼斋诗集　四册
兰绮堂诗钞　二册
静便斋诗集　二册
云中集　二册
易圃诗钞　四册
悦亲楼诗集　九册
祝氏华鄂集（即草堂诗存　瘦丰诗钞）　四册
豆花庄诗钞　四册
次园诗草　二册
留余堂诗钞　四册
云逗楼集　二册
少悟斋诗集　四册
梦余诗钞　二册
历代名媛杂咏　四册

傅岩诗集　二册
芗圃诗草　四册
获经堂初稿　二册
双溪草堂全集（即梅麓诗文钞等）　八册
梅麓诗钞　二册
杜诗本义附雨峰诗钞　八册
吉石斋集　一册
转蕙轩诗存附骈体文稿　三册
树经堂遗文　一册
树经堂诗初集　三册
树经堂咏史诗　八册
云壑诗稿　三册
桐石草堂集　一册
厚石斋集　二册
葆冲书屋集　一册
韵山堂诗集　二册
西硐集　二册

第八十三箱

瀛奎律髓（有批校）　十二册
苏谿集　三册
道山堂集　六册
王文靖公集　十册
遂初堂集　八册
丁野鹤全集（抄配一册　未装订）　八册
道贯堂集　二册
掣鲸堂诗　四册
壶山集　一册
痴山集　二册

己吾集　一册
河村集　一册
秋间词　一册
秋间诗草　四册
受祺堂诗集　十册
余生诗稿　二册
诒清堂集　六册
待轩遗集　六册
流览堂残稿（抄本）　一册
天池落木庵存诗（抄本　又徐元叹残稿一册）　一册
秋笳集　二册
道贵堂类稿　十册
南陔堂诗集　四册
许谨斋诗稿　十二册
南洲草堂全集　九册
风怀镜诗注　四册
据梧诗集　二册
竹坨文类　四册
曝书亭著书砚题词　一册
腾笑集　一册
予斋集　一册
鹤洲残稿　一册
秀水布衣集（抄本）　一册
南车草　一册
天延阁删后诗　六册
读书论世　六册
阐义　四册
街南文集　二十册
铁庄文集附疏快轩诗　四册
才冶楼诗　一册

史蕉饮诗集（即过江集、芜城集）　二册
梅东草堂诗集　四册
街南续集（有配）　七册
逋斋诗附诗选　五册
秋水集　二册
松鹤山房诗集　四册
顾学斋文集（抄本）　六册
蓄斋集　四册
骆驼经附九家窑屯工记长崎纪闻铜政条议赤城诗钞　二册

第八十四箱

冬青馆甲乙集　二册
檗邁文甲乙集　二册
檗邁纪事初稿　二册
学福斋诗文集附近游诗钞　十一册
西庄诗存稿　八册
密斋文集（抄本）　二册
许郑学庐存稿（抄本）　四册
天韵堂诗存　二册
弱水集　八册
稼门诗文钞　二册
南江邵氏遗书（有抄配）　八册
青圃诗文钞　四册
查吟集（又名醉愚堂）　二册
山晓阁诗　三册
王艮斋诗文集　四册
向惕斋集　四册
石鼓砚斋全集（又名曾文敏公全集）　十四册
瞿山诗略　四册

秋水集　四册
朴学庐诗文钞附周易卦变图说　五册
抱经堂文集　六册
唐堂集　十六册
半岩庐遗诗遗文附遗稿　三册
礼经通论　一册
尚书通义　二册
尚书传授同异考　一册
明季国初进士履历跋（二部）　一册
半岩庐遗集（二部）　二册
李氏孝经注辑本附曾子大孝编注　一册
七经楼文钞　四册
华岳图经　一册
游艺录　二册
卦气表　一册
庐山纪游　一册
西征述　一册
经阳县志　四册
晚学集附未谷诗集　三册
学愚文集　一册
谦受堂集　四册
薛惟文钞　五册
式馨堂全集六种　十六册

第八十五箱

兰雪集　六册
蟫庐诗钞　二册
聊复尔集　二册
姜畦诗集　二册

听松楼遗稿　二册
定盦全集　五册
援敦堂诗文集　四册
崇百药斋全集　十册
史梅叔诗　二册
溪庠诗稿　一册
定盦全集（铅印）　八册
定盦文集（初刻本　又一部有批校）　一册
龚礼部己亥杂诗　一册
龚定盦朝考遗书　一册
吾亦庐文集（抄本）　二册
定庐集　一册
大云山房杂记附十二章图说　一册
知非草附艮斋诗存漆林集竹房遗诗　二册
读周礼随笔　一册
大誓答问　一册
大云山房文稿初集（又一部一册）　二册
大云山房文稿补编　一册
恽子居集外文（抄本）　一册
前后出塞录附让泉四六　一册
定盦文集附续集　三册
寄鸿堂文集　二册
常慊慊斋文集　二册
染香盦全集　六册
国朝文持残稿（稿本）　一册
蛩舟园未刻稿（稿本）　三册
莲洁诗存　二册
孟邻堂文钞　六册
读孟居文集　四册
琴川黄氏三集　八册

纵钓居文集　四册
衎石斋纪事稿正续　十册
龚文恭公年谱附艳雪轩诗存　二册
石屋文字（即籀书全集）　八册
甘泉乡人稿　六册
受经堂汇稿　四册
通甫类稿附仲宝诗存右军年谱　六册
紫石泉山房全集　五册
月沧文集　一册
宾之文钞附习之文钞　二册
因寄轩文集　四册
山木居士外集　一册
山木居士文集（稿本）　四册
海云堂诗文钞　六册
龚氏家传　一册
定盦文集补编　二册
龚定盦年谱　一册
澹庵文存　一册
颐和室合稿　一册
秋经集　一册
刻楮集附旅逸小稿　一册
甘泉乡人二言　一册
良吏述补　一册
庚子生春诗　一册
大云山房言事　一册
大云山房文稿初二集　四册
幼学堂诗文稿　八册
知止堂文集　二册
知止堂诗录　四册

第八十六箱

余山遗书　二册
春谷诗钞　二册
雪眉诗钞　三册
星湖诗集　六册
小重山房初稿　六册
红椒山馆诗选　二册
诗聆诗录附诗外　四册
斋物论斋文集　一册
绿槐书屋诗稿　一册
茗柯文编　二册
宛邻诗文集　二册
亲属记　一册
郑子尹全集　八册
巢经巢诗钞后集（又一部一册）　二册
郑征君遗著附屈庐诗稿　八册
重订巢经巢诗钞后编（抄本）　一册
成山庐稿（又一部绵纸四册）　四册
雪鸿堂诗集（又一部二册）　一册
贤母录　一册
留春山房集古诗钞　五册
岭石斋诗钞　二册
莘斋诗文钞　三册
西洋杂志（欠第二册）　七册
青田山庐诗钞　一册
词选　二册
阳湖张氏四女集　六册
母教录　一册

郑子尹行述　一册
毛诗异同　二册
巢经巢遗稿（又二册重复）　四册
棣华馆诗刻　四册
读选楼诗稿　二册
拙尊园丛稿　四册
夷牢溪庐诗文钞　四册
赖古斋文集附纬青遗稿　三册
产孕集（又一部一册）　二册
赖上职官表（稿本）　一册
清淮词　一册
宛邻拟古诗录（又一部）　一册
端虚勉一居文集　一册
虞氏寓言附周易郑氏注　一册
宛邻诗　一册
谨言慎好之居诗集附悼之录　五册
中庸集解　二册
凫氏为钟图说补义　一册
说文新坿考附说文逸字　四册
述学（初刻本　二部）　一册
播川诗钞　四册
汪容甫年表　一册
汪氏家传征引书籍诗文目录　一册
吴兔床行述　一册
旧学蓄疑　一册
汉书汇钞　一册
北征诗钞（又名听秋声馆诗钞）　二册
尚友记（稿本）　六册
国语笺　一册
韵学原流　一册

黔诗纪略补　一册
丁亥入都纪程　一册
宛邻诗文附明发录茗柯文编（原刻本）　二册
浙江砖录　二册
金石综例　二册
一味禅附酌史岩摭谈（抄本）　二册
闽中金石志　六册
述学附容甫遗诗　六册
述学（扬州重刻本）　二册
述学　二册
佩之遗集　一册
策略謏闻　一册
丧服答问纪实（二部）　一册
广陵通典　二册
从政录附抱璞斋诗文五册　五册
拜经楼丛书（又名愚谷丛书）　三十册
兴阳丛笔　二册
邃雅堂全书七种　二十二册
亲属记　一册
凌次仲复礼三编　一册
愚谷文存附续编　四册
皇氏论语义疏参订（抄本）　四册
己丑讌集续编　二册

第四册

二家诗钞（巢云阁本）　二册
江左十字诗钞　四册
明诗选　八册

国门集初选　六册
国朝诗正声集　四册
国朝江右八家诗　四册
八家诗钞　二册
霄峥集　四册
剡川诗钞　二册
七才子诗解（明刊本）　二册
向山堂近代诗钞　四册
芸香诗钞　四册
历朝上虞诗集　四册
明旧遗诗合钞　四册
般阳诗萃　六册
怀旧集（邵氏辑）　四册
诗持一集　二册
旧雨集　二册
支溪诗钞　二册
今文溯洄集　五册
今文大篇　四册
师友集　三册
完镜集　二册
韩江雅集　二册
樵川二家诗　二册
遗象题词（温文简公）　四册
桐乡诗选（无书名　皆桐乡人诗　抄本）　二册
汀南仅存集　四册
淮郡校士诗选　二册
祖氏遗编　二册
莫愁湖风雅集　二册
越中三子诗　二册
宋元四家诗（戴鹿床手写本石印）　二册

蜀游诗钞　二册
盐官倡和集　一册
集禊帖字诗　一册
熊刘诗集　二册
幽华诗略　二册
樵贵谷诗选　二册
南巡诗赋汇编　四册
楚诗纪　四册
遗稿辑存　一册
淮海唱和诗钞　二册
浙士解经录　一册
浙士诗课　一册
辛壬韩江唱酬集　四册
蟫山聊唱集附溟鸥集　二册
莲漪文钞　二册
友声集　二册
鹿城颂声　四册
高都陈氏传家集　一册
嘤鸣集　六册
濂洛风雅　二册
唐诗掞藻　二册
国朝松江诗钞　二十四册
屈原赋注（局刊本）　一册
楚辞释　一册
屈子杂文　二册
六朝诗归（抄本）　一册
悔余集（何栻）　十册
周易要旨（二部）　一册
餐枫馆集　二册
居贞阁藏汉晋石影片（石印）　一册

庸闲老人自叙　一册
崔东壁行略　一册
四书补义附四书续考　六册
大学古本说故　一册
礼耕堂丛说　二册
屑玉丛谈（第三集）　六册
王船山年谱　二册
孔子年谱纲目　一册
乡党考　二册

第一百十二箱

杂庸轩读书杂录（抄本）　四册
定盦文集　一册
己亥杂诗（又名定盦续集）　一册
八代诗选（批本）　八册
曼衍心漏（二部）　一册
银价驳议　一册
论语足征记　一册
学庸总论附五经总论　一册
三颂备说　一册
中庸心法渊源　一册
孙西庵集　四册
胜朝殉节诸臣录目（抄本）　一册
湘军志　四册
明贡举考略附国朝　五册
濂洛风雅　三册
印浦斋诗草（抄本）　三册
临安诗文集（抄本）　二册
杨铁崖文集　二册

四书真旨　四册
藏园群书题记　一册
儆居集　八册
洛阳伽蓝记　一册
易释　二册
蜀碧　四册
南堂诗钞　八册
定山堂诗集　十五册
天学会通　十八册
云南盐政纪要　八册
原富　五册
四书闲笔讲义　四册
昭代名人小传（抄本）　六册
务实胜窝汇稿　八册
禹贡南北条水道考异　四册
黄赤升度表（抄本）　四册
秋闲词（抄本）　一册
小学答问（篆字文　未装订）一册
冰鉴七篇　一册
明夷待访录　一册
荀子补注　一册
刘氏家塾四书解　八册
僵蚕漫笔　一册
张文节公遗集　一册
湘绮楼自定本　一册
雨浙令长考　三册
充射堂文钞　一册
会典简明录　一册
文征（吴荫培所著书　又名抱蜀轩）　二十六册
寂园丛书散种　二十八册

岁朝赏菊诗　一册
魏晋玄学考　一册
乐石斋名贤印谱　六册
古铜印谱　二册
四库简明目录（铅印）　六册
粤游小志（铅印）　二册
庆典章程　五册
诗韵全壁（石印）　五册
陈卧子安雅堂稿（铅印）　六册
清代文集编目分类索引　一册
国学图书馆第三年刊（江苏省立）　一册
四明丛书　六十四册
礼塔龛考古偶编　一册
津门奉使纪闻　一册
尔雅疏　四册
左传识小录　一册
四书定本辨正　二册
张邦昌事略（抄本）　一册
孝经集注　一册
仪礼问津　一册
东岩年谱　一册
龚文恭公年谱　一册
汪尧峰年谱　一册
孔俊峰知非录　一册
邻苏老人年谱　一册
史目表　一册
礼堂写定文（又名经学通义开宗）　一册
四书贯解（抄本）　一册
平定浙东纪略　一册
媿室事略　一册

廉琴舫传略　一册
澄泉行述　一册
刘廉舫行述　一册
小仓山房靖海记正误　一册
鬼谷子秦氏（初刻本）　三册
建文逊国考疑　十五册
十三经古注（不全）　四十四册
明史稿（不全）　六十二册
东华录（抄本）　十六册

第一百十三箱

蜀雅（函海本）　三册
童山文集（同上）　四册
童山选集（同上）　二册
粤东皇华集（同上）　二册
小仓选集附梦楼选集（同上）　二册
五言律诗钞　一册
七言律诗钞　二册
滇绎　二册
石遗室文集附文三集　四册
雨窗消意录　二册
丁野鹤诗集　四册
湖南阳秋附衡湘稽古　十册
为可堂初集　二册
蕉园诗集　二册
国朝选录　一册
经训堂诗集　一册
证蹄山人稿　四册
阐义　四册

彭氏宗谱　八册
越缦堂诗话　二册
蝶仙小史汇编　三册
脾胃论（抄本）　三册
敬轩集（抄本）　四册
郑风考辨（抄本　未装订）　一册
愚庵诗集　三册
秋影楼诗集　一册
鸿雪因缘图记　一册
咏怀堂诗补遗（不全）　一册
松溪集　二册
半可集　二册
缘雪堂遗集（二部）　六册
九经今义　一册
昆陵六逸诗钞（不全）　三册
滇诗重光集　一册
焦氏笔乘　二册
忍冬书屋初稿　一册
春酒堂文集　一册
陶诗诵说　一册
问字堂集　二册
淮安诗城　六册
棠湖诗稿　一册
春卿遗稿　一册
石林遗诗　一册
孝经述　一册
南漳子　一册
学寿堂日记　一册
双树轩诗初稿　一册
四川国学杂志　四册

国学荟编　二册
东三省试读　一册
实学文导　一册
国学丛编　三册
鹄湾集选附岳归堂遗集选　二册
谭友夏合集（有抄配）　六册
周易说略（未装订）　四册
螽山集　二册
螽山续集（未装订）　四册
琴鹤堂诗文集（未装订）　二册
岛居随录附续录三录又随录一册　四册
淡园文集　一册
兰藻堂集（又一部二册）　三册
经学博采录（稿本　又一部新抄本）　一包
岭上纪行（抄本　又一部新抄本　未装订）　一册
曹倦圃佚诗（抄本　未装订）　一册
折狱要编（抄本　未装订）　六册
征纬堂诗（抄本　未装订）　一册
鲒埼亭集（抄本　未装订）　八册
隅梦草堂诗草（抄本）　一册
皇明嘉隆雨朝闻见纪（明刊本）　十五册
云山酬唱（抄本）　二册
小名补录附香泉论书偶记（抄本　未装订）　一册
王渔洋杂文稿（抄本）　一册
静惕堂诗稿附文隐堂诗集佚诗（抄本　未装订）　二册
藤花楼偶记（抄本　欠首二卷　未装订）　四册
七录斋集（又抄本七册）　八册
杂文稿（昭文孙氏诗史阁辑本　未装订）　一册
采菽堂敝帚集（抄本　又刊本一册　未装订）　四册
夷氛闻纪（未装订）　四册

禹贡合注（二部　未装订）　二册
书考辨（抄本）　一册
读汉书札记（抄本　未装订）　一册
西城风俗记（抄本　未装订）　一册
太极图集解（未装订）　一册
左国异同考（稿本　又一部新抄本　未装订）　一册
抑快轩文集（稿本　又一部新抄本　未装订）　五册
甲申后亡臣表（抄本）　一册
仪礼释宫增注（抄本）　一册
四书贯解（抄本　未装订）　一册
目洽偶抄（抄本　未装订）　二册
东林三君子传（抄本）　一册
纪晓岚年谱（抄本）　一册
香南精舍金石契（抄本）　一册
毛诗申成（抄本　未装订）　十册
郑君纪年（抄本　未装订）　一册
绥缅纪事（抄本　未装订）　一册
三统历春秋朔闰表（抄本　未装订）　二册
贞一稿（抄本　未装订）　二册
观复草庐賸稿（抄本　未装订）　一册
流贼张献忠陷庐州纪（抄本　未装订）　一册
文泉子集（抄本　未装订）　一册
道山堂诗余（抄本）　一册
袖海编（抄本　未装订）　一册
周耕厓传（抄本　未装订）　一册
春梦十三痕（抄本　未装订）　一册
西园存稿（又抄本四册）　八册
柳如是诗附黄皆令季静娩吴岩子卞玄文诸人诗（抄本　未装订）　一册
清朝文集目录附人名索引（抄本　未装订）　七册

瘗阳草堂文集附事略（抄本）　一册
祯朝诏疏（有抄配）　六册
科场章程题名录并奏稿诗文稿　宗卷皮包四包
荣木堂集（有批校　又一部抄本六册　未装订）　四册
存古学堂丛刻　三册
诗经四家异文考　一册
南枝集　一册
东坡志林仇池笔记灯下闲谈老学庵笔记归田录等五种（涵芬楼本）
　　六册
顾梁汾诗词集（抄本　未装订）　一册
晨报　十三册
政府公报（洪宪元年）　十一册
国粹学报　并册四十四册
清室外纪　一册
补桐小草　一册
鸽子研究　一册
九青图咏　一册
沅湘遗民咏　一册
徐江萕诗（郭云芬手写　石印）　一册
续修四库全书提要稿　四十三册
建文逊国考疑（三十一部）　一册
续书楼藏书记（五部）　一册
韩非子（吴氏刊本）　三册
文艺杂志　三册
佩文韵府（石印）　十册
割鸡集　三册
国史经籍志（粤雅堂本）　五册
北平图书馆馆刊　一册
浙江图书馆报　一册
国学　三册

国学专刊　四册
岭南学报　四册
中国营造社汇刊　十册
江苏省立国学图书馆年刊　三册
中央大学国学图书馆第一年刊　一册

第一百十四箱

音注韩文公集（影印本）　十册
诗集（清初人　抄本）　一册
霜红龛集（四家文　抄本）　一册
孙忠靖公文粹　三册
蕺山人粹　二册
熊鱼山文集（二部）　二册
居业堂文集　六册
滂喜斋丛书散种　八册
宜泉阁诗（抄本）　一册
文集（朝阳著　抄本）　一册
顺所然斋诗集　一册
来鹤堂文钞　一册
叶凤亭梧冈集（抄本）　一册
琴志楼游山诗集　二册
哭盦丛书散种（又名盾墨拾余）　三册
两疆勉斋集　四册
咸陟堂全集　十二册
浣香诗钞　一册
寂园丛书散种　十五册
离忧集　一册
燕子笺　一册
百宋弌廛赋注（未装订）　一册

史记辑评　十二册
余忠宣公集　二册
宗忠简公集　二册
慕皋庐杂稿　一册
考俗备览（抄本）　一册
东篱纂要　二册
何博士备论　一册
续三十五举　一册
得情偶记　一册
周礼正义　六十册
圣武记　十册
文字同盟社社刊　二十册
四会守城纪略　一册
督捕则例　一册
两广鹾政备览　二册
顾氏家集　六册
周培懋课文（抄本）　一册
笔记（抄本）　一册
湖北方言学堂规条　一册
名人书札　七册
论文（抄本）　一册
广雅学院文（抄本）　二册
述庵诗钞　四册
遐憇山房诗　一册
居易轩诗遗钞　一册
江坛集附湘坛集　二册
石斋经义四种　七册
黄石斋经传九种　二十四册
宋诗纪事补遗　三十册
啸亭杂录（铅印）　四册

湖南文征　一百册
顺德县志　十六册
兵经百篇（抄本）　三册
经济宝要城守方略附火攻神秘阵法授法叙战金针外丹图注（抄本）　六册
天镜约旨　一册
斐亭随笔（又名兵鉴全集）　二册
车营百八叩劄说　四册
太乙神针　一册
兵武闻见录　一册
城守验方　一册
兵镜（抄本）　六册
列象步天（抄本）　四册
北极高度表（不全　裱本）　一册
南宗衣钵跋尾　一册
中星图　一册
恪遵宪度　一册
金光斗临经（抄本）　一册
新法历书　四十五册
方子北所著书　二册
下学盦三种算术附勾股六术三角和较术（即开诸乘方捷术）　三册
西算新法直解（二部）　二册
微积阐详　二册
清代历数表　一册
星图（抄本）　一册
阴阳遁法割轮活盘图（抄本）　一册
北极高度表　一册
历学会通（即中法命理　抄本）　一册
中星表　一册
谢谷堂算学三种　一册

比例汇通　四册
历代长术辑要　六册
弧三角释术　一册
李氏遗书（欠一册）　五册
汉三统术　一册
弧角三术附勾股天元草　二册
天文示斯　六册
缉古算经细草（抄本）　一册
算牖　二册
春水船易学（不全）　二册
求一算术　三册
脩元大道　三册
医林适用　一册
袁氏痘疹全书　一册
推步简法三种　一册
归砚录　二册
广云集精思口诀　一册
伤寒发微论　一册
武陵山人遗书　八册
筹算浅说　一册
四元玉鉴释例　十册
百砚斋算稿　四册
古筹算考释　六册
象数一元　四册
螺江日记续编　四册
新斋谱（铅印）　四册
长历选吉备览　一册
子平真诠　一册
夹竹梅花院纂（明刻）　一册
地理犀精　一册

地理辨缪（铅印）　一册

第一百十五箱

乾元秘旨　一册
藏经附藏经翼　二册
康熙永年历法（即永年表）　四册
东郭野史（又名斋东野语）　一册
洗冤录解　一册
潜园集录　十二册
西陲水道附游历刍言　三册
行军纪律　一册
海外火攻神器图说　一册
西康建省纪　一册
针灸择日编　一册
湖州府水道说　一册
洮河防导计划书　一册
丁李二公海防条议（即海防要览）　一册
六脉渠图说（二部）　一册
汴城筹防备览　二册
惠济河辑说　二册
越南辑略　四册
河套图志　一册
治河五说　一册
河防刍议（二部）　一册
荆楚修疏指要（二部）　二册
新疆图考　一册
几辅水利四案（二部）　六册
皇越地舆志　四册
渤海国志　一册

安澜回澜纪要　四册
几辅水利议　三册
相宅新编　一册
阳宅吾说编　一册
张宗道地理全书　二册
地理元文　四册
地理薪传　四册
新疆识略（石印）　十六册
续明纪事本末　三册
几辅水利丛书　十册
天镜约旨　一册
祝融佐治真诠　四册
守寨条款　一册
两淮盐法撰要　一册
水经注图（二部）　一册
历代河防类　二册
黄河图　一册
淮扬水利图说　一册
江苏水利图说　二册
乌程长兴二邑溇港说　一册
六河总图说　一册
淮系年表并图　一册
历代治黄史　二册
弧矢算术补附演元九式　二册
缉古算经考注　二册
句古术（抄本）　一册
然犀志附剿说　二册
西斋偶得　一册
回涧集　一册
五省沟洫图说　一册

谈灾蠡述（二部）　一册
楚北水利提防纪要　一册
宋州从政录　一册
漕运河道图考　一册
浙西水利备考　二册
南湖志考　一册
楚北江汉宣防备览　二册
三江水利纪略　四册
浙西水利书（抄本）　一册
治河图略（抄本）　一册
三吴水利录（抄本）　一册
复淮水故道图说　一册
东西洋考　二册
湘绮楼日记　三十二册
硃批谕旨　六十册
皇清开国方略　十六册
国学汇编　七册
皇清名臣奏议汇编（石印）　八册
自治通鉴　六册
东西学书录　三册
西征纪程　二册
饮食辩录　四册
宋氏养生部　二册
群经见智录　二册
玉楸药解　一册
神农本草经百种录　一册
张太素斋书　一册
救急奇方　一册
随息居饮食谱　二册
黄氏遗书三种（黄元御）　十二册

仲景脈法续注　一册
咽喉脈证通论　一册
陋轩诗集选　一册
伯山日记　一册
王壮节公年谱　一册
戴友梅行述　一册
记珠集选附宋仁圃行述　二册
十三经释文校勘记（有批校）　二册
图解乾象历书（抄本）　二册
适余堂诗　四册
常惺惺斋书画题跋（欠下册）　一册
芗婴居士诗集（又名紫潼轩诗　不全）　五册
四一居士文钞　二册
战国策去毒　二册
扬子法言（秦刻）　一册
环溪草堂文集　二册
天香阁十二龄课草　二册
退醒庐笔记　二册
野鹤山人诗钞（抄本）　一册
都门竹枝词（抄本）　一册
天益山堂遗集　二册
魂北集　一册
望溪文偶钞　一册
易堂十三子文选　二册
宋四家词选　一册
竹汀日记钞　一册
东塾读书记　二册
宋布衣集（畿辅本）　一册
留耕堂诗集（同上）　一册
金忠洁公集（同上）　二册

庐山纪游（二部）　一册
州乘余闻　一册
宦游纪略　一册
三国杂事附三国纪年五国故事（有批校）　一册
烟霞草堂文集　六册
容斋千首诗　四册
青学斋集　六册
苍筤全集　六册
养菊八法（抄本　未装订）　一册
词评曲藻填词浅说（抄本　未装订）　一册
怀青堂集　四册
黎阳见闻录　一册
集唐诗（未装订）　一册
沙南候护碑　一册
忆岭南草木诗　一册
小学考　六册
渊鉴类函（石印）　十册
四明近体乐府　二册
诗经稗疏　三册
计有余斋文稿（又一册）　一册
培荫轩诗文集　四册
炳烛室杂文（二部）　一册
逸莪集附檗园诗余　四册
十三经注疏（石印）　二十四册
静妙斋诗草（抄本）　二册
横山诗文集（铅印）　四册
诗附记礼记附记孟子附记（畿辅本）　七册
学礼（同上）　一册
盦山集　六册
经义塾钞　一册

春晖杂稿　十六册

八旗文经　十二册

辍耕录　七册

张度西年谱　一册

紫岘山人全集　十八册

此观堂集　六册

养一斋集　四册

名医类案　二十四册

十六国春秋辑补附纂录校勘记　十二册

晋书辑本　十册

切韵正音经纬图　一册

随园食单　一册

清异编珠　二册

持雅堂诗集　二册

会辅堂问答纪略　一册

清正存稿　三册

碧梧玩房集　四册

竹林愚隐集　一册

榕村诗选　二册

榕村语录　十册

安溪四种书注　二册

穆勒名学　八册

话山草堂遗集　八册

李榕村全集散种　三十册

离骚经注附参同契章句阴符经注　二册

守三诗草　二册

素轩全集　二册

第一百十六箱

涑水纪闻　四册

唐代地方行政史　一册
高丽史　三册
拳匪纪事　六册
马总通历　二册
深州风土集　六册
四明清诗略　二十册
瑟谱　一册
石雅　一册
国朝杭郡诗辑附续辑三集　六十八册
清盐法志　六十册
江都县志　八册
浙江全省水陆道里记　二十册
梦圆丛说　四册
汇雅前集（明刻　又三册）　六册
改革盐务报告书　三册
野记　二册
宝丰县志　四册
观古堂书目丛刻　十一册
苗族调查报告　一册
昌黎诗集（席刻）　二册
凤台祗谒笔记　二册
变法经纬公例论　二册
边疆简览　一册
光绪大事汇鉴附宣统大事鉴（赵柏岩集本）　四册
韫山诗稿　二册
来鹤山房诗稿（抄本）　一册
浣月山房诗集　二册
东南水利略（又名蕊珠仙馆水利集）　六册
怡志堂诗初编　二册
历代纪年备考　二十册

五七言今体诗钞　二册
昭忠录补遗　二册
桐引楼诗（即黄仙棠七律诗分韵）　一册
华氏文献表　一册
乔氏载记　一册
历代寿考名臣录　一册
郑堂读书记（欠首册）　二十三册
西域通道地名今释　一册
庄氏史案考（二部）　一册
古今名人书画考（抄本）　四册
图书筹备处藏书目录　六册
续修四库全书提要史部参考书目　二册
续修四库全书提要　五册
续修四库全书经部提要　十七册
顺天府志　六十四册
韶濩堂集　七册
息轩遗稿　二册
恩诵堂集正续集（又正集一册）　三册
天籁诗稿　一册
西征录（抄本）　六册
徂徕集（物茂卿　不全）　十二册
东樊集　二册
桂苑笔耕　四册
抚新纪程附壬子回程记　三册
最新清国文武官制表　二册
中国最近世史　四册
河千问答　一册
汉川图记征实　六册
汤潜庵分纂明史稿　八册
竹书纪年集注　四册

西汉节义传论　一册
隋书经籍志考证　四册
呰窳子集证　二册
左庵一得书画录　二册
柏垣琐志　一册
行素斋杂记　二册
两淮盐法撰要　一册
非物篇（欠第四册）　七册
读韩非子（东洋抄本）　一册
管子补正　二册
蓝山文集　一册
论语礼记（正平本）　一册
庚子海外纪事　四册
蜀抱轩全书（又名文征　吴荫培著）　十八册
扅画斋统一分治刍议　一册

第一百十七箱

经世文编　七十册
缺斋遗稿　一册
笺经堂丛书（三种）　三册
西巡大事记　十二册
筹办夷务事末　四十册
新政真诠　六册
周庄镇志　六册
五七言今体诗钞　六册
两汉三国学案　十册

第一百十八箱

千首宋人绝句　四册
关中金石记　四册
容斋五笔　十四册
广印人传　四册
印文祥解　四册
古志汇目附古志新目刘熊碑考　三册
郑厂所藏泥封　一册
眼学偶得　一册
日本全石年表　一册
达古斋博物汇志附补史　三册
补寰宇访碑录（批校本）　二册
印文辑略　一册
河南筹振金石书画展览目录（抄本）　一册
包慎伯论文　一册
西夏译莲花经考释　一册
泉币汇考附制钱通考　八册
大西利行迹附李之藻传　一册
琉球诗录　二册
静园八景图题咏　一册
新繁诗略　四册
粤讴　一册
东瀛诗选　十二册
琉球诗录　一册
东古文存　一册
票贩须知　一册
徐氏三种（三百千有配）　三册
四书字音　一册

临安旬制记　一册
琐事闲录续编　二册
日知录集释　十六册
摩尼教入中国考附火祆教　三册
元西域人华化考　二册
史讳举例（铅印）　一册
伤寒审证表　一册
历朝印识（西泠印社本）　一册
印学集成（同上）　一册
治印杂说（同上）　一册
续语堂论印汇录（同上）　一册
叶氏印谱存目（同上）　一册
多野斋印说（同上）　一册
云庄印话（同上）　一册
摹印传灯（同上）　一册
紫泥法（同上）　一册
墨缘小录（同上）　一册
海外吉金录　一册
陈少鹿回文画　一册
居真阁所藏汉晋石影　一册
志石文录　一册
制钱通考　一册
函青阁金石记　二册
秦汉三十体印证　二册
亿年堂金石记　一册
甄古斋印谱　一册
古石山馆金石文编残稿　二册
清义阁古印偶存（影印本）　一册
至圣林庙碑目　一册
欧阳书考　四册

金石萃编补略　二册
吉金所见录　六册
五代史续补附废朱梁论　三册
吴疆域图说　一册
隋书经籍志补　一册
魏书校勘记　一册
魏书官氏志疏证　一册
唐书西域传注　一册
纲目志疑（昭代本）　一册
魏书宗室传注　四册
五史斠议　一册
浙江图书馆地理丛书　十六册
续方言　二册
春柳唱和诗　一册
感知集　一册
寒松阁全集附谈艺琐录　八册
汉书地理志校本　一册
国语翼解　二册
画母联解　二册
明史例案　四册
汉名臣言行录　四册
大六壬大全　十三册
柯汀遗稿　五册
清仪阁集款识　一册
戴东原续六言手稿（影印本）　一册
方言藻　一册
乡音正讹　一册
切音捷诀　一册
广续方言附拾遗　三册
续方言又补　一册

里语征实　四册
广东俗语考　二册
集杭谚诗　一册
音学会解（又名汉文字母）　二册
一日通韵　一册
唐写本切韵残　一册
韵学入门　二册
等韵精要　一册
越言　二册
韵学蠡言举要　一册
切韵指掌图　一册
拼音字谱　二册
广新方言　一册
新方言　一册
柳氏谚文志　一册
续方言新校补　一册
音韵逢源　四册
吴下方言考　六册
同文韵统　五册
顺天方言（顺天府志本）　二册
史案　六册
宗室王功续表传　六册
左氏秦和传补注　一册
古文尚书勤王师　三册
艺风藏书续记　三册
云南艺文志（续云南通志本）　二册
艺芸书舍宋元本书目　一册
汲古阁秘本书目　一册
嫏嬛妙境藏书目录　一册
复辟藏书书目（抄本）　一册

钟祥艺文考　一册
丛书目录拾遗　四册
故宫普通书目　一册
风雨楼秘笈留真（影印本）　十一册
味隽斋史义　一册
乙部随笔　一册
郘亭知见传本书目　六册
五贤粹言　二册
红梨社诗笺　一册
太史公书义法　一册
望舒吟合稿　一册
诵芬咏烈后编（又抄本一册）　四册
仙游潭分韵诗　一册
管子纂诂　十三册
瓛斋集　五册
云养集　八册
觯斋诗书录　一册
历代传授总图（抄本）　一册
皇甫持正集　一册
盛明杂剧　十册
皇朝一统舆地图（裱本）　一册
历代编年大事表（抄本）　一册
檀弓论文　二册
纪元编韵（抄本）　一册
四史朔闰考　一册
帝王庙谥年讳谱（三部）　一册
历代世系纪年编　一册
历代甲子纪元表　一册
纪元部表　一册
历代帝王纪年考　一册

世统纪年　四册
讳略　一册
春秋战国年表　一册
历代纪元汇考　一册
史荃　一册
纪元考　一册
甲子纪年表　一册
纪元编　一册
僭伪参辑　一册
史船革　一册
历代世系纪年编　一册
历代建元考　三册

第一百十九箱

西夏纪事本末　三册
楚汉帝月表附三唐编年　四册
史通削繁　四册
河岳莫灵集　二册
古文辞类要笺证　十二册
列代建元表　五册
十七史商榷　十六册
历代统系表略附郡国考略　六册
历城县志　十六册
嘉禾征献录　八册
史鉴年表汇编（又一部）　八册
文字源流考　一册
三国志系世表　一册
扁鹊仓公传汇考　二册
穆天子传（影印黄荛圃校本）　一册

海昌丛载　五册
左氏春秋集解辨正　二册
明史纂修考　一册
三国志裴注述（二部）　一册
帝王世纪地民衍（抄本）　一册
西周年表（抄本）　一册
汉书律历志补注订误　一册
补后汉书艺文志　八册
史记扁鹊仓公传补注　一册
两汉碎金　二册
五代史补　一册
读史杂咏　一册
明鉴前纪　一册
纲目通论（有批校）　一册
后汉县邑省并表　一册
明史考证捃逸　十册
光绪江苏县续志（又正志二册）　五册
文选李注义疏　三册
浙西水利备考　四册
求可堂自记　一册
锡山秦氏诗钞　四册
云在山房丛书　六册
小学弦歌　四册
华国编唐赋选　二册
国华编文选　四册
周孝侯风土记附孝侯年谱　二册
黄冈钱氏同根集　八册
鹄山小隐全集　二十四册
冯氏丛刻　十册
开辟传疑附武王克殷日记　二册

竹书纪年辨正　一册
史记订补　四册
左传分国纪事本末　六册
上江两县志　十二册
粤氛纪事　六册
故宫普通书目　二册
征访明季遗书目　一册
后汉书补注附注（又补）　五册
艺风藏书记　二册
两汉志沿边十郡幽并凉三州今地考略　一册
史表功比说　一册
汉志水道疏证　一册
汉书音义　一册
蒋櫄石两汉条记（抄本）　一册
汉书西域传补注　一册
新疆赋　一册
汉书校语（抄本）　一册
后汉郡国令长考　一册
读史记札记附读明史札记（昭代本）　二册
楚汉春秋　一册
太史公疑年考　一册
汉书古义考（抄本）　一册
后汉书注又补　一册
汉书补注　二册
三国志辨疑　一册
南北史表　六册
灰画集　十册
汉书补注补正　一册
南浔镇志　十册
圣门诸贤辑传　一册

西安府志　四十册
小学书（抄本）　二册
唐书直笔　一册
汉书地理志补校　一册
魏书地形志校录（适园本）　一册
战国策补释　六册
国语校注本三种　六册
清晖赠言　三册
张仲景温疫论　一册
原学三种　一册
原人内编　二册
司空见闻录　一册
南越游记　一册
湖山胜概　一册
孔子世家订补　一册
山海经广注　五册
南唐书　四册
云谷杂记　三册
陈氏聊珠集　一册
竹书纪年辨证　二册
汉书注校补附三国注志证遗五代史记纂误　十九册
弦外余音集　二册
六译馆丛书散种

第一百二十箱

穀梁春秋古义疏　六册
海语　一册
祖徕学则　一册
海居斋诗钞（二部）　一册

竹西诗集　一册
尼峰稿小抄　一册
李藕船精华录　一册
古学文集　七册
辨道辨名　三册
读荀子　四册
新序纂注　四册
说苑纂注　十册
荀子增注　十一册
拙稿千百　二册
益斋集　三册
丧葬婚嫁礼例　一册
摹董文敏临宋元画册（影印）　二册
雅言　三册
宇宙问答　一册
乌青镇志　二册
垂棘山房藏印　六册
四史发伏　四册
史记探源　四册
古史考年异同　一册
四益宧丛书四种　四册
新斠注汉书地理志集释　八册
隋书地理志考证　六册
宋史翼　十册
元祐党人传　四册
穆天子传补注　一册
汉书疏证　四十册
湖北诗征传略　二十册
元刑法志　一册
苻秦疆域志补正　一册

晋书校文附补晋书艺文志　四册
长安志　二册
五史平议附吕氏春秋高注补正　四册
历代舆地沿革图校勘记　二册
四史余论（抄本）　二册
洪北江全集　三十四册
世本辑补（二部）　四册
竹书纪年校证　二册
竹书纪年集证　十二册
念一史四谱　十六册
国语解（诗礼堂本）　四册
高氏战国策　四册
南唐书注　八册
历代节义名臣录　十册
康伯山全集附三国志补义　十三册
补五代史考　六册
补后汉艺文志附补三国艺文志　八册
三国疆域志补注　八册
补晋书经籍志　一册
晋书校勘记　一册
补晋书艺文志（铅印）　四册
元秘史山川地名考　二册
元秘史李注补正　二册

第一百二十一箱

续唐书　十册
穆天子传注疏　六册
国语正义　八册
郝氏三书（宋琐语　补刑法志　晋宋书故）　三册

季汉书辨异　二册
阅史约书　二册
史记注补正　一册
五代史补附阙文　一册
西游录略注补（聚学轩本）　一册
后梁春秋　一册
补五代史艺文志（宋氏）　一册
补五代史艺文志（顾氏）　一册
五代史纂误补续　一册
五代史纂误　一册
五代史纂误续补　六册
五代史纂误补　四册
补晋兵志附史记毛本正误　一册
补后汉书艺文志考　六册
三国郡县表　四册
辽史地理考　一册
宋史记凡例　一册
珍本丛刊　二册
补晋书艺文志　六册
补梁疆域志　二册
三国职官表　三册
齐云山馆诗集　三册
齐云山人纪游十图诗　一册
齐云山人文集　一册
青埵山人诗　二册
涫则斋骈体文　一册
洪北江杂著四种　四册
北江诗话　一册
论史拾遗　一册
三唐编年　二册

后汉匈奴表附晋五胡表学古堂日记本　二册
汉书辨疑（广雅书局本）　五册
三国纪年表（同上二部）　一册
补三国艺文志（同上）　一册
三国志辨疑（同上）　一册
三国志考证（同上）　二册
毛诗天文考（同上）　一册
诸史考异（同上）　三册
诸史举正（同上二部）　二册
三国志补注续（同上）　一册
三国志证闻　二册
前汉匈奴表（学古堂日记本）　二册
希忠录　一册
汉晋迄明谥汇考　二册
清谥法考　二册
南北朝侨置州郡考　二册
申范　一册
三国志裴注述　一册
元史艺文志　四册
元史氏族表　二册
春秋国名考释　二册
通鉴补正略　二册
纲目议　二册
通鉴纲目摘议　一册
通鉴纲目释地纠谬附纲目释地补正　六册
补后汉书艺文志　二册
补三国艺文志　二册
日本年表　一册
鲜虞中山国事表　一册
元代征倭记　一册

世界大年契　一册
正续后汉儒林传补逸　二册
史目表（洪氏二部）　一册
史目表（钱氏）　一册
两汉解疑　一册
两汉志沿边十郡幽并凉三州今地考略　一册
汉书地理志校注　二册
汉西域图考　四册
穆天子传注补正　四册
穆天子传补注（抄本）　一册
拟两晋南北史乐府　一册
晓读书斋杂录　二册
长安志图附晋书地理志新补正晋太康三年地记　三册
唐史论断（函海本）　一册
唐折冲府考　二册
国志蒙拾　一册
熙朝宰辅录附续编（又正编一册）　二册
史通通释　八册
孟子论文（东洋本）　七册
语孟字义（同上）　二册
缩临古本论语集解（同上）　二册
论语古义（同上）　四册
论语征（同上）　十册
论语古训外传（同上）　十册
论语汉注考（抄本）　二册
论语序说私考　一册
论语集说（东洋本）　六册
孟子古义（同上）　四册
论孟考文（同上）　一册
皇朝儒行所知录　二册

国朝耆献类征初编总目　一册
中国艺术家征略　二册
吴郡名贤图传赞　四册
国朝名臣言行录　六册
永嘉高僧碑传集　四册
慧超往五天竺国传笺释　二册
道学渊原录（铅印本）　十三册
中兴别纪　十二册
正气集（铅印本）　四册
乾坤正气集　六册
神僧传　二册
高僧传　三册
续高僧传　八册
宋高僧传　六册
明高僧传　一册
金刚经句解便蒙　一册
东林十八高贤传　一册
圆觉经直解　一册
汉书汇钞　一册

第一百二十二箱

曲阜碑碣考　一册
四库全书书目表　四册
古学汇刊　十二册
广仓学窘丛书　三十二册
国朝柔远记　六册
同治中兴奏议约编　八册
注释读史方舆纪要序　二册
读黄合志　一册

徽志补正　一册
州乘余闻　一册
彝山书院志　一册
海宁县志略　一册
峡石山水志　一册
绥远奏议　一册
经籍举要　一册
忠义纪闻录　八册
涵芬楼秘笈散种　十九册
铸学斋丛书　二十册
上谕旗务议覆　十四册
上谕八旗　十册
八旗满蒙氏族通谱姓氏（抄本）　二册
谕行旗务奏议　四册
屠光录疏稿　二册
潜庐类稿附诗录　七册
潜庐随笔附潜江旧闻　九册
赐书堂四种（易理象数合解、古本大学通解等）　四册
大亭山馆丛书　四册
目录学发微　一册

第一百二十三箱

汉津考　四册
智囊补　六册
日本金石年表　一册
吴郡金石目　一册
守岐公牍汇存　一册
明季东莞五臣传　一册
蜀破镜（欠首一册）　三册

圣德纪略附僇直恩遇旧闻纪略（三种） 一册
峨眉游记 一册
烬余录（抄本） 一册
平定三逆方略（抄本） 一册
清季野史 三册
左传纪事本末 十二册
大婚礼节 一册
云南水道考 二册
崇雅堂丛书散种 十二册
八旗事宜（抄本） 二册
时事采新汇选 六册
惠烈录 四册
如谏果室丛刻四种 二册
抚新纪程附壬子回程记 三册
西康建省记（二部） 一册
吕文节公奏疏 二册
太平天国史料 三册
寿昌乘 一册
征西纪略 一册
武昌纪事 一册
援守井研纪略 一册
平定涡匪纪事本末附新疆伊犁乱事本末 二册
颍上风物纪 一册
尘牍丛钞 二册
支那教案论 一册
蒙边侦探纪事 一册
回疆则例 三册
上谕（宣统九年五月） 一册
六合纪事 一册
平定猺匪述略 一册

守蒙纪略　一册
海东逸史　二册
中西纪事　六册
明朝纪事本末　十八册
张忠武公事迹汇录　四册
王侍郎奏议　四册
国朝春曹题名　二册
平叛记　二册
唐中丞遗集　八册
卞制军奏议　十二册
刘壮肃公奏议　六册
张靖达公奏议　四册

第一百二十四箱

海龙战守事迹　二册
纪载汇编　四册
襄阳兵事略附襄阳艺文略金石略沿革略　九册
清朝野史大观（欠第十册）　十册
瀛寰琐记　六册
广西通志辑要附昭忠录平桂纪略堂匪总录股匪总录　二十一册
冰岭纪程　一册
乘余集　二册
梓闻漫拾　一册
金陵胜迹志　一册
白云洞志　一册
清河县疆域沿革表　一册
云南初勘缅界记　一册
北京历史风土丛书　二册
西石城风俗志　一册

小方壶斋舆地丛钞目录（抄本）　一册
应元书院志略　一册
学海堂志　一册
南江文钞（抄本　不全）　一册
日记附考察蒙古边务意见（抄本）　三册
苏松财赋考图说　一册
戊戌奏稿　一册
峨眉纪游　一册
黎长山年谱附石头山人遗稿　一册
亭林余集　一册
武威县志　一册
东观汉记　二册
西汉年纪　四册
德壮果公年谱　十六册
吴中判牍　一册
咸同贵州军事史　八册
文献通考纪要　二册
阿文成公年谱　十六册
币制汇编　四册
近世中国秘史　三册
清秘史　一册
印度古今事迹考略　一册

第一百二十五箱

历代舆地沿革险要图说　一册
明季稗史　七册
刊江钟毓　一册
国朝虞阳科名录　四册
陕甘历科进士录　一册

国朝两浙科名录　二册
防海纪略　二册
粤寇纪略　八册
湘军记　十二册
二臣传　四册
念二史实事通俗（抄本）　二十二册
界牌卡伦考附中俄交界地名表北徼地名异同表北徼星度考北徼水道考（抄本）　十二册
张太史时事疏稿　一册
己卯科乡试同年录　一册
旧京遗事　一册
游蒙日记　一册
校经书院志略（二部）　一册
许尚书奏折　一册
中国史学概论　一册
彭妈别传　一册
光复粤垣记　一册
滇粹　一册
谈浙　一册
海录　一册
支那疆域沿革略说　一册
西疆交涉志要　二册
礼议　一册
启东录　二册
隆裕皇太后大事　一册
宣统元年部库收入款目表　一册
西宁青海番夷成例　一册
蒙古山脉志　一册
光复军志　一册
熙朝新语刊要（清熙堂本）　二册

庚子西行记　一册
书画过目考　四册
褒恤录校记　一册
庚辛泣杭录　六册
南天痕　四册
明台湾郑氏亡事　一册
福建通志稿列传　一册
滇事总录　二册
蜀事纪略附明朝纪事乘城日录　二册
蜀故　四册
滟滪囊　四册
蜀碧（二部）　一册
蜀辛　一册
逆党祸蜀记　一册
蜀鉴　二册
蜀黾鉴　二册
蜀典　六册
鹤斋丛书第五集　六册
太平天国野史　一册
拳祸记　二册
洪宪惨史　一册
京报　一束
义勇小史　一册
戊戌政变记（又一部三册）　二册
新湖南　一册
复社纪略附劫灰录　二册
明季南都殉难记　一册
北京兵变始末记　一册
虞山妖乱志　一册
史之梯（又名史学概论）　一册

清室外纪　一册
群学肄言　一册
复辟详志　一册
粤军志　一册

第一百二十六箱

唐荆川批选汉书　四册
元史纪事本末　四册
至圣编年世纪　八册
旧唐书附校刊记　六十册
明记辑略　十六册
西藏新志　一册
藏语　一册
何氏语林（明刻）　六册

第一百二十七箱

胡刻资治通鉴校字记　二册
续资治通鉴长编　九十二册
庚子辛亥忠烈像赞　一册

第一百二十八箱

续资治通鉴长编　二十八册
续资治通鉴拾补　十六册
通鉴长编纪事本末　二十四册
南疆绎史　三十六册
陆宣公奏议读本　二册
史微　四册

第一百二十九箱

汉书补注　三十二册
筹海初集　四册
续语堂题跋　一册
黎岐纪闻　二册
蜀水考　一册
话雨楼碑帖目录（未装订）　一册
文庙崇祀弟子赞（昭代本）　一册
乌程县志　十六册
黑水先民传　六册
史记（吴桐城评本）　十册
蜀水经　十册
西征述（二部）　一册
明末纪事补遗（欠末册）　三册
苏东坡上神宗皇帝书　一册
存汉录　一册
痛史　三十一册
随园轶事　二册
四库全书问答　一册
丛书集成初编目录　一册
新续高僧传四集　十六册
清代通史（二部）　二册

第一百三十箱

弘明集　三册
广弘明集　八册
释迦谱　三册

居士录　二册
颂古通集　八册
金刚经随说　一册
虎禅师论佛杂文　一册
三藏法师传　三册
颜氏家训（重校本）　四册
颜氏家训（抱经堂本　又一部知不足斋本）　二册
邓析子校文　一册
颜氏家训校记　一册
玉台画史　一册
金冬心题画记　一册
东塾读书记　四册
玉雨堂书画记　一册
一角编　一册
溪山卧游录　一册
声类　二册
律吕直解（明刊本）　一册
文王受命改元称王辨证（抄本）　一册
说文解字叙　一册
麓云楼书画记　一册
古文辨体（二部）　二册
郫书徵　二册
字孳补　二册
国故论衡（铅印）　一册
古语训略（抄本）　一册
异域风谣　一册
新方言　一册
芥子园竹谱　一册
择吉会要　三册
景袁斋丛书　四册

汴游录　一册
内经素问校义　一册
日知荟说讲义　一册
墨缘汇观撰人考　一册
时宪书（光绪三十五年）　一册
樵隐集（三种）　一册
墨表　一册
旧闻证误　一册
广艺舟双楫　二册
颜氏家训节抄　一册
竹西花事小录　一册
缉古算经图草附考注　三册
梦花杂志　二册
星烈日记汇要　二十册
汗简笺证　二册
篆文孝经　一册
书疑（通志堂本）　一册
孟子古义　四册
论语古义（不全）　三册
群经大义　一册
四书集说　四册
致用精舍大学中庸讲语　一册
诗经大义　二册
尚书札记　一册
致用精舍四书讲语记略　四册
黛韵楼遗集　六册
玉管照神局　一册
词学初桄　八册

第一百三十一箱

四大家文选　十二册
海曲诗钞附二集（欠末册）　七册
嘉定诗钞二集　六册
越风　十册
山左古文钞　八册
广陵恩古编　十册
慰托集　四册
国朝文录　三十二册
七十二峰足征集　二十四册
五山耆旧集附今集　十六册
东皋诗存附诗余　二十册
国朝二十四家文钞　四册
古文析义二编　四册
如兰集　八册
明二十四家诗定（欠首二册）　八册
切问斋文钞　十册
国朝古文所见集　二册
国朝诗家四六文钞　四册
唐宋八家文百编　二册
樾湖十子诗钞　八册
五大家文粹　五册
古今体诗约选　四册
八家四六文注　十六册
八家四六文补注　一册
古文辞类纂（又一部黎刻十二册）　十二册
同人集　十二册
古文辞通义（欠第五册）　九册

古文辞类纂（诸家评点本）　十六册
言志诗辑　四册
模范文选　一册
天文堂课艺　二册
唐骈体文钞　四册
友声集　六册
涵通楼诗友文钞　四册
古文词略　五册
宋中兴群公吟稿戊集　四册
浏阳二杰遗文　二册
石遗室师友诗录　一册
戊戌六君子遗集　六册
文选各家诗集　二册
文钞（汉魏人　抄本）　五册
章门萍约诗选　八册
苔岑集初刊　八册
易简集（抄本）　二册
唐诗析类集训　六册
船山古体诗评选　十册
续同人集附小仓山房尺牍　四册
古文辞纂（吴启昌刻）　十六册

第一百三十二箱

成仁集　二册
辽文萃　一册
唐人小律花雨续集　一册
建溪集前后编　二册
六朝诗汇（残本　明刻）　八册
宋十五家诗　十册

元诗纪事（又一部铅印十二册） 四册
元诗选二集 四册
清晖赠言 六册
唐风采 六册
绵上四山人诗集 五册
国朝古文正的 六册
伦风 四册
邮筒类隽 六册
骈体文略 二册
国朝骈体正宗续编 四册
古文辞类纂（录钱衎石评本） 十二册
写心集 五册
晨风阁丛书甲集 十册
国朝文述 十六册
遥集集 十六册
罢读楼汇刻赠言 十册
藏拙编 五册
听嘤堂四六新书广集 十二册
瞑琴馆读诗录 六册
山晓阁明文选 十册
五言七律祖 二册
河汾诸老诗 二册
全上古三代六朝文编目 十六册
文选诗钞（批本） 四册
全五代诗 二十四册
汪氏两园图咏 四册
诗缘 五册
六朝文絜笺注 二册
黄朱二先生诗录 一册
纂喜庐存扎 一册

文馆词林　二册
谢琴诗钞　三册
印心石屋诗文荟　七册
明四杰诗选　四册
西泠酬唱集　六册
续古文辞类纂　八册
心仪集附停云集　五册
苇城九老会诗存　一册
岁寒小草　一册
瓯隐园社集　一册
勤斯堂诗汇编　一册
永康十孝廉诗钞　四册
述旧　六册
诒安堂全集附同人诗录　九册
古文斫　八册
船山古近体评选　十册
汉铙歌句解　一册
殊恩恭纪唱和集　一册
七家文钞　六册
养正诗　二册
湖南四先生诗钞　二册
唐人试帖　二册
唐诗豫　四册
宋四六选　八册
唐诗十集　十三册
清白堂文存　六册
春雪集　二册
国朝山右四家文钞　五册
耆友诗存　二册
浙西六家诗钞　二册

历朝自知诗集　八册
证壁集　二册
明八家文选（欠首册）　八册
江左三大家诗钞　三册
续梁谿诗钞　八册
常郡八邑艺文志　十八册
八代诗选　八册

第一百三十三箱

淞阳豳籥　二册
桐溪诗述　八册
莆阳文辑　五册
泾川文载　四十册
上虞诗选　二册
长兴诗存　六册
浚仪世集　四册
国朝金陵续诗征　六册
金陵诗征附国朝　二十六册
甬上耆旧诗　十册
吉州人文纪略　八册
临川文献　十六册
金陵文钞　十六册
桐城方氏诗辑　三十二册
楚庭耆旧集　十三册
京江耆旧集　十册
岭南群雅初二集　七册
海虞诗苑　六册
同光骈文正轨　二册
樊南诗钞　四册

紫阳家塾诗钞　十二册
金华文略　四册
天津文钞　四册
国朝山左诗钞（雅雨堂本）　二十册
四明四友诗　四册
汉阳五家诗选　四册
南山诗选　四册
剡川诗钞补编　一册
甬上宋元诗略　四册
闻湖诗三钞　二册
广济耆旧诗集　六册
青浦续诗传　八册
遵化诗存　四册
黄岩全集　十四册
金华诗录　八册
松陵诗征前编　八册
蛟川先正文存　十二册
海陵文征（欠一册）　九册
古棠书屋散种　六册
大梁侯氏诗集　四册
梓里文存　八册
永嘉诗人祠堂丛刻　八册
南亭诗钞　三册
桐旧集　二十四册
江左诗钞二编　二册
国朝山左诗汇钞后集　八册
故友诗录初二编　十册
润州事迹诗钞　十册
黔南六家诗选　四册
海虞文征　十六册

第一百三十四箱

国朝武定诗钞　五册
孟庄合刻（即文章练要）　三册
官式存笥集　二册
瀛奎律髓　十二册
黄氏家集四种　六册
津门诗钞　十册
黄氏文钞　一册
赵氏诗存　四册
五邱边氏文集　四册
津门征献诗　二册
姚江诗辑　一册
国朝严州诗录　二册
盛湖诗萃附续编　四册
磁州张氏文征附先德录　三册
武定诗续钞　八册
皇清百名家诗　二十四册
扬芬集　四册
毘陵文录　四册
毘陵诗录　四册
润州先贤录（影印本）　二册
吴兴长桥沈氏家集　十二册
京山诗钞　二册
国朝湖州诗录　十二册
钱氏家集　八册
锡山秦氏诗钞　六册
武陵文征　二册
润州赋钞　六册

焦上四上人诗存　二册
竹里诗萃续编　二册
阙里孔氏诗钞附曲阜诗钞　六册
松陵文集二编　一册
钱氏考古录　十二册
后郇周氏渊源录　四册
崇川书香录　四册
公穀合评　一册
查氏文钞　二册
锡山文集　十册
畿辅七名家诗钞　十册
文章练要（即左传评）　五册
甬上高僧诗　一册
张氏诗集合编　五册
清河六先生诗选　二册
白田风雅　四册
播雅　八册
剡川诗钞附续　四册
梁谿文钞附续　十六册
梅里诗辑附续　十二册
谿上遗闻诗集录别录　十三册
毘陵周氏家集　四册
常宁诗文存　六册
苕岑丛书　四册
全闽明诗　二十八册
九峰精舍文集　四册
学海堂全集　四十册
辨志文会课艺初集　三册
求志书院课艺　四册
菊坡精舍集　六册

经学文钞　二十九册
两浙校士录　二册
国朝诗人征略二编　六册
国朝诗人征略　十册
硖川诗钞　十册
国朝湖州诗续录　八册
诸暨诗存正续编　八册

第一百三十五箱

北溪先生字义（抄本）　二册
野谷诗稿　一册
江南铁泪图　一册
西江祝嘏四种　一册
念八翻　二册
长生殿　二册
西厢记北曲　一册
陶情乐府　一册
姜白石道人曲歌笺（抄本）　二册
木皮子传古词　一册
御制盛京赋　一册
太平清调迦陵音附纪行诗　一册
冲冠怒传奇残稿　一册
柳贯上京纪行诗　一册
金冬心自书诗稿墨迹（石印）　一册
仪顾堂集　二册
词源疏证　一册
文则（二部）　一册
文选古字通补训　五册
抱真书屋诗钞　四册

江东白苧诗　三册
学读书斋诗　一册
郭允叔文钞　一册
东庄诗集　一册
右任诗存　一册
中国历代文沠沿革录　一册
安默庵文集（畿辅本）　一册
国朝文椒题辞　一册
竹林答问　一册
谷向集（抄本）　一册
剡川诗钞补编　一册
艺海珠尘　五十六册
聚学轩丛书　九十四册
说文解字义证　三十二册
汉学堂丛书　六十四册
志学斋全集　十册
藏山阁集（铅印）　四册
朝鲜支那文化研究　一册
吴庄介公集　五册
圆明园图御制诗　二册
芬陀利馆瓿藁　一册
木兰将军集　一册
寄鸿堂文集　二册
经古篋存草　二册
艺风堂文别存　一册
涛江集　二册
桂松堂四六备览（抄本）　一册
古愚心言　八册
周礼地官冬官征　一册
大学述义　一册

第一百三十六箱

藻川堂诗文集　四册
希硁斋集　一册
竹素园诗钞　四册
如皋冒氏诗略　五册
元诗选三集　十二册
孙文恭督学文集　二册
政务处开辨条议明辩　一册
中国图书大辞典金石门丛帖类初稿（稿本）　一册
甲申后亡臣表（抄本）　一册
匜衍记（即宝谱）　一册
玉篇残卷　一册
唐人选唐诗（影印）　一册
论语郑氏注（影印）　一册
受祺堂诗集卷四补佚　一册
汪文端公墨迹（裱本）　一册
张黄两先生手札　一册
风怀诗本事表微（杂志本）　一册
中国文学史　一册
官话合声字母　一册
左传举隅（稿本）　一册
读易一班　二册
新乐府（白氏影印本）　一册
抱蜀轩散种　五册
浦雅　二册
五经文字帖附九经字样　四册
五言今体诗钞　二册
道德经注（闵本）　二册

洄溪医案　一册

名人书札　四册

名人诗稿　二册

古诗笺（未装订　批本又八册未装订）　十册

文选（汲古阁本　有批　未装订）　十一册

孔彛轩所著书（未装订）　十二册

柳州话别诗附香林酬唱诗（未装订）　一册

敝帚集（即采菽堂诗集　未装订）　三册

丁松生形状（未装订）　一册

王念孙文稿（未装订）　一册

历朝人物名字录（未装订　又一部五册稿本）　四册

记徐松遗戍事（抄本）　一册

冬心先生诗（抄本　未装订）　一册

武阳志余　十六册

谷向集（新抄本　未装订）　一册

为可堂初集（抄本　未装订）　三册

崟阳草堂文集目录（未装订）　一册

南京纪略（未装订）　二册

七录斋集（又抄本三册　未装订）　二册

法帖　三册

素格本（宣纸）　三册

龙云集（欠第三册）　五册

冬青馆集（刘刻　欠一册）　五册

古堂书屋丛书散种　二十四册

金华征献略（欠末册）　九册

史记志疑（欠首册）　二十三册

信征增集（不全）　十一册

国朝山左诗续钞（不全）　六册

光绪江都县续志　三册

养知书屋全集（不全）　二十六册

二知轩文存（欠首册）　十三册
章氏遗书（不全）　三十一册
安吴四种（欠首册）　十五册

第一百三十七箱

小石山房丛书（欠两册）　十四册
求志堂汇稿（欠首册）　十一册
今水经　一册
吴兴掌故集　四册
渤海疆域考　一册
管处士年谱　一册
翁山文外　四册
山子诗钞　二册
胥石诗文存　一册
云谿友议　二册
道德经注疏　二册
泌园集　十册
枫江草堂集　四册
彝斋文编　一册
阆风集　二册
松隐集　四册
春雪亭诗话　一册
南山堂自订诗　一册
王荆公文注　八册
天下山河两戒考　四册
尊经书院初集　十二册
唐律疏义　十册
古今法制表　六册
诸史提要　五册

念一史精义　十册
工部则例　六册
全唐文纪事　二十四册
读史兵略续编　十册
舆地沿革表　二十四册
周易函书补义　八册
周易述　八册
奉使金鉴　二十册
杭州府志　四十八册
言易录　一册
周易传义　六册
古今法书苑（明刻　抄配两册　未装订）　十二册
自得斋易学　三册
周易古筮考　四册
周易遵述　四册
周易象理证　二册
周易义例（抄本）　二册
韡园学图说　一册
周易参同契考异　一册
易例辑略　一册
周易便览（抄本）　四册
易学（通志堂本）　一册
方氏易学五书　二册

第一百三十八箱

娄县志　六册
古易汇诠　四册
鼍余斋易象切要（抄本）　六册
易宪广义（又名周易广义）　六册

周易王弼注　二册
三魏易义（又名易义选参）　二册
周易研几　一册
周易卦本反对图说　一册
周易意　五册
槎溪学易　二册
易卦图说　二册
易卦变图说　一册
读易质疑（又一部　铅印）　一册
易研　八册
周易本义补　五册
周易引经通释　十册
周易学统　六册
周易杂卦证解　四册
问心录周易解　十册
易通　二册
周易象理浅言　十册
易经增注　四册
周易精义　二册
观易外编　三册
占易秘解　一册
学易随笔　一册
言易录　一册
大易观玩录　二册
传家易传义存疑　二册
易经说意　二册
霜菉亭易说　一册
知非斋易释　一册
虞氏易消息图说　一册
俞氏读易举例　二册

易按　二册
周易辑说　四册
周易大象传解　一册
易原窥余　一册
李氏易传　六册
易经揆一　十册
春在堂杂文附诗编　七册
辨志文会课艺　六册
四书疑言（欠一册）　七册
古本大学集说（抄本）　二册
洛诰新解　一册
群书答问　一册
表章先正正论　一册
逸周书集训校释　二册
周书解义　四册
学荫轩集　四册
葴厔考古录（石印）　一册
洪范宗经　三册
茶香室续钞　六册
尚书今古文注　二册
五经汇解　十六册
学庸家训　三册
戴氏遗书　十七册
式古堂目录　二册
皇清经解编目　四册
愚一录　六册
四书求是　八册
四书讲义参真　十册
礼记集说补正（东洋本）　九册
木犀轩丛书　四十四册

四书讲义日考录　十二册
金光斗灵经（抄本）　一册
观星指南　二册
客路纪程（抄本）　一册
步天歌（抄本）　二册
定法平方算术（抄本）　一册
罗经顶门针　二册
筹算　一册
天学辑要（抄本）　一册
大测附比例规解　二册
司天方　一册
天学问答　一册
九星钩玄　一册
地理心法　一册
阴阳指正　一册
五纬表　四册
葬经校注附龙经校注　二册
纪慎斋求雨文　一册
地理说　一册
克择晶元　一册
最乐亭诗草　一册
三元甲子万年书　一册
命度盘说附数表　三册
七政经纬宪书（乾隆四年）　一册

第一百三十九箱

易义沂源（稿本）　二十四册
新安吴氏艺文志略附收藏书画史　一册
选学斋书画寓目笔记　一册

小琉球漫志　二册
西域释地　一册
滇南山水纲目　一册
名例残卷　一册
吴越备史　一册
粤军志　一册
安边书　一册
金陵历代建置表　一册
湘军志（抄本）　四册
养龢轩随笔　一册
缅甸地舆图说（又名缅述　一册）　一册
长江礮台刍议　一册
上谕　一册
江宁七县地形考略　一册
贵池建置沿革表　一册
水经注图　一册
周易本义参疑　四册
易象致用说　一册
周易观象大指　一册
笃志斋经解　二册
易成　一册
周易说约　一册
周易传义合阐　四册
周易易简　四册
生斋读易日识　一册
周易纂（又名大易纂注）　六册
四书疑言（第八册）　一册
推十书附弄翰余沈　二十二册
周易补义　四册
夏小正校勘记附通俗文佚文（未装订）　一册

春秋异地同名考（抄本　未装订）　一册
史响　一册
桂林破愁集　一册
论画胜说　一册
皇朝舆图（裱本）　一册
圣迹图（石印）　一册
长江图说（二部）　五册
奉天全省地舆图说　四册
南海诗集　一册
孝经（二部）　一册
四川全省出产行销货物表　一册
尔雅音图　三册
图谱史略　一册
杨舍人信札　一册
水法辑要　一册
洗冤录表　一册
孔子家语（刘刻）　四册
灵峰草堂丛书　十一册
唐韵残卷（石印）　一册
册府元龟（明抄本　未装订）　一册
玉茗堂还魂集（欠下册）　一册
徐霞客游记附图　三册
国民军史稿　一册
明史考证捃逸　十册
楚史梼杌附晋史乘　一册
读史方舆纪要图　四册
资治通鉴刊本识误（新阳赵刻）　三册
资治通鉴后编校勘记　四册
潮雅拾存（抄本）　二册
卧象山志　一册

小楼吟稿　一册
范氏三女史同怀诗　一册
兰言室杂记残编（稿本）　一册
朱方先民事略残稿（稿本）　二册
庐游纪行（稿本）　一册
东行日记（稿本）　一册
日记其孙（同庆同方等录　抄本）一册
澹园小传（抄本三部　又赞一册）　一册
姚元懿传（抄本）　一册
日食坤舆图步法细草（抄本）　二册
筹陆军刍议（稿本）　七册
东方兵事纪略（定稿草稿）　二十册
台湾兵事纪略（稿本）　二册
金旅兵事纪略（同上）　二册
山东兵事纪略附辽东兵事纪略失旅顺口事（稿本）　三册
开方释锁明段（同上　又算学稿七册）　二册
姚氏世系族谱附传（同上）　三册
川边矿务简章附回剿折稿（同上）　四册
川边矿务摺　三摺
焦东阁诗集（抄本）　一册
兰言室文存（稿本）　四册
三大征考（抄本）　四册
尊攘编（抄本）　二册
乐园诗文钞（未装订）　四册
中山大学图书馆中日文图书目录　一册
诸城县志　八册
南湾志　四册
晋略　十册
三命通会　十二册
元和姓纂　四册

地学答问　二册
初学源例编　一册
论孟类编提要　一册
神州古史考　二册
劳氏碎金　一册

第五册

第一百四十箱

公余随录　一册
无欲斋随诗钞　一册
王制里亩算法解　一册
五亩园小志　一册
奉天萃升书院讲义　一册
钵池山志　一册
北宋经抚年表　二册
南宋制抚年表　二册
光绪督抚年表（二部）　一册
唐方镇年表考证（二部）　二册
宣德别录　二册
四库简明目录标注　六册
藏书纪事诗　六册
左国纪事本末（抄本）　九册
论孟类纂附提要　七册
括地志　二册
元丰九域志　四册
萝摩亭遗诗附文钞　五册

畿辅安澜志（稿本）　十册
五代春秋志疑　一册
后汉县邑省并表　一册
史通训故补（有批校）　八册
越中文献辑存书　六册
群儒考略附群经考略　八册
清贤记　二册
巡台退思录　四册
武经三书（抄本）　一册
筹瞻疏稿　二册
绥远奏议　一册
开县李尚书政书　五册
邱给谏奏稿　二册
谏院奏事录　二册
陈侍御奏稿　四册
江侍御奏稿　二册
葬书五种　四册
地理元文　一册
地理元宗　二册
填词百法　一册
东篱藕谈　一册
甲乙杂著附遁翁随笔　一册
二十一都怀古诗　一册
形家二十种　二册
阳宅正宗　一册
青囊解惑　一册
三礼通释　三十六册
礼议　二册
南唐书注　十册
东山外纪　一册

广陵先生文集　四册
三垣笔记　四册
同岑集　六册
中书典故汇纪　四册
阎古古年谱　一册
蜕石文钞　一册
董礼部集　二册
枫江草堂诗文集　四册
宝前两谿志略　二册
使交集　一册
无长物斋词存　一册
胥石诗文存　一册
刑统　六册
闻过斋集　二册
龟溪集　四册
汉武梁祠画像考　二册
春秋公羊疏（残本）　二册
水经注图说残稿　一册
三国郡县表补正　四册
西北边界地名译汉考证　二册
蒙鞑备录校注　一册
元儒考略　一册
史记正讹　一册
晋书校勘记　一册
史记札记　二册
汉书管见　四册
佩弦斋集　四册
无邪堂答问　五册
和名类聚抄　四册
西夏纪　十册

南北史补志　六册
乾道临安志附淳祐临安志　三册
七家后汉书　六册
字学易知（抄本）　八册
辽金纪事本末　十册
通鉴宋本校勘记　一册
广汇全书　四册

第一百四十一箱

成均课士录（第八九集）　十四册
莲池书院肄业日记　十六册
讲学类钞　四册
三云书屋课艺　六册
惜阴书院西斋课艺　十六册
经心书院续集　三册
南菁讲舍文集（初、二、三集）　十六册
经心书院集　四册
经训书院文集　五册
尊经书院初二集（初集欠后四册）　十三册
群经平议　十六册
学诗堂经解　八册
求志居全集　十八册
烟霞草堂遗书附续刻刘古愚传　十一册
烟霞草堂文集　六册

第一百四十二箱

春秋笔削微旨　六册
九畹古文附续集经余集　十三册

春秋笔削微旨附春秋通论二南遗音　十三册
卫道编　二册
两湖书院经学课程　八册
郝氏遗书散种　五十七册
蒋绍宗五经通解　十六册
杭辛斋易学　十二册
湘芗漫录　五册
周易本义爻征　二册
周易阐象　八册
易经勺解　三册
周易图说　二册
周易平说　一册
还砚斋全集　十三册
太乙统宗宝鉴（抄本）　六册

第一百四十三箱

续礼记集说　四十册
桐城马氏诗钞　十册
香草校书　十册
单征君全集　十一册
韩诗遗说考　五册
斋诗翼氏学疏证　一册
诗纬集证　二册
辞韵中声　一册
经典释文　十六册
易见　十六册
易学宗翼　十二册
易庸　四册
中庵签易（抄本）　二册

周易通论（抄本）　一册
易学随笔　一册
易占经纬　四册

第一百四十四箱

周易折中（殿版）　十册
玉烛宝典（未装订）　四册
雕玉集（未装订）　一册
文馆词林（未装订）　六册
易林释文　一册
周易解故　一册
易释　一册
周易两读　一册
西山占易　四册
读易搜　六册
周易研几　一册
周易用初　八册
费氏古易订文　四册
易卦图说　二册
知非斋易释　三册
礼记大学编古微　一册
读易录　六册
周易口诀义附周易集解　四册
太极会通　一册
理象解原　四册
易义辑闻　二册
易说求原　六册
易象阐微　二册
读易备忘　三册

易象图说　二册
跻新堂说易（又一部五册）　一册
周易程传（明刻）　六册
河上易注　六册
古周易订诂　二十四册
周易拟象　六册
易象图说（通志堂本）　二册
周易详说　八册
周易观象　六册
清风易注　六册
周易内传　六册
读易初稿　八册
大衍制用图说　一册
周易旧注　六册
霜菉亭易说　一册
读易省心录　一册
周易注略附周易参断　七册
易宗集注　六册
易经读本　二册
周易清明附易心存古　五册
读易日钞　八册
易笺　六册
易按　二册
易象断义（抄本）　三册

第一百四十五箱

双桂堂易说二种（观易外编、易问）　二册
易说旁通　五册
易通　一册

湘芗漫录　五册
易经引事　四册
周易明报　三册
易拇　十册
周易后传　六册
周易辑义初编　四册
周易补注　八册
易冒　六册
易义备考（抄本）　四册
读易备忘　三册
周易便蒙抄翼　六册
周易辨画　十二册
荆川稗编（不全）　十三册
通鉴总类　二十册
玉纪（抄本）　一册
如许斋集　二册
海国闻见录附海录　二册
光绪政要　三十册
粤十三家集（欠两册）　三十八册
论语稽　四册
四书拾遗　四册
四书经学考　四册
四书翊注　十六册
四书札记　八册
四书恒解　八册

第一百四十六箱

论语语由（东洋本）　十册
四书讲　十四册

四书训解参证　四册
论语章数字数表　二册
论语传　二册
学庸质疑　二册
梼杌萃编　六册
湖南民情风俗报告书　一册
四书心解　四册
论语古注集笺　六册
孙担峰四书醒义　十册
四书集疏附证　十册
论语述义　二册
大中讲义（朱柏庐）　三册
四书逸笺　二册
四书说约（二部）　四册
四书凝道录　十八册
学庸指掌　三册
学庸俗话　四册
学庸臆古　三册
四书会通附中庸胍乐　四册
四书会通（抄本）　八册
中国历史教科书　三册
论语经正录附年谱　十一册
落帆楼集　八册

第一百四十七箱

春在堂丛书（残）　三十六册
怀豳杂俎　八册
毛西河大全集（欠二册）　九十四册

第一百四十八箱

唐人说荟　三十二册
清稗类钞　四十八册
湘城访古录　八册
审岩全集　九册
周懒予围棋谱　一册
围棋近谱　一册
奕正　四册
奕时　四册
如不及斋别号录　二十册
奕薮（明版）　八册

第一百四十九箱

空山堂诗志　四册
春秋笺例　十二册
春秋逸传　四册
诗经毛传郑笺（永怀堂本）　四册
诗义钞（师白山房）　四册
诗通（明刻）　四册
读诗日录　二册
诗经精义　二册
古经解钩沈　八册
诗深　八册
左传事纬　六册
诗传遗说（通志堂本）　二册
参校诗传说存　一册
诗经注疏大全合纂　二十册

学寿堂说诗（石印）　二册
毛诗说（石印）　六册
尚书新证　二册
读左随笔附五代史随　一册
玉海纪诗附困学纪诗　二册
诗经新证　二册
诗说标新（石印）　一册
诗经广诂　一册
毛诗多识（铅印）　二册
虞东学诗　十册
诗经考　六册
四书经典通考　八册
读四书大全说附四书稗疏船山遗书本　十二册
惕斋遗书三种（有抄配）　六册
毛诗质疑　八册
学庸窃补　六册
四书或问注　十册
御注孝经（影印）　一册
孝经精义　二册
校正今文孝经附二十四孝考　一册
孝经集义　二册
孝经启蒙新解（二部）　一册
孝经集注　一册
孝经疑问　一册
御注孝经（铅印）　一册
孝经章句或问　二册
孝经小学　五册
孝经附三本管窥　一册
三经谊诂　一册
古文孝经荟解　二册

孝经十八章辑传（二部）　一册
孝经集注述疏附答问　二册
大学古本述注附中庸古本述注孝经述尺牍存　二册
孝经订注　一册
孝经旁训　一册
孝经存解析疑（二部）　一册
孝经古微　一册
孝经刊误附孝经本义或问孝经翼　一册
孝经刊误辨说　一册
孝经刊误董鼎注　一册
孝经郑氏注　一册
孝经详说　四册
孝经学　一册
孝经合解　一册
孝经注　一册
孝经养正　一册
孝经正解　一册
孝经类解　二册
孝经述注　一册
孝经质疑　一册
孝经直解　一册
孝经约解　二册
古今文孝经汇刻　八册
孝经五种　一册
孝经本义　一册
孝经义疏补　二册
孝经注疏大全　一册
古文孝经集解　一册
孝经古今文辑论　一册
孝经集义　一册

孝经辑注　一册
孝经注疏　一册
孝经易知

第一百五十箱

诗韵字声通证　二册
一幅集续编　四册
穀梁疏残本　二册
读春秋蠡述　一册
春秋四传管窥　十八册
五经集说　四册
五经不二字音韵诗文　二册
诗贯　六册
孔经新义四种　五册
春秋易简　三册
春秋条贯　二册
春秋书法比义　四册
春秋非左（东洋版）　二册
皇清经解检目　二册
汉魏石经考　一册
经术公理学　二册
论义肤说　一册
七经小传　一册
十一经问对（通志堂本）　二册
五经蠡测（同上）　一册
稽经类读史类（又名养气斋集）　一册
毛郑异同考（抄本）　四册
两汉博士考　一册
九经通借字考（抄本）　二册

九经补韵　一册
读诗传讹　八册
三体石经时代辨误　一册
经义正衡（铅印）　二册
经义塾钞附经义模范　二册
汉碑经义辑略　二册
六经奥论　四册
素行室经说　一册
七经掌诀　一册
韦庵经说　一册
喜平石经残字（石印）　一册
经窥附续　六册
续补三体石经时代辨误　一册
京师大学堂伦理学讲义附经学讲义　二册
沟洫图说　一册
历代大礼辨误（抄本）　一册
礼运注　一册
周礼说　二册
王制通论　一册
礼记节本　三册
仪礼汇说　八册
经字辨体　四册
书传音释　四册
礼记集解　二十四册
春秋归义　十二册
春秋集义　十册
论语注疏　十册
字书四种　一册
问奇一览（有抄配）　一册
新定宗北归音崑腔谱附考正音韵大全　二册

说经附庄骚说　五册
诗诵附群经质　四册
经咫　一册
大戴礼记解诂　四册
仪礼古今文异同　一册
读礼丛钞　六册
周礼讲义　二册
笛律匡谬　一册
律吕古谊　二册
诗故　二册
经书互解　八册
十三经客难　二十二册

第一百五十一箱

穀梁春秋经传古义疏　六册
春秋三传折诸　八册
孔氏大戴礼记补注附校正大戴礼记　四册
春秋究遗　六册
左传经世钞　十二册
春秋经传类求　十二册
一切经音义　四册
韩诗外传（仿元本）　二册
诗本义（铅印）　二册
洪范图说　四册
经传释词　二册
尚书大义　二册
尚书核诂　一册
禹贡本义　一册
禹贡锥指节要　一册

春秋一得附尚书读记　十二册
尚书古文辨惑　二十册
尚书正义（影宋本）　四册
禹贡易知编　二册
书经精义　二十二册
读书杂志　二册
禹贡水道析疑　二册
诗经大义　二册
毛诗多识　四册
诗经集传音释　八册
三订四书辨疑（铅印）　十六册
经义述闻　一册
韩诗外传（望三益斋本）　四册
韩诗外传（毛刻本　又一部程刊本）　一册
韩诗外传（亦有生斋本）　四册
四书经注集证　十六册
毛诗稽古编　八册
孝经（仿宋本三部）　一册
孝经（篆文）　一册
孝经疑问　一册
孝经六艺大道录　一册
古文孝经（东洋刊）　一册
孝经说　一册
四书集编　一册
易经新证　二册
大学讲义　一册
论语秘本影谱　一册
中庸解　一册
朱子论语集注训诂考　一册
论孟书法　一册

何休注训论语述　一册
论语注疏解经　二册
大学中庸讲义　二册
四书释地　一册
四书章句考　一册
檀弓标孟　二册
大学古本　一册
四书改错　四册
大学说附中庸说　二册
四书亿　二册
中庸述义全旨　一册
孔孟志略　三册
论语雅言（抄本）　四册
四书读　二册
四书说苑　六册
孟子读法附记　四册
韩诗外传校注附西汉儒林传经表　四册
禹贡大别山说　一册
书传补义　一册
尚书约注　二册
禹贡正诠　一册
三毫考　一册
郑氏古文尚书附古文尚书考（函海本）　二册
漆沮通考　一册
尚书伸孔篇（二部）　一册
书蔡传附释　一册
尚书大义　二册
禹贡图注　一册
禹贡会笺　三册
禹贡因　一册

禹贡分笺　一册
尚书注疏校勘记　二册
史伯平所著书（尚书绎闻等二部）　一册
书序考异附答问　二册
古文尚书辨（忏花盦本）　一册
尚书今文解　四册
禹贡说附禹贡新图说　三册
禹贡汇解　四册
书古微　四册
书经近指　二册
学庸章图　二册
禹贡水道考异　二册
尚书辨解（湖北本）　四册
尚书郑注（批本）　二册
书经绎　一册
禹贡正解　一册
禹贡释诂　二册
禹贡方域考（抄本）　一册
禹贡今释　一册
禹贡节读　一册
禹贡集注　一册
禹贡备遗增注　一册
禹贡水道便览　一册
读书随笔　二册
尚书余论　一册
尚书蔡传正讹　二册
尚书辨伪　二册
禹贡汇疏　四册
尚书执范撮要图　四册
禹贡示掌　一册

禹贡汇览　二册
禹贡正义　三册
尚书集解　六册
尚书地理今释　二册
禹贡图说　一册
九河故道考　一册
禹贡郑注释　一册
尚书补阙　一册
禹贡班义述　一册
古文尚书冤词　一册
禹贡易解　一册
尚书大传（又二部雅雨堂本　二部又一部汇函本）　一册
书经论文　二册
书经哀论　一册
书疑（通志堂本）　一册
尚书孔传参正　六册
书传补商　六册

第一百五十二箱

四书纪闻　二册
论语发明汇编　一册
大学臆说　一册
郑本大学中庸说　一册
学庸示掌　一册
大学章句释疑　一册
大学新注　一册
古本大学分科详释　一册
大学古本质言　一册
孟子今义　一册

中庸本解　一册
中庸恒解　一册
孟子微　二册
论语话解　二册
大学讲义中庸顺讲　二册
致用精舍讲义纪略　五册
论语说　二册
学庸正说　一册
学庸示掌　一册
四书评本　六册
四书辨疑　十二册
驳吕留良四书讲义　八册
四书字义说略　二册
说四书　四册
中庸解辨　一册
大学决疑　一册
中庸释义　一册
大学讲义　一册
四书定本辨正　一册
延禄阁集（即中庸剩语）　二册
四书改错平　六册
大学臆古　一册
四书笺疑疏证　二册
四书集说　四册
乡党图考补正　六册
学庸顺讲　二册
论语衍义　八册
孟子章指复编　一册
孟子大义　一册
四书摭余说　六册

论语旁证（铅印）　四册
论语赘解　二册
孟子七篇指略　三册
大学释要　一册
古本大学述义　一册
学庸析解　一册
大中合一　一册
学庸艺语　四册
学庸原文集解　一册
孟子集注指要　二册
乡党典义　二册
大学古本旁注　一册
孟子集注考证　一册
大学还旧　一册
考正古本大学　一册
朱子论语集注训诂考　一册
四书偶谈内外编　二册
四书续谈内外编　二册
中庸本解　一册
古本大学辑解　一册
四书笺解　四册
四书通疑似附四书通序次　二册
四书纬附小西山房外集　五册
乡党订疑　二册
大学中庸参证　三册
学庸注释　一册
四书异同商　十册
孟子要说　一册
四书小参　一册
中庸直指　一册

四书正事括略（西河合集本）　二册
四书是训　六册
理数合解　一册
四书讲义（陆稼书）　四册
学庸补释　二册
中庸注　一册
读孟子札记　一册
孟子章句考年　四册
学庸阐要附孝经论语　二册
中庸通　一册
四书类考　十五册
成均课讲四书　五册
四书浅说　十二册
四书图考　十六册
四书翼注论文　十六册
经学提要　五册
温故录　一册
经谊杂识　一册
周礼通纂会韵附山海经补赞　三册
屺瞻草堂经说三种　一册
六经四书讲稿　二册
读经救国论　二册
汉儒传经记　一册
经学大义　三册
求自得之室四书说　五册
求自得之室文钞　五册

第一百五十三箱

杨恩斋全集　一百二十册

读史举正（鹤斋本）　三册
中兴将师别传　十册
风雨楼丛书散种（江邨销夏录、吴越所见书画录等）　八册
张氏适园丛书散种（清闲纪、陈一斋、兴阳丛笔、枣林杂俎、残明纪事等　铅印）　十一册
后汉书华佗传补注　一册
敦煌石室遗书　四册
回疆通志　四册
河套图志　一册
西域通道地名今释　一册
西藏图考　四册
桃溪杨氏先德录　一册
桐彝　一册
津门奉使纪闻　一册
崇川咫闻录　十二册
宋广东制置使凌公死事本末　一册
分湖小识　二册
山东运河备览　六册
四书参注　二册
尝试语附道学渊源录书意等　四册
韵学　五册
幼学歌　二册
权衡一书　二十四册
崇雅堂稿　八册
崇德堂稿　十册
皇极经世全书解　八册
濂关三书　八册
续碑传集　二十四册
常州先哲遗书　四十二册

第一百五十四箱

筹边记　一册
光绪督抚年表　一册
清财政考略　一册
荆州记（二部）　一册
天台游记　一册
寿昌乘　一册
六艺堂诗礼七编　十册
逸周书补注　八册
荒政辑要　四册
路史节读　四册
元典章　二十四册
华洋战书初编　二册
事物异名录　十二册
雅俗稽言　十册
史记（归方评本）　二十册
唐折冲府考　二册
土默特旗志　二册
历代中外交涉表　一册
借著筹防论略　一册
朱滋泽奏稿　一册
平倭一助　一册
海军大事纪　一册
韩清议约公牍　一册
照瞻台志略　一册
金刚山志　一册
建隆寺志略　二册
学海堂志　一册

藏案纪略　一册
云南初勘缅界记　一册
河套图考　一册
永嘉郡记　一册
西陲要略　一册
忧盛编　一册
缅述　一册
云南勘界筹边记　二册
苗防备览　八册
授堂遗书附偃师今石遗文集　二十册
惠定宇经学七种（明堂大道录、周易本义辨证、易汉、郑氏周易、古文尚书考、易例学等）　十册
周易述补　一册
京省水道考　六册
扬州足征录　十册
海昌胜迹志　四册
读水经注小识　二册
史记榷参附汉书榷参　二册
太华太白纪游略　一册
史记私笺　一册
清河县疆域沿革表　一册
大清州县名急就章　一册
守汴日志　一册
文献征存录　十册
西藏碑文　一册
前后汉书注考证　一册
满洲源流考纂（抄本）　一册
蒙古风云录　一册
各省市民维持优待清室条件函稿　一册
琉球小志并补遗附说略　一册

西徼水道　一册
三赋（元尚居刊）　一册
皇朝兵制考略　一册
光绪会计录　二册
不得已辑要　一册
明苏爵辅事略　一册
迟鸿轩书画录　六册
全唐文姓民韵编　一册
秦淮八艳图咏　一册
练川名人画像　二册
铜官感旧集（第三、四）　一册
范文正公言行录　二册
元寇纪略　二册
妇学　二册
查氏一门烈女编　一册
大清畿辅烈女传　二册
荆州记　一册
自流井说　一册
临漳县漳水图经　一册
光绪增改郡县表　一册
四部书目总录（样本）　一册
艺文志注（抄本）　四册
读史记十表　六册
榲书隅录　八册
督捕则例（抄本）　一册
明三不朽图赞　一册
满蒙丛书（铅印洋装）　二册
皇朝壹统舆地全图（裱本）　八册
水经注疏要删附补遗　十二册
水经注图　八册

绥寇纪略　六册
瀛寰志略　六册
中西回史日历　五册

第一百五十五箱

东西古美术展览会图录　二册
小眠斋读书月扎附藏书题识　二册
四库全书荟要目（二部）　一册
违碍书籍目录　一册
双鉴楼善本书目　二册
双鉴楼藏书续记　一册
可庐著述十种叙例　一册
滏水记校札记　一册
雪泥屋遗书目录　一册
丰湖书藏目录　一册
五十万卷楼藏书目录序　一册
海宁经籍志备考（抄本）　一册
征刻唐宋秘本书例（抄本）　一册
目录学　一册
贲园书库目录辑略　一册
平津馆鉴藏书籍记　一册
选明代山左诗钞采访书目　一册
广雅书局书目　一册
北平图书馆图书展览会目录　一册
马氏艺文识　一册
清代进书表录存　一册
湖录经籍考　二册
读书敏求记　二册
铁琴铜剑楼藏书目录　十册

持静斋书目　六册
广雅书院藏书目录附同舍录　九册
振绮堂书目（抄本）　二册
小山堂藏书目录（抄本）　一册
全唐诗未备书目（抄本）　一册
日游汇编　一册
重编天一阁图书目录　一册
四库总目索引与四库撰人录　一册
江苏第一图书馆覆校善本书目　二册
观海堂书目（抄本）　一册
百宋一廛赋（又一部原刻本）　一册
续书楼藏书记　一册
竹庵盦传钞书目　一册
干溪曹氏书目　一册
清史艺文志　一册
皇清经解提要　一册
季仓苇藏书目　一册
汲古阁珍藏秘本书目　一册
续修四库全书提要目录　一册
国立中央大学国学图书馆普通书目　十一册
关于图书学　一册
梁公九谏　一册
江苏藏书家小史　一册
明清蟫林辑传　一册
藏园群书题记　四册
皕朱楼藏书源流考　一册
东方文化学院汉籍简目　一册
鉴止水斋藏书目　一册
顾亭林小像（影印本）　一册
宋元本行格表　一册

戴宏解疑论考　一册
古泉山馆金石文编残稿　二册
书画录解题（抄本）　一册
姓氏书总目（抄本）　一册
郡斋读书志（抄配一册汪刻　双一部王氏刻十册）　一册
群书校补　二十四册
浙江图书馆通常类图书目录　八册
四库湖北先正遗书存目　四册
晚情簃已选未选目录　二册
征访明季遗书目（又一部）　一册
京师图书馆善本目录　四册
群碧楼书目　四册
算学书目提要　一册
国朝治说文家书目　一册
章氏遗书目录　一册
贵池刘氏所刻书目　一册
曝书杂记　一册
孙氏祠堂目录　一册
国朝著述未刊书目　一册
国立北平图书馆概况　一册
江苏采访书目　一册
大清国史艺文志（抄本）　四册
滂喜斋藏书记　一册
黄氏逸书考目录　一册
无锡图书馆乡贤部书目　一册
中华金石书画展览会图录　一册
元大都宫苑图考　一册
也是园藏书目（抄本）　一册
郡斋读书志（陈氏刻巾箱本）　四册
清荫轩所藏丛书目录（抄本）　二册

山右金石存略目录摘要（抄本）　一册
四部书目（抄本）　四册
读书偶谈（抄本）　一册
百宋一廛书录　一册
皕宋楼藏书志　三十册
故宫博物院图书概况　一册
书目提要　一册
国朝未刊遗书志略　一册
经史次第标目　一册
京师广东学堂书藏捐书目录　一册
外交部藏书目录　一册
竹订日记钞　一册
丰湖书藏四约　一册
楚宝目录　一册
畿辅丛书目录　一册
文澜阁恭钞四库全书待说目录　一册
四库简明目录（残本　抄本）　二册
宋遗民类集序例总目　一册
荛圃藏书题识　十册
六朝四家全集辨伪考异　二册
永乐大典目录　二十册
内阁书目　四册
八史经籍志　十四册

第一百五十六箱

云间韩氏藏书目　一册
竹订日记钞　一册
带经堂书目　三册
天一阁藏书考（二部）　一册

中国藏书家考略　一册
算学书目提要　一册
东西学书录总叙　一册
南菁札记（二部）　五册
香光庄严室校刻书目　一册
景印四库全书罕传本拟目　一册
天马山房书目（抄本）　一册
辽海丛书目略　一册
南献遗征笺　一册
书目长编　二册
畿辅丛书已刻书目　一册
河朔学堂书目　一册
佚存书目　一册
日本访书志　八册
日本访书志补　一册
清吟阁书目　一册
铁华馆集部善本书目　一册
说文诂林提要　一册
北平图书馆筹赈图书展览会目录　一册
善本书室藏书目（抄本）　一册
花近楼丛书序跋记　一册
上善堂宋元精钞书目　一册
海源阁宋元秘书本目　一册
畿辅丛书目录（未定稿）　一册
曲阜清儒著述记　一册
开有益斋读书志　五册
士礼居藏书题跋补录（二部）　一册
佛学书目表　一册
何道州手抄家藏书目表（稿本）　一册
秘书省续编到四库阙书目　一册

中州文献征辑处现存书目　一册
墨海楼书目补提要　一册
昭代丛书五编题跋　一册
温州经籍志　十六册
测海楼旧本书目　二册
方志考稿（甲集）　三册
四库全书书目表　四册
嘉定钱氏艺文志略　一册
国朝未刊遗书志略　一册
经籍录要　一册
校雠新义　二册
钟祥艺文考　一册
古书校读法　一册
袁氏艺文志　一册
普通学书录　一册
违禁书籍名目　一册
一角编　一册
古今伪书考考释　一册
艺芸书舍宋元本书目　一册
金石书录目　一册
汉石存目　一册
申报馆续书目　一册
墨缘汇观　六册
墨缘汇观撰人考　一册
销毁书目（抄本）　一册
渭南严氏刻本书籍目录　一册
广雅版片印行所书目　一册
书画书录解　六册
汉西岳华山庙碑续考　一册
金石书目　二册

石刻名汇　四册
晚明史籍考　十册
宋遗民类集序例总目　一册
五朝古文类案叙例　一册
纂辑禁书目录　一册
郘亭知见传本书目（石印）　六册
台州经籍志　十六册
四库全书提要序录　一册
群书札记　六册
四库全书表文笺释　四册
访余录　一册
斠补偶录　二册
雪堂校刊群书叙录　二册
稽瑞楼书目　一册
唐四家诗集辨伪考异　一册
四库著录江西先哲遗书抄目　一册
金华经籍志　八册
长白艺文志（抄本）　四册
晦堂书录　一册
存素堂藏黔人著述目　一册
光绪杭州艺文志　四册
扇面大观略传　一册
汇刻书目（顾氏）　十册
行素堂目睹书录　十册
金陵大学图书馆概况附中文地理书目　二册
中国图书分类法　一册
中国农书目录汇编　一册
古文旧书考　四册
三秋阁书画录　二册
虚斋名画录　十六册

曹氏吉全图（石印）　八册
清代禁毁书目四种（铅印）　四册
四部丛刊目录　一册
四部寓眼录　一册
刘氏嘉业堂刊印书目　一册
东方文化学院一览　一册
宋金元词集见存卷目　一册
古今算学书录　四册
北平研究院史部书目稿　一册
初学读书要略　一册
征刻南北宋人集启　一册
东西读书录　三册
传是楼培林堂书目合刊　五册
宝刻类编　四册
外交部藏书目录初二编（初编欠首册）　三册
禁书总目　二册
八千卷楼书目　十册
长春道教源流附浮山志　七册
盛京故宫书画录　八册
内务部古物陈列所书画目　十册
后汉书补表　三册
传书堂善本书目（抄本）　二册
三十有三万卷堂书目略（抄本）　二册
蒙兀儿史记（不全）　四册
元书　二十册
甲乙事案（抄本）　二册
医籍考　四册
补晋书艺文志（抄本）　一册
熊氏后汉书年表补正（抄本）　一册
后汉书年表　二册

汉书地理志水道图说　二册

第一百五十七箱

善本书室藏书志　十六册
曾文正公手书日记　四十册
孟子私淑录（抄本）　一册
经考　二册
江慎修著书五种（礼记训义择言、周礼疑义举要、群经补义、古韵标准、四声切韵表等）　八册
河洛精蕴　四册
观古堂著书散种（并刊书）　三十二册
释拜　一册
礼记四郊小学疏证（抄本　未装订）　一册
说文解字注笺　三十二册
观古堂汇刻书附所著书　三十二册
石林遗书　十四册
丽楼丛书（不全）　七册
双梅景阁丛书　六册
宋赵忠定全集　六册
叶学山诗稿　二册
朱氏遗札（二部）　一册
古书疑义举例　三册
书林清话　四册
观古堂书目汇刻　十二册
竹柏山房十五种　二十四册
原善绪言　四册
近思录集注　三册
微波榭遗书附算经十书　十二册
水经注（戴氏校刻　欠首册）　十三册

考工记图　二册

经韵楼丛书附诗经小学（欠东原集末册）　二十三册

第一箱①

毛诗复古录　六册

礼记说义　十四册

三礼述注　二十二册

禹贡谱　二册

尚书蔡传正讹（铅印　不全）　一册

禹贡易知编　四册

晚书订疑　二册

尚书（吴桐城定本　铅印）　一册

书传音释　一册

石鼓读（石印）　一册

北宋汴学篆隶二体石经记　一册

春秋笔削大义微言考　十册

中庸注　一册

孟子微　二册

论语注　十册

宝树堂遗书（三种）　四册

国语选　二册

十三经注疏校勘记识语　二册

大戴礼记注补　二册

古文尚书　一册

尚书考辨　二册

尚书启蒙　三册

尚书释天　三册

---

① 页首有“新字第一册”字样。

香祖习说　二册
左传分国纂略　四册
读书质疑　十册
诗经申义　四册
诗翼　八册
诗经叶音辨讹　四册
毛诗传笺异义解　四册
毛诗补礼　二册
诗氏族考　四册
毛诗日笺　一册
五经读　四册
尚诗考异　二册
大戴礼记集注　四册
严氏诗缉补义　八册
诗学女为　四册
春秋属辞　四册
诗小学　十二册
毛诗说　六册
毛诗序说　八册
左传义法举要附左氏传评点　三册
春秋大旨提纲表　二册
春秋纬史集传　四册
诗三家义集疏　十册
春秋例表（又一部二册）　四册
春秋测义　六册
春秋目论　一册
左传人名备考　一册
春秋比事参义　十六册
春秋三子传附诸家解　十五册
读左漫笔　八册

春秋会义　十二册
诗识名解　四册
经义述闻　六册
春秋不传　四册
春秋属辞辨例编　二十八册
规杜持平（铅印）　一册
春秋穀梁经传补注　八册
春秋公羊传钞　一册
公羊穀梁异同合评　二册
仪礼纲解　十册
春秋摘微　一册
春秋左传释人　三册
春秋一得附尚书读记　一册
左传补注附左传地名补注（功顺壹本）　三册
诗传补义　一册
春秋公羊疏质疑　二册
毛诗通考　二册
毛诗传笺通释　十二册
穀梁大义述（经解续编本　又一部一册）　六册
春秋谥法考　一册
公羊方言疏笺　一册
左传辩章　四册
春秋左传诂　十册
春秋述义拾遗附春秋规过考　五册
春秋集古传注　八册
春秋左传标释　八册
复堂易贯附春秋贯　四册
左传经世钞（不全）　四册
禹贡川泽考（铅印）　一册
毛诗礼征　六册

江西理学编　五册
尔雅正义　十册

第二箱

策略　四册
诗韵析　四册
大风集　一册
物诠　二册
戊笈谈兵　九册
汪双池年谱　四册
孝经章句附或同　二册
礼记章句附或同　十四册
周易铨义　十四册
六礼或同　四册
左传义法举要　一册
春秋质疑　二册
儒先晤语　二册
读近思录　一册
读读书录　二册
读困知记　一册
读问学录　一册
参读礼志疑　二册
读阴符经附读参同契　一册
理学逢源　十二册
医林纂要探源　十册
书经诠义　十三册
读书小记　十二册
律吕新书浅释　一册
律服考古录　一册

仪礼琐辨　一册
春秋复始　六册
毛郑诗斠义　一册
左传浅说　二册
仪礼探本　六册
公羊逸礼考征　一册
春秋贯　一册
诗说　一册
诗经通论　八册
春秋左传贾服注辑述　六册
四书铨义　十四册
大戴礼记（仿元本）　二册
四礼榷疑　二册
毛诗细义　六册
毛诗传疏
琴士诗文钞　六册
周易函书别集　六册
周易函书约注　十册
周易大指附书经近指四书近指　九册
明堂图说　一册
韩氏三礼图说　二册
仪礼蠡测　四册
仪礼正讹　二册
礼记审议附丧服经传补疏大戴礼记审议　三册
考工记补疏　一册
丧服用古衣冠考（抄本）　一册
仪礼韵言　一册
禘说　一册
周礼补注　四册
朱子家礼　一册

礼制馆典礼书　八册
礼笺　二册
三礼从今　一册
仪礼郑注句读　六册
大戴礼记补注　二册
抚本礼记郑注考异　一册
礼经校释　十二册
井田图考（二部）　二册
仪礼选要附读易入门便钞　二册
金文编　五册
切字肆考　五册
礼书　八册
青源礼钞　四册
经籍旧音辨证　二册
四声切韵表补正　四册
字辨证篆　八册
别雅　五册
歌麻古韵考　四册
沈氏四声考　一册
文字蒙求广义　五册
礼记类编　十册
董子珊遗稿　五册
广粥谱　一册
南学制墨劄记　一册
石庐金石书志　十二册
求古录礼说（又求古录礼说补遗　二册）　八册
礼书通古　三十二册
历代服制考原　二册
周官释义（稿本）　六册
周礼读本（舒恬轩）　二册

仪礼纂录　二册
周礼军赋说　二册
王会篇笺释　三册
晴川蟹录　四册
玉川子诗集　二册
春秋大事表　二十册
樊绍述集　一册
礼议（抄本）　一册
仪礼汉读考（石印）　二册
仪礼章句　六册
仪礼释官　四册
三礼陈数求义　十四册
仪礼正义　二十四册

第三箱

独笑斋金石文考（第一集、第二集）　三册
珍宝（三才图会本）　一册
靴园书谱释文　一册
格物须知　二册
金石三例（又续金石三例一部）　四册
金石一隅录　一册
读书谱　二册
崇文总目　五册
元西湖书院书目　一册
石经考文提要　二册
语石　四册
虞夏赎金释文　一册
虢季子白盘铭考（二部）　一册
温虞恭公碑（双钩本二部）　一册

三水小读　一册
先正遗规　一册
两汉金石记　六册
至圣林庙碑目　二册
法帖神品目（函海本）　一册
九钟精舍金石跋尾甲编　二册
京畿金石考　二册
历代符牌图录　一册
集古印谱附印正附说　四册
绣谷亭薰习录　二册
清吟阁书目附宝书阁著录　一册
汉石例（抄本）　一册
颖滨诗集传（明刊）　二册
焦山鼎铭考　一册
拙存堂题跋　一册
续藏经目　一册
粤西得碑记　一册
篆诀百韵歌　一册
平津读碑记　三册
金石文字辨异　五册
金石所见录（抄本）　二册
捕蝗要诀　一册
绛帖考　一册
三帖释文　一册
洛阳伽蓝记　一册
论画绝句　一册
伦书　一册
坊表录　四册
勾股天元草附弧角三术　二册
宣西通　一册

钱币刍言附续再续钞贯说　二册
算牖　二册
永嘉见闻录　二册
山斋杂录（抄本）　一册
瀛壖杂志　二册
浮邱子　四册
测圆海镜通释　一册
弧矢算术细草图解　一册
律音汇考　四册
辟邪纪实　一册
金丹摘要　一册
盐法议略　一册
山门新语五种　四册
平书　二册
舌胎辨讹（抄本）　一册
黄札疏证（陶楼杂著本）　一册
律吕剩言　二册
行素斋杂记　二册
杂文（抄本）　一册
日损斋笔记　一册
秦辅日讹附沈阳纪程　二册
浦山论画　一册
栩园觞政　一册
止室笔记　一册
马首农言　一册
豳风广义　三册
御览集（荫韵堂本）　一册
镜镜铃痴　二册
艺游录　二册
蚕桑辑要　二册

南豪居士文跋　二册
石鼓十砚拓本　一册
化度寺碑（双钩本）　一册
读雪楼金石目　一册
铁函斋书跋　二册
金石三例再续编　四册
学计韵言　一册
星算补遗　二册
勾股比例表图说附海镜窥豹　二册
汉碑录文　四册
九经三传沿革例　一册
礼塔龛考古偶编　一册
山水清晖题辞　一册
山右金石录（二部）　一册
琴均调弦　一册
癖如堂金石书目　一册
宝铁斋金石跋尾　四册
汉印分韵　一册
温州古甓记　一册
汉石存目　一册
金天德大钟款识（三部）　一册
邹子观心约　一册
金石著述名家考略　四册
鸣沙山石室秘录　一册
金石文字辨异补编（二部）　四册
汉碑题跋（抄本）　一册
燕京岁时记　一册
河南图书馆藏书记　一册
汉故繁阳令杨君碑（双钩本）　一册
星堂印存　一册

墨妙亭碑目考　一册
周石鼓文模刻　一册
印文合璧　一册
广金石韵府（抄本）　六册
书学慎余　二册
青芙蓉室藏碑目（抄本）　一册
帝国图书馆和汉书名目录　一册
殷商贞卜文字考　一册
思辨录疑义　一册
仁书　一册
服气祛病图说　一册
测地肤言　一册
庚子销夏记　二册
山左金石志（仅首六卷）　二册
采芳随笔　十六册
尔雅义疏　八册
毛诗传疏　十二册
汉唐存碑跋　一册
春草堂集钱式图（抄本）　二册
复斋钟鼎款识（石印）　一册
百砖考附簠斋传古别录　一册
日本大玉篇　三册
经词衍释　四册
黄学庐杂述　一册
此木轩杂著　八册
说文古籀疏证　四册
问奇一览　一册
六书微　一册
文字发凡　一册

说文答问疏证附说文统释自叙音同异义辨说文经字考等（金峨山馆刊） 二册
六书类纂 四册
周礼凝粹（抄本） 六册
说文段注撰要 四册
佩文广韵汇编 二册
切韵音蒙引 一册
同文一隅 一册
无益有益斋论画诗 一册
石经考 一册
四家纂文叙录汇编 一册
南越游记 一册
端石拟 一册
石菊影庐笔识 一册
旧闻随笔 一册
河南图书馆藏石目 一册
校碑随笔 一册
十二砚斋金石过眼录附续编 六册
退庵金石书画跋 八册
天一阁藏书总目 八册
古今文字通释 七册
多野斋印说 一册
占毕丛谈 四册
广蚕桑说辑补 一册
铜仙传（二部） 一册
北宋汴学二体石经记 一册
说文部首读补注 一册
殷虚埋契考附殷契辨疑 二册
莫高窟石室秘录 一册
玺印姓氏征 一册

窦存　二册
南邨帖考　四册
各家藏金目录（抄本）　六册
算学书目提要　一册
东瓯金石记　四册
殷虚书契待问编　一册
赵州石刻全录（有配）　三册
石鼓文释存　一册
金石古文考　一册
玉纪　一册
金石学录续补　一册
再续寰宇仿碑录　二册
碑别字　二册
方石书画　一册
唐风拙金石文字跋尾　一册
旧馆坛碑考　一册
香南精舍金石契（二部）　二册
瘗鹤铭图考　一册
菉竹堂碑目（抄本）　一册
历代石经略　二册
物原类考　一册
经天该　一册
日下尊闻录　二册
东篱中正　一册
簠斋传古别录　一册
十七帖疏　一册
鼎堂金石录　二册
篆法探原　一册
论画绝句　一册
石门碑释　一册

金石学录补　一册
平津馆鉴藏书画记　一册
吉金待问录　一册
续三十五举　一册
古器物学研究议　一册
辛丑消夏记　五册
齐侯罍铭通释　一册
石刻补叙附凤墅法帖　二册
石泉书屋金石题跋　一册
草书习慎　二册
关中金石文佚存考　六册
称谓录　八册
浙江图书馆观览类书目补编附东文书目　四册
十二砚斋文录　一册
金石小笺（经鉏堂）　一册
瘗鹤铭考（陈沧洲　又一部愢进斋本）　一册
古泉丛话　一册
禹碑五释　一册
书画跋跋　三册
书学汇编　一册
西岳华山庙碑续考　一册
汉郭有道碑（双钩本）　一册
花近楼丛书序跋记　一册
丰湖书藏四约　一册
爱吾庐题跋　一册
偱园金石文字跋尾　一册
琉璃厂书肆记　一册
校刊例略　一册
浚县金石录　一册
盘亭小录（二部）　一册

汉魏碑考　一册
安吴论书　一册
淳化阁帖释文　二册
晦明轩稿（又一册）　二册
独笑斋金石考略　二册
书学南针　二册
二百兰亭斋古印考藏　二册
汉石例　四册
魏稼孙全集　六册
七十二候表　一册
通志金石略（抄本）　一册
汉建安弩机　一册
吉石盦丛书（三集）　二册
故阙特勤碑跋（二部）　一册
红雨楼题跋　二册
易州龙兴观道德经碑录（又名非见斋碑录）　一册
唐赐铁券考　一册
续古篆韵　一册
娄寿碑（双钩本）　一册
秦篆残刻题跋附刘熊碑孔子庙堂碑　三册
图书会要　一册
枕经堂题跋　一册
邠州石室录　二册
至圣林庙碑目　一册
经籍访古志　四册
温故录　一册
张叔未藏金石文字（石印）　二册
书目举要　一册
经籍举要　一册
小鸥波馆书识　二册

佛说阿弥陀经衷论　一册
唐昭陵石迹考略　一册
海东金石苑　四册
建昭雁足镫考　一册
热河纪行诗注（抄本）　一册
说文引经考证　二册
南海五上书记附七上书记　二册
许学群书辨正（抄本）　二册

第四箱

虚字阐义　一册
今韵三辨　三册
重文　一册
音学辨微　一册
雷刻说文四种　六册
韵府钩沉　五册
经字韵补（抄本　又二册）　四册
小学钩沉　四册
重文例说（抄本）　一册
说文学　二册
本韵一得　八册
通俗字林辨正附苏盦诗余（石印）　四册
龟甲兽骨文字　二册
说文逸字辨证　二册
汉隶辨体　四册
说文引经异字　三册
说文经斠附正俗（二部）　二册
说文引经考　二册
说文检字　一册

古今韵考（二部）　一册
说文检难字法
等韵精要　一册
说文目录　一册
声谱声说　四册
词韵（抄本）　一册
中郎遗矩　一册
同文一隅　一册
等韵一得　二册
说文十余形谊笺　一册
韵学说隅　一册
仓颉篇附续补　一册
切韵残（影唐写本）　一册
别雅订　一册
虚字说　一册
中原音韵跋　一册
篆法探原　一册
小尔雅疏证　一册
说文理董后编　二册
文始　一册
伸顾　一册
广雅疏证补正　一册
华严经音义　二册
广雅补疏　一册
韵雅　五册
韵义便考　六册
说文古籀疏证　八册
中国文字之原始及其构造　二册
说文解字附通检（陈氏刊）　十册
声韵表（稿本）　二册

通雅刊误补遗　一册
小尔雅疏附说文五翼　四册
经典释文残卷校语补正　一册
韬庐隶谱　一册
音韵同异辨　四册
说文疑疑　二册
字说（三部）　一册
说文古籀疏证目　一册
说文审音　四册
说文假借义证（不全）　十九册
古均阁遗著　二册
说文引经考异　四册
许学考　十六册
歌麻古韵考（定州王氏刊）　二册
说文管见　一册
说文染指　二册
说文古籀补　四册
韵字急就篇　四册
古今中外音韵通例　四册
说文广义校订　二册
拾雅　四册
拾雅注　八册
毓堂韵同　二册
等韵详解　一册
韵法直横图　一册
六书糠秕　一册
韵学要指　二册
说文定声　二册
说文韵谱校　四册
急就章考异　一册

偏旁举略　一册
韵目表　一册
祁大夫字说　一册
说文经字考辨证　二册
秦书八体原委　二册
转注本义考　一册
训蒙日纂　一册
隶通　一册
六书转注录　四册
字义（陈北溪）　二册
说文经字正谊　二册
说文谐声孳生述（二部）　一册
释天　一册
说文辨疑（二部）　一册
钟鼎疑识（稿本）　一册
五音韵谱　一册
音分古义　二册
韵会举要　十册
说文击传考异　二册
字林考异　一册
读说文杂识　一册
唐贤三昧集笺注　三册
六书韵征　四册
六书说　一册
说文声读考　二册
马氏等音（内外集）　二册
切韵（天壤阁刊本）　一册
隶韵　四册
切韵求蒙附四声韵谱　三册
名原　一册

说文体例　二册
隶篇　十册
骈雅训纂　八册
说文逸字　二册
谐声补逸　二册
说文声订　二册
说文双声叠韵谱　一册
说文提要　一册
说文揭原（二部）　一册
悉昙字记　一册
说文字原集注　四册
说文段注订补　八册
说文释例附系传校　十二册
说文句读（欠下半部）　八册
说文释例补正　一册
说文古籀补　二册
说文解字述谊　二册
说文经字考辨证　二册
说文凝锦录　一册
说文新附考　二册
段氏说文注订　二册
说文群经正字　六册
仓颉篇校证　二册
玉篇广韵残本（有批校）　三册
说文建首字读　一册
玉篇广韵附校勘札记　六册
说文新附考（思进斋本）　二册
说文段注撰要　四册
说文声读表　二册
说文解字韵谱　二册

说文发疑（二部）　三册
说文易知录　十册
说文斠诠　六册
说文解字校录　十四册

第五箱

宋氏三世遗集　二册
吴风　二册
复社姓氏附东林本末　二册
玉茗堂还魂记（水丝馆本）　六册
勾股一贯述　二册
考定竹书纪年　四册
鸿苞节录　十册
道学平议附起黄质顾广王　五册
味水轩日记　六册
复古文附复古诗　五册
留都见闻录　一册
两朝剥复录附东林本末留都见闻录熹朝忠节死臣传等　八册
东坡书传（明刊本）　六册
墨池编（有配）　八册
迎銮恭记附豫章祀记韦庵咏物诗沧浪小志　四册
授研斋诗　一册
迎銮恭记　一册
泮泂集　一册
绵津山人诗集附筠廊偶笔纬箫草堂诗怪石赞漫堂墨品　十七册
筠廊偶笔二笔附纬箫草堂诗　三册
瑞木记　一册
邹征君遗书　五册
衡斋遗书　二册

海天琴思录附续录　八册
温经日记　六册
说文字辨附四书注解撮要　六册
衣谵山房诗集　四册
三礼通释（不全）　十二册
荀子性善证　一册
夏小正集解　一册
国朝杭郡诗续辑　二十八册
二如亭群芳谱　十六册
肖岩诗钞　四册
青立轩诗稿　二册
二申野录　四册
颂轩悟言　一册
消暑录　一册
校补竹书纪年　二册
通鉴注商　四册
赵氏渊源集　六册
瓶花书屋丛书　三十二册
河工器具图说　四册
东莞县志　二十一册
礼堂经说　一册
东观存稿　一册
礼记郑读考　三册
左海文集　六册
斋诗遗说考附鲁诗遗说考礼堂经说毛诗郑笺考字说等　十二册
黄山谷全集　十九册
左海诗钞附文乙编左海经辨　六册
尚书大传定本　二册
东越文苑后传　二册
礼堂遗集　二册

五经异义疏证　三册
今文尚书经说考　十八册
诗经四家异文考（欠首册）　四册
宝颜堂秘笈（广集　不全　明刊本）　三十七册
世说新语删　八册
国朝山左诗钞　二十册
武进孙氏元晏斋十三行（九字未损本　影印本）　一册
娄寿碑（双钩本）　一册
𠤳氏编钟图释　一册
周吉遗文（即毛公鼎　石印本）　一册
瘗鹤铭考补　一册
攀古楼彝器款识　二册
大东金石书（日本影印本）　一册
大东金石目　一册
辛卯侍行记　六册
金石图说　四册
字学知津（不全）　一册

第六箱

偶遂堂诗　一册
通尽集　一册
字触　二册
赖古堂文选　八册
赖古堂集（又栎园行述一册）　四册
尽牍新钞　十二册
樊川外集　一册
观古阁丛稿　七册
观古阁丛稿附续泉说续丛稿（又丛稿一册）　二册
灵芬馆初二三集附杂著　五册

道古堂全集　十四册
订讹类编　四册
左通补释　十二册
频罗庵遗集附庭立纪闻　十册
清白士集　十册
岭南集　三册
齐物论斋文集　二册
古观欢堂诗集　二册
赖古堂印谱　二册
书影　六册
赖古堂尺牍结麟集　十册
楼山堂集　五册
两朝剥复录（抄本）　二册
西山唱和诗附回中集联句诗双江唱和集　三册
西圃文说附诗说、词说　一册
二学亭文涘附安德明诗选　二册
水东草堂诗附鬲津草堂诗有怀堂剩集　三册
有怀堂书文集　一册
晚香词　一册
长河志籍考附黔书　二册
闽小纪　二册
印人传　一册
同书　四册
古欢堂诗文集　八册
砚思集　四册
粤东同官录　一册
越台舆颂　一册
赖古堂尺牍藏弃集　八册
西圃丛辨　四册
沧浪集附诗话　二册

秋声集　一册
古文参同契集解（汲古阁本）　二册
纬箫草堂诗　四册
赖古堂删定诗集　六册
汉书蒙拾　一册
榕城诗语　一册
制艺宗经　二册
词科掌录　八册
道古堂外集　十二册
黄楼诗　一册
读史漫笔　一册
玉窗遗稿　一册
拙政园诗余　一册
搢绅全书（嘉庆丙辰）　六册
搢绅全书（乾隆辛巳　又八旗职官一册）　三册
中枢职官备览（即武搢绅　乾隆庚辰）　二册
搢绅全书（乾隆丙申　袖珍本）　四册
搢绅全书（咸丰乙卯　同上）　六册
搢绅全书（咸丰丁巳　同上）　六册
搢绅全书（嘉庆壬戌　同上）　四册
搢绅全书（欠页　同上）　四册
搢绅全书（嘉庆戊寅　同上　未装订）　四册
搢绅全书（道光壬辰　欠第二册　同上）　三册
义丰集（批本）　一册
诗话词评（王弇州抄本　摘录　钝吟杂录等）　二册
印灯笺附古今印说（欠首册）　三册
二金蝶堂尺牍（石印）　一册
衡山集附华山集嵩山集（即啖甫五岳集散种）　三册
上湖分类诗文编　二册
夷坚志（明刻本　不全）　七册

寓意编附笔尘（奇晋斋刊本）　一册
玉井山馆笔记　一册
三香片羽集　一册
寻声谱　一册
搢绅全书（约嘉庆年）　四册
古玉图考　二册
进士登科录（成化二年）　一册
读公羊注记疑附公羊臆　四册
古泉丛话　二册
邓析子（影明本）　一册
古籀拾遗　一册
草窗韵语　一册
唐韵（影印本）　一册
皇舆全图　一册
焦山周汉鼎铭（影印本）　一册
葫芦依样（抄本）　一册
李若农与刘忠诚书（石印本）　一册
朩庐札记附从古堂款识学（鹤斋本）　一册

第七箱

谈龙录附声调谱　一册
师友诗传录　一册
蚕尾集（又一部四册　未装订）　三册
秦淮杂诗　一册
入吴集　一册
渔洋日修祀诗　一册
剪桐载笔　一册
古懽录（二部）　二册
王文简七古平仄论　一册

感旧集　八册
西樵诗选　一册
王阮亭行述　一册
渔洋诗话（又一部三册）　二册
长白山录（二部）　一册
国朝谥法考（二部）　一册
蜀道驿程记　一册
古夫子亭杂录（二部）　二册
蚕尾后集（二部）　一册
古钵遗集附抱山诗选　一册
语溪考（二部）　一册
精华录训纂补　四册
秦蜀驿程后记　一册
池北偶谈　八册
陇首集附历任录　一册
渔洋续集　四册
赐闲堂集　四册
书溪西堂稿　二册
唐人万首绝句选（二部）　一册
玉严诗集　四册
渔洋诗初续合集　四册
林茂之诗选　二册
陶庵诗集　一册
表余落笺合选　二册
渔洋文略（又一部四册）　八册
黄湄诗选　二册
锦带书（汲古阁本）　一册
秋柳诗释（二部）　一册
盘谷集附青沟偈语　三册
渔洋诗集　四册

声调谱　一册
和艺圃诗　一册
南海集　二册
雍益集（二部）　一册
萧亭诗选附考功集选　四册
菜根堂诗集选　一册
西城别墅诗　四册
五代诗话　四册
笠山诗选　二册
观稼楼诗附风香集　二册
隶华书屋近刻　一册
风华阁俪体　一册
宝菡堂遗诗　二册
会心偶笔（二部）　四册
渔洋山人集　一册
槐轩诗集　一册
萧亭诗集　一册
莲洋集（二部）　一册
鬲津草堂诗　三册
香祖诗庸　一册
绿杨红杏轩诗附续集　六册
艺圃诗　一册
唐贤三昧集　一册
珂雪词　二册
衍波词（留松阁本）　二册
精华录选钞　一册
慎余堂诗集　一册
苍云山房稿　一册
渔洋秋柳诗笺注析解　一册
渔洋秋柳诗笺　一册

诗笺三种　一册
蚕尾续集　二册
塞上集　一册
北归志附南来志　二册
精华录笺注辨讹（抄本）　一册
诗问　一册
但吟草　二册
考功集选（又一部）附古钵集　一册
载书图诗（二部）　一册
南海集　一册
百砚铭　一册
渔洋诗续集　四册
桐阴书屋诗　一册
杏邨诗集　一册
皇华纪闻　二册
聊园诗略　一册
十笏草堂诗选（欠卷四、五、卷九）　二册
十笏草堂诗选　一册
粤行三志（南来、北归志、广州游览小志等）　一册
双江唱和集附收庵诗　二册
精华录（林写刊本　批校本）　十册
盘隐山樵诗集　四册
渔洋集古梅花诗　一册
香祖笔记　二册
唐贤三昧集批校本　一册
甫里初集　一册
徐诗　一册
二家诗选合集附边华泉（徐迪功、高叔门）　二册
新安二布衣诗　四册
蚕尾集（正、续集）　六册

淡龙录　一册
木田诗钞　三册
云根清壑山房诗集附吴船书屋诗枫香集苍雪山房稿倚花楼诗等　六册
十种唐诗选　九册
江湖夜雨集　四册
分甘余话　二册
倚声初集　四册
秦蜀驿程后记附陇蜀余闻皇华纪闻蜀道驿程记　四册
清音集　二册
居易录　八册
台山游　二册
续三十五举（稿本）　一册
衍周余墨（抄本）　一册
砚云甲乙编（铅印）　十一册
九经白文散种（有易、礼记、孝经、小学）　五册
史记（古香斋本）　三十册
浣薇山馆诗钞（抄本）　一册
高东溪集（抄本）　一册
大雅集（抄本　未装订）　一册
观象居易传笺　二册
戊戌遗笔（二部）　一册
金壶记（抄本）　一册
百花诗笺　一册
文章缘起注　一册
纪夏殷王业章（抄本）　一册
西岳华山碑（石印）　一册
四经（易、书、诗、仪礼）附制艺（抄本）　六册
仪礼图　二册
然脂集例附焦山右鼎考（昭代本）　一册

第八箱

双照楼景刊宋元本词　二十册
沈观斋诗　二册
藏书记要　一册
述学（不全）　三册
有恒心斋全集　十三册
西京杂记（汉魏本）　一册
外国竹枝词（昭代本）　一册
周易解（空山堂本）　四册
续复古编（欠首册）　一册
红豆新词　一册
小学类编（欠说文校议）　六册
史抄（无书名）　三册
石洲诗话抄本（不全）　三册
服气祛病图说（抄本）　一册
通俗字林辨证（欠下册）　一册
虚舟题跋原卷　一册
韵学偶存（欠上册）　一册
许学丛刻　二册
四书近指（欠首两册）　二册
汉魏六朝金石刻（欠上册）　一册
钝吟杂录（不全）　一册
秋崖小藁（仅首册）　一册
庄子独见（不全）　一册
铁崖古乐府（不全　毛刻）　一册
苏诗补注（不全）　八册
挥尘录余话（不全）　一册
赏雨茅屋诗（欠下册）　一册

方望溪集外文（不全）　三册
溉堂前集（不全）　一册
阴阳指正（不全）　一册
类书（抄本）　一册
湖北全省学职员一览表　一册
古韵分合异同附音韵学讲义　一册
说文解字学讲义（未装订）　四册
道德经帖（裱本）　一册
佛说六门陀罗尼经（拓本）　一册
法帖争座位　二册
中俄国际约注（不全）　一册
名媛诗归（不全）　六册
百砚图（拓本　未装订）　一册
六朝唐碑（石印　未装订）　一册
古铜器拓篇　十幅
沿海图　一卷
中俄交界图　一卷
沅湘耆旧（欠首册）　五十九册
寂园丛书散种　二百二十册

第九箱

寂园丛书散　三百十三册
黎里志　正续　十册
黄州府志拾遗　二册
宝应县志　十册
桂阳直隶州志　十三册
淮北票盐志略　四册
广东图志　十八册
浚县志　六册

长武县志　四册
韩城县志　七册
天童寺续志　二册
禹城县志　四册
朝邑县志　四册
辽东行部志（晨风阁本）　一册
圣门诸贤辑传　一册
文学研究法　一册
文字发凡　一册
大清通礼　十二册
同州府志附续志　三十册
象州志　二册
留壩厅志　四册
渠风集略　四册
宋人府职掌暨岁入岁出统计表　二册
泰山小史　一册
文章指南　四册
词律　十二册
戡定新疆记　二册
唐文粹附补遗　二十册
中国沿海地志（抄本）　二册
延吉边务报告　四册
固安文献志　八册
钦定四书文　二十三册
山西沿革疆域图　五册
合肥县志　十六册
汾阳县志　六册
汾州府志　十六册
广德州志　十六册
三水县志　二册

新宁县志　四册
东昌府志（不全）　二十五册
咸宁县志　八册
长安县志　六册
新安志　十册
鄞县志　三十四册
名人传稿（贺寿慈、毛克宽、周德润、麦龙韬、贺振骑等　抄本）　五册
楹联（抄本）　一册

第六册

第二十箱

旧五代史（能氏影印本）　六十册
鄦斋丛书　十六册
唐公年谱（唐友耕）　一册
六吉行述　一册
林文直公行述　一册
佩蘅行述　一册
麟见亭行述　一册
鲍穆堂行述　一册
钱伊甫行述　一册
陈文良公哀思录　一册
莫犹人墓表　一册
天下郡国利病书　五十六册
顺天乡试朱卷（黄咏、胡启淳）　二册
鉴园主人年谱　一册

吴子苾行述　一册
余幼冰行述　一册
恽薇孙行状　一册
庞文恪公年谱　一册
余考惠年谱　一册
家居自述　一册
箫质斋年谱　一册
陈巡抚行述　一册
春秋左传杜注　十册
二思堂丛书
寿栎庐丛书　二十四册
观自得斋丛书　二十三册
列女表微录　一册
左文襄公年谱　八册
读史方舆纪要舆地图　四册
粤西文载　十八册
晨风阁丛书　八册
月河精舍丛钞　二十册
皇朝藩部要略　八册
安南志略　四册
蓉槎蠡说　六册
增删坚瓠集　四册
杨中议公自订年谱　八册
邦畿水利集说（抄本）　一册
史脔（明刊本）　八册
乘舆仪仗做法　二册
世一史弹词主　八册
随庵丛书　十二册
圣学格物通　二十册
甘泉文集　十册

二十一史弹词　一册
隆平集　四册
宋人小说类编　四册
观象庐丛书（有配）　六十三册
丛睦汪氏遗书　三十五册
粤西丛载　六册
后汉书集解　二十八册
资治通鉴外纪　十册
秦边纪略　二册
贤母录　一册
瞿文慎行状　一册
含嘉室自订年谱　一册
唐阿斌庚子殉难记　一册
易四房同门朱卷（康熙乙酉科）　一册
礼记房同门朱卷（雍正元年）　一册
峨马雷屏边务调查表　一册
塞北纪行　一册
扅画斋统一分治刍议　一册
变法榷议　一册
寄彝表旧表（抄本）　一册
顾展乡行述　一册
杭志三志三误辨　一册
黄琴坞行虎　一册
程玉才家传　一册
周幼盦行略　一册
王艺斋行述　一册
史按　四册
大唐西域记　四册

第二十一箱

钦定宗室觉罗律例　四册
水道提纲　六册
前汉书（殿板）　三十四册
三赋（元尚居本）　一册
两浙防护录　二册
清献堂全编　八册
五代史记注　三十六册
后汉书（殿板）　二十六册
三国志（木活字本　有批校）　二十册
客座赘话（明刊本）　六册
洛阳伽蓝记附兼明书　二册
武功县志　一册
冈邑志纂（抄本）　一册
汧阳述古编　一册
东瀛诗略　二册
马氏绎史　十八册
西夏纪事本末　四册
野获编　二十册
明会要　二十册
东京梦华录　二册
困学纪闻　六册
广卓异记　二册
何博士备论　一册
疑狱集　二册
河朔访古记　二册
清表异录　四册
清异录　二册

益部谈资（明刻本）　一册
理学宗传辨正　六册
隐居通议　四册
铁网珊瑚　十册
百川学海（散种）　六册
焠掌录　一册
姚氏药言　一册
消夏录　二册
区田编加注　一册
雪泥鸿爪　二册
泖东草堂笔记　四册
俭德堂读书随笔　二册
良贵录　二册
麓台题画稿　一册
庭闻忆略　一册
理虚元鉴　一册
北户录　一册
友会谈丛　一册
绍陶录　一册
师友杂志　一册
可书　一册
茗余随录　四册
二初斋读书记　二册
查葑湖杂著　一册
查浦辑闻　二册
钝翁说铃　一册
今文房四谱　一册
先正读书诀　一册
文苑英华辨证　二册
通俗编　八册

援鹑堂笔记　十三册
猗觉寮杂记　一册
瓮牖闲评　二册
西陲今略（抄本）　一册
武功县志　一册
汉书补注订误　一册
黑鞑事略　一册
知所止斋自订年谱　一册
哀思纪实　一册
纪慎斋行述　一册
江蓉舫行述　一册
贞观政要　四册
浩然斋雅谈　一册
文昌杂录　三册
河上楮谈附浣水续谈游宦余谈（明刻本）　六册
正阳（明刻本）　四册
楮记室　五册
湖海楼丛书　十六册
井蛙杂记　一册
四本堂座右编　四册
困学纪闻　八册
改划全国郡区说明书　一册
闽漳先贤列传　一册
进士题名碑（康熙乙丑科）　一册
黄运河口古今图说　一册
造墨法　一册
水蜜桃谱　一册
蟋蟀谱　一册
曹州牡丹谱　一册
荔支诗　一册

甘薯录　一册
艺菊志　四册
读书劄记　一册
书肆说铃　一册
青藤山人路史　一册
两山墨谈　四册
曲洧旧闻　一册
公是弟子记　一册
玉堂丛语　四册
湘烟录　二册
铁网珊瑚　四册
王行实编年　一册
年谱志略　一册
刘公行状　一册
林子颖年谱　一册
夏鹤汀行状　一册
谏续录　一册
愧郯录　一册
曾忠襄公年谱附荣哀录　四册
建炎以来朝野杂记　十册
对问编　四册
韵石斋笔谈　一册
闲居录（抄本）　一册
谈苑　一册
拾遗记　一册
东皋杂抄（抄本）　一册
闻见近录　一册
越中先贤祠目　一册
墨妙法式　一册
李愍肃公传　一册

藏园居士六十自述　一册
梦痕录余　一册
吴莫阶行状　一册
宗湘文行状　一册
钱伊甫行述　一册
常蔚亭行状　一册
沈文节公事实　一册
邹康斋行略　一册
洪体质行述　一册
小西腴山馆主人自著年谱　二册
云谷年谱　一册
张督部陈抚部请变科举奏　一册
黄靖道行状　一册
夏辅堂墓志铭　一册
张石樵行述　一册
汪先世家传　一册
绍衣录　一册
吴湄州遗像缘起　一册
完颜氏麟庆行述　一册
张温和公列传　一册
徐筱云家传　一册
无补老人哀挽录　一册
南朝寺考　二册
六朝事迹　四册
啸亭杂录　四册
鸡肋编　三册

第二十二箱

叶调生遗书　四册

鷓鴣庵笔麈　一册
玉井山馆笔记　一册
稽古严　二册
古越书　四册
披芸漫笔　七册
桥西杂记　一册
脚气集　一册
玉剑尊闻　五册
芗屿裘书七种　十六册
义州李氏丛刻　四册
台州外书　六册
清真集　一册
四书续谈内外编　二册
格古要论　四册
魏公谭训　二册
古画品录　一册
校正元亲征录　一册
东观奏记　一册
通鉴刊本识误　一册
蒙古律例　四册
历代沿革图　一册
女红传征略　一册
刍论　一册
柚堂笔谈　一册
教谕语　一册
餦林冗笔　一册
唾余续拾　一册
何博士备论　一册
佩玉斋类稿（抄本）　一册
自鸣钟表图说（抄本）　一册

画谱全录（抄本）　二册
秕言（抄本）　一册
资暇集（抄本）　一册
河工蠡测（抄本）　一册
坡仙遗事（抄本）　二册
颐老切言　一册
修真秘要　一册
南窗丛记　二册
竹居外录　一册
列仙酒牌　一册
三冬识余　二册
谭误　二册
张皋文全集散种（七种　又四种五册）　九册
南诏野史　二册
战国策释地　一册
茗柯词　一册
七十家赋钞　四册
康刻易书三种（虞氏易礼、周易郑荀义、易义别录等）　四册
滇诗拾遗　六册
说文逸字　一册
湖雅附湖蚕述　四册
乌台诗案　一册
梦园丛说　四册
何义门读书记　十二册
锡金识小录　六册
幼学须知故事捷录　一册
左庵一得续录　一册
天马山房丛著　一册
东海记　一册
素问释义　八册

闲居偶录　四册
东皋印人传　一册
俟庆录　一册
宋艳　六册
蔗余偶笔　一册
滇考　二册
榆巢杂识　一册
遂昌山人杂录　一册
玉谱类编　四册
研经言　二册
宋稗类钞　八册
端溪砚志　四册
黔语　二册
平江纪事（抄本）　一册
东城杂记　一册
巢林笔谈　二册
清秘述闻附槐厅载笔　十二册
宝祐登科录附绍兴十八年登科小录（抄本）　二册
言鲭（抄本）　一册
天香楼偶得（抄本）　一册
簪云楼杂说（抄本）　一册
谈助（抄本）　一册
律吕臆说　一册
旧学蓄疑　一册
湖船录（二部）　一册
舒艺室随笔　二册
续幽怪录　二册
能改斋谩录　八册
古今考　五册
遵义府志　二十册

汗简笺证　四册
清季外交史科（又六函六十册）　六十四册
周易属辞　八册
千家诗注　一册
茗柯文编附补编外编　四册
说文木部笺异（二部）　一册
素灵微蕴　四册
仪礼私笺　二册
桐埜诗集　二册
轮舆私笺　一册
教种山蚕谱（未装订）　一册
黔诗纪略后编　十册
黔诗纪略　八册
听雨楼随笔　十册
戚鹤泉遗书四种　十册
景文堂诗集附鹤泉文钞续选　四册
三台诗录　十二册
午风堂丛谈　二册
宛邻书屋古诗录　六册
癸巳类编　六册
粤西诗载　六册

第二十三箱

东湖书院通艺堂记　一册
春草园小记　一册
雪浪石题咏　一册
王志　一册
经术公理学　二册
抚郡农产考略

摺谱　一册
各省立成表　四册
竹居小牍　二册
白虎通　二册
太上感应篇注　一册
淮南许注异同诂　二册
辑淮南鸿烈解诂　一册
灵棋经解　一册
天禄阁寓言外史（明刊本）　四册
文子　二册
周秦诸子叙录　一册
读子卮言　二册
杨子法言　二册
南华经正义　六册
五经岁编斋三种（又名翟校三种）　十册
玉麈集　一册
画中九友歌　一册
西京杂记　一册
钞币论　一册
画筌析览　一册
顾曲录　一册
清嘉录　二册
农候杂占　二册
在园杂志　四册
琴谱（抄本）　一册
天步真原（抄本）　一册
勾股形内容三事和校（抄本）　一册
金石林（抄本）　一册
刘子　一册
关尹子　一册

中论　一册
读史粹言　一册
金刚经石注　一册
钦定宫中现行则例　四册
汉学谐声　八册
梅氏丛书　十册
守城要览　一册
蚕桑说　一册
广蚕桑说　一册
洄谿医案　一册
天文图　一册
教稼书　一册
蚕桑实际　一册
四经发隐（阴符、道德、冲虚、南华等）　一册
墨经古义　一册
列仙传校正本　一册
农雅　二册
逸周书　四册
管子地员篇注　四册
素问校义（二部）　一册
新序说苑附盐铁论（汉魏本）　五册
楹联丛话　四册
淮南子（庄刊本）　十册
吴中旧事　一册
砚北杂志　一册
砚考　二册
孔经哲学发微　一册
蕉轩续录　二册
草木子　二册
瞆瞆斋书画记　一册

时节气候抄　二册
西石城风俗记　一册
吾师录　一册
卧碑广义　一册
随园食单　一册
墨表（抄本）　一册
邻苏老人手书题跋　二册
傅子（聚珍本）　一册
越绝书　一册
新疆礼俗志　一册
淮南杂识　二册
吉林地志　一册
瓜圃丛刊叙录　一册
莲池四种　四册
洪恩波著书三种（泽宫序次举要、圣门名纂祐、曾庙从祀议荟）　六册
烟画东堂小品（欠一册）　十一册
云谷卧余　六册
洛阳伽蓝记（绿君亭本　有批校）　四册
文中子申说（阮逸注　黑口本）　二册
老解（明刊本）　一册
难经经释　二册
淮南天文训补注　二册
物理小识　六册
化书　一册
淮南子校勘记　一册
褚氏遗书　一册
兵迹　二册
列子（秦氏刊）　二册
洛阳伽蓝记集证（未装订）　一册
管子（仿宋本）　四册

南华经解　六册
七十二侯表　一册
观老庄影响论　一册
白虎通义考　一册
墨子（王闿运注）　三册
灵棋经（明刊本）　二册
列子附文子通玄经（铁华馆本）　三册
薛氏元经　二册
吕氏春秋高注补正附陈文节年谱　一册
方言（仿宋本）　二册
四译馆考　二册
方言（影印宋本）　二册
数学九章（宜稼堂本）　十册
空山堂全集（史记评注、诗志、考工记、论文、论语随笔、孟子论文、诗集、文集、读史纠谬）　三十三册
握灵本草　八册
振绮堂丛书二集　八册
集虚草堂丛书（欠一册）　二十三册
吴兴丛书　二十册
庄子郭注（有批校）　四册
师竹庐联语　四册
救荒活民类要　一册
蔗余偶笔　一册
阚氏故实　一册
麓台题画稿　一册
百家姓考略　一册
景德镇陶录（未装订）　二册
居官必阅录　一册
庐阳客记　一册
妙贯堂余谈　四册

此君山房竹谱（抄本）　二册
群芳小集（二部）　一册
管子校正　六册
河上语　一册
京师地名对　二册
墨子闲诂　八册
史微　四册
庄子集释　八册
藏一话腴　一册
下学庵算书　一册
明僮合录　一册
劳氏碎金　一册
槎上老舌　一册
蛤仔难纪略　一册
庄子独见　四册
梅关古迹（抄本）　一册
四书典故核　六册
公羊礼疏附公羊礼说公羊问答礼论略钞　六册
北行日记　一册
宦游纪略　一册
立海纂　十六册
世说新语附补（铅印本）　十二册
宋本广韵订　一册
唐说文木部笺异（二部）　一册
苕雅余集　一册
黄氏遗书（黄元御）　十二册
式训堂丛书（不全）　二十三册
理学宗传　十二册
影山草堂丛书（即莫邵亭全集）　五册
春秋传（空山堂本）　四册

溪西集附集句丛抄　二册

第二十四箱

乙未科会试同年录（道光十五年）　二册
晏子春秋（毕刻本）　四册
古今注附独断刊误（明吴琯刊本）　五册
於越先贤像传赞　一册
汉官旧仪帝范附唐书直笔（聚珍本）　二册
绍兴先正遗书　三十二册
梅苑　四册
云栈纪程　四册
天瓶斋书画题跋　一册
炳烛编　二册
黄白金丹全书（抄本）　二册
拾箨余闲　一册
黄妳余话　四册
黄帝内经太素　六册
全史宫词　四册
尔尔书屋诗文钞（又诗钞二册）　六册
放言百首笺注二部　一册
叠雅　四册
异号类编　四册
止围笔谈　四册
古今风谣附拾遗　四册
新疆大记　一册
九华新谱　一册
孶经室训子文笔　一册
墨池璅录　一册
雷波琐记　一册

明夷待访录纠谬　一册
感深知己录　一册
樗萌谱（二部）　一册
东游日记　一册
大义觉述录（铅印本）　一册
志雅堂杂钞　二册
闲中偶録　二册
西湖秋柳词　一册
水道考要　一册
藩献记　一册
全史一班　一册
神相全编　六册
论语说　二册
清献堂全编　八册
春秋左传杜注　十册
陕西南山谷口考　一册
三台诗话　二册
燕说　一册
鹤泉集杜　四册
得一山房五种（清缨日记等）　十册
艺舟双楫　一册
黄陶庵全稿　二册
天盖楼偶评　十册
感旧集小传拾遗（铅印本）　四册
朝邑县志　一册
六朝声偶集（明刊本）　一册
未灰斋文集（铅印本）　四册
小腆纪年（同上）　十二册
小腆纪传　十八册
海州直隶州志（欠首册）　十一册

太上感应篇　六册
普通中学校简明章程（抄本）　一册
蒋阿荣小传（抄本）　一册
柳河东诗集（席氏刊本）　一册
王右丞诗集（同上）　一册
顺天乡试题名录（光绪壬寅　补行庚子　辛丑）　一册
国朝馆选录　二册
会试朱卷（光绪癸未科　壬辰科）　二册
直省同年录（道光甲午科）　十册
粤东诗文海（内有抄配　两册未装订）　八十六册
唱经堂古诗解（抄本）　一册
江苏同官录　八册
文武状元策　八册
乡试题名录（嘉庆戊辰科）　一册
顺天乡试同年录（嘉庆庚午科）　一册
会试朱卷（光绪戊戌科　癸未科　壬辰科）　三册
各家朱卷　八十七册
干支类联　二册
会试朱卷（同治癸卯科）　一册
中州同官录　四册
登科录　一册
河南乡试录　一册
青照堂丛书（三编、次编、散种）　十二册
昭明文选（汲古阁本　又一部十册不全）　十二册
爵秩全览（光绪乙未春季）　二册
历代舆地图（杨氏刊本）　三十四册
集验良方（抄本）　一册
七省沿海全图（裱本）　一册
枣林杂俎（抄本　未装订）　一册
黔记　一册

皃氏为钟图说补义　一册
道德宝章　一册

第二十五箱

（曾一度移动，欲加四十一、四十二箱合并，未装落，故又移回，次序稍乱矣）
半箧秋词　一册
铸铁词　一册
玉藤仙馆词　一册
小庚词存　二册
柳烟词　二册
绾红轩词钞（稿本）　一册
回文词　一册
梨庄词附花枝词　二册
松岩词　一册
亦有秋斋词钞　一册
紫茎山馆诗余偶存　一册
古香凹诗余　二册
春蛰吟　一册
余栖书屋词稿　一册
宋元名家词　二册
听秋声馆词话　四册
受辛词　一册
比竹余音　一册
翠羽词　二册
古榆轩词　一册
语儿村笛　二册
翠浮阁词　一册
水云楼词　一册

侯鲭词　一册
镜虹吟室词集　一册
红豆词　一册
绾红轩词钞　一册
紫云词　一册
玉洤词　一册
碧云秋露词　一册
桐月修箫谱　一册
画溪渔唱　一册
听秋词　一册
海风箫词　一册
小长芦渔唱　一册
第一生修梅花馆词　一册
华雨楼词草　一册
褚叶词　一册
步姜词　一册
响山词　一册
竹石居词草　一册
弢园词　一册
皖词纪胜　一册
桐阴草堂词　一册
吾意盦长短句（甲乙稿）　二册
日湖渔唱（又一部一册）　二册
白石道人歌曲　一册
瘐鹤轩词　一册
荓绿词　一册
鸥堂剩稿　一册
凤孙楼词　一册
镂冰词钞　一册
乐章集附校勘记　二册

粤东三家词钞　一册
花间乐府　一册
词律校勘记　一册
冷红词　一册
和珠玉词　一册
花影吹笙谱（二部）　一册
忆云词（三部）　一册
蝶盦词　一册
菊寿庵词　一册
青溪词钞　一册
吴沤烟雨（二部）　一册
小山词钞　一册
得全居士词附茗斋诗余　一册
国朝诗余（明刊本）　一册
饮冰诗词　一册
疆村词（二部）　一册
月波楼琴言　一册
鹫音集　一册
花间集　二册
百调红词　二册
留沤唫馆诗存　一册
南唐二主词集　一册
乐府指迷　一册
淮海秋笳集　一册
微云榭词钞　二册
瑶华集（欠首二册）　六册
还初堂词　一册
凝香集　四册
栩园诗弃稿　二册
清梦盦二白词　一册

江南村词　一册
樵风乐府　一册
西泠词萃　二册
莲子居词话　二册
梅祖盦杂诗附中白词　二册
词综　六册
梦春庐词　一册
东皋诗余　一册
远春词　二册
罗裙草　一册
玉壶山房词　一册
白蕉词　一册
双碧词　一册
纫香草堂诗余　一册
秋莲子词稿　一册
雅坪词谱　一册
丙庵诗词四种　一册
销寒词　一册
松香词钞　一册
轩霞词　一册
紫鸾笙谱　一册
梁园唱和词　一册
清梦轩诗余　二册
小石帚生词　一册
榕园词韵　一册
湖南六家词钞　一册
养一斋词　一册
留云借月盦词　一册
半塘定稿　一册
红雪词　一册

塔影楼词　一册
海南归櫂词　一册
桐华吟馆词　二册
捧月楼词　一册
拙宜园集　一册
濯绛宧词（二部）　一册
双辛夷楼词　一册
曲律易知　二册
戏曲史　一册
月团词　二册
无鼓词剩　一册
邓林唱和诗词　一册
倚晴楼诗余（二部）　一册
露蝉吟词钞　一册
曾乐轩稿　一册
云瓯词（凡家词）　一册
水云楼词　一册
荔墙词　一册
词辨（谭评）　一册
湘瑟词　四册
柯氏四子词　一册
冬草居士词　二册
东瓯草堂词　一册
梦窗甲乙丙丁稿　二册
寒松阁词　一册
味梨集　一册
本事词　一册
白雨斋词话　四册
秋梦盦词（二部）　一册
桐华阁词（郎微尚斋丛刻）　一册

悔龛词　一册
绝妙好词笺　四册
空青馆词稿　一册
心日斋词集　二册
老舲乐府　一册
绿窗小咏　一册
虞苑东斋词　一册
餐花吟馆词钞　二册
秋水轩唱和词　二册

第二十六箱

花影吹笙词钞　一册
湘绮楼词钞附绝妙好词联语　三册
水云楼词（又一部　铅印本）　一册
褢山楼词录　一册
花帘词　一册
云起轩词钞　一册
香南雪北词　一册
销魂词（二部）　一册
浙西二沈词　一册
宋元八家词（抄本）　一册
同调词集（抄本）　一册
意香阁词　四册
碎金词谱　四册
养默山房（诗韵）　二册
眠鸥集　一册
漱玉集　一册
唐五代词选　一册
雁鸣霜　一册

沧桑艳　一册
笠翁词韵　二册
睡香花室词（抄本）　一册
大小雅堂诗集附冰蚕词　二册
春花秋月词（抄本）　一册
小湖田乐府　二册
石林词　一册
莺乔集　一册
绿意词　二册
二家词抄　二册
漱泉词（二部）　一册
第一生修梅花馆词（即二云词等　四种）　二册
词余丛话　二册
百萼红词　一册
㵾花词附莺边词、留鸥吟馆词存、红蕉诗（又满楼刊）　一册
梅边笛谱　一册
红藕庄词　二册
二波轩词选　一册
二娱小庐词钞　一册
沧红乐府　二册
小苏潭词　一册
旧雨联吟　一册
柯家山馆词　一册
蕴兰吟馆诗余　一册
瘈鹤轩词　一册
冰壶词　一册
匏笙词　一册
寄影轩词稿　一册
苾刍馆词集　二册
郬亭词集　一册

竹所词稿　一册
荼梦龛词　一册
佩蘅词　一册
莲漪词（二部）　一册
竹帘词　一册
倚月楼词　一册
蕤红词　一册
愿为明镜室词（三部）　一册
楚水词　一册
镜湄长短句　一册
尊酒销寒词　一册
小书舟乐府　三册
剑光楼词　一册
昭代词选　十二册
曹集诠评　二册
鄱阳诗集　二册
词苑丛谈　四集
疆所刻词　四册
历代词腴　一册
骊山传　一册
沧江虹月词　一册
国朝词综续编　八册
词学集成　一册
白香词谱笺　一册
箧中词　一册
秋蓼亭词　四册
十六家词录　一册
粤东词钞　七册
词旨畅　一册
粤东词钞（二、三编）　二册

晚香室词录（抄本）　四册
词综补遗　四册
四家词（朱绶、陈彬华、吴嘉淦、王嘉禄）　一册
甲子生梦余词　一册
击筑余音　一册
木皮鼓词　一册
红蕉词　一册
白山词介　一册
碧云词　一册
粤西词见　一册
石莲阁词　一册
裁云阁词　一册
香海词　一册
柳村词　一册
薇省同声集　一册
湖州词征　四册
宋七家词选　四册
金陵词钞　四册
国朝词续选　一册
鸳鸯宜福馆遗词　一册
梦窗词（甲乙丙丁稿　二部）　一册
雀缘词　一册
词律（抄本）　一册
疏影楼词　二册
绝妙好词笺　三册
草窗词　一册
情田词　三册
勉憙词　一册
小三吾亭词　一册
采香词　一册

天下同文　一册
词辨（谭评　二部）　一册
寸灰词　一册
蓼园词选　一册
修梅清课　一册
吴沤烟语　一册
明湖四客词钞　一册
宋西家词选　一册
浙西六家词　二册
薇省词钞　二册
心安隐室词集　二册
棣花香词附二集　六册
饮酒读骚图题词　一册
乐章集　一册
庚子秋词　一册
濯绛宧词（二部）　一册
恒河鬓影词　一册
享帚词　一册

第二十七箱

吟红阁词钞　二册
吴梅村词　一册
景石斋词略　一册
小游仙馆词钞　一册
学宋斋词韵　一册
真宋阁词　二册
绿静轩续集　一册
琴韵楼诗钞　一册
秋林琴雅　二册

屏锦集附词集　四册
问诗楼合选　一册
慈云阁诗存　一册
澹宜书屋诗草　一册
女红余志　一册
听秋轩诗集　三册
小嫏嬛吟稿　一册
绾秀园词选　一册
山中白云词（抄本）　二册
湘绮楼词　一册
鸥笑集　一册
南唐二主词笺　一册
群英诗余（仿宋本）　二册
南州草堂词话附皱山轩诗筌（抄本）　一册
林下词选　八册
曝书亭词拾遗　一册
蕴菊吟馆诗余（抄本）　一册
清梦轩诗余　一册
金梁梦月词　二册
历代两浙词人小传　六册
微云榭词钞（稿本）　一册
镜烟堂稿（稿本）　一册
二家词钞　二册
采香词　一册
二家试帖　一册
徐烈妇诗余　一册
绛雪诗钞　一册
珠楼遗稿　一册
沅香阁存草　一册
零珠词　一册

二种词钞（撷影词、玉玲珑山阁集）　一册
绿阴槐夏阁词　一册
补恨楼词　一册
古今词论　一册
研华馆词　一册
蓉影词　一册
明湖四客词　一册
纯飞馆词　一册
松阴诗余　一册
红豆新词　一册
月底修箫谱　二册
大宋真儒集（未装订）　一包
吟风阁传奇（铅印本）　四册
历代词话（铅印本）　六册
春晖堂丛书　十二册
竹崦盦金石目录（食旧壹本）　二册
三国志补注（同上）　二册
忠经　一册
素问释义（稿本）　六册
楝亭八种　七册
李仲约与刘忠诚书（影印本）　一册
王太常集　一册
词林正韵　三册
双辛夷楼词　一册
怡云词　一册
瞻园词　一册
国学丛刊　十册
敦夙好斋诗集　八册
叶志诜所刊书（并所著书）　三十一册
姓氏寻源附姓氏辨误　十九册

兰皋明词汇选　六册
词源（词学丛书本）　一册
乐府雅词拾遗附元草堂诗余词林要韵等（同上）　三册
词林万选（汲古阁本）　一册
词林玉韵　二册

第二十八箱

徐节孝语录附事实　一册
驴背集　二册
国朝东莞题名录　二册
史感物感　一册
亲属记　一册
尺冈草堂遗集　四册
张芑山全集（又一部五册　欠末册）　十册
札迻　六册
碑帖考（抄本）　一册
刘海峰时文　四册
秋崖小稿（又抄本二册）　八册
渭崖文集（明刊本）　十册
子良诗录　四册
鸿桷堂集　四册
小潜楼集　四册
郑氏易谱　四册
五百四峰堂诗钞（二部）　八册
士那补释　一册
湘阴县图志　十四册
城南书庄草　十册
学海堂丛刻　十四册
二思堂丛书（首函）　十二册

尊前集（汲古阁本）　一册
湖海诗传　十册
修本堂丛书　十三册
黄山纪游　一册
宋七家词选　三册
国朝诗铎　十四册
华事夷言（抄本）　三册
疏勒奏稿（抄本）　二册
月洞诗集　四册
西域舆地三种汇刻　一册
香宋词　一册
听潮音馆词集　一册
杜陵绮语附小丹丘词撷影词又玉玲珑山阁集枫香词　一册
好云楼试律附四书文　四册
颜李遗书（初刻本）　十三册

第二十九箱

道藏辑要（云阳道人　悟真篇、阐幽、葆真子真诠等　抄本）　一册
造像拓片　一册
六壬银河掉（抄本）　一册
商君书表微（王仁后稿本）　一册
白虎通义集校（同上）　一册
金石续编补跋（同上）　一册
金石题跋（副本同上）　一册
籀许誃读碑记（同上）　一册
周虢季盘释文（同上）　一册
金陵石刻记（同上）　一册
金石簿录（同上）　一册
辽史艺文志补附辽金石目（同上）　一册

辽文萃三臣传（同上）　一册
墨子经注（同上）　一册
商君书（同上）　一册
西夏文缀外编（同上）　一册
尔雅学（同上）　一册
天山自叙年谱（同上）　一册
顾亭林祠祭题卷（同上）　一册
汉碑征经补（同上）　一册
张宫保吉金文释（同上）　一册
补梁书艺文志（同上）　一册
景祐六壬神定经纂（同上）　一册
说文解字要旨（同上）　一册
盂克鼎集释（同上）　一册
金石通考（同上）　二册
群书校文辑佚（同上）　一册
顾亭林群书补正（同上）　一册
经幢龙门造像（同上）　一册
石刻正文（同上）　一册
东西文精华（同上）　一册
汉书艺文志考证校补（同上）　一册
释名集校（同上）　一册
许君说文多采用淮南说（同上）　一册
淮南许注异同诂三续（同上）　五册
淮南子杨榷（同上）　一册
淮南鸿烈解（同上）　一册
正学堂全集（同上　未装订）　二十册
积古斋款识补遗（同上）　一册
武庙祀典考（同上　未装订）　二册
锡山张夏秋绍编次渔樵话（同上）　一册
郑堃阳辨诬录（同上）　一册

碑版丛录（同上） 二册
籀鄦赋筌（同上） 一册
补宋书艺文志（同上） 一册
希麟音义引说文考（同上） 一册
诸子引经考证附诸子古音考、读子日抄（稿本） 四册
元圣武亲征录（抄本） 一册
西域传（抄本） 一册
西迹山房文录 一册
存古学堂丛刻 三册
白虎通义引书表（二部） 一册
淮南万毕术辑（二部） 一册
正学编 一册
辟谬篇 一册
江苏存古学堂纲要 一册
毛诗草本今名释 一册
孔子集语补遗 一册
辽文萃附西夏文缀 一册
仓颉篇辑补校证附说文解字引汉律令考 一册
格致古微 二册
学堂歌笺 一册
敦煌石室真迹录 五册
淮南鸿烈解闲诂 二册
淮南许注异同诂 三册
玉壶山房词选 一册
宋元名家词 四册
翠薇花馆词 六册
西泠词萃 三册
汉碑（双钩本） 六册
金石后录残本（抄本） 二册
披云阁啸虹词 二册

栖西山馆词存　一册
百川学海散种　六册
清烟生漫录　一册
各家会试朱卷　三十三册
郝氏四种（宋琐语、补刑法志、食货志、晋宋书故）　四册
李君实杂著（六研斋笔记、二笔、三笔、紫桃轩杂缀、羿湫笺、胜画君题语、玺召录、蓟旋录、礼白秘记等　明刊本）　十九册

第三十箱

朱九江论史口说　一册
兵器学笔记（油墨印本）　一册
春秋世族谱　一册
崔东璧遗书　二十四册
海国四说　六册
藤花亭十二种（内有四梦）　三十一册
弼亭遗文附古人今我斋诗　三册
张南山所著书　三十三册
经字异同　六册
花甲闲谈　四册
虚受斋诗钞　六册
心盦诗存　一册
东塾丛书（白、竹纸各一部）　九册
东塾集　三册
东塾遗书　二册
东塾读书记（又一部二册　又一部六册）　五册
东塾类稿　一册
公孙龙子注　一册
东塾遗诗（二部）　一册
忆江南词　一册

琴律谱（二部）　一册
易大义补　一册
晦木轩稿　一册
藤花亭散体文　四册
诗笺异义考　一册
禹贡川泽考　二册
两汉纪校记　一册
光宣诗坛点将录（抄本）　一册
古诗十九首说　一册
本事诗（不全）　二册
星湄诗话　二册
说诗晬语　一册
东鸥百咏附瓯江小记　二册
三管诗话　一册
李驾部集　三册
道德讲义（明刊本　未装订）　二册
钦定各郊坛庙乐章　一册
陕西历科进士录　一册
常惺惺斋日记（稿本）　十册
东塾初学编（抄本）　一册

第三十一箱

湘雨楼词　四册
草间词（三部）　一册
清代闺阁诗人征略　四册
蒙香室词选　八册
诗学指南　八册
四印斋所刻词　十六册
词综附国朝词综　十六册

历代赋语　三册
小檀栾室闺秀词　十册
秦淮海诗词丛话　一册
许彦周诗话（明刊本）　一册
太仓十子诗选　二册
禊湖诗拾　二册
西泠唱和诗　一册
明纪事乐府　二册
明史乐府　一册
二十四诗品浅解　一册
四漠诗话　二册
小沧浪诗话　二册
下里集诗钞　一册
三唐诗品　一册
诗论正宗　一册
岘佣诗说　一册
古诗评林　一册
拟两晋南北史乐府（二部）　一册
八代诗精华录笺注　二册
十国宫词（二部）　一册
十六国宫附五代宫词　一册
南宋乐府　一册
勺庐词　一册
五十弦锦瑟楼词　二册
七颂堂词绎附花草蒙拾远志斋词衷　一册
听雨楼词　一册
小山词钞　一册
坐花阁词　一册
渌水余音　一册
宋四家词选　一册

二十四桥吹箫谱　一册
荔村吟草　一册
却扫斋诗集　一册
台阳诗话　一册
停云阁诗话　一册
中州人物小乐府　一册
明史杂咏（悔初庐本）　一册
明事杂咏　一册
铁立文起　五册
湘弦离恨谱　一册
十国杂事诗　四册
石园诗话　二册
一百二十本梅花书屋图题咏　一册
匏庐论诗绝句　一册
欧阳文忠公诗话（明刊本）　一册
雪南唱和诗　二册
太学十咏　一册
瀛洲亭诗初集　二册
约园词稿　二册
遗山新乐府　二册
水云楼词　一册
白蕉词续集　一册
拟莆阳乐府附拟左传乐府　二册
湘绮楼词钞　一册
忆云词　一册
寒松阁词　一册
芬陀利室词（二部）　一册
阙里孔氏词钞　一册
翠薇雅词　一册
江西咏古诗附都昌咏古诗　一册

二十一都怀古诗　一册
二十一都怀古诗附渤海考（抄本）　一册
海峰论文偶记　一册
鹦湖花社诗　一册
十六国宫词　一册
洛如诗钞　二册
橘社唱和诗　一册
花果会唱和诗　一册
泡影图题词　一册
双溪唱和诗　一册
红苗归化恭纪诗　一册
制艺杂话　一册
读诗臆语（抄本）　二册
云庄乐府（影印本）　一册
塔影楼词　一册
白蕉词　一册
醉芙诗余　一册
受辛词　一册
麟援词　一册
上斋纪事诗　一册
橡茧诗　一册
听鼓词　一册
墨花吟馆忆京都词　一册
月壶题画诗　一册
支川竹枝词　一册
海风箫词附绛河笙词　一册
城东唱和词　一册
琴思楼词　一册
蓉影词　一册
云淙琴趣　一册

醉经斋词钞　一册
碎金词　一册
五代新乐府　一册
瑶花梦影录　一册
浣花词　一册
桐华舸明季咏史诗钞　一册
历代词人姓名爵里考略（抄本）　一册
天启宫词　一册
碧山楼传奇　一册
蔡伯阶琵琶记（影印本）　二册
徐卓牾歌　一册
灌花词　四册
明湖四客词　一册
风车词　二册

第三十二箱

得一斋杂著　二册
金先生端溪讲堂策问　一册
寸心草堂文钞　一册
度岭草　一册
诗人玉屑　五册
柳亭诗话　十册
渔隐丛话　十册
太湖竹枝词　二册
金源纪事诗　四册
唐诗纪事（汲古阁本　又抄本证误一册）　三十二册
德风亭初集　二册
冬青馆古宫词　一册
两汉三国晋南北朝全诗　二十册

启祯宫词　二册
清真词选笺释　一册
微尚斋诗集附适适斋文集　二册
岘嶕山房诗集　四册
咏楼盍戠集　四册
南史节钞　四册
�石山房诗话钞　六册
苏亭诗话　四册
九谷诗集（欠首册）　一册
挹翠楼诗话　一册
名媛诗话　一册
朱梅舫诗话　一册
榕庵唱和编　一册
诗学　一册
诗品浅解　一册
七省沿海全图　一册
集韵编雅（不全）　二册
菱湖纪事诗　一册
汴宋竹枝词　一册
苍梧杂咏（抄本）　一册
羊城竹枝词　一册
澳门杂诗　一册
婆娑洋杂咏　一册
红楼竹枝词　一册
清宫词（二部）　一册
春秋后妃本事诗　一册
续尤西堂拟明史乐府　一册
笔花六种（抄本　不全）　四册
陈白沙诗教解（明刊本）　二册
寂园丛书散种　六册

蜀迹辨　一册
攀古楼汉石纪存　一册
侯氏书品附观宅四十吉祥相　一册
剑浦诗编　二册
绩溪杂感诗　一册
浔谿纪事诗　一册
之江涛声　一册
琼州杂事诗　一册
论泉绝句　一册
清惠堂遗印诗　一册
初学艺引（即琴史）　三册
国朝诗人征略二编（初刊本）　一册
洛阳名园记（明顾氏小说本）　一册
游华访古记（抄本）　一册
西京职官印录（欠首册）　一册
苏庵诗余（欠首册）　一册
荆溪词初集（欠首册）　一册
姓氏综补遗笺略（欠首册）　一册
薇阁偶存　一册
丁香花酬唱集附斯未信轩纪事偶吟　一册
兰婴小传　一册
杭辛斋事略　一册
峻峰行述　一册
廉琴舫传略　一册
陆文端公行状　一册
唐恭人哀辞　一册
李东云行述　一册
福珠福诚合传附牧臣殉难事实　一册
乍浦集咏钞　二册
论诗七绝（抄本）　一册

长安宫词　二册
南唐杂咏　一册
东周宫词　一册
方南堂辍鍜录　一册
李榕村论诗文（抄本）　一册
碧溪诗话（聚珍本）　一册
启祯宫词　二册
考田诗话　二册
诗律武库　四册
里甫年谱（稿本　未装订）　一册
鹤冈世系考（稿本　未装订）　一册
常惺惺斋诗集（稿本）　一册

第三十三箱

古今韵略　五册
清河书画舫　十二册
张小山小令　四册
六如亭题咏钞　一册
耳食录　八册
南田画跋　二册
漱玉词　一册
金玉琐碎　一册
庚子消夏祀碑帖考　一册
百衲琴对句　二册
说文双声叠韵谱（石印本）　一册
潞城考古录　二册
韵学指南　五册
海岛逸志　四册
乡言解颐　四册

女才子　四册
四梦汇谈　四册
妆楼摘艳　四册
南诏备考　四册
谈古偶录　二册
稽古轩经解存稿附鄂拊堂经解　四册
今韵笺略　五册
粤屑　四册
历代陵寝备考　十四册
邝斋杂记（二部）　二册
黄妳余话　二册
迩言　二册
钞币刍言　一册
三吴旧语　一册
女世说　二册
环天影事谱　二册
清溪风两录　二册
一得集　二册
帘钩唱和诗　一册
旅谭附松烟小录　六册
西溪丛话　二册
岭南随笔　四册
橡坪诗话　五册
十名家词集　四册
两般秋雨庵随笔　八册
珊瑚舌雕谈初笔　四册
映盦词（二部）　一册
清波小志补　一册
漱六编　二册
淮阴金石仅存录　二册

香叶草堂诗存　一册
七姬咏林　一册
竹窗随笔　三册
聊斋拾遗　二册
小知录　四册
易经（袖珍本）　二册
石鼓纂注（抄本）　一册
湖海诗传小传　二册
宋辛忠敏南渡录（又一部正觉楼本）　二册
云间举目抄　二册
鬣楼逸志　三册
秋圃丛钞　四册
荟蕞编　八册
三借庐赘谈　三册
匋雅（抄本）　二册
谈征（又竹纸一册不全）　八册
籁典　四册
遯翁随笔　二册
沧海遗珠录　一册
画舫余谭　一册
吹影编　四册
西湖竹枝集　一册
离骚草木疏　一册
莲幕本草　一册
香敛集发微　一册
松窗寤语　一册
芳雪轩词　一册
歧疑韵辨　六册
樵隐诗话　六册
妙香室丛话　六册

耕南诗钞　四册
镜源遗照集　四册
雨韭盦笔记　二册
渔玑漫钞　六册
四书典故辨正　六册
晚翠轩词韵　一册
乐善堂全集　十二册
元诗百一钞　四册
江陵志余　二册
疑雨集　四册
巾箱小品　四册
易艺举隅　六册
申报馆书目附续编　二册
浇愁集　四册
姜露庵杂记　二册
瀚海　三册
续异书四种　五册
纪载汇编　二册
续太平广记　八册

第三十四箱

遗珠贯索　四册
冷庐杂识　八册
睿吾楼文话　四册
薄海番域录　六册
穆天子传附越绝书释名（汪氏述古山庄刊本）　四册
经解入门（石印本）　二册
顺德李氏遗书（铅印本）　一册
孝槃余事　二册

鬼董　二册
有正味斋日记附尺牍　二册
文海披沙　四册
蕉轩蔗录　二册
国朝名人著述丛编　六册
长生殿　四册
史论　二册
瘗鹤铭考附集画说石墨镌华目法帖谱系杂说等（抄本）　四册
东望望阁随笔　二册
粤西笔述　一册
海国见闻录　一册
杨濠叟书文字建首（石印本）　一册
四书图考（不全）　六册
京尘杂录　二册
东山谈苑（铅印本）　一册
清波小志　一册
小樊川诗钞　一册
七嬉　二册
只尘谈　一册
陶说　二册
稗海纪游　一册
金川锁记　二册
篆刻针度　二册
书蕉　一册
六祖大师法宝记　一册
孟子年谱　二册
上书房消寒诗录　一册
西域闻见录　二册
拜楳山房几上书　四册
余墨偶谈　七册

金壶记（抄本）　一册
道德经述义　一册
启蒙真谛　一册
西泠旧事百咏　一册
感旧集小传　二册
音韵集注　一册
南湖东游草　一册
辅行记　二册
校邠庐逸笺　一册
四库未收书目提要（铅印本）　一册
琵琶记（代图袖珍本）　六册
初学记（古香斋本）　十二册
百二汉镜斋四种　四册
楚庭稗珠录　三册
守滨月记　一册
船山诗注　八册
大六壬会纂（抄本）　四册
宸垣识略　八册
紫藤馆录　八册
西洋记　十册
啸亭杂录附续录　十二册
日锄日记（抄本）　五册
山海道大关则例（抄本）　二册
聊斋志异补遗　二册
本草经读　四册
医学三字经　四册
时方妙用　四册
刑部比照加减成案续编　十六册
虞初新志　八册
青楼梦　十册

郑氏爻长补　四册
砚云甲乙编　十二册

第三十五箱

瓶隐山房诗词钞　十册
骨董琐记　四册
纪龄诗览　六册
道藏本五子（双鉴楼影印本）　四册
谈怪埋忧集　四册
史系简抄　四册
山西志辑要　十册
罗经会要　三册
南北史捃华　四册
聊斋心异　十四册
豫章丛书（初、二集　巾箱本）　十二册
谐铎　四册
马吊谱（抄本）　四册
滇南杂志　十册
南北史捃华　四册
读礼条考（石印本）　六册
易例大全　一册
续鲍丛书　十册
五代春秋志疑（铅印本）　一册
切韵指掌图　一册
三国志捃华　二册
梦厂杂著　八册
雪楼杂（影印本）　十册
汉滨集（同上）　六册
客亭类稿（同上）　三册

嵩阳石刻集记（同上）　二册
一山文集（同上）　三册
紫微集（同上）　八册
四裔编年表　四册
尚书去伪　一册
闲处光阴　二册
宋平江城坊考　四册
集杭谚诗　一册
成语　一册
野语　六册
泾川丛书（有配）　二十八册
虞阳说宛　八册
翰海（申报馆本）　八册
国朝画识附墨香居　八册
途说　四册
妙香室丛话　六册
添建省治说略并区域表　一册
斯陶说林　十二册
来边词　一册
薇云室诗钞附秋锦词　一册
西清散记（铅印本）　十册
贤乙编（欠第二册）　三册
趯游笔记　一册
著涒吟社同人录　一册
张殿撰变法平议　一册
潮州金石略（稿本）　一册

第三十六箱

名贤生日诗　六册

菱园丛书　十六册
国初十六家文钞（石研斋本）　四册
诹吉便览　二册
左庵四种（词话、丛说、琐语、诗余）　八册
韵府萃音　十二册
陆氏草木鸟兽虫鱼疏疏附郑志考证（南菁本）　一册
释名补正附心巢文录駉思室问答（同上）　一册
易林释文附淮南万毕术投壶考原（同上）　一册
规杜持平（同上）　一册
易例辑略附安甫遗学（同上）　一册
明堂月令论（同上）　一册
路程须知（抄本）　一册
秋审条款（抄本）　一册
砚缘集录　四册
增订集录（不全）　六册
易经触义附诗经触义激书骚筏　十五册
白香亭诗（又一部一册）　二册
李氏音鉴　四册
律表　六册
国朝书人辑略　八册
小万卷楼丛书（不全）　十册
楹联（抄本）　二册
鹿樵诗存附樵语　二册
李盱江经国三策　三册
简明勾股　一册
水经图说（抄本）　三册
蓉城偶笔　二册
崧台书　十二册
虞初新志　六册
文选附考异（林氏刊　袖珍本）　二十四册

爵秩全书（同治十一年）　六册
搢绅全书（咸丰七年）　四册
搢绅全书（道光二年）　四册
搢绅全书（壬子　约道光）　四册
剪灯丛话　六册
三礼图（石印本）　二册
说文易检　十册
天涯闻见录　四册
豫章闺秀诗钞　四册
养自然斋诗话　十册
广韵　四册
四书图考（石印本）　四册
退思存稿　四册
见闻随笔附续笔　十六册
雪堂集附杂录（抄本）　六册
五代史摘录（抄本）　一册
杂著（抄本）　一册
宣和遗事（石印本）　四册
庐江诗隽　一册
夷坚志（未装订）　二十册
夜雨秋灯录　十四册
醒睡录　五册
淞南梦影录　一册
胜国文征　一册
李史　八册
六才子书（即西厢记）　六册
名例（抄本）　一册
诗句集存（抄本）　一册
聊斋志异（鲍氏刊）　八册
蛸蛣杂记　六册

图民录　一册
南烬纪闻（抄本）　一册
谕旨摘要事（抄本）　一册
历代画家姓氏便览　六册
随园随笔　八册
东藩纪要　四册
台湾外纪　六册
仙坛花雨　一册
红楼梦觥史　一册
十三月备尝记　一册
景船斋杂记　二册

第三十七箱

高邮州志（欠一册）　九册
泾县志（欠首册）　十五册
澄城县志（欠首册）　三册
京口山水志（欠第二册）　七册
厦门志　十二册
南汇县志　十二册
清河县志（欠首册）　一册
鄢陵县志（欠首册）　七册
九华纪胜　四册
天童寺志　四册
醴泉县志　四册
灵寿县志　四册
登封县志　八册
焦山志　六册
河内县志　十册
梅里志　四册

修武县志　十册
山阳县志附淮安艺文志　十六册
邳州志　四册
清河县志　六册
盱眙县志稿　四册
鄠县志　四册
禹州志　十三册

第三十八箱

守山阁丛书（石印本）　七十八册
知不足斋丛书　二百三十七册
史记（古香斋本　广东覆刻本）　十三册

第三十九箱

读史编略　二册
御史题名　一册
六臣文选（明刊本　不全）　八册
永嘉丛书　四十八册
曾文正公全集　百零四册
简字丛录　一册
樗兰谱　一册
阳宅集成（抄本）　一册
中庸注　一册
说盘　一册
杨诚斋集（不全）　七册
正觉楼丛书　二十八册
粤雅堂丛书散种　二十八册
旧唐书疑义附后汉郡国令长考　三册

清癯生漫录　一册
感应篇赘言　一册
慈禧外纪　一册
史记（古香斋本　广东覆刻本）　十三册
广唐贤三昧集　十册
沪游杂记　十册
杂体诗钞　八册
国朝文征（欠首尾二册）　三十八册
李太白集笺注（欠首函）　八册
续甬上耆旧诗（欠首册）　二十三册
圣门名字纂诂（欠下册）　一册
赠书记（欠下册）　一册
畿辅水利议　一册
历代治权分合系统表　一册
公余摘录　一册
安阳县志　九册
宋诗钞（不全）　十七册
丹魁堂外集　一册
渔洋山人著书考　二十册
知不足斋丛书（又二十八册）　三十五册
汉铜印丛残本　三册
五代春秋志疑附纲目志疑　四册
群经字考　三册
说文经典异字释　一册
涧泉日记附岭表录异（聚珍巾箱本）　二册
笑林广记（不全）　一册
温州经籍志（抄本　不全）　三册
宫祠小纂（欠首册）　一册
先拨志始（欠首册）　一册
新大陆游记　一册

云谷诗余（欠首册）　一册
涉县志（欠首册）　三册
鸣原堂论文（欠首册）　一册
癸巳存稿（仅有首册）　一册
严州续志　一册
有恒心斋文　一册
笏庵诗钞（欠下册）　一册
明李文正公年谱（欠下册）　一册
周易通解（仅有首册）　一册
寸心知室文存（不全）　二册
柳堂师友录　一册
故宫物品点查报告　三十册
礼说（仅有首册）　一册
群经补义　一册
存笥稿（明刊本　未装订）　三册
片刻余闲集（未装订）　一册
阳春县志（仅有首册）　一册
何氏集（明刊本　仅有第二册）　一册
维风诗集（抄本　仅有首册）　一册
杜诗阐（仅有卷五）　一册
十种古逸书（不全）　六册
地理参考（油墨印本）　一册
广雅书局书目　一册
陶庵集（龙氏刊本　未装订）　四册
考工记辨正　一册
毛诗学　三册
母不敬斋全书　八册
自警编（明刊本　不全）　一册
小仓山房诗集（不全）　一册
淮南子（有批校　不全）　二册

虞文靖公诗集（不全）　一册
逃虚阁诗集（不全）　一册
可斋续稿（抄本）　八册
诗集（清初人　抄本）　一册
练溪渔唱（抄本）　一册
二十七松堂诗集（抄本）　一册
万国公法提要（抄本）　六册
菊谱（抄本）　一册
皇甫碑（影印本）　一册

第四十箱

兵器学笔记　二册
左氏传说　三册
广雅书院诸生功课部（稿本）　一册
梧笙唱和集　一册
朱子性理吟注释　一册
蕉雨轩稿　一册
读音简字通谱附京音简字述略合声简字谱　三册
广东存古堂课本（即毛诗学、经学、诗经纲领）　二册
郁华阁遗集　一册
郑学斋文存　一册
二十史朔闰表　一册
六家文选（不全　明覆裴氏刊本）　十八册
种梅心法　二册
郑斋汉学文编　二册
听风听水词　一册
郑斋感逝诗　二册
天南录别诗　一册
西崑贯玉稿　一册

虞渊集　一册

柳斋词选　一册

石莲暗乐府　一册

翠堂诗词录　一册

六十种曲散种（四种）　十册

蔡乃煌冤案　一册

鲁斋阳谷殉难事实　一册

柳州遗稿（西泠五布衣本）　一册

曾选诗文评点　一册

羊山诗钞（抄本）　一册

卫生要述　一册

周易传注（铅印本）　四册

榆社诗钟录（三部）　一册

诗史阁丛刻　二册

滇游草　一册

埃司兰情侠传　二册

范施十局（棋谱）　一册

兰根草舍诗钞　一册

续小儿语　一册

守白词　一册

柯家山馆词　一册

朱卷（蔡元培、姚锡光）　二册

怡怡楼遗稿　一册

诗品注释　一册

七占意见（明刊）　一册

褒碧斋词　一册

竹居小牍　一册

二酉堂丛书散种　一册

直方大斋数学（上篇）　二册

瀛谭　二册

飞鸿阁琴意　一册
罗李郎（元百种曲本）　一册
上海租界问题　一册
俄土兵记　一册
论学酬答　一册
辽志（明刊本）　一册
西京杂记（明吴馆刊本）　一册
公羊礼说　一册
十三峰书屋书札　四册
唐诗三百首　三册
春秋通论　一册
松心诗录　二册
褒碧斋诗集　一册
默庵骈文甲集　一册
临安旬制记　一册
悔不读斋咏史诗　一册
论语课程（江夏高等学堂）　一册
珂雪斋游居杮录（即外集第十三卷　明刊本）　一册
明史例按　四册
后汉书　十六册
昙花阁诗钞　三册
中俄界记　二册
双忽雷本事　一册
消寒唱和诗　一册
滑疑集　四册
消夏录（抄本）　一册
倦斋吟稿　二册
四魂集附东归集　三册
论语传注（铅印本）　三册
外交统系表节本　一册

隶经杂著乙编　一册
民国五年度国家岁入预计表　一册
妙用（地理　抄本）　一册
栖云阁诗拾遗　一册
龚定盦集　三册
耕云别墅丛刻　九册
樊山政书　十册
证俗文（欠末册）　五册
切韵考外篇　一册
郝雪海笔记　一册
翠岩杂稿　一册
钱起诗集（明刊本）　一册
五山草堂初编　一册
诸家书札（即信稿）　九册
尚书大传（雅雨堂本）　一册
野记　一册
圣门名字纂诂（未装订）　二册
粤游草　一册
广东人物传　四册
新粤讴解心　一册
韵史　一册
汉魏二十一家集散种（明刊本）　六册
字鉴　一册
福建浙江沿海图说　二册
颜李师承记　四册
金壶精萃　二册
荀子（古逸本　有水渍损伤　未装订）　六册
带经堂渔洋诗文（不全）　四册
马氏绎史（不全）　一册
安阳集（明刊本　不全　未装订）　一册

宋文鉴（明刊小字本　不全）　一册
啸余谱（明刊本　不全）　二册
艾轩文集（抄本　不全）　一册
琴史（未装订）　一册
集古印谱（明刊本　不全）　四册
广卓异记（抄本　不全）　一册
读杜愚得（明刊本　不全）　二册
字学三正（明刊本　不全）　四册
秦汉印谱（不全　未装订）　四册
寄禅遗诗　一册
渭南词（影宋本）　一册
金石图（不全）　二册
铁篴亭琐记　一册
东坡笔记　一册
阴骘果报图注（二部）　一册
阳羡名陶录　一册
岁寒堂诗话　一册
意空诗选　二册
四铜鼓斋论画集刻散种　三册
武经七种兵法（不全）　一册
黄山谷诗集（袖珍本）　六册
文献征存录（不全）　八册
文选楼丛书散种（不全）　十五册
汉魏百三名家集散种　二十册
临春阁（袖珍本）　一册
迟鸿轩文弃（不全）　二册
周易学统（欠第六卷）　九册
唐会要（木活字本　不全）　三十五册
墨池编（不全）　五册
太古传宗（不全）　二册

说文群经正字（不全　欠首二册）　八册
唐百家诗集（席氏刊本　不全）　八十八册

第四十一箱

（第四十一箱和四十二箱合共为一箱）
粤雅堂丛书（有虫蛀）　二百二十册

第四十二箱

粤雅堂丛书（有虫蛀）　一百八十册
史记（石印本）　十二册
前后汉书　十册

第四十三箱

津逮秘书（有虫蛀）　二百三十二册
王船山遗书　九十八册
湖州府志（不全）　四十七册
天中记（明刊本　不全）　三十一册

第四十四箱

全唐文（不全）　一百八十六册
全上古三代南北朝文（未装订）　六十五册
津逮秘书（不全）　十五册
宋诗钞（不全）　二十二册
江宁府志　二十三册
宋诗纪事（不全）　十三册
畿辅丛散种　五十七册

稗海散种（明刊本）　十册
算经十书（不全）　六册
东莞县志（不全）　二十九册
朔方备乘（石印本　不全）　六册

第四十五箱

黄氏日抄（不全）　二十七册
绣虎轩尺牍二集　四册
史论五种（不全）　四册
西魏书　六册
贤良寺同戒录　一册
二如亭群芳谱（不全）　六册
历代诗话（不全）　十二册
碧声吟馆散种　七册
湘军记　八册
榕村全集　十二册
方望溪集（仅下函）　六册
题名碑录（未装订）　十一册
有竹居集（不全）　四册
古文尚书撰异（不全）　四册
尚书后按　八册
学堂章程　四册
春秋杂案（不全）　三册
红杏山房集（不全）　三册
柳湄小榭诗（不全）　一册
教观纲宗释义纪　三册
剡录　二册
修浚辽河报告书　一册
清仪阁古印考释（石印本）　一册

阮嗣宗集附颜延年集（明汪刊本）　一册
玉海（不全　未装订）　八册
春秋繁露花斋本　二册
西康建省记　一册
芥子园画传四集（不全）　三册
易通释（不全）　三册
天中许子政学合一集（不全）　五册
八家四六文钞（巾箱本）　六册
李恕谷年谱（欠首册）　三册
西涧草堂文集　一册
春秋比事　一册
救荒策附畿辅水利议　一册
南谿偶刊（不全）　二册
海语　一册
疑耀　三册
南汉丛录（未装订）　一册
续板桥杂记（巾箱本　不全）　一册
崇祯长编（铅印本）　一册
蔬笋馆印存　一册
止园笔谈（不全）　一册
书画跋续　一册
石渠随笔（欠下册）　一册
太乙舟诗集（不全）　二册
晢次斋同人尺牍　一册
皇朝藩部要略（不全）　二册
盛唐汇诗（明刊　不全）　三册
读左管窥　二册
春宵呓语（不全）　一册
嬾斋别集（不全）　一册
中兴闲气集　一册

南野堂笔记（不全）　一册
注解选唐诗　一册
在陆草堂文集（不全）　二册
巧对录　一册
澹香斋咏史诗　一册
京师大学堂中国史讲义　一册
母欺录附虞东文录（不全）　二册
樊榭山房文集（不全）　三册
蔡中郎外集（覆海源阁本）　一册
求阙斋读书录（欠卷三一册）　五册
识小录（不全）　三册
诚意伯文集（不全）　四册
金刚经（二部）　一册
隶辨（不全）　三册
闽峤輶轩录　一册
物理课程（湖南中学堂）　二册
拿破仑本纪　一册
徐文长秘集（不全）　一册
国学萃编（不全）　八册
潜研堂答问（不全）　三册
王临川集（不全　明刊本）　四册
登云山房文稿（不全）　二册
托素斋诗文集（不全）　四册
六书正讹（不全）　四册
古愚老人消夏录（不全）　四册
广东诗粹（不全）　二册
山海经新校正（不全）　二册
李长吉歌诗（有水湿）　四册
惜抱轩诗文集（有虫蛀　不全）　七册
列女传（仇氏本　有水湿　不全）　八册

服代丛书散种　九册
魏书（局本　宣纸　不全）　一册
蒲编堂诗存（不全）　一册
周易通解（不全）　二册
左传杜注辨证（有水湿）　五册
制艺类编　五册
聊斋（铅印　洋纸）　八册
西厢记（石印本）　一册
诗义折中（石印　洋纸）　六册
左传快读（石印　洋纸）　十二册
唐诗三百首（石印　洋纸）　一册
二十四史残本（殿板　有虫蛀）　一百一十四册

第四十六箱

二十四史残本（殿板　有虫蛀）　七十八册
残书零本　四十四册

第四十七箱

残书零本　百余册

清代及今人文集书名索引

一画

一山文存十二卷（今人章棱撰）

二画

二十七松堂文集八册（清·廖燕撰）
二勿斋文集六卷（清·谢金銮撰）
二初斋全集文集十卷（清·倪世宽撰）
二林居士集二十四卷（清·彭绍升撰）
二知轩文存三十四卷（清·方濬颐撰）
二南全集文集二卷文续一卷（清·周乐撰）
二思斋文存六卷（清·何文明撰）
二洪遗稿伯初文存一卷（清·洪朴撰。洪榜撰《初堂遗稿》）
二陟草堂文稿十二卷（清·萧鹤龄撰）
二黄合稿二卷（清·黄崇惺、黄家鼎同撰）
丁俭卿文存卷（清·丁晏撰）
十三峰书屋全集文稿一卷（清·李榕撰）
十三翎阁全集文稿一卷（清·赵廷恺撰）
十经斋文集四卷（清·沈涛撰）
十诵斋全集杂文一卷（清·周天度撰）
七一轩文稿六卷（清·刘青莲撰）
七十二峰堂文勺四卷（清·陈在谦撰）
七经楼文钞六卷（清·蒋湘南撰）
七星山人集杂文一卷（清·岳凌云撰）
九水山房文存二册（清·毕亨撰）
九芝仙馆文钞一卷（清·宋振采撰）

三画

三长物斋文略六卷（清·黄本骥撰）
三松堂文集四卷续集六卷（清·潘奕隽撰）
三惜斋全集散体文一卷（清·卢浙撰）
三湖渔人全集富猗集卷（清·刘士璋撰）
于湖文录六卷（清·袁昶撰）
寸心知堂存稿六卷（清·汤金钊撰）
大云山房文稿八卷二集四卷（清·恽敬撰）
大谷山堂集六卷（清·梦麟撰）
大雅堂文稿十四卷（清·邹方锷撰）
大楳山馆集五十五卷（清·姚燮撰）
大愚集十册（清·王钀撰）
上湖分类文编十卷（清·汪师韩撰）
小万卷斋文稿二十四卷（清·朱琦撰）
小云庐晚学文稿八卷（清·朱壬林撰）
小不其山房文集二卷（清·徐有珂撰）
小仓山房文集三十卷（清·袁枚撰）
小石渠阁文集六卷（清·林昌彝撰）
小东山草堂文钞十卷（清·张泰青撰）
小芋香馆遗集十二卷（清·李杭撰）
小西园全集文钞二卷（清·吴思澄撰）
小安乐窝文集四卷（清·张海珊撰）
小西腴山房全集文九卷集外文四卷（清·吴大廷撰）
小岘山人文集六卷（清·秦瀛撰）
小沧溟馆初集六卷二集九卷（清·朱瀚撰）
小松石斋文集五卷（清·赵允怀撰）
小罗浮草堂文集九卷（清·冯敏昌撰）
小鸥波馆文钞二卷（清·潘曾莹撰）

小重山房初稿二十四卷（清・张祥河撰）
小桃溪馆文钞七册（清・陈崑撰）
小倦游阁文集四册（清・包世臣撰）
小隐山樵集文存二卷（清・王义祖撰）
小雅遗文二卷（清・邓方撰）
小潜楼集文集四卷（清・袁梓贵撰）
山与楼文集一卷（清・林翰撰）
山木居士集四卷（清・鲁仕骥撰）
山对斋存稿文一卷（清・马鲁撰）
也侬遗稿四卷（清・王庆善撰）
也居山房诗文集八卷（清・魏承祝撰）

四画

王巳山文集十卷别集四卷（清・王步青撰）
王文贞文集十卷别集四卷（清・王祖畬撰）
王文直公遗集文五卷（清・王东槐撰）
王文敏公文集八卷（清・王懿荣撰）
王文简公文集四卷（清・王引之撰）
王石臞先生遗文四卷（清・王念孙撰）
井福堂文稿十卷（清・汪学金撰）
天山瞻华集八本（清・张之浚撰）
天马山房文存内篇一卷外篇一卷（今人・马叙伦撰）
天岳山馆文钞四十卷（清・李元度撰）
天放楼文言十二卷（今人・金天翮撰）
天真阁文集十二卷（清・孙原湘撰）
天根全集文集四卷文续集二卷（清・何家琪撰）
天婴室稿九卷（今人・陈训正撰）
天隐堂文录二卷（清・凌霞撰）
天鉴堂集八卷（清・沈近思撰）

元同文钞六卷（清·黄以周撰）
木鸡书屋文钞三十卷（清·黄金台撰）
五柘山房文集（清·车西撰）
五砚斋文钞十卷（清·沈赤然撰）
五瑞斋全集遗文一卷（清·姚濬昌撰）
不自慊斋漫存（清·徐赓陛撰）
太乙舟文集八卷（清·陈用光撰）
太乙遗书文存一卷南幽文集一卷（清·宁调元撰）
太炎文录初续编五册（今人·章炳麟撰）
太虚斋存稿四卷（清·蔡廷弼撰）
太鹤山人文集四卷（清·端木国瑚撰）
友竹草堂全集文集六卷（清·蒋庆第撰）
友琴山房文草内集八卷（清·龙学泰撰）
比玉楼遗稿文一卷（清·黄振均撰）
切问斋集十六卷（清·陆燿撰）
瓦卮集（清·彭坊撰）
止斋文钞二卷（清·马福安撰）
止谿全集文钞一卷（清·朱嘉撰）
日损斋文稿一卷（清·徐敦仁撰）
日损益斋全集古文八卷附一卷（清·马疏撰）
内自讼斋文钞四卷（清·周凯撰）
水南先生遗集（清·程嗣立撰）
水南灌叟遗稿六卷（清·罗遑春撰）
见在龛集十二卷（清·濮文暹撰）
见星庐集九卷（清·林家桂撰）
介石山房文集二卷（清·朱培源撰）
介石堂文集十卷（清·林芳春撰）
介轩集文集八卷外集二卷（清·张振夔撰）
介亭全集（清·江濬源撰）
今白华堂文集三十二卷（清·童槐撰）

今悔庵集文一卷（清・张慎仪撰）
月沧文集八卷（清・吕璜撰）
月满楼别集六卷（清・顾宗泰撰）
勿二三斋文稿一卷（清・刘铸撰）
勿待轩全集文集存稿十卷（清・马光登撰）
丹棱文钞四卷（清・蒋彤撰）
六一堂文集四卷（清・李焕然撰）
六九斋馔述稿二卷（清・陈瑑撰）
六观楼集文集卷文集拾遗一卷（清・许鸿盘撰）
六亭文集十二卷（清・陈邓兼撰）
文史通义八卷（清・章学诚撰）
文惠全集味退居文集三卷味退居文外集二卷（清・黄世荣撰）
方子谨全集文集三卷（清・方恮撰）
方学博全集十册（清・方垌撰）
忆存斋集文稿一卷（清・姜城撰）
心止居集卷（清・杨梦符撰）
心白日斋文集四卷（清・尹耕云撰）
心向往斋诗文集三卷（清・孔继镕撰）
心铁石斋存稿三十卷（清・宋鸣琦撰）
心巢文录一卷（清・成蓉镜撰）
夬庵文钞四卷（清・宋滋蓍撰）
尺云轩文集二卷文续编一卷（清・朱实发撰）
尺冈草堂遗集文四卷（清・陈璞撰）
孔堂文集五卷（清・王豫撰）
毋自欺室文集十卷（清・王炳燮撰）
艺风堂文集七卷外集一卷文漫存五卷（清・缪荃孙撰）
艺舟双楫九卷（清・包世臣撰）
双白燕堂文集二卷外集八卷（清・陆耀遹撰）
双池文集十卷（清・汪绂撰）
双佩斋文集四卷（清・王友亮撰）

双桂堂稿十卷续编八卷（清·纪大奎撰）
双梧山馆文钞二十四卷（清·邓瑶撰）

五画

玉山阁古文选四卷（清·徐鏶庆撰）
玉井山馆文略五卷文续二卷（清·许宗衡撰）
玉函山房文集八卷（清·马国翰撰）
玉津阁文略（清·胡元薇撰）
玉笥山房文集一卷（清·顾廷伦撰）
玉鉴堂集一卷（清·汪日桢撰）
玉磬山房文集四卷（清·刘大观撰）
未灰斋文集八卷外集一卷（清·徐鼒撰）
正谊堂文集二十四卷（清·董沛撰）
正谊堂文集不分卷（清·董诏撰）
功甫小集十一卷（清·潘曾沂撰）
甘庄恪集十六册（清·甘汝来撰）
甘泉乡人文稿二十四卷余稿二卷（清·钱泰吉撰）
世忠堂文集八卷（清·邹鸣鹤撰）
艾庐遗稿文一卷（清·邵曾鉴撰）
古杼秋馆遗稿四卷（清·侯桢撰）
古柏轩文集四卷（清·杨绳武撰）
古香山馆存稿文存九卷（清·彭洋中撰）
古微堂内集三卷外集七卷（清·魏源撰）
古韵阁遗著（清·许梿撰）
可久处斋文钞八卷（清·马校华撰）
可园文存十六卷（清·陈作霖撰）
丙寅稿一卷（今人·罗振玉撰）
左海文集二十卷（清·陈寿祺撰）
左盦集八卷（清·刘师培撰）

石云山人文集五卷（清·吴荣光撰）
石舟文剩二卷（清·潘汝炯撰）
石园文稿三卷（清·余成教撰）
石林文稿二卷（清·刘春堂撰）
石经阁文集八卷（清·冯登府撰）
石泉书屋全集类稿八卷（清·李佐贤撰）
石船居杂著剩稿二卷（清·李超琼撰）
石遗室文集十二卷（今人·陈衍撰）
石鼓砚斋文钞二十卷（清·曹文埴撰）
石樵文稿十卷（清·伍兆鳌撰）
石壁山房初稿十卷集十卷（清·王善橚撰）
龙冈山人文钞十卷（清·洪良品撰）
龙宛居士集卷（清·王耕心撰）
龙泉园集文草一卷题跋一卷（清·李江撰）
龙壁山房文集十卷（清·王拯撰）
平园杂著十四卷（清·林有席撰）
平养堂文编十卷（清·王龙文撰）
北山文集四卷（清·姜文衡撰）
北江先生文集七卷（今人·吴闿生撰）
北岳山房文集十四卷（清·阎镇珩撰）
北谿文集二卷（清·王元文撰）
田砚斋文集（清·褚荣槐撰）
四一居士文钞六卷（清·汪德钺撰）
四本堂外集卷（清·潘清荫撰）
四余偶录文集二卷（清·杨仲兴撰）
四知堂集三十六卷（清·杨锡绂撰）
生香书屋全集文集四卷（清·陈浩撰）
仙心阁文钞二卷（清·彭慰高撰）
仙屏书屋初集文录十六卷（清·黄爵滋撰）
白云山房文集六卷（清·张象津撰）

白云文集五卷（清·陈斌撰）
白云草堂文钞五卷（清·吕星垣撰）
白田草堂存稿二十四卷（清·王懋竑撰）
白圭榭古文遗稿一卷（清·张璐撰）
白华文钞五卷（清·吴省兰撰）
白华庄文集（清·沈寓撰）
白华前稿六十卷后稿四十卷（清·吴省钦撰）
白湖文稿四册（清·叶燕撰）
印雪轩集文钞三卷（清·俞鸿渐撰）
句俭堂集（清·史炳撰）
句溪杂著五卷（清·陈立撰）
冬生草堂全集文录四卷（清·夏宝晋撰）
冬青馆甲乙集（清·张鉴撰）
市隐书屋文稿十一卷（清·亢树滋撰）
半弓居文集六卷（清·王清宪撰）
半岩庐文集二卷（清·邵懿辰撰）
半树斋文十二卷（清·戈宙襄撰）
半舫斋古文钞八卷（清·夏之蓉撰）
半溪草堂全集文稿二卷（清·傅卓然撰）
汀鹭文钞三卷（清·杨传第撰）
永丰乡人稿八卷（今人·罗振玉撰）
幼学堂文集八卷（清·沈钦韩撰）
旧香居文稿十卷续稿四卷（清·王宝仁撰）
归砚斋文存一卷（清·朱玮撰）
归愚文钞二十卷（清·沈德潜撰）
归盦文稿八卷（清·叶裕仁撰）
兰玉堂文集二十卷（清·张云锦撰）
兰石斋全集文稿八卷（清·吴续凝撰）
兰轩文集（清·陈兆麒撰）
兰雪集卷（清·柯维岳撰）

兰韵堂文集五卷（清·沈初撰）
兰藻堂集十二卷（清·舒瞻撰）
礼耕堂丛说一卷（清·施国祁撰）
礼部遗集九卷（清·黄富民撰）
礼堂遗集三卷补遗一卷（清·陈乔枞撰）

六画

肎斋居士文集八卷（清·张穆撰）
式古训斋文集二卷外集一卷（清·闵颐生撰）
式古堂集（清·张云翼撰）
式训集杂文十二卷（清·张柏恒撰）
吉雨山房全集文集四卷（清·郭籛龄撰）
吉金乐石山房文集一卷续一卷（清·朱士端撰）
吉堂文稿十二卷（清·钦善撰）
西云遗书文钞二卷（清·李枝青撰）
西庄始存稿三十九卷（清·王鸣盛撰）
西江全集文稿三十二卷文附编一卷（清·王家振撰）
西园文集六册（清·程然曾撰）
西园文集四卷（清·张吉梁撰）
西园续稿二册（清·翟金生撰）
西沤全集十卷外集八卷（清·李惺撰）
西河集一百八十九卷（清·毛奇龄撰）
西圃文集四卷（清·潘遵祁撰）
西碛山房文录卷（清·蔡复午撰）
西溪草庐录存十二卷（清·黄铉撰）
有正味斋文集十六卷（清·吴锡麟撰）
有竹居集十六卷（清·任兆麟撰）
有护斋文集十卷（清·李道平撰）
有性情斋文钞八卷（清·陆庆颐撰）

有泉堂一览编文稿十六卷（清・屠绍理撰）
有恒心斋集四十四卷（清・程鸿诏撰）
有真意斋文集二卷（清・潘世恩撰）
有深致轩全集文集二卷（清・刘遵海撰）
百桂堂文稿十九卷（清・王柏心撰）
存古学堂丛刻（清・王仁俊撰）
存吾文稿四卷（清・余廷灿撰）
存吾春轩集八卷（清・周大枢撰）
存吾春斋集文钞十卷文续钞二卷（清・刘绎撰）
存诚斋文集十二卷（清・何曰愈撰）
存素堂文四卷（清・钱宝琛撰）
存素堂文集四卷（清・法式善撰）
存悔斋文稿二册（清・何嗣焜撰）
存悔斋集二十八卷外集四卷（清・刘凤诰撰）
匠门书屋文集十九卷（清・张大受撰）
此君园文集三十卷（清・吴名凤撰）
因是阁遗书文集卷（清・阚凤楼撰）
因寄轩文初集十卷二集六卷补遗一卷（清・管同撰）
屺云楼文钞十二卷（清・刘存仁撰）
朱九江先生文集四卷（清・朱次琦撰）
朱文端公集四卷（清・朱轼撰）
朱强甫文集三卷（清・朱克柔撰）
朱慎甫遗集文存一卷（清・朱文炑撰）
竹云堂稿文集八卷（清・沈宜撰）
竹石居文草四卷（清・童华撰）
竹初文钞六卷（清・钱维乔撰）
竹素斋全集古文三卷（清・姚学塽撰）
竹腲文钞一卷（清・朱香坡撰）
休复居文集六卷（清・毛岳生撰）
延厘堂集八卷（清・孙玉庭撰）

延绿阁集十二卷（清・华希闵撰）
任午桥存稿卷（清・任朝桢撰）
仰萧楼文集一卷（清・张星鉴撰）
自知斋集文集卷（清・黄长森撰）
自知堂文集四卷（清・董桂敷撰）
自得斋散体文卷（清・许泽沣撰）
自然好学斋集五卷（清・汪端撰）
自镜斋全集文钞一卷（清・潘曾玮撰）
伊园文钞卷（清・王景贤撰）
伊蒿室全集文集六卷（清・王效成撰）
向惕斋先生文集八卷（清・向璿撰）
向湖村舍全集文集二十卷（清・赵藩撰）
行素轩文存一卷（清・华蘅芳撰）
名山集八本（清・陈奋永撰）
壮学斋文集十二卷（清・周树槐撰）
冰壶室文稿卷（清・郑业敬撰）
亦有生斋文集二十卷续集六卷（清・赵怀玉撰）
亦佳室文钞四卷（清・苏廷玉撰）
次立斋文集二卷（清・袁知撰）
次哲次斋遗文（清・无锡孙振烈撰）
衣德楼文集十卷（清・徐秉文撰）
江辰六文集十八卷（清・江闿撰）
江宜笏文存略卷（清・江球撰）
汲庵文存六卷（清・杨象济撰）
守身执轩遗文一卷（清・袁世纪撰）
守坡居士集十二卷（清・宫去矜撰）
守瓻堂全集文一卷（清・孔继宣撰）
守默斋集四卷（清・何应祺撰）
字云巢文稿卷（清・盛大谟撰）
安愚堂文钞四本（清・阮烜辉撰）

安蹇斋丛残稿文钞一卷题跋一卷（清・英华撰）
艮山文集卷（清・贾声槐撰）
艮园文集十二卷（今人・江五民撰）
艮居全集文钞一卷（清・蔡寿臻撰）
阮斋集十卷（清・劳孝舆撰）
如好色斋稿文四卷（清・范冈撰）
好云楼集文十四卷二集文十卷（清・李联琇撰）
吞松阁集二十卷（清・郑虎文撰）
抑抑堂集十五卷（清・吴涑撰）
抑快轩遗文稿七十三卷（清・高澍撰）
朴学庐集文初钞一卷文续钞一卷（清・朱祖骏撰）
朴学堂文钞五卷（清・黄河清撰）
权斋文存一卷（清・沈炳撰）
迈园文钞二卷（清・杨金监撰）
迈堂文略四卷（清・李祖陶撰）
优盋罗室全集文稿二卷（清・李尚暲撰）
观古阁丛稿二卷（清・鲍康撰）
观堂集林二十四卷（清・王国维撰）

七画

志远斋集三卷（清・杨以贞撰）
志远堂文集卷（清・邹钟撰）
杏庐文钞三册（清・诸福坤撰）
李文恭公文集十六卷（清・李星沅撰）
李文清公遗书文集四卷（清・李棠阶撰）
李古山遗集文集十卷（清・李祥赓撰）
李刚巳遗集五卷（清・李刚巳撰）
求在我斋文存六卷（清・成毅撰）
求在我斋文集卷（清・陈璿撰）

求自得之室文钞十二卷（清・吴嘉宾撰）
求志轩文稿卷（清・杨觐东撰）
求志居文集卷（清・陈世镕撰）
求志斋类稿求志斋文集二卷（清・童校棠撰）
求志堂存稿十六卷（清・周济撰）
求补拙斋文略二卷（清・黎培敬撰）
求放心斋文集四卷补遗一卷（清・刘孚京撰，即《南丰刘先生文集》）
求实学斋文集四卷（清・余愭撰）
求实斋类稿十二卷（清・蒋德钧撰）
求是斋文存四卷（清・彭崧毓撰）
求是堂文集九卷（清・胡承珙撰）
求闻过斋文集四卷（清・朱方增撰）
求益斋全集文集八卷（清・强汝询撰）
求阙斋文钞八卷（清・曾国藩撰，别有《曾文正文集》）
更生旅巢全集铁禅散体文剩二卷（清・黄之晋撰）
吾吾庐草存文一卷文补遗一卷（清・袁名曜撰）
吴文节公遗集文二卷（清・吴文镕撰）
吴侍读全集二十三卷（清・吴慈鹤撰）
吴征士遗集文一卷（清・吴廷香撰）
吴学士文集四卷（清・吴鼒撰）
吴胥石诗文钞五卷（清・吴兰庭撰）
困亨斋集二卷（清・王锡阐撰）
困学斋文存不分卷（清・张承华撰）
吹万阁集文钞六卷（清・顾诒禄撰）
私艾斋文集六卷（清・吴育撰）
何子青遗文二卷（清・何忠万撰）
何氏学四卷（清・何治运撰）
何文贞公遗集二卷（清・何桂珍撰）
何端简集十二卷（清・何世璂撰）

伯山文集八卷（清·姚东之撰）
希古堂文集十卷（清·熊际撰）
希古堂文集八卷（清·谭宗濬撰）
希贤斋文钞四卷（清·杨世猷撰）
含薰室文集五卷（清·吉钟颖撰）
劬书室遗集卷（清·金锡龄撰）
劬盦文稿四卷（清·罗正钧撰）
冷云仙馆集文存一卷附录一卷（清·左锡嘉撰）
汪子文录十卷（清·汪缙撰）
沈文忠公集杂文二卷（清·沈兆麟撰）
快雪轩全集文钞二卷（清·钱振鍠撰）
初月楼文集十八卷（清·吴德旋撰）
妙香阁文集三卷（清·孙云桂撰）
妙香馆文钞四卷（清·铭岳撰）
芸辉堂全集文集卷（清·程烈光撰）
严太仆文集十二卷（清·严虞惇撰》
苏园仲文集二卷补遗一卷（清·苏去疾撰）
苏盦文录二卷（清·杨葆光撰）
还砚斋全集文稿八卷（清·赵新撰）
郰芸文集五卷（清·李腾华撰）
听云仙馆集三十六卷芙蓉吟馆文一卷（清·汤成彦撰）
听松涛馆全集文钞二十八卷（清·阮文藻撰）
听雨山房全集文钞六卷（清·邓显鹍撰）
听莺居文钞三十卷（清·翁广平撰）
听雪轩全集文钞八卷（清·胡友梅撰）
听鹂山馆文钞一卷（清·戴槃撰）
听彝堂偶存稿二十一卷（清·吴省兰撰）
余事斋全集文稿二卷（清·黄惠撰）
疗饥草集十八卷（清·胡兆爵撰）
怀古堂文稿四卷（清·宋在诗撰）

怀白轩文钞二卷（清·陆初望撰）
灵岩山人文集四十卷（清·毕沅撰）
灵峰先生集二册（清·夏震武撰）

八画

苹香书屋文集六册（清·邹文柏撰）
罗忠节公文集八卷（清·罗泽南撰）
岭上白云集窳翁文钞四卷（清·陆懋修撰）
泸月轩集文集一卷文续集一卷（清·赵棻撰）
泽古斋文钞三卷补遗一卷（清·吴士模撰）
泽雅堂文集八卷（清·施补华撰）
学半斋文集四卷（清·王延庆撰）
学诂斋文集二卷外集二卷（清·薛寿撰）
学福斋文集二十卷（清·沈大成撰）
学耨堂集八卷（清·王崇炳撰）
宝韦类稿文录三卷（清·李桓撰）
宝伦集六卷（清·释超格撰）
宝纶堂文钞八卷（清·齐召南撰）
宝砚堂集四卷（清·舒化民撰）
宝奎堂集十二卷（清·陆锡熊撰）
隶经文四卷、续一卷（清·江藩撰）
隶经杂著二卷（清·顾震福撰）

九画

柽华馆全集文六卷（清·路德撰）
树经堂文集四卷（清·谢启昆撰）
树春山房集五十一卷（清·胡濬源撰）
鸥堂遗稿文一卷（清·马赓良撰）

临漪园文集卷（清·汤准撰）
显志堂文集十二卷（清·冯桂芬撰）
响泉集文一卷（清·顾光旭撰）
钟山石堂遗稿文集一卷（清·江肇江撰）
笃实堂文集八卷（清·吴永辉撰）
独学庐初集九卷二集九卷（清·石韫玉撰）
独诵堂文集三卷（清·李佳撰）
独善堂文集八卷（清·王大经撰）
觉今是斋文集八卷（清·朱桂荣撰）
觉颠冥斋内言四册（清·唐才常撰）

十画

顾双溪集九卷（清·顾奎光撰）
晒书堂文集十二卷外集二卷别集一卷（清·郝懿行撰）
晓庵先生遗集文三卷（清·王锡阐撰）
晓霞书屋文存二卷（清·严承志撰）
晓瀛遗稿二卷（清·蒋继伯撰）
铁庄文集八卷（清·陆楣撰）
铁桥漫稿八卷（清·严可均撰）
铁瓶全集十卷（清·张岳龄撰）
铁箫庵文集四卷（清·朱春生撰）
积山先生遗集十卷（清·汪维宪撰）
积石文集十八卷（清·张履撰）
读书延年堂集文钞二卷（清·熊少牧撰）
读书堂集四十六卷（清·赵士麟撰）
读有用书斋杂著二卷（清·韩应陛撰）
读易草堂文集卷（清·辜汤生撰）
读孟居文集六卷（清·蒋汾功撰）
读秋水斋文六卷（清·陆黻恩撰）

读海外奇书室杂著一卷（今人·姚文栋撰）
绣云轩全集文集六卷（清·程畹撰）

十一画

据梧斋文集八卷（清·程穆衡撰）
职思斋学文稿卷（清·徐叶昭撰）
萝华山馆遗集四册（清·郭宅焘撰）
萝庵遗稿文一卷（清·马赓良撰）
萝摩亭文钞一卷（清·乔松年撰）
萦清楼全集文集三卷（清·杨毓秀撰）
婴山小园全集文集六卷（清·张诚撰）
鸿桷斋文集初刻一本（清·李图撰）
随山馆全集卷（清·汪瑔撰）
随安庐文集六卷（清·亢树滋撰）
隐几山房文集十六卷（清·邵斋熊撰）
续东轩集四卷（清·高均儒撰）

十二画

韩川文集卷（清·陈从潮撰）
赌基山庄集七卷（清·谢章铤撰）
犊山类稿文六卷（清·周镐撰）
鹄山小隐文集十卷（清·熊士鹏撰）
筑善堂集十卷（清·傅振铎撰）
敦艺斋文存三卷（清·邹汉勋撰）
谦受堂全集文二卷（清·陈廷庆撰）
谦受堂集十五卷（清·邵大业撰）

十三画

韫山堂文集八卷（清·管世铭撰）
携雪斋集文钞三卷（清·温汝适撰）
携雪堂全集四卷（清·吴可读撰）
赖古斋文集八卷（清·汤修业撰）
鉴止水斋集文十一卷（清·许宗彦撰）
暗然室遗稿文稿四卷（清·应沣撰）
锥股斋存稿一卷（清·胡昌佑撰）
筼谷文钞十二卷（清·查揆撰）
简庄文钞续编二卷（清·陈鳣撰）
简松草堂文集十卷（清·张云璈撰）
简学斋文钞十二卷（清·陈沆撰）
鹏南文钞八册（清·胡嗣运撰）
谪麟堂文集文二卷（清·戴望撰）
叠翠居集一册（清·纪庆曾撰）

十四画

静远堂集三卷（清·陈寿熊撰）
静娱室偶存稿二卷（清·李宗瀚撰）
静庵文集四卷（清·左眉撰）
静寄轩遗稿文钞一卷（清·潘辰雅撰）
愿学斋文稿二册（清·关枞撰）
愿学堂集二十八卷（清·王宗燿撰）
愿堂斋文钞十四卷（清·李集撰）
锲不舍斋文集四卷（清·李祖望撰）
鲒埼亭文集三十八卷（清·全祖望撰）
鲜盦文辑一卷（清·黄仲撰）

潇湘风雨楼全集抱经堂文集二卷（清·张瀷撰）

十五画

蕉声馆文八卷（清·朱为弼撰）
蕉花馆文存一卷（清·庄元植撰）
蕴素阁文集八卷（清·盛大士撰）
横山文集十六卷（清·裘琏撰）
横山草堂文稿卷（清·陈庆年撰）
镇亭山房文集十二卷（清）
镕经堂集四卷（清·张濬撰）
鹤寿山房全集文集卷（清·李子荣撰）
鹤泉文钞二卷续钞九卷（清·戚学标撰）
豫立轩文集卷（清·陈仁言撰）
豫斋文集一卷（清·万方煦撰）

十六画

操养斋遗书四卷（清·管礼耕撰）
薜荔山庄全集文稿一卷（清·成瑞撰）
橘荫轩全集六十卷（清·陈锦撰）
醒予山房文存八卷（清·刘恩撰）
餐芍华馆遗文三卷（清·周腾虎撰）
默庵续集三卷（清·王舟瑶撰）
默庵集卷（清·王舟瑶撰）
镜芙轩文集二卷（清·喻增伟撰）
衡斋文集三卷（清·汪莱撰）
雕菰楼集二十四卷（清·焦循撰）
磨甋斋文存一卷（清·张杓撰）
澡雪堂文钞十卷（清·钟体志撰）

澹成居全集文钞四卷（清·吴卓信撰）
澹远轩全集文集二卷（清·窦士镛撰）
澹园古文选二卷（清·于祉撰）
澹园全集文集二卷（清·虞景璜撰）
澹静斋文钞六卷（清·龚景瀚撰）
濂亭文集八卷（清·张裕钊撰）

十七画

藏密庐文稿四卷（清·郑乔迁撰）
霞亭全集文集十五卷（清·李孔地撰）
壑舟园初稿一卷次稿一卷（清·王鋆撰）
魏稼孙全集十六册（清·魏锡曾撰）
繁露书帷文集二卷（清·陈省钦撰）
邃雅堂文集十卷续编一卷（清·姚文田撰）
甓湖草堂文集六卷（清·高世杰撰）
孺庐全集文六卷（清·万承苍撰）

十八画

藕香馆文录一卷（清·窦镇山撰）
藕颐类稿文稿十卷（清·熊宝泰撰）
瞻衮堂文集十卷（清·袁钧撰）
彝寿轩杂著二卷（清·张应昌撰）

十九画

藿田集卷（清·范驹撰）
蘧盦文钞十四卷（清·柳商贤撰）
藻川堂文集一卷（清·邓绎撰）

攀古小庐文一卷补遗一卷（清・许瀚撰）
曝书亭集八十卷（清・朱彝尊撰）
籀高述林十卷（清・孙诒让撰）
籀书八册（清・曾全籀撰）
籀经堂类稿二十四卷（清・陈庆镛撰）
瓣香亭合集古文初集卷古文二集二卷（清・林之芬撰）

二十一画

露香书屋遗集十卷（清・张映辰撰）
蠡园全集文钞一卷（清・范启璋撰）

二十四画

勷堂文集卷（清・顾家相撰）
譥文书屋集略卷（清・潘相撰）

清代及今人文集著者索引

二画

丁　午　田园杂著
丁　桂　欧余山房文钞
丁　宴　丁俭卿文存
丁寿昌　睦州存稿（《思莼馆文稿》）
丁履恒　思贤阁集
卜起元　潜庄文钞

三画

于　祉　澹园古文选
于宗瑛　来鹤堂全集
马　鲁　山对斋存稿文
马　疏　日损益斋全集古文
马三俊　马征君遗集
马光登　勿待轩全集文集存稿
马其昶　抱润轩文集
马国翰　玉函山房文集
马征麟　淡园全集文集
马树华　可久处斋文钞
马星翼　东泉全集文集
马叙伦　天马山房文存
马赓良　鸥堂遗稿文
马福安　止斋文集
马翮飞　翊翊斋集遗书文钞
万方煦　豫斋文集
万承风　思不辱斋文集
万承苍　孺庐全集

万斛泉　尉山堂稿

四画

王　灼　悔生文集
王　杰　葆淳阁全集
王　拯　龙壁山房文集
王　衵　春融堂集
王　棻　柔桥文钞
王　源　居业堂文集
王　韬　弢园文录
王　鎏　壑舟园初稿
王　钃　大愚集
王又朴　诗礼堂古文
王大经　哀生阁初稿　独善堂文集
王义祖　小隐山樵集文存
王元文　北谿文集
王元启　祇平居士集
王太岳　青虚山房集文
王友亮　双佩斋文集
王仁俊　存古学堂丛刻
王丹墀　菽欢堂集
王引之　王文简公文集
王龙文　平养堂文编
王东槐　王文直公遗集文
王叶滋　赐锦堂集文集
王芝林　红棠阁文钞
王芑孙　渊雅堂全集
王师愈　缵槐堂文集
王先谦　虚受堂文集

王先謌　善志堂文集
王廷庆　学半斋文集
王廷鼎　紫薇花馆文稿
王舟瑶　默庵集续集
王兆涵　嵋觚斋全集文录
王庆勋　诒安堂初稿
王庆善　也侬遗稿
王庆麟　洞庭文集
王汝金　味谏果斋集文集
王步青　王巳山文集（别集）
王应奎　柳南文钞
王其淦　勤补拙斋文稿
王述曾　王木斋遗文
王国维　观堂集林
王鸣盛　西庄始存稿
王咏霓　函雅堂文集
王念孙　王石臞先生遗文
王宝仁　旧香居文稿续编
王宗炎　晚闻居士遗集
王宗燿
王定柱　椒园居士集
王绍兰　思惟居士存稿
王荣商　容膝轩文集
王柏心　百柱堂文稿
王树枏　陶庐文集
王泉之　政余书屋文钞
王衍梅　绿雪堂遗集文
王闿运　湘绮楼文集
王炳燮　毋自欺室文集
王祖畬　王文贞文集（别集）

王耕心　龙宛居士集
王晋之　问青园集文草
王颂蔚　写礼庼遗著
王效成　伊蒿室全集文集
王家振　西江全集文稿（文附编）
王崇炳　学耨堂集
王斯年　秋塍书屋文钞
王敬之　宜略识字斋杂著
王景贤　伊园文钞
王善橚　石壁山房文稿
王锡阐　困亨斋集　晓庵先生遗集文
王静涵　养性轩文存
王嘉诜　养真室全集文存
王蔚宗　端居室集
王酿衢　寄圃全集杂体文
王镇兴　黄甲草庐文钞
王德森　岁寒文稿
王赠芳　慎其余斋文集
王懋竑　白田草堂存稿
王懿荣　王文敏公文集
韦佩金　经遗堂全集文
车　西　五柘山房文集
戈宙襄　半树斋文
水佳允　留硕稿文集
牛运震　空山堂文集
牛树梅　省斋文集
毛凤珠　寓意于物斋文编
毛奇龄　西河集
毛岳生　休复居文集
毛燧传　味蓼文稿

亢树滋　市隐书屋文稿　随安庐文集
方　埛　方学博全集
方　恮　方子谨全集文集
方　朔　枕经堂文钞
方东树　仪卫轩文集
方昌翰　虚白堂集文钞
方宗诚　柏堂集
方翊元　师非我斋文集
方履篯　万善花室文集
方濬师　退一步斋文集
方濬颐　二知轩文存
尹耕云　心白日斋文集
尹恭保　抱剡山房文稿
尹继美　鼎吉堂全集文钞
尹继隆　暂留轩全集文钞
孔宪彝　对岳楼全集
孔继宣　守甒堂全集文
孔继涵　红榈书屋文稿
孔继鑅　心向往斋文集
邓　方　小雅楼遗文
邓　绎　藻川堂文集
邓　兼　六亭文集
邓　瑶　双梧山馆文钞
邓显鹍　听雨山房全集文钞
邓显鹤　南村草堂文钞
邓嘉缉　扁善斋文存

五画

甘汝来　甘庄恪集

左　眉　静庵文集
左宗植　慎盦文钞
左锡嘉　冷云仙馆集文存
石　钧　清素堂文集
石葆元　清贻馆遗稿
石韫玉　独学庐初集
帅方蔚　偲闻轩賸稿
申涵盼　忠裕堂全集文集
史　炳　句俭堂集
史念祖　俞俞斋文稿
史致俨　樗寿山房辑稿古文
史善长　味根山房全集文集
包世臣　小倦游阁文集
龙廷槐　敬学轩全集文集
龙汝霖　坚白斋集
龙启瑞　经德堂文集
龙学泰　友琴山房文草内集
卢　浙　三惜斋全集散体文
卢　蒇　红竹山房文稿
卢见曾　雅雨堂文集
卢文弨　抱经堂文集
叶　燕　白湖文稿
叶大庄　写经斋文稿
叶名沣　敦夙好斋全集文集
叶昌炽　奇觚庼文集
叶裕仁　归盦文稿
叶廉锷　经古箧存草文
叶德辉　郎园山居文录
乐　钧　青芝山馆文
冯　浩　孟亭居士文稿

冯　景　解春文钞
冯　煦　蒿盦类稿
冯志沂　微尚斋集文集
冯桂芬　显志堂文集
冯敏昌　小罗浮草堂文集
冯登府　石经阁文集
冯锡镛　倚松阁集文集
冯镇峦　晴云山房集文集
宁调元　太乙遗书文存　南幽文集

六画

吉钟颖　含薰室文集
吉梦熊　研经堂文集
成　瑞　薛荔山庄全集
成　毅　求在我斋文存
成本璞　通雅斋丛稿（澹庵文存）
成蓉镜　心巢文录
光聪诚　闲斋全集
光聪谐　稼墨轩集文集
吕　璜　月沧文集
吕世宜　爱吾庐文钞
吕光辰　留我相庵全集文集
吕传恺　抱经室文集
吕星垣　白云草堂文钞
朱　玮　归砚斋文存
朱　采　清芬阁集
朱　珪　知足斋文集
朱　琦　小万卷斋文稿
朱　轼　朱文端公集

朱　彬　游道堂集
朱　绶　知止堂文集
朱　琦　怡志堂文编
朱　彭　抱山堂集
朱　筠　笥河文集
朱　嘉　止谿全集文钞
朱　瀚　小沧溟馆初集二集
朱一新　佩弦斋文存
朱士端　吉金乐石山房文集
朱之榛　常慊慊斋文集
朱壬林　小云庐晚学文稿
朱文炑　朱慎甫遗集文存
朱文翰　退思初订文稿
朱方增　求闻过斋文集
朱为弼　茮声馆集　蕉声馆文
朱仕琇　梅厓居士文集
朱次琦　朱九江先生文集
朱克柔　朱强甫集
朱启连　棣垞集、外集
朱秉鉴　茹古堂文集
朱学勤　结一庐遗文
朱实发　尺云轩文集（文续编）
朱春生　铁箫庵文集
朱星英　畲经堂全集文集
朱香坡　竹膠文钞
朱振采　九芝仙馆文钞
朱桂荣　觉今是斋文集
朱骏声　传经室文集
朱培源　介石山房文集
朱铭盘　桂之华轩集文集

朱紫贵　枫江草堂集
朱嗣韩　红叶山房全集古文
朱锦琮　治经堂文集
朱彝尊　曝书亭集
伍兆鳌　石樵文稿
任兆麟　有竹居集
任启运　清芬楼遗稿
任重光　知止斋遗编文钞
任绳隗　直木斋全集
任朝桢　任午桥存稿
向　璿　向惕斋先生文集
全祖望　鲒埼亭文集
江　闾　江辰六文集
江　球　江宜笏文存略
江　藩　炳烛斋遗文　隶经文
江　瀚　慎所立斋存稿
江五民　艮园文集
江肇江　钟山草堂遗稿
江濬源　介亭全集
安维峻　望云山房文集
阮　元　研经室集
阮文藻　听松涛馆全集文钞
阮烜辉　安愚堂文钞
孙云桂　妙香阁文集
孙玉庭　延釐堂集
孙世均　谁与庵文钞
孙尔准　泰云堂文集
孙同康　师郑堂文集
孙传凤　洨民遗文
孙衣言　逊学斋文钞

孙进修　稼墨轩文集
孙希朱　孙仰晦先生文集
孙诒让　籀庼述林遗文
孙学颜　麻山遗集
孙宗彝　爱日堂文集
孙星衍　问字堂集
孙桐生　卧云山馆全集文钞
孙原湘　天真阁文集
孙葆田　校经室文集
孙鼎臣　苍筤文集
孙德祖　寄龛文存
纪　昀　纪文达遗集
纪大奎　双桂堂稿
纪庆曾　叠翠居集
毕　亨　九水山房文存
毕　沅　灵岩山人文集
乔　亿　剑溪文稿
乔光烈　最乐堂文集
乔松年　萝摩亭文钞
华希闵　延绿阁集
华学泰　赏雨茆屋遗稿
华翼纶　荔雨轩文集
华蘅芳　行素轩文存
庄　棫　蒿庵遗集
庄元植　蕉花馆文存
庄仲方　映雪楼文偶钞
庄亨阳　秋水堂文集
庄述祖　珍艺宧文钞
庄受祺　枫南山馆遗集
刘　开　孟涂文集

刘　岩　匪莪堂文集
刘　佳　钓鱼蓬山馆集文
刘　绎　存吾春斋集文钞
刘　淳　云中集文集
刘　铸　勿二三斋文稿
刘　蓉　养晦堂文集
刘　愚　醒予山房文存
刘士璋　三湖渔人全集（富猗集）
刘大观　玉磬山房文集
刘大绅　寄庵文集
刘大櫆　海峰文集
刘长华　遂初斋文集
刘长佑　刘武慎公全集
刘凤诰　存悔斋集外集
刘文淇　青溪旧屋文集
刘文藻　诗舫存草文存
刘可毅　刘葆真文集
刘尔炘　果斋前集
刘台拱　刘端临文集
刘存仁　屺云楼文钞
刘师培　左盦集
刘光谟　高石斋文钞
刘光蕡　烟霞草堂文集
刘传莹　刘椒云遗集
刘孚京　求放心斋文集
刘怀瑆　清谷草堂文集
刘青莲　七一轩文稿
刘岳云　食旧德斋杂著
刘春堂　石林文稿
刘星炜　思补斋文集

刘恭冕　广经室文钞
刘逢禄　刘礼部集
刘梦莲　香亭文集
刘鸿翱　绿野斋文集
刘敦元　悦云山房全集文
刘曾騄　梦园初集文集
刘瑞芬　养云山庄文集
刘锡鸿　刘光禄遗稿
刘熙载　昨非集
刘毓崧　通义堂集
刘遵海　有深致轩全集文集
齐　翀　雨峰全集
齐召南　宝纶堂文钞
齐彦槐　梅麓文钞
汤　准　临漪园文集
汤世昌　嘉藻堂文集
汤成彦　听云仙馆集
汤纪尚　槃薖文集
汤金钊　寸心知堂文稿
汤修业　赖古斋文集
汤眉崖　眉崖文集
许　梿　古韵阁遗著
许　瀚　攀古小庐文
许正绶　重桂堂文集
许乔林　弇榆山房全集文略
许泽洋　自得斋散体文
许宗彦　鉴止水斋文集
许宗衡　玉井山馆文略文续
许桂林　味无味斋文集
许鸿盘　六观楼集文集

许景隆　许忠肃公遗稿
许锡祺　松滨全集文
许鲤跃　春池文钞

七画

杜　俞　海岳轩丛刻（元穆文钞）
杜贵墀　桐华阁文集
李　江　龙泉园集文草
李　杭　小芋香馆遗集
李　图　鸿桷斋文集
李　佳　独诵堂遗集
李　桓　宝韦类稿文录
李　桢　畹兰斋文集
李　基　醉古斋文集
李　集　愿学斋文钞
李　惺　西沤全集（外集）
李　榕　十三峰书屋全集文稿
李　璠　醉墨山房四种文集
李子荣　鹤寿山房全集文集
李元春　桐阁全集文钞
李元度　天岳山馆文钞
李中简　嘉树山房文集
李文耕　喜闻过斋全集
李文桂　但室全集遗文
李文藻　南涧文集
李孔地　霞亭全集
李世田　暾庐类稿甲编
李尧文　香湖文存
李光廷　宛湄书屋文钞

李廷棨　纫香草堂文钞
李兆洛　养一斋文集
李佐贤　石泉书屋全集类稿
李林松　易园文集
李枝青　西云遗书文钞
李尚暲　优盏罗室全集
李周南　洗桐轩文集
李法章　梁溪旅稿
李宝淦　汉堂类稿文钞
李宗传　寄鸿堂集文集
李宗昉　闻妙香室文集
李宗瀚　静娱室偶存稿
李荣陛　厚冈全集文集
李星沅　李文恭公文集
李思绶　纳盦类稿
李彦彬　榕亭文钞
李彦章　李兰卿集
李炳奎　常惺惺斋全集古文
李祖陶　迈堂文略
李祖望　锲不舍斋文集
李祥赓　李古山遗集文集
李调元　童山文集
李梦松　歉夫文稿
李符清　海门文钞
李象鹍　棣怀堂随笔　里居杂著
李焕然　六一堂文集
李超孙　拙守斋集文钞
李超琼　石船居杂著賸稿
李联琇　好云楼二集文
李棠阶　李文清公遗书文集

李富孙　校经廎文稿
李龄寿　匏斋遗稿文
李腾华　郲芸文集
李慈铭　越缦堂文集
李慎传　植庵文集
李肇增　琴语堂文述
吴　育　私艾斋文集
吴　定　紫石泉山房文集
吴　俊　荣性堂集
吴　觉　芸海阁文集
吴　涑　抑抑堂集
吴　棠　望三益斋杂体文
吴　骞　愚谷文存
吴　鼒　吴学士文集
吴　麟　黍谷山房集
吴士模　泽古斋文钞
吴大廷　小西腴山房全集文（集外文）
吴之英　寿栎庐文集
吴文镕　吴文节公遗集文
吴玉纶　香亭文稿
吴可读　携雪堂文集
吴兰庭　吴胥石诗文钞
吴永辉　笃实堂文集
吴存义　榴实山庄遗稿
吴廷栋　拙修集
吴廷香　吴征士遗集文
吴伟业　梅村家藏稿文
吴名凤　此君园文集
吴汝纶　桐城吴先生文集
吴其泰　一蒂十七实斋全集

吴卓信　澹成居全集文钞
吴贤湘　甚德堂文集
吴昆田　漱六山房全集
吴承志　逊斋文集
吴荣光　石云山人文集
吴省兰　白华文钞　听彝堂偶存稿
吴省钦　白华前稿后稿
吴思澄　小西园全集文钞
吴闿生　北江先生文集
吴振棫　花宜馆文略
吴敏树　柈湖文录
吴翊寅　曼陀罗花室文
吴绩凝　兰石斋全集文稿
吴景潮　松风草堂集文钞　谢琴文钞
吴曾祺　漪香馆文集
吴嵩梁　香苏山馆诗钞
吴锡麒　有正味斋文集
吴慈鹤　吴侍读全集
吴嘉宾　求自得之室文钞
吴嘉淦　仪宋堂集
吴德旋　初月楼文集
邱　䣭　长春草庐文集
邱嘉穗　东山草堂文集
何　栻　悔余庵文稿
何　豫　一鸣集文集
何人鹤　台山文集
何曰愈　存诚斋文集
何文明　二思斋文存
何世璂　何端简集
何庆涵　眠琴阁遗文

何若瑶　海陀华馆文集
何忠万　何子青遗文
何治运　何氏学
何绍基　东洲草堂文钞
何秋涛　一镫精舍甲部稿
何桂珍　何文贞公遗集
何家琪　天根全集文集（文续集）
何维棣　潜颖全集文
何嗣焜　存悔斋文稿
余　治　尊小学斋文集
余　憪　求实学斋集文集
余成教　石园文稿
余廷燦　存吾文稿
余锡椿　培园全集文钞
余潜士　耕村姑留稿
辛从益　寄思斋藏稿杂文
汪　中　述学内外篇
汪　沆　槐堂文稿
汪　国　空石斋文集
汪　绂　双池文集
汪　昶　柏井集文集
汪　璟　随山馆全集
汪　缙　汪子文录
汪　端　自然好学斋集
汪士铎　悔翁文集
汪士鋐　秋泉居士集
汪元爵　泾西书屋文稿
汪日桢　玉鉴堂集
汪师韩　上湖分类文编
汪廷珍　实事求是斋遗稿

汪兆铨　惺默斋文集
汪志伊　稼门文草
汪学金　井福堂文稿
汪家禧　东里烬余集
汪梧凤　松溪文集
汪维宪　积山先生遗集
汪德钺　四一居士文钞
沈　彤　果堂集
沈　初　兰韵堂文集
沈　宜　竹云堂稿文集
沈　垚　落颿楼文稿
沈　涛　十经斋文集
沈　铿　峰抱楼杂文
沈　寓　白华庄文集
沈　豫　蛾术堂文集
沈　濂　莲溪文稿
沈大成　学福斋文集
沈日富　受恒受渐斋文集
沈丙莹　春星草堂集文集
沈用增　棠溪文钞
沈同芳　万物炊累室类稿
沈廷芳　隐拙斋文集
沈兆霖　沈文忠公集杂文
沈赤然　五砚斋文钞
沈近思　天鉴堂文集
沈叔埏　颐綵堂文集
沈树德　慈寿堂文钞
沈钦韩　幼学堂文集
沈保靖　怡云堂全集杂文
沈炳巽　权斋文存

沈起元　敬亭先生文集
沈家本　寄簃文存
沈祥龙　乐志簃集文录
沈清端　群峰集
沈维材　樗庄全集文稿
沈维鐈　补读书斋遗稿
沈道宽　话山草堂遗集文钞
沈湛钧　知非斋古文录
沈登瀛　深柳堂文集
沈毓桂　匏隐庐文稿
沈德潜　归愚文钞
宋在诗　怀古堂文稿
宋昌悦　畅谷文存
宋鸣琦　心铁石斋存稿
宋育仁　问琴阁文录
宋祖骏　朴学庐集文
宋滋蓍　夬庵文钞
邵大业　谦受堂集
邵齐熊　隐几山房文集
邵晋涵　南江文钞
邵曾鉴　艾庐遗稿文
邵懿辰　半岩庐文集
严　钊　哀鸣集
严元照　悔庵学文
严可均　铁桥漫稿
严如煜　乐园文钞
严学淦　海云堂文钞
严承志　晓霞书屋文存
严虞惇　严太仆文集
劳乃宣　桐乡劳先生遗稿

劳孝舆　阮斋集
苏去疾　苏园仲文集
苏廷玉　亦佳室文钞
苏鸿图　乐天斋文录
苏惇元　钦斋全集文钞
苏源生　记过斋文稿
杨　岘　迟鸿轩文集
杨　树　澡雪堂文集
杨　晨　崇雅堂稿
杨　锐　杨叔峤文集
杨　椿　孟邻堂文钞
杨　嘉　艭许楼遗稿
杨三鼎　一枝山房集文钞
杨士达　耐轩全集
杨凤苞　秋室集
杨以贞　志远斋文集
杨世猷　希贤斋文钞
杨传第　汀鹭文钞
杨仲兴　四余偶录文集
杨庆琛　绛雪山房全集文钞
杨守敬　晦明轩稿
杨芳灿　芙蓉山馆文钞
杨金监　迈园文钞
杨恩寿　坦园文录
杨梦符　心止居集
杨象济　汲庵文存
杨绳武　古柏轩文集
杨琪光　博约堂文钞
杨葆光　苏庵文录
杨锡绂　四知堂集

杨毓秀　蓺清楼全集
杨觐东　求志轩文稿
杨澄鉴　绍恭斋全集文钞
杨彝珍　移芝室文集
邹　昉　邹意园先生文录
邹文柏　苹香书屋文集
邹方锷　大雅堂文稿
邹汉勋　敩艺斋文存
邹伯奇　邹征君存稿
邹鸣鹤　世忠堂文集
邹峄贤　坡砚山房全集文稿
应　沣　暗然室遗稿
应撝谦　潜斋先生集
闵颐生　式古训斋文集（外集）
张　式　荔门前集
张　远　无闷堂文集
张　杓　磨甋斋文存
张　佑　都是春斋全集
张　泓　买洞轩集
张　诚　婴山小园全集
张　望　闰榻先生文集
张　瑛　知退斋稿
张　琦　宛邻文
张　鹄　问亭文钞
张　澍　养素堂文集
张　履　积石文集
张　镛　思诚堂文集
张　穆　㐆斋居士文集
张　璐　白圭榭古文遗稿
张　濬　镕经堂集

张云锦　顺所然斋全集文集　兰玉堂文集
张云璈　简松草堂文集
张云翼　式古堂集
张书绅　惺斋文稿
张尔旦　种玉堂杂文
张庆成　秋樵文钞
张观澜　蒙斋文钞
张寿荣　舫庐文存
张应昌　彝寿轩杂著
张岳崧　筠心堂文集
张岳龄　铁瓶全集
张金吾　爱日精庐文钞
张金镛　躬厚堂杂文
张宗泰　质疑删存
张宗瑛　雄白文集
张定鋆　补拙山房文稿
张承华　困学斋文存
张承霓　修立斋遗稿
张绍龄　芙蓉馆文钞
张相文　南园丛稿
张柏恒　式训集杂文
张映辰　露香书屋遗集
张星鉴　仰萧楼文存
张昭潜　无为斋文集
张品桢　清修阁文稿
张泰青　小东山草堂文钞
张振夔　介轩集文集（外集）
张海珊　小安乐窝文集
张祥河　小重山房初稿
张恕铁　南兰全集文集

张崇兰　悔庐文钞
张象津　白云山房文集
张维屏　松心文钞
张惠言　茗柯文集
张湘任　抱璞亭文集
张裕钊　濂亭文集
张锡谷　雀砚斋文集
张锡恭　茹荼轩文集
张鹏飞　来鹿堂全集
张鹏翮　张文端集　如意堂文集
张慎仪　今悔庵集文
张缙彦　依水园文集
张聪咸　经史质疑录
张羲年　啖蔗全集文
张濬万　恤蒿庐初稿
陆　楣　铁庄文集
陆　耀　切问斋集
陆乃晋　陆氏传家集（读未见书斋文钞）
陆心源　仪顾堂集
陆廷黻　镇亭山房文集
陆我嵩　崧浦草堂集
陆初望　怀白轩文钞
陆继辂　崇百药斋文集
陆锡熊　宝奎堂集
陆懋修　岭上白云集（窳翁文钞）
陆黻恩　读秋水斋文
陆耀遹　双白燕堂文集
陈　劢　运甓斋文稿
陈　立　句溪杂著
陈　沆　简学斋文钞

陈　经　墨庄文钞
陈　珄　赐锦堂文钞
陈　浩　生香书屋全集文集
陈　崑　小桃溪馆文钞
陈　锐　袍碧斋集杂文
陈　斌　白云文集
陈　善　损斋文集
陈　瑑　六九斋馔述稿
陈　锦　橘荫轩全集
陈　墉　卓庐文初草
陈　潮　东之文钞
陈　璞　尺冈草堂遗集文
陈　澧　东塾集
陈　璿　求在我斋文集
陈　鳣　简庄文钞
陈仁言　豫立轩文集
陈从潮　韩川文集
陈文述　颐道堂文钞
陈文瑞　瘦松柏斋集
陈玉树　后乐堂集文钞
陈世镕　求志居文集
陈用光　太乙舟文集
陈汉章　缀学堂初稿
陈邦彦　陈岩野全集文集
陈在谦　七十二峰堂文勺
陈廷盦　谦受堂全集文
陈乔枞　礼堂遗集
陈乔森　海客杂著
陈兆仑　紫竹山房文集
陈兆麒　兰轩文集

陈庆年　横山草堂文稿
陈庆镛　籀经堂类稿
陈寿祺　左海文集
陈寿熊　静远堂集
陈运镇　景山堂文集
陈作霖　可园文存　寿藻堂文集
陈奋永　名山集
陈昌齐　赐书堂集
陈庚焕　惕园初稿
陈泽泰　春柳草堂文集
陈宗起　养志居文集
陈省钦　繁露书帷文集
陈　衍　石遗室文集
陈美训　南湖文集
陈鹏年　道荣堂文集
陈澹然　晦堂文稿

八画

武　亿　授堂文钞
武　震　赐庆堂文稿
范　驹　藿田集
范　桐　如好色斋稿文
范从律　茧屋文存
范当世　范伯子文集
范志熙　退思全集文存
范启璋　蠡园全集文钞
林　纾　畏庐文集
林之芬　瓣香亭合集
林有席　平园杂著

林则徐　云左山房文钞
林芳春　介石堂文集
林伯桐　修本堂稿
林枝春　林青圃文钞
林昌彝　小石渠阁文集
林家桂　见星庐集
杭世骏　道古堂文集
郁长裕　雨堂文集
尚　镕　持雅堂文钞
易佩绅　函楼文钞
季锡畴　菘耘文钞
岳凌云　七星山人集杂文
金　石　强自宽斋文外集
金　和　秋蟪吟馆文钞
金门诏　金太史全集
金兆燕　国子先生全集文
金寿祺　师果斋文钞
金衍宗　思诒堂集文稿
金振瀛　无为为堂全集
金蓉镜　潜庐全集文钞
金锡龄　劬书室遗集
周　乐　二南全集文集（文续）
周　凯　内自讼斋文钞
周　济　求志堂存稿
周　谔　慎斋全集
周　肇　东冈文钞
周　镐　犊山类稿
周大枢　存吾春轩集
周大槐　海樵全集文钞
周天度　十诵斋全集杂文

周文禾　驾云螭室遗著文
周为汉　枕善斋文集
周庆贤　晚菘斋遗著文
周寿昌　思益堂古文
周沐润　柯亭子文集
周树槐　壮学斋文集
周恩绶　亨帚善斋全集文钞
周家禄　寿恺堂文编
周家楣　期不负斋全集文集
周腾虎　餐芍华馆遗文
法式善　存素堂文集
宗稷辰　躬耻斋文钞
孟超然　瓶庵居士文钞
欧阳兆熊　寥天斋遗稿文稿
欧阳勋　秋声馆遗集文集
罗长裿　思兄楼文稿
罗正钧　劬盦文稿
罗邦宪　爱日山房全稿
罗有高　尊闻居士集
罗汝怀　绿漪草堂文集
罗泽南　罗忠节公文集
罗振玉　丙寅稿　永丰乡人稿　松翁近稿　面城精舍文集
罗湟春　水南灌叟遗稿
郑　佶　得闲山馆全集文集
郑　泽　萝庵遗稿文
郑　珍　巢经巢文集
郑业敬　冰壶室文稿
郑由熙　晚学斋集文集
郑乔迁　藏密庐文稿
郑虎文　吞松阁集

郑相如　虹玉堂文集
郑洛英　耻虚斋全集文钞
郑兼才　六亭文集
郑献甫　补学轩文集
郑溱兰　书带草堂文集
单为鏓　奉萱草堂文集

九画

郝植恭　漱六山房文集
郝懿行　晒书堂文集
胡　敬　崇雅堂文钞
胡元薇　玉津阁文略
胡友梅　听雪轩全集文钞
胡凤丹　退补斋文存
胡达源　闻妙香轩遗集文集
胡兆爵　疗饥草集
胡林翼　胡文忠公集
胡昌佑　锥股斋存稿
胡季堂　培荫轩文集
胡承珙　求是堂文集
胡荣珂　达斋存稿
胡调元　补学斋全集文钞
胡培翚　研六室文钞
胡赓善　新城伯子文集
胡嗣运　鹏南文钞
茹　纶　容斋文集
柯维岳　兰雪集
查　礼　铜鼓书堂遗集
查　揆　篔谷文钞

查初揆　菽原堂初集
柳以番　食古斋文录
柳商贤　蘧盦文钞
段玉裁　经韵楼集
保应祺　守默然斋集
侯　桢　古杼秋馆遗稿
俞　岳　笠东草堂集文
俞　樾　春在堂杂文
俞正燮　癸巳类稿（癸巳存稿）
俞鸿渐　印雪轩集文钞
施补华　泽雅堂文集
施国祁　礼耕堂丛说
姜　贞　章圃文蜕
姜　城　忆存斋集文稿
洪　朴　二洪遗稿伯初文存
洪　榜　二洪遗稿初堂文存
洪良品　龙冈山人文钞
洪昌燕　务时敏斋存稿文
洪亮吉　卷施阁文甲集
洪颐煊　筠轩文钞
宦懋庸　莘斋文钞
姚　范　援鹑堂文集
姚　莹　东溟文集
姚　康　姚休那遗稿
姚　椿　晚学斋文集
姚　舆　姚震甫文略
姚　鼐　惜抱轩文集
姚　燮　大楳山馆集
姚大荣　惜味道斋集
姚文田　邃雅堂文集

姚文然　虚直斋文集
姚东之　伯山文集
姚永朴　蜕私轩集
姚永概　慎宜轩文集
姚光晋　瓶山草堂全集
姚学塽　竹素斋全集古文
姚景衡　思复堂文存
姚福均　补篱遗稿
姚濬昌　五瑞斋全集遗文
赵　佑　清献堂集文集
赵　坦　保甓斋全集文集
赵　函　乐潜堂全集賸稿
赵　棻　滤月轩集文集
赵　铭　琴鹤山房遗稿
赵　新　还砚斋全集文稿
赵　衡　叙异斋集
赵　藩　向湖村舍全集文集
赵　瀛　纫佩仙馆全集文钞
赵一清　东潜文稿
赵士麟　读书堂集
赵之谦　悲庵文存
赵允怀　小松石斋文集
赵同翮　巢寄遗稿文
赵廷恺　十三翎阁全集文稿
赵时桐　云石轩求是草文集
赵怀玉　亦有生斋文集续集
赵国华　青草堂集
赵承恩　红杏山房文稿
赵绍祖　琴士文钞
赵树吉　郁鄢山房集文略

赵炳龙　居易轩集文遗钞
赵润生　柏岩文稿
赵熊诏　赵裘萼賸稿
钟体志　澡雪堂文钞
钮树玉　匪石先生文集
饶学曙　研露斋文钞
饶拱辰　贻思斋全集文集
恽　敬　大云山房文稿（二集）
贺　涛　贺先生文集
贺长龄　耐庵文存
贺瑞麟　清麓文集
贺熙龄　寒香馆文钞

十画

秦　焕　剑虹居文集
秦　瀛　小岘山人文集
秦际唐　南冈草堂文存
秦松龄　苍岘山人文集
秦宝玑　竢实斋文稿
秦树声　乖庵文录
秦缃业　虹桥老屋通稿文
敖册贤　柏凤山人全集
袁　枚　小仓山房文集
袁　知　次立斋文集
袁　钧　瞻衮堂文集
袁　昶　于湖文录
袁名曜　吾吾庐草存文
袁谷芳　湛华堂集　秋草文随
袁梓贵　小潜楼文集

桂　坫　晋专宋瓦室类稿
桂　馥　晚学集
桂超万　惇裕堂文集
夏　炘　景紫堂文集
夏　炯　夏仲子集
夏之蓉　半舫斋古文钞
夏炜如　軥录斋稿
夏宝晋　冬生草堂全集文录
夏震武　灵峰先生集
倪　模　经锄堂著述迂存文
倪世宽　二初斋全集文集
倪国琏　春及堂集
徐　经　雅歌堂文集
徐　畹　秋生文稿
徐　鼒　未灰斋文集（外集）
徐　震　复驾说斋文编
徐　灏　通介堂文集
徐士芬　漱芳阁集
徐子苓　敦艮吉斋文存
徐元第　滋德堂文集
徐世昌　退耕堂集
徐叶昭　职思斋学文稿
徐有珂　小不其山房文集
徐兆英　爱虞堂集文稿
徐时栋　烟屿楼文集
徐秉文　衣德楼文集
徐宝善　壶园全集杂著
徐宗干　斯未信斋文稿
徐宗亮　善思斋集文钞
徐树楠　望云阁文集

徐庭华　一规八棱砚斋集文钞
徐敦仁　日损斋文稿
徐赓陛　不自慊斋漫存
徐锦华　息养庐文稿
徐鏻庆　玉山阁古文选
殷　雯　东坪文集
殷寿彭　春雨楼文集
翁　照　赐书堂文集
翁广平　听莺居文钞
翁方纲　复初斋文集
翁同龢　瓶庐文钞
翁咸封　潜虚全集文钞
唐　鉴　唐确慎公集
唐才常　觉颠冥斋内言
唐文治　茹经堂文集
唐训方　唐仲丞遗集文集
唐仲冕　陶山文录
唐树义　梦砚斋遗稿杂文
唐景星　墨池杂著
莫与俦　贞定先生遗集
莫友芝　郘亭遗文
贾开宗　溯园全集文集
贾声槐　艮山文集
顾　云　盋山文录
顾　济　青琅玕馆全集遗文
顾　莲　素心簃文集
顾　堃　思亭全集文钞
顾　曾　校经草庐文集
顾　镇　虞东先生文录
顾广圻　思适斋集

顾广誉　悔过斋文集
顾光旭　响泉文集
顾廷纶　玉笥山房文集
顾汝敬　研渔庄集文集
顾寿桢　孟晋斋集
顾诏禄　吹万阁集文钞
顾宗泰　月满楼别集
顾奎光　顾双溪集
顾复初　乐余静廉斋文稿
顾家相　勴堂文集
顾嗣徽　望眉草堂全集文集
顾震福　隶经杂著
钱　塘　溉亭述古录
钱大昕　潜研堂文集
钱世瑞　常惺惺斋文集
钱仪吉　衎石斋纪事稿
钱兆鹏　述古堂集
钱陈群　香树斋文集
钱宝琛　存素堂文
钱保塘　清风室文集
钱泰吉　甘泉乡人文稿余稿
钱振锽　快雪轩全集文钞
钱崇柏　思鹤山房文钞
钱维乔　竹初文钞
钱维城　茶山文钞
凌　泗　莘庐遗集文集
凌　堃　德舆集
凌　霞　天隐堂文集
凌扬藻　海雅堂集文略
凌廷堪　校礼堂文集

郭　肇　东埭全集文钞
郭　濬　虹映堂集
郭长清　种树轩遗集文集
郭仑焘　萝华山馆遗集
郭文鋕　书屏全集文钞
郭传璞　金峨山馆文
郭似乡　松菊堂文存
郭庆藩　泊然斋文集
郭志正　郭明经遗集
郭尚先　郭大理遗稿文
郭昆焘　云卧山庄别集文存
郭柏苍　郭中丞全集　葭柎草堂文
郭善邻　春山先生全集文集
郭嵩焘　养知书屋文集
郭篯龄　吉雨山房全集文集
诸玉衡　醉月西庐古文
诸福坤　杏庐文钞
陶　邵　颐巢全集类稿
陶　澍　陶文毅公全集
陶元藻　泊鸥山房存稿
陶方琦　汉孳堂文钞
陶正靖　陶晚闻先生集
陶必铨　萸江古文存

十一画

黄　达　一楼集
黄　惠　余事斋全集文稿
黄　瑞　留村文集
黄　鋐　西溪草庐录存

黄　濬　壶舟文存
黄之晋　更生旅巢全集铁禅散体文賸
黄云鹄　实其文斋文钞
黄中坚　蓄斋集
黄长森　自知斋集文集
黄文琛　思贻堂集文集
黄以周　元同文钞　儆季杂著
黄以恭　爱经居杂著
黄世祁　退斋文存
黄世荣　文惠全集　味退居文集
黄本骥　三长物斋文略
黄式三　儆居集
黄廷起　知止庵文集
黄廷鉴　第六弦溪文钞
黄汝成　袖海楼文录
黄安涛　真有益斋文编
黄寿衮　梦南雷斋文钞
黄来麟　敝帚文存
黄国瑾　训真书屋集
黄金台　木鸡书屋文钞
黄河清　朴学堂文钞
黄宗羲　南雷文定
黄定文　东井文钞
黄承吉　梦陔堂文说
黄思忠　逸翰楼丛书文集
黄振均　比玉楼遗稿文
黄恩彤　知止堂集
黄家鼎　二黄合稿
黄清宪　半弓居文集
黄彭年　陶楼文钞

黄富民　礼部遗集
黄穆清　东窗存稿文
黄爵滋　仙屏书屋初集文录
萧　穆　敬孚类稿
萧正模　后知堂文集
萧鹤龄　二陟草堂文集
梅钟树　藓花崖馆文略
梅植之　嵇庵集文集
梅曾亮　柏枧山房文集
曹元弼　复礼堂文集
曹文埴　石鼓砚斋文钞
曹允源　复庵全集类稿
曹应钟　啖敢览馆稿
曹金籀　籀书
戚学标　鹤泉文钞
龚　礼　恺园集
龚元玠　畏斋文集
龚自珍　定盦文集
龚汝霖　娜嬛小筑集
龚景瀚　澹静斋文钞
盛　昱　意园文略
盛大士　蕴素阁文集
盛大谟　字云巢文稿
盛百二　柚堂文存
崔　述　无闻集
崔　预　师水斋全集文集
符　曾　春凫小稿
符绍纶　卓峰草堂文钞
康　井　二竹斋文集
康发祥　康伯山集文钞

康有为　康南海文集
章　甫　知不足斋文钞
章　陶　古文杂著
章　梫　一山文存
章　鋆　望云馆集文稿
章永祚　南湖文集
章学诚　文史通义　章氏遗书文集
章炳麟　太炎文录
章谦存　强恕斋文賸
阎镇珩　北岳山房文集
梁　泉　弼亭遗文
梁玉绳　蜕稿
梁启超　饮冰室全集
梁国治　敬思堂文集
梁鼎芬　梁节庵先生遗集
屠绍理　有泉堂一览编文稿

十二画

彭　坊　瓦卮集
彭　浚　赐砚堂文集
彭　翊　无近名斋文钞
彭　绩　秋士先生遗集
彭士望　彭躬庵先生文钞
彭希郑　酌雅斋文集
彭启丰　芝庭文稿
彭绍升　一行居集　二林居士集
彭洋中　古香山馆存稿文存
彭崧毓　求是斋文存
彭惟新　墨香阁文集

彭蕴章　彭文敬集
彭德亨　尚志居集
彭慰高　仙心阁文钞
葛其仁　味经斋文集
董　沛　正谊堂文集
董　诏　正谊堂文集
董　恂　荻芬书屋文稿
董士锡　齐物论斋文集
董兆熊　味无味斋文钞
董易农　微泉阁文集
董思盘　拳石山房全集
董祐诚　董方立文甲集
董桂敷　自知堂文集
蒋　彤　丹棱文钞
蒋　诗　榆西仙馆初稿
蒋　蘅　云廖山人文钞
蒋士铨　忠雅堂文集
蒋曰豫　问奇堂集文集
蒋师爚　敦艮堂文集
蒋光焴　敬斋杂著文集
蒋庆第　友竹草堂全集文集
蒋汾功　蒋济航先生文集　读孟居文集
蒋学镛　樗庵存稿
蒋宝诚　策轩文编
蒋继伯　晓瀛遗稿
蒋琦龄　空青水碧斋文
蒋超伯　通斋文集
蒋敦复　啸古堂文集
蒋湘南　七经楼文钞
蒋锡震　清溪草堂文

蒋德钧　求实斋类稿
韩　骐　补瓢存稿
韩应陛　读有用书斋杂著
韩梦周　理堂文集
韩弼元　翠岩室文稿
韩锡胙　滑疑集
幸汤生　读易草堂文集
惠　栋　松厓文钞
喻　指　后村全集文钞
喻元鸿　乐志堂文钞
喻长霖　惺諟斋初稿
喻文鏊　红蕉山馆集古文
喻振孟　晚晴堂稿
喻增伟　镜芙轩文集
程　畹　绣云轩全集
程光甲　程一夔文甲集
程同文　密斋文集
程廷祚　青溪文集
程含章　程月川遗集文
程晋芳　勉行堂文集
程烈光　芸晖堂全集
程恩泽　程侍郎遗集
程鸿诏　有恒心斋集
程然曾　西园文集
程嗣立　水南先生遗集
程德赉　程子香文钞
程穆衡　据梧斋文集
程襄龙　程古雪文集　征潭山房古文存稿
傅光弼　澹园文集
傅守谦　达可斋文集

傅宏烈　傅忠毅集
傅卓然　半溪草堂全集文稿
傅振铎　筑善堂集
焦　循　雕菰楼集
储方庆　遯庵文集
舒　焘　绿猗轩集文钞
舒　敏　适斋居士集
舒　瞻　兰藻堂集
舒化民　宝砚堂集
鲁一同　通甫类稿
鲁仕骥　山木居士集
童　华　竹石居文钞
童　槐　今白华堂文集
童校棠　求志斋类稿文集
曾　钊　面城楼集
曾　镛　复斋全集文集
曾兴仁　乐山堂文钞
曾纪泽　曾惠敏公文集
曾国荃　曾忠襄公集
曾国藩　求阙斋文钞
温日鉴　勘书巢未定稿
温汝适　携雪斋集文钞
谢　堃　春草堂文集
谢甘盘　晞铸堂文钞
谢应之　会稽山斋全集文
谢启昆　树经堂文集
谢金銮　二勿斋文集
谢庭兰　湘谷全集
谢振定　知耻斋文集
谢章铤　赌棋山庄集

强汝询　求益斋全集文集

十三画

蒯光典　金粟斋遗集文
裘　琏　横山文集
裘曰修　裘文达文集
雷　鋐　经笥堂文钞
虞辉祖　寒庄文编
虞景璜　澹园全集文集
路　德　柽华馆全集
路采五　玩石斋文集
詹应甲　赐绮堂集
鲍　份　未学堂集
鲍　康　观古阁丛稿
鲍倚云　寿籐斋集
鲍源深　补竹轩文集
窦士镛　澹远轩全集文集
窦光鼐　省吾斋集
窦镇山　藕香馆文录
褚荣槐　田砚斋文集
褚维厚　訒斋遗稿文钞

十四画

蔡　达　孤桐馆文甲编
蔡　琳　荻华堂存稿
蔡　新　缉斋文集
蔡　篪　写经堂全集文钞
蔡廷弼　太虚斋存稿

蔡寿昌　蜕石文钞
蔡寿臻　艮居全集文钞
蔡复午　西碛山房文录
臧　庸　拜经堂文集
管　同　因寄轩文初集二集
管世铭　韫山堂文集
管礼耕　操养斋遗书
管余珍　松崖
廖　燕　二十七松堂文集
廖鸿章　南云书屋文钞
端木国瑚　太鹤山人文集
阚凤楼　因是阁遗书文集
谭　莹　乐志堂文集
谭　献　复堂文
谭尚书　春草堂集文集
谭宗浚　希古堂文集
翟　灏　无不宜斋稿
翟金生　西园续稿
熊　颐　麦有堂集
熊士鹏　鹄山小隐文集
熊少牧　读书延年堂集
熊文举　雪堂先生集选
熊际遇　希古堂文集
熊其英　耻不逮斋集
熊宝泰　藕颐类稿文
缪荃孙　艺风堂文集

十五画

黎培敬　求补拙斋文略

黎庶昌　拙尊园文稿
潘　相　籫文书屋集略
潘　谘　潘少白古文
潘飞声　说剑堂集文稿
潘允喆　长谿草堂集文钞
潘世恩　有真意斋文集
潘汝炯　石舟文賸
潘辰雅　静寄轩遗稿文钞
潘奕隽　三松堂文集（续集）
潘骏文　潘方伯遗稿
潘清荫　四本堂外集
潘尊祁　西圃文集
潘曾玮　自镜斋全集文钞
潘曾炘　东津馆文集
潘曾莹　小鸥波馆文钞
潘德舆　养一斋文集

十六画

薛　寿　学诂斋文集
薛子衡　真正铭斋文集
薛起凤　香闻遗集文
薛福成　庸盦全集文编
薛福保　青萍轩文录

十七画

戴　望　谪麟堂文集
戴　熙　习苦斋文集
戴　棨　听鹂山馆文钞

戴　震　东原集
戴大昌　补余堂文集
戴钧衡　味经山馆文集
戴祖启　师华山房文集
戴絅孙　味雪斋全集
戴殿泗　风希堂文集
魏　晋　椒国文集
魏　源　古微堂内集外集
魏　瀚　茀姜山文集
魏元旷　潜园全集文集
魏元枢　与我周旋集文集
魏成宪　清爱堂集
魏承柷　也居山房集文集
魏锡曾　魏稼孙全集
濮文暹　见在龛集

别号

山南居士　豹隐堂文集

八旗人

成亲王　诒晋斋集
阿克敦　德荫堂集
英　华　安蹇斋丛残稿文
钦　善　吉堂文稿
梦　麟　大谷山堂集
崇　恩　香南居士集
铭　岳　妙香馆文钞
裕　谦　勉益斋偶存稿

僧

铁　保　惟清堂文钞
释超格　宝伦集
锡　淳　退复轩集文
鳌　图　习静轩文集

闺秀

程汪荣　雅安书屋文集
汪　瑞